WANDER GARCIA E ANA PAULA GARCIA

COORDENADORES

CONCURSOS DE MAGISTRATURA ESTADUAL E FEDERAL

4.100 QUESTÕES COMENTADAS

como passar

2018 © Editora Foco

Coordenadores: Wander Garcia e Ana Paula Dompieri Garcia

Autores: Wander Garcia, Ana Paula Garcia, André Barbieri, André Borges de Carvalho Barros, Ariane Wady, Arthur Trigueiros, Bruna Vieira, Denis Skorkowski, Eduardo Dompieri, Fabiano Melo, Fábio Tavares, Fernanda Camargo Penteado, Fernando Castellani, Flávia Moraes Barros Michele Fabre, Gustavo Nicolau, Henrique Subi, Ivo Tomita, José Renato Camilotti, Luiz Dellore, Marcos Destefenni, Renan Flumian, Renato Montans de Sá, Roberta Densa, Robinson Barreirinhas, Savio Chalita, Teresa Melo e Vanessa Tonolli Trigueiros

Diretor Acadêmico: Leonardo Pereira
Editor: Roberta Densa
Assistente Editorial: Paula Morishita
Revisora Sênior: Georgia Renata Dias
Revisora: Luciana Pimenta
Capa Criação: Leonardo Hermano
Diagramação: Ladislau Lima
Impressão miolo e capa: Gráfica EXPRESSÃO & ARTE

Dados Internacionais de Catalogação na Publicação (CIP)
(Câmara Brasileira do Livro, SP, Brasil)

Como passar em concursos de magistratura estadual e federal / Wander Garcia e Ana Paula Dompieri Garcia, coordenadores. – 3. ed. – Indaiatuba, SP : Editora Foco Jurídico, 2018. (Coleção como passar)

Vários autores.
ISBN: 978-85-8242-209-0

1. Magistratura estadual (Brasil) - Concursos 2. Magistratura federal (Brasil) - Concursos I. Garcia, Wander. II. Garcia, Ana Paula Dompieri. III. Série.

17-08581 CDU-347.962(81)(079.1)

Índices para Catálogo Sistemático:

1. Brasil : Concursos : Questões comentadas : Magistratura estadual e federal : Direito 347.962(81)(079.1)

DIREITOS AUTORAIS: É proibida a reprodução parcial ou total desta publicação, por qualquer forma ou meio, sem a prévia autorização da Editora FOCO, com exceção do teor das questões de concursos públicos que, por serem atos oficiais, não são protegidas como Direitos Autorais, na forma do Artigo 8º, IV, da Lei 9.610/1998. Referida vedação se estende às características gráficas da obra e sua editoração. A punição para a violação dos Direitos Autorais é crime previsto no Artigo 184 do Código Penal e as sanções civis às violações dos Direitos Autorais estão previstas nos Artigos 101 a 110 da Lei 9.610/1998. Os comentários das questões são de responsabilidade dos autores.

NOTAS DA EDITORA:

Atualizações e erratas: A presente obra é vendida como está, atualizada até a data do seu fechamento, informação que consta na página II do livro. Havendo a publicação de legislação de suma relevância, a editora, de forma discricionária, se empenhará em disponibilizar atualização futura.

Bônus ou Capítulo On-line: Excepcionalmente, algumas obras da editora trazem conteúdo no *on-line*, que é parte integrante do livro, cujo acesso será disponibilizado durante a vigência da edição da obra.

Erratas: A Editora se compromete a disponibilizar no site www.editorafoco.com.br, na seção Atualizações, eventuais erratas por razões de erros técnicos ou de conteúdo. Solicitamos, outrossim, que o leitor faça a gentileza de colaborar com a perfeição da obra, comunicando eventual erro encontrado por meio de mensagem para contato@editorafoco.com.br. O acesso será disponibilizado durante a vigência da edição da obra.

Impresso no Brasil (10.2017) – Data de Fechamento (09.2017)

2018
Todos os direitos reservados à
Editora Foco Jurídico Ltda.
Al. Júpiter 542 – American Park Distrito Industrial
CEP 13347-653 – Indaiatuba – SP
E-mail: contato@editorafoco.com.br
www.editorafoco.com.br

AUTORES

SOBRE OS COORDENADORES

Wander Garcia
Doutor e Mestre em Direito pela PUC/SP. Professor e coordenador do IEDI. Procurador do Município de São Paulo.

Ana Paula Garcia
Pós-graduada em Direito. Procuradora do Estado de São Paulo.

SOBRE OS AUTORES

André Barbieri
Mestre em Direito. Professor de Direito Público com mais de dez anos de experiência. Professor em diversos cursos pelo País. Advogado.

André Borges de Carvalho Barros
Mestre em Direito Civil Comparado pela PUC/SP. Professor de Direito Civil e de Direito do Consumidor exclusivo da Rede LFG. Membro do IBDFAM. Advogado.

Ariane Wady
Especialista em Direito Processual Civil (PUC-SP). Graduada em Direito pela PUC-SP (2000). Professora de pós-graduação e curso preparatório para concursos - PROORDEM - UNITÁ Educacional e Professora/Tutora de Direito Administrativo e Constitucional - Rede LFG e IOB. Advogada.

Arthur Trigueiros
Pós-graduado em Direito. Procurador do Estado de São Paulo. Professor da Rede LFG e do IEDI. Autor de diversas obras de preparação para Concursos Públicos e Exame de Ordem.

Bruna Vieira
Pós-graduada em Direito. Professora do IEDI, PROORDEM, LEGALE, ROBORTELLA e ÊXITO. Professora de Pós-graduação em Instituições de Ensino Superior. Palestrante. Autora de diversas obras de preparação para Concursos Públicos e Exame de Ordem, por diversas editoras. Advogada.

Denis Skorkowski
Professor-corretor do IEDI. Assessor jurídicos de Desembargador (TJ/SP).

Eduardo Dompieri
Pós-graduado em Direito. Professor do IEDI. Autor de diversas obras de preparação para Concursos Públicos e Exame de Ordem.

Fabiano Melo
Professor de cursos de graduação e pós-graduação em Direito e Administração da PUC-MG. Professor da Rede LFG.

Fábio Tavares
Advogado atuante nas áreas de Direito Público. Professor Exclusivo de Direito Constitucional, Educacional e da Saúde da Rede de Ensino LFG, do Grupo Anhanguera Educacional Participações S.A. e do Atualidades do Direito. Pós-Graduado em Direito Público. Especialista em Direito Constitucional, Administrativo, Penal e Processual Civil. Palestrante e Conferencista. Autor de obras jurídicas.

Fernanda Camargo Penteado
Professora de Direito Ambiental da Faculdade de Direito do Instituto Machadense de Ensino Superior Machado-MG (FUMESC). Mestre em Desenvolvimento Sustentável e Qualidade de Vida (Unifae)

Fernando Castellani

Advogado. Professor de Direito Tributário e Empresarial. Coordenador do LLM do IBMEC. Professor do COGEAE/PUCSP, do IBET e da Rede LFG/Praetorium.

Flávia Moraes Barros Michele Fabre

Procuradora do Município de São Paulo. Mestre em Direito Administrativo pela PUC/SP. Doutora em Direito Administrativo pela USP. Professora de Direito Administrativo.

Gustavo Nicolau

Mestre e Doutor pela Faculdade de Direito da USP. Professor de Direito Civil da Rede LFG/Praetorium. Advogado.

Henrique Subi

Agente da Fiscalização Financeira do Tribunal de Contas do Estado de São Paulo. Mestrando em Direito Político e Econômico pela Universidade Presbiteriana Mackenzie. Especialista em Direito Empresarial pela Fundação Getúlio Vargas e em Direito Tributário pela UNISUL. Professor de cursos preparatórios para concursos desde 2006. Coautor de mais de 20 obras voltadas para concursos, todas pela Editora Foco.

Ivo Tomita

Especialista em Direito Tributário pela PUC/SP – Cogeae. Autor e organizador de obras publicadas pela Editora Foco. Advogado.

José Renato Camilotti

Especialista em Direito Tributário pela PUC-SP, Mestrando em Direito do Estado PUC-SP, Professor universitário e de Cursos Preparatórios para Carreiras Jurídicas, autor de diversas obras jurídicas.

Luiz Dellore

Doutor e Mestre em Direito Processual Civil pela USP. Mestre em Direito Constitucional pela PUC/SP. Professor do Mackenzie, EPD, IEDI, IOB/Marcato e outras instituições. Advogado concursado da Caixa Econômica Federal. Ex-assessor de Ministro do STJ. Membro da Comissão de Processo Civil da OAB/SP, do IBDP (Instituto Brasileiro de Direito Processual), do IPDP (Instituto Panamericano de Derecho Procesal) e diretor do CEAPRO (Centro de Estudos Avançados de Processo). Colunista do portal jota.info.

Facebook e LinkedIn: Luiz Dellore

Marcos Destefenni

Doutor e Mestre pela PUC/SP. Mestre pela PUC de Campinas e Mestre em Direito Penal pela UNIP. Professor da Rede LFG. Promotor de Justiça em São Paulo.

Renan Flumian

Mestre em Filosofia do Direito pela Universidad de Alicante. Cursou a Session Annuelle D'enseignement do Institut International des Droits de L'Homme, a Escola de Governo da USP e a Escola de Formação da Sociedade Brasileira de Direito Público. Professor e Coordenador Acadêmico do IEDI. Autor e coordenador de diversas obras de preparação para Concursos Públicos e o Exame de Ordem. Advogado.

Renato Montans de Sá

Mestre e Especialista em Direito Processual Civil pela PUC/SP. Coordenador do curso de Pós-graduação em Direito Processual Civil Moderno da Universidade Anhanguera-Uniderp/Rede LFG. Professor da Rede LFG. Advogado.

Roberta Densa

Doutora em Direitos Difusos e Coletivos. Professora universitária e em cursos preparatórios para concursos Públicos e OAB. Autora da obra "Direito do Consumidor", 9ª edição publicada pela Editora Atlas.

Robinson Barreirinhas

Secretário Municipal dos Negócios Jurídicos da Prefeitura de São Paulo. Professor do IEDI. Procurador do Município de São Paulo. Autor e coautor de mais de 20 obras de preparação para concursos e OAB. Ex-Assessor de Ministro do STJ.

Savio Chalita

Advogado. Mestrando em Direitos Sociais. Professor de cursos preparatórios para Exame de Ordem e Concursos Públicos. Editor do blog www.comopassarnaoab.com.

Teresa Melo

Procuradora Federal. Assessora de Ministro do STJ. Professora do IEDI.

Vanessa Tonolli Trigueiros

Analista de Promotoria. Assistente Jurídico do Ministério Público do Estado de São Paulo. Graduação em Direto pela PUC-Campinas. Pós-graduada em Direito Processual Civil pela UNISUL. Pós-graduada em Direito Processual Civil e Civil pela UCDB.

Acesse JÁ os conteúdos ON-LINE

SHORT VIDEOS
Vídeos de curta duração com dicas de
DISCIPLINAS SELECIONADAS

Acesse o link:
www.editorafoco.com.br/short-videos

ATUALIZAÇÃO em PDF e VÍDEO
para complementar seus estudos*

Acesse o link:
www.editorafoco.com.br/atualizacao

CAPÍTULOS ON-LINE

Acesse o link:
www.editorafoco.com.br/atualizacao

* As atualizações em PDF e Vídeo serão disponibilizadas sempre que houver necessidade, em caso de nova lei ou decisão jurisprudencial relevante, durante o ano da edição do livro.
* Acesso disponível durante a vigência desta edição.

Sumário

AUTORES	**III**
COMO USAR O LIVRO?	**XVII**

1. DIREITO CIVIL www. | 1

1.	LIDB	1
2.	GERAL	4
3.	OBRIGAÇÕES	22
4.	CONTRATOS	30
5.	RESPONSABILIDADE CIVIL	46
6.	COISAS	52
7.	DIREITO DE VIZINHANÇA	63
8.	CONDOMÍNIO	63
9.	FAMÍLIA	67
10.	SUCESSÕES	77
11.	REGISTROS PÚBLICOS	81
12.	QUESTÕES COMBINADAS	82

2. DIREITO PROCESSUAL CIVIL | 87

I - PARTE GERAL		87
1.	PRINCÍPIOS DO PROCESSO CIVIL	87
2.	JURISDIÇÃO E COMPETÊNCIA	88
3.	PARTES, PROCURADORES, SUCUMBÊNCIA, MINISTÉRIO PÚBLICO E JUIZ	92
4.	PRAZOS PROCESSUAIS E ATOS PROCESSUAIS	95
5.	LITISCONSÓRCIO E INTERVENÇÃO DE TERCEIROS	95
6.	PRESSUPOSTOS PROCESSUAIS, ELEMENTOS DA AÇÃO E CONDIÇÕES DA AÇÃO	99
7.	FORMAÇÃO, SUSPENSÃO E EXTINÇÃO DO PROCESSO. NULIDADES	100
8.	TUTELA PROVISÓRIA	102
9.	TEMAS COMBINADOS DA PARTE GERAL	104
II – PROCESSO DE CONHECIMENTO		105
10.	PETIÇÃO INICIAL	105
11.	CONTESTAÇÃO E REVELIA	108
12.	PROVAS	109

www. Acesse o conteúdo on-line. Siga as orientações disponíveis na página I.

COMO PASSAR EM CONCURSOS DE MAGISTRATURA

13. JULGAMENTO CONFORME O ESTADO DO PROCESSO E PROVIDÊNCIAS PRELIMINARES....................112

14. SENTENÇA, COISA JULGADA E AÇÃO RESCISÓRIA....................112

15. TEMAS COMBINADOS DE PROCESSO DE CONHECIMENTO 114

III – CUMPRIMENTO DE SENTENÇA E EXECUÇÃO....................114

16. CUMPRIMENTO DE SENTENÇA....................114

17. IMPUGNAÇÃO AO CUMPRIMENTO DE SENTENÇA 116

18. PROCESSO DE EXECUÇÃO E EXPROPRIAÇÃO DE BENS 117

19. EMBARGOS DO DEVEDOR / À EXECUÇÃO 121

20. EXECUÇÃO E CUMPRIMENTO DE SENTENÇA CONTRA A FAZENDA PÚBLICA 122

21. EXECUÇÃO FISCAL....................123

IV – RECURSOS 123

22. TEORIA GERAL DOS RECURSOS 123

23. APELAÇÃO....................126

24. RECURSOS ESPECIAL E EXTRAORDINÁRIO (RESP E RE)....................127

25. OUTROS RECURSOS E TEMAS RECURSAIS COMBINADOS 127

V – PROCEDIMENTOS ESPECIAIS 128

26. POSSESSÓRIAS 128

27. MONITÓRIA 128

28. AÇÕES DE FAMÍLIA E SUCESSÕES....................128

29. JUIZADO ESPECIAL CÍVEL, FEDERAL E DA FAZENDA PÚBLICA....................129

30. PROCESSO COLETIVO....................131

31. MANDADO DE SEGURANÇA E *HABEAS DATA*....................*132*

32. ARBITRAGEM....................133

33. OUTROS PROCEDIMENTOS ESPECIAIS E PROCEDIMENTOS ESPECIAIS COMBINADOS 134

VI – TEMAS COMBINADOS DOS TÓPICOS ANTERIORES....................136

34. TEMAS COMBINADOS ENTRE PROCESSOS E RECURSOS....................136

3. DIREITO PENAL — 139

1. CONCEITO, FONTES E PRINCÍPIOS 139

2. APLICAÇÃO DA LEI NO TEMPO 141

3. APLICAÇÃO DA LEI NO ESPAÇO....................143

4. CONCEITO E CLASSIFICAÇÃO DOS CRIMES 144

5. FATO TÍPICO E TIPO PENAL....................146

6. CRIMES DOLOSOS, CULPOSOS E PRETERDOLOSOS 147

7. ERRO DE TIPO, DE PROIBIÇÃO E DEMAIS ERROS 148

8. TENTATIVA, CONSUMAÇÃO, DESISTÊNCIA, ARREPENDIMENTO E CRIME IMPOSSÍVEL 151

9. ANTIJURIDICIDADE E CAUSAS EXCLUDENTES 155

10. CONCURSO DE PESSOAS 158

11. CULPABILIDADE E CAUSAS EXCLUDENTES....................159

12. PENAS E SEUS EFEITOS....................160

13. APLICAÇÃO DA PENA...................166

14. *SURSIS*, LIVRAMENTO CONDICIONAL, REABILITAÇÃO E MEDIDAS DE SEGURANÇA 170

15. AÇÃO PENAL..................172

16. EXTINÇÃO DA PUNIBILIDADE EM GERAL...............172

17. PRESCRIÇÃO..................175

18. CRIMES CONTRA A PESSOA 176

19. CRIMES CONTRA O PATRIMÔNIO 182

20. CRIMES CONTRA A DIGNIDADE SEXUAL 188

21. CRIMES CONTRA A FÉ PÚBLICA 191

22. CRIMES CONTRA A ADMINISTRAÇÃO PÚBLICA 192

23. OUTROS CRIMES DO CÓDIGO PENAL 197

24. CRIMES DA LEI DE DROGAS 197

25. CRIMES CONTRA O MEIO AMBIENTE..........201

26. CRIMES CONTRA A ORDEM TRIBUTÁRIA 203

27. CRIMES CONTRA A ORDEM ECONÔMICA 204

28. CRIMES DE TRÂNSITO...........204

29. ESTATUTO DO DESARMAMENTO 205

30. CRIME DE TORTURA 205

31. CRIMES DE ABUSO DE AUTORIDADE 206

32. CONTRAVENÇÕES PENAIS...........206

33. VIOLÊNCIA DOMÉSTICA...........206

34. OUTROS CRIMES E CRIMES COMBINADOS DA LEGISLAÇÃO EXTRAVAGANTE...........207

35. TEMAS COMBINADOS DE DIREITO PENAL...........215

4. DIREITO PROCESSUAL PENAL   223

1. FONTES, PRINCÍPIOS GERAIS, EFICÁCIA DA LEI PROCESSUAL NO TEMPO E NO ESPAÇO 223

2. INQUÉRITO POLICIAL...........227

3. AÇÃO PENAL..................231

4. SUSPENSÃO CONDICIONAL DO PROCESSO...........235

5. AÇÃO CIVIL 236

6. JURISDIÇÃO E COMPETÊNCIA. CONEXÃO E CONTINÊNCIA...........237

7. QUESTÕES E PROCESSOS INCIDENTES...........244

8. PROVAS..................246

9. SUJEITOS PROCESSUAIS...........252

10. CITAÇÃO, INTIMAÇÃO E PRAZOS...........252

11. PRISÃO, MEDIDAS CAUTELARES E LIBERDADE PROVISÓRIA 254

12. PROCESSO E PROCEDIMENTOS...........263

13. PROCEDIMENTO RELATIVO AOS PROCESSOS DA COMPETÊNCIA DO JÚRI 267

14. JUIZADOS ESPECIAIS 270

COMO PASSAR EM CONCURSOS DE MAGISTRATURA

15. SENTENÇA, PRECLUSÃO E COISA JULGADA 272

16. NULIDADES 274

17. RECURSOS 275

18. *HABEAS CORPUS*, MANDADO DE SEGURANÇA E REVISÃO CRIMINAL 278

19. EXECUÇÃO PENAL 280

20. LEGISLAÇÃO EXTRAVAGANTE 283

21. TEMAS COMBINADOS E OUTROS TEMAS 288

5. DIREITO CONSTITUCIONAL   www.   293

1. PODER CONSTITUINTE 293

2. TEORIA DA CONSTITUIÇÃO E PRINCÍPIOS FUNDAMENTAIS 295

3. HERMENÊUTICA CONSTITUCIONAL E EFICÁCIA DAS NORMAS CONSTITUCIONAIS 303

4. DO CONTROLE DE CONSTITUCIONALIDADE 309

5. DOS DIREITOS E GARANTIAS FUNDAMENTAIS 322

6. DIREITOS SOCIAIS 336

7. NACIONALIDADE 338

8. DIREITOS POLÍTICOS 339

9. ORGANIZAÇÃO DO ESTADO 342

10. ORGANIZAÇÃO DO PODER EXECUTIVO 357

11. ORGANIZAÇÃO DO PODER LEGISLATIVO. PROCESSO LEGISLATIVO 360

12. DA ORGANIZAÇÃO DO PODER JUDICIÁRIO 378

13. DAS FUNÇÕES ESSENCIAIS À JUSTIÇA 391

14. DEFESA DO ESTADO 393

15. TRIBUTAÇÃO E ORÇAMENTO 394

16. ORDEM ECONÔMICA E FINANCEIRA 395

17. ORDEM SOCIAL 398

18. TEMAS COMBINADOS 401

6. DIREITO ADMINISTRATIVO   407

1. REGIME JURÍDICO ADMINISTRATIVO E PRINCÍPIOS DE DIREITO ADMINISTRATIVO 407

2. PODERES DA ADMINISTRAÇÃO PÚBLICA 410

3. ATOS ADMINISTRATIVOS 415

4. ORGANIZAÇÃO ADMINISTRATIVA 422

5. TERCEIRO SETOR 429

6. SERVIDORES PÚBLICOS 431

7. IMPROBIDADE ADMINISTRATIVA 441

8. BENS PÚBLICOS 447

9. INTERVENÇÃO DO ESTADO NA PROPRIEDADE 452

SUMÁRIO **XI**

10. RESPONSABILIDADE DO ESTADO 460

11. LICITAÇÃO 468

12. CONTRATOS ADMINISTRATIVOS 476

13. SERVIÇOS PÚBLICOS 479

14. PROCESSO ADMINISTRATIVO 485

15. CONTROLE DA ADMINISTRAÇÃO PÚBLICA 487

16. QUESTÕES COMBINADAS EM GERAL..490

17. LEI DE ACESSO À INFORMAÇÃO..493

18. LEI ANTICORRUPÇÃO 493

7. DIREITO TRIBUTÁRIO — 497

1. COMPETÊNCIA TRIBUTÁRIA..497

2. PRINCÍPIOS 500

3. IMUNIDADES 507

4. DEFINIÇÃO DE TRIBUTO E ESPÉCIES TRIBUTÁRIAS 510

5. LEGISLAÇÃO TRIBUTÁRIA – FONTES 515

6. VIGÊNCIA, APLICAÇÃO, INTERPRETAÇÃO E INTEGRAÇÃO 518

7. FATO GERADOR E OBRIGAÇÃO TRIBUTÁRIA 519

8. LANÇAMENTO E CRÉDITO TRIBUTÁRIO 519

9. SUJEIÇÃO PASSIVA, CAPACIDADE E DOMICÍLIO..521

10. SUSPENSÃO, EXTINÇÃO E EXCLUSÃO DO CRÉDITO 526

11. IMPOSTOS E CONTRIBUIÇÕES EM ESPÉCIE..533

12. TEMAS COMBINADOS DE IMPOSTOS E CONTRIBUIÇÕES..538

13. GARANTIAS E PRIVILÉGIOS DO CRÉDITO 542

14. ADMINISTRAÇÃO TRIBUTÁRIA, FISCALIZAÇÃO 543

15. DÍVIDA ATIVA, INSCRIÇÃO, CERTIDÕES 543

16. REPARTIÇÃO DE RECEITAS 544

17. AÇÕES TRIBUTÁRIAS 546

18. SIMPLES NACIONAL, MICROEMPRESAS – ME E EMPRESAS DE PEQUENO PORTE – EPP........................550

19. TEMAS COMBINADOS E OUTRAS MATÉRIAS 551

8. DIREITO EMPRESARIAL — 557

1. TEORIA GERAL 557

2. DIREITO SOCIETÁRIO 566

3. DIREITO CAMBIÁRIO 579

4. DIREITO CONCURSAL – FALÊNCIA E RECUPERAÇÃO 587

5. CONTRATOS EMPRESARIAIS 598

6. PROPRIEDADE INDUSTRIAL..602

COMO PASSAR EM CONCURSOS DE MAGISTRATURA

7. DIREITO DO CONSUMIDOR 605

8. TEMAS COMBINADOS 606

9. DIREITO DO CONSUMIDOR www. — 609

1. CONCEITO DE CONSUMIDOR E RELAÇÃO DE CONSUMO 609

2. PRINCÍPIOS E DIREITOS BÁSICOS 614

3. RESPONSABILIDADE PELO FATO DO PRODUTO OU DO SERVIÇO E PRESCRIÇÃO 618

4. RESPONSABILIDADE POR VÍCIO DO PRODUTO OU DO SERVIÇO E DECADÊNCIA 621

5. DESCONSIDERAÇÃO DA PERSONALIDADE JURÍDICA. RESPONSABILIDADE EM CASO DE GRUPO DE EMPRESAS 627

6. PRESCRIÇÃO E DECADÊNCIA 629

7. PRÁTICAS COMERCIAIS 630

8. PROTEÇÃO CONTRATUAL 637

9. RESPONSABILIDADE ADMINISTRATIVA 641

10. RESPONSABILIDADE CRIMINAL 642

11. DEFESA DO CONSUMIDOR EM JUÍZO 643

12. SNDC E CONVENÇÃO COLETIVA 649

13. OUTROS TEMAS 650

10. DIREITO AMBIENTAL www. — 653

1. CONCEITOS BÁSICOS 653

2. DIREITO AMBIENTAL CONSTITUCIONAL 654

3. PRINCÍPIOS DO DIREITO AMBIENTAL 656

4. COMPETÊNCIA EM MATÉRIA AMBIENTAL 661

5. POLÍTICA NACIONAL DO MEIO AMBIENTE 663

6. INSTRUMENTOS DA POLÍTICA NACIONAL DO MEIO AMBIENTE 666

7. PROTEÇÃO DA FLORA. CÓDIGO FLORESTAL 677

8. RESPONSABILIDADE CIVIL AMBIENTAL 679

9. RESPONSABILIDADE ADMINISTRATIVA AMBIENTAL 687

10. RESPONSABILIDADE PENAL AMBIENTAL 690

11. BIOSSEGURANÇA 695

12. MEIO AMBIENTE URBANO 696

13. DIREITO AMBIENTAL INTERNACIONAL 697

14. RECURSOS MINERAIS 698

15. RECURSOS HÍDRICOS 699

16. OUTROS TEMAS E TEMAS COMBINADOS 701

11. DIREITO FINANCEIRO 707

1. PRINCÍPIOS E NORMAS GERAIS 707

2. LEI ORÇAMENTÁRIA ANUAL – LOA 708

SUMÁRIO **XIII**

3. RECEITA PÚBLICA 709

4. EXECUÇÃO ORÇAMENTÁRIA, CRÉDITOS ADICIONAIS 711

5. PRECATÓRIOS 711

6. LEI DE RESPONSABILIDADE FISCAL 711

7. OUTROS TEMAS E COMBINADOS 712

12. DIREITO ECONÔMICO   www.   715

1. ORDEM ECONÔMICA NA CONSTITUIÇÃO. MODELOS ECONÔMICOS 715

2. INTERVENÇÃO DO ESTADO NO DOMÍNIO ECONÔMICO 717

3. SISTEMA FINANCEIRO NACIONAL 718

4. SISTEMA BRASILEIRO DE DEFESA DA CONCORRÊNCIA – SBDC. LEI ANTITRUSTE ...719

5. DIREITO ECONÔMICO INTERNACIONAL. MERCOSUL 723

6. QUESTÕES COMBINADAS E OUTROS TEMAS 724

13. DIREITO PREVIDENCIÁRIO   www.   725

1. PRINCÍPIOS E NORMAS GERAIS 725

2. CUSTEIO 726

3. SEGURADOS, DEPENDENTES 728

4. BENEFÍCIOS 731

5. SERVIDORES PÚBLICOS 738

6. AÇÕES PREVIDENCIÁRIAS 738

7. ASSISTÊNCIA SOCIAL E SAÚDE 740

8. OUTROS TEMAS E MATÉRIAS COMBINADAS 741

14. DIREITO DA CRIANÇA E DO ADOLESCENTE   www.   747

1. CONCEITOS BÁSICOS E PRINCÍPIOS 747

2. DIREITOS FUNDAMENTAIS 747

3. PREVENÇÃO 758

4. POLÍTICA E ENTIDADES DE ATENDIMENTO 758

5. MEDIDAS DE PROTEÇÃO 758

6. MEDIDAS SOCIOEDUCATIVAS E ATO INFRACIONAL – DIREITO MATERIAL 761

7. ATO INFRACIONAL – DIREITO PROCESSUAL 766

8. CONSELHO TUTELAR 769

9. CONSELHO MUNICIPAL DA CRIANÇA E DO ADOLESCENTE 770

10. MINISTÉRIO PÚBLICO 771

11. ACESSO À JUSTIÇA 773

12. INFRAÇÕES ADMINISTRATIVAS 776

13. CRIMES 777

COMO PASSAR EM CONCURSOS DE MAGISTRATURA

14. DECLARAÇÕES E CONVENÇÕES 777

15. TEMAS COMBINADOS E OUTROS TEMAS 778

15. DIREITO INTERNACIONAL ~~www.~~ 783

1. DIREITO INTERNACIONAL PÚBLICO 783

2. DIREITO INTERNACIONAL PRIVADO 802

16. DIREITOS HUMANOS 815

1. SISTEMA GLOBAL DE PROTEÇÃO DOS DIREITOS HUMANOS 815

2. SISTEMA GLOBAL DE PROTEÇÃO ESPECÍFICA DOS DIREITOS HUMANOS 817

3. SISTEMA REGIONAL DE PROTEÇÃO DOS DIREITOS HUMANOS – SISTEMA INTERAMERICANO 820

4. DIREITOS HUMANOS NO BRASIL 821

5. DIREITOS DOS REFUGIADOS 822

6. QUESTÕES COMBINADAS E OUTROS TEMAS 822

17. AGRÁRIO 827

1. CONCEITOS E PRINCÍPIOS DO DIREITO AGRÁRIO 827

2. TERRAS DEVOLUTAS 829

3. CONTRATOS AGRÁRIOS 829

4. USUCAPIÃO ESPECIAL RURAL 830

5. AQUISIÇÃO E USO DA PROPRIEDADE E DA POSSE RURAL 830

6. DESAPROPRIAÇÃO PARA A REFORMA AGRÁRIA..830

18. DIREITO URBANÍSTICO 833

1. INSTRUMENTOS DE POLÍTICA URBANA 833

19. DIREITO ELEITORAL ~~www.~~ 835

1. PRINCÍPIOS, DIREITOS POLÍTICOS, ELEGIBILIDADE...835

2. INELEGIBILIDADE 839

3. SISTEMA ELEITORAL...843

4. ALISTAMENTO ELEITORAL, DOMICÍLIO..844

5. PARTIDOS POLÍTICOS, CANDIDATOS, SISTEMAS ELEITORAIS...846

6. ELEIÇÕES, VOTOS, APURAÇÃO, QUOCIENTES ELEITORAL E PARTIDÁRIO 850

7. PROPAGANDA ELEITORAL E RESTRIÇÕES NO PERÍODO ELEITORAL 855

8. PRESTAÇÃO DE CONTAS, DESPESAS, ARRECADAÇÃO, FINANCIAMENTO DE CAMPANHA 859

9. JUSTIÇA ELEITORAL 862

10. AÇÕES, RECURSOS, IMPUGNAÇÕES 866

11. CRIMES ELEITORAIS...877

12. CONDUTAS VEDADAS AOS AGENTES PÚBLICOS 881

13. COMBINADAS E OUTRAS MATÉRIAS 882

Como usar o livro?

Para que você consiga um ótimo aproveitamento deste livro, atente para as seguintes orientações:

1º Tenha em mãos um *vademecum* ou **um computador** no qual você possa acessar os textos de lei citados.

Neste ponto, recomendamos o **Vade Mecum de Legislação FOCO** – confira em www.editorafoco.com.br.

2º Se você estiver estudando a teoria (fazendo um curso preparatório ou lendo resumos, livros ou apostilas), faça as questões correspondentes deste livro na medida em que for avançando no estudo da parte teórica.

3º Se você já avançou bem no estudo da teoria, leia cada capítulo deste livro até o final, e só passe para o novo capítulo quando acabar o anterior; vai mais uma dica: alterne capítulos de acordo com suas preferências; leia um capítulo de uma disciplina que você gosta e, depois, de uma que você não gosta ou não sabe muito, e assim sucessivamente.

4º Iniciada a resolução das questões, tome o cuidado de ler cada uma delas **sem olhar para o gabarito e para os comentários**; se a curiosidade for muito grande e você não conseguir controlar os olhos, tampe os comentários e os gabaritos com uma régua ou um papel; na primeira tentativa, é fundamental que resolva a questão sozinho; só assim você vai identificar suas deficiências e "pegar o jeito" de resolver as questões; marque com um lápis a resposta que entender correta, e só depois olhe o gabarito e os comentários.

5º **Leia com muita atenção o enunciado das questões**. Ele deve ser lido, no mínimo, duas vezes. Da segunda leitura em diante, começam a aparecer os detalhes, os pontos que não percebemos na primeira leitura.

6º **Grife as palavras-chave, as afirmações e a pergunta formulada.** Ao grifar as palavras importantes e as afirmações você fixará mais os pontos-chave e não se perderá no enunciado como um todo. Tenha atenção especial com as palavras "correto", "incorreto", "certo", "errado", "prescindível" e "imprescindível".

7º Leia os comentários e **leia também cada dispositivo legal** neles mencionados; não tenha preguiça; abra o *vademecum* e leia os textos de leis citados, tanto os que explicam as alternativas corretas, como os que explicam o porquê de ser incorreta dada alternativa; você tem que conhecer bem a letra da lei, já que mais de 90% das respostas estão nela; mesmo que você já tenha entendido determinada questão, reforce sua memória e leia o texto legal indicado nos comentários.

8º Leia também os **textos legais que estão em volta** do dispositivo; por exemplo, se aparecer, em Direito Penal, uma questão cujo comentário remete ao dispositivo que trata de falsidade ideológica, aproveite para ler também os dispositivos que tratam dos outros crimes de falsidade; outro exemplo: se aparecer uma questão, em Direito Constitucional, que trate da composição do Conselho Nacional de Justiça, leia também as outras regras que regulamentam esse conselho.

9º Depois de resolver sozinho a questão e de ler cada comentário, você deve fazer uma **anotação ao lado da questão**, deixando claro o motivo de eventual erro que você tenha cometido; conheça os motivos mais comuns de erros na resolução das questões:

DL – "desconhecimento da lei"; quando a questão puder ser resolvida apenas com o conhecimento do texto de lei;

DD – "desconhecimento da doutrina"; quando a questão só puder ser resolvida com o conhecimento da doutrina;

DJ – "desconhecimento da jurisprudência"; quando a questão só puder ser resolvida com o conhecimento da jurisprudência;

FA – "falta de atenção"; quando você tiver errado a questão por não ter lido com cuidado o enunciado e as alternativas;

NUT - "não uso das técnicas"; quando você tiver se esquecido de usar as técnicas de resolução de questões objetivas, tais como as da **repetição de elementos** ("quanto mais elementos repetidos existirem, maior a chance de a alternativa ser correta"), das **afirmações generalizantes** ("afirmações generalizantes tendem a ser incorretas" - reconhece-se afirmações generalizantes pelas palavras *sempre, nunca, qualquer, absolutamente, apenas, só, somente exclusivamente* etc.), dos **conceitos compridos** ("os conceitos de maior extensão tendem a ser corretos"), entre outras.

obs: se você tiver interesse em fazer um Curso de "Técnicas de Resolução de Questões Objetivas", recomendamos o curso criado a esse respeito pelo IEDI Cursos On-line: www.iedi.com.br.

10º Confie no **bom-senso**. Normalmente, a resposta correta é a que tem mais a ver com o bom-senso e com a ética. Não ache que todas as perguntas contêm uma pegadinha. Se aparecer um instituto que você não conhece, repare bem no seu nome e tente imaginar o seu significado.

11º Faça um levantamento do **percentual de acertos de cada disciplina** e dos **principais motivos que levaram aos erros cometidos**; de posse da primeira informação, verifique quais disciplinas merecem um reforço no estudo; e de posse da segunda informação, fique atento aos erros que você mais comete, para que eles não se repitam.

12º Uma semana antes da prova, faça uma **leitura dinâmica** de todas as anotações que você fez e leia de novo os dispositivos legais (e seu entorno) das questões em que você marcar "DL", ou seja, desconhecimento da lei.

13º Para que você consiga ler o livro inteiro, faça um bom **planejamento**. Por exemplo, se você tiver 30 dias para ler a obra, divida o número de páginas do livro pelo número de dias que você tem, e cumpra, diariamente, o número de páginas necessárias para chegar até o fim. Se tiver sono ou preguiça, levante um pouco, beba água, masque chiclete ou leia em voz alta por algum tempo.

14º Desejo a você, também, muita **energia**, **disposição**, **foco**, **organização**, **disciplina**, **perseverança**, **amor** e **ética**!

Wander Garcia e Ana Paula Dompieri Garcia

Coordenadores

1. DIREITO CIVIL

Gustavo Nicolau, Wander Garcia e Ana Paula Garcia

1. LIDB

1.1. EFICÁCIA DA LEI NO TEMPO

1.1.1. *VACATIO LEGIS*

(Magistratura/PE – 2013 – FCC) No caso de publicação para corrigir texto de lei publicado com incorreção,

(A) não haverá novo prazo de *vacatio legis* depois da nova publicação, se ocorrer antes de a lei ter entrado em vigor.

(B) tratando-se de lei já em vigor, as correções consideram-se lei nova.

(C) não se considerarão lei nova as correções, tenha ou não já entrado em vigor o texto incorreto.

(D) deverá, necessariamente, ser estabelecido um prazo para sua nova entrada em vigor, além de disciplinar as relações jurídicas estabelecidas antes da nova publicação.

(E) deve o conflito entre os textos ser resolvido pelo juiz por equidade, porque a Lei de Introdução às Normas do Direito Brasileiro não regula os efeitos da nova publicação de texto de lei.

A: incorreta, pois após a nova publicação começa novo prazo de *vacatio legis* (art. 1º, § 3º, da LINDB); **B:** correta, pois de pleno acordo com o art. 1º, § 4º, da LINDB; **C:** incorreta, pois "as correções a texto de lei já em vigor consideram-se lei nova" (art. 1º § 4º, da LINDB); **D:** incorreta, pois assim como qualquer lei nova, não existe a obrigatoriedade da *vacatio legis*, a qual só existirá se expressamente previsto em lei; **E:** incorreta, pois a equidade não está prevista na LINDB como sistema integrador, restringindo o uso em casos de omissões legislativas da analogia, dos costumes e dos princípios gerais de direito (art. 4º da LINDB). `WG`
Gabarito "B".

(Magistratura/SP – 2011 – VUNESP) Assinale a alternativa correta.

(A) Se durante a *vacatio legis* ocorrer nova publicação de texto de lei, destinada a correção, o prazo da obrigatoriedade, com relação à parte corrigida, começará a correr da nova publicação.

(B) Os direitos adquiridos na vigência de lei publicada com incorreções são atingidos pela publicação do texto corrigido.

(C) As correções a texto de lei em vigor consideram-se lei nova, tornando-se obrigatórias de imediato.

(D) A lei nova que estabelece disposições gerais a par das já existentes revoga a lei anterior.

(E) A lei nova que estabelece disposições especiais a par das já existentes revoga a lei anterior.

A: correta, conforme o texto do art. 1º, § 3º, da Lei de Introdução às Normas do Direito Brasileiro – LIDB (Dec.lei 4.657/42); **B:** incorreta, pois "as correções a texto de lei já em vigor consideram-se lei nova" (art. 1º, § 4º, da LIDB), e, como é de conhecimento de todos, lei nova não pode retroagir para prejudicar direitos adquiridos (art. 5º, XXXVI, da CF; art. 6º, caput, da LIDB); **C:** incorreta; apesar tais correções serem consideradas lei nova, nem sempre suas disposições se tornam obrigatórias de imediato, pois pode haver *vacatio legis*; **D:** incorreta, pois, nesse caso, a lei nova NÃO revoga a lei anterior, conforme dispõe o art. 2º, § 2º, da LIDB; esse dispositivo significa que lei geral nova não revoga lei especial velha; **E:** incorreta, pois o dispositivo legal é no sentido de que "a lei nova que estabelece disposições GERAIS ou especiais a par das já existentes, NÃO revoga nem modifica a lei anterior" (art. 2º, § 2º, da LIDB). `AG/WG`
Gabarito "A".

(Magistratura/SP – 171º – VUNESP) Editada uma lei que não seja orçamentária ou tributária, que possui normatização específica:

(A) ela entra em vigor, no estrangeiro, quando admitida, 3 meses depois da publicação, e no País, 45 dias depois de publicada, se não contiver disposição expressa referente ao início de sua vigência.

(B) ela começa a existir com a promulgação, entrando em vigor com a publicação oficial.

(C) a *vacatio legis* é o intervalo entre a aprovação da lei e a sua entrada em vigor.

(D) no silêncio da lei editada, ela entra em vigor 60 dias após a data de sua publicação oficial.

Art. 1º da Lei de Introdução às normas do Direito Brasileiro – LIDB, antiga Lei de Introdução ao Código Civil (Dec.-lei 4.657/42, cujo nome foi alterado pela Lei 12.376/10). `AG/WG`
Gabarito "A".

(Magistratura Federal/3ª região – 2011 – CESPE) Publicada lei de vigência imediata que revogou normas anteriores, houve o ajuizamento de ADI, tendo sido a referida lei declarada inconstitucional dois meses depois de sua publicação. Considerando essa situação hipotética, assinale a opção correta.

(A) Para preservar a segurança das relações, deve-se, como regra, manter a exigibilidade do título fundado na lei declarada inconstitucional.

`GN` questões comentadas por: **Gustavo Nicolau**

`WG` questões comentadas por: **Wander Garcia**

`AG` questões comentadas por: **Ana Paula Garcia**

`AG/WG` questões comentadas por: **Ana Paula Garcia e Wander Garcia**

(B) Em razão do princípio da obrigatoriedade simultânea, a lei teve vigência, por dois meses, em todo o território nacional e em outros países.

(C) A declaração de inconstitucionalidade deve afetar os atos praticados durante a vigência da lei, visto que, na hipótese, se admite, de acordo com o ordenamento nacional, repristinação.

(D) A declaração de inconstitucionalidade afeta a vigência da lei assim declarada da mesma forma que opera o esgotamento do prazo nas leis temporárias.

(E) Dada a declaração de inconstitucionalidade, a decisão afeta os atos praticados no período de *vacatio legis*.

A: incorreta, pois a lei declarada inconstitucional não pode produzir efeitos, ressalvada a hipótese de modulação de efeitos por decisão de 2/3 dos membros do STF (art. 27 da 9.868/99); **B:** incorreta, pois no silêncio da lei ela entrará em vigor 45 dias após sua publicação quando for aplicada no Brasil e três meses após sua publicação se tiver aplicação no território estrangeiro (ex: uma lei brasileira que regulamenta a votação de cidadãos brasileiros nas embaixadas); **C:** correta. A procedência da Ação Direta de Inconstitucionalidade declara a norma como inconstitucional e como tal a mesma não pode produzir efeitos, inclusive o efeito de revogar a lei anterior. Com isso, a lei revogada volta a viger. É o chamado efeito repristinatório decorrente da decisão de inconstitucionalidade (art. 11 da Lei n.º 9.868/99). Cabe lembrar, porém, que o Supremo Tribunal Federal pode modular os efeitos de sua decisão de inconstitucionalidade por 2/3 dos seus membros, afastando tal efeito (art. 1º da Lei de Introdução às Normas do Direito Brasileiro); **D:** incorreta, pois o efeito da declaração de inconstitucionalidade numa ADIN é – em regra – *ex tunc*, ao passo que a lei temporária continua vigendo para as relações que foram constituídas durante seu prazo; **E:** incorreta, pois na *vacatio legis* não há vigência da lei. GN
Gabarito "C".

(Magistratura Federal/1ª região – IX) Em face das proposições abaixo, assinale a única alternativa correta:

I. os termos interpretação e hermenêutica são tecnicamente sinônimos.

II. as disposições transitórias em uma lei nova, destinadas a dar um tratamento jurídico provisório a certas situações, em face da ab-rogação da lei anterior, constituem o que se denomina de segundo regime legislativo.

III. dá-se a retroatividade mínima (temperada ou mitigada), quando a lei nova atinge os efeitos futuros de atos anteriores à sua vigência.

IV. no Brasil, o princípio da irretroatividade é meramente legal.

(A) todas estão incorretas.

(B) somente a III está correta.

(C) somente a III e IV estão corretas.

(D) todas estão corretas.

I: incorreta, pois tais expressões não são sinônimas; **II:** incorreta, pois as disposições transitórias (previstas nos artigos 2.028 e seguintes do Código Civil) não se confundem com o segundo regime legislativo; **III:** correta, pois a retroatividade mínima é aquela que atinge apenas os efeitos de atos jurídicos celebrados antes de sua vigência, como é o caso de prestações futuras derivadas de um contrato anteriormente celebrado; **I** incorreta, pois tal princípio vem estampado também no art. 5º, XL, da Constituição Federal. GN
Gabarito "B".

1.1.2. VIGÊNCIA DA LEI NO TEMPO

(MAGISTRATURA/PB – 2011 – CESPE) À luz das disposições legais e da jurisprudência acerca da vigência e da eficácia da lei, assinale a opção correta.

(A) A norma declarada inconstitucional é nula *ab origine* e, em regra, não se revela apta à produção de efeito algum, sequer o de revogar a norma anterior, que volta a viger plenamente nesse caso.

(B) As regras de direito intertemporal, segundo as quais as obrigações devem ser regidas pela lei vigente ao tempo em que se constituíram, não são aplicáveis quando a obrigação tiver base extracontratual.

(C) O fato de, antes da entrada em vigor de determinada lei, haver nova publicação de seu texto para simples correção não é capaz, por si só, de alterar o prazo inicial de vigência dessa lei.

(D) Como, em regra, a lei vigora até que outra a modifique ou revogue, lei nova que estabeleça disposições especiais a par das já existentes revoga ou modifica a lei anterior.

(E) A repristinação ocorre com a revogação da lei revogadora e, salvo disposição em contrário, é amplamente admitida no sistema normativo pátrio.

A: correta, pois, como regra, o efeito da decisão que declara inconstitucional dada norma, exarada em ação que visa o controle concentrado de constitucionalidade, é *ex tunc*, ou seja, retroage, conforme interpretação a *contrario sensu* do disposto no art. 27 da Lei 9.868/99; **B:** incorreta, pois tanto as obrigações contratuais, como as extracontratuais são regidas pela lei vigente ao tempo em que se constituírem; porém, é bom lembrar que essa regra vale para reger a validade das obrigações; já, quanto aos efeitos das obrigações (ex: juros, correção monetária), são regidos pela lei que estiver em vigor quando os efeitos acontecerem, salvo se houver sido prevista pelas partes determinada forma de execução (art. 2.035 do CC); **C:** incorreta, pois se antes de a lei entrar em vigor, ocorrer nova publicação de seu texto, destinada à correção, o prazo deste artigo e dos parágrafos anteriores começará a correr da nova publicação (art. 1º, § 3º, da LIDB); **D:** incorreta (art. 2º, § 2º, da LIDB); **E:** incorreta (art. 2º, § 3º, da LIDB). AG/WG
Gabarito "A".

(Magistratura/SP – 179º – VUNESP) Considere as seguintes afirmações:

I. as leis, atos e sentenças de outro país terão eficácia no Brasil, quando não ofenderem a soberania nacional e a ordem pública, ainda que atentem contra os bons costumes;

II. a lei nova, que estabeleça disposições gerais e especiais a par das já existentes, não revoga nem modifica a lei anterior;

III. a lei destinada à vigência temporária terá vigor até que outra a revogue;

IV. as correções a texto de lei já em vigor consideram-se lei nova.

Pode-se afirmar que são corretas apenas

(A) I, II e III.

(B) II e IV.

(C) II.

(D) I, II e IV.

1. DIREITO CIVIL 3

I: incorreta (art. 17 da Lei de Introdução às normas do Direito Brasileiro - LIDB); **II:** correta (art. 2º, § 2º, da LIDB); **III:** incorreta (art. 2º, *caput*, da LIDB); **I** correta (art. 1º, § 4º, da LIDB). **AG/WG**
Gabarito "B".

(Magistratura/SP – 173º – VUNESP) Assinale a alternativa incorreta:

(A) É preciso não olvidar que uma norma não mais vigente, por ter sido revogada, não poderá continuar vinculante, nem com vigor para os casos anteriores à sua revogação. A norma não poderá ser eficaz, porque revogada.

(B) A irretroatividade da lei é um princípio constitucional, apesar de não ser absoluto, já que as normas poderão retroagir, desde que não ofendam coisa julgada, direito adquirido e ato jurídico perfeito.

(C) A nova lei sobre prazo prescricional aplica-se desde logo se o aumentar, embora deva ser computado o lapso temporal já decorrido na vigência da norma revogada. Se o encurtar, o novo prazo de prescrição começará a correr por inteiro a partir da lei revogadora. Se o prazo prescricional já se ultimou, a nova lei que o alterar não o atingirá.

(D) Quando o legislador derroga ou ab-roga uma lei que revogou a anterior, surge a questão de se saber se a norma que fora revogada fica restabelecida, recuperando sua vigência, independentemente de declaração expressa. Mas, pela LIDB, a lei revogadora de outra lei revogadora não terá efeito repristinatório sobre a velha norma abolida, a não ser que haja pronunciamento expresso da lei a esse respeito.

A: a alternativa está incorreta, pois esquece a ultratividade da lei; a lei revogada deixa de ter vigência, mas ainda tem vigor para regular, por exemplo, efeitos ocorridos sob sua égide; **B:** a Constituição proíbe a retroação que prejudique, mas não a que beneficie (art. 5º, XXXVI, da CF); **C:** art. 2.028 do CC; **D:** art. 2º, § 3º, da LIDB. **AG/WG**
Gabarito "A".

(Magistratura Federal – 4ª Região – X) Sobre a eficácia da lei no tempo, assinalar a alternativa INCORRETA.

(A) A revogação expressa pode ser geral (derrogação) ou parcial (ab-rogação).

(B) Ocorre revogação tácita quando existe incompatibilidade entre os dispositivos da nova lei com os da lei anterior.

(C) No sistema legal brasileiro, a continuada inobservância ou o desuso da lei não acarretam sua revogação.

(D) A lei posterior, que inova disposições gerais ou especiais, a par das existentes, não revoga nem modifica a lei anterior, a menos que assim o estabeleça.

A revogação expressa pode ser total (ab-rogação) ou parcial (derrogação). **GN**
Gabarito "A".

(Magistratura Federal – 3ª Região – XI) A lei nova que estabelecer disposições gerais:

(A) a par de leis especiais já existentes a estas não revoga;

(B) sempre revogará as leis especiais anteriores sobre a mesma matéria;

(C) somente pode revogar a lei geral anterior, continuando vigentes todas as leis especiais;

(D) apenas revoga as leis especiais às quais expressamente se referiu.

Art. 2º, § 2º, da LIDB. **GN**
Gabarito "A".

1.1.3. REPRISTINAÇÃO

(Magistratura/AM – 2013 – FGV) O fenômeno da repristinação consiste

(A) na revogação parcial de uma lei.

(B) na restauração da vigência de uma lei revogada, por ter a lei revogadora perdido a vigência, e somente ocorre em virtude de disposição expressa que a preveja.

(C) na restauração da vigência de uma lei revogada, por ter a lei revogadora perdido a vigência, e ocorre independentemente de disposição expressa que a preveja.

(D) na extinção da obrigatoriedade de lei temporária.

(E) na revogação de uma lei por outra que regule inteiramente a matéria de que tratava a anterior.

A: incorreta, porque a alternativa trata da derrogação, que é a revogação parcial de uma lei; **B:** correta, pois repristinação é o fenômeno que restaura a vigência de uma lei revogada, devido ao fato de sua lei revogadora ter sido revogada. Assim, a primeira lei é revogada pela segunda que, por sua vez, é revogada pela terceira. Essa terceira lei – ao revogar a segunda – restauraria então a vigência da primeira. Isso é possível no nosso sistema, desde que esta última lei da cadeia sucessória tenha expressamente determinado a restauração da primeira (art. 2º, § 3º, da LINDB); **C:** incorreta, pois não há repristinação automática em nosso sistema; **D:** incorreta, pois a extinção da obrigatoriedade da lei provisória não guarda relação com o fenômeno da repristinação; **E:** incorreta, pois a assertiva refere-se à revogação global (ab-rogação), a qual ocorre quando uma nova lei regulamenta inteiramente a matéria abordada noutra lei. **GN**
Gabarito "B".

(Magistratura/PE – 2011 – FCC) No Direito brasileiro vigora a seguinte regra sobre a repristinação da lei:

(A) não se destinando a vigência temporária, a lei vigorará até que outra a modifique ou revogue.

(B) se, antes de entrar em vigor, ocorrer nova publicação da lei, destinada a correção, o prazo para entrar em vigor começará a correr da nova publicação.

(C) as correções a texto de lei já em vigor consideram-se lei nova.

(D) salvo disposição em contrário, a lei revogada não se restaura por ter a lei revogadora perdido a vigência.

(E) a lei nova, que estabeleça disposições gerais ou especiais a par das já existentes, não revoga nem modifica a lei anterior.

A: incorreta, pois a afirmativa, prevista no art. 2º, *caput*, da LIDB, não diz respeito à repristinação, mas ao princípio da continuidade das leis; **B** e **C:** incorretas, pois as afirmativas, previstas no art. 1º, §§ 3º e 4º, da LIDB, não dizem respeito à repristinação, mas aos efeitos de nova publicação corretiva de uma lei; **D:** correta, pois a norma citada, prevista no art. 2º, § 3º, da LIDB, cuida justamente do instituto da repristinação; **E:** incorreta, pois a afirmativa, prevista no art. 2º, § 2º, da LIDB, não diz respeito à repristinação, mas sim à regra de que a lei geral nova não revoga lei especial anterior. **AG/WG**
Gabarito "D".

(Magistratura Federal/3.ª Região – 10º) Por "repristinação" deve-se entender que:

(A) a lei nova tem sua vigência suspensa até o implemento da condição nela estipulada para sua eficácia plena.

(B) a lei não incide duplamente sobre o mesmo fato.

(C) a lei revogada restaura-se por ter a lei revogadora perdido a vigência.

(D) a lei posterior produz efeitos imediatos revogando as leis com ela incompatíveis.

Art. 2º, § 3º, da LIDB. **GN**

Gabarito "C".

1.1.4. IRRETROATIVIDADE DAS LEIS

(Magistratura Federal – 4ª Região – X) Sobre a eficácia da lei no tempo (retroatividade das leis), assinalar a alternativa INCORRETA.

(A) Deve-se entender por irretroatividade da lei o princípio segundo o qual esta se aplicará somente aos atos futuros, como tais entendidos aqueles ocorridos após sua promulgação.

(B) O direito que só poderá ser exercido após o advento de um termo preestabelecido ou a ocorrência de determinada condição inalterável não pode ser prejudicado por uma lei nova.

(C) A nova lei, que estabelece princípios de direito público ou de ordem pública, não poderá atingir quaisquer direitos individuais cujo titular já possa exercê-los, ou para cujo início de exercício exista termo prefixado, porque tais direitos reputam-se adquiridos.

(D) Se o exercício do direito depende da ocorrência de evento condicional suspensivo, sem que o advento da condição possa estar na dependência da vontade de terceiro, reputa-se adquirido tal direito e a nova lei não o poderá prejudicar.

A: correta; os atos futuros são os atos ocorridos após sua entrada em vigor; **B** a **D:** incorretas; art. 6º, § 2º, da LIDB. **GN**

Gabarito "A".

1.2. INTERPRETAÇÃO DA LEI

(Magistratura/PI – 2011 – CESPE) O fato de um juiz, transcendendo a letra da lei, utilizar de raciocínio para fixar o alcance e a extensão da norma a partir de motivações políticas, históricas e ideológicas caracteriza o exercício da interpretação:

(A) teleológica.

(B) sistemática.

(C) histórica.

(D) lógica.

(E) doutrinária.

A: incorreta, pois a interpretação teleológica é a que busca alcançar os fins sociais almejados pela norma. Trata-se da aplicação da teleologia, doutrina que se fundamenta na ideia de finalidade; **B:** incorreta, pois pela interpretação sistemática busca-se extrair da norma seu melhor significado através do auxílio de todo sistema jurídico, analisando outros diplomas legislativos pátrios, leis e códigos, observando o Direito como um sistema harmônico; **C:** incorreta, pois a interpretação histórica é a

que busca o "occasio leggis", ou seja, o período histórico no qual a lei foi elaborada, desenvolvida e aprovada. Busca-se a razão do surgimento da norma, o andamento de seu processo legislativo, emendas, correções até sua aprovação final pelo Presidente da República; **D:** correta, pois a interpretação lógica analisa a letra da lei com o auxílio de raciocínio lógico, análise do período histórico, ideologia dominante etc.; **E:** incorreta, pois tal interpretação é aquela realizada pelos estudiosos, em suas obras, teses e ensaios acadêmicos. **GN**

Gabarito "D".

1.3. LACUNAS E INTEGRAÇÃO DA LEI

(Magistratura/SP – 174º – VUNESP) O art. 4º da Lei de Introdução ao Código Civil, ao dispor que, ante a omissão da lei, o juiz decidirá de acordo com a analogia e os costumes, é norma:

(A) dirigida exclusivamente ao campo do Direito Privado.

(B) dirigida a todos os campos do Direito Positivo.

(C) que se aplica ao campo do Direito Privado, mas não a todos os campos do Direito Positivo.

(D) que se aplica a todos os campos do Direito Positivo, com exceção do Direito Penal.

De fato, há normas específicas em matéria de Direito Penal e Direito Tributário, por exemplo. **AG/WG**

Gabarito "C".

2. GERAL

2.1. PESSOAS NATURAIS

2.1.1. INÍCIO DA PERSONALIDADE E NASCITURO

(Magistratura Federal/1ª região – IX) Tendo em conta as proposições abaixo, assinale a alternativa correta:

I. um louco, como tal interditado, conserva a personalidade, mas perde a capacidade de direito.

II. o *concepturus*, beneficiado por fideicomisso, é um sujeito de direitos por ficção legal.

III. a autorização se distingue da assistência porque imprescinde da cooperação, simultânea ao ato, da pessoa que a concede.

IV. como toda pessoa é capaz de ter direitos, a capacidade de direito, na prática, se confunde com a capacidade de fato.

(A) somente a IV está correta.

(B) somente a I e III estão incorretas.

(C) todas estão incorretas.

(D) somente a II está correta.

I: incorreta, pois a capacidade de direito é atribuída a todos os seres humanos, conforme art. 1º do Código Civil; **II:** correta, pois o concepturo é o ser que ainda nem foi concebido, mas já pode ser beneficiário de disposições testamentárias, desde que nasça até dois anos após a abertura da sucessão (art. 1.799, I e 1.800, § 4º). O mesmo concepturo pode ser contemplado em substituição testamentária fideicomissária, sendo que nos dois casos ele é um sujeito de direito, observadas as peculiaridades de sua situação; **III:** incorreta, pois somente a assistência envolve a cooperação simultânea ao ato praticado; **I** incorreta, pois a capacidade de fato ou de exercício é a aptidão para exercer pessoalmente os atos da vida civil e ela não é outorgada às pessoas previstas nos artigos 3º e 4º do Código Civil. **GN**

Gabarito "D".

1. DIREITO CIVIL   5

2.1.2. EMANCIPAÇÃO

(Magistratura/SP – 174º – VUNESP) A emancipação civil, no regime legal ora vigente:

(A) é ato exclusivo dos pais, conjuntamente, ou, na falta de um deles, por morte ou interdição, ato do outro genitor, fazendo cessar a incapacidade relativa do filho.

(B) quando outorgada pelos pais, ou por um deles, depende de escritura pública.

(C) depende sempre de decisão judicial.

(D) pode ser outorgada por escritura pública ou particular.

Art. 5º, p. ún., I, do CC. **AG/WG**

Gabarito "B".

2.1.3. AVERBAÇÕES

(Magistratura/AM – 2013 – FGV) Para efeito da Lei 6.015/1973, assinale a afirmativa correta.

(A) Os índios, integrados ou não, estão obrigados a inscrição do nascimento.

(B) Os gêmeos que tiverem o prenome igual deverão ser inscritos com duplo prenome ou nome completo diverso, de modo que possam distinguir-se.

(C) No registro civil de pessoas jurídicas serão inscritos os contratos, os atos constitutivos, o estatuto ou compromissos das sociedades civis, pias, morais, científicas ou literárias, bem como o das fundações e das associações de utilidade pública, excetuadas, em todos os casos, as religiosas.

(D) No registro de imóveis não será feita a inscrição do penhor de máquinas e de aparelhos utilizados na indústria, instalados e em funcionamento, com os respectivos pertences.

(E) No direito brasileiro, vigora a regra da imutabilidade ou definitividade do nome civil, que não admite exceções.

A: incorreta, pois apenas os índios integrados é que estão obrigados à inscrição do nascimento (art. 50, § 2º, da Lei 6.015/1973); **B:** correta, pois a assertiva reproduz com precisão a regra estabelecida no art. 63 da Lei 6.015/1973; **C:** incorreta, pois o art. 114, I, da Lei 6.015/1973 inclui as sociedades religiosas na obrigatoriedade do registro civil das pessoas jurídicas; **D:** incorreta, pois no registro de imóveis será feito o registro do penhor de máquinas (art. 167, I, 4, da Lei 6.015/1973); **E:** incorreta, pois há exceções à regra da imutabilidade do nome, abrangendo até mesmo possibilidades de alteração do prenome, como ocorre com o erro gráfico, adoção, nomes que possam levar ao ridículo, por exemplo. **GN**

Gabarito "B".

(Magistratura/AM – 2013 – FGV) Com relação ao procedimento de dúvida, em matéria de registro de imóveis, assinale a afirmativa correta.

(A) Integra a jurisdição voluntária.

(B) Dispensa o contraditório.

(C) Dispensa a participação do Ministério Público, na qualidade de fiscal da lei.

(D) A decisão final que o extingue não transita em julgado.

(E) A decisão final que o extingue impede o uso do processo contencioso correspondente.

A: correta, pois trata-se efetivamente de um procedimento de jurisdição voluntária; **B e C:** incorretas, pois a lei prevê a manifestação de ambas as partes, bem como do Ministério Público (arts. 198 e 200 da Lei 6.015/1973); **D:** incorreta, pois o art. 203 da Lei 6.015/1973 prevê o trânsito em julgado da decisão da dúvida; **E:** incorreta, pois o art. 204 da referida lei dispõe que: "A decisão da dúvida tem natureza administrativa e não impede o uso do processo contencioso competente". **GN**

Gabarito "A".

(Magistratura/AM – 2013 – FGV) Acerca dos serviços notariais e de registro, assinale a afirmativa correta.

(A) O tabelião de notas poderá livremente praticar atos de seu ofício fora do Município para o qual recebeu delegação.

(B) A escolha do tabelião de notas é livre, qualquer que seja o domicílio das partes ou o lugar de situação dos bens objeto do ato ou negócio.

(C) A exigência de concurso púbico de provas e títulos se aplica ao ingresso na atividade notarial, mas não ao ingresso na atividade de registros públicos.

(D) Os notários são dotados de fé pública, mas não o são os oficiais de registro de imóveis.

(E) Os serviços notariais são exercidos, em caráter privado, por delegação do Poder Público e não estão sujeitos à fiscalização pelo Poder Judiciário.

A: incorreta, pois "o tabelião de notas não poderá praticar atos de seu ofício fora do Município para o qual recebeu delegação" (art. 9º da Lei 8.935/1994); **B:** correta, pois as partes podem se deslocar até o tabelião que desejarem (art. 8º da Lei 8.935/1994); **C:** incorreta, pois o concurso público também é a forma de ingresso na atividade de registros públicos; **D:** incorreta, pois "notário, ou tabelião, e oficial de registro, ou registrador, são profissionais do direito, dotados de fé pública, a quem é delegado o exercício da atividade notarial e de registro (art. 3º da Lei 8.935/1994); **E:** incorreta, pois há fiscalização do Poder Judiciário, conforme o art. 37 da Lei 8.935/1994. **GN**

Gabarito "B".

(Magistratura/RJ – 2013 – VUNESP) O princípio da continuidade registral estabelece que

(A) deve cada assento apoiar-se no anterior, formando um encadeamento histórico ininterrupto das titularidades jurídicas de cada imóvel, sendo que a omissão na cadeia registral causará nulidade dos registros que lhe seguirem.

(B) o imóvel, suas características, os direitos reais que nele incidirem, bem como o nome do proprietário deverão ser do conhecimento de todos, garantindo-se a continuidade.

(C) não poderão ser objeto de registro, para garantir a continuidade, os títulos apresentados que sejam inválidos, ineficazes ou imperfeitos.

(D) haverá preferência dos direitos reais, a qual será oponível perante terceiros, em relação àquele que primeiro apresentar seu título, garantindo-se a continuidade do registro prioritário.

O importante princípio da continuidade registral estabelece justamente a ideia de uma sequência lógica, contínua e ininterrupta na vida registral de um determinado imóvel. Apenas a assertiva A reflete com precisão a ideia traduzida pelo referido princípio. **GN**

Gabarito "A".

2.2. PESSOAS JURÍDICAS.

2.2.1. DESCONSIDERAÇÃO DA PERSONALIDADE JURÍDICA

(Magistratura/DF – 2011) Verificado abuso da personalidade jurídica, a requerimento da parte ou do Ministério Público nos casos em que o Parquet deve intervir, o juiz pode decidir no sentido de que "os efeitos de certas e determinadas relações de obrigações sejam estendidos aos bens particulares dos administradores ou sócios da pessoa jurídica". Assim, considere as proposições abaixo e assinale a <u>incorreta</u>:

(A) O encerramento irregular das atividades da pessoa jurídica, por si só, não basta para caracterizar abuso de personalidade jurídica;

(B) A aplicação da teoria da desconsideração, descrita no artigo 50 do atual Código Civil, imprescinde da demonstração de insolvência da pessoa jurídica;

(C) As pessoas jurídicas de direito privado sem fins lucrativos ou de fins não econômicos estão abrangidas no conceito de abuso da personalidade jurídica;

(D) A teoria da desconsideração, prevista no artigo 50 do vigente Código Civil, pode ser invocada pela pessoa jurídica em seu favor.

A: assertiva correta, pois reproduz o texto do Enunciado CJF 282; **B:** assertiva incorreta, pois a aplicação da teoria da desconsideração PRESCINDE (= não precisa) da demonstração de insolvência da pessoa jurídica, conforme o Enunciado CJF 281; **C:** assertiva correta, pois reproduz o texto do Enunciado CJF 284; **D:** assertiva correta, pois reproduz o texto do Enunciado CJF 285. **AG/WG**

Gabarito "B".

(Magistratura/RJ – 2011 – VUNESP) Para ser reconhecida a desconsideração da personalidade jurídica, no Código Civil, é necessário:

(A) abuso da pessoa jurídica, mediante sua utilização por dolo do titular da empresa, caracterizado pela má administração.

(B) abuso da personalidade jurídica, caracterizado pelo desvio de finalidade ou pela confusão patrimonial.

(C) abuso da personalidade jurídica, caracterizado pelo desvio de finalidade e pela confusão patrimonial.

(D) negligência dos administradores, mesmo quando não exerçam o cargo de diretores, caracterizando-se no desvio de finalidade.

A: incorreta, pois a má administração por si só não é – para a letra da lei – motivo suficiente para se aplicar a desconsideração da personalidade jurídica; **B:** correta, pois a conjunção alternativa "ou" é a mesma utilizada no art. 50 do Código Civil, a demonstrar que não se exige cumulação das hipóteses para aplicação da teoria da desconsideração; **C:** incorreta, pois a conjunção aditiva "e" não se adéqua à redação do art. 50; **D:** incorreta, pois a negligência dos administradores não se confunde com o desvio da finalidade da pessoa jurídica. **GN**

Gabarito "B".

(Magistratura Federal-5ª Região – 2011) A respeito da teoria da desconsideração da personalidade jurídica, assinale a opção correta.

(A) Pessoas jurídicas de direito privado sem fins lucrativos não são atingidas pela referida teoria.

(B) É possível que a própria pessoa jurídica invoque em seu favor a teoria da desconsideração.

(C) O encerramento irregular da pessoa jurídica basta para caracterizar o abuso da personalidade jurídica.

(D) Para a aplicação dessa teoria, é crucial que se comprove a insolvência da pessoa jurídica.

(E) Por ser necessariamente interpretada de forma estrita, essa teoria não é admitida na forma inversa.

A: incorreta, pois pessoas jurídicas de direito privado sem fins lucrativos ou de fins não econômicos estão abrangidas no conceito de abuso da personalidade jurídica (Enunciado CJF 284); **B:** correta, pois reproduz o texto do Enunciado CJF 285; **C:** incorreta, pois o encerramento irregular das atividades da pessoa jurídica, por si só, não basta para caracterizar o abuso da personalidade jurídica (Enunciado CJF 282); **D:** incorreta, pois a aplicação da teoria da desconsideração não requer a demonstração de insolvência da pessoa jurídica (Enunciado CJF 281); **E:** incorreta, pois é cabível a desconsideração da personalidade jurídica denominada "inversa" para alcançar bens de sócio que se valeu da pessoa jurídica para ocultar ou desviar bens pessoais, com prejuízo a terceiros (Enunciado CJF 283). **GN**

Gabarito "B".

(Juiz– TRF 3ª Região – 2016) Relativamente às pessoas jurídicas, marque a alternativa correta:

(A) Se a pessoa jurídica tiver administração coletiva, as decisões se tomarão, em qualquer caso, pela maioria de votos dos presentes.

(B) Compete privativamente às assembleias gerais das associações a destituição e a eleição dos administradores, bem como a alteração dosestatutos.

(C) Quando insuficientes para constituir a fundação, os bens a ela destinados serão incorporados em outra fundação que se proponha a fim igual ou semelhante, independentemente do que dispuser o instituidor.

(D) É obrigatória a inclusão de norma estatutária nas associações que preveja o direito de recorrer dos associados na hipótese de suaexclusão.

A: incorreta, pois em que pese essa ser a regra, a lei (CC, art. 48) admite disposição contrária; **B:** incorreta, pois a assembleia geral não tem competência para eleger administradores (CC, art. 59); **C:** incorreta, pois o instituidor pode dispor de modo contrário (CC, art. 63); **D:** correta, pois de acordo com a previsão do art. 57 do CC. **GN**

Gabarito "D".

2.2.2. CLASSIFICAÇÕES DAS PESSOAS JURÍDICAS

(Magistratura/PE – 2013 – FCC) São pessoas jurídicas de direito privado, segundo o Código Civil,

(A) os partidos políticos e as empresas individuais de responsabilidade limitada.

(B) as fundações e os condomínios em edificação.

(C) as pessoas jurídicas que forem regidas pelo direito internacional público, quando as respectivas sedes se acharem em países estrangeiros.

1. DIREITO CIVIL

(D) as associações, inclusive as associações públicas, em razão da atividade que exercerem.

(E) as organizações religiosas e as autarquias.

A: correta, pois de pleno acordo com o disposto no art. 44 do Código Civil; **B:** incorreta, pois os condomínios edilícios não apresentam natureza de pessoa jurídica, constituindo um exemplo de ente despersonalizado; **C:** incorreta, pois o art. 42 do CC define tais pessoas como pessoas jurídicas de direito público; **D** e **E:** incorretas, pois as associações públicas e as autarquias não são pessoas jurídicas de direito privado, mas sim pessoas jurídicas de direito público interno (art. 41, IV, do CC). **WG**
Gabarito "A".

(Magistratura Federal-4ª Região – 2010) Assinale a alternativa correta. Os partidos políticos são:

(A) Pessoas jurídicas de direito público interno.

(B) Pessoas jurídicas de direito público externo.

(C) Pessoas jurídicas de direito privado.

(D) Não são pessoas jurídicas.

(E) Todas as alternativas anteriores estão incorretas.

Art. 44, V, do CC. **GN**
Gabarito "C".

2.2.3. ASSOCIAÇÕES

(Magistratura/RO – 2011 – PUCPR) Acerca das pessoas jurídicas, assinale a única alternativa **CORRETA.**

(A) As associações se organizam para fins não econômicos, estabelecendo em seus estatutos, entre outros, os direitos e deveres dos associados e direitos e deveres recíprocos entre a pessoa dos associados.

(B) As pessoas jurídicas elencadas no Código Civil são de direito público, interno ou externo, e de direito privado. Entre elas encontram-se as organizações religiosas.

(C) Para alterar estatuto da fundação, a reforma deverá ser deliberada por dois terços dos competentes para gerir e representá-la. Se aprovada por quatro quintos, em face da ampla maioria, ao submeter o estatuto ao órgão do Ministério Público, é desnecessário o requerimento de ciência à minoria vencida para impugná-la, se quiser.

(D) O prazo para anular a constituição das pessoas jurídicas de direito privado, por defeito do ato respectivo, decai em dois anos, contado o prazo da publicação de sua inscrição no registro.

(E) Os associados devem ter iguais direitos, vedado ao estatuto da associação instituir categorias com vantagens especiais.

A: incorreta, pois nas associações não há, entre os associados, direitos e obrigações recíprocos (art. 53, par. único, do CC); **B:** correta, pois a alternativa reflete o disposto nos arts. 40 e 44, IV, do CC; **C:** incorreta, pois quando a alteração não houver sido aprovada por <u>votação unânime</u>, os administradores da fundação, ao submeterem o estatuto ao órgão do Ministério Público, requererão que se dê ciência à minoria vencida para impugná-la, se quiser, em dez dias (art. 68 do CC); **D:** incorreta, pois decai em <u>três anos</u> o direito de anular a constituição das pessoas jurídicas de direito privado, por defeito do ato respectivo, contado o prazo da publicação de sua inscrição no registro (art. 45, par. único, do

CC); **E:** incorreta, pois embora os associados devam ter iguais direitos, o estatuto poderá instituir categorias com vantagens especiais (art. 55 do CC). **AG/WG**
Gabarito "B".

2.2.4. TEMAS COMBINADOS DE PESSOA JURÍDICA

(Magistratura/BA – 2012 – CESPE) A respeito das pessoas jurídicas, assinale a opção correta.

(A) A quebra de *affectio societatis* mostra-se causa suficiente à exclusão de sócio minoritário.

(B) As novas disposições sobre a desconsideração da personalidade jurídica constantes no Código Civil implicaram mudança nas disposições relativas a essa matéria constantes no CDC.

(C) A fundação constituída *inter vivos* será extinta se o instituidor não lhe transferir a propriedade do bem dotado.

(D) Na transformação, é extinta a personalidade anterior à alteração para o novo modelo societário.

(E) Na interpretação das normas relativas à empresa, deve-se considerar o princípio da função social.

A: incorreta, pois a exclusão do sócio minoritário exige outros requisitos que não apenas a quebra da "*affectio societatis*"; **B:** incorreta, pois a aplicação do art. 28 do CDC é paralela e não conflitante com a do CC, tendo em vista seu específico campo de atuação nas relações consumeristas; **C:** incorreta, pois segundo o art. 64 do Código Civil o instituidor é obrigado a transferir a propriedade dos bens dotados e – caso não o faça – mandado judicial determinará que o seja feito; **D:** incorreta, pois na transformação não se extingue a personalidade da pessoa jurídica, alterando-se apenas o tipo societário (Lei 6.404, art. 220); **E:** correta, pois a função social é vetor interpretativo de toda legislação, especialmente no campo empresarial, tendo em vista o alcance e a repercussão econômica da empresa no contexto social. **GN**
Gabarito "E".

(MAGISTRATURA/PB – 2011 – CESPE) A respeito das pessoas naturais e das pessoas jurídicas, assinale a opção correta.

(A) O Código Civil não prevê hipótese de convalescência de defeitos relativos ao ato de constituição de pessoa jurídica de direito privado.

(B) De acordo com o que dispõe o Código Civil, se a administração da pessoa jurídica vier a faltar por ato voluntário ou involuntário do administrador, o juiz deverá nomear, de ofício, administrador provisório.

(C) Para a aplicação da teoria da desconsideração da pessoa jurídica, é imprescindível a demonstração de insolvência da pessoa jurídica.

(D) O menor relativamente incapaz pode aceitar mandato, independentemente da presença de assistente.

(E) Não se admite a invalidação de negócios jurídicos praticados pela pessoa antes de sua interdição.

A: incorreta, pois "decai em três anos o direito de anular a constituição das pessoas jurídicas de direito privado, por defeito do ato respectivo, contado o prazo da publicação de sua inscrição no registro" (art. 45, p. ún., do CC); dessa forma, passados os três anos, há convalescência dos defeitos; **B:** incorreta, pois o juiz, a requerimento de qualquer interessado (e não de ofício), nomeará administrador provisório (art. 49 do CC); **C:** incorreta, pois a aplicação da teoria da desconsideração,

descrita no art. 50 do Código Civil, prescinde da demonstração de insolvência da pessoa jurídica (Enunciado CJF 281); **D:** correta (art. 666 do CC); **E:** incorreta, pois é admitida a invalidação de negócios jurídicos praticados por incapaz antes de sua interdição; porém, será necessário demonstrar que a incapacidade existia ao tempo do negócio; já os negócios praticados pelo incapaz após a interdição são automaticamente nulos, independentemente de demonstração da persistência da incapacidade. **AG/WG**
Gabarito "D".

2.3. DOMICÍLIO

(Magistratura/PE – 2011 – FCC) A pessoa jurídica "X" que tem sede na Capital do Estado e estabelecimento em diversos municípios do interior, em um desses municípios contratou os serviços da oficina mecânica "Y" para manutenção de seus veículos mas não pagou pelos serviços prestados. Tendo "Y" de demandar a devedora no domicílio dela, é possível ajuizar a ação

(A) somente na Capital do Estado, porque nela se encontra a sede da devedora.

(B) em qualquer comarca, dentro da qual a devedora possua estabelecimento.

(C) na comarca a que pertencer o município no qual o contrato foi celebrado.

(D) apenas na comarca a que pertencer o município onde se encontrar o principal estabelecimento da devedora.

(E) em qualquer comarca do Estado, de livre escolha do credor, porque o domicílio na Capital estende seus efeitos para todo o limite territorial do Estado.

Tendo a pessoa jurídica "X" diversos estabelecimentos em lugares diferentes, cada um deles será considerado domicílio para os atos nele praticados (art. 75, § 1º, do CC). Assim, a ação será ajuizada na comarca do estabelecimento em que foi celebrado o contrato. **AG/WG**
Gabarito "C".

(Magistratura/RJ – 2013 – VUNESP) Conforme o Código Civil, tem domicílio necessário

(A) a pessoa jurídica de direito privado, onde estiver sua sede.

(B) o marítimo, onde o navio estiver ancorado.

(C) o servidor público, no lugar onde exercer suas funções, ainda que não permanentemente.

(D) o preso, onde cumprir a sentença.

A: incorreta, pois o domicílio, nesse caso, é o lugar onde funcionarem as respectivas diretorias e administrações, ou onde elegerem domicílio especial no seu estatuto ou atos constitutivos (art. 75, IV, do CC); **B:** incorreta, pois o domicílio do marítimo é o local da matrícula do navio (art. 76, parágrafo único, do CC); **C:** incorreta, pois será considerado domicílio do servidor público o local onde exercer suas funções de forma permanente (art. 76, parágrafo único, do CC); **D:** correta, pois de pleno acordo com o disposto no art. 76, parágrafo único, do CC. **GN**
Gabarito "D".

(Magistratura Federal/3ª região – 2011 – CESPE) Considerando que Paulo resida com sua família em Jaú-SP, seja sócio-proprietário de uma empresa de construção em Marília-SP e trabalhe como corretor de imóveis em Bauru-SP, assinale a opção correta no que se refere ao domicílio, em face da discussão da validade de modificação do contrato social da empresa de construção.

(A) Qualquer um dos três municípios pode ser considerado domicílio.

(B) Deve ser considerado domicílio o município de Jaú, local da residência de Paulo, visto que, na legislação civil, é adotada a teoria da unidade de domicílio.

(C) Bauru será o domicílio adequado caso a corretagem seja a principal atividade profissional de Paulo.

(D) Será domicílio o local em que Paulo for efetivamente encontrado quando da discussão da questão.

(E) Como a questão envolve o contrato social da empresa de construção, Marília deve ser considerada domicílio de Paulo.

A questão envolve o conceito de domicílio, cujo conceito padrão é o de residência com ânimo definitivo. Na hipótese aventada pela questão, porém, a discussão do local do domicílio gravita em torno da discussão da validade da alteração do contrato social. Para tal fim, deve-se aplicar o disposto no art. 72 do Código Civil, para o qual "é também domicílio da pessoa natural, quanto às relações concernentes à profissão, o lugar onde esta é exercida". **GN**
Gabarito "E".

2.4. DIREITOS DA PERSONALIDADE E NOME

(Juiz – TRF 2ª Região – 2017) Caio, autor de romance histórico, cede os seus direitos patrimoniais sobre tal obra, em caráter pleno, total e definitivo, em favor da Editora Ufijota. No entanto, Caio falece em 2009, três anos após a citada cessão, sem deixar qualquer herdeiro. Assinale a opção correta:

(A)A cessão de direitos patrimoniais, sem limitação de tempo, é nula de pleno direito e, em virtude do falecimento sem herdeiros, a possibilidade de reprodução da obra está em domínio público.

(B)A cessão de direitos patrimoniais está limitada ao máximo de 5 anos e, após tal prazo, diante da falta de herdeiros, a possibilidade de exploração da obra está em domínio público.

(C) Os direitos patrimoniais cedidos, em princípio, apenas estarão em domínio público a partir do ano2080.

(D)A cessão é válida, mas, a partir do falecimento, a Editora e qualquer outro interessado podem reproduzir a obra, livremente.

(E) Após o domínio público da obra, em 2019, qualquer interessado pode reproduzi-la, modificá-la e a ela acrescer trechos, simplificar a escrita e a sua visão filosófica, pois cessados os direitos morais, por falta de ente legitimado a tutelá-los.

O art. 41 da Lei 9.610/1998 (Lei de Direitos Autorais) impõe o prazo de setenta anos para que os direitos patrimoniais caiam em domínio público. Tal prazo é contado a partir de 1º de janeiro do ano subsequente ao falecimento. No caso apresentado na questão, a morte ocorreu em 2009 e o prazo de setenta anos deve ser contado a partir de 2010, resultando então em 2080.**GN**
Gabarito "C".

(Juiz – TJ-SC – FCC – 2017) De nossa parte, lembramos ainda a já afirmada função identificadora do pseudônimo, relativamente à esfera de ação em que é usado, o que, sem dúvida, é um traço distintivo do falso nome, que, evidentemente, embora, em certas circunstâncias, possa

1. DIREITO CIVIL

vir também a exercer papel semelhante, não é usado com essa finalidade, senão com a de frustrar qualquer possibilidade de identificação.

(R. Limongi França. **Do Nome Civil das Pessoas Naturais,** p. 542. 3. ed. São Paulo. Revista dos Tribunais, 1975).

Essa afirmação é:

(A) compatível com o direito brasileiro, em virtude de omissão da lei a respeito da proteção de pseudônimo, apenas aplicando-se analogicamente a regra pertinente aos apelidos públicos notórios.

(B) parcialmente compatível com o direito brasileiro, que confere proteção ao pseudônimo, em qualquer atividade.

(C) incompatível com o direito brasileiro, que só confere proteção ao pseudônimo em atividades artísticas ou intelectuais.

(D) compatível com o direito brasileiro, porque o pseudônimo adotado para atividades lícitas goza da proteção que se dá ao nome.

(E) parcialmente compatível com o direito brasileiro, que não distingue a proteção do nome da proteção do pseudônimo.

O pseudônimo é um nome alternativo, normalmente utilizado por escritores, autores de obras, artistas e poetas que não querem se identificar. Chico Buarque utilizava, por exemplo, o pseudônimo Julinho da Adelaide. Alexander Hamilton, James Madison e John Jay escreveram o famoso "O Federalista" sob o pseudônimo de Plubius. Desde que adotado para fins lícitos, o pseudônimo recebe da lei a mesma proteção dada ao nome (CC, art. 19).(GN)

Gabarito "D".

(Magistratura/BA – 2012 – CESPE) No que concerne a direitos autorais, assinale a opção correta.

(A) Direitos conexos aos do autor não gozam de proteção no direito autoral.

(B) À obra de gênero diferente pode ser dado título de obra já existente.

(C) A constituição do direito autoral ocorre com o registro da obra.

(D) O autor da obra feita sob encomenda não gozará de forma plena dos direitos autorais.

(E) A omissão do nome do autor na obra implica presunção relativa de anonimato.

A: incorreta, pois o art. 89 da Lei 9.610/98 estipula que "*As normas relativas aos direitos de autor aplicam-se, no que couber, aos direitos dos artistas intérpretes ou executantes*"; **B:** correta, pois o art. 10 da Lei 9.610/98 estipula que a proteção à título de obra limita-se "*às obras de mesmo gênero*"; **C:** incorreta, pois o art. 18 da referida Lei determina que a proteção aos direitos autorais independe de registro; **D:** incorreta, pois a despeito da obra ter sido encomendada, o autor continua com seus direitos autorais plenos; **E:** incorreta, pois contrária aos termos do art. 52 da mencionada Lei. GN

Gabarito "B".

(Magistratura/ES – 2011 – CESPE) Com base na jurisprudência edificada no STJ sobre os direitos autorais, assinale a opção correta.

(A) A pena pecuniária imposta a contrafator de programas de computador é restrita ao valor de mercado dos programas apreendidos.

(B) Para a responsabilização do agente que reproduz obra de arte sem a prévia e expressa autorização do seu autor, deve ser aferida a sua culpa.

(C) Não configura infração à legislação autoral a autorização de uso de *software* e módulos atinentes a ensino a distância por universidade contratante a outras para as quais não tenham sido licenciados os produtos, se coligadas.

(D) A utilização de obras musicais em espetáculos gratuitos promovidos pela municipalidade não enseja a cobrança de direitos autorais.

(E) A simples circunstância de serem publicadas fotografias sem a indicação de autoria é suficiente para dar ensejo a indenização por danos morais.

A: incorreta, pois o STJ entende que "*a pena pecuniária imposta ao infrator não se encontra restrita ao valor de mercado dos programas apreendidos*". Tal entendimento decorre da interpretação do art. 102 da Lei n.º 9.610/98. (RESP n.º 1.136.676/RS); **B:** incorreta, pois o STJ entende que nessa hipótese a responsabilidade é objetiva (RESP n.º 1123456/RS); **C:** incorreta, pois o STJ entende que há infração à legislação nesse caso (RESP n.º 1127220/SP); **D:** incorreta, pois o STJ entende que "*A utilização de obras musicais em espetáculos carnavalescos gratuitos promovidos pela municipalidade enseja a cobrança de direitos autorais à luz da novel Lei n. 9.610/98, que não mais está condicionada à auferição de lucro direto ou indireto pelo ente promotor*" (RESP n.º 524.873/ES); **E:** correta, pois o STJ entende que "*a simples circunstância de as fotografias terem sido publicadas sem a indicação de autoria _ como restou incontroverso nos autos – é o bastante para render ensejo à reprimenda indenizatória por danos morais*" (RESP n.º 750822/RS). GN

Gabarito "E".

(Magistratura/MG – 2012 – VUNESP) Assinale a alternativa correta com relação aos direitos da personalidade.

(A) Os direitos da personalidade são transmissíveis e renunciáveis, podendo seu exercício sofrer limitação voluntária, salvo se a lei excepcionar.

(B) Para proteção da utilização da imagem não autorizada de pessoa morta, nas hipóteses da lei civil, é parte legítima para requerer a medida judicial protetiva somente o cônjuge sobrevivo.

(C) É válida, com objetivo científico, ou altruístico, a disposição onerosa do próprio corpo, no todo ou em parte, para depois da morte.

(D) Terá legitimação para requerer medida judicial para que cesse lesão a direito da personalidade do morto o cônjuge sobrevivente, ou qualquer parente na linha reta, ou colateral até o quarto grau.

A: incorreta, tendo em vista que a alternativa afronta o art. 11 do Código Civil que estabelece que tais direitos são intransmissíveis e irrenunciáveis; **B:** incorreta, pois além do cônjuge sobrevivente, os descendentes e ascendentes também são partes legítimas a proteger a imagem de pessoa falecida nos termos do art. 20 parágrafo único; **C:** incorreta, pois admite-se apenas a disposição gratuita do próprio corpo, nos termos do art. 14 do CC; **D:** correta, pois a legitimação ali mencionada coincide com a prevista no art. 12, parágrafo único, do CC. GN

Gabarito "D".

(Magistratura/PA – 2012 – CESPE) No que se refere aos direitos autorais, assinale a opção correta.

(A) Obra publicada sob pseudônimo está fora do âmbito da proteção dos direitos de autor.

(B) De acordo com o STJ, a exteriorização da obra não é essencial à proteção dos direitos do autor.

(C) Segundo a jurisprudência, a proteção dos direitos autorais de programa de computador depende do registro.

(D) Aquele que adapta obra original é, assim como o autor da obra, titular de direito autoral.

(E) Os direitos autorais podem ser objeto de proteção possessória.

A: incorreta, pois o pseudônimo recebe proteção do Código Civil, no seu art. 19 e da Lei 9.610, art. 24, II; **B:** incorreta, pois o STJ posicionou-se no sentido de ser essencial a exteriorização da obra para fins de proteção, conforme REsp n.º 661022; **C:** incorreta, pois a jurisprudência segue a letra da lei que dispõe sobre a proteção da propriedade intelectual de programa de computador (Lei n.º 9.609/98), no seu art. 2º, § 3º que dispõe que tal proteção independe de registro; **D:** correta, pois a adaptação de obra original recebe a proteção do art. 7º, XI, da Lei 9.610; **E:** incorreta, pois no sentido contrário ao previsto pela súmula n.º 228 do STJ, segundo a qual: *"É inadmissível o interdito proibitório para a proteção do direito autoral".* **GN**
Gabarito "D".

(Magistratura/RJ – 2013 – VUNESP) Assinale a alternativa contemplativa de direitos morais de autor.

(A) O direito de reivindicar, a qualquer tempo, a autoria da obra; o direito de exclusividade de reprodução; o direito de modificar a obra; o direito exclusivo de utilizar, fruir e dispor da obra literária, artística ou científica.

(B) O direito de reivindicar, a qualquer tempo, a autoria da obra; o direito de ter seu nome, pseudônimo ou sinal convencional indicado ou anunciado, como sendo o do autor, na utilização de sua obra.

(C) O direito exclusivo de utilizar, fruir e dispor da obra literária, artística ou científica e o direito de exclusividade de reprodução; o direito de retirar de circulação a obra ou de suspender qualquer forma de utilização já autorizada.

(D) O direito de conservar a obra inédita; o direito de execução musical; o direito de exposição de obras de artes plásticas e figurativas.

A: incorreta, pois o direito de reprodução é um direito patrimonial do autor (art. 29 da Lei 9.610/1998); **B:** correta, pois os direitos ali mencionados estão todos previstos no art. 24 da Lei 9.610/1998, configurando direitos morais do autor; **C:** incorreta, pois o direito de utilizar, fruir e dispor é direito patrimonial (art. 29 da Lei 9.610/1998); **D:** incorreta, pois o direito de execução e exposição é patrimonial do autor (art. 29 da Lei 9.610/1998). **GN**
Gabarito "B".

(Magistratura/RO – 2011 – PUCPR) Dadas as assertivas abaixo, assinale a única **CORRETA.**

(A) Os direitos de personalidade são intransmissíveis e irrenunciáveis. Em caso de ameaça ou lesão a esses direitos, pode o interessado reclamar perdas e

danos. Em se tratando de morto, terá legitimação para requerer a medida qualquer parente em linha reta ou colateral até o terceiro grau.

(B) Prescreve em três anos a pretensão de cobrança de dívidas líquidas constantes de instrumento público ou particular.

(C) No negócio jurídico, uma das hipóteses que caracteriza como substancial o erro é quando concerne à identidade ou à qualidade essencial da pessoa a quem se refira a declaração de vontade, desde que tenha influído nesta de modo relevante.

(D) É anulável o negócio jurídico quando o motivo determinante, comum a ambas as partes, for ilícito.

(E) Independentemente de autorização, a utilização da imagem de uma pessoa destinada a fins comerciais somente poderá ser proibida se atingir a sua honra, boa fama ou a respeitabilidade.

A: incorreta, pois em se tratando de morto, terá legitimação para requerer a medida prevista neste artigo o cônjuge sobrevivente (e o companheiro também, segundo a doutrina), ou qualquer parente em linha reta, ou colateral até o <u>quarto grau</u> (art. 12, par. único, do CC); **B:** incorreta, pois prescreve em cinco anos (art. 206, § 5º, I, do CC); **C:** correta (art. 139, II, do CC); **D:** incorreta, pois é <u>nulo</u> o negócio jurídico quando o motivo determinante, comum a ambas as partes, for ilícito (art. 166, III, do CC); **E:** incorreta, pois <u>salvo se autorizadas, ou se necessárias à administração da justiça ou à manutenção da ordem pública</u>, a exposição ou a utilização da imagem de uma pessoa poderão ser proibidas, a seu requerimento e sem prejuízo da indenização que couber, se lhe atingirem a honra, a boa fama ou a respeitabilidade, ou se se destinarem a fins comerciais (art. 20 do CC). **AG/WG**
Gabarito "C".

(Magistratura/SP – 2013 – VUNESP) Acerca da personalidade, é correto afirmar que

(A) embora não exista mais o instituto romano da morte civil, é possível renunciar-se a certos direitos da personalidade, na forma da lei.

(B) a morte pode ser real ou presumida, havendo a primeira quando cessam as funções vitais, e a segunda, somente quando alguém, desaparecido em campanha ou feito prisioneiro, não for encontrado até dois anos após o término da guerra.

(C) se dois ou mais indivíduos falecerem na mesma ocasião, não se podendo averiguar se algum dos comorientes precedeu aos outros, presume-se que a morte do mais velho precedeu a do mais jovem.

(D) não obstante a existência se extinguir com a morte, é tutelável a ameaça ou lesão aos direitos de personalidade do morto.

A: incorreta, pois os direitos da personalidade são irrenunciáveis (art. 11 do CC); **B:** incorreta, pois a morte presumida não se dá apenas no caso mencionado, mas também se for extremamente provável a morte de quem estava em perigo de vida (art. 7º, I, do CC) e nos casos em que a lei autoriza a abertura de sucessão definitiva (art. 6º do CC); **C:** incorreta, pois no caso de comoriência se presume que houve morte simultânea (art. 8º do CC); **D:** correta (arts. 12, parágrafo único, e 20, parágrafo único, ambos do CC). **WG**
Gabarito "D".

1. DIREITO CIVIL

(Magistratura Federal – 3ª Região – XI) Com objetivo científico ou altruístico pode-se dispor para depois da morte:

(A) do próprio corpo no todo ou em parte, a título gratuito ou oneroso, sendo essa disposição revogável;

(B) apenas de partes do corpo, a título gratuito ou oneroso, sendo essa disposição irrevogável;

(C) apenas de partes do corpo, desde que gratuitamente e essa disposição é irrevogável;

(D) do próprio corpo, no todo ou em parte, gratuitamente, sendo essa disposição revogável.

Art. 14 do CC. **GN**
Gabarito "D".

2.5. BENS

(Magistratura/RJ – 2013 – VUNESP) Conforme o Código Civil, tem domicílio necessário

(A) a pessoa jurídica de direito privado, onde estiver sua sede.

(B) o marítimo, onde o navio estiver ancorado.

(C) o servidor público, no lugar onde exercer suas funções, ainda que não permanentemente.

(D) o preso, onde cumprir a sentença.

A: incorreta, pois o domicílio, nesse caso, é o lugar onde funcionarem as respectivas diretorias e administrações, ou onde elegerem domicílio especial no seu estatuto ou atos constitutivos (art. 75, IV, do CC); **B:** incorreta, pois o domicílio do marítimo é o local da matrícula do navio (art. 76, parágrafo único, do CC); **C:** incorreta, pois será considerado domicílio do servidor público o local onde exercer suas funções de forma permanente (art. 76, parágrafo único, do CC); **D:** correta, pois de pleno acordo com o disposto no art. 76, parágrafo único, do CC. **GN**
Gabarito "D".

(Magistratura/AM – 2013 – FGV) O Código Civil brasileiro regula, em sua Parte Geral, dentre outras matérias, os bens públicos, procurando identificá-los como bens de uso comum, bens de uso especial e bens dominicais.

Assim, ciente desta classificação, assinale a afirmativa correta.

(A) os bens dominicais são passíveis de aquisição por usucapião, pois não estão afetos à destinação pública.

(B) são bens públicos tanto aqueles pertencentes à Administração Direta, quanto aqueles que pertençam às pessoas que compõem a Administração Indireta.

(C) o uso comum dos bens públicos pode ser gratuito ou retribuído, conforme for estabelecido legalmente pela entidade a cuja administração pertencerem.

(D) os bens públicos, seja qual for a espécie, não são passíveis de alienação, mas podem ser penhorados, quando forem dominicais.

(E) consideram-se bens de uso comum aqueles que tanto podem ser utilizados pela Administração para um fim específico, como pelo particular, através de concessão ou permissão de uso.

A: incorreta, pois os bens públicos (não importando qual subespécie) não estão sujeitos a usucapião (art. 102 do CC); **B:** incorreta, pois na administração indireta há pessoas jurídicas de direito privado (ex: empresas públicas) que não se submetem ao regime jurídico de direito

público (cf. ilação retirada do inc. II do § 1º do art. 173 da CF/1988); **C:** correta, pois de pleno acordo com o art. 103 do CC; **D:** incorreta, pois os bens dominicais podem ser objetos de alienação, desde que observadas as regras e formalidades do Direito Administrativo (art. 101 do CC); **E:** incorreta, pois os bens de uso comum caracterizam-se justamente por não possuírem uma utilização específica da Administração (art. 99, I, do CC). **GN**
Gabarito "C".

(Magistratura/PE – 2013 – FCC) Os bens naturalmente divisíveis podem tornar-se indivisíveis

(A) por vontade das partes, não podendo exceder de cinco anos a indivisão estabelecida pelo doador ou pelo testador.

(B) por vontade das partes, que não poderão acordá-la por prazo maior de cinco anos, insuscetível de prorrogação ulterior.

(C) apenas por disposição expressa de lei.

(D) por disposição expressa de lei ou pela vontade das partes, desde que, neste caso, o prazo de obrigatoriedade da indivisão não ultrapasse dez anos.

(E) apenas pela vontade das partes.

O art. 88 do Código Civil permite que a vontade das partes ou a lei tornem indivisíveis aqueles bens que – por natureza – seriam divisíveis. Assim, por exemplo, é comum que a lei municipal determine uma metragem mínima para terrenos localizados em áreas nobres, tornando-os indivisíveis quando naturalmente poderiam ser divididos. Quanto ao prazo de obrigatoriedade da indivisão convencional, o art. 1.320, § 2º, do CC estipula que: "*Não poderá exceder de cinco anos a indivisão estabelecida pelo doador ou pelo testador*". **WG**
Gabarito "A".

(Magistratura/PE – 2011 – FCC) Os imóveis a seguir mencionados pertencem:

Imóvel 1 - a uma pessoa jurídica de direito privado, mas de que o Estado é acionista;

Imóvel 2 – a uma autarquia, onde funciona hospital para atendimento gratuito da população;

Imóvel 3 – a um loteamento urbano aprovado e registrado, para servir de praça pública, mas cujo terreno não foi objeto de desapropriação;

Imóvel 4 – ao município que o recebeu, por ser a herança vacante, e que permanece sem destinação.

Esses imóveis são classificados, respectivamente, como bens:

(A) particular; público de uso especial; público de uso comum do povo; público dominical.

(B) público de uso especial; público de uso especial; particular por falta de desapropriação; público dominical.

(C) particular; público de uso comum do povo; público de uso comum do povo; público de uso especial.

(D) público dominical; público de uso especial; particular, por falta de desapropriação mas que se tornará público pela usucapião; público dominical.

(E) particular; público de uso especial; particular que só se tornará público por desapropriação; público dominical.

Imóvel 1: imóvel particular, pois a titularidade é de pessoa jurídica de direito privado; Imóvel 2: imóvel público de uso especial, pois pertence a uma autarquia, que é pessoa jurídica de direito público, e é destinado à execução de serviço público (arts. 98 e 99, II, ambos do CC); Imóvel 3: imóvel público de uso comum do povo, pois é destinado a uso público (arts. 98 e 99, I, ambos do CC); Imóvel 4: imóvel público dominical, pois pertence ao Município, pessoa jurídica de direito público, e não tem destinação específica (arts. 98 e 99, III, ambos do CC). AG/WG

Gabarito "A".

(Magistratura/SP – 174º – VUNESP) O direito à sucessão aberta considera-se para os efeitos legais:

(A) bem imóvel.

(B) bem móvel.

(C) bem incorpóreo.

(D) bem móvel ou imóvel, conforme resulte de ser apreciado em si mesmo o que o integre, tendo em vista o fato de ser ou não suscetível de se mover.

Art. 80, II, do CC. AG/WG

Gabarito "A".

(Magistratura Federal – 3ª Região – XIII) A alienação de bens públicos:

(A) dominicais é absolutamente vedada;

(B) de uso comum ou de uso especial é absolutamente vedada;

(C) de uso comum ou de uso especial é vedada enquanto eles o forem;

(D) dominicais depende de lei que a autorize.

Arts. 100 e 101 do CC. GN

Gabarito "C".

(Magistratura Federal-4ª Região – 2010) Assinale a alternativa correta. Quanto aos bens públicos, pode-se afirmar que:

(A) Jamais podem ser alienados.

(B) Jamais podem ser cedidos (emprestados) gratuitamente.

(C) Só excepcionalmente podem ser submetidos à usucapião.

(D) Só podem ser alienados por decisão judicial.

(E) Todas as alternativas anteriores estão incorretas.

A: incorreta, pois os bens públicos dominicais podem ser alienados (art. 101 do CC); **B:** incorreta, pois os bens públicos podem ser cedidos gratuitamente (art. 17, I, f, h, da Lei 8.666/93); **C:** incorreta, pois os bens públicos não estão sujeitos à usucapião (art. 102 do CC); **D:** incorreta, pois a alienação de bem dominical não depende de autorização judicial; **E:** correta, pois todas as alternativas estão incorretas. GN

Gabarito "E".

(Magistratura Federal/4ª região – IX) Assinale a alternativa correta:

(A) São fungíveis os bens, móveis ou imóveis, que podem ser substituídos por outros da mesma espécie, qualidade e quantidade.

(B) Os bens públicos resumem-se aos bens de uso comum do povo e aos bens dominicais.

(C) As praias marítimas ou fluviais podem ser públicas, de uso comum do povo, ou particulares, de uso exclusivo de seu proprietário.

(D) A semente lançada à terra é bem imóvel.

A: incorreta, pois os bens imóveis são sempre infungíveis (CC, art. 85); **B:** incorreta, pois os bens de uso especial também se enquadram na categoria de bens públicos; **C:** incorreta, pois a Lei 7.661, de 16 de maio de 1988, que instituiu o Plano Nacional de Gerenciamento Costeiro dispõe que as praias terão "livre e franco acesso a elas e ao mar, em qualquer direção e sentido, ressalvados os trechos considerados de interesse de segurança nacional" (art. 10, caput); **D:** correta, pois a semente se incorpora ao bem imóvel por natureza (CC, art. 79) tornando-se então um bem imóvel por acessão. GN

Gabarito "D".

(Magistratura Federal/1ª região – IX) Em face das proposições abaixo, assinale a alternativa correta:

I. bem é a coisa, corpórea ou incorpórea, que constitui ou pode constituir objeto de direito.

II. a lua e as estrelas são coisas mas não são bens, posto que insuscetíveis de apropriação.

III. o cimento empregado na construção de um muro integra o conceito de "partes integrantes".

IV. uma biblioteca, como coisa coletiva, constitui uma universalidade de direito.

(A) somente a III e a IV estão corretas.

(B) todas estão incorretas.

(C) somente a I e a II estão corretas.

(D) somente a I e a III estão corretas.

I: correta, pois os bens são as coisas raras, úteis, suscetíveis de apropriação e que por isso apresentam valor econômico, podendo então ser objeto de direito; **II:** correta, pois a tais coisas falta um requisito importante para a configuração do bem; **III:** incorreta, pois o cimento passa a constituir o próprio bem principal; **I** incorreta, pois a biblioteca é um típico exemplo de universalidade de fato, pois seu agrupamento não se dá por força da lei. GN

Gabarito "C".

2.6. FATOS JURÍDICOS

2.6.1. ESPÉCIES, FORMAÇÃO E DISPOSIÇÕES GERAIS

(Magistratura/BA – 2012 – CESPE) Acerca dos atos e negócios jurídicos, assinale a opção correta.

(A) Testamento é exemplo de ato jurídico stricto sensu, devendo, por isso, os efeitos conferidos pelo testador estar em conformidade com a legislação.

(B) A gradação de culpa do agente não pode ser levada em conta para a configuração do ato ilícito ou para a determinação da indenização dele decorrente.

(C) De acordo com o Código Civil, não importa em anuência tácita o silêncio da locadora em relação à correspondência a ela encaminhada pelos fiadores comunicando-lhe a intenção de se exonerarem da fiança prestada.

(D) A aferição de abusividade no exercício de um direito deve ser realizada pelo magistrado de forma objetiva.

(E) Para os efeitos legais, não importa que a reserva mental seja ou não conhecida da outra parte contratante.

A: incorreta, pois o testamento é um negócio jurídico unilateral, tendo em vista que por seu intermédio o testador pode prever diversos efeitos jurídicos que – se obedecerem aos limites legais – serão cumpridos

1. DIREITO CIVIL **13**

e efetivados; B, incorreta, pois o art. 944, parágrafo único, do Código Civil permite a análise dos graus de culpa do ofensor para fins de se determinar o valor da indenização; **C:** incorreta, pois tal previsão não encontra respaldo no Código Civil; **D:** correta, pois o art. 187 estabelece que a boa-fé objetiva é critério para se aferir o exercício regular de um direito; **E:** incorreta, pois é de fundamental importância averiguar se a outra parte tinha ciência da reserva mental a fim de manter a validade da declaração de vontade, conforme o art. 110. **GN**
Gabarito "D".

(Magistratura/PE – 2011 – FCC) Na interpretação do silêncio, como manifestação da vontade, é correto afirmar que

(A) sempre que uma das partes silenciar, quando devesse manifestar, caracteriza-se o consentimento.

(B) importa anuência, quando as circunstâncias ou os usos o autorizarem, e não for necessária a declaração de vontade expressa.

(C) vigora o adágio "quem cala consente", em qualquer circunstância.

(D) o silêncio só importará consentimento depois de ratificação expressa.

(E) não se admite o silêncio como forma de manifestação da vontade, salvo nos casos em que a ratificação tácita é prevista em lei.

Art. 111 do CC. **AG/WG**
Gabarito "B".

(Magistratura Federal – 3ª Região – XIII) Transação é:

(A) o mesmo que acordo;

(B) um negócio que produz coisa julgada entre as partes;

(C) um negócio jurídico;

(D) um ato que só pode ser realizado no processo.

É negócio jurídico regulado nos arts. 840 e ss. do CC. **GN**
Gabarito "C".

(Magistratura Federal – 4ª Região – X) Sobre a teoria geral dos fatos jurídicos, assinalar a alternativa INCORRETA.

(A) O que caracteriza o ato-fato jurídico é tratar-se de ato humano avolitivo que entra no mundo jurídico como fato.

(B) No ato-fato jurídico a vontade do agente não integra o suporte fático, razão pela qual o louco pode praticá-lo eficazmente.

(C) O ato-fato é um fato natural a que se atribui os mesmos efeitos dos atos humanos.

(D) No ato-fato é irrelevante que o agente queira ou não praticar o ato, bastando que o pratique para que o ato exista e produza efeitos.

A alternativa "C" está incorreta, pois o ato-fato é um ato humano. **GN**
Gabarito "C".

(Magistratura Federal/1ª região – IX) Em face das asserções seguintes, assinale a alternativa correta:

I. todo contrato é um negócio jurídico e todo negócio jurídico é um contrato, pois em ambos existe sempre a conjunção de vontades.

II. segundo a teoria preceptiva, o negócio jurídico é um instrumento da autonomia privada.

III. a teoria normativista do negócio jurídico foi desenvolvida sistematicamente, na Itália, por Santi-Romano.

IV. o reconhecimento de um filho, a elaboração de um testamento e a fixação de domicílio são atos jurídicos não negociais.

(A) todas estão corretas.

(B) somente a III está correta.

(C) somente a II e a IV estão corretas.

(D) somente a II está correta.

I: incorreta, pois nem todo negócio jurídico é um contrato. O pacto antenupcial e a promessa de recompensa são exemplos de negócios jurídicos que não se configuram como contratos; **II:** correta, pois a teoria preceptiva sustenta que os negócios nascem da autonomia privada, mas apresentam um evidente caráter social no seu cumprimento; **III:** incorreta, pois referida teoria não foi desenvolvida na Itália, que apresenta outra direção de raciocínio; **I** incorreta, pois a elaboração de testamento é negócio jurídico unilateral, tendo em vista a possibilidade de o testador escolher os efeitos que deseja para sua disposição *post mortem*. **GN**
Gabarito "D".

2.6.2. CONDIÇÃO, TERMO E ENCARGO

(Magistratura/PE – 2013 – FCC) Invalidam os negócios jurídicos que lhes são subordinados as condições

(A) ilícitas, mas não as de fazer coisa ilícita, porque, neste caso, apenas a condição é inválida e não os negócios.

(B) física ou juridicamente impossíveis, quando resolutivas.

(C) incompreensíveis ou contraditórias.

(D) impossíveis e as de não fazer coisa impossível, quando resolutivas.

(E) suspensivas quando juridicamente impossíveis, mas não as que forem apenas fisicamente impossíveis.

Para responder esta questão, é importante diferenciar a invalidade do negócio jurídico ou apenas a invalidade da condição que é aposta ao negócio jurídico. A questão busca saber a hipótese de invalidade do negócio jurídico, em decorrência de uma condição viciada. Nesse sentido, o art. 123 do CC prevê que três condições geram a invalidade do negócio jurídico: I – as condições física ou juridicamente impossíveis, quando suspensivas; II – as condições ilícitas, ou de fazer coisa ilícita; III – as condições incompreensíveis ou contraditórias. **WG**
Gabarito "C".

(Magistratura/SP – 2011 – VUNESP) Assinale a alternativa correta.

(A) São vedadas as condições que sujeitam o efeito do negócio jurídico ao arbítrio de uma das partes, somente nas relações de consumo.

(B) As condições contraditórias são consideradas inexistentes, mantendo-se íntegro o negócio jurídico que lhe é subordinado.

(C) O titular de direito eventual pode praticar os atos destinados a conservá-lo, nos casos de condição suspensiva ou resolutiva.

(D) O implemento de condição resolutiva sempre extingue, para todos os efeitos, o direito a que ela se opõe.

(E) O termo inicial suspende a aquisição do direito.

A: incorreta, pois o Código Civil considera defesa a condição que sujeita o efeito do negócio jurídico ao arbítrio de uma das partes (art. 122); **B:** incorreta, pois as condições contraditórias invalidam os negócios jurídicos que lhes são subordinados (art. 123, III, do CC); **C:** correta (art. 130 do CC); **D:** incorreta, pois sobrevindo a condição resolutiva, extingue-se, para todos os efeitos, o direito a que ela se opõe; mas, se aposta a um negócio de execução continuada ou periódica, a sua realização, salvo disposição em contrário, não tem eficácia quanto aos atos já praticados, desde que compatíveis com a natureza da condição pendente e conforme aos ditames de boa-fé (art. 128 do CC); **E:** incorreta, pois o termo inicial suspende o exercício, mas não a aquisição do direito (art. 131 do CC). AG/WG

Gabarito "C"

(Magistratura Federal/2ª região – 2011 – CESPE) A respeito das condições e seus efeitos, assinale a opção correta.

(A) A incerteza é elemento caracterizador imprescindível à condição.

(B) As condições juridicamente impossíveis equiparam-se às ilícitas.

(C) É vedada cláusula que estabeleça condição suspensiva para pagamento.

(D) Nada sendo estipulado em contrário, o implemento da condição resolutiva produz efeitos *ex tunc*.

(E) São defesas as condições que estejam fora da alçada das partes.

A: correta, pois a condição apresenta como característica principal a incerteza de sua ocorrência (CC, art. 121); **B:** incorreta, pois a solução dada para as condições ilícitas difere daquela prevista para as condições impossíveis; **C:** incorreta, pois tal cláusula é permitida, sendo inclusive comum nos contratos de prestação de serviços advocatícios com a cláusula "*ad exitum*"; **D:** incorreta, pois como regra o implemento da condição resolutiva não altera os efeitos dos atos já produzidos (CC, art. 128); **E:** incorreta, pois nada impede que a ocorrência do evento futuro e incerto esteja mesmo fora do alcance ou da influência da parte, como ocorre, por exemplo, na doação com cláusula de reversão que determina o retorno do bem ao doador para a hipótese de ele sobreviver ao donatário (CC, art. 547, *caput*). GN

Gabarito "A"

(Magistratura Federal – 3ª Região – XI) Os elementos acidentais do negócio jurídico podem afetar sua validade ou comprometer sua eficácia, em determinadas situações. Assim:

(A) sobrevindo condição resolutiva em negócio jurídico de execução continuada ou periódica, a sua realização, salvo disposição em contrário, não tem eficácia quanto aos atos já praticados, ainda que incompatíveis com a natureza da condição pendente;

(B) considera-se não escrito o encargo ilícito ou impossível, salvo se constituir o motivo determinante da liberalidade, caso em que se invalida o negócio jurídico;

(C) ao titular do direito eventual, nos casos de condição suspensiva ou resolutiva, não é permitida a prática de atos destinados à sua conservação ou execução;

(D) não tendo sido estipulado prazo para sua execução, os negócios jurídicos celebrados entre vivos são exequíveis trinta dias após a data da celebração.

A: art. 128 do CC; **B:** art. 137 do CC; **C:** incorreta, pois tal prática é permitida (art. 130 do CC); **D:** incorreta, pois o negócio jurídico entre vivos são exequíveis desde logo (vide arts. 134 e 331 do CC). GN

Gabarito "A"

2.6.3. DEFEITOS DO NEGÓCIO JURÍDICO

(Juiz– TJ-SC – FCC – 2017)*Coviello, em seu magnífico ManualediDirittoCivile Italiano, é quem explica a matéria com maior clareza.*

Uma cousa, diz êle, é independer, a obrigatoriedade da lei, do conhecimento dos que lhe estão sujeitos e outra cousa é poder-se invocar o êrro de direito como pressuposto de certos fatos, dos quais a lei faz derivar consequências jurídicas. A primeira não comporta dúvidas; a segunda exige um exame, uma indagação.

Quando se admite a possibilidade de se invocar o êrro de direito, tal outro qualquer êrro, como pressuposto de um fato jurídico, isto não significa que se abra exceção à regra da obrigatoriedade das leis mesmo contra quem não as conhece.

A única distinção a fazer-se é a relativa ao fim visado por quem alega ignorância ou êrro de direito."

(Vicente Rao. **O Direito e a Vida dos Direitos.** 1º volume, tomo I.p. 382. São Paulo, Max Limonad. 1960).

Esse texto:

(A) aplica-se ao direito brasileiro, porque, embora ninguém se escuse de cumprir a lei alegando que não a conhece, salvo na transação a respeito das questões que forem objeto de controvérsia entre as partes, é anulável o negócio jurídico quando o erro de direito foro motivo único ou principal do negócio, e não implique recusa à aplicação da lei.

(B) aplica-se ao direito brasileiro porque embora ninguém se escuse de cumprir a lei alegando que não a conhece, é anulável a transação quando o erro de direito foi o motivo, único ou principal, do acordo, sobre as questões que tiverem sido objeto de controvérsia entre as partes.

(C) não se aplica ao direito brasileiro, porque ninguém se escusa de cumprir a lei alegando que não a conhece, sendo defeso alegar a invalidade de negócio jurídico fundada em erro de direito.

(D) aplica-se ao direito brasileiro porque embora ninguém se escuse de cumprir a lei alegando que não a conhece é nulo o negócio jurídico quando o erro de direito for o motivo único ou principal do negócio, salvo, na transação, a respeito das questões que forem objeto de controvérsia entre as partes.

(E) não se aplica ao direito brasileiro, porque quando o erro de direito for o motivo único de negócio jurídico, admite-se a alegação de desconhecimento da lei que o proíbe.

A questão diz respeito ao engano de uma pessoa em relação às leis, cujo nome técnico é "erro de direito". Pode uma pessoa alegar que não conhecia a lei? Há duas respostas para tal pergunta.

A primeira resposta é que tal alegação não será válida se a pessoa pretende usar o desconhecimento da lei visando a não cumpri-la ou visando a fugir das consequências de seu descumprimento. Assim, uma pessoa não pode pleitear isenção de multas ou juros alegando que não sabia que deveria ter recolhido impostos. É o que determina o art. 3º da Lei de Introdução.

A segunda resposta é que tal alegação será admitida se a pessoa pretende anular um contrato que só foi assinado em virtude de um

1. DIREITO CIVIL   15

erro de direito. Nesse caso, o erro de direito é o motivo pelo qual a pessoa praticou o negócio. Aqui, a lei admite a anulação do negócio jurídico (CC, art. 139, III). Exs.: Pedro contrata serviços de reforma da sua calçada, pensando que a lei assim exigia (mas essa lei já havia sido revogada); Pedro contrata importação de computadores pensando que o tributo é 2%, mas na verdade era de 20%. Nos dois casos Pedro poderá anular o negócio tendo em vista que só o praticou porque se enganou quanto à lei. (GN)

Gabarito "A".

(Magistratura/CE – 2012 – CESPE) Considerando que os vícios incidentes sobre a vontade, regulados no Código Civil sob a denominação defeitos do negócio jurídico, estão relacionados à formação ou à origem do negócio e atuam no plano da validade, assinale a opção correta.

(A) A finalidade da revisão judicial do negócio que culmine em lesão é proteger a pessoa que, ao contratar, esteja em uma situação de inferioridade em relação à outra parte e, por essa razão, se submeta a uma prestação desproporcional; presentes os requisitos legais da lesão, deve o juiz anular o negócio jurídico, e não incitar os contratantes a uma revisão judicial da avença.

(B) Por não ser considerado erro acidental, o erro de cálculo serve como fundamento para invalidar o negócio jurídico.

(C) Ainda que juridicamente relevante, a reticência não pode ser invocada para invalidar o negócio jurídico.

(D) Os vícios de consentimento prejudicam a exteriorização do negócio jurídico, atuando sobre o consentimento; já os vícios sociais se mostram quando há uma divergência entre a vontade exteriorizada e a ordem legal.

(E) A sistemática em relação aos defeitos do negócio foi alterada no novo Código Civil: além de serem incorporados ao sistema dois novos vícios, a lesão e o estado de perigo, ainda se considera a simulação como causa de anulação, e não mais de nulidade.

A: incorreta, pois não se exige – para configuração da lesão – que a vítima esteja em situação de inferioridade, bastando uma necessidade ou inexperiência. Ademais, o Código Civil, no art. 157, § 2º prevê o instituto da manutenção do negócio na hipótese de devolução do excesso, aplicando-se o princípio da conservação do negócio e deixando para última solução a anulabilidade; **B:** incorreta, pois o art. 143 do CC afasta a anulabilidade na hipótese de erro de cálculo, impondo apenas sua retificação **C:** incorreta, pois a reticência não é juridicamente relevante, assim como o motivo que levou o negócio a ser celebrado – em geral – é também irrelevante (ressalvada a hipótese do falso motivo, prevista no art. 140); **D:** correta, pois o vício do consentimento ocorre justamente quando a vontade surgiu de forma não esclarecida (erro ou dolo), não livre (coação moral), ou não ponderada (estado de perigo ou lesão). Nos vícios sociais não há qualquer vício na formação da vontade, apenas uma malícia que prejudica terceiros e – por isso – vicia o negócio; **E:** incorreta, pois a simulação gera nulidade absoluta do negócio simulado, conforme art. 167. GN

Gabarito "D".

(Magistratura/ES – 2011 – CESPE) Pedro, ao chegar com seu filho gravemente doente em um hospital particular, concordou em pagar quantia exorbitante para submetê-lo a cirurgia, ante a alegação do médico de que o tempo necessário para levar a criança a outro hospital poderia acarretar-lhe a morte.

Nessa situação hipotética, caracteriza-se, como causa de invalidação do negócio,

(A) o dolo, porque o pai foi induzido a aceitar condições que o prejudicavam.

(B) o estado de perigo, porquanto o pai se encontrava em situação de extrema necessidade.

(C) a lesão, porquanto o médico se aproveitou da situação.

(D) o erro, porque o pai assumiu a prestação com vício de vontade.

(E) a coação, porquanto foi incutido no pai o dano iminente ao filho.

A: incorreta, pois na hipótese a parte não foi induzida ao engano. A parte sabia exatamente qual era o negócio celebrado e suas consequências jurídicas, não havendo que se falar em dolo, portanto; **B:** correta, pois a hipótese é tipicamente de estado de perigo (art. 156 do CC), estando o pai premido da necessidade de salvar-se e tendo a outra parte ciência da situação aflitiva. Tal conduta abusiva foi, inclusive, elevada à categoria de fato típico penal a partir da edição da Lei n.º 12.653 que criou o art. 135-A do Código Penal com a seguinte redação: "*Exigir cheque-caução, nota promissória ou qualquer garantia, bem como o preenchimento prévio de formulários administrativos, como condição para o atendimento médico-hospitalar emergencial: Pena - detenção, de 3 (três) meses a 1 (um) ano, e multa. Parágrafo único. A pena é aumentada até o dobro se da negativa de atendimento resulta lesão corporal de natureza grave, e até o triplo se resulta a morte*"; **C:** incorreta, uma vez que a necessidade era de salvar pessoa da família, o que conduz à hipótese do art. 156 do CC e não à hipótese do art. 157 do CC, que prevê a lesão; **D:** incorreta, pois a hipótese não se enquadra no conceito do erro como vício do consentimento, tendo em vista que não houve falsa percepção da realidade; **E:** incorreta, pois não houve ameaça de mal grave e injusto imposto pela outra parte, não se configurando a hipótese do art. 151 do CC. GN

Gabarito "B".

(Magistratura/PA – 2012 – CESPE) Pedro, percebendo que seu patrimônio seria consumido pelas dívidas que havia contraído com Marcos, decidiu doar ao seu irmão, sem qualquer encargo, seu único imóvel.

Considerando-se essa situação hipotética, é correto afirmar que

(A) Marcos somente poderá promover a anulação da doação se houver ação executiva em andamento.

(B) qualquer credor de Pedro poderá promover a anulação da doação.

(C) não é necessária a demonstração da má-fé do irmão, para que Marcos anule a doação.

(D) o negócio realizado é, à luz do Código Civil, ineficaz em relação a Marcos.

(E) não é necessário, para anular a doação, que Marcos demonstre que o prejuízo por ele sofrido tenha dela decorrido.

A: incorreta, pois a existência de uma ação em andamento em qualquer fase é pressuposto da fraude à execução (que configura inclusive o tipo penal do art. 179 do CP); **B:** incorreta, pois o art. 158 do Código Civil limita tal possibilidade aos credores quirografários, até porque os credores com garantia real apresentam outras prerrogativas mais vantajosas; **C:** correta, pois nos negócios jurídicos gratuitos (como é o caso da doação) não se exige a má-fé do donatário e a lei dispensa a exigência do *consilium fraudis*. Essa opção da lei funda-se na antiga regra do Direito Romano segundo a qual: "entre assegurar o lucro sem causa do donatário e evitar o prejuízo do credor, a lei prefere este"; **D:** a despeito de certa divergência doutrinária, o Código Civil fez clara opção pelo regime da anulabilidade no que se refere à fraude contra credores. Tal opção do legislador é claramente observada nos artigos 158, 159, 171 e 178 do Código Civil; **E:** incorreta, pois a fraude contra credores reclama demonstração do requisito objetivo, que é o prejuízo para o credor. **GN**

Gabarito "C".

(Magistratura/SP – 2013 – VUNESP) Em matéria de ineficácia *lato sensu* do negócio jurídico, é correto afirmar-se:

(A) O erro de direito, consistente em falsa suposição decorrente do desconhecimento do direito aplicável, jamais configura erro substancial capaz de viciar o negócio jurídico.

(B) Uma vez demonstrada a simulação do negócio jurídico, seja ela absoluta ou relativa, será ele anulado na sua inteireza.

(C) No que concerne ao elemento subjetivo da fraude pauliana, não se exige intenção de prejudicar, tendo-se como presente quando houver motivo para que o contratante *in bonis* conheça a insolvência de sua contraparte, ou esta seja notória.

(D) O negócio jurídico celebrado mediante coação é absolutamente nulo, não sendo suscetível de confirmação.

A: incorreta, pois o erro de direito pode configurar um erro substancial, desde que não implique recusa à aplicação da lei e que seja o motivo único ou principal do negócio jurídico (art. 139, III, do CC); **B:** incorreta, pois, em sendo a simulação relativa (quando se encobre um negócio querido), o negócio simulado é nulo, mas o negócio dissimulado (o que se pretende de verdade) pode ser mantido, desde que válido na forma e na substância (art. 167, *caput*, do CC); **C:** correta, pois esse é o teor do art. 159, *caput*, do CC; **D:** incorreta, pois a coação (defeito do negócio jurídico) gera a anulabilidade (invalidade relativa) e não a nulidade (invalidade absoluta), nos termos do art. 171, II, do CC. **WG**

Gabarito "C".

(Magistratura/SP – 177º – VUNESP) Relativamente à fraude contra credores, assinale a resposta correta.

(A) A alienação de bem imóvel mediante compromisso de compra e venda não registrado, anteriormente à constituição da dívida pelo promissário vendedor, configura fraude contra credores, porque o compromisso não registrado não presume nem assegura conhecimento da alienação dos bens a terceiros, enquanto a constituição da dívida se deu na suposição de que ele tinha bens para garantir o débito.

(B) Fiador em contrato de locação que vende seus bens logo após a assinatura do contrato, se vier a ser acionado para responder pelo pagamento de locativos devidos e não pagos pelo locatário, se sujeitará à anulação, por fraude contra credores, da venda de seus bens que o reduziu à insolvência, porque, ao tempo da transmissão, a fiança já havia sido constituída.

(C) Fiador em contrato de locação que, logo após a assinatura do contrato, faz doação de seus bens aos filhos,

não se sujeita à anulação do ato por fraude contra credores, ainda que seja reduzido à insolvência.

(D) A alienação de bem em fraude contra credores que, sucessivamente, é transmitido pelo adquirente para terceiro e deste para quarto adquirente, rende ensejo à anulação, porque a fraude nesse caso se presume e não é tolerada pelo ordenamento jurídico pátrio.

A: art. 158, § 2º, do CC; **B e C:** no caso, a venda e a doação ocorreram logo após a celebração dos contratos de locação e de fiança, o que pressupõe que ainda não há débitos locatícios em aberto, o que faz incidir o disposto no art. 158, § 2º, do CC; **D:** art. 161 do CC. **AG/WG**

Gabarito "C".

(Magistratura/SP – 177º – VUNESP) Relativamente a negócio jurídico celebrado com erro do contratado e com dolo do contratante, tendo por objeto escuta telefônica de concorrente comercial, assinale a alternativa correta.

(A) É anulável se o erro for substancial e o dolo essencial e a escuta telefônica não for de conhecimento da Polícia.

(B) É negócio jurídico nulo de pleno direito.

(C) Não é negócio jurídico nulo nem anulável se o dolo é acidental, isto é, com ou sem ele o contrato se realizaria, e se o erro não for substancial.

(D) O negócio jurídico é válido, porque o dolo e o erro são recíprocos, caso em que um dos contratantes não pode alegar a má-fé do outro, e o objeto do contrato é o que há de mais corriqueiro e diz respeito à livre concorrência assegurada na Constituição.

Esse contrato tem objeto ilícito, de modo que incide o disposto no art. 166, II, do CC. **AG/WG**

Gabarito "B".

(Juiz – TRF 3ª Região – 2016) Sobre os defeitos do negócio jurídico, assinale a alternativa incorreta:

(A) O erro de cálculo não invalida o negócio jurídico; ele apenas autoriza a retificação da declaração devontade.

(B) O erro não invalida o negócio jurídico quando a pessoa, a quem a manifestação de vontade se dirige, se oferecer para executá-la na conformidade da vontade real do manifestante.

(C) A lesão não invalida o negócio jurídico se for oferecido suplemento suficiente, ou se a parte favorecida concordar com a redução doproveito.

(D) O estado de perigo não invalida o negócio jurídico se a parte beneficiada oferecer justa reparação pelo fato de ter se aproveitado da premente necessidade de a outra parte salvar-se.

A: correta, pois a assertiva reproduz a regra prevista no art. 143 do CC; **B:** correta, pois trata-se de uma forma de conservação do negócio jurídico prevista no art. 144 do CC; **C:** correta, pois o art. 157 § 2º do CC prevê a conservação do negócio jurídico em virtude da redução do proveito do beneficiado; **D:** incorreta, pois tal hipótese de conservação do negócio jurídico não tem previsão legal. **GN**

Gabarito "D".

1. DIREITO CIVIL

(Juiz–TRF 4ª Região – 2016) Assinale a alternativa **INCORRETA.**

(A) O erro acidental não acarreta a anulação do negócio jurídico.

(B) A coação por terceiro somente anula o negócio jurídico se dela tiver ou devesse ter conhecimento a parte a quem aproveite.

(C) Não se decreta a anulação do negócio lesivo se as partes concordarem com o reequilíbrio contratual.

(D) O dolo acidental só obriga à satisfação de perdas e danos; o dolo é acidental quando, a seu despeito, o negócio seria realizado, embora por outro modo.

(E) É anulável o negócio jurídico simulado, mas subsistirá o que se dissimulou se ele for material e formalmente válido.

A: correta, pois o Código Civil apenas se preocupa com o erro substancial, que é aquele considerado relevante, determinante (CC, art. 138); **B:** correta, pois a coação proveniente de terceiros somente vicia o negócio jurídico se a parte beneficiada no contrato soubesse ou devesse saber da ocorrência da coação (CC, art. 154); **C:** correta, pois o art. 157 § 2° do CCprevê a hipótese de manutenção do contrato mediante a redução do proveito obtido; **D:** correta, pois o dolo acidental é aquele que diz respeito a características menores, não decisivas num contrato. Caso o dolo recaia sobre uma dessas características, o negócio jurídico não será anulado (CC, art. 146); **E:** incorreta, pois o negócio simulado é nulo (CC, art. 167).GN
Gabarito "E".

2.6.4. INVALIDADE DO NEGÓCIO JURÍDICO

(Magistratura/AM – 2013 – FGV) Em relação a negócios jurídicos realizados na vigência do Código Civil de 2002, assinale a afirmativa correta.

(A) É anulável o negócio jurídico simulado.

(B) É nulo o negócio jurídico realizado por menor relativamente incapaz.

(C) É anulável a venda de ascendente a descendente, salvo se os outros descendentes e o cônjuge do alienante expressamente houverem consentido.

(D) É nulo o negócio jurídico realizado em estado de perigo.

(E) É inadmissível, no direito brasileiro, a conversão de negócios jurídicos nulos.

A: incorreta, pois o art. 167 do CC estabelece que o negócio jurídico simulado é nulo de pleno direito; **B:** incorreta, pois referido negócio é meramente anulável (art. 171, I, do CC); **C:** correta, pois de pleno acordo com o disposto no art. 496 do CC; **D:** incorreta, pois qualquer negócio praticado sob vício do consentimento é considerado anulável (art. 171, II, do CC); **E:** incorreta, pois a conversão do negócio nulo é prevista em nosso sistema (art. 170, do CC). GN
Gabarito "C".

(Magistratura/AM – 2013 – FGV) João, premido pela necessidade de conseguir dinheiro para purgar a mora referente a aluguéis e encargos da casa em que reside e evitar o despejo, vendeu uma joia de família a Ricardo, por R$ 5.000,00, embora o seu preço de mercado seja de aproximadamente R$ 50.000,00.

Posteriormente, não conseguindo desfazer amigavelmente o negócio realizado, propõe ação para anular a venda da joia.

De acordo com as informações apresentadas, assinale a alternativa que indica, em tese, o defeito do negócio jurídico.

(A) Lesão.

(B) Dolo.

(C) Coação.

(D) Estado de perigo.

(E) Erro.

A: correta, pois a hipótese se encaixa perfeitamente com a previsão legal da lesão, hipótese na qual uma pessoa, sob premente necessidade, se obriga a prestação manifestamente desproporcional ao valor da prestação oposta (art. 157 do CC); **B:** incorreta, pois no dolo a vítima não tem a vontade esclarecida, tendo em vista o artifício malicioso utilizado pela outra parte (art. 145 do CC); **C:** incorreta, pois na coação o mal que aflige (e pressiona) a vítima a realizar determinado negócio é causado justamente pela outra parte contratante (art. 151 do CC); **D:** incorreta, pois no estado de perigo a pessoa está premida da necessidade de salvar-se ou salvar pessoa de sua família (art. 156 do CC); **E:** incorreta, pois no erro ocorre a falsa percepção da realidade, não por uma conduta maliciosa da outra parte, mas por um engano próprio da vítima. (art. 138 do CC). GN
Gabarito "A".

(Magistratura/SP – 179° - VUNESP) Assinale o único dos atos referidos que não tem sua nulidade ou anulabilidade prevista pela lei.

(A) A cessão de direitos à sucessão não aberta.

(B) A transação a respeito de litígio decidido por sentença passada em julgado, se dela não tinha ciência algum dos transatores.

(C) A exclusão de associado em associação civil, mediante procedimento que assegurou seu direito de defesa, mas não lhe conferiu o direito de recorrer.

(D) A compra e venda sem fixação de preço ou critério convencionado para a sua determinação.

A: incorreto (art. 426 c/c art. 166, VII, do CC); **B:** incorreto (art. 850 c/c art. 166, VII, do CC); **C:** incorreto (art. 57 c/c art. 166, VII, do CC); **D:** correto; esse tipo de venda não é proibido pela lei; a sanção legal para essa situação é a aplicação do preço habitual praticado pelo vendedor (art. 488 do CC). AG/WG
Gabarito "D".

(Magistratura Federal-4ª Região – 2010) Assinale a alternativa correta.

É nulo o ato jurídico:

(A) Que tiver por objetivo fraudar lei imperativa.

(B) Se resultante de erro.

(C) Se resultante de coação.

(D) Praticado para fraudar terceiros.

(E) Todas as alternativas anteriores estão incorretas.

A: correta (art. 166, VI, do CC); **B, C, D:** são causas de anulabilidade (art. 171, II, do CC); **E:** incorreta, pois a alternativa A está correta. GN
Gabarito "A".

(Magistratura Federal – 3ª Região – XIII) Simulação é:

(A) uma causa de nulidade do negócio jurídico;

(B) um vício de consentimento;

(C) um motivo para a rescisão do contrato;

(D) uma causa de anulabilidade do negócio jurídico.

Art. 167 do CC. GN

Gabarito "A".

(Magistratura Federal – 3ª Região – XII) Relativamente à validade do negócio jurídico é incorreto afirmar:

(A) Quando o negócio jurídico celebrado for nulo poderá ser convertido em outro, desde que satisfaça os requisitos do negócio jurídico sucedâneo, e as partes queiram o efeito prático resultante do negócio em que se converte o inválido;

(B) Considera-se anulável a cláusula contratual que preveja o aumento progressivo das prestações sucessivas;

(C) O abuso de direito enseja a nulidade do ato ou negócio jurídico por implicar fraude à lei imperativa;

(D) A anulabilidade do negócio jurídico não tem efeito antes de declarada por sentença e aproveita tão somente aquele que a alega, salvo o caso de indivisibilidade ou solidariedade.

A: correto (art. 170 do CC); **B:** incorreto, pois há previsão autorizando o aumento progressivo de prestações sucessivas (art. 316 do CC); todavia, é bom lembrar que a Lei do Plano Real (Lei 10.192/01), no seu art. 2º, estabelece a *nulidade* de cláusula que estabeleça aumento de prestação em período inferior a 12 meses, ressalvados os contratos bancários e os contratos de financiamento com prazo superior a 36 meses; **C:** correta (art. 187 c/c art. 166, VI, do CC); **D:** correta (art. 177 do CC). GN

Gabarito "B".

2.7. ATOS ILÍCITOS

(Magistratura/DF – 2011) Consoante dicção da lei civil vigente, "aquele que, por ação ou omissão voluntária, negligência ou imprudência, violar direito e causar dano a outrem, ainda que exclusivamente moral, comete ato ilícito". Sendo assim, considere as proposições abaixo e assinale a correta:

(A) Não são acumuláveis as indenizações por dano material e dano moral oriundos do mesmo fato, dado que uma exclui a outra;

(B) Não caracteriza dano moral a apresentação antecipada de cheque pré-datado, muito mais quando o cheque é de pequeno valor;

(C) A pessoa jurídica jamais pode sofrer dano moral;

(D) A instituição bancária pode recusar-se ao pagamento de título que lhe for apresentado. Entretanto, a simples devolução indevida de cheque caracteriza dano moral.

A: incorreta, pois são cumuláveis, de acordo com a Súmula 37 do STJ; **B:** incorreta, pois caracteriza dano moral, nos termos da Súmula 370 do STJ; **C:** incorreta, pois a pessoa jurídica pode sofrer dano moral (Súmula 227 do STJ); **D:** correta, pois a simples devolução indevida de cheque caracteriza dano moral (Súmula 388 do STJ). AG/WG

Gabarito "D".

(Magistratura/PE – 2013 – FCC) O abuso de direito acarreta

(A) consequências jurídicas apenas se decorrente de coação, ou de negócio fraudulento ou simulado.

(B) somente a ineficácia dos atos praticados e considerados abusivos pelo juiz.

(C) indenização apenas em hipóteses previstas expressamente em lei.

(D) apenas a ineficácia dos atos praticados e considerados abusivos pela parte prejudicada, independentemente de decisão judicial.

(E) indenização a favor daquele que sofrer prejuízo em razão dele.

O art. 187 do CC prevê o ato ilícito decorrente do abuso do direito. Na hipótese, o titular de um direito, ao exercê-lo, excede os limites impostos pela boa-fé, pelos bons costumes, pelo seu fim social ou fim econômico. Num julgado lapidar, o STJ (REsp n.º 811.690/RR, Rel. Ministra Denise Arruda, 1ª Turma, julgado em 18.05.2006), entendeu que a concessionária *"ao suspender o fornecimento de energia elétrica em razão de um débito de R$ 0,85, não agiu no exercício regular de direito, e sim com flagrante abuso de direito"*, condenando-a ao pagamento de danos materiais e morais ao consumidor. Trata-se, pois de um ato ilícito, cuja consequência é a obrigação de indenizar, prevista no art. 927 do CC. WG

Gabarito "E".

(Magistratura/SP – 177º – VUNESP) Relativamente ao estado de necessidade, como excludente de ato ilícito, estabelece o art. 188, inciso II e parágrafo único, do Código Civil: Não constituem atos ilícitos: II – a deterioração ou destruição da coisa alheia, ou a lesão a pessoa, a fim de remover perigo iminente. Parágrafo único. No caso do inciso II, o ato será legítimo somente quando as circunstâncias o tornarem absolutamente necessário, não excedendo os limites do indispensável para a remoção do perigo. Sobre esse tema, assinale a alternativa correta.

(A) Se a pessoa lesada ou o dono da coisa não forem culpados do perigo, assistir-lhes-á direito à indenização do prejuízo que sofreram, a despeito de o causador ter agido em estado de necessidade e constituir este excludente do ato ilícito.

(B) No caso de dano pessoal ou morte de pessoa, com absolvição criminal definitiva com fundamento no estado de necessidade, ainda que a vítima ou o lesado não sejam culpados pelo perigo, o causador da lesão ou da morte não responde civilmente porque, nesse caso, o fato não constitui ato ilícito.

(C) No caso do estado de necessidade, porque o fato lesivo não constitui, por expressa disposição de lei, ato ilícito, não se pode cogitar, em nenhuma hipótese, de indenização em favor de quem quer que seja ou contra qualquer pessoa.

(D) O estado de necessidade pode ser alegado em qualquer fase e em qualquer grau de jurisdição, mas sendo um direito personalíssimo daquele que atua no sentido da norma legal, isto é, destruição de coisa alheia ou lesão a pessoa a fim de remover perigo iminente, não se transmite a seus herdeiros no caso de falecimento.

Em complemento ao dispositivo citado no enunciado (art. 188, II, do CC), deve-se ler o art. 929 do CC. AG/WG

Gabarito "A".

2.8. PRESCRIÇÃO E DECADÊNCIA

(Juiz – TJ-SC – FCC – 2017) O recebimento, pelo credor, de dívida prescrita:

(A) dá direito à repetição se o devedor for absoluta ou relativamente incapaz.

1. DIREITO CIVIL

(B) dá direito à repetição em dobro, salvo se for restituído o valor recebido no prazo da contestação.

(C) dá direito à repetição fundada no enriquecimento sem causa.

(D) só não confere direito à repetição, se o credor houver agido de boa-fé.

(E) não dá direito à repetição por pagamento indevido ou enriquecimento sem causa, ainda que a prescrição seja considerada matéria de ordem pública.

A prescrição extingue apenas a pretensão de um direito (CC, art. 189). Em termos práticos, o credor perde a prerrogativa de cobrar seu créditojudicialmente, mas a dívida continua existindo. Assim, eventual pagamento realizado não dá direito a restituição pelo "pagamento do indébito", pelo simples fato de que – mesmo com a prescrição – ainda há débito. **GN** Gabarito "E".

(Magistratura/AM – 2013 – FGV) Assinale a alternativa que apresenta um prazo de natureza prescricional.

(A) Prazo para propor ação de ressarcimento de dano moral decorrente de ato ilícito

(B) Prazo para propor ação renovatória de locação de imóvel urbano destinado ao comércio.

(C) Prazo para propor ação de deserdação de herdeiro necessário

(D) Prazo para propor ação anulatória de negócio jurídico realizado por representante em conflito de interesses com o representado.

(E) Prazo para propor ação de preferência, por parte do condômino preterido na venda a terceiro de quinhão da coisa comum indivisível.

A: correta, pois o referido direito é da espécie "direitos a uma prestação", cuja violação faz nascer uma pretensão, a ser exercida no prazo estabelecido em lei, sob pena de prescrição. Na hipótese, o prazo é de três anos, conforme preceitua o art. 206 § 3º, V, do CC; **B:** incorreta, pois o direito potestativo de renovar o contrato de locação comercial deve ser exercido dentro do penúltimo semestre da locação (Lei 8.245/1991, art. 51); **C:** incorreta, pois o direito potestativo de excluir herdeiro necessário que foi deserdado pelo *de cujus* é decadencial de quatro anos (art. 1.815, parágrafo único, por analogia, do CC); **D:** incorreta, pois o prazo para exercer o direito potestativo de anular referido negócio é de 180 dias a contar da conclusão do negócio ou da cessação da incapacidade (art. 119, parágrafo único, do CC); **E:** incorreta, pois o prazo decadencial para exercício do referido direito é de 180 dias, conforme art. 504 do CC. **GN** Gabarito "A".

(Magistratura/MG – 2012 – VUNESP) Assinale a alternativa que apresenta informação **incorreta** no que concerne à prescrição.

(A) A prescrição só pode ser alegada a quem aproveita em primeiro grau de jurisdição.

(B) A exceção prescreve no mesmo prazo em que a pretensão.

(C) A interrupção da prescrição, que somente poderá ocorrer uma vez, dar-se-á por qualquer ato judicial que constitua em mora o devedor.

(D) A prescrição o pode ser interrompida por qualquer interessado.

A: incorreta, pois o art. 193 do CC permite a alegação em qualquer grau de jurisdição; **B:** correta, pois no momento no qual a prescrição se consuma, extingue-se de uma só vez a pretensão e também a possibilidade de o titular do direito se defender com base nele (CC, art. 190); **C:** correta, pois o ato judicial que constitui em mora o devedor é hipótese de interrupção de prescrição (CC, art. 202, V); **D:** correta, pois o art. 203 do CC permite que qualquer interessado interrompa a prescrição. **GN** Gabarito "A".

(Magistratura/PE – 2011 – FCC) O motorista José, no dia 08 de dezembro de 2005, envolveu- se em acidente de trânsito, do qual resultaram danos em seu veículo e aos ciclistas Pedro e João, à época contando 12 (doze) e 16 (dezesseis) anos de idade, respectivamente. No procedimento criminal José foi absolvido, transitando em julgado a sentença em 09/06/2006. José ajuizou ação indenizatória contra Pedro e João, que têm patrimônio próprio, em 17/03/2009. Os réus, em peças distintas, contestaram, alegando que José fora culpado no acidente e apresentaram pedido contraposto, na audiência realizada em 12/06/2009, pleiteando indenização para serem ressarcidos dos prejuízos que também sofreram, inclusive mediante compensação se o juiz concluir pela concorrência de culpas. Foram ouvidas testemunhas e o juiz, de ofício, reconheceu que as pretensões do autor e dos réus estavam prescritas, porque já decorridos mais de 3 (três) anos desde o acidente, sendo este o prazo estabelecido no artigo 206, § 3º, V, do Código Civil.

A sentença é

(A) parcialmente correta, porque a prescrição só atingiu as pretensões de José e de João.

(B) correta tanto em relação ao autor como aos réus.

(C) incorreta, porque a prescrição não atingiu as pretensões do autor nem dos réus, à vista de circunstâncias que obstam o curso do prazo prescricional.

(D) incorreta, porque o Juiz não pode, de ofício, reconhecer a prescrição.

(E) parcialmente correta, porque a prescrição atingiu a pretensão do autor, mas não atinge o pedido contraposto, porque se caracteriza como exceção.

A alternativa "a" está correta, pois a pretensão de Pedro não prescreveu, vez que Pedro tinha 12 anos à época do acidente, e, contra os absolutamente incapazes, não corre a prescrição (art. 198, I, do CC). Além disso, o juiz pode conhecer de ofício a prescrição (art. 219, § 5º, do CDC). **AG/WG** Gabarito "A".

(Magistratura/PR – 2013 – UFPR) No que concerne à prescrição e à decadência, assinale a alternativa INCORRETA:

(A) É possível renunciar à prescrição, de forma expressa ou tácita, mas somente será válida sendo feita sem prejuízo de terceiro e depois que o prazo prescricional se consumar.

(B) O juiz pode pronunciar de ofício a prescrição e a decadência, salvo se se tratar de decadência convencional.

(C) Salvo disposição legal em contrário, não se aplicam à decadência as normas que impedem, suspendem ou interrompem a prescrição.

(D) O despacho que ordena a citação interrompe a prescrição, salvo se o pedido contido na ação for, por sentença de mérito, ao final julgado improcedente.

A: correta, pois o Código Civil (art. 191) admite a renúncia da prescrição após a fluência total do prazo e se for feita em prejuízo de terceiros; **B:** correta, pois de acordo com as regras estabelecidas nos arts. 219, § 5º, do CPC e 210 do CC; **C:** correta, pois de acordo com a norma prevista no art. 207 do CC; **D:** incorreta (devendo ser assinalada), pois o despacho judicial interrompe a prescrição independentemente da sentença dada ao final do processo (art. 202, I, do CC). GN
Gabarito "D".

(Magistratura/RJ – 2013 – VUNESP) Assinale a alternativa correta.

(A) A prescrição iniciada contra uma pessoa não continua a correr contra o seu sucessor.

(B) A prescrição pode ser interrompida por qualquer interessado.

(C) A suspensão da prescrição em favor de um dos credores solidários não aproveitará os demais se a obrigação for indivisível.

(D) Não corre prescrição contra os que se acharem servindo nas Forças Armadas, ainda que não seja tempo de guerra.

A: incorreta, pois a prescrição iniciada contra uma pessoa continua a correr contra o seu sucessor (art. 196 do CC); **B:** correta, pois de pleno acordo com o disposto no art. 203 do CC; **C:** incorreta, pois nessa hipótese a suspensão da prescrição aproveita aos demais (art. 201 do CC); **D:** incorreta, pois a causa obstativa do art. 198, III, do CC refere-se expressamente a "tempo de guerra". GN
Gabarito "B".

(Magistratura/RJ – 2011 – VUNESP) João nasceu em 14 de setembro de 1990, tendo sido atropelado por um ônibus da empresa Aliança Transportes, em 12 de agosto de 1995. Na ocasião, seus pais não se interessaram em reclamar indenização da empresa, entretanto, ao completar 18 anos, João constituiu um advogado que propôs a ação de reparação de danos em 15 de março de 2011. O juiz, ao apreciar a causa, entendeu que esta se encontrava prescrita. Em razão desse fato, assinale a alternativa correta.

(A) A ação prescreveu em 12 de agosto de 1998.

(B) A ação prescreveu em 14 de setembro de 2009.

(C) Não houve prescrição, o que ocorreria em 14 de setembro de 2011.

(D) Não houve prescrição, o que ocorreria em 12 de agosto de 2015.

A questão envolve a regra de que a prescrição não corre contra o absolutamente incapaz. A prescrição no caso em tela começou a correr quando João completou 16 anos de idade, ou seja, em setembro de 2006. Tendo em vista que o prazo de prescrição previsto no Código Civil (art. 206, § 3º, V) é de três anos, a prescrição se consumou em 14 de setembro de 2009. GN
Gabarito "B".

(Magistratura/SP – 2013 – VUNESP) Acerca da prescrição e da decadência, é correto afirmar-se:

(A) Na forma do disposto no art. 202 do Código Civil, a prescrição e a decadência só podem ser interrompidas uma única vez.

(B) A pretensão para haver prestações de natureza alimentar é imprescritível.

(C) Quando a lei não fixar prazo menor, a prescrição ocorre em 10 anos.

(D) A prescrição deve ser alegada pelo réu na contestação, sob pena de preclusão.

A: incorreta, pois a prescrição é que pode ser interrompida e não a decadência, nos termos do citado art. 202 do CC; **B:** incorreta, pois a prescrição da pretensão para haver prestações alimentares (e não do direito de pedir alimentos, para o qual não há prazo enquanto os alimentos puderem ser exigidos) é de 2 anos, a partir da data em que se vencerem (art. 206, § 2º, do CC); **C:** correta (art. 205 do CC); **D:** incorreta, pois a prescrição pode ser alegada em qualquer grau de jurisdição, pela parte a quem aproveita (art. 193 do CC). WG
Gabarito "C".

(Magistratura/SP – 178º – VUNESP) Aponte o asserto incorreto.

(A) Os prazos de prescrição não podem ser alterados por acordo das partes.

(B) É defeso ao juiz pronunciar, de ofício, a prescrição.

(C) A prescrição iniciada contra uma pessoa continua a correr contra o seu sucessor.

(D) Não corre prescrição enquanto pende condição suspensiva.

A: correto (art. 192 do CC); **B:** incorreto (art. 219, § 5º, do CPC); **C:** correto (art. 196 do CC); **D:** correto (art. 199, I, do CC). AG/WG
Gabarito "B".

(Magistratura/SP – 179º – VUNESP) Considere as seguintes afirmações:

I. a prescrição não corre contra os que estiverem ausentes do país a serviço das Forças Armadas em tempo de paz;

II. sendo a obrigação divisível ou indivisível, a suspensão da prescrição em favor de um dos credores solidários aproveita aos outros;

III. o ato extrajudicial de reconhecimento do direito pelo devedor interrompe a prescrição, desde que seja inequívoco;

IV. a renúncia à decadência fixada em lei só valerá, sendo feita, sem prejuízo de terceiro, depois de a decadência se consumar.

Pode-se afirmar que são corretas

(A) I e III, somente.

(B) II e III, somente.

(C) I, II, III e IV.

(D) II, III e IV, somente.

I: correta (art. 198, II, do CC); **II:** incorreta (art. 201 do CC); **III:** correta (art. 202, VI, do CC); **I** incorreta (art. 209 do CC). AG/WG
Gabarito "A".

(Juiz – TRF 3ª Região – 2016) Sobre a prescrição e a decadência no Direito Civil, marque a alternativa incorreta:

(A) Se a pretensão aos alimentos se fundar em relação de Direito Público (alimentos devidos pelo Estado), o prazo prescricional será de 2 anos.

(B) A pretensão à reparação civil por danos materiais extracontratuais prescreve em três anos.

1. DIREITO CIVIL

(C) É nula a renúncia à decadência fixada em lei.

(D) O prazo máximo da prescrição é de dez anos, quando a lei não lhe haja fixado prazo menor.

A: incorreta, pois o STJ consolidou entendimento de que o prazo de dois anos para cobrar prestações alimentícias (previsto no CC, art. 206, § 2) limita-se aos casos de alimentos devidos em relação de parentesco. Nos casos em que o Estado é o devedor, aplica-se o prazo quinquenal do Decreto 20.910/1932 (AgRg no Ag 1352918/RS, Rel. Min.Castro Meira, 2ª Turma, j.13.09.2011, DJe 27.09.2011); **B**: correta, pois a reparação civil tem prazo geral de três anos (CC, art. 206, § 3°); **C**: correta, pois de pleno acordo com o disposto no art. 209 do CC; **D**: correta, pois de acordo com a previsão do art. 205 do CC.**GN**
Gabarito "A".

(Magistratura Federal/4ª região – IX) Assinale a alternativa correta:

(A) A interrupção da prescrição não pode ser promovida por terceiro interessado.

(B) Se ordenada por juiz incompetente, a citação pessoal do devedor não interrompe a prescrição.

(C) A interrupção da prescrição, promovida pelo credor ao devedor principal, não prejudica o fiador.

(D) A prescrição corre contra os relativamente capazes.

A: incorreta, pois o art. 203 do CC permite que qualquer interessado promova a interrupção da prescrição; **B**: incorreta, pois o art. 219 do CPC determina que mesmo nessa hipótese a prescrição será interrompida; **C**: incorreta, pois o 204, § 3°, estipula que a interrupção da prescrição operada contra o devedor principal prejudica o fiador; **D**: correta, pois a prescrição somente não correrá contra os absolutamente incapazes (CC, art. 198, I). **GN**
Gabarito "D".

(Magistratura Federal – 3ª Região – XIII) A renúncia à prescrição:

(A) restaura o direito já prescrito;

(B) interrompe o prazo prescricional;

(C) só se admite enquanto não consumado o prazo da prescrição;

(D) não é admissível no direito vigente.

Art. 191 do CC. **GN**
Gabarito "A".

(Magistratura Federal – 3ª Região – XI) O prazo para pleitear a anulação do negócio jurídico é:

(A) prescricional;

(B) decadencial;

(C) peremptório;

(D) preclusivo.

Ações *constitutivas* têm prazo decadencial, ao passo que as *condenatórias*, prescricional. O pedido de anulação de negócio jurídico é do tipo *constitutivo* negativo, de modo que o prazo é decadencial. Outra dica: todos os prazos previstos na Parte Especial do Código Civil são decadenciais. **GN**
Gabarito "B".

(Magistratura Federal-5ª Região – 2011) Assinale a opção correta no que se refere à prescrição.

(A) O prazo prescricional suspenso contra servidor ausente do país em serviço público da União voltará a fluir caso esse servidor retorne ao Brasil ainda que por breve período, como o de férias, por exemplo.

(B) Se um dos credores solidários em dívida pecuniária se casar com a devedora, o prazo prescricional da pretensão relativa à cobrança da prestação será suspenso em relação a todos.

(C) A demonstração, pelo devedor, de ciência da dívida é suficiente para interromper a prescrição.

(D) Falecendo o autor da herança antes de decorrida a metade do prazo de prescrição para o exercício de determinada pretensão, o prazo voltará a correr a favor do sucessor.

(E) Ação consignatória presta-se para interromper a prescrição.

A: incorreta, pois o fato gerador da suspensão é o serviço público no exterior, e esse servidor, mesmo em férias no Brasil, não deixa de ser alguém em serviço fora do país (art. 198, II, do CC); **B**: incorreta, pois, "suspensa a prescrição em favor de um dos credores solidários, só aproveitam os outros se a obrigação for indivisível" (art. 201 do CC). Vale lembrar que a dívida pecuniária (de dinheiro) é divisível; **C**: incorreta, pois a interrupção, no caso, depende de um ato inequívoco do devedor, que importe em RECONHECIMENTO do direito por parte deste (art. 202, VI, do CC); **D**: incorreta, pois não existe essa hipótese de interrupção da prescrição nos arts. 202 a 204 do CC; **E**: correta (art. 202, I, do CC). **GN**
Gabarito "E".

2.9. PROVA

(Magistratura/PI – 2011 – CESPE) Em referência à prova no âmbito civil, assinale a opção correta.

(A) Não havendo impugnação, não se discutirá a exatidão de cópia reprográfica de documento particular, ainda que não autenticada.

(B) É lícito ao juiz exigir, em qualquer caso, para a instrução do processo, que o hospital forneça prontuário e arquivos médicos do réu.

(C) Não se admite recusa de prestação de depoimento por testemunha, ainda que o fato a ser relatado possa causar desonra a amigo íntimo.

(D) Caso acompanhe a realização da perícia que determinou, o juiz não poderá repelir as conclusões dela em momento posterior.

(E) Reprodução de título de crédito por microfilme não tem o mesmo valor do original para fins de protesto, ainda que autenticada por tabelião.

A: correta, em virtude de regra nesse sentido prevista no art. 223 do CC; **B**: incorreta, pois segundo o art. 229 do CC, ninguém é obrigado a depor sobre fato a cujo respeito, por estado ou profissão, deva guardar segredo; **C**: incorreta, pois o mencionado artigo ainda dispõe que ninguém é obrigado a depor sobre fato a que não possa responder sem desonra própria, de seu cônjuge, parente em grau sucessível, ou amigo íntimo; **D**: incorreta, pois "*O juiz não está adstrito ao laudo pericial, podendo formar a sua convicção com outros elementos ou fatos provados nos autos*" (CPC, art. 436); **E**: incorreta, pois "*A reprodução de microfilme ou do processamento eletrônico da imagem, do título ou de qualquer documento arquivado no Tabelionato, quando autenticado pelo Tabelião de Protesto, por seu Substituto ou Escrevente autorizado, guarda o mesmo valor do original, independentemente de restauração judicial*" (Lei n.° 9.492/92, art. 39). **GN**
Gabarito "A".

(Magistratura/RJ – 2013 – VUNESP) Assinale a afirmação correta, com relação à prova testemunhal, conforme disposições constantes do Código Civil.

(A) A utilização da prova exclusivamente testemunhal independe do valor do negócio jurídico que está sob discussão.

(B) Não se admitirá a prova testemunhal prestada por aquele que, por seus costumes, não for digno de fé.

(C) Não se admitem as presunções, que não as legais, nos casos em que a lei exclui a prova testemunhal.

(D) Não se admitirá o depoimento de cônjuge, como testemunha, nem mesmo para depor sobre fatos que somente ele conheça.

A: incorreta, pois a "a prova exclusivamente testemunhal só se admite nos negócios jurídicos cujo valor não ultrapasse o décuplo do maior salário mínimo vigente no País ao tempo em que foram celebrados" (art. 227 do CC); **B:** incorreta, pois não há tal previsão em nosso ordenamento; **C:** correta, pois de pleno acordo com a regra estatuída no art. 230 do CC; **D:** incorreta, pois o art. 228, parágrafo único, do CC admite que o juiz ouça o cônjuge como testemunha para fazer prova de fatos que só ele conheça. **GN**
Gabarito "C."

(Magistratura Federal/2ª região – 2011 – CESPE) Assinale a opção correta de acordo com as normas do direito civil no que se refere à prova.

(A) É defeso ao juiz requisitar documentos protegidos por sigilo legal.

(B) A confissão poderá ser revogada caso seja realizada com vício de consentimento.

(C) Não será reconhecida força probante ao traslado conferido por serventuário sem poderes para tanto.

(D) É aceita no processo a gravação de conversa por um dos interlocutores, sem o conhecimento do outro.

(E) A jurisprudência do STJ admite interceptação telefônica em sede cível.

A: incorreta, pois as disposições legais que versam sobre o tema (previstas tanto no Código Civil quanto no Código de Processo Civil) apenas permitem às partes se omitir de depor sobre fatos a cujo respeito devam, por estado ou profissão, guardar segredo (CPC, art. 347, II e CC, 229, I). No que se refere à exibição de documentos protegidos por sigilo legal, o art. 1.191, *caput*, do Código Civil permite ao juiz "autorizar a exibição integral dos livros e papéis de escrituração quando necessário para resolver questões relativas a sucessão, comunhão ou sociedade, administração ou gestão à conta de outrem, ou em caso de falência"; **B:** incorreta, pois a confissão é irrevogável e poderá ser anulada caso viciada pelo erro de fato ou coação (CC, art. 214); **C:** incorreta, pois o art. 216 confere força probante ao traslado extraído pelo próprio escrivão, ou sob a sua vigilância, e por ele subscritas; **D:** correta, pois conforme orientação jurisprudencial do STJ, "a gravação de conversa realizada por um dos interlocutores que se vê envolvido nos fatos é prova lícita e pode servir de elemento probatório" (AgRg no Ag 962.257/MG, rel. Min. Aldir Passarinho Junior, 4.ª T., j. 10.06.2008); **E:** incorreta, pois a orientação do STJ é no sentido de que "a quebra do sigilo, tal qual constitucionalmente prevista, só pode ser praticada para persecução penal, não se admitindo, portanto, a quebra do sigilo em processo cível" (MS 16.418/DF, rel. Min. Herman Benjamin, 1.ª Sec., j. 08.08.2012). **GN**
Gabarito "D."

3. OBRIGAÇÕES

3.1. INTRODUÇÃO, CLASSIFICAÇÃO E MODALIDADES DAS OBRIGAÇÕES

(Magistratura/PA – 2012 – CESPE) Quatro pessoas contraíram um empréstimo de R$ 100.000,00, tendo ficado estipulada, no contrato, a solidariedade entre elas quanto ao pagamento do débito. Contudo, a obrigação contratual não foi cumprida.

A respeito dessa situação, assinale a opção correta.

(A) Aceitando o credor o recebimento parcial da dívida, presume-se a renúncia da solidariedade, mas não do restante da dívida.

(B) Se o devedor solidário demandado chamar os outros ao processo, na sentença deverá ser fixado o valor a ser pago ao credor por cada um.

(C) A lei admite que o credor exija de um ou de mais de um devedor solidário o pagamento parcial ou total da dívida comum.

(D) Caso um dos devedores faleça, qualquer herdeiro poderá ser acionado pelo credor, ficando, então, suscetível de responder por um quarto da dívida, nas forças da herança, após a partilha.

(E) Aquele que solver a dívida poderá cobrar R$ 75.000,00 de apenas um dos outros três, se os demais devedores forem insolventes.

A: incorreta, tendo em vista que a aceitação do pagamento parcial da dívida não implica em renúncia da solidariedade passiva (CC, art. 275); **B:** incorreta. O chamamento ao processo, modalidade de intervenção de terceiros prevista no CPC, art. 77, III, não tem o efeito de fracionar a dívida solidária perante o credor. Este continuará tendo o direito de demandar o valor todo perante o devedor que escolheu; **C:** correta, pois se refere ao principal efeito da solidariedade passiva, tendo em vista que possibilita ao credor exigir o pagamento parcial ou total da dívida de um ou de alguns devedores (CC, art. 275); **D:** incorreta. Com a morte do devedor solidário, seus herdeiros recebem a obrigação de pagar, mas limitada ao seu quinhão na herança do devedor falecido (CC, art. 276); **E:** incorreta. A quota dos insolventes divide-se entre todos os demais devedores solidários, incluindo aí aquele devedor que pagou a dívida perante o credor. No exemplo dado, portanto, o devedor que solveu a dívida poderia cobrar de um dos devedores a quantia de R$ 50.000,00 (CC, art. 283). **GN**
Gabarito "C."

(MAGISTRATURA/PB – 2011 – CESPE) Em relação às obrigações, assinale a opção correta.

(A) Tratando-se de solidariedade passiva legal, admite-se a renúncia tácita da solidariedade pelo credor em relação a determinado devedor.

(B) Se, na transmissão das obrigações, o cedente, maliciosamente, realizar a cessão do mesmo crédito a diversos cessionários, a primeira cessão promovida deverá prevalecer em relação às demais.

(C) Estipulada cláusula penal para o caso de total inadimplemento da obrigação, o credor poderá exigir cumulativamente do devedor a pena convencional e o adimplemento da obrigação.

(D) Nas denominadas obrigações *in solidum*, embora os liames que unem os devedores aos credores sejam independentes, a remissão da dívida feita em favor de um dos credores beneficia os outros.

(E) Se, na obrigação de restituir coisa certa, sobrevierem melhoramentos ou acréscimos à coisa restituível por acessão natural, o credor deverá pagá-los ao devedor.

A: correta (art. 282, *caput*, do CC); **B:** incorreta, pois, ocorrendo várias cessões do mesmo crédito, prevalece a que se completar com a tradição do título do crédito cedido (art. 291 do CC); **C:** incorreta, pois em caso de total inadimplemento, converter-se-á em alternativa a benefício do credor (art. 410 do CC); **D:** incorreta. As obrigações *in solidum* são originadas de uma mesma causa, porém com prestações distintas. Embora concorram vários devedores, os liames que os unem ao credor são totalmente distintos, embora decorram de único fato. Ocorrendo tal situação no polo ativo, cada credor tem direito de exigir prestações diversas. Ocorrendo no polo passivo, cada devedor é adstrito ao cumprimento de uma prestação. Assim, a remissão da dívida feita em favor de um dos credores não beneficia os outros; **E:** incorreta, pois se sobrevier melhoramento ou acréscimo à coisa, sem despesa ou trabalho do devedor, lucrará o credor, desobrigado de indenização (art. 241 do CC). **AG/WG**
Gabarito "A".

(Magistratura/PR – 2013 – UFPR) No que se refere à cláusula penal, assinale a alternativa correta:

(A) É a cominação que se estabelece em um contrato, por meio de disposição específica e pela qual se atribui ao inadimplente da obrigação principal o pagamento de determinada quantia, ou a entrega de um bem, ou a realização de um serviço, ou seja, pacto acessório por meio do qual se estipula uma pena, em dinheiro ou outra utilidade.

(B) É a cláusula em que incorre o devedor que, culposamente, deixe de cumprir a obrigação, desde que tenha sido devidamente constituído em mora por meio de notificação, interpelação ou citação em processo judicial.

(C) Trata-se do acréscimo que se impõe à obrigação principal para apenar os efeitos da mora, substituindo os encargos habituais consistentes em correção monetária e juros, respectivamente, a partir da propositura da ação e da citação válida.

(D) É a imposição legal decorrente da prática de ato ilícito, que tem como fundamento indenizar a vítima pelos prejuízos derivados do ato lesivo concebido por culpa ou dolo, variando de acordo com a sua intensidade.

A: correta, pois aborda os aspectos principais da definição adequada da cláusula penal; **B:** incorreta, pois a cláusula penal não exige notificação, interpelação ou citação em processo judicial; **C:** incorreta, pois a cláusula penal não substitui correção monetária e juros; **D:** incorreta, pois a cláusula penal não é concebida para as práticas de ato ilícito. **GN**
Gabarito "A".

(Magistratura/SP – 2013 – VUNESP) Caio, Tício e Pompeu se fazem devedores solidários de um Credor pela quantia de R$ 3 milhões, sendo que esta obrigação interessa igualmente a todos os devedores, e todos são solventes. Considerada essa hipótese, assinale a opção correta.

(A) Paga a integralidade da dívida por Caio, nada poderá cobrar de Tício ou de Pompeu.

(B) Paga a integralidade da dívida por Caio, poderá cobrar R$ 2 milhões tanto de Tício quanto de Pompeu.

(C) Qualquer dos 3 codevedores pode, ao dele se exigir a integralidade da dívida, opor ao Credor tanto as exceções que lhe forem pessoais quanto as exceções pessoais aos outros codevedores não demandados.

(D) Paga a integralidade da dívida por Caio, poderá ele cobrar R$ 1 milhão de Tício e R$ 1 milhão de Pompeu.

A: incorreta, pois, segundo o art. 283 do CC, "o devedor que satisfez a dívida por inteiro tem direito a exigir de cada um dos codevedores a sua quota"; **B:** incorreta, pois o art. 283 do CC, em sua parte final, complementa a regra dispondo "presumindo-se iguais, no débito, as partes de todos os codevedores"; assim, Caio poderá cobrar R$ 1 milhão de Tício e R$ 1 milhão de Pompeu; **C:** incorreta, pois cada devedor só pode opor suas exceções pessoais e as exceções comuns a todos, não podendo alegar exceções pessoais de outro codevedor (art. 281 do CC); **D:** correta, nos termos do art. 283 do CC. **WG**
Gabarito "D".

(Magistratura/SP – 180º – VUNESP) Nas obrigações de coisa certa, é incorreto afirmar que

(A) culpado o devedor, poderá o credor exigir o equivalente, ou aceitar a coisa no estado em que se encontra.

(B) deteriorada a coisa, sendo culpado o devedor, poderá o credor resolver a obrigação, aceitando-a, mas sem abatimento de seu preço, arcando com o valor que perdeu.

(C) responsável o devedor pela danificação da coisa, mas sem destruição total, terá o credor o direito de reclamar indenização por perdas e danos.

(D) tendo o devedor deteriorado a coisa, poderá o credor desistir do negócio e receber a devolução do valor equivalente ao bem no estado em que recebeu.

A: correta (art. 236 do CC); **B:** incorreta (art. 236 do CC); **C:** correta (art. 236 do CC); **D:** correta (art. 235 do CC). **AG/WG**
Gabarito "B".

(Magistratura/SP – 174º) A obrigação natural:

(A) é instituto afeto exclusivamente ao Direito de Família, podendo ser sujeitos passivos das obrigações naturais os absolutamente incapazes.

(B) é instituto afeto exclusivamente ao Direito de Família, não podendo ser sujeitos passivos das obrigações naturais os absolutamente incapazes.

(C) não é prevista no Código Civil.

(D) seu credor não tem ação, sendo desprovida de exigibilidade.

Obrigação natural é aquela que *não pode ser exigida por meio de ação judicial*, mas, caso cumprida voluntariamente, não pode ser repetida. Ou seja, o devedor não é obrigado a cumpri-la, mas, se o fizer, o credor não é obrigado a devolver o que recebeu. **AG/WG**
Gabarito "D".

(Magistratura Federal/4ª região – IX) Nas obrigações alternativas, o direito de escolha:

(A) Não havendo estipulação, pertence ao devedor.

(B) Não cumprida a obrigação, passa automaticamente ao credor.

(C) Retorna ao devedor, quando não interpelado judicialmente o credor ao término do prazo contratual;

(D) Inexistindo cláusula em contrário, pertence ao credor, que deverá exercê-lo após prévia notificação do devedor.

O art. 252 do Código Civil não poderia ter sido mais claro na opção legislativa adotada no Brasil. Na hipótese de obrigação alternativa, a escolha – como regra – pertence ao devedor. Tal regra é dispositiva e pode ser afastada pela vontade das partes. **GN**
Gabarito "A"

3.2. TRANSMISSÃO, ADIMPLEMENTO E EXTINÇÃO DAS OBRIGAÇÕES

(Juiz – TJ-SC – FCC – 2017) Na transmissão das obrigações aplicam-se as seguintes regras:

I. Na cessão por título oneroso, o cedente, ainda que não se responsabilize, fica responsável ao cessionário pela existência do crédito ao tempo em que lhe cedeu; a mesma responsabilidade lhe cabe nas cessões por título gratuito, se tiver procedido de má-fé.

II. Na assunção de dívida, o novo devedor não pode opor ao credor as exceções pessoais que competiam ao devedor primitivo.

III. Salvo estipulação em contrário, o cedente responde pela solvência do devedor.

IV. O cessionário de crédito hipotecário só poderá averbar a cessão no registro de imóveis com o consentimento do cedente e do proprietário do imóvel.

V. Na assunção de dívida, se a substituição do devedor vier a ser anulada, restaura-se o débito, com todas as suas garantias, salvo as garantias prestadas por terceiro, exceto se este conhecia o vício que inquinava a obrigação.

Está correto o que se afirma APENAS em:

(A) III, IV e V.

(B) II, III e IV.

(C) I, II e IV.

(D) I, III e V.

(E) I, II e V.

I: correta. A responsabilidade pela existência do crédito ocorre de forma automática na cessão a título oneroso e somente se houver má-fé do cedente, quando a cessão foi a título gratuito (CC, art. 295); **II:** correta, pois em plena conformidade com o art. 302 do Código Civil. Assim, o novo devedor somente poderá opor as defesas que sejam relativas ao crédito (ex.: prescrição; pagamento; extinção); **III:** incorreta, pois – no Direito Civil – a responsabilidade pela solvência do devedor (*cessão pro solvendo*) só se verifica quando expressamente pactuada entre as partes (CC, art. 296). Vale registrar, todavia, que a regra é inversa se a cessão envolver um crédito documentado por título de crédito. Nesse caso a cessão chama-se endosso e a regra passa a ser a responsabilidade pela solvência do devedor; **IV:** incorreta, pois "*o cessionário de crédito hipotecário tem o direito de fazer averbar a cessão no registro do imóvel*" (CC, art. 289); **V:** correta, pois em plena conformidade com o disposto no art. 301 do Código Civil. **GN**
Gabarito "E"

(Magistratura/DF – 2011) Dá-se a sub-rogação quando os direitos do credor são transferidos àquele que adimpliu a obrigação ou emprestou o suficiente para solvê-la. Dependendo do caso, tal ocorre de pleno direito, isto é, a circunstância está prevista pelo legislador. Em outros casos, dá-se por meio de convenção das partes. Assim

exposto, considere as proposições abaixo e assinale a correta:

(A) Opera-se a sub-rogação de pleno direito quando o credor recebe o pagamento de terceiro e expressamente lhe transfere todos os seus direitos;

(B) A sub-rogação é convencional na hipótese do terceiro interessado, que paga a dívida pelo qual era ou podia ser obrigado, no todo ou em parte;

(C) Opera-se a sub-rogação de pleno direito em favor do adquirente do imóvel hipotecado, que paga a credor hipotecário, bem como do terceiro que efetiva o pagamento para não ser privado de direito sobre imóvel;

(D) Opera-se a sub-rogação de pleno direito quando terceira pessoa empresta ao devedor a quantia precisa para solver a dívida, sob a condição expressa de ficar o mutuante sub-rogado nos direitos do credor satisfeito.

A: incorreta, pois se trata de sub-rogação convencional (art. 347, I, do CC); **B:** incorreta, pois se trata de sub-rogação de pleno direito (art. 346, III, do CC); **C:** correta (art. 346, II, do CC); **D:** incorreta, pois se trata de sub-rogação convencional (art. 347, II, do CC). **AG/WG**
Gabarito "C"

(Magistratura/DF – 2011) Cuidando-se do tempo do pagamento, a dicção da lei é clara ao afirmar que ao credor assistirá o direito de cobrar a dívida antes de vencido o prazo estipulado no contrato ou marcado no próprio CC/02. Assim exposto, considere as proposições abaixo e assinale a incorreta:

(A) Pode ser cobrada a dívida antes de vencido o prazo no caso de falência do devedor, ou de concurso de credores;

(B) Pode ser cobrada a dívida antes de vencido o prazo, se os bens, hipotecados ou empenhados, forem penhorados em execução por outro credor;

(C) Pode ser cobrada a dívida antes de vencido o prazo, se cessarem, ou se se tornarem insuficientes, as garantias do débito, fidejussórias, ou reais, e o devedor, intimado, se negar a reforçá-las;

(D) Nas hipóteses acima, se houver, no débito, solidariedade passiva, reputar-se-á vencido quanto aos outros devedores ainda que solventes.

A: correta (art. 333, I, do CC); **B:** correta (art. 333, II, do CC); **C:** correta (art. 333, III, do CC); **D:** incorreta, pois se houver, no débito, solidariedade passiva, <u>não</u> se reputará vencido quanto aos outros devedores solventes (art. 333, par. único, do CC). **AG/WG**
Gabarito "E"

(Magistratura/DF – 2011) Quando se busca saber a quem se deve pagar, diz a lei civil que "o pagamento deve ser feito ao credor ou a quem de direito o represente, sob pena de só valer depois de por ele ratificado, ou tanto quanto reverter em seu proveito". Diante disso, considere as proposições abaixo e assinale a incorreta:

(A) O pagamento feito de boa-fé ao credor putativo é válido, ainda provado depois que não era credor;

(B) Se o devedor pagar ao credor, apesar de intimado da penhora feita sobre o crédito, ou da impugnação a ele oposta por terceiros, o pagamento não valerá contra

1. DIREITO CIVIL   25

estes, que poderão constranger o devedor a pagar de novo, ficando-lhe ressalvado o regresso contra o credor;

(C) Considera-se autorizado a receber o pagamento o portador da quitação, ainda que as circunstâncias contrariarem a presunção daí resultante;

(D) Não vale o pagamento cientemente feito ao credor incapaz de quitar, se o devedor não provar que em benefício dele efetivamente reverteu.

A: correta (art. 309 do CC); **B:** correta (art. 312 do CC); **C:** incorreta, pois se considera autorizado a receber o pagamento o portador da quitação, salvo se as circunstâncias contrariarem a presunção daí resultante (art. 311 do CC); **D:** correta (art. 310 do CC). **AG/WG**
Gabarito "C".

(Magistratura/MG – 2012 – VUNESP) Com relação ao adimplemento das obrigações por pagamento, analise as afirmativas seguintes.

I. O pagamento feito de boa-fé ao credor putativo é válido, ainda provado depois que não era credor.

II. A quitação não poderá ser dada por instrumento particular.

III. Na imputação do pagamento, havendo capital e juros, segundo a lei civil, o pagamento imputar-se-á primeiro no capital, e depois nos juros vencidos.

IV. Considera-se pagamento, e extingue a obrigação, o depósito judicial ou em estabelecimento bancário da coisa devida, nos casos e formas legais.

Estão corretas apenas as afirmativas

(A) I e III.

(B) I e IV.

(C) II e III.

(D) II e IV.

I: correta. A hipótese versa sobre a teoria da aparência, garantindo o devedor que – de boa fé – pagou a quem ostentava a aparência de credor, mas não o era (CC, art. 309); **II:** incorreta, pois o Código Civil busca simplificar as relações jurídicas e – por conta disso – permite a quitação por instrumento particular no art. 320; **III:** incorreta, pois a imputação deve primeiro recair sobre os frutos (no caso os juros) e depois sobre o principal. A *mens legis* da regra é evitar que uma dívida frugífera torne-se estéril (CC, art. 354); **IV:** correta, pois traz hipótese de consignação em pagamento (CC, art. 334). **GN**
Gabarito "B".

(Magistratura/PE – 2011 – FCC) O pagamento efetuar-se-á

(A) no domicílio do credor, salvo convenção em contrário.

(B) no local convencionado, mas o pagamento feito reiteradamente em outro local faz presumir renúncia do credor relativamente ao previsto no contrato.

(C) sempre no domicílio do devedor, salvo, apenas, disposição legal em sentido contrário.

(D) onde melhor atender o interesse do credor, salvo convenção em sentido contrário.

(E) onde for menos oneroso para o devedor, salvo convenção em sentido contrário.

B: correta (art. 330 do CC); **A, C, D** e **E:** incorretas, pois efetuar-se-á o pagamento no domicílio do devedor, salvo se as partes convencionarem

diversamente, ou se o contrário resultar da lei, da natureza da obrigação ou das circunstâncias (art. 327, *caput*, do CC). **AG/WG**
Gabarito "B".

(Magistratura/PI – 2011 – CESPE) Acerca do adimplemento contratual, assinale a opção correta.

(A) Não pode o credor recusar a imputação feita pelo devedor na dívida maior, quando o montante entregue só quitar a dívida menor.

(B) É lícito aos contratantes incluir, na avença superior a um ano, cláusula de escala móvel, com o objetivo de estabelecer revisão a ser aplicada por ocasião dos pagamentos.

(C) O pagamento que o devedor de boa-fé efetuar ao credor putativo só será válido se provado que reverteu em benefício seu.

(D) O pagamento estipulado em cotas sucessivas não se presume pela apresentação da quitação da última cota.

(E) Caso o credor seja incapaz, o devedor, de acordo com a lei, deverá, sempre, consignar o pagamento do valor devido àquele.

A: incorreta, pois a imputação deve solver a dívida imputada por inteiro, até em virtude da regra segundo a qual não pode o credor ser obrigado a receber em partes o que se convencionou por inteiro (CC, art. 314); **B:** correta, pois a cláusula de escala móvel tem o condão de adequar o valor das prestações à nova realidade apresentada em virtude de ordinários fatores econômicos como custo de vida, atualização do valor da moeda etc.; **C:** incorreta. A hipótese versa sobre a teoria da aparência, garantindo o devedor que – de boa-fé – pagou a quem ostentava a aparência de credor, mas não o era (CC, art. 309) e não se exige que o pagamento tenha se revertido em favor do verdadeiro credor; **D:** incorreta, pois o art. 322 do Código Civil estipula que a quitação da última parcela faz presumir a quitação das anteriores; **E:** incorreta. A incapacidade do credor não é motivo para consignação. O representante legal do incapaz tem exatamente a função de receber por ele e dar quitação. **GN**
Gabarito "B".

(Magistratura/SP – 2013 – VUNFSP) A respeito da mora, é certo afirmar que

(A) estando o devedor em mora, o credor só poderá dele exigir os encargos dela decorrentes, não se lhe facultando rejeitar a prestação em atraso se o devedor quiser adimpli-la.

(B) a caracterização da mora do devedor não dispensa a existência de culpa, mas prescinde da demonstração de prejuízo efetivo.

(C) nas obrigações de pagamento em dinheiro com data certa de vencimento, o inadimplemento constitui o devedor de pleno direito em mora; nas obrigações de dar e de fazer, ainda que líquidas e não cumpridas no termo estipulado, a constituição em mora dependerá de interpelação ao devedor, judicial ou extrajudicial.

(D) nas obrigações provenientes de ato ilícito, reputa-se o devedor em mora desde a citação do réu da ação de ressarcimento.

A: incorreta, pois o credor pode rejeitar a prestação caso esta não lhe seja mais útil (art. 395, parágrafo único, do CC); **B:** correta; segundo o art. 394 do CC, basta que não haja o pagamento para que se tenha mora, não sendo necessário que se demonstre prejuízo, daí porque está correto dizer que a caracterização da mora "prescinde da demonstração de prejuízo efetivo"; quanto à questão da mora, de fato ela não dispensa a existência de culpa, por força do disposto no art. 396 do CC, pelo qual "não havendo fato ou omissão imputável ao devedor, não incorre este em mora"; **C:** incorreta, pois, havendo termo de obrigação positiva e líquida, pouco importa se obrigação de pagamento em dinheiro ou se outra obrigação de dar ou obrigação de fazer, o inadimplemento da obrigação no termo (na data marcada) constitui de pleno direito em mora o devedor (art. 397, *caput*, do CC); a interpelação judicial ou extrajudicial só é necessária nos casos previstos em lei e quando não há termo (data para cumprimento da obrigação) estipulado entre as partes (art. 397, parágrafo único, do CC); **D:** incorreta, pois nesses casos considera-se o devedor em mora desde a data da prática do ato ilícito (art. 398 do CC). WG

Gabarito "B".

(Magistratura/SP – 2013 – VUNESP) No que se refere à compensação, pode-se afirmar que

(A) apesar da regra geral de que o devedor somente pode compensar com o credor o que este lhe dever, ao fiador é permitido compensar sua dívida com a de seu credor ao afiançado.

(B) tendo o art. 369 do Código Civil instituído a compensação legal, nula será a disposição contratual que não dê a uma das partes desse ajuste o direito de recorrer à compensação, mantendo-a, todavia, facultada à outra parte.

(C) se duas partes são reciprocamente credoras de quantias líquidas, mas uma das dívidas não é exigível ainda, enquanto a outra já o é, o credor da dívida exigível não poderá cobrá-la enquanto a outra não se tornar exigível.

(D) se Caio deve a Tício R$ 100,00 por conta de um mútuo que este fez àquele, e Caio ganhou aposta de Tício no mesmo valor, a compensação entre os débitos não poderá ser recusada nem por um e nem por outro.

A: correta (art. 371 do CC); **B:** incorreta, pois o art. 375 do CC dispõe que "não haverá compensação quando as partes, por mútuo acordo, a excluírem, ou no caso de renúncia prévia de uma delas"; **C:** incorreta, pois se uma das dívidas já é exigível, não há proibição legal a que seja cobrada pelo simples fato de o devedor também ter um crédito quanto à outra parte, mas crédito esse ainda não exigível e que, portanto, não passível sequer de compensação, que exige que as duas dívidas sejam vencidas (art. 369 do CC); **D:** incorreta, pois a segunda dívida é de jogo, tratando-se, assim, de obrigação natural, a qual não pode ser exigida (art. 814, *caput*, do CC). WG

Gabarito "A".

(Magistratura/SP – 2011 –VUNESP) Assinale a alternativa correta.

(A) Pode haver compensação entre dívidas líquidas, vencidas e de coisas fungíveis de qualidades distintas.

(B) Os prazos de favor obstam a compensação.

(C) Uma dívida proveniente de esbulho pode ser compensada com outra, de causa diversa.

(D) O fiador pode compensar sua dívida com a de seu credor ao afiançado.

(E) Duas dívidas não podem se compensar se não forem pagáveis no mesmo lugar.

A: incorreta, pois não se compensarão verificando-se que se diferem na qualidade (art. 370 do CC); **B:** incorreta, pois os prazos de favor

não obstam a compensação (art. 372 do CC); **C:** incorreta, pois se uma das dívidas provier de esbulho, não poderá ser compensada com outra de causa diversa (art. 373, I, do CC); **D:** correta (art. 371 do CC); **E:** incorreta, pois não existe essa previsão legal, bastando que as dívidas sejam líquidas, vencidas e de coisas fungíveis (art. 369 do CC). AG/WG

Gabarito "D".

(Magistratura/SP – 2011 –VUNESP) Assinale a alternativa correta a respeito de novação.

(A) Se o novo devedor for insolvente, o credor que o aceitou pode ajuizar ação regressiva contra o primeiro, se houve má-fé deste na substituição.

(B) A novação extingue, em todos os casos, os acessórios e garantias da dívida.

(C) A novação por substituição do devedor depende do consentimento deste.

(D) Permanece a obrigação do fiador, ainda que a novação feita com o devedor principal tenha ocorrido sem o consentimento daquele.

(E) As obrigações anuláveis não podem ser objeto de novação.

A: correta (art. 363 do CC); **B:** incorreta, pois a novação extingue os acessórios e garantias da dívida, _sempre que não houver estipulação em contrário_ (art. 364 do CC); **C:** incorreta, pois a novação por substituição do devedor pode ser efetuada independentemente de consentimento deste (art. 362 do CC); **D:** incorreta, pois importa exoneração do fiador a novação feita sem seu consenso com o devedor principal (art. 366 do CC); **E:** incorreta, pois não podem ser objeto de novação as obrigações nulas ou extintas (art. 367 do CC). AG/WG

Gabarito "A".

(Magistratura/SP – 179º) Indique a assertiva claramente errônea.

(A) A presunção de estarem solvidas prestações periódicas, decorrente da quitação da última, é relativa.

(B) Designados dois ou mais lugares de pagamento, cabe ao devedor escolher entre eles.

(C) O credor não é obrigado a receber prestação diversa da que lhe é devida, ainda que mais valiosa.

(D) O pagamento feito cientemente a credor incapaz de quitar somente é válido se o devedor provar que em benefício dele efetivamente reverteu.

A: art. 322 do CC; **B:** art. 327, parágrafo único, do CC; **C:** art. 313 do CC; **D:** art. 310 do CC. AG/WG

Gabarito "B".

(Juiz – TRF 3ª Região – 2016) Assinale a alternativa incorreta:

(A) A expromissão é uma forma de novação subjetiva ativa, que implica a extinção da obrigação em favor do devedor secundário.

(B) São susceptíveis de cessão, por meio de escritura pública o direito à sucessão aberta e o quinhão do herdeiro.

(C) São irrevogáveis os atos de aceitação ou de renúncia da herança.

(D) Quando a obrigação for divisível, só incorre na pena o devedor ou o herdeiro do devedor que a infringir, e proporcionalmente à sua parte na obrigação.

1. DIREITO CIVIL

A: incorreta, pois a novação por expromissão é limitada ao âmbito da novação subjetiva passiva. Ocorre quando o devedor original não participa da extinção da primeira e da criação da segunda (CC, art. 362); **B:** correta, pois de pleno acordo com a permissão estabelecida pelo art. 1.793 do CC; **C:** correta, pois de pleno acordo com a regra prevista pelo art. 1.812 do CC; **D:** correta, pois de acordo com o art. 415 do CC.**GN**
Gabarito "A".

(Juiz – TRF 3ª Região – 2016) Assinale a alternativa incorreta:

(A) Perde a qualidade de indivisível a obrigação que se resolver em perdas e danos.

(B) Convertendo-se a prestação em perdas e danos, subsiste, para todos os efeitos, a solidariedade.

(C) A remissão da dívida feita por um dos credores em obrigação indivisível extingue esta para com os demais credores.

(D) A remissão da dívida feita por um dos credores solidários extingue a obrigação com relação ao devedor, devendo aquele credor responder aos outros pela parte que lhes caiba.

A: correta, pois o enunciado repete a previsão do art. 263 do CC; **B:** correta, pois a solidariedade não diz respeito ao objeto, mas sim ao vínculo (legal ou contratual) entre os diversos devedores ou credores (CC, art. 271); **C:** incorreta, pois os demais credores permanecem com o direito de cobrar a dívida, descontada a quota do credor que perdoou (CC, art. 262); **D:** correta, pois "*o credor que tiver remitido a dívida ou recebido o pagamento responderá aos outros pela parte que lhes caiba*" (CC, art. 272).**GN**
Gabarito "C".

(Juiz – TRF 2ª Região – 2017) Assinale a opção correta:

(A) É nula a cessão de crédito celebrada de modo verbal.

(B) A cessão de crédito celebrada por escrito particular, para que seja oponível a terceiros, deve ser levada a registro, em regra no Cartório de Títulos e Documentos.

(C) A validade da cessão de crédito previdenciário, no plano federal, depende de escritura pública.

(D) A assunção de débito, realizada através de escritura pública, é oponível ao credor independentemente de seu assentimento.

(E) As exceções comuns, não pessoais, que o devedor tenha para impugnar o crédito cedido devem ser comunicadas ao cessionário imediatamente após o devedor ser notificado da cessão, sob pena de não mais poderem ser arguidas, sem prejuízo do regresso contra o cedente.

A: incorreta, pois a lei não exige – em regra – forma específica para a prática da cessão de crédito; **B:** correta, pois a lei de registros públicos (art. 129, 9°) exige o registro no Cartório de Títulos e Documentos para que a cessão tenha efeitos perante terceiros; **C:** incorreta, pois a lei não exige tal formalidade; **D:** incorreta, pois o consentimento do credor é requisito essencial para a validade da assunção de dívida (CC, art. 299); **E:** incorreta, pois tal entendimento conduziria à conclusão de que a não arguição imediata da prescrição, por exemplo, teria o condão de sanear a dívida o que, evidentemente, não ocorre (CC, art. 294).**GN**
Gabarito "B".

(Magistratura Federal – 3ª Região – XIII) O pagamento pelo fiador opera a sub-rogação no crédito:

(A) se não houver o benefício de ordem;

(B) se assim dispuser o contrato de fiança;

(C) apenas se houver o benefício de ordem;

(D) sempre.

Arts. 346, III, e 831, ambos do CC. **GN**
Gabarito "D".

(Magistratura Federal/1ª região – IX) Em matéria obrigacional, julgue as asserções abaixo e assinale a alternativa correta:

I. o devedor não responde pelos prejuízos resultantes de caso fortuito ou força maior, exceto quando se houver por eles responsabilizado, ou quando estiver em mora.

II. a transmissibilidade automática constitui uma das características das obrigações ambulatórias.

III. o terceiro não interessado, que paga a dívida em nome e por conta do devedor, não pode pedir o reembolso.

IV. é válido o pagamento feito de boa-fé ao herdeiro aparente, mesmo provando-se depois que não era credor.

(A) somente a I e a II estão corretas.

(B) somente a I e a IV estão corretas.

(C) somente a II e a IV estão corretas.

(D) todas estão corretas.

I: correta, pois como regra geral, o devedor não responde pelos prejuízos decorrentes do fortuito ou da força maior. Porém, se este devedor já estiver na situação jurídica da mora, sua responsabilidade se amplia e ele passa a responder também pelos prejuízos decorrentes do fortuito (CC, art. 399). De igual forma, o devedor responderá pelo fortuito caso tenha expressamente se responsabilizado por eles; **II:** correta, pois tais obrigações derivam de uma relação de direito real anterior, como é o caso do débito condominial. Nesse caso, eventual alienação do bem a terceiro conduz a uma transmissibilidade da obrigação ao novo proprietário do bem; **III:** correta, pois apenas o terceiro não interessado que paga a dívida em seu próprio nome é que tem direito a reembolso (CC, art. 305); **IV:** correta, pois de acordo com o art. 309 do Código Civil, o qual concretiza a teoria da aparência no âmbito do pagamento, tornando válido um pagamento feito de boa-fé ao credor que aparentava ser credor, ainda que depois se prove que ele não era credor. **GN**
Gabarito "D".

(Magistratura Federal/4ª região – VII) Com relação ao lugar de pagamento decorre do estabelecimento no Código Civil que a dívida é, em regra:

(A) quesível;

(B) portável;

(C) portável, salvo a existência de expressa disposição legal em contrário;

(D) quesível, só se admitindo exceção através de norma legal cogente.

O art. 327 do Código Civil estabelece que – como regra – o lugar do pagamento é o domicílio do devedor, o que caracteriza, portanto, a obrigação quesível. O dispositivo ainda permite que as partes convencionem de forma contrária, afastando a regra legal e tornando então a obrigação portável. Trata-se, pois, de regra dispositiva que pode ser afastada pela vontade das partes. **GN**
Gabarito "A".

3.3. INADIMPLEMENTO DAS OBRIGAÇÕES

(Juiz – TJ-SC – FCC – 2017) A cláusula penal:

(A) pode ter valor excedente ao da obrigação principal, ressalvado ao juiz reduzi-lo equitativamente.

(B) incide de pleno direito, se o devedor, ainda que isento de culpa, deixar de cumprir a obrigação ou se constituir-se em mora.

(C) incide de pleno direito, se o devedor, culposamente, deixar de cumprir a obrigação ou se constituir-se em mora.

(D) exclui, sob pena de invalidade, qualquer estipulação que estabeleça indenização suplementar.

(E) sendo indivisível a obrigação, implica que todos os devedores, caindo em falta um deles, serão responsáveis, podendo o valor integral ser demandado de qualquer deles.

A: incorreta, pois o valor da cominação imposta na cláusula penal não pode exceder o da obrigação principal (CC, art. 412); **B:** incorreta, pois a culpa do devedor inadimplente é requisito essencial para a aplicação da cláusula penal (CC, art. 408); **C:** correta, pois de pleno acordo com o disposto no art. 408 do CC; **D:** incorreta, pois a indenização suplementar é admitida, desde que expressamente convencionada (CC, art. 416, parágrafo único); **E:** incorreta, pois no caso de obrigação indivisível, a cláusula penal só se poderá demandar integralmente do culpado, respondendo cada um dos outros somente pela sua quota (CC, art. 414). **GN**
Gabarito "C".

(Magistratura/ES – 2011 – CESPE) Considerando a celebração de contrato entre duas pessoas, para a construção de uma casa onde o contratante pretenda residir com a sua família, assinale a opção correta.

(A) Ainda que possível cláusula penal compensatória estipulada para o caso de a inexecução ser insuficiente para compensar os prejuízos sofridos, não será lícito ao contratante ajuizar ação buscando perdas e danos.

(B) Será anulável pena convencional pactuada após a celebração da avença se a cláusula penal não respeitar a forma do contrato principal.

(C) Se houver cumulação contratual de cláusulas penais — moratória e compensatória —, apenas esta última será válida.

(D) Ocorrendo inadimplemento contratual do contratante, o juiz poderá reduzir o montante da indenização se a culpa for considerada pequena.

(E) De acordo com entendimento do STJ, o inadimplemento dessa espécie de contrato enseja a compensação do contratante por danos morais.

A: correta. A cláusula penal compensatória impede o credor de exigir indenização suplementar se isso não foi convencionado (CC, art. 416, parágrafo único); **B:** incorreta. Não se exige a mesma forma da obrigação principal para a estipulação de cláusula penal posterior; **C:** incorreta, pois é perfeitamente possível a cumulação de cláusula penal compensatória e moratória, sem que uma implique na invalidade da outra; **D:** incorreta, pois a previsão de graus de culpa (CC, art. 944, § único) foge das fronteiras da cláusula penal compensatória, que é uma pré-fixação de perdas e danos; **E:** incorreta, pois a jurisprudência do STJ caminha no sentido de que o inadimplemento desta espécie de contrato – por si só – não gera dano moral, devendo a parte demonstrar o grave

dissabor experimentado. Neste sentido: "*O inadimplemento de contrato, por si só, não acarreta dano moral, que pressupõe ofensa anormal à personalidade. É certo que a inobservância de cláusulas contratuais pode gerar frustração na parte inocente, mas não se apresenta como suficiente para produzir dano na esfera íntima do indivíduo, até porque o descumprimento de obrigações contratuais não é de todo imprevisível*" (RESP n.º 876.527/RJ). **GN**
Gabarito "A".

(Magistratura/PE – 2013 – FCC) Sobre a cláusula penal, analise as afirmações abaixo.

I. Incorre de pleno direito o devedor na cláusula penal, desde que, culposamente, deixe de cumprir a obrigação ou se constitua em mora.

II. Para exigir a pena convencional, é necessário que o devedor alegue e comprove prejuízo.

III. Sendo indivisível a obrigação, todos os devedores, caindo em falta um deles, incorrerão na pena; mas esta só se poderá demandar integralmente do culpado, respondendo cada um dos outros somente pela sua quota.

IV. A penalidade não pode ser reduzida pelo juiz, mesmo que a obrigação principal tiver sido cumprida em parte, ou se o montante da pena for manifestamente excessivo, salvo disposição expressa no contrato, autorizando a redução judicial.

V. Ainda que o prejuízo exceda ao previsto na cláusula penal, não pode o credor exigir indenização suplementar se assim não foi convencionado. Se o tiver sido, a pena vale como mínimo da indenização, competindo ao credor provar o prejuízo excedente.

Está correto APENAS o que se afirma em

(A) I, III e V.

(B) II, III e IV.

(C) I, IV e V.

(D) II, IV e V.

(E) II, III e V.

I: correta, pois de pleno acordo com o disposto no art. 408 do CC; **II:** incorreta, pois "*para exigir a pena convencional, não é necessário que o credor alegue prejuízo*" (art. 416, "*caput*", do CC); **III:** correta, pois de pleno acordo com o art. 414 do CC; **IV:** incorreta, pois o art. 413 do CC admite a redução da penalidade quando a obrigação já tiver sido cumprida em parte ou caso ela seja manifestamente excessiva, não se exigindo autorização contratual para tanto; **V:** correta, pois de pleno acordo com o disposto no art. 416, parágrafo único, do CC. Estão, portanto, corretas as assertivas I, III e V. **WG**
Gabarito "A".

C(Magistratura/SP – 178º) Relativamente ao inadimplemento das obrigações, indique a afirmativa equivocada.

(A) Nas obrigações provenientes de ato ilícito, os juros de mora se contam desde a citação.

(B) É inadmissível a concomitância de moras recíprocas.

(C) Não havendo fato ou omissão imputável ao devedor, não incorre ele em mora.

(D) Se por eles expressamente se responsabilizou, responde o devedor pelos prejuízos resultantes de caso fortuito e força maior.

1. DIREITO CIVIL   29

A: incorreta (art. 398 do CC, Súmula 54 do STJ e Enunciado CJF 163); **B:** correta, pois há incompatibilidade lógica de mora recíproca; **C:** correta (art. 396 do CC); **D:** correta (art. 393 do CC). AG/WG

Gabarito "A".

(Magistratura/SP – 177º) Sobre a constituição em mora do devedor, assinale a resposta correta.

(A) Não havendo termo prefixo, nem se cuidando de obrigação positiva e líquida, a mora se constitui mediante interpelação judicial ou extrajudicial, decorrente do princípio da mora "ex re" e da aplicação da regra "dies interpellat pro homine".

(B) O inadimplemento de obrigação positiva e líquida, no seu termo, constitui de pleno direito em mora o devedor, nos casos de mora "ex persona".

(C) Nas vendas a crédito com reserva de domínio, com cláusula resolutória expressa e termo prefixo de vencimento das parcelas correspondentes ao preço, o não pagamento de qualquer delas, na data e local estabelecidos no contrato, torna exigível a constituição em mora do devedor, através de interpelação judicial ou protesto, para ensejar procedimento judicial relativo ao "pactum reservati dominii".

(D) Não há, no ordenamento jurídico pátrio, válida constituição em mora do devedor, senão através de interpelação judicial ou da citação no âmbito do contencioso.

A e B: v. art. 397 do CC; a mora do devedor pode ser dividida em duas espécies; mora *ex re* (ou de pleno direito) *é aquela em que o fato que a ocasiona está previsto objetivamente na lei*. Assim, a mora é automática; basta que ocorra o fato para que se configure a mora; ex.: quando a obrigação tem data de vencimento; o CC estabelece que "o inadimplemento da obrigação, positiva e líquida, no seu termo, constitui de pleno direito em mora o devedor" (art. 397, CC); trata-se das chamadas obrigações impuras, em que se aplica a regra do *dies interpellat pro homine*; outra regra de mora automática é a seguinte: "nas obrigações provenientes de ato ilícito, considera-se o devedor em mora, desde que o praticou" (art. 398, CC); mora *ex persona* (ou de por ato da parte) *é aquela que depende de providência por parte do credor, para que se caracterize*; por exemplo, a que depende de interpelação judicial ou extrajudicial, protesto ou mesmo citação do devedor; aliás, caso ainda não estiver configurada a mora num dado caso, a citação válida terá sempre o efeito de fazer configurá-la, segundo o art. 219 do CPC; o CC estabelece que "não havendo termo, a mora se constitui mediante interpelação judicial ou extrajudicial"; trata-se das chamadas obrigações perfeitas, em que, por não haver vencimento, a mora depende de notificação; mas há casos em que, mesmo havendo termo (vencimento) estabelecido, a lei determina que a mora só se configurará após notificação extrajudicial ou judicial; é o caso dos compromissos de compra e venda e da alienação fiduciária em garantia; **C:** art. 525 do CC; **D:** art. 397 do CC. AG/WG

Gabarito "C".

(Magistratura Federal/3ª Região – 2010) Aponte assertiva correta:

A mulcta poenitencialis:

(A) É pena pelo inadimplemento absoluto do contrato;

(B) É pena pela mora contratual;

(C) É cláusula liberatória pelo arrependimento do negócio;

(D) É cláusula punitiva pela desistência não autorizada pelo negócio.

A *mulcta poenitencialis* importa na indenização por uma expectativa não realizada. Enquanto a cláusula penal é estipulada para situações de descumprimento contratual, a *mulcta poenitencialis* é estipulada para casos de arrependimento do negócio, servindo de indenização em favor de quem não está se arrependendo e de ônus pela liberação daquele que se arrepende. GN

Gabarito "C".

(Magistratura Federal – 3ª Região – XII) O Código Civil de 2002 conferiu ao Juiz importante papel na efetivação do conteúdo obrigacional. Assim, por exemplo, ao Juiz é:

(A) Lícito corrigir o valor da prestação, independentemente de pedido da parte, quando em decorrência de motivos imprevisíveis, sobrevier desproporção manifesta entre o valor da prestação devida e o do momento de sua execução;

(B) Lícito reduzir a penalidade devida a título de cláusula penal, considerando o cumprimento parcial da obrigação principal;

(C) É lícito proceder à escolha da obrigação, nas obrigações alternativas, quando esta couber ao devedor, e este não exercitar seu direito no prazo contratualmente estipulado;

(D) Lícito relevar as consequências da mora do devedor quando justificável o inadimplemento parcial da obrigação.

Art. 413 do CC. GN

Gabarito "B".

(Magistratura Federal – 3ª Região – XI) Para exigir a pena convencional por descumprimento de obrigação, não é necessário que o credor alegue prejuízo:

(A) por isto é sempre considerada como indenização máxima, sendo inválida a cláusula prevendo ressarcimento suplementar;

(B) porém se o prejuízo exceder ao previsto na cláusula penal sempre o credor poderá exigir indenização suplementar;

(C) mas o Juiz deverá reduzi-la se o montante da penalidade for manifestamente excessivo, tendo-se em vista a natureza e a finalidade do negócio;

(D) mas não pode exceder a 2% (dois por cento) do valor da obrigação.

A e B: incorretas; art. 416, parágrafo único, do CC; **C:** correta; art. 413 do CC; **D:** incorreta art. 412 do CC. GN

Gabarito "C".

(Magistratura Federal – 4ª Região – X) Relativamente à *mora debitoris*, assinalar a alternativa INCORRETA.

(A) Para que exista mora, é necessário que ocorra retardamento culposo no cumprimento de obrigação possível de ser realizada, por parte do devedor.

(B) A constituição em mora é essencial nas obrigações provenientes de ato ilícito.

(C) Não constitui mora, mas inadimplemento absoluto, o fato de, por causa da mora, a prestação se tornar inútil ao credor, inviabilizando o cumprimento tardio da obrigação.

(D) Nas obrigações de abstenção, o devedor incorre em mora ao praticar o ato de que devia abster-se, independentemente de interpelação.

A: correta (art. 396 do CC); **B:** incorreta (art. 398 do CC); **C:** correta (art. 395, parágrafo único, do CC). O inadimplemento absoluto (inadimplemento) ocorre quando o credor está impossibilitado de receber a prestação devida, seja porque é impossível o cumprimento, seja porque o cumprimento da prestação já não é útil a ele. Será total quando a prestação por inteiro não puder ser cumprida e parcial, se apenas uma parte da prestação não puder ser cumprida; o critério para distinguir o inadimplemento absoluto da mora não é só a impossibilidade da prestação. Também ocorre o primeiro quando a prestação já não for útil ao credor. Assim, se o vestido de uma noiva chega após o casamento, não se tem mera mora, mas inadimplemento absoluto. O descumprimento de obrigação de não fazer acarreta, sempre, inadimplemento absoluto, vez que não há mais como cumprir o que foi combinado, já o inadimplemento relativo (mora) ocorre na hipótese em que ainda é possível e útil a realização da prestação, apesar da inobservância do tempo, do lugar e da forma devidos. No exemplo anterior, caso o vestido de noiva devesse ser entregue vinte dias antes do casamento, mas isso só ocorresse dez dias antes do evento, estar-se-ia diante de mora, e não de inadimplemento absoluto. A distinção entre inadimplemento e mora é importante, pois aquele enseja cobrança de perdas e danos, sem direito à prestação, ao passo que esta enseja cobrança de perdas e danos, bem como a própria prestação; **D:** correta (art. 390 do CC). **GN**

Gabarito "B".

4. CONTRATOS

4.1. CONCEITO, PRESSUPOSTOS, FORMAÇÃO E PRINCÍPIOS DOS CONTRATOS

(Magistratura/BA – 2012 – CESPE) A respeito das obrigações e dos contratos, assinale a opção correta.

(A) Ainda que o contrato seja oneroso, a intensidade da culpa do devedor que se negou à prestação será considerada para fins de apuração do *quantum* de sua responsabilidade contratual.

(B) Havendo boa-fé, a faculdade do credor para a resolução contratual pode ser limitada se o devedor tiver cumprido substancial parcela do contrato.

(C) Ao adotar de forma limitada o princípio da autonomia de vontade, a legislação brasileira não admite a inserção da cláusula *solve et repete* nos contratos.

(D) Caso o credor constate defeitos na qualidade da coisa entregue pelo devedor, poderá resolver o contrato por estar configurado inadimplemento relativo.

(E) Em contratos locatícios de imóvel residencial, a purgação da mora pelo locatário, depois de ajuizada ação de despejo, poderá ocorrer a qualquer tempo, desde que o pagamento seja integral.

A: incorreta, pois previsão de graus de culpa (CC, art. 944 § único) foge das fronteiras da responsabilidade contratual; **B:** correta. A possibilidade de se resolver um contrato em virtude do inadimplemento alheio configura a hipótese da cláusula resolutiva tácita, na qual o evento futuro e incerto é justamente o inadimplemento do outro contratante (CC, art. 474). O instituto do adimplemento substancial, todavia, veda a utilização da pura e simples extinção do contrato na hipótese de descumprimento pela outra parte. A solução para a parte inocente é a de buscar o cumprimento do restante da obrigação contratual por

outros meios, que não a gravosa solução da extinção contratual; **C:** incorreta. É válida a instituição da cláusula *solve et repete*, que impede a utilização da cláusula resolutiva tácita. Desta forma, ainda que uma das partes não cumpra com a sua obrigação contratual, a outra deverá continuar cumprindo o contrato. Evidentemente que a parte inocente ficará com o direito de cobrar em momento posterior a satisfação de seu direito contratual, mas não pela via da extinção do contrato. Tal cláusula é muito comum nos contratos administrativos, nos quais não seria razoável, por exemplo, que uma indústria farmacêutica contratada pelo Estado cessasse a distribuição de medicamentos vitais a um hospital público, em virtude do não pagamento de algumas parcelas devidas; **D:** incorreta, pois o defeito na qualidade da coisa não implica inadimplemento relativo; **E:** incorreta, pois devedor ou fiador poderão purgar a mora no prazo de 15 dias contados da citação (Lei 8.245/91, art. 62, II). **GN**

Gabarito "B".

(Magistratura/PE – 2013 – FCC) A teoria do adimplemento substancial, adotada em alguns julgados, sustenta que

(A) o cumprimento parcial de um contrato impede sua resolução em qualquer circunstância, porque a lei exige a preservação do contrato.

(B) a prestação imperfeita, mas significativa de adimplemento substancial da obrigação, por parte do devedor, autoriza apenas a resolução do contrato, mas sem a composição de perdas e danos.

(C) o adimplemento substancial de um contrato, por parte do devedor, livra-o das consequências da mora, no tocante à parte não cumprida, por ser de menor valor.

(D) independentemente da extensão da parte da obrigação cumprida pelo devedor, manifestando este a intenção de cumprir o restante do contrato e dando garantia, o credor não pode pedir a sua rescisão.

(E) a prestação imperfeita, mas significativa de adimplemento substancial da obrigação, por parte do devedor, autoriza a composição de indenização, mas não a resolução do contrato.

Deve-se partir do pressuposto segundo o qual a parte inocente tem – como regra – o direito de considerar o contrato extinto em virtude do inadimplemento alheio. Trata-se da aplicação da condição resolutiva tácita, ou seja, a ocorrência do evento futuro e incerto do inadimplemento é apta a resolver os contratos bilaterais. Todavia, tal direito – assim como todos os direitos subjetivos – deve ser exercido com razoabilidade e ponderação. Foi por conta disso que os Tribunais criaram a saudável teoria do adimplemento substancial, segundo a qual – se o inadimplemento de uma parte ocorrer quando já houver o cumprimento de uma parcela significativa da obrigação – a aplicação da condição resolutiva tácita fica afastada, cabendo à parte inocente apenas o direito de pedir judicialmente o cumprimento do restante da obrigação, mas não podendo considerar o contrato extinto. "*Ademais, incide a teoria do adimplemento substancial, que visa a impedir o uso desequilibrado do direito de resolução por parte do credor, em prol da preservação da avença, com vistas à realização dos princípios da boa-fé e da função social do contrato*" (STJ, REsp n.º 877.965/SP, Rel. Ministro Luis Felipe Salomão, 4ª Turma, julgado em 22.11.2011, *DJe* 01/02/2012). **WG**

Gabarito "E".

(Magistratura/PE – 2011 – FCC) Indo-se mais adiante, aventa-se a ideia de que entre o credor e o devedor é necessária a colaboração, um ajudando o outro na execução do contrato. A tanto, evidentemente, não se pode chegar, dada a contraposição de interesses, mas é certo que a conduta, tanto de um como de outro, subordina-se a regras que visam a impedir dificulte uma parte a ação da outra.

(*Contratos*, p. 43, 26ª edição, Forense, 2008, Coordenador: Edvaldo Brito, Atualizadores: Antonio Junqueira de Azevedo e Francisco Paulo de Crescenzo Marino).

Pode-se identificar o texto acima com o seguinte princípio aplicável aos contratos:

(A) da intangibilidade.

(B) do consensualismo.

(C) da força obrigatória.

(D) da boa-fé.

(E) da relatividade das obrigações pactuadas.

O princípio da boa-fé objetiva (art. 422 do CC) impõe que os contratantes ajam de forma leal, proba, honesta, respeitosa e colaborativa. Essa conduta deve se dar em todas as fases que envolvem o contrato, tais como tratativas, celebração, execução, extinção e pós-extinção do contrato. A ideia de "colaboração, um ajudando o outro na execução do contrato" diz respeito ao dever de boa-fé na fase de execução do contrato, de modo que a alternativa "d" está correta. AG/WG
Gabarito "D".

(Magistratura/PI – 2011 – CESPE) De acordo com a legislação de regência, a comissão de concessão de crédito cobrada por instituição financeira para fornecer crédito ao mutuário deve incidir apenas uma vez, no início do contrato. Caso haja qualquer outra cobrança do encargo, configura-se

(A) reserva mental por parte da instituição, o que enseja a anulação da avença.

(B) declaração de nulidade parcial, o que possibilita redução do negócio jurídico.

(C) erro essencial, que enseja a anulação do negócio.

(D) violação do princípio da boa-fé objetiva, que baliza a interpretação dos contratos.

(E) lesão, o que acarretará a nulidade do contrato se a instituição não se abstiver da cobrança indevida.

A: incorreta, pois na reserva mental o sujeito manifesta vontade mas guardando para si o propósito de não querer o que manifestou, o que não ocorre na hipótese (CC, art. 110); **B:** incorreta, pois não há previsão de anulabilidade para a hipótese ventilada; **C:** incorreta, pois não houve falsa percepção da realidade a configurar o vício do consentimento denominado erro (CC, art. 138); **D:** correta, pois ocorreu na hipótese a violação de deveres anexos decorrentes da boa-fé objetiva, tais como o da informação plena, lealdade e colaboração (CC, art. 422); **E:** incorreta, pois a hipótese não é de negócio celebrado em situação de premente necessidade ou inexperiência (CC, art. 157). GN
Gabarito "D".

(Magistratura/PR – 2013 – UFPR) Reza o art. 447, do Código Civil Brasileiro: "Nos contratos onerosos, o alienante responde pela evicção. Subsiste esta garantia ainda que a aquisição se tenha realizado em hasta pública."

No que concerne à evicção, é correto afirmar:

(A) É vedado às partes reforçar, diminuir ou excluir a responsabilidade pela evicção, pois decorre de lei.

(B) O preço, seja a evicção total seja parcial, será o do valor da coisa na época do contrato, atualizada monetariamente pelos índices oficiais.

(C) Se parcial, mas considerável, for a evicção, poderá o evicto optar entre a rescisão do contrato e a restituição da parte do preço correspondente ao desfalque sofrido. Se não for considerável, caberá somente direito a indenização.

(D) Pode o adquirente demandar pela evicção, mesmo sabendo que a coisa era litigiosa ao tempo da alienação. Não poderá, no entanto, se sabia que a coisa era alheia.

A: incorreta, pois as partes podem reforçar, diminuir ou até mesmo excluir a responsabilidade pela evicção (art. 448 do CC); **B:** incorreta, pois o preço será o do valor da coisa na época em que se envenceu (art. 450 parágrafo único, do CC); **C:** correta, pois de pleno acordo com o disposto no art. 455 do CC; **D:** incorreta, pois o adquirente não poderá demandar pela evicção se sabia que a coisa era litigiosa ou alheia (art. 457 do CC). GN
Gabarito "C".

(Magistratura/SC – 2010) **Assinale a alternativa correta:**

I. A liberdade de contratar é exercida em razão e nos limites da função social do contrato. No sistema do Código Civil, quando há no contrato de adesão cláusulas ambíguas ou contraditórias, nem sempre adota-se a interpretação mais favorável ao aderente. Contudo, nos contratos de adesão, são nulas as cláusulas que estipulem a renúncia antecipada do aderente a direito resultante da natureza do negócio.

II. É nulo o negócio jurídico quando: celebrado por pessoa absolutamente incapaz; for ilícito, impossível ou indeterminável o seu objeto; o motivo determinante, comum a ambas as partes, for ilícito; tiver por objetivo fraudar lei imperativa; derivar de erro, dolo, coação, estado de perigo, lesão ou fraude contra credores. O negócio jurídico nulo não é suscetível de confirmação, nem convalesce pelo decurso do tempo.

III. É lícito aos interessados prevenir ou terminar o litígio mediante concessões mútuas. A transação, se recair sobre direitos contestados em juízo, será feita por escritura pública ou por termo nos autos, assinado pelos transigentes e homologado pelo juiz.

IV. O texto do Código Civil contempla, sempre que necessário, cláusulas gerais. As cláusulas gerais conferem ao sistema jurídico flexibilidade e capacidade de adaptação à evolução do pensamento e comportamento social e importam em avançada técnica legislativa de enunciar, através de expressões semânticas relativamente vagas, princípios e máximas que compreendem e recepcionam a mais variada sorte de hipóteses concretas de condutas tipificáveis, já ocorrentes no presente ou ainda por se realizarem no futuro.

(A) Somente as proposições I e II estão incorretas.

(B) Somente as proposições III e IV estão incorretas.

(C) Somente as proposições I e III estão incorretas.

(D) Somente as proposições I, II e IV estão incorretas.

(E) Todas as proposições estão incorretas.

I: incorreta, pois, no contrato de adesão regido pelo Código Civil, havendo cláusulas ambíguas ou contraditórias, adotar-se-á sempre a interpretação mais favorável ao aderente (art. 423 do CC); **II:** incorreta, pois o negócio jurídico em que houver defeito (erro, dolo, coação, estado de perigo, lesão ou fraude contra credores) é anulável (art. 171, I, do CC), e não nulo (art. 166 do CC); **III:** correta (arts. 840 e 842 do CC); **IV:** correta, pois as cláusulas gerais são normas jurídicas orientadoras, sob a forma de diretrizes indeterminadas, cabendo ao juiz criar a solução adequada ao caso concreto. Um exemplo de cláusula geral é a prevista no art. 421 do Código Civil. Nesse dispositivo a lei assevera que "a liberdade de contratar será exercida em razão e nos limites da função social do contrato". Repare que a diretriz que determina respeito à "função social do contrato" é indeterminada, pois dá margem a mais de uma interpretação. Afinal de contas, o que seria "função social do contrato"? Além disso, a norma citada não traz qual solução deve dar o juiz quando se deparar com uma situação que ele entenda ter violado a diretriz que determina respeito à função social da propriedade. Assim, a cláusula geral se faz presente quando se está diante de uma norma com duas características, quais sejam: i) a presença de uma diretriz indeterminada; ii) inexistência de uma solução específica que o juiz deve dar ao caso concreto. No exemplo citado, a norma jurídica da função social dos contratos pode ser decomposta da seguinte maneira: i) hipótese de incidência – "violar a função social dos contratos" (diretriz indeterminada); ii) consequência – "o juiz verificará a melhor solução para preservar a diretriz violada" (inexistência de consequência ou solução prévias). De qualquer maneira, nos dois casos (simples conceito legal indeterminado e cláusulas gerais), compete ao juiz preencher os claros ao subsumir o fato à norma. Além disso, vale esclarecer que, toda vez que se estiver diante de uma cláusula geral, certamente haverá um conceito legal indeterminado no texto dessa norma. O juiz, nessa tarefa de preencher os claros, de preencher os vazios, deve se valer das seguintes ferramentas: i) fazer conexões sistemáticas (diálogo das fontes), ou seja, deve-se valer de outras normas jurídicas que tratam de assunto semelhante (p. ex., quando for aplicar o princípio da boa-fé objetiva num contrato regido pelo Código Civil, em que uma empresa de manutenção de equipamentos não usou peças originais, pode aplicar o dispositivo do Código do Consumidor, que proíbe essa conduta; no caso, trata-se de norma do CDC que não traz regra mais favorável ao consumidor, mas que traz regra que apenas impõe ética entre as partes); ii) fazer conexões com os fatos e valores sociais, uma vez que o juiz, ao aplicar a lei, deve levar em conta o bem comum e os fins sociais a que a norma se dirige; iii) levar em conta os contornos do caso concreto; iv) valer-se das regras da experiência; v) aplicar as demais técnicas interpretativas. Enfim, o juiz, diante da discricionariedade que possui, deve fazer de tudo para compor os conflitos de interesses a serem resolvidos com normas com conceitos legais indeterminados e cláusulas gerais, pacificando com justiça. AG/WG
Gabarito "A".

(Magistratura/SP – 180º) Quando da formação do contrato,

I. deixa de ser obrigatória a proposta se, feita sem prazo à pessoa presente, não foi imediatamente aceita;

II. os contratos entre ausentes deixam de ser perfeitos se, antes da aceitação, ou com ela, chegar ao proponente a retratação do aceitante;

III. os contratos entre ausentes tornam-se perfeitos desde que a aceitação é expedida, mesmo se o proponente não houver se comprometido a esperar a resposta;

IV. a proposta é obrigatória quando, feita com prazo à pessoa ausente, tiver decorrido tempo suficiente para chegar a resposta ao conhecimento do proponente.

São verdadeiras as afirmativas

(A) I e II, somente.

(B) III e IV, somente.

(C) I, II e III, somente.

(D) II e III, somente.

I: verdadeira (art. 428, I, do CC); **II:** verdadeira (art. 434, I, c/c art. 433, ambos do CC); **III:** falsa (art. 434, II, do CC); **IV:** art. 428, II, do CC. AG/WG
Gabarito "A".

(Juiz – TRF 4ª Região – 2016) Assinale a alternativa correta.

(A) A proposta de contrato obriga o proponente se o contrário não resultar dos termos dela, da natureza do negócio ou das circunstâncias do caso, salvo, entre outras hipóteses, se, feita sem prazo a pessoa presente, não foi imediatamente aceita.

(B) Aquele que tiver prometido fato de terceiro responderá por perdas e danos quando este não o executar, inclusive na hipótese de o terceiro ser cônjuge do promitente, dependendo da sua anuência o ato a ser praticado, e desde que, pelo regime do casamento, a indenização, de algum modo, venha a recair sobre os seus bens.

(C) A cláusula resolutiva expressa opera de pleno direito; a tácita depende de prévia notificação à outra parte, a qual pode se dar via instrumento particular.

(D) Na venda de coisa móvel, pode o vendedor reservar para si a propriedade até que o preço esteja integralmente pago. É o que se chama de contrato de *leasing*.

(E) Nos contratos bancários, na impossibilidade de comprovar a taxa de juros efetivamente contratada – por ausência de pactuação ou pela falta de juntada do instrumento aos autos –, aplica-se a taxa média de mercado, divulgada pelo Banco Central, praticada nas operações da mesma espécie, mesmo se a taxa cobrada for mais vantajosa para o devedor.

A: correta, pois de pleno acordo com a previsão do art. 427 do CC; **B:** incorreta, pois tal responsabilidade "*não existirá se o terceiro for o cônjuge do promitente, dependendo da sua anuência o ato a ser praticado, e desde que, pelo regime do casamento, a indenização, de algum modo, venha a recair sobre os seus bens*" (CC, art. 439 parágrafo único); **C:** incorreta, pois o art. 474 do CC exige que – no caso da cláusula resolutiva tácita – a interpelação seja judicial; **D:** incorreta, pois a assertiva está definindo a venda com reserva de domínio (CC, art. 5211). O leasing é a locação com opção de compra; **E:** incorreta, pois a Súmula 530 do STJ prevê a aplicação da "*taxa média de mercado*", salvo se a taxa cobrada formais vantajosa para o devedor. GN
Gabarito "A".

(Magistratura Federal/1ª região – IX) Examine as proposições a seguir e assinale a alternativa correta:

I. nos contratos unilaterais, com exceção do mútuo, quem suporta os riscos é o credor.

II. no contrato de depósito, a entrega da coisa integra o segmento da execução do contrato.

III. à luz do Código Civil, as ações redibitória e estimatória (*quanti minoris*) podem ser cumuladas, a critério da parte.

IV. a exceção de inexecução somente é compatível com os contratos bilaterais imperfeitos.

(A) somente a IV está incorreta.

1. DIREITO CIVIL

(B) somente a I e a IV estão incorretas.

(C) somente a I está correta.

(D) somente a I e a III estão corretas.

I: correta, pois nessa hipótese só uma das partes suporta as obrigações do contrato e, portanto, não responde por eventuais perdas, salvo as decorrentes de sua culpa ou dolo. É o que ocorre, por exemplo, no contrato de comodato. Na hipótese de perda do bem emprestado sem culpa do comodatário, a obrigação simplesmente se resolve, não havendo se falar em restituição do valor, perdas e danos etc. Logo, o credor sofreu os riscos do contrato. No nosso sistema, tal regra vem estampada no art. 238 do Código Civil. Vale ressalvar que o contrato de mútuo não segue essa lógica, tendo em vista que, por meio dele, ocorre a transferência do domínio ao mutuário-devedor, o que lhe transfere também os riscos da perda da coisa, pela aplicação do princípio "*res perit domino*". Assim, se o mutuário perder a coisa que lhe foi emprestada, ainda que sem culpa, ele continua obrigado a pagar o empréstimo; II: incorreta, pois o contrato de depósito é um típico exemplo de contrato real, o qual somente surge para o mundo jurídico com a entrega do bem. Logo, a entrega do bem é elemento de existência do contrato e não cumprimento de suas obrigações; III: incorreta, pois a parte prejudicada deverá optar entre uma ou outra solução jurídica oferecida pelo Código Civil (arts. 441 e 442); IV: incorreta, pois a referida exceção tem seu principal campo de aplicação nos contratos bilaterais. **GN**

Gabarito "C".

(Magistratura Federal/1ª região – IX) Dadas as asserções, assinale a alternativa correta:

I. a cláusula de exclusão da garantia contra a evicção – *non prestanda evictione* – não impede que o evicto cobre o preço que pagou pela coisa evicta, se não soube do risco da evicção.

II. no arrendamento mercantil (*leasing*), o período determinado para o valor da contraprestação não pode, em nenhuma hipótese, ser superior a seis meses.

III. o mandatário pode compensar os prejuízos a que deu causa com os proveitos, que, por outro lado, tenha granjeado ao seu constituinte.

IV. no contrato de consumo feito por telefone o prazo de reflexão do consumidor é de dez dias.

(A) somente a I está correta.

(B) somente a II e a III estão corretas.

(C) todas estão corretas.

(D) somente a III e a IV estão corretas.

I: correta, pois para que o evicto não tenha qualquer direito – além da cláusula que afasta as garantias contra a evicção –, deverá ele, no próprio contrato, ter conhecer do risco e assumi-lo expressamente (CC, art. 449); II: incorreta, pois o Conselho Monetário Nacional poderá, nas operações que venha a definir, estabelecer que as contraprestações sejam estipuladas por períodos superiores a seis meses (Lei 6.099/1974, art. 5º, parágrafo único); III: incorreta, pois o art. 669 do Código Civil proíbe tal compensação; IV: incorreta, pois tal prazo é de sete dias conforme o art. 49 do Código de Defesa do Consumidor. **GN**

Gabarito "A".

(Magistratura Federal/4ª região – VIII) O direito da parte contratual de resolver contrato bilateral e sinalagmático, por inadimplemento do devedor, constitui:

(A) direito potestativo, ou formativo;

(B) faculdade jurídica;

(C) ônus jurídico;

(D) direito subjetivo *stricto sensu*.

Em qualquer contrato bilateral existe uma condição resolutiva tácita. Trata-se de um evento futuro e incerto apto a extinguir o contrato. Tal evento futuro é o simples inadimplemento contratual de uma das partes. E o direito de pleitear a resolução do contrato, tendo em vista que o inadimplemento alheio configura um típico exemplo de direito potestativo, o qual se caracteriza por se tratar de um poder "que a lei confere a determinadas pessoas de influírem, com uma declaração de vontade, sobre situações jurídicas de outras, sem o concurso de vontade destas" (Agnelo Amorim Filho, *in Critério científico para distinguir a prescrição da decadência e para identificar as ações imprescritíveis*. RT 300/10). De fato, com a utilização de um direito potestativo, a parte pode constituir ou desconstituir relações jurídicas com uma determinada pessoa (ex: direito de o doador revogar a doação por ingratidão) ou até mesmo entre outras pessoas (ex: direito potestativo de o credor desconstituir a venda fraudulenta praticada pelo seu devedor com terceiro de má-fé). **GN**

Gabarito "A".

(Magistratura Federal/2ª região – 2011 – CESPE) Assinale a opção correta com relação às hipóteses de inadimplemento contratual e seus efeitos.

(A) De acordo com a jurisprudência, poderá o juiz indeferir pedido liminar de busca e apreensão, ainda que cumpridos os requisitos legais, considerando o pequeno valor da dívida em relação ao do bem.

(B) O descumprimento de acordo firmado em audiência e homologado pelo juiz dará ensejo à aplicação da exceção do contrato não cumprido.

(C) Não sendo efetuado o pagamento, o credor não poderá enjeitá-lo alegando falta de interesse econômico, caso o devedor se disponha a cumprir a obrigação acrescida de perdas e danos.

(D) De acordo com o Código Civil, a cláusula resolutiva expressa é benefício exclusivo do credor.

(E) O STJ entende que, se for estipulada cláusula penal moratória, a parte que inadimplir o contrato não terá a obrigação de indenizar lucros cessantes.

A: correta, pois se trata da aplicação da teoria do "adimplemento substancial". Os princípios da função social do contrato e da boa-fé objetiva impõem a ideia de justiça contratual, de um equilíbrio entre meios e fins e pela necessidade de razoável exercício de direitos contratuais. Não seria razoável utilizar cegamente a possibilidade de se resolver um contrato e pleitear imediatamente a busca e apreensão do bem alienado quando o débito da outra parte é diminuto. Evidentemente que o credor poderá buscar o recebimento do seu crédito pelas vias ordinárias, mas não mais utilizando da enorme pressão que a busca e apreensão representa. "A teoria do adimplemento substancial visa a impedir o uso desequilibrado do direito de resolução por parte do credor, em prol da preservação da avença, com vistas à realização dos princípios da boa-fé e da função social do contrato"(REsp 877.965/SP, rel. Min. Luis Felipe Salomão, 4.ª T., j. 22.11.2011). Nesse sentido, o STJ não acolheu a "ação de reintegração de posse de 135 carretas, objeto de contrato de *leasing*, após o pagamento de 30 das 36 parcelas ajustadas" (RESP 1.200.105/AM, rel. Min. Paulo de Tarso Sanseverino, 3.ª T., j. 19.06.2012); **B:** incorreta, pois a solução da exceção de contrato não cumprido destina-se exclusivamente aos contratos bilaterais firmados entre as partes (CC, arts 474 e 476); **C:** incorreta, pois na hipótese de a prestação se tornar inútil ao credor, ele poderá rejeitar o pagamento, com as consequências legais advindas da *mora solvendi*; **D:** incorreta, pois a referida cláusula destina-se a contratos bilaterais, os quais possuem obrigações recíprocas. Ou seja, há em questão dois credores e qualquer uma das partes poderá valer-se da cláusula resolutiva tácita quando a outra parte não cumprir suas obrigações contratuais (CC, art. 476); **E:** incorreta, pois o entendimento do STJ é no sentido contrário. "A instituição de cláusula penal moratória não compensa o inadimplemento, pois se traduz em punição ao devedor que, a despeito de sua incidência, se vê obrigado ao pagamento de indenização relativa aos prejuízos dele decorrentes" (RESP 968.091/DF, rel. Min. Fernando Gonçalves, 4.ª T., j. 19.03.2009). GN

Gabarito "A".

(Magistratura Federal/3ª Região – 2010) Aponte a alternativa que alude às hipóteses legais em que se pode fundamentar a seguinte assertiva técnico-doutrinária: "A cláusula geral da função social do contrato é matéria de ordem pública e enseja atividade hermenêutica integrativa do juiz".

(A) Artigos 2.035, parágrafo único, e 421 do Código Civil Brasileiro;

(B) Artigos 422 e 398 do Código Civil;

(C) Artigos 2º e 422 do Código Civil Brasileiro;

(D) Artigos 186 e 927, parágrafo único, do Código Civil Brasileiro.

De fato, a disposição decorre da conjugação dos arts. 421 e 2.035 do Código Civil. GN

Gabarito "A".

4.2. CLASSIFICAÇÃO DOS CONTRATOS

A matéria "classificação dos contratos" é bastante doutrinária, diferente das outras, que, como se percebe da leitura deste livro, são normalmente respondidas a partir da leitura do texto da lei. Assim, seguem explicações doutrinárias sobre as principais classificações dos contratos.

1. Quanto aos efeitos (ou quanto às obrigações):

1.(1) Contratos unilaterais: *são aqueles em que há obrigações para apenas uma das partes.* São exemplos a doação pura e simples, o mandato, o depósito, o mútuo (empréstimo de bem fungível – dinheiro, p. ex.) e o comodato (empréstimo de bem infungível). Os três últimos são unilaterais, pois somente se formam no instante em que há entrega da coisa (são contratos reais). Entregue o dinheiro, por exemplo, no caso do mútuo, este contrato estará formado e a única parte que terá obrigação será o mutuário, no caso a de devolver a quantia emprestada (e pagar os juros, se for mútuo feneratício).

1.(2) Contratos bilaterais: *são aqueles em que há obrigações para ambos os contratantes.* Também são chamados de sinalagmáticos. A expressão "sinalagma" confere a ideia de reciprocidade às obrigações. São exemplos a prestação de serviços e a compra e venda.

1.(3) Contratos bilaterais imperfeitos: *são aqueles originariamente unilaterais, que se tornam bilaterais por uma circunstância acidental.* São exemplos o mandato e o depósito não remunerados. Assim, num primeiro momento, o mandato não remunerado é unilateral (só há obrigações para o mandatário), mas, caso o mandatário incorra em despesas para exercê-lo, o mandante passará também a ter obrigações, no caso a de ressarcir o mandatário.

1.(4) Contratos bifrontes: *são aqueles que originariamente podem ser unilaterais ou bilaterais.* São exemplos o mandato e o depósito. Se for estipulada remuneração em favor do mandatário ou do depositário, estar-se-á diante de contrato bilateral, pois haverá obrigações para ambas as partes. Do contrário, unilateral, pois haverá obrigações apenas para o mandatário ou para o depositário.

Importância da classificação: a classificação é utilizada, por exemplo, para distinguir contratos em que cabe a exceção de contrato não cumprido. Apenas nos contratos bilaterais é que uma parte pode alegar a exceção, dizendo que só cumpre a sua obrigação após a outra cumprir a sua. Nos contratos unilaterais, como só uma das partes tem obrigações, o instituto não se aplica. Isso vale tanto para a inexecução total (hipótese em que se alega a *exceptio non adimplecti contractus*), como para a inexecução parcial (hipótese em que se alega a *exceptio non rite adimplecti contractus*). Para aplicação do instituto, é importante verificar qual das duas partes tem de cumprir sua obrigação em primeiro lugar.

2. Quanto às vantagens:

2.(1) Contratos gratuitos: *são aqueles em que há vantagens apenas para uma das partes.* Também são chamados de benéficos. São exemplos a doação pura e simples, o depósito não remunerado, o mútuo não remunerado e o comodato.

2.(2) Contratos onerosos: *são aqueles em que há vantagens para ambas as partes.* São exemplos a compra e venda, a prestação de serviços, o mútuo remunerado (feneratício) e a doação com encargo.

Não se deve confundir a presente classificação com a trazida acima, para o fim de achar que todo contrato unilateral é gratuito e que todo contrato bilateral é oneroso. Como exemplo de contrato unilateral e oneroso pode-se trazer o mútuo feneratício.

3. Quanto ao momento de formação:

3.(1) Contrato consensual: *é aquele que se forma no momento do acordo de vontades.* São exemplos a compra e venda e o mandato. Neste tipo de contrato, a entrega da coisa (tradição) é mera execução do contrato.

3.(2) Contrato real: *é aquele que somente se forma com a entrega da coisa.* São exemplos o comodato, o depósito e o mútuo. Neste contrato, a entrega da coisa é requisito para a formação, a existência do contrato.

4. Quanto à forma:

4.(1) Contratos não solenes: *são aqueles de forma livre.* São exemplos a compra e venda de bens móveis, a prestação de serviços e a locação. A regra é ter o contrato forma livre (art. 107 do CC), podendo ser verbal, gestual ou escrito, devendo obedecer a uma forma especial apenas quando a lei determinar.

4.(2) Contratos solenes: *são aqueles que devem obedecer a uma forma prescrita em lei.* São exemplos a compra e venda de imóveis (deve ser escrita, e, se de valor superior a 30 salários mínimos, deve ser por escritura pública), o seguro e a fiança.

A forma, quando trazida na lei, costuma ser essencial para a validade do negócio (forma *ad solemnitatem*). Porém, em algumas situações, a forma é mero meio de

1. DIREITO CIVIL

prova de um dado negócio jurídico (forma *ad probationem tantum*).

5. Quanto à existência de regramento legal:

5.(1) Contratos típicos (ou nominados): *são os que têm regramento legal específico.* O CC traz pelo menos vinte contratos típicos, como a compra e venda, a doação e o mandato. Leis especiais trazem diversos outros contratos dessa natureza, como o de locação de imóveis urbanos (Lei 8.245/91), de incorporação imobiliária (Lei 4.561/64) e de alienação fiduciária (Lei 4.728/65 com alterações do Decreto-Lei 911/69).

5.(2) Contratos atípicos (ou inominados): *são os que não têm regramento legal específico, nascendo da determinação das partes.* Surgem da vida cotidiana, da necessidade do comércio. São exemplos o contrato de cessão de clientela, de agenciamento matrimonial, de excursão turística e de feiras e exposições. Apesar de não haver regulamentação legal desses contratos, o princípio da autonomia da vontade possibilita sua celebração, observados alguns limites impostos pela lei.

5.(3) Contratos mistos: são os que resultam da fusão de contratos nominados com elementos particulares, não previstos pelo legislador, criando novos negócios contratuais. Exemplo é o contrato de exploração de lavoura de café, em que se misturam elementos atípicos com contratos típicos, como a locação de serviços, a empreitada, o arrendamento rural e a parceria agrícola.

6. Quanto às condições de formação:

6.(1) Contratos paritários: são aqueles em que as partes estão em situação de igualdade, podendo discutir efetivamente as condições contratuais.

6.(2) Contratos de adesão: são aqueles cujas cláusulas são aprovadas pela autoridade competente ou estabelecidas unilateralmente, sem que o aderente possa modificar ou discutir substancialmente o seu conteúdo. Exemplos: contratos de financiamento bancário, seguro e telefonia. A lei estabelece que a inserção de uma cláusula no formulário não desnatura o contrato, que continua de adesão.

Importância da classificação: os contratos por adesão têm o mesmo regime jurídico dos contratos paritários, mas há algumas diferenças. Se o contrato de adesão for regido pelo Direito Civil, há duas regras aplicáveis: a) as cláusulas ambíguas devem ser interpretadas favoravelmente ao aderente (art. 423, CC); b) a cláusula que estipula a renúncia antecipada do aderente a direito resultante da natureza do contrato é nula (art. 424, CC). Já se o contrato de adesão for regido pelo CDC, há duas regras peculiares a esse contrato (art. 54, CDC): a) os contratos de adesão admitem cláusula resolutória, mas estas são alternativas, cabendo a escolha ao consumidor, ou seja, o consumidor escolhe se deseja purgar a mora e permanecer com o contrato ou se quer a sua resolução; b) as cláusulas limitativas de direito devem ser redigidas com destaque, permitindo sua imediata e fácil identificação, sendo que o desrespeito a essa regra gera a nulidade da cláusula (art. 54, § 4º, c/c o art. 51, XV).

7. Quanto à definitividade:

7.(1) Contratos definitivos: são aqueles que criam obrigações finais aos contratantes. Os contratos são, em sua maioria, definitivos.

7.(2) Contratos preliminares: são aqueles que têm como objeto a realização futura de um contrato definitivo. Um exemplo é o compromisso de compra e venda. Os contratos preliminares devem conter os requisitos essenciais do contrato a ser celebrado, salvo quanto à forma. Assim, enquanto a compra e venda definitiva deve ser por escritura pública, o compromisso de compra e venda pode ser por escritura particular. Além disso, o contrato preliminar deve ser levado a registro para ter eficácia perante terceiros. Assim, um compromisso de compra e venda não precisa ser levado a registro para ser válido, mas aquele que não levá-lo a registro não tem como impedir que um terceiro o faça antes, pois, não registrando, carregará este ônus. De qualquer forma, o compromissário comprador, uma vez pagas todas as parcelas do compromisso, tem direito à adjudicação compulsória, independentemente do registro do compromisso no Registro de Imóveis. O compromissário deve apenas torcer para que alguém não tenha feito isso antes. As regras sobre o contrato preliminar estão nos artigos 462 e 463, CC.

(A) consequência imediata do contrato preliminar: desde que não conste cláusula de arrependimento, qualquer das partes pode exigir a celebração do contrato definitivo, assinalando prazo à outra. É importante ressaltar que, em matéria de imóveis, há diversas leis impedindo a cláusula de arrependimento.

(B) consequência mediata do contrato preliminar: esgotado o prazo acima sem a assinatura do contrato definitivo, a parte prejudicada pode requerer ao Judiciário que supra a vontade do inadimplente, conferindo caráter definitivo ao contrato preliminar, salvo se a isto se opuser a natureza da obrigação.

8. Quanto ao conhecimento prévio das prestações:

8.(1) Contrato comutativo: *é aquele em que as partes, de antemão, conhecem as prestações que deverão cumprir.* Exs.: compra e venda, prestação de serviços, mútuo, locação, empreitada etc. A maior parte dos contratos tem essa natureza.

8.(2) Contrato aleatório: *é aquele em que pelo menos a prestação de uma das partes não é conhecida de antemão.* Ex.: contrato de seguro.

9. Quanto ao momento de execução:

9.(1) Contratos instantâneos: *são aqueles em que a execução se dá no momento da celebração.* Um exemplo é a compra e venda de pronta entrega e pagamento.

9.(2) Contratos de execução diferida: *são aqueles em que a execução se dá em ato único, em momento posterior à celebração.* Constitui exemplo a compra e venda para pagamento em 120 dias.

9.(3) Contratos de trato sucessivo ou de execução continuada: *são aqueles em que a execução é distribuída no tempo em atos reiterados.* São exemplos a compra e venda em prestações, a locação e o financiamento pago em parcelas.

(Juiz – TRF 2ª Região – 2017) Pessoa jurídica obteve empréstimo junto a certa instituição financeira, pelo qual recebeu determinada quantia, com a obrigação de devolvê-la com correção e juros de 12% ao ano. Exclusivamente à luz dos dados fornecidos e da visão dominante, classifique o contrato citado:

(A) Bilateral imperfeito, de adesão e feneratício.

(B) Unilateral, real e oneroso.

(C) Bilateral, oneroso, formal e de adesão.

(D) Bilateral, real, de adesão e oneroso.

(E) Unilateral, puramente consensual (não real), benéfico e oneroso.

A questão apresenta um contrato de mútuo feneratício, que nada mais é do que um empréstimo de dinheiro com obrigação de pagar juros remuneratórios. O contrato de mútuo é real, pois ele só nasce juridicamente após a entrega da *res*, que é o dinheiro. Após o nascimento do contrato, surgem obrigações apenas para o mutuário, a saber: devolver o valor emprestado e também pagar os juros. É por isso que ele é um contrato unilateral. Entretanto, há vantagens para ambos, visto que o mutuário disporá do valor que precisava, ao passo que o mutuante ganhará os juros. Por isso, é um contrato oneroso. O referido contrato de mútuo não é consensual (aquele que surge com o consenso entre as partes), não é de adesão (pois a questão não mencionou tal característica) e não é formal, pois não se exige forma prescrita em lei para sua prática. **GN**

Gabarito "B".

(Magistratura/CE – 2012 – CESPE) Assinale a opção correta a respeito do contrato preliminar.

(A) De acordo com entendimento do STF, o compromisso de compra e venda de imóveis não enseja a execução compulsória.

(B) Nos termos do Código Civil, o contrato provisório constitui avença na qual os contratantes prometem complementar o ajuste futuramente, no contrato definitivo, não se exigindo a outorga uxória de contraentes casados, pois, no contrato provisório, não se perquire a aptidão para validamente alienar.

(C) Não se exige que o *pactum de contrahendo* seja instrumentalizado com os mesmos requisitos formais do contrato definitivo a ser celebrado, ainda que se exija, para este último, a celebração por escritura pública.

(D) De acordo com a jurisprudência pretoriana, para se exigir, perante o outro contraente, pré-contrato irretratável e irrevogável, é imprescindível que este seja levado ao registro competente.

(E) Tratando-se de compra e venda de imóvel, o adquirente só poderá propor ação de adjudicação compulsória do bem registrado em nome do promitente vendedor se ocorrer o prévio registro do pacto preliminar.

A: incorreta, pois o enunciado é contrário à súmula 413 do STF, segundo a qual: *O compromisso de compra e venda de imóveis, ainda que não loteados, dá direito à execução compulsória, quando reunidos os requisitos legais*; **B:** incorreta, pois o contrato preliminar deve conter todos os requisitos de substância do contato principal a ser celebrado (CC, art. 462); **C:** correta, pois no que se refere aos requisitos formais, a lei dispensa paridade de formas entre o contrato principal e o contrato preliminar (CC, art. 462); **D e E:** incorretas, pois o STJ sumulou entendimento pelo qual "*O direito à adjudicação compulsória não se*

condiciona ao registro do compromisso de compra e venda no cartório de imóveis" (STJ, súmula 239). **GN**

Gabarito "C".

4.3. EVICÇÃO

(Magistratura/CE – 2012 – CESPE) No que concerne a evicção, assinale a opção correta de acordo com o Código Civil.

(A) A responsabilidade decorrente da evicção deriva da lei e prescinde, portanto, de expressa previsão contratual; todavia, tal responsabilidade restringe-se à ação petitória, não sendo possível se a causa versar sobre posse.

(B) Responde o alienante pela garantia decorrente da evicção caso o comprador sofra a perda do bem por desapropriação do poder público, cujo decreto expropriatório seja expedido e publicado posteriormente à realização do negócio.

(C) Dá-se a evicção quando o adquirente perde, total ou parcialmente, a coisa por sentença fundada em motivo jurídico anterior, e o alienante tem o dever de assistir o adquirente, em sua defesa, ante ações de terceiros, sendo, entretanto, tal obrigação jurídica incabível caso o alienante tenha atuado de boa-fé.

(D) De acordo com o instituto da evicção, o alienante deve responder pelos riscos da perda da coisa para o evicto, por força de decisão judicial em que fique reconhecido que aquele não era o legítimo titular do direito que convencionou transmitir ao *evictor*.

(E) Sendo a evicção uma garantia legal, podem as partes, em reforço ao já previsto em lei, estipular a devolução do preço em dobro, ou mesmo minimizar essa garantia, pactuando uma devolução apenas parcial.

A: incorreta, pois não deixa de ocorrer evicção caso a ação verse apenas sobre a posse do bem que foi adquirido e que agora é reclamado por terceiro; **B:** incorreta, pois a evicção tem por requisito a anterioridade do direito do terceiro que agora reivindica a coisa perante o adquirente. Caso o direito alegado seja posterior à aquisição do bem, aplica-se o princípio segundo o qual *res perit domino* e o adquirente sofrerá os prejuízos da perda; **C:** incorreta; a boa-fé ou má-fé do alienante é irrelevante para a hipótese de evicção. Desta forma, mesmo havendo boa-fé do alienante, a eventual perda da coisa pelo adquirente em virtude de decisão judicial que confere sua titularidade a terceiro enseja toda gama protetiva que o Código Civil confere ao evicto; **D:** incorreta, pois o enunciado inverte os sujeitos da evicção. O evicto é justamente o adquirente que pagou pelo bem e agora se vê réu numa ação na qual se alega que o alienante não era o verdadeiro dono, ao passo que o evictor é o verdadeiro dono que busca retomar o bem que era de sua titularidade e que foi alienado; **E:** correta. Nossa legislação admite o reforço da evicção, convencionando, por exemplo, que o alienante pagará o dobro do preço ao adquirente caso a perda se verifique (CC, art. 448). Admite também a diminuição da garantia convencionando-se, por exemplo, que na hipótese de perda o alienante pagará metade do prejuízo suportado pelo adquirente. Admite – em termos um pouco mais rigorosos – a exclusão da garantia da evicção, exigindo neste caso que o adquirente saiba do risco da perda, assuma este risco e que a perda porventura ocorrida decorra justamente deste risco assumido (CC, art. 449). **GN**

Gabarito "E".

(Magistratura Federal/4ª região – IX) A evicção consiste:

(A) Na perda da posse ou da propriedade da coisa por sentença que a atribui a terceiro com melhor título.

(B) Na reivindicação da coisa por terceiro que assegura havê-la adquirido anteriormente, cabendo ao evicto a denunciação da lide ao vendedor.

(C) Na ação do adquirente, para obter a coisa adquirida de má-fé pelo evicto.

(D) Na rescisão da compra e venda imobiliária, em virtude da quebra da comutatividade contratual devido à vícios que diminuam a utilidade ou o valor da coisa comprada.

A: correta, pois a evicção é justamente a perda da coisa adquirida em virtude de uma decisão judicial que confere a titularidade do bem a outrem que não o alienante. Evicto é o adquirente que pagou pelo bem e agora se vê réu numa ação na qual se alega que o alienante não era o verdadeiro dono, ao passo que o evictor é o verdadeiro dono que busca retomar o bem que era de sua titularidade e que foi alienado; **B:** incorreta, pois a reivindicação da coisa pelo terceiro não consiste na evicção. A reivindicação da coisa pelo terceiro normalmente se exterioriza numa ação dominial ou mesmo numa ação possessória; **C:** incorreta, pois a assertiva não traduz o real conceito de evicção; **D:** incorreta, pois a assertiva traz hipótese fática que muito mais se aproxima dos vícios redibitórios, que constituem vícios no objeto alienado (CC, art. 441 e seguintes). **GN**
Gabarito "A".

4.4. EXTINÇÃO DOS CONTRATOS

(Magistratura/CE – 2012 – CESPE) Acerca do modo de extinção e quitação dos contratos, assinale a opção correta.

(A) Nos contratos de trato sucessivo, a resolução por inexecução voluntária produz efeitos *ex tunc*, extinguindo o que foi executado e obrigando as restituições recíprocas.

(B) O CDC prevê hipótese excepcional de arrependimento, na qual o consumidor pode desistir do contrato, unilateralmente, em sete dias, sempre que a contratação ocorrer fora do estabelecimento comercial.

(C) Em ação de resolução de contrato, a exceção de contrato não cumprido, por ser de natureza material, não pode ser alegada pelo réu em sua defesa.

(D) À luz do que dispõe o Código Civil, tanto o distrato quanto a quitação devem ser feitos pela mesma forma exigida para o contrato.

(E) A anulabilidade de um contrato advém de uma imperfeição da vontade; por essa razão, mesmo com o vício congênito e não decretada judicialmente, a avença é eficaz, podendo ser arguida por ambas as partes e reconhecida de ofício pelo juiz.

A: incorreta, pois nesses casos o efeito da extinção é *ex nunc*; **B:** correta, pois o art. 49 traz hipótese excepcional de extinção do contrato por mero arrependimento do consumidor, desde que a contratação ocorra fora do estabelecimento, como nos casos de compra pela internet; **C:** incorreta, pois é perfeitamente possível que o réu demonstre ao juiz que não cumpriu com sua parte no contrato, justamente porque houve descumprimento anterior da outra parte contratual; **D:** incorreta. O distrato realmente segue a forma do contrato principal (CC, art. 472), mas a quitação sempre pode ser dada por instrumento particular (CC, art. 320); **E:** incorreta, pois o juiz não pode reconhecer de ofício uma hipótese eivada de anulabilidade (CC, art. 177). **GN**
Gabarito "B".

Espécies de extinção dos contratos.

(1) Execução. Esta é forma normal de extinção dos contratos. Na compra e venda a execução se dá com a entrega da coisa (pelo vendedor) e com o pagamento do preço (pelo comprador).

(2) Invalidação. O contrato anulável produz seus efeitos enquanto não anulado pelo Poder Judiciário. Uma vez anulado (decisão constitutiva), o contrato fica extinto com efeitos *ex nunc*. Já o contrato nulo recebe do Direito uma sanção muito forte, sanção que o priva da produção de efeitos desde o seu início. A parte interessada ingressa com ação pedindo uma decisão declaratória, decisão que deixa claro que o contrato nunca pode produzir efeitos, daí porque essa decisão tem efeitos *ex tunc*. Se as partes acabaram cumprindo "obrigações", o juiz as retornará ao estado anterior.

(3) Resolução. Há três hipóteses de extinção do contrato pela resolução, a saber:

3.(1) Por inexecução culposa: *é aquela que decorre de culpa do contratante.* Há dois casos a considerar:

(A) se houver cláusula resolutiva expressa (pacto comissório), ou seja, previsão no próprio contrato de que a inexecução deste gerará sua extinção, a resolução opera de pleno direito, ficando o contrato extinto; o credor que ingressar com ação judicial entrará apenas com uma ação declaratória, fazendo com que a sentença tenha efeitos *ex tunc*. A lei protege o devedor em alguns contratos, estabelecendo que, mesmo existindo essa cláusula, ele tem o direito de ser notificado para purgar a mora (fazer o pagamento atrasado) no prazo estabelecido na lei.

(B) se não houver cláusula resolutiva expressa, a lei estabelece a chamada **"cláusula resolutiva tácita"**, disposição que está implícita em todo contrato, e que estabelece que o seu descumprimento permite que a outra parte possa pedir a resolução do contrato. Neste caso a resolução dependerá de interpelação judicial para produzir efeitos, ou seja, ela não ocorre de pleno direito. Repare que não basta mera interpelação extrajudicial. Os efeitos da sentença judicial serão *ex nunc*.

É importante ressaltar que a parte lesada pelo inadimplemento (item *a* ou *b*) tem duas opções (art. 474, CC): a) pedir a resolução do contrato; ou b) exigir o cumprimento do contrato. Em qualquer dos casos, por se tratar de inexecução culposa, caberá pedido de indenização por perdas e danos. Se houver cláusula penal, esta incidirá independentemente de prova de prejuízo (art. 416, CC). Todavia, uma indenização suplementar dependerá de convenção no sentido de que as perdas e os danos não compreendidos na cláusula penal também serão devidos.

3.(2) Por inexecução involuntária: *é aquela que decorre da impossibilidade da prestação.* Pode decorrer de caso fortuito ou força maior, que são aqueles fatos necessários, cujos efeitos não se consegue evitar ou impedir. Esta forma de inexecução exonera o devedor de responsabilidade (art. 393, CC), salvo se este expressamente assumiu o risco (art. 393, CC) ou se estiver em mora (art. 399, CC).

3.(3) Por onerosidade excessiva. Conforme vimos, no caso de onerosidade excessiva causada por fato extraordinário e imprevisível, cabe revisão contratual. Não sendo esta possível, a solução deve ser pela resolução do contrato, sem ônus para as partes. A resolução por onerosidade excessiva está prevista no art. 478 do CC.

4. Resilição.

4.(1) Conceito: é a extinção dos contratos pela vontade de um ou de ambos contratantes. A palavra-chave é vontade. Enquanto a resolução é a extinção por inexecução contratual ou onerosidade excessiva, a resilição é a extinção pela vontade de uma ou de ambas as partes.

4.(2) Espécies:

(A) bilateral, que é o acordo de vontades para pôr fim ao contrato (**distrato**). A forma para o distrato é a mesma que a lei exige para o contrato. Por exemplo, o distrato de uma compra e venda de imóvel deve ser por escritura, pois esta é a forma que a lei exige para o contrato. Já o distrato de um contrato de locação escrito pode ser verbal, pois a lei não exige documento escrito para a celebração de um contrato de locação. É claro que não é recomendável fazer um distrato verbal no caso, mas a lei permite esse procedimento.

(B) unilateral, que é a extinção pela vontade de uma das partes (**denúncia**). Essa espécie de resilição só existe por exceção, pois o contrato faz lei entre as partes. Só é possível a denúncia unilateral do contrato quando: i) houver previsão contratual ou ii) a lei expressa ou implicitamente autorizar. Exemplos: em contratos de execução continuada com prazo indeterminado, no mandato, no comodato e no depósito (os três últimos são contratos feitos na base da confiança), no arrependimento de compra feita fora do estabelecimento comercial (art. 49, CDC) e nas denúncias previstas na Lei de Locações (arts. 46 e 47 da Lei 8.245/91). A lei exige uma formalidade ao denunciante. Este deverá notificar a outra parte, o que poderá ser feito extrajudicialmente. O efeito da denúncia é ex tunc. Há uma novidade no atual CC, que é o "aviso prévio legal". Esse instituto incide quando alguém denuncia um contrato prejudicando uma parte que fizera investimentos consideráveis. Neste caso, a lei dispõe que a denúncia unilateral só produzirá efeitos após um prazo compatível com a amortização dos investimentos (art. 473, parágrafo único).

(5) Morte. Nos contratos impessoais, a morte de uma das partes não extingue o contrato. Os herdeiros deverão cumpri-lo segundo as forças da herança. Já num contrato personalíssimo (contratação de um advogado, contratação de um cantor), a morte da pessoa contratada extingue o contrato.

(6) Rescisão. A maior parte da doutrina encara a rescisão como gênero, que tem como espécies a resolução, a resilição, a redibição etc.

(Magistratura/SP – 178º) Diga em que sentença relativa a contratos anda o desacerto.

(A) A parte lesada pelo inadimplemento pode pedir a resolução do contrato, se lhe não preferir o cumprimento, e tem, num e noutro caso, direito a indenização por perdas e danos.

(B) Nos contratos bilaterais, nenhum dos contratantes pode, antes de cumprida sua obrigação, exigir o cumprimento da obrigação do outro.

(C) Ainda que tácita, mas sempre inequívoca, a cláusula resolutiva opera de pleno direito, independentemente de interpelação judicial.

(D) A resolução do contrato por onerosidade excessiva pode ser evitada se o réu concordar com a modificação equitativa das condições do contrato.

A: art. 475 do CC; **B:** art. 476 do CC; **C:** art. 474 do CC; **D:** art. 479 do CC. **AG/WG**

Gabarito "C".

4.5. COMPRA E VENDA E TROCA

(MAGISTRATURA/PB – 2011 – CESPE) A respeito das disposições aplicáveis a contratos de compra e venda, assinale a opção correta.

(A) Na venda com reserva de domínio, o Código Civil estabelece que o vendedor somente pode executar a referida cláusula após a constituição do comprador em mora, mediante protesto de título ou interpelação judicial ou extrajudicial.

(B) O direito de retrato não é suscetível de cessão por ato inter vivos, mas é cessível e transmissível por ato causa mortis, podendo os herdeiros e legatários exercê-lo somente no prazo decadencial de três anos, contado da conclusão da compra e venda.

(C) Nesse tipo de contrato, a fixação do preço pode ser deixada ao arbítrio de terceiro designado pelos contratantes ou de uma das partes.

(D) Na venda ad corpus, não havendo correspondência entre a área efetivamente encontrada e as dimensões constantes do documento, o comprador lesado poderá exigir o implemento da área ou abatimento no preço.

(E) Denomina-se venda a contento a cláusula que sujeita o contrato a condição suspensiva, produzindo efeitos somente após o comprador se assegurar de que a coisa realmente possui as qualidades garantidas pelo vendedor.

A: incorreta, pois a constituição em mora só pode se dar por protesto do título ou por interpelação judicial, não podendo se dar por interpelação extrajudicial (art. 525 do CC); **B:** correta (arts. 507 e 505 do CC, respectivamente); **C:** incorreta, pois a fixação do preço pode ser deixada a arbítrio de terceiro, desde que este seja escolhido por ambas as partes (art. 485 do CC); **D:** incorreta, pois, nesse caso, não haverá complemento de área, nem devolução de excesso (art. 500, § 3º, do CC); **E:** incorreta, pois essa é a definição de venda sujeita à prova (art. 510 do CC); na venda a contento também existe uma condição suspensiva, que é o adquirente manifestar o seu agrado (o seu contento) com a coisa (art. 509 do CC); um exemplo é quando alguém pede um vinho num restaurante e o garçom serve um pouco do vinho para ver se está do agrado de quem pediu; se estiver, a venda, que estava sob a condição suspensiva do agrado (ou contento), passa a produzir efeitos. **AG/WG**

Gabarito "B".

(Magistratura/PE – 2011 – FCC) Sobre o contrato de compra e venda analise os itens abaixo:

I. Transfere o domínio da coisa mediante o pagamento de certo preço em dinheiro, independente de tradição.

1. DIREITO CIVIL

II. Não pode ter por objeto coisa futura.

III. É anulável a venda de ascendente a descendente, salvo se os outros descendentes e o cônjuge do alienante expressamente houverem consentido.

IV. É lícita a compra e venda entre cônjuge, com relação a bens excluídos da comunhão.

V. Na venda *ad corpus*, presume-se que a referência às dimensões foi simplesmente enunciativa, quando a diferença encontrada não exceder de um vigésimo da área total enunciada.

Está correto APENAS o que se afirma em

(A) I, II e III.

(B) I, III e V.

(C) II, III e IV.

(D) II, IV e V.

(E) III, IV e V.

I: incorreta, pois a compra e venda não tem o condão de transferir o domínio da coisa, mas apenas de criar a obrigação de entrega da coisa (art. 481 do CC); vale lembrar que apenas com a entrega da coisa (que tem natureza jurídica de *execução* do contrato) é que o domínio é transferido; **II:** incorreta, pois cabe compra e venda de coisa futura (art. 483 do CC); **III:** correta (art. 496 do CC); **IV:** correta (art. 499 do CC); **V:** correta (art. 500, §§ 1º e § 3º, do CC). **AG/WG**
Gabarito "E".

(Magistratura/PI – 2011 – CESPE) Joana adquiriu lote para pagar em vinte e quatro prestações mensais. Após o pagamento da quinta parcela, descobriu que o loteamento não estava registrado.

Considerando essa situação hipotética, assinale a opção correta.

(A) Não será lícita a suspensão do pagamento das prestações restantes sem ordem judicial.

(B) A lei veda que a prefeitura regularize o loteamento, mas determina que notifique o loteador para fazê-lo.

(C) A prefeitura deve promover a desapropriação da área para evitar lesão ao padrão de desenvolvimento urbano.

(D) Vendida mais da metade dos lotes, a prefeitura poderá afastar o requisito de área mínima para a regularização do loteamento.

(E) Deverá ser considerada nula, no caso, cláusula de rescisão de contrato por inadimplemento do adquirente.

A: incorreta, pois "*verificado que o loteamento ou desmembramento não se acha registrado, deverá o adquirente do lote suspender o pagamento das prestações restantes e notificar o loteador para suprir a falta*" (Lei n.º 6.766/79, art. 38); **B:** incorreta, pois o Município pode exigir tal registro (Lei n.º 6.766/79, art. 22 parágrafo único); **C** e **D:** incorretas por ausência de previsão legal nesse sentido; **E:** correta, pois tal previsão encontra respaldo no art. 39 da referida Lei, nos seguintes termos. "*Será nula de pleno direito a cláusula de rescisão de contrato por inadimplemento do adquirente, quando o loteamento não estiver regularmente inscrito*". **GN**
Gabarito "E".

(Magistratura/SP – 2013 – VUNESP) A respeito do contrato de compra e venda, é certo afirmar que

(A) nulo é o contrato de compra e venda quando se atrela o preço exclusivamente a taxas de mercado ou bolsa.

(B) o direito de preferência que tem o vendedor de uma coisa de adquiri-la do comprador é personalíssimo, não se podendo ceder e nem passar aos herdeiros.

(C) o contrato de compra de safra futura ficará sem efeito se esta, por razões climáticas, vier a se perder, sendo nula, nessa hipótese, a cláusula que permita ao vendedor ficar com o preço já recebido.

(D) será nula a venda feita sem a observância de direito de preferência estipulado em favor de terceiro.

A: incorreta, pois o Código Civil admite o contrato em que as partes deixam a fixação do preço à taxa de mercado e bolsa, desde que em certo e determinado lugar (art. 486 do CC); **B:** correta, pois, segundo o art. 520 do CC, "o direito de preferência não se pode ceder nem passa aos herdeiros"; **C:** incorreta, pois no caso de o adquirente das coisas ou fatos futuros assumir o "risco de não virem a existir", terá o alienante direito de receber integralmente o que lhe foi prometido, desde que não tenha agido com culpa ou dolo (art. 458 do CC); **D:** incorreta, pois o desrespeito ao direito de preferência impõe apenas a responsabilização por perdas e danos do comprador que alienar a coisa sem a sua observância (art. 518 do CC). **WG**
Gabarito "B".

(Magistratura/SP – 178º) Indique a asserção enganosa.

(A) Se, na venda *ad mensuram* de um imóvel, se verificar que há excesso superior a um vigésimo do total da área enunciada e se o vendedor comprovar que tinha motivos para ignorar a medida exata da área vendida, pode o comprador completar o valor correspondente ou simplesmente devolver o excesso.

(B) No caso de separação de bens convencional, é lícita a compra e venda, entre cônjuges, de bens excluídos da comunhão.

(C) É nula a venda de ascendente a descendente quando nem os outros descendentes nem o cônjuge do alienante deram expresso consentimento.

(D) É nulo o contrato de compra e venda em que se deixa ao arbítrio exclusivo de uma das partes a fixação do preço.

A: correta (art. 500, § 2º, do CC); **B:** correta (art. 499 do CC); **C:** incorreta, pois é anulável a venda (art. 496 do CC); **D:** correta (art. 489 do CC). **AG/WG**
Gabarito "C".

(Magistratura Federal/4ª região – VII) Com base no Código Civil, é correto afirmar, relativamente ao contrato de compra e venda, que:

(A) o preço deve ser sempre fixado em quantia certa e determinada na data do contrato, sob pena de nulidade;

(B) a taxação do preço pode ser deixada ao arbítrio exclusivo de uma das partes;

(C) a fixação do preço pode ser deixada ao arbítrio de terceiro e também à taxa do mercado ou da bolsa, em certo e determinado dia e lugar;

(D) se, deixada a fixação do preço ao arbítrio de terceiro, este não aceitar a incumbência, a mesma se transferirá ao comprador.

A: incorreta, pois os artigos 485 a 488 preveem diferentes formas de fixação do preço; **B:** incorreta, pois a cláusula que assim determina é nula de pleno direito (CC, art. 489); **C:** correta, pois o Código permite a fixação do preço por terceiro ou à taxas de mercado, nos termos dos artigos 485 e 486; **D:** incorreta, pois caso o terceiro não fixe o preço ficará sem efeito o contrato (CC, art. 485). **GN**

Gabarito "C".

4.6. COMPROMISSO DE COMPRA E VENDA

(Magistratura/DF – 2011) Disciplina a lei civil que "mediante promessa de compra e venda, em que se não pactuou arrependimento, celebrada por instrumento público ou particular, e registrada no Cartório de Registro de Imóveis, adquire o promitente comprador direito real à aquisição do imóvel". De acordo com referida previsão legal, considere as proposições abaixo e assinale a incorreta:

(A) O direito real à aquisição do imóvel, no caso de promessa de compra e venda, sem cláusula de arrependimento, somente se adquire com o registro;

(B) O promitente comprador, titular de direito real, pode exigir do promitente vendedor, ou de terceiros, a quem os direitos deste forem cedidos, a outorga da escritura definitiva de compra e venda, conforme o disposto no instrumento preliminar; e, se houver recusa, requerer ao juiz a adjudicação do imóvel;

(C) O direito à adjudicação compulsória, quando exercido em face do promitente vendedor, não se condiciona ao registro da promessa de compra e venda no cartório do registro imobiliário;

(D) O promitente comprador, munido de promessa de compra e venda, ainda que não registrada no cartório de imóveis, tem a faculdade de reivindicar de terceiro o imóvel prometido à venda.

A: assertiva correta (art. 1.417 do CC); **B:** assertiva correta (art. 1.418 do CC); **C:** assertiva correta (Súmula 239 do STJ); **D:** assertiva incorreta, pois a inexistência de registro impede que haja oposição em relação a terceiro, com fundamento no direito de propriedade (ação reivindicatória); cabe ao compromissário comprador, se recebeu a posse da coisa, ingressar com reintegração de posse. **AG/WG**

Gabarito "D".

(Magistratura/SP – 178º) Destes assertos, só um é certo. Diga qual é.

(A) Com a promessa de compra e venda, de que não conste cláusula de arrependimento, adquire o promitente comprador, desde que inscrito o compromisso no Cartório de Registro de Imóveis, o direito de sequela.

(B) Para que o promitente comprador adquira direito real à aquisição do imóvel, é imprescindível conste da promessa de compra e venda cláusula expressa de irrevogabilidade.

(C) Somente a promessa de compra e venda celebrada por instrumento público dá ao promitente comprador direito real.

(D) Na promessa de compra e venda de imóvel não loteado, é condição legal da constituição do direito real à aquisição do imóvel a quitação do preço no ato.

Art. 1.417 do CC. **AG/WG**

Gabarito "A".

4.7. DOAÇÃO

(Magistratura/PA – 2012 – CESPE) Ricardo, casado com Carla, pretende proceder à doação pura e simples de bem imóvel de sua propriedade a seu único filho, Rafael, de quatorze anos de idade.

Acerca dessa situação hipotética, assinale a opção correta.

(A) A doação só será válida sem a outorga uxória se o regime de casamento for o da separação de bens.

(B) Mesmo que Ricardo não demonstre os motivos da revogação, a doação poderá ser revogada antes de Rafael completar dezoito anos de idade.

(C) Se Rafael já tiver filhos quando falecer, o bem não poderá retornar ao patrimônio de Ricardo.

(D) O nascimento de outro filho do casal não tornará a doação ineficaz.

(E) Aplica-se ao caso a aceitação tácita do donatário para aperfeiçoamento da doação.

A: incorreta, pois no regime da participação final de aquestos também pode haver previsão expressa de dispensa dos cônjuges da vênia conjugal (CC, art. 1.656); **B:** incorreta, pois a revogação da doação é hipótese excepcional e só cabível nas situações expressamente designadas na lei (CC, arts. 555 e seguintes); **C:** incorreta, pois o bem poderá retornar ao patrimônio do doador na hipótese de haver cláusula de reversão, pela qual se estipula que o bem doado retornará ao patrimônio do doador na hipótese deste sobreviver ao donatário (CC, art. 547), tratando-se de típica cláusula resolutiva expressa, cujo evento futuro e incerto é o pré-falecimento do donatário; **D:** correta, pois seria absurdo imaginar que o nascimento posterior de um filho possa ser causa de invalidade ou mesmo ineficácia de doações anteriores. Tal hipótese geraria enorme insegurança jurídica no sistema e não encontra previsão legal; **E:** incorreta, pois não se trata de aceitação tácita, mas de dispensa de aceitação (CC, art. 543). **GN**

Gabarito "D".

(Magistratura/PI – 2011 – CESPE) Assinale a opção correta no que se refere a doação e seus efeitos.

(A) Com o advento do Código Civil de 2002, a promessa de doação que seja ato de liberalidade passou a encerrar manifestação de vontade válida e, portanto, exigível na via judicial.

(B) A doação feita pelo pai a um dos filhos, sem a anuência dos demais descendentes, configura negócio jurídico anulável.

(C) Serão válidas as doações promovidas, na constância do casamento, por cônjuges que contraírem matrimônio pelo regime da separação legal de bens em razão da idade superior à prevista na lei civil.

(D) Não configura fraude à execução, por falta do elemento subjetivo da má-fé, a doação de imóvel penhorado aos filhos menores dos executados que os reduza à insolvência, mesmo que a penhora não seja registrada.

(E) São nulas as doações feitas por homem casado à sua companheira, após a separação de fato de sua esposa.

A: incorreta, pois parte da doutrina entende que a exigibilidade forçada na via judicial retiraria o caráter de liberalidade do contrato; **B:** incorreta, pois apenas a venda a um dos filhos sem anuência dos

1. DIREITO CIVIL

demais é viciada e mesmo assim gerando apenas a anulabilidade (CC, art. 496); **C:** correta, pois o Código não proíbe a doação entre cônjuges. Ao contrário, a prevê no art. 544; **D:** incorreta, pois a má-fé nesse caso é presumida. Ademais, até mesmo na fraude contra credores a hipótese de ato de liberalidade dispensa a má-fé (CC, art. 158); **E:** incorreta, pois a nulidade envolveria apenas a doação à concubina, que não se confunde com a companheira da união estável (CC, art. 1.727). **GN**
Gabarito "C".

(Magistratura/RJ – 2013 – VUNESP) É correto afirmar que a doação feita a nascituro

(A) deve ser considerada nula tanto nos casos de nati-morto como nos casos de nascimento com deficiência mental.

(B) deve ser considerada inexistente no caso de natimorto e nula nos casos de nascimento com vida, ainda que haja aceitação por seu representante legal.

(C) é nula de pleno direito, já que a personalidade civil começa apenas com o nascimento com vida, inde-pendentemente de aceitação por seu representante legal.

(D) desde que seja aceita por seu representante legal, é válida, ficando, porém, sujeita a condição, qual seja, o nascimento com vida.

A doação feita ao nascituro encontra regulamentação no art. 542 do CC. Referido dispositivo exige apenas a aceitação do representante legal para que a mesma seja válida. Como qualquer direito patrimonial do nascituro, ela fica subordinada ao evento futuro e incerto do nascimento com vida para que produza seus regulares efeitos jurídicos. **GN**
Gabarito "D".

(Magistratura/SP – 2011 – VUNESP) Assinale a alternativa correta.

(A) O silêncio do donatário quanto à aceitação da doação pura faz presumir que a recusou.

(B) A doação remuneratória perde o caráter de liberali-dade, se não exceder o valor do serviço prestado.

(C) A doação de bem imóvel de qualquer valor pode ser feita por instrumento particular.

(D) A doação feita ao nascituro dispensa a aceitação.

(E) A doação em forma de subvenção periódica ao bene-ficiado transmite-se aos herdeiros do donatário.

A: incorreta, pois o silêncio do donatário quanto à aceitação da doação pura faz presumir sua aceitação (art. 539 do CC); **B:** correta, pois a **doa-ção remuneratória** é a doação em que, sob aparência de liberalidade, há firme propósito do doador de pagar serviços prestados pelo donatário ou alguma vantagem que haja recebido deste. Não perde o caráter de liberalidade no valor excedente ao valor dos serviços remunerados (art. 540 do CC); **C:** incorreta, pois a doação de bem imóvel com valor acima de 30 vezes o salário mínimo deve ser feita por instrumento público, nos termos dos arts. 108 e 541 do CC; **D:** incorreta, pois a doação feita ao nascituro valerá, sendo <u>aceita pelo seu representante legal</u> (art. 542 do CC); **E:** incorreta, pois a doação em forma de subvenção periódica ao beneficiado <u>extingue-se morrendo o doador</u>, salvo se este outra coisa dispuser, mas não poderá ultrapassar a vida do donatário (art. 545 do CC). **AG/WG**
Gabarito "B".

4.8. LOCAÇÃO

(Magistratura/AM – 2013 – FGV) No que se refere à locação predial urbana, assinale a afirmativa correta.

(A) O locatário tem a obrigação de pagar os impostos e as taxas que incidam ou venham a incidir sobre o imóvel, assim como as despesas de telefone, luz, gás, água e esgoto.

(B) O locatário pode devolver o imóvel alugado, durante o prazo estipulado para a duração do contrato, pagando o valor dos aluguéis correspondentes ao período que falta para o término do contrato.

(C) Em caso de óbito do locatário, ficarão sub-rogados nos seus direitos e obrigações, nas locações residen-ciais, o cônjuge sobrevivente ou o companheiro e, sucessivamente, os descendentes, ascendentes e os colaterais até o terceiro grau.

(D) As benfeitorias necessárias e úteis introduzidas pelo locatário, salvo expressa disposição contratual em contrário, ainda que não autorizadas pelo locador, serão indenizáveis e permitem o exercício do direito de retenção.

(E) O locador, em locação por temporada, poderá rece-ber de uma só vez e antecipadamente os aluguéis e encargos.

A: incorreta, pois a obrigação de pagar impostos e taxas é do locador (art. 22, VIII, da Lei 8.245/1991); **B:** incorreta, pois nessa hipótese o locatário deverá pagar a multa pactuada e não os aluguéis corres-pondentes ao período remanescente (art. 4º da Lei 8.245/1991); **C:** incorreta, pois nesse caso ficarão sub-rogados nos seus direitos e obrigações: "o cônjuge sobrevivente ou o companheiro e, suces-sivamente, os herdeiros necessários e as pessoas que viviam na dependência econômica do *de cujus*, desde que residentes no imóvel" (art. 11, I, da Lei 8.245/1991); **D:** incorreta, pois quanto às benfeitorias úteis, elas demandam autorização do locador (art. 35 da Lei 8.245/1991); **E:** correta, pois de pleno acordo com o disposto no art. 49 da Lei 8.245/1991. **GN**
Gabarito "E".

(Magistratura/AM – 2013 – FGV) Com relação aos contratos de locação, analise as afirmativas a seguir.

I. O fiador, ainda que solidário, ficará desobrigado se, sem consentimento seu, o credor conceder moratória ao devedor.

II. O fiador, ainda que solidário, ficará desobrigado se, por fato do credor, for impossível a sub-rogação nos seus direitos e preferências.

III. O fiador, ainda que solidário, ficará desobrigado se o credor, em pagamento da dívida, aceitar amiga-velmente do devedor objeto diverso do que este era obrigado a lhe dar, ainda que depois venha a perdê-lo por evicção.

Assinale:

(A) se somente a afirmativa I estiver correta.

(B) se somente a afirmativa II estiver correta.

(C) se somente a afirmativa III estiver correta.

(D) se somente as afirmativas II e III estiverem corretas.

(E) se todos as afirmativas estiverem corretas.

Todas as assertivas estão corretas. Elas reproduzem (inclusive respeitando a ordem estabelecida) os três incisos do art. 838 do CC. **GN**

Gabarito "E".

(Magistratura/ES – 2011 – CESPE) Considerando a celebração de contrato de locação de imóvel comercial com o fim de o locatário nele apenas residir com a família, assinale a opção correta.

(A) Caso a locação tenha sido contratada oralmente, o locatário não poderá lançar mão do direito de inerência.

(B) Não caracteriza inadimplemento o fato de o locatário decidir, no curso do contrato, utilizar o imóvel para exercer o comércio.

(C) Embora o imóvel seja locado para fins de residência, o contrato é regido pelas regras da locação comercial.

(D) Para substituir as chaves e o segredo das portas, o locatário deverá pedir autorização ao locador.

(E) O locador não poderá dar o imóvel locado em dação em pagamento sem antes conceder ao locatário o direito de preferência.

A: incorreta, pois a lei n.º 8.245/91 não exige que o contrato seja escrito a fim de proporcionar o direito de preferência ao inquilino; **B:** incorreta, pois o art. 23, II, Lei n.º 8.245/91 estipula como obrigação do locatário servir-se do imóvel para o fim que foi convencionado; **C:** incorreta, pois o que rege a locação é a finalidade estipulada no contrato de locação; **D:** incorreta, pois não existe exigência legal de referida autorização; **E:** correta, pois a dação em pagamento equipara-se à venda do bem para fins da concessão de preferência ao inquilino (Lei n.º 8.245/91, art. 27). **GN**

Gabarito "E".

(Magistratura/SP – 178º) Só um destes enunciados a respeito de locação de imóvel urbano é correto. Aponte-o.

(A) Finda a locação e morto o locador, os herdeiros podem reaver o prédio por meio de ação possessória.

(B) Em casos de separação de fato, separação judicial, divórcio ou dissolução da sociedade concubinária, a locação permanecerá com o primitivo locatário.

(C) Para dar em locação imóvel urbano, é preciso ser dele o proprietário.

(D) Silente o contrato, é do locador a obrigação de pagar os impostos, taxas e o prêmio de seguro complementar contra fogo, que incidam ou venham a incidir sobre o imóvel.

A: segundo o art. 10 da Lei de Locações (8.245/91), morrendo o locador, a locação se transmite aos herdeiros, de modo que cabe ação de despejo (art. 5º da Lei 8.245/91); **B:** art. 12 da Lei 8.245/91; **C:** há outros direitos, além da propriedade, que conferem ao seu titular o direito de locar a coisa; o usufrutuário, por exemplo, pode locar a coisa; **D:** art. 22, VIII, da Lei 8.245/91. **AG/WG**

Gabarito "D".

(Magistratura/SP – 179º) Assinale a alternativa incorreta a respeito de locação residencial.

(A) Seja qual for o fundamento do término da locação, a ação do locador para reaver o imóvel é a de despejo.

(B) Extinto o usufruto e consolidada a propriedade em mãos do usufrutuário, a locação pode ser denunciada com prazo de trinta dias para a desocupação, desde

que a denúncia seja exercitada no prazo de noventa dias contado da averbação da extinção do usufruto.

(C) Na falta de disposição contratual, as benfeitorias necessárias introduzidas pelo locatário serão indenizáveis e permitem o exercício do direito de retenção, ainda que não autorizadas pelo locador.

(D) Não estando a locação garantida, o locador poderá exigir do locatário o pagamento de aluguéis e encargos até o sexto dia do mês vincendo.

A: correta (art. 5º da Lei 8.245/91); **B:** incorreta (art. 7º da Lei 8.245/91); **C:** correta (art. 35 da Lei 8.245/91; **D:** correta (art. 42 da Lei 8.245/91). **AG/WG**

Gabarito "B".

4.9. PRESTAÇÃO DE SERVIÇO

(Magistratura/SP – 179º) Considere as seguintes afirmações:

I. o prestador de serviços civil despedido por justa causa não terá direito à retribuição vencida;

II. quem prestar serviço sem possuir título de habilitação ou sem satisfazer outros requisitos estabelecidos pela lei não terá direito à compensação razoável pelo benefício propiciado a quem desfrutou do serviço, quando a proibição da prestação do serviço resultar de lei de ordem pública, ainda que tenha agido de boa-fé;

III. no transporte de pessoas, o usuário que deixar de embarcar terá direito ao reembolso do valor da passagem se provar que outra pessoa foi transportada em seu lugar, com retenção de até 5% da importância a ser restituída, a título de multa compensatória.

São verdadeiras as proposições

(A) I e III, apenas.

(B) I e II, apenas.

(C) II e III, apenas.

(D) I, II e III.

I: incorreta (art. 602, parágrafo único, parte final, do CC); **II:** correta (art. 606 do CC); **III:** correta (art. 740 do CC). **AG/WG**

Gabarito "C".

4.10. MANDATO

(Magistratura/MG – 2012 – VUNESP) Com relação ao mandato, assinale a alternativa que apresenta informação **incorreta**.

(A) Ainda quando se outorgue mandato por instrumento público, pode substabelecer-se mediante instrumento particular.

(B) Opera-se o mandato quando alguém recebe de outrem poderes para, em seu nome, praticar atos ou administrar interesses.

(C) Na falta de previsão no contrato ou na lei, a retribuição no mandato oneroso poderá ser determinada pelos usos do lugar ou, na falta destes, por arbitramento.

(D) O mandatário não tem o direito de reter, do objeto da operação que lhe foi cometida, o que baste para pagamento do que lhe for devido em consequência do mandato.

A: correta, pois o que determina a forma do substabelecimento é a forma exigida em lei para a prática do ato principal e não a forma porventura

1. DIREITO CIVIL · 43

utilizada para o mandato (CC, art. 655); **B:** correta, pois trata-se da definição do contrato de mandato estabelecida pelo CC, art. 653; **C:** correta, pois o art. 658, parágrafo único, do CC prevê a possibilidade de se utilizar usos do lugar e arbitramento para fixar a remuneração do mandato quando esta não foi expressamente convencionada; **D:** incorreta, pois a lei concede direito de retenção ao mandatário a fim de que possa receber a remuneração devida pelo exercício do mandato (CC, art. 664). GN

Gabarito "D".

(Magistratura/SP – 2011 – VUNESP) Assinale a alternativa correta.

(A) A outorga de mandato por instrumento público exige que o substabelecimento seja feito pela mesma forma.

(B) O mandato pode ser verbal, ainda que o ato deva ser celebrado por escrito.

(C) Se os mandatários forem declarados conjuntos, qualquer deles poderá exercer os poderes outorgados.

(D) Sendo omissa a procuração quanto ao substabelecimento, o procurador será responsável se o substabelecido proceder culposamente.

(E) Se tiver ciência da morte do mandante, o mandatário não tem poderes para concluir o negócio já começado, ainda que haja perigo na demora, pois o mandato cessa com a morte.

A: incorreta, pois ainda quando se outorgue mandato por instrumento público, pode substabelecer-se mediante instrumento particular (art. 655 do CC); **B:** incorreta, pois não se admite mandato verbal quando o ato deva ser celebrado por escrito (art. 657 do CC); **C:** incorreta, pois se os mandatários forem declarados conjuntos, não terá eficácia o ato praticado sem interferência de todos, salvo havendo ratificação, que retroagirá à data do ato (art. 672 do CC); **D:** correta (art. 667, § 4º, do CC); **E:** incorreta, pois embora ciente da morte do mandante, deve o mandatário concluir o negócio já começado, se houver perigo na demora (art. 674 do CC). AG/WG

Gabarito "D".

4.11. SEGURO

(Magistratura/ES – 2011 – CESPE) Considerando a celebração de contrato para a garantia de eventuais prejuízos decorrentes de sinistro ocorrido com veículo, assinale a opção correta.

(A) Não é nula cláusula contratual que isente a responsabilidade da seguradora quando o veículo circula, habitualmente, em região distinta da declarada no contrato de seguro.

(B) Eventual atraso do segurado em pagar prêmio complementar implica suspensão automática do contrato de seguro.

(C) Caso o veículo seja segurado, ante declaração falsa do segurado, por valor maior do que valha à época do contrato, ocorrendo o sinistro, o pagamento do valor por parte da seguradora deverá ser reduzido.

(D) Caso o segurado preste declarações inexatas no questionário de risco, será autorizada a perda automática da indenização securitária.

(E) O fato de terceiro a quem o segurado entregue seu veículo o dirigir embriagado configura agravamento direto do risco por parte do segurado.

A: correta. Referida cláusula deve ser reputada válida, pois o segurado deve manter a mais estrita boa-fé objetiva no momento da conclusão

e execução do contrato de seguro, o que implica no dever de informar plenamente as condições de risco que envolvem o objeto segurado. Ademais, a própria lei já estabelece que o segurado que fizer "*declarações inexatas ou omitir circunstâncias que possam influir na aceitação da proposta ou na taxa do prêmio, perderá o direito à garantia, além de ficar obrigado ao prêmio vencido*" (CC, art. 766); **B:** incorreta, pois a mora do segurado implica na exoneração da seguradora, desde que o sinistro ocorra antes da purgação (CC, art. 763); **C:** incorreta, posto não ser esta a solução do Código Civil; **D:** incorreta, pois a solução legal para a hipótese não é esta e sim a já analisada no art. 766; **E:** incorreta, pois a jurisprudência do STJ se posiciona no sentido de que a embriaguez de terceiro não é causa de perda do direito ao seguro, posto não se configurar agravamento do risco pelo segurado. Nesse sentido decidiu o STJ: "Acidente de trânsito. Seguro. Embriaguez de terceiro condutor. Fato não imputável à conduta do segurado. Exclusão da cobertura. Impossibilidade. A culpa exclusiva de terceiro na ocorrência de acidente de trânsito, por dirigir embriagado não é causa de perda do direito ao seguro, por não configurar agravamento do risco provocado pelo segurado". (AgRg no REsp 1196799/MG). GN

Gabarito "A".

(Magistratura/MG – 2012 – VUNESP) Quanto ao contrato de seguro, assinale a alternativa que apresenta informação **incorreta**.

(A) A apólice ou o bilhete de seguro serão nominativos, à ordem ou ao portador, e mencionarão os riscos assumidos, o início e o fim de sua validade, o limite da garantia e o prêmio devido.

(B) Pelo contrato de seguro, o segurador se obriga, mediante o pagamento da indenização, a garantir interesse legítimo de segurado, contra riscos predeterminados.

(C) O segurador, desde que o faça nos 15 (quinze) dias seguintes ao recebimento do aviso de agravação do risco sem culpa do segurado, poderá dar-lhe ciência, por escrito, de sua decisão de resolver o contrato.

(D) Somente pode ser parte no contrato de seguro, como segurador, entidade legalmente autorizada.

A: correta, pois de acordo com a redação do art. 760 do Código Civil; **B:** incorreta, pois o segurador tem direito a pagamento de prêmio e não de indenização; **C:** correta, pois o segurador de fato ostenta tal direito, o qual vem consagrado no art. 769, § 1º, do Código Civil; **D:** correta, pois a atividade de segurador envolve grande repercussão social, além de exigir estrutura financeira de monta para viabilização do negócio. Daí a regra do art. 757, parágrafo único, do Código Civil. GN

Gabarito "B".

(Magistratura/PE – 2013 – FCC) No seguro de vida ou de acidentes pessoais para o caso de morte,

(A) é obrigatória a indicação de beneficiário, sob pena de ineficácia, revertendo o prêmio pago à herança do segurado falecido.

(B) o capital estipulado não está sujeito às dívidas do segurado, nem se considera herança para todos os efeitos de direito.

(C) o capital segurado só pode ser pago a herdeiros legítimos, não se admitindo a indicação de pessoa estranha à ordem de vocação hereditária para recebê-lo.

(D) a indenização sempre beneficiará o cônjuge sobrevivente casado sob o regime da comunhão universal ou parcial de bens.

(E) o capital estipulado só fica sujeito às dívidas do segurado que gozem de privilégio geral ou especial.

A: incorreta, pois na falta de indicação da pessoa ou beneficiário o capital segurado será pago por metade ao cônjuge não separado judicialmente, e o restante aos herdeiros do segurado, obedecida a ordem da vocação hereditária (art. 792, CC); **B:** correta, pois de pleno acordo com os termos do art. 794 do CC; **C:** incorreta, pois não existe tal obrigatoriedade na lei; **D:** incorreta, pois em desacordo com o art. 792 do CC; **E:** incorreta, pois "*no seguro de vida ou de acidentes pessoais para o caso de morte, o capital estipulado não está sujeito às dívidas do segurado*" (art. 794, CC). `WG`
Gabarito "B".

(Magistratura/SP – 2013 – VUNESP) Acerca do contrato de seguro, é correto afirmar que

(A) os credores do devedor insolvente que vem a falecer podem penhorar o capital estipulado em seguro de vida por ele próprio contratado e pago, independentemente de quem seja o beneficiário.

(B) por meio desse contrato, que se prova mediante a exibição da apólice ou bilhete de seguro, o segurado, mediante a paga de uma contraprestação, faz jus, na hipótese de se verificar determinado evento, a receber indenização denominada prêmio.

(C) no seguro de responsabilidade civil, o segurado não pode reconhecer sua responsabilidade sem anuência expressa do segurador.

(D) ao segurado que agrava intencionalmente o risco objeto do contrato a lei impõe multa e redução da garantia prevista na apólice.

A: incorreta, pois, de acordo com o art. 794 do CC, "no seguro de vida ou de acidentes pessoais para o caso de morte, o capital estipulado não está sujeito às dívidas do segurado, nem se considera herança para todos os efeitos de direito"; **B:** incorreta, pois o segurado paga o "prêmio" e a segurada paga a "indenização" (arts. 757 e 763 do CC); **C:** correta (art. 787, § 2º, do CC); **D:** incorreta, pois o segurado que agravar intencionalmente o risco perderá o direito à garantia (art. 768 do CC). `WG`
Gabarito "C".

4.12. FIANÇA

(Magistratura/SP – 2011 – VUNESP) Assinale a alternativa correta.

(A) A estipulação da fiança depende do consentimento do devedor.

(B) A fiança deve ser de valor igual ou superior ao da obrigação principal.

(C) O fiador não poderá exonerar-se da fiança se a prestou sem limitação de tempo.

(D) A obrigação do fiador extingue-se com sua morte e a responsabilidade da fiança não se transmite aos herdeiros.

(E) O fiador ficará desobrigado se, sem o seu consentimento, o credor conceder moratória ao devedor.

A: incorreta, pois é possível estipular a fiança, ainda que sem consentimento do devedor ou contra a sua vontade (art. 820 do CC); **B:** incorreta, pois a fiança pode ser de valor inferior ao da obrigação principal (art. 823 do CC); **C:** incorreta, pois o fiador poderá exonerar-se da fiança que tiver assinado sem limitação de tempo, sempre que lhe convier, ficando obrigado por todos os efeitos da fiança, durante sessenta dias após a notificação do credor (art. 835 do CC); **D:** incorreta, pois a obrigação do fiador passa aos herdeiros; mas a responsabilidade da fiança se limita ao tempo decorrido até a morte do fiador, e não pode ultrapassar as forças da herança (art. 836 do CC); **E:** correta (art. 838, I, do CC). `AG/WG`
Gabarito "E".

(Magistratura Federal-4ª Região – 2010) Assinale a alternativa correta.

Quanto à sua classificação, temos que o contrato de fiança é:

(A) Unilateral.

(B) Bilateral ou sinalagmático.

(C) De forma livre ou não solene.

(D) Principal.

(E) Todas as alternativas anteriores estão incorretas.

A alternativa "A" está correta porque a fiança é um contrato entre o credor e o fiador (o afiançado ou devedor não faz parte do contrato; aliás, pode-se estipular fiança até sem o consentimento do devedor – art. 820, CC). Repare que nesse contrato o credor não tem obrigações. Só o fiador as tem, o que o torna um contrato unilateral. `GN`
Gabarito "A".

4.13. OUTROS CONTRATOS E TEMAS COMBINADOS

(Juiz – TJ-SC – FCC – 2017) Na incorporação imobiliária, a submissão ao regime de afetação é:

(A) facultativo ao incorporador e, por esse regime, o terreno e as acessões objeto de incorporação imobiliária, bem como os demais bens e direitos a ela vinculados, manter-se-ão apartados do patrimônio do incorporador e constituirão patrimônio de afetação, destinado à consecução da incorporação correspondente e à entrega das unidades imobiliárias aos respectivos adquirentes.

(B) obrigatório para os incorporadores e, por esse regime, o terreno e as acessões objeto de incorporação imobiliária, bem como os demais bens e direitos a ela vinculados, manter-se-ão apartados do patrimônio do incorporador e constituirão patrimônio de afetação, destinado à consecução da incorporação correspondente e à entrega das unidades imobiliárias aos respectivos adquirentes.

(C) obrigatório e considera-se constituído mediante averbação, a qualquer tempo, no registro imobiliário, de termo firmado pelo incorporador e a averbação não será obstada pela existência de ônus reais sobre o imóvel objeto de incorporação para garantia de pagamento do preço de sua aquisição ou do cumprimento de obrigação de constituir o empreendimento.

(D) obrigatório e tem por finalidade exclusivamente excluir os efeitos da falência do incorporador.

(E) facultativo, só ficando atingido o empreendimento por dívidas destinadas à consecução da incorporação correspondente e à entrega das unidades imobiliárias aos respectivos adquirentes, exceto no caso de falência ou insolvência civil do incorporador, quando os adquirentes das unidades serão classificados como credores privilegiados, para recebimento de indenização por perdas e danos, caso o empreendimento não se concretize.

1. DIREITO CIVIL

Pelo sistema da afetação, o terreno e acessões referentes ao projeto imobiliário ficam separados dos bens do incorporador e passam a constituir o chamado "patrimônio de afetação", o qual será destinado à consecução da incorporação e à entrega das unidades imobiliárias aos seus respectivos adquirentes. Trata-se de uma garantia adicional que é dada ao adquirente da unidade imobiliária, o que estimula novos compradores e aquece o mercado imobiliário. Tal sistema de afetação, todavia, não é obrigatório e fica ao critério do incorporador (art. 31-A da Lei 4.591/1964, com a redação dada pela Lei 10.931/2004).**GN**

Gabarito "A".

(Magistratura/PE – 2013 – FCC) Nos contratos relativos ao financiamento imobiliário em geral,

(A) descumpridas as obrigações pelo devedor, o crédito só poderá ser satisfeito, qualquer que seja a modalidade de garantia oferecida com o imóvel, mediante sua alienação judicial.

(B) a arbitragem é vedada, porque infringe norma expressa do Código de Defesa do Consumidor.

(C) a garantia oferecida pelo devedor não pode ser efetivada por alienação fiduciária, que se restringe às coisas móveis.

(D) somente se admite a garantia hipotecária.

(E) poderão as partes estipular que os litígios ou controvérsias entre elas sejam dirimidos mediante arbitragem.

A: incorreta, pois se admite alienação extrajudicial (art. 27 da Lei n.º 9.514/1997 – lei esta que dispõe sobre o Sistema de Financiamento Imobiliário); **B:** incorreta, pois a arbitragem é admitida pelo art. 34 da Lei n.º 9.514/1997; **C:** incorreta, pois se admite alienação fiduciária em contratos relativos a bens imóveis; **D:** incorreta, pois a garantia hipotecária perdeu boa parte de sua atratividade em virtude das vantagens da alienação fiduciária; **E:** correta, pois o mencionado art. 34 da Lei n.º 9.514/1997 assim admite. **WG**

Gabarito "E".

(Magistratura/PR – 2013 – UFPR) Com relação ao contrato de empréstimo, podemos dizer que pode ser gratuito ou oneroso, do qual são espécies o mútuo e o comodato. Neste, certo é que "O comodatário é obrigado a conservar, como se sua própria fora, a coisa emprestada, não podendo usá-la senão de acordo com o contrato ou a natureza dela, sob pena de responder por perdas e danos" (Código Civil, art. 582).

A partir daí, tendo em vista as normas civis que disciplinam o comodato, é correto afirmar:

(A) O comodato é contrato que se caracteriza como o empréstimo de coisas fungíveis ou infungíveis, desde que gratuito, ou seja, o comodatário recebe e pode usar a coisa independente de pagamento de aluguel, arrendamento ou verba equivalente.

(B) Se, correndo risco o objeto do comodato juntamente com outros do comodatário, antepuser este a salvação dos seus abandonando o do comodante, responderá pelo dano ocorrido, ainda que se possa atribuir a caso fortuito ou força maior.

(C) O comodatário poderá recobrar do comodante as despesas feitas com o uso e gozo da coisa emprestada.

(D) Não constando do contrato o prazo do comodato, presume-se estabelecido por prazo indeterminado, qualquer que seja a natureza do uso concedido, podendo o comodante pedir a restituição da coisa a qualquer tempo, desde que mediante comunicação prévia e inequívoca, assinalando prazo de 30 dias.

A: incorreta, pois o comodato é o empréstimo gratuito de coisas não fungíveis (art. 579 do CC); **B:** correta, pois de pleno acordo com a regra estabelecida art. 583 do CC; **C:** incorreta, pois o comodatário não poderá jamais recobrar do comodante as despesas feitas com o uso e gozo da coisa emprestada (art. 584 do CC); **D:** incorreta, pois se o comodato não tiver prazo convencional, presumir-se-lhe-á o necessário para o uso concedido (art. 581 do CC). **GN**

Gabarito "B".

(Juiz – TRF 3ª Região – 2016) Sobre os contratos em espécie, assinale a alternativa correta:

(A) O contrato de seguro por danos pessoais não compreende os danos morais, devendo haver cláusula expressa com tal previsão de cobertura.

(B) A cláusula especial de venda sobre documentos transforma o negócio de compra, de modo que a transferência documentária faz as vezes da tradiçãoreal.

(C) São elementos essenciais categoriais da compra e venda o preço, a coisa e atradição.

(D) A locação por tempo determinado cessa de pleno direito findo o prazo estipulado, mediante notificação ou aviso prévio obrigatório.

A: incorreta, pois contrária ao teor da Súmula 402 do STJ, segundo a qual: "*O contrato de seguro por danos pessoais compreende os danos morais, salvo cláusula expressa de exclusão*"; **B:** correta, pois de acordo com a previsão do art. 529 do CC, que indica que nessa espécie de venda, "*a tradição da coisa é substituída pela entrega do seu título representativo e dos outros documentos exigidos pelo contrato*"; **C:** incorreta, pois a compra e venda é contrato consensual e, portanto, não depende da entrega da coisa para sua existência; **D:** incorreta, pois nesses casos, segundo o art. 573 do CC, na há necessidade de notificação ou aviso.**GN**

Gabarito "B".

(Magistratura Federal/3ª Região – 2010) Aponte a alternativa incorreta:

No contrato de empreitada:

(A) A obrigação de fornecer materiais pode resultar da vontade das partes;

(B) O empreiteiro de uma obra pode contribuir com ela só com o seu trabalho;

(C) O empreiteiro de uma obra pode contribuir para ela com seu trabalho e com materiais;

(D) Sempre correm por conta do empreiteiro os riscos da obra, até o momento da entrega da obra.

A: correta (art. 610, § 1º, do CC); **B:** correta (art. 610, *caput*, do CC); **C:** correta (art. 610, *caput*, do CC); **D:** incorreta, pois quando o empreiteiro fornece os materiais e aquele que encomendou a obra estiver em mora, por conta deste correrão os riscos (art. 611 do CC); ademais, se o empreiteiro só forneceu mão de obra, todos os riscos em que não tiver culpa correrão por conta do dono (art. 612 do CC). **GN**

Gabarito "D".

(Magistratura Federal/3ª região – 2011 – CESPE) Supondo que uma pessoa adquira de determinada empresa de transporte passagem para viajar do Rio de Janeiro a São Paulo, fazendo uso de programa de milhagem oferecido por outra empresa, conveniada à primeira, assinale a opção correta.

(A) Sendo a gratuidade, na hipótese, apenas aparente, caracteriza-se o contrato de transporte típico.

(B) Por ser gratuito, o contrato descrito não se caracteriza como de transporte.

(C) Configura-se o negócio descrito como contrato de transporte se entre as partes for firmado instrumento.

(D) Trata-se de simples contrato de prestação de serviços, porque o transporte, no caso, é cumulativo.

(E) Não existe contrato na situação descrita, mas simples ato jurídico não negocial.

A: correta, pois a despeito da aparente gratuidade, configura-se claramente um contrato de transporte, com todas as conseqüências advindas do Código de Defesa do Consumidor; B: incorreta, pois a hipótese configura claramente um contrato de transporte; C: incorreta, pois não há necessidade de instrumento para formação do contrato; D: incorreta, pois a hipótese fática enquadra-se no conceito de contrato de transporte e não no de prestação de serviços; E: incorreta, pois há claramente um contrato na situação descrita. GN
Gabarito "A".

(Magistratura Federal/2ª região – 2011 – CESPE) Considerando a controvérsia referente a determinada relação jurídica existente entre dois contratantes, assinale a opção correta.

(A) Se o direito sobre o qual controvertam as pessoas for contestado em juízo, eventual transação deverá ser efetuada mediante escritura pública ou termo nos autos.

(B) Celebrada transação, qualquer das partes poderá retratar-se unilateralmente antes de transitar em julgado a sentença homologatória.

(C) Se a controvérsia girar em torno de direito indivisível, eventual transação aproveitará às partes que nela não intervierem.

(D) Erro de direito escusável de qualquer das partes anula transação efetuada extrajudicialmente.

(E) Se, em transação, as partes incluírem cláusula impondo pena convencional, esta será considerada não escrita.

A: correta, pois de pleno acordo com o art. 842 do Código Civil; B: incorreta, pois inexiste previsão legal prevendo esse lapso temporal a possibilitar a resilição unilateral da transação; C: incorreta, pois a transação não aproveita, nem prejudica senão aos que nela intervieram, ainda que diga respeito a coisa indivisível (CC, art. 844); D: incorreta, pois a "transação não se anula por erro de direito a respeito das questões que foram objeto de controvérsia entre as partes" (CC, art. 849, parágrafo único); E: incorreta, pois é admissível na transação a pena convencional (CC, art. 847). GN
Gabarito "A".

4.14. ATOS UNILATERAIS

(Magistratura/SP – 180º) Quanto ao enriquecimento sem causa, assinale a opção apropriada.

(A) A restituição é cabível.

(B) Seu nexo de causalidade consiste essencialmente no efetivo enriquecimento de alguém e na efetiva diminuição do patrimônio de outrem, independentemente de resultarem de um só fato.

(C) A restituição é devida mesmo quando sua causa justificadora deixou de existir.

(D) A causa jurídica é requisito essencial.

Art. 885 do CC. AG/WG
Gabarito "C".

5. RESPONSABILIDADE CIVIL

5.1. OBRIGAÇÃO DE INDENIZAR

(Juiz– TJ-SC – FCC – 2017)Joaquim, transitando por uma rua, foi atingido por tijolos, que caíram de um prédio em ruína, cuja falta de reparos era manifesta, sofrendo graves lesões e ficando impedido de trabalhar, experimentando prejuízos materiais na ordem de R$ 100.000,00 (cem mil reais), deles fazendo prova. Ajuizada ação, defendeu-se o proprietário alegando que desconhecia a necessidade de reparos porque há muito tempo, já idoso, residia em uma casa de repouso, achando-se referido imóvel abandonado e sujeito a invasões. No curso do processo, Joaquim faleceu, requerendo seus herdeiros habilitação, pretendo receber o que fosse devido a Joaquim. No caso, a responsabilidade do proprietário é:

(A) objetiva e a alegação de abandono em razão de idade não aproveita ao réu, mas os direitos do autor não se transmitem a seus herdeiros, porque personalíssimos, devendo o processo ser extinto sem resolução de mérito.

(B) subjetiva, devendo ser provada a culpa do réu pela ruína do prédio, transmitindo-se o direito do autor a seus herdeiros, incidindo juros.

(C) objetiva e a alegação de abandono em razão da idade não aproveita ao réu, devendo a ação ser julgada procedente, incidindo juros e transmitindo-se os direitos do autor aos seus herdeiros.

(D) objetiva, mas o réu tem a seu favor suas alegações, que devem ser acolhidas como excludente de responsabilidade, julgando-se a ação improcedente, mas se for julgada procedente, por falta de prova das alegações do réu, o direito do autor se transmite a seus herdeiros, incidindo juros.

(E) subjetiva, porém, a manifesta necessidade de reforma implica presunção de culpa, que poderá ser infirmada pelo réu, mas os direitos do autor se transmitem aos seus herdeiros, vencendo juros, caso o pedido seja julgado procedente.

Na hipótese mencionada há responsabilidade objetiva do dono do prédio, aplicando-se o disposto no art. 937 do CC, que determina que: "*O dono de edifício ou construção responde pelos danos que resultarem de sua ruína, se esta provier de falta de reparos, cuja necessidade fosse manifesta*". O falecimento da vítima transmite aos seus herdeiros o direito de prosseguir na demanda e cobrar o valor como se fosse um crédito do falecido. GN
Gabarito "C".

(Magistratura/DF – 2011) Em tema de responsabilidade civil de incapaz, preceitua a lei civil que ele "responde pelos prejuízos que causar, se as pessoas por ele responsáveis não tiverem obrigação de fazê-lo ou não dispuserem de

1. DIREITO CIVIL

meios suficientes". Diante do que afirmado, considere as proposições abaixo e assinale a <u>incorreta</u>:

(A) O CC/02 não prevê apenas a responsabilidade patrimonial do incapaz em face dos prejuízos resultantes de sua ação ou omissão culposa. Em verdade, estabelece sua responsabilidade civil direta ao prescrever-lhe o encargo indenizatório para a hipótese de "as pessoas por ele responsáveis não tiverem obrigação de fazê-lo";

(B) O CC/02 criou, assim, responsabilidade até para o incapaz, não só para o menor de dezesseis anos, mas também para o amental. Essa responsabilidade é subsidiária, porque o incapaz só vai responder se o seu responsável – pai, curador, tutor – não puder responder e mesmo assim se tiver patrimônio suficiente para indenizar a vítima sem prejuízo do sustento próprio e daqueles que dele dependem;

(C) Se o incapaz tem patrimônio que possa arcar com a indenização, não é justo que a vítima fique sem reparação, sobressaindo a equidade como fundamento deste tipo de responsabilização;

(D) A incapacidade, para efeito de incidência da lei civil, em casos que tais, é a do momento do evento danoso, daí por que "os meios suficientes" a que o CC/02 se refere são também os do momento em que se deu a conduta culposa e não depois, restando que o patrimônio adquirido posteriormente não poderá sofrer constrição para esse fim.

A: assertiva correta, pois a responsabilidade do incapaz é subsidiária (art. 928, *caput*, do CC); **B:** assertiva correta, pois, além de subsidiária, a responsabilidade do incapaz é mitigada pela regra que permite que o juiz estabeleça uma indenização equitativa, para que não haja prejuízo ao sustento do incapaz ou das pessoas que dele dependem (art. 928, p. ún., do CC); **C:** assertiva correta (art. 928, p. ún., do CC); **D:** assertiva incorreta, pois há de se observar se há meios suficientes no momento em que se exige o cumprimento da obrigação de reparar os danos. **AG/WG**
Gabarito "D."

(Magistratura/PA – 2012 – CESPE) Acerca da responsabilidade por fato de outrem, assinale a opção correta.

(A) De acordo com o STJ, se ocorrer dano pessoal por mau serviço prestado pelo hotel contratado para a hospedagem de cliente que tenha adquirido pacote turístico, a agência de viagens comercializadora do pacote não poderá ser responsabilizada.

(B) Locadora de veículos tem responsabilidade subsidiária pelos danos causados a terceiro pelo locatário no decorrer da utilização do carro locado.

(C) Se, ao conduzir veículo de propriedade dos pais, o filho menor, culposamente, causar dano a terceiro, a vítima, para obter reparação civil, terá de demonstrar que o dano foi causado pelo menor, por culpa *in vigilando* dos pais.

(D) Estará afastada a responsabilidade dos pais pela reparação de danos a terceiro causados por filho menor emancipado por outorga, dada a perda do poder de direção dos atos do filho.

(E) Em regra, o patrão é responsável pela reparação de dano decorrente de ato praticado por seu preposto, ainda que com desvio de suas atribuições.

A: Incorreta, pois o STJ entende que "a agência de viagens responde pelo dano pessoal que decorre do mau serviço do hotel contratado por ela para a hospedagem durante o pacote de turismo" (RESP n.º 287.849/SP); **B:** incorreta, pois a súmula 492 do STF estabelece que "*A empresa locadora de veículos responde, civil e solidariamente com o locatário, pelos danos por este causados a terceiro, no uso do carro locado*". Logo, não há que se falar em responsabilidade subsidiária, mas sim em responsabilidade solidária; **C:** incorreta, pois a vítima não precisa provar a culpa dos pais, tendo em vista que tal responsabilidade é objetiva, nos termos dos arts. 932 e 933; **D:** incorreta, pois a emancipação voluntária concedida pelos pais não afasta sua responsabilização civil em virtude de ato do filho emancipado (Conselho da Justiça Federal, Enunciado n.º 41); **E:** correta, pois a jurisprudência dominante entende que a responsabilidade do patrão se mantém mesmo diante da hipótese de o empregado não estar estritamente dentro do exercício de suas funções. Nesse sentido, entendeu o STJ que "[...] *responde o empregador pelo ato ilícito do preposto se este, embora não estando efetivamente no exercício do labor que lhe foi confiado ou mesmo fora do horário de trabalho, vale-se das circunstâncias propiciadas pelo trabalho para agir, se de tais circunstâncias resultou facilitação ou auxílio, ainda que de forma incidental, local ou cronológica, à ação do empregado.*" (REsp n.º 1072577). **GN**
Gabarito "E."

(Magistratura/PE – 2011 – FCC) Em um naufrágio, comprovadamente ocasionado pelo excesso de peso na embarcação permitido por Pedro, seu condutor, faleceram este e 3 (três) dos 5 (cinco) passageiros. Joaquim, um dos passageiros sobreviventes, para se salvar retirou o equipamento salva-vida que Pedro utilizava. O outro passageiro sobrevivente – Antonio – retirou também do passageiro José o equipamento salva-vida que este utilizava, razão pela qual veio a falecer. O cônjuge de Pedro move contra Joaquim ação de indenização por dano moral e os filhos menores de José movem ação de indenização por danos morais e materiais contra Antonio. A indenização

(A) é devida em ambos os casos, porque, embora o estado de necessidade exclua a ilicitude do ato, não exime o causador do dano de ressarcir os prejuízos.

(B) não é devida em nenhum dos dois casos, porque o estado de necessidade exclui a ilicitude do ato.

(C) é devida, por Antonio, aos filhos de José, e Antonio pode cobrar do espólio de Pedro o que vier a despender, mas não é devida a indenização ao cônjuge de Pedro.

(D) é devida por Antonio aos filhos de José, e Antonio não tem direito de cobrar do espólio de Pedro o que despender, mas não é devida a indenização ao cônjuge de Pedro.

(E) é devida pela metade em ambos os casos, porque admitida, na responsabilidade civil, a compensação de culpas

O caso trata do estado de necessidade, regulamentado nos arts. 182, II, 929 e 939, todos do CC. Antonio agiu em estado de necessidade, de modo que não cometeu ato ilícito e não deverá ser punido na esfera penal. Porém, o Código Civil estabelece que aquele que age em estado de necessidade tem o dever de indenizar às vítimas que NÃO forem culpadas do perigo (art. 929 do CC). Assim, Antônio terá de indenizar os filhos de José. Porém, Antonio poderá entrar com ação de regresso contra o terceiro culpado pela situação, de modo que Antônio poderá acionar o espólio de Pedro, já que este era o condutor da embarcação, tendo permitido o excesso de peso (art. 930 do CC). **AG/WG**
Gabarito "C."

(Magistratura/PR – 2013 – UFPR) De acordo com as regras que orientam os atos jurídicos e a responsabilidade civil, marque as assertivas como verdadeiras (V) ou falsas (F).

( ) Aquele que, por ação ou omissão voluntária, negligência ou imprudência, violar direito e causar dano a outrem, ainda que exclusivamente moral, comete ato ilícito.

( ) O incapaz responde pelos prejuízos que causar, se as pessoas por ele responsáveis não tiverem obrigação de fazê-lo ou não dispuserem de meios suficientes. A indenização será, contudo, equitativa, e não terá lugar se privar do necessário o incapaz ou as pessoas que dele dependem.

( ) Não há responsabilidade sem que concorra ato ou fato lesivo culposo ou doloso.

( ) Aquele que, por ato ilícito, causar dano a outrem, fica obrigado a repará-lo.

Assinale a alternativa que apresenta a sequência correta, de cima para baixo:

(A) V – V – F – V.

(B) F – F – V – V.

(C) F – V – V – F.

(D) V – F – F – F.

A primeira assertiva é verdadeira, pois a assertiva limita-se a reproduzir o texto do art. 186 do CC, que define – em nosso sistema – o ato ilícito; a segunda assertiva é verdadeira, pois a afirmação reproduz a regra contida no art. 928 do CC, segundo a qual é possível – excepcionalmente – condenar o próprio incapaz a responder com seu patrimônio pelos atos ilícitos praticados; a terceira afirmação é falsa, pois quando se tratar de responsabilidade objetiva não há análise do dolo ou culpa. Isso ocorre quando a lei expressamente determinar ou nos casos nos quais a atividade normalmente desenvolvida pelo autor do dano implicar risco para os direitos de outrem (art. 927, parágrafo único, do CC); a quarta afirmação é verdadeira, pois a obrigação de reparar o dano é a consequência jurídica direta da prática do ato ilícito (art. 927, *caput*, do CC). **GN**

Gabarito "A".

(Magistratura/SP – 2013 – VUNESP) Acerca da responsabilidade civil, e considerada a jurisprudência assente, é certo afirmar que

(A) se sentença criminal definir que determinado fato existiu, a existência desse fato não pode mais ser discutida na ação de responsabilidade civil.

(B) aquele que cobra dívida já paga na sua inteireza é obrigado a pagar ao devedor o dobro do que houver pago, ainda que tenha agido de boa-fé.

(C) na responsabilidade objetiva não se exige culpa e nem nexo de causalidade.

(D) a perda de uma chance, por não se caracterizar como dano real e concreto, não pode ser indenizada.

A: correta (art. 935 do CC); B: incorreta, pois a jurisprudência exige má-fé do credor para impor a penalidade prevista no art. 940 do CC (STJ, REsp 1.195.792); C: incorreta, pois o nexo de causalidade é exigido; D: incorreta, pois a perda de uma chance – dano decorrente da possibilidade de buscar posição jurídica mais vantajosa que muito provavelmente ocorreria impõe indenização desde que a chance perdida seja séria e real, como é o caso de alguém que perde a posse em cargo público no qual fora aprovado por concurso público, em virtude de grande atraso em viagem aérea para a cidade onde a posse se daria. **WG**

Gabarito "A".

(Magistratura/RJ – 2011 – VUNESP) Advogado foi contratado por cliente para contestar ação em que se cobrava o valor de R$ 300.000,00. Ocorre que este advogado, por negligência, deixou de contestar o feito e o cliente foi condenado ao pagamento da referida quantia. Esse cliente ingressou com ação em face do advogado, reclamando indenização por danos morais, pela perda de uma chance. Em razão desses fatos, assinale a alternativa correta.

(A) Pela fundamentação, somente terá direito à indenização se comprovar não dever os R$ 300.000,00.

(B) Não terá direito a ser indenizado, uma vez que não se indenizam os danos hipotéticos.

(C) Não terá direito a qualquer indenização, pois o prejuízo decorreu do direito do autor da primeira ação.

(D) Tem direito de ser indenizado moralmente, em razão de ter perdido a oportunidade de ser melhor defendido na ação originária.

A questão versa sobre a teoria da perda de uma chance, já adotada por diversos Tribunais segundo a qual incide responsabilidade civil quando uma determinada pessoa retira por culpa ou dolo a chance, a oportunidade que a vítima tinha em suas mãos. No caso em tela o advogado – por omissão culposa – retirou do cliente a oportunidade de ele contestar a ação na qual figurava como réu, o que lhe confere direito de indenização. Não se trata de vedação a danos hipóteticos, pois existia – no plano concreto – uma chance que foi retirada das mãos do cliente. O STJ analisou caso semelhante ao da questão comentada e concluiu: "*A teoria da perda de uma chance (perte d'une chance) visa à responsabilização do agente causador não de um dano emergente, tampouco de lucros cessantes, mas de algo intermediário entre um e outro, precisamente a perda da possibilidade de se buscar posição mais vantajosa que muito provavelmente se alcançaria, não fosse o ato ilícito praticado*". (RESP n.º 1190180/RS). **GN**

Gabarito "D".

(Magistratura/SP – 177º) Relativamente à responsabilidade civil por atos jurisdicionais, assinale a alternativa correta.

(A) Apenas no âmbito penal, poderá o juiz ser responsabilizado civilmente, caso tenha agido dolosa e fraudulentamente.

(B) A responsabilização pessoal do juiz por danos causados às partes, no exercício de suas funções jurisdicionais, não é admissível em nenhuma hipótese, porque toda decisão judicial seria questionada pelo vencido, visando à responsabilização civil-indenizatória contra o juiz.

(C) Não há responsabilidade civil estatal por atos judiciais em nenhuma hipótese, pois, sendo a responsabilidade civil do Estado de natureza objetiva, na qual não se discute culpa, a parte que perder a demanda poderia sempre pleitear reparação indenizatória por ineficiência da atividade judiciária, ou negligente desempenho ou má atuação pessoal ou funcional do juiz e dos serviços forenses.

(D) O juiz responde civilmente pelos danos causados, no exercício de suas funções jurisdicionais, quando agir com dolo ou fraude; o Estado responde nas hipóteses de condenação por erro judiciário ou de prisão além do tempo fixado na sentença.

Arts. 133, I, do CPC e 5º, LXXV, da CF. **AG/WG**

Gabarito "D".

1. DIREITO CIVIL

(Juiz – TRF 3ª Região – 2016) Considerando a jurisprudência dominante no Superior Tribunal de Justiça, assinale a alternativa incorreta:

(A) A correção monetária do valor da indenização do dano material incide desde a data do arbitramento.

(B) São cumuláveis as pretensões ao dano moral, ao dano estético e ao dano material decorrentes do mesmo fato.

(C) A simples devolução indevida de cheque caracteriza dano moral.

(D) São civilmente responsáveis pelo ressarcimento de dano, decorrente de publicação pela imprensa, tanto o autor do escrito quanto o proprietário do veículo de divulgação.

A: incorreta, pois tal regra aplica-se apenas aos danos morais(Súmula 362 do STJ); **B:** correta, pois de acordo com a Súmula 387 do STJ, segundo a qual: "*É lícita a cumulação das indenizações de dano estético e dano moral*"; **C:** correta, pois de pleno acordo com a Súmula 388 do STJ, segundo a qual: "*A simples devolução indevida de cheque caracteriza dano moral*"; **D:** correta, pois a assertiva reproduz o teor da Súmula 221 do STJ.GN
Gabarito "A".

(Juiz – TRF 4ª Região – 2016) Assinale a alternativa **INCORRETA.**

(A) As instituições financeiras respondem objetivamente pelos danos gerados por fortuito interno relativo a fraudes e delitos praticados por terceiros no âmbito de operações bancárias.

(B) No transporte desinteressado, de simples cortesia, o transportador só será civilmente responsável por danos causados ao transportado quando incorrer em dolo ou culpa grave.

(C) Independe de prova do prejuízo a indenização pela publicação não autorizada de imagem de pessoa com fins econômicos ou comerciais.

(D) A apresentação antecipada de cheque pré-datado não caracteriza dano moral, visto consistir o cheque em ordem de pagamento à vista.

(E) As administradoras de consórcio têm liberdade para estabelecer a respectiva taxa de administração, ainda que fixada em percentual superior a dez por cento.

A: correta, pois em consonância com a Súmula 479 do STJ; **B:** correta, pois de pleno acordo com a Súmula 145 do STJ; **C:** correta, pois a assertiva reproduz o teor da Súmula 403 do STJ; **D: incorreta**, pois tal apresentação antecipada caracteriza dano moral, segundo a Súmula 370 do STJ; **E:** correta, pois de acordo com a Súmula 538 do STJ.GN
Gabarito "D".

(Magistratura Federal/1ª região – 2011 – CESPE) Considerando a responsabilidade civil pelo fato da coisa, assinale a opção correta.

(A) Dono de veículo emprestado somente será responsabilizado por fato culposo do comodatário se ficar provada a negligência ao confiar a coisa a terceiro, conforme entendimento do STJ.

(B) Após aceitação de obra de pequeno porte, não haverá responsabilidade solidária entre o dono do prédio e o empreiteiro na reparação de danos causados por sua ruína.

(C) Será responsável por reparar dano causado a veículo de terceiro, caso não seja encontrado o motorista causador do dano, a pessoa em cujo nome o veículo envolvido no acidente estiver registrado no órgão competente.

(D) Conforme entendimento do STJ, em nenhuma hipótese deve-se responsabilizar o detentor de animal que cause dano a terceiro.

(E) Ainda que locado o imóvel, ao proprietário caberá a guarda jurídica da coisa.

A: incorreta, pois o STJ vem entendendo que "o proprietário do veículo responde objetiva e solidariamente pelos atos culposos de terceiro que o conduz e que provoca o acidente, pouco importando que o motorista não seja seu empregado ou preposto, ou que o transporte seja gratuito ou oneroso, uma vez que sendo o automóvel um veículo perigoso, o seu mau uso cria a responsabilidade pelos danos causados a terceiros. Provada a responsabilidade do condutor, o proprietário do veículo fica solidariamente responsável pela reparação do dano, como criador do risco para os seus semelhantes" (STJ, RESP 577.902/DF, rel. Min. Antônio de Pádua Ribeiro, rel. p/ Acórdão Min. Nancy Andrighi, 3.ª T., j. 13.06.2006); **B:** correta, pois a solidariedade não se presume, resulta da lei ou da vontade das partes (CC, art. 265) e tal responsabilidade solidária não está configurada na lei; **C:** incorreta, pois analisando casos similares, o STJ publicou a Súmula 132, segundo a qual "a ausência de registro da transferência não implica a responsabilidade do antigo proprietário por dano resultante de acidente que envolva o veiculo alienado"; **D:** incorreta, pois o detentor ostenta responsabilidade objetiva pelos danos causados pelo animal a terceiros (CC, art. 936); **E:** incorreta, pois o locatário ostenta a posse direta do bem. GN
Gabarito "B".

(Magistratura Federal/4ª região – VII) Segundo entendimento jurisprudencial consolidado em súmula do Superior Tribunal de Justiça:

(A) não são cumuláveis as indenizações por dano material e moral oriundos do mesmo fato.

(B) é inadmissível a indenização por dano moral;

(C) só é admissível a indenização a indenização por dano moral nos casos expressa e taxativamente previstos em lei;

(D) Nenhuma das alternativas anteriores é correta.

A: incorreta, pois tal cumulação é perfeitamente possível e admitida pelo STJ; **B:** incorreta, pois a possibilidade de se pleitear compensação pelos danos morais é estipulada pelo art. 5º, V, da Constituição Federal, bem como pelo art. 186 do Código Civil; **C:** incorreta, pois a previsão de indenização por dano moral é genérica e nem seria possível que fosse prevista de forma taxativa; **D:** correta. GN
Gabarito "D".

(Magistratura Federal/4ª região – IX) Assinale a alternativa correta:

(A) A União não pode ser ré em ações que versem dano moral.

(B) São cumuláveis as indenizações por danos materiais e morais oriundos do mesmo fato lesivo.

(C) O dano moral é quantificado com base em tudo aquilo que o ofendido razoavelmente deixou de lucrar em razão da dor sofrida.

(D) O ordenamento jurídico brasileiro não acolhia a reparabilidade do dano moral até a Constituição de 1988.

A: incorreta, pois não há vedação legal nesse sentido e eventual lei que assim disponha seria inconstitucional; **B:** correta, pois de acordo com a orientação dominante no STJ; **C:** incorreta, pois a assertiva refere-se a danos materiais e não morais; **D:** incorreta, pois mesmo antes de 1988 já havia jurisprudência esparsa a respeito, bem como previsão expressa de reparabilidade de dano moral nas Leis n.º 4.117/62 (Código Brasileiro das Telecomunicações); 5.250/67 (Lei de Imprensa) e 5.988/73 (Lei de Direitos Autorais). **GN**

Gabarito "B".

(Magistratura Federal/2ª região – 2011 – CESPE) No que se refere ao dano moral, assinale a opção correta.

(A) O inadimplemento contratual está fora do âmbito da indenização por danos morais.

(B) A gravidade do dano deve ser medida por padrão objetivo e em função da tutela do direito.

(C) De acordo com o STJ, o dano estético insere-se na categoria de dano moral e não é passível de indenização em separado.

(D) A capacidade econômica da vítima não pode ser utilizada como parâmetro para arbitramento do dano moral.

(E) De acordo com o STJ, a absolvição criminal por insuficiência de prova enseja indenização por danos morais.

A: incorreta, pois o inadimplemento contratual pode gerar danos morais e sua consequente indenização; **B:** correta, pois a mensuração do dano exige um padrão de averiguação média na sociedade para se concluir se a hipótese é efetivamente de dano ou de mero dissabor não indenizável; **C:** incorreta, pois pertencentes a categorias autônomas. Tanto assim que a Súmula 387 do STJ dispõe que "é lícita a cumulação das indenizações de dano estético e dano moral"; **D:** incorreta, pois a capacidade econômica da vítima é um dos critérios utilizados para quantificar o valor do dano moral, evitando que a indenização seja diminuta a ponto de não atenuar a dor sofrida e também que seja de altíssima monta, a ponto de a sociedade passar a desejar a ocorrência de danos morais, como se fossem jogos de loteria; **E:** incorreta, pois o entendimento do STJ é no sentido de que "não é cabível indenização por danos morais e materiais, em face de posterior absolvição na ação penal" (AgRg no AREsp 161.617/SP, rel. Min. Cesar Asfor Rocha, 2.ª T., j. 19.06.2012). **GN**

Gabarito "B".

(Magistratura Federal/3ª região – 2011 – CESPE) Considerando demanda promovida pela União contra advogado de seus quadros que perdeu o prazo para interpor recurso contra decisão desfavorável em mandado de segurança e permitiu o trânsito em julgado da referida decisão, assinale a opção correta.

(A) A reparação possível tem caráter moral e exige prova de que a imagem pública da autoridade identificada como coatora foi atingida.

(B) A reparação devida em razão da procedência da ação deverá abranger danos materiais atinentes à possibilidade de sucesso perdida pela não observância do prazo recursal.

(C) A responsabilidade do advogado é objetiva, já que atuava em nome da administração pública no momento em que perdeu o prazo para o recurso.

(D) O provimento do pedido deve prever a reversão aos cofres públicos exatamente daquilo que foi perdido

em razão do trânsito em julgado da decisão não recorrida.

(E) Não existe direito à reparação de danos caso não reste provado que a jurisprudência se encontrava uniformizada em sentido contrário ao da decisão não recorrida.

A: incorreta, pois o dano em questão não é de natureza moral e sim material, em virtude do que deixou a União de receber por conta da omissão do procurador; **B:** correta, pois a alternativa versa sobre a responsabilidade civil pela perda de uma chance, cujo exemplo típico é a não interposição pelo advogado – no prazo processual – de peças de defesa em favor do seu cliente. Nesse tipo de situação será inevitável que – na demanda entre cliente e advogado e na qual se analisa a perda da chance – ocorra uma análise das reais chances que o cliente teria de ser bem sucedido na demanda anterior, na qual o prazo não foi observado pelo profissional da advocacia. Com isso tem-se curiosa, mas inevitável situação, pois o juiz do segundo processo deverá obrigatoriamente analisar a viabilidade da primeira demanda. Após tal análise, o juiz poderá então reconhecer se efetivamente houve uma chance desperdiçada pelo advogado; **C:** incorreta, pois a responsabilidade do advogado, ainda que atuando em defesa da União, não se enquadra na natureza objetiva; **D:** incorreta, pois deve-se ainda somar a tal valor eventuais prejuízos extras decorrentes da não interposição do recurso, além de juros e atualização monetária; **E:** incorreta, pois não se exige a prova de posicionamento contrário ao da decisão não recorrida. **GN**

Gabarito "B".

(Magistratura Federal/3ª Região – 2010) Aponte a assertiva incorreta:

A responsabilidade civil objetiva:

(A) Está prevista no sistema brasileiro do direito do consumidor, no Código Civil e na Constituição Federal;

(B) Embora conste de outros sistemas, no sistema de direito do consumidor está prevista com exclusividade;

(C) É presente no sistema de responsabilidade civil por dano ambiental;

(D) É o sistema da responsabilidade civil dos que exercem atividade de risco, conforme previsão específica do Código Civil Brasileiro.

A: correta, servido como exemplo o art. 12 do CDC, o art. 927, parágrafo único, do CC e o art. 37, § 6º, da CF; **B:** incorreta, pois a responsabilidade objetiva não está prevista com exclusividade no CDC, como se viu; **C:** correta (art. 225, § 3º, da CF); **D:** correta (art. 927, parágrafo único, do CC). **GN**

Gabarito "B".

(Magistratura Federal – 3ª Região – XIII) A União responde pelos atos de seus agentes:

(A) objetivamente, desde que o agente tenha sido causador do dano;

(B) objetivamente, quer o agente esteja ou não em serviço;

(C) objetivamente, mesmo em caso de culpa exclusiva da vítima;

(D) quando o agente tiver agido com culpa, ainda que leve.

Art. 37, § 6º, da CF. **GN**

Gabarito "A".

1. DIREITO CIVIL

(Magistratura Federal – 3ª Região – XII) Assinale a alternativa incorreta:

(A) Independentemente de previsão legal, quando a atividade normalmente desenvolvida implicar riscos a terceiros, a responsabilidade do agente causador do dano, independerá de culpa, assim como na hipótese do dano ser ocasionado por produto posto em circulação por empresários individuais ou empresas;

(B) Nos casos de responsabilidade pelo fato de outrem, aquele que ressarcir o dano pode reaver o que houver pago daquele por quem pagou, salvo se o causador do dano for seu descendente, absoluta ou relativamente incapaz;

(C) A culpa, além de elemento indispensável à configuração da responsabilidade subjetiva, poderá ter reflexos na determinação da indenização devida, quando houver culpa concorrente da vítima;

(D) O gestor de negócios responde pelos prejuízos decorrentes das operações arriscadas que fizer, ainda que o dono costumasse fazê-las, salvo a ocorrência de caso fortuito ou força maior.

A: arts. 927, parágrafo único, e 931 do CC. Acerca do art. 927, parágrafo único, do CC, vide os Enunciados CJF 38 e 377. Acerca do art. 931 do CC, vide os Enunciados CJF 42, 43, 190 e 378. **B:** art. 934 do CC; **C:** art. 945 do CC; **D:** art. 868 do CC. **GN**
Gabarito "D".

5.2. INDENIZAÇÃO

(Magistratura/DF – 2011) Diz a lei civil que "aquele que demandar por dívida já paga, no todo ou em parte, sem ressalvar as quantias recebidas ou pedir mais do que for devido, ficará obrigado a pagar ao devedor, no primeiro caso, o dobro do que houver cobrado e, no segundo, o equivalente do que dele exigir, salvo se houver prescrição". Dentro deste contexto, considere as proposições abaixo e assinale a correta:

(A) A aplicação de penalidade do pagamento do dobro da quantia cobrada indevidamente pode ser requerida por toda e qualquer via processual, notadamente por meio de embargos à monitória;

(B) Cobrança excessiva, mas de boa-fé, ainda assim confere direito à repetição em dobro, por conta da sanção imposta pelo preceptivo previsto no artigo 940 do atual Código Civil;

(C) Mesmo ostentando fundamentos diferentes, o reconhecimento da litigância de má-fé em ação de cobrança importa aplicação automática da penalidade prevista no artigo 940 do CC/02;

(D) A incidência da norma contida no artigo 940 do CC/02 pressupõe a cobrança judicial de dívida já paga, cabendo idêntica aplicação em cobrança de dívida forjada.

A: correta, podendo ser requerida também em contestação de ação de cobrança; **B:** incorreta, pois é necessário o elementos subjetivo culpa ou dolo; aliás, no próprio Código do Consumidor há regra deixando claro que a sanção não se aplica em caso de "engano justificável" (art. 42, p. ún., do CDC); **C:** incorreta, pois a litigância de má-fé pode ter origem em outras condutas indevidas do credor no bojo do processo judicial; **D:** incorreta, pois a incidência da norma do art. 940 do Código Civil pressupõe a cobrança judicial de dívida **já paga**, não se lhe assimilando a cobrança de dívida forjada (STJ 892.839, DJ 26/03/09). **AG/WG**
Gabarito "A".

(Magistratura/MG – 2012 – VUNESP) Assinale a alternativa que apresenta informação **incorreta**.

(A) Medindo-se a indenização pela extensão do dano, o juiz poderá reduzir equitativamente a indenização quando houver excessiva desproporção entre a gravidade da culpa e o dano.

(B) Havendo usurpação ou esbulho do alheio, a indenização consistirá no reembolsar o seu equivalente ao prejudicado.

(C) A indenização por injúria, difamação ou calúnia consistirá na reparação do dano que delas resulte ao ofendido, porém, se o ofendido não puder provar prejuízo material, caberá ao juiz fixar, equitativamente, o valor da indenização conforme as circunstâncias do caso.

(D) A indenização por ofensa à liberdade pessoal consistirá no pagamento das perdas e danos que sobrevierem ao ofendido.

A: correta, pois o art. 944, parágrafo único, do CC possibilita a redução equitativa de indenização quando houver "*excessiva desproporção entre a gravidade da culpa e o dano*"; **B:** incorreta, pois a indenização não se limitará ao reembolso do equivalente, mas implicará também no pagamento de valor das suas deteriorações e o devido a título de lucros cessantes (CC, art. 952); **C:** correta, pois a afirmação corresponde exatamente à regra do Código Civil, art. 953, parágrafo único; **D:** correta, pois a afirmação corresponde exatamente à regra do Código Civil, art. 954. **GN**
Gabarito "B".

(Magistratura/SC – 2010) Assinale a alternativa correta:

I. O Código Civil, ao prescrever que o juiz pode reduzir equitativamente a reparação do dano material se houver excessiva desproporção entre a gravidade da culpa e o dano, adota a teoria da gradação da culpa a influenciar na definição do *quantum* indenizatório. Contudo, nas hipóteses de responsabilidade objetiva, por não se apurar a culpa, não se cogita da diminuição da indenização.

II. A indenização por injúria, difamação ou calúnia consistirá na reparação do dano que delas resulte ao ofendido. Se o ofendido não puder provar prejuízo material, cabe ao juiz fixar o valor da indenização por dano moral no correspondente ao dobro da multa no grau máximo da pena criminal respectiva, modulado conforme as circunstâncias do caso.

III. No caso de prisão ilegal, a pessoa jurídica de direito público será a responsável direta pelo dano causado a pessoa física. A privação do exercício de liberdade pessoal é reparada mediante o pagamento de indenização das perdas e danos que sobrevierem ao ofendido. Se este não puder provar o prejuízo material, cabe ao juiz fixar equitativamente o montante indenizatório, atendidas as peculiaridades do caso

IV. O empregador é também responsável pela reparação civil por ato de seu empregado que no exercício do trabalho que lhe competir ou em razão dele causar dano a terceiro, desde que caracterizada, por parte do patrão, a culpa *in vigilando* ou a culpa *in eligendo*.

(A) Somente as proposições I e III estão corretas.

(B) Somente as proposições I, II e IV estão corretas.

(C) Somente as proposições III e IV estão corretas.

(D) Somente as proposições II e IV estão corretas.

(E) Todas as proposições estão corretas.

I: correta, já que a incidência da norma prevista no art. 944, p. ún., do CC requer o elemento "culpa", elemento que não tem relevância em matéria de responsabilidade objetiva; de qualquer maneira, a questão ainda é controversa na doutrina haja vista a própria mudança de orientação dos Enunciados do CJF, que tinham expressamente essa posição (Enunciado CJF 46), mas que, agora, não mais são tão diretos sobre o assunto (Enunciado CJF 380); II: incorreta, pois não há que se falar em tabelamento dos danos morais; o art. 953, p. ún., do CC estabelece que o juiz deverá fixar a indenização conforme as circunstâncias do caso; III: correta (art. 954 c/c art. 953, p. ún., do CC); IV: incorreta, pois a responsabilidade do empregador quanto a atos de seu empregado é objetiva (art. 933 do CC). AG/WG

Gabarito "A".

(Magistratura/SP – 179º) Considere as seguintes afirmações sobre responsabilidade civil:

I. a indenização devida pelo incapaz não terá lugar se privar do necessário as pessoas que dele dependem;

II. o empregador responde pelos atos dos seus empregados, no exercício do trabalho que lhes competir, ou em razão dele, ainda que não haja culpa de sua parte;

III. na hipótese de indenização que deva em princípio ser medida pela extensão do dano, se houver excessiva desproporção entre a gravidade da culpa e o dano, o juiz poderá reduzir, equitativamente, seu valor.

Pode-se dizer que são verdadeiras

(A) apenas as assertivas I e III.

(B) apenas as assertivas I e II.

(C) todas as assertivas.

(D) apenas as assertivas II e III.

I: art. 928 do CC; II: arts. 932, III, e 933, ambos do CC; III: art. 944, *caput* e parágrafo único, do CC. AG/WG

Gabarito "C".

6. COISAS

6.1. POSSE

6.1.1. POSSE E SUA CLASSIFICAÇÃO

(Juiz – TJ-SC – FCC – 2017) A posse de um imóvel:

(A) transmite-se aos herdeiros ou legatários do possuidor com os mesmos caracteres, sendo que o sucessor universal continua de direito a posse do seu antecessor, e, ao sucessor singular, é facultado unir sua posse à do antecessor para os efeitos legais.

(B) não se transmite de pleno direito aos herdeiros ou legatários do possuidor, mas eles podem, assim como a qualquer sucessor a título singular é facultado, unir sua posse à do antecessor, para efeitos legais.

(C) transmite-se de pleno direito aos sucessores a título universal e a título singular, não se permitindo a este

recusar a união de sua posse à do antecessor, para efeitos legais.

(D) não se transmite aos herdeiros ou legatários do possuidor com os mesmos caracteres, tendo, cada novo possuidor, de provar seus requisitos para os efeitos legais.

(E) só pode ser adquirida pela própria pessoa que a pretende, mas não por representante ou terceiro sem mandato, sendo vedada a ratificação posterior.

A: correta, pois o sucessor universal (ex.: herdeiro único) continua de direito a posse do seu antecessor. Já o sucessor singular (ex.: herdeiro legatário, a quem se deixou um terreno) tem a opção de unir sua posse à do antecessor (CC, art. 1.207); B: incorreta, pois a posse transmite-se aos herdeiros ou legatários do possuidor com os mesmos caracteres (CC, art. 1.206); C: incorreta, pois o sucessor a título singular pode se recusar a somar a sua posse com a do seu antecessor para os efeitos legais (CC, art. 1.207); D: incorreta, pois a posse transmite-se aos herdeiros ou legatários do possuidor com os mesmos caracteres (CC, art. 1.206); E: incorreta, pois a posse pode ser adquirida tanto pela própria pessoa, quanto pelo terceiro sem mandato, com confirmação posterior (CC, art. 1.205). GN

Gabarito "A".

(Magistratura/BA – 2012 – CESPE) A respeito da posse, assinale a opção correta.

(A) Pode haver desdobramento de posse direta, como ocorre, por exemplo, na sublocação de imóvel.

(B) A posse indireta cabe apenas ao proprietário do imóvel.

(C) Como *longa manus* do possuidor, o detentor da posse poderá ajuizar possessória em caso de esbulho.

(D) Bens públicos não são passíveis de posse particular.

(E) Somente haverá composse quando o condomínio for *pro indiviso*.

A: incorreta, pois nesse caso não ocorre desdobramento da posse direta. O sublocatário terá posse direta enquanto que o locatário e o locador permanecerão com a posse indireta; B: incorreta, pois é perfeitamente possível que outras pessoas ostentem posse indireta, como é o caso do nu-proprietário, bem como do locatário que subloca o imóvel; C: incorreta, pois o detentor não ostenta o direito de ajuizar ações possessórias; D: incorreta, pois embora os bens públicos não sejam passíveis de usucapião, eles são passíveis de posse particular como ocorre, por exemplo, na cessão de bem público a particular; E: correta, pois a ideia de condomínio "pro diviso" acaba por criar duas posses específicas para os possuidores e não a composse. GN

Gabarito "E".

(Magistratura/MG – 2012 – VUNESP) Analise as afirmativas seguintes.

I. Os atos violentos autorizam a aquisição da posse depois de cessar a violência.

II. A posse pode ser adquirida por terceiro sem mandato, que fica dependendo de ratificação.

III. A pessoa que tem a coisa em seu poder, temporariamente, em virtude de direito real, anula a posse indireta, de quem aquela foi havida.

IV. Ao possuidor de má-fé assiste o direito de retenção pela importância das benfeitorias necessárias.

Estão corretas apenas as afirmativas

(A) I e II.

(B) I e III.

(C) II e III.

(D) III e IV.

I: correta, pois segundo o art. 1.208, parte final, do CC a cessação da violência ou da clandestinidade faz nascer a posse; **II:** correta, pois o art. 1.205 autoriza tal hipótese expressamente; **III:** incorreta, pois não há – no caso em tela – anulação da posse indireta do titular de quem a coisa foi havida. No direito real de habitação, por exemplo, a viúva habitante mantém a posse direta enquanto o proprietário mantém a posse indireta; **IV:** incorreta, pois o possuidor de má-fé tem direito a indenização pelas benfeitorias necessárias, não lhe assistindo, todavia, o direito da retenção (CC, art. 1.220). **GN**
Gabarito "A".

(Magistratura/PE – 2013 – FCC) Considera-se possuidor de boa-fé

(A) apenas aquele que ostenta título de domínio.

(B) somente aquele que ostentar justo título.

(C) todo aquele que a obteve sem violência ou que não a exerce de modo clandestino.

(D) aquele que ignora o vício, ou o obstáculo que impede a aquisição da coisa.

(E) o que se mantiver na posse durante o período necessário à usucapião ordinária.

A: incorreta, pois aquele que ostenta o título de domínio é proprietário e não possuidor; **B:** incorreta, pois não é apenas aquele que ostenta justo título que é possuidor de boa-fé; **C:** incorreta, pois nesse caso tem-se a posse justa, critério objetivo que não se confunde com a boa ou má-fé; **D:** correta, pois possuidor de boa-fé é justamente aquele que ignora o vício que macula a posse; **E:** incorreta, pois não é o transcurso do lapso que determina a boa ou má-fé do possuidor, mas sim a ignorância ou conhecimento do vício. **WG**
Gabarito "D".

(Magistratura/PR – 2013 – UFPR) Com relação à posse, pode merecer diversas classificações. Interessando aqui o que se denomina posse direta e posse indireta, assinale a alternativa correta:

(A) A posse direta, de quem tem a coisa em seu poder, temporariamente, em virtude de direito pessoal ou real, suspende a indireta enquanto perdurar o vínculo contratual que a autorizou.

(B) Na posse direta, o possuidor tem o exercício de uma das faculdades do domínio, em virtude de uma obrigação ou do direito.

(C) O possuidor direto, que a recebe por força de contrato, não tem ação para defender sua posse contra terceiros, salvo se o fizer em concurso com o possuidor indireto.

(D) Coexistindo a posse direta e a indireta, não pode existir disputa possessória entre os respectivos titulares.

A: incorreta, pois a divisão em posse direta e indireta apresenta justamente como principal característica a coexistência de ambas, legitimando tanto um quanto outro a defender a posse de terceiros ou mesmo de um em relação ao outro; **B:** correta, pois é justamente um direito ou obrigação que gera a posse direta, proporcionando a uma das partes o exercício de uma das faculdades do domínio; **C:** incorreta, pois o possuidor direto pode defender a posse em relação a terceiros; **D:** incorreta, pois possuidor direto pode defender a posse em relação ao possuidor indireto e vice-versa. **GN**
Gabarito "B".

Tendo em vista existência de elementos doutrinários no que concerne ao conceito de posse e à sua classificação, seguem algumas definições, que poderão colaborar na resolução de questões:

1. Conceito de posse: é o exercício, pleno ou não, de algum dos poderes inerentes à propriedade (art. 1.196, CC). É a exteriorização da propriedade, ou seja, a visibilidade da propriedade. Os poderes inerentes à propriedade são usar, gozar e dispor da coisa, bem como reavê-la (art. 1.228, CC). Assim, se alguém estiver, por exemplo, usando uma coisa, como o locatário e o comodatário, pode-se dizer que está exercendo posse sobre o bem.

2. Teoria adotada: há duas teorias sobre a posse. A primeira é a **Teoria Objetiva** (de Ihering), para a qual a posse se configura com a mera conduta de dono, pouco importando a apreensão física da coisa e a vontade de ser dono dela. Já a segunda, a **Teoria Subjetiva** (de Savigny), entende que a posse só se configura se houver a apreensão física da coisa (*corpus*), mais a vontade de tê-la como própria *(animus domini)*. Nosso CC adotou a Teoria Objetiva de Ihering, pois não trouxe como requisito para a configuração da posse a apreensão física da coisa ou a vontade de ser dono dela. Exige tão somente a conduta de proprietário.

3. Detenção: é aquela situação em que alguém conserva a posse em nome de outro e em cumprimento às suas ordens e instruções. Ex: caseiro, em relação ao imóvel de que cuida, e funcionário público, em relação aos móveis da repartição. A detenção não é posse, portanto não confere ao detentor direitos decorrentes desta.

4. Classificação da posse.(A) posse indireta: é aquela exercida por quem cedeu, temporariamente, o uso ou o gozo da coisa a outra pessoa. São exemplos: a posse exercida pelo locador, nu-proprietário, comodante e depositante. O possuidor indireto ou mediato pode se valer da proteção possessória.

(B) posse direta: é aquela exercida por quem recebeu o bem, temporariamente, para usá-lo ou gozá-lo, em virtude de direito pessoal ou real.

4.2. Posse individual e composse: quanto à simultaneidade de seu exercício (art. 1.199, CC).

(A) posse individual: é aquela exercida por apenas uma pessoa.

(B) composse: é a posse exercida por duas ou mais pessoas sobre coisa indivisa. Exemplos: a posse dos cônjuges sobre o patrimônio comum e a posse dos herdeiros antes da partilha. Na composse *pro diviso* há uma divisão de fato da coisa.

4.3. Posse justa e injusta: quanto à existência de vícios objetivos (art. 1.200, CC).

(A) posse justa: é aquela não obtida de forma violenta, clandestina ou precária. Assim, é justa a posse não adquirida pela força física ou moral (não violenta), não estabelecida às ocultas (não clandestina) e não originada com abuso de confiança por parte de quem recebe a coisa com o dever de restituí-la (não precária). Perceba que os vícios equivalem, no Direito Penal, aos crimes de roubo, furto e apropriação indébita.

(B) posse injusta: é aquela originada do esbulho. Em caso de violência ou clandestinidade, a posse só passa a existir após a cessação da violência ou da clandestinidade (art. 1.208, CC). Já em caso de precariedade (ex.: um comodatário passa a se comportar como dono da coisa), a posse deixa de ser justa e passa a ser injusta diretamente. É importante ressaltar que, cessada a violência ou a clandestinidade, a posse passa a existir, mas o vício que a inquina faz com que o Direito a considere injusta. E, mesmo depois de um ano e dia, a posse continua injusta, só deixando de ter essa característica se houver aquisição da coisa, o que pode acontecer pela usucapião, por exemplo. A qualificação de posse injusta é relativa, valendo apenas em relação ao anterior possuidor da coisa. Em relação a todas as outras pessoas, o possuidor injusto pode defender a sua posse.

4.4. Posse de boa-fé e de má-fé: quanto à existência de vício subjetivo (art. 1.201, CC):

(A) posse de boa-fé: é aquela em que o possuidor ignora o vício ou o obstáculo que impede a aquisição da coisa. É de boa-fé a posse daquele que crê que a adquiriu de quem legitimamente a possuía. Presume-se de boa-fé o possuidor com **justo título**, ou seja, aquele título que seria hábil para transferir o direito à posse, caso proviesse do verdadeiro possuidor ou proprietário da coisa.

(B) posse de má-fé: é aquela em que o possuidor tem ciência do vício ou do obstáculo que impede a aquisição da coisa. A posse de boa-fé pode se transmudar em posse de má-fé em caso de ciência posterior do vício. A citação para a demanda que visa à retomada da coisa tem o condão de alterar o caráter da posse.

Obs.: saber se a posse de alguém é de boa-fé ou de má-fé interfere no direito à indenização pelas benfeitorias feitas, no direito de retenção, no direito aos frutos, no prazo de prescrição aquisitiva (usucapião), na responsabilidade por deterioração da coisa etc.

4.5. Posse natural e jurídica: quanto à origem:

(A) posse natural: é a que decorre do exercício do poder de fato sobre a coisa.

(B) posse civil ou jurídica: é a que decorre de um título, não requerendo atos físicos ou materiais.

(Magistratura/SP – 2013 – VUNESP) Em relação à posse, é correto afirmar que

(A) o locatário não tem a posse direta do imóvel que ele aluga, mas sim a indireta.

(B) o motorista de um caminhão da empresa para a qual trabalha tem a posse *ad usucapionem* desse bem.

(C) o possuidor direto tem direito de lançar mão dos interditos contra turbação, esbulho e violência iminente, se tiver justo receio de ser molestado, inclusive contra o possuidor indireto.

(D) o possuidor responde pela perda da coisa, ainda que de boa-fé e sem ter dado causa à perda.

A: incorreta, pois a posse do locatário é direta, ao passo que do proprietário é indireta; vale lembrar que tanto o possuidor direto, como o possuidor indireto tem direito à proteção possessória; **B:** incorreta, pois falta o ânimo de dono; ademais, o motorista, por agir em nome do proprietário da coisa, não chega a ter posse, mas mera detenção; **C:** correta (art. 1.197, parte final, do CC); **D:** incorreta, pois o possuidor da coisa não responde pela perda desta quando não tiver dado causa à perda e estiver de boa-fé (art. 1.217 do CC). **WG**
„Gabarito "C"

(Juiz – TRF 3ª Região – 2016) Sobre a posse, assinale a alternativa incorreta:

(A) A acessão possessória pode-se dar de modo facultativo ou por continuidade do direito recebido do antecessor.

(B) Admite-se o convalescimento da posse violenta e da posse clandestina.

(C) A posse de boa-fé só perde este caráter no caso e desde o momento em que as circunstâncias façam presumir que o possuidor não ignora que possui indevidamente.

(D) O reivindicante, quando obrigado, indenizará as benfeitorias ao possuidor de má-fé pelo valor atual.

A: correta, pois o sucessor universal (ex.: herdeiro único) continua de direito a posse do seu antecessor. Já o sucessor singular (ex.: herdeiro legatário) tem a opção de unir sua posse à do antecessor (CC, art. 1.207); **B:** correta, pois tal convalescimento ocorre quando cessar a violência ou a clandestinidade (CC, art. 1.208); **C:** correta, pois a assertiva reproduz o teor do art. 1.202 do CC; **D:** incorreta, pois *"o reivindicante, obrigado a indenizar as benfeitorias ao possuidor de má-fé, tem o direito de optar entre o seu valor atual e o seu custo; ao possuidor de boa-fé indenizará pelo valor atual"* (CC, art. 1.222).**(GN)**
„Gabarito "D"

(Magistratura Federal/1ª região – IX) Em face das proposições abaixo, relativas ao estudo da posse, marque a alternativa correta:

I. o espectador, ao assistir ao filme, tem posse sobre a poltrona que ocupa no cinema.

II. a posse injusta e de má-fé pode ser classificada como posse *ad interdicta*.

III. quando alguém possui uma coisa em nome alheio e passa a possuí-la como própria, invertendo o *animus*, dá-se a tradição consensual chamada constituto possessório.

IV. a entrega das chaves de um apartamento no ato de aquisição constitui tradição material.

(A) somente a I e a II estão incorretas.

(B) somente a I e a IV estão corretas.

(C) somente a II está correta.

(D) somente a III está correta.

I: incorreta, pois não induzem posse os atos de mera permissão (CC, art. 1.208); **II:** correta, pois a posse *ad interdicta* é a que pode se amparar nos interditos, pode ser defendida judicialmente. A posse injusta e a posse de má-fé podem ser defendidas pelos interditos contra qualquer pessoa, exceto contra aquele que demonstrar melhor posse; **III:** incorreta, pois o *constituto possessorio* implica exatamente no inverso do proposto pela assertiva, tendo em vista que nessa hipótese a pessoa possuía a coisa em nome próprio e passa a possuí-la em nome alheio, como é o caso da doação com reserva de usufruto; **IV:** incorreta, pois a entrega das chaves configura tradição simbólica. **GN**
„Gabarito "C"

1. DIREITO CIVIL 55

(Magistratura Federal/1ª região – IX) Tendo em conta as asserções abaixo, assinale a alternativa correta:

I. quando o proprietário aliena a coisa, mas continua na sua posse como locatário, ocorre a *traditio brevi manu*.

II. o fideicomisso – segmento fideicomitente/fiduciário – constitui um exemplo de propriedade resolúvel.

III. a exceção de domínio somente pode ser oposta no juízo possessório quando contendores disputam a posse como proprietários

IV. o *jus possidendi* é o direito de posse fundado no direito de propriedade.

(A) somente a II e a IV estão corretas.

(B) somente a II está correta.

(C) somente a IV está correta.

(D) somente I e a IV estão corretas.

I: incorreta, pois nessa hipótese configura-se o *constituto possessorio*, que se verifica quando alguém possuía o bem em nome próprio e passa a possuí-lo em nome alheio, como ocorre na doação com reserva de usufruto; II: correta. No fideicomisso (ou substituição fideicomissária) o testador (fideicomitente) deixa um bem para o fiduciário, estipulando que, após a ocorrência de um evento futuro (certo ou incerto), o bem passará a ser do fideicomissário. Logo, o fiduciário será dono do bem, mas sua propriedade se resolverá (propriedade resolúvel, portanto) com a ocorrência do referido evento futuro (CC, art. 1.953); III: incorreta, pois "na pendência do processo possessório, é defeso, assim ao autor como ao réu, intentar a ação de reconhecimento do domínio" (CPC, art. 923); IV: correta, pois o *jus possidendi* é o direito de posse que decorre de um direito real de propriedade. **GN**
Gabarito "A"

6.1.2. AQUISIÇÃO E PERDA DA POSSE

O tema em tela trata da aquisição da posse. Por se tratar de tema que envolve, além de questões legais, elementos doutrinários, segue um resumo que colaborará na resolução da presente questão e de outras por vir.

Aquisição e perda da posse.

(1) Aquisição da posse:

1.(1) Conceito: *adquire-se a posse desde o momento em que se torna possível o exercício, em nome próprio, de qualquer dos poderes inerentes à propriedade* (art. 1.204, CC).

1.(2) Aquisição originária: *é aquela que não guarda vínculo com a posse anterior*. Ocorre nos casos de: **a) apreensão,** *que consiste na apropriação unilateral da coisa sem dono* (abandonada – res derelicta, ou de ninguém – res nullius) *ou na retirada da coisa de outrem sem sua permissão* (cessada a violência ou a clandestinidade); **b) exercício do direito**, como no caso da servidão constituída pela passagem de um aqueduto em terreno alheio; **c) disposição**, que consiste em alguém dar uma coisa ou um direito, situação que revela o exercício de um poder de fato (posse) sobre a coisa.

1.(3) Aquisição derivada: *é aquela que guarda vínculo com a posse anterior*. Nesse caso, a posse vem gravada dos eventuais vícios da posse anterior. Essa regra vale para a sucessão a título universal (art. 1.206, CC), mas é abrandada na sucessão a título singular (art. 1.207, CC). Ocorre nos casos de **tradição**, *que consiste na transfe-*

rência da posse de uma pessoa para outra, pressupondo acordo de vontades. A tradição pode ser de três tipos:

(A) tradição real: *é aquela em que há a entrega efetiva, material da coisa*. Ex.: entrega de um eletrodoméstico para o comprador. No caso de aquisição de grandes imóveis, não há a necessidade de se colocar fisicamente a mão sobre toda a propriedade, bastando a referência a ela no título. Trata-se da chamada traditio longa manu.

(B) tradição simbólica: *é aquela representada por ato que traduz a entrega da coisa*. Exemplo: entrega das chaves de uma casa.

(C) tradição consensual: *é aquela decorrente de contrato, de acordo de vontades*. Aqui temos duas possibilidades. A primeira é a *traditio brevi manu, que é aquela situação em que um possuidor, em nome alheio, passa a possuir a coisa em nome próprio*. É o caso do locatário que adquire a coisa. Já a segunda é o **constituto possessório**, *que é aquela situação em que um possuidor em nome próprio passa a possuí-la em nome de outro, adquirindo este a posse indireta da coisa*. É o caso do dono que vende a coisa e nela permanece como locatário ou comodatário.

(2) Perda da posse:

2.(1) Conceito: *perde-se a posse quando cessa, embora contra a vontade do possuidor, o poder sobre o bem*. É importante ressaltar, quanto ao ausente (no sentido de não ter presenciado o esbulho), que este só perde a posse quando, tendo notícia desta, abstém-se de retomar a coisa ou, tentando recuperá-la, é violentamente repelido (art. 1.224).

2.(2) Hipóteses de perda de posse: a) abandono: *é a situação em que o possuidor renuncia à posse, manifestando voluntariamente a intenção de largar o que lhe pertence;* ex.: quando alguém atira um objeto na rua; **b) tradição com intenção definitiva:** *é a entrega da coisa com o ânimo de transferi-la definitivamente a outrem;* se a entrega é transitória, não haverá perda total da posse, mas apenas perda temporária da posse direta, remanescendo a posse indireta; **c) destruição da coisa e sua colocação fora do comércio; d) pela posse de outrem:** nesse caso a perda da posse se dá por esbulho, podendo a posse perdida ser retomada.

6.1.3. EFEITOS DA POSSE

(Magistratura/AM – 2013 – FGV) Em relação ao possuidor de má-fé, assinale a afirmativa correta.

(A) Ele responde por todos os frutos colhidos e percebidos, responde pela perda ou deterioração da coisa, ainda que acidentais e não pode levantar as benfeitorias voluptuárias.

(B) Ele não responde pelos frutos colhidos e percebidos, responde pela perda ou deterioração da coisa, ainda que acidentais e não pode levantar as benfeitorias voluptuárias.

(C) Ele responde por todos os frutos colhidos e percebidos, responde pela perda ou deterioração da coisa, ainda que acidentais e pode levantar as benfeitorias voluptuárias.

(D) Ele responde por todos os frutos colhidos e percebidos, não responde pela perda ou deterioração da coisa, se acidentais e não pode levantar as benfeitorias voluptuárias.

(E) Ele responde por todos os frutos colhidos e percebidos, não responde pela perda ou deterioração da coisa, se acidentais e pode levantar as benfeitorias voluptuárias.

O possuidor de má-fé não tem direito a frutos percebidos ou pendentes (art. 1.216 do CC); no que se refere à perda ou deterioração da coisa, ele responde por dolo, culpa e até mesmo pelo fortuito, salvo se provar que o dano ocorreria ainda que a coisa não estivesse em seu poder (art. 1.218 do CC) e não tem o direito de levantar as benfeitorias voluptuárias (art. 1.220 do CC). **GN**
Gabarito "A".

(Magistratura/DF – 2011) Nos termos da lei civil, "considera-se possuidor todo aquele que tem de fato o exercício, pleno ou não, de algum dos poderes inerentes à propriedade". Ao possuidor de boa-fé a lei civil confere certas prerrogativas. Dentro desse esquadro, considere as proposições abaixo e assinale a <u>incorreta</u>:

(A) É de boa-fé a posse, se o possuidor ignora o vício, ou o obstáculo que impede a aquisição da coisa;

(B) O possuidor de boa-fé não responde pela perda ou deterioração da coisa, a que não der causa;

(C) O possuidor de boa-fé tem direito à indenização das benfeitorias necessárias, úteis e voluptuárias. Consequentemente, pelo valor das mesmas poderá exercer o direito de retenção;

(D) A posse de boa-fé só perde este caráter no caso e desde o momento em que as circunstâncias façam presumir que o possuidor não ignora que possui indevidamente.

A: correta (art. 1.201, *caput*, do CC); **B:** correta (art. 1.217 do CC); **C:** incorreta, pois o possuidor de boa-fé não tem direito de retenção pelas benfeitorias voluptuárias (art. 1.219 do CC); **D:** correta (art. 1.202 do CC). **AG/WG**
Gabarito "C".

(Magistratura/PE – 2011 – FCC) O possuidor, objetivando adquirir um imóvel pela usucapião extraordinária, para atingir o prazo exigido por lei,

(A) pode acrescentar à sua posse a dos seus antecessores, facultativamente na sucessão singular, sendo que isto se dá, de pleno direito, na sucessão universal.

(B) não pode acrescentar à sua posse a dos seus antecessores, seja a sucessão a título singular, seja universal.

(C) acrescerá de pleno direito à sua posse apenas a de seus antecessores a título universal, mas em nenhuma hipótese a de seus antecessores a título singular.

(D) pode acrescentar à sua posse apenas a de seus antecessores a título singular.

(E) pode acrescentar à sua posse a dos seus antecessores facultativamente na sucessão a título universal e de pleno direito na sucessão a título singular.

Arts. 1.207 e 1.243 do CC. **AG/WG**
Gabarito "A".

(Magistratura/PR – 2010 – PUC/PR) Aponte se as frases a seguir são verdadeiras (V) ou falsas (F) e assinale a alternativa CORRETA:

I. O possuidor indireto pode exercitar o direito de sequela.

II. O direito à percepção dos frutos requer que estes tenham sido separados e o possuidor faz jus à percepção até que ocorra a cessação da má-fé.

III. Benfeitorias voluptuárias, se agregam valor à coisa, são passíveis de indenização ao possuidor de boa-fé e conferem direito de retenção caso não se as possa levantar sem detrimento da coisa.

IV. É nulo o casamento do incapaz de consentir ou manifestar, de modo inequívoco, o consentimento.

(A) V, V, F, F

(B) F, F, V, V

(C) V, F, F, F

(D) F, V, F, F

I: verdadeira, pois o possuidor indireto também pode perseguir a coisa; **II:** falsa, pois o possuidor faz jus à percepção até que ocorra a cessação da boa-fé (art. 1.214 do CC); **III:** falsa, pois as benfeitorias voluptuárias, se não pagas ao possuidor de boa-fé, só podem ser levantadas por este (art. 1.219 do CC); **IV:** falsa, pois o casamento, nessas condições, é anulável (art. 1.550, IV, do CC). **AG/WG**
Gabarito "C".

(Magistratura/RO – 2011 – PUCPR) Acerca do Direito das Coisas, avalie as assertivas abaixo:

I. Os interditos possessórios previstos em nosso ordenamento são a Ação de Reintegração de Posse, a Ação de Manutenção de Posse, o Interdito Proibitório e a Ação Reividicatória.

II. Não induzem posse os atos de mera permissão ou tolerância, mas quando o detentor exerce poderes de fato sobre a coisa é considerado possuidor para todos os fins.

III. É de boa-fé a posse quando o possuidor, embora não ignore os vícios ou obstáculos que impedem a aquisição da coisa, está comprometido em sanar o vício ou remover os obstáculos em um prazo determinado.

IV. O direito à indenização por benfeitorias necessárias é devido ao possuidor de má-fé.

Está(ão) CORRETA(S):

(A) Apenas as assertivas I e IV.

(B) Apenas as assertivas II e III.

(C) Apenas a assertiva I.

(D) Apenas a assertiva IV.

(E) Todas as assertivas.

I: incorreta, pois a ação reivindicatória não é forma de interdito possessório, mas de proteção da propriedade; **II:** incorreta, pois não induzem posse os atos de mera permissão ou tolerância assim como não autorizam a sua aquisição os atos violentos, ou clandestinos, senão depois de cessar a violência ou a clandestinidade (art. 1.208 do CC); **III:** incorreta, pois é de boa-fé se o possuidor ignora os vícios ou obstáculos (art. 1.201 do CC); **IV:** correta (art. 1.220 do CC). **AG/WG**
Gabarito "D".

(Magistratura/SC – 2010) Assinale a alternativa correta:

I. O possuidor de boa-fé tem direito de indenização pelas benfeitorias necessárias e úteis, mas apenas pode exercer direito de retenção pelas necessárias.

II. O possuidor de boa-fé tem direito de pedir indenização pelas benfeitorias voluptuárias, mas não pode exercer direito de retenção.

III. O possuidor de má-fé tem direito de indenização tanto das benfeitorias necessárias quanto das úteis, em razão da vedação ao enriquecimento sem causa.

IV. O valor de indenização das benfeitorias será, em qualquer caso, o valor de custo e não o atual.

(A) Todas as proposições estão incorretas.

(B) Somente as proposições I e III estão incorretas.

(C) Somente as proposições II e IV estão incorretas.

(D) Somente as proposições III e IV estão incorretas.

(E) Somente as proposições I e II estão incorretas.

I: incorreta, pois o possuidor de boa-fé tem direito de retenção também pelas benfeitorias úteis (art. 1.219 do CC); **II:** incorreta, pois o possuidor de boa-fé tem direito de retenção pelas benfeitorias necessárias e úteis (art. 1.219 do CC); **III:** incorreta, pois o possuidor de má-fé não tem direito de retenção (art. 1.220 do CC); **IV:** incorreta, pois se o possuidor for de boa-fé caberá a indenização pelo valor atual, e se for de má-fé caberá ao reivindicante optar entre o seu valor atual e o seu custo (art. 1.222 do CC). **AG/WG**
Gabarito "A".

(Magistratura/SP – 178º) Assinale a única afirmativa inteiramente correta.

(A) Ao possuidor de má-fé serão ressarcidas as benfeitorias úteis e necessárias, mas só lhe assiste o direito de retenção pela importância das necessárias.

(B) O possuidor de má-fé responde por todos os frutos colhidos e percebidos, bem como pelos que, por culpa sua, deixou de perceber, desde o momento em que se constituiu de má-fé; tem direito às despesas de produção e custeio.

(C) O possuidor de boa-fé tem direito à indenização das benfeitorias úteis, necessárias e voluptuárias e pode exercer direito de retenção pelo valor de todas elas.

(D) O reivindicante, obrigado a indenizar as benfeitorias, deve pagar o valor atualizado delas, valor esse que, apurado pela perícia, não poderá ultrapassar o reclamado pelo possuidor.

A: o possuidor de má-fé não tem direito de ser ressarcido por benfeitorias úteis, mas apenas por benfeitorias necessárias e, em hipótese alguma, tem direito de retenção por benfeitorias realizadas (art. 1.220 do CC); **B:** art. 1.216 do CC; **C:** art. 1.219 do CC; **D:** art. 1.222 do CC. Para facilitar o entendimento das questões atinentes aos efeitos da posse, segue texto doutrinário a respeito. **AG/WG**
Gabarito "B".

Efeitos da posse.

(1) Percepção dos frutos. Quando o legítimo possuidor retoma a coisa de outro possuidor, há de se resolver a questão dos frutos percebidos ou pendentes ao tempo da retomada. De acordo com o caráter da posse (de boa ou de má-fé), haverá ou não direitos para aquele que teve de entregar a posse da coisa. Antes de verificarmos essas regras, vale trazer algumas definições:

1.1. Conceito de frutos: *são utilidades da coisa que se reproduzem* (frutas, verduras, filhotes de animais, juros etc.). Diferem dos **produtos**, que *são as utilidades da coisa que não se reproduzem* (minerais, por exemplo).

1.2. Espécies de frutos quanto à sua natureza: a) civis (como os alugueres e os juros); **b)** naturais (como as maçãs de um pomar); e **c)** industriais (como as utilidades fabricadas por uma máquina).

1.3. Espécies de frutos quanto ao seu estado: a) pendentes (são os ainda unidos à coisa que os produziu); **b)** percebidos ou colhidos (são os já separados da coisa que os produziu); **c)** percebidos por antecipação (são os separados antes do momento certo); **d)** percepiendos (são os que deveriam ser colhidos e não foram); **e)** estantes (são os já separados e armazenados para venda); **f)** consumidos (são os que não existem mais porque foram utilizados).

1.4. Direitos do possuidor de boa-fé: tem direito aos frutos que tiver percebido enquanto estiver de boa-fé (art. 1.214, CC).

1.5. Inexistência de direitos ao possuidor de boa-fé: não tem direito às seguintes utilidades: **a)** aos frutos pendentes quando cessar a sua boa-fé; **b)** aos frutos percebidos antecipadamente, estando já de má-fé no momento em que deveriam ser colhidos; **c)** aos produtos, pois a lei não lhe confere esse direito, como faz com os frutos. De qualquer forma, é importante ressaltar que nos casos dos itens "a" e "b", apesar de ter de restituir os frutos colhidos ou o seu equivalente em dinheiro, terá direito de deduzir do que deve as despesas com a produção e o custeio.

1.6. Situação do possuidor de má-fé: este responde por todos os frutos colhidos e percebidos, bem como pelos que, por sua culpa, deixou de perceber, desde o momento em que se constituiu de má-fé. Todavia, tem direito às despesas de produção e custeio (art. 1.216, CC), em virtude do princípio do não enriquecimento sem causa.

(2) Responsabilidade por perda ou deterioração da coisa. Quando o legítimo possuidor retoma a coisa de outro possuidor, também há de se resolver a questão referente à eventual perda ou destruição da coisa.

2.1. Responsabilidade do possuidor de boa-fé: não responde pela perda ou deterioração à qual não der causa.

2.2. Responsabilidade do possuidor de má-fé: como regra, responde pela perda ou deterioração da coisa, só se eximindo de tal responsabilidade se provar que de igual modo esse acontecimento se daria, caso a coisa estivesse com o reivindicante dela. Um exemplo de exoneração da responsabilidade é a deterioração da coisa em virtude de um raio que cai sobre a casa.

(3) Indenização por benfeitorias e direito de retenção. Outra questão importante a ser verificada quando da retomada da coisa pelo legítimo possuidor é a atinente a eventual benfeitoria feita pelo possuidor que o antecedeu. De acordo com o caráter da posse (de boa ou de má-fé), haverá ou não direitos para aquele que teve de entregar a posse da coisa. Antes de verificarmos essas regras, é imperativo trazer algumas definições.

3.1. Conceito de benfeitorias: *são os melhoramentos feitos em coisa já existente.* São bens acessórios. Diferem da **acessão**, que *é a criação de coisa nova.* Uma casa construída no solo é acessão, pois é coisa nova; já uma garagem construída numa casa pronta é benfeitoria, pois é um melhoramento em coisa já existente.

3.2. Espécies de benfeitorias: a) benfeitorias necessárias *são as que se destinam à conservação da coisa* (ex.: troca do forro da casa, em virtude do risco de cair); **b)** benfeitorias úteis *são as que aumentam ou facilitam o uso de uma coisa* (ex.: construção de mais um quarto numa casa pronta); **c)** benfeitorias voluptuárias *são as de mero deleite ou recreio* (ex.: construção de uma fonte luminosa na entrada de uma casa).

3.3. Direitos do possuidor de boa-fé: tem direito à **indenização** pelas benfeitorias necessárias e úteis que tiver feito, podendo, ainda, levantar as voluptuárias, desde que não deteriore a coisa. A indenização se dará pelo valor atual da benfeitoria. Outro direito do possuidor de boa-fé é o de retenção da coisa, enquanto não for indenizado. Significa que o possuidor não é obrigado a entregar a coisa enquanto não for ressarcido. O direito deve ser exercido no momento da contestação da ação que visa à retomada da coisa, devendo o juiz se pronunciar sobre a sua existência. Trata-se de um excelente meio de coerção para recebimento da indenização devida. Constitui verdadeiro direito real, pois não se converte em perdas e danos.

3.4. Direitos do possuidor de má-fé: tem direito apenas ao ressarcimento das benfeitorias necessárias que tiver feito, não podendo retirar as voluptuárias. Trata-se de uma punição a ele imposta, que só é ressarcido pelas benfeitorias necessárias, pois são despesas que até o possuidor legítimo teria de fazer. O retomante escolherá se pretende indenizar pelo valor atual ou pelo custo da benfeitoria. O possuidor de má-fé não tem direito de retenção da coisa enquanto não indenizado pelas benfeitorias necessárias que eventualmente tiver realizado.

(4) Usucapião. A posse prolongada, desde que preenchidos outros requisitos legais, dá ensejo a outro efeito da posse, que é a aquisição da coisa pela usucapião.

(5) Proteção possessória. A posse também tem o efeito de gerar o direito de o possuidor defendê-la contra a perturbação e a privação de seu exercício, provocadas por terceiro. Existem dois tipos de proteção possessória previstos em lei, a autoproteção e a heteroproteção.

5.1. Autoproteção da posse. A lei confere ao possuidor o direito de, por si só, proteger a sua posse, daí porque falar-se em autoproteção. Essa proteção não pode ir além do indispensável à restituição (art. 1.210, CC). Há duas situações em que isso ocorre:

(A) legítima defesa da posse: consiste no direito de autoproteção da posse no caso do possuidor, apesar de presente na coisa, estar sendo perturbado. Repare que não chegou a haver perda da coisa.

(B) desforço imediato: consiste no direito de autoproteção da posse no caso de esbulho, de perda da coisa. Repare que a vítima chega a perder a coisa. A lei só permite o desforço imediato se a vítima do esbulho "agir logo", ou

seja, agir imediatamente após a agressão ("no calor dos acontecimentos") ou logo que possa agir. Aquele que está ausente (não presenciou o esbulho) só perderá esse direito se não agir logo após tomar conhecimento da agressão à sua posse (art. 1.224, CC).

5.2. Heteroproteção da posse. Trata-se da proteção feita pelo Estado Juiz, provocado por quem sofre a agressão na sua posse. Essa proteção tem o nome de interdito possessório e pode ser de três espécies: interdito proibitório, manutenção de posse e reintegração de posse. Antes de analisarmos cada um deles, é importante verificar suas características comuns.

5.2.1. Características dos interditos possessórios:

(A) fungibilidade: o juiz, ao conhecer de pedido possessório, pode outorgar proteção legal ainda que o pedido originário não corresponda à situação de fato provada em juízo. Assim, caso se ingresse com ação de manutenção de posse e os fatos comprovam que a ação adequada é a de reintegração de posse, o juiz pode determinar a reintegração, conhecendo um pedido pelo outro (art. 920, CPC).

(B) cumulação de pedidos: nas ações de reintegração e de manutenção de posse, a vítima pode reunir, além do pedido de *correção* da agressão (pedido possessório propriamente dito), os pedidos de condenação em *perdas e danos*, de cominação de *pena para o caso de descumprimento* da ordem judicial e de *desfazimento* da construção ou plantação feita na coisa (art. 921, CPC).

(C) caráter dúplice: o réu também pode pedir a proteção possessória desde que, na contestação, alegue que foi ofendido na sua posse (art. 922, CPC).

(D) impossibilidade de discussão do domínio: não se admite discussão de domínio em demanda possessória (arts. 1.210, § 2º, do CC, e 923 do CPC), ou seja, ganha a ação quem provar que detinha previamente posse legítima da coisa.

5.2.2. Interdito proibitório:

(A) conceito: *é a ação de preceito cominatório utilizada para impedir agressões iminentes que ameaçam a posse de alguém* (arts. 932 e 933 do CPC). Trata-se de ação de caráter *preventivo*, manejada quando há justo receio de que a coisa esteja na iminência de ser turbada ou esbulhada, apesar de não ter ocorrido ainda ato material nesses dois sentidos, havendo apenas uma *ameaça* implícita ou expressa.

(B) ordem judicial: acolhendo o pedido, o juiz fixará uma pena pecuniária para incidir caso o réu descumpra a proibição de turbar ou esbulhar a área, daí o nome de interdito "proibitório". Segundo a Súmula 228 do STJ, não é admissível o interdito proibitório para a proteção de direito autoral.

5.2.3. Manutenção de posse:

(A) conceito: *é a ação utilizada para corrigir agressões que turbam a posse.* Trata-se de ação de caráter repressivo, manejada quando ocorre **turbação**, que é todo ato ou conduta que *embaraça* o livre exercício da posse. Vizinho que colhe frutos ou que implementa marcos na área de outro está cometendo turbação. Se a turbação é passada, ou seja, não está mais acontecendo, cabe apenas pedido indenizatório.

(B) ordem judicial: acolhendo pedido, o juiz expedirá mandado de manutenção de posse. As demais condenações (em perdas e danos, em pena para o caso de nova turbação e para desfazimento de construção ou plantação) dependem de pedido específico da parte interessada. A utilização do rito especial, que prevê liminar, depende se se trata de ação de força nova (promovida dentro de ano e dia da turbação).

5.2.4. Reintegração de posse:

(A) conceito: *é a ação utilizada para corrigir agressões que fazem cessar a posse de alguém.* Trata-se de ação de caráter repressivo, manejada quando ocorre **esbulho**, que é a privação de alguém da posse da coisa, contra a sua vontade. A ação também é chamada de *ação de força espoliativa.*

(B) requisitos: o autor deve provar a sua posse, o esbulho praticado pelo réu, a data do esbulho e a perda da posse.

(C) legitimidade ativa: é parte legítima para propor a ação o possuidor esbulhado, seja ele possuidor direto ou indireto. O mero detentor não tem legitimidade. Os sucessores a título universal continuam, de direito, a posse de seu antecessor, podendo ingressar com ação, ainda que o esbulho tenha ocorrido antes do falecimento do *de cujus*. Já ao sucessor singular é facultado unir sua posse à do seu antecessor, para efeitos legais (art. 1.207). Como regra, a lei não exige vênia conjugal para a propositura de demanda possessória (art. 10, § 2º). Em caso de condomínio de pessoas não casadas, a lei permite que cada um ingresse com ação isoladamente (art. 1.314, CC).

(D) legitimidade passiva: é parte legítima para sofrer a ação o autor do esbulho. Cabe também reintegração de posse contra terceiro que recebe a coisa sabendo que fora objeto de esbulho. Já contra terceiro que não sabia que a coisa fora objeto de esbulho, a ação adequada é a reivindicatória, em que se discutirá o domínio.

(E) ordem judicial: acolhendo o pedido, o juiz expedirá mandado de reintegração de posse. As demais condenações (em perdas e danos, em pena para o caso de nova turbação e para desfazimento de construção ou plantação) dependem de pedido específico da parte interessada. A utilização do rito especial, que prevê liminar, depende se se trata de ação de força nova (promovida dentro de ano e dia do esbulho). Após ano e dia do esbulho, deve-se promover a ação pelo rito ordinário, no qual poderá ser acolhido pedido de tutela antecipada, preenchidos seus requisitos, conforme entendimento do STJ e Enunciado CJF 238.

(Magistratura/SP – 179º) Assinale a afirmação incorreta.

(A) O possuidor de má-fé responde pela perda ou deterioração da coisa, ainda que acidentais, salvo se provar que de igual modo se teriam dado, estando ela na posse do reivindicante.

(B) A pessoa não pode adquirir a posse por meio de terceiro que não disponha de mandato, ainda que depois ratifique o ato dele.

(C) O reivindicante, obrigado a indenizar as benfeitorias ao possuidor de má-fé, tem o direito de optar entre o seu valor atual e o seu custo.

(D) A posse de boa-fé só perde este caráter no caso e desde o momento em que as circunstâncias façam presumir que o possuidor não ignora que possui indevidamente.

A: art. 1.218 do CC; **B:** art. 1.205, II, do CC; **C:** art. 1.222 do CC; **D:** art. 1.202 do CC. **AG/WG**

Gabarito "B".

6.2. PROPRIEDADE IMÓVEL

(Juiz – TRF 2ª Região – 2017) Em maio de 2015, Gaio intenta ação objetivando ver reconhecida a usucapião sobre imóvel de 150 m², localizado em terreno de marinha, com enfiteuse regularmente constituída em favor de Tício, em 1980. Gaio mostra que, diante do aparente abandono local, desde 1997 passou a exercer posse contínua e não incomodada sobre a área, com ânimo de proprietário, realizando melhorias e pagando as despesas, impostos e foro sobre o bem. Os autos revelam que Tício fora interditado em 2004, e afirmado, segundo a lei vigente, absolutamente incapaz. Desde então não ocorreu a mudança de seu quadro de interdição. Considerados corretos todos os dados acima, assinale a opção certa:

(A) No caso, é viável a usucapião extraordinária do domínio direto.

(B) Em tese, estão presentes e descritos os pressupostos para a usucapião especial urbana do domínio útil.

(C) Não é viável, nem em tese, reconhecer usucapião, seja do domínio direto, seja do domínio útil, já que o imóvel é público.

(D) A jurisprudência é assente ao admitir, em terreno de marinha objeto de aforamento, a possibilidade de usucapião extraordinária do domínio útil, mas no caso os pressupostos não estão presentes.

(E) Estão presentes os pressupostos para a declaração da usucapião extraordinária do domínio útil, mas não estão descritos os pressupostos necessários para a usucapião especial urbana.

O STJ consolidou entendimento no sentido da possibilidade de usucapião extraordinária do domínio útil de imóvel sob o regime da enfiteuse (com prazo de 15 anos). Nesse sentido foi o julgado no AgInt no AREsp 358.081/PE, Rel. Min.Benedito Gonçalves, 1ª Turma, j. 20.09.2016, *DJe* 05.10.2016).

No caso apresentado pela questão, todavia, é preciso recordar que os prazos de usucapião não correm contra o absolutamente incapaz (CC, art. 1.244 combinado com art. 198, I). No caso em tela, apenas sete anos se passaram entre o início da posse e a interdição de Tício, o que não é suficiente para lhe garantir a aquisição da propriedade. **(GN)**

Gabarito "D".

(Juiz – TJ-SC – FCC – 2017) João X é proprietário de um imóvel de 230 m², onde reside com sua família, e adquiriu, posteriormente, em 12.5.2010, o imóvel contíguo de 250 m² mediante escritura de venda e compra outorgada por José Y, registrada no serviço de registro de imóveis, e onde existe um casebre por ele totalmente reformado, no ano de 2011, inclusive executando benfeitorias necessárias, úteis e voluptuárias. Em 10.3.2016, João X foi citado em ação reivindicatória movida por Antônio Z que comprovou ser proprietário do imóvel adquirido de José Y por João X, conforme o registro imobiliário, porque a escritura anterior recebida por José Y era falsa e outorgada por Joaquim P condenado por estelionato. Não obstante isso, João X, depois da citação, realizou benfeitorias necessárias. Em defesa, o réu alegou que comprou esse imóvel de boa-fé e que, em razão do tempo decorrido, o adquiriu pela usucapião quinquenal. A ação deverá ser julgada:

(A) improcedente, porque a usucapião pode ser alegada como matéria de defesa, devendo o autor ser declarado proprietário desse imóvel.

(B) procedente, mas o autor terá direito à indenização das benfeitorias necessárias e úteis, podendo exercer o direito de retenção pelo valor dessas benfeitorias, realizadas antes da citação, bem como ao ressarcimento das benfeitorias necessárias pela importância delas, realizadas depois da citação, mas sem direito de retenção; quanto às voluptuárias, se não lhe forem pagas, permite-se o levantamento, quando o puder, sem detrimento da coisa.

(C) procedente, e o autor terá direito ao ressarcimento de todas as benfeitorias necessárias e úteis, podendo exercer quanto a elas direito de retenção e, quanto às voluptuárias, se não lhes forem pagas poderá levantá-las, desde que sem detrimento da coisa.

(D) procedente, mas o autor terá direito ao ressarcimento das benfeitorias necessárias e úteis, mas direito de retenção só relativamente às necessárias introduzidas antes da citação e, quanto às voluptuárias, poderá levantá-las se não forem ressarcidas.

(E) improcedente, porque autor é adquirente de boa-fé, ficando prejudicada a alegação de usucapião.

O primeiro aspecto dessa questão é afastar a incidência da usucapião tabular (CC, art. 1.242, parágrafo único), cujo prazo é de 5 anos. Tal usucapião ocorre quando o atual possuidor comprou o bem com base no registro do respectivo cartório, mas que posteriormente foi cancelado. Tal usucapião exige que o possuidor tenha ali estabelecido sua moradia ou realizado investimentos de interesse social e econômico, o que não ocorreu nos fatos mencionados na questão.

O segundo aspecto da questão é entender que a "fronteira" entre a boa-fé (ignorância do vício da posse) e a má-fé (ciência do vício) é a citação. Diante disso, basta aplicar as regras dos arts. 1.219 e 1.220 do CC, que estipulam que o possuidor de boa-fé tem direito à indenização pelas benfeitorias necessárias e úteis (com direito de retenção), podendo apenas levantar as voluptuárias.

Já o possuidor de má-fé tem apenas direito à indenização pelas benfeitorias necessárias, sem retenção (CC, art. 1.220). (GN)

Gabarito "B".

(Magistratura/BA – 2012 – CESPE) No que se refere aos direitos reais, assinale a opção correta.

(A) No caso de o beneficiário não usar o imóvel por prazo superior a um ano, restará configurada causa legal de extinção do direito de habitação.

(B) O superficiário deverá efetuar ao proprietário do solo

pagamento pela transferência do direito de superfície a terceiros, salvo estipulação contratual em contrário.

(C) O direito real de servidão de trânsito exige que reste configurado o encravamento do imóvel dominante.

(D) A morte do usufrutuário casado é causa de transmissão do usufruto ao cônjuge sobrevivente, qualquer que seja o regime de casamento.

(E) O fato de o adimplemento contratual afigurar-se economicamente insuportável para o promitente comprador lhe confere a direito de obter a resilição do compromisso de compra e venda.

A: incorreta, pois não existe no ordenamento tal hipótese de extinção de direito real de habitação; **B:** incorreta, pois o art. 1.372 veda qualquer pagamento ao concedente na hipótese da transferência do direito real de superfície; **C:** incorreta, pois o instituto adequado para a hipótese de imóvel encravado é a passagem forçada (1.285) e não servidão de trânsito, que visa apenas a facilitar o trânsito do dono do prédio dominante e não é obrigatória, mas convencionada entre as partes; **D:** incorreta, pois o falecimento do usufrutuário consolida a propriedade nas mãos do nu-proprietário, que passa a ser proprietário. Ainda que fosse hipótese de usufruto instituído em favor dos dois cônjuges, o falecimento de um deles não gera direito de acrescer ao sobrevivente. Ao contrário, salvo estipulação diversa, consolida aquela parcela da propriedade nas mãos do proprietário (CC, art. 1.411); **E:** correta, pois a função social do contrato repele a ideia de contratos extremamente onerosos, com encargos insuportáveis para uma das partes, possibilitando a extinção ou adequação do contrato (CC, art. 421). **GN**

Gabarito "E".

(Magistratura/MG – 2012 –VUNESP) Assinale a alternativa correta quanto ao direito de propriedade.

(A) Fixadas por decisão judicial devem ser toleradas as interferências, não podendo o vizinho exigir a sua redução, ou eliminação, ainda que estas se tornem possíveis.

(B) Os frutos caídos de árvore do terreno vizinho pertencem ao dono do solo onde caíram, se este for de propriedade particular.

(C) Somente os ramos de árvore, que ultrapassarem a estrema do prédio, poderão ser cortados, até o plano vertical divisório, pelo proprietário do terreno invadido.

(D) A propriedade do solo abrange a do espaço aéreo e subsolo correspondentes, abrangendo as jazidas.

A: incorreta, pois a possibilidade de redução ou eliminação – quando possíveis – é conferida ao vizinho, ainda que a interferência tenha sido fixada por decisão judicial (CC, art. 1.279); **B:** correta, pois a regra encontra respaldo no art. 1.284 do Código Civil; **C:** incorreta, pois as raízes que ultrapassarem a estrema do prédio também podem ser cortadas, segundo o art. 1.283; **D:** incorreta, pois a propriedade do solo não abrange jazidas, minas e demais recursos minerais (CC, art. 1.230). **GN**

Gabarito "B".

(Magistratura/SP – 2013 – VUNESP) Sobre o imóvel urbano de 350 m² que, sem interrupção e nem oposição, está na posse de Cícero desde fevereiro de 2003, tanto que nele construiu casa pré-fabricada de madeira, onde habita com sua família, é correto dizer que

(A) em fevereiro de 2005, a usucapião especial se consumaria.

(B) em 2008, já poderia ter sido usucapido de acordo com a regra da usucapião especial urbana.

(C) poderia ser usucapido somente em 2018, de acordo com a regra da usucapião ordinária do Código Civil.

(D) em fevereiro de 2013, Cícero já pode ajuizar a ação de usucapião para ver reconhecido seu direito de propriedade sobre o imóvel.

A e B: incorretas, pois a usucapião especial reclama imóvel máximo de 250 m² (art. 1.240, *caput*, do CC); **C:** incorreta, pois o prazo da usucapião extraordinária, que seria de 15 anos, ficará reduzido para 10 anos se o possuidor houver estabelecido no imóvel sua moradia habitual (art. 1.238, parágrafo único, do CC), que foi o que aconteceu no caso, de modo que em fevereiro de 2013 (10 anos após o início da posse no imóvel), Cícero adquire o bem por usucapião e pode ajuizar a ação de usucapião respectiva; **D:** correta, nos termos do comentário feito à alternativa anterior. WG
Gabarito "D".

(Magistratura Federal/4ª região – IX) Assinale a alternativa correta:

(A) A usucapião extraordinária se dá em dez anos entre presentes e vinte entre ausentes, por posse contínua e incontestada, com justo título e boa-fé.

(B) Pela usucapião urbana o possuidor deve possuir como sua área urbana de até trezentos metros quadrados, por cinco anos, ininterruptamente e sem oposição, utilizando-a como sua moradia ou de sua família.

(C) Pela usucapião rural o possuidor, desprovido de outro imóvel, deve possuir como seu, por cinco anos ininter-ruptos, sem oposição, área de terra em zona rural, não superior a quinze hectares, tornando-a produtiva por seu trabalho ou de sua família e tendo nela sua moradia.

(D) O filho relativamente capaz não pode usucapir imóvel paterno na pendência do pátrio poder.

A: incorreta, pois referida usucapião verifica-se no prazo de 15 anos; **B:** incorreta, pois dentre os requisitos previstos no art. 1.240 do Código Civil está o limite da área urbana em até 250 metros quadrados; **C:** incorreta, pois dentre os requisitos previstos no art. 1.239 do Código Civil está o limite da área rural em até cinquenta hectares; **D:** correta, pois não corre prazo de prescrição (extintiva ou aquisitiva) durante o poder familiar (CC, arts. 198, I e 1.244). GN
Gabarito "D".

(Magistratura Federal/3ª Região – 2010) Assinale a alternativa correta:

(A) Todas as obras feitas em uma coisa são benfeitorias;

(B) Não se incluem na classe de benfeitorias as acessões;

(C) O álveo abandonado não é forma de acessão;

(D) O aluvião e as plantações são formas de avulsão.

A: incorreta, pois se as obras criam coisa nova, tem-se acessão; **B:** correta, pois a benfeitoria é melhor feita em coisa já existente, ao passo que a acessão é a criação de coisa nova; **C:** incorreta (art. 1.248, IV, do CC); **D:** incorreta, pois os institutos não se confundem (art. 1.248, II, III e V, do CC). GN
Gabarito "B".

(Magistratura Federal/1ª região – IX) Em face das proposições a seguir, assinale a alternativa correta:

I. a propriedade urbana cumpre a sua função social quando atende às exigências fundamentais de orde-nação da cidade expressas no plano diretor.

II. no sistema jurídico brasileiro, o título de aquisição do imóvel (*titulus adquirendi*) tem efeito translativo.

III. o usucapião *pro labore*, alegado com sucesso como matéria de defesa, propicia o registro imobiliário da sentença.

IV. a alodialidade é uma qualidade do imóvel sobre o qual incidem ônus reais.

(A) somente a II e a III estão corretas.

(B) todas estão corretas.

(C) somente a I e a III estão corretas.

(D) somente a II e a IV estão corretas.

I: correta, pois de pleno acordo com o disposto no art. 182, § 2º, da Constituição Federal; **II:** incorreta, pois não é o título de aquisição e sim o registro do título translativo no competente Registro de Imóveis que transfere a propriedade; **III:** correta, pois se admite a alegação de usucapião em sede de defesa, desde que – obviamente – preenchidos os requisitos da usucapião; **IV:** incorreta, pois o imóvel alodial é aquele livre de encargos e fora das faixas de terrenos de marinha. GN
Gabarito "C".

(Magistratura Federal/2ª região – 2011 – CESPE) Assinale a opção correta, considerando a função social da propriedade e seus consectários.

(A) A desapropriação-sanção, aplicada à propriedade urbana que não cumpra sua função social, tem por finalidade transferir permanentemente o imóvel ao poder público.

(B) De acordo com entendimento do STJ, é impossível a revogação de cláusulas de inalienabilidade, impe-nhorabilidade e incomunicabilidade impostas por testamento em imóvel, com base no princípio da função social da propriedade.

(C) A edificação compulsória da propriedade urbana que não cumpria sua função social não se transfere ao novo adquirente do imóvel.

(D) Uma das diretrizes do plano diretor, instrumento necessário ao cumprimento da função social da pro-priedade urbana, consiste em impedir a inadequada utilização do imóvel e a retenção especulativa que interfiram nos projetos de desenvolvimento urbano.

(E) Nos casos de desatendimento da função social da propriedade em áreas urbanas com mais de vinte mil habitantes, a imposição de imposto sobre a propriedade territorial urbana progressivo independe da existência de plano diretor, ao contrário do que ocorre com a edificação compulsória e a desapropriação-sanção.

A: incorreta, pois a finalidade precípua da desapropriação-sanção não é transferir o imóvel ao poder público, mas sim dar ao imóvel sua destina-ção social constitucionalmente prevista (CF, art. 182); **B:** incorreta, pois o STJ entende que tais cláusulas não precisam ser fielmente seguidas caso a função social da propriedade e a real intenção do testador sejam melhor atendidas com sua revogação. Nesse sentido: "Se a alienação do imóvel gravado permite uma melhor adequação do patrimônio à sua função social e possibilita ao herdeiro sua sobrevivência e bem-estar, a comercialização do bem vai ao encontro do propósito do testador, que era, em princípio, o de amparar adequadamente o beneficiário das cláusulas de inalienabilidade, impenhorabilidade e incomunicabilidade" (REsp 1.158.679/MG, rel. Min. Nancy Andrighi, 3.ª T.); **C:** incorreta, pois a edificação compulsória prevista na Constituição Federal, art. 182, § 4º, I, transfere-se ao novo adquirente; **D:** correta, pois um dos claros objetivos do Plano Diretor é exatamente impedir a inadequada utilização do imóvel (CF, art. 182); **E:** incorreta, pois o plano Diretor é obrigatório para cidades com mais de vinte mil habitantes e é ele que deve demarcar as áreas nas quais seja possível a imposição do IPTU progressivo (CF, art. 182, § 4º). **GN**

Gabarito "D".

Para responder questões que tratam de usucapião, segue um resumo doutrinário.

Usucapião.

(1) Conceito: *é a forma de aquisição originária da propriedade pela posse prolongada no tempo e pelo cumprimento de outros requisitos legais.* A usucapião também é chamada de *prescrição aquisitiva.* Essa forma de aquisição da propriedade independe de inscrição no Registro de Imóveis. Ou seja, cumpridos os requisitos legais, o possuidor adquire a propriedade da coisa. Assim, a sentença na ação de usucapião é meramente declaratória da aquisição da propriedade, propiciando a expedição de mandado para registro do imóvel em nome do adquirente, possibilitando a todos o conhecimento da nova situação. A aquisição é originária, ou seja, não está vinculada ao título anterior. Isso faz com que eventuais restrições que existirem na propriedade anterior não persistam em relação ao novo proprietário.

(2) Requisitos. São vários os requisitos para a aquisição da propriedade pela usucapião. Vamos enumerar, neste item, apenas os requisitos que devem ser preenchidos em todas as modalidades de usucapião, deixando os específicos de cada modalidade para estudo nos itens abaixo respectivos. Os requisitos gerais são os seguintes:

(A) posse prolongada no tempo: não basta mera detenção da coisa, é necessária a existência de posse. E mais: de posse que se prolongue no tempo, tempo esse que variará de acordo com o tipo de bem (móvel ou imóvel) e em função de outros elementos, como a existência de boa-fé, a finalidade da coisa etc.;

(B) posse com *animus domini:* não basta a mera posse; deve se tratar de posse com ânimo de dono, com intenção de proprietário; essa circunstância impede que se considere a posse de um locatário do bem como hábil à aquisição da coisa;

(C) posse mansa e pacífica: ou seja, posse sem oposição; assim, se o legítimo possuidor da coisa se opôs à posse, ingressando com ação de reintegração de posse, neste período não se pode considerar a posse como mansa e pacífica, sem oposição.

(D) posse contínua: ou seja, sem interrupção; não é possível computar, por exemplo, dois anos de posse, uma interrupção de um ano, depois mais dois anos e assim por diante; deve-se cumprir o período aquisitivo previsto em lei sem interrupção.

(3) Usucapião extraordinário - requisitos:

(A) tempo: 15 anos; o prazo será reduzido para 10 anos se o possuidor houver estabelecido no imóvel a sua moradia habitual, ou nele realizado obras ou serviços de caráter produtivo (art. 1.238, CC).

(B) requisitos básicos: posse "mansa e pacífica" (sem oposição), "contínua" (sem interrupção) e com "ânimo de dono".

(4) Usucapião ordinário - requisitos:

(A) tempo: 10 anos; o prazo será reduzido para 5 anos se preenchidos dois requisitos: se o imóvel tiver sido adquirido onerosamente com base no registro constante do respectivo cartório; se os possuidores nele tiverem estabelecido a sua moradia ou realizado investimentos de interesse social e econômico (art. 1.242, CC).

(B) requisitos básicos: posse "mansa e pacífica" (sem oposição), "contínua" (sem interrupção) e com "ânimo de dono".

(C) boa-fé e justo título: como o prazo aqui é menor, exige-se do possuidor, no plano subjetivo, a boa-fé, e, no plano objetivo, a titularidade de um título hábil, em tese, para transferir a propriedade.

(5) Usucapião especial urbano – requisitos:

(A) tempo: 5 anos (art. 1.240, CC).

(B) requisitos básicos: posse "mansa e pacífica" (sem oposição), "contínua" (sem interrupção) e com "ânimo de dono".

(C) tipo de imóvel: área urbana; tamanho de até 250 m^2;

(D) finalidade do imóvel: deve ser utilizado para a moradia do possuidor ou de sua família;

(E) requisitos negativos: que o possuidor não seja proprietário de outro imóvel urbano ou rural; que o possuidor já não tenha sido beneficiado pelo direito ao usucapião urbano.

(6) Usucapião especial urbano FAMILIAR – requisitos:

(A) tempo: 2 anos (art. 1.240-A, CC).

(B) requisitos básicos: posse "mansa e pacífica" (sem oposição), "contínua" (sem interrupção) e com "ânimo de dono".

(C) tipo de imóvel: área urbana; tamanho de até 250 m^2;

(D) finalidade do imóvel: deve ser utilizado para a moradia do possuidor ou de sua família;

(E) requisito específico: imóvel cuja PROPRIEDADE o possuidor divida com ex-cônjuge ou ex-companheiro que ABANDONOU o lar;

(F) requisitos negativos: que o possuidor não seja proprietário de outro imóvel urbano ou rural; que o possuidor já não tenha sido beneficiado pelo direito ao usucapião urbano. O possuidor abandonado deve estar na posse direta e exclusiva do imóvel, e, cumpridos os requisitos da usucapião, adquirirá o domínio integral do imóvel.

(7) Usucapião urbano coletivo – requisitos:

(A) tempo: 5 anos (art. 10 da Lei 10.257/01 – Estatuto da Cidade);

(B) requisitos básicos: posse "mansa e pacífica" (sem oposição), "contínua" (sem interrupção) e com "ânimo de dono".

(C) tipo de imóvel: área urbana; tamanho superior a 250 m^2;

(D) finalidade do imóvel: utilização para moradia; população de baixa renda;

(E) requisitos negativos: que o possuidor não seja proprietário de outro imóvel urbano ou rural; que seja impossível identificar o terreno ocupado por cada possuidor.

(8) Usucapião especial rural – requisitos:

(A) tempo: 5 anos (art. 1.239, CC);

(B) requisitos básicos: posse "mansa e pacífica" (sem oposição), "contínua" (sem interrupção) e com "ânimo de dono";

(C) tipo de imóvel: área de terra em zona rural; tamanho de até 50 hectares;

(D) finalidade do imóvel: deve ser utilizado para a moradia do possuidor ou de sua família; área produtiva pelo trabalho do possuidor ou de sua família;

(E) requisito negativo: a terra não pode ser pública.

(Juiz– TRF 4ª Região – 2016) Assinale a alternativa **INCORRETA**. Acerca da usucapião de bens imóveis:

(A) O prazo da usucapião extraordinária é de 10 anos, podendo ser reduzido para 5 anos se o possuidor houver estabelecido no imóvel sua moradia habitual ou nele realizado obras ou serviços de caráter produtivo.

(B) O prazo da usucapião especial por abandono do lar, também conhecida como conjugal, é de 2 anos.

(C) O prazo da usucapião *pro labore*, também conhecida como especial rural, é de 5 anos.

(D) O prazo da usucapião documental, também conhecida como tabular, é de 5 anos.

(E) O prazo da usucapião especial coletiva de bem imóvel, previsto no Estatuto das Cidades, é de 5 anos.

A: incorreta, pois o prazo da usucapião extraordinária é de 15 anos, podendo ser reduzido para 10 se o possuidor houver estabelecido no imóvel a sua moradia habitual, ou nele realizado obras ou serviços de caráter produtivo (CC, art. 1.238); **B:** correta, pois de acordo com a previsão do art. 1.240-A do CC; **C:** correta, pois de acordo com a previsão do art. 191 da CF; **D:** correta, pois de acordo com o prazo estabelecido pelo art. 1.242, parágrafo único do CC; **E:** correta, pois de acordo com o art. 10 do Estatuto da cidade (Lei 10.257/2001). **GN** Gabarito "A".

7. DIREITO DE VIZINHANÇA

(Magistratura/RJ – 2011 – VUNESP) Quanto ao direito de vizinhança, assinale a alternativa correta.

(A) O dono do prédio que não tiver acesso a via pública, nascente ou porto, pode, independentemente de indenização, constranger o vizinho a lhe dar passagem, cujo rumo será judicialmente fixado, se necessário.

(B) O proprietário de nascente, ou do solo onde caem águas pluviais, satisfeitas as necessidades de seu consumo, pode impedir, ou desviar o curso natural das águas remanescentes pelos prédios inferiores.

(C) O proprietário tem direito de cercar ou tapar de qualquer modo o seu prédio e pode constranger o seu confinante a proceder com ele à demarcação entre os dois prédios, repartindo-se proporcionalmente entre os interessados as respectivas despesas.

(D) O proprietário ou ocupante do imóvel é obrigado a tolerar que o vizinho entre no prédio, mesmo sem prévio aviso, para dele temporariamente usar, quando indispensável à reparação, construção, reconstrução ou limpeza de sua casa ou do muro divisório.

A: incorreta, pois a passagem forçada implica no pagamento de indenização ao dono do prédio que a concede (CC, art. 1.285); **B:** incorreta, pois nessa hipótese o proprietário **não** pode impedir, ou desviar o curso natural das águas remanescentes pelos prédios inferiores (CC, art. 1.290); **C:** correta, pois o enunciado está de acordo com a regra estabelecida pelo Código Civil, no art. 1.297; **D:** incorreta, pois tal hipótese depende de prévio aviso, conforme o art. 1.313 do Código Civil. **GN** Gabarito "C".

8. CONDOMÍNIO

(Magistratura/SP – 179º) Assinale a afirmação incorreta sobre o condomínio edilício.

(A) O terraço da cobertura é parte sujeita à propriedade exclusiva, desde que assim disponha o instrumento de constituição do condomínio.

(B) O condomínio não pode ser instituído por testamento.

(C) Qualquer condômino pode realizar obras ou reparações urgentes e necessárias nas áreas comuns, independentemente de autorização da assembleia, em caso de omissão ou impedimento do síndico, ainda que importem em despesas excessivas.

(D) A assembleia do condomínio poderá investir outra pessoa, em lugar do síndico, em poderes de representação.

A: correta (art. 1.331, § 5º, do CC); **B:** incorreta (art. 1.332 do CC); **C:** correta (arts. 1.341, §§ 1º e 2º, do CC); **D:** correta (art. 1.348, § 1º, do CC). **AG/WG** Gabarito "B".

(Juiz – TRF 2ª Região – 2017) Caio, Tício, Mévio e Sinfrônio são condôminos de um apartamento. Caio vende sua parte a Tício, sem consultar os outros comproprietários. Assinale a opção correta:

(A) Mévio, titular da maior fração ideal sobre o bem, pode obter a resolução da venda e adjudicar para si a parte vendida, depositando o preço pago por Tício dentro do prazo decadencial indicado em lei.

(B) Sinfrônio, titular de benfeitorias mais valiosas incorporadas ao bem, pode obter a resolução do negócio e adjudicar a parte vendida, depositando judicialmente o preço pago dentro do prazo decadencial indicado em lei.

(C) Mévio, titular da maior fração ideal sobre o bem, pode obter a resolução da venda e adjudicar para si a parte alienada, depositando o preço pago por Tício no prazo prescricional indicado em lei.

(D) Sinfrônio, titular de benfeitorias mais valiosas incorporadas ao bem, pode obter a resolução do negócio e adjudicar a parte vendida, depositando judicialmente o preço pago no prazo prescricional indicado em lei.

(E) Nem Mévio e nem Sinfrônio têm direito de preferência sobre a parte alienada.

Quando um dos condôminos de bem indivisível (ex.: apartamento) pretende alienar sua fração ideal a estranhos, ele deve preferir o seu condômino, sob pena de o preterido depositar o valor e haver para si a parte vendida (CC, art. 504). Trata-se de uma acentuada limitação no direito de alienação, entendendo a lei que é melhor um condômino ampliar sua participação do que um terceiro ingressar na propriedade. No caso apresentado, todavia, não se trata de uma alienação de fração ideal a estranhos, mas sim para um dos condôminos, hipótese na qual o direito de preferência simplesmente não existe. **GN**

Gabarito "E".

8.1. DIREITO REAIS NA COISA ALHEIA - FRUIÇÃO

(Magistratura/PE – 2013 – FCC) O direito de superfície é concedido a outrem pelo

(A) proprietário ou possuidor, caracterizado pelo direito de construir ou de plantar em terreno do concedente, por tempo determinado, mediante escritura pública devidamente registrada no Cartório de Registro de Imóveis.

(B) proprietário, caracterizado pelo direito de construir ou de plantar em terreno do concedente, por tempo determinado, mediante escritura pública devidamente registrada no Cartório de Registro de Imóveis.

(C) proprietário, por escritura pública ou escrito particular, conferindo àquele o direito de construir ou de plantar em terreno do concedente, por prazo determinado ou indeterminado, e independentemente do registro no Cartório de Registro de Imóveis.

(D) proprietário, por escritura pública registrada no Cartório de Registro de Imóveis, sempre outorgando àquele o direito de executar obras no subsolo.

(E) proprietário, em decorrência de contrato de locação e de comodato, quando autorizadas construções ou plantações, devendo o instrumento ser registrado no Cartório de Registro de Imóveis.

A: incorreta, pois é o proprietário e não o possuidor quem concede direito real de superfície; **B:** correta, pois de pleno acordo com o disposto no art. 1.369 do CC; **C:** incorreta, pois a lei exige a escritura pública como forma para a concessão do referido direito real; **D:** incorreta, pois "o direito de superfície não autoriza obra no subsolo, salvo se for inerente ao objeto da concessão" (art. 1.369, parágrafo único, do CC); **E:** incorreta, pois o direito real de superfície não se confunde com contratos de locação e comodato, os quais só conferem a posse ao locatário/comodatário. **WG**

Gabarito "B".

Para colaborar na resolução de questões mais doutrinárias a respeito da servidão, segue um resumo acerca das principais classificações do instituto.

(1) Classificação quanto ao modo de exercício.

(A) servidões contínuas: *são as que subsistem e se exercem independentemente de ato humano direto.* São exemplos as servidões de passagem de água (aqueduto), de energia elétrica (passagem de fios, cabos ou tubulações), de iluminação (postes) e de ventilação.

(B) servidões descontínuas: *são as que dependem de ação humana atual para seu exercício e subsistência.* São exemplos a servidão de trânsito, de tirar água de prédio

alheio e de pastagem em prédio alheio. Essas servidões podem ser positivas ou negativas. Serão **positivas** quando o proprietário dominante tem direito a uma utilidade do serviente (ex.: servidão de passagem ou de retirada de água). Serão **negativas** quando o proprietário dominante tiver simplesmente o direito de ver o proprietário serviente se abster de certos atos (ex.: servidão de não edificar em certo local ou acima de dada altura).

(2) Classificação quanto à exteriorização.

(A) servidões aparentes: *são as que se revelam por obras ou sinais exteriores, visíveis e permanentes.* São exemplos a servidão de trânsito e de aqueduto.

(B) servidões não aparentes: *são as que não se revelam externamente.* São exemplos as de não construir em certo local ou acima de dada altura.

Obs.: a classificação é importante, pois somente as servidões aparentes podem ser adquiridas por usucapião (art. 1.379, CC).

(3) Classificação quanto à origem.

(A) servidões legais: *são as que decorrem de lei.* Ex.: passagem forçada.

(B) servidões materiais: *são as que derivam da situação dos prédios.* Ex.: servidão para escoamento de águas.

(C) servidões convencionais: *são as que resultam da vontade das partes.* Ex: as constituídas por contrato ou testamento, com posterior registro no Registro de Imóveis.

(Magistratura Federal/1ª região – IX) Levando em conta as asserções abaixo, assinale a alternativa correta:

I. o aqueduto é uma servidão contínua, porque é exercida e subsiste independentemente da prática de atos pelo proprietário do imóvel dominante.

II. quando o senhorio direto não exerce a preferência de compra do domínio útil do bem emprazado, assiste-lhe o direito ao recebimento do laudêmio, à razão de três e meio por cento do preço da alienação.

III. o contrato de compra e venda pode ser acidentalmente (circunstancialmente) aleatório.

IV. o mecanismo técnico do contrato derivado propicia, por parte de terceiro, o gozo das utilidades do contrato-base, sem, contudo, levá-lo à extinção.

(A) somente a I e a II estão incorretas.

(B) somente a II está incorreta.

(C) somente a III e a IV estão incorretas.

(D) somente a II e a IV estão incorretas.

I: correta, pois nesta específica servidão não há necessidade de intervenção humana para a continuidade de sua existência. Referida servidão é construída sobre um ou vários imóveis, tornando possível o abastecimento de água para todos os prédios envolvidos; **II:** incorreta, pois a despeito de existir o direito ao recebimento do laudêmio, não existe na lei porcentagem uniforme para sua taxação; **III:** correta, pois apesar de não ser a regra, o próprio Código Civil prevê hipóteses de compra e venda aleatória, como ocorre nas modalidades *emptio spei* (art. 458) e *emptio rei speratae* (art. 459); **IV:** correta, pois no contrato derivado estende-se a outra pessoa direitos substanciais decorrentes do primeiro, sem extingui-lo. **GN**

Gabarito "B".

8.2. DIREITOS REAIS NA COISA ALHEIA – GARANTIA

(Magistratura/DF – 2011) Trazendo à colação discussão a respeito de contrato de alienação fiduciária em garantia, considere as proposições abaixo e assinale a <u>correta</u>:

(A) Antes de vencida a dívida, o devedor, a suas expensas e risco, pode usar a coisa segundo sua destinação, sendo obrigado, como depositário, a empregar na guarda da coisa a diligência exigida por sua natureza;

(B) Vencida a dívida, e não paga, ao credor é facultado vender judicial ou extrajudicialmente a coisa a terceiros, aplicar o preço no pagamento de seu crédito e das despesas de cobrança e entregar o saldo, se houver, ao devedor;

(C) Antes de vencida a dívida, o devedor, a suas expensas e risco, pode usar a coisa segundo sua destinação, sendo obrigado, como depositário, a entregá-la ao credor, em caso de protesto;

(D) É lícita a cláusula que autoriza o proprietário fiduciário a ficar com a coisa alienada em garantia, se a dívida não for paga no vencimento.

A: correta, pois a lei de alienação fiduciária confere ao devedor fiduciante a posse direta do bem objeto da alienação fiduciária e o equipara ao depositário nos mesmos moldes dos artigos 647 e 648 do Código Civil (Lei n.º 9.514/97, arts. 23, parágrafo único e 33); **B:** incorreta, pois antes da alienação da coisa dada em garantia, é preciso intimar, via Cartório de Registro de Imóveis, o devedor fiduciante (Lei n.º 9.514, art. 26, § 1º); **C:** incorreta, pois não existe a obrigação de entregar a coisa ao credor em decorrência do simples protesto; **D:** incorreta, pois – no que se refere à coisas imóveis – existe um procedimento específico e detalhado para a transferência definitiva da coisa ao credor previsto na lei mencionada. Já no que se refere às coisas móveis, o CC veda a cláusula que autoriza o proprietário fiduciário a ficar com a coisa alienada em garantia na hipótese de inadimplemento (CC, art. 1.365). **AG/WG**
Gabarito "A".

(Magistratura/ES – 2011 – CESPE) Assinale a opção correta com referência ao penhor.

(A) Pode o juiz autorizar a venda de um dos bens empenhados para obtenção de valores para pagamento do débito.

(B) O contrato de penhor não se reveste de forma solene, bastando a tradição da coisa para que o contrato se aperfeiçoe.

(C) É defeso ao credor pignoratício pretender ressarcimento do devedor pelo vício da coisa dada em garantia.

(D) Mesmo em contrato de consumo por adesão, não será considerada abusiva cláusula de alienação extrajudicial do bem.

(E) Ao contrário do que ocorre com a hipoteca, no contrato de penhor, é lícita a pactuação de cláusula comissória.

A: correta, em virtude da exata adequação da afirmação à regra prevista no art. 1.434 do CC; **B:** incorreta, pois o art. 1.432 do CC exige que o instrumento do penhor seja levado a registro, por qualquer dos contratantes, enquanto que o penhor comum será registrado no Cartório de Títulos e Documentos; **C:** incorreta, pois o art. 1.433, III do CC permite ao credor o ressarcimento do prejuízo que houver sofrido por vício da

coisa empenhada; **D:** incorreta, pois a previsão de alienação extrajudicial com consentimento do devedor é limitado às relações civilistas (CC, art. 1.433, IV); **E:** incorreta, pois a vedação ao pacto comissório é aplicável aos contratos de penhor, hipoteca e anticrese (CC, art. 1.428). **GN**
Gabarito "A".

(Magistratura/PA – 2012 – CESPE) Considerando que determinado credor exija que a obrigação objeto do contrato seja garantida por hipoteca, assinale a opção correta.

(A) Não há óbice para que o devedor loteie o imóvel hipotecado.

(B) Somente por convenção das partes poderá ser constituída nova hipoteca sobre o mesmo bem.

(C) Bem de família, legal ou convencional, não poderá ser objeto dessa hipoteca.

(D) Se a obrigação for de fazer, não caberá o reforço pela hipoteca.

(E) Se o devedor for absolutamente incapaz, não será lícita a constrição de bem seu.

A: correta, em virtude da permissão prevista no art. 1.488 do CC; **B:** incorreta, pois não se exige convenção entre as partes para se constituir nova hipoteca sobre o mesmo bem (CC, art. 1.476); **C:** incorreta, pois não há óbice de se hipotecar o bem de família. A Lei n.º 8.009/90, por exemplo, não só prevê tal possibilidade, como também preceitua que nessa hipótese não incidirá a proteção legal da impenhorabilidade (art. 3º, V); **D:** incorreta, pois não há vedação legal a tal hipótese; **E:** incorreta, pois o art. 1.691 do CC permite aos pais a hipoteca dos bens dos filhos menores, desde que "*por necessidade ou evidente interesse da prole, mediante prévia autorização do juiz*". **GN**
Gabarito "A".

(Magistratura/PR – 2013 – UFPR) A hipoteca, anticrese e penhor são espécies de direito real de garantia e, nas dívidas assim garantidas, "o bem dado em garantia fica sujeito, por vínculo real, ao cumprimento da obrigação" (Código Civil, art. 1.419). Adstrito aos termos e características próprias da garantia hipotecária, pignoratícia e anticrética, assinale as assertivas abaixo com (V) verdadeiro ou (F) falso.

( ) Só os bens que se podem alienar poderão ser dados em penhor, anticrese ou hipoteca.

( ) Determinados bens, por suas características próprias, ainda que passíveis de alienação, não podem ser dados em garantia hipotecária, como é o caso do bem de família, protegido por lei contra a execução e penhora.

( ) O credor anticrético tem direito de reter em seu poder o bem, enquanto a dívida não for paga, mas extingue-se esse direito decorridos quinze anos da data da sua constituição.

( ) Recaindo duas hipotecas sobre o mesmo imóvel, não pagando o devedor a primeira obrigação garantida, no vencimento, pode o credor da segunda hipoteca promover-lhe a extinção (da primeira), consignando a importância e citando o primeiro credor para recebê-la e o devedor para pagá-la; não adimplida a obrigação pelo devedor, efetuado o pagamento pelo segundo credor, ficará sub-rogado nos direitos da hipoteca anterior, sem prejuízo dos que detém pela segunda hipoteca contra o devedor comum.

Assinale a alternativa que apresenta a sequência correta, de cima para baixo:

(A) F – V – F – V.

(B) V – F – V – F.

(C) F – V – F – F.

(D) V – F – V – V.

A primeira assertiva é verdadeira, pois de pleno acordo com a regra estabelecida no art. 1.420, *caput*, do CC, segundo a qual: "Só aquele que pode alienar poderá empenhar, hipotecar ou dar em anticrese; só os bens que se podem alienar poderão ser dados em penhor, anticrese ou hipoteca"; a segunda assertiva é falsa, pois, não há proibição legal em se oferecer o bem de família como garantia hipotecária; a terceira afirmativa é verdadeira, pois segundo a regra disposta no art. 1.423: "O credor anticrético tem direito a reter em seu poder o bem, enquanto a dívida não for paga; extingue-se esse direito decorridos quinze anos da data de sua constituição"; a quarta afirmativa é verdadeira, pois nossa legislação admite a pluralidade de hipotecas sobre o mesmo bem. Nesse caso, se o devedor da obrigação garantida pela primeira hipoteca não se oferecer, no vencimento, para pagá-la, o credor da segunda pode promover-lhe a extinção, consignando a importância e citando o primeiro credor para recebê-la e o devedor para pagá-la; se este não pagar, o segundo credor, efetuando o pagamento, se sub-rogará nos direitos da hipoteca anterior, sem prejuízo dos que lhe competirem contra o devedor comum (art. 1.478 do CC). **GN**
Gabarito "D".

(**Magistratura/PR - 2007**) Antônio é proprietário de um bem de raiz sobre o qual, em 1° de maio de 2006 foi constituída hipoteca em favor de Beatriz. A hipoteca está a garantir dívida contraída por César junto a Beatriz, que somente vencerá em 2 de janeiro de 2009. Antônio contrai dívida com Daniela em 1° de junho de 2007, constituindo, na mesma data, segunda hipoteca sobre o mesmo bem. A dívida de Antônio com Daniela venceu ontem, e não foi paga pelo devedor. Antônio e César não são insolventes.

Diante dos fatos narrados, assinale a alternativa correta:

(A) A segunda hipoteca é nula, pois não se admite mais de uma hipoteca sobre o mesmo bem.

(B) A primeira hipoteca é nula, pois não se admite hipoteca em garantia de dívida de terceiro.

(C) Daniela poderá executar o imóvel imediatamente, obtendo para si o valor do bem, até o limite de seu crédito, restando o remanescente gravado de hipoteca em favor de Beatriz.

(D) O segundo credor hipotecário pode remir a primeira hipoteca quando, no seu vencimento, o devedor não se oferecer para pagá-la.

Art. 1.478 do CC. **AG/WG**
Gabarito "D".

(**Magistratura/RO – 2011 – PUCPR**) Assinale a única alternativa **correta.**

(A) Constituirá condomínio necessário sobre parede, muro ou cerca quando um dos proprietários tiver o direito de estremar o imóvel demarcando dois prédios, exceto se o que não realizou a obra não concorrer com as despesas.

(B) O direito de construir ou plantar em terreno alheio, estatuído em escritura pública devidamente registrada

no Cartório de Registro de Imóveis, autoriza obras também no subsolo, independentemente do objeto da concessão.

(C) O usufruto pode recair em um ou mais bens, móveis ou imóveis, em um patrimônio inteiro, ou parte deste, mas, em qualquer caso, a percepção dos frutos e utilidades sempre recairá sobre o todo objeto do direito real.

(D) A dívida garantida por penhor, anticrese ou hipoteca considera-se vencida se o bem dado em garantia vier a perecer e não for substituído.

(E) Bem imóvel dado em anticrese não pode ser objeto de hipoteca, exceto em favor do credor anticrético.

A: incorreta, pois embora constitua condomínio necessário sobre parede, muro ou cerca, o proprietário que tiver direito a estremar um imóvel com paredes, cercas, muros, valas ou valados, tê-lo-á igualmente a adquirir meação na parede, muro, valado ou cerca do vizinho, embolsando-lhe metade do que atualmente valer a obra e o terreno por ela ocupado (art. 1.328 do CC); **B:** incorreta, pois o direito de superfície não autoriza obra no subsolo (art. 1.369, par. único, do CC); **C:** incorreta, pois a percepção dos frutos ou utilidades pode ser sobre o todo ou parte (art. 1.390 do CC); **D:** correta (art. 1.425, IV, do CC); **E:** incorreta, pois poderá ser objeto de hipoteca também a terceiros (art. 1.506, § 2°, do CC). **AG/WG**
Gabarito "D".

(**Magistratura Federal/4ª região – VII**) De acordo com o Código Civil, na dívida com garantia real, o pagamento de uma ou mais prestações:

(A) importa exoneração correspondente da garantia sempre que esta compreenda vários bens;

(B) não importa exoneração correspondente da garantia ainda que esta compreenda vários bens, sendo nula qualquer estipulação em contrário;

(C) não importa exoneração correspondente da garantia, ainda que esta compreenda vários bens, salvo disposição expressa no título, ou na quitação;

(D) não importa exoneração correspondente da garantia ainda que esta compreenda vários bens, salvo disposição expressa na quitação, vedada sob pena de nulidade qualquer estipulação no título, quando da contratação.

A: incorreta, pois o pagamento parcial não importa exoneração parcial da garantia; **B:** incorreta, pois a despeito de a regra ser esta, a lei admite disposição contrária; **C:** correta, pois de pleno acordo com o art. 1.421 do Código Civil; **D:** incorreta, pois não existe a vedação a que a assertiva se refere. **GN**
Gabarito "C".

(**Magistratura Federal/1ª região – 2011 – CESPE**) Assinale a opção correta a respeito da hipoteca.

(A) A hipoteca pode ser transmitida por atos *inter vivos* ou por causa *mortis*.

(B) A divisibilidade da dívida contraída reflete na hipoteca, não havendo disposição contrária.

(C) A hipoteca poderá envolver bens futuros.

(D) A especialização da hipoteca não pode ser renovada.

(E) Não pode ser fixado o valor do bem dado em hipoteca.

A: correta. Nada impede que o credito hipotecário seja transmitido ao herdeiro. No que se refere à transmissão *causa mortis*, uma observação deve ser feita. Por se tratar de direito real sobre bem imóvel alheio, esse direito de crédito com garantia real é considerado pela lei como um bem imóvel e, portanto, sua transferência exigirá escritura pública e vênia conjugal; **B**: incorreta, pois a hipoteca é indivisível. Assim, eventual pagamento parcial da dívida não implica exoneração correspondente da garantia real (CC, art. 1.421); **C**: incorreta, pois a lei traz um rol taxativo de bens que podem ser oferecidos em hipoteca (CC, art. 1.473). O que o Código permite é a hipoteca sobre dívidas futuras (CC, art. 1.487); **D**: incorreta, pois a especialização deve ser renovada após completar 20 anos (CC, art. 1.498); **E**: incorreta, pois o Código Civil permite (art. 1.484) a fixação do valor do bem dado em hipoteca. **GN**

Gabarito "A".

(Magistratura Federal/4ª região – VII) Segundo entendimento jurisprudencial consolidado em súmula do Superior Tribunal de Justiça, o contrato de alienação fiduciária em garantia:

(A) pode ter por objeto bem que já integrava o patrimônio do devedor;

(B) não pode ter por objeto bem que já integrava o patrimônio do devedor;

(C) só pode ter por objeto bem cuja aquisição esteja sendo financiada;

(D) só pode ter por objeto bem cuja aquisição se destine à exploração do comércio do devedor.

Segundo a Súmula 28 do STJ, de 25 de setembro de 1991, o "contrato de alienação fiduciária em garantia pode ter por objeto bem que já integrava o patrimônio do devedor". **GN**

Gabarito "A".

9. FAMÍLIA

9.1. CASAMENTO

9.1.1. DISPOSIÇÕES GERAIS, CAPACIDADE, IMPEDIMENTOS, CAUSAS SUSPENSIVAS, HABILITAÇÃO, CELEBRAÇÃO E PROVA DO CASAMENTO

(Magistratura/DF – 2011) Referindo-se aos impedimentos para o matrimônio, considere as proposições abaixo e assinale a <u>incorreta</u>:

(A) Podem casar o adotante com quem foi cônjuge do adotado e o adotado com quem o foi do adotante;

(B) Não podem casar os ascendentes com os descendentes, seja o parentesco natural ou civil;

(C) Podem casar o cônjuge sobrevivente com o que fora absolvido por crime de homicídio consumado contra o seu consorte;

(D) Não podem casar os irmãos, unilaterais ou bilaterais, e demais colaterais, até o terceiro grau inclusive;

A: incorreta (art. 1.521, III, do CC); **B**: correta (art. 1.521, I, do CC); **C**: correta, pois o impedimento só existe quando há a **condenação** no caso (art. 1.521, VII, do CC); **D**: correta (art. 1.521, IV, do CC). **AG/WG**

Gabarito "A".

(Magistratura/PE – 2013 – FCC) São impedidos de casar

(A) os parentes colaterais até o quarto grau.

(B) os afins em linha reta e em linha colateral.

(C) o adotante com quem foi cônjuge do adotado e o adotado com quem o foi do adotante.

(D) o divorciado, enquanto não houver sido homologada ou decidida a partilha dos bens do casal.

(E) o tutor com a pessoa tutelada, enquanto não cessar a tutela e não estiverem saldadas as respectivas contas.

A: incorreta, pois não há impedimento para casamento entre colaterais de quarto grau; **B**: incorreta, pois os afins em linha colateral podem se casar; **C**: correta, pois de pleno acordo com a vedação estabelecida no art. 1.521, III, do CC; **D e E**: incorretas, pois nesses casos ocorre mera causa suspensiva (art. 1.523, III e IV, do CC, respectivamente), o que não impede o casamento, mas apenas acarreta a imposição do regime de separação obrigatória de bens. **WG**

Gabarito "C".

(Magistratura Federal/3ª região – 2011 – CESPE) Considerando que tenha sido determinada a penhora de bem pertencente à pessoa maior e capaz, casada com outra que ainda não tenha completado 16 anos de idade, assinale a opção correta.

(A) Se a causa de impedimento do casamento não for suscitada antes da celebração, o casamento é válido e o regime deve ser o da comunhão parcial.

(B) Havendo consentimento dos pais da pessoa menor para o casamento, deverá ser considerado o que dispuseram os nubentes em seu pacto antenupcial, no qual não se admite interferência dos pais.

(C) Por ser nulo de pleno direito o casamento, a penhora não será por ele afetada.

(D) Em face da anulabilidade e do regime legal da comunhão parcial de bens aplicável à hipótese, será necessário averiguar a data em que o bem foi adquirido.

(E) Em razão da menoridade de um dos nubentes, o regime deve ser o da separação obrigatória, sendo necessário identificar a data de aquisição do bem.

A: incorreta, pois o casamento celebrado com infringência de impedimento matrimonial é nulo de pleno direito (CC, art. 1.548, II); **B**: incorreta, pois a eficácia do pacto antenupcial, realizado por menor, fica condicionado à aprovação de seu representante legal, salvo as hipóteses de regime de separação obrigatória (CC, art. 1.654); **C**: incorreta, pois o casamento de quem não atingiu a idade núbil não é nulo, mas apenas anulável (CC, art. 1.550, I); **D**: incorreta, pois o regime não é o da comunhão parcial; **E**: correta, pois o regime é o da separação obrigatória de bens (CC, art. 1.641, III). **GN**

Gabarito "E".

9.1.2. INVALIDADE

(Juiz – TJ-SC – FCC – 2017) É nulo o casamento:

(A) de pessoa que não completou idade mínima para casar.

(B) de pessoa com deficiência mental ou intelectual, em idade núbil, mesmo expressando sua vontade diretamente.

(C) apenas se contraído com infringência de impedimento.

(D) de incapaz de consentir ou manifestar, de modo inequívoco, o consentimento.

(E) por infringência de impedimento ou de causa suspensiva.

O Código Civil (art. 1.548) só contempla uma única hipótese de nulidade absoluta de casamento, que é a infringência de impedimentos matrimoniais (CC, art. 1.521), como o casamento entre ascendentes e descendentes, entre irmãos, pessoas já casadas, etc. **GN**

Gabarito "C".

(Magistratura/AM – 2013 – FGV) A respeito do casamento de menor de dezesseis anos, assinale a afirmativa correta.

(A) É um ato anulável, por ação ajuizável exclusivamente por seus representantes legais.

(B) É um ato anulável, por ação ajuizável pelo menor, por seus representantes legais ou por seus ascendentes.

(C) É um ato nulo, podendo a ação ser ajuizada pelo Ministério Público, pelo menor ou pelos representantes legais deste.

(D) É um ato ineficaz, podendo ser reconhecido como tal em ação declaratória.

(E) É um ato inexistente, podendo ser reconhecido como tal em ação declaratória.

A solução dada pelo art. 1.550, I, do CC para o casamento daquele que não completou a idade núbil (16 anos) é a anulabilidade do ato e não sua nulidade absoluta, inexistência ou ineficácia. A legitimidade para pleitear tal anulabilidade vem estampada no art. 1.552 e inclui o próprio menor, representantes e ascendentes. **GN**

Gabarito "B".

(Magistratura/MG – 2012 – VUNESP) Assinale a alternativa correta.

(A) É nulo o casamento celebrado por autoridade incompetente.

(B) É anulável o casamento contraído por enfermo mental sem o necessário discernimento para os atos da vida civil.

(C) É anulável o casamento realizado pelo mandatário, sem que ele ou o outro contraente soubesse da revogação do mandato, e não sobrevindo coabitação entre os cônjuges.

(D) A anulação do casamento dos menores de 16 (dezesseis) anos não pode ser requerida pelo próprio cônjuge menor.

A: incorreta, pois o art. 1.550, VI, do CC prevê a anulabilidade como consequência do casamento celebrado por autoridade incompetente; B: incorreta, pois a hipótese é de nulidade absoluta (CC, 1.548); C: correta, pois a afirmação corresponde com precisão ao previsto no Código Civil, art. 1.550, V; D: incorreta, pois nesta hipótese a anulação do casamento pode ser requerida pelo próprio menor, seus ascendentes e representantes legais. **GN**

Gabarito "C".

(MAGISTRATURA/PB – 2011 – CESPE) Considerando as disposições legais e doutrinárias a respeito do direito de família, assinale a opção correta.

(A) Tanto o casamento nulo quanto o anulável requerem, para a sua invalidação, pronunciamento judicial em ação própria, visto que ao juiz é vedado declarar de ofício a invalidade.

(B) Os pais que tenham consentido, mediante ato escrito, casamento de filho menor de dezoito anos de idade

poderão revogar a autorização, inclusive durante a celebração do casamento, desde que por ato escrito.

(C) É admitida a alteração de regime de bens entre os cônjuges, independentemente de autorização judicial.

(D) De acordo com o Código Civil, a relação concubinária mantida simultaneamente ao matrimônio gera, após o seu encerramento, direito a indenização e direitos hereditários.

(E) No denominado casamento religioso com efeitos civis, o registro tem natureza meramente probatória, não constituindo ato essencial para a atribuição dos efeitos civis.

A: correta, pois as duas formas requerem pronunciamento judicial. A sentença que decretar a nulidade do casamento retroagirá à data de sua celebração (art. 1.563 do CC), já na sentença que declarar a anulação do casamento os efeitos são *ex nunc*; B: incorreta, pois a revogação somente pode ser efetuada até a celebração do casamento (art. 1.518 do CC); C: incorreta, pois a alteração do regime de bens necessita de autorização judicial (art. 1.639, § 2°, do CC); D: incorreta, pois não existe essa previsão legal; E: incorreta, pois o casamento religioso só terá efeitos civis se for registrado no registro civil (art. 1.516, § 2°, do CC). **AG/WG**

Gabarito "A".

(Magistratura/SC – 2010) Assinale a alternativa correta:

I. Não pode casar o adotante com quem foi cônjuge do adotado e o adotado com quem o foi do adotante.

II. É da essência do ato a certidão, de modo que o casamento somente pode ser provado por ela.

III. É nulo o casamento por violação de impedimento e anulável aquele celebrado em desacordo com as regras da idade núbil.

IV. Mesmo o casamento nulo, se celebrado de boa-fé por ambos os cônjuges, produz efeitos em relação a estes e aos respectivos filhos até a data da sentença anulatória.

(A) Somente as proposições I, II e IV estão corretas.

(B) Somente as proposições I e III estão corretas.

(C) Somente as proposições I, III e IV estão corretas.

(D) Somente as proposições II e III estão corretas.

(E) Somente as proposições III e IV estão corretas.

I: correta (art. 1.521, III, do CC); II: incorreta, pois justificada a falta ou perda do registro civil, é admissível qualquer outra espécie de prova (art. 1.543, par. único, do CC); III: correta (arts. 1.548, II, e 1.550, I, ambos do CC); IV: correta (art. 1.561 do CC). **AG/WG**

Gabarito "C".

(Magistratura/SP – 2013 – VUNESP) A respeito do casamento, é certo afirmar:

(A) É vedado, em qualquer circunstância, o casamento de pessoa menor de 16 anos.

(B) Enquanto não houver sido homologada ou decidida a partilha dos bens do casal, não pode casar o divorciado, sendo nulo o casamento se assim contraído.

(C) O casamento nuncupativo poderá ser celebrado na presença de seis testemunhas que com os nubentes não tenham parentesco em linha reta, ou, na colateral, até segundo grau, devendo ser comunicado à autoridade judicial mais próxima no prazo de 10 dias.

(D) O casamento pode ser feito por procuração outorgada mediante instrumento particular, desde que com poderes especiais.

A: incorreta, pois, excepcionalmente, admite-se o casamento de quem ainda não tenha 16 anos em caso de gravidez (art. 1.520 do CC); **B:** incorreta, pois essa é apenas uma causa suspensiva do casamento (art. 1.523, III, do CC), não gerando sua nulidade, mas apenas obrigando o regime da separação de bens no casamento (art. 1.641, I, do CC); **C:** correta (arts. 1.540 e 1.541 do CC); **D:** incorreta, pois é necessário instrumento público e poderes especiais (art. 1.542, *caput*, do CC). **WG**

Gabarito "C".

(Magistratura/SP – 180º) É nulo o casamento contraído, exceto:

(A) pelo interditado mentalmente enfermo que não possui o necessário discernimento para os atos da vida civil.

(B) pelo adotante com quem foi cônjuge do adotado e pelo adotado com quem o foi do adotante.

(C) pelo cônjuge sobrevivente com o condenado por homicídio culposo contra o seu próprio consorte.

(D) entre irmãos unilaterais ou bilaterais, e os demais colaterais, até o terceiro grau, inclusive.

A alternativa "c" está correta, pois reflete o disposto nos arts. 1.548, II e 1.521, VII, do CC. **AG/WG**

Gabarito "C".

(Magistratura/SP – 177º) Sobre a invalidade do casamento, assinale a resposta correta.

(A) O prazo para propositura da ação de anulação do casamento, por erro essencial sobre a pessoa do outro cônjuge, é de decadência e opera-se em 02 (dois) anos.

(B) A anulabilidade do casamento, por procuração, com mandato revogado ou invalidado pelo mandante, desconhecida pelo mandatário e pelo outro cônjuge, convalidar-se-á se houver coabitação ou se a ação não for movida em 180 (cento e oitenta) dias pelo mandante.

(C) A sentença que decreta a nulidade do casamento retroage, para todos e quaisquer fins e efeitos, à data da sua celebração.

(D) O cônjuge coacto ou que foi induzido em erro, uma vez ciente do vício, aquiescendo à coabitação, convalida o ato, não mais podendo alegar outra hipótese de erro essencial ignorado antes do casamento.

A: incorreta (art. 1.560, III, do CC); **B:** correta (art. 1.560, I, do CC); **C:** incorreta (art. 1.563 do CC); **D:** incorreta (art. 1.559 do CC). **AG/WG**

Gabarito "B".

9.1.3. EFEITOS E DISSOLUÇÃO DO CASAMENTO

Observação importante: mesmo com a edição da EC 66/10, mantivemos as questões sobre separação judicial, pois ainda há controvérsia sobre a existência ou não desse instituto após a entrada em vigor da Emenda. O próprio CNJ, chamado a se manifestar sobre assunto, preferiu apenas alterar sua Resolução nº 35, para admitir o divórcio extrajudicial mesmo que não cumpridos os prazos de 2 anos de separação de fato (antigo divórcio-direto) e de 1 ano de separação judicial (antigo divórcio-conversão),

não entrando no mérito se ainda existe a possibilidade de alguém preferir, antes do divórcio, promover separação judicial. O fato é que a EC 66/10 vem sendo aplicada normalmente pelos Cartórios Extrajudiciais, para permitir o divórcio direto, sem necessidade de cumprir os prazos mencionados, tudo indicando que o instituto da separação judicial venha, no mínimo, a cair em desuso. De qualquer maneira, como não houve ainda revogação do Código Civil no ponto que trata desse instituto, mantivemos as questões sobre o assunto, que, quem sabe, podem ainda aparecer em alguns concursos públicos. Segue, para conhecimento, a decisão do CNJ sobre o assunto:

"EMENTA: PEDIDO DE PROVIDÊNCIAS. PROPOSTA DE ALTERAÇÃO DA RESOLUÇÃO Nº 35 DO CNJ EM RAZÃO DO ADVENTO DA EMENDA CONSTITUCIONAL Nº 66/2010. SUPRESSÃO DAS EXPRESSÕES "SEPARAÇÃO CONSENSUAL" E "DISSOLUÇÃO DA SOCIEDADE CONJUGAL". IMPOSSIBILIDADE. PARCIAL PROCEDÊNCIA DO PEDIDO.

- A Emenda Constitucional nº 66, que conferiu nova redação ao § 6º do art. 226 da Constituição Federal, dispõe sobre a dissolubilidade do casamento civil pelo divórcio, para suprimir o requisito de prévia separação judicial por mais de 01 (um) ano ou de comprovada separação de fato por mais de 02 (dois) anos.

- Divergem as interpretações doutrinárias quanto à supressão do instituto da separação judicial no Brasil. Há quem se manifeste no sentido de que o divórcio passa a ser o único meio de dissolução do vínculo e da sociedade conjugal, outros tantos, entendem que a nova disposição constitucional não revogou a possibilidade da separação, somente suprimiu o requisito temporal para o divórcio.

- Nesse passo, acatar a proposição feita, em sua integralidade, caracterizaria avanço maior que o recomendado, superando até mesmo possível alteração da legislação ordinária, que até o presente momento não foi definida.

- Pedido julgado parcialmente procedente para propor a modificação da redação da Resolução nº 35 do Conselho Nacional de Justiça, de 24 de abril de 2007, que disciplina a aplicação da Lei nº 11.441/07 pelos serviços notariais e de registro, nos seguintes termos: a) seja retirado o artigo 53, que versa acerca do lapso temporal de dois anos para o divórcio direto e; b) seja conferida nova redação ao artigo 52, passando o mesmo a prever: "Os cônjuges separados judicialmente, podem, mediante escritura pública, converter a separação judicial ou extrajudicial em divórcio, mantendo as mesmas condições ou alterando-as. Nesse caso, é dispensável a apresentação de certidão atualizada do processo judicial, bastando a certidão da averbação da separação no assento do casamento." (CNJ, Pedido de Providências nº Nº 0005060-32.2010.2.00.0000, j. 12/08/10)"

(Magistratura Federal/3ª região – 2011 – CESPE) Ao solucionar questão relacionada à origem de dívida de dois mil reais contraída por um dos cônjuges, durante o casamento, em comércio próximo à residência do casal, o juiz, diante da ausência de outros elementos de prova, tomou o débito como contraído a bem da família. Com base nesse caso, assinale a opção correta.

(A) É inadmissível utilizar presunção para resolver a questão, dada a possibilidade de prova oral.

(B) Cuida-se de presunção *hominis*, decorrente da experiência da vida.

(C) A decisão tomou a condição de casado como indício de presunção comum absoluta.

(D) A condição de casados determina presunção legal relativa de comunhão da dívida.

(E) Aplica-se ao caso a presunção legal absoluta de comunhão da dívida.

A: incorreta, pois o próprio Código estipula presunções a respeito das dívidas contraídas pelos cônjuges; **B:** incorreta, pois trata-se de presunção legal; **C:** incorreta, pois o enunciado trouxe outros elementos que contribuíram para a formação da convicção do juiz; **D:** correta, pois de acordo com o art. 1.644, as dívidas contraídas para aquisição de coisas necessárias à economia doméstica obrigam solidariamente ambos os cônjuges; **E:** incorreta, pois não há presunção absoluta nesse caso. **GN**
Gabarito "D".

9.1.4. REGIME DE BENS

(Magistratura/PE – 2011 – FCC) Sendo o casamento realizado sob o regime da comunhão parcial de bens, entram na comunhão aqueles adquiridos na constância da sociedade conjugal,

(A) apenas a título oneroso por ambos os cônjuges.

(B) considerados instrumentos de profissão pertencentes a cada um dos cônjuges.

(C) pela herança recebida por qualquer dos cônjuges, salvo cláusula testamentária impondo incomunicabilidade.

(D) por doação a qualquer dos cônjuges.

(E) por fato eventual, com ou sem o concurso de trabalho ou despesa anterior.

Art. 1.660, II, do CC. **AG/WG**
Gabarito "E".

(Magistratura/PR – 2013 – UFPR) Tendo em vista as disposições da lei civil com relação ao regime matrimonial de bens, assinale a alternativa INCORRETA:

(A) O regime de bens entre os cônjuges, seja o legal seja o contratual, este estabelecido por meio do denominado "pacto antenupcial", somente começa a vigorar desde a data do casamento.

(B) Mesmo não havendo convenção, ou sendo ela nula ou ineficaz, vigorará, quanto aos bens entre os cônjuges, o regime da comunhão parcial.

(C) Nada interferindo no regime de bens, pode qualquer dos cônjuges, livremente, independente um da autorização do outro, reivindicar os bens comuns, sejam móveis sejam imóveis, doados ou transferidos pelo outro cônjuge ao concubino.

(D) Estabelecido o regime matrimonial de bens, por força de pacto antenupcial ou adoção do regime legal, não é possível, por conta da imutabilidade, a alteração posterior do regime matrimonial de bens.

A: correta, pois somente com o casamento é que tem início a sociedade conjugal, que será regida pelo pacto antenupcial ou pelo regime legal quando não houver pacto (art. 1.653 do CC); **B:** correta, pois o regime da comunhão parcial é o chamado regime supletivo, ou seja, é o que vigorará caso não haja pacto antenupcial ou caso ele exista, mas seja nulo ou ineficaz (art. 1.640 do CC); **C:** correta, pois de pleno acordo com a regra estabelecida no art. 1.642, V, do CC; **D:** incorreta (devendo ser assinalada), pois a lei não estabelece tal proibição de alteração de regime de bens quando a escolha original foi feita por pacto antenupcial ou mesmo na hipótese do regime supletivo (art. 1.639, § 2º, do CC). A divergência doutrinária existente refere-se à possibilidade ou não de se alterar o regime de bens da separação obrigatória, prevalecendo a teoria eclética que afirma que tal alteração é possível quando a causa que deu origem à necessidade de tal regime houver desaparecido. É o caso, por exemplo, do regime de separação obrigatória, imposto por conta de um casamento de pessoas de dezessete anos, sem autorização do pai e, portanto, com autorização judicial (art. 1.641, III, do CC). Passados dez anos de casamento, o casal já tem quase trinta anos e não há mais necessidade do regime protetivo. **GN**
Gabarito "D".

(Magistratura/PR – 2010 – PUC/PR) Sobre Regime de Bens entre cônjuges, assinale a alternativa INCORRETA.

(A) Exceto quando depender de suprimento judicial, ou em se tratando de casamento pelo regime da separação absoluta, nenhum dos cônjuges pode, sem autorização do outro, prestar fiança ou aval.

(B) No regime de participação final nos aquestos, cada cônjuge tem direito, na dissolução da sociedade conjugal, além do patrimônio próprio, à metade dos bens adquiridos pelo casal na constância do casamento, a título oneroso.

(C) Se não lhe seguir o casamento, o pacto antenupcial é ineficaz.

(D) Os bens doados ou herdados com cláusula de incomunicabilidade e os sub-rogados em seu lugar são excluídos da comunhão, exceto se for a universal.

A: correta, pois a assertiva reflete o disposto nos arts. 1.647, III, e 1.648, do CC; **B:** correta, pois a assertiva reflete o disposto no art. 1.672 do CC; **C:** correta, pois a assertiva reflete o disposto no art. 1.653 do CC; **D:** incorreta, pois os bens doados ou herdados com cláusula de inalienabilidade são excluídos também no regime da comunhão universal (art. 1.668, I, do CC). **AG/WG**
Gabarito "D".

(Magistratura/SP – 2013 – VUNESP) Com relação ao regime de bens do casamento, é correto afirmar que

(A) qualquer que seja o regime de bens, nenhum cônjuge poderá, sem a autorização do outro, alienar ou onerar bens imóveis.

(B) no regime da comunhão parcial, entram na comunhão todos os bens adquiridos na constância do casamento.

(C) excluem-se da comunhão parcial as obrigações provenientes de atos ilícitos, salvo reversão em proveito do casal.

(D) a falta de autorização de um cônjuge para que o outro preste fiança, quando o regime não é o da separação absoluta de bens, torna nula a garantia, podendo essa nulidade ser alegada a qualquer tempo.

1. DIREITO CIVIL

A: incorreta, pois tal regra não se coloca no regime de separação absoluta (art. 1.647, I, do CC); **B:** incorreta, pois há bens adquiridos na constância do casamento que não entram na comunhão, como os recebidos por doação ou sucessão, e os sub-rogados em seu lugar (art. 1.659, I, do CC); **C:** correta (art. 1.659, IV, do CC); **D:** incorreta, pois a falta de autorização "tornará anulável o ato praticado, podendo o outro cônjuge pleitear-lhe a anulação, até dois anos depois de terminada a sociedade conjugal" (art. 1.649, *caput*, do CC), ou seja, não se trata de ato nulo e sem prazo para ser alegado. **WG**
Gabarito "C".

(Magistratura/SP – 180º) No que toca ao regime de bens entre os cônjuges, aponte a assertiva válida.

(A) Qualquer que seja o regime de bens, nenhum dos cônjuges, sem autorização do outro, pode pleitear ou gravar de ônus real os bens imóveis.

(B) As ações fundadas nos incisos III, IV e V do art. 1.642 do Código Civil competem ao cônjuge prejudicado.

(C) nos casos dos incisos III e IV do artigo 1.642, o terceiro, prejudicado com a sentença favorável ao autor, não terá regressivo contra o cônjuge que realizou o negócio jurídico ou seus herdeiros.

(D) no regime de separação absoluta de bens, não pode o cônjuge demandar a rescisão de fiança realizada pelo outro cônjuge com infração do disposto nos incisos III e IV, do art. 1.647 do Código Civil.

A: incorreta (art. 1.647, I, do CC); **B:** incorreta (art. 1.645 do CC - e a seus herdeiros); **C:** incorreta (art. 1.646 do CC - terá o direito regressivo); **D:** correta (art. 1.647, *caput*, do CC - quando se tratar de regime de separação de bens não há necessidade de outorga uxória). **AG/WG**
Gabarito "D".

(Magistratura/SP – 179º) Assinale a afirmação incorreta.

(A) É válido o pacto antenupcial que for feito por instrumento particular, somente produzindo efeitos contra terceiro depois de levado a registro.

(B) No regime de separação de bens, quando um dos cônjuges não puder exercer a administração de bens que lhe incumbe, seus imóveis poderão ser alienados pelo outro com autorização judicial.

(C) No regime de comunhão universal de bens, são excluídas da comunhão as dívidas anteriores ao casamento, salvo se provierem de despesas com seus aprestos, ou reverterem em proveito comum.

(D) Segundo disposição do atual Código Civil, tanto no regime de comunhão parcial de bens, quanto no de comunhão universal, excluem-se da comunhão os proventos do trabalho pessoal de cada cônjuge.

A: incorreta (art. 1.653 do CC); **B:** correta (art. 1.651, III, do CC); **C:** correta (art. 1.668, III, do CC); **D:** correta (art. 1.659, VI, e 1.668, V, do CC). **AG/WG**
Gabarito "A".

9.1.5. TEMAS COMBINADOS DE CASAMENTO

(Magistratura/AC - 2007) Assinale a opção correta acerca do direito de família.

(A) É nulo o casamento celebrado com a inobservância das causas suspensivas, e a declaração da nulidade acarreta a invalidade do casamento a partir da data da sentença que o invalidou. No entanto, o casamento será convalidado e, portanto, produzirá todos os efeitos do casamento válido se restar provado que foi contraído de boa-fé por um ou por ambos os cônjuges.

(B) O cônjuge considerado inocente na ação de separação judicial litigiosa e, por conseguinte, isentado do dever de prestar alimentos ao outro fica exonerado da prestação dos alimentos provisionais, fixados na ação cautelar, a partir da prolação da sentença, na ação principal, que reconheceu a culpa do outro cônjuge. Os alimentos que foram pagos a partir daí serão devolvidos, e os vencidos e não pagos não podem ser objeto do pedido de cumprimento de sentença.

(C) A constituição de nova família com o nascimento de novos filhos caracteriza alteração de fortuna, mas não autoriza a redução do encargo alimentício devido à esposa e aos filhos do primeiro casamento, porquanto constitui encargo livremente assumido.

(D) Se, na ação de separação judicial e na reconvenção em que ambos os cônjuges pleiteiem a dissolução da sociedade conjugal, cada um imputando culpa ao outro pelo rompimento da sociedade conjugal, ainda que não haja comprovação dos motivos apresentados, pode o juiz levar em consideração outros fatos que tornem evidente a insustentabilidade da vida em comum e, diante disso, decretar a separação judicial do casal, sem imputação de causa a nenhuma das partes.

A: incorreta (arts. 1.548 e 1.563 do CC); **B:** incorreta, pois a culpa na ação de separação judicial tem sido mitigada como fator de relevância no momento de se fixar os alimentos, que deverão ser fixados se presentes o binômio necessidade-possibilidade (art. 1.704 do CC), isso sem falar que os alimentos são irrepetíveis e, mesmo nos casos de cassação da decisão que fixou alimentos provisionais, não há falar-se em sua devolução; **C:** incorreta, pois a constituição de nova família com novos encargos pode servir de fundamento para a proposição de eventual ação de revisão de alimentos porquanto alterada a possibilidade do alimentante; **D:** correta, pois de acordo com o enunciado CJF 254: "Art. 1.573: Formulado o pedido de separação judicial com fundamento na culpa (art. 1.572 e/ou art. 1.573 e incisos), o juiz poderá decretar a separação do casal diante da constatação da insubsistência da comunhão plena de vida (art. 1.511) – que caracteriza hipótese de "outros fatos que tornem evidente a impossibilidade da vida em comum" – sem atribuir culpa a nenhum dos cônjuges". **AG/WG**
Gabarito "D".

9.2. UNIÃO ESTÁVEL

(Magistratura/MG - 2007) Para efeito da proteção do Estado, é reconhecida a união estável entre o homem e a mulher como entidade familiar, devendo a lei facilitar sua conversão em casamento (CF, art. 226, § 3º). O Código Civil, NÃO reconhece a união estável na seguinte hipótese:

(A) se a pessoa viúva tem filho do cônjuge falecido, e o inventário dos bens do casal não se encontra encerrado.

(B) se divorciada a pessoa, não houver sido homologada ou decidida a partilha de bens do casal.

(C) se a pessoa casada não se achar separada de fato ou judicialmente.

(D) se, anulado o casamento da mulher, decorreu prazo de até 12 (doze) meses da dissolução da sociedade conjugal.

A alternativa "c" está correta (art. 1.723, §1º, do CC). **AG/WG**

Gabarito "C"

(Magistratura/SP – 180º) Considere as afirmações a seguir, tendo em vista o reconhecimento da união estável nas seguintes situações:

I. não se constituirá, se a pessoa casada se achar separada de fato;

II. deixará de se caracterizar em relação ao divorciado, enquanto não houver sido homologada ou decidida a partilha dos bens do casal;

III. pode ser considerada a união estável entre o homem e a mulher como entidade familiar;

IV. aplica-se sempre às relações patrimoniais, no que couber, o regime da comunhão parcial de bens.

São incorretas apenas as afirmações

(A) I e II.

(B) II e IV.

(C) I, II e III.

(D) II e III.

I: incorreta (art. 1.723, §1º, do CC); II: incorreta (art. 1.581 do CC); III: correta (art. 1.723, *caput*, do CC); IV: correta (art. 1.725 do CC). **AG/WG**

Gabarito "A"

(Magistratura/SP – 178º) Indique a predicação verdadeira.

(A) Para o atual Código Civil, concubinato e união estável é a mesmíssima coisa.

(B) As causas suspensivas do casamento (impedimentos impedientes do direito anterior) impedem a caracterização da união estável.

(C) Na união estável, salvo escrito entre os companheiros, aplica-se às relações patrimoniais, no que couber, o regime da comunhão parcial de bens.

(D) A convivência sob o mesmo teto é requisito fundamental da união estável.

A: falsa (art. 1.727 do CC); B: falsa (art. 1.723, §2º, do CC); C: verdadeira (art. 1.725 do CC); D: falsa (art. 1.723, *caput*, do CC). **AG/WG**

Gabarito "C"

9.3. PARENTESCO E FILIAÇÃO

(Magistratura/GO – 2007) Presumem-se concebidos na constância do casamento:

(A) Os filhos concebidos por inseminação artificial heteróloga, desde que tenha prévia autorização do marido.

(B) nascidos há pelo menos duzentos (200) dias do estabelecimento da convivência conjugal.

(C) havidos por fecundação artificial homóloga, desde que ainda vivo o marido.

(D) nascidos no prazo de cinco (5) anos da concepção artificial homóloga, quando se tratar de embriões excedentários.

A: correta, pois o art. 1.597, V, do CC prevê que a inseminação artificial heteróloga gera a presunção de paternidade; B: incorreta, pois o inciso I do referido artigo prevê que a presunção *pater is* configura-se após 180 dias do estabelecimento da sociedade conjugal; C: incorreta, pois quando a hipótese é de fecundação artificial homóloga, não se exige que

o marido esteja vivo; D: incorreta, pois não há prazo para a concepção dos embriões excedentários. **AG/WG**

Gabarito "A"

(Magistratura/RJ – 2011 – VUNESP) Considerando a jurisprudência majoritária do Superior Tribunal de Justiça, assinale a alternativa correta quanto ao direito de ser reconhecido como filho, mediante a ação própria de investigação de paternidade.

(A) É imprescritível, por se tratar de direito personalíssimo.

(B) Prescreve em quatro anos, a contar da maioridade ou emancipação do filho.

(C) Somente pode ser intentada após a ação de anulação de registro.

(D) Somente pode ser proposta se vivo o pai.

O STJ se posiciona no sentido de que não há prazo para se pleitear a investigação de paternidade. Nesse sentido foi a decisão do REsp n.º 1298576 que definiu: "*A ação de investigação de paternidade é imprescritível, tratando-se de direito personalíssimo, e a sentença que reconhece o vínculo tem caráter declaratório, visando acertar a relação jurídica da paternidade do filho [...]*". Não há que se falar também no requisito de o pai estar vivo para fins de se permitir o ajuizamento da investigação de paternidade. **GN**

Gabarito "A"

(Magistratura/SP – 2011 – VUNESP) O reconhecimento de filho

(A) pode ser revogado, quando feito por testamento.

(B) pode ser feito apenas durante a vida do filho.

(C) depende do consentimento do filho, quando este for maior.

(D) não pode ser impugnado pelo filho, quando este for menor.

(E) havido fora do casamento permite que ele resida no lar conjugal, independentemente do consentimento do outro cônjuge.

A: incorreta, pois o reconhecimento de filho é irrevogável, mesmo quando feito por testamento (art. 1.610 do CC); B: incorreta, pois o reconhecimento de filho pode ser posterior ao seu falecimento, se ele deixar descendentes (art. 1.609, par. único, do CC); C: correta (art. 1.614 do CC); D: incorreta, pois o menor pode impugnar o reconhecimento, nos quatro anos que se seguirem à maioridade, ou à emancipação (art. 1.614 do CC); E: incorreta (art. 1.611 do CC). **AG/WG**

Gabarito "C"

(Magistratura/SP – 179º) Assinale a afirmação incorreta.

(A) A sociedade conjugal termina pela separação judicial, mas o casamento válido só se dissolve pela morte de um dos cônjuges ou pelo divórcio.

(B) Se o cônjuge for incapaz para propor a ação de divórcio ou para defender-se nela, seu curador, ascendente ou irmão poderá praticar esses atos.

(C) Presumem-se concebidos na constância do casamento os filhos havidos por fecundação artificial homóloga, mesmo que falecido o marido.

(D) A ação de prova de filiação compete ao filho, enquanto viver, transmitindo-se sempre aos seus herdeiros caso morra.

1. DIREITO CIVIL

A: correta (art. 1.571 do CC); **B:** correta (art. 1.582, parágrafo único, do CC); **C:** correta (art. 1.597, III, do CC); **D:** incorreta (art. 1.606 do CC). **AG/WG**
Gabarito "D".

9.4. PODER FAMILIAR, ADOÇÃO, TUTELA E GUARDA

(Magistratura/DF – 2011) Dita a lei que o pai e a mãe, enquanto no exercício do poder familiar, são usufrutuários dos bens dos filhos e têm a administração dos bens dos filhos menores sob sua autoridade. A própria lei, entretanto, determina a exclusão do usufruto e da administração, nessa condição, de certos bens. Assim exposto, considere as proposições abaixo e assinale a <u>incorreta</u>:

(A) Excluem-se do usufruto e da administração dos pais os bens adquiridos pelo filho havido fora do casamento, antes do reconhecimento;

(B) Excluem-se do usufruto e da administração dos pais os valores auferidos pelo filho maior de dezesseis anos, no exercício de atividade profissional e os bens com tais recursos adquiridos;

(C) Excluem-se do usufruto e da administração dos pais os bens deixados ou doados ao filho, sob a condição de não serem usufruídos, ou administrados, pelos pais;

(D) Excluem-se do usufruto e da administração dos pais os bens que aos filhos couberem na herança, quando os pais, embora casados, se encontrarem separados de fato.

Art. 1.693 do CC. **AG/WG**
Gabarito "D".

(Magistratura/PR – 2013 – UFPR) No que concerne ao poder familiar, assinale a alternativa correta.

(A) O pai ou a mãe que estabelecer nova união estável, não perde, quanto aos filhos do relacionamento anterior, os direitos do poder familiar, exercendo-os sem qualquer interferência do novo companheiro.

(B) Os pais, quanto à pessoa dos filhos menores, podem recomendar, não porém exigir, que lhes prestem obediência, respeito e os serviços próprios da sua idade e condição.

(C) Durante o casamento ou a união estável, aos pais compete o poder familiar; na falta ou impedimento de um deles, dará o juiz tutor ou curador, conforme o caso.

(D) Os filhos estão sujeitos ao poder familiar, enquanto permanecem seus vínculos de dependência econômica.

A: correta. Não haveria qualquer sentido na perda do poder familiar do pai ou mãe que estabeleceu nova união estável (art. 1.636 do CC); **B:** incorreta, pois os pais podem exigir obediência, respeito e os serviços próprios da sua idade e condição (art. 1.634, VII, do CC); **C:** incorreta, pois na falta de um deles o outro o exercerá com exclusividade (art. 1.631 do CC); **D:** incorreta, pois o poder familiar extingue-se aos dezoito anos de idade ou na hipótese de emancipação (art. 1.635 do CC). **GN**
Gabarito "A".

(Magistratura/RO – 2011 – PUCPR) Avalie as assertivas abaixo:

I. A guarda unilateral será requerida pelo pai ou pela mãe e será conferida ao genitor que revele melhores condições de exercê-la; a guarda compartilhada somente será decretada em se verificando consenso entre os genitores quanto a ela, em ação específica originariamente proposta na forma consensual.

II. A autorização dos pais, ou de seus representantes legais, para casamento de filho com dezesseis anos somente poderá ser revogada até a data da publicação dos proclamas.

III. Não devem casar o tutor com a pessoa tutelada enquanto não cessar a tutela e não estiverem saldadas as respectivas contas.

IV. O casamento de brasileiro celebrado no estrangeiro deverá ser registrado em cento e oitenta dias, a contar da volta de um ou de ambos os cônjuges ao Brasil, no cartório de seu respectivo domicílio.

Está(ão) CORRETA(S):

(A) Apenas a assertiva III.

(B) Apenas as assertivas III e IV.

(C) Apenas as assertivas II e III.

(D) Apenas a assertiva I.

(E) Todas as assertivas.

I: incorreta, pois a guarda compartilhada pode ser requerida na ação de separação, divórcio, dissolução de união estável ou em ação cautelar, ou até mesmo ser decretada pelo juiz, nos termos do art. 1.584, do CC; **II:** incorreta, pois a autorização pode ser revogada até a celebração do casamento (art. 1.518 do CC); **III:** correta (art. 1.523, IV, do CC); **IV:** correta (art. 1.544 do CC). **AG/WG**
Gabarito "B".

(Magistratura/SC – 2010) **Assinale a alternativa correta:**

I. Após homologação judicial, extingue-se o poder familiar pela emancipação derivada da concessão por ambos os pais ou de um deles na falta do outro, se o menor tiver 16 (dezesseis) anos completos. Se houver discordância entre os pais na concessão ou não da emancipação é assegurado o direito de um dos genitores ou de o menor recorrer ao Poder Judiciário.

II. Não basta o adultério da mulher, com quem o marido vivia sob o mesmo teto, para ilidir a presunção legal da paternidade do filho. No entanto, a confissão materna, a critério do juiz, pode ser considerada suficiente como meio de prova para a exclusão da paternidade.

III. A perda do poder familiar é uma sanção imposta por sentença judicial ao pai ou à mãe que executar atos que a justificam, como por exemplo uso abusivo de álcool ou de entorpecentes, prática de obscenidades no lar testemunhadas pelo menor ou submissão da criança ou adolescente a abuso sexual.

IV. O Código Civil prevê que, se o pai ou a mãe que deve alimentos em primeiro lugar não estiver em condições de suportar totalmente o encargo, os avós podem ser obrigados a prestar alimentos aos netos. Esta obrigação não tem o caráter de solidariedade mas o de subsidiariedade e de complementaridade.

(A) Somente as proposições I, III e IV estão corretas.

(B) Somente as proposições III e IV estão corretas.

(C) Somente as proposições II e IV estão corretas.

(D) Somente as proposições II e III estão corretas.

(E) Todas as proposições estão corretas.

I: incorreta. O poder familiar extingue-se com a emancipação (art. 1.635, II, do CC), que poderá ocorrer pela concessão dos pais, ou de um deles na falta do outro, mediante instrumento público, independentemente de homologação judicial, ou por sentença do juiz, ouvido o tutor, se o menor tiver dezesseis anos completos (art. 5°, par. único, I, do CC); **II:** incorreta, pois não basta a confissão materna para excluir a paternidade (art. 1.602 do CC); **III:** correta, pois a alternativa traz o conceito correto de perda de poder familiar; **IV:** correta, pois se o parente, que deve em primeiro lugar, não estiver em condições de suportar totalmente o encargo, serão chamados a concorrer os de grau imediato; por exemplo, se o pai não tem condições de arcar com o valor mínimo necessário para a subsistência de seu filho, pode-se chamar o seu pai (avô da criança) para arcar com o complemento do encargo; a responsabilidade dos avós não é direta, mas subsidiária e complementar; assim, não se pode querer acionar os avós diretamente, só porque estes têm melhores condições; deve-se acionar primeiramente o pai ou a mãe da criança e, no caso de impossibilidade de prestar os alimentos, total ou parcialmente, pode-se intentar a ação contra os avós (progenitores), para que estes arquem com toda a pensão ou com o complemento desta, respectivamente (STJ, REsp 1.077.010, j. em 07/10/11) – art. 1.696 do CC. **AG/WG**
Gabarito "B".

(Magistratura/SP – 178°) Um só destes enunciados é verdadeiro em face do Estatuto da Criança e do Adolescente. Indique-o.

(A) A morte dos adotantes restabelece o poder familiar dos pais naturais.

(B) A adoção é irrevogável.

(C) A adoção do menor de dezesseis anos prescinde do seu consentimento.

(D) É inadmissível o deferimento de adoção a adotante falecido antes da sentença.

A: falso (art. 49 da Lei 8.069/90); **B:** verdadeiro (art. 39, § 1°, da Lei 8.069/90); **C:** falso (art. 45, § 2°, da Lei 8.069/90); **D:** falso (art. 42, § 6°, da Lei 8.069/90). **AG/WG**
Gabarito "B".

(Magistratura Federal/1ª região – 2011 – CESPE) João, maior de idade e solteiro, foi designado curador de Maria, de 19 anos de idade, viciada em tóxico. A designação de João ocorreu em razão de o pai da curatelada ter falecido e de a mãe sofrer de doença mental. Considerando essa situação hipotética, assinale a opção correta.

(A) Pelo exercício da curatela, João poderá reaver o que despender em razão dela, mas não terá direito a gratificação, dado o exercício de um múnus público.

(B) O falecimento da mãe da curatelada não acarretará a extinção do bem de família, ainda que este tenha sido destinado como tal na forma do Código Civil.

(C) Se João dever à curatelada, o prazo de prescrição em curso ficará interrompido desde o início do exercício da curatela.

(D) Se o juiz não tiver obedecido à ordem prevista no rol elencado no Código Civil, o curador deverá ser substituído.

(E) João não se sujeitará às mesmas regras de responsabilidade atribuída aos pais pelos atos da curatelada.

A: incorreta, pois "O curador tem direito de receber remuneração pela administração do patrimônio do interdito, à luz do disposto no art. 1.752, *caput*, do CC/02, aplicável ao instituto da curatela, por força da

redação do art. 1.774 do CC/02" (STJ, RESP 1.205.113, 3ª T., rel. Min. Nancy Andrighi, 06.09.2011); **B:** correta, pois de pleno acordo com o disposto no art. 1.720 do Código Civil; **C:** incorreta, pois a hipótese é de impedimento/suspensão de lapso prescricional, o que se verifica desde a interdição de Maria; **D:** incorreta, pois a ordem estabelecida pelo Código Civil não é determinante, podendo ser flexibilizada pelo Juiz de acordo com as circunstâncias do caso concreto; **E:** o gabarito considerou tal afirmação como incorreta. Porém, existe, sim, diferença entre a responsabilidade dos pais e a dos curadores. Na hipótese de o pai pagar pelo ato ilícito praticado pelo seu descendente, não existirá direito de regresso (CC, art. 934). **GN**
Gabarito "B".

9.5. ALIMENTOS

(Juiz–TJ-SC – FCC – 2017) A favor do idoso, a prestação alimentar, na forma de lei civil, é:

(A) devida pelos descendentes, ascendentes, cônjuge e colaterais até o quarto grau, nesta ordem.

(B) devida pelos filhos, não podendo o idoso demandar um deles excluindo os demais, que tiverem condições financeiras.

(C) devida apenas pelos filhos ou pelo cônjuge, excluindo-se os colaterais de qualquer grau.

(D) devida pelos filhos, exceto se provado abandono afetivo deles na infância.

(E) solidária, podendo ele optar entre os prestadores.

No que se refere à prestação de alimentos ao idoso, o art. 11 do Estatuto do Idoso (Lei 10.741/2003) manda aplicar as regras gerais do Código Civil. Isso significa que tal direito será "*recíproco entre pais e filhos, e extensivo a todos os ascendentes, recaindo a obrigação nos mais próximos em grau, uns em falta de outros*" (CC, art. 1.696). Não havendo ascendentes ou descendentes, a obrigação recai sobre irmãos (CC, art. 1.697). A regra específica para o idoso credor de alimentos é que os devedores são solidários e o idoso poderá optar entre os prestadores (Lei 10.741/2003, art. 12). **GN**
Gabarito "E".

(Magistratura/GO – 2007) Assinale a afirmação **errada**. A obrigação de prestar alimentos:

(A) transmite-se aos herdeiros do devedor.

(B) é recíproca entre pais e filhos.

(C) na falta dos ascendentes, recai primeiramente sobre os irmãos.

(D) é extensiva a todos os ascendentes.

A: correta, pois o art. 1.700 do CC prevê a transmissibilidade da obrigação de prestar alimentos; **B:** correta, pois o art. 1.694 estabelece que os parentes podem pedir alimentos "uns aos outros"; **C:** incorreta, pois na falta de ascendentes a obrigação recai sobre os descendentes e só então aos irmãos; **D:** correta, pois não há limitação de graus de ascendência para se pleitear alimentos. **AG/WG**
Gabarito "C".

(Magistratura/PE – 2011 – FCC) O direito à prestação de alimentos obedece às seguintes regras:

I. É recíproco entre pais e filhos e extensivo a todos os ascendentes, recaindo a obrigação nos mais próximos em grau, uns em falta de outros.

II. Na falta de ascendentes e de descendentes, cabe a obrigação aos irmãos germanos, mas não aos unilaterais, salvo se apenas unilaterais houver.

III. Se o parente, que deve alimentos em primeiro lugar, não estiver em condições de suportar totalmente o encargo, serão chamados a concorrer os de grau imediato.

IV. Na falta dos ascendentes, cabe a obrigação aos descendentes, independentemente da ordem de sucessão.

V. Sendo várias as pessoas obrigadas a prestar alimentos, todas devem concorrer na proporção dos respectivos recursos, e, intentada ação contra uma delas, poderão as demais ser chamadas a integrar a lide.

Estão corretas APENAS

(A) I, II e III.

(B) I, III e V.

(C) I, IV e V.

(D) II, III e IV.

(E) III, IV e V.

I: correta (art. 1.696 do CC); **II e IV:** incorretas, pois, na falta dos ascendentes, cabe a obrigação aos descendentes, guardada a ordem de sucessão e, faltando estes, aos irmãos, assim germanos como unilaterais (art. 1.697 do CC); **III e V:** corretas (art. 1.698 do CC). AG/WG

Gabarito "B".

(Magistratura/SP – 2013 – VUNESP) Acerca de alimentos, assinale a alternativa correta.

(A) A lei permite que a mulher grávida postule alimentos, que compreendem os valores suficientes para cobrir as despesas adicionais do período de gravidez e que sejam dela decorrentes, da concepção ao parto.

(B) O cônjuge declarado culpado na ação de separação judicial perde definitivamente o direito de pleitear alimentos do outro cônjuge, ainda que não lhe reste qualquer outro meio de subsistência.

(C) Os alimentos provisórios são aqueles postulados liminarmente, ao passo que os provisionais são aqueles concedidos definitivamente.

(D) A obrigação de prestar alimentos é personalíssima, não se transmitindo aos herdeiros do devedor.

A: correta (art. 2º da Lei 11.804/2008); **B:** incorreta, pois, caso o cônjuge culpado não tiver outra forma de prover suas necessidades, terá direito de pedir alimentos para o cônjuge inocente, mas restrito ao indispensável à subsistência (art. 1.694, § 2º, do CC); **C:** incorreta, pois os alimentos provisórios de fato são os postulados liminarmente, mas em ação de alimentos de rito especial, ao passo que os alimentos provisionais são os fixados em medida cautelar, preparatória ou incidental, de ação de separação, divórcio ou invalidação de casamento ou em outros tipos de ação de alimentos, não se tratando, portanto, de alimentos concedidos definitivamente; **D:** incorreta, pois a obrigação de prestar alimentos transmite-se aos herdeiros do devedor (art. 1.700 do CC). WG

Gabarito "A".

(Magistratura/SP – 180º) Em relação aos alimentos:

I. no cumprimento da obrigação alimentar pelos parentes, a solidariedade é relativa;

II. o direito aos alimentos é personalíssimo, imprescritível e intransmissível;

III. os alimentos são irrepetíveis e irrenunciáveis;

IV. têm os parentes, cônjuges ou companheiros, o dever de sustentar uns aos outros quando necessário.

São verdadeiras apenas as proposições

(A) I e II.

(B) II e IV.

(C) I, II e III.

(D) II e III.

I: errada (art. 1.698 do CC e enunciado CJF 342); **II:** correta (de fato, o direito aos alimentos é (i) personalíssimo, pois tem como objetivo suprir as necessidades vitais daquele que não consegue supri-las com seus próprios meios; (ii) imprescritível, pois o direito a alimentos não cessa pelo seu não exercício e (iii) intransmissível, eis que falecido o beneficiário não se transmite aos herdeiros, somente a obrigação de prestar os alimentos transmite-se aos herdeiros); **III:** errada (os alimentos são, de fato, irrepetíveis; ocorre que, quando se tratar de alimentos devidos em razão de casamento ou união estável, há divergências no concernente a ser prestação irrenunciável. Para o STF, são igualmente irrenunciáveis, conforme se infere da Súmula nº 379. Posteriormente, o STJ passou a entender de modo diverso, no sentido de que é possível a renúncia aos alimentos, *verbis*: "REsp 701902/SP (15/09/2005). Direito civil e processual civil. Família. Recurso especial. Separação judicial. Acordo homologado. Cláusula de renúncia a alimentos. Posterior ajuizamento de ação de alimentos por ex-cônjuge. Carência de ação. Ilegitimidade ativa. A cláusula de renúncia a alimentos, constante em acordo de separação devidamente homologado, é válida e eficaz, não permitindo ao ex-cônjuge que renunciou, a pretensão de ser pensionado ou voltar a pleitear o encargo. Deve ser reconhecida a carência da ação, por ilegitimidade ativa do ex-cônjuge para postular em juízo o que anteriormente renunciara expressamente. Recurso especial conhecido e provido." Em 2007, consolidando este entendimento, o STJ editou a súmula 336. Vide também enunciado CJF 263); **IV:** correta (art. 1.694 do CC). AG/WG

Gabarito "B".

9.6. BEM DE FAMÍLIA

(Magistratura/CE – 2012 – CESPE) No que se refere ao enfrentamento jurisprudencial do bem de família, assinale a opção correta.

(A) A vaga de garagem com matrícula própria no registro de imóveis constitui bem de família para efeito de penhora.

(B) O terreno não edificado não caracteriza bem de família, pois não serve à moradia familiar.

(C) É inconstitucional a penhora de bem de família do fiador em contrato de locação.

(D) Não faz jus aos benefícios da lei que regulamenta o bem de família o devedor que não resida no único imóvel que lhe pertença, só utilizando o valor obtido com a locação desse bem para complementar a renda familiar.

(E) A execução de dívida oriunda de pensão alimentícia não pode ensejar a penhorabilidade do bem de família.

A: incorreta. A questão foi pacificada em 2010, com a edição da súmula n.º 449 do STJ, segundo a qual: "*A vaga de garagem que possui matrícula própria no registro de imóveis não constitui bem de família para efeito de penhora*"; **B:** correta. O Superior Tribunal de Justiça vem entendendo que: "*Só deve ser considerado como bem de família o único imóvel residencial pertencente ao casal (art. 5º da Lei 8.009/90, vigente na época dos fatos). Terreno sem qualquer benfeitoria, embora único bem do casal, não apresenta características exigidas para ser tido como bem de família*" (REsp n.º 619.722); **C:** incorreta. O Plenário do Supremo Tribunal Federal, no julgamento do RE 407.688, sob a relatoria do Ministro Cezar Peluso, afirmou ser legítima a penhora de bem considerado de família pertencente a fiador de contrato de locação, em face da compatibilidade da exceção prevista no art. 3º, VII, da Lei 8.009/90 (acrescentada pela Lei 8.245/91) com o princípio do direito à moradia consagrado no art. 6º da Constituição Federal a partir da EC 26/2000; **D:** incorreta. O Superior Tribunal de Justiça se inclina no sentido de que "*a impenhorabilidade prevista na Lei n. 8.009/90 se estende ao único imóvel do devedor, ainda que este se ache locado a terceiros, por gerar frutos que possibilitam à família constituir moradia em outro bem alugado ou utilizar o valor obtido com a locação desse bem como complemento da renda familiar*" (REsp n.º 714515/SP); **E:** incorreta, pois a execução de dívida oriunda de pensão alimentícia pode ensejar a penhorabilidade do bem de família (Lei n.º 8.009/90, art. 3º, III). **GN** Gabarito "B".

(Magistratura/DF – 2011) Bem de família obrigatório ou legal é aquele que resulta diretamente da lei, de ordem pública, que tornou impenhorável o imóvel residencial, próprio do casal, ou da entidade familiar, daí por que não poderá ser objeto de penhora por dívida de natureza civil, comercial, fiscal, previdenciária ou de outra natureza, salvo nas hipóteses expressamente previstas nos artigos 2º e 3º, I a VII da Lei nº 8.009, de 29 de março de 1990. Assim, considere as proposições abaixo, assinalando a <u>incorreta</u>:

(A) Ao solteiro, não obstante resida e ocupe o imóvel sozinho, aplica-se esta mesma regra;

(B) Ao viúvo, ao contrário, não se aplica tal regra, máxime quando seus descendentes hajam constituído outras famílias;

(C) É entendimento assente que a lei nº 8.009/90 tem aplicabilidade mesmo nos casos em que a penhora for anterior à sua vigência.

(D) Todos os residentes do imóvel, sujeitos do bem de família, portanto beneficiários da regra da impenhorabilidade, têm em seu favor esse direito, ou seja, a lei confere-lhes o poder de não ver constrita a casa onde moram.

A: assertiva correta (Súmula 394 do STJ: "o conceito de impenhorabilidade de bem de família abrange também o imóvel pertencente a pessoas solteiras, separadas e viúvas"); **B:** assertiva incorreta, devendo ser assinalada; vide o teor da Súmula 394 do STJ, transcrita no comentário à alternativa anterior; **C:** assertiva correta, por se tratar de uma norma processual (que trata sobre *penhora*), sendo que as normas processuais têm aplicação imediata; **D:** assertiva correta, pois os titulares desse direito, que é fundado no princípio da dignidade da pessoa humana, são justamente os membros da família. **AG/WG** Gabarito "B".

(Magistratura/SP – 2013 – VUNESP) No que concerne ao bem de família, assinale a resposta correta consoante a Lei n. 8.009 e a jurisprudência do STJ.

(A) A vaga de garagem, ainda que possua matrícula própria no registro de imóveis, constitui bem de família para efeito de penhora.

(B) O conceito de impenhorabilidade do bem de família abrange as benfeitorias de qualquer natureza, equipamentos, inclusive veículos de transporte, móveis que guarnecem a casa e obras de arte.

(C) O conceito de impenhorabilidade do bem de família não abrange o imóvel pertencente a pessoas solteiras, viúvas e separadas.

(D) É impenhorável o único imóvel residencial do devedor que esteja locado a terceiros, desde que a renda obtida com a locação seja revertida para a subsistência ou a moradia da sua família.

A: incorreta, pois a Súmula STJ n. 449 dispõe que "a vaga de garagem que possui matrícula própria no registro de imóveis não constitui bem de família para efeito de penhora"; **B:** incorreta, pois não abrange veículos de transporte e obras de arte, não previstos no art. 1º, parágrafo único, da Lei 8.009/1990, que, inclusive vem sendo interpretado de modo mais estrito possível, sendo que equipamentos que se destinam unicamente a embelezar o ambiente, sem que se constituam em peça essencial à vida familiar, podem ser penhorados (STJ, REsp 300.411). Vide também o art. 2º da Lei 8.009/1990; **C:** incorreta, pois a Súmula STJ n. 364 dispõe que "o conceito de impenhorabilidade de bem de família abrange também o imóvel pertencente a pessoas solteiras, separadas e viúvas"; **D:** correta, pois retrata o exato teor da Súmula STJ n. 486. **WG** Gabarito "D".

9.7. CURATELA

(Juiz – TJ-SC – FCC – 2017)A curatela

(A) do pródigo priva-o, apenas, de, sem curador, transigir, dar quitação ou alienar bens móveis ou imóveis.

(B) de pessoa com deficiência é medida protetiva extraordinária e definitiva.

(C) da pessoa com deficiência não poderá ser compartilhada a mais de uma pessoa, porque não se confunde com a tomada de decisão apoiada.

(D) de pessoa com deficiência afetará tãosomente os atos relacionados aos direitos de natureza patrimonial e negociai, não alcançando o direito ao trabalho, nem ao voto.

(E) do pródigo priva-o do matrimônio ou de novo matrimônio sob o regime de comunhão universal ou parcial de bens, e de, sem curador, alienar bens imóveis, hipotecá-los e demandar ou ser demandado sobre esses bens.

A: incorreta, pois o pródigo interditado também não poderá emprestar, hipotecar, demandar ou ser demandado, e praticar, em geral, os atos que não sejam de mera administração (CC, art. 1.782); **B:** incorreta, pois trata-se de uma medida que deve durar o menor tempo possível (Lei 13.146/2015, art. 84, §3°); **C:** incorreta, pois o juiz pode estabelecer "*curatela compartilhada a mais de uma pessoa*" (CC, art. 1.775-A); **D:** correta, pois a curatela afetará tão somente os atos relacionados aos direitos de natureza patrimonial e negocial, não alcançando o direito ao próprio corpo, à sexualidade, ao matrimônio, à privacidade, à educação, à saúde, ao trabalho e ao voto (Lei 13.146/2015, art. 85); **E:** incorreta, pois a lei não prevê tal restrição na liberdade do pródigo. **GN** Gabarito "D".

(Magistratura/PR – 2010 – PUC/PR) Sobre Tutela e Curatela, assinale a alternativa INCORRETA.

(A) A nomeação de tutor pelo pai ou pela mãe, constante de testamento, é válida desde que, ao tempo de sua morte, o testador tinha o poder familiar.

(B) Não podem ser tutores aqueles que exercerem função pública incompatível com a boa administração da tutela.

(C) Salvo determinação judicial, não será obrigado a prestar contas o curador quando este for o cônjuge, qualquer que seja o regime do casamento.

(D) Havendo pais, tutores, cônjuge ou qualquer parente capaz, o Ministério Público não promoverá a interdição.

A: correta, pois a assertiva reflete o disposto nos arts. 1.729 e 1.730 do CC; **B:** correta, pois a assertiva reflete o disposto no art. 1.735, VI, do CC; **C:** incorreta, pois não existe essa exceção, eis que, de acordo com o disposto no art. 1.783 do CC, somente quando o curador for o cônjuge e o regime de bens do casamento for de comunhão universal, não será obrigado à prestação de contas, salvo determinação judicial; **D:** correta, pois a assertiva reflete o disposto nos arts. 1.768 e 1.769, II, ambos do CC. **AG/WG**
Gabarito "C".

(Magistratura/RO – 2011 – PUCPR) Assinale a única alternativa **correta.**

(A) No regime da comunhão parcial entram na comunhão as obrigações provenientes de atos ilícitos, quando reverterem em proveito do casal, e os sub-rogados.

(B) Podem os pais, independentemente de autorização judicial, alienar imóveis dos filhos menores quando demonstrada necessidade ou evidente interesse da prole.

(C) Para os efeitos de impenhorabilidade, de que trata a Lei 8.009/1990, se o casal é possuidor de vários imóveis utilizados como residência, a impenhorabilidade recairá sobre o de menor valor, ainda que outro tenha sido registrado, para esse fim, no Registro de Imóveis.

(D) Em regra, a tutela cede lugar à curatela quando o tutelado cai sob poder familiar ou atinge a maioridade.

(E) Os tutores são obrigados a prestar contas da sua administração ainda que os pais dos tutelados tenham disposto em contrário.

A: incorreta (art. 1.659, IV, do CC); **B:** incorreta, pois há necessidade de autorização judicial (art. 1.691 do CC); **C:** incorreta, pois não recairá sobre o de menor valor se outro tiver sido registrado (art. 5º, par. único, da Lei 8.009/90); **D:** incorreta, pois quando o tutelado atinge a maioridade cessa a tutela, assim como quando o tutelado cai sob o poder familiar (art. 1.763 do CC), não havendo que se falar em curatela nesses dois casos (art. 1.767 do CC); **E:** correta (art. 1.755 do CC). **AG/WG**
Gabarito "E".

9.8. TEMAS COMBINADOS DE FAMÍLIA

(Magistratura/SP – 177º) Sobre filiação, regime de bens no casamento e poder familiar, pode-se afirmar que

(A) é imprescritível, mas também exclusiva do marido, a ação para contestar a paternidade dos filhos de sua mulher, na constância do casamento; no caso de impugná-la, seus herdeiros poderão prosseguir; mas se não o fizer em vida, subsistirá a presunção da paternidade sem que possa ser impugnada ou contestada por qualquer interessado de sua parte.

(B) o casamento pelo regime da comunhão universal importa na comunicação de todos os bens e dívidas passivas dos cônjuges, havidos por qualquer deles e a qualquer título, antes e durante o casamento, exigindo-se, porém, o pacto antenupcial.

(C) o pacto antenupcial é obrigatório nos regimes de separação total, da comunhão universal e no regime de ratificação final dos aquestos, podendo ser levado

a efeito por instrumento público ou particular, neste último caso, com sua transcrição no processo de habilitação de casamento, mas levado a registro, em ambas as hipóteses, obrigatoriamente, no Registro de Imóveis.

(D) o poder familiar é exercido conjuntamente pelo pai e pela mãe, admitida a renúncia a ele por qualquer dos cônjuges em favor do outro consorte, quando a convivência entre os pais ou entre um destes e o filho se torne insuportável.

A: art. 1.601 do CC; **B:** arts. 1.667 e 1.668 do CC; **C:** art. 1.653 do CC; **D:** art. 1.631 do CC. **AG/WG**
Gabarito "A".

10. SUCESSÕES

10.1. SUCESSÃO EM GERAL

(Juiz – TJ-SC – FCC – 2017) A sucessão por morte ou ausência obedece à lei do país:

(A) em que nasceu o defunto ou o desaparecido, qualquer que seja a natureza e a situação dos bens, mas a sucessão de bens de estrangeiros, situados no Brasil, será regulada pela lei brasileira em benefício do cônjuge ou dos filhos brasileiros, ou de quem os represente, sempre que não lhes seja mais favorável a lei pessoal do *de cujus.*

(B) em que era domiciliado o defunto ou o desaparecido, qualquer que seja a natureza e a situação dos bens, mas a sucessão de bens de estrangeiros, situados no Brasil, será regulada pela lei brasileira em benefício do cônjuge ou dos filhos brasileiros, ou de quem os represente, sempre que não lhes seja mais favorável a lei pessoal do *de cujus.*

(C) de cuja nacionalidade tivesse o defunto ou o desaparecido, mas a sucessão de bens de estrangeiros, situados no Brasil, será regulada pela lei brasileira em benefício do cônjuge ou dos filhos brasileiros, ou de quem os represente, sempre que não lhes seja mais favorável a lei pessoal do *de cujus.*

(D) em que era domiciliado o defunto ou o desaparecido, qualquer que seja a natureza e a situação dos bens, mas a sucessão de bens de estrangeiros, situados no Brasil, será sempre regulada pela lei brasileira, se houver cônjuge ou filhos brasileiros.

(E) de cuja nacionalidade tivesse o defunto, ou desaparecido, qualquer que seja a natureza e a situação dos bens, mas a sucessão de bens de estrangeiros, situados no Brasil, será regulada pela lei brasileira em benefício do cônjuge ou dos filhos brasileiros, ou de quem os represente, em qualquer circunstância.

Há duas regras básicas para compreender qual lei será aplicada para regular uma determinada sucessão. A primeira é que deve se aplicar a lei do domicílio do *de cujus* (Lei de Introdução, art. 10). Assim, por exemplo, se uma pessoa deixou bens no Brasil mas teve seu último domicílio em Buenos Aires, a lei material que regulará a sucessão será o Código Civil argentino.
A segunda regra somente será aplicada caso existam cônjuge ou filhos herdeiros de nacionalidade brasileira. Nesse caso, a lei aplicável será a "mais benéfica" (CF, art. 5º, XXXI). Ou seja, o juiz deverá comparar

a lei do domicílio do *de cujus* com o Código Civil brasileiro e aplicar a regra que seja mais benéfica para o cônjuge ou filhos de nacionalidade brasileira.**(GN)**

Gabarito "B".

(Magistratura/RJ – 2013 – VUNESP) Marido e mulher, casados pelo regime da separação total de bens, morreram em um acidente de avião, sem se conseguir, aplicando-se todas as técnicas da medicina legal, identificar qual dos mortos faleceu primeiro. Deixaram filhos. Nesse caso, quanto à sucessão, é correto afirmar que

(A) como o regime, no caso, é o da separação total de bens, um cônjuge será herdeiro do outro no importe de 50% sobre o monte partível, sendo que os filhos herdarão a outra metade.

(B) pelo regime de bens, um cônjuge poderia ser herdeiro do outro, mas, no presente caso, devido à comoriência, não cabe direito sucessório entre si, pelo que os filhos serão os herdeiros de todo o monte partível.

(C) devido ao instituto da colação caracterizado por terem falecido juntos no mesmo acidente, os filhos herdarão os bens de cada genitor, separadamente.

(D) não existe possibilidade de se transmitir a herança a mortos, haja vista que com a morte não existe mais pessoa natural, pelo que um cônjuge somente será herdeiro do outro se tiver sido realizado um testamento anterior à morte.

A hipótese é de comoriência (art. 8º do CC). Nesses casos, aplica-se a famosa regra de que *"quando um morreu, o outro já estava morto e vice-versa"*. Logo, não haverá transferência de bens entre os cônjuges pelo simples motivo de que o morto não tem direito sucessório. Como a questão menciona a existência de filhos, a solução é simples: atribui-se o direito sucessório a eles. Apenas a assertiva "B" traz essa solução. GN

Gabarito "B".

(Magistratura/RJ – 2013 – VUNESP) Herança jacente é

(A) aquela em que o *de cujus* deixou bens, mas não deixou testamento, sendo que não há conhecimento da existência de algum herdeiro.

(B) o reconhecimento por sentença de que não há bens, mas apenas herdeiros, sendo que não tem personalidade jurídica nem é patrimônio autônomo sem sujeito.

(C) aquela em que o falecido deixou bens e herdeiros, além de disposição de última vontade, por meio de testamento particular.

(D) aquela em que o falecido deixou bens e herdeiros, além de testamento público.

Verifica-se herança jacente quando a pessoa falece deixando patrimônio, mas não deixando herdeiros legítimos ou testamentários para receber seu patrimônio. Nesse caso, o destino final dos bens deixados será o Município ou o Distrito Federal, se localizados nas respectivas circunscrições, ou, ainda, a União, quando situados em Território Federal (art. 1.819 e seguintes do CC). Apenas a assertiva "A" contempla tais informações. GN

Gabarito "A".

(Magistratura/SP – 2011 –VUNESP) Assinale a alternativa correta.

(A) Regula a sucessão a lei vigente ao tempo da abertura do inventário.

(B) A sucessão abre-se no lugar do falecimento.

(C) É possível a aceitação parcial da herança.

(D) O ato de renúncia da herança é passível de revogação.

(E) Os descendentes de herdeiro excluído sucedem como se ele fosse morto antes da abertura da sucessão.

A: incorreta, pois regula a sucessão a lei vigente ao tempo da abertura da sucessão (art. 1.787 do CC); **B:** incorreta, pois a sucessão abre-se no lugar do último domicílio do falecido (art. 1.785 do CC); **C:** incorreta, pois não se pode aceitar a herança em parte (art. 1.808, *caput*, do CC); **D:** incorreta, pois a aceitação é irrevogável (art. 1.812 do CC); **E:** correta (art. 1.816, *caput*, do CC). AG/WG

Gabarito "E".

10.2. SUCESSÃO LEGÍTIMA

(Juiz – TJ-SC – FCC – 2017) Na sucessão legítima, aplicam-se as seguintes regras:

I. Havendo renúncia à herança, a parte do renunciante devolver-se-á sempre aos herdeiros da classe subsequente.

II. Quando o herdeiro prejudicar os seus credores, renunciando à herança, poderão eles, com autorização do juiz, aceitá-la em nome do renunciante, mas, pagas as dívidas do renunciante, prevalece a renúncia quanto ao remanescente, que será devolvido aos demais herdeiros da mesma classe, salvo se for o único, caso em que se devolve aos herdeiros da classe subsequente.

III. Na classe dos colaterais, os mais próximos excluem os mais remotos, salvo o direito de representação concedido aos filhos de irmãos.

IV. Na falta de irmãos herdarão igualmente os tios e sobrinhos, que são colaterais de terceiro grau.

V. Na linha descendente, os filhos sucedem por cabeça, e os outros descendentes por cabeça ou por estirpe, conforme se achem ou não no mesmo grau.

Está correto o que se afirma APENAS em:

(A) I, IV e V.

(B) I, II e III.

(C) III, IV e V.

(D) I, II e IV.

(E) II, III e V.

I: incorreta, pois há outras opções para o destino da parte do renunciante. Assim, por exemplo, numa herança que só tenha filhos, a renúncia de um deles faz acrescer aos demais a sua quota (CC, art. 1.810). A renúncia de um herdeiro que seja devedor pode acabar nas mãos do seu credor (CC, art. 1.813); **II:** correta, pois de acordo com a previsão estabelecida pelo CC, art. 1.813. A ideia da regra é evitar que um herdeiro possa fraudar seu credor mediante a renúncia da herança; **III:** correta, pois apenas o sobrinho tem direito de representação quando se trata de uma herança na qual só haja herdeiros legítimos colaterais (CC, art. 1.840); **IV:** incorreta, pois na falta de irmãos a lei chama os sobrinhos e – não os havendo – convoca os tios (CC, art. 1.843). Em outras palavras, apesar de serem colaterais do mesmo grau, o sobrinho do falecido tem preferência em relação ao tio do falecido; **V:** correta, pois de pleno acordo com o disposto no art. 1.835 do Código Civil.GN

Gabarito "E".

1. DIREITO CIVIL 79

(Magistratura/DF – 2011) Cuidando-se da sucessão legítima, segundo a lei civil em vigência, "dá-se o direito de representação, quando a lei chama certos parentes do falecido a suceder em todos os direitos, em que ele sucederia, se vivo fosse". Assim exposto, considere as proposições abaixo e assinale a <u>incorreta</u>:

(A) O direito de representação dá-se na linha reta descendente como também na ascendente;

(B) Na linha transversal, somente se dá o direito de representação em favor dos filhos de irmãos do falecido, quando com irmãos deste concorrerem;

(C) Os representantes só podem herdar, como tais, o que herdaria o representado, se vivo fosse;

(D) O quinhão do representado partir-se-á por igual entre os representantes.

A: incorreta, pois o direito de representação dá-se apenas na linha descendente (art. 1.852 do CC); **B:** correta (art. 1.853 do CC); **C:** correta (art. 1.854 do CC); **D:** correta (art. 1.855 do CC). **AG/WG**
„Gabarito "A".

(Magistratura/PE – 2011 – FCC) Na sucessão legítima

(A) os filhos sucedem por cabeça e os outros descendentes apenas por estirpe.

(B) em falta de descendentes e ascendentes, será deferida a sucessão por inteiro ao cônjuge sobrevivente, apenas se casado sob o regime da comunhão universal ou parcial de bens.

(C) sendo chamados a suceder os colaterais, na falta de irmãos sucederão os tios e não os havendo os filhos dos irmãos.

(D) em falta de descendente e ascendente, será deferida a sucessão por inteiro ao cônjuge sobrevivente, mesmo que casado tiver sido sob o regime da separação obrigatória de bens.

(E) na classe dos ascendentes não há exclusão por grau, todos sendo aquinhoados em igualdade.

A: incorreta (art. 1.835 do CC); **B:** incorreta, pois o cônjuge sobrevivente, nesse caso, herdará independentemente do regime de bens (art. 1.838 do CC); **C:** incorreta, pois na falta de irmãos sucederão os filhos destes e, não os havendo, os tios (art. 1.843, *caput*, do CC); **D:** correta (art. 1.838 do CC); **E:** incorreta (art. 1.836, § 1º, do CC). **AG/WG**
„Gabarito "D".

(Magistratura/PR – 2013 – UFPR) Considerando o que dispõe a Lei Civil com relação à sucessão em geral, à sucessão legítima e à testamentária, assinale a alternativa correta.

(A) Aberta a sucessão, a herança transmite-se aos herdeiros com a expedição do formal de partilha ou o registro do testamento, conforme se trate de sucessão legítima ou testamentária.

(B) Morrendo a pessoa sem testamento, transmite-se a herança aos herdeiros legítimos; o mesmo ocorrerá quanto a bens não compreendidos no testamento; porém, embora subsista a sucessão legítima, caso julgado nulo o testamento, não subsistirá se vier a caducar, caso em que será promovida a arrecadação legal dos bens.

(C) Na sucessão testamentária podem ser chamadas a suceder as pessoas jurídicas.

(D) Concorrendo à herança do falecido irmãos bilaterais com irmãos unilaterais, cada um destes herdará cota equivalente da que cada um daqueles herdar.

A: incorreta. Segundo o princípio de *saisine*, consubstanciado no art. 1.784 do CC, é a morte que transmite imediatamente o patrimônio aos herdeiros e não o futuro formal de partilha ou registro de testamento; **B:** incorreta, pois subsiste a sucessão legítima se o testamento caducar, ou for julgado nulo (art. 1.788 do CC); **C:** correta, pois as pessoas jurídicas são legitimadas a suceder, conforme a regra do art. 1.799, II, do CC; **D:** incorreta, pois nesse caso cada irmão bilateral herdará o dobro do que cada irmão unilateral (art. 1.841 do CC). **GN**
„Gabarito "C".

(Magistratura/PR – 2010 – PUC/PR) A respeito de sucessões, assinale a única alternativa INCORRETA.

(A) A renúncia de herança deve constar expressamente de instrumento público ou termo judicial; a aceitação pode ser tácita.

(B) Se não houver cônjuge sobrevivente, ou se vivo não lhe seja reconhecido direito sucessório, serão chamados a suceder os colaterais até o terceiro grau.

(C) Não pode o testador estabelecer cláusula de inalienabilidade, impenhorabilidade e de incomunicabilidade sobre os bens da legítima, salvo se houver justa causa, declarada no testamento.

(D) Na disposição testamentária, se instituído menor herdeiro ou legatário, pode o testador nomear-lhe curador especial para administração desses bens ainda que o beneficiário se encontre sob poder familiar, ou tutela.

A: correta, pois a assertiva reflete o disposto nos arts. 1.805, *caput* e 1.806, do CC; **B:** incorreta, pois nesse caso serão chamados os colaterais até o <u>quarto grau</u> (art. 1.839 do CC); **C:** correta, pois a assertiva reflete o disposto no art. 1.848, *caput*, do CC; **D:** correta, pois a assertiva reflete o disposto no art. 1.733, § 2º, do CC. **AG/WG**
„Gabarito "B".

(Magistratura/SP – 2011 – VUNESP) Assinale a alternativa correta.

(A) Na falta de descendentes, será deferida a sucessão por inteiro aos ascendentes.

(B) Na classe dos colaterais, os mais próximos excluem os mais remotos, mas os filhos de irmãos do falecido herdam por representação.

(C) Não concorrendo à herança irmão bilateral, os unilaterais herdarão metade do que herdaria aquele.

(D) O valor correspondente a legado deixado a herdeiro necessário será abatido da parte que lhe couber na legítima.

(E) O direito de representação pode dar-se na linha ascendente.

A: incorreta, pois será deferida aos ascendentes em concorrência com o cônjuge (art. 1.829, II, do CC); **B:** correta (art. 1.840 do CC); **C:** incorreta, pois os unilaterais herdarão em partes iguais tudo o que os bilaterais herdariam (art. 1.842 do CC); **D:** incorreta, pois a parte que recebeu fora da legítima não será abatida (art. 1.849 do CC); **E:** incorreta, pois o direito de representação dá-se apenas na linha reta descendente (art. 1.852 do CC). **AG/WG**
„Gabarito "B".

(Magistratura/SP – 177º) Sobre a sucessão legítima e a ordem da vocação hereditária, assinale a resposta correta.

(A) Quando o cônjuge supérstite concorre à herança com ascendentes do falecido, cabe-lhe a metade da herança, mas se concorrer com um só ascendente ou estiver no segundo grau na linha ascendente de parentesco, cabem-lhe 2/3 (dois terços) da herança.

(B) O cônjuge supérstite concorre à herança com os descendentes do *de cujus*, salvo se o casamento se deu pelo regime da separação total de bens; ou, se o foi pelo regime da comunhão parcial, o cônjuge falecido não houver deixado bens particulares seus.

(C) O cônjuge supérstite, quando concorre à herança com descendentes do *de cujus*, terá direito a quinhão hereditário correspondente a 50% (cinquenta por cento) do quinhão dos descendentes que sucederem por cabeça; a 1/4 (um quarto) da herança, quando a sucessão dos descendentes se der por estirpe.

(D) O cônjuge supérstite, qualquer que seja o regime do casamento, concorre à herança com os ascendentes do *de cujus*.

A: incorreta (art. 1.837 do CC); **B:** incorreta (art. 1.829, I, do CC); **C:** incorreta (art. 1.832 do CC); **D:** correta (art. 1.829, II, do CC). **AG/WG**
Gabarito "D".

(Magistratura/SP – 179º) Considere as seguintes situações:

I. João morreu sem deixar cônjuge, convivente, descendentes e mãe, mas tendo irmãos, pai e avó materna vivos; seu único herdeiro legítimo é seu pai;

II. Antonio faleceu sem deixar descendentes, cônjuge, convivente e ascendentes; dois de seus irmãos eram ainda vivos; Pedro, filho de irmão já falecido, também é herdeiro legítimo de Antonio por representação;

III. Paulo faleceu sem deixar descendentes, cônjuge, convivente, ascendentes, irmãos e sobrinhos; seus herdeiros legítimos são dois tios e filho de terceiro tio já falecido;

IV. Joaquim, José e Manoel são os únicos sobrinhos de Luís, que morreu sem deixar descendentes, cônjuge, convivente, ascendentes e irmãos; os dois primeiros são irmãos e o terceiro primo deles e, como sucessores legítimos, herdam por cabeça.

Estão corretas

(A) todas as conclusões.

(B) apenas as conclusões I e III.

(C) apenas as conclusões II e IV.

(D) apenas as conclusões I, II e IV.

I: verdadeira (art. 1.829 do CC); **II:** verdadeira (art. 1.840 do CC); **III:** falsa (art. 1.843 do CC); **I** verdadeira (art. 1.843, §1º, do CC). **AG/WG**
Gabarito "D".

10.3. SUCESSÃO TESTAMENTÁRIA

(Magistratura/BA – 2012 – CESPE) Acerca do direito das sucessões, assinale a opção correta.

(A) Testamento feito por deficiente mental se valida com a superveniência da capacidade.

(B) É vedada a retratação da renúncia à herança, ainda que essa retratação não prejudique os credores.

(C) Lei nova, se mais benéfica aos herdeiros, pode disciplinar sucessão aberta na vigência de lei anterior.

(D) Falecido o herdeiro testamentário antes da morte do testador, seus descendentes, se houver, o sucederão.

(E) Estando mortos todos os filhos do *de cujus*, os netos sucederão no direito à herança, de acordo com as quotas destinadas aos seus respectivos pais.

A: incorreta, em virtude da sábia regra estabelecida pelo Código Civil no artigo 1.861 que determina: "*A incapacidade superveniente do testador não invalida o testamento, nem o testamento do incapaz se valida com a superveniência da capacidade*"; **B:** correta, pois a renúncia à herança é irrevogável (CC, art. 1.812); **C:** incorreta, pois a lei que disciplina a sucessão é exatamente a lei em vigor no instante do falecimento do *de cujus*; **D:** incorreta, pois não se aplica o direito de representação ao herdeiro testamentário. Seu falecimento antes do testador implica na caducidade da disposição testamentária (CC, art. 1.939, V); **E:** incorreta, pois nesse caso os herdeiros descendentes estão todos no mesmo grau. São todos netos do falecido. Logo, herdarão por direito próprio e por cabeça, dividindo em igualdade de condições a herança deixada pelo avô (CC, art. 1.835). **GN**
Gabarito "B".

(Magistratura/PE – 2013 – FCC) Só se permite o testamento público

(A) ao cego, a quem lhe será lido, em voz alta, duas vezes, uma pelo tabelião ou por seu substituto legal e a outra por uma das testemunhas, designada pelo testador, fazendo-se de tudo circunstanciada menção no testamento.

(B) à pessoa estrangeira, que não conheça o idioma nacional, devendo as testemunhas conhecerem a língua em que se expressa o testador, e mediante tradução feita por tradutor juramentado.

(C) ao indivíduo inteiramente surdo, que souber ler e escrever ou, não o sabendo, que designe quem o leia em seu lugar, presentes cincos testemunhas.

(D) aos analfabetos, devendo a escritura de testamento, neste caso, ser subscrita por cinco testemunhas indicadas pelo testador.

(E) às pessoas que contarem mais de setenta anos de idade.

A única imposição legal de utilização da forma pública de testamento vem prevista no art. 1.867 do CC e verifica-se justamente para o testador cego. **WG**
Gabarito "A".

(Magistratura/SC – 2010) Assinale a alternativa correta:

I. O direito de representação se dá nas linhas descendente e ascendente.

II. O renunciante à herança de uma pessoa poderá representá-la na sucessão de outra.

III. São testamentos ordinários o público, o cerrado e o particular; e especiais o marítimo, o aeronáutico e o militar.

IV. Havendo necessidade, podem-se criar outras modalidades de testamentos especiais, por meio de escritura pública.

(A) Somente as proposições I, II e IV estão corretas.

(B) Somente as proposições I e III estão corretas.

(C) Somente as proposições II e IV estão corretas.

(D) Somente as proposições II e III estão corretas.

(E) Somente as proposições III e IV estão corretas.

I: incorreta, pois o direito de representação dá-se apenas na linha descendente (art. 1.852 do CC); **II:** correta (art. 1.856 do CC); **III:** correta (arts. 1.862 e 1.886 do CC); I incorreta, pois não se admitem outros testamentos especiais, além dos contemplados no Código Civil (art. 1.887 do CC). **AG/WG**

Gabarito "D".

(Magistratura/SP – 177º) Sobre sucessão testamentária, assinale a resposta correta.

(A) Em testamento, pode o testador dispor livremente de seus bens, dentro da quota do disponível e respeitada a legítima dos herdeiros necessários; mas, se a disposição testamentária extravasar, em valores ou bens, a quota do disponível, e alcançar a legítima dos herdeiros necessários, nulo será o testamento.

(B) O legado de usufruto, sem fixação de tempo, entende-se vitalício para o legatário; mas, se ele falecer antes do testador, caducará o legado, sem que os herdeiros dele, legatário, possam sucedê-lo, recolhendo o legado por representação a qualquer título.

(C) A pena cominada por sonegados, em que o herdeiro sonega bens da herança, não os descrevendo no inventário quando estejam em seu poder, ou omitindo-os à colação a que estiver obrigado a levá-los, é da perda, pelo herdeiro que assim proceder, da metade do seu quinhão hereditário, que lhe será aplicada, antes da partilha, nos próprios autos do inventário.

(D) As doações em vida, como antecipação da legítima a algum herdeiro necessário, estão sujeitas à colação, a fim de igualar as legítimas dos herdeiros, só podendo ser dispensada em testamento e desde que expressamente assim disposto pelo testador.

A: incorreta (art. 1.967 do CC); **B:** correta (arts. 1.921 e 1.939, V, do CC); **C:** incorreta (arts. 1.992 e 1.993 do CC); **D:** incorreta (art. 2.006 do CC). **AG/WG**

Gabarito "B".

10.4. INVENTÁRIO E PARTILHA

(Magistratura/AM – 2013 – FGV) O formal de partilha, extraído de inventário *causa mortis*, é documento que pode ser registrado na matrícula do imóvel inventariado e partilhado.

Nesse caso, é correto afirmar que o registro

(A) transfere a propriedade do bem ao herdeiro do *de cujus*, apenas no caso de herança legítima.

(B) transfere a propriedade do bem ao herdeiro do *de cujus*, apenas no caso de herança testamentária.

(C) transfere a propriedade do bem ao herdeiro do *de cujus*, em qualquer hipótese.

(D) transfere a posse do bem ao herdeiro do *de cujus*.

(E) não é modo de aquisição da propriedade, por parte do herdeiro do *de cujus*.

Em nosso sistema, a aquisição de bens por herança ocorre no exato instante do falecimento da pessoa. Não há intervalo entre a morte de uma pessoa e a aquisição do patrimônio pelos seus herdeiros. Trata-

---

-se da aplicação do princípio de *saisine* que, em nosso sistema, vem estabelecida no art. 1.784: "*aberta a sucessão, a herança transmite-se, desde logo, aos herdeiros legítimos e testamentários*". Logo, não é o registro do formal de partilha que atribuirá a aquisição de propriedade e sim o próprio falecimento. **GN**

Gabarito "E".

(MAGISTRATURA/PB – 2011 – CESPE) Com base no disposto no Código Civil e considerando o entendimento do STJ no que se refere às sucessões, assinale a opção correta.

(A) O prazo de decadência para impugnar a validade do testamento é de cinco anos, contado da abertura da sucessão.

(B) Caso o bem sonegado não esteja mais em poder do sonegador, por ter sido por ele alienado, o juiz deverá, em ação de sonegados, declarar nula a alienação.

(C) O direito de exigir a colação dos bens recebidos a título de doação em vida do *de cujus* é privativo dos herdeiros necessários, visto que a finalidade do instituto é resguardar a igualdade das legítimas.

(D) O ato de aceitação da herança é revogável, e o de renúncia a ela, irrevogável.

(E) A incapacidade superveniente do testador invalida o testamento.

A: incorreta, pois o prazo conta-se da data do seu registro (art. 1.859 do CC); **B:** incorreta (art. 1.995 do CC); **C:** correta. Essa é a posição do STJ: "RECURSO ESPECIAL. CIVIL. DIREITO DAS SUCESSÕES. PROCESSO DE INVENTÁRIO. DISTINÇÃO ENTRE COLAÇÃO E IMPUTAÇÃO. DIREITO PRIVATIVO DOS HERDEIROS NECESSÁRIOS. ILEGITIMIDADE DO TESTAMENTEIRO. INTERPRETAÇÃO DO ART. 1.785 DO CC/16. 1. O direito de exigir a colação dos bens recebidos a título de doação em vida do "de cujus" é privativo dos herdeiros necessários, pois a finalidade do instituto é resguardar a igualdade das suas legítimas. 2. A exigência de imputação no processo de inventário desses bens doados também é direito privativo dos herdeiros necessários, pois sua função é permitir a redução das liberalidades feitas pelo inventariado que, ultrapassando a parte disponível, invadam a legítima a ser entre eles repartida. 3. Correto o acórdão recorrido ao negar legitimidade ao testamenteiro ou à viúva para exigir a colação das liberalidades recebidas pelas filhas do inventariado. 4. Doutrina e jurisprudência acerca do tema. 5. Recursos especiais desprovidos" (REsp 167421 SP 1998/0018520-8 - Relator(a) Ministro PAULO DE TARSO SANSEVERINO Julgamento: 07/12/2010 - TERCEIRA TURMA – Publicação DJe 17/12/2010); **D:** incorreta, pois os atos de aceitação e renúncia da herança são irrevogáveis (art. 1.812 do CC); **E:** incorreta (art. 1.861 do CC). **AG/WG**

Gabarito "C".

11. REGISTROS PÚBLICOS

(Juiz – TJ-SC – FCC – 2017) Luís adquiriu um terreno, por escritura pública não levada ao Registro de Imóveis e onde, posteriormente, construiu uma casa que teve emplacamento com o respectivo número, bem como a rua, que não o tinha, recebeu o nome de rua das Flores. Executado por uma nota promissória, e pretendendo obter efeito suspensivo nos embargos que opôs, diligenciou para adquirir o domínio do imóvel, incluindo a construção, sendo o bem aceito à penhora. Acolhidos os embargos e lhe sendo restituído o título, providenciou o necessário para que não mais constasse contra ele a penhora no registro imobiliário. As providências tomadas foram:

(A) averbação *ex-officio* do nome da rua, matrícula da escritura, averbações da edificação e do número do emplacamento, registro da penhora e registro da decisão que determinou o cancelamento da penhora.

(B) registro da escritura, averbação *ex-officio* do nome da rua, averbação da edificação e do número do emplacamento, registro da penhora e averbação da decisão que determinou o cancelamento da penhora.

(C) registro da escritura e da edificação, averbação do número do emplacamento, do nome da rua, da penhora, e da decisão que determinou o cancelamento da penhora.

(D) averbações da escritura, da edificação e do número do emplacamento e, *ex-officio,* do nome da rua, registros da penhora e da decisão que a cancelou.

(E) matrícula da escritura e registros da edificação, *ex-officio* do nome da rua, da penhora e seu cancelamento.

Quem determina se a hipótese é de registro, averbação "exofficio" ou averbação é a Lei 6.015/1973, no Título V (Do Registro de Imóveis), Capítulo I (Das Atribuições). A escritura de compra e venda submete-se ao registro (art. 167, I, 18), enquanto o nome dos logradouros determinados pelo poder público devem ser averbados "ex officio" (art. 167, II, 13). Edificação e emplacamento são averbados (art. 167, II, 4). No que tange à penhora, ela é registrada quando instituída (art. 167, I, 5), mas averbada quando cancelada (art. 167, II, 2).**GN**
Gabarito "B".

(Magistratura Federal/2ª região – 2011 – CESPE) Acerca dos registros públicos, assinale a opção correta.

(A) Ainda que o registro seja efetuado mediante sentença expropriatória, não se dispensa o requisito da individuação do bem.

(B) Não deve ser efetuada matrícula se a sentença declaratória de usucapião tiver sido proferida em processo no qual não tenha sido possível nomear os confrontantes do imóvel.

(C) Constando erro de escritura pública registrada, o juiz poderá corrigi-lo mediante retificação do registro imobiliário.

(D) Para registrar o título, o oficial do registro de imóveis, durante a fase do exame formal, deve, primeiramente, verificar a presença dos elementos extrínsecos e intrínsecos da escritura.

(E) A cessão de direitos reais hereditários somente terá eficácia após registro no cartório competente.

A: correta, pois a individuação do bem é um princípio registral, previsto na Lei de Registros Públicos (art. 176, § 1º, II, n.º 3) e como tal não pode ser afastado; **B:** incorreta, pois na hipótese não existe óbice para a efetivação da matrícula; **C:** incorreta, pois "a escritura pública só pode ser retificada por outra escritura pública. Não podem os Juízes e nem os oficiais do Registro de Imóveis corrigir equívocos constantes de escrituras públicas, por falta de competência legal". PROCESSO Corregedoria Geral n.º 1.152/97 – São Paulo; **D:** incorreta, pois nessa etapa o exame limita-se aos elementos extrínsecos; **E:** incorreta, pois os arts. 1.793 a 1.795, que regulamentam referida cessão de direitos hereditários, não condicionam sua eficácia ao registro. **GN**
Gabarito "A".

---

12. QUESTÕES COMBINADAS

(Magistratura/CE – 2012 – CESPE) A respeito de negócio jurídico, dívida de alimentos e dívida prescrita, assinale a opção correta de acordo com o que dispõem o Código Civil e a jurisprudência do STJ.

(A) É incontroverso que o juiz possa, de ofício, decretar a prisão civil do devedor de alimentos, visto que ao magistrado cabe zelar pelo adimplemento das prestações alimentares.

(B) O pagamento parcial de uma dívida prescrita a torna exigível pelo credor quanto ao débito remanescente.

(C) A hipoteca firmada entre a construtora e o agente financeiro, seja anterior ou posterior à celebração da promessa de compra e venda, não tem eficácia perante os adquirentes do imóvel.

(D) É válido, porém ineficaz, o negócio jurídico praticado por ex-mandatário com terceiro de boa-fé que desconheça a extinção do mandato.

(E) O débito alimentar que autoriza a prisão civil do alimentante compreende as três prestações anteriores ao ajuizamento da execução, mas não as que vencerem no curso do processo.

A: incorreta, pois o entendimento do STJ é no sentido de que o juiz não poderá de ofício determinar a prisão, sendo necessário, portanto, o requerimento da parte. Nesse sentido o HC n.º 128229: "*Ação de execução de prestações alimentares - inexistência de pedido de prisão civil do executado e execução de verbas alimentares, inclusive, pretéritas - observância do artigo 732, CPC. Necessidade. Conversão para o rito previsto no artigo 733, de ofício – Impossibilidade*"; **B:** incorreta, pois o remanescente continua sendo hipótese de obrigação sem responsabilidade (*schuld* sem *haftung*); **C:** correta, nos termos da súmula n.º 308 do STJ, segundo a qual: "*A hipoteca firmada entre a construtora e o agente financeiro, anterior ou posterior à celebração da promessa de compra e venda, não tem eficácia perante os adquirentes do imóvel*"; **D:** incorreta, pois o negócio é válido e eficaz em homenagem à boa-fé subjetiva do terceiro (CC, art. 686); **E:** incorreta, pois o débito que autoriza a prisão civil do alimentante compreende tanto as três prestações anteriores ao ajuizamento, quanto as que se vencerem no curso do processo (STJ, Súmula n.º 309). **GN**
Gabarito "C".

(Magistratura/CE – 2012 – CESPE) De acordo com as disposições do Código Civil e da jurisprudência dos tribunais pátrios, assinale a opção correta no que se refere a contratos, obrigações e capacidade para os negócios jurídicos.

(A) Constitui requisito especial na formação dos contratos a colheita do acordo de vontades, que deve ser livre e espontâneo, não sendo, em nenhuma hipótese, aceito o silêncio como forma de manifestação tácita.

(B) Diante de uma obrigação alternativa, deve-se respeitar a vontade dos contratantes e, na falta de estipulação ou de presunção contrária, a escolha entre as alternativas caberá ao credor.

(C) É válido e irrecobrável o pagamento espontâneo, feito por maior de idade, para cumprir obrigação de dívidas inexigíveis, como as prescritas ou as de jogo.

1. DIREITO CIVIL

(D) É válido o ato praticado por pessoa declarada incapaz caso se comprove que essa pessoa estava lúcida no momento em que praticou o ato.

(E) Em razão da tradicional proibição do *pacta corvina*, é defeso aos pais, por ato entre vivos, partilhar o seu patrimônio entre os descendentes.

A: incorreta, pois o art. 111 admite o silêncio como manifestação de vontade, desde que "as circunstâncias ou os usos o autorizarem, e não for necessária a declaração de vontade expressa"; **B:** incorreta, pois nas obrigações alternativas a escolha caberá – em regra – ao devedor (CC, art. 252); **C:** correta, pois nesses casos as obrigações jurídicamente existem, assim como o crédito correspondente do credor, inexistindo apenas a responsabilidade patrimonial (*haftung*). De modo que eventual pagamento envolverá a quitação de um débito, não ensejando nenhuma possibilidade de repetição do indébito; **D:** incorreta, pois a declaração de incapacidade protege o sujeito e meros intervalos de lucidez não seriam suficientes para permitir a validade do negócio celebrado; **E:** incorreta, pois a *pacta corvina* proíbe a compra de herança de pessoa viva (CC, art. 426). O caso mencionado na alternativa é de partilha em vida, perfeitamente lícita perante nosso ordenamento e de extrema utilidade para fins de evitar futuros litígios. GN
Gabarito "C".

(Magistratura/CE – 2012 – CESPE) Acerca de relações de consumo, locação, direitos autorais e títulos de crédito, assinale a opção correta.

(A) Tratando-se de conta corrente conjunta em que cada cotitular a movimente livremente, caso haja emissão de cheque sem provisão de fundos, tanto o nome do correntista emissor quanto o do outro estranho ao título poderão ser negativados no cadastro de proteção ao crédito.

(B) As concessionárias de serviços rodoviários, nas suas relações com os usuários, estão subordinadas à legislação consumerista, podendo ser qualificadas como fornecedoras.

(C) O CDC não é aplicável às instituições bancárias.

(D) Nos contratos de locação, é inválida a cláusula de renúncia à indenização das benfeitorias e ao direito de retenção.

(E) Consoante pacífica jurisprudência do STJ, é admissível o interdito proibitório para a proteção do direito autoral.

A: incorreta, pois em desacordo com a orientação do STJ sobre o assunto. Nesse sentido: "*No pleito em questão, o recorrente mantinha conta conjunta com sua esposa, sendo que esta emitiu um cheque sem provisão de fundos, acarretando a inclusão do nome do autor-recorrente no cadastro de inadimplentes - CCF/Serasa. A orientação jurisprudencial desta Corte é no sentido de que, em se tratando de conta conjunta, o cotitular detém apenas solidariedade ativa dos créditos junto à instituição financeira, sem responsabilidade pelos cheques emitidos pela outra correntista [...] Destarte, constatada a conduta ilícita do banco-recorrido e configurado o dano moral sofrido pelo autor, em razão da indevida inclusão de seu nome no rol de inadimplentes, deve-se fixar o valor do ressarcimento*". (REsp n.° 819192); **B:** correta, pois de acordo com os precedentes do STJ, as concessionárias de serviços rodoviários estão subordinadas à legislação consumerista (REsp n.° 687799); **C:** incorreta, pois no sentido contrário da orientação da súmula n.° 297 segundo a qual: "*O Código de Defesa do Consumidor é aplicável às instituições financeiras*"; **D:** incorreta, pois tal cláusula é permitida segundo o art. 35 da Lei n.° 8.245/91; **E:** incorreta, pois no sentido contrário ao previsto

pela súmula n.° 228 do STJ, segundo a qual: "*É inadmissível o interdito proibitório para a proteção do direito autoral*". GN
Gabarito "B".

(Juiz – TRF 3ª Região – 2016) Marque a alternativa correta, observando a jurisprudência dominante do Superior Tribunal de Justiça:

(A) A simples propositura da ação de revisão de contrato inibe a caracterização da mora doautor.

(B) Nas indenizações por ato ilícito, os juros compostos não são devidos por aquele que praticou ocrime.

(C) A evicção consiste na perda parcial ou integral da posse ou da propriedade do bem, via de regra, em virtude de decisão judicial que atribui o uso, a posse ou a propriedade a outrem, em decorrência de motivo jurídico anterior ao contrato deaquisição.

(D) Os conceitos de onerosidade excessiva e de imprevisão são sinônimos, tendo o legislador civil deles feito uso de modo indistinto.

A: incorreta, pois contrária ao entendimento da Súmula 380 do STJ, segundo a qual: "*A simples propositura da ação de revisão de contrato não inibe a caracterização da mora do autor*"; **B:** incorreta, pois contrária aos termos da Súmula 186 do STJ, segundo a qual: "*Nas indenizações por ato ilícito, os juros compostos somente são devidos por aquele que praticou o crime*"; **C:** correta, pois a assertiva reproduz com fidelidade o melhor conceito de evicção; **D: incorreta**. O Código Civil reuniu os dois conceitos no art. 478 possibilitando a resolução contratual nesses casos. O Código de Defesa do Consumidor, por exemplo, adotou apenas a teoria da onerosidade excessiva (art. 6°, V), desvinculada da teoria da imprevisão.GN
Gabarito "C".

(Juiz – TRF 4ª Região – 2016) Assinale a alternativa **INCORRETA.**

(A) Conferido o mandato com a cláusula "em causa própria", a sua revogação não terá eficácia, e ele não se extinguirá pela morte de qualquer das partes, ficando o mandatário dispensado de prestar contas e podendo transferir para si os bens móveis ou imóveis objeto do mandato, obedecidas as formalidades legais.

(B) O contrato de comissão tem por objeto a aquisição ou a venda de bens pelo comissário, em seu próprio nome, à conta do comitente. Nessa espécie contratual, o comissário fica diretamente obrigado para com as pessoas com quem contratar, sem que estas tenham ação contra o comitente, nem este contra elas, salvo se o comissário ceder seus direitos a qualquer das partes.

(C) Se uma prestação não for divisível e houver dois ou mais devedores, cada um será obrigado pela dívida toda. O devedor, que paga a dívida, sub-roga-se no direito do credor em relação aos outros coobrigados.

(D) Não cumprida a obrigação, responde o devedor por perdas e danos, mais juros e atualização monetária segundo índices oficiais regularmente estabelecidos e honorários de advogado.

(E) O transportador responde pelos danos causados às pessoas transportadas e às suas bagagens, salvo motivo de força maior e expressa cláusula de não indenizar.

A: correta. Pelo mandato em causa própria, o comprador paga o valor do imóvel e – ao invés de receber a propriedade do bem – recebe um mandato com o poder de vender o bem para terceiros *ou para si próprio*. Há algumas vantagens práticas e de desburocratização negocial nesse ato, pois o comprador, por exemplo, poderá vender esse bem diretamente do comprador para o terceiro adquirente. Para que esse mandato funcione na prática, ele obviamente não pode ser revogado pelo mandante, não há prestação de contas e ele não se extinguirá com a morte do mandante (CC, art. 685); **B**: correta, pois de pleno acordo com o disposto nos arts.693 e 694 do CC; **C**: correta, pois a lei percebeu que não haveria fisicamente outra maneira de cobrar uma dívida indivisível (CC, art. 259); **D**: correta, pois de pleno acordo com o disposto no art. 389 do CC; **E**: incorreta, pois a cláusula de não indenizar é nula de pleno direito (CC, art. 734).

Gabarito "E".

(Juiz – TRF 4ª Região – 2016) Dadas as assertivas abaixo, assinale a alternativa correta.

I. O simples atraso no pagamento de prestação do prêmio do seguro importa desfazimento automático do contrato, dispensada a prévia constituição do contratante em mora, contanto que previsto no instrumento contratual.

II. O que define a responsabilidade pelo pagamento das obrigações condominiais não é o registro do compromisso de compra e venda, mas a relação jurídica material com o imóvel, representada pela imissão na posse pelo promissário comprador e pela ciência inequívoca do condomínio acerca do negócio.

III. A ocorrência do suicídio antes do prazo bienal previsto na lei civil não exime, por si só, a seguradora do dever de indenizar, sendo imprescindível a comprovação da premeditação por parte do segurado, ônus que recai sobre a seguradora.

IV. O contrato de compra e venda, uma vez firmado em observância aos pressupostos de existência e aos requisitos de validade do negócio jurídico, implica transferência imediata da propriedade da coisa que tem por objeto.

(A) Estão incorretas apenas as assertivas I e III.

(B) Estão incorretas apenas as assertivas I e IV.

(C) Estão incorretas apenas as assertivas II e IV.

(D) Estão incorretas apenas as assertivas I, III e IV.

(E) Nenhuma assertiva está correta.

I: incorreta, pois o entendimento consolidado do STJ é no sentido de que é necessária a constituição do contratante em mora (AgRg no AREsp 625.973/CE, Rel. Min.Ricardo Villas Bôas Cueva, 3ª Turma,j.18.06.2015, *DJe* 04.08.2015); **II**: correta, pois em consonância com o entendimento consolidado do STJ (REsp 1345331/RS, Rel. Min.Luis Felipe Salomão, 2ª Seção, j.08.04.2015, *DJe* 20.04.2015); **III**: incorreta, pois a jurisprudência do STJ não impõe tal ônus à seguradora; I incorreta, pois o contrato de compra e venda gera apenas a obrigação de transferir a propriedade. Em nosso sistema, o que transfere a propriedade é o registro (bens imóveis) e a tradição (bens móveis) como estabelecido pelos arts. 1.245 e 1.267.

Gabarito "D".

(Juiz – TRF 2ª Região – 2017) Analise as assertivas abaixo e, ao final, assinale a opção correta:

I. Em contrato paritário, em que as partes se apresentam em igualdade de condições, será lícita, como regra geral, a cláusula que aumente o prazo de prescrição relativamente às prestações avençadas;

II. Ao contrário da solidariedade passiva, a solidariedade ativa é raramente prevista de modo direto pela lei;

III. Proposta a ação de cobrança contra apenas um dos devedores solidários, que é citado, de modo a impossibilitar que ele, com êxito, sustente a prescrição, isso não afeta o reconhecimento da prescrição contra os codevedores solidários que não sãoréus.

(A) Apenas a I é falsa.

(B) Apenas a II é falsa.

(C) Apenas a III é falsa.

(D) Apenas a I e a III são falsas.

(E) Todas são verdadeiras.

I: incorreta, pois o art. 192 do Código Civil é claro: *"Os prazos de prescrição não podem ser alterados por acordo das partes"*; **II**: correta e com uma clara justificativa. A solidariedade ativa demanda extrema confiança entre as diversas partes credoras, visto que o pagamento integral a qualquer uma delas exonera o devedor (CC, art. 269); **III**: incorreta, pois a interrupção da prescrição contra um dos devedores solidários prejudica os demais. Deste modo, a citação contra um dos devedores "zera" o prazo prescricional em relação a todos os demais (CC, art. 204 § 1°).

Gabarito "D".

(Juiz – TRF 2ª Região – 2017) Leia as assertivas adiante e, a seguir, marque a opção correta:

I. O ato de renúncia à herança ou de remissão de dívida, praticado por quem tem muitos débitos vincendos, é considerado fraudulento independentemente de prova do dano (*eventusdamni*), que é presumido pelo legislador.

II. São anuláveis os contratos onerosos do devedor insolvente, gravosos ao seu patrimônio, quando a insolvência for notória, ainda que não haja prova de ser ela conhecida do outro contratante.

III. A ação pauliana é a via para postular a invalidade do ato em fraude a credores, e está submetida ao prazo prescricional de cinco anos, contados da prática do ato.

IV. O pagamento antecipado, feito pelo devedor insolvente a um de seus credores quirografários, em relação a débito realmente existente, é apto a ser invalidado em benefício do acervo concursal.

(A) Apenas as assertivas I e II estão corretas.

(B) Apenas as assertivas I e III estão corretas.

(C) Apenas as assertivas II e IV estão corretas.

(D) Apenas a assertiva II está correta.

(E) Apenas as assertivas I e IV estão corretas.

I: incorreta, pois nos casos de transmissão gratuita de direitos, perdão de dívidas e renúncia à herança, a lei não exige a prova da má-fé (*consilium fraudis*). Contudo, permanece a necessidade de se provar o *eventus damni*, que é o prejuízo sofrido pelo credor com o ato fraudulento praticado pelo devedor (CC, art. 158); **II**: correta. No caso de transmissão onerosa de propriedade (ex.: devedor insolvente vende a casa na qual morava) o Código Civil exige o *consilium fraudis*, o qual fica caracterizado, por exemplo, pela notoriedade da insolvência (CC, art. 159); **III**: incorreta, pois é decadencial de quatro anos a contar da prática do negócio jurídico (CC, art. 178); I correta, pois de pleno acordo com o art.162, que dispõe: *"O credor quirografário, que receber do devedor insolvente o pagamento da dívida ainda não vencida,*

1. DIREITO CIVIL

ficará obrigado a repor, em proveito do acervo sobre que se tenha de efetuar o concurso de credores, aquilo que recebeu". **GN**

Gabarito "C".

(Magistratura Federal/3ª região – 2011 – CESPE) João comprou de Carlos uma joia e pagou por ela dez mil reais, sem que fosse lavrado documento entre os dois. De posse da joia, João foi, de táxi, até um restaurante, tendo o motorista, ao final do trajeto, emitido recibo de pagamento do serviço no valor de vinte reais. No restaurante, João encontrou-se com Maria, a quem presenteou com a joia. Maria recebeu o presente e saiu do local, sem sequer agradecer o agrado. Muito triste, João voltou para casa e reuniu a família, na presença de dois amigos, para dizer que pretendia viajar por um ano e, caso algo lhe acontecesse, seus bens deveriam ser distribuídos entre seus sobrinhos. Considerando essa situação hipotética, assinale a opção correta.

(A) A doação da joia a Maria é contrato inexistente por não ter ocorrido a devida formalização da aceitação do objeto.

(B) Ainda que o motorista não tivesse emitido o recibo pelo serviço prestado a João, o contrato seria válido, porém, de prova impossível, dada a inexistência de documento.

(C) A declaração de João a seus familiares, mesmo expressa e testemunhada por duas outras pessoas, não é válida, por vício de forma.

(D) O contrato firmado por João e o motorista do táxi só pode ser considerado plenamente válido porque se formalizou com o recibo emitido.

(E) A compra e venda ocorrida entre João e Carlos é inválida, porque o valor do negócio impõe a forma escrita.

A: incorreta, pois a lei não exige forma para a aceitação da doação; **B:** incorreta, pois poderia haver outras formas para se provar o referido contrato; **C:** correta, pois o testamento é ato solene, para o qual se exigem diversas formalidades indispensáveis à sua validade; **D:** incorreta, pois não se exige o recibo para formalização do contrato; **E:** incorreta, pois não existe exigência legal nesse sentido. **GN**

Gabarito "C".

(Magistratura Federal/4ª região – IX) Assinale a afirmativa correta:

(A) A especificação é anulável por vício de consentimento.

(B) A infração à cláusula geral da boa-fé objetiva não é causa de nulidade dos negócios jurídicos no ordenamento brasileiro.

(C) Os atos nulos são ineficazes.

(D) É nulo de pleno direito o contrato celebrado por órgão público com aquele que sofreu pena de proibição para contratar com o Poder Público.

A: incorreta, pois a especificação é uma forma de aquisição de propriedade móvel, por meio da qual uma pessoa trabalha em matéria-prima parcial ou totalmente alheia (CC, art. 1.269); **B:** incorreta, pois referida violação pode acarretar a nulidade; **C:** incorreta, pois a nulidade opera no plano da validade e não no plano da eficácia do negócio jurídico; **D:** correta, pois de acordo com a Leis 8.429/92 e 8.666/93. (GN)

Gabarito "D".

(Magistratura Federal/4ª região – VIII) Assinalar a alternativa correta:

(A) a violação positiva de contrato ocorre quando o adimplemento é defeituoso;

(B) o Direito brasileiro não acolheu o princípio da lesão entre as causas que ensejam a revisão judicial dos contratos;

(C) a fiança caracteriza contrato unilateral, porém não necessariamente expresso por escrito, judicial dos contratos;

(D) na alienação fiduciária em garantia, a mora não se constitui *ex re*, devendo ser precedida de interpelação.

A: correta, pois a violação positiva do contrato corresponde à violação dos deveres anexos decorrentes da boa-fé objetiva. Nessa esteira, o Enunciado 24 do CJF: "Em virtude do princípio da boa-fé, positivado no art. 422 do novo Código Civil, a violação dos deveres anexos constitui espécie de inadimplemento, independentemente de culpa"; **B:** incorreta, pois o art. 157 do Código Civil previu o vício do consentimento lesão pode gerar tanto a anulabilidade do contrato (CC, art. 171) como sua revisão (CC, art. 157, § 2º); **C:** incorreta, pois o contrato de fiança "dar--se-á por escrito", conforme artigo 819 do Código Civil; **D:** incorreta, pois a intimação exigida pelo art. 26 da Lei 9.514/97 visa a consolidação da propriedade nas mãos do credor. **GN**

Gabarito "A".

(Magistratura Federal/4ª região – VIII) Assinalar a alternativa correta:

(A) o conceito de "pertença" indica a parte integrante não essencial da coisa;

(B) o suplemento de idade *venia aetatis*, pelo pai e pela mãe, com a homologação do Juiz, é o ato jurídico constitutivo;

(C) a indivisibilidade do objeto significa a indivisibilidade da obrigação;

(D) a responsabilidade civil, no microssistema das relações de consumo, é sempre objetiva.

A: incorreta, pois a pertença é o bem acessório que serve ao uso, serviço ou aformoseamento do principal, mas que não faz parte integrante deste (CC, art. 93); **B:** correta, pois referido ato de convalidação tem efeito constitutivo e *ex nunc*; **C:** incorreta, pois também é possível que um bem divisível seja objeto de uma obrigação indivisível, bastando que as partes assim convencionem; **D:** incorreta, pois o art. 14, § 4º, do CDC consagra a responsabilidade subjetiva para os profissionais liberais. **GN**

Gabarito "B".

(Juiz – TRF 3ª Região – 2016) Sobre o Direito de Família e das Sucessões, marque a alternativa incorreta:

(A) São susceptíveis de cessão, por meio de escritura pública o direito à sucessão aberta e o quinhão do herdeiro.

(B) São irrevogáveis os atos de aceitação ou de renúncia da herança.

(C) A pensão alimentícia incide sobre a gratificação natalina e a gratificação de férias.

(D) O casamento é nulo quando contraído por enfermo mental sem o necessário discernimento para a vida civil.

A: correta, pois de pleno acordo com a permissão estabelecida pelo art. 1.793 do CC; **B:** correta, pois de pleno acordo com a regra prevista pelo art. 1.812 do CC; **C**: correta, pois o STJ consolidou entendimento no sentido da incidência da pensão alimentícia sobre o décimo terceiro salário e o terço constitucional de férias, também conhecidos, respectivamente, por gratificação natalina e gratificação de férias (REsp 1106654/RJ, Rel. Min.Paulo Furtado (desembargador convocado do TJ/BA), 2ª Seção, j.25.11.2009, *DJe* 16.12.2009); **D**: incorreta, pois tal hipótese de nulidade absoluta foi revogada pela Lei 13.146/2015. Atualmente, apenas o casamento celebrado sob impedimento matrimonial é passível de nulidade.**GN**

Gabarito "D".

(Magistratura Federal/4ª região – VIII) Assinalar a alternativa correta:

(A) a incapacidade de exercício é o mesmo que a ilegitimidade para a prática do ato;

(B) resolvido o domínio por causa superveniente, entendem-se resolvidos os direitos reais adquiridos por título anterior à resolução;

(C) a *exceptio non adimplenti contractus* pode ser oposta no caso de descumprimento da prestação principal, à qual corresponde sinalagmaticamente a contrapresta-ção, enquanto a *exceptio non rite adimplente contractus* pode ser oposta na hipótese de não cumprimento de deveres laterais que conduzem ao incumprimento imperfeito da obrigação;

(D) é admissível a repetição do indébito para cumprir obrigação natural.

A: incorreta. A legitimidade é uma capacidade a mais que a lei exige de certas pessoas para praticar específicos atos com determinadas pessoas. Assim, por exemplo, uma pessoa de 60 anos, saudável, consciente e lúcida é plenamente capaz de exercício, mas não pode vender sua casa ao seu filho sem a autorização do outro, pois lhe falta legitimidade (CC, art. 496); **B:** incorreta, pois apenas os direitos reais concedidos na pendência da condição é que se entendem resolvidos junto com a propriedade (CC, art. 1.359); **C:** correta, pois a assertiva traz a perfeita definição de ambos os institutos; **D:** incorreta, pois o pagamento da obrigação natural não possibilita o posterior pedido de repetição do indébito. Isso porque o débito existia juridicamente, sendo apenas desprovido da responsabilidade patrimonial dele decorrente (*schuld*, sem *haftung*). **GN**

Gabarito "C".

2. DIREITO PROCESSUAL CIVIL

Luiz Dellore, Renato Montans de Sá, Ivo Tomita, Denis Skorkowski

I - PARTE GERAL

1. PRINCÍPIOS DO PROCESSO CIVIL

(Juiz – TRF 2ª Região – 2017) Caio move ação em face de autarquia federal. O feito é contestado e, depois, o juiz federal verifica, de ofício, que o lapso de tempo prescricional previsto em lei foi ultrapassado, embora nada nos autos toque ou refira o assunto. O Juiz:

(A) Deve julgar o processo extinto sem resolução do mérito.

(B) Deve julgar o pedido improcedente, tendo em vista que a prescrição pode ser reconhecida de ofício.

(C) Deve ser dada às partes oportunidade de manifestação.

(D) A hipótese, no novo CPC, é de carência de ação.

(E) Não conhecerá da prescrição, diante da omissão da defesa.

A prescrição pode ser conhecida de ofício pelo juiz; contudo, se não houve nos autos esse debate, o juiz deve, antes de decidir, dar a oportunidade de as partes se manifestarem a respeito dessa questão. Trata-se do princípio da vedação de decisões surpresa, uma inovação do NCPC (art. 10), de modo que a alternativa correta é a C. Vale acrescentar que, uma vez reconhecida a prescrição, a decisão será de mérito (NCPC, art. 487, II). **LD**

Gabarito "C".

(Juiz de Direito/AM – 2016 – CESPE) Acerca da jurisdição e dos princípios informativos do processo civil, assinale a opção correta.

(A) No âmbito do processo civil, admite-se a renúncia, expressa ou tácita, do direito atribuído à parte de participar do contraditório.

(B) A jurisdição voluntária se apresenta predominantemente como ato substitutivo da vontade das partes.

(C) A carta precatória constitui exceção ao princípio da indeclinabilidade da jurisdição.

(D) A garantia do devido processo legal se limita à observância das formalidades previstas no CPC.

(E) O princípio da adstrição atribui à parte o poder de iniciativa para instaurar o processo civil.

A: correta. Compete ao juiz zelar pelo efetivo contraditório (NCPC, arts. 7º, 9º e 10), que é o binômio informação + possibilidade de manifestação. Agora, o seu exercício é uma escolha das partes, que, diante de direitos disponíveis, podem optar por se manifestar ou não. É o caso, por exemplo, do réu que, citado, fica revel; **B**: incorreta, pois na jurisdição voluntária o magistrado não decide uma controvérsia (ou seja, inexiste substituição da vontade das partes), mas há mera integração (complementação) da vontade dos interessados (que sequer são chamados de "partes", pois não há lide e posições antagônicas); **C**: incorreta, pois no caso da expedição de carta precatória o juiz pede a cooperação do órgão jurisdicional competente, não havendo delegação de jurisdição; **D**: incorreta. Em se tratando de cláusula geral decorrente da própria CF (art. 5º, LIV), o devido processo legal compreende a obediência a várias garantias mínimas (contraditório, motivação das decisões, duração razoável do processo, dentre outras), que não precisam estar previstas necessariamente no CPC. Exatamente por isso se trata de um princípio, que permeia todo o sistema; **E**: incorreta, pois a alternativa trata do princípio da inércia da jurisdição, consubstanciado no art. 2º, NCPC. O princípio da adstrição (também chamado de princípio da congruência), por sua vez, remonta à ideia de que o juiz deve decidir nos limites daquilo que foi pedido (art. 492, NCPC). **LD**

Gabarito "A".

(Magistratura/PE – 2013 – FCC) Cabe ao réu manifestar-se precisamente sobre os fatos narrados na petição inicial, e, se não o fizer, como regra geral presumir-se-ão verdadeiros os fatos não impugnados. Esse ônus concerne ao princípio processual da

(A) congruência.

(B) eventualidade.

(C) isonomia processual.

(D) duração razoável do processo.

(E) inércia ou dispositivo.

A: incorreta, porque princípio da congruência, ou adstrição do juiz ao pedido, impõe ao juiz o dever de julgar a causa com base no pedido formulado pelo autor (NCPC, art. 141); **B**: correta, de acordo com o gabarito oficial. A doutrina se refere à regra que consta da questão como sendo o "ônus da impugnação específica", previsto no art. 341 do NCPC. Princípio da eventualidade, ou da concentração, é aquele que impõe às partes o ônus de alegarem todos os fatos capazes de levar ao acolhimento, ou à rejeição do pedido, na primeira oportunidade que tiverem de falar nos autos, sob pena de preclusão (NCPC, art. 336); **C**: incorreta, porque isonomia significa a necessidade de que as partes recebam o mesmo tratamento por parte do juiz, com as mesmas oportunidades e faculdades (NCPC, art. 139, I); **D**: incorreta, pois a duração razoável do processo se refere ao tempo de tramitação do processo como um todo; **E**: incorreta, porque por princípio da inércia entende-se a necessidade de provocação do interessado para que seja movimentada a máquina judiciária (NCPC, art. 2º). **LD/DS**

Gabarito "B".

LD questões comentadas por: **Luiz Dellore**

RM questões comentadas por: **Renato Montans de Sá**

IT questões comentadas por: **Ivo Tomita**

DS questões comentadas por: **Denis Skorkowski**

(Magistratura/PE – 2011 – FCC) É correto afirmar que

(A) o princípio da eventualidade concerne aos limites do pedido inicial formulado.

(B) a coerência dos argumentos expostos caracteriza o princípio da congruência ou adstrição.

(C) o princípio isonômico previsto processualmente é meramente formal e abstrato, ao contrário de igual princípio constitucional.

(D) o princípio da iniciativa da parte rege o processo civil, não comportando exceções.

(E) é possível ao juiz, por sua própria iniciativa, determinar as provas que entender necessárias à instrução do processo, indeferindo diligências inúteis ou meramente procrastinatórias.

A: incorreta, porque o princípio da eventualidade está relacionado à necessidade de que as partes façam todas as alegações de fato, e formulem todos os eventuais pedidos possíveis, na primeira oportunidade para fazê-lo, sob pena de preclusão; **B:** incorreta, porque princípio da congruência ou adstrição está relacionado aos limites que o juiz encontra ao proferir a sentença; **C:** incorreta, porque a isonomia material também deve ser aplicada no processo, como decorrência do princípio do devido processo legal; **D:** incorreta, porque há exceções ao princípio da iniciativa da parte; **E:** correta (art. 370 do NCPC). **LD/DS**
Gabarito "E".

(Magistratura/SP – 2009 – VUNESP) Segundo a regra da correlação ou adstrição,

(A) o juiz, ao proferir a sentença, deve ater-se aos limites objetivos e subjetivos da demanda.

(B) o juiz, ao proferir a sentença, deve ater-se exclusivamente aos limites subjetivos da demanda.

(C) compete exclusivamente ao autor fixar os limites da demanda.

(D) o réu pode, em qualquer processo, ampliar os limites da demanda na contestação ou mediante reconvenção.

A: correta, pois a assertiva expõe corretamente a regra da correlação ou adstrição; **B:** incorreta (reler o comentário sobre a assertiva anterior); **C:** incorreta, porque o réu também pode agregar ao processo elementos da demanda a serem observados pelo juiz; **D:** incorreta, porque nem sempre é admissível o uso da reconvenção ou do pedido contraposto. **LD**
Gabarito "A".

(Magistratura/RS – 2009) De acordo com o princípio da demanda, nenhum juiz prestará a tutela jurisdicional senão quando provocado pela parte ou por interessado. Considerando tal premissa, assinale a assertiva incorreta.

(A) Somente é possível ao réu deduzir pedido, circunstância que aumenta os limites objetivos do processo, se o fizer na forma de ação.

(B) Constitui exceção ao princípio da demanda a iniciativa oficial que permite ao juiz de ofício instaurar o processo, como no caso da herança jacente.

(C) Na sistemática do Código de Processo Civil, a petição inicial, onde o autor formula a pretensão, é considerada o instrumento da demanda, cujo teor delimita o objeto do litígio e fixa os parâmetros da atividade jurisdicional na decisão, obedecendo a outro princípio, o da adstrição ou congruência.

(D) Nas questões de ordem pública, onde incide o princípio inquisitório, não prevalece o princípio da demanda e ao juiz é permitido o exame de ofício.

(E) Não ocorre julgamento *ultra* ou *extra petita*, e por isso não ofende o princípio da demanda dispor na sentença sobre prestações periódicas vencidas após a propositura da ação ou sobre juros legais.

A: incorreta, devendo ser essa assinalada, porque o réu pode ampliar os limites objetivos da demanda, não só pela reconvenção (que tem natureza jurídica de ação), mas também através do pedido contraposto, nos casos em que for admitido pela lei (é o que ocorre, por exemplo, nas chamadas ações dúplices); **B:** correta, porque o princípio da demanda encontra exceções, como aquela mencionada na alternativa; **C:** correta, pois é a petição inicial que estabelece os contornos daquilo sobre o que o juiz poderá se pronunciar; **D:** correta, uma vez que, no que tange a matérias de ordem pública (por exemplo, condições da ação, pressupostos processuais, decadência legal etc.) vigora o princípio inquisitório; **E:** correta, porque as prestações vencidas no curso da demanda, bem como juros legais, constituem aquilo que se convencionou chamar de "pedidos implícitos", ou seja, de prestações ou providências que o juiz pode incluir na sentença sem que tenha havido manifestação expressa do autor (outros exemplos são: multa diária nas obrigações de fazer e não fazer, ônus da sucumbência, correção monetária). **LD**
Gabarito "A".

2. JURISDIÇÃO E COMPETÊNCIA

(Juiz – TJSP – VUNESP – 2017) Em matéria de competência, assinale a alternativa correta.

(A) A prevenção é efeito da citação válida.

(B) A competência determinada por critério territorial é sempre relativa.

(C) Compete à autoridade judiciária brasileira julgar as ações em que as partes se submetam à jurisdição nacional, desde que o façam expressamente.

(D) No caso de continência, as demandas devem ser reunidas para julgamento conjunto, salvo se a ação continente preceder a propositura da ação contida, caso em que essa última terá seu processo extinto sem resolução do mérito.

A: incorreta, pois a prevenção decorre da distribuição (NCPC, art. 59); **B:** incorreta, pois a competência territorial no caso de alguns direitos reais imobiliários não pode ser alterada, de modo que não é relativa (NCPC, art. 47, § 1º); **C:** incorreta (NCPC, art. Art. 22. Compete, ainda, à autoridade judiciária brasileira processar e julgar as ações: (...) III – em que as partes, expressa ou *tacitamente*, se submeterem à jurisdição nacional); **D:** correta, sendo a previsão de extinção uma inovação do NCPC (art. 57). **LD**
Gabarito "D".

(Juiz – TRF 2ª Região – 2017) Em sede de competência, é correto afirmar que:

(A) A intervenção de ente federal, a título de *amicus curiae*, não desloca a competência para a Justiça Federal.

(B) Argui-se, por meio de exceção, a incompetência relativa.

(C) A intervenção da União, de suas autarquias e empresas públicas em concurso de credores ou de preferência desloca a competência para a Justiça Federal.

(D) Compete ao Tribunal Regional Federal processar e julgar o mandado de segurança contra ato de Juizado Especial Federal.

(E) Compete ao Superior Tribunal de Justiça decidir os conflitos de competência entre Juizado Especial Federal e Juízo Federal.

A: correta, considerando existir expressa previsão legal nesse sentido (NCPC, art. 138, § 1º); **B:** incorreta, pois quaisquer das incompetências é alegada por meio de preliminar de contestação (NCPC, art. 64), não existindo mais exceção de incompetência no NCPC; **C:** incorreta, a partir da interpretação fixada na Súmula 270 do STJ ("O protesto pela preferência de crédito, apresentado por ente federal em execução que tramita na Justiça Estadual, não desloca a competência para a Justiça Federal".); **D:** incorreta, pois compete ao Colégio Recursal julgar o MS de ato do Juizado (Súmula 376 do STJ: "Compete a turma recursal processar e julgar o mandado de segurança contra ato de juizado especial"); **E:** incorreta, porque nesse caso compete ao TRF julgar o CC (STF, RE 590.409, com repercussão geral). **LD**

Gabarito "A".

(Juiz – TRF 3ª Região – 2016) Assinale a alternativa incorreta.

(A) O instituto da *"Kompetenz Kompetenz"* (em vernáculo "Competência Competência") estabelece que todo Juiz, ainda que incompetente, tem competência para analisar sua própria incompetência.

(B) Na ação civil pública ajuizada por autarquia federal com o objetivo de proteger bem imóvel público, o juízo competente será o juiz de primeiro grau da justiça estadual, se na localidade do imóvel não houver vara federal.

(C) Atualmente, se o conhecimento da lide depender necessariamente da verificação da existência de fato delituoso, pode o juiz mandar sobrestar no andamento do processo até que se pronuncie a justiça criminal. Se a ação penal não for exercida dentro de 30 (trinta) dias, contados da intimação do despacho de sobrestamento, cessará o efeito deste, decidindo o juiz cível a questão prejudicial.

(D) Segundo o Código de Processo Civil em vigor, em contratos de adesão é possível a declaração de ofício da nulidade da cláusula de eleição de foro.

A: correta. Esse termo era inicialmente utilizado na arbitragem (o árbitro reconhecendo sua competência), mas hoje é utilizado também no âmbito do Judiciário, e significa exatamente o que consta do enunciado; **B:** incorreta, devendo esta ser assinalada. A competência, nesse caso, deverá sempre ser da Justiça Federal – e da vara federal que tiver competência sobre a cidade, caso não exista vara estadual no local (CF, art. 109, I, não se inserindo esse caso em uma das exceções); **C:** correta no CPC/1973, incorreta no NCPC, em que o prazo é de 3 meses (art. 315, § 1º Se a ação penal não for proposta no prazo de 3 (três) meses, contado da intimação do ato de suspensão, cessará o efeito desse, incumbindo ao juiz cível examinar incidentemente a questão prévia); **D:** correta, sendo exceção em que se admite o reconhecimento da incompetência relativa de ofício (NCPC, art. 63, § 3º). **LD**

Gabarito "B" no CPC/1973; "B" e "C" no NCPC

(Magistratura/GO – 2015 – FCC) O conflito de competência

(A) quando suscitado pelo juiz, será dirigido ao presidente do tribunal, por ofício.

(B) dispensa a participação do Ministério Público, salvo nos casos em que atuar como parte.

(C) é ato exclusivo do juiz, demandando sempre decisão de plano pelo relator ao qual tenha sido distribuído.

(D) pode ser suscitado pelas partes, incluindo a que tiver oferecido exceção de incompetência.

(E) obsta que a parte, que não o suscitou, ofereça exceção declinatória de foro.

A: correta. Apenas cabe destacar que no Novo CPC, fala-se em conflito dirigido ao Tribunal, não ao Presidente do Tribunal (art. 953, I, NCPC); **B:** incorreta. Pois o MP será ouvido tanto nos casos em que for parte, quanto nos casos em que atuar como fiscal da ordem jurídica (NCPC, art. 951: o "Ministério Público **somente** será ouvido nos conflitos de competência **relativos aos processos previstos no art. 178,** mas terá qualidade de parte nos conflitos que suscitar"). **C:** incorreta, considerando que partes e MP podem suscitar (art. 951 do NCPC); **D:** incorreta, pois quem discute a competência relativa (no NCPC, não mais em exceção, mas em preliminar de contestação), não pode suscitar (art. 952do NCPC); **E:** incorreta, pois a vedação é só à parte que apresentou a preliminar de incompetência relativa (art. 952, parágrafo único, do NCPC). **T**

Gabarito "A".

(Magistratura/PE – 2013 – FCC) A modificação da competência em virtude de conexão sujeita-se à seguinte regra:

(A) a conexão só pode ser reconhecida a partir de pedido expresso da parte, defeso ao juiz agir de ofício para tanto.

(B) a conexão é caracterizada quando, em duas ou mais ações, forem idênticos o pedido, a causa de pedir e as partes.

(C) a competência relativa pode ser modificada em razão da conexão; é impossível, porém, modificar-se por normas de conexão a competência absoluta.

(D) é irrelevante que um dos processos já tenha sido julgado para que ocorra a reunião de processos conexos.

(E) o foro contratual de eleição, por ser personalíssimo, só obriga as partes contratantes, mas não seus herdeiros ou sucessores.

A: incorreta, porque o juiz pode reconhecer de ofício da conexão e determinar a reunião dos processos conexos (interpretação decorrente dos arts. 57 e 58 do NCPC); **B:** incorreta, pois a alternativa descreve a litispendência ou coisa julgada (ou seja, quando houver a tríplice identidade entre os elementos identificadores da ação – NCPC, art. 337, § 1º). Para a conexão basta a identidade de pedido ou de causa de pedir (art. 55 do NCPC); **C:** correta, porque a conexão somente se refere à incompetência relativa (NCPC, art. 54); **D:** incorreta, porque se num deles já houve sentença, não há sentido na reunião (Súmula n. 235/STJ: "A conexão não determina a reunião dos processos, se um deles já foi julgado" – que agora consta expressamente no art. 55, § 1º, do NCPC); **E:** incorreta, porque "o foro contratual obriga os herdeiros e sucessores das partes" (§ 2º do art. 63 do NCPC). **LD/DS**

Gabarito "C".

(Magistratura/PE – 2013 – FCC) Em relação à jurisdição e à competência, é correto afirmar que

(A) a jurisdição é deferida aos juízes e membros do Ministério Público em todo território nacional.

(B) a jurisdição é una e não fracionável; o que se reparte é a competência, que com a jurisdição não se confunde, por tratar, a competência, da capacidade de exercer poder outorgada pela Constituição e pela legislação infraconstitucional.

(C) a jurisdição tem por objetivo solucionar casos litigiosos, pois os não litigiosos são resolvidos administrativamente.

(D) a arbitragem é modo qualificado e específico de exercício da jurisdição por particulares escolhidos pelas partes.

(E) em nenhuma hipótese poderá o juiz exercer a jurisdição de ofício, sendo preciso a manifestação do interesse da parte nesse sentido.

A: incorreta, porque os membros do Ministério Público não exercem jurisdição– porque os juízes é que são dotados de poder de aplicar o direito a uma lide; **B:** correta, porque a jurisdição, enquanto manifestação da soberania estatal, é uma só. As regras de competência são destinadas a repartir, entre os vários órgãos dotados de jurisdição, o seu exercício; **C:** incorreta, porque na chamada jurisdição voluntária, ou graciosa, não há litígio a solucionar, mas mera necessidade de administração pública de interesses privados; **D:** incorreta, porque o árbitro não exerce função jurisdicional; **E:** incorreta, porque há casos, expressamente previstos em lei, em que o juiz fica autorizado a agir de ofício (arrecadação de bens de herança jacente, por exemplo). **LD/DS**
Gabarito "B."

(Magistratura/SP – 2013 – VUNESP) Em matéria de competência, é correto afirmar que

(A) ainda que se verifique a identidade de partes, causa de pedir e pedidos, não haverá litispendência entre a ação intentada perante tribunal estrangeiro e aquela submetida à autoridade judiciária brasileira.

(B) a incompetência relativa se verifica quando há violação de critérios territoriais, de valor da causa, ou funcionais.

(C) na ação em que o réu for incapaz e tiver domicílio distinto do de seu representante, prevalecerá o foro do domicílio do incapaz.

(D) sendo o autor da ação domiciliado no Brasil e o réu domiciliado e residente exclusivamente no exterior, poderá ela ser ajuizada em qualquer foro.

A: correta (NCPC, art. 24). Importante mencionar a ressalva do art. 24 do NCPC: "ressalvadas as disposições em contrário de tratados internacionais e acordos bilaterais em vigor no Brasil"; **B:** incorreta, pois a competência relativa é em razão do território e valor (NCPC, arts. 62 e 63); **C:** incorreta, pois o domicílio do incapaz é o do seu representante (CC, art. 76, parágrafo único); **D:** incorreta, porque essa situação não se enquadra nas hipóteses em que seria possível o ajuizamento no Brasil (NCPC, art. 21). **LD**
Gabarito "A."

(Magistratura/PI – 2011 – CESPE) Acerca de competência, assinale a opção correta.

(A) A competência para o julgamento da ação de interdição é o foro do domicílio do interditando, de forma que, se este mudar de domicílio, o processo deverá ser deslocado.

(B) A superveniente criação de vara federal no município onde tenha sido ajuizada e julgada a ação, na época da execução do julgado, não acarretará nova fixação de competência.

(C) Se, ajuizada a ação de alimentos, o filho menor do autor mudar de domicílio, haverá, por força de lei, modificação da competência de foro.

(D) Caso o réu cujo domicílio tenha servido de base para fixação da competência seja julgado parte ilegítima, impor-se-á o reconhecimento da incompetência do juízo.

(E) Intervindo a União, como assistente, em ação indenizatória em curso na justiça estadual, em fase de liquidação, a competência se deslocará para o foro federal.

A: incorreta, porque, em razão da regra da perpetuação da competência ("perpetuatio jurisdictionis"), prevista no art. 43 do NCPC, "são irrelevantes as modificações do estado de fato ou de direito ocorridas posteriormente" à propositura da ação; **B:** incorreta, porque esta é uma das exceções à regra da "perpetuatio" ("... salvo quando suprimirem órgão judiciário ou alterarem a competência absoluta" – art. 43); **C:** incorreta, considerando a "perpetuatio"; **D:** incorreta, considerando a "perpetuatio"; **E:** correta (NCPC, art. 45). **LD/DS**
Gabarito "E."

(Magistratura/PB – 2011 – CESPE) Considerando que dois estrangeiros, casados em seu país de origem e residentes no Brasil, ajuízem ações de divórcio tanto em seu país quanto no Brasil, assinale a opção correta.

(A) A existência de sentença no exterior não afetará a ação ajuizada no Brasil.

(B) A justiça brasileira não será competente para julgar a ação ajuizada no Brasil.

(C) As duas ações tramitarão independentemente.

(D) A ação ajuizada no Brasil, se posterior, deverá ser extinta, por força de litispendência.

(E) O julgamento de uma das ações implicará a extinção da segunda, em razão de coisa julgada.

Trata-se de hipótese de competência concorrente da autoridade judiciária brasileira e da estrangeira. Logo, "a ação intentada perante o tribunal estrangeiro não induz litispendência, nem obsta a que a autoridade judiciária brasileira conheça da mesma causa e das que lhe são conexas" (art. 24 do NCPC), exceto se a sentença estrangeira já estiver homologada pelo STJ. Assim, a alternativa "A" é incorreta, porque não contém a ressalva sobre a eventual homologação da sentença estrangeira pelo STJ; **B:** incorreta (art. 21, I, NCPC); **C:** correta (art. 24, NCPC); **D e E:** incorretas (art. 24, NCPC). **LD/DS**
Gabarito "C."

(Magistratura/PE – 2011 – FCC) Quanto à competência, é correto afirmar:

(A) Argui-se por meio de exceção a incompetência absoluta.

(B) Não pode suscitar conflito a parte que, no processo, ofereceu exceção de incompetência.

(C) Declarada a incompetência absoluta, sempre se extinguirá o processo sem resolução do mérito.

(D) Em razão da matéria e da hierarquia, a competência é derrogável pela convenção das partes.

(E) O foro contratual é personalíssimo, não obrigando os herdeiros e sucessores das partes.

A: incorreta, porque a incompetência absoluta deve ser arguida por meio de preliminar de contestação (art. 337, II, NCPC); **B:** correta (art. 952, NCPC), lembrando que no NCPC a incompetência relativa também é alegada em preliminar de contestação; **C:** incorreta, porque o reconhecimento da incompetência absoluta acarreta a remessa dos autos ao juízo competente (art. 64, §§ 2º e 4º, NCPC); **D:** incorreta (arts. 62 e 63, NCPC); **E:** incorreta (art. 63, § 2º, NCPC). **LD/DS**

Gabarito "B".

(Magistratura/SP – 2011 – VUNESP) A ação fundada em direito pessoal será proposta:

(A) no foro do domicílio do autor, quando o réu não tiver domicílio nem residência no Brasil.

(B) no foro do domicílio do autor, quando houver dois ou mais réus com diferentes domicílios.

(C) no foro do domicílio do autor, quando o réu tiver mais de um domicílio.

(D) no foro do domicílio do autor, quando o réu for ausente.

(E) no foro do domicílio do réu, quando ele for incapaz.

A: correta (art. 46, § 3º, NCPC); **B:** incorreta, porque nesse caso é competente o foro do domicílio de qualquer um dos réus (art. 46, § 4º); **C:** incorreta (art. 46, § 1º); **D:** incorreta (art. 49 – é competente o foro de seu último domicílio); **E:** incorreta (art. 50 – é competente o foro do domicílio do seu representante). **LD/DS**

Gabarito "A".

(Magistratura/PR – 2010 – PUC/PR) A jurisdição como forma de poder estatal é UNA, mas o seu exercício é distribuído entre os vários órgãos jurisdicionais. A medida do exercício da jurisdição atribuída a cada órgão do Poder Judiciário chama-se COMPETÊNCIA. Sobre competência, assinale a alternativa CORRETA:

I. A competência, em razão do valor e do território, poderá modificar-se pela conexão ou continência.

II. A competência funcional dos juízes de primeiro grau é disciplinada pela Lei Federal n. 5.869/73.

III. Declarada a incompetência absoluta, os atos praticados serão nulos, remetendo-se o processo ao juiz competente.

IV. Cabe à parte que ofereceu exceção de incompetência suscitar conflito de competência.

(A) Apenas a assertiva I está correta.

(B) Apenas as assertivas I e II estão corretas.

(C) Apenas a assertiva III está correta.

(D) Apenas as assertivas III e IV estão corretas.

I: correta (art. 54 do NCPC); **II:** correta (art. 44 do NCPC), mas não apenas, pois o CPC regulamenta a competência funcional horizontal no caso de distribuição de embargos à execução e embargos de terceiro que devem ser apresentados no mesmo juízo; **III:** incorreta, porque só os atos decisórios serão considerados nulos (§ 3º do art. 64 do NCPC); **IV:** incorreta (art. 117 do NCPC). **RM**

Gabarito "B".

(Magistratura do Trabalho – 2ª Região – 2014) Em relação à competência, aponte a alternativa **correta:**

(A) Ante o reconhecimento de incompetência absoluta deverá o juiz declará-la, bem como fazer a declaração expressa de nulidade dos atos processuais.

(B) Distingue-se a incompetência do impedimento, porque este é um defeito do órgão jurisdicional.

(C) Não há litispendência internacional, salvo se originar de fato ocorrido ou praticado no Brasil, porquanto a competência da autoridade judiciária brasileira é absoluta.

(D) O foro do domicílio do autor da herança é o competente para o inventário, a partilha e a arrecadação e todas as ações em que o espólio for réu, salvo se o óbito ocorreu no estrangeiro.

(E) A decisão proferida em ação coletiva envolvendo empresa que tem relação jurídica com pessoas em todo país, atingirá a empresa como um todo, influindo em todas as relações jurídicas que ela mantém no Brasil.

A: incorreta. Em relação às decisões proferidas por magistrado que posteriormente se dá por incompetente de forma absoluta: (i) em regra, serão conservados os efeitos da decisão já proferida pelo juiz, até nova decisão do juiz competente; (ii) excepcionalmente, poderá ser revogada a decisão, pelo próprio juiz que a prolatou, ao reconhecer sua incompetência (NCPC, art. 64, § 4º); **B:** incorreta. As hipóteses de impedimento tratam de presunção absoluta de parcialidade do juiz (NCPC, art. 144), mas não se trata de um "defeito do órgão", mas sim uma situação que afasta a possibilidade de julgar com imparcialidade; **C:** incorreta. Há situações de competência internacional absoluta, ou seja, que somente o juiz brasileiro pode julgar a causa (NCPC, art. 23); e há situações que tanto o juiz estrangeiro quanto brasileiro podem julgar (NCPC, art. 21); **D:** incorreta. O foro do domicílio do autor da herança é competente, ainda que o óbito tenha ocorrido no estrangeiro (NCPC, art. 48). **Atenção:** referido dispositivo inova ao incluir também a impugnação ou anulação de partilha extrajudicial, o que não existia no CPC/1973; **E:** correta, considerando a coisa julgada no processo coletivo (CDC, art. 103). **LD/DS**

Gabarito "E".

(Magistratura Federal/5ª Região – 2011) Paulo e Hélio, maiores de idade e capazes, não tendo entrado em acordo quanto ao pagamento de dívida que o segundo contraíra com o primeiro, concluíram que seria necessária a intervenção de terceiro, capaz de propor solução para o problema.

Levaram, então, o caso ao conhecimento de Lúcio, professor emérito da faculdade onde Paulo e Hélio estudavam, que propôs que apenas dois terços da dívida fossem pagos no prazo de trinta dias, o que foi aceito pelos interessados.

Com base nessa situação hipotética, assinale a opção correta.

(A) Ao aceitarem a solução intermediária, os interessados realizaram autocomposição.

(B) Configura-se, no caso, a autotutela, dada a inexistência de intervenção do Estado-juiz.

(C) A figura do terceiro que conduz os interessados à solução independentemente de intervenção judiciária indica a ocorrência de mediação.

(D) Como a solução proposta se fundamenta na regra jurídica aplicável e tem executividade própria, trata-se de verdadeira jurisdição.

(E) Dada a ocorrência de solução por intervenção de terceiro, fica caracterizada a arbitragem.

A: incorreta, porque a solução não foi encontrada por ambos (o que é típico da autocomposição), mas por terceiro – a hipótese, portanto, é de heterocomposição; **B:** incorreta, porque a autotutela ocorre quando um dos envolvidos no conflito impõe à força a solução (vingança privada ou solução pelas próprias mãos); **C:** correta no contexto, pois se trata de terceiro que conduz à solução do litígio (contudo, a rigor técnico, o mediador não propõe solução, mas apenas induz à solução do conflito, ao conversar com as partes; assim, a situação narrada, na verdade, mais se aproxima de uma conciliação – mas, diante da ausência dessa opção, mais adequada a marcação de mediação); **D:** incorreta, pois a jurisdição, na sua definição clássica, envolve a prolação de decisão pelo Estado-juiz; **E:** incorreta, pois a arbitragem, apesar de ser realizada por terceiro, é cogente – e, no caso, percebe-se que a adoção da solução é uma opção dos litigantes. **LD**

Gabarito "C".

3. PARTES, PROCURADORES, SUCUMBÊNCIA, MINISTÉRIO PÚBLICO E JUIZ

(Magistratura – TRT 1ª – 2016 – FCC) Segundo o Código de Processo Civil de 1973, assinale a alternativa INCORRETA:

(A) nas ações possessórias, a participação do cônjuge do autor é dispensável nos casos de composse.

(B) a autorização do marido poderá ser suprida judicialmente quando o mesmo recusar-se sem justo motivo.

(C) o cônjuge somente necessitará do consentimento do outro para propor ações que versem sobre direitos imobiliários.

(D) ambos os cônjuges serão necessariamente citados para as ações fundadas em dívida contraída pelo marido a bem da família, mas cuja execução tenha de recair sobre o produto do trabalho da mulher.

(E) haverá a necessidade de citação de ambos os cônjuges nas ações que tenham por objeto a extinção de ônus sobre imóveis de um dos cônjuges.

A: incorreta, devendo esta ser assinalada. Existindo composse, há necessidade de participação do cônjuge (NCPC, art. 73, § 2º); **B:** correta (NCPC, art. 74); **C:** correta – mas não haverá necessidade se for casado no regime de separação absoluta de bens (NCPC, art. 73); **D:** correta no CPC de 1973, mas no NCPC a redação do artigo é a seguinte: "fundada em dívida contraída por um dos cônjuges a bem da família;" (art. 73, § 1º, III); **E:** correta (art. 73, § 1º, IV). **LD**

Gabarito "A" no CPC/1973; A e D no NCPC

(Magistratura – TRT 1ª – 2016 – FCC) A respeito das despesas processuais previstas no CPC/1973, considere:

I. Quem receber custas excessivas é obrigado a restituí--las, incorrendo em multa equivalente ao dobro do seu valor.

II. Quando o exame pericial for requerido por ambas as partes, a remuneração do perito será paga pelo autor.

III. As despesas dos atos processuais, efetuadas a requerimento do Ministério Público, serão pagas ao final pelo vencido.

IV. Se o assistido for vencido, o assistente será condenado nas custas em proporção à atividade que houver exercido no processo.

Está correto o que se afirma em

(A) I, II, III e IV.

(B) II e IV, apenas.

(C) I e III, apenas.

(D) II e III, apenas.

(E) I, II e IV, apenas.

I: correta no CPC/1973, mas incorreta no Novo Código, pois não há previsão nesse sentido no NCPC; **II:** correta no CPC/1973, mas incorreta no novo Código, pois nesse caso a perícia será rateada entre as partes (NCPC, art. 95); **III:** correta (NCPC, art. 91); **IV:** correta (NCPC, art. 94). **LD**

Gabarito "A" no CPC/1973; sem resposta no NCPC

(Magistratura – TRT 1ª – 2016 – FCC) Segundo o CPC/1973,

(A) após renunciar ao mandato, e cientificado o mandante, o advogado continuará a representar o mandante, a fim de lhe evitar prejuízos, durante os 10 dias seguintes, prorrogáveis.

(B) a alienação da coisa ou direito litigioso, a título particular, por ato entre vivos, altera a legitimidade das partes.

(C) a sentença, caso tenha sido proferida entre as partes originárias, não estende os seus efeitos ao cessionário.

(D) a parte, que revogar o mandato outorgado ao seu advogado, no mesmo ato constituirá outro que assuma o patrocínio da causa.

(E) o advogado poderá intentar ação, em nome da parte, a fim de evitar decadência, quando então se obrigará a exibir o instrumento do mandato no prazo de 10 dias, prorrogável até outros 10 dias por despacho do juiz.

A: incorreta, pois o prazo é de 10 dias, sem menção a prorrogação (NCPC, art. 112, § 1º); **B:** incorreta, pois não há alteração da legitimidade (NCPC, art. 109); **C:** incorreta; ainda que a alienação do bem não altere a legitimidade, a sentença estende os efeitos ao cessionário (NCPC, art. 109, § 3º); **D:** correta, inclusive porque para revogar o mandato em juízo, há necessidade de capacidade postulatória, de modo que o novo advogado irá informar a respeito da revogação do mandato do profissional anterior (NCPC, art. 111); **E:** incorreta; ainda que seja possível ao advogado atuar sem procuração para evitar preclusão, decadência ou prescrição, o prazo para juntada do instrumento de mandato será de 15 dias, prorrogáveis por mais 15 dias (NCPC, art. 104, *caput* e § 1º). **LD**

Gabarito "D".

(Magistratura do Trabalho – 3ª Região – 2014) No que concerne à representação em juízo, ativa ou passivamente, assinale a alternativa INCORRETA:

(A) O espólio é representado pelo inventariante

(B) O condomínio é representado pelo administrador ou pelo síndico.

(C) O Município é representado por seu Prefeito ou procurador.

(D) A Massa Falida é representada pelo síndico ou pelo procurador por ele nomeado.

(E) As sociedades sem personalidade jurídica são representadas pela pessoa a quem couber a administração dos seus bens.

A: correta (NCPC, art. 75, VII); **B:** correta (NCPC, art. 75, XI); **C:** correta (NCPC, art. 75, III); **D:** incorreta, nos termos do art. 75, V, NCPC. **Atenção:** o novo Código usa a expressão "administrador judicial" – em harmonia com a nomenclatura da Lei 11.101/2005 – ao contrário do CPC/1973, que falava em "síndico"; **E:** correta (NCPC, art. 75, IX). **Atenção:** o novo Código usa a expressão "sociedade e a associação irregulares e outros entes organizados sem personalidade jurídica", enquanto o CPC/1973 fala apenas em "sociedades sem personalidade jurídica". **LD/DS**

Gabarito "D".

2. DIREITO PROCESSUAL CIVIL

(Magistratura/BA – 2012 – CESPE) Considerando que o instrumento de mandato com cláusula *ad judicia* habilita o advogado em juízo, assinale a opção correta.

(A) A validade do instrumento de mandato com cláusula *ad judicia* independe de constar, em seu bojo, a identificação da ação a ser ajuizada ou o juízo a ser provocado.

(B) Para examinar autos em cartório de juízo ou secretaria de tribunal, deve o advogado, em qualquer caso, apresentar procuração.

(C) Em casos urgentes, o advogado está autorizado a praticar atos processuais sem instrumento de mandato, devendo, entretanto, apresentá-lo, a qualquer tempo, para a convalidação dos respectivos atos.

(D) O procurador integrante do quadro funcional de pessoa jurídica de direito público deve apresentar instrumento de mandato para receber e dar quitação em juízo.

(E) Para evitar prejuízo à parte, o advogado suspenso dos quadros da OAB pode continuar a praticar validamente atos no processo, até que a parte constitua outro advogado.

A: correta, pois não há previsão legal quanto à indicação da ação a ser ajuizada (NCPC, art. 105); **B:** incorreta, em razão do princípio da publicidade dos atos processuais, ressalva feita aos processos que tramitam em segredo de justiça; **C:** incorreta, porque o prazo para ratificar os atos praticados é de 15 dias, prorrogável até outros 15 (art. 104, § 1º, NCPC) ; **D:** incorreta, porque os procuradores de órgão público estão dispensados de exibir procuração; **E:** incorreta, pois falta capacidade postulatória (NCPC, art. 103). **LD/DS**
Gabarito "A"

(Magistratura/BA – 2012 – CESPE) Ao proferir a sentença, cabe ao juiz

(A) aplicar multa diária, de ofício, se assim entender necessário, para cumprimento da obrigação de entrega de coisa definida na sentença, ainda que a condenação seja em desfavor da fazenda pública, ressalvadas, nesse caso, as hipóteses de vedação legal.

(B) decidir em conformidade com fundamentação jurídica própria, que não pode, contudo, divergir dos fundamentos jurídicos apresentados pelas partes.

(C) condenar em verbas de sucumbência, desde que expressamente pedidas pelo autor, na inicial, e pelo réu, na contestação.

(D) limitar-se à aplicação de norma jurídica existente até a data da contestação, não podendo valer-se de lei nova vigente à data da sentença, sob pena de cerceamento de defesa.

(E) decidir a causa tal qual posta em juízo, sendo o conteúdo do julgado fora do pedido – *extra petita* – anulável a requerimento de qualquer parte, em qualquer tempo.

A: correta (art. 498 do NCPC); **B:** incorreta, porque o juiz não está vinculado aos fundamentos jurídicos apresentados pelas partes. O que vincula o juiz são os fatos alegados pelas partes, e não a fundamentação jurídica; **C:** incorreta, porque as verbas da sucumbência constituem exemplo daquilo que se convencionou chamar de "pedidos implícitos", ou seja, não se exige pedido expresso sobre o tema (NCPC, art. 85);

D: incorreta, porque do ponto de vista processual, aplica-se a lei nova; do ponto de vista do direito material, aplica-se a lei da data dos fatos (*tempus regit actum*); **E:** incorreta, porque a consequência do julgamento *extra petita* é a nulidade da sentença (no mais, vale destacar que anulabilidade é conceito típico de direito civil material – não do direito processual). **LD/DS**
Gabarito "A"

(Magistratura/BA – 2012 – CESPE) O juiz está autorizado a, de ofício,

(A) determinar as provas necessárias à instrução do processo, em substituição às partes, desde que essas não o façam.

(B) determinar a citação de quem ele entenda que deva integrar a relação processual como réu.

(C) declarar a prescrição, salvo a que se refere a créditos da fazenda pública.

(D) reconhecer a ilegitimidade de parte quanto ao réu, não podendo, entretanto, fazê-lo com relação ao autor.

(E) corrigir erro material na sentença que submeteu ao reexame necessário por ser incabível, na hipótese, recurso de ofício.

A: incorreta, porque a atuação do juiz na de ofício instrução da causa não depende da inércia das partes (art. 370 do NCPC); **B:** incorreta, porque, em razão do princípio da inércia da jurisdição, o juiz não pode, de ofício, determinar a citação de réu faltante. Cabe a ele provocar o autor a requerer a providência, sob pena de extinção do processo, sem resolução do mérito (art. 115, II, do NCPC); **C:** incorreta, porque não existe na lei tal ressalva; **D:** incorreta, porque a falta de qualquer das condições da ação, por se tratar de matéria de ordem pública, pode ser reconhecida de ofício, em relação a qualquer das partes; **E:** correta, pois cabe ao juiz corrigir erro material de ofício (art. 494, I, NCPC). **LD/DS**
Gabarito "E"

(Magistratura/PA – 2012 – CESPE) Após a contestação, o réu, percebendo que será vencido no processo, decide vender a terceiro o veículo automotor cuja titularidade discute com o autor.

Nesse caso,

(A) requerendo o autor, o juiz deverá declarar a nulidade da alienação do bem.

(B) a alienação do veículo não será válida quanto ao autor.

(C) o adquirente poderá suceder o réu se o autor o permitir expressamente.

(D) o juiz deverá indeferir eventual pedido de substituição processual.

(E) os efeitos da sentença alcançarão o adquirente.

A: incorreta, porque o ato de alienação de bem litigioso não afeta o processo, pois "estendem-se os efeitos da sentença proferida entre as partes originárias ao adquirente ou cessionário" (art. 109, § 3º, do NCPC), não havendo necessidade de declaração de nulidade; **B:** incorreta, porque o problema reside no campo da eficácia, e não da validade; **C:** incorreta, porque o silêncio do autor faz presumir que tenha aceitado a sucessão; **D:** incorreta, pois se a parte contrária aceitar, o adquirente poderá ingressar no processo, sucedendo a parte originária (art. 109, § 1º); **E:** correta (art. 109, § 3º, NCPC). **LD/DS**
Gabarito "E"

(Magistratura/SP – 2011 – VUNESP) A sucessão voluntária das partes, no curso do processo:

(A) não é permitida.

(B) é permitida em qualquer situação.

(C) sempre depende da concordância da parte contrária.

(D) não pode ocorrer após o saneamento do processo.

(E) só é lícita nos casos expressos em lei.

A: incorreta, porque é possível a substituição voluntária das partes nos casos expressamente previstos em lei; **B:** incorreta, porque só nos casos previstos ela é admitida; **C:** incorreta, porque a substituição da parte pelos seus herdeiros não depende da anuência da parte contrária; **D:** incorreta, porque o saneamento impede apenas a alteração do pedido e da causa de pedir; **E:** correta (art. 108 do NCPC). LD/DS
Gabarito "E".

(Magistratura/ES – 2011 – CESPE) Assinale a opção correta acerca da atuação do MP no processo.

(A) Como parte no processo, o MP não terá direito a prazo em dobro para recorrer.

(B) Quando atuar como *custos legis* no processo, o MP, objetivando o descobrimento da verdade, poderá produzir qualquer prova, mas não requerer medidas ou diligências.

(C) Ao atuar como parte, o MP deverá ser intimado de todos os atos do processo.

(D) Caso atue como *custos legis* em razão de interesse de menor, o MP só apresentará recurso se em favor deste.

(E) O MP terá vista dos autos sempre depois das partes quando atuar, no processo, como *custos legis*.

A: incorreta, porque o art. 180 não faz qualquer distinção, no que toca ao prazo em dobro para o MP recorrer, quanto à qualidade de parte ou de fiscal da ordem jurídica (nomenclatura do NCPC para o termo "fiscal da lei" constante do CPC/1973); **B:** incorreta, porque pode requerer medidas e diligências (art. 179, II, NCPC); **C:** incorreta, em termos. Não é falsa a afirmação de que o MP, como parte, tenha que ser intimado de todos os atos do processo. Porém, como sua intimação também é obrigatória quando atua como fiscal da ordem jurídica (art. 179, I), o examinador considerou errada a afirmação; **D:** incorreta, também em termos, porque se trata de questão controvertida. No sentido de que o MP pode recorrer contra os interesses do incapaz: *RSTJ* 200/359. Em sentido contrário, *RJTJESP* 114/336; **E:** correta (art. 179, I, NCPC). LD/DS
Gabarito "E".

(Magistratura/PR – 2010 – PUC/PR) A capacidade processual, por estar relacionada aos pressupostos de constituição e desenvolvimento válido do processo, pode gerar invalidade deste. Acerca da capacidade processual, assinale a alternativa CORRETA:

I. O menor é pessoa, portanto, é capaz de direitos. Contudo, falta-lhe o exercício de direitos e obrigações, na forma da lei civil, razão pela qual não possui capacidade de estar em juízo, devendo ser representado por via da representação legal.

II. O juiz dará curador especial ao réu revel citado por edital.

III. Ambos os cônjuges deverão ser citados nas ações possessórias.

IV. O inventariante representará, ativa e passivamente, o espólio em juízo.

(A) Apenas a assertiva I está correta.

(B) Apenas as assertivas I e II estão corretas.

(C) Apenas as assertivas I, II e IV estão corretas.

(D) Apenas as assertivas II e IV estão corretas.

I: correta (art. 71 do NCPC); **II:** correta (art. 72, II, do NCPC); **III:** incorreta, porque só se exige a citação de ambos quando houver composse ou se tratar de atos praticados por ambos (art. 73, § 2º, do NCPC); **IV:** correta (com a ressalva de se tratar de inventariante dativo, hipótese em que a representação do espólio será feita pelos herdeiros – art. 75, VII, do NCPC). RM
Gabarito "C".

(Magistratura/PI – 2011 – CESPE) Caso o autor, em ação na qual se discuta o valor devido, concorde com a alegação do réu quanto à insuficiência da quantia ofertada e complemente o valor devido, o juiz deverá julgar procedente o pedido e

(A) isentar as partes da condenação em honorários de advogado.

(B) condenar o credor ao pagamento de honorários de advogado e multa por afronta a um dos deveres das partes.

(C) condenar o devedor ao pagamento de honorários de advogado à parte adversária.

(D) distribuir proporcionalmente o pagamento dos honorários de advogado entre credor e devedor.

(E) condenar o devedor em honorários de advogado pela sucumbência mínima do credor.

A alternativa "C" está correta porque, mesmo diante da necessidade de complementação do depósito, o pedido foi procedente, motivo pelo qual os honorários serão impostos ao réu ("o só fato de autor complementar o depósito feito em ação de consignação em pagamento não lhe impõe os encargos da sucumbência, desde que vitorioso na contenda" – STJ, REsp 34.160). Logo, as demais alternativas, porque incompatíveis com tal entendimento, estão erradas. LD
Gabarito "C".

(Magistratura/GO – 2015 – FCC) De acordo com o Código de Processo Civil, o juiz

(A) poderá atuar como intérprete, quando dominar idioma estrangeiro, vertendo-o para o português por ocasião da sentença.

(B) determinará, inclusive de ofício, a produção das provas necessárias à instrução do processo.

(C) decidirá, em regra, por equidade.

(D) apreciará a prova observando, estritamente, apenas as circunstâncias alegadas pelas partes.

(E) decidirá a lide sempre com vistas ao bem comum, se necessário extrapolando os limites em que foi proposta, ainda que a questão demande iniciativa da parte.

A: incorreta, nos termos do art. 162 do NCPC; **B:** correta, nos termos do art. 370 do NCPC; **C:** incorreta, pois o juiz decidirá por equidade apenas nos casos previstos em lei, nos termos do art. 140, parágrafo único, do NCPC; **D:** incorreta, nos termos do art. 371 do NCPC; **E:** incorreta, nos termos do art. 141 do NCPC. IT
Gabarito "B".

2. DIREITO PROCESSUAL CIVIL   95

4. PRAZOS PROCESSUAIS E ATOS PROCESSUAIS

(Juiz – TJ-SC – FCC – 2017) No que se refere à comunicação dos atos processuais, é correto que:

(A) para a eficácia e existência do processo é indispensável a citação do réu ou do executado, com a ressalva única de indeferimento da petição inicial.

(B) o comparecimento espontâneo do réu ou do executado supre a falta ou a nulidade da citação, fluindo a partir desta data o prazo para apresentação de contestação ou de embargos à execução.

(C) a citação válida, salvo se ordenada por juízo incompetente, induz litispendência, torna litigiosa a coisa e constitui em mora o devedor.

(D) a citação será sempre pessoal, por se tratar de ato personalíssimo e, portanto, intransferível.

(E) como regra geral, a citação será feita por meio de mandado a ser cumprido por oficial de justiça; frustrada esta, far-se-á pelo correio.

A: incorreta, pois na improcedência liminar (decisão com mérito) tampouco há citação (NCPC, art. 332); **B:** correta (NCPC, art. 239, § 1º); **C:** incorreta, pois a citação acarreta esses efeitos *ainda* que ordenada por juiz *incompetente* (NCPC, art. 240); **D:** incorreta, pois cabe, por exemplo, citação no representante legal (NCPC, art. 242 A citação será pessoal, podendo, *no entanto*, ser feita na pessoa do representante legal ou do procurador do réu, do executado ou do interessado); **E:** incorreta, pois a regra é a citação por correio (NCPC, arts. 247 e 249). **LD**
Gabarito "B".

(Magistratura – TRT 1ª – 2016 – FCC) Far-se-á a citação por oficial de justiça, EXCETO:

(A) quando frustrada a citação pelo correio.

(B) nas ações de estado.

(C) quando o autor afirmar ser inacessível o lugar em que o réu se encontrar.

(D) quando for ré pessoa incapaz.

(E) quando for ré pessoa de direito público.

A: incorreta, pois nesse caso a citação será por oficial de justiça (NCPC, art. 249); **B:** incorreta, pois nesse caso a citação será por oficial de justiça (NCPC, art. 247, I); **C:** correta no CPC/1973, sendo que o dispositivo correspondente no NCPC é um pouco distinto (NCPC, art. 247, IV: "quando o citando residir em local não atendido pela entrega domiciliar de correspondência"); **D:** incorreta, pois nesse caso a citação será por oficial de justiça (NCPC, art. 247, II); **E:** incorreta, pois nesse caso a citação será por oficial de justiça (NCPC, art. 247, III). **LD**
Gabarito "C".

(Magistratura/BA – 2012 – CESPE) A respeito de citação, assinale a opção correta.

(A) Nula a citação, o comparecimento espontâneo do réu não supre a necessidade de repetição do ato citatório.

(B) É possível a prolação de sentença de mérito sem antes ter havido citação.

(C) A citação válida opera efeitos desde que não ordenada por juiz incompetente.

(D) Rejeitada a nulidade de citação arguida no prazo para contestação, este deve ser reaberto.

(E) Acolhida pelo juiz a nulidade de citação arguida pelo réu, este deve ser novamente citado.

A: incorreta, pois o comparecimento espontâneo supre a necessidade de citação (art. 239, § 1º, NCPC); **B:** correta, porque é possível a improcedência liminar do pedido, nas hipóteses do art. 332 do NCPC; **C:** incorreta, pois citação gera efeitos mesmo quando ordenada por juiz incompetente (art. 240 do NCPC); **D:** incorreta, uma vez que, nessa hipótese, o réu terá perdido o prazo para contestar, e será, por isso, considerado revel, sem direito à devolução do prazo; **E:** incorreta, porque o comparecimento espontâneo supre o vício da citação (vide alternativa A). **LD/DS**
Gabarito "B".

(Magistratura/DF – 2011) Não se fará a citação, exceto para evitar o perecimento do direito:

(A) aos noivos, nos 7 (sete) primeiros dias de bodas;

(B) ao cônjuge ou a qualquer parente do morto, consanguíneo ou afim, em linha reta, ou na linha colateral em segundo grau, no dia do falecimento e nos 7 (sete) dias seguintes;

(C) aos doentes, qualquer que seja o seu estado;

(D) nenhuma das alternativas anteriores (a, b, c) é correta.

A: incorreta, porque o período de bodas a ser considerado é de 3 dias (art. 244, III, NCPC); **B:** correta (art. 244, II, NCPC); **C:** incorreta, porque se exige que o estado seja grave para que fique obstada a citação (art. 244, IV, NCPC); **D:** incorreta, considerando a alternativa "B". **LD/DS**
Gabarito "B".

(Magistratura/DF – 2011) Assinale a alternativa correta, considerando as disposições legais, bem como a doutrina e a jurisprudência prevalentes, na questão a seguir:

No caso de citação por hora certa, em que, nos termos do artigo 229 do Código de Processo Civil, feita ela, "o escrivão enviará ao réu carta, telegrama ou radiograma, dando-lhe de tudo ciência", o prazo para contestar inicia:

(A) na data da expedição da carta, telegrama ou radiograma;

(B) na data do recebimento pelo réu da carta, telegrama ou radiograma;

(C) na data da juntada aos autos do aviso de recebimento pelo réu da carta, telegrama ou radiograma;

(D) nenhuma das alternativas anteriores (a, b, c) é correta.

A citação com hora certa (no NCPC, art. 252 e ss.) é realizada pelo oficial de justiça. Logo, o prazo para a resposta corre a partir da juntada aos autos do mandado devidamente cumprido (art. 231, II, NCPC). A expedição da carta complementar é obrigatória, mas tal providência não tem repercussão sobre o marco inicial do prazo (STJ-3ª T, RFsp 180.917). **Atenção:** no NCPC, bastam 2 tentativas sem encontrar o réu para já ser possível a citação por hora certa (e não 3, como no CPC/1973). **LD/DS**
Gabarito "D".

5. LITISCONSÓRCIO E INTERVENÇÃO DE TERCEIROS

(Juiz – TJSP – 2017) Haverá litisconsórcio necessário

(A) ativo, entre os cônjuges, na ação que verse sobre direito real imobiliário, salvo se casados sob regime de separação absoluta de bens.

(B) passivo, entre os cônjuges, na ação fundada em obrigação contraída por um deles, em proveito da família.

(C) entre alienante e adquirente quando ocorrer a alienação de coisa ou de direito litigioso.

(D) sempre que ele for unitário.

A: incorreta, porque nesse caso não há obrigatoriedade de litisconsórcio ativo, mas sim de autorização do cônjuge (NCPC, art. 73); **B:** correta, pois obrigação em proveito da família acarreta litisconsórcio necessário (NCPC, art. 73, § 1º); **C:** incorreta, pois no caso de alienação de bem litigioso, o que ocorre é a sucessão das partes, e não necessariamente litisconsórcio (NCPC, art. 109, § 2º); **D:** incorreta, pois nem sempre o litisconsórcio necessário é unitário. LD

Gabarito "B".

(Juiz – TJ/SP – 2017) Considerando a denunciação da lide, assinale a alternativa correta.

(A) O direito regressivo poderá ser objeto de ação autônoma apenas no caso de não ser permitida pela lei ou no caso de ter sido indeferida pelo juiz.

(B) Pode ser determinada de ofício pelo juiz, nos casos em que a obrigação de indenizar decorra expressamente da lei.

(C) Considerando-se a cadeia dominial, a denunciação da lide sucessiva é admitida ao originariamente denunciado, mas vedada ao sucessivamente denunciado, ressalvada a propositura de ação autônoma.

(D) Pode ser requerida e deferida originariamente em grau de apelação, nos casos em que seja dado ao tribunal examinar o mérito desde logo, por estar o processo em condições de julgamento.

A: incorreta, pois sempre será possível ação autônoma no lugar da denunciação (NCPC, art. 125, § 1º); **B:** incorreta, porque descabe a denunciação de ofício (NCPC, art. 125, *caput* – que menciona as partes); **C:** correta, pois a denunciação sucessiva é admitida, mas apenas uma única vez (NCC, art. 125, § 2º); **D:** incorreta, pois descabe denunciação no âmbito do tribunal. LD

Gabarito "C".

(Juiz – TJ-SC – FCC – 2017) Mário propõe ação reivindicatória contra João Roberto, a quem acusa de ter invadido ilicitamente área imóvel de sua propriedade. Após a citação de João Roberto e oferecimento de sua contestação, ingressa nos autos José Antônio, alegando que o imóvel não é de Mário nem de João Roberto e sim dele, juntando documentos e pedindo a retomada do imóvel para si. A intervenção processual de José Antônio denomina-se:

(A) litisconsórcio.

(B) chamamento ao processo.

(C) denunciação da lide.

(D) assistência litisconsorcial.

(E) oposição.

No caso, alguém que está fora do processo ingressa nos autos e se afirma o proprietário de determinado bem – trata-se da figura da oposição (NCPC, art. 682). Importante destacar que a oposição não está mais no capítulo de intervenção de terceiros no NCPC (estava nesse capítulo no Código anterior), mas segue sendo mencionada ao lado das demais formas de intervenção de terceiro. LD

Gabarito "E".

(Juiz – TRF 3ª Região – 2016) Dadas as assertivas abaixo, assinale a alternativa correta.

I. Sendo a execução promovida em regime de litisconsórcio ativo voluntário, a aferição do valor, para fins de submissão ao rito da RPV (art. 100, § 3º da CF/88), deve levar em conta o crédito total exequendo, e não o valor relativo a cada litisconsorte.

II. Embora o art. 70, III, do CPC estabeleça ser obrigatória a denunciação da lide àquele que estiver obrigado, pela lei ou pelo contrato, a indenizar, em ação regressiva, o prejuízo do que perder a demanda, a jurisprudência entende que a denunciação da lide, nesses casos, é facultativa, pois só se tornaria de fato obrigatória em caso de, sendo a parte inerte, perder o direito de regresso.

III. Tratando-se de denunciação da lide facultativa, o litisdenunciante, réu na ação principal, deve ser condenado ao pagamento de ônus de sucumbência, na lide regressiva, em favor do litisdenunciado quando a ação principal tenha sido julgada improcedente.

IV. Ainda que facultativa, a denunciação da lide pelo requerido não pode ser indeferida pelo Juiz, pois se trata de direito subjetivo do litisdenunciante.

(A) I e II.

(B) II.

(C) II e III.

(D) III e IV.

I: incorreta, pois, para fins de pagamento via RPV (mais célere que precatório), deve se levar em conta o valor de cada um dos litisconsortes facultativos (STF, RE n. 729.107, com repercussão geral); **II:** correta, sendo que no NCPC é ainda mais claro que a denunciação é sempre facultativa (art. 125, que é o artigo que corresponde ao 70 mencionado no enunciado, que se refere ao CPC1973); **III:** correta (NCPC, art. 129, parágrafo único); **IV:** incorreta, pois se não for caso de denunciação, pode o juiz indeferir de plano a intervenção. LD

Gabarito "C".

(Magistratura – TRT 1ª – 2016 – FCC) A respeito da intervenção de terceiros, considere:

I. A oposição, oferecida antes da audiência, será apensada aos autos principais e correrá simultaneamente com a ação, sendo ambas julgadas pela mesma sentença.

II. Se o nomeado à autoria negar a qualidade que lhe é atribuída, o processo continuará contra o nomeante, a quem então se assinará novo prazo para contestar.

III. A citação do responsável pela indenização, nos casos de denunciação da lide, deverá ser feita dentro de 30 dias quando o mesmo encontrar-se em lugar incerto, período em que ficará suspenso o processo.

IV. Na hipótese de chamamento ao processo, a sentença que julgar procedente a ação, condenando os devedores, valerá como título executivo em favor do que satisfizer a dívida.

Está correto o que se afirma em

(A) I, II, III e IV.

(B) II e IV, apenas.

(C) I e III, apenas.

(D) II e III, apenas.

2. DIREITO PROCESSUAL CIVIL | **97**

(E) I, II e IV, apenas.

I: correta – apenas valendo destacar que, no NCPC, a oposição segue existindo, mas não como intervenção de terceiros e sim como procedimento especial (NCPC, art. 685); **II:** correta no CPC/1973, mas incorreta no NCPC, pois não mais existe nomeação à autoria no novo Código; **III:** correta no CPC/1973, mas sem previsão no NCPC; **IV:** correta (NCPC, art. 132). **LD**

Gabarito "A" no CPC/1973; sem resposta no NCPC

(OAB/Exame Unificado – 2014.2) Os irmãos Rafael e Daniela são proprietários de um imóvel na Av. São Sebastião, n. 20. Eles realizaram um contrato de locação com Joana, estudante, por prazo indeterminado. Após três anos de vigência de contrato, devido aos grandes eventos internacionais na cidade, os irmãos propuseram uma ação revisional de aluguel, tendo em vista a valorização constatada na área em que fica o imóvel. A partir da hipótese sugerida, assinale a opção correta.

(A) Trata-se de litisconsórcio ativo facultativo unitário, uma vez que há solidariedade entre os irmãos, o que faz com que um deles, sozinho, possa ajuizar a ação, tendo a decisão efeito para ambos.

(B) Trata-se de litisconsórcio passivo multitudinário, pois a ação revisional, se procedente, alterará o valor da locação para todo e qualquer candidato à locação.

(C) Trata-se de litisconsórcio ativo facultativo simples, pois no lugar de uma única ação, cada irmão pode entrar com uma ação revisional diferente para atualizar o valor do imóvel, e as duas correrão normalmente, em separado.

(D) Trata-se de litisconsórcio ativo necessário unitário, uma vez que a lei assim o exige e a decisão do juiz será a mesma para os dois irmãos.

A: correta, pois (i) os irmãos estarão no polo ativo (litisconsórcio ativo), (ii) tendo em vista que a Lei 8.245/1991, art. 2º fala em solidariedade, o examinador entendeu que seria opção cada um dos locadores ingressar em juízo – o que não é pacífico (daí o litisconsórcio facultativo – NCPC, art. 113) e (iii) a decisão terá de ser a mesma para todos, caso haja o litisconsórcio (por isso o litisconsórcio unitário – NCPC, art. 116); **B:** incorreta, pois não se trata de litisconsórcio passivo e o litisconsórcio multitudinário (NCPC, art. 113, §§ 1º e 2º) se refere ao polo ativo; **C:** incorreta, pois não é possível que as duas demandas (que têm o mesmo objeto e causa de pedir – e, por isso, conexas) tramitem em separado; **D:** incorreta, considerando o exposto em "A" (e a posição adotada pelo examinador). **LD**

Gabarito "A"

(Magistratura/PE – 2013 – FCC) No tocante ao litisconsórcio, analise os enunciados abaixo.

I. O juiz poderá limitar o litisconsórcio necessário quanto ao número de litigantes, quando este comprometer a rápida solução do litígio ou dificultar a defesa. O pedido de limitação suspende o prazo para a resposta, que recomeça da intimação da decisão.

II. Há litisconsórcio necessário, quando, por disposição de lei ou pela natureza da relação jurídica, o juiz tiver de decidir a lide de modo uniforme para todas as partes; caso em que a eficácia da sentença dependerá da citação de todos os litisconsortes no processo.

III. Salvo disposição em contrário, os litisconsortes serão considerados como litigantes distintos em suas relações com a parte adversa. Os atos e as omissões de um não prejudicarão nem beneficiarão os outros.

Está correto o que se afirma APENAS em

(A) II e III.

(B) I e II.

(C) I e III.

(D) II.

(E) III.

I: incorreta, porque a possibilidade de limitar o chamado litisconsórcio multitudinário está restrita às hipóteses de litisconsórcio facultativo (art. 113, §§ 1º e 2º, do NCPC); **II:** correta, porque se trata de reprodução do que consta no art. 114 do NCPC; **III:** correta no CPC/1973, mas incorreta no NCPC, considerando o art. 117: "Os litisconsortes serão considerados, em suas relações com a parte adversa, como litigantes distintos, *exceto no litisconsórcio unitário*, caso em que os atos e as omissões de um *não prejudicarão os outros, mas os poderão beneficiar*". **LD/DS**

Gabarito "A" no CPC/1973; "D" no NCPC

(Magistratura/PA – 2012 – CESPE) Caso duas pessoas litiguem sobre a propriedade de determinado bem e um terceiro, que se considera verdadeiro dono, ofereça oposição, então, nessa situação,

(A) recebida a oposição, o juiz determinará a citação dos opostos na pessoa dos seus advogados, não havendo revelia no processo original.

(B) oferecida a oposição após ter sido realizada audiência de instrução e julgamento, o processo original será suspenso.

(C) o prazo para contestar será duplicado, de acordo com o STJ, porque os oponentes têm procuradores diferentes e são litisconsortes na oposição.

(D) se o autor no processo original reconhecer a procedência do pedido do oponente, o processo será extinto.

(E) se já houver sido proferida sentença no processo original e interposta apelação, o juiz remeterá os autos ao tribunal.

A: correta (art. 683, parágrafo único, do NCPC); **B:** incorreta, porque, nesse caso, o juiz poderá sobrestar o andamento do processo (art. 685, parágrafo único, do NCPC); **C:** incorreta, porque o prazo comum é de 15 dias, por expressa previsão legal (art. 683, parágrafo único); **D:** incorreta, porque, nesse caso, o processo segue entre o oponente e o réu (art. 684 do NCPC); **E:** incorreta, porque se o feito já estiver sentenciado, não será cabível a oposição. ***Atenção:** no NCPC a oposição deixou de ser intervenção de terceiro a passou a ser procedimento especial, previsto no livro I da parte especial do NCPC. **LD/DS**

Gabarito "A"

(Magistratura/ES – 2011 – CESPE) Acerca do litisconsórcio, assinale a opção correta.

(A) O juiz pode desmembrar de ofício o litisconsórcio ativo, respeitando o máximo de dez litisconsortes.

(B) Independentemente do regime de litisconsórcio, a conduta determinante de um litisconsorte não pode prejudicar o outro.

(C) No litisconsórcio eventual, a procedência de um dos pedidos formulados não implica a improcedência do outro.

(D) Deve ser unitário o litisconsórcio formado entre devedores solidários.

(E) No litisconsórcio simples, a contestação apresentada por um litisconsorte não beneficiará o litisconsorte revel.

A: incorreta, porque não há previsão do número máximo de litisconsortes para o desmembramento do litisconsórcio multitudinário (art. 113, §§ 1º e 2º, do NCPC) – apesar de, em regra, no cotidiano forense 10 ser um limite comum para o máximo de litisconsortes; **B:** correta (art. 117 do NCPC); **C:** incorreta, porque no litisconsórcio eventual, ou alternativo, a procedência do pedido em relação a um dos réus, torna prejudicado o pedido em relação ao outro; **D:** incorreta, porque pode ser que as quotas entre eles sejam distintas, e porque é possível que haja alguma defesa pessoal que só favoreça um dos devedores solidários. Logo, o litisconsórcio entre eles é simples; **E:** incorreta (NCPC, art.345, I). LD/DS
Gabarito "B".

(Magistratura/PE – 2011 – FCC) Demandado sozinho para responder pela totalidade da dívida, poderá o devedor solidário utilizar-se do instituto

(A) da denunciação da lide.

(B) da oposição.

(C) do chamamento ao processo.

(D) da assistência litisconsorcial.

(E) da nomeação à autoria.

Nos termos do inciso III do art. 130 do NCPC, é cabível o chamamento ao processo quando o devedor solidário é demandado sozinho. * **Atenção:** a nomeação à autoria deixou de existir no NCPC. LD/DS
Gabarito "C".

(Magistratura/PI – 2011 – CESPE) Proposta ação de conhecimento em face de apenas um dos devedores solidários pelo pagamento total do débito,

(A) o réu poderá promover o chamamento dos demais devedores.

(B) os demais devedores somente poderão ingressar no feito como assistentes.

(C) o juiz deverá determinar a citação dos demais devedores.

(D) o réu deverá nomear à autoria os demais devedores.

(E) o réu deverá denunciar à lide os demais devedores.

Diante da solidariedade, a intervenção adequada é o chamamento (NCPC, art. 130, III). * **Atenção:** a nomeação à autoria deixou de existir no NCPC. LD/DS
Gabarito "A".

(Magistratura/SP – 2011 – VUNESP) No litisconsórcio necessário:

(A) há entre os réus comunhão de obrigações relativamente à lide.

(B) os direitos e obrigações derivam do mesmo fundamento de fato ou de direito.

(C) a lei estabelece a presença de uma ou mais pessoas no processo, sob pena de nulidade.

(D) o processo será extinto de plano, sem exame do mérito, se não estiverem presentes todos aqueles que a lei determina.

(E) o juiz deverá decidir a lide de modo uniforme para todas as partes.

A e B: são hipóteses de litisconsórcio facultativo (art. 113, I e II, do NCPC); **C:** correta (art. 114 do NCPC); **D:** incorreta, porque antes da extinção, o juiz deve dar oportunidade para que o autor peça a citação dos réus faltantes; **E:** incorreta, porque litisconsórcio necessário não se confunde com unitário (NCPC, arts. 114 e 116). LD/DS
Gabarito "C".

(Magistratura/DF – 2011) Constatado pelo juiz que, na hipótese sob julgamento, configura-se litisconsórcio necessário passivo, deve ele:

(A) ordenar a citação de todos os litisconsortes necessários passivos;

(B) facultar ao autor, no prazo que assinar, pronunciar-se sobre se deseja prosseguir com a ação sem a citação dos litisconsortes necessários passivos;

(C) ordenar ao autor que promova, no prazo que assinar, a citação dos litisconsortes necessários passivos, sob pena de extinção do processo;

(D) ordenar ao autor que promova, no prazo que assinar, a citação dos litisconsortes necessários passivos, sob pena de prosseguir o processo apenas contra a parte ré originariamente indicada.

C: correta, porque, nos termos do art. 115, parágrafo único do NCPC, "Nos casos de litisconsórcio passivo necessário, o juiz determinará ao autor que requeira a citação de todos que devam ser litisconsortes, dentro do prazo que assinar, sob pena de extinção do processo". Assim, as demais alternativas estão incorretas. LD/DS
Gabarito "C".

(Magistratura/DF – 2011) Formulado pelo terceiro, com interesse jurídico em que a sentença seja favorável a uma das partes, pedido de assistência, o prazo para que elas o impugnem é de:

(A) 48 (quarenta e oito) horas;

(B) 5 (cinco) dias;

(C) 10 (dez) dias;

(D) 15 (quinze) dias.

De acordo com o que prevê o art. 120 do NCPC, o prazo em questão é de 15 dias. Logo, está correta a alternativa "D". Importante mencionar que à época da aplicação da prova vigorava o CPC/1973, que previa em seu art. 51 o prazo de cinco dias. De acordo com a redação atual, correta estaria a alternativa "D". Entretanto, indica-se a alternativa "B" no gabarito oficial. LD/DS
Gabarito "B" no CPC/173 e "D" no NCPC

(Magistratura/RJ – 2011 – VUNESP) Sobre a intervenção de terceiros, é correto afirmar:

(A) aquele que detiver a coisa em nome alheio, sendo-lhe demandada em nome próprio, deverá denunciar a lide ao proprietário ou possuidor.

(B) é admissível o chamamento ao processo do proprietário ou do possuidor indireto quando, por força de obrigação ou direito, em casos como o do usufrutuário, do credor pignoratício, do locatário, o réu, citado em nome próprio, exerça a posse direta da coisa demandada.

2. DIREITO PROCESSUAL CIVIL

(C) a denunciação da lide é obrigatória àquele que estiver obrigado, pela lei ou pelo contrato, a indenizar, em ação regressiva, o prejuízo do que perder a demanda.

(D) não é admissível o chamamento ao processo dos devedores solidários quando o credor exigir, de um ou de alguns deles, parcial ou totalmente, a dívida comum.

A: incorreta, porque nesse caso cabia, no sistema anterior, a nomeação à autoria– sendo que novo seria a hipótese de apontar o réu correto, em preliminar de contestação (NCPC, arts. 338 e 339); **B:** incorreta, pela mesma razão da questão anterior; **C:** correta (art. 125 do NCPC). Ressalta-se que a denunciação da lide, nos termos do art. 125 do NCPC, é **admissível** e não mais obrigatória, como previa o art. 70 do CPC/1973; **D:** incorreta (art. 130, III, do NCPC). **LD/DS**
Gabarito "C".

6. PRESSUPOSTOS PROCESSUAIS, ELEMENTOS DA AÇÃO E CONDIÇÕES DA AÇÃO

(Juiz de Direito/AM – 2016 – CESPE) A respeito da ação e dos pressupostos processuais, assinale a opção correta.

(A) Segundo a teoria da asserção, a análise das condições da ação é feita pelo juiz com base nas alegações apresentadas na petição inicial.

(B) Na ação de alimentos contra o pai, o menor de dezesseis anos de idade tem legitimidade para o processo, mas não goza de legitimidade para a causa.

(C) O direito a determinada prestação jurisdicional se esgota com o simples exercício do direito de ação.

(D) Conforme a teoria concreta da ação, o direito de agir é autônomo e independe do reconhecimento do direito material supostamente violado.

(E) Na hipótese de legitimidade extraordinária, a presença e a higidez dos pressupostos processuais serão examinadas em face da parte substituída.

A: correta. A teoria da asserção (também chamada de teoria da prospectação) aponta que as condições da ação devem ser avaliadas segundo as afirmações do autor contidas na inicial, de modo que se alguma questão necessitar de dilação probatória para sua análise, será mérito – e é isso o exposto na alternativa. Contrapõe-se à teoria da apresentação, segundo a qual, aferida a inexistência das condições da ação ao final da instrução processual, a sentença será de extinção sem resolução de mérito (cf. ASSIS, Carlos Augusto de. *Teoria Geral do Processo Contemporâneo*. São Paulo: Atlas, 2016, p. 227/228); **B:** incorreta, pois o menor de dezesseis anos, neste caso, tem legitimidade "ad causam" (*legitimidade para a causa*, que é a pertinência entre as partes na relação jurídica processual e material), mas, por ser relativamente incapaz (art. 4º, I, CC), precisa estar assistido, nos termos do art. 71, NCPC. A capacidade de parte também é denominada de legitimidade para o processo *(legitimatio ad processum)*; **C:** incorreta, pois a atividade jurisdicional pressupõe, além da instauração do processo, a satisfação da pretensão ofertada, com a prolação de um provimento que elimine o estado de insatisfação da parte; **D:** incorreta. Pela teoria concreta da ação, só há ação se a sentença é favorável. Trata-se de entendimento superado a prevalece hoje a teoria abstrata, em que se diferencia o exercício do direito de ação, de movimentar o Judiciário, da procedência do pedido (cf. ASSIS, Carlos Augusto de. *Teoria Geral do Processo Contemporâneo*, op. cit., p. 206/7); **E:** incorreta. A legitimação extraordinária (em que há substituição processual) é pleitear,

em nome próprio, direito alheio (NCPC, art. 18). Assim, apreciam-se os pressupostos processuais em relação ao substituto, que é quem figura no processo. **LD**
Gabarito "A".

(Magistratura/PE – 2013 – FCC) Em relação à capacidade processual, é correto afirmar que

(A) vindo o autor ao processo sem o consentimento do cônjuge, em caso no qual esse consentimento era necessário, deverá o juiz extinguir o processo de imediato, por ausência de pressuposto processual essencial.

(B) a presença de curador especial no processo torna prescindível a participação do Ministério Público, estando em causa interesses de incapazes.

(C) ambos os cônjuges serão necessariamente citados para ações que digam respeito a direitos reais mobiliários.

(D) nas ações possessórias é sempre indispensável a participação no processo de ambos os cônjuges.

(E) para propor ações que versem sobre direitos reais imobiliários necessita o cônjuge do consentimento do outro, exceto no caso de regime de separação absoluta de bens, sem no entanto exigir-se a formação de litisconsórcio necessário.

A: incorreta, porque, nesse caso, caberá ao juiz determinar ao autor que obtenha o consentimento do cônjuge, ou o seu suprimento, antes de extinguir o processo; **B:** incorreta, porque se a parte for incapaz, ainda que representada por curador especial, será obrigatória a intervenção do Ministério Público como fiscal da lei (art. 178, II, do NCPC). O curador especial representa a parte no processo, o que se confunde com atuação ministerial exigida pela lei quando estão em causa interesses de incapazes; **C:** incorreta, porque nos termos do art. 73, § 1º, I, do NCPC, só será obrigatória a citação de ambos quando se tratar de direitos reais sobre imóveis, salvo quando casados sob o regime de separação absoluta de bens; **D:** incorreta, porque "nas ações possessórias, a participação do cônjuge do autor ou do réu somente é indispensável nos casos de composse ou de ato por ambos praticados" (art. 73, § 2º, do NCPC); **E:** correta (art. 73 do NCPC). **LD/DS**
Gabarito "E".

(Magistratura/SP – 2013 – VUNESP) Acerca dos pressupostos processuais relativos às partes, é acertado dizer que

(A) a capacidade de ser parte depende da personalidade jurídica e dela é decorrente, de sorte que somente as pessoas naturais e as pessoas jurídicas dispõem de capacidade de ser parte.

(B) os incapazes dispõem de capacidade postulatória se devidamente representados ou assistidos por seus pais, tutores ou curadores.

(C) não obstante tenha capacidade de ser parte, faltará legitimidade processual àquele que intentar, sem consentimento do cônjuge, ações que versem sobre direitos reais de qualquer natureza.

(D) o nascituro tem capacidade de ser parte, mas se nascer morto, o processo se extinguirá.

A questão trata das três capacidades: de ser parte, processual e postulatória. **A:** incorreta. Em regra, correto – porém, há entes despersonalizados também dotados de capacidade de postular em juízo (capacidade processual) e, portanto, de ser parte (NCPC, art. 75, V, VII e IX, por exemplo); **B:** incorreta, pois os incapazes têm suprida sua

incapacidade processual quando representados ou assistidos (NCPC, art. 71); **C:** incorreta, pois nesse caso haverá falta de autorização, não de capacidade (NCPC, art. 73); **D:** correta, para a banca. Há um debate doutrinário quanto ao tema (se o nascituro tem capacidade de ser parte), mas algumas decisões admitem que o feto, antes do nascimento, poderá ser parte (inclusive acolhido pelo TJSP, no caso de indenização de cantora e seu bebê contra comediante por declaração em programa de TV). De qualquer forma, no caso, como erradas as demais alternativas, a alternativa seria esta. **LD**
Gabarito "D".

(Magistratura/DF – 2011) Assinale a alternativa correta, considerando as disposições legais, bem como a doutrina e a jurisprudência prevalentes, na questão a seguir:

Visando a obter certeza quanto à exata interpretação de cláusula contratual:

(A) não é admissível ação declaratória;

(B) é admissível ação declaratória;

(C) deve ser ajuizado mandado de injunção;

(D) nenhuma das alternativas anteriores (a, b, c) é correta.

De acordo com a Súmula 181 do STJ ("É admissível ação declaratória, visando obter certeza quanto à exata interpretação de cláusula contratual"), e com o art. 20 do NCPC, a única alternativa correta é a "B". **LD/DS**
Gabarito "B".

(Magistratura do Trabalho – 2ª Região – 2014) No que concerne à forma dos atos processuais, aponte a alternativa **correta:**

(A) Os atos processuais que dizem respeito a casamento, filiação, separação de cônjuges e guarda de menores são públicos, podendo terceiro que demonstre interesse, consultar os autos.

(B) Atos meramente ordinatórios, como a juntada e a vista obrigatória, dependem de despacho do juiz, não podendo ser praticados de ofício pelo servidor.

(C) Salvo no Distrito Federal e nas capitais dos Estados, todas as petições e documentos que instruírem o processo, quando constantes de registro público, serão sempre acompanhadas de cópia, datada e assinada por quem as oferecer.

(D) É defeso lançar nos autos cotas marginais ou interlineares, salvo com permissão do juiz da causa.

(E) Eventuais contradições na transcrição de atos processuais e armazenados de modo integralmente digital, em arquivo eletrônico, deverão ser suscitadas oralmente no momento da realização do ato, sob pena de preclusão.

A: incorreta, pois nesses casos há segredo de justiça (NCPC, art. 189, II); **B:** incorreta, pois é possível que esses atos sejam realizados pelo servidor e não são exclusivos do juiz (NCPC, art. 203, § 4°); **C:** incorreta, por ausência de previsão legal (No CPC/1973, o art. 159, que não possui correspondência no NCPC, afirmava que "todas as petições e documentos que instruírem o processo, não constantes de registro público, serão sempre acompanhados de cópia"); **D**; incorreta, pois é sempre proibido, não havendo menção a qualquer autorização do juiz (NCPC, art. 202); **E:** correta (NCPC, art. 209, § 2°). **LD/DS**
Gabarito "E".

7. FORMAÇÃO, SUSPENSÃO E EXTINÇÃO DO PROCESSO. NULIDADES

(Juiz – TRF 2ª Região – 2017) ATENÇÃO. O acerto da presente questão consiste em IDENTIFICAR A ASSERTIVA FALSA. Em tema de nulidade processual, é ERRADO afirmar:

(A) O CPC adota a concepção de instrumentalidade das formas.

(B) Com a restrição ao cabimento do agravo de instrumento, não há mais pena de preclusão caso a eventual nulidade dos atos não seja alegada na primeira oportunidade que couber à parte falar nos autos.

(C) Quando puder decidir o mérito em favor da parte a quem aproveite a nulidade, o Juiz não a pronunciará.

(D) Anulado o ato, consideram-se de nenhum efeito os subsequentes que dele dependam; todavia, a nulidade de uma parte do ato não prejudicará as outras que dela sejam independentes.

(E) O ato não será repetido nem sua falta será suprida quando não prejudicar a parte.

A: correta (NCPC, art. 277); **B:** incorreta, devendo esta ser assinalada. A nulidade deve ser alegada no primeiro momento (NCPC, art. 278), e isso não se relaciona ao agravo de instrumento, em que o *recurso* deve ser interposto no caso das decisões agraváveis de instrumento, ou então em preliminar de apelação (art. 1.009, § 1°); **C:** correta, sendo mais um reflexo do princípio da primazia do mérito (NCPC, art. 282, § 2°); **D:** correta (NCPC, art. 281); **E:** correta (NCPC, art. 282, § 1°). **LD**
Gabarito "B".

(Juiz – TRF 2ª Região – 2017) Analise as assertivas e, ao final, assinale a opção correta:

I. A extinção do processo, sem resolução do mérito, por 3 (três) vezes, obsta a que o autor intente de novo a ação;

II. O autor pode desistir do mandado de segurança antes de proferida a sentença, independentemente do consentimento do réu;

III. Mesmo já contestado o feito, e independentemente de ouvir o réu, o juiz pode extinguir o processo por abandono da causa, desde que intime o autor, pessoalmente, para suprir a falta e este não o faça.

(A) Apenas as assertivas I e II estão corretas.

(B) Apenas as assertivas II e III estão corretas.

(C) Apenas a assertiva II está correta.

(D) Apenas as assertivas I e III estão corretas.

(E) Todas as assertivas estão corretas.

I: incorreta, pois somente a extinção por abandono, por 3 vezes, acarreta a perempção – e, com isso, a nova propositura fica proibida (NCPC, art. 486, § 3°); **II:** correta para a banca, considerando existirem precedentes dos tribunais permitindo a desistência do MS mesmo após a sentença (sendo assim, se após a sentença é possível, também antes); **III:** incorreta, pois a extinção por abandono depende de requerimento do autor (NCPC, art. 485, § 6°). **LD**
Gabarito "C".

(Magistratura/RR – 2015 – FCC) As nulidades processuais civis,

(A) só podem ser declaradas após provocação das partes, vedado ao juiz reconhecê-las de ofício, pelo caráter privado das normas do processo civil.

2. DIREITO PROCESSUAL CIVIL — 101

(B) devem ser declaradas necessariamente sempre que a matéria disser respeito a questões de ordem pública.

(C) serão decretadas de imediato se a citação do réu for irregular, sem possibilidade de regularização por seu comparecimento espontâneo aos autos.

(D) por falta de intervenção do Ministério Público em processo com interesse de incapazes, são insanáveis, haja ou não prejuízo ao incapaz.

(E) são passíveis de sanação, pela incidência do princípio da instrumentalidade das formas.

A: incorreta, pois podem ser conhecidas de ofício (art. 278, parágrafo único, do NCPC), sendo que as normas processuais são públicas, não privadas; **B**: incorreta, pois só há nulidade se houver prejuízo – se não houver prejuízo, não se anula o ato (art. 282, § 1º); **D**: incorreta. Apesar de o art. 279 do NCPC apontar que há nulidade, para a jurisprudência não haverá nulidade se não houver prejuízo ao incapaz (leitura em conjunto com o art. 282, § 1º, do NCPC); **E**: correta. *Vide* comentários à alternativa "B". **T**

Gabarito "E".

(Magistratura/PE – 2013 – FCC) Quanto às nulidades processuais, analise os enunciados abaixo.

I. Não existem nulidades de pleno direito no processo civil, pois toda invalidade processual deve ser decretada pelo juiz. Todos os atos processuais, cuja existência se reconheça, são válidos e eficazes até que se decretem as suas invalidades.

II. Quando a lei prescrever determinada forma, sob pena de nulidade, a decretação desta não pode ser requerida pela parte que lhe deu causa.

III. Quando a lei prescrever determinada forma, sem cominação de nulidade, o juiz considerará válido o ato se, realizado de outro modo, lhe alcançar a finalidade.

Está correto o que se afirma em

(A) I, II e III.

(B) I e II, apenas.

(C) I e III, apenas.

(D) II e III, apenas.

(E) II, apenas.

I: correta, porque o ato processual emana do Poder Judiciário; assim, até ser anulado, permanece válido; **II**: correta, pois isso seria alegar a própria torpeza (art. 276 do NCPC); **III**: correta, pois se trata do princípio da instrumentalidade das formas, previsto no art. 277 do NCPC. **LD/DS**

Gabarito "A".

(Magistratura/DF – 2011) Assinale a alternativa correta, considerando as disposições legais, bem como a doutrina e a jurisprudência prevalentes, na questão a seguir:

Consoante o artigo 267, inciso III, do Código de Processo Civil, "extingue-se o processo, sem resolução do mérito, quando, por não promover os atos e diligências que lhe competir, o autor abandonar a causa por mais de trinta (30) dias". Proposta ação, citado o réu, o autor não promove os atos e diligências que lhe competem, abandonando a causa por mais de trinta (30) dias. Neste caso:

(A) cabe ao juiz, de ofício, proferir sentença de extinção do processo sem julgamento do mérito, independen-

temente de intimação prévia pessoal do autor para suprir a falta em quarenta e oito (48) horas;

(B) cabe ao juiz, a requerimento do réu, proferir sentença de extinção do processo sem julgamento do mérito, independentemente de intimação prévia pessoal do autor para suprir a falta em quarenta e oito (48) horas;

(C) cabe ao juiz, de ofício, proferir sentença de extinção do processo sem julgamento do mérito, se o autor, intimado prévia e pessoalmente, não suprir a falta em quarenta e oito (48) horas;

(D) cabe ao juiz, a requerimento do réu, proferir sentença de extinção do processo sem julgamento do mérito, se o autor, intimado prévia e pessoalmente, não suprir a falta em quarenta e oito (48) horas.

*No NCPC, o artigo correspondente é o 485, III, com o mesmo conteúdo. **A**: incorreta, porque a jurisprudência do STJ está consolidada no sentido de que "a extinção do processo, por abandono da causa pelo autor, depende de requerimento do réu" (Súmula 240), além do o § 1º do art. 485 exigir a prévia intimação pessoal do autor para suprir a falta em *5 dias*; **B**: incorreta (art. 485, § 1º); **C**: incorreta, em razão da súmula 240 do STJ; **D**: correta no CPC/1973 (vide comentário sobre a alternativa A), mas incorreta no NCPC em relação ao prazo para suprir a falha, pois atualmente é de 5 dias. **LD/DS**

Gabarito "D" no CPC/1973, sem resposta no NCPC

(Magistratura/ES – 2011 – CESPE) Assinale a opção correta com referência à extinção de processo sem julgamento de mérito.

(A) Caso desista da ação por três ocasiões, o autor estará impedido de ajuizar a mesma demanda.

(B) A perempção extingue o direito material encaminhado pela demanda repetidamente extinta sem julgamento do mérito.

(C) Diante da paralisação do processo por abandono de ambas as partes, o juiz poderá extinguir, de ofício, o processo.

(D) No caso de abandono do processo pelo autor, a extinção dependerá de prévia intimação do advogado da parte.

(E) Ao não sanar vício relativo à sua capacidade processual no prazo que lhe foi conferido, o réu dá lugar à extinção do processo.

A: incorreta, porque a desistência da ação pode ocorrer inúmeras vezes. O que a lei prevê é a perda do direito de ação na hipótese de o autor ter dado causa a três extinções, sem resolução do mérito, por abandono da causa (é a chamada perempção – art. 486, § 3º, do NCPC); **B**: incorreta, porque a perempção só atinge o direito de ação, mas o direito material pode, em tese, vir a ser alegado em outro processo, como defesa; **C**: correta, pois se o processo é abandonado por ambas as partes (NCPC, art. 485, II), não haverá que pedir a extinção, de modo que isso será feito de ofício pelo juiz; **D**: incorreta, porque a lei exige, nesse caso, a intimação pessoal da parte (art. 485, § 1º do NCPC); **E**: incorreta, porque tal omissão do réu acarreta tão somente a sua revelia, não havendo que se falar em extinção do processo, o que, ademais, seria um absurdo, uma vez que, por uma falta do réu, o autor é que viria a ser punido. **LD/DS**

Gabarito "C".

(Magistratura/PE – 2011 – FCC) No tocante às nulidades processuais, é INCORRETO afirmar:

(A) Sob pena de preclusão, a nulidade dos atos processuais deve ser alegada na primeira oportunidade em que couber à parte manifestar-se nos autos, mesmo quando deva o juiz decretá-la de ofício.

(B) Em ação na qual haja interesse de incapaz, a não intervenção do Ministério Público acarreta a nulidade do processo.

(C) Pelo princípio da instrumentalidade das formas, realizado o ato processual de modo diverso ao previsto em lei, sem nulidade estabelecida, o juiz terá tal ato como válido se alcançar sua finalidade.

(D) Ao pronunciar a nulidade, o juiz declarará os atos atingidos, ordenando as providências necessárias para que sejam repetidos ou retificados.

(E) São nulas as citações e intimações, quando feitas sem observância das prescrições legais.

A: incorreta, porque quando se trata de nulidade que o juiz deve reconhecer de ofício, não há preclusão (art. 278, parágrafo único, NCPC); **B:** correta (arts. 279 e 178, II, do NCPC); **C:** correta (art. 277 do NCPC); **D:** correta (art. 282 do NCPC); **E:** correta (art. 280 do NCPC). LD/DS
Gabarito "A".

(Magistratura/SP – 2011 – VUNESP) Assinale a alternativa correta.

(A) Quando a lei prescrever determinada forma, sob pena de nulidade, o juiz deverá decretá-la, se for requerida pela parte que lhe deu causa.

(B) A nulidade de uma parte do ato não prejudicará as outras, que dela sejam dependentes.

(C) Pelo princípio da instrumentalidade, quando a lei prescrever determinada forma, sem cominação de nulidade, o juiz considerará válido o ato se, realizado de outro modo, lhe alcançar a finalidade.

(D) Pelo princípio da preclusão, um ato nulo será considerado sanado se a parte deixar de manifestar-se contra o modo como foi praticado.

(E) Em caso de nulidade, o juiz deverá pronunciá-la e mandar repetir o ato ou suprir-lhe a falta, mesmo que possa decidir o mérito a favor da parte a quem aproveite a declaração da nulidade.

A: incorreta, porque a parte que deu causa à nulidade não pode requerer a sua decretação (art. 276 do NCPC); **B:** incorreta (art. 281 do NCPC); **C:** correta (art. 277 do NCPC); **D:** incorreta, porque não há preclusão em relação às nulidades que o juiz deva decretar de ofício (art. 278, parágrafo único, NCPC); **E:** incorreta (art. 282, § 2º, do NCPC). LD/DS
Gabarito "C".

(Magistratura/MA – 2008 – IESIS) Acerca das nulidades processuais, assinale a alternativa correta:

(A) Com base no princípio da instrumentalidade das formas, sempre que a lei prescrever determinada forma, porém não cominar nulidade, o ato será considerado válido se alcançar a finalidade respectiva, mesmo que seja realizado de outro modo.

(B) Embora não se opere a preclusão, a nulidade dos atos deve ser alegada na primeira oportunidade em que

couber à parte falar nos autos, sob pena de responder pelas custas de retardamento.

(C) Uma vez anulado o ato, reputam-se de nenhum efeito todos os subsequentes. Identicamente, a nulidade de uma parte do ato prejudicará as demais, ainda que sejam independentes, porquanto operada a contaminação presumida.

(D) A ausência de manifestação do Ministério Público, quando intimado em feito onde deva intervir, configura nulidade passível de reconhecimento de ofício.

A: correta (art. 277 do NCPC); **B:** incorreta, porque há preclusão, inclusive em matéria de nulidades, salvo aquelas que o juiz poderia conhecer de ofício (art. 278 do NCPC); **C:** incorreta, porque "a nulidade de uma parte do ato não prejudicará as outras, que dele sejam independentes" (art. 281, parte final); **D:** incorreta, porque se o MP foi intimado para se manifestar, não há nulidade. Esta só restaria caracterizada se não houvesse intimação (art. 279 do NCPC). LD
Gabarito "A".

8. TUTELA PROVISÓRIA

(Juiz – TJSP – 2017) A tutela provisória de urgência:

(A) não pode ser concedida na sentença porque, do contrário, a tutela perderia a natureza de provisória.

(B) só pode ser determinada pelo juiz estatal e não pelo árbitro, uma vez que falta a esse último poder de coerção para efetivar a medida.

(C) exige, além do perigo da demora, prova pré-constituída das alegações de fato em que se funda o autor.

(D) quando requerida na forma de tutela cautelar antecedente, poderá ser apreciada como tutela antecipada, caso o juiz entenda que essa é sua verdadeira natureza.

A: incorreta, pois a tutela de urgência pode ser proferida a qualquer momento, desde que presentes seus requisitos (NCPC, art. 300); **B:** incorreta, pois se entende que árbitro pode conceder tutela de urgência – mas a efetivação é realizada pelo juiz estatal; **C:** incorreta, pois é possível que haja audiência de justificação quanto à probabilidade do direito (NCPC, art. 300, § 2º); **D:** correta, pois o sistema prevê a fungibilidade entre cautelar e tutela antecipada (NCPC, art. 305, parágrafo único). LD
Gabarito "D".

(Juiz – TRF 2ª Região – 2017) Marque a opção correta:

(A) O requerente de tutela de urgência, desde que esteja de boa-fé, não responde pela reparação de eventual prejuízo que a efetivação da medida, mais tarde revogada pela sentença definitiva, tenha causado à contraparte.

(B) Se ocorrer a cessação da eficácia da medida, a parte requerente responde pelo prejuízo que a efetivação da tutela de urgência cause à parte adversa.

(C) Os valores de benefício previdenciário recebido por força de tutela antecipada posteriormente revogada pela sentença (que transita em julgado) não devem ser devolvidos.

(D) Em hipótese na qual ocorreu, sem caução, o cumprimento provisório de sentença, e depois provimento do recurso – que não tinha efeito suspensivo –, o

2. DIREITO PROCESSUAL CIVIL

juiz deve verificar o caso concreto e, com equidade, distribuir os prejuízos entre as partes.

(E) Nas hipóteses nas quais, no cumprimento provisório, o CPC prevê a dispensa de caução, é vedado ao juiz exigi-la.

A: incorreta, pois há previsão legal em sentido inverso, no sentido de que a parte responde (NCPC, art. 302, I); **B:** correta (NCPC, art. 302, I); **C:** incorreta, pois revogada a tutela antecipada, a situação volta ao *status quo ante*; **D:** incorreta, considerando o exposto nas alternativas anteriores, sendo certo que compete ao autor arcar com esse prejuízo; **E:** incorreta, sempre sendo possível ao juiz, à luz do caso concreto, fixar caução. **LD**
Gabarito "B".

(Juiz – TJ-SC – FCC – 2017) Em relação às tutelas provisórias, de urgência e da evidência, considere os enunciados seguintes:

I. A tutela provisória de urgência, se cautelar, só pode ser concedida em caráter antecedente, podendo a qualquer tempo ser revogada ou modificada.

II. A tutela de urgência de natureza cautelar pode ser efetivada mediante arresto, sequestro, arrolamento de bens, registro de protesto contra alienação de bem e qualquer outra medida idônea para asseguração do direito.

III. Entre outros motivos, a tutela da evidência será concedida, independentemente da demonstração de perigo de dano ou de risco ao resultado útil do processo, se se tratar de pedido reipersecutório fundado em prova documental adequada do contrato de depósito, caso em que será decretada a ordem de entrega do objeto custodiado, sob cominação de multa.

IV. Para a concessão da tutela de urgência, o juiz deve, conforme o caso, exigir caução real ou fidejussória idônea para ressarcir os danos que a outra parte possa vir a sofrer, só podendo a garantia ser dispensada se os requerentes da medida forem menores ou idosos com mais de sessenta anos.

Está correto o que se afirma APENAS em:

(A) II e III.

(B) I e II.

(C) I, II e IV.

(D) II, III e IV.

(E) I, II e III.

I: incorreta, pois a tutela cautelar (como a tutela antecipada) pode ser concedida de forma antecedente ou incidental (NCPC, art. 294, parágrafo único.); **II:** correta, sendo essas as hipóteses mencionadas na lei (NCPC, art. 301); **III:** correta, sendo essa uma das hipóteses mencionadas na lei (NCPC, 311, III); **IV:** incorreta, porque a caução fica a critério do juiz conforme o caso concreto – não conforme a idade da parte (NCPC, art. 300, § 1º, que também prevê que a caução pode ser "dispensada se a parte economicamente hipossuficiente não puder oferecê-la"). **LD**
Gabarito "A".

(Juiz – TRF 4ª Região – 2016) Dadas as assertivas abaixo, assinale a alternativa correta. Considerando as regras do Código de Processo Civil de **2015**:

I. A tutela provisória de evidência será concedida pelo juiz quando, presentes a probabilidade do direito e o perigo de dano, ficar caracterizado o abuso no direito de defesa ou o manifesto propósito protelatório do réu.

II. A estabilização da tutela de urgência antecipada ocorre quando não for interposto o recurso da decisão que a concedeu e implica a extinção do processo, sem formação de coisa julgada, podendo, porém, o juízo alterar a medida de urgência a qualquer tempo.

III. As modalidades de tutela provisória de urgência são cautelar, antecipada e antecedente.

IV. Se a tutela de urgência requerida em caráter antecedente for concedida, o autor terá o prazo de 5 dias para emendar sua petição inicial, indicando qual a lide principal que será ajuizada, e de 30 dias para a propositura da ação principal.

(A) Estão corretas apenas as assertivas I e III.

(B) Estão corretas apenas as assertivas II e III.

(C) Estão corretas apenas as assertivas I, II e IV.

(D) Estão corretas todas as assertivas.

(E) Nenhuma assertiva está correta.

I: incorreta, pois a tutela de evidência independe de perigo de dano (NCPC, art. 311); **II:** incorreta, pois o juiz não pode alterar a tutela estabilizada – salvo se a parte ajuizar demanda específica para isso (NCPC, art. 304, § 2º); **III:** incorreta, pois a tutela provisória (gênero) de urgência (espécie) se divide em cautelar e antecipada (subespécies). O ser "antecedente" ou "incidental" se refere ao momento em que se requer a tutela de urgência (NCPC, art. 294); **IV:** incorreta, porque não há, no NCPC, mais a "ação principal", no máximo existindo o aditamento do pedido (isso caso não tenha sido feito o pedido de tutela de urgência junto com o *pedido principal*). **LD**
Gabarito "E".

(Magistratura/PB – 2011 – CESPE) Após a aquisição de determinado imóvel, o comprador ajuizou contra o vendedor ação de imissão na posse. Realizada a citação, mas ainda antes de a resposta ser apresentada, o comprador soube que a situação financeira do vendedor sofrera rápida e severa deterioração, o que tornava improvável que este pudesse reparar qualquer dano causado ao imóvel no curso da ação.

Considerando essa situação hipotética, assinale a opção correta.

(A) Deverá o autor aguardar a apresentação da réplica à contestação para pedir a antecipação da tutela jurisdicional.

(B) Por ser certa a incapacidade do réu de arcar com as consequências negativas da manutenção de sua posse sobre o bem, justifica-se o julgamento antecipado da lide.

(C) Não será possível a antecipação da tutela jurisdicional, porque, diante da possibilidade de imissão na posse, ocorre a irreversibilidade jurídica da medida.

(D) Dada a situação econômica do réu, o autor poderá requerer a antecipação da tutela jurisdicional mediante petição fundada no receio de dano de difícil reparação.

(E) Não será possível pedido de antecipação da tutela jurisdicional, por ser de rito especial a ação de imissão na posse.

A: incorreta, porque diante da situação de risco de dano irreparável ou difícil reparação, o autor pode requerer a antecipação dos efeitos da tutela jurisdicional a qualquer tempo, independentemente de apresentação de réplica; **B:** incorreta, porque o julgamento antecipado da lide só é admitido nos casos do art. 355 do NCPC, sendo que nenhum deles está caracterizado na hipótese em questão; **C:** incorreta, porque a medida não é irreversível; **D:** correta, pois a alternativa traz motivo para o autor requerer a antecipação de tutela jurisdicional; **E:** incorreta, porque a ação de imissão na posse não se sujeita a rito especial, o que, ademais, seria irrelevante para a concessão da tutela antecipada. **LD/DS**

Gabarito "D".

(Magistratura do Trabalho – 3ª Região – 2014) No que concerne à antecipação de tutela, assinale a alternativa correta:

(A) A antecipação da tutela não será concedida quando houver perigo de irreversibilidade do provimento antecipado.

(B) A tutela antecipada só poderá ser revogada ou modificada como resultado do julgamento de recurso contra ela interposto.

(C) Na decisão que antecipar a tutela, o juiz indicará, sumariamente, dada a urgência do provimento, as razões do seu convencimento.

(D) O juiz poderá impor multa diária ao réu, se for compatível com a obrigação, sempre condicionada a pedido explícito do autor e a prazo razoável para o cumprimento do preceito.

(E) Para o deferimento da antecipação de tutela deve haver fundado receio de dano irreparável ou de difícil reparação e ficar caracterizado o abuso de direito de defesa ou o manifesto propósito protelatório do réu.

Inicialmente, de se observar que o NCPC reuniu o regramento referente à tutela de urgência (esta dívida em duas subespécies: *tutela de urgência cautelar* e *tutela de urgência antecipada*) e tutela de evidência sob a denominação *tutela provisória*.
A: correta (NCPC, art. 300, § 3º), com a ressalva de que o novo regramento utiliza a expressão "tutela de urgência de natureza antecipada"; **B:** incorreta. No NCPC, a sistemática é alterada. Quando a urgência for contemporânea ao ajuizamento da ação, a petição inicial pode limitar-se ao requerimento da tutela antecipada, sendo certo que, em caso de concessão, o autor deverá aditar a inicial (NCPC, art. 303). Quando deferida em caráter antecedente e não havendo recurso da parte contrária, a tutela antecipada tornar-se-á estável (NCPC, art. 304), caso em que só poderá ser revista, reformada ou invalidada por meio de outra demanda – cujo prazo será de 02 anos (NCPC, art. 304, §2º e 5º). Não sendo o caso de estabilização ou em se tratando de tutela provisória concedida em caráter incidental, a tutela provisória pode, a qualquer tempo, ser revogada ou modificada (NCPC, art. 296); **C:** incorreta (NCPC, art. 298); **D:** incorreta, pois a lei prevê expressamente essa concessão independente de pedido da parte (NCPC, art. 537); **E:** incorreta, pois os requisitos da tutela de urgência são: (i) probabilidade do direito e (ii) perigo de dano ou risco ao resultado útil do processo (NCPC, art. 300). **LD/DS**

Gabarito "A".

(Magistratura do Trabalho – 2ª Região – 2014) Em relação à decisão da ação que tenha por objeto a obrigação de fazer e não fazer, aponte a alternativa **correta:**

(A) A fixação de multa diária independe de pedido expresso do autor.

(B) Para a efetivação de tutela específica ou obtenção do resultado útil equivalente o juiz determinará a remoção da coisa, desde que requerido expressamente pelo autor na inicial.

(C) Não obstante a relevância do fundamento, o juiz somente concederá a liminar após a audiência de justificação prévia.

(D) A medida cominatória que implica na solução da questão em perdas e danos será, em qualquer hipótese, a solução buscada pelo juiz, ainda que seja possível a aplicação de medidas que garantam o resultado prático equivalente ao direito material buscado.

(E) Tutela específica e tutela antecipada são institutos idênticos, confundindo-se com a medida liminar e necessitando, para sua concretização, da instauração do processo de execução com citação do executado para cumprimento da medida em 15 dias, sob pena de pagamento de multa fixada em 10% (dez por cento) calculada sobre o valor do crédito (art. 475-J, CPC).

A: correta, pois a lei prevê expressamente essa concessão independentemente de pedido da parte (NCPC, art. 537); **B:** incorreta, tampouco existindo necessidade de pedido expresso para essa medida de apoio (NCPC, art. 536, "caput" e § 1º); **C:** incorreta, sendo possível a concessão da liminar sem a oitiva da parte ré (NCPC, art. 300, § 2º e art. 9º, parágrafo único, I); **D:** incorreta, pois haverá conversão em perdas e danos somente se o autor requerer ou não for possível a obtenção da tutela específica ou resultado prático equivalente (NCPC, art. 499); **E:** incorreta, a tutela antecipada é modalidade de tutela de urgência (como a tutela cautelar) e é medida de caráter satisfativo; a tutela específica é forma de se obter exatamente obrigação de fazer (ou *especificamente* a obrigação de fazer prevista em título ou determinada pelo juiz); pode ser que a tutela específica de obrigação de fazer seja deferida em antecipação de tutela, notadamente diante do art. 297, parágrafo único do NCPC. Além disso, o art. 475-J do CPC/1973 (art. 523 do NCPC) se refere a obrigação de pagar. **LD/DS**

Gabarito "A".

9. TEMAS COMBINADOS DA PARTE GERAL

(Juiz – TRF 2ª Região – 2017) Mévio ingressa com ação em face da Empresa de Correios e Telégrafos -ECT. Postula indenização, já que foi atropelado por veículo da ré. Marque a opção correta:

(A) A citação pode ser feita na pessoa do advogado geral da União.

(B) Considerando que a ré é o Correio, a citação não pode ser feita pelo correio e deve ser feita por Oficial de Justiça.

(C) Julgado procedente o pedido, a citação será, no caso, o termo inicial do fluxo dos juros de mora.

(D) A citação válida, ainda que ordenada por juiz incompetente, torna prevento do juízo.

(E) A citação válida, ainda que ordenada por juiz incompetente, produz litispendência.

A: incorreta, pois a AGU não atua em prol de empresa pública; **B:** incorreta, pois empresa pública pode ser citada pelo correio (não cabe citação por correio quando a ré for pessoa de direito público (NCPC, art. 247, III) – o que não é o caso dos Correios; **C:** incorreta, pois, nesse caso (dano decorrente de responsabilidade extracontratual), o termo inicial é o evento danoso (Súmula 54 do STJ: "Os juros moratórios fluem a partir do evento danoso, em caso de responsabilidade extracontratual."); **D:** incorreta, pois a prevenção se dá pela distribuição – mas perante juízo competente,

2. DIREITO PROCESSUAL CIVIL

por certo (NCPC, art. 59); **E:** correta (NCPC, art. 240 – sendo que a questão trocou a palavra "induz", constante da lei, por "produz"). **LD**

Gabarito "E".

(Juiz – TRF 4ª Região – 2016) Dadas as assertivas abaixo, assinale a alternativa correta. Considerando as regras do Código de Processo Civil de **2015**:

I. A suspeição e o impedimento devem ser suscitados em preliminar da contestação, e não por petição separada.

II. Há suspeição do juiz que for amigo íntimo ou inimigo do advogado de qualquer das partes.

III. O benefício da gratuidade da justiça pode ser concedido apenas parcialmente ou consistir na redução percentual das despesas processuais iniciais ou ainda no parcelamento dessas despesas e não afasta o dever de o beneficiário pagar as multas processuais que lhe sejam impostas.

IV. As espécies de intervenção de terceiros são a assistência, o chamamento ao processo, o incidente de desconsideração de personalidade jurídica e a oposição.

(A) Estão corretas apenas as assertivas I e IV.

(B) Estão corretas apenas as assertivas II e III.

(C) Estão corretas apenas as assertivas I, II e III.

(D) Estão corretas todas as assertivas.

(E) Nenhuma assertiva está correta.

I: incorreta, pois essas são as únicas defesas apresentadas fora da contestação, em petição específica (NCPC, art. 146); **II:** correta (NCPC, art. 145, I); **III:** correta (NCPC, art. 98, § 5º); **IV:** incorreta, pois no NCPC oposição deixou de ser intervenção de terceiro para ser procedimento especial (NCPC, art. 682) e faltou mencionar *amicus curiae* (NCPC, art. 138). **LD**

Gabarito "B".

II – PROCESSO DE CONHECIMENTO

10. PETIÇÃO INICIAL

(Juiz – TJSP – 2017) Quanto à petição inicial, no procedimento comum,

(A) o autor tem o ônus de alegar eventual desinteresse na designação de audiência de conciliação ou mediação, sob pena de ser presumido seu interesse na tentativa de autocomposição.

(B) ela será inepta e, como tal, deverá ser indeferida se o juiz verificar desde logo a ocorrência de prescrição ou decadência.

(C) o autor, depois da citação, poderá aditar ou alterar o pedido ou causa de pedir, hipótese em que, desde que assegurado o contraditório mediante a possibilidade de manifestação no prazo mínimo de quinze (15) dias, não será exigido consentimento do demandado.

(D) o autor poderá cumular pedidos, desde que haja conexão entre eles.

A: correta, pois existe a presunção de interesse na audiência, considerando que a lei prevê a não realização do ato apenas se "ambas as partes manifestarem expressamente" (NCPC, art. 334, § 4º*)*; **B:** incorreta, pois

o NCPC não mais fala (como constava do CPC/1973) em inépcia no caso de prescrição, mas sim em improcedência liminar (NCPC, art. 332, § 1º); **C:** incorreta, porque para alterar a causa de pedir, necessário o consentimento do réu (NCPC, art. 329, II); **D:** incorreta, pois cabe cumulação de pedidos mesmo sem conexão entre eles (NCPC, art. 327). LD

Gabarito "A".

(Magistratura – TRT 1ª – 2016 – FCC) A respeito do pedido, o CPC/1973 dispõe:

(A) É lícito formular mais de um pedido alternativo, a fim de que o juiz conheça do seguinte em não podendo acolher o anterior.

(B) É permitida a cumulação, num mesmo processo, contra o mesmo réu, de vários pedidos, desde que entre eles haja conexão.

(C) Não será possível a cumulação de pedidos que correspondam a tipos diversos de procedimento, ainda que se empregue o procedimento ordinário.

(D) Quando a escolha do modo de cumprimento da obrigação couber ao réu, em razão de contrato, a possibilidade de cumprimento da obrigação, de um modo ou de outro, dependerá da existência de pedido alternativo formulado pelo autor.

(E) Quando a obrigação consistir em prestações periódicas, as mesmas considerar-se-ão incluídas no pedido, independentemente de declaração expressa do autor.

A: incorreta, pois essa é a definição de pedido subsidiário (NCPC, art. 326); **B:** incorreta, pois cabe a cumulação mesmo se não houver conexão (NCPC, art. 327); **C:** incorreta, pois cabe a cumulação se for utilizado o procedimento comum (NCPC, art. 327, § 2º ***Atenção:** no NCPC não mais existe o rito ordinário ou sumário, mas apenas o procedimento comum e procedimentos especiais); **D:** incorreta, pois caberá a escolha ao réu mesmo que não tenha sido formulado pedido alternativo (NCPC, art. 325, parágrafo único); **E:** correta (NCPC, art. 323). **LD**

Gabarito "E".

(Magistratura/PE – 2013 – FCC) A petição inicial deverá preencher determinados requisitos, bem como ser instruída com os documentos indispensáveis à propositura da ação. Estando, porém, incompleta, deverá o juiz

(A) aguardar a contestação do réu, pois eventual medida dependerá de pedido expresso da parte, sendo-lhe defeso agir de ofício.

(B) determinar que o autor a complete, ou a emende, no prazo de dez dias, sob pena de, não cumprida a diligência, ser indeferida a inicial.

(C) considerar o fato como simples irregularidade, determinando o prosseguimento da ação sem outras consequências.

(D) determinar a emenda da inicial, em cinco dias, sob pena de se considerar descumprido um ônus processual, com a respectiva preclusão.

(E) indeferir de imediato a inicial, extinguindo a ação sem resolução do mérito.

Prevê expressamente o art. 321 do NCPC que, "O juiz, ao verificar que a petição inicial não preenche os requisitos dos arts. 319 e 320 ou que apresenta defeitos e irregularidades capazes de dificultar o julgamento de mérito, determinará que o autor, no prazo de 15 (quinze) dias, a emende ou a complete, indicando com precisão o que deve ser corrigido ou completado" e, ainda, em seu parágrafo único prevê que "se o autor não cumprir a diligência, o juiz indeferirá a petição inicial". No CPC/1973, o prazo era de 10 dias para emendar. **LD/DS**

Gabarito "B" no CPC/1973, sem resposta no NCPC

(Magistratura/SP – 2013 – VUNESP) Acerca da petição inicial, diante dos termos do Código de Processo Civil, é correto afirmar que

(A) verificando o juiz que a petição inicial não preenche os requisitos exigidos nos arts. 282 e 283, ou que apresenta defeitos e irregularidades capazes de dificultar o julgamento de mérito, ele a indeferirá de plano. *Atenção:** no NCPC, a remissão é aos arts. 319 e 320.

(B) deverá sempre indicar nome e qualificação das partes, os fatos e os fundamentos jurídicos do pedido, o pedido e o valor do pedido.

(C) nos litígios que tenham por objeto obrigações decorrentes de empréstimo, financiamento ou arrendamento mercantil, o autor deverá discriminar, na petição inicial, dentre as obrigações contratuais, aquelas que pretende controverter, quantificando o valor incontroverso.

(D) é lícito formular mais de um pedido em ordem sucessiva, a fim de que o juiz conheça do posterior, em não podendo acolher o anterior, mas é vedado formularem-se pedidos alternativos.

A: incorreta, pois há previsão de emenda (NCPC, art. 321); B: incorreta, porque é requisito da inicial o *valor da causa* (NCPC, art. 319, V); C: correta (NCPC, art. 330, § 2º); D: incorreta. Admite-se também o pedido alternativo (NCPC, art. 325). **LD**

Gabarito "C"

(Magistratura/MG – 2012 – VUNESP) Assinale a alternativa correta.

(A) Quando a matéria controvertida contida na petição inicial for unicamente de direito e no juízo já houver sido proferida sentença de total improcedência em outros casos idênticos, poderá proferir sentença o juiz sem determinar a citação da parte ré.

(B) É vedada a cumulação, num único processo, contra o mesmo réu, de vários pedidos, ainda que não haja conexão entre eles.

(C) É lícita na petição inicial a formulação de pedido subsidiário ao principal, em ordem sucessiva, cujo valor da causa será a soma dos valores de todos eles.

(D) A alteração da causa de pedir será permitida até o início da produção das provas.

A: correta, à luz do CPC/1973. No NCPC, há uma variação: será cabível a improcedência liminar não mais a partir de precedente do juízo, mas de tribunal (art. 332, NCPC); B: incorreta, porque o art. 327 prevê o contrário; C: incorreta, porque, nesse caso, o valor da causa corresponderá ao valor do pedido principal (art. 292, VIII, NCPC); D: incorreta, porque o marco final para a alteração do pedido, ou da causa de pedir, é a prolação da decisão saneadora (art. 329, II), e não o início da fase instrutória. **LD/DS**

Gabarito "A", no CPC/1973, sem resposta no NCPC

(Magistratura/PE – 2011 – FCC) É correto afirmar:

(A) Verificando o juiz que a petição inicial não preenche os requisitos legais, ou que apresenta defeitos e irregularidades que possam dificultar o julgamento de mérito, deverá o juiz indeferi-la de imediato.

(B) Sendo a matéria controvertida unicamente de direito, se no juízo já houver sido proferida sentença de total procedência em casos idênticos, poderá ser dispensada a citação e proferida sentença que reproduza o teor da anteriormente prolatada.

(C) Ordenada a citação do réu, para responder ao pedido inicial, do mandado constará que, não sendo contestada a ação, presumir-se-ão aceitos pelo réu, como verdadeiros, os fatos e o direito alegados pelo autor.

(D) O pedido deve ser sempre certo ou determinado.

(E) Consistindo a obrigação em prestações periódicas, considerar-se-ão elas incluídas no pedido, independentemente de declaração expressa do autor.

A: incorreta, porque se trata de hipótese em que é cabível a ordem de emenda à inicial (art. 321, NCPC); B: incorreta, porque só é possível a *improcedência* liminar do pedido, prevista no art. 332 do NCPC, mas não a *procedência* liminar do pedido (ademais, no NCPC, será cabível a improcedência liminar não mais a partir de precedente do juízo, mas de tribunal); C: incorreta, porque a presunção de veracidade que pode decorrer da revelia atinge exclusivamente os fatos, e nunca o direito; D: incorreta, porque embora em regra o pedido deva ser certo e determinado, há casos em se admite o pedido genérico (art. 324, § 1º, do NCPC); E: correta (art. 323 do NCPC). **LD/DS**

Gabarito "E".

(Magistratura/SP – 2011 – VUNESP) Assinale a alternativa correta.

(A) O pedido poderá ser genérico quando a determinação do valor da condenação depender de ato a ser praticado pelo autor.

(B) O pedido será subsidiário quando feito cumulativamente com um principal e que só poderá ser concedido se este o for.

(C) O pedido será sucessivo quando o autor formula um primeiro, pedindo que o juiz conheça de um segundo, se não puder acolher o anterior.

(D) O pedido será alternativo quando, pela natureza da obrigação, o devedor puder cumprir a prestação de mais de um modo.

(E) O pedido deverá ser expresso quando a obrigação consistir em prestações periódicas.

A: incorreta, uma vez que se admite o pedido genérico quando o valor da condenação depender de ato a ser praticado pelo réu, e não pelo autor (art. 324, § 1º, III, NCPC); B: incorreta, porque o pedido subsidiário é aquele que é formulado para a hipótese de rejeição do principal (art. 326, NCPC); C: incorreta, porque sucessivo é o pedido que tem uma relação de prejudicialidade com outro, ou seja, a rejeição do primeiro torna prejudicado o pedido subsidiário; D: correta (art. 325); E: incorreta, porque consideram-se incluídas no pedido, de forma implícita, as prestações que se vencerem no curso do processo (art. 323). **LD/DS**

Gabarito "D"

2. DIREITO PROCESSUAL CIVIL

(Magistratura/SP – 2011 – VUNESP) Assinale a alternativa correta.

(A) É possível o aditamento do pedido, antes da citação do réu, sem custas para o autor.

(B) É possível a alteração do pedido após o saneamento do processo, com o consentimento do réu.

(C) Os pedidos poderão ser cumulados, num único processo, contra o mesmo réu, desde que entre eles haja conexão.

(D) É admissível a cumulação de pedidos incompatíveis entre si.

(E) É possível a cumulação, num único processo, contra o mesmo réu, de vários pedidos, ainda que de procedimentos diversos, se o autor empregar o rito ordinário.

A: incorreta, uma vez que o autor arca com eventuais custas acrescidas pelo aditamento do pedido (art. 329, I, do NCPC); **B:** incorreta, porque após o saneamento fica proibida a alteração do pedido, ainda que houvesse concordância do réu, em razão da estabilização objetiva da lide (art. 329, II, NCPC); **C:** incorreta, porque a conexão entre os pedidos não é requisito para a cumulação (art. 327 do NCPC); **D:** incorreta (art. 327, § 1º, I, NCPC); **E:** correta no CPC/1973. **Atenção:** lembrar que no NCPC não há mais rito sumário ou ordinário, mas somente o procedimento comum – além dos especiais. Assim, no NCPC, o procedimento padrão, a ser observado na cumulação de pedidos com procedimentos distintos, é o comum (art. 327, § 2º, do NCPC). **LD/DS**

Gabarito "E".

(Magistratura/PR – 2010 – PUC/PR) Sobre petição inicial, é CORRETO afirmar:

I. Quando a petição inicial não vier acompanhada dos documentos indispensáveis à propositura da ação de plano, o juiz a indeferirá.

II. Indeferida a petição inicial, o autor poderá apelar, sendo vedada ao juiz a reforma da sua decisão.

III. Quando a obrigação consistir em prestações periódicas, elas serão consideradas incluídas no pedido se houver declaração expressa do autor.

IV. O juiz, ao pronunciar de ofício a prescrição, indeferirá a petição inicial.

(A) Apenas a assertiva II está correta.

(B) Apenas a assertiva III está correta.

(C) Apenas a assertiva IV está correta.

(D) Apenas a assertiva I está correta.

I: incorreta, porque o autor tem direito à emenda da inicial quando ausente algum de seus requisitos; **II:** incorreta, porque o art. 331 prevê a possibilidade do exercício do direito de retratação em 5 dias; **III:** incorreta, pois a inclusão é automática e não depende de declaração expressa do autor; **IV:** correta (art. 332, §1º, do NCPC). **RM**

Gabarito "C".

(Magistratura/SP – 2009 – VUNESP) Segundo a regra da estabilização da demanda, tal como adotada pelo legislador brasileiro, os elementos

(A) da ação podem ser alterados após o saneamento, com a concordância do réu.

(B) objetivos da ação podem ser alterados após o saneamento, com a concordância do réu.

(C) da ação não podem ser alterados após a citação.

(D) objetivos da ação não podem ser alterados após o saneamento do processo.

A: incorreta, porque com o saneamento ocorre a estabilização objetiva da lide, o que impede qualquer alteração nos elementos da causa, ainda que estivessem de acordo as partes; **B:** incorreta, pelos mesmos motivos; **C:** incorreta, porque após a citação, mas antes do saneamento, é possível a alteração dos elementos objetivos da ação, desde que o réu consinta; **D:** correta (reler o comentário sobre a assertiva A). **LD**

Gabarito "D".

(Magistratura do Trabalho – 2ª Região – 2014) Em relação à ação processual e o pedido respectivo, observe as proposições abaixo e responda a alternativa que contenha proposituras corretas:

I. Quando o artigo 500 do Código Civil estabelece que o comprador de um imóvel tem direito a exigir o complemento da área, inferior à vendida, ou reclamar a rescisão do contrato ou, ainda, o abatimento do preço, temos um exemplo de possíveis ações sucessivas.

II. A *"causa petendi"*, numa determinada ação, é complexa, porquanto abrange todos os fatos jurídicos e respectivos fundamentos.

III. O termo final para que o autor possa, com o consentimento do réu, alterar o pedido ou a causa de pedir é o saneamento do processo, após o que, não mais será possível proceder-se à referida modificação, ainda que haja consentimento expresso do réu.

IV. Quando a obrigação consiste em obrigações periódicas, a sentença deve incluí-las na eventual condenação, se houver pedido expresso, neste sentido.

V. É permitida a cumulação num único processo contra o mesmo réu, de vários pedidos, ainda que entre eles não haja conexão.

Está correta a alternativa:

(A) I, II e IV.

(B) II, III e IV.

(C) I, IV e V.

(D) II, III e V.

(E) I, III e V.

I: incorreta, pois o caso é de pedido principal e *subsidiário* (NCPC, art. 326). Quanto ao conceito, pedido sucessivo é aquele em que o segundo pedido somente pode ser deferido se o primeiro for, como no caso de investigação de paternidade cumulada com alimentos; **II:** correta, pois a causa de pedir sempre é composta de fatos e fundamentos jurídicos (NCPC, art. 319, III); **III:** correta, pois a alteração do pedido ou da causa de pedir não será permitida após o saneamento do processo (NCPC, art. 329, II); **IV:** incorreta, pois as prestações futuras serão incluídas mesmo que não haja pedido (NCPC, art. 323); **V:** correta, sendo esse o caso de pedido cumulado (NCPC, art. 327). **LD/DS**

Gabarito "D".

(Magistratura/PB – 2011 – CESPE) Em ação iniciada sob o rito ordinário, o autor requereu a condenação do réu ao pagamento do preço previamente ajustado pela entrega de uma máquina agrícola. De acordo com a inicial, fora firmado contrato para venda da máquina e de um automóvel. No entanto, mesmo após a entrega do primeiro objeto, o comprador não teria cumprido a obrigação de pagar o preço. * **Atenção:** no NCPC não mais existe o rito sumário ou ordinário, no procedimento comum.

Com base nessa situação hipotética, assinale a opção correta.

(A) Como o contrato envolve prestação periódica, o juiz pode incluir na condenação o pagamento do valor ajustado pela venda do automóvel.

(B) Se não houver, na inicial, pedido de condenação a pagamento de juros legais, não pode o juiz incluir tal condenação na sentença.

(C) Dada a natureza da obrigação, o juiz deve assegurar ao réu a possibilidade de cumprir sua prestação de outro modo.

(D) Trata-se de situação de descumprimento de obrigação contratual, e o juiz pode proferir sentença ilíquida, por lhe ser impossível prever as consequências da inadimplência.

(E) Diante do pedido, o juiz deve, em caso de procedência, ater-se à condenação do réu ao pagamento do valor ajustado.

A: incorreta, porque em razão do princípio da adstrição da sentença ao pedido, o juiz não poderia incluir na condenação o cumprimento de prestação que o autor não pretendeu na inicial, sob pena de proferir sentença "ultra petita"; **B:** incorreta, porque os juros legais podem ser incluídos na sentença, mesmo que não pleiteados expressamente pelo autor (art. 322, §§ 1º e 2º, NCPC), uma vez que se consideram pedidos implícitos; **C:** incorreta, porque não se trata de hipótese em que poderia ser formulado pedido alternativo (art. 325 do NCPC); **D:** incorreta, porque não se trata de caso em que seria possível o pedido genérico (art. 324, § 1º do NCPC); **E:** correta (reler o comentário sobre a assertiva C). **LD/DS**
Gabarito "E".

11. CONTESTAÇÃO E REVELIA

(Magistratura/RR – 2015 – FCC) Ocorrendo revelia,

(A) a presunção de veracidade dos fatos afirmados pelo autor não admite prova contrária.

(B) seus efeitos, em nenhuma hipótese, podem ser excluídos, dada sua gravidade.

(C) verificando o juiz um direito indisponível, ainda que o réu não conteste, o autor tem de fazer a prova dos fatos constitutivos de seu direito, defeso ao juiz o julgamento antecipado da lide.

(D) embora haja a presunção de veracidade dos fatos alegados pelo autor, o réu revel tem o direito de ser intimado dos atos processuais subsequentes, tenha ou não advogado constituído nos autos.

(E) seus efeitos só ocorrem em relação aos réus citados por edital ou por hora certa.

A: incorreta, pois mesmo declarada a revelia, poderá o réu produzir provas (art. 349 do NCPC); **B:** incorreta, pois os efeitos da revelia não produzirão efeitos nas hipóteses do art. 345 do NCPC; **C:** correta, nos termos dos arts. 345, II, e 348 do NCPC; **D:** incorreta, pois, se o réu revel inexistir advogado constituído deverá este ser intimado de todos os atos (art. 346 do NCPC); **E:** incorreta, pois o art. 344 do NCPC não faz distinção dos réus citados por carta, oficial de justiça ou edital. **IT**
Gabarito "C".

(Magistratura/PE – 2011 – FCC) Ocorrendo a revelia,

(A) poderá o autor alterar o pedido, ou a causa de pedir, bem como demandar declaração incidente, independentemente de nova citação do réu.

(B) poderá o réu intervir no processo em qualquer fase, recebendo-o no estado em que se encontrar.

(C) reputar-se-ão verdadeiros, de modo absoluto, os fatos afirmados pelo autor.

(D) não poderá o réu participar da audiência de instrução e julgamento que venha a ser designada.

(E) deverá o juiz, necessariamente, julgar o processo antecipadamente, dada a veracidade presumida dos fatos alegados pelo autor.

A: incorreta (art. 329, II, NCPC); **B:** correta (art. 346, parágrafo único, NCPC); **C:** incorreta, porque a presunção de veracidade, quando verificada, será relativa, e não absoluta; **D:** incorreta (reler o comentário sobre a assertiva B); **E:** incorreta, porque mesmo diante da revelia, o juiz pode determinar que o autor faça prova dos fatos por ele alegados. **LD/DS**
Gabarito "B".

(Magistratura/RR – 2008 – FCC) Sobre a revelia, é correto afirmar:

(A) Os efeitos da revelia não se aplicam nos juizados especiais cíveis.

(B) O réu revel poderá intervir no processo a qualquer tempo e arguir qualquer matéria de direito.

(C) A revelia determina a procedência do pedido.

(D) A comprovação ficta dos fatos em razão da revelia sempre determina o julgamento antecipado da lide.

(E) Ao réu revel será nomeado curador especial, em qualquer caso, para atender os princípios do contraditório e da ampla defesa.

A: incorreta (art. 20 da Lei 9.099/95); **B:** correta (art. 346, parágrafo único); **C:** incorreta, porque mesmo diante da revelia, o pedido pode ser julgado improcedente, seja porque da revelia não resultou a presunção de veracidade dos fatos alegados pelo autor, seja porque o juiz não se convenceu de que os fatos presumidamente verdadeiros tenham gerado qualquer efeito jurídico relevante; **D:** incorreta, porque mesmo diante da presunção de veracidade, o juiz pode determinar que o autor produza provas, se considerar a versão fática narrada inverossímil; **E:** incorreta, porque a nomeação de curador especial para o réu revel só está prevista para as hipóteses de citação ficta (com hora certa ou por edital) e para o caso de réu citado enquanto preso (art. 72 do NCPC). **LD**
Gabarito "B".

(Magistratura do Trabalho – 3ª Região – 2014) NÃO cabe afirmar em relação à reconvenção, a partir do está no Código de Processo Civil, que

(A) O réu pode reconvir ao autor no mesmo processo, toda vez que a reconvenção seja conexa com a ação principal ou com o fundamento da defesa.

(B) A renúncia do autor em relação ao recurso por ele interposto, prejudica o julgamento do recurso interposto pelo réu no que concerne à decisão da reconvenção.

(C) A ação e a reconvenção serão julgadas na mesma sentença.

(D) A parte não pode aceitar a confissão no tópico que a beneficiar e rejeitá-la no que lhe for desfavorável, porque ela é, em regra, indivisível, exceto quando o confitente lhe aduzir fatos novos, suscetíveis de constituir fundamento de reconvenção.

2. DIREITO PROCESSUAL CIVIL 109

(E) A desistência da ação, ou a existência de qualquer causa que a extinga, não obsta ao prosseguimento da reconvenção.

A: correta (NCPC, art. 343), com a ressalva de que, no NCPC, há simplificação em relação à reconvenção, que deixa de existir como uma peça apartada, devendo ser proposta na própria contestação; **B**: incorreta, devendo esta ser assinalada. Uma vez apresentada, a reconvenção passa a ser autônoma em relação à ação (NCPC, art. 343, § 2°) – e, consequentemente, o mesmo se verifica em relação ao recurso (e a hipótese não é de recurso adesivo); **C**: correta, pois se a reconvenção é apresentada na própria contestação, é certo que o julgamento do pedido do autor e do réu serão realizados ao mesmo tempo; **D**: correta (NCPC, art. 395); **E**: correta (NCPC, art. 343, § 2°). **LD/DS** Gabarito "B".

(Magistratura do Trabalho – 3ª Região – 2014) NÃO se pode afirmar, no que concerne à resposta do réu, de acordo com o Código de Processo Civil, que

(A) A regra quanto ao ônus da impugnação específica não se aplica ao advogado dativo, ao curador especial e ao órgão do Ministério Público.

(B) Não se presumem verdadeiros os fatos não impugnados, quando estiverem em contradição com a defesa, considerada em seu conjunto.

(C) Se o autor desistir da ação quanto a algum réu ainda não citado, o prazo para a resposta correrá da intimação do despacho que deferir a desistência.

(D) Antes de discutir o mérito, o réu deve alegar a litispendência, a perempção e a prescrição.

(E) Não se presume verdadeiro o fato não impugnado, quando a petição inicial não estiver acompanhada do instrumento público que a lei considerar da substância do ato.

A: correta, com a ressalva de que, no novo Código (art. 341, parágrafo único) a regra é quase a mesma do art. 302, parágrafo único, CPC/1973, salvo pelo fato de que o MP deixou de ser mencionado no dispositivo legal, dando lugar à Defensoria; **B**: correta (NCPC, art. 341, III); **C**: correta (NCPC, art. 335, § 2°); **D**: incorreta, devendo esta ser assinalada. Das três defesas, somente litispendência e perempção são preliminares (NCPC, art. 485, V); a prescrição é mérito (NCPC, art. 487, II), e portanto não é alegada em preliminar; mas no mérito ou em prejudicial de mérito; **E**: correta (NCPC, art. 341, II). **LD/DS** Gabarito "D".

12. PROVAS

(Juiz de Direito – TJ/SP – 2017) Em matéria de prova, é **incorreto** afirmar:

(A) na audiência de instrução, as perguntas serão formuladas pelas partes (por seus advogados) diretamente à testemunha, mas o juiz poderá inquirir a testemunha tanto antes quanto depois da inquirição feita pelas partes.

(B) a falsidade de documento será resolvida como questão incidental e sobre a decisão não incidirá a autoridade da coisa julgada, salvo se a parte requerer que o juiz decida a falsidade como questão principal.

(C) desde que sejam capazes, e que a controvérsia comporte autocomposição, as partes podem escolher o perito, e a perícia, assim produzida, substituirá,

para todos os efeitos, a que seria realizada por perito nomeado pelo juiz, sem prejuízo do convencimento motivado do magistrado.

(D) a parte pode requerer o depoimento pessoal da parte adversária, do litisconsorte e eventualmente dela própria.

A: correta, considerando que a partir do NCPC, são os advogados das partes que fazem as perguntas à testemunha (art. 459, *caput* e § 1°); **B**: correta, pois a falsidade incidental pode vir a ser coberta pela coisa julgada, se houver pedido da parte e for decidida como questão principal (NCPC, art. 19, II e 430, parágrafo único); **C**: correta, trata-se de inovação, denominada no NCPC de perícia consensual (art. 471); **D**: incorreta, devendo esta ser assinalada. Não se pode requerer o depoimento pessoal da própria parte, mas apenas da outra (NCPC, art. 385). LD Gabarito "D".

(Juiz – TJ-SC – FCC – 2017) Em relação à prova, é correto afirmar que:

(A) como regra, há hierarquia entre as provas previstas normativamente, embora não exista hierarquia entre as provas admitidas consuetudinariamente.

(B) os fatos ocorridos, sobre os quais se tenha estabelecido controvérsia, prescindem de prova.

(C) a existência e o modo de existir de algum fato podem ser atestados ou documentados, a requerimento do interessado, mediante ata lavrada por tabelião; dados representados por imagem ou som gravados em arquivos eletrônicos poderão constar da ata notarial.

(D) para que o juiz determine as provas necessárias ao julgamento do mérito é preciso sempre que a parte as requeira, tendo em vista o princípio da inércia jurisdicional.

(E) o ônus da prova não admite ser convencionado em sentido contrário ao da norma jurídica, salvo unicamente nas relações consumeristas, se em prol do consumidor.

A: incorreta, pois não há hierarquia entre as provas, mas sim convencimento motivado do juiz, que deverá expor suas conclusões quanto à valoração da prova (NCPC, art. 371); **B**: incorreta, pois não dependem de provas os fatos incontroversos (NCPC, art. 374, III); **C**: correta, sendo a previsão da ata notarial uma das inovações do Código quanto às provas (NCPC, art. 384, "caput" e parágrafo único); **D**: incorreta, sendo possível ao juiz determinar a produção de provas de ofício (NCPC, art. 370); **E**: incorreta, porque é possível convenção (acordo entre as partes) quanto ao ônus da prova (NCPC, art. 373, § 3°, sendo que esse parágrafo prevê algumas hipóteses em que não cabe o acordo entre as partes quanto ao ônus). **LD** Gabarito "C".

(Juiz – TRF 4ª Região – 2016) Dadas as assertivas abaixo, assinale a alternativa correta. Considerando as regras do Código de Processo Civil de **2015**:

I. É possível sentença de mérito que resolva parcialmente a lide, prosseguindo o processo quanto à parcela não resolvida, sendo a decisão impugnável por agravo de instrumento.

II. O rol de testemunhas deve ser apresentado no prazo de 15 dias da decisão de saneamento, se escrita, ou na própria solenidade, se o saneamento for em audiência.

III. O juiz poderá dispensar a produção das provas requeridas pelo Ministério Público caso seu representante, injustificadamente, não compareça à audiência de instrução.

IV. A distribuição do ônus da prova é dinâmica, fixada em princípio no próprio Código, mas podendo ser alterada pelo juiz diante de peculiaridades da causa relacionadas à excessiva dificuldade de cumprir o encargo segundo a regra geral.

(A) Estão corretas apenas as assertivas I e III.

(B) Estão corretas apenas as assertivas II e III.

(C) Estão corretas apenas as assertivas I, II e IV.

(D) Estão corretas todas as assertivas.

(E) Nenhuma assertiva está correta.

I: correta (NCPC, art. 356, "caput" e § 5º); **II:** correta (NCPC, art. 357, §§ 4º e 5º); **III:** correta (NCPC, art. 362, §2º); **IV:** correta, sendo essa uma das principais novidades quanto às provas prevista no NCPC (art. 373, §1º). **LD**
Gabarito "D".

(Magistratura – TRT 1ª – 2016 – FCC) NÃO está elencado entre as pessoas impedidas de depor como testemunhas, segundo o CPC/1973, o

(A) juiz que conheceu da causa.

(B) condenado por crime de falso testemunho, havendo transitado em julgado a sentença.

(C) tutor na causa do menor.

(D) representante legal da pessoa jurídica.

(E) advogado que tenha assistido a parte.

As hipóteses de impedimento (situações mais objetivas, nas quais é indevido que a testemunha seja ouvida) para as testemunhas estão no art. 447, § 2º do NCPC, que em grande parte repetem o CPC/1973, mas há algumas novidades. **A:** correta, pois há impedimento do juiz para testemunhar (inciso III); **B:** incorreta, devendo esta ser assinalada (a hipótese não mais existe no NCPC – e não era de impedimento); **C:** correta, pois há impedimento para o tutor testemunhar (inciso III); **D:** correta, pois há impedimento para o representando da PJ testemunhar (inciso III); **E:** correta, pois há impedimento para o advogado da parte testemunhar (inciso III). **LD**
Gabarito "B".

(Magistratura/SP – 2013 – VUNESP) Acerca de provas, é correto afirmar que

(A) qualquer que seja o valor do contrato, é lícito à parte inocente provar exclusivamente com testemunhas a sua simulação.

(B) há presunção absoluta de veracidade e exatidão dos livros comerciais quando eles constituam prova contra seu autor, e relativa, quando provam a seu favor.

(C) somente a requerimento de algumas das partes, demonstrando que a matéria não está suficientemente esclarecida, poderá o juiz determinar a realização de nova perícia.

(D) para provar a verdade dos fatos, só se podem produzir as provas especificadas no Código de Processo Civil.

A: correta (NCPC, art. 446, I); **B:** incorreta, pois admite-se prova contrária (NCPC, art. 417); **C:** incorreta. A segunda perícia poderá ser determinada de ofício (NCPC, arts. 371 e 480, § 1º); **D:** incorreta. Todos os meios legais, "ainda que não especificados neste Código" são aptos a provar a verdade dos fatos (NCPC, art. 369). **LD**
Gabarito "A".

(Magistratura/PB – 2011 – CESPE) Em determinada ação judicial, o réu, ao apresentar contestação, juntou aos autos laudo emitido pelo departamento de engenharia civil de conceituada instituição privada de ensino superior.

Nessa situação, o referido laudo é considerado

(A) prova pericial, garantindo a lei processual ao julgador a possibilidade de dispensar o procedimento para produção da perícia, conforme seu juízo.

(B) documento particular que simplesmente prova que as declarações nele contidas são verdadeiras em relação aos signatários.

(C) prova ilícita, por ferir a regra processual de produção de provas, devendo, por isso, ser desentranhado.

(D) prova pericial, devido ao fato de ter sido elaborado por instituição de ensino superior, e não por perito particular.

(E) tão somente prova testemunhal dos fatos nele relatados, visto que foi apresentado em momento inapropriado à produção de prova técnica.

Não se pode dizer que o laudo seja prova pericial. Não foi produzido de acordo com as regras previstas pelos artigos 464 e seguintes, e não houve, em particular, observância ao princípio do contraditório. É irrelevante o fato de se tratar de instituição de ensino superior. Trata-se, por isso, de documento particular (art. 408, NCPC). A única alternativa correta é a "B". **LD/DS**
Gabarito "B".

(Magistratura do Trabalho – 3ª Região – 2014) No que concerne à prova a teor o Código de Processo Civil, NÃO se pode afirmar que

(A) As perguntas que o juiz indeferir serão obrigatoriamente transcritas no termo, independentemente de requerimento da parte.

(B) Quando, contiver declaração de ciência, relativa a determinado fato, o documento particular prova a declaração, mas não o fato declarado, competindo ao interessado em sua veracidade o ônus de provar o fato.

(C) A confissão, quando emanar de erro, dolo ou coação, pode ser revogada por ação anulatória, se pendente o processo em que foi feita.

(D) A parte será intimada pessoalmente, para prestar depoimento, constando do mandado que se presumirão confessados os fatos contra ela alegados, caso não compareça ou, comparecendo, se recuse a depor.

(E) Não dependem de prova os fatos em cujo favor milita presunção legal de existência ou de veracidade.

A: incorreta, devendo esta ser assinalada. A parte deverá requerer a transcrição das perguntas (NCPC, art. 459, §3º); **B:** correta (NCPC, art. 408, parágrafo único – com alteração de redação quanto ao CPC/1973, mas sem alteração na correção da alternativa); **C:** incorreta, pois o NCPC, harmonizando o conteúdo processual com o CC/2002, passou a prever que a confissão é **irrevogável**, mas pode ser anulada se decorreu de erro de fato ou de coação (NCPC, art. 393), ou seja, além de haver menção expressa à irrevogabilidade da confissão, deixa de

2. DIREITO PROCESSUAL CIVIL · 111

existir a hipótese decorrente de "dolo"; **D:** correta, sendo essa a pena de confesso (NCPC, art. 385, §1º); **E:** correta (NCPC, art. 374, IV). **LD/DS**

Gabarito "A" e "C" à luz do NCPC.

(Magistratura do Trabalho – 2ª Região – 2014) Em relação à prova, observe as proposições abaixo e responda a alternativa que contenha proposituras **corretas:**

I. A chamada fase instrutória concentra de modo contundente os atos de instrução, os quais são destinados a recolher todos os elementos para que o juiz possa firmar seu convencimento e, assim, julgar a lide, de forma que divide-se em: (a) atos de prova e (b) alegações.

II. A audiência de justificação prévia caracteriza-se por ser uma sessão em que se instrui pedido de providência urgente e poderá ocorrer para a análise da necessidade de concessão de medida cautelar ou tutela antecipada em qualquer tipo de procedimento e não somente no processo cautelar.

III. O juiz considerará a parte confessa nas seguintes situações: (a) se admitir a verdade de um fato, contrário ao seu interesse e favorável ao adversário; (b) se comparecer e se recusar a depor; (c) se, intimada para prestar depoimento pessoal, deixar, injustificadamente, de comparecer; (d) se, sem motivo justificado, deixar de responder ao que lhe for perguntado, ou empregar evasivas, caso em que o juiz entenderá como recusa a depor.

IV. A inspeção judicial é meio de prova em que o juiz pode inspecionar diretamente pessoas ou coisas desde que requerido expressamente pela parte interessada no momento oportuno.

V. Incumbe às partes, no prazo de 5 (cinco) dias depositar em cartório o rol de testemunhas, precisando-lhes o nome, a profissão, residência e o local de trabalho.

Está correta a alternativa:

(A) I, IV e V.

(B) II, III e IV.

(C) I, II, V.

(D) III, IV e V.

(E) I, II e III.

I: correta, sendo essa a característica da fase instrutória; II: correta, pois a finalidade da audiência de justificação (ou justificação prévia) é exatamente a de produzir prova para que o juiz decida a respeito de uma medida liminar. É prevista, por exemplo, na tutela de urgência (NCPC, art. 300, §2º) e também nas possessórias (NCPC, art. 562); III: correta (NCPC, arts. 343, § 1º e 348); IV: incorreta, considerando que cabe a inspeção de ofício, a qualquer tempo (NCPC, art. 481); V: incorreta, porque, no caso de determinação de prova testemunhal, o juiz fixará prazo comum não superior a 15 dias para apresentação do rol (NCPC, art. 357, §4º). Além disso, o NCPC traz a necessidade de se indicar, sempre que possível – além de nome, profissão, endereço residencial e de trabalho – também o estado civil, idade, RG, e CPF (NCPC, art. 450). **LD/DS**

Gabarito "E".

(Magistratura Federal/1ª Região – 2011 – CESPE) Assinale a opção correta a respeito das provas.

(A) À parte que não comparecer ao interrogatório determinado de ofício pelo juiz será cominada pena de confissão ficta.

(B) A confissão não importa na renúncia de a parte produzir prova sobre o fato confessado.

(C) O juiz pode determinar de ofício o empréstimo de prova.

(D) Não pode ser considerado notório um fato não conhecido.

(E) O juiz não poderá usar a máxima da experiência para valorar a prova.

A: incorreta, pois haverá confissão somente se a parte for intimada pessoalmente – e isso não constou da alternativa (NCPC, art. 385, § 1º); **B:** incorreta, pois com a confissão não mais se debate aquele fato (NCPC, art. 374, II); **C:** correta, considerando os poderes instrutórios e o convencimento motivado do juiz (NCPC, arts. 370 e 371); **D:** incorreta, pois o fato notório assim o é para as partes litigantes (NCPC, art. 374, I); **E:** incorreta (NCPC, art. 375). **LD**

Gabarito "C".

(Magistratura Federal/3ª Região – 2011 – CESPE) Em processo no qual se discutia a obrigação de pagar taxas condominiais, o réu resistiu ao pedido com argumento de que do contrato de locação seria possível identificar a atribuição do pagamento das taxas ao autor. Durante a audiência de instrução e julgamento, apresentaram-se o autor e suas testemunhas, bem como o réu, seu advogado e sua testemunha, não arrolada. O advogado do autor ausentou-se, sem justificativa. Iniciado o ato, o réu esclareceu que sua testemunha fora uma das testemunhas signatárias do contrato e, apesar de não conhecer detalhes do instrumento, faria prova de sua existência. Em face dessa situação, assinale a opção correta.

(A) Ainda que se discuta apenas a interpretação do contrato, a testemunha do réu será ouvida por estar presente ao ato.

(B) Em razão da ausência injustificada do advogado do autor, o juiz deverá ouvir as testemunhas como informantes.

(C) O arrolamento da testemunha é feito para possibilitar sua intimação, de modo que sua presença espontânea torna dispensável a formalidade.

(D) A inquisição das testemunhas do autor será objeto de avaliação judicial, dada a ausência do advogado.

(E) A ausência injustificada do advogado do autor torna impossível até o depoimento de seu cliente e determina o julgamento antecipado da lide.

A: incorreta, pois a testemunha não foi arrolada (NCPC, arts. 450 e 451); **B:** incorreta. Ausente o advogado, o juiz pode dispensar a oitiva das testemunhas do autor (NCPC, art. 362, § 2º); **C:** incorreta, pois não é essa a finalidade, tanto que é possível arrolar e não requerer a intimação (NCPC, art. 455, § 2º). O principal objetivo é garantir o contraditório (para que a parte contrária saiba quem é, formule perguntas, prepare eventual contradita etc.); **D:** correta. Apesar do exposto na alternativa "B", considerando os poderes instrutórios do juiz (NCPC, art. 370), poderá o magistrado, ainda assim, determinar a oitiva das pessoas arroladas pelo autor – como testemunhas; **E:** incorreta, pois a ocorrência de audiência já demonstra como não se trata de hipótese de julgamento antecipado (NCPC, art. 335). **RM**

Gabarito "D".

13. JULGAMENTO CONFORME O ESTADO DO PROCESSO E PROVIDÊNCIAS PRELIMINARES

(Magistratura/PI – 2011 – CESPE) Um cachorro de propriedade de Mário causou sérios ferimentos a João, motivo por que este ajuizou, contra aquele, ação na qual pediu o ressarcimento de R$ 35.000,00 referentes a danos materiais, mais o valor a ser aferido, no curso do processo, em razão de tratamento médico.

Nessa situação hipotética,

(A) não havendo necessidade de audiência preliminar, o julgamento ocorrerá conforme o estado do processo.

(B) será possível a citação do réu na pessoa de procurador constituído, desde que conste do instrumento a cláusula *ad judicia*.

(C) o juiz deverá determinar que o autor emende a inicial, dado o pedido genérico de ressarcimento de danos.

(D) se o réu, em contestação, limitar-se a negar o fato constitutivo do direito, não haverá oportunidade para o autor oferecer réplica.

(E) caso o réu ofereça apenas reconvenção, mas alegue matéria de defesa, não será decretada a revelia, porque se considera dada a resposta.

A: incorreta, porque a realização de audiência preliminar é uma das possibilidades do julgamento conforme o estado do processo; **B:** incorreta, porque a citação através do advogado dependeria de poderes especiais, não sendo suficiente a cláusula *ad judicia*; **C:** incorreta, porque a hipótese narrada enquadra-se numa daquelas em que é admitido o pedido genérico (art. 324, § 1º, II, NCPC); **D:** correta, porque a réplica tem cabimento em duas hipóteses (quando a contestação contiver preliminar ou defesa de mérito indireta – arts. 351 a 353, NCPC), não sendo nenhuma delas aquela que foi apontada na alternativa; **E:** incorreta, porque revelia é falta de contestação. O fato de a reconvenção conter matéria de defesa não afasta a caracterização da revelia, embora possa afastar o principal efeito dela que é a presunção de veracidade. **LD**
Gabarito "D."

14. SENTENÇA, COISA JULGADA E AÇÃO RESCISÓRIA

(Juiz – TJSP – 2017) Sobre a coisa julgada material, é correto afirmar que

(A) se opera entre as partes entre as quais é dada, não podendo prejudicar ou beneficiar terceiros.

(B) pode abranger a resolução de questão prejudicial, desde que dessa resolução dependa o julgamento do pedido; que tenha sido facultado o contraditório; e que o órgão seja competente em razão da matéria e da pessoa para resolver a questão como se principal fosse.

(C) na ação de dissolução de sociedade, a coisa julgada se opera em relação à sociedade, ainda que a sociedade não tenha sido citada, desde que todos seus sócios o tenham sido.

(D) apenas decisões de mérito transitadas em julgado comportam ação rescisória.

A: incorreta, pois no NCPC o artigo que trata dos limites subjetivos da coisa julgada só fala que esta *não pode prejudicar* terceiros (art.

506); **B:** incorreta para a banca. Trata-se da novidade prevista no NCPC, de coisa julgada sobre a questão prejudicial (art. 503, § 1º). Porém, a única distinção entre o texto legal e a resposta é que o NCPC aponta que tenha "havido contraditório prévio e efetivo", ao passo que o enunciado fala em "tenha sido facultado o contraditório"; **C:** correta, por expressa previsão legal (NCPC, art. 601, Parágrafo único. A sociedade não será citada se todos os seus sócios o forem, mas ficará sujeita aos efeitos da decisão e à coisa julgada.); **D:** incorreta, pois cabe AR em alguns casos de decisão terminativa (NCPC, art. 966, § 2º Nas hipóteses previstas nos incisos do *caput*, <u>será rescindível a decisão transitada em julgado que, embora não seja de mérito,</u> impeça: I – nova propositura da demanda; ou II – admissibilidade do recurso correspondente). **LD**
Gabarito "C."

(Juiz – TJ-SC – FCC – 2017) No tocante à sentença e à coisa julgada, é correto afirmar que:

(A) publicada a sentença, o juiz só poderá alterá-la para correção de inexatidões materiais ou erros de cálculo, por meio de embargos de declaração ou para reexaminar matérias de ordem pública.

(B) a sentença faz coisa julgada às partes entre as quais é dada, não prejudicando terceiros, sendo vedado à parte discutir no curso do processo as questões já decididas a cujo respeito se operou a preclusão.

(C) a sentença deve ser certa, a não ser que resolva relação jurídica condicional.

(D) na ação que tenha por objeto a emissão de declaração de vontade, a sentença que julgar procedente o pedido produzirá de imediato todos os efeitos da declaração não emitida.

(E) denomina-se coisa julgada material a autoridade que torna imutável e indiscutível a decisão, de mérito ou não, que não mais se encontre sujeita a recurso.

A: incorreta, pois não há previsão legal de alteração da sentença no caso de reexame de matérias de ordem pública – existindo menção na lei às demais hipóteses (NCPC, art. 494); **B:** correta, considerando que a alternativa reproduz a previsão legal quanto aos limites subjetivos da coisa julgada (NCPC, art. 506) e preclusão (NCPC, art. 507); **C:** incorreta, pois a sentença deve ser certa, *ainda que* resolva relação jurídica condicional (NCPC, art. 492, parágrafo único); **D:** incorreta, porque os efeitos da declaração dependerão do trânsito em julgado (NCPC, art. 501); **E:** incorreta, pois a coisa julgada material atinge apenas decisão de mérito (NCPC, art. 502). **LD**
Gabarito "B."

(Juiz – TJ-SC – FCC – 2017) Em relação à ação rescisória,

(A) não é cabível, por violação manifesta à norma jurídica, contra decisão baseada em enunciado de súmula ou acórdão proferido em julgamento de casos repetitivos, que não tenha considerado a existência de distinção entre a questão discutida no processo e o padrão decisório que lhe deu fundamento.

(B) só se pode ajuizá-la de decisões que tenham resolvido o mérito e transitadas em julgado.

(C) há erro de fato quando a decisão rescindenda admitir fato inexistente ou quando considerar inexistente fato efetivamente ocorrido, sendo dispensável que o fato não represente ponto controvertido sobre o qual o juiz deveria ter-se pronunciado.

2. DIREITO PROCESSUAL CIVIL 113

(D) pode ter por objeto apenas um capítulo da decisão.

(E) sua propositura impede como regra o cumprimento da decisão rescindenda, até seu final julgamento.

A: incorreta, pois há expressa previsão legal nesse sentido (NCPC, art. 966, § 5º - na redação da Lei 13.256/2016); **B:** incorreta, pois o Código agora permite ação rescisória de decisões sem mérito, mas que impeçam a repropositura da demanda ou a admissibilidade do recurso (art. 966, § 2º); **C:** incorreta, pois na ação rescisória fundada em erro de fato é, "*indispensável* (...) que o fato não represente ponto controvertido" (art. 966, § 1º); **D:** correta, existindo expressa previsão nesse sentido no NCPC (art. 966, ,§ 3º); **E:** incorreta, tendo em vista que a ação rescisória em regra *não impede* o cumprimento da decisão, salvo se houver concessão de tutela provisória – ou seja, de "liminar" (art. 969). **LD**

Gabarito "D".

(Magistratura - TRT 1ª - 2016 – FCC) Sobre os requisitos e efeitos da sentença, considere:

I. O juiz poderá, de ofício, modificar o valor ou a periodicidade da multa, caso verifique que a mesma tornou-se insuficiente ou excessiva.

II. Tratando-se de coisa móvel, e não cumprida a obrigação no prazo estabelecido, expedir-se-á em favor do credor o mandado de busca e apreensão.

III. Publicada a sentença, o juiz não poderá alterá-la para retificar, de ofício, erros de cálculo.

IV. A sentença condenatória produz a hipoteca judiciária nos casos em que a condenação seja genérica.

Está correto o que se afirma em

(A) I, II, III e IV.

(B) II e IV, apenas.

(C) I e III, apenas.

(D) II e III, apenas.

(E) I, II e IV, apenas.

I: correta (NCPC, art. 537, § 1º); **II:** correta (NCPC, art. 538); **III:** incorreta, pois o juiz pode alterar a sentença, de ofício, para corrigir erros de cálculo ou inexatidões materiais (NCPC, art. 494, I); **IV:** correta (NCPC, art. 495, § 1º, I). **LD**

Gabarito "E".

(Magistratura/PE – 2013 – FCC) Não fazem coisa julgada:

I. os motivos, ainda que importantes para determinar o alcance da parte dispositiva da sentença.

II. a verdade dos fatos, estabelecida como fundamento da sentença.

III. a resolução da questão prejudicial, requerida pela parte, sendo o juiz competente em razão da matéria e constituindo a questão pressuposto necessário para o julgamento da lide.

Dos itens acima, está correto o que consta em

(A) I, II e III.

(B) I e III, apenas.

(C) II e III, apenas.

(D) I e II, apenas.

(E) I, apenas.

I: correta (art. 504, I, do NCPC); **II:** correta (art. 504, II, do NCPC); **III:** incorreta, pois não estão previstos todos os requisitos previstos no art. 503, § 1º, do NCPC, para que a questão prejudicial possa ser

coberta pela coisa julgada (faltou, por exemplo, o contraditório prévio e efetivo). **LD/DS**

Gabarito "D".

(Magistratura/PE – 2011 – FCC) Em relação à coisa julgada, é correto afirmar:

(A) forma-se pela verdade dos fatos, desde que estabelecida como fundamento da sentença.

(B) se ocorreu preclusão, pode-se discutir no curso do processo as questões já decididas, desde que em Primeira Instância.

(C) uma vez formada, com resolução de mérito, ter-se-ão como deduzidas e repelidas todas as alegações e defesas, que a parte poderia opor tanto ao acolhimento como à rejeição do pedido.

(D) a resolução da questão prejudicial não a forma em nenhum caso.

(E) o julgamento da relação jurídica continuativa, da qual sobreveio modificação no estado de fato ou de direito, é imutável pela formação de coisa julgada material.

A: incorreta, porque não faz coisa julgada "a verdade dos fatos, estabelecida como fundamento da sentença" (art. 504, II, NCPC); **B:** incorreta (art. 507, NCPC); **C:** correta, sendo essa a eficácia preclusiva da coisa julgada (art. 508 do NCPC); **D:** incorreta, pois se presentes determinados requisitos, haverá coisa julgada em relação à questão prejudicial (art. 503, § 1º, do NCPC); **E:** incorreta (art. 505, I, do NCPC). **LD/DS**

Gabarito "C".

(Magistratura/PB – 2011 – CESPE) Um locador ajuizou contra seu locatário ação com o objetivo de revisão dos aluguéis previstos no contrato. Após obter êxito na sentença, da qual não foi interposto recurso, o locador vendeu o imóvel para outra pessoa, que, tão logo assumiu a posse indireta do bem, propôs nova ação revisional contra o locatário, sob a alegação de que o índice apontado na primeira sentença não resultara em correção economicamente interessante do aluguel.

Em face dessa situação hipotética, assinale a opção correta.

(A) A nova demanda não é admissível, porque não é fundamentada em modificação capaz de justificar revisão dos aluguéis.

(B) A admissibilidade da nova demanda justifica-se pelo fato de o autor ser terceiro em relação ao julgado anterior.

(C) A pretensão de nova revisão não pode ser deferida, porque deveria ter sido feita por simples petição anexada aos autos da primeira ação.

(D) A nova demanda não encontra óbice na coisa julgada, porque se trata de relação de trato sucessivo.

(E) A nova demanda será impossível se já tiverem decorrido mais de dois anos do trânsito em julgado da primeira sentença.

Como regra geral, a formação da coisa julgada impede que aquilo que a decisão de mérito proferida em uma demanda apreciou venha a ser rediscutido em outra. Há exceções, contudo. Uma delas é a que diz respeito às ações que versam sobre relação jurídica continuativa, como é o caso do contrato de locação. Ocorre, no entanto, que só fica autorizada, nesses casos, a propositura de nova demanda com o

objetivo de se buscar a revisão do que foi estatuído na sentença, se após esta sobrevir modificação no estado de fato ou de direito (art. 505 do NCPC). É necessário, portanto, que os fundamentos da nova demanda sejam relativos a fatos posteriores à sentença já proferida. Na hipótese da questão, o que se pretende através da segunda demanda é a discussão sobre a eventual injustiça do que foi decidido, sob o argumento de que teria sido aplicado índice incorreto. Não se trata, como se vê, de fato novo. Logo, a coisa julgada não pode ser afetada por ação nova, exceto por rescisória, se ainda não esgotado o prazo de 2 anos do trânsito em julgado. Assim, está correta apenas a alternativa "A". **RM**
Gabarito "A".

(Magistratura Federal/2ª Região – 2011 – CESPE) Constitui alegação válida para a parte ré obter a anulação de sentença homologatória proferida por juiz de primeira instância a comprovação de

(A) ser o juiz prolator da sentença cônjuge da parte autora.

(B) *error in procedendo* do juiz.

(C) vício de vontade no acordo celebrado e homologado.

(D) ofensa à coisa julgada.

(E) recebimento de vantagem indevida pelo juiz que proferiu a sentença.

A questão trata do cabimento da ação anulatória do art. 966, § 4º, do NCPC, questão que sempre suscita dúvidas em relação ao cabimento da ação rescisória (NCPC, art. 966). O NCPC tentou diminuir as dúvidas, delimitando o cabimento da AR. **A**: incorreta, pois admissível a AR (NCPC, art. 966, II); **B**: incorreta, pois admissível a AR (NCPC, art. 966, V). **C**: correta, pois se trata de ato de homologação (NCPC, art. 966, § 4º); **D**: incorreta, pois admissível a AR (NCPC, art. 966, IV). **E**: incorreta, pois admissível a AR (NCPC, art. 966, I) **LD**
Gabarito "C".

15. TEMAS COMBINADOS DE PROCESSO DE CONHECIMENTO

(Juiz de Direito/DF – 2016 – CESPE) Acerca dos temas resposta do réu, prazos e litisconsórcio, assinale a opção correta, de acordo com a legislação aplicável e a jurisprudência dominante do STJ.

(A) A prerrogativa de prazo em dobro para recorrer, de que trata o artigo 191, do CPC, somente se aplica quando mais de um dos litisconsortes tiver legitimidade e interesse recursal, mesmo que sejam diversos os procuradores.

(B) A exceção de incompetência deve ser arguida em petição fundamentada e instruída, devendo o exciente indicar o juízo para o qual declina; o excepto será ouvido em dez dias e o juiz dispõe de igual prazo para decidir a exceção, sendo incabível a produção de prova testemunhal, porque a competência é matéria de direito.

(C) Havendo litisconsórcio passivo facultativo, se o autor desistir da ação quanto a algum réu ainda não citado, o prazo para resposta correrá a partir da juntada aos autos do último mandado de citação ou aviso de recebimento.

(D) O réu deverá alegar, na contestação, toda a matéria de defesa que tiver, e deverá, no mesmo prazo da contestação, arguir, por meio de exceção, a incompetência, o impedimento ou a suspeição.

(E) A reconvenção tem natureza jurídica de lide secundária e, uma vez extinta a ação principal, também se extingue a reconvenção.

A: correta. Embora a lei indique que o pressuposto para a contagem do prazo em dobro seja a existência de diferentes procuradores, nos termos do art. 229 do NCPC (corresponde ao dispositivo mencionado na alternativa, que é do CPC/1973), o STJ consignou o entendimento de que a previsão somente se aplica quando mais de um dos litisconsortes possuir legitimidade ou interesse recursal (AgInt no AREsp 883511-MT, Rel. Min. MARCO AURÉLIO BELLIZZE, j. de 18.08.2016); **B**: incorreta, pois a incompetência será alegada como questão preliminar de contestação (art. 64, NCPC); **C**: incorreta, conforme art. 335, § 2º, NCPC; **D**: incorreta, considerando o exposto na assertiva "B"; **E**: incorreta, pois, uma vez admitida, a reconvenção passa a ser autônoma, prosseguindo mesmo que não prossiga a ação (art. 343, §2º, NCPC). **LD**
Gabarito "A".

III – CUMPRIMENTO DE SENTENÇA E EXECUÇÃO

16. CUMPRIMENTO DE SENTENÇA

(Magistratura – TRT 1ª – 2016 – FCC) Sobre a impugnação ocorrida no cumprimento da sentença, considere:

I. Poderá ser objeto de impugnação a transação ocorrida entre a audiência e a sentença.

II. Ainda que atribuído efeito suspensivo à impugnação, é lícito ao exequente requerer o prosseguimento da execução, oferecendo e prestando caução suficiente e idônea, arbitrada pelo juiz e prestada nos próprios autos.

III. Deferido efeito suspensivo, a impugnação será instruída e decidida nos próprios autos e, caso contrário, em autos apartados.

IV. Quando na sentença houver uma parte líquida, e outra ilíquida, ao credor é lícito promover simultaneamente a liquidação desta e, em autos apartados, a execução daquela.

Está correto o que se afirma em

(A) I, II, III e IV.

(B) II e IV, apenas.

(C) I e III, apenas.

(D) II e III, apenas.

(E) I, II e IV, apenas.

I: incorreta, pois somente pode ser alegado em impugnação aquilo que for posterior à sentença do processo de conhecimento (NCPC, art. 525, § 1º, VII), sob pena de violar a coisa julgada formada na fase de conhecimento; **II**: correta (NCPC, art. 525, § 10); **III**: correta no CPC/1973, mas incorreta no novo Código, pois a impugnação, no novo sistema, será sempre processada nos próprios autos (NCPC, art. 525, *caput*, parte final); **IV**: incorreta, pois é o contrário: "Quando na sentença houver uma parte líquida e outra ilíquida, ao credor é lícito promover simultaneamente a execução daquela e, em autos apartados, a liquidação desta" (NCPC, art. 509, § 1º). **LD**
Gabarito "D", no CPC/1973; sem resposta no NCPC

(Magistratura – TRT 1ª – 2016 – FCC) José da Silva, executado em uma determinada ação cível, teve penhorado um bem indivisível que possui em conjunto com o seu cônjuge. Requereu ao juiz a substituição da penhora, o que foi indeferido. Na decisão, o magistrado determinou que a

2. DIREITO PROCESSUAL CIVIL

meação do cônjuge alheio à execução deverá recair sobre o produto da alienação do bem, exceto se fracassada a tentativa de sua alienação judicial. Nesta hipótese, o juiz decidiu

(A) incorretamente, uma vez que é facultada ao executado a indicação de bem diverso daquele que foi objeto de penhora, o que estaria acontecendo no caso ora examinado.

(B) incorretamente, uma vez que esta situação encontra-se expressamente prevista no art. 656 do CPC/1973, como sendo uma das situações autorizadoras da substituição da penhora.

(C) incorretamente, atentando contra o princípio da celeridade processual, até mesmo porque o óbice da indivisibilidade dificilmente iria levar a bom termo a tentativa de alienação do bem.

(D) corretamente, pois o CPC/1973 é expresso no sentido de que, em se tratando de penhora de bem indivisível, a meação do cônjuge alheio à execução recairá sobre o produto da alienação do bem.

(E) corretamente, pelo simples fato de que a meação do cônjuge alheio à execução não poderá ser objeto de alienação judicial, mas apenas a meação concernente ao executado é que estará sendo alienada.

A resposta para a questão, no NCPC, é igual à do CPC/1973, apenas havendo troca de "meação" por "quota-parte". NCPC, art. 843. Tratando-se de penhora de bem indivisível, o equivalente à quota-parte do coproprietário ou do cônjuge alheio à execução recairá sobre o produto da alienação do bem. Portanto, correta a alternativa "D". **LD**
Gabarito "D".

(Magistratura – TRT 1ª – 2016 – FCC) Segundo o CPC/1973, NÃO poderão ser penhorados os

(A) valores superiores a 40 salários mínimos depositados em cadernetas de poupança.

(B) móveis que guarnecem a residência do executado e que ultrapassem as necessidades comuns correspondentes a um médio padrão de vida.

(C) bens declarados, por ato voluntário, não sujeitos à execução.

(D) vestuários de elevado valor.

(E) materiais necessários para obras em andamento e que estejam penhorados.

A: incorreta, pois poupança de *até* 40 salários mínimos é impenhorável (NCPC, art. 833, X); B: incorreta, pois móveis que *não* ultrapassem as necessidades comuns é que são impenhoráveis (NCPC, art. 833, II); C: correta, pois são bens impenhoráveis (NCPC, art. 833, I); D: incorreta, pois são penhoráveis vestuários e bens pessoais *de elevado valor* (NCPC, art. 833, III); E: incorreta, pois são impenhoráveis "os materiais necessários para obras em andamento, *salvo se essas forem penhoradas*" (NCPC, art. 833, VII). **LD**
Gabarito "C".

(Magistratura/PA – 2012 – CESPE) A respeito da liquidação de sentença, assinale a opção correta.

(A) Caso o juiz infira que os cálculos do processo de liquidação excedem os da execução, deverá determinar ao credor a elaboração de novos cálculos.

(B) Se, no processo de liquidação por arbitramento, houver impugnação do laudo pericial, o juiz deverá designar audiência de instrução e julgamento.

(C) Sendo omissa a sentença quanto a juros e correção monetária, devem incidir, na liquidação, somente os juros legais e a correção monetária, ficando afastados os juros de mora.

(D) Se os dados necessários ao cálculo do valor da condenação estiverem em poder do devedor, a parte deverá requerer ao juiz, de forma incidente, que intime o devedor a apresentá-los.

(E) A liquidação de sentença deve ser realizada por meio de incidente processual, mediante requerimento, devendo a parte contrária ser intimada pessoalmente.

A: incorreta, porque nesse caso, caberá ao juiz valer-se do contador do juízo, a fim de se proceda ao chamado incidente de verificação do cálculo (art. 524, § 2º, NCPC); B: incorreta, porque é possível que o juiz decida a liquidação, independentemente de audiência. A designação dela é possível, mas não obrigatória (art. 510 do NCPC); C: incorreta, porque "incluem-se os juros moratórios na liquidação, embora omisso o pedido inicial ou a condenação" (Súmula n. 254 do STF); D: correta (art. 524, § 3º, NCPC); E: incorreta, porque na liquidação, em regra, o devedor será intimado por intermédio de seu advogado. **LD/DS**
Gabarito "D".

(Magistratura/PE – 2011 – FCC) No tocante à liquidação, é correto afirmar que

(A) de sua decisão caberá apelação.

(B) quando esta se der por artigos, haverá necessidade de alegar e provar fato novo para determinar o valor da condenação.

(C) é sempre necessária, quando haja condenação em pecúnia.

(D) é defensável que nela se discuta novamente a lide ou que se modifique a sentença que a julgou.

(E) seu requerimento pressupõe a formação anterior e necessária de coisa julgada.

A: incorreta, porque cabe agravo de instrumento da decisão que julga a liquidação (art. 1.015, parágrafo único, do NCPC); B: correta (art. 509 do NCPC); C: incorreta, porque será incabível quando o valor da condenação já constar da sentença; D: incorreta (art. 509, § 4º, NCPC); E: incorreta, porque pode ser iniciada na pendência de recurso (art. 512 do NCPC). **LD/DS**
Gabarito "B".

(Magistratura/SC – 2010) Em tema de cumprimento de sentença, assinale a alternativa **correta:**

I. O prazo para a impugnação à execução de obrigação pecuniária prevista em sentença transitada em julgado é de 10 dias, contado, em qualquer caso, da citação.

II. A multa de 10% pela impontualidade no pagamento da condenação pecuniária é devida tanto na execução definitiva quanto na provisória.

III. A multa de 10% pela impontualidade no pagamento incide em relação a toda a dívida, ainda que haja pagamento parcial.

IV. São devidos honorários de advogado na fase de cumprimento de sentença, independentemente daqueles devidos em decorrência da fase condenatória.

(A) Somente as proposições I e III estão corretas.

(B) Somente as proposições II e IV estão corretas.

(C) Somente a proposição IV está correta.

(D) Somente a proposição II está correta.

(E) Somente a proposição I está correta.

I: incorreta, porque o prazo para impugnação é de 15 dias (NCPC, art. 525); **II:** incorreta no CPC/1973, porque entendeu o STJ que a multa de 10% era inaplicável à execução provisória. No NCPC, correta, pois a lei é expressa ao apontar como devidos multa de 10% e honorários no cumprimento provisório (NCPC, art. 520, § 2º); **III:** incorreta, porque se houver pagamento parcial, a multa incide apenas sobre o montante que não foi pago (NCPC, art. 523, § 2º); **IV:** correta, pois o advogado faz jus aos honorários correspondentes às duas fases, condenatória e de cumprimento da sentença. LD

Gabarito "C" no CPC/1973, "B" no NCPC

(Magistratura/MG – 2008) É CORRETO afirmar, em cumprimento de sentença no procedimento comum ordinário ou sumário, que o princípio da *perpetuatio iurisdictionis*: *Atenção: no NCPC não mais existem os ritos sumário e ordinário.

(A) será o cumprimento promovido na comarca indicada pelo devedor.

(B) deve o cumprimento sempre ser promovido perante o juízo de primeiro grau de jurisdição que processou a causa.

(C) pode o cumprimento ser promovido em qualquer comarca onde o credor entender conveniente.

(D) foi relativizado, podendo o cumprimento ser requerido, por opção do credor, no juízo do local onde se encontram os bens sujeitos à expropriação ou do atual domicílio do devedor.

Art. 516, parágrafo único, do NCPC. LD

Gabarito "D".

(Magistratura do Trabalho – 3ª Região – 2014) NÃO constitui título executivo judicial segundo o Código de Processo Civil:

(A) a sentença homologatória de conciliação que inclua matéria não posta em juízo.

(B) o acordo extrajudicial, de qualquer natureza, homologado judicialmente.

(C) a certidão de partilha, mas exclusivamente em relação ao inventariante, aos herdeiros e aos sucessores a título singular ou universal.

(D) a sentença arbitral.

(E) o crédito de serventuário de justiça, de perito, de intérprete, ou de tradutor, quando as custas, emolumentos ou honorários forem aprovados por decisão judicial.

A: correta, pois se trata de título executivo judicial (NCPC, art. 515, II), ressaltando-se que o novo Código utiliza a expressão "decisão homologatória de autocomposição judicial"; **B:** correta, pois se trata de título executivo judicial (NCPC, art. 515, III), ressaltando-se que o novo Código utiliza a expressão "decisão homologatória de autocomposição extrajudicial de qualquer natureza"; **C:** correta, pois se trata de título executivo judicial (NCPC, art. 515, IV); **D:** correta, pois se trata de título executivo judicial (NCPC, art. 515, VII); **E:** correta à luz do NCPC, que passa a tratar o "o crédito de serventuário de justiça, de perito, de intérprete, tradutor e leiloeiro, quando as custas, os emolumentos ou os honorários tiverem sido aprovados por decisão judicial" como título

---

executivo *judicial* (NCPC, art. 515, V) e não mais extrajudicial (como fazia o CPC/1973, em seu art. 585, VI). LD/DS

Gabarito sem alternativa incorreta à luz do NCPC

(Magistratura Federal/2ª Região – 2011 – CESPE) No curso de procedimento de cumprimento de sentença, a esposa de um executado interpôs impugnação ao argumento de não ter sido respeitado o prazo para cumprimento voluntário. Nessa situação,

(A) o juiz poderá acolher liminarmente o fundamento, se este for verdadeiro, sem ouvir o exequente.

(B) a impugnação deve ser recebida e os atos executivos suspensos de ofício, caso seja relevante o fundamento.

(C) ouvido o exequente, o juiz decidirá a impugnação de pronto, já que não cabe dilação probatória.

(D) o juiz deve rejeitar liminarmente a impugnação, porque a esposa do executado não é parte legítima para interpor impugnação.

(E) o procedimento deve ser extinto por sentença, após a oitiva do exequente, caso seja acolhido o fundamento da impugnação.

Se o problema relacionado ao cumprimento de sentença envolve o executado, ele é quem deve se manifestar a respeito da questão, e não sua esposa (que não pode pleitear, em nome próprio, direito alheio – NCPC, art. 18). Sendo assim, a hipótese é de ilegitimidade. Diante disso, prejudicadas as demais alternativas. LD

Gabarito "D".

---

17. IMPUGNAÇÃO AO CUMPRIMENTO DE SENTENÇA

(Juiz – TJ/SP – VUNESP – 2017) Na impugnação ao cumprimento de sentença,

(A) quando se alegar excesso de execução, é ônus da parte, sob pena de não ser conhecida a alegação, indicar desde logo o valor que entenda correto, mediante demonstrativo, ainda que entenda que a apuração dependa de prova pericial.

(B) a respectiva apresentação impedirá a penhora, sua substituição, reforço ou redução, se concedido efeito suspensivo pelo juiz.

(C) poderá, ainda que já tenha se operado o trânsito em julgado da sentença, ser alegada inexigibilidade da obrigação reconhecida no título, se ele estiver fundado em lei ou ato normativo considerado inconstitucional pelo Supremo Tribunal Federal, ou fundado em aplicação ou interpretação da lei ou do ato normativo, tido pelo Supremo Tribunal Federal como incompatível com a Constituição Federal, em controle de constitucionalidade concentrado ou difuso.

(D) o prazo para a apresentação não será contado em dobro, mesmo que, sendo físicos os autos, haja litisconsortes com procuradores diferentes, de escritórios de advocacia distintos.

A: correta, considerando que, no caso de excesso, necessário apontar o valor devido, sob pena de indeferimento da impugnação (NCPC, art. 525, §§ 4º e 5º); **B:** incorreta, pois mesmo que haja efeito suspensivo, não fica impedida a penhora (NCPC, art. 525, § 7º); **C:** incorreta, pois apesar de a coisa julgada inconstitucional poder ser alegada na impugnação (NCPC, art. 525, § 12), se já tiver havido o trânsito em julgado, necessário o ajuizamento de AR (§ 15); **D:** incorreta, porque sendo processo físico, há prazo em dobro para advogado distintos, exatamente como a regra geral (art. 229).LD

Gabarito "A".

18. PROCESSO DE EXECUÇÃO E EXPROPRIAÇÃO DE BENS

(Juiz – TRF 3ª Região – 2016) Determinado Juízo aplicou o entendimento, em sede de execução fiscal em que se realizavam diligências para localização de patrimônio do executado, de que os documentos sigilosos do executado, que foram requisitados pelo próprio ofício judicante, a pedido da Fazenda Pública, a terceiros, deveriam, quando aportassem na Secretaria, ser acondicionados em pasta própria à disposição das partes e de seus procuradores, motivando tal decisão sob o prisma da publicidade processual. Nesse sentido, ao arquivar os documentos sigilosos em pasta própria, não haveria necessidade de se limitar a publicidade do processo em andamento mediante a decretação de segredo de justiça, ao mesmo tempo em que não se verificariam prejuízos às partes ou à devida instrução processual, porquanto os documentos permaneceriam acessíveis aos interessados. Essa decisão:

(A) Encontra abrigo na jurisprudência das Cortes Superiores, pois, embora inexista expressa previsão legal a respeito, constitui medida que salvaguarda a publicidade processual sem lesionar outros princípios processuais. Não depende, portanto, de regulamentação interna.

(B) Embora não encontre abrigo na jurisprudência consolidada, não é atacável em sede de agravo, retido ou de instrumento, porquanto não se trata de decisão interlocutória, já que não possui conteúdo decisório ou lesivo às partes.

(C) Encontra abrigo na jurisprudência das Cortes Superiores, mas exige o respeito a certas formalidades, como a regulamentação interna no âmbito da respectiva Corte, por meio de Resolução ou Portaria.

(D) Não encontra abrigo na jurisprudência das Cortes Superiores, diante da inexistência, no código de processo civil vigente, de previsão para que se crie pasta própria fora dos autos para tal finalidade.

A questão envolve exatamente um julgado decidido pelo STJ, que tem a seguinte ementa, na parte relevante para o tema: "Não há no Código de Processo Civil nenhuma previsão para que se crie "pasta própria" fora dos autos da execução fiscal para o arquivamento de documentos submetidos a sigilo. Antes, nos casos em que o interesse público justificar, cabe ao magistrado limitar às partes o acesso aos autos passando o feito a tramitar em segredo de justiça" (REsp: 1349363, DJe 31.05.2013). Assim, a alternativa correta é a "D". LD

Gabarito "D".

(Juiz de Direito/DF – 2016 – CESPE) Acerca de liquidação de sentença e execução, assinale a opção correta.

(A) A jurisprudência do STJ vem sedimentando o entendimento de que é viável a formulação de reconvenção em sede de embargos à execução.

(B) O termo inicial para a oposição de embargos à execução fiscal é a data da juntada aos autos do mandado cumprido.

(C) O cumprimento de sentença será feito junto aos tribunais no caso de sua competência originária, sendo essa funcional e absoluta.

(D) A sentença arbitral não é legalmente considerada como um título executivo judicial, para fins de cumprimento de sentença.

(E) Com as alterações legislativas realizadas, o cumprimento de sentença passou a ser considerado um processo autônomo, no escopo do denominado sincretismo processual.

A: incorreta, pois o STJ firmou entendimento no sentido contrário (Informativo nº 567; REsp 1.528.049-RS, Rel. Min. Mauro Campbell Marques, julgado em 18.08.2015, *DJe* 28.08.2015); **B**: incorreta, pois o termo inicial para a oposição dos embargos à execução fiscal é a data da efetiva intimação da penhora, e não a da juntada aos autos do mandado cumprido, conforme art. 16 da Lei 6.830/1980. Nesse sentido: REsp repetitivo 1112416-MG, Rel. Min. HERMAN BENJAMIN, j. de 27.05.2009; **C**: correta, conforme art. 516, I, NCPC; tratando-se de competência em razão da hierarquia, é absoluta; **D**: incorreta, pois a sentença arbitral é título executivo judicial (art.515, VII); **E**: incorreta, porque não se trata de um processo autônomo, mas, sim, de fase final do processo de conhecimento – exatamente aí se inserindo o sincretismo. LD

Gabarito "C".

(Magistratura/PE – 2013 – FCC) Na execução,

(A) quando esta puder ser promovida por vários meios, cabe ao credor a escolha, pois a demanda é instaurada em seu benefício.

(B) verificando o juiz que a petição inicial está incompleta, ou sem os documentos essenciais à propositura da execução, indeferirá de imediato a inicial, extinguindo o feito sem resolução de mérito.

(C) o exequente poderá, no ato de sua distribuição, obter certidão comprobatória do ajuizamento respectivo, com identificação das partes e valor da causa, para fins de averbação no registro de imóveis, registro de veículos ou registro de outros bens sujeitos à penhora ou arresto; feita a averbação, presume-se em fraude à execução a alienação ou oneração de bens efetuada posteriormente.

(D) a ausência de liquidez e certeza do título executivo é irrelevante se não for arguida pelo devedor, dado o princípio dispositivo.

(E) recaindo mais de uma penhora sobre os mesmos bens, prevalecerá a mais antiga, vedada a multiplicidade de gravames na hipótese.

A: incorreta, porque vigora, na execução, o princípio da menor onerosidade para o devedor. Assim, "quando por vários meios o exequente puder promover a execução, o juiz mandará que se faça pelo modo menos gravoso para o executado" (art. 805 do NCPC); **B**: incorreta, porque nesse caso, cabe ao juiz fixar prazo de 15 dias para que a inicial seja emendada (art. 801do NCPC); **C**: correta (art. 828 do NCPC); **D**: incorreta, porque a adequação do título executivo às exigências legais é matéria de ordem pública, porque diz respeito ao interesse de agir na execução, motivo pelo qual pode ser conhecida de ofício pelo juiz; **E**: incorreta, porque é possível que sejam várias as constrições sobre o mesmo bem. A ordem entre elas é relevante para fixar o direito de preferência do credor que penhorou o bem em primeiro lugar, sobre o produto obtido com sua alienação. Terá preferência o credor que tiver penhorado em primeiro lugar o bem, ainda que alienação tenha ocorrido em execução promovida por outro credor. **LD/DS**

Gabarito "C".

(Magistratura/SP – 2013 – VUNESP) Considerada a lei e a jurisprudência do STJ sobre execução, é correto afirmar que

(A) os contratos de mútuo com garantia real ou pessoal são títulos executivos extrajudiciais, independentemente de outras formalidades.

(B) a nota promissória vinculada a contrato de abertura de crédito não goza de autonomia e por isso não pode embasar a ação de execução.

(C) contra a Fazenda Pública não cabe a execução de título extrajudicial.

(D) o prévio protesto é requisito para a execução da debênture.

A: incorreta, pois depende de alguns requisitos. (Como exemplo, a Súmula 233/STJ: "O contrato de abertura de crédito, ainda que acompanhado de extrato da conta-corrente, não é título executivo."); **B:** correta (Súmula 258/STJ: "A nota promissória vinculada a contrato de abertura de crédito não goza de autonomia em razão da iliquidez do título que a originou"). Cabe destacar que, em relação à Cédula de Crédito Bancário (CCB, Lei 10.931/2004), o STJ entendeu pela viabilidade da execução; **C:** incorreta (Súmula 279/STJ: "É cabível execução por título extrajudicial contra a Fazenda Pública."); **D:** incorreta, pois não há previsão legal nesse sentido. **LD**

Gabarito "B".

(Magistratura/CE – 2012 – CESPE) Em relação à penhora, assinale a opção correta.

(A) Pela disposição legal, não há necessidade da concordância do cônjuge do devedor para que este peça a substituição do bem penhorado por imóvel.

(B) Tratando-se de penhora de dinheiro perante instituições bancárias, é possível a chamada penhora *on-line*, de valor limitado ao *quantum* exequendo, restrita ao caso de o BACEN não responder ao juízo no prazo legal sobre a existência, ou não, de ativos financeiros em favor do devedor.

(C) Localizado, em banco particular, ativo financeiro do devedor, o juízo da execução deve, após a penhora *on-line*, necessariamente, determinar a transferência, para banco oficial, de valor dentro do limite do *quantum* exequendo.

(D) Havendo a penhora *on-line* sobre quantias consideradas impenhoráveis pela lei, caberá ao executado o ônus de alegar e comprovar essa situação, solicitando ao juízo o correspondente desbloqueio.

(E) De acordo com a legislação processual codificada, a parte fica impedida de requerer a substituição da penhora se esta incidir sobre bens de baixa liquidez.

A: incorreta, porque, nos termos do art. 847, § 3º do NCPC, "o executado somente poderá oferecer bem imóvel em substituição caso o requeira com a expressa anuência do cônjuge" (ressalva feita ao regime da separação absoluta de bens, conforme prevê o art. 1647 do CC); **B:** incorreta, porque a penhora *on-line* pelo juiz não está condicionada à omissão do BACEN sobre a existência, ou não, de ativos financeiros em nome do executado – pois não há previsão legal nesse sentido (art. 854 e ss. do NCPC); **C:** incorreta no CPC/1973, porque tal providência não era exigida pela lei. Porém, no NCPC o juiz determinará que o

banco "transfira o montante indisponível para conta vinculada ao juízo da execução" (art. 854, § 5º); **D:** correta, nos termos do § 3º do art. 854 do NCPC; **E:** incorreta, porque a lei não prevê tal impedimento. **LD**

Gabarito "D", no CPC/1973; "C", e "D", no NCPC

(Magistratura/MG – 2012 – VUNESP) Na execução contra devedor solvente, é correto afirmar que absolutamente

(A) impenhoráveis são os recursos públicos recebidos por instituições privadas de livre aplicação.

(B) impenhoráveis são os vestuários, bem como os pertences de uso pessoal do executado, ainda que de elevado valor.

(C) impenhorável é, até o limite de 40 (quarenta) salários mínimos, a quantia depositada em caderneta de poupança.

(D) impenhorável é a propriedade rural, desde que arrendada pela família.

A: incorreta, porque a lei fala na impenhorabilidade dos recursos públicos recebidos por instituição privada para aplicação compulsória em educação, saúde ou assistência social (NCPC, art. 833, IX); **B:** incorreta, uma vez que a lei ressalva da impenhorabilidade os bens dessa natureza de elevado valor (NCPC, art. 833, III); **C:** correta (NCPC, art. 833, X); **D:** incorreta, porque a propriedade rural será impenhorável, desde que seja pequena e trabalhada pela família (NCPC, art. 833, VIII). **LD/DS**

Gabarito "C".

(Magistratura/DF – 2011) Citado o executado por carta precatória, seu prazo para ingressar com embargos à execução, fundamentados na nulidade da execução, por não ser executivo o título apresentado, conta-se a partir:

(A) da juntada aos autos, no juízo deprecante, da comunicação, feita pelo juízo deprecado, da citação do executado;

(B) da juntada aos autos, no juízo deprecante, da carta precatória cumprida;

(C) da juntada aos autos, no juízo deprecado, do mandado de citação;

(D) da juntada aos autos, no juízo deprecado, do mandado de intimação da penhora.

A: correta, uma vez que "nas execuções por carta precatória, a citação será imediatamente comunicada pelo juiz deprecado ao juiz deprecante, inclusive por meios eletrônicos, contando-se o prazo para os embargos a partir da juntada aos autos de tal comunicação" (art. 915, § 4º do NCPC); consequentemente, as demais estão incorretas. **LD/DS**

Gabarito "A".

(Magistratura/PA – 2009 – FGV) Caio Túlio realiza, no ano de 1996, contrato de abertura de conta-corrente com o Banco do Povo S/A, incluído no contrato empréstimo, mediante concessão de crédito automático, denominado de cheque especial. Durante longos anos, o correntista recebeu o empréstimo e realizou sua quitação. Em fevereiro de 2009, tendo o valor da dívida atingido R$ 20.000,00, não mais quitou a dívida o correntista, tendo se desligado da empresa PEÇAS E PEÇAS Ltda., que depositava o seu pagamento em conta-corrente, por ter sido dela dispensado. Baldados foram os esforços no sentido de obter o pagamento da dívida. Diante das circunstâncias, a instituição financeira atualizou o valor da dívida e requereu a execução extrajudicial, postulando

2. DIREITO PROCESSUAL CIVIL

a citação do devedor e a realização de penhora *on-line*. O réu foi regularmente citado e apresentou exceção de pré-executividade. Observados tais fatos, analise as afirmativas a seguir.

I. A dívida originária do denominado cheque especial deve ser cobrada mediante execução baseada em título extrajudicial.

II. O contrato de abertura de crédito é um documento que exprime o valor certo da dívida, permitindo a ação monitória.

III. A ação monitória permite a apresentação de embargos, como ato de resposta, para impugnar o postulado na peça exordial.

IV. Não cabe exceção de pré-executividade em execução lastreada em título extrajudicial.

V. O trâmite da ação monitória ocorre através de procedimento especial de jurisdição contenciosa.

Assinale:

(A) se nenhuma afirmativa estiver correta.

(B) se somente a afirmativa I estiver correta.

(C) se somente as afirmativas III e V estiverem corretas.

(D) se somente as afirmativas II, III e V estiverem corretas.

(E) se somente as afirmativas II, IV e V estiverem corretas.

I: incorreta, porque, nos termos da Súmula 233 do STJ, "o contrato de abertura de crédito, ainda que acompanhado de extrato de conta-corrente, não é título executivo"; II: correta (Súmula 247 do STJ: "o contrato de abertura de crédito em conta-corrente, acompanhado do demonstrativo de débito, constitui documento hábil para o ajuizamento da ação monitória"); III: correta (art. 702, NCPC); IV: incorreta, porque a exceção de pré-executividade pode ser admitida independentemente da espécie de título que fundamenta a execução; V: correta, pois a monitória é um procedimento especial de jurisdição contenciosa. **LD**
Gabarito "D".

(Magistratura/MG – 2009 – EJEF) Na Execução por Quantia Certa é CORRETO afirmar que:

(A) Os vencimentos e subsídios, bem assim soldos, salários e proventos de aposentadoria podem ser penhorados para pagamento de prestação alimentícia.

(B) São impenhoráveis apenas bens inalienáveis.

(C) A pequena propriedade rural, definida em lei, qualquer que seja a forma de sua utilização, pode ser objeto de penhora.

(D) É penhorável o depósito em caderneta de poupança, até 60 (sessenta) salários mínimos.

A: correta (art. 833, § 2º, do NCPC); **B:** incorreta, porque há outras categorias de bens impenhoráveis, conforme estabelece o art. 833 do NCPC; **C:** incorreta (art. 833, VIII, do NCPC); **D:** incorreta, pois a impenhorabilidade é até 40 salários mínimos (art. 833, X, do NCPC). **LD**
Gabarito "A".

(Magistratura/AC – 2008 – CESPE) A respeito do processo de execução, assinale a opção correta.

(A) Nas execuções de títulos extrajudiciais que não sejam embargadas, o juiz imporá ao devedor a obrigação de pagar os honorários de advogado em favor do credor bem como todas as demais despesas delas decorrentes. No entanto, caso o credor desista da execução embargada e a desistência seja homologada, ele deve

suportar as despesas processuais e os honorários advocatícios.

(B) Para a caracterização da fraude à execução, exige-se a demonstração, no momento da alienação do bem, de pendente lide e estado de insolvência do devedor. Para tal caracterização, exige-se, ainda, a demonstração da existência do acordo prévio entre o devedor e o adquirente ou a presença do elemento subjetivo da fraude na conduta do devedor, ou seja, a alteração de sua situação patrimonial com o fim de frustrar o pagamento de eventual débito.

(C) O credor pode requerer a remição do bem objeto da execução, depois de sua arrematação em praça ou leilão, oferecendo maior preço do que o que foi pago na alienação judicial. Efetivada a remição, há transferência da propriedade, passando o bem remido a integrar o patrimônio do credor e extinguindo-se a obrigação do devedor.

(D) Tratando-se de execução por título extrajudicial contra a fazenda pública ou contra sociedades de economia mista, ainda que decorrente de crédito de natureza alimentícia, a sentença que rejeitar os embargos do devedor não adquire eficácia enquanto não for submetida à revisão obrigatória.

A: correta (art. 775, parágrafo único, *I*, do NCPC); **B:** incorreta (art. 792 do NCPC); no caso de fraude à execução não há necessidade de demonstração da alteração da situação patrimonial do devedor com o fim de frustrar o pagamento de eventual débito; **C:** incorreta. Não existe no NCPC a figura da remição (pagamento, com preferência para a família), que existia na redação original do Código anterior. De qualquer forma, o executado, e não o credor como constou da alternativa, é que poderia fazer o pagamento do débito; **D:** incorreta, pois não há reexame contra sociedade de economia mista (art. 496, § 2º, do NCPC). **LD**
Gabarito "A".

(Magistratura/MG – 2008) A alienação de bens na execução por quantia certa contra devedor solvente, prioritariamente, ocorrerá:

(A) pelo modo que o juiz determinar.

(B) por iniciativa particular.

(C) em hasta pública.

(D) mediante adjudicação ao credor.

A primeira (e, portanto, preferencial) forma de alienação é a adjudicação (art. 825, I do NCPC), alienação (por iniciativa particular ou leilão) e apropriação de frutos e rendimentos de empresa ou de estabelecimentos e de outros bens. **LD**
Gabarito "D".

(Magistratura/PR – 2008) Assinale a alternativa correta:

(A) a nota promissória vinculada a contrato de abertura de crédito em conta-corrente goza de autonomia e configura título executivo extrajudicial.

(B) o contrato de honorários advocatícios tem de estar assinado por duas testemunhas para que configure título executivo extrajudicial.

(C) é cabível execução por título extrajudicial contra a Fazenda Pública.

(D) a cédula de crédito bancário não configura título executivo extrajudicial.

A: incorreta (Súmula n° 258 do STJ, que diz não ser título); **B:** incorreta. Segundo a jurisprudência, a lei especial (art. 24 do estatuto da advocacia – Lei 8.906/94) não exige assinatura de duas testemunhas, sendo bastante o contrato firmado entre as partes (REsp. 400.687); **C:** correta (art. 910 do NCPC); **D:** incorreta. A CCB é prevista em lei especial como título executivo (Lei 10.931/2004), já tendo isso sido confirmado pelo STJ. **LD**
Gabarito "C".

(Magistratura/AL – 2008 – CESPE) Quanto à suspensão da execução, assinale a opção correta.

(A) Recebidos os embargos à execução, esta permanecerá suspensa até o trânsito em julgado da decisão que julgá-los.

(B) Na hipótese de o devedor não possuir bens penhoráveis, não ocorrerá suspensão, mas extinção do feito por perda superveniente do interesse de agir, já que a ação ter-se-á tornado inútil à satisfação do direito.

(C) A suspensão da execução por convenção das partes não está sujeita a limite temporal traçado pela lei processual, mas ao prazo concedido pelo credor ao devedor para que este cumpra a obrigação.

(D) No que diz respeito à execução do patrimônio do executado, a morte deste não será causa bastante para a suspensão da execução.

(E) Caso seja concedido efeito suspensivo aos embargos oferecidos por um dos executados, a execução permanecerá suspensa quanto aos demais, independentemente dos fundamentos manejados pelo embargante.

A: incorreta, pois em regra os embargos não são dotados de efeito suspensivo (art. 919 do NCPC); **B:** incorreta, pois há a suspensão (art. 921, III, do NCPC); **C:** correta (art. 922 do NCPC); **D:** incorreta, pois pode haver a suspensão para a habilitação dos herdeiros (art. 921, I, do NCPC), mas o patrimônio segue respondendo pelo débito; **E:** incorreta, pois somente se os argumentos forem comuns a todos os executados (quando há discussão quanto ao débito) e não a apenas um deles (defesas pessoais) é que haverá a suspensão da execução para todos. **LD**
Gabarito "C".

(Magistratura/MA – 2008 – IESIS) Indique a alternativa correta:

(A) Se o devedor, na expropriação por hasta pública, tiver procurador constituído nos autos, poderá ser intimado do local e da data da praça ou leilão, através de aviso de recebimento ou outro meio idôneo.

(B) Na expropriação por alienação particular de bens penhorados, a publicidade da oferta pode se dar pelo rádio ou mesmo por página na internet, dentre outros meios idôneos.

(C) Não há honorários advocatícios de sucumbência na atual execução civil fundada em títulos executivos extrajudiciais.

(D) Na execução por título extrajudicial, a atual fase de expropriação dos bens penhorados se inicia, necessariamente, pela publicação de editais para hasta pública.

A: incorreta, porque, se o devedor tiver procurador constituído nos autos, será intimado através do patrono, nos termos do art. 889, I, do

NCPC; **B:** correta (art. 880, § 3° do NCPC); **C:** incorreta, nos termos do art. 827, do NCPC; **D:** incorreta, porque antes do leilão judicial (chamado de hasta pública no CPC/1973), a lei prevê a possibilidade de adjudicação dos bens penhorados e a alienação por iniciativa particular. **LD**
Gabarito "B".

(Magistratura/MA – 2008 – IESIS) Indique a alternativa correta:

(A) Na atual sistemática processual civil, há situações em que é possível expropriar determinados bens sem que estes sejam avaliados.

(B) Em caso de acidente automobilístico ocorrido em Joinville, SC, entre um Paranaense domiciliado na cidade do Rio de Janeiro, RJ e um Gaúcho domiciliado em Curitiba, PR, caso o Paranaense proponha ação condenatória de ressarcimento pelas respectivas perdas e danos, poderá o autor escolher entre os foros do Rio de Janeiro, RJ e Curitiba, PR.

(C) Atualmente, o prazo para embargar a execução por título extrajudicial é contado da data da juntada do mandado de citação referente ao último dos devedores.

(D) Rafael possui 10 (dez) anos de idade. A comarca em que Rafael pode propor ações é a do domicílio de seus representantes legais.

A: correta, porque será dispensada a avaliação, por exemplo, quando o credor aceitar a estimativa do valor feita pelo executado (art. 871, I do NCPC), ou quando se tratar de bens com cotação em bolsa (art. 871, III do NCPC); **B:** incorreta, pois nos termos do art. 53, V do NCPC, a ação poderia ser proposta no Rio de Janeiro ou em Joinville (local do dano ou domicílio do autor); **C:** incorreta, porque os prazos para os embargos são autônomos para os devedores ("quando houver mais de um executado, o prazo para cada um deles embargar conta-se a partir da juntada do respectivo mandado citatório, salvo tratando-se de cônjuges" – art. 915, § 1°, NCPC); **D:** incorreta, porque ainda que o autor seja absolutamente incapaz, a regra geral da competência territorial (foro do domicílio do réu – art. 46 do NCPC) deve ser observada (há regra específica de competência quando o incapaz for réu – devendo a demanda ser ajuizada no foro do seu representante, conforme art. 50 do NCPC). **LD**
Gabarito "A".

(Magistratura do Trabalho – 2ª Região – 2014) Quanto ao processo executivo, observe as proposições abaixo e responda a alternativa que contenha proposituras **corretas:**

I. O título executivo extrajudicial oriundo de país estrangeiro não depende de homologação pelo Supremo Tribunal Federal, devendo satisfazer os requisitos de formação exigidos pela lei do lugar da sua celebração e indicar o Brasil como lugar do cumprimento da obrigação.

II. Considerando-se que o objeto da ação executiva é sempre um título, fica vedado ao juiz determinar o comparecimento das partes em juízo, ante a inocuidade da medida.

III. Os frutos e rendimentos dos bens inalienáveis poderão ser penhorados, ainda que destinados a satisfação de prestação alimentícia.

IV. A penhora de bens imóveis realizar-se-á mediante auto ou termo de penhora, cabendo ao exequente, sem prejuízo da imediata intimação do executado, providenciar, para presunção absoluta de conhecimento por terceiros, a respectiva averbação no ofício imobiliário, mediante a apresentação de certidão de inteiro teor do ato, independentemente de mandado judicial.

V. A execução para cobrança de crédito fundar-se-á sempre em título de obrigação certa, líquida e exigível.

Está correta a alternativa:

(A) I, IV e V.

(B) I, III e IV.

(C) II, III e IV.

(D) II, III e V.

(E) I, II e V.

I: correta (NCPC, art. 784, §§ 2º e 3º); **II:** incorreta, pois é sempre possível ao juiz determinar o comparecimento das partes em juízo (NCPC, art. 772, I); **III:** correta, pois o NCPC (art. 834) não faz a ressalva que antes era feita pelo CPC/1973 (art. 650 – "salvo se destinados à satisfação de prestação alimentícia"); **IV:** correta (NCPC, art. 844); **V:** correta (NCPC, art. 783). **LD/DS**

Gabarito sem resposta à luz do NCPC

(Magistratura Federal/1ª Região – 2011 – CESPE) Acerca do pagamento em processo de execução, assinale a opção correta.

(A) Sendo insuficiente o dinheiro arrecadado, se os exequentes se mantiverem inertes, o juiz poderá, de ofício, inaugurar o procedimento de execução contra o insolvente.

(B) O incidente de preferência dos exequentes, por ser procedimento à parte, é encerrado por sentença.

(C) O fato de o dinheiro arrecadado não ser bastante para o pagamento de todos os credores, por si só, não determina a inauguração do procedimento de execução contra insolvente.

(D) O incidente instaurado para resolver as preferências de pagamento pode ser iniciado tanto pelo executado quanto pelos exequentes.

(E) Em incidente de preferência dos exequentes, não se observam preferências além da estabelecida pela ordem de penhora.

Atenção: Necessário mencionar que até a edição de lei específica, as execuções contra devedor insolvente, em curso ou que venham a ser propostas, permanecem reguladas pelo Livro II, Título IV, do CPC/1973 (art. 1.052 do NCPC). Ou seja, a insolvência civil segue regulada pelo CPC/1973 que, somente nesse ponto, não foi revogado. **A:** incorreta, pois o início da insolvência civil depende de requerimento dos credores (CPC/1973, art. 753); **B:** incorreta, porque essa decisão não põe fim ao processo, tratando-se de mero incidente, portanto é decisão interlocutória (NCPC, art. 909); **C:** correta, pois a insolvência civil, um procedimento absolutamente distinto da execução de quantia, depende de provocação da parte (vide alternativa "A") – ademais, esta alternativa é o oposto da "A", portanto uma das duas deve ser assinalada, pois ambas não podem estar erradas; **D:** incorreta, pois a legitimidade é exclusiva dos exequentes (NCPC, art. 909); **E:** incorreta, pois é possível a existência de preferências legais (NCPC, art. 908, § 2º). **LD**

Gabarito "C".

(Magistratura Federal/3ª Região – 2011 – CESPE) Ajuizada ação de execução para entrega de coisa certa, o executado não a entregou no prazo que lhe foi assinalado, constatando-se que o bem estava em poder de terceiro. Considerando essa situação, assinale a opção correta.

(A) A conversão em execução por quantia certa é o caminho possível devido a constatada posse por terceiro.

(B) Verificada a situação descrita quando já litigiosa a coisa, deve-se expedir mandado de busca e apreensão ou imissão na posse da coisa.

(C) Constatada a realização de benfeitorias no bem, só será possível a apreensão após o depósito do seu valor, independentemente de liquidação, apurando-se eventual diferença em ação à parte.

(D) Estando o bem em poder de terceiro, ao exequente resta propor ação específica contra o atual possuidor para provar a fraude.

(E) Como o bem não se encontra mais sob a posse do executado, este não poderá manejar embargos à execução.

A: incorreta, por ausência de previsão legal; **B:** correta (NCPC, art. 808); **C:** incorreta, pois a liquidação prévia é necessária (NCPC, art. 810); **D:** incorreta, nos termos da alternativa "B"; **E:** incorreta, pois pode existir interesse para debater eventual multa e pedido de perdas e danos (NCPC, arts. 806, § 1º, e 807). **RM**

Gabarito "B".

19. EMBARGOS DO DEVEDOR / À EXECUÇÃO

(Juiz de Direito/AM – 2016 – CESPE) Considerando a legislação processual, a doutrina e a jurisprudência dominante nos tribunais superiores, assinale a opção correta quanto à defesa do devedor no processo de execução e na fase de cumprimento de sentença.

(A) Consoante o entendimento pacificado pelo STJ, é cabível o oferecimento de reconvenção em embargos à execução.

(B) Em se tratando de execução de título extrajudicial, a competência para o julgamento dos embargos do devedor é funcional absoluta do juízo da execução, mas, se a constrição for feita por carta precatória, o juízo deprecado poderá julgar os embargos que versem unicamente sobre vícios ou defeitos da penhora.

(C) A garantia do juízo é dispensada para a impugnação ao cumprimento de sentença e somente interessa para fins de concessão de efeito suspensivo.

(D) Na execução de alimentos pelo rito do art. 733 do CPC, o acolhimento da justificativa do devedor acerca da impossibilidade de efetuar o pagamento das prestações alimentícias desautoriza a decretação de sua prisão e acarreta a extinção da execução, que deverá ser renovada em observância ao rito da penhora.

(E) Para fins de cobrança da multa pelo descumprimento da obrigação de fazer ou não fazer, é necessária a prévia intimação do devedor, que poderá ser feita por meio de publicação oficial se houver advogado previamente constituído.

A: incorreta, pois o STJ firmou entendimento no sentido contrário (Informativo nº 567; REsp 1.528.049-RS, Rel. Min. Mauro Campbell Marques, julgado em 18.08.2015, *DJe* 28.08.2015); **B:** correta (NCPC, art. 914, §2º); **C:** incorreta no CPC/1973, mas correta no NCPC (arts. 525, *caput* e § 6º); **D:** incorreta, pois não há extinção da execução, mas seu prosseguimento para recebimento da quantia (NCPC, art. 530 – a menção no enunciado é ao CPC/1973); **E:** incorreta, considerando a Súmula 410/STJ: "A prévia intimação pessoal do devedor constitui condição necessária para a cobrança de multa pelo descumprimento de obrigação de fazer ou não fazer" (a súmula talvez seja cancelada à luz do NCPC, mas isso ainda não ocorreu). **LD**

Gabarito "B" no CPC/1973, "B" e "C" no NCPC

(Magistratura/RR – 2008 – FCC) Defesa do devedor.

I. Os embargos do devedor na execução de título extrajudicial independem de prévia garantia do juízo, deverão ser propostos no prazo de quinze dias contados da juntada aos autos do mandado de citação da execução e ordinariamente não suspendem o andamento desta.

II. A impugnação ao cumprimento de sentença independe de prévia garantia do juízo e nunca suspende o andamento de sua execução.

III. A impugnação do devedor contra execução provisória da sentença somente será recebida se o embargante oferecer caução idônea.

IV. Os embargos do devedor na execução fiscal deverão ser opostos no prazo de trinta dias contados da intimação da penhora.

V. Os embargos à arrematação poderão questionar a legalidade da penhora, se esta tiver sido efetivada após a oposição dos embargos do devedor.

(A) I, II e V estão corretas.

(B) I, III e IV estão corretas.

(C) I, IV, e V estão corretas.

(D) II, III e IV estão corretas.

(E) II, III e V estão corretas.

I: correta (arts. 914, 915 e 919 do NCPC); **II:** incorreta, porque (i) no NCPC não há necessidade de garantia do juízo e (ii) pode ser deferido o efeito suspensivo (art. 525 do NCPC); **III:** incorreta, porque não se exige caução do executado para que ele possa apresentar impugnação; **IV:** correta (art. 16 da Lei 6.830/1980); **V:** correta no CPC/1973, mas incorreta no NCPC, pois não mais existem embargos à arrematação no NCPC, pois será cabível ação autônoma para impugnar a arrematação (art. 903, § 4º, do NCPC). **LD**

Gabarito "C" no CPC/1973 e sem resposta no NCPC

(Magistratura/GO – 2009 – FCC) Quanto aos embargos do executado,

(A) independentemente de penhora, depósito ou caução, sua suspensividade depende da relevância dos fundamentos e da possibilidade de grave dano de difícil ou incerta reparação ao devedor.

(B) seu efeito suspensivo depende de requerimento do embargante, da relevância dos fundamentos e da possibilidade de grave dano de difícil ou incerta reparação ao devedor; além disso, a execução deve estar garantida por penhora, depósito ou caução.

(C) a concessão do efeito suspensivo não impede a efetivação dos atos de penhora, mas obsta a avaliação e a alienação dos bens do devedor.

(D) uma vez garantida a execução por penhora, depósito ou caução, bastará ao executado requerer sua suspensividade para que o juiz deva concedê-la.

(E) poderá o juiz conceder efeito suspensivo de ofício.

A: incorreta (art. 919, *caput* e § 1º, do NCPC); **B:** correta (art. 919, § 1º, do NCPC); **C:** incorreta (§ 5º do art. 919 do NCPC); **D:** incorreta, porque a lei exige a presença de dois requisitos, além da garantia do juízo, para que seja deferida a suspensão da execução, quais sejam: relevância dos fundamentos e risco de dano de difícil ou incerta reparação; **E:** incorreta, porque o efeito suspensivo sempre depende de requerimento do devedor. **LD**

Gabarito "B".

(Magistratura/RJ – 2011 – VUNESP) Sobre os embargos do devedor, é correto afirmar:

(A) o juiz julgará improcedentes os embargos quando intempestivos ou manifestamente protelatórios.

(B) o juiz poderá atribuir efeito suspensivo aos embargos quando, sendo relevantes seus fundamentos, o prosseguimento da execução manifestamente possa causar ao executado grave dano, mesmo que a execução não esteja garantida.

(C) a concessão de efeito suspensivo aos embargos não impedirá a efetivação dos atos de penhora e de avaliação dos bens.

(D) quando marido e mulher são executados, o prazo para embargos é contado a partir da juntada do respectivo mandado citatório.

A: incorreta para a banca. Isso porque nesse caso, a expressão utilizada pelo legislador foi a de o juiz "*rejeitará liminarmente* os embargos" (art. 918 do NCPC) – ou seja, questão mais preocupada com a letra da lei do que a compreensão do tema; **B:** incorreta, porque a concessão de efeito suspensivo aos embargos *depende* de garantia do juízo (art. 919, § 1º do NCPC); **C:** correta (§ 5º do art. 919 do NCPC); **D:** incorreta, porque nesse caso, o prazo *para ambos* será contado da juntada aos autos do último mandado de citação (art. 915, § 1º, NCPC). **LD/DS**

Gabarito "C".

20. EXECUÇÃO E CUMPRIMENTO DE SENTENÇA CONTRA A FAZENDA PÚBLICA

(Magistratura/RS – 2009) José, menor de 15 anos, filho de João, devidamente representado por sua mãe, ingressou com ação de execução de alimentos contra o pai, pelo rito expropriatório, visando cobrar parcelas de alimentos inadimplidas há oito anos. Diante deste caso, assinale a assertiva correta.

(A) A execução é viável, podendo ser cobradas todas as parcelas vencidas.

(B) O credor somente poderá executar as últimas três parcelas vencidas à data do ajuizamento da execução.

(C) As últimas três parcelas vencidas somente podem ser cobradas pelo rito coercitivo, sob pena de prisão, não podendo ser somadas às demais, para fins de execução expropriatória.

(D) A execução somente poderá prosperar em relação às parcelas vencidas nos últimos dois anos, pois as demais estão prescritas.

(E) A execução somente poderá prosperar em relação às parcelas vencidas nos últimos cinco anos, pois as demais estão prescritas.

A: correta, porque embora as prestações alimentícias prescrevam em dois anos, a contar do vencimento, não corre prescrição contra o abso-

2. DIREITO PROCESSUAL CIVIL

lutamente incapaz (art. 198, I, do Código Civil), como é o caso de José; **B:** incorreta, pois as três últimas parcelas são aquelas que admitem a prisão civil do devedor (art. 528, § 7º, do NCPC), mas isso não quer dizer que as demais, em relação às quais a prisão não é admitida, não possam ser objeto de execução– sob pena de penhora (procedimento do art. 528 e ss.); **C:** incorreta, porque mesmo em relação ao débito atual, a execução pode ser feita pela via expropriatória (penhora – art. 528, § 8º, do NCPC), a critério do credor; **D:** incorreta, nos termos da alternativa "A"; **E:** incorreta, nos termos da alternativa "A". **LD**
Gabarito "A".

21. EXECUÇÃO FISCAL

(Magistratura/DF – 2008) O prazo para o executado ingressar com embargos à execução fiscal, nos termos da Lei nº 6.830/80, é de:

(A) cinco dias;

(B) dez dias;

(C) quinze dias;

(D) trinta dias.

De acordo com o art. 16 da Lei 6.830/1980, o prazo para os embargos do executado é de 30 dias. **LD**
Gabarito "D".

IV – RECURSOS
22. TEORIA GERAL DOS RECURSOS

(Juiz – TRF 2ª Região – 2017) Caio ajuíza demanda em face de empresa pública. Formula dois pedidos e lastreia o pedido "a" na tese "x", firmada em Incidente de Resolução de Demandas Repetitivas, julgada recentemente pelo TRF-2ª Região. Ao apreciar a petição inicial, o juiz profere decisão parcial de mérito, sem mencionar a tese "x", julgando improcedente o pedido "a", por considerar a matéria unicamente de direito e por já ter proferido anteriormente sentença sobre a mesma matéria. No mesmo ato, determina que o feito prossiga, em relação ao outro pedido, com a citação da ré. O caso é típico de cabimento do seguinte recurso:

(A) Apelação.

(B) Agravo interno.

(C) Reclamação perante o TRF.

(D) Embargos de declaração.

(E) Correição parcial.

O enunciado traz hipótese de julgamento antecipado parcial de mérito (decisão interlocutória), que é impugnável por agravo de instrumento (NCPC, art. 356, § 5º),sendo que esse recurso *não é* mencionado na resposta. Sendo assim, a opção que resta é a utilização dos embargos de declaração, para apontar a omissão na não apreciação de uma das teses, fixada em IRDR (NCPC, art. 1.022, parágrafo único, I), de modo que correta a alternativa "D". Vale destacar que nem reclamação nem correição são recursos, à luz do art. 994 do NCPC (princípio da taxatividade). **LD**
Gabarito "D".

(Juiz – TJ-SC – FCC – 2017) Em uma ação de despejo por falta de pagamento julgada procedente, o locatário interpõe apelação, à qual se nega provimento por maioria de votos. Nesse caso:

(A) o julgamento terá prosseguimento em sessão a ser designada com a presença de outros julgadores, que serão convocados nos termos previamente definidos no regimento interno, em número suficiente para garantir a possibilidade de inversão do resultado inicial, assegurado às partes e a eventual terceiros o direito de sustentar oralmente suas razões perante os novos julgadores, entretanto, sendo possível prosseguimento do julgamento dar-se-á na mesma sessão.

(B) não haverá prosseguimento do julgado, uma vez que a maioria negava provimento ao apelo; somente se fosse dado provimento ao apelo, por maioria, é que necessária e automaticamente ocorreria o prolongamento do julgamento.

(C) não haverá prosseguimento do julgado, uma vez que a maioria negava provimento ao apelo; somente se fosse provido o apelo, por maioria, e a requerimento expresso da parte, é que ocorreria o julgamento estendido do processo.

(D) haverá o prosseguimento do julgamento, pois atualmente não mais se exige o provimento majoritário do apelo; no entanto, será preciso requerimento expresso da parte a quem beneficiaria a reversão do julgado.

(E) não haverá o prosseguimento do julgamento, pois foram extintos os embargos infringentes, cabendo apenas a oposição de embargos de declaração e, julgados estes, a interposição de recursos especial e extraordinário.

No caso de decisão por maioria de votos, não há mais, no NCPC, o recurso de embargos infringentes. Mas no lugar ingressou a técnica do julgamento estendido (art. 942), que independe da vontade das partes e acarreta a vinda de novos julgadores para proceder à sequência do julgamento do recurso. A alternativa "A" reproduz exatamente o art. 942, sendo que as demais alterativas não encontram base na lei. A "B" está errada pois não há essa previsão na lei (apesar de ser defendida por parte da doutrina); a "C" e "D" estão erradas pois fala em *requerimento da parte* e a "E" não trata do julgamento estendido. **LD**
Gabarito "A".

(Juiz de Direito/DF – 2016 – CESPE) No que tange a recursos processuais e ação rescisória, assinale a opção correta.

(A) O vício de julgamento decorre da aplicação incorreta da regra processual e acarreta a anulação da sentença, ao passo que o vício de procedimento surge da incorreta apreciação da questão de direito e gera a reforma da decisão.

(B) O julgador deve proceder, diretamente, ao exame do mérito nos embargos de declaração, por ser desnecessário fazer juízo de admissibilidade desse recurso.

(C) A suspeição fundada do magistrado enseja a propositura de ação rescisória contra a sentença que ele tenha prolatado.

(D) A aptidão do órgão jurisdicional de conhecer, de ofício, as questões de ordem pública, nos recursos processuais, decorre do efeito translativo.

(E) O terceiro juridicamente interessado não figura como parte legítima para a propositura de ação rescisória.

A: incorreta, pois é o contrário (a 1ª frase se refere ao "error in procedendo" e a segunda, ao "error in judicando"); **B:** incorreta, porque,

sendo os embargos de declaração recurso (art. 994, VI, NCPC), estão submetidos aos requisitos de admissibilidade recursal; **C**: incorreta, pois a ação rescisória só poderá ser ajuizada no caso de impedimento (art. 966, II, NCPC); **D**: correta, sendo o efeito translativo, para a doutrina que o admite, a possibilidade de apreciar temas não expressamente mencionados no recurso – desde que permitidos pela lei, como é o caso envolvendo matérias de ordem pública; **E**: incorreta, pois há previsão legal expressa permitindo isso (art. 967, II, NCPC). **LD**
Gabarito "D".

(Magistratura/MG – 2012 – VUNESP) Quanto ao trato do sistema recursal na lei processual, assinale a alternativa correta.

(A) Havendo solidariedade passiva, o recurso interposto por um devedor aproveitará aos outros, quando as defesas opostas ao credor lhes forem comuns.

(B) Considera-se aceitação tácita a prática, com reserva, de um ato incompatível com a vontade de recorrer.

(C) A renúncia ao direito de recorrer depende da aceitação da outra parte.

(D) O recurso adesivo será conhecido ainda que o recurso principal seja declarado deserto.

A: correta (NCPC, art. 1.005, parágrafo único); **B**: incorreta, porque a aceitação tácita decorre da prática de ato incompatível com a vontade de recorrer, sem qualquer reserva (NCPC, art. 1.000, parágrafo único); **C**: incorreta (art. 999 do NCPC); **D**: incorreta, porque o recurso adesivo não será conhecido se, por qualquer motivo, o principal não o for (NCPC, art. 997, § 2°, III). **LD/DS**
Gabarito "A".

(Magistratura/CE – 2012 – CESPE) Assinale a opção correta acerca de recursos em geral.

(A) Considere que, em ação de revisão de contrato contra o Banco XY S.A., o autor tenha alegado indevida capitalização de juros e que seu pedido tenha sido julgado improcedente. Considere, ainda, que, ao interpor apelação no prazo legal, o autor tenha pedido ao relator do recurso a antecipação de tutela recursal para iniciar depósitos mensais de R$ 850,00 em vez dos R$ 1.200,00 contratados. Nessa situação hipotética, a lei processual permite ao relator conceder a tutela antecipada recursal até que a apelação seja julgada pela turma competente.

(B) A isenção, constante no CPC, de preparo aos recursos interpostos pelo MP restringe-se à atuação desse órgão como *custos legis*.

(C) Considere que o pedido de Vítor, autor de ação de rescisão de contrato de arrendamento mercantil em face do Banco Alfa S.A., tenha sido julgado procedente em sentença publicada em 12/3/2012 (segunda-feira) e que, inconformada, a instituição bancária tenha interposto apelação em 16/3/2012 (sexta-feira), recolhendo o preparo em 19/3/2012 (segunda-feira). Nessa situação hipotética, por se encontrar deserto, o recurso de apelação não deverá ser conhecido.

(D) O recurso de apelação interposto contra sentença que indefere a petição inicial, assim como contra a sentença de improcedência liminar em face de precedentes idênticos no mesmo juízo, não é suscetível de reconsideração.

(E) Considere que, em ação ordinária entre Tobias e

o estado do Acre, tenha havido, após sentença de reconhecimento parcial do pedido, apelação por parte do autor e que, intimada, a fazenda pública tenha apresentado apenas recurso adesivo, sem, no entanto, opor contrarrazão à apelação do autor. Nessa situação hipotética, a não apresentação de contrarrazão pelo ente público constitui impedimento para o conhecimento do recurso adesivo.

A: incorreta, de acordo com o gabarito oficial. É possível que o examinador tenha considerado que está ausente, na hipótese proposta, o requisito do risco de dano irreparável, ou de difícil reparação para o apelante, uma vez que o pagamento de valores a maior pode ser revertido no futuro, caso seja provida a apelação, inclusive por meio de compensação com as parcelas eventualmente em aberto. Frise-se, contudo, que é possível, em tese, que o relator conceda, também em apelação, os efeitos da tutela recursal; **B**: incorreta, porque o MP não precisa recolher preparo quando interpõe recursos, seja na qualidade de fiscal da ordem jurídica, seja na qualidade de parte; **C**: correta no CPC/1973, porque a comprovação do preparo deve ser feita no ato da interposição do recurso e não admitia posterior pagamento. Contudo, vale destacar que, no NCPC, ANTES de reconhecer a deserção, deverá se dar a oportunidade de recolher as custas, em dobro (art. 1.007, § 4° do NCPC); **D**: incorreta, porque em ambas as hipóteses, o juiz pode se retratar da sentença (arts. 331 e 332, § 3°, do NCPC); **E**: incorreta, uma vez que o recurso adesivo deve ser apresentado no prazo das contrarrazões, porém, a admissibilidade dele não se condiciona à efetiva apresentação de contrarrazões. **LD**
Gabarito "C". no CPC/1973, sem resposta no NCPC

(Magistratura/DF – 2008) Pelo princípio da dialeticidade dos recursos:

(A) o recurso é somente aquele previsto em lei, não se podendo criar recurso por interpretação analógica ou extensiva;

(B) exige-se que todo recurso contenha inconformidade com o provimento judicial impugnado, indicando os motivos de fato e de direito pelos quais requer o novo julgamento;

(C) não é admitida a interposição simultânea de dois recursos contra a mesma decisão;

(D) permite-se a conversão de um recurso, não adequado, em outro, adequado, desde que inexistente erro grosseiro da parte e não tenha precluído o prazo para a interposição.

A: incorreta, porque a alternativa define o princípio da taxatividade ou tipicidade dos recursos; **B**: correta, porque esse é o significado do princípio da dialeticidade dos recursos (NCPC, art. 932, III ,na parte que se refere a recurso "que não tenha impugnado especificamente os fundamentos da decisão recorrida"); **C**: incorreta, porque a alternativa faz referência ao princípio da unirrecorribilidade ou da singularidade; **D**: incorreta, porque se trata do princípio da fungibilidade recursal. **LD**
Gabarito "B".

(Magistratura/MS – 2008 – FGV) Em matéria de direito processual civil intertemporal, o recurso da sentença é regido pela lei vigente ao tempo da:

(A) distribuição.

(B) citação.

(C) intimação.

(D) notificação.

2. DIREITO PROCESSUAL CIVIL   125

(E) publicação.

A jurisprudência do STJ é firme ao apontar que a interposição do recurso deve obedecer à lei vigente na data da *publicação* da decisão que se pretende reformar. **LD**
Gabarito "E".

(Magistratura Federal/1ª Região – 2011 – CESPE) Um juiz, antes da fase de instrução do processo, verificou que não havia controvérsia acerca de um dos pedidos da inicial. Diante disso, em razão de requerimento da parte interessada, resolveu antecipar os efeitos da tutela relativa ao pedido. Inconformada com a decisão, a parte prejudicada interpôs, no juízo recorrido, apelação, requerendo, ao fim de suas razões, que esta ficasse retida nos autos, enquanto não ocorresse o julgamento dos demais pedidos.

Com base nessa situação hipotética, assinale a opção correta.

(A) Nada impede o conhecimento do recurso apresentado, na medida em que o princípio do duplo grau de jurisdição garante à parte prejudicada o acesso à via recursal.

(B) Identifica-se violação do princípio da singularidade, na medida em que a apresentação de uma segunda apelação nos mesmos autos determina interposição de dois recursos contra o mesmo tipo de ato judicial.

(C) Trata-se de exemplo de violação do princípio da taxatividade, pois a parte prejudicada não poderia inaugurar uma nova forma de interpor o recurso de apelação.

(D) Aplica-se ao caso a fungibilidade dos recursos, visto que é possível receber a apelação retida como agravo de instrumento.

(E) A apelação é o recurso cabível contra qualquer ato judicial que resolva um dos pedidos do autor, mas a interposição na forma retida viola o princípio da dialeticidade.

A decisão que defere antecipação de tutela de pedido incontroverso é, sem dúvidas, interlocutória (no NCPC, seria eventualmente possível julgamento antecipado parcial – *art.*356, I, com previsão expressa de cabimento de agravo, conforme art. 356, § 5º*)*. Sendo interlocutória em caso de tutela de urgência, o recurso cabível é o de agravo de instrumento (NCPC, art. 1.015, I). Ademais, inexiste, no sistema brasileiro, "apelação retida" – não sendo lícito às partes criar recurso (princípio da taxatividade – NCPC, art. 994). **LD**
Gabarito "C".

(Magistratura Federal/3ª Região – 2011 – CESPE) Considerando que, proferida sentença em desfavor de ente público que integra a relação processual, tenha sido interposta apelação apenas contra parte da decisão, assinale a opção correta.

(A) Por estar sujeita ao procedimento recursal, a decisão da remessa obrigatória está sujeita a embargos infringentes.

(B) A interposição de recurso pelo ente público limita o reexame da matéria à parte impugnada, visto que o restante deixa de ser objeto de remessa obrigatória.

(C) A parte não recorrida será objeto de reexame necessário; contudo, como não se trata de recurso, não haverá relator designado.

(D) Ao examinar o recurso do ente público, o tribunal é limitado pelo princípio da vedação da *reformatio in pejus*, o que não ocorre quando examina a parte sujeita à remessa necessária.

(E) Até mesmo na parte sujeita à remessa obrigatória, o relator poderá reformar a sentença caso esta esteja em manifesto confronto com súmula do STF.

A: incorreta, pois o problema nada menciona a respeito de voto vencido (NCPC, art. 942). **Atenção:** Importante informar que o Novo Código não mais prevê o recurso dos embargos infringentes (*vide* art. 994). Entretanto, o art. 942 prevê uma técnica de julgamento quando de voto vencido: "Quando o resultado da apelação for não unânime, o julgamento terá prosseguimento em sessão a ser designada com a presença de outros julgadores, que serão convocados nos termos previamente definidos no regimento interno, em número suficiente para garantir a possibilidade de inversão do resultado inicial, assegurado às partes e a eventuais terceiros o direito de sustentar oralmente suas razões perante os novos julgadores"; **B:** incorreta, pois há, concomitantemente, apelação e remessa necessária; **C:** incorreta, pois mesmo o reexame recebe um relator (ainda que, de fato, não seja tecnicamente recurso); **D:** incorreta, nos termos do exposto na alternativa "B"; **E:** correta (Súmula 253 do STJ: "O art. 932, IV, *a*, do NCPC, que autoriza o relator a decidir o recurso, alcança o reexame necessário"). **RM**
Gabarito "E".

(Magistratura Federal/2ª Região – 2011 – CESPE) Interposto o recurso cabível, intimou-se a parte recorrente devido ao provimento de embargos de declaração opostas pela outra parte e que modificaram a fundamentação da decisão recorrida, tendo o recorrente protocolado aditamento ao recurso já interposto. Nessa situação, é aplicável o princípio da

(A) vedação da *reformatio in pejus*.

(B) complementariedade.

(C) fungibilidade.

(D) dialeticidade.

(E) taxatividade.

A situação se enquadra na possibilidade de complementar o recurso já interposto, diante do provimento de embargos. Mas nada impede que seja interposto novo recurso (NCPC, art. 1.024, § 4º). Vale destacar que a maior parte da doutrina não se refere à existência do "princípio da complementariedade" no âmbito recursal. De qualquer forma, os demais princípios (esses sim amplamente reconhecidos pela doutrina) se referem a outras situações. **LD**
Gabarito "B".

(Magistratura/SP – 2013 – VUNESP) No que concerne aos recursos, é acertado dizer que

(A) nos casos de extinção do processo sem julgamento do mérito, o tribunal só poderá julgar desde logo a lide se houver concordância expressa das partes.

(B) verificada a inexistência de preparo devido, o recorrente será intimado para efetuá-lo no prazo de 5 (cinco) dias, sob pena de deserção.

(C) o recurso interposto por um litisconsorte só a ele aproveitará.

(D) ainda que se limite a confirmar a decisão recorrida, a decisão que aprecia o recurso no tribunal substitui-se à primeira no que tiver sido objeto de recurso.

A: incorreta, pois a aplicação da "teoria da causa madura" depende de requisitos da causa, não da vontade das partes (NCPC, art. 1.013, § 3º); **B:** incorreta. No CPC/1973, o não recolhimento do preparo acarretava a imediata deserção. No NCPC, o recorrente será intimado para recolher *em dobro*, sob pena de deserção, (NCPC, art. 1.007, § 4º); **C:** incorreta (NCPC, art. 1.005); **D:** correta (NCPC, art. 1.008). **LD**

Gabarito "D".

(Magistratura/PE – 2011 – FCC) Em relação aos recursos no processo civil,

(A) a insuficiência no valor do preparo recursal implicará deserção imediata.

(B) o recorrente pode desistir do recurso, desde que com a anuência do recorrido ou dos litisconsortes necessários.

(C) o não conhecimento do recurso principal não tem influência em relação ao recurso adesivo, que nesse ponto torna-se autônomo.

(D) com exceção dos embargos de declaração, o prazo para recorrer no processo civil será sempre de quinze dias.

(E) a renúncia ao direito de recorrer independe da aceitação da outra parte.

A: incorreta, porque o § 2º do art. 1.007 do NCPC prevê que o recorrente tem o direito à concessão do prazo de 5 dias para a complementação do preparo insuficiente; **B:** incorreta, porque a desistência do recurso não depende de anuência do recorrido ou dos litisconsortes necessários (art. 998 do NCPC); **C:** incorreta, porque o recurso adesivo só será admitido se o for o principal (art. 997, § 2º, III, do NCPC); **D:** incorreta no CPC/1973, mas correta no NCPC (art. 1.003, § 5º); **E:** correta (art. 999 do NCPC). **LD/DS**

Gabarito "E" e "D". (NCPC).

23. APELAÇÃO

(Magistratura/PI – 2011 – CESPE) Intimado da interposição de apelação pela parte contrária, o réu apresentou contrarrazões no décimo dia e, no décimo quarto, apresentou petição na qual declarou intenção de apelar de forma adesiva, mencionando que juntaria as razões em momento adequado.

Considerando a situação hipotética acima, assinale a opção correta.

(A) Houve interposição intempestiva da apelação na forma adesiva, pois as contrarrazões já haviam sido apresentadas.

(B) A apelação na forma adesiva só poderá ser conhecida se as razões forem juntadas até o décimo quinto dia da intimação para contrarrazões.

(C) Não será possível conhecer da apelação na forma adesiva, por afronta expressa aos princípios da consumação e da dialeticidade.

(D) Como o prazo para apresentação de recurso na forma adesiva é de dez dias, a apelação, no caso, foi intempestiva.

(E) A interposição da apelação na forma adesiva está de acordo com a legislação, sendo as razões necessárias apenas se for positivo o juízo de admissibilidade da principal.

A: incorreta, porque o recurso foi interposto ainda no prazo (haveria o debate quanto à preclusão consumativa, mas não tempestividade); **B:** incorreta, porque no processo civil as razões devem ser apresentadas no ato da interposição do recurso, e não posteriormente; **C:** correta, pois o recurso não trouxe impugnação, o que viola o princípio da dialeticidade (art. 932, III do NCPC); **D:** incorreta, porque o prazo para o recurso adesivo é o mesmo das contrarrazões, ou seja, 15 dias; **E:** incorreta, porque as razões devem ser apresentadas no ato da interposição. **LD/DS**

Gabarito "C".

(Magistratura/RJ – 2011 – VUNESP) Sobre a apelação, é correto afirmar:

(A) a apelação é recebida apenas no efeito devolutivo quando interposta de sentença que homologar a divisão ou demarcação.

(B) interposta apelação contra sentença que julgou procedente o pedido de instituição de arbitragem, deve ser ela recebida no efeito suspensivo.

(C) a apelação é recebida só no efeito devolutivo quando interposta de sentença que julgar a liquidação de sentença.

(D) é recebida no efeito devolutivo e suspensivo a apelação interposta contra sentença condenatória de prestação de alimentos.

A: correta (art. 1.012, § 1º, I); **B:** incorreta (art. 1.012, § 1º, IV); **C:** incorreta. Embora o NCPC não tenha reproduzido o texto legal do art. 475-M, § 3º ("A decisão que resolver a impugnação é recorrível mediante agravo de instrumento, salvo quando importar extinção da execução, caso em que caberá apelação."), se a impugnação extinguir o cumprimento de sentença, será cabível apelação, conforme interpretação sistemática obtida pela análise dos arts. 203, §1º e 1.009, ambos do NCPC. Nesse caso, de fato, a apelação será recebida em ambos os efeitos, uma vez que a hipótese não se encontra especificada no § 1º do art. 1.012 do NCPC. Observe-se que, em relação aos demais casos, há que se falar em agravo de instrumento (NCPC, art. 1.015, parágrafo único); **D:** incorreta (art. 1.012, § 1º, II). **LD/DS**

Gabarito "A".

(Magistratura/MG – 2008) É CORRETO afirmar, no julgamento de processos repetitivos, que:

(A) interposta a apelação, o juiz mandará citar o réu para responder o recurso no caso de ser mantida a sentença.

(B) interposta a apelação, o juiz não pode se retratar porque está esgotado o ofício jurisdicional.

(C) interposta a apelação, o juiz não mandará citar o réu para responder porque a sentença foi favorável para ele.

(D) a apelação interposta pelo autor será recebida somente no efeito devolutivo.

Diante do julgamento de um REsp ou RE repetitivos, é possível ao juiz julgar, no sentido do precedente vinculante, pela improcedência do pedido (improcedência liminar do pedido – NCPC, art. 332). Haverá a prolação de uma sentença que, portanto, será apelável. Pode o juiz reconsiderar e, caso não reconsidere, o réu será citado para contrarrazoar a apelação (Art. 332, § 4º, do NCPC). **LD**

Gabarito "A".

24. RECURSOS ESPECIAL E EXTRAORDINÁRIO (RESP E RE)

(Magistratura/MS – 2008 – FGV) As atuais Súmulas do Supremo Tribunal Federal somente produzirão efeito vinculante após sua confirmação por:

(A) maioria absoluta.

(B) maioria simples.

(C) 3/5.

(D) 2/3.

(E) 4/5.

Art. 2º, § 3º, da Lei 11.417/2006. LD

Gabarito "D".

25. OUTROS RECURSOS E TEMAS RECURSAIS COMBINADOS

(Juiz – TJSP – 2017) Em matéria recursal, é correto afirmar que

(A) do pronunciamento que julgar parcial e antecipadamente o mérito, caberá apelação desprovida de efeito suspensivo.

(B) a resolução da questão relativa à desconsideração da personalidade jurídica será sempre impugnável por agravo de instrumento.

(C) a apelação devolverá ao tribunal todas as questões suscitadas e debatidas, ainda que não decididas, mas a devolução em profundidade ficará limitada ao capítulo impugnado.

(D) se os embargos de declaração forem acolhidos com modificação da decisão embargada, ficará automaticamente prejudicado o outro recurso que o embargado já tiver interposto contra a decisão originária, ressalvada a interposição de novo recurso.

A: incorreta, porque da decisão antecipada parcial de mérito cabe agravo (NCPC, art. 356, § 5º); **B:** incorreta, pois o IDPJ pode ser decidido não apenas em 1º grau; logo, não é *sempre* agravo (NCC, art. 136, *caput* e parágrafo único); **C:** correta, sendo essa uma das previsões legais quanto à devolutividade da apelação (NCPC, a*rt. 1013, § 1º Serão, porém, objeto de apreciação e julgamento pelo tribunal todas as questões suscitadas e discutidas no processo, ainda que não tenham sido solucionadas, desde que relativas ao capítulo impugnado*); **D:** incorreta, pois após declaratórios providos, pode a outra parte complementar seu recurso; assim, não é *sempre* recurso prejudicado. LD

Gabarito "C".

(Juiz – TJSP – 2017) Quanto ao incidente de resolução de demandas repetitivas,

(A) poderá ser instaurado quando houver risco de multiplicação de processos como decorrência de controvérsia sobre questão unicamente de direito, de que possa resultar prejuízo à isonomia e à segurança jurídica.

(B) tanto que seja admitido, a suspensão dos processos pendentes em que se discuta a questão controvertida poderá ser determinada pelo relator ou eventualmente pelo tribunal superior competente para conhecer do recurso extraordinário ou especial.

(C) o órgão colegiado incumbido de julgá-lo fixará a tese e, para preservar o juiz natural, devolverá o julgamento do recurso, da remessa necessária ou

do processo de competência originária para que se complete o julgamento perante o órgão de onde se originou o incidente.

(D) pode tramitar, paralela e concorrentemente, com a afetação, perante tribunal superior, de recurso para definição de tese sobre questão material ou processual repetitiva.

A: incorreta, pois esses são requisitos *cumulativos* para o IRDR, de modo que um *não é* decorrente do outro (NCPC, art. 976, I e II); **B:** correta. Admitido o IRDR, cabe a suspensão de todos os processos que debatam o mesmo tema – deferida no tribunal intermediário ou mesmo pelo tribunal superior (NCPC, art. 982, I e § 3º); **C:** incorreta, porque não só a tese, mas a própria lide já é julgado – tanto que a parte tem direito a sustentação oral (NCPC, art. 984, II, *a*); **D:** incorreta, pois não pode haver IRDR e repetitivo ao mesmo tempo, pelo risco de conflito entre as decisões (NCPC, a*rt. 976, § 4º É incabível o incidente de resolução de demandas repetitivas quando um dos tribunais superiores, no âmbito de sua respectiva competência, já tiver afetado recurso para definição de tese sobre questão de direito material ou processual repetitiva).* LD

Gabarito "B".

(Magistratura/SE – 2008 – CESPE) Assinale a opção correta a respeito dos recursos contra as decisões proferidas no processo civil.

(A) São incabíveis embargos de declaração utilizados com a finalidade de instaurar nova discussão acerca de controvérsia jurídica já apreciada ou com o escopo de rever decisão anterior, reexaminando ponto sobre o qual já houve pronunciamento, com inversão, em consequência, do resultado final.

(B) O princípio da proibição da reforma para pior não se aplica ao julgamento dos recursos de sentença na qual ocorre a sucumbência recíproca dos litigantes, pois, nesses casos, toda matéria é devolvida ao tribunal, que pode reformar a decisão para pior contra o único recorrente.

(C) O autor, o réu e o Ministério Público, nos feitos em que atue como parte ou como fiscal da lei, têm interesse recursal para interpor apelação, ainda que a sentença seja terminativa.

(D) Na ação de acidente de trabalho, em que o segurado estiver assistido por advogado, o Ministério Público não tem legitimidade para recorrer da sentença de procedência proferida nessa ação.

(E) Em decisão irrecorrível, o relator negará seguimento a recurso manifestamente inadmissível, improcedente, prejudicado ou em confronto com súmula ou com jurisprudência dominante do respectivo tribunal, do STF ou de tribunal superior.

A: correta, pois a possibilidade de efeitos modificativos (ou infringentes) dos declaratórios se refere a tema que já tenha sido colocado no processo e do qual decorra omissão, contradição ou obscuridade (art. 1.022 do NCPC), não se referindo a nova questão; **B:** incorreta, pois somente é cabível a reforma para pior nos casos de questão de ordem pública em que o relator poderia, a qualquer tempo, reconhecê-la; **C:** incorreta, porque aquele que saiu vencedor não tem interesse em recorrer; **D:** incorreta (Súmula 226 do STJ); **E:** incorreta, pois dessa decisão cabe agravo interno (art. 1.021 do NCPC). LD

Gabarito "A".

(Magistratura/MA – 2008 – IESIS) Indique a alternativa **INCOR-RETA**:

(A) O recurso de apelação possui, em regra, tanto o efeito devolutivo quanto o efeito suspensivo, podendo, ainda, possuir os efeitos regressivo, translativo e extensivo.

(B) A ação de *querella nulitatis insanabilis* ataca, indiretamente, a coisa julgada.

(C) A ação rescisória possui natureza exclusivamente constitutiva.

(D) Segundo a jurisprudência do Superior Tribunal de Justiça, dada a imperfeição da estrutura formal arquitetada pelo atual Código de Processo Civil, o princípio da fungibilidade é aplicável ao sistema jurídico brasileiro, especialmente na seara recursal.

A: correta, considerando a posição doutrinária adotada pela banca. O Código apenas menciona os efeitos suspensivo e devolutivo (NCPC, art. 1.012), mas parte da doutrina defende a existência de outros efeitos – que, na verdade, seriam variações do efeito devolutivo; **B:** correta para a banca. A ação de *querella nulitatis* (ação de inexistência de coisa julgada) tem cabimento nas hipóteses em que se está diante de vício transrescisório (que independe de rescisória para ser reconhecido), em que se está diante de um processo que, na verdade, é inexistente (como, por exemplo, quando o réu não foi citado – mas o processo tramitou como se ele tivesse sido citado); **C:** incorreta, devendo ser assinalada, porque a ação rescisória tem natureza desconstitutiva no chamado juízo rescindente, ou seja, na desconstituição da decisão acobertada pela coisa julgada. Porém, terá outras naturezas no que tange ao juízo rescisório, quer dizer, no novo julgamento da causa; **D:** correta à luz do CPC/1973, porque o STJ admitia o princípio da fungibilidade, mesmo sem previsão legal, em casos de dúvida objetiva e divergência doutrinária quanto ao recurso cabível. Resta verificar como será a jurisprudência à luz do NCPC – mas, em tese, possível para situações em que há dúvida quanto ao recurso cabível. **LD**
Gabarito "C".

(Magistratura/SC – 2008) Assinale a alternativa INCORRETA, nos termos do Código de Processo Civil:

(A) A desistência do recurso interposto por um dos litisconsortes depende da anuência dos outros litisconsortes.

(B) O recurso interposto por um dos litisconsortes a todos aproveita, salvo se distintos ou opostos os seus interesses.

(C) Quanto ao termo "repercussão geral", considera-se a existência, ou não, de questões relevantes do ponto de vista econômico, político, social ou jurídico, que ultrapassem os interesses subjetivos da causa.

(D) Da decisão do Tribunal que releva a pena de deserção e fixa prazo para efetuar o preparo não cabe recurso.

(E) Em sede recursal, o Tribunal, constatando a ocorrência de nulidade sanável, poderá determinar a realização ou renovação do ato processual, intimadas as partes; cumprida a diligência, sempre que possível prosseguirá o julgamento da apelação.

A: incorreta, devendo esta ser assinalada, (art. 998 do NCPC); **B:** correta (art. 1.005 do NCPC); **C:** correta (art. 1.035, § 1º, do NCPC); **D:** correta (art. 1.007, § 6º, do NCPC); **E:** correta (art. 938, § 1º, do NCPC). **LD**
Gabarito "A".

V – PROCEDIMENTOS ESPECIAIS

26. POSSESSÓRIAS

(Magistratura/DF – 2011) Assinale a alternativa correta, considerando as disposições legais, bem como a doutrina e a jurisprudência prevalentes, na questão a seguir:

Nas ações possessórias a participação do cônjuge do autor ou do réu:

(A) é sempre dispensável;

(B) é sempre indispensável;

(C) somente é indispensável nos casos de composse ou de ato por ambos praticado;

(D) nenhuma das alternativas anteriores (a, b, c) é correta.

É correta a alternativa "C", porque é a que corresponde ao que prevê o § 2º do art. 73 do NCPC ("nas ações possessórias, a participação do cônjuge do autor ou do réu somente é indispensável nos casos de composse ou de ato praticado por ambos"). **LD/DS**
Gabarito "C".

27. MONITÓRIA

(Magistratura/PA – 2008 – FGV) A tutela diferenciada do procedimento monitório se harmoniza com o pleito:

(A) reconvencional.

(B) dúplice.

(C) contraposto.

(D) injuntivo.

(E) objetivo-subjetivo.

Cabe reconvenção na monitória (Súmula 292/STJ e, no NCPC, art. 702, § 6º). **LD**
Gabarito "A".

(Magistratura/DF – 2011) Assinale a alternativa correta, considerando as disposições legais, bem como a doutrina e a jurisprudência prevalentes, na questão a seguir:

Na ação monitória:

(A) não cabe citação por edital;

(B) cabe citação por edital e, no caso de revelia, formar-se-á, automaticamente, o título executivo;

(C) cabe citação por edital e, no caso de revelia, nomear-se-á curador especial para exercer a defesa do réu através de embargos;

(D) cabe citação por edital e, no caso de revelia, suspender-se-á, automaticamente, o processo, até que seja localizado o réu.

A: incorreta (Súmula 282 do STJ: "Cabe a citação por edital em ação monitória" e art. 700, § 7º, do NCPC); **B:** incorreta, porque se o réu citado por edital não oferecer embargos, a ele será nomeado curador especial para exercer a sua defesa (at. 72, II do NCPC); **C e D:** vide comentário sobre alternativa anterior. **LD/DS**
Gabarito "C".

28. AÇÕES DE FAMÍLIA E SUCESSÕES

(Magistratura/MG – 2012 – VUNESP) Assinale a alternativa correta sobre o pagamento das dívidas do espólio.

(A) É lícito ao credor do espólio requerer ao juízo do inventário, até mesmo após a partilha, o pagamento das dívidas vencidas e exigíveis.

(B) O credor de dívida líquida e certa, ainda não vencida, pode requerer habilitação no inventário.

(C) A petição, com a prova literal da dívida, será juntada aos autos do processo de inventário.

(D) Não havendo concordância de todas as partes sobre o pedido de pagamento feito pelo credor, o juiz deferirá a adjudicação de bens do espólio ao credor.

A: incorreta, porque o requerimento, pelos credores do espólio, para o pagamento de dívidas, deve ser feito antes da partilha (art. 642 do NCPC); **B:** correta (art. 644 do NCPC); **C:** incorreta, porque "a petição, acompanhada da prova literal da dívida, será distribuída por dependência e autuada em apenso aos autos do processo de inventário (art. 642, § 1º, NCPC); **D:** incorreta, porque se não houver concordância de todas as partes sobre o pedido de pagamento feito pelo credor, será ele remetido para os meios ordinários – ou seja, um novo processo judicial para discutir o tema, que não será apreciado de forma incidental ao inventário (art. 643 do NCPC). **LD/DS**
Gabarito "B".

29. JUIZADO ESPECIAL CÍVEL, FEDERAL E DA FAZENDA PÚBLICA

(Juiz - TRF 2ª Região – 2017) Marque a opção correta:

(A) Ação objetivando rescindir sentença proferida por Juizado Especial Federal terá seu mérito apreciado por Juiz Federal de outro Juizado.

(B) Ação objetivando rescindir sentença proferida por Juizado Especial Federal terá seu mérito julgado por Turma Recursal dos Juizados.

(C) Ação objetivando rescindir sentença proferida por Juizado Especial Federal terá seu mérito apreciado pelo Tribunal Regional Federal.

(D) Ação objetivando rescindir sentença proferida por Juizado Especial Federal terá o rito da querela de nulidade e, dependendo do valor da causa, terá seu mérito apreciado ou por Juiz Federal ou por Turma Recursal.

(E) Ação objetivando rescindir sentença proferida por Juizado Especial Federal não terá seu mérito apreciado.

A questão trata de ação que busca rescindir sentença proferida nos Juizados – ou seja, ação rescisória. Mas não se admite a ação rescisória nos Juizados (Lei 9.099/95, art. 59). Assim, se por acaso alguma demanda nesse sentido for ajuizada, deverá ser extinta sem mérito, de modo que a alternativa correta é a "E". **LD**
Gabarito "E".

(Juiz – TRF 3ª Região – 2016) Assinale a alternativa correta, acerca dos Juizados Especiais Federais.

(A) Podem ser partes no Juizado Especial Federal Cível, como autores, as pessoas físicas, as microempresas e as empresas de pequeno e médio porte e, como rés, a União, autarquias e fundações públicas, exclusivamente.

(B) Não haverá prazo diferenciado para a prática de qualquer ato processual pelas pessoas jurídicas de direito público.

(C) Tendo em vista a indisponibilidade do interesse público, inviável que representantes judiciais da União, autarquias e fundações públicas desistam nos processos da competência dos Juizados Especiais Federais.

(D) Há previsão legal expressa prevendo o reexame necessário em certas hipóteses, em causas submetidas ao Juizado Especial Federal.

A: incorreta, pois empresas públicas federais podem ser rés nos Juizados (Lei 10.259/2001, art. 6º, II); **B:** correta (Lei 10.259/2001, art. 9º); **C:** incorreta, pois a própria lei concede poderes para que os representantes judiciais desistam (Lei 10.259/2001, art. 10, parágrafo único); **D:** incorreta, pois a lei prevê exatamente o contrário, que *não haverá* reexame necessário no JEF (Lei 10.259/2001, art. 13). **LD**
Gabarito "B".

(Juiz – TRF 4ª Região – 2016) Dadas as assertivas abaixo, assinale a alternativa correta. Acerca dos Juizados Especiais Federais:

I. Compete ao Tribunal Regional Federal decidir os conflitos de competência entre juizado especial federal e juízo federal da mesma seção judiciária.

II. Compete à turma recursal processar e julgar o mandado de segurança contra ato de juizado especial, substitutivo de recurso.

III. O princípio da reserva de plenário não se aplica no âmbito dos juizados de pequenas causas e dos juizados especiais em geral.

(A) Estão corretas apenas as assertivas I e II.

(B) Estão corretas apenas as assertivas II e III.

(C) Estão corretas todas as assertivas.

(D) Está incorreta apenas a assertiva II.

(E) Estão incorretas apenas as assertivas II e III.

I: correta, pois compete ao TRF – e não ao STJ – julgar o CC nesse caso (STF, RE 590.409, com repercussão geral); **II:** correta (Súmula 376 do STJ: "Compete a turma recursal processar e julgar o mandado de segurança contra ato de juizado especial"); **III:** correta, conforme jurisprudência do STF ("A referência, portanto, não atinge (...) juizados especiais (art. 98, I), os quais, pela configuração atribuída pelo legislador, não funcionam, na esfera recursal, sob regime de plenário ou de órgão especial. ARE 792.562 AgR, DJE de 2-4-2014). **LD**
Gabarito "C".

(Magistratura/PR – 2010 – PUC/PR) Considerando as disposições aplicadas aos Juizados Especiais Cíveis, julgue as assertivas abaixo:

I. Não se admitirá, no processo, qualquer forma de intervenção de terceiro nem de assistência.

II. Incluem-se na competência dos Juizados Especiais Cíveis as causas de natureza alimentar não excedentes a 40 (quarenta) salários mínimos.

III. Dos atos praticados na audiência, considerar-se-ão desde logo cientes as partes.

IV. A sentença de primeiro grau não condenará o vencido em custas e honorários de advogado, ressalvados os casos de litigância de má-fé.

(A) Apenas as assertivas I, II e III estão corretas.

(B) Apenas as assertivas I, III e IV estão corretas.

(C) Apenas as assertivas II, III e IV estão corretas.

(D) Todas as assertivas estão corretas.

I: correta (art. 10 da Lei 9.099/1995); **II:** incorreta, porque as causas alimentares ficam excluídas da competência do JEC (§ 2º do art. 3º da Lei 9.099/1995); **III:** correta (art. 19, § 1º, da Lei 9.099/1995); **IV:** correta (art. 55 da Lei 9.099/1995). RM

Gabarito "B".

(Magistratura/PR – 2010 – PUC/PR) Quanto às disposições concernentes aos procuradores e sua atuação nos Juizados Especiais Cíveis, avalie as seguintes assertivas e marque a alternativa CORRETA:

I. Sendo facultativa a assistência, se uma das partes comparecer assistida por advogado, ou se o réu for pessoa jurídica ou firma individual, terá a outra parte, se quiser, assistência judiciária prestada por órgão instituído junto ao Juizado Especial, na forma da lei local.

II. O mandato ao advogado poderá ser verbal, inclusive quanto aos poderes especiais.

III. O juiz alertará as partes da conveniência do patrocínio por advogado, quando a causa o recomendar.

IV. O réu, sendo pessoa jurídica ou titular de firma individual, poderá ser representado por preposto que acumulará sua função com a de advogado.

(A) Apenas as assertivas I e III estão corretas.

(B) Apenas as assertivas I, II e III estão corretas.

(C) Apenas a assertiva I está correta.

(D) Todas as assertivas estão corretas.

I: correta (art. 9º, § 1º, da Lei 9.099/1995); **II:** incorreta, porque o mandato pode ser verbal, salvo quanto aos poderes especiais (§ 3º do art. 9º da Lei 9.099/1995); **III:** correta (§ 2º do art. 9º da Lei 9.099/1995); **IV:** incorreta, porque o preposto não pode acumular sua função com a de advogado. RM

Gabarito "A".

(Magistratura/PR – 2010 – PUC/PR) No que diz respeito à produção de provas em processo que está tramitando no Juizado Especial Cível, avalie se as frases a seguir são falsas (F) ou verdadeiras (V) e assinale a opção CORRETA:

( ) Todas as provas serão produzidas na audiência de instrução e julgamento, desde que requeridas previamente, podendo o juiz limitar ou excluir as que considerar excessivas, impertinentes ou protelatórias.

( ) As testemunhas, até o máximo de 3 (três) para cada parte, comparecerão à audiência de instrução e julgamento levadas pela parte que as tenha arrolado, independentemente de intimação, ou mediante esta, se assim for requerido.

( ) Quando a prova do fato exigir, o juiz poderá inquirir técnicos de sua confiança, permitida às partes a apresentação de parecer técnico.

( ) A prova oral será reduzida a escrito, devendo a sentença referir, no essencial, os informes trazidos nos depoimentos.

(A) V, V, F, V

(B) V, F, V, V

(C) F, V, V, F

(D) F, F, F, V

Falsa (art. 33 da Lei 9.099/1995); Verdadeira (art. 34 da Lei 9.099/1995); Verdadeira (art. 35 da Lei 9.099/1995); Falsa (art. 36 da Lei 9.099/1995). RM

Gabarito "C".

(Magistratura/PR – 2010 – PUC/PR) Acerca dos atos processuais nos Juizados Especiais Cíveis, assinale a alternativa CORRETA:

I. Todos os atos deverão ser registrados em notas manuscritas, datilografadas, taquigrafadas ou estenotipadas.

II. Os atos processuais serão públicos e poderão realizar-se em horário noturno.

III. É vedada a prática de atos processuais em outras comarcas.

IV. Não se pronunciará qualquer nulidade sem que tenha havido prejuízo.

(A) Apenas as assertivas II e IV estão corretas.

(B) Apenas as assertivas I e II estão corretas.

(C) Apenas as assertivas I e III estão corretas.

(D) Todas as assertivas estão corretas.

I: incorreta (art. 13, § 3º, da Lei 9.099/1995); **II:** correta (art. 12 da Lei 9.099/1995); **III:** incorreta (art. § 2º do art. 13 da Lei 9.099/1995); **IV:** correta (art. 13, § 1º, da Lei 9.099/1995). RM

Gabarito "A".

(Magistratura Federal – 1ªRegião – 2013 – CESPE) Relativamente aos juizados especiais cíveis e considerando as disposições constantes da Lei dos Juizados Especiais Cíveis e Criminais e da Lei dos Juizados Especiais Cíveis e Criminais no âmbito da Justiça Federal, assinale a opção correta.

(A) Quando o autor, na fase de conhecimento, formular pedido em valor superior ao fixado para a competência dos juizados federais, o julgador, em face de disposição expressa contida na Lei dos Juizados Especiais Cíveis e Criminais no âmbito da Justiça Federal, deverá considerar que a opção pelo juizado importa em renúncia tácita ao crédito excedente ao limite estabelecido na lei, excetuada a hipótese de conciliação.

(B) Se, ao analisar a inicial de ação distribuída para a vara do juizado especial federal, o julgador verifica que a pretensão do autor versa acerca de obrigações vincendas, ele deverá considerar, para fins de análise da competência do juizado federal, o valor de cada parcela, que não poderá exceder o montante de sessenta salários mínimos.

(C) Nas comarcas onde não houver vara do juizado especial federal, a causa poderá ser proposta no juizado especial estadual, aplicando-se a lei dos juizados especiais Cíveis e Criminais no âmbito da Justiça Federal no juízo estadual, com observância de que eventual recurso contra a sentença definitiva será apreciado pela Turma Recursal Federal.

(D) O incidente de uniformização, quando fundado em divergência entre decisões de turmas recursais de diferentes regiões, terá cabimento quando visar interpretação de lei federal relativamente a questões de direito material. Nessa hipótese, a competência para o processamento e o julgamento será da Turma Nacional de Uniformização da Jurisprudência dos Juizados Especiais Federais.

(E) Assim como ocorre na legislação referente aos juizados especiais cíveis estaduais, a Lei dos Juizados Especiais Cíveis e Criminais no âmbito da Justiça

2. DIREITO PROCESSUAL CIVIL   131

Federal veda expressamente a atuação do incapaz como parte autora nos feitos de sua competência.

A: incorreta, pois a renúncia tácita existe expressamente no JEC (Lei 9.099/1995, art. 3º, § 3º). No âmbito do JEF, não há essa previsão legal – e a lei prevê, inclusive, o pagamento por precatório da execução que exceder os 60 salários e não for objeto de renúncia pela parte (Lei 10.259/2001, art. 17, § 4º). **B:** incorreta, pois nesse caso considera-se o montante de 12 vezes as prestações vincendas (Lei 10.259/2001, art. 3º, § 2º). **C: incorreta.** Não há previsão legal de utilização do JEC quando não houver JEF – e isso importaria em infração à competência absoluta. **D:** correta (Lei 10.259/2001, art. 14, § 2º). **E:** incorreta, pois a Lei 10.259/2001 é omissa quanto ao incapaz e, considerando que sua competência é absoluta nas causas inferiores a 60 salários (art. 3º, § 3º), a assertiva não é correta. **LD**
Gabarito "D".

(Magistratura Federal/2ª Região – 2011 – CESPE) A respeito dos juizados especiais federais, assinale a opção correta.

(A) Nesses juizados, a parte não precisa constituir advogado, ainda que o valor exceda vinte salários mínimos.

(B) A citação da União deve ser feita pessoalmente, mas as intimações poderão ser realizadas por meio eletrônico.

(C) Os representantes legais dos órgãos públicos federais necessitam de autorização da autoridade competente para transigir.

(D) Conforme o STJ, o mandado de segurança não é instrumento hábil para o controle de competência desses juizados.

(E) Nos juizados especiais federais, o menor de dezoito anos de idade não pode ser autor de demanda, ao contrário do que ocorre nos juizados especiais estaduais.

A: correta. Apesar da ausência de previsão na Lei 10.259/2001 quanto ao teto para atuação sem advogado e da existência de previsão na Lei 9.099/1995 de teto de 20 salários (art. 9º), o entendimento que prevalece na prática do JEF é o constante da alternativa; **B:** incorreta, pois a intimação de ambas as partes (e não só da União) poderá ser feita por meio eletrônico (Lei 10.259/2001, art. 7º e 8º, § 2º); **C:** incorreta, pois a própria lei atribui tal autorização aos representantes (Lei 10.259/2001, art. 10, parágrafo único); **D:** incorreta, pois há precedentes do STJ que admitem tal possibilidade (RMS 29163); **E:** incorreta, porque, no caso, diante da omissão da lei especial, aplica-se a Lei 9.099/1995 (Lei 10.259/2001, art. 1º). **LD**
Gabarito "A".

(Magistratura Federal/3ª Região – 2011 – CESPE) Com referência à obrigação de fazer, determinada por sentença de juizado especial federal, assinale a opção correta.

(A) O início do procedimento de cumprimento da sentença necessariamente depende de pedido da parte interessada.

(B) O cumprimento mediante ofício torna a expedição, por exemplo, de mandado de busca e apreensão, incompatível com o procedimento.

(C) Descumprida a ordem emanada da sentença, cabe a imposição de multa à autoridade comunicada por ato atentatório ao exercício da jurisdição.

(D) A intimação dirigida à autoridade citada no processo não supre a necessidade específica de ofício, em se

tratando de cumprimento da decisão.

(E) A pendência de recurso interposto da sentença que determine a obrigação não afeta o cumprimento da decisão.

A: incorreta, pois a lei assim não condiciona (Lei 10.259/2001, art. 16); **B:** incorreta, porque são medidas complementares que podem ser utilizadas na tutela específica da obrigação de fazer (CPC/1973, art. 461, § 5º [NCPC, art. 536, § 1º]); **C:** correta, nos termos da fundamentação do item anterior; **D:** incorreta, nos termos do item "A" e considerando o princípio da instrumentalidade; **E:** incorreta, pois o art. 16 da Lei 10.259/2001 menciona decisão transitada em julgado. **RM**
Gabarito "C".

30. PROCESSO COLETIVO

(Magistratura/PA – 2012 – CESPE) Acerca da ação civil pública, assinale a opção correta.

(A) O MP não pode propor esse tipo de ação para a defesa de direitos individuais homogêneos porque estes são de exclusivo interesse de seus titulares.

(B) Entidades da administração pública podem ajuizar esse tipo de ação, desde que possuam personalidade jurídica.

(C) É requisito indispensável para a legitimação de associações à propositura de ação a constituição da entidade há pelo menos um ano.

(D) O fato de determinada situação legitimar o MP e a Defensoria Pública para a propositura de ação justifica o entendimento favorável à possibilidade de haver entre os dois entes apenas um litisconsórcio facultativo.

(E) A Defensoria Pública detém legitimidade para propor a ação em qualquer situação que, em tese, justifique o seu ajuizamento, mesmo que não repercuta em interesse dos necessitados.

A: incorreta, porque a jurisprudência tem reconhecido que o MP tem legitimidade para propor ação civil pública em defesa de interesse individual homogêneo (STJ-RDA 207/282); **B:** incorreta, porque não se exige que tenham as entidades em questão personalidade jurídica (art. 82, III, CDC); **C:** incorreta, porque a própria legislação afasta o requisito de 1 ano em casos de "interesse social" (CDC, art. 82, § 1º); **D:** correta, porque não se pode falar em litisconsórcio necessário no polo ativo da ação civil pública – pois a legitimidade é concorrente e disjuntiva (cada um dos legitimados pode ingressar em juízo, mas não há necessidade que sejam todos); **E:** incorreta no momento do exame, pois esse era o entendimento da jurisprudência.(REsp. 1275620/RS, DJe 22/10/2012) Porém, o STF posteriormente entendeu que a legitimidade da Defensoria não pode se limitar aos hipossuficientes (ADI 3943, DJe-154 DIVULG 05-08-2015 PUBLIC 06-08-2015) = de modo que hoje é correta. **LD/DS**
Gabarito "D e E".

(Magistratura/PI – 2011 – CESPE) Acerca de ação popular, assinale a opção correta.

(A) O ajuizamento da ação popular não gera prevenção para mandado de segurança coletivo.

(B) A execução da sentença deverá ser promovida pelo MP.

(C) Comprovada a lesão, o juiz poderá condenar o réu à reparação mesmo sem pedido expresso do autor.

(D) Sentença que extingue o feito sem exame de mérito não se sujeita ao reexame necessário.

(E) O litisconsórcio ativo ulterior somente será admitido antes da resposta da parte ré.

A: incorreta, porque "a propositura da ação [popular] prevenirá a jurisdição do juízo para todas as ações, que forem posteriormente intentadas contra as mesmas partes e sobre os mesmos fundamentos" (art. 5º, § 3º, Lei 4.717/1965); **B:** incorreta, porque o MP só terá legitimidade para promover a execução no caso de inércia dos beneficiários (art. 16 da Lei 4.717/1965); **C:** correta para a banca, a partir do art. 11 da Lei 4.717/1965: "A sentença que, julgando procedente a ação popular, decretar a invalidade do ato impugnado, condenará ao pagamento de perdas e danos os responsáveis pela sua prática e os beneficiários dele, ressalvada a ação regressiva contra os funcionários causadores de dano, quando incorrerem em culpa "; **D:** incorreta, porque haverá reexame necessário nesse caso (art. 19 da Lei 4.717/1965) ***Atenção:** o NCPC denomina o reexame necessária de remessa necessária (NCPC, art. 486); **E:** incorreta, porque na ação popular "é facultado a qualquer cidadão habilitar-se como litisconsorte ou assistente do autor" (art. 6º, § 5º da Lei 4.717/1965). LD/DS

Gabarito "C".

(Magistratura do Trabalho – 2ª Região – 2012) Observe as assertivas seguintes.

I. Segundo a jurisprudência sumulada do C. STF, decisão denegatória de mandado de segurança, não fazendo coisa julgada contra o impetrante, não impede o uso de ação própria.

II. A sentença que julga improcedente a ação popular por deficiência de provas não faz coisa julgada.

III. A sentença que julga improcedente ação civil pública por deficiência de provas faz coisa julgada.

IV. Nas ações coletivas tratadas pelo Código de Defesa do Consumidor, a sentença fará coisa julgada "erga omnes", em se tratando de ação que envolva interesses ou direitos coletivos.

V. A sentença arbitral produz, entre as partes, os mesmos efeitos da sentença proferida pelos órgãos do Poder Judiciário e, sendo condenatória, constitui título executivo.

Responda:

(A) estão **corretas** as assertivas I, II e V;

(B) estão **corretas** somente as assertivas II e V;

(C) estão **corretas** as assertivas II, III e IV;

(D) estão **corretas** somente as assertivas III e IV;

(E) estão **corretas** as assertivas I, III e IV.

I: correta. Súmula 304 do STF: "Decisão denegatória de mandado de segurança, não fazendo coisa julgada contra o impetrante, não impede o uso da ação própria". A essência do referido verbete sumular foi reproduzido pelo art. 19 da Lei 12.016/2009; **II:** correta (art. 18 da Lei 4.717/1965); **III:** incorreta. A sentença civil fará coisa julgada *erga omnes*, nos limites da competência territorial do órgão prolator, *exceto se o pedido for julgado improcedente por insuficiência de provas*, hipótese em que qualquer legitimado poderá intentar outra ação com idêntico fundamento, valendo-se de nova prova (art. 16 da Lei 7.347/1985); **IV:** incorreta. Na hipótese de direitos coletivos, a coisa julgada operar-se-á *ultra partes* (art. 103, II, do CDC). Em se tratando de direitos difusos, a sentença fará coisa julgada *erga omnes* (art. 103, I, do CDC), ressalvados, em ambos os casos, as exceções colacionadas pelas normas em destaque; **V:** correta (art. 31 da Lei 9.307/1996). LD

Gabarito "A".

(Magistratura do Trabalho – 3ª Região – 2013) Sobre o direito processual civil, leia as afirmações abaixo e, em seguida, assinale a alternativa correta:

I. Nas ações coletivas a sentença fará coisa julgada *ultra partes*, mas limitada ao grupo, categoria ou classe, exceto se o pedido for julgado improcedente por insuficiência de provas, hipótese em qualquer legitimado poderá intentar outra ação, com idêntico fundamento, valendo-se de nova prova, na hipótese interesses ou direitos difusos.

II. Nas ações coletivas a sentença fará coisa julgada *erga omnes*, salvo improcedência por insuficiência de provas, hipótese em qualquer legitimado poderá intentar outra ação, com idêntico fundamento, valendo-se de nova prova, na hipótese de interesses ou direitos coletivos.

III. Nas ações coletivas a sentença fará coisa julgada *erga omnes*, apenas no caso de procedência do pedido, para beneficiar todas as vítimas e seus sucessores, na hipótese de interesses ou direitos individuais homogêneos.

IV. A execução coletiva de decisão proferida em ação civil coletiva far-se-á com base em certidão das sentenças de liquidação, da qual deverá constar a ocorrência ou não do trânsito em julgado.

(A) Somente as afirmativas I, II e III estão corretas.

(B) Somente as afirmativas II e III estão corretas.

(C) Somente as afirmativas III e IV estão corretas

(D) Somente a afirmativa IV está correta.

(E) Todas as afirmativas estão incorretas.

I e II: incorretas. Na hipótese de direitos coletivos, a coisa julgada operar-se-á *ultra partes* (art. 103, II, do CDC). Em se tratando de direitos difusos, a sentença fará coisa julgada *erga omnes* (art. 103, I, do CDC), ressalvados, em ambos os casos, as exceções previstas nas normas em destaque; **III:** correta (art. 103, III, do CDC); **IV:** correta (art. 98, § 1º, do CDC). LD

Gabarito "C".

31. MANDADO DE SEGURANÇA E *HABEAS DATA*

(Magistratura/RJ – 2013 – VUNESP) Em mandado de segurança, concedida a segurança ao impetrante, seja por liminar ou sentença, pode-se afirmar que

(A) não é possível a suspensão da execução da liminar ou da sentença pelo tribunal, na medida em que a decisão de primeira instância é plenamente válida e eficaz, não havendo previsão legal que permita a suspensão de sua eficácia.

(B) é possível a suspensão da execução da liminar ou da sentença pelo tribunal, mediante provocação, para evitar grave lesão à ordem econômica, à saúde, à segurança ou à economia.

(C) não é possível a suspensão da execução da liminar ou da sentença pelo tribunal, devendo-se aguardar o definitivo julgamento do recurso eventualmente interposto pela impetrada.

(D) é possível a suspensão da execução da liminar ou da sentença pelo tribunal, de ofício, desde que identifi-

2. DIREITO PROCESSUAL CIVIL

que a existência de grave lesão à ordem econômica, à saúde, à segurança ou à economia.

A: incorreta, pois a lei permite a suspensão de segurança conforme determina o art. 15 da Lei 12.016/2009; **B:** correta, conforme o art. 15 da Lei 12.016/2009; **C:** incorreta, pois a lei permite a suspensão de segurança conforme estabelece o art. 15 da Lei 12.016/2009; **D:** incorreta, pois a suspensão da segurança é medida preventiva e não repressiva, de modo que não é possível identificar a existência da grave lesão e sim a sua potencial ocorrência. **RM**

„Gabarito "B".

(Magistratura Federal/3ª Região – 2013 – X) Assinale a alternativa **incorreta:**

(A) Dentre outras hipóteses previstas em lei, denega-se o mandado de segurança se for reconhecida a ilegitimidade *ad causam* do impetrante.

(B) No processo de mandado de segurança, não cabem embargos infringentes.

(C) Ao despachar a petição inicial de ação de mandado de segurança impetrada por servidor do Tribunal Regional Federal da 3ª Região contra ato de seu presidente, visando ao restabelecimento de determinada vantagem salarial, o relator deverá determinar a notificação do impetrado para que preste informações e, além disso, ordenará que se dê ciência do feito ao órgão de representação judicial da União.

(D) Concedido o mandado de segurança, a sentença estará sujeita obrigatoriamente ao duplo grau de jurisdição, sem prejuízo da recorribilidade permitida à pessoa jurídica interessada e, ainda, à autoridade coatora.

(E) Constitui crime de desobediência, nos termos do artigo 330 do Código Penal, o não cumprimento das decisões proferidas em mandado de segurança, salvo se houver previsão de sanção administrativa.

A: correta, considerando que o art. 6º, § 5º da Lei 12.016/2009 destaca que o MS será denegado nos casos do art. 485 do NCPC. E a ilegitimidade de parte é uma das situações de extinção do processo (NCPC, art. 485, VI). **B:** correta, é a posição firme na jurisprudência, apesar de inexistir previsão legal nesse sentido (Súmula 169/STJ: São inadmissíveis embargos infringentes no processo de mandado de segurança). Sobre o tema, importante reiterar que não há mais a previsão dos embargos infringentes no NCPC. **C:** correta, é a previsão da lei quanto ao procedimento ao se receber a inicial (Lei 12.016/2009, art. 7º, I e II). **D:** correta, no caso de concessão da ordem no MS, há o reexame necessário (Lei 12.016/2009, art. 14, § 1º). **E:** incorreta, devendo esta ser assinalada. Há crime de desobediência independentemente da existência de sanções administrativas (Lei 12.016/2009, art. 26). **LD**

„Gabarito "E".

(Magistratura Federal/1ª Região – 2011 – CESPE) Assinale a opção correta considerando a impetração de mandado de segurança contra ato de autoridade pública federal.

(A) O juiz decretará de ofício a caducidade da medida liminar quando o impetrante criar obstáculo ao normal andamento do processo.

(B) Se for interposto agravo de instrumento contra liminar concedida, não poderá a parte se valer do pedido de suspensão de segurança.

(C) Ao despachar a inicial, o juiz determinará a notificação do representante judicial para prestar informações.

(D) Despachada a inicial, somente poderá haver ingresso de litisconsorte ativo antes da sentença.

(E) Desde que dentro do prazo decadencial, não haverá óbice quanto à renovação do pedido de mandado de segurança.

A: correta (Lei 12.016/2009, art. 8º); **B:** incorreta, pois o uso do agravo de instrumento não obsta a utilização da suspensão de segurança, que não é recurso (Lei 12.016/2009, art. 15, § 2º); **C:** incorreta. A lei determina a notificação da autoridade coatora e a "ciência do feito ao órgão de representação judicial da pessoa jurídica interessada" (Lei 12.016/2009, art. 7º, II); **D:** incorreta, pois, a partir do despacho da inicial, descabe o ingresso de qualquer litisconsorte (Lei 12.016/2009, art. 10, § 2º); **E:** incorreta, pois somente é cabível a renovação "pelas vias ordinárias" (ou seja, via outro procedimento que não o MS, usualmente o procedimento comum), e não nova impetração do MS (Lei 12.016/2009, art. 19). **LD**

„Gabarito "A".

(Magistratura Federal/4ª Região – 2010) Assinale a alternativa correta.

Quanto ao recurso cabível na negativa de liminar em Mandado de Segurança, é correto afirmar:

(A) O agravo é recurso incompatível com a índole do mandado de segurança, cabendo da negativa de liminar novo mandado de segurança para discutir tal decisão.

(B) Cabe agravo de instrumento da decisão que negue ou defira liminar em mandado de segurança em primeira instância.

(C) A partir da nova lei do mandado de segurança (Lei 12.016/2009) não cabe agravo regimental da decisão que conceda ou negue liminar em mandado de segurança no âmbito do Supremo Tribunal Federal.

(D) Não cabe agravo regimental da decisão que conceda ou negue liminar no Tribunal Regional Federal da 4ª Região.

(E) Todas as alternativas anteriores estão incorretas.

A: incorreta, pois cabível o agravo de instrumento (Lei 12.016/2009, art. 7º, § 1º / no NCPC, a previsão do agravo nessa hipótese está prevista no art. 1.015, I); **B:** correta (Lei 12.016/2009, art. 7º, § 1º); **C:** incorreta (Lei 12.016/2009, art. 16, parágrafo único / no NCPC, trata-se do agravo interno, previsto no art. 1.021); **D:** incorreta, considerando o exposto na alternativa anterior; **E:** incorreta, considerando o exposto em "B". **LD**

„Gabarito "B".

32. ARBITRAGEM

(Juiz – TRF 3ª Região – 2016) Dadas as assertivas abaixo, assinale a alternativa correta.

Com base no disposto na Lei nº 9.307/96 e suas alterações posteriores, é possível afirmar que:

I. Do compromisso arbitral deverá constar, obrigatoriamente, o nome, profissão, estado civil e domicílio das partes; o nome, profissão e domicílio do árbitro, ou dos árbitros, ou, se for o caso, a identificação da entidade à qual as partes delegaram a indicação de árbitros; a matéria que será objeto da arbitragem; o local, ou locais, onde se desenvolverá a arbitragem e onde será proferida a sentença arbitral.

II. Extingue-se o compromisso arbitral escusando-se qualquer dos árbitros, antes de aceitar a nomeação, a menos que as partes tenham declarado, expressamente, aceitar substituto.

III. São requisitos obrigatórios da sentença arbitral: o relatório, que conterá os nomes das partes e um resumo do litígio; os fundamentos da decisão, onde serão analisadas as questões de fato e de direito, mencionando-se, expressamente, se os árbitros julgaram por equidade; o dispositivo, em que os árbitros resolverão as questões que lhes forem submetidas e estabelecerão o prazo para o cumprimento da decisão, se for o caso; a data e o lugar em que foi proferida.

IV. Para que haja a homologação da sentença arbitral estrangeira, deverá haver requerimento da parte interessada, devendo a petição inicial conter as indicações da lei processual, conforme o art. 282 do Código de Processo Civil, sendo dispensável a apresentação do original da sentença arbitral, desde que substituído por cópia devidamente certificada, autenticada pelo consulado brasileiro e acompanhada de tradução oficial e sendo dispensável a apresentação do original da convenção de arbitragem, desde que substituído por cópia devidamente certificada, acompanhada de tradução oficial.

Estão corretas:

(A) I, III e IV.

(B) I e II.

(C) II e III.

(D) III e IV.

I: incorreta, pois não há menção, na lei, ao *local onde se desenvolverá* a arbitragem (art. 10. Constará, obrigatoriamente, do compromisso arbitral: I - o nome, profissão, estado civil e domicílio das partes; II - o nome, profissão e domicílio do árbitro, ou dos árbitros, ou, se for o caso, a identificação da entidade à qual as partes delegaram a indicação de árbitros; III - a matéria que será objeto da arbitragem; e IV - o lugar em que será proferida a sentença arbitral); **II:** incorreta, pois a lei prevê a extinção caso as partes *não* aceitem substituto (art. 12. Extingue-se o compromisso arbitral: I - escusando-se qualquer dos árbitros, antes de aceitar a nomeação, desde que as partes tenham declarado, expressamente, não aceitar substituto); **III:** correta, pois o item reproduz o art. 26 da Lei de Arbitragem; **IV:** correta, pois o item reproduz o art. 37 da Lei de Arbitragem (*atenção, no NCPC, o artigo é o 319). **LD**

Gabarito "D".

(Magistratura/SP – 2013 – VUNESP) Acerca da arbitragem, é correto dizer que

(A) é nula a sentença arbitral quando o julgamento de mérito nela contido contrariar lei federal ou alterar a verdade dos fatos.

(B) a nulidade do contrato no qual se estipulou a cláusula arbitral implica, necessariamente, a nulidade da cláusula compromissária.

(C) a sentença arbitral brasileira não fica sujeita a recurso ou a homologação pelo Poder Judiciário.

(D) somente o Poder Judiciário pode decidir acerca da validade e eficácia da convenção de arbitragem e do contrato que contenha a cláusula compromissária, de sorte que, em caso de tal alegação, o Tribunal Arbitral deve submeter a questão ao juiz togado competente.

A: incorreta, pois não se trata de situação presente no rol de situações de nulidade da sentença arbitral (Lei 9.307/1996, art. 32); **B:** incorreta. A cláusula é autônoma em relação ao contrato (Lei 9.307/1996, art. 8°); **C:** correta (Lei 9.307/1996, art. 31 e NCPC, 485, VII); **D:** incorreta, conforme resposta à questão anterior e com base no princípio "competência-competência", do qual decorre que compete ao próprio tribunal arbitral avaliar eventual vício da cláusula (Lei 9.307/1996, art. 20, § 1°; vide também alternativa "B"). **LD**

Gabarito "C".

33. OUTROS PROCEDIMENTOS ESPECIAIS E PROCEDIMENTOS ESPECIAIS COMBINADOS

(Juiz – TJ-SC – FCC – 2017) No tocante aos procedimentos especiais de jurisdição contenciosa,

(A) quando o cônjuge ou companheiro defendam a posse de bens, próprios ou de sua meação, não serão considerados terceiros para a finalidade de ajuizamento dos embargos correspondentes.

(B) a consignação em pagamento será requerida no domicílio do credor da obrigação, cessando para o devedor, por ocasião da aceitação do depósito, os juros e os riscos, salvo se a demanda for julgada improcedente.

(C) na ação de exigir contas, a sentença deverá apurar o saldo, se houver, mas só poderá constituir título executivo judicial em prol do autor da demanda.

(D) na pendência de ação possessória é permitido, tanto ao autor quanto ao réu, propor ação de reconhecimento do domínio, salvo se a pretensão for deduzida em face de terceira pessoa.

(E) entre outros fins, a ação de dissolução parcial de sociedade pode ter por objeto somente a resolução ou a apuração de haveres.

A: incorreta, pois cabem embargos de terceiro pelo cônjuge para defesa de seus bens ou da meação (NCPC, art. 674, § 2°, I); **B:** incorreta, pois a consignação será proposta no local do pagamento – estando correta a parte final do enunciado (NCPC, art. 540. Requerer-se-á a consignação *no lugar do pagamento*, cessando para o devedor, à data do depósito, os juros e os riscos, salvo se a demanda for julgada improcedente); **C:** incorreta, considerando que a ação de exigir contas é dúplice, de modo que pode também beneficiar o réu (NCPC, art. 552. A sentença apurará o saldo e constituirá título executivo judicial); D: incorreta, pois pendente possessória não se pode debater a propriedade (NCPC, art. 557); **E:** correta, sendo essa a previsão legal (NCPC, art. 599, III). **LD**

Gabarito "E".

(Juiz – TJ-SC – FCC – 2017) No tocante aos procedimentos especiais de jurisdição voluntária:

(A) declarada a ausência nos casos previstos em lei, o juiz mandará arrecadar os bens do ausente, nomeando-lhe curador e determinando a publicação de editais na rede mundial de computadores; findo o prazo de um ano, poderão os interessados requerer a abertura da sucessão definitiva, observando-se as normas pertinentes.

(B) a interdição pode ser proposta privativamente pelo cônjuge ou companheiro do interditando ou, se estes não existirem ou não promoverem a interdição, pelo Ministério Público.

2. DIREITO PROCESSUAL CIVIL — 135

(C) na herança jacente, ultimada a arrecadação dos bens, o juiz mandará expedir edital, com os requisitos previstos em lei; passado um ano da primeira publicação do edital e não havendo herdeiro habilitado nem habilitação pendente, será a herança declarada vacante.

(D) processar-se-á como procedimento de jurisdição voluntária a homologação de autocomposição extrajudicial, desde que limitada a valor equivalente a quarenta salários mínimos.

(E) o divórcio consensual, a separação consensual e a extinção consensual de união estável, não havendo nascituro ou filhos incapazes e observados os requisitos legais, poderão ser realizados por escritura pública que deverá ser homologada judicialmente para constituir título hábil para atos de registro, bem como para levantamento de importância depositada em instituições financeiras.

A: incorreta, pois inicialmente há a abertura da sucessão *provisória* (NCPC, art. 745, § 1º); **B:** incorreta, pois existem mais legitimados a pleitear a interdição (NCPC, art. 747. A interdição pode ser promovida: I - pelo cônjuge ou companheiro; II - pelos parentes ou tutores; III - pelo representante da entidade em que se encontra abrigado o interditando; IV - pelo Ministério Público); **C:** correta, pois essa é a previsão legal (NCPC, arts. 743 e 741); **D:** incorreta, porque pode haver a homologação de acordo extrajudicial de qualquer valor (NCPC, art. 725, VIII); **E:** incorreta, pois não há necessidade de homologação judicial dessas medidas realizadas em cartório extrajudicial (NCPC, art. 733, § 1º). **LD**
Gabarito "C".

(Juiz – TJ-SC – FCC – 2017) Em relação às seguintes normas processuais civis, constantes do Estatuto da Criança e do Adolescente, é correto afirmar:

(A) a sentença que deferir a adoção produz efeitos imediatos, mesmo que sujeita apelação, que será recebida como regra geral nos efeitos devolutivo e suspensivo.

(B) na perda ou suspensão do poder familiar, se o pedido importar modificação da guarda do menor, este será necessariamente ouvido, em qualquer hipótese, sob pena de nulidade do procedimento.

(C) da decisão judicial que examine e discipline a participação de crianças e adolescentes em espetáculos públicos e seus ensaios, bem como em certames de beleza, cabe a interposição de agravo de instrumento.

(D) a sentença que destituir ambos ou qualquer dos genitores do poder familiar fica sujeita a apelação, que deverá ser recebida apenas no efeito devolutivo.

(E) nos procedimentos afetos à Justiça da Infância e da Juventude, proferida a decisão judicial a remessa dos autos à superior instância independerá de retratação pela autoridade judiciária que a proferiu.

A: incorreta, pois a apelação, na Lei 8.069/90, em regra terá somente efeito devolutivo, sendo que o juiz "poderá conferir efeito suspensivo aos recursos, para evitar dano irreparável à parte (art. 215); **B:** incorreta, porque "será obrigatória, *desde que possível e razoável*, a oitiva da criança ou adolescente" (art. 161, § 3º); **C:** incorreta, pois a previsão para participação em espetáculos em geral está no art. 149 do ECA, e das decisões embasadas neste artigo caberá apelação (art. 199. Contra as

decisões proferidas com base no art. 149 caberá recurso de apelação); **D:** correta (art. 199-B. A sentença que destituir ambos ou qualquer dos genitores do poder familiar fica sujeita a apelação, que deverá ser recebida apenas no efeito devolutivo); **E:** incorreta, pois inicialmente sempre haverá a possibilidade de retratação por parte do juiz prolator da decisão (art. 198, VII - antes de determinar a remessa dos autos à superior instância, no caso de apelação, ou do instrumento, no caso de agravo, a autoridade judiciária proferirá despacho fundamentado, *mantendo ou reformando a decisão*, no prazo de cinco dias. * Atenção: desde metade da década de 1990, o agravo é interposto no Tribunal – mas o ECA não foi alterado, nesse ponto). **LD**
Gabarito "D".

(Juiz de Direito/AM – 2016 – CESPE) Acerca dos procedimentos especiais, assinale a opção correta.

(A) Nos procedimentos de jurisdição voluntária, havendo interesse de incapaz, a intervenção do MP será obrigatória, competindo-lhe assegurar que o julgador observe os critérios de legalidade estrita na condução do processo, bem como no julgamento final.

(B) Dada a natureza dúplice da ação de prestação de contas, o julgador pode reconhecer, na sentença, saldo em favor do réu, ainda que ele não o tenha postulado.

(C) A curatela de interditos está prevista no CPC como procedimento especial de jurisdição contenciosa, no qual a intervenção do MP, como autor do pedido ou como fiscal da lei, é obrigatória.

(D) Ajuizada ação possessória, o réu não poderá fundar sua defesa invocando a condição de proprietário do bem, mas poderá manejar ação própria de reconhecimento de domínio, independentemente do julgamento da possessória.

(E) Promovida ação monitória fundada em contrato de abertura de crédito em conta-corrente e acompanhada de extrato demonstrativo do débito, caso adote o entendimento pacificado no STJ sobre a matéria, o julgador irá extingui-la por falta de interesse em agir, já que, na hipótese, o contrato mencionado constitui título executivo extrajudicial, passível de imediata execução.

A: incorreta, pois, nos procedimentos de jurisdição voluntária, o julgador não é obrigado a observar o critério da legalidade estrita (NCPC, art. 723, parágrafo único); **B:** correta, pois a ação de exigir contas (atenção: não se fala mais em prestação de contas no NCPC, mas apenas ação de exigir contas) é uma ação dúplice, o que é confirmando pelo art. 552: "A sentença apurará o saldo e constituirá título executivo judicial"; **C:** incorreta, pois se trata de procedimento especial de jurisdição voluntária. Além disso, no NCPC, houve ajuste quanto à nomenclatura, tendo sido substituída a tradicional "curatela de interditos" por "interdição" (art. 747); **D:** incorreta, pois o art. 557 do NCPC veda a propositura de reconhecimento de domínio enquanto pendente possessória; **E:** incorreta, pois o STJ prevê justamente o ajuizamento de ação monitória nesse caso (Súmula 247/STJ: "O contrato de abertura de crédito em conta-corrente, acompanhado do demonstrativo de débito, constitui documento hábil para o ajuizamento da ação monitória"). Ademais, ainda que fosse título executivo extrajudicial, não poderia o julgador extinguir o processo, especialmente considerando a possibilidade de, mesmo com título executivo extrajudicial, o autor optar por processo de conhecimento (785 do NCPC). **LD**
Gabarito "B".

(Magistratura/PE – 2011 – FCC) É correto afirmar que

(A) caberá liminar em ação de despejo, ao término do prazo da locação não residencial, se proposta ação em até trinta dias do termo ou do cumprimento de notificação comunicando a intenção da retomada.

(B) a sentença proferida na ação de alimentos forma coisa julgada material, por isso possibilitando a revisão do valor fixado.

(C) a ação de imissão na posse segue o rito ordinário e tem natureza possessória.

(D) não encontrado o bem alienado fiduciariamente, o credor hipotecário poderá requerer a conversão do pedido de busca e apreensão em ação de depósito, que sujeitará o devedor fiduciante à prisão civil.

(E) a obrigação de fazer constante da ação respectiva pode converter-se em perdas e danos por iniciativa e escolha do réu.

A: correta (art. 59, § 1º, VIII, da Lei 8.245/91); **B:** incorreta para a banca. É possível modificar o valor, desde que haja alteração da situação fática que existia ao tempo em que a sentença foi proferida. Para a legislação, essa característica faz com que não haja coisa julgada material na ação de alimentos (art. 15 da Lei 5.478/1968). Contudo, parte da doutrina e jurisprudência apontam que a decisão de alimentos é coberta pela coisa julgada, pois só cabe revisão se mudar alteração da causa de pedir. Pergunta indevida para um concurso de magistratura; **C:** incorreta, porque a ação de imissão na posse tem natureza petitória, e não possessória; **D:** incorreta, porque "é ilícita a prisão civil do depositário infiel, qualquer que seja a modalidade de depósito" (STF, Súmula vinculante n. 25); **E:** incorreta, porque compete ao autor formular o pedido de conversão da obrigação de fazer em perdas e danos (art. 499 do NCPC). **LD/DS**
Gabarito "A".

(Magistratura Federal/3ª Região – 2011 – CESPE) A competência para a ação de consignação em pagamento

(A) é do foro do domicílio do devedor, por ser a ação de seu interesse.

(B) não se prorroga caso seja ajuizada equivocadamente e caso não seja oposta a exceção.

(C) é do foro do domicílio do devedor, em se tratando de dívida portável.

(D) é do foro do local do pagamento, em detrimento mesmo do foro de eleição.

(E) segue a regra geral, de modo que é do foro do domicílio do réu.

Há regra específica no Código de Processo Civil apontando a competência do lugar do pagamento (NCPC, art. 540). **RM**
Gabarito "D".

(Magistratura/GO – 2015 – FCC) Nos procedimentos de jurisdição voluntária

(A) somente se exige citação quando o procedimento puder trazer prejuízo ao interessado.

(B) a sentença não pode ser modificada, ainda que ocorram circunstâncias supervenientes.

(C) a produção das provas compete exclusivamente às partes, vedado ao juiz investigar fatos de ofício.

(D) dispensa-se, como regra, a participação do Ministério Público.

(E) o juiz não está obrigado a observar a legalidade estrita, podendo adotar a solução que reputar mais conveniente ou oportuna para cada caso concreto.

A: incorreta, nos termos do art. 721 do NCPC, pois serão citados **todos** os interessados, bem como intimado o Ministério Público, nos casos do art. 178, para que se manifestem, querendo, no prazo de 15 (quinze) dias; **B:** incorreta. A decisão proferida em jurisdição voluntária é coberta pela coisa julgada, nos mesmos moldes da jurisdição contenciosa, sendo possível sua alteração se houver fato superveniente podendo, portanto, ser alterada, desde que ocorram circunstâncias supervenientes em relação jurídica de trato continuado (art. 505, I do NCPC). É importante mencionar que o art. 1.111 do CPC/1973 não possui dispositivo correspondente no NCPC.; **C:** incorreta, pois sempre é possível ao juiz buscar as provas (art. 370 do NCPC); **D:** incorreta, nos termos do art. 721 do NCPC; **E:** correta, nos termos do art. 723, parágrafo único, do NCPC. **TI**
Gabarito "E".

VI – TEMAS COMBINADOS DOS TÓPICOS ANTERIORES

34. TEMAS COMBINADOS ENTRE PROCESSOS E RECURSOS

(Juiz – TRF 2ª Região – 2017) Analise as assertivas e, após, marque a opção correta:

I. Em regra, as questões resolvidas na fase de conhecimento, se a decisão a seu respeito não comportava agravo de instrumento, serão cobertas pela preclusão caso não sejam suscitadas em preliminar da apelação, eventualmente interposta contra a decisão final, ou nas contrarrazões.

II. É preclusivo o prazo para arguição de incompetência absoluta.

III. Das três hipóteses clássicas de preclusão, a temporal, a lógica e a consumativa, o Código de 2015 prestigiou as duas primeiras e aboliu a última.

(A) Estão corretas apenas as assertivas I e II.

(B) Estão corretas apenas as assertivas I e III.

(C) São falsas apenas as assertivas II e III.

(D) São falsas todas as assertivas.

(E) São falsas apenas as assertivas I e II.

I: correta, sendo essa a previsão do Código para a impugnação das interlocutórias não agraváveis de instrumento, já que não mais existe o agravo retido (NCPC, art. 1.009, § 1º); **II:** incorreta, pois não preclui a possibilidade de alegar a incompetência absoluta (NCPC, art. 64, § 1º); **III:** questão polêmica na doutrina considerando as inovações do NCPC. A banca considerou que a *preclusão consumativa segue existindo*. A divergência existe considerando a redação do art. 223, que faz menção ao direito de "emendar o ato processual", o que faz com que alguns autores entendam que não mais haveria a preclusão consumativa. De seu turno, o art. 200, ao destacar que o ato produz imediatamente a extinção dos direitos processuais, permite concluir pela existência da preclusão consumativa. Como exposto, a banca concluiu que a preclusão consumativa segue existindo. **LD**
Gabarito "C".

(Juiz – TRF 2ª Região – 2017) Sobre o direito intertemporal, considere as normas do Código de Processo Civil e o entendimento do Superior Tribunal de Justiça e assinale a opção correta:

2. DIREITO PROCESSUAL CIVIL — 137

(A) As disposições do CPC-2015 devem ser aplicadas imediatamente após a sua entrada em vigor a todos os processos em tramitação.

(B) São cabíveis honorários sucumbenciais recursais somente contra decisões publicadas a partir da entrada em vigor do novo código.

(C) As disposições de direito probatório adotadas no novo código somente serão aplicadas aos processos instaurados a partir da sua entrada em vigor.

(D) No tema intertemporal, o CPC adotou o sistema puro do isolamento dos atos processuais.

(E) No tema, o novo CPC adotou o sistema das fases processuais.

A: incorreta, pois ainda que as regras processuais sejam imediatamente aplicadas, há de se observar os atos jurídico processual perfeito e isolamento das fases processuais; **B:** correta para a banca, na linha do enunciado administrativo 7 do STJ ("Somente nos recursos interpostos contra decisão publicada a partir de 18 de março de 2016 será possível o arbitramento de honorários sucumbenciais recursais, na forma do art. 85, § 11, do novo CPC"). Mas, na doutrina, o tema é polêmico; **C:** incorreta (NCPC, art. 1.047. As disposições de direito probatório adotadas neste Código aplicam-se apenas às provas requeridas ou determinadas de ofício a partir da data de início de sua vigência); **D** e **E:** incorretas, pois o NCPC adotou o sistema do isolamento dos atos (mas não o sistema "puro", pois, em alguns casos essa teoria é afastada – conforme exposto na alternativa B). **LD**

Gabarito "B".

(Juiz – TRF 2ª Região – 2017) Segundo orientação do Superior Tribunal de Justiça, em regra, benefício previdenciário indevidamente recebido e não devolvido ao INSS deve ser objeto de:

(A) Ação de cobrança.

(B) Inscrição em dívida ativa tributária, com posterior execução.

(C) Inscrição em dívida ativa não tributária, com posterior execução.

(D) Compensação com benefícios previdenciários vincendos.

(E) Dedução de benefícios previdenciários vincendos, até o limite legal e mensal de 10 % do benefício.

Se o INSS paga a alguém algo que não deveria ser pago, pode buscar a devolução dessa quantia – essa é a premissa da questão. Porém, como não há título executivo, há necessidade de se socorrer do Judiciário para isso. Inicialmente, o INSS fazia a inscrição em dívida ativa – até que o STJ vedou essa solução. Assim, resta ao INSS o ajuizamento de ação de cobrança, como já fixado em repetitivo (REsp 1.350.804, j. 12/06/2013). Portanto, a correta é a alternativa "A". **LD**

Gabarito "A".

(Juiz – TRF 3ª Região – 2016) Assinale a alternativa incorreta.

(A) Segundo entendimento consolidado pelo STJ admite-se a possibilidade de ajuizamento de ação de prestação de contas relativa a contrato de conta corrente bancária, contrato de financiamento e contrato de mútuo.

(B) A penhora pode ser substituída por fiança bancária ou seguro garantia judicial, em valor não inferior ao débito constante da inicial mais 30% (trinta por cento).

(C) Nos termos do CPC, os embargos de terceiro podem ser opostos a qualquer tempo no processo de conhecimento enquanto não transitada em julgado a sentença, e, no processo de execução, até 5 (cinco) dias depois da arrematação, adjudicação ou remição, mas sempre antes da assinatura da respectiva carta. Contudo, caso o terceiro não tenha conhecimento da execução, o prazo somente tem início a partir da efetiva turbação da posse que se dá com a imissão do arrematante na posse do bem.

(D) Em ação monitória fundada em cheque prescrito, ajuizada em face do emitente, é dispensável menção ao negócio jurídico subjacente à emissão da cártula. Nesse caso, o prazo para ajuizamento da ação é quinquenal, tendo por termo "a quo" o dia seguinte à data de emissão estampada na cártula, sendo cabível, nesse caso, a reconvenção.

A: incorreta, devendo esta ser assinalada (informativo 558 do STJ: "Nos contratos de mútuo e financiamento, o devedor não possui interesse de agir para a ação de prestação de contas". REsp repetitivo 1.293.558); **B:** correta (NCPC, art. 835, § 2º); **C:** correta (NCPC, art. 675); **D:** correta. Quanto à desnecessidade de indicar a *causa debendi*, decorre da interpretação da Súmula 299 do STJ ("É admissível a ação monitória fundada em cheque prescrito). Quanto ao prazo prescricional, a questão está na Súmula 504/STJ (O prazo para ajuizamento de ação monitória em face do emitente de nota promissória sem força executiva é quinquenal, a contar do dia seguinte ao vencimento do título"). **LD**

Gabarito "A".

(Juiz – TRF 4ª Região – 2016) Dadas as assertivas abaixo, assinale a alternativa correta. Acerca do novo Código de Processo Civil de **2015**:

I. Entre os procedimentos especiais de jurisdição contenciosa extintos pelo novo Código de Processo Civil, estão a ação de depósito; a ação de usucapião de terras particulares; a ação de nunciação de obra nova; o interdito proibitório; e a ação de anulação e substituição de título ao portador.

II. A sentença condenatória para pagamento de quantia certa contra a Fazenda Pública será executada no mesmo processo, em fase de cumprimento de sentença, a exemplo do que ocorre contra os devedores privados, sendo o meio de defesa a impugnação; já a execução de título extrajudicial dar-se-á por meio de processo específico de execução, cuja defesa deverá ser promovida via embargos do devedor.

III. Ficou mantida a possibilidade de, no prazo para embargos, o devedor parcelar o débito, com os acréscimos legais previstos na legislação processual, mediante o depósito de 30% do valor, pagando o restante em seis parcelas, inclusive no cumprimento de sentença.

(A) Está correta apenas a assertiva I.

(B) Está correta apenas a assertiva II.

(C) Está correta apenas a assertiva III.

(D) Estão corretas apenas as assertivas I e III.

(E) Estão corretas todas as assertivas.

I: incorreta, pois o interdito proibitório segue existindo no Código, sendo uma das possessórias (NCPC, art. 567); **II:** correta, existindo cumprimento de sentença contra a Fazenda (NCPC, art. 534 e ss.) e execução contra a Fazenda, no caso de título extrajudicial (NCPC, art. 910); **III:** incorreta, pois só cabe isso na execução, e não no cumprimento de sentença (NCPC, art. 916, § 7º). **LD**

Gabarito "B".

(Juiz – TRF 4ª Região – 2016) Dadas as assertivas abaixo, assinale a alternativa correta. Considerando o Código de Processo Civil de **2015**:

I. O Código é marcado pelos princípios do contraditório permanente e obrigatório, da cooperação, do máximo aproveitamento dos atos processuais, da primazia do julgamento de mérito e da excepcionalidade dos recursos intermediários, entre outros.

II. O Código busca a segurança jurídica e a isonomia, reforçando o sistema de precedentes (*stare decisis*) e estabelecendo como regra, no plano vertical, a observância dos precedentes e da jurisprudência e, no plano horizontal, a estabilidade, a integridade e a coerência da jurisprudência.

III. A distinção (*distinguishing*), a superação (*overruling*) e a superação para a frente, mediante modulação dos efeitos (*prospective overruling*), são técnicas de adequação do sistema de precedentes às alterações interpretativas da norma e às circunstâncias factuais postas sob exame dos juízes e dos tribunais.

IV. Paralelamente à proteção da segurança jurídica, a necessidade de evolução da hermenêutica exige que apenas súmulas, vinculantes ou não, sejam consideradas parâmetros para aplicação do sistema de precedentes, sob pena de se imobilizar a exegese das normas.

(A) Estão corretas apenas as assertivas I e II.

(B) Estão corretas apenas as assertivas I, II e III.

(C) Estão corretas apenas as assertivas II, III e IV.

(D) Estão corretas todas as assertivas.

(E) Nenhuma assertiva está correta.

I: correta, considerando as inovações quanto aos princípios (NCPC, arts. 6º, 9º e 10, além de diversos dispositivos que prestigiam o mérito) e, quanto aos recursos, o rol taxativo do agravo de instrumento (NCPC, art. 1.015); **II:** correta, considerando os arts. 926 e 927; **III:** correta, sendo técnicas do *common law* agora previstas no Código (NCPC, arts. 489, § 1º, VI e 927, §§); **IV:** incorreta, pois os julgados em IRDR e repetitivos também são vinculantes, no NCPC (art. 927, III e V). **LD**

Gabarito "B".

(Juiz – TRF 4ª Região – 2016) Dadas as assertivas abaixo, assinale a alternativa correta. Considerando as regras do Código de Processo Civil de **2015**:

I. A incompetência, seja relativa, seja absoluta, deve ser alegada em preliminar da contestação.

II. A reconvenção deve ser proposta na contestação e pode ser ofertada pelo réu contra o autor e terceiro, bem como pode ser proposta pelo réu em litisconsórcio com terceiro.

III. Não se aplica o benefício da contagem em dobro quando a lei estabelecer, de forma expressa, prazo próprio para o Ministério Público.

IV. Os prazos processuais, que se contam apenas em dias úteis, são dobrados em caso de litisconsortes

com procuradores diferentes, nos processos em autos físicos ou eletrônicos, exceto no caso de os advogados atuarem no mesmo escritório, quando o prazo será simples.

(A) Estão corretas apenas as assertivas I e IV.

(B) Estão corretas apenas as assertivas II e III.

(C) Estão corretas apenas as assertivas I, II e III.

(D) Estão corretas todas as assertivas.

(E) Nenhuma assertiva está correta.

I: correta, sendo essa uma das inovações do NCPC quanto à competência (art. 64); **II:** correta (NCPC, art. 343, "caput" e §§ 3º e 4º); **III:** correta (NCPC, art. 180, § 2º); **IV:** incorreta, pois não há prazo em dobro para litisconsortes com advogados distintos no caso de autos físicos (NCPC, art. 229, § 2º). **LD**

Gabarito "C".

(Juiz – TRF 4ª Região – 2016) Dadas as assertivas abaixo, assinale a alternativa correta. Considerando as regras do Código de Processo Civil de **2015**:

I. As condições da ação não estão previstas no Código, o que impede o indeferimento da petição inicial por ilegitimidade para a causa ou falta de interesse processual.

II. Quando, além do autor, todos os réus manifestarem desinteresse na realização da audiência de conciliação, o prazo de contestação tem início, para todos os litisconsortes passivos, com o despacho judicial que acolhe as manifestações de desinteresse na realização da audiência de conciliação.

III. O juiz pode, independentemente de citação, julgar improcedente o pedido que contrariar súmula, desde que seja vinculante. Se o pedido contrariar enunciado de súmula não vinculante ou julgado em recurso repetitivo, deve ordenar a citação, estando em condições a petição inicial, para só depois decidir a questão, em atenção ao princípio do contraditório.

IV. Caso a decisão transitada em julgado seja omissa em relação aos honorários de sucumbência, eles não poderão ser cobrados nem em execução, nem em ação própria.

(A) Estão corretas apenas as assertivas I e III.

(B) Estão corretas apenas as assertivas II e III.

(C) Estão corretas apenas as assertivas I, II e IV.

(D) Estão corretas todas as assertivas.

(E) Nenhuma assertiva está correta.

I: incorreta, pois o NCPC segue prevendo que a falta de legitimidade e interesse são casos de extinção sem mérito (NCPC, art. 485, VI), sendo que apenas houve a exclusão da impossibilidade jurídica como condição da ação (mas vale destacar que parte da doutrina afirma que não há mais condições da ação no NCPC, pois o Código não mais fala em condições da ação – corrente essa que *não foi* adotada pela banca, como se percebe); **II:** incorreta, pois o prazo para contestar, nesse caso, tem início com o protocolo do desinteresse pelo réu (NCPC, art. 335, II); **III:** incorreta, porque seja súmula vinculante, IRDR ou recurso repetitivo, pode o juiz julgar improcedente sem a citação do réu, em improcedência liminar do pedido (NCPC, art. 332); **IV:** incorreta, considerando que agora o NCPC permite isso (art. 85, § 18), afastando, assim, o entendimento da Súmula 454 do STJ. **LD**

Gabarito "E".

3. Direito Penal

Eduardo Dompieri e Arthur Trigueiros

1. CONCEITO, FONTES E PRINCÍPIOS

(Juiz – TJ/MS – VUNESP – 2015) Assinale a alternativa correta.

(A) Norma penal em branco é aquela cujo preceito secundário do tipo penal é estabelecido por outra norma legal, regulamentar ou administrativa.

(B) A teoria da imputação objetiva consiste em destacar o resultado naturalístico como objeto do bem jurídico penalmente tutelado.

(C) Da Constituição Federal de 1988 pode-se extrair a garantia à sociedade pela aplicação do princípio da não fragmentariedade, consistente na proteção de todos os bens jurídicos e proteção dos interesses jurídicos.

(D) O Código Penal Brasileiro adotou a teoria do resultado para aferição do tempo do crime, conforme se depreende do art. 4º do mencionado Código.

(E) A tipicidade conglobante é um corretivo da tipicidade legal, posto que pode excluir do âmbito do típico aquelas condutas que apenas aparentemente estão proibidas.

A: incorreta. *Norma penal em branco* é aquela cujo preceito primário (e não o secundário!), porque incompleto, necessita ser integralizado por outra norma, do mesmo nível ou de nível diferente. Classifica-se em *norma penal em branco heterogênea* (em sentido estrito), assim considerada aquela em que o complemento deve ser extraído de uma norma infralegal. É o caso do delito de tráfico de drogas. Neste caso, o conceito de droga deve ser buscado em uma portaria da Anvisa. De outro lado, *norma penal em branco em sentido lato* ou *amplo* (ou homogênea) é aquela em que a norma complementar consiste numa *lei* (mesma fonte legislativa da norma que há de ser complementada). Vale o registro de que, na chamada lei penal em branco inversa ou ao avesso, o preceito primário é completo, mas o secundário, não, exigindo que a sua integralização seja feita por meio de uma lei. Neste caso, não há possibilidade de complementação por meio de norma infralegal, sob pena de violação ao princípio da reserva legal; **B:** incorreta. Em apertada síntese, para a chamada *teoria da imputação objetiva*, criada por Claus Roxin na década de 1970, o resultado somente poderá ser objetivamente imputado ao agente se este tiver criado um risco proibido e que este tenha se materializado no resultado típico; **C:** incorreta. Ao contrário do que se afirma, pode-se extrair da CF/1988 a garantia conferida à sociedade da aplicação do princípio da fragmentariedade, segundo o qual a proteção proporcionada aos bens jurídicos pelo direito penal deve ter caráter residual, fragmentário, ou seja, nem todas as condutas tidas por nocivas devem ser objeto do direito penal, mas somente uma parcela delas (um fragmento). É que o direito penal é a última etapa de proteção conferida ao bem jurídico, dada a sua severidade; se há outros mecanismos de controle menos traumáticos, deve-se deles lançar mão; agora, se se revelarem ineficazes e incapazes de promover a pacificação almejada, aí sim, pode-se cogitar do derradeiro recurso, que é direito penal; **D:** incorreta. Quanto ao *tempo do crime*, o art. 4º do CP acolheu a *teoria da ação* ou *da atividade*, segundo a qual considera-se praticado o crime no momento da ação ou omissão, ainda que outro seja o do resultado; **E:** correta. Pela *teoria da tipicidade conglobante*, concebida por Eugenio Raúl Zaffaroni, a tipicidade penal deve ser avaliada de forma conglobada, ou seja, deve ser cotejada com o ordenamento jurídico como um todo. Para esta teoria, é insuficiente a violação da lei penal. É ainda necessária a ofensa a todo o ordenamento jurídico (antinormatividade). **ED**

Gabarito "E".

(Juiz de Direito – TJM/SP – VUNESP – 2016) A respeito dos princípios penais e constitucionais penais, assinale a alternativa correta.

(A) O princípio da humanidade, previsto expressamente na Constituição Federal, proíbe a pena de morte (salvo caso de guerra declarada), mas não impede que dos presos se exijam serviços forçados.

(B) A pessoalidade da pena e a individualização da sanção penal são princípios constitucionais implícitos, já que não são enumerados expressamente na Constituição Federal, mas deduzidos das normas constitucionais nela contidas.

(C) O postulado da irretroatividade da lei penal, por expressa determinação constitucional, é excepcionado quando em causa lei penal benéfica ao réu. Isto importa que a lei penal retroage em favor do réu, desde que inexista sentença com trânsito em julgado.

(D) O princípio da intervenção mínima do direito penal desdobra-se no caráter subsidiário e fragmentário do direito penal. O primeiro impõe que apenas lesões graves a bens jurídicos dignos de tutela penal sejam objeto do direito penal. Já o segundo impõe que só se recorra ao direito penal quando outros ramos do direito mostrarem-se insuficientes à proteção de determinado bem jurídico.

(E) O princípio da legalidade desdobra-se nos postulados da reserva legal, da taxatividade e da irretroatividade. O primeiro impossibilita o uso de analogia como fonte do direito penal; o segundo exige que as leis sejam claras, certas e precisas, a fim de restringir a discricionariedade do aplicador da lei; o último exige a atualidade da lei, impondo que seja aplicada apenas a fatos ocorridos depois de sua vigência.

ED questões comentadas por: **Eduardo Dompieri**
AT questões comentadas por: **Arthur Trigueiros**

A: incorreta. É verdade que a pena de morte, que, em regra, é vedada, é admitida no caso de guerra declarada, tal como estabelece o art. 5º, XLVII, *a*, da CF, mas é incorreto afirmar-se – e aqui está o erro da assertiva – que é permitido que os presos sejam submetidos a trabalhos forçados. Tal previsão está contida, de forma textual, no art. 5º, XLVII, *c*, da CF; **B:** incorreta. Trata-se de princípios previstos expressamente no texto da Constituição Federal (art. 5º, XLV e XLVI); **C:** incorreta. A retroatividade da lei penal mais benéfica não está condicionada à ausência de trânsito em julgado da sentença. Quer-se com isso dizer que a superveniência de lei penal mais favorável, ainda que tal se dê depois de a sentença condenatória passar em julgado, alcançará o reeducando, beneficiando-o. Importante que se diga que, neste caso, caberá tal análise ao juízo da execução; **D:** incorreta. É que os conceitos atribuídos, na assertiva, aos princípios da subsidiariedade e fragmentariedade estão invertidos. Preconiza o postulado da fragmentariedade que o Direito Penal deve sempre ser visto como a *ultima ratio*, isto é, somente deve ocupar-se das condutas mais graves, mais deletérias. Representa, por isso, um *fragmento*, uma pequena parcela do ordenamento jurídico. De outro lado, afirmar que o Direito Penal tem *caráter subsidiário* significa dizer que ele somente terá lugar na hipótese de outros ramos do direito se revelarem ineficazes no controle de conflitos gerados no meio social; **E:** correta. O princípio da *reserva legal*, estampado no art. 5º, XXXIX, da CF, bem como no art. 1º do CP, preconiza que os tipos penais só podem ser criados por lei em sentido formal. É vedado, pois, ao legislador fazer uso de outras formas legislativas para conceber tipos penais bem como lançar mão da analogia como fonte do direito penal; o princípio da taxatividade, tal como se afirma, impõe ao legislador o dever de descrever as condutas típicas de maneira pormenorizada e clara, de forma a não deixar dúvidas por parte do aplicador da norma; por fim, temos que o princípio da irretroatividade enuncia que a lei penal será aplicada, em regra, aos fatos ocorridos sob a sua égide. **ED**

Gabarito "E".

(Magistratura/BA – 2012 – CESPE) Assinale a opção correta a respeito dos princípios aplicáveis ao direito penal.

(A) Consoante Zaffaroni, o princípio da intranscendência da pena rechaça o estabelecimento de cominações legais e a imposição de penas que careçam de relação valorativa com o fato cometido considerado em seu significado global.

(B) A fragmentariedade do direito penal é corolário dos princípios da proporcionalidade e da culpabilidade, pois, como destacou Binding, o direito penal não constitui um sistema exaustivo de proteção de bens jurídicos, de sorte a abranger todos os bens que constituem o universo de bens do indivíduo, mas representa um sistema descontínuo de seleção de ilícitos decorrentes da necessidade de criminalizá-los ante a indispensabilidade da proteção jurídico-penal.

(C) Segundo Jescheck, a responsabilização do delinquente pela violação da ordem jurídica não pode ser conseguida sem dano e sem dor, especialmente com relação às penas privativas de liberdade, a não ser que se pretenda subverter a hierarquia dos valores morais e utilizar a prática delituosa como oportunidade para premiar, o que conduziria ao reino da utopia; assim, as relações humanas reguladas pelo direito penal devem ser presididas pelo princípio da humanidade.

(D) De acordo com o princípio da ofensividade, também denominado princípio da exclusiva proteção de bens jurídicos, não compete ao direito penal tutelar valores puramente morais, éticos ou religiosos.

(E) Segundo Nelson Hungria, aplica-se o princípio da subsidiariedade aos crimes de ação múltipla ou de conteúdo variado, ou seja, aos crimes plurinucleares.

A: incorreta, pois o princípio da intranscendência (ou da personalidade da pena) diz respeito à impossibilidade de a pena ir além (transcender, ultrapassar) da pessoa do condenado, nos termos do art. 5º, XLV, da CF; **B:** incorreta. Karl Binding foi o "pai" do princípio da fragmentariedade, discutindo sua natureza e aplicabilidade em seu "Tratado de Direito Penal Alemão Comum", de 1896. Afirmava o mestre alemão que o Direito Penal desempenhava uma função "tuteladora fragmentária de bens jurídicos", somente entrando em cena nos casos em que se constatasse que a conduta fosse "merecedora de pena". Não se constitui o princípio em comento em uma decorrência dos princípios da culpabilidade e da proporcionalidade. Em verdade, a assertiva trata muito mais do princípio da necessidade, segundo o qual não bastará a análise dos elementos do fato punível para a imposição de pena ao agente, sendo indispensável que se busque aferir se a inflição da pena é estritamente necessária à proteção de determinado bem jurídico lesado; **C:** correta. De fato, para Hans-Heinrich Jescheck, em seu *Tratado de Derecho Penal, Parte General*, em célebre lição, prelecionou que "a punição do agente *não pode ser conseguida sem dano e sem dor, especialmente nas penas privativas de liberdade, a não ser que se pretenda subverter a hierarquia dos valores morais e utilizar a prática delituosa como oportunidade para premiar, o que conduziria ao reino da utopia. Dentro dessas fronteiras, impostas pela natureza de sua missão, todas as relações humanas reguladas pelo Direito Penal devem ser presididas pelo princípio de humanidade*"; **D:** incorreta, pois o princípio da ofensividade ou da lesividade ensina que o Direito Penal somente poderá intervir diante da existência de lesões efetivas ou potenciais ao bem jurídico tutelado pela norma penal. Assim, se uma conduta perpetrada por alguém não for capaz de produzir uma efetiva lesão (ou perigo de lesão) ao bem tutelado, não haverá punição criminal do fato; **E:** incorreta, pois, como é sabido, aos crimes de ação múltipla ou de conteúdo variado, aplica-se o princípio da alternatividade. **AT**

Gabarito "C".

(Magistratura/RJ – 2011 – VUNESP) O agente que mata alguém, por imprudência, negligência ou imperícia, na direção de veículo automotor, comete o crime previsto no art. 302, da Lei n.º 9.503/1997 (Código de Trânsito Brasileiro), e não o crime previsto no art. 121, § 3.º, do Código Penal. Assinale, dentre os princípios adiante mencionados, em qual deles está fundamentada tal afirmativa.

(A) Princípio da consunção.

(B) Princípio da alternatividade.

(C) Princípio da especialidade.

(D) Princípio da legalidade.

De fato, em razão do princípio da especialidade, o agente que matar alguém, por qualquer das modalidades de culpa, na direção de veículo automotor, responderá pelo crime do art. 302 do CTB, e não pela figura típica prevista no art. 121, §3º, do CP. Tal ocorre em virtude do princípio da especialidade, segundo o qual, no conflito aparente de normas, aplicar-se-á aquela que contiver, quando comparada a outra, elementos especializantes. Não existisse o homicídio culposo de trânsito, aplicar-se-ia o CP. **AT**

Gabarito "C".

(Magistratura/SP – 2013 – VUNESP) O crime de dano (CP, art. 163), norma menos grave, funciona como elemento do crime de furto qualificado pelo rompimento de obstáculo à subtração da coisa (CP, art. 155, § 4.º, inciso I).

3. DIREITO PENAL

Nesta hipótese, o crime de dano é excluído pela norma mais grave, em função do princípio da

(A) especialidade.

(B) consunção.

(C) subsidiariedade tácita ou implícita.

(D) subsidiariedade expressa ou explícita.

Para a perfeita compreensão da questão, faz-se necessário trazermos alguns esclarecimentos sobre o conflito aparente de normas. Pois bem. É possível que, apenas no *plano da aparência*, duas ou mais leis penais incidam sobre um mesmo fato. Na realidade, apenas uma delas deverá reger o ato praticado pelo agente. É o que se denomina *conflito aparente de leis ou conflito aparente de normas*. Para a resolução desse conflito, quatro princípios serão utilizados: **a) princípio da especialidade**: a lei especial prevalece sobre a geral. Será especial a lei que contiver todos os elementos da geral e mais alguns denominados especializantes. Ex.: homicídio (lei geral) e infanticídio (lei especial); **b) princípio da subsidiariedade**: a lei primária prevalece sobre a subsidiária. Lei subsidiária é aquela que descreve um grau menor de violação de um mesmo bem jurídico integrante da descrição típica de outro delito mais grave. Ex.: lesão corporal (lei primária) e periclitação da vida ou saúde de outrem (lei subsidiária). A subsidiariedade poderá ser *expressa*, quando da leitura do próprio tipo penal conseguir-se extrair que se trata de infração penal subsidiária (ex.: disparo de arma de fogo - art. 15 do Estatuto do Desarmamento - somente restará caracterizado se não for cometido para a prática de crime mais grave), ou tácita, quando "*o fato implicado na lei primária constituir-se como elemento constitutivo, qualificadora, causa de aumento da pena, agravante genérica ou meio de execução*" (Cleber Masson, **Direito Penal Esquematizado** - Parte Geral, 2ª edição, p. 119, Ed. Método, 2009); **c) princípio da consunção ou absorção**: o crime mais grave absorve outro menos grave quando este integrar a descrição típica daquele (quando for meio de execução de outro mais grave). É verificado em 3 hipóteses: c.1) **crime progressivo**: dá-se quando o agente pretende, desde o início, produzir resultado mais grave, praticando sucessivas violações ao mesmo bem jurídico. Ex.: querendo matar, o agente dá golpes de taco de beisebol em todo o corpo da vítima até matá-la. Pratica, portanto, lesões corporais até chegar ao resultado morte; c.2) **crime complexo**: é aquele composto de vários tipos penais autônomos. Prevalece o fato complexo sobre os autônomos. Ex.: para roubar, o agente furta o bem e emprega violência ou grave ameaça. Não responderá por furto, lesões corporais e/ou ameaça, mas só pelo roubo; c.3) **progressão criminosa**: o agente, de início, pretende produzir resultado menos grave. Contudo, no decorrer da conduta, decide por produzir resultado mais grave. Ex.: primeiro o agente pretendia lesionar e conseguiu seu intento. Contudo, após a prática das lesões corporais, decide matar a vítima, o que efetivamente faz. Nesse caso, o resultado final (mais grave) absorve o resultado inicial (menos grave). Atenta a doutrina, ainda, para o *princípio da alternatividade*, que, em verdade, não soluciona conflito aparente de normas, mas um *conflito interno* de normas. É o que ocorre nos *crimes de ação múltipla, de tipo alternativo misto ou de conteúdo variado*, que são aqueles formados por várias condutas típicas possíveis (vários verbos), tais como o art. 33 da Nova Lei de Drogas (tráfico de drogas), ou o art. 180, do CP (receptação). Se o agente praticar dois ou mais verbos do mesmo tipo penal, responderá por um único crime (ex.: Se "A" importar dez quilos de cocaína e vendê-los a "B", não responderá por dois tráficos de drogas, mas por um só crime de tráfico). Por todos os esclarecimentos ora trazidos, vê-se que, para a questão proposta, a solução será a aplicação do princípio da *subsidiariedade tácita*, visto que o dano, crime menos grave (art. 163 do CP - norma subsidiária), funciona como qualificadora do furto, que é crime mais grave (art. 155, § 4º, I, do CP - norma primária). **AT**

Gabarito "C"

(Magistratura Federal/4ª região – VIII) Crimes complexos em sentido estrito são:

(A) os que por sua conceituação típica, exigem dois ou mais agentes para a prática da conduta delituosa;

(B) os que a lei exige, simultaneamente, uma situação de dano e de perigo;

(C) os que o tipo penal contém várias modalidades de conduta, em vários verbos, qualquer deles caracterizando a prática de crime;

(D) os que encerram dois ou mais tipos em uma única descrição legal.

A: incorreta. A assertiva diz respeito aos crimes plurissubjetivos ou de concurso necessário, que são aqueles cujo tipo penal exige a presença de dois mais agentes, sem o que o fato será atípico (ex.: associação criminosa – art. 288 do CP); **B:** incorreta, pois a assertiva trata dos crimes de dano e de perigo, que não se confundem com os crimes complexos, conforme se verá no comentário à alternativa "D"; **C:** incorreta, visto que o tipo penal que contempla várias modalidades de conduta é denominado de "tipo misto alternativo" ou "crime de ação múltipla"; **D:** correta. De fato, consideram-se crimes complexos em sentido estrito aqueles cujo tipo penal contempla, ao mesmo tempo, dois ou mais tipos penais autônomos (ex.: latrocínio = roubo + homicídio). Contrapõem-se aos crimes complexos em sentido amplo, que são aqueles cujo tipo penal contempla determinada descrição penalmente típica, aliada, porém, a fatos ou circunstâncias que, por si sós, não são típicas (estupro = ameaça/lesão corporal + conjunção carnal ou ato libidinoso diverso).

Gabarito "D".

(Magistratura Federal/4ª região – VII) O princípio da *adequação social* constitui causa de exclusão da:

(A) punibilidade;

(B) culpabilidade;

(C) tipicidade;

(D) imputabilidade psíquica;

De acordo com o princípio da adequação social, "*não pode ser considerado criminoso o comportamento humano que, embora tipificado em lei, não afrontar o sentimento social de Justiça*" (Cleber Masson – *Código Penal Comentado*, Ed. Método, p. 9). Pela própria explicação da doutrina, trata-se de causa de exclusão da tipicidade (conduta humana não considerada criminosa).

Gabarito "C".

2. APLICAÇÃO DA LEI NO TEMPO

(Magistratura/PI – 2011 – CESPE) No que se refere à aplicação da lei penal, assinale a opção correta.

(A) Em relação ao lugar do crime, o legislador adotou, no CP, a teoria do resultado, considerando praticado o crime no lugar onde se produziu ou deveria produzir-se o resultado.

(B) Desprezam-se, nas penas privativas de liberdade e nas restritivas de direitos, as frações de dia, mas, nas de multa, não se desconsideram as frações da moeda.

(C) A *abolitio criminis*, que possui natureza jurídica de causa de extinção da punibilidade, conduz à extinção dos efeitos penais e extrapenais da sentença condenatória.

(D) Desde que em benefício do réu, a jurisprudência dos tribunais superiores admite a combinação de leis penais, a fim de atender aos princípios da ultratividade e da retroatividade *in mellius*.

(E) Em relação ao tempo do crime, o legislador adotou, no CP, a teoria da atividade, considerando-o praticado no momento da ação ou omissão.

A: incorreta, pois, em matéria de lugar do crime, o legislador adotou, no CP, a teoria mista ou da ubiquidade, segundo a qual se considera praticado o crime no lugar onde ocorreu a ação ou omissão, no todo ou em parte, bem como onde se produziu ou deveria produzir-se o resultado (art. 6º do CP); **B:** incorreta (art. 11 do CP); **C:** incorreta, pois a *abolitio criminis*, de acordo com o art. 2º, *caput*, do CP, faz cessar a execução e os efeitos penais da sentença condenatória. Logo, remanescerão os efeitos extrapenais da condenação; **D:** incorreta, pois é prevalente o entendimento de que não se pode admitir a combinação de leis penais no tempo, sob pena de o juiz criar uma "lex tertia", em violação à tripartição de poderes; **E:** correta (art. 4º do CP). **AT**
Gabarito "E".

(Magistratura/PR – 2010 – PUC/PR) Dadas as assertivas abaixo, escolha a alternativa CORRETA.

I. A lei posterior, que de qualquer modo favorecer o agente, aplica-se aos fatos anteriores, inclusive sobre os afetados por leis temporárias ou excepcionais.

II. Considera-se tempo do crime o momento da ação ou omissão, porém se o resultado ocorrer em outro momento, nesta ocasião considerar-se-á o mesmo praticado.

III. A lei posterior que, de qualquer modo, favorecer o agente, aplica-se aos fatos anteriores, mesmo tendo sido decididos por sentença irrecorrível.

IV. A lei excepcional ou temporária, depois de decorrido o tempo de sua duração ou cessadas as circunstâncias que a determinaram, não mais se aplica ao fato praticado durante a sua vigência.

(A) Apenas a assertiva III está correta.

(B) Apenas as assertivas III e IV estão corretas.

(C) Apenas a assertiva I está correta.

(D) Apenas as assertivas I e III estão corretas.

I: incorreta, dado que as *leis excepcionais* e *temporárias* (art. 3º, CP) são dotadas de *ultratividade*, ou seja, devem incidir sobre o fato praticado sob o seu império, mesmo depois de revogadas pelo decurso do tempo ou cessação do estado emergencial. Essas leis, como se pode notar, não obedecem ao princípio da retroatividade benéfica; **II:** incorreta, visto que, em consonância com o disposto no art. 4º do CP, que adotou a *teoria da ação* ou da *atividade*, reputa-se praticado o crime no momento da ação ou da omissão, mesmo que outro seja o momento do resultado; **III:** art. 2º, parágrafo único, do CP. Vide, a esse respeito, Súmula 611 do STF e art. 66, I, da LEP; **IV:** a assertiva não corresponde ao teor do art. 3º do CP. As leis de vigência temporária são ultra-ativas. Significa dizer, portanto, que tudo o que ocorrer na vigência de uma lei temporária ou excepcional será por ela regido, ainda que a sua vigência tenha cessado. **ED**
Gabarito "A".

(Magistratura/RJ – 2013 – VUNESP) Tempo e lugar do crime são temas fundamentais para a adequada aplicação da lei penal.

Considerando essa afirmação, assinale a alternativa correta.

(A) Em avião de empresa privada argentina, que fazia o voo Buenos Aires (Argentina) – Lima (Peru), passa-

geiro argentino golpeou um peruano, que desmaiou. O comandante da aeronave, que estava em espaço aéreo internacional, desviou-a e pousou em Campo Grande – MS, para atendimento ao ferido. A lei penal brasileira será aplicada ao caso.

(B) A lei penal mais grave aplica-se ao crime permanente, se a sua vigência é anterior à cessação da permanência. O mesmo não se pode dizer relativamente ao crime continuado.

(C) O crime considera-se praticado no lugar em que ocorreu a conduta, no todo ou em parte, bem como onde se produziu o resultado. Se, porém, o resultado não chegar a ser atingido, considerar-se-á o lugar do último ato de execução.

(D) Aplica-se ao fato a lei penal em vigor ao tempo da conduta, exceto se a do tempo do resultado, ou mesmo a posterior a ele, for mais benéfica ao agente.

A: incorreta, pois não se vislumbra qualquer das hipóteses de aplicação da extraterritorialidade da lei penal brasileira (art. 7º do CP). Perceba: i) o avião é de empresa argentina privada; ii) o agressor é argentino; iii) a vítima é peruana; iv) o fato foi praticado quando se sobrevoava espaço aéreo internacional (portanto, fora do território nacional). O fato de o avião haver pousado em solo brasileiro não justificará a aplicação da lei brasileira; **B:** incorreta. Nos termos da Súmula nº 711 do STF, a lei penal mais grave aplica-se ao *crime continuado ou ao crime permanente*, se a sua vigência è anterior à cessação da continuidade ou permanência. Trata-se de uma exceção à regra segundo a qual a lei penal não retroagirá para prejudicar o réu. Mas há, aqui, explicação óbvia: a) no crime permanente, o momento consumativo prolonga-se no tempo pela própria vontade do agente, razão pela qual se reputa que o crime ainda está sendo perpetrado no momento da superveniência legislativa; b) no crime continuado (art. 71 do CP), por ficção, considera-se que os crimes subsequentes são havidos como continuidade do primeiro, motivo mais do que suficiente a se considerar aplicável a legislação superveniente à prática do primeiro crime, ainda que mais gravosa, desde que sua vigência seja anterior à cessação da continuidade; **C:** incorreta. Como é sabido, em matéria de lugar do crime, o Código Penal adotou, em seu art. 6º, a teoria da ubiquidade. Assim, considera-se lugar do crime aquele em que foi perpetrada a ação ou omissão, no todo ou em parte, bem como onde se produziu ou deveria produzir-se o resultado. Em suma, se conduta ou resultado ocorrerem no território nacional, aplicável será a lei brasileira. Em caso de tentativa, a lei brasileira será aplicada tanto se o último ato executório houver sido praticado em território nacional, quanto se neste deveria produzir-se o resultado; **D:** correta. Como regra, aplicável será a lei que estiver em vigor quando da prática da ação ou omissão (art. 4º do CP – tempo do crime). Todavia, sobrevindo lei que de qualquer modo puder favorecer o agente, esta será aplicada retroativamente, nos termos do art. 5º, XL, da CF/1988 e art. 2º do CP. É o que se denomina de retroatividade da lei penal mais favorável. **AT**
Gabarito "D".

(Magistratura/RJ – 2011 – VUNESP) Pedro é sequestrado e os agentes exigem dinheiro de familiares dele como preço do resgate. Enquanto Pedro está privado da sua liberdade, é promulgada lei aumentando a pena cominada ao crime de extorsão mediante sequestro, previsto no art.159, do Código Penal. Os agentes são presos em flagrante, e Pedro, libertado pela polícia, mas somente após a entrada em vigor da alteração legislativa. A pena a ser imposta aos agentes do sequestro, neste caso, será:

(A) a pena anteriormente prevista, pelo princípio da ultratividade da lei penal benéfica.

(B) a pena anteriormente prevista, pois a extorsão mediante sequestro é crime instantâneo de efeitos permanentes.

(C) a pena prevista pela nova legislação, pelo princípio da retroatividade da lei penal.

(D) a pena prevista pela nova legislação, pois a extorsão mediante sequestro é crime permanente.

De fato, no caso relatado no enunciado da questão, a pena a ser aplicada aos sequestradores será a prevista pela nova legislação. Tal ocorre pelo fato de o crime de extorsão mediante sequestro ser considerado permanente, incidindo, na espécie, a Súmula 711 do STF (A LEI PENAL MAIS GRAVE APLICA-SE AO CRIME CONTINUADO OU AO CRIME PERMANENTE, SE A SUA VIGÊNCIA É ANTERIOR À CESSAÇÃO DA CONTINUIDADE OU DA PERMANÊNCIA.). **AT**
Gabarito "D".

(Magistratura/RO – 2011 – PUCPR) No que tange ao tempo do crime, assinale a única alternativa **CORRETA.**

(A) Considera-se praticado o ato criminoso no momento em que ocorre o seu resultado.

(B) Considera-se praticado o ato criminoso quando o agente dá início ao planejamento de sua execução.

(C) Considera-se praticado o ato criminoso no exato momento da ação ou omissão, desde que o resultado almejado ocorra concomitantemente.

(D) Considera-se praticado o ato criminoso no exato momento da ação ou omissão, ainda que o resultado lesivo ocorra em momento diverso.

(E) Considera-se praticado o ato criminoso no momento da ação ou omissão, independentemente da ocorrência ou não do resultado.

No que se refere ao *tempo do crime*, o Código Penal acolheu, em seu art. 4º, a *teoria da ação* ou da *atividade*, que considera praticado o crime no momento da ação ou da omissão, mesmo que outro seja o momento do resultado. **ED**
Gabarito "D".

(Magistratura/SP – 2011 – VUNESP) Antônio, quando ainda em vigor o inciso VII, do art. 107, do Código Penal, que contemplava como causa extintiva da punibilidade o casamento da ofendida com o agente, posteriormente revogado pela Lei n.º 11.106, publicada no dia 29 de março de 2005, estuprou Maria, com a qual veio a casar em 30 de setembro de 2005. O juiz, ao proferir a sentença, julgou extinta a punibilidade de Antônio, em razão do casamento com Maria, fundamentando tal decisão no dispositivo revogado (art. 107, VII, do Código Penal). Assinale, dentre os princípios adiante mencionados, em qual deles fundamentou-se tal decisão.

(A) Princípio da isonomia.

(B) Princípio da proporcionalidade.

(C) Princípio da retroatividade da lei penal benéfica.

(D) Princípio da ultratividade da lei penal benéfica.

(E) Princípio da legalidade.

Com o advento da Lei 11.106/2005, que revogou o art. 107, VII, do CP, não mais existe a possibilidade de extinguir-se a punibilidade do agente pelo casamento deste com a vítima, nos crimes contra os costumes, atualmente denominados crimes contra a dignidade sexual. Sucede que, neste caso, os fatos se deram quando ainda estava em vigor o art. 107, VII, do CP, que reconhecia o casamento da ofendida com o agente como causa extintiva da punibilidade, impondo-se que a lei revogada, mais benéfica ao réu, projete seus efeitos para o futuro (ultra-atividade da lei penal benéfica). **ED**
Gabarito "D".

(Magistratura Federal-4ª Região – 2010) Dadas as assertivas abaixo, assinale a alternativa correta.

I. Poderá haver imposição de pena de multa por fato que lei posterior deixar de considerar crime.

II. Segundo a jurisprudência predominante do Supremo Tribunal Federal, a lei penal mais grave aplica-se ao crime continuado ou ao crime permanente se a sua vigência é anterior à cessação da continuidade ou da permanência.

III. A lei temporária, decorrido o período de sua duração, não mais se aplicará aos fatos praticados durante a sua vigência.

IV. Considera-se praticado o crime no momento do seu resultado, ainda que diverso tenha sido o tempo da ação ou omissão que lhe deu causa.

V. Para os efeitos penais, consideram-se extensão do território nacional as embarcações e aeronaves brasileiras, de natureza pública ou a serviço do governo brasileiro, onde quer que se encontrem.

(A) Está correta apenas a assertiva IV.

(B) Está correta apenas a assertiva V.

(C) Estão corretas apenas as assertivas II e IV.

(D) Estão corretas apenas as assertivas II e V.

(E) Estão corretas apenas as assertivas I, II, IV e V.

I: incorreta, não poderá haver, com o advento da *abolitio criminis*, a imposição de qualquer espécie de sanção; II: correta, nos termos da Súmula 711 do STF; III: incorreta, nos termos do art. 3º do CP; IV: incorreta, em vista do que dispõe o art. 4º do CP, reputa-se praticado o crime no momento da ação ou omissão, ainda que outro seja o do resultado. Acolheu-se a teoria da ação ou atividade; V: correta, pois em consonância com o que prescreve o art. 5º, § 1º, do CP.
Gabarito "D".

3. APLICAÇÃO DA LEI NO ESPAÇO

(Magistratura/BA – 2012 – CESPE) No que se refere à aplicação da lei penal, assinale a opção correta.

(A) Considere que Carlos, condenado definitivamente à pena privativa de liberdade de dez anos de reclusão, tenha sido encaminhado à penitenciária, para o cumprimento da pena, às 23 h 45 min do dia 13 de agosto de 2010. Nessa situação, deverá ser excluído do cômputo do cumprimento da pena o referido dia, uma vez que Carlos ficará preso, nesse dia, menos de uma hora.

(B) A lei penal mais benéfica retroagirá se favorecer o agente, aplicando-se a fatos anteriores, respeitados os fatos já decididos por sentença condenatória transitada em julgado.

(C) Considere que Pedrosa, brasileiro de trinta e quatro anos de idade, juntamente com mexicanos, tenha tentado sequestrar, na cidade uruguaiana de Rivera, o presidente do Brasil, quando este participava de uma convenção internacional, e que, presos ainda no Uruguai, todos tenham sido processados e absolvidos no estrangeiro por insuficiência de provas. Nessa situação, dado o princípio da justiça universal, Pedrosa não poderá ser punido de acordo com a lei brasileira.

(D) Suponha que João, brasileiro de vinte e dois anos de idade, sequestre Maria, brasileira de vinte e quatro anos de idade, nas dependências do aeroporto internacional da cidade do Rio de Janeiro – RJ, levando-a, imediatamente, em aeronave alemã, para o Paraguai. A esse caso aplica-se a lei penal brasileira, sendo irrelevante eventual processamento criminal pela justiça paraguaia.

(E) De acordo com o princípio da universalidade, a sentença penal estrangeira homologada no Brasil obriga o condenado a reparar o dano, sendo facultativo o pedido da parte interessada.

A: incorreta, pois, como é sabido e ressabido, os prazos de cunho penal exigem o cômputo (leia-se: a inclusão) do dia do começo, excluindo-se o do vencimento (art. 10, CP). Logo, se a pena tiver sido iniciada às 23h45 do dia 13 de agosto de 2010, ainda que restem apenas 15 minutos para o término do dia, este será contado como o primeiro dia do prazo. Os dez anos de pena terminarão em 12 de agosto de 2020 (inclusão do dia 13 de agosto de 2010, que é o dia do começo, e exclusão do dia 13 de agosto de 2020, que seria o *dies ad quem*); **B:** incorreta, pois a retroatividade da lei penal mais favorável atingirá fatos mesmo decididos por sentença transitada em julgado (art. 2º, parágrafo único, CP); **C:** incorreta, pois, ainda que praticados no estrangeiro, crimes contra a vida ou a liberdade do Presidente da República sujeitarão os agentes à lei brasileira (art. 7º, I, "a" e §1º, CP). Neste caso, pouco importa ter havido a absolvição dos agentes no estrangeiro, pois estamos diante de hipótese de extraterritorialidade incondicionada; **D:** correta, pois o arrebatamento da vítima ocorreu em solo brasileiro, motivo pelo qual vigorará o princípio da territorialidade (art. 5º, *caput*, CP). O fato de a vítima ter sido levada para o estrangeiro nada interfere na soberania nacional, vale dizer, na possibilidade de aplicação da lei brasileira; **E:** incorreta, pois a sentença penal estrangeira, ainda que homologada no Brasil, somente obrigará o condenado a reparar o dano se houver pedido da parte interessada (art. 9º, I e parágrafo único, "a", CP). **AT**
Gabarito "D".

(Magistratura/RO – 2011 – PUCPR) Ficam sujeitos à lei brasileira, ainda que praticados no estrangeiro, os crimes:

I. Praticados contra a vida ou liberdade do Presidente e Vice-Presidente da República.

II. Contra a Administração Pública, por quem está a seu serviço.

III. Que, por tratado ou convenção, o Brasil obrigou a reprimir.

IV. Contra o patrimônio ou a fé pública da União, do Distrito Federal, de Estado, de Território, de Município, de empresa pública, sociedade de economia mista, autarquia ou fundação instituída pelo Poder Público, ou ainda contra a vida de seus representantes legais.

Está(ão) CORRETA(S):

(A) Todas as assertivas.

(B) Somente as assertivas I e III.

(C) Somente as assertivas II, III e IV.

(D) Somente a assertiva II.

(E) Somente as assertivas II e III.

I: em vista do que dispõe o art. 7º, I, *a*, do CP, sujeita-se à lei brasileira, embora cometido no estrangeiro, o crime praticado contra a vida ou a liberdade do presidente da República (hipótese de extraterritorialidade). De outro lado, o delito praticado, nas mesmas condições, contra o vice-presidente da República não tem o condão de provocar a incidência da lei penal brasileira, já que o dispositivo supracitado faz menção tão somente ao *presidente*. A proposição, portanto, está incorreta; **II:** assertiva correta, pois reflete o contido no art. 7º, I, *c*, do CP (hipótese de extraterritorialidade); **III:** proposição correta, visto que em consonância com o disposto no art. 7º, II, *a*, do CP (hipótese de extraterritorialidade); **IV:** assertiva incorreta, pois o art. 7º, I, *b*, do CP não contemplou, como hipótese de extraterritorialidade, o crime praticado contra a vida dos representantes legais das pessoas ali elencadas. **ED**
Gabarito "E".

(Magistratura Federal-4ª Região – 2010) Dadas as assertivas abaixo, assinale a alternativa correta.

I. Fica sujeito à lei brasileira o crime ocorrido no estrangeiro contra o patrimônio da Caixa Econômica Federal ou do Banco do Brasil S.A.

II. Crime comum praticado por brasileiro em território estrangeiro é punível por meio da aplicação da lei brasileira mesmo em caso de ter sido perdoado no exterior.

III. A pena cumprida no estrangeiro atenua a pena diversa imposta no Brasil pelo mesmo crime.

IV. Aplica-se a lei brasileira aos crimes que por tratado o Brasil se obrigou a reprimir, ainda que o agente não entre no território nacional.

V. As regras gerais do Código Penal não se aplicam às leis especiais que disponham de modo diverso.

(A) Está correta apenas a assertiva I.

(B) Estão corretas apenas as assertivas I, III e V.

(C) Estão corretas todas as assertivas.

(D) Está incorreta apenas a assertiva I.

(E) Está incorreta apenas a assertiva V.

I: assertiva correta, nos termos do art. 7º, I, *b*, do CP. Cuida-se de hipótese de extraterritorialidade incondicionada. A lei brasileira, neste caso, será aplicada ao crime cometido no estrangeiro contra o patrimônio ou a fé pública da Administração Pública por quem está a seu serviço independente de qualquer condição; **II:** incorreta, para que ao crime comum praticado por brasileiro em território estrangeiro seja aplicada a lei brasileira é necessário que certas condições sejam satisfeitas (extraterritorialidade condicionada), entre as quais não ter sido o agente perdoado no estrangeiro (art. 7º, § 2º, *e*, do CP). O art. 7º, II, do CP contempla as hipóteses de extraterritorialidade condicionada; já o art. 7º, I, do CP reúne as situações em que a aplicação da lei penal brasileira em território estrangeiro não se sujeita a nenhuma condição (extraterritorialidade incondicionada); **III:** proposição correta, nos termos do art. 8º do CP; **IV:** incorreta, pois o fato de o agente ingressar em território nacional constitui, a teor do art. 7º, § 2º, *a*, do CP, condição à incidência da lei brasileira (extraterritorialidade condicionada); **V:** assertiva em consonância com o disposto no art. 12 do CP.
Gabarito "B".

4. CONCEITO E CLASSIFICAÇÃO DOS CRIMES

(Juiz – TJ/MS – VUNESP – 2015) Assinale a alternativa correta a respeito do entendimento do crime.

(A) O crime consunto é o delito que absorve o de menor gravidade.

3. DIREITO PENAL — 145

(B) O crime comissivo por omissão é aquele em que o sujeito, por omissão, permite a produção de um resultado posterior que lhe é condicionante.

(C) É admissível a forma tentada no crime unissubsistente.

(D) Crime de ação múltipla é aquele em que o sujeito necessita percorrer várias ações do preceito fundamental para que consiga chegar ao resultado, sem a qual não há como se subsumir a conduta ao delito.

(E) Crime vago é aquele em que a ação do agente causa dúvida sobre a tipificação do fato ao delito realizado.

A: incorreta. No contexto da regra da consunção, que constitui um dos mecanismos de solução do conflito aparente de normas, *consunto* é o delito absorvido (e não o que absorve) por outro de maior gravidade (consuntivo); **B:** correta. A responsabilidade do agente, no chamado *crime comissivo por omissão* ou *omissivo impróprio (omissivo impuro)*, surge porque este deixou de evitar o resultado que podia ou devia ter evitado. Sua obrigação está consubstanciada no art. 13, § 2º, do CP. É crime material, cuja produção do resultado é necessária (condicionante) à consumação desta modalidade de crime omissivo. É o caso da mãe que propositadamente deixa de amamentar seu filho, que, em razão disso, vem a morrer. A configuração do crime de homicídio doloso, pela mãe, está condicionada ao resultado *morte*; **C:** incorreta. O crime *unissubsistente*, assim entendido aquele cuja conduta se desenvolve em ato único, não comporta a modalidade tentada, já que o comportamento do agente não é passível de fracionamento; **D:** incorreta. Crime de ação múltipla ou de conteúdo variado é aquele em que o tipo penal contempla várias condutas (vários verbos), sendo que a realização de uma delas já é que o basta para a consumação do crime. Assim, se o agente, no mesmo contexto fático, realiza mais de uma conduta descrita no tipo, responderá por crime único. Exemplo sempre lembrado pela doutrina é o tráfico de drogas, em que o legislador previu diversos verbos. Para a prática do crime, basta que o agente incorra em um deles. Outro exemplo é o delito de participação em suicídio (art. 122, CP), cujo preceito primário da norma contempla três verbos nucleares: induzir, instigar e auxiliar; **E:** incorreta. Vago é o crime cujo sujeito passivo é desprovido de personalidade jurídica. É o que se dá nos crimes de violação de sepultura (art. 210, CP) e aborto consentido (art. 124, CP), nos quais a vítima é ente destituído de personalidade jurídica. **ED**
Gabarito "B".

(Magistratura/AM – 2013 – FGV) A doutrina costuma classificar os crimes de acordo com suas características, gravidade, *modus operandi*, resultado, etc. Diante desta classificação doutrinária, assinale a afirmativa **incorreta**.

(A) Os agentes, no crime plurissubjetivo de condutas contrapostas, atuam uns contra os outros, como ocorre, por exemplo, no delito de rixa.

(B) O crime complexo é formado pela reunião de dois ou mais crimes.

(C) O crime pluriofensivo é aquele que ofende mais de um bem jurídico.

(D) Os crimes transeuntes são aqueles que deixam vestígios.

(E) O crime vago é aquele em que não há sujeito passivo determinado.

A: correta. Primeiro, crimes plurissubjetivos (plurilaterais ou de concurso necessário) são aqueles cujos tipos penais exigem, expressamente, a concorrência de duas ou mais pessoas para a sua configuração. É o que se verifica, por exemplo, no crime de rixa (art. 137 do

CP) e associação criminosa (art. 288 do CP). São chamados *crimes plurissubjetivos de condutas contrapostas* aqueles em que os agentes atuam uns contra os outros, tal como se vê na rixa, ao passo que são denominados de *condutas paralelas* quando os agentes, mutuamente, se auxiliam para o alcance de um mesmo resultado (associação criminosa, por exemplo); **B:** correta. Crimes complexos são aqueles que resultam da fusão de dois ou mais crimes autônomos. Exemplo clássico é o latrocínio (art. 157, § 3º, do CP), formado pelo roubo + homicídio; **C:** correta. São denominados pluriofensivos os crimes que atingem, a um só tempo, dois ou mais bens jurídicos. É o caso, por exemplo, do latrocínio, que ofende a vida e o patrimônio da vítima; **D:** incorreta, devendo ser assinalada. Crimes transeuntes (ou de fato transitório) são aqueles que não deixam vestígios materiais (ex.: injúria verbal). Contrapõem-se a eles os crimes não transeuntes (ou de fato permanente), que são, exatamente, aqueles que deixam vestígios materiais, tais como as lesões corporais e o homicídio; **E:** correta. Diz-se crime vago aquele cujo sujeito passivo não detém personalidade jurídica. É o que se vê nos crimes contra a família (ex.: abandono material – art. 244 do CP) ou no tráfico de drogas, que afeta a saúde pública (art. 33 da Lei 11.343/2006). **AT**
Gabarito "D".

(Magistratura/CE – 2012 – CESPE) A respeito da classificação dos crimes, assinale a opção correta.

(A) Classifica-se como bipróprio o crime cujo agente é simultaneamente sujeito ativo e passivo em relação ao mesmo fato.

(B) A denunciação caluniosa e a extorsão mediante sequestro são consideradas crimes complexos em sentido estrito.

(C) A conduta de alguém que induza ou instigue outrem a suicidar-se ou preste auxílio para que o faça configura crime multitudinário ou de ação múltipla.

(D) O aborto com consentimento da gestante e a violação de sepultura são exemplos de crime vago.

(E) A injúria e a ameaça verbais são exemplos de crimes não transeuntes.

A: incorreta, pois se considera bipróprio o crime que exige características ou qualidades especiais tanto do sujeito ativo, quanto do sujeito passivo (ex.: infanticídio – exige-se que o sujeito ativo seja a mãe em estado puerperal e o sujeito passivo seja o próprio filho, nascente ou neonato); **B:** incorreta. Primeiramente, impõe-se destacar que se considera um crime complexo quando a figura típica deriva da junção de dois ou mais fatos típicos autônomos. Diz-se que um crime é complexo em sentido estrito quando houver a "junção", em uma mesma figura penal, de dois ou mais crimes autônomos, tal como ocorre na extorsão mediante sequestro (extorsão mediante sequestro = extorsão + sequestro). Já estaremos diante de um crime complexo em sentido amplo quando a figura criminosa resulta da fusão de um fato autonomamente típico a outro atípico. É exatamente o que ocorre com a denunciação caluniosa (calúnia + denunciação de um fato a autoridade). Quando se imputa a alguém um fato falsamente definido como crime caracteriza-se a calúnia. Porém, quando se denuncia um fato a uma autoridade, dando azo à instauração, por exemplo, de um inquérito policial, exatamente esta figura é atípica; **D:** correta. Considera-se crime vago aquele que atinge ente desprovido de personalidade jurídica. É o caso do crime de violação de sepultura (art. 210, CP), visto que, de certo, o morto não pode ser a vítima, mas, sim, a família ou a coletividade, que não têm personalidade jurídica. O mesmo ocorre com o aborto consentido (art. 124, CP), no qual o feto, sujeito passivo, não tem personalidade jurídica; **E:** incorreta. Crimes não transeuntes são aqueles cujos vestígios materiais não desaparecem, admitindo-se, pois, exame de corpo de delito. Já os crimes transeuntes não deixam vestígios. Por óbvio, ameaça e injúria verbais são delitos transeuntes. **AT**

Gabarito "D".

(Magistratura/SP – 2013 – VUNESP) Há crime em que a tentativa é punida com a mesma pena do crime consumado, sem a diminuição legal. Exemplo: art. 309 do Código Eleitoral ("votar ou tentar votar, mais de uma vez, ou em lugar de outrem").

Recebe, em doutrina, a denominação de

(A) crime consunto.

(B) crime de conduta mista.

(C) crime de atentado ou de empreendimento.

(D) crime multitudinário.

De fato, a doutrina denomina de "crime de atentado" ou "crime de empreendimento" aquele em que a punição abstratamente cominada é a mesma para as formas tentada ou consumada. É o que se verifica, por exemplo, no crime do art. 309 do Código Eleitoral, que pune aquele que vota, mais de uma vez, ou que o faça em lugar de outrem (forma consumada) ou, ainda, o agente que tenta votar mais de uma vez ou tenta votar em lugar de outrem (forma tentada). Repare, porém, que consumação e tentativa estão previstas no próprio tipo penal, daí incidindo punição abstrata igual. Por esse motivo, a doutrina afirma que os crimes de atentado não admitem tentativa (já que esta, repita-se, já será punida da mesma forma do crime consumado). **AT**

Gabarito "C".

5. FATO TÍPICO E TIPO PENAL

(Juiz de Direito – TJM/SP – VUNESP – 2016) A respeito da omissão própria e da omissão imprópria (também denominada crime comissivo por omissão), é correto afirmar que

(A) um dos critérios apontados pela doutrina para diferenciar a omissão própria da omissão imprópria é o tipológico, segundo o qual, havendo norma expressa criminalizando a omissão, estar-se-ia diante de uma omissão imprópria.

(B) nos termos do Código Penal, possui posição de garantidor e, portanto, o dever de impedir o resultado, apenas quem, por lei, tem a obrigação de cuidado, proteção ou vigilância.

(C) a ingerência, denominação dada à posição de garantidor decorrente de um comportamento anterior que gera risco de resultado, não está positivada no ordenamento brasileiro, tratando-se de uma construção dogmática.

(D) o crime praticado por omissão, segundo o Código Penal, é apenado de forma atenuada ao crime praticado por ação.

(E) segundo o Código Penal, a omissão imprópria somente terá relevância penal se, além do dever de impedir o resultado, o omitente tiver possibilidade de evitá-lo.

A: incorreta. É fato que um dos critérios adotados pela doutrina para diferenciar a chamada omissão própria da imprópria é o *tipológico*. Mas, ao contrário do que se afirma, somente a omissão própria está albergada em tipos penais específicos, já que o legislador, neste caso, cuidou de descrever no que consiste a omissão. É o caso do crime de omissão de socorro (art. 135, CP). Esta modalidade de crime se perfaz pela mera abstenção do agente, independente de qualquer resultado posterior. Já

o *crime omissivo impróprio* (*comissivo por omissão* ou *impuro*), *grosso modo*, é aquele em que o sujeito ativo, por uma omissão inicial, gera um resultado posterior, que ele tinha o dever de evitar (art. 13, § 2º, do CP). Os chamados crimes comissivos, que pressupõem uma conduta positiva, encerram normas proibitivas dirigidas, na maioria das vezes, à população em geral. A existência do crime comissivo por omissão pressupõe a conjugação de duas normas: uma norma proibitiva, que encerra um tipo penal comissivo e a todos é dirigido, e uma norma mandamental, que é endereçada a determinadas pessoas sobre as quais recai o dever de agir. Assim, a título de exemplo, a violação à regra contida no art. 121 do CP (não matar) pressupõe, via de regra, uma conduta positiva (um agir, um fazer); agora, a depender da qualidade do sujeito ativo (art. 13, § 2º), essa mesma norma pode ser violada por meio de uma omissão, o que se dá quando o agente, por força do que dispõe o art. 13, § 2º, do CP, tem o dever de agir para evitar o resultado. Perceba, dessa forma, que a conduta omissiva imprópria, diferentemente da própria, não está descrita em tipos penais específicos. A tipicidade decorre da conjugação do art. 13, § 2º, do CP com um tipo penal comissivo. Exemplo sempre lembrado pela doutrina é o da mãe que propositadamente deixa de amamentar seu filho, que, em razão disso, vem a morrer. Será ela responsabilizada por homicídio doloso, na medida em que seu dever de agir está contemplado na regra inserta no art. 13, § 2º, do CP. No mais, esta modalidade de crime omissivo não deve ser confundida com o *crime omissivo próprio* ou *puro*. Neste, o tipo penal cuidou de descrever a omissão. É o caso do crime de omissão de socorro (art. 135, CP). Esta modalidade de crime se perfaz pela mera abstenção do agente, independente de qualquer resultado posterior; **B:** incorreta, na medida em que, nos termos do Código Penal (art. 13, § 2º, *b*), a posição de garantidor também é conferida àquele que, embora não tenha a sua obrigação estabelecida em lei, de outra forma assumiu a responsabilidade de impedir o resultado. É o caso do salva-vidas que zela pela segurança dos banhistas. A sua obrigação, perceba, não decorre de lei, tal como os pais em relação aos filhos bem assim os tutores em relação aos tutelados, mas de uma situação fática. Outro exemplo é o do vigilante que é contratado por moradores de determinada região para prestar serviços de segurança. Ele não poderá, por força de contrato, omitir-se diante de uma situação de crime contra o patrimônio das pessoas que o contrataram; **C:** incorreta, uma vez que a ingerência está prevista no art. 13, § 2º, c, do CP; **D:** incorreta: previsão não contemplada no Código Penal; **E:** correta. De fato, tal como acima se afirma, não basta que sobre o omitente recaia o dever de impedir o resultado, sendo ainda necessário que, no caso concreto, ele tenha a possibilidade de evitá-lo. **ED**

Gabarito "E".

(Magistratura/RO – 2011 – PUCPR) A prática do crime e seu resultado lesivo exigem a relação de causalidade, tema de grande relevância para a questão da imputabilidade penal. Dado o enunciado, marque a única alternativa **CORRETA.**

(A) O resultado, de que depende a existência do crime, somente é imputável a quem lhe deu causa, sendo esta considerada como a ação ou omissão sem a qual o resultado não teria ocorrido.

(B) A superveniência de causa relativamente independente não exclui a imputação quando esta, por si só, produziu o resultado; os fatos anteriores, entretanto, imputam-se a quem os praticou.

(C) A omissão é penalmente irrelevante quando o omitente devia e podia agir para evitar o resultado.

(D) A superveniência de causa relativamente independente exclui a imputação quando, por si só, produziu o resultado; no entanto, os fatos anteriormente praticados são desconsiderados pela legislação penal.

(E) Nenhuma das alternativas anteriores está correta.

A: a assertiva – correta – reproduz a redação do art. 13, *caput*, do CP; **B:** incorreta, pois em desacordo com o que prescreve o art. 13, § 1º, primeira parte, do CP; **C:** incorreta, pois em desacordo com o que prescreve o art. 13, § 2º, do CP; **D:** incorreta, pois em desacordo com o que preceitua o art. 13, § 1º, segunda parte, do CP. **ED**
„Gabarito "A".

(Magistratura Federal/4ª região – IX) Após ingerir comida, envenenada por seu irmão "A", "B", ainda sem estar sentindo os efeitos do veneno, ao atravessar uma rua, é atropelado por "C", motorista imprudente que dirigia com excesso de velocidade, vindo a morrer de fratura craniana. Indique a alínea correspondente à afirmativa inteiramente correta:

(A) O evento fatal que vitimou "B" é imputável a ambos os agentes, "A" e "C", por ter o primeiro querido esse resultado, e o segundo por ter concorrido culposamente para a morte da vítima.

(B) O evento morte de "B" é imputável exclusivamente ao agente "C", por ter praticado a única conduta, absolutamente independente de qualquer outra, sem a qual o resultado não teria acontecido.

(C) O evento morte de "B" é imputável exclusivamente ao agente "C", por ter praticado conduta relativamente independente da realizada por "A", mas que, por si só, causou o resultado.

(D) O evento fatal é imputável a ambos os agentes, "A" e "C", por terem concorrido de qualquer modo para o resultado morte de "B".

O enunciado cuida da análise da causalidade no Direito Penal. Considerando que a *causa mortis* foi a fratura craniana suportada por "B" em razão de atropelamento por veículo conduzido por "C", que dirigia imprudentemente, não restam dúvidas de que a imputação do resultado será exclusivamente feita ao causador da morte: "C". O fato de "A" haver envenenado "B" não será suficiente a imputar-lhe o resultado morte, visto que o enunciado deixou claro que a causa do evento letal foi fratura craniana (provocada pelo atropelamento). É bom lembrar que o art. 13, *caput*, do CP, tratando da relação de causalidade, é expresso ao afirmar que se considera causa "*a ação ou omissão sem a qual o resultado não teria ocorrido*", adotando-se, aqui, a teoria da equivalência dos antecedentes (ou *conditio sine qua non*). A morte de "B" teve como causa uma conduta absolutamente independente daquela perpetrada por seu irmão "A", fato suficiente a excluir o nexo de causalidade entre o envenenamento e o resultado letal ocorrido. Por tal motivo, a ação imprudente de "C" foi a única causa da morte de "B", não guardando qualquer relação com a ação praticada por "A". Logo, a única assertiva correta é a "B".
„Gabarito "B".

(Magistratura Federal/4ª região – VII) *A* lesiona *B* numa briga, levando-o ao hospital onde este se nega a receber transfusão de sangue por crença religiosa, o que causa sua morte. *A* deve ser:

(A) condenado por homicídio simples;

(B) condenado por homicídio culposo;

(C) condenado por lesão seguida de morte (CP, art. 129, § 3º);

(D) condenado apenas por lesão corporal.

Pelo enunciado proposto, de fato, "A" deverá ser responsabilizado apenas por lesão corporal, eis que a negativa da vítima "B" em receber transfusão de sangue, ao que tudo indica, foi a causa efetiva da sua morte. Assim, pode-se entender que a negativa do ofendido em receber a transfusão é causa superveniente relativamente independente que, por si só, produziu o resultado, excluindo-se, assim, a imputação do evento fatal a "A", nos termos do art. 13, § 1º, do CP. Aplicando-se a teoria da causalidade adequada, pode-se concluir que "A" apenas deverá responder pelos ferimentos (lesões) provocados em "B" durante a briga, não se compreendendo na linha de desdobramento normal de referida conduta a morte da vítima em razão de recusa por transfusão de sangue, algo que somente pode ser imputado a ela.
„Gabarito "D".

6. CRIMES DOLOSOS, CULPOSOS E PRETERDOLOSOS

(Magistratura/DF – 2011) Diz-se o crime: I – doloso, quando o agente quis o resultado ou assumiu o risco de produzi--lo. Daí,

(A) Quando o agente pratica a conduta típica, sem qualquer finalidade especial, denomina-se dolo específico;

(B) Quando o agente pratica a conduta típica, destinada a uma finalidade especial denomina-se dolo genérico;

(C) Quando a vontade do agente é dirigida a um resultado determinado, porém vislumbrando a possibilidade de um segundo resultado não desejado, denomina-se dolo eventual;

(D) Quando o agente pratica a conduta dirigida especificamente a produzir um resultado típico, denomina-se dolo direto de segundo grau.

A: incorreta, pois age com *dolo genérico* o agente que pratica a conduta típica desprovido de qualquer finalidade específica; **B:** incorreta, visto que o agente que realiza a conduta descrita no tipo visando a um fim especial age com *dolo específico* (a finalidade específica deve estar descrita no tipo penal); **C:** no *dolo eventual*, a vontade do agente não está dirigida à obtenção do resultado lesivo. Ele, em verdade, deseja outra coisa, mas, prevendo a possibilidade de o resultado ocorrer, revela-se indiferente e dá sequência à sua empreitada, assumindo o risco de causá-lo. Ele não o deseja, mas se acontecer, aconteceu. O *dolo eventual* não deve ser confundido com a *culpa consciente*. Nesta, embora o agente tenha a previsão do resultado ofensivo, espera sinceramente que ele não ocorra. Ele não o deseja (dolo direito) tampouco assumi o risco de produzi-lo (dolo eventual). Assertiva correta; **D:** incorreta, pois dolo direto de segundo grau (ou indireto) é o que se refere às consequências secundárias, decorrentes dos meios escolhidos pelo autor para a prática da conduta. **ED**
„Gabarito "C".

(Magistratura Federal/4ª região – IX) O dolo eventual é equiparado ao dolo direto, sendo este caracterizado por ter o agente vontade livre e consciente de obter um resultado lesivo contrário à ordem jurídica. O dolo eventual decorre de ter o agente:

(A) Se arriscado a produzir o evento, sabendo que contrariava normas de cautela.

(B) Previsto o resultado, supondo levianamente que este não iria ocorrer ou que poderia evitá-lo.

(C) Deixado de prever o resultado quando, pelas circunstâncias do fato, tinha condições de realizar essa previsão.

(D) Previsto o resultado, aceitando-o, caso viesse realmente a acontecer.

A única alternativa mais plausível para ser assinalada como correta é a de letra "D", pois age com dolo eventual o agente que, prevendo o resultado, aceita-o caso venha a ocorrer (art. 18, I, do CP). A mera previsibilidade do resultado, sem, contudo, aceitá-lo, gerará a condenação do agente por culpa consciente (alternativa "B"). Ainda, aquele que deixa de prever resultado cuja previsibilidade era possível diante das condições pessoais, caracteriza culpa (alternativa "C"). Com relação à alternativa "A", existe dúvida sobre sua precisão, pois aquele que se arrisca a produzir determinado resultado, prevendo sua ocorrência, também deveria responder pelo fato com dolo eventual.

Gabarito "D".

7. ERRO DE TIPO, DE PROIBIÇÃO E DEMAIS ERROS

(Juiz – TJ-SC – FCC – 2017) Um cidadão americano residente no Estado da Califórnia, onde o uso medicinal de *Cannabis* é permitido, vem ao Brasil para um período de férias em Santa Catarina e traz em sua bagagem uma certa quantidade da substância, conforme sua receita médica. Ao ser revistado no aeroporto é preso pelo delito de tráfico internacional de drogas. Neste caso, considerando-se que seja possível a não imputação do crime, seria possível alegar erro de:

(A) proibição indireto.

(B) tipo permissivo.

(C) proibição direto.

(D) tipo.

(E) subsunção.

Por erro de proibição indireto deve-se entender a situação em que o agente, a despeito de ter ciência do caráter ilícito do fato, acredita, equivocadamente, que age amparado por uma causa excludente de antijuridicidade, ou, ainda, age com erro quanto aos limites de uma causa justificante efetivamente existente. **ED**

Gabarito "A".

(Juiz – TJ/RJ – VUNESP – 2016) Assinale a alternativa que contém a assertiva correta no que diz respeito aos dispositivos relativos ao erro previstos no Código Penal.

(A) Augustus, agride e provoca lesão corporal em Cassius, pois este segurava o pescoço de Maximus. Imaginava Augustus estar protegendo Maximus mas, por erro decorrente de sua imprudência, não percebeu que tudo se tratava de uma brincadeira. Neste caso, na responsabilização penal pelo crime de lesão corporal, Augustus deverá ter sua pena diminuída de um sexto a um terço.

(B) Magnus, policial, adultera, sem autorização legal, sinal identificador de um veículo automotor a fim de que seja utilizado em investigação criminal, pois imagina, por erro evitável, que nesta hipótese sua conduta seria lícita. Na responsabilização penal pelo crime de "adulteração de sinal identificador de veículo automotor", Magnus deverá ter sua pena diminuída de um sexto a um terço.

(C) Magnus, policial, adultera, sem autorização legal, sinal identificador de um veículo automotor a fim de que seja utilizado em investigação criminal, pois

imagina, por erro evitável, que nesta hipótese sua conduta seria lícita. Na responsabilização penal pelo crime de "adulteração de sinal identificador de veículo automotor", Magnus deverá ser punido na modalidade culposa do delito.

(D) Ticius imputa um fato definido como crime a Manassés que imaginava ser verdadeiro quando, na verdade, era falso, tendo o erro de Ticius decorrido de sua negligência. Neste caso, Ticius deverá ser responsabilizado pelo crime de calúnia na modalidade culposa.

(E) Ticius imputa um fato definido como crime a Manassés que imaginava ser verdadeiro quando, na verdade, era falso, tendo o erro de Ticius decorrido de sua negligência. Neste caso, ao ser responsabilizado pelo crime de calúnia, Ticius deverá ter sua pena diminuída de um sexto a um terço.

A: incorreta. Augustus, tendo uma falsa percepção da realidade, imaginou que agia em legítima defesa de terceiro, no caso Maximus, que estaria, segundo pensou, sendo agredido por Cassius, quando, na verdade, se tratava de uma brincadeira (não havia, portanto, agressão a justificar a legítima defesa). É a hipótese descrita no art. 20, § 1º, do CP (descriminante putativa). Como Augustus agiu de forma imprudente, não se cercando da devida cautela, deverá responder pelo crime na sua modalidade culposa (art. 129, § 6º, do CP – lesão corporal culposa). Se tivesse agido com a necessária cautela, estaria isento de pena; **B:** correta. A alternativa descreve hipótese de erro sobre a ilicitude do fato (art. 21, *caput*, do CP), que a doutrina convencionou chamar *erro de proibição*, que, sendo escusável (inevitável ou invencível), exclui a culpabilidade. No caso em tela, o erro foi inescusável (evitável ou vencível), tal como afirmado na alternativa, razão pela qual Augustus fará jus a uma diminuição de pena de um sexto a um terço, tal como estabelece o dispositivo ao qual fizemos referência; **C:** incorreta. É a mesma situação descrita na assertiva "B" (é causa de diminuição de pena). Responderia por crime culposo se acaso houvesse previsão nesse sentido e desde que se tratasse de erro de tipo (art. 20, *caput*, do CP); **D:** incorreta, já que o erro de tipo somente leva à responsabilização do agente por crime culposo se houver previsão nesse sentido. Tendo em conta que o crime de calúnia (art. 138, CP) não comporta a modalidade culposa, sobre Ticius não recairá responsabilidade no âmbito criminal (art. 20, *caput*, CP); **E:** incorreta. *Vide* comentário à alternativa anterior. **ED**

Gabarito "B".

(Magistratura/ES – 2011 – CESPE) Acerca do erro no direito penal, assinale a opção correta.

(A) O erro sobre elemento essencial do tipo, escusável ou inescusável, exclui o dolo, mas permite a punição a título de culpa.

(B) Suponha que, em troca de tiros com policiais, certo traficante atinja o soldado A, e o mesmo projétil também atinja o transeunte B, provocando duas mortes. Nesse caso, ainda que não tenha pretendido matar B, nem aceito sua morte, o atirador responderá por dois homicídios dolosos em concurso formal imperfeito.

(C) Considere que um indivíduo pretenda assassinar uma criança de doze anos de idade e, para executar seu plano, posicione-se na janela de sua residência e acerte um disparo na cabeça de um adulto inocente. Nesse caso, o referido indivíduo responderá por homicídio doloso em sua forma simples, sem incidência de causa especial de aumento de pena.

3. DIREITO PENAL   149

(D) Considere a seguinte situação hipotética. Braz pretendia furtar um colar extremamente valioso e, para tanto, dirigiu-se a uma joalheria e executou sua ação com sucesso. Em seguida, ao tentar vender o objeto, ele se certificou de haver furtado bijuteria de valor irrisório. Nessa situação, Braz deverá responder pelo delito de furto e, caso seja primário, fará jus à causa especial de diminuição de pena relativa ao furto privilegiado.

(E) Caracterizada a ocorrência de erro de proibição indireto inescusável, o agente responderá pelo crime doloso, com pena diminuída de um sexto a um terço.

A: incorreta, pois o erro sobre elemento constitutivo do tipo legal do crime somente excluirá o dolo quando for escusável (ou inevitável), consoante dispõe o art. 20, *caput*, do CP. Em se tratando de erro de tipo evitável (ou inescusável), deverá o agente responder por culpa, desde que haja, por óbvio, previsão legal de referida forma do crime; **B:** incorreta, pois a assertiva trata de espécie de erro de tipo acidental, mais precisamente, *aberratio ictus* (ou erro na execução) com duplo resultado (ou unidade complexa). Nesse caso, o agente responderá pelos dois resultados, em concurso formal de crimes. Só se reconhecerá o concurso formal imperfeito (ou impróprio), que produzirá a soma das penas de cada um dos crimes, quando o agente houver agido com dolo (ainda que eventual) em relação ao outro resultado. No caso do traficante que atinge o soldado "A" e, com o mesmo projétil, atinge o pedestre "B", sem querer matá-lo (dolo direto) ou ter aceitado sua morte (dolo eventual), não se poderá somar as penas dos dois homicídios. Em verdade, será caso de aplicação do concurso formal perfeito (ou próprio), aplicando-se a pena do crime mais grave (no caso, homicídio doloso do soldado "A"), aumentando-se a pena de um sexto até a metade (art. 70, *caput*, do CP), não sendo o caso de soma das penas, admissível apenas se os dois resultados adviessem de desígnios autônomos do agente; **C:** incorreta, pois se um agente, querendo matar uma criança de doze anos, atinge um adulto, terá havido erro na execução (*aberratio ictus*), que o agente responderá como se houvesse praticado o crime contra a vítima inicialmente visada (vítima virtual), desprezando-se as características da vítima efetiva, consoante dispõe a regra insculpida no art. 73 do CP; **D:** incorreta, pois o furtador, ao subtrair um colar de uma joalheria, acreditando tratar-se de peça valiosa, mas, posteriormente, constatado que se tratava de bijuteria, ainda que primário, não poderá ser beneficiado pela figura do furto privilegiado (art. 155, §2º, do CP). Estamos diante de hipótese de erro de tipo acidental (erro sobre o objeto), devendo o agente ser responsabilizado como se houvesse praticado um furto de peça valiosa; **E:** correta. Considera-se erro de proibição indireto a situação em que o agente, apesar de conhecer a existência de norma proibitiva, por erro, acredita encontrar-se amparado por uma causa de justificação (causa excludente da ilicitude). Se o erro for evitável (ou inescusável), o agente terá sua pena reduzida de um sexto a um terço (art. 21, *caput*, parte final, do CP). Somente será isento de pena caso o erro seja inevitável (ou escusável). **AT**

Gabarito "E".

(Magistratura/RJ – 2011 – VUNESP) Joaquim, pretendendo matar a própria esposa, arma-se com um revólver e fica aguardando a saída dela da academia de ginástica. Analise as hipóteses a seguir.

I. Se Joaquim errar o disparo e atingir e matar pessoa diversa que passava pelo local naquele momento, sem atingir a esposa, responderá por homicídio doloso, agravado pelo fato de ter sido o crime cometido contra cônjuge (art. 61, II, "e", do Código Penal).

II. Se Joaquim errar o disparo e atingir e matar pessoa diversa que passava pelo local naquele momento, sem atingir a esposa, responderá por homicídio doloso, mas sem a incidência da agravante de ter sido o crime cometido contra cônjuge (art. 61, II, "e", do Código Penal).

III. Se Joaquim atingir e matar a esposa, mas, simultaneamente, em razão do único disparo, por erro, também atingir e matar pessoa diversa que passava pelo local naquele momento, responderá por homicídio doloso, agravado pelo fato de ter sido o crime cometido contra cônjuge (art. 61, II, "e", do Código Penal), em concurso formal.

IV. Se Joaquim atingir e matar a esposa, mas, simultaneamente, em razão do único disparo, por erro, também atingir e matar pessoa diversa que passava pelo local naquele momento, responderá por homicídio doloso, agravado pelo fato de ter sido o crime cometido contra cônjuge (art. 61, II, "e", do Código Penal), em concurso material.

Estão corretas apenas

(A) I e III.

(B) I e IV.

(C) II e III.

(D) II e IV.

I: correta, pois, apesar de haver atingido outra pessoa que não a própria esposa, decerto por erro na execução, Joaquim responderá como se houvesse atingido a vítima inicialmente visada, levando-se em conta não as características da vítima efetiva (art. 73 do CP); **II:** incorreta, pois, como dito no comentário à assertiva anterior, quando um agente, por acidente ou erro na execução, atinge pessoa diversa da inicialmente pretendida, responderá como se houvesse cometido o crime em desfavor da vítima visada (art. 73 do CP); **III:** correta, pois, de fato, se o agente, mediante uma só ação, no mesmo contexto fático, atingir a vítima inicialmente visada e, por erro na execução, terceira pessoa, responderá por ambos os resultados, em concurso formal (art. 73 do CP). Aqui, ocorrerá o erro na execução (ou *aberratio ictus*) com duplo resultado (ou unidade complexa); **IV:** incorreta, pois, como destacado na assertiva anterior, aplicar-se-á a regra do concurso formal (art. 73, parte final, do CP). **AT**

Gabarito "A".

(Magistratura/SP – 2011 – VUNESP) Analise as proposições seguintes.

I. O erro sobre elemento constitutivo do tipo legal de crime exclui o dolo, mas não permite a punição por crime culposo, ainda que previsto em lei.

II. Responde pelo crime o terceiro que determina o erro.

III. O desconhecimento da lei é inescusável, mas o erro sobre a ilicitude do fato, se inevitável, poderá diminuir a pena de um sexto a um terço.

IV. O desconhecimento da lei é considerado circunstância atenuante.

V. Se o fato é cometido sob coação irresistível, só é punível o autor da coação.

Assinale as proposições corretas.

(A) I, II e V, apenas.

(B) II, III e IV, apenas.

(C) II, IV e V, apenas.

(D) I, II e III, apenas.

(E) II, III e V, apenas.

I: o equívoco do agente que recai sobre elemento integrante do tipo sempre exclui o dolo, subsistindo, no entanto, a punição por crime culposo, desde que haja previsão nesse sentido – art. 20, *caput*, do CP; **II:** assertiva correta, nos termos do art. 20, § 2º, do CP; **III:** o desconhecimento da lei é, de fato, inescusável. O erro sobre a ilicitude do fato (erro de proibição), se inevitável, acarreta a isenção de pena, nos termos do art. 21, *caput*, primeira parte, do CP; se evitável, reduz a pena de 1/6 a 1/3; **IV:** correta, em vista do que dispõe o art. 65, II, do CP; **V:** a coação irresistível (art. 22 do CP) constitui hipótese de causa de exclusão da culpabilidade. Importante: a coação aqui referida é a moral, em que o sujeito conserva um resquício de liberdade, mas dele não é razoável exigir conduta diversa, diferente. **ED**

Gabarito "C".

(Magistratura Federal/1ª região – IX) Sobre o erro no direito penal, assinale a resposta *incorreta*:

(A) incide sobre modelos de condutas proibidas e permitidas.

(B) mais precisamente, o erro de tipo incide sobre o tipo legal, e o erro de proibição incide sobre a ilicitude, excluindo a culpabilidade.

(C) o erro de fato nada mais é que o erro de tipo sob nova roupagem, mas o erro de direito corresponde, exatamente, ao erro de proibição.

(D) o erro de tipo exclui o dolo, e o erro de proibição, se inevitável, exclui a culpabilidade.

A: correta. De fato, o erro poderá recair sobre condutas proibidas (erro de tipo incriminador) ou permitidas (erro de tipo permissivo); **B:** correta, pois, realmente, erro de tipo recairá sobre os elementos do tipo legal do crime (art. 20, *caput*, do CP), ao passo que o erro de proibição é aquele que recai sobre a ilicitude do fato (art. 21, *caput*, do CP); **C:** incorreta. Na redação original da Parte Geral do Código Penal de 1940, o art. 17, *caput*, tratava do denominado "erro de fato", que tinha como efeito a isenção de pena do agente que cometesse o crime por erro quanto ao fato que o constituía, ou se, por erro plenamente justificado pelas circunstâncias, supusesse situação de fato que, se existisse, tornaria a ação legítima. Com o advento da Lei 7.209/1984, o "erro de fato", que não abrangia os elementos subjetivos e normativos do tipo, mas, apenas, os objetivos, passou a ter regulamentação mais abrangente, tratando-se, agora, do "erro de tipo" (art. 20 do CP); **D:** correta. De fato, o erro de tipo, seja vencível, seja invencível, excluirá, sempre, o dolo (art. 20, *caput*, do CP), ao passo que o erro de proibição, desde que invencível, isentará o agente de pena (art. 21, *caput*, do CP).

Gabarito "C".

(Magistratura Federal/3ª região – 2011 – CESPE) No tocante às situações derivadas da hipótese do erro em direito penal, assinale a opção correta.

(A) De acordo com a doutrina majoritária, incorre em erro de proibição indireto aquele que supõe situação de fato que, se existisse, tornaria a ação legítima.

(B) Nos termos do CP, no erro de execução, não se consideram, para aplicação da pena, as condições ou qualidades da pessoa contra a qual o agente queria praticar o crime, mas as condições ou qualidades da pessoa contra a qual o crime foi praticado.

(C) De acordo com a teoria extremada da culpabilidade, é preciso distinguir, em relação a causa de justifica-

ção, entre erro de proibição indireto e erro de tipo permissivo.

(D) O fato de o sujeito A disparar arma de fogo contra B, mas, por má pontaria, atingir mortalmente C, que está ao lado de B, caracteriza o denominado, de acordo com o CP, erro sobre a pessoa.

(E) Segundo a interpretação doutrinária dominante do CP, o erro de tipo, vencível ou invencível, pode recair sobre qualquer elemento constitutivo do tipo objetivo e impede a configuração do tipo subjetivo doloso.

A: incorreta. Considera-se erro de proibição indireto (ou descriminante putativa por erro de proibição) o fato de o agente, embora conhecendo o caráter ilícito do fato, acreditar, equivocadamente, que age amparado por alguma causa excludente da ilicitude, ou, ainda, agir com erro quanto aos limites de uma causa justificante efetivamente existente. Não se confunde o erro de proibição indireto com a descriminante putativa por erro de tipo (art. 20, § 1º, do CP), que se verifica quando o agente, por erro plenamente justificado pelas circunstâncias, supõe situação de fato que, se existisse, tornaria sua ação legítima. Aqui, o erro recai sobre as circunstâncias fáticas de uma causa de justificação, enquanto que no erro de proibição indireto, o erro recairá sobre a existência ou os limites de uma causa excludente da ilicitude; **B:** incorreta. Em verdade, no erro de execução, ocorre situação inversa àquela contida na alternativa. De acordo com o art. 73 do CP, *quando, por acidente ou erro no uso dos meios de execução, o agente, ao invés de atingir a pessoa que pretendia ofender, atinge pessoa diversa, responde como se tivesse praticado o crime contra aquela, atendendo-se ao disposto no § 3º do art. 20 deste Código (O erro quanto à pessoa contra a qual o crime é praticado não isenta de pena. Não se consideram, neste caso, as condições ou qualidades da vítima, senão as da pessoa contra quem o agente queria praticar o crime*). Em síntese, se por erro de pontaria, o agente atingir pessoa diversa daquela que almejava lesionar, responderá como se houvesse cometido o crime contra a vítima visada (ou vítima virtual), ou seja, levando em consideração as suas características pessoais, desprezando-se as características da vítima efetivamente lesada (vítima efetiva ou vítima real); **C:** incorreta. Para a teoria extremada da culpabilidade, as descriminantes putativas sempre caracterizarão erro de proibição, ao passo que para a teoria limitada, as descriminantes putativas, se disserem respeito aos pressupostos fáticos de uma causa de justificação, serão consideradas erro de tipo, ao passo que se se referirem à existência ou aos limites de causa excludente da ilicitude, receberão tratamento de erro de proibição; **D:** incorreta. Se o atirador A, querendo matar B, mas por erro de pontaria, acertar C, responderá como se houvesse atingido B (levam-se em consideração as características da vítima visada, e não da vítima efetiva). No caso relatado na alternativa, estamos diante de erro de execução (*aberratio ictus*), considerado erro de tipo acidental. Não se confunde com o erro sobre a pessoa (art. 20, § 3º, do CP), que pressupõe que o agente, equivocando-se quanto à própria vítima do crime, atinge pessoa diversa da pretendida, nada tendo que ver com erro de pontaria; **E:** correta. De fato, o erro de tipo, previsto no art. 20, *caput*, do CP, poderá recair sobre qualquer elemento constitutivo do tipo legal do crime (elementos objetivos, subjetivos e/ou normativos). Qualquer que seja a espécie de erro de tipo (vencível ou invencível), sempre restará afastado o dolo, remanescendo a punição pela forma culposa, desde que prevista em lei, se se tratar de erro vencível (evitável ou inescusável).

Gabarito "E".

(Magistratura Federal/4ª região – IX) Indique a afirmativa inteiramente correta:

(A) O agente erra quanto a elemento essencial do tipo legal de crime. Se o erro é inevitável, o fato é tipicamente culposo.

3. DIREITO PENAL 151

(B) O agente erra ao supor situação de fato que, se existisse, tornaria legítima sua conduta. Derivando o erro de culpa, cabe ao juiz diminuir a pena.

(C) O agente erra quanto a elemento essencial do tipo legal de crime. Vencível o erro, o crime será culposo, se previsto em lei.

(D) O agente erra quanto à ilicitude do fato, pois dessa ilicitude não tinha consciência, por ser impossível atingi-la. Esse erro se caracteriza como evitável, cabendo, em consequência, a diminuição da pena.

A: incorreta. Se o erro sobre elemento essencial (elementar típica) for inevitável (ou escusável), o fato será absolutamente atípico (haverá exclusão do dolo e da culpa). Somente se poderá imputar o resultado, a título de culpa, ao agente, se o erro fosse evitável (art. 20, *caput*, parte final, do CP); B: incorreta. De fato, existe o denominado erro de tipo permissivo, que se verifica quando o agente, por erro plenamente justificado pelas circunstâncias, supõe situação de fato que, se existisse, tornaria sua ação legítima (art. 20, § 1º, primeira parte, do CP). Contudo, não haverá isenção de pena quando o erro derivar de culpa e o fato for punível como crime culposo (art. 20, § 1º, segunda parte, do CP). Destarte, nesse caso, o agente será punido na forma culposa do crime, se houver previsão legal, é claro; C: correta (art. 20, *caput*, parte final, do CP). A assertiva trata do erro de tipo essencial vencível ou inescusável, que somente afasta o dolo, mas permite a punição pelo crime culposo; D: incorreta. A assertiva trata do erro de proibição (erro sobre a ilicitude do fato), que, se invencível (ou inevitável, ou escusável), isentará o réu de pena. Já se evitável (ou vencível, ou inescusável), a pena será diminuída de um sexto a um terço (art. 21, *caput*, do CP). Na situação relatada, fala-se que o agente errou sobre a ilicitude do fato, cuja consciência seria impossível de ser atingida. Ora, se em determinada situação, a potencial consciência da ilicitude não pudesse ser alcançada de forma alguma, o erro seria inevitável (ou invencível, ou escusável), razão pela qual o agente teria isenção de pena (e não diminuição dela, como anuncia a assertiva em comento).
Gabarito "C".

8. TENTATIVA, CONSUMAÇÃO, DESISTÊNCIA, ARREPENDIMENTO E CRIME IMPOSSÍVEL

(Juiz – TJ/RJ – VUNESP – 2016) Bonaparte, com o objetivo de matar Wellington, aciona o gatilho com o objetivo de efetuar um disparo de arma de fogo na direção deste último. Todavia, a arma não dispara na primeira tentativa. Momentos antes de efetuar uma segunda tentativa, Bonaparte ouve "ao longe" um barulho semelhante a "sirenes" de viatura e, diante de tal fato, guarda a arma de fogo que carregava, deixando o local calmamente, não sem antes proferir a seguinte frase a Wellington: "na próxima, eu te pego". Momentos após, Bonaparte é abordado na rua por policiais e tem apreendida a arma de fogo por ele utilizada. A arma de fogo era de uso permitido, estava registrada em nome de Bonaparte, mas este não possuía autorização para portá-la. No momento da abordagem e apreensão, também foi constatado pelos policiais que a arma de fogo apreendida em poder de Bonaparte estava sem munições, pois ele havia esquecido de municiá-la.

Diante dos fatos narrados e da atual jurisprudência do Supremo Tribunal Federal, é correto afirmar que Bonaparte poderá ser responsabilizado

(A) pelos crimes de ameaça e porte ilegal de arma de fogo de uso permitido.

(B) pelos crimes de ameaça e posse ilegal de arma de fogo de uso permitido.

(C) pelo crime de ameaça, mas não poderá ser responsabilizado pelo crime de porte ilegal de arma de fogo em virtude da arma estar desmuniciada no momento da apreensão.

(D) pelo crime de homicídio tentado, mas não poderá ser responsabilizado pelo crime de posse ilegal de arma de fogo em virtude da arma estar desmuniciada no momento da apreensão.

(E) pelos crimes de homicídio tentado, ameaça e porte ilegal de arma de fogo de uso permitido.

De plano, devem ser excluídas as alternativas "D" e "E", em que se afirma que Bonaparte deve ser responsabilizado pela prática do crime de homicídio tentado. Isso porque, sendo certo que a arma que portava encontrava-se desmuniciada, o resultado que visava atingir (morte de Wellington) nunca seria implementado, já que o meio de que se valeu para tanto (arma desmuniciada) era absolutamente ineficaz, inidôneo ao fim por ele pretendido. Está-se diante de hipótese de *crime impossível* (art. 17, CP), cuja natureza jurídica é *causa de exclusão da tipicidade*, não havendo que se falar, portanto, em tentativa. Ao proferir a frase "na próxima, eu te pego", Bonaparte incorreu nas penas do crime de ameaça (art. 147, CP), na medida em que anunciou que causaria a Wellington mal injusto e grave (sua morte). No mais, pelo fato de Bonaparte não possuir documento que lhe permitisse portar a arma que carregava consigo, deverá responder pelo crime do art. 14 da Lei 10.826/2003 (Estatuto do Desarmamento), ainda que desmuniciada. No STF: *A conduta de posse de arma de fogo com numeração raspada não está abrangida pela vacatio legis prevista nos art. 30 a 32 da Lei 10.826/03. Precedentes. 2. Porte ilegal de arma de fogo de uso permitido é crime de mera conduta e de perigo abstrato. O objeto jurídico tutelado não é a incolumidade física, mas a segurança pública e a paz social, sendo irrelevante estar a arma de fogo desmuniciada. 3. Ordem denegada* (HC 117206, Relator(a): Min. Cármen Lúcia, Segunda Turma, julgado em 05.11.2013). ED
Gabarito "A".

(Juiz – TJ-SC – FCC – 2017) Conforme a redação do Código Penal,

(A) configurada a tentativa, pela falta de completude do injusto, a pena sempre deverá ser reduzida de um a dois terços.

(B) o crime impossível é tentativa impunível.

(C) a desistência voluntária permite a interrupção do nexo causal sem a consideração da vontade.

(D) o arrependimento eficaz, quando pleno, exclui a pena, e quando parcial permite a redução de um a dois terços.

(E) pelo resultado que agrava especialmente a pena, só responde o agente que o houver causado dolosamente.

A: incorreta. É fato que o Código Penal, no que concerne à tentativa, acolheu, como regra, a teoria objetiva (ou realística ou dualista), segundo a qual o autor de crime tentado receberá pena inferior à do autor de crime consumado, nos termos do art. 14, parágrafo único, do CP, que estabelece que, neste caso, a pena será reduzida de um a dois terços. Sucede que o Código Penal permite a aplicação (art. 14, parágrafo único, CP: (*salvo disposição em contrário*), em caráter excepcional, da teoria subjetiva, em que a pena do crime tentado será a mesma do crime consumado. Leva-se em conta, neste caso, a intenção do sujeito. Exemplo sempre lembrado pela doutrina é o crime do art. 352 do CP (evasão mediante violência contra a pessoa), em que a pena prevista para a modalidade tentada é idêntica àquela prevista para a modalidade consumada. São os chamados crimes de atentado. É incorreto afirmar-se, dessa forma, que a pena, uma vez configurada a tentativa, *sempre* será reduzida de um a dois terços; **B:** correta. De fato, o crime impossível, cuja definição está contemplada no art. 17 do CP, traduz hipótese de tentativa impunível, quer porque o agente se vale de meio absolutamente ineficaz, quer porque ele se volta contra objeto absolutamente impróprio; **C:** incorreta. Embora não se exija do agente, no contexto da desistência voluntária (art. 15, CP), espontaneidade, é de rigor que ele aja de forma *voluntária*, isto é, livre de qualquer coação. Assim, a interrupção do *iter criminis*, neste caso, deve decorrer da vontade do sujeito ativo. Em outras palavras, tanto na desistência voluntária quanto no arrependimento eficaz, a consumação do crime não é alcançada por vontade do agente; **D:** incorreta. No arrependimento eficaz (art. 15, C P), temos que o agente, depois de realizados todos os atos de execução do crime, age, de forma voluntária, com o propósito de impedir a sua consumação. Se obtiver sucesso, restará excluída a tipicidade em relação ao crime que ele, inicialmente, pretendia praticar, ou seja, não poderá ser responsabilizado pela tentativa, que pressupõe, como bem sabemos, que o resultado não seja produzido por circunstâncias *alheias* à vontade do sujeito; responderá, todavia, conforme estabelece o texto legal, pelos atos que praticou no curso do *iter criminis*. Dessa forma, não há que se falar em redução ou exclusão da pena que lhe seria imposta, mas, sim, em exclusão da tipicidade do delito que o agente, num primeiro momento, queria praticar; **E:** incorreta, na medida em que não corresponde ao que estabelece o art. 19 do CP: *(...) só responde o agente que o houver causado ao menos culposamente.* ED

Gabarito "B".

(Juiz – TJ/SP – VUNESP – 2015) No arrependimento posterior, o agente busca atenuar os efeitos da sua conduta, sendo, portanto, causa geral de diminuição de pena. Sobre esse instituto, assinale a alternativa correta.

(A) A grave ameaça não o tipifica.

(B) Pode ocorrer em crime cometido com violência, desde que o agente se retrate até a sentença.

(C) O dano não precisa ser reparado quando o crime foi sem violência.

(D) Deve operar-se até o recebimento da denúncia ou queixa.

O *arrependimento posterior*, causa de diminuição de pena prevista no art. 16 do CP, tem como pressuposto à sua incidência que o crime em que incorreu o agente não tenha sido praticado por meio de violência ou grave ameaça contra a pessoa. O emprego tanto da violência quanto da grave ameaça, portanto, impede o reconhecimento desta causa de diminuição de pena, pouco importando que o agente se retrate. Outro requisito contemplado no art. 16 do CP impõe que o dano causado seja reparado ou que a coisa seja restituída, sempre por ato voluntário do agente, o que deverá ocorrer necessariamente até o recebimento da denúncia. ED

Gabarito "D".

(Magistratura/ES – 2011 – CESPE) A respeito da tentativa, da desistência voluntária e do arrependimento eficaz no direito penal brasileiro, assinale a opção correta.

(A) O arrependimento eficaz é instituto a ser aplicado na terceira fase de execução da sanção, como causa de diminuição de pena, podendo, ainda, ser utilizado como fundamento para a rejeição da denúncia por ausência de justa causa.

(B) Respondido categoricamente pelos jurados que o crime não se consumou por circunstâncias alheias à vontade do paciente, não resta prejudicada a formulação de quesito acerca da configuração da desistência voluntária, pois, no âmbito do tribunal do júri, tais teses não são excludentes.

(C) Configura-se desistência voluntária, e não tentativa de roubo, o fato de, após descoberta a inexistência de fundos no caixa de casa comercial alvo de ação delituosa e verificada a existência de outros objetos no estabelecimento, o agente nada levar deste ou de seus consumidores.

(D) Adota-se, em relação à consumação do crime de roubo, a teoria da *apprehensio*, também denominada *amotio*, segundo a qual é considerado consumado o delito no momento em que o agente obtém a posse da *res* furtiva, ainda que não seja de forma mansa e pacífica.

(E) Consoante a pacífica jurisprudência do STJ, a alegação de ocorrência de desistência voluntária, com o consequente pedido de absolvição, não esbarra na necessidade de revolvimento do conjunto fático--probatório, podendo, assim, tal tese jurídica ser ventilada por meio de *habeas corpus*.

A: incorreta, pois o arrependimento eficaz (art. 15 do CP) é causa de atipicidade da tentativa (ou, consoante lições doutrinárias, é espécie de tentativa abandonada ou qualificada), não tendo incidência, pois, na dosimetria da pena, que, por óbvio, pressupõe tipicidade penal e culpabilidade. De fato, constatado o arrependimento eficaz, caso tenha havido denúncia, caberá ao magistrado rejeitá-la (art. 395 do CPP); **B:** incorreta, pois, à evidência, reconhecida a tentativa pelos jurados, afastada estará a desistência voluntária, que pressupõe, exatamente, que o agente não tenha consumado o crime por sua própria vontade, interrompendo os atos executórios; **C:** incorreta. Caracterizada estará a tentativa de roubo, visto que a inexistência de numerário no caixa de casa comercial e o abandono do local pelo agente, havendo, no entanto, outros objetos no estabelecimento, caracteriza, se tanto, ineficácia relativa do objeto (e não absoluta!), não dando azo ao reconhecimento do crime impossível, mas, como dito, da tentativa; **D:** correta. De fato, com o apoderamento do bem subtraído, logo após empregar a violência ou a grave ameaça para consegui-lo, o roubador terá consumado o crime (teoria da *amotio*). Nesse caso, não se exige a posse tranquila, havendo a consumação ainda que, por exemplo, a polícia chegue ao local em seguida ao apoderamento da *res*. Trata-se da posição adotada pelo STF; **E:** incorreta, pois é entendimento do STJ que a alegação de desistência voluntária não pode ocorrer pela via estreita do *habeas corpus*, que não admite revolvimento fático-probatório (HC 126311 SP 2009/0009591-1, 5ª Turma, Rel. Min. Arnaldo Esteves Lima, DJE 15/06/2009). AT

Gabarito "D".

(Magistratura/PE – 2013 – FCC) O arrependimento posterior

(A) deve ocorrer até o oferecimento da denúncia ou da queixa.

(B) constitui circunstância atenuante, a ser considerada na segunda etapa do cálculo da pena.

(C) pode reduzir a pena abaixo do mínimo previsto para o crime.

(D) não influi no cálculo da prescrição penal.

(E) prescinde de voluntariedade do agente.

A: incorreta, pois o arrependimento posterior pode ocorrer até o recebimento (e não oferecimento!) da denúncia ou queixa, nos termos do art. 16 do CP; **B:** incorreta, pois o arrependimento posterior é causa obrigatória de diminuição de pena (variável de um a dois terços), incidente na terceira etapa do sistema trifásico de dosimetria da pena, não se confundindo com a reparação do dano, cabível até antes do julgamento, considerado, aí sim, circunstância atenuante genérica (art. 65, III, "b", do CP), a ser considerada na segunda fase da fixação da reprimenda; **C:** correta. Diferentemente das circunstâncias atenuantes, que não podem conduzir a fixação da pena aquém do mínimo legalmente cominado (Súmula 231 do STJ), as causas de diminuição de pena não encontram a mesma restrição, sendo perfeitamente possível que tal aconteça. Portanto, exemplificando, se o agente praticar o crime de furto simples, e restituir a coisa, íntegra, à vítima, voluntariamente, antes do recebimento da denúncia, poderá ver sua pena fixada abaixo de um ano, que é o mínimo cominado para o crime (art. 155, *caput*, do CP); **D:** incorreta. As causas de diminuição de pena (arrependimento posterior, por exemplo) influirão no cálculo da prescrição penal. No caso da prescrição da pretensão punitiva abstrata, baseada no máximo de pena privativa de liberdade cominada, as causas de diminuição deverão ser levadas em consideração (no caso, dever-se-á reduzir a pena máxima cominada pelo fato mínimo de diminuição); **E:** incorreta. A despeito de o arrependimento posterior, previsto no art. 16 do CP, não exigir espontaneidade do agente, deverá ocorrer por ato voluntário. Confira-se a redação de referido dispositivo legal: "Nos crimes cometidos sem violência ou grave ameaça à pessoa, reparado o dano ou restituída a coisa, até o recebimento da denúncia ou da queixa, por ato voluntário do agente, a pena será reduzida de um a dois terços". **AT**
Gabarito "C".

(Magistratura/PR – 2010 – PUC/PR) Assinale a alternativa CORRETA:

I. Na tentativa de homicídio, incide o princípio da subsidiariedade.

II. É cabível o arrependimento posterior no crime de roubo.

III. Na desistência voluntária o agente que praticou o ato responde por tentativa.

IV. Pode acontecer de um crime tentado ser punido com a mesma pena do consumado.

(A) Apenas as assertivas I e IV estão corretas.

(B) Apenas as assertivas II e IV estão corretas.

(C) Todas as assertivas estão corretas.

(D) Somente a assertiva I está correta.

I: fala-se em *subsidiariedade* quando uma norma (primária) estabelece um nível superior de violação ao bem jurídico, ao passo que a outra (subsidiária) estabelece um nível de violação menos intenso, menor. Dessa forma, deve-se, em primeiro lugar, lançar mão da norma primária (tentativa de homicídio); não sendo isso possível, recorre-se à norma subsidiária (lesão corporal); **II:** a redução a que alude o art. 16 do CP – *arrependimento posterior* – só alcança os crimes cometidos sem violência ou grave ameaça à pessoa. Não se aplica, pois, ao crime de roubo (art. 157, CP), em relação ao qual a violência e a grave ameaça exercidas contra a pessoa constituem elemento essencial; **III:** tanto na *desistência voluntária* quanto no *arrependimento eficaz* – art. 15 do CP – o agente responde tão somente pelos atos até então praticados. Não tem lugar a tentativa; **IV:** adotamos, como regra, a *teoria objetiva*, consagrada no art. 14, parágrafo único, do CP, já que o autor de crime tentado receberá pena inferior à do autor de crime consumado. Ocorre que, em determinados crimes, o legislador estabeleceu a mesma pena para o delito consumado e para o tentado. É o que se dá, por exemplo, com o crime do art. 352 do CP – evasão mediante violência contra

a pessoa. A doutrina chama essa modalidade de crime de *delito de atentado* ou de *empreendimento*. **ED**
Gabarito "A".

(Magistratura/PR – 2010 – PUC/PR) Assinale a alternativa CORRETA:

I. O agente que, voluntariamente, desiste de prosseguir na execução ou impede que o resultado se produza só responde pelos atos já praticados, ocorrendo assim a hipótese de arrependimento posterior.

II. A pena para o crime tentado é a mesma aplicada para o crime consumado diminuída de 1/6 a 1/3.

III. Ocorre tentativa quando, antes de iniciar a execução, o agente é impedido de levar adiante a ideia de praticar o delito por circunstâncias alheias à sua vontade.

IV. O agente que impede a produção dos efeitos de sua ação faz, agindo assim, com que, o crime não se consume. Ocorre, desse modo, o arrependimento eficaz.

(A) As alternativas I e II estão corretas.

(B) As alternativas III e IV estão corretas.

(C) Somente a alternativa II está errada.

(D) Somente a alternativa IV está correta.

I: a assertiva descreve os institutos da *desistência voluntária* e do *arrependimento eficaz*, ambos contidos no art. 15 do CP; o *arrependimento posterior* está previsto no art. 16 do CP; **II:** a diminuição a ser aplicada é da ordem de um a dois terços, conforme preceitua o art. 14, parágrafo único, do CP; **III:** nos termos do art. 14, II, do CP, configura tentativa a execução *já iniciada* de um delito, que não atinge sua consumação por circunstâncias alheias à vontade do agente. É indispensável, portanto, à caracterização da tentativa, que haja *início de execução*; **IV:** o arrependimento eficaz, previsto no art. 15, segunda parte, do CP, somente terá aplicação antes da consumação do crime, em que o agente, uma vez realizados todos os atos necessários, passa a agir para que o resultado não se produza. **ED**
Gabarito "D".

(Magistratura/RJ – 2013 – VUNESP) Caio, decidido a matar Denise, para a casa dela se dirigiu portando seu revólver devidamente municiado com seis projéteis. Chegando ao local, tocou a campainha e, assim que Denise abriu a porta, contra ela disparou um tiro, que a atingiu no ombro esquerdo. Ao ver Denise caída, Caio optou por não fazer mais disparos, guardou seu revólver e se retirou do local. Denise foi socorrida por terceiros e sobreviveu, ficando, porém, com pouca mobilidade em seu braço esquerdo. Diante do exposto, é correto afirmar que Caio responderá criminalmente por

(A) lesão corporal de natureza grave (houve desistência voluntária).

(B) tentativa de homicídio.

(C) lesão corporal de natureza grave (houve arrependimento posterior).

(D) lesão corporal de natureza gravíssima (houve arrependimento eficaz).

A: correta. Na espécie, verifica-se nítida desistência voluntária, visto que Caio, muito embora pudesse prosseguir com mais disparos contra Denise, "optou por não fazer mais disparos, guardou seu revólver e se retirou do local". Perceba o candidato que a questão deixou claro que o ombro da vítima foi atingido e o agente, ainda assim, preferiu abandonar o local. Assim, nos termos do art. 15 do CP, Caio deverá responder apenas pelos atos praticados. Na espécie, dado que Denise ficou com pouca mobilidade em seu braço esquerdo, pode-se considerar ter havido lesão corporal de natureza grave (art. 129, § 1º, III, do CP – debilidade permanente de membro); **B:** incorreta, pois, no caso retratado no enunciado, não se vê tenha Caio sido interrompido em seu intento criminoso, quando, aí sim, restaria configurada a tentativa (art. 14, II, do CP). Inexistiram as "circunstâncias alheias à vontade do agente" que impediram a consumação do crime. Na desistência voluntária, diversamente do que ocorre no *conatus*, o agente pode prosseguir, mas não quer; **C:** incorreta, pois o arrependimento posterior, que é causa de diminuição de pena prevista no art. 16 do CP, nada tem que ver com a situação narrada na questão. Quis o examinador, aqui, confundir o candidato, embaralhando os institutos do "arrependimento eficaz" e "arrependimento posterior", inaplicáveis à questão; **D:** incorreta. Primeiramente, não se enxerga a ocorrência de lesão corporal gravíssima suportada pela vítima, não estando presentes quaisquer das situações previstas no art. 129, § 2º, do CP, especialmente no que tange ao ombro esquerdo (não ocorreu a perda ou inutilização do membro, mas, se tanto, sua debilidade). Ainda, não se fala, no caso, em arrependimento eficaz, visto que este exige o esgotamento dos atos executórios pelo agente, que, arrependido, pratica novo comportamento impeditivo da consumação. Como visto anteriormente, Caio desistiu voluntariamente de prosseguir na execução do crime, especialmente pelo fato de o enunciado ter deixado claro que o revólver estava com seis munições e apenas uma foi deflagrada. **AT**

Gabarito "A"

(Magistratura/RJ – 2011 – VUNESP) Assinale, dentre os crimes mencionados, qual deles admite a tentativa.

(A) Lesão corporal seguida de morte (art. 129, § 3.º, do Código Penal).

(B) Omissão de socorro (art. 135, do Código Penal).

(C) Falsificação de documento público (art. 297, do Código Penal).

(D) Rufianismo (art. 230, do Código Penal).

A: incorreta, pois a lesão corporal seguida de morte é considerada crime preterdoloso, insuscetível de tentativa (o resultado agravador é culposo); **B:** incorreta, pois a omissão de socorro, por ser crime omissivo próprio, não admite tentativa; **C:** correta, pois, de fato, se o agente não conseguir falsificar o documento público por circunstâncias alheias à sua vontade, caracterizada estará a tentativa; **D:** incorreta, pois o rufianismo é considerado crime habitual, que, de acordo com a doutrina, não admite tentativa (a prática de um único ato é insuficiente à caracterização do crime). **AT**

Gabarito "C"

(Magistratura/SP – 2013 – VUNESP) Conforme o disposto no artigo 14, parágrafo único, do Código Penal, "Salvo disposição em contrário, pune-se a tentativa com a pena correspondente ao crime consumado, diminuída de um a dois terços".

O critério de diminuição da pena levará em consideração

(A) a motivação do crime.

(B) a intensidade do dolo.

(C) o *iter criminis* percorrido pelo agente.

(D) a periculosidade do agente.

De acordo com a doutrina e jurisprudência, o critério a ser utilizado para a incidência do *quantum* de diminuição da pena decorrente do reconhecimento da tentativa (art. 14, II e parágrafo único, do CP) é o *iter criminis* percorrido pelo agente. Assim, quanto mais próximo o

comportamento delituoso tiver chegado da consumação, menor será a diminuição; por conseguinte, quanto mais distante do momento consumativo, maior será a redução da pena do agente. **AT**

Gabarito "C"

(Magistratura/SP – 2011 – VUNESP) Antônio, durante a madrugada, subtrai, com o emprego de chave falsa, o automóvel de Pedro. Depois de oferecida a denúncia pela prática de crime de furto qualificado, mas antes do seu recebimento, por ato voluntário de Antônio, o automóvel furtado é devolvido à vítima. Nesse caso, pode-se afirmar a ocorrência de

(A) arrependimento posterior.

(B) desistência voluntária.

(C) arrependimento eficaz.

(D) circunstância atenuante.

(E) causa de extinção da punibilidade.

Como o crime já se consumara, não é mais o caso de se aplicar os institutos previstos no art. 15 do CP – *desistência voluntária* e *arrependimento eficaz*. Seria o caso se o agente, com o propósito, por exemplo, de subtrair determinado objeto que estivesse no interior de veículo, quebrasse o vidro deste e, antes de apossar-se dele (objeto), desistisse e fosse embora. Note que o *iter criminis* foi interrompido por iniciativa do agente, o que afasta, de plano, a figura da tentativa. Neste exemplo, o sujeito, depois de dar início à execução do crime, desiste, de forma voluntária, antes de atingir a sua consumação (art. 15, primeira parte, CP). Voltando ao crime consumado, restará ao agente, neste caso, o *arrependimento posterior* (art. 16, CP), desde que a denúncia ou queixa ainda não tenha ainda sido recebida. Mais: que o crime tenha sido cometido sem violência ou grave ameaça contra a pessoa. Atenção aqui: a violência ou grave ameaça empregada contra a coisa não afasta a incidência desta causa de diminuição de pena, como no caso do furto qualificado pelo rompimento ou destruição de obstáculo à subtração da *res*. Outros requisitos contidos no art. 16 do CP: é necessário que o ato seja voluntário, bem assim, como já dito, que a reparação do dano ou restituição do objeto material do crime seja efetivada até o recebimento da peça acusatória – queixa ou denúncia. **ED**

Gabarito "A"

(Magistratura Federal/1ª região – IX) Assinale a resposta correta sobre tentativa, desistência voluntária e arrependimento eficaz:

(A) a vontade do agente impede o resultado na tentativa e na desistência voluntária, ao passo que, no arrependimento eficaz, o agente realiza o resultado mas, depois da consumação, se arrepende.

(B) os três institutos podem ocorrer em qualquer espécie de infração penal, inclusive nos crimes formais.

(C) a tentativa é uma causa de diminuição de pena, ao passo que a desistência voluntária e o arrependimento eficaz configuram atenuantes.

(D) enquanto na tentativa o resultado deixa de ocorrer por circunstâncias alheias à vontade do agente, na desistência voluntária e no arrependimento eficaz é a própria vontade do agente que impede ou reverte o resultado.

A: incorreta, pois, na tentativa, o que impede o resultado são circunstâncias alheias à vontade do agente (art. 14, II, do CP), diferentemente do que ocorre na desistência voluntária, na qual, como o próprio nome sugere, o agente, voluntariamente, desiste de prosseguir na execução do crime (art. 15, primeira parte, do CP). Ainda, no tocante ao arrependimento eficaz (art. 15, segunda parte, do CP), o agente, antes de alcançar o resultado inicialmente almejado (consumação do crime), arrepende-se, praticando ato impeditivo da consumação; **B:** incorreta, pois os crimes formais (e também os de mera conduta) são incompatíveis com o arrependimento eficaz, visto que se consumam no momento em que a conduta é perpetrada. Considerando que referido instituto se verifica após o agente ter esgotado os atos executórios (conduta, portanto), inviável que, após isso, se arrependa e pratique nova conduta impeditiva da consumação, pois esta já terá sido alcançada. Com relação aos crimes de mera conduta, inviável reconhecimento da tentativa, desde que o *iter criminis* não seja fracionável. Em outras palavras, tratando-se de crime de mera conduta plurissubsistente, será admissível, sim, a tentativa; **C:** incorreta, pois a desistência voluntária e o arrependimento eficaz, ambos previstos no art. 15 do CP, não são circunstâncias atenuantes, mas, sim, causas de atipicidade do crime inicialmente executado pelo agente, muito embora haja a imputação pelos atos já praticados; **D:** correta. De fato, a grande distinção entre a tentativa (art. 14, II, do CP) e a desistência voluntária e o arrependimento eficaz (art. 15 do CP), estes últimos considerados espécies de "tentativa abandonada ou qualificada", reside, exatamente, no elemento volitivo. Assim, se o resultado não se verificar pela vontade do próprio agente, poderemos estar diante de desistência voluntária ou arrependimento eficaz. Porém, se a consumação do crime não for atingida por circunstâncias alheias à vontade do agente, caracterizada estará a tentativa.

Gabarito "D."

(Magistratura Federal-5ª Região – 2011) No que concerne à teoria geral do crime, assinale a opção correta.

(A) O fato de o agente estar sendo vigiado por fiscal de estabelecimento comercial, assim como a existência de sistema eletrônico de vigilância, impede de forma completamente eficaz a consumação do delito pretendido, de modo a se reconhecer caracterizado crime impossível, pela absoluta eficácia dos meios empregados.

(B) Em relação à punibilidade do chamado crime impossível, adota-se no CP a teoria sintomática, segundo a qual só haverá crime impossível quando a ineficácia do meio e a impropriedade do objeto jurídico forem absolutas; sendo elas relativas, fica caracterizada a tentativa.

(C) Quanto à punição na modalidade tentada de crime, adota-se no CP a teoria subjetiva, segundo a qual a tentativa, por produzir mal menor, deve ser punida de forma mais branda que o crime consumado, reduzindo-se de um a dois terços a pena prevista.

(D) Não se admite desistência voluntária em relação à prática de delito unissubsistente, admitindo-se arrependimento eficaz apenas com relação à prática de crimes materiais. Para beneficiar-se dessas espécies de tentativa qualificada, que, por si sós, não beneficiam os partícipes, o agente deve agir de forma voluntária, mas não necessariamente de forma espontânea.

A: incorreta. O furto sob vigilância pode, em determinadas situações, a depender do caso concreto, caracterizar crime impossível pela *ineficácia absoluta do meio* (art. 17 do CP). A assertiva – incorreta – faz referência à *absoluta eficácia dos meios empregados*; **B:** incorreta. Somente haverá o chamado crime impossível se a ineficácia do meio e a impropriedade do objeto forem *absolutas*. Acolheu-se, aqui, a teoria **objetiva temperada**. Se se tratar de ineficácia ou impropriedade relativa, estaremos diante de *crime tentado*; **C:** incorreta. No que toca

à tentativa, adotou-se a *teoria objetiva*, segundo a qual o autor de crime tentado receberá pena inferior à do autor de crime consumado, nos termos do art. 14, parágrafo único, do CP. A *teoria subjetiva*, ao contrário, que foi acolhida tão somente de forma excepcional, determina que a pena do crime tentado seja a mesma do consumado. Leva-se em conta, neste caso, a intenção do sujeito; **D:** correta. É que, nos crimes unissubsistentes, a conduta se desenvolve em ato único, o que inviabiliza a desistência. A existência de resultado naturalístico é pressuposto do arrependimento eficaz. Ou ainda: o agente somente fará jus ao benefício contido no dispositivo se de fato lograr impedir a produção do resultado. Ademais, exige-se somente voluntariedade, que quer dizer *atuar de forma livre, sem coação*.

Gabarito "D."

9. ANTIJURIDICIDADE E CAUSAS EXCLUDENTES

(Juiz – TJ/MS – VUNESP – 2015) Considerando as causas excludentes da ilicitude, é correto afirmar que:

(A) o estado de necessidade putativo ocorre quando o agente, por erro plenamente justificado pelas circunstâncias, supõe encontrar-se em estado de necessidade ou quando, conhecendo a situação de fato, supõe por erro quanto à ilicitude, agir acobertado pela excludente.

(B) há estado de necessidade agressivo quando a conduta do sujeito atinge um interesse de quem causou ou contribuiu para a produção da situação de perigo.

(C) de acordo com o art. 25, do Código Penal, os requisitos da legítima defesa são: a agressão atual ou iminente e a utilização dos meios necessários para repelir esta agressão.

(D) o rol completo das hipóteses de excludentes de ilicitudes elencadas no art. 23 do Código Penal são: a legítima defesa, o estado de necessidade e o estrito cumprimento do dever legal.

(E) legítima defesa subjetiva é a repulsa contra o excesso.

A: correta (art. 20, § 1º, do CP); **B:** incorreta. *Agressivo* é o estado de necessidade em que é sacrificado direito de um inocente; agora, quando é sacrificado direito de quem causou ou contribuiu para a causação da situação de perigo, está-se, então, diante do estado de necessidade *defensivo*; **C:** incorreta, já que a assertiva não contempla todos os requisitos contidos no art. 25 do CP, que são: existência de uma agressão; que ela, agressão, seja injusta; que, além disso, seja atual ou iminente; que a vítima da agressão, ao repudiá-la, o faça valendo-se dos meios necessários; que o emprego desses meios se dê de forma moderada; **D:** incorreta. Além desses (mencionados na alternativa), há também o *exercício regular de direito* (art. 23, III, do CP); **E:** incorreta. *Legítima defesa subjetiva* é o excesso de legítima defesa decorrente de erro escusável. ED

Gabarito "A."

(Magistratura/DF – 2011) Exclusão de ilicitude. Legítima defesa. A Legítima defesa decorre do afastamento de um dos elementos do crime que é a contrariedade da conduta ao direito, estabelecendo um conflito entre o titular de um bem ou interesse juridicamente protegido e um agressor que age ilicitamente. Assim:

(A) Mais do que pelo seu patrimônio, diante de fundado temor pela sua própria vida, age em legítima defesa putativa própria e de sua propriedade, cidadão que abate ladrão que, alta madrugada, invade sua mercearia que, também, lhe serve de residência;

(B) Age em legítima defesa subjetiva o cidadão que, em seu percurso de volta para casa avista dois desconhecidos, e, pensando serem policiais na busca de sua captura, por crime que anteriormente praticou, os abate a tiros;

(C) Após vários dias de haver Carlão feito ameaças, amedrontando o paisagista Chiquinho, à saída de uma boate, Ferdinando, amigo deste, pensando evitar o cumprimento da bravata, ao avistar o ameaçante, efetua disparos que o deixa paraplégico. A conduta de Ferdinando tipifica a legítima defesa de terceiro;

(D) Age em legítima defesa real, motorista que supondo ser um assaltante o andarilho a quem deu carona em trecho ermo de uma rodovia, efetua disparos que lhe causam a morte.

A: correta, aplicando-se, aqui, o art. 20, §1°, do CP (descriminante putativa); **B:** incorreta, pois se denomina de legítima defesa subjetiva a situação em que o agente, por erro invencível, incide em excesso exculpante, caracterizador de causa supralegal de exclusão da culpabilidade (inexigibilidade de conduta diversa). Na situação descrita na assertiva "B", sequer se poderia falar em legítima defesa (real ou putativa), pois a captura de agente delitivo por policiais não constitui agressão injusta, não legitimando, portanto, contra-ataque; **C:** incorreta, pois a legítima defesa, seja própria, seja de terceiro, pressupõe que exista uma agressão injusta, atual ou iminente, o que, no caso relatado na assertiva, não se verificou. As ameaças feitas a Chiquinho foram pretéritas à conduta perpetrada por Ferdinando, descaracterizando a situação de legítima defesa; **D:** incorreta, pois a legítima defesa real, como o próprio nome sugere, pressupõe que as circunstâncias fáticas que embasam a causa de justificação (no caso, agressão injusta atual ou iminente) sejam reais, verdadeiras, e não supostas. Neste caso, se tanto, poderemos estar diante de legítima defesa putativa, mas desde que presentes os requisitos do art. 20, §1°, do CP. **ED**

Gabarito "A".

(Magistratura/PI – 2011 – CESPE) Assinale a opção correta a respeito da ilicitude e das suas causas de exclusão.

(A) Considere que Antônio seja agredido por Lucas, de forma injustificável, embora lhe fosse igualmente possível fugir ou permanecer e defender-se. Nessa situação, como o direito é instrumento de salvaguarda da paz social, caso Antônio enfrentasse e ferisse gravemente Lucas, ele deveria ser acusado de agir com excesso doloso.

(B) Se a excludente do estrito cumprimento do dever legal for reconhecida em relação a um agente, necessariamente será reconhecida em relação aos demais coautores, ou partícipes do fato, que tenham conhecimento da situação justificadora.

(C) Considere que, para proteger sua propriedade, Abel tenha instalado uma cerca elétrica oculta no muro de sua residência e que duas crianças tenham sido eletrocutadas ao tentar pulá-la. Nesse caso, caracteriza-se exercício regular do direito de forma excessiva, devendo Abel responder por homicídio culposo.

(D) Em relação ao estado de necessidade, adota-se no CP a teoria diferenciadora, segundo a qual a excludente de ilicitude poderá ser reconhecida como justificativa

para a prática do fato típico, quando o bem jurídico sacrificado for de valor menor ou igual ao do bem ameaçado.

(E) No que se refere ao terceiro que sofre a ofensa, o estado de necessidade classifica-se em agressivo, quando a ação é dirigida contra o provocador dos fatos, e defensivo, quando o agente destrói bem de terceiro inocente.

A: incorreto, pois, na legítima defesa, considerada causa excludente da ilicitude penal, não se exige aquilo que se denomina de *commodus discessus*, vale dizer, a "fuga cômoda e pacífica" da vítima da agressão injusta, a fim de evitá-la. Não se exige a covardia da vítima. Se presentes todos os requisitos da legítima defesa (art. 25 do CP), esta restará caracterizada, ainda que a vítima não tente evitar o "embate" com o agressor; **B:** correta, pois, de fato, se um dos agentes agir amparado pelo estrito cumprimento do dever legal, terá atuado licitamente, razão pela qual os demais coautores ou partícipes do fato, desde que cientes da situação justificadora (elemento subjetivo da excludente da ilicitude), também não praticarão ato ilícito; **C:** incorreta, pois os ofendículos devem ser visíveis e inacessíveis a pessoas (ou terceiros) inocentes, descaracterizando-se, pois, o exercício regular de direito se uma cerca elétrica oculta for instalada no muro para a proteção da propriedade; **D:** incorreta, pois o CP, em seu art. 24, adotou a teoria unitária, segundo a qual somente restará configurado o estado de necessidade quando o bem jurídico protegido for de *igual* ou *maior valor* do que o bem sacrificado, sob pena de não restar afastada a ilicitude, impondo-se, se for o caso, condenação ao agente, porém, com pena reduzida (art. 24, §2°, do CP), em contraposição à teoria diferenciadora, que, como o próprio nome sugere, poderá gerar duas consequências: a) se o bem jurídico protegido for de igual ou menor valor do que o bem sacrificado, a culpabilidade (e não a ilicitude!) será afastada; b) se o bem jurídico protegido for de maior valor do que o sacrificado, restará excluída a ilicitude; **E:** incorreta, estando as definições invertidas na assertiva. Fala-se em estado de necessidade *defensivo* quando a ação é dirigida contra o provocador dos fatos, restando, aqui, excluída a ilicitude, ao passo que se denomina *agressivo* quando o agente destrói bem de terceiro inocente, podendo este demandar civilmente seu agressor. **AT**

Gabarito "B".

(Magistratura/SP – 2013 – VUNESP) Quando a descrição legal do tipo penal contém o dissenso, expresso ou implícito, como elemento específico, o consentimento do ofendido funciona como causa de exclusão da

(A) antijuridicidade formal.

(B) tipicidade.

(C) antijuridicidade material.

(D) punibilidade do fato.

A, C e D: incorretas. Conforme se verá no comentário a seguir, se o consentimento do ofendido figurar como elemento específico na própria descrição legal do tipo penal, não se falará em exclusão da antijuridicidade (formal ou material), ou mesmo da punibilidade do fato, mas, sim, da tipicidade; **B:** correta. Quanto ao consentimento do ofendido, este funcionará como causa de exclusão da tipicidade nas hipóteses em que a própria descrição típica exigir o dissenso (de forma expressa ou implícita) como elemento constitutivo do tipo legal. É o que se verifica, por exemplo, com o crime do art. 213 do CP (estupro). Somente se cogita da ocorrência de referido crime contra a dignidade sexual quando, para a conjunção carnal ou para a prática de atos libidinosos diversos, a vítima com eles não consentir. Em outras palavras, havendo consentimento, o fato será atípico. **AT**

Gabarito "B".

3. DIREITO PENAL

(Magistratura Federal/1ª região – 2011 – CESPE) No que diz respeito às causas de exclusão da ilicitude e de culpabilidade, assinale a opção correta.

(A) Para o reconhecimento da causa de exclusão de ilicitude, há necessidade da presença dos pressupostos objetivos e da consciência do agente de agir acobertado por uma excludente, de modo a evitar o dano pessoal ou de terceiro, admitindo-se as causas supralegais de justificação.

(B) A legislação extravagante prevê, entre as causas de exclusão de culpabilidade, a que assegura, na Lei de Entorpecentes, a isenção de pena do agente que, em razão da dependência de droga, seja, ao tempo da ação ou da omissão, incapaz de entender o caráter ilícito do fato, incidindo, apenas, no delito de portar ou trazer consigo drogas para uso pessoal.

(C) A condição de silvícola e a surdo-mudez completa são consideradas causas de exclusão da imputabilidade absoluta, por presunção legal expressa, com fulcro no critério biopsicológico, de as pessoas nessas condições demonstrarem incapacidade de entender o que seja ilicitude e de se autodeterminar de acordo com esse entendimento.

(D) As causas de exclusão de ilicitude são taxativas e estão previstas na parte geral do CP, tendo o legislador pátrio fornecido o conceito preciso de cada uma delas, de modo a evitar interpretações não previstas na norma, em benefício do autor da conduta.

(E) As causas de exclusão de ilicitude e de culpabilidade têm os mesmos efeitos jurídicos, reconhecem a conduta como infração penal e, em nenhuma hipótese, acarretam a imposição de pena ao agente.

A: correta. De fato, as causas de exclusão da ilicitude, com maior destaque para aquelas previstas no art. 23 do CP (estado de necessidade, legítima defesa, estrito cumprimento de dever legal e exercício regular de direito), para o seu reconhecimento, exigem a presença de pressupostos objetivos (na legítima defesa, por exemplo, será de rigor que o agente tenha feito uso moderado dos meios necessários, para repelir agressão injusta, atual ou iminente, a direito próprio ou alheio – art. 25 do CP), sem prejuízo do requisito subjetivo, qual seja, a consciência de que atua amparado por uma causa de justificação. A doutrina e a jurisprudência, ainda, admitem as causas excludentes da ilicitude não previstas expressamente em lei, denominadas, portanto, de causas supralegais. A mais aceita é o consentimento do ofendido, ou seja, "*a anuência do titular do bem jurídico ao fato típico praticado por alguém*" (Cleber Masson – *Direito Penal Esquematizado*, vol. 1, 7ª edição, Ed. Método, p. 391), admitido desde que a vítima dê sua anuência expressa ao cometimento do fato, de forma livre, previamente à consumação da infração, e desde que seja plenamente capaz para expressar o consentimento; **B:** incorreta. O art. 45 da Lei 11.343/2006 (Lei de Drogas) dispõe que o agente será isento de pena se, em razão da dependência, ou sob o efeito, proveniente de caso fortuito ou força maior, de droga, era, ao tempo da ação ou da omissão, *qualquer que tenha sido a infração penal praticada*, inteiramente incapaz de entender o caráter ilícito do fato ou de determinar-se de acordo com esse entendimento. Perceba o candidato que o dispositivo legal não limita a exclusão da culpabilidade apenas para os crimes de porte de drogas para consumo pessoal, incidindo, portanto, sobre qualquer infração penal (prevista em qualquer lei); **C:** incorreta. O silvícola somente será considerado inimputável se, realizado o exame antropológico, for constatado que não está adaptado à cultura do "homem branco". Em outras palavras, a imputabilidade

somente emergirá se constatada a incompleta capacidade de viver em sociedade, sem poder atinar às regras de convivência. Aqui, o aspecto que é levado em conta não é biopsicológico, mas, como dito, o antropológico. Com relação ao surdo-mudo, tal deficiência, por si só, não será capaz de gerar a inimputabilidade do agente. Será necessário verificar se, em razão dela, ao tempo da ação ou da omissão, era inteiramente incapaz de entender o caráter ilícito do fato ou de determinar-se de acordo com esse entendimento (art. 26, *caput*, do CP); **D:** incorreta. Primeiramente, não é verdade que as causas de exclusão da ilicitude sejam taxativas e apenas previstas na parte geral do CP. Lembre-se de que, na parte especial, há, sim, causas de justificação (ex.: aborto legal – art. 128), bem como admitem a doutrina e a jurisprudência as causas supralegais de exclusão da antijuridicidade (ex.: consentimento do ofendido). Em segundo lugar, mesmo para as causas justificantes expressamente enunciadas no CP, não cuidou o legislador de defini-las precisamente. É o caso do estrito cumprimento de dever legal e exercício regular de direito, previstos no art. 23, III, do CP, mas sem um tratamento expresso, tal como ocorre com o estado de necessidade (art. 24 do CP) e a legítima defesa (art. 25 do CP); **E:** incorreta. As causas excludentes da ilicitude, se adotada a concepção bipartida ou bipartite, afastarão a própria configuração do crime (que é fato típico e ilícito). Porém, ainda com base na mesma concepção, as causas de exclusão da culpabilidade produzirão efeito diverso: isentarão o agente de pena, embora permaneça a existência da infração penal.
Gabarito "A".

(Magistratura Federal/1ª região – IX) Acerca das excludentes da antijuridicidade e da culpabilidade, assinale a assertiva correta:

(A) não se configura o crime na situação de legítima defesa real, própria ou de terceiro.

(B) é possível legítima defesa real própria contra legítima defesa real de terceiro.

(C) não é possível estado de necessidade contra estado de necessidade.

(D) o estado de necessidade exclui o crime, mesmo que o bem jurídico salvo seja de menor valor que o bem jurídico sacrificado.

A: correta. De fato, não haverá crime se o fato for praticado em legítima defesa real, própria ou de terceiro. Considera-se legítima defesa real aquela em que todos os requisitos legais previstos no art. 25 do CP estão presentes; **B:** incorreta. A legítima defesa real própria, que é aquela em que o agente reage a uma agressão injusta a direito próprio, bem como a legítima defesa real de terceiro, que é aquela em que o agente reage a uma agressão injusta a direito alheio, não podem existir reciprocamente, vale dizer, uma contra a outra. Explica-se. É que, em ambos os casos, estará presente o mesmo pressuposto, qual seja, a agressão injusta por parte de um dos envolvidos. Existindo agressão injusta, a reação será justa. Logo, não se pode admitir que alguém atue em legítima defesa contra outra pessoa que, igualmente, age em legítima defesa, pouco importando se própria ou de terceiro; **C:** incorreta. Diferentemente da legítima defesa real, que não admite, reciprocamente, outra legítima defesa real, será possível que alguém que atue em estado de necessidade contra alguém que, também, se encontre em situação em que se admita o reconhecimento da mesma excludente de ilicitude. É o que se denomina de "estado de necessidade recíproco". É o caso do clássico exemplo dos dois náufragos, que se agridem mutuamente para o alcance da "tábua de salvação". Ambos agem, reciprocamente, em estado de necessidade; **D:** incorreta. O estado de necessidade pressupõe que o *fato necessitado* atenda aos requisitos da inevitabilidade e proporcionalidade. Assim, somente haverá a possibilidade de invocar o estado de necessidade o agente que, diante de um perigo atual, não provocado por sua vontade, que ameace bem jurídico próprio ou de terceiro, não podendo evitar o enfrentamento da situação periclitante, sacrifique bem jurídico alheio, desde que haja, aqui, razoabilidade. Em outras palavras, comparados os bens jurídicos (aquele que se quer proteger e aquele que está sendo ameaçado), aquele que será preservado deve ser de igual ou superior valor àquele que será sacrificado, adotando-se, pois, a teoria unitária, materializada no art. 24 do CP. Contrapõe-se à referida teoria a denominada "diferenciadora", segundo a qual o estado de necessidade existirá apenas se o bem jurídico sacrificado for de menor importância do que aquele preservado.

Gabarito "A".

10. CONCURSO DE PESSOAS

(Juiz – TJ-SC – FCC – 2017) A moderna teoria do domínio do fato de Claus Roxin procura solucionar alguns problemas de autoria e, expressamente, já foi adotada em nossos tribunais. Além das previsões legais sobre autoria mediata, existe a possibilidade de autoria no âmbito de uma organização. Para que esta seja configurada devem estar presentes alguns requisitos, EXCETO:

(A) poder efetivo de mando.

(B) fungibilidade do autor imediato.

(C) desvinculação do aparato organizado do ordenamento jurídico.

(D) o prévio acerto entre o comandante e os demais comandados.

(E) disponibilidade consideravelmente elevada por parte do executor.

Para a chamada *teoria do domínio do fato*, concebida, na década de 1930, por Hans Welzel e, depois disso, desenvolvida e aperfeiçoada por Claus Roxin, autor é quem realiza o verbo contido no tipo penal. Mas não é só. É também autor quem tem o domínio organizacional da ação típica (quem, embora não tenha realizado o núcleo do tipo, planeja, organiza etc.). Além disso, é considerado autor aquele que domina a vontade de outras pessoas ou ainda participa funcionalmente da execução do crime. Em outras palavras, o autor, para esta teoria, detém o controle final sobre o fato criminoso, exercendo, sobre ele, um poder de decisão. É importante que se diga que é insuficiente a mera posição de hierarquia superior entre comandante e comandado, sendo de rigor que reste comprovado que aquele que comanda a vontade dos demais determine a prática da ação, não sendo necessário, aqui, prévio acerto entre eles. Para esta teoria, a responsabilidade criminal incidirá sobre o executor do fato, assim considerado o autor imediato, e também sobre o autor mediato, assim considerado o homem que age *por trás*. Embora o Código Penal não tenha adotado tal teoria, é fato que tanto o STF quanto o STJ têm recorrido a ela em vários casos, sendo o mais emblemático no caso do julgamento do "Mensalão" (AP 470/STF). **ED**

Gabarito "D".

(Juiz de Direito – TJM/SP – VUNESP – 2016) A respeito do concurso de agentes, afirma-se corretamente que

(A) além das modalidades instigação e induzimento, a participação também se dá pelo auxílio. Nesta modalidade, a fim de se diferenciar o coautor do partícipe, deve-se recorrer à regra da essencialidade da cooperação.

(B) o concurso de pessoas, pelo Código Penal, assume duas formas, coautoria e participação. Partícipe é aquele que instiga ou induz o autor na perpetração do crime, sendo os atos de instigação e induzimento puníveis, independentemente de o crime vir a ser tentado ou consumado.

(C) o Código Penal taxativamente estabelece que as penas dos autores e partícipes devem ser diferenciadas, punindo sempre de forma diminuída quem apenas instiga, induz ou auxilia na prática delitiva.

(D) segundo o Código Penal, o coautor ou partícipe, independentemente do crime para o qual quis concorrer, será punido segundo a pena do crime efetivamente praticado, pois assumiu o risco do resultado.

(E) segundo o Código Penal, as condições de caráter pessoal do autor estendem-se a todos os concorrentes da prática delitiva.

A: correta. A *participação* pode ser *moral* ou *material*. Moral é aquela em que o sujeito induz ou instiga terceira pessoa a cometer um crime. O partícipe, neste caso, age, portanto, na vontade do coautor. Já na participação material, temos que a colaboração do partícipe consiste em viabilizar materialmente a execução do crime, prestando auxílio ao autor sem realizar o verbo contido no tipo penal; **B:** incorreta, pois contraria a regra prevista o art. 31 do CP, segundo a qual *o ajuste, a determinação ou instigação e o auxílio, salvo disposição expressa em contrário, não são puníveis, se o crime não chega, pelos menos, a ser tentado*; **C:** incorreta. Não há, no Código Penal, norma que estabelece que as penas aplicadas a autores e partícipes devam ser diferenciadas. O que temos é que, à luz do que estabelece o art. 29 do CP, as penas devem ser aplicadas em conformidade com a culpabilidade de cada agente (... *na medida de sua culpabilidade*). Em outras palavras, devem ser levadas em conta diversas circunstâncias individuais a permitir que o magistrado, no momento da aplicação da pena, o faça em razão da gravidade e importância da colaboração de cada agente. Isso não quer dizer que ao coautor deva ser aplicada, necessariamente, pena maior do que a do partícipe. Tudo vai depender do juízo de reprovabilidade a recair sobre cada componente da empreitada criminosa, a ser analisada caso a caso; **D:** incorreta. Embora adotada a teoria monista, segundo a qual todos os agentes respondem pelo mesmo crime, nada obsta que o sujeito que quis participar de crime menos grave por ele seja responsabilizado, e não pelo delito que, mais grave, foi de fato praticado. É a chamada *cooperação dolosamente distinta*, cuja previsão está no art. 29, § 2º, do CP; agora, se o resultado mais grave era previsível, a pena do crime em que quis incorrer o agente será aumentada de metade; **E:** incorreta. Segundo o disposto no art. 30 do CP, as condições de caráter pessoal somente se estendem a todos os concorrentes da empreitada criminosa quando elementares do crime. **ED**

Gabarito "A".

(Magistratura/PE – 2011 – FCC) Nos chamados crimes de mão própria, é

(A) incabível o concurso de pessoas.

(B) admissível apenas a participação.

(C) admissível a coautoria e a participação material.

(D) incabível a participação moral.

(E) admissível apenas a coautoria.

Esta modalidade de crime, por exigir do sujeito ativo uma atuação pessoal, não comporta a coautoria, mas somente a participação. É que a conduta descrita no tipo só pode ser realizada pela pessoa ali designada. **ED**

Gabarito "B".

(Magistratura/PB – 2011 – CESPE) A respeito do concurso de pessoas, assinale a opção correta.

(A) É aplicável a teoria do domínio do fato para o estabelecimento da distinção entre coautoria e participação,

3. DIREITO PENAL

considerando-se coautor aquele que presta contribuição independente, essencial à prática do delito, não obrigatoriamente em sua execução.

(B) A teoria do domínio do fato, segundo doutrina majoritária, prevalece atualmente no ordenamento jurídico brasileiro, especialmente por explicar satisfatoriamente o concurso de agentes nos crimes culposos e dolosos.

(C) Segundo entendimento da doutrina majoritária, o concurso eventual de delinquentes só é compatível com os chamados delitos plurissubjetivos.

(D) Em relação à autoria, consoante a teoria unitária, todos os participantes do evento delituoso são considerados autores, não existindo a figura do partícipe.

(E) No CP, é adotada, em relação ao estudo da autoria, a teoria restritiva, na sua específica vertente objetivo-material, segundo a qual somente é considerado autor aquele que pratica o núcleo do tipo.

A: para a *teoria do domínio do fato*, autor não é só quem realiza o verbo-núcleo contido no tipo penal. É também aquele que presta contribuição essencial ao cometimento do delito, consistente em deter o domínio pleno da ação típica (quem, embora não tenha realizado o núcleo do tipo, planeja, organiza etc.). Além disso, presta contribuição essencial sem realizar o núcleo do tipo aquele que domina a vontade de outras pessoas. O mandante, para esta teoria, é coautor; **B:** a teoria acolhida pelo CP é a formal-objetiva (restritiva), segundo a qual autor é aquele que executa o verbo-núcleo do tipo penal; **C:** incorreta, visto que o concurso eventual de delinquentes (crimes unissubjetivos ou monossubjetivos) se refere aos crimes que podem ser praticados por uma única pessoa. Já os plurissubjetivos (de concurso necessário ou coletivos) são os que só podem ser praticados por um número mínimo de agentes. A pluralidade de agentes, neste caso, faz parte do tipo penal. É o caso da rixa e da quadrilha ou bando (agora associação criminosa). Impende ressaltar que a norma de extensão do art. 29 do CP somente tem aplicação nos delitos de concurso eventual, já que a pluralidade de agentes é inerente (faz parte do tipo) aos crimes de concurso necessário, o que torna, neste caso, desnecessária a incidência da norma do art. 29 do CP; **D:** incorreta, pois a teoria monista (unitária) não sustenta a inexistência da figura do partícipe; **E:** a teoria acolhida pelo CP é a formal-objetiva (restritiva), segundo a qual autor é aquele que executa o verbo-núcleo do tipo penal. **ED**
Gabarito "A"

11. CULPABILIDADE E CAUSAS EXCLUDENTES

(Magistratura/PE – 2013 – FCC) A coação moral irresistível e a obediência hierárquica excluem a

(A) culpabilidade.

(B) culpabilidade e a tipicidade, respectivamente.

(C) punibilidade e a ilicitude, respectivamente.

(D) tipicidade e a culpabilidade, respectivamente.

(E) tipicidade.

A: correta. De fato, tanto a coação moral irresistível, quanto a obediência hierárquica, institutos definidos no art. 22 do CP, são causas que excluem a culpabilidade do agente, tornando-o isento de pena. Em ambos os casos, inexistirá um dos requisitos do referido pressuposto de aplicação da pena, qual seja, a exigibilidade de conduta diversa. Saliente-se que, no tocante à coação moral irresistível, causa dirimente (excludente da culpabilidade), como visto, não se pode confundi-la com a coação *física* irresistível, esta considerada causa de exclusão da conduta, e, portanto, do próprio fato típico. **AT**
Gabarito "A"

(Magistratura/PI – 2011 – CESPE) A respeito da culpabilidade, assinale a opção correta.

(A) Para haver exclusão ou diminuição da culpabilidade, a perda ou redução da capacidade de entendimento do caráter ilícito do fato causada pelo uso de entorpecente não deve decorrer necessariamente de caso fortuito ou força maior, visto que a dependência química, por si só, afasta ou reduz a responsabilização penal.

(B) Segundo a jurisprudência do STJ, no delito de omissão de recolhimento de contribuição previdenciária, a impossibilidade de repasse das contribuições previdenciárias em decorrência de crise financeira da empresa não constitui, nem sequer em tese, causa supralegal de exclusão da culpabilidade (inexigibilidade de conduta diversa).

(C) Conforme a teoria normativa pura, a culpabilidade não se exaure na relação de desconformidade substancial entre ação e ordenamento jurídico, mas fundamenta a reprovação pessoal contra o autor, no sentido de este não ter omitido a ação antijurídica quando ainda podia.

(D) De acordo com a teoria limitada da culpabilidade, não se faz distinção entre erro de tipo (o que recai sobre a situação de fato) e erro de proibição (o que recai sobre os limites autorizadores da norma), sendo todas essas situações consideradas erro de proibição.

(E) Nas correntes preventivas da culpabilidade, a teoria da motivação normativa tem como característica básica fundar a culpabilidade na liberdade de autodeterminação, excluída a capacidade de motivação normativa do sujeito.

A: incorreta, visto que o art. 45 da Lei 11.343/06 (Lei de Drogas) dispõe que é isento de pena o agente que, em razão da dependência, ou sob o efeito, proveniente de caso fortuito ou força maior, de droga, era, ao tempo da ação ou da omissão, qualquer que tenha sido a infração penal praticada, inteiramente incapaz de entender o caráter ilícito do fato ou de determinar-se de acordo com esse entendimento. Não bastará a dependência química para a exclusão (ou redução) da responsabilidade penal do agente, sendo necessário que, em razão dela, sua capacidade de entendimento ou autodeterminação estivessem comprometidos; **B:** incorreta, pois o STJ admite, de fato, a tese da inexigibilidade de conduta diversa como causa supralegal de exclusão da culpabilidade se comprovada a dificuldade (ou crise) financeira da empresa em repassar as contribuições retidas do salário dos empregados ao INSS (art. 168-A, CP), alegação esta não admissível em sede de recurso especial, em razão da inviabilidade de reexame fático-probatório nessa seara (AgRg no Ag 900156 / RS – STJ – j. 31/10/2007); **C:** correta. De acordo com a teoria normativa pura, apoiada pelos adeptos da teoria finalista da ação, a culpabilidade, de fato, repousa na reprovabilidade da conduta perpetrada pelo autor, sendo um "puro" juízo de valor divorciado de qualquer elemento psicológico do agente, cuja análise remonta ao fato típico; **D:** incorreta, pois, de acordo com a teoria limitada da culpabilidade, se o erro do agente recair sobre os pressupostos fáticos de uma causa de justificação, estaremos diante de erro de tipo, ao passo que se o erro recair sobre os limites ou a própria existência de uma causa justificadora, caracterizado estará o erro de proibição; **E:** incorreta, pois pela teoria da motivação normativa, o agente inculpável não deverá ser castigado (leia-se: apenado) porque não pode ser motivado pela norma. **AT**
Gabarito "C"

12. PENAS E SEUS EFEITOS

(Juiz – TJ/MS – VUNESP – 2015) Assinale a alternativa correta.

(A) Os efeitos genéricos e específicos da condenação criminal são automáticos, sendo, pois, despicienda suas declarações na sentença.

(B) O juiz não poderá declarar extinta a pena, enquanto não passar em julgado a sentença, em processo a que responde o liberado, por crime cometido na vigência do livramento.

(C) As espécies de pena são as privativas de liberdade e restritivas de direito.

(D) A suspensão condicional da pena será obrigatoriamente revogada se, no curso do prazo, o beneficiário pratica novo crime doloso.

(E) Para efeito de reincidência, não prevalece a condenação anterior, se entre a data do cumprimento ou extinção da pena e a infração posterior tiver decorrido período de tempo superior a 2 (dois) anos, computado o período de prova da suspensão ou do livramento condicional, se não ocorrer revogação.

A: incorreta. O que se afirma na alternativa somente se aplica aos chamados efeitos *genéricos* da condenação. Neste caso, de fato é desnecessário o pronunciamento do juiz, a esse respeito, na sentença. São as hipóteses contempladas no art. 91 do CP; já o art. 92 do CP trata dos efeitos da condenação *não automáticos* (específicos), que, por essa razão, somente podem incidir se o juiz, na sentença condenatória, declará-los de forma motivada; **B:** correta, pois corresponde à regra presente no art. 89 do CP; **C:** incorreta. As espécies de pena, segundo o rol contido no art. 32 do CP, são *privativas de liberdade*, *restritivas de direitos* e *multa*; **D:** incorreta. Não basta, para que o juiz decrete a revogação do *sursis*, que o beneficiado pratique novo crime doloso, sendo de rigor que seja por ele condenado em definitivo (sentença com trânsito em julgado), na forma estatuída no art. 81, I, do CP; **E:** incorreta. O erro da assertiva incide tão somente sobre o prazo de 2 anos, que, na verdade, por força do disposto no art. 64, I, do CP, é de 5 anos. **ED** Gabarito "B".

(Juiz – TJ-SC – FCC – 2017) Sobre o trabalho externo do preso, é correto afirmar que:

(A) é possível na realização de serviços e obras públicas prestados por entidades privadas.

(B) só é possível em entidades públicas.

(C) a autorização será revogada com a prática de qualquer infração penal.

(D) somente poderá ser concedida após o cumprimento de 1/3 da pena.

(E) o limite máximo de presos será de 20% do total de empregados.

A (correta) e B (incorreta): segundo o art. 36 da LEP, o trabalho externo será admissível em serviço ou obras públicas realizadas por órgãos da Administração direta ou indireta, bem como em *entidades privadas*, desde que tomadas as cautelas contra a fuga e em favor da disciplina; **C:** incorreta. Em conformidade com o disposto no art. 37, parágrafo único, da LEP, não é o cometimento de qualquer infração penal que enseja a revogação do trabalho externo, mas tão somente a prática de fato definido como *crime*; além disso, também implicará a sua revogação: a punição por falta grave; e o fato de o apenado apresentar comportamento inadequado no trabalho para o qual foi designado; **D:** incorreta, na medida em que o art. 37, "caput", da LEP impõe ao conde-

nado o cumprimento mínimo de 1/6 da pena, e não 1/3, tal como consta da assertiva; **E:** incorreta. Com o escopo de preservar a segurança, evitando-se, com isso, fugas, o legislador estabeleceu que o total de presos não poderá superar 10% do número de trabalhadores da obra (art. 36, §1º, da LEP). A assertiva, que está incorreta, fala em 20%. **ED** Gabarito "A".

(Juiz – TJ/SC – FCC – 2017) Sobre a suspensão condicional da pena, é correto afirmar:

(A) Nos crimes previstos na Lei ambiental nº 9.605/98, a suspensão poderá ser aplicada em condenação a pena privativa de liberdade não superior a quatro anos.

(B) No primeiro ano do prazo, deverá o condenado cumprir uma das penas alternativas previstas no artigo 44 do Código Penal.

(C) A execução da pena privativa de liberdade, não superior a quatro anos, poderá ser suspensa, por quatro a seis anos, desde que o condenado seja maior de sessenta anos de idade.

(D) É causa de revogação obrigatória a condenação por crime doloso e culposo.

(E) É causa de revogação obrigatória a frustração da execução de pena de multa, embora solvente.

A: incorreta, uma vez que não corresponde ao teor do art. 16 da Lei 9.605/1998, que estabelece que, *nos crimes previstos neste lei, a suspensão condicional da pena pode ser aplicada nos casos de condenação a pena privativa de liberdade não superior a 3 (três) anos*, e não a 4 (quatro), tal como consta da assertiva; **B:** incorreta, na medida em que, dentre as penas restritivas de direitos elencadas no art. 43 do CP, o condenado sujeitar-se-á, no primeiro ano da suspensão condicional da pena, tão somente à prestação de serviços à comunidade (art. 46, CP) e à limitação de fim de semana (art. 48). Não poderá submeter-se, portanto, às demais modalidades de penas restritivas de direitos. É o que estabelece o art. 78, §1º, do CP; **C:** incorreta, uma vez que o chamado sursis etário, que vem definido no art. 77, §2º, do CP, somente será concedido ao condenado que for maior de 70 anos (e não 60); **D:** incorreta. Embora seja correto afirmar-se que a condenação definitiva pela prática de crime doloso constitui hipótese de revogação obrigatória do sursis (art. 81, I, CP), tal não se dá com o beneficiário que é condenado, em definitivo, pelo cometimento de crime culposo. Neste último caso, a revogação do benefício será facultativa, tal como estabelece o art. 81, §1º, CP; **E:** correta, pois corresponde à regra prevista no art. 81, II, do CP. **ED** Gabarito "E".

(Magistratura/AM – 2013 – FGV) Com relação ao *regime de cumprimento de pena*, assinale a afirmativa **incorreta**.

(A) O regime de pena deve ser escolhido pelo Juiz na sentença depois de aplicada a pena final.

(B) Segundo a jurisprudência do Supremo Tribunal Federal, tratando-se de condenação pela prática de crime hediondo ou assemelhado, o regime de pena inicial deverá ser necessariamente o fechado;

(C) O condenado reincidente poderá excepcionalmente iniciar o cumprimento da pena reclusiva em regime semiaberto.

(D) Independentemente do *quantum* estabelecido, a pena de detenção não poderá inicialmente ser cumprida em regime fechado.

(E) A opinião do julgador sobre a gravidade em abstrato do crime não constitui motivação idônea para a imposição de regime mais severo do que o permitido segundo a pena aplicada.

A: correta. De fato, o regime inicial de cumprimento de pena somente será escolhido pelo magistrado após a fixação da pena final, decorrente da aplicação do sistema trifásico. Lembre-se de que um dos critérios a ser adotado para a imposição do regime penitenciário para início de desconto da reprimenda será, exatamente, o *quantum* aplicado (art. 33, § 2º, do CP); **B:** incorreta, devendo ser assinalada. Com o julgamento do HC 111.840/ES, em 2012, o STF declarou a inconstitucionalidade incidental da obrigatoriedade do regime inicialmente fechado previsto para os crimes hediondos e assemelhados. Confira-se a ementa do julgado: "*Habeas corpus.* Penal. Tráfico de entorpecentes. Crime praticado durante a vigência da Lei nº 11.464/2007. Pena inferior a 8 anos de reclusão. Obrigatoriedade de imposição do regime inicial fechado. Declaração incidental de inconstitucionalidade do § 1º do art. 2º da Lei nº 8.072/1990. Ofensa à garantia constitucional da individualização da pena (inciso XLVI do art. 5º da CF/1988). Fundamentação necessária (CP, art. 33, § 3º, c/c o art. 59). Possibilidade de fixação, no caso em exame, do regime semiaberto para o início de cumprimento da pena privativa de liberdade. Ordem concedida."; **C:** correta. Nos termos da Súmula nº 269 do STJ, é admissível a adoção do regime prisional semiaberto aos reincidentes condenados a pena igual ou inferior a quatro anos se favoráveis as circunstâncias judiciais; **D:** correta. Os crimes punidos com detenção não admitirão a fixação de regime inicial fechado para o cumprimento da pena. Tal se extrai do art. 33, *caput*, segunda parte, do CP, que preconiza que, para os crimes apenados com detenção, a pena deverá ser cumprida nos regimes semiaberto ou aberto. Exceção havia quando se tratasse de crimes cometidos por organizações criminosas, hipótese em que o art. 10 da Lei 9.034/1995 previa a imposição de regime inicial fechado. Ocorre que referido diploma legal foi expressamente revogado pela "Nova Lei do Crime Organizado" (Lei 12.850/2013), que não repetiu aludida regra. Portanto, não existe, atualmente, à luz do ordenamento jurídico pátrio vigente, possibilidade de se fixar regime inicial fechado a condenado punido por crime apenado com detenção; **E:** correta, nos exatos termos da Súmula nº 718 do STF. 🗛

Gabarito "B".

(Magistratura/AM – 2013 – FGV) Com o escopo de reduzir o encarceramento, que deve ser deixado para casos especiais, o Código Penal prevê as penas restritivas de direitos. A esse respeito, assinale a afirmativa correta.

(A) As penas restritivas de direitos, de acordo com o Código Penal vigente, são a de prestação pecuniária, a de perda de bens e valores, a de prisão domiciliar, a de prestação de serviços à comunidade ou a entidades públicas, a de interdição temporária de direitos e a de limitação de fim de semana.

(B) O réu reincidente não faz jus à substituição da pena privativa de liberdade por pena restritiva de direitos.

(C) O Juiz da sentença, observados os requisitos legais, decidirá sobre eventual substituição da pena privativa de liberdade por restritivas de direitos, não sendo possível a substituição nos crimes hediondos e assemelhados.

(D) Os crimes praticados em concurso material, quando ao agente tiver sido aplicada pena privativa de liberdade, não suspensa, por um dos crimes, para os demais será incabível a substituição da pena privativa de liberdade por restritiva de direitos.

(E) O Juiz da execução pode de ofício ou a requerimento do Ministério Público, sem a oitiva do apenado,

converter a pena restritiva de direitos em pena privativa de liberdade, em razão de seu descumprimento injustificado.

A: incorreta. Nos termos do art. 43, I a VI, do CP, as penas restritivas de direitos são: i) prestação pecuniária; ii) perda de bens e valores; iii) prestação de serviços à comunidade ou entidades públicas; iv) interdição temporária de direitos e; v) limitação de fim de semana. Assim, prisão domiciliar, tal como consta na assertiva, não é pena restritiva de direitos; **B:** incorreta. Muito embora, em regra, a reincidência em crime doloso afaste a substituição da pena privativa de liberdade por restritiva de direitos (art. 44, II, do CP), é certo que se referida medida for socialmente recomendável e o réu não for reincidente específico, poderá o juiz aplicar a conversão (art. 44, § 3º, do CP); **C:** incorreta. Nada obstante, por muito tempo, doutrina e jurisprudência tenham negado a possibilidade de substituição da pena privativa de liberdade por restritiva de direitos para os condenados por crimes hediondos ou assemelhados, haja vista o tratamento rigoroso conferido pelo legislador (art. 5º, XLIII, da CF/1988; Lei 8.072/1990), é certo que, desde o julgamento, pelo STF, do HC 82.959/SP, em 2006, no qual se declarou incidentalmente a inconstitucionalidade do regime integralmente fechado, houve uma "evolução" jurisprudencial no sentido de atenuar o rigorismo conferido a estas espécies de crimes. Tanto é verdade que aquela Corte, mais tarde, declarou a inconstitucionalidade da vedação contida na Lei de Drogas (art. 33, § 4º, da Lei 11.343/2006) sobre a impossibilidade de conversão da pena privativa de liberdade em restritiva de direitos, admitindo-a se preenchidos os requisitos objetivos e subjetivos previstos no art. 44 do CP (STF, HC 97.256/RS, Plenário, j. 01.09.2010, rel. Min. Ayres Brito, *DJe* 16.12.2010), bem como a inconstitucionalidade da obrigatoriedade do regime inicial fechado para os crimes hediondos e equiparados (HC 11.840/ES); **D:** correta. De fato, tratando-se de concurso de crimes, a substituição da pena privativa de liberdade por restritiva de direitos somente será possível quando o total das reprimendas não ultrapasse o limite de quatro anos previsto no art. 44, I, do CP (STJ, HC 90.631/SP, 5ª Turma, j. 21.02.2008, rel. Min. Felix Fischer, *DJe* 31.03.2008). Demais disso, o art. 69, § 1º, do CP, dispõe que quando ao agente tiver sido aplicada pena privativa de liberdade, não suspensa, por um dos crimes, para os demais será incabível a substituição de que trata o art. 44 de aludido Código; **E:** incorreta, pois, por óbvio, a conversão (ou reconversão, como preferem alguns) da pena restritiva de direitos em privativa de liberdade, pelo descumprimento injustificado, deverá observar o contraditório e ampla defesa, ouvindo-se, portanto, o condenado, em regular procedimento. 🗛

Gabarito "D".

(Magistratura/AM – 2013 – FGV) Dispõe o Código Penal que *as penas privativas de liberdade deverão ser executadas em forma progressiva, evoluindo o apenado no curso da execução da pena do regime mais gravoso para o menos gravoso, até obter a liberdade plena.*

A esse respeito, analise as afirmativas a seguir.

I. Pode o Juiz requisitar excepcionalmente o exame criminológico antes de decidir o pedido de progressão de regime, desde que o faça de forma fundamentada, como, por exemplo, em razão da gravidade em abstrato do delito e do tempo restante da pena.

II. O apenado não pode progredir diretamente do regime fechado para o aberto.

III. A prática de falta grave pelo apenado, devidamente apurada em procedimento disciplinar próprio em que foi garantida a ampla defesa, autoriza a regressão do regime para outro mais gravoso.

Assinale:

(A) se apenas a afirmativa I estiver correta.

(B) se apenas as afirmativas I e II estiverem corretas.

(C) se apenas as afirmativas I e III estiverem corretas.

(D) se apenas as afirmativas II e III estiverem corretas.

(E) se todas as afirmativas estiverem corretas.

I: incorreta. Nada obstante a Lei 10.792/2003 tenha eliminado do art. 112 da LEP (Lei 7.210/1984) o exame criminológico como condição ao deferimento da progressão de regime, a jurisprudência consolidou o entendimento de que referido exame poderá ser exigido diante do caso concreto, desde que suas peculiaridades indiquem que a medida é necessária, devendo existir adequada motivação judicial. É o que se infere da Súmula Vinculante 26 ("Para efeito de progressão de regime no cumprimento de pena por crime hediondo, ou equiparado, o juízo da execução observará a inconstitucionalidade do art. 2° da Lei n° 8.072, de 25 de julho de 1990, sem prejuízo de avaliar se o condenado preenche, ou não, os requisitos objetivos e subjetivos do benefício, podendo determinar, para tal fim, de modo fundamentado, a realização de exame criminológico") e Súmula 439 do STJ ("Admite-se o exame criminológico pelas peculiaridades do caso, desde que em decisão motivada"). Todavia, não se entende que a gravidade em abstrato do delito ou do restante da pena a cumprir sejam motivos suficientes a ensejar a submissão do condenado a exame criminológico; **II:** correta. De fato, o apenado não pode progredir diretamente do regime fechado para o aberto. É o que se denomina de progressão por salto, inadmitida, inclusive, pela Súmula 491 do STJ: "É inadmissível a chamada progressão *per saltum* de regime prisional"; **III:** correta. Nos termos do art. 118, I, da LEP (Lei 7.210/1984), ficará sujeito à regressão de regime o condenado que cometer falta grave. Evidente, porém, que a medida em comento exigirá a instauração do contraditório e ampla defesa. Confira-se: "AGRAVO REGIMENTAL EM RECURSO ESPECIAL. EXECUÇÃO PENAL. PRÁTICA DE FALTA GRAVE. FUGA. REGRESSÃO DE REGIME PRISIONAL. INTERPRETAÇÃO DO ART. 118, I, § 2° DA LEP. PRECEDENTES DO STJ. AGRAVO REGIMENTAL IMPROVIDO. 1. Esta Corte possui entendimento pacífico de que o cometimento de falta grave justifica a regressão do regime prisional, sendo indispensável a prévia oitiva do réu, nos termos do art. 118 e § 2° da LEP. 2. Agravo Regimental improvido." (STJ, AgRg no REsp 962518/RS, 5ª Turma, j. 12.02.2008, rel. Min. Napoleão Nunes Maia Filho, *DJe* 03.03.2008). **AT**
Gabarito "D".

(Magistratura/CE – 2012 – CESPE) Assinale a opção correta acerca das penas e das medidas de segurança.

(A) Exige-se motivação idônea do julgador no caso de ele impor ao condenado à pena de detenção o cumprimento de pena, inicialmente, em regime fechado.

(B) No cômputo da pena privativa de liberdade, ou seja, na detração penal, inclui-se o tempo da prisão provisória ou administrativa, mas não o correspondente à internação decorrente de medida de segurança, em face de seu caráter extrapenal.

(C) A pena de prestação pecuniária é fixada, a critério do juiz, em dias-multa, de um a trezentos e sessenta, devendo o seu valor ser deduzido do montante de eventual condenação em ação de reparação civil.

(D) Fixada a pena-base no mínimo legal, é permitido, considerando-se a gravidade abstrata do delito cometido, o estabelecimento de regime prisional mais gravoso do que o cabível em razão da sanção imposta.

(E) Tratando-se de crime culposo, é cabível a substituição da pena privativa de liberdade por pena restritiva de direito, qualquer que seja a pena aplicada ao condenado.

A: incorreta, pois, em relação aos crimes punidos com detenção, não será admissível a fixação de regime inicial fechado, consoante se depreende do art. 33, *caput*, parte final, do CP; **B:** incorreta, pois será abatido do tempo de pena privativa de liberdade o período em que o agente houver ficado preso provisoriamente (leia-se: qualquer prisão cautelar), bem como o de internação em hospital de custódia e tratamento psiquiátrico ou outro estabelecimento adequado (art. 42, CP); **C:** incorreta, pois a prestação pecuniária, espécie de pena restritiva de direitos, será fixada em patamar não inferior a 1 (um) salário mínimo, nem superior a 360 (trezentos e sessenta) salários mínimos, destinados à vítima, seus dependentes ou entidades públicas ou privadas com destinação social, sendo certo que o valor pago será deduzido de eventual montante de condenação em ação de reparação civil, desde que coincidentes os seus beneficiários (art. 45, §1°, do CP); **D:** incorreta (Súmulas 718 e 719 do STF; Súmula 440 do STJ); **E:** correta (art. 44, I, do CP). **AT**
Gabarito "E".

(Magistratura/DF – 2011) Sendo a detração penal operação aritmética por meio da qual é computada no tempo de duração da condenação definitiva, a parcela temporal correspondente à correta aplicação de uma medida cautelar ou a efetiva internação em hospital de custódia e tratamento psiquiátrico, conclui-se:

(A) Nos delitos culposos resultantes de acidente de trânsito em que se impõe ao motorista pena corporal fixada no mínimo, é impossível substituí-la por obrigação de frequentar curso do DETRAN, ou restritiva de direitos, por não se enquadrarem dentre as penas possíveis de compensação;

(B) Cabe ao juiz singular, ao estabelecer o regime inicial de cumprimento da pena privativa de liberdade decidir sobre a detração;

(C) Nas penas restritivas de direitos e na prisão civil não comporta a aplicação da detração;

(D) Em havendo fatos diversos no mesmo processo, comporta deduzir a prisão preventiva ou provisória decorrente de outro processo, ainda que não haja conexão ou continência.

A: nos delitos culposos resultantes de acidente de trânsito em que é impingida ao motorista sanção corporal fixada no mínimo, é inviável a substituição desta por obrigação de frequentar curso do Detran, visto que esta última não encontra amparo legal, por não se enquadrar dentre as penas restritivas de direito contempladas no art. 43 do CP; **B:** com a edição da Lei 12.736/12, que alterou a redação do art. 387 do CPP, nele inserindo dois parágrafos, a detração deverá ser analisada pelo juiz que proferiu a sentença condenatória. Antes, a decisão sobre a detração cabia ao juízo da execução (STJ, HC 37.107-SP, 6ª T., rel. Min. Hamilton Carvalhido, 1.4.08). Além disso, conforme estabelece a nova redação do § 2° do art. 387 do CPP, a detração será levada em consideração na fixação do regime inicial de cumprimento de pena; **C:** admite-se a detração em relação às penas restritivas de direito e também em relação à prisão civil; **D:** predomina na jurisprudência a posição de que a prisão computável deve ter relação com o fato que é objeto da condenação. **ED**
Gabarito "A".

(Magistratura/PE – 2013 – FCC) No tocante às penas restritivas de direitos, é correto afirmar que

(A) podem ser impostas no caso de condenação por crime culposo, se não reincidente o condenado.

(B) a prestação de serviços à comunidade ou a entidades públicas somente é aplicável às condenações superiores a um ano de privação de liberdade.

3. DIREITO PENAL 163

(C) a privativa de liberdade superior a um ano deve ser necessariamente substituída por duas restritivas de direitos.

(D) o teto da perda de bens ou valores é restrito ao montante do prejuízo causado.

(E) obstam a concessão do *sursis*, se indicada ou cabível a substituição.

A: incorreta, pois as penas restritivas de direitos, em caso de crime culposo, poderão ser aplicadas independentemente da quantidade de pena imposta, desde que o condenado não seja reincidente em *crime doloso* (art. 44, I e II, do CP). Perceba que a assertiva tratou, apenas, do condenado reincidente, genericamente, o que não pode ser aceito à luz do referido dispositivo legal. Ressalte-se que até mesmo ao condenado reincidente em crime doloso, desde que a substituição seja socialmente recomendável e que a reincidência não se tenha operado em virtude da prática do mesmo crime (reincidência específica), nos termos do art. 44, § 3º, do CP; **B:** incorreta, pois a prestação de serviços à comunidade ou a entidades públicas é aplicável às condenações superiores a *seis meses* de privação de liberdade (art. 46, *caput*, do CP); **C:** incorreta, pois as penas privativas de liberdade, quando superiores a um ano, poderão ser substituídas por uma pena restritiva de direitos e multa ou por duas penas restritivas de direitos (art. 44, § 2º, segunda parte, do CP); **D:** incorreta, pois a perda de bens e valores, espécie de pena restritiva de direitos, terá como teto – o que for maior – o *montante do prejuízo causado* ou do *provento obtido pelo agente ou por terceiro, em consequência da prática do crime*, conforme preconiza o art. 45, § 3º, do CP; **E:** correta. De fato, se indicada ou cabível a substituição da pena privativa de liberdade por restritiva de direitos, inviável será a concessão do *sursis* (suspensão condicional da pena), nos termos do art. 77, III, do CP. **AT**
Gabarito "E"

(Magistratura/PE – 2011 – FCC) No tocante às penas privativas de liberdade,

(A) é possível a fixação do regime fechado para cumprimento de pena de detenção, se reincidente o condenado e a agravante decorrer da prática da mesma infração.

(B) é inadmissível a adoção do regime prisional semiaberto ao reincidente condenado a pena igual ou inferior a quatro anos, ainda que favoráveis as circunstâncias judiciais.

(C) a prática de falta grave não interrompe o prazo para obtenção de livramento condicional, segundo posição do Superior Tribunal de Justiça.

(D) é incabível a determinação de exame criminológico para análise de pedido de progressão, mesmo que motivada a decisão, consoante entendimento dos Tribunais Superiores.

(E) a gravidade abstrata do delito permite o estabelecimento de regime mais gravoso do que o cabível em razão da sanção imposta, conforme jurisprudência do Superior Tribunal de Justiça.

A: o regime inicial nos crimes apenados com detenção deve ser o aberto ou o semiaberto, consoante preconiza o art. 33, *caput*, do CP; **B:** neste caso, é admissível, sim, o regime inicial semiaberto, nos termos da Súmula nº 269 do STJ; **C:** é o teor da Súmula nº 441 do STJ; **D:** incorreta, nos termos da Súmula nº 439, STJ; **E:** incorreta, conforme Súmula nº 718 do STF. **ED**
Gabarito "C"

(Magistratura/PE – 2011 – FCC) A pena de prestação pecuniária

(A) é sempre incabível para o condenado reincidente.

(B) deve ser fixada em dias-multa.

(C) só pode ser estabelecida em favor da vítima ou de seus dependentes.

(D) é autônoma e, nos crimes culposos, substitui a privativa de liberdade não superior a quatro anos.

(E) pode consistir em prestação de outra natureza, se houver aceitação do beneficiário.

Em vista do que dispõe o art. 45, § 1º, do CP, a prestação pecuniária consiste no pagamento em dinheiro à vítima, a seus dependentes ou a entidade pública ou privada com destinação social. Esta modalidade de pena restritiva de direitos não deve ser confundida com a **pena de multa** (art. 49, CP), esta sim fixada em dias-multa. Pode, no mais, consistir em prestação de outra natureza, a teor do § 2º do art. 45. **ED**
Gabarito "E".

(Magistratura/PR – 2013 – UFPR) Assinale a alternativa correta:

(A) A falta grave não interrompe o prazo para obtenção de livramento condicional.

(B) Não mais se admite o exame criminológico, ainda que em decisão motivada.

(C) Fixada a pena-base no mínimo legal, não é vedado o estabelecimento de regime prisional mais gravoso do que o cabível em razão da sanção imposta, com base apenas na gravidade abstrata do delito.

(D) Admite-se a progressão de regime de cumprimento da pena antes do trânsito em julgado da sentença condenatória, não sendo permitida, entretanto, a aplicação imediata de regime menos severo nela determinada.

A: correta. Nos termos da Súmula nº 441 do STJ, "a falta grave não interrompe o prazo para obtenção de livramento condicional". Importa registrar que a falta grave é fato gerador da regressão de regime (art. 118, I, da LEP – Lei 7.210/1984), bem como, embora ainda não pacificado o entendimento no STF, interrompe o prazo para a progressão de regime (precedentes: STF, HC 97.135/SP, 2ª Turma, j. 12.04.2011, rel. Min. Ellen Gracie, *DJe* 24.05.2011; HC 106.685/SP, 1ª Turma, rel. Min. Ricardo Lewandowski, *DJ* 15.03.2011; RHC 106.481/MS, 1ª Turma, j. 08.02.2011, rel. Min. Cármen Lúcia, *DJe* 03.03.2011; HC 104.743/SP, 2ª Turma, j. 19.10.2010, rel. Min. Ayres Britto, *DJe* 29.11.2010; HC 102.353/SP, 2ª Turma, j. 28.09.2010, rel. Min. Joaquim Barbosa, *DJ* 04.11.2010; HC 103.941/SP, 1ª Turma, j. 31.08.2010, rel. Min. Dias Toffoli, *DJ* 23.11.2010; HC 102.705/SP, 1ª Turma, j. 31.05.2011, rel. Min. Luiz Fux, *DJe* 17.06.2011); **B:** incorreta. Nada obstante o exame criminológico, desde o advento da Lei 10.792/2003, que alterou a redação do art. 112 da LEP (Lei 7.210/1984), não conste legalmente como requisito para a progressão de regime, poderá ser exigido diante das peculiaridades do caso concreto, em decisão devidamente motivada. Esse é o teor da Súmula Vinculante 26 (apontando a possibilidade do exame para crimes hediondos) e da Súmula nº 439 do STJ (apontando a possibilidade do exame para qualquer tipo de crime). Frise-se que o exame criminológico não poderá ser banalizado, somente podendo ser exigido pelo magistrado se as peculiaridades do caso indicarem que a medida é necessária, necessitando-se, ainda, de decisão devidamente fundamentada; **D:** incorreta. Nos termos da Súmula nº 716 do STF, "admite-se a progressão de regime de cumprimento da pena ou a aplicação imediata de regime menos severo nela determinada, antes do trânsito em julgado da sentença condenatória". Trata-se da admissibilidade da execução provisória com o fim de beneficiar o condenado, que poderia ver obstada a progressão para regime mais

EDUARDO DOMPIERI E ARTHUR TRIGUEIROS

benigno caso houvesse, por exemplo, pendência de recurso em face da decisão condenatória sem efeito suspensivo. **AT**

Gabarito "A".

(Magistratura/PR – 2013 – UFPR) Assinale a alternativa correta:

(A) É admissível a fixação de pena substitutiva (art. 44 do CP) como condição especial ao regime aberto.

(B) É vedada a utilização de inquéritos policiais para agravar a pena-base, sendo permitida, entretanto, a utilização das ações penais em curso.

(C) É admissível a chamada progressão por salto de regime prisional.

(D) Os condenados por crimes hediondos ou assemelhados cometidos antes da vigência da Lei nº 11.464/2007, sujeitam-se ao disposto no art. 112 da Lei nº 7.210/1984 (Lei de Execução Penal) para a progressão de regime prisional.

A: incorreta, nos termos da Súmula nº 493 do STJ, segundo a qual "é inadmissível a fixação de pena substitutiva (art. 44 do CP) como condição especial ao regime aberto". A consolidação da jurisprudência de referida Corte ocorreu após a discussão do alcance do art. 115 da LEP (Lei 7.210/1984), que prevê que o juiz poderá estabelecer condições especiais para a concessão de regime aberto. Os Ministros do STJ entenderam que as "condições especiais" referidas no dispositivo legal citado não se confundem com penas, tais como as restritivas de direitos; **B:** incorreta, nos moldes propostos pela Súmula nº 444 do STJ, que dispõe que "é vedada a utilização de inquéritos policiais e ações penais em curso para agravar a pena-base". Aqui, a *ratio* que incentivou a edição da súmula é óbvia: não se pode admitir que um procedimento não concluído (seja ele um inquérito policial ou uma ação penal) sirva de arrimo à majoração da pena. Assim não fosse, estar-se-ia violando, frontalmente, o princípio constitucional do estado de inocência ou de não culpabilidade; **C:** incorreta, nos termos da Súmula nº 491 do STJ, que afirma que "é inadmissível a chamada progressão *per saltum* de regime prisional". Como é sabido, a progressão de regime visa à correta individualização da pena, materializando, assim, um dos seus caracteres, qual seja, a ressocialização do condenado, que restaria afetada se se admitisse um "salto" de regime penitenciário mais rigoroso (fechado) para o mais benigno (aberto); **D:** correta, nos exatos termos da Súmula nº 471 do STJ. Assim, os condenados por crimes hediondos ou equiparados praticados antes da Lei 11.464/2007, que previu a progressão de regime após o cumprimento de dois quintos (se primário) ou três quintos da pena (se reincidente), sujeitar-se-ão ao art. 112 da LEP, que prevê o cumprimento de apenas um sexto da pena. Afinal, a alteração legislativa foi prejudicial (*in pejus*), não podendo alcançar situações pretéritas. Basta lembrar que o STF, no julgamento do HC 82.959/SP, em 2006, declarou inconstitucional a integralidade do regime fechado para os crimes hediondos e equiparados. Portanto, a progressão seria admissível com o cumprimento de um sexto da pena. **AT**

Gabarito "D".

(Magistratura/PR – 2013 – UFPR) Considere as seguintes assertivas:

1. O período de suspensão do prazo prescricional é regulado pelo máximo da pena cominada.

2. Os condenados que cumprem pena em regime semiaberto poderão obter autorização para saída temporária do estabelecimento, sem vigilância direta, nos seguintes casos: visita à família; frequência a curso supletivo profissionalizante, bem como de instrução do 2º grau ou superior, na Comarca do Juízo da Execução e participação em atividades que concorram

para o retorno ao convívio social.

3. A autorização para saída temporária será concedida por ato motivado do Juiz da execução, ouvidos o Ministério Público e a administração penitenciária e dependerá da satisfação dos seguintes requisitos: comportamento adequado; cumprimento mínimo de 1/6 (um sexto) da pena, se o condenado for primário, e 1/4 (um quarto), se reincidente, além da compatibilidade do benefício com os objetivos da pena.

4. O condenado que cumpre a pena em regime fechado ou semiaberto poderá remir, por trabalho ou por estudo, parte do tempo de execução da pena.

Assinale a alternativa correta.

(A) Somente uma afirmativa é verdadeira.

(B) Somente duas afirmativas são verdadeiras.

(C) Somente três afirmativas são verdadeiras.

(D) As quatro afirmativas são verdadeiras.

1: correta, nos exatos termos da Súmula nº 415 do STJ, que colocou fim à discussão sobre a duração da suspensão do prazo prescricional se verificada uma das hipóteses da denominada *crise de instância* (art. 366 do CPP); **2:** correta, nos exatos termos do art. 122, I, II e III, da LEP (Lei 7.210/1984); **3:** correta, nos exatos termos do art. 123, I, II e III, da LEP (Lei 7.210/1984); **4:** correta, nos moldes previstos pelo art. 126, *caput*, da LEP (Lei 7.210/1984). **AT**

Gabarito "D".

(Magistratura/RJ – 2013 – VUNESP) O principal efeito da sentença criminal condenatória é a _____. A legislação penal brasileira, porém, prevê também efeitos secundários da condenação, tanto de natureza penal quanto extrapenal. Os efeitos secundários de natureza_____ se dividem em genéricos e específicos. _____ é exemplo de efeito secundário _____da decisão criminal condenatória transitada em julgado.

Assinale a alternativa que completa, correta e respectivamente, a frase.

(A) medida de segurança, nunca a pena ... penal ... Reincidência ... penal específico

(B) sanção penal (pena ou medida de segurança) ... penal ... A perda de função pública quando for aplicada pena privativa de liberdade por tempo superior a quatro anos ... extrapenal

(C) sanção penal (pena ou medida de segurança) ... extrapenal ... Reincidência ... penal

(D) pena, nunca a medida de segurança ... extrapenal ... Tornar certa a obrigação de indenizar o dano causado pelo crime ... extrapenal genérico

A e D: incorretas. De plano, ambas as assertivas podem ser excluídas, visto que o principal efeito da sentença criminal será uma *sanção penal*, que poderá ser uma pena ou uma medida de segurança. Lembre-se de que o reconhecimento da inimputabilidade penal por doença mental (art. 26, *caput*, do CP) ensejará prolação de sentença absolutória imprópria, mas em se tratando de semi-imputabilidade com periculosidade reconhecida do agente, a sentença será condenatória; **B:** incorreta. No segundo campo, fala-se dos efeitos secundários de *natureza extrapenal*, estes sim divididos em genéricos (art. 91 do CP) e específicos (art. 92 do CP). No tocante aos efeitos secundários de natureza penal, inexiste referida classificação; **C:** correta. Como visto, o principal efeito da sentença criminal condenatória é a *sanção penal (pena ou medida de* *segurança).* A legislação penal brasileira, porém, prevê também efeitos secundários da condenação, tanto de natureza penal quanto extrapenal. Os efeitos secundários de natureza *extrapenal* se dividem em genéricos e específicos. *Reincidência* é exemplo de efeito secundário *penal* da decisão criminal condenatória transitada em julgado. **AT**

Gabarito "C".

(Magistratura/RO – 2011 – PUCPR) Em relação às penas e medidas de segurança, avalie se as assertivas a seguir são verdadeiras (V) ou falsas (F), e, na sequência, assinale a única alternativa cuja sequência, de cima para baixo, está **CORRETA.**

( ) A pena de reclusão deve ser cumprida em regime fechado, semiaberto ou aberto, enquanto a pena de detenção deve ser cumprida em regime semiaberto ou aberto, sendo vedado seu cumprimento em regime fechado.

( ) O condenado por crime contra a Administração Pública terá a sua progressão de regime condicionada à reparação do dano causado, ou então, à devolução do produto do ilícito praticado, com os acréscimos legais.

( ) Ao condenado em regime fechado é vedada a realização de serviço externo ao estabelecimento penal.

( ) O trabalho do preso não será remunerado, sendo-lhe, no entanto, garantidos os benefícios da Previdência Social.

( ) Se o agente for inimputável, o juiz determinará sua internação. No entanto, se o fato previsto como crime for punível com detenção, poderá o juiz submetê-lo a tratamento ambulatorial, sendo em ambas as hipóteses, o prazo mínimo fixado de 01 (um) a 03 (três) anos.

(A) F,F,V,V,F

(B) F,V,F,F,V

(C) F,V,V,V,F

(D) V,F,V,V,F

(E) V,V,F,F,V

1ª) assertiva incorreta, visto que é possível, em caráter excepcional, nos termos do art. 33, *caput*, do CP, a transferência para o regime fechado do condenado que cumpre pena de detenção; 2ª) correta, conforme dispõe o art. 33, § 4º, do CP; 3ª) assertiva incorreta, visto que, no regime fechado, o trabalho externo é permitido, desde que em serviços ou obras públicas – art. 34, § 3º, CP; 4ª) em conformidade com o estabelecido no art. 39 do CP, o trabalho do preso será sempre remunerado; 5º) correta, pois em conformidade com o que estabelece o art. 97 do CP. **ED**

Gabarito "B".

(Magistratura/SP – 2011 – VUNESP) Antônio foi condenado definitivamente pela prática de crime de estelionato e, depois de decorridos mais de cinco anos desde o cumprimento da pena então imposta, comete novo crime, desta feita furto qualificado pelo rompimento de obstáculo, pelo qual vem a ser condenado à pena de dois anos e quatro meses de reclusão. Assinale a alternativa correta, em face do art. 44, do Código Penal, que dispõe sobre a substituição da pena privativa de liberdade, por restritivas de direito.

(A) A substituição não pode ser aplicada a Antônio, por ser a pena imposta de reclusão.

(B) A substituição não pode ser aplicada a Antônio, por ser ele reincidente em crime doloso.

(C) A substituição não pode ser aplicada a Antônio, por serem ambas as condenações por crimes contra o patrimônio.

(D) A substituição pode ser aplicada a Antônio, pois a reincidência não é pela prática do mesmo crime.

(E) A substituição pode ser aplicada a Antônio, pois ele não é reincidente.

Sendo Antônio primário (aquele que não é reincidente é primário), visto que entre o cumprimento da pena imposta pelo crime anterior e o crime posterior decorreu período superior a cinco anos (art. 64, I, CP), ele faz jus à substituição da pena privativa de liberdade por restritiva de direito, uma vez que, além de atendida a exigência relativa à primariedade (crime doloso), o que vem estampado no art. 44, II, do CP, o crime de furto qualificado pelo rompimento de obstáculo é desprovido de violência ou grave ameaça à pessoa (requisito contido no art. 44, I). No mais, deverá o magistrado verificar se, com base nos elementos contidos no inciso III do dispositivo, a substituição é suficiente para a prevenção do crime. **ED**

Gabarito "E".

(Magistratura Federal/4ª região – IX) Em matéria de aplicação de pena, em casos de concurso de crimes, indique em que alínea se encontra a afirmativa correta:

(A) O limite de trinta anos para as penas privativas de liberdade, estabelecido no Código Penal, impede que o juiz do processo de conhecimento imponha ao acusado sanção privativa de liberdade que ultrapasse esse limite.

(B) Havendo crime continuado homogêneo, o juiz, ao aplicar a pena de multa cominada no tipo legal de crime, deverá impor a pena de um só dos crimes, se idênticas, ou a mais benigna, se diversas.

(C) Havendo crime doloso continuado, cometido com violência contra a mesma vítima, cabe ao juiz, aplicar a pena de um só dos crimes, se idênticas, ou a mais grave, se diversas, aumentada, em qualquer caso, de um sexto a dois terços.

(D) Havendo crime doloso continuado, cometido com violência contra a mesma vítima, cabe ao juiz, considerando as circunstâncias contidas na lei, aplicar a pena de um só dos crimes, se idênticas, ou a mais grave, se diversas, aumentada até o triplo.

A: incorreta. O art. 75 do CP diz respeito à limitação da execução penal, que não poderá superar a trinta anos. Não se confunde com a aplicação da pena, que, pela regra do concurso de crimes, poderá, sem qualquer problema, superar a referido limite. Assim, por exemplo, perfeitamente possível que um magistrado condene um réu a 200 (duzentos) anos de reclusão, em razão de ter cometido 12 (doze) homicídios, em concurso material. No entanto, em razão do art. 75, § 1º, do CP a pena deverá ser unificada para atender ao limite de trinta anos; **B:** incorreta. No concurso de crimes (material, formal ou continuado), a pena de multa será aplicada distinta e integralmente para cada um deles (art. 72 do CP); **C:** correta. De fato, reconhecida a continuidade delitiva, ao magistrado caberá, em atenção ao critério ou sistema da exasperação, aplicar a pena de um só dos crimes, se idênticas, ou a mais grave, se diversas, aumentada, em qualquer caso, de um sexto a dois terços (art. 71, *caput*, parte final, do CP). Tentou a alternativa induzir a erro o candidato, referindo que uma mesma vítima suportou a prática de crimes continuados cometidos com violência. É que o art. 71, parágrafo único, do CP, trata do chamado "crime continuado qualificado ou específico", assim considerado quando o agente cometer crimes dolosos, contra *vítimas diferentes*, com violência ou grave ameaça à pessoa, caso em que poderá o juiz, considerando a culpabilidade, os antecedentes, a conduta social e a personalidade do agente, bem como os motivos e as circunstâncias, aumentar a pena de um só dos crimes, se idênticas, ou a mais grave, se diversas, até o *triplo*. Perceba que a alternativa fala que os crimes dolosos foram praticados contra a mesma vítima, sendo, pois, inaplicável a regra do crime continuado qualificado, incidindo, assim, a regra geral (exasperação da pena de um sexto a dois terços); **D:** incorreta, pelas mesmas razões trazidas no comentário anterior.

Gabarito "C".

(Magistratura Federal/4ª região – VIII) Alfredo Morini, servidor público municipal, comete crime de corrupção ativa em 02.01.1995. Ao proferir sentença, em 02.01.1997, o juiz condena-o a cumprir 1 ano e 6 meses de reclusão, concedendo *"sursis"*, e impõe-lhe como efeito da condenação a perda do cargo. Esta decisão deve ser considerada:

(A) errada porque inadmissível a perda do cargo na hipótese;

(B) correta porque o juiz tem o poder discricionário de determinar a perda de cargo, função pública ou mandato eletivo;

(C) correta porque baseada na lei;

(D) errada porque a lei não permite a perda do cargo na hipótese, uma vez que foi concedido *"sursis"*.

De fato, a decisão judicial que decretou a perda do cargo do servidor público municipal, em razão da prática de corrupção ativa, à pena de 1 ano e 6 meses de reclusão, é errada, tendo em vista que referido crime não é praticado com abuso de poder ou violação de dever para com a Administração (art. 92, I, "a", do CP). Tratando-se de crime comum (qualquer pessoa pode ser sujeito ativo), inaplicável o efeito da condenação indicado no enunciado. Isso porque apenas aos crimes funcionais, ou seja, aqueles praticados por funcionário público em detrimento da Administração Pública, é que, havendo abuso de poder ou violação de deveres funcionais, e desde que a pena imposta seja igual ou superior a 1 (um) ano, será cabível a perda de cargo, função pública ou mandato eletivo (art. 92, I, "a", do CP). No entanto, importante registrar que até seria possível que Alfredo perdesse seu cargo em razão da prática de crime comum (leia-se: sem que se leve em conta sua qualidade de funcionário público), mas desde que a pena imposta superasse a 4 (quatro) anos (art. 92, I, "b", do CP).

Gabarito "A".

13. APLICAÇÃO DA PENA

(Juiz – TJ/RJ – VUNESP – 2016) José adentra a um bar e pratica roubo contra dez pessoas que ali estavam presentes em dois grupos distintos de amigos, subtraindo para si objetos de valor a elas pertencentes. Nesta hipótese, segundo a jurisprudência dominante mais recente do Superior Tribunal de Justiça, José praticou

(A) dois crimes de roubo em concurso material.

(B) os crimes (dez crimes de roubo) em concurso formal.

(C) os crimes (dez crimes de roubo) em continuidade delitiva.

(D) um único crime de roubo.

(E) os crimes (dez crimes de roubo) em concurso material.

No crime de roubo, se as subtrações que vulneraram o patrimônio de duas ou mais pessoas se deram no mesmo contexto, fala-se em concurso formal de crimes (art. 70 do CP). Nesse sentido é a lição de Guilherme de Souza Nucci: "(...) Ilustrando, o autor ingressa num ônibus, anuncia o assalto e pede que todos passem os bens. Concretiza-se o concurso formal perfeito, pois o agente não possui desígnios autônomos, vale dizer, dolo direto em relação a cada uma das vítimas, que nem mesmo conhece (...)" (*Código Penal Comentado*. 13. ed., São Paulo: Ed. RT, 2013. p. 807). Na jurisprudência do STJ: "Penal e processo penal. Agravo regimental em agravo em recurso especial. 1. Julgamento monocrático. Ofensa ao princípio da colegialidade. Não ocorrência. Art. 557 do CPC e art. 34, XVIII, do RISTJ. 2. Divergência jurisprudencial quanto à aplicação do art. 70 do CP. Dissídio não demonstrado. Roubo com diversidade de vítimas e patrimônios. Crime único. Impossibilidade. Concurso formal. Precedentes desta corte. Súmula 83/STJ. 3. Agravo regimental improvido. 1. Nos termos do art. 557, *caput*, do Código de Processo Civil, c/c o art. 3º do Código de Processo Penal, e do art. 34, XVIII, do RISTJ, é possível, em matéria criminal, que o relator negue seguimento a recurso ou a pedido manifestamente inadmissível, improcedente, prejudicado ou em confronto com súmula ou jurisprudência dominante, sem que, em tese, se configure ofensa ao princípio da colegialidade, o qual sempre estará preservado, diante da possibilidade de interposição de agravo regimental. 2. É entendimento desta Corte Superior que o roubo perpetrado contra diversas vítimas, ainda que ocorra num único evento, configura o concurso formal e não o crime único, ante a pluralidade de bens jurídicos tutelados ofendidos. Dessa forma, estando o acórdão recorrido de acordo com a jurisprudência do Superior Tribunal de Justiça, incide no caso o enunciado n. 83 da Súmula desta Corte. 3. Agravo regimental a que se nega provimento" (AgRg no AREsp 389.861/MG, Rel. Ministro MARCO Aurélio Bellizze, Quinta Turma, julgado em 18.06.2014, *DJe* 27.06.2014). ED

Gabarito "B".

(Magistratura/BA – 2012 – CESPE) Assinale a opção correta com base no entendimento dos tribunais superiores acerca de cominações legais.

(A) Aplica-se ao crime continuado a lei penal mais grave caso a sua vigência seja anterior à cessação da continuidade.

(B) Aplica-se ao furto qualificado, em razão do concurso de agentes, a majorante do roubo.

(C) Fixada a pena-base no mínimo legal em face do reconhecimento das circunstâncias judiciais favoráveis ao réu, é possível infligir-lhe regime prisional mais gravoso considerando-se isoladamente a gravidade genérica do delito.

(D) A pena do crime de roubo circunstanciado, na terceira fase de aplicação, será exasperada em razão do número de causas de aumento.

(E) Aplica-se a continuidade delitiva aos crimes de estelionato, de receptação e de adulteração de sinal identificador de veículo automotor, infrações penais da mesma espécie.

A: correta, pois, de fato, de acordo com a Súmula 711 do STF, a lei penal mais grave aplica-se ao crime continuado (e, também, ao crime permanente), se sua vigência é anterior à cessação da continuidade (ou, no caso dos crimes permanentes, à cessação da permanência); **B:** incorreta, pois é inadmissível aplicar, no furto qualificado, pelo concurso de agentes, a majorante do roubo (Súmula 442 do STJ); **C:** incorreta (Súmula 440 do STJ; Súmulas 718 e 719 do STF); **D:** incorreta, pois o aumento na terceira fase de aplicação da pena no crime de roubo circunstanciado exige fundamentação concreta, não sendo suficiente para a sua exasperação a mera indicação do número de majorantes (Súmula 443 do STJ); **E:** incorreta, pois não há dúvidas de que a continuidade delitiva somente poderá ser reconhecida se forem praticados crimes da mesma espécie. À evidência, estelionato (art. 171, CP) e receptação (art. 180, CP), crimes patrimoniais que são, não são da mesma espécie do crime de adulteração de sinal identificador de veículo automotor (art. 311, CP), que atenta contra a fé pública. **AT**

Gabarito "A".

(Magistratura/DF – 2011) Da aplicação da pena. Concurso material, concurso formal e crime continuado, também denominados pluralidade delitiva, ocorrem quando o agente mediante duas ou mais ações ou omissões causa dois ou mais resultados típicos. Logo:

(A) Quando o agente mediante mais de uma ação ou omissão, comete dois ou mais crimes da mesma espécie, em semelhantes condições de lugar, tempo, modo de execução, havendo ou não a unidade de desígnio, ainda que praticados contra vítimas diferentes e bens personalíssimos, conceitua a acumulação jurídica para a fixação da pena;

(B) A prática de crimes da mesma espécie, em semelhantes condições de lugar, tempo, modo de execução, havendo ou não a unidade de desígnio, ainda que praticados contra vítimas diferentes e bens personalíssimos, conceitua o crime continuado;

(C) Quando o agente mediante uma única ação ou omissão, provoca dois ou mais resultados típicos, em razão da acumulação material importa se lhe aplique a pena mais grave ou uma delas, se idênticas, aumentada de um sexto até a metade;

(D) Quando o agente mediante mais de uma ação ou omissão pratica dois ou mais crimes da mesma espécie, em semelhantes condições de lugar, tempo, modo de execução, havendo ou não unidade de desígnio, ainda que praticados contra vítimas diferentes e bens personalíssimos, o juiz ao somar as penas privativas de liberdade porque haja incorrido, adota o sistema da acumulação formal.

A: incorreta. Quando o agente, mediante mais de uma ação ou omissão, comete dois ou mais crimes da mesma espécie, em semelhantes situações de tempo, lugar e modo de execução, restará caracterizada a continuidade delitiva (ou crime continuado), consoante dispõe o art. 71 do CP, impondo-se a exacerbação da reprimenda de 1/6 (um sexto) a 2/3 (dois terços), aplicando-se a regra da exasperação. Porém, se esses crimes da mesma espécie forem praticados dolosamente, contra vítimas diferentes, estaremos diante da denominada continuidade delitiva qualificada ou específica (art. 71, parágrafo único, do CP), caso em que as penas serão aumentadas até o triplo. Somente será o caso de soma das penas (critério do cúmulo material) se da exasperação resultar reprimenda mais elevada do que a aplicação da regra da acumulação (ou soma) delas; **B:** correta (art. 71, *caput*, e parágrafo único, do CP); **C:** incorreta, pois quando o agente, mediante uma só ação ou omissão, provoca dois ou mais resultados típicos, restará caracterizado o concurso formal de crimes (art. 70 do CP), caso em que aplicar-se-á uma só das penas, se idênticas, ou a mais grave, quando distintas, aumentada, em qualquer caso, de um sexto até a metade, incidindo, pois, o critério da exasperação (e não do cúmulo material). Acrescente-se que somente haverá, no concurso formal, a adoção do critério do cúmulo material (soma das penas) quando o agente, ainda que com uma única ação ou omissão, produzir resultados distintos com desígnios autônomos (concurso formal

---

imperfeito ou impróprio); **D:** incorreta. No crime continuado qualificado ou específico, retratado no art. 71, parágrafo único, do CP, não haverá a soma das penas privativas dos crimes dolosos praticados com grave ameaça ou violência contra vítimas diferentes, mas, sim, a aplicação de uma só das penas, aumentada, contudo, até o triplo. Será o caso de aplicação do critério do cúmulo material (e não formal) quando o agente tiver agido com desígnios autônomos. **ED**

Gabarito "B".

(Magistratura/PE – 2013 – FCC) Na aplicação da pena,

(A) a incidência de circunstância atenuante pode conduzir à redução da pena abaixo do mínimo legal, segundo entendimento do Superior Tribunal de Justiça.

(B) não se impõe o acréscimo decorrente do concurso formal perfeito à pena de multa.

(C) o tempo de cumprimento das penas privativas de liberdade não pode ser superior a trinta anos, limite que deve ser considerado para efeito de concessão de livramento condicional, conforme entendimento sumulado do Supremo Tribunal Federal.

(D) considera-se circunstância agravante o fato de o crime ser praticado contra pessoa maior de setenta anos.

(E) não prevalece a condenação anterior, para efeito de reconhecimento de reincidência, se entre a data do cumprimento ou extinção da pena e a infração posterior tiver decorrido período de tempo superior a cinco anos, descontado o período de prova da suspensão.

A: incorreta, pois, nos termos da Súmula 231 do STJ, *a incidência da circunstância atenuante não pode conduzir à redução da pena abaixo do mínimo legal*; **B:** correta, pois a multa será aplicada distinta e integralmente em caso de concurso de crimes, nos moldes preconizados pelo art. 72 do CP. Em outras palavras, as penas de multa, para cada um dos crimes, serão somadas; **C:** incorreta, pois, a despeito do quanto disposto no art. 75, *caput*, do CP (o tempo de cumprimento das penas privativas de liberdade não pode ser superior a trinta anos), o fato é que referido lapso temporal diz respeito ao efetivo cumprimento delas, e não à sua aplicação. Quer-se com isso dizer ser perfeitamente possível a condenação de um agente a penas de 50 (cinquenta), 60 (sessenta) ou 100 (cem) anos, por exemplo, em decorrência do concurso de crimes. Todavia, nesses casos (quando a quantidade de pena superar trinta anos), será necessária a unificação das penas, nos termos do art. 75, § 1º, do CP, o que, porém, não se aplicará para benefícios como o livramento condicional, a remição ou progressão de regime. É o que se extrai da Súmula 715 do STF: "A pena unificada para atender ao limite de trinta anos de cumprimento, determinado pelo art. 75 do Código Penal, não é considerada para a concessão de outros benefícios, como o livramento condicional ou o regime mais favorável de execução"; **D:** incorreta, pois é circunstância agravante o fato de o crime ser praticado contra pessoa maior de 60 (sessenta) anos, nos termos do art. 61, II, "h", do CP; **E:** incorreta, pois, nos termos do art. 64, I, do CP, não prevalece a condenação anterior, se entre a data do cumprimento ou extinção da pena e a infração posterior tiver decorrido período de tempo superior a 5 (cinco) anos, *computado* (e não *descontado*, como quer a alternativa!) o período de prova da suspensão ou do livramento condicional, se não ocorrer revogação. **AT**

Gabarito "B".

(Magistratura/PE – 2011 – FCC) De acordo com entendimento sumulado do Superior Tribunal de Justiça, o aumento na terceira fase de aplicação da pena no crime de roubo circunstanciado exige fundamentação concreta e não pode decorrer unicamente da indicação

(A) da gravidade abstrata do delito.

(B) da circunstância de o acusado responder a outras ações penais.

(C) da reincidência do réu.

(D) da consumação ou não do delito.

(E) do número de majorantes.

Nos termos da Súmula 443 do STJ, "O aumento na terceira fase de aplicação da pena no crime de roubo circunstanciado exige fundamentação concreta, não sendo suficiente para a sua exasperação a mera indicação do número de majorantes". **ED**

Gabarito "E".

(Magistratura/PR – 2010 – PUC/PR) Antônio sentou-se ao lado de João, em ônibus coletivo, e subtraiu dele, sem que João percebesse, certa importância em dinheiro. Após deslocar-se para outro lugar do coletivo, saca de uma arma de fogo, ameaça Pedro e Paulo, subtraindo de cada um deles 1 (um) celular e 1 (um) relógio de ouro. Avalie o contexto e assinale a alternativa CORRETA:

I. Há roubo em concurso formal com furto em continuidade delitiva.

II. Cometeu furto em concurso material com roubo continuado.

III. Há concurso formal de furto e roubo.

IV. Há furto em concurso material com roubos em concurso formal.

(A) Apenas a assertiva I está correta.

(B) Apenas a assertiva IV está correta.

(C) As assertivas II e IV estão corretas.

(D) Apenas a assertiva II está correta.

No crime de roubo, se as subtrações que vulneraram o patrimônio de duas ou mais pessoas se deram no mesmo contexto, fala-se em concurso formal de crimes (art. 70 do CP). De outro lado, entre o furto e os roubos haverá concurso material de crimes, na forma do art. 69 do CP. **ED**

Gabarito "B".

(Magistratura/RJ – 2013 – VUNESP) Mauro e seu pai, Dario, são inimigos capitais. Em uma determinada noite, Mauro percebeu Dario desatento no interior de um bar e decidiu tirar-lhe a vida. Para tanto, contra ele disparou duas vezes sua pistola. Os dois disparos passaram próximo a Dario, sem atingi-lo, e acabaram por se alojar na cabeça de Marta, que faleceu imediatamente.

É correto afirmar que Mauro responderá criminalmente por

(A) tentativa de homicídio doloso, com agravante, em concurso formal com homicídio doloso consumado e simples (ocorreu *aberratio delicti*).

(B) homicídio doloso consumado com causa de aumento de pena (ocorreu *aberratio ictus*).

(C) homicídio doloso consumado com agravante (ocorreu *aberratio ictus*).

(D) homicídio doloso consumado com agravante (ocorreu *aberratio criminis*).

A, B e D: incorretas. A questão em tela trata de nítido erro na execução (*aberratio ictus*), que, como se sabe, é erro de tipo acidental. Dado que, em razão dos disparos efetuados por Mauro, apenas a

vítima Marta morreu, de plano podemos excluir a alternativa "A", visto que a situação nela relatada configuraria o que se chama de *aberratio ictus* com duplo resultado. Na espécie, apenas uma pessoa foi atingida, não se aplicando a regra prevista no art. 73, segunda parte, do CP, que prevê a aplicação do concurso formal de crimes quando o agente, por erro na execução, além de atingir pessoa diversa da pretendida, também atinge a pessoa que pretendia ofender (é a referida *aberratio ictus* com duplo resultado). Demais disso, não se verificou no caso a *aberratio delicti*, que será melhor explicada mais abaixo. Também não se vislumbra qualquer causa de aumento de pena que incida no caso retratado no enunciado, ficando, também, afastada, a alternativa "B". Ainda, incorreta a alternativa "D", visto que não se vislumbra a ocorrência de *aberratio criminis* ou *aberratio delicti* na situação proposta. É que a *aberratio criminis* ou *delicti* corresponde ao resultado diverso do pretendido, que se verifica quando o agente, querendo produzir determinado resultado, fora da hipótese de *aberratio ictus* (que é a que ocorreu na situação narrada na questão), por acidente ou erro na execução, produz outro resultado. Assim, tenciona lesionar determinado bem jurídico, mas acaba por ofender outro; **C:** correta. Mauro deverá responder por homicídio doloso consumado, e agravado pelo fato de ter pretendido matar o próprio pai (seu ascendente, portanto), incidindo a agravante prevista no art. 61, II, "e", do CP. Lembre-se que no erro na execução, o agente responde como se houvesse atingido a vítima inicialmente visada (vítima virtual), aplicando-se a mesma regra prevista no art. 20, § 3°, do CP (que retrata o erro sobre a pessoa), desprezando-se as características da vítima efetiva. **AT**

Gabarito "C".

(Magistratura/SP – 2011 – VUNESP) Analise as proposições que seguem e assinale a correta, inclusive, se o caso, consoante jurisprudência sumulada dos Tribunais Superiores (STJ e STF).

(A) Para praticar o aborto necessário, o médico não necessita do consentimento da gestante.

(B) No caso do crime continuado, a prescrição é regulada pela pena imposta, computando-se o aumento decorrente da continuidade.

(C) A existência de circunstância atenuante autoriza a fixação da pena abaixo do mínimo legal.

(D) Na fixação da pena, o juiz deve considerar condenação, ainda não transitada em julgado para o réu, como circunstância judicial desfavorável, a título de maus antecedentes.

(E) O agente que imputa a alguém fato ofensivo à sua reputação comete o crime de injúria.

A: o art. 128 do CP contemplou duas modalidades de aborto legal, que constituem causa especial de exclusão da ilicitude. Trata-se do aborto necessário (inciso I), que é aquele praticado por médico com o objetivo de salvar a vida da gestante; e o aborto sentimental (inciso II), que é a interrupção da gravidez, também realizada por médico, resultante de estupro. Necessário, neste último caso, o consentimento da gestante ou, sendo ela incapaz, de seu representante legal, o que não ocorre no aborto necessário, já que o médico, para preservar a vida da gestante, não precisa do consentimento desta. Mesmo porque a lei, neste caso, não fez menção alguma ao consentimento da gestante como condição para o aborto; **B:** art. 119 do CP; **C:** a existência de circunstância atenuante (arts. 65 e 66 do CP), embora tenha o condão de reduzir a pena, não pode fazer com que ela fique abaixo do mínimo legal. De outro lado, o reconhecimento de uma causa de diminuição de pena pode fazer com que o juiz aplique pena inferior à mínima prevista em abstrato, o que ocorre na terceira fase de fixação da pena; **D:** a assertiva contraria o disposto na Súmula nº 444 do STJ; **E:** o agente que imputa a alguém fato ofensivo à sua reputação comete o crime de difamação, capitulado no art. 139 do CP. Injúria, crime previsto no art. 140 do CP, é o xingamento, a adjetivação ofensiva e pejorativa. É a ofensa à honra subjetiva. Não há, neste crime contra a honra, imputação de fato, como se dá na difamação e na calúnia. ED

Gabarito "A"

(Juiz – TRF 2ª Região – 2017) Assinale a opção correta:

(A) Fixada a pena em seu mínimo legal, é possível estipular regime prisional mais gravoso do que o previsto em razão da sanção imposta, desde que presente a gravidade abstrata do delito e a perturbação causada à ordem pública.

(B) Fixada a pena-base em seu mínimo legal, é possível compensar a atenuante da confissão espontânea e o aumento referente à continuidade delitiva.

(C) Reconhecida a incidência de duas ou mais causas de qualificação, ambas serão utilizadas para qualificar o delito, influenciando a fixação da pena-base que, nesse caso, será necessariamente definida acima do mínimo previsto no preceito secundário do tipo qualificado.

(D) É possível, na segunda fase da dosimetria da pena, a compensação da atenuante da confissão espontânea com a agravante da reincidência, não havendo preponderância.

(E) O tempo de prisão provisória, no Brasil ou no estrangeiro, não deverá ser computado para fins de determinação do regime inicial de pena privativa de liberdade.

A: incorreta, pois não retrata o entendimento firmado nas Súmulas 440 do STJ: *Fixada a pena-base no mínimo legal, é vedado o estabelecimento de regime prisional mais gravoso do que o cabível em razão da sanção imposta, com base apenas na gravidade abstrata do delito;* e 718 do STF: *A opinião do julgador sobre a gravidade em abstrato do crime não constitui motivação idônea para a imposição de regime mais severo do que o permitido segundo a pena aplicada;* **B:** incorreta, na medida em que não reflete o atual entendimento jurisprudencial e doutrinário acerca do tema. Conferir: "Nos termos da jurisprudência desta Corte, não se cogita a compensação entre a atenuante da confissão espontânea e o aumento referente à continuidade delitiva, por implicar subversão do critério trifásico de dosimetria, estabelecido no art. 68 do Código Penal" (HC 355.086/AC, Rel. Min. Ribeiro Dantas, 5ª Turma, j. 07.02.2017, *DJe* 15.02.2017); **C:** incorreta. No que toca à pluralidade de qualificadoras, conferir: "Consoante orientação sedimentada nessa Corte Superior, havendo pluralidade de qualificadoras, é possível a utilização de uma delas para qualificar o delito e das outras como circunstâncias negativas – agravantes, quando previstas legalmente, ou como circunstância judicial, residualmente" (HC 170.135/PE, Rel. Min. Jorge Mussi, 5ª Turma, j. 14.06.2011, DJe 28.06.2011). No mesmo sentido: "Esta Corte Superior de Justiça tem reiteradamente decidido no sentido de ser possível, existindo pluralidade de qualificadoras, a consideração de uma para justificar o tipo penal qualificado e das demais como circunstâncias judiciais ou agravantes da segunda fase da dosimetria da pena" (HC 173.608/RJ, Rel. Min. Sebastião Reis Júnior, 6ª Turma, j. 04.09.2012, *DJe* 17.09.2012); **D:** correta. Nessa esteira: "RECURSO ESPECIAL REPRESENTATIVO DA CONTROVÉRSIA (ART. 543-C DO CPC). PENAL. DOSIMETRIA. CONFISSÃO ESPONTÂNEA E REINCIDÊNCIA. COMPENSAÇÃO. POSSIBILIDADE. 1. É possível,

na segunda fase da dosimetria da pena, a compensação da atenuante da confissão espontânea com a agravante da reincidência. 2. Recurso especial provido" (REsp 1341370/MT, Rel. Min. Sebastião Reis Júnior, 3ª Seção, j. 10.04.2013, *DJe* 17.04.2013); **E:** incorreta, uma vez que não reflete o que estabelece o art. 387, §2º, do CPP. ED

Gabarito "D".

(Magistratura Federal/4ª região – IX) "A" é condenado a 5 anos de detenção, em sentença transitada em julgado, tendo o juiz reconhecido, na sentença, a reincidência do réu. Indique a alínea correspondente à afirmativa inteiramente correta:

(A) O regime inicial da pena deverá ser o fechado.

(B) O regime inicial da pena poderá ser o fechado.

(C) O regime inicial da pena poderá ser o semiaberto.

(D) O regime inicial da pena tanto poderá ser o semiaberto como o fechado, dependendo da fundamentação do juiz.

A: incorreta, pois, para os crimes punidos com detenção, não será admissível a fixação de regime inicial fechado, ainda que o condenado seja reincidente (art. 33, *caput*, segunda parte, do CP). O regime mais gravoso será o semiaberto, que é o adequado para "A", cuja pena foi fixada em 5 (cinco) anos, razão suficiente para a imposição de aludido regime (art. 33, § 2º, "b", do CP), fosse ou não reincidente; **B** e **D:** incorretas, pois, como visto no comentário anterior, inviável a imposição de regime inicial fechado a agente condenado à pena de detenção, nos moldes previstos no CP; **C:** correta (art. 33, § 2º, "b", do CP).

Gabarito "C".

(Magistratura Federal-4ª Região – 2010) Dadas as assertivas abaixo, assinale a alternativa correta.

I. Estar o ofendido sob a imediata proteção da autoridade é circunstância que sempre agrava a pena, quando não constituir ou qualificar o crime.

II. O desconhecimento da lei é circunstância que sempre atenua a pena.

III. A perda, em favor da União, de bem que constitua proveito auferido pelo agente com a prática do ato criminoso, ressalvado o direito do lesado ou de terceiro de boa-fé, é efeito automático da condenação.

IV. A incapacidade para o exercício do pátrio poder, nos casos de crimes dolosos apenados com reclusão cometidos contra filhos, é efeito automático da condenação.

V. Concorrer para a realização de crime mediante participação de menor importância sujeita às mesmas penas.

(A) Está correta apenas a assertiva III.

(B) Estão corretas apenas as assertivas III e V.

(C) Estão corretas apenas as assertivas I, II e III.

(D) Estão corretas todas as assertivas.

(E) Nenhuma assertiva está correta.

I: correta, nos termos do art. 61, II, *i*, do CP; **II:** correta, nos termos do art. 65, II, do CP; **III:** correta, nos termos do art. 91, II, *b*, do CP; **IV:** incorreta, nos termos do art. 92, II, do CP; **V:** incorreta, nos termos do art. 29, § 1º, do CP

Gabarito "C".

14. *SURSIS*, LIVRAMENTO CONDICIONAL, REABILITAÇÃO E MEDIDAS DE SEGURANÇA

(Juiz – TJ-SC – FCC – 2017) Acerca da concessão da reabilitação, considere:

I. Ter domicílio no país pelo prazo de quatro anos.
II. No computo do prazo de *sursis* não ter havido revogação.
III. Ter demonstrado efetiva e constantemente bom comportamento público e privado.
IV. Condenação a pena superior a dois anos, no caso de pena privativa de liberdade.
V. Ter ressarcido o dano causado ou demonstrado a impossibilidade absoluta de fazê-lo.

Está correto o que se afirma APENAS em:

(A) III e IV.

(B) I, II, III e V.

(C) II, III, IV e V.

(D) II, III e V.

(E) I, II e IV.

Os requisitos da reabilitação, instituto de política criminal cujo escopo é estimular a regeneração do sentenciado, afastando alguns efeitos da condenação, estão contemplados no art. 94 do CP, a saber: requerimento formulado dois anos depois de extinta a pena; reparação do dano, salvo impossibilidade de fazê-lo; e domicílio no país e bom comportamento público e privado nos últimos dois anos (e não quatro, tal como constou da assertiva I, que está incorreta, portanto). Não há a restrição a que faz referência a proposição IV, já que o art. 93 do CP estabelece que *a reabilitação alcança quaisquer penas aplicadas em sentença definitiva*. Também é necessário, à concessão deste instituto, que não tenha havido revogação no cômputo do prazo do *sursis*. **ED**

Gabarito "D".

(Magistratura/AM – 2013 – FGV) Com relação à *Medida de Segurança*, assinale a afirmativa **incorreta**.

(A) Ainda que haja divergência doutrinária, não há como descartar a natureza penal da medida de segurança, que somente pode ser aplicada pelo Juiz após apuradas a autoria e a materialidade do fato típico e ilícito, mesmo que reconhecida a inimputabilidade do agente por laudo próprio logo após o recebimento da denúncia.

(B) No vigente Código Penal, não é possível a coexistência da pena com a medida de segurança, porquanto adotado o sistema vicariante.

(C) Ao contrário da pena que se fundamenta na culpabilidade, tendo caráter retributivo e preventivo, a medida de segurança tem fundamento na periculosidade e o caráter unicamente preventivo, somente se aplicando ao inimputável.

(D) Os princípios gerais de garantia do Direito Penal, como o da legalidade, da jurisdicionalidade, da proporcionalidade e da intervenção mínima, também devem ser observados na medida de segurança.

(E) O Juiz deve fixar na sentença o prazo mínimo da medida de segurança, que tem por objetivo orientar a realização do primeiro exame periódico para se verificar se o internado continua perigoso, apesar de ser possível ao Juiz da execução, a qualquer tempo e de forma fundamentada, determinar a realização do exame de cessação da periculosidade, inclusive antes daquele prazo.

A: correta. A medida de segurança é espécie de sanção penal, tendo como pressuposto o reconhecimento da periculosidade do agente, diversamente da pena, cuja premissa fático-jurídica é a culpabilidade. Assim, somente se cogita da imposição de medida de segurança se reconhecido o binômio autoria-materialidade, bem como que o fato praticado pelo agente seja típico e ilícito. Ainda que a inimputabilidade, que é causa excludente da culpabilidade, seja reconhecida logo após o recebimento da denúncia, não poderá o magistrado, de pronto, aplicar ao réu a medida de segurança, posto que, por se tratar de sanção penal, exigirá a observância dos princípios do contraditório e ampla defesa. Assim, somente após regular instrução processual é que será possível a aplicação de medida de segurança. Tanto é verdade que a doutrina aponta como princípio reitor de referida espécie de sanção penal o da jurisdicionalidade, segundo o qual somente poderá ser aplicada após o devido processo legal; **B:** correta. Desde a reforma da Parte Geral do Código Penal promovida pela Lei 7.209/1984, quando vigorava o sistema do duplo binário, não mais se admite a aplicação de pena privativa de liberdade e, subsistindo a periculosidade, a submissão do condenado à medida de segurança. O atual art. 98 do CP adotou o sistema vicariante, segundo o qual, ao semi-imputável será possível a aplicação de pena reduzida (de um a dois terços) ou medida de segurança, caso esta seja a solução mais adequada para o caso; **C:** incorreta. De fato, a pena se fundamenta na culpabilidade, tendo nítido caráter retributivo e preventivo, ao passo que a medida de segurança tem fundamento na periculosidade (efetiva probabilidade de o inimputável ou semi-imputável voltar a delinquir). Todavia, diversamente do que constou na assertiva, as medidas de segurança têm por destinatários não apenas os inimputáveis, mas, também, os semi-imputáveis com periculosidade reconhecida; **D:** correta. Às medidas de segurança, consideradas espécie do gênero sanção penal, aplicam-se os princípios da legalidade (somente a lei pode criá-las), jurisdicionalidade (apenas o Poder Judiciário, após o devido processo legal, poderá aplicá-las), proporcionalidade (a duração delas exigirá análise, pelo magistrado, do grau de periculosidade do agente) e intervenção mínima (sua aplicação somente será possível se o fato praticado pelo agente tiver relevância do ponto de vista jurídico-penal); **E:** correta. Nos termos do art. 97, § 1º, do CP, o prazo mínimo de duração da medida de segurança é de um a três anos, prazo este que, ao cabo, ensejará a submissão do agente a exame de cessação de periculosidade. Porém, mesmo antes de referido prazo mínimo, poderá o juiz determinar a realização do exame (art. 97, § 2º, do CP). **AT**

Gabarito "C".

(Magistratura/PA – 2012 – CESPE) Acerca das medidas de segurança, assinale a opção correta.

(A) A semi-imputabilidade não implica a imposição obrigatória de medida de segurança, visto que vigora no ordenamento jurídico brasileiro o sistema vicariante, cabendo ao juiz a aplicação da pena ou da medida de segurança.

(B) A cessação da periculosidade do agente atestada por laudo médico não enseja necessariamente a sua imediata desinternação do estabelecimento psiquiátrico, sendo necessária a demonstração, em juízo, de que a recuperação médica também tenha ensejado a recuperação social.

(C) Não configura constrangimento ilegal o recolhimento em presídio comum, pelo prazo superior a um ano, de sentenciado submetido a medida de segurança que consista em internação em hospital de custódia e tratamento psiquiátrico, caso seja comprovada a falta de vagas nesse tipo de estabelecimento.

(D) Segundo a jurisprudência do STJ, a medida de segurança não configura espécie de sanção penal embora se sujeite aos prazos prescricionais aplicáveis aos delitos cometidos pelos inimputáveis.

(E) Constitui *reformatio in pejus* o fato de o tribunal substituir a pena privativa de liberdade fixada no mínimo legal por medida de segurança, com base em laudo psiquiátrico que considere o acusado inimputável, visto que essa medida poderá ter duração igual ao máximo da pena cominada ao delito praticado.

A: correta. De fato, com a reforma da Parte Geral do CP, promovida pela Lei 7.209/1984, em matéria de medidas de segurança, adotou-se o denominado "sistema vicariante", segundo o qual, com relação ao semi-imputável, será aplicada pena (com redução de um a dois terços, consoante parágrafo único, do art. 26, do CP) ou medida de segurança (neste caso, desde que o condenado necessite de especial tratamento curativo, conforme preconiza o art. 98 do CP); **B:** incorreta, pois, uma vez constatada a cessação da periculosidade, evidentemente por laudo pericial, haverá a desinternação ou a liberação condicional do agente (art. 97, §§ 1º e 3º, do CP); **C:** incorreta, pois é direito do internado permanecer em estabelecimento dotado de características hospitalares, sendo submetido a tratamento (art. 99 do CP); **D:** incorreta, pois, como é sabido e ressabido, a medida de segurança é espécie de sanção penal, cabível, por evidente, apenas aos inimputáveis ou semi-imputáveis com periculosidade reconhecida, podendo, de plano, a assertiva ser excluída pelo candidato; **E:** incorreta. Confira-se a ementa a seguir, referente ao HC 187051/SP, da relatoria do Min. Gilson Dipp, com julgamento realizado em 06/10/11: *PROCESSUAL PENAL. HABEAS CORPUS. ROUBO DUPLAMENTE MAJORADO. SUBSTITUIÇÃO DA PENA POR MEDIDA DE SEGURANÇA EM SEDE DE APELAÇÃO. ALEGAÇÃO DE REFORMATIO IN PEJUS E EXTRA PETITA. INOCORRÊNCIA. ART.149 DO CÓDIGO DE PROCESSO PENAL. VIOLAÇÃO SÚMULA 525-STF. INOCORRÊNCIA. ORDEM DENEGADA. O art. 149 do Código de Processo Penal não estabelece o momento processual para a realização do exame médico legal, devendo ele ser realizado com o surgimento de dúvida razoável sobre a integridade mental do acusado. Não constitui reformatio in pejus o fato de o Tribunal substituir a pena privativa de liberdade por medida de segurança, com base em laudo psiquiátrico que considerou o acusado inimputável, vez que a medida de segurança é mais benéfica do que a pena, vez que objetiva a proteção da saúde do acusado (...).* **AT**
„A". Gabarito

(Magistratura/PB – 2011 – CESPE) A respeito das penas e das medidas de segurança, assinale a opção correta.

(A) Não se admite a concessão do trabalho externo desde o início do cumprimento da pena a condenado em regime semiaberto, ainda que verificadas condições pessoais favoráveis, no caso concreto, pelo juízo das execuções penais, sendo necessário o cumprimento de percentual mínimo da pena antes da concessão da benesse ao sentenciado.

(B) Medida de segurança não constitui espécie do gênero sanção penal, sendo sua finalidade exclusivamente preventiva, ou seja, destina-se a evitar que o agente que demonstre periculosidade volte a delinquir.

(C) No CP, adota-se, em relação à aplicação das penas, o chamado sistema duplo binário, sendo indevida a aplicação cumulativa e simultânea de pena tipicamente criminal e medida de segurança ao mesmo réu.

(D) Se o réu estiver cumprindo pena no regime semiaberto e este se tornar incompatível em razão da soma de nova pena por outro crime, deverá o magistrado proceder à regressão do acusado ao regime fechado e, ao unificar as penas, deve abater do tempo efetivamente cumprido pelo réu o lapso temporal para a concessão da progressão.

(E) Na falta de vagas em estabelecimento compatível ao regime fixado na condenação, não configura constrangimento ilegal a submissão do réu ao cumprimento de pena em regime mais gravoso, devendo ele cumprir a reprimenda sob esse regime até o surgimento de vaga em outro regime compatível com o decreto condenatório.

A: o STJ firmou entendimento segundo o qual é admitido o trabalho externo já no início do cumprimento da pena ao condenado em regime semiaberto. Nesse sentido: STJ, HC 92.320, DJU 7.4.08; **B:** medida de segurança constitui, sim, ao lado da pena, espécie do gênero *sanção penal*. Sua função é a de prevenir crimes que possam ser cometidos pelo sujeito considerado perigoso; **C:** assertiva incorreta, pois adotamos o *sistema vicariante*, que determina o cumprimento de medida de segurança (na hipótese de periculosidade) ou de pena privativa de liberdade (se houver culpabilidade), não sendo permitido que o agente cumpra as duas espécies de sanção penal ao mesmo tempo, pelo mesmo fato, o que ocorria no *sistema do duplo binário*, vigente até a reforma do Código Penal em 1984; **D:** correta, nos termos do art. 118, II, da LEP; **E:** a jurisprudência do STJ firmou entendimento no sentido de que não pode o condenado ser submetido a regime prisional mais gravoso do que aquele estabelecido na sentença (HC 8.158-SP, 5ª T., rel. Min. Felix Fischer, j. 1.6.99). **ED**
„D". Gabarito

(Magistratura/RJ – 2013 – VUNESP) Assinale a alternativa correta relativamente ao tratamento dado pela legislação penal brasileira à Medida de Segurança.

(A) Enquanto a detentiva é obrigatória para fatos punidos com reclusão, a restritiva pode ser aplicada em caso de fatos punidos com detenção.

(B) Pode ser aplicada tanto a inimputáveis quanto aos semi-imputáveis, sempre por meio de sentenças absolutórias impróprias.

(C) Tem como pressuposto a periculosidade, de forma que pode ser aplicada ao inimputável ou semi-imputável que tenha praticado fato típico, mesmo que não antijurídico.

(D) A desinternação será sempre condicional, devendo ser restabelecida a situação anterior se o agente, antes do decurso de dois anos, pratica fato indicativo de persistência de sua periculosidade.

A: correta. Diz-se *detentiva* a medida de segurança aplicável a fatos punidos com reclusão, o que ensejará a internação do agente em hospital de custódia e tratamento psiquiátrico ou, à falta, em outro estabelecimento adequado (art. 96, I, c.c. art. 97, *caput*, ambos do CP). Já para fatos punidos com detenção, cabível será a medida de segurança *restritiva*, consistente na sujeição do agente a tratamento ambulatorial (art. 96, II, c.c. art. 97, *caput*, ambos do CP); **B:** incorreta.

De fato, a medida de segurança aplicada aos inimputáveis por doença mental (art. 26, *caput*, do CP) o será por meio de *sentença absolutória* dita *imprópria*, visto que a exclusão da culpabilidade, embora enseje édito absolutório (art. 386, VI, do CPP), gerará a imposição de sanção penal. Daí ser chamada de sentença absolutória imprópria: absolve-se o agente, mas, por outro lado, impõe-se a ele a medida de segurança (que é espécie, frise-se, de sanção penal). No tocante aos semi-imputáveis com periculosidade reconhecida, a sentença será inicialmente condenatória, cabendo ao juiz, ato seguinte, se o agente necessitar de especial tratamento curativo, substituir a pena privativa de liberdade imposta por internação ou tratamento ambulatorial, nos termos do art. 98 do CP. Assim, em reforço, não se fala em sentença absolutória imprópria para os semi-imputáveis, visto que a estes, quando recomendada, após perícia médica, a aplicação de medida de segurança, o juiz deverá condená-los, mas, em seguida, proceder à substituição da pena corporal pela internação ou tratamento ambulatorial; **C:** incorreta. A medida de segurança tem como destinatário o inimputável por doença mental, cuja periculosidade é presumida, bem como o semi-imputável cuja periculosidade seja reconhecida (periculosidade real ou concreta). Mas, em qualquer caso, será imprescindível que tenham cometido fato típico e antijurídico. Assim, por exemplo, não será cabível medida de segurança ao inimputável que tenha matado alguém (fato típico), mas em legítima defesa (causa excludente da antijuridicidade); **D:** incorreta. De fato, a desinternação ou liberação serão sempre condicionais, devendo ser restabelecida a situação anterior se o agente, *antes do decurso de 1 (um) ano* (e não de dois anos, como afirmado na assertiva!), pratica fato indicativo de persistência de sua periculosidade (art. 97, § 3º, do CP). **AT**
Gabarito "A".

(Magistratura/RJ – 2011 – VUNESP) Caio, reincidente em crime de estupro, também é reincidente em crime de roubo. Diante disso, para obter o livramento condicional, de acordo com o disposto no art. 83, do Código Penal, deverá cumprir

(A) mais de três quintos da pena do crime hediondo e mais de um terço da pena do crime de roubo.

(B) mais da metade da pena do crime hediondo e mais de dois terços da pena do crime de roubo.

(C) integralmente a pena do crime hediondo e mais de dois terços da pena do crime de roubo.

(D) integralmente a pena do crime hediondo e mais da metade da pena do crime de roubo.

Considerando que Caio é reincidente em crime de estupro, considerado hediondo (art. 1º, V e VI, da Lei 8.072/1990), não fará jus à concessão do livramento condicional, tendo em vista ser reincidente específico (art. 83, V, do CP). Porém, com relação ao crime de roubo, ainda que seja reincidente, fará jus ao livramento condicional após cumprir mais da metade de sua pena (leia-se: a pena do roubo!), eis que é reincidente em crime doloso (art. 83, II, do CP). **AT**
Gabarito "D".

15. AÇÃO PENAL

(Juiz – TJ/SP – VUNESP – 2015) Em matéria de ação penal, a decadência apresenta diferentes efeitos. Sobre isso, é correto afirmar que

(A) condiciona o agir do Ministério Público à condição de procedibilidade do ofendido em face do ofensor.

(B) na ação penal pública condicionada à representação, impede que a vítima apresente queixa-crime.

(C) sendo ação penal privada, ataca imediatamente o direito de agir do ofendido, e o Estado perde a pre-

tensão punitiva.

(D) na ação privada, atinge o direito de o ofendido representar, e este não pode mais agir.

A: incorreta, já que não é propriamente a *decadência* que condiciona o agir do MP, mas, sim, a *representação*, que é o instrumento por meio do qual o ofendido manifesta seu interesse em ver processado o ofensor. Se a representação não for ofertada dentro do prazo estabelecido em lei, que é de 6 meses, sempre contado do dia em que o ofendido passa a conhecer a identidade do ofensor, operar-se-á a decadência (perda do direito de representação), o que leva à extinção da punibilidade; **B:** incorreta. A queixa-crime é a petição inicial, formulada pelo ofendido ou por seu representante legal, na ação penal privada; a ação penal pública condicionada a representação, cujo titular é o MP, deverá iniciar-se por meio de denúncia; **C:** correta. A decadência, no contexto da ação penal privada, ataca, de fato, o direito do ofendido de agir, oferecendo a queixa; **D:** incorreta. O direito de representar somente é exercido na ação penal pública condicionada a representação; na ação penal privada, como já dito no comentário anterior, é atingido o direito do ofendido em ajuizar a queixa-crime. **ED**
Gabarito "C".

(Magistratura/SC) No curso de ação penal privada, se o ofendido aceita receber indenização do dano causado pelo crime, pode-se dizer que tal fato, a teor do Código Penal:

(A) Configura perdão expresso.

(B) Não caracteriza renúncia ao direito de queixa.

(C) Acarreta a extinção da ação penal privada.

(D) Caracteriza renúncia tácita ao direito de queixa.

(E) Pode ser interpretado como perdão tácito.

Renúncia (art. 104, CP) consiste na desistência de propor a ação penal privada; *perdão* (arts. 105 e 106 do CP) é o ato por meio do qual o querelante desiste de prosseguir na ação penal privada. Só há que se falar em perdão, portanto, após o início da ação penal. No curso da ação penal, de outro lado, não há que se falar em renúncia. **ED**
Gabarito "B".

16. EXTINÇÃO DA PUNIBILIDADE EM GERAL

(Juiz – TJ/MS – VUNESP – 2015) Quanto à extinção da punibilidade, é correto afirmar que

(A) a punibilidade só se extingue pela morte do agente; pela anistia, graça ou indulto; pela prescrição, decadência ou perempção; pela renúncia do direito de queixa ou pelo perdão aceito, nos crimes de ação privada e pela retratação do agente, nos casos em que a lei a admite.

(B) o curso da prescrição interrompe-se com o oferecimento da denúncia pelo Ministério Público.

(C) o perdão expresso ou tácito concedido pelo ofendido a um dos querelados não pode ser aproveitado pelos demais na hipótese de ofensa conjunta por mais de um agente.

(D) considerando que o delito previsto no art. 137, *caput*, do Código Penal prevê pena de detenção de quinze dias a dois meses ou multa, a prescrição da pena em abstrato ocorrerá em dois anos.

(E) a sentença que conceder perdão judicial não será considerada para efeitos de reincidência.

A: incorreta. Em primeiro lugar, porque a alternativa não contemplou todas as causas extintivas de punibilidade elencadas no rol do art. 107 do CP. Segundo porque é unânime na doutrina o entendimento segundo o qual o rol contido no art. 107 do CP é exemplificativo, podendo ser encontradas, além dessas (art. 107), outras causas extintivas da punibilidade tanto no Código Penal quanto na legislação penal especial. Alguns exemplos: reparação do dano no peculato culposo (art. 312, § 3°, do CP); decurso do prazo do *sursis*, sem revogação (art. 82, CP); pagamento do tributo antes do oferecimento da denúncia (art. 34 da Lei 9.249/1995); falta de representação da vítima na Lei 9.099/1995, entre outras hipóteses; **B:** incorreta, na medida em que o curso da prescrição é interrompido, entre outras causas, pelo recebimento da denúncia ou queixa (e não pelo seu oferecimento), tal como estabelece o art. 117, I, do CP; **C:** incorreta. O perdão, quer seja expresso, quer seja tácito, a todos os agentes se estende (art. 106, I, do CP), mas somente produzirá efeitos em relação àqueles que o aceitarem; **D:** incorreta. Isso porque, sendo a pena máxima cominada ao crime do art. 137 do CP de dois meses ou multa, a prescrição dar-se-á no prazo de 3 anos (e não 2), tal como previsto no art. 109, VI, do CP; **E:** correta, pois reflete o disposto no art. 120 do CP e na Súmula 18, do STJ. **ED**

Gabarito "E".

(Magistratura/MG – 2012 – VUNESP) Da Lei da Anistia, surgem os seguintes efeitos.

I. A anistia do delito não pode ser revogada.

II. A condenação por crime anistiado só pode ser considerada para efeitos de reincidência.

III. Quando existir decisão condenatória, a norma eliminará a condenação e todos os seus efeitos.

IV. A anistia não elimina a tipicidade da conduta dos coautores.

Estão corretas apenas as assertivas

(A) I e II.

(B) I e III.

(C) II e IV.

(D) I, III e IV.

I: correta. De acordo com a doutrina, a lei concessiva de anistia, considerada causa de extinção da punibilidade (art. 107, II, do CP), é irrevogável. Porém, mesmo em caso de revogação formal da lei anistiadora, os seus efeitos não poderão ser revogados, e por uma questão óbvia: a lei penal não retroagirá, salvo para beneficiar o réu (art. 5°, XL, da CF); **II:** incorreta, pois a anistia, decorrente de lei federal, excluirá todos os efeitos penais da condenação (principal e secundários), remanescendo, porém, os efeitos extrapenais (ex.: permanecerá a obrigação do condenado por crime anistiado de reparar o dano); **III:** correta. Como dito no comentário à assertiva anterior, a anistia extinguirá a punibilidade do agente, daí advindo a eliminação dos efeitos penais da condenação. Registramos que a assertiva III está incompleta, ou, ao menos, um pouco obscura, visto que a anistia eliminará a condenação e todos os seus efeitos de NATUREZA PENAL (lembre-se que os efeitos extrapenais permanecem, tais como os de natureza civil); **IV:** correta. A anistia extingue a punibilidade do fato (art. 107, II, do CP), não se tratando de causa de atipicidade. **AT**

Gabarito "B".

(Magistratura/PA – 2012 – CESPE) Acerca da extinção da punibilidade, assinale a opção correta.

(A) Não se admite a extensão, para outro crime, dos efeitos da extinção da punibilidade pelo perdão judicial concedido em relação a homicídio culposo, ainda que ambos os crimes tenham sido praticados em concurso formal.

(B) De acordo com jurisprudência firmada no STJ, admite-se a extinção da punibilidade pela prescrição da pretensão punitiva, com fundamento em pena hipotética a ser aplicada no processo penal.

(C) Nos delitos de estupro, é admissível o reconhecimento da extinção da punibilidade pela perempção em ação penal privada subsidiária de ação penal pública.

(D) A sentença concessiva do perdão judicial é declaratória da extinção da punibilidade, não subsistindo, exceto quanto aos efeitos secundários, qualquer outro efeito condenatório.

(E) Nos crimes conexos, a extinção da punibilidade de um deles impede, no que diz respeito aos outros, a agravação da pena resultante da conexão.

A: correta, pois o perdão judicial, no caso do homicídio culposo, gerará a extinção da punibilidade apenas para ele, não se estendendo a outro crime, ainda que praticado em concurso formal. Afinal, referida causa extintiva da punibilidade somente será admitida nos casos permitidos por lei (art. 107, IX, do CP). Nesse sentido é a jurisprudência do STJ: *DIREITO PENAL. RECURSO ESPECIAL. PERDÃO JUDICIAL. EXTENSÃO DOS EFEITOS. IMPOSSIBILIDADE. Não é possível a extensão do efeito de extinção da punibilidade pelo perdão judicial, concedido em relação a homicídio culposo que resultou na morte da mãe do autor, para outro crime, tão-somente por terem sido praticados em concurso formal (Precedente do STF).Recurso provido.(REsp 1009822 / RS – Min. Felix Fischer – julgamento em 26/08/08 – STJ*; **B:** incorreta (Súmula 438 do STJ); **C:** incorreta, pois não se admite o instituto da perempção em ação penal privada subsidiária da pública. Afinal, esta somente é admissível em caso de inércia do Ministério Público para a promoção da ação penal em crimes de ação pública. Lembre-se que a inércia do querelante, em caso de ação penal privada subsidiária da pública, produzirá a retomada, pelo Ministério Público, do polo ativo da demanda como parte principal (art. 29 do CPP); **D:** incorreta, pois sendo a sentença concessiva de perdão judicial de natureza declaratória da extinção da punibilidade, consoante dispõe a Súmula 18 do STJ, não subsistirá qualquer efeito condenatório (leia-se: principal ou secundários); **E:** incorreta (art. 108, parte final, do CP). **AT**

Gabarito "A".

(Magistratura/PE – 2013 – FCC) Em relação às causas de extinção da punibilidade, correto afirmar que

(A) a concessão de anistia é de competência privativa do Presidente da República, excluindo o crime e fazendo desaparecer suas consequências penais.

(B) a concessão de indulto faz com que o beneficiado retorne à condição de primário.

(C) não são previstas, em qualquer situação, para casos de reparação do dano pelo agente.

(D) não a configuram a concessão de indulto parcial ou comutação, de competência privativa do Presidente da República.

(E) cabível o perdão judicial no caso de qualquer infração penal.

A: incorreta, pois a anistia, causa extintiva da punibilidade prevista no art. 107, II, do CP, consiste na exclusão, por meio de lei ordinária, dotada de efeitos retroativos, por ser benéfica, de fato(s) criminoso(s). Trata-se de verdadeira indulgência estatal, por meio, repita-se, da edição de lei ordinária federal, de competência, por óbvio, do Congresso Nacional, nos termos dos arts. 21, XVII e 48, VIII, ambos da CF/1988. Não se confunde a anistia com a graça, esta sim de competência do

Presidente da República (art. 84, XII, da CF/1988), passível, contudo, de delegação aos Ministros de Estado, ao Procurador-Geral da República ou ao Advogado-Geral da União (art. 84, parágrafo único, da CF/1988). Frise-se que a anistia opera a exclusão de todos os efeitos penais da condenação (principal e secundários de natureza penal), remanescendo, porém, os de natureza civil (ex.: obrigação do réu de reparar o dano causado pelo crime); **B:** incorreta, pois o indulto, causa extintiva da punibilidade (art. 107, II, do CP), concedida espontaneamente pelo Presidente da República, mediante decreto, terá o condão de apagar apenas o efeito principal da condenação (pena), mas, não, os demais efeitos (secundários de natureza penal e os extrapenais). Logo, um condenado beneficiado pelo indulto não retornará ao *status* de primário, pois a reincidência é efeito secundário de natureza penal, não abrangido por referida causa extintiva da punibilidade; **C:** incorreta, pois, por exemplo, no peculato culposo (art. 312, § 2º, do CP), se reparado o dano pelo agente até a sentença irrecorrível, haverá a extinção da punibilidade (art. 312, § 3º, do CP); **D:** correta. O indulto parcial, verificado por ato do Presidente da República (decreto), terá o condão apenas de reduzir a pena ou comutá-las, sem, contudo, extinguir a punibilidade. Portanto, nem sempre o indulto será causa extintiva da punibilidade. Apenas o indulto total é que o será; **E:** incorreta, pois o perdão judicial somente será cabível nos casos previstos em lei (art. 107, IX, do CP). **AT**

Gabarito "D".

(Magistratura/PE – 2011 – FCC) Em matéria de extinção da punibilidade, é possível assegurar que

(A) as causas de aumento ou de diminuição, com exceção do concurso material, do concurso formal e do crime continuado, devem ser computadas no prazo prescricional.

(B) as medidas de segurança não se sujeitam à prescrição.

(C) a reincidência não interfere na prescrição da pretensão executória.

(D) a prescrição admite interrupção, mas não suspensão.

(E) é admissível pela prescrição da pretensão punitiva com fundamento em pena hipotética, independentemente da existência ou sorte do processo penal, segundo súmula do Superior Tribunal de Justiça.

A: assertiva correta. Com efeito, exceção feita ao concurso de crimes, entende-se que as causas de aumento e de diminuição devem ser computadas no prazo prescricional (STF, *RT* 591/405); **B:** incorreta, já que a medida de segurança, assim como a pena, submete-se à prescrição; **C:** art. 110, *caput*, parte final, do CP; **D:** as hipóteses de interrupção da prescrição estão contempladas no art. 117 do CP. Existem também hipóteses de suspensão da prescrição. Exemplo: art. 116, II, do CP (a suspensão não corre enquanto o agente cumpre pena no estrangeiro). Aqui, o prazo volta a correr apenas pelo período que sobrar; **E:** a proposição contraria o teor da Súmula nº 438 do STJ. **ED**

Gabarito "A".

(Magistratura/RJ – 2013 – VUNESP) Assinale a alternativa correta relativamente às causas de extinção da punibilidade.

(A) Em crimes cujas ações sejam de iniciativa privada ou pública, de competência do Juizado Especial Criminal, a composição civil extingue a punibilidade do autor do fato.

(B) Prescrição e Anistia são exemplos de causas de extinção da punibilidade que tanto podem recair sobre a pretensão punitiva quanto sobre a pretensão executória.

(C) Dentre as causas interruptivas da prescrição da pretensão punitiva, podem ser citadas a decisão de

pronúncia e a reincidência.

(D) A prescrição da pena de multa ocorrerá em dois anos, quando a multa for a única cominada ou alternativamente aplicada.

A: incorreta. A composição civil dos danos somente extingue a punibilidade do agente, pela renúncia ao direito de queixa ou de representação, se os crimes, de competência dos Juizados Especiais Criminais, forem de ação penal privada ou pública condicionada à representação, nos termos do art. 74, parágrafo único, da Lei 9.099/1995; **B:** correta. A prescrição, de fato, pode afetar tanto a pretensão punitiva estatal (prescrição da pretensão punitiva), quanto a executória (prescrição da pretensão executória). No tocante à anistia, esta pode ser concedida antes da condenação (anistia própria) ou após a condenação (anistia imprópria); **C:** incorreta. A decisão de pronúncia, de fato, é causa interruptiva da prescrição da pretensão punitiva (art. 117, II, do CP). Porém, a reincidência interrompe apenas a prescrição da pretensão executória (art. 117, VI, do CP). Frise-se que o STJ editou a Súmula nº 220, que tem o seguinte verbete: "A reincidência não influi no prazo da prescrição da pretensão punitiva"; **D:** incorreta. A pena de multa, nos termos do art. 114, I, do CP, prescreverá em dois anos quando for a única *cominada ou aplicada*. Já quando for *alternativamente* ou cumulativamente *cominada* ou *cumulativamente aplicada*, prescreverá no mesmo prazo da pena privativa de liberdade (art. 114, II, do CP). **AT**

Gabarito "B".

(Magistratura Federal/1ª região – IX) Assinale a opção que contenha assertiva **incorreta**, em relação à extinção da punibilidade:

(A) o acréscimo de pena privativa da liberdade, relativo ao concurso de crimes, não deve ser considerado no cômputo da pena aplicada, para a verificação da prescrição.

(B) em todas as situações de ação penal privada, salvo nos crimes de imprensa, a decadência ocorre em seis meses.

(C) o transcurso do lapso prescricional, segundo a pena imposta na sentença, entre a publicação desta e o julgamento da apelação exclusiva da defesa, extingue a pretensão punitiva.

(D) O pagamento integral do débito previdenciário, em crimes contra o sistema previdenciário, antes do recebimento da denúncia, extingue a punibilidade, ao passo que tal efeito, na hipótese de mero parcelamento, é controvertido na jurisprudência.

A: correta. De fato, a majoração da pena decorrente da aplicação das regras das espécies de concurso de crimes (arts. 69 a 71, todos do CP) não será levada em consideração para a verificação da prescrição. Isso porque o art. 119 do CP dispõe expressamente que, em caso de concurso de crimes, a extinção da punibilidade incidirá sobre a pena de cada um, isoladamente; **B:** incorreta. Inicialmente, é bom frisar que a questão foi elaborada antes do julgamento da ADPF 130, pelo STF, que declarou que a Lei de Imprensa (Lei 5.250/1967) não foi recepcionada, integralmente, pela nova ordem constitucional. Em referido diploma legal, estava previsto no art. 41, § 1º, que o prazo para o oferecimento de queixa contra o ofensor era de 3 (três) meses, a partir da publicação da obra. Considerando o julgamento de referida ação de controle de constitucionalidade, aos crimes praticados por meio da imprensa, aplicar-se-ão as disposições do CP, inclusive no tocante à decadência, que é de 6 (seis) meses, contados da ciência da autoria delitiva; **C:** correta. De fato, entre a publicação da sentença penal condenatória e o julgamento da apelação, fluirá prazo que, se superior à "tabela" prevista

no art. 109 do CP, gerará o reconhecimento da prescrição da pretensão punitiva (é a denominada prescrição intercorrente – art. 110, § 1º, do CP); **D:** correta. De fato, o pagamento do débito previdenciário é, sim, causa de extinção da punibilidade (ex.: art. 168-A, § 2º, do CP; art. 9º, § 2º, da Lei 10.684/2003 – Lei do PAES). Com relação ao parcelamento do débito tributário, há, sim, discussão jurisprudencial, ora acolhendo-o como causa de extinção da punibilidade (aplicação do art. 34 da Lei 9.249/1995, que fala em "promover o pagamento", que poderia ser interpretado como qualquer manifestação concreta no sentido de pagar o tributo devido, inclusive mediante parcelamento – STJ, ROHC 9.920/PR, Jorge Scartezzini, 5ª T., *DJ* 1.4.02), ora afirmando que apenas o pagamento integral do tributo seria capaz de extinguir a punibilidade (TRF3, HC 11.232/SP, Fernando Gonçalves, 6ª T., *DJ* 21.02.2000). Contudo, com o advento da Lei 12.382/2011, que deu nova redação ao art. 83, § 1º, da Lei 9.430/1996, confirmou-se o parcelamento como causa de suspensão da pretensão punitiva do Estado, desde que formalizado antes do recebimento da denúncia. Assim, apenas com o pagamento integral dos débitos parcelados será possível a decretação de extinção da punibilidade (art. 83, § 4º, da Lei 9.430/1996).
Gabarito "B".

(Magistratura Federal/4ª região – VIII) A anistia, causa de extinção da punibilidade prevista no art. 107, inc. II, do Código Penal:

(A) extingue os efeitos penais a partir da data em que é concedida;

(B) extingue os efeitos penais dos fatos delituosos cometidos a partir da data em que é concedida;

(C) extingue os efeitos penais, inclusive por fatos praticados antes da sua vigência mesmo que haja decisão transitada em julgado;

(D) extingue os efeitos penais, inclusive por fatos praticados antes da sua vigência, exceto os alcançados pela coisa julgada.

De fato, a anistia é causa extintiva da punibilidade, prevista no art. 107, II, do CP, concedida por meio de lei federal dotada de efeitos retroativos, por ser benéfica ao agente. Portanto, mesmo os fatos praticados anteriormente à lei que a tenha instituído serão por ela alcançados, independentemente do trânsito em julgado. Lembre-se que a lei penal mais benigna retroagirá para beneficiar o agente, alcançado, inclusive, fatos decididos por sentença irrecorrível (art. 2º, parágrafo único, do CP).
Gabarito "C".

17. PRESCRIÇÃO

(Magistratura/AM – 2013 – FGV) Com relação ao *instituto da prescrição*, causa de extinção da punibilidade, assinale a afirmativa correta.

(A) O prazo da prescrição é interrompido com o oferecimento da denúncia ou queixa.

(B) Segundo a jurisprudência majoritária dos Tribunais Superiores, é possível o reconhecimento da prescrição pela pena hipotética.

(C) O reconhecimento da prescrição da pretensão punitiva e da prescrição executória apaga todos os efeitos secundários do crime.

(D) As circunstâncias agravantes e atenuantes previstas no Código Penal, sejam elas quais forem, não interferem de qualquer forma no prazo prescricional, ao contrário das causas de aumento e de diminuição de pena que devem ser observadas no cálculo respectivo.

(E) De acordo com o Superior Tribunal de Justiça, o período de suspensão do prazo prescricional é regulado pelo máximo da pena cominada.

A: incorreta. O recebimento da denúncia ou da queixa, e não o simples oferecimento, é que constitui causa interruptiva da prescrição (art. 117, I, do CP); **B:** incorreta. É inadmissível, de acordo com a Súmula nº 438 do STJ, o reconhecimento da prescrição com base em pena hipotética (prescrição virtual ou em perspectiva); **C:** incorreta. De fato, a prescrição da pretensão punitiva tem o condão de apagar (rescindir) todos os efeitos da condenação (principal e secundários de natureza penal e extrapenal). Já a prescrição da pretensão executória, cabível somente após o trânsito em julgado da sentença penal condenatória, apaga, apenas, o efeito principal (pena), subsistindo, porém, os efeitos secundários de natureza penal (ex.: reincidência) e extrapenal (ex.: obrigação de reparar o dano); **D:** incorreta. Muito embora, a rigor, as circunstâncias atenuantes e agravantes não influenciem na contagem do prazo prescricional, visto que a lei não indica o *quantum* de aumento ou de diminuição da pena, é certo que a menoridade relativa e a senilidade reduzem o prazo de prescrição pela metade, nos termos do art. 115 do CP. No tocante às causas de diminuição e aumento de pena, de fato, elas influem na contagem do prazo prescricional, levando-se em conta sempre a maior elevação (nas majorantes) e a menor redução (nas minorantes); **E:** correta. Nos termos da Súmula nº 415 do STJ, o período de suspensão do prazo prescricional é regulado pelo máximo da pena cominada. Trata-se, aqui, da antiga discussão acerca da suspensão do prazo de prescrição quando ocorre a situação processual prevista no art. 366 do CPP (réu citado por edital, que não comparece, e não tem advogado constituído nos autos). **AT**
Gabarito "E".

(Magistratura/DF – 2011) Prescrição é a perda do direito de punir do Estado, pelo não exercício em determinado lapso temporal. Por isso,

(A) Sendo a prescrição causa de extinção da punibilidade, a mesma ocorre com a morte do agente no decurso do inquérito ou do processo;

(B) Quando ainda não há condenação, a prescrição da ação penal regula-se pela pena máxima cominada ao delito;

(C) Nos crimes de sonegação fiscal a prescrição ocorre pelo pagamento do tributo antes do oferecimento da denúncia;

(D) A prescrição constitui causa de extinção da punibilidade.

A: tanto a prescrição quanto a morte do agente constituem, a teor do art. 107 do CP, causas extintivas da punibilidade. É incorreto, portanto, dizer que a morte do agente constitui hipótese de prescrição. Mesmo porque a prescrição corresponde à perda do direito de punir do Estado em razão do decurso do tempo; **B:** art. 109 do CP; **C:** não se trata de prescrição, que consiste, como já dissemos, na perda do direito de punir de que é titular o Estado em razão do decurso do tempo. Nos crimes de sonegação fiscal, o pagamento do tributo feito antes do recebimento da denúncia gera a extinção da punibilidade, na forma estatuída no art. 34 da Lei 9.249/1995; **D:** de fato, a prescrição constitui uma das causas extintivas das punibilidades (art. 107 do CP). **ED**
Gabarito "B".

(Magistratura/MG – 2012 – VUNESP) João Teodoro foi condenado a 1 (um) ano de reclusão, pela prática de furto tentado, por fato ocorrido em 21.04.2006. Na fixação da pena, foi considerada a circunstância agravante da reincidência. A sentença transitou em julgado para as partes em 02.02.2007. Foi expedido mandado de prisão e o réu não foi encontrado.

Quanto à prescrição da pretensão executória da pena, pode-se afirmar que ela ocorrerá em

(A) 4 (quatro) anos.

(B) 3 (três) anos.

(C) 2 (dois) anos.

(D) 5 (cinco) anos e 4 (quatro) meses.

A reincidência, como é sabido, produzirá o aumento em um terço do prazo prescricional, consoante determina o art. 110, *caput*, parte final, do CP. Desoarte, considerando que a pena imposta a João Teodoro foi de 1 (um) ano, esta prescreveria, ordinariamente, em 4 (quatro) anos, nos termos do art. 109, V, do CP. No entanto, em virtude do reconhecimento da reincidência, referido prazo será aumentado em 1/3 (um terço), daí resultando 5 (anos) e 4 (quatro) meses. **AT**

Gabarito "D".

(Magistratura Federal/4ª região – IX) Indique a alínea em que se encontra a afirmativa correta, segundo o Código Penal:

(A) A pena aplicada pelo juiz, após trânsito em julgado para a acusação, passa a regular a prescrição da pretensão punitiva, sendo o prazo prescricional aumentado de um terço, se na sentença foi reconhecida a reincidência.

(B) Em caso de sentença com trânsito em julgado, em que se reconheceu reincidência, apenas o prazo prescricional da pretensão executória será aumentado de um terço.

(C) Fica situado na margem de discricionariedade judicial o poder de reconhecer a extinção da punibilidade pela prescrição da pretensão punitiva, com efeito retro-operante, se o prazo da causa extintiva transcorreu entre a prática do fato de lesões corporais simples e o recebimento da denúncia.

(D) O fato criminoso que caracteriza reincidência interrompe o curso da prescrição.

A: incorreta. A reincidência, reconhecida em sentença, aumentará em um terço o prazo da prescrição da pretensão executória (art. 110, *caput*, do CP; Súmula 220 do STJ: "*A reincidência não influi no prazo da prescrição da pretensão punitiva*"); **B:** correta (art. 110, *caput*, do CP e Súmula 220 do STJ); **C:** incorreta. Uma vez verificada a prescrição da pretensão punitiva em momento anterior ao recebimento da denúncia, esta deverá ser reconhecida pelo magistrado, visto que se trata de causa extintiva da punibilidade (art. 107, IV, do CP), não se tratando de matéria que esteja na esfera da discricionariedade judicial. Frise-se que, com o advento da Lei 12.234/2010, que alterou o art. 110 do CP, impossível o reconhecimento da prescrição retroativa em data anterior ao recebimento da denúncia ou queixa (art. 110, § 1º, do CP), muito embora a alternativa não tenha mencionado qual a espécie de prescrição a ser reconhecida. Assim, à luz da atual redação do referido dispositivo legal, antes da ação penal, somente poderá ser reconhecida a prescrição da pretensão punitiva abstrata, tomando por base o máximo da pena privativa de liberdade cominada à infração penal; **D:** incorreta. A reincidência somente interromperá a prescrição da pretensão executória (Súmula 220 do STJ). Veja que a assertiva fala, genericamente, que a reincidência interromperia o curso da "prescrição".

Gabarito "B".

(Magistratura Federal/4ª região – VIII) Anátoclas Papa, estrangeiro, defendendo-se em processo administrativo de expulsão do território nacional utiliza documento reconhecidamente falso, infringindo o art. 304 do Código Penal. O início do prazo de prescrição do crime deve ser contado:

(A) a partir da data do conhecimento da falsidade pela autoridade administrativa;

(B) a partir da data do uso do documento;

(C) a partir da data do conhecimento da falsidade por qualquer autoridade pública, administrativa ou judiciária;

(D) a partir da data da efetiva falsificação do documento.

A e C: incorretas, pois o termo inicial do prazo prescricional não é o da data do conhecimento da falsidade por qualquer autoridade, não se confundindo o uso de documento falso com a falsificação ou alteração de assentamento do registro civil, pois, nesse caso, o prazo prescricional terá início a partir do conhecimento do fato (art. 111, IV, do CP); **B:** correta. De acordo com o art. 111, I, do CP, a prescrição da pretensão punitiva começa a correr a partir do dia em que o crime se consumou. No caso do art. 304 do CP, o efetivo uso do documento falso constitui o seu momento consumativo, daí começando a fluir o prazo prescricional; **D:** incorreta. Considerando que o crime cometido por Anátoclas foi o de uso de documento falso (art. 304 do CP), e não o de falsificação do documento, o termo inicial do prazo prescricional é o da consumação do ilícito por ele perpetrado (art. 111, I, do CP).

Gabarito "B".

18. CRIMES CONTRA A PESSOA

(Juiz – TJ/MS – VUNESP – 2015) Em relação aos crimes contra a vida, é correto afirmar que

(A) a genitora que mata o neonato, sob o estado puerperal e logo após o parto, responderá por homicídio duplamente qualificado pelo recurso que dificultou a defesa da vítima e por meio insidioso.

(B) para configuração do homicídio privilegiado, previsto no art. 121, § 1º, do Código Penal, basta que o agente cometa o crime sob o domínio de violenta emoção.

(C) nas lesões culposas verificadas entre os mesmos agentes, é possível aplicar a compensação de culpas.

(D) o feminicídio, previsto no art. 121, § 2º, inciso VI, do Código Penal, exige que o crime seja praticado contra a mulher por razões da condição de sexo feminino envolvendo violência doméstica ou familiar ou menosprezo ou discriminação à condição de mulher.

(E) o agente que pratica autolesão responderá pelo crime de lesões corporais com atenuação da pena de 1/3 a 2/3, a depender da natureza da lesão.

A: incorreta. Isso porque a proposição contempla os requisitos do crime de *infanticídio*, previsto no art. 123 do CP, que é especial em relação ao de *homicídio*. Com efeito, a mãe que, sob a influência do estado puerperal, provoca a morte do nascente ou do neonato, que ela mesma gerou, durante o parto ou logo em seguida a ele, será responsabilizada pelo crime de infanticídio, que não deixa de ser uma forma mais branda e privilegiada do delito de homicídio, isso em razão do peculiar estado do sujeito ativo (estado puerperal); **B:** incorreta. Além do o sujeito ativo estar sob o domínio de violenta emoção, faz-se ainda necessário que o fato se dê logo em seguida à injusta provocação da vítima, tal como estabelece o art. 121, § 1º, do CP. É o que a doutrina convencionou chamar de *homicídio emocional*. Para que nenhuma dúvida reste, o reconhecimento desta modalidade de homicídio privilegiado pressupõe: a) existência de uma violenta emoção; b) provocação injusta por parte da vítima; e c) imediatidade da reação; **C:** incorreta. Não há que se falar em compensação de culpas no direito penal, é dizer, a culpa de um não anula a do outro; **D:** correta, pois reflete o disposto no art. 121, § 2º, VI, e § 2º-A, I e II, do CP, introduzido pela Lei 13.104/2015; **E:** incorreta.

É que a autolesão, salvo na hipótese em que praticada para o fim de fraudar companhia de seguro (art. 171, § 2º, V, do CP), constitui, à luz do princípio da alteridade, fato atípico (não há crime). Concebido por Claus Roxin, este postulado enuncia que não poderá ser considerada criminosa a conduta que não tem o condão de prejudicar direito de terceiro. É por essa razão também que se defende a atipicidade da conduta consistente em consumir droga. **ED**

Gabarito "D".

(Juiz – TJ/SP – VUNESP – 2015) A mídia tem noticiado casos em que trabalhadores, em sua grande maioria estrangeiros, são submetidos a trabalhos forçados e jornadas exaustivas, configurando assim o crime de redução à condição análoga à de escravo. Sobre esse delito, assinale a alternativa que não o tipifica.

(A) Recusar o fornecimento de alimentação ou água potável.

(B) Restringir sua locomoção em razão de dívida contraída com o preposto.

(C) Vigilância ostensiva no local de trabalho.

(D) Apoderar-se de documentos ou objetos pessoais do trabalhador com o fim de retê-lo no local de trabalho.

A: correta (deve ser assinalada), já que a conduta descrita na alternativa não se subsume ao tipo penal do art. 149 do CP, que define o crime de redução a condição análoga à de escravo; **B:** incorreta. Conduta prevista no art. 149, *caput*, do CP; **C:** incorreta. Conduta prevista no art. 149, § 1º, II, do CP; **D:** incorreta. Conduta prevista no art. 149, § 1º, II, do CP. **ED**

Gabarito "A".

(Juiz – TJ/SP – VUNESP – 2015) A respeito da retratação nos crimes contra a honra, pode-se afirmar que fica isento de pena o querelado que, antes da sentença, retrata-se cabalmente

(A) da calúnia ou difamação.

(B) da calúnia, injúria ou difamação.

(C) da injúria ou difamação.

(D) da calúnia ou injúria.

A *retratação*, no contexto dos crimes contra a honra, somente alcança, por força do art. 143, *caput*, do CP, os delitos de *calúnia* e *difamação*. E de outra forma não poderia ser. Como bem sabemos, tanto a calúnia quanto a difamação atingem a chamada honra *objetiva*, que nada mais é do que o conceito de que goza o indivíduo no meio social em que está inserido. É possível, portanto, que o querelado volte atrás na ofensa proferida, desmentindo o que dissera: no caso da calúnia, a falsa imputação de fato que constitui crime; no da difamação, a atribuição de conduta indecorosa por parte do ofendido. Agora, considerando que a injúria, que atinge a honra *subjetiva*, que é o conceito que fazemos de nós mesmos, consiste na atribuição de qualidade negativa (ofensa, xingamento), inviável que o ofensor volte atrás, desmentindo o xingamento que proferira. Chamo a atenção para a recente inserção do parágrafo único neste dispositivo (art. 143, CP), o que se fez por meio da Lei 13.188/2015, que diz respeito à hipótese em que o querelado, nos crimes de calúnia e difamação, se utiliza dos meios de comunicação. Neste caso, a retratação dar-se-á, se essa for a vontade do ofendido, pelos mesmos meios em que se praticou a ofensa. **ED**

Gabarito "A".

(Magistratura/BA – 2012 – CESPE) Considerando o que dispõe o CP sobre os crimes contra a pessoa e os crimes contra o patrimônio, assinale a opção correta.

(A) Não responderá por injúria ou difamação aquele que der publicidade à ofensa irrogada em juízo, na discussão da causa, pela parte ou por seu procurador.

(B) Suponha que Joaquim, de vinte e oito anos de idade, tenha furtado do quarto de sua própria mãe, de sessenta e um anos de idade, enquanto ela dormia, por volta das 22 horas, uma TV LCD. Nessa situação, Joaquim não está sujeito a punição, dada a incidência de imunidade penal absoluta.

(C) Enquanto aberta, a hospedaria, ainda que desocupada, está compreendida, nos termos do CP, na expressão "casa", estando sujeita ao tipo penal violação de domicílio.

(D) Suponha que Francoso, de vinte e nove anos de idade, ao agir negligentemente, provoque a morte de um desconhecido e, para evitar a prisão em flagrante, evada-se rapidamente, antes que alguém o veja no local do crime. Nessa situação, sendo Francoso condenado, a pena a ele cominada deve ser aumentada em um terço.

(E) Considere que Maria, de vinte e cinco anos de idade, instigue e auxilie Mariana, de vinte e dois anos de idade, a suicidar-se, fornecendo-lhe frasco de veneno, e que Mariana ingira a substância e logo a seguir a vomite espontaneamente, sem sofrer qualquer sequela. Nessa situação, se denunciada, Maria responderá por instigação e auxílio a suicídio e, se condenada, terá direito à diminuição da pena em dois terços.

A: incorreta, pois, a despeito de a injúria e a difamação não serem puníveis se a ofensa houver sido irrogada em juízo, na discussão da causa, pelas partes ou por seus procuradores (art. 142, I, CP), é certo que quem der publicidade ao fato responderá pelo crime contra a honra (art. 142, parágrafo único, CP); **B:** incorreta, pois a escusa absolutória (ou imunidade penal absoluta) tratada no art. 181, II, CP não terá incidência quando a vítima do crime patrimonial for idosa (art. 183, III, CP); **C:** incorreta (art. 150, §5º, I, CP); **D:** correta (art. 121, §4º, primeira parte, CP); **E:** incorreta, pois o crime de induzimento, instigação ou auxílio ao suicídio, previsto no art. 122, *caput*, CP, é daqueles que exige resultado naturalístico específico para a sua consumação (morte ou lesão corporal de natureza grave), conforme se extrai do preceito secundário do tipo penal. Assim, se a vítima, ainda que instigada e auxiliada pelo agente a suicidar-se, não sofrer qualquer sequela, o fato será atípico. **AT**

Gabarito "D".

(Magistratura/DF – 2011) Dos crimes contra a honra. Calúnia, Difamação e Injúria. A honra, objetiva (julgamento que a sociedade faz do indivíduo) e subjetiva (julgamento que o indivíduo faz de si mesmo), é um direito fundamental do ser humano, protegido constitucional e penalmente. Destarte:

(A) Do almoxarifado de empresa de energia elétrica foi subtraído 1.300 quilogramas de fio de cobre. Ao Almoxarife Francinaldo, falecido dois meses antes de descoberta a falta, Tiburcio, seu substituto, atribuiu-lhe a autoria. Procedidas às investigações, resultou constatado ter sido um dos motoristas quem efetuou a subtração. Por ser punível a calúnia contra os mortos, Francinaldo é o sujeito passivo do crime;

(B) Ainda que falsa a imputação atribuída por Tiburcio ao morto, por ser admitido na lei penal a *exceptio veritatis*, está ele, via do instituto, compelido a provar ser ela verdadeira;

(C) Por Márcio haver dito em assembleia estudantil que Maurício, seu colega de faculdade, é afeminado e desonesto, por este foi interposta ação penal privada, a qual, ao ser julgada, absolveu o agressor por não haver a vítima provado ser falsa a imputação;

(D) No crime de calúnia, o querelado ou réu não pode ingressar com a *exceptio veritatis*, pretendendo demonstrar a verdade do que falou, quando o fato imputado à vítima constitua crime de ação privada e não houve condenação definitiva sobre o assunto.

A: é verdade que a lei penal previu a calúnia contra os mortos (art. 138, § 2º, do CP), mas, neste caso, o sujeito passivo do crime não é o falecido, que deixou de ser titular de direitos a partir de sua morte, e sim os seus familiares, interessados que são no respeito ao nome do parente falecido; **B:** a exceção da verdade (art. 138, § 3º, do CP) consiste na faculdade – não no dever – atribuída ao ofensor de provar que a imputação é verdadeira. Assim é porque a falsidade da imputação constitui pressuposto do crime de calúnia; **C:** ao se afirmar que alguém é *afeminado* e *desonesto*, está-se atribuindo característica negativa, ofensiva à honra subjetiva do ofendido. Não há, neste caso, imputação de fato determinado, como se dá na calúnia e na difamação (em que a honra atingida é a objetiva). Trata-se, pois, do crime de injúria, cuja configuração dispensa a demonstração de sua veracidade (se é que isso é possível); **D:** correta, nos termos do art. 138, § 3º, I, do CP. No crime de calúnia, a exceção da verdade é, em regra, admitida, salvo nas hipóteses contidas no dispositivo supracitado. **ED**
Gabarito "D".

(Magistratura/DF – 2011) Dos crimes contra a vida. Homicídio simples, privilegiado e qualificado (Art. 121, §§ 1º e 2º) – Matar alguém; Pena - Reclusão, de 6 (seis) a 20 (vinte) anos. Logo:

(A) A causa especial de redução da pena, "sob o domínio de violenta emoção, logo em seguida à injusta provocação da vítima", prevista no §1º, do artigo 121, do Código Penal, é aplicável mesmo não estando o agente completamente dominado pela emoção;

(B) Ainda que o homicídio seja praticado friamente dias após a injusta provocação da vítima, a simples existência da emoção por parte do acusado, é bastante para que o mesmo possa ser considerado privilegiado;

(C) Configura traição que qualifica o homicídio a conduta do agente que de súbito ataca a vítima pela frente;

(D) Configura traição que qualifica o homicídio a conduta do agente que colhe a vítima por trás, sem que esta tenha qualquer visualização do ataque.

A: é necessário, ao reconhecimento do homicídio privilegiado, que o agente aja completamente dominado, envolvido por violenta emoção. Se assim não for, o benefício não será reconhecido. É o chamado *homicídio emocional*. Atenção: esta forma privilegiada de homicídio não deve ser confundida com a atenuante genérica prevista no art. 65, III, *c*, do CP, em que não se exige que o agente aja sob o *domínio* de violenta emoção (basta que seja levado a praticar o crime sob a *influência* de violenta emoção). Mais: na agravante genérica, não é exigido que a reação se dê logo *em seguida* à injusta provocação (reação imediata); **B:** constitui requisito da causa de diminuição de pena

(homicídio privilegiado) a *imediatidade da reação*, é dizer, o homicídio deve ocorrer logo em seguida à provocação. No mais, a emoção, pura e simples, não afasta a imputabilidade penal (art. 28 do CP); **C** e **D:** conferir a lição de Guilherme de Souza Nucci: "Conceito de traição: trair significa enganar, ser infiel, de modo que, no contexto do homicídio, é a ação do agente que colhe a vítima por trás, desprevenida, sem ter esta qualquer visualização do ataque. O ataque de súbito, pela frente, pode constituir *surpresa*, mas não traição" (*Código Penal Comentado*. 13. ed., São Paulo: Ed. RT, 2013. p. 650). **ED**
Gabarito "D".

(Magistratura/MG – 2012 – VUNESP) Maria da Piedade, com 21 (vinte e um) anos, foi estuprada por um desconhecido. Envergonhada com o fato, não tomou nenhuma providência perante a polícia, o Ministério Público ou a justiça. Desse fato, resultou gravidez. Maria provocou aborto em si mesma.

Em face da legislação que rege a matéria, assinale a alternativa correta.

(A) Agiu amparada pelo estado de necessidade.

(B) Praticou o crime de aborto, descrito no artigo 124 do Código Penal Brasileiro.

(C) O aborto sentimental pode ser praticado pela própria vítima.

(D) Agiu impelida por relevante valor social.

A: incorreta, pois o estado de necessidade pressupõe que o agente atue diante de situação de perigo atual, sendo necessário o sacrifício de direito alheio para salvaguardar direito próprio ou de terceiro (art. 23, I, e art. 24, ambos do CP); **B:** correta. De fato, comete autoaborto a mulher que provoca em si mesma a interrupção da gravidez (art. 124, primeira parte, do CP); **C:** incorreta, pois o aborto sentimental ou humanitário, cabível em caso de gravidez resultante de estupro, somente poderá ser realizado por médico (art. 128, II, do CP); **D:** incorreta, pois o relevante valor social é aquele que interessa a toda a coletividade, o que não se vê no enunciado da questão. **AT**
Gabarito "B".

(Magistratura/PA – 2012 – CESPE) No que se refere ao delito de lesões corporais, assinale a opção correta.

(A) Constitui circunstância agravante o fato de o delito ser praticado contra cônjuge ou companheiro, ou, ainda, de prevalecer-se o agente das relações domésticas, de coabitação ou de hospitalidade.

(B) Se do delito em questão resultar perigo de vida e caso se constate ter sido incompleto o primeiro exame pericial, realizar-se-á, necessariamente, exame complementar por determinação da autoridade judiciária.

(C) Na hipótese de lesão corporal culposa, o juiz poderá deixar de aplicar a pena se as consequências da infração atingirem o próprio agente de forma tão grave que a sanção penal se torne desnecessária.

(D) A lesão corporal será considerada de natureza gravíssima se do fato resultar incapacidade da vítima, por mais de trinta dias, para as suas ocupações habituais.

(E) Para o referido delito, é irrelevante o fato de o agente cometer o crime impelido por motivo de considerável valor social ou moral.

A: incorreta, não se tratando de circunstância agravante, mas, sim, de qualificadora prevista no art. 129, §9º, do CP (violência doméstica); **B:**

incorreta, pois o exame complementar será necessário apenas para a caracterização da qualificadora prevista no art. 129, §1º, I, do CP (incapacidade para as ocupações habituais por mais de trinta dias), aqui sendo aplicável o art. 168, §2º, do CPP. No caso de lesão corporal qualificada pela geração de perigo de vida para a vítima, desnecessário o exame complementar; **C:** correta (art. 129, §8º, do CP); **D:** incorreta, pois se da lesão corporal resultar para a vítima incapacidade para as suas ocupações habituais por mais de trinta dias, estaremos diante de lesão corporal de natureza grave (art. 129, §1º, I, do CP), e não gravíssima (qualificadoras constantes no art. 129, §2º, do CP, dentre elas, a incapacidade permanente para o trabalho); **E:** incorreta, pois se o crime for cometido por motivo de relevante valor moral ou social, ou se o agente estiver sob o domínio de violenta emoção, logo em seguida a injusta provocação da vítima, incidirá a redução de pena prevista no art. 129, §4º, do CP. **AT**
Gabarito "C".

(Magistratura/PE – 2013 – FCC) Nos crimes contra a honra

(A) a pena é aumentada de um terço, se cometidos contra pessoa maior de sessenta anos ou portadora de deficiência, exceto no caso de difamação.

(B) é admissível o perdão judicial no crime de difamação, se houver retorsão imediata.

(C) a injúria real consiste no emprego de elementos preconceituosos ou discriminatórios relativos à raça, cor, etnia, religião, origem e condição de idoso ou deficiente.

(D) é admissível a exceção da verdade na injúria, se a vítima é funcionária pública e a ofensa é relativa ao exercício de suas funções.

(E) é admissível a retratação apenas nos casos de calúnia e difamação.

A: incorreta. Nos termos do art. 141, IV, do CP, os crimes contra a honra terão a pena majorada em um terço se a vítima for pessoa maior de 60 (sessenta) anos de idade ou portadora de deficiência, exceto no caso de injúria. Explica-se. É que o art. 140, § 3º, do CP, tratando da injúria racial ou preconceituosa, já pressupõe que a ofensa à honra subjetiva da vítima ocorra, dentre outras hipóteses, quando consistir na referência à condição de pessoa idosa ou portadora de deficiência. Logo, nesses casos, sob pena de *bis in idem*, inviável a majoração da pena, na forma do precitado art. 141, IV, do CP; **B:** incorreta, pois a retorsão imediata é hipótese de perdão judicial expressamente previsto para o crime de injúria (art. 140, § 1º, II, do CP), não incidente aos demais crimes contra a honra; **C:** incorreta. A injúria real é aquela que consiste em violência ou vias de fato, que, por sua natureza ou pelo meio emprego, se considerem aviltantes (art. 140, § 2º, do CP); **D:** incorreta. Inviável a exceção da verdade em crime que ofenda a honra subjetiva da vítima. Apenas nos crimes de calúnia (art. 138, § 3º, do CP) e difamação (art. 139, parágrafo único, do CP), neste último caso, desde que a vítima seja funcionária pública e a ofensa seja relativa ao exercício de suas funções, é que será cabível a exceção da verdade; **E:** correta. De fato, a retratação, desde que cabal, somente extinguirá a punibilidade do agente que houver praticado calúnia ou difamação, que são crimes que ofendem a honra objetiva da vítima e dizem respeito a fatos. Inviável, por evidente, a retratação no crime de injúria, visto que este diz respeito à honra subjetiva da vítima. **AT**
Gabarito "E".

(Magistratura/PE – 2013 – FCC) Em relação aos crimes contra a vida, correto afirmar que

(A) compatível o homicídio privilegiado com a qualificadora do motivo fútil.

(B) cabível a suspensão condicional do processo no homicídio culposo, se o crime resulta de inobservância de regra técnica de profissão, arte ou ofício.

(C) incompatível o homicídio privilegiado com a qualificadora do emprego de asfixia.

(D) o homicídio simples, em determinada situação, pode ser classificado como crime hediondo.

(E) a pena pode ser aumentada de um terço no homicídio culposo, se o crime é praticado contra pessoa menor de quatorze anos ou maior de sessenta anos.

A: incorreta, pois o homicídio privilegiado (art. 121, § 1º, do CP), que traz circunstâncias com nítido caráter subjetivo (relevante valor moral ou social ou agente que esteja sob o domínio de violenta emoção, logo em seguida a injusta provocação da vítima), somente é compatível com qualificadoras de caráter objetivo, relativas aos meios e modo de execução do crime (art. 121, § 2º, III e IV, do CP). O motivo fútil, por ter caráter subjetivo (art. 121, § 2º, II, do CP), não é compatível com qualquer das hipóteses de privilégio (art. 121, § 1º, do CP); **B:** incorreta, pois a suspensão condicional do processo, prevista no art. 89 da Lei 9.099/1995, somente é admissível quando a pena mínima cominada ao crime for não superior a 1 (um) ano. Considerando que o homicídio culposo tem pena variável de 1 (um) a 3 (três) anos de detenção, nos termos do art. 121, § 3º, do CP, mas que, quando praticado com inobservância de regra técnica de arte, ofício ou profissão, terá majoração da reprimenda em 1/3 (um terço), inviável será a aplicação do *sursis* processual. Afinal, considerada a causa de aumento de pena referida, resultaria, para o homicídio culposo majorado (art. 121, §§ 3º e 4º, do CP), reprimenda mínima de 1 (um) ano e 4 (quatro) meses de detenção, inviabilizando, portanto, a aplicação do benefício processual em comento; **C:** incorreta. Dado que o emprego de asfixia diz respeito ao meio de execução empregado para o homicídio, e portanto, de qualificadora de caráter objetivo (art. 121, § 2º, III, do CP), haveria compatibilidade entre ela e qualquer das circunstâncias previstas no art. 121, § 1º, do CP (homicídio privilegiado); **D:** correta. De fato, o homicídio doloso simples, desde que praticado em atividade típica de grupo de extermínio, ainda que por uma só pessoa, é considerado crime hediondo (art. 1º, I, primeira parte, da Lei 8.072/1990); **E:** incorreta. Apenas se o homicídio for doloso é que a pena poderá ser aumentada em 1/3 (um terço) caso a vítima seja menor de 14 (quatorze) ou maior de 60 (sessenta) anos, conforme art. 121, § 4º, segunda parte, do CP). **AT**
Gabarito "D".

(Magistratura/PR – 2013 – UFPR) Assinale a alternativa INCORRETA:

(A) No que se refere ao delito de difamação, a exceção da verdade somente se admite se o ofendido é funcionário público e a ofensa é relativa ao exercício de suas funções.

(B) No que se refere ao delito de calúnia, admite-se a prova da verdade, salvo: se, constituindo o fato imputado crime de ação privada, o ofendido não foi condenado por sentença irrecorrível; se o fato é imputado contra o Presidente da República ou contra chefe de governo estrangeiro; se do crime imputado, embora de ação pública, o ofendido foi absolvido por sentença irrecorrível.

(C) O querelado que, antes do recebimento da denúncia, retrata-se cabalmente da calúnia ou da difamação, fica isento de pena.

(D) No que se refere ao delito de injúria, o juiz pode deixar de aplicar a pena quando o ofendido, de forma reprová-

EDUARDO DOMPIERI E ARTHUR TRIGUEIROS

vel, provocou diretamente a injúria, bem como no caso de retorsão imediata, que consista em outra injúria.

A: correta. De fato, a exceção da verdade no crime de difamação somente é admitida quando o ofendido é funcionário público e a ofensa é relativa ao exercício das funções, nos termos do art. 139, parágrafo único, do CP. Neste caso, o ofensor poderá demonstrar que o ofendido praticou o fato ofensivo à sua reputação, o que será de interesse da própria Administração Pública apurar. Se confirmada a imputação, o agente será absolvido por restar excluída a ilicitude de sua conduta; **B:** correta, nos exatos termos do art. 138, § 3º, incisos I a III, do CP. Assim, na calúnia, a regra é a admissibilidade da exceção da verdade que, se comprovada, tornará o fato atípico (visto que a falsidade da imputação é elementar do tipo penal). Todavia, nas situações descritas na própria assertiva, não se admitirá a prova da verdade, o que, para alguns, viola o princípio da ampla defesa, subtraindo-se do acusado as chances de demonstrar a veracidade de sua imputação (nesse sentido: TJMG, Ap. Crim. 0347.975-8-51421, j. 26.02.2002); **C:** incorreta, devendo ser assinalada. Haverá isenção de pena, nos termos do art. 143 do CP, se o querelado, antes da sentença (e não do recebimento da inicial acusatória), retratar-se cabalmente da calúnia ou da difamação; **D:** correta, nos termos do art. 140, § 1º, II, do CP. Trata-se de hipótese de perdão judicial (causa extintiva da punibilidade). **AT**

Gabarito "C".

(Magistratura/SP – 2013 – VUNESP) A, perante várias pessoas, afirmou falsamente que B, funcionário público aposentado, explorava a atividade ilícita do jogo do bicho, quando exercia as funções públicas.

Ante a imputação falsa, é correto afirmar que A cometeu o crime de

(A) difamação, não se admitindo a exceção da verdade.

(B) calúnia, admitindo-se a exceção da verdade.

(C) calúnia, não se admitindo a exceção da verdade.

(D) difamação, admitindo-se a exceção da verdade.

A: correta. De fato, a conduta praticada por "A" caracteriza o crime de difamação (art. 139 do CP), visto que, ao afirmar que "B" explorava a atividade de jogo do bicho (que é contravenção penal, nos termos do art. 58 do Decreto-lei 3.688/1941), quando exercia as funções públicas, imputou-lhe fato ofensivo à reputação, ofendendo, assim, sua honra objetiva. Frise-se que, nesse caso, inviável a exceção da verdade, que, para o crime em comento, somente é possível se o ofendido, funcionário público, sofrer a imputação de fato ofensivo que diga respeito ao exercício de suas funções (art. 139, parágrafo único, do CP). No caso relatado, a exploração de jogo do bicho por um funcionário público, por óbvio, não constitui atividade relacionada às funções por ele exercidas; **B e C:** incorretas, pois a imputação feita pelo agente à vítima foi de "jogo do bicho", que é contravenção penal, sendo certo que a calúnia (art. 138 do CP) pressupõe uma falsa imputação de fato definido como crime. Caso a conduta praticada por "A" configurasse calúnia, seria admissível a exceção da verdade, nos termos do art. 138, § 3º, do CP; **D:** incorreta, pois, como visto no comentário à primeira alternativa, na difamação, a exceção da verdade somente é admitida quando o ofendido for funcionário público, e desde que a ofensa seja relativa às suas funções (art. 139, parágrafo único, do CP). **AT**

Gabarito "A".

(Magistratura/PI – 2011 – CESPE) Assinale a opção correta acerca do homicídio.

(A) É pacífico, na jurisprudência do STJ, o entendimento acerca da possibilidade de homicídio privilegiado por violenta emoção ser qualificado pelo emprego

de recurso que dificulte ou torne impossível a defesa do ofendido.

(B) Na hipótese de homicídio qualificado por duas causas, uma pode ser utilizada para caracterizar a qualificadora e a outra, considerada circunstância judicial desfavorável, vedado que a segunda seja considerada circunstância agravante.

(C) No homicídio mercenário, a qualificadora da paga ou promessa de recompensa é elementar do tipo qualificado, aplicando-se apenas ao executor da ação, não ao mandante, segundo a jurisprudência do STJ.

(D) A qualificadora relativa à ação do agente mediante traição, emboscada, dissimulação ou outro recurso que dificulte ou torne impossível a defesa do ofendido, como modo de execução do delito, ocorrerá independentemente de o agente ter agido de forma preordenada.

(E) De acordo com a jurisprudência do STJ, não é possível a coexistência, no delito de homicídio, da qualificadora do motivo torpe com a atenuante genérica do cometimento do crime por motivo de relevante valor moral.

A: correta. Como é sabido, admite-se a coexistência das qualificadoras objetivas do homicídio, relativas aos meios e modo de execução do crime, com as figuras privilegiadas previstas no art. 121, §1º, do CP; **B:** incorreta. Prevalece o entendimento doutrinário e jurisprudencial no sentido de que, presentes duas ou mais qualificadoras, apenas uma será suficiente a deslocar a pena a novos patamares, sendo que as demais incidirão como circunstâncias agravantes genéricas (desde que previstas em lei), ou, não havendo correspondência, aí sim, como circunstâncias judiciais desfavoráveis; **C:** incorreta. No homicídio mercenário, a qualificadora da paga ou promessa de recompensa é elementar do tipo qualificado e se estende ao mandante e ao executor (STJ - AgRg no REsp 912491 / DF – Min. Maria Thereza de Assis Moura, j. 09/11/2010); **D:** incorreta. Entende a doutrina que a qualificadora da "surpresa" somente restará caracterizada quando o agente, de forma deliberada, preordenada, antes de executar o crime, planeja-a; **E:** incorreta. Confira-se o entendimento do STJ: "(...) *3. Com efeito, o reconhecimento pelo Tribunal do Júri de que o paciente agiu sob por motivo torpe, em razão de ter premeditado e auxiliado na morte de sua esposa para ficar com todos os bens do casal, e, concomitantemente, das atenuantes genéricas do relevante valor moral ou da violenta emoção, provocada pela descoberta do adultério da vítima, um mês antes do fato delituoso, não importa em contradição. 4. Cumpre ressaltar que, no homicídio privilegiado, exige-se que o agente se encontre sob o domínio de violenta emoção, enquanto na atenuante genérica, basta que ele esteja sob a influência da violenta emoção, vale dizer, o privilégio exige reação imediata, já a atenuante dispensa o requisito temporal* (...)" (AgRg no Ag 1060113 / RO – Min. Og Fernandes, j. 16/09/10). **AT**

Gabarito "A".

(Magistratura/RO – 2011 – PUCPR) Considera-se a vida humana como um direito fundamental garantido pela Constituição Federal e ainda objeto de proteção pela legislação penal vigente.

Dado esse enunciado, assinale a única alternativa CORRETA.

(A) Se o agente comete o crime de homicídio (simples ou qualificado) impelido por motivo de relevante valor social ou moral, ou sob a influência de violenta emoção, logo em seguida a injusta provocação da vítima, o juiz pode reduzir a pena de um sexto a um terço.

3. DIREITO PENAL   **181**

(B) Aumentam-se da metade (1/2) até dois terços (2/3) as penas aplicadas ao crime de aborto, se este resultar à gestante lesão corporal de natureza grave ou na hipótese de lhe sobrevir a morte.

(C) A legislação penal vigente não permite a redução de pena em crimes de lesão corporal na hipótese de o agente ter cometido o crime impelido por motivo de relevante valor social ou moral ou sob o domínio de violenta emoção, logo em seguida à injusta provocação da vítima.

(D) Aquele que expõe a perigo a vida ou a saúde de pessoa sob sua autoridade, guarda ou vigilância, para fim de educação, ensino, tratamento ou custódia, quer privando-a de alimentação ou cuidados indispensáveis, quer sujeitando-a a trabalho excessivo ou inadequado, quer abusando de meios de correção ou disciplina responde pelo delito de homicídio na forma omissiva.

(E) O crime de perigo de contágio venéreo previsto no artigo 130 do Código Penal é de ação penal pública condicionada à representação do ofendido.

A: para a concessão do benefício a que alude o art. 121, § 1º, do CP (homicídio emocional), exige-se que o agente pratique o crime sob o *domínio* de violenta emoção, não sendo suficiente a mera *influência, o que pode configurar, conforme o caso, a atenuante genérica prevista no art. 65, III, c, do CP*, **B:** o que se afirma na assertiva não reflete o disposto no art. 127 do CP, que trata das causas de aumento de pena do aborto; **C:** incorreta, visto que o Código Penal, em seu art. 129, § 4º, prevê a possibilidade de o juiz reduzir a pena do agente nas hipóteses mencionadas na assertiva; **D:** incorreta, pois a assertiva contempla o preceito primário do crime do art. 136 do CP – maus-tratos; **E:** correta, nos termos do art. 130, § 2º, do CP. **ED**

Gabarito "E".

(Magistratura/SP – 2011 – VUNESP) Antônio, depois de provocado por ato injusto de Pedro, retira-se e vai para sua casa, mas, decorridos cerca de trinta minutos, ainda influenciado por violenta emoção, resolve armar-se e voltar ao local do fato, onde reencontra Pedro, no qual desfere um tiro, provocando-lhe a morte. Nesta hipótese, Antônio pode invocar em seu favor a

(A) excludente da legítima defesa real.

(B) excludente da legítima defesa putativa.

(C) existência de causa de diminuição de pena (art. 121, § 1.º, do Código Penal).

(D) existência de circunstância atenuante (art. 65, III, "c", do Código Penal).

(E) excludente da inexigibilidade de conduta diversa.

Não é o caso de se invocar a excludente da legítima defesa (art. 25 do CP), pois *injusta provocação* não corresponde a *agressão injusta* (requisito da excludente). Da mesma forma, para se invocar a causa de diminuição de pena do art. 121, § 1º, do CP (homicídio privilegiado), é necessário que o agente, sob o *domínio* de violenta emoção, aja logo em seguida à injusta provocação (imediatidade da reação). Na hipótese acima, Antônio, *influenciado* (e não sob o domínio) por violenta emoção, depois de provocado por ato de Pedro, retorna depois de trinta minutos e contra este desfere disparo de arma de fogo. Inexiste, neste caso, a necessária atualidade na reação a caracterizar o privilégio. Resta, portanto, a circunstância atenuante presente no art. 65, III, c, do CP. **ED**

Gabarito "D".

(Magistratura/SP – 2011 – VUNESP) Durante reunião de condomínio, com a presença de diversos moradores, inicia-se discussão acalorada, durante a qual Antônio, um dos condôminos, que era acusado de fazer barulho durante a madrugada, diz ao síndico que ele deveria se preocupar com sua própria família, porque a filha mais velha dele, que não estava presente na reunião, era prostituta, pois sempre era vista em casa noturna suspeita da cidade. Assinale a alternativa correta dentre as adiante mencionadas.

(A) Antônio cometeu crime de calúnia, a não ser que prove o que disse (exceção da verdade).

(B) Antônio cometeu crime de calúnia, que não admite a exceção da verdade.

(C) Antônio não cometeu crime algum, pois a ofendida (filha do síndico) não estava presente na reunião.

(D) Antônio cometeu crime de difamação, a não ser que prove o que disse (exceção da verdade).

(E) Antônio, independentemente de o fato narrado ser, ou não, verdadeiro, cometeu crime de difamação.

Ao imputar à filha do síndico fato desabonador à sua reputação, Antônio cometeu o crime de *difamação*, previsto no art. 139 do CP. Note que o fato atribuído por Antônio à vítima não é criminoso (o ato de prostituir-se não configura infração penal). Se fosse, o crime em que incorreria é o do art. 138 do CP – calúnia. A honra aqui atingida é a objetiva (conceito que o sujeito tem diante do grupo no qual está inserido). No mais, não há que se falar, neste caso, em exceção de verdade, uma vez que o crime praticado por Antônio (difamação) somente comportará tal instituto na hipótese de o delito ser praticado contra funcionário público e disser respeito às funções por este exercidas. É o que estabelece o art. 139, parágrafo único, do CP. **ED**

Gabarito "E".

(Juiz – TRF 2ª Região – 2017) Leia as assertivas e, ao final, marque a opção correta:

I. Não constituem calúnia ou difamação punível a ofensa irrogada em juízo, na discussão da causa, pela parte ou por seu procurador;

II. No crime de calúnia, o querelado não pode ingressar com a exceção da verdade quando o fato imputado à vítima constitua crime de ação privada e não houver condenação definitiva sobre o assunto;

III. Os crimes de calúnia e difamação exigem afirmativa específica acerca de fato determinado. Já na injúria as assertivas não consideram fatos específicos, e se referem a afirmações vagas e gerais feitas à pessoa do ofendido.

IV. É isento de pena o querelado que, antes da sentença, se retrata cabalmente da injúria ou da difamação.

(A) Apenas as assertivas II e III estão corretas.

(B) Apenas as assertivas I, II e IV estão corretas.

(C) Apenas a assertiva II está correta.

(D) Apenas as assertivas I e III estão corretas.

(E) Todas as assertivas são falsas.

I: incorreta. Isso porque o art. 142 do CP, que tem natureza jurídica de *causa de exclusão de crime*, não contempla a *calúnia*, tão somente a *injúria* e a *difamação*; **II:** correta, pois em conformidade com o disposto no art. 138, §3º, I, do CP; **III:** correta. No crime de *injúria*, temos que o agente, sem imputar fato criminoso ou desonroso ao ofendido, atribui-lhe qualidade negativa. É a adjetivação pejorativa, o xingamento, enfim a ofensa à honra subjetiva da vítima. Não deve, portanto, ser confundida com os crimes de calúnia e difamação, em que o agente imputa ao ofendido fato definido como crime (no caso da calúnia) ou ofensivo à sua reputação (no caso da difamação); **IV**: incorreta. A retratação, causa extintiva da punibilidade prevista no art. 143 do CP, somente alcança os crimes de *calúnia* e *difamação*. E de outra forma não poderia ser, já que não seria razoável que o ofensor, no contexto da injúria, voltasse atrás no xingamento que proferira em face do ofendido. Vale lembrar que, aqui, a honra atingida é a subjetiva, que concerne ao que o sujeito pensa de si mesmo, seu amor-próprio. **ED**

Gabarito "A".

(Magistratura Federal/4ª região – VII) A mãe que mata o próprio filho recém-nascido, e não prova tê-lo feito sob a influência do estado puerperal, prática o crime de:

(A) infanticídio;

(B) homicídio;

(C) aborto;

(D) nenhuma das alternativas é correta.

De fato, a mãe que mata o filho recém-nascido, não restando demonstrado que se encontrava sob a influência do estado puerperal, deverá ser responsabilizada por homicídio (art. 121 do CP). Isso porque o delito tipificado no art. 123 do CP (infanticídio) tem como elementar típica as circunstâncias fisiopsíquicas em que a mãe deve se encontrar quando da prática da conduta, qual seja, "*sob a influência do estado puerperal*". O fato de a mãe matar o próprio filho, recém-nascido, jamais poderia configurar o crime de aborto, cuja objetividade jurídica é a vida humana intrauterina. Logo, somente se cogita da prática de referido crime se a conduta for praticada antes do parto.

Gabarito "B".

19. CRIMES CONTRA O PATRIMÔNIO

(Juiz – TJ/MS – VUNESP – 2015) A respeito dos crimes contra o patrimônio, assinale a alternativa correta.

(A) No crime de furto de uso, se a coisa infungível é subtraída para fim de uso momentâneo, e, a seguir, vem a ser imediatamente restituída ou reposta no lugar onde se achava, responderá o agente por pena de detenção de até seis meses e pagamento de trinta dias-multa.

(B) Se o agente consuma o homicídio, mas não obtém êxito na subtração de bens da vítima por circunstâncias alheias à sua vontade, responderá por crime de homicídio qualificado consumado.

(C) O delito de dano, previsto pelo art. 163 do Código Penal, prevê as modalidades dolosa e culposa.

(D) O crime de extorsão consuma-se independentemente da obtenção da vantagem indevida.

(E) De acordo com o art. 168, § 1º, do Código Penal, são causas exclusivas de aumento da pena ao delito de apropriação indébita quem receber a coisa em depósito necessário ou em razão de ofício, emprego ou profissão.

A: incorreta. O elemento subjetivo do crime de furto, representando pelo dolo, consiste na vontade livre e consciente de apossar-se clandestinamente de coisa alheia móvel de forma definitiva, não transitória (*animus furandi* ou *animus rem sibi habendi*). Inexiste, portanto, por parte do agente, intenção de devolvê-la ao proprietário ou possuidor. Assim, constitui fato atípico a conduta do sujeito que, depois de apossar-se de coisa alheia móvel infungível, a restitui à vítima (furto de uso). Sendo o fato atípico, nenhuma responsabilidade, portanto, recairá sobre o autor

do chamado *furto de uso*; **B**: incorreta. Se, no contexto do roubo, há morte, mas o agente não consegue, por circunstâncias alheias à sua vontade, consumar a subtração, está-se diante de hipótese de latrocínio consumado, entendimento esse que vem consagrado na Súmula 610, do STF: "Há crime de latrocínio, quando o homicídio se consuma, ainda que não realize o agente a subtração de bens da vítima"; **C**: incorreta. O art. 163 do CP, que define o crime de dano, não contempla a modalidade culposa deste delito; **D**: correta, pois em conformidade com o entendimento sufragado na Súmula 96 do STJ: "O crime de extorsão consuma-se independentemente da obtenção da vantagem indevida". Cuida-se, pois, de delito *formal*; **E**: incorreta, uma vez que a proposição somente faz referência a duas das causas de aumento previstas no art. 168, § 1º, do CP, que prevê que incidirá o aumento também na hipótese de o agente receber a coisa *na qualidade de tutor, curador, síndico, liquidatário, inventariante, testamenteiro ou depositário judicial*. **ED**

Gabarito "D".

(Juiz – TJ-SC – FCC – 2017) No crime de estelionato contra a previdência social, a devolução da vantagem indevida antes do recebimento da denúncia,

(A) segundo o STJ, pode ser considerada analogicamente ao pagamento do tributo nos crimes tributários e significará a extinção da punibilidade.

(B) segundo o STF, pode ser considerada analogicamente à condição prevista na súmula 554 e obstar a ação penal.

(C) segundo o STF, pode ser considerada como falta de justa causa, sem prejuízo da persecução administrativo-fiscal para a cobrança de eventuais juros e multa.

(D) não tem qualquer repercussão na esfera penal por ter o delito em questão natureza previdenciária e expressa previsão legal neste sentido.

(E) somente pode ser considerado como arrependimento posterior.

Conferir: "1. O estelionato previdenciário configura crime permanente quando o sujeito ativo do delito também é o próprio beneficiário, pois o benefício lhe é entregue mensalmente (Precedentes). 2. A reparação do dano à Previdência Social com a devolução dos valores recebidos indevidamente a título de benefício previdenciário não afasta a subsunção dos fatos à hipótese normativa prevista no art. 171, §3º, do CP. 3. Agravo regimental desprovido" (AgRg no AgRg no AREsp 992.285/RJ, Rel. Min. Joel Ilan Paciornik, 5ª Turma, j. 20.06.2017, *DJe* 30.06.2017). No mesmo sentido: "Uma vez tipificada a conduta da agente como estelionato, na sua forma qualificada, a circunstância de ter ocorrido devolução à previdência social, antes do recebimento da denúncia, da vantagem percebida ilicitamente, não ilide a validade da persecução penal, podendo a iniciativa, eventualmente, caracterizar arrependimento posterior, previsto no art. 16 do CP" (REsp 1380672/SC, Rel. Min. Rogerio Schietti Cruz, 6ª Turma, j. 24.03.2015, *DJe* 06.04.2015). **ED**

Gabarito "E".

(Juiz – TJ/SP – VUNESP – 2015) Quanto ao crime de extorsão mediante sequestro, pode-se afirmar que

(A) se o crime é cometido em concurso, o concorrente que o denunciar à autoridade, facilitando a libertação do sequestrado, terá sua pena reduzida de 1 (um) a 2/3 (dois terços).

(B) a vantagem almejada com a extorsão é necessariamente o pagamento do preço do resgate.

(C) se resultar em morte da vítima, tipifica homicídio.

(D) a pena é aumentada quando o sequestro superar, no mínimo, 48 horas.

3. DIREITO PENAL

A: correta (art. 159, § 4º, do CP); **B:** incorreta. A doutrina formulou duas correntes quanto à natureza da *vantagem* no crime de extorsão mediante sequestro: a) como o tipo penal não cuidou de especificar o tipo de *vantagem* a ser auferida pelo agente (fala-se em *qualquer* vantagem), esta pode ter outra conotação além da econômica; b) tendo em conta que a extorsão mediante sequestro está inserida nos crimes contra o patrimônio, a vantagem a que se refere o tipo penal deve necessariamente ter conotação econômica. De uma forma ou de outra, a vantagem almejada pelo agente não se restringe ao pagamento do preço do resgate; **C:** incorreta. Se do fato resulta a morte da vítima, o agente terá cometido a forma qualificada do crime de extorsão mediante sequestro, definida no art. 159, § 3º, do CP, estando sujeito a uma pena de 24 a 30 anos de reclusão; **D:** incorreta. O aumento de pena em razão do tempo durante o qual o sequestrado permanece em poder do sequestrador se dá quando a privação de liberdade é superior a 24 horas (art. 159, § 1º, do CP). **ED**
Gabarito "A".

(Magistratura/ES – 2011 – CESPE) Assinale a opção correta acerca dos crimes de furto e roubo.

(A) Segundo pacífico entendimento do STJ, excetuadas as hipóteses de furto qualificado, o juiz pode substituir a pena de reclusão pela de detenção, diminuí-la de um a dois terços, ou aplicar somente a pena de multa ao réu primário que tenha furtado bem de pequeno valor.

(B) A jurisprudência do STJ tem pontificado que o emprego de gazuas, mixas, ou qualquer outro instrumento sem a forma de chave, ainda que apto a abrir fechadura, não qualifica o delito de furto, na medida em que não se aplica interpretação extensiva para a definição de tipos penais.

(C) Consoante a jurisprudência do STJ, é devida a exasperação da pena acima do patamar mínimo com esteio unicamente na alusão ao número de majorantes do delito de roubo.

(D) Ao contrário do que ocorre no delito de latrocínio, aplicam-se ao delito de roubo qualificado as causas especiais de aumento de pena previstas no CP, tal como na hipótese de violência ou ameaça exercida com emprego de arma.

(E) No delito de furto, é necessária a realização de perícia para a caracterização da qualificadora do rompimento de obstáculo, salvo em caso de ausência de vestígios, quando a prova testemunhal poderá suprir-lhe a falta.

A: incorreta. O STJ e o STF já reconheceram a coexistência do furto qualificado (art. 155, §4º, do CP) e o privilegiado constante no art. 155, §2º, do CP, a despeito da disposição topográfica (o privilégio encontra-se "acima" das qualificadoras, o que, em tese, inadmitiria sua aplicação às figuras "abaixo" dele). Para aprofundamento dos estudos, confira-se: STF - HC 96.843-MS, DJe 23/4/2009; HC 100.307-MG, DJe 3/6/2011; STJ - AgRg no HC 170.722-MG, DJe 17/12/2010; **B:** incorreta. Considera-se "chave falsa" para fins de reconhecimento da qualificadora prevista no art. 155, §4º, III, do CP qualquer instrumento capaz de abrir uma fechadura, pouco importando o "formato" de chave (STJ. HC 101495 / MG. Rel. Napoleão Nunes Maia Filho. T5. Julg. 19.06.2008); **C:** incorreta (Súmula 443 do STJ: *O aumento na terceira fase de aplicação da pena no crime de roubo circunstanciado exige fundamentação concreta, não sendo suficiente para a sua exasperação a mera indicação do número de majorantes*); **D:** incorreta, pois as formas qualificadas do roubo (§3º do art. 157 do CP – lesão

corporal grave ou morte) decorrem, necessariamente, do emprego da violência; **E:** correta. De fato, a caracterização do rompimento de obstáculo exige prova pericial. Afinal, estamos falando de uma infração penal que deixa vestígios, aplicando-se, portanto, o art. 158 do CPP. Contudo, em caso de ausência de vestígios, admitem-se outros meios de prova (REsp 809912 / RS ; RECURSO ESPECIAL 2006/0000815-0, Relator(a) Ministra LAURITA VAZ (1120), Órgão Julgador T5 - QUINTA TURMA, Data do Julgamento 02/05/2006, Data da Publicação/Fonte DJ 05.06.2006 p. 316). **AT**
Gabarito "E".

(Magistratura/MG – 2012 – VUNESP) Atanásio Aparecido ocultou um veículo de sua propriedade e lavrou um boletim de ocorrência com o relato de que fora furtado, com o objetivo de receber o seguro, o que de fato ocorreu.

O delito praticado por Atanásio é definido como

(A) estelionato.

(B) fraude para recebimento de indenização ou valor de seguro.

(C) simulação para recebimento de valor de seguro.

(D) estelionato qualificado.

A conduta de Atanásio se subsume à figura típica descrita no art. 171, §2º, V, do CP, qual seja, o crime de fraude para recebimento de indenização ou seguro, que constitui uma modalidade de estelionato (incorreta, pois, a alternativa "A", uma vez que a conduta do agente, em razão do princípio da especialidade, não se subsume, pura e simplesmente, ao art. 171, *caput*, do CP). Frise-se que não existe forma qualificada de estelionato (incorreta, pois, a alternativa "D"). Também inexiste crime com o *nomen juris* "simulação para recebimento de valor de seguro" (incorreta, portanto, a alternativa "C"). **AT**
Gabarito "B".

(Magistratura/PA – 2012 – CESPE) Assinale a opção correta acerca dos delitos de estelionato e receptação.

(A) Folhas de cheque e cartões bancários não podem ser objeto material do crime de receptação, uma vez que são desprovidos de valor econômico.

(B) O preceito secundário do delito de receptação qualificada foi declarado inconstitucional pelo STF, por violação aos princípios constitucionais da proporcionalidade e da individualização da pena.

(C) Para o reconhecimento do estelionato privilegiado, considera-se apenas o pequeno valor da coisa, e não o prejuízo sofrido pela vítima.

(D) O delito de estelionato previdenciário, segundo a pacífica jurisprudência do STJ, tem natureza de crime permanente, cujos efeitos se prolongam.

(E) Aplica-se o princípio da insignificância ao crime de estelionato, ainda que cometido em detrimento de entidade de direito público.

A: correta (HC 222503 / SP - 2011/0252288-4, Rel. Min. Jorge Mussi – RSTJ, vol. 226, p. 754 - HABEAS CORPUS. RECEPTAÇÃO DE FOLHAS DE CHEQUE EM BRANCO. AUSÊNCIA DE EXPRESSÃO ECONÔMICA. ATIPICIDADE DA CONDUTA. FALTA DE JUSTA CAUSA. CONSTRANGIMENTO ILEGAL EVIDENCIADO.); **B:** incorreta (**RE 443388 / SP - SÃO PAULO - Relatora Min. ELLEN GRACIE, Julgamento: 18/08/2009, Órgão Julgador: Segunda Turma** - DIREITO PENAL. RECURSO EXTRAORDINÁRIO. ALEGAÇÃO DE INCONSTITUCIONALIDADE. ART. 180, § 1º, CP. PRINCÍPIOS DA PROPORCIONALIDADE E DA INDIVIDUALIZAÇÃO DA PENA. DOLO DIRETO E EVENTUAL. MÉTODOS E CRITÉRIOS DE INTERPRETA-

ÇÃO. CONSTITUCIONALIDADE DA NORMA PENAL. IMPROVIMENTO); **C:** incorreta. O STJ, tratando do crime de estelionato privilegiado perpetrado em desfavor do INSS, assim já se manifestou nos autos do HC 180771/SP: *Para a incidência da figura do estelionato privilegiado, previsto no § 1º do artigo 171 do Código Penal, leva-se em consideração não o pequeno valor da coisa, mas sim o prejuízo sofrido pela vítima, de modo que a simples ausência de interesse da Fazenda em executar débitos fiscais inferiores a R$ 10.000,00 (dez mil reais) não significa que o estelionato cometido em face de entidade de direito público, que foi lesada no valor de R$ 1.951,09 (mil novecentos e cinquenta e um reais e nove centavos) seja insignificante;* **D:** incorreta. Era posicionamento dominante no STJ o entendimento de que o estelionato praticado em detrimento do INSS era considerado crime instantâneo de efeitos permanentes, conforme ementa a seguir: *HABEAS CORPUS. ESTELIONATO CONTRA O INSS. PERCEPÇÃO DE AUXÍLIO-DOENÇA INDEVIDA (ART. 171, § 3º DO CP). CRIME INSTANTÂNEO DE EFEITOS PERMANENTES. DELITO CONSUMADO COM O RECEBIMENTO DA PRIMEIRA PRESTAÇÃO INDEVIDA. PRESCRIÇÃO. OCORRÊNCIA. ORDEM CONCEDIDA PARA DECLARAR EXTINTA A PUNIBILIDADE. O chamado estelionato contra a Previdência Social (art. 171, § 3º, do Código Penal), deve ser considerado crime instantâneo de efeitos permanentes, razão pela qual se consuma com o recebimento da primeira prestação do benefício indevido, marco que deve ser observado para a contagem do lapso da prescrição da pretensão punitiva. Ordem concedida para declarar extinta a punibilidade da espécie pela prescrição da pretensão punitiva, tal como decidido em primeiro grau de jurisdição* (HC 121336 / SP, 2008/0256879-6, Min. Relator Celso Limongi). Porém, a mesma Colenda Corte, em julgamento de Recurso Especial, assim passou a entender: CRIMINAL. RESP. ESTELIONATO CONTRA O INSS. CRIME PERMANENTE. TERMO INICIAL PARA A CONTAGEM DO LAPSO PRESCRICIONAL. CESSAÇÃO DO RECEBIMENTO DAS PRESTAÇÕES INDEVIDAS. PRESCRIÇÃO INCORRETAMENTE DECRETADA EM PRIMEIRO GRAU. RECURSO DESPROVIDO. Sendo o objetivo do estelionato a obtenção de vantagem ilícita em prejuízo alheio, nos casos de prática contra a Previdência Social, a ofensa ao bem jurídico tutelado pela norma é reiterada, mês a mês, enquanto não há a descoberta da aplicação do ardil, artifício ou meio fraudulento. Tratando-se, portanto, de crime permanente, inicia-se a contagem para o prazo prescricional com a supressão do recebimento do benefício indevido e, não, do recebimento da primeira parcela da prestação previdenciária, como entendeu a decisão que rejeitou a denúncia. Recurso conhecido e desprovido, nos termos do voto do relator.(3ª Seção - REsp 1206105 / RJ 2010/0149338-3, Min. Relator Gilson Dipp, julgamento em 27/06/2012); **E:** incorreta. Confira-se trecho do acórdão prolatado no julgamento do HC 180771/SP, de 16/10/2012, da relatoria do Min. Jorge Mussi: (...) *Por essa razão, em se tratando de estelionato cometido contra entidade de direito público, tem-se entendido não ser possível a incidência do princípio da insignificância, independentemente dos valores obtidos indevidamente pelo acusado, diante do alto grau de reprovabilidade da conduta do agente, que atinge, como visto, a coletividade como um todo. Precedentes do STJ e do STF.* **AT**

Gabarito "A."

(Magistratura/PE – 2013 – FCC) Quanto aos crimes contra o patrimônio, é correto afirmar que

(A) a consumação do crime de extorsão independe da obtenção da vantagem indevida, segundo entendimento sumulado do Superior Tribunal de Justiça.

(B) cabível a diminuição da pena na extorsão mediante sequestro para o coautor que denunciá-la à autoridade, facilitando a libertação do sequestrado, apenas se o crime é cometido por quadrilha ou bando.

(C) independe de comprovação de fraude o delito de estelionato na modalidade de emissão de cheque sem suficiente provisão de fundos em poder do sacado.

(D) equiparável à atividade comercial, para efeito de configuração da receptação qualificada, qualquer forma de comércio irregular ou clandestino, excluído o exercido em residência.

(E) configura o delito de extorsão indireta o ato de exigir, como garantia de dívida, abusando da situação de alguém, documento que pode dar causa a procedimento civil contra a vítima ou contra terceiro.

A: correta, nos exatos termos da Súmula 96 do STJ ("o crime de extorsão consuma-se independentemente da obtenção da vantagem indevida"); **B:** incorreta. Nos termos do art. 159, § 4º, do CP, se o crime é cometido em *concurso*, o concorrente que o denunciar à autoridade, facilitando a libertação do sequestrado, terá sua pena reduzida de um a dois terços. Perceba que a lei fala em "concurso", e não em quadrilha ou bando (atualmente *associação criminosa*); **C:** incorreta. Tratando-se a emissão de cheque sem suficiente provisão de fundos de modalidade de estelionato (art. 171, § 2º, VI, do CP), imprescindível – e inerente ao próprio tipo penal fundamental – o emprego de fraude. O próprio *nomem juris* do crime em comento é "fraude no pagamento por meio de cheque". O agente irá utilizar referido título de crédito como meio para enganar a vítima, dela obtendo vantagem indevida, induzindo-a a erro mediante a entrega do cheque, mas sem lastro suficiente; **D:** incorreta. Nos termos do art. 180, § 2º, do CP, equipara-se à atividade comercial, para efeito do parágrafo anterior, qualquer forma de comércio irregular ou clandestino, *inclusive o exercício em residência*; **E:** incorreta. Confira-se a redação típica do art. 160 do CP: "Exigir ou receber, como garantia de dívida, abusando da situação de alguém, documento que pode dar causa a *procedimento criminal* contra a vítima ou contra terceiro". **AT**

Gabarito "A."

(Magistratura/PR – 2013 – UFPR) Assinale a alternativa correta:

(A) No que se refere ao furto de coisa comum, é punível a subtração de coisa comum fungível, ainda que o valor não exceda a quota a que tem direito o agente.

(B) É inadmissível aplicar, no furto qualificado, pelo concurso de agentes, a majorante do roubo.

(C) O aumento na terceira fase de aplicação da pena no crime de roubo circunstanciado exige fundamentação concreta, sendo suficiente para a sua exasperação, entretanto, a mera indicação do número de majorantes.

(D) É admissível a extinção da punibilidade pela prescrição da pretensão punitiva com fundamento em pena hipotética.

A: incorreta. Nos termos do art. 156, § 2º, do CP, não é punível a subtração de coisa comum fungível, cujo valor não excede a quota a que tem direito o agente; **B:** correta. Muito embora houvesse divergência doutrinária e jurisprudencial acerca da (in)admissibilidade da aplicação, no furto qualificado pelo concurso de agentes (art. 155, § 4º, IV, do CP), da majorante do roubo, quando praticado nas mesmas circunstâncias (art. 157, § 2º, II, do CP), o STJ editou a Súmula nº 442, cujo verbete é o seguinte: "É inadmissível aplicar, no furto qualificado, pelo concurso de agentes, a majorante do roubo". A polêmica foi criada pelo seguinte motivo: i) o furto qualificado pelo concurso de pessoas gera a imposição de pena de dois a oito anos de reclusão, o *dobro* se comparada com a cominada para o furto simples; ii) o roubo majorado pelo concurso de pessoas gera aumento da pena básica (que é de quatro a dez anos de reclusão) de *um terço até a metade*. Assim, controvertia-se sobre a desproporcionalidade da reprimenda para ambos os crimes diante de uma mesma circunstância (crime patrimonial praticado em concurso de agentes), o que ensejava o reconhecimento, no furto qualificado,

3. DIREITO PENAL

da causa de aumento prevista para o roubo, ignorando-se a previsão legal expressa. Pondo fim à controvérsia, a 3ª Seção do STJ sumulou a questão, não admitindo a aplicação da causa de aumento prevista para o roubo para o crime de furto; **C:** incorreta. Nos exatos termos da Súmula nº 443 do STJ, "o aumento na terceira fase de aplicação da pena no crime de roubo circunstanciado exige fundamentação concreta, não sendo suficiente para a sua exasperação a mera indicação do número de majorantes"; **D:** incorreta. O STF tem, de há muito, posicionamento consolidado no sentido de não admitir o reconhecimento da prescrição com base em pena hipotética (a chamada prescrição virtual, antecipada ou em perspectiva), tendo sido acompanhado pelo STJ, que editou a Súmula nº 438: "É inadmissível a extinção da punibilidade pela prescrição da pretensão punitiva com fundamento em pena hipotética, independentemente da existência ou sorte do processo penal". **AT**
Gabarito "B".

(Magistratura/PR – 2010 – PUC/PR) A respeito do crime previsto no artigo 159, CP (extorsão mediante sequestro), assinale a alternativa CORRETA:

I. A consumação ocorrerá quando houver o recebimento do resgate.

II. Se outra pessoa, que não seja a privada de sua liberdade, sofrer a lesão patrimonial, cuida-se de outro delito, mas não o de extorsão mediante sequestro.

III. Trata-se de um crime de consumação antecipada, não se exigindo que o agente obtenha vantagem econômica, o que, se ocorrer, será o exaurimento do crime.

IV. É delito continuado, prolongando-se no tempo o seu momento consumativo.

(A) Apenas as assertivas I e II estão corretas.

(B) Apenas a assertiva II está correta.

(C) Apenas as assertivas II e IV estão corretas.

(D) Apenas a assertiva III está correta.

I: a consumação, neste crime, opera-se no instante em que ocorre a privação da liberdade do ofendido, independente do efetivo recebimento do resgate. É, portanto, *delito formal*; **II:** tanto a que é privada de sua liberdade quanto a que sofre lesão no seu patrimônio é considerada vítima no crime de *extorsão mediante sequestro*; **III:** com efeito, cuida-se de *crime de consumação antecipada*, *crime formal* ou *delito de resultado cortado*, em que a obtenção da vantagem econômica não é exigida para a consumação do crime, bastando, para tanto, a privação da liberdade da vítima; **IV:** é *delito permanente*, prolongando seu momento consumativo no tempo por vontade do agente. **ED**
Gabarito "D".

(Magistratura/RJ – 2013 – VUNESP) Após analisar as assertivas a respeito dos crimes contra o patrimônio, assinale a alternativa correta.

(A) As ações dos seguintes crimes somente se procedem mediante representação: Furto de coisa comum; Outras fraudes; Estelionato cometido em prejuízo de irmão que conta 20 anos de idade.

(B) Aquele que encontra uma nota de cem reais sob o sofá da sala da residência de um amigo e dela se apodera pratica o crime de apropriação de coisa achada.

(C) É isento de pena quem comete furto em prejuízo de ascendente com idade igual ou inferior a sessenta anos.

(D) Aquele que subtrai coisa alheia móvel do cônjuge judicialmente separado é isento de pena.

A: correta. O crime de furto de coisa comum somente se procede mediante representação (art. 156, § 1º, do CP), bem como o crime de outras fraudes (art. 176, parágrafo único) e o estelionato cometido em prejuízo de irmão com 20 anos de idade (art. 171 c.c. art. 182, II, do CP), incidindo, neste último caso, imunidade penal relativa; **B:** incorreta. Nas palavras de Rogério Sanches Cunha (*Curso de Direito Penal – Parte Especial*. 4. ed. Salvador: Juspodivm, p. 325), "considera-se coisa perdida aquela que, estando fora da esfera de disponibilidade do proprietário ou legítimo possuidor, encontra-se em local público ou de acesso ao público. Assim, não se considera perdida a coisa que, embora esteja em local incerto, não saiu da custódia do proprietário, como a que se encontra em local incerto de sua residência, por exemplo. Neste caso, havendo apoderamento, também configurará crime de furto (art. 155 do CP)". No caso relatado na assertiva, fica nítido que a nota de R$ 100,00 (cem reais) encontrada pelo agente sob o sofá da sala da residência do amigo não constitui "coisa alheia perdida", que é elementar típica do crime de apropriação de coisa achada (art. 169, II, do CP); **C:** incorreta. Não será beneficiado pela escusa absolutória o agente que praticar furto em prejuízo de ascendente com idade igual ou inferior a sessenta anos. É que, nos termos do art. 183, III, do CP, não se aplicará o disposto no art. 181 (escusas absolutórias, dentre elas, a isenção de pena daquele que praticar crime em detrimento de ascendente ou descendente) quando a vítima tiver idade igual ou superior a 60 (sessenta) anos. Portanto, o furto contra ascendente que tenha exatamente sessenta anos (idoso, portanto), ou mais, é circunstância que elimina a imunidade penal absoluta em comento; **D:** incorreta. Não será isento de pena o cônjuge que subtraia coisa alheia móvel do outro, já estando dele separado judicialmente. A escusa absolutória somente incidirá se ainda estiverem na constância da sociedade conjugal (art. 181, I, do CP). Caso estejam separados judicialmente, a ação penal dependerá de representação do ofendido (art. 182, I, do CP). **AT**
Gabarito "A".

(Magistratura/RJ – 2011 – VUNESP) Tício, usuário de "maconha", porém imputável e lúcido naquele momento, subtrai dinheiro que estava sobre a mesa da sala, deixado ali por sua avó, com mais de 60 (sessenta) anos de idade, visando adquirir entorpecente para uso próprio. Assinale, dentre as alternativas mencionadas, qual delas é a correta.

(A) Tício é isento de pena, por ter praticado o furto contra ascendente.

(B) Tício responderá pelo furto, mas a ação penal estará condicionada à representação por parte da avó.

(C) Tício responderá pelo furto, independentemente de representação por parte da avó, pois, no caso, a ação penal é pública incondicionada.

(D) Tício não praticou crime, pois agiu em estado de necessidade.

Muito embora Tício tenha praticado crime contra ascendente, será inaplicável, no caso relatado no enunciado da questão, a escusa absolutória prevista no art. 181, II, do CP. Sendo a vítima maior de 60 (sessenta) anos, não se beneficiará o agente da imunidade penal referida, conforme proibição contida no art. 183, III, do CP. **AT**
Gabarito "C".

(Magistratura/SP – 2013 – VUNESP) A, por motivo egoístico, ordenou a destruição de parte de uma fazenda colonial, de sua propriedade, especialmente protegida por decisão judicial de tutela antecipada, concedida nos autos de ação civil pública movida pelo Ministério Público com vistas à preservação, em sua inteireza, do imóvel, em razão de seu valor histórico, cultural e arquitetônico, cujo processo de tombamento, porém, ainda não havia sido instaurado. Nesse caso, o agente praticou

(A) o crime previsto no artigo 62, inciso I, da Lei n.º 9.605/1998, que define os crimes ambientais.

(B) o crime de dano qualificado pelo motivo egoístico, previsto no artigo 163, parágrafo único, inciso IV, do Código Penal.

(C) o fato no exercício regular de direito, uma vez que era o proprietário do imóvel.

(D) conduta atípica, uma vez que o imóvel não era tombado, nem iniciado o seu tombamento e provisória a decisão judicial que o protegia.

A: correta. Nos termos do art. 62, I, da Lei 9.605/1998, constitui crime ambiental o fato de o agente "destruir, inutilizar ou deteriorar bem especialmente protegido por lei, ato administrativo ou decisão judicial". Ora, considerando que "A" ordenou a destruição de parte de uma fazenda colonial objeto de tutela jurisdicional de urgência concedida em ação civil pública, incorreu na figura típica referida; B: incorreta, pois, como visto no comentário anterior, a conduta do agente amolda-se a crime da Lei 9.605/1998, que, em razão da especialidade, prevalece sobre a "norma geral" contida no art. 163 do CP (crime de dano); C: incorreta, pois, a despeito de "A" ser proprietário do imóvel que ordenou a destruição, o fato é que sobre referido bem pendia tutela jurisdicional antecipatória de proteção ao meio ambiente cultural; D: incorreta, pois o art. 62, I, da Lei dos Crimes Ambientais (Lei 9.605/1998) não exige que a decisão judicial que esteja a proteger o bem seja definitiva (aqui considerada a decisão final, em cognição exauriente), bastando que exista, repita-se, decisão judicial (mesmo as de caráter provisório, como as de urgência). **AT**
Gabarito "A".

(Magistratura/SP – 2013 – VUNESP) A e B, agindo em concurso e com unidade de desígnios entre si, mediante grave ameaça, exercida com o emprego de arma de fogo, abordaram C, que reagiu após o anúncio de assalto. Ante a reação, B efetuou um disparo contra C, mas por erro na execução, o projétil atingiu o comparsa, causando-lhe a morte. Em seguida, B pôs-se em fuga, sem realizar a subtração patrimonial visada.

Esse fato configura

(A) roubo tentado e homicídio consumado, em concurso material.

(B) latrocínio tentado.

(C) homicídio consumado.

(D) latrocínio consumado.

De fato, se B, durante a prática de roubo com emprego de arma perpetrado com seu comparsa A, em razão da reação da vítima C, desfere disparo que atinge o coautor do crime, matando-o, responderá por latrocínio consumado. É que, nessa hipótese, verifica-se hipótese de *aberratio ictus* ou erro na execução, na qual o agente, por acidente ou erro no uso dos meios de execução, no lugar de atingir a pessoa que pretendia, atinge pessoa diversa. Neste caso, em consonância com o disposto no art. 73 do CP, *serão levadas em consideração as características da pessoa contra a qual o agente queria investir mas não conseguiu*. Logo, a despeito de ter havido a morte de um dos agentes delitivos, não restam dúvidas de que B pretendia atingir C, mas, por erro, matou A. Tratando-se de erro meramente acidental, responderá o agente como se houvesse matado a vítima pretendida (no caso, C). Não se pode cogitar de latrocínio tentado, tendo em vista que, nos termos da Súmula 610 do STF, a consumação do crime em comento exige, apenas, o homicídio consumado, ainda que a subtração tenha sido tentada. **AT**
Gabarito "D".

(Magistratura/SP – 2011 – VUNESP) Antônio e Pedro, agindo em concurso e mediante o emprego de arma de fogo, no mesmo contexto fático, subtraem bens de José e, depois, constrangem-no a fornecer o cartão bancário e a respectiva senha, com o qual realizam saque de dinheiro. Assinale, dentre as opções adiante mencionadas, qual delas é a correta, consoante a jurisprudência pacificada dos Tribunais Superiores (STJ e STF).

(A) Os agentes cometeram crime único, no caso, roubo.

(B) Os agentes cometeram dois crimes, no caso, roubo e extorsão, em concurso formal.

(C) Os agentes cometeram dois crimes, no caso, roubo e extorsão, em continuidade.

(D) Os agentes cometeram crime único, no caso, extorsão.

(E) Os agentes cometeram dois crimes, no caso, roubo e extorsão, em concurso material.

De fato, se os agentes subtraem bens da vítima, empregando, para tanto, grave ameaça exercida por meio de arma de fogo, e, em seguida, passam a obrigar o ofendido a lhes fornecer cartão bancário e a respectiva senha, com o que realizam saque em agência bancária, praticam os crimes de roubo e extorsão em concurso material. Nesse sentido, conferir: STJ, HC 10.375-MG, 6ª T., rel. Min. Fernando Gonçalves, DJ 29.11.1999. **ED**
Gabarito "E".

(Juiz – TRF 2ª Região – 2017) João falsificou cédulas de R$ 100,00, para o fim de utilizá-las na aquisição de computador pertencente a Fritz, alemão que passava férias no Brasil. Após vender o bem, Fritz foi preso em flagrante quando, sem perceber o engodo de que fora vítima, tentou pagar conta de restaurante com uma das cédulas recebidas. A falsificação era grosseira (fato depois atestado por laudo pericial) e foi facilmente detectada. Assinale a opção correta:

(A) João deve responder pelo crime de falsificação de moeda (artigo 289 do Código Penal), já que logrou êxito em ludibriar a vítima, ofendendo o bem jurídico tutelado na norma penal;

(B) João responde por dois crimes (artigo 289, *caput* e artigo 289, parágrafo 1º do Código Penal), por ter fabricado a moeda falsa e por tê-la introduzido em circulação;

(C) Fritz deve responder pelo delito culposo de usar moeda falsa, já que era fácil aferir a falsidade, e João por um crime de moeda falsa, já que a introdução em circulação da moeda, por quem a fabricou, constitui mero exaurimento do delito;

(D) João somente responde pelo crime de introduzir moeda falsa em circulação, uma vez que sua conduta era e foi eficiente a tanto.

(E) João deve responder pelo delito de estelionato.

A solução desta questão deve ser extraída da Súmula 73, do STJ, segundo a qual a falsificação grosseira, incapaz, por essa razão, de enganar o homem médio, configura, em princípio, o crime de estelionato, previsto no art. 171 do CP, cuja competência para o processamento e julgamento é da Justiça Estadual. **ED**
Gabarito "E".

3. DIREITO PENAL

(Juiz – TRF 2ª Região – 2017) Assinale a opção correta:

(A) Nos casos de estelionato em detrimento do patrimônio do INSS (art. 171, §3º do Código Penal), cometido pelo próprio beneficiário e renovado mensalmente, o crime assume a natureza permanente, dado que, para além de o delito se protrair no tempo, o agente tem o poder de, a qualquer tempo, fazer cessar a ação delitiva.

(B) O delito de apropriação indébita previdenciária (art. 168-A do Código Penal) constitui crime omissivo próprio e se perfaz com a mera omissão de recolhimento da contribuição previdenciária dentro do prazo e das formas legais, requerendo o dolo específico de querer incorporar a verba ao patrimônio do agente.

(C) Não ocorrida a violência real, não se considera crime o chamado roubo de uso, que se perfaz quando o agente apenas utiliza temporariamente o bem subtraído, sem qualquer intenção, prévia ou posterior, de tê-lo para si.

(D) Comete o crime de concussão o funcionário público que se utiliza de violência ou grave ameaça para obter vantagem indevida.

(E) A extorsão é crime formal e se consuma quando o agente efetivamente obtém a vantagem indevida.

A: correta. Nessa esteira: "O crime de estelionato previdenciário, quando praticado pelo próprio beneficiário das prestações, tem caráter permanente, cessando a atividade delitiva apenas com o fim da percepção das prestações. Precedentes Corte (HCs 102.774, 107.209, 102.491, 104.880 e RHC 105.183)" (HC 107385, Rel. Min. ROSA WEBER, 1ª Turma, j. 06.03.2012, Processo Eletrônico *DJe* 29.03.2012. Publ. 30.03.2012); **B:** incorreta. Isso porque a configuração do crime de apropriação indébita previdenciária (art. 168-A, CP), ao contrário do que se afirma na assertiva, prescinde do chamado dolo *específico*. Conferir: "O Superior Tribunal de Justiça firmou entendimento de que, para a caracterização do delito de apropriação indébita previdenciária, basta o dolo genérico, já que é crime omissivo próprio, não se exigindo, portanto, o dolo específico do agente de se beneficiar dos valores arrecadados dos empregados e não repassados à Previdência Social. Precedentes da corte (HC 116.461/PE, Rel. Min. Vasco Della Giustina (desembargador convocado do TJ/RS), 6ª Turma, j. 07.02.2012, *DJe* 29.02.2012); **C:** incorreta. Quer praticado por meio de violência, quer por meio de grave ameaça, o fato é que não se admite a existência do chamado *roubo de uso*, uma vez que este crime, por ser complexo, atinge, a um só tempo, o patrimônio, a integridade física e também a liberdade do indivíduo. Tal entendimento é pacífico na jurisprudência. A conferir: "RECURSO ESPECIAL. ROUBO CIRCUNSTANCIADO PELO USO DE ARMA DE FOGO. DELITO COMPLEXO. OBJETOS JURÍDICOS. FIGURA DENOMINADA "ROUBO DE USO". CONDUTA TIPIFICADA NO ART. 157 DO CÓDIGO PENAL BRASILEIRO. RECURSO ESPECIAL PROVIDO. 1. O crime de roubo é um delito complexo que possui como objeto jurídico tanto o patrimônio como também a integridade física e a liberdade do indivíduo. O art. 157 do Código Penal exige para a caracterização do crime, que exista a subtração de coisa móvel alheia, para si ou para outrem, mediante grave ameaça ou violência a pessoa ou reduzindo à impossibilidade de resistência. 2. O ânimo de apossamento – elementar do crime de roubo – não implica, necessariamente, o aspecto de definitividade. Ora, apossar-se de algo é ato de tomar posse, dominar ou assenhorar-se do bem subtraído, que pode trazer o intento de ter o bem para si, entregar para outrem ou apenas utilizá--lo por determinado período, como no caso em tela. 3. O agente que, mediante grave ameaça ou violência, subtrai coisa alheia para usá-la, sem intenção de tê-la como própria, incide no tipo previsto no art. 157 do Código Penal. 4. Recurso provido para, afastando a atipicidade da

conduta, cassar o acórdão recorrido e a sentença de primeiro grau, e determinar que nova decisão seja proferida em primeira instância" (REsp 1323275/GO, Rel. Min. Laurita Vaz, 5ª Turma, j. 24.042014, *DJe* 08.05.2014); **D:** incorreta. A violência e a grave ameaça não constituem circunstância elementar do crime de concussão (art. 316, CP). Neste delito, que é classificado como próprio, já que exige seja praticado por pessoa determinada no tipo penal, o funcionário público, valendo-se do cargo que ocupa, exige da vítima ou impõe a ela a obtenção de determinada vantagem indevida. O funcionário público que se vale de violência ou grave ameaça para obter vantagem indevida comete o delito de extorsão, capitulado no art. 158 do CP, que, diferentemente da concussão, é crime comum (pode ser praticado por qualquer pessoa). Na jurisprudência: "Ainda que a conduta delituosa tenha sido praticada por funcionário público, o qual teria se valido dessa condição para a obtenção da vantagem indevida, o crime por ele cometido corresponde ao delito de extorsão e não ao de concussão, uma vez configurado o emprego de grave ameaça, circunstância elementar do delito de extorsão" (HC 54.776/SP, Rel. Min. Nefi Cordeiro, 6ª Turma, j. 18.09.2014, *DJe* 03.10.2014); **E:** incorreta. Justamente por se tratar de crime formal, a extorsão – art. 158 do CP – se consuma independentemente da obtenção da vantagem indevida, conforme entendimento esposado na Súmula 96 do STJ. **ED**

Gabarito "A"

(Juiz – TRF 4ª Região – 2016) Assinale a alternativa correta.

(A) O entendimento que atualmente prevalece no Superior Tribunal de Justiça é o de que, em se tratando da importação ou da exportação ilícita de substâncias entorpecentes, é necessário que fique demonstrada a efetiva transposição das fronteiras nacionais para que possa ser aplicada a causa de aumento da pena relativa à transnacionalidade.

(B) Em se tratando de furto qualificado, não cabe a aplicação do privilégio de que trata o parágrafo 2º do artigo 155 do Código Penal, cujo teor é o seguinte: "Se o criminoso é primário, e é de pequeno valor a coisa furtada, o juiz pode substituir a pena de reclusão pela de detenção, diminuí-la de um a dois terços, ou aplicar somente a pena de multa".

(C) Na dicção do Superior Tribunal de Justiça, para a caracterização do delito de apropriação indébita previdenciária, previsto no artigo 168-A do Código Penal, é imprescindível a demonstração do dolo específico do agente, de apropriar-se dos valores destinados à Previdência Social, ou seja, de seu *animus rem sibi habendi*.

(D) É firme, no Superior Tribunal de Justiça, o entendimento no sentido de que, quando o agente é condenado pela importação ou pela exportação ilícita de substâncias entorpecentes, não é possível a aplicação da majorante da transnacionalidade, sob pena de incorrer-se em *bis in idem*.

(E) Atualmente, prevalece no Superior Tribunal de Justiça o entendimento de que o crime de furto se consuma com a posse de fato da *res furtiva*, ainda que por breve espaço de tempo e seguida da perseguição ao agente, sendo prescindível a posse mansa e pacífica ou desvigiada.

A: incorreta. É que, conforme tem entendido a jurisprudência, é desnecessário, à configuração da majorante prevista no art. 40, I, da Lei 11.343/2006, que se dê o efetivo transporte da droga para o interior ou exterior do país, sendo suficiente que se demonstre a intenção do agente em assim proceder. Conferir: "Para a incidência da causa especial de aumento de pena prevista no inciso I do art. 40 da Lei de Drogas, é irrelevante a efetiva transposição das fronteiras nacionais, sendo suficiente, para a configuração da transnacionalidade do delito, a comprovação de que a substância tinha como destino/origem localidade em outro país" (STJ, REsp 1395927/SP, Rel. Min. Rogerio Schietti Cruz, 6ª Turma, j. 13.09.2016, DJe 20/09/2016); **B:** incorreta. É pacífico o entendimento, tanto no STJ quanto no STF, de que é possível a coexistência do furto qualificado (art. 155, §4º, do CP) com a modalidade privilegiada do art. 155, §2º, do CP, desde que a qualificadora seja de ordem *objetiva*. Tanto é assim que o STJ, consolidando esse entendimento, editou a Súmula 511: "É possível o reconhecimento do privilégio previsto no §2º do art. 155 do CP nos casos de crime de furto qualificado, se estiverem presentes a primariedade do agente, o pequeno valor da coisa e a qualificadora for de ordem objetiva"; **C:** incorreta. Isso porque a configuração do crime de apropriação indébita previdenciária (art. 168-A, CP), ao contrário do que se afirma na assertiva, prescinde do chamado dolo *específico*. Conferir: "O Superior Tribunal de Justiça firmou entendimento de que, para a caracterização do delito de apropriação indébita previdenciária, basta o dolo genérico, já que é crime omissivo próprio, não se exigindo, portanto, o dolo específico do agente de se beneficiar dos valores arrecadados dos empregados e não repassados à Previdência Social. Precedentes da corte" (STJ, HC 116.461/PE, Rel. Min. Vasco Della Giustina (Desembargador Convocado Do TJ/RS), 6ª Turma, j. 07.02.2012, DJe 29.02.2012); **D:** incorreta. Na jurisprudência do STJ: "Ainda que o art. 33 da Lei n. 11.343/2006 preveja as condutas de "importar" e "exportar", não há *bis in idem* na aplicação da causa de aumento de pena pela transnacionalidade (art. 40, I, da Lei 11.343/2006), porquanto o simples fato de o agente 'trazer consigo' a droga já conduz à configuração da tipicidade formal do crime de tráfico" (REsp 1395927/SP, Rel. Min. Rogerio Schietti Cruz, 6ª Turma, j. 13.09.2016, DJe 20.09.2016); **E:** correta. Os Tribunais superiores consolidaram o entendimento segundo o qual o momento consumativo do crime de furto (e também o de roubo) é o do apossamento do bem, independentemente da inversão tranquila da posse. A esse respeito: STF, 1ª Turma, HC 92.450-DF, Rel. Min. Ricardo Lewandowski, j. 16.9.08. Tal entendimento encontra-se consolidado na Súmula 582 do STJ. **ED**

Gabarito "E".

(Magistratura Federal/4ª região – VII) O comprador de um produto, para exclusivo consumo seu, que sabe ser o mesmo objeto de descaminho, pratica o crime de:

(A) descaminho;

(B) contrabando;

(C) receptação;

(D) favorecimento real.

De fato, a conduta do agente que *adquire* um produto, para o próprio consumo, sabedor que se trata de objeto de *descaminho*, amolda-se ao tipo penal previsto no art. 180, *caput*, do CP (receptação própria). Registre-se que referido crime é dito acessório, pois exige o cometimento de delito anterior (no caso, o descaminho – art. 334 do CP). Assim, repise-se, *adquirir coisa que sabe ser produto de crime* constitui crime de receptação.

Gabarito "C".

20. CRIMES CONTRA A DIGNIDADE SEXUAL

(Juiz de Direito – TJM/SP – VUNESP – 2016) Com o ingresso da Lei nº 12.015/2009, os crimes sexuais sofreram significativa mudança. A respeito dessas alterações, assinale a alternativa correta.

(A) Os crimes contra a dignidade sexual, a partir do ano de 2009, em regra, são processáveis mediante ação penal pública incondicionada.

(B) Os processos que envolvem crimes contra a dignidade sexual, por expressa determinação legal, são sigilosos.

(C) A figura da presunção de violência foi substituída pela figura da presunção de vulnerabilidade, inexistindo tipo penal autônomo de crime contra a dignidade sexual para sujeito passivo em situação de vulnerabilidade.

(D) A prática de conjunção carnal com alguém menor de 18 anos e maior de 14 anos, em situação de prostituição, não é conduta típica.

(E) Com a revogação do antigo artigo 214 do CP, que previa o crime de atentado violento ao pudor, houve *abolitio criminis* das condutas que o caracterizavam.

A: incorreta. Atualmente, dadas as modificações implementadas no âmbito dos crimes sexuais pela Lei 12.015/2009, a ação penal, nesses delitos, que em regra era privativa do ofendido, passou a ser pública condicionada à representação (e não incondicionada, tal como afirmado acima), nos moldes da nova redação conferida ao art. 225, *caput*, do CP. As exceções ficam por conta dos crimes cuja vítima seja pessoa vulnerável ou menor de 18 anos, em que a ação será pública incondicionada (art. 225, parágrafo único, do CP). Aboliu-se, pois, para esses crimes, a ação penal de iniciativa privada (exclusiva); **B:** correta, pois reflete a regra contida no art. 234-B do CP, introduzida pela Lei 12.015/2009; **C:** incorreta. *Vide* arts. 217-A e 218-B, ambos do CP, respectivamente *estupro de vulnerável* e *favorecimento da prostituição ou de outra forma de exploração sexual de criança ou adolescente ou de vulnerável*; **D:** incorreta, uma vez que a conduta a que se refere a proposição está tipificada no art. 218-B, § 2º, I, do CP; **E:** incorreta. Com o advento da Lei 12.015/2009, que promoveu uma série de mudanças na disciplina dos crimes sexuais, o estupro – art. 213 do CP –, que incriminava tão somente a conjunção carnal realizada com mulher, mediante violência ou grave ameaça, passou a incorporar, também, a conduta antes contida no art. 214 do CP – dispositivo hoje revogado (art. 7º da Lei 12.015/2009). Assim, constitui estupro, na sua nova forma, toda modalidade de violência sexual levada a efeito para qualquer fim libidinoso, incluída, por óbvio, a conjunção carnal. Dessa forma, o crime do art. 213 do CP, com a mudança implementada pela Lei 12.015/2009, passa a comportar, além da conduta consubstanciada na conjunção carnal violenta, contra homem ou mulher, também o comportamento consistente em obrigar alguém a praticar ou permitir que com o sujeito ativo se pratique outro ato libidinoso que não a conjunção carnal (conduta anteriormente prevista no art. 214 do CP). Nesse sentido, o seguinte julgado do STJ: "Com a superveniência da Lei 12.015/2009, a conduta do crime de atentado violento ao pudor, anteriormente prevista no art. 214 do Código Penal, foi inserida naquela do art. 213, constituindo, assim, quando praticadas contra a mesma vítima e num mesmo contexto fático, crime único de estupro" (AgRg no REsp 1127455-AC, 6ª T., rel. Min. Sebastião Reis Júnior, 28.08.2012). **ED**

Gabarito "B".

(Magistratura/CE – 2012 – CESPE) No que concerne aos crimes contra a dignidade sexual, assinale a opção correta.

(A) Importunar alguém, em lugar público ou acessível ao público, de modo ofensivo ao pudor não constitui crime contra a dignidade sexual.

(B) Tratando-se de crime de estupro, a progressão de regime é possível após o cumprimento de um quinto da pena, se o agente for réu primário, ou de dois quintos, se ele for reincidente.

(C) A pena para o crime de assédio sexual será aumentada até a metade se a vítima for menor de dezoito anos de idade, e a ação penal será, nesse caso, pública incondicionada.

3. DIREITO PENAL

(D) Quem mantiver conjunção carnal com menor de catorze anos de idade estará sujeito à pena de reclusão por período de seis a dez anos, sendo a ação penal, nesse caso, pública incondicionada.

(E) O crime de estupro, em todas as modalidades — simples, qualificado, de vulnerável, consumado ou tentado —, é classificado como hediondo, sendo, portanto, insuscetível de anistia, graça, indulto e liberdade provisória.

A: correta, visto que tal figura se subsume à contravenção penal de importunação ofensiva ao pudor (art. 61 da LCP – Decreto-lei 3.688/1941); **B:** incorreta. De fato, o crime de estupro é considerado crime hediondo (art. 1º, V, da Lei 8.072/2090, com a nova redação que lhe foi dada pela Lei 12.015/2009). Assim, a progressão de regime dar-se-á, para o condenado primário, após o cumprimento de 2/5 (dois quintos) da pena, se primário, ou 3/5 (três quintos) da pena, se reincidente; **C:** incorreta, pois se a vítima do crime de assédio sexual for menor de 18 (dezoito) anos, a pena será aumentada em até 1/3 (um terço), conforme preconiza o art. 216-A, §2º, do CP. Outrossim, nesse caso (vítima menor de dezoito anos), de fato a ação penal será pública incondicionada, consoante dispõe o art. 225, parágrafo único, do CP; **D:** incorreta, pois manter conjunção carnal com menor de catorze anos é conduta que se amolda ao art. 217-A do CP (estupro de vulnerável), punido com reclusão de 8 (oito) a 15 (quinze) anos; **E:** incorreta. De fato, todas as modalidades de estupro (simples, qualificado, de vulnerável), seja em suas formas consumada ou tentada, são consideradas hediondas (art. 1º, V e VI, da Lei 8.072/1990). Também é correta a afirmação de que, por serem hediondos, são crimes insuscetíveis de graça, anistia e indulto (art. 2º, I, da Lei 8.072/1990). Porém, não há vedação à concessão de liberdade provisória (art. 2º, II, da Lei 8.072/1990, com a redação que lhe foi dada pela Lei 11.464/2007). **AT**
Gabarito "A"

(Magistratura/DF – 2011) Dos crimes contra a liberdade sexual. Estupro: Constranger alguém mediante violência ou grave ameaça, a ter conjunção carnal ou a praticar ou permitir que com ele se pratique outro ato libidinoso. Por isso:

(A) Quando o agente mantém conjunção carnal com a vítima e pratica beijo lascivo, não consentidos, comete um único estupro;

(B) Não comete crime de estupro, agente que por ausência de ereção que o incapacita manter cópula vaginal, para obter orgasmo pelo estímulo cerebral, sem o consentimento da vítima introduz pênis artificial em seu ânus;

(C) Quando o agente, com violência, obriga a vítima a praticar dois atos libidinosos de uma só vez, comete dois estupros, pois a liberdade sexual foi lesada duas vezes;

(D) Não comete crime de estupro, mas posse sexual mediante fraude, agente que por vingança ou para humilhar e constranger moralmente a vítima, com ela mantém relação sexual não consentida.

A: a conjunção carnal realizada em conjunto com outros atos libidinosos contra a mesma vítima e no mesmo contexto fático implica, por força do princípio da alternatividade, o reconhecimento de crime único de estupro (art. 213 do CP); **B:** a introdução, na vagina, de pênis artificial à revelia da vítima implica o cometimento do crime de estupro (art. 213, CP); **C:** por incidência do princípio da alternatividade (tipo misto alternativo), o agente, neste caso, deverá responder por crime único de estupro; o agente, neste caso, comete, sim, crime de estupro. O crime de violação

sexual mediante fraude (art. 215 do CP) incorporou os crimes de posse sexual mediante fraude e atentado ao pudor mediante fraude. **ED**
Gabarito "A"

(Magistratura/MG – 2012 – VUNESP) Nos crimes de estupro (artigo 213 do Código Penal) e estupro de vulnerável (artigo 217-A do Código Penal), a pena é aumentada pela metade quando o

(A) agente é empregador da vítima.

(B) crime é cometido em concurso de duas ou mais pessoas.

(C) agente é reincidente específico.

(D) agente praticou o crime em estado de embriaguez preordenada.

A: correta (art. 226, II, do CP); **B:** incorreta, pois, a despeito de ser causa de aumento de pena o fato de o crime ser cometido em concurso de duas ou mais pessoas, a majoração será de ¼ (um quarto), consoante dispõe o art. 226, I, do CP; **C:** incorreta, visto que a reincidência não é causa de aumento de pena incidente sobre os crimes contra a dignidade sexual. Contudo, frise-se, constitui circunstância atenuante genérica (art. 61, I, do CP); **D:** incorreta, visto que a embriaguez preordenada, a despeito de ser uma circunstância agravante genérica (art. 61, II, "l", do CP), não constitui causa de aumento de pena incidente sobre os crimes contra a dignidade sexual. **AT**
Gabarito "A"

(Magistratura/PE – 2013 – FCC) No crime de favorecimento da prostituição ou outra forma de exploração sexual de vulnerável,

(A) o sujeito passivo só pode ser pessoa menor de dezoito anos.

(B) a pena é aumentada de um terço, se praticado com o fim de obter vantagem econômica.

(C) constitui efeito obrigatório da condenação a cassação da licença de localização e de funcionamento do estabelecimento.

(D) punível quem praticar conjunção carnal com alguém menor de dezoito e maior de doze anos em situação de prostituição.

(E) punível o proprietário do local em que se verifiquem as práticas, ainda que delas não tenha conhecimento.

A: incorreta. De acordo com o art. 218-B, *caput*, do CP, temos o seguinte: "Submeter, induzir ou atrair à prostituição ou outra forma de exploração sexual alguém *menor de 18 (dezoito) anos* ou que, por *enfermidade ou deficiência mental, não tem o necessário discernimento para a prática do ato*, facilitá-la, impedir ou dificultar que a abandone". Logo, o sujeito passivo do crime será não somente pessoa menor de dezoito anos, mas, também, todo aquele que não tiver o necessário discernimento para a prática de atos sexuais em razão de enfermidade ou deficiência mental; **B:** incorreta, tendo em vista que se o agente praticar a conduta descrita no art. 218-B, *caput*, do CP, com o fim de obter vantagem econômica, sem prejuízo da pena privativa de liberdade cominada (que é de reclusão, de quatro a dez anos), impor-se-á, também, pena de multa (art. 218-B, § 1º, do CP); **C:** correta. Nos exatos termos do art. 218-B, § 3º, do CP, na hipótese do inciso II do § 2º (incorrem nas mesmas penas o proprietário, o gerente ou o responsável pelo local em que se verifiquem as práticas referidas no *caput* do precitado artigo), constitui efeito obrigatório da condenação a cassação da licença de localização e de funcionamento do estabelecimento; incorreta. Quem pratica conjunção carnal ou outro ato libidinoso com alguém menor de

18 (dezoito) e maior de 14 (catorze) anos (e não doze anos!) na situação descrita no *caput* do art. 218-B, do CP, incorrerá nas mesmas penas (quatro a dez anos de reclusão), conforme preconiza o art. 218-B, § 2°, I, do mesmo Código; **E:** incorreta. Evidentemente, o proprietário do local em que se verificar o favorecimento da prostituição ou outras formas de exploração sexual de vulnerável somente responderá criminalmente se tiver conhecimento da prática das condutas descritas no art. 218-B, *caput*, do CP. Caso contrário, estar-se-ia permitido a responsabilidade penal objetiva. Imagine, por exemplo, se um imóvel foi alugado por determinada pessoa, exatamente para a prática das condutas típicas já referidas. O proprietário (locador) somente será punido se tiver ciência de que o locatário explora a prostituição naquele local. **AT**
Gabarito "C".

(Magistratura/PE – 2011 – FCC) Nos crimes contra a liberdade sexual, NÃO constitui causa de aumento da pena a circunstância de

(A) resultar gravidez.

(B) o agente ser casado.

(C) o agente ser empregador da vítima.

(D) o crime ser cometido com concurso de duas ou mais pessoas.

(E) o agente transmitir doença sexualmente transmissível de que sabe ser portador.

A: art. 234-A, III, do CP; **B:** não constitui causa de aumento de pena; **C:** art. 226, II, do CP; art. 226, I, do CP; **E:** art. 234-A, IV, do CP. **ED**
Gabarito "B".

(Magistratura/PI – 2011 – CESPE) Com referência às infrações penais contra a dignidade sexual, assinale a opção correta.

(A) O crime de satisfação de lascívia mediante presença de criança ou adolescente consuma-se com dolo genérico, não se exigindo o chamado especial fim de agir.

(B) Caso o delito de violação sexual mediante fraude seja cometido com o fim de obtenção de vantagem econômica, o infrator sujeitar-se-á também à pena de multa.

(C) Segundo entendimento do STJ, após a Lei n.° 12.015/2009, o crime de corrupção de menores passou a ser material, ou seja, é exigida prova do efetivo corrompimento do menor.

(D) No estupro, se da conduta resultar lesão corporal de natureza grave ou se a vítima tiver menos de dezoito anos de idade, aplicar-se-á causa especial de aumento de pena.

(E) No assédio sexual, o fato de a vítima ter menos de dezoito anos de idade qualifica o crime, razão pela qual as penas desse delito estarão majoradas em seus limites abstratamente cominados.

A: incorreta, pois o crime do art. 218-A do CP exige, sim, um especial fim de agir do agente, qual seja, o *de satisfazer lascívia própria ou de outrem*; **B:** correta (art. 215, parágrafo único, do CP); **C:** incorreta. De acordo com entendimento do Superior Tribunal de Justiça, pacificado por ocasião do julgamento do Recurso Especial Repetitivo 1.127.954/DF, da relatoria do Ministro Marco Aurélio Bellizze, o crime de corrupção de menores é crime formal, o qual dispensa a prova da efetiva corrupção do menor para sua configuração. Confirmando tal entendimento, referida Corte superior editou a Súmula 500, que a seguir transcrevemos:

"A configuração do crime previsto no art. 244-B do Estatuto da Criança e do Adolescente independe da prova da efetiva corrupção do menor, por se tratar de delito formal"; incorreta. Se no estupro resultar lesão corporal de natureza grave à vítima, ou se estar for menor de dezoito anos ou maior de quatorze, restará caracterizada a qualificadora do art. 213, §1°, do CP; **E:** incorreta, pois o fato de a vítima do assédio sexual ter menos de dezoito anos de idade justifica o aumento da pena em até um terço (art. 216-A, §2°, do CP), não se tratando de qualificadora. **AT**
Gabarito "B".

(Magistratura/RO – 2011 – PUCPR) Recentemente, o legislador pátrio alterou o enfoque dado aos chamados Crimes Contra os Costumes, passando a denominá-los de Crimes Contra a Dignidade Sexual, através da edição da Lei Ordinária n°. 12.015/2009.

A respeito do assunto, assinale a única alternativa CORRETA.

I. A conduta de constranger alguém, mediante violência ou grave ameaça, a ter conjunção carnal ou a praticar ou permitir que com ele se pratique outro ato libidinoso, configura o delito de estupro.

II. O tipo penal denominado "estupro de vulnerável" exige como condição do sujeito passivo do delito a idade inferior a 14 anos de idade ou ser possuidor de enfermidade ou doença mental capaz de reduzir sua capacidade de discernimento para a prática do ato, ou ainda, por qualquer outra causa, não possa oferecer resistência.

III. Pratica o delito de corrupção de menores (artigo 218 do Código Penal) o agente que induz alguém menor de 14 (catorze) anos a satisfazer a lascívia de outrem.

IV. O delito de estupro previsto no artigo 213 do Código Penal, com a nova redação dada pela lei n°. 12.015/2009 é de ação penal pública incondicionada, independentemente da condição pessoal da ofendida.

(A) Somente as proposições I e III são verdadeiras.

(B) Somente a proposição IV é falsa.

(C) Somente as proposições I e II são verdadeiras.

(D) Todas as proposições são falsas.

(E) Todas as proposições são verdadeiras.

I: corresponde à nova redação do art. 213 do CP; **II:** art. 217, *caput* e § 1°, do CP; **III:** corresponde à nova redação dada ao art. 218 do CP; **IV:** com o advento da Lei 12.015/2009, a ação penal, nos crimes sexuais, aqui incluído o estupro (art. 213, CP), que antes era privativa do ofendido, passou a ser, a partir de então, pública condicionada à representação, e não incondicionada, nos termos do art. 225, *caput*, do CP. Em se tratando, entretanto, de vítima menor de 18 anos ou de pessoa vulnerável, a ação penal será pública incondicionada, nos termos do *caput* do art. 225. **ED**
Gabarito "B".

(Magistratura/SP – 2013 – VUNESP) A foi processado como incurso no artigo 217-A, § 1.°, do Código Penal (estupro de vulnerável), por ter tido conjunção carnal com pessoa de 19 anos, portadora de deficiência mental. Finda a instrução, resultou provado que o réu atuou em erro sobre a vulnerabilidade da ofendida, decorrente da deficiência mental, cuja circunstância desconhecia. Considerada a hipótese, o Juiz deve

(A) absolver o réu, com fundamento em causa de exclusão da antijuridicidade.

(B) absolver o réu, com fundamento em causa de exclusão da tipicidade.

(C) absolver o réu, com fundamento em causa de exclusão da culpabilidade.

(D) condenar o réu pelo crime de estupro, na forma simples.

A: incorreta, pois o fato de o agente desconhecer a condição de vulnerabilidade da vítima (deficiência mental) não afasta a ilicitude de sua conduta, mas, como será melhor visto no comentário a seguir, a tipicidade do comportamento; **B:** correta. O estupro de vulnerável (art. 217-A do CP) exige que o agente, ciente da condição de vulnerabilidade do ofendido (menor de catorze anos, ou portador de enfermidade ou deficiência mental que retire o discernimento para a prática de atos libidinosos, ou que, por qualquer outra causa, não possa oferecer resistência), com ele mantenha conjunção carnal ou pratique qualquer outro ato libidinoso. No caso relatado no enunciado, desconhecendo a deficiência mental da vítima, com 19 anos, o agente incidiu em erro sobre elemento constitutivo do tipo legal (art. 20 do CP), que, como se sabe, exclui, ainda que vencível, o dolo. Portanto, dado que o crime em comento é doloso, o fato será considerado atípico; **C:** incorreta. Como visto, o erro em que incidiu o agente afasta a tipicidade (por exclusão do dolo) e não qualquer dos elementos da culpabilidade. Nem se avente, aqui, ter havido erro de proibição (art. 21, *caput*, do CP), este sim considerado causa de exclusão da culpabilidade, visto que o agente desconhecia a condição da vítima (deficiência mental), considerada elementar típica, e não a ilicitude do fato; incorreta, pois o erro de tipo em que incidiu o agente é causa de exclusão da tipicidade penal (em razão da exclusão do dolo), não se falando, portanto, nem mesmo em crime de estupro (art. 213 do CP), que pressupõe grave ameaça ou violência à pessoa, inocorrentes na espécie. **AT**

Gabarito "B".

21. CRIMES CONTRA A FÉ PÚBLICA

(Magistratura Federal/2ª região – 2011 – CESPE) Márcio, maior, capaz, reincidente em crime doloso, comprou, na mercearia do bairro em que mora, na cidade de São João de Meriti – RJ, gêneros alimentícios no montante de R$ 60,00, pagou as compras com duas cédulas de R$ 50,00, cuja inautenticidade era de seu pleno conhecimento, e recebeu o troco em moeda nacional autêntica. No dia seguinte, arrependido de sua conduta pela repercussão que poderia adquirir, procurou o proprietário da mercearia, Paulo, maior capaz e com ensino médio completo, confessou o ocorrido, restituiu o troco e pagou integralmente, com dinheiro legal, as mercadorias. Paulo chamou a polícia, que encontrou, no caixa da mercearia, apenas uma das cédulas falsificadas, tendo sido ela apreendida. Márcio foi conduzido à delegacia, ocasião em que foram encontrados em sua posse os seguintes petrechos destinados especificamente à falsificação de moeda: duas matrizes metálicas e faixa magnética que imita o fio de segurança de cédulas autênticas. A partir dessa situação hipotética, assinale a opção correta.

(A) Paulo deve ser acusado da prática do *delictum privilegiatum* de reinserir em circulação moeda falsa, classificado como de menor potencial ofensivo, ainda que alegue desconhecer norma legal proibitiva, caso se comprove que ele, tendo recebido como verdadeira cédula falsa, portanto, de boa-fé, a tenha restituído à circulação, após perceber sua inautenticidade, para evitar prejuízo a seu regular comércio.

(B) Tendo sido o crime praticado sem violência ou grave ameaça a pessoa, com posterior reparação do prejuízo sofrido pela vítima, e em face do comportamento voluntário do agente, anterior ao oferecimento da denúncia, fica caracterizado o arrependimento eficaz, o que impõe a redução da pena de um a dois terços.

(C) Caso se demonstre, na instrução do processo, que Márcio é o autor da falsificação do dinheiro e igualmente o responsável por sua circulação, ele deverá ser responsabilizado por concurso material, em face da peculiaridade do tipo misto cumulativo que caracteriza o crime de moeda falsa.

(D) No caso de moeda falsa, o CP estabelece a sanção na modalidade culposa, de maneira excepcional, em duas circunstâncias: quando o agente tem ciência da falsidade da moeda e a guarda ou a tem em depósito de forma culposa, ou quando, ciente da falsidade, igualmente de forma culposa, a restitui à circulação.

(E) O delito de posse de petrechos para falsificação de moeda, previsto em tipo próprio no CP como ato preparatório, de perigo abstrato, deve ser punido de forma independente e autônoma em relação ao crime de falsificação, posse e circulação da moeda.

A: correta. De fato, se Paulo, embora recebendo as cédulas falsas de boa-fé, as tivesse restituído à circulação, ciente da inautenticidade, deveria ser responsabilizado pelo crime do art. 289, § 2º, do CP, considerado "privilegiado" se comparado com o tipo básico ou fundamental (art. 289, *caput*, do CP), haja vista que a pena deste último varia de 3 (três) a 12 (doze) anos de reclusão, e multa, ao passo que daquele, a pena vai de 6 (seis) meses a 2 (dois) anos de detenção, e multa, tratando-se de crime de menor potencial ofensivo; **B:** incorreta. Sendo o delito de moeda falsa (art. 289 do CP) considerado formal (ou de consumação antecipada), bastará, para sua consumação, que o agente falsifique, fabricando ou alterando, moeda metálica ou papel-moeda de curso legal no país ou no estrangeiro, sendo incompatível, pois, o reconhecimento do arrependimento eficaz (art. 15, segunda parte, do CP); **C:** incorreta. Se Márcio houver falsificado o dinheiro entregue a Paulo, dono da mercearia, sendo, pois, o responsável, também, pela circulação das cédulas falsas, responderá apenas pela falsificação (art. 289, *caput*, do CP), e não pela circulação delas (art. 289, § 1º, do CP). Aqui, bastará a aplicação do princípio da consunção, mais precisamente, da vertente que enuncia o *post factum* impunível: o agente responderá pelo crime antecedente (falsificação de moeda), sendo impunível a conduta de colocar em circulação as cédulas falsas que ele próprio houver fabricado ou alterado; incorreta, pois o crime de moeda falsa (art. 289 do CP) não prevê qualquer modalidade culposa; **E:** incorreta. O delito de petrechos para falsificação de moeda, definido no art. 291 do CP, é verdadeiro "ato preparatório" à falsificação de moeda, mas punido autonomamente. Contudo, entende-se que se o falsificador possuir, também, os petrechos para a falsificação de moeda, deverá ser punido apenas pelo crime-fim, qual seja, aquele previsto no art. 289 do CP. Aplicar-se-ia, aqui, o princípio da consunção: o crime-meio (petrechos para falsificação de moeda – art. 291 do CP) será absorvido pelo crime-fim (moeda falsa – art. 289 do CP). Essa é a posição de Nélson Hungria (*Comentários ao Código Penal*, 2ª ed., 1959, vol. 9, p. 231). Porém, importante que o candidato saiba que há, sim, divergência doutrinária sobre o tema, havendo quem sustente que o agente deverá ser responsabilizado por ambos os crimes, cometidos e consumados em momentos diferentes (por todos, confira-se Rogério Greco, em seu *Curso de Direito Penal*, vol. 4, 6ª ed., p. 240).

Gabarito "A".

(Magistratura Federal/4ª região – IX) Indique a alínea em que se encontra a afirmativa inteiramente correta, segundo o Código Penal.

(A) Para fraudar a verdade em processo judicial em andamento, advogado adultera materialmente assentamento de nascimento do acusado, reduzindo sua idade para o fim de obter reconhecimento de prescrição penal. O fato praticado configura crime de falsidade documental, pois se destina a induzir o juiz a erro sobre fato relevante.

(B) Com o fito de obter inscrição em concurso público, o agente falsifica materialmente sua idade em certidão de nascimento. A conduta configura o crime de falsificação de documento público, punível com pena de reclusão, e não o de falsidade de certidão ao qual se prevê pena detentiva.

(C) Advogado, na pendência de processo-crime, com a finalidade de favorecer seu cliente, induz juiz a reconhecer prescrição da pretensão acusatória, mediante adulteração materialmente produzida da idade do réu, em documento público. O magistrado decreta a extinção da punibilidade, reconhecendo tanto a prescrição arguida, como o fato de a ofendida, vítima de crime de estupro, ter casado com terceira pessoa. A sentença extintiva de punibilidade transitou em julgado. O advogado deve ser condenado pelo crime de fraude processual.

(D) Para fraudar a verdade em processo judicial em andamento, advogado adultera materialmente assentamento de nascimento de acusado, reduzindo sua idade para o fim de reconhecimento de prescrição penal. O fato praticado condiz com o crime de fraude processual, pois se destina a induzir o magistrado a erro.

A: correta. De fato, a redução da idade de um acusado em processo penal diretamente no assentamento do registro civil, para fins de reconhecimento de prescrição, constitui, inegavelmente, falsidade documental (art. 297 do CP); **B:** incorreta, pois a conduta descrita na assertiva subsume-se ao crime de falsidade material de atestado ou certidão (art. 301, § 1°, do CP: *Falsificar, no todo ou em parte, atestado ou certidão, ou alterar o teor de certidão ou de atestado verdadeiro, para prova de fato ou circunstância que habilite alguém a obter cargo público, isenção de ônus ou de serviço de caráter público, ou qualquer outra vantagem*); **C** e **D:** incorretas. A conduta praticada pelo advogado não se amolda à descrição típica do crime de fraude processual. Confira-se: *Inovar artificiosamente, na pendência de processo civil ou administrativo, o estado de lugar, de coisa ou de pessoa, com o fim de induzir a erro o juiz ou o perito.* Embora a assertiva "C" não tenha sido perfeitamente clara, se a adulteração material da idade do réu em documento público tiver sido efetivada pelo próprio advogado, estaremos diante de crime contra a fé pública (art. 297 do CP).
Gabarito "A"

22. CRIMES CONTRA A ADMINISTRAÇÃO PÚBLICA

(Juiz – TJ/SP – VUNESP – 2015) No crime de falso testemunho ou falsa perícia,

(A) a conduta é tipificada quando realizada apenas em processo penal.

(B) incide-se no crime quando a afirmação falsa é feita em juízo arbitral.

(C) a pena aumenta da metade se o crime é praticado mediante suborno.

(D) a retratação do agente, antes da sentença em que ocorreu o falso testemunho, é causa de diminuição de pena.

A: incorreta, já que o falso testemunho ou falsa perícia, crime que vem definido no art. 342 do CP, pode ser prestado em processo judicial (de qualquer natureza) ou administrativo, inquérito policial ou ainda em juízo arbitral; **B:** correta, tendo em conta o quanto foi afirmado no comentário anterior; **C:** incorreta. Se cometido mediante suborno, a pena do crime de falso testemunho ou falsa perícia será aumentada de um sexto a um terço, e não de metade (art. 342, § 1°, do CP); **D:** incorreta. A retratação do agente, no contexto do crime de falso testemunho ou falsa perícia, quando efetivada até a sentença, é causa extintiva da punibilidade (o fato deixa de ser punível), tal como estabelece o art. 342, § 2°, do CP. É importante observar que a pena cominada a este crime foi alterada (aumentada) por força da Lei 12.850/2013 (Organização Criminosa). ED
Gabarito "B"

(Juiz – TJ/SP – VUNESP – 2015) Profissional nomeado pela assistência judiciária para atuar como defensor dativo ingressa com ação contra o INSS, em favor da parte para a qual foi constituído, e posteriormente faz o levantamento do valor devido. Contudo, não repassou o dinheiro à parte, cometendo o delito de

(A) peculato, tendo em vista apropriar-se de dinheiro ou valor de que tem a posse em razão do cargo.

(B) furto mediante fraude, pois abusou da confiança da vítima.

(C) prevaricação, considerando que retardou ou deixou de praticar, indevidamente, ato de ofício.

(D) apropriação indébita, uma vez que tinha a posse ou detenção do numerário.

Quanto à possibilidade de o defensor dativo ser considerado funcionário público para fins penais, conferir: *Embora não sejam servidores públicos propriamente ditos, pois não são membros da Defensoria Pública, os advogados dativos, nomeados para exercer a defesa de acusado necessitado nos locais onde o referido órgão não se encontra instituído, são considerados funcionários públicos para fins penais, nos termos do artigo 327 do Código Penal Doutrina. 3. Tendo o recorrente, na qualidade de advogado dativo, exigido para si vantagem indevida da vítima, impossível considerar a sua conduta atípica como pretendido no reclamo* (RHC 33.133/SC, Rel. Ministro Jorge Mussi, Quinta Turma, julgado em 21.05.2013, *DJe* 05.06.2013). ED
Gabarito "A"

(Magistratura/ES – 2011 – CESPE) Assinale a opção correta com referência aos crimes praticados contra a administração em geral.

(A) No delito de resistência, se o ato legal do agente público não for executado em razão da ação criminosa, a pena cominada ao tipo penal será aumentada de um terço até metade.

(B) O delito de desacato pode ser praticado quando a ofensa é dirigida a funcionário público que não se encontre presente, desde que o desacato esteja relacionado às suas funções.

(C) Ao contrário do crime de corrupção passiva, o delito

3. DIREITO PENAL

de tráfico de influência é material, ou seja, só se consuma com a obtenção efetiva da vantagem indevida.

(D) Comete o delito de usurpação de função pública o agente que se arrogue nessa função, independentemente de praticar atos de ofício como se legitimado fosse, com o ânimo de usurpar.

(E) O funcionário público pode cometer crime de desobediência, se destinatário de ordem judicial, e, considerando a inexistência de hierarquia, tem o dever de cumpri-la.

A: incorreta (art. 329, §1º, do CP), tratando-se de exaurimento punível com reclusão de um a três anos (forma qualificada de resistência); **B:** incorreta. É pacífico na doutrina que o crime de desacato pressupõe que o funcionário público esteja presente no momento da ofensa. Caso contrário, restará caracterizado crime contra a honra; **C:** incorreta, pois o tráfico de influência é considerado crime formal nas modalidades "exigir", "solicitar" e "cobrar" (art. 332 do CP), sendo material apenas na modalidade "obter", sendo, aqui, necessário, que o agente delitivo aufira alguma vantagem para a sua consumação; **D:** incorreta, pois o crime de usurpação de função pública pressupõe que o agente, pelo menos, pratique um ato inerente ao ofício usurpado (art. 328 do CP). Caso contrário, não se poderá entender caracterizado o verbo do tipo (usurpar); **E:** correta. De acordo com a docência de Rogério Sanches, citando o grandioso Nelson Hungria, "o crime de desobediência (art. 330 do CP) encontra-se no capítulo dos crimes praticados pelo particular contra a administração, e, portanto, não o caracteriza a contumácia de Delegado de Polícia que deixa de instaurar inquérito ou realizar diligências requisitadas, pois o fez no exercício do cargo, na condição de funcionário público, e não como particular" (Curso de Direito Penal, vol. único, p. 799, Editora Juspodivm). Será de rigor, neste caso, que a ordem não diga respeito direto às funções do funcionário, sob pena de poder restar caracterizada a prevaricação (art. 319 do CP), mas que devesse, porém, ser por ele acatada. **AT**
Gabarito "E".

(Magistratura/PE – 2013 – FCC) Em relação aos crimes contra a administração pública, correto afirmar que

(A) o falso testemunho deixa de ser punível se, depois da sentença em que ocorreu o ilícito, o agente se retrata ou declara a verdade.

(B) o crime de concussão é de natureza formal, reclamando o recebimento da vantagem para a consumação.

(C) é pública condicionada a ação penal no delito de exercício arbitrário das próprias razões, se não há emprego de violência.

(D) é atípica a conduta de acusar-se, perante a autoridade, de contravenção penal inexistente ou praticada por outrem.

(E) configura favorecimento pessoal o ato de prestar a criminoso, fora dos casos de coautoria ou de receptação, auxílio destinado a tornar seguro o proveito do crime.

A: incorreta. A retratação, no crime de falso testemunho, somente tem o condão de extinguir a punibilidade do agente se ocorrer antes da sentença no processo em que ocorreu o ilícito (art. 342, § 2º, do CP); **B:** incorreta. Exatamente pelo fato de o crime de concussão, definido no art. 316 do CP, ter natureza formal, irá consumar-se independentemente do recebimento da vantagem indevida, bastando, para tanto, que o agente a exija; **C:** incorreta. O crime de exercício arbitrário das

próprias razões (art. 345 do CP) comporta duas espécies de ação penal: i) pública incondicionada, se houver emprego de violência; ii) privada, se não houver emprego de violência. Tal é o que se extrai do art. 345, parágrafo único, do CP ("Se não há emprego de violência, somente se procede mediante queixa"); **D:** correta. De fato, o crime de autoacusação falsa, previsto no art. 341, pressupõe que o agente se acuse, perante a autoridade, de *crime* inexistente ou praticado por outrem. Perceba que o legislador empregou o vocábulo "crime" e não "infração penal". Logo, a autoacusação de contravenção é fato atípico; **E:** incorreta. Prestar a criminoso, fora dos casos de coautoria ou de receptação, auxílio destinado a tornar seguro o proveito do crime, caracteriza o crime de favorecimento real (art. 349 do CP). O favorecimento pessoal ocorre quando o agente auxiliar a subtrair-se à ação de autoridade pública autor de crime a que é cominada pena de reclusão (ou de detenção), nos termos do art. 348 do CP. Aqui, a diferenciação é muito simples: i) se o auxílio for prestado para tornar seguro o *proveito do crime*, o favorecimento é *real* (de *res*, coisa, objeto); ii) se o auxílio for prestado para que *alguém* consiga escapar da ação de autoridade pública em razão da prática de crime, o favorecimento é *pessoal* (afinal, ajudou-se a própria *pessoa* que tenha praticado o crime). **AT**
Gabarito "D".

(Magistratura/PI – 2011 – CESPE) A respeito do peculato, assinale a opção correta.

(A) A consumação do peculato-apropriação não ocorre no momento em que o funcionário público, em virtude do cargo, começa a dispor do bem móvel apropriado, como se seu proprietário fosse, exigindo-se que o agente ou terceiro obtenha vantagem com a prática do delito.

(B) A incidência da agravante genérica relativa à prática de delito com abuso de poder ou violação de dever inerente a cargo, ofício, ministério ou profissão é incompatível com o peculato, pois este pressupõe abuso de poder ou violação de dever inerente ao cargo.

(C) Segundo a jurisprudência do STJ, é aplicável o princípio da insignificância ao peculato, desde que o prejuízo causado ao erário não ultrapasse um salário mínimo e o agente seja primário.

(D) Nas hipóteses de peculato-desvio e peculato-apropriação, a reparação do dano pelo agente público, se precedente a sentença irrecorrível, extingue a punibilidade; sendo-lhe posterior, reduz de metade a pena.

(E) Não comete peculato, mas o delito de emprego irregular de verbas públicas, em continuidade delitiva, o servidor público que se utiliza ilegalmente de passagens e diárias pagas pelos cofres públicos.

A: incorreta, pois o crime de peculato-apropriação (art. 312, caput, do CP), uma das modalidades de peculato próprio, consuma-se no exato momento em que o funcionário público, em razão do cargo, se apropria de dinheiro, valor ou bem móvel público ou particular de que tenha a posse, passando a dispor do objeto material como se dono fosse, seja incorporando-o ao seu patrimônio, seja mediante a prática de atos de disposição (ex.: venda a terceiros); **B:** correta, pois, de fato, no peculato, o agente deverá valer-se do cargo para a prática do crime, vale dizer, irá apropriar-se ou desviar dinheiro, valor, ou bem móvel público ou particular de que tenha a posse em razão do cargo (art. 312, *caput*, do CP), não podendo incidir circunstância agravante que já leve em conta elementares do próprio tipo penal, sob pena de *bis in idem*; **C:** incorreta.

O entendimento firmado nas Turmas que compõem a Terceira Seção do Superior Tribunal de Justiça é no sentido de que não se aplica o princípio da insignificância aos crimes contra a Administração Pública, ainda que o valor da lesão possa ser considerado ínfimo, uma vez que a norma visa resguardar não apenas o aspecto patrimonial, mas, principalmente, a moral administrativa (AgRg no REsp 1275835 / SC – STJ – Min. Adilson Macabu, j. 11/10/2011); **D:** incorreta, pois a reparação do dano somente extinguirá a punibilidade em caso de peculato culposo (art. 312, §3º, do CP); **E:** incorreta. De acordo com o STJ, comete o crime de peculato, na modalidade desvio (art. 312, *caput*, segunda parte do Código Penal), em continuidade delitiva (art. 71 Código Penal) o servidor público que se utiliza ilegalmente de passagens e diárias pagas pelos cofres públicos (APn 477 / PB – Min. Eliana Calmon – j. 04/03/09). **AT**
Gabarito "B".

(Magistratura/PR – 2013 – UFPR) Assinale a alternativa correta:

(A) No crime de corrupção ativa, a pena é aumentada até o triplo, se, em razão da vantagem ou promessa, o funcionário retarda ou omite ato de ofício, ou o pratica infringindo dever funcional.

(B) Constitui excesso de exação se o funcionário exige tributo ou contribuição social que sabe ou deveria saber indevido, ou, quando devido, emprega na cobrança meio vexatório ou gravoso, ainda que autorizado por lei.

(C) Não impede a progressão de regime de execução da pena, fixada em sentença não transitada em julgado, o fato de o réu se encontrar em prisão especial.

(D) O crime de exercício arbitrário das próprias razões somente se procede mediante queixa, ainda que haja emprego de violência.

A: incorreta. No crime de corrupção ativa (art. 333 do CP), a pena será aumentada de um terço (e não até o triplo, como consta na assertiva) se, em razão da vantagem ou promessa, o funcionário retarda ou omite ato de ofício, ou o pratica infringindo dever funcional (art. 333, parágrafo único, do CP); **B:** incorreta. Constitui crime de excesso de exação o fato de o agente (funcionário público) exigir tributo ou contribuição social que sabe ou deveria saber indevido, ou, quando devido, empregar na cobrança meio vexatório ou gravoso, *que a lei não autoriza*. Perceba o candidato que a assertiva, em sua parte final, consigna "ainda que autorizado por lei". Ora, se o funcionário empregasse, para a cobrança de tributo devido, um meio gravoso ou até vexatório, mas que contasse com autorização legal, não teria cometido crime algum. O fato seria, pois, atípico; **C:** correta. De fato, nos termos da Súmula nº 717 do STF, "não impede a progressão de regime de execução da pena, fixada em sentença não transitada em julgado, o fato de o réu se encontrar em prisão especial"; **D:** incorreta, pois o crime de exercício arbitrário das próprias razões (art. 345 do CP), muito embora, em regra, seja de ação penal privada, não o será se houver *emprego de violência* (art. 345, parágrafo único, do CP). **AT**
Gabarito "C".

(Magistratura/PR – 2010 – PUC/PR) Relativamente aos crimes contra a Administração Pública, analise as assertivas abaixo e marque a alternativa CORRETA.

I. O sujeito que atribui a si mesmo a prática de crime inexistente ou que foi cometido por terceiro, pratica comunicação falsa de crime.

II. O agente que visa a tornar seguro o proveito do delito, fora dos casos de coautoria ou de recepção, pratica o crime de favorecimento pessoal.

III. Deixar a autoridade policial, por indulgência, de responsabilizar agente policial que cometeu infração no exercício do cargo, comete prevaricação.

IV. O funcionário público que solicitar para si, diretamente, em razão de sua função, vantagem indevida, comete corrupção passiva.

(A) Apenas as assertivas I e III estão corretas.

(B) Apenas as assertivas I e IV estão corretas.

(C) Apenas a assertiva IV está correta.

(D) Apenas a assertiva II está correta.

I: o sujeito que atribui a si mesmo a prática de crime inexistente ou que foi perpetrado por outrem comete o crime de *autoacusação falsa*, capitulado no art. 341 do CP; **II:** o agente, neste caso, incorrerá nas penas do crime de *favorecimento real*, previsto no art. 349 do CP; **III:** a autoridade policial, por ter deixado de responsabilizar seu subordinado que cometera infração no exercício do cargo, incorrerá nas penas do art. 320 do CP - *condescendência criminosa*; **IV:** art. 317 do CP. **ED**
Gabarito "C".

(Magistratura/SP – 2013 – VUNESP) A, testemunha compromissada, mediante suborno, presta falso testemunho, em fases sucessivas de um processo penal, por homicídio doloso, ou seja, no inquérito policial, na instrução criminal e em plenário. A cometeu crime de

(A) falso testemunho em continuidade delitiva.

(B) falso testemunho único, com aumento de pena.

(C) falso testemunho em concurso material.

(D) falso testemunho em concurso formal.

A, C e **D:** incorretas, pois conforme se verá no comentário a seguir, não se cogita de concurso de crimes (material, formal ou continuado) quando a testemunha presta falso testemunho em fases sucessivas de um mesmo processo penal; **B:** correta. Tratando-se da mesma persecução penal, ainda que em fases distintas (inquisitiva e judicial), o falso testemunho prestado por testemunha compromissada caracteriza um só crime. Afinal, sua conduta foi voltada a causar prejuízos à administração da justiça para a apuração de um mesmo fato. Considerando que o enunciado deixou claro que o falso testemunho foi perpetrado mediante suborno, aplicável a majorante prevista no art. 342, § 1º, do CP (*as penas aumentam-se de um sexto a um terço, se o crime é praticado mediante suborno ou se cometido com o fim de obter prova destinada a produzir efeito em processo penal, ou em processo civil em que for parte entidade da administração pública direta ou indireta*). **AT**
Gabarito "B".

(Magistratura/SP – 2011 –VUNESP) Antônio, funcionário público, exige de Pedro, para si, em razão da função, vantagem indevida, consistente em certa quantia em dinheiro. Pedro concorda com a exigência e combina com Antônio um local para a entrega do dinheiro, mas Antônio é preso por policiais, previamente avisados do ocorrido, no momento em que ia recebê-lo.

Assinale a alternativa correta.

(A) Antônio cometeu crime de extorsão consumado.

(B) Antônio cometeu crime de concussão consumado.

(C) Antônio cometeu crime de extorsão tentado.

(D) Antônio cometeu crime de concussão tentado.

(E) Trata-se de crime impossível, em razão de flagrante preparado.

Antônio cometeu o crime de concussão (art. 316, *caput*, do CP), cujo momento consumativo é atingido com a imposição do pagamento indevido, isto é, com a formulação da exigência, não sendo necessário que se concretize o recebimento da vantagem, que, se ocorrer,

3. DIREITO PENAL

configurará mero *exaurimento*. Trata-se, portanto, de delito formal. Também é considerado formal o crime de corrupção passiva, em que, diferentemente da concussão, onde o agente impõe o pagamento à vítima, a esta é solicitada uma vantagem indevida. **ED**

Gabarito "B".

(Juiz – TRF 2ª Região – 2017) Assinale a opção correta:

(A) Quando o falso se exaure no descaminho, sem mais potencialidade lesiva, é por este absorvido, como crime-fim, condição que não se altera por ser menor a pena a este cominada.

(B) Se JOÃO, médico particular, solicitar o pagamento de cem reais para atender paciente pelo Sistema Único de Saúde, ele não pratica crime funcional, já que não exerce atividade típica da Administração Pública.

(C) O particular que auxilia materialmente a prática de crime de peculato-desvio por seu amigo, que sabe ser servidor, responderá por apropriação indébita, tendo em vista lhe faltar a qualidade de funcionário público.

(D) O crime de corrupção passiva (art. 317 do Código Penal) somente se configura com a efetiva prática ou omissão da conduta funcional do servidor, já que o chamado "ato de ofício" integra o tipo penal.

(E) O particular que é vítima de crime de concussão (artigo 316 do Código Penal) comete o crime de corrupção ativa (artigo 333 do Código Penal) quando entrega ao funcionário público a vantagem exigida.

A: correta. Conferir: " O delito de uso de documento falso, cuja pena em abstrato é mais grave, pode ser absorvido pelo crime-fim de descaminho, com menor pena comparativamente cominada, desde que etapa preparatória ou executória deste, onde se exaure sua potencialidade lesiva" (REsp 1378053/PR, Rel. Min. Nefi Cordeiro, 3ª Seção, j. 10.08.2016, *DJe* 15.08.2016); **B:** incorreta. Se o médico, conveniado do SUS, e, portanto, considerado funcionário público, solicitar dinheiro (pagamento indevido) para realizar atendimento, cometerá o crime de corrupção passiva, que é delito funcional próprio do *intraneus*; **C:** incorreta. Embora o particular não seja funcionário público, qualidade exclusiva de seu amigo, pelo crime de peculato também deverá, junto com ele, responder, posto que tal qualidade (ser funcionário público), porque elementar do crime em questão, deve, por expressa disposição do art. 30 do CP, comunicar-se ao coautor/partícipe que, de alguma forma, haja contribuído; **D:** incorreta. Por se tratar de crime formal, a corrupção passiva (art. 317, CP) se consuma com a mera solicitação/recebimento/aceitação de promessa de vantagem indevida; **E:** incorreta. Se houver a prática de concussão (art. 316 do CP) pelo funcionário público, a exigência dirigida ao particular, se cumprida por ele, em virtude do temor de represália, não constituirá corrupção ativa (art. 333 do CP). Pode-se dizer, assim, que são incompossíveis, quando no mesmo contexto fático, os crimes de concussão, praticado pelo funcionário público, e o de corrupção ativa (art. 333, CP), pelo particular. **ED**

Gabarito "A".

(Juiz – TRF 3ª Região – 2016) Para fins penais, é considerado funcionário público:

(A) O médico não concursado, que presta serviços pelo SUS;

(B) Os funcionários das empresas de ônibus, haja vista que o transporte público é serviço fundamental;

(C) Os funcionários das empresas de telecomunicações, haja vista que se trata de serviço essencial;

(D) Apenas quem tenha prestado concurso público.

A: correta. O médico conveniado do SUS é considerado, para os fins penais, funcionário público. Dessa forma, se ele, médico, por exemplo, exigir dinheiro (pagamento indevido) para realizar cirurgia, cometerá o crime de concussão (art. 316 do CP), delito próprio do *intraneus*; **B** e **C:** não são considerados funcionários públicos para efeitos penais na medida em que não se trata de atividade típica da Administração Pública; **D:** o conceito de funcionário para fins penais não se restringe àqueles que ingressaram na Administração por meio de concurso público. **ED**

Gabarito "A".

(Magistratura Federal/1ª região – IX) Barnabé apropria-se de valor pelo qual deveria velar, em razão de seu cargo de funcionário público, mas, em sua resposta prévia, prova a completa devolução aos cofres públicos do que alcançara:

(A) o efeito extintivo da punibilidade de seu ato depende exclusivamente de ter sido praticado antes do oferecimento da denúncia.

(B) seu ato extingue a punibilidade, se o peculato for culposo.

(C) como a denúncia ainda não foi recebida, o ressarcimento extingue a punibilidade, mesmo que se trate de peculato doloso.

(D) tratando-se de peculato doloso, poderá configurar-se o arrependimento posterior.

A: incorreta. Primeiramente, é importante registrar que Barnabé cometeu o crime de peculato, previsto no art. 312 do CP, visto que, na condição de funcionário público, apropriou-se de dinheiro, valendo-se de tal condição. A mera devolução do montante apropriado, ainda que antes do oferecimento da denúncia, não constitui causa extintiva da punibilidade, mas, sim, arrependimento posterior, que é causa de diminuição de pena (art. 16 do CP); **B:** correta. De fato, em se tratando de peculato culposo (art. 312, § 2º, do CP), a reparação integral do dano, até a sentença irrecorrível, é causa de extinção da punibilidade (art. 312, § 3º, do CP); **C:** incorreta. Como visto, a extinção da punibilidade pela reparação do dano, no tocante ao crime de peculato, somente será possível se na forma culposa (art. 312, § 3º, do CP). Oportuno esclarecer que a reparação do dano no peculato doloso poderá gerar: 1º- a redução da pena, de um a dois terços, se anterior ao recebimento da denúncia, nos termos do art. 16 do CP (arrependimento posterior); 2º - atenuação da pena, nos termos do art. 65, III, "b", do CP (circunstância atenuante genérica); **D:** incorreta, segundo a banca examinadora. O enunciado é um pouco dúbio, visto que não esclarece, precisamente, quando Barnabé efetuou a devolução aos cofres públicos. Simplesmente menciona que, em sua *resposta prévia*, comprovou a restituição do montante apropriado. Ora, se o enunciado estiver tratando da "defesa preliminar" (resposta prévia) prevista no art. 514 do CPP, esta é apresentada *antes* do recebimento da denúncia, motivo pelo qual poderia restar configurado o arrependimento posterior (art. 16 do CP). Porém, se por "resposta prévia" o enunciado estiver se referindo à resposta à acusação (art. 396-A, do CPP), ofertada após a citação do réu, nesse caso, se a devolução somente tivesse ocorrido por essa ocasião, incabível seria o reconhecimento do arrependimento posterior.

Gabarito "B".

(Magistratura Federal-4ª Região – 2010) Dadas as assertivas abaixo, assinale a alternativa correta.

I. Inovar, artificiosamente, na pendência de processo civil ou administrativo, o estado de lugar, de coisa ou de pessoa, com o fim de induzir a erro o juiz ou o perito, constitui o delito de fraude processual, previsto no artigo 347 do Código Penal, sendo apenado com detenção, de 3 (três) meses a 2 (dois) anos, e multa.

II. O delito de fraude processual, quando cometido com o objetivo de produzir efeito em processo penal, terá pena aplicada em dobro.

III. Caso a inovação artificiosa seja realizada com o objetivo de produzir efeito em processo penal, as penas previstas para a fraude serão aplicadas em dobro mesmo que o processo penal ao qual se destina ainda não se tenha iniciado.

IV. O favorecimento pessoal, na modalidade de auxílio à subtração à ação de autoridade pública autora de crime, previsto no artigo 348 do Código Penal, fica isento de pena se quem presta o auxílio é irmão do criminoso.

V. Destruir ou danificar coisa própria não é crime mesmo quando se ache a coisa em poder de terceiro por determinação judicial ou contrato.

(A) Está correta apenas a assertiva V.

(B) Estão corretas apenas as assertivas I, II e IV.

(C) Estão corretas apenas as assertivas I, II, III e IV.

(D) Estão corretas todas as assertivas.

(E) Nenhuma assertiva está correta.

I: assertiva correta, nos moldes do *caput* do art. 347 do CP; II: correta, nos termos do art. 347, parágrafo único, do mesmo dispositivo; III: correta, nos termos do art. 347, parágrafo único, do mesmo dispositivo; IV: proposição correta, visto que em consonância com o disposto no art. 348, § 2º, do CP; V: assertiva incorreta, visto em desacordo com a prescrição contida no art. 346 do CP.
Gabarito "C"

(Magistratura Federal-4ª Região – 2010) Dadas as assertivas abaixo, assinale a alternativa correta.

I. Constitui crime funcional contra a ordem tributária, previsto na Lei 8.137/1990, a conduta do servidor que, com violação do dever, exigir vantagem pecuniária para deixar de lançar tributo devido.

II. Constitui crime de concussão, previsto no artigo 316 do Código Penal Brasileiro, o fato de o policial rodoviário exigir, para si, no exercício da função, vantagem pecuniária para deixar de lavrar auto de infração em desfavor de motorista que foi flagrado cometendo infração de trânsito.

III. O servidor público que, com infração do dever funcional, facilita o descaminho ou o contrabando incide nas penas previstas no artigo 334 do Código Penal Brasileiro, na medida da sua culpabilidade, por participação ou coautoria.

IV. Incide nas penas previstas no artigo 318 do Código Penal, que prevê o crime de facilitação do contrabando ou descaminho, o servidor que, com infração de dever funcional, facilita a prática de contrabando ou descaminho por terceiro.

V. A corrupção passiva terá a pena aumentada se, em consequência da vantagem recebida, o funcionário retardar ou deixar de praticar qualquer dever de ofício ou o praticar infringindo dever funcional.

(A) Está correta apenas a assertiva III.

(B) Estão corretas apenas as assertivas III e V.

(C) Estão corretas apenas as assertivas I, II, e IV.

(D) Estão corretas apenas as assertivas I, II, IV e V.

(E) Estão corretas todas as assertivas.

I: correta, visto que a conduta se amolda ao tipo prefigurado no art. 3º da Lei 8.137/1990; II: correta, o ato do policial consubstanciado em impor vantagem indevida (ilícita) no exercício da função pública caracteriza o crime de *concussão* – art. 316, *caput*, do CP; III: incorreta, pois o servidor que assim agir estará incurso nas penas do crime próprio de *facilitação de contrabando ou descaminho*, previsto no art. 318 do CP, que consiste em o *intraneus* viabilizar (tornar mais fácil) o cometimento do delito do art. 334 do CP (contrabando ou descaminho) pelo particular; IV: correta, conforme comentário à questão anterior; V: assertiva correta, nos termos do art. 317, § 1º, do CP.
Gabarito "D"

(Magistratura Federal/4ª região – IX) Indique a alínea em que se encontra a afirmativa correta, segundo o Código Penal:

(A) Pratica crime de concussão o funcionário público que exige, para si, vantagem indevida, em razão da função, embora ainda não a tenha assumido.

(B) O fato de o agente empregar, na cobrança de tributo devido, meio vexatório ou gravoso contra o sujeito passivo, configura crime contra a administração pública denominado abuso de autoridade.

(C) O funcionário público que emprega grave ameaça, valendo-se de uma arma, para obter de alguém vantagem econômica indevida, pratica crime de concussão.

(D) Funcionário público que priva alguém de sua liberdade, prometendo resgatá-lo tão logo se lhe pague vantagem exigida, pratica crime de abuso de autoridade em concurso formal com sequestro.

A: correta. De fato, o crime de concussão, definido no art. 316 do CP, restará caracterizado quando o agente exigir, para si ou para outrem, direta ou indiretamente, ainda que fora da função *ou antes de assumi-la*, mas em razão dela, vantagem indevida; B: incorreta. O emprego de meio vexatório ou gravoso pelo agente, na cobrança de tributo, constitui o crime de excesso de exação (art. 316, § 1º, do CP); C: incorreta. O crime de concussão (art. 316 do CP), embora tenha ínsito o temor da vítima de sofrer alguma represália do agente (*metus publicae potestatis*), não conta como meio de execução a violência ou a grave ameaça. Portanto, se um funcionário público, para obter vantagem econômica indevida, empregar uma arma de fogo como forme de ameaçar a vítima, responderá por crime contra o patrimônio (roubo ou extorsão, dependendo de o comportamento da vítima ser dispensável ou não), e não por crime funcional. O fato de ser funcionário público pouco terá importado para a obtenção da vantagem exigida do ofendido; D: incorreta. O funcionário público que priva a liberdade de alguém, prometendo a libertação após o pagamento da vantagem exigida, responderá por extorsão mediante sequestro (art. 159 do CP), e não por abuso de autoridade (art. 3º, "a", da Lei 4.898/1965). Referido crime tem como bem jurídico imediato o regular andamento da Administração Pública, não guardando qualquer relação com o fato de um funcionário público sequestrar alguém. Aqui, não há qualquer relação entre a conduta e a sua vinculação com a Administração, circunstância meramente acidental.
Gabarito "A"

3. DIREITO PENAL

(Magistratura Federal/4ª região – VIII) Presentes os requisitos legais, o crime de peculato (Código Penal, art. 312), punido com pena de 2 a 12 anos de reclusão:

(A) não admite substituição da pena corporal por pena restritiva de direitos, porque a pena, em abstrato, supera 10 anos de reclusão;

(B) não admite substituição da pena corporal por pena restritiva de direitos por tratar-se de crime praticado contra a administração pública;

(C) só admite substituição da pena corporal por pena restritiva de direito, se praticado na forma culposa;

(D) admite substituição da pena corporal por pena restritiva de direitos, desde que a pena imposta não seja superior a 4 anos.

De fato, o crime de peculato (art. 312 do CP), cuja pena varia de 2 (dois) a 12 (doze) anos de reclusão, admitirá a substituição da pena privativa de liberdade por restritiva de direitos, desde que preenchidos os requisitos legais (art. 44 do CP), dentre eles, o de que a pena imposta na sentença não tenha superado a 4 (quatro) anos.

Gabarito "D".

23. OUTROS CRIMES DO CÓDIGO PENAL

(Magistratura Federal – 3ª Região – XIII) Com relação ao crime do artigo 288 do Código Penal (quadrilha ou bando) assinale a alternativa que seja incorreta:

(A) É inadmissível a mera tentativa pois a infração se aperfeiçoa no momento associativo, no instante mesmo em que convergem as vontades de mais de três pessoas para cometer indeterminados crimes;

(B) Sendo infrações que atingem objetividades jurídicas diversas, não há *bis in idem* no reconhecimento de concurso entre o delito de quadrilha ou bando e o crime patrimonial qualificado pela prática em concurso de agentes;

(C) A pena deve ser aplicada em dobro sempre que a quadrilha ou bando for armado; cabe essa exasperação ainda que se trate de instrumento extraordinariamente empregado como arma, ou que um único quadrilheiro esteja armado com anuência dos demais;

(D) Tratando-se de crime formal e plurissubjetivo que exige a participação de pelo menos quatro agentes, haverá atipicidade se um ou alguns forem inimputáveis, tiverem extinta a punibilidade ou não puderem ser adequadamente identificados.

A: correta, a tentativa é absolutamente inadmissível, na medida em que se trata de crime de mera atividade, que se consuma no instante em que a quadrilha se torna estável, permanente; **B:** correta, com efeito, trata-se de delitos perpetrados contra objetos jurídicos diversos, razão pela qual não há que se falar em dupla punição pelo mesmo fato; **C:** correta, o parágrafo único do dispositivo de fato não faz qualquer restrição, podendo, pois, configurar a causa de aumento de pena tanto a arma *própria* quanto a *imprópria*. Além disso, se somente um dos componentes da quadrilha estiver armado, desde que com a anuência dos demais, deverá incidir a causa de aumento em questão; **D:** incorreta, a maior parte da doutrina entende que o tipo penal do art. 288 do CP não exige que todos os componentes da quadrilha sejam imputáveis e adequadamente identificados.

Gabarito "D".

24. CRIMES DA LEI DE DROGAS

(Juiz – TJ/MS – VUNESP – 2015) Assinale a alternativa correta.

(A) A indução ou a instigação de alguém ao uso indevido de droga não é considerado crime.

(B) Responde às mesmas penas do crime previsto no art. 33, *caput*, da Lei 11.343/2006 o agente que custeia ou financia o crime de tráfico.

(C) Responde por delito autônomo ao do tráfico o agente que oferecer droga, eventualmente e sem objetivo de lucro, a pessoa de seu relacionamento, para juntos a consumirem.

(D) A associação criminosa prevista no art. 35, *caput*, da Lei 11.343/2006 exige a constatação da reiteração permanente da associação de duas ou mais pessoas para prática constante do tráfico.

(E) A causa de redução da pena, prevista no § 4º do art. 33 da Lei 11.343/2006, só será aplicável se o agente for primário e de bons antecedentes.

A: incorreta, haja vista que tal conduta encontra-se tipificada no art. 33, § 2º, da Lei 11.343/2006; **B:** incorreta. A conduta descrita na assertiva, que vem definida no art. art. 36 da Lei 11.343/2006, tem pena cominada de 8 a 20 anos de reclusão, bem superior, portanto, à pena prevista para o delito do art. 33, *caput*, da Lei 11.343/2006, que é de reclusão de 5 a 15 anos; **C:** correta. A Lei 11.343/2006 introduziu, no contexto dos crimes de tráfico, forma mais branda deste delito, a se configurar na hipótese de o agente oferecer droga, a pessoa de seu relacionamento, ocasionalmente e sem o propósito de lucro, para juntos a consumirem. Veja que tal inovação legislativa, prevista no art. 33, § 3º, da atual Lei de Drogas, por razões de política criminal, procurou colocar em diferentes patamares o traficante habitual, que atua com o propósito de lucro, e o eventual, para o qual a pena prevista é de detenção de seis meses a um ano, sem prejuízo da multa e das penas previstas no art. 28 da mesma lei, bem inferior, como se pode ver, à pena cominada para o crime previsto no *caput* do art. 33; **D:** incorreta, uma vez que é desnecessário, para a configuração do crime do art. 35 da Lei 11.343/2006, que a associação tenha como propósito a prática *reiterada* dos crimes previstos nos arts. 33, *caput* e § 1º, e 34 da Lei de Drogas; **E:** incorreta. Além de ser primário e ostentar bons antecedentes, o agente, para fazer jus à diminuição de pena prevista no dispositivo em questão, não poderá integrar organização criminosa nem se dedicar a atividades criminosas. **ED**

Gabarito "C".

(Juiz – TJ-SC – FCC – 2017) "A" praticou o crime de tráfico de drogas (art. 33 da Lei nº 11.343/06) depois de haver sido condenado, com trânsito em julgado, pelo delito previsto no artigo 28 do mesmo estatuto. Na sentença, a condenação anterior:

(A) não poderá ser considerada para fins de reincidência, porquanto tal delito não possui cominada a pena de prisão.

(B) poderá ser considerada para fins de reincidência, mesmo não tendo o réu recebido pena privativa de liberdade.

(C) somente poderá ser considerada como maus antecedentes.

(D) não poderá gerar qualquer efeito por não ser crime nos termos da lei de introdução ao código penal.

(E) somente poderá ser considerada como circunstância judicial na primeira fase do cálculo da pena.

A natureza jurídica do art. 28 da Lei 11.343/2006 gerou, num primeiro momento, polêmica na doutrina, uma vez que, para uns, teria havido descriminalização da conduta ali descrita. Atualmente, esta discussão encontra-se superada. Não há mais dúvida de que o comportamento descrito neste art. 28 continua a ser crime, isso porque inserido no Capítulo III da atual Lei de Drogas. Houve, isto sim, despenalização da conduta. Nesse sentido, a 1ª Turma do STF, no julgamento do RE 430.105-9-RJ, considerou que o dispositivo em questão tem natureza de crime, e o usuário é um "tóxico delinquente" (Rel. Min. Sepúlveda Pertence, j. 13.2.2007). Bem por isso, a condenação anterior transitada em julgado pelo cometimento do crime do art. 28 da Lei de Drogas gera, sim, reincidência. Conferir: "A condenação definitiva anterior por porte de substância entorpecente para uso próprio, prevista no art. 28 da Lei 11.343/2006, gera reincidência, haja vista que essa conduta foi apenas despenalizada, mas não descriminalizada, pela nova Lei de Drogas" (HC 275.126/SP, Rel. Min. Nefi Cordeiro, 6ª Turma, j. 18.09.2014, *DJe* 03.10.2014). **ED**

Gabarito "B".

(Magistratura/AM – 2013 – FGV) Paulo foi preso com 1 kg de *crack*, sendo denunciado pela prática do injusto do Art. 33 da Lei nº 11.343/2006 (tráfico de entorpecentes). Acabou condenado nos termos do pedido vestibular, sendo reconhecida a reincidência, bem como sua semi-imputabilidade. Confessou o fato no curso da instrução, o que foi valorado pelo Juiz na sentença respectiva.

Observado o texto acima, assinale a afirmativa incorreta.

(A) A quantidade e a natureza da droga serão consideradas pelo Juiz no calibre da pena base.

(B) A reincidência deve ser considerada na fase intermediária.

(C) A semi-imputabilidade autoriza a redução da pena final de 1/6 a 1/3.

(D) Segundo a jurisprudência majoritária do Superior Tribunal de Justiça, é possível, em tese, compensar a reincidência com a confissão.

(E) A pena deve ser aplicada em três etapas distintas, na forma do Art. 68 do Código Penal.

A: correta. Nos termos do art. 42 da Lei 11.343/2006, o juiz, na fixação das penas, considerará, com preponderância sobre o previsto no art. 59 do Código Penal, a natureza e a quantidade da substância ou produto, a personalidade e a conduta social do agente; correta. De fato, a reincidência, por ser circunstância agravante (art. 61, I, do CP), incidirá na segunda fase da dosimetria da pena. Dado que esta é trifásica, a consideração das circunstâncias atenuantes e agravantes ocorrerá na fase intermediária; **C:** incorreta, devendo ser assinalada. Nos termos do art. 46 da Lei de Drogas (Lei 11.343/2006), as penas podem ser reduzidas de *um terço a dois terços* se, por força das circunstâncias previstas no art. 45 da referida Lei, o agente não possuía, ao tempo da ação ou da omissão, a plena capacidade de entender o caráter ilícito do fato ou de determinar-se de acordo com esse entendimento. Trata-se, aqui, da semi-imputabilidade decorrente da dependência química ou do efeito do uso de drogas por caso fortuito ou força maior. Perceba o candidato que no enunciado não ficou claro se a semi-imputabilidade de Paulo decorre do uso de drogas. Ainda que assim não fosse, caso tivesse origem em outra causa, aplicar-se-ia o art. 26, parágrafo único, do CP, que também prevê redução da pena de um a dois terços. Logo, de qualquer forma, a assertiva em comento está incorreta; **D:** correta. De fato, a jurisprudência já consolidada do STJ indica a admissibili-

dade da compensação da reincidência com a confissão. Confira-se: "AGRAVO REGIMENTAL NO *HABEAS CORPUS*. ROUBO MAJORADO. 1. DOSIMETRIA DA PENA. CONFISSÃO. REINCIDÊNCIA. CONCURSO. COMPENSAÇÃO. CABIMENTO. PRECEDENTE DA TERCEIRA SEÇÃO DO STJ. 2. PRESENÇA DE MAJORANTES. FIXAÇÃO DA FRAÇÃO DE AUMENTO ACIMA DO MÍNIMO LEGAL. CRITÉRIO MERAMENTE MATEMÁTICO. SÚMULA 443 DO STJ. FLAGRANTE ILEGALIDADE. 3. AGRAVO REGIMENTAL DESPROVIDO. 1. Esta Corte Superior pacificou entendimento, quando do julgamento do EREsp nº 1.154.752/RS pela Terceira Seção, de que a agravante da reincidência pode ser compensada com a atenuante da confissão espontânea, devendo o julgador atentar para as singularidades do caso concreto. 2. A Eg. Quinta Turma deste Colendo STJ firmou orientação no sentido da possibilidade de compensação total quando o réu possui uma só condenação transitada em julgado, como na hipótese. (...)" (STJ, AgRg no HC 211528/RJ, 5ª Turma, j. 18.02.2014, rel. Min. Moura Ribeiro, *DJe* 21.02.2014); **E:** correta. Como é sabido e ressabido, a dosimetria da pena exige que o magistrado analise as três fases previstas no art. 68 do CP, quais sejam: i) circunstâncias judiciais; ii) atenuantes e agravantes e ; iii) causas de diminuição e aumento de pena. **AT**

Gabarito "C".

(Magistratura/CE – 2012 – CESPE) Considerando a importância do tema consumo e tráfico de drogas no cenário brasileiro, assinale a opção correta à luz da Lei n.º 11.343/2006.

(A) O agente que prepara e mantém em depósito substância entorpecente com o objetivo de vendê-la responderá por tentativa de tráfico, crime de ação múltipla se for preso em flagrante, ainda que antes da venda da mercadoria.

(B) O concurso de pessoas e o emprego de arma de fogo não constituem causas de aumento de pena imposta pela prática de crime de tráfico de drogas.

(C) É equiparado a usuário de drogas, dada a baixa potencialidade lesiva da conduta, o indivíduo que, eventualmente e sem objetivo de obter lucro, oferece droga a pessoa com a qual mantém relacionamento.

(D) Quem, após consumir drogas, conduz embarcação coletiva de passageiros, expondo a dano potencial a incolumidade alheia, comete, de acordo com a lei, crime qualificado.

(E) Configura *abolitio criminis* o fato de a conduta de portar substância entorpecente para uso próprio ter deixado de ser punida com privação de liberdade e multa.

A: incorreta, pois o agente que prepara e mantém em depósito drogas para a entrega a consumo de terceiros responderá por tráfico consumado, visto ter incidido em dois verbos (dos dezoito possíveis) do art. 33, *caput*, da Lei 11.343/2006 (Lei de Drogas). Frise-se que estamos diante de crime de ação múltipla, cujo tipo é plurinuclear, razão pela qual a tentativa, embora possível, é de rara configuração; incorreta, pois emprego de arma de fogo é, sim, causa de aumento de pena prevista no art. 40, IV, da referida lei; **C:** incorreta, pois o "cedente eventual" de drogas é figura prevista no próprio art. 33 da Lei de regência, mas em seu §3º, punido com pena privativa de liberdade de 6 (seis) meses a 1 (um) ano de detenção, sem prejuízo das medidas previstas no art. 28 ao "usuário de drogas"; **D:** correta (art. 39, parágrafo único, da Lei 11.343/2006); **E:** incorreta, pois já está pacificado o entendimento, tanto na doutrina quanto jurisprudência, que a exclusão, no novel diploma, das penas privativas de liberdade para o crime de "porte" de drogas para consumo pessoal, não constituiu *abolitio criminis* (supressão da incriminação), mas, sim, descriminalização ou descarcerização.

Significa dizer que o legislador optou por um caminho mais "brando" de punição do "usuário", sem a possibilidade de a sanção penal gerar segregação de sua liberdade de locomoção. **AT**

Gabarito "D".

(Magistratura/DF – 2011) Da repressão à produção e ao tráfico ilícito de drogas, anotamos:

(A) Desde que para fins terapêuticos, desnecessário se faz a licença prévia da autoridade competente para produzir, extrair, fabricar, transformar, preparar, possuir, manter em depósito, importar, exportar, reexportar, remeter, transportar, expor, oferecer, vender, comprar, trocar, ceder ou adquirir, drogas ou matéria-prima destinada à sua preparação;

(B) O laudo de constatação da natureza e quantidade do produto, da substância ou da droga ilícita é suficiente para estabelecer a autoria e materialidade;

(C) O indiciado ou acusado que colaborar voluntariamente com a investigação policial e o processo criminal na identificação dos demais coautores ou partícipes do crime e na recuperação total ou parcial do produto do crime, no caso de condenação, terá a pena reduzida de um terço (1/3) a dois terços (2/3);

(D) Após concluído o inquérito policial, dar-se-á vista ao representante do Ministério Público que, em 10 (dez) dias poderá requerer o seu arquivamento, sendo que, a esse ato, a autoridade judiciária não poderá se opor.

A: incorreta, pois restará caracterizado o crime de tráfico de drogas quando o agente praticar qualquer dos verbos contidos no *caput* do art. 33 da Lei 11.343/2006, *sem autorização ou em desacordo com determinação legal ou regulamentar*. Confira-se, inclusive, o art. 2º, parágrafo único, do mesmo diploma legal; incorreta, pois o laudo de constatação da natureza e quantidade do produto, substância ou droga ilícita será suficiente para a lavratura do auto de prisão em flagrante (art. 50, §1º, da Lei 11.343/2006), não substituindo o laudo definitivo; **C:** correta (art. 41 da Lei 11.343/2006), tratando-se da denominada *delação premiada*; **D:** incorreta, pois é evidente que o pedido de arquivamento do inquérito policial pelo Ministério Público não obriga a autoridade judiciária a aceitá-lo. Caso entenda haver o binômio *indícios de autoria-materialidade delitivas*, o magistrado poderá rejeitar a promoção de arquivamento, procedendo na forma estabelecida pelo art. 28 do CPP. **ED**

Gabarito "C".

(Magistratura/MG – 2012 – VUNESP) O legislador elegeu como circunstâncias preponderantes, sobre o previsto no artigo 59 do Código Penal Brasileiro, para a fixação das penas nos crimes de tráfico de drogas, Lei n.º 11.343/2006, a natureza e quantidade da substância,

(A) a culpabilidade e a personalidade do agente.

(B) a reincidência e a culpabilidade do agente.

(C) a culpabilidade, as circunstâncias e as consequências do crime.

(D) a personalidade e a conduta social do agente.

De acordo com o art. 42 da Lei 11.343/2006 (Lei de Drogas), o juiz, na fixação da pena, considerará, com preponderância sobre o previsto no art. 59 do Código Penal, a *natureza e a quantidade da substância ou do produto*, a *personalidade* e a *conduta social do agente*. **AT**

Gabarito "D".

(Magistratura/PE – 2011 – FCC) O crime de associação para o tráfico

(A) exige o concurso de mais de três pessoas.

(B) permite a concessão do livramento condicional após o cumprimento de 1/3 (um terço) da pena, se primário o condenado, ou de 1/2 (metade), se reincidente em crime doloso.

(C) admite a redução da pena de 1/6 (um sexto) a 2/3 (dois terços), desde que o agente seja primário, de bons antecedentes, não se dedique às atividades criminosas nem integre organização criminosa.

(D) admite redução da pena em caso de semi-imputabilidade do acusado.

A: incorreta, visto que o tipo penal exige o número mínimo de duas pessoas (delito plurissubjetivo ou de concurso necessário); incorreta, visto que não reflete o disposto no art. 44, parágrafo único, da Lei 11.343/2006; **C:** o redutor em questão, contido no art. 33, § 4º, do CP, somente tem incidência nos crimes definidos no *caput* e no § 1º do mesmo dispositivo. Não se aplica, portanto, ao crime de associação para o tráfico, previsto no art. 35 da Lei de Drogas; **D:** art. 46 da Lei 11.343/2006. **ED**

Gabarito "D".

(Magistratura/RJ – 2013 – VUNESP) A respeito do agente que traz consigo drogas sem autorização ou em desacordo com determinação legal ou regulamentar, é correto afirmar que

(A) será isento de pena se, em razão da dependência da droga, ao tempo da ação não possuía plena capacidade de entender o caráter ilícito do fato.

(B) incidirá causa de diminuição de pena se oferecer droga, eventualmente e sem objetivo de lucro, a pessoa de seu relacionamento, para juntos consumirem.

(C) se for para consumo pessoal, será submetido, dentre outras, à pena de prestação de serviços à comunidade, pelo prazo máximo inicial de cinco meses.

(D) de acordo com entendimento jurisprudencial do Superior Tribunal de Justiça, se for adolescente deverá obrigatoriamente receber medida socioeducativa de internação.

A: incorreta. A isenção de pena, em razão da dependência da droga, dependerá que o agente, ao tempo da ação ou omissão, fosse inteiramente incapaz de entender o caráter ilícito do fato ou de determinar-se de acordo com esse entendimento (art. 45 da Lei 11.343/2006). Aqui, fala-se em inimputabilidade. Já se, ao tempo do crime, não possuísse plena capacidade de entendimento ou de autodeterminação, estar-se-ia diante da semi-imputabilidade, retratada no art. 46 da Lei 11.343/2006, que não constitui causa de exclusão da culpabilidade, mas, sim, de redução de pena (de um a dois terços); incorreta. Em verdade, se o agente oferecer droga, eventualmente, sem objetivo de lucro, a pessoa de seu relacionamento, para juntos a consumirem, terá cometido o que se convencionou denominar de tráfico privilegiado, previsto no art. 33, § 3º, da Lei de Drogas (Lei 11.343/2006). Não se trata de causa de diminuição de pena, mas, sim, de crime com reprimenda mais branda (detenção, de seis meses a um ano); **C:** correta. Se o agente trouxer droga consigo para consumo pessoal, incidirá no crime definido no art. 28 da Lei 11.343/2006, punido com: i) advertência sobre os efeitos das drogas; ii) prestação de serviços à comunidade; iii) medida educativa de comparecimento a programa ou curso educativo. No tocante à segunda pena cominada ao crime em tela, determina o art. 28, § 3º, da lei referida, que a duração máxima será de 5 (cinco) meses. Porém, em caso de reincidência, a duração poderá chegar a 10 (dez) meses (art. 28, § 4º); **D:** incorreta. Nos termos da Súmula nº 492 do STJ, "O ato infracional análogo ao tráfico de drogas, por si só, não conduz obrigatoriamente à imposição de medida socioeducativa de internação do adolescente". Com maior razão, em se tratando de porte de drogas para consumo pessoal, também não será admissível a internação do adolescente. **AT**

Gabarito "C".

(Juiz – TRF 2ª Região – 2017) Abaixo há três afirmações: duas sobre a Lei nº 11.343/2006 (Lei Antidrogas) e uma sobre crimes contra o sistema tributário. Leia-as e, depois, marque a opção correta:

I. A incidência do aumento de pena em razão da transnacionalidade do delito de tráfico (art. 40, inc. I, da Lei 11.343/2006) pressupõe o efetivo transporte da droga para o exterior.

II. Presente a causa de diminuição de pena prevista no § 4º do art. 33 da Lei 11.343/2006, por ser o agente primário, de bons antecedentes, não dedicado a atividades criminosas e não integrante de organização criminosa, ainda assim é hediondo o crime de tráfico por ele praticado.

III. Nos termos da Súmula Vinculante 24 do STF, os crimes contra a ordem tributária previstos no art. 1º, incisos I a IV, da Lei nº 8.137/90 não se tipificam antes do lançamento definitivo do tributo. Contudo, o delito do art. 1º, inciso V, da Lei nº 8.137/90 (*"negar ou deixar de fornecer, quando obrigatório, nota fiscal ou documento equivalente, relativa a venda de mercadoria ou prestação de serviço, efetivamente realizada, ou fornecê-la em desacordo com a legislação"*), sendo formal, independe do lançamento tributário.

(A) Apenas a assertiva I está correta.

(B) Apenas a assertiva II está correta.

(C) Apenas a assertiva III está correta.

(D) Todas são falsas.

(E) Todas estão corretas.

I: incorreta. É que, conforme tem entendido a jurisprudência, é desnecessário, à configuração da majorante prevista no art. 40, I, da Lei 11.343/2006, que se dê o efetivo transporte da droga no exterior, sendo suficiente que se demonstre a intenção do agente em assim proceder. Conferir: "A incidência da majorante, que tem como objetivo apenar com maior severidade a atuação do traficante direcionada para além das fronteiras do País, não exige o transporte efetivo para o exterior, basta que se identifique a intenção" (HC 127221, Rel. Min. Teori Zavascki, 2ª Turma, j. 25.08.2015); **II:** incorreta. Segundo entendimento firmado na Súmula 512, do STJ, não mais em vigor, "A aplicação da causa de diminuição de pena prevista no art. 33, §4º, da Lei 11.343/2006 não afasta a hediondez do crime de tráfico de drogas". O Plenário do STF, ao julgar o HC 118.533/MS, em 23.06.2016, cuja relatoria foi da Min. Cármen Lúcia, entendeu, em dissonância com o posicionamento então adotado pelo STJ, que o crime de tráfico de drogas privilegiado não tem natureza hedionda. Pois bem. Sucede que a Terceira Seção do STJ, na sessão realizada em 23 de novembro de 2016, ao julgar a QO na Pet 11.796-DF, determinou o cancelamento da referida Súmula 512, alinhando-se ao entendimento adotado pelo STF no sentido de que o delito de tráfico privilegiado não pode ser equiparado a crime hediondo; **III:** correta. Conferir: "Cinge-se a controvérsia à análise da necessidade de esgotamento da instância administrativo-fiscal para o desencadeamento da persecução penal na hipótese do inciso V do art. 1º da Lei n. 8.137/1990, considerando que o Supremo Tribunal Federal,

na Súmula Vinculante n. 24, reconheceu tão somente que 'não se tipifica crime material contra a ordem tributária, previsto no art. 1º, incisos I a IV, da Lei n. 8.137/90, antes do lançamento definitivo do tributo'. 3. Nos termos da jurisprudência desta Corte, o crime descrito no art. 1º, V, da Lei n. 8.137/1990 ostenta natureza formal, ao contrário das condutas elencadas nos incisos I e IV do referido dispositivo, e a sua consumação prescinde da constituição definitiva do crédito tributário. Por consectário, o prévio exaurimento da via administrativa não configura condição objetiva de punibilidade" (RHC 31.062/DF, Rel. Min. Ribeiro Dantas, 5ª Turma, j. 02.08.2016, *DJe* 12.08.2016). **ED**

Gabarito "C".

(Juiz – TRF 3ª Região – 2016) Pensando nas pessoas que se dispõem a transportar drogas, no próprio corpo, durante viagens internacionais, é possível dizer:

(A) Se forem primárias, ostentarem bons antecedentes e não integrarem organização criminosa, terão a pena reduzida de um sexto a dois terços;

(B) Mesmo se forem primárias, ostentarem bons antecedentes e não integrarem organização criminosa, não farão jus à redução de pena, haja vista tratar-se de tráfico internacional;

(C) São isentas de pena, haja vista o fato de estarem submetidas a organizações criminosas que as obrigam a cometer o crime;

(D) Mesmo quando obrigadas a proceder dessa forma, devem ser punidas, pois, em Direito Penal, o que importa é o resultado.

É certo que, no tráfico de drogas, se o condenado for primário, de bons antecedentes, não se dedicar a atividades criminosas nem integrar organizações criminosas, sua pena será reduzida de um sexto a dois terços (art. 33, §4º, da Lei 11.343/2006). A questão que se coloca é saber se o transporte de drogas, no próprio corpo, em viagens internacionais, que é a conduta da chamada "mula", pode ou não ensejar o reconhecimento desta causa de diminuição de pena, desde que, é claro, se façam presentes, de forma cumulativa, os requisitos acima mencionados. O STF, ao enfrentar este tema, entendeu que é possível, sim, a incidência deste art. 33, §4º, da Lei de Drogas ao transporte de entorpecentes realizado por mula. Nesse sentido: "A jurisprudência desta Suprema Corte é no sentido de que 'o exercício da função de mula, embora indispensável para o tráfico internacional, não traduz, por si só, adesão, em caráter estável e permanente, à estrutura de organização criminosa, até porque esse recrutamento pode ter por finalidade um único transporte de droga', porquanto 'descabe afastar a incidência da causa de diminuição de pena do art. 33, §4º, da Lei nº 11.343/06 com base em mera conjectura ou ilação de que os réus integrariam organização criminosa' (HC 124.107/SP, Rel. Min. Dias Toffoli, 1ª Turma, DJe 24.11.2014)" (HC 129449, Rel. Min. Rosa Weber, 1ª Turma, j. 14.03.2017, Processo Eletrônico *DJe* 27.04.2017. Publ. 28.04.2017). Importante que se diga que a assertiva "A", embora apontada como correta, deixou de contemplar um dos requisitos contidos no art. 33, §4º, da Lei 11.343/2006, qual seja, *não se dedicar a atividades criminosas.* **ED**

Gabarito "A".

(Magistratura Federal/2ª região – 2011 – CESPE) Juan, cidadão espanhol, pretendendo transportar 3.500 g de substância entorpecente conhecida como cocaína para a Espanha, no interior de um aparelho de ar condicionado portátil, adquiriu passagens aéreas de Brasília/DF para Barcelona, com conexão no Rio de Janeiro/RJ. Ao chegar ao aeroporto Tom Jobim, no Rio de Janeiro, para a conexão

3. DIREITO PENAL · 201

internacional, após passar pelo aparelho de raios X, mostrou-se muito nervoso, o que chamou a atenção dos agentes policiais. Após entrevista com Juan, a polícia encontrou a substância entorpecente. Juan foi preso em flagrante delito por tráfico de drogas. No momento da autuação, o estrangeiro, primário e sem antecedentes criminais, espontaneamente confessou a prática do crime e declarou-se dependente químico, alegando que o motivara à conduta delituosa a necessidade de dinheiro para pagar dívidas com traficantes no seu país de origem. Juan colaborou com a investigação policial do tráfico, identificou as pessoas que o haviam aliciado e apontou outros integrantes da organização, que conhecera por ocasião do aliciamento, o que resultou em prisões no Brasil e no exterior, e na apreensão de significativa quantidade de drogas, dinheiro, veículos, embarcações, móveis e petrechos para preparação e embalagem de drogas. Considerando a aplicação de pena, elementares e circunstâncias, assinale a opção correta com base nessa situação hipotética e na Lei de Entorpecentes.

(A) A legislação que disciplina o crime de tráfico de drogas autoriza expressamente o perdão judicial em casos de efetiva e voluntária colaboração do réu, desde que as informações e declarações prestadas sejam relevantes e contribuam, de fato, com as investigações ou o processo, seja na identificação dos demais corréus e partícipes, seja na recuperação total ou parcial do produto do crime, como na situação em tela.

(B) A espécie e a quantidade da droga apreendida com Juan, o tráfico interestadual por meio de transporte público e o conhecimento dos integrantes e do funcionamento da organização criminosa obstam a aplicação da causa especial de diminuição de pena prevista na legislação e nomeada pela doutrina como tráfico privilegiado.

(C) Demonstrada por perícia a dependência toxicológica de Juan e comprometida, de forma plena ou parcial, a compreensão do caráter ilícito do fato, poderá ele ser isento de pena ou ser esta reduzida, impondo a lei, em qualquer dos casos, a compulsória medida de segurança de internamento em hospital de custódia e tratamento.

(D) O fato caracteriza tráfico interestadual de drogas, na forma consumada, concretizada por meio de transporte público, e tráfico internacional, na forma tentada, em concurso material.

(E) Caso Juan seja condenado e o juiz aplique a pena-base no mínimo legal, estará vedado o reconhecimento da atenuante de confissão espontânea, por incompatibilidade com a prisão em flagrante.

A: incorreta. De acordo com o art. 41 da Lei 11.343/2006, "*o indiciado ou acusado que colaborar voluntariamente com a investigação policial e o processo criminal na identificação dos demais coautores ou partícipes do crime e na recuperação total ou parcial do produto do crime, no caso de condenação, terá pena reduzida de um terço a dois terços*". Estamos, aqui, diante do instituto da delação ou colaboração premiada, que, como visto, é causa de diminuição de pena e não de perdão judicial (causa de extinção da punibilidade); incorreta. A espécie e a quantidade da droga apreendida com Juan não constituem óbice ao reconhecimento

do tráfico privilegiado (art. 33, § 4º, da Lei 11.343/2006), que exige a conjugação (leia-se: cumulação) dos seguintes requisitos: 1º- ser o réu primário; 2º - de bons antecedentes; 3º - não se dedicar a atividades criminosas; e 4º - não ser membro de facção criminosa. Frise-se que, de acordo com o STJ, a natureza e a quantidade da droga não podem ser os únicos argumentos para afastar a aplicação da redução da pena de 1/6 (um sexto) a 2/3 (dois terços), no caso da figura privilegiada em comento (HC 90350/SP, 6ª T., 18.03.2008), sendo que, para o TRF3, por exemplo, a natureza e a quantidade da droga são irrelevantes para o reconhecimento da minorante (HC 20070300002465-3/SP, 5ª T., 2.04.2007); **C:** incorreta. Se Juan, em razão de dependência química, ao tempo do crime, fosse inteiramente incapaz de entender o caráter ilícito do fato ou de determinar-se de acordo com esse entendimento, reconhecendo-se, pois, a inimputabilidade, o juiz, na sentença, poderia determinar seu encaminhamento para tratamento médico adequado (art. 45, parágrafo único, da Lei 11.343/2006), e não, simplesmente, decretar sua internação em hospital de custódia e tratamento psiquiátrico, como trata o CP (arts. 96 e seguintes). Em caso de semi-imputabilidade, em razão, também, de dependência química, a pena pode ser diminuída de um a dois terços (art. 46 da Lei 11.343/2006); **D:** incorreta. A conduta perpetrada por Juan configura tráfico transnacional, independentemente de não ter havido, ainda, fluxo entre os países (Brasil e Espanha). Assim, será dispensável à caracterização do tráfico transnacional, segundo José Paulo Baltazar Junior: a) a cooperação transnacional (cooperação de agentes situados em territórios nacionais diversos); b) o efetivo transporte da droga de um país a outro (TRF3, AC 9703060548-6/MS, Suzana Camargo, 5ª T., 22.06.1998); c) a participação de nacionais e estrangeiros (*Crimes federais*, 5ª ed., Livraria do Advogado, p. 667); **E:** correta, considerando que a confissão é circunstância atenuante que pressupõe que o agente auxilie o magistrado na formação de seu convencimento. Destarte, preso em flagrante delito, em poder da droga, e, decerto, com as passagens aéreas para a Espanha, absolutamente dispensável seria a confissão para a formação do convencimento do magistrado. Porém, há posicionamento no sentido de que a prisão em flagrante não impede, por si só, o reconhecimento da atenuante em tela (STJ, HC 135.666/RJ, Rel. Min. Og Fernandes, 6ª T., 22.02.2011). De qualquer forma, se fixada a pena-base no mínimo legal, como assevera a alternativa, de fato seria impossível a fixação da pena, em razão do reconhecimento da atenuante, abaixo do mínimo legal (Súmula 231 do STJ).

Gabarito "E".

25. CRIMES CONTRA O MEIO AMBIENTE

(Juiz – TJ-SC – FCC – 2017) São agravantes expressamente previstas na Lei ambiental nº 9.605/98 cometer a infração:

I. concorrendo para danos à propriedade alheia.

II. em domingos ou feriados.

III. mediante fraude ou abuso de confiança.

IV. com abuso de poder ou violação de dever inerente a cargo, ofício, ministério ou profissão.

V. à noite.

Está correto o que se afirma APENAS em

(A) II e III.

(B) I, III e IV.

(C) I, III e V.

(D) I, II, III e V.

(E) II, IV e V.

I: correta: agravante prevista no art. 15, II, *d*, da Lei 9.605/1998 (Crimes contra o Meio Ambiente); **II:** correta: agravante prevista no art. 15, II, *h*, da Lei 9.605/1998 (Crimes contra o Meio Ambiente); **III:** correta:

agravante prevista no art. 15, II, *n*, da Lei 9.605/1998 (Crimes contra o Meio Ambiente); **IV:** incorreta. Hipótese não prevista como agravante na Lei 9.605/1998; **V:** correta: agravante prevista no art. 15, II, *i*, da Lei 9.605/1998 (Crimes contra o Meio Ambiente). **ED**

Gabarito "D".

(Juiz – TRF 2ª Região – 2017) PEDRO, pai de cinco filhos menores, responde a ação penal como incurso no artigo 34 da Lei n. 9.605/98 (*"Pescar em período no qual a pesca seja proibida ou em lugares interditados por órgão competente"*). Ele foi flagrado na posse de 28 kg de camarão e, em seu interrogatório, admitiu ter sido o responsável pela pesca do crustáceo, já que tem por hábito aproveitar o período da proibição para lucrar com o valor elevado e que a quantidade apreendida decorreu do somatório das ações praticadas ao longo de 60 dias. Provou que cada dia de pesca não lhe rendeu mais do que 500 gramas do crustáceo. Assinale a opção correta:

(A) De acordo com a orientação predominante no STJ, não é possível aplicar o princípio da insignificância aos crimes contra o meio ambiente.

(B) Nos delitos de acumulação, que são aqueles que resultam do acúmulo de condutas individualmente inofensivas, a aplicação da teoria da bagatela não leva em conta o resultado do somatório das condutas, mas sim cada uma delas isoladamente.

(C) O entendimento dominante aponta que o princípio da insignificância afasta a culpabilidade penal e pressupõe a primariedade do agente, além da mínima ofensividade da conduta, a nenhuma periculosidade social da ação e a inexpressividade da lesão jurídica provocada.

(D) A reconhecida habitualidade na prática da conduta criminosa constitui obstáculo para o reconhecimento da insignificância.

A: incorreta. É que tanto o STF quanto o STJ acolhem a possibilidade de incidência do princípio da insignificância no contexto dos crimes ambientais. Conferir: "AÇÃO PENAL. Crime ambiental. Pescador flagrado com doze camarões e rede de pesca, em desacordo com a Portaria 84/02, do IBAMA. Art. 34, parágrafo único, II, da Lei nº 9.605/98. *Rei furtivae* de valor insignificante. Periculosidade não considerável do agente. Crime de bagatela. Caracterização. Aplicação do princípio da insignificância. Atipicidade reconhecida. Absolvição decretada. HC concedido para esse fim. Voto vencido. Verificada a objetiva insignificância jurídica do ato tido por delituoso, à luz das suas circunstâncias, deve o réu, em recurso ou *habeas corpus*, ser absolvido por atipicidade de comportamento" (STF, HC 112563, Rel. Min. Ricardo Lewandowski, Rel. p/ Acórdão: Min. Cezar Peluso, 2ª Turma, j. 21.08.2012); incorreta. Deve-se levar em conta, sim, o resultado do somatório das condutas, não se aplicando, bem por isso, o princípio da insignificância; **C:** incorreta. O princípio da insignificância não afasta a culpabilidade penal, mas, sim, a tipicidade material; é dizer: não há conduta; ademais, prevalece hoje o entendimento no sentido de que a primariedade não constitui pressuposto à incidência do princípio da insignificância. O plenário do STF, em julgamento conjunto de três HCs, adotou o entendimento no sentido de que a incidência ou não do postulado da insignificância em favor de agentes reincidentes ou com maus antecedentes autores de crimes patrimoniais desprovidos de violência ou grave ameaça deve ser aferida caso a caso. Vide HCs 123.108, 123.533 e 123.734; **D:** correta. Conferir: "No mérito, ao contrário do afirmado pelo recorrente, a decisão agravada está em absoluta conformidade com a massiva jurisprudência

desta Corte e do Supremo Tribunal Federal, assentada no sentido de que a existência de outras ações penais, inquéritos policiais em curso ou procedimentos administrativos fiscais é suficiente para caracterizar a habitualidade delitiva e, consequentemente, afastar a incidência do princípio da insignificância no delito de descaminho" (AgRg no REsp 1603590/SC, Rel. Min. Reynaldo Soares da Fonseca, 5ª Turma, j. 22.11.2016, *DJe* 05.12.2016). **ED**

Gabarito "D".

(Juiz – TRF 3ª Região – 2016) Relativamente à responsabilidade penal da pessoa jurídica, é possível afirmar que:

(A) É cabível quando praticados crimes ambientais e contrários à administração pública;

(B) É inconstitucional, haja vista o princípio da responsabilidade penal objetiva;

(C) Independe da responsabilização das pessoas físicas envolvidas, conforme decidiu o Supremo Tribunal Federal, ao julgar o RE 548181/PR, de relatoria da Ministra Rosa Weber;

(D) Depende da responsabilização das pessoas físicas envolvidas, conforme decidiu o Supremo Tribunal Federal, ao julgar o RE 548181/PR.

A: incorreta. Somente é admitida a responsabilização criminal da pessoa jurídica pela prática dos crimes contra o meio ambiente (art. 225, §3º) e contra a ordem econômica e financeira e contra a economia popular (art. 173, §5º). Entretanto, somente o dispositivo constitucional atinente ao meio ambiente foi regulamentado, o que se deu por meio da Lei 9.605/1998; incorreta. O STF (e também o STJ), em diversos julgados, reconheceu a constitucionalidade da responsabilização criminal da pessoa jurídica; **C:** correta. Com efeito, quebrando o paradigma em relação à anterior interpretação conferida ao art. 3º da Lei 9.605/1998, a responsabilização penal da pessoa jurídica, segundo entendimento que hoje prevalece no Supremo Tribunal Federal, é autônoma e independe da responsabilização da pessoa natural. Conferir: "1. O art. 225, §3º, da Constituição Federal não condiciona a responsabilização penal da pessoa jurídica por crimes ambientais à simultânea persecução penal da pessoa física em tese responsável no âmbito da empresa. A norma constitucional não impõe a necessária dupla imputação. 2. As organizações corporativas complexas da atualidade se caracterizam pela descentralização e distribuição de atribuições e responsabilidades, sendo inerentes, a esta realidade, as dificuldades para imputar o fato ilícito a uma pessoa concreta. 3. Condicionar a aplicação do art. 225, §3º, da Carta Política a uma concreta imputação também a pessoa física implica indevida restrição da norma constitucional, expressa a intenção do constituinte originário não apenas de ampliar o alcance das sanções penais, mas também de evitar a impunidade pelos crimes ambientais frente às imensas dificuldades de individualização dos responsáveis internamente às corporações, além de reforçar a tutela do bem jurídico ambiental. 4. A identificação dos setores e agentes internos da empresa determinantes da produção do fato ilícito tem relevância e deve ser buscada no caso concreto como forma de esclarecer se esses indivíduos ou órgãos atuaram ou deliberaram no exercício regular de suas atribuições internas à sociedade, e ainda para verificar se a atuação se deu no interesse ou em benefício da entidade coletiva. Tal esclarecimento, relevante para fins de imputar determinado delito à pessoa jurídica, não se confunde, todavia, com subordinar a responsabilização da pessoa jurídica à responsabilização conjunta e cumulativa das pessoas físicas envolvidas. Em não raras oportunidades, as responsabilidades internas pelo fato estarão diluídas ou parcializadas de tal modo que não permitirão a imputação de responsabilidade penal individual. 5. Recurso Extraordinário parcialmente conhecido e, na parte conhecida, provido" (RE 548181, Rel. Min. Rosa Weber, 1ª Turma, j. 06.08.2013, Acórdão Eletrônico *DJe* 29.10.2014. Publ. 30.10.2014). Na mesma esteira, o

STJ: "1. Conforme orientação da 1ª Turma do STF, "O art. 225, §3º, da Constituição Federal não condiciona a responsabilização penal da pessoa jurídica por crimes ambientais à simultânea persecução penal da pessoa física em tese responsável no âmbito da empresa. A norma constitucional não impõe a necessária dupla imputação (RE 548181, Rel. Min. Rosa Weber, 1ª Turma, j. 06.08.2013, Acórdão Eletrônico *DJe* 29.10.2014. Publ. 30.10.2014). 2. Tem-se, assim, que é possível a responsabilização penal da pessoa jurídica por delitos ambientais independentemente da responsabilização concomitante da pessoa física que agia em seu nome. Precedentes desta Corte. 3. A personalidade fictícia atribuída à pessoa jurídica não pode servir de artifício para a prática de condutas espúrias por parte das pessoas naturais responsáveis pela sua condução. 4. Recurso ordinário a que se nega provimento" (RMS 39.173/BA, Rel. Min. Reynaldo Soares da Fonseca, 5ª Turma, j. 06.08.2015, *DJe* 13.08.2015); **D:** incorreta, pelas razões expostas no comentário à alternativa "C". ED

Gabarito "C".

26. CRIMES CONTRA A ORDEM TRIBUTÁRIA

(Juiz – TRF 3ª Região – 2016) Sabendo-se que os presidentes de empresas, que dominam o mercado em um determinado setor, se unem para fixar preços e dividir territórios de atuação, é possível afirmar que tais presidentes:

(A) Devem ser responsabilizados por crimes contra as relações de consumo, especialmente o previsto no artigo 7º, inciso IV, da Lei 8.137/90;

(B) Devem responder por crime contra a ordem econômica em sentido estrito;

(C) Não podem sofrer qualquer tipo de procedimento penal, haja vista o princípio da responsabilidade penal subjetiva;

(D) Não podem sofrer qualquer punição, como pessoas físicas; as empresas, entretanto, poderão ser punidas nos termos da Lei 12.529/11;

A conduta descrita no enunciado se amolda ao tipo penal do art. 4º, II, *a* e *b*, da Lei 8.137/1990, que constitui delito contra a ordem econômica. ED

Gabarito "B".

(Magistratura Federal/1ª região – 2011 – CESPE) Em relação ao crime de apropriação indébita previdenciária e ao delito de sonegação de contribuição previdenciária, assinale a opção correta.

(A) Caracteriza-se sonegação previdenciária quando o agente deixa de recolher, no prazo e na forma legal, contribuição ou outra importância que, destinada à previdência social, tenha sido descontada de pagamento efetuado a segurados, a terceiros ou arrecadada do público ou, ainda, que tenha integrado despesas contábeis ou custos relativos à venda de produtos ou à prestação de serviço.

(B) Dispõe o CP, de forma expressa, a possibilidade de se conceder o perdão judicial, previsto na parte especial do código, ou somente a aplicação da pena de multa ao crime de sonegação previdenciária se o agente for primário e de bons antecedentes e desde que tenha promovido, após o início da ação fiscal e antes de recebida a denúncia, o pagamento integral ou parcelamento da contribuição social previdenciária, incluindo-se acessórios.

(C) Nos termos do entendimento jurisprudencial estabelecido nos tribunais superiores, o crime de apropriação indébita previdenciária é considerado delito omissivo próprio, em todas as suas modalidades, e consuma-se no momento em que o agente deixa de recolher as contribuições, depois de ultrapassado o prazo estabelecido na norma de regência, sendo, portanto, desnecessário o *animus rem sibi habendi*.

(D) Em relação aos crimes de apropriação indébita e de sonegação previdenciária, preconiza o CP que devem ser suspensas a pretensão punitiva e a prescrição penal, desde que haja parcelamento do débito e os pedidos sejam formalizados e aceitos antes do recebimento da denúncia criminal, uma vez que, quitados integralmente os débitos, inclusive os acessórios, objeto de parcelamento, extingue-se a punibilidade.

(E) Nos crimes de apropriação indébita previdenciária, assegura a lei, de forma expressa, a incidência da causa extintiva da punibilidade se o agente, espontaneamente, declarar e confessar as contribuições, importâncias ou valores e prestar as informações devidas à previdência social, na forma definida em lei ou regulamento, antes do início da ação fiscal.

A: incorreta, pois o crime de sonegação previdenciária, previsto no art. 337-A do CP, a ele incorporado pela Lei 9.983/2000, tem como condutas típicas a *supressão* ou *redução* de contribuição social previdenciária e qualquer acessório, aliadas à fraude descrita em qualquer dos incisos I a III do precitado dispositivo legal. Não se confunde o crime em questão com o de apropriação indébita previdenciária (art. 168-A do CP), que, dentre outras hipóteses, caracterizar-se-á pelo fato de o agente *deixar de recolher*, no prazo legal, *contribuição ou outra importância destinada à previdência social* que tenha sido descontada de pagamento efetuado a segurados, terceiros ou arrecadada do público (art. 168-A, § 1º, I, do CP). Perceba que a assertiva "A" trata de modalidade do crime de apropriação indébita previdenciária e não sonegação de contribuição previdenciária; incorreta, pois o art. 337-A, § 2º, II, do CP, dispõe que é facultado ao juiz deixar de aplicar a pena ou aplicar somente a de multa se o agente for primário e de bons antecedentes, desde que o valor das contribuições devidas, inclusive acessórios, seja igual ou inferior àquele estabelecido pela previdência social, administrativamente, como sendo o mínimo para o ajuizamento de suas execuções fiscais. Se o agente efetuar o pagamento integral da contribuição previdenciária sonegada, incidirá o art. 9º, § 2º, da Lei 10.684/2003, gerando a extinção da punibilidade; **C:** correta. De fato, de acordo com a jurisprudência de há muito consolidada, o crime de apropriação indébita previdenciária (art. 168-A do CP), é considerado omissivo próprio, tendo em vista que a ação nuclear do tipo penal é "*deixar de repassar*" (art. 168-A, *caput*, do CP), ou "*deixar de recolher*" (art. 168-A, § 1º, I e II, do CP), ou "*deixar de pagar benefício*" (art. 168-A, § 1º, III, do CP). Nesse sentido, por exemplo, o STF, no HC 76.978-1/RS (2ª Turma, rel. Mauricio Correa) e o TRF1, no HC 20010100022278-3 (Des. Maria de Fátima Costa, em 19.06.2001). A respeito do tipo subjetivo, conquanto houvesse alguma divergência, no âmbito do STJ prevalece o entendimento de que é desnecessário, pelo agente, um especial fim de agir (*animus rem sibi habendi*), bastando a vontade livre e consciente de não recolher a contribuição previdenciária arrecadada dos empregados. Em suma, bastará o dolo, independentemente de dolo específico; **D:** incorreta, pois o Código Penal não trata, com relação aos crimes de apropriação indébita previdenciária e sonegação de contribuição previdenciária (respectivamente, arts. 168-A e 337-A), da questão da suspensão da pretensão punitiva em razão do parcelamento do débito, que vem tratada no art. 83, § 3º, da Lei 9.430/1996. Assim, de fato, enquanto

a pessoa física ou jurídica estiver inserida em plano de parcelamento, ficará suspensa a pretensão punitiva estatal, desde que o pedido de parcelamento tenha sido formalizado antes do recebimento da denúncia criminal; **E:** incorreta, pois, para a extinção da punibilidade do agente que houver praticado o crime de apropriação indébita previdenciária, além de ser exigido que, espontaneamente, tenha declarado e confessado as contribuições, importâncias ou valores, e que tenha prestado as informações devidas à previdência social, na forma definida em lei ou regulamento, antes do início da ação fiscal, será necessário que *efetue o pagamento* de tudo aquilo que houver deixado de recolher (art. 168-A, § 2º, do CP). Interessante anotar que no crime de sonegação de contribuição previdenciária, a extinção da punibilidade ocorrerá independentemente do pagamento do montante sonegado, bastando que o agente, espontaneamente, declare e confesse as contribuições, importâncias ou valores e preste as informações devidas à previdência social, na forma definida em lei ou regulamento, antes do início da ação fiscal (art. 337-A, § 1º, do CP).
Gabarito "C".

(Magistratura Federal/1ª região – IX) O crime de apropriação indébita previdenciária, inserido no art. 168-A do Código Penal, sucedeu previsão incriminadora idêntica, contida no art. 95 da Lei n. 8.212/1991, e suscitou o seguinte entendimento predominante, na jurisprudência do TRF da 1ª Região, já confirmado pelo Supremo Tribunal Federal:

(A) a nova previsão passou a ter tipo subjetivo idêntico ao da apropriação indébita tradicional (vontade livre e consciente de se apropriar do valor), inexistente anteriormente, pelo que só se configura como conduta comissiva.

(B) houve *abolitio criminis*, pelo que os processos em curso, segundo a lei anterior, devem ser extintos.

(C) não houve nenhuma alteração no deslocamento do tipo penal de lei extravagante para o interior do Código Penal, a despeito de pequenas mudanças na redação.

(D) a previsão anterior era omissiva e formal ou de mera conduta, ao passo que, atualmente, a conduta, para configurar crime, precisa ser comissiva e conter dolo específico.

A: incorreta, pois o crime de apropriação indébita "tradicional", definido no art. 168 do CP, tem, como tipo subjetivo, além do dolo (vontade livre e consciente do agente de se apropriar do valor), um especial fim de agir (elemento subjetivo do tipo), qual seja, o *animus rem sibi habendi*, inexistente no crime de apropriação indébita previdenciária (art. 168-A do CP), conforme afirmam as remansosas doutrina e jurisprudência; incorreta, pois, apesar de o antigo art. 95 da Lei 8.212/1991 descrever condutas que poderiam ser denominadas de "sonegação contra a previdência social", o fato é que a Lei 9.983/2000 introduziu ao CP alguns crimes previdenciários, dentre eles, a apropriação indébita previdenciária (art. 168-A do CP) e a sonegação de contribuição previdenciária (art. 337-A do CP), não havendo supressão da incriminação (*abolitio criminis*); **C:** correta. De fato, as condutas descritas no art. 95 da Lei 8.212/1991, embora revogadas pela Lei 9.983/2000, foram, ainda que algumas alterações, introduzidas no CP, incluindo o crime de apropriação indébita previdenciária (art. 168-A), havendo, aqui, verdadeira continuidade normativo-típica; **D:** incorreta. Confira-se a ementa extraída do RCCR 20468-MG, da 4ª Turma do TRF1, pela qual a assertiva contida na presente alternativa fica afastada: *PENAL. PROCESSUAL PENAL. ART. 95, DA LEI 8.212/1991. REVOGAÇÃO. LEI 9.983/2000. ART. 168-A DO CÓDIGO PENAL. ABOLITIO CRIMINIS. INOCORRÊNCIA. APROPRIAÇÃO INDÉBITA PREVIDENCIÁRIA. CRIME OMISSIVO. 1. A Lei 9.983/2000 não acarretou, em relação ao tipo penal*

do art. 95, 'd ', da Lei 8.212/91, abolitio criminis, uma vez que o fato delituoso - deixar de recolher contribuição previdenciária arrecadada dos segurados - permaneceu sendo considerado como crime. 2. Embora o legislador tenha dado ao tipo penal do art. 168-A o nomen juris de "apropriação indébita previdenciária", contudo, diferentemente da apropriação indébita prevista no caput do art. 168 do Código Penal, naquela não se exige, para a realização da conduta típica, a vontade livre e consciente de apropriar-se do bem e não o restituir. 3. Para a configuração do delito previsto no art. 168-A do Código Penal, basta a conduta omissiva de não repassar à previdência social as contribuições recolhidas dos contribuintes, no prazo e forma legal. Precedentes da 4ª Turma deste Tribunal Regional Federal. 4. Recurso criminal provido.
Gabarito "C".

27. CRIMES CONTRA A ORDEM ECONÔMICA

(Magistratura/PA – 2009 – FGV) Assinale a alternativa que indique a conduta que não constitui crime contra a ordem econômica.

(A) Abusar do poder econômico, dominando o mercado ou eliminando, total ou parcialmente, a concorrência mediante coalizão, incorporação, fusão ou integração de empresas.

(B) Formar acordo, convênio, ajuste ou aliança entre ofertantes, visando ao controle regionalizado do mercado por empresa ou grupo de empresas.

(C) Favorecer ou preferir, sem justa causa, comprador ou freguês, ressalvados os sistemas de entrega ao consumo por intermédio de distribuidores ou revendedores.

(D) Subordinar a venda de bem ou a utilização de serviço à aquisição de outro bem, ou ao uso de determinado serviço.

(E) Aplicar fórmula de reajustamento de preços ou indexação de contrato proibida, ou diversa daquela que for legalmente estabelecida, ou fixada por autoridade competente.

Os crimes contra a ordem econômica estão previstos nos arts. 4º, 5º e 6º da Lei 8.137/1990; a conduta descrita na alternativa "C" constitui crime contra as relações de consumo previsto no art. 7º, I, da mesma Lei. **ED**
Gabarito "C".

28. CRIMES DE TRÂNSITO

(Magistratura/SC – 2010) Assinale a alternativa correta:

I. Na aplicação das causas especiais de diminuição, a pena final pode ser fixada aquém da pena mínima cominada.

II. O delito de lesão corporal culposa no trânsito admite a forma tentada.

III. A direção de veículo automotor, em via pública, sob o efeito de álcool ou de qualquer outra substância psicoativa, exige para a sua configuração a exposição da incolumidade de outrem a dano potencial.

IV. Os delitos de trânsito consistentes em homicídio culposo, a critério do Ministério Público, podem ser processados perante o Juizado Especial Criminal.

(A) Somente as proposições I, III e IV estão incorretas.

(B) Somente as proposições II, III e IV estão incorretas.

(C) Somente as proposições II e III estão incorretas.

(D) Somente as proposições I, II e III estão incorretas.

(E) Todas as proposições estão incorretas.

I: a pena-base é extraída a partir dos critérios contidos no art. 59 do CP (circunstâncias judiciais). Nesta primeira fase de fixação da pena, deve o juiz observar os limites legais impostos pela pena em abstrato (pena cominada). A análise das circunstâncias atenuantes e agravantes constitui a segunda fase de fixação da pena. Nesta etapa, o magistrado também não poderá, ao fazer incidir a circunstância atenuante, levar a pena abaixo do mínimo legal (pena cominada). *Vide*, nesse sentido, a Súmula nº 231 do STJ. Já as causas de aumento e de diminuição da pena podem conduzi-la além do máximo e aquém do mínimo, respectivamente. Estão previstas na Parte Geral do Código Penal ou na Parte Especial, bem como em legislação especial. Assertiva, portanto, correta; **II:** os crimes culposos não comportam a forma tentada. Não é possível tentar fazer algo não desejado, não querido. São institutos, enfim, incompatíveis; **III:** a maior parte da doutrina e da jurisprudência firmou entendimento no sentido de que o crime do art. 306, com a redação que lhe conferiu a Lei 11.705/2008, era de perigo abstrato, sendo, portanto, desnecessário que a conduta do motorista exponha a dano potencial a incolumidade de terceiro. Depois da aplicação desta prova, a redação do art. 306 do CTB foi mais uma vez alterada, agora por foça da Lei 12.760/2012, que, apesar de divergências na doutrina, manteve este crime como de perigo abstrato; **IV:** incorreta, visto que a pena máxima cominada a este crime, que é de quatro anos (art. 302, Lei 9.503/1997 – Código de Trânsito Brasileiro), supera o limite estabelecido no art. 61 da Lei 9.099/1995 – Juizados Especiais). **ED**

Gabarito "B".

29. ESTATUTO DO DESARMAMENTO

(Magistratura/MG – 2012 – VUNESP) Com relação ao porte de arma de fogo em todo o território nacional, podem portar arma de fogo os integrantes das:

I. guardas municipais das capitais dos Estados, independentemente da regulamentação da lei;

II. guardas municipais dos Municípios com mais de 300 mil habitantes;

III. guardas municipais dos Municípios com mais de 50 mil e menos de 500 mil habitantes, quando em serviço;

IV. carreiras de auditoria da Receita Federal e de auditoria fiscal do Trabalho, cargos de auditor fiscal e analista tributário.

Está correto apenas o contido em

(A) I e II.

(B) II e IV.

(C) III e IV.

(D) I, II e IV.

I: incorreta, pois o porte de arma de fogo deferido aos guardas municipais, nos termos do art. 6º, III, da Lei 10.826/2003 (Estatuto do Desarmamento), deve atentar às condições estabelecidas no regulamento de referido diploma legal; **II:** incorreta, pois o porte de arma aos guardas municipais somente é admitido para as capitais dos Estados e Municípios com mais de 500.000 (quinhentos mil) habitantes (art. 6º, III, do Estatuto do Desarmamento); **III:** correta (art. 6º, IV, do Estatuto do Desarmamento); **IV:** correta (art. 6º, X, do Estatuto do Desarmamento). **AT**

Gabarito "C".

(Magistratura/PE – 2013 – FCC) NÃO incorre nas mesmas penas cominadas para o delito de posse ou porte ilegal de arma de fogo de uso restrito quem

(A) possuir, detiver, fabricar ou empregar artefato explosivo ou incendiário, sem autorização ou em desacordo com determinação legal ou regulamentar.

(B) deixar de observar as cautelas necessárias para impedir que menor de 18 (dezoito) anos ou pessoa portadora de deficiência mental se apodere de arma de fogo que esteja sob sua posse ou que seja de sua propriedade.

(C) produzir, recarregar ou reciclar, sem autorização legal, ou adulterar, de qualquer forma, munição ou explosivo.

(D) vender, entregar ou fornecer, ainda que gratuitamente, arma de fogo, acessório, munição ou explosivo a criança ou adolescente.

(E) suprimir ou alterar marca, numeração ou qualquer sinal de identificação de arma de fogo ou artefato.

A: incorreta (art. 16, parágrafo único, III, da Lei 10.826/2003); correta. De fato, quem deixar de observar as cautelas necessárias para impedir que menor de 18 (dezoito) anos ou pessoa portadora de deficiência mental se apodere de arma de fogo que esteja sob sua posse ou que seja de sua propriedade, responde pelo crime do art. 13, *caput*, da Lei 10.826/2003. Apenas por curiosidade (e para reforçar os seus estudos!), trata-se do único crime culposo previsto no Estatuto do Desarmamento; **C:** incorreta (art. 16, parágrafo único, VI, da Lei 10.826/2003); **D:** incorreta (art. 16, parágrafo único, V, da Lei 10.826/2003); **E:** incorreta (art. 16, parágrafo único, I, da Lei 10.826/2003). **AT**

Gabarito "B".

30. CRIME DE TORTURA

(Juiz de Direito – TJM/SP – VUNESP – 2016) Considere a seguinte situação hipotética: João, agente público, foi processado e, ao final, condenado à pena de reclusão, por dezenove anos, iniciada em regime fechado, pela prática do crime de tortura, com resultado morte, contra Raimundo. Nos termos da Lei 9.455, de 7 de abril de 1997, essa condenação acarretará a perda do cargo, função ou emprego público

(A) e a interdição para seu exercício pelo dobro do prazo da pena aplicada.

(B) e a interdição para seu exercício pelo triplo do prazo da pena aplicada.

(C) e a interdição para seu exercício pelo tempo da pena aplicada.

(D) desde que o juiz proceda à fundamentação específica.

(E) como efeito necessário, mas não automático.

À luz do que estabelece o art. 1º, § 5º, da Lei 9.455/1997 (Lei de Tortura), além de acarretar a perda do cargo, função ou emprego público, a condenação implicará ainda a interdição para seu exercício pelo dobro do prazo da pena aplicada. Outrossim, a perda, dado que fundada diretamente em lei, é *automática*, sendo desnecessário, pois, que o juiz expressamente a ela faça menção na sentença condenatória. Assim, uma vez operado o trânsito em julgado da decisão, deverá a Administração promover a exclusão do servidor condenado. **ED**

Gabarito "A".

(Magistratura/DF – 2006) No crime de tortura, a condenação acarretará a perda do cargo, função ou emprego público:

(A) Qualquer que seja a pena privativa de liberdade;

(B) Quando a pena privativa de liberdade for superior a 1 (um) ano;

(C) Quando a pena privativa de liberdade for superior a 2 (dois) anos;

(D) Quando a pena privativa de liberdade for superior a 4 (quatro) anos.

Art. 1º, § 5º, da Lei 9.455/1997. **ED**

Gabarito "A".

31. CRIMES DE ABUSO DE AUTORIDADE

(Magistratura/AC – 2008 – CESPE) Acerca dos crimes previstos nas leis penais especiais, assinale a opção correta.

(A) Com relação ao crime de abuso de autoridade, inexiste condição de procedibilidade para a instauração da ação penal correspondente.

(B) A nova Lei de Drogas (Lei nº 11.343/2006) estabelece um rol de penas possíveis para a pessoa que adquirir, guardar, tiver em depósito, transportar ou trouxer consigo, para uso pessoal, drogas ilícitas. Para determinar se a droga se destinava ao consumo pessoal, o juiz observará apenas a natureza e a quantidade da droga.

(C) O STF admite, em casos excepcionais, a fixação de regime integralmente fechado para o cumprimento da pena de condenados por crimes hediondos.

(D) Sendo crime próprio, o crime de tortura é caracterizado por seu sujeito ativo, que deve ser funcionário público.

A: prescreve a Lei 5.249/1967 que "a falta de representação do ofendido, nos casos de abuso previstos na Lei 4.898/1965, não obsta a iniciativa ou o curso da ação penal pública"; art. 28, I, II, III, e § 2º, da Lei 11.343/2006; **C:** com a disciplina estabelecida pela Lei 11.464/2007, que alterou a redação do § 2º do art. 2º da Lei de Crimes Hediondos, a progressão de regime, em se tratando de condenado a crime hediondo ou a delito a ele equiparado, se primário for o apenado, se dará após o cumprimento de dois quintos da pena; se for reincidente, de três quintos; **D:** o art. 1º da Lei 9.455/1997 contempla quatro figuras delituosas. A primeira delas, contida no art. 1º, I, trata de crime comum, já que não se exige do sujeito ativo nenhuma condição especial. A outras figuras são delitos próprios. **ED**

Gabarito "A".

32. CONTRAVENÇÕES PENAIS

(Magistratura/MT – 2009 – VUNESP) Assinale a alternativa que aponta contravenção penal recentemente revogada.

(A) Mendicância.

(B) Vadiagem.

(C) Jogo do bicho.

(D) Importunação ofensiva ao pudor.

(E) Perturbação da tranquilidade.

O art. 60 da Lei das Contravenções Penais (Decreto-Lei 3.688/1941), que definia a contravenção de *mendicância*, foi revogado pela Lei

11.983/2009. A *vadiagem*, à revelia de boa parte da doutrina, que sustenta a sua inconstitucionalidade, permanece como infração penal (art. 59, LCP). **ED**

Gabarito "A".

33. VIOLÊNCIA DOMÉSTICA

(Magistratura/RO – 2011 – PUCPR) O legislador pátrio editou uma lei penal específica à proteção das mulheres, assegurando a criação de mecanismos voltados a coibir a violência doméstica e familiar contra elas - Lei Ordinária nº. 11.340/2006. Dado esse contexto, avalie as alternativas e marque a única **CORRETA**.

(A) Não haverá o aumento de pena se o agente pratica lesões corporais contra ascendente, descendente, irmão, cônjuge ou companheiro, ou com quem conviva ou tenha convivido, ou, ainda, prevalecendo-se o agente das relações domésticas, de coabitação ou de hospitalidade, se qualquer um desses acima citados seja portador de deficiência.

(B) Nos casos de violência doméstica contra a mulher, em sede de execução de pena, o juiz deverá determinar o comparecimento obrigatório do agressor a programas de recuperação e reeducação.

(C) Por alteração no dispositivo correspondente, passou a ser considerada como circunstância agravante de pena, se o agente cometer o crime com abuso de autoridade ou prevalecendo-se de relações domésticas, de coabitação ou de hospitalidade, ou com violência contra a mulher.

(D) De acordo com a sistemática adotada pela Lei nº. 11.340/2006 é facultado ao juiz nos casos de violência doméstica e familiar contra a mulher, a aplicação de penas de cesta básica ou outras de prestação pecuniária, bem como a substituição de pena que implique o pagamento isolado de multa.

(E) Nas ações penais públicas condicionadas à representação da ofendida disciplinadas pela Lei nº. 11.340/2006, em sendo formulada a representação, é vedada a retratação da vítima.

A: assertiva incorreta, já que o art. 44 da Lei 11.340/2006 – Lei Maria da Penha - introduziu no Código Penal a chamada lesão dolosa qualificada pela violência doméstica (art. 129, § 9º, do CP) e também a lesão qualificada pelo fato de o crime ter como vítima pessoa portadora de deficiência (art. 129, § 11, do CP), aumentando, portanto, a pena nas circunstâncias mencionadas na assertiva; o art. 152, parágrafo único, da Lei de Execuções Penais, introduzido pela Lei Maria da Penha, estabelece que, *nos casos de violência doméstica contra a mulher, o juiz **poderá** determinar o comparecimento obrigatório do agressor a programas de recuperação e reeducação*; **C:** assertiva correta, pois em conformidade com o art. 61, II, *f*, do CP - dispositivo introduzido pela Lei Maria da Penha; **D:** incorreta, visto que esta modalidade de sanção é vedada no âmbito da violência doméstica – art. 17 da Lei Maria da Penha; **E:** art. 16 da Lei 11.340/2006. O STF, ao julgar a ADIN nº 4.424, de 9/02/2012, entendeu ser incondicionada a ação penal em caso de crime de lesão corporal praticado contra a mulher no ambiente doméstico. A atuação do MP, nesses casos, portanto, prescinde da anuência da vítima, entendimento esse atualmente consagrado na Súmula n. 542, do STJ. **ED**

Gabarito "C".

34. OUTROS CRIMES E CRIMES COMBINADOS DA LEGISLAÇÃO EXTRAVAGANTE

(Juiz – TJ/RJ – VUNESP – 2016) No que diz respeito aos crimes previstos na Lei que Define Organização Criminosa (Lei 12.850/2013), é correto afirmar que

(A) o concurso de funcionário público, valendo-se a organização criminosa dessa condição para a prática de infração penal, é circunstância qualificadora do crime de promover, constituir, financiar ou integrar organização criminosa.

(B) aquele que impede ou, de qualquer forma, embaraça a investigação de infração penal que envolva organização criminosa terá, além da pena relativa ao crime de promover organização criminosa, uma causa de aumento de pena.

(C) a condenação com trânsito em julgado de funcionário público por integrar organização criminosa acarretará sua perda do cargo, função, emprego ou mandato eletivo e a interdição para o exercício de função ou cargo público pelo prazo de 8 (oito) anos subsequentes ao trânsito em julgado da condenação.

(D) não poderá ser concedido perdão judicial ao colaborador cuja colaboração resultar na recuperação parcial do produto ou do proveito das infrações penais praticadas pela organização criminosa mas sem que ele tenha revelado a estrutura hierárquica e a divisão de tarefas da organização criminosa.

(E) os funcionários de empresas telefônicas e provedores de internet que descumprirem requisição do delegado de polícia, expedida durante o curso de investigação criminal e independentemente de autorização judicial, por meio da qual são solicitados dados cadastrais do investigado relativos exclusivamente à sua qualificação pessoal, filiação e endereço cometerão crime de recusa de dados, previsto na Lei 12.850/2013.

A: incorreta. Cuida-se de *causa de aumento de pena*, e não de *qualificadora* (art. 2º, § 4º, II, da Lei 12.850/2013); incorreta. Aquele que assim proceder incorrerá nas mesmas penas previstas para o agente que promover organização criminosa (não incide causa de aumento de pena), na forma estatuída no art. art. 2º, § 1º, da Lei 12.850/2013; **C:** incorreta, pois não reflete a regra presente no art. 2º, § 6º, da Lei 12.850/2013, que estabelece que, neste caso, a interdição para o exercício de função ou cargo público será pelo prazo de 8 (oito) anos subsequentes ao cumprimento da pena, e não ao trânsito em julgado da condenação; **D:** incorreta. Para a concessão de um dos benefícios da colaboração premiada, entre os quais o perdão judicial, basta que dela (colaboração) resulte um ou mais resultados elencados no art. 4º da Lei 12.850/2013; **E:** correta. Conduta prevista no art. 21 da Lei 12.850/2013. **ED**
Gabarito "E".

(Juiz – TJ/RJ – VUNESP – 2016) O Soldado Stive, da Polícia Militar do Estado do Rio de Janeiro, de serviço, juntamente com sua companheira de serviço, Soldado Julieta, durante abordagem a uma civil conhecida como Chapinha, por imprudência e sem intenção, efetuou um disparo de arma de fogo que veio a atingir fatalmente Chapinha. Diante da conduta praticada pelo Soldado Stive, é correto afirmar que o policial militar cometeu

(A) crime comum de lesão corporal seguida de morte.

(B) crime militar de feminicídio.

(C) crime militar de homicídio culposo.

(D) crime comum de feminicídio.

(E) crime comum de homicídio culposo.

Não há dúvidas de que a morte de Chapinha decorreu de conduta imprudente do soldado Stive, que agiu, portanto, com culpa. Assim, deverá ser responsabilizado pelo crime militar de homicídio culposo, previsto no art. 206 do CPM. Conferir: "Conflito de competência. Penal e processual penal. Morte de criança depois de atendimento em hospital militar por médicos militares do exército. Ações penais instauradas na justiça militar (homicídio culposo) e na justiça comum estadual (homicídio com dolo eventual). Fundada dúvida quanto ao elemento subjetivo da conduta. Aferição possível somente após a instrução probatória, observado o devido processo legal, o contraditório e a ampla defesa. Prevalência do princípio do *in dubio pro societate*. Conflito conhecido para declarar a competência da justiça comum estadual. 1. Hipótese em que dois médicos militares do Exército, depois de atenderem em hospital militar uma criança enferma que veio a óbito em seguida, foram denunciados, de um lado, pelo Ministério Público Militar, acusados do delito do art. 206, § 1.º, do CPM (homicídio culposo) perante o Juízo da 3.ª Auditoria da 3.ª CJM; e, de outro lado, pelo Ministério Público do Estado do Rio Grande do Sul, acusados do delito do art. 121, *caput*, do CP (homicídio com dolo eventual) perante o Juízo da 1.ª Vara Criminal da Comarca de Santa Maria – RS. 2. A teor do art. 9.º, inciso II, alínea b, c.c. o parágrafo único do mesmo artigo, do Código Penal Militar, o crime doloso contra a vida praticado por militar contra civil é da competência da Justiça Comum. 3. Para se eliminar a fundada dúvida quanto ao elemento subjetivo da conduta, de modo a afirmar se o agente agiu com dolo eventual ou culpa, é necessário o exame acurado do conjunto probatório, a ser coletado durante a instrução criminal, observados o devido processo legal, o contraditório e a ampla defesa. 4. Deve o feito tramitar na Justiça Comum Estadual, pois, havendo dúvida quanto à existência do dolo na conduta, prevalece o princípio do *in dubio pro societate*, que leva o julgamento para o Tribunal do Júri, caso seja admitida a acusação em eventual sentença de pronúncia. Se, no entanto, o juiz se convencer de que não houve crime doloso contra a vida, remeterá os autos ao juízo competente, em conformidade com o disposto no art. 419 do Código de Processo Penal. 5. Conflito conhecido para declarar competente o Juízo de Direito da 1.ª Vara Criminal Santa Maria – RS" (CC 130.779/RS, Rel. Ministra Laurita Vaz, Terceira Seção, julgado em 11.06.2014, *DJe* 04.09.2014). **ED**
Gabarito "C".

(Juiz – TJ/RJ – VUNESP – 2016) No que tange às infrações penais relativas ao Direito Penal Econômico, nos termos previstos no Edital, assinale a alternativa correta.

(A) Ocultar ou dissimular a natureza, origem, localização, disposição, movimentação ou propriedade de bens, direitos ou valores provenientes, direta ou indiretamente, de contravenção penal não caracteriza o crime de lavagem de bens, direitos e valores.

(B) Com base na jurisprudência do Superior Tribunal de Justiça e do Supremo Tribunal Federal, para a caracterização dos crimes materiais contra a ordem tributária não basta a omissão ou a falsa informação prestada, sendo necessário que impliquem na supressão ou redução tributária.

(C) Caracteriza-se como crime contra a ordem econômica formar acordo, convênio, ajuste ou aliança entre ofertantes, visando a variação natural de preços ou quantidades vendidas ou produzidas.

(D) Aquele que participa de grupo, associação ou escritório tendo conhecimento de que sua atividade principal ou secundária é dirigida à prática de crimes previstos na Lei de lavagem ou ocultação de bens, direitos e valores, somente será responsabilizado pela prática destes crimes se, efetivamente, participar das condutas ilícitas desenvolvidas pela organização.

(E) Fazer declaração falsa ou omitir declaração sobre rendas, bens ou fatos, ou empregar outra fraude para eximir-se, total ou parcialmente, de pagamento de tributo só será considerado crime tributário se implicar na efetiva supressão ou redução tributária.

A: incorreta. Até o advento da Lei 12.683/2012, tínhamos que a configuração do crime de lavagem de dinheiro pressupunha a prática de um dos delitos antecedentes previstos no art. 1º da Lei 9.613/1998. Havia, portanto, um rol taxativo, que não incluía as contravenções penais, apenas alguns delitos. Pois bem. A partir da edição da referida Lei, que alterou diversos dispositivos da Lei 9.613/1998, passou a configurar crime de lavagem de dinheiro o fato de o agente ocultar ou dissimular a natureza, origem, localização, disposição, movimentação ou propriedade de bens, direitos ou valores provenientes, direta ou indiretamente, de *infração penal*, **aqui incluídos crimes e** *contravenções penais.* **Deixou de existir, pois, um rol taxativo, de forma que a lavagem de dinheiro, atualmente, pode ter como fato antecedente qualquer infração penal, inclusive, repito, as contravenções; correta,** pois, segundo doutrina e jurisprudências pacíficas, a supressão ou redução de tributo é condição indispensável para a caracterização dos crimes materiais tipificados no art. 1º da Lei 8.137/1990, o que não se exige para a configuração dos crimes definidos no art. 2º da mesma lei. **Nesse sentido, conferir: "1. Esta Corte firmou entendimento de que o delito de supressão ou redução de tributo capitulado no art. 1º da Lei nº 8.137/90 é material, consumando-se apenas no momento da efetiva supressão ou redução de tributo. 2. Na espécie, a conduta praticada pelo recorrente descrita no acórdão recorrido não se amolda à figura descrita no parágrafo único do art. 1º da Lei nº 8.137/90. 3. O delito previsto no parágrafo único do referido artigo deve ser interpretado em conjunto com o seu** *caput,* **pois é de natureza material, consumando-se apenas com a supressão ou omissão de tributo. 4. Recurso especial provido, para restabelecer a sentença de primeiro grau" (REsp 1113460/SP, Rel. Ministro Celso Limongi (Desembargador Convocado do TJ/SP), Sexta Turma, julgado em 24.11.2009,** *DJe* **14.12.2009); C:** incorreta, no que toca ao trecho *visando à variação natural de preços,* quando o correto seria *visando à fixação artificial de preços,* tal como previsto no art. 4º, II, *a,* da Lei 8.137/1990; **D:** incorreta, já que a *efetiva participação,* que consiste na conduta de *tomar parte,* **não é indispensável à configuração deste crime, que restará praticado pelo simples fato de o agente ter conhecimento de que exerce sua profissão em local que serve à lavagem de dinheiro (art. 1º, § 2º, II, da Lei 9.613/1998); E:** incorreta. Diferentemente do que se dá nos crimes definidos no art. 1º da Lei 8.137/1990, que são materiais e pressupõem, bem por isso, a produção de resultado naturalístico consistente na efetiva supressão ou redução de tributo, os crimes previstos no art. 2º dessa mesma Lei são *formais,* ou seja, não é necessário, para a sua consumação, o efetivo prejuízo para o Estado, representado pela supressão ou redução do tributo. **ED**

"B"

(Juiz – TJ-SC – FCC – 2017) Conforme a lei e a interpretação dos tribunais superiores, é INCORRETO afirmar:

(A) Constranger alguém mediante ameaça em razão de discriminação racial configura crime de tortura.

(B) Exportar bens com valores não correspondentes aos verdadeiros configura crime de lavagem de bens.

(C) A lei de crime organizado se aplica às infrações penais previstas em convenção internacional quando iniciada a execução no país devesse ter ocorrido no estrangeiro.

(D) Tratando-se de falência de microempresa e não se constatando prática habitual de condutas fraudulentas por parte do falido, o juiz poderá substituir a pena de prisão pela de perda de bens e valores.

(E) Possuir arma de fogo com o registro vencido configura crime previsto no artigo 12 do Estatuto do desarmamento.

A: correta: crime previsto no art. 1º, I, *c,* da Lei 9.455/1997 (Tortura); correta: crime previsto no art. 1º, §1º, III, da Lei 9.613/1998 (Lavagem de Bens e Capitais); **C:** correta: art. 1º, §2º, I, da Lei 12.850/2013 (Organização Criminosa); **D:** correta: art. 168, §4º, da Lei 11.101/2005 (Falência e Recuperação Judicial e Extrajudicial); **E:** incorreta. É tranquilo o entendimento, no STJ, no sentido de que o ato de possuir arma de fogo com registro vencido não configura infração penal, mas tão somente ilícito administrativo. Nesse sentido: "Em recente acórdão da Corte Especial do Superior Tribunal de Justiça, no julgamento da Ação Penal n. 686/AP, assentou-se que 'se o agente já procedeu ao registro da arma, a expiração do prazo é mera irregularidade administrativa que autoriza a apreensão do artefato e aplicação de multa. A conduta, no entanto, não caracteriza ilícito penal'" (HC 339.762/SP, Rel. Min. Reynaldo Soares da Fonseca, 5ª Turma, j. 02.02.2016, *DJe* 10.02.2016). **ED**

"E".

(Juiz – TJ-SC – FCC – 2017) Configura crime de preconceito de raça ou cor:

I. obstar promoção funcional em razão de procedência nacional.

II. veicular símbolos que utilizem a cruz suástica para fins de divulgação do nazismo.

III. negar o holocausto para fins de divulgação do nazismo.

IV. incitar a discriminação por procedência nacional.

V. impedir a convivência familiar.

Está correto o que se afirma APENAS em:

(A) I, II e III.

(B) I, II, IV e V.

(C) II, III e IV.

(D) III, IV e V.

(E) I, III e V.

I: correta, uma vez que corresponde ao delito previsto no art. 3º, parágrafo único, da Lei 7.716/1989; **II:** correta, uma vez que corresponde ao delito previsto no art. 20, §1º, da Lei 7.716/1989; **III:** incorreta, na medida em que se trata de conduta não prevista como infração penal no ordenamento jurídico brasileiro; **IV:** correta, uma vez que corresponde ao delito previsto no art. 20, "caput", da Lei 7.716/1989; **V:** correta, uma vez que corresponde ao delito previsto no art. 14 da Lei 7.716/1989. **ED**

"B".

(Juiz – TJ/SP – VUNESP – 2015) O afilhado que cuida e tem a função de curador de sua madrinha, esta com 65 anos de idade, acometida de Alzheimer, vendeu imóvel da ofendida por R$ 80.000,00, recebendo, inicialmente, R$ 20.000,00. Quando foi lavrada a escritura pública, o curador recebeu o restante do pagamento, no importe de R$ 60.000,00, apropriando-se do numerário. Assim,

(A) o afilhado é isento de pena por ter praticado o delito em prejuízo de ascendente.

(B) o comportamento do afilhado caracteriza o crime de estelionato, na modalidade de abuso de incapazes.

(C) o comportamento do afilhado caracteriza o crime de apropriação indébita, agravado em face da qualidade de curador.

(D) o comportamento do afilhado caracteriza o crime de apropriação, previsto no Estatuto do Idoso.

Dado o que enuncia o princípio da especialidade, o afilhado, em face do que foi narrado no enunciado, deverá ser responsabilizado pelo crime do art. 102 da Lei 10.741/2003 (Estatuto do Idoso). O art. 95 desse mesmo diploma afasta a incidência dos benefícios contidos nos arts. 181 e 182 do CP. Ainda que não houvesse esse dispositivo, mesmo assim o agente não faria jus a tais benefícios, haja vista que não alcançam o afilhado. **ED**
Gabarito "D".

(Juiz de Direito – TJM/SP – VUNESP – 2016) A definição de crime militar, no ordenamento jurídico brasileiro, é estabelecida de modo exclusivo em razão

(A) da lei (*ratione legis*).

(B) do lugar em que a conduta foi praticada (*ratione loci*).

(C) da pessoa que praticou a conduta (*ratione personae*).

(D) da pessoa contra a qual a conduta foi praticada (*ratione personae*).

(E) do tempo em que a conduta foi praticada (*ratione temporis*).

De fato, tal como se afirma na alternativa "A", o Brasil adotou, como critério geral para definição dos crimes militares, a *lei* (aspecto meramente formal). Isto é, o legislador enumera, de forma taxativa e por meio de lei, as condutas que devem ser consideradas como crime militar. Dessa forma, é crime militar a conduta assim tratada no Código Penal Militar. É aquele que a lei considera como tal. **ED**
Gabarito "A".

(Juiz de Direito – TJM/SP – VUNESP – 2016) O autor que, ao praticar o crime, supõe, por erro plenamente escusável, a inexistência de circunstância de fato que o constitui:

(A) poderá ter a pena atenuada ou substituída por outra menos grave, nos termos do Código Penal Militar, e terá sua conduta considerada como atípica, nos termos do Código Penal Comum.

(B) poderá ter a pena atenuada ou substituída por outra menos grave, nos termos do Código Penal Comum, e terá sua conduta considerada como atípica, nos termos do Código Penal Militar.

(C) será isento de pena, nos termos do Código Penal Militar, e terá excluído o dolo, nos termos do Código Penal Comum.

(D) será isento de pena, nos termos do Código Penal Comum, e terá excluído o dolo, nos termos do Código Penal Militar.

(E) poderá ter a pena atenuada ou substituída por outra menos grave, salvo em se tratando de crime que atente contra o dever militar, nos termos do Código Penal Militar, e será isento de pena, nos termos do Código Penal Comum.

A situação descrita no enunciado corresponde ao *erro de fato*, do art. 36 do CPM, e ao *erro de tipo*, do art. 20 do CP. **ED**
Gabarito "C".

(Juiz de Direito – TJM/SP – VUNESP – 2016) Quando o agente, mediante uma só ação ou omissão, pratica dois ou mais crimes, idênticos ou não, sendo as penas para eles previstas, da mesma espécie,

(A) nos termos do Código Penal Militar, aplica-se-lhe a pena de um só dos crimes.

(B) nos termos do Código Penal Comum, deverá ter as penas privativas de liberdade unificadas e a pena única será a soma de todas.

(C) nos termos do Código Penal Comum, deverá ter aplicada cumulativamente as penas privativas de liberdade em que haja incorrido.

(D) nos termos do Código Penal Militar, deverá ter as penas privativas de liberdade unificadas, sendo a pena única a mais grave, mas com aumento correspondente à metade do tempo das menos graves.

(E) nos termos do Código Penal Militar, deverá ter as penas privativas de liberdade unificadas e a pena única será a soma de todas.

A resposta deve ser extraída do art. 79 do CPM: *Quando o agente, mediante uma só ou mais de uma ação ou omissão, pratica dois ou mais crimes, idênticos ou não, as penas privativas de liberdade devem ser unificadas. Se as penas são da mesma espécie, a pena única é a soma de todas; se, de espécies diferentes, a pena única e a mais grave, mas com aumento correspondente à metade do tempo das menos graves, ressalvado o disposto no art. 58.* **ED**
Gabarito "E".

(Juiz de Direito – TJM/SP – VUNESP – 2016) Com relação aos crimes contra a Autoridade ou Disciplina Militar, é correto afirmar:

(A) o simples concerto de militares para a prática do crime de motim não é punível, nos termos da lei penal militar, se estes não iniciarem, ao menos, os atos executórios do crime de motim.

(B) militares que apenas se utilizam de viatura militar para ação militar, em detrimento da ordem ou disciplina militar, mas sem ocupar quartel, cometem o crime de motim.

(C) o militar que, estando presente no momento da prática do crime de motim, não usar de todos os meios ao seu alcance para impedi-lo, será responsabilizado como partícipe deste.

(D) o militar que, antes da execução do crime de motim e quando era ainda possível evitar-lhe as consequências, denuncia o ajuste de que participou terá a pena diminuída pela metade com relação ao referido crime militar.

(E) a reunião de dois ou mais militares com armamento ou material bélico, de propriedade militar, para a prática de violência contra coisa particular, só caracterizará o crime de organização de grupo para a prática de violência se a coisa se encontrar em lugar sujeito à administração militar.

A: incorreta, já que o simples concerto de militares para a prática do crime de motim (art. 149 do CPM) configura o delito de *conspiração*, definido no art. 152 do CPM; correta (art. 149, IV, do CPM); **C:** incorreta. O militar que assim proceder responderá pelo crime de *omissão de lealdade militar*, previsto no art. 151 do CPM; **D:** incorreta. É hipótese de isenção de pena (art. 152, parágrafo único, do CPM); **E:** incorreta, pois contraria o disposto no art. 150 do CPM, que estabelece que o crime ali definido (*organização de grupo para a prática de violência*) restará configurado quando praticado em lugar sujeito *ou não* a administração militar. **ED**

Gabarito "B".

(Juiz de Direito – TJM/SP – VUNESP – 2016) Consoante o previsto no Código Penal Militar e na jurisprudência majoritária do Tribunal de Justiça Militar do Estado de São Paulo, assinale a alternativa correta no que diz respeito aos crimes contra o serviço militar e o dever militar.

(A) Um Capitão da Polícia Militar, da ativa, que, por imprudência, deixa de desempenhar a função que lhe foi confiada não poderá ser punido pelo crime de descumprimento de missão por atipicidade da conduta.

(B) O Comandante que, por negligência, deixa de manter a força sob seu comando em estado de eficiência incorre no crime de omissão de eficiência de força.

(C) Um Soldado da Polícia Militar, da ativa, que, por negligência, dorme durante o serviço de dia em uma Companhia Policial Militar comete o crime militar de "dormir em serviço".

(D) Um Major da Polícia Militar, da ativa, que participa e exerce atividade de administração na empresa proprietária de uma rede de "autoescolas", que fornece cursos de formação de condutores em várias cidades do seu estado, comete o crime de "exercício de comércio por oficial".

(E) Um Cabo da Polícia Militar, da ativa, que se apresenta embriagado para prestar um serviço administrativo de protocolista não comete o crime militar de embriaguez em serviço.

A: incorreta, já que o crime em que incorreu o oficial (art. 196, CPM) comporta a modalidade *culposa* (§ 3º), tratando-se, assim, de conduta típica; incorreta, uma vez que o crime definido no art. 198 do CPM (omissão de eficiência da força) não comporta a modalidade culposa; **C:** incorreta. O art. 203 do CPM, que define o delito de *dormir em serviço*, não prevê modalidade culposa; o elemento subjetivo, segundo jurisprudência pacífica, é representado tão somente pelo *dolo*; **D:** correta. O oficial deverá ser responsabilizado pelo crime do art. 204 do CPM (exercício de comércio por oficial); **E:** incorreta. Se assim agir, terá cometido o crime de *embriaguez em serviço*, definido no art. 202 do CPM. **ED**

Gabarito "D".

(Juiz de Direito – TJM/SP – VUNESP – 2016) Com relação aos crimes militares contra a pessoa, nos termos do Código Penal Militar e da jurisprudência majoritária do Tribunal de Justiça Militar do Estado de São Paulo, assinale a alternativa correta.

(A) Um Tenente da Polícia Militar que, de serviço, e durante abordagem policial, por imprudência, dispara sua arma de fogo e atinge fatalmente um civil terá praticado o crime comum de homicídio culposo.

(B) Um Soldado da Polícia Militar que, em serviço de policiamento, dolosamente ofende a integridade corporal de um civil terá praticado o crime comum de lesão corporal.

(C) O Sargento reformado da Polícia Militar que, mediante processo técnico, viola o direito à intimidade pessoal de uma Soldado da Polícia Militar, da ativa, filmando-a nua no interior da residência desta comete o crime de "violação de recato".

(D) Um policial militar, da ativa, que, durante deslocamento de uma viatura ônibus, retira seu órgão genital para fora da farda, exibindo-o aos demais militares presentes no ônibus, pratica o crime militar de "ato obsceno" por encontrar-se em lugar sujeito à administração militar.

(E) Um Cabo da Polícia Militar, da ativa, que mata sua esposa, também Cabo da Polícia Militar, da ativa, não incorrerá no crime militar de homicídio em virtude da existência de vínculo conjugal entre eles.

A: incorreta. O oficial será responsabilizado pelo crime militar de homicídio culposo (art. 206, CPM); incorreta. O praça será responsabilizado pelo crime militar de lesão corporal (art. 209, CPM); **C:** incorreta. O crime de *violação de recato*, previsto no art. 229 do CPM, somente pode ser praticado por militar que se encontra na ativa; **D:** correta. O policial militar, de fato, cometeu o crime do art. 238 do CPM (ato obsceno); **E:** incorreta. Deverá o cabo ser responsabilizado pelo crime militar de homicídio doloso (art. 205, CPM). **ED**

Gabarito "D".

(Juiz de Direito – TJM/SP – VUNESP – 2016) Assinale a alternativa correta no que diz respeito aos crimes militares contra administração da Justiça Militar.

(A) Acusar-se, perante a autoridade, de crime sujeito à jurisdição militar, praticado por outrem, é fato atípico no âmbito penal militar.

(B) O militar que se acusar, perante a autoridade, de crime sujeito à jurisdição militar, inexistente, não incorre em crime em virtude da atipicidade da sua conduta.

(C) Provocar a ação da autoridade, comunicando-lhe a ocorrência de crime sujeito à jurisdição militar, só caracterizará o crime militar de "comunicação falsa de crime" se o autor da conduta sabe que o crime comunicado não se verificou.

(D) O crime militar de "falso testemunho ou falsa perícia" deixa de ser punível se, antes de iniciada a execução da pena, o agente se retrata ou declara a verdade.

(E) O Soldado da Polícia Militar, da ativa, que durante o serviço, inovar artificiosamente, na pendência de processo civil ou administrativo, o estado de lugar, de coisa ou de pessoa, com o fim de induzir a erro o juiz ou o perito, incorrerá no crime militar de fraude processual.

A: incorreta (crime previsto no art. 345 do CPM – autoacusação falsa); incorreta (crime previsto no art. 345 do CPM – autoacusação falsa); **C:** correta (crime previsto no art. 344 do CPM – comunicação falsa de crime); **D:** incorreta, já que o fato somente deixará de ser punível se a retratação ou a declaração de verdade se der *antes da sentença* (art. 346, § 2º, do CPM); **E:** incorreta. Isso porque o Código Penal Militar, diferentemente do Código Penal comum, não contempla o crime de *fraude processual*. **ED**

Gabarito "C".

3. DIREITO PENAL

(Juiz de Direito – TJM/SP – VUNESP – 2016) Nos termos da Lei 12.850, de 2 de agosto de 2013, se houver indícios suficientes de que funcionário público integra organização criminosa, poderá o Juiz determinar

(A) a perda do cargo ou mandato eletivo e a interdição para o exercício do cargo público pelo prazo de 4 anos, contado a partir do cumprimento da pena.

(B) a perda do cargo ou mandato eletivo e a interdição para o exercício do cargo público pelo prazo de 8 anos, contado a partir do cumprimento da pena.

(C) a perda do cargo ou mandato eletivo e a interdição para o exercício do cargo público pelo prazo da sentença penal condenatória, subsequente ao cumprimento da pena.

(D) seu afastamento cautelar do cargo, sem prejuízo da remuneração, quando a medida se fizer necessária à instrução processual.

(E) seu afastamento cautelar do cargo, com prejuízo da remuneração, quando a medida se fizer necessária à instrução processual.

Segundo previsão contida no art. 2º, § 5º, da Lei 12.850/2013, havendo indícios de que o funcionário público faz parte de organização criminosa, *poderá o juiz determinar seu afastamento cautelar do cargo, emprego ou função, sem prejuízo da remuneração, quando a medida se fizer necessária à investigação ou instrução processual.* **ED**
Gabarito "D".

(Magistratura/AM – 2013 – FGV) A Lei nº 8.072/1990 dispõe sobre os crimes hediondos, enquanto a Constituição Federal indica outros assemelhados, orientando o legislador a dar tratamento mais rigoroso a estas infrações. Atento à jurisprudência majoritária dos Tribunais Superiores, as alternativas a seguir apresentam crimes que ostentam essa natureza, **à exceção de uma**. Assinale-a.

(A) Estupro de vulnerável e tráfico de entorpecentes.

(B) Tráfico de entorpecente e extorsão mediante sequestro.

(C) Tráfico de entorpecentes e associação para o tráfico.

(D) Latrocínio e tortura.

(E) Homicídio qualificado e tortura.

A: incorreta. Estupro de vulnerável (art. 217-A do CP) e tráfico de entorpecentes (art. 33 da Lei 11.343/2006) são, respectivamente, crime hediondo (art. 1º, VI, da Lei 8.072/1990) e equiparado a hediondo (art. 5º, XLIII, da CF/1988); incorreta. Tráfico de entorpecentes (art. 33 da Lei 11.343/2006) é considerado crime equiparado a hediondo (art. 5º, XLIII, da CF/1988) e extorsão mediante sequestro (art. 159 do CP) é expressamente considerada crime hediondo (art. 1º, IV, da Lei 8.072/1990); **C:** correta, pois a associação para o tráfico (art. 35 da Lei 11.343/2006) não é considerado crime hediondo ou equiparado. Confira-se: i) "O crime de associação para o tráfico não é equiparado a hediondo, uma vez que não está expressamente previsto no rol do art. 2º da Lei 8.072/1990" (**STJ**, HC 123.945/RJ, 5ª Turma, j. 06.09.2011, rel. Min. Jorge Mussi, *DJe* 04.10.2011); ii) STF, HC 79.998-1/RJ, 2ª Turma, j. 28.03.2000, rel. Min. Nelson Jobim, *DJ* 04.08.2000, *RT* 782/524; **D:** incorreta, pois o latrocínio (art. 157, § 3º, parte final, do CP) é crime hediondo (art. 1º, II, da Lei 8.072/1990) e a tortura (Lei 9.455/1997) é equiparada a hediondo (art. 5º, XLIII, da CF/1988); **E:** incorreta, visto que homicídio qualificado (art. 121, § 2º, do CP) é crime hediondo (art. 1º, I, da Lei 8.072/1990) e a tortura (Lei 9.455/1997) é crime equiparado a hediondo (art. 5º, XLIII, da CF/1988). **AT**
Gabarito "C".

(Magistratura/BA – 2012 – CESPE) Considerando o que dispõe o CP a respeito dos crimes contra a incolumidade, a paz, a fé e a administração públicas, assinale a opção correta.

(A) Não integram o tipo penal perigo de desastre ferroviário os veículos de tração mecânica por meio de cabo aéreo.

(B) Considere que João, Pedro, Antônio e Joaquim, todos maiores de idade, associem-se com a finalidade de falsificar um único ingresso de evento esportivo. Nessa situação, a conduta dos agentes se amolda ao crime de quadrilha.

(C) Suponha que Maria, de dezenove anos de idade, receba, de boa-fé, de um desconhecido passe falso de transporte de empresa administrada pelo governo e o utilize imediatamente após ser alertada, por seu irmão, da falsidade do bilhete. Nessa situação, a conduta de Maria caracteriza-se como atípica.

(D) Responde criminalmente o funcionário público que, em razão da função, e mesmo antes de assumi-la, aceita promessa de vantagem indevida, ainda que não venha a recebê-la.

(E) Não é prevista a modalidade culposa para o crime de desabamento.

A: incorreta (art. 260, §3º, CP); incorreta. Ao tempo em que esta questão foi elaborada, o art. 288 do CP (então denominado *quadrilha ou bando*) exigia a associação de pelo menos 4 (quatro) pessoas para a prática de crimes. Este dispositivo (agora denominado *associação criminosa*), com a alteração a que foi submetido pela Lei 12.850/2013, passou a demandar a associação de três ou mais pessoas com o fito de cometer crimes (antes era de quatro). De qualquer forma (antes ou depois da *novel* legislação), não basta a associação eventual para a prática de crime determinado para a tipificação do crime de quadrilha ou bando (hoje associação criminosa), sendo imprescindível que se constate um vínculo associativo estável e permanente (duradouro) entre os agentes, sob pena de atipicidade do fato (ao menos no tocante ao crime contra a paz pública). Ressalte-se que se os agentes se reunirem para a prática de crime específico, configurar-se-á mero concurso de agentes (art. 29, CP); **C:** incorreta, pois Maria, ciente da falsidade do documento quando do recebimento, mas conhecedora de tal fato antes de seu uso, deverá responder pelo crime de uso de documento falso (art. 304, CP), que poderá restar absorvido pelo estelionato que irá vitimar a empresa de transporte; **D:** correta (art. 317, CP), visto que restará caracterizado o crime de corrupção passiva; **E:** incorreta (art. 256, parágrafo único, CP). **AT**
Gabarito "D".

(Magistratura/CE – 2012 – CESPE) Assinale a opção correta no que se refere aos crimes em espécie.

(A) É atípica, no ordenamento jurídico brasileiro, a conduta daquele que, não sendo casado, contraia casamento com pessoa casada, ainda que esteja ciente dessa circunstância.

(B) O comerciante que, tendo recebido, de boa-fé, uma nota falsa de R$ 100,00, resolva, após constatar a falsidade da moeda, restituí-la à circulação comete crime de moeda falsa, punido com a mesma pena aplicável àquele que tiver falsificado a nota.

(C) No caso de crime de peculato culposo, a reparação do dano, desde que anterior à denúncia, extingue a punibilidade.

(D) O agente que dá causa à instauração de investigação policial contra alguém, imputando-lhe crime de que o sabe inocente, comete o crime de comunicação falsa de crime.

(E) O agente que exerce atividade para cujo exercício está impedido por decisão administrativa pratica crime contra a organização do trabalho.

A: incorreta, pois referida conduta (contrair matrimônio com pessoa casada) constitui o crime de bigamia, no caso, privilegiada (art. 235, §1º, do CP); incorreta, pois a pessoa que recebe de boa-fé moeda falsa (papel moeda ou moeda metálica), e, após constatar a falsidade, a restitui à circulação, incorre nas penas do art. 289, §2º, do CP (detenção de seis meses a dois anos, e multa), tratando-se de forma privilegiada. O tipo fundamental (art. 289, *caput*, do CP) é punido com reclusão de 3 (três) a 12 (doze) anos, e multa; **C:** incorreta, pois a reparação do dano no crime de peculato culposo, desde que anterior à sentença (e não denúncia!), extingue a punibilidade (art. 312, §3º, do CP); **D:** incorreta, pois a conduta descrita na assertiva se subsume ao crime de denunciação caluniosa (art. 339 do CP); **E:** correta (art. 205 do CP). ⬛ Gabarito "E".

(Magistratura/CE – 2012 – CESPE) Ainda com relação aos crimes em espécie, assinale a opção correta.

(A) Conforme previsão do Código de Trânsito Brasileiro, é facultativa, nos casos de reincidência, a aplicação da penalidade de suspensão da permissão ou habilitação para conduzir veículo automotor.

(B) A pena relativa aos crimes praticados por organização criminosa será reduzida de um terço à metade quando a colaboração espontânea do agente levar ao esclarecimento de infrações penais.

(C) Aquele que, tendo o dever de evitar ou apurar condutas tipificadas como tortura, se omita diante da prática desse crime incorre nas mesmas penas cominadas ao torturador.

(D) Conforme a vantagem econômica auferida pelo agente que cometa crime ambiental, a pena de multa a ele atribuída pode, de acordo com o disposto em lei, ser aumentada em até cinco vezes.

(E) De acordo com a lei ambiental, as pessoas jurídicas estão sujeitas a penas restritivas de direitos, pena de multa, de prestação de serviços à comunidade e de liquidação forçada.

A: incorreta (art. 296 da Lei 9.503/1997 – CTB), tratando-se de uma imposição ao magistrado a aplicação de penalidade de suspensão da permissão ou habilitação para conduzir veículo automotor aos réus reincidentes em crimes de trânsito; incorreta. Ao tempo em que esta questão foi elaborada, vigia a Lei 9.034/1995, que estabelecia, em seu art. 6º, que a delação premiada em matéria de crime organizado era causa de diminuição de pena de um a dois terços. A atual lei de regência (Lei 12.850/2013), que revogou, na íntegra, a Lei 9.034/1995, dando nova conformação normativa ao instituto, prevê que "o juiz poderá, a requerimento das partes, conceder o perdão judicial, reduzir em até 2/3 (dois terços) a pena privativa de liberdade ou substituí-la por restritiva de direitos daquele que tenha colaborado efetiva e voluntariamente com a investigação e o processo criminal, desde que dessa colaboração advenha um ou mais dos seguintes requisitos (...)" (art. 4º, *caput* - colaboração premiada); **C:** incorreta, pois estamos, no caso da assertiva ora analisada, diante da denominada "tortura imprópria", cuja pena é de detenção de um a quatro anos (art. 1º, §2º, da Lei 9.455/1997),

---

bem inferior àquela imposta ao torturador (regra: reclusão de dois a oito anos); **D:** incorreta, pois, a depender da vantagem econômica auferida pelo autor de crime ambiental, a pena de multa poderá ser aumentada em até três vezes (art. 18 da Lei 9.605/1998 – Lei dos Crimes Ambientais); **E:** correta (art. 21, II; art. 21, I; art. 21, III; art. 24, todos da Lei 9.605/1998). ⬛ Gabarito "E".

(Magistratura/MG – 2012 – VUNESP) Analise as proposições a seguir classificando-as em V (verdadeira) ou F (falsa).

I. ( ) Constitui apenas infração administrativa inscrever-se o eleitor, simultaneamente, em 2 (dois) ou mais partidos.

II. ( ) Os efeitos da condenação em crimes falimentares não são automáticos, devendo ser declarados na sentença, e perdurarão até 5 (cinco) anos após a extinção da punibilidade, podendo, contudo, cessar antes pela reabilitação.

III. ( ) O agente que não possuir Carteira de Habilitação ou Permissão para Dirigir terá a sua pena aumentada de 1/3 (um terço) à 1/2 (metade) no caso da prática de homicídio culposo na direção de veículo automotor.

IV. ( ) O baixo grau de instrução ou escolaridade do agente não é considerado circunstância atenuante nos delitos previstos na Lei Ambiental (Lei n.º 9.605/1998).

Assinale a alternativa que apresenta a classificação correta das proposições.

(A) I-F; II-V; III-V; IV-F.

(B) I-F; II-V; III-F; IV-V.

(C) I-V; II-F; III-V; IV-V.

(D) I-V; II-V; III-F; IV-F.

I: falsa, pois a conduta descrita na assertiva constitui crime eleitoral (art. 320 do Código Eleitoral – Lei 4.737/1965); **II:** verdadeira (art. 181, §1º, da Lei de Falências – Lei 11.101/2005); **III:** verdadeira (art. 302, §1º, I, da Lei 9.503/1995 – CTB); **IV:** falsa (art. 14, I, da Lei dos Crimes Ambientais – Lei 9.605/1998). ⬛ Gabarito "A".

(Magistratura/PE – 2011 – FCC) A suspensão condicional do processo prevista no art. 89 da Lei nº 9.099/1995

(A) é aplicável tão-somente às infrações de menor potencial ofensivo.

(B) é cabível na desclassificação do crime e na procedência parcial da pretensão punitiva, segundo entendimento sumulado do Superior Tribunal de Justiça.

(C) exige necessariamente a reparação do dano.

(D) é cabível no crime continuado, ainda que a soma da pena mínima da infração mais grave com o aumento mínimo de um sexto seja superior a um ano, conforme súmula do Supremo Tribunal Federal.

(E) conduz à absolvição se expirado o prazo sem revogação.

A: a suspensão condicional do processo, a teor do art. 89, *caput*, da Lei 9.099/1995, engloba os crimes cuja pena mínima cominada seja igual ou inferior a um ano. O âmbito de incidência do *sursis* processual, portanto, é mais amplo do que a competência do JECRIM (art. 61 da Lei 9.099/1995), podendo, dessa forma, ser aplicado, também, a crimes de médio potencial ofensivo; assertiva correta, visto que em conformidade

com a Súmula nº 337 do STJ; **C:** a reparação do dano somente será exigível se for possível de ser implementada pelo acusado – art. 89, § 1º, I, da Lei 9.099/1995; **D:** assertiva incorreta, pois contraria o teor da Súmula nº 723 do STF; **E:** neste caso, cabe ao juiz declarar extinta a punibilidade – art. 89, § 5º, da Lei 9.099/1995. ED
Gabarito "B".

(Magistratura/RO – 2011 – PUCPR) Além das disposições expressas no Código Penal, existem inúmeras legislações penais extravagantes, as quais disciplinam uma série de condutas delituosas e suas respectivas sanções.

A esse respeito, assinale a única alternativa CORRETA.

(A) No crime de tráfico ilícito de substância entorpecente, previsto no artigo 33, *caput* da Lei n°. 11.343/2006, as penas poderão ser reduzidas de um sexto a dois terços, desde que o agente seja primário, de bons antecedentes, não se dedique às atividades criminosas nem integre organização criminosa.

(B) A pena por crime previsto na Lei n°. 8.072/1990 será cumprida inicialmente em regime fechado, sendo permitida a progressão de regime aos condenados reincidentes após o cumprimento de 2/5 da pena aplicada.

(C) Ao agente condenado com sentença transitada em julgado pela prática de crime de responsabilidade de Prefeito Municipal não acarreta a perda de cargo e a inabilitação, pelo prazo de 5 (cinco) anos, para o exercício de cargo ou função pública, eletivo ou de nomeação.

(D) Comete o crime de disparo de arma de fogo (artigo 15 da Lei n°. 10.826/2003), o agente que disparar arma de fogo ou aciona munição em lugar habitado ou em suas adjacências, em via pública ou em direção a ela, independentemente dessa conduta ter como finalidade a prática de outro crime.

(E) A conduta de omitir sinais ostensivos sobre a nocividade ou periculosidade de produtos, nas embalagens, nos invólucros, recipientes ou publicidades não constitui crime segundo disciplina a Lei n°. 8.078/1990.

A: assertiva correta, visto que em conformidade com o estabelecido no art. 33, § 4º, da Lei 11.343/2006; **B:** assertiva incorreta, pois, com a atual redação conferida ao art. 2º, §§ 1º e 2º, da Lei 8.072/1990 (Crimes Hediondos) pela Lei 11.464/2007, a progressão de regime nos delitos hediondos e equiparados dar-se-á nos termos seguintes: se o apenado for primário, deverá cumprir, para fazer jus à progressão, dois quintos da pena; se reincidente for, deverá cumprir, para progredir de regime, três quintos da pena. De qualquer maneira, a pena será cumprida inicialmente em regime fechado; **C:** assertiva incorreta, pois contraria o art. 1º, § 2º, do Dec.-Lei nº 201/1967; **D:** assertiva incorreta, pois contraria o disposto no art. 15, *caput*, parte final, da Lei 10.826/2003 (Estatuto do Desarmamento); **E:** trata-se do crime previsto no art. 63, *caput*, da Lei 8.078/1990 (Código de Defesa do Consumidor). ED
Gabarito "A".

(Magistratura/SP – 2013 – VUNESP) A, de forma reiterada, apropriou-se de pensão proveniente do INSS, pertencente a B, pessoa idosa, e dela recebida, dando ao rendimento mensal aplicação diversa de sua finalidade. A cometeu o crime de

(A) furto qualificado pelo abuso de confiança.

(B) apropriação indébita, definido no artigo 102, "caput", da Lei n.º 10.741/2003 (Estatuto do Idoso), com agravamento da pena, em face da circunstância prevista no artigo 61, inciso II, letra *h*, do Código Penal (crime contra idoso).

(C) apropriação indébita previdenciária, definido no artigo 168-A, "caput", do Código Penal.

(D) apropriação indébita, definido no artigo 102, "caput", da Lei n.º 10.741/2003 (Estatuto do Idoso), com aumento de pena decorrente da continuidade delitiva, prevista no artigo 71, "caput", do Código Penal.

A: incorreta, pois o crime de furto (art. 155 do CP) pressupõe que o agente se apodere de coisa alheia móvel cuja posse é vigiada, ao passo que "B", de acordo com o enunciado, tinha a posse desvigiada do dinheiro da vítima (idosa), por ela entregue; incorreta, pois, a despeito de o crime cometido por "A" ser, de fato, o de apropriação indébita definido no Estatuto do Idoso (art. 102 da Lei 10.741/2003), não será possível aplicar a circunstância agravante do art. 61, II, "h", do CP (condição de idoso da vítima), sob pena de restar caracterizado *bis in idem*. Afinal, é elemento constitutivo do tipo penal em comento o fato de a vítima ser idosa, não podendo tal condição constituir fundamento para majoração da pena; **C:** incorreta, pois a conduta perpetrada por "A" de forma alguma se subsume ao crime de apropriação indébita previdenciária (art. 168-A do CP), crime cometido em detrimento do INSS; **D:** correta. Constitui crime especial tipificado no Estatuto do Idoso (Lei 10.741/2003) o fato de o agente apropriar-se de ou desviar bens, proventos, pensão ou qualquer outro rendimento do idoso, dando-lhes aplicação diversa da de sua finalidade. Logo, a conduta perpetrada por "A" (apropriação de pensão proveniente do INSS, pertencente a "B", pessoa idosa") subsume-se, perfeitamente, ao tipo penal descrito pelo art. 102 do referido diploma legal.
Gabarito "D".

(Juiz – TRF 2ª Região – 2017) Sobre a "Lavagem de Dinheiro" (Lei nº 9.613/98), é correto dizer:

(A) Somente haverá crime quando o agente ocultar ou dissimular a natureza, origem, localização, disposição, movimentação ou propriedade de bens, direitos ou valores provenientes, direta ou indiretamente, de um dos crimes antecedentes listados na Lei.

(B) A lavagem de dinheiro é considerada crime derivado ou acessório, pois pressupõe a ocorrência de delito anterior. Não se admite a sua existência quando o ativo financeiro é proveniente de infração penal cometida posteriormente aos atos acoimados como sendo de lavagem.

(C) A participação no cometimento da infração antecedente é condição para que o agente possa ser sujeito ativo da lavagem.

(D) Comete o delito de lavagem de dinheiro o funcionário público que recebe valor de suborno e o utiliza para comprar imóvel, cuja propriedade registra em seu próprio nome, depositando o restante em aplicação financeira de sua titularidade.

(E) Dá-se a forma culposa do delito nos casos de "cegueira" ou "ignorância" deliberada, ou seja, quando há prova de que o agente tinha conhecimento da elevada probabilidade de que os bens ou valores envolvidos eram provenientes de infração penal e tenha agido de modo indiferente a esse conhecimento.

A: incorreta. Até o advento da Lei 12.683/2012, tínhamos que a configuração do crime de lavagem de dinheiro pressupunha a prática de um dos delitos antecedentes previstos no art. 1º da Lei 9.613/1998. Havia, portanto, um rol taxativo, que não incluía, por exemplo, as contravenções penais, mas tão somente os delitos ali listados. Pois bem. A partir da edição da referida Lei, que alterou diversos dispositivos da Lei 9.613/1998, passou a configurar crime de lavagem de dinheiro o fato de o agente ocultar ou dissimular a natureza, origem, localização, disposição, movimentação ou propriedade de bens, direitos ou valores provenientes, direta ou indiretamente, de *infração penal*, aqui incluídos crimes e *contravenções penais*. Deixou de existir, pois, um rol taxativo, de forma que a lavagem de dinheiro, atualmente, pode ter como fato antecedente qualquer infração penal; **B:** correta. Diz-se que o crime de lavagem de dinheiro é derivado ou acessório porquanto a sua configuração está condicionada ao cometimento de infração penal pretérita, como antecedente penal necessário; **C:** incorreta. Nesse sentido: "A participação no crime antecedente não é indispensável à adequação da conduta de quem oculta ou dissimula a natureza, origem, localização, disposição, movimentação ou propriedade de bens, direitos ou valores provenientes, direta ou indiretamente, de crime, ao tipo do art. 1.º, da Lei 9.613/98" (RMS 16.813/SP, Rel. Min. Gilson Dipp, 5ª Turma, j. 23.06.2004, *DJ* 02.08.2004, p. 433); **D:** incorreta, na medida em que não há que se falar, neste caso, em ocultação ou dissimulação (STJ, AP 458, rel. Min. Gilson Dipp); **E:** incorreta. A lei não contemplou modalidade culposa do crime de lavagem de dinheiro. ED

Gabarito "B".

(Juiz – TRF 3ª Região – 2016) Pode-se dizer que a Lei 12.850/13 quebrou paradigmas; dentre os fundamentos para tal afirmação, encontra-se:

(A) O fato de tal diploma legal ter definido o que sejam organizações terroristas internacionais;

(B) O fato de tal diploma legal ter possibilitado a quebra dos sigilos fiscal e telefônico de maneira irrestrita;

(C) O fato de tal diploma legal ter conferido ao magistrado poder para aplicar a pena, em desconformidade com o previsto nos artigos 33 e 44 do Código Penal;

(D) O fato de a colaboração premiada não mais poder beneficiar pessoas definitivamente condenadas;

A: incorreta, uma vez que a Lei 12.850/2013 não contemplou a definição de *organização terrorista internacional*, mas tão somente de *organização criminosa* (art. 1º, §2º). O art. 1º, §2º, II, desta lei, cuja redação foi alterada por força da Lei 13.260/2016, embora faça referência às organizações terroristas (o termo *internacionais* foi extraído), não traz, segundo pensamos, a sua definição; **B:** incorreta, já que, por expressa previsão contida no art. 3º, V e VI, da Lei 12.850/2013, a quebra dos sigilos fiscal e telefônico deverá obedecer à legislação de regência; **C:** correta, pois reflete o disposto no art. 4º, "caput" e §5º, da Lei 12.850/2013; **D:** incorreta, uma vez que contraria o que estabelece o art. 4º, §5º, da Lei 12.850/2013. ED

Gabarito "C".

(Magistratura Federal/1ª região – IX) Em relação à pena de multa para os crimes previstos na Lei n. 7.492, de 16.06.1986:

(A) esta lei é conhecida como "Lei do Colarinho Branco" e seu regime de penas, inclusive quanto à multa, é idêntico ao do Código Penal.

(B) os "crimes do colarinho branco" nela previstos, têm regime de pena de multa próprio, sem o suplemento das normas pertinentes do Código Penal.

(C) a situação econômica do réu deve preponderar sobre os critérios do Código Penal, inclusive quanto às circunstâncias do art. 59 e à culpabilidade.

(D) pode ser aplicada até o décuplo da previsão do art. 60, § 1º, do Código Penal, para réus cuja situação econômica tornaria o limite máximo do Código Penal inócuo.

A: incorreta, pois na Lei dos Crimes contra o Sistema Financeiro Nacional (Lei 7.492/1986), o sistema de aplicação da pena de multa tem previsão própria, nos termos do art. 33, podendo ser aplicada até o décuplo do montante estabelecido no art. 60, § 1º, do CP; **B:** incorreta, pois o art. 33 da Lei 7.492/86 limita-se a prescrever que a pena de multa poderá ser aplicada até o décuplo daquilo que dispõe o art. 60, § 1º, do CP. No mais, as regras gerais do referido Código serão, sim, aplicadas, inclusive com fundamento no seu art. 12 (*As regras gerais deste Código aplicam-se aos fatos incriminados por lei especial, se esta não dispuser de modo diverso*); **C:** incorreta, pois a Lei 7.492/1986 nada estabelece sobre a situação econômica do réu no tocante à pena de multa, aplicando-se, assim, as disposições gerais do CP; **D:** correta, nos termos do art. 33 da Lei 7.492/1986.

Gabarito "D".

(Magistratura Federal/4ª região – VIII) Promover a saída de divisas para o exterior é crime contra o Sistema Financeiro Nacional que:

(A) não admite tentativa;

(B) só pode ser praticado por instituição financeira;

(C) consuma-se com a saída de divisas e admite tentativa;

(D) consuma-se com a omissão em comunicar ao Banco Central a remessa de divisas

De fato, o crime definido no art. 22, parágrafo único, da Lei 7.492/1986 (Crimes contra o Sistema Financeiro Nacional), denominado de "evasão de divisas", configura-se quando o agente promove, sem autorização legal, a saída de moeda ou divisa para o exterior, ou nele mantiver depósitos não declarados à repartição federal competente. Consuma-se o delito em comento quando houver a efetiva saída de divisas do território nacional, tratando-se, pois, de crime material (TRF5, AC 20058100019572-2/CE, José de Almeida, 2ª T., 12.12.2006). É admissível a tentativa na primeira figura delituosa, qual seja, "*promover a saída de moeda ou divisa para o exterior*" (ex.: o agente é preso ao cruzar ponte internacional, dentro do território nacional, portando os valores objeto da evasão). Essa é a posição de José Paulo Baltazar Junior (*Crimes Federais* – 5ª edição, Ed. Livraria do Advogado, p. 405-406), corroborada pela jurisprudência, por exemplo, do TRF4 (AC 1999.04.01.132-42/PR, Fábio Rosa, 7ª T., *DJ* 16.01.2002).

Gabarito "C".

(Magistratura Federal/3ª região – 2011 – CESPE) A respeito do delito de lavagem de bens, dos crimes contra a fé pública e contra a administração e dos regimes de pena, assinale a opção correta.

(A) O funcionário público que concorre para a subtração de dinheiro ou bem móvel, público ou particular, em proveito próprio ou alheio, valendo-se de facilidade que lhe proporciona a qualidade de funcionário, ainda que não tenha, em razão do cargo, a posse dos referidos bens, responde pelo crime como autor e não, como partícipe.

(B) A gestão fraudulenta, a sonegação fiscal, o contrabando e o descaminho são crimes antecedentes dos

3. DIREITO PENAL

delitos de lavagem ou ocultação de bens, direitos e valores.

(C) O crime de moeda falsa é formal e, por isso, não admite tentativa.

(D) Quem trabalha para empresa prestadora de serviço contratada pela administração pública é, para efeitos penais, equiparado a funcionário público, consoante o CP.

(E) Não se admite, em nenhuma hipótese, a progressão do regime de cumprimento de pena antes do trânsito em julgado de sentença penal condenatória.

A: correta. De fato, comete peculato o funcionário público que se apropria (peculato-apropriação) ou desvia (peculato-desvio) dinheiro, valor, ou bem móvel público ou particular de que tenha a posse em razão do cargo (art. 312, *caput*, do CP), ou, ainda, caso subtraia (peculato-furto) qualquer dos objetos materiais referidos, ainda que não tenha a posse deles, desde que se utilize das facilidades que a qualidade de funcionário lhe proporcionar (art. 312, § 1º, do CP), ou caso concorra para a subtração. Neste último caso, o funcionário que concorrer para a subtração de dinheiro, valor ou bem móvel por outro funcionário, será autor do crime, e não partícipe, pois referida "concorrência" constitui elementar típica; **B:** incorreta. À época em que formulada a questão, ainda vigorava a redação original do art. 1º da Lei 9.613/1998, que exigia, para a caracterização da lavagem de dinheiro, algum dos crimes antecedentes indicados nos seus incisos I a VIII, nos quais não se incluía a sonegação fiscal. Contudo, com o advento da Lei 12.683/2012, a lavagem de dinheiro restará caracterizada sempre que o agente ocultar ou dissimular a natureza, origem, localização, disposição, movimentação ou propriedade de bens, direitos ou valores provenientes, direta ou indiretamente, de *infração penal* (frise-se: qualquer infração penal, incluindo, por óbvio, as contravenções penais); **C:** incorreta. A despeito de o crime de moeda falsa ser formal, consumando-se com a fabricação ou a alteração da moeda metálica ou do papel-moeda, é certo que será, sim, admissível, a tentativa, tratando-se de crime plurissubsistente (cometido mediante a prática de diversos atos). Assim, se durante a fabricação de papel-moeda, mas antes da efetiva conclusão, o agente for flagrado, responderá pela forma tentada do crime; **D:** incorreta. Será funcionário público por equiparação, para efeitos penais, nos termos do art. 327, § 1º, do CP, o agente que trabalhar em empresa contratada ou conveniada para a *execução de atividade típica da Administração Pública* (e não, simplesmente, empresa prestadora de serviço, como enuncia a alternativa); **E:** incorreta. Admite-se que o condenado à pena privativa de liberdade que se encontra preso cautelarmente pleiteie a progressão de regime penitenciário, antes mesmo do trânsito em julgado. É a denominada execução provisória, possível desde que tenha havido o trânsito em julgado para a acusação em relação à pena aplicada. Ainda, o STF, ao editar a Súmula 716, previu expressamente a possibilidade de progressão de regime prisional ou a aplicação imediata de regime menos severo, antes do trânsito em julgado da sentença condenatória.
Gabarito "A".

(Magistratura Federal/4ª região – VII) Não é considerado crime hediondo:

(A) epidemia com resultado morte;

(B) extorsão qualificada pela morte;

(C) latrocínio (art. 157, § 3º, *in fine*);

(D) aborto de que resulta morte da gestante.

Da análise do rol previsto no art. 1º da Lei 8.072/1990, dentre as alternativas previstas para a questão, apenas o aborto de que resulta morte da gestante não constitui crime hediondo.
Gabarito "D".

(Magistratura Federal/4ª região – VII) Subordinar a venda de bem ou a utilização de serviço à aquisição de outro bem:

(A) não constitui crime;

(B) não constitui infração administrativa;

(C) constitui apenas ilícito civil;

(D) nenhuma das alternativas é correta.

De fato, *subordinar a venda de um bem à aquisição de outro ou à utilização de um serviço, ou subordinar a prestação de um serviço à utilização de outro ou à aquisição de um bem* constitui infração contra a ordem econômica (art. 36, § 3º, XVIII, da Lei 12.529, de 30 de novembro de 2011, que, principalmente, cuida da estrutura do Sistema Brasileiro de Defesa da Concorrência). Não se trata de crime ou de ilícito civil, mas, sim, de infração administrativa.
Gabarito "D".

35. TEMAS COMBINADOS DE DIREITO PENAL

(Juiz – TJ/SP – VUNESP – 2015) À luz da jurisprudência do Supremo Tribunal Federal, assinale a alternativa correta.

(A) Não há crime de latrocínio, quando o homicídio se consuma, mas o agente não realiza a subtração de bens da vítima.

(B) Admite-se a suspensão condicional do processo por crime continuado, se a soma da pena mínima da infração mais grave com o aumento mínimo de um sexto for superior a um ano.

(C) A opinião do julgador sobre a gravidade em abstrato do crime constitui motivação idônea para a imposição de regime mais severo do que o permitido segundo a pena aplicada.

(D) A lei penal mais grave aplica-se ao crime continuado ou ao crime permanente, se sua vigência é anterior à cessação da continuidade ou da permanência.

A: incorreta, pois contraria o entendimento consolidado por meio da Súmula 610, do STF: "Há crime de latrocínio, quando o homicídio se consuma, ainda que não realize o agente a subtração de bens da vítima". No roubo, temos que, se ocorrer morte e a subtração consumar-se, há latrocínio consumado; se ocorrer morte e subtração tentados, há latrocínio tentado. Até aqui, não há divergência na doutrina nem na jurisprudência. No entanto, na hipótese de haver morte, mas a subtração não se consumar, há diversas correntes doutrinárias. No STF, o entendimento é no sentido de que tal hipótese configura latrocínio consumado, conforme Súmula 610, que acima foi transcrita; **B:** incorreta, já que não retrata o entendimento sufragado nas Súmulas 723, do STF, e 243, do STJ; **C:** incorreta. Pelo contrário: "A opinião do julgador sobre a gravidade em abstrato do crime não constitui motivação idônea para a imposição de regime mais severo do que o permitido segundo a pena aplicada" (Súmula 718, STF); **D:** correta, pois retrata o entendimento contido na Súmula 711 do STF: "A lei penal mais grave aplica-se ao crime continuado ou ao crime permanente, se a sua vigência é anterior à cessação da continuidade ou permanência". **ED**
Gabarito "D".

(Juiz – TJ/SP – VUNESP – 2015) Segundo a jurisprudência consolidada do Superior Tribunal de Justiça, assinale a alternativa correta.

(A) O tempo de duração da medida de segurança pode ultrapassar o máximo da pena abstratamente cominada ao delito praticado.

216 EDUARDO DOMPIERI E ARTHUR TRIGUEIROS

(B) A conduta de atribuir-se falsa identidade perante autoridade policial é atípica, ainda que em situação de alegada autodefesa.

(C) É inadmissível a extinção da punibilidade pela prescrição da pretensão punitiva com fundamento em pena hipotética, independentemente da existência ou sorte do processo penal.

(D) É admissível aplicar, no furto qualificado, pelo concurso de agentes, a majorante de roubo.

A: incorreta, pois não reflete o entendimento contido na Súmula 527, do STJ, segundo a qual "o tempo de duração da medida de segurança não deve ultrapassar o limite máximo da pena abstratamente cominada ao delito praticado". Quanto a este tema, valem algumas ponderações. Se levássemos em conta tão somente a redação do art. 97, § 1º, do CP, chegaríamos à conclusão de que a medida de segurança poderia ser eterna. Em vista da regra que veda as penas de caráter perpétuo, esta não é a melhor interpretação do dispositivo. Tanto que o STF firmou posicionamento no sentido de que o prazo máximo de duração da medida de segurança não pode ser superior a 30 anos (analogia ao art. 75 do CP). O STJ entende que a medida de segurança deve ter por limite o máximo da pena em abstrato cominada para o crime (STJ, HC 125.342-RS, 6ª T., rel. Min. Maria Thereza de Assis Moura, j. 19.11.09), entendimento esse consolidado por meio da súmula acima transcrita; **B:** incorreta. Atualmente, prevalece o entendimento de que a conduta do agente que, com o propósito de esconder condenações anteriores, atribui a si identidade falsa comete o crime do art. 307 do CP. Nesse sentido a Súmula 522 do STJ: "A conduta de atribuir-se falsa identidade perante autoridade policial é típica, ainda que em situação de alegada autodefesa"; **C:** correta. A alternativa descreve o fenômeno da prescrição *antecipada* ou *virtual*, que é aquela baseada na pena que seria, em tese, aplicada ao réu em caso de condenação. A jurisprudência rechaça tal modalidade de prescrição, na medida em que implica verdadeiro prejulgamento (o juiz estaria utilizando-se de uma pena ainda não aplicada). Tal entendimento está pacificado na Súmula 438, do STJ: "É inadmissível a extinção da punibilidade pela prescrição da pretensão punitiva com fundamento em pena hipotética, independentemente da existência ou sorte do processo penal"; **D:** incorreta, uma vez que não reflete o entendimento consolidado na Súmula 442, do STJ: "É inadmissível aplicar, no furto qualificado, pelo concurso de agentes, a majorante do roubo". **ED**
Gabarito "C"

(Magistratura/BA – 2012 – CESPE) Com relação a arrependimento posterior, medidas de segurança, causas de exclusão, crime e concurso de pessoas, assinale a opção correta.

(A) Suponha que João, Pedro e Tonho, todos de vinte e dois anos de idade e portando arma de fogo municiada, decidam praticar um roubo em uma padaria e que, durante o assalto, Pedro alveje e mate o caixa do estabelecimento. Nessa situação, somente Pedro deve responder pelo resultado morte.

(B) A natureza jurídica do arrependimento posterior é causa de extinção da punibilidade.

(C) Constatando-se que João, de vinte e dois anos de idade, ao matar seus genitores e cinco irmãos a facadas, não possuía plena capacidade de determinar-se de acordo com esse entendimento, em razão de perturbação em sua personalidade, deve ser-lhe aplicada medida de segurança.

(D) Considere que Jonas, policial militar, no exercício de sua função, tenha determinado que um indivíduo em

fuga parasse e que este tenha sacado uma arma e disparado tiros contra Jonas, que, revidando os disparos, tenha alvejado o indivíduo e o tenha matado. Nessa situação, Jonas agiu no estrito cumprimento de dever legal.

(E) Não será punida a conduta de indivíduo maior de idade que, com a intenção de subtrair dinheiro de terceiro desconhecido, lhe tome a bolsa e, ao percebê-la vazia, jogue-a na rua.

A: incorreta, pois, estando todos os agentes agindo sob um só desígnio delituoso, em nítido concurso de pessoas, deverão responder pelo mesmo crime, em adoção à teoria monista ou unitária adotada pelo CP (art. 29, *caput*). O fato de apenas um dos agentes haver alvejado a vítima, caracterizando, pois, o crime de latrocínio (art. 157, §3º, parte final, CP), gerará a imputação do fato a todos os demais; **B:** incorreta, pois o arrependimento posterior, previsto no art. 16 do CP, é causa de diminuição de pena (redução da pena do agente de um a dois terços), não restando afastada a punibilidade; **C:** incorreta, pois ao agente que, no momento da ação ou omissão, não possuir plena capacidade de determinar-se de acordo com esse entendimento, aplicar-se-á a redução de pena de um a dois terços, reconhecendo-se, aqui, a semi-imputabilidade (art. 26, parágrafo único, CP). Porém, mesmo ao semi-imputável, será possível a imposição de medida de segurança, substitutiva à pena privativa de liberdade, desde que se seja necessário especial tratamento curativo, conforme dispõe o art. 98 do CP; **D:** incorreta, pois o revide de um policial militar a disparos de arma efetuados por um agente caracteriza nítida legítima defesa (art. 25, CP), não se tratando de estrito cumprimento de dever legal. Afinal, não se impõe ao policial militar que mate alguém para que, assim, consiga cumprir as atribuições inerentes ao cargo; **E:** correta, pois estamos diante de crime impossível pela impropriedade absoluta do objeto material (art. 17, CP). Ainda que o agente tivesse a intenção de subtrair dinheiro da vítima e tenha iniciado a execução do crime, sua consumação jamais seria alcançada, visto que a bolsa não continha qualquer valor. Ressalte-se, porém, que se o agente tivesse subtraído a própria bolsa, ainda que fazia, configurado estaria o crime de furto. Porém, a alternativa deixou bem claro que o agente não "permaneceu" com a bolsa, que foi jogada na rua logo após constatada a ausência de dinheiro em seu interior. **AT**
Gabarito "E"

(Magistratura/BA – 2012 – CESPE) Considerando os institutos aplicáveis ao direito penal, assinale a opção correta.

(A) Nos termos do CP, o desconhecimento da lei, embora inescusável, é circunstância que atenua a pena.

(B) Suponha que Vicente, estudante de vinte e quatro anos de idade, com *animus necandi*, portando arma de fogo municiada com seis projéteis, alveje Pereira com dois disparos e, ao tentar efetuar outros disparos, fuja do local ante a falha da arma. Nessa situação hipotética, aplica-se a Vicente, consoante determinação do CP, o instituto da desistência voluntária.

(C) A legislação vigente acerca da execução da sentença penal condenatória a ser cumprida em regime inicial fechado determina que, sobrevindo novas condenações no curso da execução, deve ser formado novo processo de execução penal para cada uma delas.

(D) Segundo o entendimento dos tribunais superiores, não se reconhece a continuidade delitiva quando o intervalo de tempo entre os crimes for superior a quinze dias.

3. DIREITO PENAL

(E) Na *aberratio ictus* com unidade complexa, de acordo com o disposto no CP e o entendimento dos tribunais superiores, o agente, agindo com dolo eventual em relação a terceiros, deve responder por concurso formal próprio.

A: correta (art. 65, II, CP). Lembre-se de que o desconhecimento da lei não exclui a culpabilidade, visto que o erro de proibição (art. 21, CP) pressupõe a falta de potencial consciência da ilicitude pelo agente, mas não o mero desconhecimento da lei, fato este inescusável; **B:** incorreta, pois a desistência voluntária pressupõe que o agente não prossiga nos atos executórios por ato voluntário (art. 15, CP). No caso relatado na alternativa, fica claro que ele somente não prosseguiu com os disparos em razão da falha da arma, motivo pelo qual deverá responder por tentativa de homicídio, desde que a vítima não tenha morrido; **C:** incorreta, pois na fase de execução penal, sobrevindo novas condenações, estas serão unificadas (art. 75, §2º, CP; art. 111, parágrafo único, Lei 7.210/1984 - LEP), não sendo o caso de instauração de novo processo executivo para cada novo título condenatório; **D:** incorreta, pois prevalece nos Tribunais Superiores o entendimento de que haverá continuidade delitiva quando o intervalo de tempo entre os crimes for de até 30 (trinta) dias (por todos, confira-se HC 175815 RS 2010/0105871-0, Rel. Maria Thereza de Assis Moura, 6ª T. do STJ, DJe 19/03/2012); **E:** incorreta, pois predomina o entendimento segundo o qual o agente, na *aberratio ictus* (erro na execução) com unidade complexa (produção de dois ou mais resultados), responderá em concurso formal impróprio (ou imperfeito) caso tenha agido com dolo eventual com relação a terceiros. Neste caso, as penas dos crimes serão somadas. Somente responderá em concurso formal próprio (ou perfeito) se, com relação aos terceiros, tiver agido com culpa. **AT**
Gabarito "A".

(Magistratura/CE – 2012 – CESPE) Com referência a prescrição, punibilidade e foro, assinale a opção correta.

(A) Tratando-se de processos que envolvam agentes aos quais seja garantida prerrogativa de foro perante o STJ e o STF, o oferecimento da denúncia interromperá o curso da prescrição, conforme previsão legal específica.

(B) Se o acusado de crime de instigação ao suicídio tiver prerrogativa de função prevista na constituição estadual, ele deverá ser processado perante foro especial, ou seja, perante o tribunal de justiça do respectivo estado.

(C) A denominada prescrição antecipada, ou virtual, que se baseia na possível pena a ser aplicada ao agente em caso de condenação, deve ser reconhecida, conforme previsto no CP, antes da imposição da pena no caso concreto.

(D) Compete ao STF processar e julgar originariamente os ministros de Estado nas infrações penais comuns e nos crimes de responsabilidade.

(E) Se, em um processo que tramita há anos, for imposta ao acusado condenação pela pena mínima cominada, será possível que a pretensão punitiva dos crimes prescreva; entretanto, a condenação será considerada para efeitos de reincidência, conforme o lapso temporal transcorrido.

A: incorreta, pois o art. 117, I, do CP prevê que a interrupção da prescrição ocorrerá com o recebimento (e não oferecimento) da denúncia ou queixa, pouco importando se se trata de processo de competência

originária do STJ ou STF em virtude da prerrogativa de foro dos agentes delitivos; **B:** incorreta, pois, de acordo com a Súmula 721 do STF (que deu origem à Súmula Vinculante 45), a competência constitucional do Tribunal do Júri prevalece sobre o foro por prerrogativa de função estabelecido exclusivamente pela constituição estadual; **C:** incorreta, e por dois motivos: i) a prescrição antecipada ou virtual não tem (e nunca teve) previsão legal, tratando-se de uma construção doutrinária e jurisprudencial; ii) com o advento da Súmula 438 do STJ, consolidou-se o entendimento de que não se pode reconhecer a prescrição fundada em pena hipotética; **D:** correta (art. 102, I, "c", da CF); **E:** incorreta, pois a prescrição da pretensão punitiva tem o efeito de "rescindir" a condenação, apagando, portanto, todos os seus efeitos penais, inclusive os secundários (dentre eles, a reincidência). **AT**
Gabarito "D".

(Magistratura/CE – 2012 – CESPE) Em relação às teorias do crime e à legislação especial, assinale a opção correta.

(A) Conforme entendimento jurisprudencial, é suficiente, para fundamentar a aplicação do direito penal mínimo, a presença de um dos seguintes elementos: mínima ofensividade da conduta do agente, ínfima periculosidade da ação, ausência total de reprovabilidade do comportamento e mínima expressividade da lesão jurídica ocasionada.

(B) A coculpabilidade, expressamente admitida na lei penal como uma das hipóteses de aplicação da atenuante genérica, consiste em reconhecer que o Estado também é responsável pelo cometimento de determinados delitos quando o agente possui menor autodeterminação diante das circunstâncias do caso concreto, especificamente no que se refere às condições sociais e econômicas.

(C) A teoria constitucionalista do delito, que integra o direito penal à CF, enfoca o delito como ofensa, concreta ou abstrata, a bem jurídico protegido constitucionalmente, havendo crime com ou sem lesão ou perigo de lesão ao bem jurídico relevante.

(D) Idealizado por Günther Jakobs, o direito penal do inimigo é entendido como um direito penal de terceira velocidade, por utilizar a pena privativa de liberdade, mas permitir a flexibilização de garantias materiais e processuais, podendo ser observado, no direito brasileiro, em alguns institutos da lei que trata dos crimes hediondos e da que trata do crime organizado.

(E) O abolicionismo, ou minimalismo penal, prega a eliminação total, do ordenamento jurídico penal, da pena de prisão como meio de controle social formal e a sua substituição por outro mecanismo de controle.

A: incorreta, pois, de acordo com o STF, o princípio da insignificância (decorrente da aplicação do direito penal mínimo), para ser reconhecido, exige a conjugação dos seguintes vetores: i) mínima ofensividade da conduta do agente; ii) nenhuma periculosidade social da ação; iii) reduzido grau de reprovabilidade do comportamento; iv) inexpressividade da lesão jurídica provocada; **B:** incorreta, pois a coculpabilidade, bastante difundida por Zaffaroni, não vem expressamente reconhecida como uma das atenuantes genéricas previstas no art. 65 do CP. Se tanto, poderia ser reconhecida como atenuante inominada (art. 66 do CP); **C:** incorreta, pois a teoria constitucionalista do delito preconiza que o Direito Penal somente poderá entrar em cena diante de condutas capazes de causar lesão (ou perigo de lesão) aos bens jurídicos tutelados pela norma incriminadora, constituindo-se em indiferentes penais aquelas condutas que não produzirem uma afetação concreta e intolerável a um bem jurídico com relevância penal; **D:** correta. De fato, o jurista alemão Günther Jakobs idealizou o denominado "direito penal do inimigo", que, em síntese, preconiza que àquelas pessoas consideradas "de bem" (cidadãos, portanto), deverão ser observadas todas as garantias penais e processuais penais, ao passo que àquelas consideradas "inimigas" (não cidadãos), haverá uma flexibilização (e até supressão) de garantias materiais e processuais. Referida teoria ganhou enorme força após o fatídico "11 de Setembro" (ataque terrorista às torres gêmeas em Nova Iorque), estimulando a produção legislativa "antiterror". No Brasil, há quem sustente que algumas normas têm traços de um "direito penal do inimigo", tal como se vê com o tratamento mais rigoroso que se dá aos crimes hediondos e ao crime organizado; **E:** incorreta, pois o abolicionismo penal, como o nome sugere, prega a total extinção da punição criminal como forma de controle de condutas ilícitas, sem a possibilidade de instituição de mecanismos mais brandos do que as penas. Enfim, pregam a extinção do direito penal (e não somente da pena de prisão). **AT**

Gabarito "D".

(Magistratura/CE – 2012 – CESPE) Com base no direito penal, assinale a opção correta.

(A) Conforme o CP, a desistência voluntária é compatível com a tentativa acabada e incompatível com a tentativa inacabada ou imperfeita.

(B) Em se tratando de crimes omissivos impróprios, admite-se a tentativa.

(C) Caso a consumação do crime seja impedida por impropriedade relativa do objeto, a tentativa será impunível.

(D) De acordo com a teoria unitária, adotada no CP, admite-se, excepcionalmente, o concurso de agentes após a consumação do delito, ainda que não haja vínculo subjetivo entre os agentes.

(E) Tanto o arrependimento eficaz quanto o arrependimento posterior constituem causa de diminuição de pena.

A: incorreta. Na desistência voluntária (art. 15, primeira parte, do CP), o agente inicia a execução do crime, desistindo de prosseguir com atos de execução quando estes ainda poderiam ser praticados, conduta esta compatível com a tentativa imperfeita (ou inacabada). Já o arrependimento eficaz (art. 15, segunda parte, do CP) é compatível com a tentativa perfeita (ou acabada, ou crime falho), tendo em vista que o agente, após esgotar todos os atos executórios, arrepende-se e pratica ato impeditivo da consumação; **B:** correta. Os crimes omissivos impróprios (ou impuros, ou espúrios, ou comissivos por omissão) são aqueles que derivam da inobservância, pelo agente, de um dever jurídico de agir para impedir o resultado (art. 13, §2°, do CP). De fato, na omissão imprópria (diferente da omissão própria), é admissível a configuração da tentativa; **C:** incorreta. A tentativa somente será impunível se a impropriedade do objeto for absoluta (crime impossível – art. 17 do CP); **D:** incorreta, pois o concurso de agentes exige que o liame subjetivo entre eles seja estabelecido antes da consumação, sob pena de caracterização de crime autônomo (ex.: favorecimento pessoal); **E:** incorreta. O arrependimento eficaz é causa de atipicidade da tentativa (art. 15 do CP), ao passo que o arrependimento posterior (art. 16 do CP) é, agora sim, causa de diminuição de pena. **AT**

Gabarito "B".

(Magistratura/ES – 2011 – CESPE) Em relação aos crimes impossível, doloso, culposo e preterdoloso, assinale a opção correta.

(A) O delito preterdoloso ocorre quando o agente quer praticar um crime e, por excesso, produz culposamente um resultado mais grave que o desejado inicialmente, como ocorre, invariavelmente, no delito de latrocínio.

(B) O delito putativo por erro de tipo é espécie de crime impossível, dada a impropriedade absoluta do objeto, e ocorre quando o agente não sabe, devido a um erro de apreciação da realidade, que está cometendo um delito.

(C) Se um agente público exigir vantagem econômica indevida de um cidadão, a fim de não lavrar auto de infração de trânsito e as autoridades policiais, previamente alertadas, efetuarem a prisão em flagrante do agente antes da entrega programada da quantia acertada, configurar-se-á crime impossível por ineficácia absoluta do meio empregado.

(D) Não há crime comissivo por omissão sem que exista o especial dever jurídico de impedir o dano ou o perigo ao bem jurídico tutelado, sendo, também, indispensável, nos delitos comissivos por omissão dolosa, a vontade de omitir a ação devida.

(E) Não é admitida, no ordenamento jurídico brasileiro, a possibilidade do concurso de pessoas incorrem crime culposo, que ocorre mediante a comprovação do vínculo psicológico entre a cooperação consciente de alguém e a conduta culposa de outrem.

A: incorreta. A despeito de o resultado agravador "morte", no caso do latrocínio, poder advir de culpa do agente, é certo que a doutrina admite que também haja dolo na provocação da morte da vítima. Em simples palavras, a morte, no latrocínio, poderá ser provocada por dolo ou culpa do agente (somente neste último caso é que se fala em preterdolo); **B:** incorreta. Não se confunde o delito putativo por erro de tipo com o crime impossível. No primeiro caso, o agente pratica uma conduta acreditando, erroneamente, ser típica, quando, em verdade, é atípica. Já no crime impossível, o agente não incide propriamente em erro, mas jamais alcançará a consumação do crime em razão da ineficácia absoluta do meio empregado ou impropriedade absoluta do objeto material; **C:** incorreta, pois a exigência de indevida vantagem econômica por funcionário público configura o crime de concussão (art. 316 do CP), sabidamente considerado formal ou de consumação antecipada. Destarte, atingirá o seu momento consumativo no momento da exigência, pelo funcionário público, da vantagem indevida, pouco importando se esta será, de fato, entregue ao agente; **D:** correta. Os crimes omissivos impróprios, ou impuros, ou comissivos por omissão, pressupõem, de fato, que o agente delitivo se omita diante de um dever jurídico de agir para impedir determinado resultado danoso (art. 13, §2°, do CP). Assim, no caso dos crimes omissivos impróprios dolosos, o agente, com vontade livre e consciente, deixará de agir, respondendo, portanto, pelo resultado que houver deixado de evitar; **E:** incorreta, pois é pacífica na doutrina a admissibilidade de concurso de pessoas nos crimes culposos (porém, apenas poderá ser reconhecida a coautoria). **AT**

Gabarito "D".

(Magistratura/MG – 2012 – VUNESP) Leia atentamente as assertivas a seguir.

I. Pode-se afirmar que, na história do Direito Penal Brasileiro, as Ordenações Filipinas foram substituídas pelo Código Criminal do Império de 1830.

II. A interpretação da lei é autêntica contextual quando o julgador, dentro de um determinado contexto fático, aplica-a.

3. DIREITO PENAL

III. O agente que, voluntariamente, desiste de prosseguir na execução ou impede que o resultado se produza, só responde pelo crime tentado.

IV. O erro sobre o elemento constitutivo do tipo legal de crime exclui o dolo, mas permite a punição por crime culposo, se previsto em lei.

Está correto apenas o que se afirma em

(A) I e II.

(B) I e IV.

(C) III e IV.

(D) I, III e IV.

I: correta. De fato, quando D. João VI desembarcou no Brasil, em 1808, estavam em vigor as Ordenações Filipinas, que vigoraram até a edição do primeiro Código Penal em nosso país, qual seja, o Código Criminal do Império, datado de 16 de dezembro de 1830; **II:** incorreta. Considera-se interpretação autêntica aquela realizada pelo próprio autor do preceito que se pretende interpretar. Diz-se contextual quando referida interpretação já estiver contida na própria legislação a ser interpretada (ex.: conceito de funcionário público – art. 327 do CP). Fala-se, também, em interpretação autêntica posterior, que, como o próprio nome sugere, decorre de legislação superveniente que irá interpretar legislação anterior; **III:** incorreta, pois o agente que desiste de prosseguir na execução do crime (desistência voluntária) ou impede sua consumação (arrependimento eficaz), não responderá pela tentativa, mas, sim, pelos atos já praticados; **IV:** correta (art. 20, *caput*, do CP). Trata-se do erro de tipo essencial, que, escusável ou inescusável, sempre afastará o dolo. Porém, sendo o erro inescusável (ou vencível, ou evitável), o agente responderá por culpa, desde que tal forma esteja expressa em lei. **AT**

Gabarito "B".

(Juiz – TRF 4ª Região – 2016) Dadas as assertivas abaixo, assinale a alternativa correta.

Com base na orientação jurisprudencial do Superior Tribunal de Justiça e do Supremo Tribunal Federal:

I. Das várias teorias que buscam justificar o dolo eventual, sobressai a teoria do consentimento (ou da assunção), consoante a qual o dolo exige que o agente consinta em causar o resultado, além de considerá-lo como possível. A questão central diz respeito à distinção entre dolo eventual e culpa consciente, que, como se sabe, apresentam aspecto comum: a previsão do resultado ilícito.

II. O direito penal brasileiro encampou a teoria da ficção jurídica para justificar a natureza do crime continuado (art. 71 do Código Penal). Por força de uma ficção criada por lei, justificada em virtude de razões de política criminal, a norma legal permite a atenuação da pena criminal, ao considerar que as várias ações praticadas pelo sujeito ativo são reunidas e consideradas fictamente como delito único.

III. Embora, em rigor, o indulto só devesse ser dado – como causa, que é, de extinção de punibilidade – depois do trânsito em julgado da sentença condenatória, a jurisprudência do Supremo Tribunal Federal inclina-se pelo cabimento da concessão do indulto antes de a sentença condenatória transitar em julgado, desde que não mais caiba recurso de apelação.

IV. A insignificância, enquanto princípio, se revela, conforme a visão de Roxin, importante instrumento que

objetiva, ao fim e ao cabo, restringir a aplicação literal do tipo formal, exigindo-se, além da contrariedade normativa, a ocorrência efetiva de ofensa relevante ao bem jurídico tutelado.

(A) Estão corretas apenas as assertivas I e II.

(B) Estão corretas apenas as assertivas I e IV.

(C) Estão corretas apenas as assertivas II e III.

(D) Estão corretas apenas as assertivas III e IV.

(E) Estão corretas todas as assertivas.

I: correta. Conferir o seguinte julgado do STF: "(...) O dolo eventual compreende a hipótese em que o sujeito não quer diretamente a realização do tipo penal, mas a aceita como possível ou provável (assume o risco da produção do resultado, na redação do art. 18, I, *in fine*, do CP). 4. Das várias teorias que buscam justificar o dolo eventual, sobressai a teoria do consentimento (ou da assunção), consoante a qual o dolo exige que o agente consinta em causar o resultado, além de considerá-lo como possível. 5. A questão central diz respeito à distinção entre dolo eventual e culpa consciente que, como se sabe, apresentam aspecto comum: a previsão do resultado ilícito. No caso concreto, a narração contida na denúncia dá conta de que o paciente e o corréu conduziam seus respectivos veículos, realizando aquilo que coloquialmente se denominou "pega" ou "racha", em alta velocidade, em plena rodovia, atingindo um terceiro veículo (onde estavam as vítimas). 6. Para configuração do dolo eventual não é necessário o consentimento explícito do agente, nem sua consciência reflexiva em relação às circunstâncias do evento. Faz-se imprescindível que o dolo eventual se extraia das circunstâncias do evento, e não da mente do autor, eis que não se exige uma declaração expressa do agente. 7. O dolo eventual não poderia ser descartado ou julgado inadmissível na fase do *iudicium accusationis*. Não houve julgamento contrário à orientação contida na Súmula 07, do STJ, eis que apenas se procedeu à revaloração dos elementos admitidos pelo acórdão da Corte local, tratando-se de *quaestio juris*, e não de *quaestio facti*. 8. Habeas corpus denegado" (HC 91159, Rel. Min. Ellen Gracie, 2ª Turma, j. 02.09.2008); **II:** correta. Nesse sentido, conferir: "O Direito Penal brasileiro encampou a teoria da ficção jurídica para justificar a natureza do crime continuado (art. 71, do Código Penal). Por força de uma ficção criada por lei, justificada em virtude de razões de política criminal, a norma legal permite a atenuação da pena criminal, ao considerar que as várias ações praticadas pelo sujeito ativo são reunidas e consideradas fictamente como delito único" (HC 91370, Rel. Min. Ellen Gracie, 2ª Turma, j. 20.05.2008); **III:** correta. Conferir: "A jurisprudência do STF já não reclama o trânsito em julgado da condenação nem para a concessão do indulto, nem para a progressão de regime de execução, nem para o livramento condicional (HC 76.524, DJ 29.08.83, Pertence)" (HC 87801, Rel. Min. Sepúlveda Pertence, 1ª Turma, j. 02.05.2006, *DJ* 26.05.2006); **IV:** correta. "A insignificância, enquanto princípio, revela-se, na visão de Roxin, importante instrumento que objetiva restringir a aplicação literal do tipo formal, exigindo-se, além da contrariedade normativa, a ocorrência efetiva de ofensa relevante ao bem jurídico tutelado" (HC 285.055/MT, Rel. Min. Rogerio Schietti Cruz, 6ª Turma, j. 20.05.2014, *DJe* 29.05.2014). **ED**

Gabarito "E".

(Juiz – TRF 4ª Região – 2016) Assinale a alternativa correta.

(A) Atualmente, prevalece no Supremo Tribunal Federal e no Superior Tribunal de Justiça o entendimento no sentido de que o princípio constitucional da autodefesa não aproveita àquele que se atribui falsa identidade, perante a autoridade policial, com o objetivo de ocultar seus maus antecedentes; logo, tal conduta é penalmente típica.

(B) No Código Penal brasileiro, que segue a teoria monista, o agente público que, com infração de seu

220 EDUARDO DOMPIERI E ARTHUR TRIGUEIROS

dever funcional, facilita a prática do descaminho responde, em coautoria, pelo delito de descaminho.

(C) O delito de corrupção passiva não se consuma se o funcionário público não chega a receber a vantagem indevida que, em razão do cargo que ocupa, ele solicitou.

(D) Na dicção do Superior Tribunal de Justiça, é típica a conduta de firmar ou usar declaração de pobreza falsa em juízo, com a finalidade de obter o reconhecimento de seu direito à assistência judiciária gratuita.

A: correta. De fato, prevalece o entendimento de que a conduta do agente que, com o propósito de esconder condenações anteriores, atribui a si identidade falsa comete o crime do art. 307 do CP. Nesse sentido a Súmula 522 do STJ: "A conduta de atribuir-se falsa identidade perante autoridade policial é típica, ainda que em situação de alegada autodefesa"; **B:** incorreta, pois o servidor que assim agir estará incurso nas penas do crime próprio de *facilitação de contrabando ou descaminho*, previsto no art. 318 do CP, que consiste em o *intraneus* viabilizar (tornar mais fácil) o cometimento do delito do art. 334 do CP (contrabando ou descaminho) pelo particular. De ver-se que tal previsão traduz exceção à teoria monista; **C:** incorreta. Sendo crime formal, a corrupção passiva (art. 317, CP) se consuma com a mera solicitação/recebimento/aceitação de promessa, sendo desnecessário que o funcionário público obtenha a vantagem por ele perseguida; se obtiver, configurada estará hipótese de exaurimento do crime; **D:** incorreta: "O entendimento do Superior Tribunal de Justiça é no sentido de que a mera declaração de estado de pobreza para fins de obtenção dos benefícios da justiça gratuita não é considerada conduta típica, diante da presunção relativa de tal documento, que comporta prova em contrário "(RHC 24.606/RS, Rel. Min. Nefi Cordeiro, 6ª Turma, DJe 02/06/2015). *In casu*, o ora agravante foi denunciado por falsidade ideológica (art. 299 do Código Penal), por ter firmado falsamente declaração de pobreza, com o fito de obter o benefício da justiça gratuita. Após receber a peça exordial, o Magistrado determinou a intimação do acusado para comparecer à audiência de proposta de suspensão condicional do processo, sem antes apreciar as teses aventadas pela Defesa na resposta à acusação, dentre as quais sustentava-se que a conduta praticada era atípica" (AgRg no RHC 43.279/SP, Rel. Min. Ribeiro Dantas, 5ª Turma, j. 13.12.2016, *DJe* 19.12.2016). **ED**

„A" otiɹɐqɐפ

(Juiz – TRF 4ª Região – 2016) Assinale a alternativa correta.

(A) O atual entendimento do Superior Tribunal de Justiça é no sentido de que o uso de arma de brinquedo, na prática do delito de roubo, não autoriza a incidência da causa especial de aumento de pena baseada no emprego de arma.

(B) O agente que, de posse de cartão de débito clonado, o utiliza para realizar saques fraudulentos na conta corrente bancária da vítima, na Caixa Econômica Federal, pratica o delito de estelionato.

(C) No julgamento da Ação Penal nº 470, o Plenário do Supremo Tribunal Federal adotou o entendimento no sentido de que são atípicos os depósitos em moeda estrangeira, em contas bancárias no exterior, realizados por meio do sistema "dólar-cabo", pois, para a materialização do delito de evasão de divisas, é imprescindível a saída física de moeda do território nacional.

(D) No crime de supressão ou redução ilícita de tributo, que é considerado crime material contra a ordem tributária, a prescrição da pretensão punitiva do Estado

começa a fluir no dia seguinte ao dia do vencimento do tributo ilicitamente suprimido ou reduzido.

(E) Por não possuir a qualidade de funcionário público, quem trabalha, como empregado celetista, para uma empresa privada, prestadora de serviços, contratada para a execução de atividade típica da administração pública, não pode responder por crime que se insira na categoria dos crimes praticados por funcionários públicos contra a administração pública.

A: correta. Hodiernamente, é tranquilo o entendimento dos tribunais superiores no sentido de que o emprego de arma de brinquedo, no contexto do crime de roubo, não autoriza o reconhecimento da causa de aumento prevista no art. 157, §2º, I, do CP. Lembremos que a Súmula 174, do STJ, que consolidava o entendimento pela incidência da majorante em casos assim, foi cancelada em 24 de outubro de 2001, apontando, portanto, mudança de posicionamento; **B:** incorreta, já que a conduta descrita corresponde, conforme entende a jurisprudência, ao crime de *furto mediante fraude*, e não *estelionato*. Nesse sentido: "1. O furto mediante fraude não se confunde com o estelionato. A distinção se faz primordialmente com a análise do elemento comum da fraude que, no furto, é utilizada pelo agente com o fim de burlar a vigilância da vítima que, desatenta, tem seu bem subtraído, sem que se aperceba; no estelionato, a fraude é usada como meio de obter o consentimento da vítima que, iludida, entrega voluntariamente o bem ao agente. 2. Hipótese em que o Acusado se utilizou de equipamento coletor de dados, popularmente conhecido como "chupa-cabra", para copiar os dados bancários relativos aos cartões que fossem inseridos no caixa eletrônico bancário. De posse dos dados obtidos, foi emitido cartão falsificado, posteriormente utilizado para a realização de saques fraudulentos. 3. No caso, o agente se valeu de fraude – clonagem do cartão – para retirar indevidamente valores pertencentes ao titular da conta bancária, o que ocorreu, por certo, sem o consentimento da vítima, o Banco. A fraude, de fato, foi usada para burlar o sistema de proteção e de vigilância do Banco sobre os valores mantidos sob sua guarda, configurando o delito de furto qualificado (...)" (REsp 1412971/PE, Rel. Min. Laurita Vaz, 5ª Turma, j. 07.11.2013, *DJe* 25.11.2013); **C:** incorreta. Conferir: "A materialização do delito de evasão de divisas prescinde da saída física de moeda do território nacional. Por conseguinte, mesmo aceitando-se a alegação de que os depósitos em conta no exterior teriam sido feitos mediante as chamadas operações "dólar-cabo", aquele que efetua pagamento em reais no Brasil, com o objetivo de disponibilizar, através do outro que recebeu tal pagamento, o respectivo montante em moeda estrangeira no exterior, também incorre no ilícito de evasão de divisas. Caracterização do crime previsto no art. 22, parágrafo único, primeira parte, da Lei 7.492/1986, que tipifica a conduta daquele que, "a qualquer título, promove, sem autorização legal, a saída de moeda ou divisa para o exterior" (AP 470, Rel. Min. Joaquim Barbosa, Tribunal Pleno, j. 17.12.2012); **D:** incorreta. Na jurisprudência: "Enquanto não se constituir, definitivamente, em sede administrativa, o crédito tributário, não se terá por caracterizado, no plano da tipicidade penal, o crime contra a ordem tributária, tal como previsto no art. 1º da Lei nº 8.137/90. Em consequência, e por ainda não se achar configurada a própria criminalidade da conduta do agente, sequer é lícito cogitar-se da fluência da prescrição penal, que somente se iniciará com a consumação do delito (CP, art. 111, I)" (HC 86032, Rel. Min. Celso de Mello, 2ª Turma, j. 04.09.2007); **E:** incorreta, uma vez que contraria o disposto no art. 327, §1º, do CP. **ED**

„A" otiɹɐqɐפ

(Juiz – TRF 2ª Região – 2017) Assinale a opção correta:

(A) A doutrina dominante aponta que, em regra, o crime culposo admite tentativa, especialmente quando a culpa é própria.

3. DIREITO PENAL

(B) Se "A" determina que "B" aplique uma surra em "C", e este, ao executar a ação, excede-se, causando a morte de "C", o Código Penal Brasileiro determina que ambos respondam por homicídio, em decorrência da adoção do sistema monista no concurso de pessoas.

(C) O erro de tipo exclui a ilicitude, mas permite a punição culposa do fato, quando vencível.

(D) No concurso de crimes, o cálculo da prescrição da pretensão punitiva considera o acréscimo decorrente do concurso formal, material ou da continuidade delitiva.

(E) Se vigorava lei mais benéfica, depois substituída por lei mais grave, hoje vigente, é a lei mais grave que será aplicada ao crime continuado ou ao crime permanente, se a sua vigência foi iniciada antes da cessação da continuidade.

A: incorreta. Em regra, o crime culposo não comporta o *conatus*, uma vez que, nesta modalidade de delito, o resultado antijurídico não é desejado pelo agente; agora, sendo a culpa imprópria, é possível, em princípio, a ocorrência de tentativa; **B:** incorreta. Cuida-se de hipótese de cooperação dolosamente distinta, prevista no art. 29, §2º, do CP, que, excepcionando a teoria monista, que constitui a regra no contexto do concurso de pessoas (art. 29, "caput", CP), estabelece que o concorrente que desejar participar de delito menos grave do que aquele que de fato foi praticado por ele (crime menos grave) deverá responder; **C:** incorreta. O erro de tipo, conforme expressa previsão contida no art. 20, "caput", do CP, exclui o dolo, que é elemento constitutivo do fato típico; logo, não há crime; não há repercussão, portanto, no campo da ilicitude (antijuridicidade); **D:** incorreta, pois contraria o que estabelece o art. 119 do CP; **E:** correta, pois reflete o entendimento firmado na Súmula 711 do STF: "A lei penal mais grave aplica-se ao crime continuado ou ao crime permanente, se a sua vigência é anterior à cessação da continuidade ou da permanência". **ED**

Gabarito "E".

(Magistratura Federal/2ª região – 2011 – CESPE) Assinale a opção correta a respeito do concurso de pessoas e de crimes, da relação de causalidade e do crime continuado.

(A) Com relação ao concurso de pessoas, no CP, tal como no sistema monístico ou unitário, distinguem-se punibilidade de autoria e de participação. Caso ocorra arrependimento do partícipe que tenha instigado ou induzido o autor à prática da infração e este tenha decidido pelo cometimento do delito, somente não será responsabilizado o partícipe se conseguir impedir que o autor realize a conduta criminosa.

(B) De acordo com a teoria do domínio do fato no âmbito dos delitos culposos, a autoria imediata equipara-se à coautoria, visto que autor e coautor nas consequências do delito são aqueles que executam parte necessária do plano global, o domínio funcional do fato, que, embora não seja ato típico, integra a resolução previamente acordada da prática do crime.

(C) No que se refere ao concurso material de crimes, adota-se, no sistema penal brasileiro, a teoria da absorção, de acordo com a qual a pena do delito maior absorve a sanção penal do menos grave; no tocante ao crime continuado e ao concurso formal perfeito, adota-se o sistema da exasperação.

(D) No sistema penal brasileiro, adota-se, no que diz respeito à relação de causalidade, a teoria da

equivalência causal, caracterizada pelo fato de o agente utilizar-se conscientemente das condições para justificar sua conduta criminosa, considerada a energia humana necessária para ocorrer o resultado pretendido, do qual deriva a responsabilidade penal. Essa teoria deixa nítida a distinção entre e condições. *causa efficiens*

(E) A doutrina contemporânea registra como necessária a presença de alguns elementos para a caracterização do crime continuado, entre os quais se incluem o fator psicológico ou dolo unitário e a habitualidade da infração, no aspecto subjetivo, e, no objetivo, a identidade do bem jurídico tutelado e do tipo penal, além de mesma titularidade da vítima.

A: correta. De fato, pela teoria monista ou unitária de concurso de pessoas, todos aqueles que concorrerem para a prática de um crime, por ele responderão, na medida de sua culpabilidade. No tocante à participação, adota-se a teoria da acessoriedade limitada, segundo a qual o partícipe somente responderá se houver concorrido para o cometimento de um fato típico e ilícito pelo autor. Destarte, se o partícipe, arrependido de ter induzido ou instigado o autor a cometer determinado crime, conseguir impedi-lo de realizar a conduta criminosa, não haverá punibilidade. Para tanto, basta verificar o que dispõe o art. 31 do CP: "O ajuste, a determinação ou instigação e o auxílio, salvo disposição expressa em contrário, não são puníveis, se o crime não chega, pelo menos, a ser tentado". Portanto, imprescindível para a punição do partícipe que o autor tenha, ao menos, iniciado a execução típica; **B:** incorreta. De pronto, a assertiva contida na alternativa em comento poderia ser excluída pelo candidato. Bastaria lembrar que a teoria do domínio do fato, concebida por Hans Welzel, preconiza ser autor aquele que controla finalisticamente todas as circunstâncias que permeiam a empreitada criminosa, ainda que não realize a ação nuclear contida no tipo penal. Inviável imaginarmos a aplicação dessa teoria para os crimes culposos, pois nestes o resultado final decorrente da conduta imprudente, negligente ou imperita não é desejado pelo agente; **C:** incorreta. No concurso material, as penas de cada um dos crimes serão somadas (art. 69 do CP), incidindo o critério do cúmulo material. No tocante ao crime continuado (art. 71 do CP) e ao concurso formal perfeito ou próprio, adotar-se-á, de fato, o critério da exasperação: no primeiro caso, aplicar-se-á a pena de um só dos crimes, se idênticas, ou a do mais grave, se distintos, aumentada de 1/6 (um sexto) a 2/3 (dois terços); já no segundo caso, aplicar-se-á a pena de um só dos crimes, se idênticas, ou a do mais grave, se distintos, aumentada de 1/6 (um sexto) até 1/2 (metade). Perceba que, em ambos os casos, a pena de um único crime será exasperada (daí falar-se em critério da exasperação); **D:** incorreta. Para a teoria da equivalência dos antecedentes (ou *conditio sine qua non*), adotada, como regra, pelo art. 13, *caput*, do CP, considera-se causa toda ação ou omissão sem a qual o resultado não teria se produzido. Assim, em simples palavras, causa será tudo aquilo que houver concorrido para o resultado material. Para essa teoria, inexistem diferenças entre causas e condições, estas últimas consideradas como todos os fatores que autorizam à causa a produção de seus efeitos (Cleber Masson - *Direito Penal Esquematizado*, 7ª ed., vol. 1, Ed. Método, p. 232); **E:** incorreta. De acordo com parcela da doutrina, a continuidade delitiva deverá ser reconhecida diante da presença dos requisitos objetivos previstos no art. 71 do CP (teoria objetiva pura), tal como enuncia, inclusive, o item 59 da Exposição de Motivos da Parte Geral do CP: *"o critério da teoria puramente objetiva não revelou na prática maiores inconvenientes, a despeito das objeções formuladas pelos partidários da teoria objetivo-subjetiva"*. Esta não é, porém, a posição de doutrinadores como Eugenio Raul Zaffaroni e Damásio de Jesus, que sustentam, para o reconhecimento do crime continuado, que os vários crimes parcelares resultem de um mesmo plano criminoso do agente (unidade de desígnio). Essa é, inclusive, a posição já adotada pelo STF (RHC 93.144/SP, Rel. Min. Menezes Direito, 1ª T., 18.03.2008; HC 109.730/RS, Rel. Min. Rosa Weber, 1ª T., 02.10.2012) e STJ (HC 93.440/SP, Rel. Min. Feliz Fischer, 5ª T., 21.02.2008). No tocante à habitualidade da infração, o entendimento é o de que sua verificação descaracterizará a continuidade delitiva. Assim, a chamada "deliquência habitual ou profissional" afasta o "nexo de continuidade" dos crimes subsequentes frente ao crime inicial, desmontando a teoria objetivo-subjetiva, que, como visto, preconiza que, além dos requisitos objetivos previstos no art. 71 do CP, a continuidade delitiva exigirá que os diversos delitos parcelares estejam "unidos" por um liame, um mesmo plano criminoso.

Gabarito "A".

(Magistratura Federal/3ª região – 2011 – CESPE) No tocante às respostas que a dogmática penal contemporânea oferece acerca das teorias do crime e da pena, assinale a opção correta.

(A) Segundo uma das teorias mais conhecidas de imputação objetiva, para atribuição do tipo objetivo ao agente, a criação ou o incremento de um risco proibido é insuficiente quando o resultado não provenha diretamente desse risco.

(B) Para a definição das fontes do especial dever de agir, fundamento da posição de garantidor, adota-se, no CP, o critério material puro.

(C) A pena criminal implica reprovação, expressa na ideia de retribuição de acordo com a culpabilidade, prevenção especial como intimidação e manutenção da confiança na ordem jurídica e, finalmente, prevenção geral como neutralização e correção do autor do crime.

(D) A aplicação da pena de multa ocorre em duas fases: na primeira, determina-se o valor do dia-multa; na segunda, a quantidade de dias-multa, atendendo-se, sobretudo, à situação econômica do autor.

(E) O conhecimento das características descritivas típicas da posição de garantidor é suficiente para fundamentar a omissão dolosa e dispensa a representação da possibilidade de realização da ação ordenada pelo preceito normativo.

A: correta. De fato, segundo a teoria da imputação objetiva, a atribuição do tipo objetivo ao agente dependerá da conjugação dos seguintes requisitos: i) criação – ou incremento - de um risco proibido e; ii) realização do risco no resultado. Assim, em apertada síntese, para que um resultado seja atribuído ao agente, será de rigor que ele pratique determinada ação ou omissão capaz de criar ou aumentar um risco, gerando real possibilidade de dano, mas desde que referido risco seja proibido pelo Direito. Ainda, para que se reconheça que a conduta perpetrada pelo agente gerou um risco, será necessário avaliar se a proibição da conduta é justificada para evitar a lesão a determinado bem jurídico por meio de determinado curso causal, os quais venham efetivamente a ocorrer (fim de proteção da norma); **B:** incorreta. O CP, tratando da omissão penalmente relevante (art. 13, § 2º, do CP), adotou o critério legal, segundo o qual compete à lei estabelecer quais são as hipóteses em que o agente tem o dever de agir. Assim, nas alíneas "a", "b" e "c", do referido dispositivo legal, constam as hipóteses em que existirá o dever de agir. No primeiro caso, haverá, por parte do agente, um dever legal de evitar determinado resultado lesivo à vítima (alínea

"a", do § 2º, do art. 13 do CP). No segundo caso, haverá a figura do "garante", assim considerada a situação do agente que, de outra forma (que não por determinação legal), tiver assumido a responsabilidade de impedir o resultado (alínea "b", do § 2º, do art. 13 do CP). Finalmente, fala-se em dever de agir por ingerência. Trata-se da situação em que o agente, com seu comportamento anterior, criou o risco da ocorrência do resultado, daí surgindo o dever de agir para impedi-lo (alínea "c", do § 2º, do art. 13 do CP); **C:** incorreta. De fato, a imposição da pena apresenta um viés marcadamente retributivo. Porém, sob o prisma da prevenção, esta é denominada de *geral*, ligando-se à ideia de intimidação coletiva, vale dizer, desestímulo dirigido a toda a coletividade, ciente de que, se cometida uma infração penal, a consequência será a imposição de sanção, ou *especial*, dirigida ao próprio agente infrator, tendo por objetivo maior evitar a recidiva na delinquência. Perceba o candidato que a alternativa em análise trouxe assertiva "invertida", ou seja, as explicações de prevenção geral e especial estão trocadas; **D:** incorreta. Muito embora seja adequada a afirmação de que a aplicação da pena de multa ocorre em duas fases (bifásica), é errada a explicação. Primeiramente, caberá ao juiz fixar a quantidade de multa (dias-multa), para, somente então, determinar o valor de cada dia-multa (art. 49, *caput*, e § 1º, do CP); **E:** incorreta. A omissão penalmente relevante somente produzirá a responsabilização criminal do agente se este, tendo o dever de agir, pudesse agir para evitar o resultado (art. 13, § 2º, do CP - *A omissão é penalmente relevante quando o omitente devia e podia agir para evitar o resultado...*).

Gabarito "A".

(Magistratura Federal/4ª região – VIII) O advogado constituído que se mostra negligente na defesa de seu cliente em ação penal, não apresentando defesa prévia, não comparecendo à audiência e nem se manifestando na fase do art. 500 do Código de Processo Penal:

(A) comete crime de prevaricação (CP, art. 319);

(B) comete crime de patrocínio infiel (CP, art. 355);

(C) não comete crime algum, mas mera infração disciplinar;

(D) comete crime de exercício de atividade com infração de decisão administrativa (CP, art. 205).

Antes de iniciarmos os comentários à questão, cabe-nos alertar que ela foi formulada antes do advento da Lei 11.719/2008, que revogou o art. 500 do CPP, alterando, profundamente, o capítulo atinente os procedimentos no processo penal. Feita tal consideração, vamos às alternativas. **A:** incorreta, pois o crime de prevaricação (art. 319 do CP) é considerado próprio, exigindo a condição de funcionário público do agente delitivo; **B:** incorreta, pois o crime de patrocínio infiel (art. 355 do CP), a despeito de exigir a condição de advogado, somente se caracteriza se o agente, nesta qualidade, trair o seu dever profissional, prejudicando interesse, cujo patrocínio, em juízo, lhe é confiado. Muito embora a "negligência" do advogado na condução da defesa criminal, deixando de comparecer a atos do processo e de apresentar peças processuais, possa parecer amoldar-se ao crime em comento, o fato é que se entende que o desleixo em sua atuação constitui infração disciplinar, censurável do ponto de vista da Ética Profissional (Estatuto da OAB), sem prejuízo da possibilidade de aplicação de multa de 10 (dez) a 100 (cem) salários-mínimos, consoante autoriza o art. 265, *caput*, do CPP; **C:** correta (Estatuto da OAB; art. 265 do CPP); **D:** incorreta, pois a negligência do advogado na condução da defesa criminal não se amolda ao art. 205 do CP (*Exercer atividade, de que está impedido por decisão administrativa*).

Gabarito "C".

4. Direito Processual Penal

Eduardo Dompieri

1. FONTES, PRINCÍPIOS GERAIS, EFICÁCIA DA LEI PROCESSUAL NO TEMPO E NO ESPAÇO

(Juiz – TJ/MS – VUNESP – 2015) Com relação ao Princípio Constitucional da Publicidade, com correspondência no Código de Processo Penal, é correto afirmar que

(A) a publicidade ampla e a publicidade restrita não constituem regras de maior ou menor valor no processo penal, cabendo ao poder discricionário do juiz a preservação da intimidade dos sujeitos processuais.

(B) a publicidade restrita tem regramento pela legislação infraconstitucional e não foi recepcionada pela Constituição Federal, que normatiza a publicidade ampla dos atos processuais como garantia absoluta do indivíduo.

(C) de acordo com o artigo 93, inciso IX, da Constituição Federal, com nova redação dada pela EC 45/2004, os atos processuais serão públicos, sob pena de nulidade, cabendo ao juiz limitar a presença, nas audiências, de partes e advogados.

(D) a publicidade restrita é regra geral dos atos processuais, ao passo que a publicidade ampla é exceção e ocorre nas situações expressas em lei, dependendo de decisão judicial no caso concreto.

(E) a publicidade ampla é regra geral dos atos processuais, ao passo que a publicidade restrita é exceção e ocorre nas situações expressas em lei, dependendo de decisão judicial no caso concreto.

No processo penal, vigora, como regra, a chamada publicidade *ampla* (absoluta ou irrestrita), tal como estabelecem os arts. 5º, LX, e 93, IX, ambos da CF, assim considerada aquela em que qualquer pessoa tem acesso irrestrito tanto aos atos processuais quanto aos processos. Tal publicidade, no entanto, que, repita-se, é, em regra, ampla, poderá ser submetida a restrições, hipótese em que o acesso será permitido tão somente a determinadas pessoas (partes e seus procuradores). Nesse caso, é de rigor que a restrição seja prevista em lei, tal como ocorre nos arts. 201, § 6º, e 792, § 1º, do CPP, porque constitui exceção. **ED** Gabarito "E".

(Juiz de Direito – TJM/SP – VUNESP – 2016) A respeito dos princípios processuais penais, é correto afirmar:

(A) a ausência de previsão de atividade instrutória do juiz em nosso ordenamento processual penal brasileiro decorre do princípio da imparcialidade do julgador.

(B) o direito ao silêncio, que está previsto na Constituição da República, em conformidade com a interpretação sedimentada, só se aplica ao acusado preso.

(C) o princípio da motivação das decisões e das sentenças penais se aplica a todas as decisões proferidas em sede de direito processual penal, inclusive no procedimento do Tribunal de Júri.

(D) o princípio do contraditório restará violado se entre a acusação e a sentença inexistir correlação.

(E) o princípio da verdade real constitui princípio supremo no processo penal, tendo valor absoluto, inclusive para conhecimento e para valoração das provas ilícitas.

A: incorreta. A atividade instrutória do juiz está expressamente contemplada no art. 156 do CPP. Com efeito, as modificações implementadas pela Lei 11.690/2008 no dispositivo acima mencionado ampliaram sobremaneira os poderes do juiz de determinar de ofício a produção da prova. Dessa forma, nada impede que o magistrado, com fulcro no art. 156, II, do CPP, com o propósito de esclarecer dúvida acerca de ponto relevante, determine, em caráter supletivo, diligências com o objetivo de se atingir a verdade real; **B:** incorreta. O direito ao silêncio, consagrado nos arts. 5º, LXIII, da CF e 186, *caput*, do CPP, alcança tanto o indiciado/acusado preso quanto aquele que solto estiver respondendo ao processo ou sendo investigado em inquérito; **C:** incorreta. O princípio da publicidade dos atos processuais, que constitui a regra e está contemplado no art. 93, IX, da CF, não alcança as decisões proferidas pelos jurados no julgamento perante o Tribunal Popular, que, por imposição de índole constitucional (art. 5º, XXXVIII, CF), são revestidas de sigilo; **D:** correta. Consiste o princípio da correlação na indispensável correspondência que deve existir entre o fato articulado na peça acusatória e o fato pelo qual o réu é condenado. A violação a este princípio, para além de violar o contraditório, acarreta a nulidade da sentença; **E:** incorreta. É bem verdade que o juiz, no processo penal, não deve conformar-se com a verdade trazida pelas partes; se restar ponto não esclarecido, é imperioso, em homenagem ao postulado da *busca* da verdade real, que ele atue nessa busca incessante; afinal, ao contrário do que se dá no âmbito do processo civil, está aqui em jogo a liberdade do acusado. No entanto, tal atividade do juiz não é irrestrita e ilimitada. Ela deve ser supletiva em relação à das partes e limitar-se à valoração das provas lícitas, entre outras restrições impostas pelo ordenamento jurídico. Não se trata, portanto, de um princípio absoluto. **ED** Gabarito "D".

(Magistratura/AM – 2013 – FGV) O princípio da duração razoável do processo está previsto na carta magna, devendo o Juiz zelar no sentido de que a pretensão punitiva seja decidida dentro de um prazo razoável.

Nesta linha, segundo a jurisprudência majoritária dos Tribunais Superiores, assinale a afirmativa incorreta.

(A) O eventual excesso de prazo da prisão cautelar deve ser analisado de acordo com a razoabilidade, sendo permitido ao juízo, em hipóteses excepcionais, diante

ED questões comentadas por: **Eduardo Dompieri**

das peculiaridades da causa, a extrapolação dos prazos previstos na lei processual penal, não podendo o excesso decorrer de mero cálculo aritmético.

(B) O Superior Tribunal de Justiça tem entendimento firmado no sentido de que eventual excesso de prazo no julgamento do recurso de apelação deve ser aferido em face da quantidade da pena imposta na sentença condenatória.

(C) Encerrada a instrução criminal, fica superada a alegação de constrangimento ilegal por excesso de prazo da prisão cautelar.

(D) Não constitui constrangimento ilegal o excesso de prazo na instrução provocado pela defesa.

(E) Não é possível o reconhecimento do excesso de prazo e o constrangimento ilegal após o acusado ter sido pronunciado.

A: correta. Nessa esteira, conferir: "RECURSO ORDINÁRIO EM *HABEAS CORPUS.* PROCESSUAL PENAL. CRIMES DE FORMAÇÃO DA QUADRILHA ARMADA E COMÉRCIO ILEGAL DE ARMA DE FOGO. PRISÃO PREVENTIVA. GARANTIA DA ORDEM PÚBLICA. NECESSIDADE DE INTERRUPÇÃO DA ATIVIDADE CRIMINOSA. FUNDAMENTAÇÃO SUFICIENTE. EXCESSO DE PRAZO PARA A FORMAÇÃO DA CULPA. INOCORRÊNCIA. FEITO COMPLEXO (23 ACUSADOS). CONDIÇÕES PESSOAIS FAVORÁVEIS. IRRELEVÂNCIA. RECURSO DESPROVIDO. 1. Interceptações telefônicas, judicialmente autorizadas, indicaram a existência de uma organização criminosa responsável pela prática de diversos crimes, dentre eles, tráfico ilícito de drogas, homicídios, crimes contra o patrimônio, tráfico de armas de fogo e munições e formação de quadrilha. Em tese, o Recorrente faria parte desse grupo e comercializava ilegalmente armas e munições com a quadrilha. Tais circunstâncias evidenciam a pertinência da manutenção da constrição cautelar em foco, como forma de garantir a ordem pública, dado que necessária a interrupção das atividades criminosas, em parte, fomentadas pelos armamentos fornecidos pelo Custodiado. 2. Perfeitamente aplicável, na espécie, o entendimento de que '[a] necessidade de se interromper ou diminuir a atuação de integrantes de organização criminosa enquadra-se no conceito de garantia da ordem pública, constituindo fundamentação cautelar idônea e suficiente para a prisão preventiva'(STF, HC 95.024/SP, 1.ª T., Rel. Min. Cármen Lúcia, *DJe* de 20.02.2009). 3. Os prazos indicados para a conclusão da instrução criminal servem apenas como parâmetro geral, pois variam conforme as peculiaridades de cada processo, razão pela qual a jurisprudência os tem mitigado, à luz do Princípio da Razoabilidade. A complexidade da causa em apreço (com 23 denunciados) e a necessidade de investigações de fatos ocorridos em duas Comarcas (Vitória de Santo Antão e Olinda) autorizam um certo prolongamento da instrução criminal. 4. As condições pessoais favoráveis, tais como primariedade, bons antecedentes, ocupação lícita e residência fixa, não têm o condão de, por si sós, desconstituir a custódia antecipada, caso estejam presentes outros requisitos de ordem objetiva e subjetiva que autorizem a decretação da medida extrema" (RHC 201301681245, Laurita Vaz, 5ª T., *DJe* 23.08.2013); **B:** correta. Conferir: "*HABEAS CORPUS* ORIGINÁRIO. ART. 157, § 2º, I, II E V, DO CP. EXCESSO DE PRAZO NO JULGAMENTO DA APELAÇÃO. NÃO OCORRÊNCIA. RAZOABILIDADE. ORDEM DENEGADA COM RECOMENDAÇÃO. 1. Conforme entendimento pacífico desta Corte Superior, eventual excesso de prazo deve ser analisado à luz do princípio da razoabilidade, sendo permitida ao juízo, em hipóteses excepcionais, ante as peculiaridades da causa, a extrapolação dos prazos previstos na lei processual penal, visto que essa aferição não resulta de simples operação aritmética. 2. Nada obstante constatado que a insurgência aguarda cerca de 1 (um) ano para ser julgada, não vislumbro delonga excessiva e desarrazoada a ensejar a concessão da

ordem. Com efeito, é cediço o entendimento desta Corte no sentido de que eventual excesso de prazo no julgamento do recurso de apelação deve ser aferido em face da quantidade de pena imposta na sentença condenatória - a qual, no caso, foi de 5 (cinco) anos e 7 (sete) meses de reclusão. Verifica-se, ainda, que o recurso teve andamento recente, sendo encaminhado à revisão, o que, por ora, rechaça a alegação formulada. 3. Possibilidade de execução provisória da pena e concessão de benefícios, mesmo na pendência de recurso. 4. *Habeas corpus* denegado, com recomendação de celeridade no julgamento do recurso de apelação interposto pela defesa." (HC 201300393887, Marco Aurélio Bellizze - 5ª T., *DJe* 16.04.2013); **C e D:** corretas. Conferir: "PROCESSUAL PENAL. EXCESSO DE PRAZO. OITIVA DE TESTEMUNHAS DE DEFESA POR PRECATÓRIA. INSTRUÇÃO ENCERRADA. PRISÃO PREVENTIVA. FUNDAMENTAÇÃO. 1. 'NÃO CONSTITUI CONSTRANGIMENTO ILEGAL O EXCESSO DE PRAZO NA INSTRUÇÃO, PROVOCADO PELA DEFESA' (SÚMULA 64 DO STJ). 2. 'ENCERRADA A INSTRUÇÃO CRIMINAL, FICA SUPERADA A ALEGAÇÃO DE CONSTRANGIMENTO ILEGAL POR EXCESSO DE PRAZO' (SÚMULA 52 DO STJ). 3. O *HABEAS CORPUS* NÃO É VIA ADEQUADA PARA O EXAME APROFUNDADO DE PROVAS. 4. PRISÃO PREVENTIVA DEVIDAMENTE FUNDAMENTADA NA EXTREMA VIOLÊNCIA UTILIZADA NA PRÁTICA DOS CRIMES DE ROUBO QUALIFICADO, ESTUPRO E ATENTADO VIOLENTO AO PUDOR, REVELANDO SER O PACIENTE PERIGOSO. 5. ORDEM DE *HABEAS CORPUS* INDEFERIDA" (HC 199600243638, Assis Toledo, 5ª T., *DJ* 05.08.1996, p. 26371); **E:** incorreta, devendo ser assinalada. Mesmo depois de pronunciado o acusado, é perfeitamente possível o relaxamento da custódia preventiva por excesso de prazo, a depender das peculiaridades do caso concreto. **ED**

Gabarito "E".

(Magistratura/AM – 2013 – FGV) Sobre a aplicação da Lei Processual Penal, é correto afirmar que

(A) no Brasil, adota-se integralmente o princípio da irretroatividade da lei processual penal, que impede que as inovações na norma processual penal sejam aplicadas de imediato para fatos praticados antes de sua entrada em vigor.

(B) ela admitirá interpretação extensiva e o suplemento de princípios gerais do direito, mas não a aplicação analógica.

(C) o processo penal reger-se-á, em todo o território brasileiro, pelo Código de Processo Penal, não havendo qualquer exceção prevista neste diploma.

(D) as normas previstas no Código de Processo Penal de natureza híbrida, ou seja, com conteúdo de direito processual e de direito material, devem respeitar o princípio que veda a aplicação retroativa da lei penal, quando seu conteúdo for prejudicial ao réu.

(E) ela admitirá interpretação extensiva e aplicação analógica, mas não o suplemento dos princípios gerais do direito.

A: incorreta. É fato que a lei processual penal será aplicada desde logo, sem prejuízo dos atos realizados sob o império da lei anterior. É o que estabelece o art. 2º do CPP. Tal regra, no entanto, comporta exceção, que fica por conta da lei processual penal dotada de carga material, em que deverá ser aplicado o que estabelece o art. 2º, parágrafo único, do CP. Nesse caso, a exemplo do que se dá com as leis penais, a norma processual nova, se favorável ao réu, deverá retroagir; se prejudicial, aplica-se a lei já revogada (*lex mitior*); **B:** incorreta, pois a lei processual penal admite, além da interpretação extensiva e do suplemento dos princípios gerais de direito, a aplicação analógica (art. 3º do CPP); **C:** incorreta. É verdade que a lei processual penal será, em

4. DIREITO PROCESSUAL PENAL

regra, aplicada às infrações penais praticadas em território nacional. É o chamado princípio da territorialidade, contido no art. 1º do CPP. Sucede que este mesmo dispositivo, em seus incisos, estabelece que este princípio não é absoluto, dado que há situações em que, a despeito de o fato ter ocorrido em território nacional, não terá incidência a lei processual penal brasileira. É o caso do diplomata a serviço de seu país de origem que vem a praticar infração penal no Brasil. Será afastada, aqui, por força da Convenção de Viena, diploma ao qual o Brasil aderiu, a incidência da lei processual penal brasileira. Pode-se afirmar, pelo que acima foi dito, que o princípio da territorialidade não é absoluto, já que comporta exceções; **D:** correta. Isso porque, se a lei processual penal possuir aspectos de direito material (penal), terá incidência, segundo entendimento majoritário da doutrina e da jurisprudência, a regra contemplada nos arts. 5º, XL, da CF/1988 e 2º, parágrafo único, do CP. É dizer, sendo o conteúdo penal da lei híbrida mais favorável ao agente, haverá retroação; se for prejudicial, não retroagirá; **E:** incorreta, porquanto são admitidos interpretação extensiva, aplicação analógica e suplemento dos princípios gerais de direito (art. 3º do CPP). ED
Gabarito "D".

(Magistratura/BA – 2012 – CESPE) Assinale a opção correta considerando a aplicação da lei processual penal.

(A) O foro por prerrogativa de função estabelecido exclusivamente pela constituição estadual não prevalece sobre a competência constitucional do tribunal do júri.

(B) A lei processual aplica-se de imediato, devendo-se respeitar, entretanto, a data em que o crime foi praticado e observar a pretensão punitiva já estabelecida.

(C) Aplica-se às normas processuais penais o princípio da extraterritorialidade, visto que são consideradas extensão do território nacional as embarcações e aeronaves públicas a serviço do governo brasileiro, onde quer que se encontrem.

(D) Recebida a denúncia em relação a crime praticado por senador, após a diplomação, o processo deve tramitar perante o juiz natural, inexistindo a sustação do processo com a consequente suspensão da prescrição.

(E) Os membros do Congresso Nacional, após a expedição do diploma, só podem ser presos por crimes afiançáveis em situação de flagrância e, em se tratando de crimes inafiançáveis, somente em caso de prisão temporária pautada em crime cometido no exercício ou desempenho das funções parlamentares.

A: assertiva correta, pois corresponde ao que estabelece a Súmula 721 do STF (que deu origem à Súmula Vinculante 45): "A competência constitucional do Tribunal do Júri prevalece sobre o foro por prerrogativa de função estabelecido exclusivamente pela Constituição estadual"; **B:** a lei processual penal, a teor do que dispõe o art. 2º do CPP, é aplicada desde logo e os atos realizados sob a égide da lei anterior são preservados, pouco importando a data em que a infração foi praticada. Vale, todavia, fazer uma ressalva. Quando se tratar de norma processual dotada de caráter material, a sua eficácia no tempo deverá seguir o regramento do art. 2º, p. único, do Código Penal. Assim, se a lei processual dotada de carga penal for mais benéfica ao réu, deverá retroagir; **C:** dado que as embarcações e aeronaves brasileiras de natureza pública ou a serviço do governo brasileiro são consideradas, para os efeitos penais e processuais, onde quer que estejam, extensão do território nacional, tem incidência, aqui, o princípio da territorialidade – art. 1º do CPP; **D:** proposição em desacordo com o que estabelece o art. 53, § 3º, da CF; E: não reflete o que prescreve o art. 53, § 1º, da CF, visto que a lei estabelece que, após a expedição do diploma, só podem ser presos em flagrante de crime inafiançável. ED
Gabarito "A".

(Magistratura/CE – 2012 – CESPE) No que se refere à aplicação da lei penal e da lei processual penal, assinale a opção correta.

(A) Em relação à aplicação da lei no espaço, vigora o princípio da absoluta territorialidade da lei processual penal.

(B) Cessadas as circunstâncias que determinaram a sua existência, a lei excepcional deixa de ser aplicada ao fato praticado durante a sua vigência.

(C) Por expressa previsão legal, a lei penal e a lei processual penal retroagem para beneficiar o réu.

(D) De acordo com o princípio da aplicação imediata da lei processual penal, os atos já realizados sob a vigência de determinada lei devem ser convalidados pela lei que a substitua.

(E) A lei penal admite a aplicação analógica e a lei processual penal, a interpretação analógica.

A: acolhemos, de fato, no que toca à eficácia da lei processual no espaço, o *princípio da territorialidade*, consagrado no art. 1º do CPP. Isso significa que ao crime ocorrido em território nacional será aplicada a lei processual penal brasileira; **B:** as *leis excepcionais* e *temporárias* (art. 3º, CP) são dotadas de *ultratividade*, ou seja, devem incidir sobre o fato praticado sob o seu império, mesmo depois de revogadas pelo decurso do tempo ou cessação do estado emergencial. Essas leis, como se pode notar, não obedecem ao princípio da retroatividade benéfica. Alternativa, portanto, incorreta; **C:** a lei processual penal será aplicada desde logo, sem prejuízo dos atos realizados sob o império da lei anterior. É o que estabelece o art. 2º do CPP. A exceção a essa regra fica por conta da lei processual penal dotada de carga material, em que deverá ser aplicado o que estabelece o art. 2º, parágrafo único, do CP. Nesse caso, a exemplo do que se dá com as leis penais, a norma processual nova, se favorável ao réu, deverá retroagir; **D:** em vista da disciplina estabelecida no art. 2º do CPP, é prescindível a convalidação, pela lei processual nova, dos atos realizados sob a vigência da lei revogada; E: a lei processual penal comporta tanto a aplicação analógica (processo de integração) quanto a interpretação analógica (processo de interpretação) - art. 3º do CPP. A lei penal, da mesma forma, admite a interpretação analógica e também a aplicação analógica. De se ver, todavia, que a aplicação analógica somente terá lugar, em direito penal, se favorável ao réu (analogia "in bonam partem"), sendo vedada, portanto, sua aplicação em prejuízo do agente, em obediência ao princípio da legalidade. ED
Gabarito "A".

(Magistratura/DF – 2011) Da identidade física do juiz. Recebimento da denúncia. Citação do acusado. Instrução. Sentença. Assim:

(A) O despacho do juiz, após o recebimento da denúncia ou queixa, ordenando a citação do acusado para responder à acusação no prazo de 10 (dez) dias, obriga-o proferir sentença;

(B) O despacho do juiz ordenando a intimação do acusado, de seu defensor e do Ministério Público, para a audiência de instrução, obriga-o proferir sentença;

(C) Os princípios constitucionais do contraditório e da ampla defesa obrigam o juiz que presenciou a colheita da prova proferir sentença;

(D) A resposta do acusado, decorrente da citação ordenada pelo juiz que recebe a denúncia, obriga-o proferir sentença.

A Lei 11.719/08 introduziu no art. 399 do CPP o § 2º, conferindo-lhe a seguinte redação: "O juiz que presidiu a instrução deverá proferir a sentença". O *princípio da identidade física do juiz*, antes exclusivo do processo civil, agora também é aplicável ao processo penal. Como as restrições não foram disciplinadas no Código de Processo Penal, deve-se aplicar, quanto a estas, o que dispõe o art. 132 do Código de Processo Civil: "O juiz, titular ou substituto, que concluir a audiência, julgará a lide, salvo se estiver convocado, licenciado, afastado por qualquer motivo, promovido ou aposentado, caso em que passará os autos ao seu sucessor.". Em vista disso, somente está obrigado a proferir sentença, ressalvadas as hipóteses acima, o juiz que presenciou a colheita da prova. **ED**

Gabarito "C".

(Magistratura/MG – 2012 – VUNESP) Leia atentamente as assertivas a seguir.

I. Nos crimes sujeitos ao procedimento da Lei n.º 9.099/95, a respeito do lugar do crime, adota-se a teoria da atividade.

II. No delito plurilocal, no caso de a conduta e o resultado ocorrerem dentro do território nacional, aplica-se a teoria da ubiquidade.

III. Nos casos de exclusiva ação privada, o querelante poderá preferir o foro do domicílio ou da residência do réu somente quando não conhecido o lugar da infração.

IV. Em relação ao foro especial, previsto em lei ordinária ou de organização judiciária, no caso de cometimento de crime contra a vida, prevalecerá a competência do Tribunal do Júri.

Estão corretas apenas as afirmativas

(A) I e IV.

(B) II e III.

(C) II e IV.

(D) I, II e IV.

I: correta - O art. 63 da Lei 9.099/95 estabelece que a competência do Juizado Especial Criminal será determinada em razão do lugar em que foi praticada a infração penal. Surgiram, assim, três teorias a respeito do juiz competente para o julgamento da causa: teoria da atividade: é competente o juiz do local onde se verificou a ação ou omissão; teoria do resultado: a ação deve ser julgada no local onde se produziu o resultado; e teoria da ubiquidade: é considerado competente tanto o juiz do local em que se deu a ação ou omissão quanto aquele do lugar em que se produziu o resultado. Na doutrina e na jurisprudência, predominam as teorias da atividade e da ubiquidade; **II:** incorreta - Pela *teoria mista ou da ubiquidade* (art. 6º do CP), será considerado lugar do crime o local da prática da conduta e também o da produção do resultado. Essa teoria somente tem aplicação no chamado *crime a distância* ou *de espaço máximo*, que é aquele em que a execução tem início em um país e o resultado é produzido em outro (art. 70, § 2º, CPP). Ao delito plurilocal, que é aquele em que a conduta se inicia em uma comarca e a consumação se opera em outra, tem incidência a teoria do resultado (art. 70, "caput", do CPP); **III:** incorreta - Neste caso, a ação poderá ser proposta no foro do domicílio ou residência do réu, mesmo que conhecido o lugar em que ocorreu a infração (art. 73, CPP); **IV:** correta - Súmula 721 do STF, cujo teor foi reproduzido na Súmula Vinculante 45. **ED**

Gabarito "A".

(Magistratura/RJ – 2013 – VUNESP) A doutrina é unânime ao apontar que os princípios constitucionais, em especial os relacionados ao processo penal, além de revelar o modelo de Estado escolhido pelos cidadãos, servem como meios de proteção da dignidade humana. Referidos princípios podem se apresentar de forma explícita ou implícita, sem diferença quanto ao grau de importância. São princípios constitucionais explícitos:

(A) juiz natural, vedação das provas ilícitas e promotor natural.

(B) devido processo legal, contraditório e duplo grau de jurisdição.

(C) ampla defesa, estado de inocência e verdade real.

(D) contraditório, juiz natural e soberania dos veredictos do Júri.

A: incorreta. Os princípios do *juiz natural* e da *vedação das provas ilícitas* estão contemplados, respectivamente, no art. 5º, LIII e LVI, da CF/1988; já o princípio do *promotor natural* não está previsto, de forma expressa, no texto da Constituição Federal de 1988. Quanto a isso, conferir a lição de Guilherme de Souza Nucci: "(...) *princípio do promotor natural e imparcial*: significa que o indivíduo deve ser acusado por órgão imparcial do Estado, previamente designado por lei, vedada a indicação de acusador para atuar em casos específicos. Não está esse princípio expressamente previsto na Constituição, embora se possam encontrar suas raízes na conjugação de normas constitucionais e infraconstitucionais" (*Código de Processo Penal Comentado*, 12. ed., p. 55); **B:** incorreta. Estão expressamente previstos na CF/1988 os postulados do *devido processo legal* (art. 5º, LIV) e do *contraditório* (art. 5º, LV); o *duplo grau de jurisdição*, por sua vez, constitui princípio implícito da CF/1988; **C:** incorreta. *Ampla defesa* e *estado de inocência*: contemplados, de forma expressa, no art. 5º, LV e LVII, da CF/1988, respectivamente; o *princípio da verdade real* não tem previsão no texto da constituição. A propósito, parte significativa da doutrina critica a adoção deste princípio no âmbito do processo penal; melhor seria falar em princípio da *verdade processual*; **D:** correta, pois contempla princípios expressamente previstos no texto da CF/1988: *contraditório* (art. 5º, LV); *juiz natural* (art. 5º, LIII); e *soberania dos veredictos do Júri* (art. 5º, XXXVIII, c). **ED**

Gabarito "D".

(Magistratura Federal/1ª Região – IX) Sobre a eficácia da lei penal e da lei processual penal no tempo, assinale a alternativa correta:

(A) no caso da suspensão do processo e do curso da prescrição, em face do não comparecimento do réu citado por edital, segundo a nova redação do art. 366 do CPP, aplica-se retroativamente à suspensão do processo, mas não à suspensão da prescrição.

(B) no caso da suspensão condicional do processo, prevista pelo art. 89 da Lei n. 9.099/95, que pode acarretar a extinção da punibilidade, a norma tem aplicação imediata, inclusive a fatos pretéritos, a despeito da disposição do art. 90, que estabelece que a referida lei não se aplica a processos cuja instrução já estiver iniciada.

(C) tanto a nova lei penal quanto a nova lei processual penal, se benéficas ao réu, têm aplicação retroativa.

(D) a lei nova processual penal aplica-se aos processos em curso, inclusive em relação aos atos processuais já praticados.

4. DIREITO PROCESSUAL PENAL

A: incorreta. Segundo entendimento consolidado pela jurisprudência, a norma contida no art. 366 do CPP não retroagirá, é dizer, somente terá incidência, quer no plano material, quer no processual, nos crimes praticados depois da sua entrada em vigor. Levou-se em consideração, neste caso, o aspecto penal do dispositivo (suspensão da prescrição), que é prejudicial ao acusado; **B:** correta, visto que todos os dispositivos da Lei n. 9.099/1995 que contemplarem norma de conteúdo misto poderão retroagir para beneficiar o réu (art. 5º, XL, da CF). Tanto é assim que o STF, no julgamento da ADIn n. 1.719-9, de 18/06/2007, afastou da incidência do art. 90 da Lei n. 9.099/1995 as normas de conteúdo de direito material mais favoráveis ao réu; **C:** incorreta; não há dúvida de que a lei penal nova mais favorável ao acusado deverá retroagir. Trata-se de imperativo de índole constitucional (art. 5º, XL, da CF). Agora, no que toca à lei processual penal nova, a situação é bem outra. Neste caso, somente retroagirá em favor do acusado a lei processual dotada de carga penal (norma mista); **D:** incorreta; a lei processual penal será aplicada desde logo, sem prejuízo dos atos realizados sob o império da lei anterior. É o que estabelece o art. 2º do CPP. A exceção a essa regra, conforme já expusemos, fica por conta da lei processual penal dotada de carga material, em que deverá ser aplicado o que estabelece o art. 2º, parágrafo único, do CP. Aqui, a exemplo do que se dá com as leis penais, a norma processual nova, se favorável ao réu, deverá retroagir; se prejudicial, aplica-se a lei já revogada (*lex mitior*). **ED**

Gabarito "B".

2. INQUÉRITO POLICIAL

(Juiz – TJ-SC – FCC – 2017) Concluído o Inquérito Policial pela polícia judiciária, o órgão do Ministério Público requer o arquivamento do processado. O Juiz, por entender que o Ministério Público do Estado de Santa Catarina não fundamentou a manifestação de arquivamento, com base no Código de Processo Penal, deverá:

(A) encaminhar o Inquérito Policial à Corregedoria-Geral do Ministério Público.

(B) indeferir o arquivamento do Inquérito Policial.

(C) remeter o Inquérito Policial ao Procurador-Geral de Justiça.

(D) indeferir o pedido de arquivamento e remeter cópias ao Procurador-Geral de Justiça e ao Corregedor-Geral do Ministério Público.

(E) remeter o Inquérito Policial à polícia judiciária para prosseguir na investigação.

Em vista do que dispõe o art. 28 do CPP, o juiz, se rejeitar o pleito de arquivamento dos autos de inquérito policial formulado pelo Ministério Público, fará a sua remessa ao chefe do "parquet", o procurador-geral, que é quem tem atribuição para proceder a nova análise do pedido de arquivamento feito pelo promotor de justiça. A partir daí, pode o procurador-geral, em face da provocação do magistrado, insistir no pedido de *arquivamento do inquérito*, ratificando posicionamento firmado pelo promotor, caso em que o juiz ficará obrigado, por imposição do art. 28 do CPP, a determiná-lo. Se o chefe do *parquet*, de outro lado, entender que é caso de *oferecimento de denúncia*, poderá ele mesmo, o procurador-geral, fazê-lo ou designar outro membro do MP para ofertá-la. Tal incumbência, frise-se, não poderá recair sobre o mesmo promotor, o que implicaria violação à sua livre convicção. **ED**

Gabarito "C".

(Magistratura/BA – 2012 – CESPE) Considerando os institutos aplicáveis ao direito processual penal, assinale a opção correta.

(A) Segundo o entendimento dos tribunais superiores, em hipótese nenhuma, é admitida a persecução penal iniciada com base em denúncia anônima.

(B) De acordo com o entendimento dos tribunais superiores, em face do princípio da ampla defesa, é direito do defensor, no interesse do representado, ainda que em fase inquisitorial, ter acesso a procedimento investigativo referente à medida de busca e apreensão domiciliar a ser executada.

(C) Consoante o entendimento dos tribunais superiores, o arquivamento de inquérito policial com base na atipicidade do fato tem eficácia de coisa julgada material, exceto se emanada a decisão de juiz absolutamente incompetente.

(D) Segundo entendimento dos tribunais superiores, caso o MP não ofereça a suspensão condicional prevista na Lei n.º 9.099/1995, o magistrado deve fazê-lo de ofício.

(E) O juiz pode determinar, de ofício, a reconstituição do crime durante a fase inquisitorial.

A: incorreta. Conferir: "*a autoridade policial, ao receber uma denúncia anônima, deve antes realizar diligências preliminares para averiguar se os fatos narrados nessa 'denúncia' são materialmente verdadeiros, para, só então, iniciar as investigações*" (STF, HC 95.244, 1ª T., rel. Min. Dias Toffoli, DJE 29.04.2010); **B:** incorreta - desde que já documentados em procedimento investigatório, terá o defensor amplo acesso aos elementos de prova. Não é o caso da busca e apreensão ainda não efetivada. Sobre este tema, o STF editou a Súmula Vinculante nº 14, a seguir transcrita: "É direito do defensor, no interesse do representado, ter acesso amplo aos elementos de prova que, já documentados em procedimento investigatório realizado por órgão com competência de polícia judiciária, digam respeito ao exercício do direito de defesa"; **C:** incorreta - ainda que emanada de juiz absolutamente incompetente, a determinação de arquivamento de inquérito policial calcada na atipicidade do fato tem o condão de gerar coisa julgada material. Merece análise a seguinte decisão do Supremo Tribunal Federal: HC 83.343-SP, 1ª T., rel. Min. Sepúlveda Pertence, *DJ* 19.08.2005; **D:** deverá o juiz, neste caso, valendo-se, por analogia, do que estabelece o art. 28 do CPP, remeter os autos para apreciação do procurador-geral de Justiça. É esse o entendimento firmado por meio da Súmula nº 696, STF: "Reunidos os pressupostos legais permissivos da suspensão condicional do processo, mas se recusando o Promotor de Justiça a propô-la, o juiz, dissentindo, remeterá a questão ao Procurador-Geral, aplicando-se por analogia o art. 28 do Código de Processo Penal"; E: art. 156, I, do CPP. **ED**

Gabarito "E".

(Magistratura/PE – 2011 – FCC) Se o crime for de alçada privada, a instauração de inquérito policial

(A) não interrompe o prazo para o oferecimento de queixa.

(B) é indispensável para a propositura da ação penal.

(C) constitui causa de interrupção da prescrição.

(D) suspende o prazo para o oferecimento de queixa.

(E) não pode ocorrer de ofício, admitindo-se, porém, requisição da autoridade judiciária.

A: assertiva correta. Sendo o crime de ação penal de iniciativa privada, a instauração de inquérito policial não tem o condão de interromper o prazo decadencial de que dispõe o ofendido para a propositura da queixa-crime – art. 38, CPP; **B:** o inquérito policial não é indispensável ao oferecimento da queixa nem da denúncia (art. 12 do CPP); se o titular da ação penal dispuser de elementos suficientes, poderá, diretamente, propô-la; **C:** a instauração de inquérito policial, sendo o crime de ação penal de iniciativa privada, não constitui causa interruptiva da prescrição – art. 117 do CP; **D:** não interrompe tampouco suspende o prazo decadencial para oferecimento da queixa-crime; E: a instauração de inquérito, nos crimes de ação penal privada, depende sempre de requerimento a ser formulado por quem tenha qualidade para ajuizar a ação penal respectiva – art. 5º, § 5º, do CPP. **ED**

Gabarito "A".

(Magistratura/PB – 2011 – CESPE) No que se refere ao inquérito policial, assinale a opção correta.

(A) Não se pode negar o acesso de advogado constituído pelo indiciado aos autos de procedimento investigatório, ainda que nele esteja decretado o sigilo, estendendo-se tal prerrogativa a atos que, por sua própria natureza, não dispensem a mitigação da publicidade.

(B) Nas comarcas em que houver mais de uma circunscrição policial, a autoridade com exercício em uma delas poderá, nos inquéritos que conduza, ordenar diligências em circunscrição de outra, desde que por intermédio de carta precatória.

(C) Permite-se a utilização de inquéritos policiais em curso para agravar a pena-base do agente reincidente que responda a processo criminal.

(D) Consoante a jurisprudência do STF, ainda que não se permita ao MP a condução do inquérito policial propriamente dito, não há vedação legal para que este órgão proceda a investigações e colheita de provas para a formação da "opinio delicti".

(E) O arquivamento do inquérito por falta de embasamento para a denúncia pode ser ordenado pela autoridade judiciária ou policial; nesse caso, a polícia judiciária, se de outras provas tiver notícia, poderá proceder a novas pesquisas.

A: o inquérito policial é, em vista do que estabelece o art. 20 do CPP, sigiloso. Ocorre que, a teor do art. 7º, XIV, da Lei 8.906/94 (Estatuto da Advocacia), cuja redação foi alterada pela Lei 13.245/2016, constitui direito do advogado, entre outros: "examinar, em qualquer instituição responsável por conduzir investigação, mesmo sem procuração, autos de flagrante e de investigações de qualquer natureza, findos ou em andamento, ainda que conclusos à autoridade, podendo copiar peças e tomar apontamentos, em meio físico ou digital". Sobre este tema, o STF editou a Súmula Vinculante nº 14, a seguir transcrita: "É direito do defensor, no interesse do representado, ter acesso amplo aos elementos de prova que, já documentados em procedimento investigatório realizado por órgão com competência de polícia judiciária, digam respeito ao exercício do direito de defesa"; **B:** incorreta, já que, neste caso, é desnecessária a expedição de carta precatória ou mesmo requisições, estando a autoridade policial autorizada a determinar diretamente as diligências que se fizerem necessárias – art. 22 do CPP; **C:** a assertiva contraria o teor da Súmula nº 444 do STJ, segundo a qual é vedada a utilização de inquéritos policiais e ações penais em curso para agravar a pena-base; **D:** assertiva correta. Nesse sentido, conferir: STF, HC 89.837-DF, rel. Min. Celso de Mello, j. 20.10.09; E: é defeso à autoridade policial determinar o arquivamento de autos de inquérito policial (art. 17 do CPP), somente podendo fazê-lo o juiz a requerimento do Ministério Público (arts. 18 e 28 do CPP). No mais, uma vez ordenado o arquivamento do inquérito policial pelo juiz de direito, por falta de

base para a denúncia, nada obsta que a autoridade policial proceda a novas pesquisas, desde que de outras provas tenha conhecimento – art. 18 do CPP. Isso porque a decisão que determina o arquivamento do inquérito policial não gera, em regra, coisa julgada material. Registre-se, no entanto, que as "outras provas" a que faz alusão o art. 18 do CPP devem ser entendidas como *provas substancialmente novas*, ou seja, aquelas que até então não eram de conhecimento das autoridades. Veja, a propósito, o teor da Súmula nº 524 do STF: "Arquivado o inquérito policial, por despacho do juiz, a requerimento do Promotor de Justiça, não pode a ação penal ser iniciada, sem novas provas". Agora, se o arquivamento do inquérito se der por ausência de tipicidade, a decisão, neste caso, tem efeito preclusivo, é dizer, produz coisa julgada material, impedindo, dessa forma, o desarquivamento do inquérito. A esse respeito, *Informativo STF 375*. **ED**

Gabarito "D".

(Magistratura/PE - 2013 - FCC) Em relação ao inquérito policial, é correto afirmar que

(A) depois de ordenado seu arquivamento pela autoridade judiciária, por falta de base para a denúncia, a autoridade policial poderá proceder a novas pesquisas, se de outras provas tiver notícia.

(B) nos crimes de ação penal privada, a autoridade policial pode iniciar o inquérito policial mediante notícia de crime formulada por qualquer do povo.

(C) a autoridade policial poderá mandar arquivar autos de inquérito, quando se convencer acerca da atipicidade da conduta investigada.

(D) uma vez relatado o inquérito policial, não poderá ser devolvido à autoridade policial, a requerimento do Ministério Público.

(E) o sigilo total do inquérito policial pode ser oposto ao indiciado, de acordo com entendimento sumulado do Supremo Tribunal Federal.

A: uma vez ordenado o arquivamento do inquérito policial pelo juiz de direito, por falta de base para a denúncia, nada obsta que a autoridade policial proceda a novas pesquisas, desde que de outras provas tenha conhecimento – art. 18 do CPP. Isso porque a decisão que determina o arquivamento do inquérito policial não gera, em regra, coisa julgada material. De se ver que as "outras provas" a que faz alusão o art. 18 do CPP devem ser entendidas como *provas substancialmente novas*, ou seja, aquelas que até então não eram de conhecimento das autoridades. Veja, a propósito, o teor da Súmula nº 524 do STF: "Arquivado o inquérito policial, por despacho do juiz, a requerimento do Promotor de Justiça, não pode a ação penal ser iniciada, sem novas provas". Agora, se o arquivamento do inquérito se der por ausência de tipicidade, a decisão, neste caso, tem efeito preclusivo, é dizer, produz coisa julgada material, impedindo, dessa forma, o desarquivamento do inquérito. A esse respeito, *Informativo STF* 375; **B:** incorreta, dado que, sendo a ação penal de iniciativa privativa do ofendido, a autoridade policial somente poderá proceder a inquérito se assim requerer o ofendido ou seu representante legal. É o que estabelece o art. 5º, § 5º, do CPP; **C:** ainda que convicta da atipicidade da conduta sob investigação, é vedado à autoridade policial arquivar autos de inquérito policial. Tal providência somente poderá ser determinada pelo juiz de direito diante de requerimento do MP (arts. 17, 18 e 28 do CPP); **D:** uma vez concluídas as investigações do inquérito policial e remetidos os autos ao promotor de justiça, poderá este pleitear a devolução dos autos à delegacia para a realização de diligências complementares, desde que indispensáveis ao oferecimento da denúncia (art. 16, CPP); E: o sigilo imanente ao inquérito policial (art. 20, CPP) não é oponível ao indiciado tampouco ao seu advogado. A teor do art. 7º, XIV, da Lei 8.906/94 (Estatuto da

4. DIREITO PROCESSUAL PENAL

Advocacia), constitui direito do advogado, entre outros: "examinar, em qualquer instituição responsável por conduzir investigação, mesmo sem procuração, autos de flagrante e de investigações de qualquer natureza, findos ou em andamento, ainda que conclusos à autoridade, podendo copiar peças e tomar apontamentos, em meio físico ou digital". Sobre este tema, o STF editou a Súmula Vinculante nº 14, a seguir transcrita: "É direito do defensor, no interesse do representado, ter acesso amplo aos elementos de prova que, já documentados em procedimento investigatório realizado por órgão com competência de polícia judiciária, digam respeito ao exercício do direito de defesa". **ED**

Gabarito "A".

(Magistratura/SP – 2013 – VUNESP) Da decisão judicial que determina o arquivamento de autos de inquérito policial, a pedido do Ministério Público,

(A) cabe carta testemunhável.

(B) cabe recurso de apelação.

(C) cabe recurso em sentido estrito.

(D) não cabe recurso.

De fato, descabe qualquer recurso em face da decisão que determina o arquivamento de autos de inquérito policial. **ED**

Gabarito "D".

(Juiz – TRF 2ª Região – 2017) Delegado da Polícia Federal recebe carta apócrifa, na qual é reportado esquema de fraude, consistente em produzir atestados falsos para obtenção, junto ao INSS, de benefícios de auxílio-doença. Após diligências preliminares destinadas a verificar a verossimilhança das informações da carta, o Delegado instaura inquérito policial para completa apuração dos fatos. Consideradas tal narrativa e a jurisprudência do STF, assinale a opção correta:

(A) O inquérito deve ser trancado, pois é ilegal a sua instauração a partir de denúncia anônima.

(B) É legal a instauração de inquérito policial em virtude de denúncia anônima, desde que realizadas diligências preliminares para verificar a verossimilhança das informações.

(C) O inquérito deve ser trancado. No caso de denúncia anônima, a jurisprudência do STF assinala que o inquérito policial só pode ser instaurado com autorização judicial prévia.

(D) Em virtude da regra constitucional que veda o anonimato, a jurisprudência dos Tribunais Superiores aponta que o inquérito policial só pode ser formalmente instaurado após diligências prévias e após a autorização do juiz, que, em alguns casos, pode ser posterior.

(E) Independentemente da questão do anonimato, que depende de solução diversa das acima apontadas, o Delegado agiu de forma ilícita, pois é vedada a realização de diligências investigatórias antes da instauração formal de inquérito policial, já que subtrai da apreciação legal o eventual arquivamento das informações.

A denúncia anônima (também chamada de *apócrifa* ou *inqualificada*), segundo tem entendido a jurisprudência, não é apta, por si só, a autorizar a instauração de inquérito policial, dando início à persecução penal. Antes disso, a autoridade policial deverá fazer uma averiguação prévia a fim de verificar a procedência da denúncia apócrifa, para,

depois disso, determinar, se for o caso, a instauração de inquérito. Nesse sentido: "(...) *a autoridade policial, ao receber uma denúncia anônima, deve antes realizar diligências preliminares para averiguar se os fatos narrados nessa 'denúncia' são materialmente verdadeiros, para, só então, iniciar as investigações"* (STF, HC 95.244, 1ª T., rel. Min. Dias Toffoli, *DJE* 29.04.2010). **ED**

Gabarito "B".

(Magistratura Federal/1ª Região – 2011 – CESPE) Em relação ao inquérito policial, assinale a opção correta com base no direito processual penal.

(A) Na atual sistemática processual penal, resta vedada instauração de inquérito policial em relação aos crimes de menor potencial ofensivo, em qualquer hipótese, em face do preceito legal expresso que determina a lavratura de termo circunstanciado, pelo qual não se admite submissão do autor do fato ao constrangimento do procedimento inquisitivo, como, por exemplo, à condução coercitiva e à identificação criminal.

(B) Os vícios ocorridos no curso do inquérito policial, em regra, não repercutem na futura ação penal, ensejando, apenas, a nulidade da peça informativa, salvo quando houver violações de garantias constitucionais e legais expressas e nos casos em que o órgão ministerial, na formação da *opinio delicti*, não consiga afastar os elementos informativos maculados para persecução penal em juízo, ocorrendo, desse modo, a extensão da nulidade à eventual ação penal.

(C) Ordenado o arquivamento de inquérito policial instaurado antes da constituição definitiva do crédito tributário, de modo a atender a força impositiva de verbete sumular vinculante, resta vedado, em qualquer hipótese, o seu desarquivamento, mesmo sobrevindo constituição do crédito tributário, após o encerramento do procedimento administrativo/ fiscal, porque o fundamento da decisão judicial é a atipicidade do fato, cuja eficácia preclusiva é de coisa julgada material.

(D) Considere a seguinte situação hipotética. O MP, ao oferecer denúncia, não se manifestou, de forma expressa, em relação a alguns fatos e a determinados agentes investigados, cujos elementos estão evidenciados no bojo do inquérito policial. Nessa situação hipotética, restam assentes doutrina e jurisprudência pátria acerca da ocorrência do pedido de arquivamento implícito ou arquivamento indireto, por parte do órgão de acusação, exigindo-se, contudo, para os devidos efeitos legais, decisão judicial expressa de arquivamento.

A: incorreta. Embora a regra, nos feitos de competência do Juizado Especial Criminal, seja a elaboração de termo circunstanciado, nada obsta que, tendo em conta a complexidade do caso concreto, a autoridade, no lugar de lavrar o termo circunstanciado, proceda à instauração de inquérito policial. Nesse sentido: STJ, HC 26.988/SP, QUINTA TURMA, rel. Min. Felix Fischer, julgado em 21/08/2003, *DJ* 28/10/2003; **B:** alternativa correta. Segundo entendimento pacífico firmado pela jurisprudência, vícios porventura existentes no inquérito não têm o condão de acarretar nulidades processuais. Vide a seguinte ementa: "Criminal. *Habeas corpus*. Homicídio duplamente qualificado. Inépcia da denúncia. Questão não apreciada na corte estadual. Supressão de instância. Auto de prisão em flagrante. Nulidade. Maus-tratos e torturas. Ausência de comprovação. Direitos constitucionais. Cientificação do interrogando. Oitiva do réu sem a presença de advogado. Inquérito. Peça informativa. Ausência de contraditório. Falta de fundamentação do decreto prisional. Inocorrência. Periculosidade do agente. 'Acerto de contas'. *Modus operandi*. Necessidade da custódia para garantia da ordem pública. Segregação justificada. Excesso de prazo. Superveniência de sentença de pronúncia. Alegação superada. Ordem parcialmente conhecida e, nesta extensão, denegada. Evidenciado que a Corte Estadual não apreciou a alegação de inépcia da denúncia, sobressai a incompetência desta Corte para o seu exame, sob pena de indevida supressão de instância. Hipótese na qual o impetrante não trouxe aos autos qualquer elemento comprobatório das alegações de que o paciente teria sido submetido a maus-tratos e torturas físicas, bem como de que o mesmo teria assinado o Termo de Qualificação e Interrogatório do Auto de Prisão em Flagrante Delito sem ter conhecimento de seu conteúdo, sendo certo que no referido documento restou consignada a cientificação do interrogando de seus direitos constitucionais. O posicionamento firmado nesta Corte é no sentido de que os eventuais vícios ocorridos no inquérito policial não são hábeis a contaminar a ação penal, pois aquele procedimento resulta em peça informativa e não probatória. A presença do advogado durante a lavratura do auto de prisão em flagrante não constitui formalidade essencial a sua validade. Configurada a periculosidade concreta do agente, o qual teria agido com a intenção de ceifar a vida de pessoa que havia prestado depoimento em seu desfavor em procedimento investigativo anterior, com inúmeros disparos de armas de fogo, em suposto 'acerto de contas', resta justificada a decretação da custódia preventiva para a garantia da ordem pública, com base no *modus operandi*, que se sobressalta na hipótese. Precedentes desta Corte. Evidenciado que foi proferida sentença de pronúncia em desfavor do acusado, resta superado o argumento de demora no término da instrução criminal. Ordem parcialmente conhecida e, nesta extensão, denegada" (STJ, HC 188.527/GO, QUINTA TURMA, rel. Min. Gilson Dipp, julgado em 17/03/2011, *DJ* 04/04/2011); **C:** incorreta. Conferir a seguinte ementa: "Penal e processo penal. Reclamação. *Habeas Corpus* n. 110.701/SP. Alegação de afronta à autoridade de decisão desta corte. Sonegação fiscal. Pendência de recurso administrativo. Inquérito policial. Falta de justa causa. Trancamento determinado. Superveniente constituição definitiva do crédito. Prova nova. Desarquivamento do inquérito. Possibilidade. Reclamação julgada prejudicada. Agravo regimental a que se nega provimento. 1. A reclamação é instrumento processual de caráter específico e aplicação restrita. Nos termos do artigo 105, inciso I, alínea 'f', da Constituição Federal, presta-se para preservar a competência e garantir a autoridade das decisões dos Tribunais. 2. Esta Corte concedeu a ordem no *Habeas Corpus* n. 110.701/SP, para determinar o arquivamento do inquérito policial instaurado antes da constituição definitiva do crédito tributário. 3. Sobrevindo a constituição do crédito não há empecilho para que se desarquive o inquérito referido no *mandamus* n. 110.701/SP, nos termos do artigo 18 do Código de Processo Penal, para que, diante da nova prova, se dê continuidade ao procedimento. 4. Dessarte, resta prejudicada a presente reclamação, haja vista a regularidade da investigação com a constituição definitiva do crédito tributário. 5. Agravo regimental a que se nega provimento" (STJ, AgRg nos EDcl na Rcl 3.892/SP, TERCEIRA SEÇÃO, rel. Min. Maria Thereza de Assis Moura, julgado em 27/04/2011, *DJ* 05/05/2011); **D:** não se confundem as figuras do arquivamento implícito e indireto. Neste último caso, o titular da ação penal deixa de promovê-la por entender que o juízo não detém competência para o seu processamento e julgamento. A assertiva contempla o chamado arquivamento implícito, que, no entanto, não é admitido por parte significativa da doutrina e jurisprudência. ED

Gabarito "B".

(Magistratura Federal/4ª Região – VIII) O Delegado de Polícia que por excesso de trabalho retarda o andamento do inquérito policial com indiciado solto, concluindo-o em 160 dias quando o Código de Processo Penal, no art. 10 fixa o prazo de 30 dias:

(A) comete crime de prevaricação previsto no art. 319 do Código Penal;

(B) pratica a contravenção penal de omissão de comunicação de crime prevista no art. 66 da Lei das Contravenções Penais;

(C) não pratica qualquer crime ou contravenção;

(D) não pratica qualquer crime ou contravenção, exceto se não tiver requerido dilação de prazo ao juiz para a conclusão do inquérito.

Estando solto o investigado/indiciado e não tendo sido concluídas as diligências dentro do prazo estabelecido no art. 10, *caput*, segunda parte, do CPP, poderá a autoridade policial solicitar, quantas vezes se fizer necessário, a dilação deste prazo. A prática mostra que este procedimento, por conta de várias razões, entre as quais o excesso de trabalho, tornou-se regra nas delegacias de polícia. Para que ao delegado pudesse ser imputada a prática do crime de prevaricação (art. 319 do CP), necessário seria que o retardamento no andamento do inquérito tivesse como propósito o de satisfazer interesse ou sentimento pessoal. Não nos parece que seja este o caso, visto que, conforme consta no enunciado da questão e como já dito, o retardamento ocorreu por força de excesso de trabalho. ED

Gabarito "C".

(Magistratura Federal/4ª Região – 2010) Dadas as assertivas abaixo, assinale a alternativa correta.

I. O prazo previsto para término do inquérito policial, no Código de Processo Penal, é de 10 (dez) dias, se o indiciado estiver preso. Em caso de indiciado solto, é de 30 (trinta) dias.

II. Quando se tratar de indiciado preso preventivamente, o prazo para término do inquérito será contado da data em que for executada a ordem de prisão, segundo o Código de Processo Penal.

III. O prazo para término do inquérito em caso de crime contra a economia popular, na forma da Lei 1.521/1951, esteja o indiciado preso ou solto, é de 10 (dez) dias.

IV. Em caso de indiciado preso por ordem da Justiça Federal, o prazo para término do inquérito é de 15 (quinze) dias, prorrogáveis por igual tempo.

V. Em se tratando de tráfico ilícito de drogas, previsto na Lei 11.343/2006, o prazo para o término do inquérito é de 30 (trinta) dias em caso de acusado preso e de 90 (noventa) dias em caso de acusado solto, podendo os prazos ser duplicados por decisão judicial, ouvido o Ministério Público, se houver pedido justificado da autoridade policial.

(A) Está correta apenas a assertiva I.

(B) Estão corretas apenas as assertivas II e V.

(C) Estão corretas apenas as assertivas I, III e IV.

(D) Estão corretas apenas as assertivas I, IV e V.

(E) Estão corretas todas as assertivas.

I: assertiva correta. O art. 10, *caput*, do CPP estabelece o prazo geral de 30 dias para conclusão do inquérito, quando o indiciado não estiver

4. DIREITO PROCESSUAL PENAL

preso; se se tratar de indicado preso, o inquérito deve terminar em 10 dias; **II:** assertiva correta, visto que em conformidade com o que estabelece o art. 10, *caput*, do CPP; **III:** assertiva correta, nos termos do art. 10, § 1º, da Lei 1.521/1951; **IV:** assertiva correta. Na Justiça Federal, se o indicado estiver preso, o prazo para conclusão do inquérito é de 15 dias, podendo haver uma prorrogação por igual período, a pedido devidamente fundamentado da autoridade policial, conforme dispõe o art. 66 da Lei 5.010/1966; **V:** no crime de tráfico de drogas, o inquérito deverá ser ultimado no prazo de 30 dias, se preso estiver o indiciado; e em 90 dias, no caso de o indiciado encontrar-se solto. É o teor do art. 51 da Lei 11.343/2006. Assertiva, portanto, correta. **ED**

Gabarito "E".

3. AÇÃO PENAL

(Juiz – TJ/MS – VUNESP – 2015) XISTO, querelante em ação penal privada, ao término da instrução e representado por advogado constituído, requereu a absolvição de CRISTÓVÃO, querelado. Deve o juiz

(A) determinar a extração de peças processuais e o encaminhamento à autoridade policial, para apuração da prática, pelo querelante, de denunciação caluniosa.

(B) designar audiência para tentativa de conciliação das partes, em homenagem ao princípio da intervenção mínima.

(C) considerar perempta a ação penal, porque o querelante deixou de formular pedido de condenação nas alegações finais.

(D) encaminhar os autos em vista ao Ministério Público, titular da ação penal, para manifestação de interesse na produção de outras provas.

(E) absolver CRISTÓVÃO, com fundamento no artigo 386, inciso VII, do Código de Processo Penal.

Se o querelante, depois de concluída a instrução processual, deixar de formular pedido de condenação, quer por desídia, quer porque acredita na inocência do querelado, configurada estará a hipótese de perempção prevista no art. 60, III, segunda parte, do CPP, que tem o condão de levar à extinção da punibilidade do querelado (art. 107, IV, do CP). **ED**

Gabarito "C".

(Juiz – TJ/RJ – VUNESP – 2016) Em 09 de abril de 2009, em uma festa de aniversário, A, maior, relatou ter sido estuprada por B, irmão da aniversariante. Foi oferecida queixa-crime aos 08 de outubro de 2009, a qual foi recebida em 03 de novembro do mesmo ano, tendo o Juiz determinado, de ofício, a realização de exame de sangue de B, para comparar com os vestígios de sêmen encontrados na vítima. O acusado recusou-se a fazer o exame, suscitando seu direito ao silêncio. Ao final, B acabou condenado, sob o fundamento de que, ao se recusar a fornecer material genético, houve inversão do ônus da prova, não tendo provado sua inocência.

A respeito do caso, assinale a alternativa correta.

(A) O processo é nulo, pois a ação penal é de iniciativa privada, e o recebimento da queixa deu-se após o prazo decadencial, de seis meses.

(B) Acertada a condenação proferida, haja vista que a recusa em oferecer material genético acarreta inversão do ônus da prova.

(C) O juiz, em sede penal, não pode ordenar a realização de provas, pois não há mais espaço para poderes instrutórios, reminiscência do sistema inquisitorial.

(D) O processo não é nulo, pois, ainda que ao tempo da propositura da inicial, a ação penal fosse condicionada à representação, ao tempo do crime, a ação era de iniciativa privada, não se aplicando a Lei 12.015/2009, de 07 de agosto de 2009, nesta parte.

(E) O processo é nulo, por ilegitimidade de parte, pois o crime de estupro, com as alterações advindas da Lei 12.015/2009, de 07 de agosto de 2009, passou a ser processável mediante ação penal pública, condicionada à representação da vítima.

A: incorreta. O início do prazo decadencial é representado pelo dia em que a vítima tem conhecimento da identidade do agente. Na hipótese narrada no enunciado, a ofendida soube da identidade do ofensor na data em que se deram os fatos (9 de abril de 2009); cuida-se de prazo penal, contato, portanto, nos moldes do art. 10 do CP, incluindo-se, no seu cômputo, o dia do início e excluindo-se o do vencimento. Dentro desse prazo decadencial, que é de 6 meses, a ofendida deve oferecer a queixa em face do ofensor. Pouco importa em que data a queixa foi recebida. O que interessa é a data em que se deu o oferecimento da inicial, que, no caso acima narrado, aconteceu dentro do prazo decadencial, razão pela qual a assertiva está incorreta; **B:** incorreta. Ainda que inexista outro meio de produção de prova, ao acusado é assegurado, mesmo assim, em vista do que enuncia o princípio do *nemo tenetur se detegere*, o direito de não colaborar com a produção de qualquer tipo de prova, sem que isso implique prejuízo para a sua defesa. Bem por isso, é dado ao investigado/acusado o direito de recusar-se a submeter-se a exame de sangue; **C:** incorreta, visto que as modificações implementadas pela Lei 11.690/2008 no art. 156 do CPP ampliaram sobremaneira os poderes do juiz de determinar de ofício a produção da prova. Dessa forma, nada impede que o magistrado, com fulcro no art. 156, II, do CPP, com o propósito de esclarecer dúvida acerca de ponto relevante, determine, em caráter supletivo, diligências com o objetivo de se atingir a verdade real; **D:** correta. A Lei 12.015/2009, que introduziu diversas alterações no campo dos crimes sexuais, estabeleceu que a ação penal, nesses crimes, que era, em regra, de iniciativa privativa do ofendido, passou a ser pública condicionada à representação. Ou seja, a titularidade, até então da vítima, passou a ser do MP. Não há dúvidas de que essa alteração representa prejuízo ao acusado, na medida em que ampliou a possibilidade de punição. É que a ação privada, em vigor antes do advento da Lei 12.015/2009, proporcionava ao réu um leque maior de causas de extinção de punibilidade do que a condicionada à representação: renúncia, perdão e perempção. Trata-se do que a doutrina convencionou chamar de norma de natureza mista ou híbrida (norma processual com carga de direito material). Bem por isso, se o fato foi cometido antes da Lei 12.015/2009, ainda que ao tempo do oferecimento/recebimento da inicial esta já não mais estava em vigor, permanece a ação privativa do ofendido, devendo este se valer, se desejar processar o agente, de queixa, a ser ajuizada dentro do prazo decadencial. Por tudo isso, o processo não pode ser considerado nulo; **E:** incorreta. *Vide* comentário à assertiva anterior. **ED**

Gabarito "D".

(Juiz de Direito – TJM/SP – VUNESP – 2016) Assinale a alternativa correta a respeito dos pressupostos e das condições da ação penal.

(A) A inépcia da inicial apenas poderá ser avaliada no momento do recebimento da acusação, não podendo ser apreciada depois disso, restando superada a alegação.

(B) O arquivamento do inquérito policial, por atipicidade do fato, não faz coisa julgada, não podendo ser invocado como exceção de coisa julgada.

(C) A citação por hora certa não está prevista, expressamente, no Código de Processo Penal, sendo aplicável por analogia no processo penal em decorrência das disposições do Código de Processo Civil.

(D) Não se admite a rejeição da denúncia, com base na prescrição virtual do crime objeto da acusação.

(E) O vício quanto à regularidade da procuração na ação penal privada pode ser emendado (capacidade postulatória), mesmo após o transcurso do prazo decadencial.

A: incorreta, já que não há que se falar, neste caso, em preclusão, podendo tal avaliação ser realizada depois do recebimento da inicial acusatória; **B:** incorreta. Em regra, a decisão que manda arquivar autos de inquérito policial não gera coisa julgada material; gera, sim, coisa julgada formal. As investigações, assim, podem ser reiniciadas a qualquer tempo. Situação bem diversa é aquela em que o arquivamento do inquérito policial se dá por atipicidade da conduta. Neste caso, a decisão que determina o arquivamento é definitiva, gerando coisa julgada material; **C:** incorreta. A citação por hora certa, antes exclusiva do processo civil, agora também é admitida, de forma expressa, no âmbito do processo penal, dada a mudança introduzida na redação do art. 362 do CPP pela Lei 11.719/2008. A propósito disso, o STF, ao julgar o RE 635.145, reconheceu, em votação unânime, a constitucionalidade da citação por hora certa no processo penal, rechaçando a tese segundo a qual esta modalidade de citação ficta ofende os postulados da ampla defesa e do contraditório; **D:** correta. De fato, a jurisprudência rechaça a prescrição *antecipada* ou *virtual, assim considerada* aquela baseada na pena que seria, em tese, aplicada ao réu em caso de condenação. Consolidando tal entendimento, o STJ editou a Súmula 438, segundo a qual não se admite a prescrição baseada em pena hipotética; **E:** incorreta. Uma vez operada a decadência, que, na ação penal privada, leva à extinção da punibilidade, o vício quanto à regularidade da procuração não mais poderá ser emendado. **ED**
Gabarito "D".

(Juiz – TJ/SP – VUNESP – 2015) Conforme o artigo 41, do Código de Processo Penal, "A denúncia ou queixa conterá a exposição do fato criminoso, com todas as suas circunstâncias, a qualificação do acusado ou esclarecimentos pelos quais se possa identificá-lo, a classificação do crime e, quando necessário, o rol das testemunhas". Portanto, a peça acusatória

(A) precisa apresentar algumas das condutas alegadamente praticadas pelo agente.

(B) deve descrever os fatos ilícitos, ainda que não em sua totalidade.

(C) pode conter elementos que sejam prescindíveis, mas relevantes para a imputação.

(D) necessita trazer a descrição do comportamento delituoso de forma escorreita.

A: incorreta, já que a denúncia (e também a queixa) deve conter, de forma clara e precisa, todas as condutas que, em tese, foram praticadas pelo denunciado; **B:** incorreta. Os fatos ilícitos atribuídos ao agente devem ser descritos em sua totalidade, sua inteireza; **C:** incorreta. Se são relevantes, não podem ser considerados prescindíveis; **D:** correta. De fato, a inicial acusatória deve expor concretamente o fato imputado ao agente. Em outras palavras, não se admite que a denúncia ou queixa

tenha conteúdo vago ou impreciso, de modo a inviabilizar o exercício do direito de defesa. **ED**
Gabarito "D".

(Magistratura/AM – 2013 – FGV) As ações penais tradicionalmente são classificadas como públicas incondicionadas, públicas condicionadas à representação e privadas.

Sobre a representação, analise as afirmativas a seguir.

I. A ação penal pública condicionada à representação é de titularidade do ofendido. Nada impede, contudo, que a representação seja oferecida por procurador.

II. O Supremo Tribunal Federal entende que a representação é peça sem rigor formal, que pode ser apresentada oralmente ou por escrito, tanto na delegacia, quanto perante o magistrado ou membro do Ministério Público.

III. A representação é condição de procedibilidade para que se possa instaurar persecução penal em crime de ação penal pública condicionada. De acordo com o Código de Processo Penal, ela pode ser oferecida pessoalmente ou por procurador com poderes gerais.

Assinale:

(A) se somente a afirmativa II estiver correta.

(B) se somente a afirmativa III estiver correta.

(C) se somente as afirmativas I e II estiverem corretas.

(D) se somente as afirmativas I e III estiverem corretas.

(E) se somente as afirmativas II e III estiverem corretas.

I: incorreta, já que a ação penal pública condicionada à representação é titularizada, de forma exclusiva, pelo Ministério Público, que depende, no entanto, de autorização do ofendido para ajuizá-la. Poderá, é verdade, ser oferecida por meio de procurador, desde que este disponha de poderes especiais, nos termos do art. 39 do CPP; **II:** correta. De fato, a representação (art. 39, *caput* e §§ 1º e 2º, do CPP) não tem rigor formal. Os tribunais, inclusive o STF, já se manifestaram nesse sentido. É suficiente, pois, que a vítima demonstre de forma inequívoca a intenção de ver processado o suspeito. Nesse sentido: "*HABEAS CORPUS* - CRIME DE AMEAÇA - AÇÃO PENAL PÚBLICA CONDICIONADA À REPRESENTAÇÃO DA VÍTIMA - MANIFESTAÇÃO INEQUÍVOCA, PELO OFENDIDO, DO SEU INTERESSE EM VER INSTAURADA A PERSECUÇÃO PENAL CONTRA O SUPOSTO AUTOR DO DELITO - DESNECESSIDADE DE RIGOR FORMAL NA ELABORAÇÃO E NO OFERECIMENTO DA REPRESENTAÇÃO (*DELATIO CRIMINIS* POSTULATÓRIA) - PEDIDO INDEFERIDO. AÇÃO PENAL PÚBLICA CONDICIONADA À REPRESENTAÇÃO DA VÍTIMA. A representação do ofendido, que se qualifica como verdadeira *delatio criminis* postulatória, constitui requisito de perseguibilidade do autor da infração penal e dispensa, quanto ao seu oferecimento, a observância de qualquer fórmula especial ou palavras sacramentais, revelando-se suficiente, para tanto, a inequívoca manifestação de vontade, por parte da vítima, em ver instaurada, contra o suposto autor da prática criminosa, a concernente persecução penal. Doutrina. Precedentes" (STF, HC 80618, Celso de Mello, j. 18.12.2001); **III:** incorreta. A incorreção está na segunda parte da assertiva, em que se afirma que a representação poderá ser oferecida por procurador com *poderes gerais*. Como dissemos acima, no comentário à primeira proposição, o art. 39, *caput*, do CPP impõe que o procurador detenha *poderes especiais*. **ED**
Gabarito "A".

(Magistratura/ES – 2011 – CESPE) A respeito da ação penal, assinale a opção correta.

(A) Segundo a jurisprudência do STJ, caso a queixa-crime seja apresentada perante juízo incompetente, o mero

4. DIREITO PROCESSUAL PENAL

ajuizamento da queixa não será suficiente para obstar a decadência, uma vez que não ocorrerá a interrupção do seu prazo.

(B) Nos delitos contra a dignidade sexual, procede-se, em regra, mediante ação penal pública condicionada à representação; no entanto, se a vítima for vulnerável, a ação será pública incondicionada, situação em que a ação penal é denominada secundária.

(C) A representação, condição de procedibilidade exigida nos crimes de ação penal pública condicionada, só se aperfeiçoa com a inequívoca manifestação de vontade, formal e escrita, da vítima ou de seu representante legal no sentido de que se promova a responsabilidade penal do agente.

(D) Segundo a jurisprudência recente e dominante no âmbito do STJ, é indispensável a fundamentação no despacho que receba a denúncia na ação penal submetida ao rito comum ordinário, visto que tal ato jurisdicional possui caráter decisório, não devendo a fundamentação ser sucinta.

(E) A ação penal, no crime de lesão corporal em que o agente se prevaleça das relações domésticas, é de iniciativa pública incondicionada, razão pela qual não é possível, nessa hipótese, a retratação da vítima.

A: incorreta, visto que o mero ajuizamento da queixa-crime, ainda que perante juízo incompetente, é, sim, suficiente para obstar o curso do prazo decadencial. Nesse sentido: STJ, 5ª T., RHC 25.611/RJ, rel. Min. Jorge Mussi, *DJ* 25/08/2011; **B:** proposição correta. Uma das modificações produzidas pela Lei 12.015/09 diz respeito à ação penal nos crimes sexuais. Antes, a iniciativa, nesses crimes, cabia, em regra, ao ofendido (art. 225, "*caput*", do CP). Hoje, a ação penal é, via de regra, pública condicionada à representação. Será, entretanto, pública incondicionada em duas situações: se a vítima é menor de 18 anos; ou se é pessoa vulnerável; **C:** a representação (art. 39, "*caput*" e §§ 1º e 2º, do CPP), que tem como natureza jurídica *condição de procedibilidade*, não tem rigor formal. Os tribunais, inclusive o STF, já se manifestaram nesse sentido. É suficiente, portanto, que a vítima demonstre de forma inequívoca a intenção de ver processado o suspeito; **D:** a questão é polêmica, uma vez que parte significativa da doutrina sustenta que, em vista do disposto no art. 93, IX, da CF, estaria o magistrado obrigado a fundamentar a decisão de recebimento da denúncia, sob pena de nulidade. A jurisprudência, no entanto, consagrou o entendimento no sentido de que tal motivação é desnecessária, visto que não se trata de *decisão*, mas, sim, de mero *despacho*. Corroborando esse entendimento: STJ, 5ª T., Rel. Min. Luiz Vicente Cernicchiaro, DJU de 18.12.1995; E: ao tempo em que esta prova foi elaborada, o art. 16 da Lei 11.340/06 admitia que a ofendida renunciasse à representação, desde que perante o magistrado e em audiência especialmente designada para tal fim. Sucede que o STF, ao julgar procedente a ADIN nº 4.424, de 9/02/2012, entendeu ser incondicionada a ação penal em caso de crime de lesão corporal praticado contra a mulher no ambiente doméstico. A atuação do MP, por essa razão, prescinde da anuência da vítima. Tal entendimento encontra-se consagrado na Súmula 542, do STJ. **ED**

Gabarito "B"

(Magistratura/PE - 2013 - FCC) Nos crimes de ação penal de iniciativa privada,

(A) a renúncia ao exercício do direito de queixa se estenderá a todos os querelantes.

(B) a renúncia é ato unilateral, voluntário e necessariamente expresso.

(C) a perempção pode ocorrer no curso do inquérito policial.

(D) o perdão do ofendido somente é cabível antes do exercício do direito de ação.

(E) o perdão concedido a um dos querelados aproveitará a todos, sem que produza, todavia, efeito em relação ao que o recusar.

A: incorreta. A renúncia ao exercício do direito de queixa, em relação a um dos autores do crime, será estendida aos demais (*autores*, não *querelantes*). É o que estabelece o art. 49 do CPP; **B:** embora se trate de *ato unilateral* e *voluntário*, é incorreto dizer-se que a renúncia só admite a forma *expressa*, dado que comporta, também, a modalidade *tácita* (art. 57, CPP); **C:** a perempção, instituto exclusivo da ação penal privada exclusiva, somente tem lugar no curso da ação penal (art. 60, CPP); **D:** incorreta, visto que o perdão somente terá cabimento no curso da ação penal; E: o perdão, que somente tem incidência depois de instaurada a ação penal privada, embora se estenda a todos os querelados, somente surtirá efeitos em relação àqueles que com ele concordarem. É a regra contida no art. 51 do CPP. Assertiva, portanto, correta. **ED**

Gabarito "E"

(Magistratura/RO – 2011 – PUCPR) Se o querelante, nos crimes de ação penal privada, deixar de formular o pedido de condenação nas alegações finais, o juiz deverá:

(A) Extinguir desde logo o processo, em face da renúncia tácita.

(B) Extinguir desde logo o processo, em face do perdão tácito.

(C) Absolver desde logo o querelado.

(D) Julgar extinta a punibilidade pela decadência.

(E) Julgar extinta a punibilidade pela perempção.

A perempção (art. 107, IV, do CP), instituto exclusivo da ação penal privada, constitui uma sanção aplicada ao querelante que deixa de promover o bom andamento processual, mostrando-se negligente e desidioso. Suas hipóteses estão contidas no art. 60 do CPP. A hipótese tratada no enunciado está contemplada na parte final do art. 60, III, do CPP. **ED**

Gabarito "E"

(Magistratura/SC – 2010) A representação é retratável desde que manifestada

(A) antes do oferecimento da denúncia.

(B) antes do recebimento da denúncia.

(C) antes da primeira manifestação da defesa.

(D) antes da sentença.

(E) antes da ouvida das testemunhas.

Em vista da disciplina estabelecida nos arts. 25 do CPP e 102 do CP, a *representação* é retratável até o oferecimento da denúncia; depois disso, não é dado mais ao ofendido voltar atrás, mudar de ideia. **ED**

Gabarito "A"

(Magistratura/SP – 2013 – VUNESP) A ação penal somente pode ser proposta contra quem se imputa a prática da infração penal. Outra pessoa, ainda que tenha obrigações de caráter civil decorrentes do delito, não pode ser incluída na ação, isto em função do princípio da

(A) obrigatoriedade.

(B) indisponibilidade.

(C) intranscendência.

(D) oficialidade.

A: não corresponde ao princípio da obrigatoriedade, que estabelece que, na ação penal pública, o Ministério Público, seu titular, está obrigado a promover, por meio de denúncia, a instauração da ação penal. Este princípio não tem incidência no âmbito da ação penal privada, na qual vigora o princípio da conveniência ou oportunidade; **B:** não corresponde ao princípio da indisponibilidade, segundo o qual, na ação penal pública, não é dado ao representante do MP desistir da ação penal que haja proposto (art. 42, CPP). Também não tem aplicação no âmbito da ação penal de natureza privada, em que vigora o princípio da disponibilidade; **C:** correta. Diz-se que a ação penal, tanto a pública quanto a privativa do ofendido, é informada pelo princípio da intranscendência na medida em que a demanda deve ser proposta tão somente em face de quem o crime é imputado; **D:** incorreta, pois não corresponde ao princípio da oficialidade, para o qual a persecução deve se promovida por órgãos oficiais. **ED**
Gabarito "C".

(Magistratura/SP – 2011 – VUNESP) Analise as proposições seguintes.

I. A lei processual penal tem aplicação imediata, alcançando, inclusive, os processos em andamento.

II. A lei processual penal admite interpretação extensiva e aplicação analógica, bem como o suplemento dos princípios gerais de direito.

III. Na ação penal pública condicionada, a representação do ofendido pode ser retratada até o recebimento da denúncia.

IV. Na ação penal privada subsidiária da pública, o Ministério Público pode aditar a queixa, intervir em todos os termos do processo e interpor recurso.

V. No caso de morte do ofendido, somente o cônjuge tem o direito de oferecer queixa ou prosseguir na ação penal privada.

As proposições corretas são, apenas,

(A) I, II e III.

(B) III, IV e V.

(C) II, III e IV.

(D) I, IV e V.

(E) I, II e IV.

I: assertiva correta, visto que adotou-se, quanto à eficácia da lei processual penal no tempo, o *princípio da aplicação imediata* ou *da imediatidade*, preservando-se os atos até então praticados (art. 2º do CPP); **II:** assertiva correta, já que está em conformidade com o que estabelece o art. 3º do CPP; **III:** assertiva incorreta, dado que, na ação penal pública condicionada, a *representação*, a teor dos arts. 25 do CPP e 102 do CP, será retratável até o *oferecimento* da denúncia. Portanto, entre o oferecimento e o recebimento da inicial, e mesmo após esta, a representação é irretratável; **IV:** assertiva correta, nos termos do art. 29 do CPP; **V:** assertiva incorreta, visto que o art. 31 do CPP estabelece uma ordem que deve ser seguida na hipótese de o ofendido morrer ou mesmo ser considerado ausente por força de decisão judicial. Em primeiro lugar, o cônjuge; depois, o ascendente, descendente e irmão. Se houver discordância, deve prevalecer a vontade daquele que deseja ajuizar a ação. **ED**
Gabarito "E".

(Magistratura Federal/1ª Região – IX) No tocante à indisponibilidade da ação penal, assinale a opção correta:

(A) pode o juiz determinar o arquivamento de inquérito policial sem requerimento nesse sentido do Ministério Público, pois o CPP proíbe apenas o arquivamento direto pela autoridade policial.

(B) **o juiz pode, ao examinar a denúncia, recebê-la por crime diverso do** apontado pelo denunciante.

(C) as contrarrazões do Ministério Público a recurso da defesa, concordando com a tese nele exposta, implicam desistência da ação penal, pelo que o tribunal *ad quem* estará obrigado a prover o recurso.

(D) o Ministério Público pode pedir a absolvição do réu nas alegações finais, mas o fato não vincula o juiz, que, ainda assim, pode condenar.

A: incorreta, posto que não é dado ao magistrado determinar o arquivamento de autos de inquérito sem que o Ministério Público formule requerimento nesse sentido. Da mesma forma, é vedado à autoridade policial, na dicção do art. 17 do CPP, proceder ao arquivamento do inquérito policial, visto que tal medida, conforme já mencionamos, somente será determinada pelo juiz de Direito diante de requerimento do Ministério Público; **B:** incorreta. Embora o juiz possa retificar a capitulação jurídica do fato descrito na denúncia, tal medida deverá ser adotada somente na fase de sentença (art. 383 do CPP – princípio do *jura novit curia*); **C:** incorreta. O membro do Ministério Público somente estará impedido de desistir do recurso que ele próprio haja interposto (art. 576, do CPP). Assim sendo, a sua concordância, em contrarrazões, com a tese desenvolvida em recurso interposto pela defesa não corresponde à desistência da ação penal; **D:** correta, nos termos do art. 385 do CPP. **ED**
Gabarito "D".

(Magistratura Federal/1ª Região – IX) Na ação penal privada subsidiária da pública:

(A) o ofendido poderá propor a queixa enquanto não configurada a prescrição pela pena em abstrato.

(B) a inércia do Ministério Público transfere a titularidade da ação penal ao ofendido ou pessoa a ele equiparada, ficando impedido de qualquer participação posterior na persecução penal, mesmo em face da inércia do ofendido.

(C) o ofendido precisa, primeiro, dirigir-se ao Procurador-Geral para, só então, diante da inércia deste, propor a queixa.

(D) o ofendido dispõe de prazo decadencial para propor a queixa subsidiária, diante da inércia do Ministério Público.

A: incorreta. No âmbito da ação penal privada subsidiária, o ofendido ou o seu representante legal dispõe do prazo decadencial de seis meses para oferecer a queixa-crime, a contar do dia em que tem fim o prazo para o oferecimento da denúncia pelo Ministério Público (art. 38, parte final, do CPP), ao qual, é importante que se diga, não se submete o *parquet*, que poderá, a qualquer tempo, desde que antes da prescrição, recobrar a ação e oferecer a denúncia; **B:** incorreta, uma vez que, intentada a ação penal privada subsidiária, caberá ao Ministério Público, nos moldes do que prescreve o art. 29 do CPP, "(...) aditar a queixa, repudiá-la e oferecer denúncia substitutiva, intervir em todos os termos do processo, fornecer elementos de prova, interpor recurso e, a todo tempo, no caso de negligência do querelante, retomar a ação como parte principal"; **C:** tal providência é desnecessária. A inércia do Promotor de Justiça por si só já autoriza o ofendido a ajuizar a ação penal privada subsidiária da pública; **D:** conforme expusemos no comentário à assertiva "A", o ofendido ou o seu representante, na ação penal

4. DIREITO PROCESSUAL PENAL 235

privada subsidiária, decairá do direito de queixa se não o exercer dentro do prazo de seis meses. **ED**
Gabarito "D".

(Magistratura Federal/3ª Região – 2011 – CESPE) Com referência à ação penal, assinale a opção correta.

(A) De acordo com súmula do STF, a ação penal por crime contra a honra de servidor público, em razão do exercício de suas funções, é condicionada à representação do ofendido, que não tem legitimidade para propor queixa.

(B) A ação penal é de natureza pública, mas sua iniciativa é, em alguns casos, atribuída por lei ao particular – em regra o ofendido –, por intermédio de queixa ou representação.

(C) O direito de representação, em caso de morte ou ausência do ofendido, passa ao ascendente, descendente, cônjuge ou irmão, nesta ordem.

(D) A queixa pode ser dirigida à autoridade policial, ao juiz ou ao MP.

(E) A ação penal por injúria consistente na utilização de elementos referentes a raça, cor, etnia, religião, origem ou condição de pessoa idosa ou portadora de deficiência, se não configurar crime de racismo, é pública condicionada.

A: nos termos do disposto no art. 145, parágrafo único, do CP, tratando-se de crime perpetrado contra a honra de funcionário público em razão de suas funções, a ação penal será pública condicionada à representação do ofendido. Ocorre, no entanto, que o STF, por meio da Súmula n. 714, firmou entendimento no sentido de que a legitimidade, nesses casos, é concorrente entre o ofendido (mediante queixa) e o Ministério Público (ação pública condicionada à representação do ofendido); **B:** a ação penal privada será intentada por meio de queixa-crime; representação é a manifestação de vontade exteriorizada pelo ofendido ou por seu representante no âmbito da ação penal pública condicionada; **C:** incorreta, pois não reflete a ordem estabelecida no art. 24, § 1º, do CPP, a saber: cônjuge, ascendente, descendente ou irmão; **D:** a queixa (ou queixa-crime), que constitui a petição inicial da ação penal de iniciativa privada, será dirigida, a exemplo da denúncia, ao juiz competente. A representação, esta sim, poderá ser oferecida, em conformidade com o disposto no art. 39, *caput*, do CPP, ao juiz, ao Ministério Público ou à autoridade policial; E: correta. A injúria discriminatória, definida no art. 140, § 3º, do CP, é, de fato, crime de ação penal pública condicionada à representação (art. 145, parágrafo único, do CP, com a redação que lhe foi dada pela Lei 12.033/2009). **ED**
Gabarito "E".

(Magistratura Federal/4ª Região – IX) Indique a alínea em que se encontra a afirmativa inteiramente correta:

(A) A requisição do Ministro da Justiça, exigida em lei, como condição para o oferecimento de denúncia, obriga o Ministério Público a promover a ação penal.

(B) Se o Ministério Público, representado pelo Procurador-Geral, pedir diligência ao tribunal competente para processar e julgar causa penal, este ficará obrigado a deferi-la.

(C) No caso de queixa subsidiária, o Ministério Público poderá aditá-la, repudiá-la ou oferecer denúncia substitutiva.

(D) Se o prazo decadencial para oferecimento de queixa-crime findar em feriado ou domingo, pode o quere-

lante ajuizar a inicial acusatória no primeiro dia em que o foro estiver funcionando.

A: incorreta. A requisição do Ministro da Justiça, que tem como natureza jurídica *condição de procedibilidade*, não vincula o Ministério Público, que poderá, dada a sua independência funcional, oferecer ou não a denúncia; **B:** proposição incorreta, pois o tribunal poderá, conforme o caso, indeferir o pleito do Ministério Público; **C:** correta, pois reflete o que estabelece o art. 29 do CPP; **D:** incorreta. A contagem do prazo decadencial deve obedecer ao estabelecido no art. 10 do CP, que traça regras diferentes daquelas previstas no art. 798 do CPP (prazo processual). Sendo, portanto, o prazo decadencial de natureza penal, o dia do fato que deu origem ao cômputo deve ser incluído no prazo. Além disso, o prazo penal é improrrogável, é dizer, se o seu termo final cair num domingo ou feriado, não haverá prorrogação para o primeiro dia útil seguinte, como ocorre com o prazo processual. Assim, a providência que haveria de ser tomada pelo ofendido ou seu representante, titular do direito de representação ou queixa, tinha como data-limite o feriado ou domingo. Depois disso, terão lugar a decadência e a consequente extinção da punibilidade. **ED**
Gabarito "C".

(Magistratura Federal/4ª Região – VII) Assinale a opção correta:

(A) O Ministério Público pode desistir parcialmente da ação penal:

(B) O Ministério Público não pode restringir nas razões de recurso a amplitude da apelação já interposta;

(C) Os limites da apelação são fixados pela denúncia;

(D) O Ministério Público pode desistir totalmente da ação penal.

Conferir o seguinte julgado: "*Habeas corpus*. Apelação. Termo. Extensão do recurso. Atuação do MP. 1. O entendimento pretoriano se direciona no sentido de ser a extensão da apelação medida pelo termo de interposição e não pelas razões oferecidas após o prazo de cinco dias. 2. Não se discute e nem se põe em dúvida a norma impeditiva do MP desistir do recurso interposto, *ex vi* do art. 576, do CPP. A hipótese, entretanto, não se fez presente, pois o recurso, segundo o termo de fls. 117, estabelece nítida restrição, revelando o inconformismo ministerial apenas quanto à parte da sentença 'que julgou improcedente a denúncia', silenciando-se no tocante à procedência parcial. Se ao *Parquet*, por força da norma em apreço, não é dado restringir a apelação, quando interposta sem limitações, do mesmo modo não pode o Tribunal avançar sobre as balizas objetivas e subjetivas do recurso, em acolhimento às razões lançadas ampliativamente, de maneira excedente dos limites impostos pelo termo, quando, principalmente, já esgotado o prazo da acusação para fazê-lo. 3. Ordem concedida para anular os julgados de segundo grau, restabelecendo a sentença em todos os seus termos" (STJ, HC 11.076/RS, SEXTA TURMA, rel. Min. Fernando Gonçalves, julgado em 29/03/2000, *DJ* 02/05/2000). **ED**
Gabarito "B".

4. SUSPENSÃO CONDICIONAL DO PROCESSO

(Magistratura/PR – 2010 – PUC/PR) Estando diante de crimes em que a pena mínima cominada seja igual ou inferior a 1 (um) ano, a suspensão condicional do processo poderá vir a ser aplicada nos Juizados Especiais Criminais. Partindo desse contexto, julgue os itens a seguir:

I. Durante o prazo de suspensão do processo não correrá a prescrição.

II. A suspensão será revogada se, no curso do prazo, o beneficiário vier a ser processado por outro crime ou não efetuar, sem motivo justificado, a reparação do dano.

III. A suspensão poderá ser revogada se o acusado vier a ser processado, no curso do prazo, por contravenção, ou descumprir qualquer outra condição imposta.

IV. Expirado o prazo sem revogação da suspensão condicional do processo, o juiz declarará a extinção da punibilidade.

(A) Somente as assertivas I, II e IV estão corretas.

(B) Somente as assertivas I, III e IV estão corretas.

(C) Somente as assertivas I e IV estão corretas.

(D) Todas as assertivas estão corretas.

I: correta (art. 89, § 6º, da Lei 9.099/95); II: correta (art. 89, § 3º, da Lei 9.099/95); III: correta (art. 89, § 4º, da Lei 9.099/95); IV: correta (art. 89, § 5º, da Lei 9.099/95). **ED**
Gabarito "D".

(Magistratura/SP – 2011 – VUNESP) Antônio foi denunciado por receptação simples (art. 180, *caput*, do Código Penal), e o juiz, verificando que seria caso, em tese, da apresentação de proposta de suspensão condicional do processo (art. 89, da Lei n.º 9.099/95), determina a abertura de vista dos autos ao Promotor de Justiça para tal finalidade. O Promotor, porém, recusa-se a oferecer a proposta de suspensão, alegando que o crime de receptação é incompatível com o benefício, pois incentiva a prática de furtos, roubos e até mesmo de latrocínios, e requer o prosseguimento do feito. Qual a medida que o juiz, caso discorde do posicionamento do Promotor, deve tomar, inclusive, se o caso, consoante jurisprudência sumulada dos Tribunais Superiores (STJ e STF).

(A) Remeter os autos à apreciação do Procurador Geral de Justiça, mediante aplicação analógica do art. 28, do Código de Processo Penal.

(B) Designar data para apresentação, de ofício, da proposta de suspensão, pois se trata de matéria de ordem pública e direito subjetivo do acusado, que atende a todos os requisitos legais.

(C) Determinar o prosseguimento do processo, pois, segundo o art. 89, *caput*, da Lei n.º 9.099/95, a apresentação de proposta de suspensão é faculdade do Promotor de Justiça e não direito subjetivo do acusado.

(D) Conceder *habeas corpus* de ofício, para trancar o processo, diante do evidente constrangimento ilegal imposto ao réu com o prosseguimento do feito sem a oferta da proposta de suspensão.

(E) Remeter os autos a outro Promotor de Justiça para que ele apresente a proposta de suspensão, com base no princípio da independência funcional dos membros do Ministério Público.

Cabe ao magistrado, neste caso, ante o que estabelece a Súmula nº 696 do STF, aplicar, por analogia, o comando contido no art. 28 do CPP, remetendo a questão para apreciação do procurador-geral de Justiça. **ED**
Gabarito "A".

(Magistratura Federal/4ª Região – VII) Será inviável a revogação da suspensão condicional do processo (Lei n.º 9.099/95, art. 89) se, no curso do prazo:

(A) o acusado vier a ser processado por contravenção;

(B) o acusado vier a ser processado por crime;

(C) o acusado descumprir qualquer condição imposta;

(D) nenhuma das alternativas é correta.

O fato de o beneficiário vir a ser processado, no curso do prazo, pela prática de *crime* constitui *revogação obrigatória* do *sursis* processual, nos termos do art. 89, § 3º, da Lei 9.099/1995; já se o beneficiário, no curso do período de prova, vier a ser processado por *contravenção* ou ainda *descumprir qualquer condição imposta, poderá* o juiz revogar o benefício, conforme dispõe o art. 89, § 4º, da Lei 9.099/1995 (revogação facultativa). Assim sendo, as assertivas "A", "B" e "C" contemplam, sim, hipóteses de revogação da suspensão condicional do processo. **ED**
Gabarito "D".

5. AÇÃO CIVIL

(Magistratura Federal/4ª Região – VIII) No sistema processual brasileiro, proferida sentença condenatória em primeira instância e reconhecida a prescrição da ação penal, pela pena aplicada na segunda instância, quanto aos efeitos civis é possível afirmar que:

(A) a condenação de primeira instância serve como princípio de prova da responsabilidade civil do réu, invertendo-se o ônus da prova;

(B) a condenação de primeira instância não gera efeitos civis, face ao reconhecimento da prescrição;

(C) a condenação de primeira instância elimina qualquer discussão sobre a culpa, fazendo, neste particular, coisa julgada;

(D) o reconhecimento da prescrição extingue a responsabilidade penal e a civil, impedindo nova discussão sob este aspecto.

Segundo o magistério de Guilherme de Souza Nucci, "tratando-se da prescrição da pretensão punitiva, não possui efeito algum a eventual sentença condenatória, que já tenha sido prolatada. Assim, o reconhecimento de prescrição, cujo lapso completou-se antes do trânsito em julgado de sentença condenatória, afasta a formação de título executivo judicial" (*Manual de Processo Penal e Execução Penal*, p. 240). **ED**
Gabarito "B".

(Magistratura Federal/4ª Região – IX) Indique a afirmativa correta:

(A) A sentença que reconhece causa de perdão judicial, vindo a concedê-lo, tem natureza jurídica de decisão extintiva de punibilidade.

(B) Em caso de processo de competência do júri, a decisão do juiz em sede de pronúncia que desclassificar a infração para outra, de competência do juiz singular, tem natureza jurídica de sentença, por afastar a competência do júri.

(C) A sentença que absolver o réu por ter agido em legítima defesa não apresenta eficácia vinculante do juízo cível em processo indenizatório.

(D) A sentença que absolver o réu, por ter agido em estado de necessidade, impedirá que se pleiteie no cível indenização pelo dano causado pelo necessitado.

A: correta, pois em conformidade com o entendimento firmado na Súmula n. 18 do STJ: "A sentença concessiva do perdão judicial é declaratória da extinção da punibilidade, não subsistindo qualquer

4. DIREITO PROCESSUAL PENAL

efeito condenatório"; **B:** a desclassificação (art. 419 do CPP), no âmbito do processo referente ao tribunal do júri, tem como natureza jurídica decisão interlocutória simples que modifica a competência do juízo. A assertiva, portanto, está incorreta; **C:** incorreta, dado que é vedada a rediscussão, no juízo cível, da sentença penal que absolveu o réu com base em uma das causas de exclusão da antijuridicidade (art. 65, do CPP); **D:** a despeito de ser vedada a discussão, no juízo cível, da sentença penal que absolveu o agente com fulcro em uma das causas excludentes de ilicitude, a obrigação de indenizar se impõe, no entanto, na hipótese, dentre outras, de o terceiro lesado não ter sido o causador do perigo (art. 929 do CC). **ED**

Gabarito "A".

6. JURISDIÇÃO E COMPETÊNCIA. CONEXÃO E CONTINÊNCIA

(Juiz – TJ/MS – VUNESP – 2015) De acordo com o artigo 80, do Código de Processo Penal, nos processos conexos, será facultativa a separação quando

(A) as infrações tiverem sido praticadas em circunstâncias de tempo ou lugar diferentes, ou, quando pelo excessivo número de acusados e para não lhes prolongar a prisão provisória, ou por outro motivo relevante, o juiz reputar conveniente a separação.

(B) venha o juiz ou tribunal a proferir sentença absolutória ou que desclassifique a infração para outra que não se inclua na sua competência.

(C) houver corréu em local incerto ou não sabido ou foragido que não possa ser julgado à revelia, ainda que representado por defensor constituído e regularmente citado.

(D) concorrerem jurisdição comum e do juízo falimentar.

(E) em relação a algum corréu, por superveniência de doença mental, nos termos do artigo 152 do Código de Processo Penal, ainda que indispensável a suspensão do processo para instauração de incidente de insanidade mental.

A assertiva correta é a "A", já que corresponde à redação do art. 80 do CPP, que estabelece as hipóteses em que, a despeito da existência de conexão ou continência, a separação dos processos se mostra conveniente e útil. **ED**

Gabarito "A".

(Juiz – TJ-SC – FCC – 2017) Considere os Casos 1 e 2 abaixo.

Caso 1: Iniciada a prática de homicídio em Florianópolis, a morte da vítima ocorreu em Itajaí e a prisão do acusado em Blumenau.

Caso 2: Delito de menor potencial ofensivo foi praticado em Itajaí e se consumou no Balneário de Camboriú, não sendo possível a transação penal.

É competente para julgar as ações penais,

(A) o Tribunal do Júri da Comarca de Itajaí (Caso 1) e o juiz singular, segundo a organização judiciária da Comarca do Balneário de Camboriú (Caso 2).

(B) em ambos os casos, segundo a regra de distribuição, o juiz criminal da Comarca de Itajaí.

(C) o Tribunal do Júri da Comarca de Florianópolis (Caso 1) e o juiz singular, segundo a organização judiciária da Comarca de Itajaí (Caso 2).

(D) o Tribunal do Júri (Caso 1) e o juiz singular (Caso 2), segundo a organização judiciária da Comarca de Itajaí.

(E) em ambos os casos, segundo a regra de prevenção, o juiz criminal da Comarca de Itajaí.

Caso 1: como bem sabemos, a competência será determinada em razão do lugar em que se deu a consumação do crime (art. 70, "caput", CPP). Acolheu-se, assim, a teoria do resultado. Dessa forma, nos chamados *crimes plurilocais*, em que a conduta (ação ou omissão) ocorre num determinado local e o resultado acaba por ser produzido em outro, competente será o foro do local onde se deu a consumação. Pois bem. Sucede que, no contexto dos crimes contra a vida, tanto os culposos quanto os dolosos, a jurisprudência construiu a tese segundo a qual, contrariando o texto legal, deve-se adotar, tendo em conta a conveniência na colheita de provas, a teoria da atividade. Com isso, a competência firmar-se-á, nos crimes contra a vida cujo resultado ocorra em local diverso do da conduta, pelo foro do local da ação ou omissão, e não o do resultado, tal como estabelece o art. 70, "caput", do CPP. É o caso da vítima que, alvejada a tiros em determinada cidade, vem a falecer em outra. Parece lógico e producente que a prova seja colhida e o processamento se dê na comarca onde foi praticada a conduta, e não no local em que o crime se consumou. Como se pode ver, a banca examinadora adotou a literalidade do art. 70 do CPP, segundo o qual o julgamento deverá ocorrer no Tribunal do Júri do município de Itajaí, local no qual se deu a morte da vítima. Conferir: "Recurso ordinário em habeas corpus. Processual Penal. Crime de homicídio culposo (CP, art. 121, §§ 3° e 4°). Competência. Consumação do delito em local distinto daquele onde foram praticados os atos executórios. Crime plurilocal. Possibilidade excepcional de deslocamento da competência para foro diverso do local onde se deu a consumação do delito (CPP, art. 70). Facilitação da instrução probatória. Precedente. Recurso não provido. 1. A recorrente foi denunciada pela prática do crime de homicídio culposo (art. 121, § 3°, c/c § 4° do Código Penal), porque "deixando de observar dever objetivo de cuidado que lhe competia em razão de sua profissão de médica e agindo de forma negligente durante o pós-operatório de sua paciente Fernanda de Alcântara de Araújo, ocasionou a morte desta, cinco dias após tê-la operado, decorrendo o óbito de uma embolia gordurosa não diagnosticada pela denunciada, a qual sequer chegou a examinar a vítima após a alta hospitalar, limitando-se a prescrever remédios pelo telefone, em total afronta ao Código de Ética Médica (artigo 62 do CEM)". 2. Embora se possa afirmar que a responsabilidade imputada à recorrente possa derivar de negligência decorrente da falta do exame pessoal da vítima e do seu correto diagnóstico após a alta hospitalar, é inconteste que esse fato deriva do ato cirúrgico e dos cuidados pós-operatórios de responsabilidade da paciente, de modo que se está diante de crime plurilocal, o que justifica a eleição como foro do local onde os atos foram praticados e onde a recorrente se encontrava por ocasião da imputada omissão (por ocasião da prescrição de remédios por telefone à vítima). 3. Recurso não provido" (RHC 116200, Rel. Min. Dias Toffoli, 1ª Turma, j. 13.08.2013, Processo Eletrônico *DJe* 06.09.2013 Publ. 09.09.2013); **Caso 2:** o art. 63 da Lei 9.099/1995 estabelece que a competência do Juizado Especial Criminal será determinada em razão do lugar em que foi *praticada* a infração penal. Surgiram, assim, três teorias a respeito do juiz competente para o julgamento da causa: (i) teoria da atividade: é competente o juiz do local onde se verificou a ação ou omissão; (ii) teoria do resultado: a ação deve ser julgada no local onde se produziu o resultado; (iii) e teoria da ubiquidade: são considerados competentes tanto o juiz do local em que se deu a ação ou omissão quanto aquele do lugar em que se produziu o resultado. Na doutrina e na jurisprudência, predominam as teorias da atividade e da ubiquidade. O examinador adotou a teoria da atividade. **ED**

Gabarito "D".

(Juiz – TJ/SC – FCC – 2017) Nas ações penais de competência originária do Supremo Tribunal Federal, estabelece a Lei nº 8.038/90:

Art. 7º – Recebida a denúncia ou a queixa, o relator designará dia e hora para o interrogatório, mandando citar o acusado ou querelado e intimar o órgão do Ministério Público, bem como o querelante ou o assistente, se for o caso.

No que tange ao interrogatório do acusado,

(A) deve ser o ato derradeiro da instrução penal, nos termos do art. 400, do Código de Processo Penal, exceto quanto às ações penais onde o interrogatório tenha ocorrido antes da reforma de 2008.

(B) será sempre o ato derradeiro da instrução penal, nos termos do art. 400, do Código de Processo Penal, pois mais favorável à defesa do acusado.

(C) prevalecerá a regra procedimental da Lei nº 8.038/90 (art. 7º), em detrimento da regra geral e subsidiária do Código de Processo Penal.

(D) é irrelevante a ordem da realização do interrogatório, pois o acusado não está obrigado a responder às indagações do relator.

(E) o Plenário do Supremo Tribunal Federal não tem posição pacífica sobre o tema, prevalecendo ora a regra da Lei nº 8.038/90, ora a regra do art. 400, do Código de Processo Penal.

Em homenagem aos princípios do contraditório e da ampla defesa, o STF consolidou o entendimento segundo o qual, nas ações penais de competência originária do Supremo Tribunal Federal, deve incidir a regra contida no art. 400 do CPP, que estabelece que o interrogatório realizar-se-á ao final da instrução, em detrimento da regra presente no art. 7º da Lei 8.038/1990, para o qual o interrogatório deverá realizar-se no início da instrução. A exceção fica por conta das ações penais em que o interrogatório tenha ocorrido antes do advento da Lei 11.719/2008, que promoveu diversas alterações no CPP, entre as quais estabeleceu que, a partir de então, o interrogatório seria realizado ao final da instrução. Conferir: "O Plenário desta Suprema Corte, em homenagem aos princípios da ampla defesa e contraditório, firmou entendimento no sentido de que, mesmo nas ações penais originárias do Supremo Tribunal Federal, o interrogatório do réu deve ser o último ato da instrução processual (AP 528 AgR, Rel. Min. Ricardo Lewandowski, Tribunal Pleno, *DJe* 08.06.02011)". (AP 988 AgR, Rel. Min. Marco Aurélio, Rel. p/ Acórdão: Min. Alexandre De Moraes, 1ª Turma, j. 04.04.2017. No mesmo sentido: "I - O art. 400 do Código de Processo Penal, com a redação dada pela Lei 11.719/2008, fixou o interrogatório do réu como ato derradeiro da instrução penal. II – Sendo tal prática benéfica à defesa, deve prevalecer nas ações penais originárias perante o Supremo Tribunal Federal, em detrimento do previsto no art. 7º da Lei 8.038/90 nesse aspecto. Exceção apenas quanto às ações nas quais o interrogatório já se ultimou. III – Interpretação sistemática e teleológica do direito" (AP 528 AgR, Rel. Min. Ricardo Lewandowski, Tribunal Pleno, j. 24.03.2011). **ED**

Gabarito "A".

(Juiz de Direito – TJM/SP – VUNESP – 2016) Considere o seguinte caso hipotético. Uma juíza do Trabalho de umas das Varas da Capital de São Paulo, em ofício endereçado à Justiça de Campinas, envia uma carta precatória para a execução provisória de um débito laboral. Tão logo autuada a precatória, o juiz de Campinas, por entender nula a ação trabalhista originária, encaminha ofício ao Tribunal Regional do Trabalho da 15ª Região (TRT/15), sediado em Campinas, informando que a ordem da magistrada de São Paulo seria ilegal e que, por isso, não poderia cumprir a determinação. Uma vez ciente do ofício, e indagada pelo TRT/15, a juíza de São Paulo responde que a ordem era legal. O TRT/15, por reputar que o magistrado de Campinas cometeu crime contra a honra da magistrada de São Paulo, determinou que fosse instaurada investigação formal. Uma vez instaurado o inquérito, foi intimada a suposta ofendida, que representou para que os fatos fossem processados, o que deu ensejo à propositura de ação penal pelo Ministério Público Estadual de São Paulo.

A respeito do caso narrado, assinale a alternativa correta.

(A) Considerando que os delitos contra a honra são processáveis apenas mediante ação penal de iniciativa privada, totalmente indevida a dedução de ação penal pública condicionada, isto é, por meio de representação.

(B) Não poderia o inquérito policial ser instaurado mediante a requisição do Tribunal, tendo em vista não se tratar de caso que seja apurado mediante ação penal pública incondicionada.

(C) Tratando-se de crime imputado a magistrada do Trabalho, que detém foro por prerrogativa de função, foi equivocada a dedução do processo em primeiro grau, sendo a competência originária do Eg. Tribunal de Justiça de São Paulo.

(D) Tratando-se de imputação de crimes de menor potencial ofensivo, cuja Justiça é prevista constitucionalmente, afasta-se a competência originária do Tribunal competente, sendo o feito apurado nos Juizados Especiais.

(E) Por se tratar de ofensas envolvendo membros do Poder Judiciário que respondem por seus atos a Tribunais Regionais do Trabalho de regiões distintas (2ª e 15ª Região), a competência para a ação penal será do Superior Tribunal de Justiça.

A: incorreta. A solução desta questão deve ser extraída da Súmula 714, do STF, segundo a qual, nos crimes praticados contra a honra de servidor público, a legitimidade para a ação penal é concorrente entre o ofendido (mediante queixa) e o Ministério Público (ação pública condicionada à representação do ofendido). Na hipótese retratada no enunciado, de duas uma: ou a juíza de São Paulo promove, ela própria, ação privada em face do ofensor, que é o juiz de Campinas; ou representa ao MP para que este ajuíze a ação penal, sendo este último o caminho optado pela magistrada ofendida. Dessa forma, está incorreto o que se afirma nesta assertiva; **B:** correta. Para a instauração de inquérito, se o crime for de ação penal privada, é indispensável que o ofendido formule requerimento nesse sentido; se se tratar de ação penal pública condicionada a representação, o inquérito não pode sem ela ser iniciado. Perceba que, de uma forma ou de outra, o inquérito não poderia ser instaurado sem a manifestação de vontade do ofendido, quer por meio de requerimento, quer por meio de representação; **C:** incorreta. Sendo o crime imputado a magistrado do Trabalho, detém competência para o seu julgamento o TRF da região respectiva (art. 108, I, *a*, da CF); **D:** incorreta. *Vide* comentário anterior; **E:** incorreta. *Vide* comentário à assertiva "C". **ED**

Gabarito "B".

(Juiz de Direito – TJM/SP – VUNESP – 2016) Acompanhe o caso fictício. Tício, prefeito de uma cidade do interior de São Paulo/SP, mantém um relacionamento extraconjugal com Mévia, policial militar. Por ciúmes, Mévia decide matar a mulher de Tício, Semprônia. Para tanto, ingressou na casa de Tício e, com uma faca, acerta a vítima no peito. Em defesa de sua mulher, Tício, mediante disparo de arma de fogo, acerta Mévia, de raspão. Tício é processado perante o Tribunal do Júri por homicídio tentado simples, além de posse irregular de arma de fogo, na Justiça Comum, sendo, ao final, absolvido de ambas as imputações, em decisão transitada em julgado; Mévia, por seu turno, foi processada na Justiça Militar, e condenada em decisão que se tornou definitiva.

A respeito do caso, assinale a alternativa correta.

(A) Tratando-se de crime comum, correto o julgamento de Tício pelo Tribunal do Júri, visto que a competência do Tribunal de Justiça para processar e julgar Prefeitos dá-se apenas em crimes de responsabilidade.

(B) Tratando-se de crime doloso contra a vida praticado por militar, correto o julgamento pela Justiça Militar.

(C) O Tribunal do Júri não poderia ter julgado Tício pelo crime de posse irregular de arma de fogo, pois não se trata de crime doloso praticado contra a vida.

(D) Mévia e Tício haveriam de ser julgados pelo Tribunal de Justiça do Estado de São Paulo, haja vista que os fatos se deram em um mesmo contexto.

(E) Tício, por ser Prefeito, haveria de ter sido julgado pelo Tribunal de Justiça do Estado de São Paulo. Todavia, uma vez que a absolvição pelo Tribunal do Júri transitou em julgado, mesmo sendo caso de incompetência absoluta, a decisão não poderá mais ser revista, sob pena de violação ao princípio da *refomatio in pejus*.

A: incorreta. Quanto à competência para o julgamento de prefeito, temos o seguinte: será ele julgado, pela prática de crimes comuns e dolosos contra a vida, pelo Tribunal de Justiça (art. 29, X, da CF); pela prática de crimes da esfera federal, o julgamento caberá aos Tribunais Regionais Federais; agora, se se tratar de crimes de responsabilidade, previstos no Dec.-lei 201/1967, o chefe do executivo municipal será submetido a julgamento pelo Poder Legislativo local. Nesse sentido: Súmula 702, STF: "A competência do Tribunal de Justiça para julgar prefeitos restringe-se aos crimes de competência da Justiça comum estadual; nos demais casos, a competência originária caberá ao respectivo tribunal de segundo grau". Também: Súmula Vinculante 45: "A competência constitucional do Tribunal do Júri prevalece sobre o foro por prerroga-tiva de função estabelecido exclusivamente pela Constituição estadual"; B: incorreta. O julgamento de militar pelo cometimento de homicídio doloso cuja vítima seja civil cabe ao Tribunal do Júri (art. 125, § 4º, do CF; e art. 9º, parágrafo único, do CPM); C: incorreta. Embora não se trate de crime doloso contra a vida, o delito de posse irregular de arma de fogo deverá ser julgado, juntamente com o crime contra a vida, pelo Tribunal Popular, na medida em que este exerce *vis attractiva* (art. 78, I, do CPP). Em outras palavras, o Tribunal do Júri detém competência para o julgamento dos crimes dolosos contra a vida e também para aqueles que com ele tenham conexão ou continência; D: incorreta. Se os crimes conexos forem de competência do Tribunal do Júri (Mévia) e de outro tribunal em razão do foro por prerrogativa de função (Tício), é de rigor a separação dos processos, devendo cada agente ser julgado perante o seu juízo competente. Neste caso, Mévia deverá ser julgada pelo Tribunal do Júri; já Tício, por ser detentor de foro especial, será

julgado pelo TJ. Perceba que ambas as competências estão contem-pladas na CF/1988, razão pela qual devem ser respeitadas; **E:** correta. É tranquilo o entendimento doutrinário e jurisprudencial segundo o qual, anulada a condenação proferida em recurso exclusivo da defesa, a nova decisão a ser prolatada não pode ser mais prejudicial ao réu do que aquela que foi anulada (proibição da *reformatio in pejus* indireta – art. 617 do CPP). Nesse sentido: "*Habeas corpus*. Sentença absolutória proferida por juiz absolutamente incompetente. Ocorrência de trânsito em julgado. *Ne reformatio in pejus*. Ordem concedida. 1. De acordo com a jurisprudência deste Superior Tribunal de Justiça, a declaração de incompetência absoluta do Juízo se enquadra nas hipóteses de nulidade absoluta do processo. Todavia, a sentença prolatada por juiz absolutamente incompetente, embora nula, após transitar em julgado, pode acarretar o efeito de tornar definitiva a absolvição do acusado, uma vez que, apesar de eivada de nulidade, tem como consequência a proibição da *reformatio in pejus*. 2. O princípio *ne reformatio in pejus*, apesar de não possuir caráter constitucional, faz parte do ordenamento jurídico complementando o rol dos direitos e garantias individuais já previstos na Constituição Federal, cuja interpretação sistemática permite a conclusão de que a Magna Carta impõe a preponderância do direito à liberdade sobre o Juiz natural. Assim, somente se admite que este último – princípio do juiz natural – seja invocado em favor do réu, nunca em seu prejuízo. 3. Sob essa ótica, portanto, ainda que a nulidade seja de ordem absoluta, eventual reapreciação da matéria, não poderá de modo algum ser prejudicial ao paciente, isto é, a sua liberdade. Não se trata de vinculação de uma esfera a outra, mas apenas de limitação principiológica. 4. Ordem concedida para tornar sem efeito a decisão proferida nos autos da ação penal que tramita perante a 1ª Vara Federal da Seção Judiciária da Paraíba" (STJ, HC 146.208-PB, 6ª T., rel. Min. Haroldo Rodrigues (Desembargador Convocado do TJ/CE), j. 04/11/2010). **ED**

Gabarito "E".

(Magistratura/DF – 2011) Da competência pelo lugar da infração. Juiz de Direito Substituto do Distrito Federal, em férias na cidade de Fortaleza/CE, que se envolvendo em acidente de trânsito abate a tiros seu antagonista causando-lhe a morte, foi preso em flagrante. Anote a opção correta:

(A) Em razão da competência do júri para julgamento dos crimes dolosos contra a vida (Const. Fed. Art. 5º, XXXVIII), tendo sido preso em flagrante, o magistrado deve ser processado e julgado pelo Tribunal do Júri de Fortaleza;

(B) Por haver sido preso em flagrante, o magistrado deve ser processado e julgado pelo Tribunal de Justiça do Estado do Ceará -TJCE;

(C) Por haver sido preso em flagrante, o magistrado deve ser processado e julgado pelo Tribunal de Justiça do Distrito Federal e Territórios -TJDFT;

(D) Por haver sido preso em flagrante e o delito ocorrido em unidade da federação diversa daquela que exerce seu múnus, o magistrado deve ser processado e jul-gado pelo Superior Tribunal de Justiça - STJ.

Tanto o foro por prerrogativa de função quanto o Tribunal do Júri estão contemplados na Constituição Federal. Jurisprudência e doutrina são unânimes em afirmar que, neste caso, prevalece a competência em razão do foro privilegiado. No entanto, se a competência por prerrogativa de função não estiver contemplada na Carta Magna, o julgamento deverá ocorrer perante o Tribunal Popular. Por isso, o juiz estadual ou distrital é sempre julgado pelo Tribunal de Justiça de seu Estado (ou do Distrito Federal e Territórios), conforme preleciona o

240 EDUARDO DOMPIERI

art. 96, III, da CF, mesmo que o crime tenha sido praticado em outra unidade da federação. **ED**
Gabarito "C".

(Magistratura/ES – 2011 – CESPE) Assinale a opção correta com relação à competência no âmbito do direito processual penal.

(A) Compete à justiça estadual processar e julgar crimes contra a propriedade intelectual quando não praticados em detrimento de bens, serviços ou interesse da União ou de suas entidades autárquicas e empresas públicas, ainda que os produtos tenham sido adquiridos no exterior.

(B) Compete à justiça castrense processar e julgar crime de homicídio culposo decorrente de acidente automobilístico em que acusado e vítima sejam militares, ainda que não se encontrem em serviço nem estejam em local sujeito à administração militar ou atuando em razão da função.

(C) Tratando-se de delito praticado por policial militar, compete à justiça militar a decretação da perda da função pública, como efeito secundário da condenação, ainda que a ação penal não se refira a crime militar.

(D) A Emenda Constitucional n.º 45 inovou o ordenamento jurídico brasileiro ao atribuir à justiça do trabalho competência para processar e julgar ações penais.

A: a circunstância de o produto ter sido adquirido no exterior não é apta, por si só, a deslocar a competência para a Justiça Federal. Vide, nesse sentido: STJ, RHC 21791 PR, 5ª T., rel. min. Felix Fischer, 24.09.2007. Assertiva, portanto, correta; **B:** a competência, neste caso, cabe à Justiça comum Estadual (STJ, CC 114.404-RS, rel. Min. Celso Limongi, j. 25.04.2011); **C:** se não se referir a crime militar, a competência para a decretação da perda da função pública, como efeito secundário da condenação impingida a policial militar, cabe à Justiça comum. Vide: STF, RE 605.917, 1ª T., rel. Min. Dias Toffoli, DJe de 22.06.2012; **D:** o STF, em liminar concedida na ADIn 3.684-0, declarou que, no âmbito de competência da Justiça do Trabalho (art. 114, IX, da CF), não está a de processar e julgar ações de natureza penal. **ED**
Gabarito "A".

(Magistratura/ES – 2011 – CESPE) Acerca da aplicação da lei processual penal e da competência, assinale a opção correta.

(A) Em caso de crime doloso contra a vida cometido por duas pessoas, aquele que não ostentar foro por prerrogativa de função não deverá ser julgado perante o júri popular, mas perante o tribunal competente para o julgamento do corréu detentor do foro especial.

(B) A cláusula de inviolabilidade constitucional, que impede a responsabilização penal do membro do Congresso Nacional por suas palavras, opiniões e votos, não abrange as entrevistas jornalísticas, visto que tais manifestações, ainda que vinculadas ao desempenho do mandato, não se qualificam como natural projeção do exercício das atividades parlamentares.

(C) A prerrogativa de os parlamentares federais poderem ser inquiridos em local, dia e hora previamente ajustados entre eles e o juiz criminal prevalece, ainda que eles figurem, no processo penal, como indiciados ou réus.

(D) Desde que haja expressa previsão na constituição estadual, o processo e julgamento dos conselheiros

do tribunal de contas estadual nas infrações político-administrativas pode ser inserido na esfera de competência da assembleia legislativa local.

(E) Caso o delito de denunciação caluniosa dê origem a procedimento administrativo no âmbito do MPF e a inquérito policial federal, competirá à justiça federal processar e julgar a pertinente ação penal, independentemente das características da vítima desse crime.

A: é hipótese de desmembramento. No concurso de pessoas constituído para a prática de crime doloso contra a vida em que um concorrentes seja detentor de foro por prerrogativa de função, é de rigor a bipartição de competência. Aquele que não ostentar foro especial será julgado pelo Tribunal do Júri; o detentor de foro por prerrogativa de função será processado e julgado pelo seu juízo competente, em razão do cargo/mandato/função que ocupa; **B:** incorreta, dado que a chamada imunidade parlamentar material, penal ou absoluta (art. 53, "caput", da CF) contempla toda e qualquer forma de manifestação do parlamentar, escrita ou verbal, sendo suficiente que tal ocorra em razão do exercício do mandato; **C:** não faz jus à prerrogativa conferida pelo art. 221 do CPP o parlamentar que figura como indiciado ou réu (Informativo STF 563); **D:** vide ADIn 4190-RJ, rel. Min. Celso de Mello, 10.03.10; E: assertiva correta (STF, 2ª T., HC 101.013, rel. Min. Joaquim Barbosa, DJE 21.06.2011). **ED**
Gabarito "E".

(Magistratura/PE - 2013 - FCC) No que se refere à competência no processo penal, segundo entendimento sumulado,

(A) compete ao foro do local da emissão do cheque sem provisão de fundos processar e julgar o crime de estelionato.

(B) compete à Justiça Comum Estadual processar e julgar crime em que o indígena figura como autor ou vítima.

(C) compete à Justiça Comum Estadual processar e julgar crime de falso testemunho cometido no processo trabalhista.

(D) a utilização de papel moeda grosseiramente falsificado configura, em tese, o crime de estelionato, da competência da Justiça Estadual.

(E) a competência do tribunal do júri prevalece sempre sobre o foro por prerrogativa de função.

A: incorreta, já que não corresponde ao teor das Súmulas nº 244, do STJ, e 521, do STF, que estabelecem que o foro competente, neste caso, é o do local da recusa do pagamento; **B:** incorreta. A competência para o julgamento de crime que indígena figure como autor ou réu é, em regra, da Justiça Comum estadual (Súmula nº 140, STJ). Agora, se o crime envolver a disputa de direitos indígenas, a competência, neste caso, passa à Justiça Federal (art. 109, XI, da CF); **C:** incorreta. É da competência da Justiça Federal (não da estadual) o processamento e julgamento do crime de falso testemunho praticado em processo trabalhista (Súmula n. 165, STJ); **D:** correta, pois em conformidade com o entendimento firmado na Súmula n. 73 do STJ; E: incorreta, pois não corresponde ao entendimento firmado na Súmula nº 721 do STF (que deu origem à Súmula Vinculante 45): "A competência constitucional do Tribunal do Júri prevalece sobre o foro por prerrogativa de função estabelecido exclusivamente pela Constituição estadual". **ED**
Gabarito "D".

(Magistratura/RJ – 2013 – VUNESP) Após analisar as alternativas a respeito da competência processual penal, assinale a correta.

(A) João, de sua residência em São Paulo – SP, por meio da *internet* subtrai fraudulentamente dinheiro da conta corrente que José mantém no Rio de Janeiro – RJ, onde reside. O foro competente é o do Rio de Janeiro – RJ.

(B) Enquanto as competências *ratione personae* e *ratione loci* são absolutas, a *ratione materiae* é relativa.

(C) Quando incerto o limite territorial entre duas ou mais jurisdições, a competência regular-se-á pelo domicílio ou residência do réu.

(D) Compete ao foro do local da emissão processar e julgar o crime de estelionato mediante cheque sem provisão de fundos.

A: correta. Conferir: "PROCESSO PENAL. COMPETÊNCIA. FURTO MEDIANTE FRAUDE. SAQUE DE CONTA CORRENTE DE CLIENTES MEDIANTE FRAUDE. 1. Transferência fraudulenta, via *internet*, de valores de conta corrente mantida em agência bancária em determinada localidade para agência situada em outra cidade. 2. A consumação do crime de furto mediante fraude, se dá no local de onde o valor foi sub-traído e não no local em que foi depositado. 3. O furto se consuma no momento em que a coisa é retirada da esfera de posse e disponibilidade do sujeito passivo, ingressando na livre disponibilidade do agente" (CC 200901000628687, Juiz Tourinho Neto, TRF-1ª Região, 2ª Seção, e-*DJF1* 05.07.2010); **B**: incorreta, dado que a competência pelo lugar da infração (*ratione loci*) é relativa; pode, pois, se não arguida dentro do prazo, ser prorrogada; já as competências em razão da pessoa e em razão da matéria são absolutas; **C**: incorreta, uma vez que o art. 70, § 3º, do CPP estabelece que, neste caso, o critério a ser adotado é o da prevenção; **D**: incorreta, já que não corresponde ao teor das Súmulas 244, do STJ, e 521, do STF, que estabelecem que o foro competente, neste caso, é o do local da recusa do pagamento. ED

Gabarito "A".

(Magistratura/SP – 2013 – VUNESP) Tratando-se de infração con-tinuada ou permanente, praticada em território de duas ou mais jurisdições, a competência firmar-se-á pelo(a)

(A) prevenção.

(B) lugar da infração.

(C) conexão ou continência.

(D) distribuição.

A questão se refere à norma contida no art. 71 do CPP, que manda adotar o critério da prevenção quando a infração continuada ou permanente for praticada em território de duas ou mais jurisdições. ED

Gabarito "A".

(Juiz – TRF 2ª Região – 2017) Sobre a figura do foro por prerro-gativa de função, leia as proposições e, ao final, assinale a opção correta:

I. Os juízes federais de 1º grau possuem foro por prer-rogativa de função junto aos Tribunais (TRFs) em que exercem jurisdição, foro que abrange também os juízes do trabalho de 1º grau.

II. Na eventualidade de Procurador da República cometer crime comum durante o exercício funcional, prevalecerá a competência originária por prerrogativa de função ainda que o inquérito ou a ação penal sejam iniciados após a sua aposentação.

III. A jurisprudência do STF admite que a competência especial por prerrogativa de função, em relação a cri-mes comuns, seja aplicável tanto na fase de inquérito quanto na de instauração da ação penal, estendendo--se aos demais investigados originalmente sem prer-rogativa de foro, quando seus atos sejam indivisíveis

em relação aos atos praticados pelos detentores de foro.

(A) Apenas a assertiva I é correta.

(B) Apenas a assertiva II é correta.

(C) Apenas a assertiva III é correta.

(D) Apenas as assertivas I e III estão corretas.

(E) Todas as assertivas estão corretas.

I: correta, já que reflete o disposto no art. 108, I, *a*, da CF; II: incorreta, na medida em que, cessado o exercício funcional ou o mandato, cessa também a competência por prerrogativa de função. *Vide* Súmula 451 do STF; III: correta, pois reflete o entendimento firmado na Súmula 704 do STF: "Não viola as garantias do juiz natural, da ampla defesa e do devido processo legal a atração por continência ou conexão do processo do corréu ao foro por prerrogativa de função de um dos denunciados". ED

Gabarito "D".

(Juiz – TRF 2ª Região – 2017) Analise as assertivas sobre a competência penal e, depois, marque a opção correta:

I. A conexão entre crimes da competência da Justiça Federal e da Estadual não enseja a reunião dos feitos;

II. São requisitos para o deferimento do incidente de deslocamento de competência para a Justiça Federal a grave violação de direitos humanos, a necessidade de assegurar o cumprimento, pelo Brasil, de obrigações decorrentes de tratados internacionais e a incapa-cidade de o estado membro, por suas instituições e autoridades, levar a cabo, em toda a sua extensão, a persecução penal.

III. Se cometidos durante o horário de expediente, com-pete à Justiça Federal julgar os delitos praticados por funcionário público federal.

(A) Apenas a assertiva I está correta.

(B) Apenas a assertiva II está correta.

(C) Apenas a assertiva III está correta.

(D) Todas as assertivas estão corretas.

(E) Apenas as assertivas II e III estão corretas.

I: incorreta, pois em desconformidade com o entendimento firmado na Súmula 122, do STJ: *Compete à Justiça Federal o processo e julgamento unificado dos crimes conexos de competência federal e estadual, não se aplicando a regra do art. 78, II, a, do Código de Processo Penal*; II: correta. Conferir: *A teor do § 5.º do art. 109 da Constituição Federal, introduzido pela Emenda Constitucional 45/2004, o incidente de deslocamento de competência para a Justiça Federal fundamenta-se, essencialmente, em três pressupostos: a existência de grave violação a direitos humanos; o risco de responsabilização internacional decorrente do descumprimento de obrigações jurídicas assumidas em tratados internacionais; e a incapacidade das instân-cias e autoridades locais em oferecer respostas efetivas* (IDC 2/DF, Rel. Min. Laurita Vaz, 3ª Seção, j. 27.10.2010, *DJe* 22.11.2010); III: incorreta. A competência será da Justiça Federal somente se o crime for praticado pelo funcionário no exercício de suas atribuições legais, pouco importando se tal se deu no horário de expediente. Nesse sen-tido: *Compete à Justiça Federal processar e julgar crime praticado por funcionário público federal no exercício de suas atribuições funcionais. Conflito de competência conhecido. Competência da Justiça Federal* (CC 20.779/RO, Rel. Min. Vicente Leal, 3ª Seção, j. 16.12.1998, *DJ* 22.02.1999). ED

Gabarito "B".

(Juiz – TRF 3ª Região – 2016) Segundo o Supremo Tribunal Federal, o julgamento dos crimes relacionados à pornografia na internet compete:

(A) À Vara da Criança e Adolescente, uma vez que o crime está previsto no ECA;

(B) À Justiça Federal, pois, dentre outros motivos, presente a internacionalidade;

(C) À Justiça Estadual, sempre que as imagens tiverem sido postadas no Brasil;

(D) À Justiça Estadual, desde que as imagens tenham sido acessadas no Brasil.

Conferir: "1. À luz do preconizado no art. 109, V, da CF, a competência para processamento e julgamento de crime será da Justiça Federal quando preenchidos 03 (três) requisitos essenciais e cumulativos, quais sejam, que: a) o fato esteja previsto como crime no Brasil e no estrangeiro; b) o Brasil seja signatário de convenção ou tratado internacional por meio do qual assume o compromisso de reprimir criminalmente aquela espécie delitiva; e c) a conduta tenha ao menos se iniciado no Brasil e o resultado tenha ocorrido, ou devesse ter ocorrido no exterior, ou reciprocamente. 2. O Brasil pune a prática de divulgação e publicação de conteúdo pedófilo-pornográfico, conforme art. 241-A do Estatuto da Criança e do Adolescente. 3. Além de signatário da Convenção sobre Direitos da Criança, o Estado Brasileiro ratificou o respectivo Protocolo Facultativo. Em tais acordos internacionais se assentou a proteção à infância e se estabeleceu o compromisso de tipificação penal das condutas relacionadas à pornografia infantil. 4. Para fins de preenchimento do terceiro requisito, é necessário que, do exame entre a conduta praticada e o resultado produzido, ou que deveria ser produzido, se extraia o atributo de internacionalidade dessa relação. 5. Quando a publicação de material contendo pornografia infanto-juvenil ocorre na ambiência virtual de sítios de amplo e fácil acesso a qualquer sujeito, em qualquer parte do planeta, que esteja conectado à internet, a constatação da internacionalidade se infere não apenas do fato de que a postagem se opera em cenário propício ao livre acesso, como também que, ao fazê-lo, o agente comete o delito justamente com o objetivo de atingir o maior número possível de pessoas, inclusive assumindo o risco de que indivíduos localizados no estrangeiro sejam, igualmente, destinatários do material. A potencialidade do dano não se extrai somente do resultado efetivamente produzido, mas também daquele que poderia ocorrer, conforme própria previsão constitucional. 6. Basta à configuração da competência da Justiça Federal que o material pornográfico envolvendo crianças ou adolescentes tenha estado acessível por alguém no estrangeiro, ainda que não haja evidências de que esse acesso realmente ocorreu. 7. A extração da potencial internacionalidade do resultado advém do nível de abrangência próprio de sítios virtuais de amplo acesso, bem como da reconhecida dispersão mundial preconizada no art. 2º, I, da Lei 12.965/14, que instituiu o Marco Civil da Internet no Brasil. 8. Não se constata o caráter de internacionalidade, ainda que potencial, quando o panorama fático envolve apenas a comunicação eletrônica havida entre particulares em canal de comunicação fechado, tal como ocorre na troca de e-mails ou conversas privadas entre pessoas situadas no Brasil. Evidenciado que o conteúdo permaneceu enclausurado entre os participantes da conversa virtual, bem como que os envolvidos se conectaram por meio de computadores instalados em território nacional, não há que se cogitar na internacionalidade do resultado. 9. Tese fixada: "Compete à Justiça Federal processar e julgar os crimes consistentes em disponibilizar ou adquirir material pornográfico envolvendo criança ou adolescente (arts. 241, 241-A e 241-B da Lei nº 8.069/1990) quando praticados por meio da rede mundial de computadores". 10. Recurso extraordinário desprovido" (RE 628624, Rel. Min. Marco Aurélio, Rel. p/ Acórdão: Min. Edson Fachin, Tribunal Pleno, j. 29.10.2015). **ED**

Gabarito "B".

(Magistratura Federal/1ª Região – IX) No crime contra a fauna silvestre, praticado em terra pertencente à União, a competência será regida pelo seguinte enunciado:

(A) tanto por ser a fauna silvestre do domínio da União, quanto por ter sido o crime praticado em terra do domínio da União, a competência será da Justiça Federal.

(B) seguindo a regra constitucional de competência legislativa concorrente entre os três entes da Federação para questões ambientais, também no plano jurisdicional a competência poderá ser da justiça estadual ou da federal, segundo as regras da prevenção.

(C) nas comarcas que não sejam sede de vara federal, o processo tramitará perante o juízo de Direito, com recurso para o Tribunal Regional Federal.

(D) havendo concurso com crime contra a flora, haverá separação do processo, sendo o crime contra a fauna julgado pela Justiça Federal e o contra a flora pela Justiça Estadual.

Com o cancelamento da Súmula n. 91 do STJ, que estabelecia que o julgamento dos crimes praticados contra a fauna fosse de competência, em qualquer caso, da Justiça Federal, passou-se utilizar, como critério, a partir de então, o local em que se deu o fato criminoso. Sendo assim, será de competência da Justiça Federal o delito cometido em terra pertencente à União; caberá, todavia, à Justiça Estadual o julgamento dos crimes contra a fauna praticados em área de proteção ambiental do Estado. **ED**

Gabarito "A".

(Magistratura Federal/1ª Região – IX) A persecução penal por crime de trânsito praticado por juiz federal substituto:

(A) é da competência do TRF com jurisdição sobre o local do acidente.

(B) é da competência do TRF a que o juiz estiver subordinado.

(C) é da competência do Tribunal de Justiça com jurisdição sobre o local do acidente.

(D) inicia-se pelo inquérito policial ou auto de prisão em flagrante, que, depois de concluído, será remetido pela autoridade policial ao Corregedor-Geral da Justiça Federal a que o juiz esteja vinculado.

O juiz federal, nos crimes comuns e de responsabilidade, será julgado pelo Tribunal Regional Federal ao qual está vinculado (art. 108, I, *a*, da CF). **ED**

Gabarito "B".

(Magistratura Federal/3ª Região – 2011 – CESPE) Relativamente à jurisdição e à competência, com base no entendimento sumulado pelo STJ, assinale a opção correta.

(A) É da competência da justiça militar julgar o servidor militar por abuso de autoridade praticado em serviço.

(B) A justiça federal tem competência para julgar os crimes cometidos por servidor público federal em detrimento de bens, serviços ou interesses da União, mas não, para os crimes praticados contra o referido servidor, ainda que relacionados ao exercício da função.

(C) Compete ao STJ decidir conflito de competência entre juizado especial federal e juízo federal da mesma seção judiciária.

4. DIREITO PROCESSUAL PENAL

(D) Compete à justiça federal processar e julgar prefeito municipal por desvio de verba sujeita a prestação de contas perante órgão federal.

(E) A regra expressa no art. 78, inciso II, alínea "a", do CPP aplica-se aos crimes conexos de competência federal e estadual, preponderando a competência da jurisdição à qual couber o julgamento da infração punida com a pena mais grave.

A: incorreta, na medida em que não representa o entendimento firmado na Súmula n. 172 do STJ: "Compete à Justiça Comum processar e julgar militar por crime de abuso de autoridade, ainda que praticado em serviço"; **B:** incorreta, pois, se é certo dizer-se que a competência para julgar os crimes cometidos por servidor público federal em detrimento de bens, serviços ou interesses da União cabe à Justiça Federal, é incorreto afirmar-se que essa Justiça não detém competência para o processamento e julgamento desses crimes em face desses mesmos servidores. É esse o entendimento firmado na Súmula n. 147 do STJ: que a seguir se transcreve: "Compete à Justiça Federal processar e julgar os crimes praticados contra funcionário público federal, quando relacionados com o exercício da função"; **C:** incorreta, visto que em desconformidade com o entendimento firmado na Súmula n. 428 do STJ: "Compete ao Tribunal Federal Regional decidir os conflitos de competência entre juizado especial federal e juízo federal da mesma seção judiciária"; **D:** correta, pois reflete o entendimento sufragado na Súmula n. 208 do STJ: "Compete à Justiça Federal processar e julgar prefeito municipal por desvio de verba sujeita à prestação de contas perante órgão federal"; E: proposição incorreta, pois em desacordo com o teor da Súmula n. 122 do STJ: "Compete à Justiça Federal o processo e julgamento unificado dos crimes conexos de competência federal e estadual, não se aplicando a regra do art. 78, II, *a*, do Código de Processo Penal". **ED**

Gabarito "D".

(Magistratura Federal/4ª Região – VIII) A competência para processar e julgar os crimes praticados contra a fauna silvestre, previsto nos arts. 29 e 31 da Lei 9.605/98, é da:

(A) Justiça Estadual;

(B) Justiça Estadual e Federal, solucionando-se em razão de haver ou não Vara Federal no local da infração;

(C) Justiça Federal;

(D) Justiça Federal, delegando-se a competência à Justiça Estadual nos locais em que não houver Vara Federal.

Com o cancelamento da Súmula n. 91 do STJ, que estabelecia que o julgamento dos crimes praticados contra a fauna fosse de competência, em qualquer caso, da Justiça Federal, passou-se utilizar, como critério, a partir de então, o local em que se deu o fato criminoso. Sendo assim, será de competência da Justiça Federal o delito cometido em terra pertencente à União; caberá, todavia, à Justiça Estadual o julgamento dos crimes contra a fauna praticados em área de proteção ambiental do Estado. **ED**

Gabarito "C".

(Magistratura Federal/4ª Região – VII) O *Habeas Corpus* impetrado contra ato de membro do Ministério Público Federal, que atua na 1ª instância, é julgado pelo:

(A) juiz federal;

(B) Superior Tribunal de Justiça;

(C) Supremo Tribunal Federal;

(D) Tribunal Regional Federal.

Neste caso o julgamento caberá ao Tribunal Regional Federal da região onde atua o membro do Ministério Público Federal. **ED**

Gabarito "D".

(Magistratura Federal/4ª Região – VII) O instituto processual da avocatória (art. 82 do CPP) pressupõe:

(A) a ocorrência de crime de violência;

(B) a simples ocorrência de continência e sentença prolatada;

(C) competência funcional diversa;

(D) a ocorrência de conexão ou continência e a inexistência de sentença definitiva.

Constatado pelo juiz que tramita em outra vara, sob a responsabilidade de outro juiz, processo conexo ou continente ao seu ainda pendente de sentença definitiva, deverá, sendo a autoridade prevalente, providenciar para que este processo lhe seja remetido para julgamento conjunto. É o que estabelece o art. 82 do CPP. **ED**

Gabarito "D".

(Magistratura Federal/4ª Região – IX) Indique a afirmativa inteiramente correta:

(A) A competência de tribunal por prerrogativa de função fica estabelecida pelo fato de a infração penal ter sido praticada durante o exercício funcional, pouco importando que a ação penal se inicie após cessado aquele exercício.

(B) Em crime cuja atividade é realizada totalmente em território estrangeiro e o resultado vem a ocorrer, em parte, no Brasil, é competente juízo da Capital do Estado onde por último residiu o acusado ou o da Capital da República, se nunca teve residência em território nacional.

(C) As regras sobre prevenção somente se aplicam, se configurada concorrência de juízos igualmente competentes.

(D) Tendo "A" matado "B" com um golpe de uma determinada faca e, posteriormente, em novas condições de tempo e lugar, praticado, com o mesmo instrumento, lesões corporais simples em "C", desta vez sem o ânimo de matar, prevalecerá a competência do júri, por ser caso de conexão probatória.

A: incorreta. A Súmula n. 394 do STF, que assegurava à autoridade a prerrogativa de foro mesmo depois de cessado o exercício do cargo ou mandato, foi cancelada pelo Pleno do próprio Tribunal. O legislador, com o propósito de restabelecer o foro por prerrogativa de função nos moldes anteriores, editou a Lei 10.628/2002, a qual foi declarada inconstitucional pelo STF (ADIN 2.797-2). Assim, praticado o crime durante o exercício funcional, uma vez cessado este, cessa a competência por prerrogativa de função. Vide Súmula n. 451 do STF; **B:** incorreta. Neste caso, a competência será do juízo do lugar em que o crime, ainda que em parte, consumou-se (art. 70, § 2º, do CPP). Este é o chamado *crime à distância* ou *de espaço máximo*, em que a execução tem início em um país e o resultado é produzido em outro; **C:** correta, pois em conformidade com o disposto no art. 83 do CPP; **D:** incorreta. Segundo entendimento firmado no STF é necessária, à configuração da chamada *conexão probatória* ou *instrumental* (arts. 76, III, e 78, I, do CPP), a existência de vínculo objetivo entre os fatos delituosos, não sendo suficiente que haja simples conveniência probatória. **ED**

Gabarito "C".

7. QUESTÕES E PROCESSOS INCIDENTES

(Juiz – TJ-SC – FCC – 2017) A sentença penal condenatória foi proferida por juiz de direito que, posteriormente, foi promovido ao Tribunal de Justiça e, como desembargador, não pode participar do julgamento da apelação interposta pelo condenado. A razão processual de tal vedação é:

(A) Suspeição, em razão de foro íntimo.

(B) Suspeição, por haver julgado a causa em outra instância.

(C) Impedimento, por haver julgado a causa em outra instância.

(D) Incompetência, por haver julgado a causa em outra instância.

(E) Perda de imparcialidade por haver julgado a causa em outra instância, mas não havia vedação processual para participar do julgamento.

A solução desta questão deve ser extraída da regra presente no art. 252, III, do CPP, que constitui hipótese de impedimento segundo a qual é vedado ao magistrado promovido para atuar em segunda instância, como desembargador, julgar decisão proferida por ele próprio enquanto juiz de primeira instância. Em outras palavras, é-lhe defeso integrar colegiado de instância superior para proceder ao julgamento de decisão que ele mesmo tenha proferido em instância inferior. É importante que se diga que a prática de atos de mero expediente e de impulso procedimental, porque não têm carga decisória, não têm o condão de configurar esta modalidade de impedimento. **ED**
Gabarito "C".

(Magistratura/CE – 2012 – CESPE) À luz do CPP, assinale a opção correta a respeito de questões e processos incidentes.

(A) Para a decretação da medida assecuratória do sequestro, basta a existência de indícios veementes da proveniência ilícita dos bens sequestrados.

(B) A exceção por incompetência de juízo precede a qualquer outra.

(C) O juiz deve declarar-se suspeito no processo em que parente consanguíneo seu for parte interessada.

(D) Em processo penal por crime contra a propriedade imaterial, a declaração da nulidade de registro ou patente é classificada como questão prejudicial homogênea.

(E) O terceiro cujos bens imóveis tenham sido transferidos a título oneroso ou gratuito pode embargar o sequestro dos bens, sob o fundamento de tê-los adquirido de boa-fé.

A: correta, visto que em consonância com o que estabelece o art. 126 do CPP; **B:** incorreta, já que contraria o disposto no art. 96 do CPP, que prevê que a arguição de suspeição é a exceção que precede a qualquer outra; **C:** é causa de impedimento (art. 252, IV, CPP). As hipóteses de suspeição estão listadas no art. 254 do CPP; **D:** trata-se, na verdade, de questão prejudicial heterogênea, visto que deverá ser decidida em outra esfera que não a penal; E: incorreta, pois não corresponde ao que prescreve o art. 130, II, do CPP. **ED**
Gabarito "A".

(Magistratura/PA – 2012 – CESPE) Assinale a opção correta acerca de questões e processos incidentes.

(A) As exceções de litispendência, ilegitimidade de parte e coisa julgada devem ser processadas em autos apartados, ficando suspenso o andamento da ação penal.

(B) O pedido de restituição de coisas apreendidas não pode ser manejado pelo terceiro de boa-fé, a quem compete impetrar mandado de segurança para tal fim.

(C) A hipoteca legal sobre os imóveis do indiciado pode ser requerida pelo ofendido em qualquer fase do processo, desde que haja certeza da infração e da autoria.

(D) A decisão judicial que resolve questão incidental de restituição de coisa apreendida tem natureza definitiva, o que desafia recurso de apelação.

A: incorreta, pois não reflete o disposto no art. 111 do CPP; **B:** incorreta, pois não reflete o que estabelece o art. 120, § 2º, do CPP; **C:** incorreta, na medida em que bastam, neste caso, além da prova da existência do crime (materialidade), indícios *suficientes* de autoria, a teor do art. 134 do CPP; **D:** assertiva correta, nos termos do art. 593, II, do CPP. *Vide*: STJ, 6ª T., RMS 17.993-SP, rel. Min. Paulo Medina, DJ 01.07.2004. **ED**
Gabarito "D".

(Magistratura/PE - 2013 - FCC) Quanto às medidas assecuratórias, de acordo com o Código de Processo Penal, é correto afirmar:

(A) A hipoteca legal sobre os imóveis do indiciado poderá ser requerida pelo ofendido em qualquer fase do processo, desde que haja certeza da infração e indícios suficientes da autoria.

(B) O sequestro poderá ser embargado pelo Ministério Público.

(C) Se o réu oferecer caução suficiente, em dinheiro ou em títulos da dívida pública, pelo valor de sua cotação em Bolsa, o juiz poderá mandar deixar de proceder ao sequestro de bem imóvel.

(D) Em caso de alienação antecipada, não alcançado o valor estipulado pela administração judicial, será realizado novo leilão, podendo os bens ser alienados por valor não inferior a 75% do estipulado na avaliação judicial.

(E) A especialização da hipoteca e o arresto correrão nos próprios autos do inquérito ou ação penal.

A: correta, pois corresponde à redação do art. 134 do CPP; **B:** incorreta, pois não reflete o disposto no art. 130 do CPP, que não confere legitimidade ao MP para opor embargos ao sequestro; **C:** incorreta, pois tal providência se refere à hipoteca legal (art. 135, § 6º, do CPP); **D:** incorreta, dado que o art. 144-A, § 2º, do CPP estabelece o percentual mínimo de oitenta por cento; E: incorreta, pois não reflete o que dispõe o art. 138 do CPP. **ED**
Gabarito "A".

(Magistratura/PI – 2011 – CESPE) Assinale a opção correta a respeito de questões e processos incidentes.

(A) A decisão que acolhe incidente de falsidade documental faz coisa julgada em prejuízo de ulterior processo penal ou civil.

(B) Viola o princípio do juiz natural o julgamento proferido na pendência de exceção de suspeição do magistrado sentenciante.

(C) A exceção de incompetência do juízo pode ser oposta, verbalmente ou por escrito, no prazo de defesa.

(D) Sendo o inquérito mero procedimento administrativo, não se pode opor suspeição às autoridades policiais nem devem elas declarar-se suspeitas.

4. DIREITO PROCESSUAL PENAL — 245

A: incorreta, já que não corresponde ao que prescreve o art. 148 do CPP; **B:** incorreta. Conferir: *"Não viola o princípio do juiz natural o julgamento proferido na pendência de exceção de suspeição de magistrado que, nos termos do Código de Processo Penal não é causa obrigatória suspensão do curso do processo principal" (STJ, HC n.º 117.758/MT (2008/0221430-8), 5ª T., rel. Min. Laurita Vaz);* **C:** correta (art. 108 do CPP); **D:** incorreta, visto que, embora não se possa opor suspeição às autoridades policiais, devem elas declarar-se, quando o caso, suspeitas (art. 107 do CPP). 🅔

Gabarito "C".

(Magistratura/PR – 2013 – UFPR) Assinale a alternativa correta:

(A) Antes de publicada a sentença final, as coisas apreendidas não poderão ser restituídas enquanto interessarem ao processo.

(B) A restituição, quando cabível, poderá ser ordenada somente pela autoridade judiciária, mediante termo nos autos, desde que não exista dúvida quanto ao direito do reclamante.

(C) Depois de ordenado o arquivamento do inquérito pela autoridade judiciária, por falta de base para a denúncia, a autoridade policial não mais poderá empreender novas investigações, porque a decisão faz coisa julgada.

(D) O incidente da insanidade mental processar-se-á em auto apartado, que só depois da apresentação do laudo, será apenso ao processo principal.

A: incorreta, pois a restituição, nesses casos, somente poderá se dar depois do trânsito em julgado da sentença final. É o que estabelece o art. 118 do CPP; **B:** incorreta, pois, além do magistrado, está credenciada a proceder à restituição também a autoridade policial (art. 120, *caput*, do CPP); **C:** incorreta. Uma vez ordenado o arquivamento do inquérito policial pelo juiz de direito, por falta de base para a denúncia, nada obsta que a autoridade policial proceda a novas pesquisas, desde que de outras provas tenha conhecimento – art. 18 do CPP. Isso porque a decisão que determina o arquivamento do inquérito policial não gera, em regra, coisa julgada material. Registre-se, no entanto, que as "outras provas" a que faz alusão o art. 18 do CPP devem ser entendidas como *provas substancialmente novas*, ou seja, aquelas que até então não eram de conhecimento das autoridades. Veja, a propósito, o teor da Súmula 524 do STF: "Arquivado o inquérito policial, por despacho do juiz, a requerimento do Promotor de Justiça, não pode a ação penal ser iniciada, sem novas provas". Agora, se o arquivamento do inquérito se der por ausência de tipicidade, a decisão, neste caso, tem efeito preclusivo, é dizer, produz coisa julgada material, impedindo, dessa forma, o desarquivamento do inquérito. A esse respeito, *Informativo STF 375*; **D:** correta, pois reflete o que estabelece o art. 153 do CPP. 🅔

Gabarito "D".

(Magistratura/PR – 2010 – PUC/PR) O juiz dar-se-á por suspeito e, se não o fizer, poderá ser recusado por qualquer das partes:

I. Se ele próprio ou seu cônjuge ou parente, consanguíneo ou afim, em linha reta ou colateral até o terceiro grau, inclusive, for parte ou diretamente interessado no feito.

II. Se ele, seu cônjuge, ascendente ou descendente, estiver respondendo a processo por fato análogo, sobre cujo caráter criminoso haja controvérsia.

III. Se ele, seu cônjuge, ou parente, consanguíneo, ou afim, até o terceiro grau, inclusive, sustentar demanda

ou responder a processo que tenha de ser julgado por qualquer das partes.

IV. Ele próprio houver desempenhado qualquer dessas funções (defensor ou advogado, órgão do Ministério Público, autoridade policial, auxiliar da justiça ou perito) ou servido como testemunha.

Avalie as assertivas acima e marque a alternativa CORRETA.

(A) Apenas as assertivas I e IV estão corretas.

(B) Apenas as assertivas I, II e III estão corretas.

(C) Apenas as assertivas II e III estão corretas.

(D) Todas as assertivas estão corretas.

I: esta assertiva, que corresponde ao teor do art. 252, IV, do CPP, constitui hipótese de impedimento, e não de suspeição, cujas causas estão listadas no art. 254 do CPP; **II:** art. 254, II, do CPP; **III:** art. 254, III, do CPP; **IV:** a assertiva contempla hipótese de impedimento – art. 252, I e II, do CPP. 🅔

Gabarito "C".

(Magistratura/SP – 2013 – VUNESP) A exceção de incompetência constitui meio processual assecuratório da observância do princípio do(a)

(A) oficialidade.

(B) juiz natural.

(C) publicidade.

(D) persuasão racional.

Constitui a defesa indireta a ser manejada pela parte cujo propósito é questionar, à luz do princípio do juiz natural, a competência do juiz para o julgamento do feito. 🅔

Gabarito "B".

(Magistratura/SP – 2013 – VUNESP) Faz coisa julgada no cível a sentença que absolve o réu com fundamento

(A) de não existir prova de ter o réu concorrido para a infração penal.

(B) de haver o fato sido praticado em estado de necessidade defensivo.

(C) de não constituir o fato infração penal (ser atípico).

(D) de haver o fato sido praticado com amparo em causa excludente da culpabilidade (fato é típico e ilícito, mas não culpável).

É fato que o estado de necessidade defensivo afasta o dever de indenizar (art. 65, CP). Agora, se se tratar de estado de necessidade agressivo, a situação é diferente. Neste caso, a indenização será de rigor. É o que se infere dos arts. 188, II, 929 e 930 do CC. 🅔

Gabarito "B".

(Magistratura Federal/1ª Região – IX) O incidente de insanidade mental do acusado:

(A) destina-se à verificação da inimputabilidade ou semi--imputabilidade do acusado, podendo ser instaurado de ofício ou a requerimento de qualquer das partes, bem como de parentes do acusado.

(B) não poderá ser ordenado na fase do inquérito policial, mas o juiz, por representação da autoridade policial, poderá impor medida de segurança de caráter provisório.

(C) suspende o andamento do processo principal, impõe a imediata nomeação de curador ao acusado e só se

EDUARDO DOMPIERI

interessa pela verificação da insanidade mental ao tempo da infração penal.

(D) poderá acarretar a absolvição do acusado, cumulada com a imposição de medida de segurança, ou a diminuição de sua pena, estando a decisão que põe termo ao incidente sujeita à confirmação pela instância superior.

A: correta. O incidente de insanidade mental poderá ser deflagrado a requerimento do Ministério Público, do defensor, do curador, do ascendente, do descendente, do irmão ou do cônjuge do acusado, bem assim, na fase de inquérito, mediante representação da autoridade policial. Sempre por ordem do juiz competente, que poderá determiná-lo até de ofício, desde que no curso da ação penal – art. 149, *caput* e § 1º, do CPP; **B: incorreta.** Como dissemos antes, o exame de insanidade mental poderá, sim, a teor do que estabelece o art. 149, § 1º, do CPP, ser determinado na fase de inquérito, sempre mediante representação do delegado de polícia; **C:** se o incidente for instaurado no curso da ação penal, é de rigor a suspensão do processo, ressalvadas as diligências que, em razão do adiamento, possam ser prejudicadas; se o incidente for deflagrado na fase de inquérito, não haverá suspensão. De uma forma ou de outra, procede-se à nomeação de curador, na forma estatuída no art. 149, § 2º, do CPP. No mais, o incidente de insanidade mental também se presta a avaliar se a doença mental de que padece o investigado/acusado sobreveio à infração. Neste caso, segundo impõe o art. 152, *caput*, do CPP, o processo permanecerá suspenso até o restabelecimento do acusado. Aqui está a incorreção da proposição; **D: incorreta.** Uma vez reconhecida, pelo juiz, a completa inimputabilidade do acusado e a prática, por este, de fato típico e antijurídico, impõe-se a sua absolvição imprópria e a aplicação de medida de segurança; se, de outro lado, chegar-se à conclusão de que o réu era, ao tempo da ação, semi-imputável, ser-lhe-á aplicada pena, que poderá ser reduzida ou substituída por medida de segurança. De todo modo, a decisão do juiz que põe termo ao incidente não se sujeita à confirmação pela instância superior. ED

Gabarito "A".

(Magistratura Federal/2ª Região – 2011 – CESPE) No que se refere às questões prejudiciais, aos processos incidentes, às exceções e às medidas assecuratórias, assinale a opção correta.

(A) A restituição de coisas apreendidas pode ser intentada a qualquer tempo, antes de transitar em julgado a sentença penal, e deve ser ordenada pela autoridade policial ou juiz, mediante termo nos autos, ainda que as coisas estejam em poder de terceiros de boa-fé; após essa fase, haverá a perda em favor da União.

(B) No que diz respeito ao incidente de falsidade documental, pode o juiz, de ofício, ordenar a verificação de idoneidade de documento, com autuação em autos apartados; não fará a decisão, ao final, coisa julgada em ulterior processo, penal ou civil. Em situações excepcionais, pode ocorrer a suspensão do processo principal, salvo quanto às provas de natureza urgente.

(C) As exceções e os incidentes são procedimentos de natureza eminentemente processual, porque dizem respeito à validade e ao regular desenvolvimento do processo, necessitam, como regra, de pronunciamento prévio do juízo, processam-se em autos apartados, apensos à ação penal, no próprio juízo criminal, e não suspendem o curso da ação.

(D) Nas questões prejudiciais heterogêneas obrigatórias, há imperativa suspensão do processo ou inquérito para dirimir controvérsia acerca do estado civil da pessoa, de modo que não haja repercussão na própria existência do crime ou de circunstância agravante; igualmente se suspende o prazo prescricional enquanto não resolvida a questão no juízo cível.

A: incorreta, pois, segundo estabelece o art. 120, § 2º, do CPP, se as coisas forem apreendidas em poder de terceiro de boa-fé, somente terá atribuição para dar solução ao incidente a autoridade judicial; **B: correta**, pois em conformidade com o que dispõem os arts. 145, I, 147 e 148 do CPP; **C: incorreta**, pois não reflete o disposto nos arts. 92 e 93 do CPP; **D: incorreta**; a suspensão não alcança o inquérito policial, que poderá prosseguir até o seu término (art. 92, *caput*, do CPP). ED

Gabarito "B".

8. PROVAS

(Juiz – TJ/MS – VUNESP – 2015) Na produção de prova testemunhal, com relação ao método direto e cruzado, previsto no artigo 212, do Código de Processo Penal, com nova redação dada pela Lei 11.690/2008, afirma-se que

(A) é utilizado com reservas porque enfraquece o contraditório e o poder instrutório do juiz, além de afrontar os princípios da ampla defesa e do contraditório.

(B) a testemunha é inquirida, inicialmente, por quem a arrolou e, após, submetida ao exame cruzado pela parte contrária, cabendo ao juiz indeferir perguntas impertinentes e repetitivas e completar a inquirição.

(C) é sistema de inquirição idêntico ao desenvolvido em plenário do júri e explicitado pelo artigo 473 do Código de Processo Penal.

(D) é regra de exceção na inquirição de testemunha na segunda fase da persecução penal, condicionada ao requerimento prévio das partes e deferimento judicial.

(E) após a complementação do juiz, ao qual se dirige a prova produzida, encerra-se a oitiva, sem possibilidade de reperguntas pelas partes.

Com as mudanças implementadas no art. 212 do CPP pela Lei de Reforma 11.690/2008, o *sistema presidencialista*, pelo qual a testemunha, depois de inquirida pelo juiz, respondia, por intermédio deste, às perguntas formuladas pelas partes, deu lugar ao chamado sistema *cross examination*, atualmente em vigor, segundo o qual as partes passam a dirigir suas indagações às testemunhas sem a intermediação do magistrado, de forma direta, vedados os questionamentos que puderem induzir a resposta, não tiverem relação com a causa ou importarem na resposta de outra já respondida. Ao final da inquirição, se ainda remanescer algum ponto não esclarecido, poderá o juiz complementá-la, formulando à testemunha novas perguntas (art. 212, parágrafo único, do CPP). É por essa razão que se diz que a atividade do juiz é complementar, remanescente à das partes. ED

Gabarito "B".

(Juiz de Direito – TJM/SP – VUNESP – 2016) Assinale a alternativa correta a respeito da instrução criminal e dos meios de investigação, bem como das provas.

(A) De acordo com a nossa legislação infraconstitucional, a retirada compulsória de material genético do imputado é admissível, desde que presentes os requisitos legais.

4. DIREITO PROCESSUAL PENAL 247

(B) O exame de corpo e delito, por expressa determinação legal, exige a assinatura de dois peritos.

(C) O catálogo de produção de provas no processo penal é taxativo, não se admitindo as provas atípicas.

(D) No procedimento comum, segundo o Código de Processo Penal, o juiz, no interrogatório, não inicia as perguntas ao réu, devendo inquiri-lo somente após a defesa e apenas em caráter supletivo.

(E) A interceptação telefônica, meio de prova, não pode ser decretada de ofício pelo Juiz, também não sendo cabível em investigações ou ações penais que apuram crime punido com detenção.

A: correta. Com a alteração promovida pela Lei 12.654/2012 na Lei de Execução Penal, que nela introduziu o art. 9º-A, criou-se mais uma hipótese de identificação criminal, por meio da qual os condenados pelo cometimento de crime doloso com violência ou grave ameaça contra a pessoa bem como por delito hediondo serão submetidos, compulsoriamente, à identificação do perfil genético, o que se fará por meio da extração de DNA; **B:** incorreta. A redação anterior do art. 159 do CPP estabelecia que a perícia fosse realizada por *dois* profissionais. Atualmente, com a modificação implementada na redação do dispositivo pela Lei 11.690/2008, a perícia será levada a efeito por *um* perito oficial portador de diploma de curso superior. À falta deste, determina o § 1º do art. 159 que o exame seja feito por duas pessoas idôneas, detentoras de diploma de curso superior preferencialmente na área específica, dentre aquelas que tiverem habilitação técnica relacionada com a natureza do exame; **C:** incorreta. O rol de provas contemplado no CPP é meramente *exemplificativo*. Isso significa que, além das provas previstas e disciplinadas em lei, chamadas, por isso, *nominadas*, outros meios de prova que não fazem parte do rol legal (inominadas) são admitidos, ressalvadas as provas ilícitas; **D:** incorreta. A assertiva refere-se ao procedimento a ser seguido na oitiva de testemunhas, em que vige o sistema *cross examination*, segundo o qual as partes dirigem suas indagações às testemunhas sem a intermediação do magistrado, de forma direta, vedados os questionamentos que puderem induzir a resposta, não tiverem relação com a causa ou importarem na resposta de outra já respondida. Ao final da inquirição, se ainda remanescer algum ponto não esclarecido, poderá o juiz complementá-la, formulando à testemunha novas perguntas (art. 212, parágrafo único, do CPP). É por essa razão que se diz que a atividade do juiz é complementar, remanescente à das partes. Tal regra, no entanto, não tem incidência no interrogatório, que será realizado pelo juiz (é ato privativo); ao final, por força do que dispõe o art. 188 do CPP, o magistrado indagará as partes se restou algum fato a ser esclarecido; se sim, o próprio juiz formulará as perguntas sugeridas pelas partes; **E:** incorreta. Embora a interceptação telefônica não caiba na apuração de crimes apenados com detenção, pode o magistrado, lançando mão da prerrogativa que lhe confere o art. 3º, *caput*, da Lei 9.296/1996, determiná-la de ofício. **ED**
Gabarito "A"

(Juiz – TJ/SP – VUNESP – 2015) A confissão do acusado no processo penal

(A) só pode ser admitida se houver outras provas.

(B) para ter validade, deve ser apresentada na polícia e em juízo.

(C) pode ser considerada válida ainda que feita somente na fase extrajudicial.

(D) nunca será tida como valor probante se houver posterior retratação judicial.

A confissão, que consiste na admissão, pelo imputado, de sua responsabilidade, tem valor probatório *relativo*, tanto a produzida na fase investigativa quanto aquela feita na fase judicial. É bem verdade que à confissão judicial, porque produzida sob o crivo do contraditório e ampla defesa, tem valor probante, desde que em harmonia com os demais elementos de convicção, superior àquela feita na fase extrajudicial. No entanto, nada impede que a confissão ocorrida nesta fase da persecução (extrajudicial), desde que encontre ressonância nas demais provas produzidas em contraditório, sirva de base à condenação. Para tanto, não é necessário que ela, confissão, seja apresentada em juízo e também na polícia. Ainda que haja posterior retratação, nada obsta que seja considerada. **ED**
Gabarito "C"

(Juiz – TJ/SP – VUNESP – 2015) A formação da convicção do magistrado no processo penal tem por base inúmeros elementos. Assinale a alternativa que contenha elementos que vão ao encontro da sistemática do Código de Processo Penal como um todo.

(A) Vinculação das provas do processo à sua própria consciência e verdade formal.

(B) Livre convencimento e verdade material.

(C) Livre convencimento e motivação da decisão.

(D) Hierarquia prefixada de provas e livre apreciação dos elementos constatados nos autos.

No que concerne aos sistemas de valoração da prova, adotamos, como regra, o sistema da persuasão racional ou livre convencimento motivado, em que o magistrado decidirá com base no seu livre convencimento, devendo, todavia, fundamentar sua decisão (art. 93, IX, da CF/1988). No chamado sistema do livre convencimento (ou íntima convicção), o juiz, ao apreciar a prova de forma livre e de acordo com a sua convicção, não está obrigado a fundamentar a sua decisão. É o sistema que vige no Tribunal do Júri, em que o jurado não motiva o seu voto. Nem poderia. Há, por fim, o sistema da prova legal, no qual o juiz fica adstrito ao valor atribuído à prova pelo legislador. **ED**
Gabarito "C"

(Magistratura/AM – 2013 – FGV) No que tange à valoração da prova, o Direito Processual brasileiro adota o sistema do livre convencimento motivado.

Sobre o direito probatório, analise as afirmativas a seguir.

I. Apesar da crítica doutrinária, o CPP permite que o Juiz determine a produção de diligências de ofício para dirimir dúvida sobre ponto relevante.

II. Ao suspender o processo e o prazo prescricional pelo não comparecimento do acusado citado por edital e nem de seu advogado, poderá o magistrado determinar a produção antecipada de prova com fundamento exclusivo no decurso de tempo.

III. Desde a reforma do Código de Processo Penal realizada pela Lei 11.690/2008, a oitiva de testemunhas no procedimento ordinário passou a ser feita pelo sistema *cross examination*, ou seja, primeiro as partes devem formular as perguntas, cabendo ao magistrado a sua complementação. De acordo com a jurisprudência majoritária dos Tribunais Superiores, a inversão dessa ordem configura hipótese de nulidade relativa.

Assinale:

(A) se somente a afirmativa III estiver correta.

(B) se somente as afirmativas I e III estiverem corretas.

(C) se somente as afirmativas I e II estiverem corretas.

(D) se somente as afirmativas II e III estiverem corretas.

(E) se todas as afirmativas estiverem corretas.

I: correta. Nada obsta que o magistrado, fazendo uso da prerrogativa que lhe confere o art. 156, II, do CPP, com o propósito de esclarecer dúvida acerca de ponto relevante, determine, no curso da instrução ou antes de proferir sentença, de ofício e em caráter supletivo, diligências com o fito de se atingir a verdade real. Nesse sentido: "1. Embora o juiz seja um órgão do Estado que deve atuar com imparcialidade, acima dos interesses das partes, o certo é que o próprio ordenamento jurídico vigente permite que, na busca da verdade real, ordene a produção de provas necessárias para a formação do seu livre convencimento, sem que tal procedimento implique qualquer ilegalidade. 2. Nesse sentido é o inc. II do art. 156 do Código de Processo Penal, que faculta ao magistrado, de ofício, 'determinar, no curso da instrução, ou antes de proferir sentença, a realização de diligências para dirimir dúvida sobre ponto relevante' (STJ, HC 201002244971, Jorge Mussi, 5ª T., *DJe* 18.09.2012); **II:** incorreta, pois contraria o entendimento firmado na Súmula 455 do STJ: "A decisão que determina a produção antecipada de provas com base no art. 366 do CPP deve ser concretamente fundamentada, não a justificando unicamente o mero decurso do tempo"; **III:** correta. Dado o que dispõe o art. 212, *caput*, do CPP, as partes formularão suas perguntas diretamente às testemunhas. Antes de o Código de Processo Penal ser alterado pela Lei de Reforma 11.690/2008, vigia, entre nós, o *sistema presidencialista*, pelo qual a testemunha, depois de inquirida pelo juiz, respondia, por intermédio deste, às perguntas formuladas pelas partes. Por este sistema, não podiam acusação e defesa formular seus questionamentos diretamente à testemunha, o que somente era feito por meio do juiz. Pois bem. Com a alteração promovida pela Lei 11.690/2008 na redação do art. 212 do CPP, o *sistema presidencialista*, até então em vigor, deu lugar ao chamado sistema *cross examination*, segundo o qual as partes passam a dirigir suas indagações às testemunhas sem a intermediação do magistrado, de forma direta. Nessa esteira: STF, HC 112.446-SP, 1ª T., rel. Min. Rosa Weber, j. 08.05.2012. **ED**

Gabarito "B".

(Magistratura/PA – 2012 – CESPE) A respeito das disposições constitucionais aplicáveis ao direito processual penal, assinale a opção correta à luz da jurisprudência do STF.

(A) Conforme a jurisprudência do STF, é desnecessária, no atual sistema de votação do júri, a informação do número de votos dados na forma afirmativa ou negativa, em respeito ao sigilo das votações e, consequentemente, à soberania dos veredictos.

(B) De acordo com decisão do STF, intérprete maior da CF, é constitucional o uso de prova obtida fortuitamente por meio de interceptação telefônica licitamente conduzida, exceto na hipótese de o crime descoberto, conexo ao que seja objeto da interceptação, ser punido com detenção.

(C) É inadmissível, por configurar invasão de domicílio, o ingresso de autoridade policial, no período noturno, para instalação de equipamento de escuta ambiental em escritório de advocacia, ainda que autorizada por decisão judicial.

(D) Considere que Abel, servidor público, tenha proposto, em troca de dinheiro, inserir falsa informação de excesso de contingente em certificado de dispensa de incorporação, tendo sido realizada gravação clandestina da proposta pelo alistando, a pedido de uma emissora de televisão, que, logo depois, tenha divulgado as imagens para todo o território nacional. Nesse caso, a prova deve ser considerada ilícita por inviolabilidade das comunicações.

(E) De acordo com a CF, sendo a regra a privacidade da correspondência, das comunicações telegráficas, dos dados e das comunicações em geral, a exceção — a quebra do sigilo — deve ser submetida ao crivo do Poder Judiciário, para efeito de investigação criminal ou instrução processual penal, e ao da Receita Federal, para o afastamento do sigilo de dados relativos ao contribuinte.

A: conferir: "O veredicto do júri resta imune de vícios acaso não conste o número de votos no Termo de Julgamento no sentido afirmativo ou negativo, não só por força de novatio legis, mas também porque a novel metodologia preserva o sigilo e a soberania da deliberação popular" (HC 104.308, Rel. Min. Luiz Fux, julgamento em 31-5-2011, Primeira Turma, DJE de 29-6-2011). Esta, portanto, a assertiva correta; **B:** a proposição está em desacordo com o entendimento firmado pelo STF a esse respeito. Nesse sentido: AI 626.214-MG, rel. Min. Joaquim Barbosa, j. 26.3.2010; **C:** vide Informativo nº 529, STF; **D:** a gravação ambiental clandestina (sem a ciência de um dos interlocutores), não contemplada na Lei 9.296/96, prescinde de autorização judicial. A sua utilização como prova está a depender do caso concreto. Por se tratar de gravação de diálogo que envolve a prática de crime por servidor (caráter, em princípio, não sigiloso), nada obsta que seja utilizada como prova lícita; **E:** não corresponde ao que dispõe o art. 5º, XII, da CF. **ED**

Gabarito "A".

(Magistratura/PA – 2012 – CESPE) Assinale a opção correta acerca da prova no âmbito do direito processual penal.

(A) É lícita a prova de crime diverso obtida por meio de interceptação de ligações telefônicas de terceiro — este compreendido como o que se comunicou com o investigado ou o que utilizou a linha telefônica monitorada — não mencionado na autorização judicial de escuta, desde que relacionada (existindo conexão ou continência) com o fato criminoso objeto da investigação.

(B) Dado o princípio da verdade real, a prova pericial é necessária para a comprovação da materialidade do crime de falsificação de documento, ainda que o próprio réu confesse ter forjado a documentação, segundo a pacífica jurisprudência do STJ.

(C) Conforme a jurisprudência do STJ, constitui cerceamento de defesa o indeferimento do pedido de oitiva de testemunhas não arroladas na defesa prévia, visto que a prova testemunhal não se submete a preclusão consumativa.

(D) A lei não permite que a testemunha se exima da obrigação de depor, podendo, entretanto, recusar-se a fazê-lo o ascendente ou descendente, o afim em linha reta, o cônjuge, ainda que divorciado, o pai, a mãe, o filho adotivo do acusado e o seu colateral até o terceiro grau, salvo quando não for possível, por outro modo, obter-se ou integrar-se a prova do fato e de suas circunstâncias.

A: assertiva correta. Nesse diapasão, conferir decisão do STJ: "É lícita a prova de crime diverso, obtida por meio de intercepção de ligações telefônicas de terceiro não mencionado na autorização judicial de escuta, desde que relacionada com o fato criminoso objeto da investigação" (STJ, HC 33.553-CE, 4ª T., rel. Min. Laurita Vaz, DJ 11.4.2005); **B:** ver: "Nos termos da jurisprudência consolidada desta Turma, a prova pericial é desnecessária para a comprovação da materialidade do

4. DIREITO PROCESSUAL PENAL — 249

crime de falsificação de documento, mormente quando o próprio réu confessou ter forjado um atestado médico" (HC 202.790/SP, Rel. Ministro GILSON DIPP, QUINTA TURMA, julgado em 19/05/2011, DJe 08/06/2011). A proposição, portanto, está incorreta; **C:** incorreta. Vide: STJ, HC 138.041-MG, 5ª T., rel. Min. Felix Fischer, DJe 10.05.10; **D:** incorreta, pois não corresponde ao que estabelece o art. 206 do CPP. **ED**

Gabarito "A".

(Magistratura/PE - 2013 - FCC) Em relação à prova testemunhal, de acordo com o Código de Processo Penal, é INCOR-RETO afirmar:

(A) As perguntas no procedimento comum serão formuladas pelas partes diretamente à testemunha, não admitindo o juiz aquelas que puderem induzir a resposta, não tiverem relação com a causa ou importarem na repetição de outra já respondida.

(B) As cartas rogatórias só serão expedidas se demonstrada previamente a sua imprescindibilidade, arcando a parte requerente com os custos de envio.

(C) O Vice-Presidente da República poderá optar pela prestação de depoimento por escrito, caso em que as perguntas, formuladas pelas partes e deferidas pelo juiz, lhe serão transmitidas por ofício.

(D) Se o juiz verificar que a presença do réu poderá causar temor à testemunha ou ao ofendido, de modo que prejudique a verdade do depoimento, determinará desde logo a retirada do réu, prosseguindo na inquirição, com a presença de seu defensor.

(E) A testemunha que morar fora da jurisdição do juiz será inquirida pelo juiz do lugar de sua residência, expedindo-se, para esse fim, carta precatória, com prazo razoável, intimadas as partes.

A: correta. Dado o que dispõe o art. 212, *caput*, do CPP, as partes formularão suas perguntas diretamente às testemunhas. Antes de o Código de Processo Penal ser alterado pela Lei de Reforma nº 11.690/2008, vigia, entre nós, o *sistema presidencialista*, pelo qual a testemunha, depois de inquirida pelo juiz, respondia, por intermédio deste, às perguntas formuladas pelas partes. Por este sistema, não podiam acusação e defesa formular seus questionamentos diretamente à testemunha, o que somente era feito por meio do juiz. Pois bem. Com a alteração promovida pela Lei 11.690/2006 na redação do art. 212 do CPP, o *sistema presidencialista*, até então em vigor, deu lugar ao chamado sistema *cross examination*, segundo o qual as partes passam a dirigir suas indagações às testemunhas sem a intermediação do magistrado, de forma direta; **B:** proposição em conformidade com o art. 222-A, inserido no CPP pela Lei 11.900/2009; **C:** correta, pois reflete o disposto no art. 221, § 1º, do CPP; **D:** incorreta, pois não corresponde ao que estabelece o art. 217 do CPP; **E:** correta, já que corresponde à regra contida no art. 222, *caput*, do CPP. **ED**

Gabarito "D".

(Magistratura/PE – 2011 – FCC) No tocante à prova, o juiz

(A) formará sua convicção pela livre apreciação da produzida nos autos, sem qualquer restrição.

(B) poderá, de ofício, ordenar a produção antecipada de provas consideradas urgentes e relevantes, mas apenas depois de iniciada a ação penal.

(C) formará sua convicção pela livre apreciação da prova produzida em contraditório judicial, não podendo fundamentar sua decisão em provas cautelares, não repetíveis e antecipadas.

(D) observará a necessidade, adequação e proporcionalidade da produção antecipada de provas, mesmo antes de iniciada a ação penal.

(E) não poderá determinar, de ofício, no curso da instrução, a realização de diligências para dirimir dúvida sobre ponto relevante.

A: o juiz – é fato – formará sua convicção pela livre apreciação da prova produzida em contraditório, não podendo, no entanto, fundamentar sua decisão exclusivamente nos elementos de informação colhidos na investigação, exceção feita às provas cautelares, não repetíveis e antecipadas (art. 155, *caput*, do CPP); **B:** assertiva incorreta, visto que o art. 156, I, do CPP confere ao juiz a prerrogativa de ordenar, de ofício, mesmo antes de iniciada a ação penal, a produção antecipada de provas consideradas urgentes e relevantes, sempre observando a necessidade, adequação e proporcionalidade da medida; **C:** incorreta, nos termos do art. 155, *caput*, do CPP; **D:** correta, nos moldes do art. 156, I, do CPP; **E:** incorreta, pois ao juiz é lícito determinar, de ofício, no curso da instrução, a realização de diligências com o propósito de dirimir dúvida sobre ponto relevante – art. 156, II, CPP. **ED**

Gabarito "D".

(Magistratura/PR – 2013 – UFPR) Assinale a alternativa INCOR-RETA:

(A) Quando a infração deixar vestígios, será indispensável o exame de corpo de delito, direto ou indireto, podendo supri-lo a confissão do acusado.

(B) Não sendo possível o exame de corpo de delito, por haverem desaparecido os vestígios, a prova testemunhal poderá suprir-lhe a falta.

(C) O exame de corpo de delito poderá ser feito em qualquer dia e a qualquer hora.

(D) O laudo pericial será elaborado no prazo máximo de dez (10) dias, podendo este prazo ser prorrogado, em casos excepcionais, a requerimento dos peritos.

A: incorreta, devendo ser assinalada. Será de fato indispensável, quando a infração deixar vestígios, a verificação da prova da existência do crime, por meio de exame direto ou indireto. É incorreto dizer, no entanto, que a falta do exame poderá ser suprida pela confissão (art. 158 do CPP); **B:** correta, pois reflete o que estabelece o art. 167 do CPP; **C:** correta, pois em conformidade com o que dispõe o art. 161 do CPP; **D:** correta, nos termos do art. 160, parágrafo único, do CPP. **ED**

Gabarito "A".

(Magistratura/PR – 2010 – PUC/PR) Considerando a matéria de provas no processo penal brasileiro, analise as proposições abaixo:

I. O juiz formará sua convicção pela livre apreciação da prova produzida em contraditório judicial, podendo fundamentar sua decisão exclusivamente nos elementos informativos colhidos na investigação, ressalvadas as provas cautelares, não repetíveis e antecipadas.

II. São inadmissíveis as provas derivadas das ilícitas, salvo quando não evidenciado o nexo de causalidade entre umas e outras, ou quando as derivadas puderem ser obtidas por uma fonte independente das primeiras.

III. Toda pessoa poderá ser testemunha.

IV. Na falta de perito oficial, o exame será realizado por uma pessoa idônea, portadora de diploma de curso superior, preferencialmente na área específica, entre as que tiverem habilitação técnica relacionada com

EDUARDO DOMPIERI

a natureza do exame, sendo denominado perito *ad hoc.*

Escolha a alternativa CORRETA.

(A) Apenas as assertivas II e III estão corretas.

(B) Apenas as assertivas II, III e IV estão corretas.

(C) Apenas as assertivas I, II e IV estão corretas.

(D) Todas as assertivas estão incorretas.

I: a assertiva está em desconformidade com o disposto no art. 155, *caput*, do CPP, visto que é defeso ao juiz fundamentar sua decisão *exclusivamente* nos elementos carreados da investigação. Este dispositivo somente retratou posicionamento consagrado na doutrina e na jurisprudência; **II:** assertiva em consonância com o disposto no art. 157, § 1°, do CPP; **III:** assertiva correta, pois corresponde ao que estabelece o art. 202 do CPP; **IV:** na falta de perito oficial, o exame será feito por *duas* pessoas idôneas, conforme impõe o art. 159, § 1°, do CPP. É dizer, se houver a nomeação de peritos que não sejam oficiais, serão obrigatoriamente *dois*. **ED**

Gabarito "A".

(Magistratura/RJ – 2013 –VUNESP) Assinale a alternativa correta a respeito das provas processuais penais.

(A) A regulamentação dos meios de prova feita pelo Código de Processo Penal é taxativa, não sendo admitidas provas atípicas ou inominadas.

(B) O Código de Processo Penal não admite, nem mesmo excepcionalmente, a "prova tarifada" como sistema de apreciação da prova.

(C) A teoria dos "frutos da árvore envenenada" está positivada em nossa legislação infraconstitucional.

(D) Fatos axiomáticos são os que dependem de prova.

A: incorreta, já que os meios de prova, no processo penal, não têm caráter taxativo. Bem por isso, podem as partes recorrer a outros meios de prova além daqueles previstos, de forma expressa, no Código de Processo Penal. São as chamadas provas *inominadas* ou *atípicas*; **B:** incorreta. Adotamos, como regra, o *sistema da persuasão racional* ou *livre convencimento motivado* ou *livre convicção condicionada*, em que o magistrado decidirá com base no seu livre convencimento, devendo, todavia, fundamentar sua decisão (art. 93, IX, da CF/1988). O *sistema da íntima convicção*, que acolhemos como exceção, é o que vige no Tribunal do Júri, onde o jurado não precisa justificar o seu voto. Embora não tenhamos adotado, mesmo que como exceção, existem no nosso sistema resquícios do chamado *sistema da prova legal:* o juiz, aqui, fica adstrito ao valor atribuído à prova pelo legislador. Exemplo é o art. 158 do CPP, que estabelece que a comprovação da materialidade do delito, nos crimes que deixam vestígios, deve dar-se por meio de exame de corpo de delito; **C:** correta. Embora a CF/1988 não faça menção à chamada *prova ilícita por derivação*, o art. 157, § 1°, do CPP se encarregou de fazê-lo. Assim, a prova derivada da ilícita deve ser defenestrada do processo, não podendo, dessa forma, contribuir para a formação da convicção do julgador. Adotou-se, aqui, a *teoria norte-americana dos frutos da árvore envenenada*. Todavia, o CPP, neste mesmo dispositivo, previu duas exceções, a saber: quando não evidenciado o nexo de causalidade entre a prova primária e a secundária; e quando as derivadas (prova secundária) puderem ser obtidas por uma fonte independente das primeiras (prova primária); **D:** incorreta. Por serem evidentes, os fatos *axiomáticos* ou *intuitivos* não precisam ser provados; não constituem, por essa razão, objeto de prova, que diz respeito a tudo aquilo que deve ser provado. **ED**

Gabarito "C".

(Magistratura/SC – 2010) Assinale a alternativa correta:

I. O interrogatório do réu preso será realizado em sala própria, no estabelecimento em que estiver recolhido, desde que estejam garantidas a segurança do juiz, do membro do Ministério Público e dos auxiliares bem como a presença do defensor e a publicidade do ato.

II. Excepcionalmente, o juiz, por decisão fundamentada, de ofício, ou a requerimento das partes, poderá realizar o interrogatório do réu preso por sistema de videoconferência ou outro recurso tecnológico de transmissão de sons e imagens em tempo real, desde que a medida seja necessária para atender as finalidades descritas na lei.

III. O abandono do defensor em relação ao processo será comunicado à Ordem dos Advogados do Brasil, com incidência de multa de 10 (dez) a 50 (cinquenta) salários mínimos.

IV. O defensor não poderá abandonar o processo senão por motivo imperioso, comunicado previamente o juiz, sob pena de multa de 10 (dez) a 100 (cem) salários mínimos, sem prejuízo das demais cominações cabíveis.

V. As perguntas das partes serão requeridas ao juiz, que as formulará à testemunha. O juiz não poderá recusar as perguntas da parte, salvo se não tiverem relação com o processo ou importarem em repetição de outra já respondida.

(A) Somente as proposições III e V estão corretas.

(B) Somente as proposições I, III e IV estão corretas.

(C) Somente as proposições I, II e IV estão corretas.

(D) Somente as proposições II e V estão corretas.

(E) Somente as proposições II, III e V estão corretas.

I: correta, pois reflete o que estabelece o art. 185, § 1°, do CPP; **II:** correta, nos termos do art. 185, § 2°, do CPP; **III:** incorreta, pois contraria o teor do art. 265, *caput*, do CPP; **IV:** correta, pois em consonância com art. 265, *caput*, do CPP; **V:** incorreta, pois, dado o que dispõe o art. 212, *caput*, do CPP, as partes formularão suas perguntas diretamente às testemunhas. Para melhor compreensão: antes de o Código de Processo Penal ser alterado pela Lei de Reforma n° 11.690/2008, vigia, entre nós, o *sistema presidencialista*, pelo qual a testemunha, depois de inquirida pelo juiz, respondia, por intermédio deste, às perguntas formuladas pelas partes. Por este sistema, não podiam acusação e defesa formular seus questionamentos diretamente à testemunha, o que somente era feito por meio do juiz. Pois bem. Com a alteração promovida pela Lei 11.690/2006 na redação do art. 212 do CPP, o *sistema presidencialista*, até então em vigor, deu lugar ao chamado sistema *cross examination*, segundo o qual as partes passam a dirigir suas indagações às testemunhas sem a intermediação do magistrado, de forma direta. **ED**

Gabarito "C".

(Magistratura/SP – 2011 – VUNESP) A respeito da prova no processo penal, analise as proposições seguintes.

I. O juiz formará sua convicção pela livre apreciação da prova produzida em juízo, mas também pode fundamentar sua decisão exclusivamente nos elementos informativos colhidos na investigação.

II. As provas cautelares antecipadas podem ser consideradas pelo juiz na formação da sua convicção, ainda que não reproduzidas perante o contraditório.

4. DIREITO PROCESSUAL PENAL

III. O ônus da prova cabe a quem fizer a alegação, sendo vedado ao juiz determinar a produção de provas de ofício, diante do princípio da inércia da jurisdição.

IV. As provas ilícitas e as delas derivadas são inadmissíveis, devendo ser desentranhadas do processo, salvo quando as derivadas puderem ser obtidas por uma fonte independente das primeiras.

V. Quando a infração deixar vestígios, será indispensável o exame de corpo de delito, direto ou indireto, não podendo supri-lo a confissão do acusado.

Estão corretas somente as proposições

(A) I, III e IV.

(B) II, IV e V.

(C) III, IV e V.

(D) I, II e III.

(E) I, II e V.

I: assertiva incorreta, pois em desacordo com o que preleciona o art. 155, *caput*, do CPP, que estabelece que não é dado ao magistrado fundamentar sua decisão única e exclusivamente nos elementos informativos colhidos no curso da investigação; II: as provas cautelares submetem-se ao chamado contraditório diferido ou postergado; III: é fato que o ônus da prova incumbe a quem fizer a alegação (art. 156, *caput*, do CPP). De outro lado, em nome do princípio da busca da verdade real, está o juiz autorizado a determinar, de ofício, a produção de provas, mesmo antes de ter início a ação penal, desde que se trate de provas urgentes e relevantes (art. 156, I, do CPP). No mais, pode o juiz, também de ofício, no curso da instrução, determinar diligências para dirimir dúvida sobre ponto relevante – art. 156, II, CPP. Frise-se que a atuação do magistrado, nessas circunstâncias, somente poderá se dar em caráter supletivo, subsidiário; IV: correta, nos termos do art. 157, *caput* e § 1º, do CPP; V: será indispensável, quando a infração deixar vestígios materiais, a realização do exame de corpo de delito; não sendo possível que se proceda à verificação direta, em vista do desaparecimento dos vestígios do delito, a *prova testemunhal* poderá suprir-lhe a falta (exame de corpo de delito indireto); a confissão, nunca. É o teor dos arts. 158 e 167 do CPP. **ED**

Gabarito "B".

(Juiz – TRF 4ª Região – 2016) Assinale a alternativa **INCORRETA.**

(A) A prova indiciária, também chamada de circunstancial, tem o mesmo valor das provas diretas, como se atesta na Exposição de Motivos do Código de Processo Penal, em que se afirma não haver hierarquia de provas por não existir necessariamente maior ou menor prestígio de uma com relação a qualquer outra.

(B) A lei do crime organizado previu, entre outros meios de obtenção de prova: a colaboração premiada; a captação ambiental de sinais eletromagnéticos, ópticos ou acústicos; a ação controlada; o acesso a registros de ligações telefônicas e telemáticas, a dados cadastrais constantes de bancos de dados públicos ou privados e a informações eleitorais ou comerciais; a interceptação de comunicações telefônicas e telemáticas; o afastamento dos sigilos financeiro, bancário e fiscal; a infiltração, por policiais, em atividade de investigação; a cooperação entre instituições e órgãos federais, distritais, estaduais e municipais na busca de provas e informações de interesse da investigação ou da instrução criminal.

(C) Segundo a lei do crime organizado, a ação controlada consiste em retardar a intervenção policial ou administrativa relativa à ação praticada por organização criminosa ou a ela vinculada, desde que mantida sob observação e acompanhamento do Ministério Público para que a medida legal se concretize no momento mais eficaz à formação de provas e à obtenção de informações.

(D) Uma vez realizada a interceptação telefônica de forma fundamentada, legal e legítima, as informações e as provas coletadas dessa diligência podem subsidiar denúncia com base em crimes puníveis com pena de detenção, desde que conexos com crimes punidos com reclusão e cujos fatos sob investigação fundamentaram a medida.

(E) A entrada forçada em domicílio sem mandado judicial é lícita, mesmo em período noturno, quando amparada em fundadas razões, devidamente justificadas *a posteriori*, que indiquem que dentro da casa ocorre situação de flagrante delito, sob pena de responsabilidade disciplinar, civil e penal do agente ou da autoridade e de nulidade dos atos praticados.

A: correta. No campo da valoração da prova, o sistema adotado, como regra, pelo CPP, é o da *persuasão racional* ou *livre convencimento motivado*, pelo qual o magistrado tem ampla liberdade para apreciar as provas produzidas no processo, devendo, sempre, fundamentar a sua decisão. Esse sistema de valoração da prova está consagrado na Exposição de Motivos do CPP, item VII, que assim dispõe: *Todas as provas são relativas; nenhuma delas terá*, ex vi legis, *valor decisivo ou necessariamente maior prestígio que outra. Se é certo que o juiz fica adstrito à prova constante dos autos, não é menos certo que não fica subordinado a nenhum critério apriorístico no apurar, através delas, a verdade material. O juiz criminal é, assim, restituído à sua própria consciência*; **B:** correta, pois corresponde à redação do art. 3º e seus incisos da Lei 12.850/2013, que traz o rol dos meios de obtenção de prova; **C:** incorreta, já que o dispositivo legal que disciplina a ação controlada (art. 8º da Lei 12.850/2013) não impõe o seu acompanhamento pelo MP; **D:** correta. A assertiva contempla o fenômeno denominado *encontro fortuito de provas*, em que, no curso de investigação de determinada infração penal, termina-se por identificar outros crimes, diversos daquele investigado. Exemplo típico e corriqueiro é o da interceptação telefônica, no curso da qual, deferida para elucidar crime apenado com reclusão, acaba-se por elucidar delito conexo apenado com detenção. A jurisprudência reconhece a licitude da prova assim produzida, desde que estabelecida conexão ou continência com a investigação original. Não se trata, portanto, de *prova ilícita* (art. 157, § 1º, do CPP); **E:** correta. Nesse sentido: "Fixada a interpretação de que a entrada forçada em domicílio sem mandado judicial só é lícita, mesmo em período noturno, quando amparada em fundadas razões, devidamente justificadas a posteriori, que indiquem que dentro da casa ocorre situação de flagrante delito, sob pena de responsabilidade disciplinar, civil e penal do agente ou da autoridade e de nulidade dos atos praticados (RE 603616, Rel. Min. Gilmar Mendes, Tribunal Pleno, j. 05.11.2015, Acórdão Eletrônico Repercussão Geral - Mérito *DJe* 09.05.2016, Publ. 10.05.2016). **ED**

Gabarito "C".

(Magistratura Federal/4ª Região – IX) Indique a afirmativa inteiramente correta:

(A) O sigilo da correspondência pode ser violado, por ordem judicial, nos casos e formas estabelecidos pela lei, para fins de investigação criminal ou instrução penal.

(B) Segundo o Código de Processo Penal, o juiz, ao sentenciar, utilizará o princípio da íntima convicção.

(C) O Código de Processo Penal estabelece, de forma expressa, que os assistentes técnicos do perito serão indicados pelas partes.

(D) Em juízo penal, não se observam, na produção de provas, as restrições da lei civil, salvo quanto ao estado das pessoas.

A: incorreta. Embora o tema seja polêmico, prevalece atualmente na doutrina e na jurisprudência o entendimento de que o sigilo da correspondência, contemplado no art. 5º, XII, da CF, não é absoluto, cedendo em favor de outros direitos que também ostentam base constitucional, como a segurança e a vida. Clássico exemplo é a possibilidade de violar-se, por razões de segurança, o sigilo da correspondência endereçada ao preso. A incorreção da proposição está no fato de a violação do sigilo da correspondência não contar com regramento legal que estabeleça em que casos ela terá lugar e a forma pela qual isso se dará; **B:** incorreta, visto que adotamos, como regra, o *sistema da persuasão racional* ou *livre convencimento motivado*, em que o magistrado, sempre de forma fundamentada, decidirá com base no seu livre convencimento (art. 93, IX, da CF). O *sistema da íntima convicção* é o que vige no Tribunal do Júri, onde o jurado – e não o juiz togado – não motiva seu voto. Existe ainda o *sistema da prova legal*, no qual o juiz fica adstrito ao valor atribuído à prova pelo legislador; **C:** com a alteração promovida pela Lei 11.690/2008 no art. 159 do CPP, passou-se a admitir, de forma expressa, a possibilidade de indicação de assistente técnico pela parte (art. 159, § 3º, do CPP). A assertiva, portanto, levando-se em conta a legislação em vigor, está correta; **D:** correta, pois reflete o disposto no art. 155, parágrafo único, do CPP. **ED**
„Gabarito "D".

9. SUJEITOS PROCESSUAIS

(Juiz – TJ/MS – VUNESP – 2015) O juiz dar-se-á por suspeito

(A) ainda que a parte, propositadamente, no curso processual, der motivo para criar a suspeição.

(B) independentemente da arguição da parte, por declaração escrita, nos autos, apontando os motivos legais de sua suspeição.

(C) se for amigo íntimo ou inimigo capital de advogado da parte e perito judicial.

(D) e praticará atos urgentes até nomeação de substituto legal, em homenagem ao princípio da celeridade processual.

(E) por motivo de foro íntimo, por declaração escrita, nos autos, apontando os motivos legais de sua suspeição.

A: incorreta. Ao contrário do que se afirma, se a parte injuriar o magistrado ou, de forma proposital e imbuída de má-fé, der motivo para arguir a sua suspeição, inviável que esta seja reconhecida, nos termos do que prescreve o art. 256 do CPP; **B:** correta, pois em conformidade com o que estabelece o art. 97 do CPP; **C:** incorreta, dado que o art. 254, I, do CPP não contemplou o *advogado* tampouco o *perito*, tão somente a *parte*; **D:** incorreta, pois não reflete o disposto no art. 97 do CPP, que estabelece que o juiz, assim que se declarar como suspeito, providenciará para o processo seja, de imediato, remetido ao seu substituto legal; **E:** incorreta, pois, nesta hipótese, o juiz não está obrigado a apontar os motivos que ensejaram sua suspeição. **ED**
„Gabarito "B".

(Magistratura/PI – 2011 – CESPE) Em relação aos sujeitos processuais, assinale a opção correta.

(A) O juiz deve dar-se por suspeito se possuir parente consanguíneo, na linha colateral até o terceiro grau, que esteja respondendo a processo por fato análogo sobre cujo caráter criminoso haja controvérsia.

(B) O membro do MP possui legitimidade para proceder, diretamente, à colheita de elementos de convicção para subsidiar a propositura de ação penal, incluindo-se a presidência de inquérito policial.

(C) Mesmo após a vigência do novo Código Civil, faz-se necessária a nomeação de curador especial para acusado com idade entre dezoito e vinte e um anos, em respeito ao princípio da especialidade, porquanto tal exigência não foi suprimida do CPP.

(D) Se o advogado do réu for devidamente intimado, por meio da imprensa oficial, para a sessão de julgamento da apelação, na hipótese de adiamento, a intimação da nova data da sessão deverá ser feita pessoalmente.

(E) O assistente de acusação possui legitimidade para interpor apelação contra sentença absolutória, caso o MP se quede inerte após regular intimação.

A: o art. 254, II, do CPP não contemplou a figura do parente consanguíneo até o terceiro grau; **B:** a presidência do inquérito policial constitui atribuição exclusiva da autoridade policial; outras autoridades, entretanto, entre elas o representante do Ministério Público, podem conduzir investigação criminal. A propósito, o Plenário do STF, em conclusão de julgamento do RE 593.727, com repercussão geral, reconheceu, por 7 votos a 4, a atribuição do MP para promover investigações de natureza penal, desde que respeitados os direitos e garantias que assistem a qualquer investigado (j. em 14.05.2015, rel. Min. Celso de Mello); **C:** ante a modificação operada na redação do art. 5º do Código Civil pela Lei 10.792/03, que estabeleceu que a maioridade civil é alcançada aos dezoito anos, a norma contida no art. 262 do CPP, que impunha que se desse curador ao acusado menor de vinte e um anos, foi tacitamente revogada; **D:** assertiva incorreta (STF, RHC 84.084-SP, 1ª T., rel. Min. Joaquim Barbosa, *DJ* 28.05.04); **E:** é ampla a legitimidade recursal do assistente. Na hipótese de o MP interpor recurso de apelação, poderá o assistente arrazoar o recurso interposto (art. 271, CPP); se o representante do *parquet* permanecer inerte, conformando-se com a sentença proferida, tem o assistente, neste caso, a prerrogativa de, ele mesmo, recorrer (art. 598, CPP). Nesse sentido, a Súmula nº 210, STF. **ED**
„Gabarito "E".

10. CITAÇÃO, INTIMAÇÃO E PRAZOS

(Magistratura/CE – 2012 – CESPE) Considerando as relações jurisdicionais com autoridade estrangeira e as disposições gerais do CPP, assinale a opção correta.

(A) O trânsito, por via diplomática, de documentos relativos a instrução de processo penal não é aceito como prova bastante de autenticidade.

(B) Os prazos processuais correm ainda que haja impedimento do juiz ou obstáculo judicial oposto pela parte contrária.

(C) Não serão homologadas as sentenças estrangeiras contrárias à ordem pública e aos bons costumes.

(D) No caso de a carta rogatória versar sobre crime que, segundo a lei estrangeira, seja de ação privada, o seu andamento, após o *exequatur*, dependerá do interessado, ainda que a lei brasileira estabeleça outra modalidade de ação para tal crime.

(E) O escrivão, sob pena de multa por desobediência e suspensão de até sessenta dias em caso de reincidência, deve executar dentro do prazo de cinco dias os atos determinados em lei ou ordenados pelo juiz.

A: assertiva incorreta, pois não corresponde ao que estabelece o art. 782 do CPP; **B:** proposição incorreta, pois em desacordo com o que prescreve o art. 798, § 4º, do CPP; **C:** alternativa em consonância com o que dispõe o art. 781 do CPP; **D:** proposição incorreta, pois em desacordo com o que prescreve o art. 784, § 3º, do CPP; **E:** não corresponde ao teor do art. 799 do CPP. **ED**

Gabarito "C."

(Magistratura/MG – 2012 – VUNESP) Analise as proposições seguintes

I. Aplica-se a revelia ao acusado que, citado ou intimado pessoalmente para qualquer ato, deixar de comparecer ao juízo sem motivo justificado e não atender ao chamado deste, ou, no caso de mudança de residência, não comunicar o novo endereço ao juízo.

II. No caso de determinação de citação por carta rogatória, de réu no estrangeiro, em lugar sabido, suspende-se o curso do prazo prescricional até o seu cumprimento.

III. As cartas rogatórias só serão expedidas se demonstrada previamente a sua imprescindibilidade, arcando a parte requerente com os custos do envio.

IV. Quando o réu se ocultar para não ser citado no juízo deprecado, deve-se devolver a carta precatória ao juízo deprecante para realizar a citação por edital.

Está correto apenas o que se afirma em

(A) II e III.

(B) III e IV.

(C) I, II e IV.

(D) II, III e IV.

I: incorreta, pois não reflete a regra contida no art. 261, CPP; **II:** proposição correta, visto que em conformidade com o disposto no art. 368 do CPP; **III:** proposição em conformidade com o art. 222-A, inserido no CPP pela Lei 11.900/2009; **IV:** verificado, quando do cumprimento da carta precatória pelo oficial de justiça, que o réu se oculta para não ser citado, determina o art. 355, § 2º, do CPP que a carta seja imediatamente devolvida ao juízo deprecante para o fim do art. 362 do CPP (citação por hora certa). **ED**

Gabarito "A."

(Magistratura/SC – 2010) Sendo o acusado citado por edital na forma do Código de Processo Penal, não comparecendo e nem constituindo advogado:

(A) Ficarão suspensos o processo e o curso do prazo prescricional, com a produção de todas as provas, de forma antecipada, com a presença do Ministério Público e do defensor dativo imediatamente nomeado.

(B) Ficarão suspensos o processo e o curso do prazo prescricional, podendo o juiz determinar a produção das provas consideradas urgentes, assim reconhecidas, e, se for o caso, decretar a sua prisão preventiva, na forma do Código de Processo Penal.

(C) Ficarão suspensos o processo e o curso do prazo prescricional, com o decreto de prisão preventiva do réu, na forma do Código de Processo Penal.

(D) O juiz decreta a revelia do acusado e nomeia-lhe prontamente defensor dativo para apresentar resposta, por escrito, em dez dias, com a designação de audiência de instrução e julgamento, determinando a intimação das testemunhas arroladas pelas partes para regular ouvida.

(E) A suspensão é automática e não necessita de pronunciamento judicial.

Na hipótese de o réu não ser encontrado, deverá o juiz determinar a sua citação por edital, depois de esgotados os meios disponíveis para a sua localização. Se o réu, depois de citado por edital, não comparecer tampouco constituir defensor, o processo e o prazo prescricional ficarão, em vista da disciplina estabelecida no art. 366 do CPP, suspensos. Quanto ao período durante o qual o prazo prescricional deverá permanecer suspenso, prevalece o entendimento de que tal deverá ocorrer pelo interregno correspondente ao prazo máximo em abstrato previsto para o crime narrado na peça acusatória. A esse respeito, Súmulas nº 415 e 455 do STJ. **ED**

Gabarito "B."

(Magistratura Federal/4ª Região – VIII) Pablo Gomes, autor de crime de tráfico de entorpecentes em Santana do Livramento, atravessa a fronteira e passa a residir em local sabido, na cidade de Rivera, Uruguai. Denunciado pelo Ministério Público, determinará o juiz:

(A) sua citação por edital com posterior suspensão do processo em caso de não comparecimento para ser interrogado;

(B) sua citação por mandado, uma vez que sendo os dois países partícipes do Tratado do MERCOSUL há pacto de colaboração judiciária que permite a providência;

(C) a sua prisão preventiva e a expedição de carta precatória para sua citação;

(D) sua citação por rogatória, suspendendo-se o prazo de prescrição até o seu cumprimento.

A teor do que estabelece o art. 368 do CPP, estando o acusado no estrangeiro, em local conhecido, será citado por carta rogatória, devendo ser suspenso o curso do prazo prescricional até o seu cumprimento. **ED**

Gabarito "D."

(Magistratura Federal/4ª Região – IX) Indique a alínea em que se encontra a afirmativa inteiramente correta:

(A) No caso de residir o denunciado no exterior, em lugar sabido, a carta rogatória para citá-lo suspende o prazo da prescrição.

(B) Residindo o denunciado em legação estrangeira sediada em território nacional, sua citação será feita por mandado ou precatória, conforme o caso, e não por carta rogatória.

(C) Sendo o réu citado por edital e não comparecendo à audiência de interrogatório, o processo ficará suspenso, e interrompido o curso do prazo prescricional.

(D) No processo penal, a citação de funcionário público civil será feita por intermédio de sua chefia imediata, a ela se comunicando o dia em que deverá o réu comparecer em juízo.

A: proposição correta. Estabelece o art. 368 do CPP que, estando o acusado no estrangeiro, em local conhecido, será citado por carta rogatória, devendo ser suspenso o curso do prazo prescricional até o seu cumprimento; **B:** incorreta. Se o denunciado encontrar-se em legação estrangeira, sua citação deverá ser feita por rogatória – art. 369, CPP; **C:** na hipótese de o réu não ser encontrado, deverá o juiz determinar a sua citação por edital, depois de esgotados os meios disponíveis para a sua localização. Se o réu, depois de citado por edital, não comparecer tampouco constituir defensor, o processo e o prazo prescricional ficarão, em vista da disciplina estabelecida no art. 366 do CPP, suspensos, e não interrompidos. Quanto ao período durante o qual o prazo prescricional deverá permanecer suspenso, prevalece o entendimento de que tal deverá ocorrer pelo interregno correspondente ao prazo máximo em abstrato previsto para o crime narrado na peça acusatória. A esse respeito, Súmulas n. 415 e 455 do STJ; **D:** será feita por intermédio do chefe do respectivo serviço tão somente a citação do militar, na forma estatuída no art. 358 do CPP. A citação do funcionário público civil será feita normalmente por mandado, com expedição de notificação ao chefe de sua repartição, da qual deverão constar o dia, a hora e o lugar do interrogatório. É o que estabelece o art. 359 do CPP. **ED**

Gabarito "A".

11. PRISÃO, MEDIDAS CAUTELARES E LIBERDADE PROVISÓRIA

(Juiz – TJ/SC – FCC – 2017) A Lei nº 11.343/2006 – Lei de Drogas, estabelece em seu art. 59 – *Nos crimes previstos nos arts. 33*, caput e § 1º, e 34 a 37 desta Lei, o réu não poderá apelar sem recolher-se à prisão, salvo se for primário e de bons antecedentes, assim reconhecido na sentença condenatória.

Este dispositivo legal:

(A) foi declarado inconstitucional pelo Supremo Tribunal Federal.

(B) estabeleceu modalidade de prisão preventiva visando a garantia da ordem pública e assegurar a aplicação da lei penal.

(C) é incompatível com a regra do Código de Processo Penal que determina que o juiz, ao proferir a sentença condenatória, decidirá, fundamentadamente, sobre a manutenção ou a imposição de prisão preventiva.

(D) somente poderá ser aplicado no caso de sentença penal condenatória que impuser o regime inicial de cumprimento da pena fechado.

(E) é modalidade de execução provisória da pena privativa de liberdade aplicada ao réu.

A decretação ou manutenção da prisão cautelar (provisória ou processual), assim entendida aquela que antecede a condenação definitiva, deve sempre estar condicionada à demonstração concreta de sua imperiosa necessidade, ainda que se trate da prática de crimes graves, como é o caso do tráfico de drogas, delito equiparado a hediondo. Bem por isso, deve o magistrado apontar as razões, no seu entender, que a tornam indispensável (art. 312 do CPP). Colocado de outra forma, a prisão provisória ou cautelar somente se justifica dentro do ordenamento jurídico quando necessária ao processo. Deve ser vista, portanto, como um *instrumento* do processo a ser utilizado em situações *excepcionais.* É por essa razão que a prisão decorrente de sentença penal condenatória recorrível deixou de constituir modalidade de prisão cautelar. Era uma prisão automática, já que, com a prolação da sentença condenatória, o réu era recolhido ao cárcere (independentemente de a prisão ser necessária). Nesse contexto, o acusado era considerado presumidamente culpado. Com as modificações introduzidas pela Lei 11.719/2008 e também em razão da atuação dos tribunais, esta modalidade de prisão cautelar deixou de existir, consagrando, assim, o *postulado da presunção de inocência.* Em vista dessa nova realidade,

se o acusado permanecer preso durante toda a instrução, a manutenção dessa prisão somente terá lugar se indispensável for ao processo, pouco importando se, uma vez condenado em definitivo, permanecerá ou não preso (art. 387, § 1º, CPP). A prisão desnecessária decretada ou mantida antes de a sentença passar em julgado constitui antecipação da pena que porventura seria aplicada em caso de condenação, o que representa patente violação ao princípio da presunção de inocência, postulado esse de índole constitucional – art. 5º, LVII. De se ver ainda que, tendo em conta as mudanças implementadas pela Lei 12.403/2011, que instituiu as *medidas cautelares alternativas à prisão provisória*, esta somente terá lugar diante da impossibilidade de se recorrer às medidas cautelares. Dessa forma, a prisão, como medida excepcional que é, deve também ser vista como instrumento subsidiário, supletivo. Pois bem. É importante registrar que essa tônica (de somente dar-se início ao cumprimento da pena depois do trânsito em julgado da sentença penal condenatória) sofreu, recentemente, um revés. Explico. O STF, em julgamento histórico realizado em 17 de fevereiro de 2016, mudou, à revelia de grande parte da comunidade jurídica, seu entendimento acerca da possibilidade de prisão antes do trânsito em julgado da sentença penal condenatória. A Corte, ao julgar o HC 126.292, passou a admitir a execução da pena após decisão condenatória proferida em segunda instância. Com isso, passou a ser desnecessário, para dar início ao cumprimento da pena, aguardar o trânsito em julgado da decisão condenatória. Flexibilizou-se, pois, o postulado da presunção de inocência. Naquela ocasião, votaram pela mudança de paradigma sete ministros, enquanto quatro mantiveram o entendimento até então prevalente. Cuidava-se, é bem verdade, de uma decisão tomada em processo subjetivo, sem eficácia vinculante, portanto. Tal decisão, conquanto tomada em processo subjetivo, passou a ser vista como uma mudança de entendimento acerca de tema que há vários anos havia se sedimentado. Mais recentemente, nossa Suprema Corte foi chamada a se manifestar, em ações declaratórias de constitucionalidade impetradas pelo Conselho Federal da OAB e pelo Partido Ecológico Nacional, sobre a constitucionalidade do art. 283 do CPP. Existia a expectativa de que algum ou alguns dos ministros mudassem o posicionamento adotado no julgamento realizado em fevereiro de 2016. Afinal, a decisão, agora, teria uma repercussão muito maior, na medida em que tomada em ADC. Pois bem. Depois de muita especulação e grande expectativa, o STF, em julgamento realizado em 5 de outubro do mesmo ano, desta vez por maioria mais apertada (6 a 5), já que houve mudança de posicionamento do ministro Dias Toffoli, indeferiu as medidas cautelares pleiteadas nessas ADCs (43 e 44), mantendo, assim, o posicionamento que autoriza a prisão depois de decisão condenatória confirmada em segunda instância. É fato que o mérito das ações ainda está pendente de julgamento, mas dificilmente teremos, à essa altura do campeonato, mudança de posicionamento dos ministros. De toda forma e em suma, o art. 59 da Lei de Drogas, que contempla hipótese de prisão processual obrigatória e automática, é incompatível com a atual ordem constitucional e com o que estabelece o art. 387, § 1º, do CPP, para o qual a prisão preventiva, independentemente da gravidade do crime pelo qual foi o agente condenado em primeiro grau, só poderá ser decretada, sempre de forma fundamentada, se presentes estiverem os fundamentos contidos no art. 312 do CPP. **ED**

Gabarito "C".

(Juiz – TJ-SC – FCC – 2017) Recebendo o juiz os autos do inquérito policial com pedido de prazo para conclusão, sem provocação da autoridade policial ou do Ministério Público,

(A) poderá o juiz decretar a prisão temporária do investigado por cinco dias, ainda que não haja representação da autoridade policial ou requerimento do Ministério Público.

(B) não poderá decretar a prisão temporária do investigado, pois não há previsão legal de prisão temporária decretada de ofício pelo Juiz.

4. DIREITO PROCESSUAL PENAL 255

(C) não poderá decretar a prisão temporária do investigado, pois a prisão temporária somente poderá ser decretada após a conclusão do inquérito policial.

(D) poderá decretar a prisão temporária do investigado, desde que tenha por fundamento a garantia da ordem pública, da ordem econômica, por conveniência da instrução criminal ou para assegurar a aplicação da lei penal e haja prova do crime e indício suficiente de autoria.

(E) poderá o juiz determinar a produção antecipada das provas consideradas urgentes e decretar a prisão do investigado.

A: incorreta. Tema bastante recorrente em concursos públicos, é defeso ao juiz decretar a prisão temporária de ofício, isto é, sem provocação do MP ou da autoridade policial. É o que estabelecem os arts. 1º, I, e 2º, "*caput*", da Lei 7.960/1989. Cuidado: a prisão preventiva, ao contrário da temporária, pode ser decretada de ofício pelo magistrado, desde que no curso da ação penal; se ainda na etapa investigatória, tal medida extrema somente poderá ser decretada pelo juiz diante de requerimento formulado pelo MP ou mediante representação do delegado de polícia (art. 311, CPP); B: correta (vide comentário anterior); C: incorreta. Ao contrário do que se afirma, a prisão temporária, na medida em que se presta a viabilizar as investigações do inquérito policial, somente pode ser decretada no curso deste; é vedada, pois, a decretação da prisão temporário depois da conclusão do inquérito policial; D: incorreta, já que contempla os fundamentos e requisitos da prisão preventiva (art. 312, "caput", CPP), e não da temporária; E: incorreta. Embora seja correto afirmar-se que ao juiz é dado, mesmo antes de iniciada a ação penal, determinar, de ofício, a produção antecipada das provas consideradas urgentes (art. 156, I, CPP), é-lhe vedado, no contexto narrado no enunciado, decretar de ofício tanto a prisão temporária quanto a preventiva. **ED**
Gabarito "B".

(Juiz – TJ/SP – VUNESP – 2015) A liberdade provisória, assegurada pela Constituição Federal e pelo Código de Processo Penal, não pode depender de um ato meramente discricionário do magistrado. Assim, a decisão deve conter a

(A) desnecessidade da manutenção da prisão apenas no momento processual.

(B) fundamentação sucinta e sem análise que prejudique o interesse do mérito.

(C) invocação, ainda que formal, dos dispositivos ensejadores de sua concessão.

(D) demonstração concreta que impõe a privação da liberdade antes da decisão de mérito.

A decretação ou manutenção da prisão cautelar (provisória ou processual), assim entendida aquela que antecede a condenação definitiva, deve sempre estar condicionada à demonstração concreta de sua imperiosa necessidade. Bem por isso, deve o magistrado apontar as razões, no seu entender, que a tornam indispensável (art. 312 do CPP). Colocado de outra forma, a prisão provisória ou cautelar somente se justifica dentro do ordenamento jurídico quando necessária ao processo. Deve ser vista, portanto, como um *instrumento* do processo a ser utilizado em situações *excepcionais*. É por essa razão que a prisão decorrente de sentença penal condenatória recorrível deixou de constituir modalidade de prisão cautelar. Era uma prisão automática, já que, com a prolação da sentença condenatória, o réu era recolhido ao cárcere (independente de a prisão ser necessária). Nesse contexto, o acusado era considerado presumidamente culpado. Com as modificações introduzidas pela Lei 11.719/2008 e também em razão da atuação dos tribunais, esta modalidade de prisão cautelar deixou de existir,

consagrando, assim, o *postulado da presunção de inocência*. Em vista dessa nova realidade, se o acusado permanecer preso durante toda a instrução, a manutenção dessa prisão somente terá lugar se indispensável for ao processo, pouco importando se, uma vez condenado em definitivo, permanecerá ou não preso. A prisão desnecessária decretada ou mantida antes de a sentença passar em julgado constitui antecipação da pena que porventura seria aplicada em caso de condenação, o que representa patente violação ao princípio da presunção de inocência, postulado esse de índole constitucional – art. 5º, LVII. De se ver ainda que, tendo em conta as mudanças implementadas pela Lei 12.403/2011, que instituiu as *medidas cautelares alternativas à prisão provisória*, esta somente terá lugar diante da impossibilidade de se recorrer às medidas cautelares. Dessa forma, a prisão, como medida excepcional que é, deve também ser vista como instrumento subsidiário, supletivo. Pois bem. Essa tônica (de somente dar-se início ao cumprimento da pena depois do trânsito em julgado da sentença penal condenatória) sofreu, recentemente, um revés. Explico. O STF, em julgamento histórico realizado em 17 de fevereiro de 2016, mudou, à revelia de grande parte da comunidade jurídica, seu entendimento acerca da possibilidade de prisão antes do trânsito em julgado da sentença penal condenatória. A Corte, ao julgar o HC 126.292, passou a admitir a execução da pena após decisão condenatória proferida em segunda instância. Com isso, passou a ser desnecessário, para dar início ao cumprimento da pena, aguardar o trânsito em julgado da decisão condenatória. Flexibilizou-se, pois, o postulado da presunção de inocência. Naquela ocasião, votaram pela mudança de paradigma sete ministros, enquanto quatro mantiveram o entendimento até então prevalente. Cuidava-se, é bem verdade, de uma decisão tomada em processo subjetivo, sem eficácia vinculante, portanto. Tal decisão, conquanto tomada em processo subjetivo, passou a ser vista como uma mudança de entendimento acerca de tema que há vários anos havia se sedimentado. Mais recentemente, nossa Suprema Corte foi chamada a se manifestar, em ações declaratórias de constitucionalidade impetradas pelo Conselho Federal da OAB e pelo Partido Ecológico Nacional, sobre a constitucionalidade do art. 283 do CPP. Existia a expectativa de que algum ou alguns dos ministros mudassem o posicionamento adotado no julgamento realizado em fevereiro de 2016. Afinal, a decisão, agora, teria uma repercussão muito maior, na medida em que tomada em ADC. Pois bem. Depois de muita especulação e grande expectativa, o STF, em julgamento realizado em 5 de outubro do mesmo ano, desta vez por maioria mais apertada (6 a 5), já que houve mudança de posicionamento do ministro Dias Toffoli, indeferiu as medidas cautelares pleiteadas nessas ADCs (43 e 44), mantendo, assim, o posicionamento que autoriza a prisão depois de decisão condenatória confirmada em segunda instância. É fato que o mérito das ações ainda está pendente de julgamento, mas dificilmente teremos, à essa altura do campeonato, mudança de posicionamento dos ministros. **ED**
Gabarito "D".

(Juiz de Direito – TJM/SP – VUNESP – 2016) Afirma-se corretamente em matéria de prisão cautelar, que

(A) em caso de excepcional gravidade, ainda que analisada abstratamente, o princípio da presunção de inocência poderá ser desprezado, a fim de se autorizar o largo emprego de prisões cautelares.

(B) em caso de descumprimento de alguma medida cautelar, a regra será a decretação imediata e automática da prisão processual.

(C) na análise do cabimento da prisão preventiva, deve o juiz ponderar, na decisão, se não são aplicáveis medidas diversas menos gravosas.

(D) o prazo da prisão temporária, ainda que prorrogada, jamais excederá a 10 (dez) dias.

(E) em sendo vedada a fiança, não é possível a concessão de liberdade provisória, com ou sem condições.

A: incorreta. É tema superado, tanto na doutrina quanto na jurisprudência, que a gravidade abstrata do crime imputado não pode servir de fundamento à decretação de prisões cautelares. A gravidade do crime, para justificar a custódia provisória, deve limitar-se ao aspecto *concreto*. A título de exemplo, é inconteste que o crime de latrocínio, que é hediondo, é dotado de excepcional gravidade, mas isso não justifica, por si só, a decretação de prisão processual. Se assim fosse, a todo agente ao qual se atribui a prática desse crime deveria ser aplicada a prisão preventiva. Não é e não pode ser assim. A prisão provisória só pode ser determinada em situações absolutamente excepcionais, em que fica demonstrada a sua imperiosa necessidade, o que deve ser extraído do art. 312 do CPP, e não da gravidade abstrata do delito; **B:** incorreta. Na hipótese de descumprimento de alguma medida cautelar imposta, deve-se, em primeiro lugar, proceder à substituição da medida por outra mais adequada ou a sua cumulação com a medida anterior impingida. Se, ainda assim, a nova medida (em substituição ou por cumulação) mostrar-se insuficiente, aí, sim, poderá o juiz recorrer à derradeira alternativa, decretando a prisão preventiva. É o que se extrai do art. 282, § 4°, do CPP. Como se vê, a tônica introduzida pela Lei de Reforma 12.403/2011 é evitar a todo custo a segregação cautelar, à qual somente poderá se recorrer em último caso; **C:** correta. Ante as mudanças implementadas pela Lei 12.403/2011, que instituiu as *medidas cautelares alternativas à prisão provisória*, esta (prisão) somente terá lugar diante da impossibilidade de se recorrer às medidas cautelares. Dessa forma, a prisão, como medida excepcional que é, deve também ser vista como instrumento subsidiário, supletivo, cabendo ao juiz, ao decretar à prisão preventiva, justificar por que razão não recorreu às medidas cautelares alternativas (art. 282, § 6°, do CPP); **D:** incorreta. A *prisão temporária*, a ser decretada tão somente pelo juiz de direito, terá o prazo de 5 (*cinco*) *dias*, prorrogável por igual período em caso de extrema e comprovada necessidade, nos termos do art. 2° da Lei 7.960/1989. Em se tratando, no entanto, de crime hediondo ou delito a ele equiparado (tortura, tráfico de drogas e terrorismo), a *custódia temporária* será decretada por *até* 30 (trinta) dias, prorrogável por igual período em caso de extrema e comprovada necessidade, em consonância com o disposto no art. 2°, § 4°, da Lei 8.072/1990 (Lei de Crimes Hediondos); **E:** incorreta. O fato de ser vedada a concessão de fiança (como ocorre nos crimes hediondos) não impede que se conceda liberdade provisória sem fiança. **ED**

Gabarito "C".

(Juiz – TJ/MS – VUNESP – 2015) A prisão domiciliar, nos termos do artigo 317, do Código de Processo Penal, consiste no recolhimento do indiciado ou acusado em sua residência, só podendo dela ausentar-se com autorização judicial. Poderá o juiz, de acordo com o dispositivo legal seguinte, substituir a prisão preventiva pela domiciliar quando o agente for, comprovadamente:

(A) I. inimputável; II. semi-imputável; ou III. menor de 21 (vinte e um anos), sem comprovação de reincidência por crime doloso praticado com violência ou grave ameaça contra a pessoa.

(B) I. maior de 70 (setenta) anos; II. gravemente doente; III. cuidador de pessoa menor de idade e portadora de necessidades especiais; e IV. gestante de alto risco.

(C) I. portador de bons antecedentes criminais ou II. menor de 21 (vinte e um anos), se não preenchidos os requisitos no artigo 312, *caput*, do Código de Processo Penal.

(D) I. maior de 80 (oitenta) anos; II. extremamente debilitado por motivo de doença grave; III. imprescindível

aos cuidados especiais de pessoa menor de 6 (seis) anos de idade ou com deficiência; ou IV. gestante a partir do 7° mês de gravidez ou sendo esta de alto risco.

(E) I. portador de bons antecedentes; e II. apto ao monitoramento eletrônico.

A elaboração desta questão é anterior à Lei 13.257/2016, que promoveu várias alterações no art. 318 do CPP. Temos atualmente que o juiz poderá, em vista do que estabelece a nova redação do art. 318 do CPP, substituir a prisão preventiva pela domiciliar nas seguintes hipóteses: agente que contar com mais de 80 (oitenta) anos (inciso I); agente extremamente debilitado por motivo de doença grave (inciso II); quando o agente for imprescindível aos cuidados de pessoa com menos de 6 (seis) anos ou com deficiência (inciso III); quando se tratar de gestante (inciso IV – cuja redação foi alterada pela Lei 13.257/2016); quando se tratar de mulher com filho de até 12 anos de idade incompletos (inciso V – cuja redação foi determinada pela Lei 13.257/2016); homem, caso seja o único responsável pelos cuidados do filho de até 12 anos de idade incompletos (inciso VI – cuja redação foi determinada pela Lei 13.257/2016). Se levarmos em conta a anterior redação do art. 318 do CPP, a alternativa a ser assinalada como correta é de fato a "D". **ED**

Gabarito "D".

(Juiz – TJ/RJ – VUNESP – 2016) X e Y, maiores de idade, empreendem assalto a banco, armados (art. 157, § 2°, I e II). Logo ao saírem do local, em poucos minutos, a polícia chega ao recinto e passa à perseguição dos criminosos, que são presos em flagrante, na posse de armas de fogo e de grande quantidade de dinheiro em espécie. O delegado arbitra fiança a X, mas não para Y, por este ser reincidente. Em juízo, é convertida em preventiva a prisão de Y, sendo imediatamente impetrado *habeas corpus* no Tribunal de Justiça. A ordem é concedida, revogando-se a prisão preventiva, pois cabíveis medidas alternativas, sendo, desde logo, imposta a obrigatoriedade de comparecimento periódico, em Juízo. Uma vez solto, Y descumpre a medida, sendo decretada, de ofício, nova prisão preventiva.

A respeito do caso, assinale a alternativa correta.

(A) A nova prisão preventiva de Y é ilegal, pois, inexistindo urgência, em homenagem ao princípio do contraditório, o imputado haveria de ser ouvido, antes da adoção da medida extrema.

(B) O Tribunal errou ao conceder a ordem, pois, em se tratando de crime com violência, a prisão preventiva é a regra.

(C) O delegado de polícia oficiante acertou em arbitrar fiança a X, pois o crime praticado não é inafiançável.

(D) Embora acertado o arbitramento de fiança para X pelo delegado de polícia oficiante, este não poderia se recusar a arbitrar fiança para Y, em virtude da reincidência.

(E) A prisão em flagrante delito dos agentes foi ilegal, eis que a situação não configurava, sob qualquer ótica, estado de flagrância.

A: correta, pois em conformidade com o que estabelece o art. 282, § 3°, do CPP; **B:** incorreta. A decretação ou manutenção da prisão preventiva, que constitui modalidade de custódia cautelar que antecede a condenação definitiva, não pode ser considerada regra, ainda que se trate de crime com emprego de violência, devendo a sua aplicação

4. DIREITO PROCESSUAL PENAL

sempre estar condicionada à demonstração concreta de sua imperiosa necessidade. É por essa razão que deve o magistrado apontar as razões, no seu entender, que a tornam indispensável (art. 312 do CPP). Enfim, a prisão preventiva deve ser vista como exceção, já que somente terá lugar quando necessária ao processo. Deve ser vista, portanto, como um *instrumento* do processo a ser utilizado em situações *excepcionais*; **C**: *correta. O crime de roubo (art. 157 do CP), ainda que majorado, não é considerado inafiançável; somente é inafiançável, porque hediondo, o crime de roubo seguido de morte (art. 157, § 3º, segunda parte, do CP), tal como estabelece o art. 1º, II, da Lei 8.072/1990 (Crimes Hediondos). A despeito disso, não poderia o delegado ter arbitrado fiança a X, na medida em que, à luz do que dispõe o art. 322, caput, do CPP, a autoridade policial somente está credenciada a conceder fiança nos casos de infração penal cuja pena máxima cominada não seja superior a 4 anos. A pena máxima cominada ao roubo simples é de 10 anos;* **D**: *incorreta. A reincidência não é fator impeditivo à concessão de fiança;* **E**: *incorreta. Segundo consta, X e Y, em concurso de pessoas, logo após o cometimento do crime de roubo a agência bancária, passaram a ser perseguidos pela polícia, que os prendeu em flagrante na posse de armas e dinheiro. Trata-se do que a doutrina convencionou chamar de* flagrante impróprio, imperfeito ou quase flagrante, modalidade legal de prisão em flagrante, portanto. Além dessa espécie de flagrante, há o flagrante próprio, real ou perfeito, que é aquele em que o agente é surpreendido no momento em que comete o crime ou quando acaba de cometê-lo – art. 302, I e II, do CPP. Há, por fim, o flagrante ficto ou presumido, que é a modalidade de flagrante (art. 302, IV) em que o agente é encontrado, depois do crime, na posse de instrumentos, armas, objetos ou papéis em circunstâncias que revelem ser ele o autor da infração penal. De se ver que, nesta modalidade de flagrante, inexiste perseguição, como ocorre no flagrante impróprio. **ED**
Gabarito "A".

(Magistratura/AM – 2013 – FGV) A Lei 12.403/2011 promoveu alterações no tratamento da prisão e demais medidas cautelares.

A esse respeito, assinale a afirmativa correta.

(A) O Juiz, de ofício, poderá decretar a prisão preventiva a qualquer momento.

(B) É possível a internação provisória do acusado nas hipóteses de crimes praticados com violência ou grave ameaça, quando os peritos concluírem ser o acusado inimputável ou semi-imputável e houver risco de reiteração.

(C) A pronúncia é causa automática de decretação da prisão preventiva, assim como a sentença condenatória.

(D) A prisão temporária nunca poderá exceder o prazo de cinco dias, prorrogável por mais cinco.

(E) A suspensão do processo por força da revelia autoriza, por si só, a decretação da prisão preventiva.

A: incorreta. Com a alteração promovida pela Lei de Reforma 12.403/2011 na redação do art. 311 do CPP, o juiz, que antes podia, de ofício, determinar a prisão preventiva no curso do inquérito, agora somente poderá fazê-lo, nesta fase da persecução, quando provocado pela autoridade policial, mediante representação, ou pelo Ministério Público, por meio de requerimento; portanto, de ofício, a partir de agora, somente no decorrer da ação penal; **B**: correta, pois reflete o disposto no art. 319, VII, do CPP; **C**: incorreta. A decretação ou manutenção da prisão cautelar (também chamada provisória ou processual), assim entendida aquela que antecede a condenação definitiva, deve sempre estar condicionada à demonstração de sua imperiosa necessidade. Bem por isso, deve o magistrado apontar as razões, no seu entender, que a tornam indispensável (art. 312 do CPP). Colocado de outra

forma, a prisão provisória ou cautelar somente se justifica dentro do ordenamento jurídico quando necessária ao processo. Deve ser vista, portanto, como um *instrumento* do processo a ser utilizado em situações *excepcionais*. É por essa razão que a prisão decorrente de pronúncia e a prisão decorrente de sentença penal condenatória recorrível deixaram de constituir modalidade de prisão cautelar. Era uma prisão automática, já que, com a prolação da sentença condenatória, o réu era recolhido ao cárcere (independente de a prisão ser necessária). Nesse contexto, o acusado era considerado presumidamente culpado. Com as modificações introduzidas pela Lei 11.719/2008 e também em razão da atuação dos tribunais, esta modalidade de prisão cautelar deixou de existir, consagrando, assim, o *postulado da presunção de inocência*. Em vista dessa nova realidade, se o acusado permanecer preso durante toda a instrução, a manutenção dessa prisão somente terá lugar se indispensável for ao processo, pouco importando se, uma vez condenado em definitivo, permanecerá ou não preso. A prisão desnecessária decretada ou mantida antes de a sentença passar em julgado constitui antecipação da pena que porventura seria aplicada em caso de condenação, o que representa patente violação ao princípio da presunção de inocência, postulado esse de índole constitucional – art. 5º, LVII. De se ver ainda que, tendo em conta as mudanças implementadas pela Lei 12.403/2011, que instituiu as *medidas cautelares alternativas à prisão provisória*, esta somente terá lugar diante da impossibilidade de se recorrer às medidas cautelares. Dessa forma, a prisão, como medida excepcional que é, deve também ser vista como instrumento subsidiário, supletivo. Pois bem. Essa tônica (de somente dar-se início ao cumprimento da pena depois do trânsito em julgado da sentença penal condenatória) sofreu um revés. Explico. O STF, em julgamento histórico realizado em 17 de fevereiro de 2016, mudou, à revelia de grande parte da comunidade jurídica, seu entendimento acerca da possibilidade de prisão antes do trânsito em julgado da sentença penal condenatória. A Corte, ao julgar o HC n. 126.292, passou a admitir a execução da pena após decisão condenatória proferida em segunda instância. Com isso, passou a ser desnecessário, para dar início ao cumprimento da pena, aguardar o trânsito em julgado da decisão condenatória. Flexibilizou-se, pois, o postulado da presunção de inocência. Naquela ocasião, votaram pela mudança de paradigma sete ministros, enquanto quatro mantiveram o entendimento até então prevalente. Cuidava-se, é bem verdade, de uma decisão tomada em processo subjetivo, sem eficácia vinculante, portanto. Tal decisão, conquanto tomada em processo subjetivo, passou a ser vista como uma mudança de entendimento acerca de tema que há vários anos havia se sedimentado. Mais recentemente, nossa Suprema Corte foi chamada a se manifestar, em ações declaratórias de constitucionalidade impetradas pelo Conselho Federal da OAB e pelo Partido Ecológico Nacional, sobre a constitucionalidade do art. 283 do CPP. Existia a expectativa de que algum ou alguns dos ministros mudassem o posicionamento adotado no julgamento realizado em fevereiro de 2016. Afinal, a decisão, agora, teria uma repercussão muito maior, na medida em que tomada em ADC. Pois bem. Depois de muita especulação e grande expectativa, o STF, em julgamento realizado em 5 de outubro do mesmo ano, desta vez por maioria mais apertada (6 a 5), já que houve mudança de posicionamento do ministro Dias Toffoli, indeferiu as medidas cautelares pleiteadas nessas ADCs (43 e 44), mantendo, assim, o posicionamento que autoriza a prisão depois de decisão condenatória confirmada em segunda instância. É fato que o mérito das ações ainda está pendente de julgamento, mas dificilmente teremos, à essa altura do campeonato, mudança de posicionamento dos ministros.; **D**: incorreta, visto que, tratando-se de crime hediondo ou delito a ele equiparado, o prazo de prisão temporária será de *trinta* dias, prorrogável por mais trinta, em caso de comprovada e extrema necessidade. É o teor do art. 2º, § 4º, da Lei 8.072/1990 (Crimes Hediondos); **E**: incorreta, dado que, ainda assim, a prisão preventiva somente será decretada se preenchidos os requisitos do art. 312 do CPP (art. 366 do CPP). **ED**
Gabarito "B".

(Magistratura/BA – 2012 – CESPE) No que diz respeito a prisão e a liberdade provisória, assinale a opção correta.

(A) O juiz poderá determinar a substituição da prisão preventiva pela domiciliar caso o agente tenha mais de sessenta e cinco anos de idade.

(B) De acordo com o que dispõe o CPP, ocorrendo o quebramento injustificado da fiança, entende-se perdido, na integralidade, o seu valor.

(C) A despeito da relevância da atuação do MP na persecução penal, a concessão de fiança independe de manifestação ministerial.

(D) Nos termos da lei, a prisão temporária do agente que adultera produto destinado a fins terapêuticos será de cinco dias, prorrogável por igual período.

(E) Presentes os requisitos legais, o juiz decretará, de ofício, a prisão preventiva na fase investigativa ou no curso do processo.

A: poderá a *prisão preventiva* ser substituída pela *domiciliar* na hipótese de o agente ser maior de 80 anos (art. 318, I, do CPP). Além desta, o art. 318 contempla outras situações em que o juiz poderá proceder à substituição, a saber: agente extremamente debilitado por motivo de doença grave (inciso II); quando o agente for imprescindível aos cuidados de pessoa com menos de 6 (seis) anos ou com deficiência (inciso III); quando se tratar de gestante (inciso IV – cuja redação foi alterada pela Lei 13.257/2016); quando se tratar de mulher com filho de até 12 anos de idade incompletos (inciso V – cuja redação foi determinada pela Lei 13.257/2016); homem, caso seja o único responsável pelos cuidados do filho de até 12 anos de idade incompletos (inciso VI – cuja redação foi determinada pela Lei 13.257/2016); **B:** incorreta, pois em desconformidade com o que dispõe o art. 343 do CPP; **C:** a lei não exige, ante o que estabelece o art. 333 do CPP, a prévia oitiva do MP; deve-se tão somente dar vista dos autos ao membro do MP após a decisão; **D:** por força do que estabelece o art. 2º, § 4º, da Lei 8.072/90 (Crimes Hediondos), a prisão temporária, nos crimes listados no *caput* do dispositivo, entre os quais a *adulteração de produto destinado a fim terapêutico ou medicinal* (art. 273, CP), terá o prazo (máximo) de trinta dias, prorrogável por igual período em caso de extrema e comprovada necessidade; **E:** com o advento da Lei 12.403/11, que modificou, entre outros, o art. 311 do CPP, a prisão preventiva não mais pode ser decretada de ofício pelo juiz no curso da investigação; sem provocação, a partir de agora, somente durante o processo. **ED**
Gabarito "C".

(Magistratura/CE – 2012 – CESPE) Determinada autoridade policial instaurou inquérito para investigar Júlio pela prática de constrangimento ilegal, crime que ele nega ter praticado. Júlio afirma querer demonstrar cabalmente sua inocência. Uma das testemunhas alega ter sido por ele ameaçada.

A partir dessa situação hipotética, assinale a opção correta.

(A) Na hipótese de Júlio ser denunciado pelo membro do MP, o procedimento a ser seguido será o do rito sumário.

(B) Sendo afiançável o crime de constrangimento ilegal, será possível, caso Júlio seja preso, o arbitramento pela autoridade policial de fiança em valores entre um e cem salários mínimos.

(C) Ainda que estivessem presentes os requisitos legais de necessidade e adequação, não seria admitida, nesse

caso, a decretação de medida cautelar, por falta de requisito objetivo de admissibilidade.

(D) Por solicitação do delegado, o juiz poderá determinar a interceptação telefônica do telefone celular de Júlio, desde que haja indícios razoáveis da autoria, e a prova não possa ser feita por outros meios.

(E) Em face de requerimento do delegado, havendo fundada suspeita contra Júlio, o juiz poderá determinar a sua prisão temporária, caso seja essa medida imprescindível para as investigações do inquérito policial.

A: o processamento e julgamento do crime de constrangimento ilegal (art. 146, CP) obedecerá às regras do procedimento sumaríssimo, previsto na Lei 9.099/95, visto que se trata de infração penal de menor potencial ofensivo (aquelas em que a pena máxima cominada não exceda a dois anos - art. 61, Lei 9.099/95); o procedimento comum sumário será adotado quando se tratar de crime cuja sanção máxima seja inferior a quatro anos e superior a dois (art. 394, § 1º, II, CPP); o rito ordinário, por sua vez, terá lugar sempre que se tratar de crime cuja sanção máxima cominada for igual ou superior a quatro anos de pena privativa de liberdade (art. 394, § 1º, I, CPP); **B:** art. 325, I, do CPP; **C:** art. 282, I e II, do CPP; **D:** incorreta, visto que a interceptação telefônica somente será deferida se o fato investigado constituir infração penal punida com pena de reclusão – art. 2º, III, da Lei 9.296/96; **E:** não cabe a prisão temporária em desfavor do suspeito de ter cometido o crime de constrangimento ilegal, visto que não está previsto no rol do art. 1º da Lei 7.960/89 (Prisão Temporária). **ED**
Gabarito "B".

(Magistratura/MG – 2012 – VUNESP) A Lei n.º 12.403/11 inovou ao prever outra modalidade de medida cautelar, que consiste na prisão domiciliar. Com relação às hipóteses de aplicação da prisão domiciliar, como substitutiva da prisão preventiva, conforme a lei citada, assinale a alternativa correta.

(A) Para a gestante a partir do 6.º (sexto) mês de gestação, independentemente de risco para a gravidez.

(B) Quando o acusado ou indiciado for paraplégico.

(C) Quando o agente for imprescindível para os cuidados especiais de pessoa menor de 7 (sete) anos de idade.

(D) Quando o indiciado ou acusado for maior de 80 (oitenta) anos de idade.

A *prisão preventiva* poderá ser substituída pela *custódia domiciliar* nas hipóteses elencadas no art. 318 do CPP, a saber: agente maior de 80 anos (inciso I); agente extremamente debilitado por motivo de doença grave (inciso II); quando o agente for imprescindível aos cuidados de pessoa com menos de 6 (seis) anos ou com deficiência (inciso III); quando se tratar de gestante (inciso IV – cuja redação foi alterada pela Lei 13.257/2016); quando se tratar de mulher com filho de até 12 anos de idade incompletos (inciso V – cuja redação foi determinada pela Lei 13.257/2016); homem, caso seja o único responsável pelos cuidados do filho de até 12 anos de idade incompletos (inciso VI – cuja redação foi determinada pela Lei 13.257/2016). **ED**
Gabarito "D".

(Magistratura/PB – 2011 – CESPE) Assinale a opção correta com referência a prisões e liberdade provisória.

(A) Conforme a jurisprudência do STJ, mesmo com o advento da Lei n.º 11.464/2007, que alterou a lei que trata dos crimes hediondos, não se tornou possível a liberdade provisória nos crimes hediondos ou equi-

4. DIREITO PROCESSUAL PENAL

parados, ainda no caso de não estarem presentes os requisitos da prisão preventiva.

(B) A prisão temporária, regulada pela Lei n.º 7.960/1989, é prevista no caso de ela ser imprescindível para as investigações e de haver fundadas razões, de acordo com prova cabal, de autoria ou participação do investigado nos crimes listados na referida lei, entre os quais não se inclui o crime de quadrilha.

(C) Conforme a pacífica jurisprudência dos tribunais superiores, a vedação legal da liberdade provisória ao acusado de tráfico ilícito de entorpecentes não é motivo suficiente para impedir a sua concessão ao réu preso em flagrante pela prática daquele delito.

(D) Conforme entendimento do STJ, é imprescindível, mesmo no caso de crimes hediondos, a demonstração, com base em elementos concretos, da necessidade da custódia preventiva do acusado, incluindo-se os de tráfico ilícito de entorpecentes presos em flagrante, não obstante a vedação da Lei n.º 11.343/2006 — Lei de Drogas.

A: nos crimes hediondos e assemelhados, o art. 5º, XLIII, da Constituição Federal veda tão somente a concessão de *fiança*. Com o advento da Lei 11.464/07, que modificou a redação do art. 2º da Lei de Crimes Hediondos, cuja redação original vedava a concessão de fiança e liberdade provisória, passou a ser possível a sua concessão sem fiança, já que foi extraída do dispositivo (art. 2º, II, da Lei 8.072/90). Mais recentemente, a Lei 12.403/11 promoveu uma série de inovações no âmbito da prisão e da liberdade provisória, entre elas alterou a redação do art. 323 do CPP, que passou a prever que os crimes hediondos e os delitos a eles equiparados são *inafiançáveis*. Pois bem, tal prescrição é inquestionável, já que em perfeita harmonia com o texto da CF/88 (art. 5º, XLIII). A questão que se coloca, todavia, é saber se a liberdade provisória *sem fiança* pode ser aplicada aos crimes hediondos e assemelhados. A despeito de haver divergências, notadamente na jurisprudência, entendemos, s.m.j., que a CF/88 proibiu tão somente a liberdade provisória com fiança. Se quisesse de fato proibir a liberdade provisória sem fiança, teria por certo feito menção a ela. Não o fez. Logo, a liberdade provisória vedada pelo constituinte nos crimes hediondos e equiparados é somente a *com fiança*. Assim entende a 2ª Turma do STF: HC 100.185-PA, rel. Min. Gilmar Mendes, DJ 6.8.10; STJ, HC 109.451-SP, 6ª T, DJ de 11.11.08; **B:** assertiva incorreta, pois o crime de quadrilha ou bando (art. 288, CP), atualmente denominado *associação criminosa* (Lei n. 12.850/2013), faz parte do rol contemplado no art. 1º, III, *l*, da Lei 7.960/90; **C:** este tema é bastante polêmico na jurisprudência. O STF, no julgamento do HC 104.339-SP, declarou, incidentalmente, a inconstitucionalidade da expressão "e liberdade provisória" contida no "caput" do art. 44 da Lei de Drogas; **D:** correta a assertiva. A decretação ou manutenção da prisão cautelar, assim entendida aquela que antecede a condenação definitiva, deve conter a explicitação da necessidade da medida, apontando as razões que a tornam indispensável (art. 312 do CPP). É por isso que o STF, ao julgar o HC 104.339-SP, declarou, incidentalmente, a inconstitucionalidade da expressão "e liberdade provisória" contida no "caput" do art. 44 da Lei de Drogas. **ED**
.ᗡ„ oʇᴉɹɐqɐ⅁

(Magistratura/PE - 2013 - FCC) No tocante à prisão no curso do processo e medidas cautelares,

(A) a proibição de ausentar-se do país será comunicada pelo juiz às autoridades encarregadas de fiscalizar as saídas do território nacional, intimando-se o indiciado ou acusado para entregar o passaporte, no prazo de 48 (quarenta e oito) horas.

(B) o juiz poderá substituir a prisão preventiva pela domiciliar quando o agente for maior de 75 (setenta e cinco) anos.

(C) a autoridade policial somente poderá conceder fiança nos casos de infração cuja pena privativa de liberdade máxima não seja superior a 4 (quatro) anos.

(D) julgar-se-á quebrada a fiança quando o acusado praticar nova infração penal, ainda que culposa.

(E) se assim recomendar a situação econômica do preso, a fiança poderá ser aumentada, pelo juiz, até, no máximo, o décuplo.

A: incorreta, já que o art. 320 do CPP, cuja redação foi determinada pela Lei 12.403/2011, estabelece o prazo de 24 (vinte e quatro) horas para o indiciado/acusado promover a entrega do passaporte; **B:** incorreta. Somente fará jus à substituição o agente que contar com mais de 80 (oitenta) anos, nos termos do inciso I do art. 318 do CPP; **C:** outra alteração implementada pela Lei 12.403/11 é que a autoridade policial, agora, pode arbitrar fiança em qualquer infração penal cuja pena máxima cominada não seja superior a quatro anos (reclusão ou detenção). Pela redação anterior do art. 322 do CPP, o delegado somente estava credenciado a arbitrar fiança nas contravenções e nos crimes apenados com detenção. Assertiva, portanto, correta; **D:** incorreta, pois o art. 341, V, do CPP somente faz referência à prática de crime doloso; **E:** incorreta. Reza o art. 325, § 1º, III, do CPP que a fiança, a depender da situação econômica do preso, poderá ser aumentada em até mil vezes. **ED**
.ᗡ„ oʇᴉɹɐqɐ⅁

(Magistratura/RJ – 2013 – VUNESP) A Lei 12.403/2011 modificou a legislação processual penal brasileira para expressamente prever medidas cautelares diversas da prisão.

Assinale a alternativa que corretamente dispõe a respeito delas.

(A) Não são cabíveis para o crime de porte de droga para uso próprio.

(B) O juiz somente pode decretar uma delas por representação da autoridade policial ou mediante requerimento das partes.

(C) O tempo de submissão a uma delas computa-se na pena privativa de liberdade ou na medida de segurança.

(D) Serão decretadas pelo juiz sem prévia intimação para manifestação do acusado ou investigado.

A: correta. De fato, à luz do que estabelece o art. 283, § 1º, do CPP, as medidas cautelares, aqui incluída a prisão, não poderão ser aplicadas na hipótese de à infração penal não ser cominada pena privativa de liberdade. É o caso do crime capitulado no art. 28 da Lei 11.343/2006 (porte de drogas para consumo pessoal), cujo preceito secundário do tipo penal incriminador não traz a previsão de pena privativa de liberdade. Com efeito, aqueles que incorrerem neste crime sujeitar-se-ão, ainda que reincidentes, às seguintes penas: advertência sobre os efeitos das drogas; prestação de serviços à comunidade; e medida educativa de comparecimento a programa ou curso educativo; **B:** incorreta. O magistrado poderá, sim, agir de ofício, na decretação das medidas cautelares diversas da prisão, desde que tal se dê no curso da ação penal. Na fase investigatória, a medida cautelar somente poderá ser decretada a requerimento do MP ou por representação da autoridade policial – art. 282, § 2º, do CPP; **C:** incorreta. Ensina Guilherme de Souza Nucci que "não se pode compensar com a pena privativa de liberdade, aplicada na sentença, toda e qualquer medida cautelar alternativa, pois seria desproporcional. Imagine-se a imposição de *não se ausentar da*

comarca sem autorização judicial, perdurando por dois anos (durante o trâmite do processo), a ser descontada na pena de dois anos de reclusão: o acusado nada cumpriria e o objetivo punitivo perderia toda a essência" (*Código Penal Comentado*, 13ª ed., p. 389); **D**: incorreta, visto que, em regra, cabe ao juiz determinar, antes mesmo de decretar a medida cautelar pessoal diversa da prisão, a oitiva do indiciado/acusado, promovendo, dessa forma, a instauração de um contraditório. A exceção a essa regra será observada sempre que se tratar de casos urgentes ou que possam gerar a ineficácia da medida concedida (art. 282, § 3º, do CPP). **ED**
Gabarito "A"

(Magistratura/RJ – 2011 – VUNESP) Assinale a alternativa correta.

(A) A autoridade policial pode determinar a soltura de indivíduo preso em flagrante e conduzido à sua presença, se das respostas das pessoas ouvidas no auto não resultar fundada a suspeita contra o conduzido.

(B) A total ausência de testemunhas do crime impede a lavratura do auto de prisão em flagrante.

(C) No crime de extorsão mediante sequestro, o agente pode ser preso em flagrante delito mesmo após libertar a vítima por iniciativa própria.

(D) O autor de um homicídio que se apresenta espontaneamente à autoridade policial, mais de 24 (vinte e quatro) horas após o cometimento do crime, pode ser autuado em flagrante.

A: é o que se extrai do art. 304, *caput*, do CPP e §1º do mesmo artigo; **B**: assertiva incorreta. A falta de testemunhas do fato delituoso não representa óbice à lavratura do auto de prisão em flagrante, mas, neste caso, o art. 304, § 2º, do CPP exige que, além do condutor, o auto seja assinado por pelo menos duas testemunhas que hajam presenciado a apresentação do preso à autoridade policial; **C**: a teor do que dispõe o art. 303 do CPP, a situação flagrancial, nos crimes permanentes, perdura enquanto não cessada a permanência; **D**: a apresentação espontânea elide a detenção em flagrante, mesmo que logo em seguida à prática do crime. **ED**
Gabarito "A"

(Magistratura/RO – 2011 – PUCPR) O flagrante presumido consiste na prisão do agente que:

(A) É encontrado logo depois do fato, com instrumentos, armas ou objetos que estejam relacionados com o fato.

(B) É surpreendido na prática efetiva do crime.

(C) É surpreendido logo depois do fato.

(D) É perseguido e encontrado logo depois do fato.

(E) É preso logo após o fato e reconhecido por testemunhas.

Flagrante presumido ou *ficto* (art. 302, IV, do CPP) é aquele em que o agente, sem que tenha havido perseguição, é encontrado logo depois do crime na posse de instrumentos, armas, objetos ou papéis em circunstâncias que revelem ser ele o autor da infração penal. **ED**
Gabarito "A"

(Magistratura/PR – 2010 – PUC/PR) Sabemos que o instituto da prisão e da liberdade provisória tem sido objeto de muito debate e aprofundamento do tema no mundo jurídico. Diante dessa matéria, analise as questões e marque a alternativa CORRETA.

I. João Tergino roubou uma agência do Banco do Brasil no centro de Curitiba. Perseguido, passou para o município de Araucária, e, nesta cidade, fora preso em flagrante delito. Sendo apresentado imediatamente à autoridade local, não poderá ser autuado em flagrante em Araucária, pois o crime ocorreu em Curitiba, para onde deve ser encaminhado nos termos do Código de Processo Penal e pela teoria do resultado.

II. Considera-se em flagrante presumido quem é perseguido, logo após, pela autoridade, pelo ofendido ou por qualquer pessoa, em situação que faça presumir ser autor da infração.

III. Em qualquer fase do inquérito policial ou da instrução criminal, caberá a prisão temporária decretada pelo juiz, de ofício, a requerimento do Ministério Público, ou do querelante, ou mediante representação da autoridade policial.

IV. A apresentação espontânea do acusado à autoridade não impedirá a decretação da prisão preventiva nos casos em que a lei a autoriza.

(A) Apenas a assertiva IV está correta.

(B) Apenas as assertivas II e III estão corretas.

(C) Apenas as assertivas I e II estão corretas.

(D) Apenas as assertivas III e IV estão corretas.

I: arts. 290 e 304, § 1º, do CPP. Terá atribuição para a lavratura do auto de prisão em flagrante a autoridade policial da circunscrição onde foi efetuada a prisão, e não a do local do delito; **II**: inexiste, no *flagrante presumido* (art. 302, IV), perseguição; neste, o agente, logo depois de praticar o crime, é surpreendido com instrumentos, armas, objetos ou papéis que revelem ser ele o autor da infração. A perseguição se dá no *flagrante impróprio* (art. 302, III); **III**: a *custódia temporária* não pode ser decretada de ofício pelo juiz, que deverá determiná-la diante da representação formulada pela autoridade policial ou de requerimento do Ministério Público – art. 2º, *caput*, da Lei 7.960/89. Além disso, conforme preleciona o art. 1º, I, desta mesma Lei, trata-se de modalidade de prisão provisória destinada a viabilizar as investigações acerca de crimes considerados graves durante a fase de inquérito policial; **IV**: o art. 317 do CPP, que previa a apresentação espontânea do acusado (agora trata da prisão domiciliar), foi modificado pela Lei 12.403/11. Apesar disso, a apresentação espontânea do acusado não elide a possibilidade de o juiz decretar-lhe a prisão preventiva, desde que presentes os requisitos legais. **ED**
Gabarito "A"

(Magistratura/SP – 2013 – VUNESP) A Lei n.º 7.960, de 21de dezembro de 1989, que dispõe sobre prisão temporária, não permite a aplicação da medida em caso de

(A) furto.

(B) homicídio doloso.

(C) roubo.

(D) sequestro ou cárcere privado.

A prisão temporária somente poderá ser decretada em relação aos crimes cujo rol está contemplado no art. 1º, III, da Lei 7.960/90, entre os quais não figura o crime de *furto*. Caberá, entretanto, nos crimes de *homicídio* (art. 1º, III, *a*, da Lei 7.960/90), *roubo* (art. 1º, III, *c*, da Lei 7.960/90) e *sequestro ou cárcere privado* (art. 1º, III, *b*, da Lei 7.960/90). **ED**
Gabarito "A"

(Magistratura/SP – 2011 – VUNESP) Analise as proposições seguintes, a respeito da prisão em flagrante.

I. Quem, logo após o cometimento de furto, é encontrado na posse do bem subtraído, pode ser preso em

4. DIREITO PROCESSUAL PENAL   261

flagrante delito, ainda que inexistam testemunhas da infração.

II. Nos crimes permanentes, entende-se que o agente está em flagrante delito enquanto não cessar a permanência.

III. Qualquer do povo deverá prender quem quer que seja encontrado em flagrante delito.

IV. Na falta ou impedimento do escrivão, qualquer pessoa designada pela autoridade policial lavrará o auto de prisão em flagrante, depois de prestado o compromisso legal.

V. Apresentado o preso, a autoridade competente deverá interrogá-lo e entregar-lhe a nota de culpa, e em seguida proceder à ouvidas do condutor e das testemunhas que o acompanham, colhendo, no final, as assinaturas de todos.

Estão corretas somente as proposições

(A) I, III e IV.

(B) I, II e IV.

(C) I, II e V.

(D) III, IV e V.

(E) II, III e V.

I: proposição correta. Esta é a situação contemplada no art. 302, IV, do CPP (*flagrante presumido* ou *ficto*); II: assertiva correta (art. 303, CPP); III: tal obrigação incumbe tão somente às autoridades policiais e aos seus agentes (flagrante compulsório); qualquer do povo *poderá* efetuar a prisão de quem quer que se encontre em situação flagrancial (flagrante facultativo). É o teor do art. 301 do CPP. Assertiva, portanto, incorreta; IV: assertiva correta (art. 305, CPP); V: incorreta, já que a ordem de inquirição estabelecida no art. 304, *caput*, do CPP prevê que o condutor seja ouvido em primeiro lugar; depois dele, as testemunhas; após e por último, o indiciado (conduzido). **ED**
Gabarito "B".

(Juiz – TRF 2ª Região – 2017) Maria foi presa em flagrante em aeroporto ao tentar embarcar cocaína para outro país. No momento da lavratura do auto de prisão em flagrante, Maria afirmou não ter condições de constituir advogado e optou por permanecer calada. Assinale a opção correta:

(A) Maria deve ser levada, em regra em até 24 horas, à presença do juiz federal competente para a audiência de custódia, com a presença de defensor público. Na audiência, o juiz decidirá fundamentadamente se relaxa a prisão, se decreta a prisão cautelar ou outras cautelares penais em desfavor de Maria, ou se concede a liberdade provisória. Não é cabível o arbitramento de fiança.

(B) Maria deve ser levada, em regra em até 24 horas, à presença do juiz federal competente para a audiência de custódia, com a presença do MP e de defensor público. Na audiência, o juiz analisará se relaxa a prisão e, não sendo o caso, deve convertê-la em prisão preventiva, já que o crime de tráfico internacional de entorpecentes não é passível de concessão de liberdade provisória ou de fiança.

(C) O auto de prisão em flagrante deve ser encaminhado ao juiz federal, com cópia ao MP e à defensoria pública. Examinando o flagrante, o juiz deve decidir fundamentadamente se relaxa a prisão, se decreta a

prisão cautelar ou outras medidas cautelares penais em desfavor de Maria, ou se concede a liberdade provisória. Apenas se houver necessidade será realizada audiência de custódia, na qual não é cabível o arbitramento de fiança.

(D) O auto de prisão em flagrante deve ser encaminhado ao juiz federal, com cópia ao MP e à defensoria pública. O juiz analisará a legalidade da prisão. A defensoria pode requerer a audiência de custódia, que será realizada preferencialmente em 24 horas, a contar do requerimento. O tráfico internacional não admite concessão de liberdade provisória ou de fiança.

(E) Desde que haja requerimento, é imperativo que Maria seja conduzida à presença do juiz, que verificará suas condições de integridade física. O auto de prisão em flagrante será analisado pelo juiz federal e, ainda que seja o caso de relaxamento, o tipo de crime permite a decretação da prisão temporária, que terá duração 15 dias, prorrogável por igual período.

Embora a audiência de custódia não esteja contemplada, de forma expressa, na CF/1988, a Convenção Americana sobre Direitos Humanos (Pacto de San José da Costa Rica), incorporada ao ordenamento jurídico brasileiro, em seu art. 7º (5), assim estabelece: "Toda pessoa presa, detida ou retida deve ser conduzida, sem demora, à presença de um juiz ou outra autoridade autorizada por lei a exercer funções judiciais (...)". O Conselho Nacional de Justiça, em parceria com o Tribunal de Justiça de São Paulo e também com o Ministério da Justiça, lançou e implementou o projeto "audiência de custódia", cujo propósito é assegurar ao preso o direito de ser apresentado, de forma rápida, a um juiz de direito, ao qual caberá analisar, entre outros aspectos, a legalidade da prisão em flagrante e também a necessidade de a mesma ser convertida em prisão preventiva. Para tanto, o CNJ editou a Resolução 213/2015, da qual deve ser extraída a solução desta questão. Assim reza o seu art. 1º: *Determinar que toda pessoa presa em flagrante delito, independentemente da motivação ou natureza do ato, seja obrigatoriamente apresentada, em até 24 horas da comunicação do flagrante, à autoridade judicial competente, e ouvida durante as circunstâncias em que se realizou sua prisão ou apreensão*. O TJ de São Paulo, por sua vez, editou o Provimento 03/2015, cujo objetivo é disciplinar e viabilizar a audiência de custódia, contra o qual, vale dizer, foi ajuizada ação direta de inconstitucionalidade, que foi julgada improcedente, nos seguintes termos: "1. A Convenção Americana sobre Direitos do Homem, que dispõe, em seu artigo 7º, item 5, que 'toda pessoa presa, detida ou retida deve ser conduzida, sem demora, à presença de um juiz', posto ostentar o status jurídico supralegal que os tratados internacionais sobre direitos humanos têm no ordenamento jurídico brasileiro, legitima a denominada 'audiência de custódia', cuja denominação sugere-se 'audiência de apresentação'. 2. O direito convencional de apresentação do preso ao Juiz, consectariamente, deflagra o procedimento legal de *habeas corpus*, no qual o Juiz apreciará a legalidade da prisão, à vista do preso que lhe é apresentado, procedimento esse instituído pelo Código de Processo Penal, nos seus artigos 647 e seguintes. 3. O *habeas corpus ad subjiciendum*, em sua origem remota, consistia na determinação do Juiz de apresentação do preso para aferição da legalidade da sua prisão, o que ainda se faz presente na legislação processual penal (artigo 656 do CPP). 4. O ato normativo sob o crivo da fiscalização abstrata de constitucionalidade contempla, em seus artigos 1º, 3º, 5º, 6º e 7º normas estritamente regulamentadoras do procedimento legal de *habeas corpus* instaurado perante o Juiz de primeira instância, em nada exorbitando ou contrariando a lei processual vigente, restando, assim, inexistência de conflito com a lei, o que torna inadmissível o ajuizamento de ação direta de inconstitucionalidade para a sua impugnação, porquanto o status do CPP não gera violação constitucional, posto legislação infraconstitucional. 5. As disposições administrativas do ato impugnado (artigos 2º, 4º 8º, 9º, 10 e 11), sobre a organização do funcionamento das unidades jurisdicionais do Tribunal de Justiça, situam-se dentro dos limites da sua autogestão (artigo 96, inciso I, alínea a, da CRFB). Fundada diretamente na Constituição Federal, admitindo *ad argumentandum* impugnação pela via da ação direta de inconstitucionalidade, mercê de materialmente inviável a demanda. 6. *In casu*, a parte do ato impugnado que versa sobre as rotinas cartorárias e providências administrativas ligadas à audiência de custódia em nada ofende a reserva de lei ou norma constitucional. 7. Os artigos 5º, inciso II, e 22, inciso I, da Constituição Federal não foram violados, na medida em que há legislação federal em sentido estrito legitimando a audiência de apresentação. 8. A Convenção Americana sobre Direitos do Homem e o Código de Processo Penal, posto ostentarem eficácia geral e *erga omnes*, atingem a esfera de atuação dos Delegados de Polícia, conjurando a alegação de violação da cláusula pétrea de separação de poderes. 9. A Associação Nacional dos Delegados de Polícia – ADEPOL, entidade de classe de âmbito nacional, que congrega a totalidade da categoria dos Delegados de Polícia (civis e federais), tem legitimidade para propor ação direta de inconstitucionalidade (artigo 103, inciso IX, da CRFB). Precedentes. 10. A pertinência temática entre os objetivos da associação autora e o objeto da ação direta de inconstitucionalidade é inequívoca, uma vez que a realização das audiências de custódia repercute na atividade dos Delegados de Polícia, encarregados da apresentação do preso em Juízo. 11. Ação direta de inconstitucionalidade PARCIALMENTE CONHECIDA e, nessa parte, JULGADA IMPROCEDENTE, indicando a adoção da referida prática da audiência de apresentação por todos os tribunais do país" (ADI 5240, Rel. Min. Luiz Fux, Tribunal Pleno, j 20.08.2015, Processo Eletrônico *DJe* 29.01.2016 Publ. 01.02.2016). Por fim, de se ver que, no contexto do crime de tráfico de drogas, sendo este equiparado a hediondo, embora não se admita o arbitramento de fiança, tal como estabelece o art. 44, "caput", da Lei 11.343/2006, pode ao investigado/acusado ser concedida liberdade provisória (sem fiança). A propósito, o Pleno do STF, em controle difuso, reconheceu a inconstitucionalidade da parte do art. 44 da Lei de Drogas que proibia a concessão de liberdade provisória nos crimes de tráfico (HC 104.339/SP, Pleno, j. 10.05.2012, rel. Min. Gilmar Mendes, *DJe* 06.12.2012). Atualmente, portanto, é tão somente vedada a concessão de liberdade provisória com fiança ao crime de tráfico. **ED**

Gabarito: "A".

(Juiz – TRF 3ª Região – 2016) Assinale a alternativa correta:

(A) Pode ser considerado em flagrante delito quem integra organização criminosa;

(B) Crimes inafiançáveis não comportam liberdade provisória, sem fiança;

(C) A autoridade policial só pode decretar fiança, em caso de crimes apenados com detenção;

(D) A autoridade policial pode aplicar medidas cautelares diversas da prisão.

A: correta. De fato, a conduta consistente em integrar organização criminosa, cuja previsão está no art. 2º, "caput", da Lei 12.850/2013, traduz crime permanente, já que a sua consumação se protrai no tempo enquanto perdurar a organização criminosa. Por tal razão, a prisão em flagrante pode ser realizada a qualquer tempo; **B:** incorreta. Crimes inafiançáveis, como os hediondos e equiparados (art. 5º, XLIII, da CF), comportam, sim, a concessão de liberdade provisória, desde que, é óbvio, sem fiança. O que se veda, em relação a esses crimes, é a liberdade provisória com fiança. Por mais estranho que isso possa parecer, é assim mesmo. Ou seja: em se tratando de crimes graves, como são os hediondos e equiparados, não se pode conceder liberdade provisória com fiança; já aos menos graves concede-se liberdade provisória com

fiança; **C:** incorreta. A Lei 12.403/2011 mudou sobremaneira o panorama da fiança. Antes da reforma por ela implementada, a autoridade policial, em vista da revogada redação do art. 322 do CPP, somente estava credenciada a concedê-la nas hipóteses de infração punida com *detenção* ou *prisão simples*. Bem por isso, não podia o delegado de polícia arbitrar fiança nos crimes punidos com *reclusão*, tarefa exclusiva do magistrado. Pela nova redação dada ao art. 322 do CPP, a autoridade policial passou a conceder fiança nos casos de infração cuja pena privativa de liberdade máxima não seja superior a quatro anos, independentemente de ser o crime apenado com reclusão ou detenção (qualidade da pena). Naqueles casos em que a pena máxima superar os quatro anos, somente o magistrado poderá estabelecer a fiança; **D:** correta. O delegado pode arbitrar fiança (art. 322, CPP), que constitui modalidade de medida cautelar diversa da prisão (art. 319, VIII, CPP). **ED**

Gabarito: "A e D".

(Magistratura Federal/1ª Região – IX) O juiz que homologa auto de prisão em flagrante:

(A) converte-se em autoridade coatora para eventual *habeas corpus* impetrado ao tribunal *ad quem* em favor do preso.

(B) é competente para conhecer de *habeas corpus* impetrado contra a autoridade policial, com fundamento em nulidade do auto de flagrante ou na não verificação do estado de flagrância.

(C) não pode convertê-la em prisão preventiva de ofício, mas pode fazê-lo em resposta a representação da autoridade policial ou requerimento do Ministério Público.

(D) deve ter a noção da importância desse seu ato, porque a prisão por ele mantida perdurará, necessariamente, até o término da instrução criminal.

A: correta. O juiz que, depois de analisar auto de prisão em flagrante, decreta a prisão do autuado torna-se autoridade coatora para eventual *habeas corpus* a ser impetrado no tribunal, dado que é o responsável pela coação exercida em desfavor do preso; **B:** incorreta, pois, da mesma forma, se o juiz converter a prisão em flagrante ilegal em preventiva, passa, com isso, a figurar como autoridade coatora, cabendo o julgamento do *habeas corpus*, bem por isso, ao tribunal; **C:** incorreta. O art. 310 do CPP, com a redação alterada pela Lei 12.403/2011, impõe ao magistrado, quando do recebimento do auto de prisão em flagrante, o dever de manifestar-se *fundamentadamente* acerca da prisão que lhe é comunicada. Pela novel redação do dispositivo, abrem-se para o juiz as seguintes opções: se se tratar de prisão ilegal, deverá o magistrado relaxá-la e determinar a soltura imediata do preso; se a prisão estiver em ordem, deverá o juiz, desde que entenda necessário ao processo, convertê-la em preventiva, sempre levando-se em conta os requisitos do art. 312 do CPP. O juiz, neste caso, não depende de requerimento do Ministério Público ou ainda de representação da autoridade policial. Ressalte-se que, tendo em vista o *postulado da proporcionalidade*, a custódia preventiva somente terá lugar se as medidas cautelares diversas da prisão revelarem-se inadequadas. Poderá, por fim, o juiz conceder a liberdade provisória, com ou sem fiança, substituindo, assim, a prisão em flagrante; **D:** incorreta. A prisão preventiva perdurará enquanto se revelar necessária ao processo; se, no curso deste, verificar-se a falta de motivo para que subsista, é de rigor a sua revogação – art. 316 do CPP. **ED**

Gabarito: "A".

(Magistratura Federal/4ª Região – 2010) Dadas as assertivas abaixo, assinale a alternativa correta.

I. Quando existir suspeita da existência do crime e indícios da autoria, a prisão preventiva poderá ser

4. DIREITO PROCESSUAL PENAL 263

decretada como garantia da ordem social ou da ordem econômica, por conveniência da instrução criminal, para assegurar a aplicação da lei penal ou para atender ao clamor público.

II. A prisão temporária pode ser decretada, em caso de crime de extorsão (artigo 158 do Código Penal), quando útil para as investigações, pelo prazo de até 30 (trinta) dias.

III. A prisão temporária pode ser decretada em caso de adulteração de produto destinado a fim terapêutico, o que consiste em infração ao artigo 273 do Código Penal, quando imprescindível às investigações, pelo prazo máximo de 5 (cinco) dias.

IV. Quando o juiz verificar, pelo auto de prisão em flagrante, a não ocorrência de qualquer das hipóteses que autorizam a prisão preventiva, concederá liberdade provisória ao agente, depois de ouvir o Ministério Público.

V. Qualquer do povo poderá prender em flagrante quem é encontrado, logo depois, com instrumentos, armas, objetos ou papéis que façam presumir ser ele o autor da infração.

(A) Está correta apenas a assertiva I.

(B) Estão corretas apenas as assertivas I e IV.

(C) Estão corretas apenas as assertivas IV e V.

(D) Estão corretas todas as assertivas.

(E) Nenhuma assertiva está correta.

I: assertiva incorreta, pois em desacordo com o que estabelece o art. 312, *caput*, do CPP; **II:** incorreta. A prisão temporária, embora possa ser determinada no crime de extorsão (art. 158, *caput*, do CP), terá o prazo de *cinco* dias, a teor do art. 2º, *caput*, da Lei 7.960/1989 (prisão temporária), sendo admitida uma prorrogação pelo mesmo prazo. A custódia temporária será decretada pelo prazo de trinta dias quando se tratar de delito hediondo ou assemelhado, na forma estabelecida no art. 2º, § 4º, da Lei 8.072/1990 (Lei de Crimes Hediondos). Neste caso também é admitida uma prorrogação por igual período (30 dias); **III:** nos termos do art. 1º, VII-B, da Lei 8.072/1990 – Lei de Crimes Hediondos, constitui crime hediondo a **falsificação, corrupção, adulteração ou alteração de produto destinado a fins terapêuticos ou medicinais** (art. 273, *caput* e §§ 1º, 1º-A e 1º-B, do CP). Assim sendo, a prisão temporária, neste crime, terá o prazo de trinta dias, prorrogável por igual período em caso de extrema e comprovada necessidade – art. 2º, § 4º, da Lei 8.072/1990 (Lei de Crimes Hediondos). Assertiva, portanto, incorreta; **IV:** se ausentes os requisitos da prisão preventiva, deverá a autoridade judiciária conceder liberdade provisória ao autuado, na forma estatuída no art. 310, III, CPP; **V:** é o chamado flagrante facultativo, previsto no art. 301, primeira parte, do CPP. ▣

Gabarito "C".

12. PROCESSO E PROCEDIMENTOS

(Magistratura/AM – 2013 – FGV) O Código de Processo Penal prevê nos arts. 513-518 um procedimento especial para os crimes de responsabilidade praticados por funcionários públicos.

Com relação a esse procedimento é correto afirmar que

(A) a primeira manifestação do acusado no processo é feita após o recebimento da denúncia ou queixa.

(B) o procedimento especial será aplicável aos crimes praticados por funcionário público contra a Administração, desde que estes sejam inafiançáveis;

(C) de acordo com entendimento sumulado pelo Superior Tribunal de Justiça, é desnecessária a resposta preliminar quando a ação penal for instruída por inquérito policial.

(D) se o crime praticado por funcionário público for de peculato doloso, o procedimento especial não será aplicável;

(E) se não for conhecida a residência do acusado, ou este se achar fora da jurisdição do Juiz, ser-lhe-á nomeado defensor, a quem caberá acompanhar o processo, mas não terá atribuição para apresentar resposta preliminar.

A: incorreta, visto que, nos chamados crimes de responsabilidade do funcionário público, a primeira manifestação do acusado no processo dá-se antes do recebimento da denúncia. É a chamada *defesa preliminar*, prevista no art. 514 do CPP; **B:** incorreta, pois, a teor do art. 514 do CPP, a defesa preliminar somente terá lugar nos crimes funcionais afiançáveis; **C:** correta. Em face do que enuncia a Súmula 330 do STJ, a formalidade imposta pelo art. 514 do CPP somente se fará necessária quando a denúncia se basear em outras peças de informação que não o inquérito policial; **D:** incorreta, pois o peculato doloso (art. 312 do CP) é considerado *crime funcional afiançável*, fazendo jus o seu autor, portanto, à defesa preliminar do art. 514 do CPP; **E:** incorreta, pois não corresponde ao que estabelece o art. 514, parágrafo único, do CPP. ▣

Gabarito "C".

(Magistratura/CE – 2012 – CESPE) Com base no que dispõe o CPP sobre procedimentos criminais, assinale a opção correta.

(A) No processo comum, o acusado pode ser absolvido sumariamente caso haja manifesta causa excludente da culpabilidade, como, por exemplo, a inimputabilidade.

(B) A denúncia deve ser rejeitada em caso de manifesta causa excludente da ilicitude do fato, como, por exemplo, legítima defesa própria.

(C) O procedimento de instrução preliminar ou de formação de culpa do tribunal do júri deve, estando o réu preso, ser concluído em até cento e vinte dias.

(D) Durante os debates, no procedimento do tribunal do júri, as partes podem fazer referência aos fundamentos da decisão de pronúncia, cabendo ao juiz presidente esclarecer aos jurados que eles não estão a ela vinculados.

(E) É permitido ao MP, ao assistente, ao querelante e ao defensor, nessa ordem, formular perguntas diretamente ao acusado; os jurados, por sua vez, devem formular perguntas por intermédio do juiz.

A: a *inimputabilidade*, elemento da culpabilidade, foi excluída do rol do art. 397 do CPP, que estabelece as hipóteses de cabimento da absolvição sumária; **B:** a existência manifesta de causa excludente da antijuridicidade constitui hipótese de *absolvição sumária* (art. 397, I, do CPP); **C:** o art. 412 do CPP fixa o prazo de 90 dias para o término da etapa de formação de culpa no procedimento especial do júri; **D:** incorreta, nos termos do art. 478, I, do CPP; **E:** assertiva correta, pois em consonância com o que estabelece o art. 474 do CPP. ▣

Gabarito "E".

(Magistratura/ES – 2011 – CESPE) Acerca das normas procedimentais para os processos perante o STJ e o STF (Lei n.º 8.038/1990), assinale a opção correta.

(A) No âmbito do STJ, não é permitida a revisão das sentenças das ações penais originárias, sendo as decisões das turmas tomadas pelo voto da maioria simples de seus membros.

(B) Tratando-se de ação penal originária, o relator não poderá delegar a realização do interrogatório do acusado, mas, apenas, de atos da instrução ao juiz ou membro de tribunal com competência territorial no local de cumprimento da carta de ordem.

(C) Nos crimes de ação penal pública, é estipulado em quinze dias o prazo para o MP oferecer denúncia ou pedir o arquivamento do inquérito ou das peças informativas, independentemente de o réu estar preso ou solto.

(D) É embargável, no prazo de quinze dias, a decisão da turma que, em recurso especial, divergir do julgamento de outra turma, da seção ou do órgão especial.

(E) Em *habeas corpus* originário ou recursal, havendo empate, o relator submeterá o feito a novo julgamento na sessão seguinte, independentemente de publicação da pauta.

A: incorreta, pois não reflete o disposto nos arts. 40, II, e 41-A da Lei 8.038/90; **B:** incorreta, pois em desacordo com o que estabelece o art. 9º, § 1º, da Lei 8.038/90; **C:** incorreta, visto que o art. 1º, § 2º, "a", da Lei 8.038/90 estabelece que, se preso estiver o réu, o prazo de que dispõe o Ministério Público para oferecer denúncia ou pedir o arquivamento do inquérito ou das peças informativas será de *cinco* dias; se solto estiver, o MP disporá do prazo de *quinze* dias, conforme prevê o art. 1º, *caput*, da Lei 8.038/90; **D:** proposição correta, pois reflete o disposto no art. 29 da Lei 8.038/90; **E:** neste caso, deve prevalecer a decisão mais favorável ao paciente - art. 41-A, parágrafo único, da Lei 8.038/90. **ED**

Gabarito "D".

(Magistratura/PE – 2011 – FCC) Na resposta à acusação, o réu

(A) pode arrolar testemunhas e oferecer documentos, mas não arguir prescrição.

(B) pode suscitar nulidade e excludente da ilicitude.

(C) não pode suscitar a atipicidade do fato, embora possa especificar as provas pretendidas.

(D) pode arguir preliminares, mas não causa de extinção da punibilidade.

(E) não pode suscitar decadência ou *abolitio criminis*.

Tendo em conta a inserção do art. 396-A promovida pela Lei 11.719/08 no CPP, entre outras tantas modificações implementadas, o acusado, na resposta à acusação, poderá arguir preliminares e alegar tudo aquilo que interesse à sua defesa, oferecer documentos e justificações, especificar as provas pretendidas e arrolar testemunhas. **ED**

Gabarito "B".

(Magistratura/PI – 2011 – CESPE) Assinale a opção correta no que se refere aos procedimentos do direito processual penal.

(A) Os defensores públicos e dativos possuem a prerrogativa de intimação pessoal para o julgamento de apelação, sendo absoluta a nulidade oriunda da falta dessa intimação e não se sujeitando, assim, à preclusão.

(B) São válidas e eficazes as intimações realizadas em nome de um só dos advogados constituídos, ainda que haja pedido expresso de que as publicações sejam realizadas exclusivamente em nome de determinado patrono ou de todos os procuradores.

(C) A notificação do acusado para apresentar defesa antes do recebimento da denúncia, nos termos do artigo 514 do CPP, aplica-se ao funcionário público e ao particular coautor ou partícipe daquele.

(D) De acordo com a jurisprudência do STJ, a apresentação espontânea do réu impede a lavratura do auto de prisão em flagrante e a decretação da prisão preventiva, ainda que presentes os requisitos que a autorizem.

(E) Tratando-se de procedimento comum ordinário, se a citação do réu tiver sido realizada no mesmo dia designado para o interrogatório, tal fato por si só não dará ensejo à nulidade do processo, cuja declaração depende da demonstração de efetivo prejuízo à defesa.

A: a assertiva contraria o disposto no art. 5º, § 5º, da Lei n. 1060/1950; **B:** se houver pedido expresso para que a publicação seja feita em nome de um dos advogados constituídos, não é válida a intimação da qual conste tão somente o nome de outro advogado constituído; **C:** incorreta, visto que a *defesa preliminar* a que faz menção o art. 514 do CPP constitui prerrogativa exclusiva do funcionário público, não sendo extensível, por isso, ao particular que com ele tenha agido na qualidade de coautor ou partícipe; **D:** o art. 317 do CPP (que agora trata da prisão domiciliar), que previa a apresentação espontânea do acusado, foi suprimido pela Lei 12.403/11. A despeito disso, a apresentação espontânea do acusado não elide a possibilidade de o juiz decretar-lhe a prisão preventiva, desde que presentes os requisitos legais. Impede, isto sim, a lavratura do auto de prisão em flagrante (HC 227.888/ES, rel. Ministro Sebastião Reis Júnior, 6ª T., julgado em 16/10/2012, DJe 09/11/2012); **E:** "O curto período entre a citação do acusado e a data do interrogatório, por si só, não enseja o cerceamento de defesa, sendo imprescindível a demonstração de prejuízo. Na verdade, nulidade absoluta seria a ausência de citação do Réu ou a realização do interrogatório sem a presença de advogado, ocasionando a impossibilidade de defesa do Réu" (REsp 1116081/RS, Rel. Min. Laurita Vaz, 5ª T., julgado em 18/09/2012, DJe 26/09/2012). **ED**

Gabarito "E".

(Magistratura/PR – 2013 – UFPR) Considere as seguintes afirmativas:

1. A intimação da sentença será feita ao réu, pessoalmente, se estiver preso.

2. A intimação da sentença será feita ao réu, pessoalmente, ou ao defensor por ele constituído, quando se livrar solto, ou, sendo afiançável a infração, tiver prestado fiança.

3. A intimação da sentença será feita mediante edital, se o réu, não tendo constituído defensor, não for encontrado, e o certificar o oficial de justiça.

4. O prazo do edital será de noventa (90) dias, se tiver sido imposta pena privativa de liberdade por tempo igual ou superior a um ano, e de sessenta (60) dias, nos outros casos.

Assinale a alternativa correta.

(A) Somente uma afirmativa é verdadeira.

(B) Somente duas afirmativas são verdadeiras.

(C) Somente três afirmativas são verdadeiras.

(D) As quatro afirmativas são verdadeiras.

4. DIREITO PROCESSUAL PENAL 265

1: correta, pois em conformidade com o que estabelece o art. 392, I, do CPP; **2:** correta, pois em conformidade com o que estabelece o art. 392, II, do CPP; **3:** correta, pois em conformidade com o que estabelece o art. 392, VI, do CPP; **4:** correta, pois em conformidade com o que estabelece o art. 392, § 1º, do CPP. ED

Gabarito "D".

(Magistratura/PR – 2013 – UFPR) Assinale a alternativa INCORRETA:

(A) Produzidas as provas, ao final da audiência, o Ministério Público, o querelante e o assistente e, a seguir, o acusado poderão requerer diligências cuja necessidade se origine de circunstâncias ou fatos apurados na instrução.

(B) O juiz poderá, considerada a complexidade do caso ou o número de acusados, conceder às partes o prazo de 5 (cinco) dias para a apresentação de memoriais. Nesse caso, terá o prazo de 10 (dez) dias para proferir a sentença.

(C) Na instrução poderão ser inquiridas até 8 (oito) testemunhas arroladas pela acusação e 8 (oito) pela defesa, compreendendo as que não prestem compromisso e as referidas.

(D) Ao assistente do Ministério Público, após a manifestação desse, serão concedidos 10 (dez) minutos, para apresentação de alegações finais orais, prorrogando-se por igual período o tempo de manifestação da defesa.

A: correta, pois reproduz a redação do art. 402 do CPP; **B:** correta, pois reproduz a redação do art. 403, § 3º, do CPP; **C:** incorreta (devendo ser assinalada), já que o número máximo de testemunhas permitido não inclui aquelas que prestam compromisso e as referidas. É o que estabelece o art. 401, § 1º, do CPP; **D:** correta, pois reproduz a redação do art. 403, § 2º, do CPP. ED

Gabarito "C".

(Magistratura/PR – 2013 – UFPR) Assinale a alternativa correta:

(A) Os quesitos serão formulados na seguinte ordem, indagando sobre: a materialidade do fato; a autoria ou participação; se o acusado deve ser absolvido; se existe circunstância qualificadora ou causa de aumento de pena reconhecidas na pronúncia ou em decisões posteriores que julgaram admissível a acusação; se existe causa de diminuição de pena alegada pela defesa.

(B) No procedimento relativo aos crimes contra a propriedade imaterial, no caso de haver o crime deixado vestígio, a queixa ou a denúncia não será recebida se não for instruída com o exame pericial dos objetos que constituam o corpo de delito.

(C) Quando for oferecida a exceção da verdade ou da notoriedade do fato imputado, o querelante poderá contestar a exceção no prazo de dez (10) dias, podendo ser inquiridas as testemunhas arroladas na queixa, ou outras indicadas naquele prazo, em substituição às primeiras, ou para completar o máximo legal.

(D) Ressalvada a possibilidade de se preservar o corpo de delito, o juiz poderá determinar, a requerimento da vítima, a destruição da produção ou reprodução apreendida mesmo quando houver impugnação quanto à sua ilicitude.

A: incorreta, pois não reflete a ordem de quesitação estabelecida no art. 483 do CPP; **B:** correta. Em vista do que dispõe o art. 525 do CPP, havendo vestígios nos crimes contra a propriedade imaterial, o exame pericial é condição de procedibilidade para a ação penal; **C:** incorreta, dado que o art. 523 do CPP estabelece, para a contestação da exceção, o prazo de dois dias (e não de dez dias); **D:** incorreta, pois não reflete o disposto no art. 530-F do CPP. ED

Gabarito "B".

(Magistratura/RO – 2011 – PUCPR) A respeito dos ritos no Processo Penal, indique a única alternativa **CORRETA:**

(A) Para se identificar o rito processual basta verificar a pena mínima referente a cada delito presente no próprio tipo penal.

(B) O rito Ordinário é destinado aos crimes punidos com reclusão, com pena igualou superior a 8 anos.

(C) Será aplicado rito Sumário quando a pena máxima do delito imputado ao réu em abstrato for igual ou superior a 4 anos.

(D) Será aplicado rito Sumaríssimo quando a pena **máxima for inferior a 4 anos e superior a 2 anos.**

(E) Será aplicado rito Ordinário aos crimes que tenham pena máxima em abstrato igual ou superior a 4 anos de pena privativa de liberdade.

A: o critério empregado para identificar o rito processual a ser adotado é a pena máxima cominada ao crime, conforme estabelece o art. 394 do CPP; **B:** o rito ordinário será eleito sempre que se tratar de crime cuja sanção máxima cominada for igual ou superior a quatro anos de pena privativa de liberdade (art. 394, § 1º, I, CPP). Assertiva incorreta, portanto; **C:** o rito sumário será adotado quando se tratar de crime cuja sanção máxima seja inferior a quatro anos e superior a dois (art. 394, § 1º, II, CPP). Assertiva também incorreta; **D:** incorreta, pois o rito sumaríssimo terá incidência nas infrações penais de menor potencial ofensivo (crimes cuja pena máxima não seja superior a dois anos bem como as contravenções penais), na forma estatuída no art. 394, § 1º, III, CPP; **E:** assertiva correta, nos termos do art. 394, § 1º, I, CPP. ED

Gabarito "E".

(Magistratura/SC – 2010) Quanto ao procedimento sumário:

I. Na audiência de instrução e julgamento, a ser realizada no prazo máximo de 30 (trinta) dias, proceder-se-á à tomada de declarações do ofendido, se possível, à inquirição das testemunhas arroladas pela acusação e pela defesa, nesta ordem, ressalvado o disposto no Código de Processo Penal, bem como aos esclarecimentos dos peritos, às acareações e ao reconhecimento de pessoas e coisas, interrogando-se, em seguida, o acusado e procedendo-se, finalmente, aos debates.

II. Na audiência de instrução e julgamento, a ser realizada no prazo máximo de 45 (quarenta e cinco) dias, proceder-se-á ao interrogatório do acusado, seguindo-se à tomada de declarações do ofendido, se possível, à inquirição das testemunhas arroladas pela acusação e pela defesa, em número de seis, respectivamente, nesta ordem, ressalvado o disposto no Código de Processo Penal, bem como aos esclarecimentos dos peritos, às acareações e ao reconhecimento de pessoas e coisas, com alegações via memoriais.

III. Na instrução, poderão ser inquiridas até cinco testemunhas arroladas pela acusação e cinco pela defesa.

IV. As alegações finais serão orais, concedendo-se a palavra, respectivamente, à acusação e à defesa, pelo prazo de 20 (vinte) minutos, prorrogáveis por mais 10 (dez), proferindo o juiz, a seguir, sentença.

V. As alegações finais serão orais, concedendo-se a palavra, respectivamente, à acusação e à defesa, pelo prazo de 10 (dez) minutos, prorrogáveis por mais 5 (cinco), proferindo o juiz, a seguir, sentença.

(A) Somente as proposições I e V estão corretas.

(B) Somente as proposições I e III estão corretas.

(C) Somente as proposições I, III e IV estão corretas.

(D) Somente as proposições II e V estão corretas.

(E) Somente as proposições II, IV e V estão corretas.

I: assertiva correta, visto que em consonância com o disposto no art. 531 do CPP; **II:** incorreta, pois não corresponde ao estatuído no art. 531 do CPP; **III:** proposição correta, pois reflete o contido no art. 532 do CPP; **IV:** proposição correta, pois corresponde ao que prescreve o art. 534, *caput*, do CPP; **V:** proposição incorreta, pois não corresponde ao que prescreve o art. 534, *caput*, do CPP. **ED**

Gabarito "C".

(Juiz – TRF 2ª Região – 2017) Analise as afirmativas abaixo e, a seguir, assinale a opção correta.

I. Oferecida a denúncia ou queixa, o juiz deverá citar o réu para a apresentação de resposta escrita em dez dias. Após tal manifestação da defesa, o juiz proferirá decisão de recebimento ou de rejeição da denúncia ou queixa apresentada.

II. O réu preso só deve ser interrogado por videoconferência quando presentes razões excepcionais previstas no Código de Processo Penal, devendo ser garantido, durante o ato, o acesso a canais telefônicos reservados para comunicação entre o defensor que esteja no presídio e o advogado presente na sala de audiência do fórum, e entre este e o preso.

III. Se o réu, citado pessoalmente, não apresentar a resposta no prazo legal, o juiz decretará sua revelia e proferirá decisão de saneamento do processo. A petição de resposta escrita não é termo essencial do processo e sua falta não enseja nulidade.

(A) Apenas a assertiva I está correta.

(B) Apenas a assertiva II está correta.

(C) Apenas a assertiva III está correta.

(D) Apenas as assertivas II e III estão corretas.

(E) Todas as assertivas são falsas.

I: incorreta. Nos procedimentos *ordinário* e *sumário*, o juiz, depois de oferecida a denúncia ou queixa, receberá a peça acusatória e, ato contínuo, mandará citar o réu, que, assim que tomar conhecimento da ação contra ele ajuizada, disporá do prazo de dez dias para apresentar resposta escrita (art. 396, CPP). O recebimento da denúncia ou queixa, como se pode ver, antecede a citação e o oferecimento da resposta escrita. Discutia-se o art. 399 do CPP, com a redação que lhe deu a Lei 11.719/2008, estabelecia um segundo recebimento da denúncia. Hoje é pacífico o entendimento segundo o qual a denúncia é recebida uma única vez (art. 396, CPP); **II:** correta, porquanto em conformidade com o que estabelece o art. 185, §§ 2º e 5º, do CPP; **III:** incorreta. Primeiro porque a petição de resposta escrita constitui peça essencial

do processo. Segundo porque se o réu, citado pessoalmente, deixar de oferecer a resposta à acusação dentro do prazo estabelecido em lei, que é de dez dias, caberá ao juiz nomear-lhe defensor para patrocinar a sua defesa, oferecendo a petição de resposta escrita (art. 396-A, § 2º, CPP). **ED**

Gabarito "B".

(Juiz – TRF 3ª Região – 2016) Pensando na hipótese de, após a apresentação de resposta à acusação, o magistrado se convencer da falta de justa causa para a ação penal, assinale qual hipótese é verdadeira:

(A) O magistrado terá que deixar a ação correr, pois não lhe compete conceder habeas corpus contra si próprio;

(B) O magistrado deverá absolver sumariamente o acusado, sem especificar nenhum inciso do artigo 397 do Código de Processo Penal;

(C) O magistrado poderá rejeitar a denúncia, dado que o primeiro recebimento, conforme parte da doutrina, ocorre a título precário;

(D) O magistrado deverá enviar os autos ao titular da ação, para que diga se concorda em retirar a denúncia.

De fato, parte da doutrina compartilha deste entendimento: de que o juiz pode voltar atrás e rejeitar a denúncia recebida a título precário. Na jurisprudência do STJ: "O fato de a denúncia já ter sido recebida não impede o Juízo de primeiro grau de, logo após o oferecimento da resposta do acusado, prevista nos arts. 396 e 396-A do Código de Processo Penal, reconsiderar a anterior decisão e rejeitar a peça acusatória, ao constatar a presença de uma das hipóteses elencadas nos incisos do art. 395 do Código de Processo Penal, suscitada pela defesa. As matérias numeradas no art. 395 do Código de Processo Penal dizem respeito a condições da ação e pressupostos processuais, cuja aferição não está sujeita à preclusão (art. 267, § 3º, do CPC, c/c o art. 3º do CPP)" (REsp 1318180/DF, Rel. Min. Sebastião Reis Júnior, 6ª Turma, j. 16.05.2013, *DJe* 29.05.2013). **ED**

Gabarito "C".

(Juiz – TRF 3ª Região – 2016) No que concerne ao interrogatório, é correto dizer que:

(A) É o primeiro ato do processo;

(B) O réu tem direito a ficar em silencio, no entanto, se decidir falar, está obrigado a dizer a verdade;

(C) Em caso de acusação por tráfico de drogas, deve ocorrer no início da audiência de instrução;

(D) Em caso de acusação por tráfico de drogas, tal qual ocorre relativamente aos demais crimes, deve ocorrer ao término da instrução, sob pena de nulidade absoluta.

A: incorreta. Por força das modificações implementadas pela Lei 11.719/2008, que alterou diversos dispositivos do CPP, entre os quais o art. 400, a instrução, que antes tinha como providência inicial o interrogatório do acusado, passou a ser uma, impondo, além disso, nova sequência de atos, todos realizados em uma única audiência. Nesta (art. 400 do CPP – ordinário; art. 531 do CPP – sumário), deve-se ouvir, em primeiro lugar, o ofendido; depois, ouvem-se as testemunhas de acusação e, em seguida, as de defesa. Após, vêm os esclarecimentos dos peritos e as acareações. Em seguida, procede-se ao reconhecimento de pessoas e coisas. Somente depois se interroga o acusado. Ao final, não havendo requerimento de diligências, serão oferecidas pelas partes alegações finais orais, por vinte minutos, prorrogáveis por mais dez;

4. DIREITO PROCESSUAL PENAL

B: incorreta. Ainda que decida falar, o investigado/acusado não está obrigado a dizer a verdade; **C:** correta, já que corresponde ao que estabelece o art. 57 da Lei 11.343/2006, segundo o qual o interrogatório, no âmbito do crime de tráfico, constitui o primeiro ato da instrução. É importante que se diga que a aplicação desta norma, que determina que o interrogatório seja a primeira providência a ser tomada na instrução, não constitui consenso nos tribunais superiores. Há entendimento no sentido de que, em homenagem ao princípio da ampla defesa, o interrogatório deve ser o último ato da instrução, conforme estabelece o art. 400 do CPP. No sentido de que deve prevalecer, em detrimento da lei geral, a norma especial: "Se a Lei 11.343 determina que o interrogatório do acusado será o primeiro ato da audiência de instrução e julgamento, ao passo que o art. 400 do Código de Processo Penal prevê a realização de tal ato somente ao final, não há dúvidas de que deve ser aplicada a legislação específica, pois, como visto, as regras do procedimento comum ordinário só tem lugar no procedimento especial quando nele houver omissões ou lacunas" (STJ, HC 180033-SP, 5ª Turma, rel. Min. Jorge Mussi, 16.02.2002). Para Guilherme de Souza Nucci, cujo entendimento é no sentido de que deve ser aplicado o rito especial previsto na Lei de Drogas, seria recomendável, para evitar futura alegação de nulidade, que o juiz indague o defensor se o acusado pretende ser ouvido logo no início da instrução ou ao final desta (*Leis Penais e Processuais Penais Comentadas*, 8. ed. São Paulo: Revista dos Tribunais, 2014. p. 405); **D:** incorreta. Vide comentário anterior. **ED**
Gabarito "C."

(Magistratura Federal/2ª Região – 2011 – CESPE) No que se refere aos ritos e a outros elementos pertinentes ao direito processual penal, assinale a opção correta.

(A) Caso ocorra a citação por hora certa, cujo objetivo fundamental é evitar a ocultação do acusado, serão adotados os procedimentos previstos no Código de Processo Civil para o ato citatório e, caso não haja comparecimento do réu em juízo nem constituição de advogado, ficarão suspensos o processo e o curso do prazo prescricional, podendo o juiz determinar a produção antecipada das provas consideradas urgentes e, se for o caso, decretar prisão preventiva; há divergência nos tribunais superiores acerca do prazo de suspensão do processo.

(B) No procedimento em que se admite a defesa preliminar ou resposta à acusação, o conteúdo da argumentação pode ser amplo ou reservar-se às preliminares, com apresentação de documentos e justificações, especificação de provas, indicação de testemunhas e todas as exceções na peça processual. Caso não seja apresentada defesa preliminar de réu citado, deve o juiz nomear advogado dativo ou encaminhar os autos à defensoria pública para resposta, sob pena de nulidade do processo, por ofensa ao devido processo legal.

(C) A apresentação da defesa preliminar ou resposta à acusação, no procedimento comum ordinário, acompanhada de documentos, objetos e alegações que possam ensejar a absolvição sumária, impõe a intimação do órgão de acusação, de modo a atender ao princípio do contraditório e não obstar, de forma prematura, o prosseguimento da ação penal com sentença de mérito, ação cujo dominus litis é o MP.

(D) No procedimento comum ordinário e sumário, considera-se a pena máxima cominada ao crime para a definição do rito e, após o recebimento da denúncia

e citação do réu, abre-se a indispensável oportunidade para defesa preliminar ou resposta à acusação, na forma escrita. Caso o réu seja citado por edital, o prazo para resposta terá início com a apresentação pessoal em juízo ou com o comparecimento do defensor constituído.

A: incorreta. O procedimento descrito na assertiva se aplica à citação por edital em que o acusado não comparece nem constitui advogado. Neste caso, ficarão suspensos o processo e o curso do prazo prescricional, podendo o juiz determinar a produção antecipada das provas consideradas urgentes e, sendo o caso, determinar a prisão preventiva do denunciado, conforme estabelece o art. 366 do CPP; **B:** a resposta à acusação mencionada na proposição refere-se, segundo pensamos, à defesa prévia prevista no art. 396-A do CPP. Deverá o acusado, aqui, com vistas a buscar a sua absolvição sumária (art. 397, do CPP), argumentar tanto matérias de índole processual (preliminares) quanto aquelas atinentes ao mérito. O conteúdo da resposta, portanto, é amplo; **C:** incorreta. A lei não impõe a intimação do órgão acusatório, o que somente deverá ocorrer na fase do art. 399 do CPP; **D:** correta, pois em conformidade com o que estabelecem os arts. 394, § 1º, I e II, e 396 do CPP. **ED**
Gabarito "D".

(Magistratura Federal/4ª Região – VII) O particular, que é considerado partícipe no crime de peculato:

(A) deve ser absolvido porque o crime é personalíssimo;

(B) tem direito ao prazo de defesa prévia constante do art. 514 do CPP;

(C) pode livrar-se solto, em qualquer hipótese;

(D) nenhuma das alternativas é correta.

Neste caso, o particular responde, na qualidade de coautor ou partícipe, por peculato – art. 312, do CP, na medida em que ser funcionário público é elementar do crime – art. 30 do CP. Ressalte-se que só haverá comunicação quando a elementar, subjetiva ou objetiva, for de conhecimento do partícipe. No mais, a prerrogativa contemplada no art. 514 do CPP (defesa preliminar) somente é conferida ao funcionário público, não se estendendo ao *extraneus* que haja concorrido para o crime na condição de coautor ou partícipe. **ED**
Gabarito "D".

13. PROCEDIMENTO RELATIVO AOS PROCESSOS DA COMPETÊNCIA DO JÚRI

(Juiz – TJ/SP – VUNESP – 2015) O princípio do *in dubio pro sociedade* não altera a presunção de inocência, mas permite que a pronúncia seja decretada

(A) por ocasião da fase da pronúncia, quando vigora o princípio do *in dubio pro reo*.

(B) por mero juízo de admissibilidade, não sendo necessária prova incontroversa do crime.

(C) pelo conselho de sentença, que irá analisar o juízo de admissibilidade da acusação.

(D) porque o juízo de certeza é do presidente do tribunal do júri.

A pronúncia, classificada como decisão interlocutória mista não terminativa, traduz mero juízo de admissibilidade da acusação, isto é, não é necessária, nesta fase, a certeza exigida para uma condenação, razão pela qual deve o juiz, na hipótese de dúvida, pronunciar o réu. Nesta etapa, portanto, vigora o princípio denominado *in dubio pro societate*, segundo o qual deve prevalecer, havendo dúvida, o interesse da sociedade em detrimento do do acusado. Conferir o seguinte julgado do STF: "É firme a jurisprudência deste Supremo Tribunal no sentido de que a decisão de pronúncia é mero juízo de admissibilidade da acusação, motivo por que nela não se exige a prova plena, tal como exigido nas sentenças condenatórias em ações penais que não são da competência do júri, não sendo, portanto, necessária a prova incontroversa da existência do crime para que o acusado seja pronunciado. Basta, para tanto, que o juiz se convença daquela existência" (HC 98791, Relator(a): Min. Cármen Lúcia, Primeira Turma, julgado em 28.09.2010, DJe-020 divulg 31-01-2011 public 01-02-2011 ement VOL-02454-02 PP-00378). **ED**

Gabarito "B".

(Juiz – TJ/SP – VUNESP – 2015) No julgamento pelo Tribunal do Júri, havendo condenação pelo crime de homicídio doloso por motivo fútil, a defesa recorre e requer a absolvição alegando a ocorrência de decisão contrária à prova dos autos. A apelação será desprovida com base no seguinte:

(A) o Conselho de Sentença decidiu de forma unânime e não cabe alteração.

(B) as decisões do Tribunal do Júri são soberanas e somente em casos de nulidade podem ser revistas.

(C) os jurados adotaram uma das vertentes possíveis e optaram por uma das versões apresentadas.

(D) o veredicto será alterado apenas quando a decisão for tomada por maioria e não por unanimidade.

Quanto ao tema abordado nesta questão, vale conferir o magistério de Guilherme de Souza Nucci: "(...) Não cabe anulação, quando os jurados optam por uma das correntes de interpretação da prova possíveis de surgir. Exemplo disso seria a anulação do julgamento porque o Conselho de Sentença considerou fútil o ciúme, motivo do crime. Ora, se existe prova de que o delito foi, realmente, praticado por tal motivo, escolheram os jurados essa qualificadora, por entenderem adequada ao caso concreto. Não é decisão manifestamente contrária à prova, mas situa-se no campo da interpretação da prova, o que é bem diferente (...)"(Código de Processo Penal Comentado, 12ª ed., p. 1048). Nesse sentido a jurisprudência do STJ: "Não cabe aos tribunais analisar se os jurados decidiram bem ou mal, mas apenas verificar se a decisão do Tribunal Popular está completamente divorciada da prova dos autos. Isso porque reserva-se ao Júri a faculdade de apreciar os fatos e de, na hipótese de versões e teses porventura discrepantes, optar pela que lhe pareça mais razoável. Assim, ainda que existam duas versões amparadas pelo material probatório produzido nos autos, deve ser preservado o juízo feito pelos jurados no exercício de sua função constitucional" (HC 201.812/SP, Rel. Ministro Marco Aurélio Bellizze, Quinta Turma, julgado em 07.08.2012, DJe 16.08.2012). **ED**

Gabarito "C".

(Magistratura/AM – 2013 – FGV) Nos processos da competência do júri, o Juiz, encerrada a primeira fase, poderá desclassificar o crime para outro da competência do Juiz singular, pronunciar o réu, absolvê-lo desde já ou impronunciá-lo.

Da decisão que impronunciar o réu caberá o seguinte recurso:

(A) apelação no prazo de 08 dias.

(B) recurso em Sentido Estrito no prazo de 05 dias.

(C) apelação no prazo de 15 dias.

(D) recurso em Sentido Estrito no prazo de 02 dias.

(E) apelação no prazo de 05 dias.

A decisão de impronúncia (e também a de absolvição sumária), com a reforma operada pela Lei 11.689/2008, passou a desafiar recurso de apelação (antes comportava recurso em sentido estrito) – art. 416

do CPP. O prazo para interposição deste recurso será de cinco dias, conforme estabelece o art. 593, caput e II, do CPP. **ED**

Gabarito "E".

(Magistratura/DF – 2011) Do Desaforamento. Possibilidades: Interesse da Ordem pública, Imparcialidade do júri ou Insegurança do acusado. Reaforamento. Destarte:

(A) O Assistente do Ministério Público não tem legitimidade para requerer o desaforamento, ainda que demonstre ser ele necessário para a segurança do acusado;

(B) Vagas suspeitas de dúvida, quanto à imparcialidade do júri, são suficientes para acarretar o desaforamento do julgamento para a circunscrição judiciária mais próxima do distrito da culpa;

(C) Tendo cessado o motivo que determinou o desaforamento, é possível o reaforamento à circunscrição judiciária de origem;

(D) Se após seis (6) meses do trânsito em julgado da decisão de pronúncia, em razão do comprovado excesso de serviço não for possível realizar o julgamento, ouvidos o juiz presidente e a parte contrária, o desaforamento poderá ser determinado.

A: o desaforamento poderá ser requerido pelo MP, pelo assistente, pelo querelante e pelo acusado, e também mediante representação do juiz competente – art. 427, caput, do CPP; **B:** vagas suspeitas de dúvida quanto à imparcialidade do Conselho de Sentença não são suficientes para determinar o desaforamento. Os Tribunais vêm entendendo que é necessário que haja fundado receio de imparcialidade (STF, HC 96.785/ES, rel. Min. Eros Grau, j. 25.11.08); **C:** mesmo que cessado o motivo que deu causa ao desaforamento, é inviável o retorno à circunscrição judiciária de origem (reaforamento); **D:** antes do advento da Lei 11.689/08, o tribunal, a requerimento do réu ou do MP, podia determinar o desaforamento na hipótese de o julgamento não se realizar no período de um ano, contado do recebimento do libelo. Atualmente, pela dicção do art. 428 do CPP, em se tratando de demora na realização do julgamento ocasionada por excesso de serviço, ultrapassado o prazo de seis meses, contado do trânsito da decisão de pronúncia, poderá ser pleiteado o desaforamento. **ED**

Gabarito "D".

(Magistratura/PE – 2011 – FCC) É cabível a absolvição sumária no procedimento do júri quando

(A) não houver prova suficiente de ser o acusado o autor ou partícipe do fato.

(B) verificada a atipicidade do fato e demonstrada qualquer causa de isenção de pena.

(C) não houver prova suficiente da existência do fato.

(D) reconhecida a inimputabilidade do acusado por doença mental, ainda que esta não tenha sido a única tese defensiva.

(E) verificada excludente da ilicitude ou, em certos casos, da culpabilidade.

A assertiva correta se amolda ao prescrito no art. 415, IV, do CPP. As demais não estão contempladas no art. 415 do CPP. **ED**

Gabarito "E".

(Magistratura/PR – 2013 – UFPR) Assinale a alternativa correta:

(A) O desaforamento também poderá ser determinado, em razão do comprovado excesso de serviço, indepen-

4. DIREITO PROCESSUAL PENAL

dente da oitiva do juiz presidente e da parte contrária, se o julgamento não puder ser realizado no prazo de 6 (seis) meses, contado do trânsito em julgado da decisão de pronúncia.

(B) Para a contagem do prazo referido no item anterior, computar-se-á o tempo de adiamentos, diligências ou incidentes de interesse da defesa.

(C) Na pendência de recurso contra a decisão de pronúncia ou quando efetivado o julgamento, não se admitirá o pedido de desaforamento, salvo, nesta última hipótese, quanto a fato ocorrido durante ou após a realização de julgamento anulado.

(D) O pedido de desaforamento será distribuído imediatamente, mas não terá preferência de julgamento na Câmara ou Turma competente, salvo quando se tratar de réu preso.

A: incorreta, visto que o art. 428, *caput*, do CPP estabelece a necessidade, para esta hipótese de desaforamento, de serem ouvidos o juiz presidente e a parte contrária; de resto, o que se afirma na proposição está correto; **B:** incorreta. Pela disciplina estabelecida no art. 428, § 1º, do CPP, o tempo de adiamentos, diligências e incidentes de interesse da defesa não será computado no prazo a que faz referência o *caput* deste dispositivo; **C:** correta, pois reflete o disposto no art. 427, § 4º, do CPP; **D:** incorreta, na medida em que, segundo a regra contida no art. 427, § 1º, do CPP, o pedido de desaforamento, que será distribuído imediatamente, terá preferência de julgamento na Câmara ou Turma competente. **ED**

Gabarito "C"

(Magistratura/PR – 2013 – UFPR) No procedimento relativo aos processos da competência do Tribunal do Júri, é correto afirmar:

(A) Salvo motivo relevante que autorize alteração na ordem dos julgamentos, terão preferência: os acusados presos; dentre os acusados presos, aqueles que estiverem há mais tempo na prisão; em igualdade de condições, observado o prazo de prescrição.

(B) O assistente somente será admitido se tiver requerido sua habilitação até 5 (cinco) dias antes da data da sessão na qual pretenda atuar.

(C) O juiz presidente reservará datas na reunião periódica subsequente, para a inclusão de processo que tiver o julgamento adiado.

(D) O procedimento será concluído no prazo máximo de 81 (oitenta e um) dias.

A: incorreta, visto que em desacordo com o que estabelece o art. 429, III, do CPP, segundo o qual, entre aqueles que se achem em igualdade de condições, terão preferência os precedentemente pronunciados (o prazo prescricional não terá relevância); **B:** correta, nos termos do art. 430 do CPP; **C:** incorreta, pois em desconformidade com o que dispõe o art. 429, § 2º, do CPP; **D:** incorreta. O art. 412 do CPP fixa o prazo de 90 dias para o término da etapa de formação de culpa no procedimento especial do júri. Vale destacar que se trata de prazo impróprio, isto é, seu descumprimento não acarreta sanção alguma. No mais, a extrapolação destes prazos e, por conseguinte, a duração do processo hão de ser analisadas caso a caso, a depender da complexidade de cada feito. **ED**

Gabarito "B"

(Juiz – TRF 2ª Região – 2017) Réu é pronunciado por homicídio qualificado e, após regular julgamento perante o tribunal de júri, no âmbito da Justiça Federal, é condenado e tem a sua pena fixada em 15 anos de reclusão, em regime fechado. A defesa apela sustentando que o veredicto é manifestamente contrário à prova dos autos. O Ministério Público apela requerendo o aumento da pena. Assinale a opção correta:

(A) Diante do sistema de júri federal, é cabível ao TRF prover o recurso, reexaminar a prova e, entendendo que ela é insuficiente, absolver o réu.

(B) Se o TRF der provimento ao recurso da defesa, deverá determinar a realização de novo julgamento pelo júri, sendo que o novo júri não pode levar à majoração da pena aplicada no primeiro julgamento, em razão da vedação da *reformatio in pejus* indireta.

(C) Se o tribunal *ad quem* der provimento apenas ao recurso do Ministério Público, deverá determinar a realização de novo julgamento pelo júri, não sendo possível ao TRF diretamente majorar a pena, pois o princípio da soberania dos veredictos é aplicável ao júri federal.

(D) Se o TRF considerar que a condenação do réu encontra respaldo na prova dos autos, mas que a pena aplicada é excessiva, não poderá reduzir a pena, se tal pedido não foi formulado nas apelações interpostas.

(E) Se o TRF der provimento ao recurso da defesa, deverá determinar a realização de novo julgamento pelo júri, no qual será possível a majoração da pena aplicada ao réu no primeiro julgamento, não havendo que se falar em *reformatio in pejus*.

A: incorreta. Se o TRF der provimento ao recurso interposto pela defesa, entendendo que a decisão proferida pelo conselho de sentença é manifestamente contrária à prova dos autos, determinará a realização de novo julgamento, a teor do art. 593, III, *d* e § 3º, do CPP. É a consagração do princípio da soberania dos veredictos, que tem índole constitucional (art. 5º, XXXVIII, *c*, da CF). Perceba que não há regra específica para o julgamento perante o Tribunal do Júri no âmbito da Justiça Federal; **B:** incorreta, uma vez que nada impede que a pena a ser aplicada no novo julgamento seja maior do que a que foi impingida no primeiro. Isso porque a acusação também recorreu, pugnando justamente pelo aumento da pena fixada no primeiro julgamento. Não há que se falar, portanto, em *reformatio in pejus*, que somente tem lugar na hipótese de o recurso ser exclusivo da defesa; **C:** incorreta. Se o TRF somente der provimento ao recurso interposto pela acusação, poderá ele próprio, o Tribunal, proceder à retificação da pena, aumentando-a tal como pleiteado pelo MP (art. 593, III, *c* e § 2º, do CPP). Não há que se falar, aqui, em violação ao postulado da soberania dos veredictos, na medida em que a fixação da pena, no Tribunal do Júri, cabe ao juiz togado, e não aos jurados leigos; **D:** incorreta. Segundo tem entendido a jurisprudência, é amplo o efeito devolutivo da apelação manejada pela defesa, razão pela qual nada obsta que o Tribunal, considerando excessiva a pena aplicada, a modifique em benefício do réu; **E:** correta. Vide comentário à alternativa "B". **ED**

Gabarito "E"

(Magistratura Federal/4ª região – VIII) No julgamento de crime de tentativa de homicídio pele Tribunal do Júri, concluindo os jurados que o crime foi de lesões corporais leves, cabe ao juiz presidente;

(A) proferir sentença em seguida;

(B) baixar os autos em diligência para que as partes possam produzir provas e formular alegações finais;

(C) ordenar a conclusão dos autos para proferir sentença posteriormente;

(D) proferir imediatamente sentença condenatória, face à decisão dos jurados.

Segundo estabelece o art. 492, § 1º, do CPP, na hipótese de o Conselho de Sentença operar a desclassificação do crime de competência do Tribunal do Júri para infração de menor potencial ofensivo, cuja competência, segundo estabelece a CF/1988, é do Juizado Especial Criminal, caberá ao juiz-presidente proferir a sentença, levando-se em conta as medidas despenalizadoras contempladas na Lei 9.099/1995. Vale aqui registrar que, para parte da doutrina (Guilherme de Souza Nucci, Ada Pellegrini Grinover, Antonio Magalhães Gomes Filho, Antonio Scarance Fernandes e Luiz Flávio Gomes), a competência, no caso de desclassificação para infração de menor potencial ofensivo, deve ser deslocada para o Juizado Especial, para onde devem os autos ser remetidos, dado que se trata de competência absoluta. **ED**
ANULADA

14. JUIZADOS ESPECIAIS

(Juiz – TJ/MS – VUNESP – 2015) No que se refere aos Juizados Especiais Criminais, nos termos da Lei 9.099/1995, é correto afirmar que da decisão

(A) de rejeição da denúncia ou queixa caberá recurso em sentido estrito, que poderá ser julgado por turma composta de três Juízes em exercício no primeiro grau de jurisdição, reunidos na sede do Juizado e da sentença caberá apelação, que será julgada necessariamente pela Câmara Especial do Tribunal de Justiça do Mato Grosso do Sul, composta de três Desembargadores.

(B) de rejeição da denúncia ou queixa caberá recurso em sentido estrito e da sentença caberá apelação, que será julgada necessariamente pela Câmara Especial do Tribunal de Justiça do Mato Grosso do Sul, composta de três Desembargadores.

(C) de rejeição da denúncia ou queixa caberá recurso em sentido estrito e da sentença caberá apelação, que poderá ser julgado por turma composta de três Juízes em exercício no primeiro grau de jurisdição, reunidos na sede do Juizado.

(D) de rejeição da denúncia ou queixa e da sentença caberá apelação, que será julgada necessariamente pela Câmara Especial do Tribunal de Justiça do Mato Grosso do Sul, composta de três Desembargadores.

(E) de rejeição da denúncia ou queixa e da sentença caberá apelação, que poderá ser julgada por Turma composta de três Juízes em exercício no primeiro grau de jurisdição, reunidos na sede do Juizado.

O art. 82, *caput* e § 1º, da Lei 9.099/1995 estabelece que da decisão que rejeitar a denúncia ou a queixa caberá recurso de apelação, a ser interposto, por petição escrita, no prazo de dez dias, da qual deverão constar as razões e o pedido. O julgamento deste recurso caberá a uma turma composta de três juízes em exercício no primeiro grau de jurisdição, reunidos na sede do Juizado. **ED**
Gabarito "E".

(Juiz – TJ/SP – VUNESP – 2015) A sentença de transação penal, nos termos do artigo 76, parágrafo 5º, da Lei 9.099/1995, tem as seguintes características:

(A) tem natureza homologatória e não faz coisa julgada material.

(B) tem natureza condenatória e gera eficácia de coisa julgada apenas material.

(C) possui natureza condenatória e gera eficácia de coisa julgada formal e material.

(D) possui natureza absolutória e não faz coisa julgada formal e material.

A sentença de transação penal, tal como se afirma na assertiva "A", tem natureza jurídica *homologatória*. Não poderia ter natureza condenatória na medida em que sequer houve o devido processo legal; de igual forma, não há que se falar em natureza absolutória, uma vez que não se discute, na transação penal, culpa. No mais, conforme entendimento consolidado, pelo STF, por meio da Súmula Vinculante 35, "A homologação da transação penal prevista no artigo 76 da Lei 9.099/1995 não faz coisa julgada material e, descumpridas suas cláusulas, retoma-se o *status quo ante*, possibilitando-se ao Ministério Público a continuidade da persecução penal mediante oferecimento de denúncia ou requisição de inquérito policial". **ED**
Gabarito "A".

(Juiz – TJ/MS – VUNESP – 2015) Na audiência preliminar, presente o representante do Ministério Público, o autor do fato e a vítima e, se possível, o responsável civil, acompanhados por seus advogados, o Juiz esclarecerá sobre a possibilidade da composição dos danos e da aceitação da proposta de aplicação imediata de pena não privativa de liberdade. Dessa feita, é correto afirmar que

(A) se tratando de ação penal pública condicionada à representação, o acordo homologado acarreta a renúncia ao direito de representação.

(B) o não oferecimento da representação na audiência preliminar implica decadência do direito.

(C) a composição dos danos civis será reduzida a escrito e, homologada pelo Juiz mediante sentença recorrível, terá eficácia de título a ser executado no juízo criminal competente.

(D) se tratando de ação penal de iniciativa privada, o acordo homologado não acarreta a renúncia ao direito de queixa.

(E) obtida a composição dos danos civis, será dada imediatamente ao ofendido a oportunidade de exercer o direito de representação verbal, que será reduzida a termo.

A: correta, pois reflete a regra presente no art. 74, parágrafo único, da Lei 9.099/1995; **B:** incorreta, já que contraria o disposto no art. 75, parágrafo único, da Lei 9.099/1995; **C:** incorreta, pois não reflete o disposto no art. 74, *caput*, da Lei 9.099/1995; **D:** incorreta, pois não corresponde ao que estabelece o art. 74, parágrafo único, da Lei 9.099/1995; **E:** incorreta, pois não reflete a regra presente no art. 75, *caput*, da Lei 9.099/1995. **ED**
Gabarito "A".

4. DIREITO PROCESSUAL PENAL

(Juiz – TJ/MS – VUNESP – 2015) O Juizado Especial Criminal, provido por juízes togados ou togados e leigos, tem competência para a conciliação, o julgamento e a execução das infrações penais de menor potencial ofensivo, respeitadas as regras de conexão e continência. Consideram-se infrações de menor potencial ofensivo, para efeitos da Lei 9.099/1995:

(A) as contravenções penais e os crimes a que a lei comine pena máxima não superior a um ano, desde que não cumulada com multa.

(B) as contravenções penais e os crimes a que a lei comine pena máxima não superior a 2 (dois) anos, cumulada ou não com multa.

(C) as contravenções penais e os crimes a que a lei comine pena máxima não superior a 2 (dois) anos, desde que não cumulada com multa.

(D) as contravenções penais e os crimes a que a lei comine pena máxima não superior a 3 (três) anos, cumulada ou não com multa.

(E) as contravenções penais e os crimes a que a lei comine pena máxima não superior a 3 (três) anos, desde que não cumulada com multa.

Com o advento da Lei 10.259/2001, que instituiu o Juizado Especial Federal, alterou-se o conceito de infração de menor potencial ofensivo (todas as contravenções penais, os crimes a que a lei comine pena máxima igual ou inferior a dois anos, bem como os crimes a que a lei comine exclusivamente pena de multa, qualquer que seja o procedimento previsto para eles), aplicável tanto para a Justiça Federal quanto para a Estadual. Ainda, com a edição da Lei 11.313/2006, afastou-se qualquer dúvida a respeito da unificação do conceito de infração de menor potencial ofensivo, alterando-se a redação do art. 61 da Lei 9.099/1995. **ED**
Gabarito "B".

(Magistratura/PE – 2011 – FCC) No procedimento sumaríssimo da Lei nº 9.099/95, que trata das infrações penais de menor potencial ofensivo,

(A) não encontrado o acusado para citação pessoal, a competência não se desloca para o juízo comum.

(B) são cabíveis embargos de declaração e, quando opostos contra sentença, suspendem o prazo para o recurso.

(C) o interrogatório é anterior à inquirição das testemunhas.

(D) a sentença deve conter relatório, motivação e parte decisória.

(E) a competência é determinada pelo domicílio do autor do fato.

A: na hipótese de o autor não ser encontrado para citação pessoal, o juiz encaminhará as peças ao juízo comum para adoção do procedimento previsto em lei – art. 66, parágrafo único, da Lei 9.099/95; **B:** assertiva correta, pois em conformidade com o disposto nos arts. 48 e 50 da Lei 9.099/95; **C:** assertiva incorreta, visto que, pela disciplina estabelecida no art. 81, *caput*, da Lei 9.099/95, proceder-se-á, em primeiro lugar, à oitiva da vítima e das testemunhas de acusação e defesa; após, ao interrogatório do acusado, finalizando-se com os debates orais e a prolação da sentença; **D:** incorreta, pois o relatório, no âmbito do juizado especial, não é necessário - art. 38 da Lei 9.099/95; **E:** a competência, no âmbito do Juizado Especial Criminal, é determinada pelo lugar em

que foi praticada a infração penal – art. 63, Lei 9.099/95. Assertiva, portanto, incorreta. **ED**
Gabarito "B".

(Magistratura/PR – 2010 – PUC/PR) Sobre o instituto da transação penal previsto no artigo 76 da Lei 9.099/95, considere (F) para as assertivas falsas ou (V) para as verdadeiras. Em seguida, marque a opção CORRETA:

( ) Caberá ao juiz propor a aplicação imediata de pena restritiva de direitos ou multas a ser especificada na proposta.

( ) Não será admitida a transação penal caso tenha sido o autor da infração condenado, pela prática de crime, à pena privativa de liberdade, por sentença definitiva.

( ) Nas hipóteses de ser a pena de multa a única aplicável, o juiz poderá reduzi-la até a metade.

( ) Caso a proposta seja aceita pelo autor da infração, a pena restritiva de direitos ou multa será aplicada, importando em reincidência e impedindo que o mesmo benefício seja utilizado novamente no prazo de 5 (cinco) anos.

(A) F, V, V, F

(B) V, V, F, F

(C) V, F, F, F

(D) F, F, V, V

1ª) a proposta de transação penal deve partir do Ministério Público (art. 76, *caput*, da Lei 9.099/95); é vedado ao juiz, portanto, substituir-se ao representante do *parquet* e, ele próprio, oferecer a proposta de transação penal. Diante da recusa injustificada do promotor de Justiça em oferecer a proposta, cabe ao magistrado aplicar, por analogia, o art. 28 do CPP, provocando a atuação do procurador-geral; 2ª) art. 76, § 2º, I, da Lei 9.099/95; 3ª) art. 76, § 1º, da Lei 9.099/95; 4ª) art. 76, §§ 3º e 4º, da Lei 9.099/95 Há que se mencionar que não importará reincidência. **ED**
Gabarito "A".

(Magistratura/PR – 2010 – PUC/PR) Da análise das assertivas abaixo referentes à denúncia nos Juizados Especiais Criminais, assinale a alternativa CORRETA:

I. Para o oferecimento da denúncia será dispensado o exame do corpo de delito quando a materialidade do crime estiver aferida por boletim médico ou prova equivalente.

II. Oferecida a denúncia, será reduzida a termo, entregando-se cópia ao acusado, que, com ela, ficará citado e imediatamente cientificado da designação de dia e hora para a audiência de instrução e julgamento.

III. Se a complexidade ou circunstâncias do caso não permitirem a formulação da denúncia, o Ministério Público poderá requerer à autoridade policial o encaminhamento das peças do inquérito.

(A) Somente as assertivas II e III estão corretas.

(B) Somente as assertivas I e II estão corretas.

(C) Somente as assertivas I e III estão corretas.

(D) Todas as assertivas estão corretas.

I: art. 77, § 1º, da Lei 9.099/95; **II:** art. 78, *caput*, da Lei 9.099/95; **III:** neste caso, os autos serão remetidos ao juízo comum, nos termos do art. 77, § 2º, e conforme referência prevista no parágrafo único do artigo 66, ambos da Lei 9.099/95. **ED**
Gabarito "B".

(Magistratura/RJ – 2011 –VUNESP) Assinale a alternativa correta.

(A) Para a "transação penal" não há necessidade do exame dos motivos e circunstâncias da infração. Bastam o exame dos antecedentes, a conduta social e a personalidade do agente.

(B) O agente condenado pela prática de contravenção não pode ser beneficiado com proposta de "transação penal".

(C) O agente beneficiado por "transação penal" em prazo inferior a 5 (cinco) anos pode ser beneficiado com nova "transação penal".

(D) O agente condenado pela prática de crime, ao pagamento de multa, pode ser beneficiado com proposta de "transação penal".

A: proposição incorreta, pois os *motivos* e as circunstâncias estão contemplados no art. 76, § 2º, III, da Lei 9.099/95; **B:** incorreta, pois contraria o disposto no art. 76, § 2º, I, da Lei 9.099/95; **C:** incorreta, pois não reflete o que estabelece o art. 76, § 2º, II, da Lei 9.099/95; **D:** correta, nos moldes do art. 76, § 2º, I, da Lei 9.099/95. **ED**
Gabarito "D".

15. SENTENÇA, PRECLUSÃO E COISA JULGADA

(Juiz – TJ/SP –VUNESP – 2015) Um réu foi condenado à pena de dois anos e quatro meses de reclusão pelo crime de furto mediante fraude, embora ainda no curso da instrução já existissem elementos indicativos de que outra seria a conduta e a definição jurídica do fato delituoso. Em sede de apelação, o Tribunal de Justiça deverá

(A) anular o processo para que haja a modificação da descrição do fato em primeira instância.

(B) absolver o acusado em face do descompasso entre a imputação e a condenação.

(C) determinar vista para que o Ministério Público adite a denúncia, no prazo de 05 dias.

(D) atribuir definição jurídica diversa daquela realizada anteriormente.

O enunciado descreve hipótese de *mutatio libelli*, cuja incidência, conforme entendimento firmado na Súmula 453 do STF, é vedada em segundo grau de jurisdição. Há, aqui, duas possibilidades: ou o tribunal absolve o condenado ou anula o processo. Quanto a isso, é importante que se diga que há divergência na doutrina. No mais, a vedação imposta à incidência da *mutatio libelli* em segundo grau de jurisdição não se aplica à *emendatio libelli*. E por falar nisso, é importante que apontemos a diferença entre esses dois institutos. No campo da *emendatio libelli*, o fato descrito pela acusação na peça inicial permanece inalterado, sem prejuízo, por isso mesmo, para a defesa. A mudança, aqui, incide na classificação da conduta, levada a efeito pela acusação, no ato da propositura da ação, e retificada pelo juiz, de ofício, no momento da sentença, sendo desnecessário, em vista disso, ouvir a esse respeito o defensor. Na *mutatio libelli*, diferentemente, temos que a prova colhida na instrução aponta para uma nova definição jurídica do fato, diversa daquela contida na inicial. Por força do que estabelece o art. 383 do CPP, com a redação que lhe conferiu a Lei de Reforma n. 11.719/2008, impõe-se o aditamento da exordial pelo órgão acusatório, ainda que a nova capitulação jurídica implique aplicação de pena igual ou menos grave. **ED**
Gabarito "B".

(Magistratura/CE – 2012 – CESPE) Acerca de sentença, coisa julgada e recursos, assinale a opção correta.

(A) A exceção de coisa julgada pode ser oposta em relação aos fatos, principal ou acessório, que tiverem sido objeto da sentença.

(B) A sentença cujo dispositivo não esteja em conformidade com as razões apresentadas na fundamentação é anulável, o que só poderá ser arguido na apelação, sob pena de preclusão.

(C) Na hipótese de *emendatio libelli*, ainda que a infração seja da competência de outro juízo, o juiz permanecerá, por celeridade e economia processual, competente para julgar o feito.

(D) O prazo da intimação da sentença por edital será de noventa dias, se tiver sido imposta ao condenado pena privativa de liberdade por tempo igual ou superior a um ano, e de sessenta dias, nos outros casos.

(E) O juiz, sem modificar a descrição do fato contida na denúncia, poderá atribuir-lhe definição jurídica diversa, ainda que tenha de aplicar pena mais grave, devendo, nessa situação, ouvir o defensor do acusado no prazo de cinco dias.

A: incorreta, pois não corresponde ao que estabelece o art. 110, § 2º, do CPP; **B:** incorreta. A proposição contempla a chamada *sentença suicida*, assim entendida a decisão que contém contradição entre a sua fundamentação e a sua conclusão. Pode ser combatida por meio de *embargos de declaração* (art. 382, CPP); **C:** se o juiz, ao cabo da instrução, concluir que o crime decorrente da nova tipificação é de competência de outro juízo, providenciará para que os autos a este sejam remetidos, em obediência ao estatuído no art. 383, § 2º, do CPP; **D:** correta, visto que reflete o disposto no art. 392, § 1º, do CPP; **E:** o acusado, no processo penal, defende-se dos fatos que lhe são imputados, e não da capitulação que é atribuída ao crime na peça acusatória, denúncia ou queixa. Pouco importa, pois, a classificação operada pelo titular da ação penal na exordial. É nesse sentido que reza o art. 383 do CPP (*emendatio libelli*). Note que o fato, na *emendatio libelli*, permanece inalterado, sem prejuízo, por isso mesmo, para a defesa. A mudança, aqui, incide na classificação da conduta, levada a efeito pela acusação, no ato da propositura da ação, e retificada pelo juiz, de ofício, no momento da sentença, sendo desnecessário, em vista disso, ouvir a esse respeito o defensor. **ED**
Gabarito "D".

(Magistratura/MG – 2012 –VUNESP) Assinale a alternativa correta.

(A) Qualquer das partes poderá, no prazo de 5 (cinco) dias, pedir ao juiz que declare a sentença sempre que nela houver obscuridade, contradição, ambiguidade ou omissão.

(B) Ainda que preclusa a decisão de pronúncia, havendo circunstância superveniente que altere a classificação do crime, caberá ao próprio juiz de primeiro grau fazê-la, respeitado o contraditório.

(C) Nos crimes de ação pública, conforme previsão legal, não poderá o juiz reconhecer circunstâncias agravantes que não tenham sido alegadas pelo Ministério Público.

(D) A violação da regra da correlação entre acusação e sentença é causa de nulidade relativa.

A: proposição incorreta, visto que o prazo para oposição de embargos de declaração, conforme estabelece o art. 382 do CPP, é de *dois* dias,

4. DIREITO PROCESSUAL PENAL

e não de *cinco*. Cuidado: no âmbito do juizado especial, o prazo é de *cinco dias*, a teor do disposto no art. 83, § 1º, da Lei 9.099/95; **B:** correta, pois corresponde ao que estabelece o art. 421 do CPP; **C:** incorreta, pois contraria o disposto no art. 385 do CPP; **D:** consiste o princípio da correlação na indispensável correspondência que deve existir entre o fato articulado na peça acusatória e o fato pelo qual o réu é condenado. A violação a este princípio acarreta a nulidade da sentença. **ED**
Gabarito "B".

(Magistratura/PE – 2011 – FCC) O Juiz, ao proferir a sentença condenatória,

(A) não precisa fundamentar a manutenção de prisão cautelar decretada no curso do feito.

(B) pode decretar a prisão preventiva e condicionar o recebimento de apelação ao recolhimento do acusado à prisão.

(C) não pode obstar o apelo em liberdade com fulcro apenas na reincidência e má antecedência do acusado.

(D) não pode condicionar o recebimento de apelação ao recolhimento do acusado à prisão, mas o conhecimento do recurso pelo Tribunal depende da efetivação da segregação cautelar.

(E) não pode decretar a prisão preventiva se reconhecer a primariedade do acusado.

A: o magistrado, ao prolatar a sentença condenatória, deverá manifestar-se, se preso estiver o réu, acerca da necessidade de sua manutenção no cárcere, sempre levando em conta os requisitos do art. 312 do CPP. Ausentes estes, deve o juiz, ante a desnecessidade da prisão, revogá-la, permitindo ao acusado que aguarde o trânsito em julgado da sentença em liberdade. É o teor do art. 387, §1º, do CPP, introduzido pela Lei 11.719/08; **B:** Súmula 347, STJ; o art. 594 do CPP foi revogado pela Lei n. 11.719/2008. Hodiernamente, para decretar a prisão processual (cautelar), o juiz deve demonstrar a necessidade da medida. Deixou de existir, portanto, a chamada *prisão automática*, pois incompatível com a ordem constitucional vigente; **C:** sendo a prisão provisória uma medida de caráter excepcional, não se afigura razoável que seja decretada com base tão somente na reincidência e nos maus antecedentes do acusado. Devem-se levar em conta os requisitos contemplados no art. 312 do CPP; caso contrário, haverá patente violação ao postulado da presunção de inocência; **D:** Súmula nº 347 do STJ; **E:** a primariedade do acusado não obsta o decreto de prisão preventiva em seu desfavor. Devem-se levar em conta, aqui, os requisitos estampados nos arts. 312 e 313. ambos do Código de Processo Penal. **ED**
Gabarito "C".

(Magistratura/SC – 2010) Encerrada a instrução criminal e surgindo das provas amealhadas nova definição jurídica do fato imputado, haverá necessidade de:

(A) Ser ouvida a defesa se a nova situação for menos gravosa.

(B) Aditamento se a nova situação for mais gravosa.

(C) Aditamento em qualquer situação.

(D) Nenhuma providência, se a nova situação for mais benéfica.

(E) Reinquirição de testemunhas.

É hipótese de *mutatio libelli*, já que a prova colhida na instrução aponta para uma nova definição jurídica do fato, diversa daquela contida na inicial. Com o advento da Lei 11.719/08, que modificou a redação do art. 384 do CPP, se o magistrado entender cabível nova definição jurídica do fato em consequência de prova de elementar ou circunstância não contida na inicial, o aditamento pelo Ministério Público passa a ser obrigatório, ainda que a nova capitulação jurídica implique aplicação de pena igual ou menos grave (aditamento em qualquer situação). **ED**
Gabarito "C".

(Magistratura/SP – 2013 – VUNESP) A foi denunciado por furto; finda a instrução, a prova coligida aponta para a prática de roubo, a exigir a providência do artigo 384 do CPP (*mutatio libelli*). O Promotor de Justiça oficiante recusou-se a aditar a denúncia; encaminhados os autos para os fins do artigo 28 do CPP, o Procurador Geral de Justiça avalizou a recusa.

Neste caso, deve o Juiz

(A) julgar a lide nos termos da imputação da denúncia.

(B) recorrer de ofício ao Tribunal de Justiça.

(C) renovar a instrução.

(D) julgar extinta a punibilidade do réu.

Em vista do que dispõe o art. 384, § 1º, do CPP (que manda aplicar o art. 28 do CPP), o juiz, diante da recusa do promotor em proceder ao aditamento, fará a remessa dos autos ao chefe do Ministério Público, o procurador-geral, que é quem tem atribuição para reavaliar a situação. A partir daí, pode o procurador-geral, em face da provocação do magistrado, designar outro membro do MP para proceder ao aditamento ou ainda insistir no prosseguimento da ação tal como foi proposta, julgando a lide nos termos da imputação contida na denúncia. **ED**
Gabarito "A".

(Magistratura Federal/4ª Região – VIII) Se o Ministério Público ofereceu denúncia contra o réu, por infração ao art. 155, "caput" do Código Penal, descrevendo furto simples, e o juiz no momento de sentenciar, concluiu que o furto foi praticado com a qualificadora de rompimento de obstáculo (CP, art. 155, § 2º, inc. I), o procedimento correto será:

(A) analisar a matéria apenas como furto simples, pois sendo o Ministério Público o titular da ação penal, o juiz não pode proferir sentença por tipo diverso do mencionado na denúncia;

(B) anular o processo "*ab initio*", dando vista dos autos ao Ministério Público para que ofereça outra denúncia;

(C) decidir de plano, incluindo a qualificadora com rompimento de obstáculo, porque, segundo o art 385 do Código de Processo Penal, as agravantes podem ser reconhecidas, mesmo que não tenham sido alegadas;

(D) baixará o processo, dando vista dos autos ao Ministério Público, a fim de que possa aditar a denúncia, possibilitando, depois, vista à defesa para oferecer prova.

Se, uma vez concluída a instrução, o juiz entender, em razão da prova produzida nos autos, que deve ser atribuída ao fato nova capitulação jurídica, o aditamento pelo Ministério Público é obrigatório, ainda que a pena daí resultante seja menos grave (*mutatio libelli* – art. 384 do CPP). De outro lado, se não houver, durante a instrução, modificação do fato, caberá ao juiz corrigir, na fase de sentença, a imputação equivocada atribuída pelo Ministério Público na peça acusatória, mesmo que disso resulte pena mais grave (*emendatio libelli* – art. 385 do CPP). Assim sendo, na hipótese narrada no enunciado, somente será de rigor o aditamento da denúncia pelo Ministério Público se houver modificação dos fatos. **ED**
Gabarito "D".

274 EDUARDO DOMPIERI

(Magistratura Federal/4ª Região – 2010) Dadas as assertivas abaixo, assinale a alternativa correta.

I. Nos crimes de ação pública, o juiz poderá proferir sentença condenatória, ainda que o Ministério Público tenha opinado pela absolvição, não podendo, nessa hipótese, reconhecer circunstâncias agravantes.

II. Ao proferir sentença condenatória, o juiz fixará o valor máximo para reparação dos danos causados pela infração, considerando os prejuízos sofridos pelo ofendido.

III. Qualquer das partes poderá, no prazo de cinco dias, pedir ao juiz que declare a sentença, sempre que nela houver obscuridade, ambiguidade, contradição ou omissão.

IV. Na sentença o juiz decidirá, fundamentadamente, sobre a manutenção ou, se for o caso, imposição de prisão preventiva ou de outra medida cautelar, sem prejuízo do conhecimento da apelação que vier a ser interposta.

V. A sentença será publicada em mão do escrivão, que lavrará nos autos o respectivo termo, registrando-a em livro especialmente destinado a esse fim.

(A) Estão corretas apenas as assertivas I e V.

(B) Estão corretas apenas as assertivas IV e V.

(C) Estão corretas apenas as assertivas III, IV e V.

(D) Estão corretas apenas as assertivas I, II, III e IV.

(E) Estão corretas todas as assertivas.

I: assertiva em desacordo com o teor do art. 385 do CPP, já que poderá o juiz, neste caso, reconhecer agravantes, ainda que nenhuma tenha sido alegada; **II:** assertiva incorreta, pois o juiz, ao proferir sentença condenatória, estabelecerá o valor *mínimo* para a reparação dos danos causados pela infração, levando em conta os prejuízos sofridos pelo ofendido – art. 387, IV, do CPP; **III:** o prazo estabelecido no art. 382 do CPP é de *dois* dias; **IV:** proposição correta, visto que de acordo com a redação do art. 387, § 1º, do CPP; **V:** proposição correta, visto que de acordo com a redação do art. 389 do CPP. [ED]

Gabarito "B"

16. NULIDADES

(Juiz – TJ/RJ – VUNESP – 2016) Acerca das nulidades processuais e dos vícios procedimentais, assinale a alternativa correta.

(A) As nulidades são divididas conforme a gravidade dos vícios, em relativas e absolutas, sendo a nulidade de ordem absoluta reconhecida ainda que não haja prejuízo.

(B) As nulidades processuais penais sofrem influência da instrumentalidade do processo, não se declarando qualquer tipo de nulidade se não verificado o prejuízo.

(C) A coisa julgada sana todas as hipóteses de nulidades processuais penais.

(D) Segundo a jurisprudência do Superior Tribunal de Justiça, a inversão da ordem das perguntas (art. 212, CPP) não gera nulidade, não implicando afronta ao princípio do contraditório.

(E) A inépcia da acusação só pode ser apreciada na fase do artigo 396, do Código de Processo Penal, não podendo tal análise ser refeita na fase do artigo 397, do Código de Processo Penal, após a resposta à acusação.

A: incorreta. Embora o art. 563 do CPP, que enuncia o princípio do prejuízo, tenha mais incidência no campo das nulidades relativas, em que o prejuízo não é presumido, o STF tem se posicionado no sentido de que tal dispositivo também se aplica às nulidades absolutas, de sorte que, seja a nulidade relativa, seja absoluta, é imperiosa a demonstração de prejuízo. Nesse sentido: "O acórdão recorrido está alinhado à jurisprudência do Supremo Tribunal Federal no sentido de que a demonstração de prejuízo, "a teor do art. 563 do CPP, é essencial à alegação de nulidade, seja ela relativa ou absoluta, eis que (...) o âmbito normativo do dogma fundamental da disciplina das nulidades – *pas de nullité sans grief* – compreende as nulidades absolutas" (HC 85.155/SP, Rel.ª Min. Ellen Gracie). 2. Para chegar a conclusão diversa do acórdão recorrido, seriam necessárias a análise da legislação infraconstitucional pertinente e a reapreciação dos fatos e do material probatório constante dos autos (Súmula 279/STF), procedimentos inviáveis em recurso extraordinário. 3. Agravo interno a que se nega provimento" (ARE 984373 AgR, Relator(a): Min. Roberto Barroso, Primeira Turma, julgado em 14.10.2016, processo eletrônico *DJe*-234 divulg 03.11.2016 public 04.11.2016); **B:** correta. *Vide* comentário à alternativa anterior; **C:** incorreta, uma vez que a nulidade absoluta pode ser alegada e reconhecida a qualquer tempo, mesmo depois do trânsito em julgado; **D:** incorreta. Com as mudanças implementadas no art. 212 do CPP pela Lei de Reforma 11.690/2008, o *sistema presidencialista*, pelo qual a testemunha, depois de inquirida pelo juiz, respondia, por intermédio deste, às perguntas formuladas pelas partes, deu lugar ao chamado sistema *cross examination*, atualmente em vigor, segundo o qual as partes passam a dirigir suas indagações às testemunhas sem a intermediação do magistrado, de forma direta, vedados os questionamentos que puderem induzir a resposta, não tiverem relação com a causa ou importarem na resposta de outra já respondida. Ao final da inquirição, se ainda remanescer algum ponto não esclarecido, poderá o juiz complementá-la, formulando à testemunha novas perguntas (art. 212, parágrafo único, do CPP). É por essa razão que se diz que a atividade do juiz é complementar, remanescente à das partes. Pois bem. Surgiu então a questão atinente à consequência que poderia advir da inversão desta ordem. Prevalece hoje o entendimento no sentido de que é relativa a nulidade decorrente do fato de o juiz, no lugar de formular seus questionamentos ao término da oitiva da testemunha, fazê-lo no começo do depoimento, antes, portanto, das perguntas elaboradas pelas partes. E sendo relativa esta nulidade, o seu reconhecimento somente se dará com a arguição oportuna pelo interessado (não pode o juiz decretá-la de ofício), que, se assim não fizer, sujeitar-se-á à preclusão. No STJ: *Conforme a orientação deste Superior Tribunal de Justiça, a inquirição das testemunhas pelo juiz antes que seja oportunizada a formulação das perguntas às partes, com a inversão da ordem prevista no art. 212 do Código de Processo Penal, constitui nulidade relativa* (HC 237.782, Rel. Min. Laurita Vaz, *DJe* de 21.08.2014); **E:** incorreta. O fato de a peça acusatória ter sido recebida não impede que o juiz, em seguida à apresentação da resposta à acusação, reconsidere sua decisão anterior e rejeite a peça inicialmente recebida, desde que presente uma das hipóteses do art. 395 do CPP. [ED]

Gabarito "B"

(Magistratura/RJ – 2011 – VUNESP) Assinale a alternativa correta.

(A) No processo penal, a falta de resposta à acusação constitui nulidade absoluta.

(B) No processo penal, a falta de defesa constitui nulidade absoluta, mas a sua deficiência só anulará o processo se houver prova de prejuízo para o réu.

(C) O julgamento de recurso criminal na segunda instância não exige prévia intimação ou publicação da pauta.

(D) Não é nula a citação por edital de réu preso na mesma unidade da federação em que o juiz exerça a sua jurisdição.

A: art. 396-A, § 2°, do CPP; **B:** correta, visto que em consonância com o teor da Súmula n° 523 do STF; **C:** incorreta, pois não reflete o que prescreve a Súmula n° 431, STF; **D:** assertiva incorreta, visto que é nula, conforme entendimento firmado na Súmula n° 351 do STF, a citação por edital de réu preso na mesma unidade da Federação em que o juiz exerce a sua jurisdição. ED
Gabarito "B".

(Magistratura Federal/1ª Região – IX) A Súmula 523 do Supremo Tribunal Federal, alusiva às garantias da defesa, tem determinado, na jurisprudência:

(A) que o não oferecimento de defesa prévia e do respectivo rol de testemunhas por defensor dativo acarretam nulidade absoluta.

(B) que a não interposição de recurso por defensor dativo impede o trânsito em julgado da sentença condenatória.

(C) que a falta de alegações finais, em crime da competência do juiz singular, principalmente para réu assistido por defensor dativo, é causa de nulidade absoluta.

(D) que o juiz não pode se transformar em fiscal do livre exercício da advocacia.

É de fato prevalente o entendimento de que a não apresentação das alegações finais pela defesa constitui causa de nulidade absoluta. Nesse sentido a Súmula n. 523 do STF: "No processo penal, a falta de defesa constitui nulidade absoluta, mas a sua deficiência só o anulará se houver prejuízo para o réu". ED
Gabarito "C".

17. RECURSOS

(Magistratura/BA – 2012 – CESPE) Assinale a opção correta no que se refere aos recursos em geral, ao *habeas corpus* e a seu processo.

(A) Tratando-se de decisão que vulnere direito fundamental, é cabível *habeas corpus* em processo em curso por infração penal a que a pena pecuniária seja a única cominada.

(B) O magistrado, antes de determinar, no prazo de dois dias, o envio do recurso de apelação, deve realizar juízo de retratação.

(C) Em observância ao princípio da ampla defesa, o defensor público, intimado de decisão desfavorável ao réu, deve recorrer dessa decisão no prazo legal.

(D) O tribunal, câmara ou turma, no julgamento das apelações, não pode proceder à produção de provas nem a novo interrogatório do réu.

(E) O órgão julgador de segunda instância não pode reconhecer, de ofício, nulidade não invocada no recurso da acusação, ainda que de caráter absoluto, em desfavor do réu.

A: em vista do que dispõe a Súmula n° 695 do STF, não cabe, neste caso, ação de *habeas corpus*; **B:** não há que se falar em juízo de retratação no âmbito da apelação (efeito regressivo); **C:** o defensor público, intimado de decisão desfavorável ao réu, não é obrigado a recorrer, visto que goza de independência funcional (art. 3° da LC 80/94). Nesse sentido: STJ, HC 38.331-RJ, rel. Min. Arnaldo Esteves Lima, DJ de 22.08.05; **D:** incorreta, pois não corresponde ao que estabelece o art. 616 do CPP; **E:** a redação da assertiva está em consonância com a Súmula n. 160 do STF. ED
Gabarito "E".

(Magistratura/CE – 2012 – CESPE) Acerca de recursos, ações autônomas e nulidades no processo penal, assinale a opção correta.

(A) As nulidades não reconhecidas em sentença condenatória, protegidas pelo advento da coisa julgada, não podem ser objeto de *habeas corpus*.

(B) Cabe recurso em sentido estrito de decisão que, embora admita o recurso, obste sua expedição e seu seguimento para o juízo *ad quem*.

(C) É cabível embargo infringente quando o tribunal proferir decisão que, sendo desfavorável ao réu, reforme decisão de primeiro grau que lhe tenha sido favorável.

(D) De acordo com o princípio do prejuízo, nenhuma das partes pode arguir nulidade a que tenha dado causa ou para a qual tenha concorrido.

(E) Na hipótese de o MP não apelar no prazo legal, o ofendido poderá interpor apelação em até quinze dias, ainda que não se tenha habilitado como assistente.

A: proposição incorreta. Nesse sentido, conferir: STF, HC 91.650-RJ, 2ª T., rel. Min. Cezar Peluso, j. 01.04.08; **B:** a assertiva descreve hipótese em que tem cabimento a ***carta testemunhável*** (art. 639, CPP), a ser utilizada para provocar o processamento de um recurso que teve o seu trâmite obstado, de forma indevida, pelo magistrado. Cuidado: por força do disposto no art. 581, XV, do CPP, o não recebimento da ***apelação*** comporta a interposição de ***recurso em sentido estrito***, o que, de plano, afasta a incidência da carta testemunhável; **C:** os embargos infringentes, recurso exclusivo da defesa, somente podem ser opostos quando a decisão desfavorável ao réu, em segunda instância, não for unânime - art. 609, parágrafo único, CPP; **D:** em se tratando de *nulidade relativa*, em que o prejuízo não é presumido, é necessário, para se decretar a nulidade do ato, verificar se o mesmo gerou prejuízo. É o *princípio do prejuízo*, consagrado no art. 563 do CPP. A assertiva se refere ao art. 565, CPP; **E:** correta, nos termos do art. 598, CPP. ED
Gabarito "E".

(Magistratura/ES – 2011 – CESPE) Assinale a opção correta acerca do recurso em sentido estrito.

(A) Contra a decisão do juízo monocrático que rejeite a exceção de incompetência cabe recurso em sentido estrito, não podendo, assim, a decisão ser confrontada por meio de *habeas corpus*, que não é instrumento substitutivo de recurso.

(B) Não se admite interpretação extensiva ou analógica às hipóteses de cabimento de recurso em sentido estrito, ainda que a situação a que se busca enquadrá-la tenha similitude com as hipóteses descritas taxativamente no Código de Processo Penal.

(C) Segundo a jurisprudência dos tribunais superiores, ainda que a defesa esteja sendo patrocinada por advogado constituído, a intimação para o julgamento do recurso em sentido estrito deve ser feita pessoalmente.

(D) Assim como ocorre no recurso de apelação criminal, o recurso em sentido estrito tem efeito devolutivo amplo, na medida em que sua análise pelo órgão recursal competente não se restringe aos temas debatidos no primeiro grau de jurisdição.

A: esta decisão não comporta a interposição de recurso em sentido estrito. Poderá o réu, todavia, valer-se de "habeas corpus", desde que se trate de ilegalidade patente; **B:** o rol do art. 581, embora taxativo, admite

interpretação extensiva para a inclusão de novas hipóteses. Exemplo disso é a possibilidade, admitida pela jurisprudência, de a decisão que rejeita o aditamento da denúncia ser combatida por recurso em sentido estrito (art. 581, I, CPP); **C:** a intimação pessoal, neste caso, somente se imporá ao defensor público e ao dativo; **D:** assertiva correta. O recurso em sentido estrito, a exemplo dos demais recursos, transfere para a instância superior o conhecimento de toda a matéria debatida pelas partes (efeito devolutivo). Registre-se que o RESE, além do efeito devolutivo, tem também o chamado efeito regressivo, que permite ao juiz o reexame da decisão combatida (art. 589, CPP). Excepcionalmente, o RESE terá efeito suspensivo (art. 584, CPP). **ED**
Gabarito "D".

(Magistratura/MG – 2012 – VUNESP) Cabe recurso de apelação das decisões em que

(A) julgarem procedentes as exceções, salvo a de suspeição.

(B) decretar a prescrição ou julgar, por outro modo, extinta a punibilidade.

(C) ocorrer nulidade posterior à pronúncia.

(D) revogar a medida de segurança.

A: a decisão que julga procedentes as exceções, salvo a de suspeição, desafia o recurso em sentido estrito (art. 581, III, do CPP); **B:** a decisão que decreta a prescrição ou julga, por outro modo, extinta a punibilidade também comporta o recurso em sentido estrito (art. 581, VIII, do CPP); **C:** correta, pois corresponde ao que estabelece o art. 593, III, *a*, do CPP; **D:** contra a decisão que revoga a medida de segurança deve ser interposto o recurso de agravo em execução (art. 197, LEP). **ED**
Gabarito "C".

(Magistratura/PE – 2011 – FCC) Cabe recurso em sentido estrito contra a decisão que

(A) julgar procedente a exceção de suspeição.

(B) impronunciar o réu.

(C) negar o livramento condicional.

(D) decidir sobre unificação de penas.

(E) denegar a apelação.

A: estabelece o art. 581, III, do CPP que caberá recurso em sentido estrito da decisão do juiz que julgar procedentes as exceções, salvo a de suspeição. Assertiva, portanto, incorreta; **B:** o recurso em sentido estrito é apto a combater a decisão de *pronúncia* (art. 581, IV, do CPP). Contra a sentença de *impronúncia* cabe o recurso de apelação – art. 416, CPP; **C:** a negativa de livramento condicional deve ser combatida por meio de agravo em execução – art. 197 da LEP (Lei 7.210/1984); **D:** também é matéria a ser decidida por meio de agravo em execução - art. 197 da LEP (Lei 7.210/1984); **E:** proposição correta, pois em conformidade com o disposto no art. 581, XV, do CPP. **ED**
Gabarito "E".

(Magistratura/PR – 2010 – PUC/PR) Caberá recurso, no sentido estrito, da decisão, despacho ou sentença:

I. Que pronunciar ou impronunciar o réu.

II. Que julgar procedentes as exceções, salvo a de suspeição.

III. Que absolver sumariamente o réu.

IV. Da decisão que, admitindo embora o recurso, obstar à sua expedição e seguimento para o juízo *ad quem*.

Dadas as assertivas acima, escolha a alternativa CORRETA.

(A) Apenas a assertiva I está correta.

(B) Apenas a assertiva II está correta.

(C) Apenas as assertivas I e IV estão corretas.

(D) Todas as assertivas estão corretas.

Caberá recurso, no sentido estrito, da decisão de pronúncia (art. 581, IV, do CPP), bem assim da que julgar procedentes as exceções, salvo a de suspeição (art. 581, III, do CPP). A sentença de impronúncia, por sua vez, comporta, dada a modificação implementada pela Lei 11.689/08, recurso de apelação, ocorrendo o mesmo em relação à absolvição sumária (art. 416, CPP). Por fim, reza o art. 639, II, do CPP que será cabível carta testemunhável da decisão que, embora admitindo o recurso, obstar a sua expedição e seguimento para o juízo *ad quem*. **ED**
Gabarito "B".

(Magistratura/RJ – 2013 – VUNESP) Assinale a alternativa correta relativamente aos recursos no processo penal.

(A) Entende o Supremo Tribunal Federal que constitui nulidade a falta de intimação do denunciado para oferecer contrarrazões ao recurso interposto da rejeição da denúncia, salvo se houver nomeação de defensor dativo.

(B) Quatro são os possíveis efeitos recursais: devolutivo, suspensivo, regressivo e extensivo.

(C) De acordo com o Código de Processo Penal, não poderá ser usado o recurso em sentido estrito quando cabível a apelação, salvo se somente de parte da decisão se recorra.

(D) As partes podem apresentar embargos infringentes, em dez dias, quando não for unânime a decisão de segundo grau.

A: incorreta, uma vez que o que se afirma não reflete o entendimento firmado na Súmula 707 do STF, a seguir transcrita: "Constitui nulidade a falta de intimação do denunciado para oferecer contrarrazões ao recurso interposto da rejeição da denúncia, não a suprindo a nomeação de defensor dativo"; **B:** correta. Efeito devolutivo: a matéria recorrida é devolvida à instância superior para apreciação; efeito suspensivo: os efeitos da decisão combatida, com a interposição do recurso, são suspensos; regressivo: permite ao magistrado o reexame da decisão desafiada (juízo de retratação); extensivo: dá-se no concurso de pessoas, em que o recurso, interposto por um dos corréus, desde que fundado em motivo de caráter não exclusivamente pessoal, aos demais aproveita (art. 580 do CPP); **C:** incorreta, pois não condiz com o que estabelece o art. 593, § 4º, do CPP; **D:** incorreta. Os embargos infringentes e de nulidade, recursos exclusivos da *defesa*, somente podem ser opostos quando a decisão desfavorável ao réu, em segunda instância, não for unânime - art. 609, parágrafo único, CPP. **ED**
Gabarito "B".

(Magistratura/RJ – 2011 – VUNESP) Assinale a alternativa correta.

(A) Dar-se-á carta testemunhável da decisão que denegar o recurso.

(B) O Ministério Público pode desistir de recurso que haja interposto desde que se trate de crime de menor potencial ofensivo.

(C) Réu que teve declarada extinta a punibilidade por prescrição pode recorrer pedindo decisão de mérito da acusação.

(D) A apelação da sentença absolutória impede que o réu seja posto imediatamente em liberdade.

A: reza o art. 639, I, do CPP que será cabível carta testemunhável da decisão que denegar o recurso (rejeitá-lo na fase do juízo de admissibilidade); **B:** à luz do princípio da indisponibilidade, é defeso ao Ministério

Público desistir da ação penal proposta (CPP, art. 42) e do recurso interposto (CPP, art. 576). Cuidado: não se quer com isso dizer que o membro do MP é obrigado a recorrer, mas, uma vez interposto o recurso, é-lhe vedado dele desistir; **C:** art. 577, parágrafo único, do CPP; **D:** incorreta, pois não reflete o disposto no art. 596, *caput*, do CPP. **ED**

Gabarito "A".

(Magistratura/RO – 2011 – PUCPR) Em relação às hipóteses de cabimento do recurso em sentido estrito, avalie as afirmativas abaixo:

I. Caberá recurso em sentido estrito, da decisão, despacho ou sentença, que não receber a denúncia ou queixa.

II. Caberá recurso em sentido estrito, da decisão, despacho ou sentença que pronunciar o réu.

III. Caberá recurso em sentido estrito, da decisão, despacho ou sentença, que concluir pela incompetência do juízo.

IV. Caberá recurso em sentido estrito, da decisão, despacho ou sentença, que julgar procedente as exceções, salvo a de suspeição.

V. Caberá recurso em sentido estrito, da decisão, despacho ou sentença definitivas de condenação ou absolvição proferidas por juiz singular.

Está(ão) CORRETA(S):

(A) Somente a afirmativa I.

(B) Somente as afirmativas I, II, III e IV.

(C) Somente as afirmativas III e IV.

(D) Somente as afirmativas II e III.

(E) Todas as afirmativas.

I: assertiva correta, nos termos do art. 581, I, do CPP; **II:** assertiva correta, nos termos do art. 581, IV, do CPP; **III:** assertiva correta, nos termos do art. 581, II, do CPP; **IV:** assertiva correta, nos termos do art. 581, III, do CPP; **V:** assertiva incorreta, visto que, neste caso, o recurso a ser manejado é a apelação, nos termos do art. 593, I, do CPP. **ED**

Gabarito "B".

(Magistratura/RO – 2011 – PUCPR) O prazo previsto no Código de Processo Penal, como regra geral, para interposição do recurso de apelação é de:

(A) 3 (três) dias.

(B) 5 (cinco) dias.

(C) 10 (dez) dias.

(D) 15 (quinze) dias.

(E) 20 (vinte) dias.

A petição de interposição do recurso de apelação, endereçada ao próprio órgão que proferiu a decisão a ser combatida, deve ser apresentada, em regra, no prazo de cinco dias, a contar da intimação da sentença, conforme estabelece o art. 593 do CPP. **ED**

Gabarito "B".

(Magistratura Federal/1ª Região – IX) Assinale a alternativa abaixo que contenha hipóteses que não suscitam recurso em sentido estrito:

(A) rejeitar a denúncia, decretar a extinção da punibilidade, indeferir requerimento de prescrição, denegar *habeas corpus*.

(B) conceder *habeas corpus*, decidir incidente de falsidade, indeferir a apelação, incluir ou excluir jurado na lista geral.

(C) impronunciar o réu, revogar prisão preventiva, suspender o processo em virtude de questão prejudicial, relaxar a prisão em flagrante.

(D) receber a denúncia, decidir o incidente de insanidade mental, concluir pela própria competência, desclassificar a infração para outra que não seja da competência do júri.

As hipóteses descritas na proposição "D", de fato, não comportam, por força do que estabelece o art. 581 do CPP, a interposição de recurso em sentido estrito. Cabe aqui uma observação. Com o advento da Lei 11.689/2008, que modificou, dentre outros, os arts. 416 e 581, IV, do CPP, a decisão de impronúncia, que antes desafiava *recurso em sentido estrito*, passou a ser combatida por meio de *recurso de apelação*. A assertiva "C", portanto, tendo em conta a legislação em vigor, contempla hipótese (impronúncia do réu) que não suscita recurso em sentido estrito. **ED**

Gabarito "D".

(Magistratura Federal/3ª Região – 2011 – CESPE) Assinale a opção correta, no tocante aos recursos em processo penal.

(A) Com a extinção do protesto por novo júri, não é mais possível, pela via recursal, que o réu seja submetido a novo julgamento perante o tribunal do júri.

(B) O agravo de instrumento é o recurso cabível contra a decisão que não admite recurso extraordinário ou especial, e a carta testemunhável, o recurso apropriado contra a decisão que denega a apelação.

(C) Da decisão de pronúncia cabe recurso em sentido estrito; da impronúncia e da absolvição sumária cabe apelação.

(D) O recurso em sentido estrito é cabível apenas contra a decisão do juiz que concede a ordem de *habeas corpus*, pois da que a denega tem cabimento outro *habeas corpus*.

(E) O CPP prevê o recurso em sentido estrito contra a decisão que receber ou rejeitar a denúncia ou a queixa.

A: incorreta, pois, segundo estabelece o art. 593, III, *d*, e § 3º, do CPP, se houver divergência entre a decisão tomada pelos jurados e a prova contida nos autos, deverá o tribunal *ad quem*, dando provimento ao recurso de apelação, determinar a realização de novo julgamento perante o juízo natural, que, neste caso, é o tribunal do júri. De se ver que o tribunal togado está impedido, em obediência à soberania dos veredictos, de apreciar o mérito da causa, o que somente poderá ser feito – repita-se – em novo julgamento perante o tribunal popular; **B:** é verdade que da decisão que denegar o recurso extraordinário ou especial caberá agravo de instrumento, na forma estatuída no art. 28 da Lei 8.038/1990; é incorreto, no entanto, o que se afirma na segunda parte da proposição. É que, embora a carta testemunhável (art. 639, do CPP) seja o instrumento apto a provocar o processamento de um recurso que teve o seu trâmite obstado de forma indevida pelo magistrado, no caso da apelação, por expressa disposição do art. 581, XV, do CPP, o recorrente, no lugar de se valer da carta testemunhável, deverá interpor recurso em sentido estrito; **C:** assertiva correta, pois em consonância com o prescrito nos arts. 416 e 581, IV, do CPP; **D:** incorreta, pois o art. 581, X, do CPP contemplou tanto a concessão quanto a denegação da ordem de *habeas corpus*; **E:** incorreta, pois somente caberá recurso em sentido estrido da decisão que rejeitar a denúncia ou a queixa (art. 581, I, do CPP). Contra a decisão de recebimento da inicial poderá, eventualmente, ser impetrado *habeas corpus*. **ED**

Gabarito "C".

(Magistratura Federal/4ª Região – VII) A falta de assinatura do termo de apelação pelo representante do Ministério Público:

(A) torna imprestável a peça;

(B) não constitui qualquer irregularidade;

(C) não torna imprestável a peça, se do termo constarem a assinatura do juiz e do escrivão;

(D) nenhuma das alternativas é correta.

Nesse sentido, vide a seguinte ementa: *"Habeas corpus. Apelação. Termo nos autos. Razões. Prazo. A falta de assinatura do termo de apelação pelo representante do Ministério Público não torna imprestável a peça, se da mesma constou a assinatura do escrivão e do juiz, o que lhe emprestou validade e sanou o ato. Ademais, ainda que de irregularidade se tratasse, não conduziria à nulidade do processo. A apresentação tardia das razões de apelação não é motivo impeditivo para o julgamento do recurso, segundo decorre da regra do art. 600 do Código de Processo Penal. Habeas corpus indeferido"* (STF, HC 74.508/PA, PRIMEIRA TURMA, rel. Min. Ilmar Galvão, julgado em 28/04/1997, *DJ* 13/06/1997). (ED)

Gabarito "C".

(Magistratura Federal/4ª Região – IX) Indique a afirmativa inteiramente correta:

(A) O prazo para embargos de declaração de sentença e para a interposição do recurso em sentido estrito é de dois dias.

(B) É de cinco dias o prazo, em juízo penal, para interposição de agravo da decisão que nega seguimento a recurso especial.

(C) Compete ao tribunal de apelação apreciar protesto por novo júri.

(D) O recurso de embargos de declaração de acórdão proferido em juízo penal terá efeito meramente suspensivo, devendo ser interposto no prazo de cinco dias.

A: é, de fato, de dois dias o prazo para oposição de embargos de declaração de sentença (art. 382 do CPP); já o prazo para interposição do recurso em sentido estrito é de cinco dias (art. 586 do CPP), e não de dois dias. Observação: o parágrafo único deste dispositivo estabelece o prazo diferenciado de vinte dias para a interposição de recurso em sentido estrito no caso do art. 581, XIV, do CPP; **B:** correta, pois em conformidade com o que prevê o art. 28 da Lei 8.038/1990; **C:** os arts. 607 e 608 do CPP, que disciplinavam o protesto por novo júri, foram revogados por força da Lei n. 11.689/2008; **D:** incorreta, pois contraria o disposto no art. 619 do CPP, que estabelece o prazo de dois dias para a interposição de embargos de declaração. ED

Gabarito "B".

(Magistratura Federal/4ª Região – 2010) Dadas as assertivas abaixo, assinale a alternativa correta.

I. Cabe recurso em sentido estrito da decisão que receber ou não a denúncia ou queixa.

II. Cabe recurso em sentido estrito da decisão que concluir pela competência ou pela incompetência do juízo.

III. Cabe recurso em sentido estrito da decisão que conceder ou negar a ordem de *habeas corpus.*

IV. Cabe recurso em sentido estrito da decisão que ordenar ou não a suspensão do processo, em virtude de questão prejudicial.

V. Cabe recurso em sentido estrito da decisão que decretar a prescrição ou julgar, por outro modo, extinta a punibilidade.

(A) Está correta apenas a assertiva V.

(B) Estão corretas apenas as assertivas III e V.

(C) Estão corretas apenas as assertivas I, II e IV.

(D) Estão corretas todas as assertivas.

(E) Nenhuma assertiva está correta.

I: incorreta, pois somente caberá recurso em sentido estrito da decisão que rejeitar a denúncia ou a queixa (art. 581, I, do CPP). Contra a decisão de recebimento da inicial poderá, eventualmente, ser impetrado *habeas corpus*; **II:** incorreta, pois somente será o caso de interpor o recurso em sentido estrito se se tratar de decisão que concluir pela incompetência do juízo – art. 581, II, do CPP; **III:** correta, nos termos do art. 581, X, do CPP; **IV:** incorreta, pois caberá da decisão que ordenar a suspensão do processo, em virtude de questão prejudicial – art. 581, XVI, CPP; **V:** correta, nos moldes do art. 581, VIII, do CPP. ED

Gabarito "B".

18. *HABEAS CORPUS*, MANDADO DE SEGURANÇA E REVISÃO CRIMINAL

(Juiz – TJ/MS – VUNESP – 2015) Com relação ao *Habeas Corpus*, é correto afirmar que

(A) *habeas corpus* liberatório confere tutela cautelar, destinada a evitar lesão à liberdade de locomoção, o que o difere do *habeas corpus* preventivo, voltado a impedir a convalidação da ordem ilegal.

(B) não se admite o *habeas corpus*, por ausência de ameaça à liberdade de locomoção, na hipótese em que somente imposta pena restritiva de direitos.

(C) se vislumbra possibilidade jurídica no pedido de concessão de ordem em *habeas corpus* para atacar o mérito de prisões disciplinares militares, por força do artigo 142, parágrafo 2º, da Constituição Federal.

(D) não se admite o *habeas corpus* para atacar ilegalidade decorrente da imposição de medidas cautelares alternativas à prisão preventiva.

(E) não se admite *habeas corpus*, por ausência de ameaça à liberdade de locomoção, na hipótese em que somente imposta pena de multa.

A: incorreta. O *habeas corpus* preventivo presta-se a evitar que a coação à liberdade de locomoção se concretize; já o *habeas corpus* liberatório, repressivo ou corretivo tem como propósito fazer cessar violência ou coação ilegal na liberdade de ir e vir de alguém, restituindo-lhe seu direito de locomoção; **B:** incorreta. Conferir: *É cabível habeas corpus para sanar constrangimento decorrente de execução provisória de penas restritivas de direitos, cuja potencialidade lesiva ao direito de locomoção está representada pela sua conversibilidade em pena privativa de liberdade* (HC 76.496/BA, Rel. Ministra Jane Silva (Desembargadora Convocada do TJ/MG), Sexta Turma, julgado em 21.10.2008, *DJe* 10.11.2008); **C:** incorreta, uma vez que contraria o disposto no art. 142, § 2º, da CF, que veda a impetração do remédio heroico para análise do mérito de punições disciplinares militares. No entanto, o STJ firmou entendimento no sentido de que é cabível a impetração de HC, nesses casos, voltado à análise, não do mérito, mas da regularidade formal do procedimento. Conferir a Tese n. 8 daquela Corte Superior: *Não*

4. DIREITO PROCESSUAL PENAL

obstante o disposto no art. 142, § 2º, da CF, admite-se habeas corpus *contra punições disciplinares militares para análise da regularidade formal do procedimento administrativo ou de manifesta teratologia;* **D:** incorreta, uma vez que o descumprimento de medidas cautelares alternativas poderá levar à sua conversão em prisão preventiva, tal como estabelece o art. 282, § 4º, do CPP; **E:** correta, uma vez que reflete o entendimento sufragado na Súmula 693, do STF: "Não cabe *habeas corpus* contra decisão condenatória a pena de multa, ou relativo a processo em curso por infração penal a que a pena pecuniária seja a única cominada". ED

Gabarito "E".

(Juiz de Direito – TJM/SP – VUNESP – 2016) Quanto ao cabimento do *habeas corpus* em nosso sistema jurídico, assinale a alternativa correta.

(A) O *habeas corpus*, do ponto de vista do rigor técnico, é um autêntico recurso, ainda que não catalogado no próprio Código de Processo Penal como tal.

(B) O *habeas corpus*, nos crimes ambientais, pode ser impetrado em favor de pessoa jurídica, pois há previsão de responsabilidade penal do ente coletivo.

(C) A impetração do *habeas corpus* depende de procuração, a fim de comprovar a capacidade postulatória.

(D) O recurso cabível contra a decisão denegatória do *habeas corpus* nos Tribunais inferiores é o Recurso Ordinário Constitucional.

(E) O *habeas corpus* é meio idôneo para discussão da pena de multa.

A: incorreta. Isso porque, a despeito de o *habeas corpus* encontrar-se disciplinado pelo CPP como *recurso*, é prevalente o entendimento, tanto da doutrina quanto da jurisprudência, no sentido de que se trata, na verdade, de autêntica ação de índole constitucional voltada à proteção do direito de locomoção (art. 5º, LXVIII, da CF); **B:** incorreta. Considerando que o *habeas corpus* tem como propósito a proteção ao direito de ir e vir, é incorreto afirmar-se que este remédio pode ser impetrado em favor da pessoa jurídica à qual se atribui a prática de crime ambiental. Não há, neste caso, direito de locomoção a ser tutelado; **C:** incorreta, na medida em que o *habeas corpus*, no que se refere à sua impetração, não exige habilitação técnica, podendo tal atribuição ser conferida a qualquer pessoa – art. 654, *caput*, do CPP; **D:** correta (art. 105, II, *a*, da CF); **E:** incorreta, pois não reflete o entendimento sedimentado por meio da Súmula 693 do STF: "Não cabe *habeas corpus* contra decisão condenatória à pena de multa, ou relativo a processo em curso por infração penal a que a pena pecuniária seja a única cominada". ED

Gabarito "D".

(Magistratura/RO – 2011 – PUCPR) Em relação ao *habeas corpus,* assinale a opção **CORRETA:**

(A) Será concedido sempre que alguém sofrer ou se achar ameaçado de sofrer violência ou coação em sua liberdade de locomoção, por ilegalidade ou abuso de poder.

(B) Não será concedido em favor de quem já se encontra preso.

(C) Não será concedido em favor de quem já foi condenado por sentença transitada em julgado.

(D) Não será concedido a pessoa estrangeira de passagem pelo Brasil.

(E) Será concedido desde que respeitado seu prazo para a proposição.

A: assertiva correta, visto que em consonância com a redação do art. 647 do CPP; **B:** incorreta, visto que o chamado *habeas corpus* repressivo se presta justamente a restituir ao paciente a liberdade que lhe foi, de forma ilegal, tolhida; **C:** o *habeas corpus* terá lugar antes da sentença definitiva ou ainda depois dela; **D:** incorreta, já que poderá, sim, ser concedido a estrangeiro de passagem pelo Brasil que se encontre nas situações descritas no art. 647 do CPP; **E:** inexiste, no *habeas corpus*, prazo para propositura. ED

Gabarito "A".

(Magistratura/SP – 2011 – VUNESP) Em qual das hipóteses mencionadas seria possível, em tese, a concessão de *habeas corpus*, inclusive, se o caso, consoante jurisprudência sumulada dos Tribunais Superiores (STJ e STF)?

(A) No caso de decisão condenatória a pena de multa.

(B) No caso de processo em curso por infração penal a que a pena pecuniária seja a única cominada.

(C) Para alegar nulidade de processo no qual foi extinta a pena privativa de liberdade.

(D) Quando o réu não foi admitido a prestar fiança, nos casos em que a lei a autoriza.

(E) No caso de punição disciplinar.

A e **B:** descabe, nesses dois casos, a impetração de *habeas corpus*, em vista do que estabelece a Súmula nº 693 do STF; **C:** em vista do que dispõe a Súmula nº 695 do STF, não cabe, aqui, *habeas corpus*; **D:** é caso de *habeas corpus* – art. 648, V, do CPP; **E:** não cabe, haja vista o estatuído no art. 647, parte final, do CPP. ED

Gabarito "D".

(Magistratura/RJ – 2011 – VUNESP) O *habeas corpus* é

(A) ação de natureza constitucional destinada a coibir qualquer ilegalidade ou abuso de poder contra a liberdade de locomoção.

(B) recurso previsto na Constituição Federal para evitar atentado na liberdade de ir e vir ou no direito líquido e certo.

(C) remédio constitucional, de caráter liberatório, destinado a coibir qualquer coação ilegal na sua liberdade de ir e vir ou evitar a consumação de uma ilegalidade, por ato de autoridade ou de particular.

(D) medida de caráter liberatório que tem por finalidade obter reforma de decisão judicial, com apreciação de novas provas.

Art. 5º, LXVIII, da CF e arts. 647 e seguintes do CPP. O *habeas corpus*, ação de índole constitucional, presta-se a evitar (preventivo) ou fazer cessar (repressivo) violência ou coação ilegal na liberdade de ir e vir de alguém. ED

Gabarito "A".

(Juiz – TRF 3ª Região – 2016) Em virtude de um ofício encaminhado pelo COAF, noticiando movimentações bancárias suspeitas, um Procurador da República requisitou a instauração de Inquérito Policial, para apurar a suposta prática de lavagem de dinheiro e de crimes financeiros. A Polícia Federal instaurou o inquérito, tendo o Delegado determinado, de plano, o indiciamento do investigado. Desejando questionar a ordem de indiciamento e a própria instauração do inquérito policial, a defesa decide impetrar habeas corpus, tendo o advogado dúvidas acerca de quem seja a autoridade competente para apreciar a ação constitucional. Diante desse cenário, assinale a opção correta:

(A) A decisão de impetrar habeas corpus é incorreta, pois não há coação ilegal, sequer em tese;

(B) A autoridade competente é o juiz de primeira instância;

(C) A autoridade competente é o Tribunal Regional Federal;

(D) A análise da ordem de indiciamento compete ao juiz de primeira instância e a da instauração do inquérito policial ao Tribunal Regional Federal.

Há, no caso narrado no enunciado, duas situações a considerar. O inquérito policial foi instaurado pelo delegado de polícia, como não poderia deixar de ser, mas o foi em decorrência de requisição emanada do membro do Ministério Público Federal, prerrogativa a este conferida pelo art. 5º, II, do CPP. Por se tratar de "ordem" dirigida à autoridade policial, a esta não restava outra alternativa senão proceder à instauração do inquérito, ressalvadas situações em que a ordem de instauração fosse ilegal, tal como se dá quando o membro do MP requisita a instauração de inquérito para apurar fato atípico. Pois bem. Cuidando-se de ordem dirigida ao delegado de policial, à qual ele, em princípio, não pode negar cumprimento, a autoridade coatora é o procurador da República, em face de quem deverá o *habeas corpus* ser impetrado perante o Tribunal Regional Federal. No que concerne ao indiciamento, tal providência foi determinada pelo delegado de polícia. Veja bem: o MP requisitou a instauração de inquérito, e não o indiciamento do investigado. Nem poderia. Tal atribuição é privativa do delegado de polícia, na forma estatuída no art. 2º, § 6º, da Lei 12.830/2013. Sendo assim, a autoridade coatora, neste caso, é o delegado de polícia, ao qual coube a decisão de proceder ao indiciamento. Bem por isso, o *habeas corpus* voltado a contestar o indiciamento deve ser impetrado perante o juiz de direito de primeira instância. **ED**
Gabarito "D".

19. EXECUÇÃO PENAL

(Juiz – TJ-SC – FCC – 2017) Segundo a Lei de Execução Penal, o preso, condenado com trânsito em julgado, poderá ter a execução da sua pena fiscalizada por meio da monitoração eletrônica, quando o juiz:

(A) fixar o regime aberto para cumprimento da pena e o dispensar do recolhimento ao estabelecimento penal no período noturno e nos dias de folga.

(B) aplicar pena restritiva de liberdade a ser cumprida nos regimes aberto ou semiaberto, ou conceder progressão para tais regimes.

(C) aplicar pena restritiva de direitos que estabeleça limitação de horários ou de frequência a determinados lugares.

(D) conceder o livramento condicional ou a suspensão condicional da pena.

(E) autorizar a saída temporária no regime semiaberto ou determinar a prisão domiciliar.

A monitoração eletrônica terá lugar nas seguintes hipóteses: i) quando da concessão de saída temporária (arts. 122, parágrafo único, e 146-B, II, da LEP); ii) quando da imposição de prisão domiciliar (art. 146-B, IV, da LEP); iii) e como modalidade de medida cautelar diversa da prisão preventiva (art. 319, IX, do CPP), antes, portanto, do trânsito em julgado, possibilidade inserida pela Lei 12.403/2011, que alterou

sobremaneira a prisão processual e introduziu as chamadas medidas cautelares a ela alternativas. **ED**
Gabarito "E".

(Juiz – TJ-SC – FCC – 2017) O regime disciplinar diferenciado, de cumprimento da pena, apresenta as seguintes características:

I. duração máxima de trezentos e sessenta dias, até o limite de um sexto da pena aplicada.

II. recolhimento em cela individual.

III. visitas semanais de duas pessoas, sem contar as crianças, com duração de duas horas.

IV. o preso terá direito à saída da cela por 2 horas diárias para banho de sol.

V. não poderá abrigar presos provisórios.

Está correto o que se afirma APENAS em:

(A) II, III, IV e V.

(B) I, II, III e IV.

(C) III e IV.

(D) I, II e V.

(E) I, III e V.

I: correta (art. 52, I, da LEP); II: correta (art. 52, II, da LEP); III: correta (art. 52, III, da LEP); IV: correta (art. 52, IV, da LEP); V: incorreta, na medida em que, por expressa previsão contida no art. 52, "caput", da LEP, o regime disciplinar diferenciado alcança tanto o preso condenado em definitivo quanto o provisório. **ED**
Gabarito "B".

(Juiz – TJ/SP – VUNESP – 2015) Um sentenciado cumpria pena em regime fechado, quando sobreveio nova condenação, com substituição da pena privativa de liberdade por restritiva de direitos. Portanto, deve o magistrado

(A) somar a nova condenação ao restante da pena que está sendo cumprida, desconsiderando a restritiva de direitos.

(B) reconverter a restritiva de direitos em privativa de liberdade, mantendo o cumprimento isolado de cada pena imposta.

(C) reconverter a restritiva de direitos em privativa de liberdade, unificando as reprimendas.

(D) manter a restritiva de direitos suspensa, para que seja cumprida a privativa de liberdade em primeiro lugar.

Quando, no curso da execução, sobrevier condenação a pena privativa de liberdade que, no juízo sentenciante, foi convertida em restritiva de direitos, caberá ao juízo da execução competente proceder à somatória do remanescente da pena que está sendo cumprida com a pena privativa de liberdade fruto da reconversão da restritiva de direitos correspondente à última condenação, nos termos do art. 111, parágrafo único, da LEP. **ED**
Gabarito "C".

(Juiz de Direito – TJM/SP – VUNESP – 2016) Nos termos da Lei 7.210, de 11 de julho de 1984, os condenados por crime praticado, dolosamente, com violência de natureza grave contra a pessoa, ou por qualquer dos crimes previstos no art. 1º da Lei 8.072, de 25 de julho de 1990,

(A) serão submetidos, obrigatoriamente, à identificação do perfil genético mediante extração de DNA.

4. DIREITO PROCESSUAL PENAL

(B) somente poderão ter a identificação de perfil genético verificada pelo Juiz do processo, vedado o acesso às autoridades policiais mesmo mediante requerimento.

(C) não terão a identificação de perfil genético incluído em banco de dados sigiloso, mas de livre acesso às autoridades policiais, independentemente de requerimento.

(D) não terão extraído o DNA, se submetidos à Justiça Militar, em razão da excepcionalidade da lei de execução.

(E) não poderão ser submetidos à identificação do perfil genético, mediante extração de DNA, por falta de permissivo legal.

Com a alteração promovida pela Lei 12.654/2012 na Lei de Execução Penal, que nela introduziu o art. 9º-A, criou-se mais uma hipótese de identificação criminal, por meio da qual os condenados pelo cometimento de crime doloso com violência ou grave ameaça contra a pessoa bem como por delito hediondo serão submetidos, compulsoriamente, à identificação do perfil genético, o que se fará por meio da extração de DNA. **ED**

Gabarito "A"

(Juiz de Direito – TJM/SP – VUNESP – 2016) A respeito da execução das penas em espécie e incidentes de execução, assinale a alternativa correta.

(A) Compete ao Juízo da Execução Penal do Estado a execução da pena imposta a sentenciado pela Justiça Federal, quando recolhido a estabelecimento sujeito à administração estadual.

(B) O livramento condicional poderá ser requerido pelo Ministério Público, em favor do sentenciado, sendo certo que as condições de admissibilidade, conveniência e oportunidade serão verificadas pelo Conselho Penitenciário, a cujo relatório ficará adstrito o Juiz.

(C) A pena de multa, não paga pelo sentenciado, será convertida em título executivo de dívida, ficando a cargo do Ministério Público propor a execução no Juízo da Execução Criminal do local em que tramitou o processo.

(D) A suspensão condicional da pena compreende, além da privativa de liberdade, as penas acessórias.

(E) A concessão do livramento condicional da pena competirá ao Juiz que proferiu a sentença condenatória.

A: correta, pois retrata o entendimento sedimentado na Súmula 192, do STJ: "Compete ao Juízo das Execuções Penais do Estado a execução das penas impostas a sentenciados pela Justiça Federal, Militar ou Eleitoral, quando recolhidos a estabelecimentos sujeitos à administração estadual"; **B:** incorreta. Embora seja de rigor, à concessão do livramento condicional, o parecer do Conselho Penitenciário (art. 131 da LEP), é incorreto afirmar-se que o magistrado ficará a ele vinculado, podendo decidir de acordo com o seu livre convencimento motivado. Agora, quanto à legitimidade para requerer a concessão do livramento condicional, figura entre eles o Ministério Público, que poderá, além de requerer a suspensão do livramento, também pugnar pela sua concessão. Conferir a lição de Guilherme de Souza Nucci ao lançar comentário sobre as incumbências do *parquet* em sede de execução penal (art. 68, LEP): "(...) como se mencionou na nota anterior, se cabe ao Ministério Público fiscalizar a execução penal, oficiando no processo e nos incidentes, é mais do que óbvio poder requerer todas as providências enumeradas neste artigo. Desnecessário, pois, elencá-las. Diga-se mais: além das possibilidades previstas no art. 68, que é rol exemplificativo, muito mais pode competir ao membro da Instituição, como, por exemplo, requerer, em favor do condenado, a concessão de livramento condicional, quando julgar cabível" (*Leis penais e processuais penais comentadas*, volume I, Ed. Forense, p. 247, 2014); **C:** incorreta, uma vez que contraria o entendimento firmado na Súmula 521, do STJ; **D:** incorreta (art. 700, CPP); **E:** incorreta, já que a concessão do livramento condicional compete ao juiz da execução (art. 66, III, *e*, da LEP). **ED**

Gabarito "A"

Na questão a seguir, assinale a alternativa correta.

(Magistratura/DF – 2011) Na aplicação da Lei nº 7.210, de 1984, constata-se:

(A) Dentre as competências do Conselho Penitenciário, enquanto órgão consultivo e fiscalizador da execução da pena, está a de emitir parecer sobre livramento condicional, indulto e comutação de pena, inclusive, na hipótese de indulto com base no estado de saúde do preso;

(B) Ocorrendo um motim em um dos pavilhões da penitenciária e sendo impossível identificar o responsável, a fim de manter a ordem e a segurança interna do presídio, como forma de prevenir e punir condutas semelhantes, bem como evitar o acontecimento de novas rebeliões, o diretor do presídio deve aplicar sanção coletiva aos internos do dito pavilhão;

(C) O condenado que for punido por falta grave perderá o direito aos dias remidos durante o ano em que a falta grave foi praticada;

(D) Ainda que reincidente, mas tenha cumprido um sexto (1/6) da pena, o condenado que cumpre pena em regime semi-aberto poderá obter autorização para saída temporária, sem vigilância direta, para visita à família.

A: o art. 70, I, parte final, da LEP excluiu, das atribuições do Conselho Penitenciário, a emissão de parecer sobre indulto baseado no estado de saúde do preso. Além disso, a Lei 10.792/03 alterou a redação do art. 70, I, da LEP e excluiu das atribuições do Conselho Penitenciário a emissão de parecer sobre o livramento condicional. Registre-se que, para alguns, esta possibilidade permanece, dado o que estabelece o art. 131 da LEP; **B:** é vedada a aplicação de sanções coletivas, conforme previsão do artigo 45 § 3º da LEP; **C:** em vista das alterações implementadas na LEP pela Lei 12.433/11, estabeleceu-se, no caso de cometimento de falta grave, uma proporção máxima em relação à qual poderá se dar a perda dos dias remidos. Assim, diante da prática de falta grave, poderá o juiz, em vista da nova redação do art. 127 da LEP, revogar no máximo 1/3 do tempo remido, devendo a contagem recomeçar a partir da data da infração disciplinar. Antes disso, o condenado perdia os dias remidos na sua totalidade. *Vide* o teor da Súmula Vinculante 9, que, com a edição da Lei 12.433/11, perdeu sua razão de ser; **D:** o condenado reincidente somente fará jus à saída temporária depois de cumprir 1/4 da pena; se primário for, o benefício ser-lhe-á concedido depois do cumprimento de 1/6 da pena. É o que estabelece o art. 123 da LEP. **ED**

Gabarito "C"

(Magistratura/DF – 2011) Na questão a seguir, assinale a alternativa correta.

Das normas para repressão à produção não autorizada e ao tráfico ilícito de drogas. Em 20 de março de 2007, Tércio foi preso em flagrante por infração ao que se dispõe no artigo 33, caput, da Lei nº 11.343 de 2007, pelo que restou condenado, definitivamente, a 05 anos e 06 meses de reclusão, em regime fechado e 580 dias-multa, à razão de 1/30 do salário mínimo vigente à época dos fatos. Seis (06) meses da reprimenda corporal decorreram do reconhecimento da agravante da reincidência em face de condenação anterior por tráfico de entorpecentes. A partir dessa hipotética situação e considerando que houve efetivo início da execução penal, verifique a possibilidade de se aplicar a progressão de regime ou o livramento condicional.

(A) Após cumprido ao menos dois quintos (2/5) da pena no regime anterior, com a comprovação do bom comportamento carcerário, bem como respeitadas as normas que vedam a progressão, Tércio poderá obter sua transferência para o regime semiaberto;

(B) Após cumprido ao menos três quintos (3/5) da pena no regime anterior, com a comprovação do bom comportamento carcerário, bem como respeitadas as normas que vedam a progressão, Tércio poderá obter sua transferência para o regime semiaberto;

(C) Após cumprido ao menos um sexto (1/6) da pena no regime anterior, com a comprovação do bom comportamento carcerário, bem como respeitadas as normas que vedam a progressão, Tércio poderá obter sua transferência para o regime semiaberto;

(D) Após cumprido mais de dois terços (2/3) da pena no regime anterior e comprovado comportamento carcerário satisfatório, bom desempenho no trabalho que lhe foi atribuído e aptidão para prover à própria subsistência, Tércio poderá obter o benefício do livramento condicional.

Os fatos são anteriores à entrada em vigor da Lei 11.464/07, que alterou, na Lei de Crimes Hediondos, a disciplina relativa à progressão de pena nos crimes hediondos e assemelhados. Por essa razão, conforme estabelece a Súmula nº 471 do STJ, deve incidir, quanto aos condenados por estes fatos, a regência do art. 112 da LEP, que impõe, como condição para progressão de regime, o cumprimento de um sexto da pena no regime anterior, além de bom comportamento carcerário. **ED**
Gabarito "C".

(Magistratura/PA – 2012 – CESPE) A respeito da execução penal (Lei n.º 7.210/1984), assinale a opção correta.

(A) Ao juiz não é permitido modificar, de ofício, as condições estabelecidas para o regime aberto, podendo fazê-lo apenas a requerimento do MP ou da defesa do sentenciado.

(B) O atraso sem justificativa no retorno da saída temporária de condenado a pena privativa de liberdade configura falta grave consistente em fuga do estabelecimento prisional.

(C) A penitenciária destina-se a condenados à pena privativa de liberdade de reclusão em regime fechado ou semiaberto.

(D) A colônia agrícola, industrial ou similar destina-se ao cumprimento da pena em regime semiaberto ou aberto.

(E) A cadeia pública destina-se ao recolhimento de presos provisórios e definitivos, estes condenados em regime aberto.

A: assertiva incorreta, pois não reflete o disposto no art. 116 da LEP, que confere ao juiz a prerrogativa de modificar, de ofício, as condições estabelecidas para o regime aberto, desde que as circunstâncias assim o recomendem; **B:** art. 50, II, da LEP; **C** e **D:** é do art. 87 da LEP que a penitenciária destina-se tão somente ao condenado à pena de reclusão em regime fechado; o condenado em regime semiaberto deverá cumprir a sua reprimenda em colônia agrícola, industrial ou similar - art. 91, LEP. Já a pena do condenado em regime aberto deverá ser cumprida, a teor do art. 93 da LEP, em casa do albergado; **E:** a cadeia pública não é o local adequado ao cumprimento da pena privativa de liberdade. Destina-se tão somente ao recolhimento do preso em regime de prisão provisória - art. 102 da LEP. **ED**
Gabarito "B".

(Magistratura/PE - 2013 - FCC) No que se refere à execução penal,

(A) a falta grave interrompe o prazo para obtenção de livramento condicional.

(B) o juiz poderá definir a fiscalização por meio da monitoração eletrônica quando autorizar a saída temporária no regime semiaberto.

(C) a frequência a curso de ensino formal é causa de remição de parte do tempo de execução sob regime semiaberto, unicamente.

(D) segundo entendimento majoritário do Superior Tribunal de Justiça, é cabível mandado de segurança pelo Ministério Público para conferir efeito suspensivo ao agravo de execução.

(E) o regime disciplinar diferenciado tem duração máxima de 360 (trezentos e sessenta) dias, podendo ser aplicado uma única vez.

A: incorreta, pois não corresponde ao entendimento firmado na Súmula n. 441 do STJ, in verbis: "A falta grave não interrompe o prazo para obtenção de livramento condicional"; **B:** correta. A saída temporária, disciplinada nos 122 a 125 da Lei 7.210/84 (Lei de Execução Penal), destina-se tão somente ao condenado que cumpre a pena em regime semiaberto. O parágrafo único do art. 122 da LEP, introduzido pela Lei 12.258/2010, passou a admitir, neste caso, o emprego de vigilância indireta (utilização de equipamento de monitoração eletrônica pelo condenado); **C:** incorreta – a remição, tanto pelo trabalho quanto pelo estudo, pode se dar nos regimes fechado e semiaberto (art. 126, LEP); **D:** incorreta. Nesse sentido: "*HABEAS CORPUS*. CONDENADO CUMPRINDO PENA. PEDIDO DE TRANSFERÊNCIA PARA O REGIME DISCIPLINAR DIFERENCIADO – RDD. INDEFERIMENTO PELO JUÍZO DA VARA DE EXECUÇÕES PENAIS. AGRAVO INTERPOSTO PELO MINISTÉRIO PÚBLICO. IMPETRAÇÃO DE MANDADO DE SEGURANÇA COM O FITO DE EMPRESTAR EFEITO SUSPENSIVO AO RECURSO. DEFERIMENTO PELO TRIBUNAL *A QUO*. ILEGALIDADE. 1. O Ministério Público não tem legitimidade para impetrar mandado de segurança almejando atribuir efeito suspensivo ao recurso de agravo em execução, porquanto o órgão ministerial, em observância ao princípio constitucional do devido processo legal, não pode restringir o direito do acusado ou condenado além dos limites conferidos pela legislação, mormente se, nos termos do art. 197, da Lei de Execuções Penais, o agravo em execução não possui efeito

4. DIREITO PROCESSUAL PENAL

suspensivo. Precedente do STJ. 2. Ordem concedida para, confirmando a liminar anteriormente deferida, cassar o acórdão prolatado em sede de mandado de segurança, retirando o efeito suspensivo atribuído ao agravo em execução em tela, fazendo prevalecer, assim, a decisão do Juízo da Vara de Execuções Penais que indeferiu o regime prisional mais gravoso. E, por conseguinte, determinar a desinternação do Paciente do RDD, até o julgamento do mérito do agravo em execução pela Corte Estadual". (HC 200501461800, LAURITA VAZ, STJ - QUINTA TURMA, DJ 20.03.2006); **E:** incorreta. A teor do art. 52, I, da LEP, o regime disciplinar diferenciado, que tem a duração máxima de 360 dias, poderá ser repetido diante da prática de nova falta grave da mesma espécie. `ED`

Gabarito "B".

(Magistratura/PE – 2011 – FCC) Podem obter autorização para saída temporária os

(A) condenados que cumpram pena em regime semiaberto.

(B) presos provisórios e os condenados que cumpram pena em regime fechado ou semiaberto.

(C) presos provisórios e os condenados que cumpram pena em regime semiaberto.

(D) condenados que cumpram pena em regime fechado ou semiaberto.

(E) presos provisórios e os condenados que cumpram pena em regime aberto.

A saída temporária, disciplinada nos 122 a 125 da Lei 7.210/84 (Lei de Execução Penal), destina-se tão somente ao condenado que cumpre a pena em regime semiaberto. *Vide* parágrafo único do art. 122 da LEP, que foi introduzido pela Lei 12.258/10 e que passou a admitir, neste caso, o emprego de vigilância indireta (utilização de equipamento de monitoração eletrônica pelo condenado). `ED`

Gabarito "A".

(Magistratura/SP – 2011 – VUNESP) Assinale a alternativa correta, relativa à execução penal, inclusive, se o caso, consoante jurisprudência sumulada dos Tribunais Superiores (STJ e STF).

(A) A falta grave interrompe o lapso temporal aquisitivo do livramento condicional.

(B) É inadmissível o trabalho externo para presos em regime fechado.

(C) A tentativa de falta disciplinar é punida com a sanção correspondente à falta consumada, reduzida de um a dois terços, por aplicação analógica do art. 14, parágrafo único, do Código Penal.

(D) O trabalho do preso será remunerado mediante prévia tabela, não inferior a três quartos do salário-mínimo, inclusive quanto às tarefas prestadas a título de prestação de serviços à comunidade.

(E) A frequência a curso de ensino formal é causa de remição de parte do tempo de execução de pena, sob regime fechado ou semiaberto.

A: incorreta, pois contraria o disposto na Súmula nº 441 do STJ; **B:** o trabalho externo, no regime fechado, é admissível, desde que em serviços ou obras públicas, conforme estabelece o art. 34, § 3º, do CP. Assertiva, portanto, incorreta; **C:** incorreta, na medida em que, segundo prescreve o art. 49, parágrafo único, da LEP, a falta disciplinar tentada será punida com a mesma sanção prevista para a falta consumada; **D:** incorreta, visto que não reflete o contido no art. 30 da LEP; **E:** assertiva

correta, nos moldes do art. 126, *caput*, da LEP (modificado por força da Lei 12.433/11). `ED`

Gabarito "E".

(Juiz – TRF 3ª Região – 2016) Se o defensor de um condenado preso entender que ele faz jus ao livramento condicional, deverá:

(A) Solicitar ao Tribunal, mediante a impetração de habeas corpus;

(B) Solicitar ao Tribunal, mediante a propositura de Revisão Criminal;

(C) Solicitar ao Juiz da Execução, mediante Agravo em Execução;

(D) Solicitar ao Juiz da Execução, mediante petição.

Na hipótese de o defensor (público ou constituído) entender que o condenado faz jus ao benefício do livramento condicional, deverá requerer a sua concessão ao juiz da execução, a quem caberá analisar se o reeducando preenche os requisitos contidos no art. 83 do CP (conforme art. 131, LEP). Agora, se o juiz da execução denegar a concessão do livramento condicional, aí sim poderá ser interposto agravo em execução ao Tribunal (art. 197, LEP). `ED`

Gabarito "D".

20. LEGISLAÇÃO EXTRAVAGANTE

(Juiz – TJ/MS – VUNESP – 2015) Com relação ao pedido de interceptação telefônica, disciplinado pela Lei 9.296/1996, assinale a alternativa correta.

(A) Poderá ser formulado verbalmente, desde que presentes os pressupostos autorizadores e demonstrada a excepcionalidade da situação, caso em que a concessão será reduzida a termo.

(B) Na investigação criminal, será formulado ao representante do Ministério Público, e na instrução processual penal, ao juiz, com prazo de 24 horas para decisão.

(C) Deferido o pedido, o juiz conduzirá os procedimentos de interceptação, dando ciência ao Ministério Público, que poderá acompanhar a sua realização.

(D) Conterá prova de materialidade e indícios de autoria ou participação em crime apenado com detenção ou reclusão, além de demonstração da indispensabilidade do meio de prova.

(E) Na decisão de deferimento, será consignado, para a execução da diligência, o prazo de 30 (trinta) dias, prorrogável por uma vez, comprovada a indispensabilidade do meio de prova.

A: correta, pois reflete o disposto no art. 4º, § 1º, da Lei 9.296/1996; **B:** incorreta. Tanto no curso da investigação quanto no da ação penal, somente o juiz poderá decretar a interceptação telefônica, e o fará de ofício, a requerimento da autoridade policial, quando no curso do inquérito, ou a requerimento do MP, quando no curso da instrução processual. É o que estabelece o art. 3º da Lei 9.296/1996; **C:** incorreta, uma vez que o art. 6º, *caput*, da Lei 9.296/1996 estabelece que, deferido o pedido, caberá à autoridade policial conduzir os procedimentos de interceptação, do que dará ciência ao MP, sendo a este lícito acompanhar a realização da diligência; **D:** incorreta, na medida em que a interceptação telefônica somente terá lugar quando o crime sob investigação for apenado com *reclusão* (art. 2º, III, da Lei 9.296/1996); **E:** incorreta. À luz do que reza o art. 5º da Lei 9.296/1996, a interceptação não poderá exceder o prazo de 15 dias (e não de 30), interregno esse que comporta prorrogação por igual período, desde que isso se mostre indispensável às investigações. Cabem aqui alguns esclarecimentos quanto à prorrogação do prazo estabelecido neste dispositivo. Segundo entendimento consolidado pelos tribunais superiores, as interceptações telefônicas podem, sim, ser prorrogadas sucessivas vezes, desde que tal providência seja devidamente fundamentada pela autoridade judiciária (art. 5º da Lei 9.296/1996). Conferir: "De acordo com a jurisprudência há muito consolidada deste Tribunal Superior, as autorizações subsequentes de interceptações telefônicas, uma vez evidenciada a necessidade das medidas e a devida motivação, podem ultrapassar o prazo previsto em lei, considerado o tempo necessário e razoável para o fim da persecução penal" (AgRg no REsp 1620209/RS, Rel. Ministra Maria Thereza De Assis Moura, Sexta Turma, julgado em 09.03.2017, *DJe* 16.03.2017). No STF: "(...) Nesse contexto, considerando o entendimento jurisprudencial e doutrinário acerca da possibilidade de se prorrogar o prazo de autorização para a interceptação telefônica por períodos sucessivos quando a intensidade e a complexidade das condutas delitivas investigadas assim o demandarem, não há que se falar, na espécie, em nulidade da referida escuta e de suas prorrogações, uma vez que autorizada pelo Juízo de piso com a observância das exigências previstas na lei de regência (Lei 9.296/1996, art. 5º) (...)" (STF, 1ª T., RHC 120.111, rel. Min. Dias Toffoli, j. 11.03.2014). **ED**

Gabarito "A".

(Juiz – TJ/RJ – VUNESP – 2016) A respeito da infiltração de agentes de polícia em tarefas de investigação, é correto afirmar que

(A) não possui prazo determinado de duração, podendo ser sustada, a qualquer tempo, havendo indícios seguros de risco iminente ao agente infiltrado.

(B) pode ser determinada diretamente pela autoridade policial, em decisão fundamentada, contendo todas as circunstâncias e limites da atuação.

(C) pode ser determinada de ofício pela autoridade judicial, cabendo à autoridade policial designar os agentes que atuarão na tarefa.

(D) os agentes de polícia que participam da infiltração têm direito à alteração da identidade, bem como a usufruir das medidas de proteção à testemunha.

(E) é admitida para todas as infrações penais, inclusive as de menor potencial ofensivo.

A: incorreta. Embora seja correto afirmar-se que a infiltração de agentes pode, a qualquer tempo, ser sustada na hipótese de haver indícios seguros de risco iminente ao agente infiltrado (art. 12, § 3º, da Lei 12.850/2013), não é verdadeira a afirmação de que este meio de obtenção de prova não possui prazo determinado. Com efeito, por força do que dispõe o art. 10, § 3º, da Lei 12.850/2013, a infiltração será autorizada pelo prazo de seis meses, podendo este interregno ser prorrogado, desde que demonstrada a sua necessidade (art. 10, § 3º, da Lei 12.850/2013); **B:** incorreta, uma vez que a infiltração de agentes somente pode ser determinada, de forma fundamentada, circunstanciada e sigilosa, pelo juiz de direito, que o fará mediante representação da autoridade policial ou a requerimento do MP (art. 10, *caput*, da Lei 12.850/2013); **C:** incorreta, uma vez que não é dado ao juiz determinar, de ofício, a infiltração de agentes; somente o fará mediante representação do delegado de polícia ou a requerimento do MP; **D:** correta, pois reflete o disposto no art. 14, II, da Lei 12.850/2013; **E:** incorreta, pois não corresponde ao que estabelece o art. 10, § 2º, da Lei 12.850/2013. **ED**

Gabarito "D".

(Juiz – TJ/RJ – VUNESP – 2016) A, casada com B, durante uma discussão de casal, levou um soco, sendo ameaçada de morte. Diante dos gritos e ameaças, os vizinhos acionaram a Polícia que, ao chegar ao local, conduziu todos à Delegacia. A, inicialmente, prestou depoimento na Delegacia e manifestou o desejo de que o marido fosse processado criminalmente pelos crimes de lesão corporal leve e ameaça. Entretanto, encerradas as investigações policiais e remetidos os autos ao Fórum, em sede de audiência preliminar, A informou o Juízo que havia se reconciliado com B, não desejando que o marido fosse processado por ambos os crimes. Diante da nova manifestação de vontade de A, é correto afirmar que o procedimento

(A) será arquivado quanto ao crime de ameaça, já que a ação é condicionada à representação da vítima. Quanto ao crime de lesão corporal, ocorrida em âmbito doméstico, o procedimento terá seguimento, por tratar-se de ação penal pública incondicionada. Todavia, é possível ao órgão de acusação, desde logo, ofertar a transação penal.

(B) terá seguimento, tanto para o crime de ameaça quanto para o crime de lesão corporal. Todavia, é possível ao órgão de acusação, desde logo, ofertar a transação penal.

(C) terá seguimento quanto ao crime de lesão corporal, visto que a ação penal é pública incondicionada, por ter se dado em âmbito doméstico. Já quanto ao crime de ameaça, a retratação de A obsta o prosseguimento, visto que a ação penal continua condicionada à representação, ainda que praticada em âmbito doméstico.

(D) deverá ser arquivado, vez que a ação penal, seja para o crime de ameaça, seja para o de lesão corporal de natureza leve, é condicionada à representação da vítima, e a retratação de A obsta o prosseguimento do feito.

(E) terá seguimento, tanto para o crime de ameaça quanto para o crime de lesão corporal, pois em se tratando de crimes ocorridos no âmbito doméstico, a ação penal é pública incondicionada, pouco importando a retratação de A.

O entendimento do STF que estabeleceu a natureza incondicionada da ação penal, tomado em controle concentrado de constitucionalidade (ADIn 4.424), somente se aplica aos crimes de lesão corporal, independente de sua extensão, praticados contra a mulher no ambiente doméstico. Tal entendimento encontra-se consagrado na Súmula 542, do STJ: "A ação penal relativa ao crime de lesão corporal resultante de violência doméstica contra a mulher é pública incondicionada". Bem por isso, o processo, no caso retratado no enunciado, terá continuidade em relação ao crime de lesão corporal, já que, nesta hipótese, o MP, titular da ação penal, não depende de autorização da ofendida para processar o ofensor. Tal não se aplica, todavia, ao crime de ameaça, na medida em que o MP, para ajuizar a ação penal, depende da manifestação de vontade da ofendida, materializada por meio da representação. Neste caso, poderá a ofendida, desde que em audiência especialmente designada para esse fim e até o recebimento da denúncia, renunciar à representação formulada (art. 16 da Lei 11.340/2006). No mais, o art. 41 da Lei Maria da Penha, cuja constitucionalidade foi reconhecida pelo STF (ADC 19, de 09.02.2012), veda a aplicação, no contexto dos crimes praticados com violência doméstica e familiar

4. DIREITO PROCESSUAL PENAL

contra a mulher, das medidas despenalizadoras contempladas na Lei 9.099/1995, entre as quais a *suspensão condicional do processo* e a *transação penal*. Consolidando tal entendimento, editou-se a Súmula 536, do STJ: "A suspensão condicional do processo e a transação penal não se aplicam na hipótese de delitos sujeitos ao rito da Lei Maria da Penha". **ED**

Gabarito "C".

(Juiz – TJ/RJ – VUNESP – 2016) Analise o caso a seguir e assinale a alternativa correta.

X, empresário do ramo alimentício, teve decretada a falência de sua empresa, em 20 de outubro de 2009. Tendo o administrador judicial, em relatório circunstanciado, apontado indícios de desvio e venda das mercadorias da massa falida, o Ministério Público requisitou a instauração de inquérito, a fim de apurar a prática de crime falimentar por X, sócio-gerente da empresa. Encerradas as investigações, o Ministério Público ofereceu denúncia, junto ao Juízo Criminal da Jurisdição em que foi decretada a falência, sendo a exordial recebida, iniciando-se o processo. Citado, X apresenta resposta à acusação, postulando por sua absolvição sumária, alegando faltar justa causa para a ação penal, uma vez que, por força de agravo interposto junto ao Tribunal, a falência da empresa foi revertida. O Juízo não absolve sumariamente X, dando prosseguimento ao processo. X então impetra *habeas corpus*, junto ao Tribunal de Justiça.

(A) O Tribunal de Justiça haveria de conceder a ordem, para trancar a ação penal, por ausência de condição de punibilidade do crime falimentar.

(B) O Ministério Público não poderia ter oferecido denúncia em face de X, por crime falimentar, por faltar condição de procedibilidade, já que a ação é pública condicionada à representação dos credores.

(C) O Tribunal de Justiça haveria de denegar a ordem, haja vista a independência das esferas.

(D) A ação penal é nula, por incompetência do Juízo, pois, nos termos da Lei 11.101/2005, é competente para julgar crime falimentar o Juízo que decretou a falência.

(E) Tendo a Lei 11.101/2005 previsto o procedimento sumário para o processo e julgamento de crime falimentar, não é possível ao acusado apresentar resposta à acusação, prevista no artigo 396-A, do CPP.

A: correta, pois reflete o disposto no art. 180 da Lei 11.101/2005; **B:** incorreta, já que a ação penal, nos crimes previstos na Lei 11.101/2005, é pública *incondicionada* (art. 184 da Lei 11.101/2005); **C:** incorreta, já que não há que se falar em independência de esferas neste caso; **D:** incorreta, pois não corresponde ao disposto no art. 183 da Lei 11.101/2005; **E:** incorreta. Embora seja verdade que o procedimento a ser adotado no julgamento dos crimes falimentares é o comum sumário (art. 185 da Lei 11.101/2005), é incorreto afirmar-se que a *resposta à acusação* (art. 396-A, CPP) não tem incidência no procedimento sumário (art. 394, § 4º, do CPP). **ED**

Gabarito "A".

(Juiz – TJ/RJ – VUNESP – 2016) X, flagrado portando maconha para uso próprio, pode

(A) ser preso, em flagrante delito.

(B) ser conduzido ao CAPS – Centro de Atenção Psicossocial –, para ser submetido a tratamento compulsório, dado que a lei prevê medidas alternativas à prisão.

(C) ignorar a determinação policial no sentido de que se conduza ao Distrito Policial, uma vez que esta conduta não prevê pena privativa de liberdade.

(D) ser liberado, mediante pagamento de fiança.

(E) ser conduzido ao Distrito Policial, livrando-se solto, haja vista tratar-se de infração de menor potencial ofensivo.

A conduta descrita no enunciado se amolda ao tipo penal do art. 28 da Lei 11.343/2006, consistente no verbo *trazer consigo* (transportar junto ao corpo). Quando surpreendido na posse de substância entorpecente destinada a uso próprio, o agente deverá ser conduzido à presença da autoridade policial, que providenciará, depois de constatada a prática do delito do art. 28 da Lei de Drogas, a lavratura de termo circunstanciado (é vedada, tal como consta do art. 48, § 2º, da Lei 11.343/2006, a lavratura de auto de prisão em flagrante) e o encaminhamento do autor dos fatos ao juízo competente (Juizado Especial Criminal); não sendo isso possível (e é o que de fato ocorre na grande maioria das vezes), o conduzido firmará compromisso, perante a autoridade policial, de comparecer ao juízo tão logo seja convocado para tanto. Não poderá, em hipótese nenhuma, permanecer preso, devendo ser de imediato liberado assim que formalizada a ocorrência por meio do termo circunstanciado (art. 48, § 3º, da Lei 11.343/2006). **ED**

Gabarito "E".

(Juiz de Direito – TJM/SP – VUNESP – 2016) Analisando em conjunto as Leis 4.898, de 9 de dezembro de 1965 e 7.960, de 21 de dezembro de 1989, é correto afirmar que constitui abuso de autoridade

(A) decretar a prisão temporária em despacho prolatado dentro do prazo de 24 (vinte e quatro) horas, contadas a partir do recebimento da representação.

(B) prolongar a execução de prisão temporária, de pena ou de medida de segurança, deixando de expedir em tempo oportuno ordem de liberdade.

(C) executar a prisão temporária somente depois da expedição de mandado judicial.

(D) decretar a prisão temporária pelo prazo de 5 (cinco) dias, e prorrogá-la por igual período em caso de comprovada necessidade.

(E) determinar a apresentação do preso temporário, solicitar informações e esclarecimentos da autoridade policial e submetê-lo a exame pericial.

A: incorreta. É que, por força do que dispõe o art. 2º, § 2º, da lei que disciplina a prisão temporária (Lei 7.960/1989), é lícito ao juiz decretar a custódia temporária em despacho prolatado dentro do prazo de 24 (vinte e quatro) horas, contadas a partir do recebimento da representação, não havendo que se falar, portanto, no cometimento de abuso de autoridade; **B:** correta. Cuida-se de hipótese de abuso de autoridade prevista no art. 4º, *i*, da Lei 4.898/1965 (Abuso de Autoridade); **C:** incorreta, já que constitui imposição legal contida no art. 2º, § 5º, da Lei 7.960/1989; **D:** incorreta. A assertiva contempla a hipótese descrita no art. 2º, *caput*, da Lei 7.960/1989. Não há que se falar, portanto, em abuso de autoridade; **E:** incorreta. Prerrogativa conferida ao magistrado prevista no art. 2º, § 3º, da Lei 7.960/1989. **ED**

Gabarito "B".

(Juiz de Direito – TJM/SP – VUNESP – 2016) O Código de Trânsito Brasileiro preceitua que o Juiz, como medida cautelar, poderá decretar, em decisão motivada, a proibição da obtenção da habilitação para dirigir veículo automotor

(A) e dessa decisão caberá recurso em sentido estrito, com efeito suspensivo.

(B) quando o réu será intimado a entregar à autoridade judiciária, em cinco dias, a carteira de habilitação.

(C) com prejuízo das demais sanções penais cabíveis.

(D) durante a ação penal, se a penalidade administrativa de suspensão do direito de dirigir tiver duração superior a um ano.

(E) em qualquer fase da investigação ou da ação penal, havendo necessidade para a garantia da ordem pública.

A solução da questão deve ser extraída do art. 294 do CTB – Lei 9.503/1997, que assim dispõe: *em qualquer fase da investigação ou da ação penal, havendo necessidade para a garantia da ordem pública, poderá o juiz, como medida cautelar, de ofício, ou a requerimento do Ministério Público ou ainda mediante representação da autoridade policial, decretar, em decisão motivada, a suspensão da permissão ou da habilitação para dirigir veículo automotor, ou a proibição de sua obtenção*, decisão essa contra a qual cabe recurso em sentido estrito sem efeito suspensivo (art. 294, parágrafo único, do CTB). **ED**
Gabarito "E".

(Magistratura/AM – 2013 – FGV) A interceptação de comunicações telefônicas observará o disposto na Lei 9.296/1996.

A esse respeito, assinale a afirmativa incorreta.

(A) A interceptação dependerá de ordem do Juiz competente da ação principal, podendo ser determinada de ofício, ou a requerimento da autoridade policial ou do representante do Ministério Público.

(B) A interceptação deve concretizar-se em segredo de justiça, podendo ser determinada durante as investigações ou durante o processo penal.

(C) Não será permitida a interceptação para se apurar crime apenado com detenção.

(D) Quando for possível ser a prova feita por outros meios disponíveis, a interceptação não pode ser deferida.

(E) Segundo a jurisprudência majoritária dos Tribunais Superiores, o prazo da interceptação não poderá exceder de 15 dias, sendo permitida uma única renovação por igual prazo.

A: correta, pois reflete o que estabelece o art. 3º da Lei 9.296/1996; B: correta, pois reflete o que estabelecem os arts. 3º e 8º da Lei 9.296/1996. Quanto a isso, vale conferir a lição de Guilherme de Souza Nucci, para quem o sigilo imposto às interceptações telefônicas não é absoluto: "(...) Em outras palavras, o sigilo previsto de maneira genérica para todos os casos de interceptação telefônica no art. 8º da Lei 9.296/1996 não é mais suficiente para contrapor, ao menos diante dos órgãos de imprensa, o segredo acerca da prova colhida (gravação ou transcrição), pois há expressa norma constitucional exceptuando o sigilo quando envolver o direito à informação. Porém, fazendo-se uma interpretação sistemática, é viável deduzir que o juiz é o responsável pela ponderação e harmonização dos princípios constitucionais, confrontando o direito à informação ao interesse público e, também, ao direito à intimidade. Não se pode concluir que toda e qualquer interceptação realizada, necessariamente, produza o resguardo absoluto do segredo, em especial quando o próprio texto constitucional afirma que se deve respeitar a intimidade do interessado no referido sigilo, desde que não prejudique o interesse público à informação. Enfim, parece-nos essencial a coordenação judicial na interpretação desses valores em conflito (...)" (*Leis Penais e Processuais Penais Comentadas*, 6ª ed., V. 1, p. 570); **C:** correta. De fato, a interceptação telefônica somente será deferida se o fato investigado constituir infração penal punida com pena de reclusão – art. 2º, III, da Lei 9.296/1996; **D:** correta, nos termos do art. 2º, II, da Lei 9.296/1996; **E:** incorreta (devendo ser assinalada). A jurisprudência sedimentou entendimento no sentido de que o prazo de quinze dias, previsto no art. 5º da Lei 9.296/1996, poderá ser prorrogado quantas vezes for necessário para a apuração do fato sob investigação. Conferir: "INTERCEPTAÇÃO TELEFÔNICA. DURAÇÃO. Nos autos, devido à complexidade da organização criminosa, com muitos agentes envolvidos, demonstra-se, em princípio, a necessidade dos diversos pedidos para prorrogação das interceptações telefônicas. Tal fato, segundo o Min. Relator, não caracteriza nulidade, uma vez que não consta da Lei 9.296/1996 que a autorização para interceptação telefônica possa ser prorrogada uma única vez; o que exige a lei é a demonstração da sua necessidade. De igual modo, assevera que a duração da interceptação telefônica deve ser proporcional à investigação efetuada. No caso dos autos, o prolongamento das escutas ficou inteiramente justificado porquanto necessário à investigação. Com esse entendimento, a Turma, ao prosseguir o julgamento, denegou a ordem, pois não há o alegado constrangimento ilegal descrito na inicial. Precedentes citados: HC 13.274-RS, *DJ* 04.09.2000, e HC 110.644-RJ, *DJe* 18.05.2009" (**HC 133.037-GO, Rel. Min. Celso Limongi - Desembargador convocado do TJ-SP-, j. 02.03.2010** - Inform. STJ 425). **ED**
Gabarito "E".

(Magistratura/DF – 2011) Da criança e do adolescente. Da prática de ato infracional. Importa:

(A) Independente da ocorrência de flagrante de ato infracional ou de ordem escrita da autoridade judiciária, o adolescente pode ser privado de sua liberdade;

(B) Verificada a prática de ato infracional, levando em conta as circunstâncias e a gravidade da infração, a autoridade competente pode aplicar ao adolescente internação em estabelecimento penal;

(C) Ao adolescente que comete ato infracional equiparado ao tráfico ilícito de entorpecentes, como medida sócioeducativa, pode ser imposto o regime prisional fechado;

(D) Em razão de ato infracional praticado por criança, resultante de falta, omissão ou abuso dos pais ou responsável, como medida protetiva, provisória e excepcional, a autoridade judiciária pode determinar a sua colocação em abrigo, forma de transição para a colocação em família substituta, não implicando privação de liberdade.

A: proposição incorreta, visto que o adolescente somente será privado de sua liberdade em duas situações: i) flagrante de ato infracional; e ii) por ordem escrita e fundamentada da autoridade judiciária competente – art. 106, *caput*, da Lei 8.069/90 – ECA; **B:** a internação, que é a mais severa de todas as medidas socioeducativas, deverá ser cumprida em entidade exclusiva para adolescentes, onde deverão ser promovidas atividades pedagógicas – arts. 112, VI, e 123 do ECA; **C:** o regime prisional fechado não tem incidência no âmbito das medidas socioeducativas. A medida socioeducativa de internação terá lugar, a teor do art. 122, I, do ECA, quando se tratar de ato cometido mediante grave ameaça ou violência contra a pessoa. Não é o caso do tráfico de drogas. Nesse sentido, *vide* a Súmula nº 492 do STJ. Também será o

4. DIREITO PROCESSUAL PENAL — 287

caso de internar o adolescente na hipótese de reiteração no cometimento de outras infrações graves ou se houver descumprimento reiterado e injustificável de medida anteriormente imposta (art. 122, II e III, do ECA). Em princípio, o adolescente que incorrer, de forma reiterada, na conduta descrita no art. 33, *caput*, da Lei de Drogas estará sujeito à medida socioeducativa de internação; **D:** assertiva correta. É do art. 105 do ECA que as crianças que cometerem ato infracional estarão sujeitas tão somente a medidas protetivas. Em hipótese alguma, pois, será a elas impingida medida socioeducativa, reservada exclusivamente aos adolescentes. O acolhimento institucional (art. 101, VII, ECA), medida de proteção que, com o advento da Lei 12.010/09, tomou o lugar do antigo abrigo, poderá ter incidência sempre que verificada alguma das hipóteses do art. 98 do ECA. **ED**

Gabarito "D".

(Magistratura/MG – 2012 – VUNESP) Leia atentamente as assertivas a seguir.

I. A proteção oferecida pelo Programa de Proteção a Vítimas e Testemunhas terá a duração máxima e improrrogável de 2 (dois) anos.

II. A pessoa protegida pelo Programa de Proteção a Vítimas e Testemunhas, quando servidor público ou militar, poderá ter as suas atividades funcionais temporariamente suspensas, sem prejuízo dos respectivos vencimentos e vantagens.

III. A exclusão da pessoa protegida do Programa de Proteção a Vítimas e Testemunhas não poderá ocorrer por solicitação própria.

IV. Nos procedimentos afetos à Justiça da Infância e da Juventude, no caso de apelação, antes de determinar a remessa dos autos à Superior Instância, o juiz proferirá despacho fundamentado, mantendo ou reformando a decisão, no prazo de 5 (cinco) dias.

Está correto apenas o que se afirma em

(A) I e III.

(B) II e IV.

(C) III e IV.

(D) I, III e IV.

I: o prazo fixado no art. 11, *caput*, da Lei 9.807/99 poderá, em circunstâncias excepcionais, ser prorrogado (art. 11, parágrafo único, Lei 9.807/99); **II:** medida prevista no art. 7º, VI, da Lei 9.807/99; **III:** incorreta, pois em desconformidade com o disposto no art. 10, I, da Lei 9.807/99, que prevê a possibilidade de o próprio interessado pleitear a sua exclusão do programa; **IV:** correta, pois reflete o que estabelece o art. 198, VII, do ECA. **ED**

Gabarito "B".

(Magistratura/MG – 2012 – VUNESP) Analise as proposições seguintes classificando-as em V (verdadeira) ou F (falsa).

I. ( ) Ao agente que praticar a conduta prevista no artigo 28 da Lei n.º 11.343/06, poderá o Ministério Público propor a transação penal (artigo 76 da Lei n.º 9.099/95), com a aplicação imediata de pena prevista no referido dispositivo a ser especificada na proposta.

II. ( ) Nos crimes definidos na Lei n.º 11.343/06, o inquérito será concluído em 30 (trinta) dias se o réu estiver preso e em 60 (sessenta) dias se estiver solto.

III. ( ) O perito que subscrever o laudo de constatação toxicológico ficará impedido da elaboração do laudo definitivo.

IV. ( ) Na audiência de instrução e julgamento dos crimes definidos na Lei n.º 11.343/06, as testemunhas serão inquiridas após o interrogatório do réu.

Assinale a alternativa que apresenta a classificação correta das proposições.

(A) I-V; II-V; III-F; IV-V.

(B) I-F; II-F; III-V; IV-V.

(C) I-V; II-F; III-F; IV-V.

(D) I-F; II-V; III-V; IV-F.

1ª assertiva: correta, visto que de acordo com o prescrito no art. 48, § 5º, da Lei 11.343/06; 2ª assertiva: no crime de tráfico de drogas, o inquérito deverá ser ultimado no prazo de 30 dias, se preso estiver o indiciado; e em 90 dias, no caso de o indiciado encontrar-se solto. É o teor do art. 51 da Lei 11.343/06; 3ª assertiva: incorreta, pois não reflete o disposto no art. 50, § 2º, da Lei 11.343/06; 4ª assertiva: correta, pois corresponde ao teor do art. 57 da Lei de Drogas. **ED**

Gabarito "C".

(Magistratura/PR – 2013 – UFPR) Em uma infração penal de menor potencial ofensivo, de competência do Juizado Especial Criminal, tendo como fundamento a Lei 9.099/1995, é correto afirmar:

(A) Como o principal objetivo do Juizado Especial é a busca da conciliação, poderá haver a composição dos danos civis, que será homologada pelo juiz e, em caso de recurso, este poderá ser julgado por turma composta de três juízes em exercício no primeiro grau de jurisdição.

(B) Não obtida a composição dos danos civis, poderá o Ministério Público realizar proposta de transação penal, sendo que da decisão que apreciá-la caberá recurso a ser julgado por turma composta de três juízes em exercício no primeiro grau de jurisdição.

(C) Uma vez aceita e imposta a transação penal, o autor da infração não poderá ser considerado reincidente, mas poderá ser impedido de obter o mesmo benefício no prazo de cinco anos e, caso não cumpra a transação penal, o ofendido poderá executá-la no juízo cível.

(D) Não aceita a transação penal, o Ministério Público poderá de imediato oferecer denúncia oral, sem necessidade de reduzi-la a termo e, da decisão que rejeitá-la, caberá recurso a ser julgado por turma composta de três juízes em exercício no primeiro grau de jurisdição.

A: incorreta, pois não reflete o que dispõe o art. 74, *caput*, da Lei 9.099/1995, que estabelece ser irrecorrível a sentença que homologar a composição dos danos civis; **B:** correta, pois em conformidade com o teor do art. 76, *caput* e § 5º, da Lei 9.099/1995; **C:** incorreta, pois contraria o disposto no art. 76, § 4º, da Lei 9.099/1995; **D:** incorreta, dado que o art. 78, *caput*, da Lei 9.099/1995 estabelece que a denúncia, oferecida de forma oral, deverá ser reduzida a termo, cuja cópia será entregue ao autor dos fatos, que com isso será considerado citado e cientificado da data e hora designadas para a audiência de instrução e julgamento. **ED**

Gabarito "B".

(Magistratura/RJ – 2013 – VUNESP) Relativamente à interceptação de comunicações telefônicas, assinale a alternativa correta de acordo com a Lei 9.296/1996.

(A) Não poderá exceder o prazo de cinco dias, renovável por igual tempo uma vez comprovada a indispensabilidade do meio de prova.

(B) A autoridade policial, na investigação criminal, poderá verbalmente solicitar sua realização ao juiz.

(C) O juiz não poderá determinar de ofício sua realização.

(D) Poderá ser realizada durante a investigação criminal e em instrução processual penal de qualquer crime, mas nunca de contravenções.

A: incorreta, na medida em que o art. 5º da Lei 9.296/1996 estabelece que a intercepção autorizada pelo juiz poderá durar por até quinze dias, renovável por igual período, desde que comprovada a indispensabilidade da medida. Vale aqui destacar que a jurisprudência sedimentou entendimento no sentido de que o prazo de quinze dias, previsto no art. 5º da Lei 9.296/1996, poderá ser prorrogado quantas vezes for necessário para a apuração do fato sob investigação; **B:** correta, pois reflete o disposto no art. 4º, § 1º, da Lei 9.296/1996; **C:** incorreta, pois ao juiz é dado determinar de ofício a interceptação das comunicações telefônicas, que também poderá ser decretada mediante provocação da autoridade policial ou do MP (art. 3º da Lei 9.296/1996); **D:** incorreta. É requisito à decretação da interceptação das comunicações telefônicas que o fato sob investigação constitua crime apenado com reclusão (art. 2º, III, da Lei 9.296/1996). **ED**
Gabarito "B".

(Magistratura/RJ – 2013 – VUNESP) Assinale a alternativa correta relativamente ao procedimento penal sumaríssimo.

(A) Embora vigorem os princípios da economia processual e da informalidade, é inadmissível a prolação de uma sentença que não contenha relatório.

(B) Não se pronunciará qualquer nulidade sem que tenha havido prejuízo.

(C) Não encontrado o acusado para ser citado, o juiz encaminhará as peças existentes ao juízo comum para adoção do procedimento ordinário.

(D) A competência territorial do Juizado será determinada pelo lugar em que se consumar a infração, ou, no caso da tentativa, pelo lugar em que for praticado o último ato de execução.

A: incorreta. A primeira parte da assertiva, em que se afirma que os princípios da economia processual e da informalidade são informadores do procedimento sumaríssimo (Juizado Especial Criminal), está correta, conforme estabelece o art. 62 da Lei 9.099/1995; agora, no que se refere à possibilidade de a sentença, no âmbito do procedimento sumaríssimo, ser prolatada sem relatório, o que se afirma, na segunda parte da proposição, está equivocado, na medida em que o art. 81, § 3º, da Lei 9.099/1995 confere ao juiz a prerrogativa de dispensar, na sua sentença, o relatório; **B:** correta, pois corresponde ao que estabelece o art. 65, § 1º, da Lei 9.099/1995; **C:** incorreta. Na hipótese de o autor dos fatos não ser encontrado para citação pessoal, o juiz encaminhará as peças ao juízo comum para adoção do procedimento previsto em lei – art. 66, parágrafo único, da Lei 9.099/1995. O art. 538 do CPP estabelece que, neste caso, o procedimento a ser adotado é o sumário; **D:** incorreta. O art. 63 da Lei 9.099/1995 estabelece que a competência do Juizado Especial Criminal será determinada em razão do lugar em que foi *praticada* a infração penal. Surgiram, assim, três teorias a respeito do juiz competente para o julgamento da causa: (i) teoria da atividade: é competente o juiz do local onde se verificou a ação ou omissão; (ii) teoria do resultado: a ação deve ser julgada no local onde se produziu o resultado; (iii) e teoria da ubiquidade: é considerado competente tanto o juiz do local em que se deu a ação ou omissão quanto aquele do lugar em que se produziu o resultado. Na doutrina e na jurisprudência, predominam as teorias da atividade e da ubiquidade. **ED**
Gabarito "B".

(Juiz – TRF 2ª Região – 2017) Tício era Diretor do Banco Reco S.A., instituição regularmente constituída e autorizada a funcionar. Entre 2011 e 2012, Tício, juntamente com outros diretores, praticou gestão fraudulenta e fraudes que simulavam empréstimos milionários não pagos, inventando a existência de créditos, lançados no balanço e demonstrativos do Banco. Todavia, Tício decide revelar os crimes praticados e procura Delegado de Polícia Federal. Instaurado inquérito, Tício identifica os coautores e partícipes, indicando a conduta e a divisão de tarefas entre os fraudadores. Afirmando-se a inexistência de valores produzidos pela fraude, não houve reparação financeira. O Delegado de Polícia lavra acordo de colaboração premiada (Lei nº 12.850/2013) e, diante da colaboração de Tício, assistido todo o tempo por advogado, insere cláusula prevendo o perdão judicial, de modo que Tício não sofra pena. O acordo é enviado ao juiz natural que, ouvido o Ministério Público, o homologa. Ajuizada a ação penal, um dos corréus argui a nulidade do acordo de colaboração. Entre as opções abaixo, apenas uma mostra, corretamente, vício de legalidade existente no acordo. Assinale-a:

(A) Somente o Ministério Público possui a iniciativa de propor a colaboração premiada.

(B) A Lei nº 12.850/2013 não prevê a possibilidade de que o criminoso colaborador deixe de receber punição.

(C) A Lei nº 12.850/2013 não se aplica aos crimes praticados antes de sua entrada em vigor.

(D) A Lei nº 12.850/2013 não se aplica aos crimes praticados por Tício.

(E) Não houve recuperação financeira.

A: incorreta. Além do Ministério Público, a autoridade policial também está credenciada a firmar, nos autos do inquérito, acordo de colaboração premiada, hipótese em que o MP, na qualidade de titular da ação penal, deverá ser ouvido (art. 4º, § 2º, da Lei 12.850/2013); **B:** incorreta. O art. 4º, § 2º, da Lei 12.850/2013 contempla a hipótese em que ao colaborador é concedido o perdão judicial, não havendo que se falar, neste caso, em punição; **C:** incorreta. Isso porque as medidas de natureza processual penal contempladas na Lei 12.850/2013 (colaboração premiada, ação controlada, infiltração etc.) podem, sim, ser aplicadas a crimes praticados antes de essa lei entrar em vigor. Exemplo emblemático e a chamada Operação *Lava-Jato*, em que tais instrumentos de investigação vêm sendo aplicados a fatos ocorridos antes do advento da Lei 12.850/2013; **D:** correta. Não se aplica porque, ao tempo em que foram praticados os crimes narrados no enunciado, inexistia o tipo *organização criminosa*. Esse foi o entendimento adotado pela banca examinadora; **E:** incorreta. Não há tal previsão legal. **ED**
Gabarito "D".

21. TEMAS COMBINADOS E OUTROS TEMAS

(Magistratura/PR – 2010 – PUC/PR) Analise os temas abaixo e assinale a alternativa CORRETA:

I. No crime de tráfico de drogas, o inquérito policial será concluído no prazo de 10 (dez) dias, se o indiciado estiver preso, e de 30 (trinta) dias, quando solto.

II. Sobre a norma para a organização e a manutenção de programas especiais de proteção a vítimas e a testemunhas ameaçadas, poderá o juiz, de ofício ou a requerimento das partes, conceder diminuição de pena de _ até _ ao acusado que, sendo primário, tenha colaborado efetiva e voluntariamente com a investigação e com o processo criminal, desde que dessa colaboração tenha resultado: I - a identificação dos demais co-autores ou partícipes da ação criminosa; II - a localização da vítima com a sua integridade física preservada; III - a recuperação total ou parcial do produto do crime.

III. Excepcionalmente, o juiz poderá admitir que o pedido de interceptação telefônica seja formulado verbalmente, desde que estejam presentes os pressupostos que autorizem a interceptação, caso em que a concessão será condicionada à sua redução a termo.

IV. O abuso de autoridade sujeitará o seu autor à sanção penal, que, dada sua pena, o processo será de competência dos juizados especiais criminais.

(A) Apenas as assertivas III e IV estão corretas.

(B) Apenas as assertivas I e II estão corretas.

(C) Apenas as assertivas II e IV estão corretas.

(D) Todas as assertivas estão incorretas.

I: no crime de tráfico de drogas, o inquérito deve ser ultimado no prazo de 30 dias, se preso estiver o indiciado; e em 90 dias, no caso de o indiciado encontrar-se solto. É o teor do art. 51 da Lei 11.343/06; II: a assertiva não está em consonância com o que estabelece o art. 13 da Lei 9.807/99, que prevê, neste caso, a concessão do perdão judicial ao acusado, com a consequente extinção da punibilidade; III: art. 4º §1º da Lei 9.296/96; IV: a incidência do rito sumaríssimo aos crimes previstos na Lei 4.898/65, com o fim da vedação do procedimento especial (art. 61, Lei 9.099/95), é, em princípio, viável. Há autores, no entanto, que entendem que os crimes de abuso de autoridade não comportam o procedimento estabelecido na Lei 9.099/95, dada a incidência de efeitos no âmbito administrativo, o que seria incompatível com o procedimento da lei do Juizado Especial. ED
Gabarito "A".

(Magistratura/SP – 2013 – VUNESP) Nos termos da Lei n.º 11.340, de 7 de agosto de 2006 (Lei Maria da Penha), constatada a prática de violência doméstica e familiar contra a mulher, o Juiz poderá aplicar, de imediato, ao agressor, a seguinte medida protetiva de urgência, entre outras:

(A) suspensão definitiva do poder familiar.

(B) cassação de porte de arma.

(C) restrição ou suspensão de visitas aos dependentes menores.

(D) suspensão temporária do poder familiar.

A e D: a suspensão do poder familiar não constitui medida protetiva de urgência prevista no art. 22 da Lei Maria da Penha; **B:** medida não prevista na Lei Maria da Penha, que somente contempla, como medida protetiva de urgência, a suspensão da posse e a restrição do porte de arma (art. 22, I, da Lei Maria da Penha); **C:** correta, nos termos do art. 22, IV, da Lei Maria da Penha. ED
Gabarito "C".

(Magistratura/SP – 2013 – VUNESP) Segundo a Lei n.º 8.069, de 13 de julho de 1990 (ECA), pela prática de atos infracionais os adolescentes ficam sujeitos às seguintes medidas socioeducativas, dentre outras:

(A) liberdade vigiada.

(B) liberdade assistida.

(C) limitação de fim de semana.

(D) internação em casa de custódia e tratamento.

São medidas socioeducativas, às quais estão sujeitos tão somente os adolescentes: advertência (art. 112, I, do ECA); obrigação de reparar o dano (art. 112, II, do ECA); prestação de serviços à comunidade (art. 112, III, do ECA); liberdade assistida (art. 112, IV, do ECA); semiliberdade (art. 112, V, do ECA); e internação (art. 112, VI, do ECA). ED
Gabarito "B".

(Magistratura/SP – 2013 – VUNESP) A Lei n.º 10.741, de 1.º de outubro de 2003 (Estatuto do Idoso), em seu artigo 94, prescreve a aplicação do procedimento previsto na Lei n.º 9.099, de 26 de setembro de 1995, para crimes contra idosos, cuja pena máxima privativa de liberdade não ultrapasse 4 (quatro) anos. Arguida a inconstitucionalidade do artigo 94 da referida Lei, o Supremo Tribunal Federal, apreciando a questão, entendeu que

(A) o artigo 94 é inconstitucional, uma vez que ofende o princípio constitucional da ampla defesa (art. 5.º, LV, da CF), ao adotar procedimento célere reservado aos crimes de menor potencial ofensivo, qualificação que não ostentam os crimes cuja pena máxima privativa de liberdade atinge 4 (quatro) anos.

(B) o artigo 94 é inconstitucional, uma vez que permite a aplicação da Lei n.º 10.741/03, que contém benefícios de transação penal e suspensão condicional do processo, incompatíveis com a proteção constitucional ao idoso.

(C) aos crimes previstos na Lei n.º 10.741/03, aplica-se, integralmente, o disposto na Lei n.º 9.099/95, inclusive para permitir a composição dos danos civis, a transação penal e a suspensão condicional do processo.

(D) aos crimes previstos na Lei n.º 10.741/03 aplica-se o procedimento da Lei n.º 9.099/95, mas não a composição dos danos civis, a transação penal e a suspensão condicional do processo.

De fato, o STF, no julgamento da ADI 3096, dando ao art. 94 do Estatuto do Idoso interpretação conforme a Constituição Federal, decidiu que esta lei especial é aplicável tão somente o procedimento sumaríssimo previsto na Lei 9.099/1995, e não outros benefícios ali contemplados (composição dos danos civis, a transação penal e a suspensão condicional do processo). ED
Gabarito "D".

(Juiz – TRF 4ª Região – 2016) Assinale a alternativa correta.

(A) Na dicção do Superior Tribunal de Justiça, não há nulidade na decretação de medidas investigatórias – como busca e apreensão, interceptação telefônica e quebra dos sigilos bancário e fiscal – para apurar crimes autônomos, conexos ao crime material contra a ordem tributária, quando o crédito tributário ainda pende de lançamento definitivo.

(B) Na sentença, o juiz poderá dar ao fato que constitui objeto da denúncia capitulação legal diversa daquela dada pela acusação, desde que isso não acarrete a aplicação de pena mais grave em relação à que decorreria da capitulação legal original.

(C) Ressalvados os procedimentos especiais previstos no Código de Processo Penal e na legislação esparsa, o procedimento comum ordinário será observado quando se tratar de crime cuja pena privativa da liberdade máxima cominada seja igual ou superior a três anos.

(D) É válida a interceptação telefônica realizada sem autorização judicial quando um dos interlocutores consente em que ela seja tratada como escuta telefônica, como tal considerada a captação de conversa feita por um terceiro, com o conhecimento de apenas um dos interlocutores.

(E) Quando o processo judicial tramitar em meio eletrônico, a petição eletrônica enviada para atender a determinado prazo processual será considerada intempestiva se tiver sido transmitida após o horário de encerramento do expediente normal da unidade judiciária competente, no último dia do referido prazo.

A: correta. Nesse sentido, conferir: "Não há ilegalidade na autorização de interceptação telefônica, busca e apreensão e quebra de sigilo bancário e fiscal, antes do lançamento do crédito tributário, quando as medidas investigatórias são autorizadas para apuração dos crimes de quadrilha e falsidade ideológica, também imputados ao Paciente, que supostamente se utilizava de intrincado esquema criminoso, com o claro e primordial intento de lesar o Fisco" (HC 148.829/RS, Rel. Min. Laurita Vaz, 5ª Turma, j. 21.08.2012, *DJe* 27.08.2012); **B:** incorreta. A proposição descreve o fenômeno da *emendatio libelli*, presente no art. 383 do CPP. Neste caso, deverá o juiz, em obediência à regra contida neste dispositivo, atribuir ao fato, na sentença, a definição jurídica que entender mais adequada, pouco importando se a nova capitulação implicar pena *mais grave*. Tal fenômeno não deve ser confundido com a *mutatio libelli, em que a prova* colhida na instrução aponta para uma nova definição jurídica do fato, diversa daquela contida na inicial, hipótese em que, por força do que estabelece o art. 383 do CPP, com a redação que lhe conferiu a Lei de Reforma 11.719/2008, é de rigor o aditamento da exordial pelo órgão acusatório, ainda que a nova capitulação jurídica implique aplicação de pena igual ou menos grave; **C:** incorreta. O *rito ordinário* terá lugar sempre que se tratar de crime cuja sanção máxima cominada for igual ou superior a *quatro* anos de pena privativa de liberdade (art. 394, § 1º, I, CPP), e não a *três* anos, como constou da assertiva. O *rito sumário*, por sua vez, será adotado quando se tratar de crime cuja sanção máxima seja inferior a quatro anos e superior a dois (art. 394, § 1º, II, CPP). Já o *rito sumaríssimo* terá incidência nas infrações penais de menor potencial ofensivo (crimes cuja pena máxima não seja superior a dois anos bem como as contravenções penais), na forma estatuída no art. 394, § 1º, III, CPP; **D:** incorreta. Nessa esteira, conferir: "1. A interceptação telefônica é a captação de conversa feita por um terceiro, sem o conhecimento dos interlocutores, que depende de ordem judicial, nos termos do inciso XII do artigo 5º da Constituição Federal. 2. A escuta é a captação de conversa telefônica feita por um terceiro, com o conhecimento de apenas um dos interlocutores, ao passo que a gravação telefônica é feita por um dos interlocutores do diálogo, sem o consentimento ou a ciência do outro. 3. Na hipótese, embora as gravações tenham sido implementadas pelo esposo da cliente do paciente com a intenção de provar a sua inocência, é certo que não obteve a indispensável prévia autorização judicial, razão pela qual se tem como configurada a interceptação de comunicação telefônica ilegal. 4. O fato da esposa do autor das interceptações – que era uma interlocutora dos diálogos gravados de forma clandestina – ter consentido posteriormente com a divulgação dos seus conteúdos não tem o condão de legitimar o ato, pois no momento da gravação não tinha ciência do artifício que foi implementado pelo seu marido,

não se podendo afirmar, portanto, que, caso soubesse, manteria tais conversas com o seu advogado pelo telefone interceptado. 5. Aplicação da norma contida no artigo 157, caput, do Código de Processo Penal, com a redação que lhe foi dada pela Lei n. 11.690/08" (HC 161.053/SP, Rel. Min. Jorge Mussi, 5ª Turma, j. 27.11.2012, *DJe* 03.12.2012); **E:** incorreta, pois contraria a regra presente no art. 3º, parágrafo único, da Lei 11.419/2006. **ED**

Gabarito "A".

(Juiz – TRF 4ª Região – 2016) Assinale a alternativa correta.

(A) Caso os depoimentos colhidos em audiência sejam registrados por meio audiovisual, a respectiva transcrição deverá ser disponibilizada às partes, no prazo de cinco dias.

(B) O trânsito em julgado da sentença homologatória da transação penal impede o Ministério Público de dar continuidade à *persecutio criminis*, ainda que o autor do fato haja descumprido as cláusulas do referido documento.

(C) O processo e o julgamento do crime de lavagem ou ocultação de bens, direitos e valores dependem do prévio processo e julgamento das respectivas infrações penais antecedentes.

(D) Da decisão do juiz singular que não receber a apelação, por considerá-la intempestiva, cabe a interposição de carta testemunhável.

(E) Ao juiz federal com jurisdição sobre o local da apreensão da droga remetida do exterior pela via postal compete processar e julgar o crime de tráfico transnacional de substâncias entorpecentes.

A: incorreta, uma vez que contraria o disposto no art. 405, § 2º, do CPP, que dispensa a transcrição dos depoimentos registrados por meio audiovisual; **B:** incorreta, pois em desconformidade com o teor da Súmula Vinculante 35: "A homologação da transação penal prevista no artigo 76 da Lei n.º 9.099/1995 não faz coisa julgada material e, descumpridas suas cláusulas, retoma-se a situação anterior, possibilitando-se ao Ministério Público a continuidade da persecução penal mediante oferecimento de denúncia ou requisição de inquérito policial"; **C:** incorreta, pois contraria o disposto no art. 2º, II, da Lei 9.613/1998; **D:** incorreta. É hipótese de interposição de recurso em sentido estrito (art. 581, XV, do CPP); **E:** correta, haja vista que corresponde ao entendimento firmado por meio da Súmula 528, do STJ. **ED**

Gabarito "E".

(Juiz – TRF 4ª Região – 2016) Assinale a alternativa correta.

(A) De acordo com o Código de Processo Penal, poderá o juiz, de ofício ou a requerimento das partes, proferir decisão fundamentada determinando que, em caráter excepcional, o interrogatório do réu preso seja feito por sistema de videoconferência ou por outro recurso tecnológico de transmissão de sons e imagens em tempo real, desde que tal medida seja necessária para atender a uma das finalidades especificamente previstas no referido diploma legal.

(B) Na audiência criminal, as perguntas às testemunhas são feitas diretamente pela acusação e pela defesa e, por força do princípio acusatório, o juiz não pode complementar a inquirição.

(C) Em nosso sistema processual penal, que segue o sistema acusatório puro, não pode o juiz determinar

4. DIREITO PROCESSUAL PENAL

de ofício a produção de quaisquer provas.

(D) Prevalece no Supremo Tribunal Federal e no Superior Tribunal de Justiça o entendimento de que o princípio da indivisibilidade da ação penal também se aplica às ações penais públicas.

(E) Da decisão do juiz singular que julgar procedente a exceção de suspeição, cabe recurso em sentido estrito; da sentença que pronunciar o réu, cabe apelação.

A: correta, nos termos do art. 185, § 2º, do CPP; **B:** incorreta. Antes de o Código de Processo Penal ser alterado pela Lei de Reforma 11.690/2008, vigia, entre nós, o *sistema presidencialista*, pelo qual a testemunha, depois de inquirida pelo juiz, respondia, por intermédio deste, às perguntas formuladas pelas partes. Por este sistema, não podiam acusação e defesa formular seus questionamentos diretamente à testemunha, o que somente era feito por meio do juiz. Com a alteração promovida pela Lei 11.690/2008 na redação do art. 212 do CPP, o *sistema presidencialista*, até então em vigor, deu lugar ao chamado sistema *cross examination*, segundo o qual as partes passam a dirigir suas indagações às testemunhas sem a intermediação do magistrado, de forma direta, vedados os questionamentos que puderem induzir a resposta, não tiverem relação com a causa ou importarem na resposta de outra já respondida. Até aqui, portanto, está correto o que se afirma na alternativa. O erro está em asseverar que ao juiz não é dado complementar a inquirição. Com efeito, ao final desta, se ainda restar algum ponto não esclarecido, poderá o magistrado complementá-la, formulando à testemunha novas perguntas (art. 212, parágrafo único, do CPP). É por essa razão que se diz que a atividade do juiz é complementar à das partes. No mais, diz-se que o sistema é *direto* porque cabe à parte que arrolou a testemunha perquiri-la em primeiro lugar; depois, as perguntas serão formuladas pela outra parte (*cruzado*); **C:** incorreta, pois não reflete o teor do art. 156, I, do CPP, que confere ao juiz a prerrogativa de ordenar, de ofício, mesmo antes de iniciada a ação penal, a produção antecipada de provas consideradas urgentes e relevantes, sempre observando a necessidade, adequação e proporcionalidade da medida; **D:** incorreta. O princípio da indivisibilidade da ação penal privada está consagrado no art. 48 do CPP. Embora não haja disposição

expressa de lei, o postulado da indivisibilidade, segundo pensamos, é também aplicável, ao menos em princípio, à ação penal pública. É que seria inconcebível imaginar que o MP pudesse escolher contra quem iria propor a ação penal. É nesse sentido que incorporamos o postulado da indivisibilidade no âmbito da ação penal pública. Mas o STF não compartilha dessa lógica. Para a nossa Corte Suprema, a indivisibilidade não se aplica à ação penal pública (somente à ação privada). Sustenta o STF que a divisibilidade da ação penal pública reside no fato de o MP ter a liberdade de não ofertar a denúncia contra alguns autores de crime contra os quais ainda não há elementos suficientes e, assim que esses elementos forem reunidos, aditar a denúncia. Assim, a ação deixa de ser indivisível pelo simples fato de a denúncia comportar aditamento posterior (HC 96.700, Rel. Min. Eros Grau, j. 17.03.2009, 2ª Turma, *DJE* 14.8.2009; no mesmo sentido: HC 93.524, Rel. Min. Cármen Lúcia, j. 19.08.2008, 1ª Turma, *DJE* 31.10.2008); **E:** incorreta, pois não reflete o disposto no art. 581, III e IV, do CPP. (ED)

Gabarito "A".

(Magistratura Federal/4ª Região – VII) A condenação à pena de multa:

(A) não viabiliza *habeas corpus* contra sua imposição;

(B) pode ser convertida em prisão se não cumprida;

(C) nunca pode ser imposta em substituição à pena privativa de liberdade;

(D) nenhuma das alternativas é correta.

A: correta; descabe, neste caso, a impetração de *habeas corpus*, em vista do entendimento firmado na Súmula n. 693 do STF ("Não cabe *habeas corpus* contra decisão condenatória a pena de multa, ou relativo a processo em curso por infração penal a que a pena pecuniária seja a única cominada"); **B:** incorreta; o não cumprimento da pena de multa não mais comporta a sua conversão em prisão, sendo atualmente considerada dívida de valor, com incidência, bem por isso, das normas relativas à dívida ativa da Fazenda Pública – art. 51 do CP; **C:** incorreta, pois contraria o disposto no art. 44, § 2º, do CP; **IV:** incorreta, pois a alternativa "A" é a correta. **ED**

Gabarito "A".

5. DIREITO CONSTITUCIONAL

Fábio Tavares, Teresa Melo, Bruna Vieira e André Barbieri

1. PODER CONSTITUINTE

(Magistratura/SP – 2013 – VUNESP) O exercício do Poder Constituinte Derivado, nos termos expressos da Constituição Federal de 1988,

(A) pode revelar-se por meio de projeto de iniciativa popular, nos termos expressamente previstos na Constituição Federal, exercido pela apresentação de projeto à Câmara dos Deputados, subscrito por, no mínimo, um por cento do eleitorado nacional, distribuído pelo menos por cinco Estados, com não menos de três décimos por cento dos eleitores de cada um deles.

(B) permite a reforma da Constituição, desde que a Proposta de Emenda à Constituição seja votada e aprovada, em dois turnos, se obtiver, em cada casa do Congresso, dois terços dos votos dos respectivos membros.

(C) pode revelar-se nas Emendas à Constituição, iniciadas por proposta de mais da metade das Assembleias Legislativas das unidades da Federação, manifestando-se, cada uma delas, pela maioria relativa de seus membros.

(D) permite a reforma da Constituição, desde que a Proposta de Emenda à Constituição seja votada e aprovada em sessão unicameral, em dois turnos, por dois terços de Deputados e Senadores.

A: incorreta. Prevalece o entendimento de que **não há possibilidade de iniciativa popular em projeto de emenda constitucional**. Apenas os listados no art. 60, I, II e II, da CF têm legitimidade para iniciar uma PEC. São eles: I - um terço, no mínimo, dos membros da Câmara dos Deputados ou do Senado Federal, II - o Presidente da República e III - mais da metade das Assembleias Legislativas das unidades da Federação, manifestando-se, cada uma delas, pela maioria relativa de seus membros; **B:** incorreta. O quórum para a aprovação de uma emenda constitucional é de três quintos e não dois terços. Conforme o art. 60, § 2.º, da CF, a proposta será discutida e votada em cada Casa do Congresso Nacional, em dois turnos, considerando-se aprovada se obtiver, em ambos, **três quintos dos votos** dos respectivos membros; **C:** correta. É o que determina o art. 60, III, da CF; **D:** incorreta. Conforme já mencionado, a proposta deve ser discutida em cada Casa do Congresso Nacional, em dois turnos, considerando-se aprovada se obtiver, em ambos, **três quintos dos votos** dos respectivos membros. **BV**

Gabarito "C".

(Magistratura Federal – 1ª Região – 2011 – CESPE) Acerca do poder constituinte, da CF e do ADCT, assinale a opção correta.

(A) As normas que versam sobre a intervenção federal nos estados e no DF, bem como dos estados nos municípios, incluem-se entre os chamados elementos de estabilização constitucional.

(B) O poder constituinte originário dá início a nova ordem jurídica, e, nesse sentido, todos os diplomas infraconstitucionais perdem vigor com o advento da nova constituição.

(C) Consideram-se elementos socioideológicos da CF as normas que disciplinam a organização dos poderes da República e o sistema de governo.

(D) O ADCT não tem natureza de norma constitucional, na medida em que dispõe sobre situações excepcionais e temporárias.

(E) Segundo disposição literal da CF, os estados e municípios dispõem do chamado poder constituinte derivado decorrente, que deve ser exercido de acordo com os princípios e regras dessa Carta.

A: correta, pois integram os "elementos de estabilização constitucional" as normas constitucionais destinadas a assegurar a solução de conflitos constitucionais, a defesa da Constituição, do Estado e das instituições democráticas. Tais elementos buscam garantir a paz social e recompor o Estado à sua normalidade. O capítulo VI – (Da Intervenção) –, Do Título III – (Da Organização do Estado) – da CF é exemplo constante na doutrina de "elementos de estabilização constitucional". Já que entramos no tema "elementos da constituição", cabe lembrar que a quantidade de elementos em que a CF é dividida, bem como sua nomenclatura, não encontra unanimidade na doutrina, tendo quem a divida em cinco elementos, como o faz **José Afonso da Silva**, sendo eles, elementos: ORGÂNICOS; LIMITATIVOS; SOCIOIDEOLÓGICOS; DE ESTABILIZAÇÃO CONSTITUCIONAL e FORMAIS DE APLICABILIDADE – (*Essa divisão é a mais cobrada em concursos*). Há, todavia, quem a divida em quatro elementos, como faz, por exemplo, **José Horácio Meirelles Teixeira** dividindo-a em elementos: ORGÂNICOS; LIMITATIVOS; PROGRAMÁTICO-IDEOLÓGICOS e FORMAIS OU DE APLICABILIDADE. Reparem que tanto **José Afonso da Silva**, como **José Horácio Meirelles Teixeira** abordaram o tema sob o título "elementos da constituição", da mesma forma que **Carl Schmitt, Manuel Garcia-Pelayo, Adolfo Posada, Karl Loewenstein**, dentre outros, sem a adjetivação "mínimo-irredutíveis", qualificativo esse que encontra guarida no pensamento de **Kenneth C. Wheare**, que, por sua vez, divide a constituição em seis elementos apresentando a seguinte classificação: Elementos "mínimo-irredutíveis": ORGÂNICOS ou DOGMÁTICOS; LIMITATIVOS; SOCIOIDEOLÓGICOS;

FT questões comentadas por: **Fábio Tavares**

TM questões comentadas por: **Teresa Melo**

BV questões comentadas por: **Bruna Vieira**

AB questões comentadas por: **André Barbieri**

DE ESTABILIZAÇÃO CONSTITUCIONAL; DE APLICABILIDADE CONSTITUCIONAL; e DE TRANSIÇÃO CONSTITUCIONAL. Por fim, outra classificação muito cobrada em concursos públicos é a adotada por Paulo Bonavides, classificação essa oriunda de constitucionalistas espanhóis, que divide a constituição da seguinte forma: PREÂMBULO, PARTE INTRODUTÓRIA, PARTE DOGMÁTICA, PARTE ORGÂNICA e DISPOSIÇÕES GERAIS E DISPOSIÇÕES TRANSITÓRIAS; **B:** incorreta. Com o surgimento de uma nova Constituição, podemos dizer que as normas infraconstitucionais anteriores ficam acéfalas, pois, perderam seu fundamento de validade, ou seja, sua compatibilidade vertical, deixando, portanto, de valer. Todavia, seria inviável refazer todo o ordenamento jurídico, ou seja, criar um novo Código Penal, Código Civil, Código de Processo Civil, Legislações Extravagantes etc. Para solucionar esse problema, entra em cena o fenômeno da RECEPÇÃO. De acordo com esse fenômeno as normas infraconstitucionais anteriores a nova CF são recepcionadas, ou seja, continuam a valer se forem compatíveis materialmente com a nova constituição. Pode-se afirmar, que com a nova constituição, as normas infraconstitucionais anteriores que com ela forem compatíveis ganham um novo fundamento de validade. Lembra a doutrina que nem todas as normas jurídicas anteriores são incompatíveis com os mandamentos da nova constituição, hipótese em que, com fundamento no primado da continuidade e em decorrência da segurança jurídica deve incidir o fenômeno da RECEPÇÃO. Observação de extrema importância é a de que a RECEPÇÃO é um fenômeno ligado apenas a fato somente ao conteúdo, assim, é irrelevante por meio de qual processo legislativo a norma ingressou no ordenamento jurídico anterior – (com forma de lei ordinária, lei complementar, medida provisória, lei delegada, etc.), basta que seu conteúdo seja compatível com a nova constituição. Para chegar a essa conclusão, basta analisarmos o Decreto-Lei n. 2.848/1940 – (Código Penal) e a Lei n. 5.172/1966 – (Código Tributário Nacional). No tocante ao (Código Penal), este fora instituído por um Decreto-Lei, instrumento normativo não previsto pela CF/88, todavia, o que foi considerado compatível com a CF/88, fora recepcionado com força de lei ordinária. O mesmo ocorrerá com o Código Tributário Nacional, aliás, trata-se de exemplo clássico na doutrina. O Código Tributário Nacional fora instituído como lei ordinária, entretanto, como a CF/88 reservou tal matéria à lei complementar, o Código Tributário Nacional passou a ter *status* de lei complementar. Ensina também a doutrina que a **RECEPÇÃO é um fenômeno AUTOMÁTICO**, ou seja, independentemente de previsão expressa. Por fim, no tocante as normas consideradas MATERIALMENTE incompatíveis com a nova Constituição, estas, são consideradas não recepcionadas, e, portanto, REVOGADAS. Há quem diga que tais normas não recepcionadas são atingidas pela inconstitucionalidade superveniente, todavia, tal corrente é rechaçada pela doutrina sob a alegação de que as normas não recepcionadas nem sequer ingressam no novo ordenamento, não tendo, portanto, como declarar a inconstitucionalidade de uma norma que nem integrou o sistema; **C:** incorreta, as normas que disciplinam a organização dos poderes da República e o sistema de governo integram os elementos orgânicos da Constituição; **D:** incorreta. Conforme posicionamento do STF: "O Ato das Disposições Transitórias, promulgado em 1988 pelo legislador constituinte, qualifica-se, juridicamente, como um estatuto de índole constitucional. A estrutura normativa que nele se acha consubstanciada ostenta, em consequência, a rigidez peculiar às regras inscritas no texto básico da Lei Fundamental da República. Disso decorre o reconhecimento de que inexistem, entre as normas inscritas no ADCT e os preceitos constantes da Carta Política, quaisquer desníveis ou desigualdades quanto à intensidade de sua eficácia ou à prevalência de sua autoridade. Situam-se, ambos, no mais elevado grau de positividade jurídica, impondo-se, no plano do ordenamento estatal, enquanto categorias normativas subordinantes, a observância compulsória de todos, especialmente dos órgãos que integram o aparelho de Estado" (STF, RE 160.486, Rel. Min. Celso de Mello, DJ de 9-6-1995). Complementando esse posicionamento, lembra Uadi Lammêgo Bulos que "as disposições transitórias possuem natureza

jurídica de normas constitucionais de eficácia exaurida e aplicabilidade esgotada...". (BULOS, Uadi Lammêgo. *Curso de Direito Constitucional*, 5. ed. rev. e atual. De acordo com a EC n. 64/2010. – São Paulo: Saraiva, 2010, p. 1617); **E:** incorreta, pois o texto Constitucional confere poder constituinte derivado decorrente tão somente ao Estado – (art. 25 da CF/88). Não obstante as Leis Orgânicas Municipais desempenhem tarefa equivalente ao das Constituições Estaduais e ainda que os Municípios tenham sido inseridos como entes autônomos da federação pelo constituinte originário revolucionário de 1988, a doutrina majoritária rejeita a existência de um Poder Constituinte Municipal, fundamentando esse entendimento na análise do art. 29 da CF/88 e parágrafo único do art. 11 das Disposições Transitórias. Dessa forma, não há em nosso ordenamento jurídico um poder constituinte municipal. No tocante ao Distrito Federal, podemos encontrar na doutrina acirrada discussão sobre a existência ou não de um Poder Constituinte do Distrito Federal. A primeira corrente, que entende ser incabível tecnicamente sustenta sua posição alegando que a lei orgânica distrital fica a cargo da Câmara Legislativa. A segunda corrente, por sua vez, entende cabível a existência de um poder constituinte distrital, sustentando que a CF/88 teria equiparado o *status* do Distrito Federal ao dos Estados, sendo certo que sua auto-organização não difere em nada a dos Estados, a não ser pelo fato de decorrer de uma Lei Orgânica. Se não bastasse isso, sustenta essa corrente doutrinária que a limitação material é mesma imposta aos Estados.

Gabarito "A".

(Magistratura Federal – 1ª Região – IX) Marque com V a assertiva verdadeira e com F a falsa, assinalando em seguida a opção correspondente:

(1) o Poder Constituinte Originário é inicial, autônomo, ilimitado e incondicionado.

(2) a Constituição Federal poderá ser modificada por meio de emenda constitucional, de iniciativa popular, cuja proposta há de ser subscrita por, no mínimo, um por cento do eleitorado nacional, distribuído por pelo menos cinco Estados, com não menos de três décimos por cento dos eleitores de cada um deles.

(3) a atual Constituição brasileira estabelece como limites materiais explícitos ao Poder Constituinte Derivado a separação dos Poderes e a forma republicana de governo.

(4) qualquer modificação constitucional feita com desrespeito às vedações materiais, circunstanciais e procedimentais, estabelecidas pela própria Constituição, padecerá de vício de inconstitucionalidade e, assim, ficará sujeita ao controle de constitucionalidade pelo Poder Judiciário.

(A) V, V, F, F.

(B) F, F, V, V.

(C) V, F, F, V.

(D) F, V, V, F.

1: correta. A primeira assertiva é verdadeira, pois, no que diz repeito ao Poder Constituinte Originário, ele é: INICIAL por tratar-se do poder criador, inaugural da ordem constitucional; é AUTÔNOMO, pois não está subordinado a nenhuma norma jurídica; é ILIMITADO, não há nenhum Poder acima dele, é ele quem criará os poderes constituídos, reflete a ideia de que o constituinte originário insere na Constituição o que quiser. Devemos lembrar, todavia, das limitações propostas por Jorge Miranda, quais sejam, limitações transcendentes, imanentes e heterônomas; é INCONDICIONADO, pois ele não está sujeito a condições de exercício preestabelecidas; 2: Incorreta. A segunda assertiva é falsa, sendo certo que o examinador tentou induzir o candidato em erro fazendo uma mescla entre os arts. 60 e 61, § 2º da CF/88; 3: Incorreta. A terceira assertiva também é falsa, pois a Constituição não previu como limite material explícito ao Poder Constituinte Derivado, a FORMA REPUBLICANA DE GOVERNO, o constituinte apenas previu de forma expressa, como limite material, a FORMA FEDERATIVA DE ESTADO – (art. 60, § 4º, I, CF/88). Todavia, muito embora não tenha previsto de forma expressa a FORMA REPUBLICANA DE GOVERNO, o fez de forma implícita, sendo certo, portanto, que a forma republicana também é imodificável pelo Poder Reformador, porém, em decorrência de limitação implícita; 4: correta. No tocante à última assertiva, está é **verdadeira**, sendo certo que o Poder de Reforma deverá se pautar por tais limitações, sob pena se submeter ao controle de constitucionalidade por estar sua manifestação maculada pelo vício da inconstitucionalidade. Limites MATERIAIS são aqueles que vedam de forma expressa a manifestação contrária do Poder Reformador à substância da constituição. Tais limites são encontrados no § 4º, do art. 60 da CF/88. Nesse sentido: *"A 'forma federativa de Estado'* – elevado a princípio intangível por todas as Constituições da República – não pode ser conceituada a partir de um modelo ideal e apriorístico de Federação, mas, sim, daquele que o constituinte originário concretamente adotou e, como o adotou, erigiu em limite material imposto às futuras emendas à Constituição; de resto as limitações materiais ao poder constituinte de reforma, que o art. 60, § 4º, da Lei Fundamental enumera, não significam a intangibilidade literal da respectiva disciplina na Constituição originária, mas apenas a proteção do núcleo essencial dos princípios e institutos cuja preservação nelas se protege" (ADI 2.024-MC, Rel. Min. Sepúlveda Pertence, DJ 01/12/00). Limites CIRCUNSTANCIAIS – são os que vedam reformas nas constituições em período de instabilidade institucional. No ordenamento de 1988, encontramos os limites circunstanciais no art. 60, § 1º da CF/88. Importante lembrar, que não basta a situação factual de anormalidade, há a necessidade de decretação FORMAL da crise por ato do Presidente da República. Limites PROCEDIMENTAIS – (também chamados de *formais* ou de *rito*) – são as limitações que incidem sobre o processo legislativo das emendas, tendentes a assegurar a rigidez constitucional através de um processo solene e complexo. Na CF/88, tais limitações estão previstas no art. 60, I, II e III, e §§ 2º, 3º e 5º. **FT**

Gabarito "C".

2. TEORIA DA CONSTITUIÇÃO E PRINCÍPIOS FUNDAMENTAIS

(Juiz – TJ/RJ – VUNESP – 2016) No que se refere à Teoria das Normas Constitucionais Inconstitucionais, é correto afirmar, segundo entendimento do Supremo Tribunal Federal, que:

(A) a tese de que há hierarquia entre normas constitucionais originárias dando azo à declaração de inconstitucionalidade de umas em face das outras é compatível com o sistema de Constituição Rígida.

(B) se admite apenas no controle concentrado a verificação da constitucionalidade de normas produzidas pelo Poder Constituinte Originário sob o fundamento da sociedade aberta dos intérpretes da Constituição, com a última palavra pelo Tribunal Constitucional.

(C) não há hierarquia entre normas constitucionais do Poder Constituinte Originário, tendo em vista o princípio da unidade hierárquico-normativa e caráter rígido da Constituição.

(D) é possível a verificação de norma constitucional inconstitucional sob o fundamento de que em todo e qualquer documento constitucional, como em toda e qualquer lei, podem distinguir-se preceitos fundamentais e menos importantes.

(E) há hierarquia e contradição entre normas constitucionais advindas do Poder Constituinte Originário, o que legitima o controle de constitucionalidade de normas constitucionais, produto do trabalho do Poder Constituinte Originário.

A: incorreta, pois não há norma inconstitucional originária do poder constituinte originário; **B:** incorreta, pois não se admite nem no controle concentrado e nem no difuso; **C:** correta, pois é o entendimento solidificado no STF: *"Não se admite controle concentrado ou difuso de constitucionalidade de normas produzidas pelo poder constituinte originário (ADI 4097)."*; **D:** incorreta, pois o STF não admite a teoria das normas constitucionais inconstitucionais; **E:** incorreta, porque normas constitucionais originárias do poder constituinte originário não possuem hierarquias e, tão logo, não estão sujeitas ao controle de constitucionalidade. **AB**

Gabarito "C".

(Juiz – TJ/SP – VUNESP – 2015) O "constitucionalismo moderno", com o modelo de Constituições normativas, tem sua base histórica:

(A) a partir das revoluções Americana e Francesa.

(B) a partir da Magna Carta inglesa e no Bill of Rights da Inglaterra.

(C) com o advento do "Estado Constitucional de Direito", com uma Constituição rígida, estabelecendo limites e deveres aos legisladores e administradores.

(D) a partir das Constituições do México e de Weimar, ao estabelecer o denominado "constitucionalismo social".

A: correta, pois mencionamos a Constituição dos EUA e a Constituição Francesa, ambas do final do século XVIII; **B:** incorreta, pois a Magna Carta é de 1.215, logo, Idade Média; **C:** incorreta, pois não tem correlação com o "constitucionalismo moderno" em referência com sua base histórica; **D:** incorreta, pois o "constitucionalismo social" data do começo do século XX. **AB**

Gabarito "A".

(Juiz – TJ/SP – VUNESP – 2015) A expressão "constitucionalização do Direito" tem, de modo geral, sua origem identificada pela doutrina

(A) na Constituição Federal brasileira de 1988, com seu conteúdo analítico e casuístico.

(B) nos julgamentos dos MI 712/PA, 670/ES e 708/DF, pelo Supremo Tribunal Federal, alterando entendimento anterior para reconhecer sua competência para editar texto normativo diante da omissão legislativa, a fim de concretizar previsão constitucional.

(C) nos EUA, com o precedente firmado no julgamento do caso Marbury v. Madison, em 1803.

(D) na Alemanha, especialmente sob a égide da Lei Fundamental de 1949.

A: incorreta, pois a CF/88 apenas incorporou o movimento que já existia na Europa (Alemanha) desde o final da década de 40; **B:** incorreta, pela mesma razão que comentamos anteriormente; **C:** incorreta, no caso Marbury *x* Madison temos uma decisão voltada ao controle de constitucionalidade; **D:** correta, pois, ainda que não seja unânime, há uma maioria que defende o nascimento da "constitucionalização do Direito" na Alemanha, em 1949 (Pós II Guerra Mundial). **AB**

Gabarito "D".

(Juiz – TJ/MS – VUNESP – 2015) Considerando os diferentes conceitos de Constituição, abordados sob a ótica peculiar de diversos doutrinadores, analise as seguintes manifestações sobre o tema: I. Constituição é a soma dos fatores reais de poder que regem uma determinada nação. II. Constituição é a decisão política fundamental sem a qual não se organiza ou funda um Estado. Assim, é correto afirmar que os conceitos I e II podem ser atribuídos, respectivamente, a

(A) Ferdinand Lassale e Hans Kelsen.

(B) Hans Kelsen e Konrad Hesse.

(C) Konrad Hesse e Carl Schimitt.

(D) Ferdinand Lassale e Carl Schimitt.

(E) J.J. Canotilho e Hans Kelsen.

A: incorreta. A primeira parte da está correta, a segunda não. **Ferdinand Lassalle**, ao tratar da Constituição, tomando por base a concepção sociológica, sustentava que "os problemas constitucionais não são problemas de Direito, mas do poder. A verdadeira Constituição de um país somente tem por base os fatores reais e efetivos do poder que naquele país vigem e as constituições escritas não têm valor nem são duráveis a não ser que exprimam fielmente os fatores do poder que imperam na realidade social" (A essência da Constituição, p. 40). Portanto, somente terá valia a Constituição se efetivamente expressar a realidade social e o poder que a comanda. O autor também mencionava que "de nada serve o que se escreve numa folha de papel se não se ajusta à realidade, aos fatores reais de poder". Por outro lado, a concepção jurídica ou formal, sustentada por **Hans Kelsen e Konrad Hesse**, mencionava que o fundamento de validade da Constituição era encontrado na dimensão jurídica e não sociológica ou política. Kelsen representava o ordenamento jurídico por meio de uma pirâmide, na qual a Constituição se encontrava no ápice e abaixo estavam todos os demais atos normativos. As leis ordinárias, complementares, delegadas e também as medidas provisórias, por terem como fundamento imediato de validade a Constituição, ficavam no segundo degrau da pirâmide. Já os regulamentos, portarias, decretos, entre outros, por se fundamentarem primeiro na lei e depois na Constituição, localizavam-se no terceiro degrau da pirâmide. Portanto, juridicamente, a Constituição localiza-se no mais elevado degrau da pirâmide e é exatamente em decorrência disso que é fundamentada sua normatividade. As normas infraconstitucionais (que são todas aquelas que se encontram nos degraus abaixo da Constituição) são submissas às regras determinadas pela Lei Maior e devem ser com ela compatíveis. A isso se deu o nome de relação de compatibilidade vertical; **B:** incorreta. A concepção jurídica, sustentada por **Hans Kelsen e Konrad Hesse**, foi explicada na alternativa anterior; **C:** incorreta. **Carl Schmitt**, em oposição a Lassalle, defendeu o conceito de que a Constituição é a decisão política fundamental de um povo, visando sempre a dois focos estruturais básicos – organização do Estado e efetiva proteção dos direitos fundamentais. Para esse autor, há divisão clara entre Constituição e lei constitucional. Na primeira, encontraríamos as matérias constitucionais, ou seja, organização do Estado e garantia dos direitos fundamentais, sempre com o objetivo de limitar a atuação do poder. Já as leis constitucionais seriam aqueles assuntos tratados na Constituição, mas que materialmente não teriam natureza de norma constitucional. Na verdade, esses assuntos nem deveriam constar da Constituição. Na nossa atual Carta Magna visualizamos um exemplo no art. 242, § 2º, que determina que o Colégio Pedro II, localizado na cidade do Rio de Janeiro, será mantido na órbita federal. Esse dispositivo é uma norma apenas formalmente constitucional, pois está dentro da Constituição, mas não trata de matéria tipicamente constitucional. As leis constitucionais, para Schmitt, como a mencionada no exemplo dado acima, formam o que se denomina Constituição formal, ou seja, apenas são consideradas normas constitucionais pelo fato de estarem alocadas na Constituição, por terem forma de Constituição; **D:** correta.

De fato, conforme explicado nas alternativas anteriores, Ferdinand Lassale mencionava que a Constituição era a soma dos fatores reais de poder que regem uma determinada nação (concepção sociológica de Constituição) e Carl Schimitt que Constituição era a decisão política fundamental sem a qual não se organiza ou funda um Estado (concepção política de Constituição); **E:** incorreta. J.J. Canotilho menciona a ideia de Constituição aberta. "Para Canotilho, dentro da perspectiva de uma Constituição aberta, relativiza-se a função material da tarefa da Constituição e justifica-se a desconstitucionalização de elementos substantivadores da ordem constitucional (Constituição econômica, Constituição do trabalho, Constituição social, Constituição cultural)". LENZA, Pedro. *Direito Constitucional Esquematizado*, 19ª ed. São Paulo: Saraiva, 2015, p. 93. **BV**

Gabarito "D".

(Magistratura/AM – 2013 – FGV) Com relação ao *princípio da separação de poderes*, assinale a afirmativa correta.

(A) Nos projetos de leis submetidos à iniciativa exclusiva do Presidente da República, a apresentação de emendas deve guardar pertinência com o objeto do projeto de lei apresentado, sob pena de usurpação indireta da iniciativa atribuída com exclusividade.

(B) O Conselho Nacional do Ministério Público tem atribuição para revisar e instaurar processos disciplinares contra servidores dos órgãos estaduais e federais, além dos membros das respectivas carreiras.

(C) Junto ao Tribunal de Contas da União atua um Ministério Público especializado, com membros nomeados pelo Presidente da República após concurso público específico de provas e títulos, dotado de fisionomia institucional própria, submetido exclusivamente ao Procurador-Geral da República.

(D) Cabe ao chefe do Poder Executivo incluir a proposta encaminhada pelo Poder Judiciário no projeto de lei orçamentária anual, sendo-lhe vedado promover nela qualquer alteração.

(E) No exercício do poder disciplinar, a atuação do Conselho Nacional de Justiça tem natureza subsidiária às corregedorias locais, sendo que somente poderá instaurar ou avocar processos nos casos em que houver demonstração de inércia injustificada, impedimento ou suspeição das autoridades responsáveis pela condução do procedimento.

A: correta. No art. 61, § 1º, da CF/1988 identificamos a iniciativa privativa (leia-se "exclusiva") ou reservada do Presidente da República, que compreende a propositura de projetos de leis que disponham sobre a criação de cargos, funções ou empregos públicos da administração direta e autárquica ou aumento de remuneração; os servidores públicos da União, seu regime jurídico, o provimento de cargos, a estabilidade e aposentadoria; a criação e extinção de ministérios e órgãos da administração pública. Porém, a Emenda Constitucional 32, de 11.09.2011, reservou matérias à competência do Presidente da República veiculadas mediante decreto, ou seja, não serão enviadas como projetos de lei para o Congresso (art. 84, VI, *a* e *b*, da CF/1988); essa nova disciplina no campo legislativo é denominada pela doutrina de decreto autônomo. Desse modo, a extinção de funções ou cargos públicos, quando vagos, agora pode ser efetuada diretamente pelo Presidente da República, mediante decreto, independentemente de autorização legislativa. Tratando-se, no entanto, de extinção de cargos públicos não vagos, depende de lei de iniciativa do Presidente da República que autorize a fazê-lo. Nesta esteira, esta iniciativa RESERVADA ou EXCLUSIVA autoriza a edição de emendas parlamentares por parte da casa revisora, todavia as emendas devem guardar pertinência com o objeto do projeto de lei apresentado; **B:** incorreta, pois o Conselho Nacional do Ministério Público pode RECEBER e CONHECER das reclamações, bem como REVER, de ofício ou mediante provocação, os processos disciplinares. Vejamos. O Conselho Nacional do Ministério Público (CNMP) atua em prol do cidadão executando a fiscalização administrativa, financeira e disciplinar do Ministério Público no Brasil e de seus membros, respeitando a autonomia da instituição. O órgão foi criado em 30 de dezembro de 2004, pela Emenda Constitucional 45, e tem sede em Brasília (DF). Formado por 14 membros, que representam setores diversos da sociedade, o CNMP tem como objetivo imprimir uma visão nacional ao MP. Ao Conselho cabe orientar e fiscalizar todos os ramos do MP brasileiro: o Ministério Público da União (MPU), que é composto pelo Ministério Público Federal (MPF), Ministério Público Militar (MPM), Ministério Público do Trabalho (MPT) e do Distrito Federal e Territórios (MPDFT); e o Ministério Público dos Estados (MPE). Presidido pelo procurador-geral da República, o Conselho é composto por quatro integrantes do MPU, três membros do MPE, dois juízes, indicados um pelo Supremo Tribunal Federal e outro pelo Superior Tribunal de Justiça, dois advogados, indicados pelo Conselho Federal da Ordem dos Advogados do Brasil e dois cidadãos de notável saber jurídico e reputação ilibada, indicados um pela Câmara dos Deputados e outro pelo Senado Federal. Antes da posse no CNMP, os nomes apresentados são apreciados pela Comissão de Constituição e Justiça e de Cidadania (CCJ), do Senado Federal, depois vão ao plenário do Senado e seguem para a sanção do presidente da República. Pautado pelo controle e transparência administrativa do MP e de seus membros, o CNMP é uma entidade aberta ao cidadão e entidades brasileiras, que podem encaminhar reclamações contra membros ou órgãos do MP, inclusive contra seus serviços auxiliares. **É papel do CNMP:** • Zelar pela autonomia funcional e administrativa do Ministério Público, podendo expedir atos regulamentares, no âmbito de sua competência, ou recomendar providências; • Zelar pela observância do art. 37 da CF/1988 e apreciar a legalidade dos atos administrativos praticados por membros ou órgãos do Ministério Público da União e dos Estados; • Receber reclamações contra membros ou órgãos do Ministério Público da União ou dos Estados, inclusive contra seus serviços auxiliares, sem prejuízo da competência disciplinar e correicional da instituição, podendo avocar processos disciplinares em curso, determinar a remoção, a disponibilidade ou a aposentadoria com subsídios ou proventos proporcionais ao tempo de serviço e aplicar outras sanções administrativas, assegurada ampla defesa; • Rever os processos disciplinares de membros do Ministério Público da União ou dos Estados julgados há menos de um ano; • Elaborar relatório anual, propondo as providências que julgar necessárias sobre a situação do Ministério Público no País e as atividades do Conselho. Trata-se de competências determinadas pelo art. 130-A, § 2º, da CF/1988; **C:** incorreta. A expressão "exclusivamente" ao Procurador-Geral da República condenou a questão. Vejamos minuciosamente: O Ministério Público junto ao Tribunal de Contas da União, ao qual se aplicam os princípios institucionais da unidade, da indivisibilidade e da independência funcional, compõe-se de um <u>procurador-geral, três subprocuradores-gerais e quatro procuradores</u>, nomeados pelo Presidente da República, entre brasileiros, bacharéis em Direito. O Ministério Público junto ao Tribunal tem por Chefe o Procurador-Geral, que será nomeado pelo Presidente da República, entre integrantes da carreira, para exercer mandato de dois anos, permitida a recondução, tendo tratamento protocolar, direitos e prerrogativas correspondentes aos de cargo de ministro do Tribunal. Em caso de vacância do cargo de Procurador-Geral, o Presidente do Tribunal encaminhará ao Presidente da República lista contendo o nome de todos os integrantes da carreira do Ministério Público, por ordem de antiguidade e com a indicação dos seus respectivos cargos. A carreira do Ministério Público junto ao Tribunal é constituída pelos cargos de subprocurador-geral e procurador, este inicial e aquele representando

o último nível da carreira, não excedendo a dez por cento a diferença de subsídio de uma classe para outra, respeitada igual diferença entre os cargos de subprocurador-Geral e procurador-geral. O ingresso na carreira far-se-á no cargo de procurador, mediante concurso público de provas e títulos, assegurada a participação da Ordem dos Advogados do Brasil em sua realização e observada, nas nomeações, a ordem de classificação. A promoção ao cargo de subprocurador-Geral far-se-á, alternadamente, por antiguidade e merecimento. Caberá ao Procurador-Geral baixar o edital do concurso, bem assim homologar seu resultado final. O Procurador-Geral toma posse em sessão extraordinária do Tribunal, podendo fazê-lo perante o Presidente, em período de recesso. Os demais membros do Ministério Público tomam posse perante o Procurador-Geral. Será lavrado pelo dirigente da unidade administrativa competente da Secretaria do Tribunal, em livro próprio, o termo de posse do Procurador-Geral e dos procuradores. Em caso de vacância e em suas ausências e impedimentos por motivo de licença, férias ou outro afastamento legal, o Procurador-Geral será substituído pelos subprocuradores-gerais e, na ausência destes, pelos procuradores, observada, em ambos os casos, a ordem de antiguidade da posse, da nomeação e de classificação no concurso público de ingresso na carreira, sucessivamente. Nessas substituições, os subprocuradores-gerais e procuradores farão jus ao subsídio do cargo substituído; **D:** incorreta. Cabe ao chefe do Poder Executivo incluir a proposta encaminhada pelo Poder Judiciário no projeto de lei orçamentária anual, podendo promover nela qualquer alteração nos limites estipulados do § 1º, do art. 99, da CF/1988; **E:** incorreta. No exercício do poder disciplinar, a atuação do Conselho Nacional de Justiça NÃO TEM natureza subsidiária às corregedorias locais, logo poderá instaurar ou avocar processos nos termos do art. 103-B, § 4º, III, da CF/1988. █

Gabarito "A".

(Magistratura/RJ – 2011 – VUNESP) Na evolução político-constitucional brasileira, o voto feminino no Brasil foi expressamente previsto pela primeira vez num texto constitucional na Constituição de

(A) 1891.

(B) 1934

(C) 1937.

(D) 1946.

A: incorreta; **B:** correta. O movimento pelo sufrágio feminino é um movimento social, político e econômico de reforma, com o objetivo de estender o sufrágio (o direito de votar) às mulheres. Participam do sufrágio feminino, mulheres ou homens, denominados sufragistas.Em 1893, a Nova Zelândia se tornou o primeiro país a garantir o sufrágio feminino, graças ao movimento liderado por Kate Sheppard. A luta mundial dos movimentos feministas inclui em seus registros o nome da cidade de Mossoró, no estado do Rio Grande do Norte. Em 1928, esse estado nordestino era governado por Juvenal Lamartine, a quem coube o pioneirismo de autorizar o voto da mulher em eleições, o que não era permitido no Brasil, mesmo a proibição não constando da Constituição Federal. A Inglaterra alguns meses depois regularizou o voto feminino no mesmo ano. No Consultor Jurídico do jornal "O Estado de São Paulo", encontra-se a informação de que logo após a proclamação da República, o governo provisório convocou eleições para uma Assembleia Constituinte. Na ocasião, uma mulher conseguiu o alistamento eleitoral invocando a legislação imperial, a "Lei Saraiva", promulgada em 1881, que determinava direito de voto a qualquer cidadão que tivesse uma renda mínima de 2 mil réis. Mas a primeira eleitora do país foi a potiguar Celina Guimarães Viana, que invocou o artigo 17 da lei eleitoral do Rio Grande do Norte, de 1926: "*No Rio Grande do Norte, poderão votar e ser votados, sem distinção de sexos, todos os cidadãos que reunirem as condições exigidas por lei*". Em 25 de novembro de 1927 ela deu entrada numa petição requerendo sua inclusão no rol de eleitores do município.

O juiz Israel Ferreira Nunes deu parecer favorável e enviou telegrama ao presidente do Senado Federal, pedindo em nome da mulher brasileira, a aprovação do projeto que instituía o voto feminino, amparando seus direitos políticos reconhecidos na Constituição Federal". Após Celina Guimarães Viana ter conseguido seu título eleitoral, um grande movimento nacional levou mulheres de diversas cidades do Rio Grande do Norte, e de mais outros nove estados da Federação, a fazerem a mesma coisa. Com a mulher eleitora, vieram outras conquistas de espaço na sociedade. Veio a primeira mulher a eleger-se deputada estadual no Brasil, e a luta pela emancipação feminina foi ganhando impulso em todo o país, levando o voto feminino a ser regulamentado em 1934 no governo Vargas. O episódio tem importância mundial, pois mais de uma centena de países ainda não permitia à mulher o direito de voto; **C:** incorreta; **D:** incorreta. FT

Gabarito "B".

(MAGISTRATURA/PB – 2011 – CESPE) Com relação ao objeto, aos elementos e aos tipos de constituição, assinale a opção correta.

(A) Quanto ao modo de elaboração, a vigente CF pode ser classificada como uma constituição histórica, em oposição à dita dogmática.

(B) O objeto da CF é a estrutura fundamental do Estado e da sociedade, razão por que somente as normas relativas aos limites e às atribuições dos poderes estatais, aos direitos políticos e individuais dos cidadãos compõem a Constituição em sentido formal.

(C) Por limitarem a atuação dos poderes estatais, as normas que regulam a ação direta de inconstitucionalidade e o processo de intervenção nos estados e municípios integram os elementos ditos limitativos.

(D) Os elementos formais de aplicabilidade são exteriorizados nas normas constitucionais que prescrevem as técnicas de aplicação delas próprias, como, por exemplo, as normas inseridas no Ato das Disposições Constitucionais Transitórias.

(E) Distintamente da constituição analítica, a constituição dirigente tem caráter sintético e negativo, pois impõe a omissão ou negativa de ação ao Estado e preserva, assim, as liberdades públicas.

A: incorreta, pois quanto ao modo de elaboração, a CF é *dogmática*, visto que é fruto dos dogmas vigentes à época de sua elaboração. A Constituição dogmática é sempre escrita; **B:** incorreta, na exata medida em que o conceito de constituição em sentido material, ou seja, que traduz os temas que não podem faltar ao texto constitucional; **C:** incorreta, pois para o Professor José Afonso da Silva são cinco os principais elementos das constituições: a) orgânicos; b) limitativos; c) socioideológicos; d) de estabilização constitucional; e) formais de aplicabilidade. Os elementos limitativos correspondem ao rol de direitos e garantias fundamentais, justamente por estabelecerem "freios" à atuação estatal; **D:** correta, corresponde ao conceito apresentado por José Afonso da Silva; **E:** incorreta, pois a Constituição dirigente é caracterizada pela existência de normas programáticas em seu texto. As normas programáticas estabelecem um programa de atuação para o legislador infraconstitucional, indicam os fins a serem alcançados pelos órgãos estatais. Por uma questão acadêmica devemos pontuar que a Constituição da República é Dirigente, pois apresenta objetivos fundamentais e direitos sociais que deverão ser viabilizados aos jurisdicionados através da realização de programas sociais e políticas publicas (J. J. Gomes Canotilho). FT/TM

Gabarito "D".

(Magistratura/SC – 2010) A República Federativa do Brasil, constituída pela união indissolúvel dos Estados- Membros, Distrito Federal e Municípios, constitui-se em Estado Democrático e de Direito e tem como fundamento:

(A) A independência nacional, a soberania, a sociedade livre, a dignidade da pessoa humana e a liberdade individual.

(B) A soberania nacional, a cidadania, a dignidade da pessoa humana, os valores sociais do trabalho e da livre iniciativa, o pluralismo político.

(C) A cidadania, a dignidade da pessoa humana, os valores sociais do trabalho e econômicos da livre iniciativa, o pluralismo político.

(D) A soberania, a cidadania, a dignidade da pessoa humana, os valores sociais do trabalho, a livre concorrência, o pluralismo político e a defesa da paz.

(E) A cidadania, a dignidade da pessoa humana, os valores econômicos e sociais do trabalho, da livre iniciativa, da livre concorrência, o pluralismo político

A: incorreta, pois a independência nacional é um dos princípios internacionais, nos termos do art. 4º, I, da CF; a soberania e a dignidade da pessoa humana são fundamentos da República Federativa do Brasil, nos termos do art. 1º, I e III, da CF; sociedade livre é um dos objetivos, nos termos do art. 3º, I, da CF, e por fim, a liberdade individual é um dos direitos e garantias individuais; **B:** correta, réplica do art. 1º, I a V, da CF; **C:** incorreta, pois o art. 1º, IV, da CF, faz referencia aos valores sociais do trabalho e da livre iniciativa; **D:** incorreta, pois a defesa da paz é um dos princípios internacionais, nos termos do art. 4º, VI, da CF; **E:** incorreta, pelos mesmos fundamentos apresentados exaustivamente nas alternativas anteriores. FT/TM

Gabarito "B".

(Magistratura/SC – 2010) Considerando o texto da Constituição da República e a jurisprudência do Supremo Tribunal Federal, assinale a alternativa **correta**:

I. Considerando a supremacia e a força normativa da Constituição, o seu preâmbulo adquire extrema relevância jurídica, criando direitos e obrigações.

II. O poder constituinte originário é inicial, autônomo, ilimitado juridicamente e soberano em suas decisões, sendo certo que poderá, inclusive, estabelecer a pena de morte. Por sua vez, o poder constituinte derivado deve obedecer às regras colocadas e impostas pelo poder constituinte originário, sendo limitado e condicionado aos parâmetros impostos a ele.

III. A desconstitucionalização é o fenômeno por meio do qual as normas da Constituição anterior, desde que compatíveis com a nova ordem constitucional, permanecem em vigor com *status* de lei infraconstitucional. No sistema jurídico pátrio, o fenômeno somente será percebido quando a nova Constituição expressamente o prever.

IV. As normas constitucionais de eficácia contida estão aptas a todos os seus efeitos desde a promulgação da Constituição da República, podendo a norma infraconstitucional reduzir sua abrangência. Porém, enquanto isso não ocorrer, a norma tem eficácia plena.

(A) Somente as proposições I e III estão corretas.

(B) Somente as proposições III e IV estão corretas.

(C) Somente as proposições II, III e IV estão corretas.

(D) Somente as proposições I e II e IV estão corretas.

(E) Todas as proposições estão corretas.

I: incorreta. O STF já decidiu que o preâmbulo não é de reprodução obrigatória e já declarou sua irrelevância jurídica. Ele serve tão somente como norte interpretativo das normas constitucionais, não tendo o condão, dessa forma, de gerar força obrigatória (STF, ADI 2.076-AC, rel. Min. Carlos Velloso); **II:** correta. Como já visto, o Poder Constituinte Originário é inicial porque inaugura uma nova ordem jurídica; ilimitado, porque não se submete aos limites impostos pela ordem jurídica anterior (nem mesmo pelas cláusulas pétreas); autônomo, porque exercido livremente por seu titular (o povo); e incondicionado, por não se submeter a nenhuma forma preestabelecida para sua manifestação. Importante ressaltar que, para a doutrina jusnaturalista, o direito natural impõe limites ao PCO que, por essa razão, não seria totalmente autônomo. Ao contrário do Poder Constituinte Originário (que é inicial, autônomo, ilimitado e incondicionado), o Poder Constituinte Derivado é secundário, subordinado, limitado, e exercido pelos representantes do povo. Daí resulta que o poder constituinte derivado encontra limites nas regras previstas pelo constituinte originário. Como defendido em doutrina, o poder constituinte derivado pode ser exercido através da reforma da Constituição Federal ou da Constituição Estadual (poder constituinte derivado reformador), pela revisão da Constituição Federal (poder constituinte derivado revisor, art. 3º do ADCT) ou por intermédio da elaboração das Constituições estaduais e da lei orgânica do Distrito Federal (poder constituinte derivado decorrente); **III:** correta. O ordenamento brasileiro não admite, como regra geral, o fenômeno da *desconstitucionalização*, segundo o qual as normas da constituição anterior, **materialmente** compatíveis com a nova ordem constitucional, permanecem em vigor com *status* de lei ordinária. Só existirá desconstitucionalização se o próprio Poder Constituinte assim determinar, haja vista sua autonomia; **IV:** correta, pois de outra forma, as normas constitucionais de eficácia contida são aquelas que, muito embora tenham eficácia direta e aplicabilidade imediata, podem vir a ser restringidas pelo legislador infraconstitucional no futuro. **FT/TM**

Gabarito "C"

(Juiz – TRF 3ª Região – 2016) Com relação a classificação das Constituições é correto dizer que:

(A) a Constituição formal é aquela promulgada em sessão solene do Poder Constituinte que a elaborou, com a presença do chefe do Poder Executivo.

(B) a Constituição rígida é aquela que não prevê mecanismo ou processo que permita a alteração de suas normas, só podendo ser mudada por outro Poder Constituinte originário.

(C) a Constituição dirigente confere atenção especial à implementação de programas pelo Estado.

(D) a Constituição ortodoxa é aquela que se pauta por valores e tradições há muito já estabelecidos e conservados pela sociedade.

A: incorreta, pois a Constituição formal é aquela que aborda os mais diversos temas em seu texto, mesmo que não sejam materialmente constitucionais. A CF/88 é formal (ver, por exemplo, o art. 242, §2º, da CF); **B:** incorreta, pois seria definição da Constituição imutável. A Constituição rígida é aquela que prevê um processo legislativo mais rigoroso para sua modificação; **C:** correta, pois é a Constituição que estabelece metas ao legislador, dirige programas futuros do Estado (normas constitucionais de eficácia programática); **D:** incorreta. Seria o texto constitucional que se funda em apenas uma ideologia. **AB**

Gabarito "C"

(Juiz – TRF 3ª Região – 2016) Considere a história constitucional do Brasil e assinale a alternativa correta:

(A) Os direitos fundamentais foram expressamente previstos pela primeira vez na Constituição de 1946, a qual sobreveio após a queda do Estado Novo.

(B) A forma federativa de Estado foi prevista na Constituição de 1891, mas ainda assim não foi assegurada autonomia aos Municípios na condição de entes federados.

(C) Na Constituição de 1946 foi concedida ao Presidente da República autorização para expedir decretos-lei e foi prevista a eleição para as Casas Legislativas por meio de voto direto e secreto.

(D) O presidencialismo sempre acompanhou a forma republicana de governo desde que esta foi implantada com a queda do Império.

A: incorreta, pois o texto constitucional de 1824 já trazia um rol de direitos e liberdades; **B:** correta, a forma federativa foi garantida na Constituição de 1891, contudo, sem autonomia aos Municípios; **C:** incorreta, pois tal autorização ocorreu em 1937, durante o Estado Novo; **D:** incorreta, pois o Brasil atravessou uma experiência parlamentarista como, por exemplo, em 1946. **AB**

Gabarito "B".

(Juiz – TRF 2ª Região – 2017) Marque a opção correta:

(A) O direito fundamental à isonomia não é ferido pelos certames públicos para cargos de carreira policial, de escrivão, de agente de segurança e de carcereiro, entre outros, que exigem altura mínima de 1 metro e 60 cm como condição para o ingresso.

(B) A proteção constitucional à liberdade de consciência e de crença assegura o direito de não ter religião, e impede que o Poder Público embarace o funcionamento de qualquer culto, sendo inconstitucional exigência de que instituições religiosas se submetam a limites sonoros em suas reuniões.

(C) Todos os brasileiros têm assegurado o direito de receber dos órgãos públicos informações de seu interesse ou interesse geral, salvo nos casos em que decretado o segredo de justiça.

(D) O direito constitucional de petição pode ser condicionado ao pagamento de custas módicas ou no máximo razoáveis, daí ser inconstitucional, como já decidiu o STF, o estabelecimento de taxa judiciária cobrada sobre o valor da causa, sem limitação expressa.

(E) O fato de ser livre a expressão de atividade intelectual, artística, científica e de comunicação não impede que tal direito seja limitado pelo legislador, permitindo-se, por exemplo, a proteção da reputação das demais pessoas, da segurança nacional, da ordem pública e da saúde.

A: incorreta, pois as discriminações em editais somente serão constitucionais se proporcionais com as atribuições do cargo. Nesse sentido, RMS 31781/STJ: "ADMINISTRATIVO. RECURSO ORDINÁRIO EM MANDADO DE SEGURANÇA. CONCURSO PÚBLICO. POLICIAL MILITAR. ALTURA MÍNIMA. PREVISÃO EM LEI LOCAL. COMPATIBILIDADE DO DISCRÍMEN COM AS ATRIBUIÇÕES DO CARGO PLEITEADO. VALIDADE DA RESTRIÇÃO. 1. Pacífica a jurisprudência do Superior Tribunal de Justiça e do Supremo Tribunal Federal pela validade de cláusula editalícia que impõe condições psicológicas, biológicas e físicas para o acesso a determinado cargo público, desde que (i) tais restrições tenham previsão em lei e (ii) o discrímen legalmente escolhido seja compatível com as atribuições a serem desempenhadas. Precedentes. 2. Na espécie, a altura mínima para homens (1,65m) está prevista no art. 1º da Lei estadual n. 1.353/04, cujo teor foi reproduzido no edital do certame, daí porque preenchida a primeira exigência jurisprudencialmente construída. 3. Por se tratar de concurso público para o cargo de policial militar, revela-se adequada a eleição da altura como fator de corte, levando-se em conta as peculiaridades das atribuições a serem desenvolvidas. 4. Não há que se falar em violação à impessoalidade pois as condições de seleção foram veiculadas previamente, em caráter geral, abarcando toda a universalidade de concorrentes às vagas oferecidas.". No mesmo sentido, o STF já pacificou que: "CONSTITUCIONAL. ADMINISTRATIVO. SERVIDOR PÚBLICO. CONCURSO PÚBLICO. ESCRIVÃO DE POLÍCIA. REQUISITO. ALTURA MÍNIMA. I. - Em se tratando de concurso público para escrivão de polícia, é irrelevante a exigência de altura mínima, em virtude das atribuições do cargo. Precedentes. II. - Não se admite o exame de cláusulas de edital em sede extraordinária. Precedentes. III. - Agravo não provido." (AI 384050/MS); **B:** incorreta, pois a limitação sonora é exigência constitucional, não podendo a lei desobrigar os templos e cultos a procederem o isolamento acústico quando ultrapassado o limite legal de emissão de ruídos. Ainda, temos que ressaltar que os direitos fundamentais possuem, dentre suas características, a limitabilidade/relatividade, ou seja, não há direitos, em regra, absolutos; **C:** incorreta, pois afronta o disposto no art. 5º, XXXIII, da CF: " todos têm direito a receber dos órgãos públicos informações de seu interesse particular, ou de interesse coletivo ou geral, que serão prestadas no prazo da lei, sob pena de responsabilidade, ressalvadas aquelas cujo sigilo seja imprescindível à segurança da sociedade e do Estado."; **D:** incorreta, pois o direito de petição independe do pagamento de taxa. Nesse sentido é o art. 5º, XXXIV, da CF: "são a todos assegurados, independentemente do pagamento de taxas: a) o direito de petição aos Poderes Públicos em defesa de direitos ou contra ilegalidade ou abuso de poder; b) a obtenção de certidões em repartições públicas, para defesa de direitos e esclarecimento de situações de interesse pessoal."; **E:** correta. A liberdade de expressão, como todos os outros direitos fundamentais, tem como uma de suas características a limitabilidade, porque há que se limitar um direito em face a outro. Assim, o STF, no julgamento da ADI 4815/DF, decidiu que: "Para a coexistência das normas constitucionais dos incs. IV, IX e X do art. 5º, há de se acolher o balanceamento de direitos, conjugando-se o direito às liberdades com a inviolabilidade da intimidade, da privacidade, da honra e da imagem da pessoa biografada e daqueles que pretendem elaborar as biografias. 9. Ação direta julgada procedente para dar interpretação conforme à Constituição aos arts. 20 e 21 do Código Civil, sem redução de texto, para, em consonância com os direitos fundamentais à liberdade de pensamento e de sua expressão, de criação artística, produção científica, declarar inexigível autorização de pessoa biografada relativamente a obras biográficas literárias ou audiovisuais, sendo também desnecessária autorização de pessoas retratadas como coadjuvantes (ou de seus familiares, em caso de pessoas falecidas ou ausentes)". **AB**

Gabarito "E".

(**Juiz – TRF 2ª Região – 2017**) Assinale a opção que, corretamente, classifica a Constituição Federal em vigor:

(A) Dogmática, promulgada, rígida e analítica.

(B) Rígida, popular, não dogmática e originalista.

(C) Flexível, popular, histórica e formal.

(D) Democrática, formal, semi-flexível e originalista.

(E) Semi-flexível, promulgada, dirigente e nominalista.

A: correta, uma vez que a Constituição Federal é escrita, logo dogmática, pois exterioriza o trabalho escrito e sistematizado da Assembleia Constituinte, promulgada, porque popular, democrática, rígida, ao passo que para que ocorra alteração da Constituição temos um processo legislativo mais difícil, solene, do que o processo de alteração da legislação infraconstitucional e analítica, na medida em que o texto constitucional aborda os mais diversos temas e não apenas um rol de direito e garantias fundamentas e as estruturais essenciais do Estado. Logo, por lógica, as afirmativas B, C, D e E, estão incorretas. **AB**

Gabarito "A".

(**Magistratura Federal – 1ª Região – IX**) Assinale a alternativa correta:

(A) de acordo com o denominado fenômeno da "recepção", normas infraconstitucionais produzidas sob a égide da Constituição anterior, que forem compatíveis com a nova Constituição, serão por esta recepcionadas, não podendo, todavia, a nova Constituição alterar-lhes a natureza ou o *status*.

(B) leis revogadas sob a égide da Constituição anterior, compatíveis com a nova Constituição, poderão por esta ser adotadas, desde que haja previsão expressa nesse sentido.

(C) a ordem constitucional brasileira admite o fenômeno da "desconstitucionalização", entendido como a possibilidade de recepção pela nova ordem constitucional de dispositivos da Constituição anterior, como legislação infraconstitucional.

(D) diferentemente da *vacatio legis*, relativamente às leis infraconstitucionais, é inadmissível o fenômeno da *vacatio constitutionis*, dada a impossibilidade de, após a publicação da nova Constituição, continuar tendo validade a Constituição anterior.

A: incorreta, pois de acordo com a doutrina majoritária pode-se afirmar, que com a nova constituição, as normas infraconstitucionais anteriores que com ela forem compatíveis ganham um novo fundamento de validade. Lembra a doutrina que nem todas as normas jurídicas anteriores são incompatíveis com os mandamentos da nova constituição, hipótese em que, com fundamento no primado da continuidade e em decorrência da segurança jurídica, deve incidir o fenômeno da RECEPÇÃO. Observação de extrema importância é a de que a RECEPÇÃO é um fenômeno ligado apenas e tão somente ao CONTEÚDO, assim, é irrelevante por meio de qual processo legislativo a norma ingressou no ordenamento jurídico anterior – (com forma de lei ordinária, lei complementar, medida provisória, lei delegada, etc.), basta que seu CONTEÚDO seja compatível com a nova constituição. Para chegar a essa conclusão, basta analisarmos o Decreto-Lei n. 2.848/1940 – (Código Penal) e a Lei n. 5.172/1966 – (Código Tributário Nacional). No tocante ao (Código Penal), este fora instituído por um Decreto-Lei, instrumento normativo não previsto pela CF/88, todavia, o que foi considerado compatível com a CF/88, fora recepcionado com força de lei ordinária. O mesmo ocorrera com o Código Tributário Nacional, aliás, trata-se de exemplo clássico na doutrina. O Código Tributário Nacional fora instituído como lei ordinária, entretanto, como a CF/88 reservou tal matéria à lei complementar, o Código Tributário Nacional passou a ter *status* de lei complementar. Vejam, portanto, que a nova ordem constitucional poderá recepcionar leis infraconstitucionais editadas sob a égide da Constituição anterior, podendo alterar sua natureza ou *status*; **B:** correta. Leis revogadas sob a égide da Constituição anterior, compatíveis com a nova Constituição, poderão por esta ser adotadas, desde que haja previsão expressa nesse sentido. Sem prejuízo, vejamos: Uma vez promulgada a Constituição, os dispositivos nela contidos aplicam-se de forma imediata, inclusive

5. DIREITO CONSTITUCIONAL

quanto aos atos jurídicos anteriores (é a chamada *retroatividade mínima* ou *incidência imediata*). Por exemplo: a Constituição de 1988 instituiu um "teto" para as remunerações dos servidores públicos (CF, art. 37, XI): a partir de 5 de outubro de 1988, esse teto passou a ser aplicável, mesmo a quem tivesse entrado no serviço público antes da Constituição. É a incidência imediata: a aplicação aos efeitos futuros (daqui para a frente) dos atos já produzidos anteriormente. Essa é a regra geral. Porém, se o Constituinte originário quiser – ele pode tudo – poderá determinar inclusive a aplicação de suas normas aos fatos já consumados no passado, desconstituindo-os (*retroatividade máxima*) ou sua aplicação às prestações vencidas e não pagas na data da promulgação da Carta (*retroatividade média*). Por exemplo: a Constituição previu que todos os que tivessem sido demitidos do serviço público, durante a ditadura militar, por motivos de perseguição política, retornariam imediatamente à ativa, com direito às promoções a que fariam jus se estivessem em atividade (retroatividade máxima: a CF desfez os efeitos passados dos atos jurídicos); porém, ressalvou que ninguém seria indenizado de forma retroativa (retroatividade mínima = incidência imediata). Da mesma forma, a CF poderia prever que a regra segundo a qual os juros máximos seriam de 12% ao ano (antiga redação do art. 192) aplicar-se-ia mesmo aos contratos firmados anteriormente à sua promulgação (retroatividade mínima), e inclusive quanto às prestações vencidas antes de 1988, mas ainda não pagas (retroatividade média). A regra geral, porém, é a retroatividade mínima (incidência imediata); o desfazimento dos atos praticados anteriormente (retroatividade máxima) ou a aplicação das normas quanto às prestações vencidas anteriormente à Constituição, mas ainda não pagas (retroatividade média) são a exceção, e, embora admissíveis, só serão aplicadas se houver previsão expressa. Como adverte Pedro Lenza: "O STF vem se posicionando no sentido de que as normas constitucionais, fruto da manifestação do poder constituinte originário, têm, por regra geral, retroatividade mínima, ou seja, aplicam-se a fatos que venham a acontecer após a sua promulgação, referentes a negócios passados. (...) Portanto, sendo a regra a retroatividade mínima, nada impede que a norma constitucional, já que manifestação do poder constituinte originário ilimitado e incondicionado juridicamente, tenha retroatividade média ou máxima. Contudo, para tanto, deve existir expresso pedido na Constituição". Consulte-se o seguinte precedente do STF: "Já se firmou a jurisprudência desta Corte no sentido de que os dispositivos constitucionais têm vigência imediata, alcançando os efeitos futuros de fatos passados (retroatividade mínima). Salvo disposição expressa em contrário – e a Constituição pode fazê-lo –, eles não alcançam os fatos consumados no passado nem as prestações anteriormente vencidas e não pagas (retroatividades máxima e média)".

Retroatividade mínima	Retroatividade média	Retroatividade máxima
A norma constitucional incide imediatamente sobre os efeitos futuros dos atos preexistentes. Incidência imediata, mas daqui para a frente (*ex nunc*)	A norma constitucional incide sobre os efeitos pendentes dos atos preexistentes. Incidência imediata, inclusive quanto às prestações vencidas anteriormente, mas ainda não pagas.	A norma constitucional desconstitui (=desfaz) atos praticados no passado, antes de sua vigência. A norma se aplica aos fatos passados, de modo retroativo (*ex tunc*)
Exemplo: servidores admitidos antes da CF/88 terão as remunerações limitadas pelo teto, mas a partir de 5/10/1988.	Exemplo hipotético: os contratos firmados antes de 1988 teriam juros máximos de 12% a.a., mesmo quanto às prestações vencidas antes da CF e ainda não pagas.	Exemplo: os servidores que foram demitidos por motivo de perseguição política, antes de 1988, serão reintegrados, considerando-se nulo desde a época o ato de demissão.

É a regra (não precisa vir expressa)	É a exceção (precisa vir prevista expressamente)	É a exceção (precisa vir prevista expressamente)

C: incorreta, essa teoria não é aceita no Brasil, todavia, lembra Pedro Lenza que "o fenômeno da desconstitucionalização" poderá ser percebido quando a nova Constituição, expressamente, assim o requerer, tendo em vista ser o poder constituinte originário ilimitado e autônomo, podendo tudo, inclusive prever o aludido fenômeno, mas desde que o faça, como visto, de maneira inequívoca e expressa " (LENZA, Pedro. *Direito Constitucional Esquematizado*. 12. ed. São Paulo: Saraiva, 2008, p. 97.); **D:** incorreta. É admissível o fenômeno da *vacatio constitutionis*. Normalmente, as Constituições possuem dispositivos expressos que determinam o momento em que iniciarão a vigorar. Na omissão de disposição expressa, entende-se que a vigência das novas normas constitucionais é imediata, ou seja, a partir da promulgação da nova Constituição. Na hipótese de a Constituição possuir cláusula expressa que diferencie a entrada em vigor de todo o seu texto, surge a denominada *vacatio constitutionis* (vacância da Constituição), que corresponde ao interregno entre a publicação do ato de sua promulgação e a data estabelecida para a entrada em vigor de seus dispositivos. Nesse período, embora já promulgada, a nova Constituição não tem vigência e a ordem jurídica continua a ser regida pela Constituição existente anteriormente. A atual Constituição de 1988 não adotou a *vacatio constitutionis*, nem trouxe cláusula específica sobre a vigência de seu texto, mas considerando que vários de seus dispositivos, especialmente do ADCT, estabelecem prazos a serem contados a partir de sua promulgação, pode-se concluir que a partir dessa data é que entrou em vigor. Portanto, a Constituição de 1988 entrou em vigor na data de publicação de sua promulgação, sem prejuízo da existência de dispositivos para os quais foi expressamente estipulada uma outra data de início de vigência, a exemplo do art. 34, *caput*, ADCT, por força do qual a maior parte do novo sistema tributário nacional somente entrou em vigor a partir do primeiro dia do quinto mês seguinte ao da promulgação da Constituição. **FI**

Gabarito "B".

(Magistratura Federal – 4ª Região – VIII) Assinalar a alternativa correta:

(A) a nova Constituição revoga automaticamente todos os atos normativos editados na vigência da ordem anterior, havendo incompatibilidade formal;

(B) a lei anterior materialmente incompatível com a nova ordem constitucional está sujeita ao controle concentrado de constitucionalidade;

(C) o art. 25 do Ato das Disposições Constitucionais Transitórias revogou todos os dispositivos legais que delegavam ao Executivo ação normativa da competência do congresso Nacional, mas não impediu a recepção das norma validamente editadas na vigência da Constituição anterior;

(D) o fenômeno da recepção pressupõe a compatibilidade formal e material da lei anterior com a nova ordem constitucional.

C: correta. Com o surgimento de uma nova Constituição, podemos dizer que as normas infraconstitucionais anteriores ficam acéfalas, pois, perderam seu fundamento de validade, ou seja, sua compatibilidade vertical, deixando, portanto, de valer. Todavia, seria inviável refazer todo o ordenamento jurídico, ou seja, criar um novo Código Penal, Código Civil, Código de Processo Civil, Legislações Extravagantes, etc. Para solucionar esse problema, entra em cena o fenômeno da RECEPÇÃO. De acordo com esse fenômeno as normas infraconstitucionais anteriores a a nova CF são recepcionadas, ou seja, continuam a valer se forem compatíveis materialmente com a nova constituição. Pode-se afirmar que, com a nova constituição, as normas infraconstitucionais anteriores que com ela forem compatíveis ganham um novo fundamento de validade. Lembra a doutrina que nem todas as normas jurídicas anteriores são incompatíveis com os mandamentos da nova constituição, hipótese em que, com fundamento no primado da continuidade e em decorrência da segurança jurídica deve incidir o fenômeno da RECEPÇÃO. Observação de extrema importância é a de que a RECEPÇÃO é um fenômeno ligado apenas e tão somente ao CONTEÚDO, assim, é irrelevante por meio de qual processo legislativo a norma ingressou no ordenamento jurídico anterior – (com forma de lei ordinária, lei complementar, medida provisória, lei delegada, etc.), basta que seu CONTEÚDO – (compatibilidade MATERIAL) – seja compatível com a nova constituição. Para chegar a essa conclusão, basta analisarmos o Decreto-Lei n. 2.848/1940 – (Código Penal) e a Lei n. 5.172/1966 – (Código Tributário Nacional). No tocante ao (Código Penal), este fora instituído por um Decreto-Lei, instrumento normativo não previsto pela CF/88, todavia, o que foi considerado compatível com a CF/88, fora recepcionado com força de lei ordinária. O mesmo ocorrera com o Código Tributário Nacional, aliás, trata-se de exemplo clássico na doutrina. O Código Tributário Nacional fora instituído como lei ordinária, entretanto, como a CF/88 reservou tal matéria à lei complementar, o Código Tributário Nacional passou a ter "*status* de lei complementar. Ensina também a doutrina que a **RECEPÇÃO é um fenômeno AUTOMÁTICO**, ou seja, independentemente de previsão expressa. Por fim, no tocante as normas consideradas MATERIALMENTE incompatíveis com a nova Constituição, estas, são consideradas não recepcionadas, e, portanto, REVOGADAS. Há quem diga que tais normas não recepcionadas são atingidas pela inconstitucionalidade superveniente, todavia, tal corrente é rechaçada pela doutrina sob a alegação de que as normas não recepcionadas nem sequer ingressam no novo ordenamento, não tendo, portanto, como declarar a inconstitucionalidade de uma norma que nem integrou o sistema. Arrematando o tema, lembra Pedro Lenza que: "[...] nos casos de normas infraconstitucionais produzidas antes da nova Constituição, incompatíveis com as novas regras, não se observará qualquer situação de inconstitucionalidade, mas, apenas, como vimos, de **revogação** da lei anterior pela nova Constituição, por falta de **recepção**. Nessa situação, acrescente-se, inadmite-se a realização de controle de constitucionalidade via ação direta de inconstitucionalidade genérica, por falta de previsão no art. 102, I, "a", da CF/88, permitindo-se, apenas, a possibilidade de se alegar que a norma não foi recepcionada. Deve-se destacar, desde já, contudo, que, apesar de não ser cabível o aludido controle de constitucionalidade concentrado pela via da ação direta de inconstitucionalidade genérica, será perfeitamente cabível a **arguição de descumprimento de preceito fundamental**, introduzida pela Lei n. 9.882, de 03.12.1999, que, regulamentando o art. 102, § 1.º, da CF/88, alterou, profundamente, a sistemática de controle. Para ilustrar, pedimos vênia para transcrever jurisprudência do STF que, de maneira precisa, sedimenta o exposto acima: "Ementa: Ação direta de inconstitucionalidade – Impugnação de ato estatal editado anteriormente à vigência da CF/88 – Inconstitucionalidade superveniente – Inocorrência – **Hipótese de revogação do ato hierarquicamente inferior por ausência de recepção** – Impossibilidade de instauração do controle normativo abstrato – Ação direta não conhecida. A ação direta de inconstitucionalidade não se revela instrumento juridicamente idôneo ao exame da legitimidade constitucional de atos normativos do poder público que tenham sido editados em momento anterior ao da vigência da Constituição sob cuja égide foi instaurado o controle normativo abstrato. A fiscalização concentrada de constitucionalidade supõe a necessária existência de uma relação de contemporaneidade entre o ato estatal impugnado e a carta política sob cujo domínio normativo veio ele a ser editado. O entendimento de que leis pré-constitucionais não se predispõem, vigente uma nova Constituição, à tutela jurisdicional de constitucionalidade *in abstracto* – orientação jurisprudencial já

consagrada no regime anterior (RTJ 95/980 – 95/993 – 99/544) – foi reafirmado por esta Corte, em recentes pronunciamentos, na perspectiva da Carta Federal de 1988. A incompatibilidade vertical superveniente de atos do Poder Público, em face de um novo ordenamento constitucional, traduz hipótese de pura e simples **revogação** dessas espécies jurídicas, posto que lhe são hierarquicamente inferiores. O exame da revogação de leis ou atos normativos do Poder Público constitui matéria absolutamente estranha à função jurídico-processual da ação direta de inconstitucionalidade" (ADIQO – 7/DF, Rel. Min. Celso de Mello, DJ de 04.09.1992, p. 14087, Ement. v. 01674 -01, p. 1 – original sem grifos)" (LENZA, Pedro. *Direito Constitucional Esquematizado*. 16. ed. São Paulo: Saraiva, 2012, p. 199.). 📭

(Magistratura Federal – 1ª Região – IX) Por permitirem distinguir as diferentes espécies de instituições e fatos do mesmo gênero, as classificações são muito utilizadas pelos cientistas para fins didáticos. Assim é que as Constituições têm sido classificadas de várias formas, com a utilização de diferentes critérios. Algumas dessas classificações são úteis, enquanto outras não oferecem serventia. Entre as principais classificações de Constituições encontram-se aquelas cujos critérios são os da origem, mutabilidade, forma e conteúdo. De acordo com tais critérios, a Constituição brasileira de 1988 é, respectivamente:

(A) promulgada, rígida, dogmática e formal.

(B) votada, rígida, histórica e material.

(C) outorgada, semiflexível, escrita e formal.

(D) promulgada, rígida, costumeira e material.

Reparem que aqui o examinador cobrou no enunciado conhecimento no que tange à classificação: QUANTO À ORIGEM; QUANTO À ESTABILIDADE – (MUTABILIDADE OU PROCESSO DE REFORMA), QUANTO À FORMA, QUANTO AO MODO DE ELABORAÇÃO e QUANTO AO CONTEÚDO. Quanto à ORIGEM, as Constituições podem ser: PROMULGADAS – (também chamadas de populares ou democráticas); OUTORGADAS; CESARISTAS – (também chamadas de bonapartistas); ou PACTUADAS – (também chamadas de dualistas). As Constituições PROMULGADAS – (modelo adotado pela CF/88) –, são aquelas que decorrem da vontade popular, expressa na eleição de uma Assembleia Constituinte para a elaboração da Constituição. As Constituições OUTORGADAS são aquelas produzidas sem a participação popular, ou seja, sem a utilização de instrumentos democráticos, sendo, portanto, impostas pelo titular do Poder. Nas Constituições CESARISTAS, o povo é chamado para se manifestar por meio de referendo ou plebiscito, sobre ordenamentos integralmente elaborados pelo detentor do poder, como exemplos, de Constituições CESARISTAS, podemos citar a Constituição Napoleônica e a Constituição Chilena elaborada à época do Governo Pinochet. Por fim, as Constituições PACTUADAS são aquelas em que o Poder Constituinte Originário se encontra nas mãos de mais de um titular, sendo certo que tais constituições surgiam em decorrência de pactos, acordos entre esses titulares. – Quanto à ESTABILIDADE – (MUTABILIDADE OU PROCESSO DE REFORMA) as Constituições podem ser: IMUTÁVEIS – (também chamadas de permanentes, graníticas ou intocáveis); SUPER-RÍGIDAS; RÍGIDAS; SEMIRRÍGIDAS – (também chamadas de semiflexível); FLEXÍVEIS - (também chamadas de plástica); TRANSITÓRIAMENTE FLEXÍVEIS e FIXAS – (também chamadas de silenciosas). As Constituições IMUTÁVEIS são aquela que proíbem de forma expressa mudanças FORMAIS do seu texto. No tocante as Constituições SUPER--RÍGIDAS, sustentam alguns doutrinadores que a Constituição além de prever um processo legislativo diferenciado para alteração de algumas normas, prevê também normas que estão na esfera do intocável, sendo, portanto, imutáveis. Alexandre de Moraes é um dos defensores dessa corrente. Todavia, parece-nos que a CF/88 não adotou tal modalidade, tendo em vista que suas cláusulas pétreas podem ser alteradas para ampliar direitos. As Constituições RÍGIDAS – (adotada pela CF/88), são aquelas que permitem alterações FORMAIS em seu texto, todavia, estipulam um processo solene, complexo e extremamente mais rigoroso do que é adotado para modificar a legislação infraconstitucional, prevendo, ainda, limitações de ordem material, procedimental – (ou formal) e circunstanciais. Nas Constituições SEMIRRÍGIDAS uma parte do seu texto é RÍGIDO e a outra FLEXÍVEL. No que tange às Constituições FLEXÍVEIS, a alteração do seu texto, diferentemente do que ocorre com as Constituições RÍGIDAS é de competência do legislativo ordinário, não obedecendo um processo complexo e rígido. As Constituições TRANSITÓRIAMENTE FLEXÍVEIS são aquelas que preveem texto passível de reforma pelo legislador comum apenas por período determinado, ultrapassado esse período o Constitucional passa a ser acobertado pela rigidez. Por fim, as Constituições FIXAS são aquelas que só podem ter seus dispositivos alterados por um Poder que tenha a mesma competência que àquele que os criou, ou seja, só o Poder Constituinte Originário pode reformá-la. – QUANTO À FORMA, as Constituições podem ser: ESCRITAS – (também chamadas de instrumental) e NÃO ESCRITAS – (também chamadas de costumeiras ou consuetudinárias). As Constituições ESCRITAS são aquelas em que os preceitos estão positivados de forma sistematizada em um mesmo diploma. Já nas Constituições NÃO ESCRITAS, as normas não estão grafadas de forma sistematizada, de modo único. Não há um documento formal e solene. – QUANTO AO MODO DE ELABORAÇÃO as Constituições podem ser: DOGMÁTICAS ou HISTÓRICAS. As Constituições DOGMÁTICAS – (adotada pelo Constituinte de 1988) – são aquelas que impõem seus preceitos como dogmas em relação aos demais diplomas normativos. Ela está associada aos diplomas escritos. No que diz respeito às Constituições HISTÓRICAS, suas normas se formam com o processo de evolução da sociedade, sendo, portanto, composta por diversas fontes, como por exemplo, os costumes. – QUANTO AO CONTEÚDO, pode ser FORMAL – (ou procedimental) ou MATERIAL – (ou substancial). Constituição FORMAL – (adotada pelo constituinte de 1988). Escrevendo sobre essa classificação ensina Pedro Lenza que: "Materialmente constitucional será aquele texto que contiver as normas fundamentais e estruturais do Estado, a organização de seus órgãos, os direitos e garantias fundamentais. Como exemplo podemos citar a Constituição do Império do Brasil, de 1824, que, em seu art. 178, prescrevia ser constitucional somente o que dissesse respeito aos limites e atribuições respectivos dos poderes políticos e aos direitos políticos e individuais dos cidadãos; tudo o que não fosse constitucional poderia ser alterado, sem as formalidades referidas (nos arts. 173 a 177), pelas legislaturas ordinárias.

Formal, por seu turno, será aquela Constituição que elege como critério o processo de sua formação, e não o conteúdo de suas normas. Assim, qualquer regra nela contida terá o caráter de constitucional. A brasileira de 1988 é formal! Cabe observar (e este tema ainda não está fechado) que, com a introdução do § 3.º no art. 5.º, pela EC n. 45/2004, passamos a ter uma espécie de conceito misto, já que a nova regra só confere a natureza de emenda constitucional (norma formalmente constitucional) aos tratados e convenções internacionais sobre direitos humanos (matéria), desde que observadas as formalidades de aprovação (forma). Como se sabe (e voltaremos a essa análise), nos termos do art. 5.º, § 3.º, "os tratados e convenções internacionais sobre direitos humanos que forem aprovados, em cada Casa do Congresso Nacional, em dois turnos, por três quintos dos votos dos respectivos membros, serão equivalentes às emendas constitucionais". Nesse sentido, podemos lembrar o Decreto Legislativo n. 186/2008, que aprova o texto da Convenção sobre os Direitos das Pessoas com Deficiência e de seu Protocolo Facultativo, assinados em Nova York, em 30 de março de 2007, promulgados pelo Decreto n. 6.949, de 25.08.2009, tendo sido, assim, incorporado ao ordenamento jurídico brasileiro com o status de norma constitucional" (LENZA, Pedro. *Direito Constitucional Esquematizado*. 16. ed. São Paulo: Saraiva, 2012. p. 88-89.). FI

Gabarito "A".

3. HERMENÊUTICA CONSTITUCIONAL E EFICÁCIA DAS NORMAS CONSTITUCIONAIS

(Juiz de Direito – TJM/SP – VUNESP – 2016) Acerca da hermenêutica constitucional, é possível afirmar que para determinado método de interpretação, a realidade normada e os dispositivos constitucionais situam- se tão próximos que o caso concreto é regulamentado quando se dá a implementação fática do comando, ocasião, por exemplo, em que o juiz aplica a lei ao caso. A normatividade, a que se refere o método, não se esgota no texto, como se afirma tradicionalmente, mas vai se exaurir nas situações concretas e até no direito consuetudinário, considerando também os textos doutrinários, já que o texto legal seria apenas uma das fontes iniciais de trabalho. Para este método não há diferença entre interpretação e aplicação. A interpretação não se esgota na delimitação do significado e do alcance da norma, mas inclui, também, sua aplicação. Esse método é denominado

(A) hermenêutico-concretizador.

(B) científico-espiritual.

(C) hermenêutico-clássico.

(D) tópico-problemático.

(E) normativo-estruturante.

A: incorreta, pois o método hermenêutico-concretizador parte da ideia de um movimento de "ir e vir", partindo da norma constitucional para o problema (círculo hermenêutico); **B:** incorreta, pois prega uma interpretação da Constituição a partir de uma ótica dinâmica e que se renova constantemente; **C:** incorreta, pois o método hermenêutico-clássico prega a interpretação da Constituição a partir de todos os métodos tradicionais de hermenêutica: gramatical, lógico, histórico etc.; **D:** incorreta, pois para este método parte-se do problema para a norma; **E:** correta, uma vez que existe uma relação necessária entre o texto e a realidade. Assim, a norma é um pedaço da realidade. AB

Gabarito "E".

(Juiz – TJ/RJ – VUNESP – 2016) No estudo da Hermenêutica Constitucional se destaca a importância do constitucionalismo contemporâneo de uma Constituição concreta e historicamente situada com a função de conjunto de valores fundamentais da sociedade e fronteira entre antagonismos jurídicos-políticos. A Constituição não está desvinculada da realidade histórica concreta do seu tempo. Todavia, ela não está condicionada, simplesmente, por essa realidade. Em caso de eventual conflito, a Constituição não deve ser considerada, necessariamente, a parte mais fraca.

O texto ressalta corretamente o seguinte princípio:

(A) nova retórica constitucional.

(B) força normativa da Constituição.

(C) tópico-problemático constitucional.

(D) senso comum que norteia a eficácia constitucional.

(E) hermenêutica clássica.

Diante do trecho apresentado pela questão e a sua correlação para com um princípio, somente podemos admitir como correta a letra B, pois é um dever do operador do Direito concretizar a "vontade constitucional", sempre buscando a máxima aplicabilidade das normas constitucionais.

Sendo assim, todas as demais alternativas não possuem a mínima correlação – todas dissociadas – com o texto apresentado. **AB**

Gabarito "B".

(Magistratura/AM – 2013 – FGV) A respeito dos *métodos de aplicação e interpretação da Constituição*, assinale a afirmativa **incorreta**.

(A) A ponderação consiste na técnica jurídica de solução de conflitos normativos que envolvem valores ou opções políticas em tensão, insuperáveis pelas formas hermenêuticas tradicionais.

(B) A interpretação conforme a Constituição é uma técnica aplicável quando, entre interpretações plausíveis e alternativas de certo enunciado normativo, exista alguma que permita compatibilizá-la com a Constituição.

(C) O princípio da concordância prática consiste numa recomendação para que o aplicador das normas constitucionais, em se deparando com situações de concorrência entre bens constitucionalmente protegidos, adote a solução que otimize a realização de todos eles, mas ao mesmo tempo não acarrete a negação de nenhum.

(D) A aplicação do princípio da proporcionalidade esgota-se em duas etapas: a primeira, denominada "necessidade ou exigibilidade", que impõe a verificação da inexistência do meio menos gravoso para o atingimento dos fins visados pela norma jurídica, e a segunda, chamada "proporcionalidade em sentido estrito", que é a ponderação entre o ônus imposto e o benefício trazido, para constatar se é justificável a interferência na esfera dos direitos dos cidadãos.

(E) O princípio da eficácia integradora orienta o intérprete a dar preferência aos critérios e pontos de vista que favoreçam a integração social e a unidade política, ao fundamento de que toda Constituição necessita produzir e manter a coesão sociopolítico, pré-requisito de viabilidade de qualquer sistema jurídico.

A: correta. A aplicação dos princípios não é tão fácil. Desenvolvendo essa aplicação, observa-se que os princípios podem entrar em conflito. Surge a técnica hermenêutica da **PONDERAÇÃO DE BENS E INTERESSES** □ se a interpretação e aplicação das regras constitucionais revelam-se mais fáceis, o mesmo não se manifesta com relação aos princípios, pois estes não são apenas regras constitucionais, mas também normas que estão entrando em choque permanente com outros princípios. Constituições como a nossa, faz incidir princípios de diferentes condições axiológicas. Em se tratando de conflito entre princípios constitucionais não podemos utilizar o critério hierárquico (todos estão na Constituição), nem o critério da generalidade (todos são gerais), nem o critério da cronologia (todos foram produzidos no momento da publicação da Constituição). Temos que examinar qual ou quais os princípios que têm MAIOR ou MENOR dimensão de PESO, e estabelecer à luz do caso concreto qual deve prevalecer em detrimento de outros; **B:** correta. Este método de interpretação não se aplica à Constituição, mas à legislação infraconstitucional em conformidade com a Constituição. O intérprete da lei deve utilizar todos os métodos existentes. A partir daí, surgirão diversas interpretações do mesmo dispositivo legal. Destes, alguns se inclinarão para a inconstitucionalidade e outros para a constitucionalidade. A interpretação conforme a Constituição é aquela em que o intérprete adota a interpretação mais favorável à Constituição

Federal, considerando-se seus princípios e jurisprudência, sem, contudo, se afastar da finalidade da lei. Ensina o professor Pedro Lenza que esta forma ou princípio de interpretação possui algumas dimensões que deverão ser observadas, quais sejam: a prevalência da Constituição, que é a essência deste método, posto que enfatiza a supremacia da Lei Maior; a conservação da norma, visto que ao adotar a interpretação que vai ao encontro da Constituição propiciamos sua eficácia e evitamos que seja declarada inconstitucional e deixe de ser aplicada; a exclusão da interpretação *contra legem*, o que impossibilita que a lei seja interpretada contrariamente ao seu texto literal com o intuito de considerá-la constitucional; espaço de interpretação, que dita que este método só pode ser aplicado quando houver a possibilidade de opção, ou seja, deve existir mais de uma interpretação para então optar-se por aquela conforme a Constituição; rejeição ou não aplicação de normas inconstitucionais, em que sempre que o juiz analisar a lei utilizando todos os métodos existentes e verificar que ela é contrária à Constituição deverá declarar a sua inconstitucionalidade; o intérprete não pode atuar como legislador positivo, ou seja, aquele que interpreta a lei não pode dar a ela uma aplicabilidade diversa daquela almejada pelo legislativo, pois, caso assim proceda, considerar-se-á criação de uma nova regra pelo intérprete e a atuação deste com poderes inerentes ao legislador, o que é proibido; **C:** correta. Segundo esse princípio, na hipótese de conflito entre bens e valores constitucionalmente protegidos, o intérprete deve preferir a solução que favoreça a realização de todos eles, evitando o sacrifício total de uns em relação aos outros. A denominação "concordância prática" decorre da compreensão de que apenas é possível realizar essa coordenação dos bens e valores envolvidos num conflito no momento da aplicação do direito ao caso concreto. Neste diapasão, é possível concluir que a prevalência de um bem ou um valor será decidida diante de cada situação submetida ao Poder Judiciário, do que se depreende que cada caso poderá ser resolvido de forma diversa. De acordo com o ensinamento de Luis Roberto Barroso e Ana Paula de Barcellos, essa técnica de ponderação de interesses, bens, valores e normas ocorre em três etapas: a) na primeira, o intérprete encontrará as normas aptas a solucionar o caso, identificando os possíveis conflitos entre elas; b) a segunda etapa é voltada para o exame dos fatos concretos e sua relação com as normas selecionadas na primeira etapa; e c) na terceira e última etapa há a concretização da ponderação, momento no qual serão decididos os pesos que devem ser conferidos aos elementos em conflito e, consequentemente, quais normas devem preponderar neste caso. Por fim, cabe definir a intensidade da prevalência das normas aplicadas sobre as demais, caso seja possível graduar essa intensidade; **D:** incorreta, devendo ser assinalada. O princípio da proporcionalidade apresenta três elementos: a) adequação, b) necessidade e c) proporcionalidade em sentido estrito. O primeiro subprincípio (ADEQUAÇÃO) estabelece a exigência da conformidade ou adequação entre meios e fins, segundo a qual o ato deve ser apropriado para a realização das finalidades a ele subjacentes. Como exemplo para ilustrar esse elemento, podemos citar o célebre *Caso das Farmácias*, julgado pelo Tribunal Constitucional Federal em 1958. Tratava-se de uma lei da Bavária que restringia o número de farmácias em uma comunidade, condicionando a concessão de licenças para a abertura de novas farmácias à demonstração de que elas seriam comercialmente viáveis e que não causariam problemas econômicos para os competidores da região. Essa lei foi invocada em 1955, para impedir que um farmacêutico recentemente imigrado da Alemanha Oriental pudesse estabelecer seu negócio. Tendo o seu pedido de licença negado pela administração local, o farmacêutico dirigiu ao BVerfG uma *reclamação constitucional*, arguindo a inconstitucionalidade em que ela se baseava, pois ela feria o direito constitucional de livre iniciativa. O segundo subprincípio (NECESSIDADE) é o da exigibilidade ou necessidade, que traduz o direito do cidadão à menor restrição possível ao seu direito. Esse critério foi primeiramente distinguido pelo BVerfG no Caso das Farmácias, já tratado no ponto anterior, quando se afirmou que, "se, após uma deliberação cuidadosa, o legislador determina que

5. DIREITO CONSTITUCIONAL

o interesse comum precisa ser preservado, então ele pode impor restrições com o objetivo de protegê-lo - mas apenas na medida em que a proteção não possa ser conseguida por meio de uma redução mais leve à liberdade de escolha". E, logo em seguida, o Tribunal afirma que "as regulações para o bem comum são legítimas apenas quando são absolutamente necessárias para proteger interesses da comunidade que sejam particularmente importantes". Como exemplo da sua aplicação podemos citar o Caso dos Confeitos de Chocolate Candy, no qual se discute a constitucionalidade da lei que proibiu a fabricação de doces que podiam ser confundidos com confeitos de chocolate. O objetivo da lei era evitar que os consumidores se enganassem pela aparência ou pela embalagem e comprassem um produto diverso do que eles desejavam. Essa lei foi invocada com sucesso contra um produtor que fazia doces de flocos de arroz cobertos com chocolate. O terceiro subprincípio é o da JUSTA MEDIDA ou da PROPORCIONALIDADE EM SENTIDO ESTRITO. Como exemplo da utilização jurisprudencial desse critério, podemos citar o Caso Lebach. Lebach participou de um assalto a um quartel das forças armadas alemãs, no qual vários dos soldados que estavam de guarda foram mortos ou feridos. Por esse crime, ele foi condenado a 6 anos de prisão, em um julgamento que atraiu bastante a opinião pública. Alguns anos depois, às vésperas da sua liberação, uma rede de televisão planejou gravar um documentário baseado no crime. O programa usaria a fotografia de Lebach, seu nome e faria referência a suas tendências homossexuais. Sabendo disso, Lebach tentou impedir judicialmente a transmissão do programa, mas a decisão do Tribunal de Apelação de Koblenz não lhe foi favorável. Recorreu, então, ao Tribunal Constitucional Federal que resolveu a questão utilizando os seguintes argumentos: "[Um] programa de televisão sobre a origem, execução e investigação de um crime que menciona o nome de um criminoso e contém uma representação de suas feições necessariamente toca a área dos seus direitos fundamentais garantidos pelo artigo 2º em conjunção com o artigo 1º da Lei Fundamental. Os direitos ao livre desenvolvimento da personalidade e da dignidade humana asseguram para qualquer pessoa uma esfera autônoma para o desenvolvimento de sua vida privada e proteção da sua individualidade. Isso inclui o direito a permanecer sozinho, de preservar sua individualidade dentro dessa esfera e de excluir a intrusão e a inspeção de outros. Isso também engloba o direito sobre a própria figura e opiniões, especialmente o direito de decidir o que fazer com retratos seus. Em princípio, todos têm o direito de determinar até que ponto outros podem tornar públicos certos incidentes ou toda a história de sua vida. [...]. Na resolução do conflito, entre a liberdade de imprensa e o direito de personalidade, deve-se lembrar que [...] ambas as previsões constitucionais são aspectos essenciais da livre ordem democrática da Lei Fundamental, nenhum pode pretender precedência em princípio. [...] Em caso de conflito, deve-se harmonizar os valores constitucionais, se possível; se isso não puder ser feito, deve-se determinar qual interesse cederá frente ao outro, à luz da natureza do caso e suas circunstâncias especiais. E ao fazê-lo, devem-se considerar ambos os valores constitucionais na sua relação com a dignidade humana, enquanto núcleo do sistema de valores da Constituição. Consequentemente, a liberdade de imprensa pode ter o efeito de restringir as pretensões baseadas no direito de personalidade; no entanto, qualquer dano à 'personalidade' resultante de uma transmissão pública não pode ser desproporcional à significação da publicação para a livre comunicação. [...] Deve-se considerar até que ponto o legítimo interesse a que serve a transmissão pode ser satisfeito sem uma invasão na esfera íntima de outras pessoas. [...] Na harmonização de interesses [...] o interesse público em receber informações geralmente prevalece quando crimes atuais estão sendo noticiados. Se alguém quebra a paz ao atacar e ferir outros cidadãos ou os interesses públicos legalmente protegidos, ele não deve apenas sofrer a punição criminal estabelecida em lei; ele também precisa aceitar, por uma questão de princípio, que em uma comunidade que adere ao princípio de liberdade de comunicação, o público tem interesse em receber informações, através dos canais normais, sobre um ato

criminoso que ele próprio tenha causado. No entanto, o interesse em receber informações não é absoluto. A importância central do direito de personalidade exige não apenas a proteção da íntima e inviolável esfera pessoal [do acusado], mas também uma estrita observância do princípio da proporcionalidade. A invasão da esfera pessoal é limitada pela necessidade de satisfazer adequadamente o interesse público de receber informações, enquanto o mal infligido ao acusado deve ser proporcional à gravidade da ofensa ou à sua importância para o público. Consequentemente, não é sempre permitido revelar o nome, publicar uma foto ou usar algum meio de identificar o autor [da ofensa]. [...] De qualquer forma, um programa de televisão sobre um grave crime que não é mais justificado pelo interesse do público em receber informação sobre eventos correntes pode não ser retransmitido se ele coloca em perigo a reabilitação social do criminoso. O interesse vital do criminoso a ser reintegrado à sociedade e o interesse da comunidade em reconduzi-lo a sua posição social original devem geralmente ter precedência frente ao interesse público em uma discussão posterior sobre o crime". Se já é complexa a aplicação desse critério a atos que, *prima facie*, violam direitos fundamentais, a sua aplicação a atos normativos apresenta ainda mais dificuldades; **E:** correta. O examinador esgotou o conceito, logo a assertiva merece apenas ser transcrita. O princípio da eficácia integradora orienta o intérprete a dar preferência aos critérios e pontos de vista que favoreçam a integração social e a unidade política, ao fundamento de que toda Constituição necessita produzir e manter a coesão sociopolítico, pré-requisito de viabilidade de qualquer sistema jurídico. **FT**

„Gabarito "D".

(**Magistratura/BA – 2012 – CESPE**) Com relação aos elementos da Constituição, à aplicabilidade e à interpretação das normas constitucionais, assinale a opção correta.

(A) Apenas os dispositivos que versam sobre os direitos e deveres individuais e coletivos, por possuírem todos os elementos necessários à sua executoriedade direta e integral, podem ser considerados normas constitucionais de eficácia plena e aplicabilidade imediata.

(B) Denomina-se hermenêutico-concretizador o método desenvolvido por Rudolf Smend, para quem o intérprete constitucional não pode separar o programa normativo inserido nas constituições da realidade social.

(C) O método hermenêutico clássico de interpretação constitucional concebe a interpretação como uma atividade puramente técnica de conhecimento do texto constitucional e preconiza que o intérprete da Constituição deve se restringir a buscar o sentido da norma e por ele se guiar na sua aplicação, sem formular juízos de valor ou desempenhar atividade criativa.

(D) Os elementos de estabilização constitucional consubstanciam-se nas normas que regulam a estrutura do Estado e do poder, a segurança pública e as Forças Armadas.

(E) O preâmbulo da CF e as disposições constitucionais transitórias constituem exemplos de elementos limitativos, que restringem a atuação do legislador constituinte derivado e dos titulares do poder estatal.

A: incorreta, pois o Professor José Afonso da Silva, ao contrário do que entendia a doutrina clássica, afirmou que todas as normas constitucionais, sem exceção, são revestidas de eficácia jurídica, ou seja, de aptidão à produção de efeitos jurídicos, sendo assim todas aplicáveis, em maior ou menor grau, nos termos do art. 5º, §§, 1º e 2º, da CF; **B:** incorreta, pois o método Hermenêutico-Concretizador foi desenvolvido por Konrad Hesse. O saudoso Rudolf Smend desenvolveu o método Científico Espiritual; **C:** correta. O método Hermenêutico Clássico ou Jurídico foi desenvolvido por Enest Forshoff. Esse autor parte da ideia de "tese da identidade", segundo a qual a constituição nada mais é do que uma lei, como todas as demais, com algumas peculiaridades. Se a constituição é uma lei (tese da identidade), ela deve ser interpretada pelos mesmos métodos clássicos de interpretação das leis, aqueles desenvolvidos por Savigny, sendo suas inegáveis particularidades apenas um elemento adicional,incapaz de afastar a utilização das regras clássicas de interpretação. Quais são os elementos tradicionais desenvolvidos por Savigny? **c1)Gramatical ou literal:** é importante. É o início de uma interpretação. Além disso, é também o limite para a interpretação. O texto da norma funciona, portanto, como início e limite para a interpretação. Por isso, critica-se o entendimento do STF quanto ao art. 52, X, da CF. **c2)Histórico:** no seu desdobramento, entra o elemento histórico evolutivo. Imagine a Constituição norte-americana. A interpretação dessa constituição não é hoje da mesma forma como se fazia há 200 anos. **C3)Lógico:** Os princípios da lógica formal também devem orientar a interpretação. Ex: princípio da não contradição. **C4) Sistemático:** talvez seja um dos mais importantes. Esse elemento estará presente em vários métodos e em vários princípios interpretativos. O que diz esse elemento? Ele parte da seguinte premissa – se a norma faz parte de um sistema, ela deve ser interpretada de acordo com as demais normas ou em conjunto com as demais normas que compõem o sistema, e não isoladamente. Não existe uma norma jurídica sozinha. Toda norma está dentro de um sistema. É necessário interpretar o dispositivo dentro do sistema ao qual ele pertence." Crítica: Quando Savigny desenvolveu esses elementos, ele o fez pensando exclusivamente no direito privado. O grande problema é que, para o direito privado, eles são suficientes; para o direito público, esses elementos são insuficientes, devido à complexidade da interpretação constitucional; **D:** incorreta, pois os elementos de Estabilização constitucional consubstaciam-se nas normas ou mecanismos previstos na própria Constituição Federal, destinados a assegurar a sua supremacia. Ex: Título V (Estado de Defesa e Estado de Sítio, Segurança Pública e Forças Armadas); Intervenção Federal; Ação Direta de Inconstitucionalidade. Todavia, a estrutura do Estado e do Poder não pertence aos elementos de estabilização, mas sim, aos Elementos Organizacionais ou Orgânicos; **E:** incorreta, pois o preâmbulo e as disposições constitucionais transitórias são Elementos Formais de Aplicabilidade. **FT**

Gabarito "C".

(MAGISTRATURA/PB – 2011 – CESPE) Acerca dos princípios constitucionais e da classificação e interpretação das normas constitucionais, assinale a opção correta.

(A) É prevalecente, na doutrina constitucional brasileira, o entendimento de que as normas que consagram as cláusulas pétreas estão em nível hierárquico superior às demais normas constitucionais.

(B) Entre as modalidades de eficácia dos princípios constitucionais inclui-se a eficácia negativa, que implica a paralisação de qualquer norma ou ato jurídico que contrarie um princípio.

(C) No que concerne à forma de aplicação, os princípios operam por via do enquadramento do fato no relato normativo, ainda que, tanto quanto as regras, eles comportem a subsunção.

(D) As normas constitucionais programáticas cingem-se a estipular princípios ou programas que devem ser perseguidos pelos poderes públicos, não possuindo eficácia vinculante nem sendo capazes de gerar

direitos subjetivos na sua versão positiva ou negativa, embora impeçam a produção de normas que contrariem o direito nelas inserido.

(E) As normas institutivas, que traçam esquemas gerais de organização e estruturação de órgãos, entidades ou instituições do Estado, são dotadas de eficácia plena e aplicabilidade imediata, visto que possuem todos os elementos necessários à sua executoriedade direta e integral.

A: incorreta, pois todas as normas constitucionais possuem a mesma hierarquia formal (inclusive as que veiculam cláusulas pétreas), ainda que possam ter diferentes cargas axiológicas. Vige, no direito brasileiro, o princípio da unidade da Constituição; **B:** correta. De acordo com Ana Paula de Barcellos (in: A eficácia jurídica dos princípios constitucionais - O princípio da dignidade da pessoa humana), a eficácia dos princípios pode ser a) positiva; b) negativa; c) interpretativa; d) vedativa do retrocesso; **C:** incorreta, pois para Alexy, as normas (gênero) se dividem em princípios e regras (espécies). A diferença entre eles consiste justamente na estrutura e na forma de aplicação. Regras são aplicadas por subsunção, princípios por sopesamento (são "mandamentos de otimização"; **D:** incorreta. As normas programáticas estabelecem um programa de atuação para o legislador infraconstitucional e indicam os fins a serem alcançados pelos órgãos estatais. Toda norma constitucional, ainda que programática, possui eficácia para revogar as normas em contrário ou para servir de vetor de interpretação para o legislador ordinário. Não existe norma constitucional sem eficácia alguma; **E:** incorreta, na exata medida que as normas constitucionais *de eficácia limitada* são as que possuem aplicabilidade indireta e eficácia mediata, pois dependem da intermediação do legislador infraconstitucional para que possam produzir seus efeitos jurídicos próprios. De acordo com a doutrina, as normas constitucionais de eficácia limitada podem ser: a) de princípio institutivo (ou orgânico) ou b) de princípio programático. Serão de princípio institutivo se contiverem regras de estruturação de instituição, órgãos ou entidades, como a norma do art. 18, § 2º, da CF. As normas constitucionais de eficácia limitada e de princípio programático veiculam programas a serem implementados pelo Estado (arts. 196, 205 e 215, da CF). **FT/TM**

Gabarito "B".

(Magistratura Federal – 3ª Região – 2011 – CESPE) Com relação a poder constituinte originário, tipologia das constituições, hermenêutica e mutação constitucional, assinale a opção correta.

(A) Quanto ao conteúdo, considera-se constituição formal aquela dotada de supremacia, que, como norma fundamental e superior, regula o modo de produção das demais normas do ordenamento jurídico.

(B) As normas constitucionais são espécies de normas jurídicas, e, como tal, sua interpretação baseia-se em conceitos e elementos clássicos da interpretação em geral, não sendo possível afirmar, portanto, que, no campo hermenêutico, as normas constitucionais apresentam especificidades que as diferenciam das demais normas.

(C) A mutação constitucional ocorre por interpretação judicial ou por via de costume, mas não pela atuação do legislador, pois este age apenas editando normas de desenvolvimento ou complementação do texto constitucional, dentro dos limites por este imposto.

(D) Conforme determinação expressa do Ato das Disposições Constitucionais Transitórias, cabe aos estados, ao DF e aos municípios exercer o poder constituinte decorrente, entendido como a capacidade desses entes federativos de se auto-organizarem de acordo com suas próprias constituições, respeitados os princípios impostos, de forma explícita ou implícita, pela CF.

(E) O poder constituinte originário é a expressão das decisões soberanas da maioria de um povo, em dado momento histórico; esse poder se manifesta em uma assembleia constituinte soberana, responsável por inaugurar uma nova ordem jurídica.

A: correta. Quanto ao conteúdo, considera-se constituição formal aquela dotada de supremacia, que, como norma fundamental e superior, regula o modo de produção das demais normas do ordenamento jurídico. Em outras palavras, todas as normas inseridas no CORPO CONSTITUCIONAL são NORMAS FORMALMENTE CONSTITUCIONAIS; **B:** incorreta, pois como bem lembra Luís Roberto Barroso: "A interpretação constitucional é um fenômeno múltiplo sobre o qual exercem influência (a) o contexto cultural, social e institucional, (b) a posição do intérprete, (c) a metodologia jurídica. (...) A interpretação se faz a partir do texto da norma (gramatical), de sua conexão (sistemática), de sua finalidade (teleológica) e do seu processo de criação (histórica). [...]". Todavia, lembra também o ilustre doutrinador que: "Embora seja uma lei, e como tal deva ser interpretada, a Constituição merece uma apreciação destacada dentro do sistema, à vista do conjunto de peculiaridades que singularizam as suas normas. Quatro delas merecem referência expressa: a) a superioridade hierárquica; b) a natureza da linguagem; c) o conteúdo específico; d) o caráter político" (BARROSO, Luís Roberto. *Interpretação e aplicação da Constituição.* 7. ed. São Paulo: Saraiva, 2009. p. 111 e 131); **C:** incorreta, pois não ocorre pela via do costume. Vejamos: A mutação constitucional pode ser vista de diversos aspectos, de forma ampla ou restritivamente ou ainda quanto a sua forma e não há consenso na doutrina quanto à sua classificação, assim, faremos uma analise de maneira genérica e nos aprofundaremos nos pontos controvertidos. De maneira mais ampla, a mutação constitucional pode ser entendida como toda e qualquer alteração da constituição seja ela através de reforma (atos do poder constituinte derivado) ou alterações interpretativas sem modificação de texto (operadas pelo judiciário). Quanto à mutação em análise estrita, pode ainda ser dividida em mutação formal, que nada mais é do que a alteração formal do texto legal, e mutação informal, que se consubstancia na alteração interpretativa sem modificação de texto. Essa última espécie é a utilizada pela maioria dos autores, por vezes a mais polêmica e com amplas ramificações no direito constitucional e como um todo. Passemos então a análise da mutação constitucional (pois mutação pode ocorrer em qualquer espécie normativa) em seu aspecto informal/interpretativo, no âmbito de nossa Corte Constitucional, em que a partir deste momento chamaremos apenas de mutação. Tendo em vista a classificação de nossa constituição como rígida, ou seja, em que seu processo de alteração é mais lento e dificultoso que a alteração de uma legislação ordinária, e a constante evolução da sociedade, não se poderia admitir o engessamento da Constituição frente às necessidades sociais, isso, tendo como base a diferenciação entre texto legal e norma, passou a admitir-se a interpretação das normas constitucionais, possibilitando o dinamismo, mas devendo manter a segurança jurídica. Em relação aos limites da mutação constitucional, tema de várias controvérsias, pode-se entender que não há grandes diferenças entre limites da interpretação e da mutação constitucional se partirmos do pressuposto em que a mutação constitucional seria a alteração do sentido de um texto em decorrência da modificação do contexto. Mas, se considerarmos a mutação como fenômeno complexo, como consequência de diversos fatores sociais, políticos, econômicos etc., seus limites vão além dos limites da interpretação. Neste passo, a interpretação deve

buscar no texto legal a vontade do legislador e não a do aplicador do direito e obedecer aos princípios de interpretação, que segundo Manoel Gonçalves Ferreira Filho ao citar Canotilho, *exemplifica:* "1)princípio da unidade da Constituição, que exclui contradições, 2) princípio do efeito integrador, ou seja, deve-se preferir a interpretação que dá reforço à unidade política; 3) Princípio da máxima efetividade, quer dizer, deve-se preferir a interpretação que dê maior efetividade à norma; 4) princípio da justeza ou conformidade funcional, que impede a alteração da repartição de funções; 5) princípio da concordância prática ou harmonização, pelo qual se deve evitar o sacrifício (total) de um bem jurídico em favor de outro; 6) princípio da força normativa, em razão do qual se deve procurar dar eficácia óptima à lei constitucional etc.". No Brasil, nós temos o Supremo Tribunal Federal como guardião da nossa Constituição e como disse o Ministro Celso de Melo no HC 91361-0/SP, o STF tem o "monopólio da última palavra", entretanto, a interpretação jurídica como fenômeno social deve buscar a aceitabilidade geral. É cedido que a separação dos poderes é cláusula pétrea em nossa Constituição e que cabe ao Poder Legislativo, em certos casos juntamente com o Poder Executivo, a elaboração e aprovação de leis, ficando ao Poder Judiciário o exercício da jurisdição. Neste passo, o STF não poderia utilizar a mutação, conferindo sentido à norma constitucional contrário a disposição expressa do seu texto, sob pena de termos uma interpretação inconstitucional. Desta forma, no momento em que a sociedade se modifica a ponto de rejeitar certas disposições expressas aceitando mutações contrárias ao texto, mas favoráveis ao mundo, passamos a legitimar mutações contrárias ao texto constitucional. É o caso do entendimento do STF referente ao art. 52, X e ao art. 5º, inc. LXVII, ambos da CF. O artigo 52, inc. X, da CF dispõe que: "Art. 52. Compete privativamente ao Senado Federal: X- suspender a execução, no todo ou em parte, de lei declarada inconstitucional por decisão definitiva do Supremo Tribunal Federal;" Diante deste dispositivo constitucional, o STF em decisão exarada na Reclamação Constitucional nº 4.335-5/Acre, tendo como relator o Min. Gilmar Ferreira Mendes, em que foi dado provimento à Reclamação e concedido efeitos *erga omnes*, o que não costuma ser feito em sede de controle difuso de constitucionalidade. O ilustríssimo Ministro, justificou sua decisão dizendo que a atual Constituição modificou amplamente o sistema de controle de constitucionalidade, sendo inevitáveis reinterpretações dos institutos referentes ao controle incidental de constitucionalidade. Assim, o Senado apenas daria publicidade à suspensão de execução da lei declarada inconstitucional, no todo ou em parte, pelo STF (o autor ratifica seu posicionamento contrário a esse entendimento). A grande discussão é se o STF não estaria invadindo a esfera de competências do Senado ao decidir dessa maneira, o que nos leva a pensar se realmente seria uma afronta à separação dos poderes. Se entendermos que essa deliberação legislativa tem caráter discricionário, podendo o Senado suspender ou não a execução da lei, será plausível pensar invasão de competências. Entretanto se entendermos que essa deliberação tem caráter vinculado, não há que se falar em invasão de competências. Vejamos, é o STF o órgão competente para declarar a inconstitucionalidade das leis, o Senado apenas suspenderia a execução de uma lei já declarada inconstitucional e caso essa suspensão de execução não fosse declarada, o Supremo continuaria a julgá-la inconstitucional até que houvesse a oportunidade de estender seus efeitos para todos no controle concentrado, ou dependendo do volume de processos sobre o mesmo assunto poderia editar uma súmula vinculante. Logo, esse posicionamento do STF, embora discutível, provavelmente diminuirá o volume de processos na Corte Constitucional, possibilitando a celeridade dos demais processos e uniformizará a jurisprudência, evitando a desigualdade de decisões em casos não suscetíveis de apreciação pelo Supremo. O grande problema, talvez não fosse somente essa decisão sobre o inciso X do art. 52, e sim a grande preocupação com o ativismo judicial, conceituado por Elival da Silva Ramos como: "o desrespeito aos limites normativos substanciais da função jurisdicional", possibilitando ao judiciário legislar por vias interpretativas. Com relação ao outro exemplo de mutação constitucional, referente ao artigo 5º, inciso LXVII, da CF, que permite a prisão do depositário infiel, o Supremo decidiu no sentido de que o Pacto de São José da Costa Rica, incorporado por meio do Decreto nº 678/92, entendido tanto como norma supra legal ou como norma constitucional (seguindo a linha de pensamento da professora Flávia Piovesan e de outros), teria revogado a legislação ordinária que a previa. A norma Constitucional, entretanto, que a prevê, não é mais aplicável. Neste sentido, as palavras do Ministro Celso de Mello: "O fato, senhores Ministros, é que, independentemente da orientação que se venha adotar (supralegalidade ou natureza constitucional dos tratados internacionais de direitos humanos) a conclusão será, sempre, uma só: a de que não mais subsiste, em nosso sistema de direito positivo interno, o instrumento da prisão civil nas hipóteses de infidelidade depositária, cuide-se de depósito voluntário (convencional), ou trate-se de depósito necessário". Dessa forma, a mutação é uma das consequências do novo constitucionalismo, que segundo Inocêncio Mártires Coelho, tem como características: 1. a Constituição como norma suprema de fundamento de validade de todo o ordenamento jurídico; 2. Mais juízes do que legisladores; 3. Mais princípios do que regras; 4. Mais ponderação do que subsunção; e 5. mais concretização do que interpretação. **FT**

Gabarito "A".

(Magistratura Federal – 3ª Região – XIII) O fenômeno pelo qual a Constituição sofre mudança informal de seu sentido ou conteúdo, sem alteração do respectivo texto, é conhecido como:

(A) mutação constitucional;

(B) revisão constitucional;

(C) recepção constitucional;

(D) repercussão constitucional.

A: correta. A reforma constitucional obedece a critérios e limites estabelecidos pelo poder constituinte originário; as mutações constitucionais, por seu turno, não implicam modificações físicas no texto da CF, mas, sim, na interpretação da regra ali contida. Em outras palavras, a mutação constitucional pode ser vista de diversos aspectos, de forma ampla ou restritivamente ou ainda quanto à sua forma. Não há consenso na doutrina quanto à sua classificação, assim, faremos uma análise de maneira genérica e nos aprofundaremos nos pontos controvertidos. De maneira mais ampla, a mutação constitucional pode ser entendida como toda e qualquer alteração da constituição seja ela através de reforma (atos do poder constituinte derivado) ou alterações interpretativas sem modificação de texto (operadas pelo Judiciário). Quanto à mutação em análise estrita, pode ainda ser dividida em mutação formal, que nada mais é do que a alteração formal do texto legal e mutação informal, que se consubstancia na alteração interpretativa sem modificação de texto. Essa última espécie é a utilizada pela maioria dos autores, por vezes a mais polêmica e com amplas ramificações no direito constitucional e como um todo. Passemos então a análise da mutação constitucional (pois mutação pode ocorrer em qualquer espécie normativa) em seu aspecto informal/interpretativo, no âmbito de nossa Corte Constitucional, em que a partir deste momento chamaremos apenas de mutação. Tendo em vista a classificação de nossa constituição como rígida, ou seja, em que seu processo de alteração é mais lento e dificultoso que a alteração de uma legislação ordinária, e a constante evolução da sociedade, não se poderia admitir o engessamento da Constituição frente às necessidades sociais, isso, tendo como base a diferenciação entre texto legal e norma, passou a admitir-se a interpretação das normas constitucionais, possibilitando o dinamismo, mas devendo manter a segurança jurídica. Em relação aos limites da mutação constitucional, tema de várias controvérsias, pode-se entender que não há grandes diferenças entre limites da interpretação e da mutação constitucional se partirmos do pressuposto em que a mutação constitucional seria a alteração do sentido de um texto em decorrência da modificação do contexto. Mas, se considerarmos a mutação como fenômeno complexo, como consequência de diversos fatores sociais, políticos, institucionais etc., seus limites vão além dos limites da interpretação. Neste passo, a interpretação deve buscar no texto legal a vontade do legislador e não a do aplicador do direito e obedecer aos princípios de interpretação, que segundo Manoel Gonçalves Ferreira Filho ao citar Canotilho, exemplifica: "1)princípio da unidade da Constituição, que exclui contradições, 2) princípio do efeito integrador, ou seja, deve-se preferir a interpretação que dá reforço à unidade política; 3) Princípio da máxima efetividade, quer dizer, deve-se preferir a interpretação que dê maior efetividade à norma; 4) princípio da justeza ou conformidade funcional, que impede a alteração da repartição de funções; 5) princípio da concordância prática ou harmonização, pelo qual se deve evitar o sacrifício (total) de um bem jurídico em favor de outro; 6) princípio da força normativa, em razão do qual se deve procurar dar eficácia óptima à lei constitucional etc."; **B:** incorreta, Revisão Constitucional é manifestação do Poder Constituinte Derivado pela via do PROCESSO FORMAL. A iniciativa de **revisão constitucional** de acordo com o artigo 3º do Ato das Disposições constitucionais transitórias compete, aos membros do Congresso Nacional. O Congresso Nacional pode rever a Constituição decorridos 5 anos da data da promulgação da Constituição de 1988. A Revisão constitucional prevista no ADCT deverá ser votada pela maioria absoluta dos membros do Congresso Nacional em votação Unicameral. A revisão constitucional do ADCT já foi realizada, no ano de 1994. A partir de então a Constituição somente poderá ser emendada seguindo os procedimentos do artigo 60 e seguintes da Constituição Federal de 1988; **C:** incorreta. A recepção constitucional ocorre na hipótese em que nova ordem Constitucional entra em vigor, revogando tacitamente o ordenamento jurídico que se mostre com ela incompatível e recepciona o ordenamento jurídico infraconstitucional que se mostre compatível. A lei que tenha compatibilidade lógica com a Constituição será recepcionada com a natureza jurídica que a nova norma lhe imprime, ainda que mais rígida. Portanto, a forma com que se reveste o ato não tem a menor importância no fenômeno da recepção. Pode haver uma incompatibilidade formal, mas nunca material. A lei que se mostre incompatível será revogada tacitamente e não considerada como inconstitucional. Não existe inconstitucionalidade superveniente, pois o vício de inconstitucionalidade é congênito (nasce com a norma); **D:** incorreta, na verdade não se trata de repercussão constitucional, mas sim de repercussão geral, na exata medida que a Emenda Constitucional nº 45/2004 incluiu a necessidade de a questão constitucional trazida nos recursos extraordinários possuir repercussão geral para que fosse analisada pelo Supremo Tribunal Federal. O instituto foi regulamentado mediante alterações no Código de Processo Civil e no Regimento Interno do Supremo Tribunal Federal. As características do instituto demandam comunicação mais direta entre os órgãos do Poder Judiciário, principalmente no compartilhamento de informações sobre os temas em julgamento e feitos sobrestados e na sistematização das decisões e das ações necessárias à plena efetividade e à uniformização de procedimentos. Neste sentido, esta sistematização de informações destina-se a auxiliar na padronização de procedimentos no âmbito do Supremo Tribunal Federal e dos demais órgãos do Poder Judiciário, de forma a atender os objetivos da reforma constitucional e a garantir a racionalidade dos trabalhos e a segurança dos jurisdicionados, destinatários maiores da mudança que ora se opera. A finalidade é delimitar a competência do STF, no julgamento de recursos extraordinários, às questões constitucionais com relevância social, política, econômica ou jurídica, que transcendam os interesses subjetivos da causa e uniformizar a interpretação constitucional sem exigir que o STF decida múltiplos casos idênticos sobre a mesma questão constitucional. A existência da repercussão geral da questão constitucional suscitada é requisito necessário para o conhecimento de todos os recursos extraordinários, inclusive em matéria penal. Exige-se preliminar formal de repercussão geral, sob pena de não ser admitido o recurso extraordinário. A verificação da existência da preliminar formal é de competência concorrente do Tribunal, Turma Recursal ou Turma de Uniformização de origem e do STF. A análise sobre a existência ou não da repercussão geral, inclusive o reconhecimento de presunção legal de repercussão geral, é de competência exclusiva do STF. **FT**

Gabarito "A".

4. DO CONTROLE DE CONSTITUCIONALIDADE

(Juiz de Direito – TJM/SP – VUNESP – 2016) Assinale a alternativa que corretamente discorre sobre aspectos da Arguição de Descumprimento de Preceito Fundamental, tendo em vista as previsões constitucionais e os posicionamentos do Supremo Tribunal Federal.

(A) A Arguição de Descumprimento de Preceito Fundamental, fórmula processual subsidiária do controle concentrado de constitucionalidade, é via adequada à impugnação de norma pré-constitucional.

(B) A existência da autoridade da coisa julgada não representa obstáculo que impede o conhecimento e o ulterior prosseguimento da Arguição de Descumprimento de Preceito Fundamental, que pode ser utilizada como sucedâneo da ação rescisória.

(C) A simultaneidade de tramitações de Ação Direta de Inconstitucionalidade e Arguição de Descumprimento de Preceito Fundamental, portadoras de mesmo objeto, é compatível com a cláusula de subsidiariedade que norteia o instituto da Arguição de Descumprimento de Preceito Fundamental.

(D) Não tem sido atribuído caráter vinculante, pelo Supremo Tribunal Federal, ao provimento cautelar outorgado em sede de Arguição de Descumprimento de Preceito Fundamental, como instrumento de controle abstrato de constitucionalidade.

(E) O enunciado de Súmula do Supremo Tribunal Federal, indicado como ato lesivo aos preceitos fundamentais, consubstancia ato do Poder Público, sendo, portanto, suscetível de Arguição de Descumprimento de Preceito Fundamental.

A: correta, pois temos na ADPF uma ação subsidiária no controle de constitucionalidade, inclusive sendo apta para impugnar normas pré--constitucionais; **B:** incorreta, pois não há identidade entre uma ADPF e uma ação rescisória; **C:** incorreta, pois ADI e ADPF não são ações com simultaneidade, inclusive por ser a ADPF uma ação subsidiária; **D:** incorreta, pois as medidas cautelares, conforme jurisprudência do STF, possuem eficácia vinculante (em sede de controle concentrado); **E:** incorreta, pois não cabe controle concentrado contra súmula, vez que há procedimento próprio para que estas seja canceladas (súmulas vinculantes ou comuns). **AB**

Gabarito "A".

(Juiz de Direito – TJM/SP – VUNESP – 2016) Considere o seguinte caso hipotético. Deputado Federal logra obter a assinatura de 1/3 (um terço) dos membros da Câmara dos Deputados em proposta de emenda constitucional que estabelece a pena de morte para casos de roubo, sequestro e estupro, seguidos de morte. Tal matéria deve ser objeto de plebiscito dentro de 18 (dezoito) meses da aprovação da referida proposta, que está tramitando regularmente. Partido Político X propõe Ação Direta de Inconstitucio-

nalidade em face da proposta de emenda constitucional. Considerando os pronunciamentos anteriores sobre a matéria, o Supremo Tribunal Federal decidirá pela

(A) admissão da Ação Direta de Inconstitucionalidade, pois não poderá ser objeto sequer de deliberação a proposta de emenda constitucional tendente a abolir os direitos e garantias fundamentais.

(B) não admissão da Ação Direta de Inconstitucionalidade, pois a proposta ainda não alcançou o plano da existência e a Constituição somente admite a Ação Direta de Inconstitucionalidade contra lei ou ato normativo federal ou estadual.

(C) procedência da Ação Direta de Inconstitucionalidade, pois a Constituição Federal admite a fiscalização preventiva e abstrata, em se tratando da defesa da higidez de cláusulas pétreas.

(D) improcedência da Ação Direta de Inconstitucionalidade, pois muito embora a Constituição Federal admita o controle preventivo de propostas de emenda à Constituição, o plebiscito torna possível a modificação de cláusulas pétreas.

(E) impossibilidade jurídica do pedido, pois embora o Novo Código de Processo Civil tenha eliminado essa hipótese de carência de ação como regra geral, ela foi mantida no âmbito da lei especial que rege a Ação Direta de Inconstitucionalidade.

A: incorreta, pois não será caso de ADI, mas de Mandado de Segurança – via difusa – por exemplo; **B:** correta, pois o controle mediante ADI requer lei ou ato normativo, requisito este que uma PEC não preenche; **C:** incorreta, pois seria caso de Mandado de Segurança impetrado por um parlamentar, mas não de ADI. Assim é a jurisprudência do STF (MS 32.033/DF); **D:** incorreta, pois o plebiscito seria uma ordem da emenda constitucional. Assim, não há que se falar em convalidação do vício; **E:** incorreta, pois não há menção no Código de Processo Civil. **AB**

Gabarito "B".

(Juiz – TJ/SP – VUNESP – 2015) Conforme decidido pelo Supremo Tribunal Federal no julgamento da Rcl 4345/AC, na declaração de inconstitucionalidade de lei em sede de controle difuso, os efeitos da decisão

(A) não podem ter caráter geral em relação aos Tribunais Estaduais, e a Súmula Vinculante 10 (cláusula de reserva de plenário) impede a declaração de inconstitucionalidade de lei por órgão fracionário do Tribunal ou pelas Turmas Recursais dos Juizados Especiais.

(B) se tiverem reconhecida a sua eficácia geral, a vinculação ao decidido limita-se à parte dispositiva daquela decisão.

(C) podem gerar efeitos gerais, ultra partes, assemelhados a um caráter vinculante.

(D) podem ter efeito geral em relação aos Juízes e Tribunais Estaduais se e quando convertidos em Súmulas Vinculantes.

A: incorreta, pois a cláusula de reserva de plenário não se aplica às Turmas Recursais (ARE 792562, STF); **B:** incorreta, pois o STF não aplica a Teoria da Transcendência dos Motivos Determinantes. Além disso, pode produzir efeitos gerais, porque produz efeitos expansivos; **C:** correta. É o resumo da decisão mencionada no enunciado da questão;

D: incorreta, pois exclui a hipótese do art. 52, X, da CF, além do que, desnecessária seria a conversão em súmulas vinculantes. **AB**

Gabarito "C".

(Juiz – TJ/SP – VUNESP – 2015) Determinada Câmara Municipal tem a iniciativa de, por meio de emenda à Lei Orgânica Municipal, estabelecer mudança na base de cálculo de benefício a servidor municipal e o respectivo pagamento é implementado. No ano seguinte, o novo Prefeito ingressa com a ação direta de inconstitucionalidade daquela alteração legislativa, sendo correto decidir (conforme precedente do órgão Especial do Tribunal de Justiça do Estado de São Paulo na ADI 2222132-48.2014) que

(A) existe inconstitucionalidade por vício de iniciativa e a decisão judicial tem eficácia ex nunc, aplicando a modulação dos seus efeitos e declarando que os valores recebidos pelos servidores são irrepetíveis.

(B) existe inconstitucionalidade por vício de iniciativa e, diante do efeito repristinatório inerente à desconstituição da norma inconstitucional, devem ser devolvidos pelos servidores os valores recebidos, mediante compensação nos vencimentos futuros.

(C) existe inconstitucionalidade e seus efeitos são ex tunc, sendo que a modulação dos efeitos somente é permitida ao Supremo Tribunal Federal, preservando-se apenas pagamentos feitos até a data da decisão judicial.

(D) não existe inconstitucionalidade da modificação legislativa, tendo em vista sua aceitação pelo Prefeito anterior e como medida de proteção à segurança jurídica e boa-fé dos servidores.

A: correta, pois a legitimidade seria do Prefeito, não do Presidente da Câmara Municipal (ou dos Vereadores); **B:** incorreta, pois o STF não exige a devolução dos valores recebidos de boa-fé, ainda mais por existir o status de verba alimentar; **C:** incorreta, pois a modulação dos efeitos também é possível aos Tribunais de Justiça quando, por exemplo, se tratar de ADI em que o parâmetro seja a Constituição Estadual. Além disso, a modulação dos efeitos é a exceção, nunca a regra; **D:** incorreta, pelas razões já explicadas na letra A. **AB**

Gabarito "A".

(Juiz – TJ/MS – VUNESP – 2015) Segundo a Constituição Federal e a jurisprudência do Supremo Tribunal Federal, são dois exemplos de legitimados universais para a propositura da ação declaratória de constitucionalidade:

(A) as Mesas do Senado Federal e da Câmara dos Deputados e as confederações sindicais.

(B) as entidades de classe de âmbito federal e o Procurador- Geral da República.

(C) o Procurador-Geral da República e as Mesas das Assembleias Legislativas.

(D) os Governadores de Estado e o Presidente da República.

(E) o Conselho Federal da Ordem dos Advogados do Brasil e os partidos políticos com representação no Congresso Nacional.

A: incorreta. As confederações sindicais são classificadas como legitimadas especiais, ou seja, precisam demonstrar pertinência temática para proporem as ações do controle concentrado (ADI, ADC e ADPF); **B:**

incorreta. As entidades de classe de âmbito nacional precisam demonstrar pertinência temática, não são legitimadas universais; **C:** incorreta. As Mesas das Assembleias Legislativas também precisam demonstrar pertinência temática, ou seja, a lei questionada precisa ter relação com o Estado que a Mesa representa; **D:** incorreta. Os Governadores de Estado precisam demonstrar a relação de pertinência temática com o Estado que representa; **E:** correta. De fato, o CFOAB e os partidos políticos com representação no Congresso Nacional são considerados legitimados universais, ou seja, podem impugnar quaisquer leis, sem que haja a necessidade da demonstração de pertinência temática. Em suma, os legitimados previstos nos incisos IV, V e IX, do art. 103 da CF são os classificados como especiais ou temáticos, já que precisam demonstrar a relação de pertinência com aquilo que representam (pertinência temática). Os demais são considerados pelo STF como universais. **BV**

Gabarito "E".

(Juiz – TJ/MS – VUNESP – 2015) No tocante ao controle concentrado de constitucionalidade, é correto afirmar sobre a ação direta de inconstitucionalidade (ADI):

(A) regimento interno de tribunal estadual não pode ser objeto de ação direta de inconstitucionalidade.

(B) lei estadual editada para regulamentar matéria de competência privativa da União deve ser objeto de impugnação por meio de ação direta de inconstitucionalidade em âmbito estadual.

(C) ato normativo, de caráter autônomo, geral e abstrato expedido por pessoa jurídica de direito público estadual e decreto editado com força de lei podem ser objeto de ADI perante o Supremo Tribunal Federal.

(D) o decreto do Chefe do Executivo que promulga os tratados e convenções não se submete ao controle da ação direta de inconstitucionalidade.

(E) os regimentos das Assembleias Legislativas devem ser objeto de ação direta de inconstitucionalidade estadual perante o Tribunal de Justiça do Estado.

A: incorreta, pois o regimento interno do tribunal estadual encaixaria-se como ato normativo estadual, assim, cabível seria a ADI; **B:** incorreta, pois a ofensa sendo contra o texto da CF/88 atrai a competência ao STF; **C:** correta, pois encaixa no art. 102, I, a, da CF; **D:** incorreta, pois tal decreto teria natureza de ato jurídico federal, sendo apto ao controle por ADI; **E:** incorreta, pois cabe também controle perante o STF (ADI 4587/GO). **AB**

Gabarito "C".

(Juiz – TJ/MS – VUNESP – 2015) Uma lei federal em vigor antes da atual Constituição Federal

(A) pode ser objeto de controle de constitucionalidade incidental, mas não se submete ao controle concentrado.

(B) pode ser objeto de controle de constitucionalidade por meio da Arguição de Descumprimento de Preceito Fundamental.

(C) pode ser objeto de controle de constitucionalidade pela Ação Declaratória de Constitucionalidade.

(D) não pode ser objeto de controle de constitucionalidade, nem concentrado nem incidental.

(E) pode ser objeto de qualquer instrumento de controle concentrado de constitucionalidade.

A: incorreta. É possível fazer controle concentrado nessa hipótese, desde que por meio da ADPF – Arguição de Descumprimento de Preceito

Fundamental; **B:** correta. É o que determina o art. 1º, parágrafo único, I, da Lei 9.882/1999; **C:** incorreta. Apenas leis ou atos normativos federais, editados na vigência da CF/88, podem ser objeto de ADC – Ação Declaratória de Constitucionalidade. É o que determina o art. 13, *caput*, da Lei 9.868/1999; **D:** incorreta. É possível que o controle seja feito nas duas modalidades (concentrada, por ADPF e incidental, no caso concreto); **E:** incorreta. Não é qualquer ação do controle concentrado. Como mencionado, norma criada antes da CF/88, ou seja, direito pré-constitucional, só poderá ser impugnada em sede de controle concentrado, por meio de ADPF. **BV**

Gabarito "B".

(Juiz – TJ-SC – FCC – 2017) Lei estadual, de iniciativa parlamentar, determinou que o limite máximo de remuneração dos ocupantes de cargos, funções e empregos públicos da administração direta, autárquica e fundacional dos membros dos poderes estaduais passará a ser o valor correspondente a noventa inteiros e vinte e cinco centésimos por cento do subsídio mensal dos Ministros do Supremo Tribunal Federal, não se aplicando o referido limite remuneratório, todavia, aos magistrados e deputados estaduais, para os quais se previu como teto, respectivamente, o subsídio mensal dos Ministros do Supremo Tribunal Federal e o valor equivalente a setenta e cinco por cento daquele estabelecido para os Deputados Federais. À luz da Constituição Federal e da jurisprudência do Supremo Tribunal Federal a referida lei estadual é:

(A) formalmente inconstitucional, uma vez que, em razão do princípio da simetria, apenas lei de iniciativa conjunta dos Chefes dos Poderes Executivo, Legislativo e Judiciário do Estado poderia estabelecer o limite máximo remuneratório, mas a lei é materialmente compatível com a Constituição Federal, na medida em que os limites se adequam às normas constitucionais.

(B) formalmente constitucional, uma vez que a matéria pode ser objeto de projeto de lei de iniciativa parlamentar, mas materialmente inconstitucional, na medida em que não se poderia adotar limite distinto para os magistrados e deputados estaduais.

(C) formal e materialmente inconstitucional, uma vez que apenas emenda à Constituição do Estado poderia estabelecer o limite máximo remuneratório, que, ademais, apenas poderia ser equivalente ao valor do subsídio pago aos Deputados estaduais.

(D) formalmente inconstitucional, uma vez que apenas emenda à Constituição do Estado poderia estabelecer o limite máximo remuneratório, mas materialmente compatível com a Constituição Federal, na medida em que os limites se adequam às normas constitucionais.

(E) formal e materialmente inconstitucional, uma vez que, em razão do princípio da simetria e das normas que regem a elaboração das leis orçamentárias, apenas lei de iniciativa do Chefe do Poder Executivo poderia estabelecer o limite máximo remuneratório, que, ademais, não poderia ser o valor correspondente a noventa inteiros e vinte e cinco centésimos por cento do subsídio mensal dos Ministros do Supremo Tribunal Federal.

A: incorreta, pois apenas emenda à Constituição do Estado poderia estabelecer o limite máximo (art. 37, §12, da CF); **B:** incorreta, pois

somente seria viável mediante emenda à Constituição estadual. Ainda, perfeitamente possível seria adotar limites remuneratórios distintos para magistrados e deputados (art. 27, §2º, da CF); **C:** incorreta. Não ocorre inconstitucionalidade material, conforme arts. 37 e 27, ambos da CF; **D:** correta. Somente por emenda constitucional seria possível tal alteração, ainda que citada lei estadual seja materialmente constitucional. Sobre esse tema é importante ressaltar a ADI 3854/DF: "Remuneração. Limite ou teto remuneratório constitucional. Fixação diferenciada para os membros da magistratura federal e estadual. Inadmissibilidade. Caráter nacional do Poder Judiciário. Distinção arbitrária. Ofensa à regra constitucional da igualdade ou isonomia. Interpretação conforme dada ao art. 37, inc. XI, e § 12, da CF. Aparência de inconstitucionalidade do art. 2º da Resolução nº 13/2006 e do art. 1º, § único, da Resolução nº 14/2006, ambas do Conselho Nacional de Justiça. Ação direta de inconstitucionalidade. Liminar deferida. Voto vencido em parte. Em sede liminar de ação direta, aparentam inconstitucionalidade normas que, editadas pelo Conselho Nacional da Magistratura, estabelecem tetos remuneratórios diferenciados para os membros da magistratura estadual e os da federal."; **E:** incorreta, pois, conforme já explicado, trata-se de inconstitucionalidade do ponto de vista formal. **AB**

Gabarito "D".

(Magistratura/AM – 2013 – FGV) Com relação aos *remédios constitucionais* e ao *controle abstrato de constitucionalidade do direito municipal*, assinale a afirmativa correta.

(A) Admite-se a impetração de mandado de segurança coletivo para a salvaguarda de direitos, ante a previsão expressa do art. 5º, inciso LXX, da Constituição Federal de 1988, mas não a de mandado de injunção coletivo, haja vista a inexistência de idêntica previsão constitucional.

(B) A reclamação constitucional é instrumento voltado exclusivamente a sanar a inobservância das decisões do Supremo Tribunal Federal, em processos subjetivos ou objetivos, havendo sido criado por norma regimental e posteriormente incluído no art. 102, inciso I, alínea "l", do texto originário da Constituição Federal de 1988.

(C) Na representação de inconstitucionalidade julgada por Tribunal de Justiça Estadual, é cabível a interposição de recurso extraordinário quando a norma invocada como parâmetro da Constituição Estadual constituir repetição obrigatória de norma da Constituição Federal.

(D) O *habeas data* pode ser empregado por qualquer cidadão para a obtenção de dados relativos à remuneração de servidores públicos, consoante admite a Lei 12.527/2011, que regula o acesso a informações.

(E) O mandado de injunção viabiliza o exercício de direito ou liberdade constitucional ou prerrogativas alusivas à nacionalidade, à soberania e à cidadania, quando há omissão legislativa ou concretização deficiente pelo legislador.

A: incorreta. De fato, não existe previsão constitucional para a impetração do mandado de injunção coletivo, todavia, em 2011, o ministro Celso de Mello, do Supremo Tribunal Federal (STF), garantiu aos filiados ao Sindicato dos Servidores Públicos Federais da Justiça do Trabalho da 15ª Região (Sindiquinze), que sejam portadores de deficiência, o direito de terem seus pedidos administrativos de aposentadoria especial analisados pelo órgão administrativo competente, embora esse direito - previsto no art. 40, § 4º, I da CF/1988 – aguarde até hoje a edição de lei complementar que o regulamente. Os pedidos deverão ser analisados com base na lei que dispõe sobre os Planos de Benefícios da Previdência Social (Lei 8.213/1991), norma aplicada aos trabalhadores celetistas. Preliminarmente, o relator reconheceu a possibilidade jurídico-processual de utilização do mandado de injunção coletivo. A jurisprudência do STF admite o ajuizamento deste tipo de ação coletiva por organizações sindicais e entidades de classe (MI 3322); **B:** incorreta, pois a reclamação visa a preservar, também, a competência do STF, nos termos do art. 102, I, I, da CF/1988. Vejamos: A reclamação é a medida judicial cabível para garantir a observância da competência e das decisões do Supremo. Oriunda de construção jurisprudencial do STF, que fundamentava a sua utilização na existência de poderes implícitos, sendo disciplinada inicialmente pelo regimento interno do STF, ganhou verdadeiro caráter constitucional com o presente dispositivo (art. 102, I, I, da CF/1988), tornando-se inegável mecanismo de tutela da autoridade das decisões do STF, bem como do respeito à sua COMPETÊNCIA; **C:** correta. A assertiva indica o posicionamento da jurisprudência do STF. Informativo 444 do STF; **D:** incorreta. Preliminarmente o *Habeas Data* surgiu com o advento da Constituição Federal de 1988. Um dos direitos fundamentais mais representativos de nosso sistema constitucional, vem a ser o direito à informação, em especial pelos órgãos públicos e seus bancos de dados. É direito de todos, sem dúvida, obter e conservar informações a respeito dos assuntos que LHES INTERESSAM. Mas, reciprocamente, é direito de todos tomar ciência do que nesses repertórios contém A SEU RESPEITO, para a devida correção, se for o caso, sob pena de ver denegrida sua honra ou imagem. Em contrapartida a Lei 12.527/2011 regula o acesso a informações previsto no inc. XXXIII do art. 5º, no inc. II do § 3º do art. 216 da CF/1988, e não o art. 5º, LXXII, da CF/1988 que dispõe sobre o *Habeas Data* que é uma ação constitucional personalíssima. Esta Lei dispõe sobre os procedimentos a serem observados pela União, Estados, Distrito Federal e Municípios, com o fim de garantir o acesso a informações previsto no <u>inciso XXXIII do art. 5º</u>, no <u>inciso II do § 3º do art. 37 e no § 2º do art. 216 da Constituição Federal.</u> Subordinam-se ao regime desta Lei: I - os órgãos públicos integrantes da administração direta dos Poderes Executivo, Legislativo, incluindo as Cortes de Contas, e Judiciário e do Ministério Público; II - as autarquias, as fundações públicas, as empresas públicas, as sociedades de economia mista e demais entidades controladas direta ou indiretamente pela União, Estados, Distrito Federal e Municípios. Nesta esteira qualquer interessado poderá apresentar pedido de acesso a informações aos órgãos e entidades supracitados, por qualquer meio legítimo, devendo o pedido conter a identificação do requerente e a especificação da informação requerida. Veja que a informação não é personalíssima é apenas de interesse geral, logo não se admite a impetração do *HABEAS DATA*; **E:** incorreta. O mandado de injunção viabiliza o exercício de direito ou liberdade constitucional ou prerrogativas alusivas à nacionalidade, à soberania e à cidadania, quando há omissão legislativa. Havendo concretização deficiente pelo legislador não se admite mandado de injunção, pois deficiente ou não a norma regulamentadora foi elaborada e um dos requisitos do MI é a total inexistência de norma regulamentadora nos termos da jurisprudência do STF (STF MI-MC 24, 689, STF MI 72, STF MI 107, STF 211). 🖬

Gabarito "C"

(Magistratura/RJ – 2013 – VUNESP) Assinale a alternativa correta a respeito dos efeitos da declaração de inconstitucionalidade no controle abstrato de leis e atos normativos no direito brasileiro.

(A) A declaração de inconstitucionalidade pelo STF pode alcançar, inclusive, sentenças judiciais transitadas em julgado.

(B) Os efeitos da declaração de inconstitucionalidade em decisão do STF são, em regra, *erga omnes*, *ex nunc* e vinculantes.

(C) Por razões de segurança jurídica, o STF, por maioria absoluta de seus membros, pode restringir os efeitos da declaração de inconstitucionalidade.

(D) O atual entendimento do Excelso Pretório brasileiro é no sentido de que a declaração de inconstitucionalidade não acarreta efeitos repristinatórios.

A: correta. *Res iudicata facit de albo nigro, de quadrata redunta.* Fazer do branco preto, do quadrado redondo: esta foi a concepção que muito tempo se teve acerca do instituto da coisa julgada. Com a análise preambular da função jurisdicional e a sua inevitável inafastabilidade com os preceitos constitucionais, buscou-se demonstrar a necessária observância da Constituição Federal na atividade judiciária. Após, pretendeu-se demonstrar que à coisa julgada não se pode debitar uma natureza onipotente. Trata-se de uma opção de cunho político, com o objetivo de delimitar o tempo reservado à interposição de recursos acaso cabíveis. A coisa julgada exerce, assim, papel operacional no sentido de resolver uma questão prática: os atos judiciais não podem ficar eternamente pendentes de solução em detrimento dos sujeitos de direito. Não se desejou minar imprudentemente a autoridade da coisa julgada com o intuito de promover uma insensata inversão. O que se procurou demonstrar foi que a *res judicata*, mesmo com o seu poder de sanção geral e com a sua eficácia preclusiva em relação ao deduzido e ao dedutível, não tem o condão de eliminar a inconstitucionalidade contida na sentença, por ser este o vício mais grave de que um ato jurídico pode padecer. Aceitar o contrário é ferir outra vez a Constituição, porquanto, a pretexto de evitar a eternização de litígios, estar-se-ia eternizando inconstitucionalidades. Daí a razão de se falar em coisa julgada inconstitucional. O valor da segurança das relações jurídicas não é absoluto no sistema, nem o é, portanto, a garantia da coisa julgada, porque ambos devem conviver harmonicamente com outro valor de primeiríssima grandeza: o da constitucionalidade dos atos estatais, o qual determina a insuscetibilidade de qualquer ato inconstitucional se consolidar na ordem jurídica, podendo, tal linha de argumentação, fundamentar a desconstituição do caso julgado desconforme com a Constituição. Inadmissível, de outro modo, a segurança jurídica servir de pano de fundo para impedir a impugnação da coisa julgada, imodificável, imutável e absoluta, na percepção dos processualistas mais conservadores, ainda que contrária à Carta Maior. O objetivo da doutrina que cuida das decisões inconstitucionais não é, como supõem seus críticos, promover um ato de sabotagem ao instituto da coisa julgada mas, sim, propiciar a aplicação do direito conforme os ditames constitucionais, os quais são as pilastras mestras do ordenamento jurídico. Com base neste raciocínio e na preocupação de reparar a noção de coisa julgada, a qual deve ser redelineada de acordo com os parâmetros constitucionais, foi que se chegou ao ponto nevrálgico: <u>uma decisão já transitada em julgado pode ser desconstituída quando a lei em que haja se fundado venha a ser, posteriormente, declarada inconstitucional pelo Supremo Tribunal Federal em sede de ação direta de inconstitucionalidade – ADI, por meio de instrumentos processuais existentes no sistema processual em vigor, ou mesmo através de uma ação de declaratória de nulidade;</u> **B:** incorreta. Os efeitos da declaração de inconstitucionalidade em decisão do STF são, em regra, *erga omnes*, *EX TUNC* e vinculantes; **C:** incorreta. Por razões de segurança jurídica, o STF, por decisão de **2/3** de seus membros, pode restringir os efeitos da declaração de inconstitucionalidade. Vejamos: A Ação Direta de Inconstitucionalidade possui efeito *erga omnes*, que significa dizer que pode ser oponível contra todos, e não apenas contra aqueles que fizeram parte em litígio. Possui, também, efeito vinculante relativamente aos demais órgãos do Poder Judiciário e à administração pública direta e indireta, bem como efeito *ex tunc* (retroativo) e ainda o efeito repristinatório, o qual consiste na reentrada em vigor de uma lei, outrora revogada. A CF/1988, em seu art. 102, § 2º, preceitua que "as decisões definitivas de mérito, proferidas pelo Supremo Tribunal Federal, nas ações diretas de inconstitucionalidade e nas ações declaratórias de

5. DIREITO CONSTITUCIONAL

constitucionalidade produzirão eficácia contra todos e efeito vinculante, relativamente aos demais órgãos do Poder Judiciário e à administração pública direta e indireta, nas esferas federal, estadual e municipal". A Lei 9.868/1999, que dispõe sobre o processo de julgamento de ADI, indica a possibilidade excepcional de efeito *ex nunc*: "Art. 27. Ao declarar a inconstitucionalidade de lei ou ato normativo, e tendo em vista razões de segurança jurídica ou de excepcional interesse social, poderá o Supremo Tribunal Federal, por maioria de dois terços de seus membros, restringir os efeitos daquela declaração ou decidir que ela só tenha eficácia a partir de seu trânsito em julgado ou de outro momento que venha a ser fixado"; **D**: incorreta. O efeito repristinatório é admitido pelo Pretório Excelso desde a Constituição anterior, como decorrência do princípio da nulidade do ato inconstitucional. No direito estrangeiro verificamos a existência do efeito em testilha em Portugal (artigo 282.1 da Constituição Portuguesa8), na Áustria (art. 140.6) e na Alemanha (art. 35 da Lei da Corte Constitucional Federal). [FI]
Gabarito "A".

(Magistratura/BA – 2012 – CESPE) Com relação ao controle de constitucionalidade, assinale a opção correta.

(A) No processo objetivo do controle de constitucionalidade, a intervenção do *amicus curiae* equivale à intervenção de terceiros, o que lhe garante a prerrogativa de interpor recurso para discutir a matéria objeto de análise na ação em que atua.

(B) Contra lei estadual que desrespeitar princípios sensíveis da CF pode o Procurador-Geral da República impetrar, no STF, ação direta de inconstitucionalidade interventiva, que, acolhida, implicará a nulificação do ato impugnado e, ao mesmo tempo, determinará que o presidente da República decrete a intervenção no estado respectivo.

(C) Todos os tribunais judiciários, com exceção do STF, estão obrigados a seguir a cláusula de reserva de plenário, que prevê que somente pelo voto da maioria absoluta de seus membros, ou dos membros do respectivo órgão especial, poderá ser declarada a inconstitucionalidade de lei ou de ato normativo do poder público.

(D) Embora lei municipal que contrarie a CF não possa ser objeto de ação direta de inconstitucionalidade perante o STF, cabe o controle difuso de constitucionalidade, ou mesmo o controle concentrado, dessa lei, por meio de arguição de descumprimento de preceito fundamental.

(E) No âmbito do Poder Legislativo – federal e estadual –, são legitimados para propor, no STF, a ação direta de inconstitucionalidade e a ação declaratória de constitucionalidade as mesas do Congresso Nacional, do Senado Federal e da Câmara dos Deputados e as mesas de assembleia legislativa e da Câmara Legislativa do DF.

A: incorreta, a figura do *amicus curiae* encontra fundamento no art. 7º, § 2º, da Lei 9.868/99, que dispõe sobre a ação direta de inconstitucionalidade e da ação declaratória de constitucionalidade perante o Supremo Tribunal Federal. O *amicus curiae* é uma figura no processo objetivo do controle concentrado de constitucionalidade, e diz-se objetivo, pois ao contrário do controle difuso, o controle de constitucionalidade de ato normativo é marcado pelos traços da abstração, generalidade e impessoalidade, portanto, não é possível no processo objetivo defender ou tentar proteger interesses subje-

tivos. Estabeleceu-se assim, a regra que não se admite no controle concentrado a participação de terceiros, pois assim dispõe a clara redação do art. 7º, *caput*, da supracitada lei. Porém, o § 2º do mesmo artigo permitiu que o relator do processo, tendo em vista a relevância da matéria e a representatividade dos postulantes, poderá, por despacho irrecorrível, admitir, observado o prazo de 30 dias contado do recebimento do pedido de informações aos órgãos ou às autoridades das quais emanou a lei ou o ato normativo impugnado, a manifestação de outros órgãos ou entidades. Portanto a regra é a inadmissibilidade da intervenção de terceiros no controle concentrado, entretanto, cumpridas as exigências do artigo citado, poderá o relator do processo admitir a participação de órgão ou entidades no processo objetivo, permitindo assim a presença do *amicus curiae* na demanda; **B**: incorreta, pois nos casos do art. 34, VI e VII, da CF, dispensada a apreciação do Congresso Nacional o decreto limitar-se à a suspender a execução do ato impugnado, se essa medida bastar ao restabelecimento da normalidade; **C**: incorreta, já que o sistema brasileiro de controle de constitucionalidade é jurisdicional, ou seja, é deferida competência para que o Poder Judiciário declare inconstitucionalidade de lei ou ato normativo do Poder Público. A Constituição Federal adotou dois critérios de controle de constitucionalidade: o controle difuso (realizado por todos os tribunais judiciários, inclusive, pelo STF) e o controle concentrado (exclusivo do STF); **D**: correta, pois qualquer modalidade de ato normativo sujeita-se ao controle difuso. Contudo, na via do controle concentrado, o constituinte excluiu as leis municipais do art. 102, I, "a", da CF, mas o poder constituído ao elaborar Lei 9.882/99, incluiu no seu art. 1º a hipótese da lei municipal ser objeto de ADPF; **E**: incorreta, pois as mesas do Congresso Nacional não têm legitimidade para propor, no STF, a ação direta de inconstitucionalidade, e muito menos, a ação declaratória de constitucionalidade, nos termos do art. 103, da CF. [FI]
Gabarito "D".

(Magistratura/PI – 2011 – CESPE) Assinale a opção correta acerca do controle de constitucionalidade.

(A) O STF entende que os governadores de estado e as demais autoridades referidas na CF como legitimadas à instauração do controle concentrado de constitucionalidade das leis e atos normativos, mediante ajuizamento de ação direta, não dispõem de capacidade postulatória, devendo estar representados no processo por profissional da advocacia.

(B) A inconstitucionalidade formal caracteriza-se quando o conteúdo de leis ou atos normativos está em desconformidade com o conteúdo das normas constitucionais.

(C) A inconstitucionalidade de lei federal, estadual, distrital ou municipal, reconhecida em controle concreto, pode ser examinada pelo STF por meio de recurso extraordinário, mas somente a ofensa direta, e não a reflexa, autoriza o recurso.

(D) É pacífica, na jurisprudência do STF, a tese da abstrativização do controle difuso, pela qual os efeitos *inter partes* dessa espécie de controle devem ser excepcionalmente transformados em *erga omnes*, sem a necessidade de suspensão da execução da lei pelo Senado Federal.

(E) Não cabe ação direta de inconstitucionalidade contra decretos legislativos, atos normativos destinados a veicular matérias de competência exclusiva do Congresso Nacional, que não se submetem a sanção ou veto do presidente da República.

A: incorreta, pois os únicos legitimados do art. 103, da CF, que não dispõem de capacidade postulatória, devendo estar representados no processo por profissional da advocacia são os partidos políticos com representação no Congresso Nacional, confederação sindical e entidades de classe de âmbito nacional, nos termos do art. 103, VIII e IX, da CF; **B:** incorreta, pois a inconstitucionalidade formal ou nomodinâmica caracteriza-se quando o conteúdo de leis ou atos normativos está em desconformidade com devido processo legislativo; **C:** correta, já que o recurso extraordinário é recurso excepcional, que permite ao Supremo realizar o controle difuso (concreto), verificando no caso concreto o exame de validade de decisões que ora contrariam a Constituição sejam elas federais, estaduais, distritais ou municipais. Como se sabe, a jurisprudência do Supremo Tribunal Federal acerca do cabimento de recursos extraordinários é bastante rígida e tem se mantido uniforme ao longo dos anos. Assim é que, dentre outras exigências, o STF não admite recursos extraordinários nos quais se pretenda discutir o que denomina de *inconstitucionalidade reflexa ou indireta*. Esse conceito descreve, de forma geral, hipóteses nas quais a parte interpõe o recurso alegando que a decisão recorrida interpretou equivocadamente a legislação infraconstitucional e, ao fazê-lo, violou normas constitucionais. A Corte já editou súmula de sua jurisprudência dominante (Súmula n. 636) nesse sentido, no que diz respeito ao princípio constitucional da legalidade, que tem a seguinte dicção: "*Não cabe recurso extraordinário por contrariedade ao princípio constitucional da legalidade, quando a sua verificação pressuponha rever a interpretação dada a normas infraconstitucionais pela decisão recorrida*". Temos ainda a Súmula n. 279 do STF; **D:** incorreta, pois a questão nem de perto é pacífica no STF. No controle difuso os efeitos da decisão, como regra geral, valem somente para as partes que litigaram em juízo, não extrapolando os limites estabelecidos na lide. Além disso, a decisão terá efeito retroativo, atingindo a lei desde a sua edição, tornando-a nula de pleno direito. Entretanto os efeitos da decisão no controle de constitucionalidade concreto poderá atingir terceiros estranhos à lide, desde que o Senado Federal suspenda a execução, no todo ou em parte da lei levada a controle incidental. Nesse caso a suspensão atingirá a todos a partir do momento em que a resolução for publicada na Imprensa Oficial, conforme estabelecido no art. 52, X, da CF/88. Não existe previsão constitucional ou legal de efeito vinculante nas decisões de mérito proferidas em sede de controle concreto pelo STF. Ao contrário, o entendimento DOMINANTE é no sentido de que o efeito da decisão apenas vincula as partes do processo e que ampliar essa vinculação ao resultado do julgamento depende de resolução do Senado Federal. Entretanto, esse entendimento vem sendo modificado timidamente pelo Supremo Tribunal (na verdade esse é um apontamento dado pelo Ministro Gilmar Mendes que entende que o art. 52, X, da CF, sofreu mutação constitucional). Importante ressaltar a paternidade da expressão "abstrativização do controle difuso", a qual foi utilizada pelo doutrinador Fredie Didier Jr., por ocasião da análise das transformações sofridas pelo Recurso Extraordinário; **E:** incorreta, pois os decretos legislativos e todo e qualquer ato normativo será alvo de ação direta de inconstitucionalidade, nos termos do art. 102, I, "a", da CF. 🗐
Gabarito "C".

(Magistratura/CE – 2012 – CESPE) No que concerne ao sistema brasileiro de controle da constitucionalidade, assinale a opção correta.

(A) No caso de lesão ou ameaça de lesão, por ato do poder público, a direito relacionado com a soberania, a cidadania, a dignidade da pessoa humana, os valores sociais do trabalho e o pluralismo político, qualquer pessoa atingida estará legitimada a ingressar com arguição de descumprimento de preceito fundamental junto ao STF, desde que faça prova concreta da ofensa,

ou de sua iminente concreção.

(B) Mesmo nos tribunais judiciais que dispõem de órgão especial ou órgão fracionário, a inconstitucionalidade de lei ou ato normativo só pode ser declarada pelo tribunal pleno, mediante o voto da maioria absoluta de seus membros.

(C) A doutrina diverge sobre a obrigatoriedade de o Senado Federal suspender a execução de lei declarada inconstitucional pelo STF em um caso concreto e converge no entendimento de que a suspensão total só é cabível em relação a leis federais.

(D) O STF pode conceder medida cautelar em ação direta de inconstitucionalidade por omissão, em caso de excepcional urgência e relevância da matéria, por decisão da maioria absoluta de seus membros, após a audiência dos órgãos ou autoridades responsáveis pela omissão inconstitucional.

(E) Como as ações diretas de inconstitucionalidade têm como objeto leis ou atos normativos federais e estaduais, não é possível, no sistema jurídico brasileiro, a realização do controle de constitucionalidade de lei ou ato normativo municipal em face da CF.

A: incorreta, somente os legitimados do art. 103, da CF podem ingressar com a arguição de descumprimento de preceito fundamental junto ao STF; **B:** incorreta, pois por força da cláusula de reserva de plenário prevista no art. 97, da CF, somente pelo voto da maioria absoluta de seus membros ou dos membros do respectivo órgão especial poderão os tribunais declarar a inconstitucionalidade de lei ou ato normativo do Poder Público (vide Súmula vinculante 10 do STF); **C:** incorreta, pois o artigo 52, X, da CF, é expresso: "suspender a execução, no todo em parte, de lei (qualquer lei) declarada inconstitucional por decisão definitiva do Supremo Tribunal Federal". A decisão definitiva do Supremo Tribunal Federal é proveniente do controle difuso, desconcentrado, concreto, incidental, de defesa ou de exceção; **D:** correta, literalidade do art. 12-F, da Lei n. 9.868/99. Devemos apenas ressaltar que deverão pronunciar-se no prazo de 5 dias; **E:** incorreta, pois como o advento da Lei n. 9.882/99, toda e qualquer lei ou ato normativo municipal em face da CF pode ser objeto de arguição de descumprimento de preceito fundamental – ADPF, que é uma das ações do controle concentrado. 🗐
Gabarito "D".

(Magistratura/PR – 2010 – PUC/PR) Sobre o controle de constitucionalidade, todas as alternativas estão corretas, EXCETO:

(A) Emendas à Constituição constituem obra do poder constituinte derivado reformador, que se submete a limitações diversas emanadas do Poder Constituinte Originário. Se alguma emenda constitucional for aprovada com desrespeito, formal ou material, ao comando preconizado no art. 60 da CF, deverá ser declarada inconstitucional, podendo a impugnação se dar por meio de uma ADIN genérica perante a Corte Suprema (STF).

(B) Podem ser impugnados por ação direta de inconstitucionalidade leis ou atos normativos federais ou estaduais.

(C) A Lei n. 11.417/2006 também enumerou os legitimados a provocar o Supremo Tribunal Federal para a edição, revisão ou cancelamento de enunciado de súmula vinculante. Segundo a referida lei, não se restringe o rol aos legitimados para o ajuizamento da

5. DIREITO CONSTITUCIONAL

ADIN, arrolados no art. 103 da CF/1988. É pacífico, por exemplo, que os Tribunais de Justiça de Estados--membros ou do Distrito Federal também poderão provocar a Corte Suprema para a edição, revisão ou cancelamento de enunciado de súmula vinculante. Ou seja, não são apenas os do art. 103 da CF/1988 que têm legitimidade para provocar o Supremo Tribunal Federal para edição, revisão ou cancelamento de enunciado de súmula vinculante.

(D) O Procurador-Geral da República, chefe do Ministério Público da União, deverá ser ouvido nas ações de inconstitucionalidade e em todos os processos de competência do STF, mesmo não tendo, constitucionalmente, legitimidade para impetrar uma ação direta de inconstitucionalidade.

A: correta. É pacífico o entendimento pela possibilidade de controle de constitucionalidade de emendas constitucionais ou de normas oriundas de revisão constitucional (fruto do Poder Constituinte Derivado). Só não cabe declaração de inconstitucionalidade de normas originárias (estabelecidas pelo Poder Constituinte Originário); **B:** correta, art. 102, I, *a*, da CF; **C:** correta, art. 3º da Lei 11.417/2006; **D:** incorreta, art. 103, § 1º, da CF. O PGR tem legitimidade para propor ADIn (art. 103, VI, da CF). **FT/TM**
„Gabarito "D".

(Magistratura/SP – 2013 – VUNESP) Na ação direta de inconstitucionalidade de ato ou lei estadual,

(A) o legitimado ativo, depois de proposta a ação, poderá desistir da ação, desde que não tenha sido apresentada defesa das normas impugnadas pelo Procurador-Geral do Estado.

(B) a petição inicial, acompanhada de instrumento de procuração, quando subscrita por advogado, será apresentada em duas vias, e conterá elementos suficientes a demonstrar a qualidade do autor como titular de direito subjetivo apto a exercer o direito de ação.

(C) a petição inicial, acompanhada de instrumento de procuração, quando subscrita por advogado, será apresentada em duas vias, descrevendo a lide e seus fundamentos.

(D) a petição inicial, acompanhada de instrumento de procuração, quando subscrita por advogado, será apresentada em duas vias, e poderá impugnar tanto lei estadual quanto leis municipais, conjuntamente, na mesma ação, desde que haja identidade da matéria e de alguns comandos normativos veiculados, fundada na violação da Constituição Estadual.

A: incorreta. Conforme o art. 5.º da Lei 9.868/1999, proposta a ação direta, **não** se admitirá **desistência**; **B:** incorreta. De acordo com o art. 3.º, parágrafo único, da mesma lei, a petição inicial, acompanhada de instrumento de procuração, quando subscrita por advogado, será apresentada em duas vias, devendo **conter cópias da lei ou do ato normativo impugnado e dos documentos necessários para comprovar a impugnação**. Não há que se falar em demonstração de direito subjetivo, pois o controle é feito de forma abstrata. A constitucionalidade da norma "em tese" é que é discutida em sede de ação direta de inconstitucionalidade; **C:** incorreta. O art. 3.º, I e II, da Lei 9.868/1999 determina que a inicial contenha o dispositivo da lei ou do ato normativo impugnado e os fundamentos jurídicos do pedido em relação a cada uma das impugnações, além do pedido, com suas especificações; **D:**

correta. De fato o art. 3.º, parágrafo único, da Lei 9.868/1999 determina que a inicial, acompanhada de instrumento de procuração, quando subscrita por advogado, seja apresentada em duas vias. Além disso, de acordo com o art. 125, § 2.º, da CF, cabe aos Estados a instituição de representação de inconstitucionalidade de leis ou atos normativos **estaduais ou municipais** em face **da Constituição Estadual**, vedada a atribuição da legitimação para agir a um único órgão. Desse modo, havendo identidade da matéria e dos comandos impugnados, a verificação da constitucionalidade de leis municipais e estaduais que violem a Constituição Estadual pode ser feita na mesma ação. **BV**
„Gabarito "D".

(MAGISTRATURA/PB – 2011 – CESPE) Acerca do controle de constitucionalidade, assinale a opção correta.

(A) No controle difuso de constitucionalidade, os efeitos da decisão são, no aspecto temporal, *ex tunc* e, quanto aos atingidos, *inter partes*, não se admitindo exceções.

(B) O controle judicial preventivo de constitucionalidade, que envolve vício no processo legislativo, deve ser exercido pelo STF via mandado de segurança, caracterizando-se como controle *in concreto* e efetivando-se de modo incidental.

(C) Conforme entendimento do STF, não cabe controle de constitucionalidade contra leis ou atos normativos anteriores à CF, seja por via de controle concentrado, seja por controle difuso.

(D) A inconstitucionalidade formal relaciona-se, sempre, com a inconstitucionalidade total, visto que o ato editado em desconformidade com as normas previstas constitucionalmente deve todo ele ser declarado inconstitucional.

(E) Em atenção ao princípio da adstrição, o ordenamento jurídico brasileiro não admite a inconstitucionalidade por arrastamento, que consistiria na possibilidade de o STF declarar a inconstitucionalidade de uma norma objeto de pedido e também de outro ato normativo que não tenha sido objeto do pedido, em virtude de correlação, conexão ou interdependência entre uma e outro.

A: incorreta, já que no controle por via incidental (ou difuso) a produção de efeitos ocorre entre as partes que participaram do processo principal (*inter partes*) e para elas tem efeitos *ex tunc*, podendo ser editada resolução do Senado Federal visando à suspensão dos efeitos contra todos (*erga omnes*), conforme previsão no art. 52, X, da CF. A produção de efeitos contra terceiros, a partir da edição da Resolução do Senado, tem eficácia *ex nunc*. No controle por via principal, a regra é a produção de efeitos *erga omnes*, vinculantes (art. 102, § 2º, da CF) e *ex tunc*, embora seja possível a modulação de efeitos temporais, na forma do art. 27 da Lei 9.868/99 (cuja aplicação o STF também tem admitido para o controle por via incidental). Em resumo: A competência atribuída ao Senado Federal pelo art. 52, X, da CF, limita-se ao controle difuso ou incidental de constitucionalidade. No controle concentrado, a decisão do STF, por si só, já produz efeitos contra todos e vinculantes (art. 102, § 2º, da CF e art. 28, parágrafo único, da Lei 9.868/99); **B:** correta. Quanto ao momento de seu exercício, o controle de constitucionalidade será *preventivo* (antes da edição da lei ou ato normativo) ou *repressivo* (após a edição da lei ou ato normativo). O STF admite a impetração de MS por deputados e senadores (não pelo Presidente da República), para evitar a tramitação de proposta de emenda constitucional que fira o art. 60, § 4º, da CF, por entender que os congressistas têm direito líquido e certo ao devido processo legislativo. Nesse caso, o controle é judicial preventivo, realizado em concreto e de modo incidental; **C:** incorreta, pois cabe ADPF quando for relevante o fundamento da controvérsia constitucional sobre lei ou ato normativo federal, estadual ou municipal, incluídos os anteriores à Constituição (art. 1º, parágrafo único, I, da Lei 9.882/99); **D:** incorreta, já que a inconstitucionalidade formal refere-se ao processo legislativo, ou seja, aos casos de vício de iniciativa, ao modo de elaboração da lei em desacordo com as regras constitucionais. Não há relação necessária com a inconstitucionalidade total; **E:** incorreta, pois o STF admite a declaração de "inconstitucionalidade por arrastamento", desde que presente relação de prejudicialidade entre a norma declarada inconstitucional e todas as outras normas que nela se fundamentam. Ou seja, se a norma-mãe não está de acordo com a Constituição, as normas dela decorrentes também serão inconstitucionais, podendo o STF declarar a inconstitucionalidade das normas secundárias no mesmo ou em outro processo, mesmo que não haja pedido expresso nesse sentido na petição inicial da ADIn. O objetivo do controle concentrado é a higidez constitucional, o que permite, excepcionalmente, a declaração de inconstitucionalidade de uma norma mesmo que não haja pedido expresso nesse sentido (desde que, importante frisar, haja relação de dependência entre a norma principal e as normas secundárias). Tome nota dos sinônimos da inconstitucionalidade por arrastamento lembrados por Pedro Lenza: inconstitucionalidade por "atração" ou "inconstitucionalidade consequente de preceitos não impugnados". FT/TM

Gabarito "B".

(Magistratura/PE – 2011 – FCC) Considerada a disciplina constitucional e a respectiva regulamentação legal da ação direta de inconstitucionalidade por omissão, é INCORRETO afirmar que

(A) pode ser proposta pelos legitimados à propositura da ação direta de inconstitucionalidade e da ação declaratória de constitucionalidade.

(B) não admite desistência.

(C) não admite medida cautelar.

(D) cabe agravo da decisão que indeferir a petição inicial.

(E) em caso de omissão imputável a órgão administrativo, as providências deverão ser adotadas no prazo de 30 (trinta) dias, ou em prazo razoável a ser estipulado excepcionalmente pelo Supremo Tribunal Federal, tendo em vista as circunstâncias específicas do caso e o interesse público envolvido.

A: correta, réplica do art. 12-A da Lei 9.868/1999; **B:** correta, literalidade do art. 12-D da Lei 9.868/1999; **C:** incorreta, pois existe a possibilidade expressa no art. 12-F da Lei 9.868/1999; **D:** correta, réplica do art. 12-C, parágrafo único, da Lei 9.868/1999; **E:** correta, literalidade do art. 12-H, § 1º, da Lei 9.868/1999. FT/TM

Gabarito "C".

(Magistratura/RO – 2011 – PUCPR) Em relação ao controle de constitucionalidade no Brasil, analise as assertivas que seguem:

I. O modelo difuso, criação jurisprudencial americana, é adotado no Brasil e permite que quaisquer magistrados se manifestem acerca da constitucionalidade de leis.

II. Na ação direta de inconstitucionalidade não se permite a desistência, e os Ministros do STF não estão vinculados à causa de pedir.

III. A ação declaratória de constitucionalidade, de competência originária do STF, e dela não se admite a desistência, tem eficácia contra todos e efeito vinculante

relativamente aos demais órgãos do Poder Judiciário, ao Poder Legislativo e à administração pública direta e indireta, nas esferas federal, estadual e municipal.

IV. Na ação direta de inconstitucionalidade por omissão, o julgamento de procedência levará a ser dada ciência ao Poder competente para a adoção das providências necessárias e, em se tratando de órgão administrativo, para fazê-lo em trinta dias.

Está(ão) CORRETA(S):

(A) Todas as assertivas.

(B) Somente a assertiva I.

(C) Somente as assertivas III e IV.

(D) Somente as assertivas I, II e IV.

(E) Somente a assertiva II.

I: correta. Quanto ao órgão judicial que o exerce, o controle de constitucionalidade será *difuso* (por qualquer juiz ou tribunal – no último caso, observada a regra do art. 97 da CF) ou *concentrado* (no STF ou no TJ); **II:** correta, pois nos termo do art. 5º da Lei 9.868/1999. No exame da constitucionalidade de determinada lei ou ato normativo em controle abstrato de constitucionalidade perante a Constituição Federal, o STF analisa o pedido constante da ADIn em face de todo o texto constitucional, e não apenas do dispositivo apontado pelo autor como violado pela lei que está sendo acoimada de inconstitucional. Por isso, fala-se que a causa de pedir na ADIn é aberta, já que o órgão julgador está, em princípio, limitado ao pedido de inconstitucionalidade formulado, mas não está adstrito ao fundamento da inconstitucionalidade apontado pelo legitimado ativo. Vale dizer, o STF só pode agir se for provocado, se receber um pedido formalmente válido em ADIn, mas pode declarar a inconstitucionalidade da norma por motivo diverso daquele transcrito na petição inicial da ADIn. Isso não significa, por outro lado, que o autor está dispensado de fundamentar seu pedido, deixando de explicitar os motivos pelos quais entende ser a norma inconstitucional. A fundamentação (causa de pedir) é imprescindível e um dos requisitos da petição inicial, mas como a verificação da compatibilidade da lei ou ato normativo se dá diante de toda a Constituição, o STF pode entender que a norma está em desacordo com outro dispositivo constitucional, que não o apontado pelo autor, o que se costumou chamar de "causa de pedir aberta"; **III:** incorreta. É de competência originária do STF (art. 102, I, "a", da CF) e não se admite desistência (art. 16 da Lei 9.868/1999), mas não existe eficácia vinculante em relação ao Poder Legislativo (art. 28, parágrafo único, da Lei 9.868/1999); **IV:** correta, pois tratas-se de literalidade do art. 12-H, *caput* e parágrafo único, da CF. FT/TM

Gabarito "D".

(Magistratura/SP – 2011 – VUNESP) Sobre a arguição de descumprimento de preceito fundamental, assinale a alternativa correta.

(A) Será apreciada pelo Supremo Tribunal Federal, ou pelo Superior Tribunal de Justiça conforme a origem, federal, estadual ou municipal, da apregoada lesão.

(B) Poderá ser proposta pelos legitimados para a ação civil pública.

(C) Quando julgada, sua decisão terá eficácia contra todos e efeito vinculante relativamente aos demais órgãos do Poder Público.

(D) Será admitida mesmo quando houver outro meio eficaz de sanação da lesividade.

(E) Poderá ser decidida em sessão à qual presente a maioria simples dos Ministros.

5. DIREITO CONSTITUCIONAL

A: incorreta, pois a competência é exclusiva do STF (art. 102, § 1°, da CF); **B:** incorreta, já que os seus legitimados (art. 103, da CF) são os mesmos da ADIn/ADC (art. 2°, I, da Lei 9.882/1999); **C:** correta, réplica do art. 10, § 3°, da Lei 9.882/1999; **D:** incorreta, pois o art. 4°, § 1°, da Lei 9.882/1999 prevê o princípio da subsidiariedade da ADPF, ou seja, só é cabível quando não houver outro meio capaz de sanar a lesividade; **E:** incorreta, pois o art. 5° da Lei 9.882/1999 exige maioria absoluta. **FT/TM**

Gabarito "C".

(Magistratura Federal – 1ª Região – 2011 – CESPE) Considerando a disciplina constitucional a respeito do controle de constitucionalidade das leis e dos atos normativos, assinale a opção correta.

(A) A ADI admite a intervenção de terceiros, mas a ADC, não.

(B) Uma vez proposta a ADI por omissão, todos os demais legitimados podem manifestar-se, por escrito, sobre o objeto da ação e pedir a juntada de documentos reputados úteis para o exame da matéria, no prazo das informações, bem como apresentar memoriais.

(C) Sendo a ADPF espécie de controle concentrado que visa evitar ou reparar lesão às normas que, materialmente constitucionais, fazem parte da Constituição formal, e não à Constituição em seu conjunto, não cabe reclamação para o STF no caso de descumprimento da decisão.

(D) O STF, seguindo a doutrina constitucional majoritária, entende que a ADPF é cabível contra ato do poder público de natureza administrativa ou normativa, mas não contra ato judicial.

(E) A decisão sobre a constitucionalidade ou a inconstitucionalidade de lei ou ato normativo pelo STF está sujeita à manifestação, em um ou em outro sentido, de, pelo menos, oito ministros, quer se trate de ADI, quer se trate de ADC.

A: incorreta, pois, nos termos dos arts. 7° e 18 da Lei n. 9.868/99, tanto a ADI, quanto a ADC NÃO admitem intervenção de terceiros. Entretanto, no tocante à ADI o § 2°, do art. 7°, da Lei n. 9.868/99 admite, de forma expressa a figura *do amicus curiae, amici curiae, amicus partis ou amicus causae* – (amigo da Corte). Nesse sentido é o entendimento do STF: "Admito, na condição de *amicus curiae,* a Confederação Nacional dos Trabalhadores em Seguridade Social da CUT - CNTSS/CUT, eis que se acham atendidas, na espécie, quanto a tal entidade, as condições fixadas no art. 7°, § 2°, da Lei n° 9.868/99. Proceda-se, em consequência, às anotações pertinentes. Assinalo, por necessário, que, em face de precedentes desta Corte, notadamente daquele firmado na ADI 2.777-QO/SP, o *amicus curiae,* uma vez formalmente admitido no processo de fiscalização normativa abstrata, tem o direito de proceder à sustentação oral de suas razões, observado, no que couber, o § 3° do art. 131 do RISTF, na redação conferida pela Emenda Regimental n° 15/2004. Publique-se. Brasília, 1° de fevereiro de 2013" (ADIn 4468 DF, Relator: Min. Celso de Mello, Data de Julgamento: 01/02/2013, Data de Publicação: DJe-025 Divulg. 05/02/2013 Public. 06/02/2013). "... se, por um lado, é inadmissível a intervenção de terceiros (Lei n. 9.868/99, art. 7°, *caput*), por outro, o relator, considerando a relevância da matéria e a representatividade da postulante, pode permitir a manifestação do amigo da corte (Lei n. 9.868/99, art. 7°, § 2°), juntando-a aos autos" (STF, ADIn 2.223-7-MC/DF, Pleno, Rel. Min. Maurício Corrêa, DJ, 1, de 28-11-2000, p. 41; ADIn 2.961/MG, Rel. Min. Joaquim Barbosa, DJ de 14-4-2004, p. 4, j. em 24-3-2004). Todavia, no que concerne a ADC, silenciou-se a lei supramencionada, nada falando sobre a possibilidade de *amicus curiae.* Salienta a doutrina que o texto origi-

nal do art. 18 previa em seu § 2°, texto análogo àquele disposto no § 2°, do art. 7°, entretanto fora vetado. Não obstante isso ensina Dirley da Cunha Jr. que "[...] apesar do veto ao § 2° do art. 18 da Lei 9.868/99, que previa a intervenção do *amicus curiae* na ADC, não temos dúvida da possibilidade de intervenção de terceiro objetivamente interessado, na condição de amigo da corte, no processo da ação declaratória de constitucionalidade. Aliás, o próprio veto chega a se coadunar com esse raciocínio, quando elucida que: "Resta assegurada, todavia, a possibilidade de o Supremo Tribunal Federal, por meio de interpretação sistemática, admitir no processo da ação declaratória a abertura processual prevista para a ação direta no § 2° do art. 7°" (CUNHA JR., Dirley. A intervenção de terceiros no processo de controle abstrato de constitucionalidade - a intervenção do particular, do colegitimado e *do amicus curiae na ADIN, ADC, e ADPF.* In: DIDIER JR, Fredie e WAMBIER, Teresa Arruda Alvim (coords.). Aspectos polêmicos e atuais sobre os terceiros no processo civil e assuntos afins. São Paulo: Revista dos Tribunais, 2004. p. 165-166). Nesse sentido também é o entendimento do Supremo Tribunal Federal: "Petição/STF n° 127.567/2008 Ementa: Ação declaratória de constitucionalidade. Intervenção de terceiro. Conselho federal da ordem dos advogados do brasil. Admissibilidade. 1. Eis as informações prestadas pelo Gabinete: O Conselho Federal da Ordem dos Advogados do Brasil *requer seja admitido, na qualidade de amicus curiae,* no processo em referência, ante a relevância da matéria 'discussão da Lei Maria da Penha' e a respectiva representatividade. Alega que a Ordem dos Advogados do Brasil tem tradição na defesa da Constituição, dos direitos humanos e da justiça social, tratando-se, inclusive, de competência legal (artigo 44, inciso I, da Lei n° 8.906/94, Estatuto da Ordem). Caso seja admitida a intervenção, pleiteia seja-lhe concedido prazo para o oferecimento de manifestação e assegurado o direito de pronunciamento oportuno no transcorrer do processo, bem como de promover sustentação oral. O processo está na Procuradoria Geral da República. 2. *Embora o artigo 7° da Lei n° 9.868/99 refira-se à ação direta de inconstitucionalidade, entendo-o aplicável à declaratória de constitucionalidade prevista na mesma lei. É que ambas são de mão dupla, podendo-se chegar quer à conclusão sobre a harmonia do ato normativo com a Carta Federal, quer a resultado diverso, assentando-se a pecha.* No mais, reconheço ao Conselho Federal da Ordem dos Advogados do Brasil papel em defesa da própria sociedade. Então, em jogo a denominada Lei Maria da Penha 'Lei n° 11.340/2006', tenho como acolhível o pleito formalizado. Sob o ângulo da abertura de prazo para oferecimento de manifestação, observem a organicidade do Direito, especialmente do instrumental. Indeferida a medida acauteladora, o processo seguiu à Procuradoria Geral da República para emissão de parecer. O Conselho Federal da Ordem dos Advogados do Brasil, como terceiro, recebe-o no estágio em que se encontra. Quanto à sustentação oral, deve-se acompanhar a inclusão do processo em pauta, publicada no Diário da Justiça, e a veiculação, no sítio do Tribunal, da notícia relativa ao julgamento a ser realizado. 3. Publiquem. Brasília, 6 de outubro de 2008. Relator Ministro Marco Aurélio Lei Maria da Penha Constituição 44l8.9067°9.868 Carta Federal" (19 DF, Relator: Min. Marco Aurélio, Data de Julgamento: 06/10/2008, Data de Publicação: DJe-195 Divulg. 14/10/2008 Public. 15/10/2008) – (sublinhado nosso); **B:** correta, o examinador cobrou o conhecimento do art. 12-E, § 1°, da Lei n. n. 9.868/99; **C:** incorreta, conforme disposição expressa prevista no art. 13 da Lei n. 9.882/99, "Caberá reclamação contra o descumprimento da decisão proferida pelo Supremo Tribunal Federal, na forma do seu Regimento Interno"; **D:** incorreta, pois a doutrina majoritária manifesta posicionamento diametralmente oposto, ou seja, admitindo a possibilidade de ADPF contra ato judicial. Nesse sentido é o posicionamento de Gilmar Mendes: "Pode ocorrer lesão a preceito fundamental fundada em simples interpretação judicial do texto constitucional. Nesses casos a controvérsia não tem por base a legitimidade ou não de uma lei ou de um ato normativo, mas se assenta simplesmente na legitimidade ou não de uma dada interpretação constitucional. No âmbito do recurso extraordinário essa situação apresenta-se como um caso de decisão judicial que contraria diretamente a Constituição (art. 102, III, *a*). Não parece haver dúvida de que, diante dos termos amplos do art. 1º da Lei n. 9.882/99, essa hipótese poderá ser objeto de arguição de descumprimento – lesão a preceito fundamental resultante de ato do Poder Público –, até porque se cuida de uma situação trivial no âmbito do controle de constitucionalidade difuso. Assim, o ato judicial de interpretação direta de um preceito fundamental poderá conter uma violação da norma constitucional. Nessa hipótese caberá a propositura da arguição de descumprimento para afastar a lesão a preceito fundamental resultante deste ato judicial do Poder Público, nos termos do art. 1º. da Lei n. 9.882/99. Neste passo, vislumbra-se, de *lege ferenda*, a possibilidade de conjugação dos institutos da arguição de descumprimento e do recurso extraordinário. Assim, o legislador poderia atribuir ao recorrente no recurso extraordinário o direito de propor simultaneamente a arguição, devolvendo ao STF a possibilidade de apreciar a controvérsia posta exclusivamente no recurso também na ação especial" (MENDES, Gilmar Ferreira; BRANCO, Paulo Gustavo Gonet. *Curso de Direito Constitucional*. 5. ed. São Paulo: Saraiva, 2010. p. 1328/1329). Nessa linha de raciocínio seguem posicionamentos do STF: (ADPF 101, Relator(a): Min. Cármen Lúcia, Tribunal Pleno, julgado em 24/06/2009, DJe-108 Divulg. 01-06-2012 Public. 04-06-2012 EMENT VOL-02654-01 PP-00001) e (ADPF 105, Relator(a): Min. Gilmar Mendes, julgado em 14/03/2012, publicado em DJe-056 DIVULG 16/03/2012 PUBLIC 19/03/2012); **E**: incorreta, pois o quórum mínimo de oito Ministros é exigido apenas para a instalação da sessão, no que diz respeito a constitucionalidade ou inconstitucionalidade de lei ou ato normativo basta a manifestação de seis Ministros – (maioria absoluta). Para eliminar essa alternativa bastava o candidato ter conhecimento dos arts. 22 e 23 da Lei n. 9.868/99. **FT**

Gabarito "B".

(Magistratura Federal – 4ª Região – 2010) Assinale a alternativa correta.

(A) A inconstitucionalidade por omissão verifica-se nos casos em que não sejam praticados atos legislativos ou administrativos requeridos para tornar plenamente aplicáveis normas constitucionais.

(B) Estabelecido pelo artigo 97 da Constituição Federal que "somente pelo voto da maioria absoluta de seus membros ou dos membros do respectivo órgão especial poderão os tribunais declarar a inconstitucionalidade de lei", não poderá o juiz singular considerar lei inconstitucional em suas decisões.

(C) As decisões definitivas de mérito nas ações declaratórias de constitucionalidade de lei produzirão eficácia contra todos, mas não terão efeito vinculante em relação aos demais órgãos do Judiciário, que manterão sua independência.

(D) A inconstitucionalidade por ação somente se configura quando há normas formadas por autoridades incompetentes ou em desacordo com formalidades ou procedimentos estabelecidos pela Constituição Federal.

(E) Sempre que julgada procedente a ação direta de inconstitucionalidade de lei ou de ato normativo federal ou estadual, o Supremo Tribunal Federal deverá comunicar ao Senado para suspensão da lei ou do ato normativo.

A: correta. A inconstitucionalidade por omissão se verifica diante da inércia do Poder Público quando, por força da Constituição, deveria agir. Assim, a omissão inconstitucional pode ser atribuída a qualquer um

dos três Poderes. Em síntese, a ação direta de inconstitucionalidade por omissão tem por finalidade permitir o exercício de direito previsto na Constituição, e que não pode ser usufruído, seja em virtude da ausência de regulamentação por parte do legislador e/ou normatizador infralegal, ou ainda em função de inação da autoridade administrativa competente. A inércia do poder público que enseja a ação direta de inconstitucionalidade por omissão se refere apenas as normas constitucionais de eficácia limitada; **B**: incorreta. O princípio da reserva de plenário, estabelecido pelo art. 97 da CF, é norma dirigida aos tribunais, mas isso não quer dizer que o juiz singular não possa declarar leis ou atos normativos inconstitucionais, até porque o controle incidental pode ser realizado por qualquer juiz ou tribunal. Para um melhor entendimento, vejamos: "Nas ações em controle concentrado de constitucionalidade, sempre será competente o Supremo Tribunal Federal, em se tratando de afronta à Constituição Federal, ou o Tribunal de Justiça respectivo, se a violação for em face de Constituição Estadual. Ou seja, em controle concentrado, sempre o julgamento caberá aos tribunais. Já nas causas que correm em controle difuso, apesar do processo se iniciar normalmente no juízo singular, é possível que a competência originária seja de tribunal, ou ainda, que a este cheguem os autos por via recursal. Estando, então, a controvérsia judicial no âmbito dos tribunais do judiciário e versando os autos sobre questão de inconstitucionalidade, seja em controle difuso ou concentrado, sejam tribunais superiores ou não, a inconstitucionalidade somente poderá ser declarada pelo pleno do respectivo órgão colegiado e desde que seja por maioria absoluta de seus membros. Este, portanto, é o chamado Princípio da Reserva de Plenário, inserto no art. 97 da Constituição Federal. A regra, por razões óbvias, apenas não se aplica para o controle difuso em sede de juízo singular, mas sendo órgão colegiado do judiciário, vale dizer, seus tribunais, não poderá uma turma, órgão, câmara ou seção, do respectivo tribunal, declarar a inconstitucionalidade de um ato normativo. Isto é, não pode órgão fracionário do tribunal declarar inconstitucionalidade, mas somente o pleno do tribunal, que é a sua formação completa, ou órgão especial, quando houver. E ainda, apenas pela maioria absoluta dos membros, poderá haver declaração de inconstitucionalidade, tanto em controle difuso como no âmbito de controle concentrado. Obviamente, a aferição do quórum de maioria absoluta exige como parâmetro a composição de todos os membros do tribunal, por isso só pode ser resolvida no pleno. Daí se explica, então, porque o princípio em comento chama-se "cláusula de reserva de plenário", justamente porque é matéria reservada ao pleno (reserva de plenário). Órgão fracionário não integra todos os membros, logo não teria como haver maioria absoluta. Por decorrência lógica, a competência para declarar a inconstitucionalidade de leis ou atos normativos emanados do poder público, é prerrogativa jurisdicional atribuída, exclusivamente, ao plenário dos tribunais, ou órgão especial. Sendo a ação em sede de controle concentrado, automaticamente a matéria é distribuída ao pleno do respectivo Tribunal Superior. Sendo em sede de controle difuso, caso o órgão fracionário do tribunal verifique a existência de uma questão incidental de inconstitucionalidade, deverá fazer remessa ao pleno, que resolverá a questão incidental e, se for o caso, declarará a inconstitucionalidade por maioria absoluta, devolvendo os autos com a questão incidental devidamente julgada ao órgão fracionário de origem, onde o processo vai terminar de tramitar, sendo por lá mesmo julgado, obedecida a decisão incidental de inconstitucionalidade submetida ao pleno. O órgão fracionário julga normalmente o pedido, mas a inconstitucionalidade é julgada pelo pleno, respeitada a reserva de plenário. Há uma exceção ao princípio da reserva de plenário, quando será possível a declaração de inconstitucionalidade por órgão fracionário sem a necessidade de remessa da questão incidental ao pleno. Essa hipótese está expressa no art. 481, parágrafo único, do CPC, no caso de já ter havido declaração de inconstitucionalidade pelo plenário do próprio tribunal ou pelo plenário do STF. Nesse caso, se já tiver havido decisão do plenário do respectivo tribunal onde a matéria é suscitada ou pelo plenário do STF, tendo sido declarada, por um ou pelo outro, a inconstitucionalidade da norma, torna-se desnecessário

5. DIREITO CONSTITUCIONAL

observar a cláusula de reserva de plenário, podendo o órgão fracionário julgar diretamente, respeitada a decisão subjacente. Vale observar que, nesse caso, repetir-se-á o entendimento já exarado anteriormente, por isso não há violação da cláusula de reserva de plenário quando a lei ou o ato normativo impugnado foi previamente declarado inconstitucional pelo pleno do próprio tribunal ou pelo pleno do STF, ainda que incidentalmente. Seria rigor excessivo que tal hipótese continuasse vinculada à reserva de plenário. Por fim, é oportuno observarmos o conteúdo da Súmula Vinculante 10 do STF, que dispõe: "Viola a cláusula de reserva de plenário (CF, artigo 97) a decisão de órgão fracionário de tribunal que, embora não declare expressamente a inconstitucionalidade de lei ou ato normativo do poder público, afasta sua incidência, no todo ou em parte"; **C:** incorreta. Decisões definitivas de mérito em ADIn ou ADC produzem eficácia *erga omnes* e vinculante em relação aos demais órgãos do Poder Judiciário e à Administração Pública federal, estadual e municipal (art. 28, parágrafo único, da Lei 9.868/1999); **D:** incorreta. A inconstitucionalidade por ação, ou seja, decorrente de um "agir", pode se ser formal (como explicado na questão), ou material; **E:** incorreta. A competência atribuída ao Senado Federal pelo art. 52, X, da CF, limita-se ao controle difuso ou incidental de constitucionalidade. No controle concentrado, a decisão do STF, por si só, já produz efeitos contra todos e vinculantes (art. 102, § 2º, da CF e art. 28, parágrafo único, da Lei 9.868/1999). ▨
Gabarito "A".

(Magistratura Federal – 4ª Região – 2010) Dadas as assertivas abaixo, assinale a alternativa correta.

I. O vício de inconstitucionalidade pode decorrer tanto de um ato de execução material como de um ato normativo do Poder Público.

II. A inconstitucionalidade pode decorrer de omissão total ou parcial por parte do Poder Público.

III. A cláusula de "reserva do possível" não pode ser invocada pelo Poder Público com a finalidade de exonerar-se do cumprimento de obrigações constitucionais quando essa conduta implicar a nulificação de direitos fundamentais.

IV. Compete ao Judiciário não apenas determinar à Administração a execução de políticas públicas garantidoras de direitos fundamentais, como também indicar quais políticas seriam aconselháveis, diante da gama de opções com que se depara o administrador.

V. A execução ou não de políticas públicas constitui prerrogativa exclusiva da Administração, não competindo ao Judiciário imiscuir-se em tal matéria, sob pena de ferimento do princípio da separação dos Poderes.

(A) Estão corretas apenas as assertivas I e IV.

(B) Estão corretas apenas as assertivas II e III.

(C) Estão corretas apenas as assertivas II e IV.

(D) Estão corretas apenas as assertivas IV e V.

(E) Estão corretas apenas as assertivas I, II e III.

I: correta. A inconstitucionalidade por ação ou por omissão pode ser atribuída a qualquer um dos três Poderes; **II:** correta. A inconstitucionalidade por omissão total ocorre se o Poder Público não age, quando deveria agir. A omissão parcial se dá nas hipóteses em que o Poder Público age, mas a ação não é suficiente para atender o comando do dispositivo constitucional em sua integralidade. Como exemplo, costuma-se citar a fixação do valor do salário-mínimo em montante aquém do necessário para cumprir as finalidades previstas no art. 7º, IV, da CF, o que constitui omissão parcial, haja vista que a lei existe, mas os preceitos da Constituição não foram totalmente atendidos; **III:** correta. A "reserva do possível" ou "reserva do financeiramente

possível" é geralmente utilizada para escusar o não cumprimento de direitos que demandam prestações positivas, como os direitos sociais. O fato dos direitos sociais demandarem prestações positivas do Estado e, com isso, apresentarem custos para serem implementados, não impede sua prestação. Caso não sejam observados, haverá verdadeira omissão inconstitucional. Dessa forma, mesmo situados dentro da esfera do "financeiramente possível", os direitos sociais têm eficácia normativa e podem ser pleiteados juridicamente; **IV:** incorreta, pois a conveniência e oportunidade da realização de políticas públicas está a cargo da Administração, não do Poder Judiciário; **V:** incorreta. Em caráter excepcional, as políticas públicas são sindicáveis pelo Poder Judiciário, uma vez que a regra é a separação de poderes. Ou seja, o Judiciário poderá determinar a implementação de determinada política pública definida pela Constituição se a omissão dos órgãos por ela responsáveis for irrazoável, comprometendo a eficácia da norma constitucional. ▨
Gabarito "E".

(Magistratura Federal-4ª Região – 2010) Dadas as assertivas abaixo, assinale a alternativa correta.

Ao declarar a inconstitucionalidade de lei ou ato normativo, poderá o Supremo Tribunal Federal, por maioria de dois terços de seus membros:

I. Restringir os efeitos da declaração, tendo em vista razões de segurança jurídica.

II. Decidir que ela só tenha eficácia a partir de seu trânsito em julgado, em razão de excepcional interesse social.

III. Decidir que ela só tenha eficácia a partir de determinado momento pela Corte fixado.

(A) Estão corretas apenas as assertivas I e II.

(B) Estão corretas apenas as assertivas I e III.

(C) Estão corretas apenas as assertivas II e III.

(D) Estão corretas todas as assertivas.

(E) Nenhuma assertiva está correta.

I: correta. Compete ao STF, restringir os efeitos da declaração, tendo em vista razões de segurança jurídica; **II:** correta, decidir que ela só tenha eficácia a partir de seu trânsito em julgado, em razão de excepcional interesse social; **III:** correta, decidir que ela só tenha eficácia a partir de determinado momento pela Corte fixado. Todas as assertivas estão corretas nos termos do art. 27 da Lei 9.868/1999 (que prevê a modulação dos efeitos temporais da declaração de inconstitucionalidade). Com isso é oportuno tecermos algumas linhas sobre o tema. "Prevê o artigo 27 da Lei nº 9868/99 a possibilidade de mitigação da teoria da nulidade e a conversão do efeito *ex tunc* para *ex nunc*, pautado na segurança jurídica e excepcional interesse social, desde que por decisão de 2/3 dos ministros do STF. Tal hipótese emerge como importante evolução do controle de constitucionalidade brasileiro, pois como visto, seria impossível arcar com as consequências da imutabilidade da teoria da nulidade, aqui adotada, até porque significa uma melhor forma de dissipação dos princípios fundamentais, objeto de proteção do controle de constitucionalidade especialmente por aqueles grupos considerados menos favorecidos (MENDES, 1999). Ainda, nesta esteira de evolução, a consideração dos princípios da segurança jurídica e excepcional interesse social – estudados a seguir – nos indicam notável proeminência em termos de Estado Constitucional de Direito, onde podemos vislumbrar a plena eficácia dos princípios constitucionais favorecendo as relações jurídicas e sociais do mundo moderno. Tal hipótese é operada precipuamente para o controle concentrado de constitucionalidade, àquele que é exercido abstratamente pelos legitimados do art. 103 da Constituição Federal, sendo de competência originária para apreciação o STF (CF, art. 102, I, "a"). O diploma infraconstitucional diz expressamente tal possibilidade de mitigação, mas tal contexto ordinário é pertinente apenas às ações direta de inconstitucionalidade e declaratória de constitucionalidade, respectivamente, não restando margem, lógico-sistemática para interpretação à outras formas de controle, especialmente o difuso. Ocorre, porém, que em se tratando de Estado Constitucional de Direito já evidenciado na possibilidade de mitigação, outro fator também se modifica em função deste entendimento pós-positivo. A hermenêutica jurídico-constitucional acompanha tal processo donde retiramos nosso principal fundamento de validação da extensão analógico-exegética do art. 27 da Lei nº 9.868/99 para o controle difuso de constitucionalidade, ainda que não exista dispositivo constitucional ou infra que regulamente tal intento. "Para atender às necessidades decorrentes do desenvolvimento terá o hermeneuta de gozar de liberdade na escolha dos métodos a utilizar na interpretação. Tudo porque o desenvolvimento implica em mudanças, e estas acolhem fatos novos, carecedores de regulação legal" (MAGALHÃES, p. 138, 1989). Estamos aqui em divagação de cunho pós-positivo considerando a modificação de entendimentos, antes consolidados no positivismo puro, e, em se tratando de exegese jurídica, que meramente considerava a observância literal do texto legal sem afetar nesta conclusão qualquer emanação principiológica que talvez fosse importante levar em conta para a *validação social da ação legislativo-ordinária*. "A Hermenêutica Tradicional cedo reformulou seus princípios, dada a não correspondência entre as ideologias e as necessidades sociais, uma vez que as leis e o sistema político do clássico Estado Liberal se tornaram numa determinada fase, alheios ao ambiente social ao qual deveriam atender." (MAGALHÃES, p. 136, 1989). É tarefa do hermeneuta ou exegeta preencher as lacunas da lei. *In casu*, lacunoso se mostra o ordenamento no que tange à inexistência de dispositivo que regulamente a mitigação no controle difuso. Por este motivo imperioso destacar a importância da nova interpretação ante à real oportunidade da analogia, de qualidade *sine que non*, para a resolução de conflitos de decisões conflitantes no tempo. Não prejudicando a estabilidade das decisões baseadas em norma presumidamente constitucional na via incidental de controle, torna-se perfeitamente cabível a mitigação do efeito *ex tunc* para *ex nunc*. Poderia ser argumentado que tal analogia não seria pertinente para o controle difuso visto à necessidade de tal conversão encontrar sua fonte basilar no uso conjunto dos princípios da segurança jurídica e excepcional interesse social. Acontece, todavia, que o texto em voga, seja ele o art. 27 da Lei nº 9.868/99 fala em **"razões de segurança jurídica ou de excepcional interesse social"** (grifo nosso). Tal conjunção alternativa permite e consubstancia a analogia do referido teor ao controle difuso por ensejar ao julgador a utilização do primeiro princípio (segurança jurídica) apenas. Posto que o segundo (excepcional interesse social) não se coaduna, num primeiro momento, com o propósito do controle difuso que é a resolução de lide entre particulares, produzindo efeitos, pois, somente naquele processo. Admitimos, além disso, a mitigação feita por qualquer juízo ou tribunal, atendendo às regras de competência e não apenas pelo Supremo Tribunal Federal em sede de recurso extraordinário ou mesmo *habeas corpus*, como última instancia de deliberação. Isto porque se o controle difuso pode ser feito em qualquer destas instâncias jurisdicionais, toda a analogia argumentada acompanha tal essência, não podendo ser utilizada apenas pela corte máxima, visto que neste caso a interpretação extensiva seria parcialmente eficaz. Como subsiste o direito de recurso não há motivos para tal argumento "cair por terra" haja vista que tratamos aqui de matéria extralegal, entretanto com a devida propriedade *jusfilosófica* concedida pelo Estado Constitucional de Direito que nos move em tal direção, diga-se de passagem, acertada (artigo do acadêmico Luiz Felipe Nobre Braga do Curso de Direito do Centro Universitário Salesiano de São Paulo – U. E. Lorena, publicado no ÂMBITO JURÍDICO http://www.ambitojuridico.com.br/site/index.php?n_link=revista_artigos_leitura&artigo_id=6577&revista_caderno=9; pontos debatidos pelo Autor na Pós-Graduação UNISAL, 2008). ⛶

Gabarito "D".

(Magistratura Federal – 1ª Região – IX) Verifique cada uma das proposições abaixo, relativas ao controle de constitucionalidade das leis e atos normativos, e, em seguida, assinale a alternativa correta.

I. no Brasil, o controle repressivo é feito exclusivamente pelo Poder Judiciário, e o controle preventivo, pelos Poderes Legislativo e Executivo.

II. os tratados internacionais, devidamente incorporados no ordenamento jurídico nacional, são passíveis de controle difuso e concentrado de constitucionalidade.

III. inexiste controle concentrado de leis ou atos normativos municipais em face da Constituição Federal.

IV. nada obsta a que lei ou ato normativo editado anteriormente à atual Constituição Federal seja objeto de ação direta de inconstitucionalidade.

(A) todas as proposições são corretas.

(B) as proposições I e IV são incorretas, e as demais, corretas.

(C) apenas a proposição IV é incorreta.

(D) as proposições I e II são corretas, e as demais, incorretas.

I: incorreta. No Brasil, o controle repressivo é feito pelo Poder Judiciário, e excepcionalmente, pelo Tribunal de Contas (Súmula 347 do STF) e pelos Poderes Executivo e Legislativo; II: correta. Todos os atos normativos são passíveis de controle difuso e concentrado de constitucionalidade. Os tratados internacionais, devidamente incorporados no ordenamento jurídico nacional são equiparados às leis ordinárias federais; III: incorreta, pois atualmente leis ou atos normativos municipais em face da Constituição Federal desafiam a ADPF que tramita pelo controle concentrado; IV: incorreta. Nada obsta a que lei ou ato normativo editado anteriormente à atual Constituição Federal seja objeto de arguição de descumprimento de preceito fundamento e não de ADI. O gabarito oficial dado pela banca examinadora foi a alternativa "B". Contudo, existe um equívoco, pois todas a proposições I, III e IV são incorretas, e apenas a proposição II é correta. ⛶

Gabarito "B".

(Magistratura Federal-5ª Região – 2011) Considerando a doutrina e a jurisprudência do STF, assinale a opção correta acerca do controle de constitucionalidade no sistema jurídico brasileiro.

(A) Não se admite a concessão de medida cautelar em ação direta de inconstitucionalidade por omissão, em razão da natureza e da finalidade desse tipo de ação.

(B) A arguição de descumprimento de preceito fundamental constitui instrumento adequado a viabilizar revisão ou cancelamento de súmula vinculante.

(C) O controle prévio ou preventivo de constitucionalidade não pode ocorrer pela via jurisdicional, uma vez que ao Poder Judiciário foi reservado o controle posterior ou repressivo, realizado tanto de forma difusa quanto de forma concentrada.

(D) Nenhum órgão fracionário de tribunal dispõe de competência para declarar a inconstitucionalidade de leis ou atos normativos emanados do poder público, visto tratar-se de prerrogativa jurisdicional atribuída, exclusivamente, ao plenário dos tribunais ou ao órgão especial, onde houver.

(E) A revogação de lei ou ato normativo objeto de ação direta de inconstitucionalidade não implica perda de objeto da ação.

5. DIREITO CONSTITUCIONAL

A: incorreta. O art. 12-F da Lei 9.868/1999 expressamente prevê o cabimento de medida cautelar em ADIn por omissão; **B:** incorreta. A ADPF tem por objeto evitar ou reparar lesão a preceito fundamental, resultante de ato do Poder Público, sendo também cabível quando for relevante o fundamento da controvérsia constitucional sobre lei ou ato normativo federal, estadual ou municipal, incluídos os anteriores à Constituição (art. 1°, *caput* e parágrafo único, I, da Lei 9.882/1999). O procedimento de revisão e cancelamento de súmulas vinculantes está previsto na Lei 11.417/2006; **C:** incorreta, pois o controle preventivo é feito, por exemplo, por intermédio do veto do Poder Executivo a projeto de lei que considere inconstitucional ou pela rejeição de projeto de lei pela Comissão de Constituição e Justiça, por inconstitucionalidade. Ao Poder Judiciário cabe, em regra, o controle repressivo. Excepcionalmente, pode também ser realizado pelo Judiciário, como na hipótese de mandado de segurança impetrado por congressista contra a tramitação de proposta de emenda à Constituição que fere cláusulas pétreas; **D:** correta. O Princípio da reserva de plenário, previsto no art. 97 da CF determina expressamente, ser atribuição exclusiva dos membros do respectivo órgão especial, ou seja, órgãos de cúpula do tribunais, quais sejam, órgão especial ou pleno; **E:** incorreta. Se a lei objeto da ADIn é revogada, não há interesse de agir para o seu prosseguimento (há perda de objeto). **FT**

Gabarito "D".

(Magistratura Federal – 3ª Região – 2010) A ação direta de inconstitucionalidade por omissão, que tem por objeto a assim chamada inconstitucionalidade negativa, resulta da inércia ou do silêncio de qualquer órgão de poder, o qual deixa de praticar em certo tempo o ato legislativo exigido pela constituição, tem entre seus legitimados:

(A) Todos aqueles constantes do rol previsto no "caput" do art. 103, da CF;

(B) O Procurador-Geral da República, se a omissão ocorrer na esfera federal;

(C) O presidente do Conselho Federal da Ordem dos Advogados do Brasil, partido político com representação no congresso nacional ou confederação sindical ou entidade de classe de âmbito nacional;

(D) Todos aqueles constantes do rol previsto no "caput" do art. 103 da CF, menos aquela pessoa ou órgão responsável direto pela omissão legislativa.

A: incorreta, pois todos aqueles constantes do rol previsto no *caput* do art. 103 da CF têm legitimidade para propor ADI por OMISSÃO, exceto aquela pessoa ou órgão responsável direto pela omissão legislativa; **B:** incorreta, pelos mesmos fundamentos, já que a alternativa se limitou a indicar o PGR; **C:** incorreta, pelos mesmos fundamentos, já que a assertiva indicou apenas o presidente do Conselho Federal da Ordem dos Advogados do Brasil, partido político com representação no congresso nacional ou confederação sindical ou entidade de classe de âmbito nacional; **D:** correta. Todos aqueles constantes do rol previsto no *caput* do art. 103 da CF, menos aquela pessoa ou órgão responsável direto pela omissão legislativa. **FT**

Gabarito "D".

(Magistratura Federal – 3ª Região – 2010) O Conselho Federal da Ordem dos Advogados do Brasil ingressou com ação direta de inconstitucionalidade perante Supremo Tribunal Federal, para questionar a constitucionalidade de determinada medida provisória, cujo conteúdo não guarda relação direta com os seus objetivos enquanto entidade de classe representativa da advocacia no país. Pergunta-se:

(A) A OAB tem legitimidade ativa para agir, pois está enquadrada entre as pessoas e órgãos, cuja atuação neste caso não depende de demonstração de qualquer interesse próprio, ou seja, não precisa preencher o requisito de pertinência temática entre o conteúdo da norma impugnada e o interessa da advocacia;

(B) A OAB terá legitimidade ativa para propor ação direta de inconstitucionalidade, caso revele pertinência temática com o conteúdo da norma objeto da arguição, ou seja, deverá demonstrar, enquanto entidade de classe de âmbito nacional, vínculo de necessidade que se exige daquele que tem pertinência subjetiva, para que possa obter a segurança de mérito;

(C) A OAB não necessita demonstrar pertinência temática com o objeto da ação direta de inconstitucionalidade, mas deverá obter o consentimento de deus órgãos seccionais, para formalizar a propositura;

(D) Além de ter que demonstrar pertinência temática, isto é, repita-se, que o objeto da impugnação esteja ligado e conforme seus objetivos de entidade profissional, deverá contar, ainda, para alcançar tal legitimidade, com a aprovação dos seus conselhos regionais.

A: correta. A legitimidade ativa para a propositura de ADIn encontra-se prevista no art. 103, I a IX, da CF. O STF, em interpretação restritiva do dispositivo constitucional, entende que determinados legitimados ativos devem observar o requisito da *pertinência temática* para propor ADIn, exigência que não está prevista na Constituição nem na legislação infraconstitucional, mas encontra-se amplamente sedimentada na jurisprudência do STF. Por pertinência temática deve-se entender a existência de uma relação direta entre a questão presente na lei ou no ato normativo a ser impugnado e os objetivos sociais da entidade demandante (ou entre a lei objeto de controle e as funções institucionais do legitimado ativo). Vale dizer, a noção é muito próxima do *interesse de agir* da Teoria Geral do Processo e faz surgir duas classes de legitimados ativos: os *universais* ou *neutros* e os *interessados* ou *especiais*. De acordo com o STF, são legitimados *neutros* ou *universais* para a propositura de ADIn (= têm legitimidade ativa em qualquer hipótese, sem necessidade de demonstração de pertinência temática): o Presidente da República, as Mesas do Senado e da Câmara, o Procurador-Geral da República, o Conselho Federal da OAB e o partido político com representação no Congresso Nacional. São legitimados *interessados* ou *especiais*, ou seja, precisam demonstrar relação de pertinência temática entre o objeto da ADIn e sua esfera jurídica (ou a de seus filiados): o Governador de Estado, a Mesa da Assembleia Legislativa (ou da Câmara Legislativa do DF), bem como as confederações sindicais ou entidades de classe de âmbito nacional; **B:** incorreta. A OAB terá legitimidade ativa para propor ação direta de inconstitucionalidade, independentemente de revelar pertinência temática; **C:** incorreta, pois não se exige qualquer autorização; **D:** incorreta, pelos mesmos fundamentos apresentados nas assertivas anteriores. **FT**

Gabarito "A".

(Magistratura Federal – 3ª Região – XIII) Sobre a cláusula de reserva de Plenário prevista no artigo 97 da Constituição Federal, é correto afirmar-se que:

(A) é instrumento típico e fundamental do sistema de controle abstrato e concentrado de constitucionalidade de leis e atos normativos;

(B) fixa a competência originária do Plenário para julgar a apelação, quando fundada na discussão de questão constitucional;

(C) é mitigada pela legislação processual civil, quando existente, por exemplo, decisão anterior do Supremo Tribunal Federal sobre a questão constitucional;

(D) é absoluta a reserva constitucionalmente prevista, sendo nula a decisão da Turma, mesmo se nela declarada a constitucionalidade da lei.

A: incorreta. A cláusula de reserva de plenário prevista no art. 97 da Constituição Federal e na Súmula Vinculante 10, também deve ser observada no controle difuso e não somente no controle abstrato e concentrado de constitucionalidade; **B:** incorreta. O plenário ou órgão especial (onde houver) julga apenas a questão constitucional. A premissa ali estabelecida será seguida pelo órgão fracionário, com competência para julgar a causa (cisão funcional de competência). Nos termos da Súmula 513 do STF, a decisão que enseja a interposição de recurso ordinário ou extraordinário não é a do plenário, que resolve o incidente de inconstitucionalidade, mas a do órgão (câmaras, grupos ou turmas) que completa o julgamento do feito; **C:** correta. Réplica do art. 481, parágrafo único, do CPC; **D:** incorreta. O texto do art. 97 da CF refere-se apenas à declaração de *inconstitucionalidade*. Assim, os órgãos fracionários podem declarar a *constitucionalidade* sem levar a questão ao pleno ou ao órgão especial (onde houver). **FT**
Gabarito "C".

5. DOS DIREITOS E GARANTIAS FUNDAMENTAIS

(Juiz de Direito – TJM/SP – VUNESP – 2016) Os procedimentos previstos na Lei nº 12.527, de 18 de novembro de 2011, destinam-se a assegurar o direito fundamental de acesso à informação e devem ser executados em conformidade com os princípios básicos da Administração Pública e com a seguinte diretriz:

(A) informação pessoal é aquela relacionada à pessoa natural não identificada, mas identificável.

(B) observância do sigilo como preceito geral e da publicidade como exceção.

(C) divulgação de informações de interesse público, quando solicitadas.

(D) qualidade da informação modificada, inclusive quanto à origem, trânsito e destino.

(E) desenvolvimento do controle social da Administração Pública.

A: incorreta. De acordo com o art. 4º, IV, da Lei 12.527/2011, informação pessoal é aquela relacionada à pessoa natural **identificada** ou identificável; **B:** incorreta. Ao contrário do mencionado, uma das diretrizes é a observância da **publicidade como preceito geral** e do sigilo como exceção, conforme determina o art. 3º, I, da Lei 12.527/2011; **C:** incorreta. A divulgação de informações de interesse público independe de solicitações. É o que determina o art. 3º, II, da Lei 12.527/2011; **D:** incorreta. De acordo com o art. 4º, VIII, da Lei 12.527/2011, a integridade é qualidade da informação **não modificada**, inclusive quanto à origem, trânsito e destino; **E:** correta. Determina o art. 3º da Lei 12.527/2011 que as diretrizes sobre os procedimentos que asseguram o direito fundamental de acesso à informação são as seguintes: I - observância da publicidade como preceito geral e do sigilo como exceção; II - divulgação de informações de interesse público, independentemente de solicitações; III - utilização de meios de comunicação viabilizados pela tecnologia da informação; IV - fomento ao desenvolvimento da cultura de transparência na administração pública; **V - desenvolvimento do controle social da administração pública. BV**
Gabarito "E".

(Juiz – TJ/RJ – VUNESP – 2016) O Decreto nº 678/92 promulgou a Convenção Americana sobre Direitos Humanos (Pacto de São José da Costa Rica), de 22 de novembro de 1969, sendo certo que, segundo o atual entendimento do Supremo Tribunal Federal, a norma ingressou no sistema jurídico pátrio no *status* de

(A) Norma Constitucional Originária, com fundamento no art. 5, § 3º, da ConstituiçãoFederal.

(B) Emenda à Constituição.

(C) Lei Ordinária.

(D) Norma supralegal.

(E) Lei Complementar.

De acordo com a súmula Vinculante 25 (STF), a prisão civil de depositário infiel é ilícita, qualquer que seja a modalidade de depósito. O precedente que gerou a edição dessa súmula explica o status do tratado menciona: "Se não existem maiores controvérsias sobre a legitimidade constitucional da prisão civil do devedor de alimentos, assim não ocorre em relação à prisão do depositário infiel. As legislações mais avançadas em matérias de direitos humanos proíbem expressamente qualquer tipo de prisão civil decorrente do descumprimento de obrigações contratuais, excepcionando apenas o caso do alimentante inadimplente. O art. 7º (n.º 7) da Convenção Americana sobre Direitos Humanos – Pacto de San José da Costa Rica, de 1969, dispõe desta forma: 'Ninguém deve ser detido por dívidas. Este princípio não limita os mandados de autoridade judiciária competente expedidos em virtude de inadimplemento de obrigação alimentar.' Com a adesão do Brasil a essa convenção, assim como ao Pacto Internacional dos Direitos Civis e Políticos, sem qualquer reserva, ambos no ano de 1992, iniciou-se um amplo debate sobre a possibilidade de revogação, por tais diplomas internacionais, da parte final do inciso LXVII do art. 5º da Constituição brasileira de 1988, especificamente, da expressão 'depositário infiel', e, por consequência, de toda a legislação infraconstitucional que nele possui fundamento direto ou indireto. (...) Portanto, diante do inequívoco caráter especial dos tratados internacionais que cuidam da proteção dos direitos humanos, não é difícil entender que a sua internalização no ordenamento jurídico, por meio do procedimento de ratificação previsto na Constituição, tem o condão de paralisar a eficácia jurídica de toda e qualquer disciplina normativa infraconstitucional com ela conflitante. Nesse sentido, é possível concluir que, diante da supremacia da Constituição sobre os atos normativos internacionais, a previsão constitucional da prisão civil do depositário infiel (...) deixou de ter aplicabilidade diante do efeito paralisante desses tratados em relação à legislação infraconstitucional que disciplina a matéria (...). Tendo em vista o **caráter supralegal** desses **diplomas normativos internacionais**, a legislação infraconstitucional posterior que com eles seja conflitante também tem sua eficácia paralisada. (...) Enfim, desde a adesão do Brasil, no ano de 1992, ao Pacto Internacional dos Direitos Civis e Políticos (art. 11) e à Convenção Americana sobre Direitos Humanos – Pacto de San José da Costa Rica (art. 7º, 7), não há base legal para aplicação da parte final do art. 5º, inciso LXVII, da Constituição, ou seja, para a prisão civil do depositário infiel." (RE 466343, Voto do Ministro Gilmar Mendes, Tribunal Pleno, julgamento em 3.12.2008, DJe de 5.6.2009). **BV**
Gabarito "C".

(Juiz – TJ/SP – VUNESP – 2015) Reconhecida a força normativa do texto constitucional e aceita a sistematização proposta por Robert Alexy, é correto afirmar que os direitos fundamentais previstos

(A) têm natureza prestacional quando correspondem aos denominados direitos positivos.

(B) têm natureza prestacional, desde que correspondentes

5. DIREITO CONSTITUCIONAL · 323

aos denominados direitos fundamentais da segunda "dimensão".

(C) têm todos natureza prestacional, em suas diferentes "dimensões".

(D) têm natureza prestacional, desde que vinculados à proteção da liberdade e da saúde.

A: correta. Não se pode confundir o *status* com as dimensões dos direitos fundamentais. Assim, Alexy defende que os direitos fundamentais possuem natureza prestacional (direitos sociais) quando exteriorizam os direitos fundamentais como prestações positivas do Estado (dever do Estado); **B:** incorreta, pois confunde o *status* com as dimensões, não se tratando de dimensões dos direitos fundamentais; **C:** incorreta, pois há os direitos que atribuem liberdades, por exemplo; **D:** incorreta, pois não se exige vinculação à proteção da liberdade e da saúde. **AB**
Gabarito "A"

(Juiz – TJ/SP – VUNESP – 2015) Ao analisar decisões do Supremo Tribunal Federal na aplicação do princípio da igualdade, por exemplo na ADPF 186/DF (sistema de cotas para ingresso nas universidades públicas), é correto afirmar que

(A) o princípio da igualdade é absoluto no que se refere à igualdade de gênero.

(B) a diferença salarial entre servidores com igual função em diferentes entes públicos não se sustenta diante do princípio da isonomia, a justificar revisão por parte do Judiciário.

(C) as discriminações positivas correspondem a maior efetividade ao princípio da igualdade.

(D) a Constituição Federal não estabelece distinção entre igualdade formal e material.

A: incorreta, pois não há aplicação da igualdade a partir de um prisma absoluto (não há, em regra, direito absoluto); **B:** incorreta, por ofensa ao disposto na súmula 339, do STF; **C:** correta. É o aplicar da compreensão em igualar os iguais e desigualar os desiguais, na exata medida da desigualdade (ver ADPF 186, STF); **D:** incorreta, pois o texto constitucional não se contenta apenas com a igualdade formal. Ao contrário, ampara a promove a igualdade material. **AB**
Gabarito "C"

(Juiz – TJ/SP – VUNESP – 2015) Diante de informação relativa a iminente publicação de matéria considerada ofensiva à intimidade e à honra de autoridade pública em jornal local, nos termos definidos pelo Supremo Tribunal Federal no julgamento da ADPF 130/DF, é possível conceder ordem judicial que

(A) proíba a circulação da publicação jornalística considerada ofensiva, com base no art. 5º, V e X, da Constituição Federal.

(B) assegure, após configurado o dano causado à honra e à intimidade, a sua reparação.

(C) imponha alteração do conteúdo da matéria a ser divulgada, a fim de riscar ou suprimir expressões ofensivas à honra e à intimidade da vítima.

(D) proíba a inserção da matéria considerada ofensiva naquela publicação jornalística, embora autorizada sua circulação.

A: incorreta, pois o controle ocorrerá posteriormente e, de fato, não se confunde com censura; **B:** correta, conforme já explicamos no comentário anterior; **C:** incorreta, pois o controle será posterior; **D:** incorreta, pois não há proibição, vez que o controle será posterior. **AB**
Gabarito "B"

(Juiz – TJ/SP – VUNESP – 2015) A divulgação, nos sites dos respectivos órgãos administrativos, de nomes e vencimentos de servidores públicos, observado o decidido pelo Supremo Tribunal Federal no julgamento do ARE 652.777, é medida que

(A) deve ser reconhecida como legítima diante dos princípios constitucionais que regulam a atividade pública e da Lei federal nº12.527/11.

(B) deve ser vedada, como regra geral, atendendo apenas a eventual requisição ou consulta justificada, porque a Lei Federal nº12.527/11 (acesso à informação) não impõe ou disciplina aquela divulgação.

(C) deve ser autorizada em relação aos denominados agentes políticos, ocupante de cargos eletivos, para conhecimento da população.

(D) deve ser limitada à indicação da remuneração genérica dos cargos, sem identificação pessoal dos servidores, em respeito à inviolabilidade da intimidade e da vida privada dos servidores.

A: correta, inclusive esta é a jurisprudência do STF (ver ARE 652.777/SP); **B:** incorreta, pois prepondera a publicidade; **C:** incorreta, pois a divulgação é ampla e não traz restrição a uma categoria de agentes públicos; **D:** incorreta. A divulgação conterá o nome, o cargo ocupado e os vencimentos recebidos, pois prepondera a publicidade e a moralidade pública em detrimento da intimidade. **AB**
Gabarito "A"

(Juiz – TJ/MS – VUNESP – 2015) Considerando as normas da Constituição Federal que tratam da extradição, assinale a alternativa correta.

(A) O estrangeiro pode ser extraditado, havendo vedação apenas em relação aos crimes político e de opinião, ressalvas estas que não são incompatíveis com a situação de asilado político do estrangeiro no país.

(B) O brasileiro naturalizado pode ser extraditado pela prática de crime comum antes da naturalização, sendo necessário, porém, para esse fim, que haja anulação da naturalização.

(C) O cidadão português não pode ser extraditado por crime de terrorismo, independentemente de quando foi cometido, uma vez que o Supremo Tribunal Federal já assentou que este se equipara ao crime político.

(D) O brasileiro nato não pode ser extraditado, exceto se tiver nacionalidade primária do país no qual o crime foi cometido e se houver reciprocidade estabelecida em tratado internacional.

(E) Os crimes que podem ensejar a extradição de estrangeiro não se sujeitam à prescrição.

A: correta, nos exatos termos do art. 5º, LI e LII, da CF; **B:** incorreta, pois não se exige a anulação da naturalização; **C:** incorreta, pois a jurisprudência do STF não equipara o crime de terrorismo ao crime político (EXT 855/CL, STF); **D:** incorreta, pois o brasileiro nato não será extraditado (art. 5º, LI, da CF); **E:** incorreta, pois tais crimes também estão sujeitos à prescrição. **AB**
Gabarito "A"

(Magistratura/AM – 2013 – FGV) Com relação aos *direitos e deveres individuais, coletivos e sociais* previstos na Constituição Federal de 1988, assinale a afirmativa **incorreta**.

(A) O direito constitucional ao sigilo fiscal, telefônico e bancário é inoponível às Comissões Parlamentares de Inquéritos, as quais podem solicitar as informações diretamente aos órgãos públicos ou privados responsáveis por mantê-las e, ainda, a busca a apreensão domiciliar, desde que o faça por decisão motivada.

(B) No direito brasileiro prevalece a teoria da eficácia direta e imediata dos direitos fundamentais sobre as relações privadas, da qual é exemplo a incidência da cláusula do devido processo legal no procedimento de exclusão de associado, no âmbito de associações privadas, por decorrência de conduta contrária aos estatutos.

(C) Embora a Constituição proclame a absoluta igualdade entre homem e mulher, as distinções fundadas em critérios razoáveis são admissíveis. Com tal fundamento pode-se afirmar a constitucionalidade da existência de critérios diferenciados para a promoção de homens e mulheres na carreira militar.

(D) A liberdade de atividade profissional encontra-se sob reserva legal qualificada, consoante Art. 5º, inciso XIII, da Constituição Federal de 1988, sendo assim, as eventuais restrições criadas pelo legislador devem estar vinculadas ao fim estampado no texto constitucional, qual seja, as qualificações profissionais estritamente necessárias ao exercício da profissão.

(E) Com fundamento nos artigos 6º e 196 da Constituição Federal de 1988, é possível afirmar a existência de direito subjetivo público a prestações de saúde, oponível a todos os entes federativos de modo solidário, bem como de um dever de formulação e execução de políticas públicas, implementadas por meio do sistema único, que observará, como diretrizes, a descentralização, o atendimento integral e a participação da comunidade.

A: incorreta. Consequentemente a assertiva deve ser assinalada já que a banca examinadora exigiu a alternativa incorreta. Vejamos: A CF/1988, no art. 58, § 3º, concede as Comissões Parlamentares de Inquérito poderes de investigação próprios de autoridade judicial, mas não idênticos, de acordo com a interpretação do Supremo Tribunal Federal. Em razão disso, entende-se que nos casos em que a Carta Política exige expressamente a ordem judicial, o ato só poderá ser autorizado por juiz ou tribunal, conforme preceitua o princípio da reserva de jurisdição. Assim, Comissão Parlamentar de Inquérito não pode autorizar: busca e apreensão domiciliar; prisão, salvo em casos de flagrante; interceptação telefônica, por exemplo. Já a quebra de sigilo telefônico – acesso ao histórico de ligações, não ao teor das conversas – está dentro dos poderes conferidos às Comissões Parlamentares de Inquérito: " COMISSÃO PARLAMENTAR DE INQUÉRITO - QUEBRA DE SIGILO ADEQUADAMENTE FUNDAMENTADA - ATO PRATICADO EM SUBSTITUIÇÃO A ANTERIOR QUEBRA DE SIGILO QUE HAVIA SIDO DECRETADA SEM QUALQUER FUNDAMENTAÇÃO - POSSIBILIDADE - EXISTÊNCIA SIMULTÂNEA DE PROCEDIMENTOS PENAIS EM CURSO, INSTAURADOS CONTRA O IMPETRANTE - CIRCUNSTÂNCIA QUE NÃO IMPEDE A INSTAURAÇÃO DA PERTINENTE INVESTIGAÇÃO PARLAMENTAR SOBRE FATOS CONEXOS AOS EVENTOS DELITUOSOS - REFERÊNCIA À SUPOSTA ATUAÇÃO DE ORGANIZAÇÕES CRIMINOSAS

NO ESTADO DO ACRE, QUE SERIAM RESPONSÁVEIS PELA PRÁTICA DE ATOS CARACTERIZADORES DE UMA TEMÍVEL MACRODELINQUÊNCIA (TRÁFICO DE ENTORPECENTES, LAVAGEM DE DINHEIRO, FRAUDE, CORRUPÇÃO, ELIMINAÇÃO FÍSICA DE PESSOAS, ROUBO DE AUTOMÓVEIS, CAMINHÕES E CARGAS) - ALEGAÇÃO DO IMPETRANTE DE QUE INEXISTIRIA CONEXÃO ENTRE OS ILÍCITOS PENAIS E O OBJETO PRINCIPAL DA INVESTIGAÇÃO PARLAMENTAR - AFIRMAÇÃO DESPROVIDA DE LIQUIDEZ - MANDADO DE SEGURANÇA INDEFERIDO - A QUEBRA FUNDAMENTADA DO SIGILO INCLUI-SE NA ESFERA DE COMPETÊNCIA INVESTIGATÓRIA DAS COMISSÕES PARLAMENTARES DE INQUÉRITO. A quebra do sigilo fiscal, bancário e telefônico de qualquer pessoa sujeita a investigação legislativa pode ser legitimamente decretada pela Comissão Parlamentar de Inquérito, desde que esse órgão estatal o faça mediante deliberação adequadamente fundamentada e na qual indique, com apoio em base empírica idônea, a necessidade objetiva da adoção dessa medida extraordinária. Precedente: MS 23.452-RJ, rel. Min. Celso de Mello (Pleno). PRINCÍPIO CONSTITUCIONAL DA RESERVA DE JURISDIÇÃO E QUEBRA DE SIGILO POR DETERMINAÇÃO DA CPI. - O princípio constitucional da reserva de jurisdição - que incide sobre as hipóteses de busca domiciliar (CF, art. 5º, XI), de interceptação telefônica (CF, art. 5º, XII) e de decretação da prisão, ressalvada a situação de flagrância penal (CF, art. 5º, LXI) - não se estende ao tema da quebra de sigilo, pois, em tal matéria, e por efeito de expressa autorização dada pela própria Constituição da República (CF, art. 58, § 3º), assiste competência à Comissão Parlamentar de Inquérito, para decretar, sempre em ato necessariamente motivado, a excepcional ruptura dessa esfera de privacidade das pessoas. AUTONOMIA DA INVESTIGAÇÃO PARLAMENTAR. - O inquérito parlamentar, realizado por qualquer CPI, qualifica-se como procedimento jurídico-constitucional revestido de autonomia e dotado de finalidade própria, circunstância esta que permite à Comissão legislativa - sempre respeitados os limites inerentes à competência material do Poder Legislativo e observados os fatos determinados que ditaram a sua constituição - promover a pertinente investigação, ainda que os atos investigatórios possam incidir, eventualmente, sobre aspectos referentes a acontecimentos sujeitos a inquéritos policiais ou a processos judiciais que guardem conexão com o evento principal objeto da apuração congressual. Doutrina. Precedente: MS 23.639-DF, rel. Min. Celso de Mello (Pleno). O PROCESSO MANDAMENTAL NÃO COMPORTA DILAÇÃO PROBATÓRIA. - O processo de mandado de segurança qualifica-se como processo documental, em cujo âmbito não se admite dilação probatória, pois a liquidez dos fatos, para evidenciar-se de maneira incontestável, exige prova pré-constituída, circunstância essa que afasta a discussão de matéria fática fundada em simples conjecturas ou em meras suposições ou inferências.(MS 23652, rel. Min. Celso de Mello, Pleno, j 22.11.2000, *DJ* 16.02.2001, pp. 2, Ement Vol-02019-01, pp. 106)""; **B:** correta. Esta teoria curiosamente surgiu na Alemanha, na década de 50, por meio de um magistrado do Tribunal Federal do Trabalho, chamado Hans Carl Nipperdey. A curiosidade reside no fato de que, apesar de ter surgido na Alemanha, não prevalece naquele país. Nos termos da proposta da teoria da eficácia direta ou imediata, como o próprio nome sugere, alguns direitos fundamentais podem ser aplicados diretamente às relações privadas, ou seja, sem a necessidade da intervenção legislativa. Pedro Lenza traz o seguinte sustentáculo à aplicação da teoria:"(...) sem dúvida, cresce a teoria da aplicação dos direitos fundamentais às relações privadas ('eficácia horizontal'), especialmente diante de atividades privadas que tenham um certo 'caráter público', por exemplo, em escolas (matrículas), clubes associativos, relações de trabalho etc." Porém, Ingo Wolfgand Sarlet lembra que há duas considerações a respeito da aplicação da teoria da eficácia dos direitos fundamentais às relações privadas: Primeiro, quando há relativa igualdade das partes figurantes da relação jurídica, caso em que deve prevalecer o princípio da liberdade para ambas, somente se admitindo eficácia direta dos direitos fundamentais na hipótese de lesão ou ameaça ao princípio da dignidade da

pessoa humana ou aos direitos da personalidade. Segundo: quando a relação privada ocorre entre um indivíduo (ou grupo de indivíduos) e os detentores de poder econômico ou social, caso em que, de acordo com o referido autor, há consenso para se admitir a aplicação da eficácia horizontal, pois tal relação privada assemelha-se àquela que se estabelece entre os particulares e o poder público (eficácia vertical). E, ainda, Armando Cruz Vasconcellos nos adverte que as: "(...) violações aos direitos fundamentais podem partir tanto do Estado soberano como, também, dos agentes privados. Essa tendência atual de aplicação horizontal dos direitos fundamentais não visa se sobrepor à relação anterior, uma vez que o primordial nessa questão é nos atentarmos para que a aplicação dos direitos fundamentais, no caso concreto, esteja sempre ponderada com os demais princípios. Diversas questões precisam ser melhores desenvolvidas, como qual a forma dessa vinculação e seu alcance". Alguns autores, como Alexy, por exemplo, defendem ser uma teoria integradora, onde, em face de uma demanda entre particulares, que tenha por objeto direitos fundamentais, que se faça uma ponderação entre os valores discutidos. No caso do Brasil, onde a desigualdade social é latente, não permitir a aplicação dos direitos fundamentais às relações entre particulares é inconcebível. Se fôssemos um povo dotado de uma relação social ideal, poderia ser adotada a eficácia horizontal indireta, porém, essa não é a realidade do nosso país. Quanto maior a desigualdade na relação, maior a necessidade de proteção. Por isso, a teoria da eficácia horizontal direta, no caso da realidade brasileira, é a mais adequada; **C:** correta. Embora a Constituição proclame a absoluta igualdade entre homem e mulher, as distinções fundadas em critérios razoáveis são admissíveis. Com tal fundamento pode-se afirmar a constitucionalidade da existência de critérios diferenciados para a promoção de homens e mulheres na carreira militar. Vejamos alguns julgados: "**Ementa:** ADMINISTRATIVO. CONCURSO PÚBLICO. INAPTIDÃO EM EXAME DE CAPACIDADEFÍSICA. DISTINÇÃO ENTRE CANDIDATOS DO SEXO MASCULINOE FEMININO. ANTECIPAÇÃO DA TUTELA CAUTELAR PARA PROSSEGUIMENTO NO CERTAME. POSSIBILIDADE. I - Assegurar o prosseguimento nas demais fases do concurso público, questionado nos autos, afigura-se medida cautelar adequada a garantir o resultado útil da demanda principal, onde se discutirá sobre a legitimidade da distinção de tratamento entre candidatos do sexo masculino e feminino, no exame de capacidade física. II - Agravo de instrumento provido" (TRF-1 - Agravo de Instrumento AG 12732 MG 2002.01.00.012732-4); "**Ementa:** CONSTITUCIONAL. CONCURSO PÚBLICO PARA PROVIMENTO DE CARGO DE DELEGADO FEDERAL. EXIGÊNCIA DE APROVAÇÃO EM EXAME FÍSICO. CRITÉRIOS DIFERENCIADOS PARA HOMENS E MULHERES. CONSTITUCIONALIDADE. PRECEDENTES. REAGENDAMENTO EM VIRTUDE DE LESÃO DURANTE A REALIZAÇÃO DA PROVA FÍSICA. INVIABILIDADE À LUZ DO PRINCÍPIO DA ISONOMIA. JURISPRUDÊNCIA DO EXCELSO PRETÓRIO. 1 - Inaplicabilidade da teoria do fato consumado às situações de fato geradas por provimentos de caráter provisório. Orientação do C. STF. 2 - Legalidade da exigência de aprovação em Exame Físico conforme previsão constante do edital de chamamento. 3 - Legalidade da distinção dos critérios de aprovação no exame físico relativamente aos candidatos do sexo masculino e feminino. Predecentes. 4 - Impossibilidade do reagendamento do exame físico em virtude de lesão sofrida pelo candidato em atenção ao princípio da isonomia. 5 - Apelação e remessa oficial providas" (AC 78719 SP 98.03.078719-5); **D:** correta. Literalidade do art. 5º, XIII, da CF/1988; **E:** correta. Réplica dos arts. 6º e 196 da CF/1988. 🖍
Gabarito "A"

(Magistratura/AM – 2013 – FGV) No tocante aos direitos e garantias individuais, é correto afirmar que a lei regulará a individualização da pena e adotará, entre outras, as seguintes:

(A) privação ou restrição de liberdade, perda de bens e banimento.

(B) multa, prestação social alternativa e interdição de direitos.

(C) multa, interdição de direitos e trabalhos forçados.

(D) suspensão de direitos, banimento e privação de liberdade.

(E) privação de liberdade, trabalhos forçados e prestação social alternativa.

A: incorreta. Nos termos do art. 5º, XLVI, da CF/1988 a lei regulará a individualização da pena e adotará, entre outras, as seguintes: a) PRIVAÇÃO ou RESTRIÇÃO da liberdade; b) PERDA de BENS; c) MULTA; d) PRESTAÇÃO SOCIAL ALTERNATIVA; e) SUSPENSÃO ou INTERDIÇÃO de DIREITOS. Observe que a NÃO HAVERÁ PENAS de morte, salvo em caso de guerra declarada, de caráter perpétuo, de trabalhos forçados, de banimento e cruéis, nos termos do art. 5º, XLVII, da CF/1988; **B:** correta. Literalidade do art. 5º, XLVI, da CF/1988; **C:** incorreta pelos mesmos motivos apresentados na assertiva "A"; **D:** incorreta. Idem; **E:** incorreta. Idem. O princípio da INDIVIDUALIZAÇÃO DA PENA é uma garantia constitucional relativa, na medida em que sua regulamentação depende de lei. Seu fundamento está no PRINCÍPIO de JUSTIÇA, segundo o qual se deve distribuir a cada um o que lhe cabe, de acordo com as circunstâncias de agir – o que, em matéria penal, significa a aplicação da pena levando em conta não a norma penal em abstrato, mas, especialmente, os aspectos subjetivos e objetivos do crime. 🖍
Gabarito "B".

(Magistratura/PR – 2013 – UFPR) Conceder-se-á sempre que alguém sofrer ou se achar ameaçado de sofrer violência ou coação em sua liberdade de locomoção, por ilegalidade ou abuso de poder:

(A) Mandado de injunção.

(B) *Habeas data.*

(C) Mandado de segurança.

(D) *Habeas corpus.*

A: incorreta. O mandado de injunção, previsto no art. 5º, LXXI, da CF/1988, é um dos remédios/garantias constitucionais, sendo, segundo o Supremo Tribunal Federal (STF), uma ação constitucional usada em um caso concreto, individual ou coletivamente, com a finalidade de o Poder Judiciário dar ciência ao Poder Legislativo sobre a ausência de norma regulamentadora que torne inviável o exercício dos direitos e garantias constitucionais e das prerrogativas inerentes à nacionalidade, soberania e cidadania. Possui efeito muito semelhante à Ação Direta de Inconstitucionalidade (ADIn) por Omissão, diferenciando-se desta essencialmente por ser usado num caso concreto, sendo aquela uma das formas de controle concentrado no STF (que pode ocorrer sempre que uma das partes legitimadas pelo art. 103 da CF/1988 alega que uma lei ou um ato normativo federal ou estadual, em tese, é incompatível com a Constituição - ADIn; quando alegam que lei ou ato normativo federal é compatível com a Constituição - ADC; ou há ausência de norma regulamentadora prevista na CF/1988 - ADIn por omissão). Há, ainda, como modalidade concentrada de controle de constitucionalidade, a ADIn interventiva, analisada pelo STF por requisição do Procurador-Geral da República, e a arguição de descumprimento de preceito fundamental, quando há violação de preceito fundamental, inclusive de lei municipal e lei anterior à entrada em vigor da Constituição Federal de 1988; **B:** incorreta. *Habeas data* é um remédio jurídico (facultativo) na formação de uma ação constitucional que pode, ou não, ser impetrada por pessoa física ou jurídica (sujeito ativo) para tomar conhecimento ou retificar as informações a seu respeito, constantes nos registros e bancos de dados de entidades governamentais ou de caráter público, bem como o direito à retificação de tais dados quando inexatos (art. 5º, LXXII, da CF/1988). Pode-se também entrar com ação de *Habeas data* com o intuito de adi-

cionar, retirar ou retificar informações em cadastro existente, desde que a instituição seja pública ou de caráter público. É remédio constitucional considerado personalíssimo pela maior parte da doutrina, ou seja, só pode ser impetrado por aquele que é o titular dos dados questionados. Todavia, a jurisprudência admite que determinadas pessoas vinculadas ao indivíduo tenham legitimidade – por exemplo, herdeiros (STJ, HD 147/DF, rel. Min. Arnaldo Esteves Lima, 5ª T., j. 13.06.2007, *DJ* 28.08.2008); **C:** incorreta. Conceder-se-á mandado de segurança para proteger direito líquido e certo, não amparado por **habeas corpus** ou **habeas data**, sempre que, ilegalmente ou com abuso de poder, qualquer pessoa física ou jurídica sofrer violação ou houver justo receio de sofrê-la por parte de autoridade, seja de que categoria for e sejam quais forem as funções que exerça. Equiparam-se às autoridades os representantes ou órgãos de partidos políticos e os administradores de entidades autárquicas, bem como os dirigentes de pessoas jurídicas ou as pessoas naturais no exercício de atribuições do poder público, somente no que disser respeito a essas atribuições. Inteligência do art. 5º, LXIX da CF/1988 c/c art. 1º da Lei 12.016/2009 (LMS); **D:** correta. Literalidade do art. 5º, LXVIII, da CF/1988. **FT**
Gabarito "D".

(Magistratura/RJ – 2013 – VUNESP) Considerando o texto expresso da Constituição da República, assinale a alternativa que contempla somente crimes que a lei considerará inafiançáveis e insuscetíveis de graça ou anistia.

(A) O terrorismo; o crime político; a tortura; e os definidos como hediondos.

(B) A prática do racismo; o tráfico ilícito de entorpecentes e drogas afins; o terrorismo; e os definidos como hediondos.

(C) O tráfico ilícito de entorpecentes e drogas afins; o terrorismo; e os definidos como hediondos.

(D) A ação de grupos armados, civis ou militares, contra a ordem constitucional e o Estado Democrático; a prática da tortura; e o terrorismo.

A: incorreta. Nos termos do art. 5º, XLIII, da CF/1988 a lei considerará crimes inafiançáveis e insuscetíveis de graça ou anistia a prática de TORTURA, o TRÁFICO ilícito de drogas, o TERRORISMO e os definidos como CRIMES HEDIONDOS, por eles respondendo os mandantes, os executores e os que, podendo evitá-los, se omitirem. Crime político NÃO; **B:** incorreta. O crime de RACISMO é crime inafiançável e imprescritível, sujeito à pena de reclusão (nos termos da lei), conforme dispõe o art. 5º, XLII, da CF/1988; **C:** correta. Réplica do art. 5º, XLIII, da CF/1988; **D:** incorreta. Nos termos do art. 5º, XLIV, da CF/1988 constitui crime inafiançável e imprescritível a ação de grupos armados, civis ou militares, contra a ordem constitucional e o Estado Democrático. Fique atento, pois o examinador exigiu no enunciado: CRIME INAFIANÇÁVEL + INSUSCETÍVEL de GRAÇA ou ANISTIA. **FT**
Gabarito "C".

(Magistratura/RJ – 2013 – VUNESP) Assinale a alternativa correta a respeito dos direitos humanos.

(A) A Carta Magna admite a federalização dos crimes graves contra os direitos humanos em qualquer fase do inquérito ou processo.

(B) A ilimitabilidade é uma das características dos direitos humanos que, aplicável no Brasil, não admite que esses sofram qualquer restrição em sua fruição.

(C) A ausência de prescrição para o autor do crime de racismo viola direitos humanos fundamentais do ser humano.

(D) Não ofende garantias constitucionais do réu a determinação judicial, em ação de investigação de paternidade, para que o réu seja compulsoriamente conduzido para coleta de material do exame de DNA.

A: correta. As causas relativas a direitos humanos, em princípio, são de competência dos juízes estaduais; mas, no caso de grave violação desses direitos, o Procurador-Geral da República poderá suscitar perante o STJ, em qualquer fase do inquérito ou processo, o INCIDENTE DE DESLOCAMENTO DE COMPETÊNCIA para a JUSTIÇA FEDERAL, nos termos do art. 109, § 5º, da CF/1988; **B:** incorreta, pois não existe ILIMITABILIDADE. Vejamos: Os Direitos Humanos, tecnicamente considerados como direitos humanos fundamentais, ditos de primeira geração, investidos do caráter internacional, encontram-se elencados na "Declaração Universal dos Direitos Humanos" e gozam de destacada posição na hierarquia do ordenamento jurídico, apresentando características que elevam seu poder e seu âmbito de atuação, quais sejam: a imprescritibilidade, a inalienabilidade, a irrenunciabilidade, a inviolabilidade, a universalidade; a efetividade, a interdependência e a complementaridade. Quanto aos princípios estruturais dos direitos humanos, eles são de duas espécies: a irrevogabilidade e a complementaridade solidária. O princípio da complementaridade solidária dos direitos humanos de qualquer espécie foi proclamado solenemente pela Conferência Mundial de Direitos Humanos, realizada em Viena em 1993, nos seguintes termos: Todos os direitos humanos são universais, indivisíveis, interdependentes e inter-relacionados. A comunidade internacional deve tratar dos direitos humanos globalmente, de modo justo e equitativo, com o mesmo fundamento e a mesma ênfase. Levando em conta a importância das particularidades nacionais e regionais, bem como os diferentes elementos de base históricos, culturais e religiosos, é dever dos Estados, independentemente de seus sistemas políticos, econômicos e culturais, promover e proteger todos os direitos humanos e as liberdades fundamentais. As principais características doutrinárias atribuídas aos Direitos Humanos fundamentais são: I - Historicidade. São históricos como qualquer direito. Nascem, modificam-se e desaparecem. Eles apareceram com a revolução burguesa e evoluem, ampliam-se, com o correr dos tempos; II - Inalienabilidade. São direitos intransferíveis, inegociáveis, porque não são de conteúdo econômico-patrimonial. Se a ordem constitucional os confere a todos, deles não se pode desfazer, porque são indisponíveis; III - Imprescritibilidade. O exercício de boa parte dos direitos fundamentais ocorre só no fato de existirem reconhecidos na ordem jurídica. Se são sempre exercíveis e exercidos, não há intercorrência temporal de não exercício que fundamente a perda da exigibilidade pela prescrição; IV - Irrenunciabilidade. Não se renunciam direitos fundamentais. Alguns deles podem até não ser exercidos, pode-se deixar de exercê-los, mas não se admite sejam renunciados. Cabe enfatizar que os Estados, exatamente os incumbidos de assegurar a proteção e garantir a eficácia dos Direitos Humanos, são, em regra, os maiores violadores dos Direitos Humanos em todo lugar, em todos os tempos; **C:** incorreta. Não viola na exata medida que são direitos fundamentais inseridos na ordem interna, qual seja, a Constituição da República Federativa do Brasil; **D:** incorreta. Ninguém é obrigado a fazer ou deixar de fazer senão em virtude de lei. O investigado não poderá ser compelido a fazer o exame, mas se negando a fazer irá prevalecer a presunção relativa de paternidade. **FT**
Gabarito "A".

(Magistratura/CE – 2012 – CESPE) A respeito dos direitos e garantias fundamentais e das ações constitucionais de tutela desses direitos, assinale a opção correta.

(A) De acordo com decisão do STF, não se admite a prisão civil por infidelidade depositária na modalidade de depósito voluntário, sendo ela admitida, entretanto, na modalidade de depósito necessário, ou depósito

5. DIREITO CONSTITUCIONAL

judicial, como obrigação legal que estabeleça relação típica de direito público e de caráter processual.

(B) É unânime, na doutrina e na jurisprudência, a compreensão de que o *habeas data* corresponde a ação de caráter personalíssimo, razão por que não pode ser ajuizada por pessoa jurídica, mas somente por pessoa física, brasileira ou estrangeira, com particular e concreta identificação no mundo social.

(C) As comissões parlamentares de inquérito podem, de modo fundamentado, decretar, por iniciativa própria, a quebra do sigilo bancário ou fiscal das pessoas sob sua investigação.

(D) Segundo entendimento do STF, os sindicatos, as entidades de classe e as associações somente podem impetrar mandado de segurança coletivo se estiverem em funcionamento há pelo menos um ano e se pleitearem direito que, sendo peculiar à categoria como um todo, guarde vínculo com os fins próprios da entidade impetrante.

(E) Nas hipóteses excepcionais de instituição do estado de defesa e do estado de sítio, o direito de reunião poderá ser suspenso, salvo se exercido no seio de associações, quando, então, não poderá ser objeto de restrições.

A: incorreta, pois a Súmula Vinculante 25 do STF dispõe que é ilícita a prisão do depositário infiel, qualquer que seja a modalidade de depósito; **B:** incorreta, trata-se de uma pensamento há muito ultrapassado, pois o *habeas data* configura remédio jurídico-processual, de natureza constitucional, que se destina a garantir, em favor da pessoa interessada, o exercício de pretensão jurídica discernível em seu tríplice aspecto: (a) direito de acesso aos registros; (b) direito de retificação dos registros e (c) direito de complementação dos registros. Trata-se de relevante instrumento de ativação da jurisdição constitucional das liberdades, a qual representa, no plano institucional, a mais expressiva reação jurídica do Estado às situações que lesem, efetiva ou potencialmente, os direitos fundamentais da pessoa natural, jurídica, nacional ou estrangeira, quaisquer que sejam as dimensões em que estes se projetem. O acesso ao *habeas data* pressupõe, dentre outras condições de admissibilidade, a existência do interesse de agir. Ausente o interesse legitimador da ação, torna-se inviável o exercício desse remédio constitucional. A prova do anterior indeferimento do pedido de informação de dados pessoais, ou da omissão em atendê-lo, constitui requisito indispensável para que se concretize o interesse de agir no *habeas data* (Súmula 2 do STJ). Sem que se configure situação prévia de pretensão resistida, há carência da ação constitucional do *habeas data*, nos termos do art. 5º, LXXII, da CF e a Lei n. 9.507/97; **C:** correta, a Lei n. 1.579/52 dispõe que as CPIS terão atuação ampla na apuração dos fatos determinados que deram origem à sua formação. Todavia, o poder de realizar investigações não é ilimitado, tendo sua amplitude de atuação concentrada em fatos específicos, respeitando os mesmos limites formais observados pelo Poder Judiciário, quando da instrução de processo criminal evitando perseguição política e humilhação dos investigados com a devassa desnecessária e arbitrária de sua vida privada e intimidade. AS CPIs podem quebrar o sigilo bancário, fiscal e de dados; inquirir testemunhas, e caso se negarem a comparecer, podem determinar a condução coercitiva; ouvir investigados ou indiciados; realizar perícias e exames, requisitar documentos e buscar provas legalmente admitidas, e determinar buscas e apreensões; **D:** incorreta, pois o art. 5º, LXX, da CF, exige a prova da constituição há pelo menos um ano apenas para as associações; **E:** incorreta, na exata medida que o decreto que instituir o estado de defesa determinará o tempo de sua duração, especificará as áreas a serem abrangidas e indicará, os termos e limites da lei, as medidas

coercitivas a vigorarem, dentre as seguintes restrições aos direito de reunião, ainda que exercida no seio das associações. Todavia, em se tratado de estado de sítio decretado por comoção grave de repercussão nacional ou ocorrência de fatos que comprovem a ineficácia de medida tomada durante o estado de defesa, dentre as inúmeras tomadas contra as pessoas, destacamos a suspensão da liberdade de reunião, os termos dos arts. 136, § 1º, I, "a", 137, I e 139, IV, todos da CF. **FT** Gabarito "C".

(**Magistratura/BA – 2012 – CESPE**) Acerca dos princípios e dos direitos e garantias fundamentais previstos na CF, assinale a opção correta.

(A) A CF assegura a gratuidade das ações de *habeas corpus* e mandado de segurança, e, na forma da lei, de todos os atos necessários ao exercício da cidadania.

(B) Se um juiz, ao praticar ato de natureza penal, agir de modo negligente e condenar alguém por sentença que contenha erro judiciário, caberá ao Estado a responsabilidade de indenizar essa pessoa.

(C) Assim como os estrangeiros não residentes no Brasil, as pessoas jurídicas também não são destinatárias de direitos fundamentais elencados na CF.

(D) A integração econômica, política, social e cultural dos povos da América do Sul, com vistas à formação de um mercado comum regional, expressamente prevista na CF, materializou-se com a criação do Mercado Comum do Sul (MERCOSUL) e da União de Nações Sul-Americanas (UNASUL).

(E) A República Federativa do Brasil rege-se, nas suas relações internacionais, entre outros princípios, pela erradicação da pobreza e redução das desigualdades entre os povos da América Latina e pelo pluralismo político e igualdade entre os Estados.

A: incorreta, pois, a CF assegura a gratuidade das ações de *habeas corpus* e *habeas data*, nos termos do art. 5º, LXXVII, da CF. A Lei 9.265/96 dispõe sobre a gratuidade dos atos necessários ao exercício da cidadania; **B:** correta, nos termos do art. 5º, LXXV, da CF. O erro judiciário é, sem dúvida, um dos piores defeitos de atuação do poder público, uma vez que fere precisamente o direito de a pessoa humana buscar a realização de justiça por meio do Judiciário (art. 5º, XXXV, da CF); **C:** incorreta, pois todos são destinatários de direitos fundamentais elencados na CF. Em tese, direitos fundamentais são os valores jurídico-políticos originados da dignidade inerente ao humano, pois atualizam as potencialidades essenciais ao ser, nos termos do *caput* do art. 5º, da CF; **D:** incorreta, já que o constituinte de 5 de outubro de 1988 proclama a intenção de o Estado Brasileiro buscar parceiros para a formação de organismos internacionais que congregue os países da América Latina. O parágrafo único, do art. 4º, da CF reflete a ideia já posta em prática no continente europeu, onde se busca a realização de objetivos que valem não apenas para uma sociedade política, mas para uma comunidade maior, que vai além das fronteiras do próprio Estado, e que só podem ser obtidos, eficientemente, mediante cooperação. Consoante a isso, materializou-se somente a criação do Mercado Comum do Sul (MERCOSUL), através do Decreto nº 350, de 21.11.91. A UNASUL é uma união intergovernamental que integra duas uniões aduaneiras existentes na região: o Mercado Comum do Sul e a Comunidade Andina de Nações (CAN), como parte de um contínuo processo de integração sul-americana que foi assinado 23 de maio de 2008, na Terceira Cúpula de Chefes de Estado, realizada em Brasília (atualmente é formada pelos doze países da América do Sul); **E:** incorreta, pois de fato a República Federativa do Brasil rege-se, nas suas relações internacionais, nos termos do art. 4º, da CF. Todavia, os princípios fundamentais, da erradicação da pobreza e do pluralismo políticos, não são princípios internacionais, mas sim, respectivamente, objetivos e fundamentos da República Federativa do Brasil, nos termos dos arts. 3º, III e 1º, V, da CF. Por fim, é oportuno destacarmos que o Decreto-Lei nº 7.935/1945, aprova a Carta das Nações Unidas, assinada em São Francisco, da qual faz parte integrante o anexo Estatuto da Corte Internacional da Justiça que é baseada no princípio da igualdade soberana de todos os membros, e não somente dos povos da América Latina, nos termos do art. 4º, V, da CF. **FT**

Gabarito "B".

(Magistratura/BA – 2012 – CESPE) Em relação aos instrumentos de tutela dos direitos e garantias constitucionais, assinale a opção correta.

(A) A legitimidade ativa para impetrar mandado de injunção restringe-se às pessoas físicas e ao MP, não podendo, portanto, as pessoas jurídicas e as coletividades, como, por exemplo, os sindicatos e as associações, impetrá-lo.

(B) Embora não possa figurar como paciente na ação de *habeas corpus*, a pessoa jurídica dispõe de legitimidade para ajuizá-lo em favor de pessoa física.

(C) Entre as pessoas jurídicas, somente aquelas regidas pelo direito público podem figurar como sujeitos passivos da ação de *habeas data*.

(D) O mandado de segurança pode ser impetrado contra ilegalidade ou abuso de poder apenas no caso de esses atos serem praticados por autoridade pública no exercício de função de natureza estatal.

(E) Tanto o cidadão quanto o MP dispõem de legitimidade para ajuizar ação popular, cuja proposição está condicionada à ocorrência de lesão ao patrimônio público causada por ilegalidade ou imoralidade.

A: incorreta, pois o mandado de injunção poderá se impetrado por qualquer pessoa cujo exercício de um direito, liberdade ou prerrogativa constitucional esteja sendo inviabilizado em virtude de falta de norma regulamentadora da Constituição Federal. Segundo o STF (MI 102 Rel. Min. Carlos Veloso, DJ 25.10.2002), a exemplo do mandado de segurança coletivo, admite a utilização do mandado de injunção coletivo, tendo como legitimados as mesmas entidades legitimadas para o exercício daquela ação, nos termos do art. 5º, LXX e LXXI, da CF c/c Lei 8.038/90, art. 24, parágrafo único; **B:** correta, nos termos da jurisprudência do STF (HC 92.921 – BA) que dispõe que a pessoa jurídica não pode figurar como paciente de *habeas corpus*, pois jamais estará em jogo a sua liberdade de ir e vir, objeto que essa medida visa proteger, mas pode ser utilizada em favor de pessoa natural, como é comum nos crimes ambientais (Lei 9.605/98, art. 3º, parágrafo único; **C:** incorreta, na exata medida que o art. 5º, LXXII, "a", da CF, determina que "conceder-se à *habeas data* para assegurar o conhecimento de informações relativas à pessoa do impetrante, constantes de registros ou bancos de dados de entidades governamentais ou de caráter público; **D:** incorreta, pois o mandado de segurança pode ser impetrado quando o responsável pela ilegalidade ou abuso de poder for autoridade pública ou agente de pessoa jurídica no exercício de atribuições do Poder Público. Reafirma-se que a pessoa jurídica de direito público sempre será parte legítima para integrar a lide em qualquer fase, pois suportará o ônus da decisão proferida em sede de mandado de segurança. Sendo assim, poderão ser sujeitos passivos do mandado de segurança os praticantes de atos ou omissões revestidos de força jurídica especial e componentes de qualquer dos Poderes da União, Estados e Municípios, de autarquias, de empresas públicas e sociedades de economia mista exercentes de serviços públicos e, ainda, de pessoas naturais ou jurídicas de direito

privado com funções delegadas do Poder Público, como ocorre com relação as concessionárias de serviços de utilidade pública; **E:** incorreta, pois a ação popular tem por finalidade exatamente permitir a todo cidadão (somente)(cidadão é todo nacional detentor e na plena posse de seus direitos civis e políticos) postular a anulação de ato praticado pelo poder público em detrimento do seu patrimônio em geral ou da moralidade pública, nos termos do art. 5º, LXXIII, da CF. **FT**

Gabarito "B".

(Magistratura/DF – 2011)

I. Em caso de iminente perigo público a autoridade competente poderá usar a propriedade particular, assegurada ao proprietário a indenização pelo uso.

II. Compete ao Supremo Tribunal Federal conhecer de *habeas corpus* impetrado contra decisão do Relator que, em *habeas corpus* requerido ao Superior Tribunal de Justiça indefere a liminar.

III. O Ministério Público é parte legítima para propor ação popular que vise anular ato lesivo ao patrimônio público ou de entidade de que o Estado participe.

Na folha de respostas, atento ao número da questão, responda:

(A) se somente a assertiva I for correta

(B) se somente a assertiva II for correta

(C) se somente a assertiva III for correta

(D) se nenhuma das assertivas for correta

I: incorreta, pois só haverá indenização se houver dano, nos termos do art. 5º, XXV, da CF; **II:** incorreta, a competência se limita ao próprio Superior Tribunal de Justiça, nos termos do art. 105, I, "c", da CF; **III:** incorreta, somente cidadão é parte legítima para propor ação popular, conforme art., 5º, LXXIII, da CF e a Lei 4.717/65. **FT/TM**

Gabarito "D".

(Magistratura/RJ – 2011 – VUNESP) Analise as seguintes afirmativas:

I. É inviolável o sigilo da correspondência e das comunicações telegráficas, de dados e das comunicações telefônicas, salvo, no primeiro caso, por ordem judicial, nas hipóteses e na forma que a lei estabelecer para fins de investigação criminal ou instrução processual penal.

II. Todos têm direito a receber dos órgãos públicos informações de seu interesse particular, ou de interesse coletivo ou geral, que serão prestadas no prazo da lei, sob pena de responsabilidade, ressalvadas aquelas cujo sigilo seja imprescindível à segurança da sociedade e do Estado.

III. A prática do racismo constitui crime inafiançável e imprescritível,sujeito à pena de detenção,nos termos da lei.

IV. Nenhuma pena passará da pessoa do condenado, podendo a obrigação de reparar o dano e a decretação do perdimento de bens ser, nos termos da lei, estendidas aos sucessores e contra eles executadas, até o limite do valor do patrimônio transferido.

Está correto somente o que se afirma em

(A) I e II.

(B) I e III.

(C) II e IV.

5. DIREITO CONSTITUCIONAL

(D) III e IV.

I: incorreta, pois a quebra do sigilo das comunicações telefônicas só poderá ser decretada por ordem judicial, em homenagem a cláusula de reserva jurisdicional. O art. 5º, XII, da CF, é absolutamente claro e não permite nenhuma interpretação diversa. Salvo as comunicações telefônicas (acesso às conversas) que podem ser restringidas e/ou interceptadas com autorização judicial, conforme regulado pela Lei n. 9.296/96, a correspondência de cartas, de comunicações telegráficas e de dados, inclusive modernamente por uso de internet, são bens absolutamente invioláveis, e essa inviolabilidade não pode ser suspensa, extinta ou de alguma forma relativizada nem mesmo por ordem judicial ou previsão infraconstitucional. Contudo, identificamos que esse último pensamento doutrinário não é absoluto, pois temos as CPIs que quebram o sigilo das comunicações de dados; II: correta, réplica do art. 5º, XXXIII, da CF. O dispositivo diz respeito ao direito da pessoa em ter acesso a informações de seu interesse ou de interesse coletivo. Não se confunde com os pressupostos do *habeas data*, que cuida de dados sobre a própria pessoa; III: incorreta, já que a prática do racismo constitui crime sujeito à pena de reclusão e não de detenção, nos termos da lei, nos termos do art. 5º, XLII, da CF; IV: correta: literalidade do art. 5º, XLV, da CF c/c art. 32 e segs. do Código Penal e arts. 932 e 935, do Código Civil. **FT**
Gabarito "C".

(Magistratura/RJ – 2011 – VUNESP) Assinale a alternativa correta a respeito do mandado de segurança, considerando a jurisprudência dominante do Supremo Tribunal Federal.

(A) Reconhece-se o direito de impetração de mandado de segurança a órgãos públicos despersonalizados desde que tenham prerrogativas ou direitos próprios a defender.

(B) O mandado de segurança coletivo a ser impetrado por entidade de classe em favor dos associados depende de autorização destes.

(C) Não é admitida a impetração do *writ* contra lei ou decreto de efeitos concretos.

(D) O Supremo Tribunal Federal é competente para conhecer de mandado de segurança contra atos dos tribunais de justiça dos Estados.

A: correta, o mandado de segurança pode ser impetrado por pessoas naturais ou jurídicas, privadas ou públicas, em defesa de direitos individuais. Nesse caso, a jurisprudência é bastante estrita, recusando a possibilidade de impetração do mandado de segurança para defesa de interesses outros não caracterizáveis como direito subjetivo. Reconhece-se também o direito de impetração de mandado de segurança a diferentes órgãos públicos despersonalizados que tenham prerrogativas ou direitos próprios a defender, tais como as Chefias dos Executivos e de Ministério Público; as Presidências das Mesas dos Legislativos; as Presidências dos Tribunais; os Fundos Financeiros; as Presidências de Comissões Autônomas; as Superintendências de Serviços e demais órgãos da Administração centralizada ou descentralizada contra atos de outros órgãos públicos. Nesses casos, o mandado de segurança destina-se também a resolver conflitos de atribuições entre órgãos públicos, colmatando lacuna relativa à ausência de efetivo instrumento para solução desse tipo de conflito. Tem-se considerado possível também a impetração do mandado de segurança pelo Ministério Público, que atuará, nesse caso, como substituto processual na defesa de direitos coletivos e individuais homogêneos. Também os estrangeiros residentes no País, pessoas físicas ou jurídicas, na qualidade de titulares de direitos, como disposto no art. 5º, *caput*, da Constituição, poderão manejar o mandado de segurança para assegurar direito líquido e certo ameaçado ou lesionado por ato de autoridade pública; **B:** incorreta,

segundo a orientação dominante, o mandado de segurança coletivo há de ser impetrado na defesa de interesse de uma categoria, classe ou grupo, independentemente da autorização dos associados. Não se trata, dessa forma, de nova modalidade de ação constitucional, ao lado do mandado de segurança tradicional, mas de forma diversa de legitimação processual *ad causam*. Segundo jurisprudência do Supremo Tribunal Federal, "os princípios básicos que regem o mandado de segurança individual informam e condicionam, no plano jurídico-processual, a utilização do *writ* mandamental coletivo (MS 20.936/DF)"; **C:** incorreta, pois o próprio STF reconhece possibilidade de impetrar mandado segurança lei ou decreto de efeitos concretos; **D:** incorreta, na verdade compete ao Superior Tribunal de Justiça, processar e julgar em sede de Recurso Ordinário, os mandados de segurança denegados pelos tribunais de justiça dos Estados, nos termos do art. 105, II, "b", da CF. O STF é competente para conhecer de mandado de segurança somente quando a autoridade coatora for o Presidente da República, das Mesas da Câmara dos Deputados e do Senado Federal, do Tribunal de Contas da União, do Procurador-Geral da República do próprio STF, conforme o art. 102, I, "d", da CF. **FT**
Gabarito "A".

(Magistratura/PE – 2011 – FCC) Sobre os direitos e garantias fundamentais na Constituição brasileira de 1988 é correto afirmar:

(A) É inviolável o sigilo da correspondência e das comunicações telegráficas, de dados e das comunicações telefônicas, salvo por ordem judicial e para fins de investigação criminal ou instrução processual penal.

(B) No caso de iminente perigo público, a autoridade competente poderá usar de propriedade particular, assegurada ao proprietário indenização ulterior pelo uso e eventual dano.

(C) A pequena propriedade rural, assim definida em lei, desde que trabalhada pela família, não será objeto de penhora para pagamento de débitos decorrentes de sua atividade produtiva.

(D) O mandado de segurança coletivo pode se impetrado por partido político com ou sem representação no Congresso Nacional.

(E) São gratuitos, para os brasileiros, o registro civil de nascimento e a certidão de óbito.

A: incorreta, pois art. 5º, XII, da CF: "é inviolável o sigilo da correspondência e das comunicações telegráficas, de dados e das comunicações telefônicas, salvo, no último caso, por ordem judicial, nas hipóteses e na forma que a lei estabelecer para fins de investigação criminal ou instrução processual penal"; **B:** incorreta, nos termos do art. 5º, XXV, da CF: "no caso de iminente perigo público, a autoridade competente poderá usar de propriedade particular, assegurada ao proprietário indenização ulterior, se houver dano"; **C:** correta , réplica do art. 5º, XXVI, da CF; **D:** incorreta, pois só por partido político com representação no Congresso Nacional (art. 5º, LXX, "a", da CF); **E:** incorreta, já que o art. 5º, LXXVI, da CF estabelece a gratuidade para os reconhecidamente pobres, brasileiros ou não. **FT/TM**
Gabarito "C".

(Magistratura/SC – 2010) Qualquer cidadão em pleno gozo de seus direitos políticos pode invalidar atos ou contratos administrativos ilegais ou lesivos ao patrimônio da União, Estados ou Municípios. Esta afirmação refere-se a:

(A) Mandado de segurança.

(B) *Habeas data*.

(C) Ação popular.

(D) Ação de impropriedade administrativa.

(E) Mandado de injunção.

A: incorreta, nos termos do art. 5º, LXIX, da CF; **B:** incorreta, conforme o art. 5º, LXXII, da CF; **C:** correta, nos termos do art. 5º, LXXIII, da CF; **D:** incorreta, nos termos da Lei n. 8.429\1992; **E:** incorreta, nos moldes do art. 5º, LXXI, da CF. FT/TM

Gabarito "C".

(Magistratura/PR – 2010 – PUC/PR) Tendo em conta as ações constitucionais, marque a assertiva que está de acordo com o ordenamento jurídico vigente:

(A) Os partidos políticos, que são, hoje, pessoas jurídicas de direito público, têm legitimidade para impetrar mandado de segurança coletivo, desde que, logicamente, tenham representação no Congresso Nacional.

(B) O mandado de injunção só pode ser impetrado por pessoa física (pessoa jurídica, portanto, não tem legitimidade) que se veja impossibilitada de exercer um determinado direito constitucional por ausência de norma regulamentadora. Sempre que a falta de norma regulamentadora tornar inviável o exercício dos direitos e liberdades constitucionais e das prerrogativas inerentes à nacionalidade, à soberania e à cidadania, conceder-se-á mandado de injunção.

(C) Em caso de urgência, é permitido, observados os requisitos legais, impetrar mandado de segurança por telegrama, radiograma, "fax" ou outro meio eletrônico de autenticidade comprovada.

(D) Hodiernamente, qualquer um do povo é parte legítima para ajuizar mandado de segurança coletivo, segundo prescreve o ordenamento constitucional de 1988. Em contrapartida, somente o cidadão é parte legítima para propor ação popular.

A: incorreta, pois os partidos políticos podem impetrar mandado de segurança coletivo (art. 5º, LXX, *a*, da CF), mas são pessoas jurídicas de direito privado (art. 17, § 2º, da CF); **B:** incorreta, já que não há óbice para a impetração por pessoa jurídica; **C:** correta, réplica do art. 4º da Lei 12.016/2009; **D:** incorreta, já que os legitimados para o MS coletivo estão previstos no art. 5º, LXX, *a e b*, da CF. FT/TM

Gabarito "C".

(Magistratura/RO – 2011 – PUCPR) Em relação às ações constitucionais, avalie as assertivas abaixo:

I. O mandado de segurança coletivo pode ser impetrado por partido político, com maioria no Congresso Nacional; organização sindical; entidade de classe; ou associação legalmente constituída e em funcionamento há pelo menos dois anos, em defesa dos interesses de seus membros ou associados.

II. Será concedido mandado de injunção sempre que a falta de norma regulamentadora torne inviável o exercício dos direitos e liberdades constitucionais e das prerrogativas inerentes à nacionalidade, à soberania e à cidadania.

III. Será concedido *habeas corpus* sempre que alguém sofrer ou se achar ameaçado de sofrer violência ou coação em sua liberdade de informação, por ilegalidade ou abuso de poder.

IV. Será concedido *habeas data* para assegurar o conhecimento de informações relativas à pessoa do impetrante, constantes de registros ou bancos de dados de entidades governamentais ou de caráter público ou para a retificação de dados, quando não se prefira fazê-lo por processo sigiloso, judicial ou administrativo.

Está(ão) CORRETA(S):

(A) Somente as assertivas I, II e III.

(B) Somente as assertivas I e III.

(C) Somente as assertivas II e IV.

(D) Somente as assertivas I e IV.

(E) Somente a assertiva II.

I: incorreta. Não reflete o disposto no art. 5º, LXX, "a" e "b", da CF; **II:** correta, art. 5º, LXXI, da CF; **III:** incorreta. Não cabe HC para proteção da liberdade de informação. O art. 5º, LXVIII, da CF tutela a liberdade de locomoção; **IV:** correta, art. 5º, LXXVII, "a" e "b", da CF. FT/TM

Gabarito "C".

(Magistratura/PR – 2010 – PUC/PR) Dadas as alternativas abaixo, assinale a CORRETA.

I. Os tratados e convenções internacionais sobre direitos humanos que forem aprovados, em cada Casa do Congresso Nacional, em dois turnos, por dois terços dos votos dos respectivos membros, serão equivalentes às emendas constitucionais.

II. A Constituição Federal de 1988 não considerou a forma republicana de governo uma matéria petrificada no texto. Ou seja, hodiernamente, a forma de governo República não tem "status" de cláusula pétrea.

III. Em havendo autorização do Poder Público, todos podem reunir-se pacificamente, sem armas, em locais abertos ao público, independentemente de aviso prévio às autoridades, desde que não frustrem outra reunião anteriormente convocada para o mesmo local. Ou seja, exige-se autorização estatal, porém prescinde de aviso prévio à autoridade competente.

IV. É garantido constitucionalmente o direito de propriedade, devendo esta atender a sua função social. Tanto a propriedade privada quanto a sua função social são arroladas no texto constitucional (art. 193) como *princípios* da *ordem social*.

V. Os direitos fundamentais dispõem de caráter absoluto, salvo o direito à vida, visto que no Brasil, de acordo com a Carta Magna vigente, admite-se pena de morte em caso de crimes contra os direitos humanos e na hipótese de guerra declarada.

(A) Apenas as assertivas II e IV estão corretas.

(B) Apenas as assertivas II, IV e V estão corretas.

(C) Apenas as assertivas II está correta.

(D) Apenas as assertivas I, III e V estão corretas.

I: incorreta, o quórum é de três quintos, como o das emendas constitucionais (art. 5º, § 3º, da CF); **II:** correta, tanto que houve plebiscito para consultar a população sobre a manutenção ou não da forma republicana; **III:** incorreta, não reflete o disposto no art. 5º, XVI, da CF; **IV:** incorreta. A garantia ao direito de propriedade, bem como a necessidade de atendimento da função social, estão previstos no art. 5º, XXII e XXIII, da CF. O art. 193 da CF enuncia que "a ordem social tem como base o primado do trabalho, e como objetivo o bem-estar e a justiça sociais"; **V:**

5. DIREITO CONSTITUCIONAL 331

incorreta. Os direitos fundamentais não têm caráter absoluto, podendo ser relativizados diante de conflitos no caso concreto. **FT/TM**
Gabarito "C".

(Magistratura Federal – 4ª Região – IX) Assinalar a alternativa correta:

(A) A interceptação das comunicações telefônicas não ofende o direito à privacidade, desde que realizada em procedimentos criminais ou fiscais.

(B) A inviolabilidade das comunicações telefônicas pode ser quebrada por ordem judicial, nas hipóteses e na forma que a lei estabelecer, exclusivamente para fins de investigação criminal ou instrução processual penal.

(C) O sigilo bancário só pode ser quebrado por autorização judicial expressa para fins de investigação criminal ou instrução processual penal.

(D) Salvo com expressa autorização judicial, as Comissões Parlamentares de Inquérito não podem decretar a quebra de sigilo bancário, fiscal e telefônico.

A: incorreta, art. 5, XII, da CF/88; **B:** correta, art. 5, XII, da CF/88. **Vejamos:** A Lei nº 9.296, de 24 de julho de 1996, regulamenta o inciso XII, parte final, do art. 5º, da Constituição Federal, sendo assim, a interceptação de comunicações telefônicas, de qualquer natureza, para prova em investigação criminal e em instrução processual penal, observará o disposto nesta Lei e dependerá de ordem do juiz competente da ação principal, sob segredo de justiça. O disposto na Lei 9.296/1996 aplica-se à interceptação do fluxo de comunicações em sistemas de informática e telemática. Não será admitida a interceptação de comunicações telefônicas quando ocorrer qualquer das seguintes hipóteses: I - não houver indícios razoáveis da autoria ou participação em infração penal; II - a prova puder ser feita por outros meios disponíveis; III - o fato investigado constituir infração penal punida, no máximo, com pena de detenção. Em qualquer hipótese deve ser descrita com clareza a situação objeto da investigação, inclusive com a indicação e qualificação dos investigados, salvo impossibilidade manifesta, devidamente justificada. A interceptação das comunicações telefônicas poderá ser determinada pelo juiz, de ofício ou a requerimento: I - da autoridade policial, na investigação criminal; II - do representante do Ministério Público, na investigação criminal e na instrução processual penal. O pedido de interceptação de comunicação telefônica conterá a demonstração de que a sua realização é necessária à apuração de infração penal, com indicação dos meios a serem empregados. Excepcionalmente, o juiz poderá admitir que o pedido seja formulado verbalmente, desde que estejam presentes os pressupostos que autorizem a interceptação, caso em que a concessão será condicionada à sua redução a termo. O juiz, no prazo máximo de vinte e quatro horas, decidirá sobre o pedido. A decisão será fundamentada, sob pena de nulidade, indicando também a forma de execução da diligência, que não poderá exceder o prazo de quinze dias, renovável por igual tempo, uma vez comprovada a indispensabilidade do meio de prova. Deferido o pedido, a autoridade policial conduzirá os procedimentos de interceptação, dando ciência ao Ministério Público, que poderá acompanhar a sua realização. No caso de a diligência possibilitar a gravação da comunicação interceptada, será determinada a sua transcrição. Cumprida a diligência, a autoridade policial encaminhará o resultado da interceptação ao juiz, acompanhado de auto circunstanciado, que deverá conter o resumo das operações realizadas. Recebidos esses elementos, o juiz dará ciência ao Ministério Público. Para os procedimentos de interceptação de que trata a Lei, a autoridade policial poderá requisitar serviços e técnicos especializados às concessionárias de serviço público. A interceptação de comunicação telefônica, de qualquer natureza, ocorrerá em autos apartados, apensados aos autos do inquérito policial ou do processo criminal, preservando-se o sigilo das diligências, gravações e transcrições

respectivas. A apensação somente poderá ser realizada imediatamente antes do relatório da autoridade, quando se tratar de inquérito policial (Código de Processo Penal, art. 10, § 1º) ou na conclusão do processo ao juiz para o despacho decorrente do disposto nos arts. 407, 502 ou 538 do Código de Processo Penal. A gravação que não interessar à prova será inutilizada por decisão judicial, durante o inquérito, a instrução processual ou após esta, em virtude de requerimento do Ministério Público ou da parte interessada. O incidente de inutilização será assistido pelo Ministério Público, sendo facultada a presença do acusado ou de seu representante legal; **C:** incorreta, pois, as Comissões Parlamentares de Inquérito são dotadas de competência extraordinária, podendo, com fundamento no art. 58, § 3º, da CF/88 decretar a quebra do sigilo bancário. **D:** incorreta, pois, como visto na alternativa anterior, as Comissões Parlamentares de Inquérito são dotadas de competência extraordinária, sedo-lhes conferidos poderes de investigação próprios de autoridade judicial, podendo, portanto, decretar quebra de sigilo bancário, independentemente de autorização judicial. (FT)
Gabarito "B".

(Magistratura Federal – 4ª Região – IX) Assinalar a alternativa correta:

(A) A doutrina dos "frutos da árvore envenenada" justifica a nulidade de todas as provas colhidas no processo.

(B) Considera-se ilícita a prova colhida por gravação da conversa telefônica feita por um dos interlocutores, sem o conhecimento do outro, pois não se pode admitir nenhuma afronta ao sigilo das comunicações.

(C) A interceptação telefônica, sem autorização judicial, é prova ilícita, mas não contamina as demais provas que dela não decorram direta ou indiretamente.

(D) Mesmo autorizada judicialmente, a escuta telefônica é prova ilícita se pelo menos um dos interlocutores não tiver conhecimento da interceptação, caso em que todas as demais provas ficam contaminadas.

A: incorreta, pois, pela teoria dos "frutos da árvore envenenada", também chamada de *fruit of the poisonous tree*, a nulidade estende-se apenas às provas decorrentes do ato viciado. Nesse sentido ensinam Nestor Távora e Rosmar Rodrigues Alencar, vejamos: "A produção de prova ilícita poder ser de extrema prejudicialidade ao processo. Os efeitos da ilicitude podem transcender a prova viciada, contaminando todo o material dela decorrente. Em um juízo de causa e efeito, tudo que é originário de uma prova ilícita seria imprestável, devendo ser desentranhado dos autos. Por essa teoria, de origem na Suprema Corte norte-americana, a prova ilícita produzida (árvore), tem o condão de contaminar todas as provas dela decorrentes (frutos). Assim, diante de uma confissão obtida mediante tortura, prova embrionariamente ilícita, cujas informações deram margem a uma busca e apreensão formalmente íntegra, cujas informações deram margem a uma busca e apreensão formalmente íntegra, é imperioso reconhecer que esta busca e apreensão está contaminada, pois decorreu de uma prova ilícita. Existindo prova ilícita, as demais dela derivadas, mesmo que formalmente perfeitas, estarão maculadas no seu nascedouro." (TÁVORA, Nestor; ALENCAR, Rosmar Rodrigues. *Curso de direito processual penal*. 4. ed. rev. ampliada e atual., Salvador: 2010. p. 353); **B:** incorreta, pois a gravação realizada por um dos interlocutores, desde que não exista causa legal de sigilo ou de reserva de conversa, será lícita. Nesse sentido é o entendimento do STF: Ementa: "Constitucional. Processo Civil. Agravo regimental em agravo de instrumento. Ação de indenização por danos materiais e morais. Gravação. Conversa telefônica feita por um dos interlocutores, sem conhecimento do outro. Inexistência de causa legal de sigilo ou de reserva de conversação. Licitude da prova. Art. 5º, XII e LVI, da Constituição Federal. 1. A gravação de conversa telefônica feita por um

dos interlocutores, sem conhecimento do outro, quando ausente causa legal de sigilo ou de reserva da conversação não é considerada prova ilícita. Precedentes. 2. Agravo regimental improvido." (578858 RS , Relator: Min. Ellen Gracie, Data de Julgamento: 04/08/2009, Segunda Turma, Data de Publicação: DJe-162 DIVULG 27-08-2009 PUBLIC 28-08-2009 EMENT VOL-02371-08 PP-01674 RDDP n. 80, 2009, p. 150-151)."Agravo regimental em recurso extraordinário. 1. Gravação de conversa telefônica realizada por um dos interlocutores. Utilização em processo judicial. Precedentes do Supremo Tribunal Federal. 2. Controvérsia referente à necessidade de produção de prova. Alegação de ofensa à constituição federal. Inexistência.constituição federal. 1. É lícita a prova produzida a partir de gravação de conversa telefônica feita por um dos interlocutores, quando não existir causa legal de sigilo ou de reserva da conversação. 2. Não caracteriza cerceamento de defesa a decisão que, motivadamente, indefere determinada diligência probatória. Precedentes: AIs 382.214, da relatoria do ministro Celso de Mello; e 144.548-AgR, da relatoria do Ministro Sepúlveda Pertence. Agravo regimental desprovido. Ais" (630944 BA , Relator: Min. Ayres Britto, Data de Julgamento: 25/10/2011, Segunda Turma, Data de Publicação: Acórdão Eletrônico DJe-239 Divulg. 16-12-2011 Public. 19-12-2011); **C:** correta, pois de acordo com a teoria dos frutos da árvore envenenada, o vício de uma prova só se estende às provas que dela decorrerem. Faz-se oportuno lembrar, que a teoria dos frutos da árvore envenenada não é absoluta, sofrendo algumas limitações, como por exemplo: a) prova absolutamente independente; b) descoberta inevitável; c) contaminação expurgada ou conexão atenuada, dentre outras. **D:** incorreta. A escuta telefônica é, por definição, a captação da conversa dos interlocutores, realizada por um terceiro estranho ao diálogo, porém, com a autorização de pelo menos um deles, hipótese em que não há a necessidade de autorização judicial, sendo a prova lícita. Não sendo esse o caso, ou seja, quando não houver autorização de pelo menos um dos interlocutores, tratar-se-á de interceptação telefônica e não escuta, caso em que, somente será lícita se precedida de autorização judicial. Portanto, sendo precedida de autorização judicial, nas hipóteses e na forma que a lei estabelecer para fins de investigação criminal ou instrução processual penal, a prova será lícita, ainda que nenhum dos interlocutores tenha conhecimento da interceptação. **FT**
„Gabarito "C".

(Magistratura Federal – 3ª Região – 2011 – CESPE) No que se refere a direitos e garantias fundamentais, instrumentos de tutela desses direitos e inafastabilidade do controle judicial, assinale a opção correta.

(A) O MP deve acompanhar a ação popular, cabendo-lhe apressar a produção de provas e promover a responsabilidade civil ou criminal dos que nela incidirem, sendo-lhe vedado, em qualquer hipótese, assumir a defesa do ato impugnado.

(B) O texto constitucional determina que a lei não pode excluir da apreciação do Poder Judiciário lesão ou ameaça a direito, seja ela proveniente de ação ou omissão de organizações públicas, seja originada de conflitos privados; como corolário do princípio da inafastabilidade do controle judicial, a CF garante, de modo expresso, o direito ao duplo grau de jurisdição em todos os feitos e instâncias.

(C) O direito de petição é direito fundamental de caráter universal, assegurado à generalidade das pessoas físicas, brasileiras ou estrangeiras, de modo individual ou coletivo, mas não às pessoas jurídicas, que não dispõem de legitimidade para valer-se desse instrumento de defesa de interesses próprios ou de terceiros contra atos ilegais ou praticados com abuso de poder.

(D) A jurisprudência do STF considera que o princípio do direito adquirido se impõe a leis de direito privado, mas não a leis de ordem pública, pois estas se aplicam de imediato, alcançando os efeitos futuros do ato jurídico perfeito ou da coisa julgada.

(E) O brasileiro nato, o brasileiro naturalizado e o estrangeiro não podem ser extraditados por crime político ou de opinião, mas, no que tange à prática de crime comum, a CF veda por inteiro apenas a extradição de brasileiro nato ou naturalizado, admitindo-a para o cidadão estrangeiro.

A: correta (art. 6º, § 4º, da Lei 4.717/1965). Observe que o MP não pode propor a ação popular, mas se o cidadão, autor da ação popular desistir, deve o representante do *parquet* assumir a demanda em homenagem ao princípio da obrigatoriedade ou legalidade; **B:** incorreta, a Constituição não prevê de modo expresso o princípio do duplo grau de jurisdição. Fazendo uma revisão histórica das Constituições brasileiras, podemos constatar que no Brasil, sob a influência da revolução francesa, apenas a Constituição de 1824 previu *in verbis* o princípio do duplo grau de jurisdição, tendo as demais constituições apenas disciplinado às espécies de recurso, sem mencionar, contudo, de forma expressa, o princípio em análise; **C:** incorreta, (art. 5º, XXXIV, a, da Constituição Federal); **D:** incorreta. Segundo o STF: "[...] Se a lei alcançar os efeitos futuros de contratos celebrados anteriormente a ela, será essa lei retroativa (retroatividade mínima) porque vai interferir na causa, que é um ato ou fato ocorrido no passado. O disposto no artigo 5º, XXXVI, da Constituição Federal se aplica a toda e qualquer lei infraconstitucional, sem qualquer distinção entre lei de direito público e lei de direito privado, ou entre lei de ordem pública e lei dispositiva. Precedente do STF." (RTJ 143/724, Rel. Min. Moreira Alves, Pleno) – (sublinhado nosso); **E:** incorreta, (art. 5º, LI e LII, da CF/88). Podemos dizer, portanto, que o brasileiro nato não poderá ser extraditado. Quanto ao brasileiro naturalizado, este, poderá ser extraditado em caso de crime comum, praticado antes da naturalização, ou de comprovado envolvimento em tráfico ilícito de entorpecentes e drogas afins, na forma da lei. Por fim, com relação à possibilidade de extradição de estrangeiro, esta, só não se dará por crime político ou de opinião. **FT**
„Gabarito "A".

(Magistratura Federal – 3ª Região – 2011 – CESPE) Considerando as disposições constitucionais sobre indenização por dano moral, direito à imagem, direito de invenção e sigilo de fonte e de dados, assinale a opção correta.

(A) Não se reconhece a reparabilidade do dano à imagem social de pessoa jurídica, pois somente as pessoas físicas detêm os atributos exteriores com base nos quais se apresentam na vida em sociedade.

(B) Cumpre à lei assegurar aos autores de inventos industriais privilégio permanente para a sua utilização, bem como proteção com prazo indeterminado às criações industriais, à propriedade das marcas, aos nomes de empresas e a outros signos distintivos, tendo em vista o desenvolvimento tecnológico e econômico do país.

(C) A proteção constitucional do sigilo da fonte impede que um jornalista seja submetido a sanções penais, civis ou administrativas por se negar a revelar o nome do informante ou o local onde conseguiu a notícia, mesmo que esta se caracterize como informação maledicente e unilateral.

(D) A jurisprudência do STF é pacífica em admitir que os sigilos bancário, fiscal e de registros telefônicos

5. DIREITO CONSTITUCIONAL

possam ser quebrados por comissões parlamentares de inquérito.

(E) A indenização por danos morais cabe tanto em relação à pessoa física como em relação à pessoa jurídica, mas não em relação às coletividades, já que os interesses difusos ou coletivos não são passíveis de ser indenizados.

A: incorreta, Súmula 227 do STJ. Tratando sobre a possibilidade de reparabilidade de danos sofridos por pessoa jurídica, segue julgado do TJ/RS que de forma didática explica sua incidência no ordenamento jurídico brasileiro: "Apelação cível. Direito privado não especificado. Telefonia. Falha na prestação do serviço. Pessoa jurídica. Danos morais. *1. Danos morais:* conquanto não mais se discuta a possibilidade de a pessoa jurídica sofrer tal espécie de dano, nos termos da Súmula nº 227 do Superior Tribunal de Justiça, cumpre registrar que o prejuízo extrapatrimonial por ela experimentado difere daquele que atinge a pessoa natural. Isto porque a pessoa jurídica, embora não seja titular de **honra subjetiva**, a qual se caracteriza pelo sentimento de dignidade, decoro, autoestima, possui o que se convencionou denominar de **honra objetiva**, que se traduz, por exemplo, em ofensa a sua credibilidade, reputação, bom nome ou conceito no mercado. Logo, há dano quando violados tais atributos" (TJ-RS - AC: 70050750207 RS , Relator: Umberto Guaspari Sudbrack, Data de Julgamento: 13/12/2012, Décima Segunda Câmara Cível, Data de Publicação: Diário da Justiça do dia 17/12/2012) (negrito e sublinhado nosso); **B**: incorreta, art. 5.º, XXIX, da CF/88. A lei assegurará aos autores de inventos industriais privilégio *temporário* para sua utilização, bem com proteção às criações industriais, à propriedade das marcas aos nomes de empresa e a outros signos distintivos, tendo em vista o interesse social e o desenvolvimento tecnológico e econômico do País; **C**: correta, art. 5º, XIV. Uadi Lammêgo Bulos, escrevendo sobre o tema ensina que: "A legislação brasileira, desde o regime constitucional passado, determinava que nenhum jornalista poderia ser obrigado a indicar o nome de seu informante ou a fonte de suas informações. Era o que dizia a Lei de Imprensa – Lei n. 5.250, de 9-2-1967, art. 71 – revogada, totalmente, pelo Supremo Tribunal Federal, em virtude de sua incompatibilidade com a Carta de 1988 (STF, ADPF 130/DF, rel. Min. Carlos Brito, 30-4-2009). Com o advento da Carta de Outubro, essa exigência, contida na revogada Lei de Imprensa, permaneceu, ou melhor, intensificou-se, porque, a partir de 1988, galgou o posto de direito fundamental (art. 5º, XIV). Ao proteger esse aspecto sobremodo sensível da liberdade de pensamento, o constituinte procurou fortalecer a garantia do acesso à informação. Daí ter consagrado, no art. 5º, XIV, a indevassabilidade da fonte, elevando-a ao especial posto de prerrogativa profissional. Foi ampla a dimensão que o constituinte atribuiu ao sigilo da fonte no Texto Maior. Basta ver que, se um jornalista, comentarista, apresentador ou radialista for interpelado criminalmente, não estará obrigado a indicar o nome do informante ou mesmo o local onde conseguiu a notícia." Ainda nesse sentido, lembra o Min. Celso de Mello que: "[...] os jornalistas, em tema de sigilo da fonte, não se expõem ao poder de indagação do Estado ou de seus agentes e não podem sofrer, por isso mesmo, em função do exercício dessa legítima prerrogativa constitucional, a imposição de qualquer sanção penal, civil ou administrativa" (STF, Inq. 870-02/RJ, Rel. Min. Celso de Mello, j. em 8-4-1996, DJU de 15-4-1996). Por fim, arrematando o tema, ensina Bulos que "o que a Constituição resguarda é o silêncio do divulgador, jamais o abuso de notícias capciosas, mentirosas e duvidosas. Se é certo que o silêncio da fonte isenta o jornalista ou o profissional de comunicação de sofrer quaisquer sanções, muito mais exato ainda é que a informação maledicente e unilateral, ainda que revestida sob o pálio de pseudoverdades, enseja a aplicação rigorosa de sanções civis, administrativas e criminais". (BULOS, Uadi Lam-

mêgo. Curso de Direito Constitucional, 5. ed. rev. e atual. De acordo com a EC n. 64/2010. – São Paulo: Saraiva, 2010, p. 602-603); **D**: correta, senão, vejamos: "O **sigilo bancário**, o **sigilo fiscal** e o **sigilo telefônico** (sigilo este que incide sobre os dados/registros telefônicos e que não se identifica com a inviolabilidade das comunicações telefônicas) – ainda que representem projeções específicas do direito à intimidade, fundado no art. 5º, X, da Carta Política – não se revelam oponíveis, em nosso sistema jurídico, às comissões parlamentares de inquérito, eis que o ato que lhes decreta a quebra traduz natural derivação dos poderes de investigação que foram conferidos, pela própria CR, aos órgãos de investigação parlamentar. As CPIs, no entanto, para decretarem, legitimamente, por autoridade própria, a quebra do sigilo bancário, do sigilo fiscal e/ou do sigilo telefônico, relativamente a pessoas por elas investigadas, devem demonstrar, a partir de meros indícios, a existência concreta de causa provável que legitime a medida excepcional (ruptura da esfera de intimidade de quem se acha sob investigação), justificando a necessidade de sua efetivação no procedimento de ampla investigação dos fatos determinados que deram causa à instauração do inquérito parlamentar, sem prejuízo de ulterior controle jurisdicional dos atos em referência (CF, art. 5º, XXXV). As deliberações de qualquer comissão parlamentar de inquérito, à semelhança do que também ocorre com as decisões judiciais (RTJ 140/514), quando destituídas de motivação, mostram-se írritas e despojadas de eficácia jurídica, pois nenhuma medida restritiva de direitos pode ser adotada pelo Poder Público, sem que o ato que a decreta seja adequadamente fundamentado pela autoridade estatal." (MS 23.452, Rel. Min. Celso de Mello, julgamento em 16-9-1999, Plenário, DJ de 12-5-2000). (negrito e sublinhado nosso); **E**: incorreta, pois de acordo com informativo especial do STJ, publicado em 17/06/2012, sob a rubrica **Dano moral coletivo avança e inova na jurisprudência do STJ**, chegou-se a seguinte conclusão: "A possibilidade de indenização por dano moral está prevista na Constituição Federal, em seu artigo 5º, inciso V. O texto não restringe a violação à esfera individual, e mudanças históricas e legislativas têm levado a doutrina e a jurisprudência a entender que, quando são atingidos valores e interesses fundamentais de um grupo, não há como negar a essa coletividade a defesa do seu patrimônio imaterial. O dano moral coletivo é a lesão na esfera moral de uma comunidade, isto é, a violação de valores coletivos, atingidos injustificadamente do ponto de vista jurídico. Essas ações podem tratar de dano ambiental (lesão ao equilíbrio ecológico, à qualidade de vida e à saúde da coletividade), desrespeito aos direitos do consumidor (por exemplo, por publicidade abusiva), danos ao patrimônio histórico e artístico, violação à honra de determinada comunidade (negra, judaica, japonesa, indígena etc.) e até fraude a licitações. A Ministra do Superior Tribunal de Justiça (STJ) Nancy Andrighi vê no Código de Defesa do Consumidor um divisor de águas no enfrentamento do tema. No julgamento do Recurso Especial (REsp) 636.021, em 2008, a Ministra afirmou que o artigo 81 do CDC rompeu com a tradição jurídica clássica, de que só indivíduos seriam titulares de um interesse juridicamente tutelado ou de uma vontade protegida pelo ordenamento. Com o CDC, "criam-se direitos cujo sujeito é uma coletividade difusa, indeterminada, que não goza de personalidade jurídica e cuja pretensão só pode ser satisfeita quando deduzida em juízo por representantes adequados", explicou Andrighi, em seu voto. Na mesma linha, a Ministra citou o Estatuto da Criança e do Adolescente, que no artigo 208 permite que o Ministério Público ajuíze ações de responsabilidade por ofensa aos direitos assegurados à criança e ao adolescente. A ministra classifica como inquestionável a existência, no sistema legal brasileiro, dos interesses difusos e coletivos. Uma das consequências dessa evolução legislativa seria o reconhecimento de que a lesão a um bem difuso ou coletivo corresponde a um dano não patrimonial. Dano que, para a ministra, deve encontrar uma compensação. "Nosso ordenamento jurídico não exclui a possibilidade de que um grupo de pessoas venha a ter um interesse difuso ou coletivo de natureza não patrimonial lesado, nascendo aí a pretensão de ver tal dano reparado. Nosso sistema jurídico admite, em poucas palavras, a existência de danos extrapatrimoniais coletivos, ou, na denominação mais corriqueira, de danos morais coletivos", concluiu Andrighi. (FT)

Gabarito "C ou D".

(Magistratura Federal – 1ª Região – IX) Ao assegurar a liberdade de expressão da atividade intelectual, artística, científica e de comunicação, a Constituição Federal determina que o exercício de tal liberdade será:

(A) independente de censura ou de licença.

(B) independente de censura e dependente de licença.

(C) independente de licença e dependente de censura.

(D) dependente de censura ou de licença.

A: correta, pois a Constituição Federal assegura a liberdade de expressão, independentemente de censura ou licença (art. 5º, IX, da Constituição Federal); B: incorreta, vez que o exercício do direito à liberdade de expressão independe de licença; C: incorreta, pois o exercício do direito à liberdade de expressão independe de censura; D: incorreta, pois o exercício do direito à liberdade de expressão não depende de censura, nem de licença. FT

Gabarito "A".

(Magistratura Federal – 4ª Região – 2010) Dadas as assertivas abaixo, assinale a alternativa correta.

Segundo o entendimento majoritário da jurisprudência do Supremo Tribunal Federal:

I. A norma de direito público incide imediatamente sobre ato jurídico já praticado, regulando os seus efeitos futuros (retroatividade mínima) e preservando os efeitos anteriormente produzidos.

II. A irretroatividade da lei aplica-se tanto às leis de ordem pública (*jus cogens*) quanto às leis dispositivas (*jus dispositivum*).

III. O direito adquirido a regime jurídico somente pode ser afastado por norma constitucional superveniente.

IV. Se a lei alcançar os efeitos futuros de contratos celebrados anteriormente a ela, será essa lei retroativa porque vai interferir na causa, que é um ato ou fato ocorrido no passado.

(A) Estão corretas apenas as assertivas I e IV.

(B) Estão corretas apenas as assertivas II e III.

(C) Estão corretas apenas as assertivas II e IV.

(D) Estão corretas apenas as assertivas III e IV.

(E) Estão corretas apenas as assertivas I, III e IV.

I: incorreta. Sobre os graus de retroatividade das normas constitucionais já se manifestou o STF, no RE 140499, Rel. Min. Moreira Alves: "Pensões especiais vinculadas a salário-mínimo. Aplicação imediata a elas da vedação da parte final do inciso IV do artigo 7º da Constituição de 1988. Já se firmou a jurisprudência desta Corte no sentido de que os dispositivos constitucionais tem vigência imediata, alcançando os efeitos futuros de fatos passados (retroatividade mínima). Salvo disposição expressa em contrário - e a Constituição pode fazê-lo -, eles não alcançam os fatos consumados no passado nem as prestações anteriormente vencidas e não pagas (retroatividade máxima e média)"; II: correta. Literalidade do art. 5º, XL, da CF. Lei de ordem pública é toda lei imperativa ou proibitiva que organiza, disciplina e garante as condições existenciais da sociedade e o seu funcionamento, que defende o interesse de todos, e não pode ser alterada pela vontade ou por convenções dos particulares e lei dispositiva, é a lei de imperativi-

dade relativa que não ordena nem proíbe de modo absoluto; permite ação ou abstenção ou supre declaração de vontade não existente; **III:** incorreta, pois o direito adquirido é cláusula pétrea, insuscetível de reforma pelo legislador (art. 60, § 4º, IV, da CF); **IV:** correta, pelos mesmos fundamentos apresentados na assertiva I. FT

Gabarito "C".

(Magistratura Federal-4ª Região – 2010) Dadas as assertivas abaixo, assinale a alternativa correta.

I. Havendo colisão entre o princípio da liberdade de imprensa e o direito à privacidade, prevalecerá aquela, porque informada pelo interesse público.

II. A colisão entre dois princípios constitucionais, calcados em direitos fundamentais, resolve-se pela supressão de um em favor de outro.

III. Relativamente ao direito que possui a imprensa de informar, deve-se conferir maior proteção à privacidade e à imagem de pessoas públicas do que às pessoas privadas.

IV. O conflito aparente de princípios constitucionais se resolve pelas regras da ponderação e da razoabilidade.

(A) Está correta apenas a assertiva I.

(B) Está correta apenas a assertiva IV.

(C) Estão corretas apenas as assertivas I e II.

(D) Estão corretas apenas as assertivas III e IV.

(E) Estão corretas apenas as assertivas I, II e III.

I: incorreta. Não há hierarquia entre os direitos fundamentais, devendo a colisão entre eles ser resolvida *in casu*, a depender das circunstâncias do caso concreto. Não se pode falar, *a priori*, de prevalência de um sobre o outro; II: incorreta. Pelo princípio da concordância prática ou harmonização, diante da inexistência de hierarquia entre os princípios constitucionais, deve-se buscar a redução proporcional do alcance de cada um dos bens em conflito, de modo que seus núcleos não sejam atingidos, evitando o sacrifício total de um bem em benefício do outro; III: incorreta. Tampouco há hierarquia entre os destinatários da norma constitucional; IV: correta, pois o conflito aparente de princípios constitucionais se resolve pelas regras da ponderação e da razoabilidade visando o menor sacrifício dos bens em jogo. A colisão de Direitos Fundamentais ocorre quando a Constituição ampara ou resguarda dois ou mais direitos que se encontram em contradição no caso concreto. Haverá conflito sempre que se deva entender que a Constituição protege simultaneamente dois valores ou bens em contradição concreta. Têm-se, assim os conflitos de bens jurídicos tutelados. Segundo Steinmetz, os conflitos ocorrem por que "(...) não estão dados de uma vez por todas; não se esgotam no plano da interpretação *in abstracto*. As normas de direito fundamental se mostram abertas e móveis quando de sua realização ou concretização na vida social. Daí a ocorrência de colisões. Onde há um catálogo de direitos fundamentais constitucionalizados, há colisão *in concreto*". Entende-se, portanto, que a ocorrência desse tipo de conflito se dá em razão das normas de direitos fundamentais serem flexíveis quanto a sua efetivação na vida social das pessoas. Para distinguir os tipos de conflitos que ocorrem, é necessário determinar as situações conflitantes. Essas situações se subdividem em três: a concorrência de direitos fundamentais, a colisão de direitos fundamentais e os conflitos entre um direito fundamental e um bem jurídico tutelado. Na concorrência dos direitos fundamentais não há, portanto, uma oposição de aspiração jurídica requerida por mais de um titular, há apenas um titular e mais de um direito fundamental expresso que concorrem para subsunção da conduta ou comportamento do titular. Quanto à segunda situação, Gavera de Caran esclarece que "(...) el ejercicio de un derecho fundamental implica una contradicción o uno perjuicio de un bien jurídico protegido por el texto constitucional". A colisão de direitos fundamentais acontece quando o exercício de um

5. DIREITO CONSTITUCIONAL

direito fundamental implica em um prejuízo de outro bem jurídico também protegido pela Constituição. Por fim, a terceira e última situação são os conflitos entre o direito fundamental e o bem juridicamente tutelado. Canotilho define esses conflitos de duas formas, "(a) entre vários titulares de direitos fundamentais; b) entre direitos fundamentais e bens jurídicos da comunidade e do Estado". Portanto, tal colisão, refere-se, a conflitos entre direitos fundamentais e bens jurídicos constitucionais e o choque dos direitos fundamentais propriamente ditos, mas ambas as situações são espécies de colisão. Essa caracterização figura de duas maneiras segundo a concepção de Alexy, colisão de direitos fundamentais em sentido estrito e colisão de direitos fundamentais em sentido amplo ("Colisão de direitos fundamentais em sentido estrito ocorre quando o exercício ou a realização do direito fundamental de um titular de direitos fundamentais tem consequências negativas sobre direitos fundamentais de outros titulares de direitos fundamentais; e colisão de direitos fundamentais em sentido amplo ocorrem, quando há uma colisão de direitos individuais fundamentais e bens coletivos protegidos pela Constituição"). Nota-se, portanto, que a colisão de direitos fundamentais em sentido estrito e a colisão de direitos fundamentais em sentido amplo, manifestam-se sob formas de concorrência de direitos fundamentais. Sem prejuízo, operar o direito consiste em aplicar normas válidas em casos concretos e sabe-se, portanto, que existem uma multiplicidade de casos ou situações que se apresentam a quem interpreta e aplica as regras e os princípios que constituem o ordenamento jurídico brasileiro. Pode-se classificar de muitos modos à infinidade de casos a serem decididos ou solucionados, porém depende do modo com que se adota, do critério que se utiliza para tal classificação. Já os casos difíceis ou duvidosos são aqueles cuja decisão final não é obtida com a simples aplicação da norma jurídica e, que necessitam de uma análise mais profunda da interpretação e aplicação da norma consoante ao caso em questão. Os casos difíceis e duvidosos são infinitamente menos frequentes do que os rotineiros, e existem em todas as áreas dos direitos, mais especificamente no direito constitucional em virtude da singularidade das normas constitucionais. Giza-se que o princípio da proporcionalidade é utilizado como método de solução e tem a função primária de preservar direitos fundamentais. Pois, verifica-se que os direitos fundamentais vivem em uma tensão permanente, limitando-se reciprocamente, isto é, ora um prevalecerá em detrimento do outro, ora acontecerá o contrário. De fato, as normas constitucionais de um modo geral, sobretudo as definidoras de direitos fundamentais, muitas vezes, se encontram em situações conflitantes, daí surge o princípio da proporcionalidade como um instrumento utilizado para melhor solucionar tais conflitos. Note-se que esse juízo de ponderação e esta valoração de prevalência tanto podem efetuar-se logo a nível legislativo (por exemplo: o legislador exclui a ilicitude da interrupção da gravidez em caso de violação) como no momento da elaboração de uma norma de decisão para o caso concreto (ex: o juiz adia a discussão de julgamento perante as informações médicas da eminência de enfarte na pessoa do acusado). O poder executivo está excluído. Ao Poder Executivo não compete preceituar a respeito dos direitos fundamentais, devido a sua função serem exercidas pelo Presidente da República, Governadores e pelos Prefeitos e, estes não têm legitimidade para dispor ou construir regras para tais direitos, principalmente no que se refere à colisão de direitos fundamentais. **FT**

Gabarito "B".

(Magistratura Federal – 3ª Região – 2010) A Constituição Federal, art. 5º, LXX, "b", estabelece que o mandado de segurança coletivo poderá ser impetrado por "organização, entidade de classe ou associação legalmente constituída" em defesa dos interesses de seus membros ou associados. No que respeita a "entidade de classe", pergunta-se:

(A) Em face do contido no texto constitucional, necessita ela de prévia autorização de seus membros para a proposição do mandado de segurança coletivo;

(B) A "entidade de classe" não necessita de prévia autorização de seus membros para o ajuizamento do mandado de segurança coletivo, mas precisa comprovar a exigência constitucional de um ano de constituição e funcionamento;

(C) A impetração do mandado de segurança coletivo por parte de "entidade de classe" objetiva a defesa de direitos relacionados com as atividades identificadoras da categoria, mas não que sejam peculiares a essa categoria. A "entidade de classe", assim como, os partidos políticos, necessita antes de tudo, apresentar representatividade de âmbito nacional;

(D) Prescinde de autorização de seus filiados, e em relação a ela é desnecessária a prova de que foi constituída e está em funcionamento há pelo menos um ano, além de não necessitar de representatividade em âmbito nacional.

A: incorreta, pois em face do contido no texto constitucional, não prévia autorização de seus membros para a proposição do mandando de segurança coletivo; **B:** incorreta. A "entidade de classe" não necessita de prévia autorização de seus membros para o ajuizamento do mandado de segurança coletivo, e a exigência constitucional de um ano de constituição e funcionamento se aplica somente as associações; **C:** incorreta, pelos motivos técnicos e específicos apontados na assertiva correta; **D:** correta. O artigo 5º, inciso LXX, alínea b, estabelece como legitimados para impetrar mandado de segurança coletivo a organização sindical, a entidade de classe ou a associação legalmente constituída e em funcionamento há pelo menos um ano, em defesa dos interesses de seus membros ou associados. Por sua vez, o artigo 21 da Lei n. 12.016/09 prevê a legitimação ativa para impetração do mandado de segurança coletivo às organizações sindicais, entidades de classe ou associações legalmente constituídas e em funcionamento há pelo menos um ano, em defesa de direitos líquidos e certos da totalidade, ou de parte dos seus membros ou associados, na forma dos seus estatutos e desde que pertinentes às suas finalidades, dispensada, para tanto, autorização especial. Exige-se, portanto, nesses casos um vínculo de pertinência entre a atividade desenvolvida pela entidade e o objeto do mandado de segurança coletivo. Dispensou-se a autorização especial e isso é uma característica da substituição processual, pois se o caso fosse de representação teríamos a necessidade de autorização dos membros ou associados. A defesa também pode ser da totalidade ou de parte dos membros ou associados. Quanto a este aspecto, veja o que diz Paulo Osternack: "(...) Não significa dizer que seja cabível mandado de segurança coletivo quando exista divergência interna na entidade em relação ao tema versado na ação. Até porque, tal divergência conduziria ao não cabimento do Mandado de Segurança coletivo, por ausência de "representatividade adequada". O que a nova regra garante é a viabilidade da impetração coletiva para proteger apenas parte dos integrantes da classe em razão do ato coator dizer respeito apenas a eles". Relativamente à legitimidade dos sindicatos para impetrar mandado de segurança coletivo, o Supremo Tribunal Federal já decidiu que é necessária tão somente a existência jurídica, ou seja, o registro no cartório próprio, sendo indiferente estarem ou não os estatutos arquivados e registrados no Ministério do Trabalho: "Legitimidade – Mandado de segurança coletivo – Sindicato – Registro no Ministério do Trabalho. A legitimidade de sindicato para atuar como substituto processual no mandado de segurança coletivo pressupõe tão somente a existência jurídica, ou seja, o registro no cartório próprio, sendo indiferente estarem ou não os estatutos arquivados e registrados no Ministério do Trabalho" (RE 370.834, Rel. Min. Marco Aurélio, julgamento em 30-8-2011, Primeira Turma, *DJE* de 26-9-2011.). Quanto à impetração de mandado de segurança coletivo por entidades de classe, como por exemplo a Ordem dos Advogados do

Brasil, o Supremo Tribunal Federal editou duas Súmulas a respeito: a Súmula 629, já mencionada nesse estudo, que afirma que a impetração de mandado de segurança coletivo por entidade de classe em favor dos associados independe da autorização destes e a Súmula 630 que diz que a entidade de classe tem legitimação para o mandado de segurança ainda quando a pretensão veiculada interesse apenas a uma parte da respectiva categoria. Tais entendimentos sumulados foram estendidos também para as organizações sindicais e para as associações conforme expresso na parte final do artigo 21 da Lei n. 12.016. **FT**

Gabarito "D".

(Magistratura Federal – 3ª Região – XIII) Em face do princípio da isonomia, é correto afirmar-se que é inconstitucional:

(A) a previsão de alíquotas ou bases de cálculo diferenciadas, em razão da atividade econômica, porte da empresa, e condição estrutural do mercado de trabalho;

(B) a previsão, como título, em edital de concurso público, do mero exercício de função pública;

(C) a transferência obrigatória de universitário, quando dependente de servidor público, removido por necessidade de serviço, condicionada à cláusula que exige sejam as instituições, de origem e de destino, congêneres;

(D) a concessão de privilégio processual, como o prazo em dobro a defensor público.

A: incorreta. A desoneração da folha de salários pode ser entendida como troca da base contributiva da empresa para custeio da seguridade social, singularmente previdência social, prevista na Constituição Federal no art. 195, I, "a". O conceito, contudo, surgiu da alteração específica da qual resultou a adoção do faturamento da empresa como base de cálculo. Essa mudança da base contributiva encontra respaldo constitucional a partir das Emendas Constitucionais 41/2003 e 47/2005, que promoveram o acréscimo do § 9º, no art. 195, dispondo que "as contribuições sociais previstas no inciso I do *caput* deste artigo poderão ter alíquotas e bases de cálculo diferenciadas em razão da atividade econômica, da utilização intensa de mão de obra, do porte da empresa ou da condição estrutural do mercado de trabalho". Para determinados setores da economia já é uma realidade a desoneração da folha de salários, a qual foi discutida e recomendada pela equipe econômica do Governo, implementada inicialmente pelo Poder Executivo por meio de Medida Provisória, e posteriormente transformada em lei, pelo Poder Legislativo. A alteração da base de cálculo foi rapidamente estendida para outros setores da economia, como estratégia imediata de manutenção da competitividade da indústria brasileira no mercado globalizado e ampliação das relações formais de trabalho. Considerando as perdas de recursos que a adoção da nova base gera para o orçamento do sistema de seguridade social e para o custeio previdenciário, a proposta de análise do tema demanda reflexões preliminares, alicerçadas no modelo de proteção social adotado para a sociedade brasileira na Constituição Federal. Inicialmente, cumpre ao intérprete conhecer o sistema jurídico positivado para efetivamente avaliar e interpretar a ordem firmada. É fundamental um pensamento jurídico sistematizado, para que as parcelas interpretadas não sofram distorções ante o arquétipo jurídico firmado. Claus Wilheim Canaris, na teoria "O Pensamento Sistemático e Conceito de Sistema na Ciência do Direito", demonstra a necessidade da adoção do pensar sistemático e ressalta a importância da avaliação do sistema na solução dos problemas jurídicos, considerando que a unidade jurídica se norteia pelos objetivos e princípios traçados em cada aparelho jurídico, os quais estabelecem a conformação axiológica, teleológica e ideológica, caracterizando e imprimindo-lhe diferencial em relação a outros sistemas. A diretriz da ordem constitucional vigente tem os objetivos fundamentais da República Federativa do Brasil arrolados no art. 3º, apontando as realizações desejadas pela sociedade, as quais

devem ser organizadas pelo Estado. O pacto constitucional, baseado na solidariedade, retrata o comprometimento mútuo assumido pela malha social, com a finalidade deformar uma sociedade livre e justa; reduzir desigualdades sociais e regionais; garantir o desenvolvimento nacional, no campo econômico, social e individual; erradicar a miséria e a marginalização; bem como promover o bem estar de todos. O alicerce edificante desses objetivos se assenta no valor social do trabalho, posto como primazia na Lei Maior, valor que permite a realização do bem estar de toda a sociedade e realização da dignidade da pessoa humana. A conformação jurídica estruturada é de Estado Democrático de Direito, onde a jurisdição aplicará leis preexistentes e, no qual vige a legalidade, a separação de poderes, o respeito aos direitos individuais e o princípio de que todo poder emana do povo e em seu nome será exercido. A análise da efetividade da estrutura jurídica do Estado brasileiro permite acrescer: trata-se de Estado Democrático de Direito Social, no qual, além da igualdade formal e da dignidade da pessoa humana, deve haver uma firme determinação no sentido de promover o desenvolvimento econômico, com justiça social, mediante a partilha equitativa dos ônus e benefícios da vida em sociedade, pela redistribuição do que estiver concentrado e pela adoção de providências que impeçam as distorções econômicas e sociais. Perante as premissas constitucionais e doutrinárias, é possível, de início, desenvolver uma análise sistemática das "Ordem Econômica" e da "Ordem Social" estabelecidas no Texto Maior. Ambas estão alicerçadas no valor social do trabalho, como a base geradora de desenvolvimento econômico e da justiça social, representando esse valor por um critério teleológico adotado pela estrutura ordenada. A Ordem Social, no que se refere à seguridade social, tem como meta a proteção de riscos sociais específicos, permitindo ao homem sua inserção no mercado de trabalho com a finalidade de realizar a sua dignidade humana. Assim, as ações da seguridade social figuram como relevantes no texto constitucional, sendo as únicas com orçamento próprio, apartado do orçamento fiscal da União, com o objetivo de imprimir autonomia econômica e segurança jurídica ao sistema e aos cidadãos; **B:** correta. É inconstitucional a previsão, como título, em edital de concurso público, do mero exercício de função pública (STF, ADI 3443-MA, Tribunal Pleno, rel. Min. Carlos Velloso, j. 8.9.2005); **C:** incorreta. Para ilustrar a constitucionalidade: "Policial militar. Remoção *ex officio*. Matrícula em instituição pública federal. Possibilidade. (...) O servidor público estadual, estudante de universidade pública do Estado, removido de ofício, pode ser matriculado em instituição congênere federal, caso não haja vaga na universidade de origem." (RE 464.217-AgR, rel. min. Cezar Peluso, julgamento em 7-8-2012, Segunda Turma, *DJE* de 20-8-2012.). Consoante a isto, a transferência obrigatória de universitário, quando dependente de servidor público, removido por necessidade de serviço, condicionada à cláusula que exige sejam as instituições, de origem e de destino, congêneres é plenamente possível e aceitável; **D:** incorreta. É constitucional a concessão de privilégio processual, como o prazo em dobro a defensor público. São prerrogativas dos membros da Defensoria Pública dos estados receber, inclusive quando necessário, mediante entrega dos autos com vista, intimação pessoal em qualquer processo e grau de jurisdição ou instância administrativa, contando-se-lhes em dobro todos os prazos; (redação da Lei Complementar nº 132, de 2009 que alterou a redação do art. 128, I, da Lei Complementar nº 80, de 1994). **FT**

Gabarito "B".

6. DIREITOS SOCIAIS

(Magistratura/CE – 2012 – CESPE) Nos termos do que dispõe a CF, assinale a opção correta acerca dos direitos sociais, da nacionalidade e dos direitos políticos.

(A) Em decorrência do princípio da unicidade sindical, é vedada a criação de mais de uma organização sindical, em qualquer grau, representativa de categoria

5. DIREITO CONSTITUCIONAL   337

profissional ou econômica, na mesma base territorial, que não pode ser inferior à área de um município.

(B) O cargo de ministro de Estado das Relações Exteriores e o de ministro da Defesa são privativos de brasileiros natos.

(C) O presidente da República, os governadores de estado e do DF, os prefeitos e quem os houver sucedido ou substituído no curso dos mandatos poderão ser reeleitos para um único período subsequente, devendo, para participar das eleições, licenciar-se de seus cargos até seis meses antes do pleito.

(D) Os militares com menos de dez anos de serviço são inelegíveis, podendo os com mais de dez anos de serviço ser candidatos a qualquer cargo e, nesse caso, se eleitos, passam automaticamente para a inatividade no ato da diplomação.

(E) Os direitos sociais elencados no texto constitucional são integralmente assegurados aos trabalhadores urbanos, rurais e domésticos.

A: correta, replica do art. 8º, II, da CF; **B:** incorreta, pois o único cargo de ministro de Estado que é privativo de brasileiro nato é o de Ministro de Estado da Defesa, nos termos do art. 12, § 3º, VII, da CF c\c a Lei Complementar n. 97, de 9 de junho de 1999, que criou o Ministério da Defesa; **C:** incorreta, pois os chefes do Poder Executivo e quem os houver sucedido ou substituído no curso dos mandatos poderão ser reeleitos para um único período subsequente, mas para CONCORREREM a outros cargos, o Presidente da República, os Governadores de Estado e do Distrito Federal e os Prefeitos devem renunciar aos respectivos mandatos até seis meses antes do pleito, nos termos do art. 14, § 5º e 6º, da CF; **D:** incorreta, pois o militar alistável é elegível, mas se contar menos de dez anos de serviço, deverá afastar-se da atividade, nos termos do art. 14, § 8º, I, da CF. Agora, se o militar alistável contar com de dez anos de serviço, será agregado pela autoridade superior e, se eleito, passará automaticamente, no ato da diplomação, para a inatividade, os termos do art. 14, § 8º, II, da CF; **E:** incorreta, pois os direitos sociais elencados no texto constitucional são integralmente assegurados aos trabalhadores urbanos e rurais, mas não aos domésticos. São assegurados à categoria dos trabalhadores domésticos os direitos previstos nos incisos IV, VI, VIII, XV, XVII, XVIII, XIX, XXI e XXIV, do art. 7º, da CF, bem como a sua integração à previdência social, nos termos do art. 7º, parágrafo único, da CF. **FT**

Gabarito "A".

(Magistratura/PR – 2010 – PUC/PR) Marque a opção que NÃO corresponde ao ordenamento jurídico-constitucional vigente:

(A) A igualdade é a base dos direitos sociais. O "caput" do art. 7º da CF/88 denota a igualdade estabelecida pelo legislador constituinte entre trabalhadores urbanos e rurais, visando à melhoria de sua condição social. Aos trabalhadores domésticos foram assegurados apenas alguns dos direitos sociais arrolados no art. 7º da CF/88.

(B) O art. 9º da Constituição Federal de 1988 assegura o direito de greve dos servidores públicos civis e garante a soberania da decisão dos agentes públicos sobre a oportunidade e os interesses que a manifestação visa tutelar. A norma constitucional que trata do direito de greve dos servidores públicos civis é de eficácia plena, não exigindo, portanto, regulamentação pelo legislador ordinário.

(C) O primado do trabalho (direito social) é a base da ordem social, e seus objetivos são o bem-estar e a justiça sociais.

(D) O direito à moradia foi acrescentado ao art. 6º da CF/88 pela emenda constitucional n. 26/2000. Portanto, no texto originário não havia previsão do "direito à moradia" entre os direitos sociais genéricos.

A: incorreta, já que o art. 7º, *caput* e parágrafo único, da CF, corresponde; **B:** correta, pois de fato não reflete o disposto no art. 37, VII, da CF. O STF tem reconhecido o direito de greve aos servidores, mesmo sem edição de lei específica, aplicando-lhes, por analogia, a lei de greve da iniciativa privada (Lei 7.783/1989), editada com fundamento no art. 9º, §§ 1º e 2º da CF. Importante lembrar, ainda, que os militares não possuem direito à greve (art. 142, IV, da CF); **C:** incorreta, pois art. 193 da CF, se coaduna ao enunciado; **D:** incorreta, pois o direito à moradia foi incluído pela EC 26/2000 como direito social no art. 6º, *caput*, da CF. Entretanto, a redação atual do art. 6º, *caput*, foi conferida pela EC 64/2010, que acrescentou, também, o direito à alimentação como direito social: "São direitos sociais a educação, a saúde, a alimentação, o trabalho, a moradia, o lazer, a segurança, a previdência social, a proteção à maternidade e à infância, a assistência aos desamparados, na forma desta Constituição". **FT/TM**

Gabarito "B".

(Magistratura Federal – 2ª Região – 2011 – CESPE) No que se refere aos direitos sociais, aos direitos de nacionalidade e aos direitos políticos, assinale a opção correta.

(A) O presidente da República, os governadores de estado, os prefeitos e quem os suceda ou substitua no curso do mandato podem ser reeleitos para um único período subsequente, mas, para concorrerem a outros cargos, devem renunciar ao respectivo mandato até seis meses antes do pleito.

(B) Por ser a licença-paternidade direito constitucional fundamental, o prazo de cinco dias previsto para o benefício não pode ser objeto de alteração pela legislação infraconstitucional.

(C) Diferentemente do previsto para os trabalhadores urbanos, prescreve em dois anos o prazo para os trabalhadores rurais ajuizarem ação para o pagamento de créditos resultantes das relações de trabalho.

(D) Aos portugueses com idoneidade moral que comprovem residência no Brasil durante, pelo menos, um ano ininterrupto devem ser atribuídos os direitos inerentes ao brasileiro nato.

(E) O brasileiro nato adquire plena capacidade eleitoral passiva aos trinta anos, idade mínima exigida de candidato a presidente e a vice-presidente da República.

A: correta, réplica do art. 14, §§ 5º e 6º da CF; **B:** incorreta, em primeiro lugar, cabe salientar que até hoje o inciso XIX, do art. 7º da CF/88 não foi regulamentado, vigorando, portanto, o disposto no § 1º, do art. 10 do ADCT; **C:** incorreta, art. 7º, XXIX; CF/88. O prazo quinquenal e do biênio se devem ser observados pelos trabalhadores rurais e urbanos; **D:** incorreta, a alternativa previu a hipótese do art. 12. II, "a" da CF, segundo a qual, os originários de países de língua portuguesa que mantenham no Brasil residência permanente por uma ininterrupto e idoneidade moral serão considerados brasileiros NATURALIZADOS e não NATOS. Tratando sobre o tema ensina Pedro Lenza que: "Os **portugueses**, como originários de país de língua portuguesa, enquadram-se na regra do art. 12, II, "a", ou seja, podem naturalizar-se brasileiros bastando que tenham residência por um ano ininterrupto e idoneidade moral" (LENZA, Pedro. *Direito Constitucional Esquematizado*. 16. ed. São Paulo: Saraiva, 2012. p. 1102.). Não obstante essa possibilidade existe ainda em nosso ordenamento a figura do "PORTUGUES EQUIPARADO" – (também chamada de quase nacionalidade, ou cláusula *ut des*, ou cláusula de admissão de reciprocidade, ou, simplesmente de elo de reciprocidade) –, que fora assegurada pelo Tratado de Amizade, Cooperação e Consulta, entre a República Federativa do Brasil e a República Portuguesa, celebrado em Porto Seguro em 22.04.2000 – (Decreto n. 3.927, de 19.09.2001). Lembra o STF – (Ext. 890, Rel. Min. Celso de Mello, j. 05.08.2004, *DJ* de 28.10.2004) que a norma insculpida no art. 12 § 1º da CF/88, "que contempla, em seu texto, hipótese excepcional de quase nacionalidade – não opera de modo imediato, seja quanto ao seu conteúdo eficacial, seja no que se refere a todas as consequências jurídicas que dela derivam, pois, para incidir, além de supor o pronunciamento aquiescente do Estado brasileiro, fundado em sua própria soberania, depende, ainda, de requerimento do súdito português interessado, a quem se impõe, para tal efeito, a obrigação de preencher os requisitos estipulados pela Convenção sobre Igualdade de Direitos e Deveres entre brasileiros e portugueses". Lembra ainda a doutrina que os portugueses equiparados gozam dos mesmos direito conferidos aos brasileiros NATURALIZADOS. Notem que o § 1º, do art. 12 da CF/88 dispõe que "aos portugueses com residência permanente no País, se houver reciprocidade em favor de brasileiros, serão atribuídos os direitos inerentes ao brasileiro (...)" não mencionando se é inerente aos brasileiros NATOS ou NATURALIZADOS, todavia, a doutrina majoritária entende que deve ser entendido no sentido de ser conferido a eles os mesmos direitos conferidos aos brasileiros NATURALIZADOS, pois, tendo a revisão de 1994, suprimido o adjetivo nato do dispositivo, deve esse ser interpretado no sentido de que o constituinte não mais quis conferir a eles tais direitos, sobrando, portanto, a concessão dos mesmos direitos atribuídos aos brasileiros naturalizados. Por fim, devemos também lembrar que a "quase nacionalidade" não se confunde com "dupla cidadania", não insurgindo, dessa forma uma cidadania luso-brasileira; **E:** incorreta, art. 14, § 3º, VI, "a" da CF. **FT**

Gabarito "A".

7. NACIONALIDADE

(Magistratura/RO – 2011 – PUCPR) Em relação às regras constitucionais sobre nacionalidade, afirma-se:

I. Será declarada a perda da nacionalidade do brasileiro que tiver cancelada sua naturalização, por sentença judicial, em virtude de atividade nociva ao interesse nacional.

II. São considerados brasileiros naturalizados os estrangeiros de qualquer nacionalidade, residentes na República Federativa do Brasil há mais de quinze anos ininterruptos e sem condenação penal, desde que requeiram a nacionalidade brasileira.

III. São considerados brasileiros natos os nascidos na República Federativa do Brasil, ainda que de pais estrangeiros, desde que estes não estejam a serviço de seu país.

IV. São considerados brasileiros natos os nascidos no estrangeiro, de pai brasileiro ou mãe brasileira, desde que qualquer deles esteja a serviço da República Federativa do Brasil.

Estão CORRETAS:

(A) Todas as afirmativas.

(B) Somente as afirmativas I, II e III.

(C) Somente as afirmativas Ii, III e IV.

(D) Somente as afirmativas I, III e IV.

(E) Somente as afirmativas II e IV.

I: Art. 12, § 4º, I, da CF; **II:** Art. 12, II, "b", da CF; **III:** Art. 12, I, "a", da CF; **IV:** Art. 12, I, "b", da CF. **FT/TM**

Gabarito "A".

(Magistratura/SP – 2013 – VUNESP) É (São) cargo(s) eletivo(s) privativo(s) de brasileiros:

(A) natos ou naturalizados o cargo de Presidente do Senado Federal.

(B) natos ou naturalizados o cargo de Presidente da Câmara dos Deputados.

(C) natos o cargo de Presidente das Casas Legislativas(Câmara dos Deputados e Senado Federal).

(D) natos os cargos de Deputado Federal e de Senador da República.

Os cargos privativos de nato estão previstos no art. 12, § 3.º, da CF e são os seguintes: I - de Presidente e Vice-Presidente da República; II - de Presidente da Câmara dos Deputados; III - de Presidente do Senado Federal; IV - de Ministro do Supremo Tribunal Federal; V - da carreira diplomática; VI - de oficial das Forças Armadas e VII - de Ministro de Estado da Defesa. Desse modo, a alternativa que está com o dispositivo correto é a "C". Vale lembrar que o art. 89, VII, da CF também traz cargos privativos de natos, pois, ao tratar do Conselho da República, determina que seis cadeiras sejam destinadas a cidadãos brasileiros natos, com mais de trinta e cinco anos de idade, sendo dois nomeados pelo Presidente da República, dois eleitos pelo Senado Federal e dois eleitos pela Câmara dos Deputados, todos com mandato de três anos, vedada a recondução. **BV**

Gabarito "C".

(Juiz – TRF 3ª Região – 2016) Só o brasileiro nato pode ser:

(A) Deputado Federal ou Senador da República.

(B) Ministro de Tribunal Superior.

(C) Chefe do Estado Maior das Forças Armadas.

(D) Presidente do Banco Central da República.

Somente o brasileiro nato pode ser Chefe do Estado Maior das Forças Armadas. Assim, a CF não fez distinção entre o brasileiro nato e o brasileiro naturalizado no que diz respeito aos cargos de Deputado Federal ou Senador da República, Ministro de Tribunal Superior – o que não se confunde com Ministro do STF – ou Presidente do Banco Central da República (art. 12, §3º, da CF). **AB**

Gabarito "C".

(Magistratura Federal – 3ª Região – 2011 – CESPE) Acerca da nacionalidade, da iniciativa popular de lei, do plebiscito e da disciplina constitucional sobre os partidos políticos, assinale a opção correta.

(A) A perda de nacionalidade, em virtude de atividade nociva ao interesse nacional, é procedimento administrativo cujo trâmite ocorre no Ministério da Justiça.

(B) A CF regulamenta a iniciativa popular de lei tanto no âmbito federal quanto nos âmbitos estadual e municipal, fixando as regras e os procedimentos relativos à apresentação do projeto de lei.

(C) Nas questões de relevância nacional, compete ao Congresso Nacional, mediante decreto legislativo, convocar plebiscito; no caso da incorporação, subdivisão ou desmembramento de estados, a competência pertence às assembleias legislativas dos estados envolvidos.

(D) Os partidos políticos com registro no TS têm direito a acesso gratuito ao rádio e à televisão, mas apenas os partidos com representação no Congresso Nacional podem receber recursos do fundo partidário.

(E) A nacionalidade secundária é adquirida por meio da naturalização, que pode ser requerida tanto pelo apátrida como pelo estrangeiro. Mesmo que eles satisfaçam os requisitos para a obtenção da naturalização, o Poder Executivo dispõe de competência discricionária para concedê-la ou não.

A: incorreta, art. 12, § 4º, I, CF/88. Temos, portanto, que a perda da nacionalidade, em virtude de atividade nociva ao interesse nacional, só é imputável a brasileiros naturalizados e deve ser através de sentença judicial transitada em julgado. Alias, cabe aqui lembrar recente julgado do STF, no sentido de que, uma vez concedida à naturalização esta somente poderá ser cancelada mediante processo judicial, ainda que tal naturalização tenha sido concedida com inobservância do disposto no art. 112, da Lei n. 6.815/1980, artigo esse, inclusive, cujos §§ 2º e 3º, foram considerados pelo STF, não recepcionados pela CF/88, vejamos: "Deferida a naturalização, seu desfazimento só pode ocorrer mediante processo judicial (...). Essa a orientação do Plenário que, ao concluir julgamento, por maioria, proveu recurso ordinário em mandado de segurança no qual se discutia a possibilidade de o ministro de Estado da Justiça, por meio de ato administrativo, cancelar o deferimento de naturalização quando embasada em premissa falsa (erro de fato) consistente, na espécie, em omitir-se a existência de condenação em momento anterior a sua naturalização – v. *Informativo 604*. Asseverou-se que a cláusula do inciso I do § 4º do art. 12 da CF seria abrangente, a revelar que o cancelamento da naturalização deveria ocorrer por sentença judicial. Ademais, ressaltou-se que a referência feita na parte final do aludido preceito, ao apontar uma causa, seria simplesmente exemplificativa, haja vista a infinidade de situações que poderiam surgir, a desaguarem no cancelamento da naturalização. Por conseguinte, declarou-se a nulidade da Portaria 361/2008 do ministro de Estado da Justiça, de modo a restabelecer-se a situação do recorrente como brasileiro naturalizado em todos os órgãos públicos, sem prejuízo de que a condição de naturalizado fosse analisada judicialmente, nos termos do art. 12, § 4º, I, da CF. Assentou-se, ainda, a não recepção do art. 112, §§ 2º e 3º, da Lei 6.815/1980 (Estatuto do Estrangeiro) pela atual Constituição." (RMS 27.840, rel. p/ o ac. Min. Marco Aurélio, julgamento em 7-2-2013, Plenário, *Informativo 694*.); **B:** incorreta; **C:** incorreta, art. 48, VI, da CF; **D:** incorreta; **E:** correta. De acordo com a doutrina, a nacionalidade secundária, também chamada de adquirida ou voluntária é a "adquirida por meio da naturalização, que pode ser requerida tanto pelo apátrida (heimatlos) como pelo estrangeiro. Portanto, a aquisição da nacionalidade secundária enseja a condição de brasileiro naturalizado. Sua ocorrência não se dá pelo fato natural do nascimento, mas sim por um ato voluntário: a naturalização.Assim, a única via para adquirir a nacionalidade secundária é a naturalização. A naturalização, por sua vez, não é um direito público subjetivo, mas um ato discricionário, praticado, exclusivamente, pelo Chefe do Poder Executivo. Sua outorga é uma longa manus da soberania nacional. Um apátrida ou um estrangeiro, por exemplo, podem até satisfazer os requisitos legais e constitucionais para a sua obtenção. Isso, contudo, não basta. É imprescindível que o Executivo delibere sobre a matéria, dentro da esfera discricionária que lhe é afeta por excelência" (BULOS, Uadi Lammêgo. *Curso de Direito Constitucional*. 5. ed. rev. e atual. De acordo com a EC n. 64/2010. – São Paulo: Saraiva, 2010, p. 602-819) . Todavia, não obstante esse entendimento doutrinário, o STF, tratando da hipótese de naturalização extraordinária – (ou quinzenária), asseverou que: "Recurso extraordinário. Concurso público. Estrangeiro. Naturalização. Requerimento formalizado antes da posse no cargo exitosamente disputado mediante concurso público. Inexistência de ofensa à alínea b

do inciso II do artigo 12 da Magna Carta. O requerimento de aquisição da nacionalidade brasileira, previsto na alínea b do inciso II do art. 12 da Carta de Outubro, é suficiente para viabilizar a posse no cargo triunfalmente disputado mediante concurso público. Isto quando a pessoa requerente contar com quinze anos ininterruptos de residência fixa no Brasil, sem condenação penal. A Portaria de formal reconhecimento da naturalização, expedida pelo Ministro de Estado da Justiça, é de caráter meramente declaratório. Pelo que seus efeitos hão de retroagir à data do requerimento do interessado. Recurso extraordinário a que se nega provimento" (STF – RE: 264848 TO, Relator: Carlos Britto, Data de Julgamento: 28/06/2005, Primeira Turma, Data de Publicação: DJ 14-10-2005 PP-00012 Ement. Vol-02209-3 PP-00489 RTJ Vol-00196-01 PP-00325). Reparem, portanto, que diferentemente do que ocorre com a naturalização ordinária – (ato discricionário), a naturalização extraordinária, quando preenchido os requisitos constitucionais, obrigatoriamente será concedida – (ato vinculado). (FT)

Gabarito "E"

8. DIREITOS POLÍTICOS

(Juiz de Direito – TJM/SP – VUNESP – 2016) Assinale a alternativa que corretamente discorre sobre o exercício de direitos políticos, conforme previsto na Constituição Federal e regulamentado em lei complementar.

(A) A inelegibilidade dos que forem condenados por crimes contra a administração pública e o patrimônio público, em decisão transitada em julgado ou proferida por órgão judicial colegiado, prevista pela Lei da Ficha Limpa, não se aplica aos crimes culposos.

(B) O militar alistável é elegível, sendo que, se contar com menos de dez anos de serviço, será agregado pela autoridade superior e, se eleito, passará automaticamente, no ato da diplomação, para a inatividade.

(C) O Governador de Estado que perdeu seu cargo eletivo por infringência a dispositivo da Constituição Estadual se torna inelegível para as eleições que se realizarem durante o período remanescente e nos 4 (quatro) anos subsequentes ao término do mandato para o qual tenha sido eleito.

(D) São inelegíveis os que forem demitidos do serviço público em decorrência de processo administrativo ou judicial, pelo prazo de 8 (oito) anos, contado da decisão, salvo se o ato houver sido suspenso ou anulado pelo Tribunal de Contas.

(E) A Constituição Federal de 1988 não contempla a perda ou a suspensão dos direitos políticos, todavia, prevê a cassação dos direitos políticos em virtude de condenação por improbidade administrativa.

A: correta, nos termos do que determina a Lei Complementar 64/1990, em seu art. 1º, I, *e*; **B:** incorreta, pois seria com mais de dez anos de serviço, nos termos do art. 14, § 8º, I e II, da CF; **C:** incorreta, pois não será por 4 anos, mas por 8 anos subsequentes, conforme Lei Complementar 64/1990; **D:** incorreta, pois não há, na lei, referência ao Tribunal de Contas, mas salvo se o ato houver sido suspenso ou anulado pelo Poder Judiciário (art. 1º, I, *o*, LC 64/1990); **E:** incorreta, pois o texto constitucional não admite a cassação de direitos políticos (art. 15, da CF). **AB**

Gabarito "A"

(Magistratura/AM – 2013 – FGV) Com relação aos direitos políticos e aos partidos políticos, assinale a afirmativa **incorreta.**

(A) O prefeito municipal, eleito por duas vezes consecutivas em um determinado Município, pode candidatar-se, na eleição seguinte, ao cargo de Prefeito de outro Município, Governador do Estado ou à Presidência da República, desde que respeitado o prazo de desincompatibilização de seis meses.

(B) A dissolução da sociedade ou do vínculo conjugal, no curso do mandato, não afasta a inelegibilidade prevista no art. 14, § 7°, da Constituição Federal de 1988.

(C) O princípio da anterioridade eleitoral, que veda a aplicação de lei que alterar o processo eleitoral que ocorra até um ano após a data da vigência, é considerado cláusula pétrea, aplicando-se inclusive às emendas constitucionais.

(D) Dentre as inovações da Lei Complementar 135/2010 (Lei da Ficha Limpa), está a inelegibilidade dos membros do Executivo e do Legislativo que renunciarem aos seus mandatos após o oferecimento de representação ou petição capaz de autorizar a abertura de processo por infringência a dispositivo da Constituição ou da Lei Orgânica (Distrital ou Municipal).

(E) No modelo adotado pela Constituição Federal de 1988, o voto se caracteriza por ser direto, igual para todos, periódico, livre e personalíssimo, sendo vedado aos menores de 16 anos e aos conscritos, durante o período do serviço militar obrigatório.

A: incorreta, devendo ser assinalada. O STF veda a figura do PREFEITO ITINERANTE. Vejamos o caso concreto: Ao analisar um Recurso Extraordinário (RE 637647) interposto por João Félix de Andrade Filho, que pede para voltar ao cargo de prefeito de Campo Maior (PI), o ministro Cezar Peluso aplicou entendimento do Plenário do Supremo Tribunal Federal (STF) em relação ao chamado "prefeito itinerante", conhecido como aquele que exerce mais de dois mandatos consecutivos sendo eleito em municípios distintos. Na sessão do dia 1° de agosto de 2013, os ministros do Supremo decidiram (no julgamento do RE 637485) que cidadão que já exerceu dois mandatos consecutivos de prefeito, ou seja, foi eleito e reeleito, fica inelegível para um terceiro mandato, ainda que seja em município diferente. Na ocasião, o Plenário considerou que a questão tem repercussão geral e, por essa razão, o ministro Cezar Peluso aplicou o entendimento em decisão monocrática. Ainda de acordo com a decisão do Plenário, esse entendimento deve ser aplicado a partir das eleições de 2012 e, portanto, não poderia retroagir para alcançar o mandato de quem foi eleito dessa forma nas últimas eleições municipais. No caso de João Félix, ele foi eleito em 1997 pelo Município de Jatobá do Piauí (PI) e reeleito em 2001. Em 2003, ele renunciou ao cargo e mudou seu domicílio eleitoral para Campo Maior (PI), cidade vizinha, e se elegeu prefeito deste município em 2004, sendo reeleito em 2008. João Félix recorreu ao STF sob o argumento de que à época de sua eleição tal medida era permitida pelo Tribunal Superior Eleitoral (TSE), que mudou sua jurisprudência após a realização das eleições de 2008. Em sua decisão, o ministro Peluso cita que o Plenário do STF reconheceu que a alteração da jurisprudência do TSE não poderia ser aplicada às eleições de 2008. Portanto, o ministro deu provimento ao recurso de João Félix para reverter a decisão que havia julgado procedente recurso contra a expedição de seu diploma eleitoral. O ministro Peluso determinou ainda que o TSE e o Tribunal Regional Eleitoral do Piauí fossem comunicados com urgência dessa decisão, **B:** correta. Literalidade da Súmula Vinculante 18 "a dissolução da sociedade ou do vínculo conjugal, no curso do mandato, não afasta a inelegibilidade prevista no § 7° do art. 14 da CF/1988"; **C:** correta. "A norma consubstanciada no art. 16 da CR, que consagra o postulado da

anterioridade eleitoral (cujo precípuo destinatário é o Poder Legislativo), vincula-se, em seu sentido teleológico, à finalidade ético-jurídica de obstar a deformação do processo eleitoral mediante modificações que, casuisticamente introduzidas pelo Parlamento, culminem por romper a necessária igualdade de participação dos que nele atuam como protagonistas relevantes (partidos políticos e candidatos), vulnerando-lhes, com inovações abruptamente estabelecidas, a garantia básica de igual competitividade que deve sempre prevalecer nas disputas eleitorais. Precedentes. O processo eleitoral, que constitui sucessão ordenada de atos e estágios causalmente vinculados entre si, supõe, em função dos objetivos que lhe são inerentes, a sua integral submissão a uma disciplina jurídica que, ao discriminar os momentos que o compõem, indica as fases em que ele se desenvolve: (a) fase pré-eleitoral, que, iniciando-se com a realização das convenções partidárias e a escolha de candidaturas, estende-se até a propaganda eleitoral respectiva; (b) fase eleitoral propriamente dita, que compreende o início, a realização e o encerramento da votação e (c) fase pós-eleitoral, que principia com a apuração e contagem de votos e termina com a diplomação dos candidatos eleitos, bem assim dos seus respectivos suplentes. Magistério da doutrina (José Afonso da Silva e Antonio Tito Costa). A Resolução TSE 21.702/2004, que meramente explicitou interpretação constitucional anteriormente dada pelo STF, não ofendeu a cláusula constitucional da anterioridade eleitoral, seja porque não rompeu a essencial igualdade de participação, no processo eleitoral, das agremiações partidárias e respectivos candidatos, seja porque não transgrediu a igual competitividade que deve prevalecer entre esses protagonistas da disputa eleitoral, seja porque não produziu qualquer deformação descaracterizadora da normalidade das eleições municipais, seja porque não introduziu qualquer fator de perturbação nesse pleito eleitoral, seja, ainda, porque não foi editada nem motivada por qualquer propósito casuístico ou discriminatório." (ADI 3.345, rel. Min. Celso de Mello, j. 25.08.2005, Plenário, *DJE* 20.08.2010.); **D:** correta. Literalidade da lei. Dentre as inovações da Lei Complementar 135/2010 (Lei da Ficha Limpa), está a inelegibilidade dos membros do Executivo e do Legislativo que renunciarem aos seus mandatos após o oferecimento de representação ou petição capaz de autorizar a abertura de processo por infringência a dispositivo da Constituição ou da Lei Orgânica (Distrital ou Municipal) – cf. redação da pela LC 135/2010 ao art. 1°, I, *c*, da LC 64/1990; **E:** correta. Redação do art. 14, II, *c* e § 2°, da CF/1988. (FT)

Gabarito "A"

(Magistratura/RJ – 2011 – VUNESP) Dentre as condições de elegibilidade previstas na Constituição Federal, encontra-se o requisito da idade para concorrer aos cargos públicos eletivos. Nesse sentido, a idade mínima para a elegibilidade aos cargos de Presidente da República, Governador e Deputado Estadual é, respectivamente, de

(A) trinta anos; vinte e um anos e dezoito anos.

(B) trinta anos; trinta anos e vinte e um anos.

(C) trinta e cinco anos; trinta anos e vinte e um anos.

(D) trinta e cinco anos; trinta e cinco anos e vinte e um anos.

A: incorreta, pois dentre as condições de elegibilidade do art. 14, § 3°, VI, "b", da CF, a idade mínima de trinta anos para Governador e Vice-Governador de Estado e do Distrito Federal; vinte e um anos para Deputado Federal, Deputado Estadual ou Distrital, Prefeito, Vice-Prefeito e juiz de paz; dezoito anos para Vereador; **B:** incorreta, pelos mesmos fundamentos; **C:** correta, já que o art. 14, § 3°, VI, "a", "b" e "c", da CF, determina que são condições de elegibilidade, na forma da lei, a idade mínima de trinta e cinco anos para Presidente, Vice-Presidente da República e Senador; trinta anos para Governador e Vice-Governador de Estado e do Distrito Federal e vinte e um anos para Deputado Federal, Deputado Estadual ou Distrital, Prefeito, Vice-Prefeito e juiz de paz;

D: incorreta, pelos fundamentos constitucionais apresentados nas alternativas anteriores. **FT**

Gabarito "C".

(Magistratura/RO – 2011 – PUCPR) Em relação aos direitos políticos, avalie as proposições a seguir:

I. O alistamento eleitoral e o voto são obrigatórios para os maiores de dezoito anos e facultativos para os analfabetos, os maiores de sessenta anos e os maiores de dezesseis e menores de dezoito anos.

II. A soberania popular será exercida pelo sufrágio universal e pelo voto direto e secreto, com valor igual para todos, e, nos termos da lei, mediante plebiscito, referendo e iniciativa popular.

III. São condições de alistabilidade, na forma da lei a nacionalidade brasileira, o pleno exercício dos direitos políticos, o domicílio eleitoral na circunscrição e a filiação partidária.

IV. São inelegíveis, no território de jurisdição do titular, o cônjuge e os parentes consanguíneos ou afins, até o segundo grau ou por adoção, do Presidente da República, de Governador de Estado ou Território, do Distrito Federal, de Prefeito ou de quem os haja substituído dentro dos nove meses anteriores ao pleito, mesmo se já titular de mandato eletivo e candidato à reeleição.

Está(ão) CORRETA(S):

(A) Somente as proposições I, II e III.

(B) Somente as proposições I, III e IV.

(C) Somente as proposições II e III.

(D) Somente a proposição II.

(E) Somente a proposição IV.

I: Não reflete o disposto no art. 14, § 1º, II, "b", da CF; **II:** Art. 14, I a III, da CF; **III:** As condições de alistabilidade encontram-se no art. 14, § 2º, da CF (não no § 3º do mesmo artigo, que trata das condições de elegibilidade); **IV:** Não reflete o disposto no art. 14, § 7º, da CF. **FT/TM**

Gabarito "D".

(Magistratura/SP – 2011 – VUNESP) Nossa ordem constitucional estabelece institutos de democracia semidireta, dentre os quais:

I. a iniciativa popular, exercida pela apresentação à Câmara dos Deputados de projeto de lei subscrito por, no mínimo, um por cento do eleitorado nacional, distribuído pelo menos por cinco Estados, com não menos de três décimos por cento dos eleitores de cada um deles;

II. o referendo, podendo ser utilizado pelo Congresso Nacional nos casos em que este decidir ser conveniente, indicado em casos específicos como para a formação de novos Estados e de novos Municípios;

III. o plebiscito, espécie de consulta popular semelhante ao referendo, mas o único apto a permitir que forças estrangeiras transitem pelo território nacional.

Está correto apenas o contido em

(A) I.

(B) II e III.

(C) III.

(D) II.

(E) I e III.

I: Art. 61, § 2º, da CF; **II:** Hipóteses de plebiscito (art. 18, §§ 3º e 4º, da CF); **III:** O art. 21, IV, da CF exige lei complementar para tanto. **FT/TM**

Gabarito "A".

(Juiz – TRF 4ª Região – 2016) Assinale a alternativa **INCORRETA.**

(A) O cidadão que exerce dois mandatos consecutivos como Prefeito de determinado Município fica inelegível para o cargo de mesma natureza em qualquer outro Município da Federação, para o período subsequente.

(B) Para concorrerem a outros cargos, o Presidente da República, o Governador de Estado, o Governador do Distrito Federal e os Prefeitos devem renunciar aos respectivos mandatos até 6 (seis) meses antes dos pleitos respectivos.

(C) A vedação ao nepotismo não exige a edição de lei formal para coibi-lo, na medida em que tal proibição decorre diretamente dos princípios constitucionais contidos no art. 37, *caput* da Constituição Federal.

(D) A dissolução da sociedade ou do vínculo conjugal, no curso do mandato, não afasta a inelegibilidade do ex-cônjuge.

(E) O plebiscito e o referendo são formas de consulta popular, sendo determinados, exclusivamente, pelo Congresso Nacional, visando à manifestação do povo sobre determinado tema específico já aprovado em lei, a qual só entrará em vigor se for ratificada pela vontade majoritária dos eleitores.

A: correta, sob pena de fraudar a vedação do terceiro mandato consecutivo. O STF assim determinou: "O instituto da reeleição tem fundamento não somente no postulado da continuidade administrativa, mas também no princípio republicano, que impede a perpetuação de uma mesma pessoa ou grupo no poder. O princípio republicano condiciona a interpretação e a aplicação do próprio comando da norma constitucional, de modo que a reeleição é permitida por apenas uma única vez. Esse princípio impede a terceira eleição não apenas no mesmo município, mas em relação a qualquer outro município da federação. Entendimento contrário tornaria possível a figura do denominado "prefeito itinerante" ou do "prefeito profissional", o que claramente é incompatível com esse princípio, que também traduz um postulado de temporariedade/alternância do exercício do poder. Portanto, ambos os princípios – continuidade administrativa e republicanismo – condicionam a interpretação e a aplicação teleológicas do art. 14, § 5º, da Constituição. O cidadão que exerce dois mandatos consecutivos como prefeito de determinado município fica inelegível para o cargo da mesma natureza em qualquer outro município da federação." (RE 637485/RJ); **B:** correta, porque é a determinação do art. 14, §6º, da CF; **C:** correta. O nepotismo já esbarra na vedação constitucional da impessoalidade e da moralidade pública. Ainda, temos a súmula vinculante 13, do STF, bem como farta jurisprudência no mesmo sentido: "Embora restrita ao âmbito do Judiciário, a Resolução 7/2005 do Conselho Nacional da Justiça, a prática do nepotismo nos demais Poderes é ilícita. II - A vedação do nepotismo não exige a edição de lei formal para coibir a prática. III - Proibição que decorre diretamente dos princípios contidos no art. 37, caput, da Constituição Federal. " (RE 579951/RN); **D:** correta, pois é a literalidade da súmula vinculante 18, do STF; **E:** errada, pois no plebiscito a manifestação do cidadão é anterior, enquanto que no referendo a consulta popular é posterior ao ato. **AB**

Gabarito "E".

(Magistratura Federal – 3ª Região – XIII) Sobre inelegibilidades, é correto afirmar que:

(A) as absolutas são impedimentos eleitorais decorrentes de condições pessoais do indivíduo, como grau de parentesco, previstas por lei complementar;

(B) as relativas são impedimentos eleitorais provisórios coincidentes com as causas geradoras de inalistabilidade;

(C) as reflexas são inelegibilidades relativas, que impedem sejam eleitos parentes de ocupantes de cargos do Poder Executivo, no respectivo território, salvo se detentores de mandato anterior, ou candidatos à reeleição;

(D) os militares são tanto inelegíveis como inalistáveis, salvo se afastados da atividade, agregados pela autoridade superior ou colocados na inatividade.

A e **B:** incorretas. De acordo com Pedro Lenza, as absolutas impedem que o nacional seja eleito para qualquer cargo eletivo e decorrem do art. 14, § 4º, da CF, referentes aos inalistáveis (os estrangeiros e, durante o serviço militar obrigatório, os conscritos), e aos analfabetos. As relativas referem-se a algum cargo específico, em virtude de uma circunstância em que se encontre o candidato e decorrem da função exercida, de parentesco ou da condição de militar, além daquelas previstas em lei complementar (art. 14, § 9º, da CF); **C:** correta. Com isso se evita a perpetuidade da mesma família no poder, em afronta aos postulados republicano e democrático da CF (STF, RE 543.117- AgRg, Rel. Min. Eros Grau, citado por Pedro Lenza). Não podemos esquecer da Súmula Vinculante 18 do STF que dispõe: A dissolução da sociedade ou do vínculo conjugal, no curso do mandato, não afasta a inelegibilidade prevista no § 7º do art. 14 da Constituição Federal; **D:** incorreta, pois não reflete o disposto no art. 14, § 8º, da CF, que determina que o militar alistável é elegível, atendidas as seguintes condições: I – se contar menos de dez anos de serviço, deverá afastar-se da atividade; II – se contar mais de dez anos de serviço, será agregado pela autoridade superior e, se eleito, passará automaticamente, no ato da diplomação, para a inatividade. **FT**
Gabarito "C".

(Magistratura Federal – 1ª Região – IX) De acordo com a Constituição Federal, são condições gerais de elegibilidade, entre outras:

(A) filiação partidária e nacionalidade brasileira nata.

(B) domicílio eleitoral na circunscrição e conclusão de curso de ensino médio.

(C) pleno exercício dos direitos políticos e alistamento eleitoral.

(D) alistamento militar e nacionalidade brasileira.

A: incorreta, pois o texto constitucional não prevê como condição de elegibilidade ser brasileiro nato, bastando ser brasileiro (artigo 14, § 3º, I, da Constituição Federal). Ser brasileiro nato não é uma condição geral de elegibilidade, mas sim condição específica para determinados cargos ou funções, como por exemplo, Presidente e Vice-Presidente da República; Presidenta da Câmara dos Deputados; Presidente do Senado Federal; Ministros do STF; membros da carreira diplomática; oficial das Forças Armadas e Ministro de Estado da DEFESA. Notem que nesses casos buscou-se proteger a linha sucessória e a segurança nacional. Além desses exemplos, deverão ser também preenchidos por brasileiros natos as seis vagas do Conselho da República destinadas aos cidadãos – (art. 89, VII da CF/88). Quanto à propriedade de empresa jornalística e radiodifusão, esta será destinada a brasileiros natos ou a naturalizados há mais de 10 anos. Outro exemplo muito cobrado em concursos e

que costuma derrubar os candidatos é sobre a Presidência do CNJ. De acordo com o texto constitucional, art. 103-B, § 1º, tal Conselho será presidido pelo Presidente do STF e na sua ausência ou impedimento, pelo Vice-Presidente do STF, portanto, a presidência do CNJ só será ocupada por brasileiros natos; **B:** incorreta, vez que a conclusão do ensino médio não é condição de elegibilidade expressamente prevista no texto constitucional. A CF/88 apenas prevê como inelegíveis os analfabetos e não os que não tenham concluído o ensino médio; **C:** correta (artigo 14, § 3º, II e III); **D:** incorreta, pois alistamento militar não é condição de elegibilidade. **FT**
Gabarito "C".

9. ORGANIZAÇÃO DO ESTADO

(Juiz de Direito – TJM/SP – VUNESP – 2016) A definição das condutas típicas configuradoras do crime de responsabilidade e o estabelecimento de regras que disciplinem o processo e o julgamento de agentes públicos federais, estaduais ou municipais envolvidos, conforme jurisprudência do Supremo Tribunal Federal, são de

(A) competência legislativa privativa da União.

(B) competência comum de União, Estados, Municípios e Distrito Federal, cabendo à lei complementar fixar normas sobre cooperação na matéria.

(C) competência legislativa comum a todos os entes federativos e competência material da União.

(D) competência concorrente entre União, Estados e Distrito Federal, limitando-se a União a estabelecer normas gerais.

(E) competência reservada aos Estados, por não constar a matéria do rol de competências exclusivas ou privativas da União.

A: correta. De acordo com a Súmula Vinculante 46 (STF), a definição dos crimes de responsabilidade e o estabelecimento das respectivas normas de processo e julgamento **são de competência legislativa privativa da União**; B e **C:** incorretas. A competência comum vem prevista no art. 23 da CF e é modalidade de competência administrativa (material), não de competência legislativa; **D:** incorreta. Como mencionado, a competência é privativa da União, não concorrente, como afirmado pela alternativa. Os assuntos que são tratados de forma concorrente vêm previstos no art. 24 da CF; **E:** incorreta. A competência é privativa da União, não reservada aos Estados. **BV**
Gabarito "A".

(Magistratura/AM – 2013 – FGV) Com relação ao *federalismo*, assinale a afirmativa correta.

(A) Os Estados e o Distrito Federal estão autorizados a criar regiões metropolitanas, aglomerações urbanas e microrregiões, mediante lei complementar estadual, com fundamento no art. 25, § 3º, da Constituição Federal, caso em que passarão a titularizar as funções públicas de interesse comum.

(B) No exercício da competência legislativa concorrente, prevista no art. 24 da Constituição Federal, a União Federal limitar-se-á a editar normas gerais. No vácuo normativo, os Estados e o Distrito Federal têm plena liberdade para legislar. Com a superveniência de norma federal, consideram-se revogadas as disposições com ela incompatíveis.

(C) O procedimento destinado a viabilizar, nas hipóteses de descumprimento de ordem ou de sentença

5. DIREITO CONSTITUCIONAL

judiciais (CF, art. 34, VI, e art. 35, IV), a efetivação do ato de intervenção – trate-se de intervenção federal nos Estados-membros, cuide se de intervenção estadual nos Municípios – reveste-se de caráter político-administrativo, muito embora instaurado perante órgão competente do Poder Judiciário (CF, art. 36, II, e art. 35, IV), circunstância que inviabiliza, ante a ausência de causa, a utilização do recurso extraordinário.

(D) A autonomia federativa caracteriza-se pelas prerrogativas de autogoverno, auto-organização e autoadministração. Por não serem dotados de poder constituinte derivado decorrente, os municípios somente são titulares da primeira e da última prerrogativas.

(E) Os Estados podem incorporar-se entre si, subdividir-se ou desmembrar-se para se anexarem a outros, ou formarem novos Estados ou Territórios Federais, mediante aprovação de leis estaduais, posteriormente ratificadas por referendo, que deverá ser convocado pelo Congresso Nacional, por lei complementar.

A: incorreta. A origem do dispositivo encontra-se no § 10 do art. 157 da Constituição de 1967, ao dispor que a União, mediante lei complementar, podia estabelecer regiões metropolitanas, constituídas por Municípios que integrassem a mesma comunidade socioeconômica visando à realização de serviços de interesse comum. A EC 1/1969, em seu art. 164, determinava que a União, por meio de lei complementar, podia, para a realização de serviços comuns, estabelecer regiões metropolitanas constituídas por Municípios que fizessem parte da mesma comunicada socioeconômica. A Constituição de 1988, em exame, transferiu da União para os Estados Federados (DISTRITO FEDERAL NÃO, até porque é vedada a sua divisão, nos termos do art. 32 da CF/1988) a competência de instituição de regiões metropolitanas, como se depreende da leitura do § 3º do art. 25 da CF/1988. Além disso, a Constituição ampliou o conceito ao admitir que esses Estados tenham também competência para instituir aglomerações urbanas e microrregiões constituídas por agrupamentos limítrofes, no sentido de integrar a organização, o planejamento e a execução de funções públicas de interesse comum. Além disso, determinou que a instituição dessas regiões se faça mediante lei complementar estadual; **B:** incorreta. A superveniência de lei federal sobre normas gerais SUSPENDE a eficácia da lei estadual no que lhe for contrário, nos termos do art. 24, § 4º, da CF/1988; **C:** correta. "O procedimento destinado a viabilizar, nas hipóteses de descumprimento de ordem ou de sentença judiciais (CF, art. 34, VI, e art. 35, IV), a efetivação do ato de intervenção – trate-se de intervenção federal nos Estados-membros, cuide-se de intervenção estadual nos Municípios – reveste-se de caráter político-administrativo, muito embora instaurado perante órgão competente do Poder Judiciário (CF, art. 36, II, e art. 35, IV), circunstância que inviabiliza, ante a ausência de causa, a utilização do recurso extraordinário." (AI 343.461-AgR, rel. Min. Celso de Mello, j. 18.06.2002, 2ª T., *DJ* 29.11.2002.) No mesmo sentido: <u>AI 666.833-AgR</u>, rel. Min. Celso de Mello, j. 18.12.2007, 2ª T., *DJe* 14.03.2008". Observe que a questão foi extraída na integra do acórdão referido; **D:** incorreta. Todos os entes da federação são dotados de autonomia federativa que se caracteriza-se pelas prerrogativas de autogoverno, auto-organização e autoadministração; **E:** incorreta. A redação do art. 18, § 3º, da CF/1988 dispõe: "Os Estados podem incorporar-se entre si, subdividir-se ou desmembrar-se para anexarem a outros, ou formarem novos Estados ou Territórios Federais, mediante aprovação da população diretamente interessada, através de PLEBISCITO, e do Congresso Nacional, por LEI COMPLEMENTAR". **FT**
Gabarito "C".

(Magistratura/SP – 2013 – VUNESP) Com relação ao Distrito Federal, a Constituição Federal:

(A) veda a divisão do Distrito Federal em Municípios.

(B) atribui ao Distrito Federal poder de organizar e manter o Poder Judiciário, o Ministério Público e a Defensoria Pública do Distrito Federal.

(C) autoriza a divisão do Distrito Federal em Municípios, desde que consultada a população mediante plebiscito.

(D) atribui ao Distrito Federal as mesmas competências legislativas reservadas à União.

A: correta. De fato, o *caput* do art. 32 da CF veda a divisão do Distrito Federal em Municípios; **B:** incorreta. A EC 69/12, ao alterar a redação dos arts. 21, 22 e 48 da CF, transferiu da União para o **Distrito Federal as atribuições de organizar e manter a Defensoria Pública do Distrito Federal**; **C:** incorreta. Conforme mencionado (art. 32, *caput*, da CF), é proibida a divisão do Distrito Federal em Municípios, ainda que haja consulta da população interessa mediante plebiscito; **D:** incorreta. O Distrito Federal não possui as mesmas competências legislativas reservadas à União. De acordo com o art. 32, § 1.º, da CF, ao Distrito Federal são atribuídas as competências legislativas reservadas aos Estados e Municípios. **BV**
Gabarito "A".

(Magistratura/SP – 2013 – VUNESP) Os Territórios Federais integram a União, e sua criação será regulada por meio de:

(A) Lei Complementar, precedida de consulta popular.

(B) Emenda Constitucional.

(C) Plebiscito.

(D) Emenda Constitucional, precedida de consulta popular.

De acordo com o art. 18, § 2.º, da CF, de fato, os Territórios Federais integram a União, e sua criação, transformação em Estado ou reintegração ao Estado de origem são reguladas **em lei complementar. Além disso, o § 3.º do mesmo dispositivo** constitucional determina a possibilidade dos Estados incorporar-se entre si, subdividir-se ou desmembrar-se para se anexarem a outros, **ou formarem novos** Estados ou **Territórios Federais, mediante aprovação da população diretamente interessada**, **através de plebiscito**, e do Congresso Nacional, por lei complementar. **BV**
Gabarito "A".

(Magistratura/SP – 2013 – VUNESP) O Estado intervirá em seus Municípios para:

(A) assegurar a observância da Constituição Estadual, nos termos da ação dirigida e acolhida pelo Tribunal de Justiça, passível de revisão por meio de Recurso Extraordinário endereçado ao Supremo Tribunal Federal.

(B) assegurar a observância de princípios indicados na Constituição Estadual, mediante representação provida pelo Tribunal de Justiça com essa finalidade.

(C) pôr termo a grave comprometimento da ordem pública.

(D) reorganizar as finanças municipais.

A: incorreta. O STF já definiu, ao editar a Súmula 637, que **não cabe recurso extraordinário** contra acórdão de Tribunal de Justiça que defere pedido de intervenção estadual em Município; **B:** correta. É o que determina o art. 35, IV, da CF; **C e D:** incorretas. A regra é a não intervenção, ou seja, apenas de forma excepcional o Estado pode

intervir em seus Municípios ou a União nos Municípios localizados em Territórios Federais, quando criados. Sendo assim, o art. 35 da CF traz, de forma taxativa, as situações que autorizam tal intervenção, quais sejam: I - quando deixar de ser paga, sem motivo de força maior, por dois anos consecutivos, a dívida fundada; II - quando não forem prestadas contas devidas, na forma da lei; III – quando não tiver sido aplicado o mínimo exigido da receita municipal na manutenção e desenvolvimento do ensino e nas ações e serviços públicos de saúde; IV – quando no Tribunal de Justiça der provimento a representação para assegurar a observância de princípios indicados na Constituição Estadual, ou para prover a execução de lei, de ordem ou de decisão judicial. Desse modo, como as hipóteses descritas nas alternativas não constam do art. 35 da CF, rol taxativo, não há possibilidade de intervenção estadual nesses casos. **BV**
Gabarito "B".

(Magistratura/PE - 2013 - FCC) Compete privativamente à União legislar sobre

(A) águas.

(B) orçamento.

(C) cultura.

(D) responsabilidade por dano a bens e direitos de valor artístico.

(E) proteção e defesa da saúde.

A: correta. Compete privativamente à União legislar sobre ÁGUAS, energia, informática, telecomunicações e radiofusão, nos termos do art. 22, IV, da CF/1988; **B:** incorreta. Compete à União, aos Estados e ao Distrito Federal legislar **CONCORRENTEMENTE** sobre orçamento, como determina o art. 24, II, da CF/1988; **C:** incorreta. A competência não é privativa, mas sim **CONCORRENTE**, nos termos do art. 24, IX, da CF/1988; **D:** incorreta. Pelos mesmos motivos. Inteligência do art. 24, VIII, da CF/1988; **E:** incorreta. Nos moldes do art. 23, II, da CF/1988 é competência **COMUM** de todos os entes da federação CUIDAR da SAÚDE e assistência pública, da proteção e garantia das pessoas portadoras de deficiência. **FT**
Gabarito "A".

(Magistratura/PE - 2013 - FCC) O Estado não intervirá em seus Municípios, nem a União nos Municípios localizados em Território Federal, EXCETO quando, entre outras hipóteses,

(A) deixar de ser paga, sem motivo de força maior, por pelo menos três anos consecutivos, a dívida fundada.

(B) não forem prestadas contas devidas, na forma da lei complementar.

(C) não tiver sido aplicado o mínimo exigido da receita municipal na manutenção e desenvolvimento do ensino.

(D) o Superior Tribunal de Justiça der provimento a representação para assegurar a observância de princípios indicados na Constituição Estadual, ou para prover a execução de lei, de ordem ou de decisão judicial.

(E) não tiver sido aplicado o mínimo exigido da receita municipal nas ações e serviços públicos e privados de saúde.

A: incorreta. O Estado não intervirá em seus Municípios, nem a União nos Municípios localizados em Território Federal, EXCETO quando deixar de ser paga, sem motivo de força maior, por pelo menos 2 (DOIS) anos consecutivos, a dívida fundada, nos termos do art. 35, I, da CF/1988; **B:** incorreta, pois a redação do art. 35, II, da CF/1988 dispõe: "não forem

prestadas contas devidas, na forma da lei", ou seja, não faz referência à lei complementar; **C:** correta. Literalidade do art. 35, III, da CF/1988; **D:** incorreta, pois não é o STJ, mas sim o TRIBUNAL DE JUSTIÇA, nos termos do art. 35, IV, da CF/1988; **E:** incorreta. Não tiver sido aplicado o mínimo exigido da receita municipal na manutenção e desenvolvimento do ensino e nas ações e SERVIÇOS PÚBLICOS DE SAÚDE (não privados como indica a assertiva). **FT**
Gabarito "C".

(Magistratura/PI – 2011 – CESPE) Com relação aos entes que compõem o Estado Federal brasileiro, à intervenção federal e à intervenção dos estados nos municípios, assinale a opção correta.

(A) Aplicam-se aos deputados estaduais as mesmas regras aplicadas aos deputados federais no que se refere a sistema eleitoral, inviolabilidade, imunidades, remuneração, perda de mandato, licença, impedimentos e incorporação às Forças Armadas.

(B) Ao DF, ente federativo *sui generis*, são atribuídas todas as competências legislativas reservadas tanto aos estados quanto aos municípios.

(C) Compete às constituições estaduais fixar os subsídios dos prefeitos e dos vice-prefeitos, de maneira a evitar anomalias e discrepâncias remuneratórias entre os municípios de um mesmo estado-membro.

(D) Entre os chamados princípios constitucionais sensíveis, que, desrespeitados, dão ensejo a intervenção federal, incluem-se a forma federativa de Estado, a forma republicana de governo e a manutenção da integridade nacional.

(E) Na hipótese de inobservância, pelos municípios, dos princípios indicados na constituição estadual, a iniciativa da representação interventiva, ao tribunal de justiça, será do procurador-geral do estado.

A: correta, réplica do art. 27, § 1º, da CF; **B:** incorreta, pois as competências legislativas atribuídas ao Distrito Federal são competências reservadas tanto aos Estados quanto aos Municípios. A regra contida no art. 32, § 1º, da CF, NÃO É ABSOLUTA, diante do que dispõe o inciso XVII do art. 22, da CF. O DF, diversamente dos Estados Federados, não pode dispor de sua organização judiciária, do seu Ministério Público e da sua defensoria Pública, nos termos do art. 22, XVII, da CF, já que por esse dispositivo legal tal competência é privativa da União. O Distrito Federal tem competência legislativa reservada tanto a Estado Federado quanto a Município; C; incorreta, pois o subsídio do Prefeito, do Vice-Prefeito e dos Secretários Municipais serão fixados por lei de iniciativa da Câmara Municipal, observado o que dispõem os arts. 37, XI, 39, § 4º, 150, II, 153, III, e 153, § 2º, I, todos da CF (vide art. 29, V, da CF); **D:** incorreta, pois conforme o art. 34, VII, da CF, são princípios constitucionais sensíveis: a forma republicana, sistema representativo, regime democrático, direitos da pessoa humana, autonomia municipal, prestação de contas da administração pública, direta e indireta e a aplicação no mínimo exigido da receita resultante de impostos estaduais, compreendida a proveniente transferências, na manutenção e desenvolvimento do ensino e nas ações e serviços públicos de saúde; **E:** incorreta, pois a iniciativa de representação interventiva, ao tribunal de justiça, será do Procurador-Geral de Justiça (chefe do Ministério Público Estadual) por uma questão de simetria ou paralelismo ao art. 36, III, da CF. **FT**
Gabarito "A".

(Magistratura/CE – 2012 – CESPE) Com relação à organização político-administrativa do Estado brasileiro, assinale a opção correta.

(A) Compete à União, aos estados e ao DF legislar concorrentemente sobre trânsito e transporte, estando na esfera de competência dos estados explorar, diretamente ou mediante autorização, concessão ou permissão, os serviços de transporte rodoviário interestadual de passageiros.

(B) As regiões metropolitanas, as aglomerações urbanas e as microrregiões são constituídas por agrupamentos de municípios limítrofes, podendo ser instituídas por lei complementar estadual.

(C) Cabe às assembleias legislativas fixar, por meio de decreto legislativo, o subsídio dos deputados dos respectivos estados, o que deve ocorrer a cada legislatura, para a subsequente, observado o limite máximo de noventa por cento do subsídio estabelecido, em espécie, para os deputados federais.

(D) Aos vereadores impõem-se, em igual extensão, as regras, aplicáveis aos deputados estaduais, relativas a inviolabilidade, imunidades, remuneração, perda de mandato, licença, impedimentos e incorporação às Forças Armadas.

(E) Lei complementar federal pode autorizar os estados e o DF a legislar sobre as normas gerais que, no âmbito da competência legislativa concorrente, são de responsabilidade da União.

A: incorreta, pois compete privativamente à União legislar sobre diretrizes da política nacional de transporte e trânsito e transporte, nos termos do art. 22, IX e XI, da CF. Contudo, a lei complementar poderá autorizar os Estados a legislar sobre questões específicas, conforme o art. 22, parágrafo único, da CF; **B:** correta, pois reza o art. 25, § 3º, da CF que os Estados poderão, mediante lei complementar, instituir regiões metropolitanas, aglomerações urbanas e microrregiões, constituídas por agrupamentos de Municípios limítrofes, para integrar a organização, o planejamento e a execução de funções públicas de interesse comum; **C:** incorreta, na exata medida que o subsídio dos Deputados Estaduais será fixado por lei de iniciativa da Assembleia Legislativa, na razão de, no máximo 75% (setenta e cinco por cento) daquele estabelecido, em espécie, para os Deputados Federais, observando o que dispõem os arts. 39, § 4º, 57, § 7º, 150, II, 153, III, e 153, § 2º, I e 27, § 2º, da CF; **D:** incorreta, pois aos vereadores impõem-se apenas a inviolabilidade por suas opiniões, palavras e votos no exercício do mandato e na circunscrição do Município, nos termos do art. 29, VIII, da CF. Em outras palavras, os vereadores são titulares apenas da imunidade material; **E:** incorreta, pois no âmbito da legislação concorrente, a competência da União limitar-se à estabelecer as normas gerais. Contudo, a competência da União para legislar normas gerais não exclui a competência suplementar dos Estados, nos termos do art. 24, § 1º e 2º, da CF. **FT**
Gabarito "B"

(Magistratura/BA – 2012 – CESPE) A respeito da organização político-administrativa do Estado federal brasileiro, assinale a opção correta.

(A) É permitido à União autorizar, por meio de lei complementar, os estados, o DF e os municípios a legislar sobre questões específicas das matérias que são de sua competência legislativa privativa.

(B) A eleição do prefeito e do vice-prefeito realiza-se no primeiro domingo de outubro do ano anterior ao término do mandato daqueles que estão em exercício nesses cargos, devendo haver segundo turno, nos municípios com mais de duzentos mil eleitores, no caso de nenhum candidato alcançar maioria absoluta na primeira votação.

(C) Embora Brasília seja a sede político-administrativa dos poderes da República e das representações estrangeiras, a CF define que a capital da República Federativa do Brasil é, formalmente, o DF.

(D) Os estados podem, mediante lei complementar, instituir regiões metropolitanas, aglomerações urbanas e microrregiões, com o fim de integrar o planejamento e a execução de funções públicas de interesse comum. Dessas formas de organização administrativa, apenas as regiões metropolitanas, constituídas de um conjunto de municípios que se unem em torno de um município-polo, dispõem de personalidade jurídica.

(E) A CF, ao contrário do que dispõe acerca da divisão territorial dos estados-membros, veda a divisão de territórios e do DF em municípios.

A: incorreta, pois é permitido à União autorizar, por meio de lei complementar somente os Estados a legislar sobre questões específicas das matérias relacionadas no art. 22, parágrafo único, da CF; **B:** correta, réplica dos arts. 29, II e 77, da CF; **C:** incorreta, pois, após Salvador, o Rio de Janeiro foi a capital brasileira, mas, no dia 21 de abril de 1960 a Capital Federal foi transferida para Brasília que é uma das atuais dezenove regiões administrativas do Distrito Federal e nela se concentra a sede do governo do país ou da República Federativa do Brasil (art. 18, § 1º, da C), dos órgãos da União (que representam o país externamente) e, por fim, é também a capital do Distrito Federal. Assim, conclui-se que Brasília não é um ente federativo, é uma circunscrição territorial e uma região administrativa, destinada a ser a base territorial da Capital da Federação, nos termos dos arts. 6º a 13, da Lei Orgânica do Distrito Federal; **D:** incorreta, pois o art. 25, § 3º, da CF determina que os Estados poderão mediante lei complementar, instituir regiões metropolitanas, aglomerações urbanas e microrregiões, CONSTITUÍDAS POR AGRUPAMENTOS DE MUNICÍPIOS LIMÍTROFES, para integrar a organização, o planejamento e a execução de funções públicas de interesse comum; **E:** incorreta, já que os Estados podem incorporar-se entre si, subdividir-se ou desmembrar-se para se anexarem a outros, ou formarem novos Estados ou Territórios Federais, mediante a aprovação da população diretamente interessada, através de plebiscito, e do Congresso Nacional, por lei complementar, nos termos do art. 18, § 3º, da CF. Sem prejuízo, o art. 32, da CF, de fato, veda a divisão do DF em municípios. **FT**
Gabarito "B"

(Magistratura/DF – 2011) Há três assertivas que podem ser CORRETAS ou INCORRETAS. Responda:

I. Os Estados-membros não possuem competência constitucional enumerada, cabendo-lhes tão só a genérica competência remanescente ou residual.

II. Compete à União, aos Estados, ao Distrito Federal e aos Municípios legislar concorrentemente sobre proteção à infância e à juventude.

III. A Constituição federal estabelece o princípio da prescritibilidade dos ilícitos administrativos, mas ressalva o direito da Administração ao ressarcimento do prejuízo causado ao erário. Logo, mesmo ficando inerte durante o prazo estabelecido em lei a Administração poderá propor ação para se ressarcir do prejuízo causado por servidor ou não.

(A) se somente a assertiva I for correta

(B) se somente a assertiva II for correta

(C) se somente a assertiva III for correta

(D) se nenhuma das assertivas for correta

I: incorreta. Os Estados possuem competências expressamente previstas na Constituição e competências *legislativas* remanescentes (art. 25, § 1º, da CF); **II:** O art. 24, XV, da CF não se refere aos Municípios; **III:** Sim. Art. 37, § 5º, da CF. FT/TM

Gabarito "C"

(Magistratura/PE – 2011 – FCC) A Constituição de 1988, no que se refere à organização federativa aplicada aos Municípios, dispõe que

(A) à eleição do Prefeito e do Vice-Prefeito, em se tratando de Município com mais de duzentos mil habitantes, aplicam-se as normas relativas às eleições em dois turnos.

(B) o pleno ou órgão especial do Tribunal de Justiça tem competência privativa para julgar o Prefeito.

(C) compete ao Município criar, organizar e suprimir distritos, observado o respectivo plano diretor, independentemente da legislação estadual.

(D) compete ao Município organizar e prestar, diretamente ou sob regime de concessão ou permissão, os serviços públicos de interesse local, incluído o de transporte coletivo, que tem caráter essencial.

(E) a criação de Tribunais, Conselhos ou órgãos de Contas Municipais é permitida às Constituições estaduais, mas não às leis orgânicas municipais.

A: Mais de 200 mil eleitores (art. 29, I, da CF); **B:** A prerrogativa prevista no art. 29, X, da CF diz respeito à competência penal originária, não abrangendo a competência cível. V., tb., Súmula 702/STF : "A competência do Tribunal de Justiça para julgar Prefeitos restringe-se aos crimes de competência da Justiça comum estadual; nos demais casos, a competência originária caberá ao respectivo tribunal de segundo grau", como no caso de crimes eleitorais, cuja competência é do Tribunal Regional Eleitoral; **C:** Observada a legislação estadual (art. 30, IV, da CF); **D:** Art. 30, V, da CF; **E:** O art. 31, § 4º, da CF veda a criação de conselho ou corte de contas municipais, mas a Constituição ressalva os Tribunais de Contas Municipais já existentes à época de sua promulgação (art. 31, § 1º, parte final, da CF). FT/TM

Gabarito "D"

(Magistratura/SC – 2010) Sobre os Estados Federados é **INCORRETO** afirmar:

(A) O subsídio dos Deputados Estaduais será fixado por lei de iniciativa da Assembleia Legislativa, na razão de, no máximo, setenta e cinco por cento daquele estabelecido, em espécie, para os Deputados Federais, observados também mais alguns critérios estabelecidos na Constituição da República.

(B) Compete às Assembleias Legislativas dispor sobre seu regimento interno, polícia e serviços administrativos de sua secretaria, e prover os respectivos cargos.

(C) A lei disporá sobre a iniciativa popular no processo legislativo estadual.

(D) Perderá o mandato o Governador que assumir outro cargo ou função na administração pública direta ou indireta, sem ressalvas.

(E) Os subsídios do Governador, do Vice-Governador e dos Secretários de Estado serão fixados por lei de ini-

---

ciativa da Assembleia Legislativa, observados também mais alguns critérios estabelecidos na Constituição da República.

A: Art. 27, § 2º, da CF; **B:** Art. 27, § 3º, da CF; **C:** Art. 27, § 4º, da CF; **D:** Não reflete o disposto no art. 28, § 1º, da CF; **E:** Art. 28, § 2º, da CF. FT/TM

Gabarito "D"

(Magistratura/SC – 2010) Considerando as proposições abaixo, assinale a alternativa **correta**:

I. Os Estados organizarão sua justiça, observados os princípios estabelecidos na Constituição da República, e a competência dos tribunais será definida na Constituição do Estado.

II. Cabe aos Estados a instituição de representação de inconstitucionalidade de leis ou atos normativos estaduais ou municipais em face da Constituição Estadual, vedada a atribuição da legitimação para agir a um único órgão.

III. O Tribunal de Justiça poderá funcionar descentralizadamente, constituindo Câmaras regionais, a fim de assegurar o pleno acesso do jurisdicionado à justiça em todas as fases do processo.

IV. Para diminuir conflitos fundiários, o Tribunal de Justiça proporá a criação de varas especializadas, com competência exclusiva para questões agrárias.

(A) Somente as proposições II, III e IV estão corretas.

(B) Somente as proposições I, II e IV estão corretas.

(C) Somente as proposições II e III estão corretas.

(D) Todas as proposições estão corretas.

(E) Somente as proposições III e IV estão corretas.

I: Art. 125, *caput*, e § 1º, da CF; **II:** Art. 125, § 2º, da CF; **III:** Art. 125, § 6º, da CF; **IV:** Art. 126 da CF. FT/TM

Gabarito "D"

(Magistratura/PR – 2010 – PUC/PR) No que tange à organização político-administrativa do Estado, é CORRETO afirmar:

(A) O Chefe do Poder Executivo federal exerce, hoje, chefia de Estado e chefia de Governo no País, sendo eleito pelo sistema eleitoral majoritário de dois turnos (não pelo majoritário simples). Aliás, é o sistema eleitoral adotado no Brasil para a eleição do Presidente da República, dos Governadores dos Estados-membros e do DF e dos Prefeitos dos municípios com mais de duzentos mil eleitores.

(B) Na intervenção federal provocada poderá o Presidente da República tomar a iniciativa e executar, de ofício, a medida interventiva.

(C) A intervenção, seja ela federal ou estadual, somente poderá ocorrer nas hipóteses taxativamente previstas no texto constitucional. No caso de recusa à execução de lei federal e de afronta aos princípios constitucionais sensíveis, a intervenção federal dependerá de representação interventiva do Advogado-Geral da União perante o STF.

(D) Compete privativamente à União legislar sobre direito civil, penal, processual, eleitoral, tributário, agrário, espacial e do trabalho.

5. DIREITO CONSTITUCIONAL

A: Art. 28, art. 29, II e art. 77, todos da CF; **B:** A decretação da intervenção federal deve observar o disposto no art. 36 da CF, não havendo execução de ofício da medida pelo Presidente da República; **C:** Os princípios constitucionais sensíveis são os listados no art. 34, VII, da CF. Nessas hipóteses, a intervenção depende de provimento, pelo Supremo Tribunal Federal, de representação do Procurador-Geral da República; **D:** O art. 22, I, da CF não inclui como competência privativa da União legislar sobre direito tributário, que é competência concorrente (art. 24, I, da CF). **FT/TM**

Gabarito "A".

(Juiz – TRF 3ª Região – 2016) Incluem-se entre os bens dos Estados:

(A) os potenciais de energia elétrica.

(B) os rios e lagos em terrenos de seu domínio, ainda que sejam limítrofes de outros países.

(C) as cavidades naturais subterrâneas e os sítios arqueológicos e pré-históricos.

(D) as áreas nas ilhas oceânicas e costeiras que estiverem sob seu domínio, excluídas as que forem da União, dos Municípios ou que pertençam a particulares.

A: incorreta, pois são bens da União (art. 20, VIII, da CF); **B:** incorreta, pois também são bens da União (art. 20, III, da CF); **C:** incorreta. São bens da União (art. 20, X, da CF); **D:** correta. São bens dos Estados, nos termos do art. 26, II, da CF. **AB**

Gabarito "D".

(Juiz – TRF 4ª Região – 2016) Dadas as assertivas abaixo, assinale a alternativa correta.

I. Afronta a autonomia municipal disposição de Constituição Estadual que estabelece limites a serem observados pela Câmara Municipal na fixação dos subsídios do Prefeito e do Vice-Prefeito.

II. O Município não tem competência para legislar sobre a atividade lícita de mídia exterior (propaganda comercial) utilizada nos espaços urbanos, na medida em que pertence à União Federal a competência privativa para legislar sobre o âmbito econômico da publicidade e da propaganda.

III. Não há inconstitucionalidade em dispositivo de Constituição Estadual que assegura a concessão do benefício da chamada meia passagem aos estudantes usuários de transportes coletivos municipais.

IV. O controle externo das contas municipais, especialmente daquelas pertinentes ao Chefe do Poder Executivo local, representa uma das mais expressivas prerrogativas institucionais da Câmara dos Vereadores, que o exercerá com o auxílio do Tribunal de Contas do Estado.

(A) Estão corretas apenas as assertivas I e III.

(B) Estão corretas apenas as assertivas I e IV.

(C) Estão corretas apenas as assertivas II e III.

(D) Estão corretas apenas as assertivas I, II e III.

(E) Estão corretas apenas as assertivas I, II e IV.

I: correta, pois caso fosse contrário teríamos uma ofensa ao art. 29, V, da CF, deixando, assim, de ser norma constitucional autoaplicável. Assim decidiu o STF: "Prefeito. Subsídio. Art. 29, V, da Constituição Federal. Precedente da Suprema Corte. 1. Já assentou a Suprema Corte que a norma do art. 29, V, da Constituição Federal é autoaplicável. 2.

O subsídio do prefeito é fixado pela Câmara Municipal até o final da legislatura para vigorar na subsequente." (RE 204889); **II:** incorreta, pois é competente o Município para legislar sobre propaganda comercial. Assim decidiu o STF: "resta claro que a legislação impugnada tem por objetivo melhor administrar a chamada poluição visual, então excessiva no referido município. A alegação das recorrentes, segundo a qual o município estaria a usurpar competência da União para legislar sobre o âmbito econômico da publicidade e da propaganda, não merece prosperar, visto que a lei em exame, a toda evidência, cuida de matéria ligada ao meio ambiente e ao urbanismo, sobre as quais o município está autorizado a legislar, nos termos do art. 30, incisos I, II e VIII, da Constituição Federal." (AI 732901/SP); **III:** incorreta, pois é exatamente ao contrário: "A competência para organizar serviços públicos de interesse local é municipal, entre os quais o de transporte coletivo [artigo 30, inciso V, da CB/88]. 3. O preceito da Constituição amapaense que garante o direito a 'meia passagem' aos estudantes, nos transportes coletivos municipais, avança sobre a competência legislativa local. 4. A competência para legislar a propósito da prestação de serviços públicos de transporte intermunicipal é dos Estados-membros. Não há inconstitucionalidade no que toca ao benefício, concedido pela Constituição estadual, de 'meia passagem' aos estudantes nos transportes coletivos intermunicipais." (ADI 845); **IV:** correta, nos termos do art. 31, §1º, da CF. **AB**

Gabarito "B".

(Juiz – TRF 4ª Região – 2016) Assinale a alternativa **INCORRETA.**

(A) Embora a Constituição Federal estabeleça que os recursos minerais, inclusive os do subsolo, sejam bens da União Federal, fica garantida, ao concessionário da lavra, a propriedade do produto de sua exploração.

(B) Mesmo que os recursos naturais da plataforma continental e os recursos minerais sejam bens da União, a participação ou a compensação dos Estados, do Distrito Federal e dos Municípios, no resultado da exploração de petróleo, xisto betuminoso e gás natural compõem as receitas originárias destes últimos entes federativos.

(C) As concessões de terras devolutas situadas na faixa de fronteira, feitas pelos Estados, autorizam apenas o uso, permanecendo o domínio com a União, ainda que se mantenha inerte ou tolerante em relação aos possuidores.

(D) Todas as terras tradicionalmente ocupadas pelos índios são um bem público nacional. Elas são inalienáveis e indisponíveis. Entretanto, os índios têm a sua posse permanente, cabendo-lhes o usufruto exclusivo das riquezas do solo, dos rios e dos lagos nelas existentes.

(E) A faixa de até 150 (cento e cinquenta) quilômetros de largura, ao longo das fronteiras terrestres, designada como faixa de fronteira, é considerada fundamental para defesa do território nacional e, por conseguinte, não é passível de ocupação ou utilização por particulares.

A: correta, conforme combinação dos arts. 20, IX, e 176, ambos da CF: "Art. 20. São bens da União: (...) IX - os recursos minerais, inclusive os do subsolo" e "Art. 176. As jazidas, em lavra ou não, e demais recursos minerais e os potenciais de energia hidráulica constituem propriedade distinta da do solo, para efeito de exploração ou aproveitamento, e pertencem à União, garantida ao concessionário a propriedade do produto da lavra."; **B:** correta, conforme a literalidade do art. 20, V, IX e §1º, da CF. Nesse sentido, o STF julgou: "Embora os recursos naturais da plataforma continental e os recursos minerais sejam bens da União (CF, art. 20, V e IX), a participação ou compensação aos Estados, Distrito Federal e Municípios no resultado da exploração de petróleo, xisto betuminoso e gás natural são receitas originárias destes últimos entes federativos (CF, art. 20, § 1º). 3 - É inaplicável, ao caso, o disposto no art. 71, VI da Carta Magna que se refere, especificamente, ao repasse efetuado pela União – mediante convênio, acordo ou ajuste – de recursos originariamente federais." (MS 24.312/DF); **C:** correta, pois é o que determina a súmula 477, do STF: "As concessões de terras devolutas situadas na faixa de fronteira, feitas pelos Estados, autorizam, apenas, o uso, permanecendo o domínio com a União, ainda que se mantenha inerte ou tolerante, em relação aos possuidores."; **D:** correta, pois é o que dispõe o art. 231, §§2º e 4º, da CF; **E:** incorreta, pois a ocupação e utilização por particulares é sim possível, desde que nos termos da lei (art. 20, §2º, da CF). AB

Gabarito "E".

(Juiz – TRF 4ª Região – 2016) Dadas as assertivas abaixo, assinale a alternativa correta.

I. A Constituição Federal confere à União Federal, em caráter exclusivo, a exploração do serviço postal e do correio aéreo nacional.

II. Lei estadual não poderá disciplinar a respeito de validade de crédito de telefone celular pré-pago, projetando-o no tempo, sob pena de violação à competência exclusiva da União Federal para legislar sobre telecomunicações.

III. Diante da competência da União de explorar, diretamente ou mediante autorização, concessão ou permissão, os portos marítimos, fluviais e lacustres, o serviço de docas tem necessariamente natureza pública.

IV. Toda a atividade nuclear em território nacional é de competência exclusiva da União Federal e se dá após prévia aprovação da Presidência da República.

(A) Estão corretas apenas as assertivas I e II.

(B) Estão corretas apenas as assertivas I, II e III.

(C) Estão corretas apenas as assertivas I, II e IV.

(D) Estão corretas apenas as assertivas II, III e IV.

(E) Estão corretas todas as assertivas.

I: correta. É o que determina o art. 21, X, da CF; **II:** correta. Nesse sentido é a jurisprudência do STF: "COMPETÊNCIA – TELECOMUNICAÇÃO. Ante lei estadual que veio a dispor sobre validade de crédito de celular pré-pago, projetando-o no tempo, surge relevante argumentação no sentido de competir à União legislar sobre telecomunicação." (ADI 4715/DF); **III:** correta, na mesma linha da jurisprudência do STF: "Competindo a União, e só a ela, explorar diretamente ou mediante autorização, concessão ou permissão, os portos marítimos, fluviais e lacustres, art. 21, XII, f, da CF, está caracterizada a natureza pública do serviço de docas. 5. A Companhia Docas do Rio de Janeiro, sociedade de economia mista federal, incumbida de explorar o serviço portuário em regime de exclusividade, não pode ter bem desapropriado pelo Estado. 6. Inexistência, no caso, de autorização legislativa." (RE 172816/RJ – no mesmo sentido RE 253.472/SP); **IV:** incorreta, pois exige aprovação do Congresso Nacional (art. 21, XXIII, da CF). AB

Gabarito "B".

(Magistratura Federal – 1ª Região – 2011 – CESPE) Assinale a opção correta a respeito da intervenção federal e da disciplina constitucional sobre os estados-membros e os municípios.

(A) A CF estabelece, de forma enumerada, os poderes dos estados e municípios, dispondo sobre áreas comuns de atuação administrativa paralela entre eles; nesse sentido, pode-se dizer que as competências desses entes estão taxativamente previstas no texto constitucional.

(B) Os municípios poderão, mediante leis aprovadas por suas respectivas câmaras municipais, instituir regiões metropolitanas e microrregiões, constituídas por agrupamentos de municípios limítrofes, com o objetivo de oferecer soluções para problemas e carências de interesse comum.

(C) Uma das hipóteses que pode ensejar a intervenção estadual nos municípios é a falta de prestação de contas pelo prefeito municipal.

(D) A intervenção federal nos estados só pode ocorrer por iniciativa do presidente da República e nas hipóteses taxativamente previstas no texto constitucional.

(E) Visando uniformizar tema de interesse predominantemente regional, a CF confere aos estados a competência de promover o adequado ordenamento territorial, mediante planejamento e controle do uso, do parcelamento e da ocupação do solo urbano.

A: incorreta, pois conforme disposição constitucional expressa – (art. 25, § 1º, CF/88) – - a competência dos estados é remanescente, ou seja, residual, não havendo, portanto, enumeração taxativa da competência dos Estados na CF/88. Onde o constituinte de 1988 previu "§ 1º São RESERVADAS aos Estados...", leia-se "São REMANESCENTES aos Estados...", ou seja, sobram para os Estados as competências que não lhes são proibidas, seja de forma explícita ou implícita pelo constituinte, diferentemente do que ocorre com os Municípios, cuja competência esta taxativamente prevista no art. 30 da Constituição Federal; **B:** incorreta. A competência é dos Estados mediante lei complementar, não dos Municípios, art. 25, § 3º, CF/88; **C:** correta. Reparem que nessa alternativa o examinador exigiu conhecimento do texto previsto no inciso II, do art. 35, da CF/88, segundo o qual o constituinte de 1988 determinou que o Município que descumprir as normas federais sobre prestações de contas se submeterá à intervenção do Estado; **D:** incorreta, pois no que concerne à intervenção federal podemos vislumbrar quatro modalidades: intervenção federal espontânea; intervenção federal provocada por solicitação; intervenção provocada por requisição e intervenção federal por provimento de representação. Tratando-se de INTERVENÇÃO FEDERAL PROVOCADA POR SOLICITAÇÃO, compete aos Poderes Executivo e Legislativo coactos ou impedidos, *solicitarem* – (art. 36, I, 1ª PARTE, CF/88). Nessa modalidade o Presidente da República não está obrigado a decretar o ato interventivo, pois age de forma discricionária, cabendo a ele analisar a conveniência e oportunidade do ato. No que diz respeito à INTERVENÇÃO PROVOCADA POR REQUISIÇÃO a iniciativa também não é do Presidente da República, podendo ser *requisitada* pelo STF – (art. 34, IV, c/c o art. 36, I, 2ª PARTE, CF/88) – ou pelo STF, STJ ou TSE – (art. 34, VI, 2ª PARTE, c/c o art. 36, II). Como se trata de requisição Chefe do Poder Executivo Federal age de forma vinculada. Por fim, lembra Uadi Lammêgo Bulos, que na INTERVENÇÃO FEDERAL POR PROVIMENTO DE REPRESENTAÇÃO – "havendo recusa à execução de lei federal, o Procurador-Geral da República poderá formular representação, no Supremo Tribunal Federal, pleiteando o ato interventivo (CF, art. 34, VI, 1ª parte, c/c o art. 36, III, com redação dada pela EC n. 45/2004). Mas o Procurador-Geral da República também pode ajuizar ação direta de inconstitucionalidade interventiva, perante o Supremo Tribunal Federal, com o objetivo de assegurar a primazia dos princípios sensíveis da Constituição (CF, art.34, VII c/c o art. 36, III, com redação dada pela EC n. 45/2004)" – (BULOS, Uadi Lammêgo. *Curso de Direito*

5. DIREITO CONSTITUCIONAL

Constitucional, 5. ed. rev. e atual. de acordo com a EC n. 64/2010. – São Paulo: Saraiva, 2010, p. 970) -, reparem, portanto, que nem sempre a iniciativa é do Presidente da República; **E:** incorreta, pois nos termos do inciso VIII, do art. 30 da CF/88, tal competência é dos Municípios. Gabarito "C".

(Magistratura Federal – 3ª Região – 2011 – CESPE) Acerca da organização e das competências da justiça federal, assinale a opção correta.

(A) A remoção ou permuta de juízes dos TRFs, bem como a determinação de sua jurisdição e sede, será disciplinada por resolução do Conselho da Justiça Federal.

(B) Aos juízes federais compete processar e julgar os crimes praticados por índios, tanto em caso de crimes comuns quanto de crimes que envolvam disputa sobre direitos indígenas.

(C) No âmbito da justiça federal comum, cada unidade da Federação deve constituir uma seção judiciária com sede na respectiva capital; a localização das varas federais deve ser estabelecida em lei ordinária.

(D) Cabe ao Conselho da Justiça Federal, ainda que suas decisões não tenham caráter vinculante, exercer a supervisão administrativa da justiça federal de primeiro e segundo graus, com poderes correicionais.

(E) Conforme o disposto na CF, as competências da justiça federal de primeira instância são fixadas apenas em razão da matéria.

A: incorreta, § 1º, do art. 107, da CF/88. A lei disciplinará a remoção ou a permuta de juízes dos Tribunais Regionais Federais e determinará sua jurisdição e sede. Dispõe o art. 1º, da Lei nº 9.967, de 10 de maio de 2000, que os Tribunais Regionais das 1ª, 2ª, 4ª e 5ª, Regiões passam a ser compostos pelos seguintes números de membros: I – vinte e sete juízes, na 1ª Região; II – vinte e sete juízes, na 2ª Região; III – vinte e sete juízes, na 4ª Região; IV – quinze juízes na 5ª Região. A Lei nº 9.968/2000, de termina que o TRF da 3ª Região passa a ser composto de quarenta e três juízes; **B:** incorreta, pois de acordo com a Súmula 140 do STJ, "compete à Justiça Comum Estadual processar e julgar crime em que o indígena figure como autor ou vítima". Tem-se entendido na doutrina, que a competência será da Justiça Federal, somente quando o crime atingir a COMUNIDADE indígena, ou seja, os índios considerados de forma coletiva. No tocante aos crimes que envolvam disputa sobre direitos indígenas ensina Pedro Lenza que: "Nos termos do art. 109, XI, aos **juízes federais** compete processar e julgar a **disputa sobre direitos indígenas**. A grande questão é no sentido de interpretar qual a amplitude da expressão disputa sobre direitos indígenas. A posição do STF é no sentido de estabelecer a competência da Justiça Federal para processar e julgar os feitos que versem sobre questões ligadas diretamente:

• à cultura indígena;

• aos direitos sobre as terras tradicionalmente ocupadas pelos índios;

• **a interesses constitucionalmente atribuíveis à União, como as infrações praticadas em detrimento de bens e interesse da União ou de suas autarquias e empresas públicas.** Nesse sentido, para se caracterizar a competência criminal da Justiça Federal, os crimes devem estar relacionados à disputa sobre direitos indígenas (art. 109, IV e XI). Na hipótese de crime praticado por índio contra outro índio, mesmo que dentro do aldeamento indígena, e desde que não tenha qualquer relação com disputa sobre direitos indígenas, a competência será da **Justiça Estadual**. Para exemplificar, destacamos o boletim Notícias do STF (03.08.2006), que relata os fatos narrados no RE 419.528: "no caso sob análise, a Polícia Civil do Estado do Paraná instaurou inquérito para investigar a prática dos crimes de ameaça, lesão corporal,

constrangimento ilegal e/ou tentativa de homicídio atribuídos a três índios contra uma menina de 15 anos, também de origem indígena. Os crimes supostamente ocorreram no trajeto entre o Posto Indígena Queimadas, onde morava a índia e sua família, e Ortigueira, município no interior do Estado". No referido julgado, o Min. relator Cezar Peluso abriu divergência (o julgamento foi 6 X 4) e estabeleceu que "... os crimes praticados por e contra silvícolas isoladamente e que não configuram disputa sobre direitos indígenas devem ser julgados pela Justiça comum", afastando -se a competência da Justiça Federal, tudo conforme a ementa: "Competência criminal. Conflito. Crime praticado por silvícola, contra outro índio, no interior de reserva indígena. Disputa sobre direitos indígenas como motivação do delito. Inexistência. Feito da competência da Justiça Comum. Recurso improvido. Votos vencidos. Precedentes. Exame. Inteligência do art. 109, incs. IV e XI, da CF. A competência penal da Justiça Federal, objeto do alcance do disposto no art. 109, XI, da Constituição da República, só se desata quando a acusação for de **genocídio**, ou quando, na ocasião ou motivação de outro delito de que seja índio o agente ou a vítima, tenha havido **disputa sobre direitos indígenas**, não bastando seja aquele imputado a silvícola, nem que este lhe seja vítima e, tampouco, que haja sido praticado dentro de reserva indígena". (RE 419.528, Rel. p/ o acórdão Min. Cezar Peluso, j. 03.08.2006, DJ de 09.03.2007)". (LENZA, Pedro. *Direito constitucional esquematizado*. 16 ed. São Paulo: Saraiva, 2012, p. 1239-1240.); **C:** correta. Literalidade do art. 110 da CF/88; **D:** incorreta, art. 105, parágrafo único, II, da CF/88. A Justiça Federal brasileira tem por competência o julgamento de ações nas quais a União Federal, suas autarquias, fundações e empresas públicas federais figurem na condição de autoras ou rés e outras questões de interesse da Federação previstas no art. 109 da Constituição Federal (disputa sobre direitos indígenas, crimes cometidos a bordo de aeronave ou navio, crimes praticados contra bens, serviços ou interesses da União etc.). A Justiça Federal brasileira é regulamentada pela Lei n. 5.010, de 1966. Assim, o Conselho da Justiça Federal (CJF), com sede em Brasília-DF, tem como missão exercer, de forma efetiva, a supervisão orçamentária e administrativa, o poder correicional e a uniformização, bem como promover a integração e o aprimoramento da Justiça Federal.; **E:** incorreta. A competência da Justiça Federal de primeiro grau encontra no art. 109, I, da Constituição Federal sua regra geral de definição: os juízes federais são competentes para processar e julgar causas em que a União, entidade autárquica ou empresa pública federal forem interessadas na condição de autoras, rés, assistentes ou oponentes, salvo exceções dispostas na própria Constituição. Em outras palavras, o critério central de determinação da competência da Justiça Federal é a condição das pessoas, ou mais especificamente a qualidade de um dos atores processuais (União, autarquias e empresas públicas federais). É um critério de determinação de competência *ratione personae*. Não obstante, ao lado dessa regra geral de competência, outras são encontráveis no texto constitucional e que determinam a competência da Justiça Federal independentemente da presença, como parte ou interveniente na relação processual, de algum ente estatal federal. Destaca-se, dentre essas regras, aquela prevista no inciso III do art. 109 da Constituição Federal de 1988 (Aos juízes federais compete processar e julgar as causas fundadas em tratado ou contrato da União com Estado estrangeiro ou organismo internacional), caracterizável como um critério material de determinação de competência. A doutrina nacional pouco se dedicou a essa regra de competência, o que torna necessário sua análise aprofundada sob o ponto de vista acadêmico, com o fim de estabelecer sua compreensão e orientar sua aplicação pelos operadores do direito, sobretudo pelos juízes federais e estaduais que se deparem no cotidiano forense com ações cujo pedido ou causa de pedir encontre suporte em tratado ou contrato celebrado pela União. De outra parte, também a jurisprudência tem dedicado pouca atenção ao tema, além de verificar-se na maior parte dos julgados encontrados a ausência de um critério uniforme e seguro de aplicação da regra de competência. (FT)

Gabarito "C".

(Magistratura Federal – 3ª Região – 2011 – CESPE) No que concerne à organização político-administrativa do Estado brasileiro, à intervenção federal e ao processo legislativo, assinale a opção correta.

(A) A matéria constante de projeto de lei rejeitado poderá constituir objeto de novo projeto, na mesma sessão legislativa, mediante proposta da maioria absoluta dos membros de qualquer das Casas do Congresso Nacional.

(B) Somente por emenda constitucional admite-se a alteração da forma federativa de Estado, para que o Brasil venha, eventualmente, a assumir a condição de Estado unitário.

(C) Os denominados princípios constitucionais sensíveis, que, uma vez descumpridos, podem dar ensejo à intervenção federal, incluem os valores sociais do trabalho e da livre-iniciativa, o pluralismo político e a prevalência dos direitos humanos.

(D) Para efeitos administrativos, a União pode instituir regiões metropolitanas, aglomerações urbanas e microrregiões em um mesmo complexo geoeconômico e social, visando a seu desenvolvimento e à redução das desigualdades regionais.

(E) O presidente da República pode solicitar urgência para apreciação de todos os projetos de lei que julgar relevantes ao bom funcionamento da administração pública, com exceção dos projetos de iniciativa privativa dos órgãos do Poder Judiciário.

A: correta, réplica do art. 67, da CF/88; **B:** incorreta, de acordo com o artigo, 60, § 4º, I, da CF/88, a forma federativa de estado é tida como uma limitação material ao poder constituinte derivado reformador, não podendo, portanto ser alterado por Emenda; **C:** incorreta, vez que os valores sociais do trabalho e a livre-iniciativa, o pluralismo político e a prevalência dos direitos humanos não estão elencados dentre os princípios constitucionais sensíveis expressos no artigo 34, da CF/88; **D:** incorreta, pois o examinador tentando induzir o candidato em erro efetuou uma mescla do art. 43, *caput*, com o art. 25, § 3º, ambos da CF/88: **E:** incorreta, pois o artigo 64, § 1º, da CF/88, estabelece que o Presidente da República poderá solicitar urgência para os projetos de sua iniciativa. 🔳
Gabarito "A".

(Magistratura Federal – 4ª Região – VII) Considerar as seguintes afirmações indicando, adiante, a alternativa correta:

I. segundo a Constituição, a União pode intervir nos Estados ou no Distrito Federal, entre outros casos, para fins de prover a execução de decisão judicial, podendo tal intervenção se dar mediante requisição do Superior Tribunal de Justiça, do Tribunal Superior Eleitoral ou do Supremo Tribunal Federal.

II. é Princípio constitucional absoluto o do duplo grau de jurisdição.

III. É da competência dos juízes federais a execução de sentença estrangeira, após a devida homologação pelo Supremo Tribunal Federal, bem como, inde-pendentemente de homologação ou qualquer outra formalidade por parte de outro Tribunal, a execução de cartas rogatórias.

(A) as três afirmações estão inteiramente corretas;

(B) apenas as afirmações I e II estão inteiramente corretas;

(C) apenas a afirmação I está inteiramente correta;

(D) apenas a afirmação II está inteiramente correta;

I: correta (art. 36, II, da CF/88); II: incorreta, vez que o princípio do duplo grau de jurisdição não é considerado absoluto no ordenamento jurídico pátrio, o que pode ser observado, por exemplo, pela previsão de julgamento em instância única, nos processos da competência originária do STF, conforme previsto no art. 102, I, CF/88. Nesse sentido, é a jurisprudência: "Agravo regimental. Processual penal. Alegação de ofensa ao artigo 5º, parágrafos 1º e 3º, da Constituição Federal. Duplo grau de jurisdição e Convenção Americana de Direitos Humanos. Emenda constitucional 45/04. **Garantia que não é absoluta e deve se compatibilizar com as exceções previstas no próprio texto constitucional**. Precedente. Ausência de violação ao princípio da igualdade. Agravo regimental improvido. 1. Agravo que pretende exame do recurso extraordinário no qual se busca viabilizar a interposição de recurso ino-minado, com efeito de apelação, de decisão condenatória proferida por Tribunal Regional Federal, em sede de competência criminal originária. 2. A Emenda Constitucional 45/04 atribuiu aos tratados e convenções internacionais sobre direitos humanos, desde que aprovados na forma prevista no § 3º do art. 5º da Constituição Federal, hierarquia constitucional. **3. Contudo, não obstante o fato de que o princípio do duplo grau de jurisdição previsto na Convenção Americana de Direitos Humanos tenha sido internalizado no direito doméstico brasileiro, isto não significa que esse princípio revista-se de natureza absoluta. 4. A própria Constituição Federal estabelece exceções ao princípio do duplo grau de jurisdição.** Não procede, assim, a tese de que a Emenda Constitucional 45/04 introduziu na Constituição uma nova modalidade de recurso inominado, de modo a conferir eficácia ao duplo grau de jurisdição. 5. Alegação de violação ao princípio da igualdade que se repele porque o agravante, na condição de magistrado, possui foro por prerrogativa de função e, por conseguinte, não pode ser equiparado aos demais cidadãos. O agravante foi julgado por 14 Desembargadores Federais que integram a Corte Especial do Tribunal Regional Federal e fez uso de rito processual que oferece possibilidade de defesa preliminar ao recebimento da denúncia, o que não ocorre, de regra, no rito comum ordinário a que são submetidas as demais pessoas. 6. Agravo regimental improvido" (STF - AI-AgR: 601832 SP , Relator: Joaquim Barbosa, Data de Julgamento: 17/03/2009, Segunda Turma, Data de Publicação: DJe-064 DIVULG 02-04-2009 PUBLIC 03-04-2009 Ement. Vol-02355-06 PP-01129). III: incorreta, de fato, o art. 109, X, da CF/88 estabelece que é da competência dos juízes federais executar as sentenças estrangeiras após a homologação, a qual, com a edição da Emenda Constitucional nº 45/2004, passou a ser da competência do Superior Tribunal de Justiça, conforme prevê o art. 105, *i*, da CF/88. 🔳
Gabarito "C".

(Magistratura Federal – 4ª Região – 2010) Assinale a alternativa correta.

(A) A exploração de portos fluviais e lacustres compete aos Estados.

(B) A Federação Brasileira é composta pela União, Estados e um Distrito Federal, ao passo que os municípios somente têm autonomia em temas de seu particular interesse, nos termos da respectiva lei orgânica.

(C) Como Federação, o Brasil conta com autonomia legislativa dos Estados sem que existam limites a essa autonomia.

(D) Como República, o Brasil conta com o exercício do poder político em caráter eletivo, transitório e com responsabilidade.

(E) É de competência privativa estadual a legislação sobre desapropriação no âmbito de cada Estado.

5. DIREITO CONSTITUCIONAL   351

A: incorreta. A competência é exclusiva da União, explorar diretamente ou mediante autorização, concessão ou permissão os portos marítimos, fluviais e lacustres (art. 21, XII, "f", da CF). O Decreto n°. 1.265, de 11 de outubro de 1994 trata da Política Marítima Nacional - PMN; **B:** incorreta. De acordo com o art. 18 da CF, a Federação Brasileira compreende a União (ordem federal) e os Estados, o Distrito Federal e os Municípios (ordens federadas), todos autônomos, nos termos da Constituição; **C:** incorreta. Os Estados possuem competências legislativas remanescentes (art. 25, § 1°, da CF), logo, são reservadas aos Estados as competências que não lhes sejam vedadas pela Constituição; **D:** correta. Os representantes são eleitos, para mandatos com prazo certo, devendo cumprir o múnus público com responsabilidade (a CF prevê crimes de responsabilidade); **E:** incorreta. A competência é privativa da União (art. 22, I, da CF) e não dos Estados. 🇫🇮
„D„ oʇᴉɹɐqɐ⅁

(Magistratura Federal-5ª Região – 2011) Com base na doutrina e na jurisprudência do STF, assinale a opção correta a respeito da repartição de competências entre os entes da Federação brasileira.

(A) É inconstitucional lei estadual que fixe índices de correção monetária de créditos fiscais, ainda que o fator de correção adotado seja igual ou inferior ao utilizado pela União, visto que, em matéria financeira, não há competência legislativa concorrente entre o ente federal e o estadual.

(B) É constitucional norma estadual que estabeleça como competência do tribunal de contas do estado o exame prévio de validade de contratos firmados com o poder público, por força do princípio da simetria.

(C) Lei estadual que institua a obrigatoriedade de instalação de cinto de segurança em veículo de transporte coletivo será constitucional, visto que tratará de matéria constante do rol das competências remanescentes dos estados.

(D) Caso se edite lei estadual proibindo as empresas de telecomunicações de cobrarem taxas para a instalação de segundo ponto de acesso à Internet, tal lei deverá ser considerada inconstitucional, visto que invadirá a competência privativa da União para legislar sobre telecomunicações.

(E) Se for editada lei distrital de iniciativa parlamentar instituindo gratificação específica para os policiais militares e o Corpo de Bombeiros Militar do DF, essa lei será constitucional, porquanto a competência da União para organizar e manter a Polícia Militar e o Corpo de Bombeiros Militar do DF não exclui a competência do ente distrital.

A: incorreta. O STF entende que, apesar de as unidades federadas não serem competentes para fixar índices de correção monetária de créditos fiscais em percentuais superiores aos fixados pela União para o mesmo fim, podem fixá-los em patamares inferiores. Se não bastasse, o próprio art. 24, I, da CF, determina, que compete à União, aos Estados, e ao Distrito Federal legislar concorrentemente sobre direito tributário, FINANCEIRO, penitenciário, econômico e urbanístico; **B:** incorreta. De acordo com o STF, "Nos termos do art. 75 da Constituição, as normas relativas à organização e fiscalização do TCU se aplicam aos demais tribunais de contas. O art. 71 da Constituição não insere na competência do TCU a aptidão para examinar, previamente, a validade de contratos administrativos celebrados pelo poder público. Atividade que se insere no acervo de competência da Função Executiva. É inconstitucional

norma local que estabeleça a competência do tribunal de contas para realizar exame prévio de validade de contratos firmados com o poder público." **(ADI 916,** Rel. Min. Joaquim Barbosa); **C:** incorreta. "Obrigatoriedade de instalação de cinto de segurança em veículos de transporte coletivo. Matéria relacionada a trânsito e transporte. Competência exclusiva da União (CF, art. 22, XI). Inexistência de lei complementar para autorizar os Estados a legislar sobre questão específica, nos termos do art. 22, parágrafo único, da CF." **(ADI 874,** Rel. Min. Gilmar Mendes); **D:** correta. "A Lei distrital 4.116/2008 proíbe as empresas de telecomunicações de cobrarem taxas para a instalação do segundo ponto de acesso à internet. O art. 21, XI, da Constituição da República estabelece que compete à União explorar, diretamente ou mediante autorização, concessão ou permissão, os serviços de telecomunicações, enquanto o art. 22, IV, da Constituição da República dispõe ser da competência privativa da União legislar sobre telecomunicações. Ainda que ao argumento de defesa do consumidor, não pode lei distrital impor a uma concessionária federal novas obrigações não antes previstas no contrato por ela firmado com a União." **(ADI 4.083,** Rel. Min. Cármen Lúcia); **E:** incorreta. "Ao instituir a chamada 'gratificação por risco de vida' dos policiais e bombeiros militares do Distrito Federal, o Poder Legislativo distrital usurpou a competência material da União para 'organizar e manter a polícia civil, a polícia militar e o corpo de bombeiros militar do Distrito Federal, bem como prestar assistência financeira ao Distrito Federal para a execução de serviços públicos, por meio de fundo próprio (inciso XIV do art. 21 da CF). Incidência da Súmula 647/STF." **(ADI 3.791,** Rel. Min. Ayres Britto). 🇫🇮
„D„ oʇᴉɹɐqɐ⅁

(Magistratura Federal-5ª Região – 2011) Considerando a organização político-administrativa brasileira, assinale a opção correta a respeito dos entes federativos.

(A) A intervenção da União nos estados para prover a execução de lei federal depende de provimento, pelo STJ, de representação formulada pelo Procurador-geral da República.

(B) É cabível intervenção estadual em município nos casos em que o tribunal de justiça der provimento a representação para assegurar a observância de princípios expressos na constituição estadual, admitindo-se a interposição de recurso extraordinário em face do acórdão que deferir o pedido de intervenção.

(C) Nem o DF nem os territórios podem ser divididos em municípios.

(D) Segundo entendimento do STF, os municípios gozam de autonomia tributária, razão pela qual detêm competência legislativa plena para a instituição e a desoneração de tributos de sua competência, observados os limites constitucionais.

(E) Os estados federados podem instituir regiões metropolitanas, aglomerações urbanas e microrregiões, observada autorização prevista em lei complementar federal.

A: incorreta. Não há condicionantes à decretação da intervenção do art. 34, VI, ou do art. 36, I a III, da CF; **B:** incorreta, nos termos da Súmula 637/STF: "Não cabe recurso extraordinário contra acórdão de Tribunal de Justiça que defere pedido de intervenção estadual em Município"; **C:** incorreta. O DF não pode ser dividido em Municípios (art. 32 da CF), mas há permissão expressa quanto aos Territórios (art. 33, § 1°, da CF); **D:** correta. "O Município é ente federado detentor de autonomia tributária, com competência legislativa plena tanto para a instituição do tributo, observado o art. 150, I, da Constituição, como para eventuais desonerações, nos termos do art. 150, § 6°, da

Constituição. As normas comuns a todas as esferas restringem-se aos princípios constitucionais tributários, às limitações ao poder de tributar e às normas gerais de direito tributário estabelecidas por lei complementar. A Lei 4.468/1984 do Estado de São Paulo – que autoriza a não inscrição em dívida ativa e o não ajuizamento de débitos de pequeno valor – não pode ser aplicada a Município, não servindo de fundamento para a extinção das execuções fiscais que promova, sob pena de violação à sua competência tributária. Não é dado aos entes políticos valerem-se de sanções políticas contra os contribuintes inadimplentes, cabendo-lhes, isso sim, proceder ao lançamento, inscrição e cobrança judicial de seus créditos, de modo que o interesse processual para o ajuizamento de execução está presente. Negar ao Município a possibilidade de executar seus créditos de pequeno valor sob o fundamento da falta de interesse econômico viola o direito de acesso à Justiça." **(RE 591.033**, Rel. Min. Ellen Gracie); **E:** incorreta. O art. 25, § 3º, da CF, determina que os Estados poderão, mediante lei complementar, instituir regiões metropolitanas, aglomerações urbanas e microrregiões, constituídas por agrupamentos de Municípios limítrofes, para integrar a organização, o planejamento e a execução de funções públicas de interesse comum. **FT**
Gabarito "D".

(Magistratura Federal – 3ª Região – 2010) A codificação de normas sanitárias e de saúde pode ser instituída no âmbito federal, estadual e municipal, em decorrência lógica da competência concorrente preconizada no art. 24, XII, da CF?

(A) Sim, mas o ente federativo poderá atuar nessas áreas, com base na aplicabilidade de leis editadas por outro ente de outra esfera posterior, ainda que corporifiquem normas esparsas, ou seja, ainda que não se encontrem no formato de código posto;

(B) Sim, mas deverá editar o seu próprio código para poder atuar;

(C) Não diretamente, pois a edição de seu código dependerá de autorização do ente federativo de ordem superior;

(D) Não, porque os códigos somente podem ser editados na esfera federal (União), tais como: código civil, código de processo civil, código penal, código de processo penal etc.

A: correta. O Estado pode consolidar sua legislação a respeito, mas isso não o impede de observar as normas da União sobre normas gerais, ainda que a União não as tenha codificado em um único documento (art. 24, XII e § § 1º a 4º, da CF); **B:** incorreta, pois no âmbito da legislação concorrente, a competência da União limitar-se á estabelecer normas gerais. Contudo, inexistido lei federal sobre normas gerais, os Estados exercerão a competência legislativa plena, para atender a suas peculiaridades; **C:** incorreta, pois não se exige autorização; **D:** incorreta, pois compete privativamente à União legislar sobre direito civil, comercial, penal processual, eleitoral, agrário, marítimo, aeronáutico, espacial e do trabalho. Contudo, lei complementar poderá autorizar os Estados a legislar sobre questões específicas, nos termos do art. 22, I e seu parágrafo único, da CF. **FT**
Gabarito "A".

(Magistratura Federal – 2ª Região – 2011 – CESPE) A respeito do que dispõe a CF sobre o instituto da intervenção e sobre o DF e os territórios, assinale a opção correta.

(A) Ao DF são atribuídas as competências materiais dos estados e dos municípios, assim como as competências legislativas reservadas aos estados, mas não as destinadas aos municípios.

(B) A intervenção federal somente pode ocorrer por iniciativa do presidente da República e por solicitação dos poderes estaduais, nas hipóteses expressamente previstas no texto constitucional.

(C) Antes da edição do decreto interventivo, o presidente da República deve ouvir o Conselho da República e o Conselho de Defesa Nacional, cujos pareceres vincularão o chefe do Poder Executivo apenas no que diz respeito à amplitude, ao prazo e às condições de execução do processo de intervenção.

(D) A decretação e a execução da intervenção estadual nos municípios são da competência privativa da Assembleia legislativa, mediante decreto legislativo, devendo o governador do estado, na sequência, editar o ato de nomeação do interventor.

(E) Embora não existam atualmente territórios federais, a CF admite que eles possam ser criados por lei complementar federal. Como descentralizações administrativo-territoriais da União, os territórios carecem de autonomia e não são considerados entes federativos.

A: incorreta. Ao Distrito Federal são atribuídas as competências legislativas reservadas aos Estados e Municípios, conforme o art. 32, § 1º, da CF/88; **B:** incorreta, pois no que concerne à intervenção federal podemos vislumbrar quatro modalidades: intervenção federal espontânea; intervenção federal provocada por solicitação; intervenção provocada por requisição e intervenção federal por provimento de representação. Tratando-se de INTERVENÇÃO FEDERAL PROVOCADA POR SOLICITAÇÃO, compete aos Poderes Executivo e Legislativo coactos ou impedidos, *solicitarem* – (art. 36, I, 1ª PARTE, CF/88). Nessa modalidade o Presidente da República não está obrigado a decretar o ato interventivo, pois age de forma discricionária, cabendo a ele analisar a conveniência e oportunidade do ato. No que diz respeito à INTERVENÇÃO PROVOCADA POR REQUISIÇÃO a iniciativa também não é do Presidente da República, podendo ser *requisitada* pelo STF – (art. 34, IV, c/c o art. 36, I, 2ª PARTE, CF/88) – ou pelo STF, STJ ou TSE – (art. 34, VI, 2ª PARTE, c/c o art. 36, II). Como se trata de requisição o Chefe do Poder Executivo Federal age de forma vinculada. Por fim, lembra Uadi Lammêgo Bulos, que na INTERVENÇÃO FEDERAL POR PROVIMENTO DE REPRESENTAÇÃO – "havendo recusa à execução de lei federal, o Procurador-Geral da República poderá formular representação, no Supremo Tribunal Federal, pleiteando o ato interventivo (CF, art. 34, VI, 1ª parte, c/c o art. 36, III, com redação dada pela EC n. 45/2004). Mas o Procurador-Geral da República também pode ajuizar ação direta de inconstitucionalidade interventiva, perante o Supremo Tribunal Federal, com o objetivo de assegurar a primazia dos princípios sensíveis da Constituição (CF, art.34, VII c/c o art. 36, III, com redação dada pela EC n. 45/2004)" – (BULOS, Uadi Lammêgo. *Curso de Direito Constitucional*. 5. ed. rev. e atual. de acordo com a EC n. 64/2010. – São Paulo: Saraiva, 2010. p. 970); **C:** incorreta, o Conselho da República e o Conselho de Defesa Nacional são órgãos de consulta do Presidente da República, tendo função meramente OPINATIVA, art. 90, I c/c 91, § 1º, I, ambos da CF/88; **D:** incorreta, a intervenção estadual nos municípios esta prevista no art. 35 da CF/88, tratando-se de um ato político, somente podendo se decretada pelo Governado do Estado. Escrevendo sobre o tema ensina Pedro Lenza que: "a decretação e execução da intervenção estadual é de competência privativa do Governador de Estado, por meio de decreto de intervenção, que especificará a amplitude, o prazo e as condições da execução e, quando oportuno, nomeará o interventor" (LENZA, Pedro. *Direito Constitucional Esquematizado*. 16. ed. São Paulo: Saraiva, 2012. p. 470.). O que é exercido pela Assembleia Legislativa é o controle político do decreto interventivo; **E:** correta, de acordo com o art. 18, §§

5. DIREITO CONSTITUCIONAL

2° e 3° da CF/88 sua criação poderá se dar por lei complementar. Não obstante tenha personalidade, o Território, se criado, será carecedor de autonomia política, sendo mera descentralização administrativo-territorial da União. **FT**

Gabarito "E".

(Magistratura Federal – 1ª Região – IX) Relativamente aos pressupostos materiais da intervenção federal nos Estados e no Distrito Federal, indique a alternativa INCORRETA:

(A) prover a execução de lei estadual ou distrital, ordem ou decisão judicial.

(B) manter a integridade nacional.

(C) garantir o livre exercício de qualquer dos Poderes nas unidades da Federação.

(D) assegurar a observância, entre outros, do princípio constitucional da autonomia municipal.

A: incorreta – (devendo ser assinalada) – (literalidade do art. 34, VI, da Constituição Federal); **B:** correta (art. 34, I, da Constituição Federal); **C:** correta (art. 34, IV, da Constituição Federal); **D:** correta (art. 34, VII, c, da Constituição Federal). **FT**

Gabarito "A".

(Magistratura Federal – 1ª Região – IX) Assinale a alternativa correta:

(A) a Constituição brasileira de 1988 manteve a forma de Estado federal, cujos componentes são a União, os Estados, os Municípios, os Territórios e o Distrito Federal.

(B) a forma de Estado prevista pela Constituição brasileira de 1988 pode ser abolida por meio de emenda constitucional.

(C) No Brasil, o poder é exercido pelo povo por meio de representantes eleitos ou nomeados.

(D) o princípio da divisão de poderes comporta exceções, entre as quais a possibilidade de delegação de atribuições legislativas ao Presidente da República, pelo Congresso Nacional.

A: incorreta, pois os Territórios não compõem a forma de Estado federal (art. 1°, *caput*, da Constituição Federal); **B:** incorreta, pois a forma federativa de estado é considera cláusula pétrea, motivo pelo qual não pode ser abolida por meio de emenda constitucional (art. 60, § 4°, I, da Constituição Federal, trata-se, portanto, de um limite material ao poder constituinte derivado reformador; **C:** incorreta, a Constituição preconiza que o poder será exercido por meio de representantes eleitos e não nomeados (art. 1°, parágrafo único, da Constituição Federal); **D:** correta, pois o Presidente da República pode solicitar delegação ao Congresso Nacional para elaborar leis delegadas (art. 68, da Constituição Federal). Escrevendo sobre o tema ensina a doutrina que: 'Ressaltamos serem os "Poderes" (órgãos) independentes entre si, cada qual atuando dentro de sua parcela de competência constitucionalmente estabelecida e assegurada quando da manifestação do poder constituinte originário. Nesse sentido, as atribuições asseguradas não poderão ser delegadas de um Poder (órgão) a outro. Trata-se do **princípio da indelegabilidade de atribuições**. Um órgão só poderá exercer atribuições de outro, ou da natureza típica de outro, quando houver expressa previsão (e aí surgem as funções atípicas) e, diretamente, quando houver delegação por parte do poder constituinte originário, como, por exemplo, ocorre com as leis delegadas do art. 68, cuja atribuição é delegada pelo Legislativo ao Executivo" (LENZA, Pedro. *Direito Constitucional Esquematizado*. 16. ed. São Paulo: Saraiva, 2012. p. 484.). **FT**

Gabarito "D".

(Magistratura Federal – 1ª Região – IX) Relativamente às normas gerais de direito financeiro, tributário, urbanístico, econômico e penitenciário, é correto afirmar que:

(A) são de competência concorrente de todas as pessoas jurídicas de direito público interno.

(B) o exercício, pela União, da competência para legislar sobre tais normas exclui a competência, ainda que suplementar, dos Estados.

(C) os Municípios não dispõem da competência para estabelecê-las.

(D) no âmbito dos Estados, prevalecem as respectivas leis sobre as leis federais.

A, B e **D:** incorretas. Os fundamentos se apresentam na alternativa "C', já que são questões conexas; **C:** correta. Em relação à forma de Estado, a Constituição de 1988 declara, em seu art. 1°, que o Brasil é uma república federativa, constituída pela união indissolúvel de Estados e Municípios e do Distrito Federal. Vivemos, portanto, sob o manto de um Estado federal. Nesse tipo de Estado, sobre uma mesma população e um mesmo território, manifestam-se diferentes núcleos de poder. Da União emanam normas cuja eficácia, em regra, atinge toda a coletividade estatal; dos Estados surgem normas de caráter regional ou microrregional, restritas ao âmbito de seus respectivos territórios. Finalmente, da esfera municipal surgem normas de caráter local, voltadas à regulação de assuntos de seu peculiar interesse. Classicamente, os Estados federais surgem a partir do momento em que Estados independentes abdicam da soberania, optando por constituir um único Estado. Vale dizer: os antigos Estados soberanos despem-se dessa condição, passando a ser coletividades autônomas, unidas sob o manto de uma Constituição. Exemplo mais notável desse processo de formação de Estado Federal é o dos Estados Unidos da América. Como resultado, surge um federalismo centrífugo, no qual há uma maior autonomia financeira e legislativa dos Estados. No Brasil, a federação surge a partir de um processo de descentralização política ocorrido com a queda da monarquia em 15 de novembro 1889. O antigo Estado unitário cedeu espaço para um Estado federal, surgindo um federalismo centrípeto, no qual há uma forte preponderância da União em detrimento dos Estados. Deve ser registrado que soberano é o próprio Estado federal; os Estados membros são apenas autônomos. Segundo Celso Ribeiro Bastos: "a soberania é um poder que não encontra outro acima dela na arena internacional e nenhum outro que lhe esteja nem mesmo em nível igual na ordem interna". Por sua vez, a autonomia é uma capacidade de autodeterminação, limitada pela Constituição. Para que o Estado Federal possua coesão e harmonia interna, é essencial que a Constituição preveja um adequado sistema de repartição de competências. Na Constituição brasileira de 1988, a repartição de competência fundamenta-se nas seguintes técnicas: a) enumeração, de forma expressa, das competências legislativas e materiais da União (artigos 22 e 23); b) enumeração, de forma indicativa, das competências legislativas municipais (art. 30, incisos I e II) e de forma expressa das competências materiais das comunas (art. 30, incisos III a IX); c) fixação, de forma residual ou remanescente, da competência legislativa e material dos Estados (art. 25, § 1°, da CF), sendo que, em alguns casos, há a previsão de competências exclusivas expressa (art. 25, §§ 2° e 3°, da CF). Na Constituição, também se verificam áreas de atuação comum ou paralela entre a União, os Estados, Distrito Federal e os Municípios e setores de atuação concorrente entre a União e os Estados. Na competência concorrente, cabe à União a edição de normas gerais (art. 24, § 1°) e aos Estados e ao Distrito Federal a elaboração de normas suplementares (art. 24, § 2°). As normas gerais da União são aquelas que fixam os postulados fundamentais, necessários à uniformidade do tratamento da matéria no âmbito da federação.

354 — FÁBIO TAVARES, TERESA MELO, BRUNA VIEIRA E ANDRÉ BARBIERI

Trata-se, portanto, de "normas não exaustivas, leis-quadro princípios amplos, que traçam um plano, sem descer a pormenores." As normas suplementares dos Estados podem ser de dois tipos: a) Normas gerais editadas nas situações em que a União se omite em tratar assuntos de competência concorrente (art. 24, § 3º), caso em que temos a competência concorrente supletiva; b) Normas específicas, cuja finalidade é tratar de detalhes e minúcias, referentes ao peculiar interesse dos Estados, situação em que se manifesta competência concorrente complementar. Nos termos do art. 24, § 4º, da CF, a superveniência de lei da União contendo normas gerais implica na suspensão da eficácia da lei estadual, no que lhe for contrário. Observe-se que a Constituição menciona "suspensão de eficácia" e não o termo clássico "revogação". Não se trata de uma falha de redação, mas uma expressão com alto sentido técnico. Com efeito, após a superveniência de lei federal, a lei estadual tem sua eficácia suspensa, o que se dá independentemente de manifestação expressa da União. Por conseguinte, ocorrendo a revogação da lei federal superveniente, a lei estadual voltará a ter eficácia automaticamente, pois ela não estava revogada, mas meramente suspensa. Em matéria de competência concorrente, o que se tem verificado, na prática, é que a União, muitas vezes com o beneplácito do Poder Judiciário, quase sempre extrapola os limites da atividade de edição de normas gerais. Essa deformação do sistema federal brasileiro é descrita por Celso Ribeiro Bastos nestes termos: "A experiência já havida sobre uma legislação de normas gerais tem mostrado que a concepção que faz a União de que sejam normas geras é bastante ampla. Então, hoje, temos normas gerais de direito tributário, normas gerais de educação, e todas essas leis são bastante amplas, a ponto de tolherem quase que por completo a atuação livre dos Estados". **FT**

Gabarito "C".

(Magistratura Federal – 3ª Região – XIII) São princípios constitucionais sensíveis, na Constituição de 1988:

(A) forma republicana, regime democrático e prestação de contas da administração pública;

(B) forma federativa, sistema representativo e autonomia municipal;

(C) forma federativa, tripartição dos Poderes e direitos e garantias fundamentais;

(D) forma republicana, tripartição dos Poderes e direitos da pessoa humana.

A: correta, nos termos do art. 34, VII, "a" e "d", da CF; **B:** incorreta, pois forma federativa não é um dos princípios sensíveis, nos termos do art. 34, VII, "a" e "c", da CF; **C:** incorreta, pois nenhum dos itens citados na assertiva revela um dos princípios constitucionais sensíveis; **D:** incorreta, na exata medida que a tripartição dos Poderes não é um dos princípios constitucionais sensíveis, como determina o art. 34, VII, "a" e "b", da CF. Princípios sensíveis são aqueles que se infringidos ensejam a mais grave sanção que se pode impor a um Estado Membro da Federação: a intervenção, retirando-lhe a autonomia organizacional, que caracteriza a estrutura federativa. Estão elencados no art. 34, VII, alíneas "a" a "e", da Constituição Federal. "Art. 34. A União não intervirá nos Estados nem no Distrito Federal, exceto para: (...) VII - assegurar a observância dos seguintes princípios constitucionais: a) forma republicana, sistema representativo e regime democrático; b) direitos da pessoa humana; c) autonomia municipal; d) prestação de contas da administração pública, direta e indireta; e) aplicação do mínimo exigido da receita resultante de impostos estaduais, compreendida a proveniente de transferências, na manutenção e desenvolvimento do ensino e nas ações e serviços públicos de saúde". **FT**

Gabarito "A".

9.1. DA ADMINISTRAÇÃO PÚBLICA

(Magistratura/BA – 2012 – CESPE) Assinale a opção correta acerca da administração e dos servidores públicos.

(A) Segundo a CF, para a fixação dos padrões de vencimento e dos demais componentes do sistema remuneratório dos servidores públicos, devem ser observados, além da natureza, do grau de responsabilidade e da complexidade dos cargos componentes de cada carreira, os requisitos para a investidura e as peculiaridades dos cargos.

(B) O regime de previdência assegurado aos servidores titulares de cargos efetivos da administração direta da União, dos estados, do DF e dos municípios tem caráter contributivo e solidário, distinto do regime geral de previdência social aplicável aos servidores das autarquias, fundações e entidades de direito privado que integram a administração pública.

(C) A CF prevê que o prazo de validade dos concursos públicos é de até dois anos, prorrogável uma vez por igual período, e determina que a não observância dessa regra constitucional implicará a revogação do ato e a sujeição da autoridade responsável a julgamento por crime de responsabilidade.

(D) A remuneração dos servidores públicos só pode ser fixada ou alterada por lei específica, observada a iniciativa privativa em cada caso, enquanto os subsídios dos membros de poder, dos detentores de mandato eletivo, dos ministros de Estado e dos secretários estaduais e municipais só podem ser fixados por decreto legislativo, instrumento por meio do qual se veiculam as competências exclusivas do Congresso Nacional e das casas legislativas.

(E) O servidor público da administração direta, autárquica ou fundacional investido no mandato de prefeito municipal tem direito a perceber as vantagens de seu cargo ou função e a remuneração do cargo eletivo, se houver compatibilidade de horários, ou a optar pela remuneração de servidor, se não houver compatibilidade.

A: correta, pois o ditame constitucional deve ser analisado não horizontalizando as carreiras, mas verticalizando cada uma delas; vale dizer, dentro de uma mesma carreira, portanto, dentro de um determinado órgão, a hierarquização – e por decorrência a remuneração – deve ser ditada face à complexidade e ao grau de responsabilidade que cada cargo impõe. A questão se coaduna com o art. 39, § 1º, I, II e III, da CF; **B:** incorreta, pois o art. 40, da CF, inclui suas autarquias e fundações e a alternativa exclui tais entes, chegando a afirmar que o regime é totalmente distinto; **C:** incorreta, na exata medida que a publicação de um concurso público não gera direito do inscrito, oponível à Administração Pública, quanto à sua realização pois, por critérios de oportunidade de conveniência, ela pode anular ou revogar o edital convocatório. O mesmo raciocínio pode ser aplicado durante o após a realização do sobredito certame; ainda, se encerrado e homologado o procedimento, mesmo assim não fica obrigada a Administração Pública a dar provimento ao cargo, podendo, a seu critério, postergar o provimento ao cargo vago, podendo, a seu critério, postergar o provimento e as subsequentes nomeação e posse dos candidatos vencedores até o limite máximo de dois anos, prorrogável por igual prazo. Até que o provimento pela nomeação ocorra, não emerge direito concreto ao candidato, mas mera expectativa de direito, reservando-se ao Poder

Público, como dito, o juízo valorativo da oportunidade do provimento do cargo (inteligência do art. 37, III e IV, da CF c/c Súmula n. 15 do STF); **D:** incorreta, pois a remuneração dos servidores públicos e dos membros de Poder, o detentor de mandato eletivo, os Ministros de Estado, e os Secretários Estaduais e Municipais serão remunerados exclusivamente por subsídio fixado em parcela única, vedado o acréscimo de qualquer gratificação, adicional, abono, prêmio, verba de representação ou outra espécie remuneratória, obedecido, em qualquer caso os temos da lei específica, nos termos dos arts. 37, incisos X e XI, e 39, § 4º, ambos da CF. Devemos ressaltar que os decretos legislativos veiculam as competências exclusivas somente do Congresso Nacional, nos termos do art. 49, da CF, pois as casas legislativas do Congresso Nacional, quais sejam, Câmara dos Deputados e Senado Federal, se veiculam as competências privativas, logo, se utilizam das resoluções, nos termos dos arts. 51 e 52, da CF; **E:** incorreta, pois em se tratando de prefeito municipal, será ele afastado do cargo, emprego ou função, sendo-lhe facultado optar pela sua remuneração, conforme art. 38, II, da CF. Todavia, o enunciado diz respeito aos Vereadores, que uma vez investido no mandato, havendo compatibilidade de horário, perceberá as vantagens de seu cargo, emprego ou função, sem prejuízo da remuneração do cargo eletivo, e, não havendo compatibilidade, será aplicada as regras pertinentes aos Prefeitos, nos termos do art. 38, III, da CF. **FT**
Gabarito "A".

(MAGISTRATURA/PB – 2011 – CESPE) Considerando as normas constitucionais que regem a administração, os servidores públicos e a fiscalização contábil, financeira e orçamentária exercida pelo Poder Legislativo, assinale a opção correta.

(A) Somente mediante lei ordinária pode-se fixar ou alterar a remuneração dos servidores públicos, sendo incabível a edição de decreto do Poder Executivo ou de resoluções do Poder Legislativo ou do Poder Judiciário para esse fim, sob pena de inconstitucionalidade formal.

(B) As funções de confiança devem, preferencialmente, ser exercidas por servidores ocupantes de cargo de carreira técnica ou profissional, nos casos e condições previstos em lei.

(C) Cabe ao TCU apreciar, para fins de registro, a legalidade dos atos de admissão de pessoal, a qualquer título, na administração direta e indireta, nos quais se incluem as nomeações para cargos de provimento em comissão e para funções de confiança.

(D) No auxílio ao controle externo exercido pelo Congresso Nacional, compete ao TCU julgar as contas prestadas anualmente pelo presidente da República, pelos administradores e demais responsáveis por dinheiros, bens e valores públicos da administração direta e indireta.

(E) O teto salarial do funcionalismo público, previsto no texto constitucional e cujo parâmetro é o subsídio dos ministros do STF, aplica-se aos servidores da administração direta, autárquica e fundacional, mas não, aos empregados das empresas públicas e sociedades de economia mista, entidades que dispõem de rubrica orçamentária própria para pagamento de despesas de pessoal ou de custeio em geral.

A: Art. 37, X, da CF; **B:** São exercidas exclusivamente por servidores efetivos (art. 37, V, da CF); **C:** O art. 71, III, da CF, excepciona os cargos em comissão; **D:** Não reflete o disposto no art. 71, I e II, da CF; **E:** O teto salarial, previsto no art. 37, XI, da CF, aplica-se também aos empregados de sociedades de economia mista. **FT/TM**
Gabarito "A".

(Magistratura/PR – 2010 – PUC/PR) Considerando as disposições gerais aplicáveis à Administração Pública, marque a opção que NÃO corresponde ao comando constitucional vigente:

(A) É garantido aos servidores públicos civis o direito à livre associação sindical.

(B) Os atos de improbidade administrativa importarão a suspensão dos direitos políticos, a perda da função pública, a indisponibilidade dos bens e o ressarcimento ao erário, na forma e gradação previstas em lei, sem prejuízo da ação penal cabível.

(C) É necessária a edição de lei complementar específica que estabeleça os termos e as limitações ao exercício do direito de greve do servidor público civil.

(D) A investidura em cargo ou emprego público depende de aprovação prévia em concurso público de provas ou de provas e títulos. Os ocupantes de cargos públicos efetivos e comissionados são considerados estatutários.

A: Art. 37, VI, da CF; **B:** Art. 37, § 4º, da CF; **C:** O art. 37, VII, da CF não exige lei complementar. O STF tem reconhecido o direito de greve aos servidores, mesmo sem edição de lei específica, aplicando-lhes, por analogia, a lei de greve da iniciativa privada (Lei 7.783/1989), editada com fundamento no art. 9º, §§ 1º e 2º da CF. Importante lembrar, ainda, que os militares não possuem direito à greve (art. 142, IV, da CF); **D:** Art. 37, II, da CF. **FT/TM**
Gabarito "C".

(Juiz – TRF 4ª Região – 2016) Assinale a alternativa correta.

(A) Considerando a Constituição Federal – que veda a prisão por dívidas –, é inconstitucional qualquer tentativa do legislador ordinário de tipificar a conduta de retenção de salários pelo empregador.

(B) Os atos de improbidade administrativa importarão na perda dos direitos políticos e da função pública e na obrigação de ressarcimento do erário – que poderá pleitear a indisponibilidade dos bens –, sem prejuízo da ação penal cabível.

(C) O membro do Congresso Nacional que se licencia do mandato para investir-se no cargo de Ministro de Estado não perde os laços que o unem, organicamente, ao Parlamento. Consequentemente, permanece em seu favor a garantia constitucional da prerrogativa de foro em matéria penal.

(D) Desde a expedição de diploma, os membros do Congresso Nacional e o Presidente da República não poderão ser presos, salvo em flagrante de crime inafiançável.

(E) A Constituição Federal não consagrou o princípio da irresponsabilidade penal absoluta do Presidente da República. O Chefe de Estado, nos ilícitos penais praticados *in officio* ou cometidos *propter officium*, poderá, ainda que vigente o mandato presidencial, sofrer a *persecutio criminis*, desde que obtida, previamente, a necessária autorização do Congresso Nacional.

A: incorreta, pois a CF veda a retenção dolosa, conforme art. 7º, X, da CF; **B:** incorreta, pois não ocorre perda de direitos políticos, mas tão somente a suspensão destes (art. 37, §4º, da CF); **C:** correta, na literalidade do art. 56, I, da CF. No mesmo sentido é a jurisprudência do STF: "O membro do Congresso Nacional que se licencia do mandato para investir-se no cargo de Ministro de Estado não perde os laços que o unem, organicamente, ao Parlamento (CF, art. 56, I). Consequentemente, continua a subsistir em seu favor a garantia constitucional da prerrogativa de foro em matéria penal (INQ-QO 777-3/TO, Rel. Min. Moreira Alves, *DJ* 01.10.1993), bem como a faculdade de optar pela remuneração do mandato (CF, art. 56, § 3º). Da mesma forma, ainda que licenciado, cumpre-lhe guardar estrita observância às vedações e incompatibilidades inerentes ao estatuto constitucional do congressista, assim como às exigências ético-jurídicas que a Constituição (CF, art. 55, § 1º) e os regimentos internos das casas legislativas estabelecem como elementos caracterizadores do decoro parlamentar." (MS 25.579/DF); **D:** incorreta, pois afronta o disposto no art. 53, §§ 1º e 2º, da CF; **E:** incorreta, pois ofende o art. 86, da CF, uma vez que não se exige admissão, pelo Parlamento, da acusação criminal contra o Chefe do Poder Executivo quando já não mais possui mandato. Ainda, o art. 86 requer autorização da Câmara dos Deputados, não do Congresso Nacional. **AB**
Gabarito "C".

(Magistratura Federal – 4ª Região – IX) Assinalar a alternativa correta:

(A) A exigência legal de que o candidato a concurso público tenha altura mínima, não se mostra ofensiva ao princípio da isonomia, desde que compatível com as características do cargo a ser provido.

(B) Ofende o princípio da isonomia a estipulação de limite de idade para o acesso aos cargos públicos.

(C) O candidato que já é servidor público não pode ficar sujeito a limite de idade imposto aos demais candidatos inscritos em concurso público.

(D) A lei pode estabelecer um limite de idade para os servidores públicos locais e outro diverso para os demais candidatos em concurso para cargo público estadual.

A: correta. Nesse sentido são os ensinamentos de Carlos Ayres Britto, o qual pedimos vênia para transcrevê-lo: "Vistos, etc. Trata-se de recurso extraordinário, interposto com suporte na alínea "a" do inciso III do art. 102 da Constituição Republicana, contra acórdão do Tribunal de Justiça do Estado de Minas Gerais. Acórdão assim do (fls. 320): "CONCURSO. POLÍCIA MILITAR. **ALTURA MÍNIMA.** RAZOABILIDADE. FATO CONSUMADO. NÃO APLICAÇÃO. Como vem sendo entendido pelos Tribunais pátrios, inclusive os Superiores, **a exigência de altura mínima para o ingresso nos quadros da PMMG não fere a razoabilidade, a proporcionalidade ou a isonomia, até porque esta exigência, atualmente, encontra-se prevista legalmente**, e não apenas em resolução como antes. A teoria do fato consumado é, como reconhecido, excepcionalíssima, não se aplicando, também, quando a participação dos candidatos em curso de formação decorrente de concurso público ocorre apenas por força de decisão liminar." 2. Pois bem, o recorrente aponta violação aos incisos II e XXXV do art. 5º e ao caput e incisos I e II do art. 37 da Magna Carta, assim como ao princípio da razoabilidade. 3. A seu turno, a Procuradoria-Geral da República, em parecer da lavra do Subprocurador-Geral Rodrigo Janot Monteiro de Barros, opina pelo desprovimento do recurso. 4. Tenho que a insurgência não merece acolhida. Isso porque, na esteira da jurisprudência do Supremo Tribunal Federal, **os requisitos que restrinjam o acesso a cargos públicos apenas se legitimam quando em conformidade com o princípio da legalidade e estritamente relacionados à natureza e às atribuições**

do cargo público a ser provido. Confiram-se, por amostragem, os seguintes precedentes: AIs 486.439, da relatoria do ministro Joaquim Barbosa; e 746.070, da relatoria do ministro Março Aurélio; REs 141.357, da relatoria do ministro Sepúlveda Pertence; 511.588-AgR, da relatoria do ministro Março Aurélio; 523.737-AgR, da relatoria da ministra Ellen Gracie; e 581.251, da relatoria do ministro Ricardo Lewandowski; bem como MSs 29.920 e 29.963, ambos da relatoria do ministro Gilmar Mendes. 5. No particularizado caso destes autos, a natureza do cargo a ser provido (Técnico de Segurança Pública da PMMG) revela que a exigência de estatura mínima, determinada por lei específica, é razoável e proporcional. 6. Nesse mesmo sentido é a jurisprudência desta nossa Casa de Justiça, de que é exemplo o RE 140.889, da relatoria do ministro Março Aurélio. Leia-se: "Ementa: recurso extraordinário. Constitucional. Administrativo. Concurso público para ingresso na carreira de delegado de polícia. Altura mínima. Requisito. Razoabilidade da exigência. 1. Razoabilidade de exigência de altura mínima para ingresso na carreira de delegado de polícia, dada a natureza do cargo a ser exercido. Violação ao princípio da isonomia. Inexistência. Recurso extraordinário não conhecido."; **B:** incorreta, pois, de acordo com o disposto na Súmula 683 do STF, tal limite será legitimo quando possa ser justificado pela natureza das atribuições do cargo a ser preenchido. Exige-se, também que seja fixado por lei; **C:** incorreta, pois são reservadas aos Estados as competências que não lhes sejam vedadas pela Constituição Federal, não existindo vedações; **D:** incorreta, pois não depende de provimento do Procurador-Geral da República. **FT**
Gabarito "A".

(Magistratura Federal-4ª Região – 2010) Dadas as assertivas abaixo, assinale a alternativa correta.

I. A administração pública, em virtude do princípio da legalidade, pode alterar as condições de concurso público constantes do respectivo edital para adaptá-las à nova legislação enquanto não concluído e homologado o certame.

II. Se a lei exige exame psicotécnico para investidura em cargo público, a sua dispensa configura violação ao princípio constitucional da legalidade.

III. O limite de idade para cargos públicos não se legitima na ordem constitucional brasileira em razão do princípio da isonomia.

IV. Aplica-se o Regime Geral de Previdência Social aos servidores ocupantes, exclusivamente, de cargo em comissão.

(A) Estão corretas apenas as assertivas I e II.

(B) Estão corretas apenas as assertivas I e IV.

(C) Estão corretas apenas as assertivas I, II e IV.

(D) Estão corretas apenas as assertivas I, III e IV.

(E) Estão corretas todas as assertivas.

I: correta. Em regra, a lei se aplica para o presente e para o futuro, logo, a administração pública, em virtude do princípio da legalidade, pode alterar as condições de concurso público constantes do respectivo edital para adaptá-las à nova legislação enquanto não concluído e homologado o certame; **II:** correta. A Súmula 686/STF: "Só por lei se pode sujeitar a exame psicotécnico a habilitação de candidato a cargo público"; **III:** incorreta. Legitima-se em alguns casos, conforme redação da Súmula 683/STF: "O limite de idade para a inscrição em concurso público só se legitima em face do art. 7º, XXX, da CF, quando possa ser justificado pela natureza das atribuições do cargo a ser preenchido"; **IV:** correta. Literalidade do art. 40, § 13, da CF. **FT**
Gabarito "C".

10. ORGANIZAÇÃO DO PODER EXECUTIVO

(Juiz de Direito – TJM/SP – VUNESP – 2016) Considere o seguinte caso hipotético. Assembleia Legislativa de determinado Estado da Federação aprova projeto de lei, de iniciativa parlamentar, que estabelece o regime jurídico dos servidores públicos daquela unidade federativa. O Governador do Estado sanciona o projeto, que entra em vigor. Tendo em vista as previsões da Constituição Federal que disciplinam o processo legislativo e a jurisprudência do Supremo Tribunal Federal, é correto afirmar que a lei resultante é

(A) constitucional, pois por aplicação do princípio da simetria, a iniciativa do processo legislativo estadual é sempre concorrente, sendo concedida a qualquer membro ou comissão da Assembleia Legislativa, ao Governador Estadual e aos cidadãos.

(B) inconstitucional, por vício formal, já que a matéria é de iniciativa privativa do Governador do Estado, não sendo a sanção do Chefe do Poder Executivo suficiente para afastar tal vício.

(C) constitucional, pois o regime jurídico de servidores públicos estaduais é matéria de iniciativa concorrente do Chefe do Poder Legislativo e do Chefe do Poder Executivo Estaduais.

(D) constitucional, pois embora haja vício formal de iniciativa, já que o projeto de lei seria do Chefe do Poder Executivo Estadual, a sanção é suficiente para sanar esse defeito jurídico.

(E) inconstitucional, pois o regime jurídico dos servidores públicos é uma regulamentação do direito civil e do trabalho, matérias essas de competência privativa da União.

Por todas as alternativas estarem diretamente ligadas ao caso apresentado, vale lembrar que o art. 61, §1º, II, c, da CF, determina que tal iniciativa é do Chefe do Poder Executivo e, por assim ser, o ato de sancionar o Projeto de Lei não convalida o vício formal. Logo, a única questão possível de ser assinalada como correta é a letra B. **AB**
Gabarito "B".

(Magistratura/SP – 2013 – VUNESP) Ato Normativo do Presidente da República que exorbita dos limites de delegação legislativa:

(A) autoriza o Congresso Nacional a revogar todo o Ato Normativo do Poder Executivo, por meio de uma Resolução.

(B) legitima o Presidente do Senado Federal a propor ação direta de inconstitucionalidade.

(C) autoriza o Congresso Nacional a sustar a parte do Ato Normativo do Poder Executivo que exorbitou dos limites de delegação legislativa, por meio de Decreto Legislativo.

(D) legitima a Mesa do Congresso Nacional a propor ação direta de inconstitucionalidade.

De acordo com o art. 49, V, da CF, compete exclusivamente ao Congresso Nacional **sustar os atos** normativos do Poder Executivo **que exorbitem** do poder regulamentar ou **dos limites de delegação** legislativa. **BV**
Gabarito "C".

(Magistratura/CE – 2012 – CESPE) A respeito do Poder Executivo e das atribuições, prerrogativas e responsabilidades do presidente da República, assinale a opção correta.

(A) A CF dedica um capítulo à caracterização dos atos do presidente da República considerados crimes de responsabilidade e apresenta, de forma exaustiva, as normas sobre processo e julgamento desses crimes pelo Senado Federal.

(B) Se, decorridos dez dias da data fixada para a posse, o presidente, salvo motivo de força maior, não tiver assumido o cargo, o vice-presidente da República será chamado a exercer a Presidência, em caráter interino, devendo convocar eleição noventa dias depois da declaração de vacância do cargo presidencial.

(C) Instaurado processo, na Câmara dos Deputados, contra o presidente da República, por crime de responsabilidade, ficará o chefe do Poder Executivo imediatamente suspenso de suas funções.

(D) O presidente e o vice-presidente da República só poderão ausentar-se do país mediante licença do Senado Federal, sob pena de perda do cargo.

(E) Compete ao presidente da República, na condição de chefe de Estado, declarar guerra no caso de agressão estrangeira e celebrar a paz, mediante autorização ou referendo do Congresso Nacional.

A: incorreta, pois o *caput* do art. 85, da CF, dispõe que são crimes de responsabilidade os atos do Presidente da República que atentem contra a Constituição Federal e, elenca os principais atos que configuram crimes de responsabilidade. A Lei n. 1079/1950, define os crimes de responsabilidade e a Lei n. 8.429/1992, dispõe sobre as sanções aplicáveis aos agentes públicos no casos de enriquecimento ilícito no exercício do mandato, cargo, emprego ou função na administração pública direta, indireta ou fundacional; **B:** incorreta, pois o cargo será apenas declarado vago, logo, em caso de impedimento do Presidente ou Vice-Presidente da República, ou vacância dos respectivos cargos, serão sucessivamente chamados ao exercício da Presidência o Presidente da Câmara dos Deputados, o do Senado Federal e o do Supremo Tribunal Federal. Sendo assim, vagando os cargos de Presidente e Vice-Presidente da República, far-se-á eleição noventa dias depois de aberta a última vaga, conforme arts. 78, parágrafo único, 80 e 81, da CF; **C:** incorreta, pois o Presidente da República ficará suspenso de sua funções nos crimes de responsabilidade, após a instauração do processo pelo Senado Federal, nos termos doa art. 86, § 1º, II, da CF; **D:** incorreta, na exata medida que a licença será concedida pelo Congresso Nacional, nos termos do art. 83, da CF; **E:** correta, pois compete privativamente ao Presidente da República declarar guerra, no caso de agressão estrangeira e celebrar a paz, autorizado em ambos os casos pelo Congresso nacional, nos termo do art. 84, XIX e XX, da CF. **FT**
Gabarito "E".

(Magistratura/BA – 2012 – CESPE) Acerca do Poder Executivo, do Conselho da República e do Conselho de Defesa Nacional e da intervenção federal, assinale a opção correta.

(A) A CF caracteriza como crimes de responsabilidade os atos do presidente da República que atentem contra a lei orçamentária e contra o cumprimento das leis e das decisões judiciais.

(B) Participam do Conselho da República, como membros natos, entre outros, os ministros de Estado da Defesa e das Relações Exteriores, já que o conselho é o órgão consultivo para assuntos relacionados à soberania nacional e à defesa do Estado democrático.

(C) Embora tanto o Conselho de Defesa Nacional quanto o Conselho da República devam opinar sobre a decretação do estado de defesa e do estado de sítio, apenas o pronunciamento do Conselho de Defesa Nacional sobre esses assuntos vincula o presidente da República.

(D) A intervenção federal em estados da Federação somente surtirá efeitos após o decreto de intervenção editado pelo presidente da República ser aprovado pelo Congresso Nacional.

(E) Compete privativamente ao presidente da República nomear, após aprovação pelo Congresso Nacional, os ministros do STF e dos tribunais superiores, os governadores de territórios, o procurador-geral da República e o advogado-geral da União.

A: correta, nos termos do art. 85, VI e VII, da CF; **B:** incorreta, pois o único ministro de Estado que participa do Conselho da República que é o órgão superior de consulta do Presidente da República é o Ministro da justiça, acompanhado do Vice-Presidente da República, o Presidente da Câmara dos Deputados, o Presidente do Senado Federal, os líderes da maioria e da minoria na Câmara dos Deputados e do Senado Federal e seis cidadãos natos, com mais de trinta e cinco anos de idade, sendo dois nomeados pelo Presidente da República, dois eleitos pelo Senado Federal e dois eleitos pela Câmara dos Deputados, todos com mandato de três anos, vedada a recondução, nos termos do art. 89, da CF; **C:** incorreta, pois ambos os Conselhos da República e de Defesa Nacional se pronunciam, opinam sem vincular o presidente da República; **D:** incorreta, na exata medida que o art. 34, da CF apresenta duas modalidade de intervenção federal: a espontânea nos termos do art. 34, I, II, III e V, da CF, e a provocada nos termos do art. 34, IV, VII e VII, da CF. Em ambos os casos, o presidente da República irá decretar a intervenção federal através de decreto de intervenção, que especificará amplitude, o prazo e as condições de execução, que, se couber, nomeará o interventor, será submetido à apreciação do Congresso Nacional no prazo de vinte e quatro horas. Observem, o presidente da República decreta em um primeiro momento e no segundo, comunica o Congresso Nacional; **E:** incorreta, já que compete privativamente ao presidente da República nomear, após aprovação pelo Senado federal e não do Congresso Nacional, os Ministros do Supremo Tribunal Federal e dos Tribunais Superiores, os Governadores de Territórios, o Procurador Geral da República, o Advogado-geral da União, o presidente e os diretores do banco central, os Ministros do Tribunal de Contas da União, conforme o art. 73, da CF, e outros servidores, quando determinado em lei, nos termos do art. 84, XIV, XV e XVI, da CF. **FT**
Gabarito "A".

(Juiz – TRF 3ª Região – 2016) Em relação ao Presidente da República é incorreto afirmar:

(A) O processo por crime de responsabilidade é levado a efeito pelo Senado Federal, mas sob a presidência do Presidente do Supremo Tribunal Federal/STF.

(B) Os crimes de responsabilidade que lhe forem imputados serão objeto de acusação e processo nos termos da lei que trata da improbidade administrativa.

(C) Ficará suspenso de suas funções se for recebida denúncia criminal ou queixa-crime contra ele pelo Supremo Tribunal Federal/STF.

(D) Após a instauração do processo por crime de responsabilidade, ficará suspenso de suas funções.

A: correta, uma vez que caberá à Câmara dos Deputados autorizar o processamento pelo Senado Federal. Vale lembrar que a sessão, no Senado, será presidida pelo Ministro Presidente do STF (art. 52, parágrafo único, da CF); **B:** incorreta, pois o Presidente da República não responde pela Lei 8.429, mas pelo regramento próprio dos arts. 85 e 86, da CF. Assim, o Presidente da República responderá por crime de responsabilidade, não pela Lei de Improbidade Administrativa. O STF tem entendimento no mesmo sentido: "Improbidade administrativa. Crimes de responsabilidade. Os atos de improbidade administrativa são tipificados como crime de responsabilidade na Lei nº 1.079/1950, delito de caráter político-administrativo. 2. Distinção entre os regimes de responsabilização político-administrativa. O sistema constitucional brasileiro distingue o regime de responsabilidade dos agentes políticos dos demais agentes públicos. A Constituição não admite a concorrência entre dois regimes de responsabilidade político-administrativa para os agentes políticos: o previsto no art. 37, § 4º (regulado pela Lei nº 8.429/1992) e o regime fixado no art. 102, I, "c", (disciplinado pela Lei nº 1.079/1950)". Ver Rcl 2138/DF; **C:** correta, nos termos do art. 86, §1º, inciso I, da CF; **D:** correta. Literalidade do art. 86, §1º, da CF. **AB**
Gabarito "B".

(Juiz – TRF 4ª Região – 2016) Assinale a alternativa **INCORRETA.**

(A) A Constituição permite, expressamente, ao Presidente da República dispor, por decreto, sobre a organização e o funcionamento da Administração Pública Federal quando isso não implicar aumento de despesas ou criação de órgãos públicos.

(B) A soberania nacional, no plano transnacional, funda--se no princípio da independência nacional, efetivada pelo Presidente da República, consoante suas atribuições previstas na Carta de 1988. Nesse enfoque, a extradição não é ato de nenhum Poder do Estado, mas da República Federativa do Brasil, pessoa jurídica de direito público externo, representada na pessoa de seu Chefe de Estado, o Presidente da República.

(C) Está constitucionalmente prevista como competência privativa do Chefe do Poder Executivo Federal, sendo, portanto, indelegável, a de aplicar pena de demissão a servidores públicos federais.

(D) Nos casos de impedimentos do Presidente e do Vice-Presidente da República, ou de vacância dos respectivos cargos, serão sucessivamente chamados ao exercício da Presidência o Presidente da Câmara dos Deputados, o do Senado Federal e o do Supremo Tribunal Federal.

(E) Quando ocorre a dupla vacância dos cargos de Presidente e de Vice-Presidente da República, o sistema constitucional brasileiro admite a eleição, na forma da lei, nos últimos dois anos do período presidencial, para ambos os cargos, pelo Congresso Nacional.

A: correta, pois é a literalidade do art. 84, VI, da CF; **B:** correta. A entrega do extraditando é ato exclusivo do Presidente da República: "No campo da soberania, relativamente à extradição, é assente que o ato de entrega do extraditando é exclusivo, da competência indeclinável do Presidente da República, conforme consagrado na Constituição, nas Leis, nos Tratados e na própria decisão do Egrégio Supremo Tribunal Federal." (Rcl 11.243/ República Italiana); **C:** incorreta, pois mesmo sendo de competência do Presidente da República, conforme jurisprudência pacífica do STF, a aplicação da pena de demissão pode ser delegada, por exemplo, ao Ministro de Estado: "Presidente da República: competência para prover cargos públicos (CF, art. 84,

5. DIREITO CONSTITUCIONAL

XXV, primeira parte), que abrange a de desprovê-los, a qual, portanto é susceptível de delegação a Ministro de Estado (CF, art. 84, parágrafo único)." (MS 25518/DF); **D:** correta, nos termos do art. 80, da CF; **E:** correta. É, inclusive, a única possibilidade de eleição indireta prevista pela Constituição (art. 80, §1º, da CF). **AB**

Gabarito "C".

(Magistratura Federal – 1ª Região – 2011 – CESPE) Com relação às atribuições e às responsabilidades do presidente da República, ao Conselho da República e ao Conselho de Defesa Nacional, assinale a opção correta.

(A) Na vigência de seu mandato, o presidente da República não poderá ser responsabilizado por atos estranhos ao exercício de suas funções, tanto na esfera penal quanto na civil, administrativa, fiscal e tributária.

(B) O presidente da República somente poderá ser processado por crime de responsabilidade após autorização do Senado Federal, pelo voto da maioria absoluta de seus membros.

(C) O Conselho de Defesa Nacional é órgão de consulta do presidente da República nos assuntos relacionados com a soberania nacional e a defesa do Estado democrático, sendo suas decisões vinculantes nos casos que envolvam declaração de guerra e celebração da paz.

(D) Compete ao presidente da República nomear dois membros do Conselho da República, órgão superior de consulta convocado e presidido pelo chefe do Poder Executivo.

(E) O presidente da República possui competência para dispor, mediante decreto, sobre a criação e extinção de órgãos despersonalizados, mas não de órgãos e entidades dotados de personalidade jurídica e capacidade processual.

A: incorreta, tendo em vista que o presidente da República tem apenas IMUNIDADE/IRRESPONSABILIDADE PENAL RELTIVA, sendo vedada, em nosso ordenamento jurídico, a IRREPONSABILIDADE ABSOLUTA. Dessa forma, durante a vigência do mandato, o Presidente da República não poderá ser responsabilizado por atos estranhos ao exercício da sua função, assim, as infrações penais praticadas antes do início do mandato ou durante ele, mas que não guardem qualquer relação com a função presidencial NÃO poderá ser objeto de *persecutio criminis*, ficando suspenso o curso da prescrição da infração penal durante o tempo em que ficar inibida a persecução penal do Estado. Todavia, tratando-se de ilícitos penais cometidos *in officio* ou cometidos *propter officium* poderá sofrear a persecução penal, ainda que esteja no exercício de seu mandato. Nesse sentido é o posicionamento do Min. Celso de Mello: "A cláusula de imunidade penal temporária, instituída, em caráter extraordinário, pelo art. 86, § 4º, da Constituição Federal, impede que o Presidente da República, durante a vigência de seu mandato, sofra persecução penal, por atos que se revelarem estranhos ao exercício das funções inerentes ao ofício presidencial. Doutrina. Precedentes. Tratando-se, no entanto, de atos praticados *in officio* ou *propter officium*, e desde que possuam qualificação penal, tornar-se-á constitucionalmente lícito instaurar, contra o Presidente da República, mesmo na vigência de seu mandato, a pertinente persecução penal, uma vez exercido, positivamente, pela Câmara dos Deputados, o controle prévio de admissibilidade da acusação penal (*CF, art. 86, caput, c/c o art. 51, I*)" (STF, Inq. 1.418-RS, rel. Min. Celso de Mello, j. 31-10-2001, DJ de 8-11-2001, p. 7). Reparem que o que o art. 86, § 4º, confere ao Presidente da

República não é uma imunidade penal propriamente dita, mas sim uma imunidade TEMPORÁRIA à PERSECUÇÃO PENAL: "nele não se prescreve que o Presidente é irresponsável por crimes não funcionais praticados no curso do mandato, mas apenas que, por tais crimes, não poderá ser responsabilizado, enquanto não cesse a investidura na presidência. Da impossibilidade, segundo o art. 86, § 4º, de que, enquanto dure o mandato, tenha curso ou se instaure processo penal contra o Presidente da República por crimes não funcionais, decorre que, se o fato é anterior à sua investidura, o Supremo Tribunal não será originariamente competente para a ação penal, nem consequentemente para o *habeas corpus* por falta de justa causa para o curso futuro do processo. Na questão similar do impedimento temporário à persecução penal do Congressista, quando não concedida a licença para o processo, o STF já extraíra, antes que a Constituição o tornasse expresso, a suspensão do curso da prescrição, até a extinção do mandato parlamentar: deixa-se, no entanto, de dar força de decisão à aplicabilidade, no caso, da mesma solução, à falta de competência do Tribunal para, neste momento, decidir a respeito" (HC 83.154, Rel. Min. Sepúlveda Pertence, DJ 21/11/03). Sendo essa imunidade/irresponsabilidade, RELATIVA, nada impede que o Presidente da República seja responsabilizado pelas infrações de natureza civil, administrativa, fiscal e tributária; **B:** incorreta, pois de acordo com o art. 86, da CF/88 a admissão da acusação é feita por dois terço da Câmara dos Deputados, não pelo voto da maioria absoluta dos membros do Senado. O julgamento do crime de responsabilidade se dará perante o Senado Federal, porém não compete a autorização; **C:** incorreta, o Conselho de Defesa Nacional é órgão de consulta do Presidente da República, todavia, tem função meramente OPINATIVA, art. 91, § 1º, I, CF/88; **D:** correta, art. 89, II, CF/88. O art. 89 da CF/88 prevê um rol TAXATIVO, não admitindo, portanto, seu alargamento por norma infraconstitucional. A organização e funcionamento do Conselho da República estão previstos na Lei n. 8.041/90. Tal Conselho desempenha papel de auxílio ao Presidente da República, sendo certo que sua função é meramente opinativa ou consultiva. **E:** incorreta. São de iniciativa privativa do Presidente da República as leis que disponham sobre criação e extinção de Ministérios e órgãos da administração pública, observado o disposto no art. 84, VI, da CF, que determina que o Presidente da República poderá dispor, mediante decreto, sobre organização e funcionamento da administração federal, quando não implicar aumento de despesa nem criação ou extinção de órgãos públicos e extinção de funções ou cargos públicos, quando vagos. Observe que não há condicionantes em relação a personificação ou não do órgão. **FT**

Gabarito "D".

(Magistratura Federal – 4ª Região – VIII) Assinalar a alternativa correta:

(A) os Ministros de Estado são processados e julgados pelo Supremo Tribunal Federal nos crimes comuns e nos de responsabilidade, inclusive nos crimes de responsabilidade conexos com os do Presidente e do vice-presidente da República;

(B) são requisitos essenciais para a investidura no cargo de Ministro de Estado: a - ser brasileiro nato ou naturalizado; b - ser maior de 21 anos; c - estar no exercício dos direitos políticos; d - ter prestado o serviço militar obrigatório;

(C) são passíveis de responsabilidade política, o Presidente da República, os Ministros de Estado, os Ministros dos Tribunais Superiores, o Procurador-Geral da República e o Advogado-Geral da União;

(D) qualquer cidadão no gozo dos seus direitos políticos tem legitimidade para oferecer denúncia contra o

Presidente da República por crime de responsabilidade.

A: incorreta, art. 102, I, "*c*", c/c art. 52, I, ambos da CF/88; **B:** incorreta, art. 87, da CF/88. Conforme dispõe o artigo mencionado, são requisitos essenciais para a investidura no cargo de Ministro de Estado: a) ser brasileiro nato ou naturalizado – *Bulos inclui aqui os portugueses equipados, art. 12, § 1°, da CF/88* – (BULOS, 2009); b) ter mais de vinte e um anos; e estar no exercício dos direitos políticos. No tocante a nacionalidade brasileira, cabe lembrar ainda, que se tratando de Ministro do Estado da DEFESA, somente brasileiros NATOS poderão ser investidos no cargo – (art. 12, § 3°, VII, da CF/88); **C:** incorreta, pelos fundamentos apresentados nas assertivas anteriores; **D:** correta, art. 14, da Lei n. 1.079/50. **FT**

Gabarito "D".

(Magistratura Federal-5ª Região – 2011) A respeito do Poder Executivo, assinale a opção correta.

(A) Nos crimes comuns, o presidente da República será processado e julgado pelo STF somente após ser declarada procedente a acusação por parte da Câmara dos Deputados, circunstância que não impede a instauração de inquérito policial e o oferecimento da denúncia.

(B) Em caso de urgência ou de interesse público relevante, o presidente da República pode convocar extraordinariamente o Congresso Nacional, devendo ser efetuado o pagamento da parcela indenizatória devida em razão do caráter excepcional da convocação.

(C) O presidente da República detém competência privativa tanto para decretar o estado de defesa e o estado de sítio quanto para suspender essas medidas.

(D) A composição do Conselho da República, órgão de consulta do presidente da República, está taxativamente prevista na CF, razão por que é vedada a participação, nas reuniões desse conselho, de outras autoridades além das indicadas na CF.

(E) Nos crimes de responsabilidade, o Senado Federal, na condição de órgão judicial, exercendo jurisdição recebida da CF, julga o presidente da República, razão por que é cabível a interposição de recurso ao STF contra decisão proferida em processo de *impeachment*.

A: correta. Réplica do art. 86 da CF. O dispositivo só não faz menção à possibilidade de instauração de inquérito policial e o oferecimento da denúncia que são circunstancias plenamente cabíveis; **B:** incorreta. O art. 57, § 7°, da CF, veda o pagamento de parcela indenizatória pela convocação extraordinária; **C:** incorreta. Para decretar sim (art. 84, IX, da CF), mas não para suspender. Nos termos do art. 49, IV, da CF, compete exclusivamente ao Congresso Nacional APROVAR o estado de defesa e a intervenção federal, AUTORIZAR o estado de sítio, ou SUSPENDER qualquer uma dessas medidas; **D:** incorreta. Não há vedação para outras autoridades participarem das reuniões, caso necessário. Tanto é, que o Presidente da República poderá convocar Ministro de Estado para participar da reunião do Conselho, quando constar da pauta relacionada como o respectivo Ministério, no termos do art. 90, § 1°, da CF; **E:** incorreta. O Senado Federal é a autoridade julgadora, mas não significa que passa a ser órgão judicial. Inteligência do art. 52, I, da CF. **FT**

Gabarito "A".

11. ORGANIZAÇÃO DO PODER LEGISLATIVO. PROCESSO LEGISLATIVO

(Juiz – TJ-SC – FCC – 2017) De acordo com a jurisprudência do Supremo Tribunal Federal e com as normas da Constituição Federal a respeito das limitações ao Poder Constituinte dos Estados-membros, é admissível que emenda à Constituição estadual:

I. crie Tribunal de Alçada Civil, cuja competência será definida em Lei, desde que a proposta de emenda seja apresentada pelo Tribunal de Justiça do Estado.

II. estabeleça a competência do órgão especial do Tribunal de Justiça para o julgamento de crimes contra a vida praticados por Secretário de Estado.

III. estabeleça a competência do Tribunal de Justiça do Estado para julgar ações diretas de inconstitucionalidade de leis municipais em face da Constituição estadual, ainda que a norma constitucional violada também conste da Constituição Federal e seja de observância obrigatória por todos os entes federados.

IV. preveja a possibilidade de lei estadual complementar autorizar os Municípios a legislar sobre questões específicas das matérias de competência estadual, uma vez que essa disposição encontra simetria com a norma da Constituição Federal que autoriza a União a delegar competências suas aos Estados e Distrito Federal.

V. vede, ressalvada a hipótese de lei delegada, a delegação de competências de um Poder para o outro, uma vez que essa disposição, ainda que não esteja amparada em regra expressa na Constituição Federal, decorre do modelo de separação de poderes nela previsto, que deve ser seguido pelos Estados-membros.

Está correto o que se afirma APENAS em:

(A) I e V.

(B) II, III e V.

(C) III e V.

(D) I e IV.

(E) I, III e IV.

I: incorreta, pois afronta o art. 96, II, *c*, da CF; **II:** incorreta. A súmula vinculante 45 do STF, determina que: "A competência constitucional do Tribunal do Júri prevalece sobre o foro por prerrogativa de função estabelecido exclusivamente pela Constituição Estadual."; **III:** correta, em respeito ao art. 125, §2°, da CF. Em complemento, ver RE 650898/RS; **IV:** incorreta, pois compete ao Município suplementar a legislação estadual e federal no que couber (art. 30, II, da CF); **V:** correta, pois a construção e manutenção da independencia e harmonia entre os poderes deve ser também respeitada na Constituição Estadual, ressalvado, por evidente, o caso da lei delegada. **AB**

Gabarito "C".

(Juiz – TJ-SC – FCC – 2017) A União editou Lei federal estabelecendo normas de segurança e mecanismos de fiscalização de atividades que envolvam organismos geneticamente modificados, tendo também prescrito que:

Na comercialização de alimentos e ingredientes alimentares destinados ao consumo humano ou animal que contenham ou sejam produzidos a partir de organismos geneticamente modificados, com presença acima do limite de um por cento do produto, o consumidor deverá ser informado da natureza transgênica desse produto, podendo esse percentual ser reduzido por decisão da Comissão Técnica Nacional de Biossegurança – CTNBio.

O direito do consumidor à informação sobre produto geneticamente modificado foi, posteriormente, disciplinado por Lei estadual que assim dispôs:

Na comercialização de alimentos e ingredientes alimentares destinados ao consumo humano ou animal que contenham ou sejam produzidos a partir de organismos geneticamente modificados, o consumidor deverá ser informado da natureza transgênica desse produto, qualquer que seja sua representação quantitativa nos alimentos e ingredientes alimentares.

Nesse contexto, e considerando o disposto na Constituição Federal e a jurisprudência do Supremo Tribunal Federal, o Estado:

(A) não poderia ter legislado na matéria, visto que compete privativamente à União dispor sobre consumo, ainda que esteja no âmbito da competência legislativa concorrente da União, Estados e Distrito Federal matéria relativa à responsabilidade por dano ao consumidor, podendo a norma estadual inconstitucional ser objeto de ação direta de inconstitucionalidade perante o Supremo Tribunal Federal.

(B) não poderia ter editado norma específica na matéria, que se insere no âmbito da competência dos Municípios para suplementar a legislação federal para atender ao interesse local, podendo a norma estadual inconstitucional ser objeto de ação direta de inconstitucionalidade perante o Supremo Tribunal Federal.

(C) poderia ter legislado na matéria, que se insere dentre as competências legislativas concorrentes entre União, Estados e Distrito Federal, cabendo à União a edição de normas gerais e aos Estados e Distrito Federal a edição de normas específicas. No entanto, ainda que se entendesse que o Estado extrapolou sua competência e dispôs indevidamente sobre normas gerais, a norma estadual não poderia ser objeto de ação direta de inconstitucionalidade perante o Supremo Tribunal Federal, uma vez que o ato normativo estadual ofenderia apenas indiretamente a Constituição Federal.

(D) poderia ter legislado na matéria, que se insere dentre as competências legislativas concorrentes entre União, Estados e Distrito Federal, cabendo à União a edição de normas gerais e aos Estados e Distrito Federal a edição de normas específicas. Caso se entenda que o Estado extrapolou sua competência e dispôs indevidamente sobre normas gerais, a norma estadual poderia ser objeto de ação direta de inconstitucionalidade perante o Supremo Tribunal Federal, uma vez que o ato normativo estadual, nessa hipótese, violaria as normas constitucionais que dispõem sobre a repartição de competências entre os entes federados.

(E) poderia ter legislado na matéria, que se insere dentre as competências legislativas concorrentes entre União, Estados e Distrito Federal, cabendo à União a edição de normas gerais e aos Estados e Distrito Federal a edição de normas específicas. No entanto, ainda que se entendesse que o Estado extrapolou sua competência e dispôs indevidamente sobre normas

gerais, a norma estadual não poderia ser objeto de ação direta de inconstitucionalidade perante o Supremo Tribunal Federal, mas apenas de arguição de descumprimento de preceito fundamental, por ofensa ao pacto federativo.

A: incorreta, pois compete à União, aos Estados-membros e ao Distrito Federal legislar concorrentemente sobre consumo (art. 24, V, da CF); **B:** incorreta, pois poderia ter legislado uma vez que se insere na competência estadual a edição de norma específica; **C:** incorreta, uma vez que seria plenamente cabível o questionamento perante o STF, via ação direta de inconstitucionalidade, porque o ato normativo estadual afrontaria a repartição de competências constitucionais; **D:** correta. Uma que a competência concorrente determina a competência da União em legislar sobre normas gerais, sem excluir a competência suplementar do Estado (art. 24, §§1º e 2º, da CF). Ainda, caso o Estado extrapolasse seu limite de tratar do tema, seria sim perfeitamente cabível uma ação direta de inconstitucionalidade com o fundamento de afronta direta à repartição de competência entre os entes federados; **E:** incorreta, pois a norma estadual poderia ser objeto de controle por ação direta de inconstitucionalidade, tanto que assim já ocorreu no STF, nos termos da ADI 3645/PR: "Seja dispondo sobre consumo (CF, art. 24, V), seja sobre proteção e defesa da saúde (CF, art. 24, XII), busca o Diploma estadual impugnado inaugurar regulamentação paralela e explicitamente contraposta à legislação federal vigente. 3. Ocorrência de substituição – e não suplementação – da regras que cuidam das exigências, procedimentos e penalidades relativos à rotulagem informativa de produtos transgênicos por norma estadual que dispôs sobre o tema de maneira igualmente abrangente. Extrapolação, pelo legislador estadual, da autorização constitucional voltada para o preenchimento de lacunas acaso verificadas na legislação federal." **AB**

Gabarito "D".

(**Juiz – TJ-SC – FCC – 2017**) De acordo com o sistema de imunidades parlamentares previsto na Constituição Federal,

(A) os deputados federais e estaduais, apesar de gozarem de imunidade processual, podem ser processados penalmente por crime cometido antes da diplomação, não sendo cabível, nesse caso, a sustação do andamento do processo pela respectiva casa legislativa.

(B) os deputados federais, estaduais e os vereadores gozam de imunidade material e de imunidade processual. Em razão da primeira, não podem, desde a expedição do diploma, ser responsabilizados por suas opiniões, palavras e votos proferidos no exercício do mandato e, em razão da segunda, não podem, desde a expedição do diploma, ser presos, salvo em flagrante delito.

(C) os deputados federais, estaduais e os vereadores são invioláveis por suas opiniões, palavras e votos, desde que proferidos no exercício do mandato. No entanto, os deputados estaduais e os vereadores gozam dessa garantia apenas na circunscrição do respectivo ente federativo.

(D) no curso de processo penal os deputados federais, estaduais e vereadores não poderão ser obrigados a depor na qualidade de testemunhas, ainda que a respeito de informações que tenham recebido fora do exercício do mandato.

(E) os deputados federais e estaduais poderão ser presos em razão de pena imposta por sentença transitada em julgado, desde que por prática de crime cometido antes da diplomação, devendo, nesse caso, os autos ser remetidos dentro de vinte e quatro horas à Casa respectiva, para que, pelo voto da maioria de seus membros, resolva sobre a prisão.

A: correto, pois a imunidade processual parlamentar lhe concede a prerrogativa para os crimes cometidos depois da diplomação, não quanto aos anteriores à diplomação (art. 53, §§1º e 3º, da CF); **B:** incorreta, pois os vereadores não gozam da imunidade processual; **C:** incorreta, pois quanto aos vereadores é que a inviolabilidade fica limitada à circunscrição do Município (art. 29, VIII, da CF); **D:** incorreta, pois o texto constitucional menciona os Deputados e Senadores (art. 53, §6º, da CF); **E:** incorreta, pois, caso o crime tenha sido cometido antes da diplomação não há que se falar em imunidade. Ainda, com a sentença transitada em julgado caberá a prisão do parlamentar. **AB**
Gabarito "A".

(Juiz de Direito – TJM/SP – VUNESP – 2016) Assinale a alternativa que corretamente discorre sobre as previsões constitucionais acerca do Ministério Público junto ao Tribunal de Contas.

(A) A solução adotada pelo legislador constituinte brasileiro em relação ao Ministério Público junto ao Tribunal de Contas foi cumular esses encargos na figura do membro do Ministério Público Comum, que já conta com garantias de ordem subjetiva.

(B) A Lei Orgânica do Ministério Público junto ao Tribunal de Contas é uma lei complementar de iniciativa do Procurador Geral da República e não da respectiva Corte de Contas em que se dará a atuação, sendo, assim, resguardada a autonomia do órgão.

(C) O poder de autogoverno conferido pela Constituição Federal aos Tribunais de Contas, que fazem instaurar o processo legislativo concernente à sua organização e à sua estruturação interna, não abrange o Ministério Público que neles atua.

(D) As disposições constitucionais pertinentes a direitos, vedações e forma de investidura dos membros do Ministério Público, como instituição, são aplicáveis aos membros do Ministério Público junto aos Tribunais de Contas.

(E) O Ministério Público tem como princípios a unidade e a indivisibilidade, assim, o Ministério Público de Contas integra o Ministério Público da União, juntamente com o Ministério Público Federal; o Ministério Público do Trabalho; o Ministério Público Militar; e o Ministério Público do Distrito Federal e Territórios.

A: incorreta, pois o Ministério Público que atua junto ao Tribunal de Contas não se confunde com o Ministério Público comum (dos Estados ou da União), conforme jurisprudência do STF – ver MS 27.339/DF; **B:** incorreta, pois é caso de lei ordinária – ver ADI 2.378/GO, STF; **C:** incorreta, pois abrange também o Ministério Público junto ao Tribunal de Contas; **D:** correta, nos exatos termos do art. 130, da CF; **E:** incorreta, por ofensa ao art. 128, I, da CF. **AB**
Gabarito "D".

(Magistratura/AM – 2013 – FGV) Em decorrência do *Princípio da Simetria*, tal como concebido pela jurisprudência do Supremo Tribunal Federal, assinale a afirmativa correta.

(A) As constituições estaduais podem conferir por meio de seus textos originários, direitos aos servidores estaduais para além dos atribuídos pela Constituição Federal aos servidores federais.

(B) As constituições estaduais podem, ainda que em preceito proveniente de emenda constitucional apresentada por mais de um terço dos deputados estaduais, conferir direitos aos servidores estaduais para além dos atribuídos pela Constituição Federal aos servidores federais.

(C) As leis estaduais podem conferir direitos aos servidores estaduais para além dos atribuídos pela legislação federal aos servidores federais, exigindo-se, porém, que o respectivo processo legislativo tenha sido deflagrado por iniciativa do Governador do Estado.

(D) As leis estaduais podem conferir direitos aos servidores estaduais para além dos atribuídos pela legislação federal aos servidores federais, bastando, para tanto, que tenham sido sancionados pelo Chefe do Executivo estadual.

(E) As leis municipais não podem conferir aos servidores municipais direitos que não sejam análogos aos que a Legislação Federal confere aos servidores federais.

A: incorreta. Segundo o STF, com frequência, o chamado princípio ou regra da simetria, que é construção pretoriana, tende a garantir, quanto aos aspectos reputados substanciais, homogeneidade na disciplina normativa da separação, independência e harmonia dos poderes, nos três planos federativos. Seu fundamento mais direto está no art. 25 da CF/1988 e no art. 11 de seu ADCT, que determinam aos Estados-membros a observância dos princípios da Constituição da República. Se a garantia de simetria no traçado normativo das linhas essenciais dos entes da federação, mediante revelação dos princípios sensíveis que moldam a tripartição de poderes e o pacto federativo, deveras protege o esquema jurídico-constitucional concebido pelo poder constituinte, é preciso guardar, em sua formulação conceitual e aplicação prática, particular cuidado com os riscos de descaracterização da própria estrutura federativa que lhe é inerente. Noutras palavras, não é lícito, senão contrário à concepção federativa, jungir os Estados-membros, sob o título vinculante da regra da simetria, a normas ou princípios da Constituição da República cuja inaplicabilidade ou inobservância local não implique contradições teóricas incompatíveis com a coerência sistemática do ordenamento jurídico, com severos inconvenientes políticos ou graves dificuldades práticas de qualquer ordem, nem com outra causa capaz de perturbar o equilíbrio dos poderes ou a unidade nacional. A invocação da regra da simetria não pode, em síntese, ser produto de uma decisão arbitrária ou imotivada do intérprete, logo as Constituições Estaduais NÃO podem conferir direitos aos servidores estaduais além dos atribuídos pela Constituição Federal aos servidores federais, salvo se o processo legislativo tenha sido deflagrado por iniciativa do Governador do Estado (ADI 4.298-MC, voto do rel. Min. Cezar Peluso, j 07.10.2009, Plenário, *DJE* 27.11.2009.) **No mesmo sentido:** ADI 1.521, rel. Min. Ricardo Lewandowski, j. 19.06.2013, Plenário, *DJE* 13.08.2013); **B:** incorreta. No caso de proposta de emenda à Constituição feita por iniciativa das assembleias legislativas (não deputados estaduais como indica a questão), o processo poderá ter início perante qualquer uma das casas do Congresso Nacional; é o que depreende da conjugação dos regimentos da Câmara e do Senado. No âmbito do Senado, essa matéria é disciplinada no regimento do art. 212, *caput*, dispondo que "Poderão ter tramitação iniciado no Senado propostas de emenda á Constituição de iniciativa: (...) II – de mais da metade das Assembleias Legislativas das Unidades da Federação (...)". A Câmara dos Deputados segue a mesma sorte nos termos do art. 201, I, do regimento interno da Câmara; **C:** correta. A CF/1988, ao conferir aos Estados-membros a capacidade de auto-organização e de autogoverno – art. 25, *caput* –, impõe a obrigatória

5. DIREITO CONSTITUCIONAL   363

observância de vários princípios, entre os quais o pertinente ao processo legislativo. O legislador estadual não pode usurpar a iniciativa legislativa do chefe do Executivo, dispondo sobre as matérias reservadas a essa iniciativa privativa. Dentre as regras básicas do processo legislativo federal, de observância compulsória pelos Estados, por sua implicação com o princípio fundamental da separação e independência dos Poderes, encontram-se as previstas nas alíneas *a* e *c* do II, art. 61, § 1º, da CF/1988, que determinam a iniciativa reservada do chefe do Poder Executivo na elaboração de leis que disponham sobre servidores; **D:** incorreta nos termos elencados anteriormente. De toda sorte, devemos ratificar que as leis estaduais NÃO PODEM conferir direitos aos servidores estaduais para além dos atribuídos pela legislação federal aos servidores federais, salvo por iniciativa exclusiva do Governador de Estado; **E:** incorreta, pois no âmbito municipal a regra é a mesma, na exata medida que o legislador municipal não pode usurpar a iniciativa legislativa do chefe do Executivo, dispondo sobre as matérias reservadas a essa iniciativa privativa. Em outras palavras, todos os Chefes do Poder Executivo devem observar as regras do art. 61, § 1º, da CF/1988. **FT**
„Gabarito "C".

(Magistratura/PE - 2013 - FCC) Perderá o mandato o Deputado ou Senador, perda essa que será declarada pela Mesa da Casa respectiva, assegurada ampla defesa,

(A) cujo procedimento for declarado incompatível com o decoro parlamentar.

(B) que deixar de comparecer, em cada sessão legislativa, à terça parte das sessões ordinárias da Casa a que pertencer, salvo licença ou missão por esta autorizada.

(C) que, desde a expedição do diploma, aceitar ou exercer cargo, função ou emprego remunerado, inclusive os de que sejam demissíveis *ad nutum*, em autarquia.

(D) que, desde a posse, patrocinar causa em que seja interessada empresa concessionária de serviço público.

(E) que, desde a posse, tornar-se titular de mais de um cargo ou mandato público eletivo.

A: incorreta, pois nesta hipótese a perda do mandato será decidida pela CÂMARA dos DEPUTADOS ou pelo SENADO FEDERAL, por voto secreto e maioria absoluta, mediante provocação da respectiva Mesa ou de partido político representado no Congresso Nacional, assegurada ampla defesa, nos termos do art. 55, II, e § 2º, da CF/1988; **B:** correta. A regra do § 3º do art. 55, da CF/1988 é clara: a perda será declarada pela MESA DA CASA respectiva, de ofício ou mediante provocação de qualquer de seus membros, ou de partido político representado no Congresso Nacional, assegurada ampla defesa; **C:** incorreta, pois nesta hipótese a perda do mandato será decidida pela CÂMARA dos DEPUTADOS ou pelo SENADO FEDERAL, por voto secreto e maioria absoluta, mediante provocação da respectiva Mesa ou de partido político representado no Congresso Nacional, assegurada ampla defesa, nos termos do arts. 54, I, "b" c/c 55, I e § 2º, da CF/1988; **D:** incorreta. Os fundamentos são os mesmos apresentados na assertiva anterior. Inteligência dos arts. 54, II, "c" c/c 55, I e § 2º, da CF/1988; **E:** incorreta. A hipótese apresentada na assertiva se coaduna com a redação do art. 54, II, "d" e do art. 55, I e § 2º, da CF/1988, pois a perda do mandato será decidida pela CÂMARA dos DEPUTADOS ou pelo SENADO FEDERAL, por voto secreto e maioria absoluta, mediante provocação da respectiva Mesa ou de partido político representado no Congresso Nacional, assegurada ampla defesa. **FT**
„Gabarito "B".

(Magistratura/RJ – 2013 – VUNESP) No ano de 2012, na Câmara dos Deputados, foi discutida, votada e rejeitada uma determinada proposta de emenda constitucional (PEC). No ano de 2013, a mesma matéria daquela PEC veio

à pauta novamente para deliberação pelos Deputados Federais. Discordando desse procedimento, bem como do projeto que continha disposição violadora do Regimento Interno da respectiva Casa Legislativa, um Deputado impetra um mandado de segurança perante o Supremo Tribunal Federal para impedir que essa nova PEC seja votada e aprovada. Considerando essas informações, bem como o entendimento do STF sobre o assunto, é correto afirmar que o referido mandado de segurança

(A) não deve ser conhecido, tendo em vista que parlamentar não tem legitimidade para impetrar mandado de segurança para discutir questões relativas ao processo legislativo.

(B) deve ser conhecido e a segurança postulada concedida, em controle de constitucionalidade preventivo, com base na violação do Regimento Interno da Câmara dos Deputados.

(C) deve ser conhecido e a segurança concedida, sobre o fundamento de que a matéria constante de proposta de emenda rejeitada não pode ser objeto de nova proposta na mesma legislatura.

(D) embora haja em tese legitimidade do parlamentar, o *writ* não deve ser conhecido e nem poderia ser concedida a segurança, uma vez que, no caso, não houve qualquer violação à Constituição Federal.

A: incorreta, pois o parlamentar tem legitimidade para impetrar mandado de segurança para discutir questões relativas a qualquer violação à Constituição Federal. Trata-se de uma exceção ao controle de constitucionalidade preventivo realizado pelo Poder Judiciário. Contudo, o problema apresentado pela banca examinadora não apresenta qualquer violação ao texto da Constituição Federal; **B:** incorreta. Não deve ser conhecido e nem poderia ser concedida a segurança, uma vez que, no caso, não houve qualquer violação à Constituição Federal; **C:** incorreta. Não é o caso, pois a PEC foi proposto na sessão legislativa seguinte (2013), o que é plenamente admitido pela própria CF/1988, em seu art. 61, § 5º; **D:** correta. Embora haja em tese legitimidade do parlamentar, o *writ* não deve ser conhecido e nem poderia ser concedida a segurança, uma vez que, no caso, não houve qualquer violação à Constituição Federal. **FT**
„Gabarito "D".

(Magistratura/PI – 2011 – CESPE) Considerando as disposições constitucionais acerca do processo legislativo, assinale a opção correta.

(A) As deliberações das comissões permanentes de ambas as casas do Congresso Nacional devem ser tomadas por maioria simples, salvo no que diz respeito à discussão e votação, em caráter conclusivo, de projetos de lei, caso em que se requer maioria absoluta.

(B) A promulgação é entendida como o atestado de existência da lei; desse modo, os efeitos da lei somente se produzem depois daquela.

(C) A promulgação e a publicação da lei são sempre atos conjuntos e devem ocorrer de forma simultânea.

(D) As medidas provisórias, cujo prazo de validade é de sessenta dias, prorrogável por mais sessenta, devem ser votadas em sessão conjunta do Congresso Nacional.

(E) As leis delegadas, elaboradas pelo presidente da República em virtude de autorização do Poder Legislativo, devem ser aprovadas por maioria absoluta.

A: incorreta, pois toda e qualquer deliberação de cada uma das Casas do Congresso Nacional e de suas Comissões serão tomadas por maioria dos votos (*quorum* de instalação), presente a maioria absoluta de seus membros, nos termos do art. 47, da CF; **B:** correta, na exata medida que promulgação é o ato do processo legislativo que atesta a existência de uma lei que já foi elaborada, fazendo com que ela seja inserida no ordenamento jurídico. Desta forma, é importante perceber que a promulgação é ato que incide sobre a lei já formada, apta a existir no mundo jurídico. A promulgação é, assim, ato que confere a executoriedade da lei e por isso é denominado como ato de execução, que autentica a existência da lei a fim que possa produzir efeitos, atestando-lhe a sua força normativa e executória. Pode ser feita pelo Chefe do Poder Executivo, no caso de sanção expressa - em que a sanção e a promulgação são feitas ao mesmo tempo – como pode ser feita pelo Poder Legislativo, no caso de sanção tácita ou rejeição do veto, caso em que o Presidente do Senado é que promulga a lei. Portanto, a promulgação é ato que confere à lei a aptidão de produzir efeitos, tendo como característica principal a de conferir executoriedade à norma; **C:** incorreta, pois são atos distintos conforme a Lei de Introdução às normas do Direito Brasileiro – L.I.N.D.B; **D:** incorreta, pois as medidas provisórias serão deliberadas em cada uma das Casas do Congresso Nacional, nos termos do art. 62, § 5°, da CF; **E:** incorreta, pois as leis delegadas serão elaboradas pelo Presidente da República, que deverá solicitar a delegação ao Congresso Nacional. A delegação ao Presidente da República terá a forma de resolução do Congresso Nacional, que especificará seu conteúdo e os termos de eu exercício. No silêncio da norma constitucional interpretamos que a resolução será aprovada pelo quorum da maioria simples. **FT**

Gabarito "B".

(Magistratura/DF – 2011)

I.   As Comissões Parlamentares de Inquérito serão criadas se atenderem os seguintes requisitos constitucionais: aprovação pelo Plenário de requerimento de um terço dos membros da Casa Legislativa; a indicação de fato determinado a ser objeto de investigação e a fixação de um prazo certo para a conclusão dos trabalhos.

II. A Constituição brasileira em vigor adotou o que a doutrina chama de federalismo de 3° grau porque além das esferas federal e estadual, reconheceu os Municípios também como integrantes da federação.

III. A Constituição vigente pode ser emendada, desde que observado o processo legislativo respectivo. Todavia, não será objeto de deliberação a proposta de emenda tendente a abolir: a forma federativa de Estado, o regime de governo, os direitos e garantias individuais e o voto direto, secreto, universal e periódico.

Na folha de respostas, atento ao número da questão, responda:

(A) se somente a assertiva I for correta

(B) se somente a assertiva II for correta

(C) se somente a assertiva III for correta

(D) se nenhuma das assertivas for correta

I: incorreta, pois as comissões parlamentares de inquérito, que terão poderes de investigação próprios das autoridades judiciais, além de outros previstos nos regimentos das respectivas Casas, serão criadas pela Câmara dos Deputados e pelo Senado Federal, em conjunto ou separadamente, mediante requerimento de um terço de seus membros, para a apuração de fato determinado e por prazo certo, sendo suas conclusões, se for o caso, encaminhadas ao Ministério Público, para que promova a responsabilidade civil ou criminal dos infratores; **II:** correta, a Constituição Federal de 1988, com a previsão dos arts. 1° e

18, como observa Nelson Nery Costa, "escreveu nova página sobre o federalismo no mundo. Estão, assim, reconhecidos os Municípios como participantes ativos da estrutura constitucional federativa, integrada por eles e pela União, Estados-Membros e Distrito Federal". A divergência doutrinária a respeito dos Municípios como entes federativos, contudo, perde relevância, na medida em que todos doutrinadores, inclusive os que negam a eles o *status* de ente federado, admitem a autonomia municipal. Com reconhecimento da autonomia municipal tem-se, portanto, o reconhecimento do ente federado e faz-se necessário, a partir disso, identificar as técnicas utilizadas pelo legislador constituinte de 88 para a partilha das competências. Como é sabido, o ordenamento constitucional, no Brasil, adota um modelo complexo de repartição de atribuições entre os entes da federação, que enumera, expressamente, os poderes da União (arts. 21 e 22, da CF) e dos Municípios (art. 30, da CF), reserva aos Estados as competências que não são vedadas no texto constitucional – competência remanescente (art. 25, § 1°) e atribui ao Distrito Federal competências dos Estados e dos Municípios – competência cumulativa (art. 32, § 1°, da CF), com exceção do art. 22, XVII, da CF, além de estabelecer as competências comuns (art.23, da CF) e concorrentes (art.24, da CF). Em relação aos Municípios, verifica-se, *ipso facto*, o convívio de competências repartidas horizontal e verticalmente, que são as enumeradas do art. 30, da CF, a suplementar do inciso II do art. 30 e a comum do art. 23, da Constituição Federal de 1988. Isso denota, de forma indelével, a importância que os Municípios sempre tiveram no texto constitucional e no sistema federativo brasileiro. Afinal, já dizia Rui Barbosa: "Não há, senhores, corpo sem células. Não há Estado sem municipalidades. Não pode existir matéria vivente sem vida orgânica. Não se pode imaginar existência de Nação, existência de Estado, sem vida municipal"; **III:** incorreta, pois o regime de governo, não é cláusula pétrea prevista no art. 60, § 4°, da CF. **FT/TM**

Gabarito "B".

(Magistratura/DF – 2011)

I.   A matéria constante de proposta de emenda constitucional rejeitada ou havida por prejudicada não pode ser objeto de nova proposta na mesma sessão legislativa, salvo mediante proposta da maioria absoluta dos membros de qualquer das Casas do Congresso Nacional.

II. Em tema de intervenção federal se o Poder Executivo de determinado Estado-Membro estiver sendo coagido ou ameaçado no exercício de suas atribuições, o Presidente da República, mesmo sendo devidamente provocado, não está obrigado a decretar a intervenção.

III. Quando a Constituição vigente dispõe que é assegurada nos termos da lei a proteção às participações individuais em obras coletivas e a reprodução da imagem e voz humana, inclusive nas atividades esportivas ocorre o que a doutrina chama de Reserva Legal Qualificada.

Na folha de respostas, atento ao número da questão, responda:

(A) se somente a assertiva I for correta

(B) se somente a assertiva II for correta

(C) se somente a assertiva III for correta

(D) se nenhuma das assertivas for correta

I: incorreta, a matéria constante de proposta de emenda rejeitada ou havida por prejudicada não pode ser objeto de nova proposta na mesma sessão legislativa, por se tratar de uma das limitações formais ou procedimentais do Poder de emendas, nos termos do art. 60, § 5°, da CF.

5. DIREITO CONSTITUCIONAL

Em contrapartida quando se tratar de projeto de lei rejeitado somente poderá constituir objeto de novo projeto, na mesma sessão legislativa, mediante proposta da maioria absoluta dos membros de qualquer das Casas do Congresso Nacional, conforme art. 67, da CF; **II:** correta, pois a União não intervirá nos Estados nem no Distrito Federal, exceto para garantir o livre exercício de qualquer dos Poderes nas unidades da Federação, logo, o livre exercício de qualquer um dos Poderes é exigência decorrente dos termos expresses no art. 2º, da CF. É dever de obediência, portanto, a preceitos constitucionais. A intervenção na unidade da Federação dependerá sempre de solicitação do Poder Executivo, se este for o Poder impedido ou coagido a não exercer suas atividades. A intervenção dependerá sempre de solicitação do Poder Legislativo, se for este o Poder impedido ou coagido. Nesses dois casos, mesmo o Presidente da República sendo provocado, não está obrigado a decretar a intervenção federal. Contudo, se for exercida coação ou impedimento sobre a atuação do Poder Judiciário, a intervenção dependerá de requisição do Supremo Tribunal Federal, que deverá ser acatada (ato vinculado); **III:** incorreta, pois a Reserva Legal Qualificada, outra coisa não é senão, exigências ou condições estabelecidas nos dispositivos constitucionais. A questão da proteção ás participações individuais em obras coletivas e a reprodução da imagem e voz humana, inclusive nas atividades esportivas, não faz alusão a nenhuma condição específica, logo, se coaduna exclusivamente ao princípio da legalidade prevista no art. 5º, II, da CF. **FT/TM**
Gabarito "B".

(Magistratura/CE – 2012 – CESPE) À luz das disposições constitucionais sobre o processo legislativo, assinale a opção correta.

(A) As leis delegadas serão elaboradas pelo presidente da República após a edição pelo Congresso Nacional de decreto legislativo com a especificação do conteúdo e dos termos de exercício da delegação.

(B) Como regra, os projetos de lei, assim como as propostas de emenda à CF, são submetidos a dois turnos de discussão e votação.

(C) As medidas provisórias devem ser votadas em sessão conjunta do Congresso Nacional, no prazo de sessenta dias a contar de sua publicação, sob pena de imediata perda da sua eficácia.

(D) Não se admite, nos projetos que versam sobre a criação e extinção de ministérios e órgãos da administração pública, emenda parlamentar que gere aumento da despesa prevista.

(E) O veto a projeto de lei deverá ser apreciado em cada uma das casas do Congresso Nacional dentro de trinta dias a contar da decisão presidencial, e sua rejeição dependerá do voto de dois terços dos membros de cada uma delas, em votação nominal.

A: incorreta: na exata medida que de fato as leis delegadas serão elaboradas pelo Presidente da República, que deverá solicitar a delegação ao Congresso Nacional. A delegação ao Presidente da República terá a forma de resolução, nos termos do art. 68, § 2º, da CF; **B:** incorreta, pois os únicos atos legislativos que serão submetidos a dois turnos de discussão e votação são as propostas de emendas à CF. Graças a esse procedimento diferenciado destacamos as emendas constitucionais dos demais atos legislativos, o que indica que a Constituição da República é rígida, conforme a doutrina predominante; **C:** incorreta, pois tais atos legislativos serão deliberadas em dada uma das Casas do Congresso Nacional sobre o mérito das medidas provisórias dependerá de juízo prévio sobre o atendimento de seus pressupostos constitucionais, nos termos do art. 62 e seus parágrafos; **D:** correta, pois o art. 61, §

1º, II, "e", da CF, reza que compete privativamente ao Presidente da República dispor sobre criação e extinção de ministérios e órgãos da administração pública, observado dispostos do art. 84, VI, da CF, ou seja, quando não implicar aumento de despesa; **E:** incorreta, pois o veto será apreciado em sessão conjunta, dentro de trinta dias a contar de seu RECEBIMENTO, só podendo ser rejeitado pelo voto da maioria absoluta dos Deputados e Senadores, em escrutínio secreto, nos termos do art. 66, § 4º, da CF. **FT**
Gabarito "D".

(Magistratura/CE – 2012 – CESPE) À luz do disposto na CF, assinale a opção correta acerca da estrutura, do funcionamento e das atribuições do Poder Legislativo.

(A) Os deputados e senadores dispõem de foro privilegiado desde a expedição do diploma, estando, portanto, uma vez diplomados, ainda que ainda não tenham tomado posse, submetidos a julgamento perante o STF.

(B) Se o presidente da República não apresentar ao Congresso Nacional as contas relativas ao exercício anterior até sessenta dias após a abertura da sessão legislativa, caberá ao Senado Federal proceder à tomada de contas.

(C) O número total de deputados federais deve ser estabelecido por lei complementar, enquanto o número de representantes por estado e pelo DF deve ser estabelecido por lei ordinária, proporcionalmente ao número de eleitores.

(D) Cabe ao Congresso Nacional aprovar o estado de defesa e a intervenção federal; entretanto, a suspensão dessas medidas é competência privativa do presidente da República, dispensada a manifestação do Poder Legislativo.

(E) Compete privativamente ao Senado Federal escolher dois terços dos membros do TCU.

A: correta, pois a diplomação é o ato pelo qual, em solenidade previamente marcada, os tribunais eleitorais entregam os títulos que dão os candidatos como eleitos. É a solenidade em que é entregue ao candidato eleito documento oficial que reconhece a validade de sua eleição, logo, ainda que não tenham tomado posse, os Deputados e Senadores, desde a expedição do diploma, serão submetidos a julgamento perante o Supremo Tribunal Federal, nos termos do art. 53, § 1º, da CF; **B:** incorreta, já que o art. 51, II, da CF, reza que compete privativamente à Câmara dos Deputados proceder à tomada de contas do Presidente da República, quando não apresentadas ao Congresso Nacional dentro de sessenta dias após a abertura da sessão legislativa; **C:** incorreta, pois quem estabelece o número mínimo e máximo de representantes do povo, dos Estados e do Distrito Federal é a própria CF, sendo, que a Câmara dos Deputados compõe-se de representantes do povo, eleitos, pelo sistema proporcional, em cada Estado, em cada Território e no Distrito Federal, nos termos do art. 45, da CF. Já o Senado Federal compõe-se de representantes dos Estados e do Distrito Federal, eleitos segundo o princípio majoritário, conforme art. 46, da CF; **D:** incorreta, pois compete exclusivamente ao Congresso Nacional APROVAR o estado de defesa e a intervenção federal, AUTORIZAR o estado de sítio, ou SUSPENDER qualquer uma dessas medidas (inteligência do art. 49, IV, da CF); **E:** incorreta, já que a competência não é do Senado Federal, mas sim, do Congresso Nacional, conforme art. 49, XIII, da CF. Inclusive, o Decreto Legislativo n. 6, de 22 de abril de 1993, regulamenta a escolha de Ministros do Tribunal de Contas da União pelo Congresso Nacional. **FT**
Gabarito "A".

(Magistratura/RJ – 2011 – VUNESP) Considerando o disposto na Carta Magna a respeito do processo legislativo, assinale a alternativa correta.

(A) O projeto de lei aprovado por uma Casa será revisto pela outra, em dois turnos de discussão e votação, e enviado à sanção ou promulgação, se a Casa revisora o aprovar, ou arquivado, se o rejeitar.

(B) Se o Presidente da República considerar o projeto, no todo ou em parte, inconstitucional ou contrário ao interesse público, vetá-lo-á total ou parcialmente, no prazo de quinze dias corridos, contados da data do recebimento, e comunicará, dentro de quarenta e oito horas, ao Presidente do Senado Federal os motivos do veto.

(C) O veto do Presidente da República será apreciado em sessão conjunta, dentro de quinze dias a contar de seu recebimento, só podendo ser rejeitado pelo voto da maioria absoluta dos Deputados e Senadores, em escrutínio secreto.

(D) Na hipótese de rejeição de veto pelo Congresso Nacional, se a lei não for promulgada dentro de quarenta e oito horas pelo Presidente da República, o Presidente do Senado a promulgará e, se este não o fizer em igual prazo, caberá ao Vice-Presidente do Senado fazê-lo.

A: incorreta, pois o art. 65, da CF, exige apenas um turno de discussão e votação; **B:** incorreta, pois o art. 66, § 1º, da CF, indica o prazo de quinze dias úteis e não corridos; **C:** incorreta, pois o veto será apreciado em sessão conjunta, dentro de trinta dias a contar de seu recebimentos, só podendo ser rejeitado pelo voto da maioria absoluta dos Deputados e Senadores, em escrutínio secreto; **D:** correta, réplica do art. 66, § 7º, da CF. **FT**
Gabarito "D".

(MAGISTRATURA/PB – 2011 – CESPE) Considerando a disciplina constitucional do Congresso Nacional e do processo legislativo, assinale a opção correta.

(A) No Poder Judiciário, cabe ao presidente do STF, com exclusividade, a iniciativa das leis complementares e ordinárias sobre matérias afetas a esse poder.

(B) O veto que o presidente da República apõe a projeto de lei pode ser total ou parcial, devendo, neste caso, abranger texto integral de artigo, de parágrafo, de inciso ou de alínea.

(C) Os estados, o DF e os territórios são representados por três senadores, eleitos, com dois suplentes, para mandatos de oito anos, sendo a representação renovada a cada quatro anos, na proporção de um terço, de acordo com o princípio proporcional e de dois terços, de acordo com o princípio majoritário.

(D) Entre as competências exclusivas do Congresso Nacional incluem-se a de processar e julgar os ministros do STF, os membros do CNJ e do Conselho Nacional do Ministério Público, o procurador-geral da República e o AGU nos crimes comuns e nos de responsabilidade.

(E) Os parlamentares federais possuem imunidade formal para a prisão e para o processo, não podendo, desde a expedição do diploma, ser presos, salvo em flagrante de crime inafiançável, nem processados criminalmente sem prévia licença da respectiva casa.

A: O art. 93 da CF refere-se apenas à iniciativa do STF para o Estatuto da Magistratura; **B:** Art. 66, § 1º, da CF; **C:** Não reflete o disposto no art. 46, §§ 1º a 3º, da CF. A eleição para o Senado segue o princípio majoritário e os territórios (se existentes) não elegem senadores; **D:** As competências exclusivas no Congresso Nacional encontram-se previstas no art. 49, I a XVII, da CF, que não incluem as listadas na questão; **E:** A imunidade formal não impede a instauração do processo, não é necessária licença da Casa para que seja processado criminalmente (o que pode ocorrer, se observados os termos da CF, é a sustação do andamento da ação). Desde a expedição do diploma, os congressistas não poderão ser presos, salvo em flagrante de crime inafiançável. Nesse caso, os autos serão remetidos dentro de vinte e quatro horas à Casa respectiva, para que, pelo voto da maioria de seus membros, resolva sobre a prisão (art. 53, § 2º, da CF). Além disso, o § 3º do mesmo artigo determina que "recebida a denúncia contra o Senador ou Deputado, por crime ocorrido após a diplomação, o Supremo Tribunal Federal dará ciência à Casa respectiva, que, por iniciativa de partido político nela representado e pelo voto da maioria de seus membros, poderá, até a decisão final, sustar o andamento da ação". **FT/TM**
Gabarito "B".

(Magistratura/PE – 2011 – FCC) A disciplina constitucional das imunidades parlamentares e a sua respectiva compreensão jurisprudencial permitem afirmar:

(A) A inviolabilidade parlamentar não se estende ao congressista quando, na condição de candidato a qualquer cargo eletivo, vem a ofender, moralmente, a honra de terceira pessoa, inclusive a de outros candidatos, em pronunciamento motivado por finalidade exclusivamente eleitoral, que não guarda qualquer conexão com o exercício das funções congressuais.

(B) Desde a proclamação do resultado das eleições, os membros do Congresso Nacional não poderão ser presos, salvo em flagrante de crime inafiançável.

(C) Os Deputados e Senadores, desde a proclamação do resultado das eleições, serão submetidos a julgamento perante o Supremo Tribunal Federal.

(D) A incorporação às Forças Armadas de Deputados e Senadores, embora militares, dependerá de prévia licença da Casa respectiva, salvo em tempo de guerra.

(E) As imunidades de Deputados ou Senadores subsistirão durante o estado de sítio, só podendo ser suspensas mediante o voto de três quintos dos membros da Casa respectiva.

A: correta. A imunidade material (por opiniões, palavras e votos) só protege o parlamentar no exercício do mandato ou em razão dele; **B:** O art. 53, § 2º, da CF determina que **desde a expedição do diploma**, os parlamentares não podem ser presos, salvo em flagrante de crime inafiançável; **C:** São submetidos a julgamento perante o STF desde a expedição do diploma (art. 53, § 1º, da CF); **D:** De acordo com o art. 53, § 7º, da CF "A incorporação às Forças Armadas de Deputados e Senadores, embora militares e ainda que em tempo de guerra, dependerá de prévia licença da Casa respectiva"; **E:** Não reflete o disposto no art. 53, § 8º, da CF. **FT/TM**
Gabarito "A".

(Magistratura/RO – 2011 – PUCPR) Em relação ao Poder Legislativo e ao processo legislativo, afirma-se:

I. É vedada a edição de medidas provisórias sobre matéria relativa à nacionalidade, cidadania, direitos políticos, partidos políticos e direito eleitoral.

5. DIREITO CONSTITUCIONAL

II. A iniciativa popular pode ser exercida pela apresentação à Câmara dos Deputados de projeto de lei subscrito por, no mínimo, um por cento do eleitorado nacional, distribuído pelo menos por cinco Estados, com não menos de três décimos por cento dos eleitores de cada um deles.

III. Os Deputados e Senadores não poderão desde a posse firmar ou manter contrato com pessoa jurídica de direito público, autarquia, empresa pública, sociedade de economia mista ou empresa concessionária de serviço público, salvo quando o contrato obedecer a cláusulas uniformes.

IV. Desde a posse, os membros do Senado Federal não poderão ser presos, salvo em flagrante de crime inafiançável. Nesse caso, os autos serão remetidos dentro de quarenta e oito horas ao Senado Federal, para que, pelo voto de três quintos de seus membros, resolva sobre a prisão.

Está(ão) CORRETA(S):

(A) Todas as afirmativas.

(B) Somente as afirmativas I e II.

(C) Somente as afirmativas II, III e IV.

(D) Somente as afirmativas III e IV.

(E) Somente as afirmativas I, II e IV.

I: Art. 62, § 1º, I, "a", da CF; **II:** Art. 61, § 2º, da CF; **III:** Não reflete o disposto no art. 54, I, "a", da CF (desde a expedição do diploma); **IV:** Não reflete o disposto no art. 53, § 2º, da CF. FT/TM
Gabarito "B".

(Magistratura/SC – 2010) Sobre as Leis Delegadas é **INCORRETO** afirmar:

(A) A lei delegada prevista na Constituição da República é exceção ao princípio da indelegabilidade de atribuições de um Poder para outro Poder. É uma delegação *externa corporis,* ou seja, para fora do corpo do Poder Legislativo.

(B) A delegação ao Presidente da República se faz por meio de resolução do Congresso Nacional.

(C) São também indelegáveis os atos de competência exclusiva do Congresso Nacional, as leis sobre organização do Poder Judiciário e do Ministério Público e as matérias reservadas à lei complementar.

(D) Só é possível delegar ao Presidente da República se este solicitar. Em outras palavras: o Legislativo não pode obrigar o Presidente da República a legislar.

(E) O conteúdo do projeto de lei delegada poderá ser alterado, mas terá que ser votado em única votação.

A: Art. 68 da CF; **B:** Art. 68, § 2º, da CF; **C:** Art. 68, § 1º, I a III, da CF; **D:** Art. 68, *caput,* da CF; **E:** Não reflete o disposto no art. 68, § 2º, da CF. FT/TM
Gabarito "E".

(Magistratura/SP – 2011 – VUNESP) Leia as afirmativas sobre a edição de medidas provisórias.

I. É vedada a edição de medidas provisórias sobre matéria relativa a direito penal, processual penal, processual civil e já disciplinada em projeto de lei aprovado pelo Congresso Nacional e vetado pelo Presidente da República.

II. As medidas provisórias, com força de lei, podem ser adotadas pelo Presidente da República em caso de relevância e urgência.

III. Se a medida provisória não for apreciada em até trinta dias, contados de sua publicação, entrará em regime de urgência, subsequentemente, em cada uma das Casas do Congresso Nacional, ficando sobrestadas, até que se ultime a votação, todas as demais deliberações legislativas da Casa em que estiver tramitando.

IV. As medidas provisórias terão sua votação iniciada na Câmara dos Deputados.

Está correto apenas o contido em

(A) I e II.

(B) I, III e IV.

(C) II e IV.

(D) II.

(E) IV.

I: A primeira parte está correta (art. 62, § 1º, I, "b", da CF), mas a segunda parte não reflete o disposto no art. 62, § 1º, IV, da CF; **II:** correta. Art. 62, *caput,* da CF; **III:** Não reflete o disposto no art. 62, § 3º, da CF; **IV:** Sim, de acordo com o art. 62, § 8º, da CF. FT/TM
Gabarito "C".

(Magistratura/SP – 2011 – VUNESP) No tocante às Comissões Parlamentares, é equivocado dizer:

(A) a Constituição Federal prevê a constituição das Comissões Permanentes, das Comissões Temporárias, das Comissões Mistas e das Comissões Parlamentares de Inquérito.

(B) as Comissões Mistas são sempre Temporárias, extinguindo-se ao preencherem os fins a que se destinam.

(C) as Comissões Parlamentares de Inquérito têm por objeto a apuração de fato determinado e têm prazo certo de funcionamento.

(D) as Comissões Permanentes organizam-se em função da matéria de sua competência.

(E) a Comissão Representativa tem por atribuição representar o Congresso Nacional durante o recesso parlamentar.

A: Art. 58, *caput* e § 3º; e art. 62, § 9º, ambos da CF; **B:** Não reflete o disposto no art. 58, *caput* e no art. 62, § 9º, ambos da CF; **C:** Art. 58, § 3º, da CF; **D:** Art. 58, *caput* e § 2º, da CF; **E:** Art. 58, § 4º, da CF. FT/TM
Gabarito "B".

(Magistratura/SP – 2011 – VUNESP) Sobre os tratados internacionais, assinale a alternativa correta.

(A) Podem ser celebrados pelo Presidente da República ou pelo Presidente do Senado.

(B) Celebrados pela autoridade competente, precisam ser referendados pelo Congresso Nacional.

(C) Nas hipóteses de grave violação de direitos humanos, o Procurador Geral da República, com a finalidade de assegurar o cumprimento de obrigações decorrentes de tratados internacionais de direitos humanos dos quais o Brasil seja parte, poderá suscitar, perante o Supremo Tribunal Federal, em qualquer fase do inquérito ou processo, incidente de deslocamento de competência para a Justiça Federal.

(D) Os tratados e convenções internacionais sobre direitos humanos que forem aprovados, em cada Casa do Congresso Nacional, em dois turnos, por maioria simples dos votos dos respectivos membros, serão equivalentes às emendas constitucionais.

(E) Compete exclusivamente ao Senado Federal resolver definitivamente sobre tratados, acordos ou atos internacionais que acarretem encargos ou compromissos gravosos ao patrimônio nacional.

A: Competência privativa do Presidente da República (art. 84, VIII, da CF); **B:** Art. 84, VIII da CF; **C:** O art. 109, § 5º, da CF prevê que o incidente deve ser suscitado perante o STJ; **D:** Não reflete o disposto no art. 5º, § 3º, da CF; **E:** Competência exclusiva do Congresso Nacional (art. 49, I, da CF). FT/TM

Gabarito "B".

(Magistratura/PR – 2010 – PUC/PR) Marque a opção INCORRETA:

(A) A incorporação às Forças Armadas de Deputados e Senadores, embora militares e ainda que em tempo de guerra, dependerá de prévia licença da Casa respectiva.

(B) Cada legislatura terá a duração de 04 (quatro) anos, segundo prevê *expressamente* o parágrafo único do art. 44 da Constituição Federal de 1988.

(C) A iniciativa das leis complementares e ordinárias cabe a qualquer membro ou Comissão da Câmara dos Deputados, do Senado Federal ou do Congresso Nacional, ao Presidente da República, ao Supremo Tribunal Federal, aos Tribunais Superiores, ao Procurador-Geral da República e aos cidadãos, na forma e nos casos previstos na Constituição Federal de 1988.

(D) As leis delegadas serão elaboradas pelo Presidente da República, que, conforme estatui a CF/88, deverá solicitar a delegação à Câmara dos Deputados, visto que esta é composta por representantes do povo.

A: Art. 53, § 7º, da CF; **B:** Art. 44, parágrafo único, da CF; **C:** Art. 61, *caput*, da CF; **D:** Deve solicitar delegação ao Congresso Nacional (art. 68, *caput*, da CF). FT/TM

Gabarito "D".

(Juiz – TRF 3ª Região – 2016) Examine as seguintes proposições e indique a alternativa correta:

I. As Comissões Parlamentares de Inquérito/CPIs são temporárias e destinadas a apurar fatos determinados; possuem poderes próprios das autoridades judiciárias o que legitima que, apuradas por elas responsabilidades civil ou penal, apliquem sanções aos infratores.

II. A Constituição Federal não estabelece hierarquia entre lei complementar e lei ordinária, nem entre lei federal e lei estadual, tampouco prevê iniciativa popular para emendar a Carta Magna.

III. A inviolabilidade parlamentar por opiniões e palavras acompanha o Deputado Federal ou Senador quando ele é candidato a outro cargo eletivo, imunizando-o de responder por ofensas dirigidas a outras pessoas durante a campanha.

IV. Vagando os cargos de Presidente e de Vice-Presidente da República nos dois primeiros anos do mandato presidencial, será feita eleição direta noventa dias depois de aberta a última vaga.

(A) São corretas as proposições II e IV.

(B) São corretas as proposições I e III.

(C) São corretas as proposições III e IV.

(D) Todas as proposições são incorretas.

I: incorreta, pois a CPI encaminhará suas conclusões ao Ministério Público (art. 58, §3º, da CF); **II:** correta, de fato não há hierarquia, mas âmbitos de competências distintos. Ainda, não há, no texto constitucional, previsão da iniciativa popular para proposta de emenda constitucional; **III:** incorreta, pois a imunidade plena ocorre dentro do Parlamento, mas, fora, relativiza-se e deverá guardar relação pertinente para com a função exercida. Nesse sentido farta é a jurisprudência do STF: "A palavra 'inviolabilidade' significa intocabilidade, intangibilidade do parlamentar quanto ao cometimento de crime ou contravenção. Tal inviolabilidade é de natureza material e decorre da função parlamentar, porque em jogo a representatividade do povo. O art. 53 da CF, com a redação da Emenda 35, não reeditou a ressalva quanto aos crimes contra a honra, prevista no art. 32 da EC 1, de 1969. Assim, é de se distinguir as situações em que as supostas ofensas são proferidas dentro e fora do Parlamento. Somente nessas últimas ofensas irrogadas fora do Parlamento é de se perquirir da chamada 'conexão com o exercício do mandato ou com a condição parlamentar' (Inq 390 e 1.710). Para os pronunciamentos feitos no interior das Casas Legislativas não cabe indagar sobre o conteúdo das ofensas ou a conexão com o mandato, dado que acobertadas com o manto da inviolabilidade. Em tal seara, caberá à própria Casa a que pertencer o parlamentar coibir eventuais excessos no desempenho dessa prerrogativa. No caso, o discurso se deu no plenário da Assembleia Legislativa, estando, portanto, abarcado pela inviolabilidade. Por outro lado, as entrevistas concedidas à imprensa pelo acusado restringiram-se a resumir e comentar a citada manifestação da tribuna, consistindo, por isso, em mera extensão da imunidade material." (Inq 1958/AC); **IV:** correta, nos termos do art. 81, "caput", da CF. AB

Gabarito "A".

(Juiz – TRF 4ª Região – 2016) Dadas as assertivas abaixo, assinale a alternativa correta.

I. É inconstitucional norma local que estabeleça a competência do Tribunal de Contas da União para realizar exame prévio de validade de contratos firmados com o Poder Público.

II. As sociedades de economia mista e as empresas públicas federais estão sujeitas à fiscalização do Tribunal de Contas da União.

III. No âmbito das competências institucionais do Tribunal de Contas da União, aquela consistente em apreciar e emitir parecer prévio sobre as contas prestadas anualmente pelo Presidente da República fica subordinada ao crivo posterior do Congresso Nacional.

IV. A tomada de contas especial, enquanto procedimento administrativo disciplinar, visa ao ressarcimento do dano causado ao erário.

(A) Estão corretas apenas as assertivas I, II e III.

(B) Estão corretas apenas as assertivas I, II e IV.

(C) Estão corretas apenas as assertivas I, III e IV.

(D) Estão corretas apenas as assertivas II, III e IV.

(E) Estão corretas todas as assertivas.

5. DIREITO CONSTITUCIONAL — 369

I: correta, pois o art. 71 da Constituição não insere na competência do TCU a aptidão para examinar, previamente, a validade de contratos administrativos celebrados pelo Poder Público. Atividade que se insere no acervo de competência da Função Executiva. Assim, "é inconstitucional norma local que estabeleça a competência do tribunal de contas para realizar exame prévio de validade de contratos firmados com o Poder Público. Ação Direta de Inconstitucionalidade conhecida e julgada procedente. Medida liminar confirmada." (ADI 916); II: correta, pois integram a estrutura do Estado e, tão logo, estão sujeitas ao controle, nos termos dos arts. 70 e 71, da CF; III: correta, conforme art. 71, I, da CF; IV: incorreta, pois a tomada de contas não se confunde com um procedimento administrativo disciplinar, mas um procedimento de defesa da coisa pública (MS 25643). **AB**

Gabarito "A."

(Juiz – TRF 2ª Região – 2017) Assinale a opção correta:

(A) A antinomia entre e lei complementar e lei ordinária se resolve ou com a inconstitucionalidade ou com a inaplicabilidade desta última.

(B) Quando o Presidente da República sanciona o projeto de lei, convalida-se o vício derivado da usurpação de iniciativa, se esta cabia ao executivo.

(C) Cargos públicos do executivo federal apenas podem ser criados e extintos por lei de iniciativa do Presidente da República, mas isso não impede que, sem aumento de despesa, o regime jurídico desses servidores seja disciplinado por lei de iniciativa parlamentar.

(D) No sistema pátrio, não há empecilho constitucional à edição de leis sem caráter geral e abstrato, providas apenas de efeitos concretos e individualizados.

(E) As Comissões Parlamentares de Inquérito podem, no seu mister constitucional e preenchidos os pressupostos, determinar a busca e apreensão domiciliar.

A: incorreta, pois não há hierarquia entre lei ordinária e lei complementar; **B:** incorreta, pois a Súmula 5, do STF, há muito, foi superada pela Corte: "O desrespeito à prerrogativa de iniciar o processo de positivação formal do Direito, gerado pela usurpação do poder sujeito à cláusula de reversa, traduz vício jurídico de gravidade inquestionável, cuja ocorrência reflete típica hipótese de inconstitucionalidade formal, apta a infirmar, de modo irremissível, a própria integridade jurídica do ato legislativo eventualmente editado. Dentro desse contexto – em que se ressalta a imperatividade da vontade subordinante do poder constituinte –, nem mesmo a aquiescência do Chefe do Executivo mediante sanção ao projeto de lei, ainda quando dele seja a prerrogativa usurpada, tem o condão de sanar esse defeito jurídico radical. Por isso mesmo, a tese da convalidação das leis resultantes do procedimento inconstitucional de usurpação – ainda que admitida por esta Corte sob a égide da Constituição de 1946 (Súmula n.º 5) – não mais prevalece, repudiada que foi seja em face do magistério da doutrina (...), seja, ainda, em razão da jurisprudência dos Tribunais, inclusive a desta Corte (...)." (ADI 1197); **C:** incorreta, nos termos do art. 61, §1º, II, *c*, da CF; **D:** incorreta. Em que pese a lei, em regra, seja geral e abstrata, perfeitamente possível é a edição de lei de efeitos concretos e individualizados, tal qual a lei no processo de desapropriação, uma medida provisória que trate de créditos extraordinários etc.; **E:** incorreta. CPI não pode expedir mandado de busca e apreensão domiciliar, somente sendo cabível por ordem do Poder Judiciário. **AB**

Gabarito "D."

(Juiz – TRF 2ª Região – 2017) Leia as assertivas e, ao final, marque a opção correta:

I. A utilização de Medida Provisória para fins de abertura de crédito extraordinário é medida excepcionalíssima, somente admitida pela Constituição para fazer frente a despesas decorrentes de guerra ou comoção interna, observadas as demais regras aplicáveis a tal espécie legislativa.

II. As Medidas Provisórias possuem força de lei e eficácia imediata desde a sua publicação. Após editadas, o Presidente da República não pode meramente cancelá-las e, assim, retirá-las da apreciação do Poder Legislativo, impedindo que este examine plena e integralmente seus efeitos, o que não impede que uma MP revogue outra ainda não convertida em lei.

III. Embora ato normativo provisório, cuja finalidade é ser convertido em lei, a Medida Provisória pode ser objeto de Ação Direta de Inconstitucionalidade ou de Ação Declaratória de Constitucionalidade, sendo certo que, se convertida em lei, é imprescindível o aditamento da inicial, sob pena de extinção do processo de controle abstrato.

(A) Apenas a assertiva I está correta.

(B) Apenas a assertiva II está correta.

(C) Apenas a assertiva III está correta.

(D) Apenas as assertivas II e III estão corretas.

(E) Apenas as assertivas I e II estão corretas.

I: incorreta, pois afronta o art. 167, §3º, da CF, "(...) guerra, comoção interna ou calamidade pública (...)"; II: correta. Inclusive assim já julgou o STF na ADI 2984/DF: " Porque possui força de lei e eficácia imediata a partir de sua publicação, a Medida Provisória não pode ser 'retirada' pelo Presidente da República à apreciação do Congresso Nacional. Precedentes. 2. Como qualquer outro ato legislativo, a Medida Provisória é passível de ab-rogação mediante diploma de igual ou superior hierarquia. Precedentes. 3. A revogação da MP por outra MP apenas suspende a eficácia da norma ab-rogada, que voltará a vigorar pelo tempo que lhe reste para apreciação, caso caduque ou seja rejeitada a MP ab-rogante. 4. Consequentemente, o ato revocatório não subtrai ao Congresso Nacional o exame da matéria contida na MP revogada."; III: correta, inclusive tendo sido tema da ADI 1588/DF, nos seguintes termos: "A ausência de aditamento da petição inicial, em sede de controle normativo abstrato, gera a extinção anômala do respectivo processo, eis que se revela imprescindível, no caso de reedição da medida provisória impugnada ou na hipótese de sua conversão em lei, que o autor formalmente adite o pedido inicial, em ordem a permitir que se estenda à medida provisória reeditada ou à lei de conversão dela resultante a impugnação originariamente deduzida. Precedentes.". **AB**

Gabarito "D."

(Juiz – TRF 2ª Região – 2017) Quanto ao Legislativo no Brasil, marque a opção correta:

(A) Salvo as hipóteses de votação de Emendas Constitucionais, as deliberações de cada uma das Casas do Congresso Nacional e de suas respectivas Comissões devem ser tomadas pela maioria de votos, desde que presente a maioria de seus membros.

(B) As Propostas de Emendas à Constituição encaminhadas ao Congresso Nacional pelo Presidente da República devem ter sua tramitação iniciada na Câmara dos Deputados, sob pena de incidir em inconstitucionalidade formal.

(C) Às comissões parlamentares de inquérito regularmente criadas são asseguradas, preenchidos os pressupostos, competências para realização de diligências, para requerimento de informações e para afastamento de sigilo fiscal, telefônico e de correspondência dos investigados.

(D) O instituto da iniciativa popular pode ser exercido pela apresentação ao Poder Legislativo Federal de projeto de lei subscrito por não menos do que 2% (dois por cento) do eleitorado nacional, distribuído pelo menos por dez dos Estados, com não menos de 0,3% (três décimos por cento) dos eleitores de cada um deles.

(E) A Constituição prevê como únicos legitimados para a proposição de Emendas à Constituição Federal o Presidente da República, ao menos 1/3 (um terço) de Deputados Federais e ao menos 1/3 (um terço) de Senadores.

A: incorreta, pois a regra é a maioria absoluta dos membros, conforme art. 47, da CF; **B:** incorreta. Na verdade não se trata de Proposta à Emenda Constitucional, mas da Medida Provisória, nos termos do art. 62, §8º, da CF; **C:** correta. Ver art. 58, §3º, da CF, bem como o MS 23452/RJ, do STF. Muito cuidado para não confunda sigilo de dados telefônico com a interceptação telefônica, por exemplo; **D:** incorreta, pois o art. 61, §2º, da CF, determina um por cento do eleitorado nacional, distribuído por cinco Estados (no mínimo), com não menos de três décimos por cento dos eleitores de cada um deles; **E:** incorreta, pois o texto constitucional, art. 60, III, também, faz menção às Assembleias Legislativas. **AB**

„C‟. oʇɥɐqɐⅮ

(Magistratura Federal – 4ª Região – IX) Assinalar a alternativa correta:

(A) A inviolabilidade dos vereadores por suas opiniões, palavras e votos não é absoluta, admitindo a aplicação de sanções previstas no Regimento Interno da Câmara Municipal e a responsabilização pelo crime de calúnia, se a ofensa não tiver relação com o exercício do mandato.

(B) A imunidade penal dos vereadores está limitada ao exercício do mandato e às manifestações feitas da tribuna na Câmara Municipal.

(C) O vereador, atuando no âmbito da circunscrição territorial do seu Município, não pode ser processado criminalmente por suas opiniões, palavras e votos, sem prévia licença da Câmara Municipal.

(D) A inviolabilidade dos vereadores por suas opiniões, palavras e votos estende-se a todas as suas manifestações, dentro ou fora do recinto da Câmara Municipal, não podendo ser indiciados em inquérito policial nem processados criminalmente por delitos contra a honra.

Tratando sobre o tema é de extrema valia o entendimento do Min. Celso de Mello, senão, vejamos: "Ementa: Vereador. Imunidade parlamentar em sentido material: inviolabilidade (CF, art. 29, VIII). Discurso proferido por vereador na tribuna da Câmara Municipal à qual se acha vinculado. Impossibilidade de responsabilização penal (e civil) do membro do Poder Legislativo do município. Pressupostos de incidência da garantia constitucional da imunidade parlamentar. Prática *in officio* e prática p*ropter officium*. Recurso improvido. A garantia constitucional da imunidade parlamentar em sentido material (CF, art. 29, VIII, c/c o art. 53, *caput*) exclui a responsabilidade penal (e também civil) do membro do Poder Legislativo (Vereadores, Deputados e Senadores), por manifestações, orais ou escritas, desde que motivadas pelo desempenho do mandato (prática *in officio*) ou externadas em razão deste

(prática *propter officium*). Tratando-se de Vereador, a inviolabilidade constitucional que o ampara no exercício da atividade legislativa estende-se às opiniões, palavras e votos por ele proferidos, mesmo fora do recinto da própria Câmara Municipal, desde que nos estritos limites territoriais do Município a que se acha funcionalmente vinculado. Precedentes. AI 631.276/SP, Rel. Min. Celso de Mello, v.g.). Essa prerrogativa político-jurídica – que protege o parlamentar (como os Vereadores, p. ex.) em tema de responsabilidade penal – incide, de maneira ampla, nos casos em que as declarações contumeliosas tenham sido proferidas no recinto da Casa legislativa, notadamente da tribuna parlamentar, hipótese em que será absoluta a inviolabilidade constitucional. Doutrina. Precedentes. O recurso extraordinário a que se refere o presente agravo de instrumento foi interposto pelo Ministério Público do Estado de Mato Grosso contra decisão do E. Tribunal de Justiça local que, ao reconhecer a existência de imunidade parlamentar material que torna inviolável o Vereador por suas opiniões, palavras e votos no desempenho do mandato legislativo (CF, art. 29, VIII), concedeu ordem de *habeas corpus* para determinar a extinção de processo penal instaurado contra membro do Poder Legislativo local, autor de declarações alegadamente contumeliosas e ofensivas à honra de um magistrado. O julgamento impugnado em sede recursal extraordinária, de que foi Relator o eminente Desembargador Luiz Ferreira da Silva, acha-se consubstanciado em acórdão assim ementado (fls. 171): "'*Habeas corpus*'. Crime de calúnia. Vereador. Recebimento da denúncia. Irresignação da defesa. Trancamento de ação penal. Alegada inviolabilidade em decorrência de mandato público. Viabilidade da pretensão. Vinculação entre as manifestações do beneficiário e o múnus público por ele exercido. Art. 29, inciso VIII do texto magno. Liminar concedida para suspender o curso da ação penal. Ordem concedida em definitivo para determinar o trancamento da ação penal em referência. Nos termos do disposto no art. 29, inciso VIII da Constituição Federal, impõe-se a concessão da ordem em definitivo para determinar o trancamento da ação penal instaurada para apurar a suposta prática do crime de calúnia perpetrado por vereador nas dependências da Câmara Municipal e em decorrência de suas funções, tendo em vista que é reconhecido aos parlamentares, no exercício do mandato público e nos limites territoriais do município que o elegeu, a inviolabilidade de opiniões, palavras e votos.'" (grifei) A controvérsia jurídica suscitada na presente causa envolve questão impregnada do mais alto relevo político-constitucional, pois concerne à discussão em torno do alcance da garantia da imunidade parlamentar em sentido material, tal como foi esta concedida, pelo art. 29, inciso VIII, da Constituição da República, aos membros integrantes das Câmaras Municipais. Impõe-se registrar, por necessário, que o exercício do mandato atua como verdadeiro suposto constitucional, apto a legitimar a invocação dessa especial prerrogativa jurídica, destinada a proteger, por suas "opiniões, palavras e votos", o membro do Poder Legislativo, inclusive os próprios Vereadores (CF, art. 29, VIII). Cabe assinalar que a teleologia inerente à cláusula de inviolabilidade prevista na Constituição da República (art. 29, VIII, art. 27, § 1º, art. 32, § 3º, e art. 53, *caput*) revela a preocupação do constituinte de dispensar efetiva proteção ao parlamentar, em ordem a permitir-lhe, no desempenho das múltiplas funções que compõem o ofício legislativo, o amplo exercício da liberdade de expressão, ainda que fora do recinto da própria Casa legislativa (RTJ 131/1039 – RTJ 135/509-510 - RT 648/318), desde que as declarações emanadas do membro do Poder Legislativo – quando pronunciadas fora do Parlamento (Inq. 1.958/AC, Rel. p/ o acórdão Min. Ayres Britto, Pleno) - guardem conexão com o desempenho do mandato (prática "in officio") ou tenham sido proferidas em razão dele (prática *propter officium*), conforme esta Suprema Corte tem assinalado em diversas decisões (RTJ 155/396-397, Rel. Min. Celso de Mello, Pleno, v.g.). Tratando-se de Vereador, como sucede na espécie, a inviolabilidade constitucional que o ampara no exercício da atividade legislativa estende-se às opiniões, palavras e votos por ele proferidos, mesmo fora do recinto da própria Câmara Municipal, desde que nos estritos limites territoriais do Município a que se acha funcionalmente vinculado. É por essa razão que a jurisprudência constitucional do Supremo Tribunal Federal tem destacado o caráter essencial do exercício do mandato parlamentar, para efeito de legitimar-se a invocação da prerrogativa institucional assegurada aos membros do Poder Legislativo, sempre enfatizando, nas várias decisões proferidas - quer antes, quer depois da promulgação da EC nº 35/2001 –, que a proteção resultante da garantia da imunidade em sentido material somente alcança o parlamentar nas hipóteses em que as palavras e opiniões por ele expendidas o tenham sido no exercício do mandato ou em razão deste (Inq. 1.775-AgR/PR, Rel. Min. Nelson Jobim, Pleno), de tal modo que cessará essa especial tutela de caráter político-jurídico sempre que deixar de existir, entre as declarações moralmente ofensivas, de um lado, e a prática inerente ao ofício legislativo, de outro, o necessário nexo de causalidade, ressalvadas, no entanto, as declarações contumeliosas que houverem sido proferidas no recinto da Casa legislativa, notadamente da tribuna parlamentar, hipótese em que será absoluta a inviolabilidade constitucional: "O art. 53 da Constituição Federal, com a redação da Emenda nº 35, não reeditou a ressalva quanto aos crimes contra a honra, prevista no art. 32 da Emenda Constitucional nº 1, de 1969. Assim, é de se distinguirem as situações em que as supostas ofensas são proferidas dentro e fora do Parlamento. Somente nessas últimas ofensas irrogadas fora do Parlamento é de se perquirir da chamada 'conexão com o exercício do mandato ou com a condição parlamentar' (Inq. 390 e 1.710). Para os pronunciamentos feitos no interior das Casas Legislativas, não cabe indagar sobre o conteúdo das ofensas ou a conexão com o mandato, dado que acobertadas com o manto da inviolabilidade. Em tal seara, caberá à própria Casa a que pertencer o parlamentar coibir eventuais excessos no desempenho dessa prerrogativa. No caso, o discurso se deu no plenário da Assembleia Legislativa, estando, portanto, abarcado pela inviolabilidade. Por outro lado, as entrevistas concedidas à imprensa pelo acusado restringiram-se a resumir e comentar a citada manifestação da tribuna, consistindo, por isso, em mera extensão da imunidade material. Denúncia rejeitada"(Inq. 1.958/AC, Rel. p/ o acórdão Min. Ayres Britto, Pleno – grifei) Essa diretriz jurisprudencial mostra-se fiel à *mens constitutionis*, que reconhece, a propósito do tema, que o instituto da imunidade parlamentar em sentido material existe para viabilizar o exercício independente do mandato representativo,revelando-se, por isso mesmo, garantia inerente ao parlamentar que se encontre no pleno desempenho da atividade legislativa (PONTES DE MIRANDA, "Comentários à Constituição de 1967 com a Emenda nº 1 de 1969", tomo III/10 e 43, 2. ed., 1970, RT; JOÃO BARBALHO, "Constituição Federal Brasileira", p. 64, edição fac-similar, 1992, Senado Federal; PINTO FERREIRA, "Comentários à Constituição Brasileira", vol. 2/625, 1990, Saraiva; JOSÉ CRETELLA JÚNIOR, "Comentários à Constituição de 1988", vol.V/2624-2625, item n. 204, 1991, Forense Universitária; PEDRO ALEIXO, "Imunidades Parlamentares", p. 59/65, 1961, Belo Horizonte; CELSO RIBEIRO BASTOS, "Comentários à Constituição do Brasil", vol. 4, tomo I/187, 1995, Saraiva; RENÉ ARIEL DOTTI, "Curso de Direito Penal - Parte Geral", p. 398, item n. 25, 2001, Forense, v.g.). Impende referir, no ponto, o correto magistério de MICHEL TEMER ("Elementos de Direito Constitucional", p. 129, item n. 5, 18. ed., 2002, Malheiros): "A inviolabilidade diz respeito à emissão de opiniões, palavras e votos. Opiniões e palavras que, ditas por qualquer pessoa, podem caracterizar atitude delituosa, mas que assim não se configuram quando pronunciadas por parlamentar. Sempre, porém, quando tal pronunciamento se der no exercício do mandato. Quer dizer: o parlamentar, diante do Direito, pode agir como cidadão comum ou como titular de mandato. Agindo na primeira qualidade não é coberto pela inviolabilidade. A inviolabilidade está ligada à ideia de exercício de mandato. Opiniões, palavras e votos proferidos sem nenhuma relação com o desempenho do mandato representativo não são alcançados pela inviolabilidade." (grifei) Essa mesma orientação – que se projeta na autorizada lição de DAMÁSIO E. DE JESUS ("Direito Penal – Parte Geral", vol. 1/684, item n. 8, 24. ed.,

2001, Saraiva), de FERNANDO CAPEZ ("Curso de Processo Penal", p. 53/54, item n. 6.2, 7. ed.,2001, Saraiva), de ÁLVARO MAYRINK DA COSTA ("Direito Penal – Parte Geral", vol. I, tomo I/488, item n. 12, 6. ed., 1998, Forense), de UADI LAMMÊGO BULOS ("Constituição Federal Anotada", p. 705/707, 4. ed., 2002, Saraiva), de ALEXANDRE DE MORAES ("Constituição do Brasil Interpretada", p. 968/970, item n. 53.2, 8. ed., 2011, Atlas), de LUIZ ALBERTO DAVID ARAUJO/VIDAL SERRANO NUNES JUNIOR ("Curso de Direito Constitucional", p. 297, item n. 3, 6. ed., 2002, Saraiva) e de HELENO CLÁUDIO FRAGOSO ("Lições de Direito Penal – Parte Geral", p. 130, item n. 113, 12ª ed., 1990, Forense, v.g.) - foi exposta, em lapidar abordagem do tema, pelo saudoso e eminente RAUL MACHADO HORTA ("Estudos de Direito Constitucional", p. 597/598, item n. 3, 1995, Del Rey), que assim analisou a matéria em questão: "(...) A inviolabilidade abrange os discursos pronunciados, em sessões ou nas Comissões, os relatórios lidos ou publicados, e assim os votos proferidos pelos Deputados ou Senadores. Protege o congressista ou parlamentar pelos atos praticados na Comissão Parlamentar de Inquérito. Na tribuna, um deputado acusa funcionário de concussão; fornecedor do Estado, de furto; afirma que determinada pessoa é agente de potência estrangeira. Profere, afinal, palavras que, pronunciadas por outros, expõem o seu autor à ação penal ou à responsabilidade civil. Mas, no caso do membro do Poder Legislativo, ele está protegido por ampla irresponsabilidade, que envolve os discursos, as palavras, os votos e as opiniões, manifestadas no exercício do mandato. A inviolabilidade obsta a propositura de ação civil ou penal contra o parlamentar, por motivo de opiniões ou votos proferidos no exercício de suas funções. (...). É absoluta, permanente, de ordem pública. A inviolabilidade é total. As palavras e opiniões sustentadas no exercício do mandato ficam excluídas de ação repressiva ou condenatória, mesmo depois de extinto o mandato. É a 'insindicabilità' das opiniões e dos votos, no exercício do mandato, que imuniza o parlamentar em face de qualquer responsabilidade: penal, civil, ou administrativa, e que perdura após o término do próprio mandato. (...) O Deputado, na tribuna, pode injuriar; caluniar; atingir levianamente pessoas estranhas ao Poder Legislativo, que não poderão contestá-lo de imediato; incitar militares à desobediência. Só estará sujeito, para correção dos excessos ou dos abusos, ao poder disciplinar previsto nos Regimentos Internos. (...) É necessário fixar, todavia, que a inviolabilidade (...) está vinculada ao exercício do mandato ou das funções legislativas. (...) A cláusula que subordina a inviolabilidade ao exercício do mandato impõe acatamento ao caráter teleológico da imunidade." (grifei) O exame dos elementos produzidos na causa em que interposto o recurso extraordinário a que se refere o presente agravo de instrumento põe em evidência, quanto ao Vereador ora agravado, que as imputações consideradas moralmente ofensivas foram por ele proferidas da própria tribuna da Câmara Municipal, como resulta claro do seguinte fragmento do acórdão recorrido (fls. 174/175): "Registro, inicialmente, que a questão posta em debate nos presentes autos refere-se à imunidade material da função pública de vereador, porquanto, infere-se, da inicial, que foi oferecida denúncia contra o paciente, mediante a representação da vítima, porque, no dia 21 de agosto de 2006, em horário não identificado, no edifício da Câmara Municipal de Marcelândia, durante sessão ordinária, o beneficiário, então vereador daquela municipalidade, na presença de várias pessoas, teria caluniado o servidor público Flávio Maldonado de Barros, à época dos fatos, Juiz de Direito daquela comarca, imputando-lhe falsamente fato definido como crime, ao afirmar que o ofendido teria sido comprado com dinheiro sujo, para proferir decisão favorável ao suposto 'comprador' da sentença. Da análise do presente feito, verifico que as razões expendidas pelo impetrante merecem prosperar, pois os elementos probatórios coligidos aos autos revelam que o favorecido, nas dependências da referida casa legislativa, e na condição de vereador do município de Marcelândia, ou seja, resguardado pela suscitada imunidade material, imputou falsamente, à vítima, a prática de fato definido como crime, consubstanciado na suposta venda de decisão. Destarte, embora constate dos autos a existência de indícios acerca da suposta atribuição ao insigne magistrado Flávio Maldonado de Barros a prática de ato criminoso, pondo em cheque o senso de honestidade do douto integrante do judiciário mato-grossense, é forçoso reconhecer que o favorecido agiu sob o manto da imunidade parlamentar, uma vez que os comentários desairosos foram proferidos nas dependências da Câmara de Vereadores de Marcelândia, durante sessão, em virtude do encaminhamento e discussão do projeto de lei referente à revogada Lei Municipal n. 369/2001, por meio da Lei Municipal n. 591/2006." (grifei) Delineado esse contexto fático, reconheço que o discurso parlamentar que o ora agravado proferiu da própria tribuna da Casa Legislativa local acha-se abrangido pela cláusula constitucional da imunidade parlamentar em sentido material, apta a exonerá-lo de qualquer responsabilidade eventualmente resultante de tais declarações, eis que inafastável, na espécie, a constatação de que tais atos resultaram de contexto claramente vinculado ao exercício do ofício legislativo. Não constitui demasia assinalar, considerada a própria jurisprudência que o Supremo Tribunal Federal firmou no tema ora em exame, que os discursos proferidos na tribuna das Casas legislativas (inclusive nas Câmaras Municipais) estão amparados, quer para fins penais, quer para efeitos civis (RE 210.917/RJ, Rel. Min. Sepúlveda Pertence), pela cláusula da inviolabilidade, pois nada se reveste de caráter mais intrinsecamente parlamentar do que os pronunciamentos feitos no âmbito do Poder Legislativo, a partir da própria tribuna do Parlamento, neste compreendidas as próprias Câmaras de Vereadores (AI 631.276/SP, Rel. Min. Celso de Mello – RE 140.867/MS, Rel. p/ o acórdão Min. Maurício Corrêa – RE 278.086/SP, Rel. Min. Maurício Corrêa), hipótese em que será absoluta a inviolabilidade constitucional (Inq. 1.958/AC, Rel. p/ o acórdão Min. Ayres Britto, Pleno), como resulta, de forma bastante clara, da expressiva lição ministrada por Rosah Russomano de Mendonça Lima ("O Poder Legislativo na República", p. 140/141, item n. 2, 1960, Freitas Bastos): "Em consequência de tal determinação, o congressista usufrui de uma proteção ampla, integral, ininterrupta, sempre que atua no exercício do mandato. Sua palavra é livre, desconhece peias e limitações. Vota pelo modo que lhe parecer mais digno e que melhor se coadune com os reclamos de sua consciência. Emite opiniões desafogadamente, sem que o atormente o receio de haver incidido em algum crime de calúnia, de injúria ou de difamação. Há, pois, em verdade, uma ampla irresponsabilidade, que não tem outros limites, senão aqueles traçados pela Constituição. Deste modo, o congressista ocupar a tribuna, diga o que disser, profira as palavras que proferir, atinja a quem atingir, a imunidade o resguarda. Acompanha-o nos instantes decisivos das votações. Segue-o durante o trabalho árduo das comissões e em todas as tarefas parlamentares, dentro do edifício legislativo. Transpõe, mesmo, os limites do Congresso e permanece, intangível, a seu lado, quando se trata do desempenho de atribuições pertinentes ao exercício do mandato." (grifei) Impõe-se reconhecer, ainda, que a garantia constitucional da imunidade parlamentar material também estende o seu manto protetor (1) às entrevistas jornalísticas, (2) à transmissão, para a imprensa, do conteúdo de pronunciamentos ou de relatórios produzidos nas Casas Legislativas (RTJ 172/400-401, Rel. Min. Ilmar Galvão) e (3) às declarações feitas aos meios de comunicação social (RTJ 187/985, Rel. Min. Nelson Jobim), eis que – tal como bem realçado por Alberto Zacharias Toron ("Inviolabilidade Penal dos Vereadores", p. 247, 2004, Saraiva) – esta Suprema Corte tem reafirmado "(...) a importância do debate, pela mídia, das questões políticas protagonizadas pelos mandatários", além de haver enfatizado "a ideia de que as declarações à imprensa constituem o prolongamento natural do exercício das funções parlamentares, desde que se relacionem com estas" (grifei). Vale destacar, neste ponto, por oportuno, que o Plenário do Supremo Tribunal Federal, ao julgar o Inq 579/DF, Rel. Min. Célio Borja (RTJ 141/406, 408), pôs em evidência, de modo bastante expressivo, no voto vencedor proferido pelo eminente Ministro Paulo Brossard, o caráter absoluto da inviolabilidade constitucional que protege o parlamentar, quando expende suas opi-

niões da tribuna da Casa legislativa: "(...) **para palavras ditas da tribuna da Câmara dos Deputados, Pontes de Miranda diz que não há possibilidade de infração da lei penal, porque a lei não chega até ela. O parlamentar fica sujeito à advertência ou à censura do Presidente dos trabalhos, mas falando na Câmara, não ofende a lei penal.**" (grifei) Esse mesmo entendimento foi perfilhado pelo eminente Ministro Carlos Velloso, quando do julgamento do RE 140.867/MS, Rel. p/ o acórdão Min. Maurício Corrêa, também decidido pelo Plenário desta Suprema Corte: "(...) **se a manifestação do Vereador é feita da tribuna da Câmara, a inviolabilidade é absoluta. Indaga-se se não haveria corretivo para os excessos praticados da tribuna. Há sim. Os excessos resolvem-se no âmbito da Câmara. Pode vir até a perder o mandato, por falta de decoro e outras transgressões regimentais. Certo é que, se a manifestação ocorreu da tribuna, repito, a inviolabilidade é absoluta.**" (grifei) Essa orientação jurisprudencial foi expressamente consagrada em julgamento emanado do Plenário do Supremo Tribunal Federal, cujo acórdão está assim ementado: "Inquérito. Denúncia que faz imputação a parlamentar de prática de crimes contra a honra, cometidos durante discurso proferido no plenário de assembleia legislativa e em entrevistas concedidas à imprensa. Inviolabilidade: conceito e extensão dentro e fora do parlamento. A palavra 'inviolabilidade' significa intocabilidade, intangibilidade do parlamentar quanto ao cometimento de crime ou contravenção. Tal inviolabilidade é de natureza material e decorre da função parlamentar, porque em jogo a representatividade do povo. O art. 53 da Constituição Federal, com a redação da Emenda nº 35, não reeditou a ressalva quanto aos crimes contra a honra, prevista no art. 32 da Emenda Constitucional nº 1, de 1969. Assim, é de se distinguirem as situações em que as supostas ofensas são proferidas dentro e fora do Parlamento. Somente nessas últimas ofensas irrogadas fora do Parlamento é de se perquirir da chamada 'conexão com o exercício do mandato ou com a condição parlamentar' (Inq. 390 e 1.710). Para os pronunciamentos feitos no interior das Casas Legislativas, não cabe indagar sobre o conteúdo das ofensas ou a conexão com o mandato, dado que acobertadas com o manto da inviolabilidade. Em tal seara, caberá à própria Casa a que pertencer o parlamentar coibir eventuais excessos no desempenho dessa prerrogativa. No caso, o discurso se deu no plenário da Assembleia Legislativa, estando, portanto, abarcado pela inviolabilidade. Por outro lado, as entrevistas concedidas à imprensa pelo acusado restringiram-se a resumir e comentar a citada manifestação da tribuna, consistindo, por isso, em mera extensão da imunidade material. Denúncia rejeitada"(Inq. 1.958/AC, Rel. p/ o acórdão Min. Ayres Britto, Pleno – grifei). Impõe-se registrar, finalmente, a seguinte observação: se o membro do Poder Legislativo, não obstante amparado pela imunidade parlamentar material, incidir em abuso de tal prerrogativa, expor-se-á à jurisdição censória da própria Casa legislativa a que pertence, tal como assinala a doutrina (RAUL MACHADO HORTA, "Estudos de Direito Constitucional", p. 597, item n. 3, 1995, Del Rey; CARLOS MAXIMILIANO, "Comentários à Constituição Brasileira", vol. II/49, item n. 297, 5. ed., 1954,Freitas Bastos, v.g.) e acentua, com particular ênfase, a jurisprudência constitucional firmada pelo Plenário do Supremo Tribunal Federal (RE 140.867/MS, Rel. p/ o acórdão Min. Maurício Corrêa – Inq. 1.958/AC, Rel. p/ o acórdão Min. Ayres Britto). Concluindo: a análise dos elementos constantes destes autos permite-me reconhecer que o comportamento do ora agravado - que era, então, à época dos fatos, Vereador – subsume-se, inteiramente, ao âmbito da proteção constitucional fundada na garantia da imunidade parlamentar material, em ordem a excluir, na espécie, a responsabilidade penal do parlamentar municipal em referência, eis que incidente, no caso, a cláusula de inviolabilidade inscrita no art. 29, inciso VIII, da Constituição da República, considerada a circunstância de que o questionado discurso parlamentar foi proferido no exercício do mandato legislativo, no próprio recinto da Câmara de Vereadores e "na circunscrição do Município". Sendo assim, e pelas razões expostas, nego provimento ao presente agravo de instrumento, eis que se revela inviável o recurso

5. DIREITO CONSTITUCIONAL

extraordinário a que ele se refere, pois inteiramente correto o acórdão emanado do E. Tribunal de Justiça local. Publique-se. Brasília, 1º de agosto de 2011" (818693 MT, Relator: Min. Celso de Mello, Data de Julgamento: 01/08/2011, Data de Publicação: DJe-149 Divulg. 03/08/2011 Public. 04/08/2011). FT

Gabarito "D".

(Magistratura Federal – 1ª Região – 2011 – CESPE) Acerca da organização e atribuições do Poder Legislativo e da fiscalização financeira e orçamentária exercida pelo Congresso Nacional, assinale a opção correta.

(A) Ao tomarem conhecimento de qualquer irregularidade ou ilegalidade ocorrida no âmbito do Poder Executivo, do Poder Legislativo e do Poder Judiciário, os responsáveis pelo controle interno dela devem dar ciência à Controladoria Geral da União, sob pena de responsabilidade solidária.

(B) As normas da CF que versam sobre o TCU aplicam-se à organização e à fiscalização dos tribunais de contas dos estados e do DF, cabendo às respectivas casas legislativas estabelecer o número de conselheiros dessas cortes de contas e a sua forma de nomeação.

(C) O Poder Legislativo é composto por deputados federais, eleitos pelo sistema proporcional, e por senadores, eleitos pela maioria absoluta do total de eleitores de cada unidade da Federação.

(D) Diferentemente das mesas do Senado Federal e da Câmara dos Deputados, a mesa do Congresso Nacional será presidida, alternadamente, pelo presidente do Senado Federal e da Câmara dos Deputados, com mandato de dois anos.

(E) Compete privativamente ao Senado Federal processar e julgar os ministros do STF e os membros do CNJ nos crimes de responsabilidade.

A: incorreta, art. 74, § 1º, CF/88. A ciência deverá ser dada ao Tribunal de Contas da União, não à Controladoria Geral da União; **B:** incorreta, pois o parágrafo único, do art. 75, da CF/88, determina que *as* "Constituições estaduais disporão sobre os Tribunais de Contas respectivos, que *serão* integrados por SETE Conselheiros"; **C:** incorreta, pois o sistema adotado para a eleição dos Senadores é o SISTEMA ELEITORAL MAJORITÁRIO SIMPLES e não o majoritário ABSOLUTO. O simples contenta-se com qualquer maioria de votos, já o absoluto exige no mínimo maioria absoluta de votos para considerar o candidato eleito, se não terá que haver 2º turno de votação. O sistema majoritário simples é adotado nas eleições para Senador e Prefeito de Municípios com menos de 200 mil eleitores (art. 29, II, CR/88). E o sistema majoritário absoluto é adotado nas eleições para Presidente da República, Governadores e Prefeitos de Municípios com mais de 200 mil eleitores; **D:** incorreta, § 5º, do art. 57, da CF/88; **E:** correta, inciso II, do art. 52, da CF/88. A redação originária do referido dispositivo previa apenas os Ministros do STF, o Procurador-Geral da República e o Advogado-Geral da União, entretanto, com a EC n. 45/2004 fora incluída também, na competência privativa do Senado, o processo e julgamento dos membros do CNJ e do Conselho Nacional do Ministério Público pela prática dos crimes de responsabilidade. FT

Gabarito "E".

(Magistratura Federal – 3ª Região – 2011 – CESPE) Em relação à organização e às atribuições do Poder Legislativo, ao estatuto dos congressistas e à perda de mandato parlamentar, assinale a opção correta.

(A) É atribuição privativa do Congresso Nacional autorizar operações externas de natureza financeira, de interesse da União, dos estados, do DF e dos municípios.

(B) As matérias de competência exclusiva do Congresso Nacional são disciplinadas por meio de decreto legislativo e dispensam a manifestação, mediante sanção ou veto, do presidente da República.

(C) O membro do Congresso Nacional perderá o mandato se deixar de comparecer, em cada sessão legislativa, à terça parte das sessões ordinárias da Casa a que pertencer, salvo licença ou missão autorizada. A perda é decidida pela Câmara dos Deputados ou pelo Senado Federal, por voto secreto e maioria absoluta.

(D) A Câmara dos Deputados compõe-se de representantes dos estados e do DF, eleitos em número proporcional à população, de forma que nenhuma unidade da Federação tenha menos de oito ou mais de sessenta deputados.

(E) Os deputados e senadores, desde a posse, somente poderão ser processados e julgados pelo STF, prerrogativa de foro que vale apenas para as infrações penais, não se estendendo, portanto, aos crimes eleitorais e às contravenções penais.

A: incorreta, pois, de acordo com o art. 52, V, da CF/88 tal atribuição é do Senado Federal; **B:** correta, pois, como bem ensina a doutrina: "O decreto legislativo, uma das espécies normativas previstas no art. 59 (inciso VI), é o instrumento normativo por meio do qual serão materializadas as **competências exclusivas do Congresso Nacional**, alinhadas nos incisos I a XVII do art. 49 da CF/88. As regras sobre o seu procedimento vêm contempladas nos Regimentos Internos das Casas ou do Congresso. Além das matérias do art. 49 da CF/88, o Congresso Nacional deverá regulamentar, por decreto legislativo, os efeitos decorrentes da medida provisória não convertida em lei. Esta regra vem agora expressamente prevista no art. 62, § 3.º, da CF/88, introduzido pela **EC n. 32/2001**. Deflagrado o processo legislativo, ocorrerá a discussão no Congresso, e, havendo aprovação do projeto (pela maioria simples, art. 47), passa -se, imediatamente, à promulgação, realizada pelo **Presidente do Senado Federal**, que determinará a sua publicação. **Não** existe manifestação do Presidente da República, sancionando ou vetando, pela própria natureza do ato (pois versa sobre matérias de competência do Congresso, conferindo subjetividade ao regulamentar o art. 49), bem como em virtude de expressa previsão constitucional (art. 48, *caput*)" (LENZA, Pedro. *Direito Constitucional Esquematizado*. 16. ed. São Paulo: Saraiva, 2012. p. 604.); **C:** incorreta. A primeira parte da alternativa encontra-se em consonância com o disposto no art. 55, III, da CF/88, todavia, a segunda parte não observou o disposto no § 3º, do art. 55, da CF/88; **D:** incorreto, pois, nos termos do art. 45, da CF/88 a Câmara dos Deputados compõe-se de representantes do povo, eleitos, pelo sistema proporcional, em cada Estado, em cada Território e no Distrito Federal. Quem compõe-se de representantes dos Estados e do Distrito Federal, eleitos segundo o princípio majoritário é o Senado Federal – (art. 46, da CF/88); **E:** incorreta, pois, conforme dispõe o art. 53, § 1º, da CF/88, os Deputados e Senadores serão submetidos a julgamento perante o STF desde a EXPEDIÇÃO DO DIPLOMA. Além disso, ensina a doutrina que a prerrogativa de foro abrange a prática de qualquer infração penal, senão, vejamos: "De acordo com o art. 53, § 1.º, os Deputados e Senadores, desde a expedição do diploma, serão submetidos a julgamento perante o **STF**, pela prática de **qualquer tipo de crime**, seja de natureza penal comum *stricto sensu*, seja crimes contra a vida, eleitorais, contravenções penais (art. 53, § 1.º, c./c. art. 102, I, "b" – infrações penais comuns)" (LENZA, Pedro. *Direito Constitucional Esquematizado*. 16. ed. São Paulo: Saraiva, 2012. p. 604.).

No mesmo sentido são os ensinamentos de Bulos: "As infrações penais comuns abrangem, conforme a jurisprudência do Supremo Tribunal Federal, todas as modalidades de cometimentos ilícitos (RTJ, 33:590). Estendem-se, também, aos delitos eleitorais (RTJ, 63:1), alcançando até os crimes contra a vida e as próprias contravenções penais (RTJ, 91:423)" (BULOS, Uadi Lammêgo. *Constituição Federal anotada*. 9. ed. rev. e atual. São Paulo: Saraiva, 2009. p. 782). **FI**

Gabarito "B".

(Magistratura Federal – 1ª Região – 2011 – CESPE) Com relação às cláusulas pétreas e às normas constitucionais que versam sobre o processo legislativo, assinale a opção correta.

(A) O processo legislativo envolve a elaboração de várias espécies normativas, entre as quais se incluem as leis delegadas, as medidas provisórias, os decretos e os regulamentos.

(B) A forma federativa de Estado e a forma republicana de governo constituem limites materiais explícitos ao poder de reforma constitucional, na medida em que o poder constituinte originário deixou assente, de modo expresso, a impossibilidade de supressão de tais matérias da normatividade constitucional.

(C) Compete ao STF a iniciativa de proposição de lei complementar que disponha sobre o Estatuto da Magistratura

(D) São de competência da União as leis que disponham sobre a organização administrativa e judiciária, matéria tributária e orçamentária, serviços públicos e pessoal da administração do DF.

(E) Os limites materiais da CF impedem emendas que alterem o texto das cláusulas pétreas, visto que qualquer alteração nessas disposições descaracterizaria o núcleo essencial desenvolvido e explicitado pelo poder constituinte originário.

A: incorreta, pois os REGULAMENTOS não integram o rol do art. 59 da Constituição Federal; **B:** incorreta, o constituinte apenas previu de forma expressa, como limite material, a FORMA FEDERATIVA DE ESTADO – (art. 60, § 4º, I, CF/88). Todavia, muito embora não tenha previsto de forma expressa a FORMA REPUBLICANA DE GOVERNO, o fez de forma implícita, sendo certo, portanto, que a forma republicada também é imodificável pelo Poder Reformador, porém, em decorrência de limitação implícita. O erro da alternativa esta justamente em afirmar que as duas formas, federativa e republicana constituem limites materiais explícitos; **C:** correto, o examinador exigiu o conhecimento do art. 93, da CF/88. No tocante ao art. 93, da CF/88 alguns julgados merecem análise, senão vejamos: "A aplicabilidade das normas e princípios inscritos no art. 93 da Constituição Federal independe de promulgação do Estatuto da Magistratura, em face do caráter de plena e integral eficácia de que se revestem aqueles preceitos" (STF, ADIn 189/DF, rel. Min. Celso de Mello, Tribunal Pleno, decisão: 9-10-1991, RTJ, v. 138-02, p.371; Em. de Jurisp., v. 1.662-01, p.1; DJ 1, de 22-5-1992, p.7212); **D:** incorreta, já que compete ao Presidente da República, nos termos do art. 61, II, "b", CF/88. Quanto à matéria tributária e orçamentária a competência é concorrente entre União, Estados e DF, conforme o art. 24, I e II, da CF. Contudo, a edição de normas gerais é de competência da União. O examinando deve observar que nos termos do art. 61, II, "a", da CF, as matérias se aplicam aos Territórios; **E:** incorreta, visto que os limites materiais visam impedir a "abolição" das cláusulas pétreas, bem como impedir que os direitos ali previstos sejam restringidos, não impede, porém, que o constituinte altere o texto das cláusulas pétreas com o objetivo de ampliar os direitos ali previstos. **FI**

Gabarito "C".

(Magistratura Federal – 5ª Região – 2011) No que se refere ao Poder Legislativo, assinale a opção correta.

(A) Apesar de não admitir o veto presidencial tácito, a CF admite o denominado veto sem motivação, resguardando ao presidente da República a prerrogativa de simplesmente vetar, sem explicar os motivos de seu ato.

(B) A partir da promulgação da CF, as medidas provisórias passaram a ser apreciadas pelo Congresso Nacional no prazo de sessenta dias, prorrogável pelo mesmo período, não se admitindo, portanto, possibilidade de vigência de medida provisória por mais de cento e vinte dias.

(C) Segundo entendimento do STF, as cortes de contas gozam de autonomia, autogoverno e iniciativa reservada para a instauração de processo legislativo que pretenda alterar a sua organização e funcionamento, razão por que é inconstitucional lei estadual de iniciativa parlamentar que altere ou revogue dispositivos da lei orgânica do tribunal de contas do estado, que estabelece preceitos concernentes à forma de atuação, competências e organização do órgão.

(D) Uma vez obtida resolução delegatória, o presidente da República fica obrigado a editar a lei objeto do pedido de delegação ao Congresso Nacional.

(E) O Poder Legislativo não detém competência para emendar projeto de lei de iniciativa reservada ao chefe do Poder Executivo.

A: incorreta. O veto deve ser motivado (art. 66, § 1º, da CF) e pode ser expresso, tácito, total e parcial; **B:** incorreta. O prazo de sessenta dias foi estabelecido pela EC 32/2001, não pelo texto original da CF. Além disso, se não editado o decreto legislativo a que se refere o § 3º do art. 62 da CF até sessenta dias após a rejeição ou perda de eficácia de medida provisória, as relações jurídicas constituídas e decorrentes de atos praticados durante sua vigência conservar-se-ão por ela regidas (art. 62, § 11, da CF); **C:** correta. Ementa: Ação direta de inconstitucionalidade. ATRICON. Lei estadual (TO) nº 2.351, de 11 de maio de 2010. Inconstitucionalidade formal. Vício de iniciativa. Violação às prerrogativas da autonomia e do autogoverno dos Tribunais de Contas. 1. Inconstitucionalidade formal da Lei estadual, de origem parlamentar, que altera e revoga diversos dispositivos da Lei Orgânica do Tribunal de Contas do Estado do Tocantins. A Lei estadual nº 2.351/ 2010 dispôs sobre forma de atuação, competências, garantias, deveres e organização do Tribunal de Contas estadual. 2. Conforme reconhecido pela Constituição de 1988 e por esta Suprema Corte, gozam as Cortes de Contas do país das prerrogativas da autonomia e do autogoverno, o que inclui, essencialmente, a iniciativa reservada para instaurar processo legislativo que pretenda alterar sua organização e seu funcionamento, como resulta da interpretação sistemática dos artigos 73, 75 e 96, II, "d", da Constituição Federal (cf. ADI 1.994/ES, Relator o Ministro Eros Grau, DJ de 8/9/06; ADI nº 789/DF, Relator o Ministro Celso de Mello, DJ de 19/12/94). 3. Deferido o pedido de medida cautelar para suspender a eficácia da Lei nº 2.351, de 11 de maio de 2010, do Estado do Tocantins, com efeitos *ex tunc* (V. STF, ADI 4.418-MC, Rel. Min. Dias Toffoli) ; **D:** incorreta. Não há norma nesse sentido na CF (v. art. 68, caput e §§ 1º a 3º, da CF); **E:** incorreta. Pode emendar, só não pode aumentar a despesa prevista (salvo as exceções previstas na CF). V. art. 63, I, da CF. **FI**

Gabarito "C".

(Magistratura Federal – 5ª Região – 2011) De acordo com o que dispõe a CF, a atuação conjunta do TCU e do Congresso Nacional no que se refere a controle externo é requerida em caso de

(A) disposição sobre limites para a concessão de garantia da União em operações de crédito interno.

(B) aprovação da exoneração do Procurador-geral da República.

(C) julgamento das contas do presidente da República.

(D) aprovação prévia da escolha de presidente e diretores do BACEN.

(E) aprovação das iniciativas do Poder Executivo referentes a atividades nucleares.

A: incorreta, pois compete privativamente ao Senado Federal, dispor sobre limites e condições para a concessão de garantia da União em operações de crédito externo e interno e não ao Congresso Nacional, nos termos do art. 52, VIII, da CF; **B:** incorreta. Competência do Senado Federal (art. 52, XI, da CF); **C:** correta. Literalidade do art. 71, I, da CF; **D:** incorreta. Competência do Senado Federal (art. 52, III, "d", da CF); **E:** incorreta. Competência do Congresso Nacional (art. 49, XIV, da CF). [F]
Gabarito "C"

(Magistratura Federal – 1ª Região – IX) No Brasil, tem competência exclusiva para julgar anualmente as contas prestadas pelo Presidente da República:

(A) o Supremo Tribunal Federal.

(B) a Comissão Mista de Senadores e Deputados.

(C) o Tribunal de Contas da União.

(D) o Congresso Nacional.

D: correta. É da competência exclusiva do Congresso nacional julgar anualmente as contas prestadas pelo Presidente da República e apreciar os relatórios sobre a execução dos planos de governo, como determina o art. 49, IX, da CF. [F]
Gabarito "D"

(Magistratura Federal-4ª Região – 2010) Dadas as assertivas abaixo, assinale a alternativa correta.

I. A tese de que há hierarquia entre normas constitucionais originárias, dando azo à declaração de inconstitucionalidade de umas em frente às outras, é incompatível com o sistema de constituição rígida.

II. As cláusulas pétreas podem ser invocadas para sustentar a inconstitucionalidade de normas constitucionais originárias que lhe são inferiores.

III. Não havendo hierarquia entre as normas constitucionais, é inadmissível a declaração de inconstitucionalidade de norma introduzida na Constituição Federal por emenda.

IV. Tanto as normas materialmente constitucionais como as normas formalmente constitucionais possuem a mesma eficácia, não havendo hierarquia entre elas.

(A) Estão corretas apenas as assertivas I e III.

(B) Estão corretas apenas as assertivas I e IV.

(C) Estão corretas apenas as assertivas II e III.

(D) Estão corretas todas as assertivas.

(E) Nenhuma assertiva está correta.

I e III: É pacífico o entendimento pela possibilidade de controle de constitucionalidade de emendas constitucionais ou de normas oriun-das de revisão constitucional (porque são fruto do Poder Constituinte Derivado). Mas não cabe declaração de inconstitucionalidade de normas constitucionais originárias (*estabelecidas pelo Poder Constituinte Originário*). *Sem prejuízo é o oportuno tecermos alguns comentários sobre a hierarquia entre normas constitucionais originárias. O entendimento dominante na teoria e na jurisprudência do STF é de que não há hierarquia entre normas constitucionais nem haveria direitos fundamentais absolutos. Escreveu na ADPF 130, o Ministro Celso de Mello.* "É certo que o direito de crítica não assume caráter absoluto, eis que inexistem, em nosso sistema constitucional, como reiteradamente proclamado por esta Suprema Corte (RTJ 173/805-810,807-808, v.g.), direitos e garantias revestidos de natureza absoluta". *A liberdade de expressão, por exemplo, tem fronteiras na intimidade e honra alheias. Se assim não fosse, disse Celso de Mello,* "os atos de caluniar, de difamar, de injuriar e de fazer apologia de fatos criminosos, por exemplo, não seriam suscetíveis de qualquer reação ou punição, porque supostamente protegidos pela cláusula da liberdade de expressão". *Mas a argumentação constitucional, muitas vezes, revela algo bem diferente. Note-se, por exemplo,* "a dignidade da pessoa humana, especialmente a dos idosos, sempre será preponderante, dada a sua condição de princípio fundamental da República (art. 1º, III, da CF/1988)": 1ª Turma, HC 83358/SP. Na mesma ADPF 130/DF, ementou-se: "Os direitos que dão conteúdo à liberdade de imprensa são bens de personalidade que se qualificam como sobredireitos. Daí que, no limite, as relações de imprensa e as relações de intimidade, vida privada, imagem e honra são de mútua excludência, no sentido de que as primeiras se antecipam, no tempo, às segundas; ou seja, antes de tudo prevalecem as relações de imprensa como superiores bens jurídicos e natural forma de controle social sobre o poder do Estado, sobrevindo as demais relações como eventual responsabilização ou consequência do pleno gozo das primeiras". O relator da Arguição, embora tenha afastado a existência de direitos absolutos, reconheceu expressamente a existência de hierarquia entre direitos: "Primeiro, [na Constituição], assegura-se o gozo dos sobredireitos (falemos assim) de personalidade, que são a manifestação do pensamento, a criação, a informação etc., a que se acrescenta aquele de preservar o sigilo da fonte, quando necessário ao exercício da profissão do informante, mais a liberdade de trabalho, ofício, ou profissão. Somente depois é que se passa a cobrar do titular de tais sobre-situações jurídicas ativas um eventual desrespeito a direitos constitucionais alheios, ainda que também densificadores da personalidade humana; ou seja, como exercer em plenitude o direito à manifestação do pensamento e de expressão em sentido geral (sobredireitos de personalidade, reitere-se a afirmativa), sem a possibilidade de contraditar, censurar, desagradar e até eventualmente chocar, vexar, denunciar terceiros? Pelo que o termo 'observado', referido pela Constituição no *caput* e no § 1º do art. 220, é de ser interpretado como proibição de se reduzir a coisa nenhuma dispositivos igualmente constitucionais, como os mencionados incisos IV, V, X, XIII e XIV do art. 5º. "*Disse mais que* 'por se tratar de superiores direitos que, se manifestados por órgão de imprensa ou como expressão de atividade jornalística, passam a receber sobretutela em destacado capítulo da nossa Lei Maior (Capítulo V do Título VIII). (...). Está-se primariamente a lidar, assim, com direitos constitucionais insuscetíveis de sofrer 'qualquer restrição (...)', seja qual for a "forma, processo ou veículo" de sua exteriorização. A Constituição brasileira se posiciona diante de bens jurídicos de personalidade para, de imediato, cravar uma primazia ou precedência: a das liberdades de pensamento e de expressão *lato sensu* (que ainda abarca todas as modalidades de criação e de acesso à informação, esta última em sua tríplice compostura, conforme reiteradamente explicitado). Liberdades que não podem arredar pé ou sofrer antecipado controle nem mesmo por força do Direito-lei, compreensivo este das próprias emendas à Constituição, frise-se. Mais ainda, liberdades reforçadamente protegidas se exercitadas como atividade profissional ou habitualmente jornalística e como atuação de qualquer dos órgãos de comunicação social ou de Imprensa. Isto de modo conciliado: I - contemporaneamente, com a proibição do anonimato, o sigilo da fonte e o livre exercício de qualquer trabalho, ofício, ou profissão; II - *a posteriori*, com o direito de resposta e a reparação pecuniária por eventuais danos à honra e à imagem de terceiros. Sem prejuízo do uso de ação penal também ocasionalmente cabível, nunca, porém, em situação de rigor mais forte do que o prevalecente para os indivíduos em geral". *Longa a transcrição, mas esclarecedora. No mesmo voto em que parecia relativizar os direitos, o Ministro Celso de Mello votou: "Não deixo de reconhecer (...) que os valores que informam a ordem democrática, dando-lhe o indispensável suporte axiológico, revelam-se conflitantes com toda e qualquer pretensão estatal que vise a nulificar ou a coarctar a hegemonia essencial de que se revestem, em nosso sistema constitucional, as liberdades do pensamento." O legislador de concretização não é Estado? Haveria, como disse o Min. Carlos Ayres, uma interdição à lei? Como admitir a legislação penal e civil sobre o tema, expressamente, admitida por eles? Um esforço sistemático de interpretação dos votos autoriza a dizer que, realmente, há relativização dos direitos. Mas, na linguagem do Tribunal, há excertos de predominância absoluta ou pelo menos relativa de uns sobre outros direitos. Sobre e subdireitos; II e IV:* Não há hierarquia entre as normas constitucionais (nem mesmo as cláusulas pétreas são hierarquicamente superiores às demais normas constitucionais) e não é possível declarar a inconstitucionalidade de normas originárias. **FT**

Gabarito "B".

(Magistratura Federal – 1ª Região – IX) Após autorização da Câmara dos Deputados para a instauração de processo contra o Presidente da República, será do _____ a competência privativa para processá-lo e julgá-lo nos crimes de responsabilidade.

(A) Supremo Tribunal Federal.

(B) Senado Federal.

(C) Congresso Nacional.

(D) Tribunal de Contas da União.

A competência para julgar o presidente da República nos crimes de responsabilidade é do Senado Federal (art. 52, II, da Constituição Federal. No tocante ao Supremo Tribunal Federal, compete a ele julgar o Presidente da República nas infrações penais comuns (art. 102, I, *b*, da Constituição Federal). **FT**

Gabarito "B".

(Magistratura Federal – 3ª Região – 2010) Afirmações feitas por congressista nacional contra determinada pessoa, embora ditas no exercício do mandato parlamentar, foram consideradas ofensivas e, também, veiculadas pela imprensa. A Procuradoria-Geral da República, por sua vez, concluiu, inclusive, que os fatos enquadram-se objetivamente aos preceitos do crime de injúria. Pergunta-se:

(A) A conduta do congressista nacional pode resultar na perda do mandato parlamentar;

(B) O mandato parlamentar está protegido constitucionalmente pela exclusão de cometimento de crime por parte de deputados e senadores por suas opiniões, palavras e votos;

(C) Pode ensejar não só a perda do mandato parlamentar, mas também a necessidade de ressarcimento de eventual dano material ou moral decorrente da atuação do congressista nacional;

(D) Poderá resultar na perda do mandato parlamentar, após a necessária análise se está ou não configurado o nexo causal entre as afirmações e o exercício do cargo.

A: incorreta. A manifestação do congressista, no exercício do mandato parlamentar ou em razão dele, está protegida pela imunidade material (art. 53, *caput*, da CF), o que afasta a configuração de crime de injúria e não autoriza a perda do mandato; **B:** correta, modalidade clara de imunidade material; **C:** incorreta, pois não dá ensejo a perda do mandato em virtude da imunidade; **D:** incorreta, pelos mesmos fundamentos. Vejamos um pouco mais sobre imunidades parlamentares: São prerrogativas que asseguram aos membros de parlamentos ampla liberdade, autonomia e independência no exercício de suas funções, protegendo-os contra abusos e violações por parte dos Poderes Executivo e Judiciário. A autonomia e as prerrogativas parlamentares se distinguem em duas espécies principais, imunidade material e formal, mas há outras previstas no art. 53 da CF/88, com redação dada pela Emenda 35/01: Imunidade Material (*caput*). Os Deputados e Senadores são invioláveis, civil e penalmente, por quaisquer de suas opiniões, palavras e votos. A Inviolabilidade, por opiniões, palavras e votos abrange os parlamentares federais (art. 53, CF/88), os deputados estaduais (art. 27, § 1º, CF 88) e, nos limites da circunscrição de seu Município, os vereadores (art. 29, VIII, CF 88) – sempre no exercício do mandato. Imunidade Formal (§ 2º). Desde a expedição do diploma, os membros do Congresso Nacional não poderão ser presos, salvo em flagrante de crime inafiançável. Nesse caso, os autos serão remetidos dentro de vinte e quatro horas à Casa respectiva, para que, pelo voto da maioria de seus membros, resolva sobre a prisão; O STF entende que sentença condenatória criminal transitada em julgado também é fato que autoriza a prisão de deputados federais e senadores, por ser conforme ao art. 15, III, da CF/88 fato que gera a suspensão dos direitos políticos, enquanto durarem os efeitos da pena. § 3º – Recebida a denúncia contra o Senador ou Deputado, por crime ocorrido após a diplomação, o Supremo Tribunal Federal dará ciência à Casa respectiva, que, por iniciativa de partido político nela representado e pelo voto da maioria de seus membros, poderá, até a decisão final, sustar o andamento da ação; § 4º – O pedido de sustação será apreciado pela Casa respectiva no prazo improrrogável de quarenta e cinco dias do seu recebimento pela Mesa Diretora; § 5º – A sustação do processo suspende a prescrição, enquanto durar o mandato. Foro Privilegiado (§ 1º). Os Deputados e Senadores, desde a expedição do diploma, serão submetidos a julgamento perante o Supremo Tribunal Federal. Testemunho Limitado (§ 6º). Os Deputados e Senadores não serão obrigados a testemunhar sobre informações recebidas ou prestadas em razão do exercício do mandato, nem sobre as pessoas que lhes confiaram ou deles receberam informações. Incorporação às Forças Armadas (§ 7º). A incorporação às Forças Armadas de Deputados e Senadores, embora militares e ainda que em tempo de guerra, dependerá de prévia licença da Casa respectiva. Estado de sítio (§ 8º). As imunidades de Deputados ou Senadores subsistirão durante o estado de sítio, só podendo ser suspensas mediante o voto de dois terços dos membros da Casa respectiva, nos casos de atos praticados fora do recinto do Congresso Nacional, que sejam incompatíveis com a execução da medida. Ressalte-se que aqueles que meramente reproduzem opiniões, palavras e votos de parlamentares são também irresponsáveis civil e penalmente. **FT**

Gabarito "B".

(Magistratura Federal – 3ª Região – XIII) Sobre o processo legislativo, é correto afirmar-se que:

(A) os Estados-Membros não podem adotar em suas Constituições a figura da medida provisória, porque esta representa exceção ao princípio da separação dos Poderes;

(B) as regras de iniciativa do processo legislativo, previstas na Constituição Federal, são de observância obrigatória pelas Constituições dos Estados-Membros;

(C) o vício de iniciativa convalida-se com a aprovação do projeto pelo Congresso Nacional e com a sanção do Presidente da República;

(D) em caso de projeto de lei, que deva ser proposto anualmente, a omissão do Chefe do Poder Executivo, a quem reservada a iniciativa, pode ser suprida, desde que por pessoa ou órgão dotado de legitimidade universal, nos termos da Constituição Federal.

A: incorreta. O STF já decidiu que os Estados podem adotar medidas provisórias, com base no art. 25, § 1°, da CF. Ementa: "Ação direta de inconstitucionalidade. Art. 51 e parágrafos da Constituição do Estado de Santa Catarina. Adoção de medida provisória por Estado-membro. Possibilidade. Arts. 62 e 84, XXVI, da CF. EC 32, de 11-9-2001, que alterou substancialmente a redação do art. 62. Revogação parcial do preceito impugnado por incompatibilidade com o novo texto constitucional. Subsistência do núcleo essencial do comando examinado, presente em seu *caput*. Aplicabilidade, nos Estados-membros, do processo legislativo previsto na CF. Inexistência de vedação expressa quanto às medidas provisórias. Necessidade de previsão no texto da Carta estadual e da estrita observância dos princípios e limitações impostas pelo modelo federal. Não obstante a permanência, após o superveniente advento da EC 32/2001, do comando que confere ao chefe do Executivo Federal o poder de adotar medidas provisórias com força de lei, tornou-se impossível o cotejo de todo o referido dispositivo da Carta catarinense com o teor da nova redação do art. 62, parâmetro inafastável de aferição da inconstitucionalidade arguida. Ação direta prejudicada em parte. No julgamento da ADI 425, Rel. Min. Maurício Corrêa, *DJ* 19-12-2003, o Plenário desta Corte já havia reconhecido, por ampla maioria, a constitucionalidade da instituição de medida provisória estadual, desde que, primeiro, esse instrumento esteja expressamente previsto na Constituição do Estado e, segundo, sejam observados os princípios e as limitações impostas pelo modelo adotado pela CF, tendo em vista a necessidade da observância simétrica do processo legislativo federal. Outros precedentes: ADI 691, Rel. Min. Sepúlveda Pertence, *DJ* 19-6-1992 e ADI 812-MC, Rel. Min. Moreira Alves, *DJ* de 14-5-1993. Entendimento reforçado pela significativa indicação na CF, quanto à essa possibilidade, no capítulo referente à organização e à regência dos Estados, da competência desses entes da Federação para 'explorar diretamente, ou mediante concessão, os serviços locais de gás canalizado, na forma da lei, vedada a edição de medida provisória para a sua regulamentação' (art. 25, § 2°). Ação direta cujo pedido formulado se julga improcedente" (ADI 2.391, Rel. Min. Ellen Gracie, **julgamento em 16-8-2006, Plenário, *DJ* de 16-3-2007**). No mesmo sentido: ADI 425, Rel. Min. Maurício Corrêa, julgamento em 4-9-2002, Plenário, *DJ* de 19-12-2003; **B:** correta, em decorrência, principalmente, do princípio da separação dos poderes e da Simetria ou Paralelismo; **C:** incorreta. Para o STF a sanção do chefe do Executivo não supre o vício de iniciativa e a lei padecerá de inconstitucionalidade formal; **D:** incorreta. A CF não possui norma nesse sentido. **FI**

Gabarito "B".

(Magistratura Federal – 2ª Região – 2011 – CESPE) Assinale a opção correta acerca do processo legislativo, das competências e do funcionamento do Congresso Nacional.

(A) É competência exclusiva do Congresso Nacional aprovar previamente, por voto secreto, a escolha de magistrados, nos casos estabelecidos no texto constitucional, bem como processar e julgar os ministros do STF e os membros do Conselho Nacional de Justiça nos crimes de responsabilidade.

(B) O presidente do STF tem competência para solicitar a convocação extraordinária do Congresso Nacional a fim de discutir matérias relativas à organização administrativa e judiciária dos órgãos do Poder Judiciário.

(C) É expressamente vedada a edição de medida provisória sobre matéria relativa à organização do Poder Judiciário e do MP, à carreira e à garantia de seus membros.

(D) O decreto legislativo é o instrumento normativo por meio do qual são disciplinadas as matérias de competência privativa da Câmara dos Deputados e do Senado Federal.

(E) O tratado sobre direitos humanos aprovado, em cada Casa do Congresso Nacional, por dois terços dos votos de seus respectivos membros equivale a emenda constitucional e dispõe de força executória a partir da edição do decreto legislativo que promulgue o seu texto.

A: incorreta, art. 52, II e III, "a" da CF/88. A competência para aprovar previamente, por voto secreto, após arguição pública, a escolha de magistrados, nos casos estabelecidos no texto constitucional – (Ministros do STF – art. 101, parágrafo único; Ministros do STJ – art. 104, parágrafo único; Ministros do TST, art. 111-A; e Ministros do STM – art. 123) –, bem como processar e julgar os ministros do STF e os membros do Conselho Nacional de Justiça nos crimes de responsabilidade é PRIVATIVA do Senado Federal. Nos crimes de responsabilidade, portanto, se submeterão a jurisdição política do Senado Federal. **B:** incorreta, CF/88, incisos I e II, do §6°, do art. 57; **C:** correta, art. 62, § 1°, I, "c" da CF/88; **D:** incorreta, segundo ensina Pedro Lenza: "O decreto legislativo, uma das espécies normativas previstas no art. 59 (inciso VI), é o instrumento normativo por meio do qual serão materializadas as competências exclusivas do Congresso Nacional, alinhadas nos incisos I a XVII do art. 49 da CF/88. As regras sobre o seu procedimento vêm contempladas nos Regimentos Internos das Casas ou do Congresso" (LENZA, Pedro. *Direito Constitucional Esquematizado*. 16. ed. São Paulo: Saraiva, 2012. p. 604.) – (sublinhado nosso). A Câmara dos Deputados e o Senado Federal regulamentarão as matérias que são de sua competência privativa através das Resoluções, arts. 51 e 52 da CF/88; **E:** incorreta, art. 5°, § 3°, da CF/88. Segundo a disposição constitucional expressa, devem ser aprovadas em cada casa do Congresso Nacional, em dois turnos, por três quintos dos votos dos respectivos membros para que sejam considerados equivalentes a Emendas Constitucionais. No tocante ao processo de internalização dos tratados e convenções internacionais que versem sobre direitos humanos, ensina a doutrina que a promulgação é uma imposição formal, vejamos: "(...) promulgação (art. 60, § 3.°): outra imposição formal é que a promulgação da emenda seja realizada pelas Mesas da Câmara dos Deputados e do Senado Federal, com o seu respectivo número de ordem. O número de ordem nada mais é do que o numeral indicativo da quantidade de vezes que a Constituição foi alterada (pelo poder constituinte derivado) desde a sua promulgação. Lembramos que, iniciado o processo de alteração do texto constitucional através de emenda, discutido, votado e aprovado, em cada Casa, em 2 turnos de votação, o projeto será encaminhado diretamente para promulgação, inexistindo sanção ou veto presidencial. Após promulgada, o Congresso Nacional publica a emenda constitucional." (LENZA, Pedro. *Direito Constitucional Esquematizado*. 16. ed. São Paulo: Saraiva, 2008, p. 580.). Ainda sobre o tema decreto de promulgação Nadia Araujo, sustenta: "Gustavo Binebojm manifestou-se com propriedade sobre diversos aspectos da emenda. Sobre a discussão acerca da necessidade ou não do decreto de promulgação nos tratados sobre direitos humanos, entende que este decreto do Pode Executivo não é mais necessário. Isso porque um tratado desse tipo, identificado como tal pelo Presidente da República, será encaminhado ao Congresso não mais como projeto de decreto legislativo, mas como proposta de emenda constitucional. A partir daí, sua tramitação passa a ser a de PEC, para todos os efeitos constitucionais, legais e regimentais. Não há uma sistemática que faça a distinção entre os tipos de PEC, e uma vez aprovada pelo quorum e votação diferenciados, sua promulgação se dará pelas Mesas da Câmara e Senado, pois ao contrário dos projetos de lei, a PEC não está sujeita à sanção presidencial. A circunstância da origem da PEC ser um tratado de direitos humanos, em nada interfere com a questão da soberania: sua internalização se dá como Emenda à Constituição, como se seu texto fosse originário do Gabinete do Presidente da República. Por tudo isso, no seu entender, a EC 45 só confirma sua convicção de que a dicotomia monista/dualista é mesmo irrelevante" (ARAUJO, Nadia. *Direito Internacional Privado*: Teoria e Prática Brasileira. 5. ed. atualizada e ampliada – Rio de Janeiro: Renovar, 2011. p. 181). **FT**

Gabarito "C".

12. DA ORGANIZAÇÃO DO PODER JUDICIÁRIO

(Juiz – TJ/RJ – VUNESP – 2016) Os membros do Conselho Nacional de Justiça serão julgados,no caso de crime de responsabilidade, pelo

(A) Pleno do Conselho Nacional deJustiça.

(B) CongressoNacional.

(C) Supremo TribunalFederal.

(D) Senado Federal.

(E) Superior Tribunal deJustiça.

De acordo com o art. 52, II, da CF, compete ao Senado Federal, de forma privativa, **processar e julgar** os Ministros do Supremo Tribunal Federal, **os membros do Conselho Nacional de Justiça** e do Conselho Nacional do Ministério Público, o Procurador-Geral da República e o Advogado-Geral da União **nos crimes de responsabilidade. BV**

Gabarito "B".

(Juiz – TJ/RJ – VUNESP – 2016) No que se refere à Súmula Vinculante, é correto afirmar que

(A) o efeito vinculante se estende aos Poderes Legislativo, Executivo e ao PoderJudiciário.

(B) partido político com representação no Congresso Nacional pode interpor reclamação constitucional contra texto ou entendimento de SúmulaVinculante.

(C) o cancelamento de Súmula poderá ser provocado pelo Governador do Estado.

(D) do ato administrativo ou judicial que contrariar súmula vinculante caberá, respectivamente, reclamação e recurso extraordinário.

(E) o Supremo Tribunal Federal poderá propor Súmula Vinculante que tenha por objeto a interpretação constitucional e o Superior Tribunal de Justiça matéria referente a controvérsia atual entre órgãos jurisdicionais.

A: incorreta. O Poder Legislativo, quando exerce a sua função típica de criar normas abstratas e genéricas, não está submetido ao efeito da súmula vinculante. A sumula vinculante, portanto, não atinge a função legislativa, ainda que exercida de forma atípica por outro poder; **B:** incorreta. A reclamação constitucional, dentre outras hipóteses, visa a proteger o disposto em súmula vinculante. De acordo com o § 3º do art. 103-A da CF, do ato administrativo ou decisão judicial que contrariar a súmula aplicável ou que indevidamente a aplicar, caberá reclamação ao Supremo Tribunal Federal que, julgando-a procedente, anulará o ato administrativo ou cassará a decisão judicial reclamada, e determinará que outra seja proferida com ou sem a aplicação da súmula, conforme o caso. Por outro lado, para combater a súmula o correto é um pedido de cancelamento ou de revisão que, de fato, pode ser proposto pelo

partido político com representação no Congresso Nacional (art. 3º, VII, da Lei 11.417/2006); **C:** correta. De fato, o cancelamento da súmula vinculante pode ser provocado pelo Governador do Estado. Determina o art. 3º da Lei 11.417/2006 (Súmula Vinculante) que são legitimados a propor a edição, a revisão ou o cancelamento de enunciado de súmula vinculante: I - o Presidente da República, II - a Mesa do Senado Federal, III – a Mesa da Câmara dos Deputados, IV - o Procurador-Geral da República, V - o Conselho Federal da Ordem dos Advogados do Brasil, VI - o Defensor Público-Geral da União, VII - partido político com representação no Congresso Nacional, VIII - confederação sindical ou entidade de classe de âmbito nacional, IX - a Mesa de Assembleia Legislativa ou da Câmara Legislativa do Distrito Federal, X - o Governador de Estado ou do Distrito Federal, XI - os Tribunais Superiores, os Tribunais de Justiça de Estados ou do Distrito Federal e Territórios, os Tribunais Regionais Federais, os Tribunais Regionais do Trabalho, os Tribunais Regionais Eleitorais e os Tribunais Militares; **D:** incorreta. Como mencionado, do ato administrativo ou judicial que contrariar súmula vinculante caberá reclamação ao STF; **E:** incorreta. O STJ não pode editar súmula vinculante. Tal competência é dada apenas ao STF. De acordo com o "caput" do art. 103-A, o Supremo Tribunal Federal poderá, de ofício ou por provocação, mediante decisão de dois terços dos seus membros, após reiteradas decisões sobre matéria constitucional, aprovar súmula que, a partir de sua publicação na imprensa oficial, terá efeito vinculante em relação aos demais órgãos do Poder Judiciário e à Administração Pública direta e indireta, nas esferas federal, estadual e municipal, bem como proceder à sua revisão ou cancelamento, na forma estabelecida em lei. **BV**

Gabarito "C".

(Juiz – TJ/MS – VUNESP – 2015) Nos termos da jurisprudência do Supremo Tribunal Federal, o processo e julgamento do habeas corpus impetrado contra ato ilegal da Turma recursal compete ao

(A) pleno da Turma Recursal composta de 5 juízes em exercício no primeiro grau de jurisdição, reunidos na sede do Tribunal de Justiça.

(B) pleno da Turma Recursal composta de 15 juízes em exercício no primeiro grau de jurisdição, reunidos na sede do Juizado Especial.

(C) Supremo Tribunal Federal.

(D) Tribunal de Justiça dos Estados.

(E) Superior Tribunal de Justiça.

Embora a Súmula 690 do STF mencione a competência como originária do STF, ela está superada. O posicionamento atual é no sentido de que a competência poderá ser do Tribunal de Justiça dos Estados ou do Tribunal Regional Federal. Vejamos: "Quanto ao pedido de análise do aduzido cerceamento de defesa em sede de habeas corpus, ressalto que a Súmula 690/STF não mais prevalece a partir do julgamento pelo Pleno do HC 86834/SP, relatado pelo Rel. Ministro Marco Aurélio (DJ em 9.3.2007), no qual foi consolidado o entendimento de que compete ao Tribunal de Justiça ou ao Tribunal Regional Federal, conforme o caso, julgar habeas corpus impetrado contra ato praticado por integrantes de Turmas Recursais de Juizado Especial." (ARE 676275 AgR, Relator Ministro Gilmar Mendes, Segunda Turma, j. 12.6.2012, DJe 01.8.2012). **BV**

Gabarito "D".

(Juiz – TJ/MS – VUNESP – 2015) De acordo com o texto constitucional, é correto afirmar que, dentre outras, é competência do Superior Tribunal de Justiça e do Supremo Tribunal Federal, respectivamente, processar e julgar, originariamente:

5. DIREITO CONSTITUCIONAL

(A) nos crimes de responsabilidade, os Ministros de Estado; nos crimes comuns, os Governadores dos Estados e do Distrito Federal.

(B) a homologação de sentenças estrangeiras; o litígio entre organismo internacional e o Estado.

(C) habeas data contra atos das Mesas da Câmara dos Deputados; os conflitos de atribuições entre autoridades administrativas e judiciárias da União.

(D) as causas e os conflitos entre a União e os Estados, a União e o Distrito Federal, ou entre uns e outros; nos crimes de responsabilidade, os membros dos Tribunais Regionais Federais.

(E) nas infrações penais comuns, os Deputados Federais; os mandados de segurança contra ato de Ministro de Estado, dos Comandantes da Marinha, do Exército e da Aeronáutica.

A: incorreta. Os Ministros de Estado, nos crimes de responsabilidade, são julgados pelo STF (art. 102, I, *c*, da CF) e os Governadores dos Estados e do Distrito Federal, nos crimes comuns, pelo STJ (art. 105, *a*, da CF); B: correta. Tais assuntos estão disciplinados nos seguintes dispositivos: art. 105, I, *i*, da CF (homologação de sentenças estrangeiras – STJ) e art. 102, I, *e*, da CF (litígio entre organismo internacional e o Estado); C: incorreta. O habeas data contra atos das Mesas da Câmara dos Deputados é da competência do STF (102, I, *d*, da CF). Por outro lado, os conflitos de atribuições entre autoridades administrativas e judiciárias da União são processados e julgados pelo STJ (105, I, *g*, da CF); D: incorreta. As causas e os conflitos entre a União e os Estados, a União e o Distrito Federal, ou entre uns e outros, inclusive as respectivas entidades da administração indireta, são processadas e julgadas pelo STF (art. 102, I, *f*, da CF). Já os membros dos Tribunais Regionais Federais, nos crimes de responsabilidade, pelo STJ (art. 105, I, *a*, da CF); E: incorreta. Determina o § 1º do art. 53 da CF que os Deputados e Senadores, desde a expedição do diploma, serão submetidos a julgamento perante o Supremo Tribunal Federal. De outro modo, os mandados de segurança contra ato de Ministro de Estado, dos Comandantes da Marinha, do Exército e da Aeronáutica são processados e julgados pelo STJ (art. 105, I, *b*, da CF). **BV**

Gabarito "B".

(Juiz – TJ-SC – FCC – 2017) Ao disciplinar o Poder Judiciário, o Ministério Público, a Advocacia Pública e a Defensoria Pública, a Constituição Federal:

I. garante a todas essas instituições autonomia administrativa e financeira, cabendo-lhes o encaminhamento de suas propostas orçamentárias ao Chefe do Poder Executivo, dentro dos limites estipulados conjuntamente com os demais Poderes na lei de diretrizes orçamentárias.

II. garante a todas essas instituições autonomia administrativa e funcional, a ser exercida nos termos da lei.

III. garante a todas essas instituições a iniciativa legislativa privativa para propor ao Poder Legislativo projeto de lei versando sobre a respectiva organização e funcionamento, observadas as normas da Constituição Federal a esse respeito.

IV. veda ao Poder Executivo realizar ajustes nas propostas orçamentárias encaminhadas pelo Poder Judiciário e pelo Ministério Público, ainda que seja para adequá-las aos limites previstos na Lei de Diretrizes Orçamentárias.

V. veda aos membros do Ministério Público o exercício da advocacia e aos membros da Defensoria Pública

o exercício da advocacia fora das atribuições institucionais.

Está correto o que se afirma APENAS em:

(A) I, II e III.

(B) II e IV.

(C) I e V.

(D) V.

(E) III e IV.

I: incorreta, pois a advocacia pública não possui sua iniciativa de proposta orçamentária, mas somente o Poder Judiciário (art. 99, § 1º, da CF), o Ministério Público (art. 127, §3º, da CF) e as Defensorias Públicas dos Estados e da União (art. 134, §§2º e 3º, da CF); II: incorreta, pois somente ao Poder Judiciário, ao Ministério Público e às Defensorias foram garantidas suas autonomias administrativas e funcionais; III: incorreta, pois o projeto de lei é encaminhado ao Poder Executivo; IV: incorreta, pois poderá o Poder Executivo realizar tais ajustes como, por exemplo, garantido no art. 99, §4º, da CF; V: correta, pois está na literalidade dos arts. 134, §1º, da CF ("§ 1º Lei complementar organizará a Defensoria Pública da União e do Distrito Federal e dos Territórios e prescreverá normas gerais para sua organização nos Estados, em cargos de carreira, providos, na classe inicial, mediante concurso público de provas e títulos, assegurada a seus integrantes a garantia da inamovibilidade e vedado o exercício da advocacia fora das atribuições institucionais.") e art. 128, §5º, II, *b*, da CF ("§ 5º Leis complementares da União e dos Estados, cuja iniciativa é facultada aos respectivos Procuradores-Gerais, estabelecerão a organização, as atribuições e o estatuto de cada Ministério Público, observadas, relativamente a seus membros: II - as seguintes vedações: b) exercer a advocacia;"). Todavia, deve-se ressaltar que, excepcionalmente, nos termos do art. 29, §3º, do ADCT, o membro do Ministério Público poderá exercer a advocacia se admitido antes da promulgação da Constituição. Contudo, a banca examinadora manteve o gabarito por se tratar de regra expressamente prevista no texto constitucional. **AB**

Gabarito "D".

(Magistratura/SP – 2013 – VUNESP) A promoção na carreira da magistratura, de entrância para entrância, alternadamente, por antiguidade e merecimento, nos termos do inciso II, e alíneas, do art. 93 da Constituição Federal:

(A) está escorada em dispositivos autoaplicáveis, pois a exigência de edição de lei complementar para estabelecer o Estatuto da Magistratura não impede a imediata utilização dos preceitos constitucionais básicos que regem o Poder Judiciário e a magistratura.

(B) está escorada em dispositivos que reclamam a obediência à Lei Orgânica da Magistratura, LOMAN, para que tenham eficácia imediata.

(C) esses dispositivos referem-se aos critérios de promoção e de remoção dos Juízes Estaduais.

(D) esses dispositivos referem-se aos critérios de promoção e de remoção dos Juízes Federais.

A exigência de lei complementar para estabelecer o Estatuto da Magistratura **não impede utilização** dos preceitos constitucionais básicos que regem o Poder Judiciário e a magistratura. O *caput* de art. 93 da CF, de fato, determina que uma lei complementar, de iniciativa do Supremo Tribunal Federal, disponha sobre o Estatuto da Magistratura, desde que observados determinados princípios. A norma ainda não foi editada, mas o STF já definiu que "até o advento da lei complementar prevista no art. 93, *caput*, da CF, o Estatuto da Magistratura será disciplinado pelo texto da Lei Complementar 35/79, que foi recebida pela Constituição" (ADI

1.985, Rel. Min. Eros Grau, 13.05.2005). Além disso, a Corte Suprema já definiu em outro julgamento que a "**aplicabilidade das normas e princípios inscritos no art. 93 da CF independe da promulgação do Estatuto da Magistratura, em face do caráter de plena e integral eficácia de que se revestem aqueles preceitos** (ADI 189, Rel. Min. Celso de Mello, 22.05.1992). **BV**
Gabarito "A"

(Magistratura/SP – 2013 – VUNESP) Nos Tribunais com número superior a vinte e cinco julgadores, poderá ser constituído Órgão Especial:

(A) com identidade de atribuições administrativas e jurisdicionais idênticas às do Plenário do Tribunal.

(B) com provimento de um terço das vagas por antiguidade entre os juízes de carreira, um terço das vagas por antiguidade entre os juízes provenientes do quinto da Advocacia e do Ministério Público, alternadamente,e um terço por eleição do Tribunal Pleno.

(C) o Plenário do Tribunal, nos termos da Constituição, tem absoluta discricionariedade em decidir ou não pela criação de seu Órgão Especial, em seu regimento interno.

(D) aplicando-se a ele o quórum a que o Regimento Interno dispuser, no exercício das competências jurisdicionais e administrativas, inclusive disciplinares.

A: incorreta. De acordo com o art. 93, XI, da CF, nos tribunais com número superior a vinte e cinco julgadores, poderá ser constituído órgão especial, com o mínimo de onze e o máximo de vinte e cinco membros, para o exercício das **atribuições administrativas e jurisdicionais delegadas da competência do tribunal pleno**, provendo-se metade das vagas por antiguidade e a outra metade por eleição pelo Tribunal Pleno. Desse modo, o órgão especial exercerá apenas as atribuições que lhe forem delegadas pelo Plenário do Tribunal; **B:** incorreta. Como mencionado, metade das vagas, e não um terço, é provida por antiguidade e a outra por eleição do Tribunal Pleno. Vale lembrar que o art. 1.º da Resolução do CNJ 16 determina que, para tanto, deve ser respeitada a representação de advogados e membros do Ministério Público prevista nos artigos 94, 104, parágrafo único, II, e 111-A, I, todos da Constituição Federal; **C:** correta. De fato, como o texto constitucional utiliza a expressão "poderá" ser criado o órgão especial (e não deverá), os regimentos internos dos tribunais que definirão sobre a sua instituição; **D:** incorreta. A criação ou não do órgão especial é definida pelo regimento interno dos tribunais, mas, se criados devem observar as regras constitucionais e as normas que a regulamentam como a Resolução do CNJ 16. **BV**
Gabarito "C"

(Magistratura/SP – 2013 – VUNESP) O procedimento de responsabilização política dos Ministros do Supremo Tribunal Federal que pratiquem infrações político-administrativas atentatórias à Constituição Federal de 1988:

(A) respeitará o disposto no art. 28 da Lei Orgânica da Magistratura, porquanto, ao tomar posse o ministro do Supremo Tribunal Federal, torna-se vitalício.

(B) será processado perante o Senado Federal.

(C) será processado perante um Tribunal especial composto de três Ministros do Supremo Tribunal Federal, três do Senado Federal e três da Câmara dos Deputados.

(D) será processado perante o STF, e findo o prazo da defesa prévia, apresentada ou não, o Presidente convocará o Tribunal Pleno para que, em sessão

secreta, nos termos do parágrafo segundo do art. 27 da LOMAN, decida sobre a responsabilidade do denunciado.

De acordo com o art. 52, II, da CF, o processo e o julgamento de responsabilização política dos Ministros do Supremo Tribunal Federal que pratiquem infrações político-administrativas (crimes de responsabilidade) atentatórias à Constituição Federal de 1988 são da competência privativa do Senado Federal. **BV**
Gabarito "B"

(Magistratura/SP – 2013 – VUNESP) Súmula do STF aprovada por 2/3 de seus membros, com efeito vinculante, nos termos do art. 103-A, da Constituição Federal,

(A) pode ser objeto de ação direta de inconstitucionalidade, proposta pelo Presidente da República.

(B) pode ser objeto de ação direta de inconstitucionalidade, proposta pelo Governador de Estado ou do Distrito Federal.

(C) não pode ser objeto de ação direta de inconstitucionalidade.

(D) pode ser objeto de ação direta de inconstitucionalidade, proposta pelo Procurador-Geral da República.

A súmula vinculante, prevista no art. 103-A da CF, **não pode ser objeto de ação direta de inconstitucionalidade**, pois seus preceitos não são dotados de abstração e generalidade. Além disso, há um **procedimento próprio** de revisão e **cancelamento** previsto na Lei 11.417/2006 que regulamenta o art. 103-A da CF. Desse modo, se seus comandos não estiverem de acordo com o texto constitucional, a medida a ser tomada por quem tem legitimidade para tanto (art. 3.º da Lei 11.417/2006) é o pedido de cancelamento. **BV**
Gabarito "C"

(Magistratura/RJ – 2013 – VUNESP) Tendo em vista o disposto na Constituição Federal a respeito do Poder Judiciário, assinale a alternativa correta.

(A) Aos juízes é vedado receber, a qualquer título ou pretexto, auxílios ou contribuições de pessoas físicas, entidades públicas ou privadas, ressalvadas as exceções previstas em lei; e exercer a advocacia no juízo ou tribunal do qual se afastou, antes de decorridos três anos do afastamento do cargo por aposentadoria ou exoneração.

(B) Todos os julgamentos dos órgãos do Poder Judiciário serão públicos, e fundamentadas todas as decisões, sob pena de nulidade, podendo a lei limitar a presença, em determinados atos, às próprias partes e a seus advogados, ou somente a estes, em casos nos quais a preservação do direito à intimidade do interessado no sigilo não prejudique o interesse da Administração Pública.

(C) Um quinto dos lugares dos Tribunais Regionais Federais, dos Tribunais dos Estados, e do Distrito Federal e Territórios será composto de membros do Ministério Público, com mais de dez anos de carreira, e de advogados de notório saber jurídico e de reputação ilibada, com mais de dez anos de efetiva atividade profissional, indicados em lista tríplice pelos órgãos de representação das respectivas classes.

(D) Os tribunais federais, distritais e estaduais poderão atribuir aos servidores de cartório poderes para a

5. DIREITO CONSTITUCIONAL 381

prática de atos de administração e atos de mero expediente, desde que limitados a decisões de cunho interlocutório.

A: correta. Réplica do art. 95, parágrafo único, IV e V, da CF/1988; **B:** incorreta. Desde que não prejudique o INTERESSE PÚBLICO À INFORMAÇÃO. Veja que a questão, na parte final, dispõe: "interesse da Administração Pública". Redação viola o art. 93, IX, da CF/1988; **C:** incorreta. Serão indicados em LISTA SÊXTUPLA, nos termos do art. 94 da CF/1988 (QUINTO CONSTITUCIONAL); **D:** incorreta. Não há indicação expressa no art. 96 da CF/1988. **FT**
Gabarito "A".

(Magistratura/RJ – 2013 – VUNESP) Considerando as disposições constitucionais relativas à competência dos órgãos do Poder Judiciário brasileiro, analise as seguintes situações:

I. Crime de homicídio doloso cometido por militar contra um cidadão civil.

II. Ação movida por agente público, oriunda de relação de trabalho, em face de ente público da Administração Direta Estadual.

III. Causa jurídica entre organismo internacional e Município.

IV. *Habeas corpus* impetrado em face de ato coator praticado por juiz federal.

Assinale a alternativa que contempla, correta e respectivamente, os órgãos do Poder Judiciário competentes para processar e julgar as ações relacionadas às situações elencadas.

(A) Justiça Militar; Justiça Comum Estadual; STJ; TRF.

(B) Tribunal do Júri; Justiça Comum Estadual; TRF; STJ.

(C) Justiça Militar; Justiça do Trabalho; TRF; TRF.

(D) Tribunal do Júri; Justiça do Trabalho; Juiz Federal; TRF.

I: Compete ao Tribunal do Júri julgar crime de homicídio doloso cometido por militar contra um cidadão civil (arts. 5º, XXXVIII, *d*, 124, e 125, § 4º, da CF/1988); **II:** Compete a Justiça do Trabalho julgar a ação movida por agente público, oriunda de relação de trabalho, em face de ente público da Administração Direta Estadual (art. 114, I, da CF/1988); **III:** Compete a Justiça Federal processar e julgar causa jurídica entre organismo internacional e Município (art. 109, II, da CF/1988); **IV:** Compete ao Tribunal Regional Federal julgar *habeas corpus* impetrado em face de ato coator praticado por juiz federal (art. 108, I, *c*, da CF/1988). A assertiva correta é a "D". **FT**
Gabarito "D".

(Magistratura/DF – 2011)

I. Compete ao Superior Tribunal de Justiça processar e julgar originariamente nos crimes comuns os Governadores dos Estados e do Distrito Federal, os membros do Tribunal de Contas da União, os membros dos Tribunais Regionais Federais e dos Tribunais Regionais Eleitorais.

II. Determinado Estado-membro possui 16 Deputados Federais. Em consequência, o número de Deputados Estaduais na respectiva Assembleia Legislativa será de 46 deputados.

III. O Conselho Nacional de Justiça compõe-se de quinze membros contando-se entre estes o Procurador Geral da República e dois advogados, indicados pelo Conselho Federal da Ordem dos Advogados do Brasil.

Na folha de respostas, atento ao número da questão, responda:

(A) se somente a assertiva I for correta

(B) se somente a assertiva II for correta

(C) se somente a assertiva III for correta

(D) se nenhuma das assertivas for correta

I: incorreta, pois o Superior Tribunal de Justiça não tem competência para processar e julgar nos crimes comuns os membros do Tribunal de Contas da União, mas sim, o Supremo tribunal Federal, nos termos do art. 102, I, "c", da CF; **II:** incorreta, pois se determinado Estado-membro possui 16 Deputados Federais, o número de Deputados à Assembleia Legislativa corresponderá ao triplo da representação do Estado na Câmara dos Deputados, ou seja, nesse caso, 42 deputados, nos termos do art. 27, da CF; **III:** incorreta, pois o Procurador-Geral da República não compõe o Conselho Nacional de Justiça, ele apenas indica um membro do Ministério Púbico da União, nos termos do art. 103-B, X, da CF. **FT/TM**
Gabarito "D".

(Magistratura/DF – 2011)

I. Compete privativamente ao Senado Federal resolver sobre tratados, acordos ou atos internacionais que acarretem encargos ou compromissos gravosos ao patrimônio nacional.

II. Compete exclusivamente ao Tribunal Regional Federal na Capital da República processar e julgar originariamente nos crimes comuns e de responsabilidade os membros do Ministério Público do Distrito Federal e Territórios.

III. Nos termos da Constituição vigente da decisão de juiz federal nas causas em que forem partes organismo internacional, de um lado e, de outro, Município caberá recurso ordinário ao Superior Tribunal de Justiça.

Na folha de respostas, atento ao número da questão, responda:

(A) se somente a assertiva I for correta

(B) se somente a assertiva II for correta

(C) se somente a assertiva III for correta

(D) se nenhuma das assertivas for correta

I: incorreta, pois compete ao Congresso Nacional, nos termos do art. 49, I, da CF; **II:** incorreta, na exata medida que compete ao Tribunal Regional Federal processar e julgar, originariamente os juízes federais da área de sua jurisdição, incluídos os da Justiça Militar e da Justiça do Trabalho, os crimes comuns e de responsabilidade, e os membros do Ministério Público da União, nos termos do art. 108, I, "a", da CF; **III:** correta, literalidade do art. 105, II, "c", da CF. **FT/TM**
Gabarito "C".

(Magistratura/CE – 2012 – CESPE) No que concerne à organização e às competências dos órgãos do Poder Judiciário e do CNJ, assinale a opção correta.

(A) Em se tratando de crimes comuns, compete aos tribunais de justiça julgar os juízes dos estados e os do DF, bem como os membros do MP estadual; nos casos de crime de responsabilidade, a competência é das assembleias legislativas.

(B) Aos tribunais de justiça é assegurada autonomia para elaborar sua proposta orçamentária, respeitados os limites estipulados na lei de diretrizes orçamentárias, que deve ser encaminhada dentro do prazo convencionado com o Poder Executivo; caso contrário, serão considerados, para fins de consolidação da proposta orçamentária anual, os valores médios dos orçamentos do tribunal nos três últimos anos.

(C) O Procurador-Geral da República e o Advogado-Geral da União deverão ser previamente ouvidos em todos os processos de competência do STF, mas apenas aquele é obrigado a se pronunciar nas ações de inconstitucionalidade de competência do tribunal.

(D) O CNJ é presidido pelo presidente do STF e, na ausência ou no impedimento deste, pelo seu vice-presidente; os demais membros do CNJ serão nomeados pelo presidente da República, após aprovação pela maioria absoluta do Senado Federal.

(E) A competência dos tribunais de justiça é definida na Lei Orgânica da Magistratura Nacional, mas sua organização e composição são estabelecidas na lei de organização judiciária estadual, cuja propositura cabe aos governadores, ouvido o tribunal de justiça respectivo.

A: incorreta, pois compete aos tribunais de justiça julgar os juízes estaduais e do Distrito Federal e Territórios, bem como os membros do Ministério Público, nos crimes comuns e de responsabilidade, ressalvada a competência da Justiça Eleitora, nos termos do art. 96, III, da CF; **B:** incorreta, na exata medida que ao Poder Judiciário é assegurado autonomia administrativa e financeira, assim, os tribunais poderão elaborar suas propostas orçamentárias dentro dos limites estipulados conjuntamente com os demais Poderes na lei de diretrizes orçamentárias. Se os tribunais não encaminharem as propostas orçamentárias dentro do prazo estabelecido na lei de diretrizes orçamentárias, o Poder Executivo considerará, para fins de consolidação da proposta orçamentária anual, os valores aprovados na lei orçamentária vigente, nos termos do art. 99, § 1º, 2º, 3º e 4º, da CF; **C:** incorreta: pois o Procurador-Geral da República deverá ser previamente ouvido nas ações de inconstitucionalidade, salvo quando ele for o autor, e em todos os processos de competência do STF, nos termos do art. 103, § 1º, da CF. Em se tratando do AGU, quando o STF apreciar a inconstitucionalidade , em tese, de norma geral ou ato normativo, citará, previamente, o Advogado-Geral da União, que defenderá o ato ou texto impugnado, salvo se o STF ainda não se pronunciou sobre aquela matéria, ou em se tratando de ação declaratória de constitucionalidade, conforme art. 103, § 3º, da CF; **D:** correta, réplica do art. 103-B, § 1º e 2º, da CF; **E:** incorreta, pois a competência dos tribunais será definida na Constituição do Estado, sendo a lei de organização judiciária de iniciativa do Tribunal de Justiça, nos termos do art. 125, § 1º da CF e o art. 70, do ADCT. FT

Gabarito "D"

(Magistratura/BA – 2012 – CESPE) Em relação ao Poder Judiciário, assinale a opção correta.

(A) O CNJ é presidido pelo presidente do STF e, nas suas ausências e impedimentos, pelo vice-presidente do tribunal, cabendo, ainda, ao STF nomear os demais membros do conselho, depois de aprovada a escolha pela maioria absoluta do Senado Federal.

(B) Compete à justiça militar estadual processar e julgar os militares acusados da prática dos crimes militares definidos em lei ou da prática de crimes contra civis, assim como as ações judiciais contra atos disciplinares militares.

(C) O ingresso na carreira da magistratura, cujo cargo inicial é o de juiz substituto, depende de aprovação em concurso de provas e títulos organizado e realizado, ao menos em sua fase preliminar, com a participação do conselho seccional da OAB.

(D) A CF veda a promoção do juiz que, injustificadamente, retiver autos em seu poder além do prazo legal, não podendo devolvê-los ao cartório sem o devido despacho ou decisão.

(E) O ato de remoção do magistrado por interesse público depende de decisão tomada pelo voto de dois terços do respectivo tribunal, conforme procedimento próprio, e desde que lhe seja assegurada a ampla defesa.

A: incorreta. O Conselho será presidido pelo Presidente do Supremo Tribunal Federal, e, nas suas ausências e impedimentos, pelo Vice-Presidente do Supremo Tribunal Federal. Todavia, os demais membros do Conselho serão nomeados pelo Presidente da República, depois de aprovada a escolha pela maioria absoluta do Senado Federal, nos termos do art. 103-B, § 1º e 2º, da CF; **B:** incorreta, pois a Justiça Militar de fato tem competência para processar e julgar os crimes militares definidos em lei (art. 9º, do Código Penal Militar) e as ações contra atos disciplinares militares, ressalvada à competência do Júri quando a vítima for civil, cabendo ao tribunal competente decidir sobre a perda do posto e da patente dos oficiais e da graduação das praças, conforme art. 125, § 4º, da CF; **C:** incorreta, pois o art. 93, I, da CF, exige a participação da Ordem dos Advogados do Brasil em todas as fases, exigindo-se do bacharel em direito, no mínimo, três anos de atividade jurídica e obedecendo-se, nas nomeações à ordem de classificação; **D:** correta, já que se trata de réplica do art. 93, II, "e", da CF; **E:** incorreta, já que o ato de remoção, disponibilidade e aposentadoria do magistrado, por interesse público, fundar-se à em decisão por voto da maioria absoluta, e não dois terço, do respectivo tribunal ou do Conselho Nacional de Justiça, assegurada ampla defesa. FT

Gabarito "D"

(Magistratura/RJ – 2011 – VUNESP) Na hipótese de um Deputado Federal e um membro do Tribunal de Contas do Estado serem pacientes do *habeas corpus*, a competência originária para processar e julgar esse remédio constitucional será, respectivamente,

(A) do Supremo Tribunal Federal e do Superior Tribunal de Justiça.

(B) do Superior Tribunal de Justiça e do Tribunal de Justiça do Estado.

(C) do Supremo Tribunal Federal e do Tribunal de Justiça do Estado.

(D) do Tribunal Regional Federal e do Tribunal de Justiça do Estado.

A: correta, pois o art. 102, I, "d", da CF, dispõe que compete ao STF processar e julgar, originariamente o *habeas corpus*, sendo paciente o Presidente da República, o Vice-Presidente, os membros do Congresso Nacional (Deputados e Senadores), seus próprios Ministros, o Procurador-Geral da República, os Ministros de Estado, os Comandantes da Marinha, do Exército e da Aeronáutica, ressalvado o disposto no art. 52, I, da CF, os membros dos Tribunais Superiores, os do Tribunal de Contas da União e os chefes de missão diplomática de caráter permanente No que diz respeito aos membros do Tribunal de Contas do Estado serem pacientes do *habeas corpus*, a competência originária é a do Superior do Tribunal de Justiça, nos termos do art. 105, I, "c" e "a", da CF; **B:** incorreta, pois o Superior Tribunal de Justiça irá processar e julgar os Governadores dos Estados e do Distrito Federal, os desembargadores dos Tribunais de Justiça dos Estados e do Distrito Federal, os membros dos Tribunais de Contas dos Estados, do Distrito

Federal e dos Municípios, os membros do Ministério Público da União e dos Tribunais Regionais, nos termos do art. 105, I "a" e "c", da CF. A competência dos Tribunais de Justiça será definida na Constituição do Estado, sendo a lei de organização judiciária de iniciativa do tribunal de justiça, conforme art. 125, § 1º, da CF e art. 70, do ADCT; **C:** incorreta, pelos mesmos fundamentos citados nas duas primeiras alternativas; **D:** incorreta, já compete aos Tribunais Regionais Federais processar e julgar, originariamente os "*habeas corpus*", quando a autoridade coatora for juiz federal, nos termos do art. 108, I, "d", da CF. **FT**

Gabarito "A".

(Magistratura/RJ – 2011 –VUNESP) Assinale a alternativa correta sobre o Poder Judiciário na Constituição Federal.

(A) O ato de remoção, disponibilidade, demissão e aposentadoria do magistrado, por interesse público, fundar-se-á em decisão por voto da maioria absoluta do respectivo tribunal ou do Conselho Nacional de Justiça, assegurada ampla defesa.

(B) Os julgamentos dos órgãos do Poder Judiciário serão públicos, e fundamentadas todas as decisões, podendo a lei limitar a presença, em determinados atos, às próprias partes e a seus advogados, em casos nos quais a preservação do direito à intimidade do interessado no sigilo não prejudique o interesse da Administração Pública.

(C) Um quinto dos lugares dos Tribunais dos Estados, e do Distrito Federal e Territórios será composto de membros do Ministério Público, com mais de quinze anos de carreira, e de advogados de notório saber jurídico e de reputação ilibada, com mais de quinze anos de efetiva atividade profissional, indicados em lista sêxtupla pelos órgãos de representação das respectivas classes.

(D) Nos tribunais com número superior a vinte e cinco julgadores, poderá ser constituído órgão especial, com o mínimo de onze e o máximo de vinte e cinco membros, para o exercício das atribuições administrativas e jurisdicionais delegadas da competência do tribunal pleno, provendo-se metade das vagas por antiguidade e a outra metade por eleição pelo tribunal pleno.

A: incorreta, pois o art. 93, VIII, da CF, não faz menção a demissão. Assim, a lei complementar, de iniciativa do Supremo Tribunal Federal, disporá sobre o Estatuto da Magistratura, observando o ato de remoção, disponibilidade e aposentadoria do magistrado por interesse público, fundar-se-á em decisão por voto da maioria absoluta do respectivo tribunal ou do Conselho Nacional de Justiça, assegurada ampla defesa; **B:** incorreta, pois o que se protege é a intimidade do interessado e que o sigilo não prejudique o interesse público à informação e não o interesse da Administração Pública, nos termos do art. 93, IX, da CF; **D:** correta, literalidade do art. 93, XI, da CF. Devemos citar que a Resolução n. 16, de 30 de maio de 2006, do Conselho Nacional de Justiça, estabelece critérios para a composição e eleição do Órgão Especial dos Tribunais. **FT**

Gabarito "D".

(Magistratura/RO – 2011 – PUCPR) Identifique se as assertivas a seguir são verdadeiras (V) ou falsas (F) e, em seguida, assinale a única alternativa cuja sequência, de cima para baixo, está **CORRETA.**

( ) Cabe ao STF o julgamento originariamente das causas e dos conflitos entre a União e os Estados, entre a União e o Distrito Federal, ou entre uns e outros, inclusive entre as respectivas entidades da administração indireta.

( ) Compete ao STF processar e julgar, originariamente, nos crimes comuns, os Governadores dos Estados e do Distrito Federal, e, nestes e nos de responsabilidade, os desembargadores dos Tribunais de Justiça dos Estados e do Distrito Federal, os membros dos Tribunais de Contas dos Estados e do Distrito Federal, os dos Tribunais Regionais Federais, dos Tribunais Regionais Eleitorais e do Trabalho, os membros dos Conselhos ou Tribunais de Contas dos Municípios e os do Ministério Público da União que oficiem perante tribunais.

( ) Em relação à promoção de magistrados por antiguidade, é correto afirmar que ela é obrigatória se o juiz figura por três vezes consecutivas ou cinco alternadas em lista de antiguidade e ela pressupõe dois anos de exercício na respectiva entrância e integrar o juiz a primeira quinta parte da lista de merecimento desta, salvo se não houver com tais requisitos quem aceite o lugar vago.

( ) Todos os julgamentos dos órgãos do Poder Judiciário serão públicos, e fundamentadas todas as decisões, sob pena de nulidade, podendo a lei limitar a presença, em determinados atos, às próprias partes e a seus advogados, ou somente a estes, em casos nos quais a preservação do direito à intimidade do interessado no sigilo não prejudique o interesse público à informação.

( ) No recurso extraordinário, o recorrente deverá demonstrar a repercussão geral das questões constitucionais discutidas no caso, nos termos da lei, a fim de que o Tribunal examine a admissão do recurso, somente podendo recusá-lo pela manifestação de dois terços de seus membros.

(A) V, V, F, V, F

(B) F, F, F, V, F

(C) V, F, F, V, V

(D) V, F, V, V, V

(E) V, V, F, F, V

I: correta. Art. 102, I, "f", da CF; **II:** Errada. Competência do STJ (art. 105, I, "a", da CF); **III:** Errada. V. art. 93, II, "a" e "b", da CF; **IV:** correta. Art. 93, IX, da CF; **V:** correta. Art. 102, § 3º, da CF. **FT/TM**

Gabarito "C".

(Magistratura/SC – 2010) Compete ao Supremo Tribunal Federal processar e julgar originariamente:

(A) A ação direta de inconstitucionalidade de lei ou ato normativo federal ou municipal.

(B) Ação direta de inconstitucionalidade de lei ou ato normativo federal ou estadual.

(C) Ação declaratória de inconstitucionalidade de lei ou ato normativo estadual ou federal.

(D) Ação direta de inconstitucionalidade de lei ou ato normativo federal, estadual ou municipal.

(E) Ação declaratória de inconstitucionalidade de lei estadual ou federal.

Art. 102, I, "a", da CF. FT/TM

Gabarito "B".

(Magistratura/SC – 2010) Assinale a alternativa correta:

(A) Compete ao Superior Tribunal de Justiça julgar as causas e os conflitos entre a União e os Estados- Membros, a União e o Distrito Federal, ou entre uns e outros, incluindo as respectivas entidades indiretas.

(B) Compete ao Supremo Tribunal Federal a homologação de sentença estrangeira e a concessão de *exequatur* às cartas rogatórias.

(C) Compete ao Supremo Tribunal Federal julgar as causas em que forem partes Estado estrangeiro ou organismo internacional de um lado, e do outro, município ou pessoa residente ou domiciliada no país.

(D) Compete ao Superior Tribunal de Justiça julgar mandado de injunção quando a elaboração de norma regulamentadora for atribuição do órgão, entidade ou autoridade federal, da administração direta ou indireta, excetuados os casos de competência do Supremo Tribunal Federal e dos órgãos da Justiça Militar, da Justiça Eleitoral, da Justiça do Trabalho e da Justiça Federal.

(E) Compete ao Conselho Nacional de Justiça, que funciona junto ao Superior Tribunal de Justiça, a supervisão administrativa e orçamentária da Justiça Federal de primeiro e segundo grau, como órgão central do sistema, com poderes correcionais, cujas decisões terão caráter vinculante.

A: Competência do STF (art. 102, I, "f", da CF); **B:** Competência do STJ (art. 105, I, "i", da CF); **C:** Competência dos juízes federais (art. 109, II, da CF); **D:** Art. 105, I, "h", da CF; **E:** O CNJ não funciona junto ao STJ e suas competências estão no art. 103-B, § 4º, da CF. FT/TM

Gabarito "D".

(Magistratura/SC – 2010) A respeito dos precatórios, assinale a alternativa **correta**:

I. Os débitos de natureza alimentícia compreendem aqueles decorrentes de salários, vencimentos, proventos, pensões e suas complementações, benefícios previdenciários e indenizações por morte ou por invalidez, fundadas em responsabilidade civil, em virtude de sentença judicial transitada em julgado, e serão pagos com preferência sobre todos os demais débitos.

II. O Presidente do Tribunal competente que, por ato comissivo ou omissivo, retardar ou tentar frustrar a liquidação regular de precatórios incorrerá em crime de responsabilidade e responderá, também, perante o Conselho Nacional de Justiça.

III. O credor poderá ceder, total ou parcialmente, seus créditos em precatórios a terceiros, dependendo o ato da concordância do devedor.

IV. A seu critério exclusivo e na forma de lei, a União poderá assumir débitos, oriundos de precatórios, de Estados, Distrito Federal e Municípios, refinanciando--os diretamente.

(A) Somente as proposições I, III e IV estão corretas.

(B) Somente as proposições I e II estão corretas.

(C) Somente as proposições I, II e IV estão corretas.

(D) Somente as proposições II e III estão corretas.

(E) Somente as proposições II e IV estão corretas.

I: Exceto sobre os previstos no art. 100, § 2º, da CF (v. art. 100, § 1º, da CF); **II:** Sim. Art. 100, § 7º, da CF; **III:** O ato não depende da concordância do devedor (art. 100, § 13, da CF); **IV:** Art. 100, § 16, da CF. FT/TM

Gabarito "E".

(Magistratura/SC – 2010) Considerando as proposições abaixo, assinale a alternativa **correta**:

I. Aos juízes é vedado exercer a advocacia no juízo ou tribunal do qual se afastou, antes de decorridos três anos do afastamento do cargo por aposentadoria ou exoneração.

II. Compete privativamente aos tribunais organizar suas secretarias e serviços auxiliares e os dos juízos que lhes forem vinculados, velando pelo exercício da atividade correicional respectiva.

III. Ao Poder Judiciário é assegurada autonomia administrativa e financeira.

IV. Somente pelo voto da maioria dos membros presentes na sessão do Pleno ou do respectivo Órgão Especial poderão os tribunais declarar a inconstitucionalidade de lei ou ato normativo do Poder Público.

(A) Todas as proposições estão corretas.

(B) Somente as proposições II e III estão corretas.

(C) Somente as proposições I, II e III estão corretas.

(D) Somente as proposições III e IV estão corretas.

(E) Somente as proposições I e IV estão corretas.

I: Art. 95, parágrafo único, V, da CF; **II:** Art. 96, I, "b", da CF; **III:** Art. 99 da CF; **IV:** Não reflete o disposto no art. 97 da CF. FT/TM

Gabarito "C".

(Magistratura/SP – 2011 –VUNESP) Sobre as súmulas vinculantes, indique a resposta correta.

(A) São aprovadas pelo Supremo Tribunal Federal, de ofício ou por provocação, mediante decisão de dois terços dos seus membros, após reiteradas decisões sobre matéria constitucional.

(B) Serão revisadas ou canceladas por provocação de todos quantos legitimados à propositura de ação popular.

(C) São editadas pelo Supremo Tribunal Federal, quando se cuidar de tema constitucional, ou pelo Superior Tribunal de Justiça, quando se cuidar de questão infraconstitucional, e terão efeito vinculante em relação aos demais órgãos do Poder Judiciário e à administração pública direta e indireta, nas esferas federal, estadual e municipal.

(D) Apenas quanto ao ato administrativo que contrariar a súmula vinculante é que caberá reclamação ao Supremo Tribunal Federal.

(E) Enquanto permanecer inalterada a composição do Supremo Tribunal Federal existente quando da edição da súmula vinculante não será permitida a sua revisão.

Art. 103-A, §§ 1º a 3º, da CF. FT/TM

Gabarito "A".

(Magistratura/PR – 2013 – UFPR) Quanto ao Conselho Nacional de Justiça, é correto afirmar:

(A) Cabe-lhe rever, de ofício ou mediante provocação, os processos disciplinares de juízes e membros de tribunais julgados há menos de um ano.

(B) É composto por onze membros.

(C) Compete-lhe, precipuamente, a guarda da Constituição.

(D) É presidido por Ministro do Superior Tribunal de Justiça.

A: correta. Réplica do art. 103-B, § 4º, V da CF/1988; **B:** incorreta. O CNJ compõe-se de 15 (quinze) membros com mais de trinta e menos de sessenta e seis anos de idade, com mandato de dois anos, admitida uma recondução, nos termos do caput do art. 103-B da CF/1988; **C:** incorreta. Compete ao SUPREMO TRIBUNAL FEDERAL, precipuamente, a guarda da Constituição, conforme art. 102 da CF/1988; **D:** incorreta. O CNJ será presidido pelo Ministro do STF, que votará em caso de empate, ficando excluído da distribuição de processos naquele tribunal, nos termos do art. 103-B, § 1º, da CF/1988. **FT** Gabarito "A".

(Magistratura/SP – 2011 – VUNESP) Sobre o Conselho Nacional de Justiça, é correto afirmar que

(A) se compõe de quinze membros com mais de trinta e cinco e menos de sessenta e cinco anos de idade, com mandato de dois anos, admitida uma recondução.

(B) será presidido pelo Presidente do Supremo Tribunal Federal, sendo os demais membros do Conselho nomeados pelo Presidente da República, depois de aprovada a indicação pela maioria absoluta do Senado Federal.

(C) receberá e conhecerá das reclamações contra membros ou órgãos do Poder Judiciário e órgãos prestadores de serviços notariais e de registro que atuem por delegação do poder público ou oficializados, todavia não lhe competindo, entre as sanções possíveis, a aplicação da pena de disponibilidade.

(D) terá seus membros nomeados pelo Presidente da República, depois de aprovada a escolha pela maioria absoluta da Câmara dos Deputados.

(E) o Ministro do Superior Tribunal de Justiça que compuser o órgão exercerá a função de Ministro-Corregedor, sem prejuízo de suas normais atribuições no tribunal de origem.

A: O art. 103-B da CF não se refere a limites de idade; **B:** Art. 103-B, §§ 1º e 2º, da CF; **C:** Não reflete o disposto no art. 103-B, § 4º, III, da CF; **D:** Não reflete o disposto no art. 103-B, § 2º, da CF; **E:** Não reflete o disposto no art. 103-B, § 5º, da CF. **FT/TM** Gabarito "B".

(Magistratura/PR – 2010 – PUC/PR) Analise as assertivas abaixo.

I. O Conselho Nacional de Justiça, órgão do Poder Judiciário, compõe-se de 15 (quinze) membros com mandato de 02 (dois) anos, admitida 01 (uma) recondução. De acordo com a EC n. 61/2009, o Presidente do STF não mais compõe o CNJ, órgão que tem sede na Capital Federal.

II. A composição do Conselho Nacional de Justiça é considerada bastante democrática, visto que dele

participam representantes dos Poderes Executivo, Legislativo e Judiciário, membros do Ministério Público e, inclusive, cidadãos brasileiros natos.

III. Ao contrário do que se verifica em relação aos membros da Corte Constitucional (STF), o ordenamento constitucional vigente exige graduação em Direito de todos os membros do STJ, pois os integrantes deste Tribunal Superior serão, necessariamente, membros da magistratura, do Ministério Público ou advogados.

IV. Não se aplica a regra do "quinto constitucional" para a composição dos tribunais da Justiça do Trabalho (TST e TRT).

V. Os Tribunais Regionais Eleitorais são órgãos da Justiça Eleitoral. De suas decisões, segundo prescreve o texto magno vigente, poderá haver recursos. Os partidos políticos, após adquirirem personalidade jurídica, na forma da lei civil, registrarão seus estatutos nos respectivos Tribunais Regionais Eleitorais.

(A) Todas as assertivas estão corretas, exceto a IV.

(B) Somente a assertiva III está correta.

(C) Apenas as assertivas I, II e III estão corretas.

(D) Somente as assertivas III e IV estão corretas.

I: De acordo com o art. 103-B, *caput*, da CF, a primeira parte está correta. Entretanto, o § 1º do mesmo artigo estabelece que o Presidente do STF será, também, o Presidente do CNJ, que tem sede na Capital Federal (art. 92, § 1º, da CF); **II:** O art. 103-B, I a XIII, da CF não prevê membros do Legislativo ou do Executivo. Ademais, para integrar o CNJ a Constituição não exige a condição de brasileiro nato, que se limita aos cargos listados no art. 12, § 3º, da CF; **III:** Para ser Ministro do STF a Constituição exige a condição de brasileiro nato (art. 12, § 3º, IV, da CF), mínimo de trinta e cinco e menos de sessenta e cinco anos de idade, notável saber jurídico e reputação ilibada (art. 101, *caput*, da CF). Ao contrário, o STJ é composto só por graduados em Direito (magistrados, membros do Ministério Público e advogados), de acordo com o art. 104, parágrafo único, I e II, da CF; **IV:** Não reflete o disposto no art. 111-A, I (TST) e no art. 115, I (TRT), ambos da CF. Não existe "quinto constitucional" no STF, pois os cargos são de livre nomeação do Presidente da República (art. 101, *caput* e parágrafo único, da CF) e nos tribunais eleitorais (TSE e TRE). Registre-se, também, que no STJ não há falar propriamente em "quinto constitucional", mas em "terço constitucional", por força do disposto no art. 104, parágrafo único, II, da CF; **V:** São órgãos da Justiça Eleitoral (art. 118, I, da CF). O art. 121, § 3º, da CF estabelece a irrecorribilidade das decisões do TSE, embora com algumas exceções. Das decisões do TRE só cabe recurso nos casos previstos na CF (art. 121, § 4º, I a V, da CF). No mais, os partidos políticos adquirem personalidade na forma da lei civil (ou seja, são pessoas jurídicas de direito privado) e devem registrar seus estatutos no Tribunal Superior Eleitoral, não no Tribunal Regional Eleitoral (art. 17, § 2º, da CF). **FT/TM** Gabarito "B".

(Juiz – TRF 3ª Região – 2016) Em relação ao Poder Judiciário a afirmativa incorreta é:

(A) Aos juízes federais compete processar e julgar todas as causas em que a União, entidade autárquica ou empresa pública federal forem interessadas na condição de autoras, rés, assistentes ou oponentes, bem como a disputa sobre direitos indígenas, e ainda as causas em que Estado estrangeiro ou organismo internacional litiga com Município ou pessoa domiciliada ou residente no Brasil.

(B) O Conselho da Justiça Federal/CJF funciona junta ao Superior Tribunal de Justiça/STJ, exercendo na forma da lei a supervisão administrativa e orçamentária da Justiça Federal e possui poderes correcionais, cujas decisões terão caráter vinculante.

(C) A cláusula constitucional de reserva de plenário não impede que os órgãos fracionários dos Tribunais, ou os seus membros quando decidem monocraticamente, rejeitem a arguição de invalidade dos atos normativos.

(D) Compete ao Superior Tribunal de Justiça/STJ a homologação das sentenças estrangeiras e a concessão do "exequatur" para as cartas rogatórias.

A: incorreta, pois não são todas as causas. Assim, estão excluídas as ações de falência, os acidentes de trabalho e as sujeitas à Justiça Eleitoral e à Justiça do Trabalho, conforme art. 109, I, da CF; **B**: correta, nos termos do art. 105, parágrafo único, II, da CF; **C**: correta, inclusive é a jurisprudência do STF: "A cláusula constitucional de reserva de plenário, insculpida no art. 97 da Constituição Federal, fundada na presunção de constitucionalidade das leis, não impede que os órgãos fracionários ou os membros julgadores dos Tribunais, quando atuem monocraticamente, rejeitem a arguição de invalidade dos atos normativos, conforme consagrada lição da doutrina." (RE 636359 AgR/AP); **D**: correta, pois é o que determina o art. 105, I, *i*, da CF. **AB**
Gabarito "A".

(Juiz – TRF 4ª Região – 2016) Dadas as assertivas abaixo, assinale a alternativa correta.

I. O Supremo Tribunal Federal, por ausência de previsão constitucional, não dispõe de competência originária para processar e julgar ação popular promovida contra qualquer órgão ou autoridade da República, mesmo que o ato hostilizado tenha emanado do próprio Presidente da República, ou das Mesas da Câmara dos Deputados ou do Senado Federal, ou ainda de qualquer dos Tribunais Superiores da União.

II. A Súmula Vinculante, a qual só pode ser formada no âmbito do Supremo Tribunal Federal, não vincula, entretanto, o Poder Legislativo quando este exerce atividade jurisdicional *stricto sensu*.

III. Compete ao Supremo Tribunal Federal o controle jurisdicional dos atos de Comissão Parlamentar de Inquérito que envolvam ilegalidade ou ofensa a direitos individuais, na medida em que a Comissão Parlamentar de Inquérito procede como se fosse a Câmara dos Deputados, o Senado Federal ou o Congresso Nacional como um todo.

IV. Não cabe recurso extraordinário contra decisão proferida no processamento de precatórios.

(A) Estão corretas apenas as assertivas I, II e III.

(B) Estão corretas apenas as assertivas I, II e IV.

(C) Estão corretas apenas as assertivas I, III e IV.

(D) Estão corretas apenas as assertivas II, III e IV.

(E) Estão corretas todas as assertivas.

I: correta, pois, no caso da ação popular, a competência será do juízo de 1º grau: "A jurisprudência do Supremo Tribunal Federal – quer sob a égide da vigente Constituição republicana, quer sob o domínio da Carta Política anterior – firmou-se no sentido de reconhecer que não se incluem na esfera de competência originária da Corte Suprema o processo e o julgamento de ações populares constitucionais, ainda que

ajuizadas contra atos e/ou omissões do Presidente da República." (Pet 5856); **II**: correta. De fato, a súmula vinculante não vincula o Pleno do STF, pois pode inclusive cancelá-la e, também, não vincula o Poder Legislativo que pode, perfeitamente, legislar contra o enunciado de uma súmula vinculante; **III**: correta. Essa é a jurisprudência pacificada no STF: "Ao Supremo Federal compete exercer, originariamente, o controle jurisdicional sobre atos de comissão parlamentar de inquérito que envolvam ilegalidade ou ofensa a direito individual, dado que a ele compete processar e julgar habeas corpus e mandado de segurança contra atos das Mesas da Câmara dos Deputados e do Senado Federal, art. 102, I, i, da Constituição, e a comissão parlamentar de inquérito procede como se fora a Câmara dos Deputados ou o Senado Federal ou o Congresso Nacional." (HC 71639/RJ); **IV**: correta, conforme súmula 733 do STF. **AB**
Gabarito "E".

(Juiz – TRF 4ª Região – 2016) Assinale a alternativa **INCORRETA**.

(A) Segundo o Supremo Tribunal Federal, é incabível o fracionamento do valor de precatório em execução de sentença com o objetivo de efetuar o pagamento das custas processuais por meio de requisição de pequeno valor.

(B) Segundo o Supremo Tribunal Federal, o valor devido entre a data da impetração do mandado de segurança e a implementação da ordem concessiva está sujeito ao regime do precatório ou da requisição de pequeno valor.

(C) O Presidente de Tribunal, no processamento dos precatórios judiciais, exerce função de natureza eminentemente administrativa, por isso suas decisões não se tornam suscetíveis de serem impugnadas por recursos de natureza jurisdicional.

(D) Os débitos de natureza alimentícia que compreendem aqueles decorrentes de salários, vencimentos, proventos, pensões e suas complementações, benefícios previdenciários e indenizações por morte ou por invalidez, fundados em responsabilidade civil, em virtude de sentença judicial transitada em julgado, serão sempre pagos, independentemente da condição subjetiva do titular do crédito, com preferência sobre todos os demais débitos.

(E) É obrigatória a inclusão no orçamento das entidades de direito público de verba necessária ao pagamento de seus débitos, oriundos de sentenças transitadas em julgado, constantes de precatórios judiciários apresentados até 1º de julho, fazendo-se o pagamento até o final do exercício seguinte, quando terão seus valores atualizados monetariamente.

A: correta. Esta é a posição consolidada do STF: "A jurisprudência do Supremo Tribunal Federal firmou-se no sentido de que a execução do pagamento das verbas acessórias não é autônoma, havendo de ser considerado em conjunto com a condenação principal. Deve, portanto, ser respeitado o art. 100, § 4º, da Constituição da República, que veda o fracionamento, a repartição ou a quebra do valor da execução." (RE 544479/RS); **B**: correta. Assim entende a Corte Superior: "CONSTITUCIONAL E PROCESSUAL CIVIL. MANDADO DE SEGURANÇA. SENTENÇA CONCESSIVA. SATISFAÇÃO DO CRÉDITO. OBEDIÊNCIA AO REGIME DE PRECATÓRIO. ART. 100 DA CONSTITUIÇÃO DA REPÚBLICA. PRECEDENTES. 1. A jurisprudência do Supremo Tribunal Federal é consolidada no sentido de que a satisfação de crédito contra

5. DIREITO CONSTITUCIONAL

a Fazenda Pública decorrente de sentença concessiva de segurança, referente a prestações devidas desde a impetração até o deferimento da ordem, deve seguir a sistemática dos precatórios." (Rcl 14505 AgR/DF); **C:** correta, o STF consolidou entendimento que: "Não se pode perder de perspectiva que a atividade desenvolvida pelo Presidente do Tribunal no processamento dos precatórios decorre do exercício de função eminentemente administrativa. É por isso que se enfatizou, em julgamento realizado pelo Supremo Tribunal Federal, que '...a atribuição do Presidente do Tribunal, ao processar o precatório, não é sequer jurisdicional. É atividade puramente administrativa', pois, consoante foi então ressaltado, a atividade jurisdicional termina com a expedição do precatório." (AI 157166/SP); **D:** incorreta, porque a condição subjetiva do credor pode impor uma outra ordem de preferência, como, por exemplo, no caso do credor com mais de 60 anos ou portador de doença grave (art. 100, §2º, da CF); **E:** correta, conforme art. 100, §5º, da CF. **AB**

Gabarito "D".

(Juiz – TRF 2ª Região – 2017) Marque a opção correta:

(A) Os Tribunais Regionais Federais (TRFs), em seu mister de realização de controle judicial abstrato de constitucionalidade, ao julgarem ações diretas contra lei em tese devem respeitar a regra da reserva de plenário.

(B) Tanto a Ação Direta de Inconstitucionalidade, quanto a Ação Declaratória de Constitucionalidade, quanto a Arguição de Descumprimento de Preceito Fundamental são exemplos de ações de controle concentrado de constitucionalidade que somente podem ser manejadas contra leis ou atos normativos de caráter abstrato.

(C) A apreciação do aspecto jurisdicional de decisão do magistrado, realizado pelo Conselho Nacional de Justiça, pode levar o órgão a comandar a sua reforma, desde que, oportunamente (sem preclusão), tenha sido interposto o recurso judicial próprio.

(D) A competência para questionamento judicial de atos do Conselho Nacional de Justiça pertence ao Supremo Tribunal Federal, cujos Ministros Presidente, Vice-Presidente e Corregedor ficam impedidos de conhecer da ação, se tiverem participado da sessão em que se praticou o ato questionado.

(E) A técnica de "Inconstitucionalidade parcial sem redução de texto", utilizada pelo STF, corresponde ao reconhecimento de inconstitucionalidade de uma dada interpretação dentre as cabíveis de um mesmo enunciado normativo, excluindo-se do ordenamento jurídico a interpretação incompatível com a Constituição, mas mantendo como viáveis as demais não expressamente excluídas.

A: incorreta, pois o TRF não realiza controle abstrato. Assim, não confunda o STF com o TRF, nem o controle abstrato com o concreto; **B:** incorreta. O próprio STF, na ADI 4048, por exemplo, permitiu o controle nas leis orçamentárias, entendendo ser possível controle concentrado (abstrato) quanto às leis orçamentárias: "CONTROLE ABSTRATO DE CONSTITUCIONALIDADE DE NORMAS ORÇAMENTÁRIAS. REVISÃO DE JURISPRUDÊNCIA. O Supremo Tribunal Federal deve exercer sua função precípua de fiscalização da constitucionalidade das leis e dos atos normativos quando houver um tema ou uma controvérsia constitucional suscitada em abstrato, independente do caráter geral ou específico, concreto ou abstrato de seu objeto. Possibilidade de submissão das normas orçamentárias ao controle abstrato de constitucionalidade.". Além disso, na ADPF, inquestionavelmente, seu objeto

não se limita apenas a leis ou atos normativos abstratos; **C:** incorreta, pois o CNJ não tem competência em matéria judicializada, nos moldes do art. 103-B, §4º, da CF; **D:** incorreta, pois não há menção a este impedimento, bem como o Ministro-Corregedor é do Superior Tribunal de Justiça; **E:** correta, tanto que na ADI 3278/SC, o STF solidificou tal entendimento: "Ação direta de inconstitucionalidade a que se dá parcial procedência, para fins de declarar a nulidade do dispositivo, sem redução de texto, de toda e qualquer interpretação do item 02 da Tabela VI da Lei Complementar 156/97, do Estado de Santa Catarina, a qual insira no âmbito de incidência material da hipótese de incidência da taxa em questão a atividade estatal de extração e fornecimento de certidões administrativas para defesa de direitos e esclarecimento de situações de interesse pessoal.". **AB**

Gabarito "E".

(Juiz – TRF 2ª Região – 2017) Sobre as "Súmulas Vinculantes", assinale a opção correta:

(A) A edição de súmula vinculante exige quórum qualificado de 2/3 (dois terços) dos Ministros do STF, sendo requisito ao exercício da competência para editá-las a existência de controvérsia atual entre órgãos do Judiciário, ou entre o Judiciário e a Administração Pública, que acarrete severa insegurança jurídica e relevante multiplicação de processos sobre questão idêntica.

(B) Os únicos legitimados para provocar a edição, o cancelamento ou a revisão de súmula vinculante são as entidades que ostentam legitimidade para provocar o controle de constitucionalidade concentrado.

(C) Em havendo contrariedade à súmula vinculante, seja ela decorrente de ato jurisdicional ou de ato administrativo, qualquer indivíduo prejudicado poderá impugnar o respectivo ato diretamente perante o STF, mediante reclamação, independentemente de esgotar outras medidas prévias.

(D) De acordo com a delimitação de competências para o controle abstrato de constitucionalidade, não é cabível o ajuizamento de Ação Direta de Inconstitucionalidade em face de Súmulas Vinculantes, sendo admissível contra elas o ajuizamento de Arguição de Descumprimento de Preceito Fundamental.

(E) Se Juiz Federal profere certa decisão e, algum tempo depois, é editada súmula vinculante em sentido contrário, pode-se dizer que a decisão do magistrado a afrontou, e é corrigível por reclamação.

A: correta, nos termos do art. 2º, §3º, da Lei 11.471/2006, em conjunto com o art. 103-A, da CF; **B:** incorreta, uma vez que o rol dos legitimados para propor a edição, a revisão ou cancelamento de uma súmula vinculante é mais amplo, nos termos do art. 3º, da Lei 11.471/2006; **C:** incorreta, pois a reclamação caberá às partes ou ao Ministério Público (art. 988, do NCPC). Em complemento, nos termos do art. 7º, §1º, da Lei 11.417/2006, contra omissão ou ato da administração público a utilização da reclamação somente será admitida após o esgotamento das vias administrativas; **D:** incorreta, pois em sede de ADI somente poderá ser discutida a constitucionalidade (ou não) de lei ou ato normativo federal ou estadual, bem como a doutrina majoritária defende não ser possível a utilização desta ação contra o texto de uma súmula vinculante. Quanto à ADPF, também não é meio hábil em face de uma súmula vinculante. Nesse sentido o STF: "A arguição de descumprimento de preceito fundamental não é a via adequada para se obter a interpretação, a revisão ou o cancelamento de súmula vinculante." (ADPF 147/STF); **E:** incorreta, pois é totalmente incabível a utilização de uma reclamação em face do trânsito em julgado da decisão reclamada (art. 988, §5°, do NCPC). **AB**

Gabarito "A".

(Juiz – TRF 2ª Região – 2017) Analise as proposições e, ao final, marque a opção correta:

I. No exercício da jurisdição, como fundamento para apreciação de pedido, o juiz federal pode declarar a inconstitucionalidade de lei, mas não a inconstitucionalidade de emenda constitucional.

II. No sistema brasileiro de controle de constitucionalidade, cabe exclusivamente aos Poderes Legislativo e Executivo a realização de controle preventivo de constitucionalidade da lei, reservando-se ao Judiciário função repressiva.

III. Os direitos e garantias fundamentais enunciados na maioria dos incisos do artigo 5° da Constituição são normas que produzem seus efeitos típicos independentemente da atuação do legislador infraconstitucional.

IV. O direito ao exercício de profissão (inciso XIII do artigo 5° da Constituição) é clássico exemplo de norma cuja eficácia não pode ser contida, conforme amplamente decidido nos vários litígios que envolvem os Conselhos de fiscalização da profissão.

(A) Estão corretas apenas as assertivas I, II e III.

(B) Estão corretas apenas as assertivas II e III.

(C) Está correta apenas a assertiva III.

(D) Estão corretas apenas as assertivas II e IV.

(E) Estão corretas apenas as assertivas III e IV.

I: incorreta, pois no controle difuso é possível que, incidentalmente, o magistrado de 1° grau realize o controle em defesa da Constituição Federal, inclusive sobre emenda constitucional, conforme a possibilidade de existência de emenda constitucional inconstitucional; II: incorreta, pois o Poder Judiciário também pode realizar controle preventivo de constitucionalidade, haja vista, dentre outros, o mandado de segurança impetrado, por parlamentar, para garantia e reestabelecimento do devido processo legal. Nesse sentido é a jurisprudência do STF: "CONSTITUCIONAL. PODER LEGISLATIVO: ATOS: CONTROLE JUDICIAL. MANDADO DE SEGURANÇA. PARLAMENTARES. I. - O Supremo Tribunal Federal admite a legitimidade do parlamentar – e somente do parlamentar – para impetrar mandado de segurança com a finalidade de coibir atos praticados no processo de aprovação de lei ou emenda constitucional incompatíveis com disposições constitucionais que disciplinam o processo legislativo" (MS24.667/DF); III: correta, pois é a determinação constante do art. 5°, §1°, da CF, caso que não requer a atuação do legislador infraconstitucional (promoção da máxima efetividade da Constituição); IV: incorreta, pois trata-se de norma constitucional de eficácia contível ou contida, haja vista, por exemplo, a necessidade de aprovação no Exame de Ordem como um dos requisitos para o exercício da advocacia (art. 8°, da Lei 8.906/1994). **AB**

Gabarito "C".

(Magistratura Federal – 2ª Região – 2011 – CESPE) De acordo com o disposto na CF sobre o Poder Judiciário, assinale a opção correta.

(A) Compete à justiça militar processar e julgar, singularmente, os militares das forças estaduais nos crimes militares definidos em lei, bem como julgar as ações judiciais contra atos disciplinares militares, sendo da competência dos juízes federais processar e julgar os crimes militares cometidos contra civis.

(B) O STF é o órgão competente para processar e julgar as causas fundadas nas relações internacionais e as relativas à tutela da nacionalidade.

(C) Compete aos tribunais regionais federais processar e julgar os juízes federais e os desembargadores dos tribunais de justiça estaduais da área de sua jurisdição, nos crimes comuns e de responsabilidade.

(D) Em razão da chamada quarentena, os ex-ocupantes de cargos na magistratura estão impedidos de exercer atividade advocatícia perante qualquer juízo ou tribunal até que decorram três anos do afastamento por aposentadoria ou exoneração.

(E) Causas que envolvam grave violação de direitos humanos podem ser transferidas para a justiça federal, mediante incidente de deslocamento de competência suscitado pelo Procurador-geral da República, em qualquer fase do inquérito ou processo.

A: incorreta, art. 125, §§ 4° e 5° da CF/88. Compete aos juízes de direito do juízo militar processar e julgar SINGULARMENTE: a) os crimes militares cometidos contra civis – (excetuados os crimes dolosos contra a vida, que são de competência do Tribunal do Júri); e b) as ações judiciais contra atos disciplinares militares. Vejam, portanto, que apenas os crimes militares cometidos contra civis – (excetuados os crimes dolosos contra a vida, que são de competência do Tribunal do Júri) – serão de competência dos juízes de direito do juízo militar, monocraticamente, os demais crimes militares serão de competência do CONSELHO DE JUSTIÇA, sob a presidência de um juiz de direito. Ainda no que tange a competência da justiça militar ESTADUAL é importante salientar que não fora adotado apenas o critério OBJETIVO – (que seja crime militar), mas também o critério SUBJETIVO, necessitando, portanto, que o crime militar seja praticado por um militar. Seguindo esse entendimento o STJ editou as seguintes Súmulas: "**Súmula 53** – Compete à justiça comum estadual processar e julgar civil acusado de pratica de crime contra instituições militares estaduais."; "**Súmula 90** – Compete à justiça estadual militar processar e julgar o policial militar pela pratica do crime militar, e a comum pela pratica do crime comum simultâneo àquele.". Além dessas Súmulas, o STJ também editou outras relacionadas ao tema competência, senão vejamos: "**Súmula 75** – Compete à justiça comum estadual processar e julgar o policial militar por crime de promover ou facilitar a fuga de preso de estabelecimento penal."; **Súmula 78** – Compete à justiça militar processar e julgar policial de corporação estadual, ainda que o delito tenha sido praticado em outra unidade federativa."; e "**Súmula 172** – Compete à justiça comum processar e julgar militar por crime de abuso de autoridade, ainda que praticado em serviço."; **B**: incorreta, pois a com competência é da JUSTIÇA FEDERAL , os termos do art. 109, incisos II, III e X da CF/88; **C**: incorreta, art. 105, I, "a" c/c 108, I, "a", ambos da CF/88. O erro esta em determinar aos Tribunais Regionais Federais a competência para processar e julgar os desembargadores dos Tribunais de Justiça Estaduais, sendo tal incumbência do Superior Tribunal de Justiça; **D**: incorreta, conforme dispõe o art. 95, parágrafo único, V da CF/88, o impedimento é com relação ao JUÍZO ou TRIBUNAL do qual se afastou e não perante "qualquer" juízo ou tribunal; **E**: correta, § 5°, do art. 109 da CF/88. Tratando sobre o tema, ensina Uadi Lammêgo Bulos que: "(...) a princípio, as causas ligadas a direitos humanos competem aos juízes estaduais. Porém, havendo grave desrespeito a tais direitos, o Procurador-Geral pode suscitar, discricionariamente, o aludido incidente. Inúmeros foram os pedidos para se consagrar essa providência no Brasil. É que o Estado tem o dever de preservar as liberdades públicas em face de organismos internacionais. Mas o incidente de deslocamento não deve ser acionado em todo e qualquer caso. É preciso bom-senso, por parte do Procurador-Geral, no exercício da medida, para não sobrecarregar a Justiça Federal de

5. DIREITO CONSTITUCIONAL

matérias que, em *rigor, nem apresentam qualquer violação a direitos humanos"* (BULOS, Uadi Lammêgo. *Curso* de Direito Constitucional. 5. ed. rev. e atual. de acordo com a EC n. 64/2010. – São Paulo: Saraiva, 2010. p. 1339). Reparem, portanto, que o incidente de deslocamento é medida excepcional e de exercício discricionário do PGR. Por fim, insta salientar que tal incidente é exercido perante o Superior Tribunal de Justiça – (não confundir com STF) –, competindo à Terceira Seção do STJ o julgamento do IDC – Incidente de Deslocamento de Competência, conforme prevê o parágrafo único, do art. 1º, da Resolução nº 6 do STJ, de 16.2.2005. 🔲

Gabarito "E".

(Magistratura Federal – 4ª Região – VIII) Assinalar a alternativa correta:

(A) integrante do Poder Judiciário não está sujeito à responsabilidade por ato de improbidade administrativa;

(B) os atos de improbidade administrativa importarão a suspensão dos direitos políticos, a perda da função pública, a indisponibilidade dos bens e o ressarcimento do erário, sem prejuízo da ação penal cabível;

(C) as sanções cominadas aos atos de improbidade administrativa excluem a responsabilidade penal;

(D) compete ao Superior Tribunal de Justiça julgar a ação de improbidade administrativa proposta contra autoridade sujeita à sua competência no crime;

A: incorreta, o art. 1º, da Lei 8.429/1992, estabelece que qualquer agente público, de qualquer dos Poderes está sujeito à responsabilidade por ato de improbidade administrativa; **B:** correta, art. 37, § 4º, da CF/88; **C:** incorreta, o art. 37, § 4º, da CF/88, não exclui a ação penal cabível. **D:** incorreta. Sobre o tema, pedimos vênia para transcrever o seguinte julgado: "O Tribunal concluiu julgamento de duas ações diretas ajuizadas pela Associação Nacional dos Membros do Ministério Público – CONAMP e pela Associação dos Magistrados Brasileiros – AMB **para declarar, por maioria, a inconstitucionalidade dos §§ 1º e 2º do art. 84 do Código de Processo Penal, inseridos pelo art. 1º da Lei 10.628/2002** - v. Informativo 362. Entendeu-se que o § 1º do art. 84 do CPP, além de ter feito interpretação autêntica da Carta Magna, o que seria reservado à norma de hierarquia constitucional, usurpou a competência do STF como guardião da Constituição Federal ao inverter a leitura por ele já feita de norma constitucional, o que, se admitido, implicaria submeter a interpretação constitucional do Supremo ao referendo do legislador ordinário. **Considerando, ademais, que o § 2º do art. 84 do CPP veiculou duas regras – a que estende, à ação de improbidade administrativa, a competência especial por prerrogativa de função para inquérito e ação penais e a que manda aplicar, em relação à mesma ação de improbidade, a previsão do § 1º do citado artigo – concluiu-se que a primeira resultaria na criação de nova hipótese de competência originária não prevista no rol taxativo da Constituição Federal, e, a segunda estaria atingida por arrastamento. Ressaltou-se, ademais, que a ação de improbidade administrativa é de natureza civil, conforme se depreende do § 4º do art. 37 da CF, e que o STF jamais entendeu ser competente para o conhecimento de ações civis, por ato de ofício, ajuizadas contra as autoridades para cujo processo penal o seria.** Vencidos os Ministros Eros Grau, Gilmar Mendes e Ellen Gracie que afastavam o vício formal, ao fundamento de que o legislador pode atuar como intérprete da Constituição, discordando de decisão do Supremo, exclusivamente quando não se tratar de hipótese em que a Corte tenha decidido pela inconstitucionalidade de uma lei, em face de vício formal ou material, e que, afirmando a necessidade da manutenção da prerrogativa de foro mesmo após cessado o exercício da função pública, a natureza penal da ação de improbidade e a convivência impossível desta com uma ação penal correspondente, por crime de responsabilidade, ajuizadas perante

instâncias judiciárias distintas, julgavam parcialmente procedente o pedido formulado, para conferir aos artigos impugnados interpretação conforme no sentido de que: a) o agente político, mesmo afastado da função que atrai o foro por prerrogativa de função, deve ser processado e julgado perante esse foro, se acusado criminalmente por fato ligado ao exercício das funções inerentes ao cargo; b) o agente político não responde a ação de improbidade administrativa se sujeito a crime de responsabilidade pelo mesmo fato; c) os demais agentes públicos, em relação aos quais a improbidade não consubstancie crime de responsabilidade, respondem à ação de improbidade no foro definido por prerrogativa de função, desde que a ação de improbidade tenha por objeto ato funcional" (ADI 2797/DF e ADI 2860/DF, rel. Min. Sepúlveda Pertence, 15.9.2005 [ADI-2797] [ADI-2860]). 🔲

Gabarito "B".

(Magistratura Federal – 1ª Região – 2011 – CESPE) Assinale a opção correta com referência ao Poder Judiciário.

(A) A permuta de juízes dos TRFs e a determinação de sua jurisdição e sede se darão por resolução do Conselho da Justiça Federal.

(B) Aos juízes federais compete processar e julgar as causas em que a União e as entidades da administração indireta forem interessadas na condição de autoras, rés, assistentes ou oponentes, excetuando-se as de falência, de acidentes de trabalho e as sujeitas à justiça eleitoral e à justiça do trabalho.

(C) A CF estabelece que as unidades federativas com elevado número de ações judiciais devem constituir seções judiciárias nas capitais, cabendo aos juízes da justiça local, nos estados em que não existirem varas federais, o exercício da jurisdição e das atribuições cometidas aos juízes federais.

(D) Afora a remoção de ofício, os magistrados podem ser removidos independentemente de sua vontade, em razão de interesse público, por decisão tomada pelo voto da maioria absoluta do respectivo tribunal ou do CNJ, assegurada ampla defesa.

(E) Os membros da magistratura, incluídos os ministros do STF e os dos tribunais superiores, somente perderão o cargo por decisão judicial transitada em julgado.

A: incorreta. Nos termos do § 1º, do art. 107, da CF/88, a lei disciplinará a remoção ou a permuta de juízes dos Tribunais Regionais Federais e determinará sua jurisdição e sede; **B:** incorreta, inciso I, do art. 109, da CF/88. Aqui, o examinador trocou "entidade autárquica ou empresa pública federal" por "entidades da administração indireta"; **C:** incorreta, já que cada Estado, bem como o Distrito Federal, constituirá uma seção judiciária que terá por sede a respectiva Capital, e varas localizadas segundo o estabelecido em lei. Nos Territórios Federais, a jurisdição e as atribuições cometidas aos juízes federais caberão aos juízes da justiça local, na forma da lei, nos temos do art. 110, parágrafo único, da CF/88; **D:** correta. Afora significa: exceto, salvo. Portanto, "afora" – (exceto, salvo) – a remoção de ofício, os magistrados podem ser removidos independentemente de sua vontade, em razão de interesse público, por decisão tomada pelo voto da maioria absoluta do respectivo tribunal ou do CNJ, assegurada ampla defesa. Esse entendimento encontra respaldo constitucional no art. 93, VIII, da CF/88, bem como, na Lei Complementar n. 35/79 – Lei Orgânica da Magistratura – LOMAN –, em seus arts. 30 c/c 45, item I. Cabe lembrar, ainda, que o inciso VIII, do art. 93, da CF/88, teve sua redação modificada pela EC n. 45/2004, que alterou o *quorum* de remoção, disponibilidade e aposentadoria, de dois terços para maioria absoluta dos membros dos tribunais ou do CNJ. Ainda sobre o tema remoção, em 13 de julho de 2011 o Conselho

Nacional de Justiça, debruçando-se sobre o tema através da Resolução n. 135/2011, previu, em seu art. 5º que: "O magistrado de qualquer grau poderá ser removido compulsoriamente, por interesse público, do órgão em que atue para outro"; **E**: incorreta, art. 95, I, da CF/88. Cabe lembrar, que no tocante aos Ministros do STF e tratando-se de crime de responsabilidade competirá ao Senado Federal processá-los e julgá-los, submetendo-se, portanto a jurisdição POLÍTICA do Senado. **FT**
Gabarito "D".

(Magistratura Federal-4ª Região – 2010) Dadas as assertivas abaixo, assinale a alternativa correta.

I. O juiz pode ser removido, aposentado, colocado em disponibilidade ou demitido por decisão da maioria absoluta do respectivo tribunal ou do Conselho Nacional de Justiça, assegurada ampla defesa.

II. Não pode ser promovido o juiz que, injustificadamente, retiver autos em seu poder além do prazo legal.

III. A promoção dos juízes por merecimento obedece, dentre outros, aos parâmetros objetivos de produtividade e presteza no exercício da jurisdição.

IV. O Conselho da Justiça Federal tem poderes correicionais, e suas decisões, caráter vinculante.

(A) Estão corretas apenas as assertivas I e II.

(B) Estão corretas apenas as assertivas I, II e III.

(C) Estão corretas apenas as assertivas I, II e IV.

(D) Estão corretas apenas as assertivas II, III e IV.

(E) Estão corretas todas as assertivas.

I: incorreta. O art. 93, VIII, da CF não prevê hipótese de demissão, mas sim, o ato de remoção, disponibilidade e aposentadoria do magistrado, por interesse público, fundar-se á em decisão por voto da maioria absoluta do respectivo tribunal ou do Conselho Nacional de Justiça, assegurada ampla defesa; **II**: correta. Réplica do art. 93, II, "e", da CF; **III**: correta. Vide art. 93, II, "c", da CF; **IV**: correta. O Conselho da Justiça Federal (CJF), com sede em Brasília-DF, tem como missão exercer, de forma efetiva, a supervisão orçamentária e administrativa, o poder correicional e a uniformização, bem como promover a integração e o aprimoramento da Justiça Federal. O Conselho da Justiça Federal funciona junto ao Superior Tribunal de Justiça, com atuação em todo o território nacional, cabendo-lhe a supervisão orçamentária e administrativa da Justiça Federal de primeiro e segundo graus, como órgão central de sistema e com poderes correicionais, tendo suas decisões caráter vinculante, conforme estabelecido no inciso II do parágrafo único do art. 105 da Constituição Federal, na Lei nº 11.798, de 29 de outubro de 2008, e nos termos do art. 1º do Regimento do CJF. (FT)
Gabarito "D".

(Magistratura Federal – 3ª Região – 2010) Sobre os precatórios, assinale a alternativa incorreta

(A) Os pagamentos devidos pelas Fazendas Públicas Federal, Estaduais, Distrital e Municipais, em virtude de sentença judiciária, far-se-ão exclusivamente na ordem cronológica de apresentação dos precatórios e à conta dos créditos respectivos, proibida a designação de casos ou de pessoas nas dotações orçamentárias e nos créditos adicionais abertos para esse fim;

(B) Os débitos de natureza alimentícia compreendem aqueles decorrentes de salários, vencimentos, proventos, pensões e suas complementações, benefícios previdenciários e indenizações por morte ou por invalidez, fundadas em responsabilidade civil, em

virtude de sentença judicial transitada em julgado, e serão pagos com preferência sobre todos os demais débitos, sem qualquer exceção;

(C) Os débitos de natureza alimentícia, cujos titulares tenham 60 (sessenta) anos de idade ou mais na data de expedição do precatório, ou sejam portadores de doença grave, definidos na forma da lei, serão pagos com preferência todos os demais débitos, até o valor equivalente ao triplo do fixado em lei para os fins do disposto no § 3º deste artigo, admitido o fracionamento para essa finalidade, sendo que o restante será pago na ordem cronológica de apresentação do precatório;

(D) É obrigatória a inclusão, no orçamento das entidades de direito público, de verba necessária ao pagamento dos seus débitos, oriundos de sentenças transitadas em julgado, constantes de precatórios judiciários apresentados até 1º de julho, fazendo-se o pagamento até o final do exercício seguinte, quando terão seus valores atualizados monetariamente.

A: incorreta, pois a assertiva expressa os termos do art. 100, *caput*, da CF; **B**: correta. A assertiva não reflete os termos do art. 100, § 1º, da CF, são pagos com preferência sobre os demais, exceto sobre aqueles cujo titulares têm sessenta anos ou mais; **C**: incorreta. Assertiva denuncia a literalidade o art. 100, § 2º, da CF; **D**: incorreta, nos termos do art. 100, § 5º, da CF. **Vejamos:** Os pagamentos devidos pelas Fazendas Públicas Federal, Estaduais, Distrital e Municipais, em virtude de sentença judiciária, far-se-ão exclusivamente na ordem cronológica de apresentação dos precatórios e à conta dos créditos respectivos, proibida a designação de casos ou de pessoas nas dotações orçamentárias e nos créditos adicionais abertos para este fim. (*Redação da EC 62/2009*). Os débitos de natureza alimentícia compreendem aqueles decorrentes de salários, vencimentos, proventos, pensões e suas complementações, benefícios previdenciários e indenizações por morte ou por invalidez, fundadas em responsabilidade civil, em virtude de sentença judicial transitada em julgado, e serão pagos com preferência sobre todos os demais débitos, exceto nos casos do § 2º do artigo 100, da CF. Os débitos de natureza alimentícia cujos titulares tenham 60 (sessenta) anos de idade ou mais na data de expedição do precatório, ou sejam portadores de doença grave, definidos na forma da lei, serão pagos com preferência sobre todos os demais débitos, até o valor equivalente ao triplo do fixado em lei para os fins do disposto no § 3º do artigo 100, da CF, admitido o fracionamento para essa finalidade, sendo que o restante será pago na ordem cronológica de apresentação do precatório. O disposto no caput do artigo 100, da CF, relativamente à expedição de precatórios não se aplica aos pagamentos de obrigações definidas em leis como de pequeno valor que as Fazendas referidas devam fazer em virtude de sentença judicial transitada em julgado. Para os fins do disposto no § 3º, do artigo 100, poderão ser fixados, por leis próprias, valores distintos às entidades de direito público, segundo as diferentes capacidades econômicas, sendo o mínimo igual ao valor do maior benefício do regime geral de previdência social. É obrigatória a inclusão, no orçamento das entidades de direito público, de verba necessária ao pagamento de seus débitos, oriundos de sentenças transitadas em julgado, constantes de precatórios judiciários apresentados até 1º de julho, fazendo-se o pagamento até o final do exercício seguinte, quando terão seus valores atualizados monetariamente. As dotações orçamentárias e os créditos abertos serão consignados diretamente ao Poder Judiciário, cabendo ao Presidente do Tribunal que proferir a decisão exequenda determinar o pagamento integral e autorizar, a requerimento do credor e exclusivamente para os casos de preterimento de seu direito de precedência ou de não alocação orçamentária do valor necessário à satisfação do

5. DIREITO CONSTITUCIONAL — 391

seu débito, o sequestro da quantia respectiva. O Presidente do Tribunal competente que, por ato comissivo ou omissivo, retardar ou tentar frustrar a liquidação regular de precatórios incorrerá em crime de responsabilidade e responderá, também, perante o Conselho Nacional de Justiça. É vedada a expedição de precatórios complementares ou suplementares de valor pago, bem como o fracionamento, repartição ou quebra do valor da execução para fins de enquadramento de parcela do total ao que dispõe o § 3º do art. 100, da CF. Por fim, da expedição dos precatórios, o Tribunal solicitará à Fazenda Pública devedora, para resposta em até 30 (trinta) dias, sob pena de perda do direito de abatimento, informação sobre os débitos que preencham as condições estabelecidas no § 9º, do art. 100, da CF, para os fins nele previstos. É facultada ao credor, conforme estabelecido em lei da entidade federativa devedora, a entrega de créditos em precatórios para compra de imóveis públicos do respectivo ente federado. A partir da promulgação desta Emenda Constitucional, a atualização de valores de requisitórios, após sua expedição, até o efetivo pagamento, independentemente de sua natureza, será feita pelo índice oficial de remuneração básica da caderneta de poupança, e, para fins de compensação da mora, incidirão juros simples no mesmo percentual de juros incidentes sobre a caderneta de poupança, ficando excluída a incidência de juros compensatórios. O credor poderá ceder, total ou parcialmente, seus créditos em precatórios a terceiros, independentemente da concordância do devedor, não se aplicando ao cessionário o disposto nos §§ 2º e 3º, do art. 100, da CF. A cessão de precatórios somente produzirá efeitos após comunicação, por meio de petição protocolizada, ao tribunal de origem e à entidade devedora. Sem prejuízo, lei complementar a esta Constituição Federal poderá estabelecer regime especial para pagamento de crédito de precatórios de Estados, Distrito Federal e Municípios, dispondo sobre vinculações à receita corrente líquida e forma e prazo de liquidação. A seu critério exclusivo e na forma de lei, a União poderá assumir débitos, oriundos de precatórios, de Estados, Distrito Federal e Municípios, refinanciando-os diretamente. **FT**

Gabarito "B".

(Magistratura Federal – 3ª Região – XIII) Sobre os precatórios judiciais, é correto afirmar-se que:

(A) não justifica a decretação da intervenção federal, considerado o princípio da proporcionalidade, a omissão do Estado-Membro em efetuar o respectivo pagamento, se comprovada a impossibilidade de ordem orçamentária e a inexistência de atuação dolosa ou deliberada no sentido de frustrar o cumprimento de decisões judiciais;

(B) não efetuado, apesar de incluído no orçamento, o pagamento voluntário dos precatórios judiciais, é sempre possível, como alternativa para garantir a eficácia da coisa julgada, o sequestro de valores para a satisfação dos débitos judiciais;

(C) somente os precatórios relativos a dívidas alimentares podem ser objeto de sequestro, desde que vencido o prazo para o respectivo pagamento;

(D) cabe a expedição de precatório para complementar o pagamento efetuado, sob a forma de requisição de pequeno valor, prevista no § 3º do artigo 100 da Constituição Federal.

A: correta. STF, IF 2915, Rel. p/ acórdão Min. Gilmar Mendes, Tribunal Pleno, j. 03/02/2003; **B** e **C:** incorretas. Não reflete o disposto no art. 100, § 2º, da CF; **D:** incorreta. Não reflete o disposto no art. 100, §§ 3º e 4º, da CF. **FT**

Gabarito "A".

13. DAS FUNÇÕES ESSENCIAIS À JUSTIÇA

(Juiz – TJ/SP – VUNESP – 2015) Proposta Ação Civil Pública pelo representante do Ministério Público, com pedido de alteração da política de transporte urbano do Município, a fim de que recursos sejam direcionados para ampliação das linhas de metrô, forma considerada mais eficiente, sob os aspectos urbanísticos e ambientais, em relação à construção de corredores para ônibus e reparos de vias públicas para veículos, tal pretensão

(A) deve ser deferida judicialmente porque é amparada constitucionalmente e atende ao denominado interesse público primário.

(B) não deve ser deferida sem prévia avaliação técnica e orçamentária, no âmbito do Judiciário (prova pericial), quanto aos impactos da medida.

(C) deve ser parcialmente deferida apenas para os exercícios seguintes, tendo em vista a necessidade de previsão na lei orçamentária anual.

(D) não deve ser deferida judicialmente porque preserva--se a escolha técnica de políticas públicas aos órgãos da Administração.

A: incorreta, pois não deve ser deferida, vez que está no âmbito da discricionariedade da escolha de políticas públicas pela Administração; **B:** incorreta, pois em que pese a medida judicial deva ser indeferida não guarda correlação com a prova pericial; **C:** incorreta, pois não há que se vincular com os exercícios seguintes e a lei orçamentária (ADI 789/DF, STF); **D:** correta, pois está no âmbito da escolha legítima de políticas públicas aos órgãos da Administração. **AB**

Gabarito "D".

(MAGISTRATURA/PB – 2011 – CESPE) Com relação ao tratamento constitucional do Poder Judiciário, da AGU e da representação judicial dos estados e do DF, assinale a opção correta.

(A) Compete ao STF resolver os conflitos de competência entre quaisquer tribunais, entre tribunal e juízes a ele não vinculados e entre juízes vinculados a tribunais diversos.

(B) A AGU é o órgão que, de modo direto, ou mediante órgão vinculado, representa a União, judicial e extra-judicialmente, cumprindo-lhe realizar a consultoria e o assessoramento jurídico do Poder Executivo.

(C) Ao conferir aos procuradores dos estados e do DF a sua representação judicial, a CF veda expressamente que tais entidades federativas confiram mandato *ad judicia* a outros advogados para causas especiais.

(D) Por qualificar-se como um complexo de atribuições jurisdicionais de índole essencialmente constitucional, a competência originária do STF não se restringe às situações fixadas na CF, tendo sentido meramente exemplificativo o rol de atribuições do STF explicitadas no texto constitucional.

(E) A Emenda Constitucional n.º 45, que implantou a reforma do Poder Judiciário, confirmou o entendimento do CNJ de estabelecer férias coletivas para os juízes e membros dos tribunais de segundo grau.

A: Compete ao STF julgar apenas os conflitos de competência entre o Superior Tribunal de Justiça e quaisquer tribunais, entre Tribunais

FÁBIO TAVARES, TERESA MELO, BRUNA VIEIRA E ANDRÉ BARBIERI

Superiores, ou entre estes e qualquer outro tribunal (art. 102, I, "o", da CF); **B:** Art. 131 da CF; **C:** Não há vedação expressa na Constituição (v. art. 132 da CF); **D:** As competências do STF são taxativamente previstas pela CF; **E:** A EC 45/2004 suprimiu as férias coletivas nos tribunais de segundo grau (art. 93, XII, da CF). FT/TM

Gabarito "B".

(Magistratura Federal – 1ª Região – 2011 – CESPE) Relativamente à disciplina constitucional sobre a administração pública, o MP e a AGU, assinale a opção correta.

(A) Segundo decisão liminar exarada pelo STF, permanece em vigor a redação original do dispositivo da CF que consagra o regime jurídico único no âmbito da administração direta, das autarquias e das fundações, tanto na esfera federal como estadual e municipal.

(B) Conforme a CF, o MPU compreende o MP Militar, o MP do Trabalho, o MP Militar e o MP Eleitoral, todos dotados de estrutura própria.

(C) Ao MP é assegurada autonomia funcional e administrativa, mas não financeira, pois a elaboração de sua proposta orçamentária é realizada pelo Poder Executivo.

(D) A AGU é instituição chefiada pelo advogado-geral da União, cargo de livre nomeação pelo presidente da República, entre os membros da carreira da advocacia da União.

(E) As funções de confiança e os cargos em comissão, no âmbito da administração pública direta, só podem ser exercidos por servidores ocupantes de cargo efetivo.

A: correta, o STF, em liminar parcialmente concedida em 2-8-2007, na (ADIn n. 2.135-4 – MC-DF), suspendeu a eficácia do *caput* do art. 39 da CF/88. Com a decisão, voltou a vigorar a redação prevista anteriormente a EC 19/98, que previa o regime jurídico único. Cabe lembrar que em referida decisão ficou estabelecido que esta teria efeitos *ex nunc*, subsistindo, portanto, a legislação editada nos termos da emenda declarada suspensa; **B:** incorreta, pois, de acordo com o art. 128, I, da CF/88, o Ministério Público da União compreende: o MPF, o MPT, o MPM e o MPDFT. Não bastasse isso, cabe lembrar, que o Ministério Público Eleitoral não goza de estrutura própria, sendo composto por membros do Ministério Público Federal – (LC 75/93 – art. 72) e do Ministério Público Estadual – (Lei 8.625/93 – art. 32, III). A função de Procurador-Geral Eleitoral compete ao Procurador-Geral da República; **C:** incorreta, art. 127, § 3º, da CF/88. Prevendo de forma ainda mais contundente a autonomia financeira do MP, dispõe o art. 22, da LC n. 75/93: Ao MPU é assegurada autonomia funcional, administrativa e financeira. Ensina a doutrina, que "(...) diz-se autonomia financeira a capacidade de elaboração de proposta orçamentária própria. Ela Engloba, também, a gestão e aplicação dos recursos destinados a promover as atividades e serviços do órgão titular da dotação. Tal dotação pode ser livremente administrada, aplicada e remanejada pela unidade orçamentária a que se destinou. Daí a autonomia financeira ser própria dos órgãos detentores de autonomia funcional, a exemplo do Ministério Público e do Tribunal de Contas, que realizam plenamente as suas funções porque não ficam à mercê de outros órgão controladores de suas dotações orçamentárias. O art. 3º da Lei Orgânica Nacional do Ministério Público, além de mencionar os desdobramentos da autonomia *administrativa do Parquet*, enumera-lhe *funções ligadas à sua autonomia financeira*" (BULOS, Uadi Lammêgo. *Curso de Direito Constitucional*. 5. ed. rev. e atual. de acordo com a EC n. 64/2010. São Paulo: Saraiva, 2010, p. 1129.); **D:** incorreta, pois de acordo com o § 1º, do art. 131 da CF/88 o cargo é de livre nomeação pelo Presidente da República **dentre cidadãos maiores de trinta e cinco anos, de notável**

saber jurídico e reputação ilibada; **E:** incorreta, art. 37, V, da CF/88. De acordo com esse inciso apenas as funções de confiança serão exercidas exclusivamente por servidores ocupantes de cargo efetivo, já os cargos em comissão serão preenchidos por servidores de carreira nos casos, condições e percentuais mínimos previstos em lei e destinam-se apenas às atribuições de direção, chefia e assessoramento. FT

Gabarito "A".

(Magistratura Federal – 2ª Região – 2011 – CESPE) Com referência ao MP, à advocacia e à defensoria pública, assinale a opção correta.

(A) O advogado tem imunidade profissional, não constituindo injúria, difamação ou desacato puníveis qualquer manifestação de sua parte, no exercício de sua atividade, em juízo ou fora dele.

(B) Ao MP é assegurada autonomia funcional e administrativa, cabendo ao Poder Executivo apenas propor ao Congresso Nacional a criação e a extinção dos cargos e serviços auxiliares do MP.

(C) A destituição do Procurador-Geral da República ocorre por iniciativa do presidente da República, precedida de autorização da maioria absoluta do Senado Federal.

(D) A Advocacia-Geral da União é chefiada pelo advogado-geral da União, cargo de nomeação pelo presidente da República, entre integrantes do órgão, com mais de trinta anos de idade, de notável saber jurídico e reputação ilibada.

(E) As defensorias públicas estaduais dispõem de autonomia funcional e administrativa, mas, sendo órgãos do Poder Executivo, cabe ao governador de estado a iniciativa de sua proposta orçamentária dentro dos limites estabelecidos na lei de diretrizes orçamentárias.

A: incorreta, o Supremo Tribunal Federal no da ADIn n. 1.127-8 (DOU de 26.05.2006), declarou a inconstitucionalidade da expressão "ou desacato" constante no § 2º, do art. 7º da Lei n. 8.906/94 – (Estatuto da Advocacia e da OAB – EAOAB); **B:** incorreta, art. 127, § 2º da CF/88; **C:** correta, texto legal integral do § 2º, do art. 128 da CF/88. Escrevendo sobre o tema ensina Pedro Lenza que: "O **Ministério Público da União** tem por chefe o **Procurador-Geral da República**, nomeado pelo Presidente da República dentre **integrantes da carreira**, maiores de **35 anos**, após a aprovação de seu nome pela **maioria absoluta** dos membros do Senado Federal, para mandato de **2 anos**, permitida **mais de uma recondução**, sem qualquer limite (art. 128, § 1.º). No entanto, para cada nova recondução o procedimento e os requisitos deverão ser observados, já que a recondução é uma nova nomeação. O Procurador -Geral da República poderá ser **destituído** pelo próprio Presidente da República, dependendo, contudo, de prévia autorização da **maioria absoluta** do Senado Federal (art. 128, § 2.º – novidade, já que, anteriormente, a escolha e a exoneração davam-se *ad nutum* pelo Presidente da República). A regra aqui é diferente da dos Estados e do DF e Territórios, já que o Chefe do MPU (PGR) poderá ser destituído pelo próprio **Executivo**, após prévia autorização do Legislativo. Os Chefes dos MPs dos Estados e do DF e Territórios (Procurador-Geral de Justiça) são destituídos pelo próprio **Legislativo** na forma da lei complementar respectiva (art. 128, §4.º), e **não** pelo Executivo" (LENZA, Pedro. *Direito Constitucional Esquematizado*. 16. ed. São Paulo: Saraiva, 2012. p. 843.). Apenas para não passar despercebido, cabe aqui transcrever também, citação de rodapé do ilustre professor no qual estampa posicionamento de José Afonso da Silva sobre a expressão "mandato" contido no § 1º, do art. 128 da CF/88: "... esse

5. DIREITO CONSTITUCIONAL 393

tipo de 'mandato' é, na realidade, mera investidura a tempo certo, por isso mesmo é que pode ser interrompida antes de terminar o prazo, embora não ao inteiro alvedrio da autoridade nomeante..." (arts. 128, §§ 2.º e 5.º – *Curso de direito constitucional positivo*. 22. ed., p. 583); **D:** incorreta, pois de acordo com o § 1º, do art. 131 da CF/88 o cargo é de livre nomeação pelo Presidente da República **dentre CIDADÃOS MAIORES DE TRINTA E CINCO ANOS, de notável saber jurídico e reputação ilibada; E:** incorreta, art. 134, § 2º, CF/88. Às Defensorias Públicas Estaduais são asseguradas autonomia funcional e administrativa e a iniciativa de sua proposta orçamentária dentro dos limites estabelecidos na lei de diretrizes orçamentárias e subordinação ao disposto no art. 99, § 2º, da CF. **FT**
Gabarito "C".

(Magistratura Federal – 5ª Região – 2011) A respeito da administração pública e das funções essenciais à justiça, assinale a opção correta.

(A) Conforme entendimento do STF, compete ao STJ dirimir conflito negativo de competência entre o Ministério Público Federal e o MP de determinado estado.

(B) A CF submeteu os empregados das empresas públicas e das sociedades de economia mista ao teto remuneratório da administração pública, limitando expressamente a aplicação de tal determinação aos casos em que tais empresas recebam recursos da fazenda pública para custeio em geral ou gasto com pessoal.

(C) Segundo entendimento do STF, membro do MP pode exercer cargo ou função pública em órgão externo à organização do MP, ainda que tenha ingressado na instituição após a promulgação da CF.

(D) Assim como as cortes de contas, as defensorias públicas estão organizadas nas esferas federal, estadual e municipal, com autonomia funcional e administrativa assegurada pela CF.

(E) A garantia da inamovibilidade é conferida, pela CF, aos membros do MP, da advocacia pública e da defensoria pública.

A: incorreta. Não há, na Constituição da República, previsão expressa do tribunal competente para julgar conflito de atribuição entre ramos distintos do Ministério Público. O STF conferiu maior abrangência ao art. 102, I, *f*, da CF, ante o fato de estarem envolvidos órgão da União e de Estado-membro, para entender que é sua a competência para solução do caso. Ver CJ 5133/RS; CJ 5267/GB; MS 22042 QO/RR, Pet 3528/BA; **B:** correta, nos termos do art. 37, XI, e § 9º, da CF; **C:** incorreta. O STF entende que, para os membros que ingressaram após a CF/88, é vedado o exercício de outra função pública (art. 128, § 5º, II, "d", da CF); **D:** incorreta. Não há defensoria pública municipal (art. 134, *caput*, §§ 1º e 2º, da CF); **E:** Apenas aos membros do MP, da defensoria dos estados e do DF, e da magistratura (art. 95, II; art. 128, § 5º, I, "b"; e art. 134, § 1º, todos da CF). **FT**
Gabarito "B".

14. DEFESA DO ESTADO

(Magistratura/SP – 2013 – VUNESP) É caso de decretação do Estado de Sítio:

(A) comoção grave de repercussão na capital de uma das unidades federativas.

(B) ameaça à ordem pública em virtude de calamidade de grandes proporções na natureza.

(C) ameaça à ordem pública em virtude de grave e iminente instabilidade institucional.

(D) ocorrência de fatos que comprovem a ineficácia de medida tomada durante o estado de defesa.

A: incorreta. Para que a comoção grave dê ensejo à decretação do estado de sítio ela deve ter **repercussão nacional** (art. 137, I, da CF); **B e C:** incorretas. De acordo com o art. 137, I e II, da CF, as situações que autorizam a decretação do estado de sítio (rol taxativo) são as seguintes: I – comoção grave de repercussão nacional ou ocorrência de fatos que comprovem a ineficácia de medida tomada durante o estado de defesa e II – declaração de estado de guerra ou resposta a agressão armada estrangeira. Por fim, vale lembrar que as hipóteses trazidas pelas alternativas "B" e "C", embora não autorizem a decretação do estado de sítio, ensejam a instituição do estado de defesa (art. 136, *caput*, da CF); **D:** correta (art. 137, I, 2.ª parte, da CF). **BV**
Gabarito "D".

(Magistratura/SP – 2011 – VUNESP) Leia as afirmativas quanto à segurança pública.

I. É exercida pela polícia federal, polícia rodoviária federal, polícia ferroviária federal, polícias civis, polícias militares e corpos de bombeiros militares.

II. Os Municípios poderão constituir guardas municipais destinadas à proteção de seus bens, serviços e instalações.

III. Compete à União organizar e manter a polícia civil, a polícia militar e o corpo de bombeiros militar do Distrito Federal.

IV. Compete à polícia federal exercer, em concorrência com as polícias civis estaduais, as funções de polícia judiciária da União.

É correto apenas o que se afirma em

(A) II, III e IV.

(B) I, III e IV.

(C) I e II.

(D) IV.

(E) I, II e III.

I: Art. 144, I a V, da CF; **II:** Art. 144, § 8º, da CF; **III:** Art. 21, XIV, da CF; **IV:** Atribuição exclusiva da Polícia Federal (art. 144, § 1º, IV, da CF). **FT/TM**
Gabarito "E".

(Magistratura Federal – 1ª Região – 2011 – CESPE) Tendo em vista os direitos de nacionalidade, os direitos políticos, o estado de defesa e o estado de sítio, assinale a opção correta.

(A) São requisitos para elegibilidade, entre outros, o alistamento eleitoral e o domicílio eleitoral na circunscrição em que o indivíduo pretenda candidatar-se.

(B) Os estrangeiros de qualquer nacionalidade somente poderão requerer a nacionalidade brasileira se residirem na República Federativa do Brasil há mais de trinta anos ininterruptos e não tiverem condenação penal.

(C) O estado de sítio, medida excepcional, somente pode ser decretado nos casos de declaração de estado de guerra ou resposta a agressão armada estrangeira.

(D) O indivíduo que sofrer condenação penal transitada em julgado terá seus direitos políticos suspensos, mas apenas no caso de crimes dolosos, não no de crimes culposos e contravenções penais.

(E) O presidente da República pode decretar, com a finalidade de preservar a ordem pública ameaçada por grave instabilidade institucional, estado de defesa em locais determinados, dependendo, para isso, de autorização do Congresso Nacional.

A: correto, art. 14, 3º, da CF/88; **B:** incorreta, art. 12, II, "b" da CF/88; **C:** incorreta, art. 137, I e I da CF/88; **D:** incorreta, art. 15, III da CF/88. Escrevendo sobre o tema, ensina Uadi Lammêgo Bulos: *"conclusão do STF e do TSE: a* terminologia "condenação criminal transitada em julgado", presente no art. 15, III, não faz distinção quanto ao tipo do crime cometido. Abrangendo, ao mesmo tempo, os delitos dolosos e culposos, bem como as contravenções penais, independentemente da aplicação, ou não, de pena privativa de liberdade. O que prepondera aqui é o sentido ético na aplicação da norma constitucional, isto é, o princípio de que os cargos públicos devem ser ocupados por cidadãos insuspeitos, de bons antecedentes e moral ilibada" (BULOS, Uadi Lammêgo. *Curso de Direito Constitucional*. 5. ed. rev. e atual. de acordo com a EC n. 64/2010. – São Paulo: Saraiva, 2010, p. 870). Importante lembrar ainda, o conteúdo da Súmula n. 9 do TSE que aduz: "A suspensão de direitos políticos decorrente de condenação criminal transitada em julgado cessa com o cumprimento ou a extinção da pena, independendo de reabilitação ou de prova de reparação dos danos"; **E:** incorreta, art. 136, § 4º, da CF/88. Tratando-se de Estado de Defesa, temos como um dos pressupostos formais (ou instrumentais) a exigência de submissão do ato com a respectiva justificativa ao Congresso Nacional, que decidirá por maioria absoluta. Veja, portanto, que a competência para decretação é do Presidente da República, não necessitando para sua decretação, da autorização do Congresso Nacional. A exigência de autorização do Congresso Nacional é imputada apenas ao Estado de Sítio – (art. 137, CF/88). **FT**

Gabarito "A".

(Magistratura Federal – 5ª Região – 2011) Com relação à defesa do Estado e das instituições democráticas e aos direitos políticos, assinale a opção correta.

(A) As hipóteses de inelegibilidade, por configurarem circunstâncias que impedem o cidadão de exercer total ou parcialmente a capacidade eleitoral passiva, constam de rol taxativo previsto na CF.

(B) A reaquisição de direitos políticos suspensos só se faz possível mediante decisão judicial proferida em ação ajuizada para tal fim.

(C) Os casos que ensejam a decretação do estado de sítio estão previstos na CF de forma taxativa, diferentemente dos relativos ao estado de defesa.

(D) O controle político exercido sobre a decretação do estado de defesa é prévio, concomitante ou sucessivo.

(E) Apesar de a prestação de serviço militar ser obrigatória, a recusa em cumpri-la é admitida sob a alegação do direito de escusa de consciência, cabendo, nesse caso, às forças armadas atribuir àquele que exercer esse direito serviço alternativo em tempo de paz, cuja recusa enseja como sanção a declaração da perda dos direitos políticos.

A: incorreta. O art. 14, § 9º, da CF não deixa dúvidas de que lei complementar pode estabelecer outras hipóteses; **B:** incorreta. São readquiridos automaticamente, após término dos motivos que levaram à suspensão; **C:** incorreta. As hipóteses de decretação de estado de defesa e de estado de sítio são taxativas (arts. 136 e 137 da CF); **D:** incorreta. É posterior (art. 136, § 4º, da CF); **E:** correta. A chamada escusa de consciência encontra-se prevista no art. 143, § 1º, da CF, cujo texto

refere-se apenas ao tempo de paz. A *escusa de consciência* só leva à perda dos direitos políticos (art. 15, IV, da CF) se o escusante negar-se a cumprir a prestação alternativa que a lei fixar. **FT**

Gabarito "E".

(Magistratura Federal – 3ª Região – 2010) Guarda municipal em atuação de policiamento ostensivo prende determinada pessoa por considerar seu comportamento suspeito conduzindo-a a uma delegacia de polícia. Pergunta-se:

(A) Esta ação encontra-se validada em face do contido na primeira parte do art. 144, da Constituição Federal, segundo a qual, a segurança pública é dever do Estado, direito e responsabilidade de todos, sendo exercida para a preservação da ordem pública e da incolumidade das pessoas e do patrimônio;

(B) A guarda municipal conferiu a Constituição Federal as ações destinadas a proteção de seus bens, serviços e instalações, na forma da respectiva lei municipal, ou seja, restringiu a sua atuação apenas a polícia administrativa;

(C) A atuação em policiamento ostensivo por intermédio da guarda municipal somente pode ser feita juntamente com a polícia civil ou polícia militar do estado;

(D) Esta ação pode ser considerada válida, desde que a guarda municipal tenha assinado convênio coma secretaria de segurança pública estadual.

A, C e D: O STJ afirmou a legalidade de prisão efetuada por guardas municipais, ainda que tal atividade não esteja inserida no rol de suas atribuições constitucionais, por ser ato de proteção à segurança social. Portanto, não é necessário convênio ou atuação em conjunto com outras polícias, pois a própria Constituição confere legitimidade à conduta; **B:** A Constituição conferiu aos Municípios a possibilidade de instituir guardas municipais destinadas à proteção de seus bens, serviços e instalações, conforme dispuser a lei (art. 144, § 8º, da CF), não o contrário. Além disso, o enunciado não afirma que houve lesão ou ameaça de lesão a bens, serviços ou instalações municipais. **FT**

Gabarito "A".

15. TRIBUTAÇÃO E ORÇAMENTO

(Magistratura/CE – 2012 – CESPE) No que concerne às disposições constitucionais sobre o Sistema Tributário Nacional, assinale a opção correta.

(A) É vedado à União cobrar tributo que implique distinção de estado ou município em detrimento de outro, ou instituir incentivos fiscais que não sejam concedidos, de modo uniforme, às diferentes regiões do país.

(B) Os estados e o DF podem instituir, por decreto do Poder Executivo, contribuição para o custeio do serviço de iluminação pública, cuja cobrança pode ocorrer na fatura de consumo de energia elétrica.

(C) A CF veda a instituição de tratamento desigual entre contribuintes que se encontrem em situação equivalente, mas admite, em caráter excepcional, distinções em razão da ocupação profissional ou função por eles exercida.

(D) As alíquotas de ICMS aplicáveis às operações interestaduais e de exportação de mercadorias e sobre prestação de serviços são estabelecidas por resolução do Senado Federal.

5. DIREITO CONSTITUCIONAL   395

(E) Pertence integralmente aos municípios, relativamente aos imóveis neles situados, o produto da arrecadação do imposto sobre a propriedade territorial rural.

A: incorreta, pois a CF admite a concessão de incentivos fiscais destinados a promover o equilíbrio do desenvolvimento socioeconômico entre as diferentes regiões do País, conforme o art. 151, I, da CF; **B:** incorreta, pois os estados não poderão instituir contribuições para o custeio do serviço de iluminação pública, mas tão somente, os Municípios e o Distrito Federal, na forma das respectivas LEIS, observado o disposto nos arts. 149-A e 150, I e III, da CF. Sem prejuízo, é facultada a cobrança da contribuição na fatura de consumo de energia elétrica; **C:** incorreta. O art. 150, II, da CF, estabelece que a União, os Estados, Distrito Federal e os Municípios, não poderão exigir ou aumentar tributo sem lei o que estabeleça instituir tratamento desigual entre contribuintes que se encontrem em situação equivalente, proibida QUALQUER DISTINÇÃO em razão de ocupação profissional ou função por eles exercida, independentemente da denominação jurídica dos rendimentos, títulos ou direitos; **D:** correta, réplica do art. 155, II e o seu § 2º, IV, da CF; **E:** incorreta, pois compete à União instituir impostos sobre propriedade rural (Lei n. 9.393, de 19 de dezembro de 1996) e pertencem ao Municípios apenas cinquenta por cento do produto da arrecadação, relativamente aos imóveis neles situados, cabendo a totalidade na hipótese da opção a que se refere o art. 153, §4º, II, da CF, ou seja, o ITR não incidirá sobre pequenas glebas rurais, definidas em lei, quando as explore o proprietário que não possua outro imóvel. **FT** *Gabarito "D".*

(Magistratura Federal – 2ª Região – 2011 – CESPE) Assinale a opção correta com base nas normas constitucionais relativas aos princípios gerais do sistema tributário, às limitações do poder de tributar e à repartição das receitas tributárias.

(A) As contribuições de melhoria, de competência exclusiva dos municípios, são tributos cujo fato gerador é a valorização de imóveis urbanos em razão de obras realizadas pelo poder público local.

(B) Pertencem aos municípios 50% do produto da arrecadação do imposto da União sobre a propriedade territorial rural, relativamente aos imóveis neles situados, mas apenas na hipótese de os próprios municípios realizarem a cobrança e a fiscalização do imposto.

(C) A instituição do imposto sobre transmissão *causa mortis* e do de doação cabe ao município onde se situe o bem imóvel.

(D) Diferentemente dos impostos, as taxas têm como característica essencial a existência de atividade estatal específica e divisível, ou seja, há a necessidade de o serviço realizado trazer, em tese, benefício potencial e determinado ao contribuinte, que deve pagá-lo ainda que não o utilize.

(E) Pelo princípio da anterioridade tributária, nenhum tributo, seja da União, dos estados, do DF ou dos municípios, pode ser cobrado no mesmo exercício financeiro em que tenha sido aprovada a lei que o instituiu.

A: incorreta, trata-se de espécie tributária de competência comum, conforme dispõe o art. 145, II da CF/88, portanto, ao ente que realizar a obra pública – (União, Estados, Distrito Federal ou Municípios) – competirá à instituição da contribuição de melhoria. Repare que como o próprio enunciado ressaltou, o fato gerador da contribuição de melhoria é a "valorização" imobiliária, tratando-se, portanto, de um tributo que tem por fato gerador a consequência da obra e não sua realização. Dessa forma, não é qualquer benefício proporcionado pela obra pública que desencadeará a exação, mas apenas e tão somente aquela que acarretar em valorização imobiliária. A base de cálculo da contribuição de melhoria será exatamente esse valor acrescido em decorrência da obra pública; **B:** incorreta, art. 158, II da CF/88. Se o Município optarem pela realização da fiscalização e cobrança do ITR, caberá a ele a totalidade do produto da arrecadação; **C:** incorreta, pois nos termos do art. 155, § 1º, I, II da CF/88, tratando-se de bens imóveis e respectivos direitos, compete ao Estado da situação do bem, ou ao Distrito Federal a instituição do ITCMD; Já no que concerne aos bens móveis, títulos e créditos, a instituição do ITCMD competirá ao Estado onde se processar o inventário ou arrolamento, ou tiver domicílio o doador, ou ao Distrito Federal; **D:** correta, art. 16 do CTN c/c art. 145, II da CF/88. O Imposto é por definição legação expressa de um tributo não vinculado, pois independe de atividade estatal específica em relação ao contribuinte, portanto, correta a doutrina quando afirma ser o imposto, um tributo que não goza de referibilidade. A taxa, por sua vez, é uma espécie tributária vinculada a uma atividade estatal, sendo elas, o exercício do poder de polícia ou disponibilização ao contribuinte de um serviço público específico e divisível; **E:** incorreta, pois podemos encontrar no texto constitucional exceções ao princípio da anterioridade: Imposto de Importação – (II); Imposto de Exportação – (IE); Imposto sobre Produtos Industrializados – (IPI); Impostos sobre Operações Financeiras – (IOF); Impostos Extraordinários de Guerra; Empréstimos Compulsórios – (Guerra e Calamidade); Contribuições para o Financiamento da Seguridade Social – (art. 195, § 6º da CF/88); ICMS monofásico sobre Combustíveis – (exceção parcial – art. 155, § 4º, IV); CIDE-combustível – (exceção parcial – art. 177, § 4º, I, "b" da CF/88). No tocante a anterioridade nonagesimal ou noventina, encontramos no texto constitucional as seguintes exceções: Imposto de Importação – (II); Imposto de Exportação – (IE); Impostos sobre Operações Financeiras – (IOF); Impostos Extraordinários de Guerra; Empréstimos Compulsórios – (Guerra e Calamidade); Imposto de Renda – (IR); Base de cálculo do IPTU e Base de cálculo do IPVA. **FT** *Gabarito "D".*

16. ORDEM ECONÔMICA E FINANCEIRA

(Juiz – TRF 3ª Região – 2016) Ao explorarem diretamente atividade econômica, as empresas públicas e as sociedades de economia mista:

(A) não se sujeitam à exigência de licitação para contratar obras, serviços, compras e alienações, diante da supremacia do interesse público.

(B) sujeitam-se ao regime jurídico das empresas privadas quanto aos direitos e obrigações civis, comerciais, tributários e trabalhistas.

(C) estão impedidas de atuar nas atividades econômicas que são de livre exploração pelo setor privado.

(D) não podem desfrutar de tratamento fiscal mais favorecido que não é estendido ao setor privado, mas em compensação não se sujeitam aos princípios constitucionais que animam a Administração Pública.

A: incorreta, pois mesmo sendo pessoas jurídicas de direito privado possuem a obrigatoriedade de licitar, realizar concurso público, prestar contas ao Tribunal de Contas etc. Sobre o dever de licitar podemos mencionar a Lei 13.303/2016; **B:** correta, nos termos do art. 173, §1º, II, da CF; **C:** incorreta, pois poderão atuar na exploração da atividade econômica sempre que existir relevante interesse coletivo ou segurança nacional (art. 173, da CF); **D:** incorreta, pois estão submetidas aos princípios regentes da Administração Pública (art. 37, "caput", da CF), mas, de fato, não poderão gozar de privilégios fiscais não extensivos às do setor privado (art. 173, §2, da CF). **AB** *Gabarito "B".*

(Juiz – TRF 2ª Região – 2017) Assinale a opção que, corretamente, lista princípios que a Constituição assenta para a ordem econômica:

(A) Soberania nacional, propriedade privada, livre iniciativa e tratamento favorecido a empresas brasileiras de sócios nacionais.

(B) Livre iniciativa, tratamento favorecido a pequenas empresas com sócios nacionais, defesa do meio ambiente, defesa do consumidor e redução das desigualdades sociais.

(C) Soberania nacional, livre concorrência, defesa do meio ambiente, redução das desigualdades regionais e livre iniciativa.

(D) Defesa do consumidor, defesa do meio ambiente, defesa da atuação do estado como agente regulador e produtor na economia, defesa da concorrência, propriedade privada e função social da propriedade.

(E) Soberania nacional, propriedade privada, livre iniciativa e tratamento favorecido a empresas brasileiras de sócios nacionais.

A: incorreta, pois o texto constitucional não menciona sócios nacionais; **B:** incorreta, pela mesma razão da letra A; **C:** correta. Em que pese, tecnicamente, a livre iniciativa ser um fundamento (pela redação constitucional), o STF entende ser um princípio fundamental; **D:** incorreta, pois não há menção, no rol dos princípios do artigo 170, da CF, a defesa da atuação do estado como agente regulador e produtor na economia; **E:** incorreta, pela mesma razão da letra A, inclusive por terem as mesmas redações. **AB**
Gabarito "C".

(Magistratura Federal – 1ª Região – 2011 – CESPE) Acerca da desapropriação por necessidade ou utilidade pública, da função social da propriedade e do regime das jazidas, assinale a opção correta.

(A) O bem particular desapropriado com base no interesse social destina-se à administração, devendo ser obrigatoriamente incorporado ao patrimônio público, vedada sua transferência a terceiros.

(B) As jazidas pertencem ao proprietário do solo, para efeito de exploração ou aproveitamento, sendo-lhe garantida, ainda, a propriedade do produto da lavra.

(C) A propriedade urbana cumpre sua função social quando atende às exigências fundamentais de ordenação da cidade expressas no plano diretor.

(D) Diferentemente da desapropriação por interesse social, o pagamento da desapropriação por necessidade ou utilidade pública somente é possível mediante títulos da dívida pública.

(E) A política de desenvolvimento urbano é atribuição do poder público municipal; por isso, compete privativamente aos municípios legislar sobre direito urbanístico.

A: incorreta, pois não é obrigado incorporar ao patrimônio público. A desapropriação por interesse social será decretada para promover a justa distribuição da propriedade ou condicionar o seu uso ao bem estar social, na forma da Constituição Federal. Considera-se de interesse social: I - o aproveitamento de todo bem improdutivo ou explorado sem correspondência com as necessidades de habitação, trabalho e consumo dos centros de população a que deve ou possa suprir por seu destino econômico; II - a instalação ou a intensificação das culturas nas áreas em cuja exploração não se obedeça a plano de zoneamento agrícola; III - o estabelecimento e a manutenção de colônias ou cooperativas de povoamento e trabalho agrícola; IV - a manutenção de posseiros em terrenos urbanos onde, com a tolerância expressa ou tácita do proprietário, tenham construído sua habilitação, formando núcleos residenciais de mais de 10 (dez) famílias; V - a construção de casa populares; VI - as terras e águas suscetíveis de valorização extraordinária, pela conclusão de obras e serviços públicos, notadamente de saneamento, portos, transporte, eletrificação armazenamento de água e irrigação, no caso em que não sejam ditas áreas socialmente aproveitadas; VII - a proteção do solo e a preservação de cursos e mananciais de água e de reservas florestais; VIII - a utilização de áreas, locais ou bens que, por suas características, sejam apropriados ao desenvolvimento de atividades turísticas. As necessidades de habitação, trabalho e consumo serão apuradas anualmente segundo a conjuntura e condições econômicas locais, cabendo o seu estudo e verificação às autoridades encarregadas de velar pelo bem estar e pelo abastecimento das respectivas populações. O expropriante tem o prazo de 2 (dois) anos, a partir da decretação da desapropriação por interesse social, para efetivar a aludida desapropriação e iniciar as providências de aproveitamento do bem expropriado. Os bens desapropriados serão objeto de venda ou locação, a quem estiver em condições de dar-lhes a destinação social prevista. No que esta lei for omissa aplicam-se as normas legais que regulam a desapropriação por unidade pública, inclusive no tocante ao processo e à justa indenização devida ao proprietário, nos termos da Lei n. 4.132/62; **B:** incorreta, nos termos do art. 176, CF/88 as jazidas em lavra ou não pertencem a União e constituem propriedade distinta da do solo para efeito de exploração ou aproveitamento, sendo garantida ao concessionário a propriedade do produto da lavra. Nesse sentido já se manifestou o STF: "O sistema de direito constitucional positivo vigente no Brasil – fiel à tradição republicana iniciada com a Constituição de 1934 – instituiu verdadeira separação jurídica entre a propriedade do solo e a propriedade mineral (que incide sobre as jazidas, em lavra ou não, e demais recursos minerais existentes no imóvel) e atribuiu, à União Federal, a titularidade da propriedade mineral, para o específico efeito de exploração econômica e/ou de aproveitamento industrial. A propriedade mineral submete-se ao regime de dominialidade pública. Os bens que a compõem qualificam-se como bens públicos dominiais, achando-se constitucionalmente integrados ao patrimônio da União Federal" (STF, RE 140.254-AgRg, Rel. Min. Celso de Mello, DJ de 6-6-1997). Por fim, como bem lembra Uadi Lammêgo Bulos, "embora pertençam à União, é o concessionário que detém a propriedade do produto da lavra, que é inerente ao modo de produção social capitalista. Tal concessão seria materialmente impossível sem que o proprietário se apropriasse do produto da exploração das jazidas. Nesse sentido: STF, Pleno, ADIn 3.273, Rel. Mil. Eros Grau, DJ de 28-3-2005". (BULOS, Uadi Lammêgo. *Curso de Direito Constitucional*. 5. ed. rev. e atual. de acordo com a EC n. 64/2010. – São Paulo: Saraiva, 2010, p. 1491.); **C:** correta, art. 182, §2º, CF/88; **D:** incorreta, no caso de desapropriação por necessidade ou utilidade pública o pagamento da desapropriação deverá ocorrer PREVIAMENTE, DE FORMA JUSTA e EM DINHEIRO, conforme se depreende do disposto nos art. 5º, XXIV, CF/88 c/c art. 32, do Decreto-lei n. 3.365/41. A indenização deverá ser realizada PREVIAMENTE pelo expropriante e EM MOEDA CORRENTE, antes mesmo de ocupar o imóvel, sob pena de infringir o *mandamus* constitucional previsto no art. 5º, XXIV, CF/88. No tocante a JUSTA INDENIZAÇÃO, essa deve ser realizada por peritos e avaliadores, segundo o valor real do bem expropriado. Temos, portanto, que a indenização é EM DINHEIRO e não em "títulos da dívida pública"; **E:** incorreta. A primeira parte do enunciado esta em consonância com o disposto no art. 182, da CF/88, artigo que inicia o CAPÍTULO II (DA POLÍTICA URBANA), do TÍTULO VII, todavia, a segunda parte do enunciado esta em desacordo com o art. 24, I, da CF/88 que prevê competência CONCORRENTE entre à União, os Estados e o Distrito Federal e não competência privativa dos Municípios. **FT**
Gabarito "C".

5. DIREITO CONSTITUCIONAL

(Magistratura Federal – 2ª Região – 2011 – CESPE) Assinale a opção correta com relação às normas da CF sobre as finanças públicas, os orçamentos e os princípios gerais da atividade econômica.

(A) Cabe à lei orçamentária anual estabelecer, de forma regionalizada, as diretrizes, os objetivos e as metas da administração pública federal para as despesas de capital e para os custos relacionados aos programas de duração continuada.

(B) As disponibilidades de caixa da União devem ser depositadas no Banco do Brasil S.A.; as dos estados, do DF, dos municípios e dos órgãos ou entidades do poder público e das empresas por ele controladas, nas instituições financeiras oficiais que a legislação indicar.

(C) É vedado ao BACEN conceder, direta ou indiretamente, empréstimos a qualquer órgão ou entidade que não seja instituição financeira, bem como comprar e vender títulos de emissão do Tesouro Nacional.

(D) Pertence ao Poder Executivo a iniciativa das leis que estabeleçam o plano plurianual, as diretrizes orçamentárias e os orçamentos anuais.

(E) O Estado é o agente normativo e regulador da atividade econômica, cabendo-lhe exercer, de forma determinante, as funções de incentivo e planejamento para os setores público e privado.

A: incorreta, art. 165, § 1º da CF/88. Compete à lei do plano plurianual – (PPA) e não à lei orçamentária anual – (LOA); **B:** incorreta, pois as disponibilidades de caixa da União devem ser depositadas no Banco Central, art. 164, § 3º da CF/88; **C:** incorreta, art. 164, § 1º da CF/88. Segundo Uadi Lammêgo Bulos "a proibição prevista no parágrafo não impede a compra e a venda de títulos de emissão do Tesouro Nacional, precisamente para regular a oferta de moeda ou a taxa de juros (...)". (BULOS, Uadi Lammêgo. *Constituição Federal anotada*. 9. ed. rev. e atual. São Paulo: Saraiva, 2009. p. 1235); **D:** correta, art. 165 da CF/88. O STF, debruçando-se sobre o tema, em relatoria do Ministro Néri da Silveira, decidiu: *"competência exclusiva do Poder Executivo iniciar o processo legislativo das matérias pertinentes ao Plano Plurianual, às Diretrizes Orçamentárias e aos Orçamentos Anuais. Precedentes: ADI n. 103 e ADI n. 550".* (ADI 1.759-MC, Rel. Min. Néri da Silveira, j. 12.03.1998, *DJ* de 06/04/2001); **E:** incorreta, art. 174, *caput*, da CF/88. Como agente normativo e regulador da atividade econômica, o Estado exercerá, na forma da lei, as funções de fiscalização, incentivo e planejamento, sendo este determinante para o setor público e indicativo para o setor privado. 🗲
Gabarito "D"

(Magistratura Federal – 5ª Região – 2011) Com relação à ordem econômica, ao direito de propriedade e à comunicação social, assinale a opção correta.

(A) A CF admite a incidência de contribuição de intervenção no domínio econômico sobre a importação de petróleo e seus derivados, de gás natural e seus derivados e de álcool combustível, podendo a alíquota dessa contribuição ser diferenciada por produto ou uso, ou reduzida e restabelecida por ato do Poder Executivo, sem a observância do princípio da anterioridade.

(B) A União pode contratar com empresas estatais ou privadas a realização de pesquisa, o enriquecimento e o processamento de minérios e minerais nucleares e seus derivados.

(C) As operações de transferência de imóveis rurais desapropriados por interesse social para fins de reforma agrária são isentas apenas dos impostos federais.

(D) É vedada a participação de capital estrangeiro em empresas jornalísticas e de radiodifusão sonora e de sons e imagens.

(E) A CF atribui exclusivamente à União a competência para dispensar tratamento jurídico diferenciado às microempresas e às empresas de pequeno porte, de modo a incentivá-las mediante a simplificação de suas obrigações administrativas, previdenciárias, tributárias e creditícias.

A: correta. Literalidade do art. 177, § 4º, I, "a" e "b", da CF; **B:** incorreta. O art. 177, V, da CF estabelece que essa atividade corresponde a monopólio da União, não podendo ser prestada por empresas privadas; **C:** incorreta, por se incompatível com a redação do 184, § 5º, da CF; **D:** incorreta. Não reflete o disposto no art. 222, § 1º c/c § 4º, da CF; **E:** incorreta. Não reflete o disposto no art. 179 da CF. 🗲
Gabarito "A"

(Magistratura Federal – 1ª Região – IX) Sobre o papel do Estado na ordem econômica, de acordo com a atual Constituição Federal, indique a alternativa INCORRETA:

(A) é vedada a exploração direta de atividade econômica pelo Estado, sendo permitida apenas quando necessária aos imperativos da segurança nacional ou a relevante interesse coletivo, e nos demais casos previstos pela Constituição.

(B) o Estado atua como agente normativo e regulador da atividade econômica.

(C) são atribuídas ao Estado, precipuamente, as funções de fiscalizar, incentivar e planejar.

(D) o planejamento econômico é determinante para os setores público e privado.

A: correta (art. 173, da Constituição Federal); **B:** correta (art. 174, *"caput"*, da Constituição Federal); **C:** correta (art. 174, *caput*, da Constituição Federal); **D:** incorreta – (devendo ser assinalada), pois o Estado é indicativo para o setor privado (art. 174, "caput", da Constituição Federal). 🗲
Gabarito "D"

(Magistratura Federal – 3ª Região – XIII) Sobre os princípios gerais da atividade econômica, é correto afirmar-se que:

(A) na aquisição de bens e serviços, o Poder Público dará tratamento preferencial, nos termos da lei, à empresa brasileira de capital nacional;

(B) o aproveitamento do potencial de energia renovável, desde que de capacidade reduzida, não depende de autorização ou concessão;

(C) cabe à lei ordinária, e não à complementar, assegurar a participação do proprietário do solo nos resultados da lavra;

(D) cabe à União conceder incentivos fiscais para financiar o pagamento de subsídios a preços ou ao transporte de álcool combustível, ao gás natural e seus derivados e a derivados de petróleo.

A: incorreta, pois o art. 171, § 2º, da CF foi revogado pela EC 6/1995; **B:** correta, nos termos do art. 176, § 4º, da CF; **C:** incorreta, já que a participação do proprietário nos resultados da lavra é assegurada diretamente pela Constituição Federal, em seu art. 176, § 2º; **D:** incorreta, pois o pagamento desses subsídios é suportado pelas receitas da contribuição de intervenção no domínio econômico sobre combustíveis (CIDE combustíveis), nos termos do art. 177, § 4º, II, *a*, da CF. **FT**

Gabarito "B".

(Magistratura Federal – 4ª Região – VII) Considerar as seguintes afirmações indicando, adiante, a alternativa correta:

I. Constituem princípios da ordem econômica, entre outros, a soberania nacional, a livre concorrência e a defesa do meio ambiente.

II. A política urbana tem como instrumento de realização, entre outros, o da possibilidade, em certas circunstâncias, de desapropriação de imóveis urbanos com pagamento, não em dinheiro, mas mediante títulos da dívida pública.

III. Segundo a Constituição, o acesso ao ensino obrigatório e gratuito é direito público subjetivo, importando responsabilidade da autoridade competente o não oferecimento ou a sua oferta irregular pelo Poder Público.

(A) as três afirmações estão inteiramente corretas;

(B) apenas as afirmações II e III estão inteiramente corretas;

(C) apenas as afirmações I e II estão inteiramente corretas;

(D) apenas a afirmação I está inteiramente correta;

I: correta, os princípios da ordem econômica estão previstos no art. 170 da CF/88, incisos I a V, dentre os quais se incluem a soberania nacional (I), a livre concorrência (IV) e a defesa do meio ambiente (VI); **II:** correta, art. 182, III, da CF/88; **III:** correta (art. 208, §§ 1º e 2º, da CF/88). **FT**

Gabarito "A".

17. ORDEM SOCIAL

(Magistratura/PI – 2011 – CESPE) Com base nos preceitos constitucionais acerca da política agrícola e fundiária, do desenvolvimento urbano e da ordem social, assinale a opção correta.

(A) A seguridade social é financiada, além dos recursos provenientes dos orçamentos da União, dos estados, do DF e dos municípios, pelas contribuições do empregador, do trabalhador e da receita de concursos de prognósticos, vedada a instituição de outras fontes de custeio.

(B) A CF proíbe a destinação de recursos públicos para auxílios ou subvenções às instituições de saúde privadas com fins lucrativos, sejam elas nacionais ou estrangeiras, salvo se participantes do Sistema Único de Saúde e desde que mediante contrato de direito público ou convênio.

(C) A alienação ou concessão, a qualquer título, de terras públicas rurais, independentemente da dimensão, a pessoa física ou jurídica depende de prévia aprovação do Congresso Nacional.

(D) As operações de transferência de imóveis desapropriados para fins de reforma agrária, cuja responsabilidade é da União, são isentas de impostos federais, mas não de impostos estaduais e municipais.

(E) A política de desenvolvimento urbano deve ficar a cargo do município, a partir de diretrizes comuns fixadas por lei federal.

A: incorreta, na exata medida que a seguridade social será financiada por toda a sociedade, de forma direta e indireta, os termos da lei, mediante recursos provenientes dos orçamentos da União, dos Estados, do Distrito Federal e dos Municípios, sendo certo, que a lei poderá instituir outras fontes destinadas a garantir a manutenção ou expansão da seguridade social, nos termos do art. 195, § 4º, da CF e a Lei n. 9.876, de 26 de novembro de 1999, que dispõe sobre a contribuição previdenciária do contribuinte individual e o cálculo do benefício; **B:** incorreta, pois de fato é vedada a destinação de recursos públicos para auxílios ou subvenções ás instituições privadas com fins lucrativos. É também vedada a participação direta ou indireta de empresas ou capitais estrangeiros na assistência à Saúde no País, SALVO NOS CASOS PREVISTOS EM LEI, nos termos do art. 199, § 3º e 4º, da CF; **C:** incorreta, pois a Constituição da República exige área superior a dois mil hectares (cada hectare equivale a 10.000 metros) a pessoa física ou jurídica, ainda que por interposta pessoa, dependerá de prévia aprovação do Congresso Nacional, nos termos do art. 188, § 1º, da CF. A instrução Normativa n. 48, de 16 de setembro de 2008, do INCRA, dispõe sobre o procedimento administrativo de ratificação das alienações e concessões de terras devolutas feitas pelos Estados na faixa de fronteira; **D:** incorreta, são imunes de impostos federais, estaduais e municipais as operações de transferência de imóveis desapropriados para fins de reforma agrária, nos termos do art. 184, § 5º, da CF; **E:** correta, por uma questão interpretativa extraída do art. 182 da CF que dispõe que a política de desenvolvimento urbano, executada pelo Poder Público municipal, conforme diretrizes gerais fixadas em lei (federal), tem por objetivo ordenar o pleno desenvolvimento das fundações sociais da cidade e garantir o bem-estar de seus habitantes. O dispositivo referido foi regulamentado pela Lei n. 10.257, de 10 de julho de 2001 (Estatuto da Cidade). **FT**

Gabarito "E".

(MAGISTRATURA/PB – 2011 – CESPE) Relativamente à ordem social e aos direitos e garantias fundamentais, assinale a opção correta.

(A) O casamento civil pode ser dissolvido pelo divórcio, desde que homologada a separação judicial do casal por mais de um ano nos casos expressos em lei, ou comprovada a separação de fato por mais de dois anos.

(B) A CF consagrou o princípio da irremovibilidade dos índios de suas terras, salvo, *ad referendum* do Congresso Nacional, em caso de catástrofe ou epidemia que ponha em risco sua população, ou no interesse da soberania do país, devendo, cessado o risco, os índios retornar, de imediato, às suas terras.

(C) A jurisprudência do STF reconhece que os estrangeiros, mesmo os não residentes no país, são destinatários dos direitos fundamentais consagrados pela CF, sem distinção de qualquer espécie em relação aos brasileiros. No mesmo sentido, as pessoas jurídicas são destinatárias dos direitos e garantias elencados na CF, na mesma proporção das pessoas físicas.

(D) São legitimados para impetrar mandado de segurança a pessoa física, nacional ou estrangeira, e a pessoa jurídica privada, mas não a pública, visto o mandado de segurança ter como função garantir direito líquido e certo contra ato de autoridade pública.

(E) A floresta amazônica brasileira, a mata atlântica, a serra do Mar, o pantanal mato-grossense e a zona costeira são considerados patrimônio nacional pela CF, razão pela qual é vedada a utilização dos recursos naturais existentes nessas áreas, ainda que sujeitas ao domínio privado.

A: incorreta, não reflete a atual redação do art. 226, § 6º, da CF; **B:** correta, conforme o art. 231, § 5º, da CF; **C:** incorreta, apesar de o art. 5º, *caput*, da CF, falar em brasileiros e estrangeiros residentes no país, doutrina e jurisprudência concordam que são destinatários das normas de direitos fundamentais também os estrangeiros de passagem pelo Brasil, sem exigência de maioridade. Nem todos os direitos fundamentais são extensíveis às pessoas jurídicas, depende da sua natureza. A pessoa jurídica é titular, por exemplo, do direito fundamental à honra objetiva (art. 5º, X, da CF). Daí a Súmula 227/STJ prever que: "A pessoa jurídica pode sofrer dano moral". A doutrina refere-se, ainda, a outros direitos de personalidade aplicáveis às pessoas jurídicas: nome, marca e símbolos, propriedade intelectual e privacidade; **D:** incorreta, pois todas as pessoas naturais ou jurídicas, públicas ou privadas, podem impetrar mandado de segurança (art. 5º, LXIX, da CF); **E:** incorreta, pois não reflete o disposto no art. 225, § 4º, da CF. **FT/TM**
Gabarito "B".

(Magistratura/SP – 2011 – VUNESP) Relativamente aos índios, assinale a alternativa correta.

(A) As terras tradicionalmente ocupadas por eles destinam-se à sua posse permanente, cabendo exclusivamente à União o usufruto das riquezas do solo, dos rios e dos lagos nelas existentes.

(B) O aproveitamento dos recursos hídricos, incluídos os potenciais energéticos, a pesquisa e a lavra das riquezas minerais em terras indígenas só podem ser efetivados com autorização da Fundação Nacional do Índio – FUNAI, ouvidas, todavia, as comunidades afetadas, ficando-lhes assegurada participação nos resultados da lavra, na forma da lei.

(C) Para ingressar em juízo na defesa dos seus direitos e interesses, os índios, as suas comunidades e organizações serão representados pelo Ministério Público.

(D) É vedada a remoção dos grupos indígenas de suas terras, salvo, *ad referendum* do Congresso Nacional, em caso de catástrofe ou epidemia que ponha em risco sua população, ou no interesse da soberania do País, após deliberação do Congresso Nacional, garantido, em qualquer hipótese, o retorno imediato logo que cesse o risco.

(E) São anuláveis os atos que tenham por objeto a ocupação, o domínio e a posse das terras indígenas, ou a exploração das riquezas naturais do solo, dos rios e dos lagos nelas existentes.

A: incorreta. Não reflete o disposto no art. 231, § 2º, da CF; **B:** incorreta. A autorização é do Congresso Nacional (art. 231, § 3º, da CF); **C:** incorreta, art. 232 da CF; **D:** correta, art. 231, § 5º, da CF; **E:** incorreta. São nulos e extintos (art. 231, § 6º, da CF). **FT/TM**
Gabarito "D".

(Juiz – TRF 3ª Região – 2016) Estabelece o artigo 194 da Constituição Federal que "A seguridade social compreende um conjunto integrado de ações de iniciativa dos Poderes Públicos e da sociedade, destinadas a assegurar os direitos relativos à saúde, à previdência e à assistência social". Assinale a alternativa correta sobre os princípios constitucionais específicos que regem a Seguridade Social:

(A) Universalidade da cobertura e do atendimento pode ser destacada como subjetiva e objetiva e refere-se ao direito dos contribuintes à cobertura das necessidades nas situações socialmente danosas.

(B) Uniformidade e equivalência dos benefícios e serviços às populações urbanas e rurais impõe que, diante de idênticas situações de necessidade, haja diversidade de proteção, em forma de benefícios e serviços.

(C) Seletividade e distributividade na prestação dos benefícios e serviços indica que o sistema de proteção social deve oferecer todas as prestações, sem exceções, a quem delas necessite, para a consecução da igualdade e da justiça social.

(D) Diversidade da base de financiamento refere-se à busca da seguridade social pela pluralidade de recursos, com participação individual e social e decorre do solidarismo social, pelo qual devem ser adotadas técnicas de proteção social e conjugados esforços de todos para a cobertura das contingências sociais.

A: incorreta, pois refere-se a não só os contribuintes, mas todas as pessoas, aos necessitados; **B:** incorreta, pois o tratamento diferente deverá ocorrer em situações distintas, ou seja, uma relação de compensação de desigualdades materiais, em respeito ao princípio da isonomia na seguridade social (art. 194, parágrafo único, II, da CF); **C:** incorreta, pois a seletividade acaba por verificar as pessoas que merecem amparo da seguridade social, ou seja, o escolher de situações carentes de auxílio; **D:** correta. É a pulverização do ônus da seguridade social, nos termos do art. 194, parágrafo único, VI, da CF. **AB**
Gabarito "D".

(Magistratura Federal – 3ª Região – 2011 – CESPE) Tendo em vista os dispositivos constitucionais que versam sobre o direito ao trabalho, à saúde, à previdência social e à segurança, assinale a opção correta.

(A) A filiação ao RGPS é obrigatória para todos os que estão inseridos no mercado de trabalho, razão pela qual a CF veda por completo a adoção de quaisquer requisitos diferenciados para a concessão de aposentadoria a seus beneficiários.

(B) Conforme a CF, a segurança pública visa à preservação da ordem pública e da incolumidade das pessoas e do patrimônio, sendo órgãos por ela responsáveis a Polícia Federal, a Polícia Rodoviária Federal, as polícias civis, as polícias militares, os corpos de bombeiros militares e as guardas municipais.

(C) A garantia ao salário-mínimo nacionalmente unificado, sem diferenciação entre trabalhadores urbanos e rurais, de uma ou de outra região, não se aplica aos trabalhadores que, pela natureza da atividade que exercem, recebem remuneração variável.

(D) A assistência à saúde é livre à iniciativa privada, mas as instituições privadas, com exceção das entidades filantrópicas e sem fins lucrativos, não podem participar do Sistema Único de Saúde.

(E) O seguro-desemprego é direito garantido ao trabalhador que foi demitido sem justa causa, mas não ao que voluntariamente pediu demissão.

A: incorreta, art. 201, § 1º, da CF/88. "É vedada a adoção de requisitos e critérios diferenciados para a concessão de aposentadoria aos beneficiários do regime geral de previdência social, ressalvados os casos de atividades exercidas sob condições especiais que prejudiquem a saúde ou a integridade física e quando se tratar de segurados portadores de deficiência, nos termos definidos em lei complementar"; **B:** incorreta, pois, conforme o artigo 144, *caput*, da CF/88, a segurança pública visa à preservação da ordem pública e da incolumidade das pessoas e do patrimônio, contudo, a *guarda municipal* não integra o rol dos órgãos responsáveis pela segurança pública, previsto nos incisos I a V, do artigo 144, da CF/88; **C:** incorreta, o art. 7º, VII, da CF/88, garante o recebimento de salário-mínimo ao trabalhou que recebe remuneração variável; **D:** incorreta, de fato, o art. 199, *caput*, preconiza que a assistência à saúde é livre à iniciativa privada, contudo, de acordo com o art. 199, §1º, da CF/88 as instituições privadas poderão sim, participar de forma complementar do sistema único de saúde, segundo diretrizes deste e mediante contrato de direito público ou convênio. O que a CF/88 conferiu as entidades filantrópicas e sem fins lucrativos, foi a preferência na participação e não a exclusividade; **E:** correta, o art. 7º, II, da CF/88, assegura ao trabalhador o direito ao seguro desemprego, em caso de desemprego involuntário. **FT**

Gabarito "E".

(Magistratura Federal – 3ª Região – 2011 – CESPE) A respeito das disposições constitucionais sobre a ordem social, assinale a opção correta.

(A) O casamento civil pode ser dissolvido pelo divórcio, após prévia separação judicial por mais de um ano, nos casos expressos em lei, ou comprovada a separação de fato por mais de dois anos.

(B) O dever do Estado com a educação efetiva-se mediante o cumprimento de várias garantias, como a garantia à educação básica obrigatória e gratuita às crianças de zero a seis anos de idade.

(C) A CF veda toda e qualquer censura de natureza política e ideológica, mas prevê a regulação estatal de diversões e espetáculos públicos, dispondo que cabe ao poder público, entre outras atribuições, informar sobre a inadequação de que esses eventos ocorram em determinados locais e horários.

(D) Como a justiça desportiva é órgão de natureza administrativa e não integra o Poder Judiciário, a ela compete julgar, com exclusividade e em caráter terminativo, a disciplina e as competições desportivas, de maneira a esgotar, na própria instância administrativa, a apreciação das lides relacionadas ao desporto.

(E) É admitida a participação de pessoa jurídica no capital social de empresa jornalística ou de radiodifusão apenas no caso de o capital da sociedade pertencer exclusiva e nominalmente a brasileiros, não podendo a participação exceder a trinta por cento do capital social.

A: incorreta, art. 226, § 6º, da CF – (referido parágrafo teve nova redação dada Pela EC n. 66/2010); **B:** incorreta, art. 208, I, da CF/88; **C:** correta, literalidade do art. 220, § 2º e § 3º, da CF/88; **D:** incorreta, art. 217, § 1º, da CF; **E:** incorreta. A propriedade de empresa jornalística e de radiodifusão sonora e de sons e imagens é privativa de brasileiros

natos ou naturalizados há mais de dez anos, ou de pessoas jurídicas constituídas sob as leis brasileiras e que tenham sede no País. Em qualquer caso, pelo menos setenta por cento do capital total e do capital votante das empresas jornalísticas e de radiodifusão sonora e de sons e imagens deverá pertencer, direta ou indiretamente, a brasileiros natos ou naturalizados há mais de dez anos, que exercerão obrigatoriamente a gestão das atividades e estabelecerão o conteúdo da programação, como determina o art. 222, da CF. **FT**

Gabarito "C".

(Magistratura Federal – 3ª Região – XIII) Em relação aos índios, é correto afirmar-se que:

(A) a participação dos índios no resultado da lavra das riquezas minerais nas respectivas terras depende de autorização do Congresso Nacional;

(B) as terras tradicionalmente ocupadas por índios somente podem ser alienadas com autorização do Congresso Nacional, ouvidas as comunidades afetadas;

(C) a remoção de grupos indígenas de suas terras somente cabe no interesse da soberania do País, após deliberação do Congresso Nacional;

(D) em qualquer hipótese é garantido o retomo imediato de grupos indígenas removidos de suas terras, depois de cessado o risco a que alude o § 5º do artigo 231 da Constituição Federal.

A: incorreta, pois a participação das comunidades indígenas no resultado da lavra prescinde de autorização do Congresso Nacional – art. 231, § 3º, *in fine*, da CF; **B:** incorreta, na exata medida que as terras tradicionalmente ocupadas por índios são inalienáveis e indisponíveis – art. 231, § 4º, da CF; **C:** incorreta. A remoção sujeita-se ao referendo do Congresso (não deliberação prévia) e cabe também em caso de catástrofe ou epidemia, nos termos e condições previstos no art. 231, § 5º, da CF; **D:** correta. Literalidade do art. 231, § 5º, *in fine*, da CF. **FT**

Gabarito "D".

(Magistratura Federal – 4ª Região – VII) Considerar as seguintes afirmações indicando, adiante, a alternativa correta:

I. segundo a Constituição, a seguridade social tem por objetivos, entre outros, a universidade da cobertura e do atendimento e a uniformidade e equivalência dos benefícios e serviços às populações urbanas e rurais.

II. segundo a Constituição, a seguridade social será financiada mediante recursos provenientes, dentre outras fontes, de contribuições sociais sobre a receita de concursos de prognósticos.

III. além dos previstos na Constituição, a lei ordinária poderá instituir novas contribuições sociais destinadas a financiar a seguridade social com base de cálculo ou fato gerador próprios dos impostos discriminados na Constituição, desde que com esses não cumulativos.

(A) as três afirmações estão inteiramente corretas;

(B) apenas a afirmação I está inteiramente correta;

(C) apenas a afirmação II está inteiramente correta;

(D) apenas as afirmações I e II estão inteiramente corretas;

I: correta (art. 194, par. único, I e II, da CF/88); **II:** correta (art. 195, III, da CF/88); **III:** incorreta, pois as novas contribuições sociais deverão ser instituídas mediante lei complementar. Nesse sentido, é a jurisprudência. Vejamos: Ementa: Civil. Agravo legal. Tributário. Contribuição previdenciária sobre a remuneração paga ao associado eleito para

5. DIREITO CONSTITUCIONAL

o cargo de direção de cooperativa. Exigibilidade. I. A contribuição da empresa incidente sobre a remuneração paga ou creditada ao segurado contribuinte individual que lhe preste serviço, está prevista no inc. III do art. 22 da Lei 8212/91, introduzido pela Lei 9.876/99. Tal dispositivo, ademais, aplica-se à cooperativa de trabalho em relação aos valores pagos a cooperados eleitos para cargo de direção, ante o disposto nos arts. 15, parágrafo único, e 12, inciso V e alínea f, ambos da Lei 8212/91 **II. Na órbita das contribuições sociais de custeio da Seguridade Social, tem dicção límpida o preceito encartado no parágrafo quarto do art. 195, CF, segundo o qual as novas contribuições sociais, extravagantes ao rol construído ao longo dos incisos I a III, da mesma norma, deverão, sim, ter sua criação presidida pela adoção de lei complementar, dentre outros requisitos oriundos da denominada "competência residual", prevista pelo art. 154, I, como, aliás, verificou-se, exemplificativamente, com a Lei Complementar n.º 84/96, dentre outras.** III. Cuidando a inclusão efetuada pela Lei 9.876/99, a qual modificou da redação do artigo 22, III, da Lei 8.212/91, de regulamentar, em estrito apego ao dogma insculpido pelo art. 150, I, CF, o quanto previsto pelo inciso I do art. 195, em sua redação original, nenhuma ilegitimidade apresenta o mesmo a respeito, situação igualmente verificada, inclusive, quanto às demais contribuições ali previstas, disciplinadas através da Lei 8.212/91, em sua maioria. IV. Agravo legal improvido (TRF-3 - AC: 7106 SP 2006.61.02.007106-4, Relator: Desembargador Federal Cotrim Guimarães, Data de Julgamento: 08/02/2011, Segunda Turma). **FT**

Gabarito "D".

18. TEMAS COMBINADOS

(Juiz de Direito – TJM/SP – VUNESP – 2016) Assinale a alternativa que corretamente examina características dos instrumentos à disposição do direito processual constitucional.

(A) A legitimidade ativa compete ao titular do direito líquido e certo violado, mas o mandado de segurança não é ação personalíssima, visto que o Supremo Tribunal Federal já assentou a possibilidade da habilitação de herdeiros por morte do impetrante.

(B) O inquérito civil constitui procedimento investigatório e será instaurado pelo Ministério Público ou pelos entes federativos, União, Estados, Distrito Federal e Municípios para apurar fato que, em tese, autoriza o exercício da tutela de interesses coletivos ou difusos.

(C) Não existindo lacuna que torne inviável o exercício dos direitos e liberdades constitucionais, não há necessidade de mandado de injunção; portanto, o mandado de injunção não pode ser concedido verificando- se a existência de norma anterior à Constituição devidamente recepcionada.

(D) O Supremo Tribunal Federal entende que para o cabimento de ação popular, não basta a ilegalidade do ato administrativo a invalidar, sendo necessária também, cumulativamente, a demonstração de prejuízo material aos cofres públicos.

(E) O Supremo Tribunal Federal já decidiu que a prova do anterior indeferimento do pedido de informação de dados pessoais, previsto na Lei Federal nº9.507/97, constitui requisito dispensável para que se concretize o interesse de agir no habeas data.

A: incorreta, pois não cabe habilitação dos herdeiros no mandado de segurança, mas deve-se buscar pelas vias ordinárias (RMS 26806/DF, STF); **B:** incorreta, pois ofende o art. 129, III, da CF; **C:** correta, pois

seria inútil utilizar o mandado de injunção sem a correspondente lesão/ausência que o fundamentaria (MI 144/SP, STF); **D:** incorreta, pois não há a necessidade de demonstrar o prejuízo material aos cofres públicos (ARE 824781/MT, STF); **E:** incorreta, pois é requisito indispensável (RHD 22/DF, STF). **AB**

Gabarito "C".

(Magistratura/DF – 2011)

I. No processo administrativo disciplinar a falta de defesa técnica por advogado não viola a Constituição.

II. Nos termos da Constituição de 1988 o cargo de Ministro das Relações Exteriores é privativo de brasileiro nato.

III. O Brasil adota o presidencialismo como forma de governo, em consequência, o Presidente da República tem em suas mãos tanto a chefia do Estado quanto a chefia do governo.

Na folha de respostas, atento ao número da questão, responda:

(A) se somente a assertiva I for correta

(B) se somente a assertiva II for correta

(C) se somente a assertiva III for correta

(D) se nenhuma das assertivas for correta

I: correta, pois o enunciado corresponde a Súmula Vinculante n. 5 do Supremo Tribunal Federal. Devemos ressaltar, que o Superior Tribunal de Justiça, havia firmado entendimento contrário como a Súmula n. 343, mas por uma questão lógica, os candidatos devem obervar a Súmula Vinculante n.5 do STF; II: incorreta, já que o artigo 12, § 3º, VII, da CF, dispõe que somente em se tratando de Ministro de Estado da Defesa o cargo será privativo de brasileiro nato; III: incorreta, na verdade o Brasil adota o presidencialismo como sistema de governos; a república como forma de governo e a federação como forma de Estado. **FT/TM**

Gabarito "A".

(Magistratura/DF – 2011) Há três assertivas que podem ser CORRETAS ou INCORRETAS. Responda:

I. As Comissões Parlamentares de Inquérito serão criadas se atenderem os seguintes requisitos constitucionais: aprovação pelo Plenário de requerimento de um terço dos membros da Casa Legislativa; a indicação de fato determinado a ser objeto de investigação e a fixação de um prazo certo para a conclusão dos trabalhos.

II. A Constituição brasileira em vigor adotou o que a doutrina chama de federalismo de 3º grau porque além das esferas federal e estadual, reconheceu os Municípios também como integrantes da federação.

III. A Constituição vigente pode ser emendada, desde que observado o processo legislativo respectivo. Todavia, não será objeto de deliberação a proposta de emenda tendente a abolir: a forma federativa de Estado, o regime de governo, os direitos e garantias individuais e o voto direto, secreto, universal e periódico.

(A) se somente a assertiva I for correta

(B) se somente a assertiva II for correta

(C) se somente a assertiva III for correta

(D) se nenhuma das assertivas for correta

I: incorreta, o art. 58, § 3º, da CF não exige aprovação pelo Plenário de requerimento de um terço dos membros da respectiva Casa Legislativa; II: correta. A Federação Brasileira difere do modelo clássico de

402 FÁBIO TAVARES, TERESA MELO, BRUNA VIEIRA E ANDRÉ BARBIERI

federalismo, pois nela tanto União, Estados-membros, como também os Municípios, são autônomos, nos termos do art. 18, *caput*, da CF. Segundo a doutrina, a autonomia é a capacidade de auto-organização (cada um dos entes federativos pode elaborar sua própria Constituição), autogoverno (garantia assegurada ao povo de escolher seus próprios dirigentes e de, através deles, editar leis) e autoadministração (capacidade assegurada aos estados de possuir administração própria, faculdade de dar execução às leis vigentes); **III:** incorreta, pois o regime de governo não constitui cláusula pétrea (art. 60, § 4º, I a IV, da CF). **FT/TM** „Gabarito "B".

(Magistratura/DF – 2011) Há três assertivas que podem ser CORRETAS ou INCORRETAS. Responda:

I. A matéria constante de proposta de emenda constitucional rejeitada ou havida por prejudicada não pode ser objeto de nova proposta na mesma sessão legislativa, salvo mediante proposta da maioria absoluta dos membros de qualquer das Casas do Congresso Nacional.

II. Em tema de intervenção federal se o Poder Executivo de determinado Estado-Membro estiver sendo coagido ou ameaçado no exercício de suas atribuições, o Presidente da República, mesmo sendo devidamente provocado, não está obrigado a decretar a intervenção.

III. Quando a Constituição vigente dispõe que é assegurada nos termos da lei a proteção às participações individuais em obras coletivas e a reprodução da imagem e voz humana, inclusive nas atividades esportivas ocorre o que a doutrina chama de Reserva Legal Qualificada.

(A) se somente a assertiva I for correta

(B) se somente a assertiva II for correta

(C) se somente a assertiva III for correta

(D) se nenhuma das assertivas for correta

I: incorreta, pois o art. 60, § 5º, da CF não traz exceções à reapresentação da proposta na mesma sessão legislativa; **II:** correta, na exata medida que o Presidente da República não está obrigado a agir quando a solicitação partir do Executivo ou do Legislativo; **III:** incorreta, pois trata-se de reserva legal simples, ou seja, a CF determina apenas a forma "nos termos da lei". Quando a Constituição, além da forma, indica também o conteúdo, limitando-o, temos a reserva legal qualificada (como, por exemplo, no art. 5º, XII e XIII: "para fins de investigação criminal ou instrução processual penal" e "qualificações profissionais"). **FT/TM** „Gabarito "B".

(Magistratura/DF – 2011) Há três assertivas que podem ser CORRETAS ou INCORRETAS. Responda:

I. A Constituição Federal não outorgou foro especial aos vereadores perante o Tribunal de Justiça, assegurou a eles, entretanto, a chamada imunidade material.

II. A propriedade de empresa jornalística é privativa de brasileiro nato ou naturalizado há mais de quatro anos.

III. Mesa de Assembleia Legislativa estadual não tem legitimidade para propor ação declaratória de constitucionalidade.

(A) se somente a assertiva I for correta

(B) se somente a assertiva II for correta

(C) se somente a assertiva III for correta

(D) se nenhuma das assertivas for correta

I: correta, pois os vereadores possuem apenas a imunidade material (art. 29, VII, da CF), ao contrário dos deputados e senadores, que possuem imunidades material (art. 53, *caput*, da CF) e formal (art. 53, § 2º, da CF); **II:** incorreta, pois não reflete a redação do art. 222 da CF, que exige dez (10) anos; **III:** incorreta, pois a mesa de assembleia legislativa tem legitimidade para propor ADC, ADI ADPF, nos termos do art. 103, IV, da CF. **FT/TM** „Gabarito "A".

(MAGISTRATURA/PB – 2011 – CESPE) No que se refere à Federação brasileira, às regiões metropolitanas e ao exercício do poder regulamentar pelo presidente da República, assinale a opção correta.

(A) O decreto é o instrumento por meio do qual o presidente da República exerce o poder regulamentar que a CF lhe confere, visando dar plena e fiel exequibilidade às leis que necessitem de regulamentação.

(B) A União pode, mediante decreto presidencial, autorizar os estados, mas não o DF e os municípios, a legislar sobre questões específicas das matérias que sejam de sua competência privativa.

(C) De acordo com a CF, são entes da Federação a União, os estados e o DF, não sendo os territórios e os municípios considerados entes autônomos, visto que os primeiros representam autarquias territoriais da União e os segundos, divisões político-territoriais dos estados-membros.

(D) As terras devolutas, caracterizadas como terras públicas não aplicadas ao uso comum nem ao uso especial, são bens pertencentes à União.

(E) Os estados federados podem instituir regiões metropolitanas constituídas por agrupamentos de municípios limítrofes, as quais serão dotadas de personalidade jurídica e de administração própria, com vistas a integrar a organização, o planejamento e a execução de funções públicas de interesse comum.

A: correta, pois caso não observe os limites da lei, inovando na ordem jurídica ao criar/modificar/extinguir direitos ou obrigações, será considerado decreto autônomo, nos termos do art. 84, VI, da CF; **B:** incorreta, pois se extrai do art. 22, parágrafo único, da CF permite que lei complementar autorize apenas os Estados; **C:** incorreta, já que a Federação Brasileira difere um pouco do modelo clássico de federalismo, pois nela tanto União, Estados-membros, como também os Municípios, são autônomos, conforme art. 18, *caput*, da CF. Segundo a doutrina, a autonomia é a capacidade de auto-organização (cada um dos entes federativos pode elaborar sua própria Constituição), autogoverno (garantia assegurada ao povo de escolher seus próprios dirigentes e de, através deles, editar leis) e autoadministração (capacidade assegurada aos estados de possuir administração própria, faculdade de dar execução às leis vigentes); **D:** incorreta, na exata medida que são bens da União apenas as terras devolutas qualificadas no art. 20, II, da CF. A regra geral, portanto, é de que as terras devolutas são bens dos Estados (art. 26, IV, da CF); **E:** incorreta, por ser totalmente incompatível com o art. 25, § 3º, da CF. **FT/TM** „Gabarito "A".

(Magistratura/RO – 2011 – PUCPR) Avalie as assertivas a seguir:

I. Para dirimir conflitos fundiários, o Tribunal de Justiça proporá a criação de varas especializadas, com competência exclusiva para questões agrárias.

II. Na execução da dívida ativa de natureza tributária, a representação da União cabe à Procuradoria-Geral da Fazenda Nacional, observado o disposto em lei.

5. DIREITO CONSTITUCIONAL

III. O Ministério Público da União tem por chefe o Procurador-Geral da República, nomeado pelo Presidente da República entre integrantes da carreira, maiores de trinta e cinco anos, após a aprovação de seu nome pela maioria absoluta dos membros do Senado Federal, para mandato de três anos, permitida uma recondução.

IV. Lei complementar organizará a Defensoria Pública da União e do Distrito Federal e dos Territórios e prescreverá normas gerais para sua organização nos Estados, em cargos de carreira, providos, na classe inicial, mediante concurso público de provas e títulos, assegurada a seus integrantes a garantia da inamovibilidade e vedado o exercício da advocacia fora das atribuições institucionais.

Estão CORRETAS:

(A) Apenas assertivas I e II.

(B) Todas as assertivas.

(C) Apenas as assertivas I, III e IV.

(D) Apenas as assertivas II, III, e IV.

(E) Apenas as assertivas I, II e IV.

I: correta, art. 126 da CF; **II:** correta, art. 131, § 3º, da CF; **III:** incorreta. O mandato é de *2 anos*, permitida recondução (art. 128, § 1º, da CF); **IV:** correta, art. 134, § 1º, da CF. **FT/TM**
Gabarito "E".

(Magistratura/RO – 2011 – PUCPR) Dadas as assertivas abaixo, assinale a única **CORRETA:**

(A) Para efeito de aposentadoria, é assegurada a contagem recíproca do tempo de contribuição na administração pública e na atividade privada, rural e urbana, hipótese em que os diversos regimes de previdência social se compensarão financeiramente, segundo critérios estabelecidos em lei.

(B) A assistência à saúde é livre às instituições privadas que poderão participar de forma complementar do Sistema Único de Saúde, segundo diretrizes deste, mediante contrato de direito público ou convênio, mesmo não sendo entidades filantrópicas e sem fins lucrativos,sem qualquer ordem de preferência em relação a estas.

(C) É vedada a remoção dos grupos indígenas de suas terras, salvo com autorização do Congresso Nacional, em caso de catástrofe ou epidemia que ponha em risco sua população, ou no interesse da soberania do País, após deliberação do Congresso Nacional, garantido, em qualquer hipótese, o retorno imediato logo que cesse o risco.

(D) A família, a sociedade e o Estado têm o dever de amparar as pessoas idosas, assegurando sua participação na comunidade, defendendo sua dignidade e bem-estar e garantindo-lhes o direito à vida. Para tanto, a Constituição prevê que os programas de amparo aos idosos serão executados preferencialmente em casas assistenciais de atendimento de idosos e garante, aos maiores de sessenta anos, descontos nos transportes coletivos urbanos.

(E) As condutas e atividades consideradas lesivas ao meio ambiente sujeitarão os infratores, pessoas físicas ou jurídicas, a sanções penais e administrativas, podendo as pessoas jurídicas somente se sujeitarem à obrigação de reparar os danos causados.

A: correta, art. 201, § 9º, da CF; **B:** incorreta. Não reflete o disposto no art. 199, § 1º, da CF; **C:** incorreta. O art. 231, § 5º, da CF não exige autorização prévia; **D:** incorreta. Não reflete o disposto no art. 230, §§ 1º e 2º, da CF; **E:** incorreta. Não reflete o disposto no art. 225, § 3º, da CF. **FT/TM**
Gabarito "A".

(Juiz – TRF 3ª Região – 2016) Analise as proposições abaixo e assinale a alternativa certa:

I. Sob o aspecto democrático, a titularidade do Poder Constituinte é do Estado, mas é o povo que o exerce.

II. A Constituição nova, ainda que seja silente a respeito, revoga inteiramente a Constituição anterior, fenômeno que decorre da normatização geral.

III. Os direitos e deveres individuais e coletivos estendem-se aos estrangeiros que apenas estão em trânsito pelo Brasil.

IV. Para fins da proteção referida no art. 5º, XI, da Constituição atual, o conceito normativo de "casa" deve ser abrangente, de modo a se estender, em regra, a qualquer compartimento privado onde alguém exerce uma atividade ou profissão.

V. As associações de caráter paramilitar só podem funcionar depois de autorizadas pelo Ministério da Defesa.

(A) Todas as proposições estão corretas.

(B) Apenas a proposição I é incorreta.

(C) As proposições III e IV são incorretas.

(D) As proposições II, III e IV são as corretas.

I: incorreta, a titularidade do Poder é do povo (art. 1º, parágrafo único, da CF); **II:** correta, pois o novo texto constitucional substitui, por completo, a Constituição anterior. No Brasil, majoritariamente, não aplicamos a teoria da desconstitucionalização; **III:** correta, é a interpretação sistemática aplicada pelo STF, ao art. 5º, "caput", da CF. Ainda, inconcebível seria o estrangeiro que estivesse de passagem pelo Brasil, um turista, por exemplo, não ter a proteção dos direitos e garantias fundamentais; **IV:** correta. A interpretação de casa, pelo STF, é extensiva, vez que abrange mais do que o domicílio em si, mas os quartos de hotel, escritórios etc. (RE 251445/GO); **V:** a CF veda, por completo, toda associação de caráter paramilitar (art. 5º, XVII, da CF). **AB**
Gabarito "D".

(Juiz – TRF 4ª Região – 2016) Assinale a alternativa **INCORRETA**.

(A) Afronta a competência privativa da União para legislar sobre telecomunicações lei estadual que discipline a cobrança de serviços de telefonia.

(B) Temas relacionados ao Estatuto da Magistratura só poderão ser disciplinados por lei complementar de iniciativa exclusiva do Supremo Tribunal Federal.

(C) A destituição do Procurador-Geral da República, por iniciativa do Presidente da República, deverá ser precedida de autorização da maioria absoluta do Senado Federal.

(D) A União, os Estados e o Distrito Federal têm competências concorrentes para legislar, entre outros, sobre proteção ao patrimônio histórico, cultural, artístico, turístico e paisagístico. No âmbito dessa legislação concorrente, a competência da União limita-se a estabelecer normas gerais, a qual não exclui a competência suplementar dos Estados. Inexistindo lei federal sobre normas gerais, os Estados exercerão competência legislativa plena, para atender às suas peculiaridades. Contudo, a superveniência de lei federal sobre normas gerais suspende a eficácia da lei estadual no que lhe for contrário.

(E) O Conselho de Defesa Nacional é o órgão de consulta do Presidente da República nos assuntos relacionados com a soberania nacional e a defesa do Estado Democrático, sendo portanto essenciais à sua composição, como membros natos, o Vice-Presidente da República, o Presidente do Congresso Nacional e o Presidente do Supremo Tribunal Federal.

A: correta, nos termos do art. 22, IV, da CF, bem como da jurisprudência do STF, na ADI 4.369/SP: "Surge conflitante com a Carta da República lei local a dispor sobre a impossibilidade de cobrança de assinatura básica mensal pelas concessionárias de serviços de telecomunicações."; **B:** correta, pois respeita o art. 93, VI, da CF, bem como os arts. 74 e ss da LOMAN; **C:** correta. Redação do art. 128, §2º, da CF; **D:** correta, conforme art. 24, VII, da CF, bem como da literalidade dos §§ 2º, 3º e 4º, todos do mesmo artigo; **E:** incorreta, pois não é o Conselho de Defesa Nacional, mas o Conselho da República, nos termos do art. 89, da CF. **AB**

Gabarito "E".

(Juiz – TRF 4ª Região – 2016) Assinale a alternativa correta.

De acordo com a Constituição Federal:

(A) Compete privativamente à União legislar sobre direito penal, direito processual penal e direito penitenciário.

(B) A lei considerará a associação para o tráfico ilícito de entorpecentes e drogas afins como crime hediondo.

(C) A lei considerará a prática do racismo, o tráfico ilícito de entorpecentes e drogas afins e a ação de grupos armados contra a ordem constitucional e o estado democrático como crimes imprescritíveis e insuscetíveis de graça ou anistia.

(D) O civilmente identificado não será submetido à identificação criminal, salvo nas hipóteses previstas em lei.

(E) A prisão ilegal será imediatamente relaxada pela autoridade judiciária quando a lei admitir a liberdade provisória, com ou sem fiança.

A: incorreta, a competência para legislar sobre direito penitenciário é concorrente (art. 24, I, da CF); **B:** incorreta, pois o texto constitucional não faz menção à associação, mas, tão somente, "o tráfico ilícito de entorpecentes e drogas afins", conforme art. 5º, XLIII, da CF; **C:** incorreta. A prática de racismo não é insuscetível de graça ou anistia, mas inafiançável e imprescritível (art. 5º, XLII, da CF) e, sobre grupos armados civis ou militares, ver art. 5º, XLIV, da CF; **D:** correta, nos termos do art. 5º, LVIII, da CF; **E:** incorreta, pois não requer admissão da liberdade provisória com ou sem fiança para conceder o relaxamento da prisão ilegal (art. 5º, LXV, da CF). **AB**

Gabarito "D".

(Juiz – TRF 2ª Região – 2017) Analise as proposições e, ao final, marque a opção correta:

I. Quando a Constituição Federal se utiliza da locução "maioria absoluta" para qualificar o *quorum* necessário a certos atos de órgãos Colegiados, equivale dizer que ela exige, para o caso, pelo menos metade dos membros deste Colegiado mais um, ou, como se diz com exata precisão, "metade mais 1".

II. O sistema constitucional, à luz da interpretação que o STF confere à Lei Maior, admite que o Juiz Federal seja competente para apreciar e julgar lides em que há, de um lado, Estado Federado e, de outro, a União Federal.

III. Por força de regra constitucional, caso o Município resolva executar dívida de IPTU de Estado estrangeiro, a Justiça Federal será a competente.

(A) Apenas as assertivas I e II estão corretas.

(B) Apenas as assertivas II e III estão corretas.

(C) Apenas as assertivas I e III estão corretas.

(D) Todas estão corretas.

(E) Apenas a assertiva III está correta.

I: incorreta, pois a maioria absoluta é atingida ao se alcançar o primeiro número inteiro acima da metade do Órgão Colegiado e, não, simplesmente a "metade mais um", tanto que, no STF, a maioria absoluta representa 6 Ministros, não 6,5 ou 7 Ministros; **II:** correta, nos moldes do art. 109, I, da CF, até porque a questão não mencionou falência, acidente de trabalho, causas da Justiça Eleitoral ou da Justiça do trabalho; **III:** correta. Literalidade do art. 109, II, da CF. Todavia, tenha cuidado para não confundir competência com imunidade, até porque a questão fala apenas da competência. **AB**

Gabarito "B".

(Magistratura Federal-4ª Região – 2010) Dadas as assertivas abaixo, assinale a alternativa correta.

I. Em face de sua natureza política, as Comissões Parlamentares de Inquérito podem decretar imotivadamente a quebra de sigilo bancário e telefônico.

II. Os escritórios e consultórios profissionais estão abrangidos no conceito de "casa" para fins da garantia constitucional da inviolabilidade.

III. Em razão de sua índole programática, as normas definidoras de direitos e garantias fundamentais dependem, para que adquiram cogência e eficácia, de normas regulamentadoras.

IV. A União poderá intervir nos Estados, em caso de recusa à execução de lei federal, somente após provimento, pelo Superior Tribunal de Justiça, de representação do Procurador-Geral da República nesse sentido.

(A) Está correta apenas a assertiva **II.**

(B) Está correta apenas a assertiva IV.

(C) Estão corretas apenas as assertivas I, II e III.

(D) Estão corretas apenas as assertivas II, III e IV.

(E) Estão corretas todas as assertivas.

I: Incorreta. O STF entende que as CPIs podem determinar a quebra de sigilo bancário, fiscal e telefônico por terem poderes próprios de autoridades judiciais, desde que o ato seja adequadamente fundamentado e revele a necessidade objetiva da medida extraordinária; **II:** correta. STF, HC 93050, Rel. Min. Celso de Mello: "Para os fins da proteção jurídica a que se refere o art. 5º, XI, da Constituição da República, o conceito normativo de "casa" revela-se abrangente e, por estender-se a qualquer compartimento privado não aberto ao público, onde alguém exerce profissão ou atividade (CP, art. 150, § 4º, III), compreende, observada essa específica limitação espacial (área interna não acessível ao público), os escritórios profissionais, inclusive os de contabilidade, "embora sem conexão com a casa de moradia propriamente dita" (NELSON HUNGRIA). Doutrina. Precedentes. - Sem que ocorra qualquer das situações excepcionais taxativamente previstas no texto constitucional (art. 5º, XI), nenhum agente público, ainda que vinculado à administração tributária do Estado, poderá, contra a vontade de quem de direito (*invito domino*), ingressar, durante o dia, sem mandado judicial, em espaço privado não aberto ao público, onde alguém exerce sua atividade profissional, sob pena de a prova resultante da diligência de busca e apreensão assim executada reputar-se inadmissível, porque impregnada de ilicitude material"; **III:** Incorreta. As normas definidoras de direitos, como o próprio nome afirma, geram direitos subjetivos, que podem ser exigidos do prestador; **IV:** Incorreta. A hipótese do art. 34, VI, da CF não exige provimento de representação do PGR (v., tb., art. 36, III, da CF).

Gabarito "A".

6. Direito Administrativo

Wander Garcia, Flávia Moraes Barros Michele Fabre e Ariane Wady

1. REGIME JURÍDICO ADMINISTRATIVO E PRINCÍPIOS DE DIREITO ADMINISTRATIVO

(Juiz – TJ/RJ – VUNESP – 2016) Assinale a alternativa que corretamente discorre sobre os princípios do Direito Administrativo.

(A) As Súmulas 346 e 473 do Supremo Tribunal Federal, que tratam da declaração de nulidade dos atos administrativos pela própria Administração e da revogação destes por motivos de conveniência e oportunidade, demonstram que o Direito Administrativo brasileiro não adotou a autotutela como princípio.

(B) A fim de tutelar o princípio da moralidade administrativa, a Constituição Federal prevê alguns instrumentos processuais, como a Ação Civil Pública, na defesa dos direitos difusos e do patrimônio social, a Ação Popular, que permite anular atos do Poder Público contaminados de imoralidade administrativa, desde que reconhecido o pressuposto da lesividade, da mesma forma como acontece com a Ação de Improbidade Administrativa, que tem como requisito o dano patrimonial ao erário.

(C) O Supremo Tribunal Federal entende que, muito embora pela aplicação do princípio da impessoalidade, a Administração não possa ter em mira este ou aquele indivíduo de forma especial, o sistema de cotas, em que se prevê reserva de vagas pelo critério étnico-social para ingresso em instituições de nível superior, é constitucional e compatível com o princípio da impessoalidade, já que ambos têm por matriz comum o princípio constitucional da igualdade.

(D) O princípio da publicidade possui repercussão infraconstitucional, com regulamentação pela Lei de Acesso à Informação (Lei Federal 12.527/2011) na qual foram contempladas duas formas de publicidade – a transparência ativa e a transparência passiva –, aplicáveis a toda a Administração Direta e Indireta, mas não incidentes às entidades privadas sem fins lucrativos que recebam recursos públicos do orçamento, como ocorre por contrato de gestão.

(E) Pelo princípio da continuidade do serviço público, não podem os serviços públicos ser interrompidos, visto que atendem a necessidades prementes e inadiáveis da coletividade, e, portanto, não é permitida paralisação temporária de atividades, mesmo em se tratando de serviços prestados por concessionários e permissionários, mediante pagamento de tarifa, como fornecimento de energia, ainda que o usuário esteja inadimplente.

A: incorreta. Essas duas súmulas retratam exatamente o princípio da autotutela, ou seja, da possibilidade que o Poder Público tem de anular e revogar os seus próprios atos administrativos sem a interferência do Poder Judiciário. **B:** incorreta. O erro está na Ação de Improbidade, que tem como requisito o ato ímprobo, que pode ou não causar danos ao erário, podendo somente violar princípios, assim como proporcionar o enriquecimento ilícito do agente ímprobo. **C:** correta. A política de quotas é materialização do princípio da igualdade, mais ainda, da igualdade material. **D:** incorreta. O princípio da publicidade é aplicado à toda Administração Pública, assim como às pessoas jurídicas de direito privado que recebem dinheiro público e/ou celebrem contrato de gestão com o Poder Público, já que se sujeitam ao Regime Jurídico Administrativo regido pelo art. 37, "caput", CF. **E:** incorreta. O art. 6º, § 3º, da Lei 8.987/1985 dispõe que é possível a interrupção dos serviços públicos, desde que em hipótese de emergência ou após aviso prévio para assegurar a segurança das instalações; e por inadimplemento do usuário, considerado o interesse da coletividade. **AW**

Gabarito "C."

(Magistratura/PE – 2013 – FCC) A Constituição Federal vigente prevê, no *caput* de seu art. 37, a observância, pela Administração Pública, do princípio da legalidade. Interpretando-se essa norma em harmonia com os demais dispositivos constitucionais, tem-se que

(A) a extinção de cargos públicos, em qualquer hipótese, depende de lei.

(B) a Administração é livre para agir na ausência de previsão legislativa.

(C) é cabível a delegação do Congresso Nacional para que o Presidente da República disponha sobre diretrizes orçamentárias.

(D) os Municípios, por uma questão de hierarquia, devem antes atender ao disposto em leis estaduais ou federais, do que ao disposto em leis municipais.

(E) o Chefe do Poder Executivo participa do processo legislativo, tendo iniciativa privativa para propor certos projetos de lei, como aqueles sobre criação de cargos públicos na Administração direta federal.

A: incorreta, pois os cargos públicos, quando vagos, podem ser extintos por decreto (art. 84, VI, "b", da CF); **B:** incorreta, pois o princípio da

---

WG questões comentadas por: **Wander Garcia**
FMB questões comentadas por: **Flávia Moraes Barros Michele Fabre**
AW questões comentadas por: **Ariane Wady**

legalidade determina que a Administração só pode agir como a lei autorizar; **C:** incorreta, pois não pode ser objeto de delegação a legislação sobre planos plurianuais, *diretrizes orçamentárias* e orçamentos (art. 68, § 1º, III, da CF); **D:** incorreta, pois cada lei mencionada tem seu âmbito de incidência, e, naquele âmbito, não há preferência para uma lei ou outra, devendo todas serem cumpridas; **E:** correta (art. 61, § 1º, II, "a", da CF). WG

Gabarito "E".

(Magistratura/AM – 2013 – FGV) A CRFB/88 colocou-se como marco do Estado Democrático brasileiro, dando uma nova leitura à legislação que foi por ela recepcionada. Possibilitou a sedimentação de vários princípios administrativos, abrindo caminho para que, hoje, se fale sobre a expectativa legítima, também chamada de proteção à confiança.

A esse respeito, assinale a afirmativa correta.

(A) A proteção à confiança está intimamente ligada à publicidade, pois é por causa desta, e imediatamente a esta, que se cria uma expectativa legítima a ser defendida.

(B) A expectativa legítima é um princípio que possui nascente no direito alemão, não sendo aceito pelos tribunais brasileiros por violar o princípio da legalidade.

(C) A expectativa legítima, a acarretar a necessidade de proteção à confiança criada por uma conduta aparentemente legal da Administração, recebe a chancela do princípio da segurança jurídica e vem sendo aceita pelos tribunais brasileiros.

(D) A expectativa legítima se prende ao princípio da eficiência, e apenas pode ser chancelada se conveniente e oportuno ao interesse interno da Administração, por meio de um juízo de razoabilidade econômica.

(E) A expectativa legítima liga-se à ideia de justa indenização no âmbito da desapropriação, como forma de proteção à confiança no cumprimento dos preceitos constitucionais.

A, D e E: incorretas, o princípio da proteção à confiança (ou expectativa legítima) está ligado ao *princípio da segurança jurídica, em seu aspecto subjetivo*, e não aos princípios da publicidade e da eficiência, ou à desapropriação; **B:** incorreta, pois, apesar de ter origem no direito alemão, tem sido sim aplicado pelos tribunais brasileiros com fundamento no princípio da segurança jurídica; **C:** correta, pois o instituto decorre do aspecto subjetivo do princípio da segurança jurídica, de modo que, quando o Estado expede um ato conclusivo capaz de gerar confiança no administrado, levando este a praticar determinada conduta no sentido da expectativa criada pelo Estado, este fica adstrito a manter a sua palavra mesmo se o ato for ilegal, salvo má-fé do administrado. WG

Gabarito "C".

(Magistratura/SP – 2013 – VUNESP) O princípio da autotutela administrativa, consagrado no Enunciado n. 473 das Súmulas do STF ("473 – A Administração pode anular seus próprios atos quando eivados de vícios que os tornem ilegais, porque deles não se originam direitos; ou revogá-los, por motivo de conveniência ou oportunidade, respeitados os direitos adquiridos, e ressalvada, em todos os casos, a apreciação judicial."), fundamento invocado pela Administração para desfazer ato administrativo que afete interesse do administrado, desfavorecendo sua posição jurídica,

(A) confunde-se com a chamada tutela administrativa.

(B) prescinde da instauração de prévio procedimento administrativo, pois tem como objetivo a restauração da ordem jurídica, em respeito ao princípio da legalidade que rege a Administração Pública.

(C) exige prévia instauração de processo administrativo, para assegurar o devido processo legal.

(D) pode ser invocado apenas em relação aos atos administrativos ilegais.

A: incorreta, pois a *tutela administrativa* (ou *controle administrativo*) é a possibilidade de a pessoa jurídica criadora de outra pessoa jurídica rever os atos desta que extrapolem os objetivos finalísticos da entidade criada; trata-se de um poder fiscalizatório bem mais restrito que a *hierarquia* (esta se dá de órgão superior para órgão subordinado), que permite ao órgão superior rever os atos do ato subordinado não só quando há desvio finalístico, como também quando há ilegalidade ou inconveniência; assim, a hierarquia tem relação com o princípio da autotutela, ao passo que a tutela administrativa não; **B:** incorreta, pois, havendo possibilidade de afetar a liberdade e a propriedade de terceiros, há de se respeitar o devido processo legal, o contraditório e a ampla defesa (art. 5º, LIV e LV, da CF), o que se dá, normalmente, no âmbito de um processo administrativo; **C:** correta, nos termos do comentário à alternativa "b"; **D:** incorreta, pois a autotutela se dá tanto quanto a atos *ilegais* (caso em se dará a anulação) como em relação aos atos *inconvenientes* (caso em que se dará a revogação), nos termos do próprio texto da Súmula citada, bem como do art. 53 da Lei 9.784/1999. WG

Gabarito "C".

(Magistratura/PE – 2013 – FCC) Considere a seguinte afirmação quanto a um ato administrativo:

"Nada impede a autoridade competente para a prática de um ato de motivá-lo mediante remissão aos fundamentos de parecer ou relatório conclusivo elaborado por autoridade de menor hierarquia. Indiferente que o parecer a que se remete a decisão também se reporte a outro parecer: o que importa é que haja a motivação eficiente, controlável a posteriori."

Tal afirmação, no contexto do Direito brasileiro, é

(A) equivocada, pois a Constituição Federal exige a motivação como elemento a constar textualmente dos atos administrativos.

(B) correta, compreendendo a motivação como elemento necessário ao controle do ato administrativo, porém sem exageros de mera formalidade.

(C) equivocada, pois a Lei Federal sobre processo administrativo exige que todo ato administrativo seja motivado pela autoridade que o edita.

(D) correta, pois motivar ou não, em todo caso, é faculdade discricionária da autoridade administrativa.

(E) equivocada, pois a Lei Federal sobre processo administrativo veda que pareceres sejam invocados como motivos suficientes para a prática de atos.

A: incorreta, não há previsão constitucional nesse sentido; **B:** correta; segundo o art. 50, § 1º, da Lei 9.784/1999, a motivação pode "consistir em declaração de concordância com fundamentos de anteriores pareceres, informações, decisões ou propostas, que, neste caso, serão parte integrante do ato"; **C e E:** incorretas, pois o art. 50, § 1º, da Lei 9.784/1999 permite a motivação em tela, que tem o nome de motivação

6. DIREITO ADMINISTRATIVO

aliunde; **D:** incorreta, pois a motivação é um princípio (art. 2º, "*caput*", da Lei 9.784/1999) e, como tal, não é facultativa, mas sim obrigatória. **WG**
Gabarito "B".

(Magistratura/BA – 2012 – CESPE) Após a edição da CF, havia controvérsia sobre a obrigatoriedade de concurso público para o provimento de cargos nas empresas públicas e sociedades de economia mista. A questão foi pacificada pelo STF, no ano de 1993, em decisão que confirmou a obrigatoriedade do concurso público. Posteriormente, avaliando contratações sem concurso público ocorridas no período entre 1988 e 1993, o STF assim decidiu: "(…) A existência de controvérsia, à época das contratações, quanto à exigência de concurso público no âmbito das empresas públicas e sociedades de economia mista, questão dirimida somente após a concretização dos contratos, não tem o condão de afastar a legitimidade dos provimentos, realizados em conformidade com a legislação então vigente." Nessa decisão, fica evidenciada a aplicação do princípio da

(A) juridicidade.

(B) recepção.

(C) segurança jurídica.

(D) continuidade do serviço público.

(E) supremacia do interesse público.

A decisão tem por fundamento o princípio da segurança jurídica, que veda, dentre outras coisas, que novas interpretações retroajam e que se frustre, junto aos administrados, expectativas legítimas que a Administração lhes tenha criado. **WG**
Gabarito "C".

(Magistratura/PA – 2012 – CESPE) No que se refere ao regime jurídico-administrativo, assinale a opção correta.

(A) Os institutos da suplência, da delegação e da substituição para o preenchimento de funções públicas temporariamente vagas no âmbito da administração pública decorrem da aplicação do princípio da continuidade do serviço público.

(B) Em atenção ao princípio da motivação, a administração pública deve indicar os fundamentos de fato e de direito de suas decisões, sendo vedada a indicação por órgão diverso daquele que profira a decisão.

(C) Embora o princípio da segurança jurídica não conste expressamente na CF como um dos princípios da administração pública, esta pode basear sua atuação nesse princípio orientador, que pode ser invocado para impedi-la de anular atos praticados sem a observância da lei.

(D) Dadas as prerrogativas que integram o regime jurídico administrativo, a administração pública pode, por simples ato administrativo, conceder direito de qualquer espécie, criar obrigações ou impor vedações aos administrados.

(E) A possibilidade de encampação da concessão de serviço público decorre da aplicação do denominado princípio da especialidade.

A: correta, pois os institutos em questão permitem que os serviços não parem, por exemplo, por impedimento ou férias do titular da competência; **B:** incorreta, pois a autoridade, ao decidir, pode fazer referência

a fundamentos de anteriores pareceres, informações, decisões ou propostas, nos termos do art. 50, § 1º, da Lei 9.784/1999; **C:** incorreta, pois nem sempre o princípio da segurança jurídica tem o poder de impedir a anulação de atos administrativos ilegais; como regra, tais atos devem ser anulados pela Administração, que só deixará de fazê-lo em caso excepcionais, como é a hipótese em que tiver decorrido mais de cinco anos da prática de ato que beneficia alguém de boa-fé (art. 54, *caput*, da Lei 9.784/1999) ou quando se tratar de vício sanável em situação concreta que enseje a convalidação do ato (art. 55 da Lei 9.784/1999); **D:** incorreta, pois o princípio da legalidade impede que a Administração crie direitos, obrigações e vedações aos administrados, que não estiverem previstos em lei; **E:** incorreta, pois a encampação de serviço público (extinção de uma concessão de serviço público por motivo de interesse público) decorre do princípio da autotutela da Administração, que permite que esta reveja seus atos quando ilegais (anulação) ou quando não convenham mais ao interesse público (revogação, para os atos em geral, e encampação, para as concessões). **WG**
Gabarito "A".

(Magistratura/RJ – 2011 – VUNESP) O bem comum da coletividade administrada é o único objetivo do Governo do Rio de Janeiro e, portanto, todo ato administrativo emanado do Administrador Público que não for praticado no interesse da coletividade é ilícito e imoral. Partindo dessa premissa, não há liberdade, tampouco vontade pessoal na Administração Pública. Assim, é correto afirmar, referente aos princípios da Administração Pública, que

(A) o Administrador Público está, em toda a sua atividade funcional, sujeito aos mandamentos da lei e às exigências do bem comum, e dele não pode se afastar ou se desviar, sob pena de praticar ato inválido e se expor à responsabilidade disciplinar, civil e criminal, conforme o caso.

(B) a moralidade administrativa nada mais é que o clássico princípio da finalidade, o qual impõe ao administrador público que só pratique o ato para o seu fim legal.

(C) a razoabilidade impõe ao Administrador justificar sua ação administrativa, indicando os pressupostos de fato e de direito que autorizaram sua prática.

(D) a motivação se alicerça na segurança jurídica e na necessidade de se respeitarem situações consolidadas no tempo, amparadas pela boa-fé do Administrador Público.

A: correta, pois expressa exatamente a característica maior do Direito Administrativo, que é de impor à Administração Pública o cumprimento da lei, lei essa que definirá quais providências atendem ao interesse público; **B:** incorreta, pois o princípio da finalidade é autônomo em relação ao princípio da moralidade; este impõe à Administração e ao administrador que atuem sempre de forma honesta, proba, leal e de boa-fé; **C:** incorreta, pois a definição dada na alternativa diz respeito ao princípio da motivação e não ao princípio da razoabilidade; **D:** incorreta, pois a definição dada na alternativa diz respeito ao princípio da segurança jurídica e não ao princípio da motivação. **WG**
Gabarito "A".

(Magistratura/PE – 2011 – FCC) Suponha uma situação em que uma empresa pública contrate pessoal por processo seletivo, conforme legislação então vigente, que posteriormente venha a ser entendido por Tribunal de Contas como não suficiente para atender à exigência constitucional de concurso público. Suponha ainda que se queira, transcorrido período superior a 5 anos, anular

410 WANDER GARCIA, FLÁVIA MORAES BARROS MICHELE FABRE E ARIANE WADY

as contratações assim realizadas. Um caso como esse encontra claros precedentes em recente jurisprudência do Supremo Tribunal Federal, no sentido de se impor a

(A) anulação das contratações, com base no princípio da legalidade estrita.

(B) manutenção das contratações, com base no princípio da proteção à confiança, constante expressamente do rol de princípios constitucionais aplicáveis à Administração Pública.

(C) revogação das contratações, mediante juízo de conveniência e oportunidade da Administração, vez que não caracterizada ilicitude na situação.

(D) manutenção das contratações, com base no princípio da segurança jurídica, implícito no princípio do Estado de Direito.

(E) anulação das contratações, com base no princípio da isonomia, implícito na regra do concurso público.

A alternativa "D" está de acordo com a jurisprudência do STF para essa específica situação. Confira: "Mandado de Segurança. 2. Acórdão do Tribunal de Contas da União. Prestação de Contas da Empresa Brasileira de Infraestrutura Aeroportuária - INFRAERO. Emprego Público. Regularização de admissões. 3. Contratações realizadas em conformidade com a legislação vigente à época. Admissões realizadas por processo seletivo sem concurso público, validadas por decisão administrativa e acórdão anterior do TCU. 4. Transcurso de mais de dez anos desde a concessão da liminar no mandado de segurança. 5. Obrigatoriedade da observância do princípio da segurança jurídica enquanto subprincípio do Estado de Direito. Necessidade de estabilidade das situações criadas administrativamente. 6. Princípio da confiança como elemento do princípio da segurança jurídica. Presença de um componente de ética jurídica e sua aplicação nas relações jurídicas de direito público. 7. Concurso de circunstâncias específicas e excepcionais que revelam: a boa-fé dos impetrantes; a realização de processo seletivo rigoroso; a observância do regulamento da Infraero, vigente à época da realização do processo seletivo; a existência de controvérsia, à época das contratações, quanto à exigência, nos termos do art. 37 da Constituição, de concurso público no âmbito das empresas públicas e sociedades de economia mista. 8. Circunstâncias que, aliadas ao longo período de tempo transcorrido, afastam a alegada nulidade das contratações dos impetrantes. 9. Mandado de Segurança deferido." MS 22357, Relator(a): Min. Gilmar Mendes, Tribunal Pleno, julgado em 27.05.2004, *DJ* 05.11.2004 PP-00006 EMENT VOL-02171-01 PP-00043 LEXSTF v. 26, n. 312, 2005, p. 135-148 RTJ VOL 00192-02 PP-00620). **WG**
Gabarito "D".

(Magistratura Federal-4ª Região – 2010) Dadas as assertivas abaixo sobre funções estatais e princípios informadores do regime jurídico administrativo, assinale a alternativa correta.

I. No Brasil as atividades estatais básicas estão distribuídas entre Poderes independentes e harmônicos entre si, o Legislativo, o Judiciário e o Executivo, vocacionados ao desempenho, respectivamente, das funções normativa, judicial e administrativa, estando esta última concentrada no Executivo, o qual a exerce precipuamente, mas sem exclusividade.

II. Em decorrência, dentre outros, dos princípios da legalidade, da indisponibilidade do interesse público e da impessoalidade, o gestor da coisa pública tem com ela uma relação de administração, de modo que seu agir está atrelado à finalidade cogente, mesmo

quando admitido juízo discricionário na prática do ato administrativo.

III. Conquanto não previsto explicitamente no artigo 37, *caput*, da Constituição Federal, o princípio da razoabilidade informa o regime jurídico administrativo brasileiro, prestando-se como balizador para a verificação da higidez da ação administrativa, notadamente quando esta tem características discricionárias.

IV. Estabelece a Constituição Federal que a administração pública direta e indireta de qualquer dos Poderes da União, dos Estados, do Distrito Federal e dos Municípios obedecerá ao princípio da publicidade, havendo possibilidade de instituição, pela via legislativa, de restrições ao acesso a autos de processo administrativo.

V. As funções estatais estão sujeitas à rígida observância de diretriz fundamental, que, encontrando suporte teórico no princípio da proporcionalidade, veda os excessos normativos e as prescrições irrazoáveis do Poder Público, prestando-se o referido princípio (da proporcionalidade), nesse contexto, para inibir e neutralizar os abusos do Poder Público no exercício de suas funções, qualificando-se como parâmetro de aferição da higidez dos atos praticados por agentes públicos.

(A) Estão corretas apenas as assertivas I, IV e V.

(B) Estão corretas apenas as assertivas II, III e IV.

(C) Estão corretas apenas as assertivas I, II, III e IV.

(D) Estão corretas apenas as assertivas I, III, IV e V.

(E) Estão corretas todas as assertivas.

I: correta, pois a atividade administrativa é exercida precipuamente pelo Executivo, mas também é exercida, atipicamente, pelo Judiciário e pelo Legislativo; II: correta, pois a finalidade de toda atuação administrativa é, sempre, atender ao interesse público, e não a interesses subjetivos do agente público; mesmo quando este pratique um ato discricionário, deverá buscar o atendimento não de seus interesses pessoais, mas do interesse público; III: correta, pois o princípio da razoabilidade não está expresso no art. 37, *caput*, da CF/1988 (apesar de estar expresso no art. 2º, caput, da Lei 9.784/1999), sendo certo que só incide sobre atos discricionários, e não sobre atos vinculados; IV: correta, conforme o disposto no art. 37, *caput*, c/c com art. 5º, LX, da CF/1988; V: correta, pois a função do princípio da proporcionalidade é justamente evitar os excessos, fazendo a adequação entre meios e fins, e vedando a imposição de obrigações, restrições e sanções em medida superior àquelas estritamente necessárias ao atendimento do interesse público (art. 2º, parágrafo único, VI, da Lei 9.784/1999). **FMB**
Gabarito "E".

2. PODERES DA ADMINISTRAÇÃO PÚBLICA

(Juiz – TJ/RJ – VUNESP – 2016) Considere a seguinte situação hipotética. Policial Civil do Estado de Rio de Janeiro recebe a pena de demissão por haver emprestado imóvel de sua propriedade para o depósito de dois veículos a pessoa em relação à qual posteriormente se descobriu integrante de quadrilha direcionada a roubos e furtos de carros, que já havia sido condenado a cumprir pena alternativa de prestação de serviços à comunidade pelo crime de falsificação de papéis públicos. Verifica-se que vários inquéritos que tinham tal pessoa como investigada tramitaram na delegacia em que o Policial Civil estava

6. DIREITO ADMINISTRATIVO

lotado, bem como prisão em flagrante. Sobre a possibilidade de o Policial Civil obter a revisão da pena imposta, buscando sua mitigação, recorrendo às vias judiciais, é correto afirmar que

(A) quando se trata de fatos apurados em processo administrativo, a competência do Poder Judiciário circunscreve-se ao exame da legalidade do ato, dos possíveis vícios de caráter formal ou dos que atentem contra os postulados constitucionais da ampla defesa e do contraditório, assim, deve o Magistrado aguardar o deslinde da questão na seara criminal, para, em seguida, ajuizar demanda para revisão da sanção disciplinar.

(B) a observância dos princípios da proporcionalidade e da razoabilidade, que poderiam ser invocados na aplicação da sanção disciplinar, não se encontra relacionada com a própria legalidade do ato administrativo, de modo que o Supremo Tribunal Federal descarta, *in abstrato*, a possibilidade dessa análise da sanção disciplinar pelo Poder Judiciário.

(C) o Superior Tribunal de Justiça já assentou a possibilidade de a Administração Pública, por razões discricionárias (juízo de conveniência e de oportunidade), deixar de aplicar a pena de demissão, quando induvidosa a ocorrência de motivo previsto na norma que comina tal espécie de sanção, razão pela qual o caso em tela não pode ser objeto de análise pelo Poder Judiciário.

(D) não cabe pleitear a revisão da pena imposta perante o Poder Judiciário, pois o controle jurisdicional deve alcançar todos os aspectos de legalidade dos atos administrativos, não podendo, todavia, estender-se à valoração da conduta que a lei conferiu ao administrador, no caso em tela expressada pela escolha da sanção a ser imposta.

(E) a jurisprudência do Superior Tribunal de Justiça orienta no sentido de que não há que se falar na presença de discricionariedade no exercício do poder disciplinar pela autoridade pública, sobretudo no que tange à imposição de sanção disciplinar, por esse motivo, possível o controle judicial de tais atos administrativos de forma ampla, razão pela qual o Poder Judiciário pode rever a pena aplicada no caso em tela.

A: incorreta. A jurisprudência do STJ entende que o controle jurisdicional dos atos administrativo sempre é possível também quanto aos inquéritos e processos judiciais, podendo ser realizado o controle formal e de conteúdo do ato, conforme se verifica no seguinte julgado:" Em face dos princípios da proporcionalidade, dignidade da pessoa humana e culpabilidade, aplicáveis ao regime jurídico disciplinar, não há juízo de discricionariedade no ato administrativo que impõe sanção disciplinar a Servidor Público, razão pela qual o controle jurisdicional é amplo, de modo a conferir garantia aos servidores públicos contra eventual excesso administrativo, não se limitando, portanto, somente aos aspectos formais do procedimento sancionatório. Precedentes. (RMS 47.677/ES, Rel. Ministro Napoleão Nunes Maia Filho, Primeira Turma, julgado em 15/12/2015, DJe 02/02/2016)". **B:** incorreta. A razoabilidade e proporcionalidade são sinônimos de legalidade. Os princípios da proporcionalidade e razoabilidade são princípios constitucionais implícitos, sendo decorrentes do princípio da legalidade. **C:** incorreta. O Poder Disciplinar é vinculado quanto à aplicabilidade da sanção, ou seja, o administrador não pode se esquivar de aplicar

a sanção, desde que regulamente apurado o ato, respeitada a ampla defesa. **D:** incorreta. O Poder Judiciário sempre poderá rever a legalidade e proporcionalidade da sanção aplicada. **E:** correta. O Poder Disciplinar possui o aspecto vinculado, quanto à obrigatoriedade da sanção e o aspecto discricionário, no que diz respeito à quantificação da mesma, e quanto ao aspecto discricionário, para quem o defende (doutrina dominante) também é possível o controle judicial quanto à sua legalidade. Em face dos princípios da proporcionalidade, dignidade da pessoa humana e culpabilidade, aplicáveis ao regime jurídico disciplinar, não há juízo de discricionariedade no ato administrativo que impõe sanção disciplinar a Servidor Público, razão pela qual o controle jurisdicional é amplo, de modo a conferir garantia aos servidores públicos contra eventual excesso administrativo, não se limitando, portanto, somente aos aspectos formais do procedimento sancionatório. Precedentes" - (RMS 47.677/ES, Rel. Napoleão Nunes Maia Filho). **AW**

Gabarito "E".

(Juiz – TJ-SC – FCC – 2017) Sobre o exercício do poder disciplinar da Administração Pública, é correto afirmar que tal poder:

(A) é exercido somente em face de servidores regidos pelas normas estatutárias, não se aplicando aos empregados públicos, regidos pela Consolidação das Leis do Trabalho.

(B) admite a aplicação de sanções de maneira imediata, desde que tenha havido prova inconteste da conduta ou que ela tenha sido presenciada pela autoridade superior do servidor apenado.

(C) é aplicável aos particulares, sempre que estes descumpram normas regulamentares legalmente embasadas, tais como as normas ambientais, sanitárias ou de trânsito.

(D) é extensível a sujeitos que tenham um vínculo de natureza especial com a Administração, sejam ou não servidores públicos.

(E) não contempla, em seu exercício, a possibilidade de afastamentos cautelares de servidores antes que haja o prévio exercício de ampla defesa e contraditório.

A: incorreta. O Poder Disciplinar é o que permite ao administrador punir os seus subordinados quando comprovada a prática de infração funcional, sendo um poder ao qual se submetem todos os agentes públicos (os agentes políticos, os funcionários públicos, empregados públicos, titulares de regime administrativo especial e particulares em colaboração com o Estado), não sendo correto excluir os empregados públicos, portanto; **B:** incorreta. A aplicação de penalidade sempre deve ser precedida de procedimento administrativo ao qual se assegure o contraditório e ampla defesa (art. 5º, LV, CF) e Lei 9.784/1999; **C.** incorreta. O Poder Disciplinar não se aplica aos particulares, sendo de aplicação interna, que auxilia na disciplina interna dos servidores públicos integrantes da estrutura da Administração Publica, e não dos particulares; **D:** correta. Como explicado na alternativa "A", todos os agentes públicos se submetem a esse regime, o que inclui os particulares em colaboração com o Estado, por exemplo, que não são servidores públicos, mas equiparados a tanto, como os agentes honoríficos (mesários, jurados); **E:** incorreta. Há possibilidade de afastamento cautelar do servidor, conforme disposto no art. 147, da Lei 8.112/1990. **AW**

Gabarito "D".

(Juiz – TRF 3ª Região – 2016) Sobre o poder de polícia, assinale a alternativa incorreta.

(A) Segundo o STF, o art. 144, §8º, da CF ("Os Municípios poderão constituir guardas municipais destinadas à proteção de seus bens, serviços e instalações, conforme dispuser a lei"), não impede que a guarda municipal exerça funções adicionais à de proteção dos bens, serviços e instalações do Município, incluindo o exercício do poder de polícia para fiscalização do trânsito, que não é prerrogativa exclusiva das entidades policiais.

(B) Segundo o STF, a taxa de renovação de licença de funcionamento é constitucional, desde que haja o efetivo exercício do poder de polícia, não bastando para sua demonstração a mera existência de órgão administrativo que possua estrutura e competência para a realização da atividade de fiscalização.

(C) A edição de atos normativos pode caracterizar a atuação de polícia administrativa, por exemplo, quando impõe limitações administrativas ao exercício dos direitos e de atividades individuais.

(D) Atos de polícia administrativa podem ser expedidos no exercício de competência discricionária ou vinculada, conforme o caso.

A: A assertiva está correta. O STF definiu a tese de que é constitucional a atribuição às guardas municipais do exercício do poder de polícia de trânsito, inclusive para a imposição de sanções administrativas legalmente previstas (ex.: multas de trânsito). STF. Plenário.RE 658570/MG, rel. orig. Min. Marco Aurélio, red. p/ o acórdão Min. Roberto Barroso, j. 06.08.2015 (Info 793); **B:** A assertiva está incorreta, e deve ser assinalada, pois o STF entende que "a taxa de renovação de licença de funcionamento é constitucional, desde que haja o efetivo exercício do poder de polícia, *bastando para sua demonstração* a mera existência de órgão administrativo que possua estrutura e competência para a realização da atividade de fiscalização". Portanto, não é necessário o efetivo exercício do poder de polícia para a cobrança da taxa de polícia; **C:** A assertiva está correta. O poder de polícia também se impõe pela edição de atos normativos, limitações administrativas, gerais e abstratas, que condicionam o uso da propriedade e o exercício de direitos em prol da coletividade e bem comum; **D:** A assertiva está correta. O poder de polícia é discricionário, mas quem pode agir com discrição, com liberdade, também poderá agir cumprindo a lei, ou seja, vinculado a ela, de forma que a competência também poderá ser vinculada para o exercício do poder de polícia. **AW**
„Gabarito „B".

(Juiz – TRF 3ª Região – 2016) O cancro cítrico é doença altamente contagiosa que atinge as diversas variedades de citros, afetando a produtividade e a qualidade da lavoura, levando, inclusive, à morte do vegetal contaminado. A patologia é incurável e demanda, como medida profilática, a erradicação dos vegetais contaminados. Nesses termos, criou-se Campanha Nacional de Erradicação do Cancro Cítrico – CANECC, instaurada por meio da Portaria nº 291/1997 e promovida pelo Ministério da Agricultura, em consonância com o Decreto nº 24.114/34, que prevê a possibilidade de destruição parcial ou tal das lavouras contaminadas ou passíveis de contaminação em condições como essa.

Imaginando-se que determinado proprietário, atingido pelas medidas sanitárias acima indicadas, reivindica indenização, é possível afirmar, com alicerce nesses elementos, que:

(A) Em tese é cabível indenização, tendo em vista que o art. 37, § 6º, da CF/88 consagra a responsabilidade

objetiva do Estado, cujo reconhecimento condiciona-se à comprovação dos seguintes requisitos: conduta lesiva imputável a um de seus agentes, dano indenizável e nexo de causalidade entre a conduta impugnada, restando dispensada a configuração de culpa, de excesso ou de abuso do Poder Público.

(B) Em tese não é cabível indenização, tendo em vista que, conforme entendimento jurisprudencial pacífico, em casos como esse, a indenização somente seria devida se comprovado excesso ou abuso do Poder Público.

(C) Embora em tese não seja necessária a comprovação de excesso ou abuso do Poder Público para que seja reconhecido o direito à indenização em casos como esse, a indenização não é cabível porquanto o ato praticado buscou resguardar o interesse público.

(D) Em tese não é cabível indenização, porquanto em nenhuma hipótese o Estado deve reparar danos causados a terceiros quando decorrentes de seu comportamento lícito.

A: incorreta. Não é devida a indenização, pois temos o exercício do poder de polícia, que não é indenizável, exceto de abuso de direito, conforme jurisprudência dominante, a seguir exposta na alternativa B; **B:** correta. Em se tratando de poder de polícia administrativo, que visa a condicionar, limitar e frenar os atos dos administrados em prol do interesse da coletividade, não há que se falar em direito à indenização, exceto se houvesse ato abusivo de direito, conforme a seguir exposto: "ADMINISTRATIVO. ERRADICAÇÃO DE LAVOURAS DE LARANJAIS POR CONTA DE CANCRO CÍTRICO. DESCABIMENTO DA INDENIZAÇÃO. PODER DE POLÍCIA. AUSÊNCIA DE EXCESSO. ESFERA ADMINISTRA-TIVA. REVISÃO DAS PREMISSAS FIXADAS NA ORIGEM. reexame de prova. IMPOSSIBILIDADE. SÚMULA 7/STJ. 1. O Tribunal a quo, com base na situação fática do caso, decidiu pelo descabimento da indenização pois, além de ser inviável a reparação por condutas decorrentes do poder de polícia, também os atos da administração possuem legitimidade, e caberia à parte interessada comprovar o excesso de Poder da Administração Pública. 2. Rever as premissas do acórdão regional demanda incursão no contexto fático-probatório dos autos, defeso em recurso especial, nos termos do enunciado 7 da Súmula desta Corte de Justiça. Agravo regimental improvido. (AgRg no REsp 1478999/SP, Rel. Min. Humberto Martins, 2ª Turma, j. 12.02.2015, *DJe* 20.02.2015)"; **C:** incorreta. Se ocorrido o abuso ou excesso de direito, logicamente que haveria o dever de indenizar, já que teremos um ato ilícito decorrente do poder de polícia, mas sempre passível de comprovação, ou seja, não se presume o abuso, já que os atos administrativos se presumem legítimos, devendo o particular lesado provar o contrário, sendo esse o erro da assertiva; **D:** incorreta. Há uma hipótese em que seria devida a indenização, qual seja, no caso de abuso de direito por parte do Poder Público, eis que o agente teria ultrapassado os limites de sua competência ou atuado contrariamente ao interesse público. **AW**
„Gabarito „B".

(Juiz – TRF 4ª Região – 2016) Assinale a alternativa correta.

Em se tratando de moradia residencial erigida em área de preservação permanente, sem autorização ou licença ambiental, é possível afirmar, segundo a jurisprudência predominante do Superior Tribunal de Justiça, que:

(A) Sua demolição prescinde de ordem judicial, em decorrência da autoexecutoriedade dos atos administrativos.

(B) Sua demolição é vedada, tendo em vista que o direito fundamental à moradia se sobrepõe ao direito à proteção do meio ambiente.

6. DIREITO ADMINISTRATIVO

(C) Sua demolição poderá ocorrer se autorizada pelo Poder Judiciário.

(D) Sua demolição só poderá ocorrer se o Poder Público oferecer alternativa de residência aos ocupantes.

(E) Nenhuma das alternativas anteriores está correta.

A: incorreta. Apesar do poder de polícia ser autoexecutório, nos casos de irreversibilidade, como é uma demolição, somente o Poder Judiciário poderá autorizar a sua realização, sendo gravame muito sério aos administrados; **B:** incorreta. Tendo em vista o princípio da supremacia do interesse público sobre o privado, o direito de moradia não se sobrepõe ao interesse público, mas logicamente que se deve respeitar o administrado, que só poderia ser compelido a sair por ordem judicial, já que assegurado o devido processo legal e a ampla defesa (art. 5º, LV, CF); **C:** correta. Como explicado acima, tratando-se de Poder de Polícia, a autoexecutoriedade ficará restrita aos atos restritivos de direitos e de atividades, e não a desfazimento de bens, exceto se houver autorização judicial. Apelação. Ação demolitória. Construção em área de preservação permanente. Irregularidade que não se convalida. 1. O direito de edificar é relativo, não havendo, por isso, direito adquirido à construção irregular dentro de área de preservação ambiental. 2. A matéria concernente ao uso e ocupação do solo possui natureza cogente e impositiva, subordinando os atos de natureza particular e os fatos jurídicos, ainda que continuados por longo período. 3. Impossível reconhecer direito a edificações em local de preservação sob o argumento de que deve a municipalidade garantir moradia aos cidadãos, bem como pelo fato de ter permitido ocupação por longo período. 4. Apelo provido. (TJ-RO - APL: 00064376720118220007 RO 0006437-67.2011.822.0007, Rel.: Desembargador Gilberto Barbosa, 1ª Câmara Especial, publ. 28.10.2015.); **D:** incorreta. O poder público não é obrigado a oferecer compensação pela perda da construção ilegal. A ilegalidade da obra já autoriza o desfazimento da obra, se sob ordem judicial; **E:** incorreta. A alternativa C está correta. **AW**

Gabarito "C"

(Magistratura/SP – 2013 – VUNESP) No exercício do poder de polícia administrativa, o Município, segundo orientação Sumulada do STF,

(A) ao proibir a instalação de estabelecimentos comerciais do mesmo ramo em determinada área, edita lei válida.

(B) ao proibir a instalação de estabelecimentos comerciais do mesmo ramo em determinada área, edita lei inválida.

(C) ao estabelecer o horário de funcionamento dos estabelecimentos comerciais situados em seu território, edita lei inválida.

(D) pode criar limitações administrativas à propriedade, passíveis de indenização.

A: incorreta, pois, segundo a Súmula STF n. 646, "ofende o princípio da livre concorrência lei municipal que impede a instalação de estabelecimentos comerciais do mesmo ramo em determinada área", ou seja, a lei que assim agir é inválida, ante a sua inconstitucionalidade; **B:** correta, nos termos da Súmula STF n. 646; **C:** incorreta, pois, segundo a Súmula STF n. 645, "é competente o Município para fixar o horário de funcionamento de estabelecimento comercial"; **D:** incorreta, pois as limitações administrativas, por serem gerais e atingir pessoas indeterminadas, não ensejam indenização aos que se sintam prejudicados por ela. **WG**

Gabarito "B"

(Magistratura/PA – 2012 – CESPE) Assinale a opção correta acerca dos poderes da administração.

(A) O STF admite a delegação do exercício do poder de polícia a pessoas jurídicas de direito privado.

(B) A avocação de atribuições, decorrente do poder hierárquico da administração pública, é admitida desde que estas não sejam de competência exclusiva do órgão subordinado.

(C) No âmbito federal, a aplicação de sanções relacionadas ao exercício do poder de polícia submete-se a prazo de prescrição de cinco anos, não passível de interrupção ou suspensão.

(D) No que se refere ao exercício do denominado poder normativo da administração, é vedado ao ministro de Estado expedir ato de natureza regulamentar, instrumento de uso exclusivo do chefe do Poder Executivo.

(E) Segundo a doutrina, o exercício do poder disciplinar pela administração pública deve ficar adstrito à apuração de infrações e à aplicação de penalidades aos servidores públicos.

A: incorreta; é pacífico na doutrina e na jurisprudência que não é possível com o exercício do poder de polícia, que é privativo de autoridade pública, ou seja, não é permitida sua delegação ao particular, sendo que a este somente é possível ser credenciado para contribuir materialmente com o poder de polícia, como no caso de empresa que controla radares fotográficos de trânsito, mas a declaração de vontade será, ao final, da autoridade pública, que, com base nesses elementos materiais, poderá aplicar ou não uma multa de trânsito; **B:** correta, pois, caso a lei tenha estabelecido expressamente que determinada competência é exclusiva de algum cargo ou órgão, a autoridade superior não poderá promover a avocação, que, como se sabe, é, também, providência excepcional, nos termos do art. 15 da Lei 9.784/1999; **C:** incorreta, pois a Lei 9.873/1999 estabelece casos de interrupção e de suspensão do prazo do prazo de prescrição da ação punitiva (tecnicamente o prazo é decadencial e não prescricional, mas a lei usa a expressão prescrição), bem como prazo de prescrição da ação executória da punição aplicada (aqui sim o prazo é, tecnicamente, prescricional); **D:** incorreta, pois o ministro de Estado não pode expedir regulamentos em sentido estrito, mas pode expedir outros atos normativos, como as instruções normativas; **E:** incorreta, pois o conceito de poder disciplinar é mais amplo abrangendo as demais pessoas sujeitas à disciplina dos órgãos e serviços da Administração. **WG**

Gabarito "B"

(MAGISTRATURA/PB – 2011 – CESPE) No que concerne aos poderes da administração, assinale a opção correta.

(A) O STF emitiu decisão favorável à delegação do poder de polícia, mediante edição de lei, a pessoa jurídica de direito privado.

(B) Forma de conferir liberdade ao administrador público, o poder discricionário permite que a autoridade, mediante os critérios de conveniência e oportunidade, opte pela ação que melhor propicie a consecução do interesse público, atuação que se sobrepõe aos limites da lei.

(C) O poder regulamentar permite que o ato normativo derivado inove e aumente os direitos e obrigações previstos no ato de natureza primária que o autoriza, desde que tenha por objetivo o cumprimento das determinações legais.

(D) Segundo o STF, é inconstitucional, por ofensa ao princípio da livre concorrência, lei municipal que impeça a instalação de estabelecimentos comerciais do mesmo ramo em determinada área.

(E) O poder de polícia no ordenamento jurídico brasileiro é tratado, exclusivamente, no âmbito infraconstitucional.

A: incorreta, pois o poder de polícia deve ser exercido exclusivamente por autoridade pública; **B:** incorreta, pois o administrador público não pode agir fora da lei; mesmo quando há um ato discricionário, esse ato não traz liberdade total, mas apenas uma margem de liberdade com limites estabelecidos na própria lei; **C:** incorreta, pois o poder regulamentar tem por finalidade explicar a lei, e não inovar na ordem jurídica; **D:** correta, pois esse é o texto da Súmula 646 do STF; **E:** incorreta, pois o poder de polícia é tratado na Constituição Federal, como uma das hipóteses de incidência de taxa (art. 145, II, da CF). **WG**
„Gabarito "D".

(Magistratura Federal/1ª região – 2011 – CESPE) Assinale a opção correta a respeito do exercício do poder regulamentar, do poder normativo não legislativo e do poder de polícia.

(A) No âmbito federal, prescreve em cinco anos a ação punitiva da administração federal, direta e indireta, no exercício do poder de polícia, para apurar infração à legislação em vigor, prazo não passível de interrupção ou suspensão.

(B) De acordo com o entendimento do STF, quando o Poder Executivo expede regulamento, ato normativo de caráter não legislativo, não o faz no exercício de função legislativa, mas no de função normativa, sem que haja derrogação do princípio da divisão dos poderes.

(C) O poder normativo da administração pode ser expresso por meio de deliberações e de instruções editadas por autoridades que não o chefe do Poder Executivo, as quais podem inovar no ordenamento jurídico, criando direitos e impondo obrigações.

(D) De acordo como o STF, o exercício do poder de polícia deve ser necessariamente presencial e depende da existência de órgão de controle estruturado para a fiscalização do exercício dos direitos individuais.

(E) A autoexecutoriedade, atributo do poder de polícia, consiste na possibilidade de a administração executar suas decisões sem prévia autorização do Poder Judiciário e sem a necessidade de observância de procedimento em todas as denominadas medidas de polícia.

A: incorreta. "Prescreve em cinco anos a ação punitiva da Administração Pública Federal, direta e indireta, no exercício do poder de polícia, objetivando apurar infração à legislação em vigor, contados da data da prática do ato ou, no caso de infração permanente ou continuada, do dia em que tiver cessado" (art.1º da Lei 9.873/1999). Essa mesma lei estabelece em seus artigos 2º e 3º causas para interrupção e suspensão da contagem do prazo prescricional; **B:** correta. Na verdade, qualquer dos três poderes possui suas funções típicas, mas também exerce funções atípicas. No presente caso, embora a função típica do Poder Executivo seja administrar e executar, ele também exerce atipicamente a função normativa, expedindo regulamentos a fim de dar fiel execução ao quanto previsto em lei (art. 84, IV da CF/1988); **C:** incorreta. O poder normativo ou regulamentar não tem o condão de inovar a ordem jurídica, mas tão somente de dar fiel cumprimento ao que determina a lei – art. 84, IV da CF/1988; **D:** incorreta. Vale a pena transcrever aqui a ementa do RE 361.009 AgR/RJ, em que restou definida a possibilidade de exercício do poder de polícia de local remoto, desde que com o auxílio

de instrumentos e técnicas que permitam a aferição da licitude ou não da conduta do administrado. Eis o que estabeleceu a ementa desse julgado: "EMENTA: CONSTITUCIONAL. TRIBUTÁRIO. TAXA DE LOCALIZAÇÃO E FUNCIONAMENTO. HIPÓTESE DE INCIDÊNCIA. EFETIVO EXERCÍCIO DE PODER DE POLÍCIA. AUSÊNCIA EVENTUAL DEFISCALIZAÇÃO PRESENCIAL. IRRELEVÂNCIA. PROCESSUAL CIVIL. AGRAVO REGIMENTAL. 1. A incidência de taxa pelo exercício de poder de polícia pressupõe ao menos (1) competência para fiscalizar a atividade e (2) a existência de órgão ou aparato aptos a exercer a fiscalização. 2. O exercício do poder de polícia não é necessariamente presencial, pois pode ocorrer a partir de local remoto, com o auxílio de instrumentos e técnicas que permitam à administração examinar a conduta do agente fiscalizado (cf., por semelhança, o RE 416.601, rel. min. Carlos Velloso, Pleno, DJ de 30.09.2005). Matéria debatida no RE 588.332-RG (rel. min. Gilmar Mendes, Pleno, julgado em 16.06.2010. Cf. Informativo STF 591/STF). 3. Dizer que a incidência do tributo prescinde de "fiscalização porta a porta" (in loco) não implica reconhecer que o Estado pode permanecer inerte no seu dever de adequar a atividade pública e a privada às balizas estabelecidas pelo sistema jurídico. Pelo contrário, apenas reforça sua responsabilidade e a de seus agentes. 4. Peculiaridades do caso. Necessidade de abertura de instrução probatória. Súmula 279/STF. Agravo regimental ao qual se nega provimento"; **E:** incorreta. Autoexecutoriedade é a possibilidade que tem a Administração Pública de, com seus próprios meios, isto é, sem necessidade de recorrer previamente ao Poder Judiciário, executar suas próprias decisões. **WG**
Gabarito "B".

(Magistratura Federal/2ª região – 2011 – CESPE) Assinale a opção correta acerca da aplicação dos poderes administrativos.

(A) Não há, no âmbito da administração pública, a possibilidade de se proceder à distribuição de competência na organização administrativa, sem o estabelecimento de relação hierárquica quanto às respectivas atividades.

(B) As sanções de natureza administrativa, decorrentes do exercício do poder de polícia, somente encontram legitimidade quando o ato praticado pelo administrado estiver previamente definido pela lei como infração administrativa.

(C) O poder de avocar atribuições de competência exclusiva do órgão subordinado constitui uma das decorrências do poder hierárquico.

(D) Com fundamento no poder disciplinar, a administração pública pode apurar infrações e aplicar penalidades a servidores públicos e a particulares, ainda que não estejam sujeitos à disciplina interna da administração.

(E) O presidente da República, no exercício do denominado poder regulamentar ou normativo, pode criar ou extinguir ministérios e órgãos da administração pública.

A: incorreta. A "pegadinha" da questão se dá na afirmativa de que existe relação hierárquica entre "atividades", quando na verdade ela pode ser dar apenas entre órgãos. Ademais, embora a Administração Pública funcione primordialmente dentro de um modelo burocrático de escalonamento de funções, com relação hierárquica entre os diversos órgãos (numa feição piramidal), é certo que existem órgãos que não possuem relação hierárquica entre si, por executarem funções diversas no mesmo nível hierárquico, por exemplo; **B:** correta. A sanção decorrente do poder de polícia da Administração Pública só pode ser aplicada se houver lei previamente estabelecendo determinada conduta como infração administrativa. Isso porque ao particular é dado fazer tudo o que a lei

6. DIREITO ADMINISTRATIVO

não proíbe (art. 5º, II, da CF/1988) e apenas em havendo previsão legal da possibilidade de limitação à liberdade ou à propriedade em prol do bem comum, com a descrição da conduta e da devida sanção, pode ela ser imposta; **C:** incorreta. A questão é polêmica, pois a "pegadinha" da questão estaria no fato de que a competência seria *exclusiva* do órgão subordinado, de modo que, para essas, não caberia avocação. Ocorre que uma das facetas do poder hierárquico consiste, precisamente, na faculdade de avocar, isto é, de chamar para si funções originariamente atribuídas a um subordinado (e a assertiva traz como existente a relação hierárquica), de modo que, a menos que a lei expressamente preveja essa exclusividade, haverá possibilidade de avocação; **D:** incorreta. Poder disciplinar consiste na faculdade que possui a Administração Pública de punir internamente as infrações funcionais dos servidores e demais pessoas *sujeitas à disciplina interna de seus órgãos e serviços*. Há, pois, que haver uma relação de sujeição especial entre a Administração e aquele que se sujeita a seu poder disciplinar; **E:** incorreta. Diz o art. 84, VI, da CF/1988, que compete privativamente ao Presidente da República dispor, por meio de decreto sobre: "a) organização e funcionamento da administração federal, quando não implicar aumento de despesa *nem criação ou extinção de órgãos públicos*; b) extinção de funções ou cargos públicos, *quando vagos*". **FMB**
„Gabarito "B".

(Magistratura Federal/3ª Região – 2010) Relativamente ao poder regulamentar da administração, assinale a alternativa incorreta:

(A) O regulamento consiste na autodisciplina da administração pública, para obter o procedimento regular, harmônico e coerente dos seus órgãos e agentes na execução dos encargos que lhe são cometidos por lei, sendo desta dependente;

(B) É cabível o regulamento apenas em matéria que será objeto de ação administrativa ou desta dependente;

(C) Entre as finalidades do regulamento insere-se a disciplina da descrição administrativa, ou seja, de regular a liberdade relativa de agir da administração;

(D) O regulamento vincula a administração, mas não exonera o administrado de responsabilidade perante o Poder Público por comportamentos realizados em conformidade com ele.

A, B, C e **D:** Todas as afirmativas estão corretas, salvo a de letra "D", pois se o administrado agiu "em conformidade" com o regulamento, não haverá responsabilização deste. **FMB**
„Gabarito "D".

(Magistratura Federal-4ª Região – 2010) Dadas as assertivas abaixo sobre Poderes Administrativos e atividades interventivas do Estado, assinale a alternativa correta.

I. O denominado Poder de Polícia, também conhecido como Polícia Administrativa, é um dos Poderes Administrativos conferidos à Administração Pública, tendo natureza instrumental, já que não se confunde com o Poder Político, constituindo atividade de condicionamento do uso de bens e desempenho de atividades, sendo admitido seu exercício diretamente ou mediante delegação a pessoas jurídicas de direito público ou de direito privado.

II. O exercício do poder disciplinar pelo Estado não está sujeito ao prévio encerramento da ação penal que venha a ser instaurada perante órgão competente do Poder Judiciário, pois as sanções penais e administra-

tivas, qualificando-se como respostas autônomas do Estado à prática de atos ilícitos, não se condicionam reciprocamente, tornando-se possível, em consequência, a imposição da punição disciplinar independentemente de prévia decisão da instância penal.

III. O abuso de poder regulamentar, especialmente nos casos em que o Estado atua em desacordo com a lei, não só expõe o ato transgressor ao controle jurisdicional, mas viabiliza, até mesmo, tal a gravidade desse comportamento, a sustação, pelo Congresso Nacional, do ato normativo viciado praticado pelo Poder Executivo.

IV. Estabelece a Constituição Federal que a ordem econômica é fundada na valorização do trabalho humano e na livre-iniciativa, devendo observar, dentre outros, os princípios da propriedade privada e da livre concorrência, mas pode o Estado, por via legislativa, regular a política de preços de bens e de serviços, inclusive mediante tabelamento, de modo a conter os abusos do poder econômico.

V. A limitação administrativa, como modalidade de intervenção do Estado na propriedade privada, decorre da supremacia do interesse público sobre o privado, implicando o condicionamento do uso da propriedade, com a instituição de um direito real em favor do Poder Público, de modo que o particular fica submetido a um *pati*, ou seja, obrigação de suportar atividade pública específica.

(A) Está correta apenas a assertiva II.

(B) Estão corretas apenas as assertivas II e III.

(C) Estão corretas apenas as assertivas II, III e IV.

(D) Estão corretas apenas as assertivas I, II, III e IV.

(E) Estão corretas todas as assertivas.

I: incorreta, pois o poder de polícia só pode ser exercido por autoridade pública, e nunca por pessoa de direito privado. Essas pessoas podem, tão somente, podem realizar atividades materiais ligadas a seu exercício, isto é, auxiliando a Administração Pública na execução dessas medidas;II: correta, pois as instâncias civil, penal e administrativa são independentes; III: correta, pois o Judiciário sempre pode ser chamado em caso de ilegalidade (art. 5º, XXXV, da CF/1988), e o Congresso Nacional, de fato, tem o poder de sustar atos normativos que exorbitem do poder regulamentar (art. 49, V, da CF/1988); IV: correta, nos termos do art. 170, II e IV, c/c art. 173, § 4º, ambos da CF/1988; V: incorreta, pois a definição dada na afirmativa não é de *limitação administrativa*, mas de *servidão administrativa*. **FMB**
„Gabarito "C".

3. ATOS ADMINISTRATIVOS

3.1. REQUISITOS DO ATO ADMINISTRATIVO (ELEMENTOS, PRESSUPOSTOS)

(Magistratura/MG – 2012 – VUNESP) Analise as afirmativas a seguir.

O Poder Judiciário pode exercer o controle dos atos administrativos, quer no que tange à conformidade dos elementos vinculados com a lei (controle de legalidade stricto sensu) quer no que toca à compatibilidade dos elementos discricionários com os princípios constitucionalmente expressos (controle da legalidade lato sensu), decretando sua nulidade, se necessário)

PORQUE

são elementos do ato administrativo o sujeito, a forma, o objeto, o motivo e a finalidade.

Assinale a alternativa correta.

(A) A primeira afirmativa é falsa e a segunda é verdadeira.

(B) A segunda afirmativa é falsa e a primeira é verdadeira.

(C) As duas afirmativas são verdadeiras e a segunda justifica a primeira.

(D) As duas afirmativas são verdadeiras, mas a segunda não justifica a primeira.

A primeira afirmativa é verdadeira, pois o Judiciário controla a legalidade dos atos administrativos em geral, e, quanto aos atos discricionários, também controla outros aspectos, como os princípios da moralidade e da razoabilidade. A segunda afirmativa também é verdadeira, pois esses são os elementos ou requisitos do ato administrativo. Apesar de as duas serem verdadeiras, a segunda não justifica a primeira. **WG**
Gabarito "D".

(Magistratura/PE – 2011 – FCC) Conforme o Direito federal vigente, como regra, não há necessidade de motivação de atos administrativos que

(A) imponham ou agravem deveres, encargos ou sanções.

(B) promovam a exoneração de servidores ocupantes de cargos em comissão.

(C) decidam processos administrativos de concurso ou seleção pública.

(D) dispensem ou declarem a inexigibilidade de processo licitatório.

(E) decorram de reexame de ofício.

A: incorreta, pois há o dever de motivar nesse caso (art. 50, II, da Lei 9.784/1999); **B:** correta, pois, segundo o art. 37, II, da CF, é livre a exoneração de ocupante de cargo em comissão, de modo que não há que se falar em motivação; **C:** incorreta, pois há o dever de motivar nesse caso (art. 50, III, da Lei 9.784/1999); **D:** incorreta, pois há o dever de motivar nesse caso (art. 50, IV, da Lei 9.784/1999); **E:** incorreta, pois há o dever de motivar nesse caso (art. 50, VI, da Lei 9.784/1999). **WG**
Gabarito "B".

(Magistratura/PI – 2011 – CESPE) Acerca da competência administrativa, da delegação e da ausência de competência, assinale a opção correta.

(A) O ato de delegação, assim como sua anulação, deve ser publicado em meio oficial, exceto no caso de revogação decorrente de fato superveniente devidamente comprovado, pertinente e suficiente para justificá-la.

(B) Considera-se agente de fato aquele que pratica ato e executa atividades em situações excepcionais, como as de emergência, em colaboração com o poder público, excluindo-se dessa definição os chamados agentes putativos, que desempenham atividade pública na presunção de agir legitimamente, embora não tenham sido investidos conforme o procedimento legalmente exigido.

(C) Os órgãos administrativos e seus titulares podem delegar parte de sua competência a outros órgãos ou agentes, mesmo que não lhes sejam hierarquicamente subordinados, por conveniência de ordem técnica, social, econômica, jurídica ou territorial e desde que

não haja impedimento legal.

(D) Inexistindo competência legal específica, o processo administrativo deve iniciar-se perante a autoridade de grau hierárquico mais elevado.

(E) A delegação é medida unilateral da autoridade delegante, que detém o poder de revogá-la a qualquer tempo. Entretanto, o ato que a formaliza não pode conter ressalvas ou restrições ao pleno exercício da atribuição delegada.

A: incorreta, pois o ato de revogação da delegação também deverá ser publicado no meio oficial (art. 14, *caput*, da Lei 9.784/1999); **B:** incorreta, pois agente de fato é o gênero, que tem como espécies os agentes de fato *necessários* (aqueles que exercem função pública em situações emergenciais, como é o caso de alguém que realize uma prisão em flagrante – art.301 do CPP) e os agentes de fato *putativos* (aqueles que se passam por agente público sem ter sido investidos para tanto); **C:** correta (art. 12, *caput*, da Lei 9.784/1999); **D:** incorreta, pois, nesse caso, o processo administrativo deve se iniciar perante a autoridade de menor grau hierárquico para decidir (art. 17 da Lei 9.784/1999); **E:** incorreta, pois o ato que formaliza a delegação deve especificar as matérias e poderes transferidos, os limites da atuação do delegado, a duração e os objetivos da delegação e o recurso cabível, podendo conter ressalva de exercício da atribuição delegada(art. 14, § 1º, da Lei 9.784/1999). **WG**
Gabarito "C".

(Magistratura Federal-4ª Região – 2010) Dadas as assertivas abaixo sobre ato administrativo, assinale a alternativa correta.

I. Quanto aos elementos ou requisitos do ato administrativo, pode-se dizer que o motivo, estando relacionado aos pressupostos de fato e de direito que o justificam, precede sua prática.

II. Havendo explicitação de pressupostos fáticos para a prática de ato administrativo, os motivos expostos como suporte à decisão tomada pelo agente público condicionam sua validade, de modo que a invocação de fatos inexistentes ou inconsistentes vicia o ato.

III. É vedado ao Judiciário anular atos administrativos discricionários praticados por órgão do Executivo, pois, sendo harmônicos e independentes os Poderes, não há possibilidade de controle judicial do mérito da ação administrativa de outro Poder.

IV. A Administração deve anular seus próprios atos quando eivados de vício de legalidade e pode revogá-los por motivo de conveniência ou oportunidade, respeitados os direitos adquiridos, mas, no que toca ao controle de legalidade, em se tratando de atos administrativos de que decorram efeitos favoráveis para os destinatários, a autotutela está sujeita a limite temporal, ressalvados os casos de comprovada má-fé.

V. Trata-se a licença de espécie de ato administrativo negocial, mediante o qual o agente público competente, após verificar se o interessado atende às exigências estabelecidas na legislação de regência, faculta-lhe, observados critérios de conveniência e oportunidade, o desempenho de atividades ou a realização de fatos materiais.

(A) Está correta apenas a assertiva I.

(B) Estão corretas apenas as assertivas II e V.

(C) Estão corretas apenas as assertivas III e IV.

(D) Estão corretas apenas as assertivas I, II e IV.

(E) Estão corretas apenas as assertivas I, II, IV e V.

I: correta, pois um ato só se justifica pela existência de motivos fáticos e jurídicos aptos à sua prática; II: correta, sendo que a afirmativa nada mais fez do que enunciar a Teoria dos Motivos Determinantes; III: incorreta, pois o Judiciário pode sim anular atos discricionários, desde que haja violações à lei ou a princípios como os da moralidade e da razoabilidade; IV: correta, nos termos do art. 53 c/c art. 54, ambos da Lei 9.784/1999; V: incorreta, pois a licença é ato vinculado, e não ato discricionário, de modo que não se analisa critérios de conveniência e oportunidade. **FMB**

Gabarito "D".

3.2. ATRIBUTOS DO ATO ADMINISTRATIVO

(Juiz – TRF 4ª Região – 2016) Assinale a alternativa correta.

(A) A imperatividade dos atos administrativos admite arbitrariedade da Administração em situações em que a atuação punitiva se imponha.

(B) A presunção de legitimidade dos atos administrativos admite prova em contrário, mas o ônus de provar a ilegitimidade é do particular.

(C) As penas da Lei de Improbidade Administrativa possuem independência das esferas penais, civis e administrativas, mas não podem ser aplicadas cumulativamente.

(D) Na fixação das penas previstas na Lei de Improbidade Administrativa, o juiz levará em conta somente a extensão do dano causado ao Poder Público.

(E) Não estão sujeitos às penalidades da Lei de Improbidade Administrativa os atos de improbidade praticados contra o patrimônio de entidade particular que receba subvenção, benefício ou incentivo fiscal de órgão público.

A: incorreta. Não se admite a arbitrariedade do Poder Público em nenhuma hipótese, sendo caso de abuso de poder, ato ilegal, ilícito por parte do administrador; **B:** correta. A presunção de legitimidade dos atos administrativos é relativa, ou seja, admite prova em contrário e, sabendo que temos o princípio da supremacia do interesse público sobre o privado, logicamente que o ônus da prova se volta ao particular, já que o Poder Público sempre está em posição de superioridade; **C:** incorreta. As penas previstas na Lei de Improbidade podem ser aplicadas cumulativamente, conforme disposto no art. 12, da Lei de Improbidade; **D:** incorreta. O art. 12, da Lei 8.429/1992 determina que as penalidades levarão em conta, quando de suas aplicações, a extensão do dano; **E:** incorreta. Os arts. 1º e 2º da Lei 8.429/1992 são expressos quanto a essas pessoas jurídicas serem sujeitos passivos do ilícito de improbidade administrativa. **AW**

Gabarito "B".

3.3. VINCULAÇÃO E DISCRICIONARIEDADE

(Magistratura/BA – 2012 – CESPE) O prefeito de um pequeno município brasileiro decidiu construir, em praça pública, um monumento para homenagear a própria família, fundadora da cidade. A obra seria construída em bronze e produzida por renomado artista plástico. O promotor de justiça da cidade, contudo, ajuizou ação civil pública para impedir que recursos públicos fossem destinados a tal finalidade, alegando que o dinheiro previsto para a obra seria suficiente para a construção de uma escola de ensino fundamental no município e que o ato adminis-

trativo estava em desacordo com os princípios da moralidade, impessoalidade e economicidade. Os advogados do município argumentaram que, embora não houvesse escola de ensino fundamental na cidade, a prefeitura disponibilizava transporte para as crianças frequentarem a escola na cidade vizinha, destacando, também, que a obra teria a finalidade de preservar a memória da cidade e que a alocação de recursos públicos era ato discricionário do Poder Executivo.

Em face dessa situação hipotética e com base na moderna doutrina sobre o controle jurisdicional da administração pública, assinale a opção correta.

(A) O ato do prefeito, embora discricionário, é passível de sindicância pelo Poder Judiciário, a fim de que este avalie a conformidade desse ato com os princípios que regem a administração pública.

(B) O Poder Judiciário, caso vislumbre violação de princípio constitucional, poderá revogar o ato administrativo do prefeito.

(C) O ato administrativo discricionário não é passível de controle pelo Poder Judiciário.

(D) Ao juiz é atribuída a competência para, por meio de decisão, alterar o projeto e o material a ser utilizado no monumento, de forma que os custos da obra adquiram valor razoável e compatível com o orçamento municipal.

(E) O MP não tem legitimidade ativa para ajuizar ação visando discutir as opções do prefeito.

A: correta, pois, a moderna doutrina sobre o controle jurisdicional da Administração Pública prega que o Judiciário pode sim controlar atos discricionários da administração, o que se fará sobre os aspectos de legalidade, bem como sobre outros princípios administrativos, como os da razoabilidade, moralidade e impessoalidade; no caso em tela, inclusive, o Prefeito certamente violou os princípios da moralidade e da impessoalidade; todavia, como se trata de um concurso para juiz, e ficaria chato que se impusesse ao candidato um julgamento do caso numa questão objetiva, o banca examinadora acabou criando uma alternativa mais elegante e que traz uma informação verdadeira; **B:** incorreta, pois quando um ato administrativo viola um princípio constitucional, o caso é de *anulação* deste ato e não de *revogação*; **C:** incorreta, pois o Judiciário pode controlar atos discricionários, conforme já explicado; **D:** incorreta, pois esse tipo de providência vai além do que o Judiciário pode fazer; este não pode se imiscuir em questões puramente técnicas, do ponto de vista administrativo; tem-se aí o chamado mérito administrativo, que não pode ser substituído pela vontade judicial, sob pena de violação ao princípio da separação dos poderes; **E:** incorreta, pois o Ministério Público tem legitimidade prevista na própria Constituição Federal para a proteção do patrimônio público e social (art. 129, III, da CF). **WG**

Gabarito "A".

(MAGISTRATURA/PB – 2011 – CESPE) Acerca do controle jurisdicional de legalidade dos atos administrativos, assinale a opção correta.

(A) A evolução no controle judicial dos atos administrativos permite, atualmente, que o magistrado substitua o administrador e reavalie o mérito do ato administrativo, com a finalidade de alterar a conveniência e oportunidade manifestadas pela administração na realização do referido ato.

(B) A doutrina majoritária entende não ser possível o controle judicial das omissões administrativas ilícitas, em razão da discricionariedade conferida ao administrador para decidir o momento de agir.

(C) O STF decidiu pela legitimidade do controle judicial de ato parlamentar (político), na hipótese de ofensa a direito público subjetivo previsto na CF, razão pela qual tal controle não se caracterizaria como interferência na esfera de outro poder.

(D) É ilegítima a verificação, pelo Poder Judiciário, da regularidade do ato discricionário no que se refere às suas causas, motivos e finalidades.

(E) O STJ firmou jurisprudência no sentido de que o exame dos atos da banca examinadora e das normas do edital de concurso público pelo Poder Judiciário não se restringe aos princípios da legalidade e da vinculação ao edital.

A: incorreta, pois o Judiciário não pode invadir o mérito administrativo (a margem de liberdade que sobrar ao administrador público), podendo apenas apreciar, quanto aos atos discricionários, aspectos de legalidade, moralidade e razoabilidade do ato; **B:** incorreta, pois uma omissão administrativa, em violando algum direito, dá ensejo à procura pelo Judiciário, pois nenhuma lesão ou ameaça de lesão a direito pode ser subtraída da apreciação deste (art. 5º, XXXV, da CF); **C:** correta, valendo salientar que esse tipo de controle ocorre, por exemplo, em relação a atos praticados nas Comissões Parlamentares de Inquérito (ex: quebra inconstitucional de sigilo bancário por CPI); outro exemplo é um próprio parlamentar ingressar com mandado de segurança com a finalidade de coibir atos parlamentares praticados no processo de aprovação de lei ou emenda constitucional incompatíveis com disposições que disciplinam o processo legislativo (STF, MS 24.667, *DJ* 04.12.2003); **D:** incorreta, pois o Judiciário pode verificar os aspectos de legalidade, moralidade e razoabilidade do ato administrativo, aspectos que poderão ter relação com as causas, motivos e finalidades do ato administrativo; **E:** incorreta, pois o Judiciário não pode substituir-se à Administração entrando no mérito das questões dos exames, devendo se limitar a analisar se os requisitos previstos no edital são pertinentes e estão previstos na lei, bem como se há respeito, por parte da Administração, às normas do edital. **WG**
Gabarito "C"

3.4. EXTINÇÃO DOS ATOS ADMINISTRATIVOS

(Juiz – TJ/MS – VUNESP – 2015) Determinado servidor público da Administração Pública Estadual requer sua aposentadoria. O pedido tramita regularmente e a aposentadoria é concedida em junho de 2014. Em abril de 2015, durante verificação de rotina, a Administração Pública Estadual constata que a concessão inicial foi indevida, pois o servidor não preenchia os requisitos legais para a aposentação. Nesse caso, deve a Administração Pública

(A) manter o ato administrativo da forma como se encontra, pois em decorrência do atributo da presunção de veracidade *juris et de jure* dos atos administrativos, presumem-se verdadeiros os fatos reconhecidos pela Administração.

(B) emitir ato revogatório de efeitos imediatos, pois o ato administrativo pode ser posto em execução pela própria Administração Pública, sem necessidade de intervenção do Poder Judiciário.

(C) anular o ato independentemente de manifestação do servidor interessado, pois possui a prerrogativa de, por meio de atos unilaterais, impor obrigações a terceiros.

(D) anular o ato administrativo, pois em decorrência do princípio da legalidade, queda afastada a possibilidade de a Administração praticar atos inominados, como o ato viciado em tela.

(E) com base no seu poder de autotutela sobre os próprios atos, anular o ato de concessão inicial da aposentadoria, mediante processo em que sejam assegurados o contraditório e a ampla defesa ao servidor público interessado.

A: incorreta. A presunção de legitimidade dos atos administrativos é sempre relativa, cabendo prova em contrário, sendo necessária a declaração de ilegalidade de todos os atos que se apresentem contrários ao ordenamento jurídico (princípio da legalidade estrita). **B:** incorreta. O ato é ilegal, por isso não se trata de uma revogação, e sim, de anulação do ato de concessão de aposentadoria. **C:** incorreta. A anulação sempre pressupõe o processo administrativo, onde é assegurada a ampla defesa e contraditório. **D:** incorreta. O Poder Público pode praticar "atos administrativo inominados", não sendo esse o caso em questão, e sim, de anulação da concessão da aposentadoria. **E:** correta. O fundamento é a súmula 473, STF, que assim dispõe: "<u>A administração pode anular seus próprios atos, quando eivados de vícios que os tornam ilegais, porque deles não se originam direitos</u>; ou revogá-los, por motivo de conveniência ou oportunidade, respeitados os direitos adquiridos, e ressalvada, em todos os casos, a apreciação judicial". **AW**
Gabarito "E"

(Juiz – TRF 4ª Região – 2016) Assinale a alternativa correta.

Acerca da anulação e da revogação do ato administrativo:

(A) Ambas podem ser decretadas pelo Poder Judiciário como instrumento de controle da atividade administrativa.

(B) Ambas dão-se no âmbito da discricionariedade administrativa.

(C) Ambas retroagem à data em que o ato for praticado.

(D) Ambas podem ser realizadas pela autoridade administrativa competente no exercício da autotutela administrativa.

(E) Ambas decorrem da ilegalidade da atuação administrativa.

A: incorreta. A revogação não pode ser decretada pelo Poder Judiciário, sendo ato típico e próprio do Poder Executivo (do administrador público); **B:** incorreta. A anulação não tem como fundamento a discricionariedade administrativa, e sim a análise vinculada da legalidade do ato administrativo; **C:** incorreta. A revogação se opera "ex nunc" (não retroativa) e a anulação "ex tunc" (retroativa); **D:** correta. O Poder Público pode anular e revogar seus próprios atos, independentemente do Poder Judiciário, sendo esse o princípio da autotutela; **E:** incorreta. Somente a anulação decorre da ilegalidade, sendo que a revogação decorre da análise discricionária da conveniência e oportunidade do ato administrativo. **AW**
Gabarito "D"

(Magistratura/RJ – 2013 – VUNESP) A Administração Pública

(A) pode anular seus próprios atos, quando eivados de vícios que os tornam ilegais, porque deles não se originam direitos, ressalvada a apreciação judicial.

6. DIREITO ADMINISTRATIVO

(B) pode anular seus próprios atos, por motivo de conveniência ou oportunidade, respeitados os direitos adquiridos.

(C) não pode declarar, em hipótese alguma, a nulidade dos seus próprios atos.

(D) não pode anular seus atos; somente é autorizada a revogação por motivo de conveniência ou oportunidade, respeitados os direitos adquiridos, ressalvada a apreciação judicial.

A: correta, tratando-se do princípio da autotutela (Súmula 473 do STF e art. 54 da Lei 9.784/1999); **B:** incorreta, pois a *anulação* tem por motivo um ato ilegal e não razões de conveniência e oportunidade, sendo que estas ensejam a *revogação*; **C e D:** incorretas, pois é possível sim essa anulação (Súmula 473 do STF e art. 54 da Lei 9.784/1999). WG
Gabarito "A".

(Magistratura/AM – 2013 – FGV) Assinale a alternativa que indica as situações que representam caso de extinção dos atos administrativos.

(A) Prescrição e decadência.

(B) Conversão e sanatória.

(C) Reversão e reintegração.

(D) Revogação e anulação.

(E) Encampação e rescisão.

A: incorreta, pois a prescrição e a decadência não extinguem o ato administrativo; a decadência extingue, na verdade, o direito de anular o ato administrativo, mas não o ato administrativo em si; a prescrição, por sua vez, está ligada à pretensão de buscar a condenação de alguém, o que também não guarda relação com a extinção do ato administrativo; **B:** incorreta, pois a conversão e a sanatória são institutos que fazem com que um ato ilegal seja mantido no sistema jurídico, ou seja, esses institutos não extinguem atos administrativos, mas, ao contrário, os mantêm na ordem jurídica; **C:** incorreta, pois a reversão, em matéria de servidores públicos, é o retorno do servidor aposentado por invalidez quando não mais subsistir os motivos de sua aposentadoria, e, em matéria de concessão de serviços públicos, consiste em os bens afetados ao serviço público passarem ao poder concedente ao fim da concessão; ou seja, nenhum dos dois institutos são casos de extinção do ato administrativo, tratando-se de efeitos da extinção de um ato e não extinção propriamente de um ato; **D:** correta, pois a revogação e a anulação, assim com a renúncia, a contraposição, o cumprimento dos efeitos e a cassação, são também casos de extinção do ato administrativo. WG
Gabarito "D".

(Magistratura/CE – 2012 – CESPE) No que tange aos atos administrativos, assinale a opção correta.

(A) É possível a convalidação de ato administrativo praticado por sujeito que não disponha de competência para praticá-lo, desde que não se trate de competência outorgada com exclusividade.

(B) A anulação de ato administrativo que afete interesses ou direitos de terceiros depende de provocação da pessoa interessada.

(C) A licença é ato administrativo unilateral, discricionário e precário, por meio do qual a administração faculta ao particular o desempenho de uma atividade que, sem esse consentimento, seria legalmente proibida.

(D) O motivo, como pressuposto de fato que antecede a prática do ato administrativo, será sempre vinculado,

não havendo, quanto a esse aspecto, margem a apreciações subjetivas por parte da administração.

(E) Uma declaração de utilidade pública para fins de desapropriação feita por meio de portaria, e não de decreto, constitui vício sanável, que, portanto, não torna o ato inválido.

A: correta, pois a convalidação será chamada de ratificação nas hipóteses em que há vício de incompetência, não podendo incidir nos casos em que esta for outorgada com exclusividade ou em razão de matéria; **B:** incorreta, pois, pelo princípio da legalidade, a Administração não pode conviver com atos ilegais, devendo anular os que estiverem com esse vício; ademais, pelo princípio da autotutela, a Administração pode fazê-lo não só independentemente de provocação, como também mesmo sem a apreciação jurisdicional; **C:** incorreta, pois a *licença* é um ato vinculado e não precário; a definição dada pela alternativa foi de *autorização*; **D:** incorreta, pois o *motivo* (assim com o *objeto*) pode ser vinculado ou discricionário; os demais requisitos do ato (*competência, forma* e *finalidade*) é que são vinculados; **E:** incorreta, pois, no caso, tem-se problema no requisito *forma*, que torna o ato nulo e não meramente anulável. WG
Gabarito "A".

(Magistratura/ES – 2011 – CESPE) Assinale a opção correta com referência à disciplina dos atos administrativos.

(A) No que se refere à exequibilidade, define-se ato administrativo pendente como o que não está apto a produzir efeitos jurídicos, por não ter completado seu ciclo de formação, tal como ocorre quando lhe falta a devida publicação, na hipótese de ser esta exigida por lei.

(B) De acordo com a doutrina, embora o impedimento constitua hipótese de incapacidade do sujeito para a prática do ato administrativo, a atuação dele no processo administrativo configura vício passível de convalidação.

(C) Segundo a doutrina, o ato administrativo consumado pode ser objeto de plena impugnação na via administrativa e judicial, apesar de já exauridos os seus efeitos.

(D) No que diz respeito aos efeitos dos atos administrativos, a homologação configura ato constitutivo por meio do qual a administração cria, modifica ou extingue direito ou situação do administrado.

(E) A autoexecutoriedade constitui atributo presente em todos os atos administrativos.

A: incorreta, pois o conceito confundiu o plano da *existência* ("ciclo de formação") com o plano da *eficácia* ("não está apto a produzir efeitos jurídicos"); o ato administrativo pendente é conceito que diz respeito à eficácia (e não à existência) de um ato administrativo, pois significa ato sujeito a termo ou condição para que comece a produzir efeitos; **B:** correta; de fato, a doutrina aponta que tanto o impedimento como a suspensão de alguém para a prática de um ato administrativo tornam este anulável, passível, portanto, de convalidação por autoridade que não esteja na mesma situação de impedimento ou suspeição; **C:** incorreta, pois, consumado o ato, este não mais existe no mundo jurídico, não havendo mais como ser plenamente impugnado; a única impugnação possível é a que diz respeito à sua legalidade, já que, anulado o ato tem-se efeitos retroativos; impugnações de mérito, todavia, não mais serão possíveis; **D:** incorreta, pois a homologação é um mero ato de controle da legalidade de um ato administrativo; **E:** incorreta, pois a autoexecutoriedade, no sentido de coercibilidade (possibilidade de uso da força), só existe quando a lei expressamente determinar ou em caso de urgência, em que não haja tempo de buscar a prestação jurisdicional. **WG**

Gabarito "B".

(Magistratura/PR – 2010 – PUC/PR) Em relação ao regime jurídico do Ato Administrativo, assinale a alternativa CORRETA:

(A) Um ato administrativo eficaz extingue-se pelo cumprimento de seus efeitos, seja pelo esgotamento do conteúdo jurídico, seja pela execução material, seja pelo implemento de condição resolutiva ou termo final, assim como extingue-se pelo desaparecimento do sujeito ou objeto da relação jurídica constituída pelo ato, pela retirada do ato ou ainda pela renúncia.

(B) Na discricionariedade administrativa a norma reguladora não carece de precisão porque descreve antecipadamente a situação em vista da qual será suscitado o comportamento administrativo. Por tal razão todo ato discricionário terá aspectos vinculados.

(C) Pela teoria dos motivos determinantes, o motivo fornecido ao ato pode, dentro dos limites da lei, ser substituído, determinando-se em concreto pelo Administrador.

(D) O motivo da revogação é a inconveniência do ato e necessariamente também se reproduz numa ilegalidade.

A: correta, pois as quatro formas de extinção do ato administrativo mencionadas foram corretamente apresentadas (*cumprimento de seus efeitos, desaparecimento do sujeito ou do objeto, retirada do ato e renúncia*); vale lembrar que, dentro da retirada do ato, há a anulação, a revogação e a cassação; **B:** incorreto, pois, apesar de em todo ato administrativo haver aspectos vinculados, tornando verdadeira a parte final da alternativa, é errôneo dizer que, na discricionariedade, descreve-se a situação em vista da qual será suscitado o comportamento administrativo, pois um dos casos de ato discricionário é justamente aquele em que a lei descreve precisamente a situação em que o agente público deve agir; **C:** incorreta, pois o motivo fornecido para a prática do ato fica a este ligado de tal maneira que, provando a inexistência ou a inadequação do motivo, o ato será considerado inválido; portanto, o motivo invocado não pode ser trocado; **D:** incorreta, pois o motivo da revogação é a *inconveniência* do ato, e não a *ilegalidade* deste; ocorrendo ilegalidade, o ato deve ser *anulado*, e não *revogado*. **WG**

Gabarito "A".

(Magistratura Federal/3ª Região – 2010) Em relação a invalidade dos atos administrativos é incorreto afirmar que:

(A) Assim como no direito civil a nulidade parcial de um ato administrativo não o prejudicará na parte válida se esta for separável;

(B) A nulidade dos atos administrativos conexos, tal como a dos atos administrativos especiais referentes a vários sujeitos, rege-se pelo principio de que o útil não se vicia pelo inútil (*utile per inutile non vitiatur*);

(C) Em procedimento administrativo, ou seja, numa série de atos conexos, invalidado um dos parciais, subsistem os que dele não sejam consequentes ou dependentes;

(D) Os atos jurídicos nulos e os anuláveis produzem efeitos distintos em relação a terceiros de boa-fé.

A: correta, nos termos do princípio do aproveitamento da parte válida (art. 184 do Código Civil); **B:** correta, pois o princípio de que a parte útil não vicia a parte inútil decorre da própria regra citada no comentário à alternativa anterior; **C:** correta, também nos termos do art. 184 do Código Civil; **D:** incorreta (devendo ser assinalada), pois os terceiros de boa-fé, nos dois casos, não podem ser prejudicados, havendo regra expressa nesse sentido, inclusive no caso de atos anuláveis (art. 172 do Código Civil). **FMB**

Gabarito "D".

3.5. CLASSIFICAÇÃO DOS ATOS ADMINISTRATIVOS E ATOS EM ESPÉCIE

(Juiz de Direito – TJM/SP – VUNESP – 2016) O ato administrativo tem peculiaridades sobre as quais é possível fazer a seguinte afirmação:

(A) se a Administração não se pronuncia quando provocada por um administrado que postula interesse próprio, está-se perante o silêncio administrativo que, apesar de não ser um ato, deverá ser sempre interpretado como deferimento.

(B) os atos vinculados obedecem a uma prévia e objetiva tipificação legal do único comportamento possível da Administração em face de situação igualmente prevista, autorizando sua revogação em caso de ilegalidade.

(C) a autoexecutoriedade do ato administrativo independe de previsão legal, mas obedece estritamente ao princípio da proporcionalidade.

(D) os atos administrativos podem ser classificados como simples ou complexos, a depender do número de destinatários beneficiados com a sua prática.

(E) os motivos e a finalidade indicados na lei, bem como a causa do ato, fornecem as limitações ao exercício de discrição administrativa e, portanto, estão sujeitos ao controle judicial.

A: incorreta. O silêncio administrativo é um fato jurídico e não pode ser interpretado nem como uma permissão, nem como uma proibição ou vedação, não sendo possível ao próprio administrador inferir uma manifestação de vontade a seu critério. O entendimento da doutrina dominante é de que no caso de silêncio deve-se buscar o Poder Judiciário para que esse obrigue ao administrador a proferir sua manifestação de vontade. **B:** incorreta. Os atos administrativos vinculados não podem ser revogados, eis que não emitidos sob nenhuma discricionariedade (sem nenhum juízo de conveniência e oportunidade, portanto). **C:** incorreta. A autoexecutoriedade é a regra de todos os atos administrativos e obedece a todos os princípios que regem a Administração Pública, não só ao princípio da proporcionalidade, portanto. **D:** incorreta. A classificação em atos simples ou complexos tem como fundamento o número de agentes que praticam o ato (o número de manifestação de vontades necessárias para formar o ato), e não o número de destinatários. **E:** correta. Na verdade, todos os elementos do ato administrativo estão sujeitos ao controle judicial, mas o motivo e causa são elementos discricionários, o que está correto e, juntamente com a finalidade, admitem o controle judicial de legalidade. **AW**

Gabarito "E".

(Juiz – TRF 4ª Região – 2016) Dadas as assertivas abaixo, assinale a alternativa correta.

I. Ofende os princípios da antiguidade e da proporcionalidade a vedação de que, antes de completado período mínimo de três anos, servidor federal dispute

6. DIREITO ADMINISTRATIVO 421

remoção para localidades que serão oferecidas a novos concursados.

II. O Tribunal de Contas da União não dispõe, constitucionalmente, de poder para rever decisão judicial transitada em julgado, nem para determinar a suspensão de benefícios garantidos por sentença transitada em julgado, ainda que o direito reconhecido pelo Poder Judiciário não tenha o beneplácito da jurisprudência prevalente no âmbito do Supremo Tribunal Federal.

III. O prazo decadencial para que a Administração anule ou revogue os próprios atos, previsto na Lei nº 9.784/99, que regula o processo administrativo no âmbito da Administração Pública Federal, não se consuma no período compreendido entre a concessão de aposentadoria ou pensão e o posterior julgamento de sua legalidade e registro pelo Tribunal de Contas da União.

(A) Estão corretas apenas as assertivas I e II.

(B) Estão corretas apenas as assertivas I e III.

(C) Estão corretas apenas as assertivas II e III.

(D) Estão corretas todas as assertivas.

(E) Nenhuma assertiva está correta.

A: incorreta. Todas as assertivas estão corretas:
I: há jurisprudência no sentido de ser ilegal o servidor ainda não estável concorrer à remoção de cargo, até porque, fere o princípio da antiguidade em relação aos que já se encontram no serviço público a mais tempo, conforme se verifica a seguir: "**EMENTA:** AGRAVO DE INSTRUMENTO. ADMINISTRATIVO. CONCURSO DE REMOÇÃO. EXIGÊNCIA DE MÍNIMA DE TRÊS ANOS. ART. 28, § 1º, DA LEI Nº 11.415/2006. 1. A Lei nº 11.415/2006, seguida pela Portaria PGR/MPU nº 424/2013 e pelo Edital nº 3, de 07.02.2014 (item 2.1, 'a'), veda a remoção dos servidores que ainda não tenham completado três anos de exercício na carreira. Desse modo, não havendo servidores com mais de 3 (três) anos de exercício interessados na remoção, as vagas disponibilizadas no edital de remoção serão preenchidas por servidores novos, em preterição aos que já fazem parte do quadro de pessoal do órgão, e portanto, mais antigos, mas que não preencheram dito requisito. 2. A Administração Pública não deve pautar sua conduta apenas no princípio da legalidade, mas também em outros princípios constitucionais de idêntica hierarquia, como os princípios da impessoalidade, da moralidade, da publicidade, da eficiência, da proporcionalidade e da razoabilidade e da segurança jurídica (arts. 1º, 5º e 37, da CF). 3. Na hipótese em que verificada a existência de vagas remanescentes oriundas do certame de remoção, a destinação de tais vagas a candidatos recém aprovados em concurso público, em detrimento de servidores que, não obstante não tenham completado três anos na carreira, são evidentemente mais antigos, fere aos princípios da proporcionalidade e da razoabilidade, que dita que as medidas adotadas pela Administração devem ser aptas e suficientes a cumprir o fim a que se destinam, e com o menor gravame aos administrados para a consecução dessa finalidade. 4. A permissão ao servidor mais antigo, que ainda não atingiu três anos no cargo, à relotação nas vagas remanescentes, além de privilegiar o critério da antiguidade, não macula o interesse público - ao contrário, atende-o em igual ou até mesmo em maior medida. (TRF4, AG 5008625-27.2016.404.0000, TERCEIRA TURMA, Relatora MARIA ISABEL PEZZI KLEIN, juntado aos autos em 13/04/2016)"
II: correta. O **Tribunal** de Contas da União não dispõe, constitucionalmente, de poder para rever **decisão** judicial transitada em julgado (RTJ 193/556-557) nem para determinar a suspensão de benefícios garantidos por sentença revestida da autoridade da coisa julgada (RTJ 194/594), ainda que o direito reconhecido pelo Poder Judiciário

não tenha o beneplácito da **jurisprudência** prevalecente no âmbito do **Supremo Tribunal Federal** (MS 23.665/DF, v.g.).
III: correta. Ementa: Pleno, MS 24268/MG, rel. p/ acórdão Min. Gilmar Mendes, DJ 17.09.2004, p. 53). Sendo o ato de concessão da aposentaria um ato complexo, somente se aperfeiçoa após o julgamento pelo Tribunal de Contas, quando correrá o prazo para ser anulado, já que só estará completo, formado, depois dessa última manifestação de vontade.
B: incorreta, tendo em vista todas estarem corretas; **C:** incorreta, tendo em vista todas as assertivas estarem corretas; **D:** correta. Todas as assertivas estão corretas, conforme explicação acima; **E:** incorreta. Todas as assertivas são corretas. **AW**
Gabarito "D".

3.6. TEMAS COMBINADOS DE ATO ADMINISTRATIVO

(Magistratura Federal – 4ª Região – XIII – 2008) Dadas as assertivas abaixo, assinalar a alternativa correta.

I. A autoexecutoriedade dos atos administrativos consiste em que a própria Administração possa, por si mesma, executar a pretensão traduzida no ato, independentemente de prévio socorro às vias judiciais.

II. Porque vedado ao Judiciário adentrar o mérito do ato administrativo, não pode o juiz sindicar sobre desvio de finalidade ou ausência de motivação em sua gênese.

III. Em face da rigidez com que incide o princípio da legalidade, cogente ao servidor público, perde toda relevância o princípio da razoabilidade, que não tem aplicação no direito administrativo.

IV. O princípio da economicidade, privilegiado frente ao da ampla defesa, faculta a utilização da sindicância como meio punitivo, sem necessidade de formal oportunidade de defesa, considerado suficiente o interrogatório do imputado.

(A) Está correta apenas a assertiva I.

(B) Estão corretas apenas as assertivas I e IV.

(C) Estão corretas apenas as assertivas II e III.

(D) Estão incorretas todas as assertivas.

I: está correta, pois traz definição correta de autoexecutoriedade; **II:** incorreta. De fato, o juiz não pode adentrar o mérito administrativo, mas nada impede que aprecie aspectos de legalidade, razoabilidade e moralidade do ato administrativo, o que pode implicar na constatação de desvio de finalidade ou ausência de motivação; **III:** incorreta, pois o princípio da razoabilidade está previsto no art. 2º, *caput* e parágrafo único, VI, da Lei 9.784/1999; **IV:** incorreta, pois não há superioridade do princípio da economicidade em relação ao da ampla defesa; aliás, o segundo princípio é cláusula pétrea da CF (art. 5º, LV). **FMB**
Gabarito "A".

(Magistratura Federal/1ª região – 2011 – CESPE) A respeito da disciplina dos atos administrativos, assinale a opção correta.

(A) A licença é ato administrativo discricionário, de natureza constitutiva de direito, pelo qual a administração concede àquele que preencha os requisitos legais o exercício de determinada atividade.

(B) Não enseja anulação do ato de nomeação de candidato aprovado em concurso público o fato de a administração pública constatar, após a posse, que o candidato omitiu informações que lhe seriam desfavoráveis na etapa do certame, relativas à idoneidade e conduta ilibada na vida pública e privada.

(C) Embora o ato administrativo seja dotado da denominada presunção de veracidade, o Poder Judiciário pode apreciar de ofício sua validade.

(D) De acordo com a doutrina, a competência para a prática do ato administrativo decorre sempre de lei, não podendo o próprio órgão estabelecer, por si, as suas atribuições.

(E) Quanto à exequibilidade, é denominado ato administrativo pendente aquele que não completou seu ciclo de formação, razão pela qual não está apto à produção de efeitos.

A: incorreta. Licença é ato administrativo negocial, *vinculado* e definitivo, pelo qual o Poder Público, verificando que o interessado atendeu a todas as exigências expressas na legislação, faculta-lhe o desempenho de atividades ou a realização de fatos materiais antes vedados ao particular; **B:** incorreta. Tendo em vista a autotutela administrativa, que autoriza a Administração Pública a anular os próprios atos quando eivados de vícios que o maculem (Súmula 473, STF), cabe perfeitamente a anulação da nomeação e posse de candidato que logrou aprovação na fase de comprovação de idoneidade e conduta ilibada na vida pública e privada mediante a omissão de informações que lhe seriam desfavoráveis. Vale aqui a leitura do acórdão do STJ proferido no recurso em Mandado de Segurança nº 33.384-SP; **C:** incorreta. Uma das características essenciais do Poder Judiciário é justamente sua inércia, de modo que ele só poderá atuar quando devidamente provocado. Especificamente no caso dos atos administrativos, a existência de uma presunção relativa de veracidade, isto é, de que os fatos alegados pela Administração Pública com ensejadores do ato efetivamente ocorreram e são verdadeiros, gera para o administrado o ônus de provar em juízo os fatos constitutivos de seu direito – art. 333, I, do CPC; **D:** correta. A competência para a prática do ato administrativo deve necessariamente ter previsão legal; **E:** incorreta . Ato administrativo pendente é aquele que, embora já perfeito por reunir todos os elementos de sua formação, não produz seus efeitos, por não verificado o termo ou a condição de que depende sua exequibilidade ou operatividade. Ele pressupõe um ato administrativo perfeito, pois não poderia estar suspenso em seus efeitos se já não tivesse todos os elementos de sua formação. **FMB**
Gabarito "D".

(Magistratura Federal/3ª região – 2011 – CESPE) Com relação aos elementos, às espécies e à revogação do ato administrativo, assinale a opção correta.

(A) Os pareceres e as certidões caracterizam-se como atos administrativos propriamente ditos, pois expressam declaração de vontade da administração, voltada à obtenção de determinados efeitos jurídicos definidos em lei.

(B) Por motivos de segurança e certeza jurídicas, os atos administrativos devem obrigatoriamente adotar a forma escrita, garantia de verificação e controle desses atos.

(C) A aprovação é ato unilateral e vinculado, manifestado sempre a *posteriori*, pelo qual a administração exerce o controle de outro ato administrativo.

(D) A competência é definida em lei, razão pela qual será ilegal o ato praticado por quem não seja detentor das atribuições fixadas na norma.

(E) A revogação do ato administrativo, como poder que a administração dispõe para rever a sua atividade

interna, incide sobre atos válidos e inválidos e produz efeitos *ex nunc*.

A: incorreta. Pareceres e certidões são atos administrativos enunciativos, ou seja, são aqueles que enunciam uma situação existente, *sem qualquer manifestação de vontade da Administração Pública;* **B:** incorreta. Embora todo ato administrativo seja, em princípio, formal e a forma escrita seja a mais corriqueira e normal, existem atos consubstanciados em ordens verbais e até mesmo em sinais convencionais, tal como ocorre com a atuação de guardas de trânsito no controle do fluxo de veículos; **C:** incorreta. Aprovação é o ato administrativo pelo qual o Poder Público verifica a legalidade e o mérito de outro ato ou de situações e realizações materiais de seus próprios órgãos, outras entidades ou ainda particulares, dependentes de seu controle, a consente na sua execução ou manutenção. Justamente por sua amplitude de objeto, a aprovação pode ser prévia ou subsequente, vinculada ou discricionária, segundo o que dispuser a lei; **D:** correta. A competência é irrenunciável e se exerce pelos órgãos administrativos a que foi atribuída como própria, salvo os casos de delegação e avocação legalmente admitidos – art. 11 da Lei nº 9.784/1999. Essa atribuição é definida em lei; **E:** incorreta. A revogação é modalidade de extinção do ato administrativo que se dá por razões de conveniência e oportunidade e, justamente porque o ato extinto não possuía qualquer vício, incidindo apenas sobre atos válidos, essa extinção produz efeitos não retroativos, isto é, *ex nunc.* **FMB**
Gabarito "D".

4. ORGANIZAÇÃO ADMINISTRATIVA

4.1. TEMAS GERAIS (ADMINISTRAÇÃO PÚBLICA, ÓRGÃOS E ENTIDADES, DESCENTRALIZAÇÃO E DESCONCENTRAÇÃO, CONTROLE E HIERARQUIA, TEORIA DO ÓRGÃO)

(Juiz – TJ-SC – FCC – 2017) Alberto Caeiro foi contratado pelo Conselho Regional de Contabilidade para trabalhar como assistente administrativo naquela entidade, em janeiro de 2016. Em fevereiro do corrente ano, foi dispensado, sem justa causa, da entidade. Alberto ajuizou ação em face da entidade, perante a Justiça Comum Estadual, visando a sua reintegração, sob alegação de que se trata de entidade pertencente à Administração Pública e que seria ilegal a despedida imotivada. Ao apreciar a ação proposta, o Juízo Estadual deve:

(A) aceitar a competência, visto que se trata de entidade autárquica estadual, sendo a relação de trabalho de natureza tipicamente administrativa.

(B) reconhecer a incompetência e remeter a ação para a Justiça do Trabalho, visto que, por se tratar de entidade de direito privado, o vínculo sob exame é regido pelas normas da Consolidação das Leis do Trabalho.

(C) reconhecer a incompetência e remeter a ação para a Justiça Federal, haja vista tratar-se de entidade autárquica federal, sendo o vínculo submetido ao regime jurídico único estatuído na Lei nº 8.112/90.

(D) aceitar a competência, visto que se trata de típico contrato de prestação de serviços, regido pelas normas do Código Civil.

(E) extinguir a ação por impossibilidade jurídica do pedido, pois não cabe ao Judiciário interferir em atos de natureza discricionária, como os que se referem a dispensa de servidores não estáveis.

6. DIREITO ADMINISTRATIVO

A: incorreta. Os Conselhos de Classe, exceto a OAB, são todos autarquias, ou seja, pessoas jurídicas de direito público, sendo que, especificamente em relação aos Conselhos de Classe Regionais e Federais, temos a natureza de autarquias federais (Mandado de Segurança 22.643-9-SC, Rel. Min. Moreira Alves), por isso a competência para o julgamento de causas em que essas pessoas jurídicas estejam envolvidas é da Justiça Federal, conforme disposto no art. 109, I, CF (RE 539.224); **B:** incorreta. A regra é de que esses agentes públicos são estatutários, eis que integrantes de pessoas jurídicas de direito público, razão pela qual a competência para o julgamento dessa demanda ainda continua sendo da Justiça Comum Federal. EMENTA: CONSTITUCIONAL. ADMINISTRATIVO. ENTIDADES FISCALIZADORAS DO EXERCÍCIO PROFISSIONAL. CONSELHO FEDERAL DE ODONTOLOGIA: NATUREZA AUTÁRQUICA. Lei 4.234, de 1964, art. 2º. FISCALIZAÇÃO POR PARTE DO TRIBUNAL DE CONTAS DA UNIÃO. I. - Natureza autárquica do Conselho Federal e dos Conselhos Regionais de Odontologia. Obrigatoriedade de prestar contas ao Tribunal de Contas da União. Lei 4.234/64, art. 2º. C.F., art. 70, parágrafo único, art. 71, II. II. - Não conhecimento da ação de mandado de segurança no que toca à recomendação do Tribunal de Contas da União para aplicação da Lei 8.112/90, vencido o Relator e os Ministros Francisco Rezek e Maurício Corrêa. III. - Os servidores do Conselho Federal de Odontologia deverão se submeter ao regime único da Lei 8.112, de 1990: votos vencidos do Relator e dos Ministros Francisco Rezek e Maurício Corrêa. IV. - As contribuições cobradas pelas autarquias responsáveis pela fiscalização do exercício profissional são contribuições parafiscais, contribuições corporativas, com caráter tributário. C.F., art. 149. RE 138.284-CE, Velloso, Plenário, RTJ 143/313. V. - Diárias: impossibilidade de os seus valores superarem os valores fixados pelo Chefe do Poder Executivo, que exerce a direção superior da administração federal (C.F., art. 84, II). VI. - Mandado de Segurança conhecido, em parte, e indeferido na parte conhecida (MS 21797 / RJ - Rel. Min. Carlos Velloso, Pub. 18.05.2001); **C:** correta. Temos uma ação de reintegração ao cargo em face de uma autarquia federal, sendo a competência deslocada para a Justiça Comum Federal, conforme disposto no art. 109, I, CF e MS.21797/RJ, citado acima; **D:** incorreta. O vínculo desses servidores é o estatutário, eis que adotado o regime jurídico único. ADIMC 2135; **E:** incorreta. Há apenas vício de competência absoluta, que pode ser alegada de ofício e assim já decidida pelo próprio juízo. **AW**

Gabarito "C".

(Juiz – TJ/SP – VUNESP – 2015) Sobre os consórcios públicos regulados pela Lei 11.107/2005, é incorreto afirmar que

(A) se um consórcio público é inicialmente constituído pela União, dois Estados e cinco Municípios situados no território de um desses Estados e, durante o processo de ratificação do Protocolo de Intenções pelos legislativos, a Assembleia Legislativa de um desses Estados nega a ratificação, esse Consórcio não poderá ser constituído com a participação da União.

(B) o contrato de consórcio deverá prever contribuições financeiras ou econômicas de ente da Federação ao consórcio público, vedada a doação, destinação ou cessão do uso de bens móveis ou imóveis e as transferências ou cessões de direitos.

(C) o Consórcio Público formado por um Estado e vários Municípios, que assume personalidade jurídica de direito público, passa a integrar a administração autárquica concomitantemente de todos os entes federados integrantes de sua composição.

(D) constitui ato de improbidade do agente público delegar a prestação de serviço público a órgão ou pessoa jurídica pertencente a outro ente da Federação por

instituto diverso do contrato de programa.

A: correta. Como não há Consórcio Público entre União de Municípios, exceto se dele fizer parte o Estado em que se situa esse Município, o consórcio não poderá existir, eis que o Estado não participará e o Município não poderá se consorciar com a União e vice-versa, ou seja, a União também não poderá participar do consórcio com esse Município (sem o Estado a que pertence). **B:** correta. Trata-se do disposto no art. 1º, § 1º, da Lei 11.107/2005, da Lei dos Consórcios Públicos. **C:** incorreta. Esse consórcio público passará a integrar a Administração Indireta, e não uma autarquia, como consta da alternativa (art. 6º, § 1º, da Lei 11.107/2005). **D:** incorreta. Não há previsão na Lei de Improbidade dessa conduta, não sendo também, o contrato de programa, o contrato celebrado para a delegação do serviço público, e sim, o contrato de consórcio. **AW**

Gabarito "A e B".

(Magistratura/RJ – 2013 – VUNESP) Na Administração Pública Indireta,

(A) as autarquias e as fundações governamentais poderão possuir personalidade jurídica de direito público ou privado.

(B) não cabe mandado de segurança contra ato praticado em licitação promovida por empresa pública.

(C) as sociedades de economia mista só têm foro na justiça federal quando a união intervém como assistente ou oponente.

(D) somente a União poderá criar, por meio de lei, Agências Reguladoras.

A: incorreta, pois a autarquia é necessariamente uma pessoa jurídica de direito público; já as fundações estatais, podem ser de direito público ou de direito privado; **B:** incorreta, pois, segundo a Súmula 333 do STJ "cabe mandado de segurança contra ato praticado em licitação por sociedade de economia mista ou empresa pública"; **C:** correta, pois atrai a Justiça Federal apenas causas de interesse da União (ainda que como assistente ou oponente) e suas autarquias e empresas públicas (art. 109, I, da CF/1988); **D:** incorreta, pois não há proibição à criação de agências reguladoras pelos demais entes federativos. **WG**

Gabarito "C".

(Magistratura/PI – 2011 – CESPE) Assinale a opção correta com referência à administração direta e indireta.

(A) As autarquias são instituídas por lei, iniciando-se a sua existência legal com a inscrição, no registro próprio, de seu ato constitutivo.

(B) As empresas públicas, as autarquias e as fundações instituídas e mantidas pelo poder público são beneficiárias do princípio da imunidade tributária, no que se refere aos impostos sobre a renda, o patrimônio e os serviços federais, estaduais e municipais.

(C) As sociedades de economia mista podem revestir-se de qualquer forma admitida em direito, como, por exemplo, a de sociedade unipessoal ou pluripessoal.

(D) Caracterizadas pela CF como atividades essenciais ao funcionamento do Estado, as administrações tributárias da União, dos estados, do DF e dos municípios devem atuar de forma integrada, inclusive no que concerne ao compartilhamento de dados cadastrais e de informações fiscais, na forma de lei ou de convênio.

(E) O princípio da reserva legal, segundo o qual todas as entidades integrantes da administração indireta,

424 — WANDER GARCIA, FLÁVIA MORAES BARROS MICHELE FABRE E ARIANE WADY

independentemente da esfera federativa a que estejam vinculadas, devem ser instituídas por lei, aplica-se às empresas públicas e às sociedades de economia mista, mas não às suas subsidiárias.

A: incorreta, pois a própria lei já cria a autarquia (art.37, XIX, da CF), não sendo necessária a inscrição de seus atos constitutivos no registro público; **B:** incorreta, pois a imunidade recíproca só alcança os entes políticos e as entidades autárquicas e fundações de direito público, nos termos do art. 150, § 2º, da CF, não alcançando as empresas públicas; **C:** incorreta, pois as sociedades de economia mista só podem assumir a forma de sociedade anônima, seja pelo disposto no art. 5º, III, do Dec.-lei 200/1967, seja porque sua regulamentação está justamente na Lei das Sociedades Anônimas (arts. 235 e ss. da Lei 6.404/1976); **D:** correta (art. 37, XXII, da CF); **E:** incorreta, pois a autorização específica de lei para criar as empresas públicas e sociedades de economista também é requisito para a criação de suas subsidiárias (art. 37, XX, da CF). **WG**
Gabarito "D".

(Magistratura/PR – 2010 – PUC/PR) Em relação ao regime jurídico da Administração Pública, assinale a alternativa CORRETA:

(A) Empresas públicas são pessoas jurídicas de direito público, pois possuem capital integral público e submetem-se a regime jurídico híbrido, público e privado.

(B) Serviços sociais autônomos pertencem ao segundo setor e localizam-se na Administração pública direta, executando atividades em complementação à ação estatal.

(C) Autarquias em regime especial admitem contingenciamento orçamentário em situações de calamidade pública de grandes proporções ou grave abalo institucional.

(D) Órgãos públicos são centros despersonalizados de poder, reunião de competência sem atribuição de personalidade jurídica.

A: incorreta, pois as empresas públicas são pessoas jurídicas de direito *privado* estatais; a palavra "públicas", na expressão "empresas públicas", diz respeito ao fato de que estas só têm capital público, e não ao fato de que o regime jurídico é de direito público; de qualquer forma, é bom ressaltar que o regime jurídico de direito privado dessas empresas é, realmente, especial, havendo algumas condicionantes típicas de direito público (ex.: dever de licitar e de fazer concurso público); **B:** incorreta, pois os serviços sociais autônomos (SESC, SESI etc.), assim como as organizações sociais e as OSCIPs, são entidades do *terceiro* setor; **C:** incorreta, pois as autarquias especiais tem autonomia não só administrativa, como orçamentária e financeira; **D:** correta, pois traz a exata definição de órgãos públicos, que, realmente, não têm personalidade jurídica, com têm as entidades ou pessoas jurídicas. **WG**
Gabarito "D".

(Magistratura Federal-4ª Região – 2010) Dadas as assertivas abaixo, assinale a alternativa correta:

I. A descentralização pressupõe pessoas jurídicas diversas; a desconcentração refere-se a uma só pessoa.

II. As autarquias, cuja gênese depende de Decreto específico, somente podem ser extintas por ato de igual natureza.

III. Somente por lei específica poderá ser autorizada a instituição de fundação, cabendo à lei complementar definir a área de sua atuação.

IV. As empresas públicas e as sociedades de economia mista sujeitam-se ao regime jurídico próprio das empresas privadas quanto aos direitos e às obrigações civis, comerciais, trabalhistas e tributárias.

(A) Estão corretas apenas as assertivas I e II.

(B) Estão corretas apenas as assertivas I, III e IV.

(C) Estão corretas apenas as assertivas II, III e IV.

(D) Estão corretas todas as assertivas.

(E) Nenhuma assertiva está correta.

I: correta, pois a descentralização é a distribuição de atribuições ou competências de uma pessoa jurídica para outra, ao passo que a desconcentração é a mesma distribuição, mas no interior de uma só pessoa jurídica, ocorrendo de órgão para órgão dessa pessoa; II: incorreta, pois as autarquias são criadas por meio de lei específica (art. 37, XIX, da CF/1988); III: correta (art. 37, XIX, da CF/1988); IV: correta (art. 173, § 1º, II, da CF/1988). **FMB**
Gabarito "B".

4.2. AGÊNCIAS REGULADORAS (AUTARQUIAS ESPECIAIS)

(Juiz – TRF 3ª Região – 2016) Dadas as assertivas abaixo, assinale a alternativa correta.

I. As agências reguladoras foram criadas no intuito de regular, em sentido amplo, os serviços públicos, havendo previsão na legislação ordinária delegando à agência reguladora competência para a edição de normas e regulamentos no seu âmbito de atuação.

II. Configura conflito de interesses após o exercício de cargo ou emprego no âmbito do Poder Executivo federal, incluindo o de Diretor em agência reguladora, no período de 6 (seis) meses, contado da data da dispensa, exoneração, destituição, demissão ou aposentadoria, salvo quando expressamente autorizado, conforme o caso, pela Comissão de Ética Pública ou pela Controladoria-Geral da União, prestar, direta ou indiretamente, qualquer tipo de serviço a pessoa física ou jurídica com quem tenha estabelecido relacionamento relevante em razão do exercício do cargo ou emprego.

III. Ausente previsão legal expressa, os Conselheiros e os Diretores somente perderão o mandato em caso de renúncia ou de condenação judicial transitada em julgado.

Estão corretas:

(A) I e II.

(B) I, II e III.

(C) II e III.

(D) Apenas II.

A. correta. Está correta a assertiva I, pois contém a definição doutrinária de agência reguladora, ou seja, trata-se de uma pessoa jurídica de direito público, uma autarquia de regime especial, que foi criada para fiscalizar e regulamentar a prestação de serviços públicos relacionados à área de suas atuações. A assertiva II também está correta. Trata-se do disposto no art. 8º, §3º, da Lei 9.986/2000, que contém regras para que o ex-dirigente possa ocupar outro cargo ou emprego público, sob pena de carregar as informações ainda privilegiadas para o novo local ("risco de captura"). **B:** incorreta. A assertiva III está incorreta, pois o art. 9º, da Lei 9.986/2000 ainda acrescenta como uma das hipóteses de perda do cargo o processo administrativo disciplinar, conforme

6. DIREITO ADMINISTRATIVO   425

assim disposto: "Os Conselheiros e os Diretores somente perderão o mandato em caso de renúncia, de condenação judicial transitada em julgado ou de processo administrativo disciplinar."; **C:** incorreta. A assertiva III está incorreta, conforme acima disposto; **D:** incorreta. Temos duas assertivas corretas: a I e II, conforme explicado acima. **AW**
Gabarito "A".

4.3. EMPRESAS ESTATAIS (EMPRESAS PÚBLICAS E SOCIEDADES DE ECONOMIA MISTA)

(Juiz – TRF 2ª Região – 2017) O Estatuto Jurídico das Empresas Públicas e Sociedades de Economia Mista e suas subsidiárias foi instituído com a Lei nº 13.303, de 30.06.16. Marque a opção correta:

(A) Depende de lei específica a constituição da empresa pública ou de sociedade de economia mista. A lei, desde que presente justificativa plausível, pode delegar ao Executivo a definição do relevante interesse coletivo que justifica a criação do ente e, em tal caso, o fará de modo claro e transparente.

(B) É vedada a participação das entidades da administração indireta no capital das empresas públicas.

(C) A Lei nº 13.303 traz forte preocupação com a governança corporativa e impõe que o Conselho de Administração seja integralmente composto por membros independentes.

(D) Os membros do Conselho de Administração e os diretores são administradores e submetem-se às normas da Lei nº 6.404/76 (Lei das S.A.).

(E) As empresas públicas e sociedades de economia mista não estão submetidas à disciplina da Lei de Falências e nem às normas da Comissão de Valores Mobiliários.

A: incorreta. A lei que autoriza a criação de empresa pública e sociedade de economia mista já tem, em sua elaboração, o fundamento de que há relevante interesse público para a criação da entidade; **B:** incorreta. O art. 37, XX, CF admite essa possibilidade de criação de subsidiárias, assim como o art. 2º, da Lei 13.303/2016; **C:** incorreta. O Conselho de Administração não é composto integralmente por membros independentes, sendo esse requisito exigido para 25% dos membros (art. 22, da Lei 13.303/2016; **D:** correta. Trata-se do disposto no art. 16, da Lei 13.303/2016, que determina a aplicação da Lei das Sociedades Anônimas quanto aos diretores e administradores; **E:** incorreta. Realmente, essas empresas estatais não se sujeitam à Lei de Falências, mas sim, às normas da Comissão de Valores Mobiliários (art. 2º, §2º e 7º, da Lei 13.303/2016). **AW**
Gabarito "D".

(Magistratura/AM – 2013 – FGV) No que concerne à estrutura da Administração Pública, considerando os textos da Constituição da República e da legislação, bem como da jurisprudência referente à matéria, assinale a afirmativa correta.

(A) Alguns órgãos públicos que embora não possuam personalidade jurídica, mas possuem personalidade judiciária, podem, excepcionalmente, demandar em juízo para defender seus direitos institucionais.

(B) As empresas públicas, as sociedades de economia mista e as fundações serão criadas somente por lei específica enquanto a instituição de autarquias é autorizada.

(C) As sociedades qualificadas como Organizações da Sociedade Civil de Interesse Público (OSCIPs) passam a integrar a Administração Pública indireta após a aquisição da qualificação.

(D) Todas as empresas estatais, pelo fato de integrarem a Administração Pública Indireta, enquadram-se no conceito de Fazenda Pública, sendo extensíveis às mesmas, todas as prerrogativas inerentes às pessoas jurídicas de direito público.

(E) A proibição de acumulação remunerada de cargos, empregos e funções não se estende às empresas públicas, sociedades de economia mista e suas subsidiárias, por se tratarem de pessoas jurídicas de direito privado.

A: correta, como é o caso das Mesas das Casas Legislativas, que podem ingressar com mandado de segurança para defender seus direitos institucionais; **B:** incorreta, pois é o contrário, ou seja, as autarquias são criadas por lei específica e as empresas públicas e sociedades de economia mista têm sua criação autorizada por lei (art. 37, XIX, da CF/1988); **C:** incorreta, pois essas entidades recebem apenas uma qualificação estatal, que permite que celebrem termo de parceria com o Estado, não passando a integrar a administração pública (arts. 1º e 9º da Lei 9.790/1999); **D:** incorreta, pois só se enquadram nesse conceito os entes políticos (União, Estados, DF e Municípios) e as pessoas jurídicas de direito público (autarquias, fundações públicas de direito público, agências reguladoras e associações públicas); **E:** incorreta, pois há sim essa extensão (art. 37, XVII, da CF/1988). **WG**
Gabarito "A".

(Magistratura/PA – 2012 – CESPE) No que diz respeito aos órgãos públicos e às entidades da administração indireta, assinale a opção correta.

(A) Quanto à posição estatal, os órgãos dotados de autonomia administrativa, técnica e financeira são classificados como superiores.

(B) A sociedade de economia mista não pode explorar empreendimentos e exercer atividades distintas das previstas na lei que tenha autorizado a sua constituição.

(C) Na esfera federal, é vedada a participação de pessoas jurídicas de direito privado integrantes da administração indireta na composição do capital da empresa pública.

(D) É inexigível a licitação caso a contratação para a aquisição de bens seja realizada por empresa pública ou sociedade de economia mista com suas subsidiárias e controladas, e o preço contratado seja compatível com o praticado no mercado.

(E) Para que uma entidade possa ser considerada sociedade de economia mista, é suficiente a participação majoritária do poder público na composição do capital social da empresa.

A: incorreta, pois são denominados órgão autônomos; **B:** correta (art. 26, I, do Dec.-lei 200/1967); **C:** incorreta, pois tal possibilidade é prevista no art. 5º do Dec.-lei 900/1969; **D:** incorreta, pois dispensável (e não inexigível) a licitação nesse caso (art. 24, XXIII, da Lei 8.666/1993); **E:** incorreta, pois é necessário que o poder público tenha a maioria do capital *votante* (ações com direito a voto), ou seja, que tenha o efetivo controle da sociedade (art. 5º, III, do Dec.-lei 200/1967). **WG**
Gabarito "B".

(Magistratura/BA – 2012 – CESPE) Assinale a opção correta acerca dos entes da administração indireta.

(A) Exige-se autorização legislativa para a criação de subsidiárias das empresas públicas e sociedades de economia mista, sendo suficiente, para tanto, a previsão genérica na lei que as instituir, ou seja, não há necessidade de autorização legislativa específica a cada vez que uma nova subsidiária é criada.

(B) Nas sociedades de economia mista, o controle acionário e a gestão administrativa podem ser transferidos pelo poder público aos sócios particulares, desde que haja acordo de acionistas nos termos do estatuto da sociedade.

(C) É vedada a transformação de uma autarquia em empresa pública por meio de decreto.

(D) As causas em que figure como parte sociedade de economia mista cuja sócia majoritária seja a União deverão ser julgadas perante a justiça federal.

(E) As empresas públicas adquirem personalidade jurídica a partir da vigência da lei que as cria.

A: correta, sendo certo que o art. 37, XX, da CF exige que a autorização legislativa seja específica e se dê a cada vez que uma nova subsidiária é criada, usando o inciso a expressão "em cada caso"; **B:** incorreta, pois o controle é sempre do ente político criador (art. 5º, III, do Dec.-lei 200/1967); **C:** incorreta, pois, havendo autorização legal, para tanto, isso é possível; um exemplo é foi autorização para transformar a autarquia Casa da Moeda em empresa pública (Lei 5.895/1973); **D:** incorreta, pois o art. 109, I, da CF estabelece ser competência da Justiça Federal apenas as causas de interesse da União e de suas autarquias e empresas públicas, não havendo previsão para as causas de interesse das sociedades de economia também perante essa Justiça; assim, tais causas (por exemplo, as que envolvam o Banco do Brasil) devem ser julgadas pela Justiça Estadual; **E:** incorreta, pois a lei só autoriza a sua criação (art. 37, XIX, da CF), devendo, em seguida, os atos constitutivos serem registrados no Registro Público competente, para que a entidade passe a existir. **WG**
Gabarito "A".

(Magistratura/ES – 2011 – CESPE) Assinale a opção correta acerca das OSs e da OSCIPs no âmbito da administração pública federal.

(A) As cooperativas que se dedicam à promoção da assistência social são passíveis de qualificação como OSCIP.

(B) Entre as cláusulas essenciais do termo de parceria firmado com a OSCIP previstas na legislação de regência, figura a prestação de garantia.

(C) Por ter a verba repassada pelo poder público à OSCIP natureza de preço ou remuneração, que passa a integrar seu patrimônio, bem imóvel por ela adquirido com recursos provenientes da celebração do termo de parceria não será gravado com cláusula de inalienabilidade.

(D) Os bens móveis públicos destinados às OS podem ser objeto de permuta por outros de igual ou maior valor, desde que os novos bens integrem o patrimônio da União.

(E) Sendo OS a qualificação jurídica conferida à pessoa jurídica de direito privado sem fins lucrativos e instituída por iniciativa de particulares, é vedada a

participação de representantes do poder público em seu órgão de deliberação superior.

A: incorreta, pois há impedimento legal à possibilidade de cooperativas serem qualificadas de OSCIPs (art. 2º, X, da Lei 9.790/1999 - Lei das OSCIPs); **B:** incorreta, pois não há tal previsão no art. 10, § 2º, da Lei 9.790/1999); **C:** incorreta, pois não há que se falar em remuneração quanto a essas entidades, mas em dinheiro público a ser alocado por elas; assim, tais valores ou bens continuam tendo natureza pública, inclusive com cláusula de inalienabilidade (art. 15 da Lei 9.790/1999); **D:** correta (art. 13 da Lei 9.637/1998 – Lei das OSs); **E:** incorreta, pois é justamente o contrário; é requisito para a qualificação da entidade a participação de representantes do poder público em seu órgão de deliberação superior (art. 2º, I, "d", da Lei 9.637/1998). **WG**
Gabarito "D".

(Magistratura Federal-5ª Região – 2011) É característica da natureza de autarquia especial conferida à Agência Nacional de Energia Elétrica, agência reguladora criada pelo Estado brasileiro,

(A) a contratação de servidores não concursados para atribuições efetivas.

(B) a independência administrativa.

(C) o mandato variável de seus dirigentes.

(D) a exoneração sumária de seus dirigentes.

(E) a vinculação financeira a órgãos da administração direta.

A: incorreta, pois os servidores devem ser concursados e, como regra, devem ter regime estatutário; **B:** correta, pois as agências têm, de fato, essa autonomia, sendo certo que os dirigentes, por terem mandado fixo, têm bastante isenção para tomar decisões; **C** e **D:** incorretas, pois os mandatos dos dirigentes são fixos, devendo ser respeitados; dessa forma, os dirigentes não podem ser exonerados *ad nutum*, livremente; **E:** incorreta, pois são pessoas jurídicas com patrimônio e gestão financeira próprios. **FMB**
Gabarito "B".

(Magistratura Federal-5ª Região – 2011) A respeito do regime jurídico e das características das empresas estatais — empresas públicas e sociedades de economia mista —, assinale a opção correta.

(A) A instituição de empresa estatal pode ser realizada no mesmo ato jurídico de criação de secretaria de um estado-membro da Federação.

(B) As empresas estatais não estão obrigadas a obedecer aos princípios de impessoalidade, moralidade, eficiência e publicidade.

(C) As empresas estatais exploradoras de atividade econômica de produção ou comercialização de bens ou de prestação de serviços sujeitam-se ao regime jurídico próprio das empresas privadas.

(D) A responsabilidade civil das empresas estatais pelos atos ilícitos civis praticados por seus agentes é objetiva.

(E) As empresas estatais podem ser dotadas de personalidade jurídica de direito privado ou de direito público.

A: incorreta, pois a instituição de empresa estatal depende de prévia lei autorizando, sendo que essa lei dever ser específica (art. 37, XIX, da CF/1988), ou seja, deve tratar apenas desse assunto (criação de dada empresa estatal), não sendo possível que trate de outros assuntos

6. DIREITO ADMINISTRATIVO

(por exemplo, da criação de uma secretaria estadual); **B:** incorreta, pois esses princípios se aplicam a toda Administração Pública Direta e Indireta (art. 37, *caput*, da CF/1988); **C:** correta (art. 173, § 1º, II, da CF/1988); **D:** incorreta, pois a responsabilidade objetiva prevista no art. 37, § 6º, da CF/1988 só se aplica às pessoas jurídicas de direito público e às pessoas jurídicas de direito privado prestadoras de serviço público; assim, como nem toda empresa estatal é prestadora de serviço público (algumas somente exploram atividade econômica), nem sempre as empresas estatais responderão objetivamente; **E:** incorreta, pois as empresas estatais têm, necessariamente, regime jurídico de direito privado (art. 5º, II e III, do Dec.-lei 200/1967). FMB
Gabarito "C".

(Magistratura Federal/3ª Região – 2010) Assinale a alternativa correta:

(A) Nas sociedades de economia mista não é assegurada a participação dos acionistas minoritários na constituição e funcionamento dos conselheiros de administração e fiscal;

(B) Para a cessão ou transferência total ou parcial de autorização ou concessão de exploração de recursos minerais exige-se a prévia anuência do poder concedente;

(C) As empresas públicas exploradoras de atividade econômica de produção ou comercialização de bens podem ter regime jurídico tributário distinto das empresas privadas;

(D) As sociedades de economia mista não se sujeitam à responsabilidade pela prática de atos contra a economia popular.

A: incorreta, pois tal previsão decorre dos arts. 239 e 240 da Lei nº 6.404/1976 (Lei das S/A); **B:** correta (art. 27 da Lei 8.987/1995); **C:** incorreta, pois tais empresas têm regime jurídico de direito privado; **D:** incorreta, pois tais entidades estão sujeitas sim à responsabilidade pela prática de atos contra a economia popular. FMB
Gabarito "B".

4.4. TEMAS COMBINADOS DE ORGANIZAÇÃO ADMINISTRATIVA

(Juiz – TRF 2ª Região – 2017) Analise as assertivas e, em seguida, marque a opção correta:

I. Respeitados os parâmetros da Lei nº 9.307/96 ou, quando for o caso, de lei específica, as empresas públicas, as sociedades de economia mista e até as autarquias podem submeter seus litígios à arbitragem. Já a Administração Pública direta não o pode.

II. A arbitragem que envolva a Administração Pública será preferencialmente de direito.

III. A execução de sentença arbitral estrangeira envolvendo sociedade de economia mista e empresas públicas não depende de homologação para ser executada no Brasil.

IV. Para o direito administrativo, não há distinção entre compromisso e cláusula compromissória.

(A) Apenas a assertiva I está correta.

(B) Apenas a assertiva II está correta.

(C) Apenas a assertiva III está correta.

(D) Apenas a assertiva IV está correta.

(E) Todas as assertivas são falsas.

A: incorreta. A assertiva I está incorreta, eis que o art. 1º, §1º, da Lei 9.307/1996 dispõe que a Administração Pública direta e indireta poderá utilizar-se da arbitragem para dirimir conflitos relativos a direitos patrimoniais disponíveis; **B:** incorreta. A assertiva II está incorreta, pois o art. 1º, §3º, da Lei 9.307/1996 dispõe que a arbitragem que envolva a Administração pública será sempre de direito e respeitará o princípio da publicidade; **C:** incorreta. O art. 35, da Lei 9.307/1996 dispõe que para ser reconhecida ou executada no Brasil, a sentença arbitral estrangeira está sujeita, unicamente, à homologação do STJ; **D:** incorreta. **A cláusula compromissória é** a convenção por meio da qual as partes em um contrato comprometem-se a submeter à arbitragem os litígios que possam vir a surgir, relativamente a tal contrato e **o compromisso arbitral** é a convenção por meio da qual as partes **submetem um litígio** à arbitragem de uma ou mais pessoas, podendo ser judicial ou extrajudicial; **E:** correta. Todas as assertivas estão incorretas. AW
Gabarito "E".

(Magistratura Federal/1ª região – 2011 – CESPE) Assinale a opção correta com referência à administração direta e indireta.

(A) O STF entende que a imunidade tributária recíproca dos entes políticos, prevista na CF, não é extensiva às autarquias.

(B) As sociedades de economia mista somente têm foro na justiça federal quando a União intervém como assistente ou opoente, competindo à justiça federal, e não à justiça comum, decidir acerca da existência de interesse que justifique a presença da União no processo.

(C) Os empregados das empresas públicas e das sociedades de economia mista estão sujeitos ao teto remuneratório estabelecido para a administração pública, mesmo quando tais entidades não recebem recursos da fazenda pública para custeio em geral ou gasto com pessoal.

(D) De acordo com o entendimento do STJ, o servidor da administração pública federal direta que tenha prestado serviços a empresa pública ou a sociedade de economia mista tem direito ao cômputo do tempo de serviço prestado nas referidas entidades para todos os fins, inclusive para a percepção de adicional de tempo de serviço.

(E) Os atos de gestão comercial praticados pelos administradores de empresas públicas e de sociedade de economia mista podem ser contestados por meio de mandado de segurança.

A: incorreta. A matéria está pacificada nos tribunais quanto à possibilidade de extensão às autarquias da imunidade recíproca prevista no art. 150, VI, da CF/1988. É o que diz o seguinte julgado: "Ementa: DIREITO TRIBUTÁRIO. IMPOSTO DE RENDA DE PESSOA JURÍDICA. IMUNIDADE. ART. 150, VI, *a*, DA CONSTITUIÇÃO FEDERAL. EXTENSÃO ÀS AUTARQUIAS. PRECEDENTES. 1. O Supremo Tribunal Federal entende que imunidade tributária recíproca dos entes políticos, prevista no art. 150, VI, *a*, da Constituição Republicana, é extensiva às autarquias, no que se refere ao patrimônio, à renda e aos serviços vinculados a suas finalidades essenciais ou às delas decorrentes. 2. Agravo regimental a que se nega provimento" (E 475268 AgR / MG - MINAS GERAIS, Relator(a): Min. ELLEN GRACIE, Julgamento: 22/02/2011, Órgão Julgador: Segunda Turma); **B:** correta. Segundo a súmula 517 do STF, "as sociedades de economia mista só têm foro na Justiça Federal, quando a União intervém como assistente ou opoente". Como essa intervenção gera a remessa dos autos à Justiça

Federal, é a essa que cabe decidir sobre a existência de interesse da União na demanda; **C:** incorreta. O art. 37, XI, da CF/1988 não inclui os empregados das empresas públicas e às sociedades de economia mista, mas o § 9º daquele mesmo artigo o faz, mas limitada àqueles entes que recebem recursos da União, dos Estados, do Distrito Federal e dos Municípios para pagamento de despesas de pessoal ou custeio em geral. Eis o que diz o art. 37, § 9º, da CF/1988: "O disposto no inciso XI aplica-se às empresas públicas e às sociedades de economia mista, e suas subsidiárias, que receberem recursos da União, dos Estados, do Distrito Federal ou dos Municípios para pagamento de despesas de pessoal ou de custeio em geral"; **D:** incorreta. Trata-se de polêmica surgida em razão da necessidade de balizamento do que é, efetivamente, tempo de serviço público federal (art. 100 da Lei nº 8.112/1990). Atualmente, entende-se que o art. 100 referido alcança o conceito largo de serviço público federal, e desse modo, permite a averbação do tempo prestado tanto à Administração Direta como Indireta. Todavia, há remansoso entendimento no STJ limitando a extensão dos efeitos dessa contagem, *que somente deve ser computada para efeitos de aposentadora e disponibilidade*, nos termos do art. 103, V, da Lei nº 8.112/1990. Eis ementa a respeito do tema: "AGRAVO REGIMENTAL NO AGRAVO REGIMENTAL NO RECURSO ESPECIAL. ADMINISTRATIVO. TEMPO DE SERVIÇO PRESTADO EM SOCIEDADE DE ECONOMIA MISTA. ANUÊNIO. CÔMPUTO. IMPOSSIBILIDADE. 1 - O tempo de serviço prestado nas empresas públicas e nas sociedades de economia mista somente pode ser computado para efeitos de aposentadoria e disponibilidade, nos termos do art. 103, V da Lei nº 8.112/1990. 2 - Agravo regimental a que se nega provimento (AgRg no AgRg no REsp 1116407 / MG, Relator Ministro MARCO AURÉLIO BELLIZZE. Quinta turma, j. 19/04/2012; **E:** incorreta. Há previsão expressa no art. 1º, § 2º, da Lei nº 12.016/2009 em sentido contrário, prevendo que: "Não cabe mandado de segurança contra os atos de gestão comercial praticados pelos administradores de empresas públicas, de sociedade de economia mista e de concessionárias de serviço público". **FMB**

Gabarito "B"

(Magistratura Federal/2ª região – 2011 – CESPE) No que concerne à administração pública direta, a órgãos públicos e a entidades da administração indireta, assinale a opção correta.

(A) A sociedade de economia mista pode explorar empreendimentos e exercer atividades distintas das definidas pela lei que autorizou a sua constituição, mediante deliberação do respectivo órgão de direção.

(B) É vedada a participação de pessoas jurídicas de direito privado no capital da empresa pública, ainda que integrem a administração indireta.

(C) No que se refere à posição estatal, os órgãos superiores são órgãos de direção, controle e comando que gozam de autonomia administrativa, financeira e técnica.

(D) As fundações e sociedades instituídas e mantidas pelo poder público submetem-se ao controle exercido pelo tribunal de contas, o qual se estende, na esfera federal, a todas as empresas de que a União participe tanto majoritária quanto minoritariamente.

(E) Embora dotada de personalidade jurídica própria, a autarquia não dispõe de capacidade de autoadministração, característica da pessoa política que a constituiu.

A: incorreta. Logicamente, a sociedade de economia mista, como ente da administração indireta que é, deve exercer exatamente aquilo que foi previsto em seus estatutos como sendo seu objeto social. Há uma lei que autoriza sua criação e um decreto que a cria, e ele estabelece as finalidades a serem perseguidas pela entidade em questão, cabendo a

tutela administrativa pelo ente da administração direta ao qual se encontra vinculada, em exercício de controle de finalidade sobre as atividades de sua tutelada; **B:** incorreta. Desde que o capital remanesça 100% em nome de entes da Administração Pública, seja ela direta ou indireta, é possível a participação de outras pessoas de direito público interno ou entidades da administração indireta da União, dos estados, do DF e dos municípios na composição do capital de empresa pública; **C:** incorreta. Órgãos superiores são, na definição de Hely Lopes Meirelles, "os que detêm o poder de direção, controle, decisão e comando dos assuntos de sua competência específica, mas sempre sujeitos à subordinação e ao controle hierárquico de uma chefia mais alta" (MEIRELLES, Hely Lopes. *Direito Administrativo Brasileiro*, 39ª ed., São Paulo: Malheiros, 2013, p. 73); **D:** correta. É o que estabelece com regra a Lei Orgânica do Tribunal de Contas da União. Vejamos: "Art. 1º Ao Tribunal de Contas da União, órgão de controle externo, compete, nos termos da Constituição Federal e na forma estabelecida nesta Lei: I - julgar as contas dos administradores e demais responsáveis por dinheiros, bens e valores públicos das unidades dos poderes da União e das entidades da administração indireta, *incluídas as fundações e sociedades instituídas e mantidas pelo poder público federal*, e as contas daqueles que derem causa a perda, extravio ou outra irregularidade de que resulte dano ao Erário"; **E:** incorreta. Segundo o art. 5º, I, do Decreto-lei nº 200/1967, autarquia é "o serviço autônomo, criado por lei, com personalidade jurídica, patrimônio e receita próprios, para executar atividades típicas da Administração Pública, que requeiram, para seu melhor funcionamento, *gestão administrativa e financeira descentralizada*". **FMB**

Gabarito "D"

(Magistratura Federal/3ª região – 2011 – CESPE) Acerca dos órgãos e entidades que integram a administração pública federal e dos princípios que informam o direito administrativo, assinale a opção correta.

(A) Como pessoas jurídicas criadas por lei, dotadas de capacidade de autodeterminação e de patrimônio e receita próprios, as autarquias não se submetem a controle administrativo ou legislativo, mas apenas a controle jurisdicional, tanto pelas vias comuns quanto pelas especiais.

(B) As empresas públicas, criadas por lei específica, destinam-se à realização de atividades típicas da administração que requeiram, para seu melhor funcionamento, gestão administrativa e financeira descentralizada.

(C) Apenas os órgãos situados no ápice da pirâmide estatal, como os Poderes Legislativo, Executivo e Judiciário, dispõem de personalidade jurídica própria e plena capacidade processual.

(D) As entidades da administração indireta regem-se primordialmente por normas de direito privado, subordinandos e ao ministério em cuja área de competência estiver enquadrada sua principal atividade.

(E) Afora os princípios constantes do texto constitucional, a legislação determina, de forma expressa, que a administração pública federal obedeça, entre outros, aos princípios da motivação, razoabilidade, ampla defesa e segurança jurídica.

A: incorreta. Todo ente da Administração Indireta, seja ele de direito público ou privado, submete-se à tutela administrativa (no âmbito administrativo federal é a chamada supervisão ministerial) por parte do ente da Administração Pública Direta ao qual esteja vinculado, que exercerá sobre ele um controle finalístico; **B:** incorreta. As empresas

6. DIREITO ADMINISTRATIVO · 429

públicas e as sociedades de economia mista não são criadas por lei; *é preciso apenas que a lei autorize sua criação*; **C:** incorreta. A assertiva em questão apresenta diversas irracionalidades. A uma, órgão não possui personalidade jurídica, sendo tão somente um centro de competência que integra um determinado ente, esse sim com personalidade jurídica, com a devida capacidade processual. A duas, a assertiva coloca os poderes do Estado como sendo órgãos, quando, na verdade, eles são formados por instituições e entes, e esses é que possuem órgãos em sua estrutura administrativa; **D:** incorreta. Os entes da Administração Pública Indireta com personalidade jurídica de direito privado, quando exploradoras de atividade econômica, estão sujeitas ao regime próprio das empresas privadas, inclusive quanto aos direitos e obrigações civis, comerciais, trabalhistas e tributários (art. 173, §1º, II, da CF/1988). Como entes da administração indireta que são, sujeitam-se à tutela administrativa por parte do por parte do ente da Administração Pública Direta ao qual estejam vinculados, que exercerá sobre eles um controle finalístico. Não há, todavia, subordinação, própria da relação hierárquica, que inexiste nesses casos; **E:** correta (art. 2º da Lei nº 9.784/1999). **FMB**

Gabarito "E".

5. TERCEIRO SETOR

(Juiz de Direito – TJM/SP – VUNESP – 2016) Há um novo marco regulatório que disciplina a celebração de convênios e acordos de cooperação pela Administração Pública. Extrai-se da Lei 13.019, de 31 de julho de 2014, que

(A) descabe a aplicação de sanções aos parceiros, pois os interesses envolvidos nos planos de trabalho são comuns, não contrapostos.

(B) o termo de colaboração deve ser adotado pela Administração Pública para consecução de planos de trabalho de sua iniciativa, para celebração de parcerias com organizações da sociedade civil que envolvam a transferência de recursos financeiros.

(C) essa lei se aplica também aos convênios celebrados com entidades filantrópicas e sem fins lucrativos, que podem participar de forma complementar do sistema único de saúde, segundo diretrizes deste.

(D) a celebração de termo de colaboração ou de fomento deverá ser sempre precedida de chamamento público voltado a selecionar organizações da sociedade civil que tornem mais eficaz a execução do objeto.

(E) a partir da sua vigência, somente serão celebrados convênios entre entes federados ou pessoas jurídicas a eles vinculadas, não se aplicando a essas parcerias o disposto na Lei 8.666/1993.

A: incorreta. O art. 73 da Lei 13.019/2014 determina sanções à Entidade parceira ou Organização da Sociedade Civil que descumprir o acordo, sanções que variam desde a advertência até a declaração de inidoneidade para praticar outros atos e contratos com o Poder Público. **B:** correta. A Lei 13.019/2014 institui o Termo de Colaboração, disposto no art. 2º, VII, que assim dispõe: "termo de colaboração: instrumento por meio do qual são formalizadas as parcerias estabelecidas pela administração pública com organizações da sociedade civil para a consecução de finalidades de interesse público e recíproco propostas pela administração pública que envolvam a transferência de recursos financeiro"; **C:** incorreta. Há vedação expressa em relação à impossibilidade de participação das entidades filantrópicas, conforme disposto no art. 3º, IV, da Lei 13.019/2014. **D:** incorreta. O Chamamento Público realmente é sempre realizado para a celebração dos termos de

colaboração e fomento, mas visa a garantia ao atendimento de todos os princípios administrativos, assim como os previstos na Lei de Licitações e correlatos (art. 2º, XII, da Lei 13.019/2014). **E:** incorreta. A Lei 8.666/1993 tem aplicação subsidiária, a exemplo de princípios adotados, típicos da Lei de Licitações (art. 2º, XII, Lei 13.019/2014). **AW**

Gabarito "B".

(Juiz – TJ/MS – VUNESP – 2015) Considerando a recente decisão do Supremo Tribunal Federal em relação à Lei Federal 9.637/1998, que dispõe sobre a qualificação de entidades como organizações sociais e suas atividades, assinale a alternativa correta.

(A) A atribuição de título jurídico de legitimação da entidade como Organização Social, por meio da qualificação, configura hipótese de credenciamento, na qual deve incidir a licitação pela própria natureza jurídica do ato.

(B) Os contratos a serem celebrados pela Organização Social com terceiros, com recursos públicos, devem ser conduzidos de forma pública, objetiva e impessoal, com observância dos princípios do *caput* do art. 37 da CF, e nos termos de regulamento próprio a ser editado por cada ente federativo contratante.

(C) O afastamento do certame licitatório não exime o administrador público da observância dos princípios constitucionais, de modo que a contratação direta das Organizações Sociais deve observar critérios objetivos e impessoais, com publicidade de forma a permitir o acesso a todos os interessados.

(D) As organizações sociais, por não integrarem o Terceiro Setor, fazem parte do conceito constitucional de Administração Pública, razão pela qual devem se submeter, em suas contratações com terceiros, ao dever de licitar.

(E) Os empregados das Organizações Sociais são equiparados a servidores públicos, por isso que sua remuneração deve ter base em lei, aplicando-se também às Organizações Sociais a exigência de concurso público.

A. incorreta. Não temos o credenciamento, que é ato em que se autoriza que um particular (pessoa física ou jurídica) exerça uma atividade pública, mas uma qualificação pela Lei de uma pessoa jurídica (somente pessoa jurídica) para prestar serviços de interesse público. **B:** incorreta. Os contratos celebrados com as Organizações Sociais são contratos regidos pelo direito privado, mas como são prestadoras de serviços de interesse público, seguem as regras dispostas no art. 37, CF, em relação aos princípios administrativos, mas não há um regulamento próprio para cada Ente Federativo, sendo a Lei 9.637/1998 e esses dispositivos constitucionais, as normas a elas aplicáveis. **C:** correta. As Organizações Sociais recebem recursos do Poder Público, por isso estão submetidas a regras próprias do direito público, como aos princípios constitucionais dispostos no art. 37, "caput", CF. **D:** incorreta. As Organizações Sociais integram o terceiro setor, porque prestam serviços públicos, mas não integram a Administração Pública, estando "ao lado " do Estado, ou seja, são paraestatais. **E:** incorreta. Os empregados das Organizações Sociais são próprios, privados, não equiparados a empregados públicos, nem mesmo quanto à regra da obrigatoriedade dos concursos públicos. Pode haver empregado público cedido pela Administração Pública, mas nesse caso, não serão seus "próprios empregados", e sim, empregados "emprestados". **AW**

Gabarito "C".

(Juiz – TRF 3ª Região – 2016) Dadas as assertivas abaixo a respeito das OSCIPs, assinale a alternativa correta.

I. Podem qualificar-se como Organizações da Sociedade Civil de Interesse Público as pessoas jurídicas de direito privado sem fins lucrativos que tenham sido constituídas e se encontrem em funcionamento regular há, no mínimo, 1 (um) ano, desde que os respectivos objetivos sociais e normas estatutárias atendam aos requisitos instituídos pela Lei nº 9.790/1999.

II. Não são passíveis de qualificação como Organizações da Sociedade Civil de Interesse Público, as sociedades comerciais, os sindicatos, as associações de classe ou de representação de categoria profissional, nem as instituições religiosas ou voltadas para a disseminação de credos, cultos, práticas e visões devocionais e confessionais.

III. Dentre os objetos sociais possíveis para a qualificação instituída pela Lei nº 9.790/1999 está o de realização de estudos e pesquisas para o desenvolvimento, a disponibilização e a implementação de tecnologias voltadas à mobilidade de pessoas, por qualquer meio de transporte.

Estão corretas:

(A) Apenas I e II.

(B) I, II e III.

(C) Apenas II.

(D) Apenas II e III.

A: incorreta. A assertiva I está errada. O tempo mínimo de funcionamento da pessoa jurídica de direito público é de 3 anos, conforme disposto no art. 1º, da Lei 9.790/1999; **B:** incorreta. A assertiva I está incorreta; **C:** incorreta. Temos como correta duas alternativas: a II e III. II: Trata-se do art. 2º, da Lei 9.790/1999, que proíbe a participação de sindicatos, sociedades comerciais, instituições religiosas. III: Trata-se do disposto no art. 3º, da Lei 9.790/1999, que assim dispõe: "**Art. 3º:** A qualificação instituída por esta Lei, observado em qualquer caso, o princípio da universalização dos serviços, no respectivo âmbito de atuação das Organizações, somente será conferida às pessoas jurídicas de direito privado, sem fins lucrativos, cujos objetivos sociais tenham pelo menos uma das seguintes finalidades: **XIII -** estudos e pesquisas para o desenvolvimento, a disponibilização e a implementação de tecnologias voltadas à mobilidade de pessoas, por qualquer meio de transporte."; **D:** correta. Conforme explicado acima, tanto a assertiva II, quanto a III estão corretas, eis que em conformidade com os arts. 2º e 3º, da Lei 9.790/1999. **AW**
Gabarito "D"

(Magistratura Federal-5ª Região – 2011) Entre os setores do Estado, destaca-se o denominado terceiro setor — conceito surgido com a reforma do Estado brasileiro —, que compreende os serviços não exclusivos do Estado e abrange a atuação simultânea do Estado com outras organizações privadas e não estatais, como as organizações sociais (OSs) e as organizações da sociedade civil de interesse público (OSCIPs).

Considerando as semelhanças e as diferenças entre essas duas entidades paraestatais, assinale a opção correta.

(A) O poder público deve celebrar contrato de gestão com a OSCIP.

(B) O processo de habilitação de OS deve tramitar no Ministério da Justiça.

(C) As OSs são regidas pela Lei n.º 9.790/1999.

(D) As OSCIPs são regidas pela Lei n.º 9.637/1998.

(E) Nem a OS nem a OSCIP podem ter fim lucrativo ou econômico.

A: incorreta, pois, com a OSCIP, celebra-se termo de parceria, sendo que, com as organizações sociais – OSs – celebra-se contrato de gestão; **B:** incorreta, pois isso acontece apenas com as OSCIPs (art. 5º da Lei 9.790/1999); com as organizações sociais, o processo de habilitação tramita no ministério correspondente e no Ministério da Administração Federal e Reforma do Estado (art. 2º, II, da Lei 9.637/1998); **C** e **D:** incorretas, pois as OSs são regidas pela Lei 9.637/1998, sendo que as OSCIPs, pela Lei 9.790/1999; **E:** correta, nos termos dos arts. 1º da Lei 9.637/1998 e 1º da Lei 9.790/1999. **FMB**
Gabarito "E"

(Magistratura Federal/2ª região – 2011 – CESPE) Com relação ao terceiro setor e aos princípios que regem o direito administrativo, assinale a opção correta.

(A) As entidades que integram o terceiro setor não se sujeitam a controle de tribunal de contas, dada a natureza privada de sua organização.

(B) As organizações sociais são instituídas por iniciativa do poder público para o desempenho de serviço público de natureza social.

(C) A doutrina aponta o crescimento do terceiro setor como uma das consequências da aplicação do denominado princípio da subsidiariedade no âmbito da administração pública.

(D) Com fundamento no princípio da impessoalidade, a doutrina destaca que, no âmbito do processo administrativo, a autoridade administrativa não pode invocar o seu próprio impedimento ou suspeição, ao contrário do que ocorre nas ações judiciais.

(E) Aplica-se o princípio da especialidade quando a administração pública firma termo de parceria com organizações da sociedade civil de interesse público, visto que recebe ou pode receber delegação para a gestão do serviço público.

A: incorreta. Segundo o parágrafo único do art. 70 da CF/1988, "prestará contas *qualquer pessoa física ou jurídica, pública ou privada*, que utilize, arrecade, guarde, gerencie ou administre dinheiros, bens e valores públicos ou pelos quais a União responda, ou que, em nome desta, assuma obrigações de natureza pecuniária"; **B:** incorreta. Organização social é a qualificação dada à pessoa jurídica de direito privado, sem fins lucrativos, instituída por iniciativa de particulares e que receba delegação do Poder Público, mediante contrato de gestão, para desempenhar serviços de natureza social. A organização social não surge por iniciativa do poder público, mas em decorrência de habilitação de associação ou fundação perante ele, nos termos previstos na Lei nº 9.637/1998; **C:** correta. O princípio da subsidiariedade aplicável no Direito Público propugna pela possibilidade de que agrupamentos de ordem inferior exerçam funções que eles próprios podem desenvolver, ao invés da coletividade mais vasta e elevada, protegendo a autonomia da pessoa humana e limitando a intervenção de coletividades superiores (inclusive do Estado). Parte do pressuposto de que o Estado deve fomentar atividades privadas de interesse público, retirando-se do papel de prestador e partindo para o papel de regulador e fomentador; **D:** incorreta. O princípio da impessoalidade estabelece serem vedadas quaisquer formas de perseguições ou favoritismos, sendo esse princípio violado em caso de qualquer preferência que venha ferir a isonomia e não

6. DIREITO ADMINISTRATIVO

salvaguardá-la. Ele incide sobre toda a atividade administrativa, incluído logicamente o processo administrativo, dado o teor do art. 37, *caput*, da CF/1988; **E:** incorreta. O princípio da especialidade é concernente à ideia de descentralização administrativa, ou seja, quando o Estado cria pessoas jurídicas administrativas como forma de descentralizar a prestação de serviços públicos. A simples celebração de um termo de parceria não tem, portanto, relação com dito princípio. **FMB**
„Gabarito „C".

(Magistratura Federal/3ª região – 2011 – CESPE) Assinale a opção correta, considerando a execução de serviços públicos pelas organizações sociais e OSCIPs, em regime de parceria com o poder público.

(A) Os conselhos de administração das OSCIPs devem obrigatoriamente ser compostos por representantes do poder público, definidos pelos estatutos das entidades.

(B) Denomina-se contrato de gestão o instrumento que, passível de ser firmado entre o poder público e as OSCIPs, seja destinado à formação de vínculo de cooperação para o fomento e a execução das atividades de interesse público.

(C) O contrato de gestão representa verdadeira cooperação entre as partes no tocante ao interesse público a ser perseguido, sendo vedada, porém, a contratação direta que, feita com entidade colaboradora, implique, de algum modo, dispensa de licitação.

(D) O termo de parceria é ajuste que somente se consuma após aprovação do ministro de Estado ou de autoridade supervisora da área correspondente à atividade fomentada.

(E) As organizações sociais e as OSCIPs detêm personalidade jurídica de direito privado e não têm fins lucrativos.

A: incorreta. Não há essa exigência legal para as OSCIP´s, diversamente do que ocorre para as Organizações Sociais no art. 3º da Lei nº 9.637/1998; **B:** incorreta. Segundo o art. 9º da Lei nº 9.790/1999, o instrumento passível de ser firmado entre o Poder Público e as OSCIP´s é o chamado *termo de parceria*, o qual se destina à formação de vínculo de cooperação entre as partes, para o fomento e execução das atividades de interesse público; **C:** incorreta. Organização social é a qualificação dada a pessoa jurídica de direito privado, sem fins lucrativos, instituída por iniciativa de particulares e que receba delegação do Poder Público, mediante contrato de gestão, para desempenhar serviços de natureza social. A organização social não surge por iniciativa do poder público, mas em decorrência de habilitação de associação ou fundação perante ele, nos termos previstos na Lei nº 9.637/1998. Essa lei previu a inserção no art. 24 da Lei nº 8.666/1993 precisamente de hipótese de dispensa de licitação em seu inciso XXIV "para a celebração de contratos de prestação de serviços com as organizações sociais, qualificadas no âmbito das respectivas esferas de governo, para atividades contempladas no contrato de gestão"; **D:** incorreta. Termo de parceria é o instrumento passível de ser firmado entre o Poder Público e as OSCIP´s, o qual se destina à formação de vínculo de cooperação entre as partes, para o fomento e execução das atividades de interesse público. Segundo o parágrafo 1º do art. 10 da Lei nº 9.790/1999, sua celebração é precedida de consulta aos Conselhos de Políticas Públicas das áreas correspondentes de atuação existentes, nos respectivos níveis de governo; **E:** correta. Vide art. 1º da Lei nº 9.637/1998 (que trata das organizações sociais) e art. 1º da Lei nº 9.790/1999 (que trata das organizações da sociedade civil de interesse público). **FMB**
„Gabarito „E".

6. SERVIDORES PÚBLICOS

6.1. VÍNCULOS (CARGO, EMPREGO E FUNÇÃO)

(Juiz – TJ-SC – FCC – 2017) Rafael Da Vinci foi nomeado Delegado de Polícia Federal e, ao fim do período de estágio probatório, foi reprovado na avaliação de desempenho e exonerado do cargo. Inconformado, ajuizou ação visando a anular o processo administrativo que culminou em sua exoneração. Nesse ínterim, prestou concurso para Delegado de Polícia Estadual, sendo aprovado e empossado no referido cargo. Sobreveio, então, decisão definitiva na ação judicial por ele ajuizada, anulando o ato expulsório. Neste caso,

(A) por força de efeito *ope judicis*, a nomeação e posse no cargo de Delegado de Polícia Estadual tornam-se, automaticamente, insubsistentes.

(B) trata-se de situação em que haverá a recondução de Rafael no cargo de Delegado da Polícia Federal, gerando a vacância do cargo de Delegado de Polícia Estadual.

(C) a ação proposta deveria ter sido extinta, por falta de interesse de agir, pois ao assumir outro cargo público, Rafael violou o princípio *nemo potest venire contra factum proprium*.

(D) para ser reintegrado no cargo de Delegado de Polícia Federal, Rafael deverá requerer a exoneração do cargo de Delegado de Polícia Estadual.

(E) Rafael deverá ser reintegrado no cargo de Delegado de Polícia Federal, ainda que deseje permanecer no cargo estadual, por força do efeito vinculante da coisa julgada.

A: incorreta. Não há interferência do decidido na sentença de anulação do ato exoneratório com a aprovação e nomeação em outro concurso público, eis que se tratam de cargos independentes, inclusive entre si, vinculados a órgãos diferentes, sem qualquer relação jurídica entre ambos, portanto; **B:** incorreta. A reintegração é instituto próprio do servidor estável, não se aplicando, portanto, ao agente público do enunciado, que não foi aprovado no estágio probatório; **C:** incorreta. O interesse de agir é legítimo, eis que o servidor tem o direito de rever decisão administrativa que discorde. Também não há comportamento contraditório ("venire contra factum proprium"), que, aliás, se aplica às relações contratuais, mas mesmo pensando no vínculo institucional, o servidor pode querer retornar ao cargo inicialmente ocupado e que perdeu por alguma injustiça, tendo prestado outro concurso público, inclusive, somente porque perdeu o cargo anterior, ou seja, para não ficar desempregado; **D:** correta. Sendo cargos inacumuláveis (art. 37, XVI, CF), o servidor deverá escolher um dos cargos, ou ainda, para retornar ao anteriormente ocupado, terá que pedir exoneração do atualmente ocupado; **E:** incorreta. Os cargos são inacumuláveis e, mesmo com a sentença anulatória de sua exoneração, ainda poderá decidir permanecer no novo cargo. A sentença não o obriga a ocupar nenhum dos cargos, sendo uma opção do próprio servidor. **AW**
„Gabarito „D".

(Juiz – TJ/SP – VUNESP – 2015) O regime jurídico dos servidores públicos tem um amplo tratamento na Constituição federal, além de ser disciplinado em lei estatutária de cada ente da federação. Com relação ao regime geral dos servidores públicos, é correto afirmar que

(A) no direito brasileiro é possível que um não servidor público exerça função pública sem que o agente seja ocupante de cargo público em que tenha sido regularmente investido.

(B) um servidor aposentado pelo regime de previdência do setor público somente poderá acumular os proventos com a remuneração de cargo público se o cargo em que se aposentou e aquele posteriormente ocupado forem acumuláveis nos termos da Constituição.

(C) o servidor público estável só pode ser demitido a bem do serviço público após processo administrativo disciplinar em que lhe seja assegurado o amplo direito de defesa exercida por meio de advogado por ele constituído ou dativo.

(D) o servidor aprovado em concurso público, após adquirir estabilidade, só pode deixar de ocupar o cargo no qual foi investido por promoção, exoneração a pedido ou após regular processo administrativo disciplinar ou ainda quando requerer a aposentadoria, preenchidos os requisitos legais.

A: correta. A alternativa descreve a situação de um agente honorífico, por exemplo, como um jurado, um mesário, sendo colaboradores do Estado e equiparados a agentes públicos, sem assim serem. **B:** incorreta. A palavra "somente" é que determina o erro da assertiva, pois além dessa hipótese prevista, ainda há outras duas hipóteses de cumulação da aposentadoria com os cargos em comissão e cargos eletivos, conforme disposto no art. 40, § 11, CF. **C:** incorreta. O art. 41, § 1º, CF dispõe que o servidor estável poderá perder o cargo após processo administrativo, assegurada a ampla defesa, assim como o judicial, após sentença transitada em julgado e em processo de avaliação periódica de desempenho, na forma da lei complementar. Portanto, não há nenhuma exigência de defesa de advogado dativo ou constituído, além de haver outras hipóteses, como anteriormente enumeradas. **D:** incorreta. Há outras hipóteses de perda do cargo público pelo servidor estável, como explicado na alternativa anterior, sendo elas a sentença judicial transitada em julgado e o processo administrativo de avaliação periódica de desempenho, que não constam dessa letra "d". **AW**
Gabarito "A".

(Juiz de Direito – TJM/SP – VUNESP – 2016) O cargo público é utilizado como instrumento de organização da estrutura administrativa e sujeita-se a regime jurídico de direito público peculiar, a respeito do qual é correto afirmar:

(A) a discricionariedade quanto à investidura do sujeito atribui à autoridade superior uma competência incondicionada para prover e exonerar os cargos em comissão.

(B) a Constituição permite a criação de cargos em comissão com atribuições que apresentem um cunho de confiança diferenciado, os quais poderão ser adotados apenas para funções de direção, chefia e assessoramento.

(C) o provimento de cargo público efetivo é condicionado ao preenchimento de requisitos objetivos, usualmente avaliados mediante concurso público, cujo prazo de validade será de dois anos, descabida a prorrogação.

(D) o nepotismo e o compadrio são práticas violadoras dos mais comezinhos fundamentos do Estado Democrático de Direito e, por isso mesmo, vedadas não só ao Executivo e ao Legislativo, mas também ao Judiciário

em relação aos cargos em comissão ou em caráter efetivo.

(E) compete ao Tribunal de Contas apreciar, para fins de registro, a legalidade dos atos de admissão de pessoal, a qualquer título, inclusive a nomeação para cargo em comissão.

A: incorreta. Não há discricionariedade na investidura de todos os cargos públicos. Ela existe nos cargos em comissão, além de que a competência é sempre delimitada pela lei, não sendo incondicionada, mesmo no caso de nomeação de servidores para ocuparem cargos em comissão. **B:** correta. Os cargos em comissão destinados a atribuições de direção, chefia e assessoramento podem ser criados e serem ocupados por servidores de carreira, na forma e percentuais determinados por lei (art. 37, V, CF). **C:** incorreta. Há dois erros nessa assertiva: um no que diz respeito a ser usual o concurso público para preenchimento de cargos efetivos, eis que é obrigatório (art. 37, II, CF) e, outro, no que diz respeito à impossibilidade de prorrogação dos concursos públicos, sendo exatamente o contrário do previsto no art. 37, III, CF. **D:** incorreta. O nepotismo retrata a violação de diversos princípios administrativos, como da moralidade, impessoalidade, legalidade, não sendo esses "comezinhos", e sim, fundamentos do Regime Jurídico Administrativo e do Estado Democrático de Direito. **E:** incorreta. O art. 71, III, CF determina que os cargos em comissão estão excluídos da apreciação pelos Tribunais de Contas. **AW**
Gabarito "B".

(Magistratura/SP – 2013 – VUNESP) Configura ilegalidade a demissão, pelo superior, de funcionário que exerce cargo de confiança, demissível *ad nutum*, quando a demissão

(A) fundamentar-se na prática de ato de improbidade administrativa tipificado, devidamente comprovado em processo administrativo regular.

(B) estiver fundamentada na prática de ato de improbidade administrativa não tipificado.

(C) for desprovida de motivação.

(D) apoiar-se em ilícito administrativo, comprovado em processo administrativo regular.

A: incorreta, pois a demissão, no caso, certamente será sanção disciplinar prevista no estatuto local de funcionário público; **B:** correta, pois se o ato não é tipificado enquanto ato de improbidade administrativa, não haverá porque se aplicar a sanção disciplinar de demissão, de modo que, de fato, haverá ilegalidade numa demissão com essas características; **C:** incorreta, pois, em se tratando de cargo em comissão, o desligamento do agente público independe de motivação, de modo que não é ilegal o desligamento desprovido de motivação; vale destacar que a questão não usou as melhores expressões jurídicas na sua elaboração; isso porque a expressão "demissão" em sentido estrito, significa desligamento motivado por infração disciplinar grave de servidor, ao passo que desligamento de agente ocupante de cargo em comissão leva o nome de exoneração; de qualquer forma, como o próprio enunciado usou a expressão demissão em sentido amplo (abrangendo desligamentos em geral), ao usar o termo "demissível *ad nutum*", temos que considerar não ilegal o tipo de desligamento mencionado na alternativa; **D:** incorreta, pois, comprovado o ilícito administrativo, é possível sim aplicar a sanção disciplinar de "demissão", nos termos do que dispuser o estatuto local de funcionário público. **WG**
Gabarito "B".

(Magistratura/SP – 2013 – VUNESP) A Súmula Vinculante n. 13 do STF, que proíbe o nepotismo na esfera dos três poderes da República,

6. DIREITO ADMINISTRATIVO   433

(A) não alcança os serviços extrajudiciais de notas e de registro, pois estes têm caráter privado e seus titulares não exercem cargo público efetivo nem ocupam cargo público (ADI 2.602-0 do STF) e nada os impede de contratar parentes pelo regime da CLT.

(B) impede a contratação de cônjuge e parentes de primeiro grau de magistrados nos serviços extrajudiciais de notas e registros situados na mesma Comarca onde o magistrado exerce a jurisdição.

(C) alcança as serventias extrajudiciais porque, como estão submetidas à fiscalização pelo Poder Judiciário, devem ser havidas como órgãos públicos, submetendo- se, portanto, à Súmula n. 13.

(D) alcança o cônjuge e parentes até o terceiro grau dos titulares dos serviços extrajudiciais de notas e de registros.

A: correta, nos termos do próprio fundamento apresentado, ou seja, pelo fato de que tais delegações, uma vez concedidas, são administradas em caráter privado, inclusive mediante contratação de funcionários pelo regime regular da CLT; os únicos elementos de direito público em tais delegações são os atos praticados pelos notários e registradores (que são considerados atos administrativos) e a fiscalização exercida sobre estes pela corregedoria respectiva; no mais, os funcionários do cartório praticam apenas atos materiais de colaboração com os atos praticados pelos delegatários de tais serviços de notas e de registro; **B** a **D:** incorretas, por conta do regime privado existente na relação entre os agentes delegatários desses serviços e seus funcionários. **WG**
Gabarito "A"

(Magistratura/SP – 2011 – VUNESP) Rivaldo Batera prestou concurso público e foi classificado em 1.º lugar. Foi nomeado, passou por inspeção médica, tomou posse e deixou decorrer *in albis* o prazo para entrar em exercício. Indique a alternativa correta.

(A) Rivaldo será demitido, sem sindicância.

(B) Rivaldo será exonerado, após o processo administrativo respectivo.

(C) Rivaldo será removido.

(D) Rivaldo será exonerado.

(E) Rivaldo será exonerado, mas receberá a partir da data da nomeação.

Três momentos devem ser destacados. O primeiro é a *nomeação*. A simples nomeação não torna alguém servidor público. O segundo momento é a *posse*. Esta é a aceitação do cargo. Com a posse ocorre a investidura no cargo, de maneira que, a partir desse momento, o nomeado passa a ser servidor público. E o terceiro momento é a *entrada em exercício*, que consiste em o servidor começar a trabalhar. A partir desse momento, o servidor passa a ter direito à remuneração. Quando alguém é nomeado e não toma posse, não é necessário exonerar tal pessoa, pois esta sequer chegou a ser servidor público. Nesse caso, a Administração ficará livre para nomear outra pessoa que tiver sido aprovado no concurso. Já no caso em que alguém é nomeado e toma posse, mas não entra em exercício no prazo fixado na lei, aí sim temos alguém que já é servidor público (pois tomou posse!), o que impõe que a Administração promova a sua exoneração do cargo. Nesse caso, como o servidor não chegou a trabalhar, será exonerado sem que tenha direito de receber uma remuneração. **WG**
Gabarito "D"

(Magistratura/MG – 2012 – VUNESP) Analise as afirmações a seguir.

I. Maria, servidora estável, reingressou no serviço público após ter sido colocada em disponibilidade em decorrência da extinção do cargo que ocupava.

II. João, servidor aposentado por invalidez, retornou à ativa após ser constatada pela perícia médica a insubsistência dos motivos que levaram à sua aposentadoria.

III. Manuel, policial militar, retornou à corporação após a Administração ter constatado a ilegalidade do ato que o demitiu.

IV. Alice, reprovada no estágio probatório do cargo para o qual foi nomeada, voltou a ocupar cargo que antes titularizava.

Os nomes dessas hipóteses de provimento derivado apresentadas são, correta e respectivamente,

(A) (I) transposição; (II) readmissão; (III) reintegração; (IV) recondução.

(B) (I) reversão; (II) aproveitamento; (III) recondução; (IV) reintegração.

(C) (I) aproveitamento; (II) reversão; (III) reintegração; (IV) recondução.

(D) (I) readmissão; (II) reversão; (III) reintegração; (IV) aproveitamento.

Utilizando como parâmetro o Estatuto dos Servidores Públicos Federais, temos as seguintes situações: I: aproveitamento (art. 41, § 3º, da CF e art. 30 da Lei 8.112/1990); II: reversão (art. 25, I, da Lei 8.112/1990); III: reintegração (art. 28 da Lei 8.112/1990); IV: recondução (art. 29, I, da Lei 8.112/1990). **WG**
Gabarito "C"

(Magistratura/SP – 2011 – VUNESP) A Câmara Legislativa de Canguçu do Norte edita lei, por sua iniciativa, transformando cargos e funções de servidores públicos da Prefeitura Municipal que prestam, eventualmente, serviço junto ao Poder Judiciário local. É correto afirmar que:

(A) é lícita tal conduta, porquanto é missão precípua do Poder Legislativo editar leis.

(B) é ilícita tal conduta, porquanto trata-se de funcionários que, a rigor, prestam serviços junto ao Judiciário, daí por que a iniciativa deveria ser deste.

(C) em se tratando de servidores públicos do executivo municipal, é inadmissível tal conduta, vez que tal transformação só pode ocorrer por meio de lei de iniciativa do executivo local.

(D) tal conduta é inadmissível, pois é impossível tal transformação.

(E) é impossível tal conduta sem que haja anuência do Poder Judiciário.

De fato, em se tratando de servidores públicos do executivo municipal, a iniciativa da lei é do executivo local, e não do Legislativo (art. 61, § 1º, II, "a" e "c", da CF). **WG**
Gabarito "C"

6.2. ACESSIBILIDADE E CONCURSO PÚBLICO

(Magistratura Federal-4ª Região – 2010) Dadas as assertivas abaixo, assinale a alternativa correta: Segundo o entendimento consolidado do Superior Tribunal de Justiça:

I. O candidato aprovado dentro do número de vagas previsto no edital de concurso público possui direito subjetivo à nomeação para o cargo a que concorreu e foi classificado.

II. A aprovação em concurso público não assegura a nomeação, mas sim mera expectativa de direito, pois o provimento de cargo fica adstrito ao juízo de conveniência e oportunidade da Administração Pública.

III. A contratação temporária de terceiros no prazo de validade de concurso público só é admissível se já ocorreu o preenchimento de todas as vagas existentes de cargos de provimento efetivo.

IV. Não é possível o controle judicial de questões formuladas em concurso público quanto à sua adequação ou não ao programa do certame.

(A) Está correta apenas a assertiva II.

(B) Está correta apenas a assertiva III.

(C) Estão corretas apenas as assertivas I e III.

(D) Estão corretas apenas as assertivas II e IV.

(E) Nenhuma assertiva está correta.

I: correta, pois os tribunais superiores entendem que o candidato aprovado em concurso tem *direito* de ser nomeado *no limite das vagas previstas no respectivo edital*, uma vez que a Administração, ao estabelecer o número de vagas no edital, *vincula-se* a essa escolha e cria expectativa nos candidatos, impondo-se as nomeações respectivas, em respeito aos princípios da *boa-fé*, *razoabilidade*, *isonomia* e *segurança jurídica*; II: incorreta, pois, conforme mencionado, o aprovado em concurso público nos limites das vagas previstas no edital tem direito de ser nomeado, e não mera expectativa de direito; III: correta, vez que, enquanto existirem candidatos aprovados e vagas de cargos efetivos a serem preenchidas, não há como se justificar a contratação temporária de terceiros; IV: incorreta, pois o STJ tem o seguinte entendimento: "excepcionalmente, em caso de flagrante ilegalidade e quando dissociada das regras do edital, o Judiciário tem anulado questão objetiva de prova de concurso público" (RMS 21.617, j. 27.05.08); no caso em tela, quando uma questão aparece num concurso público sem que o tema de que a questão trate esteja previsto no programa estabelecido no edital, o Judiciário poderá anular essa questão. FMB
Gabarito "C".

6.3. EFETIVIDADE, ESTABILIDADE E VITALICIEDADE

(Magistratura/RJ – 2011 – VUNESP) Estabilidade é a garantia constitucional de permanência no serviço público, outorgada ao servidor que, nomeado para cargo de provimento e efetivo, em virtude de concurso público, tenha transposto o estágio probatório de três anos, após ser submetido à avaliação especial de desempenho por comissão instituída para essa finalidade. Nesse contexto, é correto asseverar que

(A) não há que se confundir efetividade com estabilidade, porque aquela é uma característica da nomeação, e esta é um atributo pessoal do ocupante do cargo, adquirido após a satisfação de certas condições de seu exercício.

(B) comprovado durante o estágio probatório que o servidor público não satisfaz as exigências da Administração, pode ser demitido, após processo administrativo disciplinar.

(C) o servidor estável não pode ser removido ou transferido.

(D) a título de indenização, o servidor estável exonerado em razão da redução de despesa fará jus à indenização correspondente a um mês de remuneração por ano de serviço, excluindo-se o décimo-terceiro salário, férias proporcionais e aquelas não gozadas.

A: correta, pois traz a exata diferenciação entre os dois institutos; **B:** incorreta, pois, nesse caso, deve-se promover a exoneração e não a demissão; demite-se alguém que tenha cometido infração disciplinar, que não é o caso; **C:** incorreta, pois não há impedimento legal nesse sentido; a estabilidade garante apenas o direito de não ser desligado sem vontade do estável, ressalvadas as exceções legais (exoneração por avaliação de desempenho insatisfatória, demissão após processo disciplinar com ampla defesa e exoneração para atendimento de limites de despesa com pessoal); **D:** incorreta, pois serão devidos sim décimo--terceiro salário e férias proporcionais. WG
Gabarito "A".

6.4. PREVIDÊNCIA DO SERVIDOR: APOSENTADORIA, PENSÃO E OUTROS BENEFÍCIOS

(Magistratura/PE – 2013 – FCC) Os servidores titulares de cargos efetivos dos Estados, que hoje ingressam no serviço, sujeitam-se a regras constitucionais que disciplinam sua aposentadoria. Considere, a respeito, os itens abaixo sobre hipóteses de aposentadoria e respectivo critério de cálculo de proventos:

I. por invalidez permanente, com proventos integrais.

II. compulsoriamente, aos setenta anos de idade, com proventos proporcionais ao tempo de serviço.

III. voluntariamente, desde que cumprido tempo mínimo de dez anos de efetivo exercício no serviço público e cinco anos no cargo efetivo em que se dará a aposentadoria, observadas as seguintes condições: a) sessenta anos de idade e trinta e cinco de contribuição, se homem, e cinquenta e cinco anos de idade e trinta de contribuição, se mulher; b) sessenta e cinco anos de idade, se homem, e sessenta anos de idade, se mulher, com proventos proporcionais ao tempo de contribuição.

Está harmônico com as regras gerais constantes da Constituição o que consta APENAS em

(A) II.

(B) II e III.

(C) I e II.

(D) III.

(E) I.

I: incorreta, pois nesse caso os proventos são *proporcionais* ao tempo de contribuição (art. 40, § 1º, I, da CF); II: incorreta, pois nesse caso os proventos são proporcionais ao tempo de *contribuição* (art. 40, § 1º, II, da CF); III: correta (art. 40, § 1º, III, da CF). WG
Gabarito "D".

(Magistratura/RO – 2011 – PUCPR) Dadas as assertivas abaixo, assinale a única **CORRETA.**

(A) Os servidores abrangidos pelo regime de previdência de que trata o *caput* do artigo 40 da Constituição Federal serão aposentados compulsoriamente, aos setenta

6. DIREITO ADMINISTRATIVO

435

e dois anos de idade, com proventos proporcionais ao tempo de contribuição.

(B) A União, os Estados e o Distrito Federal manterão escolas de governo para a formação e o aperfeiçoamento dos servidores públicos, constituindo-se a participação nos cursos um dos requisitos para a promoção na carreira, facultada, para isso, a celebração de convênios ou contratos entre os entes federados.

(C) Os proventos de aposentadoria e as pensões, por ocasião de sua concessão, não poderão exceder a remuneração global do respectivo servidor, consistente na soma da remuneração do cargo efetivo em que se deu a aposentadoria ou que serviu de referência para a concessão da pensão, com a remuneração de até outro cargo público, desde que efetivo.

(D) A lei poderá estabelecer formas de contagem de tempo de contribuição fictício para ajustes de casos especiais, observadas as circunstâncias justificáveis.

(E) São estáveis, após três anos de efetivo exercício, os servidores nomeados para cargo de provimento efetivo em virtude de concurso público. Uma vez adquirida a estabilidade, o servidor público só perderá o cargo em duas hipóteses ou circunstâncias: em virtude de sentença judicial transitada em julgado e mediante processo administrativo em que lhe seja assegurada ampla defesa.

A: incorreta, pois a aposentadoria compulsória se dá aos 70 anos, e não aos 72 anos (art. 40, § 1º, II, da CF); **B:** correta (art. 39, § 2º, da CF); **C:** incorreta, pois, ressalvadas as exceções constitucionais, é vedada a percepção de mais de uma aposentadoria à conta do regime de previdência próprio do servidor (art. 40, § 6º, da CF); dessa forma, não será possível que o servidor receba os dois proventos mencionados; **D:** incorreta, pois a lei não poderá estabelecer qualquer forma de contagem de tempo de contribuição fictício (art. 40, § 10, da CF); **E:** incorreta, pois o servidor estável também poderá perder o cargo por não aprovação em avaliação periódica de desempenho, na forma de lei complementar, assegurada ampla defesa (art. 41, § 1º, III, da CF), e também para atendimento a limite de despesas com pessoal (art. 169, § 4º, da CF). **WG**
Gabarito "B".

6.5. DIREITOS, DEVERES E PROIBIÇÕES DO SERVIDOR PÚBLICO

(Juiz – TRF 4ª Região – 2016) Dadas as assertivas abaixo, assinale a alternativa correta.

I. O candidato aprovado fora das vagas previstas no edital tem direito subjetivo à nomeação se, após serem preenchidas todas as vagas, surgirem novas vagas durante o prazo de validade do certame.

II. É taxativo o rol de doenças graves na Lei do Regime Jurídico Único para efeito de aposentadoria por invalidez permanente com proventos integrais.

III. O registro imobiliário não é oponível em face da União para afastar o regime dos terrenos de marinha.

(A) Estão corretas apenas as assertivas I e II.

(B) Estão corretas apenas as assertivas I e III.

(C) Estão corretas apenas as assertivas II e III.

(D) Estão corretas todas as assertivas.

(E) Nenhuma assertiva está correta.

A: incorreta. A assertiva I está incorreta. Somente possuem direito subjetivo à nomeação os candidatos aprovados dentro do número de vagas previsto no edital (súmula 511 do STJ); **B:** incorreta. A assertiva I está incorreta, conforme já explicado acima; **C:** correta. **RE 656860:** Pertence, portanto, ao domínio normativo ordinário a definição das doenças e moléstias que ensejam aposentadoria por invalidez com proventos integrais, cujo rol, segundo a jurisprudência assentada pelo STF, tem natureza taxativa.; **D:** correta. Estão corretos os itens II e III, da questão, sendo que, quanto ao item III, sabemos que os terrenos de marinha são de propriedade da União (art. 20, VII, CF), de forma que o Registro de Imóvel não afasta essa propriedade constitucionalmente deferida ao ente político, conforme dispõe a súmula 496 do STJ; **E:** incorreta. As assertivas II e III estão corretas. **AW**
Gabarito "C".

6.6. INFRAÇÕES E PROCESSOS DISCIPLINARES

(Juiz – TRF 4ª Região – 2016) Dadas as assertivas abaixo, assinale a alternativa correta. Sobre o processo administrativo-disciplinar no âmbito federal:

I. A portaria de instauração do processo administrativo-disciplinar prescinde de minuciosa descrição dos fatos imputados, sendo certo que a exposição pormenorizada dos acontecimentos se mostra necessária somente quando do indiciamento do servidor.

II. O prazo prescricional interrompido com a abertura do processo administrativo- disciplinar voltará a correr por inteiro após o decurso do prazo legal para o encerramento do procedimento.

III. Instaurado o competente processo administrativo-disciplinar, fica superado o exame de eventuais irregularidades ocorridas durante a sindicância.

IV. A autoridade administrativa pode aplicar a pena de demissão quando em processo administrativo-disciplinar, é apurada a prática de ato de improbidade por servidor público, tendo em vista a independência das instâncias civil, penal e administrativa.

(A) Estão corretas apenas as assertivas I e II.

(B) Estão corretas apenas as assertivas II e III.

(C) Estão corretas apenas as assertivas I, III e IV.

(D) Estão corretas apenas as assertivas II, III e IV.

(E) Estão corretas todas as assertivas.

A: incorreta. Temos como corretas as assertivas I, II, III e IV, conforme análise a seguir:
I: correta. A portaria de instauração do processo disciplinar prescinde de minuciosa descrição dos fatos imputados, sendo certo que a exposição pormenorizada dos acontecimentos se mostra necessária somente quando do indiciamento do servidor (MS 17053/DF; RMS 34473/MS); **II:** correta. O prazo prescricional interrompido com a abertura do Processo Administrativo Disciplinar – PAD voltará a correr por inteiro após 140 dias, uma vez que esse é o prazo legal para o encerramento do procedimento (MS 15859/DF); **III:** correta. Instaurado o competente processo administrativo disciplinar, fica superado o exame de eventuais irregularidades ocorridas durante a sindicância. Precedentes: RMS 37871/SC, Rel. Min. Herman Benjamin, 2ª Turma, j. 07.03.2013, *DJe* 20.03.2013; MC 21602/ES (decisão monocrática), Rel. Min. Benedito Gonçalves, j. 03.09.2013, *DJe* 09.09.2013; **IV:** correta: A autoridade administrativa pode aplicar a pena de demissão quando em processo administrativo disciplinar é apurada a prática de ato de improbidade por servidor público, tendo em vista a independência das instâncias civil, penal e administrativa (art. 12, da Lei 8.429/1992 e arts. 125 e 126, da Lei 8.112/1990).

B: incorreta. Todas as assertivas são corretas; **C:** incorreta. Todas as assertivas são corretas; **D:** incorreta. Todas as assertivas são corretas; **E:** correta. Todas as assertivas são corretas. (AW)

Gabarito "E".

(Juiz – TRF 2ª Região – 2017) Entre as opções abaixo, apenas uma, nos termos da Lei nº 8.112/90, NÃO é causa de demissão do servidor público. Assinale-a:

(A) Inassiduidade habitual.

(B) Coagir subordinado, no sentido de filiar-se a partido político.

(C) Proceder de forma desidiosa.

(D) Receber presente ou vantagem de qualquer espécie, em razão de suas atribuições.

(E) Participar de gerência ou administração de sociedade.

A: incorreta. Há previsão dessa conduta no art. 132, III, da Lei 8.112/1990; **B:** correta. Não há previsão dessa conduta pela lei, de forma que ela é atípica para esse tipo de penalidade; **C:** incorreta. Há previsão dessa conduta no art. 132, XIII, da Lei 8.112/1990; **D:** incorreta. Há previsão da conduta no art. 132, XIII, da Lei 8.112/1990; **E:** incorreta. Há previsão da conduta no art. 132, XIII, da Lei 8.112/1990. AW

Gabarito "B".

(Juiz – TRF 4ª Região – 2016) Dadas as assertivas abaixo, assinale a alternativa correta.

I. O candidato aprovado fora das vagas previstas no edital tem direito subjetivo à nomeação se, após serem preenchidas todas as vagas, surgirem novas vagas durante o prazo de validade do certame.

II. É taxativo o rol de doenças graves na Lei do Regime Jurídico Único para efeito de aposentadoria por invalidez permanente com proventos integrais.

III. O registro imobiliário não é oponível em face da União para afastar o regime dos terrenos de marinha.

(A) Estão corretas apenas as assertivas I e II.

(B) Estão corretas apenas as assertivas I e III.

(C) Estão corretas apenas as assertivas II e III.

(D) Estão corretas todas as assertivas.

(E) Nenhuma assertiva está correta.

A: incorreta. A assertiva I está incorreta. Somente possuem direito subjetivo à nomeação os candidatos aprovados dentro do número de vagas previsto no edital (súmula 511 do STJ); **B:** incorreta. A assertiva I está incorreta, conforme já explicado acima; **C:** correta. RE 656860: Pertence, portanto, ao domínio normativo ordinário a definição das doenças e moléstias que ensejam aposentadoria por invalidez com proventos integrais, cujo rol, segundo a jurisprudência assentada pelo STF, tem natureza taxativa.; **D:** correta. Estão corretos os itens II e III, da questão, sendo que, quanto ao item III, sabemos que os terrenos de marinha são de propriedade da União (art. 20, VII, CF), de forma que o Registro de Imóvel não afasta essa propriedade constitucionalmente deferida ao ente político, conforme dispõe a súmula 496 do STJ; **E:** incorreta. As assertivas II e III estão corretas. AW

Gabarito "C".

(Magistratura/CE – 2012 – CESPE) Em face da disciplina estabelecida nas Leis n. 8.112/1990 e n. 9.784/1999, assinale a opção correta a respeito do regime administrativo disciplinar e do processo administrativo.

(A) O prazo de conclusão de processo disciplinar, cujas fases são a instauração, o inquérito administrativo e o julgamento, não pode exceder sessenta dias, contados da data de publicação do ato que constituir a comissão, admitida sua prorrogação por igual prazo, quando as circunstâncias o exigirem.

(B) As denúncias sobre irregularidades devem ser apuradas mediante a instauração de sindicância, ainda que o fato narrado não configure evidente infração disciplinar, sendo necessários, para a referida instauração, a identificação e o endereço do denunciante e a formulação por escrito das denúncias, confirmada a sua pertinência.

(C) A jurisprudência do STF firmou o entendimento de que é obrigatória a presença de advogado em todas as fases do processo administrativo disciplinar.

(D) Para o atendimento do interesse público e a proteção dos direitos dos particulares, os atos do processo administrativo estão sujeitos a formas determinadas, e, para a garantia da autenticidade e da segurança dos autos processuais, a legislação exige, como regra, o reconhecimento de firma e a autenticação dos documentos apresentados em cópia.

(E) O processo administrativo disciplinar deve ser conduzido por comissão composta de três servidores estáveis designados pela autoridade competente, vedada a apuração por entidade ou órgão diverso daquele em que tenha ocorrido a irregularidade.

A: correta (art. 152 da Lei 8.112/1990); **B:** incorreta, pois, quando o fato narrado não configurar evidente infração disciplinar ou ilícito penal, será arquivada, por falta de objeto (art. 144, parágrafo único, da Lei 8.112/1990); **C:** incorreta, pois a Súmula Vinculante STF n. 5º estabelece que "a falta de defesa técnica por advogado no processo administrativo disciplinar não ofende a Constituição"; **D:** incorreta, pois é o contrários, ou seja, os atos administrativos do processo não dependem de forma determinada senão quando a lei expressamente a exigir (art. 22, *caput*, da Lei 9.784/1999); ademais, o reconhecimento de firma não deve ser exigido como regra, mas apenas em caso de dúvida acerca da autenticidade (art. 22, § 2º, da Lei 9.784/1999); **E:** incorreta, pois a apuração "poderá ser promovida por autoridade de órgão ou entidade diverso daquele em que tenha ocorrido a irregularidade, mediante competência específica para tal finalidade, delegada em caráter permanente pelo Presidente da República, pelos presidentes das Casas do Poder Legislativo e dos Tribunais Federais e pelo Procurador-Geral da República, no âmbito do respectivo Poder, órgão ou entidade, preservadas as competências para o julgamento que se seguir à apuração" (art. 149, *caput*, c/c art. 143, §3º, ambos da Lei 8.112/1990). WG

Gabarito "A".

(Magistratura/ES – 2011 – CESPE) No que diz respeito aos servidores públicos, assinale a opção correta à luz da legislação aplicável e da jurisprudência do STJ.

(A) O empregado de sociedade de economia mista não pode ser equiparado a funcionário público para fins penais.

(B) A autoridade administrativa não pode instaurar processo administrativo disciplinar para a apuração de falta comedida por servidor público e, simultaneamente, ajuizar ação de improbidade administrativa que tenha por objeto o mesmo fato.

(C) Na hipótese de aplicação de pena de demissão a servidor público submetido a processo administra-

6. DIREITO ADMINISTRATIVO

tivo disciplinar, o controle jurisdicional é amplo, no sentido de verificar se há motivação para o ato demissório.

(D) A legislação estabelece o direito de o servidor público federal afastar-se de suas atribuições, por prazo indeterminado e sem remuneração, para acompanhar cônjuge ou companheiro que tenha sido deslocado para outro ponto do território nacional, desde que este seja também servidor público.

(E) O servidor público federal tem direito a licença sem remuneração para desempenho de mandato em associação de classe de âmbito nacional, pelo período correspondente à duração do mandato, vedada prorrogação.

A: incorreta, pois o conceito de funcionário público para fins penais inclui aquele que tem emprego público (art. 327 do CP), que é vínculo que se tem nesse tipo de entidade; **B:** incorreta, pois não há impedimento legal algum nesse sentido; aliás, as esferas civil, administrativa e penal são independentes da esfera da improbidade administrativa (art. 12, *caput*, da Lei 8.429/1992); **C:** correta, pois o Judiciário poderá investigar se há ou não motivação (requisito formal indispensável para a validade do ato), bem como se os motivos invocados são verdadeiros e pertinentes sob os aspectos da legalidade, da razoabilidade e da moralidade; **D:** incorreta, pois não é necessário que o cônjuge ou companheiro deslocado seja também servidor público (art. 84, *caput*, da Lei 8.112/1990); E: incorreta, pois a licença poderá ser prorrogada, no caso de reeleição, por uma vez só, diga-se de passagem (art. 92, § 2º, da Lei 8.112/1990). **WG**
Gabarito "C".

(Magistratura/PE – 2011 – FCC) Interpretando a Constituição Federal em matéria processual, o Supremo Tribunal Federal fixou entendimento no sentido de que a falta de defesa técnica por advogado no processo administrativo disciplinar

(A) não ofende a Constituição.

(B) ofende o princípio constitucional da ampla defesa.

(C) ofende o princípio constitucional do contraditório.

(D) ofende o princípio constitucional da moralidade.

(E) ofende o princípio constitucional da indispensabilidade do advogado à administração da justiça.

Segundo a Súmula Vinculante 5 do STF, "A falta de defesa técnica por advogado no processo administrativo disciplinar não ofende a Constituição". **WG**
Gabarito "A".

(Magistratura/RJ – 2011 – VUNESP) Leia as afirmações e assinale a alternativa correta.

(A) O Poder Judiciário pode, se provocado, examinar os motivos e o conteúdo do ato de demissão, para julgar se ele é, ou não, legítimo frente à lei e aos princípios, em especial aos da proporcionalidade e razoabilidade.

(B) O Poder Judiciário pode substituir ou modificar penalidade disciplinar a pretexto de fazer justiça. **(C)** A falta de defesa técnica por advogado no processo administrativo disciplinar ofende a Constituição.

(D) O julgamento fora do prazo acarreta a nulidade do processo disciplinar.

A: correta, pois o Judiciário poderá investigar se há ou não motivação (requisito formal indispensável para a validade do ato), bem como se os motivos invocados são verdadeiros e pertinentes sob os aspectos da legalidade, da razoabilidade e da moralidade; **B:** incorreta, sob pena de violação ao princípio da separação e independência dos Poderes; **C:** incorreta, pois a Súmula Vinculante 5 dispõe justamente o contrário; **D:** incorreta, pois não há disposição legal ou jurisprudencial nesse sentido; o que pode haver é a prescrição pelo decurso de tempo excessivo sem decisão no processo administrativo. **WG**
Gabarito "A".

(Magistratura/SC – 2010) **Assinale a alternativa correta:**

I. O processo administrativo cria no espírito do servidor um clima de desconfiança, mesmo que ele se defenda do modo mais amplo possível, fato que legitima e prestigia a Administração Pública.

II. Além dos princípios gerais do processo judicial, o processo administrativo possui princípios típicos e próprios.

III. Processo administrativo e sindicância administrativa são meios utilizados pela Administração Pública para apurar ocorrências anômalas no serviço público, não podendo haver processo sem sindicância.

IV. A regra do *non bis in idem* no direito disciplinar significa: **1.** que pela mesma falta o servidor pode sofrer duas sanções da mesma natureza; **2.** que o servidor não pode sofrer uma suspensão por nove dias e, mais tarde, por 13 dias, em decorrência da mesma falta.

V. A verdade sabida é meio sumário para aplicar uma pena, porém deixou de ser admitida em nosso ordenamento jurídico em virtude do princípio do contraditório e da ampla defesa.

(A) Somente as proposições II, III e V estão corretas.

(B) Somente as proposições II e IV estão corretas.

(C) Somente as proposições I e IV estão corretas.

(D) Somente as proposições II e V estão corretas.

(E) Somente as proposições I e V estão corretas.

I: incorreta, pois esse não é um objetivo legítimo do processo administrativo, haverá desvio de finalidade, caso um processo administrativo seja instaurado para atingir essa finalidade; II: correta, podendo-se citar como exemplo os princípios do direito ao silêncio, "in dubio pro reo" e da presunção de inocência; III: incorreta, pois é possível instaurar processo administrativo disciplinar diretamente, em alguns casos (ex: art. 143 da Lei 8.112/1990); IV: incorreta, pois a primeira assertiva (item 1) é justamente o contrário do que prega a regra do *non bis in idem, ou seja, a regra de que o servidor não poderá sofrer mais de uma sanção pela falta de mesma natureza*; V: correta; a verdade sabida é aquela testemunhada ou conhecida inequivocamente pelo superior hierárquico e que enseja sanção leve; alguns estatutos admitem que a partir dela se imponha sanção, desde que seja garantida ampla defesa ou contraditório; porém, trata-se de instituto inconstitucional, pois não está de acordo com as garantias do contraditório e da ampla defesa. **WG**
Gabarito "D".

(Magistratura Federal - 4ª Região – 2010) Dadas as assertivas abaixo, assinale a alternativa correta:

I. O exercício do poder administrativo disciplinar não está subordinado ao trânsito em julgado da sentença penal condenatória exarada contra servidor público, embora a sua eventual absolvição criminal futura possa justificar a revisão da sanção administrativa, se não houver falta residual sancionável.

II. A falta de defesa técnica por advogado no processo administrativo disciplinar não ofende a Constituição Federal, desde que seja concedida a oportunidade de ser efetivado o contraditório e a ampla defesa.

III. O excesso de prazo para a conclusão de processo administrativo disciplinar não é causa de nulidade quando não demonstrado prejuízo à defesa do servidor.

IV. É inadmissível segunda punição de servidor público baseada no mesmo processo em que se fundou a primeira.

(A) Estão corretas apenas as assertivas I e II.

(B) Estão corretas apenas as assertivas I e III.

(C) Estão corretas apenas as assertivas III e IV.

(D) Estão corretas apenas as assertivas II, III e IV.

(E) Estão corretas todas as assertivas.

I: correta, pois as instâncias civil, penal e administrativa são independentes entre si, podendo ser apuradas em paralelo; ademais, é correta a afirmativa de que algumas absolvições penais (por negativa de autoria ou por inexistência material do fato) têm reflexo na esfera administrativa (art. 126 da Lei 8.112/1990); por fim, muitas vezes, mesmo uma absolvição criminal nos casos mencionados, não impedirá a aplicação de sanção disciplinar, caso algum comportamento praticado pelo agente público, e tipificado na esfera disciplinar, não esteja compreendido na absolvição criminal (Súmula 18 do STF: "pela falta residual, não compreendida na absolvição pelo juízo criminal, é admissível a punição administrativa do servidor público"); II: correta, pois está de acordo com a Súmula Vinculante nº 5 do STF ("A falta de defesa técnica por advogado no processo administrativo disciplinar não ofende a Constituição"); III: correta, pois, segundo o STJ, "o excesso de prazo para a conclusão do processo administrativo disciplinar não é causa de sua nulidade quando não demonstrado prejuízo à defesa do servidor" (MS 12.895-DF, j. 11/11/2009); IV: correta, sob pena de se violar o princípio do *non bis in idem*. **FMB**

Gabarito "E."

(Magistratura Federal-5ª Região – 2011) Jorge, servidor público federal, acusou sua colega de trabalho, Lúcia, também servidora pública federal, de ter-lhe atirado, enfurecida, durante o expediente de serviço e dentro do local de trabalho, o telefone celular a ele pertencente, o que lhe teria provocado lesão grave e a destruição do aparelho. Em sua defesa, Lúcia alegou que, no dia da mencionada agressão, não comparecera ao local de trabalho. Com base nessa situação hipotética e na Lei nº 8.112/1990, que dispõe sobre os deveres e obrigações do servidor público, assinale a opção correta com relação à responsabilização administrativa, civil e criminal da referida servidora.

(A) A responsabilidade civil-administrativa não resulta de ato omissivo praticado por servidor no desempenho do cargo ou função.

(B) A existência de sanção penal contra Lúcia inibe a aplicação de sanção administrativa, e vice-versa.

(C) O prejuízo decorrente da destruição do aparelho de telefone celular de Jorge enseja a responsabilização administrativa de Lúcia.

(D) Caso ocorra a absolvição criminal de Lúcia, em razão de ela comprovar que não compareceu ao trabalho no dia em que Jorge sofreu a agressão, não caberá aplicação de sanção administrativa contra a servidora.

(E) A responsabilidade penal em geral não abrange as contravenções imputadas ao servidor, nessa qualidade.

A: incorreta, pois a omissão também pode importar em ilícito civil ou administrativo (art. 124 da Lei 8.112/1990); **B:** incorreta, pois há independência entre as sanções civis, administrativas e penais (arts. 121 e 125 da Lei 8.112/1990); **C:** incorreta, pois tal prejuízo é resolvido na esfera civil; há de se verificar se, além desse prejuízo (de natureza civil), há incidência de algum tipo de infração disciplinar no caso narrado; **D:** correta, pois, nesse caso, tem-se absolvição penal por negativa de autoria, absolvição que gera efeitos na esfera administrativa (art. 126 da Lei 8.112/1990); **E:** incorreta, pois a responsabilidade penal abrange os crimes e as contravenções imputadas ao servidor, nessa qualidade (art. 123 da Lei 8.112/1990). **FMB**

Gabarito "D."

(Magistratura Federal/2ª região – 2011 – CESPE) No que diz respeito aos agentes públicos, assinale a opção correta.

(A) De acordo com posição firmada no STJ, o excesso de prazo para a conclusão do processo administrativo disciplinar é causa de nulidade, mesmo quando não comprovado prejuízo à defesa do servidor.

(B) Conforme dispõe a Lei n.º 8.112/1990, é indispensável, no processo administrativo disciplinar, a concessão de prazo para a apresentação, pela defesa, de alegações após o relatório final da comissão processante, sob pena de nulidade processual.

(C) Segundo entendimento do STJ, caso o servidor público adira a programa de demissão voluntária promovido pelo Estado e, anos depois, ingresse novamente no serviço público, mediante aprovação em concurso, tem ele direito à manutenção das vantagens pessoais percebidas em decorrência do vínculo anterior.

(D) A CF conferiu estabilidade e efetividade àqueles que, embora não tivessem ingressado no serviço público mediante aprovação em concurso público, estavam em exercício, no serviço público, na data da promulgação da Carta, por pelo menos cinco anos continuados.

(E) Consoante entendimento do STJ, a supressão, pelo poder público, de gratificação que esteja sendo paga a servidor público configura ato comissivo, de efeitos permanentes, e não de trato sucessivo, razão pela qual a impetração de mandado de segurança para impugnar o ato deve ocorrer no prazo de cento e vinte dias contados da sua edição.

A: incorreta. O excesso de prazo para conclusão do PAD não é causa nulidade capaz de invalidar o procedimento administrativo (a respeito do tema, entre outros, vide a seguinte jurisprudência do STJ: MS 9.807-DF, DJ 11/10/2007; RMS 15.937-SE, DJ 29/3/2004; MS 7.051-DF, DJ 5/5/2003, RMS 7.791-MG, DJ 1º/9/1997 e MS 8.928-DF); **B:** incorreta. A Lei nº 8.112/1990 sequer prevê a intimação após o relatório final da comissão processante e sua ausência não implica violação ao contraditório e à ampla defesa quando o servidor tenha se defendido ao longo de todo o processo disciplinar; **C:** incorreta. Como a perda de vantagens é indenizada no plano de demissão voluntária – PDV, não é razoável que mais tarde essas vantagens, em claro *bis in idem*, sejam aproveitadas pelo servidor ao ser aprovado em novo concurso público. A respeito do tema, vejamos julgado do STJ: "RECURSO ORDINÁRIO EM MANDADO DE SEGURANÇA.

6. DIREITO ADMINISTRATIVO · 439

ADMINISTRATIVO. SERVIDOR PÚBLICO. ADESÃO A PDV. NOVO INGRESSO NO SERVIÇO PÚBLICO ESTADUAL. RECEBIMENTO DE VANTAGENS, TAIS COMO LICENÇA-PRÊMIO, TRIÊNIOS E GRATIFI-CAÇÕES. PRAZO DECADENCIAL PARA A ADMINISTRAÇÃO REVER SEUS ATOS. TERMO INICIAL. AUSÊNCIA DE DEMONSTRAÇÃO. REUTILIZAÇÃO DO TEMPO DE SERVIÇO NO CARGO ANTERIOR. DESCABIMENTO. 1. A recorrente não logrou demonstrar o termo *a quo* da contagem do prazo decadencial para a Administração rever seus atos, o qual, no presente caso, corresponde à data em que foi efetuado o primeiro pagamento das vantagens recebidas pela servidora. 2. Declarado inconstitucional, pelo Tribunal de Justiça gaúcho, o dispositivo legal que previa o ressarcimento da indenização recebida pelo desligamento voluntário por quem retornasse ao serviço público estadual (art. 4°, § 3°, da LC do Rio Grande do Sul n. 10.727/1996, a qual institui o Programa de Desligamento Voluntário - PDV), deve ser aplicada, em razão da lacuna deixada na legislação estadual, a norma referente ao PDV dos servidores federais - Lei n. 9.468/1999 -, que prevê a possibilidade de reingresso no serviço público, impossibilitando, no entanto, a recontagem do tempo de serviço no cargo anterior para fins outros que não para aposentadoria. 3. O art. 4° da LC do Rio Grande do Sul n. 10.727/1996 evidencia a natureza ressarcitória da indenização em razão da perda da antiguidade – quanto maior o tempo de serviço, maior será o valor da indenização -, não se podendo admitir que o tempo de serviço anterior ao PDV possa novamente ser utilizado em benefício do servidor para recebimento de vantagens - tais como licença-prêmio, triênios e gratificações -, cuja perda já foi indenizada, sob pena de *bis in idem*. 4. A norma de caráter geral prevista no Estatuto do Servidor Público do Rio Grande do Sul - que, em seu art. 64, parágrafo único, além de permitir o reingresso na Administração, sem ressalvas, autoriza a contagem, para todos os efeitos legais, do tempo de serviço público prestado anteriormente ao reingresso na Administração - não deve ser aplicada na hipótese dos autos, por não se adequar à situação específica em que o afastamento do servidor se dá na forma de adesão ao PDV. 5. Recurso em mandado de segurança improvido" (RMS 30855 / RS, Rel. Min. OG. Fernandes, 6ª T, j. 15/05/2012); **D:** incorreta. O art. 19 da ADCT da CF/1988 conferiu estabilidade, mas não efetividade àqueles que, embora não tivessem ingressado no serviço público mediante aprovação em concurso público, estavam em exercício, no serviço público, na data da promulgação da Carta, por pelo menos cinco anos continuados. Eles são, por isso mesmo, usualmente denominados como servidores "admitidos" não efetivos; **E:** correta. A supressão de gratificação pecuniária devida a servidor público caracteriza-se como ato comissivo, único e de efeitos permanentes, nesse sentido quando pretende configurar ou restabelecer uma situação jurídica, o prazo passa a ser contado do momento em que o direito foi atingido de forma inequívoca, incidindo, consequentemente, sobre o próprio fundo de direito, nos exatos termos da orientação firmada pelo STJ: "AGRAVO REGIMENTAL EM AGRAVO DE INSTRUMENTO. ADMINISTRATIVO E PROCESSO CIVIL. SERVIDOR PÚBLICO. APOSENTADORIA. POSTERIOR RETIFICAÇÃO. SUPRESSÃO DE GRATIFICAÇÃO DE ESCOLARI-DADE. ATO DE EFEITOS CONCRETOS. MANDADO DE SEGURANÇA. DECADÊNCIA. OCORRÊNCIA. PRECEDENTES. 1. Esta Corte possui orientação consolidada no sentido de que a prescrição, quando se pretende configurar ou restabelecer uma situação jurídica, deve ser contada a partir do momento em que o direito foi atingido de forma inequívoca, incidindo, consequentemente, sobre o próprio fundo de direito. 2. A Terceira Seção deste Superior Tribunal de Justiça firmou entendimento no sentido de que a supressão de vantagem pecuniária devida a servidor público caracteriza-se como ato comissivo, único e de efeitos permanentes, não havendo, pois, que se falar em prestações de trato sucessivo. 3. Agravo regimental improvido. (STJ, AgRg no Ag 909.400/PA, Rel. Ministra MARIA THEREZA DE ASSIS MOURA, SEXTA TURMA, julgado em 15/04/2010, DJe 03/05/2010). **FMB**

Gabarito "E"

6.7. TEMAS COMBINADOS DE SERVIDOR PÚBLICO

(Juiz – TRF 4ª Região – 2016) Dadas as assertivas abaixo, assinale a alternativa correta.

I. Servidores de empresas públicas e sociedades de economia mista admitidos por concurso público não gozam da estabilidade preconizada no art. 41 da Constituição Federal de 1988, mas sua demissão deve ser sempre motivada.

II. É vedada a incorporação de quintos aos vencimentos de magistrados decorrente de exercício de função comissionada em cargo público ocorrido em data anterior ao ingresso na magistratura.

III. É legítima a publicação, inclusive em sítio eletrônico mantido pela Administração Pública, dos nomes de seus servidores e dos valores dos correspondentes vencimentos e vantagens pecuniárias.

IV. Cabe ao Tribunal de Contas da União apreciar a lega-lidade formal e material de processos de concessão inicial de aposentadoria, reforma e pensão, desde que assegure o contraditório e a ampla defesa, especial-mente quando da decisão puder resultar anulação ou revogação de ato administrativo que beneficie o servidor interessado e seus dependentes.

(A) Estão corretas apenas as assertivas I e II.

(B) Estão corretas apenas as assertivas II e III.

(C) Estão corretas apenas as assertivas III e IV.

(D) Estão corretas apenas as assertivas I, II e III.

(E) Estão corretas apenas as assertivas II, III e IV.

A: incorreta, porque temos três assertivas corretas: **I:** correta. Os servidores das empresas estatais, são, em geral, empregados públicos, por isso não adquirem estabilidade, mas suas demissões devem ser motivadas, conforme RE 589.998. **II:** correta, porque o STF decidiu, no RE 587.371, que não havendo direito adquirido a regime jurídico, tudo o que foi acrescido anteriormente, referente a outro regime jurídico entre o servidor e o Poder Público, fica restrito ao cargo anterior, não se transferindo ao atual. **III:** correta. Trata-se do princípio da publicidade e impessoalidade, sendo assim decidido no ARE 652777. **C:** incorreta. A assertiva IV está incorreta, eis que em desconformidade com o disposto na súmula vinculante 3 do STF; **D:** incorreta. As assertivas I, II e III estão corretas; **E:** incorreta. Estão corretas as assertivas I, II e III, apenas. **AW**

Gabarito "D".

(Juiz – TRF 4ª Região – 2016) Assinale a alternativa **INCORRETA**.

(A) Os candidatos em concurso público não têm direito à prova de 2ª (segunda) chamada, nos testes de aptidão física, em razão de circunstâncias pessoais, ainda que de caráter fisiológico ou de força maior, salvo contrária disposição editalícia.

(B) É constitucional a regra denominada "cláusula de barreira", inserida em edital de concurso público, que limita o número de candidatos participantes de cada fase da disputa, com o intuito de selecionar apenas os concorrentes mais bem classificados para prosseguir no certame.

(C) É possível a exigência de teste psicotécnico como condição de ingresso no serviço público, desde que haja lei emanada do Poder Legislativo competente e previsão no edital regulamentador do certame.

(D) É possível a fixação de limite etário para a inscrição em concurso público para ingresso na carreira de policial, desde que a referida discriminação seja estabelecida por lei e justificada pela natureza das atribuições do cargo a preencher.

(E) É nula e sem efeitos jurídicos válidos a contratação de pessoal pela Administração Pública sem observância de prévia aprovação em concurso público, salvo as hipóteses excepcionadas pela própria Constituição, ressalvado o direito às verbas indenizatórias, sob pena de enriquecimento ilícito do Estado à custa dos serviços efetivamente prestados pelo trabalhador.

A: incorreta. A assertiva está correta, conforme entendimento do STF (RE 630.773/DF): "Com efeito, no julgamento do Recurso Extraordinário 630.773/DF, sob o regime de repercussão geral, a corte suprema firmou o entendimento de que inexiste direito constitucional à remarcação de provas em razões de circunstâncias pessoais dos candidatos", afirmou o ministro."; **B:** incorreta. A assertiva está correta, tendo em vista o seguinte entendimento do STF: "(RE) 635739, com repercussão geral, interposto pelo Estado de Alagoas contra acórdão do Tribunal de Justiça estadual (TJ-AL), que declarou a inconstitucionalidade de norma de edital que previa a eliminação de candidato que, mesmo tendo obtido nota mínima suficiente para aprovação, não foi incluído entre os candidatos correspondentes ao dobro do número de vagas oferecidas."; **C:** incorreta. A assertiva está correta, pois o STJ e STF (súmula 686) entendem ser constitucional a exigência do exame psicotécnico, desde que haja lei autorizando, e não somente o edital; **D:** incorreta. A assertiva está correta, tendo em vista o disposto na súmula 683, STF; **E:** correta. A assertiva está incorreta. Sabemos que há cargos públicos que podem ser preenchidos sem concurso publico, como os cargos em comissão, além dos temporários (art. 37. IX, CF), conforme se verifica na ementa abaixo: "RECLAMAÇÃO TRABALHISTA" – REGIME DE CONTRATAÇÃO TEMPORÁRIA DE EXCEPCIONAL INTERESSE PÚBLICO (ART. 37, IX, DA CF/88) – Pretensão inicial voltada ao reconhecimento de vínculo trabalhista com a Administração Indireta Municipal e à percepção de verbas trabalhistas – Impossibilidade – É nula a contratação de pessoal pela Administração Pública sem a observância de prévia aprovação em concurso público, razão pela qual não gera quaisquer efeitos jurídicos válidos em relação aos empregados eventualmente contratados, ressalvados os direitos à percepção dos salários referentes ao período trabalhado e, nos termos do art. 19 -A da Lei 8.036/1990, ao levantamento dos depósitos efetuados no Fundo de Garantia do Tempo de Serviço – FGTS (Informativo nº 756 do STF) – A contratação por prazo determinado para atender à necessidade temporária de excepcional interesse público é regida pelo regime jurídico-administrativo e não pelo celetista – A prorrogação do contrato temporário da requerente por período superior a prevista na legislação local foi viciada e, portanto, nula, todavia este fato não implica em conferir à contratada o regime celetista, por prazo indeterminado - Ausência de previsão legal que encampe os pedidos deduzidos em Juízo - O disposto no § 3º, do artigo 39, da Constituição Federal é expresso ao indicar que os direitos ali elencados aplicam-se exclusivamente aos servidores ocupantes de cargo público, o que não é o caso dos contratados por tempo determinado para atender a necessidade temporária de excepcional interesse público – Sentença improcedência mantida. Recurso da autora não provido, com observação quanto a eventual saldo residual de FGTS. Encontrado em: 4ª Câmara de Direito Público 31.07.2015. Apelação APL 00195651120148260405 SP 0019565 TJSP. **AW**

Gabarito "E".

(Magistratura Federal/1ª região – 2011 – CESPE) Assinale a opção correta no que se refere a servidores públicos federais, regimes jurídicos e previdenciário, cargos, empregos e funções, bem como a processo disciplinar.

(A) O atual regime previdenciário do servidor público não prevê a garantia de reajustamento dos benefícios para a preservação de seu valor real.

(B) No processo administrativo disciplinar, eventuais irregularidades na portaria inaugural ensejam a anulação do processo, ainda que comprovada a ausência de prejuízo para o servidor público envolvido, já que se trata de ato essencial à legalidade do processo.

(C) É vedado novo julgamento do processo administrativo disciplinar, ainda que para fins de abrandamento da sanção disciplinar aplicada ao servidor público.

(D) Compete à justiça do trabalho processar e julgar causas que envolvam o poder público e os servidores a ele vinculados por contrato temporário, quando ocorre o desvirtuamento da contratação temporária para o exercício de função pública.

(E) Não é admitida a acumulação de proventos de duas aposentadorias, decorrentes do exercício de dois cargos de professor, com os vencimentos de cargo público ocupado em face de aprovação em concurso público.

A: incorreta. O art. 40, § 8º, da CF/1988 estabelece que: "é assegurado o reajustamento dos benefícios para preservar-lhes, em caráter permanente, o valor real, conforme critérios estabelecidos em lei"; **B:** incorreta. Vige no direito administrativo o brocardo "pas de nullitè sans grief", ou seja, não se decreta nulidade se da ilegalidade não resultou qualquer prejuízo; **C:** incorreta. O art. 174 da Lei nº 8.112/1990 determina que: "o processo disciplinar poderá ser revisto, a qualquer tempo, a pedido ou de ofício, quando se aduzirem fatos novos ou circunstâncias suscetíveis de justificar a inocência do punido ou a inadequação da penalidade aplicada"; **D:** incorreta. Trata-se de competência da Justiça Estadual; **E:** correta. Desde que obedecido o teto remuneratório constitucional, uma vez que a cumulação dos cargos públicos de professor é lícita face ao que prescreve o art. 37, XVI, "a", da CF/1988, a acumulação dos proventos de aposentadoria decorrentes desse exercício com os de vencimentos de cargo público ocupado em razão de aprovação em concurso público é possível. **FMB**

Gabarito "E".

(Magistratura Federal/3ª região – 2011 – CESPE) Considerando o regime jurídico e o previdenciário dos servidores públicos, bem como direitos e deveres desses servidores, assinale a opção correta.

(A) Litígios entre o Estado e servidores estatutários da administração direta, sejam eles federais, estaduais ou municipais, são dirimidos pela justiça do trabalho.

(B) Os servidores públicos titulares de cargos efetivos da União, dos estados, do DF e dos municípios, incluídas suas autarquias e fundações, submetem-se a regime previdenciário especial, não ao RGPS, aplicável aos trabalhadores em geral da iniciativa privada.

(C) Entre os direitos sociais estendidos ao servidor público incluem-se o décimo terceiro salário, o salário família, o seguro-desemprego e o piso salarial proporcional à extensão e à complexidade do trabalho desenvolvido.

(D) Tendo o STF deferido medida cautelar para suspender a eficácia do art. 39 da CF, com a redação dada pela Emenda Constitucional n.º 19/1998, o regime jurídico único voltou a ser obrigatório em toda a administração direta e indireta da União, dos estados, do DF e dos municípios.

(E) A unicidade de regime jurídico alcança os servidores permanentes e os temporários, cabendo à pessoa federativa, após a opção, aplicar o mesmo regime jurídico a ambas as espécies de servidores.

A: incorreta, pois o entendimento do STF é pela competência da Justiça Estadual ou Federal (Justiça Comum), sendo importante frisar que o STF, em 27 de janeiro de 2001, concedeu liminar, com efeito *ex tunc*, na ADI nº 3.395-65, dando interpretação conforme ao inciso I do art. 114 da CF, na redação da EC nº 45/2004 e suspendendo, *ad referendum*, toda e qualquer interpretação dada ao inciso I do art. 114 da CF, na redação dada pela EC 45/2004, que inclua, na competência da Justiça do Trabalho, a "... apreciação ... de causas que ... sejam instauradas entre o Poder Público e seus servidores, a ele vinculados por típica relação de ordem estatutária ou de caráter jurídico-administrativo"; **B:** correta, nos termos estabelecidos pelo art. 40 da CF/1988. Eis o que esse artigo diz: "Art. 40. Aos servidores titulares de cargos efetivos da União, dos Estados, do Distrito Federal e dos Municípios, incluídas suas autarquias e fundações, é assegurado regime de previdência de caráter contributivo e solidário, mediante contribuição do respectivo ente público, dos servidores ativos e inativos e dos pensionistas, observados critérios que preservem o equilíbrio financeiro e atuarial e o disposto neste artigo"; **C:** incorreta, pois não há qualquer previsão de seguro desemprego ou de piso salarial proporcional à extensão e complexidade do trabalho desenvolvido. Os direitos que lhe são assegurados são os previstos no § 3º do art. 39 da CF/1988 e são os seguintes: art. 7º, IV (salário-mínimo), VII (garantia de salário, nunca inferior ao mínimo, para os que percebem remuneração variável), VIII (décimo terceiro salário com base na remuneração integral ou no valor da aposentadoria), IX (remuneração do trabalho noturno superior à do diurno), XII (salário-família pago em razão do dependente do trabalhador de baixa renda nos termos da lei), XIII (duração do trabalho normal não superior a oito horas diárias e quarenta e quatro semanais, facultada a compensação de horários e a redução de jornada, mediante acordo ou convenção coletiva de trabalho), XV (repouso semanal remunerado, preferencialmente aos domingos), XVI (remuneração do serviço extraordinário, superior, no mínimo, em cinquenta por cento à do normal), XVII (gozo de férias anuais remuneradas com, pelo menos, um terço a mais que o salário normal), XVIII (licença à gestante, sem prejuízo do emprego e dos salários, com a duração de cento e vinte dias), XIX (licença paternidade, nos termos fixados em lei), XX (proteção do mercado de trabalho da mulher, mediante incentivos específicos, nos termos da lei), XXII (redução dos riscos inerentes ao trabalho, por meio de normas de saúde, higiene e segurança) e XXX (proibição de diferença de salários, de exercício de funções e de critério de admissão por motivo de sexto, idade, cor ou estado civil); **D:** incorreta, pois o que a ADI nº 2.135-4 fez foi tentar justamente salvaguardar a eficácia da regra do regime único estabelecida no art. 39, *caput*, da CF/1988. Eis a ementa da cautelar proferida na ADI citada: "MEDIDA CAUTELAR EM AÇÃO DIRETA DE INCONSTITUCIONALIDADE. PODER CONSTITUINTE REFORMADOR. PROCESSO LEGISLATIVO. EMENDA CONSTITUCIONAL 19, DE 04.06.1998. ART. 39, *CAPUT*, DA CONSTITUIÇÃO FEDERAL. SERVIDORES PÚBLICOS. REGIME JURÍDICO ÚNICO. PROPOSTA DE IMPLEMENTAÇÃO, DURANTE A ATIVIDADE CONSTITUINTE DERIVADA, DA FIGURA DO CONTRATO DE EMPREGO PÚBLICO. INOVAÇÃO QUE NÃO OBTEVE A APROVAÇÃO DA MAIORIA DE TRÊS QUINTOS DOS MEMBROS DA CÂMARA DOS DEPUTADOS QUANDO DA APRECIAÇÃO, EM PRIMEIRO TURNO, DO DESTAQUE PARA VOTAÇÃO EM SEPARADO (DVS) Nº 9. SUBSTITUIÇÃO, NA ELABORAÇÃO DA PROPOSTA LEVADA A SEGUNDO TURNO, DA REDAÇÃO ORIGINAL DO CAPUT DO ART. 39 PELO TEXTO INICIALMENTE PREVISTO PARA O PARÁGRAFO 2º DO MESMO DISPOSITIVO, NOS TERMOS DO SUBSTITUTIVO APROVADO. SUPRESSÃO, DO TEXTO CONSTITUCIONAL, DA EXPRESSA MENÇÃO AO SISTEMA DE REGIME JURÍDICO ÚNICO DOS SERVIDORES DA ADMINISTRAÇÃO PÚBLICA. RECONHECIMENTO, PELA MAIORIA DO PLENÁRIO DO SUPREMO TRIBUNAL FEDERAL, DA PLAUSIBILIDADE DA ALEGAÇÃO DE VÍCIO FORMAL POR OFENSA AO ART. 60, § 2º, DA CONSTITUIÇÃO FEDERAL. RELEVÂNCIA JURÍDICA DAS DEMAIS ALEGAÇÕES DE INCONSTITUCIONALIDADE FORMAL E MATERIAL REJEITADA POR UNANIMIDADE. 1. A matéria votada em destaque na Câmara dos Deputados no DVS nº 9 não foi aprovada em primeiro turno, pois obteve apenas 298 votos e não os 308 necessários. Manteve-se, assim, o então vigente *caput* do art. 39, que tratava do regime jurídico único, incompatível com a figura do emprego público. 2. O deslocamento do texto do § 2º do art. 39, nos termos do substitutivo aprovado, para o *caput* desse mesmo dispositivo representou, assim, uma tentativa de superar a não aprovação do DVS nº 9 e evitar a permanência do regime jurídico único previsto na redação original suprimida, circunstância que permitiu a implementação do contrato de emprego público ainda que à revelia da regra constitucional que exige o *quorum* de três quintos para aprovação de qualquer mudança constitucional. 3. Pedido de medida cautelar deferido, dessa forma, quanto ao *caput* do art. 39 da Constituição Federal, ressalvando-se, em decorrência dos efeitos *ex nunc* da decisão, a subsistência, até o julgamento definitivo da ação, da validade dos atos anteriormente praticados com base em legislações eventualmente editadas durante a vigência do dispositivo ora suspenso. 4. Ação direta julgada prejudicada quanto ao art. 26 da EC 19/1998, pelo exaurimento do prazo estipulado para sua vigência. 5. Vícios formais e materiais dos demais dispositivos constitucionais impugnados, todos oriundos da EC 19/1998, aparentemente inexistentes ante a constatação de que as mudanças de redação promovidas no curso do processo legislativo não alteraram substancialmente o sentido das proposições ao final aprovadas e de que não há direito adquirido à manutenção de regime jurídico anterior. 6. Pedido de medida cautelar parcialmente deferido" (ADI 2135 MC / DF, Rel. Min. NÉRI DA SILVEIRA, Tribunal Pleno, j. 02/08/2007); E: incorreta, pois a regra geral é mesmo a unicidade de regimes, mas a assertiva dá a entender que cada ente federado teria liberdade para optar por servidores temporários e permanentes, quando na verdade a contratação temporária deve ser feita nos termos expresso na Lei nº 8.745/1993. **FMB**

Gabarito "B"

7. IMPROBIDADE ADMINISTRATIVA

(Juiz de Direito – TJM/SP – VUNESP – 2016) A Lei 8.429, de 2 de junho de 1992, prescreve como ato de improbidade administrativa, que atenta contra os princípios da Administração Pública, qualquer ação ou omissão que viole os deveres de honestidade, imparcialidade, legalidade, lealdade às instituições e, notadamente:

(A) produzir bens ou explorar matéria-prima pertencentes à União sem autorização legal.

(B) adquirir, distribuir e revender derivados de petróleo, em desacordo com as normas estabelecidas na forma da lei.

(C) deixar de cumprir a exigência de requisitos de acessibilidade previstos na legislação.

(D) omitir informação ou prestar declaração falsa às autoridades fazendárias.

(E) divulgar informação falsa ou prejudicialmente incompleta sobre instituição financeira.

A: incorreta. O enunciado se refere ao tipo de improbidade previsto no art. 11, da Lei 8.429/1992, sendo o ato de improbidade que viola os princípios administrativos. Essa conduta não consta como um ato ímprobo. **B:** incorreta. Também não temos ato de improbidade que viola princípios administrativos, nem outro tipo previsto em lei. **C:** correta. Trata-se de ato de improbidade previsto no art. 11, IX, da Lei 8.429/1992, introduzido pela Lei 13.146/2015 (Estatuto da Pessoa Com Deficiência). **D:** incorreta. Teríamos ato de improbidade de enriquecimento ilícito (art. 10, X, da Lei 8.429/1992). **E:** incorreta. Temos um crime contra a Ordem Tributária (Lei 8.137/19bn90). **AW**

Gabarito "C".

(Juiz – TJ/RJ – VUNESP – 2016) Assinale a alternativa que corretamente discorre sobre aspectos da improbidade administrativa.

(A) O entendimento do Superior Tribunal de Justiça é que a indisponibilidade de bens em ação de improbidade administrativa é possível antes do recebimento da petição inicial, mas depende da comprovação de início de dilapidação patrimonial, tendo em vista que o *periculum in mora* está no desaparecimento de bens que poderiam ser utilizados para pagamento de futura indenização.

(B) Não se pode confundir improbidade com simples ilegalidade, por isso, a jurisprudência do Superior Tribunal de Justiça considera indispensável, para a caracterização de improbidade, que a conduta do agente seja dolosa, para a tipificação das condutas descritas como enriquecimento ilícito ou como atentatórias a princípios da Administração Pública, ou pelo menos eivada de culpa grave, nas hipóteses descritas como causadoras de dano ao erário.

(C) Considerando que as pessoas jurídicas não podem ser beneficiadas por atos ímprobos, não sendo condenadas por sua prática, é de se concluir que, de forma correlata, que não podem figurar no polo passivo de uma demanda de improbidade, que deverá voltar-se contra seus sócios.

(D) Há que se reconhecer a ocorrência de *bis in idem* e, por consequência, de ilegitimidade passiva do ex-vereador para responder pela prática de atos de improbidade administrativa, de forma a estear a extinção do processo sem julgamento do mérito, pois o julgamento de vereadores é exclusivamente político.

(E) Na Lei de Improbidade consta previsão expressa de formação de litisconsórcio entre o suposto autor do ato de improbidade e eventuais beneficiários, assim, havendo relação jurídica entre as partes do polo passivo, é obrigado o magistrado a decidir de modo uniforme a demanda.

A: incorreta. É possível a decretação da indisponibilidade de bens em ação de improbidade administrativa independentemente da demonstração do risco de dilapidação do patrimônio do demandado. Isso porque, na indisponibilidade prevista no artigo 7º da Lei 8.429/1992, não se vislumbra uma típica tutela de urgência, mas uma tutela de evidência, já que o "periculum in mora" não é oriundo da intenção do agente dilapidar seu patrimônio visando frustrar a reparação do dano, e, sim, da gravidade dos fatos e do montante do prejuízo causado ao erário, o que atinge toda a coletividade. Por ser uma tutela sumária fundada em evidência, a medida constritiva não possui caráter san-

cionador nem antecipa a culpabilidade do agente, sendo reversível o provimento judicial que a deferir. Ressalte-se que a decretação da indisponibilidade de bens, mesmo sendo desnecessária a demonstração do "periculum in mora", não é medida automática, devendo ser adequadamente fundamentada pelo magistrado, sob pena de nulidade" (voto do Min. Mauro Campbell Marques). STJ, REsp 1.366.721/BA, rel. Min. Og Fernandes, j. 26.02.14, em recurso repetitivo. **B:** correta. Configuração dos atos de improbidade administrativa previstos no art. 10 da Lei de Improbidade Administrativa (atos de improbidade administrativa que causam prejuízo ao erário), à luz da atual jurisprudência do STJ, exige a presença do efetivo dano ao erário (critério objetivo) e, ao menos, culpa, o mesmo não ocorrendo com os tipos previstos nos arts. 9º e 11 da mesma Lei (enriquecimento ilícito e atos de improbidade administrativa que atentam contra os princípios da administração pública), os quais se prendem ao elemento volitivo do agente (critério subjetivo), exigindo-se o dolo. (...) AgRg no AREsp 374.913/BA, Segunda Turma, Rel. Min. Og Fernandes, publicado em 11.04.2014. **C:** incorreta. O erro está em afirmar que pessoas jurídicas não podem ser beneficiadas por ato de improbidade, pois, mesmo sendo um ato praticado por um agente público ou particular em concurso com aquele, poderá favorecer uma pessoa jurídica a celebrar contratos, obter vantagens fiscais etc. **D:** incorreta. Os vereadores não estão excluídos da aplicação da Lei de Improbidade Administrativa, sendo esse um entendimento relacionado a agentes políticos que respondem por crime de responsabilidade previsto na Constituição Federal, como é o Presidente da República. **E:** incorreta. Não há essa previsão legal na Lei de Improbidade Administrativa. **AW**

Gabarito "B".

(Juiz – TJ/MS – VUNESP – 2015) Quanto à ação de improbidade administrativa, assinale a alternativa correta.

(A) A defesa prévia ocorre após o recebimento da petição inicial, com a citação do réu, mas antes da contestação.

(B) É possível o ajuizamento da ação em face exclusivamente de particular, sem a presença de agente público no polo passivo.

(C) A sentença que concluir pela carência ou pela improcedência de ação de improbidade administrativa está sujeita ao reexame necessário.

(D) Da decisão que rejeitar a petição inicial caberá agravo de instrumento.

(E) A ação poderá ser rejeitada se houver prova hábil, de plano, da improcedência da ação.

A: incorreta. A defesa prévia ocorre antes da citação, conforme disposto no art. 17, § 7º, da Lei 8.429/1992. **B:** incorreta. A Ação de Improbidade deve ser proposta em face do agente, sendo que no caso do particular que praticar ato de improbidade, como ele sempre é coautor com o agente (art. 3º, da Lei 8.429/1992), com ele deve estar, conforme decidiu o STJ: "particular que induza ou concorra para a prática do ato de improbidade ou dele se beneficie, direta ou indiretamente, não pode figurar, sozinho, no polo passivo de ação de improbidade administrativa. Particulares não podem ser responsabilizados com base na LIA sem que figure no polo passivo um agente público responsável pelo ato questionado (Recurso Especial 896.044 – PA). Esse o entendimento do STJ"; **C:** incorreta. As hipóteses de reexame necessário são sempre taxativas (art. 496, CPC) e como nesse caso não há previsão legal, devemos entender que não é necessário. **D:** incorreta. O art. 17, § 10, da Lei 8.429/1992 determina ser caso de Agravo de Instrumento a decisão que *receber* a petição inicial, não a que *rejeitá-la*. **E:** correta. O art. 17, § 8º, da Lei 8.429/1992 assim determina quanto à improcedência da demanada e sua rejeição. **AW**

Gabarito "E".

6. DIREITO ADMINISTRATIVO

(Juiz – TJ/MS – VUNESP – 2015) Na ação de improbidade administrativa proposta pelo Ministério Público,

(A) da decisão que receber a petição inicial, não caberá agravo de instrumento.

(B) é permitida a transação, acordo ou conciliação no transcorrer da demanda.

(C) caso tenha havido sequestro de bens, a ação deve ser proposta dentro de 60 (sessenta) dias da efetivação da medida cautelar.

(D) a Fazenda Pública, quando for o caso, promoverá as ações necessárias à complementação do ressarcimento do patrimônio público.

(E) a pessoa jurídica de direito público interessada, se não intervir no processo como parte, atuará obrigatoriamente, como fiscal da lei, sob pena de nulidade.

A: incorreta. O art. 17, § 10, da Lei 8.429/1992 determina caber o Agravo de Instrumento. **B:** incorreta. Não é permitida transação na Ação de Improbidade Administrativa (art. 17, § 1°, da Lei 8.429/1992). **C:** incorreta. O prazo para o ajuizamento da ação principal (de Improbidade) é de 30 dias (art. 17, "caput", da Lei 8.429/1992). **D:** correta. Trata-se do disposto no art. 17, § 2° da Lei 8.429/1992 que prevê essa possibilidade da Fazenda promover ações necessárias à complementação do erário. **E:** incorreta. Quem atua como fiscal da lei é o Ministério Público (art. 17, § 4°, da Lei 8.429/1992). **AW**
Gabarito "D".

(Juiz – TRF 2ª Região – 2017) O Ministério Público Federal (MPF) ajuizou ação de improbidade administrativa em face de dois agentes públicos, por alegada ordenação de despesa não prevista em lei (art. 10, IX, da Lei n° 8.429/92), com potencial prejuízo à União. Não houve prévio inquérito civil e a ação foi aforada imediatamente após ter o MPF recebido documentos e decisão preliminar proferida pelo Tribunal de Contas da União (TCU), em tomada de contas. Assinale a opção correta:

(A) O inquérito civil visa à coleta de elementos idôneos a propiciar suporte ao ajuizamento da ação de improbidade, sendo necessária a sua prévia realização como condição de procedibilidade da ação.

(B) A falta de inquérito civil e mesmo de quaisquer outros elementos que deem suporte à postulação é suprida, no sistema da Lei 8.429/92, pela obrigatória notificação prévia dos demandados, que farão defesa prévia antes do recebimento da própria inicial.

(C) No caso, posterior decisão do TCU que aponte a regularidade dos atos que ordenaram as despesas tornará sem objeto a ação.

(D) A pessoa jurídica prejudicada pelo ato de improbidade administrativa (no caso, a União) pode ingressar nos autos, mesmo após o decurso do prazo relativo à juntada da contestação, para apresentar argumentos favoráveis à condenação dos autores dos atos acoimados de ímprobos.

(E) Comprovado que os atos não têm suporte legal, estará caracterizada a improbidade administrativa.

A: incorreta. Não há previsão legal para a instauração de inquérito civil para o ajuizamento de ação de improbidade administrativa (art. 17, e seguintes, da Lei 8.429/1992); **B:** incorreta. Como não há previsão para a instauração de inquérito civil, não há que se falar em suprimento deste

ato; **C:** incorreta. O art. 21, II, da Lei 8.429/1992 é expresso quanto à total independência da aprovação ou rejeição das contas pelos Tribunais de Contas para aplicação das penalidades prevista pela lei; **D:** correta. A pessoa jurídica interessada, quando não for autora poderá atuar ao lado do autor, no caso, o Ministério Público, conforme disposto no art. 17, §3°, da Lei 8.429/1992, que remete à aplicação do art. 6°, da Lei 4.717/1965; **E:** incorreta. Os atos de improbidade são os tipificados nos arts. 9°, 10 e 11, da Lei 8.429/1992, não havendo ato ímprobo sem descrição ou tipificação legal. **AW**
Gabarito "D".

(Juiz – TRF 3ª Região – 2016) Nos termos da Lei n° 8.429/1992 (Lei da Improbidade Administrativa) é correto afirmar que à pessoa condenada por ter realizado operação financeira sem observância das normas legais e regulamentares, podem ser aplicadas, dentre outras, as seguintes cominações:

(A) Perda da função pública; suspensão dos direitos políticos de oito a dez anos e proibição de contratar com o Poder Público ou receber benefícios ou incentivos fiscais ou creditícios, direta ou indiretamente, ainda que por intermédio de pessoa jurídica da qual seja sócio majoritário, pelo prazo de dez anos.

(B) Perda da função pública; suspensão dos direitos políticos de cinco a oito anos e proibição de contratar com o Poder Público ou receber benefícios ou incentivos fiscais ou creditícios, direta ou indiretamente, ainda que por intermédio de pessoa jurídica da qual seja sócio majoritário, pelo prazo de cinco anos.

(C) Perda da função pública; suspensão dos direitos políticos de três a cinco anos e proibição de contratar com o Poder Público ou receber benefícios ou incentivos fiscais ou creditícios, direta ou indiretamente, ainda que por intermédio de pessoa jurídica da qual seja sócio majoritário, pelo prazo de três anos.

(D) Perda da função pública; suspensão dos direitos políticos de cinco a dez anos e proibição de contratar com o Poder Público ou receber benefícios ou incentivos fiscais ou creditícios, direta ou indiretamente, ainda que por intermédio de pessoa jurídica da qual seja sócio majoritário, pelo prazo de dez anos.

A: incorreta. Nesse caso temos a incidência do art. 10, V, da Lei 8.429/1992 (ato de improbidade que causa prejuízo ao erário), sendo hipótese de aplicação do art. 12, II, da Lei 8.429/1992, portanto; **B:** correta. Trata-se do disposto no art. 12, II da Lei 8.429/1992, no caso de ato de improbidade que causa prejuízo ao erário, punido com as penalidades elencadas na assertiva; **C:** incorreta. Essas são penalidades previstas para o ato de improbidade que violar os princípios administrativos, por isso está incorreta (art. 12, III, da Lei de Improbidade Administrativa); **D:** incorreta. Essas são penalidades previstas para ao ato de improbidade que causam dano ao erário (art. 10, III, da Lei 8.429/1992). **AW**
Gabarito "B".

(Juiz – TRF 4ª Região – 2016) Assinale a alternativa correta.

(A) A responsabilização do agente público por ato de improbidade administrativa que cause lesão ao erário exige regime jurídico estatutário, mas o exercício da atividade pode ser decorrente de concurso público ou cargo em comissão.

(B) Todo ato de improbidade administrativa que cause lesão ao erário exige dolo do agente e perda patrimonial pública.

(C) Constitui ato de improbidade administrativa o enriquecimento ilícito por perceber vantagem econômica para intermediar a liberação ou a aplicação de verba pública, desde que haja prejuízo ao Poder Público igual ou superior a essa vantagem.

(D) Deixar de prestar contas quando esteja obrigado a fazê-lo constitui ato de improbidade administrativa por atentar contra os princípios da Administração Pública.

(E) Permitir que se utilizem, em obra ou serviço particular, veículos, equipamentos ou material da Administração Pública caracteriza ato de improbidade administrativa, independentemente de causar prejuízo ao erário.

A: incorreta. Todos os agentes públicos são sujeitos ativos do delito de improbidade administrativa (art. 2º, da Lei 8.429/1992), sob qualquer vínculo com o Poder Público, portanto; **B:** incorreta. O ato de improbidade descrito no art. 10, da Lei 8.429/1992 (ato de improbidade que causa enriquecimento ilícito) admite a forma culposa, sendo incorreta a assertiva, portanto; **C:** incorreta. Trata-se de ato de improbidade que causa enriquecimento ilícito (art. 9º, IX, da Lei 8.429/1992) por isso independe de prejuízo ao erário; **D:** correta. Trata-se do disposto no art. 11, XX, da Lei 8.429/1992; **E:** incorreta. Trata-se de ato de improbidade que causa prejuízo ao erário previsto no art. 10, XIII, da Lei 8.429/1992, portanto, exige o prejuízo ao erário. **AW**
„Gabarito "D".

(Juiz – TRF 4ª Região – 2016) Dadas as assertivas abaixo, assinale a alternativa correta.

I. Sem que haja dano efetivo ao patrimônio público, ou enriquecimento ilícito do réu, é inviável a constatação de ter ocorrido ato de improbidade administrativa.

II. A utilização de provas emprestadas não é possível na ação de improbidade administrativa.

III. A indisponibilidade de bens pode ser decretada na ação de improbidade administrativa, independentemente da comprovação de que o réu esteja dilapidando seu patrimônio ou na iminência de fazê-lo.

(A) Está correta apenas a assertiva III.

(B) Estão corretas apenas as assertivas I e II.

(C) Estão corretas apenas as assertivas II e III.

(D) Estão corretas todas as assertivas.

(E) Nenhuma assertiva está correta.

A: incorreta. Temos ainda o tipo de improbidade previsto no art. 11, da Lei 8.429/1992, que é o ato de improbidade que viola os princípios, por isso, mesmo que a conduta não seja tipificada nos arts 9º e 10 (ato que causa enriquecimento ilício ou dano ao erário), é possível que o ato seja violador de um princípio. Quanto à assertiva II, o erro está no fato de que há ampla dilação probatória na ação de improbidade administrativa, sendo aplicados os dispositivos do Código de Processo de Civil de forma subsidiária (arts.17 e seguintes, da Lei 8.429/1992). Por fim, quanto à assertiva III, está correta, tendo em vista a inexigência de prova dos ilícitos, sendo que a declaração de indisponibilidade é feita para assegurar o ressarcimento ao erário ou para penalizar o agente improbo, mas sendo medida cautelar, independe de prova robusta sobre possível dilapidação do patrimônio público; **B:** incorreta. Somente a assertiva III está correta, conforme explicado acima; **C:** incorreta: Somente a assertiva III está correta;

D: incorreta. Há uma alternativa correta, qual seja, a III; **E:** incorreta. Temos uma assertiva correta, sendo a III. **AW**
„Gabarito "A".

(Magistratura/BA – 2012 – CESPE) Com base na situação hipotética acima e no disposto na Lei n. 8.429/1992 (lei que trata da improbidade administrativa), assinale a opção correta.

(A) O disposto nessa lei não se aplica a prefeitos, agentes políticos que se submetem ao regime do Decreto-Lei n. 201/1967 (crime de responsabilidade).

(B) De acordo com a referida lei, na hipótese de o prefeito morrer, seus sucessores hereditários estarão sujeitos às cominações legais até o limite do valor da herança.

(C) Embora imoral e antiética, a conduta do prefeito não tem repercussão na esfera administrativa, visto que se restringe à violação de princípios.

(D) O prazo prescricional para se processar o prefeito pela prática de ato de improbidade administrativa é de cinco anos, contados da data do fato.

(E) O MP poderá ajuizar ação de improbidade contra o prefeito, mas nada poderá fazer em relação aos dirigentes da organização social ou aos donos da empresa de informática, visto que a referida lei alcança apenas os ocupantes de cargos públicos.

A: incorreta. No tocante aos sujeitos ativos do ato de improbidade, o STF fixou entendimento de que os agentes políticos que respondam por crime de responsabilidade (exs.: Presidente, Ministros de Estado, desembargadores, entre outros) não estão sujeitos à incidência da Lei 8.429/1992 (RE 579.799, *DJ* 19.12.2008), dada a similitude das sanções nas duas esferas. Todavia, o STF não incluiu os Prefeitos nesse rol, apesar destes responderem por crime de responsabilidade (Rcl 6034, *DJ* 29.08.2008). De qualquer forma, é bom ficar de olho no tema (submissão do Prefeito à Lei 8.429/1992), que foi reconhecido como de repercussão geral pelo STF no início de 2013 (ARE 683.235), podendo haver mudança de entendimento a qualquer momento; **B:** correta (art. 8º da Lei 8.429/1992); **C:** incorreta, pois não houve simples violação a princípios, o que, de resto, também ensejaria responsabilização; houve também prejuízo ao erário, configurando a modalidade de improbidade prevista no art. 10, V e VIII, da Lei 8.429/1992; **D:** incorreta, pois o prazo é de 5 anos, contados do término do mandato (art. 23, I, da Lei 8.429/1992); **E:** incorreta, pois, além do Prefeito, é possível acionar os dirigentes da organização social também, por se tratar de agente de entidade que recebe recursos estatais (art. 1º, parágrafo único, c/c art. 2º, ambos da Lei 8.429/1992), bem como se tratar de pessoas que concorreram para a prática do ato (art. 3º da Lei 8.429/1992); no mais, outros beneficiários do ato também poderão ser acionados (art. 3º, parte final, da Lei 8.429/1992). **WG**
„Gabarito "B".

(Magistratura/BA – 2012 – CESPE) Ainda com base na situação hipotética apresentada, assinale a opção correta.

(A) De acordo com a lei que dispõe sobre a improbidade administrativa, o agente público que se recusar a apresentar suas declarações de bens ao órgão ou ente a que esteja vinculado será punido com pena de suspensão.

(B) De acordo com o que dispõe a Lei n. 8.429/1992, se o prefeito adquirir, no exercício do mandato, bens cujos valores sejam desproporcionais a sua evolução patrimonial ou renda, estará configurada hipótese de improbidade administrativa.

6. DIREITO ADMINISTRATIVO

(C) Pelo princípio da especialidade, a responsabilização civil e criminal dos envolvidos dar-se-á exclusivamente conforme as cominações da Lei n. 8.666/1993 (Lei de Licitações).

(D) Após o transcurso do prazo prescricional para o ajuizamento de ação por improbidade, os prejuízos causados ao município não poderão mais ser cobrados.

(E) Caso os envolvidos efetuem o ressarcimento dos prejuízos causados aos cofres públicos até o recebimento da ação, esta será automaticamente extinta.

A: incorreta, pois será punido com a pena de demissão a bem do serviço público e não com mera pena de suspensão (art. 13, § 3º, da Lei 8.429/1992); **B:** correta (art. 9º, VII, da Lei 8.429/1992); **C:** incorreta, pois a responsabilização civil também levará em conta as disposições da Lei 8.429/1992; **D:** incorreta, pois as sanções de improbidade administrativa (art. 12 da Lei 8.429/1992) prescrevem (art. 23 da Lei 8.429/1992), mas a pretensão de ressarcimento ao erário, não (art. 37, § 5º, da CF; STF, MS 26.210, *DJ* 10.10.2008); **E:** incorreta, pois esse fato não tem o condão de excluir as demais cominações previstas na Lei 8.429/1992; aliás, as sanções são independentes entre si (art. 12, *caput*, da Lei 8.429/1992). WG

Gabarito "B".

(Magistratura/CE – 2012 – CESPE) À luz da Lei n. 8.429/1992, que trata da improbidade administrativa, assinale a opção correta.

(A) A instauração de processo judicial por ato de improbidade obsta a instauração de processo administrativo para apurar fato de idêntico teor enquanto aquele não for concluído.

(B) Constitui ato de improbidade administrativa que causa lesão ao erário qualquer ação ou omissão que enseje perda patrimonial, desvio ou dilapidação dos bens e haveres públicos, mas apenas se configurado o dolo do agente.

(C) Os atos de improbidade que importem enriquecimento ilícito, que causem lesão ao erário ou que atentem contra os princípios da administração pública causam a perda ou a suspensão dos direitos políticos, por período que varia de cinco a dez anos.

(D) Entre as medidas de natureza cautelar que, previstas nessa lei, só podem ser decretadas judicialmente incluem-se a indisponibilidade dos bens, o bloqueio de contas bancárias e o afastamento do agente do exercício do cargo, emprego ou função.

(E) Tanto a perda da função pública quanto a suspensão dos direitos políticos pela prática de ato de improbidade só se efetivam com o trânsito em julgado da sentença condenatória.

A: incorreta, pois as sanções de improbidade são independentes das sanções administrativas (art. 12 da Lei 8.429/1992); **B:** incorreta, pois a modalidade de improbidade trazida na alternativa é a prevista no art. 10 da Lei 8.429/1992 (prejuízo ao erário), modalidade esse que se configura por conduta dolosa ou culposa (EREsp 875.163/RS), e não só por conduta dolosa; as outras duas modalidades – enriquecimento ilícito (art.9º da Lei 8.429/1992) e violação a princípio administrativo (art. 11 da Lei 8.429/1992) –é que só se configuram mediante conduta dolosa; **C:** incorreta, pois tais atos causam a suspensão (e não a perda) dos direitos políticos, e o prazo varia de 3 a 10 anos (art. 12, I a III, da

Lei 8.429/1992); **D:** incorreta, pois a indisponibilidade (art. 7º da Lei 8.429/1992) e o afastamento do agente (art. 20, parágrafo único, da Lei 8.429/1992) estão previstos, mas o bloqueio de contas, não, o que não quer dizer que não se possa ingressar com pedido cautelar nesse sentido, com base no poder geral de cautela; **E:** correta (art. 20, *caput*, da Lei 8.429/1992). WG

Gabarito "E".

(Magistratura/SP – 2011 – VUNESP) Manezinho Araújo, amigo do Prefeito de Bocaina do Sul, agindo com identidade de propósitos, recebia do alcaide cártulas emitidas pela municipalidade para pagamento de supostos serviços prestados. Ao depois, depositava as quantias respectivas na conta de Expedita Brancaleone, mulher do chefe do executivo local. É correto afirmar que:

(A) somente o prefeito municipal pode ser condenado por improbidade administrativa.

(B) Manezinho Araújo pode ser condenado pela prática de improbidade administrativa.

(C) tanto o alcaide quanto Manezinho somente podem ser responsabilizados na esfera penal.

(D) somente Manezinho pode ser responsabilizado por ato de improbidade.

(E) somente Expedita Brancaleone pode ser condenada pela prática de ato de improbidade administrativa.

A: incorreta, pois aquele que concorre para a prática do ato (Manezinho) ou se beneficia com ele (Expedita) também são sujeitos ativos do ato de improbidade (art. 3º da Lei 8.429/1992); **B:** correta (art. 3º da Lei 8.429/1992); **C:** incorreta, pois também podem ser responsabilizados na esfera da improbidade administrativa (arts. 3º e 9º da Lei 8.429/1992); **D:** incorreta, pois o Prefeito é quem concorre para o ato e se beneficia dele; sua esposa também (art. 3º da Lei 8.429/1992); **E:** incorreta, pois o Prefeito e Manezinho também respondem, como se viu. WG

Gabarito "B".

(Magistratura/PE – 2011 – FCC) Nos termos da Lei vigente no Brasil, um agente público que aceite emprego, comissão ou exerça atividade de consultoria ou assessoramento para pessoa física ou jurídica que tenha interesse suscetível de ser atingido ou amparado por ação ou omissão decorrente das atribuições do agente público, durante a atividade, está praticando um ato caracterizado como

(A) de improbidade administrativa, estando sujeito, por este enquadramento, entre outras, às penas de prisão e multa civil.

(B) apenas infração administrativa, estando sujeito, por este enquadramento, entre outras, às penas de advertência e multa.

(C) de improbidade administrativa, estando sujeito, por este enquadramento, entre outras, às penas de perda dos bens ou valores acrescidos ilicitamente ao patrimônio e suspensão dos direitos políticos de oito a dez anos.

(D) abuso de autoridade, estando sujeito, por este enquadramento, entre outras, às penas de perda do cargo ou emprego público e prisão civil.

(E) apenas infração administrativa, estando sujeito, por este enquadramento, entre outras, às penas de ressarcimento do dano e suspensão dos direitos políticos de cinco a oito anos.

A: incorreta, pois o ato de improbidade, tipificado na Lei 8.429/1992, não enseja pena de prisão (art. 12 da Lei 8.429/1992); **B:** incorreta, pois o ato de improbidade, tipificado na Lei 8.429/1992, não enseja pena de advertência (art. 12 da Lei 8.429/1992); **C:** correta, pois o ato de improbidade, tipificado na Lei 8.429/1992, enseja tais penas (art. 12 da Lei 8.429/1992); **D:** incorreta, pois o fato caracteriza ato de improbidade (art. 9º, VIII, da Lei 8.429/1992); **E:** incorreta, pois o fato caracteriza ato de improbidade (art. 9º, VIII, da Lei 8.429/1992). **WG**
Gabarito "C".

(Magistratura/RO – 2011 – PUCPR) Considere as assertivas abaixo:

I. Os atos de improbidade previstos na Lei 8.429/1992, sujeita qualquer agente público às sanções previstas na referida lei, desde que servidor efetivo.

II. As disposições da Lei 8429/1992 são aplicáveis, no que couber, àquele que, mesmo não sendo agente público, induza ou concorra para a prática do ato de improbidade ou dele se beneficie sob qualquer forma direta ou indireta.

III. Reputa-se agente público, para os efeitos da Lei 8.429/1992, todo aquele que exerce, ainda que transitoriamente ou sem remuneração, por eleição, nomeação, designação, contratação ou qualquer outra forma de investidura ou vínculo, mandato, cargo, emprego ou função nas entidades mencionadas no artigo 1º da referida lei.

IV. Quando o ato de improbidade causar lesão ao patrimônio público ou ensejar enriquecimento ilícito, caberá à autoridade administrativa responsável pelo inquérito representar ao Ministério Público, para a indisponibilidade dos bens do indiciado, cuja indisponibilidade recairá sobre bens que assegurem o integral ressarcimento do dano, ou sobre o acréscimo patrimonial resultante do enriquecimento ilícito.

V. Relativamente ao disposto na lei de improbidade administrativa, o sucessor daquele que causar lesão ao patrimônio público ou se enriquecer ilicitamente está sujeito às cominações desta lei até o limite do valor da herança.

Estão CORRETAS:

(A) Apenas as assertivas I e III.

(B) Apenas as assertivas II, III e V.

(C) Apenas as assertivas II, III, IV e V.

(D) Apenas as assertivas I, III e V.

(E) Todas as assertivas.

I: incorreta, pois não é só o servidor efetivo que é agente público para efeito de aplicação da Lei 8.429/1992 (vide o art. 2º dessa lei); II: correta (art. 3º da Lei 8.429/1992); III: correta (art. 2º da Lei 8.429/1992); IV: correta (art. 7º da Lei 8.429/1992); V: correta (art. 8º da Lei 8.429/1992). **WG**
Gabarito "C".

(Magistratura/DF – 2011) A Lei n. 8.429/1992 classifica como ato de improbidade que atenta contra os princípios da Administração Pública:

(A) não revelar e nem permitir que chegue ao conhecimento de terceiro, antes da respectiva divulgação oficial, teor de medida política ou econômica capaz de afetar o preço de mercadoria, bem ou serviço;

(B) não revelar fato ou circunstância de que tem ciência em razão das atribuições e que deva permanecer em segredo;

(C) prestar contas quando não esteja obrigado a fazê-lo;

(D) a prática de ato visando fim proibido em lei ou regulamento ou diverso daquele previsto na regra de competência.

A: incorreta, pois esse ato não é de improbidade; há improbidade, na modalidade mencionada, quando se *revelar* ou *permitir* que tais dados cheguem ao conhecimento de terceiro (art. 11, VII, da Lei 8.429/1992); **B:** incorreta, pois esse ato não é de improbidade; há improbidade, na modalidade mencionada, quando se *revelar* tais fatos (art. 11, III, da Lei 8.429/1992); **C:** incorreta, pois esse ato não é de improbidade; há improbidade, na modalidade mencionada, quando se *deixar* de prestar contas quando se *esteja* obrigado a fazê-lo (art. 11, VI, da Lei 8.429/1992); **D:** correta (art. 11, I, da Lei 8.429/1992). **WG**
Gabarito "D".

(Magistratura/RO – 2011 – PUCPR) Dadas as assertivas abaixo, assinale a única CORRETA.

(A) Constitui ato de improbidade administrativa que causa lesão ao erário qualquer ação ou omissão, desde que dolosa, que enseje perda patrimonial, desvio, apropriação, malbaratamento ou dilapidação dos bens ou haveres das entidades referidas no artigo 10 da lei 8.429/1992.

(B) É privativo do Ministério Público o direito de representar à autoridade administrativa competente para que seja instaurada investigação destinada a apurar a prática de ato de improbidade.

(C) Na ação de que trata o artigo 17 da Lei 8.429/1992, que terá o rito ordinário, e será proposta dentro de trinta dias da efetivação da medida cautelar, é admitida a transação, acordo ou conciliação.

(D) A perda da função pública e a suspensão dos direitos políticos só se efetivam com o trânsito em julgado da sentença condenatória, podendo a autoridade judicial ou administrativa competente determinar o afastamento do agente público do exercício do cargo, emprego ou função, sem prejuízo da remuneração, quando a medida se fizer necessária à instrução processual.

(E) As ações destinadas a levar a efeitos as sanções previstas na Lei 8.429/1992 podem ser propostas até dois anos após o término do exercício de mandato, de cargo em comissão ou de função de confiança.

A: incorreta, pois o ato pode ser doloso ou *culposo* (art. 10, *caput*, da Lei 8.429/1992); **B:** incorreta, pois qualquer pessoa pode fazer essa representação (art. 14, *caput*, da Lei 8.429/1992); **C:** incorreta, pois não se admite transação, acordo ou conciliação na ação por improbidade administrativa (art. 17, § 1º, da Lei 8.429/1992); **D:** correta (art. 20 da Lei 8.429/1992); **E:** incorreta, pois o prazo é de até 5 anos após o término da relação (art. 23 da Lei 8.429/1992). **WG**
Gabarito "D".

(Magistratura Federal/3ª região – 2003 – X) No que tange à tipificação de ato de improbidade administrativa, é correto dizer que:

(A) o enriquecimento ilícito de agente público, ainda que não se dê em razão de seu exercício funcional, caracteriza ato de improbidade administrativa;

6. DIREITO ADMINISTRATIVO — 447

(B) conduta de agente público que atente contra os princípios da administração pública tipifica sempre improbidade administrativa;

(C) ato de improbidade administrativa só o é se causar lesão ao Erário público;

(D) nem toda violação da legalidade caracteriza improbidade administrativa.

A: incorreta. Segundo o art. 9º da Lei nº 8.429/1992, só se tem ato de improbidade administrativa que importa enriquecimento ilícito quanto se é auferido qualquer tipo de vantagem patrimonial indevida *em razão do* exercício do cargo, mandato, função, emprego ou atividade nas entidades da administração direta,, indireta ou fundacional de qualquer dos Poderes da União, dos Estados, do Distrito Federal, dos Municípios, de Território, de empresa incorporada ao patrimônio público ou de entidade para cuja criação ou custeio o erário haja concorrido ou concorra com mais de cinquenta por cento do patrimônio ou da receita anual; **B:** incorreta. Estabelece o art. 11 da Lei nº 8.429/1992 que: "constitui ato de improbidade administrativa que atenta contra os princípios da administração pública qualquer ação ou omissão que viole os deveres de honestidade, imparcialidade, legalidade, e lealdade às instituições, e notadamente: I - praticar ato visando fim proibido em lei ou regulamento ou diverso daquele previsto, na regra de competência; II - retardar ou deixar de praticar, indevidamente, ato de ofício; III - revelar fato ou circunstância de que tem ciência em razão das atribuições e que deva permanecer em segredo; IV - negar publicidade aos atos oficiais; V - frustrar a licitude de concurso público; VI - deixar de prestar contas quando esteja obrigado a fazê-lo; VII - revelar ou permitir que chegue ao conhecimento de terceiro, antes da respectiva divulgação oficial, teor de medida política ou econômica capaz de afetar o preço de mercadoria, bem ou serviço"; **C:** incorreta. A Lei nº 8.429/1992 prevê três espécies de atos de improbidade administrativa: atos que importem enriquecimento ilícito (art. 9º), atos que causam prejuízo ao erário (art. 10) e atos que atentam contra os princípios da Administração Pública (art. 11); **D:** correta. Só são considerados atos de improbidade administrativa aqueles praticados pelos sujeitos previstos na Lei nº 8.429/1992 e que tiverem praticado, em razão da função pública exercida, atos que importem enriquecimento ilícito (art. 9º), atos que causam prejuízo ao erário (art. 10) e atos que atentam contra os princípios da Administração Pública (art. 11). **FMB**
Gabarito "D".

(Magistratura Federal/1ª Região – 2009 – CESPE) A respeito de improbidade administrativa, assinale a opção correta à luz da Lei n.º 8.429/1992.

(A) A ação de improbidade administrativa terá o rito ordinário e será proposta pelo MP ou pela pessoa jurídica interessada, dentro de sessenta dias da efetivação da medida cautelar.

(B) Sendo meramente culposa a conduta comissiva do agente público que ocasione prejuízo ao erário, isso não poderá ensejar responsabilização por improbidade administrativa.

(C) As ações destinadas a levar a efeito as sanções previstas na lei podem ser propostas em até três anos após o término do exercício de mandato, de cargo em comissão ou de função de confiança.

(D) Ao MP não é permitido efetuar transação, acordo ou conciliação nas ações de improbidade administrativa. Essa vedação, legalmente, não se aplica à fazenda pública, tendo em vista que o ajuste feito com o agente público infrator poderá ser economicamente vantajoso ao erário.

(E) Praticado ato de improbidade administrativa que importe enriquecimento ilícito, o responsável estará sujeito às seguintes cominações: perda dos bens ou valores acrescidos ilicitamente ao patrimônio; ressarcimento integral do dano, quando houver; perda da função pública; suspensão dos direitos políticos por período de oito a dez anos; pagamento de multa civil de até três vezes o valor do acréscimo patrimonial; e proibição de contratar com o poder público ou receber benefícios ou incentivos fiscais ou creditícios, direta ou indiretamente, ainda que por intermédio de pessoa jurídica da qual seja sócio majoritário, pelo prazo de dez anos.

A: incorreta, pois a ação deve ser proposta no prazo de 30 dias da efetivação da medida cautelar (art. 17, *caput*, da Lei 8.429/1992); **B:** incorreta, pois, na modalidade de improbidade por prejuízo ao erário (art. 10 da Lei 8.429/1992) admite-se que conduta dolosa ou *culposa* caracterize ato de improbidade administrativa; vale salientar que o STJ já pacificou entendimento no sentido de que as modalidades dos arts. 9º e 11 da Lei 8.429/1992 requerem *dolo* para se configurar, ao passo que a modalidade do art. 10 se configura com conduta *culposa* ou *dolosa* (EREsp 875.163/RS, DJ 30/06/10); aproveitando o ensejo, vale lembrar que o STJ afastou qualquer tipo de responsabilidade objetiva em matéria de improbidade administrativa e vem esclarecendo que o *dolo* exigido é o *dolo genérico*, consistente na "vontade de realizar fato descrito na norma incriminadora" (REsp 765.212/AC, J. 02.03.10); **C:** incorreta, pois o prazo é de 5 anos (art. 23, I, da Lei 8.429/1992); **D:** incorreta, pois é proibida a transação na ação por improbidade administrativa, seja quem for o autor dela (art. 17, § 1º, da Lei 8.429/1992); **E:** correta (art. 12, I, da Lei 8.429/1992). **FMB**
Gabarito "E".

(Magistratura Federal/4ª região – VIII) Os danos causados, por atos ilícitos praticados por agente público titular de cargo em comissão, em prejuízo do Erário, poderão ser objeto de ação de ressarcimento:

(A) até cinco anos após a data dos fatos;

(B) até cinco anos após o término do exercício do cargo;

(C) até cinco anos após a apuração dos fatos;

(D) até cinco anos após a condenação definitiva do agente.

Diz a lei de improbidade administrativa (Lei nº 8.429/1992) em seu art. 23, I que: "as ações destinadas a levar a efeito as sanções previstas nesta lei podem ser propostas: I - até cinco anos após o término do exercício de cargo em comissão ou função de confiança". **FMB**
Gabarito "B".

8. BENS PÚBLICOS

8.1. REGIME JURÍDICO (CARACTERÍSTICAS)

(Juiz – TJ/SP – VUNESP – 2015) Sobre os bens públicos, é correta a seguinte assertiva:

(A) só se sujeitam ao regime de bens públicos aqueles bens que pertençam a pessoa jurídica de direito público.

(B) é vedado o uso privativo de bem público de uso comum por particular, salvo se a lei expressamente autorizar.

(C) a afetação de bens ao uso comum pode decorrer de ato de vontade de um particular.

(D) bens públicos de uso comum são aqueles abertos à fruição de todo cidadão, de modo incondicionado e gratuito.

A: incorreta. Os bens públicos também são os pertencentes às pessoas jurídicas de direito privado prestadoras de serviços públicos, eis que afetados pela atividade estatal. **B:** incorreta. O bem de uso comum do povo pode ter uma utilização privativa se houver um ato administrativo de "autorização de uso" para tanto, como no caso das calçadas autorizada para uso privativo de bares e bancas de jornais. **C:** correta. O raciocínio do examinador foi o seguinte: A afetação de bens de uso comum pode decorrer de um ato de particular, como a doação de um terreno que passará a ser uma praça pública. No entanto, esse entendimento é controvertido, eis que o particular pode doar o bem ao Poder Público, mas somente esse é que poderá afetá-lo a uma destinação pública determinada, mesmo sabendo que a afetação e desafetação é um fato jurídico. Essa seria a alternativa menos errada, por isso a que deveria ter sido escolhida pelo examinando. **D:** incorreta. Os bens de uso comum podem ter seu uso remunerado, como as estradas, em que se pagam os pedágios ao concessionário. **AW**
Gabarito "C".

(Magistratura/MG – 2012 – VUNESP) Analise as afirmativas a seguir.

Os bens de uso comum do povo, desde que suscetíveis de valoração patrimonial e desafetados, podem ser alienados

PORQUE

tanto uma rua quanto uma praça, uma praia ou as margens de um rio navegável são suscetíveis de valoração patrimonial e de desafetação.

Assinale a alternativa correta.

(A) A primeira afirmativa é falsa e a segunda é verdadeira.

(B) A segunda afirmativa é falsa e a primeira é verdadeira.

(C) As duas afirmativas são verdadeiras e a segunda justifica a primeira.

(D) As duas afirmativas são verdadeiras, mas a segunda não justifica a primeira.

A primeira afirmativa é verdadeira (art. 100 do CC). A segunda afirmativa é falsa, pois a praia não é suscetível de valoração patrimonial, muito menos de desafetação, tratando-se de bem absolutamente fora do comércio. Dessa forma, alternativa correta é a "b". **WG**
Gabarito "B".

(MAGISTRATURA/PB – 2011 – CESPE) Com relação aos bens públicos, assinale a opção correta.

(A) Adota-se no Brasil a teoria clássica do domínio eminente para justificar ser o patrimônio do Estado constituído por bens do seu domínio efetivo e, indiretamente, pelos bens na posse de particulares.

(B) A imprescritibilidade dos bens públicos somente foi adotada a partir da vigência do Código Civil de 1916, razão pela qual era admissível, até aquela época, a aquisição de bens públicos por usucapião.

(C) No ordenamento jurídico pátrio, há um único regime jurídico aplicável a todos os bens públicos.

(D) Os bens públicos de uso especial destinam-se à utilização do Estado para fins econômicos que gerem alguma forma de renda para o erário.

(E) Não é possível penhorar bens públicos, com exceção dos que se classificam como dominicais.

A: incorreta, pois o Estado é proprietário dos bens de seu domínio efetivo, sendo que, quanto aos bens dos particulares, o domínio eminente não significa propriedade direta ou indireta desses bens, mas a possibilidade de exigir sua utilização conforme os ditames da função social da propriedade e às exigências da coletividade; **B:** correta, valendo salientar que impossibilidade de aquisição dos bens públicos pela usucapião também está prevista na Constituição Federal (arts. 183, § 3°, e 191, parágrafo único); **C:** incorreta, pois os bens públicos dominicais têm um regime jurídico com diferença em relação ao regime dos bens de uso comum do povo e de uso especial, no caso, pelo fato de que os bens dominicais são alienáveis (art. 101 do Código Civil, Lei 4.504/1964); **D:** incorreta, pois tais bens são destinados à prestação de serviços públicos ou a servir de estabelecimento ao Poder Público (art. 99, II, do CC); **E:** incorreta, pois não é possível penhorar qualquer tipo de bem público; os bens dominicais, apesar de inalienáveis (art. 101 do CC), continuam impenhoráveis. **WG**
Gabarito "B".

8.2. USO DE BENS PÚBLICOS POR PARTICULARES

Juiz – TJ-SC – FCC – 2017) A propósito do uso dos bens públicos pelos particulares, é correto afirmar que:

(A) as concessões de uso, dada a sua natureza contratual, não admitem a modalidade gratuita.

(B) o concessionário de uso de bem público exerce posse *ad interdicta*, mas não exerce posse *ad usucapionem*.

(C) a autorização de uso, por sua natureza precária, não admite a fixação de prazo de utilização do bem público.

(D) a Medida Provisória nº 2.220/2001 garante àquele que possuiu como seu, por cinco anos, ininterruptamente e sem oposição, até duzentos e cinquenta metros quadrados de imóvel público situado em área urbana, utilizando-o para fins comerciais e respeitado o marco temporal ali estabelecido, o direito à concessão de uso especial.

(E) a permissão de uso, por sua natureza discricionária, não depende de realização de prévia licitação.

A: incorreta. A concessão de uso de bem público pode ser onerosa ou gratuita, e sempre é precedida de autorização legal e, geralmente, por licitação. **B:** correta. Os bens públicos não são passíveis de aquisição por meio de usucapião (art. 183, §3°, CF), por isso, o concessionário tem a proteção de sua posse contra terceiros, mas não o adquire por meio da passagem do tempo (prescrição aquisitiva), nem perde a mesma posse em função dos mesmos motivos; **C:** incorreta. A autorização de uso realmente é precária, mas não há vedação para o estabelecimento de um prazo para o exercício de uma atividade (ela se destina ao desempenho de uma atividade sobre um bem público) vinculada ao bem público, sendo livre às partes essa determinação; **D:** incorreta. A Medida Provisória 2220/2001 criou o instituto da concessão de uso especial para fins de moradia, não se aplicando à utilização comercial, portanto; **E:** incorreta. A permissão sempre é precedida de licitação, seja de uso, seja de serviços públicos (art. 2°, IV, da Lei 8.987/1995). **AW**
Gabarito "B".

(Magistratura/SP – 2011 – VUNESP) Roberval da Silva, deficiente físico, aforou ação ordinária contra o Município de Marajá, objetivando pagamento de indenização por perdas e danos materiais e morais, sob o fundamento de que mantinha uma banca de jornal localizada em uma praça pública, por 12 anos, e foi compelido a transferir seu estabelecimento do local, em razão de duplicação da

6. DIREITO ADMINISTRATIVO

via pública. Para tanto, alega que foi obrigado a arcar com aluguel de novo ponto comercial e teve prejuízo, daí por que busca a indenização. Assinale a alternativa correta.

(A) O juiz, ao decidir, concede o pleito do autor, porquanto é ele deficiente físico e foi obrigado a sair do local onde mantinha freguesia.

(B) O juiz concede a pretensão do autor, porquanto ele possuía licença tácita.

(C) O juiz concede a pretensão do autor, porquanto ele possuía permissão tácita do município para exercer o seu labor.

(D) O juiz nega a pretensão do autor, posto que este não demonstrou que o Poder Público transferiu a ele um serviço de sua alçada.

(E) O juiz nega a pretensão do autor, pois a qualquer tempo o Município, o Estado ou a União podem ocupar, ao seu bel prazer, espaço que é seu, circunstância essa que não enseja qualquer tipo de indenização.

Roberval tem, no caso, uma permissão de uso de bem público. E tais permissões, como se sabe, são atos unilaterais, discricionários e precários. Assim, a Administração poderá revoga-las a qualquer tempo, sem ter que pagar qualquer tipo de indenização. **WG**
Gabarito "E."

(Magistratura Federal/1ª região – IX) Quanto à forma administrativa para uso especial dos bens públicos por particulares está correto afirmar:

(A) autorização de uso é ato negocial, unilateral, discricionário e precário, através do qual a administração faculta ao particular a utilização de determinado bem público.

(B) cessão de uso é a transferência onerosa da posse de um bem público de uma entidade ou órgão para outro, por tempo indeterminado, ainda que se admita uma prorrogação.

(C) enfiteuse é um instituto civil através do qual a Administração transfere o domínio direto de imóvel público, mantendo todavia o domínio útil sobre o bem aforado.

(D) concessão de uso é modalidade de contrato administrativo pelo qual o poder público concede ao particular a utilização exclusiva de um bem público, para exploração conforme sua destinação específica.

A: correta, pois, embora o gabarito da questão considere como correta apenas a assertiva "D", autorização de uso é ato administrativo unilateral e discricionário, pelo qual a Administração Pública consente ou faculta, a título precário, que o particular se utilize do bem público com exclusividade. Trata-se de ato administrativo de natureza negocial, pois é declaração de vontade da Administração Pública coincidente com a pretensão do particular; **B**: incorreta, pois "cessão de uso é a transferência gratuita da posse do bem público de uma entidade ou órgão para outro, a fim de que o cessionário o utilize nas condições estabelecidas no respectivo termo, por tempo certo ou indeterminado. É ato de colaboração entre repartições públicas, em que aquela que tem bens desnecessários aos seus serviços cede o uso a outra que deles está precisando" (MEIRELLES, Hely Lopes. *Direito Administrativo Brasileiro*, 39ª edição, São Paulo: Malheiros, 2013, p. 595); **C**: incorreta, na medida em que enfiteuse ou aforamento "é o instituto civil que permite ao proprietário atribuir a outrem o *domínio útil* de imóvel, pagando a pessoa que o adquire (enfiteuta) senhorio direto uma pensão

ou foro, anual, certo e invariável (CC/16, art. 678). Consiste, pois, na transferência do domínio útil de imóvel público a posse, uso e gozo perpétuos da pessoa que irá utilizá-los daí por diante" (MEIRELLES, Hely Lopes. *Direito Administrativo Brasileiro*, 39ª edição, São Paulo: Malheiros, 2013, p. 600); **D**: correta, pois concessão de uso é o contrato administrativo por meio do qual a Administração Pública faculta a utilização privativa de um bem público, para que o explore conforme sua destinação específica. **FMB**
Gabarito "D."

8.3. BENS PÚBLICOS EM ESPÉCIE

(Juiz – TRF 3ª Região – 2016) Dadas as assertivas abaixo, assinale a alternativa correta. São bens da União:

I. O mar territorial, entendido como uma faixa de doze milhas marítimas de largura, medidas a partir da linha de baixa-mar do litoral continental e insular, tal como indicada nas cartas náuticas de grande escala, reconhecidas oficialmente no Brasil.

II. Os recursos naturais da plataforma continental, entendida como o subsolo das áreas submarinas que se estendem além do seu mar territorial, em toda a extensão do prolongamento natural de seu território terrestre, até o bordo exterior da margem continental, ou até uma distância de cento e cinquenta milhas marítimas das linhas de base, a partir das quais se mede a largura do mar territorial, nos casos em que o bordo exterior da margem continental não atinja essa distância.

III. Os recursos naturais da zona econômica exclusiva, entendida como uma faixa que se estende das doze às duzentas milhas marítimas, contadas a partir das linhas de base que servem para medir a largura do mar territorial.

Estão corretas:

(A) I, II e III.

(B) I e III.

(C) II e III.

(D) Apenas III.

A: incorreta. A assertiva II está incorreta. A plataforma continental se estende a 200 milhas da linha base, conforme art. 11, da Lei 8.617/1993), sendo o seguinte conceito: "Compreende-se como **plataforma continental** o prolongamento natural das terras continentais ou insulares, por baixo das águas do mar, em extensão variável, com profundidade de até 200 milhas das linhas de base, a partir das quais se mede a largura do mar territorial."; **B**: correta. A assertiva I está correta, sendo a definição do mar territorial, conforme dispõe o art. 1º da Lei 8.617/1993: " O mar territorial brasileiro compreende uma faixa de doze milhas marítima de largura, medidas a partir da linha de baixa-mar do litoral continental e insular, tal como indicada nas cartas náuticas de grande escala, reconhecidas oficialmente no Brasil". O mesmo se diz sobre a assertiva III, sobre a zona econômica exclusiva, conforme disposto no art. 6º da Lei 8.617/1993: " A zona econômica exclusiva brasileira compreende uma faixa que se estende das doze às duzentas milhas marítimas, contadas a partir das linhas de base que servem para medir a largura do mar territorial."; **C**: incorreta. A assertiva II está incorreta, conforme explicado na assertiva A; **D**: incorreta. Temos duas assertivas corretas: a I e a III, conforme explicado na letra B. **AW**
Gabarito "B."

(Magistratura/PR – 2013 – UFPR) Segundo a Constituição Federal, NÃO são bens dos Estados:

(A) as águas superficiais ou subterrâneas, fluentes, emergentes e em depósito, ressalvadas, neste caso, na forma da lei, as decorrentes de obras da União.

(B) as áreas, nas ilhas oceânicas e costeiras, que estiverem no seu domínio, excluídas aquelas sob domínio da União, Municípios ou terceiros.

(C) as ilhas fluviais e lacustres não pertencentes à União.

(D) os potenciais de energia hidráulica e os recursos minerais, inclusive os do subsolo.

A: incorreta, pois são bens dos Estados (art. 26, I, da CF/1988); **B:** incorreta, pois são bens dos Estados (art. 26, II, da CF/1988); **C:** incorreta, pois são bens dos Estados (art. 26, III, da CF/1988); **D:** correta, pois não são bens dos Estados, pertencendo à União (art. 20, VIII e IX, da CF/1988). WG
Gabarito "D".

(Magistratura/DF – 2011) Segundo a Constituição Federal, são bens da União:

(A) Os que atualmente lhe pertencem e os que lhe vierem a ser atribuídos;

(B) Os recursos naturais da plataforma continental, excluída a zona econômica;

(C) Os terrenos de marinha, sem os seus acrescidos;

(D) Os lagos, rios e quaisquer correntes de água em terrenos de seu domínio ou que banhem apenas um Estado.

A: correta (art. 20, I, da CF); **B:** incorreta, pois são bens da União os recursos naturais da plataforma continental *e também* da zona econômica exclusiva (art. 20, V, da CF); **C:** incorreta, pois são bens da União os terrenos de marinha e *também* os seus acrescidos (art. 20, VII, da CF); **D:** incorreta, pois é necessário que banhem *mais* de *um* Estado (art. 20, III, da CF). WG
Gabarito "A".

(Magistratura Federal-4ª Região – 2010) Dadas as assertivas que seguem sobre bens públicos, assinale a alternativa correta.

I. Os bens públicos de uso comum do povo e os de uso especial são imprescritíveis, impenhoráveis e também inalienáveis enquanto conservarem a respectiva qualificação. Os bens públicos dominicais embora também tenham por atributos a impenhorabilidade e a imprescritibilidade, podem ser alienados, desde que observadas as exigências da lei.

II. Conquanto as terras tradicionalmente ocupadas pelos índios destinem-se à sua posse permanente, cabendo-lhes o usufruto exclusivo das riquezas do solo, dos rios e dos lagos nelas existentes, elas pertencem todas à União Federal, ostentando a natureza de bens de uso especial.

III. No regime da Constituição Federal brasileira, todas as terras devolutas existentes no território nacional pertencem à União, admitida a cessão aos Estados e aos Municípios, desde que não se trate de imóveis situados na faixa de fronteira.

IV. As ilhas fluviais e lacustres situadas nas zonas limítrofes com outros países incluem-se entre os bens da União; as demais ilhas fluviais e lacustres pertencem aos Estados.

V. O ajuizamento de ação contra o foreiro, na qual se pretende usucapião do domínio útil do bem, não viola a regra de que os bens públicos não se adquirem por usucapião, prevista no artigo 183, § 3º, da Constituição Federal.

(A) Estão corretas apenas as assertivas I e II.

(B) Estão corretas apenas as assertivas I, II e III.

(C) Estão corretas apenas as assertivas II, IV e V.

(D) Estão corretas apenas as assertivas I, II, IV e V.

(E) Estão corretas todas as assertivas.

I: correta (arts. 100 a 102 do CC); II: correta (arts. 20, XI, e 231, § 2º, ambos da CF/1988); III: incorreta, pois as terras devolutas não pertencem à União pertencem aos Estados (art. 26, IV, da CF/1988); IV: correta (arts. 20, IV, e 26, III, ambos da CF/1988); V: correta, pois a usucapião não atinge o direito de propriedade da União, mas pode atingir outros direitos de particulares, ainda que sobre bens públicos, ressalvadas as regras de direito público que se oponham a essa possibilidade. FMB
Gabarito "D".

8.4. TEMAS COMBINADOS DE BENS PÚBLICOS

(Magistratura Federal-4ª Região – 2010) Dadas as assertivas abaixo, assinale a alternativa correta:

I. As terras devolutas podem tanto ser do domínio da União como dos Estados-membros.

II. A desafetação legal somente se faz necessária para a alienação de bem de uso comum do povo.

III. A imprescritibilidade incide tanto sobre os bens públicos de uso comum do povo como sobre os de uso especial e os bens dominiais.

IV. As chamadas *"cláusulas exorbitantes"* podem tanto integrar os contratos administrativos típicos como os contratos privados celebrados pela Administração em pé de igualdade com os particulares contratantes.

V. A permissão de uso assegura ao permissionário o uso especial e individual de bem público e gera direitos subjetivos para proteger sua utilização na forma permitida.

(A) Estão corretas apenas as assertivas III e IV.

(B) Estão corretas apenas as assertivas IV e V.

(C) Estão corretas apenas as assertivas I, II e III.

(D) Estão corretas apenas as assertivas I, III e V.

(E) Nenhuma assertiva está correta.

I: correta (arts. 20, II, e 26, IV, da CF/1988); II: incorreta, pois também é necessária para a desafetação de bens de uso especial, quando a lei tiver promovido a afetação; III: correta, pois a usucapião é vedada de forma geral na Constituição (arts. 183, § 3º, e 191, parágrafo único, da CF/1988); IV: incorreta, pois somente os contratos administrativos têm essas cláusulas; se se tratar de um contrato regido pelo direito privado, essas cláusulas não existirão, por não serem compatíveis com os princípios do direito privado; V: correta, pois o permissionário tem um direito legítimo de uso da área, direito esse que pode ser oposto a terceiros, ressalvada a possibilidade de a Administração retomar o bem dado em permissão, a qualquer tempo, em sem pagamento de indenização, salvo se se tratar de permissão condicionada ou qualificada (ex: com prazo determinado), hipótese em que, para que haja respeito

6. DIREITO ADMINISTRATIVO

ao princípio da segurança jurídica, a Administração terá de indenizar o permissionário que tiver de sair do bem antes do termo final. **FMB**

Gabarito "D".

(Magistratura Federal/1ª região – IX) Assinale a alternativa correta:

(A) terrenos reservados são as faixas de terras particulares, marginais aos rios, lagos e canais públicos, na largura de 15 metros, onerados com servidão de trânsito, sendo esta um ônus real sobre a propriedade alheia.

(B) terrenos de marinha são todos aqueles que, banhados pelas águas do mar ou dos rios navegáveis, em sua foz, vão até a distância de 30 metros para a parte das terras, contados desde o ponto em que chega o preamar médio.

(C) terras devolutas são todas aquelas que, pertencentes ao domínio público, se acham utilizadas pela administração federal ou estadual, para fins especialmente previstos em lei.

(D) terrenos acrescidos são todos aqueles que se formam com a terra carreada pela caudal, pertencentes ao patrimônio do Município onde se situa o imóvel.

A: correta, pois terrenos reservados ou marginais são as faixas de terras particulares, marginais dos rios, lagos e canais públicos, na largura de quinze metros, oneradas com servidão de trânsito instituída pela Lei imperial nº 1.507/1867 em seu artigo 39, o qual foi revigorado pelos arts. 11, 12 e 14 do Código de Águas; **B:** incorreta pois, nos termos do Aviso Imperial de 12.7/1833, terrenos de marinha são "todos os que, banhados pelas águas do mar ou dos rios navegáveis, em sua foz, vão até a distância de 33 metros para a parte das terras, contados desde o ponto em que chega o preamar médio"; **C:** incorreta, uma vez que terras devolutas "são todas aquelas que, pertencentes ao domínio público de qualquer das entidades estatais, não se acham utilizadas pelo Poder Público, nem destinadas a fins administrativos específicos" (MEIRELLES, Hely Lopes. *Direito Administrativo Brasileiro*, 39ª ed., São Paulo: Malheiros, 2013, p. 617); **D:** incorreta, visto que terrenos acrescidos são todos aqueles que se formam com a terra carreada pela caudal e que pertencem aos proprietários das terras marginais a que aderirem. **FMB**

Gabarito "A".

(Magistratura Federal/2ª região – 2011 – CESPE) No que diz respeito aos bens públicos e às limitações administrativas, assinale a opção correta.

(A) A faixa de fronteira é bem de uso especial da União pertencente ao seu domínio indisponível, razão pela qual é vedada a alienação de terras nela situadas.

(B) A autorização de uso de bem público é ato administrativo bilateral e discricionário, por intermédio do qual a administração consente que o particular utilize a coisa sem exclusividade.

(C) Consoante o STJ, é ilegal a cobrança, pelo poder público, da concessionária de serviço público, pelo uso do solo, subsolo ou espaço aéreo para a instalação de postes, dutos ou linhas de transmissão.

(D) De acordo com posicionamento do STJ, as benfeitorias realizadas em bem público que se incorporam ao imóvel devem ser indenizadas quando há a rescisão do contrato de concessão de uso por inadimplemento das prestações mensais, ainda que o contrato contenha cláusula em sentido contrário.

(E) A afetação de bens públicos não pode ser tácita.

A: incorreta, pois a faixa de fronteira pode ser formada tanto pode bens públicos como por bens particulares e constitui tão somente área de 150 Km de largura, paralela à linha divisória terrestre do território nacional, indispensável à segurança nacional, e que, portanto, tem sua ocupação, utilização e alienação reguladas por lei; **B:** incorreta, pois autorização de uso é ato administrativo unilateral e discricionário, pelo qual a Administração Pública consente ou faculta, a título precário, que o particular se utilize do bem público *com exclusividade*. Trata-se de ato administrativo de natureza negocial, pois é declaração de vontade da Administração Pública coincidente com a pretensão do particular; **C:** correta, pois, apesar da polêmica a respeito do tema, o STJ firmou entendimento pela ilegalidade da cobrança em face de concessionária de serviço público pelo uso de solo, subsolo ou espaço aéreo é ilegal (seja para a instalação de postes, dutos ou linhas de transmissão, p. ex.) porque (i) a utilização, neste caso, reverte em favor da sociedade - razão pela qual não cabe a fixação de preço público - e (ii) a natureza do valor cobrado não é de taxa, pois não há serviço público prestado ou poder de polícia exercido; **D:** incorreta, pois não se indenizam benfeitorias realizadas em bem público se expressamente estabelecido, no contrato de concessão de direito real de uso, que serão incorporadas ao imóvel, sem direito à indenização, em caso de rescisão por inadimplemento das prestações mensais. Tem-se, no caso, a validade da cláusula de não indenizar (REsp 1169109/DF, Rel. Min. Eliana Calmon, 2ª Turma, j. 22.06.10); **E:** incorreta, pois existe uma imensa gama de bens reconhecidamente de uso comum do povo cuja afetação é ínsita e tácita: o mar, as praias etc. **FMB**

Gabarito "C".

(Magistratura Federal/3ª região – 2011 – CESPE) No que se refere à classificação e ao regime jurídico dos bens públicos, às terras devolutas e aos terrenos de marinha, assinale a opção correta.

(A) Como regra, as terras devolutas pertencem à União e, por serem bens patrimoniais, enquadram-se na categoria de bens de uso especial.

(B) Justifica-se o domínio da União sobre os terrenos de marinha em virtude da necessidade de defesa e de segurança nacional, motivo por que é expressamente vedada sua utilização por particulares.

(C) Os bens que constituem o patrimônio da União, dos estados ou dos municípios, como objeto de direito pessoal ou real, são considerados de uso especial.

(D) Os bens públicos de uso comum do povo e os de uso especial são inalienáveis enquanto conservarem essa qualificação, mas os bens públicos dominicais podem ser alienados, observadas as exigências da lei.

(E) Os bens públicos de uso comum e os dominicais, mas não os de uso especial, podem ser utilizados por particulares, desde que essa utilização atenda ao interesse público e esteja de acordo com os preceitos legais.

A: incorreta, pois terras devolutas "são todas aquelas que, pertencentes ao domínio público de qualquer das entidades estatais, não se acham utilizadas pelo Poder Público, nem destinadas a fins administrativos específicos" (MEIRELLES, Hely Lopes. *Direito Administrativo Brasileiro*, 39ª ed., São Paulo: Malheiros, 2013, p. 617); **B:** incorreta, visto que, embora o domínio pleno dos terrenos de marinha pertença à União, o domínio útil desses bens pode ser de particulares; **C:** incorreta, pois os bens que constituem o patrimônio dos entes federados podem ser de uso comum do povo, de uso especial ou dominicais; **D:** correta, pois

embora se diga que um dos atributos dos bens públicos é a inalienabilidade, o fato é que os bens dominicais são passíveis de alienação, respeitadas as exigências legais (art. 17 da Lei nº 8.666/1993), justamente porque não se encontram afetados a qualquer finalidade pública específica. Diversa é a situação dos bens públicos de uso comum do povo ou de uso especial, que estão afetados a uma ou mais finalidade públicas e que precisam ser previamente desafetados para que possam ser alienados; **E**: incorreta. Na verdade, desde não sejam incompatíveis com a finalidade principal a que um determinado bem público esteja afetado, o uso de bens públicos por particulares é possível. Um exemplo é a possibilidade de uso oneroso, para a realização de evento privativo, do Teatro Municipal ou do outros espaços, desde que não colidam com o uso principal desses bens. **FMB**
Gabarito "D".

9. INTERVENÇÃO DO ESTADO NA PROPRIEDADE

9.1. DESAPROPRIAÇÃO

(Juiz – TJ/SP – VUNESP – 2015) O instituto da desapropriação, no direito brasileiro, é regido por norma editada por decreto-lei na década de 40 e recepcionada pela Constituição Federal de 1988, com algumas alterações pontuais procedidas por legislação posterior. Sobre o instituto da desapropriação, é correto afirmar que

(A) só é possível a expropriação de bens imóveis com prévia indenização em dinheiro ou, em algumas hipóteses, em títulos públicos com vencimento em prazo de, no máximo, cinco anos.

(B) a desapropriação exige que os bens expropriados sejam destinados a uma finalidade ou utilidade públicas, incorporando-se ao patrimônio público, vedada a sua posterior alienação em favor de particulares.

(C) na desapropriação de bem imóvel, a declaração de utilidade pública deve especificar o bem dela objeto e se circunscrever àquela área necessária àquela finalidade, vedada sob pena de nulidade do ato expropriatório a inclusão de área lindeira para futura alienação e captura da valorização imobiliária pelo poder público.

(D) a prática dos atos necessários à desapropriação pode ser exercida por particulares mediante delegação pelo poder público à iniciativa privada.

A: incorreta. O prazo de resgate é de 10 ou 15 anos, conforme disposto nos arts. 182 e 184, CF. **B**: incorreta. Uma vez incorporado ao patrimônio público, os bens são públicos e podem ser alienados, desde que seguidas as regras do art. 17 e seguintes, da Lei 8.666/1993. **C**: incorreta. É possível o exercício do "direito de extensão" (art. 4º, do Decreto-lei 3.365/1941) para abranger área maior do que a constante no decreto expropriatório, se isso for interessante ao Poder Público. **D**: correta. O poder de desapropriar pode ser delegado a particulares, como concessionários e permissionários, desde que previsto no ato de delegação (art. 18, XII, da Lei 8.987/1995). **AW**
Gabarito "D".

(Juiz – TJ/MS – VUNESP – 2015) Assinale a alternativa que corretamente discorre sobre o instituto da desapropriação, tendo em vista a jurisprudência do Supremo Tribunal Federal e do Superior Tribunal de Justiça.

(A) Nas ações de desapropriação não se incluem no cálculo da verba advocatícia as parcelas relativas aos juros compensatórios e moratórios.

(B) Em desapropriação, é devida a correção monetária até a data do efetivo pagamento da indenização, devendo proceder-se à atualização do cálculo uma única vez.

(C) Os juros compensatórios, na desapropriação indireta, incidem a partir da citação, calculados sobre o valor da indenização, corrigido monetariamente.

(D) Na desapropriação, direta ou indireta, a taxa dos juros compensatórios é de 12% (doze por cento) ao ano.

(E) A base de cálculo dos honorários de advogado em desapropriação é o valor da causa corrigido monetariamente.

A: incorreta. Temos a súmula 378, STF, que assim dispõe: "Na indenização por desapropriação incluem-se honorários do advogado do expropriado". **B**: incorreta. No caso, temos aplicação da súmula 67, STJ que entende que: "Na desapropriação, cabe a atualização monetária, ainda que por mais de uma vez, independe do decurso de prazo superior a um ano entre o cálculo e o efetivo pagamento da indenização". **C**: incorreta. Os juros compensatórios incidem para remunerar ou indenizar a perda antecipada da propriedade, por isso o STJ (súmula 114) entende que incidem a partir da ocupação, no caso de desapropriação indireta. **D**: correta. A súmula 618, STF dispõe que: "Na desapropriação, direta ou indireta, a taxa dos juros compensatórios é de 12% (doze por cento) ao ano". **E**: incorreta. Como a questão pede a jurisprudência, temos também a súmula 617, STJ, que assim dispõe: "A base de cálculo dos honorários de advogado em desapropriação é a diferença entre a oferta e a indenização, corrigidas ambas monetariamente". **AW**
Gabarito "D".

(Juiz – TRF 2ª Região – 2017) Analise as assertivas e, depois, assinale a opção correta:

I. Ocorre o apossamento administrativo de propriedade privada sem regular desapropriação, mas a área foi afetada para destinação apta a ensejar a expropriação. No caso, é quinquenal o prazo prescricional para o proprietário postular indenização, em face da Administração Pública, pela perda da propriedade.

II. No âmbito da desapropriação por interesse social, intentada a ação, o proprietário pode discutir, em seu bojo, o preço ofertado e a presença ou não dos pressupostos para a declaração de interesse social, mas não a conveniência e a oportunidade da declaração de interesse social.

III. Não há que se subtrair do Judiciário a apreciação de lesão a direito, de modo que a conveniência e a oportunidade da declaração de interesse social podem ser debatidas no bojo da expropriatória.

(A) Apenas a assertiva I é correta.

(B) Apenas a assertiva II é correta.

(C) Apenas a assertiva III é correta.

(D) Todas as assertivas são falsas.

(E) Apenas as assertivas I e II estão corretas.

A: incorreta. A assertiva I está incorreta porque no caso de desapropriação indireta, o prazo é de 20 anos, conforme súmula 119 do STJ; **B**: incorreta. Na Ação de desapropriação só é possível discutir o preço e os vícios formais do processo, não sendo aceita a discussão sobre o seu fundamento, portanto (art. 20, Decreto-Lei 3.365/1941); **C**: incorreta. A assertiva III está incorreta, porque como dito acima, só é admitida a discussão do valor e de vícios processuais na ação expropriatória, nunca o mérito do decreto expropriatório em si; **D**: correta. Todas as

6. DIREITO ADMINISTRATIVO

assertivas são falsas, conforme explicação acima; **E**: incorreta. As assertivas I e II são falsas, conforme explicação nos itens A e B. **AW**

Gabarito "D".

(Juiz – TRF 2ª Região – 2017) Sobre Desapropriação, marque a assertiva correta:

(A) Decretada a utilidade pública do bem a ser expropriado, e desde que passado o prazo legal para o acordo administrativo, ficam as autoridades administrativas autorizadas a penetrar nos prédios compreendidos na declaração.

(B) O decreto de utilidade pública marca o início do prazo de caducidade da ação de desapropriação indireta.

(C) A declaração de utilidade pública marca o início do prazo prescricional da ação de desapropriação indireta.

(D) O decreto de utilidade pública implica vedação de licenciamento de obra no bem objeto do ato expropriatório.

(E) A expedição do Decreto de utilidade pública marca o início de prazo quinquenal findo o qual, não havendo acordo e não intentada a ação, o ato caducará.

A: incorreta. O direito de penetrar no imóvel expropriado se inicia a partir da expedição do Decreto, conforme disposto no art. 7º, do Decreto-Lei 3.365/1941; **B**: incorreta. O prazo para a ação de desapropriação indireta se inicia a partir do apossamento administrativo, ou seja, do esbulho possessório, que independe de decreto, eis que é um ato ilícito; **C**: incorreta. O decreto expropriatório é um ato administrativo que legitima o processo expropriatório, tornando-o lícito. No caso da desapropriação indireta, temos um esbulho possessório por parte do Poder Público, que se apossa da propriedade, sem decreto, sem ordem judicial, enfim, ilicitamente, forçando o particular a requerer a desapropriação indireta. Por isso, se há decreto, não há que se falar em desapropriação ou prazo para desapropriação indireta; **D**: incorreta. O decreto não impede que o proprietário realize obras, inclusive de conservação do bem, o que constará do valor da indenização, por isso é possível o licenciamento da obra, como consta da assertiva; **E**: orreta, tendo em vista que o decreto tem um prazo de caducidade, que é de 5 anos após a sua expedição (art. 10, do Decreto-lei 3.365/1941). **AW**

Gabarito "E".

(Magistratura/SP – 2013 – VUNESP) A declaração de utilidade pública de um imóvel para fins de desapropriação

(A) quando efetivada a desapropriação, exige que o valor da obra seja incluído na indenização.

(B) não impede a expedição do alvará de licenciamento para construção no imóvel, desde que preenchidos os requisitos legais para sua expedição.

(C) impede a Administração de expedir alvará de licença para edificação no imóvel.

(D) impede que o proprietário use, goze e disponha do imóvel.

A: incorreta, pois somente, com a declaração de utilidade pública, fixa-se o estado do bem para fins de indenização, de modo que qualquer obra que o expropriado faça após tal declaração (ressalvada as benfeitorias úteis autorizadas pela Administração e as benfeitorias necessárias), não são computadas para fins de pagamento de indenização (art. 26, § 2º, do Dec.-lei 3.365/1941); **B**: correta, nos termos da Súmula STF n. 23, pela qual "verificados os pressupostos legais para o licenciamento da obra, não o impede a declaração de utilidade pública para desapropriação

do imóvel, mas o valor da obra não se incluirá na indenização, quando a desapropriação for efetivada"; **C**: incorreta, pois a Súmula STF n. 23 autoriza tal expedição; **D**: incorreta, pois o particular continua podendo usar normalmente o imóvel, com a ressalva de que nem todas as obras que fizer no bem após serão objetos de indenização em seu favor e também com a ressalva de não mais poderá usar a coisa quando for concedida a imissão do expropriante na posse do imóvel. **WG**

Gabarito "B".

(Magistratura/SP – 2013 – VUNESP) Serviços de docas explorados por companhia privada, confiados por concessão da União, têm seus bens desapropriados pelo Estado. Com relação à hipótese, assinale a alternativa correta.

(A) É ilegal a desapropriação porque a União pode desapropriar bens dos Estados, do Distrito Federal, dos Municípios, e dos Territórios, e os Estados, dos Municípios, prevalecendo o ato da pessoa jurídica de mais alta categoria, segundo o interesse de que cuida: o nacional prevalece sobre o regional, e este sobre o local. O reverso não é possível.

(B) A desapropriação produzirá como uma de suas consequências a extinção da pessoa jurídica.

(C) A desapropriação é legal porque a União e os Estados têm competência concorrente para explorar, diretamente ou mediante autorização, concessão ou permissão os portos marítimos, fluviais e lacustres.

(D) É legal a desapropriação pelo Estado, desde que haja prévia autorização do Presidente da República

Considerando a extensão da desapropriação efetuada, o caso de enquadra no disposto no art. 2º, § 3º, do Dec.-lei 3.365/1941, que permite desapropriação dessa natureza se houver prévia autorização do Presidente da República. **WG**

Gabarito "D".

(Magistratura/AM – 2013 – FGV) A única cidade-sede da Copa do Mundo de 2014 na Região Norte, Manaus (AM), também deve enfrentar casos de desapropriação para dar passagem às obras da Copa. Estima-se que mais de 100 imóveis devem ser afetados pelas obras necessárias à construção do monotrilho e do BRT (*Bus Rapid Transit*) que criarão corredores exclusivos para ônibus, no intuito de desafogar o tráfego. No entanto, o Poder Público também verificou que, com a construção do referido monotrilho, alguns imóveis, desnecessários ao desenvolvimento da obra, iriam sofrer uma valorização extraordinária em razão da infraestrutura criada no entorno daquela área. Em razão de tal fato, decidiu incluí-los no decreto de declaração de utilidade pública da referida área, com expressa menção de que tais imóveis seriam destinados à revenda.

Sobre a inclusão dos imóveis que irão sofrer uma valorização extraordinária no decreto expropriatório, assinale a afirmativa correta.

(A) Trata-se de hipótese de desapropriação por zona, autorizada por lei, e que consiste na inclusão no decreto expropriatório de áreas que, embora não sejam necessárias à obra, se valorizarem extraordinariamente, em consequência da realização do serviço.

(B) Trata-se de hipótese de desapropriação indireta, isto é, de apossamento administrativo sem o devido processo legal que, contudo, não autoriza o particular a reivindicar o bem, mas tão somente o pagamento de indenização.

(C) Trata-se de hipótese de tredestinação ilícita, na qual o Poder Público atua em desconformidade com o plano inicialmente previsto no decreto expropriatório e transfere o bem à terceiro, em claro desvio de finalidade.

(D) Trata-se de hipótese de tredestinação lícita, pois nada obstante tenha se dado ao bem desapropriado destino diverso daquele inicialmente planejado, manteve-se o atendimento do interesse público.

(E) Os proprietários dos imóveis poderão exigir a aplicação do direito de extensão, isto é, que a desapropriação inclua a área remanescente do bem, provando que sua utilização é despida de qualquer valor econômico.

A: correta, tratando-se da chamada desapropriação por zona, pela qual esta "poderá abranger a área contígua necessária ao desenvolvimento da obra a que se destina, *e as zonas que se valorizarem extraordinariamente, em consequência da realização do serviço*. Em qualquer caso, a declaração de utilidade pública deverá compreendê-las, mencionando-se quais as indispensáveis à continuação da obra e as que se destinam à revenda" (art. 4º, *caput*, do Dec.-lei 3.364/1941 – g.n.); **B:** incorreta, pois no caso não há falar-se em apossamento sem o devido processo legal, já que o próprio enunciado deixa claro que a área do entorno foi incluída no decreto expropriatório; **C e D:** incorretas, pois a tredestinação consiste no uso da coisa expropriada em finalidade diversa da prevista no decreto expropriatório, o que não acontece no caso em tela, pois a revenda do imóvel a terceiro já está prevista desde o início no decreto expropriatório; **E:** incorreta, pois o direito de extensão de fato existe, mas não tem relação alguma com o enunciado da questão, que, como se viu, não faz referência a desapropriação de área menor (gerando uma área remanescente), mas, ao contrário, de área maior do que a necessária, por conta da valorização extraordinária do entorno, tratando-se, assim, de desapropriação por zona. **WG**

Gabarito "A"

(Magistratura/PE – 2013 – FCC) Ao julgar a medida cautelar na Ação Direta de Inconstitucionalidade nº 2.332, o Supremo Tribunal Federal suspendeu liminarmente a eficácia da expressão "de até seis por cento ao ano", contida no art. 15-A do Decreto-lei nº 3.365/41. Após essa decisão, a taxa de juros compensatórios, na desapropriação

(A) manteve-se em 6% ao ano, agora com fundamento em dispositivo do Código Civil.

(B) voltou a ser de 12% ao ano, conforme jurisprudência sumulada do próprio Tribunal.

(C) manteve-se em 6% ao ano, por expressa disposição constitucional.

(D) voltou a ser de 12% ao ano, por expressa disposição constitucional.

(E) passou a ser variável, dependendo de decisão judicial no caso concreto, a qual deverá levar em conta a política de juros definida pelos órgãos governamentais competentes.

O STF, na ADI 2.332-2, deferiu liminar para suspender a eficácia da expressão "de até 6% ao ano" e também para determinar "que a base de cálculo dos juros compensatórios será a diferença eventualmente apurada entre 80% do preço ofertado em juízo e o valor do bem fixado na sentença". A ideia de substituir a expressão "preço ofertado em juízo" pela expressão "80% do preço ofertado em juízo" tem razão

no fato de que, normalmente, o expropriado só levanta 80% do preço depositado em juízo; com relação ao montante dos juros, com a retirada da expressão, remanesce a regra estabelecida na Súmula 618 do STF, pela qual a taxa de juros compensatórios é de 12% ao ano. Por fim, vale a pena dizer que os juros compensatórios são devidos mesmo que o imóvel não produza renda, pois o STF suspendeu a eficácia dos § § 1º, 2º e 4º do art. 15-A do Decreto-lei 3.365/1941. Assim, a alternativa "B" é a correta. **WG**

Gabarito "B".

(Magistratura/MG – 2012 – VUNESP) Analise as afirmativas a seguir.

Não podem os Estados e Municípios decretar a desapropriação de imóvel rural

PORQUE

é competência exclusiva da União a desapropriação que se destine à reforma agrária.

Assinale a alternativa correta.

(A) A primeira afirmativa é falsa e a segunda é verdadeira.

(B) A segunda afirmativa é falsa e a primeira é verdadeira.

(C) As duas afirmativas são verdadeiras e a segunda justifica a primeira.

(D) As duas afirmativas são verdadeiras, mas a segunda não justifica a primeira.

A primeira afirmativa é falsa, pois nada impede que Estados e Municípios desapropriem imóvel rural, mediante prévia e justa indenização em dinheiro. O que não é possível é tais entes promoverem a desapropriação-sanção, que é aquela em que a indenização se dá pelo pagamento de títulos da dívida agrária, por conta do descumprimento da função social da propriedade. A desapropriação sanção é da competência da União (art. 184, *caput*, da CF). Já a segunda afirmativa é verdadeira, nos termos do dispositivo constitucional citado. Assim, a alternativa "a" é a correta. **WG**

Gabarito "A".

(Magistratura/BA – 2012 – CESPE) Considerando a disciplina que rege a desapropriação, assinale a opção correta.

(A) A União poderá desapropriar bens para atendimento de necessidades coletivas, urgentes e transitórias, decorrentes de situações de perigo iminente, de calamidade pública ou de irrupção de epidemias.

(B) Conforme entendimento sumulado pelo STJ, o prazo prescricional da ação de desapropriação indireta é de cinco anos.

(C) Caso recaia hipoteca sobre o imóvel a ser desapropriado, o poder público ficará impedido de dar início ao processo expropriatório.

(D) O Poder Legislativo pode tomar a iniciativa da desapropriação, cabendo, nesse caso, ao Executivo praticar os atos necessários à sua efetivação.

(E) Um município é competente para, presentes os requisitos legais, desapropriar bens de empresa pública federal.

A: incorreta, pois, nesses casos o instituto adequado é o da requisição administrativa, que é temporária, já que não é o caso de desapropriar o bem para um uso meramente temporário para acautelar as situações mencionadas; **B:** incorreta, pois o STJ estabelece que esse prazo é de 20 anos (Súmula 119 do STJ); porém, o fundamento da súmula é que esse é o prazo para a usucapião extraordinária de bens imóveis, sob

6. DIREITO ADMINISTRATIVO 455

a égide do antigo Código Civil (arts. 550/551); todavia, no atual CC, o prazo da usucapião extraordinária é de 15 anos, como regra, e de 10 anos, quando o possuidor houver estabelecido no imóvel sua moradia habitual, ou nele realizado obras ou serviços de caráter produtivo, conforme o art. 1.238 do CC; dessa forma, o prazo prescricional da ação de desapropriação indireta deve ser, hoje, de 10 ou 15 anos, de acordo com a situação; **C:** incorreta, pois, nesse caso, a desapropriação se dá, adquirindo o Poder Público a propriedade originária do bem (ou seja, livre de quaisquer ônus), ficando a hipoteca sub-rogada no preço depositado pelo Poder Público (art. 31 do Dec.-lei 3.365/1941); **D:** correta (art. 8º do Dec.-lei 3.365/1941); **E:** incorreta, pois é vedado a Municípios (e a Estados também) desapropriar entidades cujo funcionamento dependa da União ou que sejam controladas por esta (art. 2º, § 3º, do Dec.-lei 3.365/1941). WG

Gabarito "D".

(Magistratura/RO – 2011 – PUCPR) Sobre a desapropriação por utilidade pública, avalie as perspectivas abaixo:

I. Mediante declaração de utilidade pública, todos os bens poderão ser desapropriados pela União, pelos Estados, Municípios, Distrito Federal e Territórios, inclusive do espaço aéreo ou do subsolo, cuja desapropriação só se tornará necessária quando de sua utilização resultar prejuízo patrimonial do proprietário do solo.

II. Consideram-se, entre outros casos de utilidade pública, a construção de edifícios públicos, cemitérios, criação de estádios, aeródromos ou campos de pouso para aeronaves, e a reedição ou divulgação de obra ou invento de natureza científica, artística ou literária.

III. Ao Poder Judiciário é vedado, no processo de desapropriação, decidir se verificam ou não os casos de utilidade pública.

IV. No caso de imissão prévia na posse, na desapropriação por necessidade ou utilidade pública e interesse social, inclusive para fins de reforma agrária, havendo divergência entre o preço ofertado em juízo e o valor do bem, fixado na sentença, expressos em termos reais, incidirão juros compensatórios, a contar da imissão na posse, vedado o cálculo de juros compostos.

Estão CORRETAS:

(A) Apenas as assertivas I e IV.

(B) Apenas as assertivas II e III.

(C) Apenas as assertivas I, II e IV.

(D) Apenas as assertivas III e IV.

(E) Todas as assertivas.

I: correta (art. 2º, *caput* e § 1º, do Dec.-lei 3.365/1941); II: correta (art. 5º do Dec.-lei 3.365/1941); III: correta (art. 9º do Dec.-lei 3.365/1941); IV: correta (art. 15-A do Dec.-lei 3.365/1941). WG

Gabarito "E".

(Magistratura/PE – 2011 – FCC) A Medida Provisória n. 2.183-56/2001 introduziu o seguinte artigo no Decreto-Lei n. 3.365/1941: "Art. 15-A. No caso de imissão prévia na posse, na desapropriação por necessidade ou utilidade pública e interesse social, inclusive para fins de reforma agrária, havendo divergência entre o preço ofertado em juízo e o valor do bem, fixado na sentença, expressos em termos reais, incidirão juros compensatórios de até

seis por cento ao ano sobre o valor da diferença eventualmente apurada, a contar da imissão na posse, vedado o cálculo de juros compostos". Analisando a constitucionalidade do dispositivo, o Supremo Tribunal Federal decidiu cautelarmente suspender a eficácia da expressão

(A) "vedado o cálculo de juros compostos", vez que nada na Constituição Federal veda esse cálculo.

(B) "inclusive para fins de reforma agrária", vez que não há pagamento de juros compensatórios nessa hipótese.

(C) "no caso de imissão prévia na posse", vez que é instituto incompatível com a ideia de indenização "justa e prévia".

(D) "ou utilidade pública", vez que não cabe imissão prévia na posse no caso de desapropriação por mera utilidade pública.

(E) "de até seis por cento ao ano", vez que o entendimento jurisprudencial prevalecente é no sentido de serem devidos juros compensatórios à taxa de doze por cento ao ano.

De fato, na ADIN n. 2.332-2, houve suspensão da eficácia da expressão "de até seis por cento ao ano", de modo a manter o disposto na Súmula 618 do STF, pela qual os juros compensatórios são de 12% ao ano. WG

Gabarito "E".

(Magistratura/RJ – 2011 – VUNESP) A intervenção na propriedade privada é todo ato do Poder Público que, fundado em lei, compulsoriamente retira ou restringe direitos dominiais privados ou sujeita o uso de bens particulares a uma destinação de interesse público. Um dos meios de intervenção na propriedade privada se dá pela desapropriação e, nesse sentido, é correto afirmar que

(A) a expropriação, seja por utilidade pública ou por interesse social, opera-se mediante prévia e justa indenização em dinheiro, não comportando exceções.

(B) a desapropriação é forma originária de aquisição da propriedade e por isso o bem expropriado torna-se suscetível de reivindicação, não estando liberado de qualquer ônus que sobre ele incida precedentemente, ficando os eventuais credores sub-rogados no preço.

(C) a desapropriação de áreas de jazidas de petróleo e minérios nucleares deve ser precedida de ocupação provisória. Não havendo a autorização de lavra, não cabe indenização por jazidas de minério existentes no subsolo do imóvel desapropriado, pois a lavra, em si, é um bem de domínio da União.

(D) de acordo com o Estatuto da Cidade, decorridos três anos de tributação progressiva do IPTU sem que o proprietário tenha cumprido a obrigação de parcelamento, edificação ou utilização da propriedade, o Município do Rio de Janeiro poderá proceder à desapropriação do imóvel, mediante pagamento de indenização em dinheiro.

A: incorreta, pois um dos casos de desapropriação por interesse social é justamente aquele em que o particular descumpre com a função social da propriedade, hipótese em que o pagamento da indenização não se dará em dinheiro, mas em títulos da dívida agrária quanto a imóvel rural (art. 184, *caput*, da CF) e em títulos da dívida pública

quanto a imóvel urbano (art. 182, § 4º, III, da CF); **B:** incorreta, pois o fato de ser forma originária de propriedade faz com que esta venha para a titularidade do Poder Público completamente livre de ônus ou de relação com o passado, ficando sub-rogados no preço quaisquer ônus ou direitos que recaiam sobre o bem expropriado (art. 31 do Dec.-lei 3.365/1941); **C:** correta (art. 1º do Dec.-lei 1.864/1981 e do Dec.-lei 1.865/1981); **D:** incorreta, pois a majoração da alíquota deve se dar por cinco anos consecutivos antes da desapropriação-sanção (art. 7º, *caput*, da Lei 10.257/2001); ademais, a desapropriação-sanção se dá mediante pagamento por meio de títulos da dívida pública (art. 8º da Lei 10.257/2001). **WG**
Gabarito "C".

(Magistratura/SC – 2010) Assinale a alternativa correta:

I. É possível, antes de uma ação desapropriatória, o Poder Público e o proprietário acordarem sobre o preço do bem imóvel.

II. Tendo a alienação do bem se consumado por meio de negócio jurídico bilateral e amigável, este acordo suprirá, *in specie*, o caráter de coercitividade de que se reveste a desapropriação, prevalecendo a natureza jurídica negocial e a teoria da autonomia da vontade.

III. As desapropriações podem recair sobre bens móveis e imóveis tanto da pessoa física como jurídica, pública ou privada.

IV. O procedimento da desapropriação possui somente a fase declaratória.

V. Havendo muita pressa na desapropriação, alegada pela Administração Pública, o juiz pode negar a imissão provisória na posse, mesmo quando já depositada a quantia arbitrada.

(A) Somente as proposições I e III estão incorretas.

(B) Somente as proposições II e V estão incorretas.

(C) Somente as proposições I e IV estão incorretas.

(D) Somente as proposições IV e V estão incorretas.

(E) Todas as proposições estão incorretas.

I: correta, cabendo o *acordo extrajudicial* mencionado (art. 10, *caput*, do Dec.-lei 3.365/1941); II: correta, pois far-se-á, no caso, um contrato de compra e venda de imóvel; III: correta (art. 2º do Dec.-lei 3.365/1941); IV: incorreta, pois possui além da fase declaratória, na qual se declara a intenção de o Poder Público desapropriar um dado bem (normalmente, por meio de um decreto expropriatório), há também a fase executória, em que se faz um acordo com o particular ou se ingressa com ação de desapropriação; V: incorreta, pois o juiz é obrigado a conceder a imissão provisória na posse, quando alegada a urgência e depositado o preço fixado pelo juízo (art. 15 do Dec.-lei 3.365/1941). **WG**
Gabarito "D".

(Magistratura/PR – 2010 – PUC/PR) Em relação ao regime jurídico dos bens públicos e a possibilidade de intervenção na propriedade privada, assinale a alternativa CORRETA:

(A) Desapropriação se define como procedimento através do qual o Poder Público compulsoriamente e mediante indenização adquire propriedade privada. As glebas e terras em geral onde se cultivam plantas psicotrópicas também são objeto de desapropriação.

(B) São efeitos da declaração de utilidade pública a afetação do bem, submetendo-o à força expropriatória do Estado, e a possibilidade de o Poder Público penetrar no bem a fim de fazer verificações, transferindo a propriedade do futuro expropriado ao Estado.

(C) Bens públicos dominicais são bens próprios do Estado não aplicados nem ao uso comum nem ao uso especial, não afetados a qualquer destino público.

(D) Na desapropriação, em relação à indenização, os juros moratórios contam-se a partir do trânsito em julgado da sentença condenatória, na forma estabelecida pela Súmula 70 do STJ.

A: incorreta, pois, pela desapropriação, não se adquire somente área privada, podendo-se adquirir também áreas estaduais (pela União) e áreas municipais (pela União e pelos Estados); ademais, glebas e terras onde se cultivam plantas psicotrópicas não são *desapropriadas*, mas *expropriadas*, o que significa que não haverá indenização (art. 243 da CF); **B:** incorreta, pois não é efeito da declaração de utilidade pública a transferência da propriedade do bem para o Poder Público, pois somente com o pagamento integral da indenização é que tal transferência se opera; **C:** correta (art. 99, III, do Código Civil); **D:** incorreta, estando a Súmula 70 do STJ prejudicada pelo disposto no art. 15-B do Dec.-lei 3.365/1941, incluído pela Medida Provisória 2183-56/2001, pelo qual os juros moratórios, que são de 6% ao ano, somente serão devidos "a partir de 1º de janeiro do exercício seguinte àquele em que o pagamento deveria ser feito, nos termos do art. 100 da Constituição", ou seja, somente após o último dia de prazo para pagamento do precatório. **WG**
Gabarito "C".

(Magistratura Federal/2ª região – 2011 – CESPE) Assinale a opção correta acerca do instituto da desapropriação.

(A) A indicação precisa do proprietário é requisito indispensável para o ajuizamento da ação de desapropriação, sob pena de nulidade do processo.

(B) Nos casos de desapropriação por interesse social, a legitimação ativa é conferida com exclusividade aos entes federativos, sendo vedada a atribuição de poder expropriatório às entidades da administração indireta.

(C) Na hipótese de expropriação de glebas de terra em que sejam cultivadas plantas psicotrópicas, o expropriado tem direito à indenização concernente às áreas que não foram objeto de efetivo plantio.

(D) Segundo entendimento do STF, a desapropriação de imóveis rurais para fins de utilidade pública e de reforma agrária é de competência exclusiva da União.

(E) O terceiro atingido pelo ato de desapropriação tem direito à respectiva indenização, que pode ser postulada em ação própria.

A: incorreta, pois o art. 18 do Decreto-lei nº 3.365/1941 expressamente prevê a possibilidade de citação por edital se o citando não for conhecido, ou estiver em lugar ignorado, incerto ou inacessível, ou, ainda, no estrangeiro; **B:** incorreta, pois se entende que, além das entidades estatais, podem, em princípio, promover a desapropriação os territórios – se existirem – e, desde que autorizadas em lei, as autarquias, as fundações públicas, as empresas públicas, as sociedades de economia mista, os serviços sociais autônomos e as organizações sociais, pois são "estabelecimentos que exercem funções delegadas de Poder Público" nos termos do art. 3º do Decreto-lei nº 3.365/1941; **C:** incorreta, visto que, no caso, haverá confisco de bens (uma espécie de sanção de perdimento de bens) e não desapropriação, a qual enseja sempre indenização; **D:** incorreta, pois a desapropriação de imóvel rural por interesse social para fins de reforma agrária é de competência exclusiva da União, mas por utilidade pública subsume-se na hipótese geral do Decreto-lei nº 3.365/1941; **E:** correta, pois o Decreto-lei nº 3.365/1941 consagra o princípio da unicidade da indenização ou princípio da sub-rogação. De acordo com esse princípio, ficam sub-rogados no preço quaisquer ônus ou direitos que recaiam sobre o bem expropriado (art. 31). Se considerarmos o que dispõe o art. 26 do Decreto-lei ("No valor da indenização, que será contemporâneo ao da avaliação, não se incluirão os direitos de terceiros contra os expropriados"), os terceiros poderão exigir a indenização relacionada aos respectivos direitos do montante fixado na sentença em favor do proprietário do bem, resolvendo-se, assim, em participação sobre tal valor. Todavia, tal como dispõe o art. 20 da lei de desapropriações, sempre será possível a propositura de ação direta para o deslinde de questões referentes aos direitos de terceiros. **FMB** Gabarito "E".

(Magistratura Federal-4ª Região – 2010) Considere o seguinte enunciado. Um Decreto considerando de interesse social determinada área para fins de reforma agrária foi publicado. Enquanto tramitava o processo judicial expropriatório, a empresa proprietária do terreno celebrou negociações com a empresa imobiliária, com objetivo de loteamento, e desde logo construiu ruas internas e fez ajardinamento. Dadas as assertivas abaixo, assinale a alternativa correta:

I. A declaração de interesse social que antecede a desapropriação guarda por si mesma o condão de transferir a propriedade do futuro expropriado ao Estado, em razão do que se deve inibir a realização das benfeitorias.

II. O licenciamento para a realização de obras na área expropriada não pode ser negado; todavia, a administração não será obrigada a indenizá-las quando efetivada a desapropriação.

III. A declaração de interesse social não pode perdurar indefinidamente, havendo prazo de caducidade a ser respeitado, mesmo que subsista o interesse público na expropriação do bem.

IV. Caso seja alienado o imóvel à incorporadora imobiliária antes de concluído o processo expropriatório, tal ato jurídico padecerá de vício insanável, não guardando sequer existência no universo jurídico.

(A) Estão corretas apenas as assertivas I e III.

(B) Estão corretas apenas as assertivas II e III.

(C) Estão corretas apenas as assertivas II e IV.

(D) Estão corretas apenas as assertivas I, III e IV.

(E) Estão corretas todas as assertivas.

I: incorreta, pois a declaração é apenas a primeira fase da desapropriação; esta só se consuma com o pagamento da indenização; II: correta, pois, nos termos da Súmula nº 23 do STF, "verificados os pressupostos legais para o licenciamento da obra, não o impede a declaração de utilidade pública para desapropriação do imóvel, mas o valor da obra não se incluirá na indenização, quando a desapropriação for efetivada"; III: correta, sendo certo que o prazo de decadência do decreto expropriatório, no caso, é de 2 anos (art. 3º da Lei Complementar 76/1993); IV: incorreta, pois o imóvel não fica impedido de ser alienado, mas o novo proprietário não terá como se evadir da desapropriação. **FMB** Gabarito "B".

(Magistratura Federal-4ª Região – 2010) Assinale a alternativa INCORRETA em matéria de desapropriação.

(A) Os juros compensatórios, na desapropriação indireta, incidem a partir da ocupação, calculados sobre o valor da indenização, corrigido monetariamente.

(B) Os juros compensatórios, na desapropriação direta, incidem a partir da imissão na posse, calculados sobre o valor da indenização, corrigido monetariamente.

(C) Nas ações de desapropriação, os juros compensatórios são sempre fixados em 12% (doze por cento) ao ano a partir da ocupação.

(D) A base de cálculo de honorários de advogado em desapropriação é a diferença entre a oferta e a indenização, corrigidas ambas monetariamente.

(E) Nas ações de desapropriação, incluem-se no cálculo da verba advocatícia as parcelas relativas aos juros compensatórios e moratórios, devidamente corrigidas.

A: correta, pois tais juros são calculados pelo valor da indenização fixado na sentença (art. 15-A, § 3º, do Dec.-lei 3.365/1941), e correrão desde a ocupação do imóvel pelo Poder Público, vez que, desde esse evento, o antigo proprietário da coisa passou a não ter mais como auferir renda com o bem; **B:** correta (art. 15-A do Dec.-lei 3.365/1941); **C:** incorreta (devendo ser assinalada), pois, no caso de desapropriação direta, os juros compensatórios são computados a partir da imissão provisória na posse (art. 15-A, *caput*, do Dec.-lei 3.365/41); **D:** correta (art. 27, § 1º, do Dec.-lei 3.365/1941); **E:** correta (Súmula nº 131 do STJ). **FMB** Gabarito "C".

(Magistratura Federal/4ª região – IX) Considerar as seguintes afirmações, indicando, adiante, a alternativa correta:

I. Na ação de desapropriação não se decidem questões dominiais de alta indagação.

II. A ação de desapropriação de imóvel rural, para fins de reforma agrária, será proposta no foro da situação do bem, que pode ser o federal ou o estadual, dependendo de qual seja o órgão promovente da demanda.

III. É incabível ação de desapropriação de imóvel objeto de ação de usucapião entre particulares.

(A) Apenas a afirmação I está inteiramente correta.

(B) Apenas a afirmação II está inteiramente correta.

(C) Apenas a afirmação III está inteiramente correta.

(D) Nenhuma das afirmações está inteiramente correta.

I: correta, pois não é dado ao Poder Judiciário decidir se se verificam ou não os casos de utilidade pública, não lhe cabe adentrar no poder extroverso do Estado e em sua discricionariedade no manejo desse poder (art. 9º do Decreto-lei nº 3.365/1941). A ação de desapropriação deve apenas conter o que há em toda petição inicial, a oferta do preço, o decreto de desapropriação e a planta e descrição dos bens e suas confrontações (art. 13 do Decreto-lei nº 3.365/1941). Por outro lado, tal como estabelece o art. 20 do Decreto-lei nº 3.365/1941, "a contestação só poderá versar sobre o vício do processo judicial ou impugnação do preço; qualquer outra questão deverá ser decidida por ação direta"; II: incorreta, visto que a desapropriação por interesse social para fins de reforma agrária é de competência exclusiva da União, nos termos do art. 184 da CF/1988, de modo que competente será a seção judiciária federal do local da situação do bem; III: incorreta, visto que um imóvel objeto de ação de usucapião pode perfeitamente ser declarado de utilidade pública, cabendo então se definir judicialmente se a prescrição aquisitiva efetivamente ocorreu a fim de que se estabeleça efetivamente quem receberá a indenização. **FMB** Gabarito "A".

9.2. SERVIDÃO ADMINISTRATIVA

(Juiz – TRF 4ª Região – 2016) Assinale a alternativa que corretamente completa, pela ordem, a seguinte afirmação:

As ferrovias são assentadas sobre _____ que é margeada por uma _____ cuja natureza jurídica (desta última) é de _____.

WANDER GARCIA, FLÁVIA MORAES BARROS MICHELE FABRE E ARIANE WADY

(A) faixa de domínio – área *non aedificandi* – limitação administrativa.

(B) área *non aedificandi* – faixa de domínio – servidão administrativa.

(C) faixa de domínio – área *non aedificandi* – servidão administrativa.

(D) área *non aedificandi* – faixa de domínio – limitação administrativa.

(E) Nenhuma das alternativas anteriores está correta.

A: correta. As ferrovias, sendo uma obra pública construída para a prestação de um serviço público devem ser localizadas em área própria, do domínio do Poder Público, por isso sobre a "faixa de domínio". As margens da ferrovia podem ser áreas "non aedificandi" ou faixas de domínio, desde que as edificações não interfiram no funcionamento da ferrovia. E, quanto a se tratar de uma limitação administrativa, está correto, pois a Lei Geral deverá limitar e condicionar essa região, estabelecendo normas de possível edificação ou de impossível edificação e o que é ou não é permitido; **B:** incorreta. O erro está na última opção, quanto à servidão administrativa, pois essa ocorre quando há sujeição de um bem a outro bem, ou seja, uma subordinação de um bem ou coisa (como na servidão de passagem de aquedutos) em relação a outro bem, o que não temos na situação. Temos uma limitação geral, feita por lei, em que os proprietários lindeiros à ferrovia deverão se sujeitar às normas de edificação e ocupação para que o serviço seja prestado com segurança e eficiência; **C:** incorreta. O mesmo erro da assertiva anterior, pois temos uma limitação administrativa , e não uma servidão administrativa; **D:** incorreta. No primeiro "espaço" não podemos ter uma área "non aedificandi" (não edificável), pois como seria construída a ferrovia?; **E:** incorreta. A assertiva A está correta, conforme explicação dada. **AW**
Gabarito "A".

9.3. TOMBAMENTO

(Juiz – TRF 3ª Região – 2016) Dadas as assertivas abaixo, assinale a alternativa correta, nos termos do Decreto-lei nº 25/37.

I. O tombamento provisório possui caráter preventivo e assemelha-se ao definitivo quanto às limitações incidentes sobre a utilização do bem tutelado.

II. Sem prévia autorização do Serviço do Patrimônio Histórico e Artístico Nacional, não se poderá, na vizinhança da coisa tombada, fazer construção que lhe impeça ou reduza a visibilidade, nem nela colocar anúncios ou cartazes, sob pena de destruição da coisa, com imposição de multa.

III. Com prévia autorização especial do Serviço do Patrimônio Histórico e Artístico Nacional, as coisas tombadas poderão ser mutiladas, vedado em todos os casos sua demolição ou destruição.

Estão corretas:

(A) apenas I e II.

(B) I, II e III.

(C) apenas I.

(D) apenas II e III.

A: incorreta. A assertiva II é incorreta, pois o tombamento protege o bem tombado, e não os imóveis da vizinhança, nem mesmo o entorno, de forma que nenhuma restrição se faz às modificações dessas regiões; **B:** incorreta. As assertivas II e III contem erros. A II, já explicada acima.

A III, porque afirma que as coisas tombadas podem ser mutiladas, o que é o mesmo que "destruídas", por isso é que está incorreta. O bem tombado não pode ser modificado, exceto para preservar suas características iniciais; **C:** correta. Apenas a assertiva I está correta, pois o tombamento provisório é cautelar, ou seja, ele visa a proteger preventivamente o bem que está ameaçado de ser demolido, modificado, danificado, mas já produz efeitos a partir de sua publicação, conforme disposto nos arts. 10, 17 e 18, do Decreto-Lei 25/1937 (Lei do Tombamento); **D:** incorreta. As assertivas II e III são incorretas, conforme explicado acima. **AW**
Gabarito "C".

(Magistratura/PR – 2013 – UFPR) Com base na CF e na legislação pertinente, assinale a opção correta a respeito de tombamento de bens.

(A) Somente União e Municípios podem realizar tombamento de bens.

(B) O tombamento pode gerar o dever de indenizar, caso imponha prejuízo ao proprietário do bem.

(C) O tombamento demanda prévia desapropriação.

(D) Bens públicos são os únicos que podem ser objeto de tombamento.

A: incorreta, pois todos os entes político podem fazer o tombamento de bens, o que inclui o DF e os Estados também; **B:** correta, pois o proprietário do bem tombado tem direito de ser indenizado, caso sofra restrição especial que lhe prejudique economicamente; **C:** incorreta, pois são institutos distintos; na desapropriação o Poder Público tem intenção de se tornar proprietário do bem, ao passo que, no tombamento, de criar restrições com vistas à proteção do bem; **D:** incorreta, pois os bens privados também podem ser tombados (art. 2º do Dec.-lei 25/1937). **WG**
Gabarito "B".

(Magistratura Federal – 3ª Região – XIII) Sobre o tombamento, é correto afirmar-se que:

(A) o bem tombado pela Municipalidade pode ser objeto de desapropriação, desde que por ente federado superior, e por motivo de interesse público, ainda que não relacionado à preservação do patrimônio histórico, cultural ou artístico;

(B) o tombamento configura desapropriação indireta, passível de indenização, quando, além de limitar e interditar o uso e o gozo regular do bem, suprime-os, isoladamente, de molde a afetar também a sua utilidade econômica, onerando o seu proprietário, de forma individual e concreta;

(C) o tombamento provisório, embora não previsto em lei, tem sido admitido como providência própria de medida cautelar, quando seja necessário assegurar, desde logo, a eficácia do ato definitivo, nos termos do Decreto-Lei nº 25/37;

(D) o dever de preservar e reparar o bem particular tombado é do Poder Público, uma vez que a este interessa a sua conservação, como patrimônio histórico, cultural ou artístico, cabendo ao proprietário o direito de requerer o cancelamento do tombamento se as obras necessárias não forem realizadas, colocando em risco a integridade do bem.

A: incorreta, pois o tombamento não pode ser feito diante de qualquer motivo de interesse público; o tombamento tem por finalidade proteger o patrimônio histórico, cultural e artístico; há certos motivos de inte-

6. DIREITO ADMINISTRATIVO — 459

resse público que não se encaixam na finalidade do tombamento, mas podem sê-lo na desapropriação, na requisição administrativa, dentre outras; **B:** está correta a afirmação; um exemplo é o tombamento de uma fazenda, impossibilitando sua exploração econômica, hipótese em que caberá ação indenizatória por desapropriação indireta; **C:** incorreta (art. 10 do Dec.-lei 25/1937); **D:** incorreta (art. 19 do Dec.--lei 25/1937). FMB

Gabarito "B".

(Magistratura Federal-5ª Região – 2011) Com base na CF e no Decreto-lei n.º 25/1937, assinale a opção correta a respeito de tombamento de bens.

(A) Somente os bens privados constituem objeto de tombamento.

(B) Os bens privados podem ser tombados a pedido do proprietário desde que a coisa se revista dos requisitos necessários para constituir parte integrante do patrimônio histórico e artístico nacional.

(C) O tombamento compulsório ocorre mediante determinação do presidente do IPHAN, com a anuência do particular proprietário do bem.

(D) O ato de tombamento pode ser revogado, mas não anulado.

(E) Estão autorizados a proceder ao tombamento de bens a União e os municípios, mas não os estados-membros da Federação.

A: incorreta, pois os bens públicos também poderão ser tombados (tombamento de ofício – art. 5º do Dec.-lei 25/1937); inclusive, quando um bem público é tombado, este se inalienável (art. 11 do Dec.-lei 25/1937); **B:** correta (art. 7º do Dec.-lei 25/1937); **C:** incorreta (arts. 8º e 9º do Dec.-lei 25/1937); **D:** incorreta, pois, se o tombamento for feito mediante alguma ilegalidade, caberá anulação; **E:** incorreta, pois todos os entes políticos podem promover o tombamento. FMB

Gabarito "B".

9.4. TEMAS COMBINADOS DE INTERVENÇÃO NA PROPRIEDADE

(Magistratura Federal/1ª região – 2011 – CESPE) No que concerne às formas de intervenção do Estado na propriedade, assinale a opção correta.

(A) Na desapropriação indireta, a indenização deve abranger as mesmas parcelas que incidem na desapropriação legal, inclusive os juros compensatórios.

(B) Segundo o STJ, se o imóvel sobre o qual tenha sido constituída servidão administrativa não produzia rendas, não são devidos os juros compensatórios sobre a indenização fixada em decorrência da limitação do uso da propriedade, já que estes se destinam a remunerar os possíveis lucros que o proprietário tenha deixado de auferir com a utilização econômica do bem expropriado.

(C) A transcrição no registro de imóveis constitui ato exigível tanto no tombamento provisório quanto no definitivo.

(D) Quando a servidão administrativa é constituída mediante acordo, o ato declaratório de utilidade pública é dispensável.

(E) Em se tratando de glebas de terra onde se cultivem

plantas psicotrópicas, o ato expropriatório, segundo o STF, deve ficar adstrito às áreas de efetivo cultivo, não podendo abranger toda a propriedade.

A: correta, pois a desapropriação indireta (também chamada de apossamento administrativo), nada mais é do que a ocupação de área pertencente ao particular pelo Poder Público sem que tenha esse efetuado prévio depósito da indenização que entende justa para se imitir na posse do bem. Contra ela é munido o proprietário até mesmo de interditos possessórios. De todo modo, cabe-lhe, com ainda mais razão, receber a indenização correspondente, tal como na desapropriação ordinária, com correção monetária, juros moratórios, compensatórios a contar do esbulho sofrido, e honorários advocatícios; **B:** incorreta, pois o STJ entende que os juros compensatórios, na servidão administrativa, incidem de igual modo à hipótese de desapropriação indireta, como se infere da Súmula 56/STJ (a partir da efetiva ocupação); **C:** incorreta, pois embora o particular possa sempre averbar, por conta própria e sem qualquer obrigação legal, o tombamento provisório, apenas o tombamento definitivo é exigível, pois embora o procedimento se encerre com a inscrição no Livro do Tombo, há que se averbar o tombamento ao lado da transcrição do domínio (art. 13 do Decreto-lei nº 25/1937); **D:** incorreta, pois a servidão administrativa é ônus real de uso, de natureza pública, imposto pela Administração ao particular para assegurar a realização e conservação de obras e serviços públicos ou de utilidade pública, mediante indenização dos prejuízos efetivamente suportados pelo proprietário. Deve ser parcial, a fim de possibilitar a utilização da propriedade particular para uma finalidade pública sem a desintegração do domínio privado; deve ser precedida por ato declaratório de utilidade pública no caso de acordo (em outras situações decorre diretamente da lei ou se efetua por sentença judicial) e só se efetiva com o registro competente para que possa produzir efeitos *erga omnes*, nos termos do art. 167, I, item 6 da Lei nº 6.015/1973; **E:** incorreta, pois, no caso, o confisco de bens (que é espécie de sanção de perdimento de bens com previsão constitucional no art. 243 da CF/1988 e que não se confunde com as espécies de desapropriação existentes) e, ademais, incide sobre toda a propriedade e não apenas sobre a área de efetivo cultivo. FMB

Gabarito "A".

(Magistratura Federal/3ª região – 2011 – CESPE) No que se refere às limitações e às servidões administrativas e às diversas espécies de desapropriações, assinale a opção correta.

(A) A expropriação de terras em que sejam cultivadas plantas psicotrópicas alcança todas as culturas de plantas consideradas psicotrópicas, mas abrange apenas a área efetivamente cultivada, não a propriedade em seu conjunto.

(B) O ato declaratório de utilidade pública ou interesse social, na desapropriação, tanto pode advir do Poder Executivo, por meio de decreto, quanto do Poder Legislativo, por meio de lei, mas a segunda fase do procedimento da desapropriação — a executória — somente pode se dar no curso de processo judicial em que se reconheça a legalidade do ato.

(C) Limitações administrativas são determinações de caráter geral que impõem obrigações positivas, negativas ou permissivas e se dirigem a proprietários indeterminados, com o fim de condicionar a propriedade à função social que dela é exigida.

(D) A servidão administrativa, como direito real que autoriza o poder público a usar a propriedade imóvel ou móvel para permitir a execução de obras e serviços de interesse coletivo, é instituída sobre bens privados, não sobre bens públicos.

(E) A desapropriação sancionadora ocorre em razão do descumprimento da função social da propriedade urbana, sendo de competência exclusiva dos municípios, mediante justa e prévia indenização em dinheiro.

A: incorreta, na medida em que o art. 243 da CF/1988 fala em confisco da gleba (em seu todo) e não somente da área em que há a plantação de substâncias psicotrópicas. Vejamos o que diz acórdão do STF a respeito do tema: "EMENTA: RECURSO EXTRAORDINÁRIO. CONSTITUCIONAL. EXPROPRIAÇÃO. GLEBAS. CULTURAS ILEGAIS. PLANTAS PSICOTRÓPICAS. ARTIGO 243 DA CONSTITUIÇÃO DO BRASIL. INTERPRETAÇÃO DO DIREITO. LINGUAGEM DO DIREITO. LINGUAGEM JURÍDICA. ARTIGO 5º, LIV DA CONSTITUIÇÃO DO BRASIL. O CHAMADO PRINCÍPIO DA PROPORCIONALIDADE. 1. Gleba, no artigo 243 da Constituição do Brasil, só pode ser entendida como a propriedade na qual sejam localizadas culturas ilegais de plantas psicotrópicas. O preceito não refere áreas em que sejam cultivadas plantas psicotrópicas, mas as glebas, no seu todo. 2. A gleba expropriada será destinada ao assentamento de colonos, para o cultivo de produtos alimentícios e medicamentosos. 3. A linguagem jurídica corresponde à linguagem natural, de modo que é nesta, linguagem natural que se há de buscar o significado das palavras e expressões que se compõem naquela. Cada vocábulo nela assume significado no contexto no qual inserido. O sentido de cada palavra há de ser discernido em cada caso. No seu contexto e em face das circunstâncias do caso. Não se pode atribuir à palavra qualquer sentido distinto do que ela tem em estado de dicionário, ainda que não baste a consulta aos dicionários, ignorando-se o contexto no qual ela é usada, para que esse sentido seja em cada caso discernido. A interpretação/aplicação do direito se faz não apenas a partir de elementos colhidos do texto normativo [mundo do dever-ser], mas também a partir de elementos do caso ao qual será aplicada, isto é, a partir de dados da realidade [mundo do ser]. 4. O direito, ao ensinou CARLOS MAXIMILIANO, deve ser interpretado 'inteligentemente, não de modo que a ordem legal envolva um absurdo, prescreva inconveniências, vá ter a conclusões inconsistentes ou impossíveis'. 5. O entendimento sufragado no acórdão recorrido não pode ser acolhido, conduzindo ao absurdo de expropriar-se 150 m2 de terra rural para nesses mesmos 150 m² assentar-se colonos, tendo em vista o cultivo de produtos alimentícios e medicamentosos. 6. Não violação do preceito veiculado pelo artigo 5º, LIV da Constituição do Brasil e do chamado "princípio" da proporcionalidade. Ausência de 'desvio de poder legislativo'. Recurso extraordinário a que se dá provimento" (RE nº 543.974/MG, Rel. Min. Eros Grau, Tribunal Pleno, j. 26.03.2009). B: incorreta, pois, segundo o art. 6º do Decreto-lei nº 3.365/1941, "a declaração de utilidade pública far-se-á por decreto do Presidente da República, Governador, interventor e Prefeito" e, segundo o art. 8º "o Poder Legislativo poderá tomar a iniciativa da desapropriação, cumprindo, neste caso, ao Executivo, praticar os atos necessários à sua efetivação"; C: correta, pois limitações administrativas são, segundo definição de Maria Sylvia Zanella Di Pietro (*Direito Administrativo*, 26ª ed, São Paulo: Atlas, 2013, p. 140) "medidas de caráter geral, previstas em lei com fundamento no poder de polícia do Estado, gerando para os proprietários obrigações positivas ou negativas, com o fim de condicionar o exercício do direito de propriedade ao bem estar social"; D: incorreta, na medida em que uma das diferenças marcantes existentes entre as servidões civis e as servidões administrativas consiste justamente no fato de que essas últimas podem gravar bens do domínio público; as civis não; E: incorreta, pois a indenização se faz mediante o pagamento de títulos da dívida pública, nos termos do art. 182, § 4º, III, da CF/1988. **FMB**

Gabarito "C".

10. RESPONSABILIDADE DO ESTADO

10.1. MODALIDADES DE RESPONSABILIDADE (OBJETIVA E SUBJETIVA). REQUISITOS DA RESPONSABILIDADE OBJETIVA

(Juiz – TJ/RJ – VUNESP – 2016) Considere a seguinte situação hipotética. Integrantes de movimento popular invadiram imóvel rural pertencente à empresa X, localizada no Município São Fidélis, Estado do Rio de Janeiro. Os integrantes do movimento permaneceram no local, embora a empresa X tenha tomado todas as providências judiciais cabíveis a fim de obter a reintegração de posse, até mesmo com pedido de intervenção federal deferido pelo Tribunal de Justiça do Estado do Rio de Janeiro, em virtude do descumprimento, por parte da Polícia Militar Estadual, de requisição de força policial, judicialmente determinada. Decide a Empresa X ajuizar ação de indenização em face do Estado do Rio de Janeiro.

A respeito deste caso, é correto afirmar que

(A) cabe o julgamento pela procedência da demanda da Empresa X, em razão da adoção da teoria do risco integral no ordenamento jurídico brasileiro, sendo dispensável o estabelecimento de liame entre a conduta do Poder Público e o resultado danoso causado.

(B) é possível julgar a ação procedente, com a condenação do Estado do Rio de Janeiro, pela atual adoção da teoria do risco social, segundo a qual o foco da responsabilidade civil é a vítima, e não o autor do dano, de modo que a reparação estaria a cargo de toda a coletividade, dando ensejo ao que se denomina de socialização dos riscos.

(C) é necessário que seja decretada a improcedência da demanda, pois o Estado-Membro, no caso, o Rio de Janeiro, não pode ser responsabilizado pela ausência de força policial para reintegração, já que o ato antecedente, de realizar a reforma agrária, era de competência da União.

(D) a ação indenizatória poderá ser julgada procedente para imputar ao Estado a responsabilidade pelos danos causados pela ação coletiva de terceiros, desde que comprovada a omissão culposa do Poder Público, como ocorreu no caso em tela.

(E) não poderá ser julgada procedente a ação proposta pela Empresa X, tendo em vista que desde a Constituição de 1946, o Brasil adota a teoria do risco administrativo, cabendo indenização por danos aos quais os agentes públicos tiverem dado causa por ação dolosa.

A: incorreta, nosso ordenamento jurídico adotou a Teoria do Risco Administrativo, e não a do Risco Integral no que diz respeito à responsabilidade civil do Estado. B: incorreta. O risco social não é considerado um risco específico para gerar o dever do Estado Indenizar. C: incorreta. O Estado foi omisso em pacificar a demanda, não havendo que se discutir a competência para desapropriação, portanto. D: correta. Na verdade, hoje temos entendimento do STF de que tanto a Ação quanto a Omissão do Poder Público deve ser hipótese de responsabilidade objetiva (Não cabe ao intérprete estabelecer distinções onde o texto constitucional não o fez. Se a CF/1988 previu a responsabilidade objetiva do Estado, não pode o intérprete dizer que essa regra não vale para os casos de

6. DIREITO ADMINISTRATIVO

omissão. Dessa forma, a responsabilidade objetiva do Estado engloba tanto os atos comissivos como os omissivos, desde que demonstrado o nexo causal entre o dano e a omissão específica do Poder Público. (...) A jurisprudência da Corte firmou-se no sentido de que as pessoas jurídicas de direito público respondem objetivamente pelos danos que causarem a terceiros, com fundamento no art. 37, § 6º, da Constituição Federal, tanto por atos comissivos quanto por atos omissivos, desde que demonstrado o nexo causal entre o dano e a omissão do Poder Público. (...) STF. 2ª Turma. ARE 897890 AgR, Rel. Min. Dias Toffoli, julgado em 22/09/2015. No mesmo sentido: STF. 2ª Turma. RE 677283 AgR, Rel. Min. Gilmar Mendes, julgado em 17/04/2012). No entanto, a doutrina dominante ainda diferencia a omissão, como sendo hipótese de responsabilidade subjetiva, com culpa e a Ação, como sendo hipótese de responsabilidade objetiva, razão pela qual a assertiva está correta. **E:** incorreta. Realmente, nosso ordenamento jurídico adota a Teoria do Risco Administrativo, sendo admitidas as excludentes de responsabilidade civil, mas independentemente da comprovação de dolo ou culpa. **AW**
Gabarito "D".

(Juiz de Direito – TJM/SP – VUNESP – 2016) A respeito da responsabilidade civil da Administração, é possível afirmar que

(A) os órgãos e entidades públicas respondem diretamente pelos danos causados em decorrência da divulgação não autorizada ou utilização indevida de informações sigilosas ou informações pessoais, cabendo a apuração de responsabilidade funcional nos casos de dolo ou culpa.

(B) em caso de morte de torcedor em briga de torcidas, dentro do estádio de futebol, haverá o dever de indenizar, ainda que demonstrada a culpa exclusiva da vítima.

(C) por ser objetiva a responsabilidade do Estado, deve este responder pelos danos causados por policial militar que, em dia de folga, atropela pedestre com seu veículo, pois o agente público não se despe dessa qualidade em função do regime de trabalho policial.

(D) o Estado tem o dever de indenizar a família de trabalhador assassinado na rua por um assaltante, em virtude de falha na prestação do serviço de segurança pública, que é individualmente assegurado aos cidadãos.

(E) em caso de cumprimento de mandado de reintegração de posse, quando foram utilizados os meios necessários à execução da ordem, haverá responsabilidade em relação aos danos causados pelos esbulhadores à propriedade privada, pois é objetiva a responsabilidade da Administração.

A: correta. O art. 34, da Lei de Acesso à Informação (Lei 12.257/2011) dispõe exatamente da forma como consta da assertiva A, havendo responsabilidade civil dos órgãos e entidades públicas que causarem danos em decorrência da divulgação não autorizada de informações sigilosas ou pessoais. **B:** incorreta. Os arts. 3º e 14 da Lei 10.671/2003 (Estatuto do Torcedor) determinam ser hipótese de responsabilidade decorrente da relação de consumo, do Estádio, e não, de responsabilidade Estatal fundamentada no art. 37, § 6º, CF. **C:** incorreta. Em dia de folga o miliar não responde como agente público. Isso só acontece se estiver exercendo sua função ou se estiver agindo em atividade relacionada ao exercício funcional. **D:** incorreta. O erro dessa assertiva está na afirmação de que o serviço de segurança pública é individualmente assegurado ao cidadão, eis que se trata de serviço geral, "uti universi".

E: incorreta. Temos caso de responsabilidade subjetiva, que deverá ser apurada na relação individual, entre o esbulhado e o Poder Público. **AW**
Gabarito "A".

(Juiz – TRF 2ª Região – 2017) Em 2014, conhecido assaltante e homicida foge do presídio federal. O inquérito administrativo que apurou o evento resulta em punição de dois servidores e mudança de padrões de segurança. Já o foragido mantém-se quieto até 2016, quando se une a outro meliante. Os dois invadem casa, roubam e matam pai de família, na frente da esposa. A dupla de meliantes foge. Por conta da falha de segurança no presídio, a viúva aciona a União Federal, pedindo ressarcimento consistente em pensão alimentícia, danos morais, despesas de funeral e luto, além de reparação do custo de psiquiatra. Assinale a resposta adequada à orientação dominante na doutrina e nos Tribunais Superiores:

(A) O pedido é improcedente.

(B) A procedência do pedido de pensão depende da prova da dependência econômica da autora para com o falecido. Já o dano moral ocorre *in re ipsa*.

(C) No caso, o dano moral ocorre *in re ipsa* e a verba de luto e funeral deve ser arbitrada mesmo se não provados os gastos, já que essas despesas sempre existem, em eventos assim.

(D) A compensação por dano moral procede, mas, ainda que se provem gastos com psiquiatra, estes estão fora do desdobramento normal do evento, que apenas abarca os danos diretos e imediatos.

(E) No caso, as verbas de luto e funeral dependem de prova, não podendo ser meramente arbitradas. A dependência econômica da esposa é presumida e a eventual pensão deve ser limitada à idade de sobrevida provável da vítima.

A: correta. O entendimento da doutrina e jurisprudência dominantes são no sentido de que só há responsabilidade civil do Estado em caso de fuga de preso do presidio no caso do ato ilícito do fugitivo ser direto e imediato em relação à sua fuga, ou seja, teria que ter sido praticado logo após a fuga, e não 2 anos após essa. O STJ tem entendimento já pacificado a respeito (REsp. 858.511); **B:** incorreta. O dano moral não é presumido ("in re ipsa"), e sim comprovado. O dano moral só é presumido excepcionalmente, como no caso de inscrição do nome do inadimplente em cadastro próprio para tanto (*Resp 718618*); **C:** incorreta. Como dito acima, o dano moral só é considerado "in re ipsa" em hipóteses excepcionais, e não se enquadra nessa do enunciado acima; **D:** incorreta. O dano moral só pode ser procedente se comprovado, da mesma forma que os danos materiais e, adotada a tese de que o dano foi decorrente direto e imediato da fuga do preso do presídio, ambos devem estar sujeitos à dilação probatória; **E:** incorreta. A dependência econômica da esposa não é presumida, sendo que essa presunção só existe em relação aos incapazes e filhos menores, ou seja, os que realmente dependem do falecido, eis que não possuem capacidade econômica e de trabalho. **AW**
Gabarito "A".

(Juiz – TRF 3ª Região – 2016) Dadas as assertivas abaixo, assinale a alternativa incorreta.

(A) Em regra, em casos de suicídio de preso dentro do estabelecimento prisional, embora configurada responsabilidade objetiva do Estado, não há dever de indenizar já que o dano decorre de culpa exclusiva da vítima.

462 WANDER GARCIA, FLÁVIA MORAES BARROS MICHELE FABRE E ARIANE WADY

(B) A responsabilidade por danos ao meio ambiente, decorrentes da atividade ou do empreendimento, independe da demonstração da ilicitude do ato.

(C) A violência praticada por aluno em face de outro aluno dentro de escola pública é hipótese que implica responsabilidade objetiva do Estado e seu respectivo dever de indenizar.

(D) Doutrina e jurisprudência divergem sobre a possibilidade de acionamento do servidor público diretamente pelo terceiro prejudicado ("per saltum"), havendo precedentes das Cortes Superiores em ambos os sentidos.

A: A assertiva é incorreta e deve ser assinalada, eis que no caso de suicídio de preso temos a responsabilidade objetiva do Estado, por "culpa in vigilando", ou seja, em razão do preso estar sob guarda do Estado, caso em que ele sempre responde, independentemente de dolo ou culpa; **B:** A assertiva é correta, eis que temos hipótese de responsabilidade objetiva, ou seja, independentemente de dolo ou culpa. Mesmo no caso de o ato ser lícito ato e houver dano ao meio ambiente, incidirá a responsabilidade por tal ato (art. 37, §6º, CF); **C:** A assertiva está correta. O Estado, da mesma forma que responde por danos em relação aos presos, responde em relação aos alunos das escolas públicas, eis que possui dever de guarda destes, sendo objetiva a sua responsabilidade com fundamento no art. 37, §6º, CF; **D:** A assertiva está correta. Há entendimento dominante que o Estado é que deve ser acionado diretamente, sendo o agente apenas responsável em sede de regresso. No entanto, há os que pensam de forma contrária, por isso divergentes os entendimentos dos Tribunais a respeito, conforme segue: "...o STF tem julgado reconhecendo que podem ser legitimados passivos na demanda o Estado E o agente público (RE 720275/SC , Rel. Min. Dias Toffoli, j. 10.12.2012). Já o STJ tem julgados reconhecendo que podem ser legitimados passivos (i) somente o Estado; (ii) somente o agente público; (iii) o Estado e o agente público (REsp 1.325.862-PR, Rel. Min. Luis Felipe Salomão, j. 05.09.2013)." **AW**

Gabarito "A".

(Juiz – TRF 3ª Região – 2016) Dadas as assertivas abaixo, assinale a alternativa correta.

(A) As empresas públicas, pessoas jurídicas de direito privado, são submetidas à responsabilidade civil objetiva, independentemente de seu objeto.

(B) A pessoa jurídica prestadora de serviços públicos se sujeita à responsabilidade civil objetiva, ainda que estes sejam prestados por concessionárias e permissionárias e ainda que o dano seja causado a usuário ou terceiro.

(C) A responsabilidade civil por danos nucleares é integral, podendo ser afastada em casos extremos de força maior.

(D) Segundo precedentes do STJ, o roubo em face do Estado, mediante uso de arma de fogo, é fato de terceiro que, em regra, não é equiparável à força maior, razão pela qual não afasta a responsabilidade objetiva do Estado, caso verificados danos a terceiros.

A: incorreta. As empresas públicas e sociedades de economia mista só se submetem à regra do art. 37, §6º, CF se prestadoras de serviços públicos. Se exploradoras de atividades econômicas (art. 173, CF), seguem o regime do Código Civil, ou seja, só respondem objetivamente se a atividade por elas exercida for de risco (art. 926, e seguintes, CC); **B:** correta. Esse é o entendimento atual do STF, que reconhece que tanto em relação aos usuários, quanto aos "não usuários" a responsabilidade é

objetiva. RESPONSABILIDADE CIVIL OBJETIVA. EXCLUSÃO. MOTIVO DE FORÇA MAIOR. 1. A empresa de Correios é de natureza pública federal, criada pelo Decreto-lei n. 509/69, prestadora de serviços postais sob regime de privilégio, cuja harmonia com a Constituição Federal, em parte, foi reconhecida pelo Supremo Tribunal Federal, no julgamento da ADPF n. 46/DF, julgada em 5.8.2009, relator para acórdão Ministro Eros Grau. Os Correios são, a um só tempo, empresa pública prestadora de serviço público em sentido estrito, e agente inserido no mercado, desempenhando, neste caso, típica atividade econômica e se sujeitando ao regime de direito privado. 2. Destarte, o caso dos autos revela o exercício de atividade econômica típica, consubstanciada na prestação de serviço de "recebimento/coleta, transporte e entrega domiciliar aos destinatários em âmbito nacional" de "fitas de vídeo e/ou material promocional relativo a elas", por isso que os Correios se sujeitam à responsabilidade civil própria das transportadoras de carga, as quais estão isentas de indenizar o dano causado na hipótese de força maior, cuja extensão conceitual abarca a ocorrência de roubo das mercadorias transportadas. 3. A força maior deve ser entendida, atualmente, como espécie do gênero fortuito externo, do qual faz parte também a culpa exclusiva de terceiros, os quais se contrapõem ao chamado fortuito interno. O roubo, mediante uso de arma de fogo, em regra é fato de terceiro equiparável a força maior, que deve excluir o dever de indenizar, mesmo no sistema de responsabilidade civil objetiva. 4. Com o julgamento do REsp. 435.865/ RJ, pela Segunda Seção, ficou pacificado na jurisprudência do STJ que, se não for demonstrado que a transportadora não adotou as cautelas que razoavelmente dela se poderia esperar, o roubo de carga constitui motivo de força maior a isentar a sua responsabilidade. 5. Recurso especial provido. (REsp 976.564/SP, Rel. Min. Luis Felipe Salomão, 4ª Turma, j. 20.09.2012, DJe 23.10.2012); **C:** incorreta. No caso de danos nucleares, a doutrina dominante entende que se trata de responsabilidade civil do Estado sob modalidade de "risco integral", ou seja, não admite nenhuma hipótese de exclusão do nexo causal; **D:** incorreta. O roubo é considerado como uma "força maior" capaz de romper com o "nexo causal" e, portanto, com a responsabilidade civil do Estado, conforme se verifica a seguir: RESPONSABILIDADE CIVIL OBJETIVA. EXCLUSÃO. MOTIVO DE FORÇA MAIOR. 1. A empresa de Correios é de natureza pública federal, criada pelo Decreto-lei n. 509/69, prestadora de serviços postais sob regime de privilégio, cuja harmonia com a Constituição Federal, em parte, foi reconhecida pelo Supremo Tribunal Federal, no julgamento da ADPF n. 46/DF, julgada em 5.8.2009, relator para acórdão Ministro Eros Grau. Os Correios são, a um só tempo, empresa pública prestadora de serviço público em sentido estrito, e agente inserido no mercado, desempenhando, neste caso, típica atividade econômica e se sujeitando ao regime de direito privado. 2. Destarte, o caso dos autos revela o exercício de atividade econômica típica, consubstanciada na prestação de serviço de "recebimento/coleta, transporte e entrega domiciliar aos destinatários em âmbito nacional" de "fitas de vídeo e/ou material promocional relativo a elas", por isso que os Correios se sujeitam à responsabilidade civil própria das transportadoras de carga, as quais estão isentas de indenizar o dano causado na hipótese de força maior, cuja extensão conceitual abarca a ocorrência de roubo das mercadorias transportadas. 3. A força maior deve ser entendida, atualmente, como espécie do gênero fortuito externo, do qual faz parte também a culpa exclusiva de terceiros, os quais se contrapõem ao chamado fortuito interno. O roubo, mediante uso de arma de fogo, em regra é fato de terceiro equiparável a força maior, que deve excluir o dever de indenizar, mesmo no sistema de responsabilidade civil objetiva. 4. Com o julgamento do REsp. 435.865/RJ, pela Segunda Seção, ficou pacificado na jurisprudência do STJ que, se não for demonstrado que a transportadora não adotou as cautelas que razoavelmente dela se poderia esperar, o roubo de carga constitui motivo de força maior a isentar a sua responsabilidade. 5. Recurso especial provido. (REsp 976.564/SP, Rel. Min. Luis Felipe Salomão, 4ª Turma, j. 20.09.2012, DJe 23.10.2012) **AW**

Gabarito "B".

6. DIREITO ADMINISTRATIVO

(Magistratura/PE – 2013 – FCC) Considere este dispositivo constitucional:

Art. 37, § 6°: As pessoas jurídicas de direito público e as de direito privado prestadoras de serviços públicos responderão pelos danos que seus agentes, nessa qualidade, causarem a terceiros, assegurado o direito de regresso contra o responsável nos casos de dolo ou culpa.

Analise a seguinte sentença que contém duas asserções:

Caso um agente público, nessa qualidade, cause dolosamente dano a terceiro, o Estado responderá, mas o fundamento da responsabilidade civil do Estado não será o art. 37, § 6°, da Constituição Federal, PORQUE o art. 37, § 6°, da Constituição Federal, trata da responsabilidade objetiva do Estado.

É correto afirmar que

(A) as duas asserções estão corretas e a segunda justifica a primeira.

(B) as duas asserções estão corretas e a segunda não justifica a primeira.

(C) a primeira asserção está correta e a segunda está incorreta.

(D) a primeira asserção está incorreta e a segunda está correta.

(E) as duas asserções estão incorretas.

A primeira asserção está incorreta, pois o fundamento da responsabilidade civil do Estado é, sim, o art. 37, § 6°, da CF. Quanto à segunda asserção, está correta, pois o dispositivo constitucional mencionado de fato estabelece a responsabilidade civil objetiva do Estado. **WG**
Gabarito "D".

(Magistratura/SP – 2013 – VUNESP) A atuação do Estado, no exercício do poder de polícia, provocando danos na coisa, com objetivo de remover perigo iminente, sem que o dono da coisa seja culpado do perigo,

(A) constitui ato lícito. Portanto, não enseja a responsabilidade civil do Estado.

(B) constitui ato lícito. Portanto, o dono da coisa deverá suportar o prejuízo.

(C) constitui ato lícito. Entretanto, o ato enseja a responsabilidade civil do Estado para reparar o dano causado.

(D) constitui estado de necessidade, não susceptível de indenização pelo Estado.

Apesar de ser um ato lícito o praticado pelo Estado no caso, já que este está acobertado pelo estado de necessidade, o dono da coisa não tem culpa alguma pelo perigo, não podendo, assim, ficar indene, seja pelo disposto no art. 37, § 6°, da CF (responsabilidade objetiva do Estado), seja pelo disposto no art. 188, II, c/c o art. 929, ambos do CC. Assim, a alternativa "c", única que assevera que o Estado deverá indenizar, é a alternativa correta. **WG**
Gabarito "C".

(Magistratura/PA – 2012 – CESPE) Com relação à responsabilidade civil do Estado, assinale a opção correta.

(A) Em caso de assalto praticado por policial fardado que empunhe arma da corporação militar, o Estado responde subjetivamente pelos danos causados pelo agente, ainda que o crime seja cometido fora do horário de expediente, dada a função pública exercida pelo policial.

(B) Segundo entendimento do STF, a qualificação do tipo de responsabilidade imputável ao Estado – objetiva ou subjetiva – constitui circunstância de menor relevo caso as instâncias ordinárias demonstrem, com base no acervo probatório, que a inoperância estatal injustificada tenha sido condição decisiva para a produção do dano.

(C) Segundo a jurisprudência do STF e a doutrina majoritária, para a caracterização da responsabilidade objetiva do poder público, é imprescindível a comprovação, com base na teoria do risco administrativo, da ilicitude da ação administrativa causadora do dano.

(D) Na hipótese de um raio matar presidiário em prisão estadual, o Estado responderá objetivamente pelos danos causados ao preso, dada a aplicação, no caso concreto, da teoria da responsabilidade objetiva por danos causados a pessoas sob a guarda estatal.

(E) A comprovação do dano e a existência de ação administrativa, independentemente de haver nexo causal entre eles, são os requisitos necessários para a caracterização da responsabilidade objetiva do Estado.

A: incorreta, pois o caso não é de responsabilidade subjetiva, mas de responsabilidade objetiva do Estado (STF, RE 418.023); **B:** correta (STF, AI 600.652 AgR); **C:** incorreta, pois, na responsabilidade objetiva, basta demonstrar conduta comissiva, dano e nexo de causalidade, não sendo necessário comprovar a ilicitude da ação administrativa; **D:** incorreta, pois, nesse caso, tem-se caso fortuito ou de força maior, que exclui a responsabilidade estatal, já que, no Brasil, não se adotou a Teoria do Risco Integral, que não admite excludentes de responsabilidade, mas a Teoria do Risco Administrativo, que admite excludentes de responsabilidade estatal; **E:** incorreta, pois o nexo de causalidade é elemento essencial na caracterização da responsabilidade objetiva do Estado. **WG**
Gabarito "B".

(Magistratura/CE – 2012 – CESPE) Acerca da responsabilidade civil do Estado, assinale a opção correta.

(A) A doutrina e a jurisprudência têm reconhecido a obrigatoriedade de o Estado indenizar tanto os danos materiais quanto os danos morais, mas não os danos emergentes e os lucros cessantes.

(B) Diferentemente das entidades estatais de direito privado que desempenham serviços públicos, as empresas privadas que prestam serviços públicos por delegação não se submetem ao regime da responsabilidade civil objetiva prevista no texto constitucional.

(C) Para que o Estado responda por danos causados por agente seu a particular, é necessário que a pessoa lesada faça prova da culpabilidade direta ou indireta da administração, tanto no caso de ação quanto no de omissão.

(D) Em matéria de responsabilidade civil do Estado, é possível a cumulação de indenizações por dano material e dano moral que decorram de um só fato.

(E) Como a responsabilidade do poder público só se configura em face de atos lícitos, os atos contrários à lei, à moral ou ao direito podem gerar a responsabilidade penal e civil do agente público, mas não a responsabilidade civil do Estado.

A: incorreta, pois a indenização tem de ser cabal, completa; outro problema da alternativa é que trouxe um erro conceitual, já que os danos emergentes e os lucros cessantes são justamente os danos materiais; **B:** incorreta, pois o art. 37, § 6º, é expresso no sentido de que as pessoas de direito privado prestadoras de serviço público respondem objetivamente; **C:** incorreta, pois a responsabilidade estatal é objetiva, ou seja, independe de demonstração de culpa ou dolo do agente público; **D:** correta; de fato a jurisprudência reconhece essa possibilidade; aliás, a jurisprudência reconhece a possibilidade de cumular três indenizações, quais sejam, por *dano material*(danos emergentes e lucros cessantes), por *dano moral* e por *dano estético*, quando houver; **E:** incorreta, pois a responsabilidade estatal é objetiva, ou seja, pode se configurar em caso de atos lícitos ou ilícitos, não perquirindo acerca da questão da ilicitude; verifica-se apenas se há conduta estatal, dano e nexo de causalidade. **WG**
Gabarito "D".

(Magistratura/CE – 2012 – CESPE) Acerca da responsabilidade civil do Estado, assinale a opção correta.

(A) A doutrina e a jurisprudência têm reconhecido a obrigatoriedade de o Estado indenizar tanto os danos materiais quanto os danos morais, mas não os danos emergentes e os lucros cessantes.

(B) Diferentemente das entidades estatais de direito privado que desempenham serviços públicos, as empresas privadas que prestam serviços públicos por delegação não se submetem ao regime da responsabilidade civil objetiva prevista no texto constitucional.

(C) Para que o Estado responda por danos causados por agente seu a particular, é necessário que a pessoa lesada faça prova da culpabilidade direta ou indireta da administração, tanto no caso de ação quanto no de omissão.

(D) Em matéria de responsabilidade civil do Estado, é possível a cumulação de indenizações por dano material e dano moral que decorram de um só fato.

(E) Como a responsabilidade do poder público só se configura em face de atos lícitos, os atos contrários à lei, à moral ou ao direito podem gerar a responsabilidade penal e civil do agente público, mas não a responsabilidade civil do Estado.

A: incorreta, pois a indenização tem de ser cabal, completa; outro problema da alternativa é que trouxe um erro conceitual, já que os danos emergentes e os lucros cessantes são justamente os danos materiais; **B:** incorreta, pois o art. 37, § 6º, é expresso no sentido de que as pessoas de direito privado prestadoras de serviço público respondem objetivamente; **C:** incorreta, pois a responsabilidade estatal é objetiva, ou seja, independe de demonstração de culpa ou dolo do agente público; **D:** correta; de fato a jurisprudência reconhece essa possibilidade; aliás, a jurisprudência reconhece a possibilidade de cumular três indenizações, quais sejam, por *dano material*(danos emergentes e lucros cessantes), por *dano moral* e por *dano estético*, quando houver; **E:** incorreta, pois a responsabilidade estatal é objetiva, ou seja, pode se configurar em caso de atos lícitos ou ilícitos, não perquirindo acerca da questão da ilicitude; verifica-se apenas se há conduta estatal, dano e nexo de causalidade. **WG**
Gabarito "D".

(Magistratura/SP – 2011 – VUNESP) Nas ações de indenização por danos morais ajuizadas contra a Fazenda do Estado, é correto afirmar que

(A) a correção monetária deve ser calculada a partir da data do arbitramento, e os juros de mora, a partir do evento danoso.

(B) a correção monetária deve ser calculada a partir do evento danoso, e os juros de mora, a partir da data do arbitramento.

(C) a correção monetária e os juros de mora devem ser calculados a partir da data do evento danoso.

(D) a correção monetária deve ser calculada a partir da data do evento danoso, e os juros de mora, a partir da citação.

(E) a correção monetária e os juros de mora devem ser calculados a partir da citação.

Segundo a Súmula 362 do STJ, a correção monetária do valor da indenização do dano moral incide desde a data do arbitramento. Já a Súmula 54 do STJ dispõe que os juros moratórios fluem a partir do evento danoso, em caso de responsabilidade extracontratual. **WG**
Gabarito "A".

(Magistratura/ES – 2011 – CESPE) Assinale a opção correta no que se refere à responsabilidade civil do Estado e dos prestadores de serviços públicos.

(A) A condenação do Estado ao pagamento de indenização em face da ocorrência de erro judiciário implica, segundo a doutrina, automática mudança da decisão judicial.

(B) De acordo com o STF, o Estado tem o dever de indenizar o dano moral sofrido pelo servidor público em decorrência da inércia do chefe do Poder Executivo em iniciar o processo legislativo destinado à revisão geral anual dos vencimentos.

(C) Segundo a jurisprudência, as concessionárias e permissionárias de serviço público respondem objetivamente pelos danos causados a terceiros, ainda que estes não sejam decorrentes da prestação do serviço.

(D) A edição de lei, ainda que de efeitos concretos, não enseja a responsabilização do Estado por prejuízos que venham a ser causados ao administrado.

(E) O STF reconhece a responsabilidade do Estado por danos causados em razão da falta de policiamento ostensivo em locais de alta periculosidade.

A: incorreta, pois é justamente o contrário; uma vez reconhecido o erro judiciário, em ação de revisão criminal ou em outra decisão no processo penal (aqui, só em caso de erros gravíssimos; ex: prisão de alguém sem qualquer envolvimento com o fato criminoso – vide o caso do "Bar Bodega" no Informativo 570 do STF), aí sim é que se busca a indenização; **B:** incorreta, pois, no caso citado o STF decidiu que "o deferimento de pedido de indenização representaria a própria concessão do reajuste de vencimentos sem amparo legal, o que contraria a jurisprudência desta Corte" (RE 559.417); **C:** incorreta, pois a responsabilidade objetiva se dá em atos praticados no exercício da atuação no serviço público; agora, uma vez causando dano no exercício da prestação do serviço público, a responsabilidade será objetiva seja em relação a danos causados a terceiros usuários, seja em relação a terceiros não usuários do serviço; **D:** incorreta, pois a edição de lei de efeitos concretos enseja responsabilização quando causar dano a uma pessoa em particular (ex: criação de Parque Florestal em área privada); **E:** correta (STF, STA 223-AgR, rel. Min. Celso de Mello). **WG**
Gabarito "E".

6. DIREITO ADMINISTRATIVO 465

(Magistratura/RJ – 2011 – VUNESP) Leia as afirmações e assinale a alternativa correta.

(A) A reparação do dano causado pela Administração a terceiros obtém-se amigavelmente ou por meio da ação de indenização, e, uma vez indenizada a lesão da vítima, fica a entidade pública com o direito de voltar-se contra o servidor culpado para haver dele o despendido, por meio da Ação Regressiva.

(B) A condenação criminal não produz efeitos no processo civil e administrativo, na medida em que não faz coisa julgada relativamente à culpa do agente público.

(C) A Ação Regressiva destinada à reparação patrimonial transmite-se aos herdeiros e sucessores do servidor culpado, entretanto, não poderá ser instaurada após a cessão do exercício no cargo ou na função, por disponibilidade, aposentadoria, exoneração ou demissão.

(D) Mesmo que evidenciada a culpabilidade da vítima, subsiste a responsabilidade objetiva da Administração.

A: correta; apesar de raramente a Administração fazer esse tipo de acordo com a vítima antes de ela entrar com ação indenizatória, o fato é que isso é possível e deveria acontecer mais; em seguida ao pagamento de indenização à vítima, a Administração deve atuar regressivamente em face do servidor público que tiver agido com culpa ou dolo (art. 37, § 6º, da CF); **B:** incorreta, pois a condenação criminal põe fim à dúvida quando a prática do ato julgado na ação penal; já a absolvição penal só repercutirá nas esferas administrativa e civil se negar a existência do fato ou a sua autoria; **C:** incorreta, pois não há impedimento legal à instauração da ação regressiva após a cessão do exercício no cargo ou na função pelos motivos citados; **D:** incorreta, pois se a culpa for exclusivamente da vítima, o Estado não responderá. **WG**
Gabarito "A".

(Magistratura/ES – 2011 – CESPE) Assinale a opção correta no que se refere à responsabilidade civil do Estado e dos prestadores de serviços públicos.

(A) A condenação do Estado ao pagamento de indenização em face da ocorrência de erro judiciário implica, segundo a doutrina, automática mudança da decisão judicial.

(B) De acordo com o STF, o Estado tem o dever de indenizar o dano moral sofrido pelo servidor público em decorrência da inércia do chefe do Poder Executivo em iniciar o processo legislativo destinado à revisão geral anual dos vencimentos.

(C) Segundo a jurisprudência, as concessionárias e permissionárias de serviço público respondem objetivamente pelos danos causados a terceiros, ainda que estes não sejam decorrentes da prestação do serviço.

(D) A edição de lei, ainda que de efeitos concretos, não enseja a responsabilização do Estado por prejuízos que venham a ser causados ao administrado.

(E) O STF reconhece a responsabilidade do Estado por danos causados em razão da falta de policiamento ostensivo em locais de alta periculosidade.

A: incorreta, pois é justamente o contrário; uma vez reconhecido o erro judiciário, em ação de revisão criminal ou em outra decisão no processo penal (aqui, só em caso de erros gravíssimos; ex: prisão de alguém sem qualquer envolvimento com o fato criminoso – vide

o caso do "Bar Bodega" no Informativo 570 do STF), aí sim é que se busca a indenização; **B:** incorreta, pois, no caso citado o STF decidiu que "o deferimento de pedido de indenização representaria a própria concessão do reajuste de vencimentos sem amparo legal, o que contraria a jurisprudência desta Corte" (RE 559.417); **C:** incorreta, pois a responsabilidade objetiva se dá em atos praticados no exercício da atuação no serviço público; agora, uma vez causando dano no exercício da prestação do serviço público, a responsabilidade será objetiva seja em relação a danos causados a terceiros usuários, seja em relação a terceiros não usuários do serviço; **D:** incorreta, pois a edição de lei de efeitos concretos enseja responsabilização quando causar dano a uma pessoa em particular (ex: criação de Parque Florestal em área privada); **E:** correta (STF, STA 223-AgR, rel. Min. Celso de Mello). **WG**
Gabarito "E".

(Magistratura Federal – 3ª Região – XIII) Considerada a fuga de estabelecimento penal empreendida por preso que, meses depois, participa, em quadrilha, de latrocínio, é correto afirmar que a família da vítima:

(A) tem direito à indenização, pela responsabilidade do Estado, uma vez que qualquer evento anterior, colocado na cadeia causal, é suficiente para estabelecer o vínculo jurídico necessário entre conduta e resultado;

(B) tem direito à indenização, pela responsabilidade do Estado, tendo em vista o risco criado pelo Poder Público, pelo fato de construir e instalar o estabelecimento penal em local ocupado por população civil;

(C) não tem direito à indenização, pois a fuga do preso que participou do crime, de que decorreu a morte da vítima, constitui caso fortuito, não gerando responsabilidade civil do Estado;

(D) não tem direito à indenização, pois inexistente, para efeito de responsabilidade do Estado, a causalidade entre eventual omissão ou ação dos agentes penitenciários e o dano causado, porque interrompido o nexo causal, vale dizer, o latrocínio não constituiu efeito necessário, direto e imediatamente determinante, da conduta estatal que permitiu a fuga.

"Latrocínio praticado por quadrilha da qual participava um apenado que fugira da prisão tempos antes; neste caso, não há falar em nexo de causalidade entre a fuga do apenado e o latrocínio. Precedentes do STF: RE 172.025/RJ, Rel. Ilmar Galvão, DJ de 19.12.96; RE 130.764/PR, Rel. Moreira Alves, *RTJ* 143/270". (STF, 2ª T., RE 369820/RS, Relator Min. CARLOS VELLOSO, DJ 27-02-2004). **FMB**
Gabarito "D".

(Magistratura Federal-4ª Região – 2010) Dadas as assertivas abaixo sobre responsabilidade civil do Estado, assinale a alternativa correta.

I. Em matéria de responsabilidade civil do Estado, a Constituição Federal brasileira consagrou em seu artigo 37, § 6º, a adoção, como fundamento básico, da teoria francesa da *faute du service* (falta de serviço), ligada à máxima *le roi ne peut mal faire* (o rei não pode errar), da qual decorre a responsabilização objetiva tanto das pessoas jurídicas de direito público como das de direito privado prestadoras de serviços públicos.

II. Por força do disposto no artigo 37, § 6º, da Constituição Federal, as pessoas jurídicas de direito público e de direito privado prestadoras de serviços públicos respondem objetivamente pelos danos que seus agentes, nessa qualidade, causarem a terceiros, condicionado o direito de regresso contra o responsável à comprovação de dolo.

III. Consoante o entendimento predominante no Supremo Tribunal Federal, a adequada interpretação do art. 37, § 6º, da Constituição Federal conduz à conclusão de que a responsabilidade civil das pessoas jurídicas de direito privado prestadoras de serviço público é objetiva tanto relativamente a terceiros usuários como aos não usuários do serviço.

IV. Não reconhecida categoricamente na sentença criminal a inexistência material do fato, a absolvição de agente público acusado de causar lesões corporais não obsta a que o prejudicado busque a reparação de eventuais danos materiais e morais junto à pessoa jurídica à qual vinculado aquele.

V. De acordo com o entendimento atual do Supremo Tribunal Federal, quando um preso que está sob a custódia do Estado foge e vem a praticar crime, causando prejuízo a terceiro, a responsabilidade do ente estatal respectivo exsurge como consequência automática, pois presumido o nexo de causalidade entre a omissão da autoridade pública e o delito praticado, haja vista o que dispõe o artigo 37, § 6º, da Constituição Federal.

(A) Está correta apenas a assertiva II.

(B) Estão corretas apenas as assertivas II e V.

(C) Estão corretas apenas as assertivas III e IV.

(D) Estão corretas apenas as assertivas I, II e V.

(E) Nenhuma das assertivas está correta.

I: incorreta, pois o art. 37, § 6º, da CF adotou a Teoria do Risco Administrativo, ao regulamentar a responsabilidade objetiva do Estado; a Teoria da Falta do Serviço foi adotada apenas para a responsabilidade do Estado por condutas omissivas (quando havia o dever legal de agir e não houve atuação do poder público); e a Teoria da Irresponsabilidade do Estado não é adotada há mais de um século; II: incorreta, pois o direito de regresso se dará em caso de dolo ou CULPA (art. 37, § 6º, da CF); III: correta, pois o STF se pacificou nesse sentido, depois de ter entendido, por um tempo, que o terceiro não usuário não se beneficiava da responsabilidade objetiva das concessionárias de serviço público; IV: correta (art. 126 da Lei 8.112/1990); V: incorreta, pois, nesse caso, o nexo de causalidade se rompe, segundo o STF, salvo em casos em que os crimes são cometidos na fuga do preso ou quando o Estado tenha agido com culpa gravíssima, como quando deixa alguém fugir várias vezes da prisão, sem que haja regressão do regime prisional. **FMB** Gabarito "C".

(Magistratura Federal/1ª região – 2011 – CESPE) A respeito da responsabilidade civil do Estado e dos prestadores de serviços públicos, assinale a opção correta.

(A) Segundo o STF, é subjetiva a responsabilidade das pessoas jurídicas de direito privado prestadoras de serviço público quando os danos são causados a terceiros não usuários do serviço.

(B) Tratando-se de atividade notarial e de registro exercida por delegação, a responsabilidade objetiva por danos causados a terceiros é do notário.

(C) De acordo com o STJ, a existência de lei específica que rege a atividade militar afasta a incidência da responsabilidade objetiva do Estado, prevista na CF,

por danos morais causados ao militar em decorrência de acidente por ele sofrido no exercício da função.

(D) Segundo o STJ, as ações por responsabilidade civil do Estado não se submetem ao prazo prescricional de cinco anos.

(E) Em se tratando de responsabilidade extracontratual do Estado, os juros moratórios fluem a partir do trânsito em julgado da decisão judicial que determina o ressarcimento.

A: incorreta. Em repercussão geral foi reconhecida a responsabilidade objetiva das concessionárias pelos danos causados a terceiros não usuários. Eis o julgado que consolidou esse entendimento: "EMENTA: CONSTITUCIONAL. RESPONSABILIDADE DO ESTADO. ART. 37, § 6º, DA CONSTITUIÇÃO. PESSOAS JURÍDICAS DE DIREITO PRIVADO PRESTADORAS DE SERVIÇO PÚBLICO. CONCESSIONÁRIO OU PERMISSIONÁRIO DO SERVIÇO DE TRANSPORTE COLETIVO. RESPONSABILIDADE OBJETIVA EM RELAÇÃO A TERCEIROS NÃO USUÁRIOS DO SERVIÇO. RECURSO DESPROVIDO. I - A responsabilidade civil das pessoas jurídicas de direito privado prestadoras de serviço público é objetiva relativamente a terceiros usuários *e não usuários do serviço*, segundo decorre do art. 37, § 6º, da Constituição Federal. II - A inequívoca presença do nexo de causalidade entre o ato administrativo e o dano causado ao terceiro não usuário do serviço público, é condição suficiente para estabelecer a responsabilidade objetiva da pessoa jurídica de direito privado. III - Recurso extraordinário desprovido" **(RE 591874 / MS, Relator: Min. RICARDO LEWANDOWSKI, j. 26/08/2009, Tribunal Pleno); B:** correta. É o que diz a Lei nº 8.935/1994: "Art. 22 - Os notários e oficiais de registro responderão pelos danos que eles e seus prepostos causem a terceiros, na prática de atos próprios da serventia, assegurado aos primeiros direito de regresso no caso de dolo ou culpa dos prepostos"; **C:** incorreta. Tendo em vista que a responsabilidade objetiva do Estado tem previsão constitucional, logicamente não pode ser excepcionada por lei, razão pela qual, presentes a ação ou omissão, o nexo causal com o evento danoso e ausentes quaisquer das causas excludentes de responsabilidade, ela incidirá, seja o agente público responsável conhecido ou não (*faute du service*), civil ou militar; **D:** incorreta. Em recurso repetitivo restou estabelecido pelo STJ que as ações patrimoniais passivas ou ativas de que seja parte a Fazenda Pública regem-se pelo prazo prescricional previsto no Decreto nº 20.910/1932. Vale a pena replicar ementa a respeito do tema: "ADMINISTRATIVO. PROCESSUAL CIVIL. RESPONSABILIDADE CIVIL DO ESTADO. AÇÃO DE INDENIZAÇÃO CONTRA A FAZENDA PÚBLICA. PRAZO PRESCRICIONAL.DECRETO N. 20.910/32. QUINQUENAL. TEMA OBJETO DE RECURSO REPETITIVO. SÚMULA 168/STJ. INCIDÊNCIA. 1. A jurisprudência desta Corte firmou-se no sentido de que a prescrição contra a Fazenda Pública é quinquenal, mesmo em ações indenizatórias, uma vez que é regida pelo Decreto n. 20.910/32. Orientação reafirmada em recurso submetido ao regime do art. 543-C do CPC (REsp 1251993/PR, Rel. Min. Mauro Campbell Marques, Primeira Seção, DJe 19.12.2012). 2. Incidência da Súmula 168/STJ, *in verbis*: 'Não cabem embargos de divergência, quando a jurisprudência do tribunal se firmou no mesmo sentido do acórdão embargado'. Agravo regimental improvido" (AgRg nos EAREsp 53471 / RS, relator Ministro HUMBERTO MARTINS, 1ª Seção, j. 27/02/2013); **E:** incorreta. Súmula 54 do STJ: "Os juros moratórios fluem a partir do evento danoso, em caso de responsabilidade extracontratual". **FMB** Gabarito "B".

(Magistratura Federal/4ª região – IX) Considerar as seguintes afirmações, indicando, adiante, a alternativa correta:

I. A responsabilidade objetiva abrange atos praticados por agente pessoa jurídica de direito público e de direito privado prestadora de serviços públicos, inclusive concessionários de serviços públicos.

II. A responsabilidade objetiva do Estado supõe nexo de causa e efeito, isto é, que haja um dano causado a terceiros em decorrência do ato do agente ou da prestação do serviço.

III. A responsabilidade objetiva do Estado se verifica mesmo em relação aos atos do servidor praticados fora das funções públicas.

(A) Apenas as afirmativas I e II estão inteiramente corretas.

(B) Apenas as afirmativas I e III estão inteiramente corretas.

(C) Todas as afirmativas estão inteiramente corretas.

(D) Nenhuma das afirmativas está inteiramente correta.

I: correta (art. 37, § 6º, da CF/1988); II: correta. Pela teoria da responsabilidade objetiva adotada no Brasil, o Estado responderá desde que configurada: 1) a ação ou omissão e o nexo causal com o dano sofrido; 2) a inexistência de qualquer causa excludente da responsabilidade estatal (teoria do risco administrativo), quais sejam: a culpa exclusiva da vítima ou de terceiro e o caso fortuito ou de força maior; III: incorreta, pois a responsabilidade objetiva do Estado em decorrência de atos de seus agentes só incide quando esses estiverem no exercício de suas funções. **FMB**

Gabarito "A".

10.2. RESPONSABILIDADE DAS CONCESSIONÁRIAS DE SERVIÇO PÚBLICO

(Magistratura/AM – 2013 – FGV) O § 6º, do art. 37, da CRFB, é considerado, por muitos, a regra geral, em nosso ordenamento, sobre a responsabilidade civil da Administração Pública. Sobre esta disposição, assinale a afirmativa correta.

(A) Regula a responsabilidade civil do Estado quanto aos atos jurisdicionais, impondo o regresso ao magistrado sempre que este venha a agir com culpa.

(B) Adota a teoria do risco integral, trazendo para o Estado a sua responsabilidade, independentemente da chamada culpa exclusiva da vítima.

(C) Incide sobre a conduta de concessionárias de serviços públicos, no âmbito de todas as suas atividades, sejam as delegadas ou não.

(D) Traz a responsabilidade do Estado pelos danos que seus agentes causem, desde que atuem nesta qualidade, não sendo necessário que estejam no exercício de suas atribuições.

(E) Cuida da responsabilidade civil da Administração Direta e das concessionárias de serviços públicos, não abrangendo as permissionárias de serviços, face ao caráter precário da relação estabelecida com estas.

A: incorreta, pois, como regra, o Estado também não responde pela expedição de decisões que prejudiquem alguém, não sendo correto dizer que basta uma decisão judicial, um dano e um nexo de causalidade (requisitos da responsabilidade objetiva) para termos responsabilidade estatal por atos judiciais; o Estado só responde por atos jurisdicionais nas seguintes situações excepcionais: a) em caso de erro judiciário, que é aquele reconhecido em revisão criminal ou o decorrente de prisão de alguém além do tempo permitido; b) nos casos em que o juiz responde pessoalmente por dolo, fraude, recusa, omissão ou retardamento injustificado de providências de seu ofício, nos termos do art. 133 do CPC; c) nos casos de erro grave (ex: prisão

---

de alguém sem qualquer envolvimento com o fato criminoso – vide o caso do "Bar Bodega" no Informativo 570 do STF - RE 385.943/SP); **B:** incorreta, pois a teoria adotada é a do "risco administrativo", que admite excludentes de responsabilidade estatal (como a culpa exclusiva da vítima), e não do "risco integral"; **C:** incorreta, pois somente no que diz respeito às atividades relacionadas à prestação de serviço público é que a responsabilidade é objetiva; nesse sentido, se uma empresa concessionária tem outras atividades além da prestação de serviço público, nessas outras atividades a responsabilidade civil não segue o disposto no art. 37, § 6º, da CF/1988; **D:** correta, nos termos do art. 37, § 6º, da CF/1988; de fato, o dispositivo constitucional exige que o agente público cause dano nesse qualidade (qualidade de agente público), o que não significa que esteja atuando no exercício de suas atribuições; por exemplo, se um policial, em hora de descanso, usa arma da corporação para causar lesão a alguém, o Estado responde se não demonstrar que não foi negligente quanto ao recolhimento da arma nos termos do regulamento local (STJ, REsp 1.398.164/ES, DJ 14.10.2013); ao usar arma da corporação o agente atua na qualidade de policial, ainda que, por estar em descanso e não defendendo a sociedade, não esteja no exercício específico de suas atribuições; **E:** incorreta, pois diz respeito não só à "Administração Direta", mas a qualquer pessoa jurídica de direito público, seja a relacionada à Administração Direta (União, Estados, DF e Municípios), seja a relacionada à Administração Indireta (autarquias, fundações públicas de direito público, agências reguladoras e associações públicas), tudo nos termos do art. 37, § 6º, da CF/1988; ademais, quanto às permissionárias de serviço público, estas, quando pessoas jurídicas, também respondem objetivamente na forma do art. 37, § 6º, da CF/1988, pois esse dispositivo não discrimina entre concessionária e permissionária, dispondo apenas que pessoas jurídicas de direito privado "prestadoras de serviço público" respondem dessa forma. **WG**

Gabarito "D".

(Magistratura Federal/4ª região – VIII) A responsabilidade civil da concessionária de serviço público perante os usuários e terceiros, por todos os prejuízos causados:

(A) é integral, se não há fiscalização do poder concedente;

(B) é excluída, se há fiscalização do poder concedente;

(C) é atenuada, se há fiscalização do poder concedente;

(D) é integral, mesmo se há fiscalização do poder concedente.

Aart. 37, § 6º, CF/1988. **FMB**

Gabarito "D".

(Magistratura Federal/5ª região – 2006 – CESPE) Julgue os próximos itens, considerando a responsabilidade civil do Estado e dos delegados do poder público.

(1) Considere que uma pessoa tenha morrido dentro de um ônibus de uma concessionária de serviço público municipal, em decorrência de incêndio causado por traficantes armados, após terem obrigado o motorista do veículo a parar, sob grave ameaça de morte. Nessa hipótese, há responsabilidade objetiva da concessionária, em face de as vítimas serem usuárias do serviço público.

(2) Só haverá responsabilidade objetiva da pessoa jurídica de direito público, fundada no risco administrativo, conforme entendimento jurisprudencial, quando o agente causador do dano estiver no exercício do cargo público.

---

1. incorreta. Adota-se no Brasil a teoria do risco administrativo a qual estabelece algumas excludentes de responsabilidade. São elas: a culpa

WANDER GARCIA, FLÁVIA MORAES BARROS MICHELE FABRE E ARIANE WADY

exclusiva da vítima ou de terceiro e ou caso fortuito ou de força maior. No caso, houve culpa exclusiva de terceiro, o que exime a concessionária de responsabilidade; 2. incorreta. Qualquer agente público, esteja ele em cargo, emprego público ou função pública, pode ensejar a responsabilidade objetiva estatal, bastando, para tanto: 1) a ação ou omissão estatal e o nexo causal entre a conduta (ou a falta dela) e o resultado danoso; e 2) a inexistência de qualquer causa excludente de responsabilidade. **FMB**

Gabarito 1E; 2E

11. LICITAÇÃO

(Juiz – TJ/SP – VUNESP – 2015) Sobre o dever constitucional da Administração Pública realizar licitação para contratar obras, serviços, compras e alienações, bem como para delegar a prestação de serviços públicos por meio de concessão ou permissão, é correto afirmar que

(A) respeitadas as modalidades de licitação previstas na lei geral editada pelo Congresso Nacional, Estados e Municípios podem estabelecer modalidades licitatórias adicionais para a Administração Pública no seu âmbito federativo.

(B) a licitação se presta a assegurar à Administração a obtenção da proposta economicamente mais barata e a garantir condições e oportunidades idênticas a todos os particulares interessados.

(C) a Constituição prevê a existência de uma única lei contendo normas gerais para todos os entes e órgãos públicos de qualquer ente da Federação.

(D) é possível que a licitação seja utilizada para a consecução de pautas de políticas públicas que conflitem com os princípios da economicidade e da isonomia.

A: incorreta. Não é possível aos Estados e Municípios preverem outras modalidades de licitação, eis que se trata de competência privativa da União (art. 22, XXVII, CF). **B:** incorreta. A licitação visa garantir a proposta mais vantajosa, e não necessariamente, a mais barata ao Poder Público (art. 3º, da Lei 8.666/1993) **C:** incorreta. A Constituição Federal não prevê uma única Lei para veicular a matéria (art. 37, XXI, CF). **D:** correta. Infelizmente, a licitação pode ser mal utilizada, pois antes de realizada, passa por uma decisão política na escolha do seu objeto (o serviço, a obra, a política pública a ser realizada). **AW**

Gabarito "D".

(Juiz – TRF 2ª Região – 2017) Sociedade empresária pretende participar de licitação de obra pública (sob a égide da Lei nº 8.666/93) e ingressa em juízo alegando violação aos princípios da legalidade e da competitividade, questionando as seguintes cláusulas do edital:

I. exigência, na fase de habilitação, no item relativo à qualificação técnica, de que o vínculo profissional do responsável técnico que integra o quadro permanente do licitante seja exclusivamente celetista;

II. exigência, na fase de habilitação, no item relativo à qualificação econômico-financeira, que a garantia da proposta, no valor de 5% (cinco por cento) do valor estimado do objeto da contratação, seja apresentada em data anterior à realização da licitação;

III. exigência, na fase de habilitação, no item relativo à qualificação técnica, da comprovação da propriedade das máquinas e equipamentos essenciais para a execução do objeto.

Procedem os questionamentos em relação:

(A) A todos os itens.

(B) Apenas ao item I.

(C) Apenas aos itens I e II.

(D) Apenas aos itens II e III.

(E) Apenas ao item III.

A: correta. Todos os itens se encontram corretos, conforme a seguir exposto: **I:** A lei não exige que seja celetista, apenas que integre o quadro permanente da empresa. Art. 30, § 1º da Lei 8.666/1993 "I - capacitação técnico-profissional: comprovação do licitante de possuir em seu quadro permanente, na data prevista para entrega da proposta, profissional de nível superior ou outro devidamente reconhecido pela entidade competente, detentor de atestado de responsabilidade técnica por execução de obra ou serviço de características semelhantes..."**II:** Para a qualificação econômico-financeira, a garantia limita-se a 1% do valor estimado do objeto de licitação. Art. 31, III da Lei 8.666/1993. **III:** A lei só exige declaração formal de disponibilidade, vedada as exigências de propriedade e de localização prévia. Art. 30, § 6º da Lei 8.666/1993. **B:** incorreta. O item I, II e III estão corretos; **C:** incorreta. Os itens I, II e III estão corretos; **D:** incorreta. Todos os itens se encontram corretos, conforme explicação na letra "A"; **E:** incorreta. Todos os itens se encontram corretos, conforme acima explicado. **AW**

Gabarito "A".

11.1. CONTRATAÇÃO DIRETA (LICITAÇÃO DISPENSADA, DISPENSA DE LICITAÇÃO E INEXIGIBILIDADE DE LICITAÇÃO)

(Juiz – TRF 2ª Região – 2017) Dispensa e inexigibilidade de licitação são figuras distintas. Assinale a opção na qual, no sistema da Lei nº 8.666/93, as hipóteses caracterizam inexigibilidade de licitação:

(A) Contratação de artista consagrado pela crítica especializada e pela opinião pública e contratação de equipamento que só possa ser fornecido por produtor exclusivo.

(B) Casos de intervenção da União no domínio econômico, para regular preços e casos de calamidade pública qualificados pela urgência e necessidade de atendimento da situação.

(C) Casos de guerra ou de grave perturbação da ordem e casos de calamidade pública qualificados pela urgência e necessidade de atendimento da situação.

(D) Casos de compras de gêneros perecíveis, no tempo necessário para a realização de licitação, com base no preço do dia e casos de intervenção da União no domínio econômico, para regular preços.

(E) Contratação de artista consagrado pela crítica especializada e pela opinião pública e contratação em momento de grave perturbação da ordem pública.

A: correta. Trata-se do disposto no art. 25, I e II, da Lei 8.666/1993. **B:** incorreta. Temos caso de licitação dispensável (art. 24, IV e VI, da Lei 8.666/1993); **C:** incorreta. Também é hipótese de licitação dispensável (art. 24, III, da Lei 8.666/1993); **D:** incorreta. Outra hipótese de licitação dispensável (art. 24, VI e XII, da Lei 8.666/1993); **E:** incorreta. A contratação em momento de grave perturbação da ordem pública é hipótese de licitação dispensável (art. 24, III, da Lei 8.666/1993). **AW**

Gabarito "A".

6. DIREITO ADMINISTRATIVO

(Juiz – TRF 3ª Região – 2016) Considerando as assertivas abaixo sobre licitações, assinale a alternativa correta:

I. Configura hipótese de dispensa de licitação a alienação de bens imóveis residenciais construídos da Administração Pública, gratuita ou onerosa, aforamento, concessão de direito real de uso, locação ou permissão de uso, destinados ou efetivamente utilizados no âmbito de programas habitacionais ou de regularização fundiária de interesse social desenvolvidos por órgãos ou entidades da administração pública.

II. Configura hipótese de dispensa de licitação os casos de emergência ou de calamidade pública, quando caracterizada urgência de atendimento de situação que possa ocasionar prejuízo ou comprometer a segurança de pessoas, obras, serviços, equipamentos e outros bens, públicos ou particulares, e somente para os bens necessários ao atendimento da situação emergencial ou calamitosa e para as parcelas de obras e serviços que possam ser concluídas no prazo máximo de 180 (cento e oitenta) dias consecutivos e ininterruptos, contados da celebração do contrato, vedada a prorrogação dos respectivos contratos.

III. Configura hipótese de inexigibilidade de licitação quando houver inviabilidade de competição, em especial, para aquisição de materiais, equipamentos, ou gêneros que só possam ser fornecidos por produtor, empresa ou representante comercial exclusivo, vedada a preferência de marca, devendo a comprovação de exclusividade ser feita através de atestado fornecido pelo órgão de registro do comércio do local em que se realizaria a licitação ou a obra ou o serviço, pelo Sindicato, Federação ou Confederação Patronal, ou, ainda, pelas entidades equivalentes, bem como para a contratação de serviços técnicos, dentre outros, de elaboração de estudos técnicos, planejamentos e projetos básicos ou executivos e de pareceres, perícias e avaliações em geral, desde que de natureza singular, com profissionais ou empresas de notória especialização, vedada a inexigibilidade para serviços de publicidade e divulgação.

Estão corretas:

(A) I e II.

(B) I, II e III.

(C) I e III.

(D) II e III.

A: incorreta. A assertiva II está incorreta, pois o art. 24, IV, da Lei 8.666/1993 dispõe que os 180 dias devem ser contados a partir da ocorrência da emergência ou calamidade, e não da celebração do contrato, como consta do enunciado. "Art. 24, IV - nos casos de emergência ou de calamidade pública, quando caracterizada urgência de atendimento de situação que possa ocasionar prejuízo ou comprometer a segurança de pessoas, obras, serviços, equipamentos e outros bens, públicos ou particulares, e somente para os bens necessários ao atendimento da situação emergencial ou calamitosa e para as parcelas de obras e serviços que possam ser concluídas no prazo máximo de 180 (cento e oitenta) dias consecutivos e ininterruptos, contados da ocorrência da emergência ou calamidade, vedada a prorrogação dos respectivos contratos."; **B:** incorreta: A assertiva II está incorreta, conforme acima exposto; **C:** correta. A assertiva I está correta, pois conforme disposto

no art. 17, I, *f*, da Lei 8.666/1993: "a alienação gratuita ou onerosa, aforamento, concessão de direito real de uso, locação ou permissão de uso de bens imóveis residenciais construídos, destinados ou efetivamente utilizados no âmbito de programas habitacionais ou de regularização fundiária de interesse social desenvolvidos por órgãos ou entidades da administração pública;". Também é hipótese de dispensa de licitação, no caso, temos a licitação dispensada. Também, a assertiva III está em conformidade com o disposto no art. 25, I, da Lei 8.666/1993, que assim dispõe: são hipóteses de inexigibilidade "a aquisição de materiais, equipamentos, ou gêneros que só possam ser fornecidos por produtor, empresa ou representante comercial exclusivo, vedada a preferência de marca, devendo a comprovação de exclusividade ser feita através de atestado fornecido pelo órgão de registro do comércio do local em que se realizaria a licitação ou a obra ou o serviço, pelo Sindicato, Federação ou Confederação Patronal, ou, ainda, pelas entidades equivalentes.";
D: incorreta. A assertiva II é incorreta, pois contraria o art. 24, IV, da Lei 8.666/1993, como explicado na alternativa A. **AW**
Gabarito "C".

(Magistratura/DF – 2011) A Lei n. 8.666/1993 prevê que a licitação é dispensável:

(A) quando não acudirem interessados à licitação anterior e esta, justificadamente, não puder ser repetida sem prejuízo para a Administração, não sendo necessário manter todas as condições preestabelecidas, já que ninguém conseguiu cumpri-las;

(B) na celebração de contrato de programa com ente da Federação ou com entidade de sua administração indireta, para a prestação de serviços públicos de forma associada nos termos do autorizado em contrato de consórcio público ou em convênio de cooperação;

(C) na contratação de fornecimento ou suprimento de energia elétrica e gás natural com qualquer tipo de empresa;

(D) nas compras de hortifrutigranjeiros, pão e outros gêneros perecíveis, pois não é possível realizar licitação para compras dessa natureza.

A: incorreta, pois é necessário manter todas as condições preestabelecidas (art. 24, V, da Lei 8.666/1993); **B:** correta (art. 24, XXVI, da Lei 8.666/1993); **C:** incorreta, pois deve ser uma contratação com concessionário, permissionário ou autorizado (art. 24, XXII, da Lei 8.666/1993); **D:** incorreta, pois é possível sim fazer licitação no caso; há dispensa apenas no tempo necessário para a realização dos processos licitatórios correspondentes (art. 24, XII, da Lei 8.666/1993). **WG**
Gabarito "B".

(Magistratura/ES – 2011 – CESPE) Com relação ao instituto da licitação, assinale a opção correta.

(A) No concurso, modalidade de licitação, o julgamento deve ser feito por comissão especial, composta necessariamente por servidores qualificados, pertencentes ao quadro permanente do órgão responsável pela licitação, de reputação ilibada e notório conhecimento da matéria.

(B) É inexigível licitação na celebração de contrato de programa com ente da Federação para a prestação de serviços públicos de forma associada, nos termos do que for autorizado em contrato de consórcio público.

(C) Mesmo após a adjudicação válida, a administração pública pode revogar ou anular o procedimento licitatório, ou, mesmo, contratar com outrem.

470 WANDER GARCIA, FLÁVIA MORAES BARROS MICHELE FABRE E ARIANE WADY

(D) Segundo a jurisprudência majoritária, a dispensa ou inexigibilidade de licitação fora das hipóteses legais configura delito de mera conduta, para cuja consumação não se exige a demonstração de efetivo prejuízo para a administração pública.

(E) Se a administração pública realizar contratação direta com determinada empresa com base em inexigibilidade de licitação e, posteriormente, constatar a ocorrência de vício no procedimento, o vínculo contratual não poderá ser desconstituído, pois, segundo a jurisprudência, o vício de procedimento não autoriza o desfazimento do ato administrativo.

A: incorreta, pois, na modalidade de licitação concurso, o julgamento será feito por uma comissão especial integrada por pessoas de reputação ilibada e de reconhecido conhecimento da matéria em exame, podendo ser servidores públicos ou não (art. 51, § 5º, da Lei 8.666/1993); **B:** incorreta, pois esse caso é de dispensa de licitação (art. 24, XXVI, da Lei 8.666/1993) e não de inexigibilidade; **C:** incorreta, pois contratar com outrem não será possível, devendo-se respeitar a posição do adjudicatário; **D:** correta; porém, há decisões em sentido contrário (vide STF, Inq 2.482/MG, rel. Min. Luiz Fux, j. em 15.09.2011), devendo-se atentar para a evolução jurisprudencial do tema, que pode tornar incorreta a afirmação contida na alternativa; **E:** incorreta, pois o vício de procedimento acarreta sim o desfazimento do ato administrativo (v., por exemplo: STF, MS 26.000, *DJ* 14.11.2012). **WG**
Gabarito "D".

(**(Magistratura/SP – 2011 – VUNESP)** A Presidente da República, objetivando troca de turbina do "Aerolula", compra a peça de reposição sem licitação. É correto afirmar que a Presidente

(A) o faz baseado na singularidade relevante em matéria de licitação, na presunção de que o serviço de uma determinada empresa é mais indicado que outro, porquanto, no caso, existe uma significação particular excepcional.

(B) leva a efeito concorrência pública em homenagem ao princípio da moralidade.

(C) faz concorrência na modalidade convite tendo em vista o negócio de vulto a ser realizado.

(D) realiza tomada de preço organizada em função do ramo de negócio.

(E) realiza leilão com base no princípio da moralidade, impessoalidade, legalidade, publicidade e isonomia.

Dada a singularidade do serviço objetivado, está-se diante de hipótese de inexigibilidade de licitação (art. 25 da Lei 8.666/1993), admitindo a contratação direta, ou seja, a não realização de licitação. **WG**
Gabarito "A".

(Magistratura/PI – 2011 – CESPE) À luz do disposto na Lei n. 8.666/1993, assinale a opção correta com relação a licitação.

(A) Os casos de inexigibilidade de licitação, por representarem inviabilidade de competição e exceção ao princípio da licitação, estão exaustivamente arrolados na legislação federal, não podendo, portanto, ser ampliados pela administração pública.

(B) Em qualquer caso, os membros das comissões de licitação devem responder solidariamente pelos atos que praticarem.

(C) Sob pena de nulidade, a licitação de obras e serviços somente será possível quando, entre outras exigências, houver orçamento que detalhe a composição de seus custos unitários e projeto básico aprovado pela autoridade competente, disponível para exame dos interessados em participar do processo licitatório.

(D) É vedada a licitação ou contratação de obra ou serviço que inclua a elaboração de projeto executivo como encargo do licitante ou do contratado.

(E) Para o resguardo da lisura e da isonomia entre os concorrentes, todos os atos do procedimento licitatório devem permanecer sigilosos até a fase de abertura das propostas.

A: incorreta, pois os casos de inexigibilidade de licitação tem rol exemplificativo no art. 25 da Lei 8.666/1993; os casos de dispensa de licitação é que tem rol exaustivo (art. 24 da Lei 8.666/1993); **B:** incorreta, pois a responsabilidade solidária de um membro da comissão fica afastada caso a posição individual divergente deste esteja devidamente fundamentada e registrada em ata lavrada na reunião em que tiver sido tomada a decisão; **C:** correta (art. 7º, § 2º, I e II, e § 6º, da Lei 8.666/1993); **D:** incorreta, pois é possível que haja esse tipo de encargo (art. 9º, § 2º, da Lei 8.666/1993); **E:** incorreta, pois só devem ficar em sigilo, até a abertura das propostas, o conteúdo destas (art. 3º, § 3º, da Lei 8.666/1993). **WG**
Gabarito "C".

(Magistratura Federal-5ª Região – 2011) Conforme o disposto no art. 3.º da Lei nº 8.666/1993, a licitação destina-se a garantir a observância do princípio constitucional da isonomia e a selecionar a proposta mais vantajosa para a administração. Com relação ao dever constitucional de licitar e à possibilidade excepcional de não fazê-lo, assinale a opção correta.

(A) É dispensável a licitação para a aquisição de bem fornecido por uma única empresa.

(B) É necessária a licitação no caso de dação em pagamento.

(C) É inexigível a licitação para a contratação de obra de pequeno valor.

(D) Dispensa-se a licitação quando o prazo necessário à realização do procedimento licitatório for incompatível com a urgência na execução do contrato.

(E) Nos casos de inexigibilidade de licitação, há possibilidade de competição entre particulares.

A: incorreta, pois esse caso é de inexigibilidade de licitação (art. 25, I, da Lei 8.666/1993); **B:** incorreta, pois essa hipótese é de licitação dispensada (art. 17, I, "a", da Lei 8.666/1993); **C:** incorreta, pois esse caso é de dispensa de licitação (art. 24, I e II, da Lei 8.666/1993); **D:** correta, tratando-se de dispensa nos casos de emergência (art. 24, IV, da Lei 8.666/1993); **E:** incorreta, pois a inexigibilidade caracteriza-se justamente pela inviabilidade de competição (art. 25, *caput*, da Lei 8.666/1993). **FMB**
Gabarito "D".

(Magistratura Federal-4ª Região – 2010) Dadas as assertivas abaixo, assinale a alternativa correta:

I. As empresas públicas e as sociedades de economia mista não estão sujeitas às normas para as licitações e contratos da Administração Pública.

II. A dispensa de licitação ocorre nas hipóteses em que a competição se torna inviável.

6. DIREITO ADMINISTRATIVO

III. É inexigível a licitação para a contratação de serviços técnicos com profissionais ou empresas de notória especialização.

IV. Na licitação do tipo *"menor preço"*, em caso de empate, a escolha se dará sempre por sorteio.

V. Após a homologação da licitação, não pode mais a Administração anulá-la, por ilegalidade, ou revogá-la, por razões de interesse público superveniente.

(A) Está correta apenas a assertiva III.

(B) Estão corretas apenas as assertivas IV e V.

(C) Estão corretas apenas as assertivas I, II e III.

(D) Estão corretas apenas as assertivas I, III e V.

(E) Estão corretas todas as assertivas.

I: incorreta, pois estão sujeitas, nos termos do art. 173, § 1º, III, da CF; II: incorreta, pois a inviabilidade de licitação é hipótese de inexigibilidade de licitação (art. 25 da Lei 8.666/1993), e não de dispensa de licitação (art. 24 da Lei 8.666/1993); III: correta (art. 25, II, da Lei 8.666/1993); IV: incorreta, pois há de se observar, previamente, os critérios estabelecidos no art. 3º, § 2º, da Lei 8.666/1993; V: incorreta, pois a própria lei regulamenta a hipótese de anulação da licitação quando já se estiver celebrado o próprio contrato (art. 49, § 2º, da Lei 8.666/1993). **FMB**
Gabarito "A".

11.2. MODALIDADES DE LICITAÇÃO E REGISTRO DE PREÇOS

(Juiz de Direito – TJM/SP – VUNESP – 2016) Em matéria de licitação, é correto afirmar:

(A) o Regime Diferenciado de Contratações Públicas (RDC) é aplicável à realização de qualquer obra, serviço ou ação de vulto elevado, bastando que a opção pelo RDC conste expressamente do instrumento convocatório, com a finalidade de afastar a aplicabilidade das regras da Lei 8.666/1993.

(B) a alienação de bens imóveis da Administração Pública dependerá sempre de autorização legislativa, avaliação e licitação na modalidade concorrência.

(C) para a realização de obras, prestação de serviços ou aquisição de bens com recursos provenientes de financiamento ou doação oriundos de agência oficial de cooperação estrangeira, poderão ser admitidas normas e procedimentos daquelas entidades que não conflitem com o princípio do julgamento objetivo.

(D) para aquisição de bens e serviços comuns, assim considerados aqueles cujos padrões de desempenho e qualidade possam ser objetivamente definidos pelo edital, por meio de especificações usuais no mercado, poderá ser adotada a licitação na modalidade de pregão, desde que o valor estimado não exceda o limite para a tomada de preços.

(E) o registro de preços é um sistema utilizado pelo Poder Público para aquisição de bens e serviços, em que os interessados concordam em manter os preços registrados pelo órgão gerenciador. A existência de preços registrados obriga a Administração a firmar as contratações que deles poderão advir, pelo prazo de um ano.

A: incorreta. Há hipóteses restritivas em relação à possibilidade de adoção do Regime Diferenciado de Contratações Públicas (RDC), conforme previsto na Lei 12.462/2011, art. 1º. **B:** incorreta. O art. 17,

I, da Lei 8.666/1993 determina a necessidade de autorização legislativa somente para bens imóveis da Administração Direta, autarquias e fundações. **C:** correta. Trata-se do disposto no art. 42, § 5º, da Lei 8.666/1993, quanto à concorrência de âmbito internacional, que prevê a possibilidade de utilização da Lei de Licitações juntamente com acordos e convenções aprovados pelo Congresso Nacional e normas de organismos financeiros. **D:** incorreta. O Pregão independe de limite de preços, sendo importante o tipo do objeto, que é o comum, conforme disposto na Lei 10.520/2002. **E:** incorreta. O Sistema de Registro de Preços não depende da concordância da vontade dos interessados e não obriga a Administração ao contratar com os preços registrados, conforme disposto no § 4º, art. 15, da Lei 8.666/1993. **AW**
Gabarito "C".

(Magistratura/AM – 2013 – FGV) A respeito do Sistema de Registro de Preços, previsto na Lei 8.666/1993, analise as afirmativas a seguir.

I. Registro de preços é a modalidade de licitação entre interessados previamente cadastrados nos registros dos órgãos públicos ou que atendam a todas as exigências para o cadastramento até o terceiro dia anterior à data do recebimento das propostas.

II. O *efeito carona* do sistema de registro de preços consiste na possibilidade de qualquer órgão ou entidade da administração de determinando ente aderir posteriormente a uma ata de Registro de Preços, ainda que não tenha participado da licitação que deu origem a mesma.

III. Dentre as vantagens do sistema de registro de preços está a desnecessidade de aquisição da totalidade dos bens/serviços estimados na licitação, além de que a contratação ocorrerá apenas quando surgir a necessidade da aquisição dos referidos bens e serviços.

Assinale:

(A) se somente a afirmativa I estiver correta.

(B) se somente a afirmativa III estiver correta.

(C) se somente as afirmativas I e II estiverem corretas.

(D) se somente as afirmativas II e III estiverem corretas.

(E) se todas as afirmativas estiverem corretas.

I: incorreta, pois essa é a definição da modalidade de licitação "tomada de preços" (art. 22, § 2º, da Lei 8.666/1993); II: correta (art. 22 do Decreto Federal 7.892/2013); III: correta (art. 15, § 4º, da Lei 8.666/1993). **WG**
Gabarito "E".

(Magistratura/PR – 2013 – UFPR) Acerca do Pregão, é correto afirmar:

(A) É necessária a exigência de garantia da proposta.

(B) O prazo de validade das propostas será de 30 (trinta) dias, se outro não estiver fixado no edital.

(C) A definição do objeto deverá ser precisa, suficiente e clara, vedadas especificações que, por excessivas, irrelevantes ou desnecessárias, limitem a competição.

(D) É obrigatória a aquisição do edital pelos licitantes, como condição para participação no certame.

A: incorreta, pois é vedada tal exigência (art. 5º, I, da Lei 10.520/2002); **B:** incorreta, pois o prazo é de 60 dias (e não de 30 dias), se outro não estiver fixado no edital (art. 6º da Lei 10.520/2002); **C:** correta (art. 3º, II, da Lei 10.520/2002); **D:** incorreta, pois é vedada tal exigência (da 5º, II, da Lei 10.520/2002). **WG**
Gabarito "C".

(Magistratura/CE – 2012 – CESPE) No que se refere às disposições das Leis n. 10.520/2002 e n. 8.666/1993, que dispõem sobre licitação, sistema de registro de preços e contratos administrativos, assinale a opção correta.

(A) Quando a administração procede à alteração unilateral do contrato administrativo com o propósito de adequá-lo às finalidades de interesse público, não se faz necessária a revisão das suas cláusulas econômico-financeiras.

(B) Os contratos para os quais a lei exige licitação são firmados *intuitu personae*, ou seja, em razão de condições pessoais do contratado, apuradas no procedimento da licitação, razão pela qual é vedada a cessão ou transferência, total ou parcial, de seu objeto para outrem.

(C) Para a licitação na modalidade pregão, consideram-se bens e serviços comuns aqueles cujos padrões de desempenho e qualidade possam ser objetivamente definidos pelo edital, por meio de especificações usuais no mercado.

(D) Organizado o sistema de registro de preços para a prestação de serviços e aquisição de bens, a administração fica obrigada a firmar as contratações que dele possam advir, vedada a utilização de outros meios licitatórios que tenham idêntico objeto e finalidade.

(E) Conforme previsão legal, a concorrência, a tomada de preços, o convite, o concurso e o leilão devem adotar, obrigatoriamente, um dos seguintes tipos de licitação: menor preço, melhor técnica, técnica e preço e maior lance ou oferta.

A: incorreta, pois sempre que tal alteração afetar o equilíbrio econômico-financeiro do contrato será necessário revisar as cláusulas respectivas; B: incorreta, pois a Lei 8.666/1993 admite a subcontratação de partes do contrato, até o limite admitido, em cada caso, pela Administração (art. 72); C: correta (art. 1°, parágrafo único, da Lei 10.520/2002); D: incorreta, pois a existência de registro de preços não obriga a Administração a firmar as contratações que dele poderão advir, ficando facultada à Administração a utilização de outros meios, respeitada a legislação relativa às licitações, sendo assegurado ao beneficiário do registro preferência em igualdade de condições (art. 15, § 4°, da Lei 8.666/1993); E: incorreta, pois obrigatoriedade não existe para a modalidade concurso (art. 45, § 1°, da Lei 8.666/1993). WG
Gabarito "C".

(Magistratura/DF – 2011) Acerca do Pregão, é correto afirmar:

(A) É necessária a exigência de garantia da proposta;

(B) O prazo de validade das propostas será de 30 (trinta) dias, se outro não estiver fixado no edital;

(C) As compras e contratações de bens e serviços comuns, no âmbito da União, dos Estados, do Distrito Federal e dos Municípios, quando efetuadas pelo sistema de registro de preços previsto no art. 15 da Lei 8.666, de 21 de junho de 1993, poderão adotar a modalidade de pregão, conforme regulamento específico;

(D) a definição do objeto deverá ser precisa, suficiente e clara, permitidas especificações minuciosas e excessivas, ainda que isso restrinja a competitividade.

A: incorreta, pois é vedada tal exigência (art. 5°, I, da Lei 10.520/2002); B: incorreta, pois o prazo de validade da proposta é de 60 dias, se

outro não estiver fixado no edital (art. 6° da Lei 10.520/2002); C: correta (art. 11 da Lei 10.520/2002); D: incorreta, pois deve-se fazer especificações usuais no mercado, evitando-se ao máximo a restrição da competitividade. WG
Gabarito "C".

(Magistratura/MG – 2012 – VUNESP) Com relação ao Sistema de Registro de Preços, assinale a alternativa correta.

(A) É uma modalidade de licitação que a Administração pode adotar para compras rotineiras de bens padronizados.

(B) Admite-se o chamado "efeito carona", segundo o qual a Ata de Registro de Preços, durante sua vigência, pode ser utilizada por qualquer órgão ou entidade da Administração que não tenha participado do certame licitatório.

(C) Os preços registrados serão sempre selecionados por meio da modalidade concorrência, não se admitindo a modalidade pregão nessa hipótese.

(D) A existência de preços registrados obriga a Administração a contratar, sob pena de o beneficiário do preço fazer jus à indenização.

A: incorreta, pois não é uma modalidade de licitação, mas apenas um procedimento diferenciado de registro de propostas comerciais para as compras rotineiras de bens padronizados; tanto isso é verdade que, para se fazer o registro, a Administração deve se valer de uma modalidade licitatória, podendo ser por concorrência (art. 15, § 3°, I, da Lei 8.666/1993) ou por pregão (art. 11 da Lei 10.520/2002); B: correta (art. 8° do Decreto Federal 3.931/2001); C: incorreta, pois cabe o pregão (art. 11 da Lei 10.520/2002); D: incorreta (art. 15, § 4°, da Lei 8.666/1993). WG
Gabarito "B".

(Magistratura/MG - 2007) NÃO constitui modalidade de licitação:

(A) concurso.

(B) proposta.

(C) convite.

(D) leilão.

Art. 22 da Lei 8.666/1993 c/c a Lei 10.520/2002. WG
Gabarito "B".

(Magistratura/PE – 2011 – FCC) É regra estranha ao tratamento legal da modalidade de licitação dita pregão, em termos de normas gerais, a que determina que

(A) no curso da sessão, o autor da oferta de valor mais baixo e os das ofertas com preços até 20% superiores àquela poderão fazer novos lances verbais e sucessivos, até a proclamação do vencedor.

(B) o prazo fixado para a apresentação das propostas, contado a partir da publicação do aviso, não será inferior a 8 dias úteis.

(C) para julgamento e classificação das propostas, será adotado o critério de menor preço, observados os prazos máximos para fornecimento, as especificações técnicas e parâmetros mínimos de desempenho e qualidade definidos no edital.

(D) examinada a proposta classificada em primeiro lugar, quanto ao objeto e valor, caberá ao pregoeiro decidir motivadamente a respeito da sua aceitabilidade.

6. DIREITO ADMINISTRATIVO — 473

(E) encerrada a etapa competitiva e ordenadas as ofertas, o pregoeiro procederá à abertura do invólucro contendo os documentos de habilitação do licitante que apresentou a melhor proposta, para verificação do atendimento das condições fixadas no edital.

A: correta, pois é regra estranha ao pregão, já que são chamados para lances verbais os licitantes com ofertas de preço até 10% (*dez por cento*) superiores à melhor oferta, garantidas pelo menos três propostas diferentes (art. 4°, VIII e IX, da Lei 10.520/2002); **B:** incorreta, pois essa regra é própria do pregão (art. 4°, V, da Lei 10.520/2002); **C:** incorreta, pois essa regra é própria do pregão (art. 4°, X, da Lei 10.520/2002); **D:** incorreta, pois essa regra é própria do pregão (art. 4°, XI, da Lei 10.520/2002); **E:** incorreta, pois essa regra é própria do pregão (art. 4°, XII, da Lei 10.520/2002). **WG**
Gabarito "A".

(Magistratura Federal/1ª Região – 2009 – CESPE) Com relação a licitações e contratos administrativos, assinale a opção incorreta.

(A) Tarefa é o regime de execução indireta mediante o qual se contrata um empreendimento em sua integralidade, compreendendo todas as etapas das obras, serviços e instalações necessárias, sob inteira responsabilidade da contratada até a sua entrega ao contratante, atendidos os requisitos técnicos e legais para sua utilização em condições de segurança estrutural e operacional.

(B) Segundo a Lei n.º 8.666/1993, é vedado incluir no objeto da licitação a obtenção de recursos financeiros para sua execução, qualquer que seja a sua origem, exceto nos casos de empreendimentos executados e explorados sob o regime de concessão, nos termos da legislação específica.

(C) As atualizações, compensações ou penalizações financeiras decorrentes das condições de pagamento previstas no contrato administrativo, bem como o empenho de dotações orçamentárias suplementares até o limite do seu valor corrigido, não caracterizam alteração contratual, podem ser registradas por simples apostila e dispensam a celebração de aditamento.

(D) O pregão na forma eletrônica não se aplica, no âmbito da União, às contratações de obras de engenharia, bem como às locações imobiliárias e alienações em geral.

(E) Na modalidade de licitação denominada pregão, o prazo de validade das propostas será de sessenta dias, se outro não estiver fixado no edital.

A: incorreta (devendo ser assinalada), pois o regime narrado é o de *empreitada integral* (art. 6°, VIII, *e*, da Lei 8.666/1993), sendo que o regime de *tarefa* é o de execução indireta (ou seja, aquela em que a Administração contrata terceiros), "quando se ajusta mão de obra para pequenos trabalhos por preço certo, com ou sem fornecimento de materiais" (art. 6°, VIII, *d*, da Lei 8.666/1993); **B:** correta (art. 7°, § 3°, da Lei 8.666/1993); **C:** correta (art. 65, § 8°, da Lei 8.666/1993); **D:** correta, pois o pregão é destinado à *aquisição* de bens e serviços *comuns*, o que exclui as *obras* (que não são serviços *comuns*, pois não existe uma "obra padrão", sendo cada obra uma situação única, que envolve um terreno e um projeto próprios), e também as *locações* e *alienações* (que não são *aquisições*). Diz o art. 1° da Lei n° 10.520/2002 que: "Para aquisição de bens e serviços comuns, poderá ser adotada a licitação na modalidade de pregão, que será regida por esta Lei. Parágrafo único. Consideram-se bens e serviços comuns, para os fins e efeitos deste artigo, aqueles cujos padrões de desempenho e qualidade possam ser objetivamente definidos pelo edital, por meio de especificações usuais no mercado." **E:** correta (art. 6° da Lei 10.520/2002). **FMB**
Gabarito "A".

(Magistratura Federal/1ª região – IX) Assinale a alternativa incorreta:

(A) pregão é a modalidade de licitação para aquisição de bens e serviços comuns, em que a disputa pelo fornecimento é feita por meio de propostas e lances em sessão pública.

(B) na modalidade de licitação denominada pregão, no âmbito do Ministério da Defesa, as funções de pregoeiro poderão ser desempenhadas por militares.

(C) no pregão, uma vez declarado o vencedor, qualquer licitante poderá manifestar motivadamente a intenção de recorrer, pelo que lhe será concedido prazo de três dias para interposição do recurso.

(D) ainda sobre o pregão, encerrada a etapa competitiva e ordenadas as ofertas, caberá ao pregoeiro proceder a abertura do invólucro contendo os documentos de habilitação do licitante que apresentou a melhor proposta, para verificação do atendimento das condições fixadas no edital.

A: correta, pois pregão é precisamente a modalidade de licitação para aquisição de bens e serviços comuns (qualquer que seja o valor estimado da contratação) em que a disputa pelo fornecimento é feita por meio de proposta e lances em sessão pública; **B:** correta, nos termos expressamente previstos no art. 3°, § 2°, da Lei n° 10.520/2002; **C:** correta (embora o gabarito dê a questão como incorreta), visto que o art. 4°, XVIII, da Lei n° 10.520/2002 estabelece que: "declarado o vencedor, qualquer licitante poderá manifestar imediata e motivadamente a intenção de recorrer, quando lhe será concedido o prazo de 3 (três) dias para apresentação das razões do recurso, ficando os demais licitantes desde logo intimados para apresentar contrarrazões em igual número de dias, que começarão a correr do término do prazo do recorrente, sendo-lhes assegurada vista imediata dos autos"; **D:** correta, tal como determinado no art. 4°, XII, da Lei n° 10.520/2002: "encerrada a etapa competitiva e ordenadas as ofertas, o pregoeiro procederá à abertura do invólucro contendo os documentos de habilitação do licitante que apresentou a melhor proposta, para verificação do atendimento das condições fixadas no edital". **FMB**
Gabarito "C".

11.3. TIPOS DE LICITAÇÃO (MENOR PREÇO, MELHOR TÉCNICA E TÉCNICA/PREÇO E MAIOR LANCE)

(Juiz – TRF 3ª Região – 2016) Com base na assertiva abaixo, assinale a alternativa correta:

Determinado ente da Administração Pública Federal realizou licitação para contratação de serviços de assistência técnica de informática, no valor estimado de R$ 600.000,00 (seiscentos mil reais). Para tanto, (i) optou por realizar a licitação na modalidade tomada de preços. No curso dessa licitação, além da participação de interessados devidamente cadastrados, (ii) foi deferida a participação da empresa interessada X, que atendeu todas as condições exigidas para cadastramento no quarto dia anterior à data do recebimento das propostas, observada a necessária qualificação. (iii) O tipo da tomada de preços escolhida foi a de "melhor técnica" e o resumo do edital foi publicado no Diário Oficial da União com antecedência de 35 dias até o recebimento das propostas.

(A) (i) A escolha pela tomada de preços é regular, mas o ente licitante também poderia ter optado pela concorrência; (ii) a participação de X deveria ter sido indeferida, pois não foi observado o prazo legal; (iii) a antecedência da publicação observou ao prazo legal mínimo.

(B) (i) A escolha pela tomada de preços é regular, mas o ente licitante também poderia ter optado pela concorrência; (ii) a participação de X deveria ter sido deferida, pois ela atendeu ao prazo legal; (iii) a antecedência da publicação observou ao prazo legal mínimo.

(C) (i) A escolha pela tomada de preços é irregular; (ii) a participação de X deveria ter sido indeferida, pois não foi observado o prazo legal; (iii) a antecedência da publicação não observou ao prazo legal mínimo.

(D) (i) A escolha pela tomada de preços é irregular; (ii) a participação de X deveria ter sido deferida, pois foi observado o prazo legal; (iii) a antecedência da publicação observou ao prazo legal mínimo.

A: incorreta. O prazo legal foi respeito, que é, no mínimo, de 3 dias anteriores ao recebimento das propostas, sendo feito nos 4 dias anteriores, portanto, correto. A antecedência da publicação do edital também está correta, eis que é de 15 dias (art. 21, II, *b*, da Lei 8.666/1993); **B:** correta. Tudo está correto na assertiva: o limite do valor para a modalidade tomada de preços (até 650 mil), conforme art. 23, II, *b*, da Lei 8.666/1993, sendo que poderia ter sido escolhida a concorrência, que é modalidade subsidiária (art. 23, §4°, da Lei 8.666/1993), assim como a publicação do edital cumpriu o prazo o legal disposto no art. 21, II, *b*, da Lei 8.666/1993; **C:** incorreta. A escolha pela tomada de preços é correta, tendo em vista o limite de valor ser de até R$ 650 mil, conforme disposto no art. 23, II, *b*, da Lei 8.666/1993; **D:** incorreta. Como dito acima, nem é preciso analisar o resto da assertiva, pois o valor já é adequado para a tomada de preço, que é de até R$ 650 mil (art. 23, II, *b*, da Lei 8.666/1993). AW
Gabarito "B".

11.4. REVOGAÇÃO E ANULAÇÃO DA LICITAÇÃO

(Magistratura/SP – 2013 – VUNESP) A anulação *ex officio* da licitação, fundada na ilegalidade do procedimento licitatório, gera efeitos *ex tunc*;

(A) ainda assim sujeita a Administração a pagar indenização às partes.

(B) são idênticos os efeitos produzidos na anulação da licitação e na anulação do contrato.

(C) como a Administração tem o dever de velar pela legalidade de seus atos, o decreto de anulação da licitação, fundada na ilegalidade do procedimento, prescinde, na esfera administrativa, do exercício do direito de defesa.

(D) o terceiro de boa-fé atingido pela invalidação da licitação será indenizado pelos prejuízos decorrentes da anulação.

A: incorreta, pois a anulação da licitação por motivo de ilegalidade não gera, como regra, o dever de indenizar (art. 49, § 1°, da Lei 8.666/1993), ressalvado o disposto no art. 59, parágrafo único, da Lei 8.666/1993; **B:** incorreta, pois a anulação da licitação, regulamentada no art. 49 da Lei 8.6666/1993, como regra não impõe o dever de indenizar, ao passo que a anulação do contrato, regulamentada no art. 59 da Lei 8.666/1993, impõe indenização ao contrato pelo que este houver executado até a data em que ela for declarada e por outros motivos regularmente comprovados, salvo comprovada má-fé do contratado (art. 59, parágrafo único, da Lei 8.666/1993); **C:** incorreta, pois a anulação do certame deve ser precedida de contraditório e ampla defesa (art. 49, § 3°, da Lei 8.666/1993); **D:** correta, pois, considerando a responsabilidade objetiva da Administração por atos que prejudicam terceiros (art. 37, § 6°, da CF), estes devem ser indenizados. WG
Gabarito "D".

(Magistratura Federal – 5ª Região – 2007 – CESPE) Com referência às licitações públicas, julgue os itens seguintes.

(1) Considere a seguinte situação hipotética. Um cidadão ajuizou ação popular para anular um contrato ilegal, por ausência de licitação. Restou demonstrado que a determinação do ressarcimento, por força de ilegalidade de contratação, conduziria ao enriquecimento sem causa. Nessa situação, por ter a empresa contratada prestado efetivamente à população o serviço, a determinação de devolução ao Estado dos valores percebidos pela contratada configuraria locupletamento indevido.

Correta, pois se houve a efetivamente prestação do serviço, há que se pagar por eles, nos termos do art. 59, parágrafo único, da Lei 8.666/1993. FMB
Gabarito "C".

11.5. TEMAS COMBINADOS DE LICITAÇÃO

(Juiz – TJ-SC – FCC – 2017) A empresa Canário & Sabiá Construções Ltda. foi contratada, após regular procedimento licitatório, para contrato de obra pública, consistente na construção de um edifício destinado ao uso de órgão estadual. Todavia, executada metade da obra contratada, a empresa simplesmente abandonou a execução, sem justo motivo, inadimplindo também as obrigações trabalhistas e previdenciárias relativas ao mês em curso. Após regular processo administrativo, o Diretor do órgão estadual rescinde o contrato e aplica à empresa a pena de declaração de inidoneidade para licitar ou contratar com a Administração Pública.

Diante de tal circunstância, é correto concluir que:

(A) a penalidade em questão foi aplicada por autoridade incompetente.

(B) a Administração contratante responderá solidariamente pelas dívidas trabalhistas remanescentes da execução contratual.

(C) a rescisão do contrato em questão provocará, por consequência, a rescisão imediata de todos os demais contratos celebrados pela empresa com o ente contratante.

(D) a Administração contratante não responde pelos encargos previdenciários decorrentes da execução do contrato, visto que são de responsabilidade exclusiva da empresa contratada.

6. DIREITO ADMINISTRATIVO

(E) é necessária a realização de novo processo licitatório para a conclusão da obra.

A: correta. A penalidade de inidoneidade para licitar está prevista na no art. 87, da Lei 8.666/1993, sendo que, especificamente em relação à penalidade de declaração de inidoneidade para licitar, temos o §3º, art. 87 determinando ser de competência do Ministro de Estado, do Secretário Estadual ou Municipal; **B:** incorreta. O contratado é o responsável pelas dívidas trabalhistas decorrentes da execução contratual, conforme disposto no art. 71, da Lei 8.666/1993; **C:** incorreta. Na Lei 8.666/1993 (arts. 77 e seguintes) não há previsão legal para a rescisão vinculada dos demais eventuais contratos celebrados por ambas as partes (poder concedente e concessionário). Havendo o cumprimento das cláusulas contratuais e interesse público, logicamente que os demais contratos podem continuar vigentes; **D:** incorreta. Somente há solidariedade entre contratante e contratado em relação às dívidas previdenciárias (art. 71, §2º, da Lei 8.666/1993); **E:** incorreta. Temos hipótese de licitação dispensável, conforme disposto no art. 24, XI, da Lei 8.666/1993. **AW**
Gabarito "A".

(Juiz – TRF 3ª Região – 2016) Em determinado edital de licitação referente a serviços de engenharia de grande porte constou uma norma que exige, como requisito para os interessados, a comprovação de experiência anterior em obra similar à licitada. Sobre a referida imposição, em conformidade com o entendimento das Cortes Superiores, é possível afirmar que:

(A) Trata-se de imposição inviável, já que desagasalhada de expressa previsão legal e porquanto frustra o direito à livre concorrência, até mesmo diante da conclusão de que os interessados podem demonstrar capacidade técnica a despeito de experiência anterior.

(B) Trata-se de imposição viável, mas que deve ser abrandada de modo a se admitir que os interessados comprovem, por outros meios claros e incontroversos, a capacidade técnica para realização da obra.

(C) Trata-se de imposição viável, porquanto se agasalha no propósito de permitir à Administração Pública a avaliação da capacidade técnica dos interessados, nos exatos termos do prescrito no inciso II do art. 30 da Lei n. 8.666/93.

(D) Embora a ampliação do universo de participantes não possa ser implementada indiscriminadamente, de modo a comprometer a segurança dos contratos, a previsão é inviável porquanto evidentemente desproporcional.

A: incorreta. Há dispositivo legal que fundamenta a possibilidade de exigência de experiência anterior em obra ou trabalho similar, qual seja, o art. 30, II, da Lei 8.666/1993, por isso está incorreta a assertiva; **B:** incorreta. Não há necessidade de "abrandamento" da exigência, que é mera referência como acontece com a contratação de pessoas em qualquer empresa do setor privado ou público, não havendo afronta a nenhum princípio constitucional, portanto; **C:** correta. Reforçando a aplicação do art. 30, II, da Lei 8.666/1993, temos o seguinte: *"Não fere a igualdade entre os licitantes, tampouco a ampla competitividade entre eles, o condicionamento editalício referente à experiência prévia dos concorrentes no âmbito do objeto licitado, a pretexto de demonstração de qualificação técnica, nos termos do art. 30, inciso II, da Lei n. 8.666/93"* (REsp 1.257.886/PE, Rel. Ministro Mauro Campbell Marques, 2ª Turma, DJe 11.11.2011); **D:** incorreta. A previsão é viável e se adéqua aos princípios da eficiência, igualdade, moralidade, legalidade, inclusive, eis que fundamentada no art. 30, II, *d* da Lei 8.666/1993. **AW**
Gabarito "C".

(Magistratura Federal/3ª Região – 2010) A Lei 8.666, de 21 de junho de 1993, prevê mecanismos de fiscalização popular, sendo, no entanto, incorreto afirmar que:

(A) Qualquer cidadão é parte legítima para impugnar preço constante no quadro geral de preços em razão de incompatibilidade com o preço vigente no mercado, bem como para impugnar o edital de licitação;

(B) Qualquer cidadão poderá requerer à Administração Pública os quantitativos das obras e preços unitários de determinada obra executada;

(C) É obrigatória a realização de audiência pública, como fase inicial do processo de licitação, sempre que o valor estimado para uma licitação ou conjunto de licitações previstos simultâneas ou sucessivas for superior a 100 (cem) vezes o limite previsto no art. 23, inciso I, alínea "c" da Lei 8.666/1993, assegurando-se aos interessados o acesso a todas as informações pertinentes e o direito a manifestação;

(D) É obrigatória a realização de audiência publica, nos casos de dispensa de licitação em que as propostas apresentadas consignarem preços manifestamente superiores aos praticados no mercado nacional, ou forem incompatíveis com os fixados pelos órgãos fixados dos pelos órgãos oficiais competentes, hipóteses que legitimam a adjudicação direta de bens ou serviços pelo administrador.

A: correta (arts. 15, § 6º, e 41, § 1º, da Lei 8.666/1993); **B:** correta (art. 7º, § 8º, da Lei 8.666/1993); **C:** correta (art. 39 da Lei 8.666/1993); **D:** incorreta (devendo ser assinalada), pois, nessas situações, não há porquê se fazer audiência pública, tratando-se de caso em que a contratação direta não poderá ser feita. **FMB**
Gabarito "D".

(Magistratura Federal/2ª região – 2011 – CESPE) No que concerne ao instituto da licitação, assinale a opção correta.

(A) No procedimento licitatório, o recurso contra a habilitação tem, necessariamente, efeito suspensivo.

(B) A licitação é inexigível quando a União tiver de intervir no domínio econômico para a regulação de preços ou normalização do abastecimento.

(C) No procedimento licitatório, uma vez concluído o julgamento das propostas, a administração pública é obrigada a atribuir o objeto da licitação ao vencedor, em obediência ao princípio da adjudicação compulsória.

(D) O procedimento da concorrência, por ser muito complexo, não se aplica à alienação de bens móveis.

(E) Em regra, os membros da comissão de licitação não são responsáveis solidários pelos atos por ela praticados.

A: correta, tal como previsto no art. 109, § 2º, da Lei nº 8.666/1993; **B:** incorreta, pois se trata de hipótese de dispensa de licitação prevista no art. 24, VI, da Lei nº 8.666/1993; **C:** incorreta, pois se entende que a Administração Pública pode ou não vir a contratar o objeto licitado, mas, se o fizer, deve obrigatoriamente contratar com o vencedor do certame realizado; **D:** incorreta, visto que a Lei nº 8.666/1993 não possui qualquer disposição legal nesse sentido e a alienação de bens móveis encontra-se prevista em seu art. 17, II; **E:** incorreta, pois segundo o que consta no art. 51, § 3º, da Lei nº 8.666/1993, "os membros das

Comissões de Licitação responderão solidariamente por todos os atos praticados pela Comissão, salvo se posição individual divergente estiver devidamente fundamentada e registrada em ata lavrada na reunião em que tiver sido tomada a decisão". **FMB**

Gabarito "A".

(Magistratura Federal/3ª região – 2011 – CESPE) Acerca dos princípios e da competência para legislar sobre licitação, da dispensa e inexigibilidade de licitação e dos crimes previstos na Lei de Licitações, assinale a opção correta.

(A) A pena imposta aos crimes previstos na Lei de Licitações será acrescida da terça parte quando seus autores forem ocupantes de cargo em comissão ou de função de confiança em órgão da administração direta, autarquia, empresa pública, sociedade de economia mista, fundação pública ou outra entidade controlada direta ou indiretamente pelo poder público.

(B) Em atenção aos princípios do formalismo e do julgamento objetivo, a autoridade competente para a aprovação do procedimento licitatório está impedida de revogar a licitação, podendo apenas anulá-la por ilegalidade, de ofício ou por provocação de terceiros.

(C) É dispensável a licitação para aquisição de materiais, equipamentos ou gêneros que só possam ser fornecidos por produtor, empresa ou representante comercial exclusivo, vedada a preferência de marca.

(D) Os casos de licitação dispensada, como, por exemplo, a venda de ações a serem negociadas em bolsa, não operam automaticamente, cabendo à administração avaliar, em cada caso, a conveniência e oportunidade da dispensa.

(E) Compete à União legislar sobre normas de licitação e contratação, em todas as modalidades, para as administrações públicas diretas, autárquicas e fundacionais das diversas esferas federativas, vedado aos estados, ao DF e aos municípios editar normas suplementares para suas próprias licitações e contratos.

A: correta, tal como previsto no art. 84, § 2º, da Lei nº 8.666/1993; **B:** incorreta, pois se entende que a Administração Pública pode ou não vir a contratar o objeto licitado, mas, se o fizer, deve obrigatoriamente contratar com o vencedor do certame realizado. Ademais, o art. 49 da Lei nº 8.666/1993 determina que: "A autoridade competente para a aprovação do procedimento somente poderá revogar a licitação por razões de interesse público decorrente de fato superveniente devidamente comprovado, pertinente e suficiente para justificar tal conduta, devendo anulá-la por ilegalidade, de ofício ou por provocação de terceiros, mediante parecer escrito e devidamente fundamentado"; **C:** incorreta, pois se trata de hipótese de *inexigibilidade* de licitação, nos termos do art. 25, I, da Lei nº 8.666/1993; **D:** incorreta, pois as hipóteses de licitação dispensada (previstas no art. 17 da Lei nº 8.666/1993) e não dispensável são justamente aquelas que a lei vinculadamente determina não serem passíveis de licitação, uma vez configurado seu substrato fático; **E:** incorreta, pois a competência da União, nos termos em que previstos no art. 22, XXVII, da CF/1988, é de editar *normas gerais* sobre licitações e contratos administrativos, de modo que cabe aos demais entes legislar supletivamente sobre essas matérias. **FMB**

Gabarito "A".

(Magistratura Federal/5ª Região – 2009 – CESPE) Acerca de licitações, contratos administrativos e temas relacionados, assinale a opção correta.

(A) Considerando que a Lei n.º 8.666/1993 dispõe que a licitação é dispensável na contratação de instituição brasileira incumbida regimental ou estatutariamente da pesquisa, do ensino ou do desenvolvimento institucional, ou de instituição dedicada à recuperação social do preso, desde que a contratada detenha inquestionável reputação ético-profissional e não tenha fins lucrativos, é correto concluir que o objeto contratado sem prévia licitação com fundamento nesse dispositivo legal pode ser subcontratado.

(B) No procedimento previsto na Lei n.º 8.666/1993, em qualquer fase da licitação, a comissão pode promover diligências destinadas a complementar a instrução do processo, permitindo, inclusive, a juntada posterior de documento que deveria constar originariamente da proposta.

(C) A variação do valor contratual para fazer face ao reajuste de preços e às atualizações decorrentes das condições de pagamento previstas no contrato não caracteriza alteração da avença, mas deve ser registrada em termo aditivo.

(D) No sistema de registro de preços, ao preço do primeiro colocado poderão ser registrados tantos fornecedores quantos necessários para que, em função das propostas apresentadas, seja atingida a quantidade total estimada para o item. Quando das contratações, contudo, deverá ser respeitada a ordem de classificação das empresas constantes da ata.

(E) O pregão não pode ser utilizado para a contratação de bens e serviços de tecnologia da informação.

A: incorreta, pois o TCU não admite a subcontratação na contratação direta de que trata o art. 24, XIII, da Lei 8.666/1993, tendo em vista a possibilidade de se caracterizar a fraude ao dever de licitar; B; incorreta, pois, apesar de a diligência poder ser feita a qualquer tempo (art. 43, § 3º, da Lei 8.666/1993), é vedada a inclusão posterior de documento ou informação que deveria constar originariamente da proposta; **C:** incorreta, pois a variação pode ser registrada por simples *apostila*, não sendo necessário *contrato aditivo* (art. 65, § 8º da Lei 8.666/1993); **D:** correta (art. 6º, *caput* e II, do Decreto 3.931/2001); **E:** incorreta, pois é possível a utilização do pregão no caso, desde que se trata de bens ou serviços comuns (art. 1º da Lei 10.520/2002). **FMB**

Gabarito "D".

12. CONTRATOS ADMINISTRATIVOS

12.1. CONCEITO, CARACTERÍSTICAS PRINCIPAIS, FORMALIZAÇÃO E CLÁUSULAS CONTRATUAIS NECESSÁRIAS

(Juiz – TJ/RJ – VUNESP – 2016) Assinale a alternativa que corretamente discorre sobre aspectos do contrato administrativo.

(A) São cláusulas necessárias em todo contrato as que estabeleçam a obrigação do contratado de manter, durante toda a execução do contrato, em compatibilidade com as obrigações por ele assumidas, todas as condições de habilitação e qualificação exigidas na licitação.

(B) A declaração de nulidade do contrato administrativo opera retroativamente impedindo os efeitos jurídicos que ele, ordinariamente, deveria produzir, além de

6. DIREITO ADMINISTRATIVO

desconstituir os já produzidos, exonerando a Administração do dever de indenizar o contratado pelo que este houver executado até a data em que a nulidade for declarada.

(C) Caberá ao Poder Público contratante optar por uma das seguintes modalidades de garantia: caução em dinheiro; caução em títulos da dívida pública, emitidos conforme definido pelo Banco Central do Brasil; seguro-garantia; fiança bancária.

(D) A duração dos contratos fica adstrita à vigência dos respectivos créditos orçamentários, podendo, no caso de aluguel de equipamentos e utilização de programas de informática, a duração estender-se pelo prazo de até 60 (sessenta) meses após o início da vigência do contrato.

(E) Os contratos administrativos são regidos pela Lei Federal 8.666/1993, regulando-se pelas suas cláusulas e pelos preceitos de direito público, não podendo haver aplicação supletiva dos princípios da teoria geral dos contratos, nem das disposições de direito privado.

A. correta. Trata-se do art. 55, XIII, da Lei 8.666/1993. **B.** incorreta. A nulidade do contrato gera o dever de indenizar referente a tudo o que foi realizado até a declaração de nulidade do contrato, conforme disposto no art. 59, parágrafo único, da Lei 8.666/1993. **C.** incorreta. O art. 56, § 1°, da Lei 8.666/1993 determina que caberá ao contratado optar por uma dessas garantias. **D.** incorreta. O prazo é de 48 meses, conforme disposto no art. 57, da Lei 8.666/1993. **E.** incorreta. Há aplicação supletiva do princípio da teoria geral dos contratos, conforme disposto no art. 54, da Lei 8.666/1993. **AW**
„Gabarito "A".

(Juiz – TRF 2ª Região – 2017) Sobre o equilíbrio econômico-financeiro das concessões comuns, patrocinadas e administrativas reguladas nas Leis n° 8.987/1995 e n° 11.079/04, é correto afirmar que:

(A) A tarifa do serviço público deve ser fixada pelo Poder Concedente no edital, com o objetivo de viabilizar a sua modicidade e universalização do serviço.

(B) A cobrança da tarifa, desde que fixada em Decreto, pode ser condicionada à existência de serviço público alternativo e gratuito para o usuário.

(C) As tarifas poderão ser diferenciadas em razão das características técnicas e dos custos específicos provenientes do atendimento aos distintos segmentos de usuários.

(D) A taxa interna de retorno prevista no plano de negócios apresentado pelo licitante vencedor deve ser assegurada anualmente como único mecanismo de manutenção do equilíbrio econômico-financeiro do contrato.

(E) A taxa interna de retorno prevista no plano de negócios apresentado pelo licitante vencedor serve como parâmetro de aferição do equilíbrio econômico-financeiro do contrato, desde que previamente atestada pelo Tribunal de Contas do Poder Concedente.

A: incorreta. A tarifa depende das condições da proposta, edital e do determinado no contrato, conforme disposto no art. 9°, da Lei 9.784/1999; **B:** incorreta. A cobrança da tarifa, se houver previsão em lei, e não em decreto, poderá ser condicionada à existência de serviço

público alternativo e gratuito, conforme disposto no art. 9°, §1°, da Lei 9.784/1999; **C:** correta. Trata-se do disposto no art. 13, da Lei 8.987/1995; **D:** incorreta. Não há previsão legal para essa "taxa interna de retorno", sendo prevista a revisão das cláusulas contratuais para a manutenção do equilíbrio econômico financeiro, apenas (art. 9°, §2°, da Lei 8.987/1995); **E:** incorreta. O mesmo se diz em relação à essa alternativa, ou seja, não há que se falar em "taxa interna de retorno", e sim, de um equilíbrio econômico financeiro, a ser mantido durante toda a vigência do contrato. **AW**
„Gabarito "C".

Magistratura/RJ – 2013 – VUNESP) O Contrato Administrativo

(A) em regra, deverá possuir prazo indeterminando.

(B) na Parceria Público Privada exige da administração o oferecimento de garantias em favor do contratado.

(C) é facultativo nos casos de dispensa ou inexigibilidade de licitação.

(D) será obrigatoriamente escrito e registrado em livro próprio da contratante ou por meio de escritura pública.

A: incorreta, pois é vedado o contrato com prazo de vigência indeterminado (art. 57, § 3°, da Lei 8.666/1993); **B:** correta (arts. 5°, VI, e 8°, da Lei 11.079/2004); **C:** incorreta, pois é necessário contrato nesses casos também (art. 54, § 2°, da Lei 8.666/1993); **D:** incorreta, pois a regra é ser escrito, mas admite-se contrato verbal na compra e venda de pronto pagamento e de valor até 5% do limite previsto para o convite (art. 60, parágrafo único, da Lei 8.666/1993); ademais, só é necessária a escritura pública nos contratos relativos a direitos reais sobre imóveis (art. 60, *caput*, da Lei 8.666/1993). **WG**
„Gabarito "B".

(Magistratura/SP – 2013 – VUNESP) Ante a recusa do adjudicatário para assinar o contrato, a Administração poderá

(A) convocar qualquer dos licitantes, observados os critérios da conveniência e oportunidade, para assinar o contrato.

(B) convocar qualquer dos licitantes, desde que prestada garantia adicional consistente em caução em dinheiro ou em títulos da dívida pública, para assinar o contrato.

(C) convocar os licitantes remanescentes, na ordem de classificação, para fazê-lo nas mesmas condições do primeiro classificado, inclusive quanto aos preços atualizados de conformidade com o ato convocatório, ou revogar a licitação.

(D) convocar os licitantes remanescentes, na ordem de classificação, para fazê-lo nos termos de suas propostas, inclusive quanto aos preços.

Segundo o art. 64, § 2°, da Lei 8.666/1993, a Administração, nesse caso, poderá "convocar os licitantes remanescentes, na ordem de classificação, para fazê-lo em igual prazo e nas mesmas condições propostas pelo primeiro classificado, inclusive quanto aos preços atualizados de conformidade com o ato convocatório, ou revogar a licitação", de modo que a alternativa "c" é a correta. **WG**
„Gabarito "C".

(Magistratura/PR – 2010 – PUC/PR) Em relação aos contratos administrativos, assinale a alternativa CORRETA:

(A) O instrumento de contrato é obrigatório nos casos de concorrência, tomada de preços, leilão e pregão, sendo facultativo na dispensa e na inexigibilidade.

(B) A inadimplência do contratado com referência aos encargos trabalhistas, fiscais e comerciais transfere à Administração Pública a responsabilidade por seu pagamento, pela obrigação de fiscalização.

(C) É motivo de rescisão contratual a suspensão da execução pelo contratado após o prazo da exceção do contrato não cumprido.

(D) O contratado poderá optar pela garantia da caução em dinheiro ou em títulos da dívida pública, devendo estes terem sido emitidos sob a forma escritural, mediante registro em sistema centralizado de liquidação e de custódia autorizado pelo Banco Central do Brasil e avaliados pelos seus valores econômicos.

A: incorreta, pois o "instrumento de contrato é obrigatório nos casos de concorrência e de tomada de preços, bem como nas dispensas e inexigibilidades cujos preços estejam compreendidos nos limites destas duas modalidades de licitação" (art. 62, *caput*, da Lei 8.666/1993); **B:** incorreta, pois a inadimplência dessas obrigações não transfere à Administração responsabilidade pelo pagamento, nos termos do art. 71, § 1º, da Lei 8.666/1993; **C:** incorreta, pois, após o prazo de 90 dias de atraso nos pagamentos, o contratado poderá deixar de executar a sua parte no contrato e, se quiser, poderá pedir a rescisão contratual (art. 78, XV, da Lei 8.666/1993); **D:** correta (art. 56, § 1º, I, da Lei 8.666/1993). **WG**
Gabarito "D".

(Magistratura Federal/3ª Região – 2010) Assinale a alternativa correta:

(A) Nos contratos administrativos personalíssimos a cessão e a subcontratação são admitidos excepcionalmente e somente nos casos expressamente previstos em lei;

(B) Aos contratos administrativos são aplicados supletivamente os princípios próprios da teoria geral dos contratos, excluindo-se, porém os princípios da função social do contrato e da autonomia privada;

(C) No contrato de seguro celebrado pela administração o objeto segurado ou os riscos incidentes não podem ser ampliados unilateralmente pela administração, mas pode exercer a prerrogativa e extinguir unilateralmente o contrato;

(D) Os princípios da probidade e da boa-fé objetiva, previstos no art. 422 do Código Civil, não são aplicáveis aos contratos administrativos.

A: incorreta, pois, se o contrato é personalíssimo, não é possível a cessão e a subcontratação; **B:** incorreta, pois o art. 54 da Lei 8.666/1993 determina que se aplique aos contratos administrativos primeiro as suas cláusulas, depois os preceitos de direito público, e, depois, supletivamente, os princípios da teoria geral dos contratos e as disposições de direito privado; dessa forma, os princípios citados, por serem princípios da teoria geral dos contratos, são aplicáveis; **C:** correta, pois tais contratos são regidos pelo direito privado (art. 62, § 3º, I, da Lei 8.666/1993), de modo que não são possíveis modificações unilaterais; porém a extinção unilateral é possível, pois a Administração não é obrigada a manter o contrato se este não mais convém ao interesse público, preservados os direitos do contratado; **D:** incorreta, pois tais princípios, por serem da teoria geral dos contratos, aplicam-se supletivamente a estes. **FMB**
Gabarito "C".

12.2. ALTERAÇÃO DOS CONTRATOS

(Juiz – TRF 4ª Região – 2016) Dadas as assertivas abaixo, assinale a alternativa correta.

I. A Administração pode unilateralmente modificar o contrato administrativo, para melhor adequá-lo às finalidades de interesse público, desde que respeitados os direitos do contratado.

II. É dispensável a licitação quando não acudirem interessados à licitação anterior e esta, justificadamente, não puder ser repetida sem prejuízo para a Administração.

III. Nos empreendimentos executados e explorados sob o regime de concessão, é vedado incluir no objeto da licitação a obtenção de recursos financeiros para a sua execução.

(A) Está correta apenas a assertiva I.

(B) Está correta apenas a assertiva II.

(C) Estão corretas apenas as assertivas I e II.

(D) Estão corretas todas as assertivas.

(E) Nenhuma assertiva está correta.

A: correta. O art. 58, I, da Lei 8.666/1993 é expresso quanto à essa possibilidade; **B:** incorreta. Temos duas assertivas corretas: a I (conforme acima explicado) e a assertiva II, que se fundamenta no art. 24, V, da Lei 8.666/1993, sendo hipótese de licitação deserta; **C:** correta. As assertivas I e II estão corretas, sendo a primeira porque se trata de uma cláusula exorbitante prevista no art. 58, I, da Lei 8.666/1993 e, a segunda, porque se trata de hipótese de licitação deserta prevista no art. 24, V, da Lei 8.666/1993; **D:** incorreta. A assertiva III está incorreta, pois é possível a inclusão do objeto da licitação, a obtenção de recursos financeiros para a sua execução, mesmo que de forma excepcional, conforme disposto no art. 7º, §3º, da Lei 8.666/1993; **E:** incorreta. As assertivas I e II estão corretas. **AW**
Gabarito "C".

(Magistratura/RJ – 2011 – VUNESP) Uma das características jurídicas reputadas inerentes aos contratos com a Administração Pública reside na competência estatal de modificação unilateral de algumas condições pactuadas. Mas o exercício das competências anômalas da Administração não pode alterar a equação econômico-financeira original. Nesse sentido, com relação ao equilíbrio econômico-financeiro, é correto afirmar que

(A) se caracteriza quebra da equação econômico-financeira quando o obstáculo podia ser suprimido por meio de conduta do particular.

(B) não são considerados relevantes os prazos de início, execução, recebimento provisório e definitivo previstos no edital que deu origem à contratação.

(C) se caracteriza rompimento do equilíbrio econômico-financeiro quando a proposta do particular era inexequível.

(D) uma vez verificado o rompimento do equilíbrio econômico-financeiro, o particular deve provocar a Administração para adoção das providências adequadas.

A: incorreta, pois se foi o particular que deu causa ao desequilíbrio, a Administração não se responsabiliza por isso, não havendo direito de revisão contratual em favor do contratado; **B:** incorreta, pois há de se respeitar o princípio da vinculação ao instrumento convocatório; **C:**

6. DIREITO ADMINISTRATIVO

incorreta, pois o que vale é o equilíbrio estabelecido quando da celebração do contrato; se, nesse momento, o contrato já era inexequível, não há que se falar em fato novo a ensejar a revisão contratual; **D**: correta, devendo a Administração verificar a ocorrência ou não de desequilíbrio passível de revisão contratual; se a Administração indeferir o pedido de revisão, o particular deverá ingressar com ação judicial requerendo a revisão do contrato. **WG**

Gabarito "D".

12.3. TEMAS COMBINADOS DE CONTRATOS ADMINISTRATIVOS

(Juiz – TJ/SP – VUNESP – 2015) Sobre os Contratos Administrativos, é correto afirmar:

(A) na licitação na modalidade de pregão, regulada pela Lei 10.520/2002, apenas após o encerramento da etapa competitiva o pregoeiro verificará a documentação do licitante vencedor, quando então deverá verificar sua habilitação jurídica, fiscal, técnica, econômica e a validade de sua garantia de proposta.

(B) a contratação integrada compreende a elaboração e o desenvolvimento dos projetos básico e executivo, a execução de obras e serviços de engenharia, a montagem, a realização de testes, a pré-operação e todas as demais operações necessárias e suficientes para a entrega final do objeto.

(C) ressalvada a hipótese de contratação integrada nos demais regimes de execução é proibida a participação do autor do projeto básico como consultor ou técnico, nas funções de fiscalização, supervisão ou gerenciamento, na licitação de obra ou serviço ou na sua execução.

(D) a Ata de Registro de preços constitui modalidade de licitação para contratações cujo orçamento estimado não alcance o valor que obriga a adoção da modalidade concorrência.

A: incorreta. Realmente, somente depois da fase de julgamento das propostas é que o licitante vencedor irá verificar a habilitação jurídica, fiscal, mas não a técnica, por exemplo, que já deve ser antecipada na análise do julgamento das propostas (art. 4º, X, da Lei 10.520/2002). O critério de julgamento do pregão é o de menor preço, mas junto a ele também há avaliação da técnica, por isso está incorreta a assertiva. **B**: correta. Trata-se de um regime de execução indireta a ser preferencialmente adotado nas licitações e contratações de obras e serviços de engenharia jungidas ao Regime Diferenciado de Contratações Públicas (RDC), instituído pela Lei 12.462/2011 (art. 8º, V e § 1º) como forma de ampliar a eficiência administrativa, inclusive na perspectiva de maior economicidade, estimulando a competição entre os licitantes. De modo pontual, o regime de execução em testilha confia ao contratado a elaboração e o desenvolvimento dos projetos básico e executivo, a execução de obras e serviços de engenharia, a montagem, a realização de testes, a pré-operação e todas as demais operações necessárias e suficientes para a entrega final do objeto (§ 1º do art. 9º da precitada Lei 12.462/2011). **C**: incorreta. Também no Regime Diferenciado de Contratação é vedada a participação do autor do projeto básico como consultor ou técnico, conforme disposto no art. 36, I, da Lei 12.462/2011. **D**: incorreta. A Ata de Registro de Preços não é modalidade de licitação, sendo apenas um documento em que o Poder Público se compromete para futuras contratações em relação aos preços, fornecedores, órgãos participantes e condições a serem praticadas, conforme consta do Registro de Preços (art. 15 da Lei 8.666/1993). **AW**

Gabarito "B".

(Magistratura/PE – 2013 – FCC) Nos termos da Lei nº 8.666/1993, quando a rescisão do contrato administrativo se der por ocorrência de caso fortuito ou de força maior, regularmente comprovada, impeditiva da execução do contrato e sem que haja culpa do contratado, terá o contratado alguns direitos de cunho patrimonial. Entre eles NÃO figura o de

(A) recebimento de multa compensatória, calculada em razão do escoamento do prazo contratual.

(B) devolução de garantia.

(C) ser ressarcido dos prejuízos regularmente comprovados que houver sofrido.

(D) pagamentos devidos pela execução do contrato até a data da rescisão.

(E) pagamento do custo da desmobilização.

O art. 79, § 2º, da Lei 8.666/1993 prevê todos os direitos mencionados nas alternativas, salvo o "recebimento de multa compensatória, calculada em razão do escoamento do prazo contratual", daí porque a alternativa "A" é a correta. **WG**

Gabarito "A".

(Magistratura/BA – 2012 – CESPE) Assinale a opção correta com relação aos contratos administrativos.

(A) Caso a administração constate, no cumprimento do contrato, lentidão que impossibilite a conclusão da obra ou prestação nos prazos estipulados, o contrato poderá ser rescindido unilateralmente.

(B) Caso haja rescisão unilateral do contrato pela administração, em razão de cumprimento irregular de prazos, especificações ou projetos, a administração deverá devolver a garantia prestada pelo contratado, arcando com os custos de desmobilização.

(C) A instauração de insolvência civil do contratado não serve de motivo para a administração rescindir o contrato.

(D) A subcontratação total ou parcial do objeto contratado não admitida no edital ou no contrato não autoriza a rescisão unilateral do contrato, desde que este seja cumprido de acordo com o prazo estipulado.

(E) É nulo e sem nenhum efeito, em qualquer caso, qualquer contrato verbal com a administração pública.

A: correta (art. 78, III, da Lei 8.666/1993); **B**: incorreta, pois a rescisão por esse motivo não está dentre as exceções previstas no art. 79, § 2º, da Lei 8.666/1993 (v. art. 78, II, da Lei 8.666/1993); **C**: incorreta, pois é caso sim de rescisão (art. 78, IX, da Lei 8.666/1993); **D**: incorreta, pois admite a rescisão sim (art. 78, VI, da Lei 8.666/1993); **E**: incorreta, pois há exceção em que é possível contrato verbal, quando se tratar de valor bem pequeno (até 5% do limite para o convite), nos termos do art. 60, parágrafo único, da Lei 8.666/1993. **WG**

Gabarito "A".

13. SERVIÇOS PÚBLICOS

13.1. CONCEITO, CARACTERÍSTICAS PRINCIPAIS, CLASSIFICAÇÃO E PRINCÍPIOS

(Magistratura/SP – 2013 – VUNESP) A celebração de um contrato administrativo, tendo por objeto a construção de uma usina eólica, para ter validade jurídica,

(A) prescinde de qualquer autorização de outro Poder, por falta de previsão constitucional.

(B) está condicionada à aprovação popular.

(C) reclama prévia autorização do Poder Judiciário.

(D) está condicionada à prévia autorização do Poder Legislativo.

Os potenciais de energia eólica, diferentemente dos de energia hidráulica (art. 21, XII, "b", da CF), por exemplo, não estão elencados na Constituição como potenciais que exigem autorização, permissão ou concessão estatais. Assim, não há necessidade de aprovação de qualquer outro Poder ou de aprovação popular, ficando afastadas as alternativas "b", "c" e "d", estando correta a alternativa "a". **WG**

Gabarito "A".

(Magistratura/MG – 2012 – VUNESP) Com relação ao entendimento do Supremo Tribunal Federal acerca dos serviços postais, assinale a alternativa correta.

(A) O serviço postal é serviço público exclusivo da União, prestado pela Empresa Brasileira de Correios e Telégrafos (ECT) em situação de privilégio.

(B) Os veículos utilizados pela ECT para prestação dos serviços postais podem ser penhorados, desde que em decorrência de execução fiscal pelo não pagamento do IPVA.

(C) A ECT é empresa pública submetida ao regime privado, razão pela qual suas dívidas judiciais não se submetem ao regime de precatório.

(D) O Estado de Minas Gerais pode cobrar o ICMS incidente sobre o serviço de transporte de encomendas realizado pela ECT, tendo em vista que a imunidade tributária do artigo 150, VI, 'a', CF, não se aplica às empresas privadas.

A: correta (art. 21, X, da CF); **B** a **D:** incorretas, pois, pelo fato de os Correios terem monopólio, não concorrendo com outras entidades privadas, o STF entende que são titulares da imunidade de impostos atribuída à Fazenda Pública, bem como a impenhorabilidade de bens. **WG**

Gabarito "A".

(Magistratura Federal/3ª região – 2011 – CESPE) Em relação ao conceito de serviço público, ao regime jurídico da concessão, da permissão e da autorização e às parcerias público-privadas, assinale a opção correta.

(A) A permissão de serviço público tem natureza de contrato bilateral, comutativo e *intuitu personae*, o qual somente pode ser celebrado com pessoa física que demonstre capacidade para desempenhá-lo por sua conta e risco, não podendo ser firmado com pessoa jurídica.

(B) A autorização de serviço público constitui ato vinculado, por meio do qual o poder público delega a execução de serviço de sua titularidade para que o particular o execute predominantemente em seu próprio benefício, mas sempre sob a fiscalização do Estado.

(C) No âmbito das parcerias público-privadas, as concessões administrativas caracterizam-se pelo fato de o concessionário perceber recursos de duas fontes, uma decorrente do pagamento da tarifa pelos usuários e outra, de caráter adicional, oriunda de contraprestação pecuniária devida pelo poder concedente.

(D) Serviço público é toda a atividade prestada diretamente pelo Estado com o objetivo de satisfazer às necessidades essenciais e secundárias da coletividade, sob regime exclusivo de direito público, não sendo considerados públicos os serviços prestados por particulares por meio de concessão ou permissão.

(E) A concessão de serviço público é contrato administrativo por meio do qual a administração transfere a pessoa jurídica ou a consórcio de empresas a execução de certa atividade de interesse coletivo, de forma remunerada.

A: incorreta. Segundo o que estabelece a lei de concessões, permissão de serviço público é "a delegação, a título precário, mediante licitação, da prestação de serviços públicos, feita pelo poder concedente à pessoa física ou jurídica que demonstre capacidade para seu desempenho, por sua conta e risco" (art. 2º, IV, da Lei nº 8.987/1995); **B:** incorreta. Embora não esteja prevista no art. 175 da CF/1988, a autorização de serviço público pode ser encontrada em seu art. 21, inciso XII, bem como na legislação ordinária (em especial a lei de telecomunicações – Lei 9.472/1997). Trata-se de unilateral e discricionário pelo qual a Administração Pública faculta ao particular o desempenho de atividade material ou a prática de ato que necessite deste consentimento para ser legítimo; **C:** incorreta, pois nos termos do art. 2º, § 2º da Lei nº 11.079/2004, "concessão administrativa é o contrato de prestação de serviços de que a Administração Pública seja a usuária direta ou indireta, ainda que envolva a execução de obra ou fornecimento e instalação de bens" e a forma de remuneração dessa espécie de parceria público-privada é fundamentalmente a contraprestação paga pela Administração, por uma das formas previstas no art. 6º da Lei nº 11.079/2004, sem prejuízo de que os concessionários recebam recursos de outras fontes de receitas complementares, acessórias, alternativas ou decorrentes de projetos associados, tal como estabelecido na ampla previsão de "outros meios admitidos em lei" de que trata o inciso I do art. 6º da Lei nº 11.079/2004; **D:** incorreta, na medida em que também são considerados serviços públicos aqueles em que a Administração Pública remanesce como titular da atividade, mas delega seu exercício através de concessão ou permissão; **E:** incorreta, pois concessão de serviço público é "o contrato administrativo pelo qual a Administração Pública delega a outrem a execução de um serviço público, para que o execute em seu próprio nome, por sua conta e risco, assegurando-lhe remuneração mediante tarifa apaga pelo usuário ou outra forma de remuneração decorrente da exploração do serviço" (DI PIETRO, Maria Sylvia, Direito Administrativo, São Paulo: Atlas, 26ª ed., 2013, p.303). **FMB**

Gabarito "E".

13.2. AUTORIZAÇÃO E PERMISSÃO DE SERVIÇO PÚBLICO

(Magistratura Federal – 1ª Região – 2005) Em direito administrativo, o termo autorização é empregado:

(A) como forma de delegação de serviço público, ao lado da permissão e da concessão;

(B) para outorga de uso de bem público;

(C) para designar ato de polícia administrativa de atividades potencialmente danosas;

(D) as três opções estão corretas.

De fato, a autorização pode ser definida como o ato administrativo unilateral, discricionário e precário, pelo qual se faculta, em proveito do particular, o uso de um bem público, a prestação de um serviço público ou o desempenho de uma atividade potencialmente perigosa, e que deve ser autorizada para ser praticada. **FMB**

Gabarito "D".

6. DIREITO ADMINISTRATIVO   481

(**Magistratura Federal – 5ª Região – 2007 – CESPE**) Julgue o item seguinte.

(1) A permissão de serviço público para exploração de serviço de transporte intermunicipal é negócio jurídico unilateral e, portanto, não se sujeita ao princípio determinador do respeito ao equilíbrio financeiro do contrato.

1: errado. O fato de ser negócio unilateral faz com que a permissão seja precária, ou seja, revogável a qualquer tempo, independentemente de licitação. No entanto, o equilíbrio financeiro, durante a manutenção do negócio, deve ser preservado, sob pena de violação aos princípios da boa-fé e da isonomia. **FMB**
Gabarito 1E

13.3. CONCESSÃO DE SERVIÇO PÚBLICO

(**Juiz – TJ/RJ – VUNESP – 2016**) O acordo firmado entre a Administração Pública e pessoa do setor privado com o objetivo de implantação ou gestão de serviços públicos, com eventual execução de obras ou fornecimento de bens, mediante financiamento do contratado, contraprestação pecuniária do Poder Público e compartilhamento dos riscos e dos ganhos entre os pactuantes, é denominado

(A) termo de fomento.

(B) termo de colaboração.

(C) contrato de parceria público-privada.

(D) contrato de concessão comum.

(E) contrato de gestão.

A: incorreta. O termo de fomento representa o instrumento por meio do qual são formalizadas as parcerias estabelecidas pela administração pública com as Organizações da Sociedade Civil para a consecução de finalidades de interesse público e recíproco propostas pelas Organizações da Sociedade Civil, que envolvam a transferência de recursos financeiros. A assertiva não especifica com quem será celebrada a parceria, por isso o termo de fomento deve ser excluído. **B:** incorreta. Mais uma vez, o Termo de Colaboração só se aplica às OSC (Organizações da Sociedade Civil), regidas pela Lei 13.019/2014, não sendo dada essa informação pela assertiva. **C:** correta. Temos um contrato de concessão patrocinada, ou seja, uma Parceria Público-Privada visando a realização de obra ou prestação de serviços públicos com contraprestação do Poder Público adicionalmente a tarifas dos usuários. **D:** incorreta. Na concessão comum não temos a contraprestação do Poder Público. **E:** incorreta. O contrato de gestão é o previsto no art. 37, § 8º, CF, com a finalidade de fixar metas e desempenho para as Organizações Sociais. **AW**
Gabarito "C".

(**Juiz – TRF 2ª Região – 2017**) Sobre o equilíbrio econômico--financeiro das concessões comuns, patrocinadas e administrativas reguladas nas Leis nº 8.987/1995 e n° 11.079/04, é correto afirmar que:

(A) A tarifa do serviço público deve ser fixada pelo Poder Concedente no edital, com o objetivo de viabilizar a sua modicidade e universalização do serviço.

(B) A cobrança da tarifa, desde que fixada em Decreto, pode ser condicionada à existência de serviço público alternativo e gratuito para o usuário.

(C) As tarifas poderão ser diferenciadas em razão das características técnicas e dos custos específicos provenientes do atendimento aos distintos segmentos de usuários.

(D) A taxa interna de retorno prevista no plano de negócios apresentado pelo licitante vencedor deve ser assegurada anualmente como único mecanismo de manutenção do equilíbrio econômico-financeiro do contrato.

(E) A taxa interna de retorno prevista no plano de negócios apresentado pelo licitante vencedor serve como parâmetro de aferição do equilíbrio econômico-financeiro do contrato, desde que previamente atestada pelo Tribunal de Contas do Poder Concedente.

A: incorreta. A tarifa depende das condições da proposta, edital e do determinado no contrato, conforme disposto no art. 9º, da Lei 9.784/1999; **B:** incorreta. A cobrança da tarifa, se houver previsão em lei, e não em decreto, poderá ser condicionada à existência de serviço público alternativo e gratuito, conforme disposto no art. 9º, §1º, da Lei 9.784/1999; **C:** correta. Trata-se do disposto no art. 13, da Lei 8.987/1995; **D:** incorreta. Não há previsão legal para essa "taxa interna de retorno", sendo prevista a revisão das cláusulas contratuais para a manutenção do equilíbrio econômico financeiro, apenas (art. 9º, §2º, da Lei 8.987/1995); **E:** incorreta. O mesmo se diz em relação à essa alternativa, ou seja, não há que se falar em "taxa interna de retorno", e sim, de um equilíbrio econômico financeiro, a ser mantido durante toda a vigência do contrato. **AW**
Gabarito "C".

(**Juiz – TJ/SC – FCC – 2017**) Ao regular os aspectos remuneratórios do contrato de concessão de serviços públicos a Lei nº 8.987/1995 dispõe que:

(A) se assim estabelecer o edital de licitação, mediante juízo discricionário da Administração concedente, a cobrança de tarifa será condicionada à existência de serviço público alternativo e gratuito para o usuário.

(B) a majoração ou diminuição do imposto de renda, após a apresentação da proposta, implicará a revisão da tarifa, para mais ou para menos, conforme o caso.

(C) o concessionário de serviços públicos poderá explorar projetos associados à concessão, previstos no edital de licitação, com vistas a favorecer a modicidade tarifária.

(D) em vista do princípio da isonomia, não pode haver diferenciação de tarifas com base em segmentação de usuários.

(E) as chamadas fontes alternativas de receita, dada a incerteza na realização das receitas, não são consideradas na aferição do inicial equilíbrio econômico--financeiro do contrato.

A: incorreta. A cobrança de tarifa só será condicionada à existência de serviço alternativo e gratuito ao usuário no caso de expressa previsão em lei, conforme disposto no art. 9º, §1º, da Lei 8.987/1995; **B:** incorreta. O art. 9º, §3º, da Lei 8.987/1995 ressalva (excluindo) os impostos sobre a renda quanto à suas interferências no valor da tarifa e sua revisão; **C:** correta. Trata-se do disposto expressamente no art. 11, da Lei 8.987/1995. **D:** incorreta. O art. 13, da Lei 8.987/1994 admite que haja tratamento diferenciado em razão da segmentação dos usuários. **E:** incorreta. O art. 11, parágrafo único, da Lei 8.987/1999 dispõe que as fontes alternativas "serão obrigatoriamente consideradas para a aferição do inicial equilíbrio econômico-financeiro do contrato.". **AW**
Gabarito "C".

482 WANDER GARCIA, FLÁVIA MORAES BARROS MICHELE FABRE E ARIANE WADY

(Magistratura/RJ – 2013 – VUNESP) Com relação à Permissão e Concessão de Serviços Públicos, correto afirmar que

(A) a permissão de serviço público não exige prévia licitação, sendo formalizada por meio de contrato de adesão.

(B) o Estado poderá instituir imposto pela utilização, efetiva ou potencial, de serviços públicos específicos e divisíveis, prestados ao contribuinte ou postos a sua disposição.

(C) com exceção dos serviços de utilidade pública, todos os demais poderão ser delegados.

(D) toda concessão de serviço público, precedida ou não da execução de obra pública, será objeto de prévia licitação.

A: incorreta, pois a permissão de serviço público é formalizada por contrato de adesão (art. 40 da Lei 8.987/1995), mas exige prévia licitação (art. 2°, IV, da Lei 8.987/1995); **B:** incorreta, pois, nesse caso, cabe a instituição de taxa e não de imposto (art. 145, II, da CF/1988); **C:** incorreta, pois é o contrário; os serviços de utilidade pública são os que podem ser objetos de delegação, ao passo que os demais, que são aqueles serviços *próprios* do Estado, são justamente os que não podem ser objeto de delegação, devendo ser prestados direta e exclusivamente pelo Estado; **D:** correta (art. 2°, II e III, da Lei 8.987/1995). WG
„D".

(Magistratura/PR – 2013 – UFPR) Considerando o disposto na Lei 8.987/1995, assinale a alternativa INCORRETA:

(A) Segundo a referida lei, "a transferência de concessão ou do controle societário da concessionária sem prévia anuência do poder concedente implicará a caducidade da concessão".

(B) Segundo a referida lei, "o poder concedente publicará, previamente ao edital de licitação, ato justificando a conveniência da outorga de concessão ou permissão, caracterizando seu objeto, área e prazo".

(C) Segundo a referida lei, declarada a intervenção na concessão, "o poder concedente poderá, sendo o caso, instaurar procedimento administrativo para comprovar as causas determinantes da medida e apurar responsabilidades".

(D) Segundo a referida lei, "extinta a concessão, retornam ao poder concedente todos os bens reversíveis, direitos e privilégios transferidos ao concessionário conforme previsto no edital e estabelecido no contrato".

A: assertiva correta (art. 27, *caput*, da Lei 8.987/1995); **B:** assertiva correta (art. 5° da Lei 8.987/1995); **C:** assertiva incorreta, devendo ser assinalada; segundo o art. 33 da Lei 8.987/95, o poder público *deverá* (e não *poderá*) instaurar esse procedimento; **D:** assertiva correta (art. 35, § 1°, da Lei 8.987/1995). WG
„C".

(Magistratura/PE – 2013 – FCC) Conforme o art. 28-A, da Lei n° 8.987/1995, para garantir contratos de mútuo de longo prazo, destinados a investimentos relacionados a contratos de concessão, em qualquer de suas modalidades, as concessionárias poderão ceder ao mutuante, em caráter fiduciário, parcela de seus créditos operacionais futuros, observadas certas condições, dentre as quais,

(A) com o registro do contrato de cessão dos créditos em cartório de títulos e documentos, terá ele eficácia

perante terceiros e perante o Poder Público concedente.

(B) os créditos futuros cedidos nos termos deste artigo serão constituídos sob a titularidade do mutuante, mediante decisão do Poder Público concedente em cada situação concreta em que se dê tal constituição.

(C) o mutuante poderá indicar instituição financeira para efetuar a cobrança e receber os pagamentos dos créditos cedidos ou permitir que a concessionária o faça, na qualidade de representante e depositária.

(D) o contrato de cessão disporá sobre a devolução à concessionária dos recursos excedentes, salvo acordo das partes que indique possibilidade de retenção do saldo após o adimplemento integral do contrato.

(E) serão considerados contratos de longo prazo somente aqueles cujas obrigações tenham prazo médio de vencimento superior a 15 (quinze) anos.

A: incorreta, pois essa cessão do crédito só terá eficácia em relação ao Poder Público quando for este formalmente notificado (art. 28-A, II, da Lei 8.987/1995); **B:** incorreta, pois não é necessária decisão do Poder Público, já que a lei não impõe qualquer formalidade adicional para essa constituição (art. 28-A, III, da Lei 8.987/1995); **C:** correta, nos exatos termos do art. 28-A, IV, da Lei 8.987/1995; **D:** incorreta, pois é vedada a retenção do saldo após o adimplemento integral do contrato; **E:** incorreta, pois serão considerados contratos de longo prazo os que tenham obrigações com prazo médio de vencimento superior a 5 anos e não a 15 anos (art. 28-A, parágrafo único, da Lei 8.987/1995). WG
„C".

(Magistratura/PE – 2011 – FCC) Nos termos da Lei federal que dispõe sobre normas gerais de concessão de serviços públicos, a encampação, entendida como

(A) intervenção do poder concedente na concessão, ocupando provisoriamente as instalações da empresa concessionária, é cabível para garantir a continuidade da prestação do serviço.

(B) o modo de encerramento do contrato, por motivo de inexecução por parte da empresa concessionária, depende de apuração das faltas mediante devido processo legal.

(C) a retomada do serviço pelo poder concedente durante o prazo da concessão, por motivo de interesse público, depende de lei autorizativa específica e prévio pagamento da indenização.

(D) o modo de encerramento do contrato, por motivo de caso fortuito ou de força maior, depende de autorização judicial.

(E) o desfazimento do contrato devido a ilegalidade não imputável à intenção das partes, enseja o pagamento de indenização correspondente aos investimentos não amortizados realizados pela empresa concessionária.

A: incorreta, pois esse é o instituto da intervenção na concessão; **B:** incorreta, pois esse é o instituto da caducidade da concessão; **C:** correta (art. 37 da Lei 8.987/1995); **D:** incorreta, pois a encampação se dá por interesse público (art. 37 da Lei 8.987/1995), e não pelos motivos mencionados; **E:** incorreta, pois a encampação é a extinção da concessão por motivo de interesse público, e não por problema relacionado à legalidade. WG
„C".

6. DIREITO ADMINISTRATIVO

(Magistratura/DF – 2011) Considerando o disposto na Lei n. 8.987/1995, assinale a afirmativa falsa:

(A) É admitida a subconcessão, nos termos previsto no contrato de concessão, desde que expressamente autorizada pelo poder concedente;

(B) A transferência de concessão ou do controle societário da concessionária sem prévia anuência do poder concedente implicará a caducidade da concessão;

(C) No exercício da fiscalização, o poder concedente terá acesso somente aos dados relativos à administração, contabilidade e recursos técnicos e econômicos da concessionária;

(D) Extinta a concessão, retornam ao poder concedente todos os bens reversíveis, direitos e privilégios transferidos ao concessionário conforme previsto no edital e estabelecido no contrato.

A: assertiva correta (art. 26 da Lei 8.987/1995); **B:** assertiva correta (art. 27 da Lei 8.987/1995); **C:** assertiva falsa, devendo ser assinalada; haverá acesso também, aos dados relativos aos recursos financeiros da concessionária (art. 30 da Lei 8.987/1995); **D:** assertiva correta (art. 35, § 1º, da Lei 8.987/1995). WG

Gabarito "C".

(Magistratura Federal/4ª região – IX) Em relação à concessão de serviços públicos, assinale a afirmativa inteiramente correta:

(A) A outorga de serviço público em regime de concessão não depende de lei autorizadora, nem de licitação para escolha do particular, mas o ajuste deve ser formalizado com as "cláusulas exorbitantes".

(B) A outorga de um serviço público em regime de concessão depende de lei que a autorize e de prévia licitação, devendo a remuneração do contratado ser custeada pela Administração.

(C) As pessoas jurídicas de direito público e as de direito privado prestadoras de serviços públicos responderão pelos danos que seus agentes, nessa qualidade, causarem a terceiros, assegurado o direito de regresso contra o responsável nos casos de dolo ou culpa.

(D) Nenhuma das alternativas está inteiramente correta.

A: incorreta. A outorga de serviço público em regime de concessão não depende de lei autorizadora, mas demanda licitação (vide artigo 14 da Lei nº 8.987/1995), bem como possui em seu bojo as cláusulas exorbitantes; **B:** incorreta. O concessionário remunera-se por tarifa a ser paga pelo usuário do serviço público ou ainda por outras fontes de receitas alternativas, complementares ou acessórias; nos termos estabelecidos nos art. 11 da Lei nº 8.987/1995: No atendimento às peculiaridades de cada serviço público, poderá o poder concedente prever, em favor da concessionária, no edital de licitação, a possibilidade de outras fontes provenientes de receitas alternativas, complementares, acessórias ou de projetos associados, com ou sem exclusividade, com vistas a favorecer a modicidade das tarifas, observado o disposto no art. 17 desta Lei. Parágrafo único. As fontes de receita previstas neste artigo serão obrigatoriamente consideradas para a aferição do inicial equilíbrio econômico-financeiro do contrato."; **C:** correta (art. 37, § 6º, da CF/ 1988); **D:** incorreta. Como a alternativa "C" está inteiramente correta, esta assertiva é falsa. FMB

Gabarito "C".

13.4. PARCERIAS PÚBLICO-PRIVADAS

(Juiz – TJ/SP – VUNESP – 2015) Quanto às parcerias público--privadas em sentido estrito, é correto afirmar que

(A) é vedado que numa PPP o particular receba recursos públicos a qualquer título que não seja de financiamento por instituição financeira, antes de iniciar a prestação dos serviços objeto da PPP.

(B) a contratação de parcerias público-privadas será precedida de licitação devendo o contrato ser adjudicado à empresa ou ao consórcio de empresas que se sagrou vencedor do certame, vedado que o objeto da parceria seja cometido a pessoa jurídica distinta dos adjudicatários.

(C) se inclui entre as cláusulas necessárias dos contratos de PPP a que contenha as penalidades aplicáveis à Administração Pública.

(D) elas só podem ter por objeto a prestação de serviços públicos divisíveis de que a Administração seja usuária direta ou indireta, ainda que envolva a execução de obra.

A: incorreta. O art. 10, IV, da Lei 11.079/2004 determina como requisito a estimativa do recebimento de recursos públicos para a execução do contrato de parceria. **B:** incorreta. O vencedor pode ser inabilitado, eis que a fase de habilitação é posterior a de julgamento (inversão das fases) e por isso, mesmo ele sendo vencedor, é possível ao Poder Público ter que adjudicar o objeto ao segundo ou terceiro colados, até chegar-se a um que tenha condições de boa proposta e habilitação, conforme disposto no art. 13 da Lei 11.079/2004. **C:** correta. Trata-se de exigência constante do art. 5º, II, da Lei 11.079/1950. **D:** incorreta. O objeto do contrato de parceria pode ser serviço ou obra, não havendo especificação quanto a esses. AW

Gabarito "C".

(Juiz – TRF 2ª Região – 2017) A Lei nº 13.334, de 13.09.16, cria o Programa de Parceria de Investimentos, visando a ampliar e fortalecer a interação entre o Estado e a iniciativa privada, com medidas de desestatização. Analise as proposições e, depois, marque a opção correta:

I. O Programa de Parceria de Investimentos se limita às concessões patrocinada e administrativa;

II. O Programa de Parceria de Investimentos cria dever para os órgãos, entidades e autoridades estatais envolvidas no empreendimento de atuar em conjunto e em caráter prioritário para promover todos os atos e processos administrativos necessários à sua estruturação, liberação e execução;

III. O Programa de Parceria de Investimentos não pode ser aplicado aos empreendimentos empresariais privados;

IV. O Programa de Parceria de Investimentos obriga que as licitações para escolha dos futuros parceiros sejam internacionais, com o fim de atrair novos operadores econômicos para o setor de infraestrutura brasileiro;

V. O Programa de Parceria de Investimentos tem, dentre outros objetivos, assegurar a estabilidade e a segurança jurídica, com a garantia da mínima intervenção nos negócios e investimentos;

(A) Estão corretas apenas as assertivas II e III.

(B) Estão corretas apenas as assertivas I e IV.

(C) Estão corretas apenas as assertivas III e V.

(D) Estão corretas apenas as assertivas II e V.

(E) Estão corretas apenas as assertivas I e II.

A: incorreta. A assertiva III está incorreta, conforme disposto no art. 21, da Lei 13.334/2016, eis que permite a aplicação aos empreendimentos privados; **B:** incorreta. As assertivas I e IV estão incorretas. Art. 1º § 2º (Lei 13.334/2016): Para os fins desta Lei, consideram-se contratos de parceria a **concessão comum, a concessão patrocinada, a concessão administrativa, a concessão regida por legislação setorial, a permissão de serviço público, o arrendamento de bem público, a concessão de direito real e os outros negócios público-privados** que, em função de seu caráter estratégico e de sua complexidade, especificidade, volume de investimentos, longo prazo, riscos ou incertezas envolvidos, adotem estrutura jurídica semelhante. A assertiva IV também é incorreta, eis que não há previsão legal para atração de novos parceiros internacionais; **C:** incorreta. A assertiva III está incorreta, conforme disposto no art. 21, da Lei 13.334/2016, eis que permite a aplicação aos empreendimentos privados; **D:** correta. A assertiva II está correta , tendo em vista o disposto no art. 17. (Lei 13.334/2016): "Os órgãos, entidades e autoridades estatais, inclusive as autônomas e independentes, da União, dos Estados, do Distrito Federal e dos Municípios, com competências de cujo exercício dependa a viabilização de empreendimento do PPI, têm o dever de atuar, em conjunto e com eficiência, para que sejam concluídos, de forma uniforme, econômica e em prazo compatível com o **caráter prioritário nacional do empreendimento, todos os processos e atos administrativos necessários à sua estruturação, liberação e execução.".** Assim como a assertiva V, conforme disposto no art. 2º, da Lei 13.334/2016, que assim dispõe: "São objetivos do PPI: IV - assegurar a estabilidade e a segurança jurídica, com a garantia da mínima intervenção nos negócios e investimentos."; **E:** incorreta. Conforme explicado acima, as duas assertiva se encontram incorretas. **AW**

Gabarito "D".

(Juiz – TRF 2ª Região – 2017) Sobre o equilíbrio econômico--financeiro das concessões comuns, patrocinadas e administrativas reguladas nas Leis nº 8.987/1995 e nº 11.079/04, é correto afirmar que:

(A) A tarifa do serviço público deve ser fixada pelo Poder Concedente no edital, com o objetivo de viabilizar a sua modicidade e universalização do serviço.

(B) A cobrança da tarifa, desde que fixada em Decreto, pode ser condicionada à existência de serviço público alternativo e gratuito para o usuário.

(C) As tarifas poderão ser diferenciadas em razão das características técnicas e dos custos específicos provenientes do atendimento aos distintos segmentos de usuários.

(D) A taxa interna de retorno prevista no plano de negócios apresentado pelo licitante vencedor deve ser assegurada anualmente como único mecanismo de manutenção do equilíbrio econômico-financeiro do contrato.

(E) A taxa interna de retorno prevista no plano de negócios apresentado pelo licitante vencedor serve como parâmetro de aferição do equilíbrio econômico-financeiro do contrato, desde que previamente atestada pelo Tribunal de Contas do Poder Concedente.

A: incorreta. A tarifa depende das condições da proposta, edital e do determinado no contrato, conforme disposto no art. 9º, da Lei 9.784/1999; **B:** incorreta. A cobrança da tarifa, se houver previsão em lei, e não em decreto, poderá ser condicionada à existência de serviço público alternativo e gratuito, conforme disposto no art. 9º, §1º, da Lei 9.784/1999; **C:** correta. Trata-se do disposto no art. 13, da Lei 8.987/1995; **D:** incorreta. Não há previsão legal para essa "taxa interna de retorno", sendo prevista a revisão das cláusulas contratuais para a manutenção do equilíbrio econômico financeiro, apenas (art. 9º, §2º, da Lei 8.987/1995); **E:** incorreta. O mesmo se diz em relação à essa alternativa, ou seja, não há que se falar em "taxa interna de retorno", e sim, de um equilíbrio econômico financeiro, a ser mantido durante toda a vigência do contrato. **AW**

Gabarito "C".

(Juiz – TRF 3ª Região – 2016) Dadas as assertivas abaixo, assinale a alternativa correta no que concerne à contratação de parceria público-privada no âmbito da administração pública.

I. Concessão patrocinada é o contrato de prestação de serviços de que a Administração Pública seja a usuária direta ou indireta, ainda que envolva execução de obra ou fornecimento e instalação de bens.

II. Concessão administrativa é a concessão de serviços públicos ou de obras públicas de que trata a Lei nº 8.987, de 13 de fevereiro de 1995, quando envolver, adicionalmente à tarifa cobrada dos usuários contraprestação pecuniária do parceiro público ao parceiro privado.

III. As cláusulas dos contratos de parceria público-privada deverão prever, dentre outros, o prazo de vigência do contrato, compatível com a amortização dos investimentos realizados, não inferior a 5 (cinco), nem superior a 35 (trinta e cinco) anos, incluindo eventual prorrogação.

Estão corretas:

(A) I, II e III.

(B) Apenas I.

(C) Apenas II.

(D) Apenas III.

A: incorreta. Na concessão patrocinada o poder público não é usuário do serviço, e sim o particular (art. 2º, §1º, da Lei 11.079/2004, estando incorreto o item I. Quanto ao item II, também há erro, pois não há cobrança de tarifas dos usuários, eis que o usuário é o próprio poder público (art. 2º, §1º, da Lei 11.079/2004); **B:** incorreta. A assertiva I contém erro, conforme explicado acima; **C:** incorreta. A assertiva II também contém erro, conforme explicado na letra "A"; **D:** correta. A assertiva III está correta. Trata-se do disposto no art. 5º da Lei 11.079/2004, que assim dispõe: " As cláusulas dos contratos de parceria público-privada atenderão ao disposto no art. 23 da Lei no 8.987, de 13 de fevereiro de 1995, no que couber, devendo também prever: I – o prazo de vigência do contrato, compatível com a amortização dos investimentos realizados, não inferior a 5 (cinco), nem superior a 35 (trinta e cinco) anos, incluindo eventual prorrogação". **AW**

Gabarito "D".

(Magistratura Federal-5ª Região – 2011) Considere as situações hipotéticas I e II, a seguir.

I. O Estado brasileiro deseja transferir para o setor privado o serviço de conservação e manutenção de estradas com a instituição da cobrança de pedágio, cuja arrecadação será suficiente para a remuneração de serviços e obras necessários ao atendimento adequado dos usuários.

II. O Estado brasileiro deseja transferir para o setor privado a conservação e a manutenção de presídios,

6. DIREITO ADMINISTRATIVO — 485

serviço que, por não ser autossustentável financeiramente, demandará o aporte de recursos públicos.

Com base nessas situações e na Lei n.º 11.079/2004, que dispõe sobre PPPs, assinale a opção correta.

(A) É admissível a celebração de contrato de PPP na situação I, de acordo com a discricionariedade do administrador.

(B) É vedada a celebração de contrato de PPP em ambas as situações.

(C) Cabe a celebração de contrato de PPP tanto na situação I quanto na situação II, independentemente de o empreendimento ser autossustentável financeiramente ou não.

(D) Permite-se a celebração de contrato de PPP apenas na situação I, que trata de empreendimento autossustentável financeiramente.

(E) Apenas na situação II, que trata de empreendimento não autossustentável financeiramente, admite-se a celebração de contrato de PPP.

A, B, C, D e E: Segundo art. 2º, § 3º, da Lei 11.079/2004, usa-se a concessão comum, e não a parceria público-privada (PPP), quando não houver contraprestação pecuniária do parceiro público ao parceiro privado. No caso I, como o pedágio dará conta da remuneração, não caberá PPP. Já no caso II, como não há cobrança dos usuários (presidiários), haverá, necessariamente, contraprestação do Estado ao parceiro privado, admitindo-se a celebração de contrato de PPP. **FMB**
Gabarito "E."

14. PROCESSO ADMINISTRATIVO

(Juiz – TRF 2ª Região – 2017) Analise as assertivas e, ao final, marque a opção correta:

I. No recurso administrativo, a *reformatio in pejus* é inconstitucional, por violar o princípio da especialidade e da segregação das funções;

II. Das decisões administrativas cabe recurso, em regra, apenas nos aspectos que se referem à legalidade do decidido, e a admissibilidade de que o recurso reveja o mérito (conveniência e oportunidade) depende de explícita previsão legal, pena de afronta à competência dos agentes públicos, previamente definida em lei;

III. É inconstitucional a exigência de depósito em dinheiro, ou arrolamento de bem, para admissibilidade de recurso administrativo; é admissível, porém, a exigência de fiança ou outra caução.

(A) Apenas a assertiva II está correta.

(B) Todas as assertivas são erradas.

(C) Apenas a assertiva III é correta.

(D) Apenas as assertivas I e III são corretas.

(E) Todas as assertivas são corretas.

A: incorreta. A assertiva II é incorreta, pois os recursos administrativos admitem revisão do mérito e do aspecto formal do ato, sem restrições (art. 56, da Lei 9.784/1999); **B:** correta. Todas as assertivas estão erradas. A assertiva I, porque o recurso administrativo admite a "reformatio in pejus" (art. 64, parágrafo único, da Lei 9.784/1999); e II, porque os recursos admitem revisão formal e material do ato (art. 56, da Lei 9.784/1999). Quanto à III, é possível a exigência de caução, conforme disposto no art. 56, §2º, da Lei 9.784/1999; **C:** incorreta. A assertiva III está incorreta, em razão do art. 56, §2º, da Lei 9.784/1999 admitir

a possibilidade de exigência de caução se prevista em lei; **D:** incorreta. Assertiva I, porque o recurso administrativo admite a "reformatio in pejus" (art. 64, parágrafo único, da Lei 9.784/1999); e II, porque os recursos admitem revisão formal e material do ato (art. 56, da Lei 9.784/1999); **E:** incorreta. Todas as assertivas estão incorretas. **AW**
Gabarito "B."

(Juiz – TRF 4ª Região – 2016) Dadas as assertivas abaixo, assinale a alternativa correta.

I. Impedida a parte de participar de concorrência pública por ato imputável à Administração, é devida indenização, com base na Teoria da Perda de uma Chance, equivalente ao benefício que teria auferido se vencedor no certame.

II. Segundo a Teoria dos Motivos Determinantes, quando a Administração motiva o ato, mesmo que a lei não exija motivação, ele só será válido se os motivos forem verdadeiros.

III. Havendo alteração da situação de fato ou de direito após o trânsito em julgado de decisão judicial concessiva de vantagem funcional, a Administração pode unilateralmente suprimir tal vantagem, sem necessidade de processo judicial ou administrativo.

(A) Está correta apenas a assertiva II.

(B) Estão corretas apenas as assertivas I e II.

(C) Estão corretas apenas as assertivas II e III.

(D) Estão corretas todas as assertivas.

(E) Nenhuma assertiva está correta.

A: correta. Trata-se do que determina a "Teoria dos Motivos Determinantes", pela qual, uma vez motivado o ato, ele o vincula. Sendo inválidos os motivos, o ato será inválido, assim como, sendo válidos os motivos, o ato subsiste válido; **B:** incorreta. A assertiva I está incorreta, pois pela Teoria da Perda de Uma Chance, é necessário que um ato ilícito ou abusivo de direito tenha evitado outrem de obter um resultado pretendido, dados que não constam do enunciado, que apenas diz "ato imputável à Administração", mas seria um ato ilícito? Mais também, o fato de que o prejudicado foi impedido de participar de uma concorrência, fato que não é certo de que seria escolhido, por isso essa Teoria fica ainda mais fragilizada, eis que exige que aquela chance que se alega perdida pela vítima seria muito provável de se alcançar se não fosse a conduta do agente que violou a expectativa. O improvável ou quase certo devem ser descartados; **C:** incorreta: Como dito acima, o item II está correto, mas o III, incorreto, já que, mediante coisa julgada, o Poder Público não pode deixar de cumprir uma obrigação. Para tanto, só lhe resta a Ação Rescisória; **D:** incorreta. Somente a assertiva II está correta; **E:** incorreta. A assertiva II está correta. **AW**
Gabarito "A."

(Juiz – TRF 3ª Região – 2016) Dadas as assertivas abaixo, assinale a alternativa incorreta.

(A) O STJ tem entendimento no sentido de que, quanto ao pedido administrativo de restituição e demais processos administrativos tributários, não tem aplicação a Lei nº 9.784/99, razão pela qual deve ser aplicado o prazo de 360 (trezentos e sessenta) dias para que seja proferida decisão administrativa, a contar do protocolo dos respectivos pedidos.

(B) O STJ tem entendimento no sentido de que, uma vez que a legislação do Programa de Recuperação Fiscal – Refis (Lei nº 9.964/00) tem previsão específica no sentido de que a notificação da exclusão do devedor ocorrerá por meio do Diário Oficial e da Internet, não tem aplicação, no caso, a disposição contida no art. 26, § 3º da Lei nº 9.784/99 ("A intimação pode ser efetuada por ciência no processo, por via postal com aviso de recebimento, por telegrama ou outro meio que assegure a certeza da ciência do interessado.").

(C) O STJ tem entendimento no sentido de que a regra contida no art. 54 da Lei 9.784/99, que impede a Administração de anular atos administrativos dos quais decorram efeitos favoráveis para os destinatários, quando já ultrapassado o prazo de 5 (cinco) anos, não pode ser imposta ao Poder Legislativo, que, por meio de lei nova, altera o regime jurídico dos servidores.

(D) O STJ tem entendimento no sentido de que, no tocante à incidência da decadência prevista no art. 54 da Lei nº 9.784/1999, não cabe à Administração proceder à revisão do ato de aposentadoria de servidor público federal quando transcorrido, entre a data da aposentação e a da decisão do TCU que julgou no sentido de sua ilegalidade, lapso temporal superior a 5 (cinco) anos.

A: A assertiva está correta, eis que em conformidade com o entendimento jurisprudencial de que a Lei 9.784/1999 é lei geral e afastada, portanto, da aplicação da lei especial Lei 11.457/2007, conforme se verifica abaixo: TRIBUTÁRIO. CONSTITUCIONAL. RECURSO ESPECIAL REPRESENTATIVO DE CONTROVÉRSIA. ART. 543-C, DO CPC. DURAÇÃO RAZOÁVEL DO PROCESSO. PROCESSO ADMINISTRATIVO FISCAL FEDERAL. PEDIDO ADMINISTRATIVO DE RESTITUIÇÃO. PRAZO PARA DECISÃO DA ADMINISTRAÇÃO PÚBLICA. APLICAÇÃO DA LEI 9.784/99. IMPOSSIBILIDADE. NORMA GERAL. LEI DO PROCESSO ADMINISTRATIVO FISCAL. DECRETO 70.235/72. ART. 24 DA LEI 11.457/07. NORMA DE NATUREZA PROCESSUAL. APLICAÇÃO IMEDIATA. VIOLAÇÃO DO ART. 535 DO CPC NÃO CONFIGURADA. 1. A duração razoável dos processos foi erigida como cláusula pétrea e direito fundamental pela Emenda Constitucional 45, de 2004, que acresceu ao art. 5º, o inciso LXXVIII, *in verbis*: "a todos, no âmbito judicial e administrativo, são assegurados a razoável duração do processo e os meios que garantam a celeridade de sua tramitação." 2. A conclusão de processo administrativo em prazo razoável é corolário dos princípios da eficiência, da moralidade e da razoabilidade. (Precedentes: MS 13.584/DF, Rel. Min. Jorge Mussi, 3ª Seção, j. 13.05.2009, *DJe* 26.06.2009; REsp 1091042/SC, Rel. Min. Eliana Calmon, 2ª Turma, j. 06.08.2009, *DJe* 21.08.2009; MS 13.545/DF, Rel. Min. Maria Thereza de Assis Moura, 3ª Seção, j. 29.10.2008, *DJe* 07.11.2008; REsp 690.819/RS, Rel. Min. José Delgado, 1ª Turma, j. 22.02.2005, *DJ* 19.12.2005) 3. **O processo administrativo tributário encontra-se regulado pelo Decreto 70.235/72 - Lei do Processo Administrativo Fiscal -, o que afasta a aplicação da Lei 9.784/99, ainda que ausente, na lei específica, mandamento legal relativo à fixação de prazo razoável para a análise e decisão das petições, defesas e recursos administrativos do contribuinte.** (...) 7. Destarte, **tanto para os requerimentos efetuados anteriormente à vigência da Lei 11.457/07, quanto aos pedidos protocolados após o advento do referido diploma legislativo, o prazo aplicável é de 360 dias a partir do protocolo dos pedidos** (art. 24 da Lei 11.457/07). (...); (STJ - REsp: 1138206 RS 2009/0084733-0, Rel. Min. Luiz Fux, j. 09.08.2010, 1ª Seção, *DJe* 01.09.2010); **B:** A assertiva é correta. O STJ tem entendimento no sentido de que, uma vez que a legislação do Programa de Recuperação Fiscal – Refis (Lei 9.964/2000) tem previsão específica no sentido de que a notificação da exclusão do devedor ocorrerá por meio do Diário Oficial e da Internet, não tem aplicação, no caso, a disposição contida no art. 26, § 3º da Lei 9.784/1999 ("A intimação pode ser efetuada por ciência no processo, por via postal

com aviso de recebimento, por telegrama ou outro meio que assegure a certeza da ciência do interessado.").; **C:** A assertiva não contém erro. O regime jurídico dos servidores não gera direito adquirido, por isso é que também não se aplica o prazo decadencial para anulá-lo (súmula 27 do STF); **D:** A assertiva está errada e deve ser assinalada. Temos um ato complexo (aposentação), que só produz efeitos após a decisão do Tribunal de Contas, por isso o prazo decadencial só se inicia após sua análise, não havendo que se falar em prazo decadencial anteriormente à manifestação do Tribunal de Contas, portanto. "IMPOSSIBILIDADE. **REVISÃO** DO **ATO** DE **APOSENTADORIA PELA ADMINISTRAÇÃO. ATO** COMPLEXO. PRAZO DECADENCIAL QUE SE INICIA COM A MANIFESTAÇÃO DO TRIBUNAL DE CONTAS. AGRAVO CONHECIDO E NÃO PROVIDO. (....) Com efeito, somente a partir da manifestação da Corte de Contas aferindo a legalidade do ato, para fins de registro, tem início a fluência do prazo decadencial de 5 (cinco) anos previsto no art. 54 da Lei 9.784 /99, para que a **Administração** Pública reveja o **ato** de concessão de **aposentadoria** (cf . AgRg no REsp 1512546/PR, Rel. Min. Herman Benjamin, 2ª Turma, *DJe* 21.05.2015; AgRg no AgRg no AREsp 177.309/RS, Rel. Min Napoleão Nunes Maia Filho, 1ª Turma, *DJe* 23.02.2015). **AW**

Gabarito "D".

(Juiz – TJ-SC – FCC – 2017) Acerca dos prazos prescricionais em matérias referentes à atividade administrativa, segundo a jurisprudência dominante do:

(A) STJ, é aplicável o prazo constante do Decreto nº 20.910/32 para que autarquia concessionária de serviços públicos ajuíze execução fiscal visando a cobrança de débitos decorrentes do inadimplemento de tarifas.

(B) STF, as ações de reparação de danos decorrentes de acidente de trânsito, cometido em prejuízo do patrimônio da Administração Pública, são imprescritíveis.

(C) STJ, no tocante à ação para pleitear danos morais decorrentes de prática de tortura ocorrida durante o regime militar, deve-se adotar a prescrição vintenária, sendo o termo inicial a vigência da Constituição Federal de 1988.

(D) STF, considera-se prescrito o *jus puniendi* no caso de transcurso do prazo legal assinalado para conclusão procedimento de processo administrativo disciplinar.

(E) STJ, aplica-se o prazo prescricional estabelecido no Código Civil para as ações de repetição de indébito referentes a tarifas cobradas por empresas concessionárias de serviços públicos.

A: incorreta. No caso das concessionárias de serviços públicos, o prazo prescricional a ser seguido é o previsto pelo Código Civil, sendo uma empresa particular, sem privilégios tributários, financeiros e processuais; **B:** incorreta. No Recurso Extraordinário (RE) 669069, o STF decidiu que há prescrição em danos à Fazenda Pública decorrentes de ilícito civil. A imprescritibilidade só incide no caso de danos ao erário causado por improbidade administrativa. **C:** incorreta. O STJ decidiu serem imprescritíveis as ações dessa natureza, eis que se tratam de violação de um direito fundamental, conforme se verifica do seguinte julgado: ADMINISTRATIVO E PROCESSUAL CIVIL. RECURSO ESPECIAL. ANISTIADO POLÍTICO. OFENSA AO ART. 535 DO CPC. INOCORRÊNCIA. RESPONSABILIDADE CIVIL DO ESTADO. PERSEGUIÇÃO POLÍTICA OCORRIDA DURANTE O REGIME MILITAR INSTAURADO EM 1964. PRAZO PRESCRICIONAL. INAPLICABILIDADE DO ART. 1º DO DECRETO 20.910/32. VIOLAÇÃO DE DIREITOS HUMANOS FUNDAMENTAIS. IMPRESCRITIBILIDADE. PRECEDENTES. ART. 16 DA LEI Nº 10.559/02. REPARAÇÃO ECONÔMICA NO ÂMBITO ADMINISTRATIVO

6. DIREITO ADMINISTRATIVO

QUE NÃO INIBE A REIVINDICAÇÃO DE DANOS MORAIS PELO ANIS-
TIADO NA VIA JUDICIAL. JUROS E CORREÇÃO INCIDENTES SOBRE O
VALOR DA CONDENAÇÃO. APLICABILIDADE DO ART. 1º- F DA LEI Nº
9.494/97 COM A REDAÇÃO DADA PELA LEI Nº 11.960/09. RECURSO
DA UNIÃO PARCIALMENTE ACOLHIDO.
1. Não ocorre ofensa ao art. 535 do CPC, quando a Corte de origem
dirime, fundamentadamente, as questões que lhe são submetidas,
apreciando integralmente a controvérsia posta nos autos
2. Conforme jurisprudência do STJ, "a prescrição quinquenal, disposta
no art. 1º do Decreto 20.910/1932, não se aplica aos danos decorrentes
de violação de direitos fundamentais, os quais são imprescritíveis,
principalmente quando ocorreram durante o Regime Militar, época em
que os jurisdicionados não podiam deduzir a contento suas pretensões"
(AgRg no AREsp 302.979/PR, Rel. Ministro Castro Meira, Segunda
Turma, DJe 5/6/2013).
3. Mesmo tendo conquistado na via administrativa a reparação econômica de que trata a Lei nº 10.559/02, e nada obstante a pontual restrição
posta em seu art. 16 (dirigida, antes e unicamente, à Administração e
não à Jurisdição), inexistirá óbice a que o anistiado, embora com base
no mesmo episódio político mas porque simultaneamente lesivo à sua
personalidade, possa reivindicar e alcançar, na esfera judicial, a condenação da União também à compensação pecuniária por danos morais.
4. Nas hipóteses de condenação imposta à Fazenda Pública, como
regra geral, a atualização monetária e a compensação da mora devem
observar os critérios previstos no art. 1º-F da Lei n.º 9.494/97, com
a redação dada pela Lei n.º 11.960/09. Acolhimento, nesse específico
ponto, da insurgência da União.
5. Recurso especial a que se dá parcial provimento.
(REsp 1485260/PR, Rel. Min. Sérgio Kukina, 1ª T., j. 05.04.2016, *DJe*
19.04.2016)
D: incorreta. A Jurisprudência dominante é no sentido de não haver
nulidade do procedimento por descumprimento do prazo para termino
da sindicância, conforme se verifica a seguir:
MANDADO DE SEGURANÇA - Servidor Público -Impetração objetivando
a anulação de pena de demissão -Segurança concedida - Inadmissibilidade - Portaria que lastreou a penalidade com base nos fatos contidos
nos autos que apurou a infração - **Extrapolação** do **prazo para conclusão** da **sindicância** e do processo administrativo que não conduz
à nulidade dos procedimentos - Precedentes do Superior Tribunal de
Justiça e desta Corte -Manutenção da penalidade aplicada ao servidor
- Recurso provido.
E: correta. Tratando-se de uma concessionária de serviços públicos,
empresa particular, que segue as regras de direito privado, não há que
se falar em prazos privilegiados ou diferenciados, próprio das empresas
estatais. Esse entendimento se confirma com a súmula 412 do STJ. **AW**
Gabarito "E".

(Magistratura Federal/3ª Região – 2010) O processo administrativo
no âmbito da Administração Pública Federal é disciplinado pela Lei 9.784, de 29 de janeiro de 1999, sendo
incorreto afirmar:

(A) A edição de atos normativos e a decisão de recursos
administrativos não podem ser objeto de delegação;

(B) Em caso de risco iminente a administração poderá
adotar motivadamente providencias acauteladoras,
desde que previamente ouvido o interessado;

(C) A autoridade administrativa poderá indeferir a produção de prova requerida pelo interessado por entendê-
-la desnecessária ao esclarecimento dos fatos, ainda
que referida prova seja licita e pertinente;

(D) A boa-fé objetiva deve nortear a conduta do administrado perante a administração, impondo-se seu
proceder com lealdade e probidade.

A: correta (art. 13, I e II, da Lei 9.784/1999); **B:** incorreta (devendo ser
assinalada), pois é possível adotar tais medidas sem prévia oitiva do
interessado (art. 45 da Lei 9.784/1999); **C:** correta (art. 38, § 2º, da Lei
9.784/1999); **D:** correta (art. 4º, II, da Lei 9.784/1999). **FMB**
Gabarito "B".

15. CONTROLE DA ADMINISTRAÇÃO PÚBLICA

(Magistratura/RJ – 2013 – VUNESP) Com relação às garantias dos
administrados, é correto afirmar que

(A) não cabe condenação em honorários de advogado na
ação de mandado de segurança.

(B) cabe *habeas corpus* quando já extinta a pena privativa
de liberdade.

(C) o mandado de segurança substitui a ação popular.

(D) o Ministério Público não tem legitimidade para
promover ação civil pública cujo fundamento seja a
ilegalidade de reajuste de mensalidades escolares.

A: correta (Súmula 512 do STF); **B:** incorreta, pois a Súmula 695 do
STF enuncia justamente o contrário; **C:** incorreta, pois a Súmula 101 do
STF enuncia justamente o contrário; **D:** incorreta, pois a Súmula 643 do
STF confere tal legitimidade ao Ministério Público. **WG**
Gabarito "A".

(Magistratura/RJ – 2013 – VUNESP) No Processo Administrativo,

(A) não se aplica o princípio do juiz natural.

(B) a instauração será exclusivamente por meio de Portaria.

(C) admite-se, excepcionalmente, a interceptação de
comunicação telefônica.

(D) aplica-se o princípio do formalismo moderado.

A: incorreta, pois esse princípio se aplica sim ao processo administrativo (STJ, MS 13.148/DF, j. 01.06.2012), conforme, aliás, admite sua
redação (art. 5º, LIII, da CF/1988), que dispõe, também, que ninguém
será "processado" senão pela autoridade competente, sem distinguir
entre processo administrativo e processo judicial; **B:** incorreta, pois
o processo administrativo pode iniciar-se de ofício ou a pedido de
interessado; a autoridade, quando tiver motivo para instaurar um processo de ofício, pode fazê-lo por meio de uma portaria que narre fatos
que ensejam a abertura do processo (por exemplo, a descoberta de
uma possível ilegalidade) e que determina a instauração do processo
e a autuação do procedimento; já quando um interessado faz um
requerimento, a autoridade simplesmente determina a autuação deste
para início do processo a pedido do interessado, sem necessidade de
portaria; **C:** incorreta, pois não é possível requerer a interceptação
telefônica em processo administrativo disciplinar (Lei 9.296/1996);
porém, o STJ admite a utilização dessa prova, em processo disciplinar,
na qualidade de "prova emprestada", caso haja sido produzida em
ação penal, e desde que devidamente autorizada pelo juízo criminal
e com a observância das diretrizes da Lei 9.296/1996 (MS 16.146/
DF, j. 22.05.2013); não se considera ilícita a prova quando feita pela
própria vítima (interlocutor) de fiscal que exigia propina; **D:** correta.
Deve-se ter em mente a instrumentalidade das formas, respeitando
sempre a ampla defesa e o contraditório; por conta disso, o STJ
entende, por exemplo, que a prorrogação motivada do prazo para a
conclusão dos trabalhos da comissão em processo administrativo
disciplinar não acarreta, por si só, a nulidade do procedimento (MS
16.031/DF, j. 26.06.2013). **WG**
Gabarito "D".

488 WANDER GARCIA, FLÁVIA MORAES BARROS MICHELE FABRE E ARIANE WADY

(Magistratura/BA – 2012 – CESPE) Com base no que dispõe a lei que regula os procedimentos administrativos (Lei n. 9.784/1999), assinale a opção correta.

(A) Um órgão administrativo e seu titular podem delegar parte da sua competência a outros órgãos ou titulares, incluindo-se a edição de atos normativos.

(B) O não atendimento da intimação feita pelo órgão competente perante o qual tramita processo administrativo implicará reconhecimento da verdade dos fatos por parte do administrado.

(C) Cabe ao interessado a prova dos fatos que tenha alegado, ainda que dependam de dados registrados em documentos existentes na própria administração.

(D) Acolhida pelo STF a reclamação fundada em violação de enunciado da súmula vinculante, deve-se dar ciência à autoridade prolatora e ao órgão competente para o julgamento do recurso, que deverão adequar as futuras decisões administrativas em casos semelhantes, sob pena de responsabilização pessoal nas esferas civil, administrativa e penal.

(E) O direito da administração de anular os atos administrativos de que decorram efeitos favoráveis para os destinatários decai em cinco anos, contados da data em que foram praticados, ainda que comprovada má-fé.

A: incorreta, pois não é possível delegar a competência para a edição de atos normativos (art. 13, I, da Lei 9.784/1999); B: incorreta, pois o desatendimento da intimação não importa o reconhecimento da verdade dos fatos, nem a renúncia a direito pelo administrado (art. 27, *caput*, da Lei 9.784/1999); C: incorreta, pois nesse caso cabe à Administração prover, de ofício, à obtenção dos documentos ou das respectivas cópias (arts. 36 e 37 da Lei 9.784/1999); D: correta (art. 64-B da Lei 9.784/1999); E: incorreta, pois, em caso de má-fé esse direito não decai (art. 54, *caput*, da Lei 9.784/1999). **WG**
Gabarito "D".

(Magistratura/PR – 2010 – PUC/PR) Em relação ao Processo Administrativo e à Lei n. 9.784/1999, assinale a alternativa CORRETA:

(A) Em caso de revisão administrativa, o órgão competente para decidir poderá confirmar, modificar, anular ou revogar a decisão a ser revista, se a matéria for de sua competência.

(B) O dever legal de decidir está condicionado à presença do interesse público e somente é estabelecido na Lei n. 9.784/1999, após 60 dias prorrogáveis por igual período depois de concluída a instrução do processo administrativo.

(C) O direito da Administração de anular os atos administrativos de que decorram efeitos favoráveis para os destinatários decai em 05 (cinco) anos contados da data em que foram praticados, salvo comprovada má-fé.

(D) A verdade sabida é admitida em processos administrativos sumários, especialmente quando já está estabelecida a autoria e a materialidade do ilícito administrativo.

A: incorreta, pois a revisão não pode resultar agravamento da sanção (art. 65, parágrafo único, da Lei 9.784/1999), de modo que não é

qualquer *modificação* de decisão que poderá acontecer; a alternativa em análise, na verdade, trouxe o texto do que pode ser feito pelo órgão competente em caso de *recurso administrativo* (art. 64, *caput*, da Lei 9.784/1999), e não em caso de *revisão administrativa*; B: incorreta, pois a Administração, concluída a instrução, tem o prazo de até 30 dias, prorrogável por igual período, mediante expressa motivação (art. 49 da Lei 9.784/1999); C: correta (art. 54 da Lei 9.784/1999); D: incorreta, pois a verdade sabida, que é aquela testemunhada ou conhecida inequivocamente pelo superior hierárquico, não é suficiente para a apenação de um servidor, sendo necessário dar a este direito de defesa, com respeito ao devido processo disciplinar. **WG**
Gabarito "C".

(Magistratura/DF – 2011) No contexto da Lei n. 9.784/1999, é correto afirmar:

(A) A competência é irrenunciável e se exerce pelos órgãos administrativos a que foi atribuída como própria, salvos os casos de delegação e avocação legalmente admitidos, dentre os quais a edição de atos de caráter normativo;

(B) É direito do administrado, perante a Administração, sem prejuízo de outros, fazer-se assistir, facultativamente, por advogado, salvo quando obrigatória a representação, por força de lei;

(C) Quanto a direitos e interesses difusos, têm legitimidade para interpor recursos administrativos as organizações e associações representativas;

(D) Acolhida pelo Supremo Tribunal Federal a reclamação fundada em violação de enunciado da súmula vinculante, dar-se-á ciência à autoridade prolatora e ao órgão competente para o julgamento do recurso para imediata revogação do ato.

A: incorreta, pois não cabe delegação para a edição de atos normativos (art. 13, I, da Lei 9.784/1999); B: correta (art. 3º, IV, da Lei 9.784/1999); C: incorreta, pois as organizações e associações representativas têm legitimidade para recorrer no tocante a direitos e interesses *coletivos*, sendo que, quanto a interesses *difusos*, são legitimados os cidadãos ou associações (art. 58, III e IV, da Lei 9.784/1999); D: incorreta, pois a autoridade prolatora ou o órgão competente deverão adequar suas futuras decisões administrativas em casos semelhantes (art. 64-B da Lei 9.784/1999). **WG**
Gabarito "B".

(Magistratura/PE – 2011 – FCC) Consoante jurisprudência do Supremo Tribunal Federal, nos processos perante o Tribunal de Contas da União asseguram-se o contraditório e a ampla defesa

(A) desde que demanda idêntica seja levada, concomitantemente, pelo interessado, à apreciação judicial.

(B) quando da decisão puder resultar anulação de ato administrativo que beneficie o interessado, sem exceções, mas excluídas as hipóteses de revogação de ato.

(C) quando da decisão puder resultar anulação ou revogação de ato administrativo que beneficie o interessado, excetuada a apreciação da legalidade do ato de concessão inicial de aposentadoria, reforma e pensão.

(D) quando da decisão puder resultar anulação ou revogação de ato administrativo que beneficie o interessado, sem exceções.

6. DIREITO ADMINISTRATIVO — 489

(E) em quaisquer procedimentos.

Vide a Súmula Vinculante 3 do STF: "Nos processos perante o Tribunal de Contas da União asseguram-se o contraditório e a ampla defesa quando da decisão puder resultar anulação ou revogação de ato administrativo que beneficie o interessado, exceptuada a apreciação da legalidade do ato de concessão inicial de aposentadoria, reforma e pensão". **WG**

Gabarito "C".

(Magistratura Federal/1ª região – 2011 – CESPE) Considerando a disciplina e a jurisprudência concernentes ao controle dos atos administrativos, assinale a opção correta.

(A) A análise acerca de eventual ofensa do ato administrativo ao princípio da proporcionalidade exige juízo de valor acerca da conveniência e oportunidade, razão pela qual não se revela passível de controle por parte do Poder Judiciário.

(B) Na hipótese de demissão imposta a servidor público submetido a processo administrativo disciplinar, o controle por parte do Poder Judiciário deve ficar restrito aos aspectos formais, visto que não é possível a análise da motivação do ato decisório.

(C) Em obediência ao princípio da segurança jurídica, o controle externo, oriundo dos Poderes Legislativo e Judiciário, está sujeito a prazo de caducidade, assim como o controle interno, razão pela qual decai em cinco anos o direito ao controle dos atos administrativos dos quais decorram efeitos favoráveis para os destinatários, ainda que comprovada a má-fé.

(D) Quando for exarada decisão do tribunal de contas reconhecendo a legitimidade do ato administrativo, este não poderá ser objeto de impugnação em ação de improbidade, restando inviabilizado, em tal hipótese, o controle do Poder Judiciário.

(E) Nas demandas que envolvam discussão acerca de concurso público, é vedada, em regra, a apreciação pelo Poder Judiciário dos critérios utilizados pela banca examinadora para a formulação de questões e atribuição de notas a candidatos, sob pena de incursão no denominado mérito administrativo.

A: incorreta. O princípio da proporcionalidade estabelece a obrigatoriedade de que a Administração Pública, no manejo dos poderes que lhe são outorgados pela lei para o atingimento do interesse público, atue com moderação, respeitando os direitos fundamentais e evitando o sacrifício desnecessário ou desmedido de qualquer prerrogativa assegurada ao cidadão pelo ordenamento jurídico. Desdobra-se nos postulados da necessidade (ou seja, se é preciso efetivamente a realização do ato), adequação (se a medida adotada consiste no instrumento correto para o atingimento ótimo da finalidade legal) e proporcionalidade em sentido estrito (a obrigatoriedade de o ato seja praticado na exata medida necessária para o atendimento do interesse público). Tudo isso é aspecto de legalidade e não integra o mérito administrativo, razão pela qual pode ser objeto de análise pelo Poder Judiciário; **B:** incorreta. A motivação é um dos princípios que rege os processos administrativos em geral (art. 2º da Lei nº 9.784/1999), incidindo igualmente sobre os processos administrativos disciplinares. É passível de apreciação pelo Poder Judiciário sob o aspecto da legalidade do ato; **C:** incorreta. O prazo de cinco anos para o exercício do poder de autotutela pela Administração Pública, ou seja, para, em exercício de controle interno, poder anular os próprios atos quando eivados de ilegalidade, não possui

previsão legal de aplicação para o controle externo – art. 54 da Lei nº 9.784/1999; **D:** incorreta. Embora seja reconhecida a competência constitucional dos tribunais de contas de exercerem a fiscalização contábil, financeira, orçamentária, operacional e patrimonial sob o prisma da legitimidade, isto é, de sua conformidade com a lei, essa análise não extrai do Judiciário seu poder de apreciação, face ao que determina o art. 5º, XXXV, da CF/1988; **E:** correta. Desde que dentro dos parâmetros legais e previstos no edital, a formulação de questões e atribuição de notas a candidatos relacionam-se com o mérito administrativo, que se consubstancia na valoração dos motivos e na escolha do objeto do ato quando a Administração Pública é autorizada a decidir sobre sua conveniência e oportunidade. **FMB**

Gabarito "E".

(Magistratura Federal/2ª região – 2011 – CESPE) No que se refere ao controle da administração pública e à improbidade administrativa, assinale a opção correta.

(A) De acordo com a doutrina, o julgamento, pelo TCU, das contas dos administradores e demais responsáveis por dinheiros, bens e valores públicos caracteriza o exercício atípico da função jurisdicional.

(B) Como o Poder Judiciário não pode adentrar no exame de aspectos reservados à apreciação subjetiva da administração pública, por compor o denominado mérito do ato, os motivos que levem a administração a praticar o ato não podem ser objeto de apreciação do referido poder.

(C) De acordo com a lei que trata da improbidade administrativa, a indisponibilidade de bens, cabível quando o ato de improbidade causar lesão ao patrimônio público ou ensejar enriquecimento ilícito, constitui medida que apenas pode ser decretada judicialmente.

(D) Em regra, o denominado recurso hierárquico não possui efeito suspensivo.

(E) A revisão, instrumento cuja finalidade é a obtenção do reexame de decisão administrativa que impõe punição ao servidor público, só pode ser manejada pelo interessado, diante do surgimento de fatos novos capazes de demonstrar a sua inocência.

A: incorreta. Embora possamos falar em função *judicante* atípica outorgada pela Constituição aos tribunais de contas, ela não é propriamente jurisdicional, atividade esta que é privativa do Poder Judiciário, cujas decisões fazem efetivamente coisa julgada absolutamente imutável após o decurso do prazo para propositura da ação rescisória. Mas a questão apresenta certa polêmica doutrinária, pois por vezes essa diferenciação entre função judicante e função jurisdicional não é feita pela doutrina e se entende que os tribunais podem, sim, exercer função jurisdicional atípica, sem prejuízo de apreciação ulterior pelo Judiciário – art. 5º, XXXV e 70 da CF/1988; **B:** incorreta. Existem certos elementos do ato administrativo que são sempre vinculados. São eles: a competência e a finalidade em sentido estrito. Um ato administrativo, portanto, jamais poderá ser totalmente discricionário. Nesses atos, temos, destarte, a liberdade dada pela lei (e nos limites dela) para que o administrador, no cotejo da lei com o fato concreto, escolha a solução que atinge otimamente a finalidade legal perseguida, segundo critérios de conveniência e oportunidade. Os atos discricionários podem, portanto, ser analisados tanto sob o prisma da legalidade (ou seja, da conformidade do ato com a lei), como sob o prisma do mérito (isto é, da conveniência e oportunidade do ato diante do interesse público a ser atingido). Desde que em conformidade com a lei, o mérito não é sindicável perante o Poder Judiciário, mas resta-lhe sempre a possibilidade de análise da legalidade do ato; **C:** correta. O gabarito traz essa assertiva como incorreta, mas a indisponibilidade de bens efetivamente só pode ser decretada judicialmente e só é cabível no caso de atos de improbidade que importem enriquecimento ilícito ou causem prejuízo ao erário. É o que prevê o art. 16 da Lei nº 8.429/1992; **D:** correta (art. 61 da Lei nº 9.784/1999); **E:** incorreta. Essa revisão pode ser a pedido ou de ofício e pode ocorrer a qualquer tempo, quanto surgirem fatos novos ou circunstâncias relevantes capazes de justificar a inadequação da sanção aplicada. É o que diz o art. 65 da Lei nº 9.784/1999: "Os processos administrativos de que resultem sanções poderão ser revistos, a qualquer tempo, a pedido ou de ofício, quando surgirem fatos novos ou circunstâncias relevantes suscetíveis de justificar a inadequação da sanção aplicada". **FMB**

Gabarito "D"

(Magistratura Federal/3ª região – 2011 – CESPE) Com relação ao controle da administração, aos instrumentos judiciais que o embasam e à responsabilidade por improbidade administrativa, assinale a opção correta.

(A) A ação civil pública é mecanismo judicial que se destina à tutela repressiva dos interesses difusos e coletivos quando já se consumou a ofensa a tais interesses, razão pela qual não admite ação de natureza cautelar.

(B) Em havendo fundados indícios de responsabilidade pela prática de ato de improbidade, a comissão processante designada pela autoridade administrativa competente pode, de ofício, decretar o sequestro dos bens do agente público ou terceiro que tenha causado dano ao patrimônio público.

(C) O controle financeiro exercido pelo Congresso Nacional sobre os Poderes Executivo e Judiciário e sobre sua própria administração, com o auxílio do Tribunal de Contas da União, alcança as pessoas físicas e as pessoas jurídicas que utilizam, arrecadam, guardam ou gerenciam dinheiros, bens e valores públicos, desde que detentoras de personalidade de direito público.

(D) Para fins de impetração de mandado de segurança, consideram-se autoridade coatora os agentes públicos em geral, assim como os administradores de autarquias, empresas públicas, sociedades de economia mista e concessionários de serviços públicos, quando, no exercício de funções delegadas, pratiquem atos de direito público ou atos de gestão comercial.

(E) No âmbito do controle da administração, os recursos administrativos, como regra, têm efeito apenas devolutivo, mas nada impede que tenham efeito suspensivo, quando a lei expressamente o mencione.

A: incorreta. A ação civil pública tem como regra geral a Lei nº 7.347/1985, a qual estabelece em seu art. 4º que "poderá ser ajuizada ação cautelar para os fins desta Lei, objetivando, inclusive, evitar o dano ao meio ambiente, ao consumidor, à ordem urbanística ou aos bens e direitos de valor artístico, estético, histórico, turístico e paisagístico"; **B:** incorreta. A indisponibilidade de bens efetivamente só é cabível no caso de atos de improbidade que importem enriquecimento ilícito ou causem prejuízo ao erário. É o que prevê o art. 16 da Lei nº 8.429/1992; **C:** incorreta. O erro ou "pegadinha" da questão encontra-se em sua parte final, pois logicamente não há a necessidade de que tenham personalidade de direito público (o que é até mesmo impossível para pessoas físicas) – art. 70 da CF/1988; **D:** incorreta. Cabe aqui replicar o que textualmente diz a Lei nº 12.016/2009 em seu art. 2º e §§ 1º e 2º: "Art. 1º Conceder-se-á mandado de segu-

rança para proteger direito líquido e certo, não amparado por *habeas corpus* ou *habeas data*, sempre que, ilegalmente ou com abuso de poder, qualquer pessoa física ou jurídica sofrer violação ou houver justo receio de sofrê-la por parte de autoridade, seja de que categoria for e sejam quais forem as funções que exerça. § 1º Equiparam-se às autoridades, para os efeitos desta Lei, os representantes ou órgãos de partidos políticos e os administradores de entidades autárquicas, bem como os dirigentes de pessoas jurídicas ou as pessoas naturais no exercício de atribuições do poder público, somente no que disser respeito a essas atribuições. § 2º *Não cabe mandado de segurança contra os atos de gestão comercial* praticados pelos administradores de empresas públicas, de sociedade de economia mista e de concessionárias de serviço público"; **E:** correta. Segundo o art. 61 da Lei nº 9.784/1999, os recursos administrativos não terão efeito suspensivo, salvo disposição legal em contrário. Vale aqui lembrar que o parágrafo único desse mesmo artigo prevê ainda a possibilidade de que, havendo justo receio de prejuízo de difícil ou incerta reparação decorrente da execução, a autoridade recorrida ou imediatamente superior dê efeito suspensivo ao recurso. **FMB**

Gabarito "E"

16. QUESTÕES COMBINADAS EM GERAL

(Magistratura/RJ – 2013 – VUNESP) Assinale a alternativa correta.

(A) Prescreverá em 3 (três) anos a pretensão de reparação civil na hipótese de responsabilidade civil do Estado, mesmo quando o fato depender de apuração criminal.

(B) A sindicância é meio sumário de apuração não admitindo ampla defesa ou contraditório, mesmo na hipótese de produzir efeito punitivo.

(C) A licença e a autorização são atos que decorrem do poder de polícia discricionário da administração púbica, podendo ser recusada por conveniência e oportunidade.

(D) A vitaliciedade não impede a extinção do cargo, ficando o funcionário em disponibilidade, com todos os vencimentos.

A: incorreta, pois o STJ se pacificou no sentido de que a prescrição contra a Fazenda Pública se dá no prazo de 5 anos, nos termos do disposto no Decreto 20.910/1932 (v., p. ex., AgRg nos EAREsp 5.3471/ RS, j. 27.02.2013); **B:** incorreta, pois, considerando que na sindicância pode-se aplicar sanções disciplinares (ainda que leves – no plano federal, cabe aplicação de penalidade de advertência ou suspensão de até trinta dias - art. 145, II, da Lei 8.112/1990), de rigor o respeito ao contraditório e à ampla defesa; **C:** incorreta, pois a licença é um ato vinculado, e não discricionário; **D:** correta, pois, segundo a Súmula 11 do STF, "a vitaliciedade não impede a extinção do cargo, ficando o funcionário em disponibilidade, com todos os vencimentos". **WG**

Gabarito "D"

(Magistratura Federal/1ª região – 2011 – CESPE) No que se refere aos princípios que regem o direito administrativo, as organizações sociais e as organizações da sociedade civil de interesse público, assinale a opção correta.

(A) As instituições hospitalares não gratuitas e as cooperativas são aptas para o recebimento da qualificação de organizações da sociedade civil de interesse público, nos termos da legislação de regência.

(B) Na sindicância, ainda que instaurada com caráter meramente investigatório ou preparatório de um processo administrativo disciplinar, é indispensável a observância dos princípios do contraditório e da ampla defesa.

6. DIREITO ADMINISTRATIVO

(C) Segundo o STJ, na hipótese em que o particular ocupa irregularmente área pública, não é cabível o pagamento de indenização por acessões ou benfeitorias, tampouco o direito de retenção, sob pena de ofensa aos princípios da indisponibilidade do patrimônio público e da supremacia do interesse público.

(D) O contrato de gestão, instituto oriundo da reforma administrativa, recebeu tratamento diferenciado no ordenamento jurídico nacional, a exemplo da Lei de Licitações e Contratos, que inseriu a celebração de contratos de prestação de serviços com as organizações sociais, qualificadas no âmbito das respectivas esferas de governo, para atividades contempladas no contrato de gestão como hipótese de inexigibilidade de licitação.

(E) O auxílio que o poder público presta à organização social não pode abranger a destinação de recursos orçamentários e bens necessários ao cumprimento do contrato de gestão, ainda que mediante permissão de uso.

A: incorreta, pois a Lei nº 9.790/1999 estabelece em seu art. 2º não serem passíveis de qualificação como Organizações da Sociedade Civil de Interesse Público "as instituições hospitalares privadas não gratuitas e suas mantenedoras" (inc. VII) e "as cooperativas" (inc. X); **B:** incorreta, pois o art. 143 da Lei nº 8.112/1990 fala expressamente ser assegurado ao acusado, em sindicância ou processo administrativo disciplinar, ampla defesa; **C:** correta, pois a ocupação irregular de bem público, conforme entendimento pacífico do STJ, não configura posse, mas tão somente detenção. Desse modo, não produz efeitos possessórios, nem dá ensejo à indenização; **D:** incorreta, pois se trata de hipótese de dispensa e não de inexigibilidade de licitação, nos termos em que estabelecido pelo art. 24, XXIV da Lei nº 8.666/1993; **E:** incorreta, visto que o art. 12 da Lei nº 9.637/1998 expressamente estabelece que "às organizações sociais poderão ser destinados recursos orçamentários e bens públicos necessários ao cumprimento do contrato de gestão". **FMB**
Gabarito "C".

(Magistratura Federal/1ª região – 2011 – CESPE) Assinale a opção correta no que diz respeito às agências reguladoras e executivas, à concessão de serviços públicos e às PPPs.

(A) Na esfera federal, a qualificação de uma autarquia ou fundação como agência executiva decorre de iniciativa exclusiva do chefe do Poder Executivo.

(B) Os ex-dirigentes das agências reguladoras continuam vinculados à entidade no denominado período de quarentena, durante o qual fazem jus à remuneração compensatória equivalente ao cargo de nível imediatamente abaixo do cargo de direção que exercem.

(C) Em se tratando de PPP na modalidade patrocinada, o parceiro público não dispõe de poderes como a encampação ou a intervenção ou o de decretar a caducidade.

(D) A PPP na modalidade administrativa não admite a atualização dos valores contratuais, circunstância que revela a ausência do denominado equilíbrio econômico-financeiro no ajuste firmado.

(E) Na hipótese de extinção do contrato de concessão por decurso do prazo de vigência, o poder público pode proceder à imediata retomada da prestação do serviço, até a realização de nova licitação, sem que

esteja condicionado o termo final do contrato ao prévio pagamento de eventual indenização.

A: incorreta, na medida em que agência executiva é a qualificação outorgada à autarquia ou fundação que celebre contrato de gestão com a Administração Pública Direta visando à melhoria da eficiência e a redução dos custos. Segundo o art. 1º, § 1º, do Decreto nº 2.487/1998, a qualificação de autarquia ou fundação como agência executiva poderá ser conferida mediante iniciativa do ministério supervisor, com a anuência do MPOG, que verificará o cumprimento pelas candidatas dos requisitos lá arrolados; **B:** incorreta, visto que o art. 8º, §2º, da Lei nº 9.986/2000 prevê que, durante um período de 04 meses de impedimento para o exercício de atividades ou prestação de serviços no setor regulado, "o ex-dirigente ficará vinculado à agência, fazendo jus à remuneração compensatória equivalente à do cargo de direção que exerceu e aos benefícios a ele inerentes"; **C:** incorreta, porque, nas concessões patrocinadas aplica-se subsidiariamente o disposto na Lei nº 8.987/1995, tal como dispõe o art. 3º, §1º, da Lei nº 11.079/2004; **D:** incorreta, pois o art. 5º, § 1º, da Lei nº 11.079/2004 traz inclusive a possibilidade de cláusulas contratuais de atualização automática de valores baseada em índices e fórmulas matemáticas que poderão ser aplicadas sem necessidade de homologação pela Administração Pública; **E:** correta, dada a aplicação subsidiária, no caso, da Lei nº 8.987/1995. **FMB**
Gabarito "E".

(Magistratura Federal/2ª região – 2011 – CESPE) Assinale a opção correta acerca dos atos e processos administrativos.

(A) O princípio da oficialidade tem aplicação na fase de instrução do processo administrativo e na de revisão da decisão proferida, mas não incide sobre a fase de instauração, que demanda provocação expressa do administrado.

(B) O administrado não pode alegar em instância administrativa superior o que não tenha sido arguido no início do processo administrativo.

(C) No que se refere à exequibilidade, o ato administrativo imperfeito e o ato pendente não estão aptos à produção de efeitos jurídicos, já que não completaram o respectivo ciclo de formação.

(D) Quanto à formação da vontade, a deliberação de um conselho constitui exemplo de ato administrativo simples.

(E) É possível a convalidação do ato administrativo quando o vício incide em qualquer um de seus elementos.

A: incorreta, nos termos do art. 5º da Lei nº 9.784/1999, o qual determina que: "o processo administrativo pode iniciar-se de ofício ou a pedido do interessado"; **B:** incorreta, visto que o art. 65 da Lei nº 9.784/1999 estabelece que "os processos administrativos de que resultem sanções poderão ser revistos, a qualquer tempo, a pedido ou de ofício, quando surgirem fatos novos ou circunstâncias relevantes suscetíveis de justificar a inadequação da sanção aplicada"; **C:** incorreta, pois ato administrativo imperfeito é o que se apresente incompleto na sua formação ou carente de um ato que o complemente para que possa tornar-se exequível e operante. Já o ato pendente, diversamente, é aquele que já possui todos os elementos de sua formação e só não produz efeitos jurídicos porque ainda não se verificou o termo ou condição para que se mostre exequível ou operante; **D:** correta, pois ato administrativo simples é precisamente o que resulta da manifestação de vontade de um órgão, unipessoal ou colegiado; **E:** incorreta, pois a convalidação se dará ou não dependendo do vício que atinge o ato, ou seja, dependendo

WANDER GARCIA, FLÁVIA MORAES BARROS MICHELE FABRE E ARIANE WADY

de qual elemento do ato administrativo está eivado de defeito que pode invalidar o ato jurídico. Se este estiver no sujeito ou na forma, o ato é perfeitamente convalidável. Também é possível convalidar atos com vício no objeto ou conteúdo, mas apenas quando se tratar de questão plúrima, ou seja, quando a vontade da administração se preordenar a mais de uma providência administrativa no mesmo ato. Neste diapasão, será viável suprimir ou alterar alguma destas providências e aproveitar o ato quanto às demais não atingidas por qualquer defeito que eventualmente venha a invalidar o ato jurídico. **FMB**
Gabarito "D".

(Magistratura Federal/4ª região – 2005 – X) Dadas as assertivas abaixo, assinalar a alternativa correta.

I. São bens da União os terrenos de marinha, os lagos, os rios, as águas naturalmente em depósito, as ilhas fluviais, lacustres e oceânicas, excluídas destas as que sejam sede de município.

II. A exploração de atividades nucleares é de competência privativa da União e depende, se realizada em território nacional, de aprovação do Congresso Nacional.

III. Lei Complementar pode autorizar os Estados a legislar sobre questões específicas das matérias de competência legislativa privativa da União, relacionadas na Constituição.

IV. A União pode intervir no Município para garantir a observância de princípios constitucionais, dentre os quais, os dos direitos da pessoa humana e de aplicação do mínimo de receita exigido em educação e saúde.

(A) Estão corretas apenas as assertivas I e II.

(B) Estão corretas apenas as assertivas I e IV.

(C) Estão corretas apenas as assertivas II e III.

(D) Estão corretas apenas as assertivas II, III e IV.

I: incorreta, pois incluem-se entre os bens do Estado, nos termos do art. 26 da CF/1988: as ilhas fluviais e lacustres não pertencentes à União e as áreas, nas ilhas oceânicas e costeiras, que estiverem no seu domínio, excluídas aqueles sob o domínio da União, Municípios ou terceiros; II: correta, nos termos do que dispõe o art. 21, XXIII, a da CF/1988; III: correta, segundo o que dispõe o art. 22, parágrafo único, da CF/ 1988; IV: incorreta, pois trata-se de previsão de intervenção da União nos Estados e não nos Municípios, como pode ser verificado no art. 34, VII, da CF/1988. Aliás, não há previsão constitucional de intervenção da União em municípios. **FMB**
Gabarito "C".

(Magistratura Federal/4ª região – 2005 – X) Dadas as assertivas abaixo, assinalar a alternativa correta.

I. Está em conformidade com a Constituição e com o princípio da isonomia a vinculação do reajuste de vencimentos de servidores estaduais ou municipais a índices federais de correção monetária.

II. O Poder Executivo pode criar sociedades de economia mista e fundações públicas independentemente de autorização legal.

III. É possível a ampliação da autonomia gerencial, orçamentária e financeira dos órgãos da Administração Direta e Indireta mediante contrato firmado entre seus administradores e o poder público, com fixação de metas de desempenho.

IV. A estabilidade financeira não se confunde com o instituto da agregação e, por isso, não viola o prin-

cípio constitucional da vedação de vinculação ou equiparação de vencimentos.

(A) Estão corretas apenas as assertivas I e II.

(B) Estão corretas apenas as assertivas I e IV.

(C) Estão corretas apenas as assertivas II e III.

(D) Estão corretas apenas as assertivas III e IV.

I: incorreta, visto que o art. 37, XIII, da CF/1988 estabelece ser vedada vinculação ou equiparação de quaisquer espécies remuneratórias para o efeito de remuneração de pessoal do serviço público; II: incorreta, pois as autarquias e fundações públicas de direito público dependem de criação por lei, ao passo que as sociedades de economia mista deverão ter sua criação autorizada por lei; III: correta, pois é precisamente isso que prevê a CF/1988 em seu art. 37, § 8°; IV: correta. A mera manutenção do valor real da moeda (reajuste) não se confunde com seu acréscimo ou aumento (agregação), razão pela qual não há, no caso, qualquer violação ao princípio constitucional da vedação de vinculação ou equiparação de vencimentos. **FMB**
Gabarito "D".

(Magistratura Federal/4ª região – 2005 – X) Dadas as assertivas abaixo, assinalar a alternativa correta.

I. À Administração Pública não lhe é dado anular seus próprios atos, imprescindível para tanto autorização do Poder Judiciário.

II. Arevogação de um ato administrativo ocupa universo de oportunidade e conveniência, guardando, pois, índole discricionária.

III. Porque sujeito a uma vinculação absoluta, ao agente público não lhe é lícito valer-se dos princípios da razoabilidade e da proporcionalidade para pautar a atividade administrativa.

IV. Doutrina e jurisprudência majoritária registram que o vocábulo *poder,* quando utilizado em relação à Administração, não alberga semântica de discricionariedade, pois que para o agente público o *poder* significa poder-dever.

(A) Estão corretas apenas as assertivas I e II.

(B) Estão corretas apenas as assertivas II e III.

(C) Estão corretas apenas as assertivas II e IV.

(D) Todas as assertivas estão corretas.

I: incorreta, pois um dos princípios que regem a Administração Pública é o da autotutela, que consiste no controle que ela exerce sobre seus próprios atos, com a possibilidade de anular os ilegais e revogar aqueles que considere inconvenientes ou inoportunos, independentemente do Poder Judiciário; II: correta, na medida em que a revogação "é o ato administrativo discricionário pelo qual a Administração extingue um ato válido, por razões de oportunidade e conveniência" (DI PIETRO, Maria Sylvia Zanella. *Direito Administrativo*, 26ª ed., São Paulo: Atlas, 2013. P. 258); III: incorreta, visto que, quando no manejo de poderes no uso de competência discricionária deve o agente público valer-se da razoabilidade e proporcionalidade, encontrando-se, sujeito, nessa seara, a controle de legalidade pelo Poder Judiciário; IV: correta, pois se entende que ao administrador só é dado manejar poderes para fiel e otimamente cumprir suas atribuições e atingir a finalidade pública perseguida, de sorte que seus poderes são, antes de tudo, deveres. **FMB**
Gabarito "C".

(Magistratura Federal/1ª Região – 2009 – CESPE) No que concerne à administração pública federal, assinale a opção correta.

6. DIREITO ADMINISTRATIVO — 493

(A) A autoridade administrativa superior, caso pretenda delegar a decisão de recursos administrativos, deverá fazê-lo mediante portaria a ser publicada no Diário Oficial da União, de modo a garantir o conhecimento da delegação aos interessados, em consonância com o princípio da publicidade.

(B) Compete privativamente ao presidente da República expedir instruções para a execução de leis, decretos e regulamentos.

(C) Compete privativamente ao presidente da República dispor, mediante decreto, sobre a criação e a extinção de órgãos públicos.

(D) Prescreve em cinco anos a ação punitiva da administração pública federal, direta e indireta, no exercício do poder de polícia, objetivando apurar infração à legislação em vigor, contando-se tal prazo da data da prática do ato ou, no caso de infração permanente ou continuada, do dia em que tiver cessado.

(E) Ao delegar a edição de atos de caráter normativo, o instrumento de delegação especificará as matérias e poderes transferidos, os limites da atuação do delegado, a duração e os objetivos da delegação, podendo conter ressalva de exercício da atribuição delegada.

A: incorreta, pois não é possível a delegação da competência para decidir recursos administrativos (art. 13, II, da Lei 9.784/1999); **B:** incorreta, pois as *instruções* podem ser expedidas pelos Ministros, não só para a execução de decretos e regulamentos, mas também para a execução de leis (art. 87, II, da CF/1988); **C:** incorreta, pois o Presidente não pode, por decreto, criar e extinguir órgãos públicos, mas apenas tratar da organização da Administração, desde que não aumente despesa, nem promova a criação ou a extinção mencionadas (art. 84, VI, *a*, da CF/1988); **D:** correta (art. 1º da Lei 9.873/1999); **E:** incorreta, pois não é possível a delegação da competência para editar atos de caráter normativo (art. 13, I, da Lei 9.784/1999). **FMB**
„.D„ oʇuɐqɐƃ

17. LEI DE ACESSO À INFORMAÇÃO

(Juiz – TJ-SC – FCC – 2017) A Lei de Acesso à Informação Pública – Lei Federal nº 12.527/2011:

(A) não se aplica a todos os entes da Administração Pública, visto que é incompatível com o regime das empresas públicas e sociedades de economia mista, regidas por lei própria (Lei Federal nº 13.303/2016).

(B) postula que, segundo o princípio *accessorium sequitur principale,* quando não for autorizado acesso integral à informação por ser ela parcialmente sigilosa, as demais partes tornam-se também de acesso restrito.

(C) aponta como dever dos órgãos e entidades públicas promover a divulgação de informações de interesse coletivo ou geral por eles produzidas ou custodiadas, por sítio oficial na internet; todavia, os Municípios de menos de cem mil habitantes estão dispensados da exigência.

(D) prevê prazo de trinta dias, prorrogável justificadamente por mais 20 (vinte) dias, para que seja disponibilizada informação requerida pelo cidadão.

(E) cria hipótese de responsabilidade objetiva pela divulgação indevida de informações, sendo que tal responsabilidade também é aplicável aos particulares

que, em virtude de vínculo com órgão ou entidade pública, tenham acesso a informações sigilosas.

A: incorreta. Os arts. 1º, 2º e 3º, da Lei 12.527/2011 são expressos quanto à sua aplicabilidade a todas as entidades da Administração Pública direta, indireta e particulares que recebam subvenção do Poder Público; **B:** incorreta. O art. 7º, §2º, da Lei 12.527/2011 dispõe que: "Quando não for autorizado acesso integral à informação por ser ela parcialmente sigilosa, é assegurado o acesso à parte não sigilosa por meio de certidão, extrato ou cópia com ocultação da parte sob sigilo"; **C:** incorreta. O erro está quanto aos Municípios dispensados da divulgação das informações, sendo esses os de até 10 mil habitantes, e não 100 mil, como consta da assertiva (art. 8º, §4º, da Lei 12.527/2011); **D:** incorreta. O prazo é de 20 dias, prorrogáveis por mais 10 dias, conforme disposto no art. 11 e §2º, da Lei 12.527/2011; **E:** correta. Os arts. 32 e seguintes, da Lei 12.527/2011 são muito claros quanto à responsabilidade dos agentes que não respeitarem as regras de divulgação de informações do Poder Público, sendo as penas aplicáveis tanto aos agentes quanto aos particulares que possuem vínculo com o Poder Público (arts. 1º a 3º, do referido diploma legal). **AW**
„.E„ oʇuɐqɐƃ

18. LEI ANTICORRUPÇÃO

(Juiz de Direito – TJM/SP – VUNESP – 2016) Com base na Lei Anticorrupção, é correto afirmar que

(A) na esfera administrativa, serão aplicadas às pessoas jurídicas consideradas responsáveis pelos atos lesivos, multa de até 20% (vinte por cento) do faturamento bruto do último exercício anterior ao da instauração do processo administrativo, em substituição à obrigação de reparar os danos.

(B) a Advocacia Geral da União – AGU é o órgão competente para celebrar os acordos de leniência no âmbito do Poder Executivo federal, bem como no caso de atos lesivos praticados contra a Administração Pública estrangeira.

(C) constitui ato lesivo à Administração Pública, nacional ou estrangeira, aquele praticado por sociedade empresária que, comprovadamente, utilizar-se de interposta pessoa física ou jurídica para ocultar ou dissimular seus reais interesses ou a identidade dos beneficiários dos atos praticados.

(D) a responsabilização da pessoa jurídica exclui a responsabilidade individual de seus dirigentes ou administradores, exceto em relação aos ilícitos penais, pelos quais responderão na medida da sua culpabilidade.

(E) as pessoas jurídicas serão responsabilizadas objetivamente, nos âmbitos administrativo, civil e criminal, pelos atos lesivos previstos nessa Lei, praticados em seu interesse ou benefício, exclusivo ou não.

A: incorreta. O art. 6º, I, § 3º, da Lei 12.846/2013 determina multa de 0,1% a 20% do faturamento bruto, e não somente de 20%, como determina a assertiva. **B:** incorreta. O art. 16, § 10, da Lei Anticorrupção determina ser competência da Controladoria Geral da União a celebração de acordos de leniência. **C:** correta. O art. 5º, III, da Lei 12.846/2013 determina que: "Constituem atos lesivos à administração pública, nacional ou estrangeira, para os fins desta Lei (...) III – comprovadamente, utilizar-se de interposta pessoa física ou jurídica para ocultar ou dissimular seus reais interesses ou a identidade dos beneficiários dos

494 WANDER GARCIA, FLÁVIA MORAES BARROS MICHELE FABRE E ARIANE WADY

atos praticados. **D:** incorreta. A responsabilização de pessoa jurídica não exclui a responsabilidade de seus dirigentes (art. 3°, da Lei Anticorrupção). **E:** incorreta. A responsabilidade é objetiva somente no âmbito administrativo e civil (art. 2°, da Lei 12.846/2013). **AW**
"C". Gabarito

(Juiz – TJ/RJ – VUNESP – 2016) Considere a seguinte situação hipotética. Empresa privada V acaba de vencer pregão para fornecimento de câmeras de videomonitoramento para colocação em todas as viaturas das policias civil e militar do Estado do Rio de Janeiro. Um dos sócios da Empresa V procura o Secretário Estadual de Segurança Pública e lhe propõe que faça um aditivo de 25% ao valor do contrato. Em troca, a empresa V repassaria 5% de tudo que fosse pago a título do aditivo ao Secretário Estadual. Diante da oferta, o Secretário dá voz de prisão ao sócio da Empresa V e aciona a autoridade policial, para lavratura do flagrante. Tomadas as medidas criminais cabíveis, em relação à aplicação da Lei Federal 12.846/2013 – Lei Anticorrupção, é correto afirmar que

(A) a responsabilidade administrativa é cumulada com a judicial, assim, o Estado do Rio de Janeiro, por meio da respectiva Advocacia Pública, o Ministério Público, ou ainda, a Controladoria Geral da União, poderá ajuizar a ação de responsabilização judicial, que observará o rito da Ação Civil Pública, culminando com a sanção dentre outras, da dissolução da pessoa jurídica "Empresa V".

(B) considerando a necessidade de identificação dos envolvidos na infração, e a obtenção de informações e documentos que comprovem o ilícito no Processo Administrativo de Responsabilização, o Secretário Estadual poderá celebrar acordo de leniência com a "Empresa V" para que esta colabore efetivamente com as investigações, e se isto ocorrer, a Administração poderá eximir a pessoa jurídica (Empresa V) da obrigação de reparar integralmente o dano causado.

(C) a oferta de vantagem indevida a agente público é suficiente para caracterizar ato lesivo à Administração Pública, passível de responsabilização objetiva administrativa da pessoa jurídica "Empresa V", sendo aplicável, como sanção no âmbito do Processo Administrativo de Responsabilização, a proibição de receber incentivos, subsídios, subvenções, doações ou empréstimos de órgãos ou entidades públicas e de instituições financeiras públicas ou controladas pelo poder público, pelo prazo mínimo de 1 (um) e máximo de 5 (cinco) anos.

(D) a mera oferta de vantagem indevida a agente público não é suficiente para caracterizar ato lesivo à Administração Pública, passível de responsabilização objetiva administrativa da pessoa jurídica "Empresa V", sendo necessário que, no caso concreto, ao menos houvesse assinatura do aditivo contratual, a fim de que pudesse ser imposta à "Empresa V", como sanção administrativa, a suspensão ou interdição parcial de suas atividades.

(E) a oferta de vantagem indevida a agente público é suficiente para caracterizar ato lesivo à Administração Pública, passível de responsabilização objetiva

administrativa da pessoa jurídica "Empresa V", sendo aplicáveis, como sanções no âmbito do Processo Administrativo de Responsabilização, multa de 0,1% a 20% do faturamento bruto do último exercício anterior ao da instauração do processo administrativo, excluídos os tributos, a qual nunca será inferior à vantagem auferida, quando for possível sua estimação, e publicação extraordinária da decisão condenatória.

A: incorreta. A Controladoria Gerald a União não é legitimada para propor ação judicial, conforme disposto no art. 19, da Lei Anticorrupção, sendo o Ministério Público e Advocacia Pública. **B:** incorreta. O acordo de leniência não exime a pessoa jurídica de reparar o dano, conforme disposto no art. 16, § 3°, da Lei 12.846/2013. **C:** incorreta. O art. art. 19, IV, da Lei Anticorrupção determina que a sanção de proibição de receber incentivos, subsídios e subvenções do Poder Público é uma penalidade judicial, e não administrativa, como consta da assertiva. **D:** incorreta. A interdição das atividades da empresa é uma sanção judicial, e não administrativa, como afirmado na assertiva e a mera oferta de vantagem indevida é suficiente para caracterizar o delito. **E:** correta. Trata-se do disposto no art. 6°, quanto à sanção administrativa, e no art. 19, quanto à sanção judicial, ambos da Lei 12.846/2013. **AW**
"E". Gabarito

(Juiz – TJ/MS – VUNESP – 2015) Suponha a seguinte situação hipotética: grupo de empresários, interessados em obra de grande vulto, cuja licitação será realizada pelo Estado do Mato Grosso do Sul, decidem realizar ajuste prévio dos valores a serem ofertados no certame, combinando que a empresa A deverá ser a vencedora, com proposta de menor valor, e que as demais empresas (B, C e D) deverão apresentar propostas de maior valor. Os empresários combinam, ainda, que a empresa A subcontrate as empresas B, C e D. Os empresários ajustados resolvem, ainda, cooptar servidor público estadual, a fim de que ele facilite a realização da fraude. O servidor aceita cooperar com o grupo de empresas, fornecendo informações sigilosas que beneficiam esse grupo de empresários, em detrimento dos demais licitantes, mediante oferecimento de vantagem pecuniária. A empresa A se sagra vencedora do certame. No entanto, antes da homologação do resultado da licitação, por meio do controle interno da Secretaria que estava realizando o certame, a fraude é descoberta. Nesse caso, é correto afirmar, considerando as sanções possíveis em nosso ordenamento jurídico-administrativo, que

(A) as empresas e os empresários não podem ser punidos por tentativa no âmbito da Lei Anticorrupção (Lei Federal 12.846/2013); as empresas, os empresários e o agente público não podem ser punidos por ato de improbidade tentado; o agente público pode ser, no entanto, punido por falta disciplinar da Lei Federal 12.527/2011, a Lei de Acesso à Informação, por divulgação indevida de informações sigilosas, pelas quais deveria zelar.

(B) as empresas podem ser punidas pelo mero oferecimento de vantagem a servidor público estadual para frustrar licitação, pois tal conduta está prevista como ato ilícito na Lei Anticorrupção; os empresários não podem ser punidos no âmbito da Lei Federal 8.429/1992, porque particular não pode ser sujeito de ato de improbidade; o agente público pode ser punido no âmbito da Lei Federal 8.429/1992, por sua simples aquiescência com o ilícito.

(C) as empresas podem ser punidas por ato lesivo à Administração Pública Estadual, pelo oferecimento de vantagem a servidor público estadual, nos termos da Lei 12.846/2013; os empresários e o agente público podem responder por ato de improbidade administrativa, pois a jurisprudência do Superior Tribunal de Justiça admite como punível a tentativa de improbidade administrativa, que não se realiza por motivo alheio à conduta do agente, porque caracteriza ofensa a princípios da Administração Pública.

(D) as empresas, os empresários e o agente público não responderão por atos ilícitos que caracterizem improbidade administrativa, previstos na Lei Federal 8.429/1992, nem ato lesivo à Administração Pública, nos termos da Lei Federal 12.846/2013, pois não é prevista, nesses casos, sanção ou pena para a tentativa de frustrar o caráter competitivo de certame licitatório.

(E) os empresários e o agente público podem ser punidos por tentativa de ato de improbidade, pois a jurisprudência do Superior Tribunal de Justiça admite como punível a tentativa de improbidade administrativa, que não se realiza por motivo alheio à conduta do agente, porque caracteriza ofensa a princípios da Administração Pública, mas as empresas não podem ser punidas no âmbito da Lei Anticorrupção, pois o mero oferecimento de vantagem ilícita a servidor não é ato ilícito previsto pela Lei Federal 12.846/2013.

A: incorreta. O ato de improbidade administrativa admite tentativa, conforme se verifica pelo seguinte entendimento do STJ: "STJ, 2ª Turma, REsp 1014161 (17/09/2010): É punível a tentativa de improbidade administrativa nos casos em que as condutas não se realizam por motivos alheios ao agente, haja vista a ocorrência de ofensa aos princípios da Administração Pública"; **B:** incorreta. Os empresários podem ser punidos por improbidade administrativa, conforme disposto no art. 3º da Lei 8.429/1992. **C:** correta. Perfeita assertiva, eis que a Lei Anticorrupção permite a punição de pessoas físicas ou jurídicas que praticarem atos de corrupção com lesão ao erário, assim como tanto os empresários quanto agentes públicos podem ser punidos pela Lei de Improbidade (uma não exclui a outra), conforme disposto

nos arts. 3º, da Lei 8.429/1992 e arts. 1º a 3º, da Lei 12.846/2013. **D:** incorreta. Conforme já explicado acima, tanto empresários quanto agentes respondem por improbidade administrativa (arts. 1º a 3º, da Lei 8.429/1992). **E:** incorreta. O erro está na segunda parte da assertiva, porque as empresas são sujeitos ativos para a Lei Anticorrupção (arts. 1º a 3º, da Lei 8.429/1992). AW

Gabarito "C"

(Juiz – TJ/SP – VUNESP – 2015) À luz da Lei 12.846/2013, denominada Lei Anticorrupção (LAC), é correta a afirmação constante em qual das alternativas a seguir?

(A) Com base na LAC, podem ser aplicadas na esfera administrativa as sanções de multa, publicação extraordinária da decisão condenatória e declaração de inidoneidade da pessoa jurídica envolvida nos ilícitos.

(B) As punições previstas na LAC somente poderão ser aplicadas após regular processo administrativo, no âmbito do qual seja possível o exercício da ampla defesa com todos os meios e recursos a ela inerentes, e conduzido por comissão integrada por, no mínimo, dois servidores estáveis.

(C) A competência para instauração e julgamento do processo administrativo de responsabilização por atos de corrupção pelos envolvidos caberá à autoridade máxima de cada órgão ou ente público do respectivo poder, vedada a delegação desta competência.

(D) A autoridade máxima do órgão ou entidade pública, com a anuência do Ministério Público, poderá celebrar acordo de leniência com as pessoas físicas ou jurídicas responsáveis por atos de corrupção desde que esta identifique os demais envolvidos na infração, forneça com celeridade provas e documentos, seja a primeira a se manifestar e cesse completamente seu envolvimento.

A: incorreta. A declaração de inidoneidade não é uma penalidade prevista pela Lei 12.846/2013. **B:** correta. Trata-se de princípio constitucional da ampla defesa e contraditório, disposto no art. 5º, LV, CF, que se materializa pela Lei Anticorrupção. **C:** incorreta. O art. 8º, § 1º, da Lei 12.846/2013 prevê a possibilidade de delegação dessa atividade. **D:** incorreta. Não há previsão de anuência do Ministério Público para a celebração do acordo de Leniência. AW

Gabarito "B"

7. DIREITO TRIBUTÁRIO

Robinson Barreirinhas e Fernando Castellani

1. COMPETÊNCIA TRIBUTÁRIA

(Juiz – TJ/SP – VUNESP – 2015) Considerando o disposto no art. 24 da Constituição Federal, ao tratar da competência concorrente da União, Estados e Municípios, em matéria tributária, é correto afirmar que

(A) a norma jurídica editada por um ente federativo no âmbito de sua competência tributária exige que os demais entes federativos respeitem sua incidência, dentro dos respectivos limites geográficos estaduais.

(B) a lei geral federal prevalece em relação às leis estaduais e estas prevalecem em relação às leis municipais, nos termos das Constituições Estaduais.

(C) a competência residual tributária quanto aos impostos é da União, observado o disposto no art. 154, I, da Constituição Federal.

(D) na ausência de normas gerais federais, os Estados têm competência para legislar em matéria tributária, e, na ausência de leis federais e estaduais, os Municípios têm a referida competência, o que se denomina competência concorrente cumulativa.

A: incorreta, pois, em princípio, as normas tributárias de cada ente aplicam-se apenas nos seus respectivos territórios. Para que haja extraterritorialidade, ou seja, para que a norma de um ente político seja aplicada no território de outro, exige-se convênio ou norma nacional – art. 102 do CTN; **B:** incorreta, pois não há essa hierarquia. Em relação a Estados e Municípios, apenas as normas gerais, de caráter nacional, produzidas pelo Congresso Nacional são aplicáveis, nos termos do art. 24, § 1º, da CF; **C:** correta, conforme o art. 154, I, da CF. Os demais entes podem apenas instituir os tributos expressamente e taxativamente indicados na Constituição Federal; **D:** incorreta, pois a competência dos Estados e Municípios, em caso de ausência de normas nacionais, é denominada competência suplementar (alguns se referem a suplementar supletiva, nesse caso) – arts. 24, § 3º, e 30, II, da CF. **RB**
„Gabarito "C"

(Juiz – TJ/SP – VUNESP – 2015) Na hipótese da União, mediante tratado internacional, abrir mão de tributos de competência de Estados e Municípios, nos termos do decidido pelo Supremo Tribunal Federal (RE 229096), é correto afirmar que

(A) se caracteriza a denominada isenção heterônoma, vedada nos termos do art. 151, III, da Constituição Federal.

(B) se caracteriza violação ao princípio federativo, objeto de cláusula pétrea, nos termos do art. 60, § 4º, I, da Constituição Federal.

(C) o tratado é válido desde que acompanhado de medidas de "compensação tributária" em favor dos Estados e Municípios prejudicados.

(D) se insere a medida na competência privativa do Presidente da República, sujeita a referendo do Congresso Nacional, com prevalência dos tratados em relação à legislação tributária interna.

No julgamento paradigmático do RE 229.096/RS, o STF fixou o entendimento de que os tratados, como atos do Estado Federal Brasileiro, pessoa jurídica de direito público internacional, não se confundem com os da União (ente federado, como os Estados, Distrito Federal e Municípios), sendo possível a concessão de benefícios fiscais relativos a tributos estaduais e municipais. Não se trata, nessa hipótese, de isenção heterônoma, vedada pelo art. 151, III, da CF. Por essa razão, a alternativa "D" é a correta. **RB**
„Gabarito "D".

(Juiz – TJ-SC – FCC – 2017) A respeito da competência legislativa sobre normas gerais em matéria tributária:

(A) Trata-se de competência concorrente da União, Estados, Distrito Federal e Municípios.

(B) Trata-se de competência exclusiva da União.

(C) É afastada pelo exercício da competência plena dos entes tributantes quanto aos seus respectivos tributos.

(D) Pode ser exercida por lei ordinária, desde que comprovada a relevância e urgência da matéria.

(E) Não tem relevância alguma para o imposto de transmissão *causa mortis* e doação de bens ou direitos.

A: incorreta, pois cabe à lei complementar federal estabelecer normas gerais em matéria tributária, conforme o art. 146, III, da CF, observado o art. 24, § 1º, da CF; **B:** correta, conforme comentário anterior; **C:** incorreta, pois somente a União, por lei complementar, pode estabelecer normas gerais, ressalvada a hipótese de omissão (se o Congresso Nacional não legisla, Estados e Municípios podem regular a matéria, enquanto perdurar a omissão – arts. 24, § 3º, e 30, II, da CF); **D:** incorreta, conforme comentários anteriores; **E:** incorreta, pois havendo normas gerais federais em relação a esse imposto (hoje há omissão da União), as normas estaduais e distritais atualmente vigentes deixam de ter eficácia – art. 24, § 4º, da CF. **RB**
„Gabarito "B".

(Magistratura/PR – 2013 – UFPR) Compete ao Magistrado estadual, no exercício de suas funções, decidir questões que versem sobre impostos relativos a:

(A) propriedade sobre armas e munição de uso exclusivo das forças de segurança.

RB questões comentadas por: **Robinson Barreirinhas**
FC questões comentadas por: **Fernando Castellani**

(B) importação de produtos estrangeiros.

(C) renda e proventos de qualquer natureza.

(D) operações relativas à circulação de mercadorias e sobre prestações de serviços de transporte interestadual e intermunicipal e de comunicação, ainda que as operações e as prestações se iniciem no exterior.

A: incorreta, pois não há imposto com tal materialidade; **B:** incorreta, pois a importação é fato gerador de imposto federal, de competência da Justiça Federal (art. 153, I, da CF/1988); **C:** incorreta, pois a renda é fato gerador de imposto federal, de competência da Justiça Federal (art. 153, III, da CF/1988); **D:** correta, pois operações de circulação de mercadorias é fato gerador de imposto estadual – ICMS – de competência da justiça Estadual (art. 155, II, da CF/1988). **FC**
Gabarito "D".

(Magistratura/SP – 2013 – VUNESP) Os municípios são competentes para instituir:

(A) ICMS, IPTU, ISS, ITBI.

(B) contribuições de melhoria, taxas pelo exercício de poder de polícia, empréstimos compulsórios.

(C) IPTU, ISS, taxas de fiscalização sanitária de imóveis.

(D) IPVA, ISS, IPTU.

A: incorreta, pois o ICMS é tributo da competência dos Estados e do Distrito Federal. Em relação aos impostos, a competência dos Municípios restringe-se a IPTU, ITBI e ISS (importante lembrar que o Distrito Federal também detém a competência em relação a esses impostos) – arts. 155, II, e 156 da CF; **B:** incorreta, pois os empréstimos compulsórios são da competência exclusiva da União – art. 148 da CF. Interessante lembrar que todos os entes políticos detém competência para instituir taxas e contribuições de melhoria, em relação aos seus serviços e fiscalizações (caso das taxas) e às suas obras de que decorram valorização imobiliária (caso das contribuições de melhoria) – art. 145, II e III, da CF (é a chamada competência comum); **C:** correta, considerando que os Municípios detém a competência material para fiscalização sanitária de imóveis (matéria de interesse local – art. 30, I, da CF), de modo que detém ainda a competência para instituir e cobrar taxa pelo exercício desse poder de polícia – art. 145, II, da CF; **D:** incorreta, pois o IPVA é da competência dos Estados e do Distrito Federal – art. 155, III, da CF. **FC**
Gabarito "C".

(Magistratura Federal/1ª região – IX) Marque com V a assertiva verdadeira e com F a falsa, assinalando em seguida a opção correspondente:

( ) a Constituição Federal delimita tão rigidamente as competências tributárias da União, dos Estados, do Distrito Federal e dos Municípios, de modo que em nenhuma hipótese qualquer uma das referidas pessoas do direito público interno poderá instituir impostos pertencentes à competência tributária das demais entidades autônomas da Federação.

( ) a Constituição Federal atribui a denominada competência residual ou remanescente para a instituição de impostos à União, e, para a instituição de taxas e contribuições de melhoria, aos Estados federados.

( ) a competência tributária é indelegável e, bem assim, a capacidade tributária ativa.

( ) no Brasil, todas as pessoas de direito público interno dispõem de competência para a instituição de contribuições destinadas à seguridade social.

(A) F, V, F, F.

(B) F, F, V, V.

(C) V, F, V, F.

(D) V, V, F, F.

I: falsa, pois apesar de a distribuição das competências ser, de fato, rígida, gozando de exclusividade, no caso de guerra externa atual ou iminente, a União, e somente a União, poderá instituir impostos de competências dos demais entes (CF, art. 154, II); **II:** verdadeira, pois, de fato, somente a União possui competência para instituir impostos diferentes dos expressamente previstos na CF, enquanto que, para as taxas e contribuições de melhoria, todos os entes possuem competência tributária ampla, podendo instituir tais tributos desde que possuam competência administrativa para a prática das atividades geradoras de tais tributos (CF, art. 154, I); **III:** falsa, pois a capacidade tributária ativa, definida como a aptidão para a prática dos atos de cobrança e de fiscalização de tributos, é passível de delegação, entre os entes tributantes, enquanto que a competência, definida como a aptidão para a instituição de tributos, é indelegável (CTN, art. 7º); **IV:** falsa, pois as contribuições para a seguridade são de competência exclusiva da União (CF, art. 195). **FC/RB**
Gabarito "A".

(Magistratura/BA – 2012 – CESPE) Assinale a opção correta acerca de exclusão de crédito tributário, competência tributária, imunidade tributária e fontes do direito tributário.

(A) De acordo com a CF, em nenhuma hipótese a União poderá conceder isenção de tributos estaduais e municipais.

(B) Tratados internacionais ratificados pelo Brasil não constituem meio hábil para a instituição de isenções relativas a tributos estaduais e municipais, conforme a jurisprudência.

(C) A CF concede imunidade em relação ao ICMS apenas às operações que destinem ao exterior produtos industrializados.

(D) A capacidade tributária ativa, que consiste no fato de uma pessoa política poder figurar no polo ativo de uma relação jurídico-tributária, é indelegável.

(E) A CF atribui à União a denominada competência residual ou remanescente para a instituição de impostos e contribuições sociais relativas à seguridade social.

A: incorreta, pois a União poderá conceder isenção de tributos estaduais e municipais, desde que para garantir o equilíbrio socioeconômico entre as regiões (CF, art. 151, I); **B:** incorreta, pois o STF tem entendimento no sentido de que o Chefe do Executivo tem legitimidade para firmar acordos internacionais que versem sobre matéria tributária, incluindo eventuais tributos estaduais e municipais, garantindo, com isso, a utilidade e a abrangência de tratados internacionais; **C:** incorreta, pois a imunidade de ICMS nas operações de exportação incluem mercadoria (que podem ou não ser produtos industrializados) e serviços (desde que sujeitos a ICMS) (CF, art. 155, X, a); **D:** incorreta, pois a capacidade tributária ativa é passível de delegação para outra pessoa jurídica de Direito Público interno (CTN, art. 7º). Essa afirmação não se confunde com a impossibilidade de delegação da competência tributária, matéria exclusivamente constitucional; **E:** correta, pois a CF expressamente autoriza a União instituir impostos (CF, art. 154, I) e contribuições (CF, art. 195, § 4º) diferentes dos previstos, como forma de ampliar as receitas tributárias mediante novos tributos. Exige-se, como requisitos, a definição de novo fato gerador e base de cálculo, utilização de lei da espécie complementar e adoção do princípio da não cumulatividade. **FC**
Gabarito "E".

7. DIREITO TRIBUTÁRIO

(Magistratura/BA – 2012 – CESPE) Acerca da competência legislativa sobre normas gerais de direito tributário, assinale a opção correta.

(A) A competência dos estados, ainda que suplementar, é excluída com o exercício, pela União, da competência para legislar sobre normas gerais de direito tributário.

(B) Os municípios não dispõem de competência para instituir normas gerais de direito tributário.

(C) Em nenhuma hipótese os estados e o DF exercerão competência legislativa plena.

(D) No âmbito dos estados e do DF, prevalecem as respectivas leis sobre as leis federais.

(E) Pertencem à competência concorrente todas as pessoas políticas.

A: incorreta, pois a competência tributária dos Estados e Municípios tem fundamento constitucional, visando garantir a autonomia financeira dos entes. As normas gerais em matéria tributária não estão sujeitas a competência concorrente, mas apenas exclusiva da União, visando padronização de procedimentos e regras tributárias; **B:** correta, pois essa competência é exclusiva da União, mediante Lei Complementar (CF, art. 146, III); **C:** incorreta, pois toda a distribuição de competências tributárias para a instituição de tributos, para Estados e Municípios, é plena; **D:** incorreta, pois em matéria tributária, no que se refere a regras gerais em matéria tributária, ainda que exista lei específica estadual ou municipal, prevalecerá a lei complementar federal disciplinadora; **E:** incorreta, pois nos trata-se de matéria reservada unicamente a lei complementar (CF, art. 146, III). **FC**
Gabarito "B".

(Magistratura/MG – 2012 – VUNESP) Com relação ao sistema tributário nacional, assinale a alternativa correta.

(A) O sistema tributário nacional é integralmente regido por leis complementares, em resoluções do Senado Federal e, nos limites das respectivas competências, em leis federais e estaduais.

(B) Diante da relação jurídica de natural inferioridade do contribuinte para com o Estado, o poder de tributar revela-se absoluto.

(C) O poder de tributar é ato unilateral e vinculado, como decorrência constitucional da soberania estatal, e impõe ao destinatário do tributo que aceite a invasão em parcela de seu patrimônio.

(D) As "limitações ao poder de tributar" são princípios constitucionalizados que restringem a atividade tributária estatal diante de direitos fundamentais, mas que não impedem que o Estado exija dos contribuintes, no exercício de atividade discricionária, uma parcela de seu patrimônio.

A: incorreta, pois o sistema tributário nacional reconhece competências exclusivas para todos os entes, reservando campo para as lei Federais, Estaduais e Municipais; **B:** incorreta, pois o poder de tributar, nos termos da própria CF, deve respeitar as limitações constitucionais ao poder de tributar, representadas, basicamente, pelos princípios e imunidades, concentrados na CF, art. 150; **C:** correta, pois toda a tributação é, obviamente, uma violação de nosso patrimônio, de forma unilateral e conforme definição legal. Contudo, essa violação a nosso patrimônio é autorizada, regulada e limitadas pela própria CF, o que afasta, de maneira peremptória, seu caráter absoluto; **D:** incorreta, pois a atividade de exigência do tributo é, por definição, uma atividade plenamente vinculada, e não discricionária (CTN, art. 3º). **FC**
Gabarito "C".

(Magistratura Federal/2ª região – 2011 – CESPE) Com relação às prerrogativas constitucionais da União sobre os estados e municípios, assinale a opção correta.

(A) Constitui competência da União instituir isenção do imposto sobre heranças, legados e doações, desde que essa isenção afete apenas um estado específico.

(B) À União cabe definir alíquotas do imposto sobre a propriedade de veículos automotores a serem aplicadas em cada estado.

(C) Cabe à União criar imposto sobre serviços de qualquer natureza em municípios que não tiverem instituído essa exação, embora a competência para cobrá-los seja dos próprios municípios.

(D) À União compete realizar a cobrança de imposto sobre serviços de qualquer natureza em municípios que, embora tenham instituído essa exação, não a estejam cobrando.

(E) Compete à União, por meio de lei complementar, regular a forma como, mediante deliberação dos estados e do DF, podem ser concedidos, pelos estados, isenções, incentivos e benefícios fiscais.

A: incorreta, pois a competência para isentar determinado tributo decorre da própria competência para tributar, de forma que os impostos sobre heranças, legados e doações pertencem aos Estados (CF, art. 155, II); **B:** incorreta, pois o IPVA é um imposto estadual, cabendo, então, a definição de seu valor a lei de cada Estado, apesar da previsão constitucional acerca da possibilidade de resolução do Senado definir alíquotas mínimas para tal imposto (CF, art. 155, III); **C:** incorreta, pois o não exercício da competência não implica em perda de tal direito e muito menos em delegação tácita para outro, permanecendo, então, o ISS, de competência exclusiva dos municípios (CF, art. 156, III); **D:** incorreta, pois não há previsão legal para tal ingerência da União na autonomia financeira dos Estados; **E:** correta, pois a CF estabelece, expressamente, tal limitação, como forma de impedir a chamada guerra fiscal entre os Estados (CF, art. 155, § 2º, XII, g). **FC/RB**
Gabarito "E".

(Magistratura/PE – 2011 – FCC) Em nosso sistema tributário, os impostos designados residuais

(A) podem ser instituídos por lei ordinária federal, desde que não sejam cumulativos e tenham fato gerador e base de cálculo inéditos.

(B) podem ser instituídos pela União, Estados ou Municípios, desde que não sejam cumulativos e tenham fato gerador e base de cálculo inéditos.

(C) podem ser instituídos por lei ordinária federal, desde que tenham fato gerador e base de cálculo inéditos.

(D) são de competência privativa da União e só podem ser instituídos mediante lei complementar.

(E) são instituídos para cobertura das despesas residuais orçamentárias.

A competência tributária relativa aos impostos é taxativa em relação aos Estados, ao Distrito Federal e aos Municípios, mas não em relação à União. Isso porque ela detém a chamada competência residual. Assim, a União, e somente ela, pode instituir outros impostos além daqueles indicados expressamente na Constituição Federal, por meio de lei complementar, desde que sejam não cumulativos e não tenham fato gerador ou base de cálculo próprios dos impostos discriminados na CF (não pode haver bitributação ou *bis in idem*) – art. 154, I, da CF. **A:** incorreta e **C:** incorretas, pois a competência residual é exercida por lei complementar federal, não ordinária; **B:** incorreta, pois somente a União detém a competência residual; **D:** correta, conforme comentários iniciais; **E:** incorreta, pois a competência residual não é definida pela Constituição Federal em relação à sua finalidade. É interessante lembrar que os impostos não podem ter suas receitas vinculadas a despesas específicas, nos termos e com as exceções do art. 167, IV, da CF. **RB**

Gabarito "D".

(Magistratura/PI – 2011 – CESPE) No que concerne à competência tributária, assinale a opção correta.

(A) O poder de criar tributos é repartido entre os vários entes políticos, e a CF assinala a esfera de competência dos níveis federal, estadual e municipal.

(B) Mesmo na ausência de normas gerais da União, os estados e o DF não têm a possibilidade de exercer a competência legislativa plena em matéria tributária.

(C) As principais características da competência tributária são a transmissibilidade e a renunciabilidade, conforme a legislação em vigor.

(D) Sendo, como regra geral, delegável a competência tributária, justifica-se a delegação da atribuição das funções de arrecadar ou fiscalizar tributos.

(E) À luz do CTN, o não exercício da competência tributária pelo ente competente defere a outra pessoa jurídica de direito público o exercício tributário, que não pode ser obstaculizado.

A: correta, pois há expressa atribuição de parcelas da competência tributária a cada um dos entes, como forma de garantia da autonomia financeira (CF, art. 153, 155 e 156); **B:** incorreta, pois no caso de ausência de normas gerais, poderão os demais entes exercitarem plenamente sua competência; **C:** incorreta, pois a competência tributária somente pode ser definida pela CF, não se admitindo, por isso, sua delegação ou transmissão; **D:** incorreta, pois a competência é indelegável, diferentemente da capacidade tributária ativa, delegável (CTN, art. 7º); **E:** incorreta, pois a atribuição de competência é feita exclusivamente pela CF, não se admitindo o exercício por outro ente (CTN, art. 7º). **FC**

Gabarito "A".

Veja a seguinte tabela com as competências dos entes políticos em relação aos impostos, para estudo e memorização:

Competência em relação aos impostos		
União	Estados e DF	Municípios e DF
- imposto de importação	-	- IPTU
- imposto de exportação	ITCMD	- ITBI
- imposto de renda	-	- ISS
- IPI	ICMS	
- IOF	-	
- ITR	IPVA	
- Imposto sobre grandes fortunas		
- Impostos extraordinários		
- Impostos da competência residual		

2. PRINCÍPIOS

(Juiz – TRF 4ª Região – 2016) Assinale a alternativa **INCORRETA**.

(A) Segundo entendimento da doutrina e do Supremo Tribunal Federal, a proibição do efeito confiscatório da exação tributária não está estabelecida em critérios objetivos, e a sua aplicação depende da análise da razoabilidade, da proporcionalidade e da moderação.

(B) É vedado instituir imposto sobre livros, jornais, periódicos e o papel destinado à sua impressão, mesmo quando a comercialização destes seja realizada por pessoa jurídica com o objetivo de auferir lucros com a atividade.

(C) As isenções, anistias e remissões de tributos podem ser instituídas mediante decreto, dispensada a edição de lei em sentido estrito.

(D) É autorizado por lei atribuir a sujeito passivo da obrigação tributária a responsabilidade pelo pagamento do tributo, ainda que o fato gerador não tenha ocorrido, fenômeno este denominado substituição tributária.

(E) É vedado à União, aos Estados e aos Municípios instituírem impostos sobre templos de qualquer culto.

A: correta – ver ARE 831.377 AgR/MG; **B:** correta –ver RE 206.774/RS; **C:** incorreta, pois benefícios fiscais somente podem ser concedidos por lei específica, nos termos do art. 150, § 6º, da CF; **D:** correta, conforme o art. 150, § 7º, da CF; **E:** correta, pois há imunidade nesse caso – art. 150, VI, *b*, da CF. **RB**

Gabarito "C".

(Juiz– TRF 3ª Região – 2016) O princípio da anterioridade genérica significa que:

(A) as pessoas políticas não podem cobrar tributos levando em conta fatos geradores ocorridos antes do início da vigência da lei que os instituiu ou aumentou.

(B) as pessoas políticas não podem exigir tributos no mesmo exercício financeiro em que foi publicada a lei que os instituiu ou aumentou.

(C) as pessoas políticas não podem exigir ou majorar tributos antes de decorridos três meses da entrada em vigor da lei que os instituiu ou aumentou.

(D) as pessoas políticas não podem exigir tributos sem que haja prévia autorização orçamentária para a cobrança deles em cada exercício financeiro.

A: incorreta, pois a assertiva descreve o princípio da irretroatividade – art. 150, III, *a*, da CF; **B:** correta definição da anterioridade anual – art. 150, III, *b*, da CF; **C:** incorreta, pois isso é algo próximo do princípio da anterioridade nonagesimal que, a rigor, refere-se a 90 dias, não exatamente três meses, além de serem contados a partir da publicação, não da entrada em vigor – art. 150, III, *c*, da CF; **D:** incorreta, pois esse antigo princípio na anualidade não foi recepcionado pela atual Constituição Federal. **RB**

Gabarito "B".

(Magistratura/AM – 2013 – FGV) A Constituição da República prevê que *"cabe à lei complementar estabelecer normas gerais em matéria de legislação tributária, especialmente sobre definição de tributos e suas espécies, bem como, em relação aos impostos discriminados nesta Constituição, a dos respectivos fatos geradores, bases de cálculo e contribuintes"* (art. 146, inciso III, alínea *a*).

7. DIREITO TRIBUTÁRIO 501

O Estado do Amazonas institui, por meio de Lei Complementar, uma determinada taxa, cujo percentual vem a ser, depois, majorado por Lei Ordinária, que expressamente observa o princípio da anterioridade (tanto em relação ao exercício financeiro quanto ao decurso do prazo mínimo de 90 dias).

Assinale a alternativa que é consentânea com o entendimento do STF sobre o assunto.

(A) A lei ordinária é válida, pois alterou lei complementar cuja eficácia era de lei ordinária, por versar tema não reservado à lei complementar.

(B) A lei ordinária é inconstitucional por contrariar lei complementar.

(C) Ambas as leis são inconstitucionais porque o Estado não pode instituir taxa.

(D) A lei complementar é inconstitucional por usurpar competência de lei ordinária, e por isso não produziu qualquer efeito.

(E) A lei ordinária poderia aumentar a taxa, mas só depois da revogação da lei complementar.

A: correta, pois para o STF, a Lei Complementar que trata de matéria a ela não reservada, é lei apenas formalmente complementar, o que implica em sua possibilidade de posterior alteração por mera lei ordinária. Entendimento diferente implicaria em permitir-se alteração de competência (processo legislativo) por intermédio de lei, o que é incompatível com a CF/1988 (STJ, Súmula 509); **B:** incorreta, pois nos termos da decisão do STF (STF, RE 491.017/SP); **C:** incorreta, pois os Estados têm competência para instituir todas as taxas decorrentes de serviços estaduais e de poderes de polícia por eles desempenhados; **D:** incorreta, pois a lei complementar poderá tratar de matéria não a ela reservada (STF, RE 491.017/SP); **E:** incorreta, pois a lei ordinária poderá alterar diretamente a lei complementar que versar sobre matéria típica de lei ordinária (STF, RE 491.017/SP). **FC**
Gabarito "A"

(Magistratura/BA – 2012 – CESPE) Considere que determinada lei, publicada no dia 30/12/2011, que instituiu taxa de coleta domiciliar de lixo, tenha sido omissa em relação à data de início de sua vigência. Nesse caso, é correto afirmar que a taxa somente poderá ser cobrada a partir

(A) de 45 dias após a data de publicação da referida lei.

(B) de 90 dias após a data de publicação dessa lei.

(C) da data de publicação da referida lei.

(D) do primeiro dia do exercício financeiro de 2012.

(E) de 30 dias após a data de publicação dessa lei.

A: incorreta, pois independente das regras de vigência da lei tributária (CTN, art. 103 e 104), em se tratando de instituição de tributos, aplica-se a regra do princípio da anterioridade (CF, art. 150, III, b, c); **B:** correta, pois pelo princípio da anterioridade, a lei que institui tributos somente pode entrar em vigor no primeiro dia do exercício seguinte, decorrido um prazo mínimo de 90 dias de sua publicação e, como a lei foi publicada final do mês de dezembro, prevalecerá a contagem dos 90 dias; **C:** incorreta, pela mesma argumentação; **D:** incorreta, pela mesma argumentação; **E:** incorreta, pela mesma argumentação. **FC**
Gabarito "B"

(Magistratura/CE – 2012 – CESPE) Foi editada lei municipal criando IPTU e constava, anexa à lei, a pauta de valores dos imóveis do município. De acordo com essa lei, a secretaria de fazenda estava autorizada a atualizar, com base na valorização imobiliária, a pauta nos exercícios posteriores.

Com base nessa situação hipotética, assinale a opção correta.

(A) Ao Poder Executivo pode ser delegada a atualização do valor do imposto com base na correção monetária.

(B) O município não poderia editar lei instituindo IPTU, uma vez que a CF já o fez, mostrando-se, por isso, indiferente o meio utilizado para a atualização da pauta de valores.

(C) É desnecessária a edição de lei para aprovar a pauta de valores dos imóveis do município, visto que, com o constante aumento das áreas habitadas, isso tornaria impraticável a arrecadação do tributo, bastando, portanto, a edição de decreto regulamentar para majorar ou atualizar a pauta.

(D) Tendo a pauta de valores tornado certo o objeto da tributação (imóvel) e sua base de cálculo (valor) no primeiro exercício, a atualização da pauta nos termos previstos poderá ser efetivada por meio de decreto.

(E) A secretaria de fazenda pode passar a cobrar o imposto de novos imóveis não incluídos originalmente na pauta anexa à lei.

A: correta, pois a mera correção monetária da base de cálculo do tributo não constitui majoração, não se sujeitando ao principio da legalidade (CTN, art. 97, § 2) – ver também Súmula 160/STJ; **B:** incorreta, pois a CF não institui nenhum tributo, mas apenas distribui competência aos entes (no caso do IPTU, CF, art. 156, I); **C:** incorreta, pois a pauta de valores é a definição da base de cálculo do tributo, de modo que deverá, obrigatoriamente, constar de lei (CTN, art. 97, IV); **D:** incorreta, pois a pauta de valores indica, apenas, o processo para a definição do valor venal dos imóveis no município, não definindo para cada imóvel, tarefa que será realizada pela autoridade administrativa, no momento do lançamento (CTN, art. 142); **E:** incorreta, pois a pauta não identifica cada imóvel, mas apenas os critérios para a definição do valor dos imóveis. **FC**
Gabarito "A"

(Magistratura/PA – 2012 – CESPE) A respeito dos impostos da União, assinale a opção correta.

(A) O ato de concessão de isenção fiscal não é discricionário.

(B) O aumento do IPI pode entrar em vigor no dia da sua publicação, caso seja determinado em medida provisória.

(C) Medida provisória que determine a majoração do IPI só poderá produzir efeitos no exercício financeiro seguinte se for convertida em lei até o último dia do exercício em que seja editada.

(D) O comprador que goza de imunidade tributária, ao adquirir veículo automotor importado, estende sua imunidade ao produtor.

(E) Está de acordo com a CF norma infraconstitucional que atribua a órgão integrante do Poder Executivo da União a faculdade de estabelecer as alíquotas do imposto de exportação.

502 ROBINSON BARREIRINHAS E FERNANDO CASTELLANI

A: incorreta, pois todo ato de concessão de isenção decorre de vontade legislativa do ente, o que significa que é ato discricionário da administração; **B:** incorreta, pois apesar da medida provisória ter vigência imediata, pela própria definição, quando relacionada a aumento de IPI, deverá se sujeitar a anterioridade dos 90 dias (CF, art. 150, III, c e 150, § 1º); **C:** incorreta, pois a anterioridade do IPI refere-se apenas ao prazo de 90 dias, o que implica na não aplicação da regra de respeito ao exercício financeiro (CF, art. 150, § 1º); **D:** incorreta, pois a imunidade do eventual comprador não se estende ao produtor, na medida em que a imunidade é pessoal ou subjetiva (concedida a pessoa do adquirente). Importante destacar que a imunidade de ICMS/IPI somente se aplica, no caso, pois na importação de bens o sujeito passivo do ICMS/IPI é o adquirente, enquanto que nas operações internas, o sujeito passivo é o alienante; **E:** correta, pois há previsão expressa da exceção ao princípio da legalidade (CF, art. 153, § 1º). **FC**
Gabarito "E".

(Magistratura/PA – 2012 – CESPE) Considerando a majoração, para o patamar de 25%, da contribuição previdenciária dos servidores públicos de determinado ente federado, associada à incidência do imposto de renda de 27,5%, assinale a opção correta a respeito do efeito confiscatório e da contribuição previdenciária.

(A) O aumento da referida contribuição previdenciária pode ser exigido na data de publicação da respectiva norma.

(B) A referida majoração não caracteriza efeito confiscatório, uma vez que, na verificação da onerosidade, o aumento não se soma à alíquota do imposto de renda.

(C) A vedação do efeito confiscatório aplica-se tanto aos tributos propriamente ditos quanto às multas pelo descumprimento da legislação tributária.

(D) A finalidade extrafiscal justifica a tributação confiscatória.

(E) A referida contribuição previdenciária não incide sobre o décimo terceiro salário dos servidores.

A: incorreta, pois a contribuição previdenciária sujeita-se a anterioridade dos 90 dias, previstas especialmente para as contribuições para a seguridade social (CF, art. 195, § 6º); **B:** incorreta, pois o STF tem entendimento que o efeito confiscatório deve ser analisado considerando a carga tributária total, não cada tributo isoladamente – ver RE 448.432 AgR/CE; **C:** correta, pois nos termos da interpretação do STF, a multa tributária exacerbada também viola o princípio do não confisco, sendo, portanto, inconstitucional; **D:** incorreta, pois não há previsão constitucional para tal exceção; **E:** incorreta, pois contribuição previdenciária incide sobre a totalidade dos valores auferidos (CF, art. 195, II). **FC**
Gabarito "C".

(MAGISTRATURA/PB – 2011 – CESPE) Considerando os princípios constitucionais tributários, que estruturam o sistema tributário e servem de orientação para a interpretação e a aplicação das regras específicas do direito tributário, assinale a opção correta.

(A) A relação tributária configura-se como relação de império do Estado para com o contribuinte, o qual, por seu lado, está sujeito ao poder estatal pela via da compulsoriedade.

(B) Em virtude da natureza da relação entre o Estado e o contribuinte, o poder de tributar é absoluto.

(C) Um dos vetores na relação entre fisco e contribuinte, o princípio da legalidade não limita os governantes na atividade de tributação.

(D) O poder de instituir tributos é ato unilateral e discricionário do Estado e impõe ao destinatário do tributo que aceite a invasão patrimonial.

(E) Os princípios constitucionais tributários são expressão da soberania estatal e traduzem-se em limitações ao poder de tributar, o que não impede que o Estado exija dos indivíduos, por atividade vinculada, parcela do seu patrimônio.

A: incorreta, pois não se aceita a relação tributária como uma relação de império, havendo, inclusive, expressas limitações constitucionais ao poder de tributar – art. 150 e seguintes da CF. Há, efetivamente, compulsoriedade, mas não por um suposto "poder de império", mas apenas por conta da imposição de lei, produzida pelos representantes eleitos pelos próprios cidadãos (não há tributação sem representação); **B:** incorreta, conforme comentários à alternativa anterior; **C:** incorreta, pois o princípio da legalidade é importante (talvez a mais importante) limitação constitucional ao poder de tributar – art. 150, I, da CF; **D:** incorreta, pois não se trata de ato unilateral ou discricionário do Estado, que está limitado estritamente aos ditames da lei que institui o tributo. Ademais, a tributação não pode atingir o patrimônio dos particulares a ponto de inviabilizar seu sustento (mínimo existencial) ou mesmo os meios produtores de riqueza, ou seja, a tributação não pode ter efeito confiscatório – art. 150, IV, da CF; **E:** Essa é a assertiva correta, pois indica corretamente os limites da atividade estatal tributária, conforme comentários anteriores. **RB**
Gabarito "E".

(Magistratura/PE – 2011 – FCC) A regra da anterioridade, que veda cobrar tributos no mesmo exercício financeiro em que haja sido publicada a lei que os instituiu ou aumentou, NÃO se aplica

(A) aos impostos de importação e exportação.

(B) ao IR.

(C) ao ITR.

(D) às contribuições sociais.

(E) aos impostos estaduais.

As exceções à anterioridade anual (art. 150, III, *b*, da CF) e nonagesimal (art. 150, III, *c*, da CF) estão indicadas no art. 150, § 1º, da CF, além do art. 195, § 6º, da CF. **A:** Assertiva correta, pois o II e o IE são exceções ao princípio da anterioridade anual e nonagesimal; **B:** incorreta, pois o IR não é exceção à anterioridade anual, mas apenas à nonagesimal; **C:** incorreta, pois o ITR não é exceção à anterioridade anual, nem à nonagesimal; **D:** correta, já que contribuições sociais são exceção apenas ao princípio da anterioridade anual, sujeitando--se à nonagesimal nos termos do art. 195, § 6º, da CF; **E:** incorreta, pois todos os tributos estaduais sujeitam-se tanto à anterioridade anual, como à nonagesimal, exceto o restabelecimento das alíquotas do ICMS sobre combustíveis e lubrificantes (art. 155, § 4º, IV, *c*, da CF – exceção à anual) e a fixação da base de cálculo do IPVA (art. 150, § 1º, da CF – exceção à nonagesimal). Obs.: parece-nos que as alternativas "A" e "D" são corretas. **RB**
Gabarito "A".

Veja a seguinte tabela, relativa às exceções ao princípio da anterioridade anual e nonagesimal, para memorização:

7. DIREITO TRIBUTÁRIO — 503

Exceções à anterioridade anual (art. 150, III, b, da CF)	Exceções à anterioridade nonagesimal (art. 150, III, c, da CF)
- empréstimo compulsório para atender a despesas extraordinárias decorrentes de calamidade pública ou de guerra externa ou sua iminência (art. 148, II, *in fine,* da CF, em sentido contrário); - imposto de importação (art. 150, § 1º, da CF); - imposto de exportação (art. 150, § 1º, da CF); - IPI (art. 150, § 1º, da CF); - IOF (art. 150, § 1º, da CF); - impostos extraordinários na iminência ou no caso de guerra externa (art. 150, § 1º, da CF); - restabelecimento das alíquotas do ICMS sobre combustíveis e lubrificantes (art. 155, § 4º, IV, *c*, da CF); - restabelecimento da alíquota da CIDE sobre combustíveis (art. 177, § 4º, I, *b*, da CF); - contribuições sociais (art. 195, § 6º, da CF).	- empréstimo compulsório para atender a despesas extraordinárias decorrentes de calamidade pública ou de guerra externa ou sua iminência (art. 148, II, *in fine,* da CF, em sentido contrário – entendimento doutrinário); - imposto de importação (art. 150, § 1º, da CF); - imposto de exportação (art. 150, § 1º, da CF); - IR (art. 150, § 1º, da CF); - IOF (art. 150, § 1º, da CF); - impostos extraordinários na iminência ou no caso de guerra externa (art. 150, § 1º, da CF); - fixação da base de cálculo do IPVA (art. 150, § 1º, da CF); -fixação da base de cálculo do IPTU (art. 150, § 1º, da CF).

(Magistratura/RO – 2011 – PUCPR) Dadas as assertivas abaixo, assinale a única **CORRETA.**

(A) O IPI é exceção ao princípio da noventena.

(B) A contribuição de intervenção no domínio econômico sobre álcool combustível é exceção ao princípio da anualidade.

(C) O ICMS poderá ser aumentado no mesmo exercício financeiro em que foi publicada a lei que o instituiu ou aumentou, quando se tratar de combustíveis e lubrificantes sobre os quais o imposto incidirá uma única vez.

(D) As contribuições de interesse das categorias profissionais são exceções à noventena, mas não da anterioridade clássica.

(E) As três hipóteses de empréstimos compulsórios previstas na Constituição produzem efeitos imediatamente com a sua publicação.

A: incorreta, pois o IPI é exceção apenas à anterioridade anual, mas não à nonagesimal – art. 150, § 1º, da CF; **B:** Imprecisa, pois somente o restabelecimento da alíquota da CIDE sobre combustível realizado pelo Executivo nos termos do art. 177, § 4º, I, *b*, da CF é exceção à anterioridade anual; **C:** Assertiva correta, pois há essa possibilidade, no caso de restabelecimento de alíquota, conforme o art. 155, § 4º, IV, *c*, da CF; **D:** incorreta, pois somente as contribuições sociais, dentre aquelas indicadas no art. 149 da CF, são exceção à anterioridade anual. As demais se sujeitam tanto à anterioridade anual (clássica) como à

nonagesimal; **E:** incorreta, pois somente o empréstimo compulsório para atender a despesas extraordinárias (decorrentes de calamidade pública ou de guerra externa ou sua iminência) é exceção à anterioridade anual e nonagesimal. O empréstimo instituído para investimento público urgente e de relevante interesse nacional não é exceção à anterioridade anual ou à nonagesimal. É importante salientar que há somente essas duas hipóteses que dão ensejo ao empréstimo compulsório (ainda que o caso da despesa extraordinária se desdobre em dois) – note que a terceira hipótese, prevista no art. 15, III, do CTN, não foi recepcionada pela Constituição atual. **RB**

Gabarito "C"

Veja esta tabela, relativa às matérias que devem ser veiculadas por lei, para memorização:

Dependem de lei – art. 97 do CTN	Não dependem de lei
- a instituição de tributos, ou a sua extinção; - a majoração de tributos, ou sua redução (exceção: alteração das alíquotas do II, IE, IPI, IOF e da CIDE sobre combustíveis). Equipara-se à majoração do tributo a modificação da sua base de cálculo, que importe em torná-lo mais oneroso. Não constitui majoração de tributo a atualização do valor monetário da respectiva base de cálculo; - a definição do fato gerador da obrigação tributária principal, ressalvado o disposto no inciso I do § 3º do artigo 52, e do seu sujeito passivo; - a fixação de alíquota do tributo e da sua base de cálculo, ressalvado o disposto nos artigos 21, 26, 39, 57 e 65; - a cominação de penalidades para as ações ou omissões contrárias a seus dispositivos, ou para outras infrações nela definidas; - as hipóteses de exclusão, suspensão e extinção de créditos tributários, ou de dispensa ou redução de penalidades.	- fixação da data para pagamento do tributo; - regulamentação das obrigações acessórias (forma de declaração, escrituração, recolhimento etc.). Há controvérsia quanto à própria fixação de obrigações acessórias, pois o art. 113, § 2º, do CTN faz referência à legislação tributária (expressão que inclui não apenas as leis, mas também decretos, portarias etc.); - alteração das alíquotas do II, IE, IPI, IOF e da CIDE sobre combustíveis.

ANULADA

(Magistratura/ES – 2011 – CESPE) Assinale a opção correta com referência aos princípios do direito tributário.

(A) Para a dispensa ou redução de penalidades, não é necessário disposição em lei, uma vez que a própria administração pública pode, de ofício, atuar nesses casos.

(B) É permitido que lei tributária disponha, de modo genérico, sobre alíquota e base de cálculo de tributo.

ROBINSON BARREIRINHAS E FERNANDO CASTELLANI

(C) As obrigações tributárias acessórias, embora não estejam inseridas na obrigação principal, devem, necessariamente, ser instituídas por lei.

(D) Em respeito ao princípio da legalidade tributária, garantia assegurada ao contribuinte, a União não pode exigir um tributo que a lei não estabeleça, mas pode aumentá-lo sem tal exigência.

(E) No sistema brasileiro, é juridicamente possível a instituição de determinados tributos por meio de leis complementares.

A: incorreta, pois a dispensa ou redução de penalidades é matéria, também, adstrita ao princípio da legalidade (CTN, art. 97, VI); **B:** incorreta, pois a lei instituidora do tributo deve estabelecer, fixando de forma clara e objetiva, a definição da alíquota e da ase de cálculo do tributo (CTN, 97, IV); **C:** incorreta, pois a definição de obrigações tributárias acessórias, nos termos do CTN, decorrem da legislação tributária, que é uma expressão técnica que engloba as leis, tratados, decretos e normas complementares tributárias (CTN, art. 96, 100 e 113); **D:** incorreta, pois a regra geral do princípio da legalidade impõe a necessidade de lei para a instituição e aumento de tributo, o que não afasta a possibilidade de algumas exceções, expressamente previstas na lei (CF, art. 150, I, 153, § 1°, 155, § 4°, IV e art. 177, § 4°, I); **E:** correta, pois existem tributos que exigem a utilização de lei complementar para sua instituição, conforme previsão expressa na CF, além de admitir-se, por entendimento do STF, que todo tributo cujo processo legislativo se satisfaz com lei ordinária poderá ser instituído por lei complementar (CF, art. 148, 153, VII, 154, I e 195, § 4°). **FC**
Gabarito "E".

(Magistratura/ES – 2011 – CESPE) No que concerne à capacidade tributária, fato gerador e irretroatividade da lei tributária, assinale a opção correta.

(A) A nulidade ou a anulabilidade do ato jurídico, sob o enfoque do direito civil, são irrelevantes para o direito tributário, pois a definição do fato gerador é interpretada abstraindo-se tais fatos.

(B) A capacidade tributária passiva da pessoa jurídica depende de ela estar regularmente constituída.

(C) Na análise da capacidade contributiva, o CTN confere ao fisco o poder discricionário, na consideração da pessoalidade, para graduar o tributo.

(D) O CTN adota como regra a irretroatividade da lei tributária. Nesse sentido, a lei aplica-se ao ato pretérito, salvo tratando-se de ato não definitivamente julgado.

(E) Em decorrência do postulado da capacidade contributiva, é possível que profissionais da mesma categoria ou função sejam tributados de modo diverso.

A: correta, pois a análise do fato jurídico sob o enfoque do direito tributário é feita de forma a não se considerar os antecedentes do fato gerador, em aplicação clara da regra do non olet e por previsão expressa do CTN (CTN, art. 118); **B:** incorreta, pois o CTN expressamente estabelece que a capacidade tributária passiva, representada pela aptidão de figurar como devedor na relação jurídico tributário, independe de capacidade civil, para a pessoa física, e independe de regular constituição, para a pessoa jurídica, admitindo-se, com isso, a capacidade tributária passiva para a sociedade em comum (CTN, 126 e CC, 986); **C:** incorreta, pois nos termos da CF, a análise da capacidade econômica pessoal do sujeito passivo é impositiva, com exceção das hipóteses em que a natureza jurídica do tributo não

permita (CF, art. 145, § 1°); **D:** incorreta, pois nos termos do princípio da irretroatividade, a lei tributária não poderá retroagir, para atingir fato pretérito, salvo nos casos de lei tributária que estabeleça sanção menor, tratando-se de situação não definitivamente jugada, ou no caso de lei meramente interpretativa. Não se aplica a possibilidade de retroatividade no caso de alterações, ainda que benéficas ao sujeito passivo, não relacionadas a sanção (CF, art. 150, III, a e CTN, 106); **E:** incorreta, pois o princípio da isonomia veda tratamento tributário diferenciado a sujeitos em virtude de sua atuação profissional, mas sim apenas em função de sua capacidade contributiva, medida por sua capacidade econômica, mostrando, de maneira clara, que a capacidade contributiva é o elemento diferenciador para o princípio da isonomia tributária (CF, art. 150, II). **FC**
Gabarito "A".

(Magistratura/ES – 2011 – CESPE) Com relação à vigência e aplicação da legislação tributária, bem como à disciplina aplicável aos pedágios, assinale a opção correta.

(A) É possível que, em razão de relevantes interesses, a União institua um tributo implicando distinção de um estado em detrimento de outro, admitida, ainda, a concessão de incentivos fiscais, buscando-se o fomento econômico das regiões mais pobres do país.

(B) Aplica-se a lei vigente à data da ocorrência do fato gerador da obrigação, ainda que posteriormente modificada ou revogada, salvo se houver lei superveniente mais benéfica.

(C) Conforme o caso concreto, é facultado à União, aos estados, ao DF e aos municípios, sem prejuízo de outras garantias asseguradas ao contribuinte, utilizar tributo com efeito de confisco.

(D) O pedágio somente será arrecadado e fiscalizado por entidades privadas sem fins lucrativos, que assumam a condição de sujeitos ativos.

(E) A cobrança do pedágio justifica-se constitucionalmente pelo fato de ser gravame exigido pela utilização das rodovias conservadas pelo poder público, e não pela mera transposição de município ou de estado.

A: incorreta, pois é vedado à União diferenciar a aplicação dos tributos federais em todo seu território, admitindo-se a definição de áreas de tributação diferenciada apenas e somente apenas para promover o equilíbrio socioeconômico entre as regiões (CF, art. 151, I); **B:** incorreta, pois a aplicação de lei posterior mais benéfica somente ocorrerá nos casos de previsão de sanção menor, desde que tratando-se de ato não definitivamente julgado (CTN, art. 106), não se aplicando lei posterior benéfica se em virtude de diminuição de alíquota do tributo ou da base de cálculo, por exemplo; **C:** incorreta, pois a vedação ao confisco não admite exceção no texto constitucional (CF, art. 150, IV); **D:** incorreta, pois o pedágio é uma modalidade tributária, relacionada a exploração de rodovias conservadas pelo poder público, seja diretamente, seja indiretamente, mediante a concessão da exploração para a iniciativa privada (CF, art. 150, V e 175); **E:** correta, pois o pedágio tem previsão expressa na CF, como forma de remuneração pela utilização de rodovias conservadas pelo poder público (CF, art. 150, V). Há grande dúvida doutrinária sobre a natureza jurídica do pedágio, existindo manifestação pela natureza tributária (espécie autônoma ou taxa), assim como natureza não tributária (tarifa). Para fins de prova de concursos, ficamos com a redação expressa da CF, que atesta ser um tributo devido pela utilização das rodovias. **FC**
Gabarito "E".

7. DIREITO TRIBUTÁRIO   505

(Magistratura/ES – 2011 – CESPE) Considerando as fontes do direito tributário, assinale a opção correta.

(A) O princípio da anualidade confunde-se com o princípio da anterioridade tributária, ambos com o mesmo fundamento jurídico.

(B) De acordo com o princípio da anterioridade anual, previsto constitucionalmente, é vedado à União, sem prejuízo de outras garantias asseguradas ao contribuinte, cobrar tributos no mesmo exercício financeiro em que haja sido publicada a lei que os instituiu ou aumentou.

(C) Não se aplicam as regras gerais da *vacatio legis* à lei tributária, ainda que não haja disposição sobre a data de sua entrada em vigor.

(D) A característica principal do imposto de renda é o fato de esse tributo não ser progressivo, sendo suas alíquotas fixadas taxativamente em lei.

(E) De acordo com a sistemática traçada pela CF, cabe à lei ordinária dispor sobre conflitos de competência entre a União, os estados, o DF e os municípios, em matéria tributária.

A: incorreta, pois o princípio da anualidade e da anterioridade não se confundem. O primeiro, não mais admitido em nosso sistema, exige a prévia definição na lei orçamentária das receitas tributárias como requisito para a instituição do tributo; o segundo, previsto expressamente na CF como garantia dos contribuintes, estabelece a necessidade de prazo mínimo entre a edição da lei tributária instituidora do tributo e sua vigência (CF, art. 150, III, b,c); **B:** correta, pois refere-se à redação expressa do princípio da anterioridade tributária (CF, art. 150, II, b); **C:** incorreta, pois todas as regras de vacatio legis aplicam-se ao Direito tributário, com o acréscimo da garantia constitucional do princípio da anterioridade para as leis que instituam ou majorem tributos (CF, art. 150, III, b, c); **D:** incorreta, pois o imposto sobre a renda deve ser informado, por expressa previsão constitucional, pelos princípios da universalidade, da generalidade e da progressividade (CF, art. 153, § 2); **E:** incorreta, pois a CF, expressamente, estabelece essa função para a lei complementar (CF, art. 146 e 146-A). **FC**
Gabarito "B".

(Magistratura/ES – 2011 – CESPE) Em conformidade com a legislação tributária em vigor e com a CF, assinale a opção correta.

(A) Se, de algum modo, a lei beneficiar o contribuinte, ela não deverá produzir efeitos imediatos, dada a obrigatoriedade da observância do princípio da anterioridade.

(B) A forma de concretização do postulado da capacidade contributiva de certos tributos indiretos é a seletividade, de natureza obrigatória para o imposto sobre produtos industrializados.

(C) Quando a lei for expressamente interpretativa, ela será aplicada, em determinados casos, a ato ou fato pretérito, excluída a aplicação de penalidade a infração de dispositivos interpretativos.

(D) De acordo com a CF, é livre a locomoção no território nacional em tempo de paz, podendo qualquer pessoa nele entrar, permanecer ou dele sair, entretanto, sobre o trânsito dos bens dessa pessoa incidirão impostos.

(E) É possível que um tributo federal contenha alíquotas diferenciadas em algumas áreas do país, não se

observando uma alíquota una para toda a extensão do território nacional.

A: incorreta, pois o princípio da anterioridade é uma garantia do contribuinte, não da fazenda pública. Isso significa que leis que beneficiem os contribuintes podem ter vigência imediata, desde que não haja previsão diversa na própria lei, regulando sua vigência (CF, art. 150, III); **B:** correta, pois a seletividade, quando pautada na essencialidade do produto, de certa forma, implicará na tributação mais onerosa de produtos menos essenciais, consumidos, em regra, por pessoas com maior capacidade econômica. Em sentido diverso, implicará em menor tributação produtos mais essenciais, consumidos em regra ela camada da população de menor capacidade econômica (CF, art. 153, § 3°, I); **C:** incorreta, pois nos termos da legislação, a lei meramente interpretativa aplica-se retroativamente sempre (CTN, art. 106, I); **D:** incorreta, pois há expressa previsão de imunidade para o tráfego de pessoas ou bens, com exceção da permissão para a cobrança de pedágio pela utilização de vias conservadas pelo poder público; **E:** incorreta, pois o princípio da uniformidade geográfica impede a aplicação não uniforme dos tributos federais. A exceção feita pela própria CF refere-se, exclusivamente, a diferenciação para buscar o equilíbrio socioeconômico das regiões (CF, art. 151, I). **FC**
Gabarito "B".

(Magistratura Federal - 4ª Região – 2010) Dadas as assertivas adiante, quanto à legalidade, assinale a alternativa correta.

I. É matéria assente no Supremo Tribunal Federal que a redução de base de cálculo de ICMS equipara-se à isenção parcial e, ressalvada a existência de legislação dispondo que o crédito será maior, o direito ao crédito de ICMS deverá ser proporcional à base de cálculo reduzida.

II. O mesmo (afirmação acima) não se pode afirmar quanto ao IPI, pois não há previsão expressa na Constituição de que a isenção (total ou parcial) não dá direito a crédito, salvo expressa disposição de lei nesse sentido.

III. Tem-se admitido na jurisprudência a fixação de prazo de recolhimento de tributos mediante atos infralegais, não obstante o descumprimento desse prazo ser o elemento configurador de infração à legislação tributária.

IV. Incluem-se entre as obrigações acessórias, podendo, portanto, ser fixados sem lei, os períodos de apuração dos impostos como o Imposto sobre a Renda e o Imposto sobre Produtos Industrializados, que serão devidos conforme o prazo assim fixado.

V. As tarifas não precisam ser fixadas em lei.

(A) Estão corretas apenas as assertivas I, II e III.

(B) Estão corretas apenas as assertivas I, III e IV.

(C) Estão corretas apenas as assertivas I, II, III e IV.

(D) Estão corretas todas as assertivas.

(E) Nenhuma assertiva está correta.

I: assertiva correta, pois, em caso de redução da base de cálculo, é devido o estorno proporcional dos créditos de ICMS correspondentes – ver RE 427.144 AgR/RS e art. 155, § 2°, II, *b*, da CF; **II:** imprecisa, pois não há jurisprudência pacífica em relação à redução da base de cálculo do IPI, a exemplo do que ocorre com o ICMS; **III:** assertiva correta, pois a fixação da data do vencimento do tributo pode ser feita por norma infralegal e não se sujeita à anterioridade – ver RE 195.218/MG; **IV:** incorreta, pois não se trata de obrigações acessórias (não

506 ROBINSON BARREIRINHAS E FERNANDO CASTELLANI

são prestações a cargo de sujeito passivo ou terceiro, no interesse da fiscalização ou arrecadação de tributos) – art. 113, § 2º, do CTN; **V:** correta, pois tarifas não têm natureza tributária – são preços públicos cobrados por concessionárias de serviço público – art. 175, parágrafo único, III, da CF. FC/RB

Gabarito "ANULADA".

(Magistratura Federal/1ª região – IX) Marque com V a assertiva verdadeira e com F a falsa, assinalando em seguida a opção correspondente.

1. os princípios da estrita reserva legal e da anterioridade, no que concerne à majoração de alíquotas, não se aplicam ao imposto sobre produtos industrializados.
2. de acordo com o princípio da irretroatividade da lei tributária, a lei deve anteceder ao fato por ela escolhido para dar início à incidência do tributo ou para aumentá-lo.
3. as contribuições para a seguridade social devem observância ao princípio da anterioridade previsto no artigo 150, inciso III, alínea "b" da Constituição Federal, de modo que a lei que as instituir ou aumentar só poderá ser aplicada no exercício financeiro seguinte ao de sua publicação.
4. define-se o princípio da capacidade contributiva como a vedação de tributação que seja tão onerosa, a ponto de ser sentida como penalidade.

(A) os quatro assertos são falsos.

(B) o primeiro asserto é verdadeiro, e os demais falsos.

(C) os dois últimos assertos são falsos, e os demais verdadeiros.

(D) o segundo asserto é verdadeiro, e os demais falsos.

1: correta, em termos, pois o IPI, por expressa previsão legal, pode ter suas alíquotas alteradas por decreto, não se sujeitando a anterioridade do exercício financeiro apenas, tendo, portanto, que aguardar o prazo mínimo de 90 dias (CF, art. 150, § 1º e 153, § 1º); 2: correta, pois se trata da própria definição do princípio da irretroatividade, pelo qual a lei somente poderá regular fatos ocorridos após o início de sua vigência (CF, art. 150, III, *a*); 3: incorreta, pois o artigo citado refere-se ao princípio da irretroatividade, além de, no caso das contribuições sociais para a seguridade, valer a anterioridade dos 90 dias (CF, art. 195, § 6º); 4: incorreta, pois a definição trazida refere-se ao princípio da vedação ao confisco (CF, art. 150, IV). Portanto, corretas as duas alternativas. FC/RB

Gabarito "C".

(Magistratura Federal/1ª região – IX) Ainda não foi superada, no Brasil, controvérsia doutrinária a respeito da possibilidade da instituição e da majoração de tributos por meio de leis delegadas. A atual Constituição Federal, porém, veda expressamente a utilização de tais normas jurídicas para a criação e a alteração das alíquotas de:

(A) contribuições de intervenção no domínio econômico.

(B) empréstimos compulsórios.

(C) taxas e contribuições de melhoria.

(D) impostos extraordinários.

A Lei delegada é uma espécie normativa que apresenta mesmo hierarquia de lei ordinária. Assim, independente de certa instabilidade doutrinária acerca da possibilidade de utilização de tal lei para a instituição de tributo, já que a competência tributária é indelegável, é certo que jamais poderá instituir tributos que exijam lei complementar. **A, C** e **D:** incorretas, pois todos os tributos citados são instituídos, em regra, por

lei ordinária, ou medida provisória, o que permitiria, em tese, a utilização de lei delegada; **B:** correta, pois os empréstimos compulsórios exigem lei complementar (CF, art. 148). FC/RB

Gabarito "B".

(Magistratura Federal/1ª região – IX) Considerando a hipótese de, no dia 30 de dezembro de 2001, haver sido publicada lei aumentando os valores da Taxa de Fiscalização dos mercados de seguro, de capitalização e da previdência privada aberta, omissa quanto à data de início de sua vigência, pergunta-se: Quando referida lei começaria a vigorar?

(A) no dia 1º de janeiro de 2002.

(B) no dia 30 de dezembro de 2001.

(C) no dia 13 de fevereiro de 2002.

(D) no dia 29 de janeiro de 2002.

O princípio da anterioridade estabelece que todos os tributos, em regra, terão sua vigência iniciada no primeiro dia do exercício financeiro seguinte, desde que haja um lapso mínimo de 90 dias, entre a publicação e a entrada em vigor do dispositivo. Como a taxa referida no exercício não está entre as exceções elencadas na CF, aplica-se, portanto, a regra geral, valendo o dia 29 de janeiro de 2002. A alternativa correta é a "D", pela aplicação da regra geral da anterioridade (CF, art. 150, III, *b* e *c*). FC/RB

Gabarito "D".

(Magistratura Federal/2ª região – 2011 – CESPE) De acordo com o que dispõe o CTN, há possibilidade de lei nova retroagir em seus efeitos se o ato

(A) tiver contrariado fraudulentamente uma obrigação acessória relativa a imposto que deveria ter sido cumprida antes da vigência da nova lei, independentemente de ter sido ou não julgado.

(B) tiver importado o não pagamento de tributo e não tiver sido definitivamente julgado quando da vigência da nova lei, e esta deixar de considerá-lo contrário a uma exigência de ação.

(C) tiver importado o não pagamento de tributo e já tiver sido definitivamente julgado quando da vigência da nova lei, e esta deixar de considerá-lo como contrário a uma exigência de ação.

(D) não tiver sido definitivamente julgado, independentemente de se referir a imposto ou contribuição, e a nova lei deixar de considerá-lo infração.

(E) tiver contrariado fraudulentamente uma obrigação acessória relativa a contribuição social com vigência já findada quando da vigência da nova lei, independentemente de ter sido ou não julgado.

Nos termos do CTN, a lei nova tributária somente poderá retroagir nos casos de ser meramente interpretativa, ou no caso de ser mais benéfica, em relação a sanção ou definição de infração, tratando-se de situação não definitivamente julgada (CTN, art. 106, I e II). **A, C, D** e **E:** incorretas, por falta de previsão legal; **D:** correta, por expressa previsão legal (CTN, art. 106, II). FC/RB

Gabarito "D".

3. IMUNIDADES

(Juiz – TJ/SP – VUNESP – 2015) Na disciplina das isenções, imunidades e hipóteses de não incidência, é correto afirmar que

(A) quem pode isentar também pode conceder imunidade.

(B) quem pode tributar pode isentar.

(C) alíquota zero e isenção são expressões juridicamente equivalentes.

(D) não incidência é situação juridicamente distinta de imunidade e de não competência.

A: incorreta, pois imunidade é concedida exclusivamente pela Constituição Federal. Já a isenção é concedida por meio de lei de cada ente tributante; **B:** correta, pois a isenção é dada por quem tem competência tributária em relação ao respectivo tributo, sempre por meio de lei; **C:** incorreta, pois alíquota zero simplesmente anula o valor do crédito tributário, o que, em relação a determinados tributos federais, pode inclusive ser feito por norma infralegal (lembre-se que há algumas poucas exceções ao princípio da legalidade em relação a determinadas alíquotas de tributos federais - II, IE, IPI, IOF e da CIDE sobre combustíveis). Já isenção exclui o crédito tributário (afasta a incidência, para os autores mais modernos) e somente pode ser concedida por lei do ente tributante; **D:** discutível. Por ser conceito fixado pela negativa, não incidência é algo absolutamente amplo, podendo ser compreendido como tudo que não é incidência, o que inclui imunidade e inexistência de competência tributária, daí porque a alternativa também foi considerada correta. Importante destacar, entretanto, que muitos utilizam o termo "não incidência" para se referir a algo distinto da imunidade (que é norma constitucional que afasta a competência tributária), atinente a situações absolutamente fora do âmbito de competência concedida pela Constituição a determinado ente competente. Por exemplo, o Estado tem competência para tributar a propriedade de veículos automotores (IPVA), sendo que não pode tributar veículo de propriedade de um Município por expressa vedação constitucional (imunidade recíproca), muito menos a propriedade de um cavalo, que não é sequer veículo automotor (este último é o caso da não incidência). **RB**
Gabarito "B e D".

(Juiz – TJ/MS – VUNESP – 2015) O Sistema Tributário Nacional veda a cobrança de impostos sobre fonogramas e videofonogramas musicais produzidos no Brasil contendo obras musicais ou literomusicais de autores brasileiros e/ou obras em geral interpretadas por artistas brasileiros bem como os suportes materiais ou arquivos digitais que os contenham, salvo na etapa de replicação industrial de mídias ópticas de leitura a laser. Referida vedação implica em modalidade de

(A) exclusão do crédito tributário.

(B) anistia especial.

(C) isenção específica.

(D) limitação ao poder de tributar.

(E) compensação tributária.

Sempre que a Constituição Federal afasta a competência tributária, ou seja, fixa regra afastando a possibilidade de tributação relativa a determinada pessoa ou objeto, independentemente da terminologia utilizada, estaremos diante de uma imunidade, espécie de limitação constitucional ao poder de tributar. **A:** incorreta, pois isso é isenção ou anistia, dada sempre por lei do ente tributante – art. 175 do CTN; **B** e **C:** incorretas, pois isenção e anistia são modalidades de exclusão do crédito tributário, sempre concedidas por lei de cada ente tributante

– art. 175 do CTN; **D:** correta, pois trata-se de imunidade, que é uma limitação constitucional ao poder de tributar, delimitação negativa da competência tributária, conforme a seção da Constituição Federal em que se insere seu art. 150; **E:** incorreta, pois compensação é modalidade de extinção do crédito tributário, regulada por lei de cada ente tributante – art. 156, II, do CTN. **RB**
Gabarito "D".

(Juiz– TRF 2ª Região – 2017) Leia as proposições e, ao final, assinale a opção correta:

I. Instituição de educação, beneficiária de imunidade tributária, faz jus a exigir o afastamento do IPI incidente sobre o automóvel que ela vai adquirir e usar exclusivamente em suas atividades.

II. Instituição de educação, beneficiária de imunidade tributária, que tem certo imóvel alugado, cuja renda reverte em benefício de suas finalidades, não está sujeita a pagar IPTU sobre este seu bem, dado em locação.

III. A imunidade constitucional recíproca abrange os entes integrantes da administração indireta de cada unidade federada.

(A) Apenas as assertivas I e II estão corretas.

(B) Apenas as assertivas II e III estão corretas.

(C) Apenas a assertiva II está correta.

(D) Todas as assertivas são equivocadas.

(E) Apenas a assertiva I está correta.

I: incorreta, pois a imunidade da adquirente, que é contribuinte de fato apenas, não beneficia o fabricante do automóvel, que é o contribuinte de direito; **II:** correta – Súmula Vinculante 52 do STF; **III:** incorreta, pois abrange, em princípio, apenas as entidades de direito público da Administração indireta (fundações públicas e autarquias). O STF, entretanto, entende que a Empresa de Correios e Telégrafos (ECT) e a Empresa Brasileira de Infraestrutura Aeroportuária (Infraero) são imunes em relação a atividades públicas em sentido estrito, executadas sem intuito lucrativo, que não indiquem capacidade contributiva - RE 601.392/PR. **RB**
Gabarito "C".

(Juiz– TRF 3ª Região – 2016) Considere as seguintes afirmações e assinale a alternativa correta:

I. As multas fiscais também são alcançadas pelo princípio da não confiscatoriedade.

II. As medidas provisórias podem instituir ou majorar tributos para os quais não é exigida lei complementar.

III. O IPI (imposto sobre produtos industrializados) não incide sobre produtos industrializados destinados à exportação.

IV. A imunidade recíproca prevista para as pessoas políticas alcança empresas públicas e sociedades de economia mista delegatárias de serviços públicos que atuam em regime de monopólio.

(A) Todas as afirmações são erradas.

(B) As afirmações II e III são erradas.

(C) Todas as afirmações são verdadeiras.

(D) A afirmação IV é a única verdadeira.

I: correta – ver ARE 938.538 AgR/ES; **II:** correta – art. 62, § 1º, III, da CF; **III:** correta, pois há imunidade nesse caso – art. 153, § 3º, III, da CF; **IV:** correta, tendo sido esse um dos fundamentos que leva-

ram o STF a estender a imunidade tributária aos Correios, embora, posteriormente, o entendimento tenha sido aplicado também em relação a atividades em relação às quais não há exclusividade – ver ACO 811 AgR ED. **RB**
Gabarito "C".

(Magistratura/PR – 2013 – UFPR) Quanto às limitações do poder de tributar, é correto afirmar:

(A) Os Estados podem instituir tributo com efeito de confisco desde que se trate de desapropriação de bens de concessionário público que não cumpriu suas obrigações contratuais.

(B) Aos Estados e aos Municípios é vedado exigir ou aumentar tributo sem lei que o estabeleça.

(C) Os Estados ou os Municípios podem instituir impostos sobre templos de qualquer culto, desde que durante as suas realizações ocorram doações por parte dos fiéis, pois se trata de formação de renda e/ou prestação de serviço.

(D) Aos Estados e aos Municípios é vedado exigir ou aumentar tributos nas hipóteses de calamidade pública, salvo quando absolutamente necessário para evitar danos irreversíveis ao patrimônio público, ao orçamento público ou à saúde pública.

A: incorreta, pois é inconstitucional qualquer tributo com efeito de confisco, já que a CF/1988 não elenca qualquer exceção ao princípio (art. 150, IV, da CF/1988); **B:** correta, pois trata-se da expressa descrição do princípio da legalidade (art. 150, I, da CF/1988); **C:** incorreta, pois há previsão de imunidade de impostos para os templos de qualquer culto (art. 150, VI, b, da CF/1988); **D:** incorreta, pois não existe tal impedimento na CF/1988. **FC**
Gabarito "B".

(Magistratura/PR – 2013 – UFPR) Dentre as alternativas abaixo, aponte aquela que estiver correta:

(A) A imunidade dos templos de qualquer culto aplica-se exclusivamente ao Imposto Predial e Territorial Urbano – IPTU.

(B) A União Federal pode instituir isenções de tributos da competência dos Estados, do Distrito Federal ou dos Municípios.

(C) A imunidade das entidades sem fins lucrativos compreende somente o patrimônio, a renda e os serviços, relacionados com as finalidades essenciais dos partidos políticos, inclusive suas fundações, das entidades sindicais dos trabalhadores, das instituições de educação e de assistência social, atendidos os requisitos da lei.

(D) Utilizar o tributo com efeito de confisco significa estabelecer limitações ao tráfego de pessoas ou bens, por meio de tributos interestaduais ou intermunicipais, ressalvada a cobrança de pedágio pela utilização de vias conservadas pelo Poder Público federal.

A: incorreta. A imunidade de templos refere-se a todos os impostos, já que é destinada a pessoa jurídica "instituição religiosa" e não ao templo enquanto construção (art. 150, VI, b, da CF/1988 e art. 44, IV, do CC); **B:** incorreta, pois é vedado pela CF/1988, salvo previsão expressa em sentido contrário, isenções heterônomas (art. 151, III, da CF/1988); **C:** correta, por expressa previsão constitucional (art. 150, VI, c, da CF/1988); **D:** incorreta, pois trata-se de duas regras distintas,

ou seja, vedação de confisco e imunidade de tráfego (CF, art. 150, IV e V, da CF/1988). **FC**
Gabarito "C".

(Magistratura/PA – 2012 – CESPE) Acerca das limitações ao poder de tributar, assinale a opção correta.

(A) O imóvel pertencente a partido político permanece imune ao IPTU, ainda quando alugado a terceiros, desde que o valor dos aluguéis seja aplicado nas atividades essenciais dessa entidade.

(B) Nas ações acidentárias propostas na justiça estadual, o INSS goza de isenção de pagamento de custas e emolumentos.

(C) A imunidade tributária conferida pela CF a instituições de assistência social sem fins lucrativos somente alcança as entidades fechadas de previdência social privada se houver contribuição dos beneficiários.

(D) A imunidade conferida ao livro, prevista na CF, não abrange todo o material necessário à sua confecção.

(E) As indenizações de férias proporcionais e o respectivo adicional não estão isentas de imposto de renda.

A: correta, pois apesar da redação aparentemente contrariar o disposto na CF (CF, art. 150, § 4º), o STF firmou entendimento sumulado no sentido da flexibilização do rigor da regra constitucional, permitindo a manutenção da imunidade nos casos de destinação de recursos para a atividade fim, ainda que oriundos de atividades acessórias não relacionadas (STF, súmula 724); **B:** incorreta, pois a imunidade do INSS, autarquia, somente se refere aos impostos (CF, art. 150, VI, a e § 2º), confirmado pela interpretação do STJ (STJ, súmula 178); **C:** incorreta, pois o STF exige exatamente o contrário, ou seja, a inexistência de contribuição dos beneficiários (STF, súmula 730); **D:** correta, pois o STF, em recente decisão, expressou que a imunidade de livros é ampla, englobando produto, maquinário e insumos. Esse entendimento altera, ao menos em parte, o anteriormente vigente, inclusive sumulado (STF, súmula 657); **E:** incorreta, pois toda e qualquer indenização não satisfaz o requisito de ser acréscimo patrimonial, exigido para o Imposto sobre a renda, conforme entendimento do STJ (STJ, súmula 386). **FC**
Gabarito "A".

(Magistratura Federal/3ª região – 2011 – CESPE) Considere que, em determinada autarquia estadual cuja finalidade essencial seja a prestação de serviços à população mediante pagamento de tarifas pelos beneficiários, a prestação dos serviços não configure exploração de atividade econômica regida pelas normas aplicáveis a empreendimentos privados. Nesse caso, a autarquia

(A) deve pagar as contribuições sociais de natureza previdenciária sobre a folha de salários de empregados regidos pela CLT.

(B) é imune ao pagamento da contribuição social sobre o lucro líquido.

(C) é imune ao pagamento do imposto predial e territorial urbano.

(D) deve pagar o imposto sobre a transmissão onerosa de bens imóveis caso venda algum imóvel.

(E) fica imune ao pagamento de imposto sobre a transmissão onerosa de bens imóveis caso compre algum imóvel.

7. DIREITO TRIBUTÁRIO 509

A: correta, pois a eventual imunidade recíproca, estendida as autarquias, afasta apenas impostos, não todas as espécies tributárias (CF, art. 150, VI); **B:** incorreta, pela mesma argumentação, permitindo-se, portanto, a tributação pela contribuição especial; **C:** incorreta, pois como há contraprestação por intermédio de tarifas, afasta-se a imunidade tributária recíproca, sendo a autarquia tributada normalmente (CF, art. 150, § 3º); **D:** correta, pois a autarquia descrita não goza do benefício da imunidade (CF, art. 150, § 3º); **E:** incorreta, pois a autarquia descrita não goza do benefício da imunidade (CF, art. 150, § 3º). **FC/RB**
„„D." no „„A." otireбаG

(Magistratura/PE – 2011 – FCC) O art. 155, § 2º, inciso X, letra "d", da Constituição Federal, enuncia que o ICMS "não incidirá" sobre prestação de serviços de comunicação nas modalidades de radiodifusão e transmissão de imagens. Bem observado, o dispositivo consagra, segundo a melhor doutrina do direito,

(A) hipótese de não incidência tributária.

(B) imunidade tributária.

(C) isenção de nível constitucional.

(D) isenção pura e simples.

(E) remissão fiscal.

Sempre que a Constituição Federal afasta a possibilidade de tributação, delimitando negativamente a competência tributária, há imunidade, ainda que sejam utilizados outros termos (isenção ou não incidência – trata-se de simples imprecisão na técnica legislativa, que não altera a natureza do instituto). Por essa razão, a alternativa "B" é a correta. **RB**
„B." otireбаG

(Magistratura/RJ – 2011 – VUNESP) A instituição de assistência social "Criança Feliz" não paga IPTU (imposto predial e territorial urbano) porque não tem fins lucrativos e, atendendo aos requisitos da lei, está abrangida pela

(A) não incidência infraconstitucional.

(B) isenção.

(C) remissão.

(D) imunidade.

A não tributação por intermédio de impostos de instituições de assistência social está prevista expressamente na CF, art. 150, VI, d, sendo, portanto, caso de imunidade tributária, que é uma regra de não incidência constitucionalmente qualificada. A isenção decorre de previsão legal, ou seja, infraconstitucional, e a remissão é perdão de crédito tributário, por medidas de política tributária (CTN, art. 156). Por essa razão, a alternativa "D" e a correta. **FC**
„D." otireбаG

(Magistratura/ES – 2011 – CESPE) Assinale a opção correta acerca da competência tributária.

(A) Pessoas reconhecidamente pobres gozam de imunidade tributária no que se refere à taxa de propositura de ações ou à de solicitação de registros e certidões.

(B) O cumprimento da finalidade essencial da entidade fundacional não é condição legal para fruição da imunidade.

(C) É garantida constitucionalmente à União a possibilidade de tributar a renda das obrigações da dívida pública dos estados, bem como a remuneração e os proventos dos respectivos agentes públicos.

(D) Em nome do princípio da procedência ou destino, os estados, o DF e os municípios podem estabelecer diferença tributária entre serviços de qualquer natureza, em razão da procedência ou destino destes.

(E) A competência tributária apresenta-se como aptidão jurídica para criar tributos, sendo a imunidade uma forma qualificada de incidência, por expressa disposição legal.

A: correta, pois há previsão expressa na CF (CF, art. 5, LXXIV e LXXVI); **B:** incorreta, pois somente gozará de imunidade o patrimônio, rendas e serviços vinculados a sua finalidade essencial, ou dela decorrente (CF, art. 150, § 1); **C:** incorreta, pois há previsão expressa em sentido contrário na CF (CF, art. 151, II); **D:** incorreta, pois há previsão expressa na CF em sentido contrário (CF, art. 152); **E:** incorreta, pois a imunidade decorre de expressa previsão constitucional, não de previsão legal. **FC**
„A." otireбаG

(Magistratura/ES – 2011 – CESPE) Com base na disciplina aplicável à imunidade tributária, assinale a opção correta.

(A) A instituição de imposto extraordinário de guerra, por lei complementar, é da competência da União.

(B) A CF confere benefício de isenção tributária aos templos religiosos, ou seja, sobre eles é conferida, pela ordem constitucional, exoneração de obrigação de pagar tributos.

(C) A obtenção do registro no TSE é condição para a fruição da imunidade pelos partidos políticos.

(D) Manuais técnicos no formato de apostilas virtuais não gozam da imunidade tributária conferida aos livros, visto que só é considerado livro, para efeitos fiscais, o que pode ser impresso e identificado como tal.

(E) O tributo é prestação pecuniária obrigatória, podendo o seu pagamento ser efetuado, em determinadas circunstâncias, em moeda estrangeira, conforme preceitua o CTN.

A: incorreta, pois a competência para a instituição de imposto extraordinário não exige a utilização de lei complementar, podendo, então, ser exercida por meio de lei ordinária ou mesmo medida provisória; **B:** incorreta, pois a previsão constitucional de exoneração tributária configura o benefício de imunidade tributária, e não de isenção (CF, art. 150, VI, b); **C:** correta, pois os partidos políticos somente gozam do benefício da imunidade se constituídos formalmente e regularmente como pessoas jurídicas de direito privado, atendidos os requisitos da lei (CC, art. 44), havendo a exigência na lei; **D:** incorreta, pois manuais técnicos estão englobados no conceito de livro, pelo aspecto do seu conteúdo (que poderá ser de qualquer tipo - ficção, religioso, técnico, científico, pornográfico, etc.). Contudo, a questão da forma do livro, especialmente os digitais, ainda é controvertida. No caso em tela, a CESPE adotou posição mais flexível, admitindo os livros digitais ou eletrônicos; **E:** incorreta, pois o pagamento sempre deverá ser feito em moeda nacional (CTN, art. 162). **FC**
„C." otireбаG

(Magistratura/RO – 2011 – PUCPR) Avalie as assertivas a seguir:

I. Segundo jurisprudência recente do Supremo Tribunal Federal, as imunidades subjetivas abrangem também os impostos indiretos, desde que a pessoa jurídica de direito público interno seja contribuinte de fato.

II. Os frutos da atividade de locação de espaço para estacionamento dos fiéis pela entidade religiosa estão abrangidos pela imunidade tributária, desde que esses valores sejam revertidos para as atividades essenciais da entidade.

III. Segundo jurisprudência atual do STF, os cartórios extrajudiciais estão imunes à incidência de impostos, já que são equiparados a órgãos públicos e, portanto, gozariam de imunidade recíproca.

IV. Em razão da imunidade, não haverá incidência de imposto sobre serviços de qualquer natureza sobre locação de qualquer natureza de bens móveis pelo município.

Assinale a única alternativa CORRETA:

(A) Somente as assertivas I, II e IV são verdadeiras.

(B) Somente as assertivas I e IV são verdadeiras.

(C) Somente as assertivas II e III são verdadeiras.

(D) Somente as assertivas I, III e IV são falsas.

(E) Somente as assertivas I e III são verdadeiras.

I: incorreta, embora ainda haja discussão jurisprudencial. No caso de tributos indiretos, a imunidade subjetiva afasta a tributação apenas quando o ente imune é contribuinte de direito. Por exemplo, se o Município importar uma mercadoria, ele seria contribuinte de direito em relação ao ICMS (o importador é quem recolhe o tributo estadual), mas, por conta da imunidade recíproca, não há incidência do tributo – ver AI 476.664 AgR/RS-STF. Se a entidade imune é apenas contribuinte de fato (por exemplo, adquire uma mercadoria no mercado interno), há incidência do tributo (ICMS, no exemplo), que deve ser recolhido pelo vendedor (= contribuinte de direito) – ver Súmula 591/STF e AI 805.295 AgR/MG-STF; **II:** correta, conforme a Súmula 724/STF; **III:** incorreta, pois o STF entende que os tabeliães e notários devem recolher tributos sobre suas atividades (ISS e IR) – ver ADI 3.089/DF; **IV:** incorreta, pois, a rigor, não incide ICMS por ausência de previsão legal – o item da lista de serviço da LC 116/2003 foi vetado pelo Presidente, exatamente por conta da inconstitucionalidade reconhecida pelo STF, conforme a Súmula Vinculante 31/STF. RB

Gabarito "D".

(Magistratura/RO – 2011 – PUCPR) Dadas as assertivas abaixo, assinale a única **CORRETA.**

(A) A imunidade dos ICMS sobre combustíveis e lubrificantes, quando em operação interestadual, pode ser afastada por determinação expressa em lei complementar, que também fixará incidência única desse imposto sobre esses produtos, independentemente de sua finalidade.

(B) A imunidade de ICMS sobre operações de combustível interestadual abrange também o álcool combustível.

(C) A energia elétrica é serviço, por isso sobre ela poderia incidir ICMS sobre operação interestadual se não fosse a previsão imunizante.

(D) Sobre energia elétrica e combustível não poderá incidir qualquer outro imposto, salvo ICMS.

(E) A União não pode estabelecer nenhuma desoneração de ICMS estadual, já que não se trata de tributo inserido na sua competência.

A: Assertiva correta, conforme o art. 155, § 2º, XII, *h*, da CF; **B:** incorreta, pois a imunidade do art. 155, § 2º, X, *b*, da CF refere-se a combustíveis derivados do petróleo, não a álcool combustível; **C:** incorreta, pois a Constituição Federal trata a energia como mercadoria, incidindo ICMS nas operações internas – art. 155, § 3º, da CF; **D:** incorreta, pois, além de

ICMS, poderá incidir imposto de importação e imposto de exportação, nos termos do art. 155, § 3º, da CF; **E:** Discutível, pois há autores que entendem que a União poderia, por tratado internacional, afastar ou reduzir a tributação estadual, nos termos do art. 98 do CTN. O Judiciário tem ratificado casos em que o tratado internacional estende ao bem importado benefícios fiscais concedidos pelo Estado ao similar nacional (ou seja, se há isenção de ICMS para pescado nacional, concedido pelos Estados, o tratado do GATT, por exemplo, pode estender o benefício para o similar importado – Súmulas 20 e 71/STJ e 575/STF). RB

Gabarito "A".

4. DEFINIÇÃO DE TRIBUTO E ESPÉCIES TRIBUTÁRIAS

(Juiz– TJ-SC – FCC – 2017) Município X cobra taxa por coleta de lixo urbano, feita por empresa contratada pela Administração municipal. O tributo é calculado sobre o valor, atribuído por lei municipal, da frente para a via pública do imóvel em que se dará a coleta, medida em metros lineares. O tributo é julgado inconstitucional. A taxa não pode ser cobrada porque:

(A) a base de cálculo é semelhante ao valor venal do imóvel, base de cálculo do IPTU.

(B) a base de cálculo não é apropriada para prestação de serviços, prestando-se, somente, para o caso de taxa por exercício de poder de polícia.

(C) o serviço público é prestado por particular contratado, sendo, portanto, caso de cobrança de preço público diretamente pelo contratado.

(D) o serviço é, por natureza, indivisível, tendo em vista a impossibilidade de pesar o lixo no momento da coleta.

(E) a base de cálculo não tem pertinência com o serviço prestado ou posto à disposição.

A base de cálculo de qualquer tributo deve dimensionar seu fato gerador. No caso das taxas pela prestação de serviço, deve ter relação com esse serviço prestado, admitindo-se a adoção de um ou mais elementos próprios da base de cálculo de imposto, desde que não haja identidade entre eles – Súmula Vinculante 29 do STF. **A:** incorreta, pois o valor venal se refere ao preço de mercado do imóvel, não à metragem da frente; **B:** incorreta, pois não se pode afirmar que a metragem da frente do imóvel é adequada para base de cálculo de taxa de fiscalização, exceto se tiver relação direta com essa atividade; **C:** incorreta, pois a cobrança direta somente ocorreria no caso de concessão do serviço público (haveria, em tese, cobrança de tarifa a ser paga pelo usuário do serviço – absolutamente incomum no caso de coleta de lixo), não de simples contratação de empresa para prestação do serviço; **D:** incorreta, pois o serviço é específico e divisível, admitindo cobrança de taxa – Súmula Vinculante 19 do STF; **E:** correta, conforme comentários iniciais. (RB)

Gabarito "E".

(Juiz– TJ-SC – FCC – 2017) As contribuições sociais para a seguridade social:

(A) estão entre as competências comuns da União, Estados, Distrito Federal e Municípios.

(B) incidem exclusivamente sobre os valores pagos a segurados empregados e avulsos.

(C) não podem, em hipótese alguma, se desvincular do orçamento da previdência social.

(D) não incidem sobre gorjetas pagas ao segurado.

7. DIREITO TRIBUTÁRIO

(E) só incidem sobre o lucro líquido apurado conforme a legislação do Imposto de Renda.

A: incorreta, pois há competência exclusiva da União – art. 149, "caput", da CF; **B:** incorreta, pois podem incidir sobre receitas e lucro do empregador, por exemplo, além de todos os outros casos listados nos incisos do art. 195, "caput", da CF; **C:** incorreta, pois as receitas das contribuições sociais são fontes de recursos para a seguridade social, que abrange não apenas a previdência, mas também a saúde e a assistência social – art. 194 da CF; **D:** incorreta, pois as gorjetas são consideradas remuneração direta, sujeitas à contribuição social – art. 22, I, da Lei 8.212/91; **E:** incorreta, conforme comentários à alternativa "B". RB

Gabarito "A".

(Juiz– TRF 3ª Região – 2016) Aponte a alternativa correta:

(A) Contribuições de melhoria são tributos vinculados à prestação ou à disposição de serviços públicos fruíveis pelo contribuinte.

(B) Pagando um imposto o contribuinte pode exigir do Poder Público uma contraprestação individual e específica.

(C) Em caso de relevante interesse público, os Estados e o DF podem instituir contribuições de intervenção no domínio econômico.

(D) A tarifa pública e o preço público não se submetem ao regime jurídico tributário porque sua natureza é contratual.

A: incorreta, pois a assertiva descreve as taxas pela prestação de serviço público. As contribuições de melhoria incidem sobre a valorização imobiliária decorrente de obra pública – art. 145 da CF; **B:** incorreta, pois o imposto é definido exatamente pela desvinculação de qualquer atividade estatal específica relativa ao contribuinte – art. 16 do CTN; **C:** incorreta, pois a competência para instituir CIDE é exclusiva da União – art. 149 da CF; **D:** correta, pois não há a compulsoriedade que caracteriza os tributos – ver Súmula 545 do STF, lembrando que o princípio da anualidade não foi recepcionado pela Constituição atual. RB

Gabarito "D".

(Juiz– TRF 3ª Região – 2016) Assinale a alternativa incorreta:

(A) Tratando-se de serviço indivisível e inespecífico, a iluminação pública não pode ser remunerada mediante taxa.

(B) Cabe ao Poder Judiciário, em prestígio da isonomia, estender tratamento tributário benéfico já previsto em lei, para contribuinte não contemplado no texto legal.

(C) As contribuições sociais e as contribuições de intervenção no domínio econômico não incidirão sobre receitas decorrentes de exportação.

(D) É possível a adoção, no cálculo do valor de uma taxa, de um ou mais elementos da base de cálculo de um imposto, desde que não ocorra integral identidade entre uma base e outra.

A: correta, pois não é possível a cobrança de taxa, muito embora pareça-nos que é serviço específico, ainda que certamente não seja divisível (para haver taxação, é preciso que o serviço seja ao mesmo tempo divisível e específico, nos termos do art. 79, II e III, do CTN); **B:** incorreta, pois os benefícios fiscais devem ser interpretados estritamente, ou, nas palavras do CTN, literalmente, não sendo admitida interpretação extensiva – art. 111 do CTN; **C:** correta, pois há imunidade

nesses casos – art. 149, § 2º, I, da CF; **D:** correta, conforme Súmula Vinculante 29 do STF. RB

Gabarito "B".

(Magistratura/AM – 2013 – FGV) A Constituição da República prevê, em seu art. 145, que *"A União, os Estados, o Distrito Federal e os Municípios poderão instituir os seguintes tributos: I - impostos; II - taxas, em razão do exercício do poder de polícia ou pela utilização, efetiva ou potencial, de serviços públicos específicos e divisíveis, prestados ao contribuinte ou postos a sua disposição; III - contribuição de melhoria, decorrente de obras públicas"*. Isso significa que

(A) estas são as únicas espécies tributárias admitidas pela Constituição.

(B) estas são as únicas espécies tributárias admitidas pelo Supremo Tribunal Federal.

(C) estas são as espécies tributárias que podem ser instituídas tanto pela União quanto pelos Estados/ DF e Municípios, sem prejuízo de outras previstas na própria Constituição da República.

(D) estas são as espécies tributárias que podem ser instituídas tanto pela União quanto pelos Estados/DF e Municípios, sem prejuízo de outras previstas na Constituição dos Estados ou nas Leis Orgânicas dos Municípios.

(E) os empréstimos compulsórios e as contribuições sociais não têm natureza tributária.

A: incorreta, pois a doutrina mais moderna e o próprio STF, em diferentes julgados, admitem a existência de 5 diferentes espécies, a saber: impostos, taxas, contribuições de melhoria, empréstimos compulsórios e contribuições especiais (arts. 145, 148 e 149, da CF/1988); **B:** incorreta, pois o STF admite, em diferentes julgados, a existência de 5 espécies independentes; **C:** correta, pois as demais espécies (empréstimos compulsórios e contribuições especiais) são tributos, em regra, apenas federais (arts. 148 e 149 da CF/1988); **D:** incorreta, pois a previsão das demais espécies consta, expressamente, da CF (arts. 148 e 149 da CF/1988); **E:** incorreta, pois há previsão expressa na Constituição de sua natureza tributária (arts. 148 e 149 da CF/1988). FC

Gabarito "C".

(Magistratura/PR – 2013 – UFPR) Assinale a alternativa que melhor sintetiza as distinções entre as espécies tributárias indicadas.

(A) O *imposto* pressupõe um ato do Poder Público, assim como a *taxa*, sendo distintos os fatos geradores dos dois tributos, mas não as bases de cálculo.

(B) O *imposto* pressupõe um ato do contribuinte, assim como a *taxa*, sendo distintas as bases de cálculo, mas não os fatos geradores.

(C) O *imposto* pressupõe um ato do Poder Público, assim como a *taxa*, sendo distintas as bases de cálculo dos dois tributos, mas não os fatos geradores.

(D) O *imposto* pressupõe um ato do contribuinte, assim como a *taxa*, sendo distintos os fatos geradores dos dois tributos, mas não as bases de cálculo.

(E) O *imposto* pressupõe um ato do contribuinte e a *taxa* pressupõe um ato do Poder Público, sendo distintos os fatos geradores e as bases de cálculo dos dois tributos.

A: incorreta, pois os impostos, por definição, possuem fato gerador não vinculado a qualquer atividade estatal (art. 16 do CTN); B: incorreta, pois as taxas, por definição, possuem por fato gerador uma atividade estatal (art. 145, II, da CF/1988); C: incorreta, pois os impostos, por definição, possuem fato gerador não vinculado a qualquer atividade estatal (art. 16 do CTN); D: incorreta, pois as taxas, por definição, possuem por fato gerador uma atividade estatal (art. 145, II, da CF/1988); E: correta, pois os fatos geradores de cada uma das espécies são distintos, sendo, inclusive, os elementos caracterizadores das espécies (arts. 4º, 16 e 77 do CTN). **FC**

Gabarito "E".

(Magistratura/CE – 2012 – CESPE) Assinale a opção correta a respeito de taxa.

(A) Sendo o fato gerador da taxa a utilização, efetiva ou potencial, de serviços públicos de atribuição do ente tributante, a taxa de serviço só pode ser criada caso exista um serviço público efetivamente ou potencialmente utilizado pelo contribuinte e desde que esse serviço seja específico e divisível.

(B) O serviço prestado por concessionária de serviços públicos não pode ser custeado por meio de taxa.

(C) O Estado poderá estabelecer aumento do valor da taxa cobrada pelo exercício do poder de polícia de fiscalização das embarcações para custear parte do custo da educação básica, uma vez estabelecida a educação como a prioridade no programa de governo.

(D) Com o objetivo de incentivar a produtividade agrícola, os municípios podem instituir e cobrar taxa de serviço para custear a implantação de serviços técnicos a serem utilizados por pequenos produtores na preparação da terra.

(E) O poder de polícia, em si mesmo, é que dá suporte às taxas exigidas em razão dele, e a sua exigência independe da concreta realização de atos nos quais esse poder se expressa.

A: correta, pois nos termos da CF, a instituição de taxas, pressupõe a existência de serviço público, específico e divisível, utilizado efetiva ou potencialmente pelo destinatário, ou ainda, o exercício de poder de polícia (CF, art. 145, II); B: incorreta, pois a eventual concessão do serviço público não altera sua natureza e não gera impactos sobre a política pública remuneratória do serviço (CF, art. 175); C: incorreta, pois as taxas, por entendimento doutrinário pacífico, devem ser obrigatoriamente destinadas à manutenção ou expansão da atividade estatal motivadora da sua instituição; D: incorreta, pois a taxa pressupõe a prestação ode serviço público, ou seja, serviço prestado por força de lei; E: incorreta, pois as taxas de polícia, em regra, decorrem do efetivo exercício do poder de fiscalização, não sendo admitido, como regra, a prestação inexistente, ainda que em relação a terceiros. **FC**

Gabarito "A".

(Magistratura/CE – 2012 – CESPE) Acusado de vender a seus clientes, sem a devida apresentação de receita médica conforme exigência legal, substâncias psicotrópicas que causam dependência física e(ou) psíquica, o titular de determinada farmácia foi condenado, em sentença transitada em julgado, à pena de quatro anos de reclusão, por tráfico de substância entorpecente. Tendo sido constatado, ainda, que não haviam sido emitidas notas fiscais nem se realizara o registro contábil referente às vendas da tal substância, o juiz determinou que se oficiasse à

RFB, para que fossem tomadas as providências necessárias. A RFB, então, providenciou o cálculo do montante do tributo devido, o lançamento fiscal e a inscrição do débito em dívida ativa.

Considerando a situação hipotética apresentada acima, assinale a opção correta.

(A) O trânsito em julgado da sentença condenatória, reconhecida a existência do fato criminoso, é fator impeditivo do lançamento fiscal.

(B) Dada a conduta criminosa do titular da farmácia, a RFB não poderia ter efetivado o lançamento tributário, porquanto o fato gerador do tributo funda-se no princípio de que o imposto só pode ter origem em fato ético.

(C) Verificada a circulação de mercadoria, a RFB poderá efetivar o lançamento referente ao ICMS, independentemente de quem tenha adquirido a substância, fato que não interfere na atribuição da responsabilidade tributária.

(D) O lançamento fiscal não é medida adequada nesse caso, pois, ao realizá-lo, o Estado tornou-se cúmplice do tráfico ilícito de entorpecentes.

(E) O cabimento do lançamento fiscal deve-se à omissão da renda decorrente do não fornecimento da nota fiscal, devendo ser oferecida representação fiscal para fins penais, dado o crime contra a ordem tributária

A: incorreta, pois as esferas penal e tributária não se confundem, especialmente para a definição do fato gerador (CTN, art. 118); B: incorreta, pois a eventual venda do remédio sem a competente prescrição médica, configuradora do ato ilícito, não gera efeitos, ou não torna ilícita a aquisição da receita, (CTN, art. 118); C: incorreta, pois a circulação, em si, é ato ilícito, não podendo, pois ser tributado; D: incorreta, pois o fato gerador, no caso em tela, é a aquisição da renda, não a venda em si; E: correta, pois a omissão de receita, pelas vendas, é considerada de forma abstrata, isolada dos fatos anteriores (STF, HC 94249). **FC**

Gabarito "E".

(Magistratura/PA – 2012 – CESPE) Assinale a opção correta a respeito da instituição e cobrança de taxas.

(A) É constitucional a cobrança de taxa de matrícula em universidade pública federal.

(B) De acordo com entendimento firmado em súmula do STJ, é ilegítima a cobrança, pelo município, de taxa relativa à renovação de licença para a localização de estabelecimento comercial ou industrial.

(C) É permitida a criação de taxa judiciária, sem limite, sobre o valor da causa.

(D) É constitucional a adoção, no cálculo do valor de taxa, de um ou mais elementos da base de cálculo própria de determinado imposto, desde que não haja integral identidade entre uma base e outra.

(E) É vedada a cobrança de taxa em razão do serviço público de coleta, remoção e tratamento de lixo ou resíduos provenientes de imóveis.

A: incorreta, pois o STF entende pela impossibilidade (STF, súmula vinculante 12); B: incorreta, pelo entendimento de que não se admite taxa de serviço pela fiscalização meramente potencial (STJ, súmula 157); C: incorreta, pois o STF tem entendimento consolidado no sentido de

7. DIREITO TRIBUTÁRIO 513

que a definição sem limitação é inconstitucional (STF, súmula 667); **D:** correta, pois apesar da aparente contradição com o texto constitucional, que veda que taxas tenham base de cálculo própria de impostos, o STF tem entendimento no sentido de que a utilização de base apenas como elemento indicativo da utilização da atividade estatal não viola a Constituição (CF, art. 145, § 2º e STF, súmula vinculante 29); **E:** incorreta, pois este serviço público adequa-se aos requisitos constitucionais (CF, art. 145, II e STF, súmula vinculante 19). **FC**

Gabarito "D".

(Magistratura/PI – 2011 – CESPE) A respeito do Sistema Tributário Nacional, assinale a opção correta com base no CTN.

(A) A relação jurídica regulada pelo direito tributário não é considerada obrigacional, ainda que vincule o Estado ao contribuinte.

(B) O direito tributário desfruta de autonomia perante os demais ramos do direito e, dada sua complexidade, não pode ser objeto de resoluções do Senado Federal.

(C) A natureza jurídica do tributo é determinada pela destinação legal do produto da sua arrecadação.

(D) Conforme o CTN, o preço público também é considerado tributo, em razão de sua finalidade e características determinadas pela lei.

(E) A atividade administrativa de cobrança de tributo deve ser plenamente vinculada, ou seja, não cabe à administração aplicar, na cobrança de tributos, critérios de conveniência e oportunidade.

A: incorreta, pois a relação jurídica tributária tem nítida natureza obrigacional (CTN, art. 113); **B:** incorreta, pois as resoluções, por previsão constitucional, tem grande campo de aplicação n o direito tributário, especialmente para os tributos estaduais, mediante a definição de alíquotas máximas e mínimas dos impostos (CF, art. 155, § 1º, IV, § 2º, IV, V, § 6º, I); **C:** incorreta, pois a espécie tributária é definida, em regra, pelo fato gerador, sendo irrelevante a denominação e a destinação (CTN, art. 4); **D:** incorreta, pois preço público e taxa não se confundem (STF, súmula 545); **E:** correta, por expressa previsão legal (CTN, art. 3º). **FC**

Gabarito "E".

(Magistratura/RO – 2011 – PUCPR) Dadas as assertivas a seguir, assinale a única **CORRETA:**

(A) As receitas de exportação estão imunes às contribuições especiais.

(B) As contribuições de intervenção no domínio econômico poderão ter alíquotas *ad valorem,* tendo por base o valor da operação, e, no caso de importação, o valor aduaneiro.

(C) As alíquotas específicas das contribuições sociais não poderão ter por base a unidade de medida adotada.

(D) A pessoa natural importadora não é contribuinte da contribuição social sobre a importação, pois não foi equiparada à pessoa jurídica pela Constituição, a despeito do que determina a lei.

(E) As contribuições sociais não poderão incidir sobre serviços importados, apenas sobre os produtos, visando a não gerar concorrência desleal com os produtores nacionais.

A: incorreta, pois as receitas de exportação são imunes apenas em relação às contribuições sociais e de intervenção no domínio econômico – art. 149, § 2º, I, da CF. Não há imunidade em relação às

contribuições de interesse de categorias profissionais ou econômicas; **B:** correta, conforme o art. 149, § 2º, III, *a,* da CF; **C:** incorreta, pois isso é possível, conforme o art. 149, § 2º, III, *b,* da CF; **D:** incorreta, pois a equiparação por lei, da pessoa natural à jurídica, é permitida expressamente pelo art. 149, § 3º, da CF; **E:** incorreta, pois o art. 149, § 2º, II, da CF admite expressamente a incidência das contribuições sociais e de intervenção no domínio econômico sobre as importações de produtos ou serviços. **RB**

Gabarito "B".

(Magistratura/RO – 2011 – PUCPR) Dadas as assertivas adiante, assinale a única **CORRETA:**

(A) A base de cálculo tem como uma de suas funções confirmar a hipótese de incidência dos tributos, daí porque as taxas não podem ter base de cálculo idêntica dos impostos.

(B) É constitucional a adoção, no cálculo do valor da taxa, de um ou mais elementos da base de cálculo própria de determinado imposto, desde que não haja integral identidade entre uma base e outra.

(C) As taxas de polícia só podem ser cobradas se resultarem em benefício ao contribuinte.

(D) As taxas devem observar apenas o princípio da remuneração ou retributividade.

(E) O valor da taxa será exatamente o valor gasto pela movimentação do ente estatal em favor do contribuinte, devendo recompor esses gastos.

A: Discutível. O art. 145, § 2º, da CF determina que as taxas não podem ter base de cálculo *própria* de imposto. O art. 77, parágrafo único, do CTN impede base de cálculo *idêntica* à de imposto. A doutrina clássica defende que a base de cálculo não apenas quantifica, mas também confirma a hipótese de incidência (o fato gerador em abstrato), definido a natureza jurídica específica do tributo. Por esse entendimento, a taxa jamais poderia ter base de cálculo própria de imposto. Sua base de cálculo deveria, necessariamente, adotar elementos próprios da taxa (custo do serviço prestado ou da fiscalização realizada). O STF, entretanto, de certa forma afastou-se desse entendimento clássico, admitindo "a adoção, no cálculo do valor de taxa, de um ou mais elementos da base de cálculo própria de determinado imposto, desde que não haja integral identidade entre uma base e outra" (Súmula Vinculante 29/STF). Assim, uma taxa de coleta de lixo poderia, em tese, ter como base de cálculo a área do imóvel que, ainda que isso não quantifique o serviço prestado e seja elemento próprio do imposto sobre propriedade (não há, apesar disso, identidade, já que a base do IPTU é o valor venal do imóvel, não sua área); **B:** Essa é a melhor alternativa, pois transcreve exatamente o disposto na Súmula Vinculante 29/STF; **C:** incorreta, pois a taxa é cobrada pelo exercício do poder de polícia em relação ao fiscalizado, ainda que este seja prejudicado pela atuação estatal – art. 145, II, da CF e art. 78 do CTN; **D:** incorreta, pois, como espécie tributária, as taxas devem observar todos os princípios que regem a tributação; **E:** incorreta, pois, embora o valor cobrado pela taxa deva ter relação com o custo do serviço prestado ou da fiscalização realizada, não se exige a perfeita identidade. **RB**

Gabarito "B".

(Magistratura/PE – 2011 – FCC) A importância paga pelos usuários de nossas rodovias a título de pedágio qualifica-se como

(A) preço público.

(B) tributo.

(C) taxa de serviço público.

(D) contribuição de melhoria.

(E) preço compulsório.

Há ainda muita discussão a respeito, mas o entendimento majoritário é de que os valores cobrados pelas concessionárias que exploram as rodovias têm natureza tarifária (= preço público, sem natureza tributária), nos termos do art. 175, parágrafo único, III, da CF. No caso de exploração direta pelo Poder Público, o entendimento dominante é de que se trata também de preço público, embora haja debate nos casos em que o usuário não tem opção de outro trajeto sem cobrança de pedágio (para esses autores, se não há opção é porque existe compulsoriedade, o que implicaria cobrança de taxa). A alternativa "C" é a melhor, conforme comentários iniciais e entendimento dominante. **RB**

Gabarito "A".

(Magistratura Federal-5ª Região – 2011) A respeito do Sistema Tributário Nacional, assinale a opção correta.

(A) Consoante à jurisprudência do STF, as custas, a taxa judiciária e os emolumentos constituem espécies de preço público. Assim, é admissível que parte da arrecadação obtida com essas espécies seja destinada a instituições privadas, entidades de classe e caixas de assistência dos advogados.

(B) Compete aos entes federativos instituir contribuições sociais, de intervenção no domínio econômico e de interesse das categorias profissionais ou econômicas, como instrumento de atuação nas respectivas áreas, observado o princípio da anterioridade.

(C) A cobrança de taxa exclusivamente em razão dos serviços públicos de coleta, remoção e tratamento ou destinação de lixo ou resíduos provenientes de imóveis não viola o texto constitucional.

(D) A receita proveniente da arrecadação de empréstimo compulsório instituído para atender a despesa extraordinária decorrente de calamidade pública ocorrida no sul do país pode ser destinada para a construção de escolas públicas na região Nordeste, uma vez que é vedada a vinculação de receita de tributos a órgão, fundo ou despesa.

(E) Segundo o STF, a existência de órgão administrativo constitui condição suficiente para o reconhecimento da constitucionalidade da cobrança da taxa de localização e fiscalização, sendo um dos elementos para se inferir o efetivo exercício do poder de polícia, exigido constitucionalmente.

A: incorreta, pois o entendimento do STF é exatamente o oposto. Trata-se de taxas (natureza tributária, portanto), sendo indevida, em princípio, a destinação da receita a entidades privadas – ver ADI 1.145/PB; **B:** incorreta, pois a competência tributária correspondente é exclusiva da União – art. 149, *caput*, da CF; **C:** assertiva correta, conforme reconhecido pelo STF na Súmula Vinculante 19; **D:** incorreta, pois a receita dos empréstimos compulsórios é vinculada à despesa que deu ensejo à sua instituição – art. 148, parágrafo único, da CF. Ademais, a vedação de vinculação dos recursos arrecadados à despesa específica refere-se apenas aos impostos, e não às demais espécies tributárias – art. 167, IV, da CF (isso foi, inclusive, reconhecido pela ADI 1.145/PB, indicada no comentário à alternativa "A"); **E:** incorreta, pois é preciso que a fiscalização seja efetiva, não basta existir o órgão administrativo – ver RE 140.278/CE – o STJ cancelou Súmula 157 daquela Corte, permitindo a cobrança na renovação da licença. **FC/RB**

Gabarito "C".

(Magistratura Federal/1ª região – 2011 – CESPE) De acordo com o princípio da não afetação da receita de impostos, que rege tanto o direito financeiro quanto o tributário, o legislador é proibido de vincular a receita de impostos a órgão, fundo ou despesa. Todavia, a despeito desse princípio, o legislador pode vincular a receita do imposto de renda a

(A) pagamento da dívida pública mobiliária federal.

(B) convênios para atender a despesas imprevisíveis e urgentes decorrentes de calamidades públicas.

(C) despesas com aposentadorias do RGPS.

(D) prestação de garantias às operações de crédito por antecipação de receita.

(E) despesas com assistência social.

A CF estabelece expressamente os casos de exceção à regra de não vinculação das receitas dos impostos, elencando, dentre elas, a prestação de garantias às operações de crédito por antecipação de receitas (CF, art. 167, IV). **A**, **B**, **D**, e **E**: incorretas, pela não adequação as exceções; **C**: correta, pela expressa previsão constitucional (CF, art. 167, IV). **FC/RB**

Gabarito "D".

(Magistratura Federal - 5ª Região – 2011) Com relação a taxas e contribuições, assinale a opção correta.

(A) É cabível a cobrança de contribuição de melhoria em virtude da construção de estradas de rodagem e do recapeamento de via pública já asfaltada.

(B) As contribuições sociais residuais devem ser instituídas por lei complementar, ser não cumulativas e ter bases de cálculo e fatos geradores diferentes dos de outras contribuições sociais.

(C) Aplicam-se às contribuições para o fundo de garantia do tempo de serviço as disposições do CTN.

(D) Em conformidade com a legislação local aplicável, é legítima a cobrança de taxa de calçamento.

(E) É ilegítima a cobrança da contribuição para financiamento da seguridade social (COFINS) sobre as operações relativas a serviços de telecomunicações.

A: incorreta, pois o Judiciário tem entendido que a simples manutenção de equipamentos públicos (caso do recapeamento) não permite a cobrança da contribuição de melhoria; **B:** assertiva correta, conforme o art. 195, § 4º, da CF; **C:** incorreta, pois se entende que a contribuição ordinária ao FGTS não tem natureza tributária, sendo inaplicáveis as normas do CTN – Súmula 353 do STJ; **D:** incorreta, pois o calçamento é serviço prestado a toda coletividade indistintamente (*uti universi*), sendo impossível quantificar o benefício em favor de cada cidadão (não é serviço prestado *uti singuli*). Não sendo, portanto, serviço específico e divisível, inviável a instituição e cobrança de taxa – art. 145, II, da CF e art. 79, III, do CTN; **E:** imprecisa, pois a Cofins incide sobre faturamento, não estritamente sobre operações ou serviços – ver art. 1º da Lei 10.833/2003. Ademais, as receitas decorrentes de serviços de telecomunicações sujeitam-se à contribuição – art. 10, VIII, da Lei 10.833/2003. **FC/RB**

Gabarito "B".

(Magistratura Federal-4ª Região – 2010) Dadas as assertivas a seguir, assinale a alternativa correta.

Em matéria de taxas, o Supremo Tribunal Federal pacificou entendimento de que o disposto no § 2º do art. 145 da Constituição Federal ("As taxas não poderão ter base de cálculo própria de impostos"):

7. DIREITO TRIBUTÁRIO

I. Interpreta-se como aceito em tradicional doutrina, de que a base de cálculo identifica a natureza do tributo (Alfredo Augusto Becker, Amílcar de Araújo Falcão etc.).

II. Interpreta-se como proposto em doutrina mais recente, que nega importância aos critérios tradicionais de identificação (dentre os quais a base de cálculo) e classificação dos tributos em três espécies (Marco Aurélio Greco e outros).

III. Interpreta-se dando por constitucional a adoção, no cálculo da taxa, de um ou mais elementos da base de cálculo própria de determinado imposto, desde que não haja integral identidade entre uma base e outra.

IV. Interpreta-se dando por inconstitucional a adoção de bases de cálculo para taxas que tomem um ou mais elementos da base de cálculo própria de determinado imposto.

V. Interpreta-se mediante recurso ao princípio da razoabilidade, admitindo-se coincidências de base de cálculo de taxas e de impostos em alguns casos e em outros não.

(A) Está correta apenas a assertiva III.

(B) Estão corretas apenas as assertivas I e IV.

(C) Estão corretas apenas as assertivas II e IV.

(D) Estão corretas todas as assertivas.

(E) Nenhuma assertiva está correta.

I: incorreta, o art. 145, § 2º, da CF determina que as taxas não podem ter base de cálculo *própria* de imposto. O art. 77, parágrafo único, do CTN impede base de cálculo *idêntica* à de imposto. A doutrina clássica defende que a base de cálculo não apenas quantifica, mas também confirma a hipótese de incidência (o fato gerador em abstrato), definindo a natureza jurídica específica do tributo. Por esse entendimento, a taxa jamais poderia ter base de cálculo própria de imposto. Sua base de cálculo deveria, necessariamente, adotar elementos próprios da taxa (custo do serviço prestado ou da fiscalização realizada). O STF, entretanto, de certa forma afastou-se desse entendimento clássico, admitindo "a adoção, no cálculo do valor de taxa, de um ou mais elementos da base de cálculo própria de determinado imposto, desde que não haja integral identidade entre uma base e outra" (Súmula Vinculante 29 do STF). Assim, uma taxa de coleta de lixo poderia, em tese, ter como base de cálculo a área do imóvel, ainda que essa grandeza (a área do imóvel) não quantifique exatamente o serviço prestado e seja elemento típico de imposto sobre propriedade (embora não haja identidade com a base do IPTU, que é o valor venal do imóvel, não sua área); **II:** incorreta, pois o STF adota posição em desacordo com a doutrina tradicional, reconhecendo a existência de 5 espécies tributárias; **III:** correta, conforme a Súmula Vinculante 29 do STF; **IV:** incorreta, pois isso é admitido nos termos da Súmula Vinculante 29 do STF; **V:** incorreta, pois não se admite a identidade entre as bases de cálculo, conforme a citada Súmula Vinculante 29 do STF. **FC/RB**
Gabarito "A"

(Magistratura Federal/3ª Região – 2010) Assinale a alternativa incorreta:

(A) A União poderá instituir empréstimo compulsório, mediante Lei complementar para atender as despesas extraordinárias, decorrentes de calamidade pública, de guerra externa ou sua iminência;

(B) A cobrança de impostos deve sempre decorrer de uma situação que independa de qualquer atividade estatal específica;

(C) A contribuição de melhoria é instituída para fazer face ao custo de obras públicas do qual decorra valorização imobiliária;

(D) É vedado instituir tratamento desigual entre contribuintes que se encontrem em situação equivalente, admitindo-se distinções em razão da ocupação profissional ou função por eles exercida.

A: assertiva correta, conforme art. 148 da CF; **B:** correta, pois essa é a definição de imposto – art. 16 do CTN; **C:** correta, refletindo a definição de contribuição de melhoria – art. 145, III, da CF e art. 81 do CTN; **D:** incorreta, pois a CF não traz exceção relativa à ocupação profissional ou função, no que se refere à uniformidade geográfica – art. 151, I, da CF. **FC/RB**
Gabarito "D"

5. LEGISLAÇÃO TRIBUTÁRIA – FONTES

(Juiz substituto – TRF 3ª Região – 2016) Só podem ser instituídos por meio de lei complementar:

(A) o empréstimo compulsório e o imposto extraordinário.

(B) a contribuição de intervenção no domínio econômico e o empréstimo compulsório.

(C) o imposto sobre grandes fortunas e as contribuições de interesse de categorias profissionais ou econômicas.

(D) o empréstimo compulsório e o imposto residual.

Em regra, basta lei ordinária para instituir tributos. Excepcionalmente, a Constituição Federal exige lei complementar para determinados tributos de competência da União: empréstimo compulsório, imposto da competência residual, outras contribuições sociais não previstas expressamente na Constituição, imposto sobre grandes fortunas. Interessante lembrar que quando a CF exige lei complementar não há possibilidade de utilização de medida provisória em substituição. Por essas razões, a alternativa "D" é a correta. **RB**
Gabarito "D"

(Magistratura/DF – 2011) O art. 146 da Constituição Federal dispõe que cabe à lei complementar:

(A) dispor sobre conflitos de competência, em qualquer matéria, entre a União, os Estados, o Distrito Federal e os Municípios;

(B) estabelecer normas específicas em matéria de legislação tributária;

(C) definir tratamento diferenciado e favorecido para as microempresas e para as empresas de pequeno porte;

(D) estabelecer normas gerais em matéria tributária, especialmente sobre obrigação, lançamento, crédito, prescrição e decadência tributários, bem como regular a execução fiscal.

A: incorreta, pois o conflito de competência deverá ser regulado por lei complementar apenas em seara tributária (CF, at. 146, I); **B:** incorreta, pois cabe a lei complementar estabelecer normas gerais, consideradas normas de padronização de regras entre os entes; **C:** correta, por expressa previsão constitucional (CF, art. 146-A); **D:** incorreta, pois não cabe a lei complementar regular processo de execução fiscal (CF, art. 146, III). **RB**
Gabarito "C"

(Magistratura/PI – 2011 – CESPE) A respeito da disciplina das fontes do direito tributário, assinale a opção correta.

(A) Qualquer alteração no CTN deve ser feita por lei complementar ou por normas superiores, dada a

determinação constitucional acerca da fixação de normas gerais de direito tributário.

(B) O CTN não considera normas complementares do direito tributário as práticas reiteradas das autoridades administrativas.

(C) Os convênios fiscais entre a União, os estados, o DF e os municípios não veiculam a prática de assistência mútua, pois a atuação desses entes não é integrada.

(D) Os tratados e as convenções internacionais não são aptos a revogar ou modificar a legislação tributária interna, pois não fazem parte da chamada legislação tributária.

(E) Resolução do Senado Federal pode cominar penalidades para ações ou omissões contrárias aos dispositivos legais.

A: correta, por expressa determinação constitucional acerca das normas gerais em matéria tributária. Essa interpretação, inclusive, é que gera a afirmação de que o CTN tem hierarquia de lei complementar, apesar de ser uma lei ordinária (CF, art. 146, III); **B:** incorreta, pois há previsão expressa nesse sentido (CTN, art. 96 e 100); **C:** incorreta, pois há expressa previsão legal nesse sentido (CTN, art. 100, IV); **D:** incorreta, pois há expressa previsão legal nesse sentido (CTN, art. 96, 99 e 100); **E:** incorreta, pois há exigência de lei para tanto (CTN, art. 96). FC

Gabarito "A"

(Magistratura/SP – 2011 – VUNESP) O juiz Nerivaldo Branquinho, ao examinar mandado de segurança impetrado por Exportadora e Importadora Ltda. contra o Sr. Delegado Regional Tributário de Xiririca da Serra, que objetiva a isenção de ICMS sobre filé de merluza importado da Argentina, sob o fundamento de o Brasil ser signatário de tratado internacional, julga corretamente quando

(A) decide que a mercadoria importada do país signatário do BATE é isenta de ICMS quando contemplado com esse favor o similar nacional.

(B) decide que a merluza importada do país signatário do BRD paga ICM.

(C) decide que à mercadoria importada do país signatário do GATT, ou membro do ALALC, estende-se a isenção do Imposto de Circulação de Mercadorias concedida a similar nacional.

(D) denega a segurança porque a merluza é um produto importado.

(E) denega a segurança porque o direito do impetrante não é albergado pelo GATT.

O judiciário reconhece que os tratados do GATT e do ALALC, entre outros, garantem ao bem importado o mesmo tratamento tributário concedido ao similar nacional – Súmulas 20 e 71/STJ e 575/STF: "À mercadoria importada de país signatário do GATT, ou membro da ALALC, estende-se a isenção do imposto sobre circulação de mercadorias concedida a similar nacional." Por isso, a alternativa "C" é a correta. RB

Gabarito "C"

(Magistratura/RO – 2011 – PUCPR) Dadas as assertivas a seguir, assinale a única **CORRETA.**

(A) O Código Tributário Nacional foi recepcionado pela Constituição Federal de 1988 como lei complementar, porque sua natureza era, antes dela, de lei ordinária.

(B) O Código Tributário Nacional denomina de "normas complementares" as leis complementares do artigo 146 da Constituição Federal em vigor.

(C) A observância das práticas, reiteradamente observadas pelas autoridades administrativas, livra o contribuinte da imposição de penalidades, da cobrança de juros de mora e da atualização do valor monetário da base de cálculo do tributo.

(D) Medidas provisórias podem ser utilizadas, atualmente, para criar tributos, desde que ela tenha-se convertido em lei no ano de sua publicação e, nesse caso, só produzirá efeitos no exercício financeiro seguinte.

(E) Os princípios de direito privado são determinantes para a definição do conteúdo e efeitos tributários dos institutos privados empregados pela legislação tributária.

A: incorreta. Em 1966 o CTN foi aprovado como lei ordinária, mas as Constituições posteriores determinaram que as matérias tratadas pelo Código deveriam ser veiculadas por lei complementar federal. Assim, já durante a CF/1967 e a EC 1/1969 (sistemas constitucionais anteriores à atual CF/1988) o CTN fora recepcionado e vigorava com força de lei complementar federal; **B:** incorreta, pois normas complementares são aquelas abaixo dos decretos dos chefes dos Executivos – art. 100 do CTN; **C:** Assertiva correta, conforme o art. 100, III, e parágrafo único, do CTN; **D:** incorreta, pois a exigência de conversão em lei até o final do ano de publicação da MP refere-se apenas a impostos (com exceções), e não a qualquer espécie de tributo – art. 62, § 2º, da CF; **E:** incorreta, pois princípios gerais de direito privado utilizam-se para pesquisa da definição, do conteúdo e do alcance de seus institutos, conceitos e formas, mas não para definição dos respectivos efeitos tributários – art. 109 do CTN. RB

Gabarito "C"

(Magistratura Federal-4ª Região – 2010) Dadas as assertivas adiante, assinale a alternativa correta.

Quanto ao prazo de prescrição e decadência em matéria tributária, os Tribunais Superiores têm decidido que:

I. Alterações de prazos de decadência e prescrição como as feitas pelo art. 5º do Decreto-Lei 1.569/1977 e pelos arts. 45 e 46 da Lei 8.212/1991 são válidas devido à especialidade desses diplomas no tocante aos tributos específicos de que tratam.

II. Alterações de prazos de decadência e prescrição como as feitas pelo art. 5º do Decreto-Lei 1.569/1977 e pelos arts. 45 e 46 da Lei 8.212/1991 são ilegais devido ao conflito com dispositivos de Lei Complementar (Código Tributário Nacional), que é hierarquicamente superior àqueles diplomas posteriores.

III. Alterações de prazos de decadência e prescrição como as feitas pelo art. 5º do Decreto-Lei 1.569/1977 e pelos arts. 45 e 46 da Lei 8.212/1991 são inconstitucionais por exigir-se Lei Complementar para reger tais matérias.

IV. O prazo de prescrição para cobrança de tributos sujeitos a lançamento por homologação é de 5 anos a partir da data em que o pagamento antecipado foi ou deveria ter sido feito.

V. O prazo de prescrição para cobrança de tributos sujeitos a lançamento por homologação é de 10 anos (5 + 5) somente até a publicação da Lei Complementar

7. DIREITO TRIBUTÁRIO

118/2005, a partir da qual passa a ser de apenas 5 anos.

(A) Estão corretas apenas as assertivas I e II.

(B) Estão corretas apenas as assertivas II e IV.

(C) Estão corretas apenas as assertivas III e IV.

(D) Estão corretas apenas as assertivas III e V.

(E) Estão corretas apenas as assertivas II, III e IV.

O STF decidiu que decadência e prescrição no âmbito tributário são matérias a serem veiculadas exclusivamente por lei complementar federal, nos termos do art. 146, III, *b*, da CF, de modo que as disposições em simples lei ordinária são inconstitucionais. Atualmente, os prazos decadencial e prescricional são de 5 anos, contados na forma dos arts. 173 e 174 do CTN. Nesse sentido, a Súmula Vinculantes 8 do STF indica que: "São inconstitucionais o parágrafo único do artigo 5° do Decreto-lei 1.569/1977 e os artigos 45 e 46 da Lei 8.212/1991, que tratam de prescrição e decadência de crédito tributário". A jurisprudência do STJ era pacífica no sentido de que o prazo prescricional para a restituição de tributos sujeitos ao lançamento por homologação era de 5 anos contados da homologação que, se tácita, ocorria após 5 anos a partir do fato gerador (tese dos "cinco mais cinco"). A Lei Complementar 118/2005 veio afirmar que o prazo para repetição deve ser contado do pagamento indevido (5 anos, apenas). Em um primeiro momento, o STJ entendeu que as novas regras eram aplicáveis apenas aos pagamentos indevidamente realizados após o início de vigência da LC 118/2005. No caso dos pagamentos anteriores, continuava valendo a regra do "cinco mais cinco", limitando o prazo de repetição a 5 anos contados do início da vigência da LC 118/2005. Esse entendimento jurisprudencial chegou a ser fixado em Recurso Especial repetitivo (art. 543-C do CPC). Ocorre que a tese foi afastada parcialmente pelo STF, no julgamento do RE 566.621/RS em repercussão geral (j. 04.08.2011). Atualmente, o STJ continua interpretando as disposições da LC 118/2005 no sentido de que o prazo para repetição é de apenas cinco anos contados do pagamento indevido. Entretanto, o Superior Tribunal de Justiça passou a adotar a orientação fixada pelo STF, no sentido de que a regra atual vale para todas as ações ajuizadas após o início de vigência da LC 118/2005 (o critério para aplicação da LC 118/2005 é, portanto, a data do ajuizamento da ação, e não mais a do pagamento indevido) – ver o EDcl AgRg AREsp 6.406/RS-STJ. Para as ações ajuizadas antes do início de vigência da LC 118/2005, continua aplicável a tese do "cinco mais cinco".
I: incorreta, pois a veiculação de normas de prescrição e decadência pelo decreto-lei foi considerada inconstitucional – Súmula Vinculante 8 do STF; **II**: incorreta, pois o STF entende que o caso é de inconstitucionalidade, não de simples ilegalidade; **III**: correta, conforme a Súmula Vinculante 8 do STF; **IV**: incorreta, pois o prazo prescricional para a cobrança é contado da constituição definitiva do crédito. Perceba que é comum a legislação tributária exigir declarações dos contribuintes a respeito dos tributos a serem recolhidos na sistemática do lançamento por homologação (pagamento antes de qualquer atividade do Fisco – não é lançamento por declaração). Se o contribuinte declarou valor maior (por DCTF, no caso de tributos federais, ou declaração equivalente no âmbito dos Estados, DF e Municípios), mas recolheu a menor, considera-se que o crédito foi constituído no momento da declaração, contando-se o prazo prescricional quinquenal para a cobrança da diferença a partir dessa declaração ou do vencimento (caso o vencimento seja posterior à declaração), por conta do princípio da *actio nata* (o prazo prescricional não começa a correr contra o Fisco enquanto ele não pode cobrar o tributo, ou seja, antes do vencimento) – Súmula 436 do STJ. Entretanto, se o contribuinte declarou exatamente o valor que recolheu, não há constituição do crédito tributário em relação à diferença que o Fisco entende devido. Nesse caso, é preciso que haja autuação fiscal, dentro do prazo decadencial quinquenal para, somente a partir daí, começar a correr o prazo prescricional também quinquenal; **V**: incorreta, pois a

chamada tese do "cinco mais cinco" refere-se ao prazo prescricional para repetição de indébito tributário, conforme comentários iniciais, e não ao prazo para cobrança do tributo, que é sempre de 5 anos, conforme comentário à alternativa anterior. FC/RB
„Gabarito "C".

(Magistratura/SC – 2010) Dentre as afirmações adiante, qual está de acordo com a teoria da recepção das normas gerais contidas no Código Tributário Nacional:

(A) O Código Tributário Nacional continua apenas com força de lei ordinária.

(B) O Código Tributário Nacional continua sendo lei ordinária, mas com força de lei complementar.

(C) O Código Tributário Nacional foi recebido como lei complementar, mas é revogável por lei ordinária.

(D) A força de lei complementar do Código Tributário Nacional só se restringe aos conflitos de competência entre a União e os Estados.

(E) O Código Tributário Nacional é lei complementar em sentido formal, mas lei ordinária em sentido material.

O CTN foi aprovado por lei ordinária federal, mas foi recepcionado pelos sistemas constitucionais posteriores com força de lei complementar federal. Assim, é lei formalmente ordinária, mas materialmente complementar, de modo que qualquer alteração somente pode ser feita por lei complementar federal. Por essa razão, a alternativa "B" é a única correta. RB
„Gabarito "B".

(Magistratura/SC – 2010) Assinale a alternativa correta:

(A) Através de medida provisória pode a União majorar quaisquer tributos.

(B) Pode ser editada medida provisória pela União destinada a instituir tributos não previstos na Constituição da República.

(C) A medida provisória pode implicar na instituição ou majoração de impostos se for convertida em lei no prazo de 90 dias.

(D) A medida provisória editada pela União poderá implicar na instituição ou aumento de impostos, exceto o imposto de importação de produtos estrangeiros, imposto sobre produtos industrializados, imposto de importação para o exterior de produtos nacionais, imposto extraordinário e imposto sobre operações de crédito, câmbio e seguros, só produzindo efeitos no exercício financeiro seguinte, se convertida em lei até o último dia daquele em que for editada.

(E) A medida provisória editada pelos Estados e Distrito Federal poderá instituir ou aumentar impostos estaduais, distritais ou municipais.

A: incorreta, pois a medida provisória não substitui lei complementar federal, exigida para a instituição e modificação de determinados tributos federais (empréstimo compulsório, imposto da competência residual) – art. 62, § 1°, III, da CF; **B**: incorreta, pois o exercício da competência residual exige lei complementar federal, que não pode ser substituída por MP – art. 154, I, da CF; **C**: incorreta, pois a MP que institui ou majora imposto deve ser convertida em lei até o final do ano de sua publicação, para produzir efeitos somente a partir do início do exercício seguinte – art. 62, § 2°, da CF, que indica exceções; **D**: incorreta, pois a referência feita pelo art. 62, § 2°, da CF aos impostos de importação e exportação, IPI,

ROBINSON BARREIRINHAS E FERNANDO CASTELLANI

IOF e imposto extraordinário não é para afastar a possibilidade de MP em relação a eles, mas apenas para excluí-los da necessidade de conversão em lei até o final do exercício em que foi publicada. Ou seja, a MP que institui ou majora esses impostos (II, IE, IPI, IOF ou extraordinário) produz efeitos imediatamente, diferentemente da MP relativa a qualquer outro imposto; **E:** incorreta, pois embora o STF admita medida provisória estadual, pelo princípio da simetria (ver ADI 425/TO), não há como o Estado legislar acerca de tributos municipais (a competência tributária é exclusiva e indelegável). Obs.: discordamos do gabarito oficial, pois a alternativa "D" também é incorreta. **RB**

Gabarito "D".

6. VIGÊNCIA, APLICAÇÃO, INTERPRETAÇÃO E INTEGRAÇÃO

(Magistratura/BA – 2012 – CESPE) Tratado internacional sobre matéria tributária assinado pelo Brasil passa a vigorar no ordenamento jurídico interno na data

(A) de início da vigência do decreto legislativo que aprovar o respectivo projeto de tratado internacional.

(B) de início da vigência do decreto que o promulgar.

(C) estabelecida pelo próprio tratado.

(D) da troca dos instrumentos de ratificação.

(E) da assinatura do projeto de tratado internacional.

Os tratados internacionais em matéria tributária somente passam a produzir efeitos a partir do decreto presidencial que o introduz em nosso sistema, sendo tal ato necessário para sua validade interna. Dessa forma, sua vigência será definida pela vigência do próprio Decreto. **A**, **C**, **D** e **E:** incorretas; **B:** correta. **FC**

Gabarito "B".

(MAGISTRATURA/PB – 2011 – CESPE) No que concerne à vigência, aplicação e eficácia das leis tributárias, assinale a opção correta.

(A) A legislação tributária aplica-se imediatamente aos fatos geradores pendentes e futuros.

(B) É vedada a instituição pela União de tributo que não seja uniforme em todo o território nacional, ou que importe em preferência em favor de determinado estado ou município, ainda que tenha por finalidade promover o desenvolvimento de determinadas regiões.

(C) De acordo com a sistemática do direito tributário, a lei vigente é necessariamente eficaz, não tendo aplicabilidade, em matéria tributária, a regra geral da *vacatio legis*.

(D) Entram em vigor na data de sua publicação as decisões de órgãos singulares ou coletivos de jurisdição administrativa a que a lei atribua eficácia normativa.

(E) Por motivos de ordem pública, as isenções podem ser revogadas a qualquer tempo, ainda que tenham sido concedidas por prazo certo e em razão de determinadas condições.

A: correta, conforme o art. 105 do CTN; **B:** incorreta, pois se admite a concessão, pela União, de incentivos fiscais destinados a promover o equilíbrio do desenvolvimento socioeconômico entre as diferentes regiões do País, como exceção ao princípio da uniformidade territorial – art. 151, I, da CF; **C:** incorreta, pois a lei tributária, como qualquer outra, deve indicar expressamente a data em que entre em vigor

(ainda que seja a partir da sua publicação, sem *vacatio legis*) – art. 8º da LC 95/1998. Se a lei for omissa, aplica-se a regra do art. 1º da Lei de Introdução às Normas do Direito Brasileiro – LINDB, que fixa o início de vigência 45 dias após a publicação; **D:** incorreta, pois, salvo disposição em contrário, essas decisões entram em vigor, quanto a seus efeitos normativos, 30 dias após a publicação – art. 103, II, do CTN; **E:** incorreta, pois as isenções concedidas por prazo certo e em razão de determinadas condições não podem ser livremente revogadas, garantindo-se o respeito ao direito adquirido – art. 178 do CTN. **RB**

Gabarito "A".

(Magistratura Federal/3ª região – 2011 – CESPE) Em setembro de 2011, a União editou decreto determinando a elevação das alíquotas de IPI sobre a importação de automóveis e instrução normativa determinando a prorrogação do direito de dedução, sobre o imposto de renda anual da pessoa física, da contribuição previdenciária paga ao empregado doméstico. Em ambas as normas, há cláusula de vigência para o dia da publicação desses atos normativos. Acerca desse aspecto, é correto afirmar, em conformidade com a CF e com o CTN, que

(A) os efeitos do decreto produzem-se a partir de 1.º/1/2012, e os da instrução normativa, a partir da publicação.

(B) os efeitos do decreto produzem-se após 90 dias contados da publicação, e os da instrução normativa, a partir da publicação.

(C) os efeitos do decreto e da instrução normativa produzem-se após 90 dias contados da publicação.

(D) os efeitos do decreto e da instrução normativa produzem-se a partir de 1.º de janeiro de 2012.

(E) os efeitos do decreto e da instrução normativa produzem-se a partir da publicação dessas normas.

É regra geral, constante do princípio da anterioridade, que as leis que impliquem em aumento de carga tributária, seja pela elevação da alíquota, da base de cálculo, da própria instituição do tributo, dentre outras possibilidades, somente passem a produzir seus efeitos no exercício financeiro seguinte, decorridos, ao menos, 90 dias. Pela própria redação, percebe-se que as alterações que impliquem em benefício, não se sujeitam a tais prazos. A CF, contudo, estabelece uma série de exceções, como é o caso do IPI, para o qual somente se aplica o prazo de 90 dias, mas não o exercício financeiro. Pela explicação, o IPI, então, sujeita-se ao prazo de 90 dias e a manutenção do benefício tem vigência imediata. **FC/RB**

Gabarito "B".

(Magistratura/RJ – 2011 – VUNESP) A legislação tributária que disponha sobre suspensão ou exclusão do crédito tributário é de ser interpretada, nos exatos termos do que dispõe o Código Tributário Nacional,

(A) teleologicamente.

(B) exemplificativamente.

(C) literalmente.

(D) extensivamente.

A: incorreta, pois o CTN prevê, expressamente, a utilização de interpretação literal para os casos de suspensão, exclusão, outorga de isenção e dispensa de obrigações acessórias (CTN, art. 111); **B:** incorreta, pelos motivos expostos; **C:** correta, por expressa previsão legal (CTN, art. 111); **D:** incorreta, pelos motivos expostos. **FC**

Gabarito "C".

7. DIREITO TRIBUTÁRIO

7. FATO GERADOR E OBRIGAÇÃO TRIBUTÁRIA

(Magistratura/PI – 2011 – CESPE) No que tange à obrigação tributária, assinale a opção correta.

(A) É possível que sujeito passivo de obrigação principal figure como responsável, ainda que a obrigação não decorra de disposição expressa em lei.

(B) A solidariedade mencionada no CTN importa benefício de ordem quando as pessoas solidárias são expressamente designadas por lei.

(C) Não é possível que uma obrigação acessória se converta em principal, pois esta é vinculada à ocorrência do fato gerador.

(D) A autoridade administrativa pode desconsiderar atos ou negócios jurídicos praticados com a finalidade de dissimular a ocorrência de fato gerador de tributo; o procedimento a ser adotado deve ser estabelecido por lei ordinária.

(E) Na hipótese de constituição de pessoa jurídica de direito público pelo desmembramento territorial de outra, não haverá sub-rogação em direitos.

A: incorreta, pois a definição de sujeito passivo de obrigação tributária decorre de previsão legal (CTN, art. 121); **B:** incorreta, pois a solidariedade, tributária e não tributária, não implica em benefício de ordem (CTN, art. 124); **C:** incorreta, pois o eventual descumprimento de obrigação acessória implica na possibilidade de aplicação de multa, caracterizadora de obrigação principal (CTN, art. 113); **D:** correta, por expressa previsão legal e como forma de afastar as simulações no direito tributário (CTN, art. 116, parágrafo único); **E:** incorreta, por expressa previsão legal e pelas regras gerias de sucessão (CTN, art. 120). **FC**
„D„ otıɐqɐפ

8. LANÇAMENTO E CRÉDITO TRIBUTÁRIO

(Juiz– TRF 3ª Região – 2016) O lançamento tributário:

(A) reporta-se à data da ocorrência do fato gerador da obrigação e é regido pela lei vigente, mesmo que venha a ser revogada ou modificada.

(B) constitui a obrigação tributária e torna-se imutável após a notificação válida do sujeito passivo.

(C) é inibido por decisão judicial que suspende a exigibilidade do crédito tributário.

(D) identifica o sujeito passivo, verifica a ocorrência do fato gerador, calcula o montante do tributo devido e estabelece os critérios para a revisão "de ofício" do crédito decorrente.

A: correta, conforme art. 144 do CTN; **B:** incorreta, pois o lançamento constitui o crédito tributário, nos termos do art. 142 do CTN (não a obrigação, que surge com o fato gerador) e, ademais, pode ser excepcionalmente modificado após a notificação, nos termos do art. 145 do CTN; **C:** incorreta, pois a suspensão do crédito antes de sua constituição (caso de liminar concedida antes do lançamento, por exemplo) não impede que o fisco realize esse lançamento, inclusive para impedir a decadência, cujo prazo não se suspende; **D:** incorreta, pois os critérios para revisão de ofício não são estabelecidos pelo lançamento – art. 142 do CTN. **RB**
„A„ otıɐqɐפ

(Magistratura/PR – 2013 – UFPR) Entende-se por lançamento tributário:

(A) todo ato judicial impositivo de pagamento de determinado tributo, cuja sentença tem força *erga omnes* e cujo recurso não tem efeito suspensivo.

(B) todo ato judicial impositivo de pagamento de determinado tributo, cuja sentença tem força apenas contra o sujeito passivo devidamente identificado na sentença, o que permite o exercício do contraditório e ampla defesa.

(C) o ato privativo de autoridade administrativa tendente constituir o crédito tributário desde que verificada a ocorrência do fato gerador da obrigação correspondente, determinação da matéria tributária, identificação do sujeito passivo, valor do tributo e, se necessário, a proposição de penalidade cabível.

(D) o ato administrativo complexo ou composto que verifique a incidência do fato gerador e do valor do imposto sem que haja necessidade de identificação de plano do sujeito passivo nem do estabelecimento de penalidade cabível.

A: incorreta, pois trata-se de ato administrativo ou de particular, jamais judicial (arts. 142 e 150 do CTN); **B:** incorreta, pois trata-se de ato administrativo ou de particular, jamais judicial (arts. 142 e 150 do CTN); **C:** correta, pela expressa previsão da lei (art. 142 do CTN); **D:** incorreta, pois a identificação do sujeito passivo é fundamental para a validade do ato de lançamento tributário, não se configurando a constituição do crédito sem tal identificação (art. 142 do CTN). **FC**
„Ɔ„ otıɐqɐפ

(Magistratura/BA – 2012 – CESPE) No caso de, após a ocorrência do fato gerador, advir lei que amplie os poderes de investigação das autoridades administrativas, o lançamento será regido pela lei que estiver em vigor na data

(A) do pagamento do tributo.

(B) da inscrição da dívida na repartição administrativa competente.

(C) da ocorrência do fato gerador.

(D) da cobrança do tributo.

(E) da feitura do lançamento.

A: incorreta, pois, como regra geral, aplica-se a lei vigente no momento do lançamento, salvo quando tenha instituído novos critérios de apuração ou processos de fiscalização, ampliado os poderes de investigação das autoridades administrativas, ou outorgado ao crédito maiores garantias ou privilégios, exceto, neste último caso, para o efeito de atribuir responsabilidade tributária a terceiros (CTN, art. 144); **B:** incorreta, pelos motivos expostos; **C:** incorreta, pelos motivos expostos; **D:** incorreta, pelos motivos expostos; **E:** correta, por expressa previsão legal (CTN, art. 144). **FC**
„Ǝ„ otıɐqɐפ

(Magistratura/PA – 2012 – CESPE) Assinale a opção correta no que se refere às obrigações e ao lançamento tributário.

(A) A iniciativa do lançamento por declaração é da autoridade administrativa e independe de qualquer colaboração do sujeito passivo.

(B) O lançamento não pode ser objeto de revisão.

(C) A entrega de declaração pelo contribuinte reconhecendo débito fiscal constitui o crédito tributário, dispensada qualquer outra providência por parte do fisco.

(D) O inadimplemento da obrigação tributária pela sociedade gera, por si só, a responsabilidade solidária do sócio-gerente.

(E) Aplica-se o benefício da denúncia espontânea aos tributos sujeitos a lançamento por homologação regularmente declarados, mas pagos a destempo.

A: incorreta, pois no lançamento por declaração a administração não detém as informações sobre o fato gerador, de forma que sua realização depende de prévia informação por parte do sujeito passivo (CTN, art. 147); **B:** incorreta, pois há previsão expressa de revisão por iniciativa de uma série de pessoas (CTN, art. 145); **C:** correta, pois a entrega da declaração implica na identificação de todos os elementos do fato gerador e da obrigação e por estar prevista a legislação (CTN, art. 150 e STJ, súmula 436); **D:** incorreta, pois a responsabilidade do sócio-gerente, chamado tecnicamente de administrador da sociedade, somente poderá ser responsabilizado se comprovados os requisitos da desconsideração da personalidade jurídica para fins tributários (CTN, art. 135 e STJ, súmula 430); **E:** incorreta, pois o STJ tem entendimento restritivo nesses casos, afastando os benefícios da denúncia espontânea (CTN, art. 138 e STJ, súmula 360). **FC**
Gabarito "C"

(MAGISTRATURA/PB – 2011 – CESPE) De acordo com o que dispõe o CTN a respeito do crédito tributário, assinale a opção correta.

(A) O lançamento tributário rege-se pela lei vigente na data da ocorrência do fato gerador, ainda que ao tempo da constituição do crédito tal lei haja sido revogada.

(B) Em regra, caso o valor tributário esteja expresso em moeda estrangeira, a conversão em moeda nacional deverá ser feita ao câmbio do dia do efetivo pagamento do tributo.

(C) O crédito tributário surge com a ocorrência do fato gerador do tributo.

(D) O lançamento é o procedimento administrativo por meio do qual se apura a certeza e a liquidez do crédito tributário, que constitui o devedor em mora.

(E) Notificado regularmente o lançamento ao sujeito passivo tributário, a autoridade administrativa não pode mais alterá-lo de ofício.

A: correta, pois o lançamento rege-se pela lei vigente à época do fato gerador, ainda que posteriormente modificada ou revogada – art. 144, *caput*, do CTN; **B:** incorreta, pois, salvo disposição legal em contrário, a conversão se dá pelo câmbio do dia em que ocorreu o fato gerador – art. 143 do CTN; **C:** incorreta, pois o crédito tributário é constituído pelo lançamento – art. 142 do CTN. A obrigação tributária é que surge com o fato gerador – art. 113 do CTN; **D:** incorreta, pois o lançamento constitui o crédito tributário – art. 142 do CTN. A mora do devedor é fixada pelo simples inadimplemento, sendo desnecessário qualquer ato para isso. A liquidez e a certeza do crédito são presumidas a partir da inscrição em dívida ativa – art. 204 do CTN; **E:** incorreta, pois é possível a alteração do lançamento nas hipóteses do art. 145 do CTN. **RB**
Gabarito "A"

(Magistratura/DF – 2011) De acordo com o Código Tributário Nacional, é correto afirmar que:

(A) Salvo disposição de lei em contrário, quando o valor tributário esteja expresso em moeda estrangeira, no

lançamento far-se-á sua conversão em moeda nacional ao câmbio do dia do pagamento;

(B) O lançamento reporta-se à data da ocorrência do fato gerador da obrigação e rege-se pela lei então vigente, salvo se a norma tiver sido modificada ou revogada;

(C) O lançamento regularmente notificado ao sujeito passivo só pode ser alterado nos casos previstos no art. 149 do Código Tributário Nacional;

(D) As circunstâncias que modificam o crédito tributário, sua extensão ou seus efeitos, ou as garantias ou os privilégios a ele atribuídos, ou que excluem sua exigibilidade, não afetam a obrigação tributária que lhe deu origem.

A: incorreta, pois, salvo disposição legal em contrário, a conversão se dá pelo câmbio do dia em que ocorreu o fato gerador – art. 143 do CTN; **B:** incorreta, pois o lançamento rege-se pela lei vigente à época do fato gerador, ainda que posteriormente modificada ou revogada – art. 144, *caput*, do CTN; **C:** incorreta, pois, além das hipóteses do art. 149 do CTN, é possível modificar o lançamento regularmente notificado se houver impugnação do sujeito passivo (recurso administrativo) ou recurso de ofício – art. 145, I e II, do CTN; **D:** Essa é a assertiva correta, pois reflete o disposto no art. 140 do CTN. **RB**
Gabarito "D"

(Magistratura/SP – 2011 – VUNESP) O juiz de direito Libório Rangel, no exercício de suas funções, depara-se com o seguinte caso: sujeito passivo de obrigação tributária alega que não tem obrigação de pagar o tributo, porquanto, no caso em espécie, não ocorreu processo administrativo. O Magistrado decidirá corretamente quando:

(A) aceita os argumentos do insurgente, pois a CDA tem natureza de tributo executivo judicial.

(B) tratando-se de débito declarado pelo próprio contribuinte, o chamado autolançamento, a exigência fiscal não se baseia em prévio procedimento administrativo, daí por que julga improcedente a demanda.

(C) por ter o auto de lançamento natureza do título executivo extrajudicial, não gozando da presunção de certeza e liquidez, entrega prestação jurisdicional procedente.

(D) em virtude do reconhecimento da inexatidão dos dados fornecidos pelo devedor, por si só não induzindo a inscrição de débito fiscal para cobrança executiva na falta de pagamento, julga procedente a demanda.

(E) é necessária a interpelação ou constituição em mora do sujeito passivo da obrigação tributária, por cuidar-se de outro lançamento, razão pela qual o juiz julga procedente a demanda.

A: incorreta, pois a Certidão da Dívida Ativa – CDA é *título* (não tributo) executivo extrajudicial – art. 585, VII, do CPC e arts. 202, parágrafo único e 204 do CTN; **B:** Essa é a assertiva correta, conforme a Súmula 436/STJ; **C:** incorreta, pois a CDA é título executivo extrajudicial, não o auto de lançamento; **D:** A assertiva é bastante confusa, mas a conclusão é certamente errada. A dívida inscrita tem presunção de liquidez e certeza, cabendo ao sujeito passivo comprovar suas alegações (art. 204 do CTN). Ainda que não seja o caso de aplicar a Súmula 436/STJ (tributo declarado e não pago), a simples alegação de que não houve processo administrativo é inócua. Perceba que, para que haja efetivo

7. DIREITO TRIBUTÁRIO

processo administrativo, com ampla defesa e contraditório, é preciso que o sujeito passivo tenha impugnado tempestivamente o lançamento no âmbito administrativo, o que não foi noticiado pelo examinador (se o sujeito não impugnou o auto, não há como argumentar que a cobrança é inválida por ausência de processo administrativo); **E:** Assertiva confusa. Não fica claro o que seria *outro lançamento*. De qualquer forma, a conclusão é errada, pois não há como o juiz julgar procedente a demanda do sujeito passivo, pela simples alegação de que não houve processo administrativo. **RB**

Gabarito "B".

(Magistratura/PI – 2011 – CESPE) No que concerne à obrigação tributária e ao crédito tributário, assinale a opção correta.

(A) O lançamento não poderá ser revisto de ofício pela autoridade administrativa caso a declaração não seja prestada por quem de direito, no prazo e na forma da legislação tributária.

(B) A especificação do prazo de duração do favor não se inclui entre os requisitos previstos na lei que concede a moratória em caráter geral.

(C) Somente nos casos previstos no CTN pode ser modificado ou extinto o crédito tributário regularmente constituído.

(D) Considera-se espontânea a denúncia, mesmo após o início de qualquer medida de fiscalização, dado o privilégio concedido à intenção do agente.

(E) O lançamento do crédito reporta-se à data da ocorrência do fato gerador da obrigação e rege-se pela lei vigente, salvo se esta for posteriormente modificada ou revogada.

A: incorreta, pois há previsão expressa para essa hipótese de revisão (CTN, art. 149); **B:** incorreta, pois a moratória deverá ser concedida por lei que identificará, dentre outros elementos, o prazo de duração do benefício (CTN, art. 152 a 155); **C:** correta, pois a modificação e extinção do crédito configura norma geral em matéria tributária (CF, art. 146, III e CTN, art. 141); **D:** incorreta, pois a denúncia somente se considera espontânea se ocorrida antes do início de qualquer procedimento de fiscalização do sujeito passivo (CTN, art. 138, parágrafo único); **E:** incorreta, pois como regra geral a alteração da lei não retroagirá, sendo aplicada a lei vigente no momento da ocorrência do fato, ainda que posteriormente alterada ou revogada (CTN, art. 144). **FC**

Gabarito "C".

(Magistratura Federal/2ª região – 2011 – CESPE) Supondo que um contribuinte faça à Receita Federal do Brasil uma declaração para efeitos de cálculo de determinado imposto, assinale a opção correta.

(A) O tributo será, obrigatoriamente lançado por homologação.

(B) Se a declaração não atender à forma prevista na legislação tributária, o lançamento deverá ser feito por homologação, após a devida correção formal da declaração.

(C) Sendo o tributo lançado por homologação, se a Receita Federal verificar que o tributo está subdimensionado, deverá cobrar a diferença por meio de um lançamento de ofício.

(D) O tributo será, obrigatoriamente, lançado por declaração.

(E) O tributo poderá ser lançado por declaração ou por homologação, à escolha da Receita Federal.

A: incorreta, pois tanto o lançamento por homologação, quanto o lançamento por declaração, contém uma declaração do sujeito passivo para o fisco (CTN, art. 147 e 150); **B:** incorreta, pois se houver vício no lançamento original, o fisco realizará lançamento de ofício substitutivo (CTN, art. 149); **C:** correta, pois no lançamento por homologação, a atividade de revisão realizada pelo fisco tem exatamente o objetivo de validar a atividade do sujeito passivo, quer seja homologando, quer seja lançando de ofício eventual diferença (CTN, art. 150); **D:** incorreta, pois a descrição se amolda tanto ao lançamento por declaração, quanto ao lançamento por homologação (CTN, art. 147 e 150); **E:** incorreta, pois apesar dos dois envolverem atividade inicial do sujeito passivo, a espécie de lançamento de cada tributo é definida pela legislação, não podendo a fazenda escolher, sem qualquer critério, a modalidade a ser usada. **FC/RB**

Gabarito "C".

(Magistratura/SC – 2010) Nos termos do Código Tributário Nacional, considera-se constituído o crédito tributário:

(A) Com a ocorrência do fato gerador.

(B) Com a notificação por escrito do contribuinte da ocorrência do fato gerador.

(C) Independentemente de homologação, com o lançamento do crédito tributário efetuado pelo contribuinte.

(D) Com o recolhimento antecipado do tributo.

(E) Com a ocorrência do lançamento do crédito tributário efetuado pela autoridade administrativa.

O art. 142 do CTN é expresso no sentido de que o crédito tributário é constituído pelo lançamento tributário, efetuado sempre pela autoridade administrativa. Mesmo no caso do chamado autolançamento, segundo o CTN o lançamento depende da homologação pela autoridade administrativa – art. 150 do CTN. Por essa razão, a alternativa "E" é a correta. É importante notar, entretanto, que a jurisprudência reconhece o lançamento realizado por ato exclusivo do sujeito passivo, no caso do tributo declarado, mas não pago (Súmula 436/STJ) e do depósito judicial – ver EREsp 686.479/RJ-STJ. **RB**

Gabarito "E".

9. SUJEIÇÃO PASSIVA, CAPACIDADE E DOMICÍLIO

(Juiz – TJ/SP – VUNESP – 2015) Comerciante utiliza notas fiscais de compras de mercadorias para aproveitamento dos respectivos créditos de ICMS e, posteriormente, a empresa fornecedora daqueles bens tem suas atividades encerradas, e reconhecidas pelo Fisco como inidôneas as notas fiscais por ela emitidas. Diante de tal situação,

(A) nos termos do art. 136 do CTN, a responsabilidade por infrações tributárias independe da intenção do agente, logo, no caso, irrelevante a boa ou má-fé dos envolvidos nas operações.

(B) a boa-fé do comerciante não impede que seja apurada a veracidade daquelas transações comerciais que originaram as notas fiscais declaradas inidôneas.

(C) a boa-fé do comerciante que utilizou aquelas notas fiscais declaradas inidôneas impede que seja autuado pelo Fisco.

(D) a má-fé do emitente das notas fiscais contamina as operações subsequentes, invalidando-as e autorizando a autuação.

A: incorreta, pois, nos termos da Súmula 509/STJ, é lícito ao comerciante de boa-fé aproveitar os créditos de ICMS decorrentes de nota

522 ROBINSON BARREIRINHAS E FERNANDO CASTELLANI

fiscal posteriormente declarada inidônea, quando demonstrada a veracidade da compra e venda; **B:** correta, conforme o disposto na Súmula 509/STJ; **C:** incorreta, conforme comentário à alternativa anterior; **D:** incorreta, conforme disposto na Súmula 509/STJ. RB
„Gabarito "B".

(Juiz – TJ/SP – VUNESP – 2015) Quando a legislação tributária estabelece que é responsável pelo recolhimento do tributo terceira pessoa, vinculada ao mesmo fato gerador ocorrido, estamos diante da situação denominada

(A) reponsabilidade *stricto sensu*, "por transferência".

(B) solidariedade passiva tributária por imposição legal.

(C) substituição tributária "para frente".

(D) substituição tributária "para trás".

Discordamos do gabarito, pois a questão é bastante genérica, sendo discutíveis todas as alternativas, não sendo razoável apontar uma melhor que as outras. **A:** discutível. Considera-se responsabilidade por transferência aquela que ocorre depois da ocorrência do fato gerador, por conta de situação posterior que faz outra pessoa ocupar o polo passivo da obrigação tributária. Ainda assim, todo responsável tributário tem, em regra, vinculação com o fato gerador, nos termos do art. 128 do CTN, ainda que seja vinculação indireta (se fosse direta, seria contribuinte); **B:** discutível. A solidariedade natural é a que decorre diretamente do fato gerador, quando mais de uma pessoa tem interesse na situação que o constitua, conforme o art. 124, I, do CTN. A solidariedade legal, do art. 124, II, do CTN, entretanto, pode se referir a terceiro com vínculo, ainda que indireto, com o fato gerador. Finalmente, há casos de reponsabilidade, com terceiros vinculados ao fato gerador, portanto (art. 128 do CTN), em que não há solidariedade; **C** e **D:** toda substituição tributária é espécie de responsabilidade tributária, e a responsabilidade refere-se, em regra, a terceira pessoa vinculada ao fato gerador, nos termos do art. 128 do CTN. RB
„Gabarito "D".

(Juiz – TJ/MS – VUNESP – 2015) De acordo com as disposições do Código Tributário Nacional, é correto afirmar que

(A) o sujeito passivo da obrigação principal diz-se responsável quando tenha relação pessoal e direita com o fato gerador.

(B) a responsabilidade por infrações da legislação tributária, salvo disposição de lei em contrário, independe da intenção do agente ou do responsável e da efetividade, natureza e extensão dos efeitos do ato.

(C) a solidariedade passiva tributária comporta benefício de ordem.

(D) a obrigação acessória é sempre dependente da prévia existência da obrigação principal.

(E) a capacidade tributária passiva depende de estar a pessoa jurídica regularmente constituída.

A: incorreta, pois essa é a definição de contribuinte, não de responsável – art. 121, parágrafo único, II, do CTN; **B:** correta, conforme o art. 136 do CTN; **C:** incorreta, pois não comporta benefício de ordem – art. 124, parágrafo único, do CTN; **D:** incorreta, pois a obrigação acessória, em direito tributário, não acompanha necessariamente alguma obrigação principal – art. 113 do CTN; **E:** incorreta, pois a capacidade tributária independe da regular constituição da pessoa jurídica – art. 126, III, do CTN. RB
„Gabarito "B".

(Juiz– TRF 2ª Região – 2017) Em 2014, empresa do setor de alimentos adquire estabelecimento comercial de outra e passa, ali, a exercer a mesma atividade da alienante. A pessoa jurídica alienante deixa de existir e seus antigos sócios passam a atuar em outros ramos. Dois anos depois, é lavrado auto de infração em razão do não recolhimento de Imposto de Renda (IRPJ), acrescido de penalidade, tudo relativo ao ano base 2012. Assinale a opção correta:

(A) Apenas a alienante, cuja operação concretizou o fato gerador do tributo devido, responde diretamente pelo tributo e pela penalidade. Seus sócios gerentes podem responder, comprovado o encerramento irregular da pessoa jurídica.

(B) A adquirente do estabelecimento responde diretamente pelo tributo e pela penalidade.

(C) Alienante e adquirente respondem, na proporção de suas culpas, pelos tributos e penalidades devidos.

(D) O tributo pode ser exigido diretamente da adquirente, e a penalidade é integralmente devida apenas pela alienante e seus antigos sócios, estes independentemente da dissolução irregular.

(E) Apenas a alienante é devedora do tributo e da penalidade. A adquirente é responsável subsidiária, e bem assim os sócios da alienante, independentemente da dissolução irregular.

A: incorreta, pois a aquisição de estabelecimento, com continuidade da atividade do alienante pelo adquirente, implica responsabilidade tributária deste último, que é exclusiva, caso o alienante deixe de atuar na atividade empresarial, nos termos do art. 133 do CTN; **B:** correta, conforme comentário anterior; **C:** incorreta, pois não há repartição de responsabilidade pelo critério da culpa; **D:** incorreta, pois a responsabilidade do adquirente é por todo o crédito, o que inclui tributos e penalidades pecuniárias; **E:** incorreta, conforme comentários anteriores. RB
„Gabarito "B".

(Juiz– TRF 2ª Região – 2017) Entidade autárquica federal adquire imóvel. Mais tarde, não se comprovando o recolhimento da taxa de coleta de lixo, de período anterior à alienação, surge dúvida sobre a eventual responsabilidade da autarquia em honrar tal débito. Sobre essa eventual responsabilidade, pode-se afirmar que:

(A) Ela não existe, tendo em conta se tratar de autarquia.

(B) A responsabilidade é subsidiária.

(C) A responsabilidade é solidária.

(D) A responsabilidade é regressiva.

(E) A responsabilidade é autônoma, e apenas existe se o lixo foi recolhido.

A: incorreta, pois a imunidade recíproca, ainda que se estenda às autarquias, refere-se apenas a impostos, não a taxas – art. 150, VI, *a*, da CF; **B:** incorreta, pois a responsabilidade prevista no art. 130 do CTN não é subsidiária; **C:** essa é a melhor alternativa. Entretanto, não é pacífico o entendimento quanto a ser solidária a responsabilidade do art. 130 do CTN, sendo que muitos defendem ser exclusiva do adquirente, já que o dispositivo afirma que os créditos subrogam-se na pessoa desses adquirentes. Ademais, também é questionável se a taxa de lixo pode ser classificada como taxa pela prestação de serviços referentes ao imóvel adquirido, conforme dispõe o art. 130, "caput", do CTN. De qualquer forma, como dito, esta é a melhor alternativa, por exclusão das demais; **D:** incorreta, pois não há previsão de responsabilidade tributária

7. DIREITO TRIBUTÁRIO

regressiva; **E:** incorreta, conforme comentários anteriores e pelo fato de que a taxa será devida desde que os serviços estejam à disposição dos ocupantes do imóvel – art. 79, I, *b*, do CTN. **RB**
Gabarito "C".

(Juiz – TRF 4ª Região – 2016) Assinale a alternativa **INCORRETA.**

(A) A substituição tributária pode ocorrer como antecipação de pagamento a fato gerador futuro (progressiva), como também pela modalidade de diferimento, ocasião em que a responsabilidade pelo pagamento é transferida ao responsável tributário de fase futura da incidência do tributo.

(B) Segundo predominante entendimento do Supremo Tribunal Federal, não cabe restituição do tributo recolhido quando o fato gerador ocorrer a menor, mas apenas quando este não se realizar, na hipótese de substituição tributária progressiva.

(C) As contribuições destinadas ao Programa de Integração Social (PIS) e ao financiamento da seguridade social (Cofins) incidentes sobre a receita advinda de venda de mercadorias podem estar sujeitas ao regime de substituição tributária.

(D) A substituição tributária desobriga o contribuinte substituído de prestar obrigações acessórias aos órgãos de controle e fiscalização.

(E) É imprescindível a edição de lei em sentido estrito para o estabelecimento da substituição tributária.

A: correta, descrevendo adequadamente a substituição tributária "para frente" e a "para trás" – ver art. 150, § 7º, da CF; **B:** ATENÇÃO. Essa assertiva era correta, à luz da jurisprudência dominante quando desse concurso público. Ocorre que em outubro de 2016 o Pleno do STF modificou esse entendimento, fixando nova tese no RE 593.849/MG em repercussão geral, reconhecendo o direito à restituição também no caso de o fato gerador ocorrer por valor inferior ao presumido e que servirá de base de cálculo para o tributo recolhido na sistemática de substituição tributária "para frente"; **C:** correta, conforme o art. 150, § 7º, da CF; **D:** incorreta, pois a responsabilidade tributária não afasta, em regra, as obrigações acessórias; **E:** correta, pois trata-se de instituição de sujeição passiva, o que exige necessariamente lei – art. 97, III, do CTN. **RB**
Gabarito "D".

(Juiz – TRF 3ª Região – 2016) Considere a denúncia espontânea (art. 138 do CTN) e assinale a alternativa incorreta:

(A) Não se aplica aos tributos sujeitos a lançamento por homologação regularmente declarados, mas que são pagos a destempo.

(B) Só se considera espontânea a denúncia apresentada antes de qualquer medida de fiscalização relacionada com a infração fiscal.

(C) Aplica-se ao caso em que o contribuinte devedor confessa a dívida e obtém o parcelamento do débito tributário.

(D) Exclui a exigência da multa, mas não evita a incidência dos juros moratórios e da correção monetária do débito confessado.

A: correta, conforme entendimento jurisprudencial – Súmula 360 do STJ; **B:** correta – art. 138, parágrafo único, do CTN; **C:** incorreta, pois há denúncia espontânea somente no caso de pagamento integral do tributo,

acrescido de juros, conforme art. 138 do CTN – ver REsp 1.102.577/DF – repetitivo; **D:** correta – art. 138 do CTN. **RB**
Gabarito "C".

(Magistratura/BA – 2012 – CESPE) Em relação aos efeitos da solidariedade tributária passiva, assinale a opção correta.

(A) A remissão concedida pessoalmente a um dos obrigados aproveita aos demais, se não houver disposição legal em contrário.

(B) A interrupção da prescrição contra um dos coobrigados só prejudica aos demais se assim dispuser a lei.

(C) Os efeitos da solidariedade tributária passiva não poderão ser aplicados aos responsáveis tributários.

(D) Não havendo disposição legal em contrário, o pagamento do tributo realizado por apenas um dos obrigados não aproveita aos demais.

(E) A isenção objetiva aproveita a todos os devedores, salvo disposição legal em contrário.

A: incorreta, pois se a remissão é pessoal, somente atinge aqueles que preencherem os requisitos exigidos (CTN, art. 125); **B:** incorreta, pois a interrupção a favor ou contra um dos coobrigados, favorece ou prejudica a todos (CTN, art. 125); **C:** incorreta, pois os efeitos da solidariedade podem se aplicar a quaisquer tipo de sujeitos passivos, sejam eles dois ou mais contribuintes, responsáveis ou ambos; **D:** incorreta, pois o pagamento realizado por um dos obrigados favorece a todos (CTN, art. 125); **E:** correta, pois a isenção objetiva está ligada ao bem ou a atividade, de forma que todos os sujeitos passivos são beneficiados (CTN, art. 125). **FC**
Gabarito "E".

(Magistratura/MG – 2012 – VUNESP) Assinale a alternativa que apresenta informação **incorreta.**

(A) São solidariamente responsáveis tributários as pessoas que tenham interesse comum na situação que constitua o fato gerador da obrigação tributária.

(B) A isenção ou a remissão de crédito tributário, na hipótese de solidariedade, exonera, sem ressalvas, todos os obrigados.

(C) A responsabilidade é solidária quando tanto o contribuinte quanto o responsável respondem sem o benefício de ordem.

(D) A lei pode atribuir de modo expresso a responsabilidade tributária à terceira pessoa, quando esta estiver vinculada ao fato gerador da exação, excluindo a responsabilidade do contribuinte ou atribuindo-a a este em caráter supletivo do cumprimento total ou parcial da mesma obrigação.

A: correta, pois há previsão legal expressa (CTN, art. 124); **B:** incorreta, pois no caso de isenção ou remissão pessoal, somente haverá a desoneração daqueles que preencherem as condições pessoais (CTN, art. 125); **C:** correta, pois o efeito imediato da solidariedade é o afastamento do benefício de ordem entre os obrigados; **D:** correta, pois este é o vínculo exigido para a instituição de casos de responsabilidade tributária (CTN, art. 128). **FC**
Gabarito "B".

(Magistratura/PI – 2011 – CESPE) Com relação à disciplina da obrigação tributária, assinale a opção correta.

(A) De acordo com a sistemática do CTN, a lei pode

ROBINSON BARREIRINHAS E FERNANDO CASTELLANI

atribuir expressamente a responsabilidade pelo crédito tributário a terceira pessoa, ainda que não vinculada ao fato gerador da obrigação.

(B) O cônjuge meeiro é pessoalmente responsável pelos tributos devidos pelo *de cujus* até a data da adjudicação ou da partilha, limitada a responsabilidade ao montante do quinhão, legado ou meação.

(C) Os mandatários, prepostos e empregados são solidariamente responsáveis pelos créditos correspondentes a obrigações tributárias resultantes de atos praticados com excesso de poderes.

(D) A capacidade tributária passiva depende da regular constituição da pessoa jurídica, a fim de se localizar o seu domicílio tributário.

(E) A autoridade administrativa não pode recusar o domicílio eleito pelo contribuinte ou responsável, pois ambos possuem autonomia para elegê-lo.

A: incorreta, pois a definição de responsabilidade tributária depende de vinculação entre a pessoa e o fato gerador da obrigação (CTN, art. 128); **B:** correta, pois há sucessão tributária no caso de morte da pessoa física (CTN, art. 131, II e III); **C:** incorreta, pois a previsão legal é de responsabilidade pessoal em casos de atos praticados com excesso de poderes, apesar da jurisprudência do STJ ser no sentido de que a responsabilidade, nesses casos, é solidária (CTN, art. 135); **D:** incorreta, pois a capacidade tributária passiva independe de capacidade civil para a pessoa física e de regular constituição para a pessoa jurídica (CTN, art. 126); **E:** incorreta, pois a definição do domicílio poderá ser recusada pela autoridade por previsão expressa de lei (CTN, art. 127). **FC**
Gabarito "B".

(Magistratura/SP – 2011 – VUNESP) Antônio, pai de Carlos e Pedro, avô de Maria e filho de José, sujeito passivo da obrigação tributária. Antônio e Carlos morrem em um desastre automobilístico e não se consegue provar quem morreu primeiro. Em virtude do ocorrido, quem seria o responsável pelo pagamento do tributo?

(A) José.

(B) Pedro.

(C) Maria.

(D) José e Pedro, cada um responde por 50% do débito.

(E) Não haverá responsáveis, pois o crédito tributário extinguiu-se com a morte.

A rigor, com a morte do sujeito passivo, a responsabilidade tributária é transferida para o espólio – art. 131, III, do CTN. O responsável pelo espólio deveria promover o pagamento dos tributos antes da partilha, cabendo, eventualmente, responsabilidade do inventariante – art. 134, IV, do CTN. Caso não haja recolhimento pelo espólio (ou se o lançamento foi realizado apenas após a partilha), a responsabilidade tributária é transferida para os sucessores, limitada ao quinhão recebido. A partir daí, a solução da questão depende das normas do direito civil.
Em princípio, como não há notícia de cônjuge, os herdeiros do sujeito passivo (Antônio) seriam seus filhos (Carlos e Pedro) – art. 1.829, I, do CC. Em caso de comoriência, em que não é possível definir quem morreu antes, se foi Antônio (o pai) ou se foi Carlos (um dos filhos), presumem-se simultaneamente falecidos – art. 8º do CC. Nesse caso, o outro filho (Pedro) será o herdeiro e, também, o responsável tributário – art. 131, II, do CTN, razão pela qual a alternativa "B" é a correta. (RB)
Gabarito "B".

(Magistratura/PE – 2011 – FCC) Em nosso sistema tributário, a diferença entre o contribuinte e o responsável tributário é que

(A) aquele responde pelos impostos e estes pelas taxas regularmente instituídas.

(B) este último somente responde nos casos de impossibilidade do cumprimento da obrigação pelo contribuinte.

(C) este último é sempre uma pessoa física.

(D) somente o contribuinte pode impugnar a constituição do crédito tributário, mediante oferecimento de defesa fiscal.

(E) enquanto o contribuinte realiza o fato gerador, a responsabilidade deste último deriva exclusivamente da lei.

O contribuinte tem relação pessoal e direta com o fato gerador, ou seja, realiza o fato (por exemplo, aquele que promove a circulação da mercadoria, no caso do ICMS), é titular da situação que configura o fato (por exemplo, o proprietário do imóvel, no caso do IPTU) ou é beneficiado pelo fato gerador (por exemplo, o usuário do serviço público, em relação à taxa) – art. 121, parágrafo único, I, do CTN. Já o responsável é definido por exclusão: é o sujeito passivo indicado pela lei, mas que não se qualifica como contribuinte (não tem relação pessoal e direta com o fato gerador) – art. 121, parágrafo único, II, do CTN. Por essa razão, a alternativa "E" é a correta. **RB**
Gabarito "E".

(MAGISTRATURA/PB – 2011 – CESPE) A respeito da disciplina aplicável ao domicílio tributário e à responsabilidade tributária, assinale a opção correta.

(A) De acordo com o estabelecido no CTN, obrigação e responsabilidade tributária são equivalentes, não se podendo atribuir responsabilidade tributária a terceira pessoa que não o contribuinte.

(B) A convenção particular relativa à responsabilidade pelo pagamento de tributos pode ser oposta à fazenda pública, desde que esta possua conhecimento da convenção e a tenha recusado expressamente.

(C) Em regra, é direito do contribuinte eleger o lugar do domicílio fiscal, o que não pode ser recusado pelo fisco, ainda que a eleição resulte em dificuldades para a arrecadação e fiscalização tributária.

(D) De acordo com o CTN, são apenas duas as espécies de obrigação tributária: a principal e a acessória.

(E) O domicílio tributário do proprietário de terreno não edificado, para fins de IPTU, deve estar situado na mesma cidade onde o terreno esteja localizado, o que constitui exceção à regra do domicílio de eleição.

A: incorreta, pois responsabilidade tributária refere-se ao sujeito passivo da obrigação tributária, ou seja, são conceitos que não se confundem. O sujeito passivo pode ser o contribuinte ou o responsável – art. 121 do CTN; **B:** incorreta, pois salvo disposições de lei em contrário, as convenções particulares, relativas à responsabilidade pelo pagamento de tributos, não podem ser opostas à Fazenda Pública, para modificar a definição legal do sujeito passivo das obrigações tributárias correspondentes – art. 123 do CTN; **C:** incorreta, pois, embora o contribuinte possa eleger o domicílio, poderá ser rejeitado pelo fisco, caso impossibilite ou dificulte a arrecadação ou a fiscalização do tributo – art. 127, § 2º, do CTN; **D:** Essa é a alternativa correta, conforme o art. 113 do

CTN; **E:** incorreta, pois não há essa restrição à eleição do domicílio no art. 127 do CTN, muito embora a escolha do contribuinte possa ser recusada, caso impossibilite ou dificulte a arrecadação ou fiscalização (§ 2º do dispositivo). **RB**
„Gabarito "D".

(**MAGISTRATURA/PB – 2011 – CESPE**) Acerca da solidariedade nas obrigações tributárias, assinale a opção correta.

(A) Com o falecimento do sujeito passivo tributário, haverá necessária substituição, sendo o espólio pessoalmente responsável pelos tributos devidos pelo *de cujus* até a abertura da sucessão.

(B) São solidariamente obrigadas as pessoas que tenham interesse comum na situação que constitua o fato gerador da obrigação, podendo, entretanto, qualquer dos devedores alegar o benefício de ordem, conforme o grau de seu interesse.

(C) A isenção ou remissão de crédito tributário outorgada pessoalmente a um dos devedores solidários extingue o vínculo de solidariedade entre os demais devedores em relação ao saldo.

(D) Por ser de natureza pecuniária, a obrigação tributária, do ponto de vista civil, é divisível, mas, pela normatização especial do CTN, a obrigação tributária é indivisível.

(E) A responsabilidade dos devedores sucessores atinge os créditos ainda não constituídos, mas que correspondam a fatos geradores ocorridos antes da realização dos atos ou fatos determinados da sucessão pois, nesse caso, o lançamento já se realizou.

A: Essa é a melhor alternativa, pois, de fato, o art. 131, III, do CTN determina que o espólio responde pessoalmente pelos tributos deixados pelo *de cujus* (apesar de o espólio não ter personalidade jurídica própria, mas tem personalidade judiciária e capacidade tributária). Entretanto, é interessante registrar que, para a doutrina dominante, trata-se de responsabilidade por transferência, não por substituição; **B:** incorreta, pois a solidariedade tributária não admite benefício de ordem – art. 124, parágrafo único, do CTN; **C:** incorreta, pois embora o benefício concedido pessoalmente a um dos obrigados não aproveite aos demais, a solidariedade dos outros (se houver mais de um, evidentemente) subsiste pelo saldo – art. 125, II, do CTN; **D:** Discutível. No direito civil, a obrigação pecuniária, por ser divisível, não implica solidariedade natural das pessoas que tenham interesse comum na situação que deu ensejo ao seu surgimento, sendo que cada uma delas responde por sua cota-parte (art. 257 do CC). No direito tributário, diferentemente, a prestação pecuniária acaba sendo tratada como indivisível, pois as pessoas que tenham interesse comum no fato gerador da obrigação são solidariamente obrigadas ao seu pagamento integral. Entretanto, essa "indivisibilidade" no direito tributário refere-se apenas à solidariedade, razão pela qual a afirmação feita na alternativa parece ampla demais (ela não se restringe à solidariedade); **E:** incorreta, pois o lançamento é irrelevante para a responsabilidade dos sucessores – art. 129 do CTN. **RB**
„Gabarito "A".

(**Magistratura/PE – 2011 – FCC**) A responsabilidade por infrações, em nosso sistema tributário, é excluída

(A) pelo pedido de parcelamento do débito fiscal, antes da decisão administrativa.

(B) pela proposição de ação declaratória de inexistência de relação jurídica tributária, antes da instauração de qualquer procedimento administrativo.

(C) pela denúncia espontânea da infração apresentada a qualquer tempo.

(D) pela denúncia espontânea da infração apresentada no curso do procedimento fiscal, antes da decisão administrativa.

(E) pela superveniência de sucessão tributária.

Nos termos do art. 138 do CTN, a responsabilidade é excluída pela denúncia espontânea da infração, acompanhada, se for o caso, do pagamento do tributo devido e dos juros de mora, ou do depósito da importância arbitrada pela autoridade administrativa, quando o montante do tributo dependa de apuração. Não se considera espontânea a denúncia apresentada após o início de qualquer procedimento administrativo ou medida de fiscalização, relacionados com a infração. **A:** O pedido de parcelamento não implica denúncia espontânea, pois não há pagamento integral do tributo corrigido e dos juros – art. 155-A, § 1º, do CTN; **B:** incorreta, pois não basta propor a ação. É preciso que ela seja julgada procedente. Nesse caso (julgamento procedente do pedido declaratório), se não há obrigação, não há que se falar em infração ou responsabilidade tributária. Se a ação for julgada improcedente, o valor devido será cobrado com juros, correção e multas – ver REsp 1.252.694/MG (embora seja caso de Mandado de Segurança, o entendimento é o mesmo, pela aplicação da Súmula 405/STF, com cobrança do tributo, juros e multas); **C** e **D:** incorretas, pois a denúncia deve ser anterior a qualquer ato fiscalizatório da administração; **E:** incorreta, pois a responsabilidade por sucessão inclui as multas, mesmo nos casos em que o dispositivo do CTN refere-se apenas a tributos (arts. 131 a 133), conforme entendimento jurisprudencial – art. 129 do CTN, ver REsp 1.017.186/SC. Obs.: entendemos que não há alternativa correta. **RB**
„Gabarito "B".

(**Magistratura Federal-5ª Região – 2011**) No que concerne à obrigação tributária, assinale a opção correta.

(A) Na falta de eleição, pelo contribuinte ou responsável, de domicílio tributário, considera-se, na forma da legislação aplicável, como domicílio tributário, preferencialmente, o lugar da situação do bem ou da ocorrência dos atos ou fatos que deram origem à obrigação.

(B) Considere que Ômega tenha adquirido, a título oneroso, estabelecimento empresarial de Delta Auto Peças Ltda. e, após três meses, Delta tenha iniciado nova atividade empresarial, na área de venda de medicamentos. Nesse caso, Ômega será subsidiariamente responsável pelos débitos tributários devidos por Delta até a data da alienação.

(C) Os tutores respondem solidariamente pelo cumprimento de obrigações principais e acessórias devidas pelos tutelados, nos atos em que intervierem, ou pelas omissões, nos casos de impossibilidade de exigência do cumprimento da obrigação tributária pelo contribuinte.

(D) A responsabilidade do agente por infrações é excluída pela denúncia espontânea, que deve ser apresentada antes da propositura da ação penal, em relação às conceituadas por lei como crimes.

(E) Estabelece-se, como um dos efeitos da solidariedade, que a isenção ou remissão de crédito outorgada pessoalmente a qualquer dos coobrigados exonera todos os demais.

A: incorreta, pois a adoção, como domicílio tributário, do lugar da situação do bem ou da ocorrência dos atos ou fato ocorre apenas

subsidiariamente, conforme o art. 127, § 1º, do CTN, quando não aplicáveis as regras dos incisos desse dispositivo legal; **B:** assertiva correta, conforme o art. 133, II, do CTN; **C:** incorreta, pois a responsabilidade dos tutores por atos ou omissões, prevista no art. 134, II, do CTN, refere-se apenas à obrigação principal (tributos e multas moratórias, não respondendo nem mesmo pelas multas punitivas); **D:** incorreta, pois a denúncia espontânea deve ser apresentada antes do início de qualquer procedimento administrativo ou medida de fiscalização relacionados com a infração – art. 138, parágrafo único, do CTN. `FC/RB`
Gabarito "B".

(Magistratura Federal-4ª Região – 2010) Dadas as assertivas a seguir, assinale a alternativa correta.

Quanto à responsabilidade de sócios-gerentes pelo pagamento de tributos devidos pela sociedade que dirigem, é assente na jurisprudência dos Tribunais Superiores que:

I. O inadimplemento da obrigação tributária pela sociedade gera, por si só, a responsabilidade solidária do sócio-gerente.

II. O inadimplemento da obrigação tributária pela sociedade não gera, por si só, a responsabilidade solidária do sócio-gerente.

III. A simples falta de comunicação de mudança de domicílio fiscal às autoridades competentes legitima o redirecionamento da execução fiscal para o sócio-gerente.

IV. A simples falta de comunicação de mudança de domicílio fiscal às autoridades competentes não legitima, por si só, o redirecionamento da execução fiscal para o sócio-gerente.

V. O descumprimento de obrigação acessória já é suficiente para responsabilização do sócio-gerente pelo pagamento da obrigação principal.

(A) Estão corretas apenas as assertivas I e III.

(B) Estão corretas apenas as assertivas II e III.

(C) Estão corretas apenas as assertivas II e IV.

(D) Estão corretas apenas as assertivas II e V.

(E) Nenhuma assertiva está correta.

I: incorreta, pois, nos termos da Súmula 430 do STJ: "O inadimplemento da obrigação tributária pela sociedade não gera, por si só, a responsabilidade solidária do sócio-gerente."; **II:** correta, conforme Súmula 430 do STJ; **III:** correta, pois, nos termos da Súmula 435 do STJ: "Presume-se dissolvida irregularmente a empresa que deixar de funcionar no seu domicílio fiscal, sem comunicação aos órgãos competentes, legitimando o redirecionamento da execução fiscal para o sócio-gerente."; **IV:** incorreta, conforme comentário à alternativa anterior; **V:** incorreta, pois a responsabilidade do sócio-gerente depende de excesso de poder ou violação à lei, aos estatutos ou contratos sociais, por ele cometido – art. 135 do CTN, o que não se configura com o simples descumprimento de dever acessório pela sociedade. `FC/RB`
Gabarito "B".

10. SUSPENSÃO, EXTINÇÃO E EXCLUSÃO DO CRÉDITO

Veja a seguinte tabela para estudar e memorizar as causas de suspensão, extinção e exclusão do crédito tributário:

Suspensão	Extinção	Exclusão
– a moratória	– pagamento	– a isenção
– o depósito do seu montante integral	– a compensação	– a anistia

– as reclamações e os recursos, nos termos das leis reguladoras do processo tributário administrativo	– a transação	
– a concessão de medida liminar em mandado de segurança	– remissão	
– a concessão de medida liminar ou de tutela antecipada, em outras espécies de ação judicial	– a prescrição e a decadência	
– o parcelamento	– a conversão de depósito em renda	
	– o pagamento antecipado e a homologação do lançamento nos termos do disposto no artigo 150 e seus §§ 1º e 4º do CTN	
	– a consignação em pagamento, nos termos do disposto no § 2º do artigo 164 do CTN	
	– a decisão administrativa irreformável, assim entendida a definitiva na órbita administrativa, que não mais possa ser objeto de ação anulatória	
	– a decisão judicial passada em julgado	
	– a dação em pagamento em bens imóveis, na forma e condições estabelecidas em lei	

10.1. SUSPENSÃO

(Juiz – TJ/SP – VUNESP – 2015) Diante do disposto nos artigos 173 e 174 do Código Tributário Nacional, fixando, respectivamente, prazo de cinco anos para constituição do crédito tributário e igual prazo para cobrança do crédito tributário, é correto afirmar que

(A) a prescrição intercorrente pode ser reconhecida nos períodos decorridos até a constituição do crédito tributário ou após iniciada a cobrança, contados os prazos separadamente.

(B) nos casos de tributos sujeitos a lançamentos por homologação, diante do pagamento do valor declarado e ausente fraude ou simulação, a prescrição do crédito tributário é de cinco anos, contados do fato jurídico tributado.

(C) a Fazenda tem dez anos (regra cinco mais cinco) para obter seu crédito tributário.

(D) a Fazenda tem cinco anos para obter seu crédito tributário.

Discordamos do gabarito. Parece-nos que a "D" é a melhor alternativa. **A:** incorreta, pois a prescrição intercorrente refere-se a período no curso da execução fiscal – art. 40 da Lei 6.830/1980. Antes da constituição do crédito não há falar em prescrição, mas sim apenas em prazo decadencial; **B:** correta pelo gabarito oficial, mas acreditamos estar incorreta. Se o contribuinte declarou e pagou, não há falar em prazo prescricional, já que não há o que ser cobrado. Se houve declaração de valor menor que o devido, com pagamento do total declarado, a homologação tácita (art. 150, § 4º, do CTN) extingue o direito de o fisco lançar o montante não declarado, o que significa decadência do direito de lançar, não prescrição do direito de cobrar. Ademais, em relação a eventual montante do crédito declarado, mas não pago, o prazo prescricional é contado do vencimento do tributo ou da declaração, se posterior – ver REsp 1.120.295/SP-repetitivo; **C:** incorreta, pois o prazo é de apenas cinco anos, não prevalecendo a tese do 5 mais 5 (o fisco defendia que o prazo decadencial quinquenal para lançar era contado a partir da homologação tácita (que ocorre cinco anos após o fato gerador, mas o STF afastou tal entendimento); **D:** incorreta, mas acreditamos ser essa a melhor alternativa. Se por "obter" o crédito refere-se a cobrar o montante correspondente, o prazo prescricional é mesmo, em regra, de cinco anos – art. 174 do CTN. **RB**

Gabarito "B".

(Magistratura/PR – 2010 – PUC/PR) Examine as assertivas abaixo e, a seguir, assinale a alternativa CORRETA:

I. O tempo decorrido entre a concessão da moratória e a sua revogação não se computa para efeito da prescrição do direito à cobrança do crédito tributário, quando a moratória é concedida em caráter individual, por mero erro da autoridade fiscal.

II. O tempo decorrido entre a concessão da moratória e sua revogação não se computa para efeito da prescrição do direito à cobrança do crédito tributário, quando a moratória é concedida em caráter geral, em razão de simulação do beneficiado.

III. O tempo decorrido entre a concessão da moratória e sua revogação não se computa para efeito da prescrição do direito à cobrança do crédito tributário, quando a moratória é concedida em caráter individual, por dolo do beneficiado.

IV. Os juros de mora são devidos também no caso de revogação da moratória concedida em caráter individual por erro da autoridade fiscal, desde que o crédito tributário não esteja prescrito.

(A) Somente as assertivas III e IV estão corretas.

(B) Somente a assertiva I está correta.

(C) Somente as assertivas II e IV estão erradas.

(D) Somente a assertiva III está errada.

I: incorreta, pois em caso de mero erro da autoridade administrativa (sem dolo ou simulação do beneficiado ou de terceiro em benefício daquele), o tempo decorrido entre a concessão da moratória e à sua revogação não se computa para efeito da prescrição – art. 155, parágrafo único, do CTN; **II:** incorreta, pois essa regra que suspende o prazo prescricional refere-se apenas aos benefícios concedidos individualmente – art. 155 do CTN; **III:** assertiva correta, conforme o art. 155, parágrafo único, do CTN; **IV:** correta, nos termos 155, *caput*, *in fine*, e parágrafo único do CTN. **RB**

Gabarito "A".

10.2. EXTINÇÃO

(Magistratura/AM – 2013 – FGV) O contribuinte realiza o fato gerador de ICMS em 01.03.2004. Em março de 2008 a fiscalização, percebendo que o contribuinte não havia declarado nem recolhido o tributo, promove a autuação fiscal. No mesmo mês (março/2008) o contribuinte promove a impugnação administrativa da exigência fiscal. Em março de 2012 sobrevém a decisão administrativa definitiva (assim entendida a decisão insuscetível de novo recurso do contribuinte na fase administrativa).

Permanecendo inadimplido o crédito fiscal, a Fazenda Pública ajuíza, em março de 2013, a competente Execução Fiscal, à qual o contribuinte opõe Embargos de Devedor alegando a extinção do crédito por força da decadência e/ou da prescrição.

Diante do exposto, o magistrado incumbido de solucionar a causa deverá

(A) acolher o argumento de decadência do direito da Fazenda constituir o crédito tributário, ante o decurso de oito anos entre o fato gerador e a decisão administrativa definitiva.

(B) acolher o argumento de prescrição do direito da Fazenda ajuizar a Execução Fiscal, ante o decurso de nove anos entre o fato gerador e o ajuizamento da Execução Fiscal.

(C) acolher tanto o argumento da decadência quanto o argumento da prescrição.

(D) acolher o argumento da Fazenda, na impugnação aos Embargos de Devedor, no sentido de que não se consumou nem a decadência nem a prescrição.

(E) acolher o argumento de prescrição do direito da Fazenda constituir o crédito tributário, ante o decurso de oito anos entre o fato gerador e a decisão administrativa definitiva.

A: incorreta, pois a decadência é causa de extinção do crédito tributário, configurada pelo decurso do prazo de 5 anos, contados entre a ocorrência do fato gerador e a realização do lançamento, nos termos das diferentes formas de contagem previstas na Lei (art. 173 do CTN). No presente caso, por tratar-se de tributo sujeito ao lançamento por homologação, desacompanhado de declaração e pagamento, aplica-se a regra geral da contagem, qual seja, cinco anos contados do primeiro dia do exercício seguinte ao da ocorrência do fato gerador. Com isso, a decadência somente estaria consumada no dia 01.01.2010; **B:** incorreta, pois a prescrição é causa de extinção do crédito tributário, configurada pelo decurso do prazo de 5 anos, contados entre a constituição definitiva e o ajuizamento da execução fiscal, nos termos das diferentes formas de contagem previstas na Lei (art. 174, parágrafo único, do CTN); **C:** incorreta, pois nenhuma das hipóteses foi materializada, conforme aludido nos comentários anteriores; **D:** correta, pois o crédito foi constituído corretamente, ao menos no que se refere ao prazo para a prática dos atos de lançamento (decadência) e prescrição (ajuizamento da execução fiscal); **E:** incorreta, pois a interposição de impugnação administrativa tem o efeito de suspender a exigibilidade do crédito tributário, o que, obviamente, implica na impossibilidade da prática dos atos tendentes à sua satisfação, implicando, com isso, na suspensão da contagem do prazo prescricional. **FC**

Gabarito "D".

(Magistratura/SP – 2011 – VUNESP) Arariboia Maracajá, Juiz da Fazenda do Estado, ao se deparar com caso tributário, decide corretamente quando

(A) a pedido do devedor afirma o direito à restituição parcial do indébito.

(B) admite, ocorrido o lapso prescricional, a restituição do valor despendido pelo devedor que efetuou o pagamento sabedor desta causa extintiva.

(C) admite a decadência em razão de acordo de vontades.

(D) decreta, de ofício, a decadência prevista em lei.

(E) restitui o indébito sem prova que o pagamento se deu por erro ou foi feito sobre protesto.

A: incorreta, pois, se há indébito, a restituição deverá ser, em princípio, integral (pode haver restituição parcial do tributo, mas o indébito – parcela indevidamente recolhida – será integralmente devolvido) – art. 165 do CTN; B: incorreta, pois a prescrição deve ser conhecida de ofício pelo juiz – art. 219, § 5º, do CPC, ver Súmula 409/STJ, para situação análoga (prescrição em execução fiscal); C: incorreta, pois a decadência tributária é fixada exclusivamente por lei complementar federal, jamais por acordo entre as partes – art. 146, III, *b*, da CF e art. 173 do CTN; D: correta, pois a decadência dá ensejo ao indeferimento da petição inicial pelo juiz – art. 295, IV, do CPC; E: correta, pois a repetição de indébito tributário independe de comprovação de erro ou de prévio protesto – art. 165 do CTN. **RB**
Gabarito "D e E."

(Magistratura/PE – 2011 – FCC) Em nosso sistema tributário, a data da constituição definitiva do crédito tributário é o marco fundamental para contagem do prazo de

(A) decadência.

(B) interposição de recurso administrativo.

(C) pagamento do crédito tributário sem juros e correção monetária.

(D) prescrição tributária.

(E) parcelamento do débito fiscal.

A: incorreta, pois a decadência refere-se exatamente ao prazo para constituir o crédito (corre antes do lançamento, não depois) – art. 173 do CTN; B: Discutível, pois a legislação tributária costuma determinar que o prazo para recurso administrativo contra o lançamento começa a correr desse ato (da notificação do lançamento, ou seja, da constituição definitiva do crédito). Entretanto, não parece correto afirmar que seja marco fundamental no sistema tributário, já que esse prazo não é fixado pelo CTN (como é o caso da prescrição, alternativa "D", a melhor); C: incorreta, pois o pagamento sem juros ou correção ocorre até a data do vencimento, posterior à constituição definitiva do crédito (normalmente 30 dias depois – art. 160 do CTN); D: Essa é a alternativa correta, conforme o art. 174 do CTN; E: incorreta, pois o parcelamento pode ser requerido no prazo assinalado pela lei correspondente. **RB**
Gabarito "D."

(Magistratura/RJ – 2011 – VUNESP) Assinale a alternativa em que estão presentes apenas causas extintivas do crédito tributário.

(A) O depósito do montante integral e o parcelamento.

(B) As reclamações e os recursos, nos termos das leis reguladoras do processo tributário administrativo, e a moratória.

(C) A compensação e a dação em pagamento em bens imóveis, na forma e nas condições estabelecidas em lei.

(D) A concessão de medida laminar em mandado de segurança e o pagamento.

A: incorreta, pois estabelece causas suspensivas (CTN, art. 151); B: incorreta, pois estabelece uma causa suspensiva (CTN, art. 151); C: correta, pois estabelece apenas causas de extinção (CTN, art. 156); D: incorreta, pois estabelece uma causa suspensiva (CTN, art. 151). **FC**
Gabarito "C."

(Magistratura/RO – 2011 – PUCPR) Considere as assertivas abaixo:

I. A dívida tributária prescrita que ainda assim seja paga poderá ser devolvida.

II. Após a inscrição em dívida ativa, a prescrição do crédito tributário sempre ficará suspensa por 180 dias.

III. A contagem do prazo decadencial para a Fazenda Pública lançar o crédito tributário depende, em regra, do tipo de lançamento previsto em lei para a sua liquidação.

IV. Entre a constituição definitiva do crédito e qualquer despacho do juiz na execução fiscal, não pode haver mais de 5 anos de prazo prescricional.

V. Prazo para pedir a devolução dos tributos sujeitos a lançamento por homologação se conta do pagamento antecipado e não mais da extinção efetiva do crédito tributário.

Está(ão) CORRETA(S):

(A) Somente as assertivas I, II, III e IV.

(B) Somente as assertivas III e V.

(C) Somente a assertiva IV.

(D) Somente as assertivas I, II e V.

(E) Somente as assertivas I, III e V.

I: Assertiva correta, pois, no direito tributário, a prescrição não apenas impede a cobrança judicial, mas também extingue o próprio crédito (se houver pagamento, ele poderá ser pedido de volta, independentemente de comprovação de erro ou prévio protesto) – arts. 156, V, e 165 do CTN; II: incorreta, pois se entende que o disposto no art. 2º, § 3º, da Lei 6.830/1980 não se aplica à dívida ativa de natureza tributária (aplica-se apenas à dívida não tributária), pois prescrição tributária é matéria a ser veiculada exclusivamente por lei complementar federal – art. 146, III, *b*, da CF; III: correta, pois o art. 173 do CTN (regra geral de decadência) não se aplica aos tributos lançados por homologação, desde que haja pagamento (ainda que a menor), sem dolo, fraude ou simulação – art. 150, § 4º, do CTN; IV: Incorreta, pois a interrupção do prazo prescricional ocorre somente com o despacho que ordena a citação em execução fiscal (não é qualquer despacho) – art. 174, parágrafo único, I, do CTN. É interessante registrar o entendimento atual do STJ de que, havendo citação válida, ela retroage à data da propositura da ação (art. 219, § 1º, do CPC), inclusive em execução fiscal, desde que não haja atraso na citação imputável ao próprio exequente (ou seja, o início da execução deve ocorre no prazo prescricional, e não, necessariamente, o despacho que ordena a citação) – ver REsp 1.120.295/SP, repetitivo; V: Assertiva correta, conforme o art. 3º da LC 118/2005 – não se aplica mais a chamada tese do "cinco mais cinco". **RB**
Gabarito "E."

(Magistratura/RO – 2011 – PUCPR) Considere as assertivas abaixo:

I. O prazo de 10 anos para o lançamento das contribuições previdenciárias foi objeto da primeira súmula vinculante do STF sobre questão tributária.

II. O prazo prescricional previsto para a autoridade fiscal constituir o crédito tributário para os impostos

7. DIREITO TRIBUTÁRIO

lançáveis por declaração começa no primeiro dia útil do exercício seguinte à ocorrência do fato gerador do tributo.

III. Na repetição do indébito tributário, deve-se observar o prazo de 5 anos do efetivo pagamento; e os juros só se contam a partir do trânsito em julgado da decisão e a correção monetária, a partir do pagamento efetuado.

IV. A prescrição intercorrente tem como termo inicial de contagem de seu quinquídio um ano após o arquivamento do processo fiscal por não terem sido encontrados bens passíveis de penhora, ou mesmo o devedor, e poderá ser decretada de ofício pelo magistrado, depois de ouvida a Fazenda Pública.

V. Suspende-se o prazo prescricional da Fazenda Pública por mera confissão da dívida tributária.

Estão CORRETAS:

(A) Somente as assertivas I, III e V.

(B) Somente as assertivas II e IV.

(C) Somente as assertivas III e IV.

(D) Somente as assertivas IV e V.

(E) Somente as assertivas I, III e IV.

I: Assertiva correta, referindo-se à Súmula Vinculante 8/STF; **II:** incorreta, pois o prazo para lançar o tributo é decadencial, não prescricional. Ademais, os 5 anos são contados a partir do primeiro dia do exercício seguinte àquele em que o lançamento poderia ter sido realizado (o ano em que o crédito pode ser constituído não corresponde, necessariamente, ao ano em que ocorreu o fato gerador) – art. 173 do CTN; **III:** Assertiva correta, conforme os arts. 167 e 168 do CTN e art. 3º da LC 118/2005 e as Súmulas 162 e 188/STJ e 46/TFR; **IV:** correta, conforme o art. 40 da Lei 6.830/1980 e Súmula 314/STJ; **V:** incorreta, pois a confissão da dívida interrompe o prazo prescricional, não o suspende – art. 174, parágrafo único, IV, do CTN. **RB**

Gabarito "E".

(Magistratura Federal-5ª Região – 2011) A pessoa jurídica Beta possui débitos vencidos relativos ao IPTU correspondente aos exercícios de 2008 e 2009, cada um no valor de R$ 500,00. Sem discriminar o tributo a ser pago, Beta efetuou o recolhimento de R$ 500,00 perante a autoridade administrativa fiscal competente. Posteriormente, a devedora constatou erro na alíquota do IPTU.

Com base nessa situação hipotética, assinale a opção correta.

(A) A empresa Beta pode pleitear a restituição parcial do tributo e a integral dos juros de mora e das penalidades pecuniárias aplicadas.

(B) O prazo para que Beta pleiteie a restituição do tributo eventualmente pago a maior é de dois anos, contados da data da extinção do crédito tributário.

(C) Caso Beta pleiteie a restituição do tributo, as infrações de caráter formal não prejudicadas pelo erro da alíquota aplicada ao IPTU não serão passíveis de restituição.

(D) Pode a autoridade administrativa competente receber o recolhimento, imputando-o ao pagamento do IPTU relativo ao exercício de 2009.

(E) Se Beta formular consulta para esclarecer determinado dispositivo da legislação tributária, não incidirão juros

de mora sobre o principal até que tal pendência seja solucionada.

A: incorreta, pois, se a restituição do tributo é parcial, a devolução dos juros e das multas deverá ser proporcional (não integral) – art. 167 do CTN; **B:** incorreta, pois o prazo para o pedido de repetição judicial é de 5 anos contados do pagamento indevido – arts. 168 do CTN e 3º da LC 118/2005 . Somente se houvesse prévio pedido administrativo, denegado, o prazo para a demanda judicial seria reduzido para 2 anos, nos termos do art. 169 do CTN; **C:** assertiva correta, conforme o art. 167, *caput*, *in fine*, do CTN; **D:** incorreta, pois a imputação do pagamento, no caso, refere-se ao tributo cuja prescrição ocorrerá antes, ou seja, o IPTU relativo ao exercício de 2008 – art. 163, III, do CTN; **E:** incorreta, pois a consulta deve ser formulada antes do vencimento do tributo, para que seja afastada a fluência de juros – art. 161, § 2º, do CTN. **FC/RB**

Gabarito "C".

(Magistratura Federal/1ª região – 2011 – CESPE) Determinado contribuinte reside em área situada na fronteira entre dois municípios, não sendo muito bem delineada, naquela localidade, a separação geográfica entre as duas municipalidades. Em razão dessa circunstância, ocorreu de ele ter sido notificado pelas duas fazendas municipais para pagar o IPTU.

Nesse caso, deve o contribuinte

(A) pagar a totalidade dos impostos e ajuizar, contra cada município, ação de repetição de indébito de metade do valor do IPTU.

(B) omitir-se de pagar o imposto perante as duas fazendas, uma vez que o caso configura bitributação.

(C) ajuizar ação de consignação em pagamento.

(D) pagar metade de cada um dos impostos e ajuizar pedido de revisão de valor do IPTU junto aos dois municípios.

(E) interpor recurso junto aos dois municípios para que eles definam a qual deles pertence a área em questão.

Diante de uma situação de cobrança de um mesmo tributo, por mais de um ente tributante, deverá, o sujeito passivo, para não correr risco de pagar errado, e com isso, pagar novamente, utilizar a chamada consignação em pagamento. Essa ação, prevista expressamente no CTN, somente será cabível nas hipóteses taxativas elencadas, e deverá versar sobre tributo que o sujeito passivo pretende pagar (CTN art. 164, I a III). **FC/RB**

Gabarito "C".

(Magistratura Federal/2ª região – 2011 – CESPE) De acordo com o CTN, constitui caso de extinção do crédito tributário

(A) a concessão de isenção tributária.

(B) o transcorrer do prazo de cinco anos contados da constituição do crédito.

(C) a concessão de anistia.

(D) o depósito do montante integral do crédito.

(E) a concessão de parcelamento do crédito.

A: incorreta, pois a isenção é causa de exclusão do crédito (CTN, art. 175, I); **B:** correta, por expressa previsão legal (CTN, art. 156, V); **C:** incorreta, pois anistia é causa de exclusão do crédito (CTN, art. 175, II); **D:** incorreta, pois depósito é causa de suspensão da exigibilidade do crédito (CTN, art. 151, II); **E:** incorreta, pois parcelamento é causa de suspensão da exigibilidade do crédito (CTN, art. 151, VI). **FC/RB**

Gabarito "B".

(Magistratura/RJ – 2011 –VUNESP) Considerando-se a cobrança a maior, de tributo lançado de ofício, em face da legislação tributária aplicável ou da natureza ou circunstâncias materiais do fato gerador efetivamente ocorrido, o direito de pleitear a restituição extingue-se, de acordo com o Código Tributário Nacional, com o decurso do prazo de 5 anos contados da

(A) constituição da obrigação tributária à qual corresponda o direito.

(B) extinção do crédito tributário.

(C) data em que se tornar definitiva a decisão administrativa.

(D) data em que passar em julgado a decisão judicial que tenha reformado, anulado ou rescindido a decisão condenatória.

A: incorreta, pois nos temos da legislação, o prazo e contado da data da extinção do crédito, representada, em regra, pelo pagamento (CTN, art. 168); **B:** correta, pela previsão legal expressa (CTN, art. 168); **C:** incorreta, pelos argumentos expostos; **D:** incorreta, pelos argumentos expostos. **FC**
Gabarito "B".

(Magistratura/RJ – 2011 –VUNESP) A ação anulatória da decisão administrativa que denegar a restituição de tributo pago indevidamente

(A) decai em 5 anos.

(B) prescreve em 5 anos.

(C) decai em 3 anos.

(D) prescreve em 2 anos.

Nos termos do art. 169 do CTN, prescreve em dois anos a ação anulatória da decisão administrativa que denegar a restituição, de modo que a alternativa "D" é a correta. **FC**
Gabarito "D".

(Magistratura/SC – 2010) Assinale a alternativa correta:

(A) A compensação de créditos tributários poderá ser deferida em ação cautelar ou medida cautelar antecipada.

(B) A compensação de créditos tributários não poderá ser deferida em ação cautelar ou por medida liminar cautelar ou antecipatória.

(C) A compensação de créditos tributários só poderá ser deferida em medida cautelar antecipada.

(D) O mandado de segurança não constitui ação adequada para a declaração de direito à compensação tributária.

(E) O direito à compensação tributária depende de prévio processo administrativo para ser apreciada judicialmente.

A e C: incorretas, pois, nos termos do art. 170-A do CTN, "É vedada a compensação mediante o aproveitamento de tributo, objeto de contestação judicial pelo sujeito passivo, antes do trânsito em julgado da respectiva decisão judicial" – ver também a Súmula 212/STJ; **B:** correta, conforme comentários à alternativa anterior; **D:** incorreta, valendo o disposto na Súmula 213/STJ "O mandado de segurança constitui ação adequada para a declaração do direito à compensação tributária" – ver também a Súmula 460/STJ, no sentido de que o mandado de segurança não serve para convalidar compensação já realizada; **E:** incorreta, pois

não se pode impedir o acesso ao Judiciário, sendo inviável condicioná-lo ao prévio esgotamento da esfera administrativa – art. 5º, XXXV, da CF – ver também o art. 38, parágrafo único, da Lei 6.830/1980. **RB**
Gabarito "B".

(Magistratura/PR – 2010 – PUC/PR) Considerando as assertivas abaixo, assinale a alternativa CORRETA:

I. Quanto à prescrição e à decadência do crédito tributário, podem-se identificar diversos prazos de um lustro previstos no Código Tributário Nacional.

II. O prazo de 10 (dez) anos para a cobrança das contribuições previdenciárias foi julgado inconstitucional pelo Supremo Tribunal Federal, resultando em súmula vinculante.

III. O prazo decadencial previsto para a autoridade fiscal constituir o crédito tributário para os impostos lançáveis por declaração começa no 1º (primeiro) dia útil do exercício seguinte à ocorrência do fato gerador do tributo.

IV. O prazo prescricional para a Fazenda Pública buscar a tutela jurisdicional, exigindo o crédito tributário não satisfeito, inicia-se com a constituição definitiva do crédito e se interrompe com o despacho do juiz em execução fiscal.

V. Na repetição do indébito tributário, os juros só se contam a partir do trânsito em julgado da decisão e a correção monetária, a partir do pagamento efetuado.

VI. A prescrição intercorrente tem como termo inicial de contagem de seu quinquídio 1 (um) ano após o arquivamento do processo fiscal por não terem sido encontrados bens passíveis de penhora, ou mesmo o devedor, e poderá ser decretada de ofício pelo magistrado, depois de ouvida a Fazenda Pública.

(A) Somente as assertivas I, III e IV estão erradas.

(B) Somente as assertivas I, II e V estão corretas.

(C) Somente as assertivas III e IV estão corretas.

(D) Somente as assertivas IV e VI estão erradas.

I: correta, pois os prazos de decadência e prescrição são de cinco anos (= um lustro), contados na forma dos arts. 173 e 174 do CTN; **II:** assertiva correta, pois o STF entendeu que somente lei complementar federal poderia dispor sobre a matéria – Súmula Vinculante 8/STF; **III:** incorreta, pois o prazo é contado, em regra, a partir do primeiro dia do exercício seguinte àquele em que o lançamento poderia ser efetuado (não o fato gerador, necessariamente) – art. 173, I, do CTN; **IV:** incorreta, pois não é qualquer despacho do juiz que interrompe a prescrição, mas apenas o que ordena a citação do executado – art. 174, *caput*, e parágrafo único, I, do CTN; **V:** correta, conforme art. 167 do CTN e Súmulas 162/STJ e 188/STJ; **VI:** caso o devedor não seja localizado ou não sejam encontrados bens para penhora, o juiz suspenderá o processo de execução por até um ano, período em que não corre a prescrição, sendo aberta vista à Fazenda (art. 40, § 1º, da Lei 6.830/1980). Note que, diferentemente do que consta da assertiva, o arquivamento dos autos não é necessário nesse momento (durante o ano de suspensão), razão pela qual a afirmação é imprecisa. Após o prazo de suspensão, o juiz ordenará o arquivamento dos autos (art. 40, § 2º), iniciando-se a contagem do prazo quinquenal da prescrição intercorrente, conforme a Súmula 314/STJ. Passados os cinco anos, sem que sejam encontrados o devedor ou bens penhoráveis, o juiz, depois de ouvida a fazenda pública, poderá, de ofício, reconhecer a prescrição intercorrente, e decretá-la imediatamente, conforme o art. 40, § 4º, da Lei 6.830/1980. **RB**
Gabarito "B".

7. DIREITO TRIBUTÁRIO — 531

(Magistratura Federal-4ª Região – 2010) Dadas as assertivas a seguir, assinale a alternativa correta.

Quanto à compensação de tributos federais, é matéria firme na atual jurisprudência do Superior Tribunal de Justiça:

I. Deve ser considerado o regime jurídico vigente à época do ajuizamento da demanda, não podendo ser a causa julgada à luz do direito superveniente.

II. Deve ser considerado o regime jurídico vigente no momento em que deva ser feita efetivamente a compensação com encontro de contas entre os mutuamente credores e devedores e, em consequência, caso a compensação pretendida não tenha sido aceita pela administração pública e posteriormente venha a ser vedada pela legislação, aplica-se o dispositivo legal impeditivo.

III. Serão regidas mediante disposições infralegais, pois somente a forma da compensação é que pode ser alterada.

IV. A legislação aplicável nos casos de compensação é a do tempo em que foram gerados os créditos em favor do contribuinte, devendo aplicar-se os sucessivos regimes de compensação criados pelas leis e pelos regulamentos, conforme o período de geração de tais créditos.

V. A compensação somente é possível entre créditos e débitos de tributos da mesma espécie.

(A) Está correta apenas a assertiva I.

(B) Está correta apenas a assertiva II.

(C) Está correta apenas a assertiva III.

(D) Estão corretas apenas as assertivas IV e V.

(E) Nenhuma assertiva está correta.

I: essa é jurisprudência do STJ, ressalvando que o interessado pode pleitear a compensação na esfera administrativa, conforme a legislação superveniente – ver AgRg Ag 1.422.316/DF; **II:** incorreta, conforme comentário à assertiva anterior; **III:** incorreta, pois a compensação deve ser prevista e regulada por lei – art. 170 do CTN; **IV:** incorreta, conforme comentário à assertiva "I"; **V:** incorreta, pois o CTN não faz essa restrição – art. 170 do CTN. A legislação de cada ente político regulará a matéria, sendo que, atualmente, no âmbito federal, não há, tampouco, essa restrição. **FC/RB**

Gabarito "A".

(Magistratura Federal/3ª Região – 2010) São modalidades de extinção do crédito tributário:

(A) Prescrição, decadência, transação, conversão do depósito em renda e consignação em pagamento;

(B) Pagamento, remissão, isenção, parcelamento e prescrição;

(C) Compensação, decadência, anistia, depósito do montante integral do débito e dação em pagamento;

(D) Parcelamento, remissão, prescrição, decadência e dação em pagamento.

A: assertiva correta, conforme o art. 156 do CTN; **B**, **C** e **D:** incorretas, pois a isenção e a anistia excluem o crédito tributário e o parcelamento e o depósito suspendem o crédito. **FC/RB**

Gabarito "A".

10.3. EXCLUSÃO

(Juiz – TRF 4ª Região – 2016) Assinale a alternativa correta.

Quanto ao crédito tributário em geral, bem como relativamente à sua constituição, às suas garantias e aos seus privilégios:

(A) Não caracteriza denúncia espontânea a hipótese em que o contribuinte, mesmo após efetuar a declaração parcial do débito tributário, acompanhado do respectivo pagamento integral, venha a retificá-la antes de qualquer procedimento da Administração Tributária, noticiando a existência de diferença a maior, cuja quitação se dá concomitantemente.

(B) A isenção pode ser restrita a determinada região do território da entidade tributante, em função de condições a ela peculiares.

(C) Na dicção do Código Tributário Nacional, são causas de exclusão do crédito tributário: anistia, isenção e remição.

(D) A exclusão do crédito tributário dispensa o cumprimento das obrigações acessórias dependentes da obrigação principal cujo crédito seja excluído, ou dela consequente.

(E) A propositura de ação anulatória de débito tributário pela Fazenda Pública, municipal ou estadual, ou de embargos à execução fiscal, nos termos da orientação jurisprudencial do Superior Tribunal de Justiça, por si só, não autoriza a expedição de certidão positiva com efeitos de negativa por parte da Administração Tributária Federal, sendo necessário, para tanto, o depósito integral do montante devido ou a existência de outra causa de suspensão da exigibilidade do crédito tributário prevista, expressamente, no Código Tributário Nacional, ou, no caso de embargos à execução, de garantia do juízo.

A: incorreta, pois há denúncia espontânea nesse caso, desde que o débito recolhido posteriormente não tenha sido previamente declarado – Súmula 360 de STJ; **B:** correta, conforme art. 176, parágrafo único, do CTN; **C:** incorreta, pois as únicas modalidades de exclusão do crédito são a isenção e a anistia – art. 175 do CTN; **D:** incorreta, pois a exclusão do crédito não afasta as obrigações acessórias – art. 175, parágrafo único, do CTN; **E:** incorreta, pois a Fazenda Pública na condição de contribuinte ou executada não precisa garantir o juízo para conseguir o efeito suspensivo, no caso de anulatória ou embargos à execução, já que seus bens são impenhoráveis – REsp 1.123306/SP-repetitivo. **RB**

Gabarito "B".

(Juiz – TRF 3ª Região – 2016) São causas da exclusão do crédito tributário:

(A) isenção e anistia.

(B) imunidade e remissão.

(C) transação e compensação.

(D) decadência e novação.

As duas únicas modalidades de exclusão do crédito tributário são a isenção e a anistia, de modo que a alternativa "A" é a correta – art. 175 do CTN. **RB**

Gabarito "A".

(Magistratura/CE – 2012 – CESPE) Para efetivar programa de desenvolvimento de áreas cujo solo permanece, em mais de 40%, alagado por pelo menos três meses ao ano, o estado Y editou norma concedendo a empresas que optassem pelo programa o direito a um crédito presumido de ICMS equivalente a 15% nas entradas interestaduais. De acordo com a norma, caberia à administração tributária verificar a ocorrência da situação e celebrar acordo entre o fisco e as empresas.

Considerando essa situação hipotética, assinale a opção correta.

(A) Para a concessão do referido benefício fiscal, a despeito das circunstâncias de urgência e calamidade eventualmente alegadas na justificativa da edição da norma, seria necessária a celebração de convênio entre o estado Y e os demais estados da Federação e o DF.

(B) Tratando-se de matéria que envolve tributos, o MP não tem legitimidade para, por meio de ação civil pública, impugnar os acordos que vierem a ser celebrados entre o fisco e as empresas.

(C) Considerando-se a situação precária das áreas incluídas no programa, a necessidade de gerar emprego e desenvolver a região, a concessão do benefício é legal, desde que tenha se dado por meio da edição de lei complementar.

(D) Caso o estado Y seja o único prejudicado no que se refere à arrecadação tributária, considerando-se o crédito presumido, não cabe aos demais estados agir para impugnar o benefício fiscal concedido.

(E) O benefício fiscal corresponde à remissão parcial do crédito tributário e, sendo o ICMS tributo de competência dos estados, é legítima a sua concessão, dado o princípio da independência tributária.

A: correta, pois a concessão de benefícios e isenções de ICMS dependem de celebração de convênios entre os entes (CF, art. 155, § 2º, XII, g); **B:** incorreta, pois nos termos da jurisprudência do STF, há essa legitimidade (STF, RE 576155/DF); **C:** incorreta, pois contrária a previsão constitucional, que confere a lei complementar a competência para regular a forma de concessão, não a concessão propriamente dita; **D:** incorreta, pelo descumprimento do requisito constitucional; **E:** incorreta, pois viola a regra constitucional de padronização de benefício de ICMS pela necessidade de convênio, nos termos de lei complementar (CF, art. 155, § 2º, XII, g). **FC** Gabarito "A".

(Magistratura/CE – 2012 – CESPE) O estado X editou lei concedendo às indústrias que se instalassem ou se modernizassem no estado isenção de 90% do ICMS devido, pelo prazo de dez anos, prorrogável por mais cinco anos na hipótese de instalação de projetos novos. Algumas indústrias aderiram ao programa, ora constituindo sede no estado, ora instalando projetos novos, ora se modernizando. Quatro anos depois, foi editada nova norma que suspendeu o benefício para as empresas que optaram pela modernização e excluiu a possibilidade de prorrogação do prazo nos demais casos.

Considerando a situação hipotética acima apresentada, assinale a opção correta.

(A) A indústria que se tenha instalado no estado X e se modernizado tem direito adquirido ao benefício pelo prazo de quinze anos.

(B) A isenção, benefício fiscal concedido pelo estado, pode ser suspensa ou revogada a qualquer tempo, ainda que concedida por prazo indeterminado, não se observando, no caso, o princípio da anterioridade.

(C) A isenção concedida para os dez primeiros anos não poderia ter sido revogada, uma vez que fora concedida por prazo certo e em função de condição onerosa, tendo gerado direito adquirido aos contribuintes que se mantiveram cumprindo as condições exigidas.

(D) São imediatos os efeitos de norma legal de revogação de isenção tributária, tal como a que suspendeu o benefício concedido às empresas que se instalaram no estado X.

(E) Como a isenção foi concedida mediante condição onerosa, as empresas que instalaram novos projetos no estado têm direito à prorrogação da isenção por mais cinco anos, independentemente da nova norma.

A: incorreta, pois no caso de mera instalação e modernização, garante-se apenas o prazo de 10 anos; **B:** incorreta, pois quando concedida em prazo indeterminado, a revogação deverá respeitar o princípio da anterioridade (CTN, art. 178); **C:** correta, pois o preenchimento das condições gera o direito adquirido ao benefício pelo prazo definido na lei (CTN, art. 178); **D:** incorreta, pois há previsão legal em sentido contrário (CTN, art. 178); **E:** incorreta, pois a prorrogação da isenção depende do preenchimento de todos os requisitos (CTN, art. 178). **FC** Gabarito "C".

(Magistratura/PE – 2011 – FCC) Para discernir a isenção do diferimento do tributo, basta considerar que

(A) a isenção deve observar estritamente o princípio da legalidade.

(B) enquanto aquela é subjetiva, pois concedida *intuitu personae*, este é objetivo, pois concedido segundo a natureza do produto.

(C) enquanto aquela desonera o pagamento do tributo, este implica em adiamento da incidência.

(D) enquanto aquela desonera o pagamento do tributo, este implica em antecipação ou adiamento da incidência.

(E) enquanto aquela somente pode ser concedida mediante lei ordinária, este pode ser instituído através de decreto.

A isenção é modalidade de exclusão do crédito tributário (art. 175, I, do CTN), cuja instituição depende de lei do ente político competente em relação ao tributo correspondente. Já o diferimento refere-se, em geral, à autorização dada pela legislação tributária para que o recolhimento de um tributo multifásico (como o ICMS ou o IPI) se dê em momento posterior. Exemplo de diferimento é a redução da alíquota do ICMS na venda de uma mercadoria do produtor para o comerciante, mas sem redução da alíquota para a venda dessa mesma mercadoria do comerciante para o consumidor final. Pela sistemática da não cumulatividade, a redução dada ao produtor acaba sendo anulada posteriormente, pois o comerciante vai pagar mais ICMS, no mesmo montante da suposta redução. É comum o diferimento ser concedido por norma infralegal estadual (decreto do governador, por exemplo), mas isso é bastante questionado pela doutrina e no judiciário, embora não haja jurisprudência pacífica.

A: incorreta, pois, embora seja discutida a aplicação do princípio da

7. DIREITO TRIBUTÁRIO 533

legalidade ao diferimento, isso não é suficiente para distingui-lo da isenção; **B**: incorreta, pois tanto a isenção quanto o diferimento podem ser concedidos em relação a determinadas pessoas (subjetivamente) ou a determinados bens ou operações (objetivamente); **C**: Assertiva correta, conforme comentários iniciais; **D**: incorreta, pois o diferimento, como indica o nome, é sempre adiamento, nunca antecipação; **E**: incorreta, pois a isenção de tributos que exigem lei complementar (empréstimo compulsório, imposto da competência residual) não pode ser veiculada por lei ordinária. Entendemos que o diferimento é benefício fiscal que altera a sujeição passiva em relação aos valores a serem recolhidos, de modo que depende também de lei, mas, conforme os comentários iniciais, a questão não é pacífica. **RB**

Gabarito "C".

(Magistratura Federal/3ª região – 2011 – CESPE) Uma lei que crie determinada anistia tributária atenderá ao que dispõe o CTN se, expressamente, anistiar

(A) infrações resultantes de conluio.

(B) atos praticados com fraude, mas não considerados crimes ou contravenções.

(C) as infrações cometidas antes e depois de sua edição.

(D) tanto as multas tributárias quanto os crimes de sonegação.

(E) atos praticados com dolo, mas não considerados crimes ou contravenções.

A anistia, nos termos do CTN, é uma causa de exclusão do crédito, que exclui as sanções, ainda não constituídas pelo lançamento. Não poderão, em regra, referir-se a crimes, contravenções, situações que envolvem dolo e decorrentes de conluio, além de, obviamente, somente se referirem as condutas ocorridas antes de sua vigência, sob pena de equiparar-se a revogação da sanção, o que não ocorre. **A**: correta, por expressa previsão legal (CTN, art. 180, II); **B**, **C**, **D** e **E**: incorretas, conforme argumentação desenvolvida (CTN, art. 180, I e II). **FC/RB**

Gabarito "A".

11. IMPOSTOS E CONTRIBUIÇÕES EM ESPÉCIE

11.1. IPI

(Magistratura Federal/3ª Região – 2010) Assinale a alternativa incorreta com relação ao IPI:

(A) Este imposto será seletivo em função da essencialidade do produto;

(B) Não incidirá sobre produtos industrializados destinados ao exterior;

(C) Terá reduzido seu impacto sobre a aquisição de bens de capital pelo contribuinte do imposto, na forma da lei;

(D) Terá suas alíquotas mínimas e máximas fixadas pelo Senado Federal.

A: correta, conforme o art. 153, § 3º, I, da CF; **B**: correta, nos termos do art. 153, § 3º, III, da CF; **C**: assertiva correta, conforme art. 153, § 3º, IV, da CF; **D**: essa é a incorreta, pois não há limitação das alíquotas do IPI pelo Senado. **FC/RB**

Gabarito "D".

11.2. IR

(Juiz–TRF 4ª Região – 2016) Dadas as assertivas abaixo, assinale a alternativa correta.

I. O Imposto de Renda Pessoa Jurídica, na forma da legislação vigente, possui base de cálculo diferente para cada método de tributação, podendo ser por meio de apuração por lucro real, lucro presumido ou arbitramento, sendo, em todos os casos, incidente a mesma alíquota.

II. O contribuinte tem livre escolha do método de tributação do Imposto de Renda Pessoa Jurídica – lucro real, lucro presumido e arbitramento –, independentemente do ramo de atividade e faturamento da pessoa jurídica.

III. A Autoridade Fiscal, por meio do devido processo administrativo, possui prerrogativa de proceder ao arbitramento do lucro de determinada pessoa jurídica quando não dispuser de elementos fidedignos nos registros contábeis e nas obrigações acessórias de responsabilidade do contribuinte.

IV. O Imposto de Renda de Pessoa Jurídica é tributo sujeito ao lançamento por homologação, cabendo à Autoridade Fiscal proceder ao lançamento de ofício na hipótese de declaração a menor pelo contribuinte.

V. É vedado às pessoas jurídicas utilizarem prejuízo fiscal acumulado para a compensação com débitos de Imposto de Renda de Pessoa Jurídica próprio.

(A) Estão corretas apenas as assertivas I e III.

(B) Estão corretas apenas as assertivas II e IV.

(C) Estão corretas apenas as assertivas II e V.

(D) Estão corretas apenas as assertivas III e IV.

(E) Nenhuma assertiva está correta.

I: discutível. Além das três modalidades clássicas de apuração (lucro real, presumido e arbitrado), muitas empresas recolhem o IRPJ pela sistemática do Simples Nacional. Nos três primeiros casos (lucro real, presumido e arbitrado) pode se afirmar que a base de cálculo é sempre o lucro, mudando apenas a forma de apuração desse lucro – art. 219 do Regulamento do Imposto de Renda – RIR (Decreto 3.000/99). Na prática, entretanto, o lucro é efetivamente apurado apenas na sistemática de lucro real. Nas demais, como o lucro é presumido ou arbitrado a partir de um percentual fixo do faturamento, é essa, na prática, a base de cálculo adotada (fração do faturamento). No caso do Simples Nacional, a base de cálculo é mesmo o faturamento, por expressa disposição legal – art. 18 da LC 123/2006. As alíquotas são as mesmas para o lucro real, presumido e arbitrado (15% e adicional de 10%) – art. 228 do RIR. No caso do Simples Nacional, há tabelas com alíquotas variáveis conforme a atividade e o faturamento da contribuinte; **II**: incorreta, pois o lucro presumido não pode ser adotado por pessoas jurídicas que faturem acima do limite mínimo, nem em relação a determinadas atividades – art. 516 do RIR; **III**: correta, definindo adequadamente a sistemática do lucro arbitrado quando adotada pelo fisco – art. 530 do RIR; **IV**: correta, sendo essa a sistemática para todos os tributos lançados por homologação – art. 149, V, do CTN; **V**: incorreta, pois é permitida a compensação, limitada a determinado percentual do lucro líquido no período (30% – limite inaplicável no caso de atividade rural) – arts. 509 e 512 do RIR. (RB)

Gabarito "D".

(Magistratura Federal/1ª região – 2011 – CESPE) João, contribuinte do imposto de renda da pessoa física, recebe mensalmente um salário de R$ 5.000,00 e uma renda de aluguel de R$ 2.000,00, relativa a um apartamento urbano de sua propriedade e cujo inquilino é contratualmente responsável pelo pagamento mensal do condomínio, no valor de R$ 500,00. João, por sua vez, reside em uma casa que não lhe pertence, pela qual paga aluguel mensal no valor de R$ 2.000,00, sem incidência de taxa condominial.

Com base nessa situação hipotética, assinale a opção correta.

(A) Se o locatário entregar ao locador, mensalmente, o valor do condomínio, e o locador promover o pagamento, essa prática implicará elevação da base de cálculo mensal do imposto de renda do locador em R$ 500,00.

(B) A dedução mensal determinada em lei para efeito do cálculo do imposto de renda mensal da pessoa física deve ser efetuada sobre o salário, para o cálculo do imposto retido na fonte, e, igualmente, sobre a renda de aluguel.

(C) Não há qualquer imposto de renda mensal a ser pago por João sobre o aluguel recebido, pois o valor que João recebe mensalmente é igual ao valor que ele paga de aluguel.

(D) João deve pagar mensalmente imposto de renda apenas sobre os R$ 500,00 de condomínio que o inquilino paga, pois esse é o saldo positivo entre a receita e a despesa mensal com habitação.

(E) Para pagar o imposto de renda adicional, João deve levar em consideração apenas a renda de R$ 2.000,00 relativa ao aluguel, não importando o quanto o inquilino pague de condomínio.

A: incorreta, pois os valores de condomínio não são considerados na definição da receita tributável na locação de imóveis (RIR – Decreto 3.000/1999, art. 50, IV); **B:** incorreta, pois a dedução mensal refere-se ao total de remuneração, de forma que não se pode aplicar a mesma dedução sobre duas receitas independentes (RIR – Decreto 3.000/1999, art. 83); **C:** incorreta, pois a despesa por força da locação para moradia não está dentre as admitidas pela legislação do IR para fins de abatimento da base de cálculo do imposto (RIR – Decreto 3.000/1999, art. 50); **D:** incorreta, pois não existe previsão para tais compensações; **E:** correta, pois é essa a definição legal da base de cálculo do imposto sobre a renda decorrente de locação de imóveis (RIR – Decreto 3.000/1999, art. 49). FC/RB

Gabarito "E."

(Magistratura Federal/3ª Região – 2010) Relativamente ao imposto sobre a renda, assinale a alternativa incorreta

(A) Obedecerá aos critérios da generalidade, universalidade e progressividade, na forma da lei;

(B) Terá como fato gerador a aquisição de disponibilidade econômica ou jurídica de renda, assim entendidos o produto do capital, do trabalho ou da combinação de ambos e de proventos de qualquer natureza, assim entendidos os demais acréscimos patrimoniais;

(C) Terá sua incidência vinculada a denominação da receita ou do rendimento, à localização, condição jurídica ou nacionalidade da fonte;

(D) A lei estabelecerá as condições e o momento em que se dará a disponibilidade da renda, quando proveniente do exterior, para fins de incidência deste imposto.

A: correta, conforme o art. 153, § 2º, I, da CF; **B:** assertiva correta, nos termos do art. 43, I e II, do CTN; **C:** essa é a incorreta, pois a incidência do IR independe disso – art. 150, II, da CF e art. 43, § 1º, do CTN; **D:** correta, conforme o art. 43, § 2º, do CTN. FC/RB

Gabarito "C."

11.3. IOF

(Juiz – TRF 3ª Região – 2016) O IOF (imposto sobre operações de crédito, câmbio e seguro, ou relativas a títulos ou valores mobiliários):

(A) tem predominante função extrafiscal e não se submete à anterioridade tributária; o Poder Executivo pode manejar as suas alíquotas para ajustá-lo a objetivos de política monetária indicando o que almeja alcançar com a mudança de alíquota.

(B) incide na operação financeira de levantamento de depósitos judiciais destinados a suspender a exigibilidade do crédito tributário ou a garantir a instância executiva.

(C) pode ser exigido nas operações financeiras dos Estados, DF e Municípios, porque essa tributação não é limitada pela imunidade constitucional recíproca.

(D) pode incidir sobre qualquer operação financeira, desde que seja observado o princípio da estrita legalidade, porque as operações enumeradas no CTN são exemplificativas.

A: correta, conforme os arts. 153, V e § 1º, e 150, § 1º, da CF; **B:** incorreta, pois não se trata de operação de crédito, câmbio, seguro ou relativa a títulos ou valores mobiliários, que são as situações que dão ensejo à incidência do IOF – art. 153, V, da CF e art. 63 do CTN – ver REsp 103.897/SP; **C:** incorreta, pois é imposto que impacta na renda e no patrimônio, afastado, portanto, pela imunidade recíproca – art. 150, VI, *a*, da CF; **D:** incorreta, pois compete à lei complementar federal fixar o fato gerador do imposto, nos termos do art. 146, III, *a*, da CF, de modo que a delimitação do art. 63 do CTN é taxativa. RB

Gabarito "A."

11.4. ICMS

(Juiz– TJ-SC – FCC – 2017) A base de cálculo do ICMS devido por operações subsequentes, em regime de substituição tributária,

(A) só pode ser fixada pela Administração Tributária conforme os preços únicos ou máximos previamente determinados por autoridade competente para regulação de mercados.

(B) será fixada pela soma dos valores relativos à entrada do bem ou recebimento do serviço, incluídos frete, seguro e encargos, com a margem de valor agregado, inclusive lucro, das operações ou prestações subsequentes.

(C) será obrigatoriamente fixada por preço final a consumidor sugerido pelo substituto tributário, em caso de inexistência de preços únicos ou máximos fixados por autoridade competente para regulação de mercados.

(D) só poderá ser fixada pela Administração Tributária por meio de pesquisas de preços finais praticados em mercado.

(E) não pode utilizar os levantamentos de preço praticados em mercado para a determinação da margem de valor agregado nas operações subsequentes.

A: incorreta, pois o art. 8º, II, da LC 87/1996 dispõe sobre a determinação da base de cálculo do ICMS-ST "para frente"; **B:** correta, conforme o 8º, II, da LC 87/1996; **C, D e E:** incorretas, conforme comentário à alternativa "B". RB

Gabarito "B."

7. DIREITO TRIBUTÁRIO   535

(Magistratura/SP – 2013 – VUNESP) A respeito das isenções de ICMS, é correto afirmar que:

(A) têm validade em todo o território nacional.

(B) podem ser outorgadas por meio de Lei Complementar produzida pela União.

(C) somente podem ser instituídas após aprovação de convênio autorizativo no Conselho Nacional de Política Fazendária.

(D) podem ser objeto de Decreto.

A: incorreta, pois a isenção de ICMS, embora dependa de deliberação dos Estados e do Distrito Federal, é instituída por cada ente, por legislação própria (ou seja, não se aplica, automaticamente, a todo território nacional, mas apenas ao território do ente que efetivamente instituir o benefício fiscal) – art. 155, § 2.º, XII, g, da CF; **B:** incorreta, pois a competência tributária é exclusiva e indelegável, de modo que somente o Estado ou o Distrito Federal pode conceder a isenção em relação ao seu território – art. 151, III, da CF; **C:** correta, conforme o art. 155, § 2.º, XII, g, da CF; **D:** incorreta, pois qualquer benefício fiscal exige lei específica para ser concedido – art. 150, § 6.º, da CF. **FC**
Gabarito "C".

(Magistratura/SP – 2013 – VUNESP) Nos casos de ICMS incidente sobre operação de importação, a partir de quando é devido o tributo?

(A) No momento em que é contratada a operação de importação.

(B) Ao tempo em que a importação adentra mar territorial ou o espaço aéreo do estado.

(C) No instante em que a operação de importação é registrada no SISCOMEX.

(D) No momento do desembaraço aduaneiro.

Nos termos do art. 12, IX, da LC 87/1996, considera-se ocorrido o fato gerador do ICMS no momento do desembaraço aduaneiro de mercadorias ou bens importados do exterior, razão pela qual a alternativa "D" é a correta. **FC**
Gabarito "D".

(Magistratura Federal/3ª região – 2011 – CESPE) Suponha que determinado poder legislativo estadual crie tributo sobre a circulação de qualquer pessoa de um município para outro, atribuindo-lhe o nome de ICMS e, para justificá--lo, informe que a maior parte da receita será destinada a construir nova estrada entre os dois municípios. Nesse caso, o tributo deve ser considerado

(A) constitucional, porque só o estado tem competência para instituir ICMS.

(B) inconstitucional, por motivos de competência e de vinculação.

(C) inconstitucional, porque se caracteriza como taxa, havendo serviço a ela vinculado.

(D) constitucional, consistindo em contribuição de melhoria que beneficiará os proprietários da área.

(E) constitucional, sendo imposto destinado a financiar a estrada.

A: incorreta, pois o ICMS somente poderá incidir sobre circulação de mercadorias e de serviços, jamais circulação de pessoas, havendo, inclusive, imunidade constitucional específica para o caso (CF, art. 150, V, e 155, II); **B:** correta, pois há inconstitucionalidade pela falta

---

de competência para o fato gerador descrito, além de existir vinculação de receita dos impostos, vedada pela CF (CF, art. 155, II e 167, IV); **C:** incorreta, pois se trata de tributo inconstitucional, não existindo qualquer serviço específico e divisível utilizado pelo sujeito passivo (CF, art. 145, II); **D:** incorreta, pois não há configuração do fato gerador da contribuição de melhoria, a saber, valorização imobiliária decorrente de obra pública (CF, art. 145, III); **E:** incorreta, pois não se admite vinculação de receitas de impostos (CF, art. 167, IV). **FC/RB**
Gabarito "B".

(Magistratura/SC – 2010) Nas operações interestaduais entre contribuintes do Imposto sobre Operações relativas à Circulação de Mercadorias e Prestação de Serviços de Transporte Interestadual e Intermunicipal e de Comunicação (ICMS):

(A) O destinatário deve se debitar da alíquota interestadual.

(B) O destinatário deve se creditar da alíquota interestadual e se debitar da alíquota interna.

(C) O remetente está isento do imposto.

(D) O imposto é deferido para o destinatário da mercadoria ou serviço.

(E) O remetente deve aplicar a alíquota interna.

Note que a partir da Emenda Constitucional 87/2015 todas as operações interestaduais, inclusive para destinatário não contribuinte do ICMS, sujeitam-se à alíquota interestadual. Antes disso, somente a operação destinada a contribuinte sujeitava-se à alíquota interestadual menor. Entretanto, é muito importante saber que essa modificação trazida pela EC 87/2015, em relação às vendas para não contribuintes localizados em outros Estados (ou DF), será gradual, conforme o art. 99 do ADCT, ficando concluída apenas em 2019.
Seguem os comentários, conforme normatização vigente à época do concurso.

A: incorreta, pois o destinatário credita-se do montante cobrado nas operações anteriores, o que é computado, no caso, pela multiplicação da alíquota interestadual pelo valor da operação correspondente – art. 155, § 2º, I, da CF; **B:** Essa é a melhor alternativa. A rigor, o adquirente não se credita da alíquota, mas sim do montante cobrado nas operações anteriores (no caso, calculado pela alíquota interestadual). Posteriormente, ao revender a mercadoria, calculará o montante devido ao fisco local pela alíquota interna, abatendo os valores anteriormente cobrados. O que o examinador chama de creditar e debitar nada mais é que a conta-corrente feita pelo contribuinte, para calcular o montante a ser recolhido ao fisco local (credita-se do ICMS relativo às entradas no período e debita-se o ICMS relativo às saídas no mesmo período); **C, D** e **E:** incorretas, pois incide sobre a operação interestadual, em regra, a alíquota interestadual – art. 155, § 2º, IV, do CF. **FC/RB**
Gabarito "B".

(Magistratura/PR – 2010 – PUC/PR) Dadas as assertivas abaixo, assinale a alternativa CORRETA:

I. Diante do quadro de competência tributária traçado na Constituição Federal, não é possível haver ingerência de competência entre os entes federados, já que a isenção heterônoma é sempre inconstitucional.

II. Os conflitos de competência entre os Estados federados devem, segundo a Constituição Federal, ser dirimidos pelo Conselho Nacional de Política Fazendária – CONFAZ.

III. Os créditos de ICMS de operações isentas e de não incidências, salvo determinação em contrário da legislação, podem ser apropriados pelo comprador da mercadoria isenta ou não sujeita à exação, nos termos expressos do Texto Magno em vigor e em perfeita consonância com o princípio da não cumulatividade.

IV. O ICMS será cobrado, como regra, na origem; todavia, nas operações externas protegidas pela imunidade de alguns produtos, haverá cobrança apenas pelo Estado--membro destinatário, daí porque serem os Estados importadores que recebem o ICMS que incidiria sobre a energia elétrica produzida na Hidrelétrica de Itaipu, e não o Estado do Paraná.

V. Energia elétrica é serviço, daí estar inserida no "S" da sigla do ICMS, sendo passível dessa exação, que vem destacada na conta de luz.

(A) Somente a assertiva II é falsa.

(B) As assertivas I e II são falsas, enquanto a assertiva V é verdadeira.

(C) A assertiva IV é verdadeira e as assertivas III e V são falsas.

(D) Enquanto IV e V são verdadeiras, a assertiva II é falsa.

I: a assertiva é falsa quanto às duas afirmações. Há caso excepcional em que a União pode "invadir" a competência dos demais entes, qual seja a instituição de imposto extraordinário, em caso de guerra externa ou sua iminência – art. 154, II, da CF. Quanto às isenções heterônomas (concedidas por ente diverso daquele que detém a competência tributária), embora sejam vedadas pelo art. 151, III, da CF, a Constituição prevê que lei complementar federal possa excluir da incidência do ISS municipal a exportação de serviços (para muitos é caso excepcional de isenção heterônoma permitida expressamente pela CF) – art. 156, § 3º, II, da CF; **II:** falsa, pois o Confaz não tem essa atribuição. As disposições relativas à solução de conflitos de competência são veiculadas por lei complementar federal – art. 146, I, da CF; **III:** falsa, pois como não há cobrança de ICMS sobre a operação de entrada, não há falar em creditamento ou aplicação da não cumulatividade – art. 155, § 1º, I, da CF; **IV:** a assertiva é correta. É comum afirmar que o ICMS pertence, em regra, ao Estado de origem. Isso porque, nas operações interestaduais cujo destinatário não seja contribuinte do imposto (antes da EC 87/2015), o ICMS fica todo com o Estado de origem. Caso o destinatário seja contribuinte do imposto (ainda que consumidor final da mercadoria ou do serviço), o ICMS é repartido entre origem e destino (incide a alíquota interestadual na operação, menor que a interna). Entretanto, se a operação interestadual é imune (caso do petróleo e derivados e da energia elétrica – art. 155, § 2º, X, *b*, da CF), o ICMS só incidirá nas operações seguintes, ocorridas no território do Estado de destino que, portanto, ficará com toda a receita do imposto. Lembre-se que, a partir da Emenda Constitucional 87/2015 todas as operações interestaduais, inclusive para destinatário não contribuinte do ICMS, sujeitam-se à alíquota interestadual, observando-se o art. 99 do ADCT; **V:** falsa, pois a energia elétrica é equiparada a mercadoria, cuja circulação submete-se, em regra, ao ICMS – art. 155, § 3º, da CF. Os serviços tributados pelo ICMS são os de comunicação e de transporte interestadual e intermunicipal, além de outros prestados com fornecimento de mercadoria e que não se incluam na competência municipal – art. 155, II, e IX, *b*, da CF. Gabarito "C".

11.5. ITCMD

(Magistratura/AM – 2013 – FGV) Na partilha de patrimônio comum entre os irmãos Joaquim e Renato, constituído de dois imóveis (um no valor de R$ 600.000,00 e outro no valor de R$ 1.000.000,00), três cenários se desenham:

I. No primeiro deles, Joaquim fica com o imóvel de valor menor, cabendo a Renato o imóvel de maior valor, sem qualquer tipo de compensação de Renato em favor de Joaquim;

II. No segundo cenário, observada a mesma divisão de imóveis, Renato compensa Joaquim com a diferença em dinheiro equivalente à partilha igualitária do patrimônio comum, pagando-lhe R$ 200.000,00;

III. No terceiro cenário Renato adquire integralmente a parte de Joaquim no patrimônio comum, pagando-lhe R$ 800.000,00.

Com relação aos cenários apresentados, assinale a afirmativa verdadeira.

(A) No cenário (I) será devido tributo ao Município, sobre a doação de R$ 400.000,00.

(B) No cenário (II) será devido tributo ao Município, sobre a transmissão de imóveis por ato *inter vivos*, no valor do imóvel que ficou exclusivamente no domínio de Renato (R$ 1.000.000,00).

(C) No cenário (III) será devido tributo ao Estado, sobre a transmissão de imóveis por ato *inter vivos*, no valor de R$ 800.000,00.

(D) No cenário (II) será devido tributo ao Estado, sobre a transmissão de imóveis por ato *inter vivos*, no valor pago por Renato a Joaquim (R$ 200.000,00).

(E) No cenário (I) será devido tributo ao Estado, sobre a doação de R$ 200.000,00.

A: incorreta, pois o excesso de quinhão, não oneroso, caracterizador de doação, refere-se, exclusivamente, ao valor de R$ 200.000,00, tributado pelo imposto estadual ITCMD; **B:** incorreta, pois a base de cálculo do imposto municipal, no excesso de partilha, é apenas a parte excedente, ou seja, não será computado o valor correspondente à totalidade do bem; **C:** incorreta, pois aquisição da parte de Joaquim caracteriza fato gerador do imposto municipal, ITBI, cujo fato gerador é a aquisição, por ato oneroso e entre vivos, de bens imóveis e direitos reais; **D:** incorreta, pois o imposto sobre transmissão de bens inter vivos, por ato oneroso, é de competência dos municípios (art. 156, II, CF/1988); **E:** correta, pois o excesso do quinhão, sem compensação, caracteriza doação, fato gerador do tributo estadual (art. 155, I, da CF/1988). FC Gabarito "E".

(Magistratura/RJ – 2013 – VUNESP) Acerca do imposto sobre a transmissão *causa mortis* e doação, assinale a alternativa correta.

(A) Relativamente aos bens móveis, títulos e créditos, compete ao Estado da situação dos bens, títulos ou créditos.

(B) Relativamente aos bens imóveis e respectivos direitos, compete ao Estado onde se processar o inventário ou arrolamento ou tiver domicílio o doador, ou ao Distrito Federal.

(C) Terá a competência para sua instituição regulada por lei complementar se o *de cujus* possuía bens, era residente ou domiciliado ou teve seu inventário processado no exterior.

(D) Terá suas alíquotas máximas fixadas por lei ordinária dos Estados ou do Distrito Federal aos quais compete.

A: incorreta, pois no caso de bens móveis, títulos e direitos, o imposto compete ao estado em que se processa o inventário, que, em regra, é do domicílio do *de cujus* (art. 155, § 1º, II, da CF/1988); **B:** incorreta, pois no caso de bens imóveis, o imposto compete ao estado de registro do bem (art. 155, § 1º, I, da CF/1988); **C:** correta, pois trata-se de expressa previsão constitucional (art. 155, § 1º, III, da CF/1988); **D:** incorreta, pois a fixação de alíquotas máximas de ITCMD compete ao Senado, por intermédio de resolução (art. 155, § 1, IV, da CF/1988). **FC**

Gabarito "C".

(Magistratura/SP – 2013 – VUNESP) Considerando uma operação de doação de ações de sociedade anônima cujos papéis não circulem por bolsa de valores, nem tenham sido objeto de negociação nos últimos 180 dias, assinale o valor que deve ser utilizado para o cálculo do tributo estadual incidente sobre esse negócio jurídico.

(A) Valor de mercado.

(B) Valor nominal da ação.

(C) Valor contábil.

(D) Valor patrimonial.

Nos termos do art. 146, III, a, da CF, a base de cálculo dos impostos deve ser definida por lei complementar federal. Ocorre que, até o momento, não há lei complementar (norma nacional) que fixe a base de cálculo do imposto estadual incidente sobre doações de bens móveis e direitos. Em relação às transmissões de bens imóveis, aplica-se o disposto nos arts. 35 a 42 do CTN. Assim, cada Estado e o Distrito Federal exercem a competência legislativa plena prevista no art. 24, § 3.º, da CF, ou seja, cada ente define a base de cálculo do ITCMD atinente a bens móveis e direitos. No Estado de São Paulo, o art. 14, § 3.º, da Lei Estadual 10.705/2000 dispõe que, nos casos em que a ação, quota, participação ou qualquer título representativo do capital social não for objeto de negociação ou não tiver sido negociado nos últimos 180 dias, o valor patrimonial corresponderá à base de cálculo. Por essa razão, a alternativa "D" é a correta. **FC**

Gabarito "D".

(Magistratura/SP – 2013 – VUNESP) A respeito do Imposto de Transmissão "Causa Mortis" e Doações, quando, ao tempo do óbito, o de "cujus" era residente no Rio de Janeiro, seus herdeiros em Pernambuco, e foi a eles transferida a titularidade de ações de Companhia sediada em São Paulo, a quem compete o lançamento do tributo?

(A) Não incide o ITCMD em transferências de valores mobiliários.

(B) São Paulo.

(C) Pernambuco.

(D) Rio de Janeiro.

O tema é controvertido. Parece-nos claro que, nos termos do art. 155, § 1.º, II, da CF, o imposto sobre transmissão de bens móveis, títulos e créditos é devido ao Estado ou ao Distrito Federal onde se processar o inventário ou arrolamento. Considerando que o inventário deve ser aberto, em regra, no local do domicílio do falecido (art. 96 do CPC), poderíamos presumir que isso se daria no Rio de Janeiro (embora o enunciado faça menção à residência, não ao domicílio). Entretanto, há antiga jurisprudência consolidada pela Súmula 435/STF: "O Imposto de Transmissão causa mortis pela transferência de ações é devido ao Estado em que tem sede a companhia", o que foi adotado pela banca, de modo que a alternativa "B" foi considerada correta. **FC**

Gabarito "B".

11.6. ISS

(Juiz – TJ/SP – VUNESP – 2015) Na cobrança do ISSQN sobre serviços bancários, é correto afirmar, com base nos atuais julgamentos do STJ, que

(A) a lista de serviços previstos na legislação é taxativa e não admite outras inclusões.

(B) a lista de serviços previstos na legislação é taxativa, porém, admite leitura extensiva para serviços idênticos embora com denominações distintas.

(C) a lista de serviços previstos na legislação é exemplificativa, logo, admite outras inclusões.

(D) a lista de serviços previstos na legislação para a atividade bancária tem tratamento específico porque os serviços bancários têm natureza genérica, sujeitos, portanto, como regra, ao pagamento daquele tributo.

A: imprecisa, pois, apesar de a lista ser taxativa, admite interpretação extensiva para serviços congêneres – ver REsp 1.111.234/PR-repetitivo; **B:** correta, conforme comentário anterior; **C:** incorreta, pois a lista é taxativa, conforme comentários anteriores; **D:** incorreta, pois somente os serviços bancários listados taxativamente podem ser tributados pelos municípios, observada a possibilidade de interpretação extensiva dos serviços congêneres, como já dito. **RB**

Gabarito "B".

(Magistratura/CE – 2012 – CESPE) A titularidade da competência tributária é outorgada às pessoas políticas de direito público interno, o que resulta em aptidão para criar tributos, tendo sido concedida aos municípios competência para instituir ISS. A esse respeito, assinale a opção correta.

(A) A prestação de serviço simultaneamente à venda de mercadorias em restaurantes constitui fato gerador do ISS.

(B) O licenciamento ou cessão do direito de uso de *software*, bem como a circulação e cópias desses programas produzidos em série e comercializados nos estabelecimentos comerciais, podem ser tributados por meio de ISS.

(C) Ocorrendo contrato de locação de bens móveis, é possível a instituição de ISS, uma vez que a locação de bens móveis equipara-se à locação de serviços, dada a aplicação extensiva atribuída aos contratos pelo Código Civil brasileiro.

(D) O ISS não está condicionado ao efetivo pagamento do preço acordado entre tomador e prestador, restando, uma vez ocorrido o fato gerador, exigível ainda que o pagamento ocorra em várias prestações futuras.

(E) É lícito ao município tributar a receita bruta recebida pelos planos de saúde, sempre que os respectivos contratos contiverem cláusula de prestação de serviço e assistência médica ao contratado, ainda que o serviço e a assistência não sejam efetivamente prestados.

A: incorreta, pois o fornecimento de alimentos em restaurantes é previsto, expressamente, como fato gerador de ICMS, considerando--se o serviço agregado em sua preparação como mera atividade meio, não tributada (LC 87/96, art. 2º); **B:** incorreta, pois não sendo produção não customizada, chamada de produto "de prateleira", considera-se a preponderância da circulação, não do serviço; **C:** incorreta, pois locação de bens móveis não se enquadra no conceito de serviço (STF, súmula vinculante 31); **D:** correta, pois o fato gerador do tributo é a prestação do serviço, independentemente da condição de pagamento oferecida; **E:** incorreta, pois a base de cálculo não é a receita bruta dos planos de saúde, que podem englobar receitas não vinculadas a prestação do seu serviço (serviços de terceiros, medicamentos, etc.). Aliado a isso, o STF tem entendimento que a atividades dos planos de saúde não configuram prestação de serviços (STF, RE 115.308). **FC**

Gabarito "D".

11.7 IPTU

(Juiz – TJ/SP – VUNESP – 2015) O Supremo Tribunal Federal, no julgamento do ARE 639632 AgR/MS, ao analisar a questão relativa à cobrança progressiva do IPTU estabeleceu alguns parâmetros e, de acordo com tal julgamento, é correto afirmar que

(A) a parafiscalidade é o fenômeno por meio do qual se busca a concretização da função social da propriedade.

(B) é inconstitucional o regime de alíquotas progressivas do IPTU com base no valor venal do imóvel.

(C) a progressividade extrafiscal também tem previsão normativa no Estatuto da Cidade.

(D) os pressupostos e condições para aplicação da progressividade extrafiscal e da progressividade fiscal devem ser os mesmos.

A: incorreta, pois a assertiva se refere à progressividade extrafiscal do IPTU, conforme citado precedente do STF. Parafiscalidade ocorre quando o tributo é cobrado por sujeito ativo delegado (outro, que não o ente competente), na forma da lei, que fica com o produto da arrecadação para realização de suas atividades; **B:** incorreta, pois é constitucional a progressividade fiscal, conforme o art. 156, § 1º, I, da CF (a Súmula 668/STF refere-se ao período anterior à EC 29/2000); **C:** correta – art. 182, § 4º, II, da CF e art. 7º do Estatuto da Cidade; **D:** incorreta, pois a progressividade extrafiscal é baseada na função social da propriedade, enquanto a progressividade fiscal refere-se à capacidade contributiva – ver o ARE 639.632 AgR/MS. **RB**

Gabarito "C".

(Magistratura/SP – 2013 – VUNESP) Assinale o veículo introdutor habilitado para delimitar a zona urbana, com a finalidade de incidência do IPTU.

(A) Lei Municipal.

(B) Decreto Municipal.

(C) Resolução do IBGE.

(D) Decreto Estadual.

A zona urbana é definida pela lei de cada Município e Distrito Federal, observadas as regras do art. 32, § 1.º, do CTN. Por essa razão, a alternativa "A" é a correta. **FC**

Gabarito "A".

(Magistratura/PA – 2012 – CESPE) Assinale a opção correta a respeito do IPTU e do ITBI.

(A) As alíquotas do IPTU são fixadas pelos estados e pelo DF.

(B) Na doação de bem imóvel, há incidência do ITBI.

(C) Incide ITBI sobre a venda de ações de sociedade anônima proprietária de imóveis.

(D) Cabe à legislação federal estabelecer o sujeito passivo do IPTU.

(E) É inconstitucional a fixação de adicional progressivo do IPTU em função do número de imóveis do contribuinte.

A: incorreta, pois o IPTU é imposto municipal, tendo, assim, alíquotas fixadas pela lei municipal; **B:** incorreta, pois o ITBI tem por fato gerador a transmissão onerosa de bens imóveis e direitos reais, não incidindo, portanto, nos casos de doação; **C:** incorreta, pois a mera transmissão de ações não implica na transmissão dos bens de propriedade da sociedade, não se configurando fato gerador de ITBI; **D:** incorreta, pois o IPTU é imposto municipal, cabendo a lei municipal tal definição; **E:** correta, pois não há previsão de progressividade pelo números de imóveis, mas pelo valor de cada imóvel (CF, art. 156 § 1º). **FC**

Gabarito "E".

12. TEMAS COMBINADOS DE IMPOSTOS E CONTRIBUIÇÕES

(Juiz – TJ/SP – VUNESP – 2015) Na Arguição de Inconstitucionalidade 0056693-19.2014, o Órgão Especial do Tribunal de Justiça do Estado de São Paulo, ao analisar legislação do Município de São Paulo, fixando a base de cálculo do Imposto sobre Transmissão de Bens Imóveis (ITBI), concluiu que

(A) a base de cálculo do ITBI a ser considerada pelo contribuinte é aquela periodicamente apurada pelo órgão municipal competente.

(B) compete ao contribuinte impugnar, caso discorde da cobrança, o valor indicado como base de cálculo do ITBI pela Municipalidade, presumido como correto.

(C) é válido instituir como base de cálculo do ITBI o valor pelo qual o bem ou direito é negociado à vista.

(D) o contribuinte deve recolher o ITBI e o IPTU adotando como base de cálculo o valor venal de referência.

A: incorreta, pois a base de cálculo do ITBI é o valor venal, ou seja, o valor de mercado; **B:** incorreta, pois o TJ-SP determinou que o valor apurado periodicamente pela Prefeitura serve apenas como parâmetro para verificação do preço declarado pelo contribuinte; **C:** correta, pois foi esse o entendimento do TJ-SP, afastando o argumento do contribuinte, de que dever-se-ia adotar a mesma base de cálculo do IPTU (em regra, bem inferior ao valor de mercado); **D:** incorreta, pois o valor venal de referência é aquele adotado como parâmetro pela Prefeitura para fiscalização o ITBI. A base de cálculo do IPTU, que não se confunde com o ITBI, conforme entendimento não apenas do TJ-SP, mas também do STJ, é o valor venal apurado pela planta genérica de valores (fixada em lei). **RB**

Gabarito "C".

(Juiz – TRF 4ª Região – 2016) Assinale a alternativa correta.

(A) O imposto sobre produtos industrializados, segundo a Constituição Federal, será seletivo, em função da essencialidade do produto, não cumulativo, compensando-se o que for devido em cada operação com o montante cobrado nas anteriores, salvo em relação às empresas optantes pelo lucro presumido, e não incidirá sobre produtos industrializados destinados ao exterior.

(B) O imposto sobre a propriedade territorial rural será progressivo, terá suas alíquotas fixadas de forma a desestimular a manutenção de propriedades improdutivas, não incidirá sobre pequenas glebas rurais,

7. DIREITO TRIBUTÁRIO — 539

definidas em lei, quando as explore o proprietário que não possua outro imóvel e será fiscalizado e cobrado pelos Municípios que assim optarem, na forma da lei, desde que não implique redução do imposto ou qualquer outra forma de renúncia fiscal.

(C) A instituição de imposto inominado, de competência residual da União, poderá ocorrer mediante lei complementar ou ordinária, desde que seja não cumulativo e não tenha fato gerador ou base de cálculo próprios dos discriminados na Constituição Federal.

(D) A União, na iminência ou nos casos de guerra externa ou de grave comoção intestina, poderá instituir impostos extraordinários, compreendidos ou não em sua competência tributária, os quais serão suprimidos, gradativamente, cessadas as causas de sua criação.

(E) Todas as alternativas anteriores estão incorretas.

A: incorreta, pois não há essa ressalva em relação a empresas optantes pelo lucro presumido, que, é bom lembrar, refere-se ao imposto de renda, não ao IPI – art. 153, § 3º, da CF; **B:** correta, conforme o art. 153, § 4º, da CF; **C:** incorreta, pois o imposto da competência residual somente pode ser instituído por lei complementar federal – art. 154, I, da CF; **D:** incorreta, pois o imposto extraordinário somente pode ser instituído em caso de guerra externa ou sua iminência, não no caso de comoção interna – art. 154, II, da CF; **E:** incorreta, pois a alternativa "B" é correta. **RB**

Gabarito "B".

(Magistratura/PA – 2012 – CESPE) Com características ora de imposto, ora de taxa, as contribuições ditas paraestatais, ou sociais, ou de previdência, constituem para a doutrina jurídica, nacional e estrangeira, um ponto de intermináveis controvérsias.

> Hugo de Brito Machado. **Curso de direito tributário**. 26.ª ed., p. 406.

Considerando o fragmento de texto acima como referência inicial, assinale a opção correta.

(A) As contribuições de seguridade social não têm função parafiscal, ao contrário das contribuições econômicas.

(B) A Contribuição para Financiamento da Seguridade Social (COFINS) não incide sobre as receitas provenientes das operações de locação de bens móveis.

(C) A alíquota de contribuição para o seguro de acidente do trabalho (SAT) é aferida pelo grau de risco desenvolvido em cada empresa, individualizada pela inscrição no Cadastro Nacional da Pessoa Jurídica (CNPJ), ou pelo grau de risco da atividade preponderante, quando houver apenas um registro.

(D) É facultado ao legislador alterar a destinação das contribuições de intervenção no domínio econômico.

(E) A função das contribuições sociais, de acordo com a CF, é suprir de recursos financeiros o Tesouro Nacional.

A: incorreta, pois tais contribuições são destinadas ao custeio de atividades relacionadas a atividades sociais do estado, direcionadas para orçamento próprio, gerido, em parte, pelo INSS, ajustando-se ao conceito doutrinário de parafiscalidade; **B:** incorreta, pois a base de cálculo da COFINS é a receita bruta da atividade, não apenas receita operacional; **C:** correta, pois essa contribuição é assim definida na

legislação específica, devendo ter incidência mais severa em atividades que oferecem maior risco e, com isso, maior potencial de custos em acidentes de trabalho (Lei 8.212/91, art. 20); **D:** incorreta, pois a destinação das contribuições é definida pela própria Constituição, sendo, inclusive, essa sua característica especial; **E:** incorreta, pois a receita das contribuições é destinada ao custeio de atividades específicas do ente, relacionadas ao campo social (previdência, assistência, saúde e educação). **FC**

Gabarito "C".

(MAGISTRATURA/PB – 2011 – CESPE) Com relação aos impostos estaduais e federais, assinale a opção correta.

(A) O IPVA, cobrado anualmente, submete-se, no que tange à alteração de sua base de cálculo, ao princípio da anterioridade, inclusive a nonagesimal.

(B) O ITR tem como base de cálculo o valor da terra nua.

(C) O IPI é seletivo, em razão da essencialidade do produto, de maneira que, em determinadas circunstâncias, pode ter alíquota zero, caso em que ocorre a isenção, ou imunidade tributária.

(D) O ICMS tem como fato gerador o deslocamento de mercadorias, inclusive de um estabelecimento para outro do mesmo contribuinte.

(E) Os estados e o DF, nos limites da sua esfera de competência e de acordo com a sistemática constitucional, têm plena liberdade para estabelecer as alíquotas do ICMS.

A: incorreta, pois a fixação da base de cálculo do IPVA (assim como a do IPTU) não se submete à anterioridade nonagesimal (apenas à anual) – art. 150, § 1º, da CF; **B:** correta, conforme o art. 30 do CTN (valor fundiário significa valor da terra nua, ou seja, excluídas as construções e outras benfeitorias); **C:** incorreta, pois alíquota zero não se confunde com isenção (que é exclusão do crédito tributário fixada legalmente) ou com imunidade (que é norma constitucional que afasta a competência tributária); **D:** incorreta, pois essa incidência é afastada pelo judiciário, conforme a Súmula 166/STJ; **E:** Imprecisa, pois a competência dos Estados e do DF é limitada, pois a alíquota interna não pode ser, em regra, menor que a interestadual, que é fixada pelo Senado Federal – art. 155, § 2º, IV e VI, da CF. Ademais, o Senado Federal pode também fixar alíquotas mínimas e máximas paras as operações internas, na hipótese prevista no art. 155, § 2º, V, da CF. Finalmente, alteração de alíquotas que impliquem incentivos fiscais devem ser autorizadas pelo Confaz – art. 155, § 2º, XII, g, da CF e art. 1º, parágrafo único, IV, da LC 24/1975. **RB**

Gabarito "B".

(Magistratura/PE – 2011 – FCC) Em nosso sistema tributário, a não cumulatividade e a essencialidade são atributos exclusivos

(A) do ICMS.

(B) do IR.

(C) dos impostos residuais.

(D) do ITR.

(E) do IPI.

A assertiva é imprecisa. O IPI é não cumulativo e deve ter alíquotas seletivas, conforme a essencialidade do produto, nos termos do art. 153, § 3º, I e II, da CF, razão pela qual a alternativa "E" é a melhor. Entretanto, o ICMS também é não cumulativo e *pode* ter alíquotas seletivas, conforme a essencialidade da mercadoria ou do serviço (é uma possibilidade, não uma imposição constitucional) – art. 155, § 2º, I e III, da CF. Finalmente, embora haja previsão constitucional expressa em relação a esses tributos, nada impede que outros sejam também cumulativos e tenham alíquotas seletivas conforme a essencialidade do produto, como um eventual imposto da competência residual, por exemplo – art. 154, I, da CF. **RB**

Gabarito "E".

(Magistratura/PI – 2011 – CESPE) Assinale a opção correta com relação aos impostos em geral.

(A) O arrematante de produtos importados apreendidos ou abandonados é contribuinte do imposto sobre a importação.

(B) A receita líquida do imposto de exportação destina-se à conservação dos portos ou lugares de saída do produto.

(C) O Poder Executivo não detém a competência de alterar as alíquotas ou as bases de cálculo do imposto de exportação, ainda que para ajustá-lo aos objetivos da política cambial e do comércio exterior.

(D) À luz do CTN, a posse de imóvel por natureza localizado fora da zona urbana do município, tal como definido na lei civil, não é considerada fato gerador para a incidência do imposto sobre a propriedade territorial rural.

(E) A base de cálculo do imposto relativo a produto que, tendo sido apreendido ou abandonado, seja levado a leilão corresponderá à alíquota *ad valorem*.

A: correta, pois o fato gerador do IPI, previsto no CTN, engloba tal arrematação, impedindo diferente tratamento tributário para os eventuais produtos oriundos de descaminho (CTN. art. 46); **B:** incorreta, pois aos impostos é vedada a destinação específica prévia (CF, art. 167, IV); **C:** incorreta, pois há expressa previsão constitucional de exceção ao princípio da legalidade nesse caso (CF, art. 150, § 1); **D:** incorreta, pois há expressa previsão legal para tanto (CTN, art. 32, § 2); **E:** incorreta, pois a base de cálculo nesse caso é o preço efetivo de arrematação (CTN, art. 47, III). **FC**

Gabarito "A".

(Magistratura/RJ – 2011 – VUNESP) Leia as afirmações e assinale a alternativa correta.

(A) O município que tenha observado, para efeitos da definição de zona urbana, o requisito mínimo da existência de rede de iluminação pública, com ou sem posteamento para distribuição domiciliar e posto de saúde a uma distância de 5 quilômetros do imóvel considerado para esse fim, poderá instituir e exigir o IPTU (imposto sobre a propriedade territorial urbana).

(B) Para fins da exigência do ITR (imposto territorial rural), contribuinte do imposto é o proprietário do imóvel, o titular do domínio útil ou seu possuidor a qualquer título.

(C) O ICMS (imposto sobre operações relativas à circulação de mercadorias e sobre a prestação de determinados serviços), por determinação constitucional, será seletivo em função da essencialidade das mercadorias e dos serviços.

(D) Sobre a prestação de serviços de transporte intermunicipal incide o ISS (imposto sobre serviços).

A: incorreta, pois o CTN, ao dispor sobre a necessidade de dois requisitos mínimos para a legitimação da cobrança do IPTU, estabelece como distância máxima de 3 Km do imóvel para os postos de saúde (CTN, art. 32, V); **B:** correta, por ser expressa previsão da lei (CTN, art. 29); **C:** incorreta, pois a seletividade do ICMS, por definição constitucional, é facultativa, sendo obrigatória apenas para o IPI (CF, art. 155, § 2, II); **D:** incorreta, pois o transporte interestadual e intermunicipal é fato gerador reservado ao ICMS, restando ao ISS apenas o transporte intramunicipal (CF, art. 155, II). **FC**

Gabarito "B".

(Magistratura/RO – 2011 – PUC/PR) Considere as assertivas abaixo:

I. A não cumulatividade dos ICMS é regra e se mantém mesmo nos casos de isenção no meio da cadeia produtiva.

II. A não incidência do ICMS nunca implicará crédito para compensação do montante devido nas operações seguintes, já que não houve nelas qualquer pagamento.

III. Salvo determinação legal em contrário, a isenção do ICMS acarretará a anulação do crédito relativo às operações anteriores.

IV. A isenção do IPI não tem disciplina expressa e explícita sobre seu crédito no texto constitucional.

V. O IPI terá reduzido seu impacto sobre a aquisição de bens de capital pelo contribuinte do imposto.

Estão CORRETAS:

(A) Somente as assertivas I, II e III.

(B) Somente as assertivas I, II e V.

(C) Somente as assertivas II e V.

(D) Somente as assertivas III, IV e V.

(E) Somente as assertivas Ii, IV e V.

I: incorreta, pois a isenção no meio da cadeia produtiva implica impossibilidade de creditamento pelo adquirente da mercadoria ou do serviço – art. 155, § 2°, II, a, da CF. Com isso, o montante do imposto cobrado nas operações anteriores (antes da operação isenta) é perdido em favor do fisco, ou seja, não reduz o valor cobrado nas operações posteriores, o que afasta pontualmente a não cumulatividade (o que é perfeitamente válido, frise-se, pois há expressa determinação constitucional); **II:** incorreta, pois, embora em regra não haja creditamento, nada impede que a lei autorize excepcionalmente, conforme o art. 155, § 2°, II, *in fine*, da CF; **III:** correta, conforme o art. 155, § 2°, II, a, da CF; **IV:** Assertiva correta, pois a normatização do IPI na Constituição (art. 153, § 3°) não é tão detalhada quanto a do ICMS (art. 155, § 2°). É interessante notar, entretanto, que o STF aplica a mesma regra, ou seja, afasta a possibilidade de creditamento de IPI no caso de produto isento, sujeito à alíquota zero ou não incidência, salvo disposição legal em contrário – ver AI 736.994 AgR/SP. Também determina o estorno de créditos de IPI no caso de produto final (saída do produto) isento ou sujeito à alíquota zero, antes da Lei 9.779/1999 (que passou a autorizar a manutenção do crédito) – ver AI 685.826 AgR/SP; **V:** correta, conforme o art. 153, § 3°, IV, da CF. **RB**

Gabarito "D".

(Magistratura Federal/1ª região – 2011 – CESPE) Considerando o que dispõe a CF acerca da CSLL, assinale a opção correta.

(A) É possível, desde que por meio de lei, estabelecer a substituição tributária da CSLL.

(B) O contribuinte da CSLL deve ser definido por meio de lei complementar.

(C) O fato gerador da obrigação tributária da CSLL deve ser definido por meio de lei complementar.

7. DIREITO TRIBUTÁRIO · 541

(D) Não incide CSLL sobre a produção de papel destinado à impressão de jornais.

(E) Qualquer isenção relativa à CSLL somente poderá ser instituída por meio de lei que regule exclusivamente a referida contribuição.

A: correta, pois a substituição tributária é um tipo de sujeição passiva e, como tal, decorre da lei do ente competente (CTN, art. 121); **B:** incorreta, pois a definição do sujeito passivo decorre da lei do ente, apta a instituir o tributo. A CSLL não exige lei complementar para sua instituição, mas apenas para a definição de suas regras gerais, como qualquer tributo (CF, art. 146, III); **C:** incorreta, pois a definição da obrigação tributária decorre da lei do ente, apta a instituir o tributo. A CSLL não exige lei complementar para sua instituição, mas apenas para a definição de suas regras gerais, como qualquer tributo (CF, art. 146, III); **D:** incorreta, pois o papel destinado à impressão de livros somente é imune a impostos (CF, art. 150, VI, *d*); **E:** incorreta, pois a isenção poderá ser prevista em lei que regule outros impostos ou contribuições, havendo, somente, exigência de que a lei regule o assunto desoneração, para evitar a inclusão de benefícios de maneira duvidosa (CF, art. 150, § 6º). **FC/RB**
Gabarito "A".

(Magistratura Federal/2ª região – 2011 – CESPE) O sistema tributário brasileiro compreende tributos de diversas espécies. Em regra, quando uma pessoa jurídica de natureza industrial vende produto a empresa comercial, sobre essa operação incidem

(A) taxas e impostos.

(B) apenas contribuições sociais.

(C) taxas e contribuições sociais.

(D) impostos e contribuições sociais.

(E) apenas taxas.

A rigor, a venda de produtos pode ser fato gerador de impostos sobre os produtos (IPI ou ICMS) e contribuições sobre a receita decorrente (PIS, COFINS, CSLL). A operação de venda, por ser atividade não vinculada a atividade estatal, não poderá ser fato gerador de taxas e de contribuições de melhoria. **FC/RB**
Gabarito "D".

(Magistratura Federal-5ª Região – 2011) Com relação aos impostos federais, assinale a opção correta.

(A) A imunidade tributária conferida aos partidos políticos, às entidades sindicais dos trabalhadores e às instituições de educação e de assistência social, sem fins lucrativos, não abrange o imposto sobre operações de crédito, câmbio e seguro, ou as relativas a títulos ou valores mobiliários.

(B) É constitucional a instituição de taxa municipal de conservação de estradas de rodagem cuja base de cálculo seja idêntica à do imposto sobre a propriedade territorial rural.

(C) A base de cálculo do imposto sobre a exportação corresponde, quando a alíquota for específica, ao preço normal que o produto ou seu similar alcançaria, ao tempo da exportação, em uma venda em condições de livre concorrência.

(D) Considera-se contribuinte do imposto de renda o titular de disponibilidade econômica ou jurídica, podendo a lei atribuir essa condição ao possuidor, a

qualquer título, dos bens produtores de renda ou dos proventos tributáveis.

(E) O imposto sobre produtos industrializados, que pode ser seletivo, em razão da essencialidade do produto, deve ser não cumulativo e incidir sobre produtos industrializados destinados ao exterior.

A: incorreta, pois o STF interpreta a menção a impostos sobre patrimônio, renda e serviços (art. 150, § 4º, da CF) de maneira ampla, abarcando todos os impostos que possam reduzir o patrimônio da entidade imune. Por essa razão, o IOF também está afastado; **B:** incorreta, pois o STF não admite que a taxa tenha base de cálculo idêntica à de imposto, embora possa adotar elementos da base própria de determinado imposto – Súmula Vinculante 29 do STF; **C:** incorreta, pois, no caso de alíquota específica, a base de cálculo é a unidade de medida adotada pela lei tributária (por exemplo, R$ 0,10 por litro de suco de laranja) – art. 24, I, do CTN. A assertiva refere-se à base de cálculo para a alíquota *ad valorem* ou variável (por exemplo, 15% sobre o preço do produto) – art. 24, II, do CTN; **D:** assertiva correta, conforme o art. 45 do CTN; **E:** incorreta, pois o IPI é tributo não cumulativo, necessariamente, e não incide sobre exportações (há imunidade) – art. 153, § 3º, II e III, da CF. **FC/RB**
Gabarito "D".

(Magistratura Federal-4ª Região – 2010) Dadas as assertivas abaixo, assinale a alternativa correta.

Na discussão judicial da exclusão ou não de vendas inadimplidas da base de cálculo das contribuições COFINS e PIS, ficou firme na jurisprudência do Superior Tribunal de Justiça que:

I. Não se pode equiparar as vendas canceladas com as vendas inadimplidas.

II. Somente as vendas inadimplidas em que os vendedores tenham esgotado integralmente todos os meios regulares de cobrança sem sucesso dão direito a estorno das operações e consequente exclusão de base de cálculo das contribuições COFINS e PIS.

III. Tanto as vendas inadimplidas como as canceladas não permitem exclusão da base de cálculo daquelas contribuições, pois ocorreram os respectivos fatos geradores por ocasião da venda.

IV. Somente nos casos de comprovada fraude poderão as vendas ser excluídas da base de cálculo das contribuições para a COFINS e o PIS, para fins de sua apuração.

V. Basta a prova de apresentação de representação junto à autoridade policial para permitir a exclusão da base de cálculo da COFINS e do PIS das vendas inadimplidas mediante fraude.

(A) Está correta apenas a assertiva I.

(B) Está correta apenas a assertiva II.

(C) Estão corretas apenas as assertivas I e III.

(D) Estão corretas apenas as assertivas II e IV.

(E) Estão corretas apenas as assertivas I, III e V.

O STJ entende que as vendas inadimplidas devem ser contabilizadas como faturamento para fins de incidência da Cofins e da contribuição ao PIS, pois há efetivo negócio jurídico. Ademais, vendas inadimplidas não podem ser equiparadas a vendas canceladas (estas últimas excluídas das bases de cálculo, por determinação legal), pois não se pode utilizar a equidade para dispensar pagamento de tributo (art. 108, § 2º, do CTN) – ver AgRg REsp 1.055.056/RJ. **I:** correta, conforme comentário

542 ROBINSON BARREIRINHAS E FERNANDO CASTELLANI

inicial; **II**, **III** e **V**: incorretas, pois vendas inadimplidas não permitem redução da base de cálculo das contribuições, por ausência de previsão legal, conforme comentários iniciais; **IV**: incorreta, pois a ocorrência, ou não, de fraude, é irrelevante para a determinação da base de cálculo desses tributos. FC/RB
Gabarito "A".

(Magistratura Federal/3ª Região – 2010) Assinale a alternativa correta

(A) Lei complementar poderá estabelecer critérios especiais de tributação, com objetivo de prevenir desequilíbrios de concorrência, sem prejuízo da competência de a União, por lei, estabelecer normas de igual objetivo;

(B) As contribuições de intervenção no domínio econômico incidirão sobre as receitas decorrentes de exportação;

(C) A União poderá efetuar a cobrança do Imposto Territorial Rural (ITR) sobre pequenas glebas, ainda que o proprietário que as explore não possua outro imóvel rural;

(D) O IPI poderá incidir sobre produtos destinados ao exterior desde que não sejam caracterizados como essenciais.

A: assertiva correta, conforme o art. 146-A da CF; **B:** incorreta, pois essas receitas são imunes, nos termos do art. 149, § 2º, I, da CF; **C:** assertiva incorreta, pois há imunidade, nesse caso – art. 153, § 4º, II, da CF; **D:** incorreta, pois toda exportação é imune em relação ao IPI – art. 153, § 3º, III, da CF. FC/RB
Gabarito "A".

(Magistratura Federal/3ª Região – 2010) Assinale a alternativa incorreta:

(A) O imposto sobre produtos industrializados terá reduzido seu impacto sobre a aquisição de bens de capital pelo contribuinte do imposto, na forma da lei;

(B) As contribuições de intervenção no domínio econômico não poderão ter alíquota específica;

(C) O ouro, quando definido em lei como ativo financeiro ou instrumento de cambial, sujeita-se, exclusivamente, à incidência do imposto sobre operações de crédito, câmbio e seguro, ou relativas a títulos ou valores mobiliários;

(D) A lei determinará medidas para que os consumidores sejam esclarecidos acerca dos impostos que incidam sobre mercadorias e serviços.

A: assertiva correta, conforme o art. 153, § 3º, IV, da CF; **B:** essa é a alternativa incorreta, pois as CIDEs poderão ter alíquotas específicas – art. 149, § 2º, III, *b*, da CF; **C:** correta, nos termos do art. 153, § 5º, da CF; **D:** assertiva correta, conforme o art. 150, § 5º, da CF. FC/RB
Gabarito "B".

13. GARANTIAS E PRIVILÉGIOS DO CRÉDITO

(Juiz – TJ/RJ – VUNESP – 2016) No tocante às garantias e privilégios do crédito tributário, é correto afirmar que

(A) a extinção das obrigações do falido requer prova de quitação de todos os tributos.

(B) a natureza das garantias atribuídas ao crédito tributário altera a natureza deste e a da obrigação tributária a que corresponda.

(C) responde pelo crédito tributário a totalidade dos bens e das rendas, de qualquer origem ou natureza, do sujeito passivo, excetuados os gravados com cláusula de impenhorabilidade.

(D) a multa tributária, no processo falimentar, prefere apenas aos créditos quirografários.

(E) na falência, o crédito tributário prefere aos créditos extraconcursais e aos créditos com garantia real.

A: correta, conforme o art. 191 do CTN; **B:** incorreta, pois a natureza das garantias atribuídas ao crédito tributário não altera a natureza deste nem a da obrigação tributária a que corresponda – art. 183, parágrafo único, do CTN; **C:** incorreta, pois mesmo os bens e renda gravados com cláusula de impenhorabilidade respondem pelo pagamento do crédito tributário, excluídos unicamente os bens e rendas que a lei declare absolutamente impenhoráveis – art. 184 do CTN; **D:** incorreta, pois, na falência, a multa tributária prefere apenas aos créditos subordinados – art. 186, parágrafo único, III, do CTN; **E:** incorreta, pois é o oposto, já que o crédito tributário não prefere aos créditos extraconcursais ou às importâncias passíveis de restituição, nos termos da lei falimentar, nem aos créditos com garantia real, no limite do valor do bem gravado – art. 186, parágrafo único, I, do CTN. RB
Gabarito "A".

(MAGISTRATURA/PB – 2011 – CESPE) As garantias e os privilégios do crédito tributário, instituídos pela lei em favor do poder público, visam assegurar o recebimento da prestação tributária. Acerca de tais garantias e privilégios, assinale a opção correta.

(A) O bem de família, instituído por lei, pode ser penhorado em execução fiscal, independentemente da natureza do tributo cobrado em juízo.

(B) A fraude à execução fiscal ocorre com a alienação de bens pelo sujeito passivo em débito tributário para com a fazenda pública, após a regular inscrição do crédito tributário na dívida ativa, tornando-o insolvente.

(C) Os créditos tributários gozam de preferência em relação a quaisquer outros, incluindo-se os decorrentes da legislação trabalhista.

(D) O concurso de preferência para recebimento do crédito tributário entre as pessoas jurídicas de direito público obedece à seguinte ordem: municípios, estados e DF e, por fim, a União.

(E) Respondem pelo pagamento do crédito tributário todos os bens, presentes e futuros, do sujeito passivo, salvo os gravados por ônus real ou cláusula de inalienabilidade ou impenhorabilidade.

A: incorreta, pois os bens e as rendas declarados absolutamente impenhoráveis pela lei não respondem pelo pagamento do crédito tributário – art. 184, *in fine*, do CTN. É importante salientar que a impenhorabilidade não pode ser oposta contra a cobrança de impostos, predial ou territorial, taxas e contribuições devidas em função do imóvel familiar – art. 3º, IV, da Lei 8.009/1990; **B:** Assertiva correta, conforme o art. 185 do CTN; **C:** incorreta, pois o crédito tributário não prefere aos trabalhistas ou aos relativos a acidentes de trabalho – art. 186 do CTN; **D:** incorreta, pois o concurso de preferências inicia-se pela União, passa a Estados e Distrito Federal e termina nos Municípios – art. 187, parágrafo único, do CTN. É importante lembrar que esse concurso de preferências entre os entes políticos foi considerado constitucional pelo STF – Súmula 563/STF; **E:** incorreta, pois mesmo os bens gravados

7. DIREITO TRIBUTÁRIO

por ônus real ou cláusula de inalienabilidade ou impenhorabilidade respondem pelo pagamento do crédito tributário – art. 184 do CTN. **RB**

Gabarito "B".

14. ADMINISTRAÇÃO TRIBUTÁRIA, FISCALIZAÇÃO

(Juiz substituto – TRF 2ª Região – 2017) À luz do entendimento dominante dos Tribunais Superiores, aprecie as afirmativas e, ao final, marque a opção correta:

I. A inscrição de multas impostas pelo Tribunal de Contas da União (TCU) na dívida ativa da União é opcional.

II. Inscrita em dívida ativa, a multa pode ser cobrada judicialmente pelo Ministério Público, seja o que atua junto ao Tribunal de Contas ou não.

III. Quando o TCU aplica multa a gestor estadual ou municipal, o beneficiário é a União Federal, e não o Estado ou o Município.

(A) Apenas as assertivas I e II estão corretas.

(B) Apenas as assertivas II e III estão corretas.

(C) Apenas as assertivas I e III estão corretas.

(D) Apenas a assertiva II está correta.

(E) Todas as assertivas estão corretas.

I: correta – ver ARE 823.347RG/MA-STF e REsp 1.390.993/RJ-STJ; II: incorreta, pois a cobrança é feita pela Advocacia Pública da União ou do respectivo Estado ou município – ver REsp 1.658.236/RS; III: correta – ver EAg 1.138.822/RS. **RB**

Gabarito "C".

(Magistratura/BA – 2012 – CESPE) Podem, em decorrência do sigilo profissional, recusar a fornecer a autoridades administrativas responsáveis pela fiscalização tributária informações sobre bens, negócios ou atividades de terceiros os

(A) corretores.

(B) advogados.

(C) leiloeiros.

(D) inventariantes.

(E) tabeliães.

A: incorreta, pois não há previsão legal de sigilo profissional para corretores, mas, ao contrário, previsão de obrigação de informação (CTN, art. 197); **B:** correta, por expressa previsão legal de sigilo profissional (CTN, 197 e Estatuto da advocacia e AOB - Lei 8.906/94); **C:** incorreta, pela previsão legal expressa (CTN, art. 197); **D:** incorreta, pela previsão legal expressa (CTN, 197); **E:** incorreta, pela previsão legal expressa (CTN, 197). **FC**

Gabarito "B".

(Magistratura Federal/3ª região – 2011 – CESPE) Caso tenha sido regularmente aberto procedimento administrativo tributário contra contribuinte, a autoridade tributária pode requerer informações sobre os bens, negócios e atividades desse contribuinte a

(A) cartórios, mas não a bancos.

(B) cartórios, mas não a empresas de administração de bens.

(C) bancos, mas não a cartórios.

(D) bancos, mas não a empresas de administração de bens.

(E) bancos e cartórios.

Nos termos da lei, mediante intimação escrita, são obrigados a prestar à autoridade administrativa todas as informações de que disponham com relação aos bens, negócios ou atividades de terceiros, os tabeliães, escrivães e demais serventuários de ofício, os bancos, casas bancárias, Caixas Econômicas e demais instituições financeiras, as empresas de administração de bens, os corretores, leiloeiros e despachantes oficiais, os inventariantes, os síndicos, comissários e liquidatários e quaisquer outras entidades ou pessoas que a lei designe, em razão de seu cargo, ofício, função, ministério, atividade ou profissão, estando afastada, tal obrigação, somente, nos casos de obrigação legal de manutenção de sigilo (como o advogado, por exemplo). **FC/RB**

Gabarito "A".

(Magistratura/PI – 2011 – CESPE) A respeito do crédito tributário e do processo judicial tributário, assinale a opção correta.

(A) É vedada a divulgação, pela administração tributária, de informações relativas a representações para fins penais.

(B) As entidades que gozem de isenção ou imunidade tributária não são passíveis de fiscalização, visto que a ação fiscalizadora constituiria abuso de poder do agente fiscalizador.

(C) Até que ocorra a prescrição dos créditos tributários, os livros obrigatórios de escrituração comercial e fiscal devem ser conservados.

(D) A ação declaratória em matéria fiscal não pode ser utilizada em relação a quaisquer espécies tributárias; não se aplica, por exemplo, aos empréstimos compulsórios.

(E) As garantias atribuídas ao crédito tributário estão previstas no CTN, não se admitindo outras oriundas de outras fontes legislativas, ainda que de maneira subsidiária.

A: incorreta, pois há previsão legal estabelecendo essa divulgação (CTN, art. 199); **B:** incorreta, pois os entidades imunes não são liberadas de todas obrigações tributárias, mas apenas de uma pequena parcela das possíveis obrigações principais (CTN, art. 194); **C:** correta, pois o sujeito passivo deve manter toda sua escrituração como forma de comprovação de suas eventuais declarações e recolhimentos (CTN, art. 195 e CC, art. 1.194); **D:** incorreta, pois as ações declaratórias ou anulatórias são usadas para todo e qualquer tributo, tendo como elemento definidor a presença ou não do ato de lançamento ou outro ato administrativo específico (se ainda não há ato concreto, a ação será declaratória; se há ato concreto, a ação será anulatória); **E:** incorreta, pois as garantias previstas no CTN não excluem outras previstas em legislação específica (CTN, 183). **FC**

Gabarito "C".

15. DÍVIDA ATIVA, INSCRIÇÃO, CERTIDÕES

(MAGISTRATURA/PB – 2011 – CESPE) Tendo em vista que a inscrição do crédito tributário na dívida ativa faz-se depois de esgotado o prazo fixado para pagamento e levando em consideração a disciplina aplicável a essa matéria, assinale a opção correta.

(A) A dívida regularmente inscrita goza de presunção absoluta de certeza e liquidez.

(B) O lançamento substitui a inscrição na dívida ativa tributária, para todos os efeitos legais.

(C) A inscrição do crédito tributário na dívida ativa e a consequente expedição da certidão é pressuposto para a cobrança por meio de execução fiscal.

(D) É requisito da certidão da dívida ativa que dela constem os nomes do sujeito passivo da obrigação tributária e dos responsáveis, sob pena de ficar afastada a responsabilidade daqueles cujo nome não figure expressamente nela.

(E) O princípio da segurança jurídica impede a emenda ou substituição da certidão da dívida ativa em caso de omissão ou erro quanto aos requisitos formais, caso em que o vício da certidão acarreta a extinção do crédito tributário.

A: incorreta, pois a presunção é relativa, podendo ser ilidida por prova inequívoca a cargo do sujeito passivo ou do terceiro a que aproveite – art. 204, parágrafo único, do CTN; **B:** incorreta, pois o lançamento constitui o crédito tributário – art. 142 do CTN, e a inscrição, instituto completamente diverso, ocorre posteriormente, caso não haja pagamento do crédito no prazo – art. 201 do CTN; **C:** Assertiva correta, pois somente a inscrição da dívida ativa permite a extração da certidão correspondente (CDA), que é título executivo extrajudicial para a execução fiscal – art. 585, VII, do CPC; **D:** incorreta, pois a ausência do nome do responsável na CDA não impede o posterior redirecionamento da execução fiscal contra ele. A diferença é que se o nome do responsável consta da CDA, há presunção relativa em favor da fazenda – ver REsp 1.104.900/ES repetitivo; **E:** incorreta, pois é possível a correção de vícios meramente formais na CDA até a decisão de primeira instância – Súmula 392/STJ: "A Fazenda Pública pode substituir a certidão de dívida ativa (CDA) até a prolação da sentença de embargos, quando se tratar de correção de erro material ou formal, vedada a modificação do sujeito passivo da execução." **RB**
Gabarito "C"

(Magistratura/SC – 2010) Assinale a alternativa correta:

(A) A Fazenda Pública, na execução fiscal, poderá substituir a Certidão da Dívida Ativa até a prolação da sentença de embargos, quando se tratar de correção de erro material e formal, vedada a modificação do sujeito passivo da execução.

(B) A Fazenda Pública, ajuizada a execução fiscal, só poderá substituir a Certidão da Dívida Ativa até a citação do devedor.

(C) A Fazenda Pública, na execução fiscal, só poderá substituir a Certidão da Dívida Ativa até a prolação da sentença de embargos, em qualquer hipótese.

(D) A Fazenda Pública, na execução fiscal, só poderá substituir a Certidão da Dívida Ativa para a correção de erro material e formal, podendo modificar o sujeito passivo da execução.

(E) A Fazenda Pública, na execução fiscal, poderá substituir a Certidão da Dívida Ativa, mesmo após a sentença de embargos, enquanto não transitar em julgado e modificar o sujeito passivo da execução.

A: correta, pois é o teor da Súmula 392/STJ; **B:** incorreta, pois a substituição da CDA pode ocorrer até a decisão de primeira instância – art. 203 do CTN; **C:** incorreta, pois somente é possível a emenda ou substituição da CDA quando se tratar de correção de erro material ou formal, vedada a modificação do sujeito passivo da execução – Súmula 392/STJ; **D:** incorreta, pois não é possível a modificação do sujeito passivo – Súmula 392/STJ. Nesse caso, é preciso cancelar a inscrição e

a CDA, extinguindo-se a execução, com realização de novo lançamento, caso não tenha se esgotado o prazo decadencial; **E:** incorreta, pois a substituição da CDA somente é possível até a sentença dos embargos – art. 203 do CTN e Súmula 392/STJ. **RB**
Gabarito "A"

(Magistratura Federal-5ª Região – 2011) A pessoa jurídica Alfa teve seu nome inscrito em dívida ativa pela Receita Federal do Brasil em decorrência do não recolhimento, no prazo legal, do imposto sobre renda de pessoas jurídicas. A fazenda nacional, com base no termo de inscrição em dívida ativa, ajuizou execução fiscal, na qual incluiu o principal acrescido de juros de mora, na forma da lei. No entanto, no termo, não constava a data em que a dívida foi inscrita.

Com referência a essa situação hipotética, assinale a opção correta.

(A) A omissão da data da inscrição da dívida é causa de nulidade da inscrição, mas não do processo de cobrança dela decorrente.

(B) A quantia devida e a forma de calcular os juros de mora acrescidos não são considerados requisitos do termo de inscrição da dívida ativa.

(C) A nulidade do termo de inscrição da dívida ativa em razão da ausência da data de inscrição pode ser sanada, a qualquer tempo, mediante substituição da certidão nula.

(D) A nulidade do termo de inscrição da dívida ativa pode ser sanada, mediante substituição da certidão nula, devendo ser devolvido à devedora o prazo para defesa, que somente pode versar sobre a parte modificada.

(E) A presunção de liquidez da dívida regularmente inscrita em dívida ativa abrange o principal, mas não os juros de mora.

A: incorreta, pois a omissão implica nulidade não apenas do termo de inscrição da dívida ativa, mas também do processo de cobrança respectivo, muito embora possa ser sanada até a decisão de primeira instância – art. 203 c/c o art. 202, IV, do CTN; **B:** incorreta, pois esses são dados que devem constar do termo de inscrição – art. 202, II, do CTN; **C:** incorreta, pois a correção somente pode ocorrer até a decisão de primeira instância – art. 203 do CTN; **D:** correta, conforme o art. 203 do CTN; **E:** incorreta, pois a presunção em favor da dívida inscrita (art. 204 do CTN) abrange os juros de mora, considerando que sua fluência não exclui a liquidez do crédito – art. 201, parágrafo único, do CTN. **FC/RB**
Gabarito "D"

16. REPARTIÇÃO DE RECEITAS

(Juiz – TJ-SC – FCC – 2017) As participações dos Municípios na arrecadação do ICMS são fixadas conforme os seguintes parâmetros:

(A) Lei estadual disporá livremente sobre os critérios aplicáveis para o cálculo das parcelas devidas aos Municípios, desde que respeitadas as desigualdades regionais.

(B) São calculadas, integralmente, pelo valor adicionado nas operações relativas às prestações de serviços e circulação de mercadorias ocorridas nos territórios municipais.

7. DIREITO TRIBUTÁRIO

(C) São determinadas pelos valores adicionados nas operações relativas às prestações de serviços e circulação de mercadorias ocorridas nos territórios municipais e por outros critérios fixados em lei estadual.

(D) São fixadas pelos Estados conforme critérios definidos por Resolução do Senado Federal, atentando para as desigualdades regionais e locais.

(E) São calculadas sobre 1/3 do tributo efetivamente arrecadado, conforme a população local, áreas de preservação permanente, áreas alagadas para produção de energia elétrica e levando em conta o desenvolvimento regional.

A: incorreta, pois a Constituição Federal determina que três quartos, no mínimo, dos 25% de ICMS que pertence aos municípios serão distribuídos pelo critério do valor adicionado em cada território – art. 158, parágrafo único, da CF; **B:** incorreta, pois até um quarto desse percentual de 25% pode ser distribuído por outros critérios, conforme leis estaduais – art. 158, parágrafo único, II, da CF; **C:** correta, conforme comentários anteriores – ver também a LC 63/1990; **D:** incorreta, conforme comentários anteriores e LC 63/1990; **E:** incorreta, inclusive porque o percentual destinado aos municípios é de 25% do ICMS arrecadado. RB
Gabarito "C"

(Juiz s – TRF 2ª Região – 2017) Acerca da repartição constitucional de receitas tributárias, marque a opção correta:

(A) Pertence aos Estados e ao Distrito Federal metade do produto da arrecadação do imposto da União sobre renda e proventos de qualquer natureza, incidente na fonte, sobre rendimentos pagos por eles, a qualquer título.

(B) A União entregará parcela do produto da arrecadação dos impostos sobre renda e proventos de qualquer natureza (IR) e sobre produtos industrializados (IPI) diretamente ao Fundo de Participação dos Municípios no primeiro decêndio do mês de julho de cada ano.

(C) A União entregará parcela do produto da arrecadação da CIDE-combustíveis sobre imposto de renda e proventos de qualquer natureza diretamente ao Fundo de Participação dos Municípios.

(D) A União entregará parcela da arrecadação do imposto sobre produtos industrializados (IPI) diretamente aos Municípios, proporcionalmente ao valor das respectivas exportações de produtos industrializados ocorridas em seus territórios.

(E) A União entregará diretamente aos Estados das Regiões Norte, Nordeste e Centro-Oeste parcela do produto da arrecadação dos impostos sobre renda e proventos de qualquer natureza (IR) e sobre produtos industrializados (IPI), de acordo com os planos regionais de desenvolvimento.

A: incorreta, pois a integralidade do IR retido na fonte nessa hipótese fica com Estados e Distrito Federal – art. 157, I, da CF; **B:** correta, pois, de fato, 1% do produto da arrecadação é entregue ao fundo de participação dos municípios no primeiro decêndio de julho de cada ano – art. 159, I, *e*, da CF. Entretanto, é importante lembrar que as transferências em geral aos fundos de participação são mensais, conforme o art. 4º da LC 62/89; **C:** incorreta, por duas razões. Em primeiro lugar, parece que houve algum erro involuntário na redação da assertiva, já que a CIDE

não incide, evidentemente, sobre o IR. Ademais, parcela da CIDE é entregue pela União aos Estados e estes, posteriormente, transferem fração disso aos respectivos municípios – art. 159, III e § 4º, da CF; **D:** incorreta, pois essa parcela será entregue pela União aos Estados, que, em seguida, transferem percentual aos respectivos municípios – art. 159, II e § 3º, da CF; **E:** incorreta, pois as transferências ocorrem por meio de suas instituições financeiras de caráter regional, conforme o art. 159, I, *c*, da CF. RB
Gabarito "B".

(Magistratura/BA – 2012 – CESPE) Se lei não dispuser de forma contrária, a pessoa de direito público interno que vier a ser criada pelo desmembramento territorial de outra

(A) contará apenas com as receitas provenientes do Fundo de Participação dos Estados, se estado for, ou do Fundo de Participação dos Municípios, se for município, até que entre em vigor a sua própria legislação.

(B) aplicará a legislação tributária da pessoa da qual se desmembrou, até que a sua própria legislação entre em vigor.

(C) receberá parcelas das receitas dos impostos da pessoa da qual se desmembrou, proporcionalmente à sua população, até que entre em vigor a sua própria legislação.

(D) não poderá exigir tributo no exercício em que tiver ocorrido o desmembramento, em respeito ao princípio da anterioridade.

(E) receberá subvenção do governo federal até que entre em vigor a sua própria legislação.

A: incorreta, pois o desmembramento implicará em surgimento de novo sujeito ativo, com aquisição de competências tributárias próprias. Contudo, até que o novo ente edite suas leis e regras, as situações jurídicas, para não ficarem indefinidas, serão reguladas pelas leis da pessoa da qual se desmembrou, garantindo receitas próprias, independente de eventual participação em receitas de fundos específicos (CTN, art. 120); **B:** correta, pelos argumentos expostos (CTN, art. 120); **C:** incorreta, pois aplicará a legislação da pessoa que originou o desmembramento, como se própria fosse, não se falando, portanto, em participação na receita de terceiro; **D:** incorreta, pois isso implicaria em impossibilidade de custeio das atividades e da organização do estado, além do que não haverá criação de qualquer tributo novo, ou mesmo aumento, mas mera troca de sujeição ativa (CTN, art. 120); **E:** incorreta, pois a aplicação da legislação da pessoa que gerou o desmembramento implicará na manutenção de fontes de custeio e na desnecessidade de subvenção. FC
Gabarito "B".

(Magistratura/RO – 2011 – PUCPR) Sobre a repartição das receitas tributárias, avalie as assertivas abaixo:

I. Os recursos arrecadados na fonte pelas autarquias municipais a título de imposto de renda sobre o pagamento feito a seus servidores, a qualquer título, não são repassados para a União.

II. Os recursos arrecadados pelas Fundações Distritais a título de imposto de renda sobre os rendimentos pagos aos seus servidores, diretamente na fonte, ficam nos cofres do Distrito Federal.

III. 25% do produto da arrecadação do ICMS sobre serviço de comunicação é repassado integralmente com o Município que o arrecadou.

IV. Todo o valor arrecadado pelo exercício da competência residual permanece com a União.

V. 48% do produto da arrecadação do IPI e do imposto de renda serão repassados diretamente aos Fundos de Participação dos Estados e dos Municípios.

Estão CORRETAS:

(A) Somente as assertivas I e III.

(B) Somente as assertivas II e IV

(C) Somente as assertivas III e IV.

(D) Somente as assertivas II e V.

(E) Somente as assertivas I e II.

I: Assertiva correta, pois a receita do imposto de renda retida pela autarquia municipal pertence ao Município correspondente – art. 158, I, da CF; **II:** correta, pois a receita do imposto de renda retido na fonte por autarquias e fundações públicas pertence ao ente político correspondente – art. 157, I, da CF (admitindo que as Fundações Distritais sejam instituídas e mantidas pelo Distrito Federal); **III:** incorreta, pois o ICMS não é arrecadado pelos Municípios, embora 25% da receita seja, efetivamente, repassada aos Municípios – art. 158, IV, da CF; **IV:** incorreta, pois, se a União instituir imposto da competência residual, 20% da arrecadação pertencerá aos Estados e ao Distrito Federal – art. 157, II, da CF; **V:** Atenção: a partir da EC 84/2014, o percentual do IPI e do IR a ser repassado pela União na forma do art. 159, I, da CF, foi majorado de 48% para 49%. A assertiva, mesmo à luz do texto constitucional vigente à época do concurso, era incorreta, considerando que dos 48% da receita do IPI então repassados pela União apenas 45% eram destinados aos Fundos estadual e municipal, na forma do art. 159, I, *c*, da CF. RB

Gabarito "E".

(Magistratura Federal/1ª região – 2011 – CESPE) Por força de dispositivo constitucional, a União repassa, a cada mês, para estados e municípios uma parcela da arrecadação de alguns tributos. Toda a arrecadação de outros tributos, entretanto, permanece com a União, a exemplo do imposto sobre

(A) produtos industrializados.

(B) operações de crédito, câmbio e seguro.

(C) a propriedade territorial rural.

(D) a importação.

(E) a renda e proventos de qualquer natureza.

A: incorreta, pois o produto do IPI deve ser partilhado com os Estados e ao Distrito Federal (CF, art. 159, II); **B:** incorreta, pois o IOF sobre operações com ouro são partilhadas entre Estados e Municípios (CF, art. 153, § 5º); **C:** incorreta, pois o ITR é partilhado com os municípios (CF, art. 158, II); **D:** correta, pois não há previsão de partilha das receitas de II, sendo, então, 100% da arrecadação destinada a União; **E:** incorreta, pois as receitas do IR são partilhadas entre Estados e Municípios (CF, art. 157, I e 158, I). FC/RB

Gabarito "D".

17. AÇÕES TRIBUTÁRIAS

(Juiz – TJ/SP – VUNESP – 2015) O art. 655-A do Código de Processo Civil ainda em vigor e o art. 11 da Lei 6.830/1980 indicam o dinheiro, em espécie ou depósito, como preferencial para penhora; de outra parte, o art. 620 do Código de Processo Civil ainda vigente e o art. 185-A do Código Tributário Nacional recomendam, respectivamente, que a execução se faça "pelo modo menos gravoso ao credor" e que, se o devedor não pagar ou indicar bens, deverá ser decretada a indisponibilidade de seus bens e direitos.

Diante de tais disposições, o Superior Tribunal de Justiça tem concluído que

(A) o Juiz deve verificar, inicialmente, se foram esgotadas as diligências para localização de bens do devedor antes de determinar a penhora on-line.

(B) a penhora de dinheiro em espécie ou depósitos judiciais só é possível após expressa e fundamentada justificativa da Fazenda.

(C) indicados bens não poderá ser efetivada a denominada penhora on-line.

(D) não pago o valor devido nem indicados bens à penhora, o bloqueio de ativos financeiros do devedor é medida que prescinde de outras diligências prévias por parte do credor.

Nos termos do julgado pelo STJ no REsp 1.141.990/PR-repetitivo, "a partir da vigência da Lei 11.382/2006, os depósitos e as aplicações em instituições financeiras passaram a ser considerados bens preferenciais na ordem da penhora, equiparando-se a dinheiro em espécie (artigo 655, I, do CPC), tornando-se prescindível o exaurimento de diligências extrajudiciais a fim de se autorizar a penhora *on-line* (artigo 655-A, do CPC)." Por essa razão, a alternativa "D" é a correta. RB

Gabarito "D".

(Juiz – TJ/MS – VUNESP – 2015) Quanto à ação civil pública, afirma-se que

(A) em caso de desistência infundada ou abandono da ação por associação legitimada, o Ministério Público assumirá a titularidade ativa, de forma exclusiva.

(B) os órgãos públicos legitimados poderão tomar dos interessados compromisso de ajustamento de sua conduta às exigências legais, mediante comunicações, que terá eficácia de título executivo judicial.

(C) admitir-se-á o litisconsórcio necessário entre os Ministérios Públicos da União e dos Estados na defesa dos interesses difusos e individuais.

(D) o Ministério Público, se não intervier no processo como parte, atuará de forma facultativa como fiscal da lei.

(E) o requisito da pré-constituição poderá ser dispensado pelo juiz, quando haja manifesto interesse social evidenciado pela dimensão ou característica do dano, ou pela relevância do bem jurídico a ser protegido.

A: incorreta, pois não há exclusividade da titularidade do MP, nessa hipótese – art. 5º, § 3º, da Lei das Ações Civis Públicas – LACP (Lei 7.347/1985); **B:** incorreta, pois os TAC têm eficácia de título executivo extrajudicial – art. 5º, § 6º, da LACP; **C:** incorreta, pois esse litisconsórcio é facultativo – art. 5º, § 5º, da LACP; **D:** incorreta, pois a atuação do MP como fiscal da lei é obrigatória, não facultativa, nessa hipótese – art. 5º, § 1º, da LACP; **E:** correta, conforme o art. 5º, § 4º, da LACP. RB

Gabarito "E".

(Juiz – TRF 2ª Região – 2017) Ao ser citado, sócio de empresa percebe que ele, pessoa física, figura no polo passivo de execução fiscal. Ao buscar informações, verifica que, embora seu nome conste da certidão de dívida ativa que fundamenta a execução, o débito é oriundo de valores relativos ao Imposto de Renda de Pessoa Jurídica, declarados mas não pagos, da sociedade da qual é sócio-administrador e que, originariamente,

7. DIREITO TRIBUTÁRIO

figurava sozinha no polo passivo. O empresário, após aferir que não houve prescrição nem decadência, opõe exceção de pré-executividade, sem garantir o juízo, alegando exclusivamente a sua ilegitimidade passiva. Deve o Juiz:

(A) Acatar a exceção e extinguir a execução relativamente ao empresário, já que a simples falta de pagamento do tributo (devidamente declarado) não acarreta a responsabilidade subsidiária do sócio.

(B) Rejeitar a exceção, já que o nome do sócio consta da certidão da dívida, daí que cabe ao empresário o ônus de provar que não agiu com excesso de poderes ou infração à lei, ao contrato social ou ao estatuto da empresa, dilação incompatível com a via eleita.

(C) Acatar a exceção e excluir o empresário do polo passivo, determinando que a Fazenda, caso queira executar também o sócio administrador, proceda na forma estabelecida pelo Código de Processo Civil, de modo a instaurar o incidente de desconsideração da personalidade jurídica.

(D) Intimar o excipiente para, nos termos da Lei de Execuções Fiscais (Lei nº 6.830/80), garantir o juízo, sob pena de rejeição da exceção.

(E) O cancelamento de débito cujo montante seja inferior ao dos respectivos custos de cobrança não é considerado, pela Lei de Responsabilidade Fiscal, como renúncia de receita.

A: incorreta, pois a inclusão do nome do sócio na CDA impõe a ele o ônus de provar que não tem responsabilidade tributária, o que não pode ser feito em exceção de pré-executividade (que não admite dilação probatória) – ver REsp 1.104.900/ES-repetitivo; **B:** correta, conforme comentário anterior; **C** e **D:** incorretas, conforme comentário anterior; **E:** incorreta, pois, embora de fato o art. 14 da LRF dispense as providências devidas em caso de renúncia de receita para essa hipótese de cancelamento de pequenos débitos, isso não tem qualquer relação com a providência que o juiz deve tomar na situação descrita. **RB**
Gabarito "B".

(Juiz–TRF 4ª Região – 2016) Dadas as assertivas abaixo, assinale a alternativa correta. Sobre a medida cautelar fiscal:

I. É incabível a propositura de medida cautelar fiscal sem a constituição definitiva do crédito tributário.

II. A medida cautelar fiscal é assecuratória apenas do crédito tributário, sendo os demais créditos públicos garantidos por outros instrumentos processuais.

III. Excepcionalmente, o Superior Tribunal de Justiça admite a decretação de indisponibilidade de bens de pessoa jurídica, ainda que estes não constituam o seu ativo permanente quando não forem localizados no patrimônio do devedor bens que possam garantir a execução fiscal.

(A) Está correta apenas a assertiva II.

(B) Está correta apenas a assertiva III.

(C) Estão corretas apenas as assertivas I e II.

(D) Estão corretas apenas as assertivas I e III.

(E) Estão corretas todas as assertivas.

I: incorreta, pois há hipótese excepcional de cautelar fiscal antes da constituição do crédito – arts. 1º, parágrafo único, e 2º, V, *b*, e VII,

da Lei 8.397/92; **II:** incorreta, pois qualquer crédito inscrito pode ser garantido por cautelar fiscal – art. 1º da Lei 8.397/92; **III:** correta – ver REsp 1.377.507/SP-repetitivo. **RB**
Gabarito "B".

(Magistratura/RJ – 2013 – VUNESP) João da Silva promoveu o pagamento indevido de determinado tributo municipal, na data de 05 de março de 2007, cuja exigência decorreu de decreto expedido pelo Governador do Estado em questão. Em janeiro de 2013, João ingressou com pedido administrativo requerendo a restituição do valor pago atualizado, alegando inconstitucionalidade na exigência.

O pedido foi negado por decisão irreformável na data de 1.º de abril de 2013. Inconformado, ingressou com ação de repetição de indébito com base no mesmo fundamento. O juiz deve julgar

(A) procedente a ação, posto que o pedido administrativo suspendeu a prescrição.

(B) procedente a ação, em razão da inconstitucionalidade flagrante da exigência que obsta a decadência.

(C) improcedente a ação, posto que o pedido deveria ser instrumentalizado por via de ação anulatória de lançamento tributário.

(D) improcedente a ação, posto que a pretensão de repetir o indébito, ainda que fundada em inconstitucionalidade da lei, prescreve em cinco anos.

A: incorreta, pois o prazo para o exercício do direito à restituição é de 5 anos, contados da extinção do crédito, ou seja, do pagamento, não havendo distinção entre o pedido administrativo e judicial (art. 168 do CTN); **B:** incorreta, pois apesar da inconstitucionalidade evidente, deve-se respeitar o prazo previsto na lei (art. 168 do CTN); **C:** incorreta, pois a forma correta, judicial, para o pedido é a ação de repetição de indébito; **D:** correta, pois o prazo de prescrição e de decadência para a repetição é de 5 anos, contados da data do pagamento, o que ocorreu em 05 de março de 2012 (art. 168 do CTN). **FC**
Gabarito "D".

(Magistratura/RJ – 2013 – VUNESP) O Poder Legislativo de certo município fez publicar lei instituindo taxa de manutenção de serviços públicos a ser exigida a partir de 1.º de janeiro do exercício seguinte. Referida lei, ademais, não esclarece que parâmetro será adotado para o cálculo do tributo. Caso qualquer dos munícipes pretenda, ainda dentro do ano da publicação, questionar judicialmente a exação e produzir provas no sentido de demonstrar que o serviço é desprovido de especificidade e divisibilidade, poderá valer-se de ação

(A) anulatória de lançamento tributário.

(B) declaratória de inexistência de relação jurídico--tributária.

(C) repetitória.

(D) consignatória.

A: incorreta, pois ainda não há lançamento tributário a ser anulado; **B:** correta, pois trata-se de discussão anterior à existência do ato administrativo e que depende de dilação probatória; **C:** incorreta, pois não há pagamento realizado a ser devolvido; **D:** incorreta, pois não há pagamento ainda a ser feito, pela própria ausência de lançamento. **FC**
Gabarito "B".

548 ROBINSON BARREIRINHAS E FERNANDO CASTELLANI

(Magistratura/RJ – 2013 – VUNESP) Celestino, inconformado com o valor do Imposto Predial e Territorial Urbano (IPTU) que foi notificado a pagar, e não pagou, promoveu ação anulatória do ato declarativo da dívida, sem proceder, contudo, ao depósito preparatório do valor do débito, monetariamente corrigido e acrescido dos juros e multa e demais encargos, conforme determina a lei que trata da execução fiscal. A Fazenda Pública Municipal contestou, alegando que o feito é de ser extinto diante do descumprimento da exigência legal. Nesse caso, o juiz deve

(A) estipular o prazo de 5 dias para que o autor efetue o depósito e, uma vez promovido, dar regular processamento ao feito ou, extingui-lo, caso o depósito não seja realizado.

(B) extinguir o feito em razão da expressa determinação da lei que exige o depósito prévio para esse tipo de ação.

(C) dar regular andamento ao feito por ser inconstitucional a exigência de depósito prévio como requisito de admissibilidade de ação na qual se pretenda discutir a exigibilidade de crédito tributário.

(D) extinguir o feito por ser desprovido de utilidade, haja vista que a ausência do depósito impede a suspensão da exigibilidade do crédito.

A: incorreta, pois não é requisito para o processamento da execução a garantia do juízo, por depósito, sendo, portanto, mera faculdade para a suspensão da exigibilidade (art. 151, II, do CTN); **B:** incorreta, pois não há tal exigência na lei; **C:** correta, por posicionamento pacífico do STF (súmula vinculante 21); **D:** incorreta, pois a suspensão de exigibilidade é medida, apenas, para impedir a propositura, ao mesmo tempo, de execução fiscal, mas não medida necessária para o processamento de ação anulatória. **FC**
Gabarito "C"

(Magistratura/CE – 2012 – CESPE) Considerando os meios previstos na legislação tributária para assegurar ao contribuinte a possibilidade de opor-se às exigências fiscais, bem como os requisitos relacionados a tais exigências, assinale a opção correta.

(A) O depósito prévio do valor cobrado é condição para que, antes da execução fiscal, o sujeito passivo provoque a atividade jurisdicional, contestando a pretensão da fazenda pública.

(B) Caso a fazenda pública se negue a receber, em parcelas, o crédito tributário, principal e acessório, caberá a proposição de ação de consignação em pagamento.

(C) Tratando-se de ação de repetição de indébito de taxa cobrada mensalmente e a mesmo título, é necessário juntar ao processo, na fase de conhecimento, todos os comprovantes de recolhimento da taxa.

(D) Cabe interposição de mandado de segurança caso o contribuinte pretenda obter declaração do direito à compensação das importâncias pagas, a maior, a título de tributo.

(E) O ajuizamento de ação anulatória acompanhada de depósito do valor cobrado não impede a fazenda pública de proceder à execução fiscal e, no caso de a execução ocorrer, a penhora recai sobre o montante depositado, o que possibilita a conversão do valor em renda.

A: incorreta, pois o depósito é uma faculdade do sujeito passivo para materializar a suspensão da exigibilidade e evitar o ajuizamento da execução fiscal (CTN, art. 150); **B:** incorreta, pois não há previsão legal de consignação por simples recusa de parcelamento, ainda mais se não houver previsão legal (CTN, art. 164); **C:** incorreta, pois tratando-se de situação repetitiva, ainda, em faze de conhecimento, é necessária a prova da ilegalidade da cobrança, para posterior definição do valor indevido e determinação de devolução; **D:** correta, pois o mandado de segurança, nessa situação pretende apenas garantir o direito em abstrato de utilização da compensação, e não a definição dos valores em si compensáveis ou mesmo a extinção dos créditos (STJ, súmulas 212 e 213); **E:** incorreta, pois o ajuizamento de ação ordinária acompanhada de depósito implicará na suspensão da exigibilidade do crédito e consequente impossibilidade de prática de atos de exigência do crédito pelo sujeito ativo, dentre eles, a execução fiscal (CTN, art. 151). **FC**
Gabarito "D"

(Magistratura/PA – 2012 – CESPE) Com relação ao processo tributário, assinale a opção correta.

(A) Os juros moratórios, na repetição do indébito tributário, são devidos a partir da data da citação do processo de execução.

(B) A discussão judicial do crédito tributário, por si só, é causa suspensiva da sua exigibilidade.

(C) A fazenda pública pode substituir certidão de dívida ativa, até a prolação da sentença de embargos, quando se tratar de correção de erro material ou formal, vedada a modificação do sujeito passivo da execução.

(D) É legítima a exigência de depósito prévio para a admissibilidade de recurso administrativo.

(E) Na repetição de indébito tributário, a correção monetária incide a partir da data da prolação da sentença.

A: incorreta, pois os juros são devidos, na restituição, somente a partir do trânsito em julgado da decisão que a determinar (CTN, art. 167); **B:** incorreta, pois a mera discussão judicial não importa em suspensão, sendo necessária a concessão de medida liminar ou antecipatória de tutela, ou ainda, realização de depósito (CTN, art. 151); **C:** correta, por expressa previsão legal (CTN, art. 203); **D:** incorreta, pois o depósito, na esfera administrativa e judicial, é faculdade do sujeito passivo (CTN, art. 151); **E:** incorreta, pois haverá incidência de correção monetária desde a data do pagamento. **FC**
Gabarito "C"

(Magistratura/ES – 2011 – CESPE) Acerca do processo judicial tributário, assinale a opção correta.

(A) Na ação de consignação em pagamento, ao fazer o depósito, o contribuinte livra-se dos efeitos da mora e pode discutir toda e qualquer questão sobre a dívida tributária.

(B) A ação de consignação em pagamento é via adequada para discussão de pagamentos feitos a maior ou a menor, o que se fundamenta na ideia de que é defeso o enriquecimento sem causa.

(C) Na ação anulatória de débito fiscal, cujo fundamento é a revisão do ato declarativo da dívida, é cabível o pedido de tutela antecipada, sendo o polo passivo identificado a partir do tributo que for objeto da lide.

(D) Por ter *status* de remédio constitucional, o mandado de segurança em matéria tributária é cabível, em razão dos princípios norteadores do direito tributário, ainda

7. DIREITO TRIBUTÁRIO 549

que não tenham sido preenchidos os requisitos formais mínimos para a sua impetração.

(E) Dispensa-se a prova do erro, quando for pago um tributo maior que o devido, bastando ao sujeito passivo provar o pagamento sem causa jurídica, caso em que o fisco não pode impor qualquer empecilho à restituição da diferença entre o valor devido e o efetivamente pago.

A: incorreta, pois a ação de consignação somente afastará os efeitos da mora se procedente e se o depósito for integral, tendo sua discussão, ainda, limitada, já que é uma ação cuja pretensão é realizar o pagamento. Caso o sujeito queira discutir a validade da cobrança, valores ou outros pontos, deverá se valer de uma ação anulatória (CTN, art. 164); **B:** incorreta, pois seu objetivo é restrito a casos em que o sujeito pretende realizar pagamento (CTN, art. 164); **C:** incorreta, pois na ação anulatória, o polo passivo da ação é definido pela competência para a prática do ato, não pela espécie tributária; **D:** incorreta, pois o mandado de segurança é uma ação que exige preenchimento de requisitos formais, não sendo cabível sua utilização caso não presentes tais requisitos (Lei 12.016/2009); **E:** correta, pois a restituição será devida pela caracterização de pagamento em desacordo com a legislação, independente de verificação de responsabilidade pelo eventual erro, ou mesmo existência de prévio protesto do sujeito passivo (CTN, art. 165). **FC**
Gabarito "E".

(Magistratura/RJ – 2011 – VUNESP) A medida cautelar fiscal será requerida ao juiz competente para a execução judicial da Dívida Ativa da Fazenda Pública. Sobre a referida medida, é correto afirmar que

(A) se a execução judicial estiver em Tribunal, será competente o relator do recurso.

(B) a Fazenda Pública pleiteará a medida cautelar fiscal em petição devidamente fundamentada na qual será dispensada a indicação das provas que serão produzidas.

(C) quando concedida em procedimento preparatório, deverá a Fazenda Pública propor a execução judicial da Dívida Ativa no prazo de 180 dias, contados da data em que a exigência se tornar irrecorrível na esfera administrativa.

(D) cessará a eficácia da medida cautelar fiscal se não for executada dentro de 60 dias, podendo a Fazenda Pública repetir o pedido pelo mesmo fundamento.

A: correta, pela previsão legal expressa da lei regulamentadora (Lei 8.397/92, art. 5º, parágrafo único); **B:** incorreta, pois a medida somente será concedida mediante a indicação das provas (Lei 8.397/92, art. 3º); **C:** incorreta, pois o prazo legal é de 60 dias (Lei 8.397/92, art. 11); **D:** incorreta, pois o prazo para a execução da medida é de 30 dias (Lei 8.397/92, art. 13). **FC**
Gabarito "A".

(Magistratura Federal/2ª região – 2011 – CESPE) Deve ser cobrada judicialmente, por meio de processo distinto da execução fiscal, a dívida

(A) de um inquilino para com uma autarquia municipal.

(B) de um inquilino para com o fisco federal.

(C) contratual de uma autarquia municipal para com o fisco federal.

(D) tributária de uma sociedade de economia mista municipal para com o fisco federal.

(E) de um estado para com uma sociedade de economia mista federal.

São cobrados, mediante ação de execução fiscal, todos os créditos passíveis de inscrição em dívida ativa, de titularidade de União, dos Estados, dos Municípios e DF, assim como de suas autarquias (Lei 6.830/1980, art. 1º). **A, B, C** e **D:** incorretas, pois todos os créditos são passíveis de inscrição em dívida e, portanto, cobrados mediante execução fiscal; **E:** correta, pois créditos de empresas públicas ou sociedades de economia mista não são passíveis de inscrição em dívida e, por isso, cobrados mediante execução simples. **FC/RB**
Gabarito "E".

(Magistratura/SP – 2011 – VUNESP) Sobre a nomeação de bens a penhora, leia as afirmativas.

I. O executado poderá nomear seus próprios bens diretamente ao oficial de justiça independentemente de tomada de qualquer providência.

II. O executado poderá nomear seus próprios bens móveis ao aquazil, que deverá certificar a ocorrência ao Magistrado.

III. Quando a constrição recair sobre bem móvel de pessoa física, se for o caso, é necessária a intimação do cônjuge.

IV. O executado poderá apresentar seus bens imóveis a penhora, sendo certo que nesse caso tem obrigação de apresentar certidão de propriedade e negativa de ônus sobre os bens oferecidos.

V. Recaindo a constrição sobre bem imóvel de pessoa jurídica, é necessária a intimação do cônjuge do sócio-gerente.

Estão corretos apenas os itens

(A) I e III.

(B) I e IV.

(C) II e III.

(D) II e IV.

(E) III e V.

I: incorreta, pois a nomeação de bens imóveis depende do consentimento expresso do cônjuge – art. 9º, § 1º, da Lei 6.830/1980; **II:** correta, pois, no caso de bens móveis, não é necessária outra providência (obs.: aquazil, para o autor da questão do TJ-SP, é oficial de justiça); **III:** incorreta, pois o consentimento do cônjuge somente é necessário no caso de bens imóveis; **IV:** correta, pois é preciso demonstrar a propriedade do imóvel e que ele é livre e desembaraçado – art. 4º, § 3º, da Lei 6.830/1980; **V:** incorreta, pois, no caso de bem imóvel de pessoa jurídica, não é necessário consentimento do cônjuge do sócio para sua oneração ou alienação – art. 978 do CC. **RB**
Gabarito "D".

(Magistratura Federal-4ª Região – 2010) Assinale a alternativa correta.

Quanto ao efeito suspensivo dos Embargos à Execução Fiscal, é correto afirmar:

(A) Os embargos serão sempre recebidos com efeito suspensivo.

(B) Os embargos serão em regra recebidos com efeito suspensivo, cabendo ao juízo a faculdade de retirar-lhes tal efeito, de ofício ou a requerimento da parte.

(C) Os embargos serão sempre recebidos com efeito suspensivo no caso de oporem-se a Execução Fiscal, pois, conforme reconhecido pela jurisprudência do TRF-4ª Região, nesse caso o prosseguimento da execução sempre poderá causar ao executado dano de difícil ou incerta reparação.

(D) Os embargos serão recebidos de ofício em efeito suspensivo quando forem relevantes seus fundamentos e o prosseguimento da execução puder causar ao executado dano de difícil ou incerta reparação.

(E) Os embargos serão recebidos em efeito suspensivo somente a requerimento do embargante, quando forem relevantes seus fundamentos e o prosseguimento da execução puder causar ao executado dano de difícil ou incerta reparação.

A e C: incorreta, pois STJ tem entendido que os Embargos não têm, necessariamente, efeito suspensivo, aplicando-se o disposto no art. 739-A do CPC – ver AgRg no REsp 1.030.569/RS; **B:** incorreta, pois o efeito suspensivo deve ser requerido ao juiz, que o concederá se entender preenchidos os requisitos do art. 739-A do CPC, ou seja, (i) deve haver relevância dos fundamentos, (ii) o prosseguimento da execução manifestamente pode causar grave dano de difícil ou incerta reparação, e (iii) deve ser comprovada a garantia da execução, por penhora, depósito ou caução suficiente; **D:** incorreta, pois deve haver requerimento do interessado (não deve haver concessão do efeito suspensivo de ofício); **E:** assertiva correta, conforme comentários às alternativas anteriores. FC/RB
Gabarito "E".

(Magistratura Federal-4ª Região – 2010) Assinale a alternativa INCORRETA.

(A) A citação por edital na execução fiscal é cabível quando frustradas as demais modalidades.

(B) A exceção de pré-executividade é admissível na execução fiscal relativamente às matérias conhecíveis de ofício que não demandem dilação probatória.

(C) A decisão do Juízo Federal que exclui da relação processual ente federal não pode ser reexaminada pela Justiça Estadual.

(D) A extinção do processo por abandono da causa pelo autor independe de requerimento do réu.

(E) Todas as alternativas anteriores estão incorretas.

A: correta, nos termos do art. 8°, III, da Lei 6.830/1980 – Súmula 414 do STJ; **B:** correta, conforme a Súmula 393 do STJ; **C:** assertiva correta, nos termos das Súmulas 254 e 150 do STJ; **D:** essa é a assertiva incorreta, pois, nos termos da Súmula 240 do STJ: "A extinção do processo, por abandono da causa pelo autor, depende de requerimento do réu"; **E:** incorreta, pois as alternativas "A", "B" e "C" são corretas, conforme comentários anteriores. FC/RB
Gabarito "D".

(Magistratura Federal-4ª Região – 2010) Dadas as assertivas abaixo, assinale a alternativa correta.

O art. 19 da Lei 8.870/1994 prevê que "As ações judiciais, inclusive cautelares, que tenham por objeto a discussão de débito para com o INSS serão, obrigatoriamente, precedidas do depósito preparatório do valor do mesmo, monetariamente corrigido até a data de efetivação, acrescido dos juros, multa de mora e demais encargos", o que levou o Supremo Tribunal Federal a firmar entendimento de que:

I. Compete aos magistrados avaliar as condições dos casos concretos para conceder ou não a dispensa do depósito preparatório exigido pelo art. 19 da Lei 8.870/1994.

II. A ausência do depósito preparatório a que se refere o art. 19 citado não impede a propositura de ações cautelares de mandados de segurança, mas apenas de ações ordinárias, inclusive anulatórias de lançamento fiscal.

III. Somente os embargos de devedor contra o INSS serão necessariamente precedidos de depósitos preparatórios do art. 19 da Lei 8.870/1994.

IV. É inconstitucional a exigência de depósito prévio como requisito de admissibilidade de ação judicial na qual se pretenda discutir a exigibilidade de crédito tributário.

V. Somente para admissibilidade de recursos, como na justiça do trabalho, é que se pode exigir depósito prévio para rediscussão de exigibilidade de crédito tributário.

(A) Está correta apenas a assertiva III.

(B) Está correta apenas a assertiva IV.

(C) Está correta apenas a assertiva V.

(D) Estão corretas apenas as assertivas II e V.

(E) Nenhuma assertiva está correta.

Nos termos da Súmula Vinculante 28 do STF: "É inconstitucional a exigência de depósito prévio como requisito de admissibilidade de ação judicial na qual se pretenda discutir a exigibilidade de crédito tributário." A exigência de depósito prévio, arrolamento de bens ou outra garantia como requisito para a impugnação também é vedado no âmbito do processo administrativo, conforme a Súmula Vinculante 21 do STF: "É inconstitucional a exigência de depósito ou arrolamento prévios de dinheiro ou bens para admissibilidade de recurso administrativo" (há disposição semelhante na Súmula 373 do STJ). **I, II, III** e **V:** incorretas pois, conforme comentário inicial, não é possível exigir depósito prévio como requisito para qualquer espécie de ação em que se discuta a exigência de crédito tributário; **IV:** correta, conforme a Súmula Vinculante 28 do STF. FC/RB
Gabarito "B".

18. SIMPLES NACIONAL, MICROEMPRESAS – ME E EMPRESAS DE PEQUENO PORTE – EPP

(Juiz – TJ-SC – FCC – 2017) De acordo com o Regime Especial Unificado de Arrecadação de Tributos e Contribuições devidos pelas Microempresas e Empresas de Pequeno Porte – Simples Nacional –, instituído pela Lei Complementar nº 123/2006,

(A) a contribuição previdenciária patronal devida pela empresa optante pelo sistema simplificado está, para qualquer atividade, embutida na alíquota única aplicável ao contribuinte.

(B) o Imposto Sobre Serviços devido pela empresa optante pelo sistema simplificado é sempre calculado pela alíquota fixa de 5% e assim somado à alíquota aplicável ao contribuinte.

(C) será regular a opção pela tributação simplificada feita por microempresa ou empresa de pequeno porte incorporadora de imóveis e locadora de imóveis próprios.

7. DIREITO TRIBUTÁRIO

(D) a contratante de serviços de vigilância prestados por empresa com opção regular pelo regime simplificado deverá reter a contribuição previdenciária patronal, quando dos pagamentos à contratada.

(E) a prestação de serviços advocatícios veda a opção pelo regime simplificado de tributação, por se tratar de serviços regulados por lei especial.

A: incorreta, pois há hipótese em que a CPP não está abrangida pelo Simples Nacional – art. 13, VI, da LC 123/2006; **B:** incorreta, pois as alíquotas variam do piso de 2% até o teto de 5%, conforme as tabelas e faixas de faturamento da LC 123/2006; **C:** incorreta, pois são casos de vedação de ingresso no Simples Nacional – art. 17, XIV e XV, da LC 123/2006; **D:** correta, conforme o art. 18, § 5º-C, VI, da LC 123/2006; **E:** incorreta, pois é possível o ingresso no Simples Nacional, conforme art. 18, § 5º-C, VII, da LC 123/2006, incluído pela LC 147/2014. **RB**
Gabarito "D".

19. TEMAS COMBINADOS E OUTRAS MATÉRIAS

(Juiz – TJ/RJ – VUNESP – 2016) Com base em súmula do Supremo Tribunal Federal, é correto afirmar que

(A) norma legal que altera o prazo de recolhimento de obrigação tributária não se sujeita ao princípio da anterioridade.

(B) falsificar ou alterar nota fiscal, fatura, duplicata, nota de venda, ou qualquer outro documento relativo à operação tributável tipifica crime material contra a ordem tributária, mesmo antes do lançamento definitivo do tributo.

(C) é constitucional a incidência do Imposto sobre Serviços de Qualquer Natureza – ISS sobre operações de locação de bens móveis, haja vista expressa previsão em lei específica.

(D) é inconstitucional a adoção, no cálculo do valor de taxa, de um ou mais elementos da base de cálculo própria de determinado imposto, ainda que não haja integral identidade entre uma base e outra.

(E) se mostra constitucional a exigência de depósito ou arrolamento prévio de dinheiro ou bens para admissibilidade de recurso administrativo.

A: correta, conforme a Súmula Vinculante 50/STF; **B:** incorreta, pois a tipificação do crime material não se dá antes do lançamento definitivo do tributo – Súmula Vinculante 24/STF; **C:** incorreta, pois essa incidência foi declarada inconstitucional – Súmula Vinculante 31/STF; **D:** incorreta, pois o STF entendeu constitucional a adoção, no cálculo do valor de taxa, de um ou mais elementos da base de cálculo própria de determinado imposto, desde que não haja integral identidade entre uma base e outra – Súmula Vinculante 29/STF; **E:** incorreta, pois é inconstitucional tal exigência – Súmula Vinculante 21/STF. **RB**
Gabarito "A".

(Juiz – TJ/RJ – VUNESP – 2016) Promover a gestão do Sistema Nacional integrado de Informações Econômico-Fiscais – SINIEF para a coleta, elaboração e distribuição de dados básicos essenciais à formulação de políticas econômico-fiscais e ao aperfeiçoamento permanente das administrações tributárias é matéria que, dentre outras, compete

(A) à Secretaria de Administração Fazendária.

(B) à Casa Civil.

(C) à Receita Federal.

(D) ao Ministério da Economia.

(E) ao Conselho Nacional de Política Fazendária.

Trata-se de competência do Conselho Nacional de Política Fazendária (Confaz), conforme distribuições de competência feitas periodicamente por ato do Executivo Federal – art. 55, IV, do Decreto 9.003/2017 (esse tipo de decreto autônomo é comumente revogado e substituído por outro, mas essa competência do Confaz mantém-se há tempos). Por essa razão, a alternativa "E" é a correta. **RB**
Gabarito "C".

(Juiz – TJ/RJ – VUNESP – 2016) É correto afirmar que a

(A) lei pode autorizar que a autoridade administrativa conceda, por despacho fundamentado, remissão total ou parcial do crédito tributário objetivando a terminação de litígio e consequente exclusão do crédito correspondente.

(B) responsabilidade dos pais pelos tributos devidos por seus filhos menores é de caráter pessoal.

(C) competência tributária está inserida no âmbito da competência legislativa plena.

(D) isenção, que é sempre decorrente de lei, não pode ser restrita a determinada região do território da entidade tributante, em função de condições a ela peculiares, por ofensa ao princípio da isonomia.

(E) o objeto da obrigação principal é o pagamento do tributo, enquanto que o da acessória é o pagamento da penalidade pecuniária.

A: incorreta, pois a remissão é perdão do crédito – art. 172 do CTN. A modalidade de extinção que se presta a terminação de litígios é a transação – art. 171 do CTN; **B:** incorreta, pois a responsabilidade é, nesse caso, subsidiária, nos termos do art. 134, I, do CTN. Ela passa a ser pessoal (terminologia do CTN) apenas em caso de ilegalidade praticada pelo pai, nos termos do art. 135, I, do CTN; **C:** correta, embora, a rigor, seja a competência legislativa plena que está compreendida na competência tributária, conforme a terminologia do art. 6º do CTN; **D:** incorreta, pois a isenção pode ser restrita a determinada região do território da entidade tributante, em função de condições a ela peculiares, por expressa previsão do art. 176, parágrafo único, do CTN; **E:** incorreta, pois toda prestação pecuniária, seja tributo ou penalidade, é objeto da obrigação tributária principal – art. 113, § 1º, do CTN. **RB**
Gabarito "C".

(Juiz – TJ-SC – FCC – 2017) Tendo em conta as normas gerais de Direito Tributário, é INCORRETO afirmar:

(A) A legislação tributária aplica-se imediatamente aos fatos geradores pendentes e futuros.

(B) A obrigação principal surge com a ocorrência do fato gerador e tem por objeto o pagamento de tributo ou penalidade pecuniária, extinguindo-se com o crédito dela decorrente.

(C) O lançamento por homologação não admite homologação tácita.

(D) A denúncia espontânea acompanhada, quando o caso, de pagamento do tributo devido com consectários cabíveis, exclui a responsabilidade por infração.

(E) O parcelamento suspende a exigibilidade do crédito tributário.

A: correta – art. 105 do CTN; **B:** correta – art. 113, § 1º, do CTN; **C:** incorreta, pois há homologação tácita que, inclusive, ocorre na quase totalidade das vezes (há pouquíssimos casos de homologação efetiva) – art. 150, § 4º, do CTN; **D:** correta – art. 138 do CTN; **E:** correta – art. 151, VI, do CTN. RB
Gabarito "C".

(Juiz–TRF 2ª Região – 2017) Assinale a opção correta:

(A) Denomina-se capacidade tributária ativa a aptidão do Estado para instituir tributos, que é indelegável.

(B) Para acabar com eventual "guerra fiscal", a União Federal pode, mediante lei complementar, permitir que os Estados estabeleçam diferença de tratamento tributário em razão da procedência ou destino de bens e serviços.

(C) As chamadas contribuições parafiscais podem ser, em regra, instituídas por lei ordinária.

(D) Denomina-se salvaguarda tributária a situação na qual o sujeito detentor da competência tributária não é o mesmo sujeito que foi investido da capacidade ativa tributária.

(E) As contribuições especiais são aquelas que têm função regulatória de mercado e nelas o ente que instituiu o tributo é o destinatário dos recursos arrecadados.

A: incorreta, pois essa é a definição de competência tributária (capacidade para legislar sobre tributos), sendo que capacidade tributária ativa refere-se a ocupar o polo ativo da obrigação tributária, ser credor da obrigação, o que pode der delegado por lei – art. 7º do CTN; **B:** incorreta, pois isso é vedado expressamente pelo art. 152 da CF; **C:** correta, pois basta lei ordinária, como é a regra para a generalidade dos tributos – art. 149 da CF. Somente excepcionalmente a Constituição Federal exige lei complementar para determinados tributos de competência da União: empréstimo compulsório, imposto da competência residual, outras contribuições sociais não previstas expressamente na Constituição, imposto sobre grandes fortunas; **D:** incorreta, pois salvaguardas referem-se a medidas de proteção aplicáveis a determinados mercados – Decreto 1.488/95. A assertiva refere-se à sujeição ativa delegada por lei; **E:** incorreta, pois contribuições especiais é expressão normalmente adotada para indicar o gênero, que abarca as diversas espécies indicadas no art. 149 da CF, inclusive as contribuições de intervenção no domínio econômico e as parafiscais em favor de determinadas entidades. RB
Gabarito "C".

(Juiz – TRF 4ª Região – 2016) Das alternativas abaixo, assinale a que **NÃO** está de acordo com a jurisprudência do Superior Tribunal de Justiça.

(A) Não incide contribuição social previdenciária sobre o adicional de férias, tanto na hipótese de férias gozadas quanto na hipótese de férias não gozadas.

(B) A decadência, em sede tributária, é forma de extinção do crédito tributário. Sendo assim, uma vez extinto o direito, não pode ser reavivado por qualquer sistemática de lançamento ou autolançamento, seja ela via documento de confissão de dívida, declaração de débitos, parcelamento, ou de outra espécie qualquer (DCTF, GIA, DCOMP, GFIP, etc.).

(C) Não incide o Imposto sobre Produtos Industrializados (IPI) na revenda pelo estabelecimento importador quando esse produto importado não sofrer qualquer processo de industrialização.

(D) A isenção do Imposto de Renda decorrente de doença grave pode ser deferida independentemente de laudo pericial oficial, bastando a existência de provas suficientes nos autos.

(E) O termo inicial do prazo prescricional para o Fisco exercer a pretensão de cobrança judicial do crédito tributário declarado, mas não pago, é a data do vencimento da obrigação tributária expressamente reconhecida.

A: correta – ver REsp 1.230.957/RS-repetitivo; **B:** correta – ver REsp 1.355.947/SP-repetitivo; **C:** incorreta, pois o STJ reconhece a incidência nessas revendas, mesmo quando não há industrialização no Brasil – ver EREsp 1.403.532/SC-repetitivo; **D:** correta – ver AREsp 968.384/SP; **E:** correta, conforme a *actio nata* – ver REsp 1.120.295/SP-repetitivo. RB
Gabarito "C".

(Juiz – TRF 4ª Região – 2016) Dadas as assertivas abaixo, assinale a alternativa correta.

I. Segundo entendimento sumulado do Supremo Tribunal Federal, norma legal que altera o prazo de recolhimento da obrigação tributária não se sujeita ao princípio da anterioridade.

II. Segundo entendimento sumulado do Superior Tribunal de Justiça, na repetição do indébito tributário, a correção monetária incide a partir do pagamento indevido, e os juros moratórios, somente após o trânsito em julgado da sentença.

III. Segundo entendimento do Superior Tribunal de Justiça, o Imposto de Renda Pessoa Jurídica e a Contribuição Social sobre o Lucro Líquido não incidem sobre o lucro inflacionário.

IV. Segundo entendimento sumulado do Superior Tribunal de Justiça, não incide o imposto sobre operações financeiras nos depósitos judiciais.

(A) Está correta apenas a assertiva III.

(B) Estão corretas apenas as assertivas I e IV.

(C) Estão corretas apenas as assertivas II e IV.

(D) Estão corretas apenas as assertivas I, II e III.

(E) Estão corretas todas as assertivas.

I: correta – ver Súmula Vinculante 50 do STF; **II:** correta – Súmulas 162 e 188 do STJ; **III:** correta – ver AgRg no REsp 1.452.725/AL; **IV:** correta – ver REsp 103.897/SP. RB
Gabarito "E".

(Juiz–TRF 3ª Região – 2016) Dadas as assertivas abaixo, assinale a alternativa incorreta.

(A) Segundo o STJ, o prazo prescricional para a cobrança da taxa de ocupação de terrenos de marinha é de cinco ou dez anos, a depender do período considerado, uma vez que os débitos posteriores a 1998 são submetidos ao prazo decenal, à luz do que dispõe a Lei nº 9.636/98, e os anteriores à citada lei, em face da ausência de previsão normativa específica, se subsomem ao prazo encartado no art. 1º do Decreto-Lei 20.910/1932.

(B) A Lei Complementar 118, de 9 de fevereiro de 2005 alterou o art. 174 do CTN para atribuir ao despacho do juiz que ordenar a citação o efeito interruptivo da prescrição nas ações para cobrança de crédito tributário. Nesses termos, consubstanciando norma processual, a referida Lei Complementar é aplicada imediatamente aos processos em curso anteriormente à sua vigência, desde que o despacho que ordenar a citação seja anterior à sua entrada em vigor, sob pena de retroação da novel legislação.

(C) O Codex Processual, no § 1º, do artigo 219, estabelece que a interrupção da prescrição, pela citação, retroage à data da propositura da ação, o que, na seara tributária, após as alterações promovidas pela Lei Complementar nº 118/2005, conduz ao entendimento de que o marco interruptivo atinente à prolação do despacho que ordena a citação do executado retroage à data do ajuizamento do feito executivo, a qual deve ser empreendida no prazo prescricional.

(D) Com relação ao prazo prescricional aplicável à execução fiscal para a cobrança de dívida ativa não tributária relativa à operação de crédito rural transferida à União por força da Medida Provisória nº 2.196-3/2001, o STJ fixou o entendimento de que ao crédito rural cujo contrato tenha sido celebrado sob a égide do Código Civil de 1916, aplica-se o prazo prescricional de 20 (vinte) anos (prescrição das ações pessoais – direito pessoal de crédito), a contar da data do vencimento, para que dentro dele (observado o disposto no art. 2º, §3º da LEF) sejam feitos a inscrição e o ajuizamento da respectiva execução fiscal, sem embargo da norma de transição prevista no art. 2.028 do CC/2002, sendo que para o crédito rural cujo contrato tenha sido celebrado sob a égide do Código Civil de 2002, aplica-se o prazo prescricional de 5 (cinco) anos (prescrição da pretensão para a cobrança de dívidas líquidas constantes de instrumento público ou particular), a contar da data do vencimento, consoante o disposto no art. 206, §5º, I, do CC/2002, para que dentro dele (observado o disposto no art. 2º, §3º da LEF) sejam feitos a inscrição em dívida ativa e o ajuizamento da respectiva execução fiscal.

A: incorreta, pois o prazo é sempre de cinco anos – ver REsp 1.133.696/PE-repetitivo; **B:** incorreta, pois a norma somente se aplica aos despachos posteriores à entrada em vigor – ver REsp 999.901/RS. É interessante notar que a assertiva é incorreta até por questão gramatical, pois não faz sentido dizer que o despacho deve ser anterior à entrada em vigor, sob pena de retroação da norma (o despacho anterior implicaria necessariamente retroatividade da norma); **C:** correta – ver REsp. 999.901/RS; **D:** correta – ver REsp 1.373.292/PE-repetitivo. RB

Gabarito "A" e "B".

(Juiz – TRF 3ª Região – 2016) Com relação à jurisprudência dominante, assinale a alternativa correta:

(A) STF: isenções tributárias, como favor fiscal que são, podem ser livremente suprimidas mesmo se concedidas sob condição onerosa.

(B) STJ: na execução fiscal é necessária a instrução da petição inicial com o demonstrativo do cálculo do débito, para assegurar a ampla defesa do contribuinte.

(C) STJ: no caso de sucessão empresarial, a responsabilidade da sucessora abrange os tributos e as multas moratórias devidas pela sucedida referentes aos fatos geradores ocorridos até a sucessão, mas não as multas punitivas dado o caráter pessoal delas.

(D) STF: a norma legal que altera o prazo de recolhimento da obrigação tributária não se sujeita ao princípio da anterioridade.

A: incorreta, pois quando concedidas sob condição onerosa e por prazo certo as isenções não podem ser livremente suprimidas – ver AI 861.261AgR/MG-STF; **B:** incorreta, pois é desnecessária a instrução com o demonstrativo – Súmula 559 do STJ; **C:** incorreta, pois abrange todas as multas, inclusive as punitivas – Súmula 554 do STJ; **D:** correta – ver Súmula Vinculante 50 do STF. RB

Gabarito "D".

(Magistratura/PR – 2013 – UFPR) A respeito da obrigação tributária, avalie se as seguintes afirmativas são verdadeiras (V) ou falsas (F):

1. ( ) A obrigação tributária, assim como o lançamento e o crédito, deve ser objeto de lei complementar estabelecedora de normas gerais em matéria de legislação tributária.

2. ( ) Mesmo diante de sua inobservância, a obrigação tributária acessória mantém a sua natureza jurídica, deixando de se converter em obrigação principal inclusive em relação às penalidades pecuniárias.

3. ( ) O fato gerador (fato jurídico tributário e/ou fato imponível) da obrigação tributária principal corresponde à situação definida na lei como necessária e suficiente à sua ocorrência.

4. ( ) O sujeito passivo da obrigação principal diz-se responsável quando tenha relação pessoal e direta com a situação que constitua o respectivo fato gerador.

5. ( ) Não são solidariamente obrigados os que tenham interesse comum na situação que constitua o fato gerador da obrigação tributária principal.

Assinale a alternativa que apresenta a sequência correta, de cima para baixo:

(A) V – F – V – F – F.

(B) F – V – F – V – V.

(C) F – F – V – F – V.

(D) V – V – F – V – F.

1: verdadeira. Cabe à lei complementar estabelecer normas gerais em matéria tributária, que vinculam todos os entes tributantes no exercício da competência tributária (art. 146, III, CF/1988); **2:** falsa, pois o descumprimento de obrigação acessória pode implicar em imposição de multa, caracterizadora de obrigação tributária principal (art. 113, § 3º, do CTN); **3:** verdadeira, pois trata-se de expressa definição legal (art. 114 do CTN); **4:** falsa, pois relação pessoal e direta com o fato gerador é característica do contribuinte (art. 121, I e II, do CTN); **5:** falsa, pois a lei estabelece solidariedade entre as pessoas que tenham interesse comum no fato gerador (art. 124, I, do CTN). FC

Gabarito "A".

(Magistratura/MG – 2012 – VUNESP) Analise as afirmativas a seguir.

I. Trata-se de uma imposição constitucional a não cumulatividade do ICMS.

II. À exceção do ICMS e impostos de importação e exportação, nenhum outro tributo poderá incidir sobre operações relativas à energia elétrica.

ROBINSON BARREIRINHAS E FERNANDO CASTELLANI

III. Cabe à legislação municipal estabelecer o sujeito passivo do IPTU.

IV. O simples pedido de parcelamento do débito fiscal importa em interrupção da prescrição.

V. A execução fiscal não se sujeita a concurso de credores ou habilitação.

VI. É prevista legalmente a possibilidade de reconhecimento de ofício de prescrição intercorrente na execução fiscal.

Estão corretas as afirmativas

(A) I, II e VI, apenas.

(B) II, III, IV e V, apenas.

(C) I, III, IV, V e VI, apenas.

(D) I, II, III, IV, V e VI.

I: correta, pois expressa previsão constitucional (CF, art. 155, § 2, II); **II:** incorreta, pois a CF veda a incidência de qualquer outro imposto, não tributo (CF, art. 155, § 3); **III:** correta, pois o IPTU é um imposto municipal, cabendo, pois, a lei municipal a definição dos sujeitos ativo e passivo; **IV:** correta, pois com a mera realização do pedido, suspende-se a exigibilidade, que assim permanecerá até o cumprimento total ou rompimento dos pagamentos; **V:** correta, pois há previsão expressa na legislação da não sujeição do credor tributário a concurso de credores (CTN, art. 187); **VI:** correta, pois a Lei de Execuções Fiscais expressamente reconhece tal possibilidade (Lei 6.830/8, art. 40). **FC**
Gabarito "C".

(Magistratura/RO – 2011 – PUCPR) Dadas as assertivas abaixo, assinale a única **CORRETA.**

(A) Porque as dívidas tributárias de pequeno valor não são, em regra, ajuizadas enquanto mantiverem-se dentro do limite legal, terão sua prescrição suspensa até que superem esse limite.

(B) É inconstitucional a incidência de imposto sobre serviços de qualquer natureza sobre operações de locações de veículos.

(C) As taxas cobradas exclusivamente em razão dos serviços públicos de coleta, remoção e tratamento ou destinação de lixo ou resíduos provenientes de imóveis, viola o artigo 145, II, da Constituição Federal.

(D) A incidência de imposto municipal sobre as operações de *leasing* foi integralmente julgada inconstitucional pelo STF.

(E) Segundo entendimento sumular do STF, as taxas e os preços públicos se diferenciam pelo regime jurídico aplicável a elas.

A: incorreta, pois não há previsão de suspensão da prescrição nessa hipótese – art. 174 c/c art. 151 do CTN; **B:** Assertiva correta, nos termos da Súmula Vinculante 31/STF (é interessante notar que, atualmente, o serviço não é sequer listado na LC 116/2006); **C:** incorreta, pois o STF reconhece a validade da taxa, conforme a Súmula Vinculante 19/STF; **D:** incorreta, pois o STF entendeu constitucional a incidência do ISS sobre *leasing* financeiro e o chamado *lease back*, afastando o imposto apenas no caso do *leasing* operacional (neste último caso, haveria locação, o que afasta o ISS) – ver RE 592.905/SC; **E:** incorreta, pois, nos termos da Súmula 545/STF, "Preços de serviços públicos e taxas não se confundem, porque estas, diferentemente daqueles, são compulsórias e têm sua cobrança condicionada à prévia autorização orçamentária, em relação à lei que as instituiu."É importante notar que não subsiste,

no sistema constitucional atual, o chamado princípio da anualidade, de modo que não se exige mais a prévia autorização orçamentária como requisito para validade do tributo. **RB**
Gabarito "B".

(Magistratura/RO – 2011 – PUC/PR) Avalie as assertivas adiante:

I. Os produtos que sejam objetos de pautas fiscais que lhe prevejam base de cálculo adredemente fixada podem gerar, pela sua sistemática, prejuízos ou benefícios ao Estado-membro, sendo considerado pelo STF apenas modelo de facilitar a tributação.

II. Para realizar transação tributária, é necessário que haja lei prévia autorizando expressamente esse modo de extinção do crédito tributário, o que já acontece em algumas cidades brasileiras, mas não no âmbito federal, e a lei deverá prever a autoridade administrativa competente para autorizá-la.

III. A constitucional idade da substituição tributária regressiva ou "para trás" não foi questionada como ocorreu com a substituição progressiva ou "para frente", já que naquela o próprio Estado deixa de receber o tributo no momento da ocorrência do fato gerador, para, por conveniência, postergar o seu recebimento, enquanto nesta presume antes a ocorrência do fato gerador que ainda, de fato, não ocorreu.

IV. O mínimo existencial é princípio constitucional que pode ser retirado essencialmente do princípio da capacidade contributiva, que visa proteger a exação desproporcional e conta com alguns indícios de proteção no direito positivo brasileiro, como no imposto de renda da pessoa física ou mesmo em alguns produtos da cesta básica, que foram desonerados, e que contam com o princípio da seletividade como instrumento importante para sua defesa.

V. A presunção de fraude do crédito tributário pode ocorrer por começo de oneração de renda, por sujeito passivo com dívida regularmente inscrita em dívida ativa.

VI. Como providência para gerar transparência fiscal, como também segurança jurídica aos contribuintes diante do cipoal de normas tributárias existentes, o Poder Executivo municipal, estadual e federal devem expedir, por decreto, até o final de janeiro de todo ano, a consolidação, em texto único, da legislação vigente relativa a cada um dos tributos.

Estão CORRETAS:

(A) Somente as assertivas I, V e VI.

(B) Somente as assertivas II e III.

(C) Somente as assertivas II e VI.

(D) Somente as assertivas IV e V.

(E) Todas as assertivas.

I: Adequada, pois o examinador se refere à substituição tributária "para frente", em que há prévia estimativa do valor da operação futura (estimativa da base de cálculo), ratificada pelo STF – art. 150, § 7°, da CF, ver ADI 1.851/AL. É importante salientar que o Supremo Tribunal Federal não tratou da situação como sendo pauta fiscal (embora seja comum o termo também para esse caso), até porque, no caso do ICMS, há regras objetivas para que o próprio sujeito passivo calcule o valor da base de cálculo presumida (ver art. 8°, II, da LC 87/1996); **II:** correta, conforme art. 171 do CTN; **III:** Assertiva correta, pois, de fato,

7. DIREITO TRIBUTÁRIO 555

jamais houve discussão relevante quanto à substituição tributária "para trás" – ver a citada ADI 1.851/AL, em relação à substituição tributária "para frente"; **IV:** Assertiva correta, pois se refere adequadamente ao conceito do mínimo existencial, aceito pela doutrina; **V:** Assertiva correta, conforme o art. 185 do CTN; VI: correta, pois a determinação está no art. 212 do CTN. **RB**

Gabarito "E".

(Magistratura/SC – 2010) Assinale a alternativa correta:

(A) A União não pode fixar as alíquotas máximas do Imposto sobre Serviços de Qualquer Natureza (ISS).

(B) A União pode, por lei complementar, instituir um regime único de arrecadação dos impostos e contribuições da União, Estados, Distrito Federal e Municípios, para as microempresas e empresas de pequeno porte.

(C) A União pode instituir isenções sobre tributos da competência dos Estados, Distrito Federal e Municípios.

(D) A União pode instituir isenções de impostos de sua competência tributária e de contribuições sociais dos Estados, Municípios e Distrito Federal.

(E) À União é proibida a concessão de incentivos fiscais destinados a promover o equilíbrio do desenvolvimento socioeconômico entre as diferentes regiões porque lhe é vedado instituir tributos que não sejam uniformes em todo o território nacional.

A: incorreta, pois cabe à lei complementar federal fixar as alíquotas mínimas e máximas do ISS – art. 156, § 3º, I, da CF; **B:** correta, conforme o art. 146, parágrafo único, da CF; **C** e **D:** incorretas, pois o art. 151, III, da CF veda expressamente a concessão de isenção heterônoma pela União (impostos, contribuições ou quaisquer outras espécies tributárias); **E:** incorreta, pois essa é a exceção ao princípio da uniformidade territorial, conforme o art. 151, I, da CF. **RB**

Gabarito "B".

(Magistratura/PR – 2010 – PUC/PR) Avalie as assertivas abaixo e assinale, a seguir, a alternativa CORRETA:

I. A transação de crédito tributário, embora ainda não possa ocorrer no âmbito federal, por falta de autorização legal, já ocorre em algumas cidades e Estados-membros, sendo necessário constar na lei a autoridade competente para autorizá-la.

II. Na substituição tributária regressiva ou "para trás", em face da existência do fato gerador presumido, o crédito é retido em operação anterior, antes da efetiva ocorrência do fato que faz nascer à exação, utilizando-se, para tanto, de presunções de ocorrência e de base de cálculo (pautas fiscais), que podem não ocorrer exatamente como previsto, não sendo devido, no entanto, nessa hipótese, qualquer devolução para o contribuinte da diferença que houver entre o fato presumido e o efetivamente ocorrido, conforme já decidido pelo Supremo Tribunal Federal.

III. A taxa e o preço-público se equivalem, já que em ambos é possível se obter deliberadamente a mais-valia, ou lucro, arrecadando-se, portanto, mais do que o custo da prestação do serviço, razão da possibilidade de utilização para remunerar qualquer serviço público, ainda que indivisível.

IV. A proteção vital, ou mínimo existencial, de ampla aplicação no Brasil, é princípio que visa a proteger a dignidade humana da exação desproporcional e violadora da capacidade contributiva, que carece ainda de lei para que possa ser respeitado, mas que conta com alguma proteção como a dos alimentos da cesta básica, e com o valioso auxílio da seletividade, que é amplamente aplicada a todas as exações no direito brasileiro.

V. A presunção de fraude do crédito tributário pode ocorrer por começo de oneração de renda, por sujeito passivo com dívida regularmente inscrita em dívida ativa.

VI. O Poder Executivo municipal, o estadual e o federal devem expedir, por decreto, até o final de janeiro de todo ano, a consolidação, em texto único, da legislação vigente relativa a cada um dos tributos.

(A) Somente as assertivas I, V e VI estão corretas.

(B) Somente as assertivas II e III estão erradas.

(C) A assertiva II está correta e a VI está incorreta.

(D) A assertiva IV está correta e a V está incorreta.

I: assertiva correta, nos termos do art. 171 do CTN; **II:** incorreta, pois a assertiva se refere à substituição tributária **"para frente"** – art. 150, § 7º, da CF. Interessante lembrar que outubro de 2016 o Pleno do STF fixou nova tese no RE 593.849/MG em repercussão geral, reconhecendo o direito à restituição também no caso de o fato gerador ocorrer por valor inferior ao presumido e que servirá de base de cálculo para o tributo recolhido na sistemática de substituição tributária "para frente" (não apenas quando não ocorrer fato gerador); **III:** incorreta, pois a taxa (espécie de tributo, há compulsoriedade) não se confunde com o preço público (não é tributo, não há compulsoriedade); **IV:** incorreta, pois a seletividade não é amplamente aplicada a todas exações no direito brasileiro, restringindo-se, no âmbito constitucional, ao IPI (que deve ser seletivo) e ao ICMS (que pode ser seletivo); **V:** assertiva correta, nos termos do art. 185 do CTN; **VI:** correta, nos termos do art. 212 do CTN. **RB**

Gabarito "A".

(Magistratura Federal-5ª Região – 2011) Considerando a competência tributária e as limitações do poder de tributar, assinale a opção correta.

(A) É compatível com a CF lei complementar estadual que isente os membros do MP do pagamento de custas judiciais, notariais, cartorárias e quaisquer taxas ou emolumentos.

(B) Segundo a jurisprudência do STF, ofende o princípio da isonomia tributária a instituição de lei que, por motivos extrafiscais, imprima tratamento desigual a microempresas de capacidade contributiva distinta, afastando do regime do SIMPLES aquelas cujos sócios tenham condição de disputar o mercado de trabalho sem auxílio estatal.

(C) A imunidade tributária recíproca impede a cobrança de impostos, taxas e contribuições entre os entes federativos.

(D) De acordo com o que dispõe o CTN, os tributos cuja receita seja distribuída, no todo ou em parte, a outras pessoas jurídicas de direito público pertencem à competência legislativa daquela a que tenham sido atribuídos.

(E) A atribuição da competência tributária compreende as garantias e os privilégios processuais que competem à pessoa jurídica de direito público que a conferir.

A: incorreta, pois tal norma violaria o princípio da isonomia – ver ADI 3.260/RN. É importante salientar que a decisão do STF refere-se à lei que isentava os membros do Ministério Público, inclusive os inativos (não era benefício em favor da instituição, mas das pessoas naturais); **B:** incorreta, pois o STF decidiu exatamente o oposto, no sentido de que não há ofensa ao princípio da isonomia tributária se a lei, por motivos extrafiscais, imprime tratamento desigual a microempresas e empresas de pequeno porte de capacidade contributiva distinta, afastando do regime do Simples Federal aquelas cujos sócios têm condições de disputar o mercado de trabalho sem assistência do Estado (referia-se a sociedades formadas por profissionais liberais, excluídos do antigo Simples Federal, anterior ao atual Simples Nacional) – ADI 1.643/UF; **C:** incorreta, pois a imunidade recíproca refere-se exclusivamente aos impostos, e não às demais espécies tributárias – art. 150, VI, *a*, da CF; **D:** essa é a assertiva correta, pois reflete o disposto no art. 6º, parágrafo único, do CTN; **E:** incorreta, pois a competência tributária é indelegável. A assertiva se refere à delegação da sujeição ativa – art. 7º, § 1º, do CTN. FC/RB

Gabarito "D".

(Magistratura Federal/3ª Região – 2010) Assinale a alternativa incorreta:

(A) As taxas não poderão ter base de cálculo próprio de impostos;

(B) Cabe à lei complementar dispor sobre conflitos de competência, em matéria tributária, entre a União, os Estados, o Distrito Federal e os Municípios;

(C) A União poderá instituir taxas, em razão do exercício do poder de polícia ou pela utilização, efetiva ou potencial, de serviços públicos específicos e indivisíveis, prestados ao contribuinte ou postos a sua disposição;

(D) O Distrito Federal poderá instituir contribuição de melhoria, decorrente de obras públicas.

A: assertiva correta, nos termos do art. 145, § 2º, da CF – ver Súmula Vinculante 29 do STF; **B:** correta, conforme o art. 146, I, da CF; **C:** incorreta, pois somente serviços **divisíveis** permitem a cobrança de taxa – art. 145, II, da CF; **D:** correta, pois a competência relativa às contribuições de melhoria é comum a todos os entes políticos, em relação às respectivas obras públicas – art. 145, III, da CF. FC/RB

Gabarito "C".

8. Direito Empresarial

Fernando Castellani, Robinson Barreirinhas e Henrique Subi

1. TEORIA GERAL

1.1. EMPRESA, EMPRESÁRIO, CARACTERIZAÇÃO E CAPACIDADE

(Magistratura/AM – 2013 – FGV) De acordo com o Direito Empresarial, disciplinado pelo Código Civil, assinale a afirmativa correta.

(A) Aquele que explora atividade intelectual, de natureza científica, literária ou artística, com o concurso de auxiliares ou colaboradores, é considerado empresário, salvo se o exercício da profissão constituir elemento de empresa.

(B) O analfabeto pode se inscrever como empresário individual no Registro Público de Empresas Mercantis, mediante outorga de uma procuração, por instrumento público ou particular.

(C) Ocorrendo o trespasse do estabelecimento empresarial, o adquirente será considerado responsável solidário pelas obrigações anteriores regularmente contabilizadas, pelo prazo de 01 (um) ano, contado do vencimento da dívida.

(D) O nome empresarial é um dos elementos incorpóreos integrantes do estabelecimento empresarial, mas não pode ser objeto de alienação.

(E) A sociedade limitada que tem por objeto a criação de cabeças de gado para corte, pode ter os seus atos constitutivos registrados no Registro Civil de Pessoas Jurídicas.

A: incorreta, pois, em regra, a atividade intelectual é considerada não empresária, admitindo-se, como exceção, seu caráter empresarial, se constituir elemento de empresa (art. 966, parágrafo único, do CC); **B:** incorreta, pois a procuração para a inscrição do analfabeto deve ser firmada por instrumento público apenas (cf. item 1.3.6. do Manual de Atos de Registro Mercantil, do DNRC); **C:** incorreta, pois a solidariedade pelo prazo de 1 ano é aplicável ao alienante, enquanto que o adquirente é considerado sucessor (art. 1.146 do CC); **D:** incorreta, pois apesar do nome empresarial não poder ser objeto de alienação isolada, admite-se o seu uso, pelo sucessor, no caso de aquisição de estabelecimento (art. 1.164, parágrafo único, do CC); **E:** correta, pois a sociedade limitada pode ser empresária ou simples, a depender da forma de exploração de seu objeto, variando o órgão de registro (Registro Público de empresas mercantis ou Cartório de Registro de Pessoas Jurídicas), em face de tal característica (art. 982 do CC). **FC**
Gabarito "E".

(Magistratura/MG – 2012 – VUNESP) Com a vigência do Novo Código Civil, à luz do artigo 966, é correto afirmar que o Direito brasileiro concluiu a transição para a

(A) "teoria da empresa", de matriz francesa.

(B) "teoria da empresa", de matriz italiana.

(C) "teoria dos atos de comércio", de matriz francesa.

(D) "teoria dos atos de comércio", de matriz italiana.

O CC passou a adotar, expressamente, a chamada teoria de empresa, originada do Direito Italiano, de autoria de Alberto Asquini, em substituição a antiga Teoria de Atos de Comércio, originada no Direito Francês. **A**, **C** e **D:** incorretas. **B:** correta. **FC**
Gabarito "B".

(Magistratura/MG – 2012 – VUNESP) No que diz respeito ao empresário individual, assinale a alternativa correta.

(A) Não é pessoa jurídica e pode ingressar em juízo em nome próprio.

(B) É pessoa jurídica e não pode ingressar em juízo em nome próprio.

(C) Não é pessoa jurídica e pode ingressar em juízo em nome próprio, mas, para tanto, exige-se que tenha CPF (Cadastro de Pessoas Físicas) e não CNPJ (Cadastro Nacional de Pessoas Jurídicas).

(D) É pessoa híbrida e, para que ingresse em juízo, é necessário que outorgue duas procurações, uma em nome da pessoa física e outra em nome da empresa.

A: correta, pois a expressão "empresário individual" é usada para identificar o empresário pessoa física, que explora atividade empresarial em nome próprio, tendo, com isso, legitimidade para ingressar em juízo em nome próprio; **B:** incorreta, pois empresário individual identifica pessoa física, enquanto sociedade empresária é a expressão para identificar pessoa jurídica que explora atividade empresarial; **C:** incorreta, pois o empresário individual, apesar de ser pessoa física, possui CNPJ, por determinação da legislação tributária e para fins tributários; **D:** incorreta, pois não há pessoa jurídica nessa relação jurídica. **FC**
Gabarito "A".

(Magistratura/PE – 2011 – FCC) É correto afirmar que

(A) a lei assegurará tratamento isonômico ao empresário rural e ao pequeno empresário, quanto à inscrição empresarial e aos efeitos dela decorrentes.

(B) o empresário casado pode, sem necessidade de outorga conjugal, qualquer que seja o regime de

---

FC questões comentadas por: **Fernando Castellani**

RB questões comentadas por: **Robinson Barreirinhas**

HS questões comentadas por: **Henrique Subi**

bens, alienar os imóveis que integrem o patrimônio da empresa ou gravá-los de ônus real.

(C) é facultativa a inscrição do empresário no Registro Público de Empresas Mercantis da sede respectiva, antes do início de sua atividade.

(D) quem estiver legalmente impedido de exercer atividade própria de empresário, se a exercer, não responderá pelas obrigações que contrair.

(E) é vedado aos cônjuges contratar sociedade entre si ou com terceiros, qualquer que seja o regime de bens escolhido.

A: incorreta, pois não há previsão de tratamento isonômico aos empresários rurais e pequenos empresários; B: correta, pois há regra expressa na lei (CC, art. 978); C: incorreta, pois há exigência expressa na lei (CC, art. 967); D: incorreta, pois a proibição para o exercício da atividade empresarial não afasta eventual responsabilidade por atos (CC, art. 973); E: incorreta, pois a vedação aplica-se apenas para os casos e regime de comunhão universal ou separação obrigatória (CC, art. 977). **RB**
Gabarito "B".

(Magistratura/PI – 2011 – CESPE) Com relação ao empresário, assinale a opção correta.

(A) É considerado empresário individual o comerciante que leve, ele mesmo, a mercadoria comercializada até a residência dos potenciais consumidores.

(B) Não é considerada empresária a pessoa que organiza episodicamente a produção de certa mercadoria, ainda que destinada à venda no mercado.

(C) Por força de lei, aplicam-se aos sócios da sociedade empresária as regras próprias do empresário individual.

(D) O menor com dezesseis anos idade que não seja emancipado somente poderá dar início a empresa mediante autorização de juiz.

(E) É considerada empresária a pessoa que, exercendo profissão intelectual de natureza artística, contrate empregados para auxiliá-la no trabalho.

A: incorreta, pois o conceito de empresário e de comerciante não se confundem e, além disso, o conceito de empresário exige a existência de mão de obra subordinada, inexistindo no caso de fazer exploração de atividade de venda direta, sem colaboradores (CC, art. 966); B: correta, pois o conceito de empresário exige a habitualidade na exploração, como consequência da característica da exploração com profissionalismo (CC. art. 966); C: incorreta, pois sócio e sociedade não se confundem, assim como o regime jurídico do sócio não é definido pelas regras do empresário individual, mas sim pelas regras do direito societário (CC, art. 1001 a 1009); D: incorreta, pois esta situação configura, por si só, causa de emancipação, o que nos leva a interpretação de que o incapaz poderá iniciar atividade econômica em idade anterior (CC, art. 5º, V); E: incorreta, pois a existência de auxiliares ou colaboradores não afasta a característica da intelectualidade da atividade, permanecendo, portanto, seu titular, não empresário (CC, art. 966, parágrafo único). **FC**
Gabarito "A".

(Magistratura/PR – 2013 – UFPR) De acordo com a vigente legislação civil, é INCORRETO afirmar:

(A) A sociedade entre cônjuges, ou seja, aquela composta exclusivamente por marido e mulher, só é admitida pelo ordenamento civil quando o regime de bens no casamento for o de comunhão parcial ou regime legal de bens.

(B) As sociedades em comandita simples, em nome coletivo e em conta de participação, são consideradas como sociedades contratuais menores, dada a pouquíssima presença na economia brasileira.

(C) O empresário casado pode, sem necessidade de outorga conjugal, qualquer que seja o regime de bens, alienar os imóveis que integram o patrimônio da empresa ou gravá-los de ônus real.

(D) As sociedades cooperativas são sociedades empresárias que funcionam sob denominação integrada pelo vocábulo "cooperativa".

A: incorreta, pois na separação obrigatória não se admite tal sociedade (art. 977 do CC); B: correta, pois tal nomenclatura doutrinária, utilizada inicialmente por Fabio Ulhoa Coelho, refere-se, de fato, a sociedades de pouca, ou nenhuma, expressão na economia brasileira; C: correta, pois trata-se de exceção expressa prevista na Legislação (art. 978 do CC); D: incorreta, pois as sociedades cooperativas sempre serão não empresárias ou simples (art. 982, parágrafo único, do CC). **FC**
Gabarito oficial: A ou D

(Magistratura/RO – 2011 – PUCPR) Dadas as assertivas abaixo, assinale a única **CORRETA:**

(A) Segundo a Lei (Código Civil), é considerado empresário todo aquele que exerce, de forma profissional, atividade econômica organizada para a produção ou a circulação de bens ou de serviços.

(B) Quem exerce profissão intelectual, de natureza científica, literária ou artística, também é sempre considerado empresário, sem exceção.

(C) A atividade empresária não pode ser exercida por pessoas jurídicas.

(D) O menor de 18 anos e maior de 16 anos, ainda que tenha economias próprias, jamais pode se estabelecer como empresário, pois não atingiu a maioridade e, portanto, é incapaz para a prática de atos.

(E) O estabelecimento empresarial é composto unicamente de bens móveis e imóveis, que são reunidos pelo empresário ou sociedade empresária para o exercício da atividade empresarial.

A: correta, por expressa definição legal (CC, art. 966); B: incorreta, pois a exploração da atividade intelectual, como regra, é não empresária, sendo exigido, para afastar essa regra, a presença do elemento de empresa (CC, art. 966, parágrafo único); C: incorreta, pois a atividade empresarial pode ser explorada por pessoa física ou jurídica (CC, art. 966 e 982); D: incorreta, pois o incapaz poderá estabelecer-se como empresário, ou mesmo continuar a exploração, nos casos expressos na lei (CC, art. 5º e 974); E: incorreta, pois o estabelecimento, para a doutrina, é formado pelo conjunto de bens materiais e imateriais, dentre eles o nome empresarial, a propriedade industrial, o ponto empresarial, entre outros, que não se adequam a classificação em bens móveis ou imóveis (CC, art. 1.142). **RB**
Gabarito "A".

(Magistratura/SC – 2010) Assinale a alternativa correta:

I. Para o ato ser considerado de comércio é necessário o cumprimento dos requisitos de exploração econômica, fins lucrativos e forma mercantil, ou que a lei declare esta qualidade.

II. O direito de empresa foi uma das mais relevantes mudanças inseridas no Código Civil de 2002, abo-

8. DIREITO EMPRESARIAL

lindo a dualidade de normatização das obrigações e de diversos tipos de contratos.

III. Quem exerce a profissão intelectual de natureza científica é sempre obrigado a se inscrever no Registro Público de Empresas Mercantis antes do início de sua atividade.

IV. Cônjuges casados sob regime de comunhão universal de bens ou de separação obrigatória não podem contratar sociedade entre si ou com terceiros.

(A) Somente as proposições I e IV estão corretas.

(B) Somente as proposições II, III e IV estão corretas.

(C) Somente as proposições I, II e IV estão corretas.

(D) Somente as proposições I e III estão corretas.

(E) Todas as proposições estão corretas.

I: correta, pois a lei estabelece tais requisitos (CC, art. 964); II: incorreta, pois o CC manteve a separação das obrigações do empresário e do não empresário, unindo, apenas, todas em um único diploma (o próprio Código); III: incorreto pois somente será obrigado se configurada a atividade intelectual com elemento de empresa (CC, art. 964, parágrafo único); IV: correta, pois trata-se de expressa proibição legal (CC, art. 977). **RB**
Gabarito "C."

(**Magistratura/SP – 2013 – VUNESP**) O Juiz que autorizar o incapaz, por meio de seu representante, continuar a empresa antes exercida por seus pais poderá:

(A) limitar a responsabilidade do incapaz pelas dívidas da empresa autorizada.

(B) eximir o representante do incapaz pelos atos do gerente nomeado.

(C) especificar, segundo seu livre convencimento, quais os bens que ficarão sujeitos ao resultado da empresa.

(D) ordenar e aprovar a nomeação de gerente em todos os casos em que entender conveniente.

A: incorreta, pois a limitação cabível é aquela legalmente prevista, no art. 974, § 2.º, do CC (não ficam sujeitos ao resultado da empresa os bens que o incapaz já possua, ao tempo da sucessão ou da interdição, desde que estranhos ao acervo daquela, devendo tais fatos constar do alvará que conceder a autorização), além daquelas decorrentes do tipo societário e da atividade dos gestores; B: incorreta, pois a aprovação do juiz não exime o representante ou assistente do menor ou do interdito da responsabilidade pelos atos dos gerentes nomeados – art. 975, § 2.º, do CC; C: incorreta, conforme comentário à alternativa "A"; D: correta, nos termos do art. 975, § 1.º, do CC. **RB**
Gabarito "D."

1.2. DESCONSIDERAÇÃO DA PERSONALIDADE JURÍDICA

(**Magistratura/PR – 2013 – UFPR**) A aplicação da teoria da desconsideração da personalidade jurídica é medida excepcional, pois o patrimônio da pessoa jurídica não se confunde nem se identifica com o patrimônio individual das pessoas naturais que a compõem. Nesse contexto, é correto afirmar:

(A) Por ser medida de exceção, a desconsideração da personalidade jurídica volta-se contra o detentor efetivo da empresa, não atingindo os diretores assalariados ou empregados não participantes do controle acionário.

(B) Ao decretar a desconsideração da personalidade

jurídica, o magistrado está atingindo a autonomia subjetiva da pessoa coletiva, de modo a acarretar sua dissolução ou liquidação.

(C) A desconsideração inversa da personalidade jurídica ocorre para apuração de atividades fraudadoras praticadas por sociedades que se encontram dentro de um mesmo grupo econômico.

(D) O Código Civil de 2002, em seu art. 50, estatui que qualquer abuso de personalidade jurídica, que acarretar fraude contra credores ou danos a terceiros, desde que devidamente comprovados, autoriza o magistrado a declarar a desconsideração da personalidade jurídica.

A: correta, pois, nos termos da lei, somente responde na desconsideração, os sócios ou administradores responsáveis pelos atos ou por ele beneficiados (art. 50 do CC); B: incorreta, pois a desconsideração não inicia processo de liquidação, por falta de previsão legal, mas sim, apenas, afasta temporariamente a eficácia da personificação do ente coletivo; C: incorreta, pois tal expressão doutrinária refere-se à desconsideração da personalidade para responsabilizar a pessoa jurídica por dívidas dos sócios ou administradores; D: incorreta, pois os abusos caracterizadores de desconsideração são apenas a confusão patrimonial ou o desvio de finalidade (art. 50 do CC). **FC**
Gabarito "A."

1.3. NOME EMPRESARIAL

(**Juiz – TRF 2ª Região – 2017**) Sociedade empresária impetra mandado de segurança em face de ato do Presidente da Junta Comercial do Estado do Rio de Janeiro, que nega o arquivamento de alteração contratual. O ato aponta a inviabilidade do nome empresarial, diante de similitude para com outro já existente, de diversa sociedade. Em relação ao tema, analise as assertivas abaixo e, depois, marque a opção correta:

I. Em relação ao mandado de segurança impetrado, a competência é da Justiça Estadual, já que o ato foi praticado por autoridade estadual;

II. Independentemente de tema processual, o controle de similitude de nome empresarial cabe ao Instituto Nacional de Propriedade Industrial, e não à Junta Comercial;

III. A coincidência de nome empresarial é matéria do interesse exclusivo de seus titulares, e a análise do tema, sem provocação do interessado, não cabe nem à Junta Comercial e nem ao Instituto Nacional de Propriedade Industrial;

IV. Às Juntas Comerciais cabe a análise da escolha de títulos de estabelecimento e formas societárias, enquanto ao Instituto Nacional de Propriedade Industrial, entre outras tarefas, cabe a análise de pedido de registro e eventual colidência de marcas.

(A) Estão erradas todas a assertivas.

(B) Apenas as assertivas I e II estão corretas.

(C) Apenas as assertivas I e III estão corretas.

(D) Apenas a assertiva IV está correta.

(E) Está correta apenas a assertiva II.

I: incorreta. A competência é da Justiça Federal, porque, no que toca a questões técnicas sobre o registro de empresas, as Juntas Comerciais atuam sob vinculação ao Departamento de Registro de Empresas e Integração (DREI), órgão federal ligado à Secretaria da Micro e Pequena Empresa; **II:** incorreta. O nome empresarial não se confunde com marca: o primeiro é controlado pelas Juntas Comerciais, a segunda pelo INPI; **III:** incorreta. Trata-se de questão de interesse público, porquanto a similitude dos nomes empresariais pode causar confusão entre os demais agentes econômicos e a clientela. Por tal razão, é realizada de ofício pela Junta Comercial; **IV:** incorreta. A escolha do título do estabelecimento e da forma societária não é controlada pela Junta Comercial, a qual, em relação ao segundo caso, verificará unicamente se foram cumpridos os requisitos legais incidentes sobre o tipo societário escolhido. **HS**

Gabarito "A".

(Magistratura/PI – 2011 – CESPE) Assinale opção correta acerca do nome empresarial.

(A) Por expressa disposição legal, a sociedade em conta de participação deve operar sob firma ou denominação.

(B) É vedado ao adquirente de estabelecimento usar o nome do alienante precedido do seu próprio, com a qualificação de sucessor, mediante ato entre vivos e autorização contratual, visto que o nome empresarial não pode ser objeto de alienação.

(C) O Código Civil determina que se aplique às pessoas jurídicas, no que couber, a proteção dos direitos da personalidade, sendo entendimento pacífico da doutrina brasileira que o nome empresarial deve ser compreendido como direito da personalidade do empresário.

(D) A firma deve ser composta com o nome de um ou mais sócios, desde que sejam pessoas físicas, de modo indicativo da relação social, podendo ser adotada nas sociedades limitadas, nas sociedades em comandita por ações e nas sociedades anônimas.

(E) A inscrição do nome empresarial deve ser cancelada, a requerimento de qualquer interessado, quando cessar o exercício da atividade para a qual tenha sido adotado o nome, ou quando se ultimar a liquidação da sociedade que o tenha inscrito.

A: incorreta, pois sociedade em conta de participação não possui personalidade jurídica, não adotando, com isso, nome empresarial (CC,. art. 1.162); **B:** incorreta, pois nessa situação específica a lei reconhece o interesse de preservação da clientela como relevante, garantindo a utilização do nome precedido da expressão "sucessor de"(CC, art. 1.164, parágrafo único); **C:** incorreta, pois o código determinada mera equiparação (CC, art. 1.155); **D:** incorreta, pois as sociedades anônimas somente podem adotar denominação (CC, art. 1.160); **E:** correta, pois não haverá sentido na manutenção da utilização do nome empresarial se não há atividade empresarial (CC, art. 1.168). **FC**

Gabarito "E".

(Magistratura/RJ – 2011 –VUNESP) Quanto ao nome empresarial, assinale a alternativa correta.

(A) Nas sociedades limitadas, os administradores que omitirem a palavra "limitada" no uso da firma ou denominação social serão responsáveis solidariamente, desde que ajam com dolo comprovado e assumam obrigações com valor superior a 10 salários mínimos vigentes no país.

(B) A inscrição do empresário, ou dos atos constitutivos das pessoas jurídicas, ou as respectivas averbações, no registro próprio, asseguram o uso exclusivo do nome

nos limites do território nacional, independentemente de registro na forma da lei especial.

(C) É de 4 (quatro) anos o prazo para o prejudicado intentar ação para anular a inscrição do nome empresarial feita com violação da lei ou do contrato.

(D) Equipara-se ao nome empresarial, para efeitos de proteção legal, a denominação das sociedades simples, associações e fundações.

A: incorreta, pois a responsabilidade descrita no enunciado independe de dolo ou valor (CC, art. 1.158, § 3º); **B:** incorreta, pois o registro na Junta Comercial garante apenas a utilização com exclusividade no território do Estado de registro, sendo preciso registro adicional nos Estados ou regulamentação por lei específica federal (CC, art. 1.166); **C:** incorreta, pois o prazo para pleitear anulação do registro de nome empresarial poderá ser feita a qualquer tempo (CC, art. 1.167); **D:** correta, por expressa previsão legal (CC, art. 1.155). **FC**

Gabarito "D".

1.4. INSCRIÇÃO, REGISTROS, ESCRITURAÇÃO E LIVROS

(Juiz – TJ/SP – VUNESP – 2015) A respeito da escrituração mercantil, é incorreto afirmar que

(A) os livros obrigatórios do empresário e da sociedade empresária devem ser autenticados na Junta Comercial.

(B) quando preencherem os requisitos legais, os livros contábeis fazem prova a favor de seu titular, nos litígios entre empresários.

(C) as sociedades anônimas deverão manter registros permanentes, observando a legislação e os princípios de contabilidade geralmente aceitos e registrar suas mutações patrimoniais segundo o regime de caixa.

(D) o exame de livros comerciais, em ação judicial envolvendo contratos mercantis, fica limitado aos lançamentos correspondentes às transações entre os litigantes.

A: correta, nos termos do art. 1.181 do CC; **B:** correta, nos termos do art. 418 do CPC; **C:** incorreta, devendo ser assinalada. Deve ser observado o regime de competência, nos termos do art. 177 da LSA; **D:** correta, nos termos do art. 421 do CPC. **HS**

Gabarito "C".

(Juiz – TRF 3ª Região – 2016) Relativamente ao registro do empresário, assinale a alternativa incorreta:

(A) O requerimento deve conter a firma, com a respectiva assinatura autógrafa que poderá ser substituída pela assinatura autenticada com certificação digital ou meio equivalente que comprove a sua autenticidade.

(B) No caso de abertura de microempresa e empresa de pequeno porte, poderá ser dispensado o uso da firma, com a respectiva assinatura autógrafa.

(C) O empresário que instituir sucursal, filial ou agência, em lugar sujeito à jurisdição de outro Registro Público de Empresas Mercantis, neste poderá, se o desejar, também inscrevê-la, com a prova da inscrição originária.

(D) O empresário, cuja atividade rural constitua sua principal profissão, pode requerer inscrição no Registro

8. DIREITO EMPRESARIAL   561

Público de Empresas Mercantis da respectiva sede, caso em que, depois de inscrito, ficará equiparado, para todos os efeitos, ao empresário sujeito a registro.

A: correta, nos termos do art. 968, II, do CC; **B:** correta, nos termos do art. 968, II, parte final, do CC; **C:** incorreta, devendo ser assinalada. Não se trata de faculdade do empresário, mas de obrigação (art. 969 do CC); **D:** correta, nos termos do art. 971 do CC. **HS**
Gabarito "C".

Magistratura/BA – 2012 – CESPE) De acordo com as legislações que instituíram o Estatuto Nacional da Microempresa e da Empresa de Pequeno Porte e o Registro Público de Empresas Mercantis e Atividades Afins, assinale a opção correta.

(A) As microempresas e as empresas de pequeno porte que optarem pelo SIMPLES Nacional farão jus à apropriação e à transferência dos créditos relativos a impostos ou contribuições abrangidos pelo SIMPLES Nacional.

(B) Para os efeitos legais, nenhuma pessoa jurídica constituída sob a forma de cooperativa pode beneficiar-se do tratamento jurídico diferenciado previsto no estatuto em epígrafe.

(C) A certidão dos atos de constituição e de alteração de sociedades mercantis emitida pelas juntas comerciais em que foram arquivados constitui o documento hábil para a transferência, por transcrição no registro público competente, dos bens com que o subscritor tenha contribuído para a formação ou aumento do capital social.

(D) A lei impede que o município conceda alvará de funcionamento provisório para o microempreendedor individual, para microempresas e para empresas de pequeno porte, nos casos em que o grau de risco da atividade seja considerado alto, ou, ainda, estejam os estabelecimentos instalados em áreas desprovidas de regulação fundiária legal ou com regulamentação precária.

(E) Podem ser arquivados os atos constitutivos de empresas mercantis que não designem o respectivo capital ou a declaração precisa de seu objeto, cuja indicação, no nome empresarial, é facultativa.

A: incorreta, pois há vedação legal expressa (LC 123/2003, art. 23); **B:** incorreta, pois a lei permite cooperativas de consumo (LC 123/2003, art. 3º); **C:** correta, por expressa previsão legal (Decreto 1.800/1996, art. 85); **D:** incorreta, pois a lei apenas limita aos casos de risco grave (LC 123/2003, art. 7º); **E:** incorreta, pois os itens indicados são obrigatórios para o registro (CC, art. 997). **FC**
Gabarito "C".

(Magistratura/PA – 2012 – CESPE) No que se refere às sociedades empresárias e ao empresário, assinale a opção correta.

(A) A sociedade que continuar a funcionar após a decretação de sua inatividade voltará ao *status* jurídico anterior, ou seja, de sociedade empresária regular.

(B) Uma sociedade empresária irregular tem legitimidade ativa para pedir falência de outro comerciante.

(C) A falta do registro na junta comercial importa a aplicação de sanções de natureza fiscal e administrativa, mas não impede a matrícula do empresário no INSS.

(D) Tanto o microempresário quanto o empresário de pequeno porte devem cumprir a obrigação geral de registro na junta comercial.

(E) A junta comercial, após o cancelamento do registro de sociedade empresária, deve comunicar o fato às autoridades arrecadadoras.

A: incorreta, pois o funcionamento sem o registro, ou após o seu cancelamento, implicará na caracterização de irregularidade, denominada sociedade em comum pela legislação (CC, art. 986 a 990); **B:** incorreta, pois exige-se do empresário credor, como condição de legitimidade ativa, a sua regularidade (Lei 11.101/2005, art. 97); **C:** incorreta, pois a matrícula no INSS exige a comprovação do competente registro; **D:** incorreta, em parte, pois nos termos da legislação, o pequeno empresário deve ter tratamento favorecido em relação ao registro, mas isso não significa dispensa. A rigor, a alternativa seria correta (CC, art. 970): **E:** correta, por expressa previsão legal (Lei 8.934/1994, art. 60). **FC**
Gabarito "E".

(Magistratura/PA – 2012 – CESPE) No que tange à disciplina aplicável ao registro de empresas e ao empresário irregular, assinale a opção correta.

(A) Conforme a peculiaridade do objeto de exploração da empresa, a sociedade pode ter os seus atos constitutivos depositados no Departamento Nacional de Registro do Comércio (DNRC).

(B) O leiloeiro deve, obrigatoriamente, matricular-se na junta comercial, sob pena de ser acusado do exercício irregular da atividade.

(C) Em decorrência dos princípios norteadores do registro de empresas, a junta comercial não pode conceder prazo para a correção de vícios nos documentos que lhe são apresentados, ainda que se trate de vícios formais e sanáveis.

(D) Um empresário irregular pode exercer livremente todos os atos da vida civil – como, por exemplo, contrair empréstimo bancário – e, além disso, não estar impedido de praticar atos jurídicos.

(E) As sociedades empresárias devem ser registradas no registro civil de pessoas jurídicas e, caso correspondam a escritórios que prestem serviços de advocacia, devem ter seus atos constitutivos levados à OAB.

A: incorreta, pois o DNRC não realiza atos de registro, cabendo-os às juntas comerciais dos Estados (CC, art. 967); **B:** correta, pois há previsão legal nesse sentido (IN 113/2010 do DNRC); **C:** incorreta, pois há previsão legal nesse sentido (Lei 8.934/1994, art. 40); **D:** incorreta, pois há limitações impostas ao empresário irregular, como, por exemplo, requerer falência de outro empresário (Lei 11.101/2005, art. 97); **E:** incorreta, pois as sociedades empresárias devem ser registradas no Registro de Empresas Mercantis (CC, art. 1.150). **FC**
Gabarito "B".

(Magistratura/PE - 2013 - FCC) No tocante ao estabelecimento e seus institutos complementares, é correto afirmar que

(A) o juiz poderá, livremente e sem ressalvas, determinar diligências para verificar se o empresário ou a sociedade empresária observam, ou não, as formalidades prescritas em lei em seus livros e fichas contábeis.

(B) a sociedade simples e a sociedade empresária vinculam-se ao Registro Público de Empresas Mercantis a cargo das Juntas Comerciais, e o empresário vincula-se ao Registro Civil das Pessoas Jurídicas, vedado à sociedade simples adotar um dos tipos de sociedade empresária.

(C) a sociedade limitada pode adotar firma ou denominação, integradas pela palavra final "limitada" ou a sua abreviatura; a omissão da palavra "limitada" determina a responsabilidade subsidiária e limitada ao capital social dos administradores que empregarem a firma ou a denominação da sociedade.

(D) o preposto do estabelecimento pode negociar livremente por conta própria ou de terceiro, bem como participar de operação do mesmo gênero da que lhe foi cometida, salvo vedação expressa a respeito.

(E) o adquirente do estabelecimento responde pelo pagamento dos débitos anteriores à transferência, desde que regularmente contabilizados, continuando o devedor primitivo solidariamente obrigado pelo prazo de um ano, contado da publicação quanto aos créditos vencidos, e da data do vencimento em relação aos demais.

A: incorreta, pois, ressalvados os casos previstos em lei, nenhuma autoridade, juiz ou tribunal, sob qualquer pretexto, poderá fazer ou ordenar diligência para verificar se o empresário ou a sociedade empresária observam, ou não, em seus livros e fichas, as formalidades prescritas em lei – art. 1.190 do CC/2002; **B:** incorreta, pois o empresário e a sociedade empresária vinculam-se ao Registro Público de Empresas Mercantis a cargo das Juntas Comerciais, e a sociedade simples ao Registro Civil das Pessoas Jurídicas, o qual deverá obedecer às normas fixadas para aquele registro, se a sociedade simples adotar um dos tipos de sociedade empresária – art. 1.150 do CC/2002; **C:** incorreta, pois a omissão da palavra "limitada" determina a responsabilidade solidária e ilimitada dos administradores que assim empregarem a firma ou a denominação da sociedade – art. 1.158, § 3°, do CC/2002; **D:** incorreta, pois o preposto, salvo autorização expressa, não pode negociar por conta própria ou de terceiro, nem participar, embora indiretamente, de operação do mesmo gênero da que lhe foi cometida, sob pena de responder por perdas e danos e de serem retidos pelo preponente os lucros da operação – art. 1.170 do CC/2002; **E:** correta, nos exatos termos do art. 1.146 do CC/2002. **RB**

Gabarito "E".

(**Magistratura/SP – 2013 – VUNESP**) O Juiz só poderá autorizar a exibição integral dos livros e papéis de escrituração empresarial quando necessário para:

(A) verificar se o empresário ou a sociedade empresária observa, ou não, em seus livros e fichas, as formalidades prescritas em lei.

(B) resolver questões relativas a sucessão, comunhão ou sociedade, administração ou gestão à conta de outrem, ou em caso de falência.

(C) apurar se a atividade empresarial gerou lucros ou prejuízos no exercício financeiro.

(D) apurar se a empresa paga pontualmente os tributos incidentes sobre a atividade empresarial.

Nos termos do art. 1.191 do CC, o juiz só poderá autorizar a exibição integral dos livros e papéis de escrituração quando necessário para resolver questões relativas a sucessão, comunhão ou sociedade, administração ou gestão à conta de outrem, ou em caso de falência. Por essa razão, a alternativa "B" é a correta. **RB**

Gabarito "B".

(**Magistratura/SP – 2013 – VUNESP**) Das decisões do Plenário da Junta Comercial, cabe recurso ao:

(A) Governador do Estado da unidade federativa da junta respectiva.

(B) Secretário Estadual da Indústria e Comércio.

(C) Ministro de Estado da Indústria, do Comércio e do Turismo.

(D) Presidente da Junta Comercial.

Nos termos do art. 47 da Lei 8.934/1994, das decisões do plenário cabe recurso ao Ministro de Estado da Indústria, do Comércio e do Turismo, como última instância administrativa. Por essa razão, a alternativa "C" é a correta. **RB**

Gabarito "C".

1.5. LOCAÇÃO

(**Magistratura/DF – 2011**) Constitui requisito para o empresário locatário ter direito à renovação compulsória do contrato de locação empresarial:

(A) que esteja explorando seu comércio, no mesmo ramo, pelo prazo mínimo e ininterrupto de três (3) anos;

(B) que o contrato a renovar tenha sido firmado por escrito e com prazo indeterminado;

(C) que a duração mínima do contrato a renovar, admitida a *acessio temporis*, seja de três (3) anos;

(D) todas as alternativas acima (a, b, c) são corretas.

O direito à renovação do contrato existe quando, cumulativamente: (i) o contrato a renovar tenha sido celebrado por escrito e com prazo determinado; (ii) o prazo mínimo do contrato a renovar ou a soma dos prazos ininterruptos dos contratos escritos seja de cinco anos; e (iii) o locatário esteja explorando seu comércio, no mesmo ramo, pelo prazo mínimo e ininterrupto de três anos – arts. 51, I, II e III, da Lei 8.245/1991 (Lei do Inquilinato). **A:** correta, conforme o art. 51, III, da Lei 8.245/1991; **B:** incorreta, pois o contrato deve ser por prazo determinado – art. 51, I, da Lei 8.245/1991; **C:** incorreta, pois a duração mínima do contrato a renovar é de 5 anos (permite-se a soma de prazos ininterruptos dos contratos escritos, ou seja, a *acessio temporis*) – art. 51, II, da Lei 8.245/1991; **D:** incorreta, conforme comentários anteriores. **RB**

Gabarito "A".

(**Magistratura/DF – 2011**) Direito de inerência:

(A) é o que o franqueado tem, no contrato de *franchising* ou franquia, à padronização da comercialização do produto (preço, promoções, *layout* da loja etc.);

(B) é o que o faturizador tem, no contrato de *factoring* ou faturização, de exercer o regresso contra o faturizado, havendo inadimplemento de crédito cedido;

(C) é o que o arrendatário tem, no contrato de arrendamento mercantil ou *leasing*, de adquirir o bem arrendado findo o contrato, mediante o preço residual previamente fixado;

(D) é o que o locatário empresário tem, no contrato de locação empresarial, de renovação compulsória, atendidas as exigências legais.

Direito de inerência ao ponto refere-se ao direito do locatário manter-se no imóvel por meio da renovação do contrato de aluguel, nos termos e nas condições do art. 51 da Lei 8.245/1991. Por essa razão, a alternativa "D" é a correta. **RB**

Gabarito "D".

8. DIREITO EMPRESARIAL — 563

(Magistratura/SP – 2013 – VUNESP) De acordo com a jurisprudência do Superior Tribunal de Justiça na interpretação da Lei de Locações (Lei 8.245/91), a expressão "accessio temporis" utilizada para viabilizar o perfazimento do prazo mínimo legal exigido para a renovação das locações empresariais significa a possibilidade da soma dos prazos:

(A) dos contratos escritos de locação do cedente e do cessionário da locação.

(B) de exploração de ramos diferentes de comércio do locatário.

(C) dos contratos escritos de locação do antecessor e do sucessor da locação.

(D) dos contratos celebrados por escrito, entremeados por pequeno lapso temporal de contrato não escrito.

Nos termos do art. 51, II, da Lei 8.245/1991, é requisito para o direito à renovação do contrato locatício empresarial que seu prazo mínimo ou a soma dos prazos ininterruptos dos contratos escritos seja de 5 anos. *Accessio temporis* é expressão que significa exatamente esse acréscimo de prazos de quaisquer contratos escritos de locação relativos ao estabelecimento empresarial (a que se refere o ponto empresarial), desde que contínuos, admitidos apenas pequenos lapsos entre um e outro contrato sem o instrumento escrito – v.g. AgRg no REsp 61.436/SP. Por essas razões, a alternativa "D" é a correta. **RB**
Gabarito "D".

(Magistratura/SP – 2011 – VUNESP) Sobre as locações de espaço em *shopping centers*, indique a alternativa correta.

(A) O locador não poderá recusar a renovação do contrato, com fundamento no uso por ele próprio do imóvel.

(B) O locador poderá cobrar do lojista, havendo previsão contratual, o custo rateado da pintura das fachadas.

(C) O locador poderá recusar a renovação do contrato, com fundamento na transferência de fundo de comércio existente há mais de um ano, sendo detentor da maioria do capital o locador, seu cônjuge, ascendente ou descendente.

(D) O locatário terá direito à renovação do contrato, por igual prazo, desde que, cumulativamente, o contrato a renovar tenha sido celebrado por escrito e com prazo determinado, o prazo mínimo do contrato a renovar ou a soma dos prazos ininterruptos dos contratos escritos seja de cinco anos e o locatário esteja explorando seu comércio, no mesmo ramo, pelo prazo mínimo e ininterrupto de dois anos.

(E) Do direito à renovação decai aquele que não propuser a ação no interregno de dois anos, no máximo, até um ano, no mínimo, anteriores à data da finalização do prazo do contrato em vigor.

A locação em shopping center submete-se à Lei do Inquilinato, observadas as peculiaridades daquele tipo de empreendimento (essa é a interpretação do STJ ao art. 54 da Lei 8.245/1991 – ver EREsp 331.365/MG).

A: Assertiva correta, conforme o art. 52, § 2º, da Lei 8.245/1991; **B:** incorreta, pois as despesas previstas no art. 22, parágrafo único, *a, b* (que inclui a pintura de fachada) e *d*, da Lei 8.245/1991, não poderão ser cobradas do locatário em shopping center – art. 54, § 1º, *a*, da Lei 8.245/1991; **C:** incorreta, pois a retomada da loja em shopping

center é vedada nessa hipótese – art. 52, § 2º, da Lei 8.245/1991; **D:** incorreta, pois é preciso que o locatário venha explorando o mesmo ramo de comércio há pelo menos 3 anos ininterruptos, como requisito para a renovatória – art. 51, III, da Lei 8.245/1991; **E:** incorreta, pois a ação deve ser proposta no interregno de 1 ano (máximo) a 6 meses (mínimo) antes da data de finalização do contrato em vigor – art. 51, § 5º, da Lei 8.245/1991. **RB**
Gabarito "A".

1.6. ESTABELECIMENTO

(Juiz – TJ/RJ – VUNESP – 2016) Assinale a alternativa correta no que respeita ao estabelecimento empresarial.

(A) O alienante, em razão de expressa previsão legal, não poderá fazer concorrência ao adquirente, nos 5 anos subsequentes à assinatura do contrato de trepasse, não sendo admitida autorização expressa em sentido contrário.

(B) O contrato que tenha por objeto o trespasse do estabelecimento produzirá efeitos quanto a terceiros a partir da data de sua assinatura.

(C) A eficácia da alienação do estabelecimento, se ao alienante não restarem bens suficientes para solver o passivo, dependerá do pagamento de todos os credores, ou do consentimento destes, que se admite de modo expresso ou tácito, no prazo de 30 dias contados de sua notificação.

(D) Por consistir no complexo de bens organizado para o exercício da empresa, o estabelecimento não pode ser objeto unitário de negócios jurídicos constitutivos, ainda que compatíveis com a sua natureza.

(E) O adquirente do estabelecimento responde pessoalmente pelo pagamento dos débitos anteriores à transferência, independentemente de estarem contabilizados, exonerando-se o devedor primitivo quanto aos créditos vencidos.

A: incorreta. A cláusula de não restabelecimento é implícita no contrato de trespasse, mas pode ser afastada por vontade das partes (art. 1.147 do CC); **B:** incorreta. Os efeitos perante terceiros somente ocorrem após sua averbação na Junta Comercial e publicação na Imprensa Oficial (art. 1.144 do CC); **C:** correta, nos termos do art. 1.145 do CC; **D:** incorreta. O art. 1.143 do CC autoriza a celebração de negócios jurídicos específicos sobre o estabelecimento; **E:** incorreta. O adquirente responde somente pelos débitos contabilizados (art. 1.146 do CC). **HS**
Gabarito "C".

(Juiz – TJ/SP – VUNESP – 2015) Sobre alienação dos estabelecimentos empresariais, é correto afirmar:

(A) exige que o alienante ceda, separada e individualmente, ao adquirente cada um dos contratos estipulados para a exploração do estabelecimento.

(B) permite que o alienante se restabeleça de imediato se assim desejar, continuando a exploração da mesma atividade, caso não haja expressa vedação contratual no contrato de trespasse.

(C) o contrato de alienação de estabelecimento produzirá efeitos imediatos entre as partes e perante terceiros, salvo se alienante e adquirente exercerem o mesmo ramo de atividades, quando a operação ficará na dependência da aprovação da autoridade de defesa da concorrência.

(D) a alienação implica a responsabilidade do adquirente pelos débitos anteriores à transferência, desde que regularmente contabilizados, sem prejuízo da obrigação solidária do devedor primitivo na forma da lei.

A: incorreta. Não há qualquer obrigação nesse sentido; **B:** incorreta. No silêncio do contrato, a cláusula de não restabelecimento do alienante é implícita pelo prazo de 5 anos (art. 1.147 do CC); **C:** incorreta. Só haverá efeitos perante terceiros após averbação do contrato na Junta Comercial e na Imprensa Oficial (art. 1.144 do CC); **D:** correta, nos termos do art. 1.146 do CC. **HS**
Gabarito "D".

(Juiz – TJ/MS – VUNESP – 2015) Assinale a alternativa correta acerca do estabelecimento, conforme disciplinado pelo Código Civil.

(A) O adquirente do estabelecimento responde pelo pagamento dos débitos anteriores à transferência, desde que regularmente contabilizados, continuando o devedor primitivo solidariamente responsável, quanto aos créditos vencidos, pelo prazo de dois anos a partir da publicação do trespasse.

(B) Não restando ao alienante bens suficientes para solver seu passivo, a eficácia da alienação do estabelecimento dependerá do pagamento de todos os credores, ou do consentimento expresso destes, no prazo de sessenta dias a partir da notificação.

(C) O contrato que tenha por objeto a alienação, usufruto ou arrendamento do estabelecimento, produzirá efeitos quanto a terceiros a partir da data em que se realize o trespasse.

(D) No caso de arrendamento do estabelecimento, não havendo autorização expressa, o arrendante não poderá fazer concorrência ao arrendatário, nos cinco anos subsequentes ao arrendamento, independentemente do prazo do contrato.

(E) A cessão dos créditos referentes ao estabelecimento transferido produzirá efeito em relação aos respectivos devedores, desde o momento da publicação da transferência, mas o devedor ficará exonerado se de boa-fé pagar ao cedente.

A: incorreta. A responsabilidade do alienante permanece pelo prazo de um ano (art. 1.146 do CC); **B:** incorreta. O prazo para manifestação dos credores é de 30 dias (art. 1.145 do CC); **C:** incorreta. A eficácia perante terceiros depende da averbação do contrato na Junta Comercial e de sua publicação na Imprensa Oficial (art. 1.144 do CC); **D:** incorreta. No caso de arrendamento, a cláusula de não restabelecimento é implícita para todo o período do contrato (art. 1.147, parágrafo único, do CC); **E:** correta, nos termos do art. 1.149 do CC. **HS**
Gabarito "E".

(Magistratura/BA – 2012 – CESPE) Não se concebe a existência de empresário, seja ele pessoa física ou moral, sem o estabelecimento empresarial. Com relação ao estabelecimento empresarial, assinale opção correta.

(A) A doutrina distingue duas formas de aviamento: o objetivo e o subjetivo, estando o objetivo associado à pessoa que esteja à frente da empresa e que empresta a esta todo o seu prestígio.

(B) Os contratos de trespasse, usufruto ou arrendamento do estabelecimento empresarial produzem efeitos perante terceiros, independentemente de publicação na imprensa oficial e de averbação no Registro Público de Empresas Mercantis e Atividades Afins.

(C) De acordo com a teoria da personalidade jurídica do estabelecimento, aceita no ordenamento jurídico brasileiro, o estabelecimento é considerado sujeito de direito distinto e autônomo em relação ao empresário.

(D) Consoante o entendimento doutrinário dominante, o estabelecimento é concebido como uma universalidade de bens que passa a ser uma universalidade de fato na medida em que seus vários elementos são reunidos em um objetivo econômico comum.

(E) O patrimônio empresarial não se resume necessariamente ao seu estabelecimento, sendo possível que o empresário adquira bens que não tenham relação direta com sua atividade.

A: incorreta, pois nos termos da doutrina, temos exatamente o contrário; **B:** incorreta, pois há previsão legal de publicação e registro (CC, art. 1.144); **C:** incorreta, pois a doutrina e a legislação brasileira não adota tal teoria, diferenciando, na lei, o estabelecimento do sujeito de direito (CC, art. 966 e 1.142); **D:** incorreta, pois a doutrina diferencia o estabelecimento, para alguns, universalidade de bens, e, para outros, de direito; **E:** correta, pois especialmente no caso de empresário individual a massa patrimonial é única, sendo alguns bens completamente desvinculados da atividade (casa, carros, aplicações financeiras etc). **FC**
Gabarito "E".

(Magistratura/ES – 2011 – CESPE) A respeito do estabelecimento empresarial, assinale a opção correta.

(A) Caso o empresário individual se separe de seu cônjuge, o estabelecimento será considerado pelo valor do somatório do preço dos bens que o compõem, para fins de divisão do patrimônio do casal.

(B) Ainda que o empresário tenha, em seu patrimônio, bens suficientes para solver o passivo, a anuência dos credores é pressuposto de eficácia da alienação do estabelecimento.

(C) Será garantido o direito de inerência no ponto se o locatário for empresário, e o contrato, superior a cinco anos.

(D) Não havendo pactuação de cláusula de não restabelecimento, o alienante do estabelecimento poderá, três anos após a transferência, restabelecer-se em idêntico ramo de atividade empresarial.

(E) As mercadorias que se encontrem estocadas constituem um dos elementos materiais do estabelecimento.

A: incorreta, pois o estabelecimento possui um valor imaterial, chamado de aviamento ou fundo de comércio, que decorre da organização e da capacidade de geração de riquezas. Assim, em caso de dissolução da sociedade conjugal, dever-se-á levar em consideração o valor do estabelecimento, considerando os bens materiais e imateriais; **B:** incorreta, pois em caso de existência de patrimônio suficiente, não se faz necessária a anuência (CC, art. 1.145); **C:** incorreta, pois a legislação exige outros requisitos, não apenas locatário empresário e tempo mínimo (Lei. 8.245/91, art. 51); **D:** incorreta, pois a lei estabelece prazo de 5 nãos (CC, art. 1.147); **E:** correta, pois os bens materiais são todos

8. DIREITO EMPRESARIAL

os bens de existência física, corpórea, tais como maquinário, estoque, computadores, mobília, veículos etc. **FC**

Gabarito "E".

(Magistratura/ES – 2011 – CESPE) Com base nos fundamentos do direito empresarial, assinale a opção correta.

(A) O local em que o empresário se estabelece denomina-se propriedade comercial ou ponto, e a proteção jurídica do ponto decorre da sua importância para o sucesso da empresa.

(B) A expressão inglesa *goodwill of a trade* refere-se à escrituração da microempresa e da empresa de pequeno porte.

(C) Veda-se, com o objetivo de evitar a configuração de confusão patrimonial, que uma sociedade empresária seja titular de mais de um estabelecimento.

(D) O estabelecimento empresarial é sujeito de direito, dada a personalização desse complexo de bens.

(E) O direito considera a clientela elemento do estabelecimento empresarial, pois deriva da tutela jurídica a necessária natureza do bem tutelado.

A: correta, pois esse é exatamente o fundamento da existência da ação de renovação compulsória do contrato de locação. Reconhece-se que o local da exploração, chamado de ponto empresarial, é um importante elemento para a aquisição e manutenção de clientela; **B:** incorreta, pois essa expressão refere-se exatamente ao fundo de comércio ou aviamento, que é a valorização do estabelecimento, decorrente da organização dos bens; **C:** incorreta, pois um mesmo empresário, pessoa física ou jurídica, pode ser titular de inúmeros estabelecimentos, não havendo confusão entre o estabelecimento e seu titular; **D:** incorreta, pois a legislação difere empresário e estabelecimento (CC. art. 966 e 1.142); **E:** incorreta, pois a clientela, apesar de ser inegavelmente importantíssima para o estabelecimento e definição do fundo de comércio, não pode ser objeto de apropriação, por ser formada por pessoas. Assim, a legislação tutela a clientela, pelo combate a concorrência desleal, por exemplo, sem imputar, com isso, natureza jurídica de bem. **FC**

Gabarito "A".

(Magistratura/PA – 2012 – CESPE) Acerca da escrituração e do estabelecimento empresarial, assinale a opção correta.

(A) Ocorrendo o extravio de livros ou fichas já autenticados pela junta comercial, impõe-se ao empresário, em razão do extravio, o pagamento de multa em favor da junta comercial.

(B) A moderna teoria do direito empresarial equipara o estabelecimento empresarial à sociedade empresária, ambos considerados sujeitos de direito.

(C) A empresa, mas não o estabelecimento empresarial, pode ser alienada, onerada, arrestada ou penhorada.

(D) Define-se estabelecimento empresarial como o conjunto de bens considerados indispensáveis ou úteis ao desenvolvimento da empresa.

(E) De acordo com a sistemática adotada pelo direito empresarial brasileiro, considera-se regular o livro mercantil cuja escrituração seja feita em língua estrangeira, dada a prioridade conferida à técnica utilizada na sua elaboração.

A: incorreta, pois em caso de perda, não há previsão de multa, mas apenas procedimento de reconstituição dos livros (IN 65/1997 DNRC);

B: incorreta, pois a lei define estabelecimento como algo diverso do empresário (CC, art. 966 e 1.142); **C:** incorreta, pois tanto a empresa, quanto o estabelecimento, podem ser objeto de alienação (CC, art. 1.143); **D:** correta, pois estabelecimento é o conjunto de todos os bens, materiais e imateriais, que o empresário reúne, de maneira articulada e racional, para a exploração de sua atividade (CC, art. 1.142); **E:** incorreta, pois há previsão legal da necessidade de escrituração em língua nacional (CC, art. 1.183). **FC**

Gabarito "D".

(Magistratura/RO – 2011 – PUCPR) Dadas as assertivas abaixo, assinale a única **CORRETA:**

(A) Na omissão de contrato de trespasse de estabelecimento empresarial, pode ser aberto pelo vendedor estabelecimento empresarial idêntico ao vendido no mesmo ramo e local, desde que observado o prazo de não concorrencial restabelecimento de 4 (quatro) anos previstos em lei.

(B) Em contrato de trespasse de estabelecimento empresarial, a cláusula que prevê que a responsabilidade por débitos tributários anteriores à data da compra e venda é exclusiva do vendedor é ineficaz perante o Fisco, pois, de acordo com a lei (CTN), pode haver responsabilidade solidária (direta ou subsidiária) do comprador, por sucessão, pelos tributos relativos ao estabelecimento adquirido, ainda que decorrentes de fatos geradores anteriores ao trespasse do estabelecimento.

(C) A clientela integra o conceito de estabelecimento empresarial. É um de seus elementos, fazendo parte do patrimônio empresarial.

(D) Considerando o disposto na lei, tendo um empresário A celebrado contrato de trespasse de estabelecimento empresarial com um empresário B, referente a uma farmácia, é correto afirmar que o primeiro ficará impedido de abrir qualquer outra espécie de estabelecimento, ainda que em ramo de atividade diverso, na mesma área de atuação do estabelecimento objeto do trespasse.

(E) O contrato pelo qual uma pessoa adquire de outra quotas ou ações de uma sociedade empresária chama-se contrato de trespasse de estabelecimento empresarial.

A: incorreta, pois o prazo em que o alienante não pode fazer concorrência ao adquirente é de 5 anos após o trespasse, salvo disposição contratual diversa – art. 1.147 do CC; **B:** assertiva correta, até porque o acordo entre particulares não altera a sujeição passiva – art. 123 do CTN. A responsabilidade tributária do adquirente do estabelecimento é prevista no art. 133 do CTN. Ver também o art. 1.146 do CC; **C:** incorreta, pois a doutrina dominante entende que a clientela, como conjunto de pessoas, não pode ser apropriada e, portanto, não compõe o estabelecimento empresarial. É importante ressaltar, entretanto, que o ponto é elemento imaterial que compõe o estabelecimento e tem, ainda que indiretamente, relação com a clientela (o ponto refere-se à localização do estabelecimento, que pode facilitar, por exemplo, o acesso da clientela aos bens e serviços oferecidos); **D:** incorreta, pois a vedação à concorrência imposta ao alienante do estabelecimento (salvo disposição contratual em contrário) refere-se ao mesmo ramo de atividade (que possa, efetivamente, prejudicar a atividade do adquirente) – art. 1.147 do CC; **E:** incorreta, pois trespasse é a alienação do estabelecimento empresarial (art. 1.142 do CC), que não se confunde com a transmissão de quotas ou ações de sociedade empresária. **RB**

Gabarito "B".

2. DIREITO SOCIETÁRIO

2.1. SOCIEDADE SIMPLES

(Magistratura/SP – 2011 – VUNESP) Nas sociedades simples, é correto afirmar que

(A) todos os sócios respondem solidária e ilimitadamente pelas obrigações sociais, excluído do benefício de ordem – referente à execução em primeiro lugar dos bens sociais – aquele que contratou pela sociedade.

(B) o sócio sempre participa dos lucros e das perdas na proporção das respectivas quotas.

(C) os poderes do sócio investido na administração por cláusula do contrato social podem ser revogados, a qualquer tempo, por meio de ato separado, desde que subscrito pela maioria dos sócios.

(D) a administração da sociedade, nada dispondo o contrato social, compete separadamente a cada um dos sócios.

(E) é anulável a estipulação contratual que exclua qualquer sócio de participar dos lucros e das perdas.

A: incorreta, pois o contrato social da sociedade simples determinará se haverá responsabilidade subsidiária dos sócios – art. 997, VIII, do CC. A assertiva refere-se à responsabilidade dos sócios na sociedade em comum – art. 990 do CC; **B:** incorreta, pois pode haver disposição contratual em contrário – art. 1.007 do CC; **C:** incorreta, pois são irrevogáveis os poderes do sócio investido na administração por cláusula expressa do contrato social, salvo justa causa, reconhecida judicialmente, a pedido de qualquer dos sócios – art. 1.019, *caput*, do CC; **D:** correta, pois reflete o disposto no art. 1.013, *caput*, do CC; **E:** incorreta, pois é nula (não simplesmente anulável) a estipulação contratual que exclua qualquer sócio de participar dos lucros e das perdas – art. 1.008 do CC. RB
Gabarito "D".

2.2. SOCIEDADE EMPRESÁRIA

(Magistratura/PA – 2012 – CESPE) Considerando a disciplina aplicável às sociedades empresárias, assinale a opção correta.

(A) À luz do Código Civil brasileiro, a sociedade de capital e indústria é um tipo de sociedade empresária.

(B) A sociedade em nome coletivo é sociedade de capital, pois a contribuição material é mais importante que as características subjetivas dos sócios.

(C) Na sociedade empresária, o sócio não pode, em nenhuma circunstância, desligar-se por declaração unilateral imotivada, estando condicionado à estabilidade do vínculo societário.

(D) A personalidade jurídica da sociedade empresária termina com o procedimento dissolutório, que compreende obrigatoriamente a dissolução, a liquidação e a partilha.

(E) O princípio da autonomia patrimonial tem aplicação ilimitada, devendo o juiz observá-lo estritamente.

A: incorreta, pois com a edição do novo Código Civil, não mais há previsão deste tipo societário em nosso ordenamento; **B:** incorreta, pois a sociedade em nome coletivo é sociedade de pessoas, por classificação doutrinária, em virtude da relevância da pessoa do sócio (CC, art. 1.039 a 1.044); **C:** incorreta, pois poderá retirar-se, independente de motivação, no caso de sociedade por prazo indeterminado (CC,

art. 1.029); **D:** correta, pois o procedimento encerra a personalidade jurídica da sociedade (CC, art. 1.101 a 1.112); **E:** incorreta, pois existem situações de uso indevido da pessoa jurídica que afastam a autonomia, chamada de desconsideração da personalidade jurídica (CC, art. 50). FC
Gabarito "D".

(Magistratura/PA – 2012 – CESPE) Com relação ao empresário e às sociedades empresárias, assinale a opção correta.

(A) O contrato social, instrumento assinado pelos sócios para ajustamento de seus interesses recíprocos, é o ato celebrado entre os sócios da sociedade limitada.

(B) Na sociedade anônima, a participação do sócio, uma contrapartida à contribuição que ele dá ao capital social, é denominada cota.

(C) Como a participação societária integra o patrimônio de cada sócio, este não pode aliená-la ou onerá-la livremente e sem qualquer restrição.

(D) Para ser administrador de sociedade limitada ou anônima, é necessário ser sócio.

(E) Sendo a empresa explorada por pessoa jurídica uma sociedade empresária, é correto denominar empresário o sócio da sociedade empresária.

A: correta, pois a sociedade limitada é uma sociedade contratual, tendo esse documento por ato constitutivo (CC, art. 997 e 1.052); **B:** incorreta, pois nas sociedades anônimas o capital se divide em partes chamadas ações (CC, art. 1.088); **C:** incorreta, pois existem sociedades por ações em que a alienação poderá se dar sem restrições (princípio da livre circulação do capital). Este princípio não se aplica as sociedades contratuais, para as quais a alienação de capital dependerá, em regra, de anuência dos demais sócios; **D:** incorreta, pois há previsão em sentido contrário (CC. art. 1.060 e Lei 6.404/1976, art. 146); **E:** incorreta, pois sócio e sociedade não se confundem, já que o sócio, diretamente, nenhuma atividade econômica explora (CC. art. 966). FC
Gabarito "A".

(MAGISTRATURA/PB – 2011 – CESPE) Com relação à disciplina aplicável à formação e à personalidade jurídica da sociedade empresária, assinale a opção correta.

(A) A personalidade jurídica da sociedade empresária tem início com a formalização do contrato entre os sócios, independentemente da integralização do capital social.

(B) O sócio que for admitido em sociedade já constituída não responderá pelas dívidas anteriores à data de sua admissão, independentemente do tipo de sociedade.

(C) Em atenção ao princípio da continuidade da empresa, a sociedade empresarial, uma vez regularmente constituída, não se dissolve pela superveniência da falta de pluralidade de sócios e pode continuar operando por prazo indeterminado.

(D) A sociedade por ações é considerada sociedade empresária, independentemente do objeto.

(E) A desconsideração da personalidade jurídica implica o rompimento do vínculo contratual entre os sócios, desconstituindo a pessoa jurídica.

A: incorreta, pois a personalidade jurídica da sociedade surge com a inscrição dos atos constitutivos no registro próprio, na forma da lei (não basta sua formalização entre os sócios) – arts. 45 e 985 do CC; **B:** incorreta, pois o sócio admitido em sociedade simples já constituída não se exime das dívidas sociais anteriores à admissão – art. 1.025 do CC. A norma se aplica, em princípio, também às sociedades limitadas – art. 1.053, *caput*, do CC (exceto se o contrato da limitada prever a regência supletiva pelas normas das sociedades anônimas – parágrafo único do art. 1.053 do CC); **C:** incorreta, pois a falta de pluralidade de sócios é causa de extinção da sociedade, se não for reconstituída no prazo de 180 dias – art. 1.033, IV, do CC. O prazo é distinto no caso das sociedades por ações – art. 206, I, *d*, da Lei das Sociedades por Ações – LSA (Lei 6.404/1976); **D:** correta, conforme o art. 982, parágrafo único, do CC; **E:** incorreta, pois a desconsideração da personalidade jurídica não extingue a sociedade, apenas estende os efeitos de certas e determinadas relações de obrigações aos bens particulares dos administradores ou sócios da pessoa jurídica – art. 50 do CC. **RB**

Gabarito "D".

2.3. EMPRESA INDIVIDUAL DE RESPONSABILIDADE LIMITADA – EIRELI

(Juiz – TJ-SC – FCC – 2017) A empresa individual de responsabilidade limitada:

(A) não é pessoa jurídica, porque instituída por uma única pessoa titular da totalidade do capital social, não se admitindo que o sujeito possua mais de um patrimônio.

(B) é pessoa jurídica constituída por uma única pessoa titular da totalidade do capital social, devidamente integralizado, inferior a cem vezes o maior salário mínimo vigente no país.

(C) é pessoa jurídica constituída por uma única pessoa, titular da totalidade do capital social, devidamente integralizado, não inferior a cem vezes o maior salário mínimo vigente no país.

(D) é pessoa jurídica resultante exclusivamente da resolução parcial de uma sociedade, quando remanescer apenas um sócio.

(E) é pessoa jurídica constituída por uma única pessoa, titular da totalidade do capital social devidamente integralizado de qualquer valor, aplicando-lhe subsidiariamente as regras previstas para as sociedades simples.

A: incorreta. A EIRELI é espécie de pessoa jurídica expressamente prevista no art. 44, VI, do CC; **B:** incorreta. O capital social da EIRELI deve ser equivalente a 100 salários mínimos ou mais (art. 980-A do CC); **C:** correta, nos termos do art. 980-A, "caput", do CC; **D:** incorreta. A EIRELI pode ser criada originariamente como tal ou resultar de qualquer outra operação societária; **E:** incorreta, porquanto existe o capital social mínimo já referido e também porque ela se sujeita supletivamente às regras da sociedade limitada (art. 980-A, §6º, do CC). **HS**

Gabarito "C".

(Juiz – TRF 3ª Região – 2016) Relativamente à EIRELI (empresa individual de responsabilidade limitada), assinale a alternativa incorreta:

(A) A pessoa natural que constituir empresa individual de responsabilidade limitada somente poderá figurar em uma única empresa dessa modalidade.

(B) Somente o patrimônio social da empresa responderá pelas dívidas da empresa individual de responsabilidade limitada, não se confundindo em qualquer situação com o patrimônio da pessoa natural que a constitui, conforme descrito em sua declaração anual de bens entregue ao órgão competente.

(C) A empresa individual de responsabilidade limitada também poderá resultar da concentração das quotas de outra modalidade societária num único sócio, independentemente das razões que motivaram tal concentração.

(D) Poderá ser atribuída à empresa individual de responsabilidade limitada constituída para a prestação de serviços de qualquer natureza a remuneração decorrente da cessão de direitos patrimoniais de autor ou de imagem, nome, marca ou voz de que seja detentor o titular da pessoa jurídica, vinculados à atividade profissional.

A: correta, nos termos do art. 980-A, §2º, do CC; **B:** incorreta, devendo ser assinalada. É possível a desconsideração da personalidade jurídica, hipótese em que o patrimônio do titular será alcançado para pagamento de dívidas da EIRELI. Destarte, a expressão "em qualquer situação" torna errada a alternativa; **C:** correta, nos termos do art. 980-A, §3º, do CC; **D:** correta, nos termos do art. 980-A, §5º, do CC. **HS**

Gabarito "B".

2.4. SOCIEDADES EM COMUM, EM CONTA DE PARTICIPAÇÃO, EM NOME COLETIVO, EM COMANDITA

(Magistratura/ES – 2011 – CESPE) Assinale a opção correta no que concerne às sociedades.

(A) A sociedade em comandita simples é composta por sócios comanditários e comanditados, estes, necessariamente, pessoas físicas com responsabilidade solidária e ilimitada pelas obrigações sociais.

(B) Na sociedade em comandita por ações, o acionista exercerá a função de diretor ou administrador, se assim o desejar; caso contrário, a função poderá ser exercida por qualquer pessoa estranha à sociedade.

(C) Na conta de participação, o empreendedor associa-se a investidores para explorar atividade filantrópica; por isso, o sócio participante não se torna solidariamente responsável pelas obrigações contraídas.

(D) Podem fazer parte da sociedade em nome coletivo tanto a pessoa física quanto a pessoa jurídica.

(E) Não sendo empresárias as sociedades simples, suas normas não se aplicam aos tipos societários menores, como, por exemplo, às sociedades em nome coletivo.

A: correta, pois há expressa previsão legal nesse sentido (CC, art. 1.045); **B:** incorreta, pois na comandita por ações a função de diretor somente pode ser exercida pelo acionista (CC. art. 1.091); **C:** incorreta, pois a associação é para fins econômicos, ou seja, para aferição e distribuição de lucros (CC. art. 991); **D:** incorreta, pois a legislação permite apenas sócio pessoa física (CC. art. 1.039; **E:** incorreta, pois a legislação da sociedade simples aplica-se subsidiariamente, a todos os tipos societários contratuais, ou seja, nome coletivo, comandita simples e limitada (CC; art. 1.040, 1.046 e 1.053). **FC**

Gabarito "A".

2.5. DISSOLUÇÃO DAS SOCIEDADES EM GERAL

(Magistratura/RJ – 2013 – VUNESP) Uma das causas pela qual se dissolve a sociedade é a falta de pluralidade de sócios. A lei civil, contudo, admite a unipessoalidade temporária, caso em que poderá a sociedade ser reconstituída, pelo prazo de

(A) 60 dias.

(B) 30 dias.

(C) 180 dias.

(D) 90 dias.

Por expressa previsão legal, é causa de dissolução da sociedade, a manutenção de unipessoalidade pelo prazo de 180 dias (art. 1.033, IV, do CC), exceto se solicitada sua transformação em EIRELI dentro do mesmo prazo. **FC**

Gabarito "C".

2.6. SOCIEDADE LIMITADA

(Juiz – TJ/RJ – VUNESP – 2016) A sociedade limitada rege-se pelas disposições do Código Civil, e nas omissões deste, não havendo previsão no contrato social acerca da regência supletiva, pelas normas aplicáveis à sociedade

(A) em comandita por ações.

(B) simples.

(C) em comandita simples.

(D) anônima.

(E) em conta de participação.

Na omissão do contrato, a sociedade limitada será regida supletivamente pelas normas da sociedade simples (art. 1.053 do CC). **HS**

Gabarito "B".

(Juiz – TJ/SP – VUNESP – 2015) Assinale a alternativa incorreta.

(A) Exceto se houver expressa autorização no contrato social, na sociedade limitada, um sócio não pode ceder quotas a outro quotista sem o consentimento dos demais.

(B) Na sociedade limitada, a responsabilidade dos sócios é restrita ao valor das suas quotas, salvo quanto à obrigação de integralização do capital, que é solidária.

(C) Na sociedade simples, a contribuição do sócio pode consistir apenas em serviços.

(D) Na sociedade limitada, em que o capital social ainda não estiver integralizado, a designação de administrador não sócio depende da aprovação pela unanimidade dos sócios.

A: incorreta, devendo ser assinalada. Para que tal conduta seja proibida é que deve estar expresso. No silêncio do contrato, nenhum sócio pode se opor à transferência de quotas entre outros sócios (art. 1.057 do CC); **B:** correta, nos termos do art. 1.052 do CC; **C:** correta, nos termos do art. 997, V, do CC; **D:** correta, nos termos do art. 1.061 do CC. **HS**

Gabarito "A".

(Juiz – TRF 2ª Região – 2017) Quanto à sociedade limitada, considere as proposições abaixo:

I. Caso o contrato social seja omisso sobre o *quorum* necessário a alterá-lo, sua eventual modificação poderá ocorrer, em regra, por deliberação que represente a maioria absoluta do capital social;

II. O contrato social pode prever a impossibilidade de alienação de quotas a estranhos ao quadro social e, se o fizer, as quotas serão impenhoráveis por dívida particular de sócio;

III. Caso o contrato social estipule prazo determinado para a duração da sociedade, ela será dissolvida com a chegada do termo previsto, salvo se, vencido o prazo

e sem oposição de sócio, não entrar a sociedade em liquidação, caso em que ela se prorrogará por tempo indeterminado.

(A) Todas as assertivas estão corretas.

(B) Apenas I e II estão corretas.

(C) Apenas I e III estão corretas.

(D) Apenas II e III estão corretas.

(E) Apenas a III está correta.

I: incorreta. O *quorum* para alteração do contrato social é de três quartos do capital (art. 1.076, I, *d* CC); **II:** incorreta. Segundo a doutrina e jurisprudência majoritárias, aplica-se o art. 1.026 do CC – ou seja, a penhora não implicará a admissão do arrematante na "sociedade de pessoas", mas determinará sua resolução em relação ao sócio que teve as quotas penhoradas. Anote-se, contudo, a existência de posicionamento jurisprudencial em sentido contrário, que defende a impenhorabilidade das quotas de "sociedades de pessoas " (STJ, REsp 148.497/MG, j. 15.12.2000); **III:** correta, nos termos do art. 1.033, I, do CC. **HS**

Gabarito "E".

(Magistratura/BA – 2012 – CESPE) Acerca da sociedade limitada, assinale a opção correta.

(A) Em se tratando de sociedade cujo contrato social estabeleça a intransferibilidade das quotas sem o consentimento dos demais sócios, não cabem caução ou penhora, sendo obrigatória à sociedade a admissão do credor como sócio.

(B) A diminuição do capital social somente ocorrerá se, depois de integralizado, for considerado excessivo para a realização do objeto social ou se houver perdas irreparáveis, e, nesse caso, cabe a diminuição proporcional das quotas sociais por deliberação dos sócios em assembleia, não se exigindo que a ata seja arquivada no registro público de empresas mercantis.

(C) A destituição de administrador sócio deve ser deliberada pela metade dos titulares do capital social, caso não seja estipulado quórum diferente em contrato social, enquanto a destituição de administrador não sócio nomeado em contrato social deve ser deliberada por sócios que detenham dois terços do capital social; em ato apartado, a destituição deve ser deliberada pela maioria dos presentes.

(D) Cabe ao conselho fiscal acompanhar e fiscalizar a administração da sociedade, verificando a sua atuação e opinando sobre os procedimentos e práticas adotados, conforme determinado no contrato social; como forma de proteção dos interesses da minoria, é, ainda, assegurado ao grupo de sócios que detenha no mínimo um quinto do capital social eleger, em separado, um dos membros do conselho fiscal e seu respectivo suplente.

(E) Segundo a teoria *ultra vires*, vigente no ordenamento jurídico brasileiro mesmo antes do advento do atual Código Civil, a sociedade somente se vincula aos atos praticados por seus administradores caso tenham pertinência com o seu objeto social, ou seja, se o ato praticado extrapolar os limites contratuais, a sociedade não será obrigada a observá-lo.

A: incorreta, pois nessa situação aplica-se a causa de exclusão de sócio por pedido de credor, preservando-se os interesses da sociedade,

8. DIREITO EMPRESARIAL

dos demais sócios e dos credores (CC. art. 1.026); **B:** incorreta, pois a diminuição de capital poderá ocorrer por outros motivos, como a exclusão de sócio, por exemplo (CC, art. 1.031); **C:** incorreta, pois a destituição de administradores exige, no mínimo, a maioria do capital social, não havendo caso de maioria simples (CC, art. 1.063 e 1.076, II): **D:** correta, pela expressa previsão legal (CC, art. 1.066); **E:** incorreta, pois essa teoria passou a ser adotada apenas com a vigência do novo código civil (CC, art. 1.015). **FC**

Gabarito "D".

(Magistratura/MG – 2012 – VUNESP) Com relação à sociedade limitada, assinale a alternativa correta.

(A) Na sociedade limitada, a responsabilidade de cada sócio é restrita ao valor de suas quotas e cada um responde individualmente pela integralização do capital social.

(B) A sociedade limitada rege-se, nas omissões das disposições específicas do Código Civil, pelas normas da sociedade simples. Todavia, o contrato social poderá prever a regência supletiva da sociedade limitada pelas normas da sociedade em comandita simples.

(C) Pode o contrato instituir conselho fiscal composto de três ou mais membros e respectivos suplentes, sócios ou não, residentes no País e eleitos pela assembleia anual. Nesse caso, haverá restrição a alguns dos poderes da assembleia dos sócios.

(D) Na omissão do contrato, o sócio pode ceder sua quota, total ou parcialmente, a quem seja sócio, independentemente de audiência dos outros, ou a estranho, se não houver oposição de titulares de mais de um quarto do capital social.

A: incorreta, pois a responsabilidade pelo capital não integralizado é solidária entre os sócios (CC, art. 1.052); **B:** incorreta, pois há previsão sobre a possibilidade de adoção da legislação das sociedades por ações (CC, art. 1.053); **C:** incorreta, pois o conselho fiscal é órgão meramente de assessoramento da administração, não tendo poderes de gestão ou de deliberação (CC, art. 1.078). **FC**

Gabarito "D".

(MAGISTRATURA/PB – 2011 – CESPE) A respeito da disciplina aplicável às sociedades limitadas, assinale a opção correta.

(A) Em razão da natureza jurídica da sociedade limitada, não é permitida a nomeação de administradores estranhos ao quadro social.

(B) A quebra da *affectio societatis* não é razão suficiente para excluir o sócio da sociedade limitada, haja vista a natureza desse tipo de sociedade.

(C) A penhora de quotas da sociedade limitada não é permitida pelo ordenamento jurídico, pois isso implicaria admitir, sem autorização dos sócios, o ingresso de pessoas estranhas na sociedade.

(D) Em razão do caráter *intuitu personae* da sociedade limitada, as quotas não podem ser cedidas, salvo se houver previsão contratual e autorização de todos os sócios.

(E) Na sociedade limitada, a responsabilidade dos sócios pela integralização do capital é solidária.

A: incorreta, pois é possível a nomeação de administrador que não seja sócio da limitada – art. 1.061 do CC; **B:** incorreta. Em princípio, apenas a quebra do *affectio societatis* não é, de fato, suficiente para a exclusão do sócio, mas não por conta da natureza da sociedade limitada. Na verdade, a limitada pode se configurar como sociedade de pessoas (diferente da sociedade de capital), em que as características subjetivas dos sócios são relevantes para a sociedade (quando a limitada não adota supletivamente as normas das sociedades por ações – art. 1.053, parágrafo único, do CC). O sócio pode ser excluído judicialmente somente por falta grave no cumprimento de suas obrigações ou por incapacidade superveniente, mediante iniciativa da maioria dos demais sócios – art. 1.030 do CC. O sócio minoritário pode ser excluído também extrajudicialmente, caso esteja pondo em risco a continuidade da empresa, em virtude de atos de inegável gravidade, e desde que a exclusão por justa causa seja prevista no contrato social – art. 1.085 do CC. Existe ainda a possibilidade de exclusão do sócio remisso da limitada se não integralizar sua quota social no prazo definido – art. 1.058 do CC; **C:** incorreta. O STJ reconhece a possibilidade de penhora das quotas de sociedade limitada, pois não implica, necessariamente, inclusão de novo sócio e porque o devedor responde com todos os seus bens – ver EDcl AgRg Ag 1.164.746/SP; **D:** incorreta, pois, na omissão do contrato, o sócio da limitada pode ceder sua quota, total ou parcialmente, a quem seja sócio, independentemente de audiência dos outros, ou a estranho, se não houver oposição de titulares de mais de um quarto do capital social – art. 1.057 do CC; **E:** correta, conforme o art. 1.052, *in fine*, do CC. **RB**

Gabarito "E".

(Magistratura/RO – 2011 – PUCPR) Um sócio de uma sociedade limitada foi dela excluído extrajudicialmente por deliberação da maioria absoluta do capital social. Havia previsão contratual para a exclusão extrajudicial e todo o procedimento legal para o ato foi observado, tendo sido arquivada a alteração de contrato social retratando a exclusão do sócio no órgão de registro competente. Diante disso, ele lhe pergunta como serão calculados e pagos os seus haveres. Considerando o contido no Código Civil a respeito da resolução da sociedade em relação a um sócio, sua resposta à referida indagação deveria ser uma das alternativas abaixo.

Assinale a única alternativa CORRETA:

(A) Os haveres do sócio excluído serão calculados e pagos de acordo com o contido no contrato social. Caso o contrato social seja omisso, os haveres do sócio excluído deverão ser calculados com base na situação patrimonial da sociedade, à data da exclusão, verificada em balanço especialmente levantado. Neste último caso (omissão do contrato social acerca de regras sobre o pagamento dos haveres), a quota liquidada deverá ser paga em dinheiro, no prazo de 90 (noventa) dias, a partir da apuração de seu valor em balanço especial.

(B) Os haveres do sócio excluído devem sempre ser calculados por perícia judicial, não valendo eventuais regras do contrato social a respeito do assunto; eis que o contrato social não pode contrariar a lei.

(C) Os haveres do sócio excluído serão calculados com base na situação patrimonial da sociedade, à data da exclusão, verificada em balanço especialmente levantado. A quota liquidada será paga em dinheiro, no prazo de noventa dias, a partir da liquidação, independentemente de previsão contratual em contrário.

(D) Para o cálculo dos seu haveres, o sócio deverá obrigatoriamente promover uma ação de dissolução total da sociedade.

(E) Todas as alternativas anteriores são falsas.

Nos casos em que a sociedade se resolver em relação a um sócio, o valor da sua quota, considerada pelo montante efetivamente realizado, liquidar-se-á, salvo disposição contratual em contrário, com base na situação patrimonial da sociedade, à data da resolução, verificada em balanço especialmente levantado. A quota liquidada será paga em dinheiro, no prazo de noventa dias, a partir da liquidação, salvo acordo, ou estipulação contratual em contrário – art. 1.031, *caput* e § 2°, do CC c/c art. 1.086 do mesmo Código. Por essa razão, a alternativa "A" é a correta. **RB**

Gabarito "A".

(Magistratura/RO – 2011 – PUCPR) Considerando a disciplina legal das sociedades, assinale a única alternativa COR-RETA.

(A) O *quorum* para alteração do contrato social em uma sociedade limitada é de maioria absoluta do capital social.

(B) As sociedades limitadas devem ser administradas por sócios, não se admitindo a figura do administrador não sócio.

(C) O contrato social das sociedades empresárias deve ser levado a registro perante o Cartório do Registro Civil das Pessoas Jurídicas. Já o contrato social das sociedades simples deve ser registrado perante a Junta Comercial.

(D) Sócios representando a maioria do capital social podem destituir sócio nomeado administrador de uma sociedade limitada no contrato social.

(E) Em uma sociedade limitada, o *quorum* para alteração do contrato social é de 3/4 (três quartos) do capital social. Já o *quorum* para a destituição de administrador sócio nomeado no contrato social é de 2/3 (dois terços) do capital social.

A: incorreta, pois a modificação do contrato social da limitada depende de votos correspondentes a, no mínimo, ¾ do capital social – art. 1.076, I, c/c art. 1.071, V, do CC; **B:** assertiva incorreta, pois é possível a nomeação de administrador que não seja sócio da limitada – art. 1.061 do CC; **C:** incorreta, pois é o oposto, nos termos do art. 1.150 do CC. O empresário e a sociedade empresária vinculam-se ao Registro Público de Empresas Mercantis a cargo das Juntas Comerciais, e a sociedade simples ao Registro Civil das Pessoas Jurídicas, o qual deverá obedecer às normas fixadas para aquele registro, se a sociedade simples adotar um dos tipos de sociedade empresária; **D:** incorreta, pois o sócio nomeado administrador no contrato somente será destituído pela aprovação de titulares de quotas correspondentes, no mínimo, a dois terços do capital social, salvo disposição contratual diversa – art. 1.063, § 1°, do CC; **E:** Essa é a alternativa correta, conforme comentários às assertivas "A" e "D". **RB**

Gabarito "E".

(Magistratura/SP – 2013 – VUNESP) Na sociedade limitada que for administrada por sócio nomeado administrador no contrato, sua destituição somente se opera pela aprovação de titulares de quotas correspondentes:

(A) à totalidade do capital social.

(B) no mínimo, a dois terços do capital social.

(C) a mais da metade do capital social.

(D) no mínimo, a três quartos do capital social.

Nos termos do art. 1.063 do CC, no caso de sociedade limitada, tratando-se de sócio nomeado administrador no contrato, sua destituição somente se opera pela aprovação de titulares de quotas correspondentes, no mínimo, a dois terços do capital social, salvo disposição contratual diversa. Por essa razão, a alternativa "B" é a correta. **RB**

Gabarito "B".

(Magistratura/SP – 2011 – VUNESP) No tocante à sociedade limitada, é correto afirmar que

(A) nas omissões do respectivo capítulo do Código Civil que a regulamenta e do seu contrato social, rege-se pelas normas atinentes à sociedade anônima.

(B) a deliberação em assembleia será obrigatória se o número dos sócios for superior a dez, mas a reunião ou a assembleia torna-se dispensável quando todos os sócios decidirem, por escrito, sobre a matéria que seria objeto dela.

(C) a administração atribuída no contrato a todos os sócios estende-se, de pleno direito, aos que posteriormente adquiram essa qualidade.

(D) o capital social divide-se em quotas, iguais ou desiguais, cabendo uma ou diversas a cada sócio, permitida contribuição que consista em prestação de serviços.

(E) estabelecido um Conselho Fiscal, seus membros não poderão ser remunerados.

A: incorreta, pois a sociedade limitada é regida subsidiariamente pelas normas das sociedades simples, exceto se o contrato social previr expressamente a regência supletiva pelas normas das sociedades por ações – art. 1.053 do CC; **B:** essa é a assertiva correta, conforme o art. 1.072, §§ 1° e 3°, do CC; **C:** incorreta, pois a administração não se estende de pleno direito aos sócios que ingressem posteriormente na sociedade – art. 1.060, parágrafo único, do CC; **D:** incorreta, pois não se admite a contribuição em serviço na sociedade limitada – art. 1.055, § 2°, da CC; **E:** incorreta, pois compete à assembleia de sócios fixar a remuneração dos membros do conselho fiscal da limitada – art. 1.068 do CC. **RB**

Gabarito "B".

2.7. SOCIEDADE ANÔNIMA

2.7.1. CONSTITUIÇÃO, CAPITAL SOCIAL, AÇÕES, DEBÊNTURES E OUTROS VALORES MOBILIÁRIOS

(Magistratura/BA – 2012 – CESPE) Assinale a opção correta a respeito das sociedades anônimas.

(A) O valor de emissão da ação não pode coincidir com o valor do capital dividido pelo número de ações, e não há impedimento, em se tratando de ações com ou sem valor nominal, a que lhes seja aplicado deságio ou acrescido ágio.

(B) Conversão é a operação pela qual as ações de determinada classe ou espécie são transformadas em ações de outra classe ou espécie mediante previsão estatutária, podendo as ações preferenciais ser transformadas em ações ordinárias, assim como as ordinárias em preferenciais, desde que se obedeça à limitação legal de três quartos das ações emitidas.

(C) O capital social da companhia é intangível, ou seja, os acionistas não podem receber, a título de restituição

8. DIREITO EMPRESARIAL — 571

ou dividendos, os recursos aportados à sociedade sob a rubrica de capitalização, não prevendo a Lei das Sociedades por Ações capital social mínimo para a constituição da sociedade anônima, fato que a torna compatível com os pequenos negócios.

(D) As debêntures subordinadas gozam de garantia e contêm cláusula de subordinação aos credores da companhia, o que implica, no caso de liquidação da companhia, preferência dos debenturistas em relação aos demais credores para o ressarcimento do valor aplicado.

(E) Pode ser objeto da sociedade anônima qualquer empresa de fim lucrativo não contrário à lei, à ordem pública e aos bons costumes; contudo, caso venha a explorar atividade tipicamente de natureza civil, como é o caso da comercialização de bens imóveis, não será a sociedade anônima considerada sociedade empresarial.

A: incorreta, pois o valor nominal e o valor de emissão podem ser equivalentes e, no caso de não serem, há a possibilidade de cobrança de ágio, definido exatamente como a diferença entre o valor nominal e o preço de emissão (Lei 6.404/1976 – LSA, art. 13 e 14); **B:** incorreta, pois se exige o limite máximo de 50% de ações preferenciais sem direito a voto (Lei 6.404/1976 – LSA, art. 15); **C:** correta, pois o capital social não se confunde com o patrimônio da sociedade, assim como resultado do exercício (Lei 6.404/1976 – LSA, art. 5° e 166); **D:** incorreta, pois o debenturista subordinado ocupa posição extremamente desprestigiada no quadro de credores da sociedade anônima, não gozando de garantia (Lei 6.404/1976 – LSA, art. 58); **E:** incorreta, pois a sociedade anônima sempre será empresária, independente de seu objeto (CC, art. 982, parágrafo único e Lei 6.404/1976 – LSA, art. 2°). **FC**
Gabarito "C".

(Magistratura/PE – 2011 – FCC) Nas sociedades por ações,

(A) a cada ação ordinária corresponde um voto nas deliberações da assembleia geral e o estatuto não poderá deixar de conferir às ações preferenciais nenhum dos direitos reconhecidos às ações ordinárias, exceto a exclusão do direito de voto;

(B) o estatuto fixará o número das ações, que sempre terão valor nominal, o qual poderá não ser o mesmo para todas as ações;

(C) a constituição da companhia se dará mediante a subscrição por ao menos 7 (sete) pessoas, de todas as ações em que se divide o capital, e, no caso de constituição por subscrição pública, dependerá do prévio registro da emissão na Comissão de Valores Mobiliários e será efetuada necessariamente com a intermediação de instituição financeira;

(D) a incorporação de imóveis de qualquer valor para formação do capital social exige escritura pública;

(E) o estatuto poderá prever vantagens políticas, assegurando a uma ou mais classe de ações preferenciais o direito de eleger, por votação em separado, um ou mais membros dos órgãos de administração.

A: incorreta, pois as ações preferenciais, diferentemente das ordinárias, podem não garantir direito a voto – art. 111 da Lei das Sociedades por Ações – LSA (Lei 6.404/1976); **B:** incorreta, pois o art. 11 da LSA prevê a possibilidade de ações sem valor nominal; **C:** incorreta, pois, para a

---

constituição da companhia, exige-se o mínimo de duas pessoas que subscrevam todas as ações em que se divide o capital social fixado no estatuto – art. 80, I, da LSA. No mais, a assertiva é correta – art. 82 da LSA; **D:** incorreta, pois não se exige escritura pública para a incorporação de imóveis para formação do capital – art. 89 da LSA; **E:** correta, conforme o art. 18 da LSA. **RB**
Gabarito "E".

2.7.2. ACIONISTAS, ACORDOS E CONTROLE

(Magistratura/PI – 2011 – CESPE) Relativamente à disciplina jurídica da sociedade anônima, assinale a opção correta.

(A) Nos certificados das ações devem constar a denominação da companhia, sua sede e prazo de duração, e a omissão dessas declarações confere ao acionista direito a indenização por perdas e danos contra a companhia e contra os diretores na gestão dos quais os certificados hajam sido emitidos.

(B) Para a constituição da sociedade anônima, são necessárias a subscrição, por pelo menos três pessoas, de todas as ações em que se divide o capital social e a realização, como entrada, de 30%, no mínimo, do preço de emissão das ações subscritas em dinheiro.

(C) O capital social das sociedades anônimas pode ser formado por dinheiro ou bens imóveis, e estes últimos serão avaliados por dois peritos nomeados em assembleia geral dos subscritores, convocada por meio da imprensa e presidida por um dos fundadores, instalando-se em primeira convocação com a presença de subscritores que representem dois terços do capital social.

(D) Compete à sociedade anônima emitir partes beneficiárias que confiram aos titulares direito de crédito determinado contra ela, nas condições constantes da escritura de emissão e, se houver, do certificado.

(E) A garantia flutuante conferida à debênture assegura privilégio geral sobre o ativo da companhia e impede a negociação dos bens que compõem esse ativo, diversamente do que ocorre com a garantia real.

A: correta, por expressa previsão legal (LSA, art. 24); **B:** incorreta, pois se exige número mínimo de apenas dois acionistas (LSA, art. 80); **C:** incorreta, pois exige-se três peritos, com percentual mínimo de metade do capital para a instalação da assembleia (LSA, art. 8°); **D:** incorreta, pois as partes beneficiárias confere direito eventual de crédito ao seu titular, já que representa participação nos lucros (LSA, art. 46); **E:** incorreta, pois tal garantia não impede a negociação de tais bens (LSA, art. 58). **FC**
Gabarito "A".

(Magistratura/PR – 2010 – PUC/PR) Sobre o poder de controle nas Sociedades Anônimas, assinale a alternativa CORRETA:

(A) É suficiente para configuração do poder do controle a presença de pessoa, natural ou jurídica, ou grupo de pessoas vinculadas por acordo de voto, ou sob controle comum, que seja titular de direitos de sócio que lhe assegurem, de modo permanente, a maioria dos votos nas deliberações da assembleia geral e o poder de eleger a maioria dos administradores da companhia.

(B) Exercendo o acionista controlador cargo de administrador ou de fiscal da companhia, fica este vinculado unicamente às responsabilidades do cargo que ocupa na administração.

(C) O controlador que contratar com a companhia, diretamente ou através de outrem, ou de sociedade na qual tenha interesse, em condições de favorecimento ou não equitativas pode vir a ser responsabilizado pelos danos que causar por abuso do poder de controle, configurando tal conduta a utilização de partes beneficiárias.

(D) Na hipótese de existência de acordo de acionistas sobre o exercício de direito de voto que assegure a formação do poder de controle, o mandato outorgado nos termos deste acordo para proferir, em assembleia geral ou especial, voto contra ou a favor determinada deliberação, poderá prever prazo superior a um ano.

A: incorreta, pois para a configuração do controlador é preciso que se use efetivamente o poder para dirigir as atividades sociais e orientar o funcionamento dos órgãos da companhia – art. 116, *b*, da LSA; **B:** incorreta, pois a responsabilidade, nesse caso, é cumulativa, não excludente – art. 117, § 3º, da LSA; **C:** incorreta, pois o art. 117, § 1º, *f*, da LSA não faz essa equiparação relativa às partes beneficiárias; **D:** essa é a assertiva correta, conforme o art. 118, § 7º, c/c art. 126, § 1º, da LSA. RB

„D„ ojµɐqɐפ

2.7.3. ASSEMBLEIA GERAL, CONSELHO DE ADMINISTRAÇÃO, DIRETORIA, ADMINISTRADORES E CONSELHO FISCAL

(Juiz – TJ/SP – VUNESP – 2015) Em relação às sociedades anônimas, é correto afirmar que

(A) a critério de seus fundadores, a sociedade anônima que tenha por objeto social atividade rural poderá ser inscrita no registro civil de pessoas jurídicas.

(B) desde que não haja oposição de qualquer dos acionistas presentes, a assembleia geral da S/A fechada pode deliberar a distribuição de dividendos inferiores aos fixos ou mínimos estipulados para os acionistas preferencialistas.

(C) o acordo de acionistas registrado na Companhia pode vincular o voto dos membros do conselho de administração eleitos pelos sócios que o tenham firmado.

(D) a assembleia geral não pode suspender o exercício dos direitos de acionista em mora com obrigações impostas pelo estatuto, salvo se tal obrigação decorrer de expressa disposição legal.

A: incorreta. A sociedade anônima é sempre empresária por força de lei, independentemente de seu objeto (art. 982, parágrafo único, do CC). Portanto, está sempre obrigada a registro, não se lhe aplicando a opção prevista para o empresário rural; **B:** incorreta. Os acionistas preferencialistas não podem ser atingidos por tal deliberação da assembleia-geral (art. 202, § 3º, e 203 da Lei 6.404/1976); **C:** correta, nos termos do art. 118, § 9º, da LSA; **D:** incorreta. O poder da assembleia-geral alcança o acionista em mora com obrigações previstas em lei ou no estatuto (art. 120 da LSA). HS

„C„ ojµɐqɐפ

(Magistratura/CE – 2012 – CESPE) De acordo com a legislação das sociedades anônimas, assinale a opção correta acerca da administração e dos administradores da companhia.

(A) De acordo com a jurisprudência do STJ, o acionista minoritário tem legitimidade para propor ação indenizatória contra administradores da sociedade, por danos advindos de desvio de receitas.

(B) Em regra, os administradores da companhia são pessoalmente responsáveis pelas obrigações contraídas em nome da sociedade.

(C) A propositura de ação de responsabilidade civil contra administrador cujas contas sejam aprovadas sem reservas pela assembleia geral depende de prévia ação de anulação da decisão da assembleia de aprovação de contas da sociedade no prazo bienal.

(D) O juiz deverá reconhecer a exclusão da responsabilidade do administrador que pratique ato de liberalidade em detrimento dos interesses da companhia.

(E) O administrador da sociedade anônima responde objetivamente pelos prejuízos associados a suas atribuições ou poderes.

A: incorreta, pois o STJ entendeu exatamente o contrário, ou seja, pela ilegitimidade ativa (REsp 1.014.496 – SC); **B:** incorreta, pois os administradores agem em nome da sociedade, vinculando, com seus atos, a sociedade (LSA, art. 158); **C:** correta, por expressa previsão legal (LSA, art. 134 e 286); **D:** incorreta, pois há expressa previsão legal de exclusão somente no caso de reconhecimento de boa-fé do administrador (LSA, art. 159); **E:** incorreta, pois no exercício regular ou de boa-fé, não há responsabilidade (LSA, art. 158 e 159). FC

„C„ ojµɐqɐפ

(Magistratura/MG – 2012 – VUNESP) É correto afirmar que compete à assembleia geral da sociedade anônima

(A) fiscalizar os atos dos administradores e verificar o cumprimento dos seus deveres legais e estatutários.

(B) analisar, ao menos trimestralmente, o balancete e demais demonstrações financeiras elaboradas periodicamente pela companhia.

(C) suspender o exercício dos direitos do acionista.

(D) deliberar sobre o plano de recuperação judicial da companhia, em caso de grave crise financeira.

Assembleia geral das sociedades anônimas represente seu órgão máximo, com competência para decidir os assuntos mais relevantes e complexos, tais como: I – reformar o estatuto social; II – eleger ou destituir, a qualquer tempo, os administradores e fiscais da companhia, ressalvado o disposto no inciso II do art. 142; III – tomar, anualmente, as contas dos administradores e deliberar sobre as demonstrações financeiras por eles apresentadas; IV – autorizar a emissão de debêntures, ressalvado o disposto nos §§ 1º, 2º e 4º do art. 59; V – suspender o exercício dos direitos do acionista (art. 120); VI – deliberar sobre a avaliação de bens com que o acionista concorrer para a formação do capital social; VII – autorizar a emissão de partes beneficiárias; VIII – deliberar sobre transformação, fusão, incorporação e cisão da companhia, sua dissolução e liquidação, eleger e destituir liquidantes e julgar-lhes as contas; e IX - autorizar os administradores a confessar falência e pedir concordata (LSA, art. 122): **A:** incorreta, pois esse ato compete ao conselho fiscal (LSA, art. 161); **B:** incorreta, pois também de competência do conselho fiscal (LSA, art. 161); **C:** correta, pela expressa previsão legal (LSA, art. 122); **D:** incorreta, pois tal ato compete a assembleia de credores no processo. FC

„C„ ojµɐqɐפ

8. DIREITO EMPRESARIAL — 573

(Magistratura/PE - 2013 - FCC) Nas sociedades por ações,

(A) o prazo de gestão é livre, podendo o estatuto limitá-lo a cinco anos, e vedado aos membros do Conselho de Administração serem eleitos para cargos de direção da companhia.

(B) o estatuto da companhia fixará o valor do capital social, expresso em moeda nacional e formado exclusivamente com contribuições em dinheiro.

(C) a administração da companhia caberá exclusivamente à diretoria, cabendo ao Conselho de Administração, de existência obrigatória, poderes consultivos e fiscalizatórios.

(D) qualquer que seja o objeto, a companhia é mercantil e se rege pelas leis e usos do comércio; poderá ter por objeto participar de outras sociedades, mesmo que a participação não seja prevista estatutariamente, como meio de realizar o objeto social ou para beneficiar-se de incentivos fiscais.

(E) o administrador é objetivamente responsável pelas obrigações que contrair em nome da sociedade, ainda que em virtude de ato regular de gestão, em razão do risco decorrente de sua atividade.

A: incorreta, pois o prazo de gestão estabelecido no estatuto para o conselho de administração não poderá ser superior a 3 anos, permitida a reeleição – art. 140 da Lei das Sociedades por Ações - LSA (Lei 6.404/1976); **B:** incorreta, pois não há limitação a contribuições em dinheiro. O capital social poderá ser formado com contribuições em dinheiro ou em qualquer espécie de bens suscetíveis de avaliação em dinheiro – arts. 5º e 7º da LSA; **C:** incorreta, pois a administração da companhia competirá, conforme dispuser o estatuto, ao conselho de administração e à diretoria, ou somente à diretoria – art. 138 da LSA; **D:** correta, nos termos do art. 2º da LSA e do art. 982, parágrafo único, do CC/2002; **E:** incorreta, pois o administrador não é pessoalmente responsável pelas obrigações que contrair em nome da sociedade e em virtude de ato regular de gestão – art. 158 da LSA. **RB**

Gabarito "D".

(Magistratura/RO – 2011 – PUCPR) Acerca das Sociedades Anônimas, assinale a única alternativa CORRETA.

(A) A Assembleia Geral Ordinária(AGO) pode ser realizada várias vezes no ano e tem competência para tratar de quaisquer assuntos do interesse da companhia.

(B) O capital social de uma Sociedade Anônima pode ser composto por ações ordinárias e preferenciais. As ações ordinárias sempre dão a seu titular o direito de voto. Já as preferenciais nunca conferem aos seus titulares o direito de voto, mas sim vantagens de natureza política ou econômica em relação às ações ordinárias.

(C) O agente fiduciário é o legitimado para a propositura de medidas judiciais em caso de inadimplemento, pela companhia emissora, de debêntures emitidas em subscrição pública por Sociedade Anônima de capital aberto.

(D) A competência para a eleição e destituição dos Diretores, em uma Sociedade Anônima de capital aberto, é da Assembleia Geral.

(E) O Conselho Fiscal, caso detecte alguma irregularidade nas operações da Diretoria de uma Sociedade Anônima, não tem competência para convocar Assembleia Geral Extraordinária. Para tanto, precisa fazer pedido formal para que a Diretoria da Companhia convoque uma Assembleia Geral Extraordinária.

A: incorreta, pois a assembleia geral ordinária (AGO) distingue-se da extraordinária (AGE) essencialmente por conta da matéria a ser tratada – art. 131 da LSA. A AGO cuida apenas das matérias listadas no art. 132 da LSA e, ademais, ocorre anualmente, nos 4 primeiros meses seguintes ao término do exercício social – art. 132 da LSA. As AGEs podem ser realizadas a qualquer momento e não têm restrição quanto à matéria a ser tratada – art. 135 e seguintes da LSA; **B:** incorreta, pois as ações preferenciais podem conferir direito a voto – art. 111, *caput*, da LSA; **C:** correta, conforme o art. 68, § 3º, da LSA; **D:** incorreta, pois compete ao conselho de administração eleger e destituir os diretores. A assembleia geral fará isso somente se inexistir conselho de administração – art. 143, *caput*, da LSA; **E:** incorreta, pois o conselho fiscal tem competência para convocar a AGE diretamente, sempre que ocorrerem motivos graves ou urgentes, incluindo na agenda das assembleias as matérias que considerar necessárias – art. 163, V, da LSA. **RB**

Gabarito "C".

(Magistratura/SP – 2013 – VUNESP) Poderão ser eleitas para membros dos órgãos de administração da sociedade anônima:

(A) pessoas naturais, devendo os diretores ser residentes no País.

(B) pessoas naturais, residentes no País, devendo os membros do conselho de administração ser acionistas, e os diretores, acionistas ou não.

(C) pessoas naturais, devendo os membros do conselho de administração ser acionistas, e os diretores residentes no País, acionistas ou não.

(D) pessoas naturais, residentes no País, diplomadas em curso de nível universitário, ou que tenham exercido, por prazo mínimo de três anos, cargo de administrador de empresa ou de conselheiro fiscal.

Nos termos do art. 146 da Lei das Sociedades por Ações – LSA (Lei 6.404/1976), poderão ser eleitas para membros dos órgãos de administração pessoas naturais, devendo os diretores ser residentes no País. Por essa razão, a alternativa "A" é a correta. **RB**

Gabarito "A".

2.7.4. LIGAÇÕES SOCIETÁRIAS. CONTROLE, COLIGAÇÃO, GRUPOS, CONSÓRCIOS, SUBSIDIÁRIAS

(Magistratura/SP – 2013 – VUNESP) Em relação ao consórcio de sociedades, assinale a alternativa correta.

(A) Adquire personalidade jurídica mediante o arquivamento do contrato no Registro do Comércio do lugar da sua sede.

(B) Nas obrigações assumidas pelas consorciadas, presume-se responsabilidade solidária.

(C) O consórcio será constituído mediante contrato aprovado pelo órgão da sociedade competente para autorizar a alienação de bens do ativo não circulante.

(D) O consórcio não tem capacidade processual.

A: incorreta, pois o consórcio não tem personalidade jurídica – art. 278, § 1.º, da LSA; **B:** incorreta, pois não há presunção de solidariedade, sendo que as consorciadas se obrigam nas condições previstas no respectivo contrato, respondendo cada uma por suas obrigações – art.

278, § 1.º, da LSA; **C:** correta, conforme o art. 279 da LSA; **D:** incorreta, pois, embora o consórcio não tenha personalidade jurídica, tem a chamada personalidade judiciária, ou seja, capacidade processual – ver REsp 147.997/RJ, aplicando o art. 12, VII, do CPC aos consórcios. **RB**

Gabarito "C".

2.7.5. QUESTÕES COMBINADAS E OUTROS TEMAS SOBRE SOCIEDADE ANÔNIMA

(Juiz – TJ/MS – VUNESP – 2015) Nos termos do Código Civil, a sociedade de cujo capital outra sociedade possua menos de dez por cento do capital social com direito a voto, denomina-se sociedade

(A) de simples participação.

(B) comum.

(C) filiada.

(D) controlada.

(E) em nome coletivo.

A: correta, nos termos do art. 1.100 do CC; **B:** incorreta. Sociedade em comum é a sociedade irregular, que não foi levada a registro seus atos constitutivos (art. 986 do CC); **C:** incorreta. Sociedade filiada ou coligada é aquela de cujo capital outra sociedade participe com 10% ou mais, sem exercer o controle (art. 1.099 do CC); **D:** incorreta. Sociedade controlada é aquela na qual outra sociedade tem a maioria dos votos nas deliberações e o poder de eleger a maioria dos administradores (art. 1.098 do CC); **E:** incorreta. Sociedade em nome coletivo é tipo societário no qual todos os sócios respondem ilimitadamente pelas dívidas sociais (art. 1.039 do CC). **HS**

Gabarito "A".

(Juiz – TJ/MS – VUNESP – 2015) Considerando-se o Balanço Patrimonial e a classificação das contas do ativo nas Sociedades por Ações, é correto afirmar que as disponibilidades, os direitos realizáveis no curso do exercício social subsequente e as aplicações de recursos em despesas do exercício seguinte, serão classificadas

(A) em investimentos.

(B) no intangível.

(C) no ativo circulante.

(D) no ativo imobilizado.

(E) no ativo realizável.

Tais contas pertencem ao ativo circulante, nos termos do art. 179. I, da LSA. **HS**

Gabarito "C".

(Juiz – TJ-SC – FCC – 2017) As *holdings* se definem como sociedades:

(A) não operacionais, cujo patrimônio é constituído de participações em outras sociedades, podendo ter por objeto o exercício nestas do poder de controle ou participação relevante.

(B) coligadas de fato, sendo modalidade de concentração empresarial.

(C) nas quais a investidora tem influência significativa, qualquer que seja seu objeto ou finalidade.

(D) coligadas de cujo capital outras sociedades participam com 10% (dez porcento) ou mais.

(E) financeiras de investimento, sem objetivo de controle ou participação por coligação.

Denominam-se *holdings* as sociedades cujo objeto é exclusivamente a participação no capital de outras pessoas jurídicas, controlando-as ou não. Estão previstas no art. 2º, §3º, da Lei 6.404/76 (LSA). Dado seu objeto social específico, são espécie de sociedade **não operacional**, porque não exercem propriamente uma atividade econômica. **HS**

Gabarito "A".

(Juiz – TJ-SC – FCC – 2017) A securitização de direitos creditórios do agronegócio é operação realizada por:

(A) companhia de seguros pela qual os direitos do segurado são garantidos por indenização caso haja inadimplemento dos adquirentes de produtos agrícolas, vendidos mediante emissão de títulos de crédito.

(B) companhia securitizadora, com qualificação de instituição financeira, pela qual tais direitos são expressamente vinculados à emissão de uma série de títulos de crédito, podendo sobre eles ser instituído regime fiduciário.

(C) companhia securitizadora, sem qualificação de instituição financeira, pela qual tais direitos são expressamente vinculados à emissão de uma série de títulos de crédito, não podendo sobre eles ser instituído regime fiduciário.

(D) companhia de seguros pela qual obrigações do segurado são garantidas por indenização, caso ocorra sinistro com a perda de safra ou oscilação negativa dos preços dos produtos agrícolas, vendidos mediante emissão de títulos de crédito.

(E) companhia securitizadora, sem qualificação de instituição financeira, pela qual tais direitos são expressamente vinculados à emissão de uma série de títulos de crédito, podendo sobre eles ser instituído regime fiduciário.

A securitização de direitos creditórios do agronegócio está regulamentada pela Lei 11.076/2004, que dispõe que tal atividade é realizada por uma companhia securitizadora, uma instituição não financeira constituída necessariamente sob a forma de sociedade anônima (art. 38), consistente na vinculação de tais direitos a uma série de títulos de crédito (art. 40), inclusive sob regime fiduciário (art. 39). **HS**

Gabarito "E".

(MAGISTRATURA/PB – 2011 – CESPE) A respeito da disciplina aplicável às sociedades anônimas de capital aberto, assinale a opção correta.

(A) Os administradores de sociedade anônima devem compor a diretoria ou o conselho de administração, não se exigindo, em nenhum desses casos, que os membros sejam acionistas da sociedade.

(B) Mediante a emissão de debêntures, meio utilizado para a captação de recursos no mercado, os prestadores de capital tornam-se sócios da companhia.

(C) Permite-se o fechamento do capital da sociedade anônima desde que precedido de oferta pública para a aquisição de todas as ações em circulação por preço justo.

(D) Além dos valores mobiliários expressamente previstos em lei, outros poderão ser criados pelo Conselho Monetário Nacional, nos limites de sua esfera de competência.

8. DIREITO EMPRESARIAL — 575

(E) Em sociedades abertas, os titulares de ações preferenciais podem ter direito a voto nas assembleias, ao passo que os titulares de ações ordinárias, em regra, não têm direito a voto.

A: incorreta. Importante salientar que, atualmente, com a Lei 12.431/2011, que alterou o art. 146 da LSA, não se exige mais que os membros do conselho de administração sejam acionistas. Os diretores, entretanto, já não precisavam ser acionistas antes da modificação legislativa; **B:** incorreta, pois os debenturistas são credores da companhia, não sócios – art. 52 da LSA; **C:** assertiva correta, conforme o art. 4º, § 4º, da LSA; **D:** incorreta, pois o Conselho Monetário Nacional não tem competência para criar valores mobiliários, que são definidos pelo art. 2º da Lei 6.385/1976; **E:** incorreta na parte final, pois as ações ordinárias conferem direito de voto a seus titulares – art. 110 da LSA. **RB**

Gabarito "C."

(Magistratura/PE - 2013 - FCC) Na liquidação e na transformação da sociedade

(A) pode o liquidante gravar de ônus reais os móveis e imóveis, bem como contrair empréstimos para pagamento das obrigações correntes da sociedade, salvo se expressamente proibido por seu contrato social.

(B) compete ao liquidante representar a sociedade e praticar todos os atos necessários à sua liquidação, inclusive alienar bens móveis ou imóveis, transigir, receber e dar quitação.

(C) respeitados os direitos dos credores preferenciais, cabe ao liquidante saldar as dívidas sociais vencidas, cancelando-se as vincendas, por inexigíveis.

(D) o ato de transformação da sociedade depende de suas prévias dissolução ou liquidação, obedecendo aos preceitos próprios da constituição e inscrição do tipo em que se vai converter.

(E) a transformação independe do consentimento de todos os sócios, salvo se houver tal exigência no ato constitutivo da sociedade.

A: incorreta, pois, sem estar expressamente autorizado pelo contrato social, ou pelo voto da maioria dos sócios, não pode o liquidante gravar de ônus reais os móveis e imóveis, contrair empréstimos, salvo quando indispensáveis ao pagamento de obrigações inadiáveis, nem prosseguir, embora para facilitar a liquidação, na atividade social – art. 1.105, parágrafo único, do CC/2002; **B:** correta, nos termos do art. 1.105 do CC/2002; **C:** incorreta, pois, respeitados os direitos dos credores preferenciais, pagará o liquidante as dívidas sociais proporcionalmente, sem distinção entre vencidas e vincendas, mas, em relação a estas, com desconto – art. 1.106 do CC/2002; **D:** incorreta, pois o ato de transformação independe de dissolução ou liquidação da sociedade; **E:** incorreta, pois a transformação depende do consentimento de todos os sócios, salvo se prevista no ato constitutivo – art. 1.114 do CC/2002. **RB**

Gabarito "B."

(Magistratura/RO – 2011 – PUCPR) Sobre as Sociedades Anônimas, assinale única alternativa CORRETA.

(A) Quando uma sociedade anônima detém 100% das quotas de uma sociedade limitada, diz-se que esta é uma subsidiária integral da primeira.

(B) Em uma Companhia com o capital dividido em 1000 ações, sendo 500 ordinárias e 500 preferenciais sem direito a voto, o acionista A detém 251 ações ordinárias e 100 preferenciais, totalizando 351 ações. O acionista B detém 249 ordinárias e 400 preferenciais, totalizando 649 ações. Diante disso, é correto afirmar que o acionista A é o acionista controlador.

(C) Os acionistas em Assembleia não podem destituir, sem motivo justificado, os integrantes dos órgãos de administração.

(D) Caso a sociedade A detenha a maioria do capital social da sociedade B, é correto dizer que a sociedade B é controladora da sociedade A.

(E) Não existe previsão legal para a constituição, por sociedades anônimas e outras sociedades, de consórcio para executar determinado empreendimento.

A: incorreta, pois a subsidiária integral deve ser, necessariamente, sociedade por ações – art. 251 da LSA. A sociedade limitada deve ter pelo menos dois sócios – art. 1.033, IV, do CC; **B:** Essa é a melhor alternativa, pois acionista controlador não é quem tem mais ações, mas sim aquele que é titular de direitos de sócio que lhe assegurem, de modo permanente, a maioria dos votos nas deliberações da assembleia geral e o poder de eleger a maioria dos administradores da companhia – art. 116, *a*, da LSA. Apesar de ser considerada, pelo gabarito oficial, como alternativa a ser escolhida, entendemos que a assertiva não é totalmente correta, pois, para que A seja considerado controlador, é preciso que ele utilize efetivamente seu poder para dirigir as atividades sociais e orientar o funcionamento dos órgãos da companhia – art. 116, *a*, da LSA. Ou seja, se A for omisso, apesar de ter a maioria das ações com direito a voto, B poderá ser considerado acionista controlador; **C:** incorreta, pois a assembleia geral tem competência para destituir, a qualquer tempo, os administradores e fiscais da companhia – art. 122, II, da LSA. A decisão da assembleia geral é, portanto, soberana, ressalvando-se apenas que o acionista deve exercer o direito a voto no interesse da companhia (sem abuso do direito, que possa causar dano à sociedade ou aos demais acionistas) – art. 115 da LSA; **D:** incorreta, pois, para identificar o controlador, é preciso saber quem é titular de direitos de sócio que lhe assegurem, de modo permanente, a maioria dos votos nas deliberações da assembleia geral e o poder de eleger a maioria dos administradores da companhia – art. 116, *a*, da LSA; **E:** incorreta, pois o consórcio é previsto expressamente pelo art. 278 da LSA. **RB**

Gabarito "B."

2.8. QUESTÕES COMBINADAS SOBRE SOCIEDADES E OUTROS TEMAS

(Magistratura/AM – 2013 – FGV) Com relação ao *Direito Societário*, assinale a afirmativa correta.

(A) A sociedade comum é uma espécie de sociedade despersonificada, cujos sócios respondem de forma ilimitada e solidária pelas obrigações sociais, e o sócio que contratou pela sociedade não pode se valer do benefício de ordem.

(B) A subsidiária integral, considerada como exceção à regra da pluralidade dos sócios exigida para a constituição de uma sociedade, é sempre uma sociedade anônima unipessoal, cujo único sócio é uma pessoa natural ou jurídica brasileira.

(C) A transformação de uma sociedade limitada depende de aprovação de 3/4 do capital social, salvo se prevista no ato constitutivo, caso em que o dissidente poderá retirar-se da sociedade mediante alteração do contrato social.

(D) As ações são espécies de valores mobiliários e, nos termos da Lei n. 6.404/1976, conferirá ao seu titular a condição de sócio, incluindo os direitos essenciais concernentes ao voto, retirada, participação nos lucros e no acervo da companhia em caso de dissolução.

(E) A sociedade em conta de participação é considerada uma espécie de sociedade irregular, mas o sócio participante possui responsabilidade limitada à integralização de sua parte no capital social.

A: correta, pois a sociedade em comum é a sociedade sem registro, anteriormente chamada de sociedade de fato (arts. 986 a 990 do CC); **B:** incorreta, pois a subsidiária integral é uma sociedade anônima cujo único sócio deve ser, obrigatoriamente, uma sociedade nacional, não se admitindo pessoa física (art. 251 da Lei 6.404/1976); **C:** incorreta, pois a transformação depende de unanimidade dos sócios (art. 1.114 da CC); **E:** incorreta, pois trata-se de sociedade regular, sem previsão, contudo, de aquisição de personalidade jurídica (art. 991 a 996 da CC). FC
Gabarito "A".

(Magistratura/DF – 2011) A respeito das sociedades, considere as proposições abaixo e assinale a <u>correta</u>:

(A) A quebra do *affectio societatis* não se erige como causa para a exclusão do sócio minoritário, mas apenas para dissolução (parcial) da sociedade;

(B) As sociedades intituladas em comum, igualmente içadas à conceituação de sociedades irregulares, ostentam natureza de sociedade, muito embora, nelas, não se avulte aquilo que se denomina de *affectio societatis*;

(C) Afigura-se como elemento proeminente da sociedade em conta de participação a circunstância de o sócio ostensivo assumir todo o negócio em seu nome individual, muito embora a ele não seja dado se obrigar, sozinho, perante terceiros, porquanto, neste caso, exige-se a presença do sócio oculto, especialmente porque este último participa com o capital;

(D) Segundo a jurisprudência do egrégio Superior Tribunal de Justiça, a desconsideração da personalidade jurídica das empresas é admissível em situações especiais, quando evidenciado o abuso da personificação jurídica, materializado em excesso de mandato, desvio de finalidade da empresa, confusão patrimonial entre a sociedade ou os sócios ou, ainda, nas hipóteses de dissolução irregular da empresa, sem a devida baixa na Junta Comercial. Ainda de acordo com a jurisprudência daquele Corte Superior, exatamente por força de tais particularidades é que a desconsideração, em última análise, importa na própria dissolução da pessoa jurídica.

A: correta, pois, em princípio, apenas a quebra do *affectio societatis* não é, de fato, suficiente para a exclusão do sócio. O sócio pode ser excluído judicialmente somente por falta grave no cumprimento de suas obrigações ou por incapacidade superveniente, mediante iniciativa da maioria dos demais sócios – art. 1.030 do CC. O sócio minoritário pode ser excluído também extrajudicialmente, caso esteja pondo em risco a continuidade da empresa, em virtude de atos de inegável gravidade, e desde que a exclusão por justa causa seja prevista no contrato social – art. 1.085 do CC. Existe ainda a possibilidade de exclusão do sócio remisso da limitada, se não integralizar sua quota social no prazo definido – art. 1.058 do CC; **B:** incorreta, pois se trata, em princípio, de sociedades de pessoas, em que o *affectio societatis* é

essencial para manutenção da entidade empresarial – art. 986 do CC; **C:** incorreta, pois somente o sócio ostensivo obriga a sociedade em conta de participação perante terceiros – art. 991, parágrafo único, do CC; **D:** incorreta na parte final, pois a desconsideração da personalidade jurídica não implica dissolução da sociedade, apenas estende os efeitos de certas e determinadas relações de obrigações aos bens particulares dos administradores ou sócios da pessoa jurídica – art. 50 do CC. RB
Gabarito "A".

(Magistratura/DF – 2011) Considere as proposições formuladas abaixo e assinale a <u>incorreta</u>:

(A) Na sociedade em comandita por ações, somente o acionista tem qualidade para administrar a sociedade e, como diretor, responde subsidiária e ilimitadamente pelas obrigações da sociedade;

(B) A falência da sociedade transformada somente produzirá efeitos em relação aos sócios que, no tipo anterior, a eles estariam sujeitos, se o pedirem os titulares de créditos anteriores à transformação e somente a estes beneficiará;

(C) Em se tratando de sociedade limitada, a responsabilidade de cada sócio é restrita ao montante de suas quotas. Por consectário lógico, não se lhes exige a responsabilização solidária pela integralização do capital social;

(D) Na liquidação da sociedade, incumbe ao liquidante representar a sociedade e praticar todos os atos necessários a tal propósito, inclusive alienar bens móveis ou imóveis, transigir, receber e dar quitação.

A: correta, conforme o art. 1.091 do CC; **B:** correta, conforme o art. 222, parágrafo único, da LSA; **C:** incorreta, pois, apesar da limitação da responsabilidade ao valor das quotas, existe responsabilidade solidária dos sócios da limitada pela integralização de todo o capital social – art. 1.052 do CC; **D:** correta, em conformidade com o art. 1.105 do CC. RB
Gabarito "C".

(MAGISTRATURA/PB – 2011 – CESPE) Os diversos tipos societários contemplados no ordenamento jurídico são configurados com base, entre outros critérios, na natureza da responsabilidade das pessoas dos sócios. Considerando essa responsabilidade em relação às obrigações da sociedade, assinale a opção correta.

(A) Nas sociedades limitadas e nas em comandita por ações, todos os sócios, incluindo-se o que exerça a função de diretor, respondem somente pelo valor das respectivas quotas ou ações.

(B) Nas sociedades simples, a responsabilidade dos sócios é sempre solidária.

(C) Nas sociedades despersonificadas e nas em nome coletivo, a responsabilidade dos sócios é solidária.

(D) Nas sociedades em nome coletivo e nas em comandita simples, todos os sócios respondem solidariamente pelas obrigações sociais.

(E) No que tange à responsabilidade dos acionistas, o tratamento dispensado pelo direito às sociedades anônimas e as em comandita por ações é exatamente o mesmo.

A: incorreta, pois o acionista diretor da sociedade em comandita por ações responde subsidiária e ilimitadamente pelas obrigações da sociedade – art. 1.091 do CC; **B:** incorreta, pois o contrato social

8. DIREITO EMPRESARIAL — 577

determinará se os sócios respondem, ou não, subsidiariamente, pelas obrigações sociais – art. 997, VIII, do CC; **C:** essa é a melhor alternativa, por exclusão das demais. O Código Civil prevê duas espécies de sociedades sem personalidade jurídica, quais sejam a sociedade em comum e a sociedade em conta de participação. No caso da sociedade em comum, a assertiva é correta, pois os sócios respondem solidária e ilimitadamente pelas obrigações sociais – art. 990 do CC. Entretanto, no caso da sociedade em conta de participação, somente o sócio ostensivo se obriga perante terceiros, não sendo correto falar em responsabilidade solidária do sócio oculto em relação às obrigações sociais (que, a rigor, nem sequer existem perante terceiros – a sociedade não tem personalidade jurídica própria e a responsabilidade é exclusiva e individual do sócio ostensivo) – art. 991 do CC. Quanto à sociedade em nome coletivo, a assertiva também é correta, pois há responsabilidade solidária dos sócios – 1.039 do CC; **D:** incorreta, pois, na sociedade em comandita simples, somente os sócios comanditados (que administram a sociedade) respondem solidária e ilimitadamente pelas obrigações sociais – art. 1.045 do CC; **E:** incorreta, conforme comentário à alternativa "A". **RB**
Gabarito "C".

(Magistratura/PR – 2013 – UFPR) Assinale a alternativa correta:

(A) Na atualidade, já não há mais distinção entre empresas de pequeno porte, microempresa e microempreendedor individual, uma vez que todas essas modalidades empresariais submetem-se a um regime tributário simplificado, denominado Simples Nacional.

(B) O exercício do direito de voto é essencial e conferido a todo acionista, de acordo com a quantidade de ações por ele subscritas, com o objetivo principal de coibir administração fraudulenta ou danosa.

(C) As sociedades anônimas classificam-se em abertas ou fechadas, sendo aquelas as que têm seus valores mobiliários admitidos à negociação na Bolsa ou mercado de balcão, para o que necessitam de autorização do governo federal, através da Comissão de Valores Mobiliários.

(D) Um dos motivos que estimula a saída de jogadores de futebol do Brasil é que não há, na nossa legislação, previsão de constituição de sociedade limitada unipessoal, que permitiria receber, em cessão, direitos patrimoniais de autor ou de imagem, inclusive os titulados por seu único sócio.

A: incorreta, pois a própria legislação do Simples Nacional os diferencia (art. 18 da LC 123/2006); B: incorreta, pois o direito a voto pode não ser conferido a determinados acionistas de categoria preferencial (art. 15, § 2º, da LSA); C: correta, por expressa previsão na legislação (art. 4º da LSA); D: incorreta, pois desde 2012, existe a figura da Eireli, que substitui, com eficiência, a Sociedade Limitada Unipessoal (art. 980-A da CC). **FC**
Gabarito "C".

(Magistratura/RO – 2011 – PUCPR) Dadas as assertivas abaixo, assinale a única **CORRETA:**

(A) Todas as sociedades no direito brasileiro possuem personalidade jurídica.

(B) Após totalmente integralizado o capital social em uma sociedade limitada, a regra é de que seus sócios respondem, de forma direta e pessoal, pelas obrigações da sociedade.

(C) Em caso de abuso da personalidade jurídica, caracterizado pelo desvio de finalidade ou pela confusão patrimonial, pode o juiz decidir, a requerimento da parte ou do Ministério Público (quando lhe couber intervir no processo), que os efeitos de certas e determinadas relações de obrigações sejam estendidos aos bens particulares dos administradores ou sócios de pessoas jurídicas. Uma decisão desta natureza implica a chamada "desconsideração da personalidade jurídica".

(D) O ato pelo qual o sócio se obriga a entregar para a sociedade bens ou direitos de sua propriedade, suscetíveis de apreciação econômica, para a formação do capital social, é chamado de integralização, enquanto que a subscrição de capital é a efetiva transferência, pelo sócio para a sociedade, do bem ou direito mencionado na integralização.

(E) O capital social das sociedades limitadas é dividido em ações, que podem ser ordinárias ou preferenciais, estas sem direito de voto.

A: incorreta, pois as sociedades em comum e as sociedades em conta de participação não têm personalidade jurídica própria – arts. 986 e 991 do CC; B: incorreta, pois, após totalmente integralizado o capital social, a responsabilidade dos sócios da limitada restringem-se ao valor de suas quotas – art. 1.052 do CC; **C:** assertiva correta, pois reflete a desconsideração prevista no art. 50 do CC; **D:** incorreta, pois é o oposto. Subscrição implica obrigação de realizar a integralização do capital. Integralização é a efetiva transferência do bem ou do direito para a sociedade – ver art. 106 da LSA; **E:** incorreta, pois o capital da limitada é divido em quotas – art. 1.052 do CC. Ações referem-se a sociedades anônimas ou em comandita por ações. **RB**
Gabarito "C".

(Magistratura/RO – 2011 – PUCPR) Considerando a disciplina legal das sociedades, assinale a única alternativa CORRETA.

(A) Independentemente de seu objeto, considera-se simples a sociedade por ações e empresária a sociedade cooperativa.

(B) Na sociedade em conta de participação, a atividade constitutiva do objeto social é exercida unicamente pelo sócio oculto/participante, em seu nome individual e sob sua própria e exclusiva responsabilidade.

(C) Nas sociedades simples, havendo empate e uma deliberação social, prevalece a decisão sufragada por maior número de sócios. Caso mesmo assim o empate persista, decidirá a questão o juiz, levando em conta o interesse da sociedade.

(D) O credor particular de sócio, na insuficiência de outros bens do devedor, não pode fazer recair a execução sobre o que ao sócio couber nos lucros da sociedade, nem na parte que couber ao sócio devedor em liquidação.

(E) Todas as alternativas anteriores estão incorretas.

A: incorreta, pois é o oposto. A sociedade por ações é sempre empresária, e a cooperativa é sempre simples – art. 982, parágrafo único, do CC; B: incorreta, pois a atividade constitutiva do objeto social da sociedade em conta de participação é exercida unicamente pelo sócio ostensivo – art. 991 do CC; **C:** correta, pois é o que determina o art.

1.010, § 2º, do CC; **D:** incorreta, pois isso é possível, conforme o art. 1.026 do CC; **E:** incorreta, pois a assertiva "C" é verdadeira. **RB**

Gabarito "C".

(Magistratura/SC – 2010) Assinale a alternativa correta:

I. O Grupo de Consórcio não pode ser considerado uma sociedade.

II. As Cooperativas são sociedades empresárias.

III. Terceiros só podem provar, por escrito, a existência de uma sociedade.

IV. Somente Leis Tributárias e a Lei de Falência e Recuperação da Empresa desestimulam a atividade empresarial desorganizada que não mantenha seus livros obrigatórios e escrituração contábil em ordem.

(A) Somente as proposições I e IV estão incorretas.

(B) Somente as proposições I, III e IV estão incorretas.

(C) Somente as proposições III e IV estão incorretas.

(D) Somente as proposições I, II e III estão incorretas.

(E) Todas as proposições estão incorretas.

I: incorreta, pois o grupo de consórcio é uma sociedade não personificada constituída por consorciados com a finalidade de propiciar a seus integrantes, de forma isonômica, a aquisição de bens ou serviços, por meio de autofinanciamento – art. 3º da Lei 11.795/2008; **II:** incorreta, pois as cooperativas jamais são consideradas sociedades empresárias, qualquer que seja seu objeto social – art. 982, parágrafo único, *in fine*, do CC; **III:** incorreta, pois essa restrição aplica-se apenas aos sócios da sociedade em comum, não aos terceiros – art. 987 do CC; **IV:** Apesar de o gabarito oficial indicar o item como correto a assertiva é confusa. É difícil afirmar que somente essas duas leis desestimulem a atividade empresarial desorganizada. O que se pode afirmar é que a legislação tributária impõe a organização dos registros empresariais para fins fiscais – arts. 14, III, e 195, parágrafo único, do CTN, dentre muitos outros. Além disso, pode-se afirmar que a Lei de Falências e Recuperações estimula o registro e a escrituração da atividade empresarial, pois, caso isso não ocorra, pode-se impedir que o empresário ou a sociedade empresária formule pedido de recuperação, de autofalência ou de falência de terceiros – arts. 51, V, e 97, § 1º, da Lei 11.101/2005, por exemplo. **RB**

Gabarito "D".

(Magistratura/SC – 2010) Assinale a alternativa correta:

I. A sociedade controladora sempre exerce o direito de voto em correspondência ao total das ações ou quotas que detenha da sua controlada.

II. As obrigações dos sócios começam a partir do arquivamento do contrato na Junta Comercial.

III. É nula a obrigação contraída por Magistrado em nome de sociedade comercial da qual seja administrador.

IV. Os poderes de administração conferidos por cláusula contratual ao sócio não podem ser revogados por deliberação dos demais sócios.

(A) Somente as proposições I, II e III estão incorretas.

(B) Somente as proposições I e IV estão incorretas.

(C) Somente as proposições I, III e IV estão incorretas.

(D) Somente as proposições III e IV estão incorretas.

(E) Todas as proposições estão incorretas.

I: incorreta, pois nem todas as ações conferem ao titular direito a voto – art. 111 da LSA; **II:** incorreta, pois mesmo antes do arquivamento há obrigações entre os sócios que acordaram a sociedade

e, eventualmente, perante terceiros, na qualidade de sociedade em comum (antes da inscrição dos atos constitutivos) – art. 986 do CC; **III:** incorreta, pois a pessoa legalmente impedida de exercer atividade própria de empresário (caso do magistrado), se a exercer, responderá pelas obrigações contraídas– art. 973 do CC; **IV:** incorreta, é possível, excepcionalmente, a revogação dos poderes do sócio investido na administração por cláusula expressa do contrato social, desde que haja justa causa, reconhecida judicialmente, a pedido de qualquer dos sócios – art. 1.019 do CC. Ademais, no caso da sociedade limitada, o sócio nomeado administrador no contrato pode ser destituído pela aprovação de titulares de quotas correspondentes, no mínimo, a dois terços do capital social, salvo disposição contratual diversa – art. 1.063, § 1º, do CC. **RB**

Gabarito "E".

(Magistratura/PR – 2010 – PUC/PR) No que diz respeito ao direito de recesso, assinale a alternativa CORRETA, dadas as alternativas abaixo:

I. Em se tratando de sociedade empresária limitada que se utiliza subsidiariamente das normas relativas às sociedades simples, a apuração dos haveres do sócio dar-se-á de acordo com o valor das cotas por ele detidas, consideradas pelo montante efetivamente realizado, as quais serão liquidadas, salvo disposição contratual em contrário, com base na situação patrimonial da sociedade, à data do pagamento, verificada em balanço especialmente levantado.

II. Nas sociedades anônimas, o exercício do direito de recesso deve ser reclamado à companhia no prazo de 30 (trinta) dias, contados da data de realização da assembleia geral que decidiu a matéria objeto de dissidência.

III. Após informada sobre o exercício do direito de recesso por parte de sócio(s) dissidente(s), é facultado aos órgãos da administração, nos 10 (dez) dias subsequentes ao término do prazo para exercício do direito de recesso, convocar assembleia geral para ratificar ou reconsiderar a deliberação, se entenderem que o pagamento do preço do reembolso das ações ao(s) acionista(s) dissidente(s) que exerceu(ram) o direito de retirada porá em risco a estabilidade financeira da empresa.

IV. O direito de recesso poderá ser exercido nas hipóteses em que o sócio discordar de qualquer matéria objeto de deliberação em assembleia ou reunião de sócios, conforme aplicável, independente da espécie societária.

(A) Somente as alternativas II e III estão corretas.

(B) Somente as alternativas II e IV estão corretas.

(C) Somente a alternativa III está correta.

(D) Todas as alternativas estão incorretas.

I: incorreta, pois o valor das quotas refere-se à data da resolução, não do pagamento – art. 1.031 do CC; **II:** incorreta, pois o prazo de 30 dias é contado da data de *publicação da ata* da assembleia geral (não da data em que a assembleia geral foi realizada), nos termos do art. 137, IV e V, da LSA; **III:** assertiva correta, pois reflete o disposto no art. 137, § 3º, da LSA; **IV:** incorreta, pois o direito de recesso existe apenas em relação a determinadas matérias e atos societários – art. 137, *caput*, da LSA e art. 1.077 do CC. **RB**

Gabarito "C".

3. DIREITO CAMBIÁRIO

3.1. TEORIA GERAL

(Juiz – TJ/RJ – VUNESP – 2016) A cláusula "não à ordem"

(A) não é admitida na Letra de Câmbio.

(B) inviabiliza o aval parcial.

(C) inviabiliza o aceite.

(D) impede a circulação mediante endosso.

(E) implica em aceite do cumprimento da obrigação assumida em Nota Promissória.

Chama-se "cláusula não à ordem" a proibição de que o título circule por meio de endosso. Ela pode ser aposta originariamente, pelo próprio sacador, ou ulteriormente, por qualquer endossante. Caso exista, a transferência da propriedade do crédito se fará unicamente por cessão civil. HS

Gabarito "D".

(Juiz – TJ/SP – VUNESP – 2015) Sobre títulos de crédito, é correto afirmar que

(A) não é possível o preenchimento do título de crédito incompleto pelo credor após a sua emissão.

(B) na cédula de crédito bancário pode ser constituída garantia real em documento separado, desde que se faça mera referência a isso no corpo da cédula.

(C) o devedor deve conferir a autenticidade das assinaturas de toda a cadeia de endossos lançados no título, antes de realizar o pagamento ao último endossatário e portador.

(D) o endossatário de endosso em branco pode mudá-lo para endosso em preto, desde que o complete com o seu nome ou de terceiro, bem como pode endossar novamente o título, mas não pode transferi-lo sem novo endosso.

A: incorreta. O preenchimento posterior é aceito pelo art. 891 do CC, desde que respeite os termos pactuados; **B:** correta, nos termos do art. 32 da Lei nº 10.931/2004; **C:** incorreta. Não há obrigação de conferir a autenticidade das assinaturas, mas somente a regularidade da série de endossos (art. 911, parágrafo único, do CC); **D:** incorreta. É totalmente possível a transferência sem novo endosso pelo endossatário de endosso em branco, porque este transforma o título em cártula ao portador (art. 913, parte final, do CC). HS

Gabarito "B".

(Juiz – TRF 2ª Região – 2017) Considere as proposições e, ao final, marque a opção correta:

I. É viável o aval parcial aposto em cheque;

II. O Código Civil veda expressamente o aval parcial;

III. É viável o aval parcial aposto em nota promissória;

IV. A cláusula proibitiva do endosso, aposta em nota promissória, não impede a transferência do crédito.

(A) Apenas a I é falsa.

(B) Apenas a II é falsa.

(C) Apenas a III é falsa.

(D) Apenas a IV é falsa.

(E) Todas são verdadeiras.

I: correta, nos termos do art. 29 da Lei 7.357/85; **II:** correta, nos termos do art. 897, parágrafo único, do CC; **III:** correta, nos termos dos arts.

30 e 77 da Lei Uniforme de Genebra (anexo ao Decreto 57.663/66); **IV:** correta, hipótese em que a transferência do crédito será considerada uma cessão civil, nos termos dos arts. 11 e 77 da Lei Uniforme de Genebra. HS

Gabarito "E".

(Juiz – TRF 2ª Região – 2017) Ícaro, casado, avaliza empréstimo que seu amigo, Petrus, contraiu perante a Caixa Econômica (CEF). O contrato o afirma avalista em várias cláusulas, e não fiador, embora não tenham sido emitidos títulos de crédito. Não houve outorga uxória, já que Ícaro se afirmou solteiro. Única opção se amolda à linha dominante. Assinale-a:

(A) Tanto o aval quanto a fiança dependem de outorga uxória, de modo que a garantia é nula, aspecto cognoscível de ofício.

(B) A esposa de Ícaro pode anular o contrato por falta de outorga, e o caso é de negócio anulável, e não nulo.

(C) Ícaro deve ser entendido como garantidor do contrato, independentemente de ser nominado avalista, e não é o caso de anulação do ajuste.

(D) Como o aval é próprio dos títulos de crédito, o empréstimo deve ser entendido como desprovido de garantia.

(E) Cabe a Ícaro, e não a sua esposa, pedir a anulação do aval.

A: incorreta. A jurisprudência do STJ consolidou-se no sentido de que a nulidade do aval ou da fiança somente pode ser requerida pelo cônjuge que não deu a outorga, não sendo cognoscível de ofício (REsp 772.419 e 749.999); **B:** incorreta. Não se anula o contrato todo, somente a garantia, porque é cláusula acessória que não macula o objeto principal da avença; **C:** alternativa dada como correta no gabarito oficial, porém cumpre assinalar que não é possível afirmar que tal seja a posição dominante da jurisprudência. Na verdade, o próprio STJ tem julgados conflitantes. No REsp 1.165.837, julgado pela 5ª Turma, entendeu que a garantia é válida (hipótese acatada pela alternativa). Contudo, no REsp 1.095.441, julgado pela 6ª Turma, referendou a tese de nulidade da garantia; **D:** incorreta. A garantia existe, mas seguirá as regras da fiança, segundo uníssona jurisprudência do STJ; **E:** incorreta, conforme comentário à alternativa "A". HS

Gabarito "C".

(Magistratura/BA – 2012 – CESPE) De acordo com o que dispõe a legislação que regulamenta os serviços concernentes ao protesto de títulos e outros documentos de dívida, assinale a opção correta.

(A) Havendo ou não prazo assinado, a data do registro do protesto é o termo inicial da incidência de juros, taxas e atualizações monetárias sobre o valor da obrigação contida no título ou documento de dívida.

(B) É de cinco anos o prazo estipulado para o arquivamento de livros de protocolo e de dez anos para o arquivamento dos livros de registros de protesto e respectivos títulos.

(C) Os cartórios devem fornecer às entidades representativas da indústria e do comércio ou àquelas vinculadas à proteção do crédito, quando solicitada, certidão diária, em forma de relação, dos protestos retirados e dos cancelamentos efetuados, com a nota de se cuidar de informação reservada, da qual somente se poderá dar publicidade, pela imprensa, de forma parcial.

(D) Os tabeliães de protesto de títulos serão civilmente responsáveis pelos prejuízos que causarem a terceiros somente quando houver dolo, sendo também responsáveis pelos prejuízos causados pelos substitutos que designarem ou escreventes que autorizarem, assegurado o direito de regresso.

(E) Revogada a ordem de sustação, não se exige nova intimação do devedor, devendo a lavratura e o registro do protesto ser efetivados até o primeiro dia útil subsequente ao do recebimento da revogação, salvo se a materialização do ato depender de consulta a ser formulada ao apresentante, caso em que o mesmo prazo deverá ser contado da data da resposta dada.

A: incorreta, pois a data do protesto somente será considerada para fins de incidência dos encargos no caso de não constar data específica no título (Lei 9.492/1997, art. 40); B: incorreta, pois o prazo de arquivamento dos livros de protocolo é de 3 anos (Lei 9.492/1997, art. 36); **C:** incorreta, pois a lei expressamente ressalta que não poderá ser dada publicidade dos dados, nem mesmo de forma parcial (Lei 9.492/1997, art. 29); **D:** incorreta, pois a responsabilidade civil dos tabeliães de corre de culpa ou dolo, e não apenas dolo (Lei 9.492/1997, art. 38); **E:** correta, por expressa previsão legal (Lei 9.492/1997, art. 17). **FC**

Gabarito "E."

(Magistratura/CE – 2012 – CESPE) Em relação ao protesto, ato formal e solene por meio do qual se provam a inadimplência e o descumprimento da obrigação, assinale a opção correta.

(A) O tabelião de protesto de títulos exerce competência exclusiva para a protocolização, a intimação, o acolhimento da devolução ou do aceite e o recibo de pagamento do título de outros documentos de dívida, na tutela dos interesses públicos e privados.

(B) Em caso de risco de prejuízo de difícil reparação para o credor, o juiz deve condicionar obrigatoriamente o deferimento da sustação ou cancelamento cautelar do protesto à prestação de caução.

(C) O título do documento de dívida cujo protesto tiver sido sustado judicialmente só poderá ser pago, protestado ou retirado mediante autorização judicial.

(D) Sendo o devedor microempresário ou empresa de pequeno porte, o cancelamento do registro de protesto, em decorrência do pagamento do título, dependerá de declaração de anuência do credor.

(E) Dispensa-se a exigência de identificação da pessoa que tenha recebido a notificação do protesto para requerer a falência do devedor.

A: incorreta, pois a competência do tabelionato é privativa, não exclusiva (Lei 9.492/1997, art. 3º); B: incorreta, pois a medida de caução decorre do poder geral de cautela do poder judiciário, devendo ser definida diante da análise da situação concreta (CPC, art. 798); **C:** correta, por expressa previsão legal (Lei 9.492/1997, art. 17); **D:** incorreta, pois a anuência somente é necessária quando o credor não dispõe do original do título (Lei 9.492/1997, art. 26); **E:** incorreta, pois a notificação de protesto, para fins de falência, exige a identificação da pessoa que o recebeu, nos termos da interpretação jurisprudencial (STJ, Súmula 361). **FC**

Gabarito "C."

(Magistratura/DF – 2011) Quanto à sua estrutura, constitui ordem de pagamento:

(A) o cheque;

(B) a duplicata;

(C) a letra de câmbio;

(D) todas as alternativas anteriores (a, b, c) são corretas.

Os títulos de crédito são classificados, quanto a sua estrutura, como ordens de pagamento ou promessa de pagamento. As ordens de pagamento são aquelas em que o emitente do título dá ordem para que um terceiro (o sacado) pague o valor ao titular da cártula, como o cheque, a duplicata e a letra de câmbio (alternativas "A", "B" e "C"). As promessas de pagamento são aquelas em que o próprio emitente obriga-se a pagar o título em seu vencimento, como é o caso da promissória. Por essas razões, a alternativa "D" deve ser indicada. **RB**

Gabarito "D."

Veja as seguintes tabelas, com a classificação dos títulos de crédito:

Classificações dos Títulos de Crédito	
Critério	**Espécies**
Modelo	– vinculados – livres
Estrutura	– ordem de pagamento – promessa de pagamento
Hipóteses de emissão	– causais – limitados – não causais
Circulação	– ao portador – nominativos à ordem – nominativos não à ordem (ou ao portador, à ordem e nominativos)

(Magistratura/ES – 2011 – CESPE) A respeito dos títulos de crédito, assinale a opção correta.

(A) Por expressa disposição legal, os devedores de um título de crédito são solidários, sendo cada um deles obrigado pelo montante integral da dívida.

(B) Os títulos nominativos não à ordem identificam o titular do crédito e se transferem por endosso.

(C) Às matérias relativas aos títulos de crédito aplica-se o Código Civil, mesmo quando este contiver comando diverso do que dispõe a lei especial.

(D) Quanto ao conteúdo da obrigação que representa, o título de crédito não se distingue dos demais documentos representativos de direitos e obrigações, sendo possível, portanto, documentar, em um título de crédito, obrigações de dar, fazer ou não fazer.

(E) De acordo com a doutrina, o princípio da literalidade tem consequências favoráveis e contrárias tanto para o credor quanto para o devedor, o qual não será obrigado a mais do que estiver mencionado no documento.

A: incorreta, pois todo título de crédito tem um devedor chamado principal, somente sendo possível a cobrança dos chamados coobrigados

8. DIREITO EMPRESARIAL   581

após a frustração do recebimento do devedor principal; B: incorreta, pois a característica dos títulos nominativos não à ordem é a circulação por intermédio de registro junto ao emitente (CC, art. 922); **C:** incorreta, pois as disposições do Código Civil são regras gerais sobre os títulos, que não prevalecem sobre a legislação específica, quando houver (CC, art. 903); **D:** incorreta, pois os títulos de crédito, apesar de poderem representar direitos diferentes do meramente pecuniário, são dotados de características específicas, que os distinguem dos demais documentos representativos de obrigações (CC, art. 887); **E:** correta, pois a literalidade, como grande regra de segurança para a circulação do título e da obrigação por ele representada gera garantias e limitações para as duas partes (CC, art. 887). **FC**

Gabarito "E".

(Magistratura/MG – 2012 – VUNESP) É correto afirmar que o cancelamento do protesto, após quitação do débito,

(A) é ônus do credor.

(B) é ônus do devedor.

(C) é ônus do tabelião de protestos, que deverá proceder de ofício.

(D) dependerá sempre de intervenção do Poder Judiciário, mediante alvará ou mandado, conforme seja jurisdição voluntária ou contenciosa.

O cancelamento do protesto é ônus do devedor, já que a ele cabe a iniciativa do procedimento para o cancelamento. Vale lembrar que o protesto é motivado pela mora do devedor, o que justifica o ônus pertencer ao devedor (Lei 9.492/1997, art. 26). **FC**

Gabarito "B".

(MAGISTRATURA/PB – 2011 – CESPE) Considerando a aplicabilidade, no direito cambiário, dos princípios da cartularidade, literalidade e autonomia, bem como de outros deles decorrentes, assinale a opção correta.

(A) O princípio da literalidade é relativizado pelo direito brasileiro, de sorte que o aval tanto pode ser prestado mediante assinatura do avalista no próprio título quanto em documento apartado.

(B) Consoante o princípio da inoponibilidade, o devedor de dívida representada por título de crédito só pode opor ao terceiro de boa-fé as exceções que tiver contra este e as fundadas nos aspectos formais do título.

(C) De acordo com o princípio da literalidade, o título de crédito deve satisfazer seus requisitos formais no momento da emissão, sendo, em regra, nulo o título que, emitido em branco ou incompleto, venha depois a ser preenchido ou complementado pelo beneficiário.

(D) De acordo com o princípio da abstração, o emitente de título cambial não pode opor ao beneficiário as exceções fundadas no negócio jurídico subjacente, ainda que o título não tenha entrado em circulação.

(E) Em razão do princípio da cartularidade, a duplicata mercantil só pode ser protestada se o credor estiver na posse do título.

A: incorreta, pois o aval deve ser dado no verso ou no anverso (frente) do próprio título – art. 898 do CC. No máximo, pode ser escrito em folha anexa ao título, quando autorizado pela lei especial, caso do art. 31 da Lei Uniforme – LU (Decreto 57.663/1966),

aplicável à letra de câmbio e à promissória, e do art. 29 da Lei do Cheque – LC (Lei 7.357/1985). Admite-se, como relativização do princípio da literalidade, o aceite informado por escrito, previsto no art. 29 da LU e a quitação da duplicata em documento separado – art. 9, § 1º, da Lei das Duplicatas – LD (Lei 5.474/1968); B: essa é a assertiva correta, conforme os arts. 906 e 915 do CC; **C:** incorreta, pois o título de crédito, incompleto ao tempo da emissão, deve ser preenchido de conformidade com os ajustes realizados – art. 891 do CC; **D:** incorreta, pois a abstração e a inoponibilidade das exceções pessoais surgem apenas a partir da circulação do título; **E:** incorreta, pois é possível o protesto da duplicata por indicação, que é relativização do princípio da cartularidade – art. 13, § 1º, da LD. **RB**

Gabarito "B".

(Magistratura/PE – 2011 – FCC) Em relação ao protesto de títulos, é correto afirmar:

(A) O protesto será tirado por falta de pagamento, de aceite ou de devolução, só podendo ser efetuado o protesto por falta de aceite antes do vencimento da obrigação e após o decurso do prazo legal para o aceite ou a devolução.

(B) Em nenhum caso serão protestados títulos e outros documentos de dívida em moeda estrangeira, emitidos fora do Brasil.

(C) Todos os títulos serão examinados pelo tabelião de protesto em seus caracteres formais, inclusive quanto à ocorrência de prescrição ou caducidade, só tendo curso se não apresentarem vícios.

(D) Quando a intimação do devedor for efetivada excepcionalmente no último dia do prazo ou além dele, por motivo de força maior, o protesto será tirado antecipadamente.

(E) O protesto é ato personalíssimo, devendo sua intimação ocorrer sempre na figura do devedor e defesa a intimação por edital.

A: correta, conforme o art. 21 da Lei 9.492/1997; B: incorreta, pois poderão ser protestados títulos e outros documentos de dívida em moeda estrangeira, emitidos fora do Brasil, desde que acompanhados de tradução efetuada por tradutor público juramentado – art. 10 da Lei 9.492/1997; **C:** incorreta, pois não cabe ao tabelião investigar a ocorrência de prescrição ou caducidade – art. 9º da Lei 9.492/1997; **D:** incorreta, pois, nesse caso, o protesto será tirado no primeiro dia útil subsequente – art. 13 da Lei 9.492/1997; **E:** incorreta, pois se admite a intimação por edital se a pessoa indicada para aceitar ou pagar for desconhecida, sua localização incerta ou ignorada, for residente ou domiciliada fora da competência territorial do tabelionato, ou, ainda, ninguém se dispuser a receber a intimação no endereço fornecido pelo apresentante – art. 15 da Lei 9.492/1997. **RB**

Gabarito "A".

(Magistratura/PR – 2010 – PUC/PR) Sobre os títulos de crédito, assinale a alternativa CORRETA:

(A) Em se tratando de título ao portador, seu possuidor tem direito à prestação nele indicada mediante a sua simples apresentação ao devedor, sendo a prestação devida ainda que o título tenha entrado em circulação contra a vontade do emitente.

(B) Pode o credor de título de crédito recusar o pagamento antes do vencimento do título, bem como o pagamento parcial no vencimento.

(C) Todos os títulos de crédito levados a protesto serão examinados em seus caracteres formais e terão curso se não apresentarem vícios, cabendo ao Tabelião de Protesto investigar a ocorrência de prescrição ou caducidade.

(D) Quando endossado o título de crédito, aquele que paga o título está obrigado a verificar a regularidade da série de endossos e a autenticidade das assinaturas.

A: assertiva correta, pois reflete o disposto no art. 905 do CC; B: incorreta, pois embora o credor possa recusar o pagamento antes do vencimento, não pode recusar o pagamento parcial no vencimento – art. 902, *caput* e § 1º, do CC; **C:** incorreta, pois não cabe ao tabelião investigar a ocorrência de prescrição ou caducidade – art. 9º da Lei 9.492/1997; **D:** incorreta, pois quem paga o título está obrigado a verificar a regularidade da série de endossos, mas não a autenticidade das assinaturas – art. 911, parágrafo único, do CC. RB

Gabarito "A".

(Magistratura/RO – 2011 – PUCPR) Relativamente aos títulos de crédito, analise as proposições a seguir:

I. Pelo princípio da abstração, o credor do título de crédito deve provar que se encontra na posse do documento para exercer o direito nele mencionado.

II. Atos consubstanciados em documentos apartados não influenciam no conteúdo das obrigações retratadas no título, pois dele não são considerados parte.

III. Pelo princípio da autonomia das obrigações cambiais, os vícios que comprometem a validade de uma relação jurídica, documentada em título de crédito, não se estendem às demais relações abrangidas no mesmo documento.

IV. Quando o título de crédito é posto em circulação pelo endosso, diz-se que se opera a abstração, isto é, a desvinculação do título em relação ao ato ou negócio jurídico que deu ensejo à sua criação.

V. O devedor pode opor a quem recebeu o título por endosso exceções fundadas sobre as relações pessoais com o credor primitivo (endossante), em virtude do negócio jurídico que deu causa à emissão do título.

Está(ão) CORRETA(S):

(A) Somente as proposições III e IV.

(B) Somente as proposições II, III e IV.

(C) Somente as proposições II e III.

(D) Somente a proposição IV.

(E) Todas as proposições.

I: incorreta, pois a abstração, que surge a partir da circulação, refere-se à desvinculação do título em relação ao ato ou ao negócio jurídico que deu ensejo à sua criação. A assertiva refere-se à cartularidade; **II:** assertiva correta, pois reflete o princípio da cartularidade. Importante lembrar, entretanto, que há caso de relativização do princípio (protesto da duplicata por indicação – art. 13, § 1º, da Lei das Duplicatas); **III:** correta, pois descreve adequadamente o princípio da autonomia; **IV:** correta, indicando as características da abstração; **V:** incorreta, pois isso é inviável, conforme o princípio da autonomia e os subprincípios da abstração e da inoponibilidade de exceções pessoais ao terceiro de boa-fé – arts. 906 e 915 do CC. RB

Gabarito "B".

Veja a seguinte tabela, com os princípios do direito cambiário:

Princípios do Direito Cambiário
Cartularidade: o documento (cártula) é necessário para o exercício dos direitos cambiários. Caso de relativização da *cartularidade:* protesto da duplicata por indicação – art. 13, § 1º, da Lei das Duplicatas.
Literalidade: somente aquilo que está escrito no título produz efeitos jurídicos-cambiais. Caso de relativização da *literalidade:* aceite informado por escrito, previsto no art. 29 da Lei Uniforme.

Autonomia: cada obrigação que deriva do título é autônoma em relação às demais – os vícios que comprometem a validade de uma relação jurídica, documentada em título de crédito, não se estendem às demais relações abrangidas no mesmo documento.	Subprincípio da **Abstração:** com a circulação, há desvinculação do título em relação ao ato ou ao negócio jurídico que deu ensejo à sua criação. Caso de relativização da *abstração:* necessidade de se indicar a origem do crédito para habilitação em falência (art. 9º, II, da Lei de Falências).
	Subprincípio da **Inoponibilidade:** o executado não pode opor exceções pessoais a terceiro de boa-fé.

3.2. TÍTULOS EM ESPÉCIE

3.2.1. LETRA DE CÂMBIO

(Magistratura/DF – 2011) A letra de câmbio, por expressa disposição legal:

(A) é transferível por endosso, somente se contiver explícita a cláusula à ordem;

(B) é transferível por endosso, mesmo não contendo explícita a cláusula à ordem;

(C) não admite a cláusula "não à ordem";

(D) nenhuma das alternativas anteriores (a, b, c) é correta.

A: incorreta, pois toda letra de câmbio, mesmo que não tenha a cláusula à ordem expressa, é transmissível por endosso – art. 11 da Lei Uniforme – LU (Decreto 57.663/1966); B: correta, conforme comentário à alternativa anterior; **C:** incorreta, pois é possível inserir na letra a cláusula não à ordem ou expressão equivalente, caso em que será transmissível apenas pela forma e como os efeitos de uma cessão ordinária de créditos – art. 11 da LU; **D:** incorreta, pois a alternativa "B" é verdadeira. RB

Gabarito "B".

(Magistratura/ES – 2011 – CESPE) Com referência a letra de câmbio e direito cambiário, assinale a opção correta.

(A) Para que a letra de câmbio produza os efeitos pretendidos, basta a identificação do sacador, do sacado e do tomador, não havendo requisito de natureza formal.

(B) Entre os requisitos, estabelecidos em lei, essenciais à produção de efeitos da letra de câmbio inclui-se a obrigatória identificação do tipo de título de crédito que se pretende gerar.

8. DIREITO EMPRESARIAL — 583

(C) Tratando-se de letra de câmbio, são inadmissíveis cláusula de correção monetária ou, em letra de câmbio a vista, fluência de juros entre as datas do saque e da apresentação.

(D) Não é necessário que a letra de câmbio mencione o lugar do pagamento e o lugar do saque.

(E) Para a emissão de letra de câmbio, que corresponde a ordem de pagamento, não é permitido que a mesma pessoa ocupe simultaneamente mais de uma situação.

A: incorreta, pois a lei identifica inúmeros requisitos formais, todos eles essenciais para a validade do documento (Dec. 57.663/1966 – Lei Uniforme Relativa às Letras de Câmbio e Notas Promissórias, art. 1º); **B:** correta, por expressa previsão legal (Dec. 57.663/1966 – Lei Uniforme Relativa às Letras de Câmbio e Notas Promissórias, art. 1º); **C:** incorreta, pois a lei prevê a possibilidade de inclusão de juros na letra a vista ou a certo termo da vista (Dec. 57.663/1966 – Lei Uniforme Relativa às Letras de Câmbio e Notas Promissórias, art. 5º); **D:** incorreta, pois a lei estabelece a possibilidade de adoção de presunções para esses dados, exigindo, com isso, a indicação de locais ao lado do nome do sacador e do sacado. Na falta dessa indicação, não se aplica a presunção e a nota será nula (Dec. 57.663/66 – Lei Uniforme Relativa às Letras de Câmbio e Notas Promissórias, art. 2º); **E:** incorreta, pois a letra pode ser sacada contra o próprio sacador, que ocupará as posições de sacado e sacador, para fins de circulação do crédito (Dec. 57.663/66 – Lei Uniforme Relativa às Letras de Câmbio e Notas Promissórias, art. 3º). **FC**
Gabarito "B".

3.2.2. CHEQUE

(Magistratura/PR – 2013 – UFPR) A doutrina brasileira autoriza afirmar, em relação ao cheque:

(A) A sua exigibilidade depende da verificação da existência de ordem de pagamento à vista ou de termo ou condição futura, cuja ocorrência deverá ainda ser implementada.

(B) É a abstração do título que conduz, necessariamente, à impossibilidade de o emitente do cheque invocar contra terceiro fatos que viciaram sua relação contra o primitivo beneficiário.

(C) Cheque pagável a pessoa nomeada, com cláusula "não à ordem", ou outra equivalente, é transmissível por endosso e também pela forma e com os efeitos da cessão.

(D) A assinatura de pessoa estranha à emissão do cheque, no anverso deste, é considerada endosso, porquanto o aval só pode ser aposto no verso do cheque.

A: incorreta, pois o cheque é ordem de pagamento a vista, não admitindo condições (art. 1º da Lei 7.357/1985); B: correta, pois trata-se de definição doutrinária do princípio da abstração, pelo qual, com a circulação, ocorre a desvinculação do título (e da relação jurídica cambiária) de sua relação jurídica inicial; C: incorreta, pois trata-se de cheque não transmissível por endosso, mas por mera cessão civil (art. 17 da Lei 7.357/1985); D: incorreta, pois o aval é colocado, em regra, no anverso, considerando-se, na situação descrita, como ato de aval (art. 30 da Lei 7.357/1985). **FC**
Gabarito "B".

(Magistratura/RO – 2011 – PUCPR) Segundo as normas vigentes quanto ao cheque e prazo de sua apresentação, assinale a única alternativa CORRETA.

(A) Seis meses a partir da data de emissão.

(B) Seis meses, contados da expiração do prazo de apresentação, que é de 30 dias da data da emissão, quando emitido no lugar onde houver de ser pago.

(C) 60 dias da data da emissão, independentemente do lugar de pagamento.

(D) 30 (trinta) dias da data da emissão, quando emitido na mesma praça *de* pagamento, e 60 (sessenta) dias contados da data da emissão, quando emitido em praça distinta da do pagamento.

(E) Sete meses, a partir da data da emissão, independente do lugar da emissão.

Nos termos do art. 33 da Lei do Cheque – LC (Lei 7.357/1985), o cheque deve ser apresentado para pagamento, a contar do dia da emissão, no prazo de 30 dias, quando emitido no lugar onde houver de ser pago; e de 60 dias, quando emitido em outro lugar do País ou no exterior. Por essa razão, a alternativa "D" é a correta. **RB**
Gabarito "D".

3.2.3. DUPLICATA

(Juiz – TJ/RJ – VUNESP – 2016) Dispõe a lei que rege o título de crédito, denominado duplicata, que em todo contrato de compra e venda mercantil, celebrado entre partes domiciliadas no território brasileiro, com prazo não inferior a 30 dias, contados da data da entrega ou despacho das mercadorias, o vendedor extrairá a respectiva fatura para apresentação ao comprador. A esse respeito, é correto afirmar que

(A) em toda venda realizada em tais condições, o vendedor é obrigado a extrair da fatura a respectiva duplicata.

(B) no ato da emissão da fatura, o vendedor extrairá a duplicata para circulação com efeito comercial, sendo admitida, nesse caso, qualquer outra espécie de título de crédito, a exemplo da letra de câmbio ou da nota promissória, para documentar o saque do vendedor pela importância faturada ao comprador.

(C) uma só duplicata poderá corresponder a mais de uma fatura, nos casos de venda para pagamento em parcelas, situação em que se discriminarão todas as prestações e vencimentos, distinguindo-se a numeração pelo acréscimo, em sequência, de letra do alfabeto.

(D) no valor total da duplicata serão incluídos os abatimentos de preços das mercadorias feitos pelo vendedor até o ato do faturamento, desde que constem da fatura.

(E) quando a remessa da duplicata for feita por intermédio de representantes, instituições financeiras, procuradores ou correspondentes, estes deverão apresentar o título ao comprador, dentro de 10 dias contados da data de seu recebimento na praça de pagamento.

A: incorreta. A extração da duplicata é opcional. Cabe ao comerciante decidir se colocará o título de crédito em circulação (art. 2º da Lei 5.474/1968); **B:** incorreta. Não é admitido nenhum outro título de crédito para representar o negócio jurídico em questão (art. 2º da Lei 5.474/1968); **C:** incorreta. Uma só duplicata não pode corresponder a mais de uma fatura (art. 2º, § 2º, da Lei 5.474/1968); **D:** incorreta. Tais valores, se constarem da fatura, não serão incluídos na duplicata

584 FERNANDO CASTELLANI, ROBINSON BARREIRINHAS E HENRIQUE SUBI

(art. 3º, § 1º, da Lei 5.474/1968); **E:** correta, nos termos do art. 6º. § 2º, da Lei 5.474/1968. **HS**

Gabarito "E."

(Magistratura/DF – 2011) A pretensão à execução da duplicata prescreve:

(A) em três (3) anos, contados da data do vencimento do título, contra o sacado e respectivos avalistas;

(B) em um (1) ano, contado da data do protesto, contra o endossante e seus avalistas;

(C) em um (1) ano, contado da data em que haja sido efetuado o pagamento do título, de qualquer dos coobrigados contra os demais;

(D) todas as alternativas anteriores (a, b, c) são corretas.

O prazo prescricional para a cobrança da duplicata é de (i) 3 anos a contar do vencimento, contra o devedor principal (sacado) e seus avalistas e de (ii) 1 ano contado do protesto tempestivo, contra os coobrigados (endossantes e avalistas) e (iii) 1 ano contado da data de pagamento da duplicata, para regresso do coobrigado contra os outros – art. 18 da Lei das Duplicatas – LD (Lei 5.474/1968). Por essa razão, a alternativa "D" deve ser indicada. **RB**

Gabarito "D."

(Magistratura/PE - 2013 - FCC) Em relação à duplicata, é correto afirmar:

(A) Uma só duplicata pode corresponder a mais de uma fatura, desde que todas correspondam a dívidas vencidas.

(B) Indicará ela sempre o valor total da fatura, ainda que o comprador tenha direito a qualquer rebate, mencionando o vendedor o valor líquido que o comprador deverá reconhecer como obrigação de pagar.

(C) O comprador só pode resgatá-la após aceitá-la e a partir de sua data de vencimento.

(D) Em seu pagamento não podem ser deduzidos créditos a favor do devedor, ainda que relativos ao mesmo negócio jurídico, tendo em vista sua origem causal.

(E) Não admite reforma ou prorrogação do prazo de vencimento, uma vez que se trata de título formal.

A: incorreta, pois uma duplicata somente pode se referir a uma única fatura – art. 2º, § 2º, da Lei das Duplicatas - LD (Lei 5.474/1968); **B:** correta, refletindo o disposto no art. 3º da LD; **C:** incorreta, pois é lícito ao comprador resgatar a duplicata antes de aceitá-la ou antes da data do vencimento – art. 9º da LD; **D:** incorreta, pois no pagamento da duplicata poderão ser deduzidos quaisquer créditos a favor do devedor resultantes de devolução de mercadorias, diferenças de preço, enganos, verificados, pagamentos por conta e outros motivos assemelhados, desde que devidamente autorizados – art. 10 da LD; **E:** incorreta, pois a duplicata admite reforma ou prorrogação do prazo de vencimento, mediante declaração em separado ou nela escrita, assinada pelo vendedor ou endossatário, ou por representante com poderes especiais – art. 11 da LD. **RB**

Gabarito "B."

(Magistratura/PE – 2011 – FCC) No que tange à duplicata:

(A) o comprador poderá deixar de aceitá-la por vícios, defeitos e diferenças na qualidade ou na quantidade das mercadorias, exclusivamente.

(B) é lícito ao comprador resgatá-la antes do aceite, mas não antes do vencimento.

(C) trata-se de título causal, que por isso não admite reforma ou prorrogação do prazo de vencimento.

(D) é título protestável por falta de aceite, de devolução ou de pagamento, podendo o protesto ser tirado mediante apresentação da duplicata, da triplicata, ou ainda por simples indicações do portador, na falta de devolução do título.

(E) em nenhum caso poderá o sacado reter a duplicata em seu poder até a data do vencimento, devendo comunicar eventuais divergências à apresentante com a devolução do título.

A: incorreta, pois o comprador poderá deixar de aceitar a duplicata também por motivo de (i) avaria ou não recebimento das mercadorias, quando não expedidas ou não entregues por sua conta e risco e de (ii) divergência nos prazos ou nos preços ajustados – art. 8º do LD; **B:** incorreta, pois o comprador pode resgatar a duplicata antes de aceitá--la ou antes da data do vencimento – art. 9º da LD; **C:** incorreta, pois a duplicata admite reforma ou prorrogação do prazo de vencimento, mediante declaração em separado ou nela escrita, assinada pelo vendedor ou endossatário, ou por representante com poderes especiais – art. 11 da LD; **D:** Essa é a alternativa correta, nos termos do art. 13 da LD; **E:** incorreta, pois, havendo expressa concordância da instituição financeira cobradora, o sacado poderá reter a duplicata em seu poder até a data do vencimento, desde que comunique, por escrito, à apresentante o aceite e a retenção – art. 7º, § 1º, da LD. **RB**

Gabarito "D."

(Magistratura/PR – 2013 – UFPR) Assinale a alternativa INCORRETA:

(A) Diz-se que a duplicata mercantil é um título causal porque não pode ser sacada em qualquer hipótese, segundo a vontade das partes interessadas, só podendo ser emitida quando o pressuposto de fato escolhido pelo legislador estiver presente, que é a compra em venda mercantil.

(B) É indispensável à cobrança judicial de duplicata ou triplicata que tenha sido ela aceita e protestada.

(C) A compra e venda mercantil pode ser representada por nota promissória ou cheque, que são títulos sacados pelo comprador; ao vendedor, a lei só permite o saque de duplicata mercantil.

(D) A recusa de aceite de uma duplicata mercantil só pode ocorrer quando houver avaria ou não recebimento das mercadorias, vícios na qualidade ou quantidade das mercadorias, ou divergências nos prazos ou preços ajustados.

A: correta, pois a duplicata pressupõe, para sua emissão, a existência de compra e venda mercantil a prazo (art. 2º da Lei 5.474/1968); **B:** incorreta (devendo ser assinalada), pois admite-se o protesto por indicação, no qual o aceite é presumido (art. 13 da Lei 5.474/1968); **C:** correta, pois a vedação da lei refere-se a títulos emitidos pelo vendedor, não pelo comprador (art. 2º da Lei 5.474/1968); **D:** correta, pois o aceite, na duplicata, não é opcional, restringindo-se a recusa apenas aos casos expressos pela legislação (art. 8º da Lei 5.474/1968). **FC**

Gabarito "B."

(Magistratura/RJ – 2013 – VUNESP) Com relação à duplicata, assinale a alternativa correta.

(A) A duplicata não admite, em qualquer hipótese, reforma ou prorrogação de prazo de vencimento.

(B) O comprador poderá deixar de aceitar a duplicata por motivo de avaria das mercadorias, quando expedidas por sua conta e risco.

(C) Se a remessa de duplicata for feita por intermédio de representantes, instituições financeiras, procuradores ou correspondentes, esses deverão apresentar o título ao comprador dentro de 10 dias, contados de seu recebimento na praça de pagamento.

(D) É de emissão obrigatória quando se verificar uma venda a prazo.

A: incorreta, pois a duplicata admite alteração de prazo de vencimento, por declaração em separado ou nela escrita (art. 11 da Lei 5.474/1968); **B:** incorreta, pois as avarias somente são motivo para a recusa do aceite quando expedidas por conta e risco do vendedor (art. 8º, I, da Lei 5.474/1968); **C:** correta, por expressa previsão legal (art. 6º, § 2º, da Lei 5.474/1968); **D:** incorreta, pois a duplicata, como todo título de crédito, é de emissão facultativa. A obrigatoriedade existe na emissão da fatura, apenas (arts. 1º e 2º da Lei 5.474/1968). **FC**
Gabarito "C".

(Magistratura/SP – 2011 – VUNESP) Leia as afirmativas sobre as Duplicatas.

I. Poderão ser extraídas da fatura no ato de sua emissão para circulação como efeito comercial, não sendo admitida qualquer outra espécie de título de crédito para documentar o saque do vendedor pela importância faturada ao comprador.

II. O foro competente para a cobrança judicial da duplicata ou da triplicata é o da praça de pagamento constante do título, ou outra de domicílio do comprador e, no caso de ação regressiva, a dos sacadores, dos endossantes e respectivos avalistas.

III. Quando o comprador tiver direito a qualquer rebate, a duplicata indicará exclusivamente o valor líquido que o comprador deverá reconhecer como obrigação de pagar.

IV. As empresas, individuais ou coletivas, fundações ou sociedades civis, que se dediquem à prestação de serviços, poderão, também, na forma da lei, emitir fatura e duplicata.

É correto apenas o que se afirma em

(A) I.

(B) I, II e III.

(C) I, II e IV.

(D) II.

(E) I e III.

I: correta, pois corresponde ao art. 2º da LD; **II:** correta, pois é a regra do art. 17 da LD; **III:** assertiva incorreta, pois a duplicata indicará sempre o valor total da fatura, ainda que o comprador tenha direito a qualquer rebate, mencionando o vendedor o valor líquido que o comprador deverá reconhecer como obrigação de pagar – art. 3º da LD; **IV:** correta, pois há também duplicata de prestação de serviços – art. 20 da LD. **RB**
Gabarito "C".

3.2.4. OUTROS TÍTULOS E QUESTÕES COMBINADAS

(Magistratura/AM – 2013 – FGV) O *Direito Cambiário* dispõe sobre as relações de créditos empresariais. Nesse contexto, assinale a afirmativa correta.

(A) O cheque é sempre uma ordem de pagamento à vista e, por isso, não será admitido o aval.

(B) Ao receber um cheque para pagamento, é responsabilidade de a instituição financeira analisar a autenticidade das assinaturas dos participantes da cadeia cambiária, sob pena de responsabilidade civil em caso de assinatura falsa.

(C) na Duplicata, a instituição financeira endossatária do título por endosso mandato só responde por danos decorrentes de protesto indevido se extrapolar os poderes de mandatário.

(D) em relação à nota promissória, é permitido o aval, mas a Lei Uniforme de Genebra não admite a limitação de responsabilidade do avalista, pois não é autorizado o denominado benefício de ordem.

(E) a Letra de Câmbio é uma ordem de pagamento dada pelo sacador ao sacado, para que este pague uma determinada quantia em dinheiro ao beneficiário. Enquanto não houver o aceite do sacado, o título de crédito em questão não terá força executiva.

A: incorreta, pois o aval é um ato de garantia, que não desnatura a característica de ser ordem de pagamento à vista do cheque (art. 897 do CC); **B:** incorreta, pois à instituição financeira cabe analisar, apenas, a sequência de atos, de forma a verificar a legitimidade do credor apenas (art. 911 do CC e art. 39 da Lei 7.357/1985); **C:** correta, pois no mandato, a responsabilidade pelos atos regulares é do mandante (art. 663 do CC) ; **D:** incorreta, pois permite-se aval parcial (art. 30 da Lei Uniforme em Matéria de Letras de Câmbio e Notas Promissórias); **E:** incorreta, pois a letra de câmbio terá força executiva, independentemente do aceite, contra o emitente (art. 43 da Lei Uniforme em Matéria de Letras de Câmbio e Notas Promissórias). **FC**
Gabarito "C".

(Magistratura/BA – 2012 – CESPE) Assinale a opção correta com relação aos títulos de crédito.

(A) Dispensa-se o aceite desde a emissão da nota promissória, não se aplicando a esse título a modalidade de vencimento a certo termo da vista, na medida em que, nessa modalidade, a data para pagamento é estabelecida a partir do momento do aceite.

(B) Ordinariamente, a letra de câmbio propicia ao sacador a opção de, em vez de efetuar o pagamento de determinada dívida diretamente ao tomador, em vista de ter crédito perante o sacado, emitir uma letra de câmbio, por meio da qual será satisfeito o seu crédito perante o sacado, bem como o crédito do tomador perante o próprio sacador.

(C) A perda ou extravio da duplicata são as únicas hipóteses que, de acordo com a lei, obrigam o vendedor a extrair a triplicata, cujos efeitos são os mesmos daquela.

(D) A letra de câmbio e a duplicata são exemplos de títulos livres, cujo formato não segue um rigor absoluto, podendo ser confeccionados da maneira que melhor atenda aos interesses das partes.

(E) O aval somente pode ser dado após a constituição formal da obrigação assumida pelo avalizado, determinando o Código Civil brasileiro que o vencimento do aval póstumo produz os mesmos efeitos do anteriormente dado.

A: incorreta, pois a nota promissória poderá ser emitida com o modalidade de vencimento a certo termo da vista, o que implicará na necessidade de aceite para o início da contagem do prazo (Lei Dec. 57.663/1966, Anexo I, art. 33); **B:** correta, pois essa sistemática aplica-se ao título classificado como ordem de pagamento, por intermédio do qual o sacador determina ao sacado que realize o pagamento para o tomador. Nessa relação, obviamente, o sacado somente aceita a ordem do sacador por existir, em regra, uma relação de crédito entre eles; **C:** incorreta, pois a triplicata deve ser emitida, obrigatoriamente, nessas hipóteses, mas poderá ser emitida em caso de retenção da duplicata, apesar de ser desnecessário, por força do instituto do protesto por indicação das duplicatas (Lei 5.474/1968, art. 23 e art. 13); **D:** incorreta, pois a duplicata é um título de modelo vinculado, já que deve obedecer a forma estabelecida pela legislação Lei 5.474/1968, art. 27); **E:** incorreta, pois o aval é uma obrigação cambial, ou seja, goza da característica da independência ou autonomia, valendo mesmo que inexistente ou nula a obrigação do avalizado (CC, art. 899). **FC**
Gabarito "B"

(Magistratura/ES – 2011 – CESPE) Em relação a nota promissória e cheque, assinale a opção correta.

(A) Cheque é ordem de pagamento a vista; em razão disso, não se considera essencial constar a palavra cheque escrita no texto do título, para a sua identificação como tal.

(B) Como regra geral, a cláusula não à ordem, implícita em todo cheque, significa que esse tipo de título se transmite, normalmente, mediante endosso.

(C) Quem concorda em se obrigar por uma nota promissó-ria aceita a circulação do crédito correspondente, uma vez que a nota promissória corresponde a promessa de pagamento.

(D) A nota promissória pode ser transferida e cobrada sob o regime do direito cambiário mesmo que não esteja revestida das formalidades legais.

(E) A nota promissória e a letra de câmbio, diversas quanto à constituição e exigibilidade do crédito, são disciplinadas por regimes jurídicos diversos.

A: incorreta, pois a legislação exige, como requisito formal, tal elemento (Lei 7.357/1985, art. 1º, I); **B:** incorreta, pois a cláusula à ordem é implícita em todo cheque, não a cláusula não à ordem (Lei 7.357/1985, art. 17); **C:** correta, pois é da essência dos títulos de crédito sua característica de circulação. Aquela que não pretende ou não aceita tal situação não pode, em regra, utilizar dos títulos; **D:** incorreta, pois se não revestida das formalidades legais significa em sua nulidade como título de crédito (CC, art. 888); **E:** incorreta, pois o regime jurídico da exigibilidade segue mesmo modelo, inclusive, reguladas pelos mesmos dispositivos (Dec. 57.663/1966, Anexo I, art. 77). **FC**
Gabarito "C"

(Magistratura/PA – 2012 – CESPE) Acerca dos títulos de crédito, assinale a opção correta.

(A) Os títulos ao portador ostentam o nome do credor, ou seja, circulam por mera tradição.

(B) Aos títulos de crédito aplica-se o Código Civil, mesmo havendo dispositivo com comando diverso em lei especial que lhe seja anterior.

(C) Em razão do princípio da abstração, o título de crédito, qualquer que seja a sua natureza, quando posto em circulação, continua vinculado à relação fundamental que lhe deu origem.

(D) O sacador e o aceitante não são solidariamente responsáveis pelo pagamento da letra de câmbio, contudo o endossante ou avalista o serão.

(E) A duplicata é um título de crédito vinculado ao modelo, ou seja, somente produz efeitos cambiais se observado o padrão exigido para a constituição do título.

A: incorreta, pois os títulos ao portador não indicam o seu beneficiário, circulando, por isso, com a mera tradição (CC, art. 904); **B:** incorreta, pois o Código tem aplicação somente supletiva, prevalecendo a legislação específica (CC, art. 903); **C:** incorreta, pois pelo princípio da abstração, com a circulação, o título de crédito se desvincula do negócio jurídico inicial; **D:** incorreta, pois todos os coobrigados são solidariamente responsáveis pelo crédito representado pelo título, desde que não cumprida a obrigação pelo devedor principal e realizado o competente protesto (Dec. 57.663/1966, Anexo I, art. 43); **E:** correta, pois a lei estabelece a necessidade de observância de padronização formal para ao título (Lei 5.474/1968, art. 27). **FC**
Gabarito "E"

(Magistratura/RJ – 2011 –VUNESP) Quanto à Cédula de Produto Rural (CPR), assinale a alternativa incorreta.

(A) A garantia cedular da obrigação poderá consistir em hipoteca, penhor ou alienação fiduciária.

(B) A CPR pode ser emitida apenas pelo produtor rural.

(C) ACPR é título líquido e certo, exigível pela quantidade e qualidade de produto nela previsto.

(D) ACPR deverá conter, dentre outros requisitos: data de entrega, promessa pura e simples de entregar o pro-duto, sua indicação e as especificações de qualidade e quantidade, local e condições de entrega, assinatura do emitente.

A: correta, por expressa previsão legal (Lei 8.929/1994, art. 5º, I a III); **B:** incorreta, pois a lei confere legitimidade as associações e cooperativas (Lei 8.929/1994, art. 2º); **C:** correta, por definição legal (Lei 8.929/1994, art. 4º); **D:** correta, por expressa previsão legal (Lei 8.929/1994, art. 3º). **FC**
Gabarito "B"

(Magistratura/RO – 2011 – PUCPR) Sobre as cédulas de crédito comercial, industrial e rural, avalie as assertivas adiante:

I. Não são consideradas títulos de crédito.

II. São ordens de pagamento, e não promessas de paga-mento.

III. Não admitem aval nem garantia pignoratícia ou hipo-tecária.

IV. Admitem o pacto de capitalização dos juros remune-ratórios.

V. O credor endossatário fica coobrigado perante o devedor endossante.

Está(ão) CORRETA(S):

(A) Somente as assertivas I e III.

(B) Somente as assertivas II e IV.

(C) Somente a assertiva IV.

(D) Somente as assertivas IV e V.

(E) Todas as assertivas.

I: incorreta, pois as cédulas de crédito comercial, industrial e rural são títulos de crédito – arts. 9º e 10 do DL 413/1969 (relativo à cédula de crédito industrial, aplicável também à comercial, por força do art. 5º da Lei 6.840/1980) e arts. 9º e 10 do DL 167/1967 (cédula de crédito rural); **II:** incorreta, pois as cédulas são promessa de pagamento, conforme os dispositivos citados anteriormente; **III:** incorreta, pois as cédulas admitem aval – art. 52 do DL 413/1969 e art. 60 do DL 167/1967; **IV:** correta, conforme o art. 14, VI, do DL 413/1969 e o art. 5º do DL 167/1967; **V:** incorreta, até porque não teria sentido o credor endossatário (quem recebeu o título) ser coobrigado perante o devedor endossante (quem transmitiu o título). RB

Gabarito "C".

(Magistratura/SP – 2011 – VUNESP) Emitida cédula de crédito comercial representativa de uma dívida:

I. sua inadimplência poderá redundar, caso mencionada a circunstância no documento, na aplicação de juros capitalizados mensalmente;

II. a cédula de crédito comercial é promessa de pagamento em dinheiro, com garantia real, cedularmente constituída;

III. a cédula de crédito comercial não poderá ser redescontada;

IV. importa em vencimento antecipado da dívida resultante da cédula, independentemente de aviso ou de interpelação judicial, a inadimplência de qualquer obrigação do emitente do título ou, sendo o caso, do terceiro prestante da garantia real.

Está correto apenas o contido em

(A) II e IV.

(B) II e III.

(C) II, III e IV.

(D) II.

(E) I, II e IV.

I: correta, conforme o arts. 11, § 2º, e 14, VI, do DL 413/1969, aplicável à cédula de crédito comercial nos termos do art. 5º da Lei 6.840/1980; **II:** correta, conforme o art. 9º do DL 413/1969; **III:** incorreta, pois admite-se o redesconto, nos termos do art. 61 do DL 413/1969; **IV:** correta, pois reflete o disposto no art. 11 do DL 413/1969. RB

Gabarito "E".

4. DIREITO CONCURSAL – FALÊNCIA E RECUPERAÇÃO

4.1. ASPECTOS GERAIS

(Magistratura/DF – 2011) Considere as proposições formuladas a seguir e assinale a <u>correta</u>:

(A) Deferido o processamento da recuperação judicial, ou decretada a falência do devedor, todas as ações e execuções individuais sofrem a força atrativa do Juízo da execução coletiva ou do procedimento coletivo de recuperação judicial, que as suspende por tempo indeterminado, até que a ele compareçam os credores para habilitar os seus créditos;

(B) Posto que a Lei de Falências preconize que podem contestar a impugnação os credores cujos créditos foram impugnados, o moderno entendimento se direciona no sentido de que qualquer interessado, provando essa sua condição, pode contestar a impugnação no prazo de cinco dias, carreando os documentos que tiver e indicando outras provas que reputar necessárias;

(C) Segundo a legislação de regência, a decretação da falência ou o deferimento do processamento da recuperação judicial suspende o curso da prescrição. Nesse contexto, a nota promissória, ainda que prescrita, constitui título hábil a instruir requerimento de falência;

(D) O deferimento do processamento da recuperação judicial pode, a critério do Juiz, redundar na suspensão de execução de natureza fiscal, sendo certo que, na falência, os créditos fiscais e previdenciários deverão ser comunicados ao Juízo falimentar, a fim de que sejam liquidados na ordem estabelecida pela lei.

A: incorreta, pois nem todas as ações e execuções são suspensas e há limitação para o prazo, no caso da recuperação judicial. Por exemplo, (i) a ação que demandar quantia ilíquida prossegue no juízo original, (ii) as ações trabalhistas prosseguem na justiça especializada até a apuração do crédito, (iii) na recuperação judicial, a suspensão não ultrapassará 180 dias, (iv) as execuções fiscais não são suspensas pelo deferimento da recuperação ou pela decretação de falência – art. 6º, §§ 1º, 2º, 4º e 7º da Lei de Falência e Recuperação de Empresas – LF (Lei 11.101/2005) e arts. 5º e 29 da Lei de Execução Fiscal – LEF (Lei 6.830/1980). É interessante ressaltar que o juízo da falência não abrange as causas trabalhistas, fiscais e aquelas não reguladas na LF em que o falido figurar como autor ou litisconsorte ativo – art. 76 da LF; **B:** assertiva correta – art. 11 da LF. Ademais, cabe, a seguir, manifestação do falido e do comitê de credores sobre a matéria litigiosa – art. 12 da LF; **C:** incorreta, pois o título executivo prescrito não possibilita o pedido de falência – art. 96, II, da LF; **D:** incorreta, pois os créditos tributários não são incluídos na recuperação judicial – art. 57 da LF. RB

Gabarito "B".

(Magistratura/PR – 2010 – PUC/PR) Sobre a figura do administrador judicial, assinale a afirmativa CORRETA:

I. O administrador judicial será profissional idôneo, preferencialmente advogado, economista, administrador de empresas ou contador, sendo admissível que a função do administrador judicial seja exercida por pessoa jurídica especializada.

II. O juiz fixará o valor e a forma de pagamento da remuneração do administrador judicial, observados a capacidade de pagamento do devedor, o grau de complexidade do trabalho e os valores praticados no mercado para o desempenho de atividades semelhantes, sendo que, em qualquer hipótese, o total pago ao administrador judicial não excederá 6% (seis por cento) do valor devido aos credores submetidos à recuperação judicial ou do valor de venda dos bens na falência.

III. O juiz fixará o valor e a forma de pagamento da remuneração do administrador judicial, observados a capacidade de pagamento do devedor, o grau de complexidade do trabalho e os valores praticados no mercado para o desempenho de atividades semelhantes, sendo que será reservado 40% (quarenta por cento) do montante devido ao administrador judicial para pagamento após o julgamento das contas e da apresentação do relatório final da falência.

IV. O administrador judicial substituído será remunerado proporcionalmente ao trabalho realizado, salvo se renunciar sem relevante razão ou for destituído de suas funções por desídia, culpa, dolo ou descumprimento

588 FERNANDO CASTELLANI, ROBINSON BARREIRINHAS E HENRIQUE SUBI

das obrigações fixadas na Lei 11.101/2005, hipóteses em que não terá direito à remuneração.

(A) Apenas as afirmativas I, II, III e IV estão corretas.

(B) Apenas as afirmativas I, III e IV estão corretas.

(C) Apenas as afirmativas I, II e IV estão corretas.

(D) Apenas as afirmativas II e III estão corretas.

I: assertiva correta, pois reflete exatamente o disposto no art. 21 da Lei de Falência e Recuperação de Empresas – LF (Lei 11.101/2005); **II:** incorreta, pois o limite para a remuneração é de 5% do valor devido aos credores submetidos à recuperação judicial ou do valor de venda dos bens na falência – art. 24, *caput*, e § 1º, da LF; **III:** assertiva correta, pois reflete o disposto no art. 24, *caput*, e § 2º, da LF; **IV:** correta, nos termos do art. 24, *caput*, e § 3º, da LF. **RB**
Gabarito "B".

4.2. FALÊNCIA

(Juiz – TJ/RJ – VUNESP – 2016) Assinale a assertiva correta acerca da ineficácia e da revogação dos atos praticados antes da falência.

(A) Os atos praticados com a intenção de prejudicar credores, desde que provado o conluio fraudulento entre o devedor e o terceiro que com ele contratar, são revogáveis de per si, sem necessidade da produção de qualquer outra prova.

(B) A sentença que julgar procedente a ação revocatória determinará o retorno dos bens à massa falida em espécie, com todos os acessórios, ou o valor de mercado, mas não dará direito a acréscimo a título de perdas e danos.

(C) Os registros de direitos reais e de transferência de propriedade entre vivos, por título oneroso ou gratuito, ou averbação relativa a imóveis realizados após a decretação da falência, não geram efeitos em relação à massa falida, independentemente de prenotação anterior.

(D) Tratando-se de ato revogável, a ação revocatória deverá ser proposta no prazo de 3 anos contado da decretação da falência pelo administrador judicial, pelo Ministério Público ou por qualquer credor.

(E) Da sentença que julgar procedente a ação revocatória cabe agravo na modalidade de instrumento, da que julgá-la improcedente cabe apelação.

A: incorreta. Esses são os requisitos da ação revocatória, prevista no art. 130 da Lei de Falências, que demanda declaração judicial para invalidação do negócio jurídico; **B:** incorreta. O valor deve ser acrescido das perdas e danos (art. 135 da LF); **C:** incorreta. A prenotação anterior afasta a ineficácia do ato (art. 129, VII, da LF); **D:** correta, nos termos do art. 132 da LF; **E:** incorreta. Da sentença da ação revocatória cabe apelação em qualquer caso (art. 135, parágrafo único, da LF). **HS**
Gabarito "D".

(Juiz – TJ/SP – VUNESP – 2015) Na falência, é correto afirmar que

(A) na realização do ativo, o juiz deverá dar preferência à alienação separada e individualizada de cada um dos ativos que integram a massa, em lugar da venda em bloco dos estabelecimentos da empresa.

(B) são exigíveis contra a massa falida juros vencidos após a decretação da falência, independentemente da suficiência do ativo apurado para pagamento dos

---

credores subordinados, desde que estejam previstos em lei ou contrato.

(C) um sócio da sociedade falida pode exercer seu direito de retirada, mesmo após a decretação da falência.

(D) os créditos trabalhistas cedidos a terceiros passam a ser considerados quirografários.

A: incorreta. A preferência deve ser pela venda em bloco, porquanto se presume que, ao se considerar o aviamento no valor de mercado dos bens, é mais interessante para a massa que sejam alienados em conjunto (art. 140, I, da Lei de Falências); **B:** incorreta. Não correm juros no caso descrito na alternativa (art. 124 da Lei de Falências); **C:** incorreta. A decretação da quebra suspende o direito de retirada dos sócios (art. 116, II, da Lei de Falências); **D:** correta, nos termos do art. 83, § 4º, da Lei de Falências. **HS**
Gabarito "D".

(Juiz – TRF 2ª Região – 2017) Considere a falência de sociedade empresária e assinale a opção correta:

(A) Uma vez decretada a quebra, as ações de cobrança que a falida move, na Justiça Federal, em face de empresa pública federal, devem ser remetidas ao juízo universal da falência.

(B) Perante o juízo falimentar, empresa pública federal (credora fiduciária) faz jus a pedir a restituição de bem objeto da alienação fiduciária, sendo o falido o devedor fiduciante.

(C) A União Federal pode exigir, na falência, o pagamento de multas e penalidades por infração à lei tributária, que terão os privilégios destinados aos créditos tributários.

(D) No sistema da atual Lei de Falências (Lei nº 11.101/05), o pagamento de multas e penalidades administrativas não mais pode ser exigido do falido.

(E) Credor com garantia real, titular de crédito ainda não vencido, não tem interesse em requerer a falência.

A: incorreta. Ações que tramitem conforme regra absoluta de competência (como a da Justiça Federal ou da Justiça do Trabalho) não são atraídas pelo juízo universal (art. 76 da Lei de Falências); **B:** correta, nos termos do art. 85 da Lei de Falências. Para tal pedido, é irrelevante a natureza jurídica do proprietário, bem como sua condição de empresa pública federal não transfere a competência para a Justiça Federal; **C:** incorreta. As multas tributárias podem ser exigidas, mas serão pagas somente após os créditos quirografários (art. 83, VII, da Lei de Falências); **D:** incorreta, conforme comentário à alternativa anterior, que abrange também as multas e penalidades contratuais e administrativas; **E:** incorreta. Mesmo que o crédito não esteja vencido, é possível para qualquer credor requerer a falência com base em ato de falência praticado pelo empresário, definidos no art. 94, III, da Lei de Falências. **HS**
Gabarito "B".

(Juiz – TJ-SC – FCC – 2017) Na falência, são ineficazes:

I. os atos praticados com a intenção de prejudicar credores, provando-se o conluio fraudulento entre o devedor e o terceiro que com ele contratar e o prejuízo sofrido pela massa falida.

II. os pagamentos de dívidas não vencidas realizados pelo devedor dentro do termo legal, por qualquer meio extintivo do direito de crédito, ainda que pelo desconto do próprio título.

8. DIREITO EMPRESARIAL — 589

III. os registros de direitos reais e de transferência de propriedade entre vivos por título oneroso ou gratuito, ou a averbação relativa a imóveis realizados após a decretação da falência, mesmo se tiver havido prenotação anterior.

IV. os pagamentos de dívidas vencidas e exigíveis realizado dentro do termo legal, por outra forma que não seja a prevista pelo contrato.

V. a prática de atos a título gratuito ou a renúncia à herança ou legado, até 2 (dois) anos antes da decretação da falência.

Está correto o que se afirma APENAS em:

(A) II, IV e V.

(B) I, III e V.

(C) II, III e IV.

(D) I, IV e V.

(E) III, IV e V.

I: incorreta. A assertiva descreve os atos **revogáveis** previstos no art. 130 da Lei 11.101/2005, que não se confundem com os atos **ineficazes** do art. 129: os primeiros demandam ação revocatória para sua desconstituição e a prova do conluio fraudulento e o prejuízo à massa, ao passo que os segundos são declarados ineficazes perante a massa falida por simples petição; **II:** correta, nos termos do art. 129, I, da Lei de Falências; **III:** incorreta. A prenotação anterior afasta a presunção de ineficácia (art. 129, VII, parte final, da Lei de Falências); **IV:** correta, nos termos do art. 129, II, da Lei de Falências; **V:** correta, nos termos do art. 129, IV e V, da Lei de Falências. **HS**
Gabarito "A".

(Magistratura/CE – 2012 – CESPE) No que se refere ao direito falimentar, assinale a opção correta.

(A) A aplicação da técnica da desconsideração da personalidade jurídica com a finalidade de atingir o patrimônio de todos os envolvidos é permitida somente nas hipóteses de fraude cometida com o objetivo de desviar patrimônio de sociedade falida, em prejuízo da massa de credores, por meio de complexas formas societárias e de simulação de solvência da sociedade.

(B) Não será decretada a falência de sociedade anônima depois de liquidado e partilhado seu ativo nem do espólio após um ano da morte do devedor.

(C) A comprovação, por documento hábil do registro público de empresas, de que as atividades empresariais tenham cessado mais de dois anos antes do pedido de falência não impede a sua decretação, prevalecendo contraprova de exercício posterior ao ato registrado.

(D) Em processo falimentar, a desconsideração da personalidade jurídica atinge somente as obrigações contraídas pela sociedade antes da saída dos sócios, ainda que os atos fraudulentos tenham sido a causa do estado de insolvência e esvaziamento patrimonial da falida.

(E) É imprescindível a inscrição do distrato social no registro público de empresas mercantis, ainda que a inatividade da empresa pelo período de um ano, contado do requerimento da falência, seja comprovada por outros meios.

A: incorreta, pois a desconsideração na falência segue a mesma regra geral (CC, art. 50); B: correta, pois nesse caso haverá a prescrição da ação de falência (Lei 11.101/2005, art. 96); **C:** incorreta, pois nesse caso haverá o impedimento do pedido, prevalecendo, contudo, prova de exercício posterior, na condição de empresário irregular (Lei 11.101/2005, art. 96); **D:** incorreta, pois a desconsideração beneficiará a totalidade dos credores, afinal, os atos de desvio patrimonial diminuíram a massa de bens que constituída a regular garantia da comunidade de credores, sendo, com isso, gerado prejuízo para a totalidade dos credores; **E:** incorreta, pois a inatividade que gera a prescrição do pedido de falência é pelo período de 2 anos (Lei 11.101/2005, art. 96, VIII). **FC**
Gabarito "B".

(Magistratura/DF – 2011) A norma de regência preconiza que "será decretada a falência do devedor que, sem relevante razão de direito, não paga, no vencimento, obrigação líquida materializada em título ou títulos executivos protestados, cuja soma ultrapasse o equivalente a 40 (quarenta) salários mínimos na data do pedido de falência". À luz da inteligência supra, considere as proposições formuladas abaixo e assinale a <u>incorreta</u>:

(A) Há pespego à formação de litisconsórcio de credores para que, acudindo ao comando legal, reúnam-se de molde a formatar o valor exigido, superior a 40 (quarenta) salários mínimos, na perspectiva do requerimento falimentar;

(B) Com a expressão "sem razão relevante", objetiva-se evidenciar a falta de motivo, fundamento ou causa capaz de justificar o estado moroso, fazendo-se presumir o absoluto inadimplemento, sendo certo que, se sobrevier fato modificativo ou extintivo, deverá ser suscitado na oportunidade de defesa;

(C) O valor superior a 40 (quarenta) salários mínimos, na data do ajuizamento, reporta-se ao importe original da obrigação, sem a perspectiva de atualização monetária e incidência de juros;

(D) A situação determina a condição necessária de empresarialidade e o importe mínimo de obrigação líquida e certa, no teto de 40 (quarenta) salários mínimos vigentes, no propósito de se impedirem somas irrisórias que pudessem tisnar a relação custo/benefício do procedimento.

A: essa é a assertiva incorreta, pois não há impedimento (= pespego) para que os credores somem seus créditos para atingir o valor mínimo previsto no art. 94, I, da LF, e formem litisconsórcio ativo, conforme o § 1º desse dispositivo; B: correta. A decretação de falência decorre da insolvência jurídica, caracterizada pela (i) impontualidade injustificada, (ii) execução frustrada ou (iii) prática de atos de falência – art. 94, I, II e III, da LF. É possível afastar a decretação de falência, inclusive na hipótese de impontualidade citado na assertiva, caso o requerido comprove nulidade da obrigação, ato extintivo ou suspensivo etc. – art. 96 da LF; **C:** discutível. O art. 94, I, da LF refere-se ao montante equivalente a 40 salários mínimos na data do pedido da falência, sendo respeitável a interpretação no sentido de que o dispositivo permite a correção monetária do crédito até esse momento; **D:** incorreta. A qualificação do devedor como empresário ou sociedade empresária, condição necessária para a falência, não é feita por esse dispositivo, mas sim pelo art. 1º da LF. Ademais, o valor de 40 salários mínimos é piso, não teto (limite mínimo, não máximo). **RB**
Gabarito "A".

590 FERNANDO CASTELLANI, ROBINSON BARREIRINHAS E HENRIQUE SUBI

(Magistratura/DF – 2011) Referindo-se aos personagens, instituições e órgãos que participam do processo falimentar, considere as preposições abaixo formuladas e assinale a incorreta:

(A) O órgão do *Parquet* está presente na falência e na recuperação judicial, com o fim precípuo de impedir que tais se transformem num meio de exploração lucrativo, que possa redundar em notórios e graves prejuízos à economia e, em consequência, à sociedade;

(B) O *comitê de credores* é facultativo, porquanto depende para a sua constituição da complexidade da falência ou da recuperação judicial, recaindo sobre si a fiscalização das atividades do administrador judicial;

(C) Pesa sobre o *administrador judicial* a administração e representação dos interesses dos credores e do falido, agindo como órgão ou agente auxiliar da justiça, sendo-lhe lícito, inclusive, desde que comprovadas sua boa-fé e lisura na condução do seu encargo, e por ordem expressa do Juiz, adquirir bens da massa falida ou de devedor em recuperação judicial;

(D) Inserem-se como atribuições da *assembleia geral de credores* aprovar, rejeitar ou modificar o plano de recuperação judicial, a constituição do comitê de credores, bem assim a adoção de modalidades de realização de ativo.

A: correta. Apesar de subjetiva, a afirmação é válida, pois, de fato, o Ministério Público participa dos processos de falência e de recuperação como guardião do interesse coletivo; **B:** correta, pois somente em caso de deliberação de classe de credores na assembleia geral é que se constitui o comitê de credores – art. 26 da LF. Inexistindo comitê de credores, caberá ao administrador judicial ou, na incompatibilidade deste, ao juiz exercer suas atribuições – art. 28 da LF; **C:** incorreta, pois haveria claro conflito de interesses, nessa hipótese de aquisição de bens da massa ou do devedor em recuperação; **D:** correta, conforme o art. 35, I, *a*, e II, *c*, da LF. **RB**
Gabarito "C".

(Magistratura/ES – 2011 – CESPE) Com base na teoria geral do processo falimentar, assinale a opção correta.

(A) O empresário excluído absoluta ou relativamente do processo falimentar pode submeter-se à insolvência civil.

(B) As companhias de seguro e as instituições financeiras submetem-se à disciplina do direito falimentar.

(C) A impontualidade injustificada e a execução frustrada, por si sós, não são essenciais para a decretação da falência de uma sociedade empresária.

(D) Deve ser feita por meio da falência a execução concursal do devedor que explore atividade econômica, mesmo sem empresarialidade, e que se encontre desprovido de recursos para pagar as dívidas.

(E) Para que se instaure o processo de execução concursal denominado falência, é imprescindível a sentença declaratória de falência.

A: incorreta, pois os empresários excluídos da falência submetem-se a procedimentos alternativos de insolvência, regulados por legislação própria. Os Bancos, por exemplo, sujeitam-se ao procedimento de liquidação extrajudicial (Lei 6.024/1974); **B:** incorreta, pois da mesma

forma que os bancos, sujeitam-se a procedimento alternativo (Lei 11.101/2005, art. 2º e Lei 10.190/2001); **C:** incorreta, pois ambas estão previstas como causas de materialização da insolvência falimentar, ao lado da prática dos atos de falência (Lei 11.101/2005, art. 94); **D:** incorreta, pois a falência somente se aplica ao devedor empresário, como regra específica do Direito Empresarial (Lei 11.101/2005, art. 1º); **E:** correta, pois a fase executória do processo falimentar, caracterizadora da execução concursal, somente se inicia com o reconhecimento judicial dos pressupostos, ou seja, com a sentença de falência (Lei 11.101/2005, art. 99). **FC**
Gabarito "E".

(Magistratura/MG – 2012 – VUNESP) Assinale a alternativa correta.

(A) É competente a Justiça Federal para decretar falência ou deferir processamento da recuperação judicial de sociedade de economia mista cuja acionista majoritária seja a União.

(B) É competente a Justiça Estadual para decretar falência ou deferir processamento da recuperação judicial de sociedade de economia mista cuja acionista majoritária seja a União.

(C) É competente o juízo do foro eleito pela assembleia geral, ao aprovar o respectivo estatuto, para decretar falência ou deferir processamento da recuperação judicial de sociedade operadora de plano de assistência à saúde.

(D) É competente o juízo do local da filial para decretar falência ou deferir processamento da recuperação judicial de empresa que tenha sede fora do Brasil.

A: incorreta, pois a competência para processos de falência sempre serão da justiça Estadual, além do que, as empresas públicas e as sociedades de economia mista estão excluídas da falência e da recuperação (Lei 11.101/2005, art. 2º); **B:** incorreta, pois há expressa previsão legal de exclusão das empresas públicas e sociedades de economia mista do processo falimentar e de recuperação (Lei 11.101/2005, art. 2º); **C:** incorreta, pois a competência do juízo falimentar é regra de competência absoluta, definida pela lei (Lei 11.101/2005, art. 3º); **D:** correta, pois nesse caso o estabelecimento principal, no Brasil será a filial (Lei 11.101/2005, art. 3º). **FC**
Gabarito "D".

(Magistratura/PA – 2012 – CESPE) A respeito de falência e processo falimentar, assinale a opção correta.

(A) Para a instauração do processo de execução concursal denominado falência, prescinde-se de sentença declaratória de falência.

(B) O empresário excluído do processo falimentar pode submeter-se à insolvência civil.

(C) As companhias de seguro estão relativamente excluídas do direito falimentar.

(D) O protesto de título por falta de pagamento não é considerado, por si só, prova de impontualidade.

(E) Ao empresário sem meios de honrar a totalidade de suas obrigações a lei destina um processo diferente de execução concursal: o da insolvência civil.

A: incorreta, pois a sentença é requisito obrigatório para o início da fase da execução concursal propriamente dita (Lei 11.101/2005, art. 99); **B:** incorreta, pois os excluídos, em regra, submetem-se a procedimentos alternativos, como a liquidação extrajudicial, por exemplo; **C:** correta,

8. DIREITO EMPRESARIAL   591

pois as seguradoras submetem-se ao procedimento de liquidação, conduzido pela SUCEP (Lei 9.656/1998, art. 23 e MP 2.177-44/2001); **D:** incorreta, pois o protesto é o único meio de prova admitido, pela lei de falências, para a impontualidade (Lei 11.101/2005, art. 94); **E:** incorreta, pois o empresário submete-se ao processo falimentar (Lei 11.101/2005, art. 1º). **FC**
Gabarito "C".

(MAGISTRATURA/PB – 2011 – CESPE) A respeito do processo falimentar, assinale a opção correta.

(A) Durante o prazo legal de defesa no processo falimentar, a sociedade empresária pode apresentar exceções fundadas na ausência dos requisitos para o requerimento de falência ou elidi-la mediante o pagamento do título, não lhe sendo permitido, entretanto, cumular a defesa com o referido pagamento.

(B) Da sentença declaratória da falência é cabível recurso de apelação.

(C) É pressuposto para a declaração da falência que a sociedade empresária tenha passivo maior que o ativo, situação que caracteriza insolvência jurídica.

(D) O credor cujo título não esteja vencido pode requerer a falência da sociedade empresária devedora, desde que fundamente o pedido em ato de falência, impontualidade injustificada ou execução frustrada em relação a título de outro devedor.

(E) Sendo o juízo da falência universal, estabelecida sua competência, ele deverá processar e julgar todas as ações referentes aos bens, interesses e negócios da massa falida, incluindo-se as ações em que a massa falida for autora ou litisconsorte ativa.

A: incorreta, pois não há vedação à apresentação de defesa com a realização do depósito elisivo – art. 98, parágrafo único, da LF; **B:** incorreta, pois da decisão que decreta a falência cabe agravo. A apelação é interposta contra a sentença que julga a improcedência do pedido – art. 100 da LF; **C:** incorreta, pois a decretação de falência decorre da insolvência jurídica, caracterizada pela (i) impontualidade injustificada, (ii) execução frustrada ou (iii) prática de atos de falência – art. 94, I, II e III, da LF; **D:** essa é a alternativa correta, conforme comentário à alternativa anterior e o disposto no art. 97, IV, da LF; **E:** incorreta, pois o juízo da falência não abrange as causas trabalhistas, fiscais e aquelas não reguladas na LF em que o falido figurar como autor ou litisconsorte ativo – art. 76 da LF. **RB**
Gabarito "D".

(Magistratura/PR – 2010 – PUC/PR) Sobre os efeitos da decretação da falência quanto às obrigações do devedor, assinale a afirmativa CORRETA:

(A) Os contratos bilaterais se resolvem pela falência e não podem ser cumpridos pelo administrador judicial.

(B) O contratante pode interpelar o administrador judicial, no prazo de até 90 (noventa) dias, contado da assinatura do termo de sua nomeação, para que, dentro de 30 (trinta) dias, declare se cumpre ou não o contrato.

(C) A falência do locador resolve o contrato de locação e, na falência do locatário, o administrador judicial pode, a qualquer tempo, denunciar o contrato.

(D) O administrador judicial, mediante autorização do Comitê, poderá dar cumprimento a contrato unilateral se esse fato reduzir ou evitar o aumento do passivo

da massa falida ou for necessário à manutenção e preservação de seus ativos, realizando o pagamento da prestação pela qual está obrigada.

A: assertiva incorreta, pois os contratos bilaterais não se resolvem pela falência e podem ser cumpridos pelo administrador judicial se o cumprimento reduzir ou evitar o aumento do passivo da massa falida ou for necessário à manutenção e à preservação de seus ativos, mediante autorização do comitê de credores – art. 117 da LF; **B:** incorreta, pois o prazo para resposta do administrador é de 10 dias – art. 117, § 1º, da LF; **C:** incorreta, pois a falência do locador *não* resolve o contrato de locação – art. 119, VII, da LF; **D:** assertiva correta, pois reflete o disposto no art. 118 da LF. **RB**
Gabarito "D".

(Magistratura/RJ – 2013 – VUNESP) Considerando-se os atos praticados pelo devedor antes da falência, são revogáveis os praticados com a intenção de prejudicar credores, provando-se o conluio fraudulento entre o devedor e o terceiro que com ele contratar e o efetivo prejuízo sofrido pela massa falida. Para esse fim, a ação revocatória deverá ser proposta, por quem tenha legitimidade para tal, no prazo de 3 anos,

(A) contado do primeiro relatório do administrador judicial.

(B) anteriores ao pedido de falência.

(C) anteriores à prática do ato.

(D) contado da decretação da falência.

Por expressa previsão legal, o prazo de 3 anos para a propositura da ação revocatória é contado da data da decretação da falência (art. 132 da Lei 11.101/2005). **FC**
Gabarito "D".

(Magistratura/RJ – 2011 – VUNESP) Leia as afirmativas sobre o Plano de Recuperação Judicial.

I. O plano de recuperação será apresentado pelo devedor em juízo no prazo improrrogável de 60 (sessenta) dias da publicação da decisão que deferir o processamento da recuperação judicial, sob pena de convolação em falência.

II. O plano de recuperação judicial não poderá prever prazo superior a 2 (dois) anos para pagamento dos créditos derivados da legislação do trabalho ou decorrentes de acidentes de trabalho, vencidos até a data do pedido de recuperação judicial.

III. Quanto aos créditos de natureza estritamente salarial, vencidos nos 4 (quatro) meses anteriores ao pedido de recuperação judicial, o plano não poderá prever prazo superior a 90(noventa) dias para o pagamento, até o limite de 5 (cinco) salários mínimos por trabalhador.

IV. O plano de recuperação judicial deverá conter: (i) discriminação pormenorizada dos meios de recuperação a serem empregados; (ii) demonstração de sua viabilidade econômica; e (iii) laudo econômico-financeiro e de avaliação dos bens e ativos do devedor, subscrito por profissional legalmente habilitado ou por empresa especializada.

Está correto, apenas, o que se afirma em:

(A) I, III e IV.

(B) I e III.

(C) I e IV.

(D) II e III.

I: correta, pois trata-se da expressa previsão legal (Lei 11.101/2005, art. 53); **II:** incorreta, pois a legislação estabelece prazo máximo, para pagamento dos débitos trabalhistas, de 1 ano (Lei 11.101/2005, art. 54); **III:** incorreta, pois a legislação estabelece o benefício para os créditos vencidos nos três meses anteriores a quebra, e não quatro meses (Lei 11.101/2005, art. 151); **IV:** correta, pois o plano deve ser um real demonstrativo da viabilidade da recuperação da empresa ((Lei 11.101/2005, art. 53). FC

Gabarito "C".

(Magistratura/RO – 2011 – PUCPR) Em relação à falência do empresário e sociedades empresárias, assinale a única alternativa CORRETA.

(A) A defesa daquele que é citado em um pedido de falência é denominada de contestação, e o prazo em que deve ser apresentada é de 15 dias contados da juntada aos autos do mandado de citação.

(B) O recurso cabível contra a decisão que decreta a falência é o recurso de apelação. Já contra a decisão que julga a improcedência de pedido de falência, o recurso cabível é o do agravo de instrumento.

(C) O recurso cabível da decisão que julga a impugnação de crédito é o de apelação, que deve ser interposta no prazo de 15 (quinze) dias.

(D) É competente para decretar a falência o juízo do local do principal estabelecimento do devedor que tem estabelecimentos em várias localidades do país.

(E) A sociedade empresária ou empresário irregulares não podem requerer falência. Essa é uma sanção legal pelo descumprimento aos deveres inerentes aos empresários/sociedades empresárias, e um benefício aos empresários e sociedades empresárias em situação regular.

A: incorreta, pois o prazo para contestação do devedor é de 10 dias – art. 98, parágrafo único, da LF; **B:** incorreta, pois, da decisão que decreta a falência cabe agravo. A apelação é interposta contra a sentença que julga a improcedência do pedido – art. 100 da LF; **C:** incorreta, pois cabe agravo da decisão judicial sobre a impugnação do crédito – art. 17 da LF; **D:** essa é a assertiva correta, conforme o art. 3º da LF; **E:** A assertiva é bastante subjetiva. Cabe ressaltar que, de fato, a sociedade empresária e o empresário irregular não podem requerer falência de outro ou autofalência – arts. 97, § 1º, e 105, I, da LF. RB

Gabarito "D".

(Magistratura/SP – 2013 – VUNESP) Na sentença que decreta a falência, o Juiz:

(A) fixará o termo legal da falência, sem poder retrotraí-lo por mais de 60 dias, contados do primeiro protesto por falta de pagamento.

(B) poderá ordenar a prisão preventiva do falido ou de seus administradores, quando requerida com fundamento em prova da prática de crime definido na Lei 11.101/2005.

(C) nomeará administrador judicial que será escolhido entre os maiores credores do falido, residente ou domiciliado no foro da falência, de reconhecida idoneidade moral e financeira.

(D) explicitará o prazo de 60 dias para as habilitações de crédito.

A: incorreta, pois o prazo máximo da retrotação é de 90 dias – art. 99, II, da LF; **B:** correta, nos termos do art. 99, VII, da LF; **C:** incorreta, pois o juiz poderá nomear como administrador qualquer profissional idôneo, preferencialmente advogado, economista, administrador de empresas ou contador, ou pessoa jurídica especializada – art. 21 da LF; **D:** incorreta, pois o prazo para habilitação dos créditos é de 15 dias, contados na forma do art. 7.º, § 1.º, da LF. Após, as habilitações serão recebidas como retardatárias – art. 10 da LF. RB

Gabarito "B".

(Magistratura/SP – 2013 – VUNESP) A Lei 11.101/2005, no que diz respeito aos crimes nela previstos, considera a sentença que decreta a falência e a que concede a recuperação judicial:

(A) pressupostos dos crimes pós-falimentares.

(B) condições de procedibilidade.

(C) elementos integrantes do tipo.

(D) condições objetiva de punibilidade.

Nos termos do art. 180 da LF, a sentença que decreta a falência, concede a recuperação judicial ou concede a recuperação extrajudicial é condição objetiva de punibilidade das infrações penais previstas na mesma lei. Por essa razão, a alternativa "D" é a correta. RB

Gabarito "D".

(Magistratura/SP – 2011 – VUNESP) Assinale a alternativa correta.

Decretada a falência de comerciante,

(A) fica suspenso o exercício do direito de retirada ou de recebimento do valor de suas quotas ou ações, por parte dos sócios da sociedade falida.

(B) resolvem-se os contratos bilaterais.

(C) extinguir-se-á desde logo o mandato por ele conferido, antes da falência, objetivando a sua representação judicial.

(D) o vendedor pode obstar a entrega das coisas expedidas ao devedor e ainda em trânsito, mesmo se o comprador, antes do requerimento da falência, as tiver revendido, sem fraude, à vista das faturas e conhecimentos de transporte, entregues ou remetidos pelo vendedor.

(E) quando ele for o locador, resolve-se o contrato de locação, e, quando locatário, o administrador judicial não poderá denunciá-lo.

A: assertiva correta, conforme o art. 116, II, da LF; **B:** incorreta, pois os contratos bilaterais não se resolvem pela falência e podem ser cumpridos pelo administrador judicial, se o cumprimento reduzir ou evitar o aumento do passivo da massa falida ou for necessário à manutenção e preservação de seus ativos, mediante autorização do comitê de credores – art. 117 da LF; **C:** incorreta, pois o mandato conferido para representação judicial do devedor continua em vigor até que seja expressamente revogado pelo administrador judicial – art. 120, § 1º, da LF. É importante notar que o mandado para a realização de negócios, conferido pelo devedor antes da falência, cessa seus efeitos com a decretação de falência – art. 120 *caput*, da LF; **D:** incorreta, pois nessa hipótese não é permitido obstar a entrega das coisas – art. 119, I, da LF; **E:** incorreta, pois a falência do locador não resolve o contrato de locação e, na falência do locatário, o administrador judicial pode, a qualquer tempo, denunciar o contrato – art. 119, VII, da LF. RB

Gabarito "A".

8. DIREITO EMPRESARIAL   593

(Magistratura/SP – 2011 – VUNESP) O juiz decretará a falência durante o processo de recuperação judicial:

I. quando houver sido rejeitado o plano de recuperação;

II. por descumprimento de qualquer obrigação assumida no plano de recuperação;

III. pela não apresentação, pelo devedor, do plano de recuperação no prazo improrrogável de trinta dias da publicação da decisão que deferir o processamento da recuperação judicial;

IV. se o devedor, sem previsão no plano de recuperação judicial, procede à liquidação precipitada de seus ativos.

É correto apenas o que se afirma em

(A) I, II e IV.

(B) I, II e III.

(C) I e II.

(D) II.

(E) IV.

I: assertiva correta, já que, caso a assembleia geral rejeite o plano de recuperação judicial, o juiz decretará a falência do devedor – arts. 56, § 4º, e 73, III, da LF; **II:** correta, nos termos do art. 73, IV, da LF; **III:** incorreta, pois o prazo para apresentação do plano é de 60 dias, contados da decisão que deferir o processamento da recuperação judicial – arts. 53, *caput*, e 73, II, da LF; **IV:** correta, pois essa também é causa para a decretação de falência – art. 94, III, *a*, da LF. **RB**
Gabarito "A".

4.3. RECUPERAÇÃO JUDICIAL E EXTRAJUDICIAL

(Juiz – TJ/SP – VUNESP – 2015) No período de seis meses, a contar do deferimento da recuperação judicial,

(A) não são suspensas as execuções fiscais em face da recuperanda.

(B) é permitido retirar do estabelecimento do devedor bens móveis sobre os quais o credor tenha propriedade fiduciária, mesmo que sejam eles essenciais à atividade empresarial do recuperando.

(C) não tramitam as ações propostas contra a recuperanda que demandem quantias ilíquidas.

(D) o juízo da recuperação judicial é competente para decidir sobre a constrição de todos os bens da recuperanda, mesmo que não abrangidos pelo plano de recuperação da empresa.

A: correta, nos termos do art. 6º, § 7º, da Lei de Falências; **B:** incorreta. Caso os bens sejam essenciais à atividade, é vedada sua retirada (art. 49, § 3º, parte final, da Lei de Falências); **C:** incorreta. Tais ações também configuram exceção à regra da suspensão (art. 6º, § 1º, da Lei de Falências); **D:** incorreta. A Súmula 480 do STJ afasta a competência do juízo da recuperação para julgar questões relativas a bens e créditos não abrangidos pelo plano de recuperação. **HS**
Gabarito "A".

(Juiz – TRF 4ª Região – 2016) Assinale a alternativa correta.

Acerca da recuperação judicial no direito brasileiro:

(A) A recuperação judicial do devedor principal não impede o prosseguimento das execuções nem induz suspensão ou extinção de ações ajuizadas contra terceiros devedores solidários ou coobrigados em geral, por garantia cambial, real ou fidejussória.

(B) A regra da soberania da assembleia geral de credores pode ser excepcionada por decisão judicial proferida liminarmente, para sua suspensão ou adiamento, em razão de pendência de discussão acerca da existência, da quantificação ou da classificação de créditos.

(C) Microempresas e empresas de pequeno porte não podem apresentar plano de recuperação judicial, pois são sujeitas a regime jurídico especial e protetivo.

(D) Microempresas e empresas de pequeno porte podem apresentar plano especial de recuperação judicial, o qual, entre outras condições, preverá pagamento em até 48 (quarenta e oito) parcelas mensais, iguais e sucessivas, as quais não poderão ser acrescidas de juros, tampouco conter proposta de abatimento do valor das dívidas.

(E) Pode requerer recuperação judicial o devedor que, no momento do pedido, exerça regularmente suas atividades há mais de um ano e atenda aos demais requisitos legais.

A: correta, nos termos da Súmula 581 do STJ; **B:** incorreta. O art. 39, §2º, da LF é expresso no sentido de que não se anula decisão de assembleia-geral em face de decisão judicial sobre a existência, quantificação ou classificação de créditos. A *mens legis* é dar segurança jurídica às decisões assembleares, evitando sucessivos entraves ao processo de recuperação; **C:** incorreta. Não só têm direito à recuperação judicial como podem optar por um plano específico, previsto no art. 71 da LF; **D:** incorreta. No plano especial de recuperação das ME's e EPP's, a quantidade máxima de parcelas é 36 (trinta e seis), com juros equivalentes à taxa SELIC, sendo autorizada a proposta de abatimento (art. 71, II, da LF); **E:** incorreta. O requisito temporal para requerer recuperação judicial é de 2 (dois) anos de atividade regular (art. 48 da LF). **HS**
Gabarito "A".

(Magistratura/AM – 2013 – FGV) Em relação aos *institutos da recuperação judicial e da extrajudicial*, assinale a afirmativa correta.

(A) Contra a sentença que conceder a recuperação judicial caberá apelação, sem efeito suspensivo, podendo ser interposto por qualquer credor e pelo Ministério Público.

(B) Caso o plano de recuperação judicial preveja a supressão da garantia real outorgada a um credor, a eficácia dessa cláusula somente será admitida mediante aprovação unânime da classe dos credores com garantia real.

(C) Os credores do devedor em recuperação judicial conservam seus direitos e privilégios contra os coobrigados, fiadores e obrigados de regresso.

(D) O devedor pode negociar um plano de recuperação extrajudicial com os credores com garantia trabalhista, garantia real, quirografário e subordinado.

(E) Os credores, após a distribuição do pedido de homologação de plano de recuperação extrajudicial, jamais poderão desistir da adesão ao plano, salvo com a anuência expressa de 3/5 dos demais signatários.

A: incorreta, pois o recurso cabível, nessa hipótese, é o agravo (art. 59, § 2º, da Lei 11.101/2005); **B:** incorreta, pois a aprovação do plano, na

594 FERNANDO CASTELLANI, ROBINSON BARREIRINHAS E HENRIQUE SUBI

categoria dos credores com garantia, depende de aprovação de mais da metade dos créditos habilitados (art. 45, § 1º, da Lei 11.101/2005); **C:** correta, pois a recuperação judicial somente gera efeitos em favor do devedor principal empresário, não quanto aos demais (art. 49, § 1º, da Lei 11.101/2005); **D:** incorreta, pois os credores trabalhistas estão expressamente excluídos da recuperação extrajudicial (art. 161, § 1º, da Lei 11.101/2005); **E:** incorreta, pois a desistência após a distribuição necessita de anuência expressa da totalidade dos demais signatários (art. 161, § 5º, da Lei 11.101/2005). **FC**
Gabarito "C".

(Magistratura/BA – 2012 – CESPE) De acordo com a legislação que regula a recuperação judicial, a extrajudicial e a falência do empresário e da sociedade empresária, assinale a opção correta.

(A) São estendidos os efeitos da recuperação judicial a todos os créditos existentes na data do pedido, ainda que não vencidos, assim como os do proprietário com contrato de compra e venda com reserva de domínio, para que os bens permaneçam na posse e uso do empresário, a fim de se propiciar a continuidade da atividade empresarial.

(B) Os contratos bilaterais se resolvem pela falência, devendo ser cumpridos pelo administrador judicial para evitar redução ou aumento do passivo da massa falida, ou caso seja necessário à manutenção e à preservação de seus ativos.

(C) Os efeitos do plano de recuperação extrajudicial podem ser estendidos a todos os credores, além dos signatários, desde que seja firmado por mais de três quintos de todos os créditos de cada espécie por ele abrangidos.

(D) Na hipótese da recuperação judicial, exaurido o prazo de cento e oitenta dias, contado da protocolização da ação, os prazos prescricionais são retomados, assim como a possibilidade de prosseguimento ou ajuizamento de medidas individuais por parte dos credores não atingidos pelo plano de recuperação, inclusive com a possibilidade de pleitearem a decretação de falência do empresário.

(E) É admitida a participação na assembleia de credores, para créditos trabalhistas, dos sindicatos de trabalhadores, que deverão apresentar, até quinze dias antes da assembleia, a relação dos associados que pretende representar, devendo o trabalhador que esteja cadastrado em mais de um sindicato esclarecer, com vinte e quatro horas de antecedência, o sindicato que irá representá-lo.

A: incorreta, pois existem determinados créditos que não são atingidos pela recuperação, dentre eles, o indicado na alternativa (Lei 11.101/2005, art. 49, § 3º); B: incorreta, pois, como regra, os contratos bilaterais não se resolvem com a falência (Lei 11.101/2005, art. 117); **C:** correta, pois nessa situação temos a imposição judicial do plano, chamada homologação obrigatória (Lei 11.101/2005, art. 163); **D:** incorreta, pois o prazo de 180 dias é contado da data da decisão que defere o processamento da recuperação (Lei 11.101/2005, art. 52); **E:** incorreta, pois os sindicatos têm legitimidade independente de procuração específica, desde que o trabalhador não esteja presente ou devidamente representado (Lei 11.101/2005, art. 37, § 5º). **FC**
Gabarito "C".

(Magistratura/CE – 2012 – CESPE) Assinale a opção correta com referência à recuperação judicial.

(A) Cumpridas as exigências legais, prossegue-se no procedimento de recuperação, e, caso não seja apresentada objeção, o juiz concederá a recuperação judicial.

(B) Em sede de recuperação judicial, o juiz deverá deferir o parcelamento dos créditos das fazendas públicas e do INSS, determinando ao registro público de empresas a anotação da recuperação judicial.

(C) As microempresas e as empresas de pequeno porte deverão apresentar plano especial de recuperação judicial abrangendo os créditos quirografários e fiscais e o arrendador mercantil.

(D) O credor que se oponha a plano de recuperação judicial de uma empresa deve, antes de manifestar ao juiz sua objeção, sujeitar sua proposta à aprovação da assembleia geral de credores.

(E) A decisão que conceder a recuperação judicial ao devedor cujo plano não tenha sofrido objeção de credor constituirá título executivo extrajudicial.

A: correta, pois diante da ausência de objeção, não caberá ao juiz analisar eventual oportunidade e conveniência da recuperação, já que os credores, maiores interessados, nada opuseram (Lei 11.101/2005, art. 58); B: incorreta, pois o parcelamento dos créditos não será deferido ou concedido pelo juiz da falência, mas sim pela autoridade administrativa competente (Lei 11.101/2005, art. 68); **C:** incorreta, pois no plano especial das ME e EPP somente serão englobados os credores quirografários (Lei 11.101/2005, art. 71); **D:** incorreta, a apresentação de oposição, ato de legitimidade de qualquer credor, independente de análise ou anuência da assembleia (Lei 11.101/2005, art. 56); **E:** incorreta, pois a homologação por sentença dá caráter judicial ao título (Lei 11.101/2005, art. 59, § 1º). **FC**
Gabarito "A".

(Magistratura/ES – 2011 – CESPE) No que diz respeito à recuperação judicial, assinale a opção correta.

(A) Somente os credores têm legitimidade para convocar a assembleia dos credores, sempre que considerarem conveniente fazê-lo.

(B) Por disposição legal, a assembleia dos credores não é competente para aprovar o plano de recuperação apresentado pela devedora.

(C) Em razão da função social que desempenha, qualquer empresa pode beneficiar-se do processo de recuperação.

(D) Prevê a legislação que a dilação do prazo ou a revisão das condições de pagamento são meios de recuperação da atividade econômica.

(E) A renegociação das obrigações ou do passivo trabalhista, por contrato coletivo do trabalho, em nenhuma hipótese pode resultar em redução de salários dos empregados da sociedade empresaria em crise.

A: incorreta, pois a assembleia será convocada pelo juiz, mediante requerimento, em alguns casos de percentual de credores (Lei 11.101/2005, art. 36); B: incorreta, pois a assembleia tem como maior de suas funções exatamente a análise e aprovação do plano de recuperação (Lei 11.101/2005, art. 35); **C:** incorreta, pois a recuperação judicial somente poderá ser deferida aos credores empresários que satisfaçam

8. DIREITO EMPRESARIAL

os requisitos previstos na lei (Lei 11.101/2005, art. 48); **D**: correta, pois o plano de recuperação poderá prever qualquer meio ou medida lícita, visando a recuperação da capacidade econômica do empresário, tendo a lei indicada algumas possibilidades, a título exemplificativo (Lei 11.101/2005, art. 50); **E**: incorreta, pois a lei prevê expressamente essa possibilidade, visando dar maior eficácia ao procedimento de recuperação (Lei 11.101/2005, art. 50, VIII). **FC**

Gabarito "D".

(Magistratura/MG – 2012 – VUNESP) É correto afirmar que pode requerer recuperação judicial o devedor que

(A) não tenha, há menos de cinco anos, obtido concessão de recuperação judicial.

(B) exerça regularmente suas atividades há mais de cinco anos.

(C) não tenha, há menos de cinco anos, obtido parcelamento de débitos inscritos na dívida ativa da União, Estados ou Municípios.

(D) não tenha, há menos de cinco anos, seu nome inscrito em cadastros de devedores inadimplentes.

Os requisitos formais para o requerimento de recuperação judicial estão elencados na lei, sendo os seguintes: I – exercício de atividades regulares há pelo menos 2 (dois) anos; II – não ser falido e, se o foi, estejam declaradas extintas, por sentença transitada em julgado, as responsabilidades daí decorrentes; III – não ter, há menos de 5 (cinco) anos, obtido concessão de recuperação judicial; IV – não ter, há menos de 8 (oito) anos, obtido concessão de recuperação judicial com base no plano especial de que trata a Seção V deste Capítulo; V – não ter sido condenado ou não ter, como administrador ou sócio controlador, pessoa condenada por qualquer dos crimes previstos nesta Lei. **A**: correta, por expressa previsão legal; **B**, **C** e **D**: incorretas, por contrariarem os requisitos dispostos na lei. **FC**

Gabarito "A".

(Magistratura/PE – 2011 – FCC) Deferido o processamento da recuperação judicial,

(A) serão suspensas as execuções de natureza fiscal, mas não as de natureza trabalhista com penhora efetivada.

(B) serão atraídas pelo Juízo que o deferiu todas as demandas por quantias ilíquidas.

(C) suspende-se o curso da prescrição em face do devedor, não se dando, todavia, essa suspensão quando o pedido de recuperação judicial se fizer com base em plano especial apresentado por microempresas ou empresas de pequeno porte, no tocante aos créditos por ele não abrangidos.

(D) o Juiz nomeará administrador judicial, que não poderá, em nenhuma hipótese, ser pessoa jurídica e, preferencialmente, a nomeação recairá em advogado ou contador de notória idoneidade e experiência profissional comprovada.

(E) ficará o devedor dispensado da apresentação de certidões negativas para contratação com o Poder Público, mas, no respectivo contrato, deverá ser acrescida, após o nome comercial, a expressão "em Recuperação Judicial".

A: incorreta, pois os créditos tributários não são incluídos na recuperação judicial, nem há suspensão das execuções fiscais – arts. 6°, § 7°, e 57 da LF; B: incorreta, pois terá prosseguimento no juízo no qual

estiver se processando a ação que demandar quantia ilíquida – art. 6°, § 1°, da LF; **C**: essa é a assertiva correta, conforme os arts. 6°, *caput*, e 71, parágrafo único, da LF; **D**: incorreta, pois o administrador judicial poderá ser pessoa jurídica especializada ou profissional idôneo, preferencialmente advogado, economista, administrador de empresas ou contador – art. 21 da LF; **E**: incorreta, pois a dispensa de apresentação de certidões negativas não se aplica às contratações com o poder público, nem para o recebimento de benefícios ou incentivos fiscais ou creditícios – art. 52, II, da LF. **RB**

Gabarito "C".

(Magistratura/PR – 2013 – UFPR) Assinale a alternativa INCORRETA:

(A) O juiz só poderá conceder a recuperação judicial com base em plano que obteve aprovação unânime das três classes de credores presentes em assembleia, circunstância em que está obrigado a homologá-lo.

(B) A competência para apreciar pedido de recuperação judicial de grupo de empresas, com sedes em comarcas distintas, é a do local em que se encontra o principal estabelecimento de comando da empresa, ainda que o contrato social aponte outro local como sede.

(C) A Lei 11.101 de 2005 introduziu diversas alterações benéficas à empresa beneficiada pela recuperação judicial, entre elas a possibilidade de reconhecimento de novação dos créditos anteriores ao pedido, quando tiver homologado o plano de recuperação judicial, ainda que sob condição resolutiva.

(D) O administrador judicial será profissional idôneo, preferencialmente advogado, economista, administrador de empresas, contador ou pessoa jurídica especializada, devendo, nesse último caso, ser declarado o nome do profissional responsável pela condução do processo de falência ou de recuperação judicial, o qual só poderá ser substituído com autorização judicial.

A: incorreta (devendo ser assinalada), pois a aprovação do plano não depende de aprovação unânime (art. 45 da Lei 11.101/2005); **B**: correta, pois trata-se do principal estabelecimento no aspecto econômico (art. 3° da Lei 11.101/2005); **C**: correta, pois a novação é imposição legal (art. 59 da Lei 11.101/2005); **D**: correta, por expressa previsão legal (art. 21 da Lei 11.101/2005). **FC**

Gabarito "A".

(Magistratura/PR – 2013 – UFPR) Assinale a alternativa correta:

(A) A decretação da falência e o deferimento do processamento da recuperação judicial suspendem o curso da prescrição e de todas as ações e execuções em face do devedor, inclusive aquelas dos credores particulares do sócio solidário, bem como as execuções fiscais e aquelas em que ele for autor.

(B) A recuperação judicial de rito especial destina-se exclusivamente aos micro e empresários de pequeno porte, que por ele optarem de forma explícita, de modo a atender o que prescrevem os artigos 146, III, *d*, e 179, da Constituição Federal, no tocante a dispensar tratamento diferenciado e mais benéfico a essas empresas.

(C) A petição inicial de recuperação judicial deverá conter, entre outros documentos obrigatórios, o respectivo plano de recuperação, sob pena de o juiz decretar a falência.

(D) Não poderá ser pleiteada a recuperação judicial quando já houver pedido de falência, ainda que o devedor tenha apresentado contestação.

A: incorreta, pois não se sujeitam aos efeitos da falência e da recuperação as execuções fiscais (art. 6º, § 7º, da Lei 11.101/2005); B: correta, por expressa previsão legal (art. 70 da Lei 11.101/2005); C: incorreta, pois o plano de recuperação somente é apresentado no prazo de até 60 dias após o deferimento do processamento da recuperação (art. 53 da Lei 11.101/2005); D: incorreta, pois pode-se apresentar pedido de recuperação dentro do prazo de contestação da falência (art. 96 da Lei 11.101/2005). **FC**
Gabarito "B".

(Magistratura/PR – 2010 – PUC/PR) Sobre o plano de recuperação judicial, assinale a afirmativa CORRETA:

(A) O plano de recuperação judicial deverá ser apresentado pelo devedor em juízo no prazo improrrogável de 90 (noventa) dias.

(B) O plano de recuperação judicial não poderá prever prazo superior a 180 (cento e oitenta) dias para pagamento dos créditos derivados da relação de trabalho ou decorrentes de acidente de trabalho.

(C) O plano de recuperação judicial não poderá prever prazo superior a 30 (trinta) dias para o pagamento, até o limite de 5 (cinco) salários mínimos por trabalhador, dos créditos de natureza estritamente salarial vencidos nos 3 (três) meses anteriores ao pedido de recuperação judicial.

(D) Rejeitado o plano de recuperação pela assembleia geral de credores, o juiz determinará que o devedor apresente novo plano de recuperação judicial ou alteração do plano apresentado, devendo decretar a falência do devedor se tais procedimentos não forem cumpridos pelo devedor.

A: incorreta, pois o prazo para apresentação do plano de recuperação judicial é de 60 dias da publicação da decisão que deferir o processamento da recuperação – art. 53 da LF; B: incorreta, pois o prazo máximo é de 1 ano, para o pagamento dos créditos trabalhistas e acidentários vencidos até a data de pedido de recuperação judicial – art. 54 da LF; C: assertiva correta, pois reflete exatamente o disposto no art. 54, parágrafo único, da LF; D: incorreta, pois se a assembleia geral de credores rejeitar o plano de recuperação judicial, o juiz decretará a falência do devedor – art. 56, § 4º, da LF. **RB**
Gabarito "C".

(Magistratura/PR – 2010 – PUC/PR) Sobre a recuperação extrajudicial, assinale a afirmativa CORRETA:

I. O devedor poderá requerer a homologação em juízo do plano de recuperação extrajudicial, juntando sua justificativa e o documento que contenha seus termos e condições, com as assinaturas dos credores que a ele aderiram.

II. O devedor poderá requerer a homologação de plano de recuperação extrajudicial, desde que assinado por credores que representem mais de 3/4 (três quartos) de todos os créditos de cada espécie por ele abrangidos, o qual obrigará tanto aqueles que aderiram quanto os que não concordaram com o plano.

III. O procedimento da recuperação extrajudicial é o mecanismo criado pela Lei 11.101/2005 para facilitar a recuperação das microempresas e das empresas de pequeno porte.

IV. O plano de recuperação extrajudicial não poderá ser aplicado aos créditos de natureza tributária, aos créditos com garantia real e aos créditos derivados da legislação do trabalho ou decorrentes de acidente de trabalho.

(A) As afirmativas I, II, III e IV estão corretas.

(B) Apenas as afirmativas I e IV estão corretas.

(C) Apenas a afirmativa I está correta.

(D) Apenas as afirmativas I e II estão corretas.

I: a assertiva é correta, pois reflete o disposto no art. 162 da LF; II: incorreta, pois para o pedido de homologação de plano de recuperação extrajudicial que obrigue a todos os credores por ele abrangidos são necessárias assinaturas de credores que representem mais de 3/5 (não 3/4, como consta na assertiva) de todos os créditos de cada espécie – art. 163 da LF; III: incorreta, pois o plano de recuperação extrajudicial não se restringe a microempresas e a empresas de pequeno porte – art. 161 da LF; IV: incorreta, pois embora a recuperação extrajudicial não abranja os créditos de natureza tributária, derivados da legislação do trabalho ou decorrentes de acidente de trabalho (art. 161, § 1º, da LF), é possível a inclusão dos créditos com garantia real. **RB**
Gabarito "C".

(Magistratura/RJ – 2013 – VUNESP) Observados os requisitos legais, o devedor poderá propor e negociar com credores plano de recuperação extrajudicial.

Acerca do referido instituto, é correto afirmar que

(A) o pedido de homologação do plano de recuperação extrajudicial acarretará suspensão de direitos, ações ou execuções e a impossibilidade de decretação de falência pelos credores não sujeitos ao plano de recuperação extrajudicial.

(B) o devedor poderá requerer a homologação de plano de recuperação extrajudicial que obriga a todos os credores por ele abrangidos, desde que assinado por credores que representem mais de três quintos de todos os créditos de cada espécie por ele abrangidos.

(C) a ele estão sujeitos todos os credores do devedor, inclusive os titulares de créditos decorrentes da legislação do trabalho ou decorrentes de acidente do trabalho.

(D) após a distribuição do pedido de homologação, qualquer credor poderá desistir da adesão ao plano, independentemente da anuência expressa dos demais signatários.

A: incorreta, pois há previsão expressa de manutenção de tais direitos pelos demais credores (art. 161, § 4º, da Lei 11.101/2005); B: correta, por expressa previsão na legislação (art. 163 da Lei 11.101/2005); C: incorreta, por expressa exclusão pela legislação (art. 161, § 1º, Lei 11.101/2005); D: incorreta, pois a desistência somente poderá ocorrer antes da distribuição do pedido (art. 161, § 5º, Lei 11.101/2005). **FC**
Gabarito "B".

(Magistratura/SP – 2013 – VUNESP) Submete(m)-se aos efeitos da recuperação o(s) seguinte(s) crédito(s):

(A) garantidos por propriedade fiduciária de bens móveis ou imóveis e de arrendamento mercantil.

8. DIREITO EMPRESARIAL 597

(B) fiscais e parafiscais.

(C) debêntures com garantia real.

(D) importância entregue ao devedor, em moeda corrente nacional, decorrente de adiantamento a contrato de câmbio para exportação (ACC).

A: incorreta, pois esses créditos não se submetem à recuperação judicial, nos termos do art. 49, § 3.º, da LF; **B:** incorreta, pois os tributos não são abrangidos pela recuperação judicial, devendo o devedor apresentar certidões negativas de débitos nos termos do art. 57 da LF; **C:** correta, pois não há exclusão desses títulos – art. 49 da LF; **D:** incorreta, pois essa importância deve ser restituída, nos termos do art. 86, II, da LF. **RB**
Gabarito "C"

4.4. TEMAS COMBINADOS DE DIREITO CONCURSAL

(Magistratura/AM – 2013 – FGV) Em relação ao *Instituto da Falência*, assinale a afirmativa correta.

(A) O titular de debêntures subordinadas emitidas pela sociedade anônima falida, conforme estabelecido pela lei de falências, é considerado credor quirografário.

(B) Os créditos derivados da legislação do trabalho ou decorrentes de acidentes de trabalho relativos a serviços prestados após a decretação da falência, independentemente do valor, serão considerados extraconcursais e, por consequência, pagos com precedência sobre os mencionados no art. 83 da Lei 11.101/2005.

(C) O falido poderá intentar todas as ações possíveis, em nome da massa falida, para conservação de seus direitos ou dos bens arrecadados e intervir nos processos em que a massa falida seja parte ou interessada, requerendo o que for de direito e interpondo os recursos cabíveis.

(D) São ineficazes em relação à massa falida, tenha ou não o contratante conhecimento do estado de crise econômico-financeira do devedor, seja ou não intenção deste fraudar credores, os registros de direitos reais e de transferência de propriedade entre vivos, por título oneroso ou gratuito, ou a averbação relativa a imóveis realizados durante o termo legal da falência.

(E) Os créditos trabalhistas de natureza estritamente salarial vencidos nos três meses anteriores à decretação da falência, até o limite de cinco salários-mínimos por trabalhador, serão pagos logo após os créditos extraconcursais.

A: incorreta, pois trata-se de credor subordinado (art. 58 da LSA); **B:** correta, por expressa previsão legal (art. 84 da Lei 11.101/2005); **C:** incorreta, pois a partir da decretação da falência, a representação da massa falida cabe ao administrador (art. 22, II, da Lei 11.101/2005); **D:** incorreta, pois tais atos somente serão ineficazes se praticados após a decretação da falência (art. 129, VII, da Lei 11.101/2005); **E:** incorreta, pois tratam-se de créditos pagos assim que disponíveis recursos na massa, antes de todos os demais credores (art. 151 da Lei 11.101/2005). **FC**
Gabarito "B"

(Magistratura/PR – 2013 – UFPR) Assinale a alternativa correta:

(A) O crime de fraude a credores, previsto na Lei 11.101 de 2005, por sua gravidade e alto potencial ofensivo, só pode ser reconhecido por conduta típica praticada

depois de proferidas as sentenças, de decretação de falência, concessão da recuperação judicial, ou de homologação da extrajudicial.

(B) A ação penal pelos crimes previstos na Lei 11.101 de 2005 é de competência do juízo que decretou a falência, concedeu a recuperação judicial ou homologou o plano de recuperação extrajudicial, dado o caráter especial dos crimes.

(C) No âmbito do processo falimentar, é possível a revogação, por meio de ação própria, de atos praticados com a intenção de prejudicar credores, desde que provado o conluio fraudulento entre o devedor e o terceiro que com ele contratar, bem como o efetivo prejuízo sofrido pela massa falida.

(D) Em procedimento de recuperação judicial convolado em falência, a fixação do termo legal deve considerar a data do primeiro protesto como termo inicial de contagem do prazo suspeito, por conta da impontualidade ou fraude do devedor.

A: incorreta, pois a conduta tipificada como fraude a credores poderá ser caracterizada por atos anteriores à sentença (Lei 11.101/2005, art. 168); **B:** incorreta, pois a competência será do juiz criminal, independente da falência (art. 183 da Lei 11.101/2005); **C:** correta, pois trata-se de expressa previsão legal (art. 130 da Lei 11.101/2005); **D:** incorreta, pois o termo legal pode retroagir até 90 dias dos primeiro protesto (art. 99, II, da Lei 11.101/2005). **FC**
Gabarito "C"

(Magistratura/SC – 2010) Segundo a Lei n. 11.101/2005, que trata da Falência e da Recuperação da Empresa, assinale a alternativa **correta**:

I. Na falência os bens perecíveis, deterioráveis, sujeitos à considerável desvalorização ou que sejam de conservação arriscada ou dispendiosa, poderão ser vendidos antecipadamente, após a arrecadação e a avaliação, mediante autorização judicial, ouvidos o Comitê e o falido no prazo de 48 (quarenta e oito) horas.

II. O administrador judicial poderá alugar ou celebrar outro contrato referente aos bens da massa falida, com o objetivo de produzir renda para massa falida, mediante autorização do Comitê. O bem objeto da contratação poderá ser alienado a qualquer tempo, independentemente do prazo contratado, rescindindo-se, sem direito a multa, o contrato realizado, salvo se houver anuência do adquirente.

III. Os créditos tributários, independentemente da sua natureza e tempo de constituição, excetuadas as multas tributárias, antecedem aos créditos derivados da legislação do trabalho, mesmo os limitados a 150 salários mínimos por credor e os créditos com garantia real até o limite do valor do bem gravado, na ordem de classificação dos créditos.

IV. Na falência, os créditos retardatários perderão o direito a rateios eventualmente realizados e ficarão sujeitos ao pagamento de custas, não se computando os acessórios compreendidos entre o término do prazo e a data do pedido de habilitação.

(A) Somente as proposições I, II e IV estão corretas.

(B) Somente as proposições I, II e III estão corretas.

(C) Somente as proposições II e IV estão corretas.

(D) Somente as proposições I, II e III estão corretas.

(E) Todas as proposições estão corretas.

I: correta, pois a possibilidade é prevista no art. 113 da LF; II: assertiva correta, em conformidade com o art. 114, *caput* e § 2º, da LF; III: incorreta, pois os créditos trabalhistas (observado o limite citado), os decorrentes de acidentes de trabalho e os com garantia real (até o limite do bem gravado) antecedem os créditos tributários na ordem de preferência – art. 83, I, II e III, da LF; IV: correta, conforme o art. 10, § 3º, da LF. **RB**

Gabarito "A".

(Magistratura/PI – 2011 – CESPE) Assinale a opção correta acerca da recuperação judicial, da recuperação extrajudicial, da falência do empresário e da sociedade empresária.

(A) O juízo competente convocará a assembleia geral de credores por edital publicado no órgão oficial e em jornais de grande circulação nas localidades da sede e filiais, com antecedência mínima de quinze dias.

(B) Cabe ao devedor ou à massa falida custear a remuneração dos membros do comitê de credores e do administrador judicial, atendendo às disponibilidades de caixa.

(C) Para requerer a recuperação judicial, o devedor deve exercer atividades há mais de dois anos, não ser falido e não ter obtido a concessão de recuperação judicial há menos de oito anos.

(D) A Lei de Falências não se aplica a empresas financeiras públicas, sociedades cooperativas, sociedades limitadas, sociedades em comum, consórcios, entidades de previdência complementar nem a sociedades seguradoras.

(E) O deferimento do processamento da recuperação judicial interrompe o curso da prescrição e de todas as ações e execuções em face do devedor, salvo aquelas dos credores particulares do sócio solidário.

A: correta, por expressa previsão legal (Lei 11.101/2005, art. 36); B: incorreta, pois a remuneração do comitê de credores é encargo dos próprios credores, já que é órgão de interesse dos credores (Lei 11.101/2005, art. 29); C: incorreta, pois a lei estabelece como prazo mínimo de não utilização anterior do benefício o período de 5 anos (Lei 11.101/2005, art. 48); D: incorreta, pois a lei não se aplica as instituições financeiras públicas ou privadas (Lei 11.101/2005, art. 2º); E: incorreta, pois a lei estabelece a suspensão das ações em face do sócio solidário, de maneira expressa (Lei 11.101/2005, art. 6º). **FC**

Gabarito "A".

5. CONTRATOS EMPRESARIAIS

5.1. ARRENDAMENTO MERCANTIL / *LEASING*

(Magistratura/DF – 2011) A espécie de *leasing* em que o bem arrendado já pertence à empresa arrendadora é:

(A) *leasing* financeiro;

(B) *leasing* de retorno;

(C) *leasing* operacional;

(D) nenhuma das alternativas anteriores (a, b, c) é correta.

O arrendamento mercantil ou *leasing* é contrato em que o arrendatário paga prestações pelo uso de um bem por determinado período e, ao final, tem a opção de adquiri-lo, mediante pagamento do valor residual, ou devolvê-lo ao arrendatário. *Leasing* operacional ou *leasing renting* ocorre nos casos em que o bem pertence previamente à arrendadora, que o arrenda ao interessado (ao arrendatário). Nessa modalidade, muitas vezes as despesas de manutenção, assistência técnica e serviços correlatos à operacionalidade do bem ficam a cargo do arrendador – art. 6º da Resolução CMN 2.309/1996. *Leasing* financeiro ou *leasing* puro existe se o arrendatário indica o bem que a arrendadora adquirirá de terceiro e, em seguida, arrendará ao primeiro (ao arrendatário). Nessa modalidade, as despesas de manutenção, assistência técnica e serviços correlatos à operacionalidade do bem ficam a cargo do arrendatário – art. 5º da Resolução CMN 2.309/1996. *Lease back* ou *leasing* de retorno ocorre se o proprietário do bem (arrendatário) vende-o à arrendadora, que, em seguida, arrenda o mesmo bem para o antigo proprietário (ao arrendatário).A assertiva refere-se ao *leasing* operacional, conforme comentários anteriores, de modo que a alternativa "C" é a correta. **RB**

Gabarito "C".

(Magistratura/DF – 2011) No contrato de *leasing* que contenha cláusula resolutiva expressa, tornando-se a empresa arrendatária inadimplente, a empresa arrendadora:

(A) pode ajuizar diretamente ação de reintegração de posse, sendo desnecessária a notificação prévia da empresa arrendatária para constituí-la em mora;

(B) pode ajuizar ação de reintegração de posse, uma vez notificada previamente a empresa arrendatária, sem que tenha devolvido o bem arrendado;

(C) pode buscar e apreender extrajudicialmente o bem arrendado, porque o contrato considera-se resolvido com o inadimplemento, em face da cláusula resolutiva expressa;

(D) nenhuma das alternativas anteriores (a, b e c) é correta.

A: incorreta, pois, nos termos da Súmula 369 do STJ, "No contrato de arrendamento mercantil (*leasing*), ainda que haja cláusula resolutiva expressa, é necessária a notificação prévia do arrendatário para constituí-lo em mora"; B: correta, conforme comentário à alternativa anterior; C: incorreta, conforme comentário à alternativa "A"; D: incorreta, pois a assertiva "B" é verdadeira. **RB**

Gabarito "B".

(Magistratura/MG – 2012 – VUNESP) Assinale a alternativa correta com relação ao contrato de arrendamento mercantil (*leasing*).

(A) Deve o comprador suportar os prejuízos do furto do veículo, se não providenciou a contratação de seguro para garantir o bem arrendado.

(B) No contrato de arrendamento mercantil (*leasing*), é dispensável a notificação prévia do arrendatário, para constituí-lo em mora, quando houver cláusula resolutiva expressa.

(C) A cobrança antecipada do valor residual garantido (VRG) não descaracteriza o contrato de arrendamento mercantil, ressalvada a hipótese em que o arrendatário se compromete, por expresso, a pagar o seguro DPVAT quando obteve financiamento para aquisição de veículo.

(D) Por força da Lei n. 8.880/1994, não é permitida a utilização da variação da cotação de moeda estrangeira (como o dólar) a título de correção monetária de contrato.

A: correta, pois, como regra, todas as instituições exigem a contratação de seguro pelo arrendatário e, caso isso não ocorra, todos os riscos

8. DIREITO EMPRESARIAL 599

serão a ele imputados; B: incorreta, pois há entendimento jurisprudencial consolidado em sentido contrário, exigindo a notificação (STJ, Súmula 369); **C:** incorreta, pois o entendimento atual do STJ é no sentido da não descaracterização do contrato pela cobrança antecipada (STJ, Súmula 293); **D:** incorreta, pois há previsão expressa autorizando tal prática (Lei 8.880/1994, art. 6º). **FC**

Gabarito "A".

(Magistratura/SP – 2013 – VUNESP) A jurisprudência do Superior Tribunal de Justiça, em relação ao contrato de arrendamento mercantil, tem, atualmente, como entendimento sumulado:

(A) no contrato de arrendamento mercantil com cláusula resolutiva expressa, é desnecessária a notificação prévia do arrendatário para constituí-lo em mora.

(B) a cobrança antecipada do valor residual garantido (VRG) não descaracteriza o contrato de arrendamento mercantil.

(C) a cobrança antecipada do valor residual (VRG) descaracteriza o contrato de arrendamento mercantil, transformando-o em compra e venda à prestação.

(D) a simples propositura de ação revisional do contrato de arrendamento mercantil inibe a caracterização da mora do autor.

A: incorreta, pois, ainda que haja cláusula resolutiva expressa no contrato de arrendamento mercantil, é necessária a notificação prévia do arrendatário para constituí-lo em mora – Súmula 369/STJ; **B:** correta, considerando que a Súmula 263/STJ foi cancelada; **C:** incorreta, pois não há súmula nesse sentido, apesar do cancelamento da Súmula 263/STJ; **D:** incorreta, pois não há inibição da caracterização da mora do autor nesse caso – Súmula 380/STJ. **RB**

Gabarito "B".

5.2. COMPRA E VENDA

(Magistratura/SP – 2011 – VUNESP) Relativamente à compra e venda, aponte a alternativa correta.

(A) Anulável será o contrato quando se deixar ao arbítrio exclusivo de uma das partes a fixação do preço.

(B) É lícito aos contratantes estipular o preço em função de índices ou parâmetros, desde que suscetíveis de objetiva determinação, ou sujeitá-lo à taxa de mercado ou de bolsa, em certo e determinado dia e lugar, ou ainda ao arbítrio de terceiro que prometerem designar.

(C) A venda feita a contento do comprador entende-se realizada sob condição resolutiva, ainda que a coisa lhe tenha sido entregue, e não se reputará perfeita, enquanto o adquirente não manifestar seu agrado.

(D) É ilícita a compra e a venda entre cônjuges.

(E) Nas coisas vendidas conjuntamente, o defeito oculto de uma autoriza a rejeição de todas.

A: incorreta, pois é *nulo* (não simplesmente *anulável*) o contrato de compra e venda, quando se deixa ao arbítrio exclusivo de uma das partes a fixação do preço – há vedação da cláusula puramente potestativa pelo art. 489 do CC; B: assertiva correta, pois isso é admitido, conforme os arts. 485, 486 e 487 do CC; **C:** incorreta, pois se trata de condição suspensiva, não resolutiva – art. 509 do CC; **D:** incorreta, pois é lícita a compra e venda entre cônjuges, com relação a bens excluídos da comunhão – art. 499 do CC; **E:** incorreta, pois, nas coisas vendidas conjuntamente, o defeito oculto de uma *não autoriza* a rejeição de todas – art. 503 do CC. **RB**

Gabarito "B".

5.3. CONTRATOS BANCÁRIOS E CARTÃO DE CRÉDITO

(Juiz – TJ/SP – VUNESP – 2015) Nos contratos bancários,

(A) o julgador pode conhecer de ofício a abusividade de cláusulas.

(B) os juros moratórios sujeitam-se ao limite de 1% ao mês, caso não se trate de contratos bancários regidos por legislação específica.

(C) os juros remuneratórios superiores a 12% ao ano presumem-se abusivos, cabendo à instituição financeira demonstrar sua adequação e razoabilidade.

(D) a comissão de permanência pode ser cumulada com os juros remuneratórios contratados.

A: incorreta. Não se permite o conhecimento de ofício da matéria (Súmula 381 do STJ); **B:** correta, nos termos da Súmula 379 do STJ; **C:** incorreta. Não há qualquer determinação legal neste sentido. Ao contrário, a jurisprudência do STF se consolidou no sentido de que os contratos bancários são regidos, em sua maioria, por legislação específica e a dinâmica do mercado financeiro não permite a regulação dos juros nos mesmos moldes dos contratos em geral; **D:** incorreta. A cobrança de comissão de permanência não pode ser cumulada com nenhum outro acréscimo (Súmula 472 do STJ). **HS**

Gabarito "B".

(Magistratura/CE – 2012 – CESPE) A respeito das transações realizadas com cartão de crédito, assinale a opção correta.

(A) O banco não tem legitimidade para figurar no polo passivo em ação de prestação de contas em que o titular de cartão de crédito pleiteie rever cláusulas de contrato firmado com a administradora do cartão em face da cobrança de encargos excessivos, ainda que evidenciada a existência de conglomerado de empresas.

(B) As empresas administradoras de cartão de crédito são consideradas instituições financeiras e, por essa razão, os juros remuneratórios que cobram são limitados pela Lei de Usura.

(C) Aplica-se a Lei de Usura às operações efetuadas pelos componentes do sistema financeiro nacional.

(D) Caso o titular de cartão de crédito receba mensalmente as respectivas faturas, a lei considera improcedente o ajuizamento de ação com a finalidade de cobrar da administradora do cartão a prestação de contas dos encargos cobrados.

(E) Será infrutífera a ação de cobrança que vise ao recebimento de despesas efetuadas com cartão de crédito, caso o devedor comprove ter o débito se originado de fato fraudulento que, perpetrado por terceiro, caracterize a existência de fato impeditivo ao direito do credor.

A: incorreta, pois nesse caso o Banco e a operadora do cartão ocupam posição de solidariedade em relação ao consumidor (STJ, Súmula 297); B: incorreta, pois por serem consideradas instituições financeiras, não se submetem às limitações da lei da usura (STJ, Súmula 283); **C:** incorreta, pois excluída tal aplicação pela jurisprudência (STJ, Súmula 283); **D:** incorreta, pois a fatura apenas indica o valor total dos encargos, sem pormenorizar e explicitar seus cálculos; **E:** correta, pois o ato nulo praticado pelo terceiro não pode ser imputado ao titular do cartão (Resp 348.343-Sp, j. 14.02.2006). **FC**

Gabarito "E".

(Magistratura/SC – 2010) Assinale a alternativa correta:

I. Quando pactuada, é admissível a cobrança da comissão de permanência, respeitado o limite dos juros remuneratórios avençados, desde que não excedida a taxa média de mercado aferida pelo Banco Central do Brasil, em todos os contratos bancários, mesmo os já quitados.

II. Nas ações de busca e apreensão fundadas em contratos de financiamento garantidos por alienação fiduciária de bens móveis, justifica-se a conversão da busca e apreensão em ação de depósito quando já deferida e angularizada a relação processual.

III. A nota promissória vinculada a contrato de cheque especial goza de autonomia.

IV. Na ausência de pactuação expressa do indexador, aplica-se a taxa referencial como fator de correção monetária nos contratos do Sistema Financeiro da Habitação, porque aplicados aos saldos das cadernetas de poupança.

(A) Somente as proposições I, III e IV estão incorretas.

(B) Somente as proposições I e IV estão incorretas.

(C) Somente as proposições I, II e IV estão incorretas.

(D) Somente as proposições I e III estão incorretas.

(E) Todas as proposições estão incorretas.

I: incorreta na parte final. "A *comissão de permanência*, que deve observar a *taxa média* dos juros de mercado, apurada pelo BACEN e limitada à *taxa* contratada para o período da normalidade (Súmula 294 do STJ), é devida para a inadimplência, desde que não cumulada com correção monetária (Súmula 30 do STJ), juros remuneratórios, moratórios e multa" (AgRg no Ag 1.096.464/RS-STJ). A assertiva é incorreta, pois a média do mercado é apurada em relação aos contratos atuais; **II:** assertiva correta – ver AgRg no Ag 749.486/SP-STJ; **III:** incorreta, pois, nos termos da Súmula 258 do STJ, "A nota promissória vinculada a contrato de abertura de crédito não goza de autonomia em razão da iliquidez do título que a originou"; **IV:** incorreta, pois admite-se a adoção da taxa referencial (TR) como indexador para contratos posteriores à Lei 8.177/1991, desde que pactuada – Súmula 295 do STJ. RB

Gabarito "A".

Veja a seguinte tabela, com as principais súmulas relativas ao direito bancário, para estudo:

Súmulas de Direito Bancário	
Súmula 596/STF	As disposições do Decreto 22.626/1933 [Lei de Usura, que limita a taxa de juros] não se aplicam às taxas de juros e aos outros encargos cobrados nas operações realizadas por instituições públicas ou privadas, que integram o sistema financeiro nacional.
Súmula 382/STJ	A estipulação de juros remuneratórios superiores a 12% ao ano, por si só, não indica abusividade.
Súmula 381/STJ	Nos contratos bancários, é vedado ao julgador conhecer, de ofício, da abusividade das cláusulas.
Súmula 379/STJ	Nos contratos bancários não regidos por legislação específica, os juros moratórios poderão ser convencionados até o limite de 1% ao mês.
Súmula 328/STJ	Na execução contra instituição financeira, é penhorável o numerário disponível, excluídas as reservas bancárias mantidas no Banco Central.
Súmula 322/STJ	Para a repetição de indébito, nos contratos de abertura de crédito em conta-corrente, não se exige a prova do erro.
Súmula 300/STJ	O instrumento de confissão de dívida, ainda que originário de contrato de abertura de crédito, constitui título executivo extrajudicial.
Súmula 299/STJ	É admissível a ação monitória fundada em cheque prescrito.
Súmula 297/STJ	O Código de Defesa do Consumidor é aplicável às instituições financeiras.
Súmula 296/STJ	Os juros remuneratórios, não cumuláveis com a comissão de permanência, são devidos no período de inadimplência, à taxa média de mercado estipulada pelo Banco Central do Brasil, limitada ao percentual contratado.
Súmula 294/STJ	Não é potestativa a cláusula contratual que prevê a comissão de permanência, calculada pela taxa média de mercado apurada pelo Banco Central do Brasil, limitada à taxa do contrato.
Súmula 286/STJ	A renegociação de contrato bancário ou a confissão da dívida não impede a possibilidade de discussão sobre eventuais ilegalidades dos contratos anteriores.
Súmula 285/STJ	Nos contratos bancários posteriores ao Código de Defesa do Consumidor incide a multa moratória nele prevista.
Súmula 283/STJ	As empresas administradoras de cartão de crédito são instituições financeiras e, por isso, os juros remuneratórios por elas cobrados não sofrem as limitações da Lei de Usura.
Súmula 258/STJ	A nota promissória vinculada a contrato de abertura de crédito não goza de autonomia em razão da iliquidez do título que a originou.
Súmula 247/STJ	O contrato de abertura de crédito em conta-corrente, acompanhado do demonstrativo de débito, constitui documento hábil para o ajuizamento da ação monitória.
Súmula 233/STJ	O contrato de abertura de crédito, ainda que acompanhado de extrato da conta-corrente, não é título executivo.
Súmula 30/STJ	A comissão de permanência e a correção monetária são inacumuláveis.

8. DIREITO EMPRESARIAL — 601

5.4. OUTROS CONTRATOS E QUESTÕES COMBINADAS

(Juiz – TJ/RJ – VUNESP – 2016) Sobre o contrato de agência, é correto afirmar que

(A) se dispensado por justa causa, o agente não terá direito a ser remunerado, ainda que por serviços úteis que eventualmente tenha prestado ao proponente.

(B) salvo ajuste, o proponente pode constituir, ao mesmo tempo, mais de um agente, na mesma zona, com idêntica incumbência.

(C) salvo ajuste, o agente terá direito à remuneração correspondente aos negócios concluídos dentro de sua zona, ainda que sem a sua interferência.

(D) salvo estipulação diversa, todas as despesas com a agência correm a cargo do proponente.

(E) se aplicam ao contrato de agência, no que couberem, as regras concernentes à empreitada e à corretagem.

A: incorreta. Mesmo incorrendo em justa causa, o agente tem direito a ser remunerado pelos serviços úteis prestados (art. 717 do CC); B: incorreta. A cláusula de exclusividade do agente é implícita. Para que seja designado mais de um agente para a mesma zona deve haver disposição expressa (art. 711 do CC); C: correta, nos termos do art. 714 do CC; D: incorreta. No silêncio do contrato, todas as despesas correm a cargo do agente (art. 713 do CC); E: incorreta. As normas supletivas são as dos contratos de mandato e comissão (art. 721 do CC). HS
Gabarito "C".

(Juiz – TJ/SP – VUNESP – 2015) Assinale a alternativa correta sobre os contratos empresariais.

(A) Existindo cláusula resolutiva expressa no contrato de arrendamento mercantil, a constituição em mora do arrendatário não exige notificação prévia.

(B) É permitida na representação comercial a estipulação de cláusulas del credere.

(C) A circular oferta de franquia pode ser entregue pelo franqueador ao franqueado após a assinatura do contrato e do pagamento das taxas pertinentes.

(D) No contrato de locação comercial de imóvel urbano que tenha sido construído pelo locador para atender a especificações fixadas pelo locatário, as partes podem estipular a renúncia à revisão do locativo durante a vigência do contrato.

A: incorreta. A constituição do devedor em mora é imprescindível no contrato de *leasing* mesmo se houver cláusula resolutiva expressa, nos termos da Súmula 369 do STJ; B: incorreta. Na representação comercial é proibida a cláusula *del credere* (art. 43 da Lei 4.886/1965). Ela está autorizada somente para os contratos de comissão empresarial; C: incorreta. A circular de oferta de franquia deve ser entregue no máximo até 10 dias antes da assinatura de qualquer contrato, nos termos do art. 4º da Lei 8.955/1994; D: correta, nos termos do art. 54-A, § 1º, da Lei 8.245/1991. HS
Gabarito "D".

(Juiz –TRF 4ª Região – 2016) Dadas as assertivas abaixo, assinale a alternativa correta.

De acordo com a jurisprudência do Superior Tribunal de Justiça, firmada em sede de Recursos Repetitivos:

I. Nos contratos de financiamento celebrados no âmbito do Sistema Financeiro da Habitação, sem cláusula de garantia de cobertura do Fundo de Compensação de Variações Salariais, o saldo devedor residual deverá ser suportado pelo mutuário.

II. No caso de cessão de direitos sobre imóvel financiado no âmbito do Sistema Financeiro da Habitação, é indispensável a anuência da instituição financeira, sob pena de o cessionário não adquirir legitimidade ativa para futura ação revisional das condições pactuadas.

III. Nos contratos vinculados ao Sistema Financeiro da Habitação, a atualização do saldo devedor antecede a sua amortização pelo pagamento da prestação.

IV. No âmbito do Sistema Financeiro da Habitação, é necessária a contratação do seguro habitacional com o próprio agente financeiro ou com seguradora por ele indicada.

(A) Estão corretas apenas as assertivas I e III.

(B) Estão corretas apenas as assertivas II e IV.

(C) Estão corretas apenas as assertivas I, II e III.

(D) Estão corretas apenas as assertivas I, II e IV.

(E) Estão corretas todas as assertivas.

I: correta, nos termos constantes do acórdão do REsp 1.447.108; II: incorreta. Segundo o STJ, tal regra somente se aplica às cessões de direitos realizadas após 25/10/96 (REsp 1.150.429); III: correta, nos termos da Súmula 450 do STJ; IV: incorreta. A Súmula 473 do STJ garante ao mutuário o direito de não ser compelido a contratar o seguro habitacional com a instituição financeira mutuante ou seguradora indicada por ela. HS
Gabarito "A".

(Juiz – TRF 4ª Região – 2016) Dadas as assertivas abaixo, assinale a alternativa correta. A propósito dos contratos empresariais:

I. Nos contratos de alienação fiduciária em garantia firmados na vigência da Lei nº 10.931/2004, compete ao devedor, no prazo de 5 (cinco) dias após a execução da liminar na ação de busca e apreensão, pagar a integralidade da dívida – entendida esta como os valores apresentados e comprovados pelo credor na inicial –, sob pena de consolidação da propriedade do bem móvel objeto de alienação fiduciária.

II. Nas ações de reintegração de posse motivadas por inadimplemento de arrendamento mercantil financeiro, quando o produto da soma do "valor residual garantido" quitado com o valor da venda do bem for maior que o total pactuado como "valor residual garantido" na contratação, será direito do arrendatário receber a diferença, cabendo, porém, se estipulado no contrato, o prévio desconto de outras despesas ou encargos contratuais.

III. A cobrança antecipada do "valor residual garantido" descaracteriza o contrato de arrendamento mercantil.

IV. Constitui prática comercial abusiva o envio de cartão de crédito sem prévia e expressa solicitação do consumidor, configurando-se ato ilícito indenizável e sujeito à aplicação de multa administrativa.

(A) Estão corretas apenas as assertivas I, II e III.

(B) Estão corretas apenas as assertivas I, II e IV.

(C) Estão corretas apenas as assertivas I, III e IV.

(D) Estão corretas apenas as assertivas II, III e IV.

(E) Estão corretas todas as assertivas.

I: correta, nos termos do art. 3°, §§1° e 2°, do Decreto-lei 911/69; **II:** correta, nos termos da Súmula 564 do STJ; **III:** incorreta. Tal entendimento estava transcrito na Súmula 263 do STJ, a qual foi superada, cancelada e o entendimento oposto (de que a cobrança antecipada do VRG não desnatura o contrato de *leasing*) acabou consolidada na Súmula 293 do STJ; **IV:** correta, nos termos da Súmula 532 do STJ. HS
ʻʻB". otinbaⅅ

(Magistratura/MG – 2012 – VUNESP) É correto afirmar, à luz da jurisprudência dominante no Superior Tribunal de Justiça, que constitui título executivo extrajudicial

(A) o contrato de abertura de crédito, desde que acompanhado de extrato da conta-corrente.

(B) nota promissória vinculada a contrato de abertura de crédito.

(C) o contrato de cheque especial.

(D) o instrumento de confissão de dívida, ainda que originário de contrato de abertura de crédito.

A: incorreta, por contrariar posição jurisprudencial (STJ, Súmula 233); **B:** incorreta, por contrariar posição jurisprudencial, que reconhece a perda de tal característica do título de crédito vinculado (STJ, Súmula 258); **C:** incorreta, pois tal contrato, desacompanhado, não demonstra o valor do débito (STJ, Súmula 233 e 247); **D:** correta, nos termos da posição jurisprudencial (STJ, Súmula 300). FC
ʻʻD". otinbaⅅ

(Magistratura/RJ – 2013 – VUNESP) O contrato pelo qual uma pessoa, não ligada a outra em virtude de mandato, de prestação de serviços ou por qualquer relação de dependência, obriga-se a obter para a segunda um ou mais negócios, conforme as instruções recebidas, denomina - se

(A) corretagem.

(B) comissão.

(C) transação.

(D) agência.

Por expressa previsão legal, a descrição do enunciado refere-se ao contrato de corretagem, previsto na legislação (art. 722 do CC). FC
ʻʻA". otinbaⅅ

(Magistratura/SP – 2013 – VUNESP) Em relação ao contrato de seguro, é correto afirmar que:

(A) subsistirá a responsabilidade do segurado perante o terceiro, se o segurador for insolvente.

(B) a apólice à ordem se transfere por endosso em branco assinado pelo endossante.

(C) jurisprudência sumulada do STJ afirma que prescreve em três (3) anos a pretensão do segurado em grupo contra a seguradora.

(D) o estipulante representa o segurador perante o grupo segurado.

A: correta, nos termos do art. 787, § 4.°, do CC; **B:** incorreta, pois a apólice à ordem se transfere por endosso em preto – art. 785, § 2.°, do CC; **C:** incorreta, pois o prazo prescricional é anual, no caso – Súmula 101/STJ; **D:** incorreta, pois o estipulante não representa o segurador perante o grupo segurado – art. 801, § 1.°, do CC. RB
ʻʻA". otinbaⅅ

6. PROPRIEDADE INDUSTRIAL

(Juiz – TJ/RJ – VUNESP – 2016) No tocante às marcas, conforme disciplina em lei específica, é correto afirmar que

(A) ao seu titular ou depositante é assegurado, dentre outros, o direito de impedir que comerciantes ou distribuidores utilizem sinais distintivos que lhe são próprios, juntamente com a marca do produto, na sua promoção e comercialização.

(B) se considera marca de produto ou serviço aquela usada para atestar a conformidade de um produto ou serviço com determinadas normas ou especificações técnicas, notadamente quanto à qualidade, natureza, material utilizado e metodologia empregada.

(C) o registro da marca vigorará pelo prazo de 15 anos, contados da data da concessão, prorrogável por dois períodos iguais e sucessivos.

(D) caducará o registro da marca, salvo justificado o desuso por seu titular, a requerimento de qualquer pessoa com legítimo interesse se, decorridos 10 anos de sua concessão, o uso da marca tiver sido interrompido por mais de 5 anos consecutivos.

(E) ao seu titular ou depositante é assegurado, dentre outros, o direito de ceder seu registro ou pedido de registro.

A: incorreta. O titular da marca não pode proibir a veiculação dos sinais próprios do comerciante junto com seu produto nas ações de venda (art. 132, I, da Lei 9.279/1996); **B:** incorreta. O conceito trazido na alternativa é de marca de certificação. Marca de produto ou serviço é aquela usada para distinguir produto ou serviço de outro idêntico, semelhante ou afim, de origem diversa (art. 123, I, da Lei 9.279/1996); **C:** incorreta. O registro da marca vale por 10 anos, prazo que pode ser prorrogado indefinidas vezes (art. 133 da Lei 9.279/1996); **D:** incorreta. A caducidade pode ser pleiteada após 5 anos de sua concessão (art. 143 da Lei 9.279/1996); **E:** correta, nos termos do art. 130, I, da Lei 9.279/1996. HS
ʻʻE". otinbaⅅ

(Juiz – TRF 2ª Região – 2017) Sociedade empresária obteve, em 2010, o registro da marca *"Lord Ello"*, para assinalar produtos que, mais tarde, tencionava fabricar. Devido a critérios internos, a fabricação foi adiada e a marca não foi usada. Em 2017, outra pessoa jurídica estuda adotar idêntico designativo, para assinalar produtos da mesma classe e do mesmo segmento consumidor. Indique a opção correta:

(A) Como o registro foi deferido à anterior requerente, o uso legítimo da marca, por outrem, exige licença, certo que, dentro dos dez anos de proteção inicial, é indiferente a falta de uso.

(B) Em regra, a falta de uso implica, após o prazo previsto em lei, nulidade absoluta do registro.

(C) A falta de uso pode gerar a anulação do registro, se decorrente de capricho ou de intuito de especulação, mas a invalidade não ocorre quando a abstenção é oriunda de critérios lógicos, como, no caso, prioridades mercadológicas da fabricante.

(D) A falta de uso pode implicar caducidade do registro, decorrido o prazo previsto em lei, desde que as anuidades não sejam pagas.

8. DIREITO EMPRESARIAL   603

(E) Em princípio, afigura-se presente, no caso, hipótese de caducidade da marca, apta a ser requerida pela sociedade que apresenta interesse em adotá-la e pronunciada pelo Instituto Nacional de Propriedade Industrial.

Correta a alternativa E, que deve ser assinalada. Trata-se de hipótese de caducidade do registro da marca, situação que determina a extinção do direito de propriedade intelectual caso a marca não seja explorada economicamente após 5 (cinco) anos de sua concessão (arts. 142, III, e 143 da Lei 9.279/1996). Anota-se que a caducidade é pronunciada ainda que as retribuições anuais estejam sendo pagas corretamente. HS
Gabarito "E".

(Juiz – TRF 4ª Região – 2016) Assinale a alternativa **INCORRETA**. Com base nas teses firmadas pelo Superior Tribunal de Justiça a respeito da propriedade intelectual:

(A) A marca de alto renome (assim definida em lei) é exceção ao princípio da especificidade e tem proteção especial em todos os ramos de atividade, desde que previamente registrada no Brasil e assim declarada pelo INPI – Instituto Nacional de Propriedade Industrial.

(B) Marcas fracas ou evocativas, constituídas por expressões comuns ou genéricas, não possuem o atributo da exclusividade, podendo conviver com outras semelhantes.

(C) Para se conceder a proteção especial da marca de alto renome em todos os ramos de atividade, é dispensável procedimento administrativo junto ao Instituto Nacional de Propriedade Industrial.

(D) Para a caracterização da colidência entre marcas, devem ser utilizados os seguintes parâmetros: (i) as marcas devem ser apreciadas sucessivamente, de modo a se verificar se a lembrança deixada por uma influencia na lembrança deixada pela outra; (ii) as marcas devem ser avaliadas com base nas suas semelhanças, e não nas suas diferenças; e (iii) as marcas devem ser comparadas pela sua impressão de conjunto, e não por detalhes.

(E) Vige no Brasil o sistema declarativo de proteção de marcas e patentes, que prioriza aquele que primeiro fez uso da marca, constituindo o registro no órgão competente mera presunção, que se aperfeiçoa pelo uso.

A: correta, nos termos do julgado no REsp 951.853; **B:** correta, nos termos do julgado no REsp 1.315.621; **C:** incorreta, devendo ser assinalada. O mesmo julgado citado no comentário à alternativa "A" fixou o entendimento sobre a necessidade de procedimento administrativo junto ao INPI para reconhecimento da marca de alto renome; **D:** correta, nos termos do julgado no REsp 1.342.955; **E:** correta, nos termos do julgado no REsp 1.353.531. HS
Gabarito "C".

(Juiz – TJ-SC – FCC – 2017) São patenteáveis:

(A) as descobertas, teorias científicas e métodos matemáticos.

(B) os microrganismos transgênicos que atendam aos requisitos de novidade, atividade inventiva e aplicação industrial, e que não sejam mera descoberta.

(C) as obras literárias, arquitetônicas, artísticas e científicas e qualquer criação estética.

(D) as técnicas cirúrgicas e métodos terapêuticos e de diagnóstico para aplicação no corpo animal, mas não no corpo humano.

(E) apenas as invenções que atendam os requisitos de novidade, atividade inventiva e aplicação industrial.

A, C e **D:** incorretas. Tais coisas não se consideram invenções, portanto não são patenteáveis (art. 10, I, IV e VIII, da Lei 9.279/96, respectivamente); **B:** correta, nos termos do art. 18, III, parte final, da Lei 9.279/96; **E:** incorreta. Os modelos de utilidade também são patenteáveis (art. 9º da Lei 9.279/96). HS
Gabarito "B".

(Magistratura/AM – 2013 – FGV) A proteção à propriedade industrial é um fator considerado essencial para o desenvolvimento da economia de um país, devendo ser incentivada a criação intelectual e garantido, ao seu titular, o direito à exclusividade para exploração econômica.

Nesse contexto, acerca do direito de propriedade intelectual, analise as afirmativas a seguir.

I. A Lei 9.279/1996 considera, como requisitos de patenteabilidade, a novidade, a atividade inventiva e a aplicação industrial.

II. A Lei 9.279/1996 estabelece como objetivo de desenvolvimento à criação intelectual a proteção à marca, ao desenho industrial, ao modelo de utilidade e à invenção, além de reprimir as falsas indicações geográficas e a concorrência desleal.

III. Nos termos da Lei 9.279/1996, apenas o titular da marca poderá licenciar seu uso ou zelar pela sua integridade material ou reputação.

Assinale:

(A) se somente a afirmativa I estiver correta.

(B) se somente a afirmativa II estiver correta.

(C) se somente a afirmativa III estiver correta.

(D) se somente as afirmativas I e II estiverem corretas.

(E) se todas as afirmativas estiverem corretas.

I: correta, pois trata-se dos requisitos expressamente exigidos pela Legislação (art. 8º da Lei 9.279/1996); **II:** correta, pois trata-se da expressa afirmação da legislação (art. 2º da Lei 9.279/1996); **III:** incorreta, pois a licença poderá ser concedida pelo solicitante, considerado o titular do depósito de marca ainda não deferida (art. 139 da Lei 9.279/1996). FC
Gabarito "D".

(Magistratura/BA – 2012 – CESPE) Segundo a doutrina, os primeiros casos de proteção de direitos datam da segunda metade do século XV, época em que surgiram os processos mecânicos de impressão. Com relação ao direito de propriedade industrial, assinale a opção correta.

(A) Para que o desenho industrial possa ser registrado e para que o seu criador, por consequência, faça jus à exclusividade sobre ele, deve estar presente, entre outros requisitos, a novidade, caracterizada como a configuração visual distintiva em relação a outros objetos.

(B) Modelo de utilidade é o instrumento, utensílio ou objeto destinado ao aperfeiçoamento ou melhoria de invenção preexistente; há certa semelhança entre a

604 FERNANDO CASTELLANI, ROBINSON BARREIRINHAS E HENRIQUE SUBI

invenção propriamente dita e o modelo de utilidade, sendo este dependente daquela, ou seja, o modelo de utilidade tem, como ponto de partida, um objeto já inventado.

(C) No início da discussão a respeito da natureza jurídica da propriedade industrial, alguns doutrinadores qualificaram os direitos do autor e do inventor como simples privilégio concedido pelas leis ao criador da obra ou da invenção; hoje, entretanto, predomina a corrente doutrinária segundo a qual a natureza jurídica é um direito obrigacional, que cria vínculo entre a sociedade e o autor ou inventor.

(D) O registro de uma marca decorre da obediência ao princípio da especialidade, através da proteção do uso em produtos ou serviços similares; quanto à apresentação ou forma da marca, define-se como tridimensional aquela apresentada através de um desenho, colorido ou não, ou até mesmo através de letras ou números, desde que escritos de maneira diferenciada e original.

(E) Compreende-se no estado de técnica a divulgação da invenção, seja pelo inventor, pelo Instituto Nacional de Propriedade Industrial ou por terceiros mediante informações obtidas do inventor, se isso ocorrer nos seis meses que antecederem a data do depósito, denominado, pela doutrina, de período de graça.

A: incorreta, pois a novidade, no desenho industrial, deve ser considerada com aquela não constante do estado da técnica (Lei 9.279/1996, art. 96). B: correta, pois o modelo de utilidade nada mais é do que um acréscimo de função em algo já existente, que pode ser, por si só, uma invenção (Lei 9.279/1996, art. 9º); C: incorreta, pois pacífico o entendimento de ser direito de propriedade intelectual; D: incorreta, pois a marca tridimensional é aquela apresentada como uma forma com altura, largura e profundidade, ou seja, em três dimensões. A mera existência de desenho e cor é chamada de marca mista; E: incorreta, pois caso essa divulgação ocorra, considera-se como não constante do estado da técnica, no período de até 12 meses (Lei 9.279/1996, art. 12). FC
Gabarito "B".

(Magistratura/CE – 2012 – CESPE) A empresa A ajuizou, contra a empresa B, ação ordinária indenizatória por perdas e danos, com o propósito de abstenção do uso da marca comercial Y, alegando ocorrência de prática de concorrência desleal.

Com relação à situação hipotética acima apresentada e ao uso da marca em geral, assinale a opção correta.

(A) Nos termos da interpretação jurisprudencial, a ação para reparação de danos causados pelo uso indevido de marca prescreve em vinte anos.

(B) A declaração de nulidade da marca tem efeitos *ex nunc* no caso de registro deferido em desacordo com a lei.

(C) A reprodução da marca registrada sem autorização do titular é crime de concorrência desleal, podendo o prejudicado ajuizar ação civil indenizatória somente após a decisão criminal condenatória.

(D) De acordo com a jurisprudência, caracteriza-se violação à marca quando a imitação reflete na formação cognitiva do consumidor, que é induzido, por erro, a perceber identidade em dois produtos de fabricações

---

diferentes, presumindo-se sempre prejudicial a quem a lei confere a titularidade o uso indevido de marca alheia.

(E) Em termos legais, o juiz deve determinar a sustação da violação de todas as mercadorias que contenham imitação flagrante da marca registrada.

A: incorreta, pois a ação de reparação de dados prescreve em cinco anos (Lei 9.279/1996, art. 174); B: incorreta, pois nesse caso a declaração é *ex tunc*, retroagindo a data do depósito (Lei 9.279/1994, art. 167); **C:** incorreta, pois e eventual apuração do dano independe da configuração de crime (Lei 9.279/1996, art. 207); **D:** correta, pois qualquer utilização que posso confundir o consumidor configura, exatamente, a conduta combatida pela figura da concorrência desleal; **E:** incorreta, pois o juiz poderá determinar tal medida, não sendo medida impositiva (Lei 9.279/1996, art. 209). FC
Gabarito "D".

(Magistratura/ES – 2011 – CESPE) Acerca da propriedade industrial, assinale a opção correta.

(A) O ato de concessão da patente, documentado pela carta-patente, concede o direito de exploração da invenção.

(B) Ainda que não seja aplicado a um produto, proporcionando resultado visual novo, o conjunto ornamental de linhas e cores é considerado desenho industrial.

(C) O direito brasileiro considera suscetíveis de registro como marca quaisquer sinais sonoros originais e exclusivos.

(D) Como a publicação da invenção não é condição para a concessão da patente, existem produtos patenteados em sigilo.

(E) O modelo de utilidade, denominado pequena invenção, não é bem integrante da propriedade industrial.

A: correta, pios o efeito da patente é a concessão da propriedade do bem, garantindo o direito de exploração com exclusividade (Lei 9.279/1996, art. 42); B: incorreta, pois o desenho industrial precisa estar vinculado a um produto (Lei 9.279/1996, art. 95); C: incorreta, por vedação legal (Lei 9.279/1996, art. 124); D: incorreta, pois a patente depende de publicação. Alguns empresários preferem o segredo industrial, que nada mais é do que o sigilo do processo, que não detém proteção legal mas, conforme a complexidade, poderá perdurar para sempre (Lei 9.279/1996, art. 30); E: incorreta, pois é bem elencado na lei (Lei 9.279/1996, art. 2º). FC
Gabarito "A".

(Magistratura/SP – 2011 – VUNESP) São patenteáveis:

I. descobertas, teorias científicas e métodos matemáticos;

II. o objeto de uso prático, ou parte deste, suscetível de aplicação industrial, que apresente nova forma ou disposição, envolvendo ato inventivo, que resulte em melhoria funcional no seu uso ou em sua fabricação;

III. técnicas e métodos operatórios ou cirúrgicos para aplicação no corpo humano;

IV. a invenção que atenda aos requisitos de novidade, atividade inventiva e aplicação industrial.

Está correto apenas o contido em

(A) I, II e IV.

(B) I, II e III.

8. DIREITO EMPRESARIAL — 605

(C) II, III e IV.

(D) II e IV.

(E) IV.

I e III: incorretas, pois não se considera invenção nem modelo de utilidade patenteáveis: (i) descobertas, teorias científicas e métodos matemáticos, (ii) técnicas e métodos operatórios ou cirúrgicos, bem como métodos terapêuticos ou de diagnóstico, para aplicação no corpo humano ou animal – art. 10, I e VIII, da Lei de Propriedade Industrial – LPI (Lei 9.279/1996); II: assertiva correta, pois se refere ao modelo de utilidade patenteável – art. 9º da LPI; IV: correta, pois descreve a invenção patenteável – art. 8º da LPI. **RB**

Gabarito "D."

(Magistratura/RJ – 2013 – VUNESP) A respeito da patente, nos moldes em que é regida pela lei, assinale a alternativa correta.

(A) A invenção é dotada de atividade inventiva sempre que, para um técnico no assunto, não decorra de maneira evidente ou óbvia do estado da técnica.

(B) Consideram-se invenção os programas de computador em si.

(C) Consideram-se como modelo de utilidade as descobertas, teorias científicas e métodos matemáticos.

(D) Será considerada como estado da técnica a divulgação de invenção ou modelo de utilidade, quando ocorrida durante os 12 meses que precederem a data do depósito ou da prioridade do pedido de patente, se promovida pelo inventor.

A: correta, pois trata-se do conceito legal de atividade inventiva (art. 13 da Lei 9.279/1996); **B:** incorreta, pois os programas de computador não são protegidos pela Lei de Propriedade Industrial, mas sim pela Lei de Direitos Autorais (Lei 9.601/1998); **C:** incorreta, pois tais situações não são passíveis de patentes (art. 10, I, da Lei 9.279/1996); **D:** incorreta, pois, nesse período, considera-se que a divulgação não retira a característica de novidade, não estando, portanto, no estado da técnica (art. 12 da Lei 9.279/1996). **FC**

Gabarito "A."

(Magistratura/PA – 2012 – CESPE) A respeito da propriedade industrial e suas peculiaridades, assinale a opção correta.

(A) Se um indivíduo provar, por meio de documentos confiáveis, ter sido ele o primeiro inventor do produto, ele poderá impedir que o titular da patente exerça o direito de exclusividade.

(B) Ao desenho industrial é concedida a patente – documentada pela carta patente –, que corresponde ao direito de exploração com exclusividade.

(C) Modelo de utilidade constitui espécie de aperfeiçoamento da invenção, suscetível de aplicação industrial.

(D) No Brasil, os sinais sonoros originais e exclusivos, por individualizarem produtos e serviços, são, conforme a legislação vigente, suscetíveis de registro como marca.

(E) A publicação da invenção pelo órgão oficial do Instituto Nacional da Propriedade Industrial não constitui condição necessária para a concessão da patente.

A: incorreta, pois o registro tem natureza constitutiva, valendo aquele que primeiro registrou, desde, obviamente, que a invenção anterior não fosse divulgada, o que alteraria o estado da técnica anterior, afastando a

novidade (Lei 9.279/1996, art. 8º); B: incorreta, pois desenho industrial submete-se a registro, não a patente (Lei 9.279/1996, art. 94); **C:** correta, pelo próprio conceito legal (Lei 9.279/1996, art. 8º); **D:** incorreta, por expressa previsão legal (Lei 9.2791996, art. 124); **E:** incorreta, por expressa previsão legal (Lei 9.279/1996, art. 30). **FC**

Gabarito "C."

(Magistratura/PI – 2011 – CESPE) Com referência aos direitos e obrigações relativos à propriedade industrial, assinale a opção correta.

(A) O prazo de vigência da patente de invenção é de dezoito anos, e o relativo à patente de modelo de utilidade, doze anos, sendo admissível prorrogação de ambos os prazos, mediante requerimento do interessado e decisão fundamentada do Instituto Nacional da Propriedade Industrial.

(B) Caso duas pessoas realizem o mesmo modelo de utilidade de forma independente, o direito de obter a patente será assegurado àquela que provar o depósito do pedido mais antigo, independentemente da data da criação.

(C) Denomina-se invenção o objeto de uso prático, suscetível de aplicação industrial e que apresente nova forma ou disposição, envolvendo ato inventivo e que ainda resulte em melhoria funcional no seu uso ou em sua fabricação.

(D) A divulgação de invenção promovida pelo inventor será considerada como estado da técnica, caso ocorra durante os doze meses que precederem a data de depósito ou a da prioridade do pedido de patente.

(E) O pedido de patente deve ser mantido em sigilo durante trinta e seis meses, contados da data de depósito ou da prioridade mais antiga, quando houver, antes de ser publicado na imprensa oficial.

A: incorreta, pois tais prazos são, respectivamente, 20 e 15 anos (Lei 9.279/1996, art. 40); B: correta, por expressa previsão legal (Lei 9.279/1996, art. 7º); **C:** incorreta, pois o conceito apresentado refere-se a modelo de utilidade (Lei 9.279/1996, art. 9º); **D:** incorreta, pois nesse caso não se considera como pertencente ao estado da técnica, exatamente para não afastar o requisito da novidade (Lei 9.279/1996, art. 12); **E:** incorreta, pois o sigilo deve ser mantido pelo prazo de 18 meses (Lei 9.279/1996, art. 30). **FC**

Gabarito "B."

7. DIREITO DO CONSUMIDOR

(Magistratura/MG – 2012 –VUNESP) Assinale a alternativa correta sobre o corolário da aplicação do Código de Defesa do Consumidor às instituições financeiras (conforme enunciado da Súmula n. 297 do Superior Tribunal de Justiça).

(A) As instituições financeiras ficam submetidas às restrições sobre cobrança de juros acima dos limites da Lei de Usura e do Código Civil de 2002.

(B) As instituições financeiras ficam impedidas de inscrever o nome de consumidores em cadastro de devedores inadimplentes.

(C) As instituições financeiras devem se precaver contra as ações de estelionatários que possam causar prejuízos contra consumidores e terceiros.

(D) As instituições financeiras ficam obrigadas a flexibilizar condições e dispensar garantias fidejussórias

FERNANDO CASTELLANI, ROBINSON BARREIRINHAS E HENRIQUE SUBI

em contratos de mútuo, nos quais haja comprovada função social.

Nos termos da Súmula 297 do STJ, o Código de Defesa do Consumidor é aplicável às instituição financeiras. **A:** incorreta, pois a lei de usura não é aplicável as instituições financeiras; B: incorreta, pois tal medida não é vedada pelo CDC; **C:** correta, pois a instituição financeira é responsável pelos danos causados ao consumidor, por eventuais falhas e fragilidades de seu sistema; **D:** incorreta, por falta de previsão legal. FC
Gabarito "C".

(MAGISTRATURA/PB – 2011 – CESPE) De acordo com a sistemática adotada no CDC em relação à responsabilidade do fornecedor, assinale a opção correta.

(A) O comerciante responde solidariamente pelo fato do produto juntamente com o fabricante, ainda que este possa ser identificado pelo consumidor.

(B) O produto será considerado defeituoso, ensejando-se a responsabilidade do fornecedor, pelo fato de produto equivalente, porém de melhor qualidade, ter sido colocado no mercado.

(C) No que concerne a vício do produto, a responsabilidade do fornecedor, em regra, não ultrapassa o limite do valor do próprio produto ou serviço, não se impondo tal limitação em caso de responsabilidade pelo fato do produto.

(D) Os profissionais liberais equiparam-se aos fornecedores para efeito de responsabilidade pelos serviços prestados.

(E) Em razão da responsabilidade objetiva, o fornecedor responde pelo dano causado pelo uso do produto, ainda que a culpa seja de terceiro.

A: incorreta, pois a responsabilidade do comerciante, nos termos do art. 13, I, do Código de Defesa do Consumidor – CDC (Lei 8.078/1990) ocorre se o fabricante, o construtor, o produtor ou o importador *não* puderem ser identificados; B: incorreta, pois o produto não é considerado defeituoso pelo fato de outro de melhor qualidade ter sido colocado no mercado – art. 12, § 2º, do CDC; **C:** essa é a alternativa correta, conforme os arts. 14 e 18 do CDC; **D:** incorreta, pois, diferentemente, a responsabilidade pessoal dos profissionais liberais será apurada mediante a verificação de culpa – art. 14, § 4º, do CDC; **E:** incorreta, pois o fornecedor não responde pelo dano se comprovar a culpa exclusiva do consumidor ou de terceiro – art. 12, § 3º, III, do CDC. RB
Gabarito "C".

(Magistratura/RJ – 2011 – VUNESP) Quanto ao vício do produto e do serviço, nos termos da Lei Federal n. 8.078/1990, assinale a alternativa incorreta.

(A) Os fornecedores de produtos de consumo duráveis ou não duráveis respondem solidariamente pelos vícios de qualidade ou quantidade que os tornem impróprios ou inadequados ao consumo a que se destinam ou lhes diminuam o valor, assim como por aqueles decorrentes da disparidade, com as indicações constantes do recipiente, da embalagem, rotulagem ou mensagem publicitária, respeitadas as variações decorrentes de sua natureza, podendo o consumidor prejudicado exigir, de imediato, independentemente da natureza e extensão do vício ou da essencialidade do produto, o desfazimento do negócio e restituição

imediata da quantia paga, monetariamente atualizada, sem prejuízo de eventuais perdas e danos.

(B) No fornecimento de serviços que tenham por objetivo a reparação de qualquer produto, considerar-se-á implícita a obrigação do fornecedor de empregar componentes de reposição originais adequados e novos, ou que mantenham as especificações técnicas do fabricante, salvo, quanto a estes últimos, autorização em contrário do consumidor.

(C) A Lei Federal n. 8.078/1990 também se aplica aos serviços públicos, sejam eles prestados diretamente por órgãos públicos, ou por meio de empresas públicas, concessionárias, permissionárias ou sob qualquer outra forma de empreendimento, devendo tais serviços serem prestados de forma adequada, eficiente, segura e, quanto aos essenciais, contínua.

(D) São vedadas disposições contratuais que: (I) excluam a garantia legal de adequação do produto ou serviço, ou (II) impossibilitem, exonerem ou atenuem a obrigação de indenizar o consumidor pelo vício do produto ou serviço.

A: incorreta, pois a lei estabelece a possibilidade de substituição das partes viciadas (Lei 8.078/1990, art. 18); B: correta, por expressa previsão legal (Lei 8.078/1990, art. 21); **C:** correta, por adequação ao conceito legal (Lei 8.078/1990, arts. 3º e 22); **D:** correta, por expressa previsão legal (Lei 8.078/1990, art. 51). FC
Gabarito "A".

8. TEMAS COMBINADOS

(Juiz – TJ/SP – VUNESP – 2015) Nos termos da Lei 12.529/2011, não constitui por si só infração da ordem econômica os atos dos competidores que tenham por objeto ou possam produzir o seguinte efeito:

(A) dominar mercado relevante de bens ou serviços.

(B) falsear ou de qualquer forma prejudicar a livre concorrência.

(C) limitar a livre-iniciativa.

(D) exercício de forma abusiva de posição dominante.

Todas as condutas descritas são consideradas infrações à ordem econômica pelo art. 36 da Lei Antitruste (incisos I e IV), com exceção da letra "A", que deve ser assinalada. Note que, não obstante a redação esteja prevista como infração no inciso II do citado artigo, o enunciado pergunta qual das condutas não ofende, **por si só**, a ordem econômica. Como destaca o § 1º do dispositivo aqui analisado, se o domínio de mercado for consequência da maior eficiência do agente econômico em relação a seus competidores, não haverá ato ilícito. Logo, nesse caso, é possível ilidir a presunção de infração à ordem econômica. HS
Gabarito "A".

(Juiz – TRF 3ª Região – 2016) Marque a alternativa incorreta, observando-se a legislação e a jurisprudência dominante do Superior Tribunal de Justiça:

(A) Nos contratos bancários, é vedado ao julgador conhecer, de ofício, da abusividade das cláusulas.

(B) A nota promissória vinculada a contrato de abertura de crédito não goza de autonomia em razão da iliquidez do título que a originou.

8. DIREITO EMPRESARIAL 607

(C) O avalista do título de credito vinculado a contrato de mútuo também responde pelas obrigações pactuadas, quando no contrato figurar como devedor solidário.

(D) A companhia dissolvida perde automaticamente sua personalidade jurídica.

A: correta, nos termos da Súmula 381 do STJ; **B:** correta, nos termos da Súmula 258 do STJ; **C:** correta, nos termos da Súmula 26 do STJ; **D:** incorreta, devendo ser assinalada. A jurisprudência do STJ adota o entendimento que a extinção da personalidade jurídica se dá somente com o fim do processo de liquidação do patrimônio, não com a dissolução da sociedade (REsp 317.255).**HS**
Gabarito "D".

(Juiz – TRF 3ª Região – 2016) Assinale a alternativa incorreta:

(A) A fusão determina a manutenção das sociedades que se unem, para formar sociedade nova, que a elas sucederá nos direitos e obrigações.

(B) A cláusula constitutiva de mandato, lançada no endosso, confere ao endossatário o exercício dos direitos inerentes ao título, salvo restrição expressamente estatuída.

(C) Na sociedade em comandita simples, a morte de sócio comanditário, salvo disposição do contrato, não impede sua continuidade com seus sucessores, que designarão quem os represente.

(D) A invenção e o modelo de utilidade são considerados suscetíveis de aplicação industrial quando possam ser utilizados ou produzidos em qualquer tipo de indústria.

A: incorreta, devendo ser assinalada. A fusão extingue as sociedades fusionadas, criando uma única sociedade nova (art. 228 da Lei 6.404/76); **B:** correta, nos termos do art. 917 do CC; **C:** correta, nos termos do art. 1.050 do CC; **D:** correta, nos termos do art. 15 da Lei 9.279/96. **HS**
Gabarito "A".

(Juiz – TRF 4ª Região – 2016) Assinale a alternativa **INCORRETA**.

(A) Podem exercer a atividade de empresário os que estiverem em pleno gozo da capacidade civil e não forem legalmente impedidos.

(B) Celebram contrato de sociedade limitada as pessoas que reciprocamente se obrigam a contribuir, com bens ou serviços, para o exercício de atividade econômica e a partilha, entre si, dos resultados.

(C) Poderá ser atribuída à empresa individual de responsabilidade limitada constituída para a prestação de serviços de qualquer natureza a remuneração decorrente da cessão de direitos patrimoniais de autor ou de imagem, nome, marca ou voz de que seja detentor o titular da pessoa jurídica, vinculados à atividade profissional.

(D) A sociedade cooperativa funciona sob denominação integrada pelo vocábulo "cooperativa".

(E) Poderá o incapaz, por meio de representante ou devidamente assistido, continuar a empresa antes exercida por ele enquanto capaz, por seus pais ou pelo autor de herança.

A: correta, nos termos do art. 972 do CC; **B:** incorreta, devendo ser assinalada. Este é o conceito de sociedade em geral (art. 981 do CC).

A sociedade limitada não aceita a participação de sócio que contribua exclusivamente com serviços para a formação do capital social (art. 1.055, §2º, do CC); **C:** correta, nos termos do art. 980-A, §5º, do CC; **D:** correta, nos termos do art. 1.159 do CC; **E:** correta, nos termos do art. 974 do CC. **HS**
Gabarito "B".

(Magistratura/DF – 2011) Considere as proposições formuladas abaixo e assinale a <u>correta</u>:

(A) A falência da sociedade estende-se, no sistema atual, aos sócios ilimitadamente responsáveis pelas obrigações sociais, daí que seus bens igualmente serão arrecadados e vendidos, para pagamento das dívidas da sociedade, sendo certo que os credores particulares dos sócios da sociedade devedora também habilitarão seus créditos, serão relacionados pelo administrador judicial, mas não se lhes reserva a oportunidade de oferecer habilitação retardatária;

(B) Nas sociedades por ações, a assembleia geral ordinária e a assembleia geral extraordinária poderão ser, cumulativamente, convocadas e realizadas no mesmo local, data e hora, bem assim instrumentadas em ata única;

(C) Na sociedade anônima, o estatuto da companhia estabelecerá o número das ações em que se divide o capital social e concluirá se as ações terão ou não valor nominal, sendo que, em se tratando de companhia com ações sem valor nominal, não é dado ao regramento estatuário engendrar uma ou mais classes de ações preferenciais com valor nominal;

(D) É facultado ao acionista, na sociedade por ações, realizar, nas condições previstas no estatuto ou no boletim de subscrição, a prestação correspondente às ações subscritas ou adquiridas.

A: incorreta, pois as habilitações dos credores particulares do sócio ilimitadamente responsável processar-se-ão de acordo com as disposições gerais da Falência e Recuperação de Empresas – LF (Lei 11.101/2005), inclusive quanto à habilitação retardatária – art. 20 da LF, ver também os arts. 81 e 115 da LF; B: essa é a assertiva correta, pois a possibilidade é prevista no art. 131, parágrafo único, da Lei das Sociedades por Ações – LSA (Lei 6.404/1976); **C:** incorreta, pois na companhia com ações sem valor nominal, o estatuto poderá criar uma ou mais classes de ações preferenciais com valor nominal – art. 11, § 1º, da LSA; **D:** incorreta, pois não se trata de faculdade, mas sim obrigação, nos termos do art. 106 da LDA. **RB**
Gabarito "B".

(Magistratura/SC – 2010) Assinale a alternativa correta:

I. O *warrant*, quando destacado do conhecimento de depósito, torna-se título abstrato.

II. A duplicata de fatura é título que admite aval.

III. Número inferior a três membros não impede o funcionamento do Comitê de Credores na falência.

IV. O deferimento do processamento da recuperação judicial é causa suspensiva da prescrição de execução movimentada por credores particulares em face do sócio solidário.

(A) Somente as proposições I e IV estão corretas.

(B) Somente as proposições II, III e IV estão corretas.

(C) Somente as proposições I, III e IV estão corretas.

(D) Somente as proposições II e III estão corretas.

(E) Todas as proposições estão corretas.

I: incorreta, pois, mesmo quando separado do conhecimento de depósito, o *warrant* mantém vínculo com o contrato que deu origem aos títulos, sendo que o titular tem direito de penhor sobre a mercadoria depositada, por exemplo – art. 18, § 2º, do Decreto 1.102/1903; **II:** correta, conforme o art. 12 da Lei das Duplicatas – LD (Lei 5.474/1968); **III:** correta, pois a falta de indicação de representante por quaisquer das classes de credores não prejudicará a constituição do comitê, que poderá funcionar com número inferior ao previsto no *caput* do art. 26 da LF – § 1º desse dispositivo; **IV:** assertiva correta, nos termos do art. 6º, *caput*, da LF. **RB**

Gabarito "B".

(Magistratura/SC – 2010) Assinale a alternativa correta:

I. O empresário casado sob regime de comunhão universal pode alienar, ou gravar de ônus, imóvel integrante do patrimônio da empresa, sem outorga uxória.

II. O Código Civil veda a quem tenha como sua principal profissão a atividade rural a possibilidade de requerer inscrição no Registro Público de Empresas Mercantis.

III. O sócio não pode ser impedido de examinar, a qualquer tempo, livros e documentos da sociedade.

IV. A tabela *price* não implica capitalização.

(A) Somente as proposições I e IV estão incorretas.

(B) Somente as proposições I, II e IV estão incorretas.

(C) Somente as proposições II e III estão incorretas.

(D) Somente as proposições II, III e IV estão incorretas.

(E) Todas as proposições estão incorretas.

I: correta, conforme o art. 978 do CC; **II:** incorreta, pois a inscrição do empresário rural lhe é facultada, nos termos do art. 971 do CC; **III:** incorreta, pois, salvo estipulação que determine época própria, o sócio pode, a qualquer tempo, examinar livros e documentos, e o estado da caixa e da carteira da sociedade – art. 1.021 do CC; **IV:** assertiva incorreta, já que a tabela *price* implica capitalização dos juros (cálculo de juros sobre juros). Entretanto, é interessante ressaltar que a questão não é pacífica, inexistindo jurisprudência uniforme, pois o STJ entende que a matéria requer exame fático-probatório (inviável em Recurso Especial – ou seja, não há jurisprudência que unifique a interpretação da legislação federal relativa ao anatocismo na tabela *price*) – ver AgRg no Ag 1.014.387/RS. **RB**

Gabarito "D".

9. Direito do Consumidor

André Borges de Carvalho Barros, Wander Garcia e Roberta Densa

1. CONCEITO DE CONSUMIDOR E RELAÇÃO DE CONSUMO

(Magistratura/AM – 2013 – FGV) Chegando ao *shopping center*, João deixa seu veículo no estacionamento que o estabelecimento disponibiliza para comodidade dos seus clientes, com vigilância terceirizada. Sem nada adquirir, João decide ir embora. Chegando ao estacionamento, descobre que seu veículo foi furtado. Inconformado com o ocorrido, João ingressa com ação judicial imputando responsabilidade civil ao *shopping center*.

Segundo a posição do STJ sobre o tema, assinale a afirmativa correta.

(A) João não se enquadra no conceito de consumidor, na forma do Art. 2º do CDC, pois não houve aquisição de qualquer produto ou serviço como destinatário final, durante o período em que esteve no *shopping*.

(B) O *shopping* não pode ser responsabilizado se houver prévia e expressa comunicação ao proprietário do veículo, no comprovante de estacionamento entregue no momento do ingresso, de cláusula de exoneração de responsabilidade por quaisquer danos ao veículo.

(C) A hipótese aborda responsabilidade subjetiva, que depende da verificação da culpa do estabelecimento, porquanto o *shopping center, in casu,* não pode ser enquadrado no conceito de fornecedor de que trata o Art. 3º do CDC, §§ 1º e 2º.

(D) Embora haja relação de consumo, a responsabilidade civil não pode ser atribuída ao *shopping,* mas sim à empresa de vigilância terceirizada.

(E) A questão da aquisição de bens ou serviços por João, para efeito da responsabilidade civil, é irrelevante, isso porque o *shopping*, ao oferecer local presumivelmente seguro para estacionamento, assume obrigação de guarda e vigilância, o que o torna civilmente responsável por furto de veículo ali ocorrido.

A: incorreta, além do conceito de consumidor padrão, o Código de Defesa do Consumidor também admite os denominados consumidores por equiparação. No caso do enunciado, João pode ser considerado como consumidor por equiparação por ter sido vítima do evento de consumo (art. 17 do CDC); **B:** incorreta, qualquer cláusula de exclusão de responsabilidade por danos causados aos veículos deve ser considerada abusiva, nos termos do art. 51, I, do CDC; **C:** incorreta, no caso concreto é evidente que o *shopping center* está enquadrado no conceito de fornecedor previsto no art. 3º do CDC. Além disso, a responsabilidade pelos danos causados é objetiva, nos termos do art.

12 e 14 do CDC; **D:** incorreta, na qualidade de fornecedor o *shopping center* responde pelos danos causados pelas empresas terceirizadas e seus funcionários. O art. 51, III, do CDC, veda a transferência de responsabilidade a terceiros; **E:** correta, o STJ tem decidido há muitos anos que os *shopping centers* têm responsabilidade pelo furto de veículos em seus estacionamentos (REsp 29.198/SP, 4ª Turma, j. 23.03.1993, rel. Min. Athos Carneiro, DJ 19.04.1993). **AB**

Gabarito "E".

(Magistratura/AM – 2013 – FGBV) Com base no Código de Defesa do Consumidor, assinale a afirmativa correta.

(A) A coletividade de pessoas, desde que determinável, que haja intervindo nas relações de consumo, equipara-se a consumidor.

(B) Serviço é qualquer atividade fornecida no mercado de consumo, ainda que não remunerada, inclusive as de natureza bancária, financeira, de crédito e securitária, salvo as decorrentes das relações de caráter trabalhista.

(C) A ignorância do fornecedor sobre os vícios de qualidade por inadequação dos produtos e serviços o exime de responsabilidade.

(D) O Juiz poderá desconsiderar a personalidade jurídica da sociedade quando, em detrimento do consumidor, houver abuso de direito, excesso de poder, infração da lei, fato ou ato ilícito ou violação dos estatutos ou contrato social, excetuadas as hipóteses de falência ou estado de insolvência.

(E) A publicidade discriminatória de qualquer natureza, dentre outras, a que incite à violência, explore o medo ou a superstição, se aproveite da deficiência de julgamento e experiência da criança, desrespeite valores ambientais ou que seja capaz de induzir o consumidor a se comportar de forma prejudicial ou perigosa à sua saúde ou segurança, é abusiva.

A: incorreta, equipara-se a consumidor a coletividade de pessoas, *ainda que indetermináveis,* que haja intervindo nas relações de consumo (art. 2º, parágrafo único, do CDC); **B:** incorreta, serviço é qualquer atividade fornecida no mercado de consumo, *mediante remuneração,* inclusive as de natureza bancária, financeira, de crédito e securitária, salvo as decorrentes das relações de caráter trabalhista (art. 3º, § 2º, do CDC); **C:** incorreta, pois a ignorância do fornecedor sobre os vícios de qualidade por inadequação dos produtos e serviços *não o exime* de responsabilidade (art. 23 do CDC); **D:** incorreta, nos termos do art. 28, caput, do CDC, a falência e o estado de insolvência também são motivos para decretação da desconsideração da personalidade jurídica das

---

AB questões comentadas por: **André Borges de Carvalho Barros**
WG questões comentadas por: **Wander Garcia**
RD questões comentadas por: **Roberta Densa**

sociedades; **E:** correta, a assertiva reproduz o conceito de publicidade abusiva previsto no art. 37, § 2º, do CDC. **AB**
Gabarito "E".

(Magistratura/BA – 2012 – CESPE) A respeito dos integrantes e do objeto da relação de consumo, assinale a opção correta.

(A) As normas consumeristas são aplicáveis à relação decorrente do serviço de fornecimento de água e esgoto, aos contratos de previdência privada e à relação estabelecida entre condomínio e condôminos.

(B) Considera-se serviço qualquer atividade — salvo as decorrentes das relações de caráter trabalhista — fornecida no mercado de consumo, mediante remuneração, o que inclui as atividades de natureza bancária, financeira, de crédito e securitária.

(C) A corrente maximalista ou objetiva considera consumidor o "não profissional", ou seja, de acordo com essa corrente, consumidor é somente aquele que adquire ou utiliza um produto para uso próprio ou de sua família.

(D) Segundo a corrente finalista ou subjetiva, o destinatário final é o destinatário fático, não importando a destinação econômica dada ao bem nem se aquele que adquire o produto ou o serviço tem, ou não, finalidade de lucro.

(E) Conforme entendimento pacificado pela jurisprudência do STJ, deve-se sempre adotar, considerando-se o disposto no CDC, a teoria finalista, independentemente de restar evidenciada a vulnerabilidade do adquirente do produto ou serviço.

A: incorreta, pois embora possa ser caracterizada a relação de consumo no serviço de fornecimento de água e esgoto (AgRg no REsp 1221844/RJ, Rel. Ministro ARNALDO ESTEVES LIMA, PRIMEIRA TURMA, julgado em 18/08/2011) e também nos contratos de previdência privada (REsp 1201737/SC, Rel. Ministro MASSAMI UYEDA, TERCEIRA TURMA, julgado em 04/08/2011) e súmula 563 do STJ "O código de defesa do consumidor é aplicável às entidades abertas de previdência complementar, não incidindo nos contratos previdenciários celebrados com entidades fechadas", o CDC não é aplicável às relações estabelecidas entre condomínios e condôminos (REsp 441.873/DF, Rel. Ministro CASTRO FILHO, TERCEIRA TURMA, julgado em 19/09/2006); **B:** correta, está de acordo com o art. 3º, § 2º, CDC; **C:** incorreta, pois pela teoria maximalista ou objetiva consumidor é toda pessoa que adquire ou utiliza produto ou serviço como destinatário final fático, não importando se para uso próprio ou profissional; **D:** incorreta, pois pela teoria finalista ou subjetiva apenas pode ser considerado como consumidor o destinatário final fático e econômico, considerado como aquele que põe fim ao ciclo econômico do produto ou do serviço; **E:** incorreta, pois o STJ tem adotado a teoria do finalismo aprofundado, também conhecida como teoria híbrida ou mista para aceitar como consumidor o destinatário final fático (REsp 1195642/RJ, Rel. Ministra NANCY ANDRIGHI, TERCEIRA TURMA, julgado em 13/11/2012). **AB**
Gabarito "B".

(Magistratura/ES – 2011 – CESPE) No CDC — Lei n.º 8.078/1990 —, consta expressamente o conceito de consumidor e de fornecedor, os denominados elementos subjetivos da relação jurídica de consumo. Entretanto, nem sempre é possível certificar-se da existência de relação de consumo somente pela análise literal dos artigos do CDC, de modo que o julgador deve conhecer o entendimento dominante dos tribunais superiores. Segundo a jurisprudência do STJ, o CDC se aplica a:

(A) contrato de cooperação técnica entre empresas de informática, contrato de franquia e envio de produto gratuito como brinde.

(B) pagamento de contribuição de melhoria, crédito educativo custeado pelo Estado ao aluno e relação travada entre condomínio e condôminos.

(C) contrato de locação, perícia judicial e contrato de trabalho.

(D) serviços notariais, contrato de serviços advocatícios e contrato de plano de saúde.

(E) serviço de fornecimento de água e esgoto, contrato bancário e contrato de previdência privada.

A: incorreta, nos contratos de cooperação técnica entre empresas de informática e nos contratos de franquia (REsp 632.958/AL, Rel. Ministro ALDIR PASSARINHO JUNIOR, julgado em 04/03/2010). Em caso de envio de produto gratuito como brinde há relação de consumo (art. 39, parágrafo único); **B:** incorreta, não há relação de consumo no pagamento de contribuição de melhoria (REsp 124.201/SP, Rel. Ministro DEMÓCRITO REINALDO, julgado em 07/11/1997), no crédito educativo custeado pelo Estado ao aluno (REsp 1256227/RS, Rel. Ministro MAURO CAMPBELL MARQUES, julgado em 14/08/2012) e na relação entre condomínio e condôminos (REsp 441.873/DF, Rel. Ministro CASTRO FILHO, julgado em 19/09/2006); **C:** incorreta, não há relação de consumo no contrato de locação de bens imóveis, que é regido pela Lei 8.245/91 (AgRg no REsp 814.988/RS, Rel. Ministro SEBASTIÃO REIS JÚNIOR, julgado em 13/03/2012), também não há relação de consumo na realização de perícia judicial (REsp 213.799/SP, Rel. Ministro SÁLVIO DE FIGUEIREDO TEIXEIRA, julgado em 24/06/2003), e na relação de trabalho (art. 3º, § 2º, CDC); **D:** incorreta, não há relação de consumo na prestação do serviço notarial (REsp 625.144/SP, Rel. Ministra NANCY ANDRIGHI, julgado em 14/03/2006), na prestação de serviços advocatícios (REsp 633.174/RJ, Rel. Ministra NANCY ANDRIGHI, julgado em 02/12/2004). Nos contratos de plano de saúde há relação de consumo (AgRg no Ag 1215680/MA, Rel. Ministra MARIA ISABEL GALLOTTI, julgado em 25/09/2012); **E:** correta, há relação de consumo na prestação de serviço de fornecimento de água e esgoto (AgRg no Ag 1418635/RJ, Rel. Ministro NAPOLEÃO NUNES MAIA FILHO, julgado em 16/10/2012), contrato bancário (ADI 2591, Relator(a): Min. CARLOS VELLOSO, Relator(a) p/ Acórdão: Min. EROS GRAU, Tribunal Pleno, julgado em 07/06/2006) e contrato de previdência privada, conforme súmula 563 do STJ "O código de defesa do consumidor é aplicável às entidades abertas de previdência complementar, não incidindo nos contratos previdenciários celebrados com entidades fechadas". **AB**
Gabarito "E".

(Magistratura/PA – 2012 – CESPE) Em relação ao consumidor e ao fornecedor, assinale a opção correta.

(A) De acordo com o CDC, entes desprovidos de personalidade jurídica não podem ser considerados fornecedores.

(B) De acordo com a legislação brasileira, pessoa jurídica estrangeira que pretenda atuar como fornecedora no Brasil deve ter sede instalada no país.

(C) O CDC conceitua, de forma taxativa, o consumidor como a pessoa natural destinatária do produto ou serviço.

(D) Considera-se consumidor a pessoa que adquire o produto ou o serviço ou, ainda, a que, não o tendo adquirido, o utiliza.

9. DIREITO DO CONSUMIDOR 611

(E) O CDC prevê que se considere consumidor quem adquire produto como intermediário do ciclo de produção.

A: incorreta, os entes despersonalizados podem ser considerados fornecedores nos termos do art. 3º, caput, do CDC; **B:** incorreta, pois as pessoas jurídicas estrangeiras podem ser consideradas como fornecedoras independentemente de sede no país (art. 3º, caput, CDC); **C:** incorreta, o caput do art. 2º do CDC estabelece um conceito padrão de consumidor, mas além destes o diploma consumerista admite os consumidores por equiparação (arts. 2º, parágrafo único, 17 e 29, CDC); **D:** correta, está de acordo com o art. 2º, caput, do CDC; **E:** incorreta, pois o intermediário não se inclui na categoria de consumidor, conforme art. 2º, do CDC. **AB**
Gabarito "D".

(MAGISTRATURA/PB – 2011 – CESPE) Assinale a opção correta com base no entendimento sumulado pelo STJ a respeito da aplicação do CDC no que se refere a fornecedor e práticas abusivas.

(A) O CDC não é aplicável à relação jurídica entre a entidade de previdência privada e seus participantes.

(B) O CDC não se aplica aos contratos de plano de saúde.

(C) Nos contratos bancários, é possível ao julgador conhecer de ofício a abusividade das cláusulas.

(D) Nos contratos bancários posteriores ao CDC, incide a multa moratória nele prevista.

(E) Não é abusiva cláusula contratual de plano de saúde que limite no tempo a internação hospitalar do segurado.

A: incorreta, pois é aplicável (Súmula 321 do STJ); **B:** incorreta, pois é aplicável (Súmula 469 do STJ); **C:** incorreta, pois a Súmula 381 do STJ estabelece que, nos contratos bancários, é *vedado* ao julgador conhecer de ofício a abusividade das cláusulas; **D:** correta (Súmula 285 do STJ); **E:** incorreta, pois essa cláusula é abusiva (Súmula 302 do STJ). **WG**
Gabarito "D".

(MAGISTRATURA/PB – 2011 – CESPE) Assinale a opção correta de acordo com a jurisprudência do STJ no que tange ao direito do consumidor.

(A) Por força de vedação prevista em lei, o MP não possui legitimidade para promover ação civil pública na defesa de direitos dos consumidores de energia elétrica.

(B) O critério a ser adotado para determinar a relação de consumo é o maximalista; desse modo, para se caracterizar como consumidora, a parte deve ser destinatária econômica final do bem ou do serviço adquirido.

(C) No contrato de fornecimento de energia elétrica, a concessionária não pode repassar às faturas a serem pagas pelo consumidor o valor da contribuição ao Programa de Integração Social e o da contribuição para financiamento da seguridade social por ela devidos.

(D) À cobrança de indenização securitária não se aplica a responsabilidade solidária decorrente de danos ao consumidor, pois a pretensão diz respeito à exigência do próprio serviço, e não, a responsabilidade por fato do serviço.

(E) Considere que uma sociedade empresária efetue a compra de uma retroescavadeira usada para ser empregada em suas atividades negociais. Nessa situação, são aplicáveis as regras do CDC.

A: incorreta, pois o STJ entende que o Ministério Público tem legitimidade sim para propor ação civil pública no caso (REsp 1.010.130, DJ 24/11/10); **B:** incorreta, pois o STJ adota a teoria finalista, e não a teoria maximalista; ou seja, para o STJ só é consumidor quem adquire produto ou serviço como destinatário final fático e econômico; porém, atualmente o STJ também vem determinando a aplicação do CDC em casos em que se comprove que o destinatário final do produto é vulnerável, ainda que se trate de um destinatário final econômico; quando uma empresa é do tipo microempresa ou empresa individual, o STJ costuma entender que há vulnerabilidade, justificando a aplicação do CDC, desde que haja, pelo menos, destinação final fática; um exemplo está no Informativo 441 do STJ, em que se entendeu que uma empresa dessa natureza, que havia adquirido uma máquina de bordar, tinha direito à proteção do CDC; outro exemplo está no Informativo 383 do STJ, em que se entendeu que um caminhoneiro tinha, também, direito à proteção do CDC; sobre a questão, vale a pena citar interessante decisão do STJ: "A jurisprudência desta Corte, no tocante à matéria relativa ao consumidor, tem mitigado os rigores da teoria finalista para autorizar a incidência do Código de Defesa do Consumidor nas hipóteses em que a parte (pessoa física ou jurídica), embora não seja tecnicamente a destinatária final do produto ou serviço, se apresenta em situação de vulnerabilidade; o Acórdão recorrido destaca com propriedade, porém, que a recorrente é uma sociedade de médio porte e que não se vislumbra, no caso concreto, a vulnerabilidade que inspira e permeia o Código de Defesa do Consumidor" (REsp 1027165/ES, DJe 14/06/2011); **C:** incorreta, pois o STJ considera legítimo esse repasse (Resp 1.185.070, j. 22.09.10); **D:** correta; sobre o tema, vide o seguinte precedente do STJ: RECURSO ESPECIAL. SISTEMA FINANCEIRO DA HABITAÇÃO. PEDIDO DE COBERTURA SECURITÁRIA. VÍCIOS NA CONSTRUÇÃO. AGENTE FINANCEIRO. ILEGITIMIDADE. 1. Ação em que se postula complementação de cobertura securitária, em decorrência danos físicos ao imóvel (vício de construção), ajuizada contra a seguradora e a instituição financeira estipulante do seguro. Comunhão de interesses entre a instituição financeira estipulante (titular da garantia hipotecária) e o mutuário (segurado), no contrato de seguro, em face da seguradora, esta a devedora da cobertura securitária. Ilegitimidade passiva da instituição financeira estipulante para responder pela pretendida complementação de cobertura securitária. 2. A questão da legitimidade passiva da CEF, na condição de agente financeiro, em ação de indenização por vício de construção, merece distinção, a depender do tipo de financiamento e das obrigações a seu cargo, podendo ser distinguidos, a grosso modo, dois gêneros de atuação no âmbito do Sistema Financeiro da Habitação, isso a par de sua ação como agente financeiro em mútuos concedidos fora do SFH (1) meramente como agente financeiro em sentido estrito, assim como as demais instituições financeiras públicas e privadas (2) ou como agente executor de políticas federais para a promoção de moradia para pessoas de baixa ou baixíssima renda. 3. Nas hipóteses em que atua na condição de agente financeiro em sentido estrito, não ostenta a CEF legitimidade para responder por pedido decorrente de vícios de construção na obra financiada. Sua responsabilidade contratual diz respeito apenas ao cumprimento do contrato de financiamento, ou seja, à liberação do empréstimo, nas épocas acordadas, e à cobrança dos encargos estipulados no contrato. A previsão contratual e regulamentar da fiscalização da obra pelo agente financeiro justifica-se em função de seu interesse em que o empréstimo seja utilizado para os fins descritos no contrato de mútuo, sendo de se ressaltar que o imóvel lhe é dado em garantia hipotecária. 4. Hipótese em que não se afirma, na inicial, que a CEF tenha assumido qualquer outra obrigação contratual, exceto a liberação de recursos para a construção. Não integra a causa de pedir a alegação

612 ANDRÉ BORGES DE CARVALHO BARROS, WANDER GARCIA E ROBERTA DENSA

de que a CEF tenha atuado como agente promotor da obra, escolhido a construtora ou tido qualquer responsabilidade relativa à elaboração ao projeto. 5. Recurso especial provido para reconhecer a ilegitimidade passiva *ad causam* do agente financeiro recorrente. (REsp 1102539/ PE, DJe 06/02/2012); **E:** incorreta, pois, conforme visto no comentário à alternativa "b", a jurisprudência do STJ adotou a teoria finalista, pela qual não se aplica o CDC quando o adquirente da coisa a utiliza para suas atividades negociais, ou seja, como insumo de sua produção. **WG** Gabarito "D".

(MAGISTRATURA/PB – 2011 – CESPE) Considerando a jurisprudência do STJ, assinale a opção correta acerca de fornecedor, proteção contratual e responsabilidade.

(A) Empresa jornalística não pode ser responsabilizada pelos produtos ou serviços oferecidos por seus anunciantes, sobretudo quando não se infira ilicitude dos anúncios.

(B) A composição civil judicial entre consumidor e fornecedor e (ou) prestador de serviços afasta a imposição de multa aplicada por órgão de proteção e defesa do consumidor.

(C) Em contrato de arrendamento, considera-se abusiva cláusula contratual que obrigue o arrendatário a contratar seguro em nome do arrendante, cabendo àquele o dever de conservar o bem e, portanto, de arcar com os riscos e encargos inerentes.

(D) Se uma revendedora de máquinas e equipamentos firmar contrato com transportadora para o transporte de um gerador de energia, restará configurada relação de consumo.

(E) Em caso de rescisão de promessa de compra e venda de imóvel ainda em construção, é legítima cláusula contratual que determine a restituição das parcelas somente ao término da obra.

A: correta, conforme o seguinte precedente: "CIVIL. RECURSO ESPECIAL. AÇÃO DE REPARAÇÃO POR DANOS MATERIAIS. PUBLICAÇÃO DE ANÚNCIO EM CLASSIFICADOS DE JORNAL. OCORRÊNCIA DE CRIME DE ESTELIONATO PELO ANUNCIANTE. INCIDÊNCIA DO CDC. RESPONSABILIDADE DO JORNAL. 1. O recorrido ajuizou ação de reparação por danos materiais, em face da recorrente (empresa jornalística), pois foi vítima de crime de estelionato praticado por meio de anúncio em classificados de jornal. 2. Nos contratos de compra e venda firmados entre consumidores e anunciantes em jornal, as empresas jornalísticas não se enquadram no conceito de fornecedor, nos termos do art. 3º do CDC. 3. A responsabilidade pelo dano decorrente do crime de estelionato não pode ser imputada à empresa jornalística, visto que essa não participou da elaboração do anúncio, tampouco do contrato de compra e venda do veículo. 4. O dano sofrido pelo consumidor deu-se em razão do pagamento por um veículo que não foi entregue pelo anunciante, e não pela compra de um exemplar do jornal. Ou seja: o produto oferecido no anúncio (veículo) não tem relação com o produto oferecido pela recorrente (publicação de anúncios). 5. Assim, a empresa jornalística não pode ser responsabilizada pelos produtos ou serviços oferecidos pelos seus anunciantes, sobretudo quando dos anúncios publicados não se infere qualquer ilicitude. 6. Dessarte, inexiste nexo causal entre a conduta da empresa e o dano sofrido pela vítima do estelionato. 7. Recurso especial conhecido e provido." (REsp 1046241/SC, Rel. Ministra NANCY ANDRIGHI, TERCEIRA TURMA, julgado em 12/08/2010, DJe 19/08/2010); **B:** incorreta, pois a multa prevista no art. 56 do CDC não visa à reparação do dano sofrido pelo consumidor, mas sim à punição pela infração às normas que tutelam

as relações de consumo (DJ 16/03/10); **C:** incorreta, pois o STJ não considera abusiva essa cláusula, já que cabe ao arrendatário o dever de conservação da coisa, o que faz com que deva suportar com os riscos e encargos inerentes à sua obrigação; o seguro, no caso, é garantia do cumprimento desse dever (REsp 1.060.515, DJ 24/05/10); **D:** incorreta, pois o serviço contratado é utilizado na cadeia produtiva, não se aplicando o CDC (REsp 836.823, DJ 23/08/10); **E:** incorreta, pois, segundo o STJ, há enriquecimento ilícito da incorporadora na aplicação de cláusula que obriga o consumidor a esperar o término completo das obras para reaver o seu dinheiro, pois a primeira poderá revender imediatamente o imóvel sem assegurar, ao mesmo tempo, a fruição pelo consumidor do dinheiro por este investido (AgRg no REsp 863.639, DJ 15/08/11). **WG** Gabarito "A".

(Magistratura/PE – 2013 – FCC) No tocante às relações de consumo,

(A) pode-se falar em consumidor por equiparação à coletividade de pessoas, ainda que indetermináveis, que haja intervindo nas relações de consumo.

(B) fornecedor é toda pessoa física ou jurídica, neste caso privada, somente, nacional ou estrangeira, bem como os entes despersonalizados, que desenvolvem atividades de produção, montagem, criação, construção, transformação, importação, exportação, distribuição ou comercialização de produtos ou prestação de serviço.

(C) produto é qualquer bem, desde que material, podendo ser móvel ou imóvel.

(D) serviço é qualquer atividade fornecida no mercado de consumo, com ou sem remuneração, inclusive as de natureza bancária, financeira, de crédito e securitária.

(E) as normas consumeristas são de natureza dispositiva e de interesse individual dos consumidores.

A: correta (art. 2º, parágrafo único, do CDC); **B:** incorreta, pois a pessoa jurídica pública também pode ser fornecedora (art. 3º, "caput", do CDC); **C:** incorreta, pois produto pode ser bem material ou imaterial (art. 3º, § 1º, do CDC); **D:** incorreta, pois um serviço só está sujeito ao CDC se for remunerado (art. 3º, § 2º, do CDC); **E:** incorreta, pois são normas de *ordem pública* (ou seja, não dispositivas, não passíveis de serem afastadas pelas partes) e de *interesse social* (e não meramente individual de consumidor), conforme o art. 1º do CDC. **WG** Gabarito "A".

(Magistratura/PE – 2013 – FCC) NÃO se enquadram ao Código de Defesa do Consumidor

(A) as relações jurídicas envolvendo o usuário da rodovia e a concessionária do serviço público.

(B) as relações jurídicas entre a entidade de previdência privada e seus participantes.

(C) as relações jurídicas decorrentes dos contratos de planos de saúde.

(D) o exame dos contratos de cartão de crédito, submetidos apenas às resoluções específicas do Banco Central.

(E) as relações jurídicas concernentes aos condôminos, nos condomínios edilícios.

A: incorreta, pois as concessionárias de serviço público estão sujeitas às disposições do CDC (art. 22, "caput" e parágrafo único, do CDC); **B:** incorreta, pois a Súmula STJ n. 563 dispõe: "O código de defesa

9. DIREITO DO CONSUMIDOR

do consumidor é aplicável às entidades abertas de previdência complementar, não incidindo nos contratos previdenciários celebrados com entidades fechadas",; **C:** incorreta, pois a relação securitária está prevista como de consumo (art. 3º, § 2º, do CDC), inclusive com pronunciamento expresso nesse sentido pela Súmula STJ n. 469: "Aplica-se o Código de Defesa do Consumidor aos contratos de plano de saúde"; **D:** incorreta, pois as relações de crédito (inclusive cartão de crédito) estão previstas como de consumo (art. 3º, § 2º, do CDC); **E:** correta, pois o condomínio não se enquadra no conceito de serviço previsto no CDC (art. 3º. § 2º, do CDC), conforme jurisprudência pacífica do STJ: "(...) Não se aplicam as normas do Código de Defesa do Consumidor às relações jurídicas estabelecidas entre condomínio e condôminos" (AgRg no Ag 1.122.191, Quarta Turma, Rel. Min. Luis Felipe Salomão, julgado em 22/06/2010, DJ 01/07/2010). **WG**
Gabarito "E".

(Magistratura/PR – 2013 – UFPR) Na análise de um caso concreto, a identificação da relação de consumo e seus elementos é o critério básico para determinar-se a aplicação ou não do Código de Defesa do Consumidor. Nesta análise:

(A) O próprio Código de Defesa do Consumidor traz definição específica sobre o que seja relação de consumo.

(B) É preciso identificar a existência de consumidor e fornecedor. Consumidor é toda pessoa física ou jurídica que adquire o produto ou serviço como destinatário final. A expressão "destinatário final" encontra na doutrina e jurisprudência distintas interpretações, surgindo a este respeito às teorias finalista, maximalista e do finalismo aprofundado.

(C) A teoria finalista aprofundada considera que a definição do art. 2º do CDC (de consumidor) é puramente objetiva, não importando se a pessoa física ou jurídica tem ou não fim de lucro quando adquire um produto ou utiliza um serviço. Destinatário final seria o destinatário fático do produto.

(D) Para a teoria maximalista, destinatário final do art. 2º do CDC é aquele destinatário fático e econômico do bem ou serviço, seja ele pessoa jurídica ou física. Não basta ser destinatário fático, é necessário ser destinatário econômico do bem.

A: incorreta, o Código de Defesa do Consumidor não define especificamente a relação jurídica de consumo, embora contenha a definição dos elementos que a compõe: consumidor, fornecedor e produto ou serviço (arts. 2º e 3º do CDC); **B:** correta, para reconhecimento da relação jurídica de consumo é necessário reconhecer os seus sujeitos: consumidor e fornecedor. O art. 2º do CDC exige que o consumidor seja o destinatário final do produto ou serviço e sobre o tema existem três teorias: maximalista (amplia o conceito de consumidor), finalista (restringe o conceito) e a do finalismo aprofundado (estabelece um meio termo entre as anteriores); **C:** incorreta, pois a assertiva contém o conceito da teoria maximalista. Pela teoria do finalismo aprofundado o destinatário fático apenas deve ser reconhecido como consumidor quando evidente sua vulnerabilidade; **D:** incorreta, a assertiva apresenta a definição da teoria finalista, que somente considera como consumidor o destinatário final fático e econômico do produto ou serviço, isto é, aquele que põe fim ao seu ciclo econômico. **AB**
Gabarito "B".

(Magistratura/PR – 2010 – PUC/PR) A Lei 8.078/1990 define os elementos que compõem a relação jurídica de consumo, em seus artigos 2º e 3º: elementos subjetivos, consumidor e fornecedor; elementos objetivos, produtos e serviços,

respectivamente. Segundo estas definições, podemos afirmar que:

I. Fornecedor é toda pessoa física ou jurídica, pública ou privada, nacional ou estrangeira, bem como os entes despersonalizados, que desenvolvem atividade de produção, montagem, criação, construção, transformação, importação, exportação, distribuição ou comercialização de produtos ou prestação de serviços.

II. Serviço é qualquer atividade fornecida no mercado de consumo, mediante remuneração, inclusive as de natureza bancária, financeira, de crédito e securitária e as decorrentes das relações de caráter trabalhista.

III. Consumidor é toda pessoa física ou jurídica que adquire ou utiliza produto ou serviço como destinatário final. Equipara-se a consumidor a coletividade de pessoas, ainda que indetermináveis, que haja intervindo nas relações de consumo.

IV. Produto é qualquer bem, móvel ou imóvel, material ou imaterial.

Marque a alternativa CORRETA:

(A) Apenas as assertivas I, III e IV estão corretas.

(B) Apenas as assertivas II e III estão corretas.

(C) Apenas as assertivas II e III estão incorretas.

(D) Apenas a assertiva I está correta.

I: correta (art. 3º, *caput*, do CDC); II: incorreta, pois as relações de caráter trabalhista não são "serviço" para fins de incidência do CDC (art. 3º, § 2º, do CDC); III: correta (art. 2º do CDC); IV: correta (art. 3º, § 1º, do CDC). **WG**
Gabarito "A".

(Magistratura Federal-5ª Região – 2011) À luz do CDC, assinale a opção correta.

(A) Para os efeitos do CDC, não se considera fornecedor a pessoa jurídica pública que desenvolva atividade de produção e comercialização de produtos ou prestação de serviços.

(B) Entes despersonalizados, ainda que desenvolvam atividades de produção, montagem, criação ou comercialização de produtos, não podem ser considerados fornecedores.

(C) Qualquer pessoa prejudicada por publicidade enganosa pode, em princípio, buscar indenização, mesmo não tendo contratado nenhum serviço.

(D) Pessoa jurídica que compre bens para revendê-los é considerada consumidora.

(E) Pessoa física que alugue imóvel particular, por meio de contrato, é considerada fornecedora, para efeitos legais.

A: incorreta, o Código de Defesa do Consumidor admite como fornecedor tanto as pessoas jurídicas de direito privado como também as pessoas jurídicas de direito público (art. 3º, *caput*). Quanto a estas deve ser observado se o serviço público prestado é próprio (*uti universi* – ex: educação e saúde) ou impróprio (*uti singuli* – ex: transporte, água, luz etc.), pois só na segunda hipótese haverá a incidência do CDC; **B:** incorreta, pois o artigo 3º, *caput*, do CDC, admite como fornecedores, além das pessoas jurídicas, os entes despersonalizados, isto é, aqueles que não possuem personalidade jurídica própria (ex: sociedade de fato, sociedade irregular, massa falida etc.); **C:** correta, além do conceito de consumidor padrão (*standard*), o artigo 29 do CDC equipara aos

consumidores todas as pessoas determináveis ou não, expostas às práticas nele previstas (ex: publicidade); **D:** incorreta, a jurisprudência do Superior Tribunal de Justiça é no sentido de que o revendedor de produtos não pode ser considerado como consumidor (STJ, CC 41.056/SP, j. 23.06.2004); **E:** incorreta, "*é pacífica e remansosa a jurisprudência, nesta Corte, no sentido de que o Código de Defesa do Consumidor não é aplicável aos contratos locatícios, que são reguladas por legislação própria*" (STJ, REsp 605.295/MG, j. 20.10.2009). AB
Gabarito "C".

(Magistratura Federal/2ª região – 2011 – CESPE) Assinale a opção correta com relação ao direito do consumidor.

(A) É legal a suspensão no fornecimento de energia elétrica nos casos de dívidas contestadas em juízo e decorrentes de suposta fraude no medidor, não configurando o fato constrangimento ao consumidor que procure discutir no Poder Judiciário débito potencialmente indevido.

(B) A jurisprudência do STJ é unânime no sentido de estar a devolução em dobro condicionada à existência de má-fé ou de culpa do fornecedor na cobrança pelo preço das mercadorias ou serviços, não sendo devida a devolução por simples engano justificável.

(C) A jurisprudência do STJ tem mitigado os rigores da teoria finalista para autorizar a incidência do CDC nas hipóteses em que a parte (pessoa física ou jurídica), embora não seja tecnicamente a destinatária final do produto ou serviço, se apresente em situação de vulnerabilidade.

(D) Não se aplica o CDC aos casos de indenização por danos morais e materiais por má prestação de serviço em transporte aéreo, que são regulados por norma específica no ordenamento jurídico brasileiro.

(E) A jurisprudência do STJ sedimentou-se no sentido da possibilidade de inversão do ônus da prova em hipóteses que versem acerca de saques indevidos em conta bancária, desde que haja o reconhecimento da hipossuficiência técnica do consumidor e da verossimilhança das alegações.

A: incorreta. "Uma vez contestada em juízo dívida apurada unilateralmente e decorrente de suposta fraude no medidor do consumo de energia elétrica não há que cogitar em suspensão do fornecimento, em face da essencialidade do serviço, vez que é bem indispensável à vida. Máxime quando dispõe a concessionária e fornecedora dos meios judiciais cabíveis para buscar o ressarcimento que entender pertinente, sob pena de infringência ao disposto no art. 42, do Código de Defesa do Consumidor" (STJ, AgRg no REsp 868.816/RS, j. 15.05.2007); **B:** incorreta. "A cobrança indevida do serviço público de esgoto enseja a repetição de indébito em dobro ao consumidor, independentemente da existência, ou não, da má-fé do prestador do serviço. Incidência do art. 42, parágrafo único, do Código de Defesa do Consumidor" (STJ, AgRg no REsp 1.212.378/SP, j. 08.02.2011); **C:** correta. A teoria do finalismo aprofundado vem sendo aplicada pelo STJ como uma forma de mitigar o rigor da teoria finalista. Neste sentido: "A expressão destinatário final, de que trata o art. 2º, *caput*, do Código de Defesa do Consumidor abrange quem adquire mercadorias para fins não econômicos, e também aqueles que, destinando-os a fins econômicos, enfrentam o mercado de consumo em condições de vulnerabilidade; espécie em que caminhoneiro reclama a proteção do Código de Defesa do Consumidor porque o veículo adquirido, utilizado para prestar serviços que lhe possibilitariam sua mantença e a da família, apresentou defeitos

de fabricação" (STJ, REsp 716.877/SP, j. 22.03.2007); **D:** incorreta. "O Superior Tribunal de Justiça firmou entendimento no sentido de prevalência do Código de Defesa do Consumidor (Lei 8.078/90), em relação à Convenção de Varsóvia com suas posteriores modificações (Convenção de Haia e Convenção de Montreal) e ao Código Brasileiro de Aeronáutica, nos casos de responsabilidade civil decorrente de má prestação dos serviços pela Companhia aérea" (STJ, AgRg no AREsp 157.830/SP, j. 06.09.2012); **E:** incorreta. A inversão do ônus da prova pode ser decretada em razão da hipossuficiência do consumidor ou em razão da verossimilhança das alegações (neste sentido: STJ, REsp 1.155.770/PB, j. 15.12.2011). AB
Gabarito "C".

2. PRINCÍPIOS E DIREITOS BÁSICOS

(Juiz – TJ-SC – FCC – 2017) Quanto aos direitos do consumidor, bem como suas disposições gerais, é correto:

(A) Direitos básicos do consumidor possuem rol elucidativo e não taxativo; se a ofensa for praticada por mais de um autor, todos responderão solidariamente pela reparação dos danos previstos nas normas de consumo.

(B) Equipara-se a consumidor a coletividade de pessoas, desde que determinadas ou determináveis, que haja intervindo nas relações de consumo.

(C) Fornecedor é toda pessoa física ou jurídica, pública ou privada, desde que personalizada, que desenvolve atividades de produção, montagem, criação, construção, transformação, importação, exportação, distribuição ou comercialização de produtos ou prestação de serviços.

(D) As normas consumeristas têm natureza protetiva e de defesa dos consumidores, de ordem dispositiva e de interesse social, implicando tratamento diferenciado a estes por sua hipossuficiência e vulnerabilidade.

(E) Produto é qualquer bem, exclusivamente material, de natureza móvel ou imóvel, indistintamente.

A: correta. O rol do art. 6º do Código de Defesa do Consumidor, que traz os direitos básicos, é elucidativo, traz o patamar mínimo de direitos do consumidor, que se expande para todo o Código; **B:** incorreta. Equipara-se a consumidor a coletividade de pessoas, ainda que **indetermináveis**, que haja intervindo nas relações de consumo (art. 2º, parágrafo único, do CDC); **C:** incorreta. Os entes despersonalizados também são considerados consumidores (art. 2º, "caput", do CDC); **D:** incorreta. Nos termos do art. 1º do CDC, as normas nele inseridas são normas de ordem pública e interesse social, protegendo a vulnerabilidade do consumidor. Todos os consumidores são vulneráveis, nem todos os consumidores são hipossuficientes. A hipossuficiência é a dificuldade apresentada pelo consumidor para fazer a prova em juízo, o que deve ser analisado tão somente para fins de inversão do ônus da prova; **E:** incorreta. O bem imaterial (incorpóreo) também pode ser objeto da relação de consumo (art. 3º, § 1º, do CDC). RD
Gabarito "A".

(Magistratura/AM – 2013 – FGV) Com relação ao Art. 6º da Lei nº 8.078/1990, que, em seus incisos, enumera os direitos básicos do consumidor, analise as afirmativas a seguir.

I. São direitos básicos do consumidor "a adequada e eficaz prestação dos serviços públicos em geral" e "o acesso aos órgãos judiciários e administrativos com vistas à prevenção ou reparação de danos patrimoniais e morais, individuais, coletivos ou difusos, assegurada

9. DIREITO DO CONSUMIDOR

a proteção jurídica, administrativa e técnica aos necessitados".

II. São direitos básicos do consumidor "a modificação das cláusulas contratuais que estabeleçam prestações desproporcionais ou sua revisão em razão de fatos supervenientes que as tornem excessivamente onerosas" e, ainda, "a facilitação da defesa de seus direitos, sendo obrigatória, em qualquer caso, a inversão do ônus da prova".

III. São direitos básicos do consumidor "a educação e divulgação sobre o consumo adequado dos produtos e serviços, asseguradas a liberdade de escolha e a igualdade nas contratações" e "a efetiva prevenção e reparação de danos patrimoniais e morais, individuais, coletivos e difusos".

Assinale:

(A) se somente a afirmativa I estiver correta.

(B) se somente as afirmativas I e II estiverem corretas.

(C) se somente as afirmativas I e III estiverem corretas.

(D) se apenas as afirmativas II e III estiverem corretas.

(E) se todas as afirmativas estiverem corretas.

I: correta, a assertiva consagra direitos básicos do consumidor previstos no Código de Defesa do Consumidor, no art. 6º, X e VII, respectivamente, reproduzindo a redação legal; II: incorreta, a modificação e a revisão das cláusulas contratuais são direitos básicos do consumidor (art. 6º, V, do CDC), assim como a facilitação de sua defesa. Contudo, a inversão do ônus da prova é uma medida excepcional e, portanto, não obrigatória (art. 6º, VIII, do CDC); III: correta, a assertiva consagra direitos básicos do consumidor previstos no Código de Defesa do Consumidor, no art. 6º, II e VI, respectivamente. **AB**
Gabarito "C."

(Magistratura/PA – 2012 – CESPE) Com base nos princípios relacionados ao direito do consumidor, assinale a opção correta.

(A) A prevenção e a reparação dos danos dizem respeito apenas aos direitos dos consumidores individuais, conforme previsão legal.

(B) O CDC autoriza a intervenção direta do Estado no domínio econômico, para garantir a proteção efetiva do consumidor.

(C) Apesar de não estar expressamente previsto no CDC, o dever de informação é um princípio fundamental nas relações de consumo.

(D) Práticas abusivas que, adotadas pelo fornecedor, atinjam exclusivamente direitos subjetivos do consumidor não são consideradas ilícitas pela legislação que regula as relações de consumo.

(E) Em razão da natureza jurídica da relação de consumo, a desproporcionalidade entre as prestações enseja rescisão do contrato, não sendo possível a revisão de cláusulas contratuais.

A: incorreta, é direito básico do consumidor a efetiva prevenção e reparação de danos patrimoniais e morais, individuais, coletivos e difuso (art. 6º, VI CDC); B: correta, conforme o art. 4º, II, "c", CDC; C: incorreta, o dever de informação está previsto no art. 4º, IV, do CDC; D: incorreta, pois o art. 39, caput, do CDC considera como ilícitas as práticas abusivas descritas em seus incisos; E: incorreta, o direito à revisão contratual está expresso no art. 6º, V, do CDC. **AB**
Gabarito "B."

(Magistratura/PA – 2012 – CESPE) À luz do CDC, assinale a opção correta.

(A) As normas de direito material previstas no CDC refletem em todo o sistema jurídico, incidindo, inclusive, em relações jurídicas que não sejam de consumo.

(B) A defesa do consumidor é um princípio fundamental da ordem econômica.

(C) A vulnerabilidade do consumidor, prevista no CDC, não guarda relação com a aplicação do princípio da igualdade, expresso na CF.

(D) O CDC não possui autonomia como estatuto jurídico regulador das relações de consumo, funcionando apenas como uma lei principiológica.

(E) Embora constituído por um conjunto de normas jurídicas de ordem pública e de interesse social, o CDC não prevalece sobre lei especial, ainda que prejudicial ao consumidor.

A: incorreta, as normas de direito material previstas no CDC incidem apenas sobre as relações jurídicas de consumo, o que não ocorre com as normas de direito instrumental / processual; B: correta, a defesa do consumidor é um princípio fundamental da ordem econômica, previsto no art. 170, V, da Constituição Federal de 1988; C: incorreta, pois a vulnerabilidade do consumidor na relação jurídica de consumo legitima a aplicação de regras desiguais para pessoas que estão em situação de desigualdade, consagrando, assim, o princípio da igualdade material; D: incorreta, pois o CDC possui autonomia como estatuto jurídico regulador das relações de consumo; E) incorreta, o CDC prevalece sobre lei especial se a mesma for prejudicial ao consumidor. Como exemplo, podemos citar a possibilidade de conflito entre o CDC e a lei que trata dos planos de saúde (Lei 9.656/98). **AB**
Gabarito "B."

(MAGISTRATURA/PB – 2011 – CESPE) De acordo com o previsto no CDC, constitui direito básico do consumidor:

(A) a modificação de cláusulas contratuais que estabeleçam prestações excessivamente onerosas e que acarretem extrema vantagem para uma das partes no caso de acontecimentos extraordinários e imprevisíveis.

(B) a garantia de responsabilidade solidária no que se refere a ofensas cometidas por mais de um autor, caso em que todos os envolvidos deverão responder pela reparação dos danos previstos nas normas de consumo, de acordo com sua culpabilidade.

(C) a adequada, eficaz e contínua prestação dos serviços públicos em geral.

(D) a facilitação da defesa dos seus direitos de consumidor, inclusive com a inversão do ônus da prova a seu favor, no âmbito civil, quando o juiz julgar procedente a alegação ou quando o consumidor for considerado necessitado, de acordo com as regras ordinárias de experiência.

(E) o acesso aos órgãos judiciários e administrativos com vistas à prevenção ou reparação de danos patrimoniais e morais, individuais, coletivos ou difusos, assegurada proteção jurídica, administrativa e técnica aos necessitados.

A: incorreta, pois o direito à **modificação** de cláusulas contratuais pressupõe apenas a existência de prestações desproporcionais (art. 6º, V, do CDC); já o direito à **revisão** de cláusulas contratuais pressupõe a

616 ANDRÉ BORGES DE CARVALHO BARROS, WANDER GARCIA E ROBERTA DENSA

existência de fatos supervenientes que tornem as prestações excessivamente onerosas (art. 6º, V, do CDC); repare que nem mesmo para a *revisão* contratual o CDC pressupõe extrema vantagem para uma das partes, bem como acontecimentos extraordinários e imprevisíveis; **B:** incorreta, pois a solidariedade permite que se cobre a obrigação por inteiro de cada devedor solidário, independentemente de sua culpabilidade; **C:** incorreta, pois o art. 6º, X, do CDC somente dispõe sobre a **adequada** e **eficaz** prestação dos serviços públicos, não tratando da prestação **contínua** de serviços; apesar de a continuidade do serviço não estar no rol dos direitos básicos do consumidor (que estão em seu art. 6º), essa regra (da continuidade) está no art. 22 do CDC, e vale para os *serviços essenciais*; **D:** incorreta, pois a inversão se dará quando houver **verossimilhança na alegação** ou **hipossuficiência** (art. 6º, VIII, do CDC); **E:** correta (art. 6º, VII, do CDC). WG

Gabarito "E".

(Magistratura/PE – 2011 – FCC) Dentre os direitos básicos assegurados pela Teoria Geral do Direito abaixo discriminados NÃO se aplica às relações de consumo a regra:

(A) do *pacta sunt servanda.*

(B) da inversão do ônus da prova.

(C) da continuidade dos serviços essenciais prestados pelo Poder Público.

(D) da verossimilhança das alegações do consumidor.

(E) da desconsideração da personalidade jurídica.

A: correta, pois, de fato, essa regra não está no CDC; **B:** incorreta, pois a regra está no art. 6º, VIII, do CDC; **C:** incorreta, pois a regra está no art. 22 do CDC; **D:** incorreta, pois a regra está no art. 6º, VIII, do CDC; **E:** incorreta, pois a regra está no art. 28 do CDC. WG

Gabarito "A".

(Magistratura/PI – 2011 – CESPE) Assinale a opção correta no que se refere ao vício de qualidade por insegurança.

(A) Bens de consumo de periculosidade latente apresentam risco intrínseco associado à própria qualidade ou modo de funcionamento do produto.

(B) As três modalidades básicas de periculosidade adquirida são os defeitos de fabricação, de concepção e de comercialização.

(C) Os produtos ou serviços de periculosidade latente tornam-se perigosos em decorrência de defeito que, por qualquer razão, apresentem.

(D) No que se refere aos bens de periculosidade adquirida, considerados defeituosos por ficção, a informação adequada acerca do problema aos consumidores não produz efeito significativo na mitigação dos riscos.

(E) A característica principal da periculosidade exagerada de um bem consiste na imprevisibilidade de risco ao consumidor, sendo impossível qualquer modalidade de advertência relacionada ao defeito de comercialização apresentado.

A: incorreta, bens de consumo de periculosidade latente apresentam risco intrínseco que independe da própria qualidade ou modo de funcionamento do produto (ex: combustíveis, soda cáustica etc.); **B:** correta, consoante o art. 12, caput, CDC; **C:** incorreta, os produtos ou serviços de periculosidade latente são perigosos por sua própria natureza; **D:** incorreta, bens defeituosos por ficção são aqueles que têm periculosidade exagerada e por esta razão não podem ser colocados no mercado de consumo (ex: uma bala que faça a criança engasgar); **E:** incorreta, na periculosidade exagerada há previsibilidade de risco

ao consumidor e por esta razão o produto não deve ser comercializado (art. 10, caput, CDC). AB

Gabarito "B".

(Magistratura/RJ – 2011 – VUNESP) Assinale a alternativa correta.

(A) Deverá o juiz ouvir o Ministério Público sobre a vulnerabilidade do consumidor, antes de decidir sobre a inversão do ônus da prova.

(B) A cláusula contratual de eleição de foro é abusiva com fundamento no CDC.

(C) O juiz tem poder discricionário para avaliar a vulnerabilidade do consumidor em relação à sua suscetibilidade contratual.

(D) O termo de garantia contratual é objeto de crime de consumo, quando não preenchido adequadamente e com especificação clara de seu conteúdo.

A: incorreta, o juiz não depende de parecer do Ministério Público para decidir sobre a vulnerabilidade do consumidor e a inversão do ônus da prova (art. 6º, VIII, CDC); **B:** incorreta, a cláusula de eleição de foro só será considerada abusiva se estabelecer como competente o foro do domicílio do fornecedor (arts. 51 e 101 do CDC); **C:** incorreta, o juiz deve se pautar nas regras ordinárias de experiências para avaliar a vulnerabilidade do consumidor (art. 6º, VIII, CDC); **D:** correta, nos termos do art. 74, CDC. AB

Gabarito "D".

(Magistratura/RO – 2011 – PUCPR) O Código de Defesa do Consumidor estabelece normas de proteção e defesa do consumidor, de ordem pública e interesse social, nos termos dos arts. 5º, inciso XXXII, 170, inciso V, da Constituição Federal, e art. 48 de suas Disposições Transitórias. São direitos básicos do consumidor previstos no artigo 6º da Lei 8.078/1990.

(A) A efetiva prevenção e reparação de danos patrimoniais e morais, exclusivamente direitos individuais e coletivos.

(B) Os serviços públicos em geral não se enquadram na proteção do consumidor.

(C) O consumidor terá direito à revisão contratual somente em caso de constarem em contrato cláusulas abusivas.

(D) A facilitação da defesa de seus direitos, inclusive com a inversão do ônus da prova, a seu favor, no processo civil, quando, a critério do juiz, for verossímil a alegação ou quando for ele hipossuficiente, segundo as regras ordinárias de experiências.

(E) A proteção contra a publicidade enganosa e abusiva, métodos comerciais coercitivos ou desleais não são considerados direitos do consumidor, recebendo a tutela do Código Civil Brasileiro.

A: incorreta, pois o art. 6º, VI, do CDC garante a proteção dos direitos individuais, coletivos e **difusos** também; **B:** incorreta, pois o CDC não faz distinção entre serviço público ou privado, para efeito de aplicação do CDC; **C:** incorreta, pois a revisão contratual se dá quando uma cláusula, **não** abusiva, deixa as prestações excessivamente onerosas, pela ocorrência de um fato novo (art. 6º, V, do CDC); **D:** correta (art. 6º, VIII, do CDC); **E:** incorreta, pois tal questão está regulamentada nos arts. 29 a 44 do CDC. WG

Gabarito "D".

9. DIREITO DO CONSUMIDOR

(Magistratura/SC – 2010) Assinale a alternativa correta:

I. Compete à justiça estadual julgar causas entre consumidor e concessionária de serviços públicos de telefonia quando a Anatel não seja litisconsorte passiva, assistente, nem oponente.

II. Nos contratos bancários, mesmo aqueles submetidos aos ditames do Código de Defesa do Consumidor, é vedado ao juiz conhecer, de ofício, da abusividade das cláusulas.

III. Há diferença fundamental entre a responsabilidade por vício e a responsabilidade por fato do produto: a primeira (vício) trata de perda patrimonial para o consumidor que normalmente não ultrapassa os limites do valor do próprio produto ou serviço em que são observados apenas vícios de qualidade e quantidade a afetar o funcionamento ou o valor da coisa; a segunda (fato do produto) é normalmente de maior vulto pois constata-se a potencialidade danosa na qual os defeitos oferecem risco à saúde e segurança do consumidor de modo a ultrapassar o valor dos produtos ou serviços adquiridos.

IV. A execução da Política Nacional de Relações de Consumo é orientada, dentre outros, pelos seguintes instrumentos: manutenção de assistência jurídica integral e gratuita para o consumidor carente; instituição de promotorias de justiça de defesa do consumidor no âmbito do Ministério Público; criação de varas especializadas para a solução de litígios de consumo; prestação de informação adequada e clara sobre os diferentes produtos e serviços, com especificação correta de quantidade, características, composição, qualidade e preço.

(A) Somente as proposições II e IV estão corretas.

(B) Somente as proposições III e IV estão corretas.

(C) Somente as proposições I, II e III estão corretas.

(D) Somente as proposições II, III e IV estão corretas.

(E) Todas as proposições estão corretas.

I: correta (Súmula Vinculante 27 do STF); II correta (Súmula 381 do STJ); III: correta; a doutrina também aponta que o vício se diferencia do defeito, pois o primeiro é um problema interno do produto, ao passo que o segundo é um problema externo no produto, pois causa dano à saúde ou à segurança do consumidor; IV: incorreta, pois a prestação de informação adequada e clara dos produtos não está no contexto dos instrumentos da Política Nacional das Relações de Consumo (art. 5º do CDC), mas no contexto dos direitos básicos do consumidor (art. 6º do CDC). **WG**
„Gabarito "C."

(Magistratura Federal/3ª Região – 2010) Sobre a inversão do ônus da prova no âmbito do Código de Defesa do Consumidor é correto afirmar que:

(A) É obrigatória para o Juiz quando presentes a verossimilhança e a hipossuficiência;

(B) Não pode ser deferida em favor do Ministério Público, por não ser considerado hipossuficiente;

(C) Abrange as despesas com honorários periciais da parte favorecida pela inversão;

(D) Ocorre *ope legis* na hipótese do art. 38 do Código de Defesa do Consumidor.

A: incorreta. A inversão do ônus da prova, prevista no artigo 6º, VIII, do CDC, é determinada a critério do juiz quando for verossímil a alegação ou quando for ele hipossuficiente, segundo as regras ordinárias de experiência; **B:** incorreta. A inversão do ônus da prova pode ser deferida a favor do Ministério Público em razão de sua legitimidade ativa para defesa dos interesses e direitos dos consumidores e das vítimas (art. 81, 82, I e art. 6º, VIII, do CDC); **C:** incorreta, pois de acordo com a jurisprudência do Superior Tribunal de Justiça, "a inversão do ônus da prova não tem o efeito de obrigar a parte contrária a arcar com as custas da prova requerida pelo consumidor. No entanto, sofre as consequências processuais advindas de sua não produção" (REsp 443.208/RJ, j. 11.02.2003); **D:** correta, pois a inversão do ônus da prova na veracidade da informação publicitária é automática (decorre da lei), não dependendo de critério judicial ou pedido do consumidor. **AB**
„Gabarito "D."

(Magistratura Federal/1ª região – 2011 – CESPE) A respeito dos serviços públicos e das relações de consumo, assinale a opção correta.

(A) Aplicam-se as disposições do CDC às hipóteses de aumento abusivo dos valores cobrados como contraprestação de serviço público, independentemente da natureza da cobrança – se por taxa ou por preço público.

(B) Configura hipótese de litisconsórcio passivo necessário da Agência Nacional de Telecomunicações a demanda movida pelo usuário contra concessionária, sobre a legitimidade da cobrança de tarifa por serviço de telefonia.

(C) Constitui caso fortuito, excludente de responsabilidade da empresa transportadora, assalto a mão armada, dentro de veículo coletivo, contra consumidor-usuário.

(D) Não configura erro justificável a cobrança de tarifa de esgoto por serviço que não tenha sido prestado pela concessionária de serviço público, não devendo, portanto, os valores indevidamente cobrados do usuário ser restituídos em dobro.

(E) Conforme a jurisprudência do STJ, as disposições do CDC não se aplicam à atividade notarial de titulares de serventias de registros públicos.

A: incorreta, de acordo com entendimento do Superior Tribunal de Justiça se o serviço público for prestado mediante cobrança de tarifa (preços públicos) é plenamente aplicável o Código de Defesa do Consumidor. Por outro lado em se tratando de taxa (espécie de tributo) não é aplicável o Código de Defesa do Consumidor (neste sentido: STJ, AgRg. no REsp 856.378/MG, j. 17.03.2009); **B:** incorreta, "esta Corte entende que não há litisconsórcio passivo necessário da Anatel, quando o processo versar sobre a relação entre a concessionária e o usuário a respeito de valor da tarifa cobrada em telefonia. Como a concessionária é a única beneficiária da cobrança da tarifa, ela deve arcar com a responsabilidade patrimonial de sua cobrança indevida (...)" (STJ, AgRg no REsp 1.098.773/SP, j. 08.06.2010); **C:** correta. "O entendimento desta Corte é firme no sentido de que, em caso de transporte coletivo de passageiros, o transportador só responde pelos danos resultantes de fatos conexos com o serviço que presta" (REsp 468.900/RJ, rel. Min. Ari Pargendler, DJ 31.03.2003) e de que "assalto à mão armada dentro de coletivo constitui fortuito a afastar a responsabilidade da empresa transportadora pelo evento danoso daí decorrente para o passageiro" (STJ, AgRg no AREsp 235629/MA, j. 23.10.2012); **D:** incorreta, segundo a jurisprudência do STJ, "a cobrança indevida do serviço público

618 ANDRÉ BORGES DE CARVALHO BARROS, WANDER GARCIA E ROBERTA DENSA

de esgoto enseja a repetição de indébito em dobro ao consumidor, independentemente da existência, ou não, da má-fé do prestador do serviço. Incidência do art. 42, parágrafo único, do Código de Defesa do Consumidor" (STJ, AgRg no REsp 1212378/SP, j. 08.02.2011); E: incorreta. "O exercício de atividade notarial delegada (art. 236, § 1º, da Constituição) deve se dar por conta e risco do delegatário, nos moldes do regime das concessões e permissões de serviço público. 4. Conforme decidido pela Segunda Turma no julgamento do Recurso Especial 1.087.862/AM, em caso de danos resultantes de atividade estatal delegada pelo Poder Público, há responsabilidade objetiva do notário, nos termos do art. 22 da Lei 8.935/1994, e apenas subsidiária do ente estatal. Precedentes do STJ. 5. O Código de Defesa do Consumidor aplica-se à atividade notarial. 6. Em se tratando de atividade notarial e de registro exercida por delegação, tal como *in casu*, a responsabilidade objetiva por danos é do notário, diferentemente do que ocorre quando se tratar de cartório ainda oficializado. Precedente do STF" (STJ, REsp 1163652/PE, j. 01.06.2010). **AB**
Gabarito "C".

3. RESPONSABILIDADE PELO FATO DO PRODUTO OU DO SERVIÇO E PRESCRIÇÃO

(Juiz – TJ-SC – FCC – 2017) Quanto à responsabilidade pelo fato do produto e do serviço, é correto afirmar:

(A) O produto colocado no mercado torna-se defeituoso se outro de melhor qualidade vier a substitui-lo para a mesma finalidade.

(B) O prazo para ajuizamento de ação indenizatória pelo consumidor lesado é decadencial.

(C) A responsabilidade pessoal dos profissionais liberais será examinada, se a relação for consumerista, de acordo com as regras da responsabilidade objetiva, na modalidade de risco atividade, que admite excludentes.

(D) O serviço, que é defeituoso quando não fornece a segurança que o consumidor dele pode esperar, não é assim considerado pela adoção de novas técnicas.

(E) Se o comerciante fornecer o produto sem identificação clara de seu fabricante, produtor, construtor ou importador, sua responsabilidade será apurada mediante verificação de culpa, isto é, de acordo com as normas da responsabilidade subjetiva.

A: incorreta. "O produto não é considerado defeituoso pelo fato de outro de melhor qualidade ter sido colocado no mercado" (art. 12, § 2º); **B:** incorreta. O prazo de cinco anos para ingressar com pedido de indenização por defeito de produto ou serviço é prescricional; **C:** incorreta. A responsabilidade pessoal dos profissionais liberais é subjetiva (art. 14, § 4º, do CDC); **D:** correta. Nos exatos termos do art. 18, § 1º, do CDC; **E:** incorreta. A responsabilidade civil do comerciante por defeito de produto é objetiva e subsidiária, nos termos do art. 13 do CDC. **RD**
Gabarito "D".

(Magistratura/BA – 2006 – CESPE) Acerca da normatização do direito do consumidor, julgue os itens a seguir:

(1) Considere a seguinte situação hipotética. Em um supermercado, Antônio pediu que seu filho, de apenas 10 anos de idade, pegasse e trouxesse, até o carrinho de compras, uma garrafa de vidro que continha refrigerante. No percurso, o garoto, ao deixar cair a garrafa de vidro no chão, sofreu cortes profundos na

perna. Nessa situação, o fornecedor não responde pela reparação dos danos causados ao consumidor, visto que a culpa é exclusiva da vítima.

(2) O profissional liberal, na condição de fornecedor de produtos e serviços, é pessoalmente responsável por danos causados ao consumidor, independentemente da existência de culpa, em razão do princípio da responsabilidade objetiva, que rege as relações de consumo.

1: correta, nos termos do art. 12, § 3º, III, do CDC; **2:** incorreta, pois, segundo o art. 14, § 4º, do CDC, o profissional liberal só responde se for demonstrada a sua culpa, fazendo com que sua responsabilidade seja subjetiva. **WG**
Gabarito 1C, 2E

(Magistratura/BA – 2012 – CESPE) A respeito das relações de consumo, assinale a opção correta.

(A) A concessão do prazo de 30 dias para sanar o vício do produto é um direito assegurado ao fornecedor e que obriga o consumidor.

(B) A responsabilidade de uma fábrica pelos ferimentos sofridos por um empregado em decorrência da explosão de um produto nas suas dependências será dirimida pelas regras aplicáveis ao fornecedor de produtos.

(C) Para que determinada relação seja considerada de consumo, não é necessária a habitualidade quanto ao fornecedor do produto.

(D) Conforme entendimento do STJ, as entidades beneficentes não se enquadram no conceito de fornecimento, porquanto lhes falta a finalidade lucrativa.

(E) Por disposição legal, a responsabilidade do comerciante pelo fato do produto é solidária com a do fabricante.

A: correta, após a reclamação do consumidor o fornecedor tem 30 dias para sanar o vício (art. 26, I, CDC); **B:** incorreta, pois de acordo com o art. 3º, § 2º, o CDC não se aplica às relações de caráter trabalhista; **C:** incorreta, a habitualidade é um dos requisitos exigidos para caracterização do fornecedor de acordo com a doutrina (art. 3º, caput, CDC); **D:** incorreta, pois de acordo com a jurisprudência do STJ, as entidades beneficentes (ex: as associações educacionais) podem ser enquadras como fornecedoras desde que exijam remuneração pelo serviço prestado: "Para o fim de aplicação do Código de Defesa do Consumidor, o reconhecimento de uma pessoa física ou jurídica ou de um ente despersonalizado como fornecedor de serviços atende aos critérios puramente objetivos, sendo irrelevantes a sua natureza jurídica, a espécie dos serviços que prestam e até mesmo o fato de se tratar de uma sociedade civil, sem fins lucrativos, de caráter beneficente e filantrópico, bastando que desempenhem determinada atividade no mercado de consumo mediante remuneração" (REsp 519.310/SP, Rel. Ministra NANCY ANDRIGHI, TERCEIRA TURMA, julgado em 20/04/2004); **E:** incorreta, de acordo com o art. 13, CDC, o comerciante somente responde de forma subsidiária pelo fato do produto. **AB**
Gabarito "A".

Assinale a alternativa correta, considerando doutrina e jurisprudência prevalentes, nas questões a seguir:

(Magistratura/DF – 2011) Não é, a não ser excepcionalmente, responsável pelo dever de indenizar os danos causados por produtos portadores de vício de qualidade por insegurança:

9. DIREITO DO CONSUMIDOR

(A) o distribuidor;

(B) o produtor;

(C) o construtor;

(D) o importador.

A: correta, o art. 12, caput, do CDC, determina a responsabilidade objetiva e solidária do fabricante, produtor, construtor e importador pela reparação dos danos causados aos consumidores por defeitos decorrentes de projeto, fabricação, construção, montagem, fórmulas, manipulação, apresentação ou acondicionamento de seus produtos, bem como por informações insuficientes ou inadequadas sobre sua utilização e riscos. Portanto, o único fornecedor que não é responsável imediato pelo fato do produto é o distribuidor. **WG**

Gabarito "A".

(Magistratura/MG – 2012 – VUNESP) Assinale a alternativa correta.

(A) Os riscos à saúde ou segurança não precisam ser necessariamente informados ao consumidor, quando considerados normais e previsíveis em decorrência de sua natureza e fruição.

(B) Em virtude da teoria da responsabilidade objetiva nas relações de consumo, o fabricante será responsabilizado por danos causados aos consumidores pelos seus produtos, mesmo se provar culpa exclusiva de terceiro.

(C) Um produto jamais será considerado defeituoso se outro de melhor qualidade for colocado no mercado.

(D) A responsabilização pessoal dos profissionais liberais, na prestação de serviços aos consumidores, será sempre objetiva.

A: incorreta, o fornecedor sempre deve informar os riscos à saúde ou à segurança do consumidor, ainda que considerados normais e previsíveis em decorrência de sua natureza e fruição (art. 8º, CDC); **B:** incorreta, a culpa exclusiva de terceiro é excludente da responsabilidade objetiva do fornecedor (art. 12, § 3º, III, CDC); **C:** correta, o produto não é considerado defeituoso pelo fato de outro de melhor qualidade ter sido colocado no mercado (art. 12, § 2º, CDC); **D:** incorreta, a responsabilidade dos profissionais liberais é, em regra, subjetiva (art. 14, § 4º, CDC). **AB**

Gabarito "C".

(Magistratura/PE – 2013 – FCC) Na atividade médica, a responsabilidade civil do profissional liberal

(A) é, em regra, apurada com base na responsabilidade subjetiva e examinada em todos os casos como obrigação de meio e não de resultado.

(B) é, em regra, apurada com base na responsabilidade subjetiva e examinada como obrigação de meio, excepcionalmente examinando-se como obrigação de resultado.

(C) é, em regra, apurada com base na responsabilidade objetiva e examinada como obrigação de meio e, circunstancialmente, como obrigação de resultado.

(D) é, em regra, apurada com base na responsabilidade objetiva e examinada em todos os casos como obrigação de meio e não de resultado.

(E) é apurada com base na culpa e é aquela sempre considerada obrigação de resultado.

A: incorreta, pois, como regra, a responsabilidade do profissional liberal, inclusive no âmbito do CDC, é subjetiva, ou seja, aferida mediante verificação de culpa ou dolo por parte do profissional (art.

14, § 4º, do CDC); todavia, nas obrigações de resultado (exemplo: cirurgia plástica), a responsabilidade é objetiva; **B:** correta (art. 14, § 4º, do CDC); **C** e **D:** incorretas, pois, como se viu, a responsabilidade desses profissionais, como regra é objetiva (art. 14, § 4º, do CDC); **E:** incorreta, pois a obrigação pode ser tanto de meio, como de resultado; por exemplo, um encanador costuma ter obrigação de resultado, mas um médico (com exceção de casos como o de cirurgia plástica) tem obrigação de meio. **WG**

Gabarito "B".

(Magistratura/PE – 2013 – FCC) Analise os enunciados abaixo, em relação à responsabilidade pelo fato do produto e do serviço.

I. O produto é defeituoso quando não oferece a segurança que dele legitimamente se espera, levando-se em consideração circunstâncias relevantes, como sua apresentação, o uso e os riscos razoavelmente esperados e a época em que foi colocado em circulação.

II. O serviço é tido por defeituoso quando não fornece a segurança que o consumidor dele pode esperar, levando-se em conta circunstâncias relevantes, como o modo de seu fornecimento, o resultado e os riscos razoavelmente esperados e a adoção de novas técnicas.

III. O comerciante é responsabilizado quando o fabricante, o construtor, o produtor ou o importador não puderem ser identificados, ou quando o produto for fornecido sem identificação clara do seu fabricante, produtor, construtor ou importador ou, ainda, quando não conservar adequadamente os produtos perecíveis.

Está correto o que se afirma em

(A) I, II e III.

(B) II, apenas.

(C) II e III, apenas.

(D) I e II, apenas.

(E) I e III, apenas.

I: correta (art. 12, § 1º, I, II e III, do CDC); **II:** incorreta, pois o serviço não é considerado defeituoso pela adoção de novas técnicas (art. 14, § 2º, do CDC); **III:** correta (art. 13, I, II e III, do CDC). **WG**

Gabarito "E".

(Magistratura/PE – 2011 – FCC) Na hipótese de dano causado ao consumidor por defeito de fabricação de veículo importado, a responsabilidade pela sua reparação:

(A) depende da existência de culpa.

(B) é do comerciante, em primeira intenção.

(C) é exclusiva do importador do veículo.

(D) é do fabricante estrangeiro e do importador nacional em caráter solidário.

(E) é exclusiva do fabricante estrangeiro.

A: incorreta, pois a responsabilidade é objetiva ("independentemente da existência de culpa"), nos termos do art. 12, caput, do CDC; **B:** incorreta, pois o comerciante, em princípio, não responderá em caso de defeito ou responsabilidade pelo fato do produto ou do serviço, conforme se verifica do art. 12, caput, do CDC; **C:** incorreta, pois também é responsável o fabricante, ainda que estrangeiro (art. 12, caput, do CDC); **D:** correta (art. 12, caput, c/c art. 7º, p. un., do CDC); **E:** incorreta, pois o importador também é responsável, nos termos do art. 12, caput, do CDC. **WG**

Gabarito "D".

620 ANDRÉ BORGES DE CARVALHO BARROS, WANDER GARCIA E ROBERTA DENSA

(Magistratura/PE – 2011 – FCC) A prescrição da pretensão relativa à reparação dos danos causados pelo fato do produto ou do serviço:

(A) consuma-se no prazo de noventa dias contados do respectivo fornecimento.

(B) consuma-se no prazo de cinco anos contados do conhecimento do dano.

(C) consuma-se no prazo de cinco anos contados do momento em que ficar evidenciado o defeito.

(D) não ocorre.

(E) depende de prévia reclamação formulada pelo consumidor.

A prescrição, no caso, está regulamentada no art. 27 do CDC, e é de 5 anos, contados do dano e de sua autoria. **WG**
Gabarito "B".

(Magistratura/PE – 2011 – FCC) No fornecimento de serviços, a responsabilidade pela reparação dos danos causados aos usuários, depende da demonstração de culpa dos:

(A) prestadores de serviços em geral.

(B) caminhoneiros em autoestrada.

(C) profissionais liberais.

(D) prepostos de pessoas jurídicas de direito privado.

(E) servidores públicos.

A responsabilidade do fornecedor no CDC é objetiva. Porém, há uma exceção, que depende da demonstração de culpa, que é a responsabilidade dos profissionais liberais (art. 14, § 4º, do CDC). **WG**
Gabarito "C".

(Magistratura/PI – 2011 – CESPE) Considerando que, em determinada festa, a explosão de uma garrafa de refrigerante cause danos a algumas pessoas, assinale a opção correta.

(A) Para acionar judicialmente o fabricante, será necessária a demonstração da ocorrência de conduta culposa.

(B) A ausência de comprovação de defeito na fabricação do produto excluirá a responsabilidade do fabricante.

(C) Caso se trate de produto importado, o importador será considerado fornecedor presumido e responderá de forma objetiva pelos danos causados.

(D) Se for comprovado que o dano decorreu de defeito de informação, a responsabilidade do comerciante será afastada.

(E) Será solidária a responsabilidade do comerciante pelos danos causados às pessoas atingidas.

A: incorreta, o art. 12, caput, do CDC estabelece responsabilidade objetiva em caso acidente de consumo, dispensando a demonstração de culpa do fornecedor; B: incorreta, pois compete ao fornecedor provar que o produto não tem defeito (art. 12, § 3º, II, CDC); C: correta, está de acordo com o art. 12, caput e § 3º, CDC; D: incorreta, se for comprovado que o dano decorreu de defeito de informação, o comerciante será responsabilizado (art. 13, CDC); E: incorreta, em caso de fato do produto (acidente de consumo) a responsabilidade do comerciante é subsidiária, nos termos do art. 13 do CDC. **AB**
Gabarito "C".

(Magistratura/PR – 2013 – UFPR) Francisco da Silva adquiriu um veículo fabricado por XZ e vendido pela concessionária local X. Quando já decorrido um ano da aquisição houve sério defeito (oculto) no sistema de freios, defeito este decorrente da fabricação do veículo, ocasionando o capotamento do veículo em rodovia, causando lesões aos três passageiros do veículo e ao adquirente, que era seu condutor na ocasião. Neste caso:

1. Para a pretensão de reparação dos danos causados às vítimas do acidente aplica-se o prazo decadencial de noventa dias, mas este prazo somente se inicia no momento em que ficou evidenciado o defeito, ou seja, data do acidente.

2. Aplica-se o prazo prescricional de cinco anos para a pretensão de reparação pelos danos causados no acidente.

3. Para os efeitos e aplicação do Código de Defesa do Consumidor, no caso descrito no enunciado acima, são considerados consumidores, além do adquirente do veículo, todas as vítimas do evento (consumidores por equiparação).

4. A concessionária de veículos X é solidariamente responsável com o fabricante XZ pelos danos causados às vítimas do evento acima por se configurar a responsabilidade por fato do produto.

Assinale a alternativa correta.

(A) Somente a afirmativa 1 é verdadeira.

(B) Somente as afirmativas 1 e 2 são verdadeiras.

(C) Somente as afirmativas 2 e 3 são verdadeiras.

(D) Somente as afirmativas 2, 3 e 4 são verdadeiras.

1: incorreta, para a pretensão de reparação dos danos causados às vítimas do acidente aplica-se o *prazo prescricional de 5 anos*, contado a partir do *conhecimento* do dano e de sua autoria (art. 27 do CDC); 2: correta, conforme explicitado na questão anterior; 3: correta, pois o art. 17 do CDC equipara a consumidor todas as vítimas do evento de consumo (consumidor *bystander* – art. 17 do CDC); 4: incorreta, a responsabilidade pelo fato do produto é do *fabricante*, conforme preceitua o art. 12, *caput*, do CDC. **AB**
Gabarito "C".

(Magistratura/PR – 2010 – PUC/PR) O fabricante, o produtor, o construtor, nacional ou estrangeiro, e o importador respondem, independentemente da existência de culpa (responsabilidade civil objetiva) pela reparação dos danos causados aos consumidores por defeitos decorrentes de projeto, fabricação, construção, montagem, fórmulas, manipulação, apresentação ou acondicionamento de seus produtos, bem como por informações insuficientes ou inadequadas sobre sua utilização e riscos. Partindo desse contexto, marque a alternativa INCORRETA:

(A) O produto é considerado defeituoso pelo fato de outro de melhor qualidade ter sido colocado no mercado.

(B) O produto é defeituoso quando não oferece a segurança que dele legitimamente se espera, levando-se em consideração as circunstâncias relevantes, entre as quais a sua apresentação; o uso e os riscos que razoavelmente dele se esperam e a época em que foi colocado em circulação.

(C) O fabricante, o construtor, o produtor ou importador só não serão responsabilizados quando provarem que não colocaram o produto no mercado; ou quando, embora tenham colocado o produto no mercado, o defeito inexiste; ou ainda quando por culpa exclusiva do consumidor ou de terceiro.

(D) O comerciante é igualmente responsável; quando o fabricante, o construtor, o produtor ou o importador não puderem ser identificados; quando o produto for fornecido sem identificação clara do seu fabricante, produtor, construtor ou importador; ou não conservar adequadamente os produtos perecíveis.

A: incorreta (art. 12, § 2º, do CDC); **B:** correta (art. 12, § 1º, do CDC); **C:** correta (art. 12, § 3º, do CDC); **D:** correta (art. 13 do CDC). `WG`
Gabarito "A".

(Magistratura/RJ – 2011 – VUNESP) Em matéria de responsabilidade civil,

(A) é solidária entre os fornecedores nos casos de vício de qualidade.

(B) é subjetiva em caso de vício de qualidade.

(C) é do fabricante se o vício for de quantidade.

(D) é objetiva em caso de profissional liberal.

A: correta, os fornecedores respondem solidariamente em caso de vício de qualidade (art. 18, caput, CDC); **B:** incorreta, a responsabilidade dos fornecedores é objetiva (art. 18, caput, CDC); **C:** incorreta, os fornecedores respondem solidariamente pelos vícios de quantidade do produto (art. 19, caput, CDC); **D:** incorreta, a responsabilidade dos profissionais liberais é, em regra, subjetiva (art. 14, § 4º, CDC). `AB`
Gabarito "A".

(Magistratura/RO – 2011 – PUCPR) O fabricante, o produtor, o construtor, nacional ou estrangeiro, e o importador respondem, independentemente da existência de culpa (responsabilidade civil objetiva) pela reparação dos danos causados aos consumidores por defeitos decorrentes de projeto, fabricação, construção, montagem, fórmulas, manipulação, apresentação ou acondicionamento de seus produtos, bem como por informações insuficientes ou inadequadas sobre sua utilização e riscos. Dado esse contexto, assinale a única alternativa **CORRETA.**

(A) O produto é defeituoso quando não oferece a segurança que dele legitimamente se espera, levando-se em consideração as circunstâncias relevantes, entre as quais a sua apresentação; o uso e os riscos que razoavelmente dele se esperam e a época em que foi colocado em circulação.

(B) O produto é considerado defeituoso pelo fato de outro de melhor qualidade ter sido colocado no mercado.

(C) O fabricante, o construtor, o produtor ou importador só não será, cada um, responsabilizado quando provar que não colocou o produto no mercado ou por culpa exclusiva do consumidor, não havendo outras hipóteses de excludentes de responsabilidade.

(D) O comerciante não será responsabilizado em hipótese alguma, ainda que o fabricante, o construtor, o produtor ou o importador não puderem ser identificados, ou mesmo quando o produto for fornecido sem identificação clara do seu fabricante, produtor, construtor ou importador.

(E) O comerciante somente será responsabilizado por danos causados aos consumidores quando não conservar adequadamente os produtos perecíveis.

A: correta (art. 12, § 1º, do CDC); **B:** incorreta (art. 12, § 2º, do CDC); **C:** incorreta, pois também não haverá responsabilização se for provado que o defeito inexiste ou que a culpa foi exclusiva de terceiro (art. 12, § 3º, II e III, do CDC); **D:** incorreta, pois, nos casos mencionados, o comerciante responderá (art. 13 do CDC); **E:** incorreta, pois o comerciante também responderá se o fabricante, o construtor, o produtor ou o importador não puderem ser identificados ou se o produto for fornecido sem identificação clara do seu fabricante, produtor, construtor ou importador (art. 13, I e II, do CDC). `WG`
Gabarito "A".

(Magistratura/SP – 2011 –VUNESP) Assinale a alternativa correta, de acordo com o Código de Defesa do Consumidor.

(A) Nas demandas que versem sobre relação de consumo, é obrigatória a inversão do ônus da prova a favor do consumidor.

(B) Tendo mais de um autor a ofensa aos direitos do consumidor, cada um responderá pela reparação dos danos que causou.

(C) Os riscos à saúde ou segurança, que sejam considerados normais e previsíveis em decorrência da natureza do produto, não precisam ser informados ao consumidor.

(D) Um produto pode ser considerado defeituoso se outro de melhor qualidade for colocado no mercado.

(E) Havendo prova de culpa exclusiva de terceiro, o fabricante não será responsabilizado por dano causado ao consumidor.

A: incorreta, pois a inversão do ônus da prova não é automática em demanda de consumo, dependendo de decisão judicial que verifique o preenchimento de requisito previsto no art. 6º, VIII, do CDC; **B:** incorreta, pois, tendo mais de um autor a ofensa a direito do consumidor, todos responderão solidariamente pela reparação dos danos (art. 7º, parágrafo único, do CDC); **C:** incorreta, pois mesmo tais riscos precisam ser informados ao consumidor (art. 8º do CDC); **D:** incorreta, pois o produto não é considerado defeituoso pelo fato de outro de melhor qualidade ter sido colocado no mercado (art. 12, § 2º, do CDC); **E:** correta (art. 12, § 3º, III, do CDC). `WG`
Gabarito "E".

4. RESPONSABILIDADE POR VÍCIO DO PRODUTO OU DO SERVIÇO E DECADÊNCIA

(Juiz de Direito – TJ/RJ – VUNESP – 2016) Carlito da Silva ficou sem energia elétrica em sua residência por várias horas e acabou tendo prejuízo com perda de produtos de consumo doméstico que encontravam-se no freezer e geladeira da sua residência. Tendo acionando a concessionária, esta informou que não constava a existência de interrupção no fornecimento do serviço. Foi enviado um técnico e este constatou que a energia elétrica estava sendo regularmente fornecida. Inconformado, Carlito da Silva, sustentando que a concessionária estava omitindo a verdade, ingressou com ação judicial, calcado na legislação consumerista, pleiteando indenização por danos materiais e morais pelo período que ficou sem energia elétrica.

Diante desses fatos, assinale a alternativa correta.

(A) Se restar comprovada a interrupção no fornecimento, mas a concessionária alegar que houve força maior

622 ANDRÉ BORGES DE CARVALHO BARROS, WANDER GARCIA E ROBERTA DENSA

decorrente de descarga elétrica de raio que atingiu transformadores instalados no poste da rua, perto da casa de Carlito da Silva, ocorrido por falha nos equipamentos para-raios, ficará isenta de responsabilização.

(B) Existindo relação de consumo entre Carlito da Silva e a concessionária de energia elétrica, diante da hipossuficiência técnica do consumidor, será possível a inversão do ônus da prova, que pode ser estabelecida e aplicada no momento da prolação da sentença.

(C) Se o técnico da concessionária atestar que não houve irregularidade no fornecimento e o mesmo for também subscrito pelo usuário, tal documento ostentará o atributo de presunção de legitimidade, por tratar-se de prestação de serviço público.

(D) Ainda que se aplique a inversão do ônus da prova, tal fato não exonera Carlito da Silva do ônus de apresentar alguma evidência do fato de que efetivamente houve a interrupção da prestação do serviço pela concessionária.

(E) É possível a aplicação dos princípios facilitadores da defesa do consumidor em juízo, notadamente o da inversão do ônus da prova, incumbindo-a ao fornecedor, o que não impede que Carlito da Silva também produza provas dos fatos que alega, hipótese em que caberá à concessionária arcar com os custos dessa prova.

A: incorreta. A alternativa afirma que o acidente ocorreu **por falha do equipamento de para-raios**, configurando, dessa forma, o chamado "fortuito interno". A doutrina e a jurisprudência afirmam que o ato culposo de terceiro, conexo com a atividade do fornecedor e relacionado com os riscos próprios do negócio, caracteriza o fortuito interno, o que não exclui a responsabilidade do fornecedor (Veja: EREsp 1318095/MG - DJe 14/03/2017). Na mesma linha de pensamento temos a Súmula 479 do STJ: "As instituições financeiras respondem objetivamente pelos danos gerados por fortuito interno relativo a fraudes e delitos praticados por terceiros no âmbito de operações bancárias". **B:** incorreta. A inversão do ônus da prova é entendida pelo STJ como regra de instrução (não de julgamento), podendo ocorrer antes da prolatação da sentença ou acórdão (REsp 802.832/MG). Vale notar que o NCPC, em seu art. 373, §, 1º do CPC: "Nos casos previstos em lei ou diante de peculiaridades da causa relacionadas à impossibilidade ou à excessiva dificuldade de cumprir o encargo nos termos do *caput* ou à maior facilidade de obtenção da prova do fato contrário, poderá o juiz atribuir o ônus da prova de modo diverso, desde que o faça por decisão fundamentada, caso em que deverá dar à parte a oportunidade de se desincumbir do ônus que lhe foi atribuído". **C:** incorreta. Somente os atos praticados pelos servidores públicos têm presunção de legitimidade. **D:** correta. O artigo 6º, VIII, do CDC prevê a possibilidade de inversão do ônus da prova, a favor do consumidor, no processo civil, quando, a critério do juiz, houver verossimilhança das alegações ou hipossuficiência do consumidor. Sendo assim, o juiz pode exigir a prova do fato (interrupção da energia elétrica) e inverter o ônus de prova quanto ao nexo de causalidade. **E:** incorreta. A doutrina e a jurisprudência caminham no sentido de entender que "os efeitos da inversão do ônus da prova não possuem a força de obrigar a parte contrária a arcar com as custas da prova requerida pelo consumidor" (AgRg no AREsp 246375 / PR, j. 04.12.2012, Rel. Min. Luis Felipe Salomão). **RD**

Gabarito "D".

(Juiz de Direito – TJ/RJ – VUNESP – 2016) Marisa de Lima adquiriu um aparelho de telefone celular em uma loja de departamentos para dar como presente a um sobrinho em seu aniversário. O bem foi adquirido em 10 de maio de 2015 e entregue ao sobrinho na primeira semana de julho, quando Paulinho imediatamente passou a utilizar o aparelho. No dia das crianças do mesmo ano, quando novamente encontrou o sobrinho, este informou que o aparelho está apresentando problema de aquecimento e desligamento espontâneo quando está brincando em um jogo e que notou a existência do vício em meados de setembro.

A partir desses fatos, é correta a seguinte afirmação.

(A) Ainda não decorreu o prazo decadencial para apresentar reclamação perante o fornecedor, pois como se trata de vício oculto, o prazo iniciou-se no momento em que o aparelho começou a apresentar o problema.

(B) A reclamação que venha a ser formulada pelo consumidor perante o fornecedor e a instauração do inquérito civil interrompem o fluxo do prazo para o exercício do direito de reclamar, que é de natureza prescricional, pois se fosse decadencial não suspenderia nem interromperia.

(C) Tratando-se de vício oculto, o consumidor poderá formular reclamação perante o fornecedor por escrito, a qualquer tempo, mediante instrumento enviado pelo cartório de títulos e documentos, carta registrada ou simples, encaminhada pelo serviço postal ou entregue pelo consumidor, inclusive de forma verbal.

(D) Já decorreu o prazo prescricional para apresentar reclamação perante o fornecedor, pois o direito de reclamar pelos vícios apresentados iniciou-se a partir da retirada do aparelho de telefone celular da loja.

(E) O prazo para apresentar reclamação perante o fornecedor é de natureza decadencial, mas não poderá ser exercido, pois decorrido mais de 90 dias desde a data do início da efetiva utilização do aparelho celular.

A: correta. Na forma do art. 26, § 3º, o prazo decadencial para os casos de vício oculto começa a correr a partir do momento em que este ficar evidenciado. Sendo assim, conta-se 90 (noventa) dias a partir de meados de setembro, conforme o problema apresentado. **B:** incorreta. A reclamação que venha a ser formulada pelo consumidor e a instauração do inquérito civil interrompem o prazo o fluxo do prazo, que, na forma da lei, é **decadencial** (art. 26, § 2º). Diferentemente do Código Civil, o prazo decadencial do Código de Defesa do Consumidor admite a interrupção do prazo nas hipóteses mencionadas. Vale notar também que a doutrina e a jurisprudência não são unânimes quanto a correta interpretação do dispositivo. Para parte da doutrina trata-se de interrupção e, para outra parte, trata-se de suspensão de prazo decadencial. **C:** incorreta. O prazo para reclamar é de 90 (noventa) dias e pode ser exercido por qualquer meio, desde que comprovado pelo consumidor. **D:** incorreta. Vide justificativa da alternativa "A". **E:** incorreta. Vide justificativa da alternativa "A". **RD**

Gabarito "A".

(Juiz – TJ-SC – FCC – 2017) Quanto à qualidade dos produtos e serviços nas relações de consumo, considere:

I. O comerciante é objetivamente responsável quando o fabricante, o construtor, o produtor ou o exportador não puderem ser identificados; quando o produto for

9. DIREITO DO CONSUMIDOR

fornecido sem identificação clara do seu fabricante, produtor, construtor ou importador; ou quando não conservar adequadamente os produtos perecíveis.

II. Os produtos e serviços colocados no mercado de consumo não acarretarão riscos à saúde ou segurança dos consumidores, exceto os considerados normais e previsíveis em decorrência de sua natureza e fruição, obrigando-se os fornecedores, em qualquer hipótese, a dar as informações necessárias e adequadas a seu respeito.

III. Em nenhuma hipótese o fornecedor de produtos e serviços poderá colocar no mercado produtos potencialmente nocivos ou perigosos à saúde ou segurança, retirando-os imediatamente do mercado ao tomar conhecimento dessa nocividade ou periculosidade ao consumidor.

IV. A ignorância do fornecedor sobre os vícios de qualidade por inadequação dos produtos e serviços isenta-o de responsabilidade, mas não a ignorância sobre produtos defeituosos, por dizerem respeito à segurança que dele legitimamente se espera.

Está correto o que se afirma APENAS em:

(A) I e IV.

(B) I e III.

(C) I e II.

(D) II, III e IV.

(E) I e III.

I: correta. A responsabilidade do comerciante está definida no art. 13 da lei consumerista e é subsidiária e objetiva por defeito de produto colocado no mercado de consumo; **II:** correta. Os produtos com periculosidade latente ou inerente podem ser colocados no mercado de consumo desde que os consumidores sejam avisados quanto aos riscos envolvidos (art. 8º do CDC); **III:** incorreta. Conforme justificativa do item "II"; **IV:** incorreta. A ignorância do fornecedor sobre os vícios de qualidade por inadequação dos produtos e serviços não o exime de responsabilidade (art. 23, do CDC). **RD**

Gabarito "C".

(Juiz – TJ-SC – FCC – 2017) Sobre responsabilidade por vício do produto ou serviço, considere:

I. Se houver vício no fornecimento de produtos de consumo duráveis ou não duráveis o consumidor poderá exigir a restituição imediata da quantia paga, monetariamente corrigida, com prejuízo de eventuais perdas e danos.

II. As partes só podem convencionar a redução do prazo previsto para que seja sanado o vício no fornecimento do produto ou serviço, pois sua ampliação implicaria indevida vantagem ao fornecedor.

III. No fornecimento de serviços que tenham por objetivo a reparação de qualquer produto considerar-se-á implícita a obrigação do fornecedor de empregar componentes de reposição originais adequados e novos, ou que mantenham as especificações técnicas do fabricante, salvo, quanto a estes últimos, autorização em contrário do consumidor.

IV. A garantia legal de adequação do produto ou serviço independe de termo expresso, vedada a exoneração contratual do fornecedor.

Está correto o que se afirma APENAS em:

(A) III e IV.

(B) II e IV.

(C) II e IV.

(D) I, II e III.

(E) I e III.

I: incorreta. O consumidor sempre terá direito à indenização integral, monetariamente atualizada, sem prejuízo das perdas e danos (art. 18, II, do CDC); **II:** incorreta. O prazo de conserto pode ser diminuído para sete dias e aumentado para 180 dias, a depender da vontade das partes (art. 18, § 2º, do CDC); **III:** correta. Conforme arts. 21 e 70 do CDC. **IV:** correta. A garantia legal independe de termo expresso e está prevista no arts. 26 e 74 do CDC. **RD**

Gabarito "A".

(Magistratura/AM – 2013 – FGV) *Os fornecedores respondem solidariamente pelos vícios de quantidade do produto sempre que, respeitadas as variações decorrentes de sua natureza, seu conteúdo líquido for inferior às indicações constantes do recipiente, da embalagem, rotulagem ou de mensagem publicitária.*

A partir do fragmento acima, analise as afirmativas a seguir.

I. O consumidor pode solicitar, exclusivamente, o abatimento proporcional do preço.

II. O consumidor pode solicitar o abatimento proporcional do preço ou, alternativamente, a substituição do produto por outro da mesma espécie, marca ou modelo, sem os aludidos vícios.

III. O consumidor pode solicitar a restituição imediata da quantia paga, monetariamente atualizada, sem prejuízo de eventuais perdas e danos.

Assinale:

(A) se somente as afirmativas I e II estiverem corretas.

(B) se somente as afirmativas II e III estiverem corretas.

(C) se somente as afirmativas I e III estiverem corretas.

(D) se somente a afirmativa II estiver correta.

(E) se todas as afirmativas estiverem corretas.

I: incorreta: a alternativa está incorreta pois utiliza o termo "exclusivamente". De acordo com o art. 19 do CDC o consumidor pode exigir, alternativamente e à sua escolha: "I - o abatimento proporcional do preço; II - complementação do peso ou medida; III - a substituição do produto por outro da mesma espécie, marca ou modelo, sem os aludidos vícios; IV - a restituição imediata da quantia paga, monetariamente atualizada, sem prejuízo de eventuais perdas e danos;" **II:** correta, a assertiva reproduz o conteúdo dos incisos I e III do art. 19 do CDC; **III:** correta, pois consagra direito previsto no art. 19, IV, do CDC. **AB**

Gabarito "B".

(Magistratura/AM – 2013 – FGV) Nas relações de consumo, o direito de reclamar pelos vícios aparentes ou de fácil constatação caduca em

(A) noventa dias, tratando-se de fornecimento de serviço e de produtos não duráveis.

(B) trinta dias, tratando-se de fornecimento de serviço e de produtos não duráveis.

(C) cento e vinte dias, tratando-se de fornecimento de serviço e de produtos duráveis.

(D) trinta dias, tratando-se de fornecimento de serviço e de produtos duráveis.

(E) sete dias, tratando-se de fornecimento de serviço e produtos não duráveis.

B: correta, conforme determina o art. 26 do CDC, o direito de reclamar pelos vícios aparentes ou de fácil constatação caduca em: "I - trinta dias, tratando-se de fornecimento de serviço e de produtos não duráveis; II - noventa dias, tratando-se de fornecimento de serviço e de produtos duráveis"; **A, C, D** e **E:** incorretas, conforme exposto acima. **AB**

Gabarito "B".

(Magistratura/BA – 2012 – CESPE) Considerando que o aparelho celular novo adquirido por determinado consumidor, em um supermercado, pelo valor de R$ 800,00, pago à vista, tenha parado de funcionar após cinquenta dias de uso e que esse consumidor tenha, então, solicitado, nesse mesmo supermercado, a troca imediata do produto ou a devolução do valor pago, assinale a opção correta à luz das normas que regem as relações de consumo.

(A) A troca do celular ou a devolução do valor pago pelo supermercado somente pode ser exigido no prazo legal de arrependimento, que é de sete dias, contado da venda.

(B) O direito do consumidor de reclamar do defeito no aparelho caducou, pois ele não o exerceu no prazo legal de trinta dias.

(C) O consumidor tem direito à substituição imediata do celular, uma vez que, em razão da extensão do vício, houve o comprometimento das características do aparelho.

(D) Na hipótese de não sanar o defeito e não ter, em estoque, outro aparelho da mesma marca e modelo, o supermercado poderá, mediante autorização do consumidor, substituir o celular defeituoso por outro de marca ou modelo diverso, com a complementação ou restituição de eventual diferença de preço.

(E) O consumidor não poderia acionar judicialmente o supermercado, porque, nesse caso, a responsabilidade é exclusiva do fabricante.

A: incorreta, pois o consumidor só pode exercer direito de arrependimento se a compra ocorreu fora do estabelecimento, que não foi o caso (art. 49, CDC) – na hipótese o consumidor pode reclamar do vício do produto no prazo de 90 dias após a constatação do defeito (art. 26, § 3º, CDC); B: incorreta, pois o consumidor tem o prazo de 90 dias para reclamar do vício do produto durável (art. 26, II, CDC); **C:** incorreta, pois o consumidor deve exigir o reparo do aparelho e somente se o vício não for sanado pelo fornecedor no prazo de 30 dias é que o consumidor pode exigir uma das soluções previstas no art. 18, § 1º, CDC; **D:** correta, conforme o art. 18, § 4º, CDC; **E:** incorreta, em caso de vício do produto existe responsabilidade solidária entre o comerciante e o fabricante (art. 18, *caput*, CDC). **AB**

Gabarito "D".

(Magistratura/ES – 2011 – CESPE) Em 19/7/2011, Eduardo adquiriu, em uma concessionária, um veículo automotor novo, no valor de R$ 60.000,00, pago a vista. No momento da entrega do carro, Eduardo solicitou que fosse retirado da parte traseira da tampa do porta-malas o adesivo do nome fantasia da concessionária, que havia ali sido colado sem a sua autorização. Eduardo constatou, imediatamente

após a retirada do adesivo, que, na área onde o adesivo tinha sido colado, havia um defeito na pintura.

Com base nessa situação hipotética, assinale a opção correta à luz das normas que regem as relações de consumo.

(A) Nesse caso, a culpa pelo vício é exclusiva da concessionária; por isso, Eduardo não poderá acionar judicialmente a montadora.

(B) Eduardo deve apresentar reclamação formal à concessionária e à montadora e aguardar a solução do vício no prazo de trinta dias, sendo vedado às partes convencionar prorrogação.

(C) Caso, após conserto na pintura, a tampa do porta-malas reste com tonalidade diferente da do restante da lataria do veículo e, por essa razão, haja diminuição de seu valor de mercado, Eduardo poderá obter judicialmente a troca do carro, se comprovados os fatos.

(D) Caso decida apresentar reclamação, Eduardo deverá fazê-lo no prazo máximo de trinta dias, sob pena de decadência de seu direito.

(E) Eduardo faz jus à imediata substituição do veículo, dada a diminuição do valor do bem, em razão da extensão do vício.

A: incorreta, pois a responsabilidade pelo vício do produto é solidária entre todos os fornecedores (art. 18, CDC); **B:** incorreta, as partes podem convencionar a redução ou ampliação do prazo previsto no § 1º do art. 18, não podendo ser inferior a sete nem superior a cento e oitenta dias (art. 18, § 2º, CDC); **C:** correta, o consumidor poderá fazer uso imediato das alternativas do § 1º do art. 18 sempre que, em razão da extensão do vício, a substituição das partes viciadas puder comprometer a qualidade ou características do produto, diminuir-lhe o valor ou se tratar de produto essencial (art. 18, § 3º, CDC); **D:** incorreta, por se tratar de produto durável o consumidor terá o prazo de 90 dias para reclamar do vício do produto (art. 26, II, CDC); **E:** incorreta, a princípio Eduardo só tem direito a exigir o conserto do produto, nos termo do art. 18, caput, CDC. **AB**

Gabarito "C".

(Magistratura/PA – 2012 – CESPE) No que se refere à responsabilidade por vício do produto e do serviço, assinale a opção correta.

(A) De acordo com a sistemática adotada pelo CDC, a existência de desacordo entre o produto e as especificações a ele relativas constantes no seu recipiente não configura vício de qualidade.

(B) Além de orientar o consumidor, o registro do prazo de validade do produto representa garantia para o fabricante, sendo do consumidor o risco do consumo do produto após esse prazo.

(C) Nem todo motivo que faça o produto tornar-se inadequado ao fim a que se destina é considerado vício.

(D) Como nem todas as pessoas que participam do ciclo de produção são consideradas responsáveis pelo vício do produto, cabe ao consumidor identificar o responsável pelo vício e acioná-lo diretamente.

(E) Os fornecedores de produtos de consumo não duráveis não respondem solidariamente por vícios de qualidade ou quantidade.

A: incorreta, se houver desacordo entre o produto e as especificações a ele relativas constantes no seu recipiente estará configurado vício

9. DIREITO DO CONSUMIDOR 625

de qualidade (art. 18, caput, CDC); **B:** correta, pois de acordo com o art. 18, § 6º, do CDC, são § 6º são impróprios ao uso e consumo os produtos cujos prazos de validade estejam vencidos. Assim, se o consumidor resolver consumir o produto após a data de validade estará assumindo o risco; **C:** incorreta, pois todo o motivo que tornar o produto inadequado ao fim a que se destina é vício (art. 18, CDC); **D:** incorreta, todas as pessoas que participam do ciclo de produção são consideradas responsáveis pelo vício do produto (art. 18, caput, CDC); **E:** incorreta, os fornecedores de produtos de consumo não duráveis respondem solidariamente por vícios de qualidade ou quantidade (art. 18, caput, CDC). **AB**
Gabarito "B".

(MAGISTRATURA/PB – 2011 – CESPE) Ainda acerca do direito do consumidor, assinale a opção correta.

(A) Não sendo o vício sanado no prazo máximo de trinta dias, pode o consumidor exigir, imediatamente, a substituição do produto por outro da mesma espécie, em perfeitas condições de uso, sempre que, em razão da extensão do vício, a substituição das partes viciadas puder comprometer a qualidade ou as características do produto, diminuir-lhe o valor ou se tratar de produto essencial.

(B) Considere que determinado consumidor tenha adquirido, em compra por telefone, uma coletânea de CDs e, três dias após o recebimento dos CDs, desista da compra. Nessa situação, o valor pago deverá ser devolvido ao consumidor, descontados os gastos com a correspondência de retorno.

(C) Prescreve em cinco anos a pretensão à reparação pelos danos causados por fato do produto ou do serviço, iniciando-se a contagem do prazo a partir do conhecimento do dano.

(D) Ao comerciante cabe prestar as informações adequadas relativas à proteção à saúde e à segurança dos consumidores, por meio de impressos distribuídos nos estabelecimentos comerciais, mesmo no caso de venda de produtos industriais.

(E) Consideram-se defeituosos os produtos cujo prazo de validade esteja vencido, assim como os deteriorados, avariados, falsificados, corrompidos, fraudados, nocivos à vida ou à saúde, perigosos ou, ainda, aqueles em desacordo com as normas regulamentares de fabricação e distribuição.

A: correta (art. 18, § 1º, do CDC); **B:** incorreta, pois serão devolvidos todos os valores pagos pelo consumidor (art. 49, do CDC); **C:** incorreta, pois a contagem do prazo se dá partir do conhecimento do dano **e de sua autoria** (art. 27, do CDC); **D:** incorreta, pois tais informações devem se dar de maneira ostensiva e adequada (art. 9º do CDC), o que não se resume ou determina que tal se dê por meio de impressos distribuídos nos estabelecimentos comerciais; **E:** incorreta, pois o conceito de produto com *defeito* é outro (art. 12, § 1º, do CDC); o conceito trazido está na esfera do produto com *vício* (art. 18 do CDC). **WG**
Gabarito "A".

(Magistratura/PE – 2011 – FCC) Constatado vício no funcionamento de produto durável (geladeira), sessenta dias após sua aquisição, o consumidor:

(A) não poderá exigir o saneamento do vício.

(B) poderá exigir saneamento do vício, no prazo máximo de trinta dias.

(C) poderá exigir, imediatamente, a substituição do produto por outro da mesma espécie.

(D) poderá exigir, imediatamente, a substituição do produto por outro, ainda que de espécie, marca ou modelo diversos.

(E) poderá exigir, imediatamente, a substituição do produto, a restituição da quantia paga ou o abatimento do preço.

Segundo o art. 18, *caput* e § 1º, do CDC, o consumidor deverá, em primeiro lugar, solicitar o conserto do produto (o saneamento do vício). Caso este não seja sanado no prazo de 30 dias, aí sim o consumidor poderá se valer das alternativas previstas no art. 18, § 1º, do CDC. **WG**
Gabarito "B".

(Magistratura/PE – 2011 – FCC) Na superveniência de vício de qualidade do produto, o consumidor poderá fazer uso imediato dos seus direitos reparatórios sempre que:

(A) tiver adquirido o produto mediante pagamento à vista.

(B) o fornecedor abrir mão do direito e proceder ao saneamento do vício.

(C) o produto, por ser essencial, não comportar saneamento.

(D) não tiver decorrido o prazo máximo de trinta dias.

(E) não tiver decorrido o prazo máximo de noventa dias.

De fato, quando o produto for essencial (e também quando a substituição das partes viciadas puder comprometer o produto), o consumidor poderá, nos termos do art. 18, § 3º, do CDC, pular a etapa de pedir o conserto da coisa, para pedir diretamente qualquer uma das opções previstas no art. 18, § 1º, do CDC. **WG**
Gabarito "C".

(Magistratura/PR – 2013 – UFPR) A consumidora B adquiriu na Loja XX um microondas fabricado por BR, o qual funcionou normalmente por dois meses, mas no 60º dia parou de funcionar. A Loja XX propôs-se a tentar resolver a questão junto do fabricante, mas alegou já haver passado o prazo para a consumidora B reclamar (30 dias) e não ser mais responsável pelo defeito do microondas. Apesar de já decorridos 31 dias da data em que fez a reclamação na loja, não houve qualquer solução. Neste caso, à luz do que estabelece o Código de Defesa do consumidor, avalie as seguintes alternativas que indicam contra quem a consumidora B tem direito de ação e qual poderá ser seu pedido. Assinale a alternativa correta.

(A) Apenas contra o comerciante (Loja XX) e poderá, alternativamente, requerer: substituição do produto por outro da mesma espécie, em perfeitas condições de uso; a restituição da quantia paga, acrescida de correção monetária e eventuais perdas e danos; o abatimento proporcional do preço.

(B) Contra o comerciante (Loja XX) e, solidariamente, o fabricante (BR), que poderão, à escolha destes (comerciante ou fabricante): abater proporcionalmente o preço; restituir a quantia paga; substituir o produto por outro da mesma espécie.

(C) Contra o fabricante (BR) e, subsidiariamente, o comerciante (Loja XX), podendo, à escolha da consumidora B, exigir: o abatimento proporcional do preço; a substituição do produto por outro da mesma espécie;

a restituição da quantia paga, monetariamente atualizada.

(D) Nenhuma das alternativas está correta.

A: incorreta, no caso concreto a consumidora poderá reclamar do vício do produto contra *qualquer fornecedor* (do comerciante ao fabricante), conforme prescreve o art. 18 do CDC; **B:** incorreta, a escolha das soluções previstas no art. 18, § 1º, do CDC é exclusiva do *consumidor* (direito potestativo); **C:** incorreta, a responsabilidade pelos vícios do produto é *solidária* entre o comerciante e o fabricante; **D:** correta, pois nenhum das alternativas anteriores estava correta. **AB**
Gabarito "D".

(Magistratura/PR – 2010 – PUC/PR) Os fornecedores de produtos de consumo duráveis ou não duráveis respondem solidariamente pelos vícios de qualidade ou quantidade que os tornem impróprios ou inadequados ao consumo a que se destinam ou lhes diminuam o valor, assim como por aqueles decorrentes da disparidade, com as indicações constantes do recipiente, da embalagem, rotulagem ou mensagem publicitária, respeitadas as variações decorrentes de sua natureza, podendo o consumidor exigir a substituição das partes viciadas. O direito de reclamar pelos vícios aparentes ou de fácil constatação caduca em:

I. 30 (trinta dias), em se tratando de fornecimento de serviço e de produtos não duráveis.

II. 90 (noventa dias), de fornecimento de serviço e de produtos duráveis.

III. Inicia-se a contagem do prazo decadencial a partir da compra do produto ou do início da execução dos serviços.

IV. Obsta a decadência, entre outras situações, a reclamação comprovadamente formulada pelo consumidor perante o fornecedor de produtos e serviços até a resposta negativa correspondente, que deve ser transmitida de forma inequívoca.

V. Em se tratando de vício oculto, o prazo decadencial inicia-se no momento em que ficar evidenciado o defeito.

Marque a alternativa CORRETA:

(A) Somente as assertivas II, III e V estão corretas.

(B) Somente as assertivas I, II, III e V estão incorretas.

(C) Somente as assertivas I, II, IV e V estão corretas.

(D) Somente as assertivas I, IV e V estão incorretas.

I: correta (art. 26, I, do CDC); **II:** correta (art. 26, II, do CDC); **III:** incorreta, pois o prazo de garantia se inicia da *entrega* do produto ou do *término da execução* dos serviços (art. 26, § 1º, do CDC), valendo salientar que, no caso de vícios ocultos, o prazo de garantia começa a ser contado do momento em que ficar evidenciado o defeito (art. 26, § 3º, do CDC); **IV:** correta (art. 26, § 2º, I, do CDC); **V:** correta (art. 26, § 3º, do CDC). **WG**
Gabarito "C".

(Magistratura/RJ – 2011 – VUNESP) Em caso de vício do produto, o consumidor poderá exigir sua substituição por outro da mesma espécie, em perfeitas condições de uso, se o fornecedor não resolver o problema em:

(A) 15 dias.

(B) 30 dias.

(C) 5 anos.

(D) 10 anos.

B: correta, nos termos do art. 18, § 1º, do CDC, se o vício não for sanado no prazo máximo de trinta dias, pode o consumidor exigir, alternativamente e à sua escolha: I – a substituição do produto por outro da mesma espécie, em perfeitas condições de uso; II – a restituição imediata da quantia paga, monetariamente atualizada, sem prejuízo de eventuais perdas e danos; III – o abatimento proporcional do preço. **AB**
Gabarito "B".

(Magistratura/RO – 2011 – PUCPR) Os fornecedores de produtos de consumo duráveis ou não duráveis respondem solidariamente pelos vícios de qualidade ou quantidade que os tornem impróprios ou inadequados ao consumo a que se destinam ou lhes diminuam o valor, assim como por aqueles decorrentes da disparidade, com as indicações constantes do recipiente, da embalagem, rotulagem ou mensagem publicitária, respeitadas as variações decorrentes de sua natureza, podendo o consumidor exigir a substituição das partes viciadas. Dado esse contexto, avalie as alternativas.

I. O direito de reclamar pelos vícios aparentes ou de fácil constatação caduca em trinta dias, em se tratando de fornecimento de serviço e de produtos não duráveis.

II. O direito de reclamar pelos vícios aparentes ou de fácil constatação caduca em noventa dias, em se tratando de fornecimento de serviço e de produtos duráveis.

III. Inicia-se a contagem do prazo decadencial a partir da compra do produto ou do início da execução dos serviços.

IV. Obsta a decadência, entre outras situações, a reclamação comprovadamente formulada pelo consumidor perante o fornecedor de produtos e serviços até a resposta negativa correspondente, que deve ser transmitida de forma inequívoca.

V. Em se tratando de vício oculto, o prazo decadencial inicia-se no momento em que ficar evidenciado o defeito.

Marque a alternativa CORRETA.

(A) Somente as assertivas I, II, IV e V são verdadeiras.

(B) Somente as assertivas II, III e V são verdadeiras.

(C) Somente as assertivas I, II, III e V são falsas.

(D) Somente as assertivas I, IV e V são falsas.

(E) Somente a assertiva III é verdadeira.

I: correta (art. 26, I, do CDC); **II:** correta (art. 26, II, do CDC); **III:** incorreta, pois o prazo se inicia a partir da **entrega** efetiva do produto ou do **término** da execução dos serviços (art. 26, § 1º, do CDC); **IV:** correta (art. 26, § 2º, do CDC); **V:** correta (art. 26, § 3º, do CDC). **WG**
Gabarito "A".

(Magistratura/SP – 2011 – VUNESP) Conforme o CDC, o direito de reclamar pelos vícios aparentes caduca em:

(A) trinta dias, tratando-se de produto durável.

(B) sessenta dias, tratando-se de fornecimento de serviço durável.

(C) sessenta dias, tratando-se de produto durável.

(D) noventa dias, tratando-se de produto durável.

(E) noventa dias, tratando-se de fornecimento de serviço não durável.

9. DIREITO DO CONSUMIDOR

A, B e **C:** incorretas, pois o prazo é de 90 dias no caso (art. 26, II, do CDC); **D:** correta (art. 26, II, do CDC); **E:** incorreta, pois o prazo é de 30 dias nesse caso (art. 26, I, do CDC). **WG**

Gabarito "D".

(Magistratura Federal-4ª Região – 2010) Assinale a alternativa correta.

(A) A pessoa jurídica de direito público não pode ser considerada fornecedor.

(B) A pessoa jurídica de direito público não pode ser considerada consumidor final.

(C) A ignorância do fornecedor sobre os vícios que venham a ter os produtos o exime da responsabilidade de indenizar.

(D) O direito de reclamar pelos vícios aparentes caduca em 30 dias, sejam os bens duráveis ou não.

(E) Todas as alternativas anteriores estão incorretas.

A: incorreta. A pessoa jurídica de direito público pode ser considerada fornecedor, conforme dispõe o artigo 3º, *caput*, do CDC; **B:** incorreta. A jurisprudência do STJ tem admitido como consumidor a pessoa jurídica de direito público: "1. Para se enquadrar o Município no art. 2º do CDC, deve-se mitigar o conceito finalista de consumidor nos casos de vulnerabilidade, tal como ocorre com as pessoas jurídicas de direito privado" (STJ, REsp 913.711/SP, j. 19.08.2008); **C:** incorreta. Nos termos do artigo 23 do CDC, a ignorância do fornecedor sobre os vícios de qualidade por inadequação dos produtos e serviços não o exime de responsabilidade; **D:** incorreta: o direito de reclamar do vício do produto não durável caduca em 30 dias, e, se for durável em 90 dias (art. 18, § § 1º e 2º, do CDC); **E:** correta: todas as alternativas anteriores estão incorretas. **AB**

Gabarito "E".

5. DESCONSIDERAÇÃO DA PERSONALIDADE JURÍDICA. RESPONSABILIDADE EM CASO DE GRUPO DE EMPRESAS

(Magistratura/CE – 2012 – CESPE) Acerca da desconsideração da personalidade jurídica nas relações de consumo, assinale a opção correta.

(A) O CDC admite a responsabilização de sociedades que, embora associadas a outras, conservem a respectiva autonomia patrimonial e administrativa, independentemente da demonstração da ocorrência de culpa.

(B) Nos termos do CDC, o juiz deverá desconsiderar a personalidade jurídica da sociedade apenas quando estiver diante de hipóteses de fraude ou abuso de direito.

(C) De acordo com a jurisprudência do STJ, a teoria menor da desconsideração, acolhida no direito do consumidor, incide com a mera prova de insolvência da pessoa jurídica para o pagamento de suas obrigações, exigindo-se, para isso, apenas a simples demonstração de desvio de finalidade.

(D) Nas relações de consumo, as empresas consorciadas não se obrigam apenas em nome próprio, uma vez que possuem vínculo de solidariedade, expressamente previsto no CDC.

(E) Ainda que não seja comprovada a insuficiência dos bens que compõem o patrimônio de quaisquer das sociedades integrantes dos grupos societários, o consumidor lesado poderá prosseguir na cobrança contra as demais integrantes, em razão do vínculo de solidariedade expressamente previsto no CDC.

A: incorreta, de acordo com o art. 28, § 4º, CDC, as sociedades coligadas só responderão por culpa; **B:** incorreta, o art. 28, "*caput*", CDC, apresenta 11 hipóteses de desconsideração da personalidade jurídica: "O juiz poderá desconsiderar a personalidade jurídica da sociedade quando, em detrimento do consumidor, houver abuso de direito, excesso de poder, infração da lei, fato ou ato ilícito ou violação dos estatutos ou contrato social. A desconsideração também será efetivada quando houver falência, estado de insolvência, encerramento ou inatividade da pessoa jurídica provocados por má administração"; **C:** incorreta, pois pela teoria menor da desconsideração da personalidade jurídica basta a insuficiência patrimonial da pessoa jurídica para que a execução recaia sob o patrimônio dos sócios ou administradores (art. 28, § 5º, CDC). **D:** correta, conforme art. 28, § 3º, CDC, as sociedades consorciadas são solidariamente responsáveis pelas obrigações decorrentes do CDC; **E:** incorreta, o art. 28, § 2º, CDC, estabelece responsabilidade subsidiária e não solidária. **AB**

Gabarito "D".

(Magistratura/ES – 2011 – CESPE) Proprietário de determinado terreno ajuizou ação de rescisão contratual cumulada com indenização por danos materiais e morais contra a construtora Morar Bem Ltda., alegando que a empresa, tendo sido contratada para edificar a sua casa, no prazo certo e improrrogável de doze meses, deixou de cumprir o prazo e abandonou a obra.

Determinada a citação da pessoa jurídica, a carta enviada pelo juízo foi devolvida pelos Correios, sob a justificativa de que, por três vezes, não havia quem a recebesse no endereço especificado. Expedido mandado de citação, o oficial de justiça certificou, nos autos, o seguinte: "o local indicado encontra-se fechado, não havendo qualquer placa com o nome da empresa e nenhuma pessoa para receber a citação, constando apenas, na porta, a informação de que a empresa foi fechada". O autor, então, juntou aos autos certidão da junta comercial atestando que o endereço da sede da empresa coincidia com o do local constante no mandado citatório e que a empresa permanecia formalmente em atividade.

O autor requereu, ainda, a desconsideração da personalidade jurídica da sociedade, para que os sócios fossem incluídos no polo passivo da ação.

Com base nessa situação hipotética, assinale a opção correta.

(A) O pedido de desconsideração da personalidade jurídica da empresa não pode ser deferido, pois o autor não exauriu as possibilidades de citação da sociedade empresária, devendo, antes, ter requerido a citação da empresa por edital.

(B) Como o CDC, seguindo o Código Civil de 2002, adota a chamada teoria maior da desconsideração da personalidade jurídica, é possível o deferimento do pedido do autor.

(C) O CDC, seguindo o Código Civil de 2002, adota a chamada teoria menor da desconsideração da personalidade jurídica, o que torna inviável o deferimento do pedido do autor.

628 ANDRÉ BORGES DE CARVALHO BARROS, WANDER GARCIA E ROBERTA DENSA

(D) Caso o juiz entenda que a personalidade da empresa é, de alguma forma, obstáculo ao ressarcimento de prejuízos causados ao consumidor, o pedido de desconsideração da personalidade jurídica da empresa poderá ser deferido.

(E) O pedido de desconsideração da personalidade jurídica da empresa não pode ser deferido no processo de conhecimento, mas somente na fase de cumprimento de sentença, conforme previsto no CDC.

A: incorreta, a desconsideração da personalidade jurídica pode ser requerida quando caracterizado o encerramento ou a inatividade da pessoa jurídica por má administração (art. 28, caput, CDC), e não é necessária prévia da empresa por edital; **B:** incorreta: o CDC adota a teoria maior da desconsideração no caput do art. 28, mas também adota a teoria menor da desconsideração no § 5º, dispensando motivo para sua decretação; **C:** incorreta, o Código de Defesa do Consumidor adota ambas as teorias, maior e menor; **D:** correta, nos termos do art. 28, § 5º, do CDC; **E:** incorreta, pois o CDC não estabelece em que fase do processo deve ser decretada a desconsideração. **AB** Gabarito "D".

(Magistratura/MG – 2012 – VUNESP) Assinale a alternativa correta de acordo com o Código de Defesa do Consumidor.

(A) É considerado consumidor o microempresário que se utiliza do produto ou serviço como insumo para o exercício de sua atividade.

(B) Nas ações judiciais que envolvam a relação jurídica consumerista, será obrigatória a inversão do ônus da prova em benefício do consumidor.

(C) Quando a ofensa aos direitos do consumidor tiver mais de um autor, cada um deles responderá pela reparação, considerados os danos que causou.

(D) É direito básico do consumidor a informação adequada e clara sobre os diferentes produtos e serviços, com especificação correta de quantidade, características, composição, qualidade e preço, bem como riscos que apresentem.

A: incorreta, pois o empresário ou microempresário que se utilizar do produto ou serviço como insumo para o exercício de sua atividade não será considerado consumidor (art. 2º, CDC); **B:** incorreta, a inversão do ônus da prova é uma medida excepcional na relação de consumo (art. 6º, VIII, CDC); **C:** incorreta, pois havendo mais de um responsável pela causação do dano, todos responderão solidariamente pela reparação prevista (art. 25, § 1º, CDC); **D:** correta, conforme art. 6º, III, CDC. **AB** Gabarito "D".

(Magistratura/PI – 2011 – CESPE) Conforme disposição expressa no CDC, as sociedades coligadas:

(A) são subsidiariamente responsáveis por danos causados aos consumidores.

(B) só respondem por dolo, juntamente com as sociedades integrantes de grupos societários.

(C) são solidariamente responsáveis com as consorciadas.

(D) só respondem por culpa.

(E) têm responsabilidade integral e solidária.

A: incorreta, as sociedades coligadas que se associam a outras sem exercer o controle acionário. Não existe no CDC disposição expressa estabelecendo a responsabilidade subsidiária das socie-

dades coligadas pelos danos causados aos consumidores; **B:** incorreta, as sociedades coligadas só responderão mediante culpa (art. 28, § 4º, CDC); **C:** incorreta, não existe no CDC disposição expressa estabelecendo a responsabilidade solidária das sociedades coligadas com as sociedades consorciadas; **D:** correta, nos termos do art. 28, § 4º do CDC; **E:** incorreta, não existe no CDC disposição expressa estabelecendo a responsabilidade integral e solidária das sociedades coligadas. **AB** Gabarito "D".

(Magistratura/PR – 2010 – PUC/PR) Pela previsão do artigo 28 do Código de Defesa do Consumidor, o juiz poderá desconsiderar a personalidade jurídica da sociedade quando, em detrimento do consumidor, houver abuso de direito, excesso de poder, infração da lei, fato ou ato ilícito ou violação dos estatutos ou contrato social. Sobre a desconsideração da personalidade jurídica no CDC, é CORRETO afirmar:

(A) As sociedades integrantes dos grupos societários e as sociedades controladas são solidariamente responsáveis pelas obrigações decorrentes do Código de Defesa do Consumidor.

(B) As sociedades consorciadas são subsidiariamente responsáveis pelas obrigações decorrentes do Código de Defesa do Consumidor.

(C) Também poderá ser desconsiderada a pessoa jurídica sempre que sua personalidade for, de alguma forma, obstáculo ao ressarcimento de prejuízos causados aos consumidores.

(D) As sociedades coligadas só responderão por dolo.

A: incorreta, pois tais sociedades são *subsidiariamente* responsáveis (art. 28, § 2º, do CDC); **B:** incorreta, pois tais sociedades são *solidariamente* responsáveis (art. 28, § 3º, do CDC); **C:** correta (art. 28, § 5º, do CDC); **D:** incorreta, pois tais sociedades responderão por mera *culpa*, não sendo necessário *dolo* (art. 28, § 4º, do CDC). **WG** Gabarito "C".

(Magistratura/RO – 2011 – PUCPR) Dadas as assertivas abaixo, assinale a única **CORRETA.**

(A) As sociedades integrantes dos grupos societários e as sociedades controladas são solidariamente responsáveis pelas obrigações decorrentes do Código de Defesa do Consumidor.

(B) Associedades consorciadas são subsidiariam ente responsáveis pelas obrigações decorrentes do Código de Defesa do Consumidor.

(C) As sociedades coligadas só responderão por dolo.

(D) É vedado expressamente desconsiderar a personalidade da pessoa jurídica nos casos em que sua personalidade for obstáculo ao ressarcimento de prejuízos causados aos consumidores.

(E) Também poderá ser desconsiderada a pessoa jurídica sempre que sua personalidade for, de alguma forma, obstáculo ao ressarcimento de prejuízos causados aos consumidores.

A: incorreta, pois tais sociedades são **subsidiariamente** responsáveis (art. 28, § 2º, do CDC); **B:** incorreta, pois tais entidades são **solidariamente** responsáveis (art. 28, § 3º, do CDC); **C:** incorreta, pois tais entidades só responderão por **culpa** (art. 28, § 4º, do CDC); **D:** incorreta,

9. DIREITO DO CONSUMIDOR — 629

pois cabe desconsideração nesse caso (art. 28, § 5º, do CDC); **E:** correta (art. 28, § 5º, do CDC). **WG**

Gabarito "E".

6. PRESCRIÇÃO E DECADÊNCIA

(Juiz – TRF 2ª Região – 2017) Leia as assertivas abaixo e, ao final, assinale a opção correta:

I. As vítimas dos acidentes de consumo são consumidoras por equiparação.

II. Existente vício redibitório, há casos nos quais os prazos decadenciais para a reclamação, no Código Civil, são melhores, para o consumidor, do que os da Lei 8.078 e, em tais hipóteses, aplicar-se-á o Código Civil.

III. O prazo prescricional da pretensão à reparação de dano, no Código Civil, é de três anos, enquanto no Código de Defesa do Consumidor (CDC) o prazo é de cinco anos, iniciando-se a partir do conhecimento do dano e de sua autoria.

IV. A disciplina da desconsideração da personalidade jurídica, no âmbito do CDC, abarca mais hipóteses do que as previstas no Código Civil e, em seu teor literal, poderá incidir sempre que a personalidade jurídica for, de alguma forma, obstáculo ao ressarcimento de prejuízos causados aos consumidores.

(A) Todas as assertivas estão corretas.

(B) Apenas a assertiva I é falsa.

(C) Apenas a assertiva II é falsa.

(D) Apenas a assertiva III é falsa.

(E) Apenas a assertiva IV é falsa.

I: correta, conforme art. 17 e art. 2º, parágrafo único, do CDC; **II:** correta. A questão é controvertida. Há três correntes doutrinárias e jurisprudenciais sobre o tema. Há os que entendem que o prazo decadencial para o vício oculto é o estipulado pelo art. 26 do CDC, podendo apenas ser obstado pela reclamação feita pelo consumidor ou por inquérito civil. Neste caso, o prazo seria de apenas 30 ou 90 dias para reclamar não apenas perante o fornecedor, mas também para exigir indenização na Justiça (nesse sentido, veja REsp 1.303.510/SP). Outra parte entende que o prazo decadencial de 30 ou 90 dias é apenas para reclamar perante o fornecedor. Se não for corrigido o problema, o consumidor teria 5 anos (prazo decadencial do art. 27) para buscar indenização perante o Poder Judiciário (nesse sentido, veja REsp 1.629.505/SE). Por outro lado, parte da doutrina entende que, na ausência de solução expressa dada pelo CDC, aplica-se o prazo prescricional do Código Civil, por ser a interpretação mais benéfica ao consumidor. Exemplo disso é o prazo prescricional de dez anos para reclamar de vícios de construção (nesse sentido, veja AgRg no REsp 1551621/SP); **III:** correta. O prazo geral de responsabilidade civil no Código Civil, conforme art. 206, é de três anos. O Código de Defesa do Consumidor, por sua vez, traz prazo de 5 anos para reclamar dos defeitos de produtos e serviços inseridos no mercado de consumo (art. 27 do CDC); **IV:** correta. O § 5º do art. 28 do Código de Defesa do Consumidor adota a teoria menor da desconsideração da personalidade jurídica, podendo o juiz decretá-la sempre que, de alguma forma, a personalidade jurídica obstáculo ao ressarcimento de prejuízos causados aos consumidores. **RD**

Gabarito "A".

(Magistratura/PA – 2012 – CESPE) No que concerne à disciplina aplicável à prescrição e à decadência nas relações de consumo, assinale a opção correta.

(A) As causas de interrupção da prescrição previstas no Código Civil não se aplicam às relações de consumo.

(B) A instauração de inquérito civil, em regra, não obsta o transcurso do prazo decadencial.

(C) Nem toda situação relacionada a dano causado ao consumidor por defeito do produto submete-se aos prazos prescricionais.

(D) Nas relações de consumo, a contagem do prazo prescricional inicia-se a partir do conhecimento do dano ou do conhecimento de sua autoria.

(E) A garantia contratual, que decorre da autonomia da vontade das partes, complementa a garantia legal, podendo, no contrato, ser estipulado prazo superior aos determinados por lei.

A: incorreta, as causas de interrupção da prescrição são aplicáveis às relações de consumo (AgRg no Ag 1385531/MS, Rel. Ministro LUIS FELIPE SALOMÃO, julgado em 10/05/2011); **B:** incorreta, a instauração de inquérito civil obsta o transcurso do prazo decadencial até o seu encerramento (art. 26, § 2º, III, CDC); **C:** incorreta, toda situação de reparação de danos submete-se a prazo prescricional, inclusive nas relações de consumo (art. 27, CDC); **D:** incorreta, pois a contagem do prazo prescricional inicia-se a partir do conhecimento do dano E do conhecimento de sua autoria (art. 27, CDC); **E:** correta, está conforme o art. 50 do CDC. **AB**

Gabarito "E".

(Magistratura/PE – 2013 – FCC) Quanto aos prazos prescricionais e decadenciais nas relações de consumo, é correto afirmar:

(A) Tratando-se de vício oculto, o prazo decadencial inicia-se no pagamento do produto ou do serviço.

(B) O prazo prescricional pode ser suspenso ou interrompido, mas não o prazo decadencial, que não se interrompe ou suspende mesmo nas relações consumeristas.

(C) Na aferição dos vícios de fácil ou aparente constatação, o prazo decadencial se inicia tão logo seja entregue o produto ou terminada a execução do serviço.

(D) Decai em cinco anos a pretensão à reparação pelos danos causados por fato do produto ou do serviço, iniciando-se a contagem do prazo a partir do conhecimento do dano e de sua autoria.

(E) O direito de reclamar pelos vícios aparentes ou de fácil constatação caduca em noventa dias, tratando-se de fornecimento de serviço e de produto não duráveis.

A: incorreta, pois, em sendo oculto o vício, o prazo somente se inicia no momento em que ficar evidenciado o defeito (art. 26, § 3º, do CDC); **B:** incorreta, pois o prazo decadencial para reclamar de vícios de produto ou serviço no âmbito do CDC fica suspenso nos casos previstos no art. 26, § 2º, I e III, do CDC (reclamação comprovada até resposta negativa inequívoca e na constância de inquérito civil, respectivamente); **C:** correta (art. 26, § 1º, do CDC); **D:** incorreta, pois o prazo em questão não "decai", mas, sim, "prescreve"; trata-se de prazo prescricional e não decadencial (art. 27 do CDC); **E:** incorreta, pois, tratando-se de produtos ou serviços não duráveis, o prazo decadencial é de 30 dias e não de 90 dias, prazo este aplicável aos produtos ou serviços duráveis (art. 26, I e II, do CDC, respectivamente). **WG**

Gabarito "C".

(Magistratura/PI – 2011 – CESPE) Com relação ao que dispõe o CDC acerca da prescrição e da decadência, e ao entendimento do STJ a esse respeito, assinale a opção correta.

(A) Inicia-se a contagem do prazo prescricional para a reclamação contra vício constatado em produto ou serviço a partir da entrega efetiva do produto ou do término da execução dos serviços.

(B) Obsta a decadência a reclamação formal formulada pelo consumidor perante a autoridade administrativa competente.

(C) O prazo prescricional para a reparação de danos causados por fato do produto aos consumidores é de cinco anos, em se tratando de produtos duráveis, e de três anos, no caso de produtos não duráveis.

(D) O prazo de decadência para a reclamação por vícios do produto não corre durante o período de garantia contratual em cujo curso o produto tenha sido reiteradamente apresentado com defeitos ao fornecedor, desde o primeiro mês da compra.

(E) O consumidor que adquirir produto durável viciado perderá o direito de reclamar pelos vícios aparentes e de fácil constatação decorridos trinta dias da data de aquisição do bem.

A: incorreta, o prazo para reclamar de vício do produto tem natureza decadencial (art. 26, § 1º, CDC); **B:** incorreta, o que obsta a decadência é a reclamação comprovadamente formulada pelo consumidor perante o fornecedor de produtos e serviços (art. 26, § 2º, I, CDC); **C:** incorreta, o prazo prescricional para a reparação de danos causados por fato do produto ou do serviço aos consumidores é sempre de cinco anos, não importando se é durável ou não durável (art. 27, CDC); **D:** correta, está de acordo com o art. 26, § 2º, I, CDC; **E:** incorreta, em caso de produto durável o prazo é de 90 dias (art. 26, II, CDC). **AB**
Gabarito "D".

7. PRÁTICAS COMERCIAIS

(Juiz de Direito – TJ/SP – VUNESP – 2015) É correto afirmar que:

(A) quem já é registrado como mau pagador não pode se sentir moralmente ofendido pela inscrição de seu nome nos cadastros de proteção ao crédito, mesmo sem a prévia notificação do interessado acerca das notificações anteriores.

(B) na comunicação ao consumidor sobre a negativação de seu nome em bancos de dados e cadastros de inadimplentes é dispensável o aviso de recepção.

(C) a inscrição do nome do devedor pode ser mantida nos cadastros de inadimplentes pelo prazo máximo de cinco anos, independentemente da prescrição da execução ou da ação de conhecimento para cobrança da dívida.

(D) compete ao credor ou à instituição financeira a notificação do devedor antes de se proceder à inscrição no cadastro de proteção ao crédito.

A: incorreta. Conforme entendimento sumulado pelo Superior Tribunal de Justiça, "da anotação irregular em cadastro de proteção ao crédito, não cabe indenização por dano moral, quando preexistente legítima inscrição, ressalvado o direito ao cancelamento" (Súmula 385). No entanto, em qualquer situação, o consumidor tem direito ao aviso prévio (art. 43, § 2º). **B:** correta. "É dispensável o aviso de recebimento

(AR) na carta de comunicação ao consumidor sobre a negativação de seu nome em bancos de dados e cadastros". (Súmula 404 do STJ). **C:** incorreta. "A inscrição do nome do devedor pode ser mantida nos serviços de proteção ao crédito até o prazo máximo de cinco anos, independentemente da prescrição da execução" (Súmula 323 do STJ). **D:** incorreta. "Cabe ao órgão mantenedor do Cadastro de Proteção ao Crédito a notificação do devedor antes de proceder à inscrição". (Súmula 359 do STJ). **RD**
Gabarito "B".

(Juiz de Direito – TJ/MS – VUNESP – 2015) Nos termos do art. 35 do CDC, se o fornecedor de produtos ou serviços recusar cumprimento à oferta, apresentação ou publicidade, o consumidor poderá, alternativamente e à sua livre escolha,

(A) aceitar outro produto ou prestação de serviço equivalente.

(B) ofertar o valor de mercado do produto ou serviço e exigir o cumprimento forçado da obrigação.

(C) exigir o cumprimento negociado da obrigação, nos termos da oferta, apresentação ou publicidade.

(D) exigir a divulgação, pelo mesmo meio veiculado, da correção da oferta, apresentação ou publicidade.

(E) modificar o contrato, com direito à restituição de quantia eventualmente antecipada, monetariamente atualizada, e a perdas e danos.

A: correta. Dentre as opções que o artigo 35 confere ao consumidor, o inciso II prevê a possibilidade de aceitar outro produto ou prestação de serviço equivalente. **B:** incorreta. O consumidor poderá exigir o cumprimento forçado da obrigação, nos termos da oferta (art. 35, I). A oferta é sempre feita pelo fornecedor (art. 30 do CDC). **C:** incorreta. Conforme art. 35, I, o consumidor poderá exigir o cumprimento forçado da obrigação, nos termos da oferta, apresentação ou publicidade. **D:** incorreta. A imposição de contrapropaganda é sanção administrativa prevista no art. 60 do CDC, e pode ser aplicada pelos entes federativos estabelecidos no art. 55 do CDC. **E:** incorreta. A modificação do contrato é direito básico do consumidor, previsto no art. 6º, V, e pode ser requerida quando a prestação for desproporcional. **RD**
Gabarito "A".

(Juiz – TJ-SC – FCC – 2017) Em relação à publicidade nas relações de consumo, é correto afirmar:

(A) A publicidade omissiva em relação a um produto ou serviço não se caracteriza como enganosa ou abusiva, pois não induz em erro o consumidor, nem lhe causa prejuízo.

(B) O ônus da prova da veracidade e correção da informação ou comunicação publicitária cabe a quem tenha arguido a abusividade ou ilegalidade.

(C) A publicidade enganosa ou abusiva gera consequências diversas, pois enquanto a enganosa conduz à anulabilidade do negócio jurídico ao qual o consumidor foi induzido, a abusividade gera sua nulidade.

(D) A publicidade de um produto pode estar contida dissimuladamente em uma notícia veiculada pelos meios de comunicação, mas sua verdadeira natureza publicitária deverá ser declinada se houver requisição do Ministério Público ou do juiz.

(E) O fornecedor, na publicidade de seus produtos ou serviços, manterá, em seu poder, para informação

9. DIREITO DO CONSUMIDOR — 631

dos legítimos interessados, os dados fáticos, técnicos e científicos que dão sustentação à mensagem.

A: incorreta. A publicidade enganosa por omissão é aquela que deixa de dar uma informação essencial quanto ao produto ou serviço e é expressamente proibida pelo art. 37, § 3º, do CDC; **B:** incorreta. O ônus da prova da veracidade da publicidade é sempre de quem as patrocina (art. 38 do CDC); **C:** incorreta. A publicidade enganosa é aquela que leva o consumidor a erro (art. 37, § 1) e a publicidade abusiva (art. 37, § 2º), embora não conceituada pelo legislador, é aquela que manipula do consumidor com elementos do subconsciente. Em ambos os casos, por ser norma de ordem pública, induzem a nulidade de eventuais contratos; **D:** incorreta. Pelo princípio da veracidade da publicidade, esta "deve ser veiculada de tal forma que o consumidor, fácil e imediatamente, a identifique como tal" (art. 36 do CDC), sendo vedada, portanto, qualquer forma de publicidade dissimulada ou subliminar; **E:** correta. Nos exatos termos do art. 36, parágrafo único. **RD**

Gabarito "E"

(Magistratura/AM – 2013 – FGV) Acerca das *práticas comerciais nas relações de consumo*, assinale a afirmativa correta.

(A) O orçamento entregue pelo fornecedor ao consumidor, salvo estipulação em contrário, terá validade pelo prazo de dez dias e, uma vez aprovado pelo consumidor, obriga os contraentes e somente pode ser alterado mediante livre negociação das partes.

(B) Os fabricantes e importadores deverão assegurar a oferta de componentes e peças de reposição até dois anos após cessar a produção ou importação do produto.

(C) A publicidade de bens e serviços, por telefone, é proibida.

(D) O fornecedor de produto ou serviço responde objetivamente pelos atos de seus prepostos, mas mediante verificação da culpa pelos atos de seus representantes autônomos.

(E) O ônus da prova da falsidade ou incorreção da informação ou comunicação publicitária cabe ao consumidor.

A: correta, o art. 40 do CDC estabelece diversas regras a respeito do orçamento, em especial, a validade por 10 (dez) dias, salvo disposição contrária, e a obrigatoriedade de seu cumprimento; **B:** incorreta, os fabricantes e importadores deverão assegurar a oferta de componentes e peças de reposição por *período razoável* de tempo após cessar a produção ou importação (art. 32, parágrafo único, do CDC); **C:** incorreta, a publicidade de bens e serviços por telefone só é protegida quando a chamada for *onerosa* ao consumidor que a origina (art. 33, parágrafo Único, do CDC); **D:** incorreta, nos termos do art. 34 do CDC, o fornecedor do produto ou serviço é solidariamente responsável pelos atos de seus prepostos ou representantes autônomos. Essa responsabilidade *independe* da verificação de culpa dos representantes autônomos (arts. 12 e 14 do CDC); **E:** incorreta, o ônus da prova da veracidade e correção da informação ou comunicação publicitária cabe a *quem as patrocina* (art. 38 do CDC). **AB**

Gabarito "A"

(Magistratura/BA – 2012 – CESPE) Assinale a opção correta a respeito de serviços de proteção ao crédito.

(A) É indispensável o aviso de recebimento na carta de comunicação enviada ao consumidor para informá-lo sobre a negativação de seu nome em bancos de dados e cadastros.

(B) A retirada do nome de consumidor de cadastro de inadimplentes, requerida em antecipação de tutela e(ou) medida cautelar, somente será deferida se, cumulativamente, a ação for fundada em questionamento integral ou parcial do débito, houver demonstração de que a cobrança indevida se funda na aparência do bom direito e em jurisprudência consolidada do STF ou do STJ e houver depósito da parcela incontroversa ou for prestada a caução fixada conforme o prudente arbítrio do juiz.

(C) O consumidor cujo nome é irregularmente anotado em cadastro de proteção ao crédito tem direito a pleitear tanto indenização por dano moral quanto o cancelamento da anotação, ainda que preexista legítima inscrição.

(D) Cabe ao credor da dívida providenciar a notificação do devedor antes de proceder à inscrição de seu nome em órgão de proteção ao crédito.

(E) O serviço de proteção ao crédito pode manter a inscrição do nome do devedor até o efetivo pagamento da dívida, desde que o credor ajuíze ação de execução.

A: incorreta, de acordo com a Súmula 404 do STJ, "é dispensável o aviso de recebimento (AR) na carta de comunicação ao consumidor sobre a negativação de seu nome em bancos de dados e cadastros"; **B:** correta, pois está de acordo com a jurisprudência do STJ (AgRg no REsp 1.185920 SP, Rel. Min. Nancy Andrighi, julgado em 15/02/2011); **C:** incorreta, de acordo com a Súmula 385 do STJ, "da anotação irregular em cadastro de proteção ao crédito, não cabe indenização por dano moral, quando preexistente legítima inscrição, ressalvado o direito ao cancelamento"; **D:** incorreta, a comunicação ao consumidor é realizada após a abertura de cadastro, ficha ou registro nos bancos de dados e cadastros de consumidores (art. 43, § 2º, CDC); **E:** incorreta, conforme o art. 43, § 1º, CDC, e a Súmula 323 do STJ: A inscrição do nome do devedor pode ser mantida nos serviços de proteção ao crédito até o prazo máximo de cinco anos, independentemente da prescrição da execução. **AB**

Gabarito "B"

(Magistratura/CE – 2012 – CESPE) No que se refere às práticas comerciais nas relações de consumo, assinale a opção correta.

(A) De acordo com o CDC, os bancos de dados e cadastros relativos a consumidores, os serviços de proteção ao crédito e congêneres são entidades de caráter privado, sendo, por isso, assegurados ao consumidor mecanismos para que os registros a ele relativos constantes nessas entidades não lhe sejam negados, quer quanto ao acesso, quer quanto às retificações.

(B) De acordo com o CDC, a veiculação e a precisão da informação são os dois requisitos necessários para a incidência do princípio da vinculação aplicado à oferta e à publicidade, podendo o consumidor, se houver a recusa do cumprimento da oferta, acionar o fornecedor que pagou e dirigiu a preparação e a veiculação do anúncio; conforme entendimento do STJ, em nenhuma hipótese, entretanto, poderão ser responsabilizados, no caso de recusa, o fornecedor indireto ou o veículo de comunicação.

(C) Em consonância com os princípios da transparência, da boa-fé objetiva e da confiança, o CDC estatui uma obrigação geral de informação, que, no âmbito da proteção à vida e à saúde do consumidor, conforme entendimento do STJ, é manifestação autônoma da obrigação de segurança e exige comportamento positivo do fornecedor. Esse comportamento se concretiza no dever de informar que o seu produto ou serviço pode causar malefícios, ainda que apenas a uma minoria da população.

(D) O consumidor cobrado judicialmente em quantia indevida, salvo hipótese de engano justificável, tem direito à repetição do indébito nos termos do CDC, exigindo-se a prova do erro exclusivamente em relação aos contratos bancários, conforme jurisprudência solidificada do STJ.

(E) Conforme jurisprudência do STJ, não se admite repetição de indébito de valor pago em virtude de cláusula abusiva constante de contratos de consumo.

A: incorreta, os bancos de dados e cadastros relativos a consumidores, os serviços de proteção ao crédito e congêneres são considerados entidades de caráter público (art. 43, § 4º, CDC); **B:** incorreta, pois se houver violação do dever de cuidado o veículo de comunicação pode ser responsabilizado (REsp 997.993/MG, Rel. Ministro LUIS FELIPE SALOMÃO, julgado em 21/06/2012); **C:** correta, o dever de informar corretamente o consumidor está previsto no art. 31, CDC, e o STJ já reconheceu que o fornecedores têm o dever de informar os consumidores sobre os possíveis malefícios de seus produtos, ainda que apenas a uma minoria da população, ao obrigar as empresas de alimentos a informar sobre os riscos do glúten (REsp 586316/MG, Rel. Ministro HERMAN BENJAMIN, julgado em 17/04/2007); **D:** incorreta, pois de acordo com o STJ, "não se faz necessária a prova do erro para exercer o direito à repetição do indébito nos contratos de abertura de crédito (AgRg no REsp 706.340/RS, Rel. Ministra NANCY ANDRIGHI, TERCEIRA TURMA, julgado em 27/09/2005); **E:** incorreta, de acordo com a jurisprudência do STJ é possível a repetição de indébito de valor pago em virtude de cláusula abusiva constante de contrato de consumo (AgRg no REsp 749.830/RS, Rel. Ministro FERNANDO GONÇALVES, QUARTA TURMA, julgado em 18/08/2005). **AB**
Gabarito "C".

(Magistratura/CE – 2012 – CESPE) Assinale a opção correspondente à situação hipotética que retrata prática comercial aceitável, de acordo com as disposições do CDC.

(A) Em contrato de serviços de uma empresa de engenharia para a construção de imóvel residencial, embora o consumidor tivesse prazo certo para cumprir a sua prestação de pagar, a construtora fixou apenas o prazo total de seis meses para a conclusão da obra, contados a partir do término da fundação do imóvel, sem estabelecer expressamente prazo para o início ou término da execução dos serviços de fundação da referida obra.

(B) Em uma cidade acometida por uma grave enchente, o dono de um mercado local impôs, para a comercialização de água mineral, o limite quantitativo máximo de dois garrafões por consumidor, em razão da limitação de seu estoque e a fim de garantir que o maior número de consumidores pudesse ter acesso ao produto.

(C) Determinada instituição bancária enviou, sem prévia solicitação ou anuência dos clientes, cartão de cré-

dito para a residência de determinados correntistas, escolhidos em razão de seu alto poder aquisitivo.

(D) O dono de uma loja de sapatos avisou aos outros comerciantes de sapatos do bairro que determinada consumidora, além de habitualmente reclamar da qualidade de produtos e serviços, já propôs várias ações em face de outros fornecedores.

(E) Uma instituição particular de educação infantil reajustou a mensalidade para além dos índices de inflação e deixou de apresentar, para os responsáveis legais das crianças matriculadas, a justa causa do referido aumento.

A: incorreta, o art. 39, XII, CDC, considera prática abusiva deixar de estipular prazo para o cumprimento de sua obrigação ou deixar a fixação de seu termo inicial a seu exclusivo critério; **B:** correta, na hipótese o fornecimento do produto pode ser limitado em razão da justa causa presente (grave enchente) conforme autoriza o art. 39, I, CDC; **C:** incorreta, nos termos do art. 39, III, CDC, é prática abusiva enviar ou entregar ao consumidor, sem solicitação prévia, qualquer produto, ou fornecer qualquer serviço; **D:** incorreta, nos termos do art. 39, VII, CDC, é prática abusiva repassar informação depreciativa, referente a ato praticado pelo consumidor no exercício de seus direitos; **E:** incorreta, pois também é prática abusiva elevar sem justa causa o preço de produtos ou serviços (art. 39, X, CDC.). **AB**
Gabarito "B".

(Magistratura/DF – 2011) Se o fornecedor de produtos ou serviços recusar cumprimento à oferta, apresentação ou publicidade, o consumidor poderá, alternativamente e à sua livre escolha:

(A) rescindir o contrato, com direito à restituição de quantia eventualmente antecipada, monetariamente atualizada, e a perdas e danos;

(B) aceitar outro produto ou prestação de serviço equivalente;

(C) exigir o cumprimento forçado da obrigação, nos termos da oferta, apresentação ou publicidade;

(D) todas alternativas anteriores (a, b, c) são corretas.

D: correta, nos termos do art. 35, I, II e III, do CDC, em caso de recusa do cumprimento da oferta, apresentação ou publicidade, o consumidor poderá: I – exigir o cumprimento forçado da obrigação, nos termos da oferta, apresentação ou publicidade; II – aceitar outro produto ou prestação de serviço equivalente; III – rescindir o contrato, com direito à restituição de quantia eventualmente antecipada, monetariamente atualizada, e a perdas e danos. **WG**
Gabarito "D".

(Magistratura/DF – 2011) Se o fornecedor de produtos ou serviços recusar cumprimento à oferta, apresentação ou publicidade, o consumidor poderá, alternativamente e à sua livre escolha:

(A) rescindir o contrato, com direito à restituição de quantia eventualmente antecipada, monetariamente atualizada, e a perdas e danos;

(B) aceitar outro produto ou prestação de serviço equivalente;

(C) exigir o cumprimento forçado da obrigação, nos termos da oferta, apresentação ou publicidade;

(D) todas alternativas anteriores (a, b, c) são corretas.

9. DIREITO DO CONSUMIDOR — 633

De fato, o art. 35 do CDC permite ao consumidor, à sua livre escolha, optar por qualquer das providências mencionadas nas alternativas "A" a "C", daí porque deve ser assinalada a alternativa "D". **WG**

Gabarito "D".

(Magistratura/DF – 2011) Em face do que disciplina a Lei nº 8.078/1990, por seu artigo 30 ("Toda informação ou publicidade, suficientemente precisa, veiculada por qualquer forma ou meio de comunicação com relação a produtos e serviços oferecidos ou apresentados, obriga o fornecedor que a fizer veicular ou dela se utilizar e integra o contrato que vier a ser celebrado"), é certo que:

(A) o *puffing*, normalmente, tem força vinculante;

(B) em relação ao preço, a utilização do *puffing* não impõe, de regra, vinculação;

(C) haverá vinculação, mesmo se não houver exposição da informação ou publicidade;

(D) nenhuma das alternativas anteriores (a, b, c) é correta.

A: incorreta, pois o *puffing* é o exagero praticado em anúncios de publicidade (ex: "melhor pizza do mundo"); porém, o art. 30 do CDC estabelece que somente a informação ou publicidade **suficientemente precisas** vincula o fornecedor; assim, o exagero, desde que feito de forma jocosa, lúdica, e sem precisão, não vincula o fornecedor; **B:** incorreta, pois, havendo precisão quanto ao preço (ex: "o mais barato da cidade"), há vinculação sim; **C:** incorreta, pois, sem **veiculação**, não incide o art. 30 do CDC; **D:** correta, pois as outras três alternativas, de fato, trazem assertivas incorretas. **WG**

Gabarito "D".

(Magistratura/DF – 2011) Orange Produtos de Informática Ltda. envia a Petronius, consumidor, sem solicitação prévia deste, um roteador *wireless* no valor de R$168,00 (cento e sessenta e oito reais). Petronius recebe o produto em sua residência, firmando recibo, e fica com o roteador, silenciando. Diante disso:

(A) Orange Produtos de Informática Ltda., após decorrido o prazo de 7 (sete) dias do ato de recebimento do produto, prazo de reflexão, sem manifestação de Petronius, pode deste cobrar o valor do roteador;

(B) Orange Produtos de Informática Ltda., após decorrido o prazo de 10 (dez) dias do ato de recebimento do produto, prazo de reflexão, sem manifestação de Petronius, pode deste cobrar o valor do roteador;

(C) Orange Produtos de Informática Ltda. nada pode cobrar, porque, no caso, o produto remetido equipara-se à amostra grátis;

(D) nenhuma das alternativas anteriores (a, b, c) é correta.

De acordo com o art. 39, parágrafo único, do CDC, os produtos remetidos ao consumidor sem solicitação equiparam-se às amostras grátis. **WG**

Gabarito "C".

(Magistratura/DF – 2011) Tício, consumidor, percebendo inexatidão nos seus dados em Banco de Dados de Proteção ao Crédito, exige sua imediata correção. Apurado pela entidade de proteção ao crédito que Tício tem razão e procedida a correção dos dados, o prazo que o arquivista tem para comunicar a alteração aos terceiros que tenham recebido as informações incorretas é de:

(A) 3 (três) dias úteis;

(B) 5 (cinco) dias úteis;

(C) 10 (dez) dias;

(D) 30 (trinta) dias.

A alternativa "B" está correta, pois sempre que o consumidor encontrar inexatidão nos seus dados e cadastros poderá exigir sua imediata correção, devendo o arquivista, no prazo de cinco dias úteis, comunicar a alteração aos eventuais destinatários das informações incorretas (art. 43, § 3º, CDC). **WG**

Gabarito "B".

(Magistratura/DF – 2011) Em face do que disciplina a Lei nº 8.078/1990, por seu artigo 30 ("Toda informação ou publicidade, suficientemente precisa, veiculada por qualquer forma ou meio de comunicação com relação a produtos e serviços oferecidos ou apresentados, obriga o fornecedor que a fizer veicular ou dela se utilizar e integra o contrato que vier a ser celebrado"), é certo que:

(A) o *puffing*, normalmente, tem força vinculante;

(B) em relação ao preço, a utilização do *puffing* não impõe, de regra, vinculação;

(C) haverá vinculação, mesmo se não houver exposição da informação ou publicidade;

(D) nenhuma das alternativas anteriores (a, b, c) é correta.

A: incorreta, mas este gabarito é polêmico. Puffing é a prática comercial de atribuir um juízo de valor exagerado ao produto ou serviço (ex: afirmar que é a melhor televisão no mercado). No direito civil essa prática é tolerada, mas no direito do consumidor não são poucos os autores que criticam o puffing e defendem sua força vinculante. Entretanto, pelo fato do puffing não representar uma publicidade ou informação suficientemente precisa (art. 30, CDC), a doutrina majoritária aponta que não tem força vinculativa; **B:** incorreta, pois com relação ao preço a informação é suficientemente precisa e, consequentemente, possui força vinculativa; **C:** incorreta, pois se a informação ou publicidade não foi divulgada ou exposta não terá força vinculativa (art. 30, CDC); **D:** correta, todas as alternativas anteriores são incorretas. **WG**

Gabarito "D".

(Magistratura/DF – 2011) Orange Produtos de Informática Ltda. envia a Petronius, consumidor, sem solicitação prévia deste, um roteador *wireless* no valor de R$168,00 (cento e sessenta e oito reais). Petronius recebe o produto em sua residência, firmando recibo, e fica com o roteador, silenciando. Diante disso:

(A) Orange Produtos de Informática Ltda., após decorrido o prazo de 7 (sete) dias do ato de recebimento do produto, prazo de reflexão, sem manifestação de Petronius, pode deste cobrar o valor do roteador;

(B) Orange Produtos de Informática Ltda., após decorrido o prazo de 10 (dez) dias do ato de recebimento do produto, prazo de reflexão, sem manifestação de Petronius, pode deste cobrar o valor do roteador;

(C) Orange Produtos de Informática Ltda. nada pode cobrar, porque, no caso, o produto remetido equipara-se à amostra grátis;

(D) nenhuma das alternativas anteriores (a, b, c) é correta.

C: correta, como o produto foi enviado sem qualquer solicitação do consumidor o fornecedor nada poderá cobrar nos termos do disposto

634 ANDRÉ BORGES DE CARVALHO BARROS, WANDER GARCIA E ROBERTA DENSA

no art. 39, parágrafo único, CDC: "Os serviços prestados e os produtos remetidos ou entregues ao consumidor, na hipótese prevista no inciso III, equiparam-se às amostras grátis, inexistindo obrigação de pagamento". **WG**
Gabarito "C".

(Magistratura/MG – 2012 – VUNESP) Analise as proposições seguintes.

I. Pode existir publicidade enganosa por omissão quando deixar de informar sobre dado essencial do produto ou serviço.

II. Não depende de declaração do juiz antes da fase instrutória sobre quem deve recair o ônus da veracidade e correção da informação e comunicação publicitária.

III. A lei considera prática abusiva enviar ou entregar ao consumidor, sem solicitação prévia, qualquer produto, bem como condicionar o fornecimento de produto ao fornecimento de outro produto.

IV. O consumidor cobrado em quantia indevida tem o direito à repetição do indébito, sempre por valor igual ao dobro do que pagou em excesso, acrescido de correção monetária e juros legais.

V. A lei consumerista considera entidade de caráter privado os serviços de proteção ao crédito.

Estão corretas apenas as proposições

(A) I, II e III.

(B) I, III e IV.

(C) II, III e IV.

(D) II, IV e V.

I: correta, nos termos do art. 37, § 3º, do CDC; II: correta, nos termos do art. 38 do CDC o ônus da prova da veracidade e correção da informação ou comunicação publicitária cabe a quem as patrocina; III: correta, nos termos do art. 39, III: do CDC; IV: incorreta, pois o consumidor cobrado em quantia indevida tem direito à repetição do indébito, por valor igual ao dobro do que pagou em excesso, acrescido de correção monetária e juros legais, salvo hipótese de engano justificável (art. 42, parágrafo único, CDC); V: incorreta, os bancos de dados e cadastros relativos a consumidores, os serviços de proteção ao crédito e congêneres são considerados entidades de caráter público (art. 43, § 4º, CDC). **AB**
Gabarito "A".

(Magistratura/MG – 2012 – VUNESP) Analise as proposições seguintes.

I. Os contratos nas relações jurídicas consumeristas não obrigam os consumidores se os respectivos instrumentos forem redigidos de modo a dificultar a compreensão de seu sentido e alcance.

II. O prazo decadencial para a reclamação por vícios em produtos ou serviços prestados ao consumidor é aplicável à ação de prestação de contas ajuizada pelo correntista com o escopo de obter esclarecimentos acerca da cobrança de taxas, tarifas e/ou encargos bancários.

III. As instituições bancárias respondem objetivamente pelos danos causados aos consumidores por fraudes ou delitos praticados por terceiros – como, por exemplo, abertura de conta-corrente ou recebimento de empréstimos mediante fraude ou utilização de documentos falsos –, porquanto tal responsabilidade decorre do risco do empreendimento, caracterizando-

-se como fortuito interno.

IV. O juiz poderá desconsiderar a personalidade jurídica da sociedade quando, em detrimento do consumidor, houver abuso de direito, excesso de poder, infração da lei, fato ou ato ilícito ou violação dos estatutos ou contrato social. A desconsideração também será efetivada quando houver falência, estado de insolvência, encerramento ou inatividade da pessoa jurídica provocados por má administração.

V. De acordo com o sistema consumerista, a nulidade de uma cláusula contratual abusiva sempre invalida o contrato.

São incorretas apenas as proposições:

(A) II e V.

(B) III e V.

(C) I, II e IV.

(D) II, IV e V.

I: correta, está conforme o art. 46, CDC; II: incorreta, pois o prazo decadencial não é aplicável à ação de prestação de contas ajuizada pelo correntista com o escopo de obter esclarecimentos acerca da cobrança de taxas, tarifas e/ou encargos bancários (AgRg no REsp 1111745/RJ, Rel. Ministra MARIA ISABEL GALLOTTI, julgado em 06/10/2011); III: correta, conforme o art. 12 do Código de Defesa do Consumidor e de acordo com a jurisprudência do STJ (REsp 1199782/PR, Rel. Ministro LUIS FELIPE SALOMÃO, julgado em 24/08/2011); IV: correta, reproduz o conteúdo do art. 28, caput, do CDC; V: incorreta, a nulidade de uma cláusula contratual abusiva não invalida o contrato, exceto quando de sua ausência, apesar dos esforços de integração, decorrer ônus excessivo a qualquer das partes (art. 51, § 2º, CDC). **AB**
Gabarito "A".

(Magistratura/PA – 2012 – CESPE) Com relação às práticas abusivas e às cobranças de dívidas, assinale a opção correta.

(A) A execução de serviços independe de autorização expressa do consumidor ou de prévia elaboração de orçamento.

(B) Considere que o gerente de uma loja telefone a um devedor seu e lhe diga que tomará as medidas judiciais cabíveis caso ele não efetue o pagamento total da dívida. Nessa situação, a atitude do credor não constitui ameaça ou prática abusiva visto que a legislação vigente prevê a cobrança de dívida como direito do credor em relação ao devedor.

(C) Não configura conduta abusiva a ação de cobrador que, ao telefone, se apresente ao devedor como oficial de justiça sem o ser.

(D) Não se considera prática abusiva, à luz do CDC, enviar ou entregar ao consumidor, sem solicitação prévia, qualquer produto ou fornecer qualquer serviço.

(E) Atua de acordo com os parâmetros legais o banco que exija, para a concessão de empréstimo, que o cliente adquira apólice de seguro de vida, visto que a lei faculta ao fornecedor a imposição de aquisição conjunta de bens e serviços.

A: incorreta, o art. 39, VI, CDC veda ao fornecedor executar serviços sem a prévia elaboração de orçamento e autorização expressa do consumidor, ressalvadas as decorrentes de práticas anteriores entre as partes; B: correta, pois não caracteriza coação a ameaça de exercício regular de direito (art. 153/CC) e o CDC apenas proíbe que

9. DIREITO DO CONSUMIDOR

o consumidor seja exposto ao ridículo na cobrança de dívida (art. 42, caput, CDC); **C:** incorreta, pois tal situação caracteriza abuso de direito de cobrança (art. 42, caput, CDC); **D:** incorreta, caracteriza prática abusiva enviar ou entregar ao consumidor, sem solicitação prévia, qualquer produto ou fornecer qualquer serviço (art. 39, III, CDC); **E:** incorreta, o CDC veda ao fornecedor condicionar o fornecimento de produto ou de serviço ao fornecimento de outro produto ou serviço (art. 39, I, CDC). **AB**

Gabarito "B".

(Magistratura/PE – 2013 – FCC) Na oferta de produtos e serviços regulada pelo Código de Defesa do Consumidor,

(A) o fornecedor é apenas subsidiariamente responsável pelos atos de seus prepostos ou representantes autônomos.

(B) a reposição de componentes e peças dos produtos deve ser assegurada apenas enquanto estes forem fabricados ou importados.

(C) em qualquer hipótese, é proibida a publicidade de bens e serviços ao consumidor por telefone.

(D) as informações ao consumidor oferecidas nos produtos refrigerados, devem ser gravadas de forma indelével.

(E) a informação ou publicidade do produto obriga o fornecedor que a fizer veicular, mas só integra o contrato se for realizada por escrito.

A: incorreta, pois o fornecedor é *solidariamente* responsável pelos atos de seus prepostos ou representantes autônomos (art. 34 do CDC); **B:** incorreta, pois cessadas a fabricação ou importação, a oferta deverá ser mantida por período razoável de tempo, na forma da lei (art. 32, parágrafo único, do CDC); **C:** incorreta, pois é vedada a publicidade de bens e serviços por telefone quando a chamada for onerosa ao consumidor (art. 33, parágrafo único, do CDC); **D:** correta (art. 31, parágrafo único, do CDC); **E:** incorreta, pois toda informação ou publicidade, suficientemente precisa, obriga o fornecedor e integra o contrato (art. 30 do CDC). **WG**

Gabarito "D".

(Magistratura/PE – 2011 – FCC) Uma mensagem publicitária considera-se abusiva quando:

(A) tiver finalidade ideológica ou política.

(B) induzir em erro o consumidor.

(C) deixar de informar o consumidor sobre dado essencial do produto ou serviço.

(D) for patrocinada pelo Poder Público.

(E) desrespeitar valores ambientais.

Art. 37, § 2º, do CDC. **WG**

Gabarito "E".

(Magistratura/PI – 2011 – CESPE) De acordo com o disposto no CDC acerca da publicidade de bens e serviços de consumo, entende-se por *teaser:*

(A) a publicidade comum e socialmente aceita, a despeito dos exageros nela observados e da não observância do princípio da transparência da fundamentação em sua produção.

(B) a propaganda abusiva, que enseja a responsabilização civil e administrativa do fornecedor dos bens ou serviços.

(C) a mensagem que visa criar expectativa ou curiosidade no público, prescindindo da identificação do anunciante, do produto ou do serviço.

(D) a técnica publicitária utilizada para veicular produtos e serviços de forma camuflada e inseri-los em programas de televisão, rádio ou cinema.

(E) a publicidade enganosa por omissão.

A: incorreta, o *teaser* é uma técnica de marketing para chamar a atenção para uma campanha publicitária, despertando a curiosidade do consumidor. A alternativa A apresenta a noção de *puffing*; **B:** incorreta, o *teaser* não é considerado uma forma de publicidade abusiva; **C:** correta, de acordo com a doutrina; **D:** incorreta, pois a alternativa apresenta o conceito de publicidade camuflada, também conhecida como dissimulada ou disfarçada; **E:** o *teaser* não é uma espécie de publicidade enganosa por omissão, caracterizada quando o fornecedor deixar de informar sobre dado essencial do produto ou serviço (art. 37, § 2º, CDC). **AB**

Gabarito "C".

(Magistratura/PR – 2010 – PUC/PR) O fornecedor, ao cobrar supostos débitos do consumidor, o faz mediante a cobrança via telefone ao trabalho do consumidor, exigindo que este pague por uma dívida vencida e paga, sendo que essa dívida vem sendo cobrada reiteradamente por dois meses consecutivos. Sobre a cobrança de dívidas, é INCORRETO afirmar:

(A) Na cobrança de débitos, o consumidor inadimplente não será exposto a ridículo, nem será submetido a qualquer tipo de constrangimento ou ameaça.

(B) Em todos os documentos de cobrança de débitos apresentados ao consumidor, deverão constar o nome, o endereço e o número de inscrição no Cadastro de Pessoas Físicas – CPF – ou no Cadastro Nacional de Pessoa Jurídica – CNPJ – do fornecedor do produto ou serviço correspondente.

(C) O consumidor cobrado em quantia indevida tem direito à repetição do indébito, por valor igual ao dobro do que pagou em excesso, acrescido de correção monetária e juros legais, ainda que o fornecedor demonstre o engano justificável.

(D) É vedado ao fornecedor utilizar, na cobrança de dívidas, de ameaça, coação, constrangimento físico ou moral, afirmações falsas incorretas ou enganosas ou de qualquer outro procedimento que exponha o consumidor, injustificadamente, ao ridículo ou interfira no seu trabalho, descanso ou lazer, sob pena de responder civil e criminalmente.

A: correta (art. 42, *caput*, do CDC); **B:** correta (art. 42-A do CDC); **C:** incorreta, pois não há direito em caso de engano justificável (art. 42, parágrafo único, do CDC); **D:** correta (arts. 42 e 71 do CDC). **WG**

Gabarito "C".

(Magistratura/PR – 2010 – PUC/PR) O Código de Defesa do Consumidor, no artigo 30, define "oferta" como: "Toda informação ou publicidade, suficientemente precisa, veiculada por qualquer forma ou meio de comunicação com relação a produtos e serviços oferecidos ou apresentados, obriga o fornecedor que a fizer veicular ou dela se utilizar e integra o contrato que vier a ser celebrado". Marcar a alternativa CORRETA:

(A) As informações nos produtos refrigerados oferecidos ao consumidor serão gravadas de forma indelével.

(B) É permitida a publicidade de bens e serviços por telefone, mesmo quando a chamada seja onerosa ao consumidor que a origina.

(C) Se o fornecedor de produtos ou serviços recusar cumprimento à oferta, apresentação ou publicidade, o consumidor não poderá exigir o cumprimento forçado da obrigação, nos termos da oferta, apresentação ou publicidade.

(D) O consumidor não poderá rescindir o contrato, em caso de o fornecedor de produtos ou serviços se recusar cumprimento à oferta, apresentação ou publicidade.

A: correta (art. 31, parágrafo único, do CDC); **B:** incorreta, pois a publicidade não pode ser onerosa ao consumidor, no caso (art. 33, parágrafo único, do CDC); **C:** incorreta, pois o consumidor poderá, sim, fazer tal exigência em juízo (art. 35, I, do CDC); **D:** incorreta, pois há, dentre outras, essa possibilidade (art. 35, I a III, do CDC). **WG**
Gabarito "A".

(Magistratura/RJ – 2011 – VUNESP) Em matéria de publicidade, é correto afirmar que é:

(A) abusiva aquela parcialmente falsa,que induz o consumidor em erro em relação à qualidade do produto.

(B) enganosa aquela que se aproveita da deficiência de julgamento da criança.

(C) abusiva aquela que por omissão deixa de destacar elemento essencial à decisão de compra do consumidor.

(D) enganosa a que induz o consumidor em erro a respeito da sua segurança no consumo.

A: incorreta, a publicidade que contém informação totalmente ou parcialmente falsa é considerada enganosa e não abusiva (art. 37, § 1º, CDC); **B:** incorreta, a publicidade que se aproveita da deficiência de julgamento da criança é considerada abusiva (art. 37, § 2º, CDC); **C:** incorreta, a publicidade que por omissão deixa de destacar elemento essencial à decisão de compra do consumidor é considerada enganosa por omissão (art. 37, § 3º, CDC); **D:** correta, está de acordo com o art. 37, § 1º, CDC. **AB**
Gabarito "D".

(Magistratura/RJ – 2011 – VUNESP) Assinale a alternativa correta.

(A) A ignorância do comerciante sobre os vícios de qualidade por inadequação dos produtos o exime de responsabilidade.

(B) A garantia contratual de adequação do serviço depende de termo expresso e deverá ter em destaque cláusula limitativa da garantia legal.

(C) O abuso de direito praticado em detrimento do consumidor é fundamental para que o juiz desconsidere a personalidade jurídica do fornecedor.

(D) Os fabricantes e importadores deverão assegurar a oferta de componentes e peças de reposição pelo período de cinco anos contados da data de fabricação do produto.

A: incorreta, a ignorância do comerciante sobre os vícios de qualidade por inadequação dos produtos não o exime de responsabilidade (art. 23, CDC); **B:** incorreta, a garantia contratual de adequação do serviço não

depende de termo expresso e não poderá limitar garantia legal (arts. 24 e 25, caput, CDC); **C:** correta, de acordo com o gabarito oficial, mas não concordamos com o mesmo, pois o Código de Defesa do Consumidor não coloca o abuso de direito como um requisito fundamental para que seja decretada a desconsideração (art. 28, CDC); **D:** incorreta, pois cessadas a produção ou importação, a oferta deverá ser mantida por período razoável de tempo, na forma da lei (art. 32, parágrafo único, do CDC). **AB**
Gabarito "C".

(Magistratura/RO – 2011 – PUCPR) O fornecedor, ao cobrar supostos débitos do consumidor, o faz mediante a cobrança via telefone ao trabalho do consumidor, exigindo que este pague por uma dívida vencida e paga, que vem sendo cobrada reiteradamente por dois meses consecutivos. Sobre a cobrança de dívidas, assinale a única alternativa **CORRETA.**

(A) Em todos os documentos de cobrança de débitos apresentados ao consumidor, deverão constar o nome, o endereço e o número de inscrição no Cadastro de Pessoas Físicas – CPF – ou no Cadastro Nacional de Pessoa Jurídica – CNPJ – do fornecedor do produto ou serviço correspondente.

(B) O consumidor cobrado em quantia indevida tem direito à repetição do indébito, por valor igual ao dobro do que pagou em excesso, acrescido de correção monetária e juros legais, ainda que o fornecedor demonstre o engano justificável.

(C) Na cobrança de débitos, o consumidor inadimplente poderá ser cobrado em qualquer situação, inclusive em seu local de trabalho, horário de descanso ou lazer.

(D) É permitido ao fornecedor utilizar, na cobrança de dívidas, qualquer procedimento inclusive de correspondências eletrônicas e telefonemas dirigidos ao empregador do consumidor, por meio do departamento de recursos humanos.

(E) Os apontamentos negativos nos cadastros e bancos de dados referentes ao inadimplemento do consumidor são permitidos até o período de três anos.

A: correta (art. 42-A do CDC); **B:** incorreta, pois, havendo engano justificável, não há direito à devolução em dobro (art. 42, parágrafo único, do CDC); **C e D:** incorretas, pois é proibido qualquer forma de constrangimento (art. 42, caput, do CDC), sendo inclusive crime a situação narrada (art. 71 do CDC); **E:** incorreta, pois é até o período de 5 anos (art. 43, § 1º, do CDC). **WG**
Gabarito "A".

(Magistratura/RO – 2011 – PUCPR) O artigo 30 do Código de Defesa do Consumidor define oferta como toda informação ou publicidade, suficientemente precisa, veiculada por qualquer forma ou meio de comunicação com relação a produtos e serviços oferecidos ou apresentados, obriga o fornecedor que a fizer veicular ou dela se utilizar e integra o contrato que vier a ser celebrado. Dado esse contexto, assinale a única alternativa **CORRETA.**

(A) É permitida a publicidade de bens e serviços por telefone, mesmo quando a chamada seja onerosa ao consumidor que a origina.

(B) As informações nos produtos refrigerados oferecidos ao consumidor serão gravadas de forma indelével.

(C) Se o fornecedor de produtos ou serviços recusar cumprimento à oferta, apresentação ou publicidade, o consumidor não poderá exigir o cumprimento forçado da obrigação, nos termos da oferta, apresentação ou publicidade.

(D) O consumidor não poderá rescindir o contrato, em caso de o fornecedor de produtos ou serviços se recusar cumprimento à oferta, apresentação ou publicidade.

(E) Se o fornecedor de produtos ou serviços recusar cumprimento à oferta, apresentação ou publicidade, o consumidor terá direito somente à rescisão contratual, com direito à restituição de valores eventualmente pagos, devidamente atualizados, sem direito a perdas e danos.

A: incorreta (art. 33, parágrafo único, do CDC); B: correta (art. 31, parágrafo único, do CDC); C: incorreta (art. 35 do CDC); D: incorreta (art. 35, III, do CDC); E: incorreta, pois caberá também a exigência forçada do cumprimento da obrigação e a aceitação de outro produto ou serviço equivalente (art. 35, I e II, do CDC). **WG**
Gabarito "B".

(Magistratura/SC – 2010) Assinale a alternativa correta:

I. Os serviços de proteção ao crédito e congêneres são considerados entidades de caráter privado.

II. Sempre que encontrar inexatidão nos seus dados e cadastros, o consumidor poderá exigir sua imediata correção.

III. Opera-se a decadência no prazo de 30 dias, quanto ao direito de reclamar pelos vícios aparentes, tratando-se de fornecimento de serviços ou de produtos duráveis.

IV. Somente poderão constar nos bancos de dados as informações negativas sobre consumidores relativas aos últimos dois anos.

(A) Somente as proposições I, III e IV estão incorretas.

(B) Somente as proposições II e III estão incorretas.

(C) Somente as proposições I, II e IV estão incorretas.

(D) Somente as proposições III e IV estão incorretas.

(E) Todas as proposições estão incorretas.

I: incorreta, pois são entidades de caráter público (art. 43, § 4º, do CDC); II: correta (art. 43, § 3º, do CDC); III: incorreta, pois, se o produto ou serviço é durável, o prazo é de 90 dias (art. 26, II, do CDC); IV: incorreta, pois poderão constar as informações relativas aos últimos 5 anos (art. 43, § 1º, do CDC). **WG**
Gabarito "A".

(Magistratura/SP – 2011 –VUNESP) Assinale a alternativa correta, acerca da oferta, de acordo com o CDC.

(A) Se o fornecedor de serviços recusar cumprimento à oferta, o consumidor poderá rescindir o contrato, com direito à restituição de quantia eventualmente antecipada, além de perdas e danos.

(B) Em caso de venda pelo telefone, é dispensável o nome do fabricante na embalagem.

(C) O fornecedor de produtos não responde pelos atos de seus representantes autônomos.

(D) Se o fornecedor de produtos não puder cumprir a oferta, poderá exigir que o consumidor aceite outro produto equivalente.

(E) A oferta não precisa ser mantida se cessar a produção do produto.

A: correta (art. 35, III, do CDC); B: incorreta (art. 33 do CDC); C: incorreta, pois o fornecedor é solidariamente responsável pelos atos de seus prepostos ou representantes autônomos (art. 34 do CDC); D: incorreta, pois o consumidor é quem deve escolher uma das opções do art. 35 do CDC; E: incorreta, pois, nesse caso, a oferta deverá ser mantida por período razoável de tempo, na forma da lei (art. 32, parágrafo único, do CDC). **WG**
Gabarito "A".

8. PROTEÇÃO CONTRATUAL

((Juiz de Direito – TJ/RJ – VUNESP – 2016) Santos mora em um apartamento alugado e pretendendo tornar-se proprietário de sua própria moradia, assinou um contrato de promessa de compra e venda com uma empresa construtora para aquisição de um apartamento. O contrato foi celebrado com cláusula contratual que determina a restituição dos valores devidos somente ao término da obra, ou de forma parcelada na hipótese de resolução de contrato de promessa de compra e venda do imóvel, por culpa de quaisquer contratantes.

A partir desses fatos, assinale a alternativa correta.

(A) Se houver resolução do contrato de promessa de compra e venda do imóvel por vontade de ambas as partes, em conformidade com o avençado no contrato, a restituição dos valores devidos deve ocorrer de forma parcelada ou ao término da obra.

(B) Se a resolução contratual for unilateral do promissário comprador, este terá direito à devolução das parcelas pagas, mas a devolução não precisa ser imediata, pois inexiste disposição expressa nesse sentido no Código de Defesa do Consumidor.

(C) Esse contrato não se submete ao Código de Defesa do Consumidor, regendo-se integralmente pelas normas do Código Civil, devendo ser observado o princípio *pacta sunt servanda*.

(D) Se houver resolução do contrato de promessa de compra e venda do imóvel por vontade unilateral e exclusiva do promissário comprador, em observação à legislação consumerista, Carlos dos Santos terá direito à restituição integral das parcelas pagas.

(E) Se houver a resolução do contrato de promessa de compra e venda do imóvel em decorrência de vontade exclusiva do promitente vendedor, caberá a este a imediata restituição integral das parcelas pagas pelo promitente comprador em aplicação da legislação consumerista.

Nos termos da súmula 543 do STJ: "Na hipótese de resolução de contrato de promessa de compra e venda de imóvel submetido ao Código de Defesa do Consumidor, deve ocorrer a imediata restituição das parcelas pagas pelo promitente comprador integralmente -, em caso de culpa exclusiva do promitente vendedor/construtor, ou parcialmente, caso tenha sido o comprador quem deu causa ao desfazimento". A única alternativa que contempla o entendimento externado pelo STJ é a alternativa "D". Vale notar que a relação jurídica de consumo está presente tendo em vista ser a construtora uma "fornecedora" nos termos art. 3º do CDC e que "Carlos dos Santos" ser um destinatário final de um bem imóvel (art. 2º do CDC). **RD**
Gabarito "D".

(Juiz – TJ-SC – FCC – 2017) No tocante à proteção contratual prevista nas relações de consumo,

(A) o consumidor pode desistir do contrato no prazo da garantia conferida pela lei ao produto.

(B) as declarações de vontade constantes de escritos particulares, recibos e pré-contratos relativos às relações de consumo vinculam o fornecedor, ensejando inclusive execução específica.

(C) a garantia contratual deve ser conferida ao consumidor pelo prazo e nos limites legalmente previstos.

(D) se o consumidor desistir do contrato e exercer o direito de arrependimento, deverá escolher outro produto de valor equivalente, sendo-lhe, porém, defeso pleitear a devolução dos valores eventualmente pagos.

(E) os contratos consumeristas admitem a renúncia do direito de indenização por benfeitorias necessárias, desde que as partes sejam plenamente capazes.

A: incorreta. O direito de arrependimento previsto no art. 49 do CDC pode ser exercido no prazo de 7 (sete) dias contados da assinatura ou do recebimento do produto; **B:** correta. Trata-se da vinculação da oferta (e todo o aspecto pré-contratual) que está previsto nos arts. 48 e 30 do CDC; **C:** incorreta. A garantia contratual é complementar à legal, sendo certo que o prazo pode ser estabelecido pelas partes de acordo com termo escrito entregue pelo fornecedor ao consumidor (art. 50 do CDC); **D:** incorreta. Caso o consumidor exerça o direito ao arrependimento previsto no art. 49 do CDC, os valores eventualmente pagos, a qualquer título, deverão ser devolvidos imediatamente, monetariamente atualizados; **E:** incorreta. A cláusula que admite a renúncia do direito de indenização por benfeitorias necessárias é nula (art. 51, XVI, do CDC). **RD**
Gabarito "B".

(Magistratura/AM – 2013 – FGV) Com relação aos *contratos bancários*, à luz do entendimento do Superior Tribunal de Justiça, analise as afirmativas a seguir.

I. As instituições financeiras sujeitam-se à limitação dos juros remuneratórios estipulada na Lei de Usura.

II. A estipulação de juros remuneratórios superiores a 12% ao ano, por si só, não indicam abusividade.

III. Os juros remuneratórios, nos contratos de mútuo bancário, podem ser superiores à taxa que estiver em vigor para a mora do pagamento de impostos devidos à Fazenda Nacional.

Assinale:

(A) se somente a afirmativa I estiver correta.

(B) se somente a afirmativa II estiver correta.

(C) se somente a afirmativa III estiver correta.

(D) se somente as afirmativas II e III estiverem corretas.

(E) se todas as afirmativas estiverem corretas.

I: incorreta, conforme a Súmula nº 596 do STF as instituições financeiras não estão sujeitas à limitação dos juros remuneratórios estipulada na Lei de Usura; **II:** correta, de acordo com a Súmula nº 382 do STJ, "a estipulação de juros remuneratórios superiores a 12% ao ano, por si só, não indicam abusividade"; **III:** correta, o STJ tem decidido que os juros remuneratórios podem ser estipulados acima da taxa que estiver em vigor para a mora do pagamento de impostos devidos à Fazenda Nacional (REsp 680.237/RS, 2ª Seção, j. 14.12.2005, rel. Min. Aldir Passarinho Junior, *DJ* 15.03.2006). **AB**
Gabarito "D".

(Magistratura/CE – 2012 – CESPE) Assinale a opção correta acerca do direito do consumidor e da proteção contratual.

(A) O CDC determina explicitamente que a interpretação das cláusulas contratuais seja mais favorável ao consumidor, estando, por isso, em dissonância com o princípio constitucional da isonomia.

(B) A consequência direta para o inadimplemento da obrigação de fazer derivada do recibo de sinal, escritos particulares e pré-contratos é a resolução em perdas e danos, uma vez que o CDC deixou de conferir ao juiz poderes para tornar efetiva a tutela do consumidor por meio da execução específica da obrigação de fazer.

(C) O legislador, com o fim de proteger a vontade do consumidor das técnicas agressivas de vendas domiciliares, inovou o ordenamento jurídico nacional ao incluir, no CDC, um prazo de reflexão obrigatório e um direito de arrependimento, nos casos dos contratos concluídos fora do estabelecimento comercial, fazendo incidir tal norma, por exemplo, na compra e venda de imóvel celebrada no recinto do cartório de notas, na presença do oficial.

(D) Ao contrário da garantia legal, que é sempre obrigatória, a garantia contratual é mera faculdade que pode ser concedida por liberalidade do fornecedor, constituindo um anexo voluntário e podendo, por isso, ser concedida mesmo após a celebração do contrato; o CDC, entretanto, não permite que tal garantia seja dada verbalmente, sendo o termo escrito a substância do ato.

(E) De acordo com os adeptos da teoria finalista, a fim de que as normas do CDC sejam aplicadas a um número cada vez maior de relações de mercado, o estatuto consumerista deve ser aplicado a todas as pessoas jurídicas, não importando, pois, se têm ou não objetivo de lucro quando adquirem um produto ou utilizam um serviço.

A: incorreta, o art. 47, do CDC, determina que as cláusulas contratuais serão interpretadas de maneira mais favorável ao consumidor, consagrando o princípio constitucional da isonomia ao conferir tratamento desigual aos desiguais; **B:** incorreta, o CDC confere ao juiz poderes para tornar efetiva a tutela do consumidor por meio da execução específica da obrigação de fazer (art. 84, caput, CDC); **C:** incorreta, o direito de arrependimento, previsto no art. 49 do CDC, só é aplicável às vendas ocorridas fora do estabelecimento comercial, o que não é o caso da compra e venda de imóvel celebrada no recinto do cartório de notas, na presença do oficial; **D:** correta, está de acordo com o art. 50, caput e parágrafo único do CDC; **E:** incorreta, pois a teoria finalista exige que o consumidor seja um destinatário final fático e econômico, isto é, que não utilize o bem como uma forma de insumo para o desenvolvimento de atividade lucrativa. **AB**
Gabarito "D".

(Magistratura/CE – 2012 – CESPE) Com o advento do CDC, passou-se a aceitar, no Brasil, a existência de valores jurídicos superiores ao dogma da vontade, como o equilíbrio e a boa-fé nas relações de consumo. Acerca das cláusulas abusivas nos contratos de consumo, assinale a opção correta.

(A) A sentença que reconhece a nulidade da cláusula abusiva é declaratória e tem efeito *ex nunc*.

9. DIREITO DO CONSUMIDOR — 639

(B) Nos termos do CDC, prescrevem em cinco anos os prazos referentes à pretensão do consumidor à reparação pelos danos causados por fato do produto ou serviço e os referentes à alegação de nulidade da cláusula abusiva.

(C) Com o objetivo de promover lealdade, transparência e equilíbrio nas relações de consumo, o CDC dedica especial atenção à proteção contratual do consumidor e, reconhecendo que a supremacia do fornecedor sobre o consumidor caracteriza-se, sobretudo, nas contratações em massa, restringe as cláusulas abusivas ao contrato de adesão.

(D) A abusividade e a consequente declaração de nulidade das cláusulas abusivas, conforme entendimento pacificado na doutrina, podem ser conhecidas por ato de ofício do juiz, independentemente de requerimento da parte ou do interessado.

(E) Nos termos da sistemática adotada pelo CDC, para a caracterização da abusividade da cláusula, é necessário que o fornecedor tenha agido de má-fé e que o consumidor não a tenha aceitado conscientemente.

A: incorreta, pois de acordo com a doutrina a sentença declaratória de nulidade de cláusula abusiva tem eficácia *ex tunc*, retroagindo à celebração do contrato; **B:** incorreta, pois de acordo com a doutrina não existe prazo para declaração de nulidade de cláusula abusiva. Assim como o negócio jurídico, a nulidade de cláusula abusiva não se convalida pelo decurso do tempo; **C:** incorreta, o reconhecimento de cláusulas abusivas (previstas no art. 51 do CDC) não é restrito aos contratos de consumo caracterizados como contratos de adesão; **D:** correta, pois nos termos do art. 51, *caput*, CDC, as cláusulas abusivas são nulas de pleno direito, não dependendo de alegação da parte interessada; **E:** incorreta, o art. 51, *caput*, CDC, não exige a má-fé do fornecedor e nem a inconsciência do consumidor para o reconhecimento da abusividade de cláusula. **AB**
Gabarito "D".

(Magistratura/ES – 2011 – CESPE) A respeito da proteção contratual do consumidor, assinale a opção correta.

(A) Sendo o bem contratado entregue e o preço pago no ato da contratação, não cabe revisão da cláusula-preço.

(B) Considera-se nula de pleno direito cláusula que estipule a incidência de correção monetária em contrato de adesão.

(C) Consumidor que adquira produto por meio da Internet tem direito ao arrependimento, ainda que tenha acesso prévio ao detalhamento do produto.

(D) Ainda que determinada cobrança indevida tenha por base norma posteriormente considerada ilegal pela jurisprudência, cabe a restituição em dobro ao consumidor.

(E) De acordo com a jurisprudência do STJ, não se considera venda casada aquela em que o preço global dos serviços oferecidos seja inferior ao da aquisição individual.

A: incorreta, se houve cobrança de valor abusivo o consumidor pode pedir sua revisão em juízo; **B:** incorreta, a cláusula que estipula a incidência de correção monetária em contrato de adesão não é considerada abusiva pelo art. 51 do CDC; **C:** correta, está de acordo com o art. 49, parágrafo único, CDC; **D:** incorreta, pois não existe direito à repetição

em dobro se o engano for justificável (art. 42, parágrafo único, do CDC); **E:** incorreta, a hipótese caracteriza venda casada de acordo com o art. 39, I, do CDC e a jurisprudência do STJ. **AB**
Gabarito "C".

(Magistratura/PE – 2013 – FCC) As cláusulas abusivas no Código de Defesa do Consumidor são

(A) nulas de pleno direito e previstas em rol meramente exemplificativo.

(B) anuláveis e previstas em rol elucidativo.

(C) nulas de pleno direito e previstas em rol taxativo.

(D) anuláveis e previstas em rol fechado.

(E) tidas por inexistentes.

A: correta; as cláusulas abusivas importam em nulidade de pleno direito, nos termos do art. 51, "caput", do CDC, e estão em rol exemplificativo, já que o art. 51, "caput", do CDC usa a expressão "dentre outras" e o inciso IV apresenta vários conceitos jurídicos indeterminados, de modo a abarcar situações que vão além da casuística prevista nos demais incisos do art. 51; **B:** incorreta, pois são nulas de pleno direito (art. 51, "caput", do CDC); **C:** incorreta, pois, conforme explicação dada à alternativa correta, o rol do art. 51 é meramente exemplificativo; **D:** incorreta, pois são nulas de pleno direito e o rol é aberto ou exemplificativo (art. 51, "caput", do CDC); **E:** incorreta, pois são nulas de pleno direito (art. 51, "caput", do CDC). **WG**
Gabarito "A".

(Magistratura/PE – 2011 – FCC) O consumidor pode desistir do contrato, no prazo de sete dias a contar de sua assinatura ou do ato de recebimento do produto ou serviço e pleitear a devolução dos valores pagos, quando:

(A) se tratar de produtos duráveis.

(B) se tratar de produtos industrializados.

(C) tiver efetivado o pagamento à vista.

(D) tiver notificado previamente o respectivo fornecedor.

(E) o respectivo contrato tiver sido celebrado fora do estabelecimento fornecedor, especialmente pela internet.

Art. 49 do CDC. **WG**
Gabarito "E".

(Magistratura/PR – 2013 – UFPR) Em matéria de proteção contratual, de acordo com o Código de Defesa do Consumidor, considere se as seguintes afirmativas são verdadeiras (V) ou falsas (F):

( ) As cláusulas contratuais serão interpretadas de maneira mais favorável ao consumidor.

( ) A garantia contratual é complementar à legal e será conferida mediante termo escrito.

( ) É nula de pleno direito a cláusula contratual relativa a fornecimento de produtos e serviços que determine a utilização compulsória de arbitragem.

( ) A nulidade de uma cláusula contratual abusiva em regra invalida o contrato de consumo.

Assinale a alternativa que apresenta a sequência correta, de cima para baixo.

(A) V – V – V – F

(B) F – F – V – F.

(C) V – V – F – V.

(D) V – F – F – V.

1: correta, de acordo com o art. 47 do CDC; **2:** correta, o art. 50 do CDC prevê que a garantia contratual deve ser somada à complementar, concedida livremente pelo fornecedor; **3:** correta, o art. 51, VII, do CDC, considera como abusiva e, portanto, nula de pleno direito, a cláusula que determine a utilização compulsória de arbitragem; **4:** incorreta, pois a nulidade de uma cláusula contratual abusiva não invalida o contrato, exceto quando de sua ausência, apesar dos esforços de integração, decorrer ônus excessivo a qualquer das partes (art. 51, § 2º, do CDC). **AB** Gabarito "A".

(Magistratura/PR – 2010 – PUC/PR) O Código de Defesa do Consumidor (8.078/90) expressa que os contratos que regulam as relações de consumo não obrigarão os consumidores, se não lhes for dada a oportunidade de tomar conhecimento prévio de seu conteúdo, ou se os respectivos instrumentos forem redigidos de modo a dificultar a compreensão de seu sentido e alcance. Sobre os contratos de consumo, é CORRETO afirmar:

(A) São nulas de pleno direito, entre outras, as cláusulas contratuais relativas ao fornecimento de produtos e serviços que estabeleçam inversão do ônus da prova a favor do consumidor.

(B) O consumidor pode desistir do contrato, no prazo de 7 (sete) dias a contar de sua assinatura ou do ato de recebimento do produto ou serviço, sempre que a contratação de fornecimento de produtos e serviços ocorrer fora do estabelecimento comercial, especialmente por telefone ou em domicílio.

(C) Nos contratos de compra e venda de móveis ou imóveis mediante pagamento em prestações, bem como nas alienações fiduciárias em garantia, consideram-se válidas as cláusulas que estabeleçam a perda total das prestações pagas em benefício do credor que, em razão do inadimplemento, pleitear a resolução do contrato e a retomada do produto alienado.

(D) Nos contratos de adesão, admite-se cláusula resolutória, desde que alternativa, cabendo a escolha ao fornecedor.

A: incorreta, pois é nula a cláusula que estabelece a inversão do ônus da prova *em prejuízo* do consumidor; **B:** correta (art. 49 do CDC); **C:** incorreta, pois o CDC considera *inválida* a cláusula de perda total das prestações (art. 53 do CDC); **D:** incorreta, pois a alternativa é em benefício do consumidor (art. 54, § 2º, do CDC); isso significa que, caso o consumidor tenha descumprido o contrato cometendo conduta que gere a sua resolução, o consumidor tem a alternativa de continuar com o contrato, cumprindo a obrigação que havia inadimplido (ou seja, purgando a mora), ou de aceitar a resolução do contrato. **WG** Gabarito "B".

(Magistratura/RJ – 2013 – VUNESP) No tocante às cláusulas contratuais abusivas no âmbito do sistema jurídico de proteção ao consumidor, é correto afirmar que

(A) o Ministério Público pode ajuizar ação civil coletiva para buscar a nulidade de cláusula contratual abusiva inserida em pacto de adesão de locação utilizado por determinada administradora de imóveis residenciais.

(B) a nulidade de uma cláusula contratual abusiva não invalida o contrato, exceto quando de sua ausência, apesar dos esforços de integração, decorrer ônus excessivo a qualquer das partes.

(C) o rol do art. 51 do CDC é taxativo.

(D) as cláusulas contratuais abusivas que implicarem limitação de direito do consumidor caso redigidas com destaque, permitindo sua imediata e fácil compreensão, passam a ser válidas.

A: incorreta, pois a falta de configuração de interesse coletivo afasta a legitimidade ativa *ad causam* do Ministério Público para ajuizar ação civil pública objetivando a declaração de nulidade de cláusulas abusivas constantes de contratos de locação (STJ, REsp 605.295/MG, 5ª Turma, j. 20.10.2009, rel. Min. Laurita Vaz, *DJe* 02.08.2010); **B:** correta, pois reproduz a regra presente no art. 51, § 2º, do CDC; **C:** incorreta, haja vista que o rol do art. 51 do CDC é meramente exemplificativo; **D:** incorreta, pois nos termos do art. 54, § 4º, do CDC, as cláusulas que implicarem limitação de direito do consumidor deverão ser redigidas com destaque, permitindo sua imediata e fácil compreensão. Contudo, tratando-se de cláusulas abusivas, a consequência será a nulidade e não a validade. **AB** Gabarito "B".

(Magistratura/RO – 2011 – PUCPR) O Código de Defesa do Consumidor (8.078/90) expressa que os contratos que regulam as relações de consumo não obrigarão os consumidores, se não lhes for dada a oportunidade de tomar conhecimento prévio de seu conteúdo, ou se os respectivos instrumentos forem redigidos de modo a dificultar a compreensão de seu sentido e alcance. A respeito de contratos de consumo, assinale a única alternativa CORRETA.

(A) São nulas de pleno direito, entre outras, as cláusulas contratuais relativas ao fornecimento de produtos e serviços que estabeleçam inversão do ônus da prova a favor do consumidor.

(B) Nos contratos de compra e venda de móveis ou imóveis mediante pagamento em prestações, bem como nas alienações fiduciárias em garantia, consideram-se válidas as cláusulas que estabeleçam a perda total das prestações pagas em benefício do credor que, em razão do inadimplemento, pleitear a resolução do contrato e a retomada do produto alienado.

(C) O consumidor pode desistir do contrato, no prazo de sete dias, a contar de sua assinatura ou do ato de recebimento do produto ou serviço, sempre que a contratação de fornecimento de produtos e serviços ocorrer fora do estabelecimento comercial, especialmente por telefone ou em domicílio.

(D) Nos contratos de adesão admite-se cláusula resolutória, desde que alternativa, cabendo a escolha ao fornecedor.

(E) Nos contratos do sistema de consórcio de produtos duráveis, a compensação, ou a restituição das parcelas quitadas, não sofrerá qualquer desconto, sendo restituído o valor integral devidamente corrigido e atualizado.

A: incorreta, pois é nula a cláusula que impõe a inversão do ônus da prova em **prejuízo** do consumidor (art. 51, VI, do CDC); **B:** incorreta, pois esse tipo de cláusula é inválida (art. 53, *caput*, do CDC); **C:** correta (art. 49 do CDC); **D:** incorreta, pois, no caso, a escolha cabe ao **consumidor** (art. 54, § 2º, do CDC); **E:** incorreta, pois caberá desconto quanto à vantagem econômica do consumidor auferida com a fruição do bem e quanto aos prejuízos causados ao grupo (art. 53, § 2º, do CDC). **WG** Gabarito "C".

9. DIREITO DO CONSUMIDOR

(Magistratura/SC – 2010) O Código de Defesa do Consumidor, ao dispor sobre a proteção contratual, estabelece:

I. Os contratos que regulam as relações de consumo não obrigarão os consumidores, se não lhes for dada a oportunidade de tomar conhecimento prévio de seu conteúdo ou se os respectivos instrumentos forem redigidos de modo a dificultar a compreensão de seu sentido e alcance.

II. A incidência do princípio da interpretação mais favorável ao consumidor pressupõe a presença de cláusulas ambíguas ou contraditórias em contrato de consumo e de adesão.

III. O consumidor pode desistir do contrato, no prazo de sete dias a contar de sua assinatura, ou do ato de recebimento do produto ou serviço, sempre que a contratação de fornecimento de produtos e serviços ocorrer fora do estabelecimento comercial, especialmente por telefone ou em domicílio. Se o consumidor exercitar o direito de arrependimento, os valores eventualmente pagos, a qualquer título, durante o prazo de reflexão, serão devolvidos, de imediato, monetariamente atualizados.

IV. A garantia contratual é complementar à legal e será conferida mediante termo escrito. O termo de garantia ou equivalente deve ser padronizado e esclarecer, de maneira adequada, em que consiste a mesma garantia, bem como a forma, o prazo e o lugar em que pode ser exercitada e os ônus a cargo do consumidor, devendo ser-lhe entregue, devidamente preenchido pelo fornecedor, no ato do fornecimento, acompanhado de manual de instrução, de instalação e uso de produto em linguagem didática, com ilustrações.

(A) Somente as proposições I, II e IV estão corretas.

(B) Somente as proposições I, III e IV estão corretas.

(C) Somente as proposições II e III estão corretas.

(D) Somente as proposições I e IV estão corretas.

(E) Todas as proposições estão corretas.

I: correta (art. 46 do CDC); II: incorreta, pois não há necessidade de haver ambiguidade ou contradição (art. 47 do CDC), diferentemente da previsão contida no art. 423 do Código Civil; III: correta (art. 49 do CDC); IV: correta (art. 50 do CDC). WG
Gabarito "B".

(Magistratura/SP – 2013 – VUNESP) Considerada a lei e a jurisprudência do STJ sobre abusividade de cláusulas de contratos bancários, é correto afirmar que

(A) a estipulação de juros superiores a 12% ao ano por si só indica abusividade.

(B) nos contratos bancários, é vedado ao julgador conhecer, de ofício, da abusividade das cláusulas.

(C) a Comissão de permanência deve ser determinada de antemão, sendo potestativa e, por isso, nula a cláusula que a atrele a taxas médias de mercado, apuradas pelo Banco Central.

(D) é vedada a estipulação de multa moratória em contratos com o consumidor.

A: incorreta, pois a Súmula STJ n. 382 estabelece que "a estipulação de juros remuneratórios superiores a 12% ao ano, por si só, não indica abusividade"; B: correta, pois esse é o teor da Súmula STJ n. 381; C: incorreta, pois a Súmula STJ n. 294 estabelece que "não é potestativa a cláusula contratual que prevê a comissão de permanência, calculada pela taxa média de mercado apurada pelo Banco Central do Brasil, limitada à taxa do contrato"; aproveitando o ensejo, segue o texto de outra súmula do STJ sobre o assunto (Súmula n. 472) "a cobrança de comissão de permanência – cujo valor não pode ultrapassar a soma dos encargos remuneratórios e moratórios previstos no contrato – exclui a exigibilidade dos juros remuneratórios, moratórios e da multa contratual"; D: incorreta; o próprio CDC tem regramento específico sobre multa moratória, no caso, a regra que limita a multa de mora em contratos que envolvam a concessão de crédito ou financiamento, ao montante de 2% do valor da prestação (art. 52, § 1º, do CDC). WG
Gabarito "B".

(Magistratura/SP – 2011 – VUNESP) No caso de compra de produto pelo telefone:

(A) cabe ao consumidor desistir do contrato, no prazo de sete dias, a contar da data da compra.

(B) cabe ao consumidor desistir do contrato, no prazo de sete dias, a contar da data do recebimento do produto.

(C) cabe ao fornecedor desistir do contrato, no prazo de sete dias, a contar da data da compra.

(D) cabe ao fornecedor desistir do contrato, no prazo de sete dias, a contar da data do recebimento do produto.

(E) nenhuma das partes pode desistir do contrato, se o produto for produzido apenas sob encomenda.

Art. 49 do CDC. WG
Gabarito "B".

(Magistratura/SP – 2011 – VUNESP) A garantia contratual dada pelo fornecedor de produto:

(A) é obrigatória.

(B) substitui a garantia legal.

(C) é complementar à garantia legal.

(D) pode ser verbal.

(E) será interpretada em favor do fornecedor.

Art. 50 do CDC. WG
Gabarito "C".

9. RESPONSABILIDADE ADMINISTRATIVA

(Magistratura/RJ – 2011 – VUNESP) Em matéria de sanções administrativas, assinale a alternativa incorreta.

(A) A pena de apreensão de produto será aplicada pela administração, quando forem constatados vícios de quantidade do produto.

(B) A pena de suspensão do fornecimento do serviço será aplicada em caso de vício de qualidade por inadequação.

(C) A pena de interdição será aplicada pela administração, sempre que forem constatados vícios de qualidade por inadequação de serviço.

(D) A pena de inutilização do produto será aplicada mediante processo administrativo, assegurada a ampla defesa, se constatado vício de quantidade do produto.

A: correta, de acordo com o art. 58, CDC; B: correta, também está de acordo com o art. 58, CDC; C: incorreta, na hipótese devem ser aplicadas as penas previstas no art. 58 do CDC. A pena de interdição só será aplicada quando o fornecedor reincidir na prática das infrações de maior gravidade previstas neste código e na legislação de consumo (art. 59, caput, CDC); **D:** correta, está de acordo com o art. 58 do CDC. **AB**

Gabarito "C".

10. RESPONSABILIDADE CRIMINAL

(Magistratura/BA – 2012 – CESPE) A respeito das normas de direito penal e processo penal previstas no CDC, assinale a opção correta.

(A) A pessoa jurídica pode ser responsabilizada criminalmente se os seus representantes legais ou até mesmo empregados cometerem crimes previstos no CDC.

(B) O sujeito passivo dos crimes contra as relações de consumo é o consumidor pessoa física, sendo considerado o crime fato atípico se cometido contra consumidor pessoa jurídica ou consumidor por equiparação, em observância ao princípio da vedação à responsabilidade objetiva.

(C) Observa-se a ocorrência de agravantes quando os crimes tipificados no CDC são cometidos em época de grave crise econômica ou por ocasião de calamidade ou quando causam grave dano individual ou coletivo.

(D) O CDC tipifica como crime a conduta de empregar peças ou componentes de reposição usados na reparação de produtos, mesmo com autorização do consumidor.

(E) Todos os legitimados para a defesa coletiva do consumidor podem prestar assistência ao MP e propor ação penal subsidiária.

A: incorreta, quem é responsabilizado criminalmente não é a pessoa jurídica, mas sim seus diretores, admnistradores e gerentes (art. 75, CDC); **B:** incorreta, pois não importa se a vítima do crime é pessoa física ou jurídica, pois ambas podem ser consumidoras (art. 2°, CDC); **C:** correta, está de acordo com o art. 76, I e II, CDC); **D:** incorreta, pois só estará tipificado o crime se não houver a autorização do consumidor (art. 70, CDC); **E:** incorreta, pois de acordo com o art. 80, CDC, nem todos os legitimados para a defesa coletiva do consumidor podem prestar assistência ao MP e propor ação penal subsidiária – apenas os indicados nos incisos III e IV do art. 82, CDC. **AB**

Gabarito "C".

(Magistratura/ES – 2011 – CESPE) Rodrigo, gerente de uma loja de bicicletas, orientou Marcelo, de quem é chefe, a não entregar aos consumidores o termo de garantia referente aos produtos por ele vendidos.

Nessa situação hipotética,

(A) Marcelo e Rodrigo poderão ser considerados agentes ativos de crime previsto no CDC.

(B) somente Marcelo poderá ser agente ativo de crime previsto no CDC.

(C) somente Rodrigo poderá ser agente ativo de crime previsto no CDC.

(D) não caberá, em relação à conduta descrita, ação penal subsidiária nem assistência.

(E) o CDC não considera crime a conduta apresentada, mas infração administrativa.

A: correta, pois nos termos dos arts. 74 e 75 do Código de Defesa do Consumidor, ambos deverão ser considerados agentes ativos do crime previsto no referido diploma; **B:** incorreta, conforme o disposto no art.

75, CDC; **C:** incorreta, nos termos do art. 75, CDC, "Quem, de qualquer forma, concorrer para os crimes referidos neste código, incide as penas a esses cominadas na medida de sua culpabilidade, bem como o diretor, administrador ou gerente da pessoa jurídica que promover, permitir ou por qualquer modo aprovar o fornecimento, oferta, exposição à venda ou manutenção em depósito de produtos ou a oferta e prestação de serviços nas condições por ele proibidas"; **D:** incorreta, pois é cabível ação penal subsidiária e assistência (art. 80, CDC); **E:** incorreta, o Código de Defesa do Consumidor considera como crime as condutas tipificadas (arts. 74 e 75, CDC). **AB**

Gabarito "A".

(Magistratura/PI – 2011 – CESPE) Assinale a opção correta com referência às sanções administrativas e às infrações penais disciplinadas no CDC.

(A) Fazer ou promover publicidade que se sabe (ou se deveria saber) enganosa ou abusiva constitui infração meramente administrativa.

(B) Compete exclusivamente aos estados e ao DF, nas respectivas áreas de atuação administrativa, baixar normas relativas à produção, à industrialização, à distribuição e ao consumo de produtos e serviços.

(C) A aplicação cumulativa das sanções administrativas depende de prévia instauração de procedimento administrativo e reiteração da falta do fornecedor infrator.

(D) A sanção de contrapropaganda deve ser divulgada pelo infrator da mesma forma, na mesma frequência e dimensão e, necessariamente, no mesmo veículo, de modo a desfazer o malefício da publicidade enganosa ou abusiva.

(E) O crime consistente na omissão de dizeres ou sinais ostensivos a respeito da nocividade ou periculosidade de produtos em recipientes, embalagens, invólucros ou publicidade comporta as modalidades dolosa ou culposa.

A: incorreta, constitui infração penal (art. 67, CDC); **B:** incorreta, pois de acordo com o art. 55, *caput*, CDC, "a União, os Estados e o Distrito Federal, em caráter concorrente e nas suas respectivas áreas de atuação administrativa, baixarão normas relativas à produção, industrialização, distribuição e consumo de produtos e serviços"; **C:** incorreta, a aplicação cumulativa das sanções administrativas não depende de prévia instauração de procedimento administrativo e nem de reiteração da falta do fornecedor infrator (art. 56, parágrafo único, CDC); **D:** incorreta, será preferencialmente e não necessariamente no mesmo veículo (art. 60, § 1°, CDC); **E:** correta, está de acordo com o art. 63, § 2°, do CDC. **AB**

Gabarito "E".

(Magistratura Federal/3ª região – 2011 – CESPE) A respeito de cláusulas abusivas, assinale a opção correta.

(A) A nulidade de uma cláusula contratual abusiva invalida o contrato quando, apesar dos esforços de integração, a sua ausência acarreta ônus excessivos para qualquer das partes.

(B) O rol de cláusulas abusivas estabelecido no art. 51 do CDC é exaustivo.

(C) É necessária a má-fé do fornecedor para a caracterização da abusividade de cláusula, de acordo com o que dispõe o CDC.

(D) Da nulidade das cláusulas abusivas ou da desproporcionalidade das prestações decorre somente sua

9. DIREITO DO CONSUMIDOR — 643

invalidação, não sendo possível o juiz modificar o conteúdo das disposições contratuais.

(E) Conforme dispõe o CDC, são válidas as cláusulas que determinem a utilização compulsória da arbitragem.

A: correta, está de acordo com o artigo 51, § 2º, do CDC; **B:** incorreta, pois o rol do artigo 51 do CDC é exemplificativo (*numerus apertus*). Essa natureza do rol é evidenciada no *caput* do dispositivo ao dispor que "são nulas de pleno direito, *entre outras*, as cláusulas (...)"; **C:** incorreta, pois a caracterização da abusividade de cláusula não depende de comprovação da má-fé por parte do fornecedor (art. 51 do CDC); **D:** incorreta, pois de acordo com o artigo 51, § 2º, do CDC, a nulidade de uma cláusula contratual abusiva não invalida o contrato, exceto quando de sua ausência, apesar dos esforços de integração, decorrer ônus excessivo a qualquer das partes. Além disso, o artigo 6º, V, permite a modificação judicial do contrato quando presente desproporcionalidade ente as prestações. **E:** incorreta. Considera-se abusiva e, consequentemente, nula a cláusula que determine a utilização compulsória de arbitragem (art. 51, VII, CDC). AB

Gabarito "A"

(Magistratura Federal/3ª Região – 2010) A multa prevista no art. 52 do CDC, no percentual de 2%, aplica-se:

(A) A todo e qualquer contrato regrado pelo CDC;

(B) Também aos contratos de locação;

(C) Ao não pagamento de cotas de condomínio;

(D) Quando houver concessão de crédito ou outorga de financiamento ao consumidor.

A: incorreta, pois a multa prevista no artigo 52 não é aplicável a todo e qualquer contrato regrado pelo CDC; **B:** incorreta, pois aos contratos de locação é aplicável a multa de 10% (dez por cento), consoante entendimento doutrinário e jurisprudencial; **C:** incorreta. O atraso no pagamento da taxa condominial faz incidir a multa de 2% prevista no artigo 1.336, § 1º, do Código Civil; **D:** correta, pois o artigo 52, *caput*, do CDC refere-se ao fornecimento de produtos ou serviços que envolva outorga de crédito ou concessão de financiamento ao consumidor. AB

Gabarito "D"

---

11. DEFESA DO CONSUMIDOR EM JUÍZO

(Juiz – TJ-SC – FCC – 2017) Nas ações coletivas para a defesa de interesses individuais homogêneos,

(A) em caso de procedência do pedido, a condenação deverá ser líquida e certa, fixada desde logo a responsabilidade do réu pelos danos causados.

(B) o Ministério Público, por não se tratar de interesses difusos ou coletivos, está legitimado a atuar somente como fiscal da lei.

(C) em caso de concurso de créditos decorrentes de condenação em ações civis públicas e de indenizações pelos prejuízos individuais resultantes do mesmo evento danoso, estas terão preferência no pagamento.

(D) a liquidação e a execução de sentença somente poderão ser promovidas pela vítima e seus sucessores.

(E) a responsabilidade pelos danos é fixada coletivamente na sentença em tais ações, mas sua execução só se dará individualmente, consideradas as especificidades dos direitos de cada vítima.

A: incorreta. Em caso de procedência do pedido, a condenação será genérica, fixando a responsabilidade do réu pelos danos causados,

---

sendo que a apuração de valores será feita em cumprimento de sentença (art. 95 do CDC); **B:** incorreta. O Ministério Público é legitimado para atuar nas ações que envolvam direitos individuais homogêneos, desde que haja pertinência temática com as suas funções institucionais. Vale lembra que se o Ministério Público não for parte, será fiscal da lei (art. 92 do CDC); **C:** correta. Conforme art. 99 do CDC; **D:** incorreta. A liquidação e a execução de sentença poderão ser promovidas pela vítima e seus sucessores, assim como pelos legitimados da ação coletiva (art. 97 do CDC); **E:** incorreta. A execução poderá ser coletiva, sendo promovida pelos legitimados da ação civil pública, e pelas vítimas cujas indenizações já tiverem sido fixadas em sentença de liquidação, sem prejuízo do ajuizamento de outras execuções (art. 98 do CDC). RD

Gabarito "C"

(Juiz – TJ-SC – FCC – 2017) No tocante à tutela específica nas obrigações de fazer ou não fazer concernentes às relações consumeristas,

(A) em caso de litigância de má-fé a associação autora e os diretores responsáveis pela propositura da ação serão subsidiariamente condenados em honorários advocatícios, nas custas e nas despesas processuais, estas e aquelas em dobro, sem prejuízo da responsabilidade por perdas e danos.

(B) a conversão da tutela específica em perdas e danos poderá ser livremente determinada pelo juiz, independentemente da impossibilidade de obtenção daquela ou do resultado prático equivalente.

(C) uma vez formulado o pedido de tutela específica, é defeso convertê-lo em perdas e danos, pois o fato caracterizaria uma decisão *extra petita*.

(D) nas ações coletivas visando à obtenção da tutela específica só haverá adiantamento de custas ou emolumentos, mas não de honorários periciais ou quaisquer outras despesas, salvo se caracterizada má-fé processual.

(E) para a tutela específica ou para a obtenção do resultado prático equivalente, poderá o juiz determinar as medidas necessárias, tais como busca e apreensão, remoção de coisas e pessoas, desfazimento de obra, impedimento de atividade nociva, além de requisição de força policial.

A: incorreta. Na hipótese de litigância de má-fé, a associação autora e os diretores responsáveis pela propositura da ação serão solidariamente condenados em honorários advocatícios e ao décuplo das custas, sem prejuízo da responsabilidade por perdas e danos (art. 87, parágrafo único, do CDC); **B:** incorreta. Na ação que tenha por objeto o cumprimento da obrigação de fazer ou não fazer, o juiz concederá a tutela específica da obrigação ou determinará providências que assegurem o resultado prático equivalente ao do adimplemento (art. 84 do CDC); **C:** incorreta. É possível a conversão em perdas e danos quando o autor por elas optar ou se impossível a tutela específica ou a obtenção de resultado prático correspondente (art. 84, § 1º, do CDC); **D:** incorreta. Nos termos do art. 87 do CDC, "nas ações coletivas não haverá adiantamento de custas, emolumentos, honorários periciais e quaisquer outras despesas, nem condenação da associação autora, salvo comprovada má-fé, em honorários de advogados, custas e despesas processuais"; **E:** correta, nos termos do art. 84, § 5º, do CDC. RD

Gabarito "E"

(Magistratura/AM – 2013 – FGV) A concessionária de energia elétrica, de forma unilateral, apura a existência de dívidas no imóvel de Antônio, decorrentes de inadimplemento e de suposta fraude no medidor. Em razão disso, efetua o corte no fornecimento. Inconformado, Antônio ingressa com ação de obrigação de fazer visando à retomada do fornecimento, por se tratar de serviço essencial. No curso da lide, as partes não manifestaram interesse na produção de provas, pugnando pelo seu julgamento antecipado. Com relação ao caso apresentado, assinale a afirmativa correta.

(A) A concessionária não poderia efetuar o corte em nenhuma hipótese, pois o fornecimento de energia elétrica é serviço essencial.

(B) A concessionária poderia efetuar o corte em razão do inadimplemento, desde que respeitado o aviso prévio, mas não poderia fazê-lo com relação à suposta fraude no medidor, apurada de forma unilateral.

(C) A concessionária não poderia efetuar o corte em razão do inadimplemento, mesmo verificado o aviso prévio, mas poderia fazê-lo com relação à suposta fraude no medidor, que pode ser apurada de forma unilateral, pois o aparelho não pertence ao consumidor, mas à concessionária.

(D) A concessionária poderia efetuar o corte no fornecimento de energia elétrica em ambos os casos, sem necessidade de aviso prévio, amparada no princípio da força obrigatória dos contratos e no interesse público de combater instalações elétricas fraudulentas.

(E) Diante dos princípios constitucionais do devido processo legal, contraditório e ampla defesa, o corte no fornecimento de energia elétrica não pode ser realizado unilateralmente pela concessionária, sendo indispensável o ajuizamento de medida judicial visando essa finalidade.

A: incorreta, mesmo sendo considerado serviço essencial, o STJ tem admitido o corte do fornecimento de energia elétrica em determinadas hipóteses, como na de inadimplemento de débito atual, desde que presente aviso prévio (AgRg no AREsp 412.849/RJ, 2ª Turma, j. 03.12.2013, rel. Min. Humberto Martins, *DJe* 10.12.2013); **B:** correta, como visto a concessionária poderia efetuar o corte em razão do inadimplemento, desde que respeitado o aviso prévio, mas não poderia fazê-lo com relação à suposta fraude no medidor, apurada de forma unilateral, devendo utilizar os meios ordinários de cobrança para o recebimento da diferença (REsp 633.722/RJ, 2ª Turma, j. 13.02.2007, rel. Min. Herman Benjamin, *DJ* 19.12.2007); **C:** incorreta, conforme analisado na alternativa anterior; **D:** incorreta, pois vimos que o corte do fornecimento em caso de inadimplemento depende de aviso prévio; **E:** incorreta, vimos que em determinadas hipóteses é possível o corte no fornecimento de energia. **AB**
Gabarito "B"

(Magistratura/BA – 2012 – CESPE) Determinado defensor público, lotado em comarca do interior, atendeu diversos cidadãos hipossuficientes que se queixavam do fato de que determinada loja local de venda de eletrodomésticos se negava a prestar assistência pós-venda aos consumidores, sob a alegação de que somente os fabricantes dos produtos são responsáveis pelo conserto ou troca dos aparelhos. Após consultar, via ofício, a loja, o defensor público confirmou a veracidade dos fatos, tendo constatado que ela atuava dessa forma com todos os seus clientes.

Considerando a situação hipotética acima, assinale a opção correta com base nas normas referentes à defesa do consumidor em juízo.

(A) O defensor público deverá remeter ao MP local cópias das ações individuais que ajuizar, para que o promotor de justiça, então, avalie a conveniência de ajuizar a ação coletiva.

(B) Como se trata de interesse difuso, que, por isso, abrange direitos de hipossuficientes e de pessoas abastadas, não cabe à Defensoria Pública atuar no caso.

(C) O defensor público, na petição inicial, poderá requerer ao juiz a concessão da tutela específica da obrigação ou a determinação de providências que assegurem o resultado prático equivalente ao do adimplemento.

(D) O defensor público deve, antes de ajuizar qualquer demanda, instaurar inquérito civil público, a fim de investigar os fatos.

(E) O defensor público só poderá agir, por meio do ajuizamento de ação individual, em nome dos consumidores que se queixaram à Defensoria Pública.

A: incorreta, pois de acordo com o art. 82, III, CDC, as Defensorias Públicas têm legitimidade para ajuizar ação coletiva; **B:** incorreta, a Defensoria Pública tem sim legitimidade (art. 82, III, CDC); **C:** correta, conforme o art. 84, caput, CDC; **D:** incorreta: a propositura de ação independe de inquérito civil e sua instauração compete ao Ministério Público (art. 8º, § 1º, Lei 7.347/85); **E:** incorreta: a Defensoria Pública é legitimada para propor ação para proteção de todos os consumidores (art. 5º, II, da Lei 7.347/85 e art. 82, III, CDC). **AB**
Gabarito "C"

(Magistratura/BA – 2012 – CESPE) A associação estadual de defesa do consumidor (AEDC) de determinado estado da Federação ajuizou ação civil pública contra a única distribuidora de combustíveis do estado, sob a alegação de que o fato de ela ser a única empresa do tipo no mercado constitui monopólio e cartel, o que causa lesão a vários direitos básicos dos consumidores. Na ação, requereu que a empresa fosse condenada a adequar os seus preços à média nacional e a pagar danos morais coletivos. O magistrado competente, ao analisar a inicial, constatou que a associação, cujo estatuto prevê, entre os seus fins institucionais, a defesa ampla dos consumidores, tinha sido legalmente constituída havia seis meses e que não tinha sido juntada autorização assemblear para a propositura da ação.

De acordo com as normas do CDC, o juiz, nessa situação, deve:

(A) extinguir o processo sem exame do mérito, por não ter sido a autorização assemblear juntada aos autos, sem condenar a autora ao pagamento das custas processuais.

(B) abrir prazo para que a autora emende a exordial, a fim de retirar o pedido de danos morais coletivos, visto que somente o MP tem legitimidade para fazer esse pedido.

9. DIREITO DO CONSUMIDOR — 645

(C) receber a inicial, intimar o MP para atuar como fiscal da lei e intimar a Defensoria Pública para ajuizar as ações individuais pertinentes.

(D) extinguir o processo sem resolução do mérito, já que a AEDC foi constituída há menos de um ano, e condenar a autora ao pagamento das custas processuais.

(E) fundamentar, ao receber a exordial, a legitimidade ativa da associação, tendo em vista que, embora constituída há menos de um ano, a extensão dos danos aos consumidores justifica sua atuação na ação coletiva.

A: incorreta, pois o art. 82, IV, CDC, confere legitimidade às associações legalmente constituídas há pelo menos um ano e que incluam entre seus fins institucionais a defesa dos interesses e direitos protegidos por este código, dispensada a autorização assemblear; **B:** incorreta, pois para a defesa dos direitos e interesses protegidos por este código são admissíveis todas as espécies de ações capazes de propiciar sua adequada e efetiva tutela (art. 83, CDC); **C:** incorreta, embora o juiz deva receber a inicial e intimar o MP (art. 92, CDC), não existe determinação no CDC para que seja procedida a intimação da Defensoria Pública para ajuizamento de ações individuais; **D:** incorreta, conforme dispõe o art. 82, § 1º, CDC, o requisito da pré-constituição pode ser dispensado pelo juiz, nas ações previstas nos arts. 91 e seguintes, quando haja manifesto interesse social evidenciado pela dimensão ou característica do dano, ou pela relevância do bem jurídico a ser protegido. O art. 87, CDC, impede a condenação da associação autora, salvo comprovada má-fé, em honorários de advogados, custas e despesas processuais; **E:** correta, está de acordo com o art. 82, § 1º, CDC. **AB**
Gabarito "E".

(Magistratura/CE – 2012 – CESPE) Em consonância com os preceitos decorrentes das ações de responsabilidade civil do fornecedor de produtos e serviços, assinale a opção correta.

(A) A ação de responsabilidade civil do fornecedor de produtos e serviços deve ser proposta, obrigatoriamente, no domicílio do autor.

(B) O fornecedor demandado poderá denunciar à lide o seu segurador, o qual passará a assumir a condição de codevedor perante o consumidor.

(C) Declarado falido o fornecedor e confirmada, pelo síndico, a existência do seguro de responsabilidade, poderá o consumidor ajuizar ação de indenização diretamente contra o segurador.

(D) Por disposição de lei, é vedada a denunciação da lide ao Instituto de Resseguros do Brasil, sendo necessária, entretanto, a sua convocação para a ação, na condição de litisconsorte necessário.

(E) Conforme entendimento do STJ e da doutrina, a expressão responsabilidade civil, mencionada no art. 101 do CDC, refere-se, apenas, à responsabilidade extracontratual, não se aplicando, portanto, às ações de responsabilidade contratual.

A: incorreta, a ação pode ser proposta no domicílio do autor (art. 101, I, CDC); **B:** incorreta, o réu que houver contratado seguro de responsabilidade poderá chamar ao processo o segurador (art. 101, II, CDC); **C:** correta, conforme o art. 101, II, CDC; **D:** incorreta, o art. 101, II, CDC, dispensa o litisconsórcio obrigatório com o Instituto de Resseguros do Brasil; **E:** incorreta, pois o Código de Defesa do Consumidor não faz distinção entre a responsabilidade civil contratual e a extracontratual. **AB**
Gabarito "C".

(Magistratura/ES – 2011 – CESPE) Defensor público de determinada comarca do interior do estado do Espírito Santo atendeu dez pessoas que se queixavam de que uma loja local de venda de celulares se negava a prestar assistência pós-venda aos consumidores sob a alegação de que somente os fabricantes dos celulares seriam responsáveis por conserto ou troca dos aparelhos. O defensor público, então, consultou, via ofício, a referida loja, tendo constatado, com isso, a veracidade dos fatos mencionados pelos consumidores. Além disso, constatou que a loja atuava dessa forma com todos os clientes.

Considerando a situação hipotética acima, assinale a opção correta relativa às normas de defesa do consumidor, em juízo.

(A) O defensor público poderá, a seu critério, ajuizar ações individuais ou ação coletiva.

(B) O defensor público deve, antes de ajuizar qualquer demanda, instaurar inquérito civil público, a fim de investigar os fatos narrados pelos consumidores por ele atendidos.

(C) Nesse caso, a atuação do defensor público deve restringir-se a ajuizar ação individual para cada consumidor.

(D) O defensor público deve remeter ao MP local cópia das ações individuais que ajuizar, para que o promotor de justiça ajuíze a ação coletiva pertinente.

(E) Como se trata de interesse difuso, não cabe à Defensoria Pública atuar nesse caso.

A: correta, a defesa dos interesses e direitos dos consumidores e das vítimas poderá ser exercida em juízo individualmente, ou a título coletivo (art. 81/CDC); **B:** incorreta, a propositura de ação independe de inquérito civil e sua instauração compete ao Ministério Público (art. 8º, § 1º, Lei 7.347/85); **C:** incorreta, conforme art. 81 do CDC podem ser ajuizadas ações individuais e coletivas; **D:** incorreta, pois de acordo com o art. 82, III, CDC, as Defensorias Públicas têm legitimidade para ajuizar ação coletiva; **E:** incorreta, a Defensoria Pública tem legitimidade para atuar na defesa coletiva de interesses difusos (art.82, III, CDC). **AB**
Gabarito "A".

(Magistratura/ES – 2011 – CESPE) A Associação de Compradores de Imóveis Urbanos do Estado do Espírito Santo (ACIUES) ajuizou ACP contra a maior construtora de prédios residenciais do estado, alegando que o contrato de adesão de compra e venda de unidades imobiliárias usado como modelo pela empresa feria vários direitos básicos dos consumidores. Na ação, a ACIUES requereu a declaração da nulidade das cláusulas abusivas e a condenação da empresa ao pagamento de danos morais coletivos. O juiz de direito competente, ao analisar a inicial, constatou que o estatuto da ACIUES prevê, entre os seus fins institucionais, a defesa do comprador de imóveis e verificou que a associação havia sido legalmente constituída seis meses antes da propositura da ação. Não foi juntada autorização de assembleia da associação para a propositura da ACP.

Nessa situação hipotética, de acordo com o disposto no CDC, o magistrado deve:

(A) receber prontamente a inicial, intimar o MP para atuar como fiscal da lei e a Defensoria Pública para ajuizar as ações individuais pertinentes.

(B) extinguir o processo sem exame do mérito dada a ausência do requisito de constituição da associação por, pelo menos, um ano antes da propositura da ação, e condenar a autora ao pagamento das custas processuais.

(C) abrir prazo para que a autora demonstre manifesto interesse social evidenciado pela dimensão ou característica do dano, ou pela relevância do bem jurídico a ser protegido.

(D) extinguir o processo sem exame do mérito em face da ausência de autorização da assembleia para propositura da ação, sem, contudo, condenar a autora ao pagamento das custas processuais.

(E) abrir prazo para a autora emendar a exordial, a fim de retirar o pedido de danos morais coletivos, haja vista o fato de que esse pedido somente pode ser feito pelo MP.

A: incorreta, embora o juiz deva receber a inicial e intimar o MP (art. 92, CDC), não existe determinação no CDC para que seja procedida a intimação da Defensoria Pública para ajuizamento de ações individuais; **B:** incorreta, conforme dispõe o art. 82, § 1º, CDC, o requisito da pré--constituição pode ser dispensado pelo juiz, nas ações previstas nos arts. 91 e seguintes, quando haja manifesto interesse social evidenciado pela dimensão ou característica do dano, ou pela relevância do bem jurídico a ser protegido. O art. 87, CDC, impede a condenação da associação autora, salvo comprovada má-fé, em honorários de advogados, custas e despesas processuais; **C:** correta, nos termos do art. 82, § 1º, "o requisito da pré-constituição pode ser dispensado pelo juiz, nas ações previstas nos arts. 91 e seguintes, quando haja manifesto interesse social evidenciado pela dimensão ou característica do dano, ou pela relevância do bem jurídico a ser protegido"; **D:** incorreta, a autorização assemblear é dispensada pelo art. 82, IV, CDC; **E:** incorreta, a Defensoria Pública tem legitimidade para requerer a condenação em danos morais coletivos (art.82, III). **AB**
Gabarito "C".

(Magistratura/MG – 2012 – VUNESP) Assinale a alternativa que apresenta informação **incorreta**.

(A) O Ministério Público poderá propor, em nome próprio e no interesse das vítimas ou seus sucessores, ação civil coletiva de responsabilidade pelos danos individualmente sofridos.

(B) Na ação que tenha por objeto o cumprimento da obrigação de fazer ou não fazer, o juiz concederá a tutela específica da obrigação ou determinará providências que assegurem o resultado prático equivalente ao do adimplemento.

(C) O Ministério Público, nas ações coletivas para a defesa de interesses individuais homogêneos, se não ajuizar a ação, atuará sempre como *custos legis*.

(D) Nas ações coletivas de que trata o Código de Defesa do Consumidor, a sentença sempre fará coisa julgada *erga omnes*.

A: correta, está de acordo com o art. 91 do CDC; **B:** correta, está de acordo com o art. 84, caput, do CDC; **C:** correta, está de acordo com o art. 92 do CDC; **D:** incorreta, pois nas ações coletivas de que trata o Código de Defesa do Consumidor, a sentença fará coisa julgada erga omnes ou ultra partes a depender da hipótese (art. 103, I, II e III, CDC). **AB**
Gabarito "D".

(Magistratura/PA – 2012 – CESPE) Assinale a opção correta com base no que dispõe o CDC acerca da legitimidade ativa para a propositura de ação coletiva.

(A) As associações civis estão excluídas do rol de entes legitimados a ajuizar ação coletiva em defesa dos interesses de seus associados.

(B) O autor deve determinar, de maneira discriminada e individualizada, os titulares dos direitos difusos demandados em juízo, a fim de que esses direitos possam ser tutelados.

(C) O fato de algumas entidades possuírem legitimidade subsidiária para propor ações coletivas para a proteção de interesses difusos e coletivos caracteriza o litisconsórcio necessário.

(D) Há entidades que, embora sem personalidade jurídica, possuem legitimidade ativa para o ajuizamento de ação coletiva.

(E) Não sendo o MP o autor da ação coletiva, a sua atuação no processo, de acordo com a sistemática adotada pelo CDC, é, em regra, dispensável.

A: incorreta, as associações civis estão incluídas no rol de entes legitimados a ajuizar ação coletiva em defesa dos interesses de seus associados (art. 82, IV, CDC); **B:** incorreta, o autor pode deixar de indicar na inicial os titulares dos direitos quando se tratar de direitos difusos (art. 81, parágrafo único, I, CDC); **C:** incorreta, essa legitimidade subsidiária para propor ações coletivas para a proteção de interesses difusos e coletivos não caracteriza litisconsórcio necessário, mas sim facultativo (art. 94, CDC); **D:** correta, nos termos do art. 82, III, do CDC; **E:** incorreta, se o MP não for o autor da ação será obrigatória sua participação como fiscal da lei (art. 92, CDC). **AB**
Gabarito "D".

(MAGISTRATURA/PB – 2011 – CESPE) No que se refere à defesa, em juízo, do consumidor, assinale a opção correta.

(A) São legitimados para atuar em juízo na defesa coletiva do consumidor o MP, a DP, a União, os estados, os municípios e o DF e qualquer associação legalmente constituída há pelo menos um ano, dispensada, nesse caso, a autorização de assembleia.

(B) Nas ações coletivas de que trata o CDC, ainda que não ocorra adiantamento de custas, emolumentos, honorários periciais e quaisquer outras despesas, a associação autora, no caso de improcedência, deve ser condenada ao pagamento de honorários de advogados, custas e despesas processuais.

(C) No caso de ação para cumprimento de obrigação de fazer ou não fazer, a conversão da obrigação em perdas e danos somente pode ocorrer se o autor assim tiver optado ou se for impossível a tutela específica ou a obtenção do resultado prático equivalente ao do adimplemento.

(D) Os interesses ou direitos difusos são transindividuais, de natureza indivisível, e seus titulares, pessoas indeterminadas e ligadas por circunstâncias de fato; por outro lado, os interesses ou direitos individuais homogêneos, também indivisíveis, decorrem de origem jurídica comum.

(E) Para a defesa dos direitos e interesses do consumidor, são admissíveis apenas as espécies de ações previstas no CDC.

9. DIREITO DO CONSUMIDOR

A: incorreta, pois a Defensoria, apesar de não constar explicitamente do rol do art. 82 do CDC, é legitimada para defender o consumidor (A Defensoria Pública tem autorização legal para atuar como substituto processual dos consumidores, tanto em demandas envolvendo direitos individuais em sentido estrito, como direitos individuais homogêneos, disponíveis ou indisponíveis, na forma do art. 4º, VII e VIII, da Lei Complementar n.º 80/94 – STJ, AgRg no AREsp 53.146, DJ 05/03/12); porém, a afirmativa não trouxe como legitimados para defesa do consumidor as demais entidades e órgãos da administração direta e indireta, especificamente destinados à defesa dos interesses e direitos protegidos pelo CDC (art. 82, III); **B:** incorreta, pois a associação não terá de arcar com essas verbas, salvo se tiver agido com má-fé (art. 87 do CDC); **C:** correta (art. 84, § 1º, do CDC); **D:** incorreta, pois os interesses individuais homogêneos são divisíveis; **E:** incorreta, pois são admissíveis todas as espécies de ações capazes de propiciar sua adequada e efetiva tutela (art. 83 do CDC). WG
Gabarito "C".

(Magistratura/PE – 2013 – FCC) Nas ações coletivas de que trata o Código de Defesa do Consumidor, a sentença fará coisa julgada:

I. *erga omnes*, exceto se o pedido for julgado improcedente por insuficiência de provas, hipótese em que qualquer legitimado poderá intentar outra ação, com idêntico fundamento, valendo-se de nova prova, na hipótese dos interesses ou direitos difusos conforme tratados no CDC.

II. *ultra partes*, mas limitadamente ao grupo, categoria ou classe, salvo improcedência por insuficiência de provas, hipótese em que qualquer legitimado poderá intentar outra ação, com idêntico fundamento, valendo-se de nova prova, quando se tratar de interesses ou direitos coletivos conforme tratados no CDC.

III. *erga omnes*, apenas no caso de procedência do pedido, para beneficiar todas as vítimas e seus sucessores, na hipótese de interesses ou direitos individuais homogêneos, assim entendidos os decorrentes de origem comum.

Está correto o que se afirma em

(A) I e II, apenas.

(B) II e III, apenas.

(C) I e III, apenas.

(D) I, apenas.

(E) I, II e III.

I: correta (art. 103, I, do CDC); **II:** correta (art. 103, II, do CDC); **III:** correta (art. 103, III, do CDC). WG
Gabarito "E".

(Magistratura/PI – 2011 – CESPE) Supondo a ocorrência de acidente aéreo no qual morram duzentos e oitenta passageiros, assinale a opção correta com base na disciplina legal acerca da defesa, em juízo, do consumidor.

(A) A legitimidade de associação criada para a defesa dos interesses do consumidor, com vistas à proposição de ação coletiva para a defesa dos interesses e direitos dos sucessores das vítimas do acidente, dependerá de autorização de assembleia.

(B) Só estará legitimada a propor ação coletiva em defesa dos interesses dos sucessores das vítimas do acidente entidade associativa cujo fim institucional seja exclusivamente a defesa dos interesses e direitos do consumidor.

(C) Por terem natureza difusa, os direitos e interesses decorrentes desse acidente poderão ser defendidos coletivamente em juízo.

(D) Serão legitimados para a proposição de ação coletiva em favor dos sucessores das vítimas as entidades e órgãos da administração pública, direta ou indireta, destinados especificamente à defesa dos interesses e direitos do consumidor, desde que dotados de personalidade jurídica.

(E) Evidenciada a dimensão do dano, o juiz da causa poderá dispensar, para a proposição de ação coletiva em defesa dos interesses dos sucessores das vítimas, o requisito de pelo menos um ano de constituição de associação que tenha sido criada para o fim.

A: incorreta, não dependerá de autorização de assembleia (art. 82, IV, CDC); **B:** incorreta, o fim institucional não precisa ser exclusivamente a defesa dos interesses e direitos do consumidor; **C:** incorreta, na hipótese os direitos e interesses têm natureza coletiva (art. 81, II, CDC); **D:** incorreta, estarão legitimados ainda que não dotados de personalidade jurídica (art. 82, III, CDC); **E:** correta, está de acordo com o art. 82, § 1º, CDC. AB
Gabarito "E".

(Magistratura/PI – 2011 – CESPE) Assinale a opção correta com base no que dispõe a legislação que rege as ações de responsabilidade civil propostas contra fornecedor de produtos e serviços.

(A) A proibição de divulgação e venda de produtos por intermédio de ação de prevenção de dano deve ficar restrita aos limites territoriais de competência do órgão julgador.

(B) O foro das ações de responsabilidade civil do fornecedor de produtos e serviços deve ser o do domicílio do fornecedor, ressalvada a hipótese de comprovação da hipossuficiência do consumidor, caso em que o autor poderá propor a ação no juízo de seu domicílio.

(C) Tendo sido decretada a falência do fornecedor e havendo contrato de seguro de responsabilidade civil, o ajuizamento da ação pertinente poderá ser feito diretamente contra o segurador.

(D) No caso de haver o réu contratado seguro de responsabilidade, o Instituto de Resseguros do Brasil deverá integrar a lide como litisconsorte obrigatório.

(E) Compete exclusivamente ao MP a proposição de ação contra o poder público para compeli-lo a proibir a produção, divulgação e venda de produtos e serviços que se mostrem incompatíveis com o sistema de defesa do consumidor.

A: incorreta, a proibição de divulgação e venda de produtos por intermédio de ação de prevenção de dano pode ser estendida a todo território nacional (art. 102, caput, CDC); **B:** incorreta, na ação de responsabilidade civil do fornecedor de produtos e serviços a ação pode ser proposta no domicílio do autor (art. 101, I, CDC); **C:** correta, está de acordo com o disposto no art. 101, II, CDC; **D:** incorreta, o art. 101, II, CDC dispensa o litisconsórcio obrigatório do Instituto de Resseguros do Brasil; **E:** incorreta, além do MP outros entes podem propor ação (art. 102, caput, CDC). AB
Gabarito "C".

(Magistratura/PR – 2013 – UFPR) O Código de Defesa do Consumidor (CDC) traz dentre os direitos básicos do consumidor a facilitação de seus direitos, inclusive com a inversão do ônus da prova, a seu favor, no processo civil. Sobre esta inversão do ônus da prova avalie as seguintes afirmativas:

1. Pode ser determinada a critério do juiz, já que a decisão de inversão do ônus da prova decorre de uma faculdade judicial, situando-se no campo da livre discricionariedade do juiz, bastando a vulnerabilidade do consumidor.
2. Pode ser determinada a critério do juiz, para aferição da veracidade e correção de informação ou comunicação publicitária, quando não puder ser demonstrada pelo consumidor a quem incumbe tal ônus probatório.
3. Pode ser determinada a critério do juiz, quando presente a verossimilhança da alegação ou for o consumidor hipossuficiente, segundo as regras ordinárias de experiências.

Assinale a alternativa correta.

(A) Somente a afirmativa 1 é verdadeira.

(B) Somente a afirmativa 2 é verdadeira.

(C) Somente a afirmativa 3 é verdadeira.

(D) As afirmativas 1, 2 e 3 são verdadeiras.

1: incorreta, a inversão do ônus da prova pode ser decretada a critério do juiz, quando presente a verossimilhança da alegação ou for o consumidor hipossuficiente, segundo as regras ordinárias de experiências (art. 6º, VIII, do CDC). Portanto, não há livre discricionariedade; **2:** incorreta, o ônus da prova da veracidade e correção da informação ou comunicação publicitária cabe a quem as patrocina (art. 38 do CDC); **3:** incorreta, a assertiva reproduz o conteúdo do art. 6º, VIII, do CDC. Sobre o tema, devemos lembrar que o STJ alterou seu entendimento e tem decidido que a inversão do ônus da prova constitui regra de instrução, e não de julgamento (REsp 1395254/SC, 3ª Turma, j. 15.10.2013, rel. Min. Nancy Andrighi, DJe 29.11.2013). **AB**
Gabarito "C".

(Magistratura/RJ – 2013 – VUNESP) Quanto à inversão do ônus da prova em favor do consumidor no processo civil individual, segundo o enfoque da jurisprudência dominante do STJ, é correto afirmar que

(A) não é cabível para o fim de determinar às instituições financeiras a exibição de extratos bancários, enquanto não estiver prescrita a eventual ação sobre eles.

(B) caso decretada, não tem o condão de obrigar o fornecedor a custear a prova requerida pelo consumidor.

(C) pode ocorrer na sentença.

(D) sempre deve ocorrer, dada a verossimilhança das alegações do consumidor aliada à sua hipossuficiência.

A: incorreta, pois a inversão do ônus da prova pode ser invocada para determinar às instituições financeiras a exibição de extratos bancários, "enquanto não estiver prescrita a eventual ação sobre eles, tratando-se de obrigação decorrente de lei e de integração contratual compulsória, não sujeita à recusa ou condicionantes, tais como o adiantamento dos custos da operação pelo correntista e a prévia recusa administrativa da instituição financeira em exibir os documentos" (STJ, REsp 1.133.872/PB, 2ª Seção, j. 14.12.2011, rel. Min. Massami Uyeda, DJe 28.03.2012); **B:** correta, segundo a jurisprudência do STJ, "ainda que deferida, a inversão do ônus probatório não tem o condão de obrigar

o fornecedor a custear a prova requerida pelo consumidor, embora gere para aquele a obrigação de arcar com as consequências jurídicas pertinentes de sua não produção" (STJ, AgRg no REsp 718.821/SP, 4ª Turma, j. 09.02.2010, rel. Min. Fernando Gonçalves, DJe 01.03.2010); **C:** incorreta, tendo em vista que a jurisprudência atual do STJ é no sentido de que a inversão do ônus da prova constitui regra de instrução, e não de julgamento (REsp 1395254/SC, 3ª Turma, j. 15.10.2013, rel. Min. Nancy Andrighi, DJe 29.11.2013); **D:** incorreta, a inversão do ônus da prova é uma medida excepcional (art. 6º, VIII, do CDC). **AB**
Gabarito "B".

(Magistratura/RJ – 2013 – VUNESP) Sobre a coisa julgada coletiva consumerista, pode-se afirmar que

(A) será *erga omnes*, apenas no caso de procedência do pedido, se o objeto da ação versar sobre direitos difusos.

(B) será ultra partes, apenas no caso de procedência, mas limitadamente ao grupo, categoria ou classe, se o objeto da ação versar sobre direitos coletivos.

(C) se o objeto da ação versar sobre direitos individuais homogêneos, em caso de improcedência do pedido, os interessados que tiverem intervindo no processo como litisconsortes sofrerão seus efeitos.

(D) será *erga omnes*, exceto se o pedido for julgado improcedente por insuficiência de provas, se o objeto da ação versar sobre direitos individuais homogêneos.

A: incorreta, vez que a coisa julgada será *erga omnes* na ação coletiva que versar sobre direitos difusos (exceto se o pedido for julgado improcedente por insuficiência de provas) e também na ação de procedência da ação coletiva que versar sobre direitos individuais homogêneos (art. 103 do CDC); **B:** incorreta, nas ações coletivas a coisa julgada será *ultra partes*, mas limitadamente ao grupo, categoria ou classe, salvo improcedência por insuficiência de provas, nos termos do inciso I do art. 103 do CDC (art. 103, II, do CDC); **C:** correta, em caso de improcedência do pedido, somente os interessados que não tiverem intervindo no processo como litisconsortes poderão propor ação de indenização a título individual. Os demais serão prejudicados (art. 103, § 2º, do CDC); **D:** incorreta, nas ações coletivas que versarem sobre direitos individuais homogêneos a coisa julgada apenas terá eficácia *erga omnes* na hipótese de sentença de procedência do pedido (art. 103, III, do CDC). **AB**
Gabarito "C".

(Magistratura/SC – 2010) Assinale a alternativa correta:

I. Nas ações coletivas que tratem de interesses ou direitos coletivos, a sentença de improcedência do pedido por insuficiência de provas faz coisa julgada material *ultra partes*.

II. Nas ações coletivas que tratem de interesses ou direitos difusos, a sentença de improcedência do pedido por insuficiência de provas permite que qualquer legitimado intente nova ação, com idêntico fundamento, valendo-se de nova prova.

III. Interesses ou direitos individuais homogêneos para os fins do Código de Defesa do Consumidor são aqueles entendidos como de origem comum, como por exemplo pessoas que consumiram água contaminada por um mesmo vazamento de produtos tóxicos e têm direito a indenização pelos correlatos danos pessoais.

IV. Interesses ou direitos difusos para os fins do Código de Defesa do Consumidor são aqueles entendidos como

9. DIREITO DO CONSUMIDOR   649

transindividuais de natureza indivisível, de que seja titular grupo, categoria ou classe de pessoas ligadas entre si ou com a parte contrária por uma relação jurídica base.

(A) Somente as proposições II e III estão corretas.

(B) Somente as proposições I e IV estão corretas.

(C) Somente as proposições II e IV estão corretas.

(D) Somente as proposições I, III e IV estão corretas.

(E) Somente as proposições III e IV estão corretas.

I: incorreta, pois essa sentença só faz coisa julgada formal, podendo qualquer legitimado intentar outra ação com o mesmo fundamento, valendo-se de prova nova (art. 103, I e II, do CDC); **II:** correta (art. 103, I, do CDC); **III:** correta (art. 81, parágrafo único, III, do CDC); **IV:** incorreta, pois essa definição é de interesses coletivos (art. 81, parágrafo único, II, do CDC), e não de interesses difusos (art. 81, parágrafo único, I, do CDC). **WG**
Gabarito "A".

(Magistratura Federal/3ª região – 2011 – CESPE) Assinale a opção correta, levando em conta a defesa coletiva, em juízo, dos consumidores.

(A) É cabível a propositura de ação civil pública em matéria tributária ou previdenciária para defender direitos individuais.

(B) É admissível a propositura de ação civil pública em que haja declaração incidental de inconstitucionalidade, em face de fundamento ou questão prejudicial constitucional.

(C) São caracterizados como coletivos os interesses ou direitos transindividuais, de natureza indivisível, cujos titulares sejam pessoas indeterminadas e ligadas por circunstâncias de fato.

(D) O MP não tem legitimidade para promover ação civil pública cujo fundamento seja a ilegalidade de reajuste de mensalidades escolares.

(E) Caracterizam-se como difusos os interesses ou direitos transindividuais, de natureza indivisível, cujo titular seja grupo, categoria ou classe de pessoas ligadas entre si ou com a parte contrária por relação jurídica base.

A: incorreta, pois de acordo com artigo 1º, parágrafo único, da Lei 7.347/85, não será cabível ação civil pública para veicular pretensões que envolvam tributos, contribuições previdenciárias, o Fundo de Garantia do Tempo de Serviço – FGTS ou outros fundos de natureza institucional cujos beneficiários podem ser individualmente determinados; **B:** correta. "É possível a declaração incidental de inconstitucionalidade, de lei ou ato normativo do Poder Público, em ação civil pública desde que a controvérsia constitucional não figure como pedido, mas sim como causa de pedir, fundamento ou simples questão prejudicial, indispensável à resolução do litígio principal" (STJ, REsp 1.106.159/MG, j. 08.06.2010); **C:** incorreta. A alternativa se refere aos direitos difusos. Os interesses ou direitos coletivos são os transindividuais de natureza indivisível de que seja titular grupo, categoria ou classe de pessoas ligadas entre si ou com a parte contrária por uma relação jurídica base e não por pessoas indeterminadas e ligadas por circunstância de fato como apresentou a questão (art. 81, II, do CDC); **D:** incorreta, nos termos da Súmula 643 do STF: "O Ministério Público tem legitimidade para promover ação civil pública cujo fundamento seja a ilegalidade de reajuste de mensalidade escolares"; **E:** incorreta, pois os direitos difusos são os interesses ou direitos transindividuais, de natureza indivisível, de que sejam titulares pessoas indeterminadas e ligadas por circunstância de fato (art. 81, I, do CDC). **AB**
Gabarito "B".

12. SNDC E CONVENÇÃO COLETIVA

(Juiz de Direito – TJ/MS – VUNESP – 2015) De acordo com o Sistema Nacional de Defesa do Consumidor,

(A) cabe ao Departamento de Proteção e Defesa do Consumidor – DPDC a coordenação de sua política.

(B) pode a Secretaria Nacional do Consumidor – SENACON, do Ministério da Justiça, celebrar convênios e termos de ajustamento de conduta.

(C) é atribuição do PROCON municipal funcionar, no processo administrativo, como órgão consultivo, emitindo parecer, no âmbito de sua competência.

(D) caberá aos PROCONs estaduais, em conjunto com os PROCONs municipais, propor a política nacional de proteção e defesa do consumidor.

(E) as Promotorias e Delegacias do Consumidor, os PROCONs e as associações civis integram o sistema.

A: incorreta. O Departamento Nacional de Defesa do Consumidor é organismo de coordenação da política do Sistema Nacional de Defesa do Consumidor (art. 106, *caput*, do CDC). Compete à Secretaria Nacional do Consumidor do Ministério da Justiça, a coordenação da política do Sistema Nacional de Defesa do Consumidor (art. 3º, do Decreto 2.181/1997). **B:** correta. Nos termos do art. 3º do Decreto 2.181/1997. **C:** incorreta. Compete à SENACON: II - receber, analisar, avaliar e apurar consultas e denúncias apresentadas por entidades representativas ou pessoas jurídicas de direito público ou privado ou por consumidores individuais. **D:** incorreta. Cabe à SENACON planejar, elaborar, propor, coordenar e executar a política nacional de proteção e defesa do consumidor (art. 3º, I, do Decreto 2.181/1997). **E:** incorreta. Integram o Sistema Nacional de Defesa do Consumidor (SNDC), os órgãos federais, estaduais, do Distrito Federal e municipais e as entidades privadas de defesa do consumidor (art. 105, do CDC). **RD**
Gabarito "B".

(Magistratura/ES – 2011 – CESPE) O Departamento Nacional de Defesa do Consumidor, vinculado à Secretaria Nacional de Direito Econômico, do Ministério da Justiça, ou órgão federal que venha a substituí-lo, é organismo de coordenação da política do Sistema Nacional de Defesa do Consumidor, cabendo-lhe:

(A) assessorar o MP e a Defensoria Pública, para fins de adoção de medidas processuais no âmbito da defesa dos direitos do consumidor.

(B) atuar como assistente litisconsorcial nas ações civis públicas ajuizadas por associações de defesa dos direitos do consumidor.

(C) incentivar, inclusive com recursos financeiros e outros programas especiais, a formação de entidades de defesa do consumidor pela população e pelos órgãos públicos estaduais e municipais.

(D) ajuizar ações individuais e coletivas perante a justiça federal do DF, quando o interesse lesado for de âmbito nacional.

(E) lavrar auto de infração administrativa e cobrar, judicialmente, as multas aplicadas no âmbito da defesa dos direitos do consumidor.

A: incorreta, o DNDC não assessora o MP, mas deve representar ao Ministério Público competente para fins de adoção de medidas processuais no âmbito de suas atribuições (art. 106, VI, CDC); **B:** incorreta, pois o DNDC não atua como assistente litisconsorcial (art. 106, CDC); **C:** correta, conforme art. 106, IX, do CDC; **D:** incorreta, o DNDC não ajuíza ações individuais e coletivas. Se necessário, representa ao Ministério Público competente (art. 106, VI, CDC); **E:** incorreta o DNDC não tem competência para lavrar auto de infração administrativa e nem para cobrar judicialmente multas aplicadas (art. 106, CDC). **AB**

Gabarito "C".

13. OUTROS TEMAS

(Juiz de Direito – TJ/SP – VUNESP – 2015) Assinale a alternativa correta, no que concerne ao tema da oferta.

(A) Descabe a responsabilidade solidária do fornecedor por ato de seu representante autônomo.

(B) O fornecedor, em caso de descumprimento da oferta, poderá exigir que o consumidor rescinda o contrato, restituindo-lhe o valor pago, monetariamente atualizado, além das perdas e danos.

(C) Em caso de oferta ou venda por reembolso postal, constarão o nome do fabricante e endereço na publicidade utilizada na transação comercial.

(D) Cessada a produção, a oferta de componentes, via de regra, deverá ser mantida por noventa dias.

A: incorreta. A responsabilidade civil do fornecedor por ato de seu representante autônomo é solidária, nos termos do art. 26, § 1º, e art. 34, ambos do Código de Defesa do Consumidor. **B:** incorreta. Nas hipóteses de não cumprimento da oferta, o consumidor pode, alternativamente e a sua escolha: "I – exigir o cumprimento forçado da obrigação, nos termos da oferta, apresentação ou publicidade; II – aceitar outro produto ou prestação de serviço equivalente; III – rescindir o contrato, com direito à restituição de quantia eventualmente antecipada, monetariamente atualizada, e a perdas e danos". **C:** correta. Nos exatos termos do art. 33 do CDC. **D:** incorreta. Cessadas a produção ou importação, a oferta deverá ser mantida por período razoável de tempo, na forma da lei (art. 32, parágrafo único, do CDC). **RD**

Gabarito "C".

(Juiz de Direito – TJ/MS – VUNESP – 2015) Segundo o art. 84 do CDC, na ação que tenha por objeto o cumprimento da obrigação de fazer ou não fazer, o juiz concederá a tutela específica da obrigação ou determinará providências que assegurem o resultado prático equivalente ao do adimplemento, observando que

(A) desde que seja requerido pelo autor, o juiz poderá, na sentença, impor multa diária ao réu, se for suficiente ou compatível com a obrigação, fixando prazo razoável para o cumprimento do preceito.

(B) para a tutela específica ou para a obtenção do resultado prático equivalente, poderá o juiz fazer uso exclusivo da multa.

(C) sendo relevante o fundamento da demanda e havendo justificado receio de ineficácia do provimento final, é lícito ao juiz conceder a tutela liminarmente ou após justificação prévia, citado o réu.

(D) a conversão da obrigação em perdas e danos somente será admissível se impossível a obtenção do resultado prático correspondente.

(E) a indenização por perdas e danos se fará com prejuízo da multa.

A: incorreta. "O juiz poderá, na hipótese do § 3º ou na sentença, impor multa diária ao réu, independentemente de pedido do autor, se for suficiente ou compatível com a obrigação, fixando prazo razoável para o cumprimento do preceito" (art. 84, § 4º, do CDC). **B:** incorreta.. "Para a tutela específica ou para a obtenção do resultado prático equivalente, poderá o juiz determinar as medidas necessárias, tais como busca e apreensão, remoção de coisas e pessoas, desfazimento de obra, impedimento de atividade nociva, além de requisição de força policial" (art. 84, § 5º, do CDC). **C:** correta. Nos exatos termos no art. 84, § 3º, do CDC. **D:** incorreta. "A conversão da obrigação em perdas e danos somente será admissível se por elas optar o autor ou se impossível a tutela específica ou a obtenção do resultado prático correspondente" (art. 84, § 1º, do CDC). **E:** incorreta. "A indenização por perdas e danos se fará sem prejuízo da multa" (art. 84, § 2º, do CDC). **RD**

Gabarito "C".

(Juiz de Direito – TJ/MS – VUNESP – 2015) São circunstâncias agravantes dos crimes contra as relações de consumo, previstos no Código de Defesa do Consumidor:

(A) explicitar-se a natureza ilícita do procedimento.

(B) ocasionarem dano individual ou coletivo.

(C) quando cometidos por pessoa cuja condição econômico-social seja igual ou manifestamente superior à da vítima.

(D) quando cometidos em detrimento de operário ou rurícola.

(E) serem cometidos em época de crise econômica.

Nos termos do art. 76 do Código de Defesa do Consumidor, são circunstâncias agravantes dos crimes: I – serem cometidos em época de grave crise econômica ou por ocasião de calamidade; II – ocasionarem grave dano individual ou coletivo; III – dissimular-se a natureza ilícita do procedimento; IV – quando cometidos: a) por servidor público, ou por pessoa cuja condição econômico-social seja manifestamente superior à da vítima; b) em detrimento de operário ou rurícola; de menor de dezoito ou maior de sessenta anos ou de pessoas portadoras de deficiência mental interditadas ou não; V – serem praticados em operações que envolvam alimentos, medicamentos ou quaisquer outros produtos ou serviços essenciais. **A:** incorreta. Dissimular-se, não explicitar-se, a natureza ilícita do procedimento é circunstância agravante. **B:** incorreta. Ocasionar *grave* dano individual ou coletivo é circunstância agravante. **C:** incorreta. A condição econômico-social não pode ser igual, mas manifestamente superior à da vítima. **D:** correta. Art. 76, IV, *b*, do CDC. **E:** incorreta. Será circunstância agravante se cometido mediante *grave* crise econômica. **RD**

Gabarito "D".

(Juiz de Direito – TJ/MS – VUNESP – 2015) Em relação aos contratos de consumo e eventuais lides deles decorrentes, assinale a alternativa correta.

(A) A decadência do art. 26 do CDC é aplicável à prestação de contas para obter esclarecimentos sobre cobrança de taxas, tarifas e encargos bancários.

(B) O mutuário do SFH pode ser compelido a contratar o seguro habitacional obrigatório com a instituição financeira mutuante ou com a seguradora por ela indicada.

(C) A cobrança de comissão de permanência, cujo valor não pode ultrapassar a soma dos encargos remune-

9. DIREITO DO CONSUMIDOR — 651

ratórios e moratórios previstos no contrato, exclui a exigibilidade dos juros remuneratórios, moratórios e da multa contratual.

(D) As instituições financeiras no âmbito de operações bancárias, respondem objetivamente pelos danos gerados por fortuito interno relativo a fraudes, e subjetivamente por delitos praticados por terceiros.

(E) A Anatel é parte legítima nas demandas entre a concessionária e o usuário de telefonia, decorrentes de relação contratual.

A: incorreta. "A decadência do art. 26 do CDC não é aplicável à prestação de contas para obter esclarecimentos sobre cobrança de taxas, tarifas e encargos bancários." (Súmula 477 do STJ). **B:** incorreta. *"O mutuário do SFH não pode ser compelido a contratar o seguro habitacional obrigatório com a instituição financeira mutuante ou com a seguradora por ela indicada". (*Súmula 473 do STJ). **C:** correta. "A cobrança de comissão de permanência - cujo valor não pode ultrapassar a soma dos encargos remuneratórios e moratórios previstos no contrato - exclui a exigibilidade dos juros remuneratórios, moratórios e da multa contratual". (Súmula 472 do STJ). **D:** incorreta. "As instituições financeiras respondem objetivamente pelos danos gerados por fortuito interno relativo a fraudes e delitos praticados por terceiros no âmbito de operações bancárias". (Súmula 479 do STJ). **E:** incorreta. "A Anatel não é parte legítima nas demandas entre a concessionária e o usuário de telefonia decorrentes de relação contratual". (Súmula 506 do STJ). RD

Gabarito "C".

(Juiz – TRF 4ª Região – 2016) Assinale a alternativa correta.

No que concerne às relações de consumo:

(A) À luz da jurisprudência do Superior Tribunal de Justiça, adota-se a teoria finalista ou subjetiva para fins de caracterização da pessoa jurídica como consumidora em eventual relação de consumo, devendo, portanto, ser destinatária final econômica do bem ou serviço adquirido.

(B) Prescreve em 3 (três) anos a pretensão à reparação pelos danos causados por fato do produto ou do serviço, iniciando-se a contagem do prazo a partir do conhecimento do dano e de sua autoria.

(C) Deixar de comunicar à autoridade competente e aos consumidores a nocividade ou a periculosidade de produtos cujo conhecimento seja posterior à sua colocação no mercado constitui somente infração administrativa, punida com pena de multa.

(D) As regras da legislação consumerista não se aplicam quando constatada a má prestação de um serviço público concedido, uma vez que o referido diploma se aplica apenas às relações de âmbito privado.

(E) Aos consumidores que realizam compras no estabelecimento por meio de catálogo da loja, não é garantido o direito de arrependimento no prazo de 7 (sete) dias.

A: correta; O Superior Tribunal de Justiça adota a teoria finalista mitigada, para quem consumidor é toda pessoa física ou jurídica, que adquire ou utiliza produto ou serviço como destinatário final, para uso próprio ou profissional, desde que esteja presente a vulnerabilidade. Nessa toada, a pessoa jurídica será considerada consumidora quando for destinatária final de produto ou serviço e apresente vulnerabilidade no caso concreto, ainda que tenha objetivo de lucro ou finalidade profissional. **B:** incorreta. O prazo prescricional para reclamar de produtos e serviços defeituosos é de 5 anos, contados a partir do momento

que se descobre o autor e a extensão dos danos (art. 27 do CDC); **C:** incorreta. Configura crime previsto no art. 64 do CDC: "Deixar de comunicar à autoridade competente e aos consumidores a nocividade ou periculosidade de produtos cujo conhecimento seja posterior à sua colocação no mercado: Pena – Detenção de seis meses a dois anos e multa"; **D:** incorreta As prestadoras de serviço público estão sujeitas ao Código de Defesa do Consumidor (art. 3º do CDC). Sendo constada a má prestação do serviço público, deve ser aplicada lei consumerista, em especial a regra contida no art. 22, que exige que o serviço público seja adequado, eficiente, seguro e, quanto aos essenciais, contínuos. Sobre o tema, o boletim de jurisprudência em teses nº 74 do Superior Tribunal de Justiça sintetiza: 1) 2) "As empresas públicas, as concessionárias e as permissionárias prestadoras de serviços públicos respondem objetivamente pelos danos causados a terceiros, nos termos do art. 37, §6º da Constituição Federal e dos art. 14 e 22 do Código de Defesa do Consumidor".; **E:** incorreta. As compras feitas fora do estabelecimento empresarial, especialmente feitas por meio de catálogo ou telefone, permitem ao consumidor exercer o direito de arrependimento, no prazo de 7 dias, a contar da assinatura ou da entrega do produto. RD

Gabarito "A".

(Magistratura Federal/2ª região – 2011 – CESPE) Acerca dos institutos de direito do consumidor, assinale a opção correta.

(A) A contribuição de intervenção no domínio econômico sobre combustível é tributo indireto, razão pela qual o consumidor final tem legitimidade ativa *ad causam* para o pedido de restituição da parcela de preço específica.

(B) Não é lícita a aplicação a fornecedor, por mais de um órgão de proteção e defesa do consumidor, de sanções decorrentes da mesma infração.

(C) As ações que, ajuizadas pelo consumidor contra concessionária de telefonia, visem ao questionamento da cobrança da assinatura básica mensal e à devolução dos valores cobrados a esse título não podem ser processadas nos juizados especiais cíveis.

(D) As cooperativas de crédito não integram o Sistema Financeiro Nacional e não estão sujeitas às normas do CDC.

(E) Tratando-se de ação que objetive reparação dos danos causados pelo tabagismo, a prescrição é regulada pelo Código Civil e não, pelo CDC.

A: incorreta. "1. A legislação da Cide sobre combustíveis não prevê, como regra, repasse de ônus tributário ao adquirente do produto, diferentemente do ICMS e do IPI, por exemplo. Por essa ótica estritamente jurídica, é discutível sua classificação como tributo indireto, o que inviabiliza o pleito de restituição formulado pelo suposto contribuinte de fato (consumidor final do combustível). 2. Ainda que se admita que a Cide sobre combustível seja tributo indireto, a jurisprudência da Segunda Turma inclinou-se no sentido de que o consumidor final não tem legitimidade ativa ad causam para o pedido de restituição da Parcela de Preço Específica (considerada espécie de Cide), mas sim o distribuidor do combustível, entendimento que se aplica ao caso" (STJ, AgRg no REsp 1.160.826/PR, j. 03.08.2010); **B:** correta. "Não obstante os órgãos de proteção e defesa do consumidor, que integram o Sistema Nacional de Defesa do Consumidor, serem autônomos e independentes quanto à fiscalização e controle do mercado de consumo, não se demonstra razoável e lícito a aplicação de sanções a fornecedor, decorrentes da mesma infração, por mais de uma autoridade consumerista, uma vez que tal conduta possibilitaria que todos os órgãos de defesa do consumidor existentes no País punissem o infrator, desvirtuando o poder punitivo do Estado. 4.

Nos termos do artigo 5°, parágrafo único, do Decreto n. 2.181/97: 'Se instaurado mais de um processo administrativo por pessoas jurídicas de direito público distintas, para apuração de infração decorrente de um mesmo fato imputado ao mesmo fornecedor, eventual conflito de competência será dirimido pelo DPDC, que poderá ouvir a Comissão Nacional Permanente de Defesa do Consumidor – CNPDC, levando sempre em consideração a competência federativa para legislar sobre a respectiva atividade econômica'" (STJ, REsp 1.087.892/SP, j. 22.06.2010); **C:** incorreta, "2. As ações ajuizadas pelo consumidor contra a concessionária de telefonia, visando ao questionamento da cobrança da assinatura básica mensal e à devolução dos valores cobrados a esse título, podem ser processadas nos juizados especiais cíveis, de acordo com a jurisprudência (STJ, AgRg no RMS 28925/SC, j. 04.11.2010); **D:** incorreta: "2. É pacífica a jurisprudência desta Corte no sentido de que as cooperativas de crédito integram o sistema financeiro nacional, estando sujeita às normas do Código de Defesa do Consumidor" (STJ, AgRg no Ag 1.232.435/RS, j. 22.03.2011); **E:** incorreta: "Direito do consumidor. Responsabilidade civil por fato do produto. Indenização. Danos morais e materiais. Tabagismo. Prescrição. Cinco anos. 1. Prescreve em cinco anos a pretensão à reparação pelos danos causados por fato do produto (art. 27 do CDC). 2. A regra especial expressa no Código de Defesa do Consumidor afasta a incidência da norma geral prevista no Código Civil (art. 2°, § 2°, da LICC)" (STJ, REsp 1.036.230/SP, j. 23.06.2009). **AB**

Gabarito "B".

10. Direito Ambiental

Fabiano Melo, Fernanda Camargo Penteado, Wander Garcia,
Eduardo Dompieri , Marcos Destefenni e Henrique Subi

1. CONCEITOS BÁSICOS

(Magistratura/SP – 2013 – VUNESP) O direito ao meio ambiente, como direito de terceira geração ou terceira dimensão, apresenta uma estrutura bifronte, cujo significado consiste em contemplar

(A) direito de defesa e direito prestacional.

(B) direito de defesa e recuperação da qualidade ambiental degradada.

(C) direito material e direito procedimental.

(D) direito à obtenção e à manutenção de um *status* previamente definido no texto constitucional.

O direito ao meio ambiente é bifronte pois implica tanto num "não fazer" (ou seja, há uma série de proibições às pessoas físicas e jurídicas, que, assim, não podem fazer uma série de coisas; ex.: não se pode fazer o uso direto de recursos naturais em unidades de proteção integral), como num conjunto de "fazeres" (ou seja, condutas comissivas que temos que tomar em relação ao meio ambiente; ex.: dever estatal de criar unidades de conservação). Vale lembrar que tais direitos e deveres alcançam não só o Estado, como também à coletividade em geral (art. 225, *caput*, da CF). Nesse sentido, trata-se de um direito de defesa (ou seja, que busca defender o meio ambiente por meio de proibições às pessoas) e prestacional (ou seja, que exige prestações comissivas ou positivas do Estado e da coletividade). **WG**
Gabarito "A".

(Magistratura Federal/1ª região – 2011 – CESPE) Em defesa do meio ambiente, o STF assim se pronunciou: "O direito à integridade do meio ambiente – típico direito de terceira geração – constitui prerrogativa jurídica de titularidade coletiva, refletindo, dentro do processo de afirmação dos direitos humanos, a expressão significativa de um poder atribuído, não ao indivíduo identificado em sua singularidade, mas num sentido verdadeiramente mais abrangente, à própria coletividade social".

Tendo o texto acima como referência, assinale a opção correta com base nas disposições legais de defesa do meio ambiente.

(A) Em atendimento ao princípio do poluidor pagador, previsto no direito positivo brasileiro, a Política Nacional do Meio Ambiente determina a proteção de áreas ameaçadas de degradação.

(B) A defesa do direito ao meio ambiente equilibrado nasceu a partir da Declaração de Estocolmo, em 1972, cujas premissas são marcadamente biocêntricas.

(C) O objeto de proteção do direito ambiental concentra-se nos fatores bióticos e abióticos, que devem ser tratados isoladamente.

(D) Em razão do tratamento dispensado ao meio ambiente pelo texto constitucional, depreende-se que é exigido dos cidadãos, predominantemente, um *non facere* em relação ao meio ambiente.

(E) O direito fundamental ao meio ambiente ecologicamente equilibrado afasta eventual tentativa de desafetação ou destinação indireta.

A: incorreta, pois a proteção de áreas ameaçadas de degradação, que é determinada pela lei de Política Nacional do Meio Ambiente (Lei n. 6.938/1981), não decorre do princípio do poluidor pagador. Referido princípio está mais relacionado à recuperação de áreas degradadas. Como ensina Antonio Herman V. Benjamin ("O princípio poluidor--pagador e a reparação do dano ambiental". In: *Dano ambiental: prevenção, reparação e repressão*, Coord. Antonio H. V. Benjamin, São Paulo: Revista dos Tribunais, 1993, p. 229), "o objetivo maior do princípio poluidor-pagador é fazer com que os custos das medidas de proteção do meio ambiente – as externalidades ambientais – repercutam nos custos finais de produtos e serviços cuja produção esteja na origem da atividade poluidora. Em outras palavras, busca-se fazer com que os agentes que originaram as externalidades 'assumam os custos impostos a outros agentes, produtores e/ou consumidores'"; **B**: incorreta; **C**: incorreta, pois os fatores bióticos e abióticos não podem ser tratados isoladamente. Conforme o art. 3º, I, da Lei n. 6.938/1981, o meio ambiente é o conjunto de condições, leis, influências e interações de ordem física, química e biológica, que permite, abriga e rege a vida em todas as suas formas; **D**: incorreta, pois a proteção ao meio ambiente exige uma conduta (ação ou omissão) consciente da necessidade de preservação do meio ambiente ecologicamente equilibrado para as presentes e futuras gerações; **E**: correta. O enunciado refere-se ao julgamento proferido pelo STF na Medida Cautelar na Ação Direta de Inconstitucionalidade 3.540/DF, em que foi relator o Min. CELSO DE MELLO (Julgamento: 01.09.2005). E conforme consignou o Pretório Excelso, "a alteração e a supressão do regime jurídico pertinente aos espaços territoriais especialmente protegidos qualificam-se, por efeito da cláusula inscrita no art. 225, § 1º, III, da Constituição, como matérias sujeitas ao princípio da reserva legal". **MD**
Gabarito "E".

FM questões comentadas por: **Fabiano Melo**

FCP questões comentadas por: **Fernanda Camargo Penteado**

WG questões comentadas por: **Wander Garcia**

ED questões comentadas por: **Eduardo Dompieri**

MD questões comentadas por: **Marcos Destefenni**

HS questões comentadas por: **Henrique Subi**

654 VÁRIOS AUTORES

(Magistratura Federal/2ª região – 2011 – CESPE) Considerando a concessão de *status de direito* fundamental ao ambiente ecologicamente equilibrado no ordenamento jurídico nacional, assinale a opção correta.

(A) As normas de proteção ambiental brasileiras têm natureza reflexa.

(B) Para o ordenamento jurídico nacional, a natureza jurídica do meio ambiente é controversa.

(C) Aplica-se o princípio da subsidiariedade às ações praticadas contra o ambiente, ficando a critério do agente público a valoração do dano.

(D) O direito ambiental e o direito econômico são áreas do direito que se inter-relacionam, estando ambas voltadas para a melhoria do bem-estar das pessoas e para a estabilidade do processo produtivo.

(E) Com relação à competência ambiental executiva, dispõe a CF que a organização e o planejamento de aglomerações urbanas e microrregiões competem exclusivamente aos municípios.

A: incorreta, pois a proteção ambiental, no Brasil, decorre diretamente do Texto Maior (CF, art. 225). Reflexa era a proteção do meio ambiente ecologicamente equilibrado nas primeiras leis editadas no Brasil; **B**: incorreta, pois a natureza jurídica do meio ambiente é apontada pelo art. 225, *caput*, da CF: "bem de uso comum do povo e essencial à sadia qualidade de vida"; **C**: incorreta. O princípio da subsidiariedade é aplicável em matéria ambiental, tanto que a Constituição Federal reconhece, em matéria ambiental, competência do Município, tanto material quanto legislativa (CF, arts. 23 e 30). De recordar que o princípio da subsidiariedade recomenda que os entes mais próximos do problema devem ter competência material e legislativa, que deve prevalecer sobre a competência dos entes mais distantes. Por isso, está assegurado o princípio, em matéria ambiental, quando se reconhece ao município competência para legislar no interesse local. Trata-se de princípio fundamental quando se trata da repartição de competências entre os entes da Federação, inclusive em se tratando das questões ambientais. Todavia, não se pode dizer que fica a critério do agente público a valoração do dano; **D**: correta, pois a assertiva se refere ao princípio do desenvolvimento sustentado. A interligação entre o direito ambiental e o econômico está expressa no art. 170 da Constituição Federal; **E**: incorreta, pois a competência executiva ambiental, prevista no art. 23 da CF, é comum entre a União, os Estados, o Distrito Federal e os Municípios. Aos mencionados entes federativos, por exemplo, é atribuída a competência comum para *promover programas de construção de moradias e a melhoria das condições habitacionais e de saneamento básico* (CF, art. 23, IX). **MD**

Gabarito "D."

(Magistratura/ES – 2011 – CESPE) Com relação ao conceito de meio ambiente e dano ambiental, assinale a opção correta.

(A) Conforme o Protocolo de Cartagena, dano ambiental é o prejuízo causado ao ambiente, que é definido, segundo o referido acordo, como conjunto dinâmico e interativo que compreende a cultura, a natureza e as construções humanas.

(B) Dano ambiental é todo impacto causado ao ambiente, que é caracterizado como o conjunto de elementos bióticos e abióticos que interagem e mutuamente influenciam a dinâmica dos sistemas autopoiéticos.

(C) Meio ambiente é definido como o conjunto de interações, condições, leis e influências físicas e bioquímicas que origina e mantém a vida em todas as suas formas, e dano ambiental, como o prejuízo transgeracional, de acordo com a PNMA.

(D) A definição legal de meio ambiente encontra-se no próprio texto constitucional, que se refere ao ambiente cultural, natural, artificial e do trabalho; o conceito legal de dano ambiental, fundado na teoria do risco, materializa-se no conceito de ecocídio: sendo o direito ao ambiente ecologicamente equilibrado direito fundamental do ser humano, as condutas lesivas ao ambiente devem ser consideradas crimes contra a humanidade.

(E) Meio ambiente é definido como o conjunto de condições, leis, influências e interações de ordem física, química e biológica que permite, abriga e rege a vida em todas as suas formas; a definição de dano ambiental infere-se a partir dos conceitos legais de poluição e degradação.

A: incorreta; o Protocolo de Cartagena sobre Biossegurança da Convenção sobre Diversidade Biológica tem por objetivo "contribuir para assegurar um nível adequado de proteção no campo da transferência, da manipulação e do uso seguros dos organismos vivos modificados resultantes da biotecnologia moderna que possam ter efeitos adversos na conservação e no uso sustentável da diversidade biológica, levando em conta os riscos para a saúde humana, e enfocando especificamente os movimentos transfronteiriços" e não traz a definição mencionada na alternativa; **B**: incorreta, pois o dano ambiental não se caracteriza havendo mero impacto ao meio ambiente; para que se fale em dano ambiental ou degradação do meio ambiente há de ser um impacto que cause alteração adversa das características do meio ambiente (art. 3º, II, da Lei 6.938/1981); vale salientar, outrossim, que o impacto ambiental poder ser positivo ou negativo, ao passo que o dano ambiental é sempre negativo; **C**: incorreta, pois o conceito adequado de meio ambiente é o seguinte "conjunto de condições, leis, influências e interações de ordem física, química e biológica, que permite, abriga e rege a vida em todas as suas formas" (art. 3º, I, da Lei 6.938/1981); quanto ao dano ambiental, não é definido pela PNMA (Lei 6.938/1981), que se limita a tratar com mais detalhe de uma de suas espécies, no caso, a degradação ambiental por ato humano (poluição), conforme art. 3º, III; **D**: incorreta, pois a Constituição não traz a definição de meio ambiente, que, todavia, é trazida no art. 3º, I, da Lei 6.938/1981; **E**: correta (art. 3º, I, da Lei 6.938/1981). **WG**

Gabarito "E."

2. DIREITO AMBIENTAL CONSTITUCIONAL

(Juiz – TJ/SP – VUNESP – 2015) A Constituição federal previu que todos têm direito ao meio ambiente ecologicamente equilibrado, estabelecendo incumbências ao poder público para assegurar a efetividade desse direito. Dentre essas incumbências arroladas no art. 225, não está a seguinte:

(A) fiscalizar as entidades dedicadas à pesquisa e à manipulação de material genético.

(B) definir, em todas as unidades da Federação, espaços territoriais e seus componentes a serem especialmente protegidos.

(C) preservar e restaurar os processos ecológicos essenciais.

(D) exigir para instalação de obra ou atividade potencialmente causadora de significativa degradação do meio ambiente a recuperação do meio ambiente degradado.

10. DIREITO AMBIENTAL   655

A: correta. Nos termos do art. 225, § 1°, II, da Constituição Federal. **B:** correta. Vide art. 225, § 1°, III, da Constituição Federal. **C:** correta. Segundo disposição do art. 225, § 1°, I, da Constituição Federal. **D:** incorreta. "Exigir, na forma da lei, para a instalação de obra ou atividade potencialmente causadora de significativa degradação do meio ambiente, estudo prévio de impacto ambiental, [e não a recuperação do meio ambiente degradado], a que se dará publicidade" (art. 225, § 1°, IV, da Constituição Federal) **FM/FCP**

Gabarito "D".

(Magistratura/PR – 2013 – UFPR) De acordo com o art. 225, § 4° da Constituição Federal são patrimônio nacional:

(A) As Dunas Litorâneas, os Manguezais, a Serra do Mar e a Mata Atlântica.

(B) A Floresta Amazônica brasileira, a Mata Atlântica, a Serra do Mar, o Pantanal Mato-Grossense e a Zona Costeira.

(C) A Floresta Amazônica brasileira, o Pantanal Mato-Grossense, a Caatinga e as Reservas Indígenas.

(D) A Mata Atlântica, o Pantanal Mato-Grossense, os Manguezais, os Lençóis Maranhenses e as Bacias Hidrográficas.

A: incorreta, pois as Dunas Litorâneas e os Manguezais não são considerados patrimônio nacional pela CF/1988 (art. 225, § 4°, da CF/1988); **B:** correta (art. 225, § 4°, da CF/1988); **C:** incorreta, pois a Caatinga e as Reservas Indígenas não são considerados patrimônio nacional pela CF/1988 (art. 225, § 4°, da CF/1988); **D:** incorreta, pois os Lençóis Maranhenses, as Bacias Hidrográficas e os Manguezais não são considerados patrimônio nacional pela CF/1988 (art. 225, § 4°, da CF/1988). **WG**

Gabarito "B".

(Magistratura/BA – 2012 – CESPE) No que se refere à previsão constitucional da proteção ao meio ambiente, assinale a opção correta.

(A) A fim de minimizar os impactos provocados ao meio ambiente pela mineração, a CF impõe àqueles que exploram recursos minerais a elaboração e observância de plano de controle ambiental.

(B) Compete a todos os entes da Federação, concorrentemente, a execução das normas destinadas à tutela do patrimônio ambiental, ou seja, é concorrente a competência material.

(C) As terras devolutas necessárias à proteção de ecossistemas naturais deixam de ser indisponíveis após sua arrecadação e incorporação, mediante ação discriminatória, ao patrimônio público.

(D) Como a CF determina que a fiscalização da pesquisa e da manipulação de material genético deve ser realizada sob a perspectiva ambiental, aplica-se o princípio da precaução a esse tema.

(E) A constitucionalização da proteção ambiental, de forma específica e global, ocorreu sob a égide da Constituição de 1967, tendo a CF ampliado o tratamento dado ao tema.

A: incorreta, pois a Constituição não entra nesse nível de detalhe em relação à proteção do meio ambiente em face da exploração mineral, limitando-se a tratar da parte econômica deste último assunto; **B:** incorreta, pois a competência administrativa não é concorrente, mas

comum (art. 23, *caput* e incisos VI e VII, da CF); **C:** incorreta, pois tanto as terras devolutas como as terras arrecadadas pelo Estado por ações discriminatórias, desde que necessárias à proteção dos ecossistemas naturais, são indisponíveis (art. 225, § 5°, da CF); **D:** correta (art. 225, § 1°, II, da CF); **E:** incorreta, pois a Constituição de 1988 é que iniciou o tratamento de maneira específica e global do meio ambiente; em 1967 ainda vivíamos a fase de fragmentação das normas ambientais, sendo que tais normas estavam na legislação infraconstitucional e o seu tratamento foi bem pontual. **WG**

Gabarito "D".

(Magistratura/DF – 2011) Considerando as normas constitucionais, assinale a alternativa correta:

(A) Aquele que explorar recursos minerais fica obrigado a recuperar o meio ambiente degradado, de acordo com a solução técnica por ele apresentada;

(B) As terras devolutas ou arrecadadas pelos Estados, por ações discriminatórias, necessárias à proteção dos ecossistemas naturais, são consideradas disponíveis;

(C) As usinas que operem com reator nuclear deverão ter sua localização definida em leis federal e estadual, sem o que não poderão ser instaladas;

(D) As condutas e atividades consideradas lesivas ao meio ambiente sujeitarão os infratores, pessoas físicas ou jurídicas, a sanções penais e administrativas, independentemente da obrigação de reparar os danos causados.

A: incorreta, pois a obrigação de recuperar se dará de acordo com a solução técnica exigida pelo órgão público competente, na forma da lei (art. 225, § 2°, da CF); **B:** incorreta, pois são consideradas indisponíveis (art. 225, § 5°, da CF); **C:** incorreta, pois a localização somente será definida em lei federal (art. 225, § 6°, da CF); **D:** correta (art. 225, § 3°, da CF). **WG**

Gabarito "D".

(Magistratura/RJ – 2011 – VUNESP) Sobre a Disciplina Constitucional da Matéria Ambiental, assinale a alternativa correta.

(A) O tema ambiental perpassa diversos capítulos da Constituição Federal e da Estadual e é reconhecido constitucionalmente um direito fundamental ao meio ambiente ecologicamente equilibrado, cuja proteção judicial fica a cargo do Ministério Público.

(B) Compete à União, aos Estados, ao Distrito Federal e aos Municípios legislar sobre florestas, conservação da natureza, defesa do solo e dos recursos naturais.

(C) A Constituição do Estado do Rio de Janeiro autoriza a criação de taxas na utilização de recursos naturais, para financiar a fiscalização, recuperação e manutenção dos padrões de qualidade ambiental.

(D) Afim de prevenir obras e atividades significativamente degradadoras do meio ambiente urbano, o Estatuto da Cidade determina a realização de Estudo de Impacto de Vizinhança.

A: incorreta, pois a proteção judicial do meio ambiente pode se dar também por provocação dos demais legitimados para a ação civil pública (Administração Pública Direta e Indireta e associações), bem como pelo cidadão (art. 5°, LXXIII, da CF); **B:** incorreta, pois a competência concorrente para legislar é apenas da União, Estados e Distrito Federal

656 VÁRIOS AUTORES

(art. 24, *caput* e VI, da CF); **C:** correta (art. 262 da Constituição do Estado do Rio de Janeiro); **D:** incorreta, pois o Estudo de Impacto de Vizinhança não se limita à investigação de questões puramente ambientais, o que pode ser demonstrado facilmente pela análise de seu objeto (art. 37 da Lei 10.257/2001) e pelo fato de que a sua elaboração não substitui a elaboração e a aprovação de estudo prévio de impacto ambiental (EIA), requeridas pela legislação ambiental (art. 38 da Lei 10.257/2001). **WG**

Gabarito "C".

(Magistratura/RO – 2011 – PUCPR) A Constituição Federal de 1988 incluiu em seu texto diversos dispositivos voltados à garantia e à proteção do meio ambiente ecologicamente equilibrado. Diante disso, é tido como uma das mais avançadas do mundo no quesito ambiental. Considerando o texto constitucional, analise quais as assertivas abaixo são verdadeiras e quais são falsas. Marque em seguida a alternativa que corresponde à sequência **CORRETA.**

I. A Constituição Federal refere-se em seu texto expressamente ao instrumento de Licenciamento Ambiental em suas três modalidades: Licença Prévia; Licença de Instalação; Licença de Operação.

II. A Constituição Federal expressamente eleva a condição de patrimônio nacional a Floresta Amazônica brasileira, a Mata Atlântica, a Serra do Mar, o Pantanal Mato-Grossense, o Cerrado, a Caatinga e a Zona Costeira, vinculando sua utilização à forma da lei, dentro de condições que assegurem a preservação do meio ambiente, inclusive quanto ao uso dos recursos naturais.

III. A Constituição Federal prevê expressamente em seu texto a necessidade do Poder Público exigir, na forma da lei, estudo prévio de impacto ambiental para a instalação de obra ou atividade potencialmente causadora de significativo impacto ambienta!.

IV. A Constituição Federal dispõe expressamente que são indisponíveis as terras devolutas ou arrecadadas pelos Estados, por ações discriminatórias, necessárias à proteção dos ecossistemas naturais.

(A) F, F, V, V.

(B) V, F, V, F.

(C) F, V, V, V.

(D) V, V, F, V.

(E) V, V, V, F.

I: falsa, pois a CF, nesse tema, refere-se apenas ao estudo de impacto ambiental (art. 225, § 1º, IV, da CF); II: falsa, pois o cerrado e a caatinga não são erigidos como patrimônio nacional pela CF (art. 225, 4º); III: verdadeira (art. 225, § 1º, IV, da CF); IV: verdadeira (art. 225, § 5º, da CF). **WG**

Gabarito "A".

(Magistratura/RO – 2011 – PUCPR) A Constituição Federal prevê, em um de seus dispositivos, a defesa do meio ambiente, inclusive mediante possibilidade de tratamento diferenciado de atividades econômicas conforme o impacto ambiental dos produtos e serviços, bem como de seus processos de elaboração e prestação. Dado essa proposição, é **CORRETO** afirmar que:

(A) Não há previsão constitucional nesse sentido.

(B) A Constituição Federal prevê essa hipótese em seu artigo 225.

(C) A Constituição Federal prevê essa hipótese em seu artigo 186.

(D) A Constituição Federal prevê essa hipótese em seu artigo 170.

(E) A Lei 6.938/1981 é o dispositivo legal que prevê expressamente essa hipótese.

A hipótese descrita está prevista no art. 170, VI, da CF. **WG**

Gabarito "D".

3. PRINCÍPIOS DO DIREITO AMBIENTAL

Segue um resumo sobre Princípios do Direito Ambiental:

1. Princípio do desenvolvimento sustentável determina a harmonização entre o desenvolvimento econômico e social e a garantia da perenidade dos recursos ambientais. Tem raízes na Carta de Estocolmo (1972) e foi consagrado na ECO-92.

2. Princípio do poluidor-pagador: impõe ao poluidor tanto o dever de prevenir a ocorrência de danos ambientais, como o de reparar integralmente eventuais danos que causar com sua conduta. O princípio não permite a poluição, conduta absolutamente vedada e passível de diversas e severas sanções. Ele apenas reafirma o dever de prevenção e de reparação integral por parte de quem pratica atividade que possa poluir. Esse princípio também impõe ao empreendedor a internalização das externalidades ambientais negativas das atividades potencialmente poluidoras, buscando evitar a socialização dos ônus (ou seja, que a sociedade pague pelos danos causados pelo empreendedor) e a privatização dos bônus (ou seja, que somente o empreendedor ganhe os bônus de gastar o meio ambiente).

3. Princípio da obrigatoriedade da intervenção estatal: impõe ao Estado o dever de garantir o meio ambiente ecologicamente equilibrado. O princípio impõe ao poder público a utilização de diversos instrumentos para proteger o meio ambiente, que serão vistos em capítulo próprio.

4. Princípio da participação coletiva ou da cooperação de todos: impõe à coletividade (além do Estado) o dever de garantir e participar da proteção do meio ambiente. O princípio cria deveres (preservar o meio ambiente) e direitos (participar de órgãos colegiados e audiências públicas, p. ex.) às pessoas em geral.

5. Princípio da responsabilidade objetiva e da reparação integral: impõe o dever de qualquer pessoa responder integralmente pelos danos que causar ao meio ambiente, independentemente de prova de culpa ou dolo. Perceba que a proteção é dupla. Em primeiro lugar, fixa-se que a responsabilidade é objetiva, o que impede que o causador do dano deixe de ter a obrigação de repará-lo sob o argumento de que não agiu com culpa ou dolo. Em segundo lugar, a obrigação de reparar o dano não se limita a pagar uma indenização, mas impõe que a reparação seja específica, isto é, deve-se buscar a restauração ou recuperação do bem ambiental lesado, procurando, assim, retornar à situação anterior.

10. DIREITO AMBIENTAL

6. Princípio da prevenção: impõe à coletividade e ao poder público a tomada de medidas prévias para garantir o meio ambiente ecologicamente equilibrado para as presentes e futuras gerações. A doutrina faz uma distinção entre este princípio e o princípio da precaução. O princípio da prevenção incide naquelas hipóteses em que se tem certeza de que dada conduta causará um dano ambiental. O princípio da prevenção atuará de forma a evitar que o dano seja causado, impondo licenciamentos, estudos de impacto ambiental, reformulações de projeto, sanções administrativas etc. A ideia aqui é eliminar os perigos já comprovados. Já o princípio da precaução incide naquelas hipóteses de incerteza científica sobre se dada conduta pode ou não causar um dano ao meio ambiente. O princípio da precaução atuará no sentido de que, na dúvida, deve-se ficar com o meio ambiente, tomando as medidas adequadas para que o suposto dano de fato não ocorra. A ideia aqui é eliminar que o próprio perigo possa se concretizar.

7. Princípio da educação ambiental: impõe ao poder público o dever de promover a educação ambiental em todos os níveis de ensino e a conscientização pública para a preservação do meio ambiente. Perceba que a educação ambiental deve estar presente em todos os níveis de ensino e, que, além do ensino, a educação ambiental deve acontecer em programas de conscientização pública.

8. Princípio do direito humano fundamental: garante que os seres humanos têm direito a uma vida saudável e produtiva, em harmonia com o meio ambiente. De acordo com o princípio, as pessoas têm direito ao meio ambiente ecologicamente equilibrado.

9. Princípio da ubiquidade: impõe que as questões ambientais devem ser consideradas em todas as atividades humanas. Ubiquidade quer dizer existência concomitantemente em todos os lugares. De fato, o meio ambiente está em todos os lugares, de modo que qualquer atividade deve ser feita com respeito à sua proteção e promoção.

10. Princípio do usuário-pagador: as pessoas que usam recursos naturais devem pagar por tal utilização. Esse princípio difere do princípio do poluidor-pagador, pois o segundo diz respeito a condutas ilícitas ambientalmente, ao passo que o primeiro a condutas lícitas ambientalmente. Assim, aquele que polui (conduta ilícita), deve reparar o dano, pelo princípio do poluidor-pagador. Já aquele que usa água (conduta lícita) deve pagar pelo seu uso, pelo princípio do usuário-pagador. A ideia é que o usuário pague com o objetivo de incentivar o uso racional dos recursos naturais, além de fazer justiça, pois há pessoas que usam mais e pessoas que usam menos dados recursos naturais.

11. Princípio da informação e da transparência das informações e atos: impõe que as pessoas têm direito de receber todas as informações relativas à proteção, preventiva e repressiva, do meio ambiente. Assim, pelo princípio, as pessoas têm direito de consultar os documentos de um licenciamento ambiental, assim como têm direito de participar de consultas e de audiências públicas em matéria de meio ambiente.

12. Princípio da função socioambiental da propriedade: a propriedade deve ser utilizada de modo sustentável, com vistas não só ao bem-estar do proprietário, mas também da coletividade como um todo.

13. Princípio da equidade geracional: determina que as presentes e futuras gerações têm os mesmos direitos quanto ao meio ambiente ecologicamente equilibrado. Assim, a utilização de recursos naturais para a satisfação das necessidades atuais não deverá comprometer a possibilidade das gerações futuras satisfazerem suas necessidades. O princípio impõe, também, equidade na distribuição de benefícios e custos entre gerações, quanto à preservação ambiental.

(Magistratura/AM – 2013 – FGV) Um município turístico brasileiro, para fins de embelezamento da cidade, sem qualquer procedimento prévio e sem conhecer as consequências ambientais, decide instalar potente sistema de iluminação noturna direcionado à popular formação rochosa situada em parque florestal municipal urbano. O Ministério Público, por entender que a luminosidade excessiva alterava as condições ambientais, com potencialidade de interferir negativamente na flora e na fauna locais, ingressou com ação civil pública ambiental, postulando liminar para cessar imediatamente a iluminação.

Com relação aos fundamentos aplicáveis para a concessão da liminar postulada, analise as afirmativas a seguir.

I. O desconhecimento do potencial lesivo ao meio ambiente impõe, com base no princípio da precaução, o dever de abstenção.

II. A instalação pode ser considerada causadora de impacto ambiental, por implicar em potencial alteração das propriedades biológicas do meio ambiente e afetar direta ou indiretamente a biota.

III. Necessidade de zelar pela sustentabilidade, de modo a não comprometer os recursos ambientais ou impedir que deles usufruam as futuras gerações.

Assinale:

(A) se somente a afirmativa I estiver correta.

(B) se somente a afirmativa II estiver correta.

(C) se somente as afirmativas I e II estiverem corretas.

(D) se somente as afirmativas II e III estiverem corretas.

(E) se todas as afirmativas estiverem corretas.

I: correta, pois, de acordo com o princípio da precaução, em caso de dúvida sobre o dano ambiental (incerteza científica), há de se tomar decisão no sentido da proteção do meio ambiente; II: correta (art. 3º, III, c, da Lei 6.938/1981); III: correta, pois esses são objetivos expressos no art. 225 da CF/1988. WG
Gabarito "E".

(Magistratura/AM – 2013 – FGV) A Segunda Turma do Superior Tribunal de Justiça, em acórdão unânime relatado pelo Ministro Antonio Herman Benjamin, asseverou que *"Não mais se admite, nem se justifica, que para produzir ferro e aço a indústria brasileira condene as gerações futuras a uma herança de externalidades ambientais negativas,* *rastros ecologicamente perversos de uma atividade empresarial que, por infeliz escolha própria, mancha sua reputação e memória, ao exportar qualidade, apropriar-se dos benefícios econômicos e, em contrapartida, literalmente queimar, nos seus fornos, nossas florestas e bosques, que, nas fagulhas expelidas pelas chaminés, se vão irreversivelmente."*

Assinale a alternativa que indica o princípio geral do direito ambiental violado no trecho transcrito.

(A) Desenvolvimento sustentável.

(B) Poluidor-pagador.

(C) Informação.

(D) Participação.

(E) Precaução.

As expressões "benefícios econômicos", "em contrapartida" e "queimar, nos seus fornos, nossas florestas e bosques" revela que o acórdão está a tratar da necessidade de compatibilizar desenvolvimento com proteção do meio ambiente, ideia que decorre diretamente do princípio do desenvolvimento sustentável. Os outros princípios não têm relação com o enunciado da questão. Porém, a menção no enunciado de "externalidades ambientais negativas" poderia fazer com que se entendesse que o princípio do poluidor-pagador está presente também no enunciado. Porém, o aspecto preventivo desse princípio impõe que haja a internalização das externalidades negativas, por exemplo, por meio do pagamento de uma compensação (internalização) face ao uso do meio ambiente, o que não se aplica ao caso, já que o acórdão se direciona no sentido de impedir certas práticas usadas na produção da indústria de ferro e aço. **WG**

Gabarito "A".

(Magistratura/PR – 2013 – UFPR) De acordo com o princípio do poluidor-pagador, é correto afirmar:

(A) Quem tem condições econômicas de indenizar está autorizado a praticar ações que causem danos ao ambiente.

(B) O princípio somente se aplica ao dano contra o patrimônio ambiental cultural.

(C) Assegura o direito à indenização das vítimas de poluição e de outros danos ambientais.

(D) O poluidor que indeniza as vítimas do dano causado se exime de responsabilidade nas esferas administrativa e civil.

A: incorreta, pois o princípio do poluidor-pagador não está a autorizar a poluição, conduta absolutamente vedada e passível de diversas e severas sanções. Tal princípio apenas reafirma, faz lembrar o dever de prevenção e de reparação integral por parte de quem pratica atividade que possa poluir; B: incorreta, pois se aplica a qualquer dano ambiental; C: correta, pois o sentido repressivo desse princípio impõe responsabilidade objetiva àquele que causa dano ambiental; já o sentido preventivo, impõe a internalização das externalidades negativas; D: incorreta, pois as esferas civil, administrativa e também penal são independentes entre si (art. 225, § 3°, da CF/1988). **WG**

Gabarito "C".

(Magistratura/RJ – 2013 – VUNESP) O princípio da precaução, no tocante às questões de Direito Ambiental, pressupõe e gera como possibilidade, respectivamente:

(A) ausência de certeza científica e inversão do ônus da prova.

(B) certeza científica e condenação por dano hipotético.

(C) risco provado e condenação ao pagamento de indenização fixada por arbitramento.

(D) risco eventual e condenação ao pagamento de indenização obrigatória.

A: correta, pois a incerteza científica sobre um dano ambiental impõe que o meio ambiente seja protegido, nos termos do princípio da precaução; esse princípio tem o poder também de inverter o ônus da prova, devendo o empreendedor demonstrar que sua atividade não causará dano ao meio ambiente; B: incorreta, pois a certeza científica é causa de aplicação do princípio da *prevenção* e não da *precaução*; C: incorreta, pois o princípio da precaução é aplicado quando não se tem prova do risco, ou seja, quando há dúvida; D: incorreta, pois aplica-se o princípio da precaução quando há dúvida de dano, o que pode se traduzir numa situação de risco eventual; porém, a consequência não é necessariamente o pagamento de indenização, podendo ser simplesmente o impedimento de que dada atividade se inicie enquanto não se demonstrar a ausência de risco. **WG**

Gabarito "A".

(Magistratura/RJ – 2013 – VUNESP) A responsabilidade civil pela reparação de dano ambiental, de acordo com o princípio do poluidor-pagador, significa especificamente

(A) a possibilidade de manutenção de graus aceitáveis de poluição mediante o pagamento de valores de indenização.

(B) o ressarcimento pelos danos materiais causados.

(C) a cumulação da reparação por danos materiais e morais.

(D) a obrigação de arcar com despesas de prevenção, reparação e repressão da poluição.

A: incorreta, pois o princípio do poluidor-pagador não permite a poluição, conduta absolutamente vedada e passível de diversas e severas sanções. Tal princípio apenas reafirma, faz lembrar o dever de prevenção e de reparação integral por parte de quem pratica atividade que possa poluir; B e C: incorretas, pois esse princípio tem um aspecto repressivo (relacionado com a reparação e a repressão da poluição), mas também um aspecto preventivo, de modo que não se limita ao primeiro aspecto; D: correta, pois o princípio em questão de fato abrange o aspecto preventivo (internalização das externalidades negativas) e o aspecto repressivo, impondo indenização e reparação. **WG**

Gabarito "D".

(Magistratura/CE – 2012 – CESPE) Com relação aos princípios do direito ambiental, assinale a opção correta.

(A) Embora o princípio da prevenção esteja caindo em desuso com a emergência da chamada sociedade de risco, as medidas preventivas que com aquele não se confundem continuam sendo extremamente necessárias à proteção do meio ambiente.

(B) O princípio da participação, veiculado, pela primeira vez, em 1972, durante a Conferência de Estocolmo, dispõe sobre a necessidade de se estabelecerem parâmetros que permitam a participação equitativa das populações carentes nos lucros da exploração econômica da biodiversidade.

(C) O princípio da precaução é aplicado como garantia contra os potenciais riscos que, de acordo com o estado atual do conhecimento, não podem ser ainda identificados; consoante esse princípio, ausente a certeza científica formal, a existência de risco de um dano sério ou irreversível requer a implementação de medidas que possam prever esse dano.

(D) O princípio do poluidor-pagador foi desenvolvido pelo racionalismo alemão, no século XIX, em decorrência do acelerado processo de industrialização da recém-unificada Alemanha, tendo alcançado *status* constitucional em 1919.

(E) O princípio do usuário-pagador, desenvolvido por John Rawls na obra Uma Teoria da Justiça, fundamenta-se na ideia da maximização do mínimo, segundo a qual cabe àqueles que alcançam um maior nível de consumo a responsabilidade sobre os custos socioambientais da produção capitalista.

A: incorreta, pois esse instituto não está caindo em desuso; ao contrário, a existência de cada vez mais situações de risco leva ao aumento de sua aplicação, pois, havendo risco e dúvida sobre a existência de dano ambiental, o princípio da precaução no sentido de implementar medidas que possam evitar o potencial dano; **B:** incorreta, pois esse princípio está direcionado a outro escopo, qual seja, o de que todos devem participar da proteção do meio ambiente; o princípio decorre do art. 225, *caput* e inciso VI, da CF; ele também está previsto expressamente no princípio 10 da Declaração do Rio sobre Meio Ambiente e Desenvolvimento Sustentável; **C:** correta, já que traz adequada definição do instituto; **D:** incorreta; como se sabe, a preocupação ambiental é bem recente e, até 1972, quando se deu a primeira conferência mundial do meio ambiente, em Estocolmo, sequer havia uma maior preocupação ambiental nas leis europeias, quanto mais a construção de um instituto como o do poluidor-pagador; aliás, esse princípio só foi devidamente consagrado, em nível internacional, por ocasião da ECO 92, estando expresso no Princípio 16 da *Declaração do Rio*; **E:** incorreta, pois o princípio em tela não foi desenvolvido por John Rawls na obra citada; apesar de a teoria rawlsiana tratar de questões muito caras à proteção do meio ambiente, como a formulação dos princípios de justiça, a necessidade de considerar as futuras gerações e proposta de distribuição dos bens primários, a questão ambiental não é abordada de forma expressa pelo pensador. **WG**
Gabarito "C".

(Magistratura/MG – 2012 – VUNESP) Em se considerando que o princípio da precaução e o princípio da prevenção já se encontram instrumentalizados no artigo 225, *caput*, da Constituição da República, é correto afirmar que

(A) se adota o princípio da prevenção quando há dúvida científica sobre o potencial danoso de uma ação que interfira no ambiente.

(B) se adota o princípio da precaução quando conhecidos os males que a ação causa ao ambiente.

(C) o princípio da precaução pressupõe a inversão do ônus probatório.

(D) o princípio da prevenção derroga o princípio da precaução se estiverem em rota de colisão quando da solução de um caso concreto.

A: incorreta, pois, em caso de dúvida científica, aplica-se o princípio da *precaução* e não da *prevenção*; **B:** incorreta, pois, não havendo dúvida científica (ou seja, conhecidos os males que a ação causa ao meio ambiente), aplica-se o princípio da *prevenção* e não da *precaução*; **C:** correta; o princípio da precaução leva à adoção do "in dubio, pro societate", que implica na inversão do ônus da prova, para que o empreendedor tenha o ônus de demonstrar que não haverá dano ao

meio ambiente; **D:** incorreta, pois cada princípio tem um âmbito de incidência (um em caso de certeza de dano e outro, em caso de dúvida); ademais, os dois princípios levam a tomada de medida comum, no caso, medidas com vistas a impedir o dano ambiental. **WG**
Gabarito "C".

(Magistratura/RJ – 2011 – VUNESP) Leia as afirmações e relacione cada uma delas com os princípios ambientais, na sequência correta.

1. Tomar decisões no sentido de impedir a superveniência de danos ao meio ambiente, por meio de medidas apropriadas, antes da elaboração de um plano ou da realização de uma atividade potencialmente degradadora.

2. Tomar decisões para limitar o desenvolvimento de atividades e, assim, impedir a superveniência de danos ao meio ambiente em cenários de incerteza e controvérsias quanto às referidas atividades.

3. É dever da Administração Pública garantir o acesso dos cidadãos a registros administrativos e a informações sobre atos de governo relativos ao meio ambiente, inclusive sobre materiais e atividades perigosas.

4. Exigir do empreendedor medidas capazes de reduzir os impactos ambientais, fazendo-o internalizar os custos ambientais de sua atividade.

5. Exigir a retribuição à sociedade pela utilização econômica dos recursos naturais, incentivando, ao mesmo tempo, a racionalização do seu uso.

6. Permitir o desenvolvimento de atividades econômicas e buscar a redução das desigualdades sociais, mantendo, porém, uma base ecológica disponível para as futuras gerações.

Assinale a alternativa correta.

(A) Prevenção, precaução, informação, poluidor-pagador, usuário-pagador e desenvolvimento sustentável.

(B) Precaução, prevenção, informação, poluidor-pagador, usuário-pagador e desenvolvimento sustentável.

(C) Prevenção, precaução, participação, usuário-pagador, equivalência dos custos ambientais e solidariedade intergeracional.

(D) Precaução, prevenção, participação, equivalência dos custos ambientais, usuário-pagador e solidariedade intergeracional.

1: prevenção, pois traz situação de certeza de dano ambiental; **2:** precaução, pois traz situação de incerteza de dano ambiental; **3:** informação, pois relata o dever de a Administração conferir acesso a "registros" e "informações" relacionados ao meio ambiente; **4:** poluidor-pagador, pois o aspecto preventivo desse princípio impõe, justamente, a internalização das externalidades negativas; **5:** usuário-pagador, pois esses são justamente os escopos desse princípio, como se dá na cobrança de um valor adicional aos consumidores de água, pelo simples uso desta, além do que se paga pelo tratamento dela; **6:** desenvolvimento sustentável, pois a ideia é justamente compatibilizar meio ambiente e progresso econômico e social, presente e futuro. **WG**
Gabarito "A".

(MAGISTRATURA/PB – 2011 – CESPE) Com relação aos princípios de direito ambiental, assinale a opção correta.

(A) A necessidade da educação ambiental é princípio consagrado pelas Nações Unidas e pelo ordenamento

660 VÁRIOS AUTORES

jurídico brasileiro, e, nesse sentido, a CF determina ao poder público a incumbência de promover a educação ambiental em todos os níveis de ensino.

(B) Na órbita repressiva do princípio do poluidor-pagador, incide a responsabilidade subjetiva caso a sanção resultante da poluição tenha caráter civil, penal ou administrativo.

(C) Em face do princípio da precaução, o licenciamento, por órgão ambiental, para a construção, instalação e funcionamento de estabelecimentos utilizadores de recursos ambientais é exação discricionária do poder público, cabendo a este, a seu critério, enumerar as atividades potencialmente poluidoras e capazes de causar degradação ao ambiente.

(D) Considerado o princípio do poluidor-pagador, o conceito do termo poluidor restringe-se ao autor direto do dano ambiental, e não, àqueles que, de forma indireta, tenham contribuído para a prática do dano.

(E) O princípio da prevenção é englobado pelo princípio da precaução, na medida em que ambos se aplicam a impactos ambientais já conhecidos e informam tanto o licenciamento ambiental como os próprios estudos de impacto ambiental.

A: correta (art. 225, § 1º, VI, da CF); **B:** incorreta, pois a responsabilidade civil ambiental é objetiva, e não subjetiva; **C:** incorreta, pois toda atividade capaz de degradar o meio ambiente deve ser objeto de licenciamento ambiental, estando ou não no rol de atividades sujeitas ao licenciamento previstas em atos do Poder Público; **D:** incorreta, pois, segundo a o art. 3º, IV, da Lei 6.938/1981, poluidor é "a pessoa física ou jurídica, de direito público ou privado, responsável, direta ou **indiretamente**, por atividade causadora de degradação ambiental" (g.n.); **E:** incorreta, pois o princípio da prevenção se aplica a impactos ambientes já conhecidos, ao passo que o princípio da precaução se aplica aos casos em que há incerteza científica quanto aos impactos ambientais. WG
Gabarito "A"

(Magistratura/PI – 2011 – CESPE) Considerando os princípios de direito ambiental, assinale a opção correta.

(A) Como forma de buscar a responsabilização pessoal do agente da degradação ambiental, considera-se poluidor, consoante o princípio do poluidor-pagador, apenas o autor direto e imediatamente identificável do dano ambiental.

(B) Em consonância com o princípio da participação e informação, a CF determina expressamente que o poder público promova a educação ambiental em todos os níveis de ensino.

(C) O princípio da precaução aplica-se a impactos ambientais já conhecidos, em face da constatação de evidências de perigo de dano ambiental efetivo que deva ser antecipadamente eliminado.

(D) Em decorrência do princípio do poluidor-pagador, segundo a lei que dispõe acerca da PNMA, aquele que agrida o ambiente deve ser responsabilizado pelo prejuízo causado a este e a terceiros, na medida de sua culpa e participação no dano.

(E) Sendo o ambiente classificado como bem de uso comum do povo, não se admite que sua utilização

tenha caráter oneroso ou que haja necessidade de contraprestação pelo usuário.

A: incorreta, pois também é poluidor o responsável indireto por atividade causadora de degradação ambiental (art. 3º, IV, da Lei 6.938/1981); **B:** correta, em consonância com o disposto no art. 225, § 1º, VI, da CF; **C:** incorreta, pois o princípio da precaução é aplicado em caso de dúvida científica acerca de dano ambiental e não em caso de impactos já conhecidos; **D:** incorreta, pois não é necessário culpa para responsabilizar o poluidor (art. 14, § 1º, da Lei 6.938/1981); **E:** incorreta, pois nem mesmo quando um dado bem ambiental é público e do tipo bem de uso comum do povo há impossibilidade de se dar um caráter oneroso ao seu uso (art. 103 do CC). WG
Gabarito "B"

(Magistratura/SP – 2011 – VUNESP) Leia atentamente as assertivas que seguem e, depois, proceda à sua vinculação com os princípios enunciados, na correta ordem sequencial.

I. Manter as bases vitais da produção e reprodução do homem e de suas atividades, e igualmente garantir uma relação satisfatória entre os homens e destes com o seu ambiente, para que as futuras gerações também tenham oportunidade de desfrutar os mesmos recursos que temos hoje à nossa disposição.

II. Assegurar a solidariedade da presente geração em relação às futuras, para que também estas possam usufruir, de forma sustentável, dos recursos naturais.

III. Impedir a ocorrência de danos ao meio ambiente, por meio da imposição de medidas acautelatórias, antes da implantação do empreendimento e atividades consideradas efetiva ou potencialmente poluidoras.

IV. Instituir procedimentos capazes de embasar uma decisão racional na fase de incertezas e controvérsias, de forma a diminuir os custos da experimentação.

V. Internalizar os custos resultantes dos danos ambientais, ou seja, levá-los em conta na elaboração dos custos de produção e, consequentemente, assumi-los.

VI. Evitar que o "custo zero" dos serviços e recursos naturais acabe por conduzir o sistema de mercado à hiperexploração do meio ambiente.

Assinale a alternativa correta.

(A) Desenvolvimento sustentável, solidariedade intergeracional, prevenção, precaução, poluidor-pagador, usuário pagador.

(B) Desenvolvimento sustentável, solidariedade intergeracional, precaução, prevenção, poluidor-pagador, usuário pagador.

(C) Solidariedade intergeracional, desenvolvimento sustentável, precaução, prevenção, usuário pagador, poluidor-pagador.

(D) Solidariedade intergeracional, desenvolvimento sustentável, prevenção, precaução, poluidor-pagador, usuário pagador.

(E) Desenvolvimento sustentável, solidariedade intergeracional, prevenção, precaução, usuário pagador, poluidor-pagador.

I: trata-se de objetivo do princípio do desenvolvimento sustentável; **II:** trata-se do princípio da solidariedade intergeracional (ou equidade geracional), previsto no art. 225, *caput*, da CF; **III:** trata-se do princípio da prevenção, que incide quando há *certeza* científica quanto aos danos

10. DIREITO AMBIENTAL

ambientais; **IV**: trata-se do princípio da precaução, que incide quando há *incerteza* científica quanto aos danos ambientais; **VI**: trata-se do aspecto preventivo do princípio do poluidor-pagador, **VII**: trata-se de objetivo do princípio do usuário pagador. **WG**

Gabarito "A".

(Magistratura Federal/3ª Região – 2010) Assinale a proposição incorreta:

(A) O princípio protetor-recebedor fundamenta a isenção do Imposto Territorial Rural (ITR) concedida às áreas de preservação permanente, de reserva legal e as declaradas de interesse ecológico pelo órgão ambiental competente, incluídas nestas últimas as Reservas Particulares no Patrimônio Nacional (RPPNs);

(B) O princípio da precaução amplia a responsabilidade ambiental ao exigir a adoção de medidas protetivas eficazes mesmo diante da dúvida (in dúbio pro ambiente) e da falta de certeza científica quanto aos riscos (riscos incertos);

(C) Este princípio está contemplado na Declaração do Rio, nas Convenções do Clima e da Diversidade Biológica e uma de suas manifestações no direito brasileiro é a exigência constitucional do controle de produção, comercialização e emprego de técnicas, métodos e substâncias que comporte risco para a vida, a qualidade de vida e o meio ambiente;

(D) No Brasil há consenso que a liberação da comercialização dos organismos geneticamente modificados (OGMs) e a ampla competência atribuída a CTNBio (Comissão Técnica Nacional de Biossegurança) pela Lei de Biossegurança para deliberar sobre o EIA/RIMA e o licenciamento ambiental nessa matéria atendem adequadamente à exigência constitucional de controle ambiental prévio decorrente do princípio da precaução;

A: correta, pois o princípio do protetor-recebedor é aquele que possibilita aos agentes que protegem de modo especial um bem o direito de receberem uma compensação financeira por isso, que pode ser feita com a isenção de impostos, como ocorre no caso mencionado na alternativa; **B:** correta, nos termos do já comentado princípio da precaução; **C:** correta, pois o princípio da precaução está inserto, como princípio nº 15, na Declaração do Rio, nas Convenções do Clima e da Diversidade Biológica, da ECO/92; **D:** incorreta, pois não há consenso nesse sentido, tratando-se de questão bastante polêmica, apesar de estar regulada em lei (Lei 11.105/05). **WG**

Gabarito "D".

4. COMPETÊNCIA EM MATÉRIA AMBIENTAL

(Juiz – TRF 2ª Região – 2017) Assinale a opção correta:

(A) O Estado membro possui competência concorrente para legislar sobre a proteção do meio ambiente e sobre a defesa dos recursos naturais e, nessa linha, pode regular as condições de utilização das águas subterrâneas, que são bens dos Estados.

(B) A competência para legislar sobre águas e sobre o meio ambiente é privativa da União.

(C) O Estado membro pode disciplinar o uso de águas subterrâneas apenas se a União não tiver lei específica sobre o tema.

(D) Apenas mediante autorização prevista em Lei Complementar, o Estado membro pode disciplinar o uso de águas subterrâneas.

(E) Como compete à União dispor sobre o sistema nacional de gerenciamento de recursos hídricos, é vedado aos Estados disciplinar o uso de águas subterrâneas.

A: correta, uma vez que a competência é concorrente entre a União, Estados e Distrito Federal para legislar sobre a defesa dos recursos naturais e proteção do meio ambiente, podendo o Estado-membro regular as condições de utilização das águas subterrâneas, que são bens integram o seu patrimônio (art. 24, VI e art. 26, I, da CF/88); **B:** incorreta.A competência é privativa da União para legislar sobre águas (art. 22, IV, da CF/88), contudo para legislar a respeito do meio ambiente, a competência é concorrente (art. 24, VI, da CF/88); **C:** incorreta, já que incluem entre os bens dos Estados as águas subterrâneas (art. 26, I, da CF/88), e é certo que sua competência legislativa assenta-se consoante essa peculiaridade; **D e E:** incorreta. A teor do art. 22, IV e parágrafo único da CF/88 as assertivas seriam verdadeiras, contudo, tal entendimento feriria a descentralização exigida pela forma federativa do Estado, ademais, sendo os Estados-membros titulares das águas que se encontrarem sobre os seus territórios, tem-se que poderão disciplinar o uso destas águas. **FM/FCP**

Gabarito "A".

(Juiz – TRF 4ª Região – 2016) Assinale a alternativa correta. Acerca da competência de legislar em matéria ambiental prevista na Constituição:

(A) É de competência concorrente entre União, Estados e Municípios a edição de normas gerais acerca de proteção do meio ambiente e controle de poluição.

(B) Inexiste competência da União para legislar sobre proteção ambiental em porção territorial limitada a um Estado ou que não tenha alcance em todo o território nacional, como, por exemplo, a vedação de pesca em um único estado da federação.

(C) Segundo posicionamento firmado pelo Supremo Tribunal Federal, viola a Constituição Federal a edição de norma estadual que vise a suprimir requisito legal previsto em lei federal mais restritivo para determinada modalidade de licenciamento ambiental, sem justificada peculiaridade local.

(D) É de competência concorrente entre União, Estados e Municípios a edição de normas de responsabilidade por danos ao meio ambiente.

(E) Todas as alternativas anteriores estão corretas.

A: incorreta, pois no âmbito da legislação concorrente, a competência da União é que se limita a edição de normas de caráter geral (art. 24, § 1º, da CF/88), e não exclui a competência suplementar dos Estados (art. 24, § 2º, da CF/88); **B:** incorreta, pois a competência da União para legislar a respeito de proteção ambiental é concorrente à dos Estados e Distrito Federal, e nesta medida deverá editar apenas normas gerais, não podendo, portanto, limitar o alcance da norma a um único Estado da federação (art. 24, § 2º, da CF/88); **C:** correta, pois pela lógica sistemática da competência legislativa, apenas a lei federal seria apta a suprimir requisito legal previsto em lei federal. Ademais, trata-se de matéria inserida no campo de abrangência das normas gerais sobre proteção do meio ambiente, e não normas complementares, que são da competência dos Estados-membros (art. 24, § 1º e 2º, da CF/88 e ADI1.086-7); **D:** incorreto, a competência concorrente é exercida entre a União, Estados-membros e Distrito Federal (art. 24, "caput", da CF/88), a competência dos municípios é suplementar a da União e dos Estados-membros (art. 30, II, da CF/88); **E**: incorreta em face dos argumentos articulados nas assertivas anteriores. FM/FCP

Gabarito "C".

(Magistratura/PR – 2013 – UFPR) Sobre a distribuição de competências em matéria de meio ambiente, assinale a alternativa INCORRETA:

(A) A Constituição Federal atribui a cada um dos entes federados (União, Estados, Distrito Federal e Municípios) competência administrativa e legislativa.

(B) A competência legislativa dos Municípios limita-se aos assuntos de interesse local e de suplementar a legislação federal e estadual.

(C) Em razão da competência material exclusiva dos Municípios, a União não pode instituir diretrizes para o desenvolvimento urbano.

(D) A União possui competência privativa para legislar sobre jazidas, minas e outros recursos minerais.

A: correta (art. 23, VI e VII; art. 24, VI, VII e VIII; e art. 30, I e II, todos da CF/1988); **B**: correta (art. 30, I e II, da CF/1988); **C**: incorreta, devendo ser assinalada; o art. 21, XX, da CF/1988 dispõe que compete à União instituir diretrizes para o desenvolvimento urbano; vide também art. 182, *caput*, da CF/1988; **D**: correta (art. 22, XII, da CF/1988). WG

Gabarito "C".

(Magistratura Federal/3ª região – 2011 – CESPE) Acerca da mineração e dos produtos tóxicos em sua correlação com o ambiente, assinale a opção correta.

(A) A União, os estados e o DF têm competência concorrente para legislar sobre jazidas, minas e outros recursos minerais.

(B) Os agrotóxicos, seus componentes e afins só poderão ser produzidos, exportados, importados, comercializados e utilizados se previamente registrados no órgão federal competente.

(C) Constitui responsabilidade exclusiva do poder público estadual a instituição de programas educativos e de mecanismos de controle e estímulo à devolução das embalagens vazias pelos usuários.

(D) A concessão de lavras e a realização de trabalhos de pesquisa em áreas de conservação dependem de autorização do IBAMA.

(E) Compete à União, com exclusividade, registrar, acompanhar e fiscalizar as concessões de direitos de exploração de recursos minerais em todo o território nacional.

A: incorreta, pois a competência apara legislar sobre jazidas é privativa da União, nos termos do art. 22, XII, da CF; **B**: correta, pois o registro deve ser feito em órgão federal, nos termos do art. 3º da Lei n. 7.802/1989: "Os agrotóxicos, seus componentes e afins, de acordo com definição do art. 2º desta Lei, só poderão ser produzidos, exportados, importados, comercializados e utilizado, se previamente registrados em órgão federal, de acordo com as diretrizes e exigências dos órgãos federais responsáveis pelos setores da saúde, do meio ambiente e da agricultura"; **C**: incorreta, pois, nos termos do art. 19, parágrafo único, da Lei n. 7.802/1989, *as empresas produtoras e comercializadoras de agrotóxicos, seus componentes e afins, implementarão, em colaboração com o Poder Público, programas educativos e mecanismos de controle e estímulo à devolução das embalagens vazias por parte dos usuários, no prazo de cento e oitenta dias contado da publicação desta*

Lei. (Incluído pela Lei n. 9.974, de 2000; **D**: incorreta, pois, nos termos do art. 17, da Lei n. 7.805/1989, que cria o regime de permissão de lavra garimpeira, *a realização de trabalhos de pesquisa e lavra em áreas de conservação dependerá de prévia autorização do órgão ambiental que as administre*; **E**: incorreta, pois, nos termos do art. 23, XI, da CF, é competência comum da União, dos Estados, do Distrito Federal e dos Municípios registrar, acompanhar e fiscalizar as concessões de direitos de pesquisa e exploração de recursos hídricos e minerais em seus territórios. MD

Gabarito "B".

(Magistratura/PI – 2011 – CESPE) Acerca do conceito de ambiente, da competência em matéria ambiental e dos instrumentos jurisdicionais de defesa do ambiente, assinale a opção correta.

(A) A CF atribui competência legislativa concorrente à União, aos estados e ao DF para legislar acerca de proteção do ambiente, sendo vedado aos municípios editar leis desse teor.

(B) O patrimônio histórico, artístico e cultural insere-se no âmbito do ambiente cultural, e os conjuntos urbanos e os sítios de valor arqueológico e paisagístico, na esfera do ambiente natural.

(C) A proteção do ambiente e o combate à poluição em qualquer de suas formas, assim como a preservação das florestas, da fauna e da flora, são matérias da competência material comum da União, dos estados, do DF e dos municípios.

(D) O mandado de injunção tem por objeto a regulamentação das prerrogativas inerentes à nacionalidade, à soberania e à cidadania, não sendo, pois, instrumento aplicável a temas ambientais.

(E) É cabível o mandado de segurança individual em matéria ambiental, mas não o coletivo, pois o objeto deste deve guardar vínculo com os fins próprios da categoria que a entidade impetrante represente, ou seja, o direito nele defendido deve estar compreendido nas atividades exercidas pelos associados da impetrante.

A: incorreta, pois os Municípios podem legislar em matéria ambiental em caso de assuntos de interesse local, bem como para suplementar a legislação estadual e federal, no que couber (art. 30, I e II, da CF); **B**: incorreta, pois os conjuntos urbanos e os sítios de valor arqueológico também dizem respeito ao ambiente cultural; **C**: correta (art. 23, VI e VII, da CF); **D**: incorreta, pois não há essa limitação no art. 5º, LXXI, da CF, valendo salientar que o direito ao meio ambiente ecologicamente equilibrado é um direito constitucional (art. 225, *caput*, da CF); **E**: incorreta, pois também se admite a utilização de mandado de segurança coletivo em matéria ambiental, bastando que a questão envolva, também, à defesa dos membros ou associados das entidades mencionadas no art. 5º, LXX, da CF, como numa questão que envolver, por exemplo, o direito de associados de uma associação de pescadores, que têm interesse em impedir que uma licença ambiental seja concedida a uma indústria que polua o ambiente no qual eles exercem a sua atividade. WG

Gabarito "C".

(Magistratura/PR – 2010 – PUC/PR) Considerando que as competências em matéria ambiental, previstas nos artigos 23 e 24 da Constituição Federal de 1988, podem ser classificadas como competência material e competência legislativa, sendo a primeira inerente ao poder de polícia

10. DIREITO AMBIENTAL — 663

e a segunda inerente à possibilidade de legislar acerca da matéria, é CORRETO afirmar que:

(A) A competência material dos Municípios é suplementar, cabendo-lhes proteger o meio ambiente e combater a poluição em qualquer de suas formas subsidiariamente, nos termos de Lei Complementar.

(B) Os Estados e o Distrito Federal possuem competência concorrente suplementar à competência da União, para legislar sobre florestas, caça, pesca, fauna, conservação da natureza, defesa do solo e dos recursos naturais, proteção do meio ambiente e controle da poluição, entre outros.

(C) A competência para legislar sobre responsabilidade por dano ao meio ambiente é privativa da União.

(D) Na competência legislativa em matéria ambiental, a superveniência de Lei Federal revoga dispositivo de Lei Estadual no que lhe for contrário.

A: incorreta, pois a competência material dos Municípios é *comum*, e não *suplementar*, nos termos do art. 23 da CF; na prática, isso significa que os Municípios não têm que esperar a inércia dos outros entes políticos para que exerçam o poder de polícia ambiental, podendo agir na fiscalização do meio ambiente desde o início; **B:** correta (art. 24, §§ 1º a 4º, da CF); **C:** incorreta, pois trata-se de competência concorrente da União, dos Estados e do DF (art. 24, VIII, da CF); **D:** incorreta, pois a superveniência de lei federal *suspende a eficácia* da lei estadual, que continua existindo, situação que é diferente da *revogação*, que extingue a lei (art. 24, § 4º, da CF). **WG**
Gabarito "B"

5. POLÍTICA NACIONAL DO MEIO AMBIENTE

(Juiz – TJ/SP – VUNESP – 2015) Sobre a servidão ambiental instituída pela Lei 6.938/81 e alterada pelas Leis 7.804/89, 11.284/06 e 12.651/12, é correto afirmar que

(A) a servidão ambiental não pode ser instituída como modo de compensação de Reserva Legal.

(B) a servidão ambiental pode ser alienada, cedida ou transferida totalmente durante sua vigência.

(C) a servidão deverá ser sempre gratuita e pode ser instituída por instrumento público ou particular.

(D) a servidão florestal não se confunde com a servidão ambiental, devendo esta prevalecer sobre aquela quando houver sobreposição.

A: incorreta. A servidão ambiental pode ser instituída para fins de compensação da Reserva Legal, nos termos do art. 9º-A, § 5º, da Lei 6.938/1981. **B:** correta. "O detentor da servidão ambiental poderá aliená-la, cedê-la ou transferi-la, total ou parcialmente, por prazo determinado ou em caráter definitivo, em favor de outro proprietário ou de entidade pública ou privada que tenha a conservação ambiental como fim social" (art. 9º-B, § 3º, da Lei 6.938/1981). **C:** incorreta. A servidão ambiental poderá ser gratuita ou onerosa (art. 9º-B, da Lei 6.938/1981). Pode ser instituída por instrumento público ou particular ou termo administrativo firmado perante órgão do Sisnama (art. 9º-A, da Lei 6.938/1981). **D:** incorreta. Nos termos do art. 9º-A, § 7º, da Lei 6.938/1981: "As áreas que tenham sido instituídas na forma de servidão florestal, nos termos do art. 44-A da Lei 4.771, de 15 de setembro de 1965, passam a ser consideradas, para efeito desta Lei, como de servidão ambiental". **FM/FCP**
Gabarito "B"

(Juiz – TJ/MS – VUNESP – 2015) Os instrumentos da Política Nacional do Meio Ambiente são, dentre outros:

(A) o Cadastro Técnico Estadual de atividades afetas ao licenciamento ambiental.

(B) o licenciamento e a revisão de atividades efetiva ou potencialmente poluidoras.

(C) a garantia da prestação de informações relativas ao Meio Ambiente, facultando-se ao Poder Público produzi-las, quando inexistentes.

(D) o relatório de qualidade do Meio Ambiente a ser divulgado trimestralmente pelo Ibama – Instituto Brasileiro do Meio Ambiente e Recursos Naturais Renováveis.

(E) o sistema regional de informações sobre o meio ambiente.

A: incorreta. São instrumentos da Política Nacional do Meio Ambiente o Cadastro Técnico Federal de Atividades e Instrumentos de Defesa Ambiental e o Cadastro Técnico Federal de atividades potencialmente poluidoras e/ou utilizadoras dos recursos ambientais (art. 9º, VIII e XII, da Lei 6.938/1981). **B:** correta. Vide art. 9º, IV, da Lei 6.938/1981. **C:** incorreta. A produção de informações pelo Poder Público, quando inexistentes, não se trata de uma faculdade, mas sim de uma imposição (art. 9º, XI, da Lei 6.938/1981). **D:** incorreta. O relatório deverá ser divulgado anualmente e não trimestral conforme previsto na alternativa (art. 9º, X, da Lei 6.938/1981). **E:** incorreta. O sistema nacional de informações sobre o meio ambiente, que é instrumento da Política Nacional do Meio Ambiente, e não o sistema regional, conforme disposto na assertiva (art. 9º, VII, da Lei 6.938/1981). **FM/FCP**
Gabarito "B"

(Juiz – TJ-SC – FCC – 2017) As resoluções normativas do Conselho Nacional do Meio Ambiente:

(A) vinculam a União e possuem caráter sugestivo em relação aos Estados e Municípios.

(B) vinculam os entes federativos que optarem por integrar o Sistema Nacional de Meio Ambiente.

(C) vinculam todos os entes federativos diante do Sistema Nacional de Meio Ambiente.

(D) estabelecem regramento apenas para o Ministério do Meio Ambiente, uma vez que o Conselho Nacional do Meio Ambiente é órgão do citado ministério.

(E) não possuem caráter cogente.

De fato, as resoluções normativas do Conselho Nacional do Meio Ambiente (CONAMA) vinculam todos os entes federativos, diante do Sistema Nacional do Meio Ambiente (SINAMA). Nos termos do art. 6º, II, da Lei 6.938/1981, o CONAMA é órgão consultivo e deliberativo do SISNAMA, cabendo deliberar, no âmbito de sua competência, sobre normas e padrões compatíveis com o meio ambiente ecologicamente equilibrado e essencial à sadia qualidade de vida. Os Estados e os municípios, na esfera de suas competências e nas áreas de sua jurisdição, elaborarão normas supletivas e complementares e padrões relacionados com o meio ambiente, observados os que foram estabelecidos pelo CONAMA (art. 6º, § 1º e 2º, da Lei 6.938/1981) **FM/FCP**.
Gabarito "C"

(Magistratura/AM – 2013 – FGV) As alternativas a seguir apresentam objetivos da Política Nacional do Meio Ambiente, **à exceção de uma**. Assinale-a.

(A) Restaurar os recursos ambientais com vistas à sua utilização racional e disponibilidade permanente, contribuindo para a manutenção do equilíbrio ecológico.

(B) Promover o conhecimento ambiental, mediante o desenvolvimento de pesquisas e de tecnologias orientadas para o uso racional de recursos ambientais.

(C) Impor contribuição aos usuários dos recursos ambientais com fins econômicos.

(D) Garantir a preponderância da preservação da qualidade do meio ambiente e do equilíbrio ecológico quando em confronto com os interesses econômicos.

(E) Estabelecer critérios, padrões e normas de qualidade e de manejo de recursos ambientais.

A: incorreta, pois esse objetivo está previsto no art. 4º, VI, da Lei 6.938/1981; **B:** incorreta, pois esse objetivo está previsto no art. 4º, IV, da Lei 6.938/1981; **C:** incorreta, pois esse objetivo está previsto no art. 4º, VII (parte final), da Lei 6.938/1981; **D:** correta, pois esse objetivo não está previsto no art. 4º, I, da Lei 6.938/1981, que usa a expressão "compatibilização" e não "preponderância", ao relacionar tais interesses; **E:** incorreta, pois esse objetivo está previsto no art. 4º, III, da Lei 6.938/1981. WG
Gabarito "D".

(Magistratura/BA – 2012 – CESPE) A Política Nacional do Meio Ambiente (PNMA) é o conjunto dos instrumentos legais, técnicos, científicos, políticos e econômicos destinados à promoção do desenvolvimento sustentável do país. A respeito da PNMA, assinale a opção correta.

(A) O Conselho Nacional do Meio Ambiente pode homologar acordos para converter penalidades pecuniárias em obrigação de executar medidas de interesse para proteção ambiental.

(B) Lei estadual pode dispensar a realização de estudo de impacto ambiental relativo a obras hidráulicas para aproveitamento de recursos de rio situado exclusivamente no território do respectivo estado.

(C) A licença prévia é o documento que autoriza a instalação do empreendimento que esteja de acordo com as especificações constantes dos programas e projetos aprovados, incluindo as medidas de controle ambiental.

(D) A servidão administrativa, um dos instrumentos da PNMA, pode ser instituída pelo proprietário sobre toda sua propriedade ou sobre parte dela – ainda que se trate de áreas de preservação permanente (APPs) –, a fim de preservar ou recuperar os recursos ali existentes.

(E) O Sistema Nacional do Meio Ambiente, considerado federal pela doutrina, é responsável pela proteção e melhoria da qualidade ambiental.

A: correta (art. 8º, IV, da Lei 6.938/1981); **B:** incorreta, pois o instituto do EIA/RIMA está previsto na própria Constituição Federal (art. 225, § 1º, IV), não sendo possível que uma lei infraconstitucional dispense a realização de instituto previsto na própria Constituição, em situação de nítida necessidade de se fazê-lo, dado o significativo impacto ambiental que uma obra dessa natureza tem o condão de causar; **C:** incorreta, pois a autorização da instalação do empreendimento é dada pela licença de instalação (art. 8º, II, da Resolução CONAMA 237/1997); **D:** incorreta, pois a servidão ambiental não se aplica às Áreas de Preservação Permanente e à Reserva Legal mínima exigida (art. 9º-A, § 2º, da Lei 6.938/1981); **E:** incorreta, pois o Sistema Nacional do Meio Ambiente (SISNAMA) não é federal no sentido de ser da União, mas federativo, no sentido de incluir entidades e órgãos de todos os entes político ou federativos (art. 6º, *caput*, da Lei 6.938/1981). WG
Gabarito "A".

(Magistratura/PE – 2011 – FCC) O Conselho Nacional do Meio Ambiente – CONAMA é órgão encarregado de

(A) reunir em um sistema único os órgãos da administração ambiental federal, estadual e municipal, promovendo reuniões trimestrais entre eles para tornar efetiva a proteção do meio ambiente.

(B) gerir o Fundo Nacional do Meio Ambiente e a distribuição de recursos para projetos ambientais.

(C) estudar e propor diretrizes de políticas governamentais para o meio ambiente e executar a política nacional do meio ambiente, podendo agir administrativa ou judicialmente.

(D) estudar e propor diretrizes de políticas governamentais para o meio ambiente e deliberar, no âmbito de sua competências, sobre normas e padrões compatíveis com a proteção do meio ambiente.

(E) expedir Resoluções para a manutenção da qualidade do meio ambiente no âmbito federal.

A: incorreta, pois essa competência não está prevista na Lei 6.938/1981 ou no Decreto 99.274/1990; **B:** incorreta, pois o Fundo Nacional do Meio Ambiente é administrado pela Secretaria do Meio Ambiente da Presidência da República, de acordo com as diretrizes fixadas pelo Conselho de Governo, sem prejuízo das competências do Conama (art. 4º da Lei 7.797/1989); **C:** incorreta, pois "executar a política nacional do meio ambiente" é atribuição dos órgãos executores, como o IBAMA (art. 6º, IV, da Lei 6.938/1981); **D:** correta (art. 6º, II, da Lei 6.938/1981); **E:** incorreta, pois as resoluções do CONAMA não têm eficácia apenas para o âmbito federal; ademais, a ideia não é só a manutenção da qualidade do meio ambiente, mas também a melhoria dessa qualidade. WG
Gabarito "D".

(Magistratura/PI – 2011 – CESPE) Com relação à PNMA e à estrutura e funcionamento do SISNAMA, conforme a Lei n. 6.938/1981, assinale a opção correta.

(A) A fiscalização e o controle da aplicação de critérios, normas e padrões de qualidade ambiental devem ser exercidos prioritariamente pelo IBAMA e, em caráter supletivo, pelos órgãos estaduais e municipais competentes.

(B) Na estrutura do SISNAMA, o CONAMA é o órgão superior, e sua função é assistir o presidente da República na formulação de diretrizes da PNMA.

(C) Não se exige das pessoas físicas que se dediquem à consultoria técnica de problemas ambientais o registro no IBAMA, mas as pessoas físicas e jurídicas que se dediquem a atividades poluidoras ou à extração, produção, transporte e comercialização de produtos perigosos, assim como de produtos e subprodutos da fauna e flora, devem, obrigatoriamente, registrar-se em cadastro técnico federal administrado pelo IBAMA.

(D) Compete ao CONAMA, entre outras atribuições, determinar, mediante representação do IBAMA, a perda ou a restrição de benefícios fiscais concedidos pelo poder público e a perda ou a suspensão de participação em linhas de financiamento em estabelecimentos oficiais de crédito.

10. DIREITO AMBIENTAL — 665

(E) A construção, instalação, ampliação e o funcionamento de estabelecimentos e de atividades que utilizem recursos ambientais considerados efetiva e potencialmente poluidores dependem de prévio licenciamento do IBAMA, se o impacto ambiental for de âmbito nacional, e do órgão estadual do ambiente, caso o impacto seja de âmbito regional.

A: incorreta, pois a competência para o poder de polícia é comum entre os entes políticos (art. 23, *caput* e VI e VII, da CF e art. 70, § 1º, da Lei 9.605/1998); **B:** incorreta, pois o órgão superior, que tem de fato a competência citada, é o Conselho de Governo (art. 6º, I, da Lei 6.938/1981) e não o CONAMA; **C:** incorreta, pois as pessoas físicas que se dediquem à consultoria técnica de problemas ambientais também devem estar registradas no Cadastro Técnico Federal de Atividades e Instrumentos de Defesa Ambiental, administrado pelo IBAMA (art. 17, I, da Lei 6.938/1981); **D:** correta (art. 8º, V, 6.938/1981); **E:** incorreta, pois impactos nacionais e regionais são de competência do IBAMA; os municípios com estrutura e conselho do meio ambiente ficam com os de impacto local, e os Estados com estrutura e conselho do meio ambiente, com o residual; vide tais competências, com mais detalhe, nos arts. 7º a 9º da Lei Complementar 140/2011. **WG**
Gabarito "D".

(Magistratura/RO – 2011 – PUCPR) A Lei 6.938/1981, que dispõe sobre a Política Nacional de Meio Ambiente, constituiu um marco na legislação pátria criando as bases para o Direito Ambiental Brasileiro nos moldes que conhecemos atualmente. Representa verdadeira mudança de paradigmas na proteção ambiental antes focada em recursos naturais isolados, para uma proteção integrada baseada em uma tutela focada nos ecossistemas. Considerando os dispositivos e previsões expressas no texto da referida Lei, marque a alternativa CORRETA:

(A) A Lei 6.938/1981 cria a responsabilidade civil objetiva em matéria de dano ambiental difuso. Resta, entretanto, subjetiva a responsabilidade pelos danos individuais reflexos causados a terceiros, ainda que em matéria ambiental.

(B) A Lei 6.938/1981 cria um conjunto de instrumentos voltados à proteção da qualidade ambiental tais como: o zoneamento ambiental; o estabelecimento de padrões de qualidade ambiental; a criação de espaços territoriais especialmente protegidos; a avaliação de impactos ambientais; entre outros.

(C) A Lei 6.938/1981 cria o Sistema Nacional de Meio Ambiente – SISNAMA, que é constituído exclusivamente pelos órgãos Federais e Estaduais responsáveis pela melhoria e proteção da qualidade ambiental, com finalidade de garantir a cooperação e integração entre eles.

(D) A Lei 6.938/1981 prevê expressamente o instrumento do licenciamento ambiental estabelecendo que este deverá ser exigido obrigatoriamente para a instalação e funcionamento de toda e qualquer atividade econômica.

(E) A Lei 6.938/1981 estabelece expressamente que: cabe aos órgãos municipais competentes o licenciamento ambiental de obras ou atividades cujo impacto seja local; cabe aos órgãos estaduais o licenciamento ambiental daquelas cujo impacto ambiental seja regional; e cabe ao IBAMA o licenciamento ambiental quando o impacto for interestadual.

A: incorreta, pois a responsabilidade civil ambiental é objetiva nos dois casos; **B:** correta (art. 9º, II, I, VI, III, da Lei 6.938/1981, respectivamente); **C:** incorreta, pois o SISNAMA também é constituído de órgãos municipais (art. 6º da Lei 6.938/1981); **D:** incorreta, pois somente se deve exigir o licenciamento ambiental das atividades econômicas efetiva ou potencialmente *poluidoras* (art. 9º, IV, da Lei 6.938/1981; **E:** incorreta, pois essas questões estão regulamentadas na Resolução CONAMA 237/1997 e na Lei Complementar 140/2011, sendo que esta lei especifica melhor a competência de cada ente político para o licenciamento ambiental. **WG**
Gabarito "B".

(Magistratura Federal-5ª Região – 2011) Considerando o conceito e a natureza econômica do direito ambiental e da PNMA, assinale a opção correta.

(A) As diretrizes da PNMA, dispostas na Lei n.º 6.938/1981, orientam a ação do governo federal no que se refere à qualidade ambiental e à manutenção do equilíbrio ecológico, cabendo aos estados, ao DF e aos municípios, no exercício de sua autonomia político-legislativa, estabelecer livremente as normas e os planos ambientais por meio de leis próprias.

(B) Ao conceber o meio ambiente como o conjunto de condições, leis, influências e interações de ordem física, química e biológica que permite, abriga e rege a vida humana, o direito ambiental ostenta índole antropocêntrica, considerando o ser humano o seu único destinatário.

(C) O direito ambiental é dotado de instrumentos que o capacitam a atuar na ordem econômica, e, nesse sentido, a PNMA visa, entre outros objetivos, assegurar adequado padrão de desenvolvimento socioeconômico ao país.

(D) Ainda que a CF não considere expressamente a defesa do meio ambiente como princípio que rege a atividade econômica, a livre-iniciativa somente pode ser praticada observadas as regras constitucionais que tratam do tema.

(E) A CF estabelece regras mediante as quais a função social da propriedade urbana submete-se à necessidade de preservação ambiental, contudo, com relação à propriedade rural, o texto constitucional nada diz a esse respeito, embora disponha sobre a obrigatoriedade de existirem normas infraconstitucionais que estipulem critérios sobre o tema.

A: incorreta, pois há uma distribuição constitucional de competências legislativas em matéria ambiental, cabendo à União às normas gerais em matéria ambiental; **B:** incorreta, pois essa visão foi superada; hoje a visão é holística, levando em consideração o homem, mas também o meio ambiente, como algo que tem valor intrínseco também; **C:** correta (art. 2º, caput, da Lei 6.938/81); **D:** incorreta, pois a CF reconhece sim a defesa do meio ambiente como princípio que rege a atividade econômica (art. 170, VI, da CF); **E:** incorreta, pois a CF trata inclusive da desapropriação-sanção para reforma agrária (art. 184 da CF). **WG**
Gabarito "C".

6. INSTRUMENTOS DA POLÍTICA NACIONAL DO MEIO AMBIENTE

6.1. LICENCIAMENTO AMBIENTAL E EIA/RIMA

Para resolver as questões sobre Licenciamento Ambiental e EIA/RIMA, segue um resumo da matéria:

O licenciamento ambiental pode ser conceituado como o procedimento administrativo destinado a licenciar atividades ou empreendimentos utilizadores de recursos ambientais, efetiva ou potencialmente poluidores ou capazes, sob qualquer forma, de causar degradação ambiental (art. 2º, I, da Lei Complementar 140/2011). Assim, toda vez que uma determinada atividade puder causar degradação ambiental, além das licenças administrativas pertinentes, o responsável pela atividade deve buscar a necessária licença ambiental também.

A regulamentação do licenciamento ambiental compete ao CONAMA, que expede normas e critérios para o licenciamento. A Resolução 237 do órgão traz as normas gerais de licenciamento ambiental. Há também sobre o tema o Decreto 99.274/1990 e, mais recentemente, a Lei Complementar 140/2011, que trata da cooperação dos entes políticos para o exercício da competência comum em matéria ambiental, e consagrou a maior parte das disposições da Resolução CONAMA 237, colocando um fim sobre qualquer dúvida que existisse sobre a competência do Município para o exercício do licenciamento ambiental em casos de impacto ambiental local.

Já a competência para executar o licenciamento ambiental é assim dividida:

a) **impacto nacional e regional:** é do IBAMA, com a colaboração de Estados e Municípios. O IBAMA poderá delegar sua competência aos Estados, se o dano for regional, por convênio ou lei. Assim, a competência para o licenciamento ambiental de uma obra do porte da transposição do Rio São Francisco é do IBAMA.

b) **impacto em dois ou mais municípios (impacto microrregional):** é dos estados-membros. Por exemplo, uma estrada que liga 6 municípios de um mesmo estado-membro.

c) **impacto local:** é do Município. Por exemplo, o licenciamento para a construção de um prédio de apartamentos. A Lei Complementar 140/2011, em seu art. 9º, XIV, estabelece que o Município promoverá o licenciamento ambiental das atividades ou empreendimentos localizados em suas unidades de conservação e também das demais atividades e empreendimentos que causem ou possam causar impacto ambiental local, conforme tipologia definida pelos respectivos Conselhos Estaduais do Meio Ambiente, considerados os critérios de porte, potencial poluidor e natureza da atividade. A Resolução n. 237 permite que, por convênio ou lei, os Municípios recebam delegação dos estados para determinados licenciamentos, desde que tenha estrutura para tanto.

Há três espécies de licenciamento ambiental (art. 19 do Decreto 99.274/1990):

a) **Licença Prévia (LP):** *é o ato que aprova a localização, a concepção do empreendimento e estabelece os requisitos básicos a serem atendidos nas próximas fases;* trata-se de licença ligada à fase preliminar de planejamento da atividade, já que traça diretrizes relacionadas à localização e instalação do empreendimento. Por exemplo, em se tratando do projeto de construir um empreendimento imobiliário à beira de uma praia, esta licença disporá se é possível o empreendimento no local e, em sendo, quais os limites e quais as medidas que deverão ser tomadas, como construção de estradas, instalação de tratamento de esgoto próprio etc. Essa licença tem validade de até 5 anos.

b) **Licença de Instalação (LI):** *é o ato que autoriza a implantação do empreendimento, de acordo com o projeto executivo aprovado.* Depende da demonstração de possibilidade de efetivação do empreendimento, analisando o projeto executivo e eventual estudo de impacto ambiental. Essa licença autoriza as intervenções no local. Permite que as obras se desenvolvam. Sua validade é de até 6 anos.

c) **Licença de Operação (LO):** *é o ato que autoriza o início da atividade e o funcionamento de seus equipamentos de controle de poluição, nos termos das licenças anteriores.* Aqui, o empreendimento já está pronto e pode funcionar. A licença de operação só é concedida se for constado o respeito às licenças anteriores, bem como se não houver perigo de dano ambiental, independentemente das licenças anteriores. Sua validade é de 4 a 10 anos.

É importante ressaltar que a licença ambiental, diferentemente da licença administrativa (por ex., licença para construir uma casa), apesar de normalmente envolver competência vinculada, tem prazo de validade definida e não gera direito adquirido para seu beneficiário. Assim, de tempos em tempos, a licença ambiental deve ser renovada. Além disso, mesmo que o empreendedor tenha cumprido os requisitos da licença, caso, ainda assim, tenha sido causado dano ao meio ambiente, a existência de licença em seu favor não o exime de reparar o dano e de tomar as medidas adequadas à recuperação do meio ambiente.

O licenciamento ambiental, como se viu, é obrigatório para todas as atividades que utilizam recursos ambientais, em que há possibilidade de se causar dano ao meio ambiente. Em processos de licenciamento ambiental é comum se proceder a Avaliações de Impacto Ambiental (AIA). Há, contudo, atividades que, potencialmente, podem causar danos significativos ao meio ambiente, ocasião em que, além do licenciamento, deve-se proceder a uma AIA mais rigorosa e detalhada, denominada Estudo de Impacto Ambiental (EIA), que será consubstanciado no Relatório de Impacto Ambiental (RIMA).

O EIA pode ser conceituado como o estudo prévio das prováveis consequências ambientais de obra ou atividade, que deve ser exigido pelo Poder Público, quando estas forem potencialmente causadoras de significativa degradação do meio ambiente (art. 225, § 1º, IV, CF).

Destina-se a averiguar as alterações nas propriedades do local e de que forma tais alterações podem afetar as pessoas e o meio ambiente, o que permitirá ter uma

10. DIREITO AMBIENTAL   667

ideia acerca da viabilidade da obra ou atividade que se deseja realizar.

O Decreto 99.274/1990 conferiu ao CONAMA atribuição para traçar as regras de tal estudo. A Resolução 1/1986, desse órgão, traça tais diretrizes, estabelecendo, por exemplo, um rol exemplificativo de atividades que devem passar por um EIA, apontando-se, dentre outras, a implantação de estradas com duas ou mais faixas de rolamento, de ferrovias, de portos, de aterros sanitários, de usina de geração de eletricidade, de distritos industriais etc.

O EIA trará conclusões quanto à fauna, à flora, às comunidades locais, dentre outros aspectos, devendo ser realizado por equipe multidisciplinar, que, ao final, deverá redigir um relatório de impacto ambiental (RIMA), o qual trará os levantamentos e conclusões feitos, devendo o órgão público licenciador receber o relatório para análise das condições do empreendimento.

O empreendedor é quem escolhe os componentes da equipe e é quem arca com os custos respectivos. Os profissionais que farão o trabalho terão todo interesse em agir com correção, pois fazem seus relatórios sob as penas da lei. Como regra, o estudo de impacto ambiental e seu relatório são públicos, podendo o interessado solicitar sigilo industrial, fundamentando o pedido.

O EIA normalmente é exigido antes da licença prévia, mas é cabível sua exigência mesmo para empreendimentos já licenciados.

(Juiz – TJ/RJ – VUNESP – 2016) No que diz respeito ao direito ambiental e à aplicação das normas constitucionais ambientais, assinale a opção correta.

(A) O Conama é um dos mais atuantes e expressivos órgãos do Sistema Nacional do Meio Ambiente, na qualidade de órgão colegiado, composto por representantes federais e estaduais.

(B) O reconhecimento material do direito fundamental ao ambiente justifica-se na medida em que tal direito é extensão do direito à vida, sob os aspectos da saúde e da existência digna com qualidade de vida, ostentando o *status* de cláusula pétrea, consoante entendimento do STF.

(C) A licença de operação (LO) autoriza a operação da atividade ou empreendimento, após a verificação do efetivo cumprimento do que consta das licenças Prévia e de Instalação. A decisão será motivada sem prazo mínimo e máximo de vigência.

(D) A Lei de Política Nacional instituiu o Sistema Nacional do Meio Ambiente – Sisnama, formado por um conjunto de órgãos, dentre eles, o Órgão Central Superior, que seria a Secretaria Especial do Meio Ambiente.

(E) Cabe ao Ibama coordenar a implementação do Plano Nacional de Gerenciamento Costeiro, observando a compatibilização dos Planos Estaduais e Municipais como PNGC e as demais normas federais, sem prejuízo da competência dos outros órgãos.

A: incorreta. O Conama é um órgão colegiado do Sisnama, representativo de cinco setores, a saber: órgãos federais, estaduais e municipais, setor empresarial e sociedade civil; **B:** correta. O direito ao meio

ambiente ecologicamente equilibrado, conforme disposto no *caput* do artigo 225 da Constituição Federal, faz parte dos direitos e deveres individuais e coletivos dispostos na Constituição de 1988, e que por estar ligado ao direito à vida, ostenta o *status* de verdadeira cláusula pétrea; **C:** A LO autoriza a operação da atividade ou empreendimento, após a verificação do efetivo cumprimento do que consta das licenças anteriores (prévia e instalação). Contudo, ao contrário do previsto na alternativa, a decisão será motivada e com mínimo de 4 (quarto) anos e máximo de 10 (dez) anos de vigência, conforme a Resolução Conama 237/1997; **D:** incorreta. Não existe Órgão Central Superior do Sisnama. O Órgão Superior do Sisnama é o Conselho de Governo, já o órgão Central é a Secretaria do Meio Ambiente da Presidência da República [atualmente Ministério do Meio Ambiente] (art. 6º, I e II, da Lei 6.938/1981); **E:** incorreta. Nos termos da Lei 7.661/1988, art. 4º: "O PNGC será elaborado e, quando necessário, atualizado por um Grupo de Coordenação, dirigido pela Secretaria da Comissão Interministerial para os Recursos do Mar – Secirm, cuja composição e forma de atuação serão definidas em decreto do Poder Executivo. [...] § 2º. O Plano será aplicado com a participação da União, dos Estados, dos Territórios e dos Municípios, através de órgãos e entidades integradas ao Sistema Nacional do Meio Ambiente – Sisnama". **FM/FCP** Gabarito "B".

(Juiz – TJ/SP – VUNESP – 2015) Nos termos da Resolução CONAMA 001, de 1986, o relatório de impacto ambiental – RIMA deve refletir as conclusões do estudo de impacto ambiental e terá um conteúdo mínimo. A alternativa que não reflete a exigência de conteúdo mínimo obrigatório de um RIMA é:

(A) a descrição do efeito esperado das medidas mitigadoras previstas em relação aos impactos negativos, mencionando aqueles que não puderem ser evitados e a estimativa de custos para implementação das medidas mitigadoras exigidas.

(B) os objetivos e as justificativas do projeto, sua relação e compatibilidade com as políticas setoriais, planos e programas governamentais.

(C) a síntese dos resultados dos estudos de diagnóstico ambiental da área de influência do projeto e a descrição dos prováveis impactos ambientais da implantação e operação da atividade.

(D) a recomendação quanto à alternativa mais favorável para o empreendimento.

A: incorreta. A estimativa de custos para a implementação das medidas mitigadoras exigidas, não faz parte do conteúdo mínimo que deverá conter no Estudo de Impacto Ambiental (art. 9º, VI, da Resolução Conama 001/1986). **B:** correta. Vide art. 9º, I, da Resolução Conama 001/1986. **C:** correta. Nos termos do art. 9º, III e IV, da Resolução Conama 001/1986. **D:** correta. Segundo dispõe o art. 9º, VIII, da Resolução CONAMA 001/1986. **FM/FCP** Gabarito "A".

(Juiz – TJ/MS – VUNESP – 2015) Segundo estabelecido na Política Nacional do Meio Ambiente, entende-se por poluição a degradação da qualidade ambiental resultante de atividades que, direta ou indiretamente,

(A) lancem matérias em dissonância com a qualidade tecnológica fixada pelas normas da ABNT.

(B) afetem 70% das interações de ordem física do meio ambiente.

(C) prejudiquem a saúde, a segurança e o bem-estar da população.

(D) afetem as condições sociais ou fitossanitárias da biota.

(E) criem condições favoráveis às ações políticas e econômicas.

A: incorreta. Nos termos do art. 3º, III, "e", da Lei 6.938/1981, poluição trata-se da degradação da qualidade ambiental resultante de atividades que direta ou indiretamente lancem matérias ou energia em desacordo com os padrões de qualidade ambientais estabelecidos". **B:** incorreta. Não há percentual fixado para alteração adversa das características do meio ambiente. **C:** correta. Vide art. 3º, III, "a", da Lei 6.938/1981. **D:** incorreta. Poluição trata-se da degradação da qualidade ambiental resultante de atividades que direta ou indiretamente criem condições adversas às atividades sociais e econômicas (art. 3º, III, "b", da Lei 6.938/1981). **E:** incorreta. Contraria o que dispõe o art. 3º, III, *b*, da Lei 6.938/1981 FM/FCP Gabarito "C".

(Juiz – TRF 2ª Região – 2017)O licenciamento ambiental de atividade de produção de petróleo compete:

(A)À União, ao Estado e ao município onde estiver localizada a atividade, pois, pelo art. 23, VI, da Constituição Federal, a competência para proteção do meio ambiente é comum e o múltiplo licenciamento é mais apto a proteger o bioma.

(B) Exclusivamente à União, pois se trata de atividade sujeita constitucionalmente a monopólio federal.

(C)A resposta depende da localização da atividade. Assim, por exemplo, se a atividade estiver localizada no mar, a competência será sempre da União, se estiver localizada em terra, a competência será sempre do Estado.

(D)A resposta depende da localização e da natureza exata da atividade. Assim, por exemplo, se a atividade estiver localizada no mar territorial, a competência será da União. Se a atividade estiver localizada no continente, fora de terras indígenas, parques nacionais, divisas com outros estados ou fronteiras internacionais e não se tratar de unidade de produção de recurso não convencional de petróleo, a competência será do Estado.

(E)À União e ao Estado onde estiver localizada a atividade, por força do artigo 10 da Lei 6.938/81 (Lei da Política Nacional do Meio Ambiente).

A: incorreta, pois, nos termos do art. 13, da LC 140/2011, o licenciamento ambiental deve ser feito por um único entre federativo, não sendo admitido, portanto, o múltiplo licenciamento; **B:** incorreta, pois o art. 5º, da Resolução 23/1994 do CONAMA reza que a competência será da União ou do Estado, para o licenciamento ambiental de atividade de produção de petróleo; **C:** incorreta, pois a competência será definida tendo em vista a localização e a natureza da atividade a ser desenvolvida.Nem sempre se estiver localizada em terra a competência será do Estado.Por exemplo, na hipótese do art. 3º, VI, *c*, do Decreto 8.437/2015, a competência será do órgão ambiental federal, ainda que a produção se dê em ambiente terrestre; **D:** correta, (art. 7º, XIV, *a* a *e* da LC 140/2011 e art. 3º, VI, *c*, do Decreto 8.437/2015); **E:** incorreta, o licenciamento de atividade de produção de petróleo depende da localização e natureza da atividade(art. 7º, XIV, da LC 140/2011 e art. 3º, VI, do Decreto 8.437/2015). FM/FCP Gabarito "D".

(Juiz – TRF 2ª Região – 2017) Em relação à competência para o licenciamento ambiental é correto afirmar que:

(A)O ente que não tem competência para licenciar a atividade tampouco poderá aplicar medidas de polícia sobre ela.

(B) Atividades localizadas em faixa de até 50 km da fronteira serão sempre licenciadas pela União.

(C) Atividades que captem água de rios federais serão sempre licenciadas pela União.

(D) Em regra, o ente competente para o licenciamento de uma atividade será competente para aplicar sanções administrativas ambientais à pessoa responsável pela atividade.

(E)O licenciamento ambiental de qualquer atividade conduzida por concessionária de serviço público federal será de competência da União.

A: incorreta. A competência para licenciar fixada a determinado ente não exclui a competência dos demais para exercer o poder de polícia (art. 17, § 3º, da LC 140/2011); **B:** incorreta.A competência da União para licenciar, vem prevista no art. 7º, XIV, da LC 140/2011, não existindo previsão neste sentido; **C:** incorreta.Não há previsão neste sentido no art. 7º, XIV, da LC 140/2011, devendo verificar o grau de impacto que a atividade a ser licenciada causará,a fim de atribuir a competência do ente para licenciar; **D:** correta (art. 17, "caput", da LC 140/2011); **E:** incorreta.Não há previsão neste sentido no art. 7º, XIV, da LC 140/2011, devendo, no caso, analisar o grau do impacto que a atividade causará, para definir se a competência será municipal (art. 9º, XIV, LC 140/2011) ou estadual (art. 8º, XIV, da LC 140/2011). FM/FCP Gabarito "D".

(Juiz – TJ-SC – FCC – 2017) Os apontamentos levantados em audiência pública:

(A) não vinculam o órgão licenciador, que tem o dever, por outro lado, de justificar tecnicamente o não acolhimento das sugestões.

(B) vinculam o órgão licenciador, que tem o dever, portanto, de acolher as sugestões.

(C) são votados e vinculam o órgão licenciador os que obtiverem maioria simples.

(D) são votados e vinculam o órgão licenciador os que obtiverem maioria absoluta.

(E) são votados e vinculam o órgão licenciador os que obtiverem quórum de 2/3.

A: correta, nos termos do art. 5º, da Resolução 09/1987 do CONAMA, a saber:"a ata da(s) audiência(s) pública(s) e seus anexos, servirão de base, juntamente com o RIMA, para a análise e parecer final do licenciador quanto à aprovação ou não do projeto"; desta forma, os apontamentos levantados em audiência pública não vinculam o órgão licenciador; **B:** incorreta, pois a audiência pública, nos termos do art. 1º, da Resolução 09/1987 do CONAMA, tem por finalidade expor aos interessados o conteúdo do produto em análise e do seu referido RIMA, dirimindo dúvidas e recolhendo dos presentes as críticas e sugestões a respeito, ou seja, visa a concretizar o princípio da informação, não tendo o órgão licenciador, o dever de acolher as sugestões advindas da audiência pública; **C, D, E:** incorretas, pois não há votação dos apontamentos levantados em audiência pública, esta tem a finalidade deoferecer aos indivíduos acesso a informações relativas a atividade a ser licenciada e aos seus impactos. FM/FCP Gabarito "A".

(Magistratura/PE – 2013 – FCC) A Lei Federal nº 6.938/1981 impõe a obrigatoriedade de licenciamento ambiental para as atividades consideradas "efetiva e potencialmente poluidoras", assim como as "capazes, sob qualquer forma, de causar degradação ambiental". Nesse con-

10. DIREITO AMBIENTAL — 669

texto, as competências do Conselho Nacional do Meio Ambiente – CONAMA incluem, dentre outras,

(A) o estabelecimento de normas e critérios para o licenciamento, especificando quais atividades estarão a ele desde logo sujeitas, bem como o efetivo exercício do licenciamento ambiental, sempre que este estiver sob a alçada da União.

(B) a definição de quais entidades da Federação são competentes para o licenciamento ambiental, bem como o procedimento administrativo que deverá ser seguido em seus respectivos âmbitos.

(C) relacionar atividades que estão aprioristicamente sujeitas ao estudo de impacto ambiental (EIA), bem como disciplinar as espécies de licenças ambientais passíveis de expedição e suas respectivas hipóteses de cabimento.

(D) a fixação de critérios e padrões de qualidade do meio ambiente e a supervisão da atividade de licenciamento exercida pelos órgãos estaduais e municipais integrantes do Sistema Nacional do Meio Ambiente – SISNAMA.

(E) homologar o licenciamento ambiental a cargo de órgãos estaduais e municipais integrantes do Sistema Nacional do Meio Ambiente – SISNAMA e estabelecer normas e critérios para o licenciamento das atividades efetiva ou potencialmente poluidoras.

A: incorreta, pois o CONAMA, como órgão consultivo e deliberativo, tem competência para o estabelecimento de normas e padrões ambientais (arts. 6º, II, e 8º, I, da Lei 6.938/1981), mas não tem competência para promover o licenciamento ambiental, que é da alçada, na esfera federal, do IBAMA, órgão executor (art. 6º, IV, da Lei 6.938/1981); **B:** incorreta, pois a Lei Complementar 140/2011 é que estabelece a competência de cada esfera federativa para o licenciamento ambiental (arts. 7º, XIV, 8º, XIV e XV, e 9º, XIV, da LC 140/2011); **C:** correta, desde que respeitado o disposto na LC 140/2011; **D:** incorreta, pois o CONAMA se limita a estabelecer as normas e critérios para o licenciamento (art. 8º, I, da Lei 6.938/1981); **E:** incorreta, pois o licenciamento ambiental em si não é da competência do CONAMA, e sim das entidades federativas (União, Estados e Municípios) mencionadas nos arts. 7º, XIV, 8º, XIV e XV, e 9º, XIV, da LC 140/2011. **WG**
Gabarito "C".

(Magistratura/PR – 2013 – UFPR) Sobre o licenciamento ambiental, o estudo prévio de impacto ambiental e o relatório de impacto ambiental (EPIA/RIMA), assinale a alternativa INCORRETA.

(A) São instrumentos da política nacional de meio ambiente.

(B) O licenciamento ambiental é um procedimento complexo por envolver vários órgãos e ao qual se deve dar publicidade.

(C) A competência para exigir o EPIA/RIMA é sempre do órgão público estadual ou distrital, sendo que o órgão público federal ou o municipal somente podem exigi-lo em caráter supletivo.

(D) Os demais entes federativos interessados podem manifestar-se ao órgão responsável pela licença ou autorização, de maneira não vinculante, respeitados os prazos e procedimentos do licenciamento ambiental.

A: correta (art. 9º, III e IV, da Lei 6.938/1981); **B:** correta (art. 10, § 1º, da Lei 6.938/1981); **C:** incorreta, devendo ser assinalada; assertiva incorreta, pois a exigência será do ente que for competente para o respectivo licenciamento ambiental, que ora é o órgão estadual ou distrital (art. 8º, XIV e XV, da LC 140/2011), ora o órgão federal (art. 7º, XIV, da LC 140/2011) ou municipal (art. 9º, XIV, da LC 140/2011); **D:** correta (art. 13, § 1º, da LC 140/2011). **WG**
Gabarito "C".

(Magistratura/RJ – 2013 – VUNESP) A natureza jurídica do licenciamento ambiental é

(A) de competência concorrente do Poder Executivo e do Poder Legislativo.

(B) de poder de polícia, exclusivamente vinculado ao Poder Executivo.

(C) dependente da definição estabelecida pelas Constituições Estaduais.

(D) de poder de polícia, passível de apreciação complementar do Poder Legislativo.

A: incorreta, pois se trata de atividade administrativa, de competência, assim, do Poder Executivo; **B:** correta, pois a atividade administrativa envolvida é de polícia administrativa (poder de polícia), já que o objetivo é verificar se dada atividade está em conformidade com a proteção ao meio ambiente, ou seja, com a proteção à coletividade nesse segmento; **C:** incorreta, pois a Constituição remete a questão para uma lei complementar federal, sendo que essa lei é a LC 140/2011; **D:** incorreta, pois o Poder Legislativo não pode invadir a competência de licenciamento do Poder Executivo, sob pena de violação ao princípio da separação dos poderes. **WG**
Gabarito "B".

(Magistratura/PA – 2012 – CESPE) As obras para a construção de uma usina hidrelétrica na região amazônica, financiadas por entidades governamentais brasileiras, afetarão mais três estados-membros da Federação, dado o alagamento de uma área superior a dois mil hectares na Amazônia Legal, onde se localizam imóveis rurais particulares.

Considerando a situação hipotética acima e o disposto na Política Nacional de Meio Ambiente e nas Resoluções n. 1, n. 237 e n. 378 do Conselho Nacional do Meio Ambiente (CONAMA), assinale a opção correta.

(A) Conforme determinação do Sistema Nacional de Meio Ambiente (SISNAMA) expressa na Lei da Política Nacional do Meio Ambiente, o licenciamento ambiental cabe aos órgãos ambientais competentes dos três estados afetados.

(B) O empreendimento não está sujeito a licenciamento ambiental, por serem as hidrelétricas fontes de energia renovável, não incluídas, portanto, entre as atividades utilizadoras de recursos naturais consideradas poluentes.

(C) Compete ao IBAMA o licenciamento ambiental do empreendimento, já que o impacto ambiental, nesse caso, é regional.

(D) O licenciamento ambiental deverá ser feito pelo órgão ambiental competente de apenas um dos estados-membros afetados pelo empreendimento.

(E) Poderá ser dispensado o estudo de impacto ambiental da obra se a energia a ser gerada pela usina for indispensável para a economia do país.

A: incorreta, pois, tratando-se de impacto regional a competência para o licenciamento ambiental é da União (art. 7º, XIV, "e", da Lei Complementar 140/2011), por meio do IBAMA (art. 1º da Resolução CONAMA 378/2006); **B:** incorreta, pois uma obra desse porte não só terá de se submeter a um licenciamento ambiental, como também terá de ser precedida de um EIA/RIMA, dada a significativa degradação ambiental que poderá causar; **C:** correta, nos termos do comentário à alternativa "A"; **D:** incorreta, pois, como se viu, o IBAMA é que será o responsável pelo licenciamento ambiental no caso; **E:** incorreta, pois uma coisa não exclui a outra; havendo possibilidade de se causar significativa degradação ambiental, de rigor a realização de EIA/RIMA (art. 225, § 1º, IV, da CF). WG
Gabarito "C".

(MAGISTRATURA/PB – 2011 – CESPE) Acerca do EIA, assinale a opção correta.

(A) O empreendedor e os profissionais que subscrevam os estudos necessários ao processo de licenciamento ambiental serão responsáveis pelas informações apresentadas, sujeitando-se às sanções administrativas, civis e penais em caso de estudos que apresentem dados falsos ou incorretos.

(B) Ao determinar a execução do EIA, o órgão estadual competente ou o IBAMA deverão obrigatoriamente convocar, de ofício, audiência pública para informação sobre o projeto e seus impactos ambientais.

(C) O EIA deve ser realizado por equipe multidisciplinar habilitada e não dependente direta ou indiretamente do proponente do projeto, a qual assumirá a responsabilidade técnica pelos resultados apresentados.

(D) Como parte integrante do EIA, o RIMA deve ser amplamente divulgado e colocado à disposição da população, vedada qualquer imposição de sigilo ao documento.

(E) Os municípios não têm competência para exigir o EIA, que está na esfera de atribuição do órgão ambiental federal e dos estaduais.

A: correta (art. 11, parágrafo único, da Resolução CONAMA 237/1997); **B:** incorreta, pois a audiência pública será determinada pelo órgão responsável, *sempre que julgar necessário* (art. 11, § 2º, da Resolução CONAMA 01/1986); **C:** incorreta, pois o art. 7º da Resolução CONAMA 01/1986 foi revogado pela Resolução CONAMA 237/1997, que trata do assunto em seu art. 11; **D:** incorreta, pois cabe, excepcionalmente, o sigilo (art. 11 da Resolução CONAMA 01/1986); **E:** incorreta, pois o município terá essa competência quando for responsável pelo respectivo licenciamento ambiental; o Município tem competência para o licenciamento ambiental quando se estiver diante de impacto ambiental local, e desde que tenha Conselho Municipal do Meio Ambiente e estrutura para fazer licenciamentos (Lei Complementar 140/2011). WG
Gabarito "A".

(Magistratura/ES – 2011 – CESPE) A Resolução n. 237/1997 do Conselho Nacional do Meio Ambiente estabeleceu roteiro mínimo a ser observado nos processos de licenciamento ambiental, composto de oito etapas, entre as quais se inclui a

(A) apresentação da proposta de plano de monitoramento ambiental da emissão de efluentes.

(B) apresentação da proposta de plano de manejo da área vizinha ao empreendimento.

(C) emissão de parecer técnico conclusivo e, conforme o caso, de parecer jurídico.

(D) assinatura de termo de ajuste de conduta proposto em audiência pública.

(E) redação do termo de referência circunstanciado, acompanhado de laudo pericial, se for o caso.

Art. 10, VII, da Resolução 237/1997. WG
Gabarito "C".

(Magistratura Federal-5ª Região – 2011) A respeito do EIA, assinale a opção correta.

(A) Nos casos de licenciamento ambiental de empreendimentos de significativo impacto ambiental, assim considerado pelo órgão ambiental competente, com fundamento em EIA e respectivo relatório (EIA/RIMA), o empreendedor é obrigado a apoiar a implantação e a manutenção de unidade de conservação de proteção integral.

(B) A construção, a instalação, a ampliação e o funcionamento de estabelecimentos e atividades considerados efetiva e potencialmente poluidores, bem como os capazes, sob qualquer forma, de causar degradação ambiental, dependem de prévio licenciamento, cuja concessão cabe privativamente ao órgão estadual competente.

(C) O EIA deve ser realizado por equipe multidisciplinar habilitada, que, não vinculada direta ou indiretamente ao proponente do projeto, será a responsável técnica pelos resultados apresentados.

(D) Compete ao IBAMA determinar, quando julgar necessário, a realização de estudos das alternativas e das possíveis consequências ambientais de projetos públicos ou privados, requisitando aos órgãos federais, estaduais e municipais e às entidades privadas as informações indispensáveis para apreciação dos EIAs, e respectivos relatórios, no caso de obras ou atividades de significativa degradação ambiental.

(E) Um dos requisitos técnicos do EIA é a descrição da área de influência do projeto após a realização da obra. Embora não seja necessário caracterizar a situação da área antes da implantação do projeto, a legislação exige que se descreva, no EIA, de forma prospectiva, o modo como o meio físico, o meio biológico e os ecossistemas naturais regem à obra ou ao empreendimento.

A: correta (art. 36 da Lei 9.985/00); **B:** incorreta, pois o licenciamento é feito por municípios, estados, DF e União, de acordo com a distribuição de competência prevista na Lei Complementar 140/11; **C:** incorreta, pois a norma que tinha essa redação (art. 7º da Resolução CONAMA nº 01/86) foi revogada pela Resolução CONAMA 237/97 (art. 11); **D:** incorreta, pois o EIA também é da competência de Estados, DF e Municípios, caso estes sejam competentes para o respectivo licenciamento; **E:** incorreta, pois essa descrição deve ser feita antes da implantação do projeto (art. 6º, I, da Resolução CONAMA nº 01/86). MD
Gabarito "A".

(Magistratura Federal/3ª região – 2011 – CESPE) Acerca do licenciamento ambiental, assinale a opção correta.

(A) Compete ao CONAMA determinar, quando julgar necessário, a realização de estudos das alternativas e das possíveis consequências ambientais de projetos privados que possam causar significativa degradação ambiental, e ao IBAMA cabe apreciar os estudos de impacto ambiental de projetos desenvolvidos pelo poder público.

(B) Compete ao órgão ambiental municipal, ouvidos os órgãos competentes da União, dos estados e do DF, quando couber, o licenciamento ambiental de empreendimentos e atividades de impacto ambiental local, bem como o que lhe for delegado pelo estado--membro por instrumento legal ou convênio.

(C) Pertence ao IBAMA, em caráter exclusivo e indelegável, a competência para o licenciamento ambiental de empreendimentos e atividades com significativo impacto ambiental de âmbito regional.

(D) O licenciamento ambiental dos empreendimentos e atividades localizados ou desenvolvidos nas florestas e demais formas de vegetação natural de preservação permanente e de todas as que assim forem consideradas por normas federais é da competência do órgão ambiental federal.

(E) São idênticos os prazos de validade da licença prévia, da licença de instalação e da licença de operação, etapas inextinguíveis do licenciamento ambiental.

A: incorreta, pois a atribuição é do órgão ambiental competente para o licenciamento, que pode ser o IBAMA, no plano federal, art. 7º da Lei complementar n. 140/2011 o órgão ambiental estadual ou do Distrito Federal, art. 8º da Lei Complementar n.140/2011 ou, ainda, o órgão ambiental municipal, art. 9º da Lei complementar n. 140/2011; **B**: correta, pois é o que estabelece o art. 6º da Resolução CONAMA n. 237/1997: *Compete ao órgão ambiental municipal, ouvidos os órgãos competentes da União, dos Estados e do Distrito Federal, quando couber, o licenciamento ambiental de empreendimentos e atividades de impacto ambiental local e daquelas que lhe forem delegadas pelo Estado por instrumento legal ou convênio*; **C**: incorreta, pois o IBAMA poderá delegar a competência para o licenciamento ambiental, nos termos do art. 4º, § 2º, da Resolução CONAMA n. 237/1997: *O IBAMA, ressalvada sua competência supletiva, poderá delegar aos Estados o licenciamento de atividade com significativo impacto ambiental de âmbito regional, uniformizando, quando possível, as exigências*; **D**: incorreta, pois o art. 5º, II, da Resolução CONAMA n. 237/1997 e art. 8º da Lei Complementar n. 140/2011, estabelecem que *compete ao órgão ambiental estadual ou do Distrito Federal o licenciamento ambiental dos empreendimentos e atividades localizados ou desenvolvidos nas florestas e demais formas de vegetação natural de preservação permanente relacionadas no artigo 4º da Lei n. 12.651/2012 e em todas as que assim forem consideradas por normas federais, estaduais ou municipais*; **E**: incorreta, pois os prazos podem ser diferenciados, nos termos do art. 18 da Resolução CONAMA n. 237/1997. **WG**

Gabarito "B".

(Magistratura/PE – 2011 – FCC) Os municípios brasileiros, face ao ordenamento constitucional e legal, no que se refere ao licenciamento ambiental,

(A) podem emitir licença ambiental exclusivamente nos casos que envolvam o patrimônio histórico local.

(B) podem emitir licença ambiental, desde que o empreendimento seja de interesse apenas local e não afete o meio ambiente em nível regional ou nacional.

(C) não podem emitir licença ambiental em hipótese nenhuma.

(D) não podem emitir licença ambiental em hipótese nenhuma exceto se receberem, para tanto, delegação expressa do IBAMA.

(E) podem emitir licença ambiental, desde que o empreendimento se situe e abranja área de região metropolitana reconhecida por lei.

Art. 9º, XIV, da Lei Complementar 140/2011. Vale ressaltar que compete ao respectivo Conselho Estadual do Meio Ambiente definir o que é e o que não é impacto ambiental local, para fins de verificação da competência do município. Ademais, somente os municípios que tiverem *estrutura e conselho municipal do meio ambiente* poderão promover licenciamento ambiental. **WG**

Gabarito "B".

(Magistratura/PI – 2011 – CESPE) Com base nas disposições do Decreto n. 99.274/1990 e da Resolução CONAMA n. 237, assinale a opção correta acerca do licenciamento ambiental.

(A) O relatório de impacto ambiental deve estar integralmente acessível ao público, sendo vedado nele incluir matéria sigilosa que impeça sua total ou parcial divulgação.

(B) A licença prévia, a ser concedida na fase preliminar do planejamento de atividade, deve conter os requisitos básicos a serem atendidos nas fases de localização, instalação e operação, observados os planos municipais, estaduais ou federais de uso do solo.

(C) O órgão ambiental competente deve estabelecer prazos análogos para cada modalidade de licença – prévia, de instalação e de operação –, assim como para a formulação de exigências complementares, observado o prazo improrrogável de seis meses, a contar do protocolo do requerimento, até seu deferimento ou indeferimento.

(D) O licenciamento dos estabelecimentos destinados a produzir materiais nucleares ou a utilizar energia nuclear compete ao IBAMA, mediante parecer da Comissão Nacional de Energia Nuclear.

(E) A concessão de licença ambiental é ato vinculado que não comporta suspensão ou cancelamento, salvo no caso de violação de quaisquer condicionantes ou normas legais.

A: incorreta, pois cabe o sigilo em caso de pedido de interessado, que caracterize expressamente a necessidade de respeitar sigilo industrial (art. 17, § 3º, do Decreto 99.274/1990); **B**: correta (art. 8º, I, da Resolução CONAMA 237/1997); **C**: incorreta, pois o órgão ambiental competente estabelecerá prazos diferenciados (e não análogos) para cada modalidade de licença (art. 14, *caput*, da Resolução CONAMA 237/1997); **D**: incorreta, pois o licenciamento não é do estabelecimento, mas do empreendimento ou atividade (art. 4º, *caput* e inciso IV, da Resolução CONAMA 237/1997); **E**: incorreta, pois "o órgão ambiental competente, mediante decisão motivada, poderá modificar os condicionantes e as medidas de controle e adequação, **suspender** ou **cancelar** uma licença expedida, quando ocorrer: i) violação ou inadequação de quaisquer condicionantes ou normas legais; ii) **omissão ou falsa** descrição de informações relevantes que subsidiaram a expedição da licença; iii) **superveniência** de graves riscos ambientais e de saúde" (art. 19 da Resolução CONAMA 237/1997). **WG**

Gabarito "B".

(Magistratura Federal/3ª região – 2011 – CESPE) Assinale a opção correta a respeito do EIA.

(A) No EIA, deve ser desenvolvido diagnóstico ambiental da área de influência do projeto, considerados o meio físico, o biológico e os ecossistemas naturais, sendo de responsabilidade do RIMA a análise do meio socioeconômico e das relações de dependência entre a sociedade local, os recursos ambientais e a potencial utilização futura desses recursos.

(B) O elenco de atividades que dependem do EIA e respectivo RIMA consta exemplificativamente da lei, podendo o órgão ambiental competente, a seu critério, exigir a apresentação do EIA/RIMA em outras hipóteses que julgar relevantes.

(C) No caso de empreendimentos e atividades sujeitos ao EIA, verificada a necessidade de complementação dos esclarecimentos prestados, o órgão ambiental competente poderá, de modo unilateral, independentemente da participação do empreendedor, exigir providências suplementares, cujo descumprimento implica o indeferimento sumário do pedido de licença.

(D) A audiência pública não é etapa que deva preceder obrigatoriamente a realização do EIA, sendo necessária apenas quando solicitada pelo órgão ambiental responsável pela concessão do licenciamento, o único que dispõe de legitimidade para requerê-la.

(E) Pertence ao empreendedor que pretenda a liberação ambiental de seus projetos o dever de pagar as custas do EIA, sujeitando-se, ele e os profissionais que subscrevam os estudos, à responsabilidade nas instâncias administrativa, civil e penal pelas informações apresentadas.

A: incorreta, pois também é de responsabilidade do EIA a análise do meio socioeconômico. Assim dispõe o art. 6º da Resolução CONAMA 01/1986: "Artigo 6º - O estudo de impacto ambiental desenvolverá, no mínimo, as seguintes atividades técnicas: I - Diagnóstico ambiental da área de influência do projeto completa descrição e análise dos recursos ambientais e suas interações, tal como existem, de modo a caracterizar a situação ambiental da área, antes da implantação do projeto, considerando: a) o meio físico - o subsolo, as águas, o ar e o clima, destacando os recursos minerais, a topografia, os tipos e aptidões do solo, os corpos d'água, o regime hidrológico, as correntes marinhas, as correntes atmosféricas; b) o meio biológico e os ecossistemas naturais - a fauna e a flora, destacando as espécies indicadoras da qualidade ambiental, de valor científico e econômico, raras e ameaçadas de extinção e as áreas de preservação permanente; c) o meio socioeconômico - o uso e ocupação do solo, os usos da água e a socioeconômico, destacando os sítios e monumentos arqueológicos, históricos e culturais da comunidade, as relações de dependência entre a sociedade local, os recursos ambientais e a potencial utilização futura desses recursos. II - Análise dos impactos ambientais do projeto e de suas alternativas, através de identificação, previsão da magnitude e interpretação da importância dos prováveis impactos relevantes, discriminando: os impactos positivos e negativos (benéficos e adversos), diretos e indiretos, imediatos e a médio e longo prazo, temporários e permanentes; seu grau de reversibilidade; suas propriedades cumulativas e sinérgicas; a distribuição dos ônus e benefícios sociais. III - Definição das medidas mitigadoras dos impactos negativos, entre elas os equipamentos de controle e sistemas de tratamento de despejos, avaliando a eficiência de cada uma delas. IV - Elaboração do programa de acompanhamento e monitoramento (os impactos positivos e negativos, indicando os fatores e parâmetros a serem considerados. Parágrafo único. Ao determinar a execução do estudo de impacto Ambiental o órgão estadual competente; ou o IBAMA ou quando couber, o Município fornecerá as instruções adicionais que se fizerem necessárias, pelas peculiaridades do projeto e características ambientais da área"; **B**: incorreta, pois os critérios para a exigibilidade do EIA/RIMA estão previstos no art. 2º da Resolução CONAMA n. 237/1997: "Art. 2º - A localização, construção, instalação, ampliação, modificação e operação de empreendimentos e atividades utilizadoras de recursos ambientais considerados efetiva ou potencialmente poluidoras, bem como os empreendimentos capazes, sob qualquer forma, de causar degradação ambiental, dependerão de prévio licenciamento do órgão ambiental competente, sem prejuízo de outras licenças legalmente exigíveis. § 1º- Estão sujeitos ao licenciamento ambiental os empreendimentos e as atividades relacionadas no Anexo 1, parte integrante desta Resolução. § 2º – Caberá ao órgão ambiental competente definir os critérios de exigibilidade, o detalhamento e a complementação do Anexo 1, levando em consideração as especificidades, os riscos ambientais, o porte e outras características do empreendimento ou atividade; **C**: incorreta, pois o art. 10, § 2º, da Resolução n. 237/1997, garante a participação do empreendedor: "No caso de empreendimentos e atividades sujeitos ao estudo de impacto ambiental - EIA, se verificada a necessidade de nova complementação em decorrência de esclarecimentos já prestados, conforme incisos IV e VI, o órgão ambiental competente, mediante decisão motivada e com a participação do empreendedor, poderá formular novo pedido de complementação"; **D**: incorreta, pois o art. 2º da Resolução CONAMA n. 9/1987 estabelece quem pode solicitar a audiência pública: "Sempre que julgar necessário, ou quando for solicitado por entidade civil, pelo Ministério Público, ou por 50 (cinquenta) ou mais cidadãos, o Órgão do Meio Ambient promoverá a realização de Audiência Pública"; **E**: correta, pois é o que estabelece o art. 11 da Resolução CONAMA n. 237/1997: "Art. 11 - Os estudos necessários ao processo de licenciamento deverão ser realizados por profissionais legalmente habilitados, às expensas do empreendedor. Parágrafo único - O empreendedor e os profissionais que subscrevem os estudos previstos no *caput* deste artigo serão responsáveis pelas informações apresentadas, sujeitando-se às sanções administrativas, civis e penais". **MD**

Gabarito "E".

(Magistratura Federal/2ª região – 2011 – CESPE) A tutela do meio ambiente, devido à complexidade que engendra, envolve definição de políticas públicas, utilização adequada de instrumentos de prevenção e controle das atividades econômicas e atuação constante do poder público. Acerca desse tema, assinale a opção correta.

(A) O estudo de impacto ambiental exigido por órgão ambiental competente pode ser objeto de reforma judicial.

(B) Entre as atribuições do Conselho Nacional do Meio Ambiente, integrante do Sistema Nacional de Meio Ambiente, inclui-se o desenvolvimento de projetos para o uso racional e sustentável de recursos naturais e para melhorar a qualidade de vida da população.

(C) Comparado à avaliação de impacto ambiental, o estudo de impacto ambiental tem abrangência restrita.

(D) O estudo de impacto ambiental tem natureza jurídica de ato administrativo ambiental.

(E) A autorização para o funcionamento de atividade potencialmente degradadora do ambiente independe da localização do empreendimento ou de estudos preliminares de uso do solo.

10. DIREITO AMBIENTAL — 673

A: incorreta, pois o EIA, instituído pela Resolução CONAMA n. 1/1986, é utilizado durante o processo administrativo de licenciamento ambiental. Nos termos do art. 7º da mencionada Resolução, o EIA é realizado por equipe multidisciplinar habilitada, não dependente direta ou indiretamente do proponente do projeto e que será responsável tecnicamente pelos resultados apresentados. Por força de alguma medida judicial, o EIA poderá ser analisado pelo Poder Judiciário. Todavia, o Judiciário o analisa não para reformá-lo. Poderá, por exemplo, entender que ele é incompleto. O EIA é utilizado para fundamentar a decisão da autoridade competente para o licenciamento ambiental. Todavia, o EIA não integra o mencionado ato administrativo decisório. É o ato decisório de concessão ou de denegação da licença que poderá ser objeto de controle judicial; **B:** incorreta, pois a mencionada atribuição é do Fundo Nacional de Meio Ambiente, instituído pela Lei n. 7.797/1989. Conforme o art. 1º do mencionado diploma normativo, o Fundo Nacional de Meio Ambiente foi instituído "com o objetivo de desenvolver os projetos que visem ao uso racional e sustentável de recursos naturais, incluindo a manutenção, melhoria ou recuperação da qualidade ambiental no sentido de elevar a qualidade de vida da população brasileira"; **C:** correta. A Avaliação de Impacto Ambiental (AIA) é definida, no art. 9º, III, da Lei n. 6.938/1981, como um instrumento da Política Nacional do Meio Ambiente. O Estudo de Impacto Ambiental (EIA) é uma espécie de avaliação de impacto ambiental, utilizado no processo de licenciamento ambiental. Por isso, o estudo tem abrangência restrita a determinado empreendimento que se pretende implantar; **D:** incorreta, como ficou consignado nos comentários acima (assertiva "a"); **E:** incorreta, pois a assertiva afronta, além de outros diplomas normativos, o que estabelece o art. 225, § 1º, IV, da CF. Vale registrar que o art. 10 da Lei n. 6.938/1981, em conformidade com o estabelecido na Lei Maior, consigna que é necessário o licenciamento ambiental da atividade potencialmente degradadora do ambiente (Redação dada pela Lei Complementar n. 140/2011). **MD**
„C."

(Magistratura/PR – 2010 – PUC/PR) O processo de Licenciamento Ambiental de uma pequena fábrica é iniciado junto ao Órgão Ambiental Estadual. Questionamentos quanto ao Licenciamento são levantados. Após analisar quais das assertivas a seguir são verdadeiras e quais são falsas, de acordo com as regras inerentes aos instrumentos de Licenciamento Ambiental e EIA/RIMA, marque a alternativa CORRETA:

I. A primeira Licença a ser requerida é a de Instalação.

II. Para o Licenciamento Ambiental, será exigido Estudo Prévio de Impacto Ambiental e respectivo Relatório de Impacto ao Meio Ambiente – EIA/RIMA –, caso o empreendimento se enquadre nas hipóteses assim previstas em Resoluções CONAMA ou ainda caso o empreendimento possa apresentar significativo impacto ambiental.

III. O EIA/RIMA é exigido pelo Órgão Ambiental competente para o licenciamento somente após o deferimento da Licença de Instalação.

IV. Informações falsas ou enganosas incluídas pela equipe multidisciplinar no EIA/RIMA caracterizam crime previsto expressamente na Lei 9.605/1998.

(A) V, F, F, V

(B) F, V, V, F

(C) V, V, V, F

(D) F, V, F, V

I: falsa, pois a primeira licença é a prévia (art. 8º, I, da Resolução CONAMA 237/1997); **II:** verdadeira (art. 225, § 1º, IV, da CF e Resolução CONAMA 237/1997); **III:** falsa, pois o EIA/RIMA deve ser prévio às licenças prévia, de instalação e operação; vale lembrar que o próprio nome do estudo (estudo prévio de impacto ambiental) deixa claro a necessidade de que este se dê antes do licenciamento; **IV:** verdadeira (art. 66 da Lei 9.605/1998). **WG**
„D."

6.2. UNIDADES DE CONSERVAÇÃO

(Juiz – TRF 2ª Região – 2017) Em relação às Unidades de Conservação é correto afirmar que:

(A) O licenciamento de atividade desenvolvida em área de proteção ambiental federal é sempre de competência da União.

(B) O resultado das consultas públicas prévias à criação de unidades de conservação só vincula o Poder Executivo quando houver participação da maioria da população diretamente interessada e desde que a consulta seja feita com acompanhamento do Tribunal Regional Eleitoral.

(C) A zona de amortecimento de uma unidade de conservação deve ter seus limites definidos, seja no ato de criação da unidade ou posteriormente.

(D) Nas unidades de conservação de proteção integral não são permitidas atividades com finalidades lucrativas.

(E) Nas Reservas de Desenvolvimento Sustentável só são admitidas visitas de parentes dos residentes que façam parte da população tradicional abrigada pela reserva.

A: incorreta, nos termos do art. 7º, XIV, d, da LC 140/2011: "São ações administrativas da União: promover o licenciamento ambiental de empreendimentos e atividades localizados ou desenvolvidos em unidades de conservação instituídas pela União, exceto em Áreas de Proteção Ambiental (APAs)". A competência para licenciar atividades ou empreendimentos localizados ou desenvolvidos nas APAs vai depender do impacto a ser gerado (art. 12, da LC 140/2011); **B:** incorreta, pois, não obstante a criação de uma unidade de conservação deva ser precedida de consulta pública e estudos técnicos que permitam identificar a localização, a dimensão e os limites mais adequados para a unidade, a consulta pública não é vinculante, por ausência de previsão legal (art. 22, § 2º, da Lei 9.985/2000); **C:** correta, (art. 25, § 2º, da Lei 9.985/2000); **D:** incorreta, pois há unidades de proteção integral que podem ser de domínio privado, tais como o Monumento Natural e o Refúgio da Vida Silvestre, o que permitiria, a princípio, atividades lucrativas. Outrossim, não há qualquer vedação nesse sentido na Lei 9.985/2000; **E:** incorreta, pois nas Reservas de Desenvolvimento Sustentável "é permitida e incentivada a visitação pública, desde que compatível com os interesses locais e de acordo com o disposto no Plano de Manejo da área" (art. 20, § 5º, I, da Lei 9.985/2000). **FM/FCP**
„C."

(Juiz – TJ-SC – FCC – 2017) O proprietário de uma Reserva Particular do Patrimônio Natural – RPPN:

(A) não pode receber recursos advindos da compensação ambiental.

(B) pode receber recursos advindos da compensação ambiental desde que em conjunto com o Município.

(C) pode receber recursos advindos da compensação ambiental desde que o proprietário seja fiscalizado pelo Município.

(D) pode receber recursos advindos da compensação ambiental, visto que a Reserva Particular do Patrimônio Natural – RPPN é uma unidade de conservação da natureza de proteção integral.

(E) pode receber recursos advindos da compensação ambiental desde que sua unidade de conservação tenha sido afetada por um empreendimento de significativo impacto ambiental.

De fato, o proprietário de uma RPPN pode receber recursos advindos da compensação ambiental desde que tenha sido afetada diretamente por um empreendimento de significativo impacto ambiental. Nesse sentido, dispõe o art. 29, do Decreto 5.746/2006: "No caso de empreendimento com significativo impacto ambiental que afete diretamente a RPPN já criada, o licenciamento ambiental fica condicionado à prévia consulta ao órgão ambiental que a criou, devendo a RPPN ser uma das beneficiadas pela compensação ambiental [...]". FM/FCP
Gabarito "E".

(Juiz – TRF 4ª Região – 2016) Dadas as assertivas abaixo, assinale a alternativa correta.Acerca da Lei Federal nº 9.985/00, que instituiu o Sistema Nacional de Unidades de Conservação da Natureza:

I. O Sistema Nacional de Unidades de Conservação da Natureza é composto pelas Unidades de Conservação Federais, Estaduais e Municipais.

II. As Unidades de Conservação podem ser divididas entre Proteção Integral e de Uso Sustentável, e, em todas as situações, haverá a transferência do título de propriedade ao ente federativo que a instituiu.

III. O Sistema Nacional de Unidades de Conservação é composto por um órgão consultivo, o Conama; um órgão Central, o Ministério do Meio Ambiente; e um órgão executivo, que, para as Unidades de Conservação Federais, pode ser o Instituto Chico Mendes ou o Ibama.

IV. Todas as unidades de conservação instituídas legalmente possuem zona de amortecimento, que tem como objetivo minimizar os impactos negativos da atividade humana sobre a unidade.

V. É permitida a ocupação das Unidades de Conservação para fins de pesquisa científica, independentemente de autorização do órgão gestor respectivo.

(A) Estão corretas apenas as assertivas I e II.

(B) Estão corretas apenas as assertivas I e III.

(C) Estão corretas apenas as assertivas II e IV.

(D) Estão corretas apenas as assertivas III e IV.

(E) Estão corretas apenas as assertivas III e V.

I: correta (art. 3º, "caput", da Lei 9.985/1998); II: incorreta. As Unidades de Conservação podem ser divididas entre Proteção Integral e de Uso Sustentável (art.7º, I e II, da Lei 9.985/1998), contudo, nem sempre haverá a transferência do título de propriedade ao ente federativo que a instituiu. Há Unidades de Conservação que podem ser de posse e propriedade privadas, cita-se: Monumento Natural, Refúgio da Vida Silvestre, Área de Proteção Ambiental, Reserva Particular do Patrimônio Natural; III: correta (art. 6º, I a III, da Lei 9.985/1998); IV: incorreta, pois as Áreas de Proteção Ambiental e as Reservas Particulares do Patrimônio Natural, não necessitam de zona de amortecimento (art. 25, da Lei 9.985/1998); V: incorreta.A pesquisa científica constitui em um dos objetivos do SNUC (art. 4º, X, da Lei 9.985/1998), contudo sujeita-se à prévia autorização do órgão responsável pela administração da unidade de conservação FM/FCP.
Gabarito "B".

(Magistratura/AM – 2013 – FGV) A respeito da Lei 9.985/2000, que instituiu o Sistema Nacional de Unidades de Conservação da Natureza – SNUC, estabelecendo critérios e normas para a criação, implantação e gestão das unidades de conservação, assinale a afirmativa correta.

(A) A participação efetiva das populações locais na criação, implantação e gestão das unidades de conservação constitui objetivo da lei.

(B) A recuperação restitui um ecossistema ou uma população silvestre degradada o mais próximo possível da sua condição original.

(C) A permanência de populações tradicionais que habitavam um parque nacional, quando de sua criação, é admitida, em conformidade com o disposto em regulamento e no Plano de Manejo da unidade.

(D) As unidades de conservação só podem ser geridas por órgãos integrantes da administração pública direta ou por instituições que façam parte da administração pública indireta, com a participação efetiva da sociedade civil.

(E) A desafetação ou redução dos limites de uma unidade de conservação só pode ser feita mediante lei específica.

A: incorreta, pois constitui *diretriz* dessa lei (art. 5º, III, da Lei 9.885/2000), sendo que os *objetivos* da lei estão em seu art. 4º; **B:** incorreta, pois essa definição é de *restauração* (art. 2º, XIV, da Lei 9.885/2000); a *recuperação* restitui a uma condição não degradada, mas que pode ser diferente de sua condição original (art. 2º, XIII, da Lei 9.885/2000); **C:** incorreta, pois as áreas particulares incluídas em seus limites serão desapropriadas, ficando a posse e o domínio públicos (art. 11, § 1º, da Lei 9.885/2000); a admissão da manutenção de populações tradicionais é própria das unidades do tipo "Florestas Nacionais" (art. 17, § 2º, da Lei 9.885/2000), "Reservas Extrativistas" (art. 18, § 1º, da Lei 9.885/2000) e "Reservas de Desenvolvimento Sustentável (art. 20, § 3º, da Lei 9.885/2000); **D:** incorreta, pois podem ser geridas por OSCIPs também (art. 30 da Lei 9.885/2000); **E:** correta (art. 22, § 7º, da Lei 9.885/2000). WG
Gabarito "E".

(Magistratura Federal/1ª região – 2011 – CESPE) O texto constitucional prevê a criação de espaços territoriais especialmente protegidos como forma de assegurar o exercício ao direito fundamental relacionado ao meio ambiente. Sobre espaços territoriais, unidades de conservação e o Sistema Nacional de Unidades de Conservação, assinale a opção correta.

(A) A unidade de conservação pode ser criada por meio de lei ou decreto, e, em caso de abranger área particular, não se aplica a desafetação, pois o domínio não se transmite ao poder público, em nenhuma circunstância.

(B) Os espaços territoriais previstos na CF dizem respeito apenas às porções do território nacional, isto é, pertencentes à União, não podendo atingir áreas estaduais ou municipais.

(C) A necessidade de manutenção de cobertura vegetal protetora de recursos hídricos e da estrutura do solo justifica a proteção de determinado espaço territorial.

(D) A legislação prevê, de forma taxativa, como espaços passíveis de proteção, áreas marginais a cursos de água, topos de morros e montanhas, escarpas e bordas de tabuleiros e chapadas, restingas.

10. DIREITO AMBIENTAL — 675

(E) No regime jurídico das unidades de conservação, não há previsão de tratamento às populações tradicionais habitantes de área a ser protegida pelo poder público.

A: incorreta. A unidade de conservação pode ser criada por ato do poder público. Porém, conforme estabelece a CF, em seu art. 225, § 1º, III, a alteração e a supressão somente são permitidas através de lei; **B**: incorreta, pois os espaços territoriais previstos na CF não são pertencentes, exclusivamente, à União. Atingem áreas estaduais e municipais. Pode ser citado o exemplo da Mata Atlântica, que ocorre em áreas públicas ou privadas; **C**: correta, pois uma unidade de conservação abrange o espaço territorial e seus recursos ambientais, que devem ser preservados e submetidos a um regime especial de utilização. Por exemplo, uma área de preservação permanente (APP) tem a função ambiental de preservar os recursos hídricos e de proteger o solo, além e outras funções; **D**: incorreta, pois a enumeração não está completa e não é taxativa. Por exemplo, são protegidas as serras, as encostas, e os mangues; **E**: incorreta, pois, nos termos do art. 4º, XIII, da Lei do SNUC (do Sistema Nacional das Unidades de Conservação), Lei n. 9.985/2000, é objetivo do sistema proteger os recursos naturais necessários à subsistência de populações tradicionais, respeitando e valorizando seu conhecimento e sua cultura e promovendo-as social e economicamente. **MD**

Gabarito "C".

(MAGISTRATURA/PB – 2011 – CESPE) Considerando a disciplina legal das unidades de conservação, assinale a opção correta.

(A) As unidades de conservação de proteção integral, mas não as de uso sustentável, devem dispor de plano de manejo disponível para consulta do público na sede da unidade de conservação e no centro de documentação do órgão executor.

(B) Inseridas no grupo das unidades de conservação de uso sustentável, as áreas de proteção ambiental podem ser constituídas tanto por terras públicas quanto por terras privadas.

(C) As áreas particulares incluídas nos limites de floresta nacional podem permanecer nas mãos dos seus proprietários, somente sendo necessária a desapropriação se não houver aquiescência do dono às condições propostas pelo órgão público responsável pela administração da unidade.

(D) Sendo o objetivo básico das unidades de proteção integral manter os ecossistemas livres de alterações causadas por interferência humana, não se admite o uso, mesmo indireto, dos recursos naturais nelas situados.

(E) As unidades de conservação de uso sustentável são criadas por ato do poder público, e as de proteção integral, em razão dos limites que impõem ao direito de propriedade, somente podem ser criadas por lei específica.

A: incorreta, pois esse dever existe para os dois grandes grupos de unidades de conservação (art. 16 do Decreto 4.340/2002); **B**: correta, pois há unidades de conservação de uso sustentável constituídas por terras públicas ou privadas (ex: art. 15, § 1º, da Lei 9.985/2000); **C**: incorreta, pois, caso seja instituída uma Floresta Nacional em terras particulares, estas devem ser desapropriadas (art. 17, § 1º, da Lei 9.985/2000); **D**: incorreta, pois cabe algum tipo de uso nessa categoria de unidades de conservação; o que não se admite nessas unidades é

o uso direto, mas, quanto ao uso indireto, este é admitido, nos limites previstos na lei (art. 2º, VI, da Lei 9.985/2000); **E**: incorreta, pois as unidades de proteção integral também são criadas por ato do poder público (art. 22 da Lei 9.985/2000). **WG**

Gabarito "B".

(Magistratura/RJ – 2011 – VUNESP) Analise as assertivas.

I. A criação de unidades de conservação deve ser precedida de estudos técnicos e consulta pública e pode se dar por meio de lei ou decreto, assim como a ampliação ou redução dos seus limites e a transformação de unidades de menor grau de proteção em unidades do grupo de proteção integral.

II. A legislação permite o cultivo de organismos geneticamente modificados em áreas de proteção ambiental e em zonas de amortecimento de unidades de conservação, desde que assim previsto nos respectivos planos de manejo e observadas informações técnicas da Comissão Técnica Nacional de Biossegurança – CTNBio.

III. A legislação permite o uso comercial de organismos geneticamente modificados desde que haja decisão técnica favorável da Comissão Técnica Nacional de Biossegurança – CTNBio, sendo ou não exigido licenciamento ambiental a critério da referida comissão.

IV. É permitida a permanência de comunidades tradicionais em unidades de conservação de uso sustentável, desde que suas atividades sejam compatíveis com a preservação e defesa da unidade de conservação e tenham recebido do órgão gestor da unidade termo de posse correspondente à área que ocupam.

Está correto, apenas, o contido em

(A) I e II.

(B) I e IV.

(C) II e III.

(D) II e IV.

I: incorreta, pois a redução dos limites ou a desafetação de uma unidade de conservação só podem ser feitas mediante lei específica (art. 22, § 7º, da Lei 9.985/2000); **II**: correta (art. 27, § 4º, da Lei 9.985/2000); **III**: correta (art. 16, § 3º, da Lei 11.105/2005); **IV**: incorreta, pois só se admite a permanência dessas comunidades em três tipos de unidades de conservação de uso sustentável (Florestas Nacionais, Reservas Extrativistas e Reservas de Desenvolvimento Sustentável), permanência essa que será regulada por contrato (art. 23, *caput*, da Lei 9.985/2000). **WG**

Gabarito "C".

(Magistratura Federal-4ª Região – 2010) Dadas as assertivas abaixo, assinale a alternativa correta. Podem ser constituídas de terras particulares:

I. Área de proteção ambiental.

II. Refúgio de vida silvestre.

III. Reserva biológica.

IV. Área de relevante interesse ecológico.

V. Reserva extrativista.

(A) Estão corretas apenas as assertivas I e V.

(B) Estão corretas apenas as assertivas II e IV.

(C) Estão corretas apenas as assertivas I, II e IV.

(D) Estão corretas apenas as assertivas II, III e V.

(E) Nenhuma assertiva está correta.

VÁRIOS AUTORES

I: correta (art. 15, § 1º, da Lei 9.985/00); **II:** correta (art. 13, § 1º, da Lei 9.985/00); **III:** incorreta (art. 10, § 1º, da Lei 9.985/00); **IV:** correta (art. 16, § 1º, da Lei 9.985/00); **V:** incorreta (art. 18, § 1º, da Lei 9.985/00). WG

Gabarito "C".

(Magistratura Federal-4ª Região – 2010) Dadas as assertivas abaixo, assinale a alternativa correta.

I. A Lei 9.985/2000 instituiu o Sistema Nacional de Unidades de Conservação da Natureza – SNUC. As unidades integrantes do Sistema dividem-se em dois grupos, com características específicas, sendo que um deles é o grupo das unidades de Proteção Integral e o outro é o grupo das Unidades de Uso Sustentável.

II. O Grupo das Unidades de Uso Sustentável tem como objetivo básico preservar a natureza, sendo admitido apenas o uso indireto dos seus recursos naturais, com exceção dos casos previstos na Lei 9.985/2000.

III. O Grupo das Unidades de Uso Sustentável, referido na Lei 9.985/2000, é constituído das Áreas de Proteção Ambiental, Áreas de Relevante Interesse Ecológico, Florestas Nacionais, Reservas Extrativistas, Reservas de Fauna, Reservas de Desenvolvimento Sustentável e Reservas Particulares do Patrimônio Natural.

IV. Segundo a Lei 9.985/2000, Parque Nacional é a unidade de conservação da natureza que tem como objetivo básico a preservação de ecossistemas naturais de grande relevância ecológica e beleza cênica, possibilitando a realização de pesquisas científicas e o desenvolvimento de atividade de educação e interpretação ambiental, de recreação em contato com a natureza e de turismo ecológico.

V. Conforme a Lei 9.985/2000, as unidades de conservação, inclusive as Áreas de Proteção Ambiental e as Reservas Particulares do Patrimônio Natural, devem possuir uma zona de amortecimento e, quando convenientes, corredores ecológicos.

(A) Está correta apenas a assertiva V.

(B) Estão corretas apenas as assertivas I e V.

(C) Estão corretas apenas as assertivas I, II e V.

(D) Estão corretas apenas as assertivas I, III e IV.

(E) Estão corretas apenas as assertivas II, III e IV.

I: correta (art. 7º da Lei 9.985/00); **II:** incorreta, pois o objetivo dessas unidades de conservação é compatibilizar a conservação da natureza com o uso sustentável de parcela dos seus recursos naturais (art. 7º, § 2º, da Lei 9.985/00); **III:** correta (art. 14 da Lei 9.985/00); **IV:** correta (art. 11 da Lei 9.985/00); **V:** incorreta, pois as áreas de proteção ambiental e as reservas particulares do patrimônio cultural não precisam possuir zona de amortecimento (art. 25 da Lei 9.985/00). WG

Gabarito "D".

(Magistratura Federal-4ª Região – 2010) Assinale a alternativa correta.

A unidade de conservação, de posse e de domínio público federal, que tem como objetivo a preservação integral da biota e dos demais atributos naturais existentes em seus limites, sem interferência humana direta ou modificações ambientais, excetuando-se as medidas de recuperação de seus ecossistemas alterados e as ações de manejo necessárias para recuperar e preservar o equilíbrio natural, a

diversidade biológica e os processos ecológicos naturais, é denominada, pela Lei 9.985/2000, de:

(A) Estação Ecológica.

(B) Parque Nacional.

(C) Floresta Nacional.

(D) Reserva de Desenvolvimento Sustentável.

(E) Reserva Biológica.

Art. 10 da Lei 9.985/00. WG

Gabarito "E".

6.3. ZONEAMENTO AMBIENTAL

(Magistratura Federal-5ª Região – 2011) Com relação ao zoneamento ambiental, assinale a opção correta.

(A) Para integrar o planejamento e a execução de funções públicas de interesse comum, os estados podem instituir regiões metropolitanas constituídas por agrupamentos de municípios limítrofes, condicionada tal iniciativa à aprovação, por lei, dos municípios envolvidos.

(B) O plano diretor, instrumento para o estabelecimento de critérios gerais de ordenação dos espaços urbanos, é obrigatório para todas as cidades que se situem em um mesmo complexo geoeconômico e social e para as que, reunidas, constituam aglomerações urbanas e microrregiões.

(C) O zoneamento ambiental constitui um dos instrumentos da PNMA para evitar a ocupação desordenada do solo urbano ou rural, razão por que cabe exclusivamente à União definir, em todas as unidades da Federação, espaços territoriais e seus componentes a serem especialmente protegidos.

(D) As indústrias ou grupos de indústrias já existentes e que não se localizem nas zonas industriais definidas por lei devem ser submetidas à instalação de equipamentos especiais de controle e, nos casos mais graves, à relocalização, podendo-se conferir aos projetos com essa finalidade condições especiais de financiamento.

(E) Considera-se zoneamento ambiental a definição do entorno de uma unidade de conservação, onde as atividades humanas se sujeitam a normas e restrições específicas, a fim de que se reduzam os impactos negativos sobre a unidade.

A: incorreta, pois os estados têm essa competência por meio de lei complementar estadual, independentemente de autorização legislativa dos municípios envolvidos (art. 25, § 3º, da CF); **B:** incorreta, pois o plano diretor não é obrigatório para todas as cidades que se situem num mesmo "complexo geoeconômico e social", apesar de obrigatório para as cidades integrantes de "aglomerações urbanas" e regiões metropolitanas (art. 41 da Lei 10.257/01); **C:** incorreta, pois apesar de o zoneamento ambiental ser um dos instrumentos da PNMA (art. 9º, II, da Lei 6.938/81), não é só a União o ente político que tem competência para a criação de espaços territoriais especialmente protegidos, tendo também essa competência os Estados, DF e Municípios (art. 9º, VI, da Lei 6.938/81); **D:** correta (arts. 1º, § 3º, e 12 da Lei 6.803/80 – Lei Geral de Zoneamento Industrial nas áreas críticas de poluição); **E:** incorreta, pois o conceito de zoneamento ambiental é bem mais amplo; de qualquer forma, para fins do regime jurídico das unidades de conservação, a Lei 9.985/00 estabelece, em seu art. 2º, XVI, o conceito de "zoneamento", como sendo a "definição de setores ou zonas em uma unidade

10. DIREITO AMBIENTAL   677

de conservação com objetivos de manejo e normas específicos, com o propósito de proporcionar os meios e as condições para que todos os objetivos da unidade possam ser alcançados de forma harmônica e eficaz", conceito aproximado do trazido na alternativa; mas com esta quer saber acerca do conceito de "zoneamento ambiental", deveria fornecedor outro conceito, mais amplo, como o seguinte: é instrumento de gestão do qual dispõem o governo, o setor produtivo e a sociedade, cujo fim específico é delimitar geograficamente áreas territoriais com o objetivo de estabelecer regimes especiais de uso, gozo e fruição da propriedade, em nível regional, estadual ou municipal. **WG**
"Gabarito "D".

(**Magistratura/ES – 2011 – CESPE**) A respeito do zoneamento ambiental, instrumento da PNMA, assinale a opção correta.

(A) O citado instrumento foi instituído como consequência do processo de licenciamento ambiental, para o devido controle de instalação e(ou) operacionalização de atividade ou empreendimento que utilizem recursos ambientais ou que sejam potencialmente lesivos ao ambiente.

(B) No interior das zonas de uso predominantemente industrial, ao contrário do que ocorre com as zonas de uso estritamente industrial, prescinde-se de área de proteção ambiental destinada à redução dos efeitos da poluição, uma vez que, nelas, o controle e o tratamento de efluentes são meios suficientes para a manutenção da qualidade ambiental.

(C) Esse instrumento divide-se em duas categorias: zoneamento preventivo e zoneamento correcional; o primeiro objetiva regular o uso e a ocupação do solo, e o segundo, vetar, total ou parcialmente, a realização de atividades potencialmente lesivas ao meio ambiente.

(D) No referido zoneamento, são previstas as chamadas zonas de uso diversificado, destinadas à localização de estabelecimentos industriais cujo processo produtivo complemente atividades do meio urbano ou rural em que se encontrem situados e com elas se compatibilizem sem que seja necessário o uso de métodos especiais de controle de poluição.

(E) O referido zoneamento compreende as zonas de uso estritamente industrial, destinadas às atividades industriais de impacto reduzido, que podem ser compatibilizadas com as zonas residenciais em seu interior ou entorno, desde que sujeitas a monitoramento intensivo.

A: incorreta, pois o zoneamento ambiental consiste na delimitação geográfica de áreas territoriais com o objetivo de estabelecer regimes especiais de uso, gozo e fruição da propriedade; a ideia é planejar e organizar a utilização de espaços territoriais para que não haja conflitos entre as zonas de conservação do meio ambiente, as zonas de produção industrial, as zonas de habitação das pessoas, dentre outras; nesse sentido o objetivo é prévio à ideia de licenciamento ambiental (e não consequência deste), devendo-se observar, no licenciamento ambiental, se o local comportará o tipo de empreendimento pleiteado pelo empreendedor; **B:** incorreta, pois no interior das zonas de uso predominantemente industrial é necessário sim dispor, em seu interior, de áreas de proteção ambiental destinadas à redução dos efeitos da poluição (art. 3°, parágrafo único, II, da Lei 6.803/1980); **C:** incorreta, pois há três categorias de zoneamento industrial: i) zonas de uso estritamente

residencial; ii) zonas de uso predominantemente industrial; iii) zonas de uso diversificado (art. 1°, § 1°, da Lei 6.803/1980); **D:** correta (art. 4° da Lei 6.803/1980); E: incorreta, pois as zonas de uso estritamente industrial destinam-se às atividades industriais que possam causar perigo à saúde, ao bem-estar e à segurança das populações (art. 2°, *caput*, da Lei 6.803/1980). **WG**
"Gabarito "D".

7. PROTEÇÃO DA FLORA. CÓDIGO FLORESTAL

(**Juiz – TJ/SP – VUNESP – 2015**) Em relação às Áreas de Preservação Permanente, é incorreta a seguinte afirmação:

(A) é permitido ao poder público se utilizar do direito de preempção para aquisição de remanescentes florestais relevantes.

(B) todo imóvel rural situado no território nacional deve manter área com cobertura de vegetação nativa, a título de Reserva Legal, no correspondente a 20% da área total do imóvel.

(C) é lícita a supressão de vegetação nativa em Área de Preservação Permanente para implantação de instalações necessárias à captação e condução de água e efluentes tratados, desde que comprovada a outorga do direito de uso da água.

(D) é dispensada a autorização do órgão ambiental competente para a execução em Área de Preservação Permanente nas hipóteses de realização, em caráter de urgência, de atividades de segurança nacional e obras de interesse da defesa civil destinadas à prevenção e mitigação de acidentes em áreas urbanas.

A: correta. Nos termos do art. 25, I, da Lei 12.651/2012. **B:** incorreta. Se o imóvel estiver localizado na Amazônia Legal, os percentuais serão: 80% (oitenta por cento), se o imóvel estiver localizado em área de florestas; 35% (trinta e cinco por cento), se estiver localizado em área de cerrado; e, 20% (vinte por cento), se o imóvel estiver localizado em área de campos gerais (art. 12, I, da Lei 12.651/2012). **C:** correta. Nos termos do art. 8°, da Lei 12.651/2012: "A intervenção ou a supressão de vegetação nativa em Área de Preservação Permanente somente ocorrerá nas hipóteses de utilidade pública, de interesse social ou de baixo impacto ambiental previstas nesta Lei". O art. 3°, IX, "e", da Lei 12.651/2012, prevê que a implantação de instalações necessárias à captação e condução de água e de efluentes tratados para projetos cujos recursos hídricos são partes integrantes e essenciais da atividade, trata-se de atividade de interesse social, e que, portanto, autoriza a supressão da vegetação nativa em Área de Preservação Permanente. **D:** correta. Vide art. 7°, § 3°, da Lei 12.651/2012. **FM/FCP**
"Gabarito "B".

(**Juiz – TJ-SC – FCC – 2017**)Em pequena propriedade ou posse rural familiar:

(A) o poder público federal deverá prestar apoio técnico para a recomposição da vegetação da reserva legal.

(B) o poder público municipal deverá prestar apoio técnico para a recomposição da vegetação da reserva legal.

(C) a recomposição da reserva legal será feita exclusivamente com vegetação nativa, sendo as mudas subsidiadas pelo poder público federal, que também garantirá, como incentivo financeiro, a compra de subprodutos vindos de tal área.

VÁRIOS AUTORES

(D) a área de preservação permanente será considerada como reserva legal, recaindo sobre ela o regramento mais permissivo da reserva legal.

(E) para cumprimento da manutenção da área de reserva legal poderão ser computados os plantios de árvores frutíferas, ornamentais ou industriais, compostos por espécies exóticas, cultivadas em sistema intercalar ou em consórcio com espécies nativas da região em sistemas agroflorestais.

A: incorreta, pois, é o poder público estadual, e não federal, quem deverá prestar apoio técnico para a recomposição da vegetação da reserva legal em pequena propriedade ou posse rural (art. 54, parágrafo único, da Lei 12.651/2012); **B: in**correta, pois, é o poder público estadual, e não o municipal, quem deverá prestar apoio técnico para a recomposição da vegetação da reserva legal em pequena propriedade ou posse rural (art. 54, parágrafo único, da Lei 12.651/2012); **C:** incorreta, pois, a recomposição da reserva legal não precisa ser feita com vegetação nativa, exclusivamente, bem como não tem o poder público federal que subsidiar as mudas e nem garantir como incentivo financeiro, a compra de subprodutos vindos de tal área (art. 54, da Lei 12.651/2012); **D:** incorreta, pois somente será admitido o cômputo das áreas de preservação permanente no cálculo do percentual da reserva legal do imóvel, desde que preenchidos os requisitos do art. 15, da Lei 12.651/2012, e ao contrário do disposto na alternativa, o regime de proteção da área de preservação permanente não se alterará (art. 15, § 1º, da Lei 12.651/2012); **E:** correta, (art. 54, da Lei 12.651/2012).**FM/FCP**

Gabarito "E".

(Juiz – TRF 3ª Região – 2016) Dadas as assertivas abaixo, assinale a alternativa correta.

Com base no disposto na Lei nº 12.651/2012 e suas alterações posteriores, é possível afirmar sobre os institutos conceituados em seu art. 3º:

I. Área de Preservação Permanente: área protegida coberta por vegetação nativa, com a função ambiental de preservar os recursos hídricos, a paisagem, a estabilidade geológica e a biodiversidade, facilitar o fluxo gênico de fauna e flora, proteger o solo e assegurar o bem-estar das populações humanas.

II. Reserva Legal: área localizada no interior de uma propriedade ou posse rural, delimitada nos termos do art.12 da mesma lei, com a função de assegurar o uso econômico de modo sustentável dos recursos naturais do imóvel rural, auxiliar a conservação e a reabilitação dos processos ecológicos e promover a conservação da biodiversidade, bem como o abrigo e a proteção de fauna silvestre e da flora nativa.

III. Manejo sustentável: administração da vegetação natural para a obtenção de benefícios econômicos, sociais e ambientais, respeitando-se os mecanismos de sustentação do ecossistema objeto do manejo e considerando-se, cumulativa ou alternativamente, a utilização de única espécie madeireira, de múltiplos produtos e subprodutos da flora, bem como a utilização de outros bens e serviços.

Estão corretas as assertivas:

(A) I e II.

(B) I, II e III.

(C) Apenas a II.

(D) Apenas a III.

I: incorreta. "Área de Preservação Permanente - APP: área protegida, coberta ou não por vegetação nativa, com a função ambiental de preservar os recursos hídricos, a paisagem, a estabilidade geológica e a biodiversidade, facilitar o fluxo gênico de fauna e flora, proteger o solo e assegurar o bem-estar das populações humanas" (art. 3º, II, da Lei 12.651/2012); **II:** correta (art. 3º, III, da Lei 12.651/2012); **III:** incorreta. Nos termos do art. 3º, VII, da Lei 12.651/2012: "manejo sustentável: administração da vegetação natural para a obtenção de benefícios econômicos, sociais e ambientais, respeitando-se os mecanismos de sustentação do ecossistema objeto do manejo e considerando-se, cumulativa ou alternativamente, a utilização de múltiplas espécies madeireiras ou não, de múltiplos produtos e subprodutos da flora, bem como a utilização de outros bens e serviços".**FM/FCP**

Gabarito "C".

(Juiz – TRF 3ª Região – 2016) Dadas as assertivas abaixo, assinale a alternativa incorreta.

Com base no disposto na Lei nº 12.651/2012 e suas alterações posteriores, é possível afirmar sobre a Reserva Legal:

(A) Todo imóvel rural deve manter área com cobertura de vegetação nativa, a título de Reserva Legal, sem prejuízo da aplicação das normas sobre as Áreas de Preservação Permanente, observados os seguintes percentuais mínimos em relação à área do imóvel caso os imóveis estejam situados na Amazônia Legal, excetuados os casos previstos no art. 68 da referida Lei: 80% (oitenta por cento), no imóvel situado em área de florestas; 35% (trinta e cinco por cento), no imóvel situado em área de cerrado; 20% (vinte por cento), no imóvel situado em área de campos gerais. Para os imóveis situados nas demais regiões do país, o percentual é de 20% (vinte porcento).

(B) Em caso de fracionamento do imóvel rural, a qualquer título, inclusive para assentamentos pelo Programa de Reforma Agrária, será considerada, para fins do disposto do caput, a área do imóvel antes do fracionamento.

(C) Nos casos de imóvel situado em área de florestas na Amazônia Legal, o poder público poderá reduzir a Reserva Legal para até 50% (cinquenta por cento), para fins de recomposição, quando o Município tiver mais de 80% (oitenta por cento) da área ocupada por unidades de conservação da natureza de domínio público e por terras indígenas homologadas. Nas mesmas hipóteses o poder público estadual, ouvido o Conselho Estadual de Meio Ambiente, poderá reduzir a Reserva Legal para até 50% (cinquenta por cento), quando o Estado tiver Zoneamento Ecológico-Econômico aprovado e mais de 75% (setenta e cinco por cento) do seu território ocupado por unidades de conservação da natureza de domínio público, devidamente regularizadas, e por terras indígenas homologadas.

(D) Os empreendimentos de abastecimento público de água e tratamento de esgoto não estão sujeitos à constituição de Reserva Legal. Também não será exigido Reserva Legal relativa às áreas adquiridas ou desapropriadas por detentor de concessão, permissão ou autorização para exploração de potencial de energia hidráulica, nas quais funcionem empreendimentos de geração de energia elétrica, subestações ou sejam instaladas linhas de transmissão e de distribuição de

10. DIREITO AMBIENTAL — 679

energia elétrica. Também não será exigido Reserva Legal relativa às áreas adquiridas ou desapropriadas com o objetivo de implantação e ampliação de capacidade de rodovias e ferrovias.

A: correta (art. 12, I e II, da Lei 12.651/2012); **B:** correta (art. 12, § 1º, da Lei 12.651/2012); **C:** incorreta, pois o poder público poderá reduzir a Reserva Legal para 50% (cinquenta por cento), para fins de recomposição, quando o município tiver mais de 50% (cinquenta por cento) da área ocupada por unidades de conservação da natureza de domínio público (art. 12, § 4º, da Lei 12.651/2012), e não, 80% (oitenta por cento). Outrossim, o poder público estadual, nas mesmas hipóteses, ouvido o Conselho Estadual de Meio Ambiente, poderá reduzir a Reserva Legal para até 50% (cinquenta por cento), quando o Estado tiver Zoneamento Ecológico-Econômico aprovado e mais de 65% (sessenta e cinco por cento) do seu território ocupado por unidades de conservação da natureza de domínio público [e não 75% (setenta e cinco por cento)], devidamente regularizadas, e por terras indígenas homologadas; **D:** correta (art. 12, § 6º ao 8º, da Lei 12.651/2012).**FM/FCP**
Gabarito "C".

(Juiz – TRF 4ª Região – 2016) Dadas as assertivas abaixo, assinale a alternativa correta. As áreas de preservação permanente:

I. Admitem a regularização fundiária de interesse social.

II. Podem-se situar tanto em zonas rurais quanto em urbanas.

III. Permitem o acesso de pessoas e de animais para a obtenção de água e para a realização de atividades de baixo impacto ambiental.

(A) Estão corretas apenas as assertivas I e II.

(B) Estão corretas apenas as assertivas I e III.

(C) Estão corretas apenas as assertivas II e III.

(D) Estão corretas todas as assertivas.

(E) Nenhuma assertiva está correta.

I: correta (art. 64, da Lei 12.651/2012); **II:** correta (art. 4º, "caput", da Lei 12.651/2012); **III:** correta (art. 9º, da Lei 12.651/2012).**FM/FCP**
Gabarito "D".

(Magistratura/RJ – 2013 – VUNESP) A proteção florestal e da vegetação existente em determinado imóvel rural, no tocante às áreas de preservação permanente e reservas legais, podem ser caracterizadas como

(A) deveres coletivos.

(B) obrigações pessoais.

(C) obrigação exclusiva do causador da supressão da vegetação.

(D) obrigações *propter rem*.

São responsáveis pela manutenção da vegetação o proprietário da área, o possuidor e o ocupante a qualquer título, pessoa física ou jurídica, de direito público ou privado, tratando-se de obrigação de natureza real, ou seja, *propter rem*, que atinge inclusive o sucessor da área (art. 7º, *caput* e § 2º, da Lei 12.651/2012). **WG**
Gabarito "D".

(Magistratura/SP – 2013 – VUNESP) A supressão de vegetação nativa para uso alternativo do solo depende de

(A) autorização do órgão municipal e cadastramento do imóvel no CAR.

(B) autorização do órgão federal e cadastramento do imóvel no CAR.

(C) autorização do órgão estadual e cadastramento do imóvel no CAR.

(D) domínio exclusivamente privado, autorização do órgão federal e cadastramento do imóvel no CAR.

A, B e D: incorretas, pois a autorização prévia é do órgão estadual (e não municipal ou federal) e tal possibilidade se dá tanto em solo de domínio privado, como de domínio público (art. 26, *caput*, da Lei 12.651/2012); **C:** correta (art. 26, *caput*, da Lei 12.651/2012). **WG**
Gabarito "C".

8. RESPONSABILIDADE CIVIL AMBIENTAL

Segue um resumo sobre a Responsabilidade Civil Ambiental:

1. Responsabilidade objetiva.

A responsabilidade objetiva pode ser conceituada como o dever de responder por danos ocasionados ao meio ambiente, independentemente de culpa ou dolo do agente responsável pelo evento danoso. Essa responsabilidade está prevista no § 3º do art. 225 da CF, bem como no § 1º do art. 14 da Lei 6.938/1981, e ainda no art. 3º da Lei 9.605/1998.

Quanto a seus requisitos, diferentemente do que ocorre com a responsabilidade objetiva no Direito Civil, no qual são apontados três elementos para a configuração da responsabilidade (conduta, dano e nexo de causalidade), *no Direito Ambiental são necessários apenas dois.*

A doutrina assinala a necessidade de existir um dano (evento danoso), *mais o nexo de causalidade, que o liga ao poluidor.*

Aqui não se destaca muito a conduta como requisito para a responsabilidade ambiental, apesar de diversos autores entenderem haver três requisitos para sua configuração (conduta, dano e nexo de causalidade). *Isso porque é comum o dano ambiental ocorrer sem que se consiga identificar uma conduta específica e determinada causadora do evento.*

Quanto ao sujeito responsável pela reparação do dano, é o poluidor, que pode ser tanto pessoa física como jurídica, pública ou privada.

Quando o Poder Público não é o responsável pelo empreendimento, ou seja, não é o poluidor, sua responsabilidade é subjetiva, ou seja, depende de comprovação de culpa ou dolo do serviço de fiscalização, para se configurar. Assim, o Poder Público pode responder pelo dano ambiental por omissão no dever de fiscalizar. Nesse caso, haverá responsabilidade solidária do poluidor e do Poder Público. Mas lembre-se: se o Poder Público é quem promove o empreendimento, sua responsabilidade é objetiva.

Em se tratando de pessoa jurídica, a Lei 9.605/1998 estabelece que esta será responsável nos casos em que a infração for cometida por decisão de seu representante legal ou contratual, ou de seu órgão colegiado, no interesse ou benefício da sua entidade. Essa responsabilidade da pessoa jurídica não exclui a das pessoas físicas, autoras, coautoras ou partícipes do mesmo fato.

A Lei 9.605/1998 também estabelece uma cláusula geral que permite a desconsideração da personalidade jurídica da pessoa jurídica, em qualquer caso, desde que destinada ao ressarcimento dos prejuízos causados à qualidade do meio ambiente. Segundo o seu art. 4º, poderá ser desconsiderada a pessoa jurídica sempre que sua personalidade for obstáculo ao ressarcimento dos prejuízos causados à qualidade do meio ambiente. Adotou-se, como isso, a chamada teoria menor da desconsideração, para a qual basta a insolvência da pessoa jurídica, para que se possa atingir o patrimônio de seus membros. No direito civil, ao contrário, adotou-se a teoria maior da desconsideração, teoria que exige maiores requisitos, no caso, a existência de um desvio de finalidade ou de uma confusão patrimonial para que haja desconsideração.

2. Reparação integral dos danos.

A obrigação de reparar o dano não se limita a pagar uma indenização; ela vai além: a reparação deve ser específica, isto é, ela deve buscar a restauração ou recuperação do bem ambiental lesado, ou seja, o seu retorno à situação anterior. Assim, a responsabilidade pode envolver as seguintes obrigações:

a) *de reparação natural ou in specie:* é a reconstituição ou recuperação do meio ambiente agredido, cessando a atividade lesiva e revertendo-se a degradação ambiental. *É a primeira providência que deve ser tentada, ainda que mais onerosa que outras formas de reparação;*

b) *de indenização em dinheiro:* consiste no ressarcimento pelos danos causados e não passíveis de retorno à situação anterior. *Essa solução só será adotada quando não for viável fática ou tecnicamente a reconstituição. Trata-se de forma indireta de sanar a lesão.*

c) *compensação ambiental: consiste em forma alternativa à reparação específica do dano ambiental, e importa na adoção de uma medida de equivalente importância ecológica, mediante a observância de critérios técnicos especificados por órgãos públicos e aprovação prévia do órgão ambiental competente, admissível desde que seja impossível a reparação específica. Por exemplo, caso alguém tenha derrubado uma árvore, pode-se determinar que essa pessoa, como forma de* compensação ambiental, *replante duas árvores da mesma espécie.*

3. Dano ambiental.

Não é qualquer alteração adversa no meio ambiente causada pelo homem que pode ser considerada dano ambiental. Por exemplo, o simples fato de alguém inspirar oxigênio e expirar gás carbônico não é dano ambiental. O art. 3º, III, da Lei 6.938/1981 nos ajuda a desvendar quando se tem dano ambiental, ao dispor que a poluição é a degradação ambiental resultante de atividades que direta ou indiretamente:

a) prejudiquem a saúde, a segurança e o bem-estar da população; b) criem condições adversas às atividades sociais e econômicas; c) afetem desfavoravelmente a biota; d) afetem as condições estéticas ou sanitárias do meio ambiente; e) lancem matérias ou energia em desacordo com os padrões ambientais estabelecidos.

Quanto aos lesados pelo dano ambiental, este pode atingir pessoas indetermináveis e ligadas por circunstâncias de fato (ocasião em que será difuso), grupos de pessoas ligadas por relação jurídica base (ocasião em que será coletivo), vítimas de dano oriundo de conduta comum (ocasião em que será individual homogêneo) e vítima do dano (ocasião em que será individual puro).

De acordo com o pedido formulado na ação reparatória é que se saberá que tipo de interesse (difuso, coletivo, individual homogêneo ou individual) está sendo protegido naquela demanda.

Quanto à extensão do dano ambiental, a doutrina reconhece que este pode ser material (patrimonial) ou moral (extrapatrimonial). Será da segunda ordem quando afetar o bem-estar de pessoas, causando sofrimento e dor. Há de se considerar que existe decisão do STJ no sentido que não se pode falar em dano moral difuso, já que o dano deve estar relacionado a pessoas vítimas de sofrimento, e não a uma coletividade de pessoas. De acordo com essa decisão, pode haver dano moral ambiental a pessoa determinada, mas não pode haver dano moral ambiental a pessoas indetermináveis.

3. A proteção do meio ambiente em juízo.

A reparação do dano ambiental pode ser buscada extrajudicialmente, quando, por exemplo, é celebrado termo de compromisso de ajustamento de conduta com o Ministério Público, ou judicialmente, pela propositura da ação competente.

Há duas ações vocacionadas à defesa do meio ambiente. São elas: a ação civil pública (art. 129, III, da CF e Lei 7.347/1985) e a ação popular (art. 5º, LXXIII, CF e Lei 4.717/1965). A primeira pode ser promovida pelo Ministério Público, pela Defensoria Pública, por entes da Administração Pública ou por associações constituídas há pelo menos um ano, que tenham por objetivo a defesa do meio ambiente. Já a segunda é promovida pelo cidadão.

Também são cabíveis em matéria ambiental o mandado de segurança (art. 5º, LXIX e LXX, da CF e Lei 12.016/2009), individual ou coletivo, preenchidos os requisitos para tanto, tais como prova pré-constituída, e ato de autoridade ou de agente delegado de serviço público; o **mandado de injunção** (art. 5º, LXXI, da CF), quando a falta de norma regulamentadora torne inviável o exercício dos direitos e liberdades constitucionais e das prerrogativas inerentes à nacionalidade, à soberania e à cidadania; as **ações de inconstitucionalidade** (arts. 102 e 103 da CF e Leis 9.868/1999 e 9.882/1999); e a **ação civil de responsabilidade por ato de improbidade administrativa** em matéria ambiental (art. 37, § 4º, da CF, Lei 8.429/1992 e art. 52 da Lei 10.257/2001).

(Juiz – TJ/RJ – VUNESP – 2016) Um Município, no interior de Minas Gerais, pretende, em sede recursal, a inclusão do referido Estado no polo passivo da Ação Civil Pública, que visa a reparação e prevenção de danos ambientais causados por deslizamentos de terras em encostas habitadas. Segundo regra geral quanto ao dano ambiental e urbanístico, e segundo posição do STJ, o litisconsórcio, nesses casos é

(A) facultativo, quando envolve ato do particular e necessário quando envolve ato da Administração Pública.

(B) facultativo, pois os responsáveis pela degradação ambiental não são coobrigados solidários.

(C) necessário, quando o ato envolve particular e poder público.

(D) obrigatório, no caso de causas concorrentes.

(E) facultativo, mesmo havendo múltiplos agentes poluidores.

A: incorreta. O litisconsórcio será facultativo quando envolver ato de múltiplos agentes, pouco importando serem particulares ou públicos; **B:** incorreta. Em sede de reparação civil, o dano ambiental é marcado pela responsabilidade civil objetiva e solidária, que dá ensejo, ao litisconsórcio facultativo entre os vários poluidores, diretos ou indiretos; **C:** incorreta. É firme a jurisprudência do STJ no sentido de que, na ação civil pública por danos ambientais, mesmo quando presente a responsabilidade solidária, não se faz necessária a formação de litisconsórcio; **D:** incorreta. A responsabilidade por danos ambientais é objetiva e solidária entre o poluidor direto e o indireto, permitindo que a ação seja ajuizada contra qualquer um deles, sendo, portanto, facultativo o litisconsórcio e não obrigatório conforme disposto na alternativa; **E:** correta. Em ações judiciais que visam o ressarcimento de danos ambientais, a regra é a fixação do litisconsórcio passivo facultativo, abrindo-se ao autor a possibilidade de demandar contra qualquer um dos agentes responsáveis, isoladamente ou em conjunto. **FM/FCP**
Gabarito "E".

(Juiz – TJ/RJ – VUNESP – 2016) A responsabilidade civil do Estado, por dano ambiental, em caso de omissão de cumprimento adequado do seu dever de fiscalizar, será

(A) solidária, se a omissão for determinante para concretização ou agravamento do dano, porém de execução subsidiária.

(B) solidária, independentemente da omissão ser determinante para concretização ou agravamento do dano, pois a responsabilidade é subjetiva.

(C) subsidiária, se a omissão for determinante para concretização ou agravamento do dano, pois a responsabilidade é subjetiva.

(D) solidária, ainda que a omissão não seja determinante para concretização ou agravamento do dano.

(E) subsidiária, independentemente da omissão ser determinante para concretização ou agravamento do dano.

A: correta. A responsabilidade civil do Estado por eventuais danos ambientais configura-se igualmente quando a fiscalização, quando inadequada, ineficiente ou insuficiente, e, por consequência, contribuir de modo substancial para a ocorrência do dano ao meio ambiente. Trata-se de responsabilidade solidária com execução subsidiária (ou com ordem de preferência), ou seja, somente se impossível exigir do poluidor direto o cumprimento da obrigação, haverá a transferência da obrigação ao Estado; **B:** incorreta. A responsabilidade civil do Estado por danos ambientais, ainda que por omissão ao dever de fiscalização é objetiva, e não subjetiva, conforme prevê o enunciado. Todavia, esse é um ponto divergente entre os tribunais e demanda atenção do candidato. Conforme Fabiano Melo, em sua obra Direito Ambiental (Método, 2017),

"na responsabilidade do Poder Público pela omissão no exercício do poder de polícia, na fiscalização das atividades econômicas, há uma clara divisão da doutrina e dos tribunais entre a adoção da responsabilidade objetiva ou da responsabilidade subjetiva". Portanto, o candidato deve acompanhar as discussões jurisprudenciais no STJ; **C:** incorreta. Vide comentário anterior; **D:** incorreta. A omissão ao dever de fiscalização do Estado deve ser determinante para a concretização ou agravamento do dano ambiental, para que haja a sua responsabilização. Não se imputa ao Estado, nem se mostra razoável fazê-lo segurador universal pela integralidade das lesões sofridas por pessoas ou bens protegidos; **E:** incorreta. No caso de omissão de dever de controle e fiscalização, a responsabilidade ambiental da Administração é objetiva e solidária de execução subsidiária (impedimento à sua convocação per saltum) **FM/FCP**
Gabarito "A".

(Juiz – TJ/RJ – VUNESP – 2016) As queimadas frequentemente são utilizadas, sem autorização, para desmatamento de mata nativa, e representam a negação da modernidade da agricultura e pecuária brasileiras, confrontando-se com os fundamentos mais elementares do Direito Ambiental. Quem queima, ao fazê-lo, afeta, degrada ou destrói o meio ambiente, o que lhe impõe alguns deveres. Quanto à possibilidade de cumulação no pedido de obrigação de fazer, de não fazer (reparar a área afetada) e de pagar quantia certa (indenização), a jurisprudência do STJ tem se firmado no sentido de permitir

(A) a cumulação de obrigações de fazer, de não fazer e de indenizar, na busca da proteção mitigada.

(B) a cumulação de obrigações de fazer, de não fazer e de indenizar, que têm natureza conglobante, na busca da proteção integral do meio ambiente.

(C) a cumulação de obrigações de fazer, de não fazer e de indenizar, que têm natureza de obrigação de eficácia real.

(D) a cumulação de obrigações de fazer, de não fazer e de indenizar, que têm natureza conglobante.

(E) a cumulação de obrigações de fazer, de não fazer e de indenizar, que têm natureza propter rem, na busca da proteção integral do meio ambiente.

A: incorreta. A proteção e recuperação do meio ambiente degradado é integral e não mitigada, conforme prevê a alternativa; **B:** incorreta. A natureza conglobante pressupõe a necessidade de que uma conduta seja contrária ao ordenamento jurídico como um todo, globalmente considerado. Verifica-se, assim, que a alternativa é incorreta; **C:** incorreta. A reparação integral dos danos ambientais possibilita a cumulação de obrigações de fazer, de não fazer e de indenizar, que têm natureza propter rem e não de obrigações com eficácia real; **D:** incorreta. Conforme ressaltado nos comentários a alternativa "B", a natureza da obrigação de reparação integral aos danos ambientais tem natureza propter rem e não conglobante; **E:** correta. A necessidade de reparação integral da lesão causada ao meio ambiente permite a cumulação de obrigações de fazer, de não fazer e de indenizar, que têm natureza propter rem. Obrigação propter rem é aquela que recai sobre o imóvel e que obriga, em qualquer circunstância, ao proprietário e a todos que o sucedem em tal condição. **FM/FCP**
Gabarito "E".

(Juiz – TRF 2ª Região – 2017) Assinale a opção correta:

(A) A responsabilidade civil ambiental é informada pela doutrina do risco integral e não admite ação de regresso.

682 VÁRIOS AUTORES

(B) Em regra, a cobrança de multa administrativa oriunda de responsabilidade ambiental não prescreve.

(C) Por falta de nexo de causalidade, não se pode impor a obrigação de recuperar a degradação ambiental ao atual proprietário do imóvel, quando ele não a causou.

(D) Conforme o atual entendimento do STF, a responsabilidade penal da pessoa jurídica por crimes ambientais subordina-se à simultânea persecução da pessoa física responsável pela conduta (princípio da dupla imputação).

(E) A Lei nº 9.605/98 prevê a pena de imposição de liquidação forçada, com perdimento do patrimônio, à pessoa jurídica utilizada preponderantemente para facilitar a prática dos crimes contra o meio ambiente previstos em seu texto.

A: incorreta. A responsabilidade civil ambiental é objetiva informada pela doutrina do risco integral, admitindo ação de regresso contra o efetivo causador do dano (art. 14, § 1º, da Lei 6.938/1981 e art. 934 do CC); B: incorreta. Prescreve a Súmula 467 do STJ: "Prescreve em cinco anos, contados do término do processo administrativo, a pretensão da administração Pública de promover a execução da multa por infração ambiental"; C: incorreta. A obrigação de promover a recomposição da área degradada é *propter rem;* no mesmo sentido o Código Florestal, ao dispor que suas obrigações têm natureza real e são transmitidas ao sucessor no caso de transferência de domínio ou posse do imóvel rural (art. 2º, § 2º); D: incorreta. A jurisprudência não adota mais a teoria da "dupla imputação", aliás, a Constituição Federal (art. 225, §3º) e em, especial, a Lei 9.605/1998 (art. 3º) reconhecem a possibilidade de responsabilização criminal da pessoa jurídica de forma autônoma e independente da pessoa física; E: correta (art. 24, da Lei 9.605/1998). FM/FCP
Gabarito "E".

(Juiz – TRF 4ª Região – 2016) Dadas as assertivas abaixo, assinale a alternativa correta. Segundo a jurisprudência dominante do Superior Tribunal de Justiça:

I. Considerando que o dano moral se fundamenta na dor e no sofrimento psíquico, é impossível a sua constatação em ação civil pública ambiental, diante da indeterminabilidade e da transindividualidade dos sujeitos passivos.

II. O dano moral coletivo prescinde da comprovação de dor e abalo psíquico, em se tratando de lesão a direitos difusos e coletivos.

III. É possível a condenação em dano moral coletivo ambiental se provados a dor e o abalo psíquico sofridos pela comunidade atingida.

(A) Está correta apenas a assertiva I.

(B) Está correta apenas a assertiva II.

(C) Está correta apenas a assertiva III.

(D) Estão corretas todas as assertivas.

(E) Nenhuma assertiva está correta.

O seguinte aresto do STJ expõe a incorreção das assertivas I e II e a correção da III, a saber: "O dano moral coletivo ambiental atinge direitos de personalidade do grupo massificado, sendo desnecessária a demonstração de que a coletividade sinta a dor, a repulsa, a indignação, tal qual fosse um indivíduo isolado" (REsp 1269494 MG 2011/0124011-9, Rel. Min. Eliana Calmon, j. 24.09.2013, *DJe* 01.10.2013). FM/FCP
Gabarito "B".

(Magistratura/AM – 2013 – FGV) Com relação à *responsabilidade civil ambiental*, assinale a afirmativa correta.

(A) A solidariedade existente entre os vários causadores do dano ambiental, por atender ao princípio da reparação integral do dano, deixa o proprietário imobiliário, adquirente de boa-fé, a salvo da obrigação de reparar o dano ambiental.

(B) A obrigação de reparação do dano ambiental é *propter rem*, sem prejuízo da solidariedade entre os vários causadores do dano.

(C) A licença ambiental dispensa o empreendedor da obrigação de reparar o dano ao meio ambiente relativamente à atividade licenciada.

(D) A responsabilidade civil subjetiva é aplicável aos danos ambientais quando não decorrentes de atividades que abranjam os conceitos legais de poluição e poluidor.

(E) A reparação do dano moral ambiental coletivo afasta a obrigação de reparar o dano moral ambiental individual.

A: incorreta, pois a obrigação no caso é *propter rem*, atingindo, assim, inclusive o sucessor do imóvel (art. 7º, caput, e § 2º, da Lei 12.651/2012); B: correta (art. 7º, *caput*, e § 2º, da Lei 12.651/2012); C: incorreta, pois mesmo que o empreendedor tenha cumprido os requisitos da licença, caso, ainda assim, tenha sido causado dano ao meio ambiente, a existência de licença em seu favor não o exime de reparar o dano e de tomar as medidas adequadas à recuperação do meio ambiente; D: incorreta, pois a responsabilidade ambiental é objetiva em qualquer caso (art. 14, § 1º, da Lei 6.938/1981); a única exceção se dá quando o Poder Público fiscaliza mal e permite que um empreendedor cause dano ao meio ambiente, hipótese em que o empreendedor responde objetivamente, mas o Poder Público subjetivamente; E: incorreta. As duas reparações são independentes; imagine, por exemplo, que um rio é poluído, afetando os moradores e usuários do rio em geral, e também aos pescadores tradicionais do local, que passam a não mais conseguir pescar e perdem seu trabalho; nesse caso, fixada uma indenização por dano moral coletivo, isso não exclui a indenização por danos materiais e morais devidas aos pescadores em especial. WG
Gabarito "B".

(Magistratura/PR – 2013 – UFPR) Sobre a responsabilidade civil por dano ambiental, é correto afirmar:

(A) A responsabilidade objetiva aplica-se às pessoas físicas, às pessoas jurídicas de direito privado e às pessoas jurídicas de direito público.

(B) Nos termos do art. 927, parágrafo único do Código Civil, quando a atividade normalmente desenvolvida implicar em risco, a responsabilidade pelo dano ambiental não exige prova da culpa e do nexo de causalidade.

(C) A reparação integral dos danos causados a terceiros exime o poluidor de reparar o dano ao meio ambiente.

(D) Por força da responsabilidade objetiva, é devida a indenização pelo dano ambiental pelo operador, ainda que o acidente nuclear decorra diretamente de excepcional fato da natureza (Lei 6453/1977, art. 8º).

A: correta (art. 3º, IV, c.c art. 14, § 1º, da Lei 6.938/1981); B: incorreta, pois a responsabilidade civil ambiental é sempre objetiva, independentemente de se tratar de atividade de risco ou não (art. 14, § 1º, da Lei

10. DIREITO AMBIENTAL — 683

6.938/1981); **C:** incorreta, pois o art. 14, § 1º, da Lei 6.938/1981 impõe não só a indenização a terceiros, como também a reparação dos danos ambientais; **D:** incorreta, pois o operador (pessoa jurídica autorizada a operar instalação nuclear) não responde "pela reparação do dano resultante de acidente nuclear causado diretamente por conflito armado, hostilidades, guerra civil, insurreição ou excepcional fato da natureza" (art. 8º da Lei 6.453/1977). WG
Gabarito "A".

(Magistratura/PR – 2013 – UFPR) Considere as seguintes afirmativas sobre a defesa do meio ambiente em juízo:

1. A ação civil pública, a ação civil de improbidade administrativa, a ação popular e o mandado de segurança coletivo são instrumentos que podem ser utilizados na defesa do meio ambiente.
2. Para figurar no polo ativo da ação civil pública em defesa do meio ambiente, não se exige da associação que inclua, entre suas finalidades institucionais, a proteção ao meio ambiente, ao consumidor, à ordem econômica, à livre concorrência ou ao patrimônio artístico, estético, histórico, turístico e paisagístico.
3. Para propor a ação civil pública, o Ministério Público pode prescindir do inquérito civil.
4. O julgamento antecipado e de improcedência da ação civil pública não obsta a propositura de nova ação, com idêntico fundamento, com base em nova prova.

Assinale a alternativa correta.

(A) Somente as afirmativas 1, 2 e 4 são verdadeiras.

(B) Somente as afirmativas 2 e 3 são verdadeiras.

(C) Somente as afirmativas 1 e 4 são verdadeiras.

(D) Somente as afirmativas 1, 3 e 4 são verdadeiras.

1: verdadeira, pois essas são todas ações que defendem direitos difusos, como é o caso do meio ambiente; **2:** falsa, pois a *pertinência temática* é exigida na lei para que se tenha legitimidade ativa para a ação civil pública (art. 5º, V, *b*, da Lei 7.347/1985); **3:** verdadeira. Assim como o inquérito penal é dispensável para o ajuizamento de ação penal, o inquérito civil também o é para a ação civil pública; havendo elementos para o ajuizamento desta, não será necessário instaurar inquérito civil, portanto; 4: verdadeira (art. 16 da Lei 7.347/1985). WG
Gabarito "D".

(Magistratura/RJ – 2013 – VUNESP) A propositura de ação civil pública visando à reparação de dano ambiental causado à comunidade e cometido por empresa pública rege-se pela seguinte regra:

(A) subordina-se ao prazo de prescrição referente às pretensões de reparação de responsabilidade civil.

(B) subordina-se ao prazo de prescrição relativo às pretensões perante a administração pública.

(C) a pretensão é imprescritível.

(D) subordina-se ao prazo de prescrição ordinária.

O STJ vem entendendo que a pretensão de reparação do meio ambiente é imprescritível. Tal entendimento decorre de vários fundamentos doutrinários, tais como os seguintes: a lesão ambiental é permanente; o meio ambiente deve ser protegido para as presentes e futuras gerações (art. 225, *caput*, da CF/1988); e a imprescritibilidade da pretensão de ressarcimento ao erário (art. 37, § 5º, da CF/1988) deve ser estendida para o caso. Confira a seguinte decisão no sentido da imprescritibilidade: "o direito ao pedido de reparação por danos

ambientais, dentro da logicidade hermenêutica, está protegido pelo manto da imprescritibilidade, por se tratar de direito inerente à vida, fundamental e essencial à afirmação dos povos, independentemente de não estar expresso em texto legal" (STJ, REsp 1.120.117/AC; vide também REsp 647.493/SC). WG
Gabarito "C".

(Magistratura/BA – 2012 – CESPE) No que se refere à tutela processual ao meio ambiente e à responsabilidade pelo dano ambiental, assinale a opção correta.

(A) O inquérito civil, procedimento administrativo de caráter inquisitorial cujo objetivo é realizar atividades investigativas preparatórias, está sujeito ao princípio da ampla defesa, consistindo o desrespeito a esse princípio vício capaz de eivar de nulidade a ação civil pública ambiental nele embasada.

(B) Sendo os interesses difusos e transindividuais marcados pela indisponibilidade, o MP não pode, de acordo com a moderna doutrina, celebrar acordos extrajudiciais em matéria ambiental.

(C) Ocorrendo desistência ou abandono da ação civil pública pela associação que a tiver promovido, deverá o MP, obrigatoriamente, assumir a titularidade ativa da demanda, já que tal prerrogativa é vedada aos demais legitimados.

(D) Independentemente de requerimento do autor, pode o juiz, em decisão relativa a ação civil pública, impor multa diária ao réu em substituição à execução específica da obrigação de fazer ou não fazer, se a multa for suficiente ou compatível.

(E) A pretensão da administração pública à promoção da execução da multa por infração ambiental prescreve em cinco anos, contados da data da prática do ato ou, no caso de infração permanente, de sua cessação.

A: incorreta, pois o inquérito civil é procedimento de apuração de elementos para possível ajuizamento de ação civil pública, não havendo que se falar contraditório e ampla defesa; **B:** incorreta, pois tais acordos não significam que o direito está sendo objeto de disposição, mas que está-se a conformar condutas com os objetivos de cessar a lesão ao meio ambiente e de reparar o dano ambiental pretérito; **C:** incorreta, pois outros legitimados também podem assumir a titularidade ativa (art. 5º, § 3º, da Lei 7.347/1985); **D:** correta (art. 11 da Lei 7.347/1985); **E:** incorreta, pois aplicada a multa, a ação referente a esse crédito prescreve em 5 anos da dada da constituição definitiva do crédito tributário, após o término regular do processo administrativo (art. 1º-A da Lei 9.873/1999, com redação dada pela Lei 11.941/2009); o STJ ainda não tem uma jurisprudência consolidada em relação a essa nova redação da Lei 9.873/1999, de maneira que os acórdãos desse tribunal geralmente estão ainda no sentido de que esse prazo de 5 anos para a cobrança se inicia com o vencimento do crédito sem pagamento, que, na prática pode até coincidir com a ideia de que só depois que se encerra o processo administrativo é que o prazo corre; vide, a respeito, a seguinte decisão: STJ, REsp 1.260.915, *DJ* 01.12.2011. WG
Gabarito "D".

(Magistratura/MG – 2012 – VUNESP) Analise as afirmativas a seguir.

A manutenção da área destinada à reserva legal é obrigação propter rem

PORQUE

VÁRIOS AUTORES

o adquirente possui legitimidade passiva ad causam em ação civil pública proposta em razão de dano ambiental, ainda que este não seja o autor do dano.

Assinale a alternativa correta.

(A) A primeira afirmativa é falsa e a segunda é verdadeira.

(B) A segunda afirmativa é falsa e a primeira é verdadeira.

(C) As duas afirmativas são verdadeiras e a segunda justifica a primeira.

(D) As duas afirmativas são verdadeiras, mas a segunda não justifica a primeira.

> É verdadeira a primeira afirmativa. De fato, a jurisprudência já vinha reconhecendo a natureza *propter rem* dessa obrigação, o que foi confirmado com o disposto nos arts. 7º, §§ 1º e 2º, 18, §§ 2º e 3º, da Lei 12.651/2012). A segunda afirmativa também é verdadeira, em decorrência da primeira afirmativa. Portanto, a segunda afirmativa não é justificativa para primeira, e sim sua consequência. **WG**
> „Gabarito "D".

(Magistratura/PA – 2012 – CESPE) Carlos, empresário da construção civil, iniciou, de forma dolosa, a construção de prédios em unidade de conservação de proteção integral, precisamente a dois metros de nascentes existentes no local, sem a devida licença urbanística e ambiental, tendo o município se omitido em relação à fiscalização da obra.

Nessa situação hipotética, para a proteção do meio ambiente, é cabível

(A) o ajuizamento de ação civil pública, mas não de ação penal.

(B) o ajuizamento de ação civil pública e de ação penal.

(C) o ajuizamento de mandado de segurança coletivo, mas não de ação penal.

(D) a impetração de mandado de segurança contra a unidade de conservação, além do ajuizamento de ação civil pública.

(E) a impetração de mandado de injunção ambiental.

> O caso impõe o ajuizamento de ação civil pública, com o fito de reparar o dano causado ao meio ambiente, bem como de ação penal, por ser crime a conduta perpetrada (art. 40 da Lei 9.605/1998). **WG**
> „Gabarito "B".

(Magistratura/PE – 2011 – FCC) O Ministério Público propôs ação civil pública contra proprietário de indústria clandestina (sociedade de fato), que vinha causando poluição hídrica e sonora na localidade em que estava instalada e também contra o proprietário do imóvel arrendado pelo poluidor. Em termos de responsabilidade civil pelo dano ambiental, o proprietário arrendador

(A) não responde civilmente, porque inexiste nexo causal entre sua conduta e o dano ambiental causado.

(B) responde civilmente, mas apenas em caráter subsidiário, caso o empresário arrendatário não possua bens.

(C) responde civilmente, todavia nos limites do valor do contrato firmado com o arrendatário.

(D) não responde civilmente, porque no contrato firmado com o arrendatário existe cláusula excluindo-o de responsabilidade por danos ambientais.

(E) responde civilmente, em caráter solidário, porque omitiu-se no dever de preservação ambiental da propriedade.

> A jurisprudência do STJ vem entendendo que "as obrigações ambientais ostentam caráter *propter rem*, isto é, são de natureza ambulante, ao aderirem ao bem, e não a seu eventual titular" (EResp 218.781/PR); nesse sentido, há de se reconhecer a responsabilidade do arrendador também; aliás, até em questões de natureza privada, como é o caso da responsabilidade do locador de veículo pelos danos causados pelo locatário deste, o locador responde, principalmente em questões de natureza ambiental, com princípios mais rigorosos e voltados à busca intensa da reparação ambiental. **WG**
> „Gabarito "E".

(Magistratura/RJ – 2011 – VUNESP) A cerca da responsabilidade por danos ambientais, pode-se afirmar que

I. a responsabilidade civil é objetiva, vale dizer, prescinde da comprovação do elemento da culpa, mas não do nexo causal entre a conduta e o dano ambiental;

II. a responsabilidade civil por danos ambientais funda-se na teoria do risco integral, o que a torna objetiva, admitindo-se tão somente as excludentes do caso fortuito e da força maior;

III. em decorrência do princípio do poluidor-pagador, é objetiva a responsabilidade penal por danos causados ao meio ambiente, sendo possível a responsabilização da pessoa jurídica deles causadora;

IV. no caso de danos ocorrentes no armazenamento de resíduos sólidos perigosos, a responsabilidade civil recai solidariamente sobre o responsável pelo armazenamento e pelo gerador do resíduo.

Está correto, apenas, o contido em

(A) I e III.

(B) I e IV.

(C) II e III.

(D) II e IV.

> I: correta, pois a responsabilidade objetiva tem esses três requisitos, quais sejam, conduta, dano e nexo de causalidade; II: incorreta; apesar de a doutrina ter certa tendência em considerar a responsabilidade objetiva ambiental como não passível de ser afastada por excludentes típicas de responsabilidade, o fato é que a jurisprudência sempre foi mais conservadora, aceitando que certas excludentes fossem invocadas; porém, recentemente o STJ passou a tomar decisões em que, de modo bem claro, explicitam a impossibilidade de alegação de excludentes de responsabilidade civil em matéria ambiental; vide, por exemplo, o REsp 1.346.430 (*DJ* 21.11.2012) e REsp 1.114.398 (*DJ* 16.02.2012); a primeira decisão é fundamentada na ideia de que se adotou a teoria do risco integral em matéria ambiental, argumentando que quem explora atividade econômica coloca-se na posição de garantidor da preservação ambiental e os danos que dizem respeito à atividade estarão sempre vinculados a ela, descabendo, assim, a invocação do responsável pelo dano ambiental, de excludentes de responsabilidade civil; por outro lado, o segundo acórdão adotou a teoria do risco integral, com a observação de que essa posição só valeria para aquele caso concreto e não para formar teses gerais em matéria de responsabilidade civil ambiental; trata-se de um caso de colisão de navios, com vazamento de nafta em águas, em decisão que não aceitou a exclusão de responsabilidade pela excludente "fato de terceiro"; dessa forma, a afirmativa em análise de fato é incorreta, pois não é possível dizer com certeza que as excludentes mencionadas poderão ser invocadas em matéria de responsabilidade

10. DIREITO AMBIENTAL 685

civil ambiental; **III:** incorreta, pois não existe responsabilidade penal objetiva, sendo necessário o elemento subjetivo dolo, como regra, e, quanto aos crimes culposos, a culpa em sentido estrito; **IV:** correta (arts. 27, § 1º, 30 e 31, todos da Lei 12.305/2010). **WG**
Gabarito "B".

(Magistratura/SP – 2011 – VUNESP) Uma das missões específicas da Justiça Ambiental é dar respostas tendentes a coibir atentados contra o meio ambiente e condenar o infrator à reparação do dano ambiental. O direito brasileiro admite expressamente a cumulação da reparação do dano com a supressão da atividade ou omissão danosa ao meio ambiente, no âmbito da ação civil pública ambiental. Pode-se reconhecer que a responsabilidade civil, nesse tema, possa ter também, em caráter principal e autônomo, o efeito de sanção do responsável? Assinale a alternativa correta.

(A) A partir da edição da Lei n. 9.605/1998, instituiu-se a possibilidade de sancionamento civil do degradador, com imposição, pelo juiz cível, em acréscimo à indenização concedida, de multa civil com fundamento no art. 3.º da lei.

(B) Se é possível a inclusão, na reparação pecuniária de danos extrapatrimoniais em geral o "valor de desestímulo", a resposta só pode ser afirmativa.

(C) Obter, além da reparação de danos e da supressão do fato danoso, a imposição, em caráter autônomo e cumulativo, de providências específicas ou condenação pecuniária com efeito principal de pena civil para o degradador, demandaria disposição legal e expressa a respeito.

(D) É viável a fixação do *quantum* indenizatório com base no proveito econômico obtido pelo agente com o prejuízo moral causado e isso prescinde de lei.

(E) Os danos ambientais são irreversíveis, por isso, irreparáveis.

A: incorreta, pois a Lei 9.605/1998 não estabelece multa civil, em acréscimo ao dever de reparação do meio ambiente; essa lei, na esfera civil, limita-se a reforçar o dever de reparação do dano ambiental; no âmbito administrativo e no campo penal, a referida lei traz outras sanções ao poluidor; **B** e **D:** incorretas, pois, assim como ocorre na Lei 9.605/1998, não há outras leis ambientais estabelecendo, no campo civil, penalidade adicional ao dever de reparação dos danos ambientais; **C:** correta, pois somente uma lei na esfera civil tem o condão de, estabelecer uma penalidade adicional ao dever de reparação dos danos ambientais; **E:** incorreta, pois há casos em que os danos ambientais são reparáveis; quando não ocorrer essa possibilidade, deverão buscar providências de compensação ambiental e indenização. **WG**
Gabarito "C".

(Magistratura/SP – 2011 – VUNESP) Em área de preservação permanente, edificam-se construções em parcelamento de solo sem autorização nem EIA-RIMA. Ante a degradação ambiental, o Ministério Público ingressa com ação civil pública julgada procedente em primeiro grau. Os condenados apelam e se propõem a regenerar o restante da área, desde que o recurso seja provido para arredar a multa ambiental. Diante desse quadro, analise as assertivas que seguem:

I. comprometer-se a regenerar a área desmatada é obrigação objetiva do proprietário e não exclui sua responsabilidade nas três esferas de apuração;

II. cuidando-se de fato consumado, o apelo deve ser provido para reconhecer aos ocupantes o direito a permanecer na APP;

III. o apelo deve ser provido, desde que os apelantes se comprometam também a não prosseguir na prática de novos atos de agressão ao meio ambiente;

IV. a responsabilidade é do Município, que não fiscalizou e não impediu a ocupação irregular;

V. inexiste direito adquirido à ocupação irregular de área de preservação permanente com degradação ambiental.

São INCORRETAS apenas as assertivas

(A) I, III e IV.

(B) II, III e V.

(C) II, III e IV.

(D) I, III e V.

(E) I, IV e V.

I: assertiva correta, pois a responsabilidade civil ambiental é objetiva e independente das responsabilidades, pelo mesmo fato, nas esferas administrativa e penal (art. 225, § 3º, da CF); **II** e **III:** assertivas incorretas, pois o direito à moradia pode ser exercido em outra localidade, fazendo-se necessária a proteção do meio ambiente no local; ademais, as sanções administrativas são independentes das sanções civis; **IV:** assertiva incorreta; além da responsabilidade do Município por eventual serviço de fiscalização ambiental defeituoso, os eventuais empreendedores clandestinos e os que ocuparam a área também respondem civilmente pela reparação ambiental; **V:** assertiva correta, valendo citar, a título de precedente, a seguinte decisão do TJ/SP: "Ação civil pública ambiental. Ocupação irregular de área de preservação permanente com degradação ambiental. Inexistência de cerceamento de defesa ou nulidade processual. Prova do fato. Obrigação *propter rem*. Responsabilidade dos proprietários e e/ou possuidores. Obrigação de demolir construção, de recompor a vegetação e de não realizar novos atos de agressão ao meio ambiente. Apelação não provida" (Apelação n. 0165172-53.2007.8.26.0000, j. 25.08.2011). **WG**
Gabarito "C".

(Magistratura Federal/1ª região – 2011 – CESPE) Na defesa da matéria ambiental, o legislador constituinte abraçou a teoria da responsabilidade objetiva, considerando a possibilidade de ocorrência de dano ambiental. A esse respeito, assinale a opção correta.

(A) Ao impor a obrigação de reparação ao poluidor, o legislador sugere a demonstração da culpa em razão de as atividades poluidoras causarem danos ao meio ambiente ou a terceiros.

(B) No Brasil, vigora, nas situações peculiares de tragédias, a teoria da irresponsabilidade do Estado em matéria ambiental.

(C) Em matéria ambiental, a administração responde civilmente por ato de terceiros, por culpa *in omittendo* proveniente de medidas de polícia.

(D) A teoria da *faute du service public* não é aplicada em relação à administração pública envolvida na proteção ambiental por ausência de acolhimento da jurisprudência nacional.

(E) No que se refere ao reconhecimento da responsabilidade administrativa em caso de dano ambiental, adota-se, na legislação brasileira, a teoria do risco criado.

A: incorreta, pois a responsabilidade civil ambiental é objetiva, por força do que estabelece o art. 225, § 3º, da CF e o art. 14, § 1º da Lei n. 6.938/1981. Assim também o entendimento dos tribunais. Com efeito, assim decidiu a Segunda Turma do STJ (AgRg no REsp 1.286.142/SC, DJe 28.02.2013): "A jurisprudência deste Sodalício orienta no sentido de que, em se tratando de dano ambiental, a responsabilidade é objetiva. Dispensa-se portanto a comprovação de culpa, entretanto há de se constatar o nexo causal entre a ação ou omissão e o dano causado, para configurar a responsabilidade. (AgRg no AREsp 165.201/MT, Rel. Ministro Humberto Martins, Segunda Turma, julgado em 19.06.2012, DJe 22.06.2012). Assim, independentemente da existência de culpa, o poluidor, ainda que indireto é obrigado a indenizar e reparar o dano causado ao meio ambiente. Precedentes"; B: incorreta, pois não se pode falar, genericamente, em irresponsabilidade do Estado, mesmo no caso de tragédias. A Lei n. 6.938/1981, que estabelece a responsabilidade objetiva em matéria ambiental, conforme visto na afirmativa anterior, dispõe, em seu art. 3º, IV, que é poluidor, a pessoa física ou jurídica, de direito público ou privado, responsável, direta ou indiretamente, por atividade causadora de degradação ambiental. Portanto, o Estado pode ser responsabilizado por dano ambiental, objetivamente, ainda que seja poluidor indireto (pela quebra do dever de fiscalizar). Vide decisão citada no item anterior; C: incorreta, pois, como já disse, por quebra do dever de fiscalização, a responsabilidade por dano ambiental pode ser considerada objetiva; D: incorreta, pois a teoria da falta do serviço é acolhida pela jurisprudência nacional. Confira-se, a propósito, o consignado pelo STJ no julgamento do REsp 471.606/SP: "A responsabilidade do Estado por omissão é subjetiva. Jurisprudência predominantes do STF e do STJ. Desde a inicial, vieram os recorrentes discutindo a falta do serviço estatal por omissão, o que é bem diferente de se discutir o fato do serviço para aplicação da responsabilidade objetiva"; E: correta, pois, como ensina Sergio Cavalieri Filho (Programa de responsabilidade civil, 9ª ed., São Paula: Atlas, 2010, p. 243) "a teoria do risco administrativo importa atribuir ao Estado a responsabilidade pelo risco criado pela sua atividade administrativa". **MD**

Gabarito "E".

(Magistratura Federal/2ª região – 2011 – CESPE) A responsabilidade em caso de dano ao ambiente é reconhecida, no artigo 225 da CF, como princípio de proteção ambiental e deve ser repartida entre o poder público, a sociedade e o particular. Com relação a esse assunto, assinale a opção correta.

(A) Para se determinar a responsabilidade por risco em matéria ambiental, é suficiente a demonstração do estabelecimento de causalidade entre a ação e o dano.

(B) O poder público, como principal protetor do ambiente, não pode responder por danos ambientais.

(C) Em matéria ambiental, o dano só estará sujeito a reparação e indenização quando se referir à responsabilidade civil por dano ambiental.

(D) Na avaliação do dano ambiental, devem ser considerados o prejuízo causado pelo empreendimento a uma pluralidade de pessoas, a impossibilidade ou a dificuldade de sua reparação, a duração da sua repercussão em termos temporais e sua possibilidade de valoração.

(E) Na esfera ambiental, a responsabilidade objetiva pode ser proposta em caráter exclusivo pelo MP. Para a efetiva proteção do meio ambiente, a CF concede

funções diferenciadas ao MP, ao Poder Judiciário e à administração pública. A esse respeito, assinale a opção correta.

A: incorreta, pois os pressupostos da responsabilidade objetiva são: a conduta (ação ou omissão), o resultado (o dano) e o nexo de causalidade entre a conduta e o dano. Portanto, não basta provar o nexo; B: incorreta, pois não se pode falar, genericamente, em irresponsabilidade do Estado, mesmo no caso de tragédias. A Lei n. 6.938/1981, que estabelece a responsabilidade objetiva em matéria ambiental, dispõe, em seu art. 3º, IV, que é poluidor, a pessoa física ou jurídica, de direito público ou privado, responsável, direta ou indiretamente, por atividade causadora de degradação ambiental. Portanto, o Estado pode ser responsabilizado por dano ambiental, objetivamente, ainda que seja poluidor indireto (pela quebra do dever de fiscalizar); C: incorreta, pois, em matéria ambiental, o dano estará sujeito a reparação e indenização quando se referir à responsabilidade penal, civil ou administrativa; D: correta, pois a assertiva elenca fatores a serem considerados para a avaliação do dano ambiental. Por exemplo, a avaliação da possibilidade ou impossibilidade de reparação do dano determina se a reparação será em espécie ou pela adoção de medidas compensatórias; E: incorreta, pois a legitimidade do MP não é exclusiva, mas sim concorrente e disjuntiva, por força do art. 5º da Lei da Ação Civil Pública. **MD**

Gabarito "D".

(Magistratura Federal/3ª Região – 2010) Sobre a atuação do Ministério Público, do Poder Judiciário e da Administração Ambiental visando maior efetividade da proteção ambiental é incorreto afirmar que:

(A) O Termo de Ajustamento de Conduta (TAC) tomado pelo Ministério Público e órgãos públicos legitimados possibilita o estabelecimento, de comum acordo, de obrigações para a prevenção e/ou a reparação integral do dano ambiental, das respectivas cominações, dos prazos e demais condições de cumprimento, consistindo em título executivo extrajudicial ou judicial, se homologado em juízo;

(B) A celebração do TAC restringe-se ao estabelecimento de obrigações na esfera da responsabilidade civil ambiental e não pode constituir óbice à imposição, cumulativamente, de sanções administrativas e penais, se for o caso, em razão da independência das esferas de responsabilidade, conforme expressa disposição constitucional;

(C) O Termo de Compromisso (TC) firmado com o órgão ambiental competente, fixando medidas de correção e adequação para atendimento das exigências impostas, reduz significativamente o valor da multa simples aplicada e a assinatura do instrumento não implica a automática renúncia ao direito de recorrer administrativamente, ou de pleitear nova conversão de multa pelo período de 05 (cinco) anos, contados da data da assinatura;

(D) A composição prévia do dano ambiental para fins de transação penal, a suspensão condicional do processo durante o cumprimento das obrigações assumidas e a extinção da punibilidade com a constatação da reparação integral do dano ambiental são especificadas do procedimento dos juizados especiais para os crimes ambientais de menor potencial ofensivo.

A: correto, nos termos do art. 79-A da Lei 9.605/98 e do art. 5°, § 6°, da Lei 7.347/85; **B:** correto (art. 225, § 3°, da CF); **C:** incorreto, pois a celebração do compromisso não reduz, nem exclui as multas aplicadas antes do protocolo do pedido de termo de compromisso (art. 79-A, §§ 3° e 4°, da Lei 9.605/98); **D:** incorreta, pois tais composições estão especificadas na Lei 9.605/98. **WG**

„Gabarito "C".

(Magistratura Federal-4ª Região – 2010) Dadas as assertivas abaixo, e tendo em conta a melhor doutrina e a legislação ambiental, assinale a alternativa correta:

I. O princípio "poluidor-pagador" constitui forma de compensação do dano ambiental, esgotando-se com a prestação pecuniária.

II. A recomposição dos danos ambientais, quando possível, deve sempre preferir à recuperação por meio de medidas compensatórias.

III. Todo dano ambiental possui natureza patrimonial.

IV. As medidas compensatórias adotadas em função da ocorrência de dano ambiental irrecuperável, sempre que possível, devem guardar relação com o bem ambiental lesado.

V. Havendo impossibilidade de restauração ecológica *in situ*, abre-se ao poluidor a opção para a compensação ecológica por meio da tutela ressarcitória por equivalente ou a indenização em dinheiro.

(A) Estão corretas apenas as assertivas I e V.

(B) Estão corretas apenas as assertivas II e IV.

(C) Estão corretas apenas as assertivas I, III e V.

(D) Estão corretas apenas as assertivas II, IV e V.

(E) Nenhuma assertiva está correta.

I: incorreta; o princípio do poluidor-pagador tem dois aspectos, quais sejam, o repressivo e o preventivo; o preventivo está preocupado com a reparação ambiental; o preventivo, com a internalização das externalidades negativas; a reparação ambiental, um dos objetivos do princípio, não se satisfaz, nem se esgota com a mera prestação pecuniária, pois, mais do que isso, a reparação ambiental tem em mira o retorno ao estado anterior; **II:** correta; deve-se, em primeiro lugar, buscar a restauração (restituição do meio ambiente à condição mais próxima possível de sua condição original – art. 2°, XIV, da Lei 9.985/00), que, não sendo possível, dá ensejo à busca da recuperação (restituição, do meio ambiente, de uma postura degradada, para uma postura não degradada, mas diferente de sua condição original); **III:** incorreta, pois o meio ambiente é constituído de valores patrimoniais e não patrimoniais, devendo ser protegido nessas duas vertentes ou situações; **IV:** correta; uma vez que um dano ambiental foi causado, deve-se buscar, em primeiro lugar, a reparação específica; não sendo possível, verifica-se a possibilidade de compensação ambiental, sendo que esta só será efetiva se incidir sobre recursos ambientais da mesma natureza e da mesma região do bem ambiental lesado; por exemplo, caso uma vegetação seja arrasada ambientalmente por um proprietário e não seja possível que se retorne ao estado anterior, uma compensação efetiva seria esse proprietário adquirir uma propriedade vizinha, com características ambientais semelhantes ao que originariamente existia na área ambiental lesada, a fim de instituir na propriedade vizinha uma servidão ambiental, a impedir o uso da segunda área, como forma de compensar o dano ambiental causado em área de natureza semelhante, na mesma região; **V:** incorreta, pois a compensação ambiental, como se viu, não se limita a um mero ressarcimento. **WG**

„Gabarito "B".

9. RESPONSABILIDADE ADMINISTRATIVA AMBIENTAL

(Juiz – TJ-SC – FCC – 2017) Lavrado Auto de Infração Ambiental por supressão ilegal de vegetação nativa em área de preservação permanente, aplicou-se pena de multa, que foi adimplida pelo autuado. A Administração Pública, neste caso, deverá:

(A) arquivar o processo administrativo diante do pagamento integral da multa imposta.

(B) noticiar o fato aos órgãos competentes (Ministério Público e Polícia Civil) para verificar eventual prática de crime ambiental e buscar, administrativamente ou por meio do Poder Judiciário, a reparação do dano ambiental.

(C) noticiar o fato aos órgãos competentes (Ministério Público e Polícia Civil) para verificar eventual prática de crime ambiental e arquivar o processo administrativo.

(D) noticiar o fato aos órgãos competentes (Ministério Público e Polícia Civil) para verificar eventual prática de crime ambiental e buscar administrativamente a reparação do dano ambiental, visto que não tem legitimidade para ingressar em juízo.

(E) ingressar em juízo para buscar a reparação do dano ambiental e a condenação do autuado pela prática de crime ambiental.

Dispõe o art. 225, § 3°, da CF/88, que: "As condutas e atividades consideradas lesivas ao meio ambiente sujeitarão os infratores, pessoas físicas ou jurídicas, a sanções penais e administrativas, independentemente da obrigação de reparar os danos causados". Extrai-se da norma transcrita que as responsabilidades administrativa, penal e civil são autônomas e independentes entre si. Desta forma, lavrado Auto de Infração Ambiental por supressão ilegal de vegetação nativa em área de preservação permanente, aplicou-se pena de multa, que foi adimplida pelo autuado. A Administração Pública, neste caso, deverá noticiar o fato aos órgãos competentes (Ministério Público e Polícia Civil) para verificar eventual prática de crime ambiental e buscar, administrativamente ou por meio do Poder Judiciário, a reparação do dano ambiental. **FM/FCP**

„Gabarito "B".

(Magistratura/PE – 2013 – FCC) Com relação aos prazos prescricionais do poder de polícia sancionador de infrações administrativas ambientais, é correto afirmar que

(A) caso a infração administrativa também seja capitulada como crime, o prazo prescricional é aquele da lei penal.

(B) não são admitidas hipóteses de prescrição intercorrente.

(C) o prazo prescricional é sempre de 5 (cinco) anos, contado da data da prática do ato ou da sua cessação, no caso de infração permanente ou continuada.

(D) a prescrição varia conforme a gravidade da infração.

(E) a extinção da pretensão punitiva pela prescrição estende-se à esfera cível.

A: correta (art. 21, § 3°, do Decreto 6.514/2008); **B:** incorreta, pois "incide a prescrição no procedimento de apuração do auto de infração paralisado por mais de três anos, pendente de julgamento ou despacho, cujos autos serão arquivados de ofício ou mediante requerimento da parte interessada, sem prejuízo da apuração da responsabilidade funcional decorrente da paralisação, se for o caso" (art. 21, § 2º, do Decreto 6.514/2008, com redação dada pelo Decreto 6.686/2008); **C:** incorreta, pois o prazo não será sempre de 5 anos, já que, no caso em que a infração também constituir crime, a prescrição reger-se-á pelo prazo previsto na lei penal (art. 21, § 3º, do Decreto 6.514/2008); **D:** incorreta, pois o prazo geral é de 5 anos, pouco importando a gravidade da infração, havendo como exceção apenas os casos em que a infração também constituir crime, hipótese em que se observa a lei penal (art. 21, "caput" e § 3º, do Decreto 6.514/2008); **E:** incorreta, pois as esferas civil e administrativa são independentes entre si (art. 146, §§ 3º e 4º, I e II, do Decreto 6.514/2008). **WG**

Gabarito "A".

(Magistratura/BA – 2012 – CESPE) Acerca da responsabilidade ambiental, assinale a opção correta.

(A) As ações penais por crimes ambientais previstos na Lei n. 9.605/1998 são públicas incondicionadas ou condicionadas à representação.

(B) Em matéria ambiental, a responsabilidade por ilícitos é sempre objetiva, dispensando-se a comprovação de culpa em sentido amplo.

(C) A omissão da autoridade ambiental competente, sendo ela obrigada a agir, poderá configurar infração administrativa ambiental.

(D) Os valores arrecadados em decorrência do pagamento de multas por infração ambiental devem ser integralmente revertidos ao Fundo Nacional do Meio Ambiente.

(E) Entre os efeitos da condenação por crime ambiental inclui-se a apreensão de produtos dele decorrentes e de instrumentos utilizados para cometê-lo, salvo os instrumentos lícitos.

A: incorreta, pois a ação penal na Lei 9.605/1998 é pública incondicionada (art. 26 da Lei 9.605/1998); **B:** incorreta, pois em matéria ambiental a responsabilidade depende do elemento objetivo dolo, como regra, e do elemento objetivo culpa em sentido estrito, nos crimes culposos; a responsabilidade administrativa também requer elemento subjetivo para aplicação de determinadas sanções (art. 72, § 3º, da Lei 9.605/1998); e na responsabilidade civil, como regra não se fala em elemento subjetivo, já que a responsabilidade é objetiva, salvo quando se busca a responsabilidade do Poder Público por ausência de fiscalização, ocasião em que a responsabilidade é subjetiva, ficando dependente da demonstração de falta do serviço; **C:** correta (art. 70, § 3º, da Lei 9.605/1998); **D:** incorreta, pois tais valores serão revertidos, além do Fundo Nacional do Meio Ambiente, para o Fundo Naval e para os fundos estaduais ou municipais do meio ambiente, ou correlatos, conforme dispuser o órgão arrecadador (art. 73 da Lei 9.605/1998); **E:** incorreta, pois serão apreendidos seus produtos ou instrumentos, pouco importando se lícitos ou ilícitos (art.25 da Lei 9.605/1998). **WG**

Gabarito "C".

(Magistratura Federal/2ª região – 2011 – CESPE) Para a efetiva proteção do meio ambiente, a CF concede funções diferenciadas ao MP, ao Poder Judiciário e à administração pública. A esse respeito, assinale a opção correta.

(A) No exercício do poder de polícia em defesa do ambiente, a administração pública executa ações de natureza unicamente repressiva.

(B) Promover inspeções e diligências investigativas que envolvam autoridades administrativas constitui forma de atuação judicial do MP.

(C) A competência para julgar ação proposta por empresa particular com concessão de fornecimento de serviço público, mesmo sem o interesse da União, de suas autarquias ou empresas, será sempre da justiça federal.

(D) Ao MP é reconhecida legitimidade para atuar, como parte e como fiscal da lei, na defesa dos interesses individuais e coletivos, dentro dos limites constitucionais e institucionais, incluindo-se os que se refiram ao meio ambiente.

(E) O compromisso de ajustamento de conduta constitui instituto semelhante ao do direito civil denominado transação.

A: incorreta, pois a atuação preventiva da Administração Pública é fundamental para a defesa do meio ambiente ecologicamente equilibrado e imposta pelo art. 225 da CF; **B**: incorreta, pois, no caso, há atuação extrajudicial do MP (MP Resolutivo); **C**: incorreta, pois a competência da Justiça Federal, prevista no art. 109 da CF, é expressa e taxativa, não lhe cabendo conhecer de ações movidas por empresa particular; **D**: correta, pois a legitimidade do Ministério Público está expressa no art. 129, III, da CF, no art. 14, § 1º, segunda parte, da Lei n. 6.938/1981, no art. 5º, I, da Lei da Ação Civil Pública. E segundo o art. 5º, § 1º, da Lei n. 7.347/1985 (LACP), *o Ministério Público, se não intervier no processo como parte, atuará obrigatoriamente como fiscal da lei*; **E**: incorreta, pois a transação, no direito civil, importa em concessões recíprocas. No caso da tutela dos direitos transindividuais, não há disponibilidade quanto ao direito material objeto do compromisso de ajustamento de conduta. Os órgãos públicos legitimados à celebração do compromisso só podem transacionar quanto a aspectos secundários, como, por exemplo, para estabelecer o prazo em que se dará o *ajustamento da conduta*. **MD**

Gabarito "D".

(Magistratura Federal/3ª região – 2011 – CESPE) Relativamente à responsabilização por dano ambiental e ao poder de polícia ambiental, assinale a opção correta.

(A) O prejuízo do dano ambiental alcança o próprio ambiente e terceiros, e, nesse sentido, o poluidor é obrigado, independentemente da existência de culpa, a indenizar ou reparar os danos causados em razão de sua atividade.

(B) Na aplicação de penalidades como a advertência e a multa, a autoridade competente deverá observar tão somente a gravidade do fato e os antecedentes do infrator quanto ao cumprimento da legislação ambiental, sem considerações de ordem pessoal como, por exemplo, a situação econômica do infrator.

(C) São autoridades competentes para lavrar auto de infração ambiental os funcionários de órgãos ambientais integrantes do Sistema Nacional de Meio Ambiente, mas a atribuição para instaurar o processo administrativo pertence, privativamente, aos dirigentes dos órgãos ambientais, conforme definido em lei.

(D) A responsabilidade das pessoas jurídicas, na esfera administrativa, civil e penal, por infração cometida por seu representante legal ou contratual, ou por seu órgão colegiado, em benefício da entidade, afasta a responsabilidade das pessoas físicas coautoras ou partícipes do mesmo fato.

(E) A prestação de serviços à comunidade é pena restritiva de direitos aplicável às pessoas físicas, mas não às jurídicas, às quais somente se aplicam a pena de multa e as restritivas de direitos que impliquem suspensão parcial ou total de atividades, a interdição temporária de estabelecimento, obra ou atividade e a proibição de contratar com o poder público, bem como dele obter subsídios.

A: correta, pois é o exato sentido do estabelecido no art. 14, § 1º, primeira parte, da Lei n. 6.938/1981: "Sem obstar a aplicação das penalidades previstas neste artigo, é o poluidor obrigado, independentemente da existência de culpa, a indenizar ou reparar os danos causados ao meio ambiente e a terceiros, afetados por sua atividade"; **B**: incorreta, pois a situação econômica deve ser analisada, considerando o disposto no art. 6º, III, da Lei n. 9.605/1998; **C**: incorreta, pois, nos termos do art. 70, § 1º, da Lei n. 9.605/1998, as autoridades também têm competência para instaurar o processo administrativo; **D**: incorreta, pois a responsabilidade das pessoas jurídicas não afasta a responsabilidade das pessoas físicas (art. 3º, parágrafo único, da Lei n. 9.605/1998); **E**: incorreta, pois, de acordo com a Lei n. 9.605/1998, em seu art. 21, as penas são aplicáveis isolada, cumulativa ou alternativamente às pessoas jurídicas, de acordo com o disposto no art. 3º, são: I - multa; II - restritivas de direitos; III - prestação de serviços à comunidade. **MD**
Gabarito "A".

(Magistratura/PE – 2011 – FCC) O art. 72 da Lei n. 9.605/1998 elenca o rol de sanções administrativas cabíveis no caso de infração administrativa ao meio ambiente e prevê como a primeira delas (inc. I) a pena de advertência, sobre a qual é correto afirmar:

(A) Trata-se de mera admoestação sem consequência alguma, exceto a de constar nos antecedentes do infrator, podendo, por isso mesmo, ser aplicada independentemente da instauração do devido processo legal.

(B) Trata-se de sanção como outra qualquer e que não é pressuposto para a aplicação das demais.

(C) Trata-se de sanção que deve preceder a aplicação das demais e que, por isso mesmo, é a primeira a ser prevista.

(D) Trata-se de sanção que pode ser aplicada de plano, sem necessidade de contraditório, face ao princípio da verdade sabida.

(E) Trata-se de sanção que, por suas próprias características, deve ser aplicada em conjunto com outras previstas nos vários incisos do referido artigo.

A e D: incorretas, pois a aplicação de qualquer sanção administrativa depende da observância do devido processo legal, assegurado o direito de ampla defesa e o contraditório (art. 70, § 4º, da Lei n. 9.605/1998); B: correta, pois a advertência é aplicada sem prejuízo das demais sanções previstas na lei (art. 72, § 2º, da Lei n. 9.605/1998); C e E: incorreta, nos termos do comentário à alternativa "b". **WG**
Gabarito "B".

(Magistratura/RO – 2011 – PUCPR) A lei 9.605/1998, em que pese ser comumente denominada de lei de Crimes Ambientais, também estabelece a base para as Infrações Administrativas Ambientais em seu artigo 70 e seguintes. Nestes trata do Poder de Polícia e fixa a competência para fiscalização em matéria administrativa ambiental.

Considerando tais dispositivos, analise quais das assertivas abaixo são verdadeiras e quais são falsas. Marque, em seguida, a alternativa cuja sequência, de cima para baixo, está **CORRETA:**

I. Qualquer pessoa, constatando infração ambiental, poderá dirigir representação às autoridades competentes, para efeito do exercício do seu poder de polícia.

II. São autoridades competentes para lavrar auto de infração ambiental e instaurar processo administrativo exclusivamente os funcionários de órgãos ambientais integrantes do Sistema Nacional de Meio Ambiente – SISNAMA, designados para as atividades de fiscalização.

III. A autoridade ambiental que tiver conhecimento de infração ambiental é obrigada a promover a sua apuração imediata, mediante processo administrativo próprio, sob pena de corresponsabilidade.

IV. No processo administrativo ambiental o prazo máximo para o infrator oferecer defesa ou impugnação contra o auto de infração é de 15 dias, contados da data da ciência da autuação.

V. O pagamento de multa imposta pelos Estados, Municípios, Distrito Federal ou Territórios substitui a multa federal na mesma hipótese de incidência.

(A) V, V, F, V, V

(B) V, F, V, F, V

(C) F, F, V, V, F

(D) F, V, F, F, V

(E) V, F, F, V, F

I: verdadeira (art. 70, § 2º, da Lei 9.605/1998); II: falsa, pois os agentes da capitania dos portos, do ministério e da marinha também têm essa competência (art. 70, § 1º, da Lei 9.605/1998); III: verdadeira (art. 70, § 3º, da Lei 9.605/1998); IV: falsa, pois o prazo é de 20 dias (art. 71, I, da Lei 9.605/1998); V: verdadeira (art. 76 da Lei 9.605/1998). **WG**
Gabarito "B".

(Magistratura/PR – 2010 – PUC/PR) A Lei 9.605/1998, além das bases de Responsabilidade Penal em matéria ambiental, também estabelece, em seu artigo 70 e seguintes, o embasamento para as Sanções Administrativas Ambientais. Considerando as previsões da citada Lei avalie as seguintes assertivas em verdadeiras (V) ou falsas (F) e marque a alternativa CORRETA:

I. São autoridades competentes para lavrar auto de infração ambiental e instaurar processo administrativo exclusivamente os funcionários de órgãos ambientais integrantes do Sistema Nacional de Meio Ambiente – SISNAMA.

II. Quando o infrator comete simultaneamente 2 (duas) ou mais infrações ser-lhe-ão aplicadas, cumulativamente, as sanções a elas cominadas.

III. A Advertência prevista no inciso I do artigo 72 da Lei 9.605/1998 é considerada Sanção Administrativa Ambiental.

IV. Considera-se infração administrativa ambiental toda ação ou omissão que viole as regras jurídicas de uso, gozo, promoção, proteção e recuperação do meio ambiente, bem como as atividades que causem degradação ambiental por qualquer forma, independente de expressa previsão.

(A) V, V, F, F

(B) V, F, F, V

(C) F, V, V, F

(D) F, F, F, V

I: falsa, pois os agentes das Capitanias dos Portos, do Ministério da Marinha, também têm competência para lavrar o auto de infração ambiental (art. 70, § 1º, da Lei 9.605/1998); **II:** verdadeira (art. 72, § 1º, da Lei 9.605/1998); **III:** verdadeira (art. 72, *caput* e inciso I, da Lei 9.605/1998); **IV:** falsa, pois o art. 70, *caput*, da Lei 9.605/1998 define infração administrativa ambiental como "toda ação ou omissão que viole as regras jurídicas de uso, gozo, promoção, proteção e recuperação do meio ambiente", de forma que o trecho "bem como as atividades (...)"não está inserido na previsão legal. WG

Gabarito "C".

(Magistratura Federal/3ª Região – 2010) Sobre o poder de policia ambiental é correto afirmar que:

(A) O pagamento de multa por infração ambiental imposta pela fiscalização estadual, distrital ou municipal substitui a multa federal, em decorrência do mesmo fato, tendo por fundamento o principio non bis in iden e a afirmação da competência supletiva federal;

(B) A capacidade econômica do infrator conjuntamente com a reincidência especifica possibilitam a aplicação da multa em triplo ou em dobro, segundo critério da autoridade administrativa;

(C) O licenciamento ambiental de projetos de empreendimentos com impactos ambientais de âmbitos nacional e regional é da competência originária do IBAMA e, na disciplina da Resolução 237/97, a localização, o desenvolvimento ou o tipo da atividade não tem relevância parta a definição da competência licenciatória federal;

(D) Apenas o IBAMA tem a competência supletiva para o licenciamento ambiental, competência essa que não implica supervisão nem revisão do licenciamento ambiental de outro nível federativo, salvo se eivado de vicio ou em caso de inércia do órgão competente originariamente.

A: correto (art. 76 da Lei 9.605/98); **B:** incorreto, pois a multa terá por base "a unidade, hectare, metro cúbico, quilograma, metro de carvão--mdc, estéreo, metro quadrado, dúzia, estipe, cento, milheiros ou outra medida pertinente, de acordo com o objeto jurídico lesado" e levará em conta, dentre outros fatores, a reincidência geral (aplicada em dobro) e a reincidência específica (aplicada em triplo), conforme os arts. 8º e 11 do Decreto 6.514/08; **C:** incorreto, pois a localização, o desenvolvimento e o tipo de atividade serão levados em conta para a definição da competência licenciatória federal (art. 4º e ss da Resolução CONAMA 237/97); **D:** incorreto (art. 4º, § 2º, da Resolução CONAMA 237/97). WG

Gabarito "A".

10. RESPONSABILIDADE PENAL AMBIENTAL

(Juiz – TJ-SC – FCC – 2017) Pedro, Diretor Executivo de empresa de fertilizante, determinou, contra orientação do corpo técnico, que trouxe solução ambientalmente correta, a descarga de produtos em curso d'água causando poluição que tornou necessária a interrupção do abastecimento público de água de uma comunidade localizada a jusante. A conduta de Pedro:

(A) é atípica.

(B) é prevista como forma qualificada de crime ambiental.

(C) é prevista como crime, mas sem qualificadora.

(D) não pode ser responsabilizada, sob o ponto de vista penal, pois a responsabilidade penal recairá sobre a pessoa jurídica.

(E) ensejará a responsabilidade penal da empresa, ainda que a conduta não tenha sido praticada no interesse ou em benefício da pessoa jurídica.

A: incorreta. A conduta de Pedro é típica, consoante verifica-se no art. 54, §2º, III, da Lei 9.605/1998; **B:** correta (art. 54, §2º, III, da Lei 9.605/1998); **C:** incorreta, pois a conduta é prevista como crime qualificado, nos termos do art. 54, §2º, III, da Lei 9.605/1998; **D:** incorreta. A responsabilidade não recairá na pessoa jurídica, pois, nos termos do art. 3º, da Lei 9.605/1998, para a pessoa jurídica ser responsabilizada há a necessidade de que a conduta tenha sido praticada por decisão de seu representante legal, contratual ou órgão colegiado, e no interesse ou benefício da entidade, o que não é o caso da questão em análise, já que a decisão de Pedro foi contrária à orientação do corpo técnico não existindo notícia de que tenha revertido em favor da entidade; **E:** incorreta, pois, nos termos do art. 3º da Lei 9.605/1998: "As pessoas jurídicas serão responsabilizadas administrativa, civil e penalmente conforme o disposto nesta Lei, nos casos em que a infração seja cometida por decisão de seu representante legal ou contratual, ou de seu órgão colegiado, no interesse ou benefício da sua entidade". FM/FCP

Gabarito "B".

(Magistratura/AM – 2013 – FGV) Com relação à Lei 9.605/1998, que dispõe sobre as sanções penais e administrativas derivadas de condutas e atividades lesivas ao meio ambiente, assinale a afirmativa **incorreta**.

(A) A perícia de constatação do dano ambiental produzida no inquérito civil ou no juízo cível poderá ser aproveitada no processo penal, instaurando-se o contraditório.

(B) A captura não autorizada do peixe-boi, espécie ameaçada de extinção no Brasil, faz incidir as penas do parágrafo único, inciso I, do art. 34 da Lei 9.605/1998.

(C) Os órgãos ambientais integrantes do SISNAMA ficam autorizados a celebrar termo de compromisso com pessoas físicas ou jurídicas responsáveis pela construção, instalação, ampliação e funcionamento de estabelecimentos e atividades utilizadores de recursos ambientais, considerados efetiva ou potencialmente poluidores.

(D) A proibição de o condenado contratar com o Poder Público, de receber incentivos fiscais ou quaisquer outros benefícios, bem como de participar de licitações, pelo prazo de cinco anos, no caso de crimes dolosos, e de três anos, no de crimes culposos constituem penas de interdição temporária de direito aplicáveis aos crimes contra o meio ambiente.

(E) Verificada a infração, os animais apreendidos serão libertados em seu *habitat* ou entregues a jardins zoológicos, fundações ou entidades assemelhadas, desde que fiquem sob a responsabilidade de técnicos habilitados.

A: correta (art. 19, parágrafo único, da Lei 9.605/1998); **B:** incorreta, devendo ser assinalada; na verdade, a espécie ameaçada de extinção é

10. DIREITO AMBIENTAL — 691

o "peixe-boi da amazônia" e as *penas* estão no *caput* do art. 34 da Lei 9.605/1998 e não no parágrafo único; **C:** correta (art. 79-A, *caput*, da Lei 9.605/1998); **D:** correta (art. 10 da Lei 9.605/1998); **E:** correta (art. 25, § 1º, da Lei 9.605/1998). **WG**

Gabarito "B".

(Magistratura/PE – 2013 – FCC) Em casos envolvendo crime ambiental de menor potencial ofensivo, a suspensão do processo

(A) é condicionada à prévia reparação do dano ambiental, apurada mediante laudo de constatação.

(B) poderá ser prorrogada sem tempo máximo de duração, enquanto não for reparado o dano ambiental.

(C) poderá ser deferida, mas a extinção da punibilidade depende da reparação do dano ambiental ou da comprovação de que o acusado tomou as providências necessárias à sua reparação integral.

(D) é providência necessária, que pode ser, a qualquer tempo, também condicionada à proibição de frequentar determinados lugares ou à proibição de ausentar-se da comarca sem autorização do juiz.

(E) não é cabível, excepcionando as regras da Lei nº 9.099/95.

A: incorreta, pois o laudo de constatação da reparação ambiental é requisito para a extinção da punibilidade e não para a concessão da suspensão do processo (art. 28, V, da Lei 9.605/1998); **B:** incorreta, pois a prorrogação será por até o período máximo previsto no art. 89 da Lei 9.099/1995, acrescido de mais um ano, com suspensão do prazo de prescrição (art. 28, II, da Lei 9.605/1998), sem prejuízo de nova prorrogação excepcional nos termos do art. 28, IV, da Lei 9.605/1998; **C:** correta (art. 28, V, da Lei 9.605/1998); **D:** incorreta, pois tais condições, previstas no art. 89, § 1º, II e III, da Lei 9.099/1995, respectivamente proibição de frequentar determinado lugares e de ausentar-se da comarca sem autorização do juiz, não se aplicam em se tratando de crimes ambientais (art. 28, III, da Lei 9.605/1998); **E:** incorreta, pois é cabível sim, nos termos do art. 28, "caput", da Lei 9.605/1998. **WG**

Gabarito "C".

(Magistratura/PR – 2013 – UFPR) Sobre a responsabilidade penal da pessoa jurídica na Lei 9.605/1998, considere as seguintes afirmativas:

1. As pessoas jurídicas são responsáveis penalmente nos casos em que a infração seja cometida por decisão de seu representante legal ou contratual, ou de seu órgão colegiado, no interesse ou benefício da sua entidade.

2. A responsabilidade das pessoas jurídicas não exclui a das pessoas físicas, autoras, coautoras ou partícipes do mesmo fato.

3. As penas aplicáveis isolada, cumulativa ou alternativamente às pessoas jurídicas são: pena pecuniária, penas restritivas de direitos e prestação de serviço à comunidade.

4. A pena de prestação de serviços à comunidade, na modalidade de execução de obras de recuperação de áreas degradadas, deve ser cumprida pelo seu representante legal ou contratual, ou pelos integrantes do seu órgão colegiado.

Assinale a alternativa correta.

(A) Somente as afirmativas 1 e 3 são verdadeiras.

(B) Somente as afirmativas 1, 2 e 3 são verdadeiras.

(C) Somente as afirmativas 2 e 4 são verdadeiras.

(D) Somente as afirmativas 1, 3 e 4 são verdadeiras.

1: verdadeira (art. 3º, *caput*, da Lei 9.605/1998); **2:** verdadeira (art. 3º, parágrafo único, da Lei 9.605/1998); **3:** verdadeira (art. 21 da Lei 9.605/1998); **4:** falsa, pois a pena é aplicada à pessoa jurídica e não a pessoas físicas (art. 23, II, da Lei 9.605/1998). **WG**

Gabarito "B".

(Magistratura/MG – 2012 – VUNESP) Assinale a alternativa que apresenta informação **incorreta**.

(A) Os antecedentes ambientais do infrator, o baixo grau de instrução ou de escolaridade do agente e a sua situação econômica constituem circunstâncias que atenuam a pena, segundo o artigo 14 da Lei de Crimes Ambientais.

(B) É possível a responsabilização penal de pessoa jurídica em crimes ambientais desde que haja a imputação simultânea do ente moral e da pessoa física que atua em nome ou em seu benefício.

(C) É da Justiça Federal a competência para processar e julgar ação penal contra acusado de pesca predatória em águas territoriais de Estados-membros da Federação.

(D) Os ecossistemas considerados constitucionalmente patrimônio natural não atraem competência da Justiça Federal.

A: incorreta, devendo ser assinalada; a situação econômica e os antecedentes do infrator não constituem circunstâncias que atenuam a pena (art. 14 da Lei 9.605/1998); **B:** correta; de fato, para que haja responsabilidade penal da pessoa jurídica é necessário que a infração seja cometida por decisão de seu representante legal ou contratual, ou de seu órgão colegiado (art. 3º da Lei 9.605/1998); **C:** correta, já que as águas territoriais são bens da União, atraindo a competência da Justiça Federal (art. 109, I, da CF); **D:** correta, pois o simples fato de um ecossistema ser considerado patrimônio natural não faz incidir a norma do art. 109, I, da CF. **ED**

Gabarito "A".

(Magistratura Federal-5ª Região – 2011) No que se refere à proteção judicial e à responsabilidade em matéria ambiental, assinale a opção correta.

(A) Para efeito de responsabilidade administrativa, considera-se infração administrativa ambiental toda ação ou omissão que viole as regras jurídicas de uso, gozo, promoção, proteção e recuperação do ambiente, podendo qualquer pessoa que constatar infração ambiental dirigir representação às autoridades competentes para que exerçam o poder de polícia.

(B) As pessoas jurídicas podem ser responsabilizadas, administrativa, civil e penalmente, por crimes ambientais, nos casos em que a infração seja cometida por decisão de seu representante legal ou contratual, ou de seu órgão colegiado, no interesse ou benefício da sua entidade; contudo, nesse caso, a responsabilidade das pessoas jurídicas exclui a das pessoas físicas, autoras, coautoras ou partícipes do mesmo fato.

(C) Suponha que determinado indivíduo tenha praticado caça em propriedade particular, sem permissão, licença ou autorização da autoridade competente, ou em desacordo com a licença ou permissão obtida. Nessa situação, a competência para julgar o delito será da justiça federal, instância competente para processar e julgar os crimes praticados contra a fauna.

(D) Na hipótese de uma pessoa praticar, em período proibido, pesca em rio que sirva de limite entre dois estados, a competência para o processo e o julgamento será da justiça estadual de qualquer dos estados envolvidos.

(E) A pessoa jurídica de direito público ou privado responsável, direta ou indiretamente, por atividade causadora de degradação ambiental fica obrigada, independentemente de culpa, a indenizar ou reparar os danos causados ao ambiente; no que se refere a pessoa física, porém, faz-se necessário o elemento subjetivo para configurar sua responsabilidade civil.

A: correta, visto que de acordo com o art. 70, *caput* e § 2º, da Lei de Crimes Ambientais; **B:** incorreta, pois contraria o disposto no art. 3º, parágrafo único, da Lei 9.605/98; **C:** incorreta, pois a competência, em regra, é da Justiça Estadual, ressalvadas as hipóteses em que se verificar a ocorrência de algum fato previsto no art. 109 da CF; **D:** neste caso, a competência, a teor do art. 70, § 3º, do CPP, firmar-se-á pela prevenção; **E:** a responsabilidade civil ambiental é objetiva. **WG**
Gabarito "A".

(MAGISTRATURA/PB – 2011 – CESPE) Considerando a disciplina legal dos crimes contra o meio ambiente, assinale a opção correta.

(A) Incidem nas penas previstas em lei, na medida de sua culpabilidade, as pessoas que, tendo conhecimento da conduta criminosa de alguém contra o ambiente e podendo agir para evitá-la, deixem de impedir sua prática.

(B) As sanções penais aplicáveis às pessoas físicas pela prática de crimes ambientais são as penas restritivas de direitos e multa, mas não, as privativas de liberdade.

(C) Por se tratar de ente fictício, a pessoa jurídica não pode ser sujeito ativo dos crimes ambientais.

(D) O ato de soltar balões somente se caracteriza como crime contra o meio ambiente se, em consequência da conduta, houver incêndio em floresta ou em outras formas de vegetação, em áreas urbanas ou em qualquer tipo de assentamento humano.

(E) A responsabilidade penal por crimes ambientais está integralmente amparada no princípio da culpabilidade; desse modo, os tipos penais previstos na lei que dispõe sobre os crimes ambientais (Lei n. 9.605/1998) só se consumam se os delitos forem praticados dolosamente.

A: esta assertiva, embora considerada correta, não está, a nosso ver, em consonância com o que estabelece o art. 2º da Lei 9.605/1998, Isso porque a omissão, neste caso, somente será relevante se se tratar das pessoas relacionadas no dispositivo em comento. Ocorre que não podemos atribuir responsabilidade criminal a quem, não sendo exercente dos cargos a que faz referência o art. 2º, segunda parte, da Lei 9.605/2008, ainda que ciente da conduta criminosa, deixa de impedir a sua prática. Trata-se, em verdade, de um desdobramento da regra contida no art. 13, § 2º, do CP, que estabelece as situações em que a omissão, no direito penal, tem relevância; **B:** assertiva incorreta, nos

termos do art. 7º da Lei 9.605/1998; **C:** incorreta, nos termos do art. 3º da Lei 9.605/1998 e art. 225, § 3º, da CF; **D:** incorreta. Cuida-se de delito formal, em que o resultado naturalístico consistente na causação de incêndio não é indispensável à consumação do crime, conforme é possível se inferir da redação do art. 42 da Lei 9.605/1998. A assertiva, portanto, está incorreta; **E:** incorreta. Reza o princípio da culpabilidade que não se imporá responsabilidade criminal àquele que não houver praticado o crime ao menos culposamente. Até aí, a assertiva está correta, pois esse postulado é informador do Direito Penal. Ocorre que a Lei 9.605/1998 contempla algumas hipóteses de crime culposo. Ex.: art. 38, parágrafo único, da Lei 9.605/1998. **ED**
Gabarito "A".

(Magistratura/PE – 2011 – FCC) Acatando pedido formulado por uma associação (Organização Não Governamental - ONG), em ação civil pública, o Juiz de Direito da comarca concede liminar impedindo a reforma da fachada do prédio de um clube, construído há cerca de cem anos, bem este que, apesar de não ter sido tombado pelo órgão estadual do patrimônio histórico e cultural, é considerado pela comunidade local como parte de seu patrimônio histórico. O presidente do clube dizendo-se amparado por decisão da diretoria, intimado da ordem judicial, determina a destruição da parte externa do imóvel, o que se realiza em poucas horas. Esta conduta, do ponto de vista penal, pode ser considerada

(A) atípica, porque inexiste um tipo penal correspondente no Código Penal e na legislação ambiental.

(B) infração penal tipificada no art. 163 do Código Penal, que configura crime de dano.

(C) atípica, como crime ambiental previsto na Lei n. 9.605/1998, na seção IV do Capítulo V, que trata dos "Crimes contra o Ordenamento Urbano e o Patrimônio Cultural", porque o imóvel não se encontrava tombado pela autoridade administrativa competente.

(D) típica, como crime ambiental previsto na Lei n. 9.605/1998, na seção IV do Capítulo V, que trata dos "Crimes contra o Ordenamento Urbano e o Patrimônio Cultural".

(E) crime de resistência, previsto no art. 329 do Código Penal.

A conduta praticada pelo presidente do clube é típica e está prevista no art. 63 da Lei 9.605/1998. **ED**
Gabarito "D".

(Magistratura/PE – 2011 – FCC) Em razão da prática de crime previsto na Lei n. 9.605/1998, as pessoas jurídicas, desde que a infração tenha sido cometida por decisão de seu representante legal ou contratual ou de seu órgão colegiado, no interesse ou benefício da sua entidade, podem ser sancionadas com

(A) multa, penas restritivas de direitos ou de prestação de serviços à comunidade, isolada, cumulativa ou alternativamente.

(B) multa e obrigação de ressarcir o dano ambiental causado.

(C) multa e prestação de serviços à comunidade.

(D) declaração de perda da personalidade jurídica com consequente responsabilidade pessoal dos sócios.

10. DIREITO AMBIENTAL — 693

(E) penas restritivas de direitos, consistentes em suspensão parcial ou total de atividades, interdição temporária de estabelecimento, obra ou atividade ou proibição de contratar com o Poder Público, bem como dele obter subsídios, subvenções ou doações.

Arts. 3º, *caput*, e 21 da Lei 9.605/1998. **ED**
Gabarito "A".

(Magistratura/PI – 2011 – CESPE) Com base no que dispõe a lei que trata dos crimes ambientais, assinale a opção correta acerca da responsabilidade por dano ambiental.

(A) A lei em questão considera que o ato do representante legal ou contratual da pessoa jurídica que constitua crime ambiental é, por vinculação, também crime da pessoa jurídica, independentemente de resultar em benefício para a entidade.

(B) A extinção de uma pessoa jurídica, sua alteração contratual ou qualquer outra modificação que implique impedimento na pretensão reparatória de prejuízos causados ao ambiente pode acarretar a desconsideração da personalidade jurídica, de modo a responsabilizar seus sócios para os efeitos de determinadas obrigações.

(C) As pessoas jurídicas de direito público não podem ser responsabilizadas administrativamente por dano ambiental.

(D) Por iniciativa privativa do poder público, é possível a celebração de termo de compromisso entre os órgãos ambientais competentes e as pessoas físicas ou jurídicas responsáveis por estabelecimentos e atividades considerados efetiva ou potencialmente poluidores. Uma vez assinado, esse termo terá força de título executivo extrajudicial e impedirá a execução de quaisquer multas eventualmente aplicadas.

(E) Na persecução administrativa por dano ambiental, aplica-se o princípio da subsunção, segundo o qual a infração de menor gravidade é absorvida pela de maior gravidade quando ambas são praticadas concomitantemente.

A: incorreta, pois a responsabilização penal da pessoa jurídica depende, além de a infração ter sido cometida por decisão de uma das pessoas mencionadas na alternativa, que o fato tenha sido cometido no interesse ou benefício da entidade (art. 3º, *caput*, da Lei 9.605/1998); **B:** correta, pois, de acordo com o art. 4º da Lei 9.605/1998 poderá ser desconsiderada a personalidade da pessoa jurídica toda vez que a personalidade for obstáculo ao ressarcimento de prejuízos causados à qualidade do meio ambiente; **C:** incorreta, pois não há limitação legal nesse sentido; **D:** incorreta, pois tal termo de compromisso só impedirá a execução de multas aplicadas após o protocolo, pelo infrator, de requerimento pedindo a celebração do acordo (art. 79-A, *caput* e §§ 3º e 4º, da Lei 9.605/1998); **E:** incorreta, pois, de acordo com o art. 72, § 1º, da Lei 9.605/1998, se o infrator cometer, simultaneamente, duas ou mais infrações, ser-lhe-ão aplicadas, **cumulativamente**, as sanções a elas cominadas. **ED**
Gabarito "B".

(Magistratura/RJ – 2011 – VUNESP) No que se refere a crimes ambientais, assinale a alternativa correta.

(A) As condutas tipificadas como crimes ambientais podem ser atenuadas diante do baixo grau de instru-

ção do infrator, do seu arrependimento espontâneo manifestado pela reparação do dano, pela comunicação prévia do perigo e pela colaboração com agentes fiscalizadores.

(B) São penas restritivas de direitos da pessoa jurídica, na lei de crimes ambientais, a suspensão de atividades, a interdição temporária de estabelecimento, a proibição de contratar com o poder público e a imposição de multas.

(C) Sendo independentes as esferas administrativa, civil e penal, a sentença penal condenatória por crime ambiental deve se limitar à aplicação de penalidades, devendo a reparação civil ser discutida em outra ação judicial.

(D) Deixar de averbar reserva legal, após devida advertência para apresentar termo de compromisso, constitui infração administrativa e crime tipificado na lei de crimes ambientais.

A: correta (art. 14 da Lei 9.605/1998); **B:** incorreta, pois são três os tipos de penas para a pessoa jurídica, quais sejam, a multa, a restritiva de direitos e a prestação de serviços à comunidade (art. 21 da Lei 9.605/1998); repare que a multa não se confunde com as penas restritivas de direitos, que estão definidas no art. 22 da Lei 9.605/1998); **C:** incorreta, pois "a sentença penal condenatória, sempre que possível, fixará o valor mínimo para reparação dos danos causados pela infração, considerando os prejuízos sofridos pelo ofendido ou pelo meio ambiente" (art. 20 da Lei 9.605/1998); **D:** incorreta, pois, apesar de ser uma infração administrativa (art. 55 do Decreto 6.514/2008), não é crime a conduta mencionada. **ED**
Gabarito "A".

(Magistratura/RO – 2011 – PUCPR) A Lei 9.605/1998, conhecida como Lei de Crimes Ambientais, representou grande avanço na proteção do meio ambiente ecologicamente equilibrado. Consolidou conceitos e as tipificações antes dispersas em outras normas, além de criar dispositivos e sistematização específicos para os crimes contra o meio ambiente.

Com base no texto da referida lei, avalie as assertivas que seguem:

I. Nos crimes ambientais, são circunstâncias que atenuam a pena: o baixo grau de instrução ou escolaridade do agente; o arrependimento do infrator, manifestado pela espontânea reparação do dano, ou limitação significativa da degradação ambiental causada; entre outros.

II. Nos crimes ambientais as penas aplicáveis isolada, cumulativa ou alternativamente às pessoas jurídicas, são: multa; restritivas de direitos; e prestação de serviços à comunidade.

III. A pessoa jurídica constituída ou utilizada, preponderantemente, com o fim de permitir, facilitar ou ocultar a prática de crime definido na Lei 9.605/1998 terá decretada sua liquidação forçada, seu patrimônio será considerado instrumento do crime e como tal perdido em favor do Fundo Penitenciário Nacional.

IV. As pessoas jurídicas serão responsabilizadas administrativa, civil e penalmente conforme o disposto na lei 9.605/1998, nos casos em que a infração seja cometida por decisão de seu representante legal ou contratual, ou de seu órgão colegiado, no interesse ou benefício da sua entidade.

Estão CORRETAS:

(A) Somente as assertivas I e IV.

(B) Somente as assertivas II e III e IV.

(C) Somente as assertivas I e III.

(D) Somente as assertivas I, II e IV.

(E) Todas as assertivas.

I: assertiva correta, pois reflete o que estabelece o art. 14 da Lei 9.605/1998; **II:** correto, pois corresponde ao que preceitua o art. 21 da Lei 9.605/1998; **III:** proposição correta, pois corresponde à redação do art. 24 da Lei 9.605/1998; **IV:** correto, pois em conformidade com o que prescreve o art. 3º, *caput*, da Lei 9.605/1998. **ED**

Gabarito "E".

(Magistratura/RO – 2011 – PUCPR) No que concerne aos crimes ambientais expressamente tipificados na lei 9.605/1998, assinale a alternativa **CORRETA:**

(A) Constitui conduta expressamente tipificada como crime na lei 9.605/1998 reciclar resíduo perigoso de forma diversa da estabelecida em lei ou regulamento.

(B) Conduzir, permitir ou autorizar a condução de veículo automotor em desacordo com os limites e exigências ambientais previstos na legislação, corresponde à tipificação expressa da lei 9.605/1998.

(C) Nos crimes culposos de poluição, as penas serão aumentadas de um sexto a um terço, se resulta dano irreversível à flora ou ao meio ambiente em geral, conforme previsão expressa na lei.

(D) Elaborar ou apresentar, no licenciamento, concessão florestal ou qualquer outro procedimento administrativo, estudo, laudo ou relatório ambiental total ou parcialmente falso ou enganoso, ressalvados os casos de omissão.

(E) Nenhuma das alternativas é verdadeira.

A conduta descrita na assertiva "A" encontra previsão no art. 56, § 1º, II, da Lei 9.605/1998. As demais não estão contempladas na Lei de Crimes Ambientais. **ED**

Gabarito "A".

(Magistratura/RO – 2011 – PUCPR) De acordo com a lei 9.605/1998, afirma-se:

I. Não é crime o abate de animal, quando realizado em estado de necessidade, para saciar a fome do agente ou de sua família.

II. Não é crime o abate de animal, quando realizado para proteger lavouras, pomares e rebanhos da ação predatória ou destruidora de animais, independentemente de autorização.

III. Não é crime o abate de animal, quando realizado por ser este nocivo, desde que assim caracterizado pelo órgão competente.

IV. Constitui crime destruir, danificar, lesar ou maltratar, por qualquer modo ou meio, plantas de ornamentação de logradouros públicos ou em propriedade privada alheia.

V. Nos crimes contra a flora a pena é aumentada de um sexto a um terço se o crime for cometido no período de queda das sementes.

Estão CORRETAS:

(A) Somente as afirmativas I e II.

(B) Somente as afirmativas I, II, IV e V.

(C) Somente as afirmativas II, III e IV.

(D) Somente as afirmativas I, III, IV e V.

(E) Todas as afirmativas.

I: correta, o art. 37 da Lei 9.605/1998 contempla três hipóteses em que a ilicitude da conduta é excluída, entre as quais está aquela em que o agente abate o animal com o propósito de saciar a sua fome ou a de sua família; **II:** incorreta, em vista do que estabelece o art. 37, II, da Lei 9.605/1998, esta excludente de antijuridicidade somente terá lugar se o agente dispuser de autorização expressa da autoridade competente; **III:** proposição correta, nos moldes do art. 37, IV, da Lei 9.605/1998; **IV:** correta (art. 49 da Lei 9.605/1998); **V:** correta (art. 53, II, *a*, da Lei 9.605/1998). **ED**

Gabarito "D".

(Magistratura/PR – 2010 – PUC/PR) Considerando o que dispõe a Lei 9.605/1998 em relação à Responsabilidade Penal da Pessoa Jurídica, nas infrações penais contra o meio ambiente, é CORRETO afirmar que:

I. Quem, de qualquer forma, concorre para a prática dos crimes previstos nesta Lei, incide nas penas a estes cominadas, na medida da sua culpabilidade, bem como o diretor, o administrador, o membro de conselho e de órgão técnico, o auditor, o gerente, o preposto ou mandatário de pessoa jurídica, que, sabendo da conduta criminosa de outrem, deixar de impedir a sua prática, quando podia agir para evitá-la.

II. As pessoas jurídicas somente poderão ser responsabilizadas administrativa e civilmente, conforme o disposto nesta Lei, nos casos em que a infração seja cometida por decisão de seu representante legal ou contratual, ou de seu órgão colegiado, no interesse ou benefício da sua entidade.

III. A responsabilidade das pessoas jurídicas não exclui a das pessoas físicas, autoras, coautoras ou partícipes do mesmo fato.

IV. Poderá ser desconsiderada a pessoa jurídica sempre que sua personalidade for obstáculo ao ressarcimento de prejuízos causados à qualidade do meio ambiente.

Dadas as assertivas acima escolha a alternativa CORRETA.

(A) Apenas as assertivas I, III e IV estão corretas.

(B) Apenas as assertivas II, III e IV estão corretas.

(C) Apenas as assertivas I, e III estão corretas.

(D) Todas as assertivas estão corretas.

I: correta (art. 2º da Lei 9.605/1998); **II:** incorreta, pois a assertiva deixou de fazer referência à responsabilidade penal, que também incide sobre a pessoa jurídica (art. 3º da Lei 9.605/1998); **III:** correta (art. 3º, parágrafo único, da Lei 9.605/1998); **IV:** correta (art. 4º da Lei 9.605/1998). **ED**

Gabarito "A".

(Magistratura/SC – 2010) **Assinale a alternativa correta:**

I. Às pessoas jurídicas, nos delitos ambientais, são aplicáveis as penas de multa, restritivas de direitos e prestação de serviços à comunidade.

II. Os crimes contra a fauna silvestre são de competência da Justiça Federal, sendo de competência da justiça comum quando se tratar de animais domésticos ou domesticados.

III. Nos delitos ambientais, o baixo grau de instrução ou escolaridade do agente é circunstância que atenua a pena.

IV. Não é crime o abate de animal, quando realizado em estado de necessidade, para saciar a fome do agente ou de sua família, salvo no caso de pesca em época de defeso da espécie.

V. Nos delitos ambientais as penas restritivas de direto, sendo favoráveis todas as circunstâncias judiciais, substituem as privativas de liberdade quando se tratar de crime culposo ou for aplicada pena privativa de liberdade inferior a quatro anos.

(A) Somente as proposições I, III e V estão corretas.

(B) Somente as proposições I, III e IV estão corretas.

(C) Somente as proposições II, III e IV estão corretas.

(D) Somente as proposições I, IV e V estão corretas.

(E) Somente as proposições II, III e V estão corretas.

I: proposição correta, visto que reflete o teor do art. 21 da Lei 9.605/1998; II: incorreta, pois a competência, em regra, é da Justiça Estadual, ressalvadas as hipóteses em que se verificar a ocorrência de algum fato previsto no art. 109 da CF; III: correta, o art. 14 contempla, além desta, outras hipóteses de circunstâncias atenuantes, a saber: i) comunicação prévia pelo agente do perigo iminente de degradação ambiental; ii) colaboração com os agentes encarregados da vigilância e do controle ambiental; e iii) arrependimento do infrator, manifestado pela espontânea reparação do dano ou limitação significativa da degradação ambiental causada; IV: incorreta, a excludente de ilicitude presente no art. 37, I, da Lei de Crimes Ambientais não estabelece exceções; V: correta, nos termos do art. 7º, *caput*, da Lei de Crimes Ambientais. **ED**
Gabarito "A".

(Magistratura/SC – 2010) Assinale a alternativa correta:

I. A legislação veda expressamente a concessão de fiança ou liberdade provisória quando o crime de poluição for produzido por produto ou substância nuclear ou radioativa.

II. Nos crimes previstos na lei ambiental (Lei n. 9.605/1990), a suspensão da pena pode ser aplicada nos casos de condenação a pena privativa de liberdade não superior a três anos.

III. Danificar vegetação primária ou secundária, em qualquer estágio de regeneração, do Bioma Mata Atlântica, ou utilizá-la com infringência das normas de proteção constitui crime contra a flora.

IV. Conceder o funcionário público licença, autorização ou permissão em desacordo com as normas ambientais, para as atividades, obras ou serviços cuja realização depende do ato autorizativo do Poder Público, salvo quando forem realizados pelo próprio poder concedente.

V. Constitui crime contra o ambiente provocar incêndio em qualquer mata ou floresta, independentemente de ser de área de preservação permanente ou de Unidade de Conservação.

(A) Somente as proposições II e V estão corretas.

(B) Somente as proposições I e V estão corretas.

(C) Somente as proposições I, II e IV estão corretas.

(D) Somente as proposições II, III e IV estão corretas.

(E) Somente as proposições III, IV e V estão corretas.

I: incorreta, não há essa previsão na Lei de Crimes Ambientais tampouco no Código de Processo Penal; II: assertiva correta, visto que em consonância com o art. 16 da Lei 9.605/1998; III: incorreta, o crime do art. 38-A da Lei de Crimes Ambientais somente se configura se a vegetação danificada, primária ou secundária, estiver em estágio avançado ou médio de regeneração; IV: incorreta, a conduta descrita no enunciado constitui o crime previsto no art. 67 da Lei de Crimes Ambientais, do qual não consta nenhuma ressalva; V: assertiva correta, pois reflete o teor do art. 41 da Lei 9.605/1998. **ED**
Gabarito "A".

(Magistratura Federal-4ª Região – 2010) Dadas as assertivas abaixo, assinale a alternativa correta.

I. Em razão da prática de crime previsto na Lei 9.605/1998, as pessoas jurídicas podem receber multa, penas restritivas de direitos ou de prestação de serviços à comunidade nos casos em que a infração seja cometida por decisão de seu representante legal ou contratual ou de seu órgão colegiado, no interesse ou benefício da sua entidade.

II. As penas previstas na Lei 9.605/1998 poderão ser aplicadas às pessoas jurídicas de forma isolada, cumulativa ou alternativa e serão convertidas, em caso de injustificado descumprimento, em penas privativas de liberdade dos responsáveis pela pessoa jurídica punida.

III. As penas restritivas de direitos previstas na Lei 9.605/1998 para a pessoa jurídica infratora são a suspensão parcial ou total de atividades e a interdição temporária de estabelecimento, obra ou atividade, bem como a proibição de contratar com o Poder Público e de obter subsídio, subvenção ou doações.

IV. O Fundo Penitenciário Nacional será o beneficiário do patrimônio da pessoa jurídica que tiver liquidação forçada por ter sido utilizada preponderantemente com o fim de ocultar a prática de crime previsto na Lei 9.605/1998.

V. Poderá ser desconsiderada a pessoa jurídica sempre que a sua personalidade for obstáculo ao ressarcimento de prejuízos causados à qualidade do meio ambiente.

(A) Estão corretas apenas as assertivas II e V.

(B) Estão corretas apenas as assertivas I, II e V.

(C) Estão corretas apenas as assertivas I, III e V.

(D) Estão corretas apenas as assertivas I, III, IV e V.

(E) Estão corretas todas as assertivas.

I: assertiva correta, pois reflete o teor dos art. 3º, *caput*, e 21 da Lei de Crimes Ambientais; II: não há essa previsão no texto do Lei 9.605/98; III: correta, nos termos do art. 22 da Lei de Crimes Ambientais; IV: correta, nos termos do art. 24 da Lei de Crimes Ambientais; V: correta, nos termos do art. 4º da Lei de Crimes Ambientais. **WG**
Gabarito "D".

11. BIOSSEGURANÇA

(Magistratura Federal/3ª região – 2011 – CESPE) No que diz respeito ao patrimônio genético e à proteção jurídica do conhecimento tradicional associado, assinale a opção correta.

(A) Compete à Comissão Técnica Nacional de Biossegurança decidir sobre a liberação no ambiente de produtos contendo OGM ou derivados.

(B) Cabe aos órgãos e entidades fiscalizadores da administração pública federal exercer diretamente, sem possibilidade de delegação, os serviços relacionados à atividade de fiscalização das atividades de pesquisa e de liberação comercial de OGM e seus derivados.

(C) Entre outros critérios, consideram-se terras tradicionalmente ocupadas pelos índios as que são necessárias à sua reprodução física e cultural segundo seus usos, costumes e tradições.

(D) A CF atribui aos estados-membros a tarefa de zelar pela organização social, costumes, línguas, crenças e tradições dos índios, e de proteger e fazer respeitar os seus bens, cabendo à União a demarcação e proteção das terras indígenas.

(E) As atividades e projetos que envolvam OGM e seus derivados, relacionados à manipulação de organismos vivos, à pesquisa científica e ao desenvolvimento tecnológico, somente são admitidos no âmbito de entidades de direito público ou privado e de pessoas físicas em atuação autônoma que mantenham vínculo empregatício com pessoas jurídicas.

A: incorreta, pois a CTNBio, nos termos da Lei n. 11.105/2005, "integrante do Ministério da Ciência e Tecnologia, é instância colegiada multidisciplinar de caráter consultivo e deliberativo, para prestar apoio técnico e de assessoramento ao Governo Federal na formulação, atualização e implementação da PNB de OGM e seus derivados, bem como no estabelecimento de normas técnicas de segurança e de pareceres técnicos referentes à autorização para atividades que envolvam pesquisa e uso comercial de OGM e seus derivados, com base na avaliação de seu risco zoofitossanitário, à saúde humana e ao meio ambiente". Ou seja, a CTNBio fornece parecer sobre a liberação, tanto que o art. 6º, VI, da mencionada Lei, estabelece que fica proibida a liberação no meio ambiente de OGM ou seus derivados, no âmbito de atividades de pesquisa, sem a decisão técnica favorável da CTNBio; **B:** incorreta; **C:** correta, pois é o que estabelece o art. 231, § 1º, da Constituição Federal; **D:** incorreta; **E:** incorreta. **MD**
Gabarito "C"

(Magistratura Federal/1ª região – 2011 – CESPE) A biodiversidade integra, na atualidade, a agenda política, econômica e ambiental em todos os países, sendo sua efetiva proteção reconhecida como fundamental ao equilíbrio ecológico. Acerca desse tema, assinale a opção correta.

(A) Incluem-se entre os objetos de proteção, no âmbito da biodiversidade, aspectos relacionados à biotecnologia, tais como a utilização de sistemas biológicos, organismos vivos e derivados na fabricação ou modificação de produtos ou processos para uso específico.

(B) O texto constitucional não incluiu em seus dispositivos a proteção à biodiversidade.

(C) A biodiversidade é corretamente definida como a variedade de espécies vivas existentes nos diversos ecossistemas, não abrangendo as complexas relações que se formam entre as diversas formas de vida, tampouco os recursos ambientais.

(D) A Convenção da Biodiversidade Biológica foi o primeiro documento a definir, no cenário internacional, a proteção à biodiversidade.

(E) Na aplicação das disposições da Política Nacional da Biodiversidade, os limites da jurisdição nacional restringem-se ao território nacional continental.

A: correta, pois assim decorre da Convenção sobre Diversidade Biológica (CDB), estabelecida durante a ECO-92 e que está em vigência no Brasil (promulgada pelo Decreto n. 2.159/1998). Conforme o site do Ministério do Meio Ambiente (http://www.mma.gov.br/biodiversidade/convencao-da-diversidade-biologica), "a Convenção sobre Diversidade Biológica (CDB) é um tratado da Organização das Nações Unidas e um dos mais importantes instrumentos internacionais relacionados ao meio ambiente. A Convenção foi estabelecida durante a notória ECO-92 – a Conferência das Nações Unidas sobre Meio Ambiente e Desenvolvimento (CNUMAD), realizada no Rio de Janeiro em junho de 1992 – e é hoje o principal fórum mundial para questões relacionadas ao tema"; **B:** incorreta, pois a Constituição Federal, no art. 225, protege, de diferentes maneiras, a biodiversidade; **C:** incorreta, pois a biodiversidade é definida como a variedade de espécies vivas existentes nos diversos ecossistemas e abrange as complexas relações que se formam entre as diversas formas de vida. Também abrange os recursos ambientais. Vários componentes estão associados no conceito de biodiversidade: as diversas espécies de vida, os ecossistemas, as espécies, as populações, os genes; **D:** incorreta, pois não se trata do primeiro documento voltado à proteção da biodiversidade. Paulo de Bessa Antunes (*Direito ambiental*, 14ª ed., São Paulo: Atlas, 2012, p. 453) arrola diversos outros documentos anteriores. A título de exemplo, a *Convenção para a Proteção da Flora, da Fauna e das Belezas Cênicas Naturais dos Países da América*, de 12.10.1940 (promulgação: Decreto n. 58.054, de 23.03.1966); **E:** incorreta, pois a Convenção sobre Diversidade Biológica (CDB), em seu art. 4º, dispõe sobre o Âmbito Jurisdicional: "Sujeito aos direitos de outros Estados, e a não ser que de outro modo expressamente determinado nesta Convenção, as disposições desta Convenção aplicam-se em relação a cada Parte Contratante: a) No caso de componentes da diversidade biológica, nas áreas dentro dos limites de sua jurisdição nacional; e b) No caso de processos e atividades realizadas sob sua jurisdição ou controle, independentemente de onde ocorram seus efeitos, dentro da área de sua jurisdição nacional ou além dos limites da jurisdição nacional". **MD**
Gabarito "A".

12. MEIO AMBIENTE URBANO

(Magistratura/BA – 2012 – CESPE) Em relação à política urbana, assinale a opção correta.

(A) O zoneamento ambiental, instrumento da PNMA para grandes espaços econômico-ecológicos, não se aplica ao âmbito urbano.

(B) No âmbito municipal, o estudo ambiental cabível é o estudo de impacto de vizinhança, que substitui a elaboração e a aprovação de estudo de impacto ambiental.

(C) O plano diretor é obrigatório para cidades com mais de 20 mil habitantes e para aquelas que integrem áreas de especial interesse turístico, entre outras situações definidas em lei.

(D) O Estatuto da Cidade é norma federal que fixa diretrizes gerais para a política de desenvolvimento urbano, cuja execução, conforme repartição constitucional de competências, cabe aos estados.

(E) A lei que instituir o plano diretor, instrumento básico da política de desenvolvimento e de expansão urbana, só poderá ser revista depois de decorridos cinco anos da sua promulgação, a fim de evitar pressões de especulação imobiliária.

A: incorreta (art. 4°, III, "c", da Lei 10.257/2001); **B:** incorreta, pois o estudo de impacto de vizinhança não substitui a elaboração e a aprovação de estudo prévio de impacto ambiental (EIA), requeridos nos termos da legislação ambiental (art. 38 da Lei 10.257/2001); **C:** correta (art. 41, I e IV, da Lei 10.257/2001); **D:** incorreta, pois a maior parte das competências trazidas pela Lei 10.257/2001 incumbe aos Municípios e não aos Estados a execução das diretrizes fixadas no Estatuto da Cidade; E: incorreta, pois a regra é outra, qual seja, "a lei que instituir o plano diretor deverá ser revista, pelo menos, a cada dez anos" (art. 40, § 3°, da Lei 10.257/2001). **WG**

Gabarito "C."

13. DIREITO AMBIENTAL INTERNACIONAL

(Juiz – TJ/RJ – VUNESP – 2016) Na evolução da normativa do Direito Ambiental Internacional, pode-se identificar documentos elaborados por Comissões, como ocorreu com a Comissão da ONU sobre Meio Ambiente e Desenvolvimento. Esses documentos são posteriormente discutidos para, eventualmente, serem incorporados em Declarações de Princípios das Conferências sobre Meio Ambiente. Esse processo pode ser identificado, quando da consagração do princípio do desenvolvimento sustentável, respectivamente, pelo

(A) Plano de vigia Earthwatch e Cúpula de Johannesburgo.

(B) Plano de vigia Earthwatch e Declaração de Estocolmo.

(C) Programa da Agenda 21 e Declaração do Rio/92.

(D) Relatório Brundtland e Declaração do Rio/92.

(E) Relatório Brundtland e Declaração de Estocolmo.

A questão articula as discussões acerca do princípio do desenvolvimento sustentável e sua inserção nas conferências sobre meio ambiente das Nações Unidas (ONU). O enunciado dá um claro indicativo para a resposta, uma vez que a Comissão da ONU sobre Meio Ambiente e Desenvolvimento teve como resultado de seus trabalhos a edição do Relatório Nosso Futuro Comum, conhecido como Relatório Brundtlan. **A**: incorreta. O Plano de vigia Earthwatch integra e é um dos eixos do "Plano de Ações para o Meio Ambiente", que constitui um conjunto de 109 recomendações para a proteção ao meio ambiente, documento decorrente dos trabalhos da Conferência das Nações Unidas sobre Meio Ambiente Humano, realizada em Estocolmo, Suécia, em 1972. Já a Cúpula de Johannesburgo foi a Conferência Rio + 10, de 2002; **B**: incorreta. O "Plano de vigia Earthwatch" e a Declaração de Estocolmo são ambos oriundos da mesma conferência das Nações Unidas, no caso, Estocolmo/1972, não havendo a relação nos moldes suscitados pela proposição da questão; **C**: incorreta. O Programa da Agenda 21 e a Declaração do Rio são, ambos, oriundos da Conferência sobre Meio Ambiente e Desenvolvimento (Rio-92), não havendo a relação nos moldes suscitados pela proposição da questão; **D**: correta. Segundo Fabiano Melo, em seu livro Direito Ambiental (Método, 2017), "a ONU criou em 1983 a Comissão Mundial sobre Meio Ambiente e Desenvolvimento (1983), que após um longo processo de audiências e discussões com líderes políticos e organizações em todo o planeta apresentou, em 1987, como conclusão de suas atividades, o Relatório Nosso Futuro Comum, também conhecido como "Relatório Brundtland" – em homenagem à senhora Gro Harlen Brundtland, ex-primeira ministra da Noruega, que presidiu os trabalhos dessa Comissão Mundial. O Relatório Brundtland definiu os contornos do conceito clássico de desenvolvimento sustentável (...) A partir das conclusões do Relatório Nosso Futuro Comum,

a ONU decidiu em 1990 a necessidade da realização de uma nova conferência sobre meio ambiente, que ocorreria no Brasil em 1992". Trata-se da Conferência sobre Meio Ambiente e Desenvolvimento (Rio-92) e um de seus documentos é justamente a Declaração do Rio, sobre princípios do direito ambiental, com destaque para o desenvolvimento sustentável; **E**: incorreta. Relatório Brundtland é de 1997 e a Declaração de Estocolmo de 1972. Portanto, não corresponde a relação nos moldes suscitados pela proposição da questão. **FM/FCP**

Gabarito "D."

(Juiz – TJ/MS – VUNESP – 2015) Um dos princípios produzidos em Conferências Internacionais sobre o Meio Ambiente e que serve para construção normativa ambiental afirma que: "Quando houver perigo de dano grave ou irreversível, a falta de certeza científica absoluta não deverá ser utilizada como razão para que seja adiada a adoção de medidas eficazes em função dos custos para impedir a degradação ambiental". Esta afirmação representa o princípio da

(A) Precaução.

(B) Responsabilidade comum, porém, diferenciada.

(C) Prevenção.

(D) Informação.

(E) Responsabilidade integral.

A: correta. Trata-se de transcrição do princípio 15 da Declaração do Rio/92 sobre Meio Ambiente e Desenvolvimento Sustentável, que prevê o princípio do Direito Ambiental, da precaução. **B:** incorreta. O princípio da responsabilidade comum, porém, diferenciada considera a diferenciação poluidora entre países desenvolvidos e em desenvolvimento, e a disparidade tecnológica de mitigação e superação de tais efeitos nocivos à natureza, dispondo que todos os países devem diligenciar em prol do meio ambiente, contudo, as ações específicas devem recair mais sobre as economias mais desenvolvidas. **C:** incorreta. O princípio da prevenção reza que deve-se diligenciar todos os esforços no sentido de evitar danos ambientais, pois na maioria das vezes são irreversíveis e irreparáveis em sua integralidade. A Constituição Federal de 1988 expressamente reconhece tal princípio, ao preceituar, no *caput* do art. 225, o dever do Poder Público e da coletividade em proteger e preservar o meio ambiente, para as presentes e futuras gerações. **D:** incorreta. O princípio da informação pode ser definido como o direito que todo cidadão tem de ter acesso às informações que julgar necessárias sobre o ambiente. **E:** incorreta. O princípio da responsabilização integral encontra-se consubstanciado no art. 225, § 3°, da Constituição Federal: "As condutas e atividades consideradas lesivas ao meio ambiente sujeitarão os infratores, pessoas físicas ou jurídicas, a sanções penais e administrativas, independentemente da obrigação de recuperar o dano causado". **FM/FCP**

Gabarito "A."

(Juiz – TJ/MS – VUNESP – 2015) Assinale a alternativa com um dos documentos votados na Conferência das Nações Unidas sobre Meio Ambiente Humano, em Estocolmo, em junho de 1972.

(A) Declaração de Princípios Sobre Florestas.

(B) Protocolo de Quioto.

(C) Convenção sobre a Diversidade Biológica (CDB).

(D) Criação do PNUMA.

(E) Agenda 21.

A: incorreta. A Declaração de Princípios Sobre Florestas ou simplesmente Princípios sobre Florestas, é produto da Rio-92. **B:** incorreta.

O Protocolo de Quioto trata-se de um acordo internacional criado no âmbito da Convenção: Quadro das Nações Unidas sobre Mudanças Climáticas, aprovado na cidade de Quioto, no Japão, em 1997, cujo principal objetivo é estabilizar a emissão de gases de efeito estufa na atmosfera, com intuito de frear o aquecimento global e seus possíveis impactos. Esse protocolo foi substituído e atualmente encontra-se em vigor o Acordo de Paris. **C:** incorreta. A Convenção sobre Diversidade Biológica foi assinada durante a Conferência das Nações Unidas sobre Meio Ambiente e Desenvolvimento, realizada na cidade do Rio de Janeiro, no período de 5 a 14 de junho de 1992, conhecida como Eco-92 ou Rio-92. Foi assinada e ratificada pelo Brasil e tem como objetivos a conservação da diversidade biológica, a utilização sustentável de seus componentes e a repartição dos benefícios derivados da utilização dos recursos genéticos. **D:** correta. O Programa das Nações Unidas para o Meio Ambiente (PNUMA) foi criado em 1972, durante a Conferência de Estocolmo, na Suécia, como uma agência da Organização das Nações Unidas (ONU) voltada especificamente para os temas relacionados ao meio ambiente, com objetivo de atuar como educador, facilitador, defensor e catalisador para promover um uso consciente de recursos e proteger o ambiente para futuras gerações. **E:** incorreta. A Agenda 21, foi assinada durante a Conferência das Nações Unidas sobre o Meio Ambiente e o Desenvolvimento (CNUMAD), no Rio de Janeiro, em 1992. Trata-se de um conjunto de intenções para se atingir um novo modelo de desenvolvimento para o século XX, denominado "desenvolvimento sustentável". **FM/FCP**

Gabarito "D".

(Magistratura/PE – 2013 – FCC) A obrigação de simples informação, por um Estado a outro, da ocorrência de dano ambiental que possa ter efeitos transfronteiriços adversos é

(A) decorrente de convenções internacionais específicas e dependente de sua aceitação e ratificação pelos Estados-partes, sem o que não produzirá efeitos.

(B) inexistente no âmbito do direito internacional, pois é violadora da soberania interna dos Estados, que não podem ser vinculados a qualquer interferência externa.

(C) princípio do Direito Internacional do Meio Ambiente, que determina, ainda, o estabelecimento de tratativas entre os Estados envolvidos, tão logo quanto possível e de boa-fé.

(D) tão somente observável no âmbito de organizações internacionais e de integração regional, prevista em instrumentos não vinculantes, também chamados de *soft law*.

(E) insuscetível de gerar responsabilidade internacional do Estado, salvo se houver previsão de igual teor no direito interno.

A obrigação mencionada decorre dos seguintes diplomas normativos: i) Princípio 22 da Declaração de Estocolmo (Os Estados devem cooperar para o contínuo desenvolvimento do Direito Internacional no que se refere à responsabilidade e à indenização às vítimas de contaminação e de outros danos ambientais por atividades realizadas dentro da jurisdição ou sob controle de tais Estados, bem como zonas situadas fora de suas jurisdições); ii) Observância da Carta das Nações Unidas, no artigo 33, 1 (As partes em uma controvérsia, que possa vir a constituir uma ameaça à paz e à segurança internacionais, procurarão, antes de tudo, chegar a uma solução por negociação, inquérito, mediação, conciliação, arbitragem, solução judicial, recurso a entidades ou acordos regionais, ou a qualquer outro meio pacífico à sua escolha) ; iii) Princípio 19 da Declaração do Rio (Os Estados devem prover, oportunamente, a Estados que possam ser afetados, notificação prévia e informações relevantes

sobre atividades potencialmente causadoras de considerável impacto transfronteiriço negativo sobre o meio ambiente, e devem consultar-se com estes tão logo possível e de boa-fé). Assim, apenas a alternativa "C" está correta. **WG**

Gabarito "C".

14. RECURSOS MINERAIS

(Juiz – TRF 2ª Região – 2017) Quanto à relação entre mineração e direito ambiental é correto afirmar que:

(A) A autorização de pesquisa mineral pressupõe o licenciamento ambiental da outorga de lavra.

(B) A evidência de que a exploração de recursos minerais possa causar degradação ao meio ambiente não impede o licenciamento, por si, já que a própria Constituição Federal refere que, nesta atividade, o meio ambiente degradado será posteriormente recuperado, conforme a solução técnica exigida pelo órgão ambiental.

(C) Na competência do Estado para registrar as concessões de direitos de pesquisa e lavra não se inclui a fiscalização de tais atividades.

(D) A emissão da outorga de lavra gera direito do empreendedor à obtenção da licença ambiental, ainda que com condicionantes, exceto se a lavra se localizar em unidades de conservação.

(E) O licenciamento ambiental de uma lavra não autoriza a realização de atividades que causem impacto ambiental direto.

A: incorreta, pois a autorização de pesquisa se refere à definição da jazida, sua avaliação e a determinação da exequibilidade do seu aproveitamento econômico e depende de prévia outorga do Departamento Nacional de Produção Mineral (art. 14, "caput" e art. 15, "caput", ambos do Decreto-Lei 227/1967).Já a concessão da lavra, que consiste no aproveitamento industrial da jazida, isto é, extração e beneficiamento das substâncias minerais (art. 36, do Decreto-Lei 27/1967) e depende de ato do Ministério de Minas e Energia; **B:**correta (art. 225, §2º, da CF/88); **C:** incorreta, pois o art. 17, § 3º, da LC 140/2011, esclarece que não impede o exercício pelos entes federativos da atribuição comum de fiscalização da conformidade de empreendimentos e atividades efetiva ou potencialmente poluidores ou utilizadores de recursos naturais. Além disso, conforme a CF, é competência comum da União, dos Estados, do Distrito Federal e dos Municípios "registrar, acompanhar e fiscalizar as concessões de direitos de pesquisa e exploração de recursos hídricos e minerais em seus territórios" (art. 23, XI)";**D:**incorreta, pois a emissão de outorga de lavra depende da obtenção da licença ambiental; **E:** incorreta, pois a degradação ambiental é condição *sine qua non* a exploração dos recursos minerais, ou seja, impossível explorar minérios sem comprometer a integridade do meio ambiente.Tanto é assim que o art. 225, § 2º, da CF/88, dispõe que: "Aquele que explorar recursos minerais fica obrigado a recuperar o meio ambiente degradado, de acordo com solução técnica exigida pelo órgão público competente, na forma da lei".**FM/FCP**

Gabarito "B".

(Juiz – TRF 4ª Região – 2016) Assinale a alternativa correta.

A partir da legislação que regulamenta a atividade de mineração (Código de Minas – Decreto-Lei nº 277/67):

(A) Não se aplica o Decreto-Lei nº 277/67 às jazidas de minerais que afloram à superfície terrestre naturalmente, ainda que detenham valor econômico.

10. DIREITO AMBIENTAL · 699

(B) É direito do proprietário da área da jazida a participação nos resultados da lavra, ainda que integralmente explorada por terceiro.

(C) O titular da Pesquisa de Relatório aprovado pelo Departamento Nacional de Produção Mineral detém direito exclusivo para requerer a concessão de lavra, independentemente do prazo para o seu exercício.

(D) Dispõe o proprietário da área objeto da pesquisa de jazidas a faculdade de permitir o ingresso de terceiros autorizados pelo Departamento Nacional de Produção Mineral em sua propriedade ou, alternativamente, exigir rendimentos pela ocupação dos terrenos e indenização pelos danos e prejuízos.

(E) Nenhumas das alternativas anteriores está correta.

A: incorreta, pois nos termos do art. 4º, do Decreto-Lei 227/1967, considera-se jazida toda massa individualizada de substância mineral ou fóssil, aflorando à superfície ou existente no interior da terra, e que tenha valor econômico, e nos termos do art. 3º, I, do Decreto-Lei 227/1967,o Código de Mineração regula os direitos sobre as massas individualizadas de substâncias minerais ou fósseis, encontradas na superfície ou no interior da terra formando os recursos minerais do país; **B**: correta (art. 11, *b*, do Decreto-Lei 227/1967); **C**: incorreta, pois o titular, uma vez aprovado o Relatório de Pesquisa, terá 1 (um) ano para requerer a concessão de lavra (art. 31, do Decreto-Lei 227/1967); **D**: incorreta, pois o proprietário do solo da área objeto da pesquisa de jazidas tem direito à participação nos resultados da lavra (art. 11, *b*, do Decreto-Lei 227/1967) e, não poderão ser iniciados os trabalhos de pesquisa ou lavra, antes de paga a importância à indenização e de fixada a renda pela ocupação do terreno (art. 62, do Decreto-Lei 227/1967); **E**: incorreta nos termos acima expostos. **FM/FCP**
Gabarito "B".

(Magistratura Federal/1ª região – 2011 – CESPE) Assinale a opção correta com referência a impactos ao meio ambiente causados pela exploração de recursos naturais.

(A) Ao inserir entre os bens da União as reservas minerais, inclusive as de subsolo, o legislador constituinte reconheceu a condição monopolizadora conferida à União para atividades de exploração de petróleo, por exemplo, entendendo como fator fundamental vinculado à tutela dos bens ambientais o seu direito de propriedade.

(B) Os biocombustíveis, incluídos na Lei de Política Energética, são regulados pela Agência Nacional de Petróleo, que deve cumprir os objetivos relacionados à proteção do meio ambiente como os aplicados ao petróleo.

(C) A utilização de áreas naturais para a lavra de minerais pode ser realizada por decreto federal, estadual ou norma municipal, desde que não comprometa a integridade dos atributos que justifiquem a proteção das referidas áreas.

(D) A legislação federal vigente não permite a importação de agrotóxicos, sendo possível, contudo, importar seus componentes em separado, o que dificulta a ação fiscalizadora da administração pública.

(E) Florestas ou áreas tombadas podem ser modificadas pela exploração mineral, desde que mediante proposta viável de recuperação total da área, com assinatura de termo de compromisso para o seu cumprimento.

A: incorreta. Embora a primeira parte da assertiva corresponda aos arts. 20 e 177 da CF, não se pode afirmar que a condição monopolizadora conferida à União para atividades de exploração de petróleo é fator fundamental vinculado à tutela dos bens ambientais o seu direito de propriedade; **B**: correta, pois a Lei n. 9.478/1997, (Redação dada pela Lei n. 11.097, de 2005), que dispõe sobre a política energética nacional e, dentre outros, institui a Agência Nacional do Petróleo (ANP), estabelece, em seu art. 8º, IX, que a ANP terá como finalidade promover a regulação, a contratação e a fiscalização das atividades econômicas integrantes da indústria do petróleo, do gás natural e dos biocombustíveis, cabendo-lhe fazer cumprir as boas práticas de conservação e uso racional do petróleo, gás natural, seus derivados e biocombustíveis e de preservação do meio ambiente; **C**: incorreta, pois, nos termos do art. 176, § 1º, da CF, *a pesquisa e a lavra de recursos minerais e o aproveitamento dos potenciais a que se refere o "caput" deste artigo somente poderão ser efetuados mediante autorização ou concessão da União*; **D**: incorreta, pois a Lei n. 7.802/1989, que dispõe sobre a pesquisa, a experimentação, a produção, a embalagem e rotulagem, o transporte, o armazenamento, a comercialização, a propaganda comercial, a utilização, a importação, a exportação, o destino final dos resíduos e embalagens, o registro, a classificação, o controle, a inspeção e a fiscalização de agrotóxicos, seus componentes e afins, não proíbe a importação de agrotóxicos; **E**: incorreta, pois a Lei n. 11.284/2006, em seu art. 16, § 1º, IV, estabelece que a concessão florestal confere ao concessionário somente os direitos expressamente previstos no contrato de concessão. É vedada a outorga de qualquer dos seguintes direitos no âmbito da concessão florestal: (...) exploração dos recursos minerais. **MD**
Gabarito "B".

15. RECURSOS HÍDRICOS

(Juiz – TRF 2ª Região – 2017) Quanto à outorga de direito de uso de recursos hídricos, assinale a opção correta:

(A) A outorga é de competência exclusiva da Agência Nacional de Águas.

(B) Em situações de escassez, o uso prioritário dos recursos hídricos deve ser destinado ao consumo humano e à dessedentação de animais e, em seguida, às prioridades de uso estabelecidas no Plano de Recursos Hídricos aplicável a cada corpohídrico.

(C) A outorga só será suspensa nos casos de não cumprimento, pelo outorgado, dos termos estabelecidos ou de necessidade premente de água para atender a situações de calamidade, sempre mediante processo administrativo em que se assegure ampladefesa.

(D) A outorga deverá observar o uso específico para o qual o corpo hídrico tiver sido destinado, vedado o seu uso múltiplo.

(E) Desde que respeite a classe em que o corpo de água estiver enquadrado, a outorga não fica condicionada às prioridades de uso.

A: incorreta, a Agência Nacional de Águas é entidade federal de implementação da Política Nacional de Recursos Hídricos, com competência para outorgar, por intermédio de autorização, o direito de uso de recursos hídricos em corpos de água de domínio da União (art. 4º, IV, da Lei 9.984/2000). Nos corpos de água de domínio dos Estados e Distrito Federal, a competência para a outorga do uso dos recursos hídricos se efetivará por ato da autoridade competente do Poder Executivo dos Estados ou do Distrito Federal (art. 14, da Lei 9.433/1997); **B**: correta (art. 1º, III, da Lei 9.433/1997); **C**: incorreta.Nos termos do art. 15, da Lei 9.433/1997: "A outorga de direito de uso de recursos hídricos poderá ser suspensa parcial ou totalmente, em definitivo ou por prazo determinado, nas seguintes circunstâncias: I - não cumprimento pelo outorgado dos termos da outorga; II - ausência de uso por três anos consecutivos; III - necessidade premente de água para atender a situações de calamidade, inclusive as decorrentes de condições climáticas adversas; IV - necessidade de se prevenir ou reverter grave degradação ambiental; V - necessidade de se atender a usos prioritários, de interesse coletivo, para os quais não se disponha de fontes alternativas; VI - necessidade de serem mantidas as características de navegabilidade do corpo de água"; **D:** incorreta, pois a gestão dos recursos hídricos deve sempre proporcionar o uso múltiplo das águas (art. 13, parágrafo único, da Lei 9.433/1997); **E:** incorreta, pois "toda outorga estará condicionada às prioridades de uso estabelecidas nos Planos de Recursos Hídricos e deverá respeitar a classe em que o corpo de água estiver enquadrado e a manutenção de condições adequadas ao transporte aquaviário, quando for o caso" (art. 13, "caput", da Lei 9.433/1997).**FM/FCP**

Gabarito "B".

(Juiz – TRF 4ª Região – 2016) Assinale a alternativa correta.

A respeito da Política Nacional de Recursos Hídricos, prevista na Lei nº 9.433/97:

(A) O regime de outorga de direitos de uso de recursos hídricos é aplicável aos aquíferos subterrâneos destinados a consumidor final ou como insumo de processo produtivo, como também para aproveitamento de potenciais hidrelétricos.

(B) Depende de outorga do Poder Público o uso de córregos, rios e aquíferos subterrâneos para suprimento de necessidade de pequenos núcleos populacionais em meio rural e acumulações de água consideradas insignificantes.

(C) O Poder Executivo Federal não poderá delegar a competência para conceder outorga de direito de uso de recurso hídrico de domínio da União.

(D) A Agência Nacional de Águas não compõe o Sistema Nacional de Gerenciamento de Recursos Hídricos, embora atue paralelamente com a missão de regular o acesso e o uso sustentável da água.

(E) Nenhuma das alternativas anteriores está correta.

A: correta (art. 12, II e IV, da Lei 9.433/1997); **B:** incorreta, pois independe de outorga do poder público o uso de recursos hídricos para a satisfação das necessidades de pequenos núcleos populacionais, distribuídos no meio rural e acumulações de água consideradas insignificantes (art. 12, § 1º, I e III, da Lei 9.433/1997); **C:**incorreta, pois nos termos do art. 14, § 1º, da Lei 9.433/1997: "O Poder Executivo Federal poderá delegar aos Estados e ao Distrito Federal competência para conceder outorga de direito de uso de recurso hídrico de domínio da União"; **D:** incorreta, pois a Agência Nacional de Águas integra o Sistema Nacional de Gerenciamento de Recursos Hídricos (art. 33, I-A, da Lei 9.433/1997); **E:** incorreta conforme argumentos expostos nas demais assertivas.**FM/FCP**

Gabarito "A".

(Juiz – TRF 3ª Região – 2016) Dadas as assertivas abaixo, assinale a alternativacorreta.

Sobre a gestão de recursos hídricos nacionais, é possível afirmarque:

I. A jurisprudência do STJ firmou entendimento no sentido de que, como regra, tendo em vista a legislação vigente, há necessidade de outorga para a extração de água do subterrâneo por meio de poço artesiano.

II. Na forma dos arts. 20, III, e 26, I, da Constituição Federal, não mais existe propriedade privada de lagos, rios, águas superficiais ou subterrâneas, fluentes, emergentes ou em depósito, e quaisquer correntes de água. Nesses termos, a interpretação a ser conferida ao art. 11, caput, do Código de Águas ("São públicos dominicais, se não estiverem destinados ao uso comum, ou por algum título legítimo não pertencerem ao domínio particular"), que, teoricamente, coaduna-se com o sistema constitucional vigente e com a Lei das Águas (Lei 9.433/1997), é a de que, no que concerne a rios federais e estaduais, o título legítimo em favor do particular que afastaria o domínio pleno da União seria somente o decorrente de enfiteuse ou concessão, este último de natureza real.

III. Segundo a Lei nº 9433/1997, estão sujeitos a outorga pelo Poder Público os direitos dos usos de recursos hídricos, dentre outros, de derivação ou captação de parcela da água existente em um corpo de água para consumo final, inclusive abastecimento público, ou insumo de processo produtivo e de lançamento em corpo de água de esgotos e demais resíduos líquidos ou gasosos, tratados ou não, com o fim de sua diluição, transporte ou disposição final.

Estão corretas as assertivas:

(A) I eIII.

(B) I, II eIII.

(C) II eIII.

(D) III.

I: correta."É firme a orientação desta Corte Superior no sentido de ser necessária a outorga do ente público para a exploração de águas subterrâneas através de poços artesianos" (STJ - AgRg no AREsp: 263253 RS 2012/0251336-0, Rel. Min.Regina Helena Costa, j. 21.05.2015, *DJe* 15.06.2015); II: incorreta, "Hodiernamente, a Segunda Turma, por ocasião do julgamento do Resp 508.377/MS, em sessão realizada em 23/10/2007, sob a relatoria do eminente Ministro João Otávio de Noronha e voto-vista do Ministro Herman Benjamin, reviu o seu posicionamento para firmar-se na linha de que a Constituição Federal aboliu expressamente a dominialidade privada dos cursos de água, terrenos reservados e terrenos marginais, ao tratar do assunto em seu art. 20, inciso III (Art. 20: São bens da União: III - os lagos, rios e quaisquer correntes de água em terrenos de seu domínio, ou que banhem mais de um Estado, sirvam de limites com outros países, ou se estendam a território estrangeiro ou dele provenham, bem como os terrenos marginais e as praias fluviais;). Desse modo, a interpretação a ser conferida ao art. 11, caput, do Código de Águas ("ou por algum título legítimo não pertencerem ao domínio particular"), que, teoricamente, coaduna-se com o sistema constitucional vigente e com a Lei das Águas (Lei 9.433/1997), é a de que, no que tange a rios federais e estaduais, o título legítimo em favor do particular que afastaria o domínio pleno da União seria somente o decorrente de enfiteuse ou concessão, este último de natureza *pessoal*, e não real" (STJ REsp 1152028 MG 2009/0000038-2, Rel. Min.Mauro Campbell Marques, j. 17.03.2011, *DJE*29.03.2011); III: correta (art. 12, I e III, da Lei 9.433/1997).**FM/FCP**

Gabarito "A".

(Magistratura/CE – 2012 – CESPE) O sistema de informações sobre recursos hídricos é um dos instrumentos da Política Nacional de Recursos Hídricos. São princípios básicos do funcionamento desse sistema

(A) a descentralização do processo de tomada de

decisões, a integração institucional do processo de elaboração de informações e o direito à informação.

(B) a publicidade das informações, a coordenação unificada do sistema de coleta dos dados e a descentralização do processo de tomada de decisões.

(C) a descentralização da obtenção e produção de dados e informações, a coordenação unificada do sistema e a garantia de acesso da sociedade aos dados e informações.

(D) a integração regional na coleta de informações, a centralização administrativa no processo de sistematização de dados e a transparência do processo de tomada de decisões.

(E) a centralização do processo de coleta de dados, a interdependência na gestão do conhecimento e a democratização dos veículos de informação.

Os princípios básicos para funcionamento do Sistema de Informações sobre Recursos Hídricos estão dispostos no art. 26 da Lei 9.433/1997: descentralização da obtenção e produção de dados e informações; coordenação unificada do sistema; e acesso aos dados e informações garantido à toda sociedade. **HS**
Gabarito "C".

(Magistratura/PA – 2012 – CESPE) Considerando o Sistema Nacional de Gerenciamento de Recursos Hídricos (SINGREH), a Lei de Política Nacional de Recursos Hídricos (Lei n. 9.433/1997) e a Resolução n. 16/2001 do Conselho Nacional de Recursos Hídricos, assinale a opção correta.

(A) Os comitês de bacia hidrográfica são compostos por representantes de usuários e poluidores das águas da área de drenagem de um conjunto de rios.

(B) Nos comitês de bacia hidrográfica de bacias cujos territórios abranjam terras indígenas devem ser incluídos representantes das comunidades indígenas residentes nos estados-membros localizados na fronteira da bacia.

(C) Os comitês de bacia hidrográfica devem ser dirigidos por um conselho de diretores e um secretário, indicados pelo governador do estado cujo território se situe na área de atuação do comitê.

(D) A criação de Agências de Água somente pode ser autorizada pelo IBAMA.

(E) Compete ao Comitê de Bacia Hidrográfica aprovar o Plano de Recursos Hídricos da bacia.

A: incorreta. Os poluidores não integram os Comitês de Bacia Hidrográfica (art. 39 da Lei 9.433/1997); **B:** incorreta. Quando a bacia hidrográfica abranger territórios indígenas, o respectivo comitê deve ter representantes da FUNAI e das comunidades indígenas ali residentes ou com interesse nas águas (art. 39, § 3º, da Lei 9.433/1997); **C:** incorreta. Os comitês serão dirigidos por um Presidente e um Secretário eleitos dentre seus membros (art. 40 da Lei 9.433/1997); **D:** incorreta. A autorização para criação de agência de água será conferida pelo Conselho Nacional de Recursos Hídricos ou pelos competentes Conselhos Estaduais de Recursos Hídricos, a depender da pessoa política instituidora da autarquia em regime especial (art. 42, parágrafo único, da Lei 9.433/1997); **E:** correta, nos termos do art. 38, III, da Lei 9.433/1997. **HS**
Gabarito "E".

(Magistratura/PE – 2013 – FCC) Considere as afirmações abaixo acerca da Política Nacional de Resíduos Sólidos, tal como instituída pela Lei nº 12.305/2010.

I. No gerenciamento de resíduos sólidos, a não geração e a redução de resíduos são objetivos preferíveis à reciclagem e ao seu tratamento adequado.

II. Os fabricantes de produtos em geral têm o dever de implementar sistemas de logística reversa.

III. Os consumidores têm responsabilidade compartilhada pelo ciclo de vida de quaisquer produtos adquiridos.

Está correto o que se afirma em

(A) II e III, apenas.

(B) I e II, apenas.

(C) I, apenas.

(D) I, II e III.

(E) I e III, apenas.

I: correta; pela ordem, a gestão e o gerenciamento de resíduos sólidos devem buscar o seguinte – não geração, redução, reutilização, reciclagem, tratamento dos resíduos e disposição final ambientalmente adequada dos rejeitos (art. 9º, "caput", da Lei 12.305/2010); **II:** incorreta, pois fabricantes (além de importadores, distribuidores e comerciantes) devem providenciar o retorno dos produtos após o uso pelo consumidor (logística reversa), apenas quanto aos produtos mencionados no art. 33 da Lei 12.305/2010, tais como pilhas, baterias, pneus, dentre outros; **III:** correta (arts. 3º, I e XVII, 6º, VII, 7º, XII, 8º, III, 17, VIII, 21, VII, e 30 a 36, todos da Lei 12.305/2010). **HS**
Gabarito "E".

16. OUTROS TEMAS E TEMAS COMBINADOS

(Juiz – TJ/SP – VUNESP – 2015) Com relação à gestão de resíduos sólidos instituída pela Lei 12.305/10, é correto afirmar que

(A) o titular do serviço público de limpeza urbana e de manejo de resíduos sólidos pode, mediante termo de compromisso firmado com o setor empresarial, encarregar-se de atividades de responsabilidade destes nos sistemas de logística reversa, vedada a cobrança por essas atividades.

(B) a lei instituiu a obrigação de estruturar e implementar sistemas de logística reversa dividindo a responsabilidade entre os fabricantes e os comerciantes de produtos como pilhas e baterias, agrotóxicos, pneus, equipamentos e componentes eletrônicos e lâmpadas, entre outros.

(C) a Lei de Resíduos Sólidos permite a incineração de resíduos sólidos desde que realizada com emprego de equipamentos devidamente licenciados pela autoridade ambiental competente.

(D) não estão sujeitos à elaboração de plano de gerenciamento de resíduos sólidos os estabelecimentos comerciais cujos resíduos gerados em suas atividades sejam caracterizados, por sua natureza, composição ou volume, como não perigosos.

A: incorreta. Se o titular do serviço público de limpeza urbana encarregar-se dos sistemas de logística reversa, através de termo de compromisso firmado com o setor empresarial, os serviços serão devidamente remunerados, e, portanto, não é vedada a cobrança por estas atividades (art. 33, § 7º, da Lei 12.305/2010). **B:** incorreta. Nos termos

do art. 33, da Lei 12.305/2010, são obrigados a estruturar e implementar sistemas de logística reversa, mediante o retorno dos produtos após o uso pelo consumidor, os fabricantes, importadores, distribuidores e comerciantes, e não somente os fabricantes e comerciantes, conforme disposto na alternativa. **C:** correta. Nos termos do art. 47, III e § 1º, da Lei 12.305/2010. **D:** incorreta. Segundo dispõe o art. 20, II, "b", da Lei 12.305/2010, estão sujeitos à elaboração de plano de gerenciamento de resíduos sólidos os estabelecimentos comerciais cujos resíduos gerados em suas atividades sejam caracterizados como não perigosos, por sua natureza, composição ou volume, e não sejam equiparados a resíduos domiciliares pelo poder público municipal. **FM/FCP**
Gabarito "C".

(Juiz– TJ-SC – FCC – 2017) Segundo o Plano Nacional de Gerenciamento Costeiro, os:

(A) Estados e os Municípios poderão instituir, através de lei, os respectivos Planos Estaduais ou Municipais de Gerenciamento Costeiro, observadas as normas e diretrizes fixadas no Plano Nacional e em lei federal.

(B) Estados e os Municípios poderão instituir, através de decreto, os respectivos Planos Estaduais ou Municipais de Gerenciamento Costeiro, observadas as normas e diretrizes fixadas no Plano Nacional e em lei federal.

(C) Estados poderão instituir, através de decreto, Planos Regionais de Gerenciamento Costeiro, observadas as normas e diretrizes fixadas no Plano Nacional e em lei federal, estando o país dividido, para este fim, em quatro regiões costeiras: sul, sudeste, nordeste e norte.

(D) Estados poderão instituir, através de lei, Planos Regionais de Gerenciamento Costeiro, observadas as normas e diretrizes fixadas no Plano Nacional e em lei federal, estando o país dividido, para este fim, em quatro regiões costeiras: sul, sudeste, nordeste e norte.

(E) Municípios da costa deverão instituir, através de decreto, Planos Setoriais de Gerenciamento Costeiro, que se limitarão a, no máximo, quatro Municípios.

A: correta (art. 5º, § 1º, da Lei 7.661/1988); **B:** incorreta, pois os Estados e os Municípios poderão instituir, por meio de lei e não de decreto, os respectivos Planos Estaduais ou Municipais de Gerenciamento Costeiro, observadas as normas e diretrizes fixadas no Plano Nacional e em lei federal (art. 5º, § 1º, da Lei 7.661/1988); **C** e **D:** incorretas, pois os Estados poderão instituir, por meio de lei, os respectivos Planos Estaduais de Gerenciamento Costeiro, observadas as normas e diretrizes do Plano Nacional e o disposto na lei federal, e designar os órgãos competentes para a execução desses Planos (art. 5º, § 1º, da Lei 7.661/1988); **E:**incorreta, pois os Municípios poderão instituir, por meio de lei e não de decreto, os respectivos Planos Municipais de Gerenciamento Costeiro, observadas as normas e diretrizes fixadas no Plano Nacional e em lei federal (art. 5º, § 1º, da Lei 7.661/1988). **FM/FCP**
Gabarito "A".

(Juiz – TRF 2ª Região – 2017) Quanto à ordem de prioridade a ser observada nas políticas de gestão e de gerenciamento de resíduos sólidos:

(A) A disposição final ambientalmente adequada dos rejeitos é o objetivo maior da Política Nacional de Resíduos Sólidos.

(B) A ordem de prioridade é reciclagem, não geração e, por fim, uso como fonte deenergia.

(C) A ordem de prioridade se inicia com a tentativa de não geração e segue com a redução, reutilização, recicla-

gem, tratamento dos resíduos sólidos e disposição final ambientalmente adequada dosrejeitos.

(D) A ordem de prioridade é reciclar, reutilizar e, se for possível, nãogerar.

(E) Segundo o princípio do poluidor pagador, a prioridade é a não geração, a taxação daqueles que geram mais e, quanto aos resíduos gerados, a disposição final efetuada em consonância com a política de saneamento básico.

A: incorreta, pois a disposição final ambientalmente adequada de rejeitos é um dos objetivos da Política Nacional de Resíduos Sólidos, e se encontra em igualdade com os outros objetivos insertos no art. 7º, da Lei 12.305/2010; **B:** incorreta, pois a ordem de prioridade é não geração, redução, reutilização, reciclagem, tratamento dos resíduos sólidos e disposição final ambientalmente adequada dos rejeitos (art. 9º, "caput", da Lei 12.305/2010); **C:** correta. De fato, na gestão e gerenciamento de resíduos sólidos, deve ser observada a seguinte ordem de prioridade: não geração, redução, reutilização, reciclagem, tratamento dos resíduos sólidos e disposição final ambientalmente adequada dos rejeitos (art. 9º, "caput", da Lei 12.305/2010); **D:** incorreta, nos termos do art. 9º, da Lei 12.305/2010: "Na gestão e gerenciamento de resíduos sólidos, deve ser observada a seguinte ordem de prioridade: não geração, redução, reutilização, reciclagem, tratamento dos resíduos sólidos e disposição final ambientalmente adequada dos rejeitos"; **E:** incorreta, pois o princípio do poluidor pagador trata-se da incumbência que possui o poluidor de arcar com os custos necessários para a reparação do dano ambiental, e não do estabelecimento da ordem prioritária na gestão e gerenciamento de resíduos sólidos. **FM/FCP**
Gabarito "C".

(Juiz – TJ-SC – FCC – 2017) O pagamento por serviços ambientais – PSA tem por fundamento:

(A) a legislação estrangeira, não encontrando base no ordenamento jurídico brasileiro.

(B) o princípio da solidariedade intergeracional.

(C) o princípio do protetor-recebedor.

(D) o princípio do usuário-pagador.

(E) o princípio do poluidor-pagador.

O pagamento por serviços ambientais (PSA) tem fundamento no princípio do protetor-recebedor, pois o pagamento ou a compensação por serviços ambientais consiste na transferência de recursos (monetários ou outros) a quem ajuda a manter ou a produzir os serviços ambientais. Consideram-se serviços ambientais as funções imprescindíveis providas pelos ecossistemas naturais para a manutenção, a recuperação ou a melhoria das condições ambientais adequadas à vida, incluindo a humana. De outra banda, o princípio protetor-recebedor tem a finalidade de incentivar economicamente quem protege uma área, deixando de utilizar seus recursos, estimulando a preservação ambiental. Conforme Fabiano Melo, "o princípio do protetor-recebedor atua por meio de instrumentos e medidas de incentivo econômico para a proteção aos recursos naturais como alternativa às exigências legais, visto que estas nem sempre são cumpridas pelos atores sociais e econômicos. Estas medidas de justiça econômica fornecem aos pequenos produtores rurais e populações tradicionais uma maior efetividade na proteção ambiental mediante incentivos fiscais, tributários e econômicos do que a aplicação de sanções legais, como a imposição de multas ou o enquadramento nas tipificações penais. Nesse caso, nada mais justo, uma vez que aquele que protege ou renuncia à exploração de recursos naturais em prol da coletividade deve ser contemplado com os incentivos decorrentes do princípio do protetor-recebedor" (*Direito Ambiental*. São Paulo: Método, 2017). **FM/FCP**
Gabarito "C".

10. DIREITO AMBIENTAL

(Juiz – TRF 2ª Região – 2017) Em relação à Política Nacional sobre Mudança do Clima, instituída pela Lei nº 12.187/09, é correto afirmar que:

(A) O conceito de "adaptação" se refere às medidas necessárias para adaptar o sistema produtivo aos objetivos da política climática, reduzindo o volume de emissões de gases de efeito estufa, e o conceito de "mitigação" se refere às iniciativas para reduzir a vulnerabilidade das populações mais afetadas pelas mudanças climáticas.

(B) A implementação da Política Nacional sobre Mudança do Clima é de competência privativa daUnião.

(C) Com a aprovação da Política Nacional sobre Mudança do Clima, qualquer pessoa, física ou jurídica, responsável, direta ou indiretamente, por emissões de gases de efeito estufa, pode ser obrigada, inclusive judicialmente, a compensar integralmente suas emissões, até por força do princípio do poluidorpagador.

(D) Qualquer instrumento da Política Nacional sobre Mudança do Clima só pode ser utilizado mediante prévia aprovação pela conferência das partes à Convenção Quadro das Nações Unidas sobre Mudanças Climáticas (as denominadas "COPs").

(E) Os registros, inventários, estimativas, avaliações e outros estudos de emissões de gases de efeito estufa e de suas fontes, elaborados com base em informações e dados fornecidos por entidades públicas e privadas, são instrumentos da Política Nacional Sobre Mudança do Clima.

A: incorreta, pois o conceito de "adaptação" se refere a "iniciativas e medidas para reduzir a vulnerabilidade dos sistemas naturais e humanos frente aos efeitos atuais e esperados da mudança do clima" (art. 2º, I, da Lei 12.187/2009), e o conceito de "mitigação" se refere às "mudanças e substituições tecnológicas que reduzam o uso de recursos e as emissões por unidade de produção, bem como a implementação de medidas que reduzam as emissões de gases de efeito estufa e aumentem os sumidouros" (art. 2º, VII, da Lei 12.187/2009)**; B:** incorreta. Nos termos do art. 3º, da Lei 12.187/2009, a Política Nacional de Mudanças Climáticas e as ações dela decorrentes serão executadas sob a responsabilidade dos entes políticos e dos órgãos da Administração Pública, não sendo, portanto, competência privativa da União**; C:** incorreta, pois a responsabilidade deve ser individual quanto à origem das fontes emissoras e dos efeitos ocasionados sobre o clima,assim, em tese não se aplica a responsabilização indireta (art. 3º, III, da Lei 12.187/2009)**; D:** incorreta,os instrumentos da Política Nacional de Mudanças Climáticas vêm elencados no art. 6º, da Lei 12.187/2009, e regulamentados pelo Decreto 7.390/2010, e não há em ambos qualquer disposição a respeito; **E:** correta (art. 6º, XIII, da Lei 12.187/2009). **FM/FCP**
Gabarito "E".

(Juiz – TRF 4ª Região – 2016) Dadas as assertivas abaixo, assinale a alternativa correta.

I. Existindo licença de construir concedida pelo Município, não há que se cogitar de limitações ambientais ao direito de construir em área urbana.

II. É permitida a exploração florestal com propósito comercial em áreas de reserva legal, mediante manejo sustentável aprovado por órgão ambiental.

III. Segundo a jurisprudência majoritária do Superior Tribunal de Justiça, embora seja possível, em tese, a

cumulação da obrigação de reparar o dano ambiental (obrigação de fazer) com a de indenizar, esta última não será devida se houver restauração completa do bem lesado.

(A) Estão corretas apenas as assertivas I e II.

(B) Estão corretas apenas as assertivas I e III.

(C) Estão corretas apenas as assertivas II e III.

(D) Estão corretas todas as assertivas.

(E) Nenhuma assertiva está correta.

I: incorreta, pois a licença de construção concedida pelo Município não afasta o cumprimento das exigências legais concernentes às prescrições ambientais; **II:** correta, consoante o art. 22 da Lei 12.651/2012; **III:** correta. "Nas demandas ambientais, por força dos princípios do poluidor-pagador e da reparação *in integrum*, admite-se a condenação do réu, simultânea e agregadamente, em obrigação de fazer, não fazer e indenizar [...]. Se o bem ambiental lesado for imediata e completamente restaurado ao *status quo ante* (*reductio ad pristinum statum*, isto é, restabelecimento à condição original), não há falar, ordinariamente, em indenização" (STJ, REsp 1198727 MG 2010/0111349-9. Rel. Min. Herman Benjamin. j. 14.08/2012, *DJe* 09.05.2013). **FM/FCP**
Gabarito "C".

(Juiz – TRF 3ª Região – 2016) Assinale a assertiva incorreta, a respeito dos indígenas e as suas terras:

(A) A demarcação de terra indígena é ato meramente formal, que apenas reconhece direito preexistente e constitucionalmente assegurado (art. 231 da CF).

(B) A eventual existência de registro imobiliário em nome de particular, a despeito do que dispunha o art. 859 do Código Civil de 1916 ou do que prescreve o art. 1.245 e §§ do vigente Código Civil, não torna oponível à União Federal esse título de domínio privado, pois a Constituição da República pré-excluiu do comércio jurídico as terras indígenas ("res extra commercium"), proclamando a nulidade e declarando a extinção de atos que tenham por objeto a ocupação, o domínio e a posse de tais áreas, considerando ineficazes, ainda, as pactuações negociais que sobre elas incidam, sem possibilidade de quaisquer consequências de ordem jurídica, inclusive aquelas que provocam, por efeito de expressa recusa constitucional, a própria denegação do direito à indenização ou do acesso a ações judiciais contra a União Federal, ressalvadas, unicamente, as benfeitorias derivadas da ocupação de boa-fé.

(C) O Plenário do Supremo Tribunal Federal estabeleceu como marco temporal de ocupação da terra pelos índios, para efeito de reconhecimento como terra indígena, a data da promulgação da Constituição, em 5 de outubro de 1988. De tal premissa decorre a conclusão de que não se pode reconhecer a tradicionalidade da posse nativa onde, ao tempo da promulgação da Lei Maior de 1988, a reocupação não ocorreu, ainda que por efeito de renitente esbulho por parte de não índios.

(D) Conforme entendimento do Supremo Tribunal Federal, há compatibilidade entre o usufruto de terras indígenas e faixa de fronteira, visto que a permanente alocação indígena nesses estratégicos espaços em muito facilita e até obriga que as instituições de Estado se façam também presentes.

A: correta, pois o reconhecimento do direito dos índios e grupos tribais à posse permanente das terras por eles habitadas independe de sua demarcação (art. 231, da CF e art. 25, da Lei 6.001/1973); **B:** correta (art. 231, § 4º e 6º, da CF/88); **C:** incorreta, pois o STF realmente acolheu a teoria do indigenato e fixou como marco temporal para as ocupações indígenas, a data da promulgação do permissivo constitucional (05/10/1988).Contudo, a segunda parte da assertiva não é verdadeira, pois o STF cravou ressalvas à teoria do indigenato, assentando que, ao se tratar da tradicionalidade da ocupação, não se tem a ocupação como perdida quando, à época da promulgação da Carta Maior, a reocupação não ocorreu por atos de expropriação territorial praticados por não índios (STF, Pet 3388, Rel. Min. Carlos Britto, Tribunal Pleno, j. 19.03.2009, *DJe* 24.09.2009.Publ. 25.09.2009 Republ.*DJe* 30.06.2010. Publ. 01.07.2010); **D:** correta. "Há compatibilidade entre o usufruto de terras indígenas e faixa de fronteira. Longe de se pôr como um ponto de fragilidade estrutural das faixas de fronteira, a permanente alocação indígena nesses estratégicos espaços em muito facilita e até obriga que as instituições de Estado (Forças Armadas e Polícia Federal, principalmente) se façam também presentes com seus postos de vigilância, equipamentos, batalhões, companhias e agentes" (STF, Pet 3388, Rel. Min. Carlos Britto, Tribunal Pleno, j. 19.03.2009, *DJe* 24.09.2009. Publ. 25.09.2009 Republ.: *DJe* 30.06.2010. Publ. 01.07.2010). **FM/FCP**

Gabarito "C".

(Juiz–TRF 3ª Região – 2016) Dadas as assertivas abaixo, assinale a alternativa correta.

Acerca do Conselho de Gestão do Patrimônio Genético – CGen, órgão colegiado criado no âmbito do Ministério do Meio Ambiente, de caráter deliberativo, normativo, consultivo e recursal, responsável por coordenar a elaboração e a implementação de políticas para a gestão do acesso ao patrimônio genético e ao conhecimento tradicional associado e da repartição de benefícios, formado por representação de órgãos e entidades da administração pública federal que detêm competência sobre as diversas ações de que trata a Lei nº 13.123/2015, com participação máxima de 60% (sessenta por cento) e a representação da sociedade civil em no mínimo 40% (quarenta por cento) dos membros, é possível afirmar que:

I. No que toca à representação da sociedade civil, deve ser garantida a paridade entre o setor empresarial, o setor acadêmico e as populações indígenas, comunidades tradicionais e agricultores radicionais.

II. Compete ao CGen estabelecer normas técnicas, diretrizes e critérios para elaboração e cumprimento do acordo de repartição de benefícios e critérios para a criação de banco de dados para o registro de informação sobre patrimônio genético e conhecimento tradicional associado.

III. Compete ao CGen criar e manter base de dados relativos às coleções ex situ, entendidas como aquelas que são mantidas fora das sedes administrativas do CGen, das instituições credenciadas que contenham amostras de patrimônio genético.

Estão corretas as assertivas:

(A) I eII.

(B) I, II eIII.

(C) I eIII.

(D) II eIII.

I: correta (art. 6º, I a III, da Lei 13.123/2015); II: correta (art. 6º, § 1º, I, da Lei 13.123/2015); III: incorreta, pois coleções *ex situ* nos termos do art. 2º, XXVII, da Lei 13.123/2015, são: "condições em que o patrimônio genético é mantido fora de seu habitat natural", e não das sedes administrativas do CGen, conforme descrito na assertiva.**FM/FCP**

Gabarito "A".

(Juiz–TRF 3ª Região – 2016) Dadas as assertivas abaixo, assinale a alternativacorreta.

I. O princípio da prevenção está intimamente relacionado ao brocardo jurídico "in dubio contra projectum" e, segundo jurisprudência das Cortes Superiores, impõe o reconhecimento da inversão do ônus daprova.

II. A respeito das sanções penais e administrativas derivadas de condutas e atividades lesivas ao meio ambiente, é possível afirmar que configuram circunstâncias atenuantes o baixo grau de instrução ou escolaridade do agente, o arrependimento do infrator, manifestado pela espontânea reparação do dano, ou limitação significativa da degradação ambiental causada, a comunicação prévia pelo agente do perigo iminente de degradação ambiental, a ausência de intuito de obtenção de vantagem pecuniária e a colaboração com os agentes encarregados da vigilância e do controleambiental.

III. Tratando-se de direito difuso, a reparação civil de danos ambientais assume grande amplitude, com profundas implicações na espécie de responsabilidade do degradador, que é objetiva e fundada no simples risco ou no simples fato da atividade danosa, independentemente da culpa do agente causador dodano.

Estão corretas as assertivas:

(A) I eII.

(B) I, II eIII.

(C) II eIII.

(D) III.

I: incorreta, pois o princípio a que se refere a assertiva é o da precaução e não o da prevenção; II: incorreta, pois as atenuantes das sanções penais vêm disciplinadas no art. 14, da Lei 9.605/1998, e dentre elas não há a ausência de intuito de obtenção de vantagem pecuniária, que trata-se na verdade de circunstância que agrava a pena (art. 15, II, *a*, da Lei 9.605/1998), já no que diz respeito às sanções administrativas, o agente autuante, ao lavrar o auto de infração, deverá observar as seguintes circunstâncias ao indicar as sanções: gravidade dos fatos, tendo em vista os motivos da infração e suas consequências para a saúde pública e para o meio ambiente; antecedentes do infrator, quanto ao cumprimento da legislação de interesse ambiental; e, situação econômica do infrator (art. 4º, do Decreto 6.514/2008); III: correta, pois a responsabilidade por danos ambientais é objetiva, sob a modalidade do risco integral, não admitindo excludentes de indenização (REsp 1373788 SP 2013/0070847-2, Rel. Min. Paulo de Tarso Sanseverino, j. 06.05.2014, *DJe* 20.05.2014). **FM/FCP**

Gabarito "D".

(Magistratura Federal/2ª região – 2011 – CESPE) Considerando as substâncias que comportem risco à vida, à qualidade de vida e ao ambiente e os cuidados necessários para o seu manuseio, assinale a opção correta.

(A) Entidades públicas de ensino e pesquisa podem realizar experimentos com substâncias químicas, independentemente de registro.

(B) O transporte de substâncias químicas tóxicas pode ser feito a granel.

(C) Na responsabilização por dano causado a terceiro em decorrência de acidente com veículo cuja carga transportada não envolva substância perigosa, considera-se o risco da atividade e aplica-se a responsabilidade objetiva.

(D) É exclusiva da União a competência para legislar sobre a produção e o consumo de substâncias que comprometam a vida, a qualidade de vida e o meio ambiente.

(E) O registro de substância química que prejudique a vida, a qualidade de vida e o ambiente deve ser realizado por órgão federal.

A: incorreta, pois há necessidade de registro. Por exemplo, a Lei n. 7.802/1989, que dispõe sobre a pesquisa, a experimentação, a produção, a embalagem e rotulagem, o transporte, o armazenamento, a comercialização, a propaganda comercial, a utilização, a importação, a exportação, o destino final dos resíduos e embalagens, o registro, a classificação, o controle, a inspeção e a fiscalização de agrotóxicos, seus componentes e afins, e dá outras providências, estabelece, em seu art. 3º, § 3º, que: "Art. 3º Os agrotóxicos, seus componentes e afins, de acordo com definição do art. 2º desta Lei, só poderão ser produzidos, exportados, importados, comercializados e utilizados, se previamente registrados em órgão federal, de acordo com as diretrizes e exigências dos órgãos federais responsáveis pelos setores da saúde, do meio ambiente e da agricultura. § 3º Entidades públicas e privadas de ensino, assistência técnica e pesquisa poderão realizar experimentação e pesquisas, e poderão fornecer laudos no campo da agronomia, toxicologia, resíduos, química e meio ambiente"; **B**: incorreta; **C**: incorreta; **D**: incorreta; **E**: correta, conforme exposto nos comentários à alternativa "a". MD

Gabarito "E".

11. DIREITO FINANCEIRO

Fernando Castellani, Henrique Subi, José Renato Camilotti e Robinson Barreirinhas

1. PRINCÍPIOS E NORMAS GERAIS

Veja a seguinte tabela com os mais importantes princípios orçamentários, para estudo e memorização:

Princípios orçamentários	
Anualidade	A lei orçamentária é anual (LOA), de modo que suas dotações orçamentárias referem-se a um único exercício financeiro – art. 165, § 5º, da CF
Universalidade	A LOA inclui todas as despesas e receitas do exercício – arts. 3º e 4º da Lei 4.320/1964
Unidade	A LOA refere-se a um único ato normativo, compreendendo os orçamentos fiscal, de investimento e da seguridade social – art. 165, § 5º, da CF e art. 1º da Lei 4.320/1964. Ademais, cada esfera de governo (União, Estados, DF e Municípios) terá uma única LOA para cada exercício, o que também é indicado como princípio da unidade
Exclusividade	A LOA não conterá dispositivo estranho à previsão da receita e à fixação da despesa, admitindo-se a autorização para abertura de créditos suplementares e para contratação de operações de crédito – art. 165, § 8º, da CF
Equilíbrio	Deve haver equilíbrio entre a previsão de receitas e a autorização de despesas, o que deve também ser observado na execução orçamentária. Isso não impede a realização de *superávits* – ver art. 48, *b*, da Lei 4.320/1964 e art. 31, § 1º, II, da LRF (LC 101/2000)
Especificação, especialização ou discriminação	Deve haver previsão pormenorizada de receitas e despesas, não cabendo dotações globais ou ilimitadas – art. 167, VII, da CF e art. 5º da Lei 4.320/1964
Unidade de tesouraria	As receitas devem ser recolhidas em caixa único, sendo vedada qualquer fragmentação para criação de caixas especiais – art. 56 da Lei 4.320/1964
Não afetação ou não vinculação da receita dos impostos	É vedada a vinculação de receita de impostos a órgão, fundo ou despesa, com as exceções previstas no art. 167, IV, da CF

(Juiz - TJ-SC – FCC – 2017) Tendo em vista princípios de direito financeiro, é correto afirmar:

(A) O princípio do equilíbrio orçamentário significa que despesas e receitas projetadas devem se manter em níveis compatíveis umas frente às outras, vedando, portanto, a realização de *superávits*.

(B) O princípio da unidade de tesouraria determina que todas as receitas sejam recolhidas a conta única, vedada a criação de caixas especiais, à exceção dos fundos de despesa.

(C) A anualidade determina que as dotações orçamentárias do exercício seguinte sejam fixadas conforme exercício anterior.

(D) O orçamento especial da previdência social é a única exceção ao princípio na universalidade.

(E) É permitida a vinculação de receita de impostos a órgão ou fundo, exclusiva mente, para a despesas com educação.

A: incorreta, pois o equilíbrio orçamentário não impede a realização de *superávits* - art. 48, *b*, da Lei 4.320/64 e art. 31, § 1º, II, da LRF; **B:** correta – art. 56 da Lei 4.320/64; **C:** incorreta, pois não há essa imposição de identidade das dotações de um ano em relação ao anterior. A anualidade se refere ao período em que aplicável cada lei orçamentária – art. 165, § 5º, da CF; **D:** incorreta, lembrando que a lei orçamentária anual compreende, além do orçamento fiscal do ente político, o orçamento de investimento de empresas estatais e o orçamento da seguridade social, nos termos do art. 165, § 5º, da CF; **E:** incorreta, pois há outras hipóteses em que se admite a vinculação excepcional da receita de impostos – art. 167, IV, da CF. **RB**

Gabarito "B".

(Magistratura Federal/2ª região – 2011 – CESPE) Nos meses de junho e julho de 2011, verificou-se no parlamento estadunidense disputa política pela aprovação de norma que elevasse o nível de endividamento daquela União federal. Acerca das normas constitucionais brasileiras relativamente a essa matéria, assinale a opção correta.

(A) O limite da dívida mobiliária dos estados e dos municípios é matéria de lei federal, enquanto o limite da dívida mobiliária da União é matéria de resolução do Senado Federal.

(B) O limite da dívida mobiliária da União, dos estados e dos municípios é matéria de resolução do Senado Federal.

(C) O limite da dívida mobiliária da União, dos estados e dos municípios é matéria de lei federal.

FC questões comentadas por: **Fernando Castellani**
HS questões comentadas por: **Henrique Subi**
JRC questões comentadas por: **José Renato Camilotti**
RB questões comentadas por: **Robinson Barreirinhas**

(D) O limite da dívida mobiliária da União é matéria de lei federal, e o limite da dívida mobiliária dos estados e dos municípios é matéria de resolução do Senado Federal.

(E) O limite da dívida mobiliária da União e dos estados é matéria de lei federal, e o limite da dívida mobiliária dos municípios é matéria de resolução do Senado Federal.

Consoante o que determinam os arts. 48, XIV, e 52, IX, da CF, cabe à lei federal estabelecer os limites da dívida mobiliária da União e privativamente ao Senado, mediante resolução, fixar os limites globais e condições das dívidas mobiliárias dos Estados, Distrito Federal e Municípios. Gabarito "D".

(Magistratura Federal-5ª Região – 2011 – CESPE) A respeito do que dispõe a CF sobre finanças públicas, assinale a opção correta.

(A) O orçamento da seguridade social, que abrange todas as entidades e órgãos a ela vinculados, da administração direta ou indireta, está compreendido na lei orçamentária anual.

(B) Cabe à lei ordinária federal dispor sobre a fiscalização financeira da administração pública direta e indireta, bem como sobre operações de câmbio realizadas por órgãos e entidades da União, dos estados, do DF e dos municípios.

(C) São vedadas ao BACEN a compra e a venda de títulos de emissão do Tesouro Nacional.

(D) Relatório resumido da execução orçamentária deve ser publicado pelo Poder Executivo federal no prazo máximo de sessenta dias após o encerramento de cada trimestre.

(E) O exame e a emissão de parecer sobre projeto de lei relativo às diretrizes orçamentárias competem a uma comissão permanente de senadores da República.

A: essa é a assertiva correta, pois a inclusão do orçamento da seguridade social na lei orçamentária anual (LOA) é prevista no art. 165, § 5º, III, da CF; **B:** incorreta, pois cabe à lei **complementar** federal dispor sobre essas matérias – art. 163, V e VI, da CF; **C:** incorreta, pois o Banco Central pode comprar e vender títulos de emissão do Tesouro Nacional, com o objetivo de regular a oferta de moeda ou a taxa de juros – art. 164, § 2º, da CF; **D:** incorreta, pois o prazo para a publicação do relatório resumido da execução orçamentária pelo Executivo é de até 30 dias após o encerramento de cada bimestre – art. 165, § 3º, da CF; **E:** incorreta, pois cabe a uma **comissão mista** permanente de senadores e deputados federais examinar e emitir parecer sobre os projetos de lei do plano plurianual (PPA), das diretrizes orçamentárias (LDO), do orçamento anual (LOA) e de créditos adicionais – art. 166, § 1º, I, da CF. Gabarito "A".

(Magistratura Federal-4ª Região – 2010) Dadas as assertivas abaixo, assinale a alternativa correta, em matéria de Finanças Públicas.

I. As disposições legislativas relativas às Finanças Públicas deverão ser feitas mediante lei complementar.

II. A União somente pode emitir moeda pelo Banco Central.

III. É vedada a vinculação de receita de impostos a órgão, fundo ou despesa, salvo exceções expressas na Constituição.

IV. O orçamento estabelecerá o necessário equilíbrio entre receitas e despesas, havendo, portanto, uma vinculação entre a obtenção das receitas de impostos e as despesas previstas.

V. É vedada a utilização de recursos provenientes das contribuições sociais de que trata o art. 195, I, *a*, e II, para realização de despesas distintas do pagamento de benefícios do Regime Geral de Previdência Social de que trata o art. 201, todos da Constituição Federal.

(A) Estão corretas apenas as assertivas II e III.

(B) Estão corretas apenas as assertivas I, II e V.

(C) Estão corretas apenas as assertivas II, III e V.

(D) Estão corretas apenas as assertivas I, II, III e V.

(E) Estão corretas todas as assertivas.

I: correta, conforme o art. 163, I, da CF; **II:** assertiva correta, nos termos do art. 164 da CF, segundo o qual a competência da União para emitir moeda será exercida exclusivamente pelo Banco Central; **III:** correta, pois a vedação à vinculação das receitas dos impostos e as exceções estão previstas no art. 167, IV, da CF; **IV:** assertiva correta, conforme o princípio do equilíbrio orçamentário – ver o art. 48, *b*, da Lei 4.320/1964; **V:** correta, pois a vedação é prevista no art. 167, XI, da CF. Gabarito "E".

(Magistratura Federal/2ª região – 2009 – CESPE) Com relação às normas de finanças públicas previstas na CF e ao direito financeiro, assinale a opção correta.

(A) O direito financeiro cuida do crédito público e da dívida pública.

(B) Cabe à lei complementar instituir o plano plurianual.

(C) À lei ordinária cabe dispor acerca do exercício financeiro da lei orçamentária anual.

(D) A despesa, a receita, o orçamento e o crédito públicos são objeto de estudo do direito financeiro.

(E) A compatibilização das funções das instituições oficiais de crédito da União, resguardadas as características e as condições operacionais plenas daquelas voltadas ao desenvolvimento regional, não é matéria de norma geral a ser reservada à lei complementar.

A: incorreta. O Direito Financeiro não estuda o crédito e a dívida públicos, mas a **receita e a despesa** públicas; **B:** incorreta. O plano plurianual pode ser veiculado por lei ordinária (art. 165 da CF); **C:** incorreta. O exercício financeiro é matéria reservada à lei complementar (art. 165, § 9º, I, da CF); **D:** correta, conforme comentário à alternativa "A"; **E:** incorreta. Tal matéria deve ser veiculada necessariamente por lei complementar, nos termos do art. 163, VII, da CF. Gabarito "D".

2. LEI ORÇAMENTÁRIA ANUAL – LOA

(Juiz – TJ/RJ – VUNESP – 2016) O orçamento fiscal referente aos Poderes da União, seus fundos, órgãos e entidades da Administração direta e indireta, inclusive fundações instituídas e mantidas pelo Poder Público está compreendido na lei

(A) do plano diretor.

(B) do orçamento anual.

(C) de diretrizes orçamentárias.

(D) de responsabilidade fiscal.

11. DIREITO FINANCEIRO

(E) orgânica.

A: incorreta, considerando que o plano diretor se refere a normas urbanísticas – art. 182, § 1º, da CF; **B:** correta, conforme o art. 165, § 5º, I, da CF; **C:** incorreta, pois a LDO compreende as metas e prioridades da administração pública federal, incluindo as despesas de capital para o exercício financeiro subsequente, orienta a elaboração da lei orçamentária anual, dispõe sobre as alterações na legislação tributária e estabelece a política de aplicação das agências financeiras oficiais de fomento – art. 165, § 2º, da CF; **D:** incorreta, pois a LRF é norma nacional, não compreende especificamente os orçamentos anuais, que estão em leis de cada ente político brasileiro; **E:** incorreta, pois a lei orgânica é a norma maior dos Municípios e Distrito Federal, não dispondo especificamente dos orçamentos anuais de cada ente – arts. 29 e 32 da CF. **RB**
Gabarito "B".

(Magistratura Federal/2ª região – 2011 – CESPE) Considerando as especificidades dos orçamentos previstos na Lei Orçamentária Anual da União, consoante a CF, assinale a opção correta.

(A) O orçamento monetário destina-se às despesas e receitas do BACEN.

(B) O orçamento previdenciário contém as dotações destinadas à saúde e à previdência.

(C) O orçamento federal de investimento das estatais abrange todas as empresas públicas e sociedades de economia mista públicas, incluindo-se as dos estados e dos municípios.

(D) O orçamento fiscal compreende parte da administração direta e parte da administração indireta da União.

(E) O orçamento plurianual cria dotações orçamentárias para quatro anos.

A: incorreta. O orçamento monetário reflete a projeção da variação nas contas consolidadas das autoridades monetárias e dos bancos comerciais para um determinado período de tempo; **B:** incorreta. O orçamento previdenciário deve abranger todos os aspectos da seguridade social, ou seja, a saúde, a previdência e a assistência social; **C:** incorreta. O orçamento das estatais da União, como menciona o enunciado, relaciona-se apenas com as empresas públicas e sociedades de economia mista federais; **D:** correta. O orçamento fiscal deve abranger órgãos dos Poderes Executivo, Legislativo e Judiciário, seus fundos e entidades da administração indireta, inclusive fundações instituídas pelo Poder Público; **E:** incorreta. A LOA não se destina a criar dotações plurianuais, daí seu nome de "lei orçamentária **anual**". Os planos de investimentos no longo prazo são fixados no plano plurianual, ao qual a LOA deve respeitar em todas as suas rubricas.
Gabarito "D".

3. RECEITA PÚBLICA

(Juiz – TRF 2ª Região – 2017) Sobre a renúncia de receitas na Lei de Responsabilidade Fiscal (Lei Complementar nº 101/2000), assinale a opção correta:

(A) A legalidade da concessão de benefício de natureza tributária da qual decorra renúncia de receita estará garantida, sob o ponto de vista da Lei Complementar nº 101, desde que esteja acompanhada de estimativa do impacto orçamentário-financeiro no exercício em que deva iniciar sua vigência e nos dois seguintes.

(B) A redução nas alíquotas do imposto de produtos industrializados (IPI), em razão de seu impacto sobre

a arrecadação federal, submete-se aos requisitos para renúncia de receitas estabelecidos pela Lei de Responsabilidade Fiscal.

(C) Quando o ato de concessão ou ampliação do incentivo ou benefício do qual decorra renúncia de receita estiver condicionado à implementação de medidas de compensação, o benefício só entrará em vigor 90 (noventa) dias após implementadas tais medidas.

(D) É facultativo o exercício da competência tributária pelos entes federados, razão pela qual o ente que não instituir todos os impostos de sua competência pode, nos termos da Lei de Responsabilidade Fiscal, continuar a receber transferências obrigatórias e voluntárias.

(E) O cancelamento de débito cujo montante seja inferior ao dos respectivos custos de cobrança não é considerado, pela Lei de Responsabilidade Fiscal, como renúncia de receita.

A: incorreta, pois não basta a estimativa de impacto, sendo necessário a atendimento às disposições da LDO e a pelo menos uma das condições listadas nos incisos do art. 14 da LRF; **B:** incorreta, pois a alteração das alíquotas dos impostos de carga fortemente extrafiscal listados no art. 14, § 3º, I, da LRF é dispensada das medidas para renúncia de receita estabelecidas nesse artigo; **C:** incorreta, pois o benefício entra em vigor assim que implementadas as medidas – art. 14, § 2º, da LRF; **D:** incorreta, pois a LRF traz sanção para o ente que não instituir e cobrar efetivamente os impostos de sua competência, que é a vedação de transferências voluntárias, nos termos do art. 11, parágrafo único, da LRF, com a exceção do art. 25, § 3º, da mesma lei; **E:** correta – art. 14, § 3º, II, da LRF. **RB**
Gabarito "E".

(Magistratura Federal/3ª região – 2011 – CESPE) Acerca da classificação da receita pública, cujos parâmetros independem de sua natureza jurídica, assinale a opção correta.

(A) As contribuições sociais classificam-se como receitas tributárias, assim como as multas tributárias.

(B) A obtenção de recursos financeiros decorrentes de operações de crédito classifica-se como receita de capital, e as multas tributárias não são classificadas como receitas tributárias.

(C) A obtenção de recursos financeiros decorrentes de operações de crédito classifica-se como receita de capital, e as contribuições sociais, como receitas tributárias.

(D) A obtenção de recursos financeiros decorrentes de operações de crédito classifica-se como receita corrente, assim como o recebimento de amortização da dívida.

(E) O recebimento de amortização da dívida classifica-se como receita de capital, e as multas tributárias, como receitas tributárias.

A: incorreta. Nos termos do art. 3º do CTN, as multas estão expressamente excluídas do conceito de tributo, portanto sua arrecadação é receita não tributária. Quanto às contribuições, o art. 39, § 2º, da Lei 4.320/1964 coloca-as como receitas não tributárias. Isso decorre da posição doutrinária e jurisprudencial da época, que ainda adotava a teoria tripartida das espécies tributárias (impostos, taxas e contribuições de melhoria); **B:** correta, nos termos do art. 11, § 2º, da

Lei 4.320/1964 e conforme a explicação da alternativa anterior; **C:** incorreta. Como já dissemos no comentário à alternativa "A", pelo texto legal as contribuições sociais não são consideradas como receitas tributárias; **D:** incorreta. Trata-se de receita de capital (art. 11, § 2º, da Lei 4.320/1964); **E:** incorreta, as multas tributárias não se classificam como receitas tributárias.

Gabarito "B".

(Magistratura Federal/1ª Região – 2009 – CESPE) Considerando que o governo de determinado estado da Federação, após a arrecadação de impostos, tenha criado um fundo para que essa receita seja destinada à manutenção do ensino fundamental, assinale a opção correta.

(A) A CF autoriza a União a fazer a vinculação em questão, mas não os estados.

(B) Essa possibilidade de vinculação é vedada pelo princípio orçamentário da exclusividade.

(C) O estado pode criar fundo com a referida vinculação de receita de imposto, bem como de receita proveniente de taxa.

(D) A vedação de vincular receita de imposto a fundo ou órgão tem exceção apenas quanto à prestação de garantias às operações de crédito por antecipação.

(E) O estado poderia criar essa vinculação à despesa para custear serviços públicos de segurança pública.

A: incorreta, pois a vinculação da receita de impostos para a manutenção e desenvolvimento do ensino é uma das exceções ao princípio da não vinculação ou não afetação, aplicável aos Estados e Municípios – art. 167, IV, c/c art. 212 da CF; **B:** incorreta, pois o princípio da exclusividade refere-se à vedação de que a LOA trate de matéria estranha à arrecadação de receita e à realização de despesas, com as exceções do art. 165, § 8º, da CF. Ademais, como visto, a assertiva trata de exceção válida ao princípio da não vinculação ou não afetação; **C:** assertiva correta, já que a receita de impostos pode ser excepcionalmente vinculada, como visto nos comentários anteriores, e não há vedação em relação a taxas; **D:** incorreta, pois são exceções ao princípio da não vinculação ou não afetação (I) a repartição do produto da arrecadação dos impostos, (II) a destinação de recursos para as ações e serviços públicos de saúde, (II) para manutenção e desenvolvimento do ensino e (III) para realização de atividades da administração tributária, (IV) a prestação de garantias às operações de crédito por antecipação de receita, e (V) a prestação de garantia ou contragarantia à União e para pagamento de débitos para com esta – art. 167, IV, da CF; **E:** incorreta, pois não se trata de exceção ao princípio da não vinculação.

Gabarito "C".

(Magistratura Federal/1ª Região – 2009 – CESPE) Assinale a opção correta, considerando que a União realize licitação para venda de terrenos públicos, exigindo caução dos concorrentes, a ser devolvida após o término do procedimento administrativo.

(A) Os valores pagos a título de caução não serão considerados como ingressos ou entradas nos cofres públicos.

(B) Segundo o conceito adotado no direito financeiro, a caução será considerada ingresso de valores provisórios e, portanto, não corresponderá a receita.

(C) O ingresso dos valores a título de caução será considerado receita derivada, uma vez que é provisório.

(D) A caução corresponderá a um ingresso que tem a natureza de receita originária, não importando se é provisório.

(E) A situação hipotética é idêntica à cobrança de taxas pelo Estado, em virtude de estas servirem para custear os serviços pretendidos.

A: assertiva incorreta, pois trata-se de ingressos ou entradas nos cofres públicos, ainda que esses valores não se classifiquem como receitas públicas, já que terão que ser, em princípio, restituídos; **B:** assertiva correta. A *receita pública* é uma espécie de *ingresso* que se integra o patrimônio público, ampliando-o, sem qualquer ressalva, condição ou correspondência no passivo. Assim, o simples ingresso de valores que deverão, em princípio, ser restituídos ao particular não se classifica como receita pública; **C:** incorreta, pois, como visto, a caução não corresponde a receita pública, mas sim a simples ingresso ou entrada. Ademais, a classificação das receitas como originárias ou derivadas refere-se à sua origem (derivada de imposição legal ou originária da exploração do patrimônio público), não à eventual provisoriedade do ingresso nos cofres públicos; **D:** incorreta, conforme a segunda parte do comentário à alternativa anterior; **E:** incorreta, pois taxas são tributos, ou seja, prestações pecuniárias compulsórias, e que, especificamente, decorrem da prestação de serviço público ou do exercício do poder de polícia. Taxas, como todos os tributos, implicam receitas públicas derivadas. Não se confundem, portanto, com caução exigida para participação em licitações, que não são contraprestação por serviço público ou pelo exercício do poder de polícia.

Gabarito "B".

(Magistratura Federal/2ª região – 2009 – CESPE) Determinado comerciante resolveu aumentar a área de seu estabelecimento e, nos limites legais, passou a pagar, mensalmente, um valor ao ente da Federação para poder utilizar área pública contígua a seu estabelecimento.

A respeito dessa situação hipotética, assinale a opção correta.

(A) A receita auferida pelo ente da Federação classifica-se como derivada, por ser advinda da exploração de atividade econômica.

(B) O ingresso do valor é temporário, uma vez que, em algum momento, o comerciante pode não mais utilizar a área pública e, por esse fato, não se trata de receita.

(C) O valor cobrado tem natureza de tributo e, por isso, o ingresso é receita originária.

(D) O ingresso do valor classifica-se como receita originária, uma vez que se trata de preço público.

(E) A concessão da área pública é atividade de exploração do patrimônio, cuja receita é derivada.

A: incorreta. A receita pública classifica-se em originária, quando decorrente da exploração de bens públicos, ou derivada, quando resultante de imposição de transferência de recursos pelos particulares. No caso, se o contribuinte paga pelo uso de uma área pública, estamos diante de uma receita originária; **B:** incorreta. As entradas são definitivas, quando o montante pago é transferido aos cofres públicos sem obrigação de devolução ou saída, ou temporárias, quando os valores apenas transitam pelo patrimônio público, sendo destinados à devolução ou à remessa para outro órgão. No caso, o fato do particular, em algum momento, deixar de usar a área pública não desnatura a entrada como definitiva; **C:** incorreta. Não se trata de tributo, mas sim de preço público (valor pago pela utilização facultativa de um bem público). Há, ainda, outro erro: mesmo se fosse tributo, esses são classificados como receitas derivadas; **D:** correta, conforme amplamente explicado nos comentários anteriores; **E:** incorreta. Trata-se, como já explicado, de receita originária.

Gabarito "D".

11. DIREITO FINANCEIRO
711

4. EXECUÇÃO ORÇAMENTÁRIA, CRÉDITOS ADICIONAIS

(Magistratura Federal/3ª região – 2011 – CESPE) Se uma autarquia receber, mediante determinação da lei orçamentária, dotação insuficiente para determinado projeto,

(A) terá de reduzir o valor do projeto para adequá-lo à dotação.

(B) deve requerer a abertura de crédito suplementar pelo valor que falte, caso necessite acrescer o valor.

(C) deve requerer a abertura de crédito especial pelo valor que falte, caso necessite acrescer o valor.

(D) deve requerer a abertura de crédito extraordinário pelo valor que falte, caso necessite acrescer o valor.

(E) pode gastar acima do valor da dotação, até o limite permitido na lei orçamentária.

Os créditos extraorçamentários, ou seja, não previstos na legislação orçamentária, são de três espécies: suplementar – visam a reforçar dotação orçamentária já existente (foi prevista a despesa, mas em valor menor que o realmente necessário); especial – para despesas previsíveis que não foram incluídas na lei orçamentária (não era certa a despesa, mas previa-se sua necessidade); e extraordinário – voltado para necessidades **imprevisíveis e urgentes**. No caso, portanto, trata-se de necessidade de abertura de crédito suplementar, porque a despesa foi prevista, mas com valor insuficiente.
Gabarito "B".

(Magistratura Federal/2ª região – 2009 – CESPE) Considerando que o Poder Executivo federal esteja determinado a realizar a abertura de crédito extraordinário por meio da edição de medida provisória (MP), para fazer face às despesas de execução de investimentos das obras do Programa de Aceleração do Crescimento, de sua responsabilidade, assinale a opção correta de acordo com a jurisprudência do STF.

(A) Trata-se de crédito suplementar ou especial e não de extraordinário e, por isso, será necessária prévia autorização legislativa para sua abertura, de modo a fazer face às despesas de execução de investimentos.

(B) A abertura do crédito terá eficácia com a aprovação da MP pelo Congresso Nacional.

(C) Tendo em conta que a matéria objeto da MP é de exclusiva competência do presidente da República, o crédito extraordinário será regular e terá eficácia desde a vigência da norma.

(D) A MP poderá referir-se às despesas de custeio, mas não às de investimento, pois, neste caso, fugirá à natureza do crédito extraordinário.

(E) Somente prévia autorização legislativa, ou seja, aprovação de lei no Congresso Nacional, poderá autorizar a abertura de qualquer crédito extraordinário.

Os créditos extraorçamentários, ou seja, não previstos na legislação orçamentária, são de três espécies: suplementar – visam a reforçar dotação orçamentária já existente (foi prevista a despesa, mas em valor menor que o realmente necessário); especial – para despesas previsíveis que não foram incluídas na lei orçamentária (não era certa a despesa, mas previa-se sua necessidade); e extraordinário – voltado para necessidades **imprevisíveis e urgentes**. Apenas essa última espécie pode ser veiculada por medida provisória – arts. 62 e 167, §

3º, da CF. As duas outras dependem de prévia autorização legislativa (art. 167, V, da CF). Considerando que obras públicas inseridas em programa do Governo Federal amplamente divulgado na mídia não podem ter gastos considerados **imprevisíveis e urgentes,** a pretensão do Executivo, na verdade, é abrir um crédito suplementar (se a dotação foi feita a menor) ou especial (se não foi feita, mas era previsível que a obra precisaria de um complemento). Por tais razões, o STF entende que medida provisória dessa natureza é inconstitucional.
Gabarito "A".

5. PRECATÓRIOS

(Magistratura Federal/1ª Região – 2009 – CESPE) Considerando que um cidadão tenha obtido na justiça, em virtude de sentença transitada em julgado, o reconhecimento do direito de receber de ente público valores a título de vencimentos, assinale a opção correta.

(A) Por se tratar de crédito alimentar, não será necessária a expedição de precatório.

(B) Trata-se de crédito que, por sua natureza, deve observar a ordem cronológica dos precatórios.

(C) O crédito previsto impõe preferência ao pagamento com relação aos créditos de outra natureza.

(D) Não serão devidos juros de mora para o crédito, independentemente de quando for efetuado o pagamento.

(E) O crédito dispensa a inclusão de verba necessária ao pagamento de seus débitos no orçamento das entidades de direito público.

A: incorreta, pois será emitido precatório alimentar, que deve ser pago preferencialmente, na forma do art. 100, § 1º, da CF; **B:** a observância à ordem de pagamento dos precatórios não decorre, especificamente, da natureza do crédito, já que não pode haver quebra tampouco no caso dos alimentares; **C:** assertiva correta, conforme comentário à alternativa A; **D:** incorreta, pois são devidos juros de mora calculados a partir do primeiro dia do exercício seguinte ao que o precatório deveria ter sido pago, em caso, portanto, de descumprimento do prazo de pagamento previsto no art. 100, § 5º, da CF; **E:** incorreta, pois deve haver inclusão da verba necessária ao pagamento do precatório apresentado até 1º de julho no orçamento do exercício seguinte, sob pena de sequestro do valor correspondente, a pedido do interessado – art. 100, §§ 5º e 6º, da CF.
Gabarito "C".

6. LEI DE RESPONSABILIDADE FISCAL

(Juiz – TRF 2ª Região – 2017) À luz da Lei Complementar nº 101/2000 (Lei de Responsabilidade Fiscal – LRF), assinale a opção correta:

(A) É vedado a Estados e Municípios – e permitido à União Federal – conceder garantia em operações de crédito externas.

(B) Em regra, instituição financeira que contrate operação de crédito com ente da Federação fica dispensada de exigir comprovação de que a operação atende às condições e limites estabelecidos na Lei de Responsabilidade Fiscal.

(C) A Caixa Econômica Federal, em razão da proibição de operação de crédito entre instituição financeira estatal e o ente da Federação que a controla, está impedida de adquirir títulos da dívida de emissão da União Federal.

(D) O Banco Central do Brasil está impedido de comprar diretamente títulos emitidos pela União, salvo para refinanciar a dívida mobiliária federal que estiver vencendo na sua carteira.

(E) É absolutamente vedado ao Tesouro Nacional adquirir títulos da dívida pública federal existentes na carteira do Banco Central do Brasil.

A: incorreta, pois Estados e Municípios também podem conceder garantias, observadas as normas do art. 40 da LRF; **B:** incorreta, pois em regra há essa obrigação, nos termos do art. 33 da LRF; **C:** incorreta, pois a vedação desse tipo de operação de crédito não impede a aquisição de títulos da dívida emitidos pela União – art. 36, parágrafo único, da LRF; **D:** correta – art. 39, § 2º, da LRF; **E:** incorreta, pois há possibilidade de adquirir títulos para reduzir a dívida mobiliária – art. 39, § 4º, da LRF. RB
Gabarito "D".

(Magistratura Federal- 4ª Região – 2010) Dadas as assertivas abaixo, assinale a alternativa correta.

Segundo a Lei de Responsabilidade Fiscal (Lei Complementar 101/2000), no "Art. 11 – Constituem requisitos essenciais da responsabilidade na gestão fiscal a instituição, previsão e efetiva arrecadação de todos os tributos da competência constitucional do ente da Federação. Parágrafo único – É vedada a realização de transferências voluntárias para o ente que não observe o disposto no *caput*, no que se refere aos impostos". Esse artigo:

I. É de constitucionalidade inquestionável.

II. É de constitucionalidade questionável diante da regra de competência tributária privativa dos entes federados, mas a doutrina tende fortemente a admitir sua constitucionalidade, pois não imporia obrigação de exercício de competência tributária, mas apenas consequências de seu não exercício.

III. Implica obrigatória instituição do imposto sobre grandes fortunas (inciso VII do art. 153 da Constituição Federal) pela União Federal, conforme reconhecido pela jurisprudência.

IV. Visa diretamente combater a guerra fiscal entre os Estados, sendo o principal dispositivo da Lei de Responsabilidade Fiscal visando a essa finalidade.

(A) Está correta apenas a assertiva II.

(B) Estão corretas apenas as assertivas II e III.

(C) Estão corretas apenas as assertivas III e IV.

(D) Todas as assertivas estão corretas.

(E) Nenhuma assertiva está correta.

I: incorreta, pois é possível discutir a constitucionalidade do dispositivo legal. Em princípio, o exercício da competência constitucional tributária é facultativo, mas o dispositivo da LRF, de certa forma, sanciona o não exercício dessa competência; **II:** a assertiva é adequada, conforme comentário à assertiva anterior; **III:** incorreta, pois, a rigor, a LRF não traz sanção específica em relação à União, pelo não exercício da competência tributária. Há sanção apenas para Estados, Distrito Federal e Municípios, que efetivamente recebem transferências voluntárias, e apenas em caso de não instituição e cobrança de impostos – art. 11, parágrafo único, da LRF. É interessante salientar, entretanto, que mesmo em relação a Estados, DF e Municípios, a sanção não é tão pesada, pois o art. 25, § 3º, da LRF exclui da vedação aquelas transferências relativas a ações de educação, saúde e assistência social (ou seja,

boa parte das transferências voluntárias não é afetada pela sanção do art. 11, parágrafo único, da LRF); **IV:** incorreta, pois não há grande impacto contra a guerra fiscal. O dispositivo exige apenas a instituição e cobrança dos tributos (especialmente impostos), mas não impede a diminuição de alíquotas, de bases de cálculo, as isenções parciais, os diferimentos, os créditos fictícios etc. que são, efetivamente, as principais armas da guerra fiscal.
Gabarito "A".

7. OUTROS TEMAS E COMBINADOS

(Juiz – TRF 4ª Região – 2016) Assinale a alternativa **INCORRETA**.

Acerca do orçamento público, tendo em conta as disposições constitucionais:

(A) As emendas individuais ao projeto de lei orçamentária serão aprovadas no limite de 1,2% (um inteiro e dois décimos por cento) da receita corrente líquida prevista no projeto encaminhado pelo Poder Executivo, sendo que a metade desse percentual será destinada a ações e serviços públicos de saúde.

(B) As programações orçamentárias previstas nas emendas individuais ao projeto de lei orçamentária não serão de execução obrigatória nos casos dos impedimentos de ordem técnica.

(C) Constitui crime de responsabilidade a realização de investimento cuja execução ultrapasse um exercício financeiro sem prévia inclusão no plano plurianual, ou sem lei que autorize a inclusão.

(D) A transposição, o remanejamento ou a transferência de recursos de uma categoria de programação para outra poderão ser admitidos, no âmbito das atividades de ciência, tecnologia e inovação, com o objetivo de viabilizar os resultados de projetos restritos a essas funções, mediante ato do Poder Executivo, desde que haja prévia autorização legislativa.

(E) Os recursos correspondentes às dotações orçamentárias, compreendidos os créditos suplementares e especiais, destinados aos órgãos dos Poderes Legislativo e Judiciário, do Ministério Público e da Defensoria Pública, ser-lhes-ão entregues até o dia 20 de cada mês, em duodécimos, na forma da lei complementar.

A: correta – art. 166, § 9º, da CF; **B:** correta – art. 166, § 12, da CF; **C:** correta, conforme o art. 167, § 1º, da LRF; **D:** incorreta, pois essa é exceção à regra do art. 167, VI, da CF, admitindo-se a transposição, o remanejamento ou a transferência sem prévia autorização legislativa – art. 167, § 5º, da CF; **E:** correta, conforme o art. 168 da CF. RB
Gabarito "D".

(Magistratura Federal – 4ª Região – XIII – 2008) Dadas as assertivas abaixo, assinalar a alternativa correta.

I. Segundo o princípio da exclusividade, a obtenção do financiamento por pessoa de direito público em instituição estrangeira, porque implica abertura de crédito e também porque importa antecipação de receita, não pode ser prevista na lei orçamentária anual.

II. Apenas o Presidente do Supremo Tribunal Federal poderá encaminhar a proposta orçamentária do Poder Judiciário; e, se não o fizer no prazo, serão considerados pelo Executivo, para o fim de consolidação da proposta orçamentária anual, os valores constantes da lei orçamentária vigente, sem qualquer ajustamento.

III. A doutrina dominante acata o conceito dual de despesa pública, segundo o qual pode significar tanto o conjunto dos dispêndios do Estado, ou de outra pessoa de direito público, para o funcionamento do serviço público, como também a aplicação de certa quantia em dinheiro, por parte da autoridade ou agente público competente dentro de autorização legislativa, para execução de fim a cargo do governo.

IV. São denominadas originárias as receitas hauridas pelo Estado sob regime de direito privado, na exploração da atividade econômica.

(A) Estão corretas apenas as assertivas II e III.

(B) Estão corretas apenas as assertivas III e IV.

(C) Estão corretas apenas as assertivas I, II e III.

(D) Estão corretas apenas as assertivas I, II e IV.

I: a LOA pode incluir autorização para operação de crédito – art. 165, § 8º, da CF; **II:** as propostas orçamentárias relativas ao Judiciário são encaminhadas pelos presidentes dos Tribunais Superiores, no âmbito da União, e pelos presidentes dos Tribunais de Justiça, no âmbito dos Estados e do Distrito Federal (art. 99, § 2º, I e II, da CF) – ademais, em caso de omissão, os valores do orçamento atual serão reajustados, observados os limites fixados na LDO (art. 99, § 3º, da CF); **III:** a assertiva é correta; **IV: receita originária** é aquela auferida pela exploração do patrimônio estatal (aluguéis, vendas de ativos, prestação de serviços em regime privado etc.) – **receita derivada** é aquela decorrente do poder estatal, exigida compulsoriamente dos cidadãos, por meio de lei (tributos, penalidades pecuniárias).

Gabarito "B".

12. DIREITO ECONÔMICO

Robinson Barreirinhas e Henrique Subi

1. ORDEM ECONÔMICA NA CONSTITUIÇÃO. MODELOS ECONÔMICOS

(Juiz - TRF 4ª Região – 2016) Assinale a alternativa correta.

Sobre os princípios e as normas que regem a atividade econômica no Estado brasileiro:

(A) A livre-iniciativa, erigida à condição de fundamento da República Federativa do Brasil, permite que qualquer pessoa exerça livremente qualquer atividade econômica, dependendo, em qualquer hipótese, de prévia autorização de órgãos públicos.

(B) Tendo em vista o elevado potencial para geração de emprego e de renda para o país, a Constituição Federal conferiu tratamento favorecido para as empresas de pequeno porte constituídas sob as leis brasileiras, independentemente do local em que tenham sua sede e sua administração.

(C) Consoante o texto constitucional, a ordem econômica se edificará sob o fundamento da livre-iniciativa, de cunho predominantemente capitalista, conferindo a todos o direito de se lançar ao mercado de produção e bens, por sua conta e risco, não competindo ao Estado brasileiro a regularização e a normalização das atividades econômicas.

(D) De acordo com o Supremo Tribunal Federal, implica violação ao princípio da livre-concorrência a atuação em regime de privilégio da Empresa Brasileira de Correios e Telégrafos na prestação dos serviços que lhe incumbem.

(E) Não obstante constituam monopólio da União a pesquisa e a lavra das jazidas de petróleo e gás natural, é lícita a contratação de empresas privadas para a realização dessas atividades.

A: incorreta. A prévia autorização de órgãos públicos será exigida somente quando a lei assim disser (art. 170, parágrafo único, da CF); **B:** incorreta. Para terem acesso ao tratamento favorecido, as ME's e EPP's devem ter também sua sede e administração no país (art. 170, IX, da CF); **C:** incorreta. O Estado é o agente normativo e regulador da atividade econômica, devendo exercer atividades de fiscalização, incentivo e planejamento (art. 174 da CF); **D:** incorreta. Na ADPF 46, o STF consolidou o entendimento de que o monopólio dos Correios decorre da Constituição Federal, não se afigurando, portanto, ilícito; **E:** correta, nos termos do art. 177, §1º, da CF. **HS**

Gabarito "E."

(Magistratura Federal - 5ª Região – 2011) Em relação aos princípios da constituição econômica, assinale a opção correta.

(A) Ao prever o princípio do pleno emprego na CF, o legislador pretendeu defender a absorção da força de trabalho a qualquer custo, sem se preocupar com a dignidade da pessoa humana.

(B) A defesa do consumidor não se insere entre os princípios da chamada constituição econômica formal.

(C) A livre concorrência inclui-se entre os princípios gerais da atividade econômica denominados integração.

(D) Ao prever, na CF, a livre-iniciativa, o legislador buscou proteger a liberdade de desenvolvimento da empresa, com o objetivo de garantir ao empresário a sua realização pessoal e a obtenção de lucro.

(E) Os princípios gerais da atividade econômica denominados integração objetivam resolver os problemas da marginalização regional e (ou) social.

A: incorreta, pois nenhuma norma constitucional ou infraconstitucional pode ser interpretada contrariamente à dignidade da pessoa humana, que é fundamento da República – art. 1º, III, da CF; **B:** incorreta. A constituição econômica formal abrange as normas constitucionais que regulam as relações econômicas no país. Segundo José Afonso da Silva, a constituição econômica formal (superestrutura) é "a parte da Constituição que interpreta o sistema econômico, ou seja: que dá forma ao sistema econômico" (*Curso de Direito Constitucional Positivo*). O art. 170 da CF indica princípios da constituição econômica formal, dentre eles a defesa do consumidor (inciso V); **C:** incorreta. Os princípios de integração, segundo a lição de José Afonso da Silva (*Curso de Direito Constitucional Positivo*), destinam-se a resolver os problemas da marginalização regional ou social, incluindo (dentre os princípios) a defesa do consumidor, a defesa do meio ambiente, a redução das desigualdades regionais e sociais e a busca do pleno emprego (art. 170, V, VI, VII e VIII, da CF), mas não a livre concorrência; **D:** incorreta, pois, nos termos do art. 170, *caput*, da CF, a ordem econômica, fundada na valorização do trabalho humano e na livre-iniciativa, tem por fim assegurar a todos existência digna, conforme os ditames da justiça social (ou seja, não se trata de garantir a realização pessoal e o lucro do empresário, pelo menos não como objetivo imediato ou essencial); E: essa é a assertiva correta, como indicado nos comentários à alternativa "C". **HS/RB**

Gabarito "E."

(Magistratura Federal – 5ª Região – 2011) No que se refere à ordem jurídico-econômica, assinale a opção correta.

(A) O modelo político adotado pelo Estado brasileiro, conforme previsto na CF, é imposto pela ordem econômica vigente no mercado.

RB questões comentadas por: **Robinson Barreirinhas**
HS questões comentadas por: **Henrique Subi**

(B) As normas econômicas dispostas na CF são de natureza essencialmente estatutária, e não, diretiva.

(C) Regime político e ordem econômica equivalem-se do ponto de vista conceitual.

(D) Na CF, a ordem jurídico-econômica estabelece limites ao exercício da atividade econômica e define, de maneira exclusiva, a estrutura do sistema econômico a ser adotado pelo Estado brasileiro.

(E) A mudança dos paradigmas liberais na atividade econômica, com a inclusão da obrigatória observância de princípios como o da dignidade da pessoa humana, deveu-se à atuação do próprio Estado, que passou a intervir no mercado em busca do bem coletivo.

A: incorreta, pois a Constituição Federal estabelece diretrizes claras para a ordem econômica, indicando sua finalidade e os princípios orientadores no art. 170; **B:** incorreta, pois há diversas diretrizes constitucionais que regem a ordem econômica – ver o art. 170 da CF; **C:** incorreta, pois, embora a doutrina não seja uniforme, regime político e ordem econômica são conceitos que não se confundem. Regime político, segundo José Afonso da Silva, aproxima-se de regime constitucional, sendo "um complexo estrutural de princípios e forças políticas que configuram determinada concepção do Estado e da sociedade, e que inspiram seu ordenamento jurídico" (*Curso de Direito Constitucional Positivo*). O regime político brasileiro funda-se no princípio democrático – preâmbulo e art. 1º da CF. Já ordem econômica refere-se à forma como o trabalho e os meios de produção são organizados e utilizados na sociedade, sendo que, no Brasil, temos o modo de produção capitalista (apropriação privada dos meios de produção e iniciativa privada); **D:** incorreta, pois, a rigor, a Constituição estabelece os fundamentos, a finalidade e os princípios que regem a ordem econômica – art. 170 da CF. Ademais, embora a constituição econômica formal seja uma superestrutura que molda a realidade material (constituição econômica material – infraestrutura), aquela (a constituição formal) não constitui ou define de maneira exclusiva esta (a realidade material); E: assertiva correta, pois descreve aspecto essencial da evolução do Estado liberal para o Estado social – art. 170 da CF. HS/RB

Gabarito "E".

(Magistratura Federal/3ª região – 2011 – CESPE) O STF, na ADI n. 1.950/SP, analisou a constitucionalidade da medida que concedeu o direito a pagamento de meia entrada para o ingresso em estabelecimentos de entretenimento e assemelhados em favor dos estudantes matriculados regularmente nos estabelecimentos de ensino de São Paulo. Acerca do princípio da livre-iniciativa, discutido no caso, assinale a opção correta.

(A) A liberdade de comércio e de indústria representa um dos corolários do princípio da livre-iniciativa, marco no decreto d'Allarde.

(B) De acordo com a posição vencedora, o Estado só intervirá na economia em circunstâncias restritas, devendo estar os outros princípios da ordem econômica e constitucional subordinados à livre-iniciativa.

(C) A livre-iniciativa não tem vínculos com o princípio da legalidade e significa, em verdade, um limite para a ação pública, em termos de estado de direito.

(D) A livre-iniciativa é implicitamente fundamento da República e um dos desdobramentos do princípio da liberdade.

(E) A interferência do Estado na decisão de formação de preços deve estar embasada no princípio da livre-iniciativa, prescindindo-se de outros princípios de índole social.

A: correta. O princípio da livre-iniciativa foi pela primeira vez expresso como liberdade de comércio e indústria, retirando a obrigatoriedade de vinculação a corporações de ofício, no Decreto de Allarde (ou Decreto d'Allarde), na França, em 1791; **B:** incorreta. Conforme consta da ementa do julgado mencionado, restou decidido que a CF determina uma atuação geral do Estado sobre a Economia; **C:** incorreta. Todas as condutas estão adstritas ao princípio da legalidade genérica (art. 5º, II, da CF), inclusive aquelas baseadas na livre-iniciativa; **D:** incorreta. Trata-se de princípio explícito previsto no art. 1º, IV, da CF; E: incorreta. A intervenção indireta no Estado na economia, na forma de restrição ou imposições à formação de preços, deve ser justificada pelo interesse público, ou seja, deve visar a melhorias nas condições de vida da população. HS/RB

Gabarito "A".

(Magistratura Federal/2ª região – 2011 – CESPE) A respeito da ordem constitucional econômica, assinale a opção correta.

(A) A intervenção estatal na economia faz-se com respeito aos princípios da ordem econômica, não representando a fixação de preços em valores abaixo da realidade e em desconformidade com a legislação aplicável desrespeito ao princípio da livre-iniciativa, mas ao da defesa do consumidor.

(B) O direito de edificar é relativo, dado que condicionado à função social da propriedade, e, ainda que as restrições decorrentes da limitação administrativa preexistam à aquisição do terreno e sejam do conhecimento dos adquirentes, têm estes, com base nelas, direito à indenização do poder público.

(C) A empresa de pequeno porte optante do regime especial unificado de arrecadação de tributos e contribuições é dispensada do pagamento das contribuições instituídas pela União para as entidades privadas de serviço social, não se estendendo tal isenção às contribuições às entidades de formação profissional vinculadas ao sistema sindical.

(D) É inconstitucional, por infringir o princípio da razoabilidade e inibir a iniciativa-privada, norma de lei ordinária que imponha aos sócios das empresas por cotas de responsabilidade limitada a responsabilidade solidária, mediante seus bens pessoais, pelos débitos da pessoa jurídica para com a seguridade social.

(E) Por constituir risco presumido à ordem econômica, à livre-iniciativa e à concorrência, é vedada a concessão de imunidade tributária nas operações de importação de bens realizadas por município quando houver identidade entre o contribuinte de direito e o de fato.

A: incorreta. A fixação de preços abaixo de seu custo de produção e em desconformidade com a legislação aplicável, obviamente, não ofende qualquer direito do consumidor, que sempre prefere pagar menos pelos produtos e serviços. A ofensa, nesse caso, é à livre-iniciativa e à livre concorrência. Essa prática, conhecida como *dumping*, é adotada com vistas a retirar do mercado algum agente econômico indesejado: quando uma grande empresa fixa seus preços abaixo do custo de produção (porque tem fôlego financeiro para arcar com esse prejuízo), outras empresas não conseguem concorrer com seus preços mais altos. O

12. DIREITO ECONÔMICO — 717

consumidor passa a comprar exclusivamente da primeira empresa, levando as demais a deixar o mercado. Quando isso acontece, aquele que praticou o *dumping* volta a subir o preço sem qualquer receio da concorrência que eventualmente restou; **B**: incorreta. Não há qualquer direito à indenização do poder público pela imposição de limitações administrativas ao direito de construir. Primeiro, porque elas decorrem da Constituição e das leis; segundo, porque são fruto do princípio da supremacia do interesse público sobre o interesse privado; **C**: incorreta. As empresas optantes do SIMPLES não têm qualquer benefício nesse sentido. São contribuintes do Sistema "S" (SENAI, SESI, SENAC, SESC) e da contribuição sindical, se estiverem inseridas no contexto dos respectivos fatos geradores; **D**: correta, conforme julgado pelo STF no RE 562276, *DJ* 03.11.2010, o qual culminou na revogação do art. 13 da Lei 8.620/1993; **E**: incorreta. Segundo o STF, quando o próprio ente político for o importador do bem, ele está amparado pela imunidade recíproca (AI 518405-AgR). **HS/RB**

Gabarito "D".

2. INTERVENÇÃO DO ESTADO NO DOMÍNIO ECONÔMICO

(Magistratura Federal-5ª Região – 2011) A respeito da intervenção do Estado na economia, assinale a opção correta.

(A) A atividade normativa e reguladora do Estado exercida por meio da intervenção na atividade econômica compreende as funções de fiscalização, participação e incentivo.

(B) O monopólio estatal na refinação do petróleo nacional impede a contratação, pela União, de empresa privada para a realização dessa atividade.

(C) A participação em atividades econômicas e a administração dessas atividades são as duas possíveis formas de ingerência do Estado na economia.

(D) Sempre que entender cabível, e independentemente de previsão na CF, o Estado pode intervir na economia, utilizando-se do monopólio de exploração direta da atividade econômica.

(E) O planejamento da atividade econômica pelo Estado, na nova ordem constitucional econômica, é sempre indicativo para o setor privado, em harmonia com o princípio da livre-iniciativa.

A: incorreta. José Afonso da Silva classifica a intervenção estatal no domínio econômico em (i) *participação*, ou exploração direta da atividade econômica, como agente econômico e (ii) *intervenção* em sentido estrito, como agente normativo e regulador da atividade econômica. A intervenção em sentido estrito (agente normativo e regulador) compreende as funções de *fiscalização*, *incentivo* e *planejamento* (não a função de participação, indicada na assertiva) – art. 174 da CF; **B**: incorreta, pois o art. 177, § 1º, da CF admite expressamente que a União possa contratar com empresas estatais ou privadas a realização das atividades previstas de refinação de petróleo, observadas as condições estabelecidas em lei; **C**: incorreta, pois o estado pode *participar* ou *regular e normatizar* a atividade econômica (participação e intervenção em sentido estrito, conforme a lição de José Afonso da Silva); **D**: incorreta, pois os monopólios estatais são previstos expressa e taxativamente pela Constituição Federal – art. 177 da CF; **E**: essa é a assertiva correta, pois o Estado, como agente normativo e regulador da atividade econômica, exercerá, na forma da lei, as funções de fiscalização, incentivo e planejamento, sendo este (o planejamento) determinante para o setor público e indicativo para o setor privado – art. 174, *caput*, da CF. **HS/RB**

Gabarito "E".

(Magistratura Federal – 5ª Região – 2011) No que se refere a liberalismo e intervencionismo, assinale a opção correta.

(A) A atuação do Estado, seja por meio do condicionamento da atividade econômica, seja por meio da exploração direta de determinada atividade econômica, anula, por inteiro, a forma econômica capitalista prevista na CF.

(B) O intervencionismo valoriza o indivíduo como agente econômico e ente responsável pela condução das regras de mercado.

(C) Com o liberalismo, buscou-se atingir a justiça social por meio da imposição de regras estatais na condução da atividade econômica, sem se considerar o lucro.

(D) O objetivo do liberalismo foi o de livrar o indivíduo da usurpação e dos abusos do poder estatal na condução da atividade econômica.

(E) O intervencionismo visava proteger o Estado dos abusos advindos do liberalismo, como foi o caso da concorrência desleal entre os indivíduos e o Estado.

A: incorreta, pois a ordem econômica é fundada essencialmente na livre-iniciativa, acolhendo o modo de produção capitalista (apropriação privada dos meios de produção e iniciativa privada). Ademais, a atuação direta do Estado na economia (participação) é excepcional, apenas quando necessária aos imperativos da segurança nacional ou a relevante interesse coletivo, conforme definidos em lei – art. 173, *caput*, da CF; **B**: incorreta, pois a assertiva se refere ao liberalismo, focado essencialmente na livre-iniciativa e em não intervenção estatal; **C**: incorreta, pois a assertiva refere-se ao intervencionismo e, em certa medida, ao Estado social; **D**: assertiva correta, indicando adequadamente o aspecto de restrição da atividade estatal em relação ao indivíduo, característica essencial do liberalismo; **E**: incorreta, pois o intervencionismo não se refere, estritamente, à proteção do Estado. Ademais, a concorrência desleal se dá, em princípio, entre os agentes econômicos privados, e não entre os indivíduos e o Estado. **HS/RB**

Gabarito "D".

(Magistratura Federal/2ª região – 2011 – CESPE) No que se refere à intervenção do Estado no domínio econômico, assinale a opção correta.

(A) A jurisprudência dos tribunais superiores pacificou-se no sentido de que o serviço postal – conjunto de atividades que torna possível o envio de correspondência ou objeto postal de um remetente para endereço final e determinado – consubstancia atividade econômica em sentido estrito, de forma que o monopólio postal do Estado, previsto expressamente na CF, não pode ser relativizado.

(B) Verifica-se, na CF, a opção por sistema econômico voltado primordialmente para a livre-iniciativa, o que legitima a assertiva de que o Estado só deve intervir na economia em situações excepcionais, quando necessário aos imperativos da segurança nacional ou de relevante interesse coletivo.

(C) A proteção à segurança nacional autoriza o Estado a deter o controle de determinadas atividades econômicas para a garantia da soberania e da independência da Nação, tais como o da exploração de minérios portadores de energia atômica e o de combustíveis fósseis, sendo o conceito de segurança nacional eminentemente jurídico e determinado em lei de forma taxativa.

(D) O poder constituinte derivado reformador alterou o texto original da CF, no que se refere à disciplina dos monopólios estatais em relação aos combustíveis fósseis derivados, e permitiu a contratação, por parte da União, de empresas estatais ou privadas para as atividades relacionadas ao abastecimento de petróleo.

(E) A Emenda Constitucional n. 49/2006 exclui do monopólio da União a pesquisa, a lavra, o enriquecimento, o reprocessamento, a produção, a comercialização e a utilização de minérios e minerais nucleares e seus derivados, como, por exemplo, os radioisótopos de meia-vida curta, para usos médicos, agrícolas e industriais.

A: incorreta. O julgamento da ADPF 46, *DJ* 05.08.2009, estabeleceu a natureza de **serviço público** do serviço postal; **B:** incorreta. O Estado intervém **diretamente** na economia nas hipóteses expostas na alternativa, que repetem o disposto no art. 173 da CF. Não obstante, o Estado intervém **indiretamente** na economia de diversas outras formas, com o intuito de evitar falhas no mercado. São exemplos de intervenção indireta a regulação e a tributação; **C:** incorreta. O conceito de segurança nacional, para fins de autorização de exploração de atividade econômica pelo Estado, tem cunho **político** e **vago,** não sendo encontrado de forma taxativa em qualquer legislação vigente; **D:** correta. Trata-se da Emenda Constitucional 49/2009; **E:** incorreta. A exploração de minerais nucleares é monopólio da União, tendo sido expressamente retirado desse regime somente os radioisótopos. HS/RB

Gabarito "D".

(Magistratura Federal/1ª região – 2011 – CESPE) Acerca da intervenção direta do Estado brasileiro na ordem econômica, assinale a opção correta.

(A) Conforme pacífica jurisprudência do STJ, a contribuição especial de intervenção no domínio econômico para financiar os programas e projetos vinculados à reforma agrária e suas atividades complementares não pode ser cobrada de empresas urbanas.

(B) De acordo com previsão constitucional, as empresas públicas prestadoras de serviços públicos não podem gozar de privilégios fiscais não extensivos às empresas que operem no setor privado, sob pena de violação do princípio da livre concorrência.

(C) A existência ou o desenvolvimento de atividade econômica em regime de monopólio sem que a propriedade do bem empregado no processo produtivo ou comercial seja concomitantemente detida pelo agente daquela atividade ofende o texto constitucional.

(D) É constitucional a instituição, por lei ordinária, da contribuição de intervenção no domínio econômico, sendo desnecessária a vinculação direta entre os benefícios dela decorrentes e o contribuinte.

(E) O Estado brasileiro não pode assumir a iniciativa de exploração da atividade econômica, devendo avocá-la, em caráter excepcional, nos casos de necessidade para a segurança nacional ou de relevância para o interesse da coletividade, conforme critérios a serem estabelecidos em lei complementar.

A: incorreta. A contribuição devida ao INCRA destinada aos projetos vinculados à reforma agrária, que tem natureza de contribuição de intervenção no domínio econômico, pode ser cobrada das empresas urbanas sem qualquer óbice. Veja, a respeito, os julgados REsp 977058, *DJ* 10.11.2008, e AgRg no REsp 1154644, *DJ* 21.06.2012, do STJ; **B:** incorreta. Apesar do art. 173, § 2°, da CF não fazer qualquer distinção, o STF possui entendimento de que a proibição de privilégios alcança somente as empresas públicas e sociedades de economia mista que explorem atividade econômica em sentido estrito, ou seja, que tenham por objetivo a distribuição de lucro (RE 596729, *DJ* 19.10.2010); **C:** incorreta. A alternativa cobra o conhecimento da posição do STF adotada no julgamento da ADI 3273, *DJ* 16.03.2005, no qual se discutiu a constitucionalidade da Lei 9.478/1997 no ponto em que ela atribui ao concessionário a propriedade plena dos produtos obtidos com a lavra das jazidas minerais. Nesse contexto, o Min. Eros Grau, relator da ação, aponta que a lei é constitucional, porque o monopólio sobre a atividade estabelecido pelo art. 177 da CF não determina, necessariamente, a propriedade dos resultados da atividade para a União, e afirma: "a existência ou desenvolvimento de atividade econômica em regime de monopólio sem que a propriedade do bem empregado no processo produtivo ou comercial seja concomitantemente detida pelo agente daquela atividade **não** ofende o texto constitucional"; **D:** correta. A alternativa expressa a posição do STF sobre o tema adotada no RE 449233-AgR, *DJ* 09.03.2011; E: incorreta. Nos termos do art. 173, *caput*, da CF, os imperativos de segurança nacional e o relevante interesse coletivo que autorizem a exploração direta de atividade econômica pelo Estado podem ser estabelecidos em lei **ordinária**. HS/RB

Gabarito "D".

3. SISTEMA FINANCEIRO NACIONAL

(Magistratura Federal-5ª Região – 2011) Considerando a Lei n. 4.595/1964, que dispõe sobre a política e as instituições monetárias, bancárias e creditícias e cria o CMN, assinale a opção correta.

(A) A emissão de moeda-papel brasileira é competência privativa da autarquia federal Casa da Moeda do Brasil, conforme os limites previamente fixados pelo CMN.

(B) O SFN é integralmente constituído pelas instituições financeiras públicas e privadas que operam no território nacional.

(C) O CMN é órgão federal com a atribuição precípua de supervisionar os integrantes do SFN.

(D) O ministro da Fazenda e o do Planejamento têm assento permanente no CMN.

(E) Compete privativamente ao BACEN, ente autárquico federal, exercer o controle do crédito sob todas as suas formas.

A: incorreta, pois a competência privativa para emitir moeda é da União, a ser exercida exclusivamente pelo Banco Central – arts. 21, VII, e 164, *caput*, da CF; **B:** incorreta, pois, nos termos do art. 1° da Lei 4.595/1964, o Sistema Financeiro Nacional é constituído por (i) Conselho Monetário Nacional, (ii) Banco Central do Brasil, (iii) Banco do Brasil, (iv) Banco Nacional do Desenvolvimento Econômico [e Social – BNDES) e (v) demais instituições financeiras públicas e privadas – ver também o art. 192 da CF; **C:** incorreta, pois, nos termos do art. 2° da Lei 4.595/1964, o CMN tem por finalidade formular a política da moeda e do crédito, objetivando o progresso econômico e social do País; **D:** incorreta, pois o art. 6° da Lei 4.595/1964 não inclui o Ministro do Planejamento no Conselho Monetário Nacional; **E:** essa é a assertiva correta, conforme o art. 10, VI, da Lei 4.595/1964. HS/RB

Gabarito "E".

12. DIREITO ECONÔMICO — 719

(Magistratura Federal/3ª região – 2011 – CESPE) A respeito do SFN, assinale a opção correta.

(A) Não são consideradas instituições financeiras as pessoas jurídicas que tenham como atividade acessória a coleta, intermediação ou aplicação de recursos financeiros próprios ou de terceiros, em moeda nacional ou estrangeira, e a custódia de valor de propriedade de terceiros.

(B) Compete à Comissão de Valores Mobiliários definir a política a ser observada na organização e no funcionamento do mercado de valores mobiliários.

(C) Por estar sujeito ao regime próprio das empresas privadas, de acordo com o art. 173, § 1.º, II, da CF, o Banco do Brasil S.A. não tem competência para executar política creditícia e financeira do governo federal no SFN.

(D) São membros do Conselho Monetário Nacional, órgão executor do SFN, os ministros da Fazenda e do Planejamento, e o presidente do BACEN.

(E) Entre as atribuições do BACEN, estão a de emitir papel moeda, a de receber depósitos compulsórios das instituições financeiras e bancárias e a de estabelecer as condições para exercícios de cargos de direção nas instituições financeiras.

A: incorreta. Tais empresas se enquadram no conceito de instituição financeira previsto no art. 17 da Lei 4.595/1964; **B:** incorreta. Tal atribuição é do Conselho Monetário Nacional (art. 3º, I, da Lei 6.385/1976); **C:** incorreta. Essa atribuição compete ao Banco do Brasil S.A. por força do art. 19 da Lei 4.595/1964, o qual não ofende a Constituição porque tal atribuição não conflita com a concorrência praticada no mercado bancário; **D:** incorreta. O Conselho Monetário Nacional é composto pelo Ministro da Fazenda, pelo Presidente do Banco do Brasil, pelo Presidente do BNDES e por 07 membros nomeados pelo Presidente da República com notória capacidade em assuntos financeiros (art. 6º da Lei 4.595/1964); **E:** correta, nos termos do art. 10, I, IV e XI, da Lei 4.595/1964. **HS/RB**

Gabarito "E".

4. SISTEMA BRASILEIRO DE DEFESA DA CONCORRÊNCIA – SBDC. LEI ANTITRUSTE

(Juiz – TRF 2ª Região – 2017) A rede "Pães e Amor Ltda", com faturamento bruto, no ano anterior, de R$ 15.000.000,00 (quinze milhões de reais), pretende adquirir dois outros estabelecimentos, com faturamento anual, somado, de um terço da cifra anterior. Em documentos escritos, os sócios expressam plano para, em até um ano, dominarem o mercado de padarias de dois bairros e, em até 5 anos, dominarem 50% do mercado da cidade, com base em estratégias de barateamento de custos, diminuição de preços, atendimento domiciliar e melhor gestão global. À luz de tais dados, assinale a opção correta:

(A) É necessária a aprovação da aquisição dos estabelecimentos pelo Conselho Administrativo de Defesa Econômica (CADE);

(B) Não é necessária a aprovação da aquisição dos estabelecimentos, bastando mera comunicação ao Conselho Administrativo de Defesa Econômica, cuja ausência configura infração à ordem econômica, passível de multa.

(C) A falta de comunicação à autarquia não é ilícito, mas os documentos que expressam a intenção de dominar o mercado de bairros e, depois, 50% do mercado da cidade, indicam infração à ordem econômica e à concorrência.

(D) Ainda que não haja comunicação e que os documentos escritos venham a público, não há, no descrito, infração à ordem econômica ou à concorrência.

(E) É o concerto de condutas, da compra dos estabelecimentos (caso não seja comunicada) à intenção de dominar mercado relevante, que caracteriza a infração à ordem econômica e submete a rede de padaria às sanções da Lei nº 12.529/2011 (Lei de Defesa da Concorrência).

A: incorreta. O valor do faturamento bruto anual dos grupos envolvidos na operação não atinge o mínimo estabelecido pelo art. 88 da Lei Antitruste; **B:** incorreta. Não havendo obrigatoriedade de análise pelo CADE, não há também qualquer obrigação de notificação; **C:** incorreta. A mera dominação de mercado relevante, em si, não caracteriza infração á ordem econômica, tendo em vista que pode resultar de processos naturais (art. 36, §1º, da Lei Antitruste); **D:** correta, conforme comentário à alternativa anterior; **E:** incorreta. Não há obrigação de comunicação e, além disso, a intenção de dominar mercado relevante por razões naturais (maior eficiência) e benéfica aos consumidores (diminuição de preços, atendimento domiciliar etc.) faz incidir a já citada exceção prevista no art. 36, §1º, da Lei Antitruste. **HS**

Gabarito "D".

(Juiz – TRF 2ª Região – 2017) Quanto ao acordo de leniência no âmbito Conselho Administrativo de Defesa Econômica – CADE, marque a opção correta:

(A) O acordo de leniência pode resultar em redução da pena, mas não em extinção da punibilidade da sanção administrativa a ser imposta à pessoa jurídica colaboradora.

(B) É inviável o acordo de leniência se a autoridade administrativa já dispõe de prova sobre a ocorrência da infração investigada.

(C) A pessoa jurídica que pretenda qualificar-se para o acordo não pode ser a líder da conduta infracional a ser revelada.

(D) A pessoa jurídica que pretenda qualificar-se deve ser a primeira a fazê-lo com relação à infração noticiada ou sob investigação.

(E) O acordo pode resultar em extinção da pena administrativa, mas não em extinção da punibilidade relativa a crime contra a ordem econômica.

A: incorreta. É possível a extinção da punibilidade, a critério do TADE (art. 86 da Lei Antitruste); **B:** incorreta, pois ainda há espaço para o acordo que resulte em identificação dos demais envolvidos (art. 86, I, da Lei Antitruste) **C:** incorreta. Não há qualquer limitação neste sentido para o acordo de leniência; **D:** correta, nos termos do art. 86, §1º, I, da Lei Antitruste; **E:** incorreta. A extinção da punibilidade do crime está prevista no art. 87, parágrafo único, da Lei Antitruste a partir do cumprimento do acordo de leniência pelo acusado. **HS**

Gabarito "D".

(Juiz – TRF 3ª Região – 2016) A Lei nº 12.529, de 30.11.2011, Lei de Defesa da Concorrência – LDC, estrutura o Sistema Brasileiro de Defesa da Concorrência – SBDC, integrado pelo Conselho Administrativo de Defesa Econômica –

ROBINSON BARREIRINHAS E HENRIQUE SUBI

CADE. Assim, sobre as assertivas que se seguem, assinale a alternativa correta:

I. A prática usualmente denominada *"gun jumping"* (expressão em inglês que significa "queimar a largada"), conhecida na literatura e jurisprudência estrangeiras, consiste na consumação de atos de concentração econômica, antes da decisão final da autoridade antitruste. A LDC prevê que o controle dos atos de concentração, quando cabíveis, será realizado previamente pelo CADE em 240 (duzentos e quarenta) dias, prorrogáveis, a fim de preservar a livre iniciativa e a concorrência.

II. O critério de submissão dos atos de concentração ao CADE decorre da aferição, cumulativamente, do faturamento bruto anual e do volume de negócios total no País dos grupos envolvidos, apurados no ano anterior à operação.

III. São considerados atos de concentração econômica, pela LDC, as operações nas quais: i) duas ou mais empresas anteriormente independentes se fundem; ii) uma ou mais empresas adquirem, direta ou indiretamente, por compra ou permuta de ações, quotas, títulos ou valores mobiliários conversíveis em ações, ou ativos, tangíveis ou intangíveis, por via contratual ou por qualquer outro meio ou forma, o controle ou partes de uma ou outras empresas; iii) uma ou mais empresas incorporam outra ou outras empresas; ou iv) duas ou mais empresas celebram contrato associativo, consórcio ou *joint venture*, exceto quando destinados às licitações promovidas pela Administração Pública direta e indireta.

IV. Para fins de evitar o risco de aplicação de multa pecuniária de até R$60.000.000,00 (sessenta milhões de reais), dentre outras consequências, as partes envolvidas em um ato de concentração deverão manter as suas estruturas físicas e as condições competitivas inalteradas até a avaliação final do CADE.

(A) Estão corretas apenas as assertivas I e IV.

(B) Estão corretas apenas as assertivas II e IV.

(C) Estão corretas apenas as assertivas I e III.

(D) Todas as assertivas estão corretas.

I: correta, nos termos do art. 88, §§2º e 9º, da Lei Antitruste; **II:** incorreta. O critério é alternativo: faturamento bruto anual OU volume de negócios no país (art. 88, I e II, da Lei Antitruste); **III:** correta, nos termos do art. 90, I a IV, da Lei Antitruste; **IV:** considerada incorreta pelo gabarito oficial. Entendemos que a alternativa está correta, o que anularia a questão. Nos termos do art. 147, §2º, do Regimento Interno do CADE: "*As partes deverão manter as estruturas físicas e as condições competitivas inalteradas até a apreciação final do Cade, sendo vedadas, inclusive, quaisquer transferências de ativos e qualquer tipo de influência de uma parte sobre a outra, bem como a troca de informações concorrencialmente sensíveis que não seja estritamente necessária para a celebração do instrumento formal que vincule as partes*". **HS**

Gabarito "C."

(Magistratura Federal-5ª Região – 2011) A respeito do direito concorrencial, assinale a opção correta.

(A) A posição dominante de uma empresa ou grupo no mercado, ou seja, sua participação significativa, é causa, por si só, de intervenção das autoridades antitruste.

(B) Mercado relevante material refere-se à área geográfica, ou seja, ao local que se deseja analisar em termos de concorrência.

(C) O conceito de mercado relevante relaciona-se à definição, para análise concorrencial, do espaço geográfico dos agentes econômicos e de todos os produtos e serviços substituíveis entre si, nesse mercado.

(D) Os conceitos de poder econômico e de posição dominante são equivalentes.

(E) Na análise concorrencial, considera-se poder econômico a participação de determinada empresa ou grupo em um mercado.

A: incorreta, pois é preciso que o agente exerça de forma abusiva sua posição dominante para que se configure a infração da ordem econômica – art. 36, IV, da Lei Antitruste (Lei 12.529/2011); **B:** incorreta. A expressão *mercado relevante* refere-se à fixação de limites geográficos (= mercado relevante geográfico) e relativos a determinado produto ou serviço (= mercado relevante material), que permite aferir a participação de agentes econômicos (fornecedores, adquirentes, intermediários e financiadores). A assertiva indica, portanto, o mercado relevante geográfico, não o material; **C:** correta, conforme comentário à alternativa anterior; **D:** incorreta, pois o conceito de posição dominante, diferentemente do poder econômico, está ligado essencialmente a determinado mercado relevante, em relação ao qual o agente controle parcela substancial – art. 36, § 2º, da Lei Antitruste; **E:** incorreta, pois a assertiva refere-se à posição dominante, especificamente, conforme comentário à alternativa anterior. **HS/RB**

Gabarito "C."

(Magistratura Federal-5ª Região – 2011) Assinale a opção correta acerca da Lei Antitruste.

(A) A fim de aumentar o lucro das empresas que garantem a concorrência em determinado local, o CADE pode aprovar operação que implique concentração econômica.

(B) A operação de fusão entre empresas ou grupos empresariais da qual decorram atos de concentração econômica sem eliminação de concorrência não pode ser aprovada pelo CADE, mesmo que objetive aumentar a quantidade de bens e serviços, com distribuição equitativa dos benefícios entre participantes e consumidores.

(C) O CADE pode aprovar ato de concentração que traga benefícios aos empresários, mas não à coletividade, desde que nos estritos termos legais.

(D) O CADE pode aprovar atos de concentração econômica eliminadores da concorrência de parte substancial do mercado relevante.

(E) Os atos de concentração econômica podem ser aprovados pelo CADE, desde que, com esses atos, o Estado seja beneficiado com maior arrecadação tributária.

A: incorreta, pois o aumento do lucro empresarial não é hipótese que permita a aprovação de ato de concentração, conforme o art. 88, § 6º, da Lei Antitruste; **B:** incorreta, pois pode ser hipótese excepcional que permita a aprovação do ato de concentração, nos termos do art. 88, § 6º, da Lei Antitruste (embora o aumento da quantidade não seja essencial, mas sim o aumento de produtividade ou qualidade dos bens

12. DIREITO ECONÔMICO

ou serviços); **C:** incorreta, pois é preciso que o ato de concentração traga benefícios cuja parte relevante deve ser repassada aos consumidores – art. 88, § 6º, II, da Lei Antitruste; **D:** correta, nos termos do art. 88, §§5º e 6º, da Lei Antitruste; **E:** incorreta, pois o aumento da arrecadação não dá ensejo, por si, à aprovação do ato de concentração – art. 88, § 6º, da Lei Antitruste. **HS/RB**

Gabarito "D".

(Magistratura Federal/3ª região – 2011 – CESPE) Considere que uma empresa de laticínios, detentora de 15% do mercado de processamento e pasteurização de leite tipo C em determinado estado da Federação, venda o produto abaixo do preço de custo. Nesse caso, é correto afirmar que, para se decidir pela existência, ou não, de infração ao direito de concorrência, deve-se analisar, necessariamente,

(A) a delimitação da dimensão material do mercado relevante, que consiste em definir os bens e serviços que têm elasticidade em sua substituição, sob a perspectiva dos produtores.

(B) possível justificativa para a conduta, como, por exemplo, o fato de o produto ser perecível, estando iminente a expiração de sua validade para consumo.

(C) o alcance, em razão do ato praticado, de pelo menos um dos seguintes efeitos/resultados: prejuízo à livre concorrência ou à livre-iniciativa; dominação do mercado relevante de bens ou serviços, aumento arbitrário dos lucros; exercício de forma abusiva, de posição dominante.

(D) a suspeita de a empresa ter posição dominante correspondente a mais de 20% do mercado relevante, o que, de acordo com o art. 36, § 2.º, da Lei n. 12.529/2011, é suficiente para excluí-la da prática de infração, já que a empresa em questão tem apenas 15% do mercado.

(E) a delimitação da dimensão geográfica do mercado relevante, entendido como o território onde a empresa está sediada.

A: incorreta. O conceito de dimensão material do mercado relevante considera a perspectiva dos consumidores; **B:** correta. Nos termos do art. 36 da Lei 12.529/2011, a infração à ordem econômica deve ter por objetivo um prejuízo ao mercado ou à livre concorrência. Em casos excepcionais, nos quais o prejuízo social é maior do que o prejuízo econômico (como no desperdício de alimentos), os atos antieconômicos podem ser autorizados. Isso ocorre porque o Brasil adota, no que toca ao direito antitruste, o princípio da concorrência-meio, isso é, a livre concorrência não é um bem jurídico a ser protegido em si mesmo, mas como um instrumento para o bem estar social; **C:** incorreta. A infração à ordem econômica independe do efetivo alcance dos objetivos elencados no art. 36 da Lei 12.529/2011; **D:** incorreta. A presunção de que a empresa exerce posição dominante por controlar 20% não exclui a possibilidade de que empresas controladoras de parcela menor do mercado pratiquem infrações à ordem econômica; **E:** incorreta. A dimensão geográfica do mercado relevante é medida de acordo com os locais onde o produto ou serviço é distribuído, extravasando a mera sede da empresa fornecedora. **HS/RB**

Gabarito "B".

(Magistratura Federal/2ª região – 2011 – CESPE) Com referência à Lei Antitruste, assinale a opção correta.

(A) Os prejudicados têm ação para, em defesa de interesses individuais ou individuais homogêneos, obter a cessação de práticas que constituam infração da ordem econômica e para o recebimento de indenização por perdas e danos, após a conclusão do processo administrativo respectivo, que será suspenso em virtude do ajuizamento.

(B) Constitui título executivo extrajudicial decisão do plenário do CADE que comine multa ou obrigação de fazer. Tratando-se de obrigação de pagar ou de fazer, para que se possam mitigar liminarmente os efeitos inerentes a esse título, com a suspensão de sua eficácia, cabe ao juiz fixar o valor de caução idônea a garantir o cumprimento da decisão final, considerada incabível a exigência de depósito do valor de eventual multa.

(C) As disposições da lei atinentes às infrações contra a ordem econômica aplicam-se às pessoas físicas ou jurídicas de direito público ou privado, e a quaisquer associações de entidades ou pessoas, constituídas de fato ou de direito, ainda que temporariamente, com ou sem personalidade jurídica, exceto se exercerem atividade sob regime de monopólio legal.

(D) A personalidade jurídica do responsável por infração contra a ordem econômica poderá ser desconsiderada caso se comprove abuso de direito, excesso de poder, infração da lei, fato ou ato ilícito ou violação dos estatutos ou contrato social, não sendo, entretanto, efetivada a desconsideração quando ocorrer encerramento ou inatividade da pessoa jurídica provocados por má administração.

(E) Ocorre posição dominante quando uma empresa ou grupo de empresas controla parcela substancial de mercado relevante, como fornecedor, intermediário, adquirente ou financiador de um produto, serviço ou tecnologia a ele relativa, sendo presumida a posição dominante quando a empresa ou grupo de empresas controle 20% de mercado relevante, podendo esse percentual ser alterado pelo CADE para setores específicos da economia.

A: incorreta. Nos termos do art. 47 da Lei Antitruste, o exercício do direito de ação dos prejudicados independe da existência, do trâmite ou do encerramento do procedimento administrativo; **B:** incorreta. Dispõe o art. 98 da Lei Antitruste que a suspensão liminar da execução só ocorrerá se vier acompanhada de garantia do juízo no valor das multas aplicadas, inclusive das multas diárias; **C:** incorreta. As infrações à ordem econômica podem ser praticadas inclusive pelas entidades que explorem atividade econômica em regime de monopólio legal (art. 31 da Lei Antitruste); **D:** incorreta. O encerramento ou inatividade da pessoa jurídica, provocados por má administração, são igualmente motivo bastante para a decretação da desconsideração da personalidade jurídica (art. 34, parágrafo único, da Lei Antitruste); **E:** correta, nos termos do art. 36, § 2º, da Lei Antitruste. **HS/RB**

Gabarito "E".

(Magistratura Federal/1ª região – 2011 – CESPE) Em relação ao abuso do poder econômico e à Lei Antitruste, assinale a opção correta.

(A) A perda de mandato dos conselheiros do CADE só pode ocorrer em virtude de decisão do presidente da República, por provocação de qualquer cidadão, ou em razão de condenação penal irrecorrível por crime doloso.

ROBINSON BARREIRINHAS E HENRIQUE SUBI

(B) As diversas formas de infração da ordem econômica implicam a responsabilidade da empresa e a individual de seus dirigentes ou administradores, solidariamente.

(C) Ao presidente e aos conselheiros do CADE é vedado emitir parecer sobre matéria de sua especialização, ainda que em tese, podendo eles, no entanto, atuar como consultores de empresa privada.

(D) Para ser caracterizada como infração da ordem econômica, a ação de limitar, falsear ou prejudicar, de qualquer forma, a livre concorrência ou a livre-iniciativa depende da comprovação de dolo ou culpa.

(E) Conforme a jurisprudência do STJ, a simples oferta de desconto nas vendas feitas com dinheiro ou cheque, em relação às efetuadas por meio de cartão de crédito, caracteriza abuso de poder econômico.

A: incorreta. Segundo o art. 7º da Lei 12.529/2011 (Lei Antitruste), a perda do mandato dos Conselheiros do CADE poderá ocorrer por decisão do **Senado Federal**, após provocação do **Presidente da República**, em razão de condenação penal irrecorrível ou por processo administrativo disciplinar, nos moldes das Leis 8.112/1990 e 8.429/1992; **B:** correta, nos termos do art. 32 da Lei Antitruste; **C:** incorreta. A vedação estende-se à prestação de consultorias a **qualquer** tipo de empresa (art. 8º, IV, da Lei Antitruste); **D:** incorreta. As infrações à ordem econômica caracterizam-se pela **responsabilidade objetiva do agente**, ou seja, prescindem da comprovação de dolo ou culpa (art. 36 da Lei Antitruste); **E:** incorreta. A jurisprudência do STJ caminha justamente no sentido contrário. Veja, por exemplo, AgRg no REsp 1178360, *DJ* 01.01.2010. **HS/RB**
Gabarito "B".

(Magistratura Federal/1ª região – 2011 – CESPE) Em relação à prática denominada *dumping* e às medidas de salvaguarda, assinale a opção correta.

(A) Para a determinação do dano pela prática de *dumping*, não é necessária a demonstração de nexo causal entre as importações objeto de *dumping* e o dano à indústria doméstica.

(B) As medidas de salvaguarda visam à defesa da indústria e da produção doméstica em face do avanço de exportações de mercadorias em patamar de valores inferiores aos do produtor nacional, não sendo necessária a investigação prévia para a aplicação de tais medidas.

(C) Em determinadas circunstâncias críticas, é possível a aplicação de medida de salvaguarda provisória, com duração máxima de duzentos dias, podendo ser suspensa por decisão interministerial antes do prazo final estabelecido.

(D) Considera-se prática de *dumping* a introdução de um bem no mercado doméstico, exceto sob as modalidades de *drawback*, a preço de exportação inferior ao valor normal praticado no mercado de origem.

(E) Para se aferir a prática de *dumping*, o preço de exportação será o efetivamente pago pelo produto exportado ao Brasil, incluindo-se impostos e considerando descontos efetivamente concedidos.

A: incorreta. O art. 15 do Decreto 1.602/1995 determina a obrigatoriedade do nexo causal entre as importações objeto de *dumping* e o dano à

indústria doméstica; **B:** incorreta. O objetivo das medidas de salvaguarda apresentado está de acordo com o art. 1º do Decreto 1.488/1995, porém é obrigatória a investigação prévia para sua imposição (art. 2º, § 1º, do Decreto 1.488/1995); **C:** correta, nos termos do art. 4º do Decreto 1.488/1995; **D:** incorreta. Caracteriza o *dumping* a introdução do bem no mercado nacional por valor de exportação inferior àquele ao valor normal praticado no mercado de origem, **inclusive** sob o regime de *drawback* (art. 4º do Decreto 1.602/1995). *Drawback* é um regime especial de tributação, instituído pelo Decreto 37/1966, que se baseia na suspensão da obrigação ou mesmo eliminação do pagamento de tributos incidentes na importação de insumos a serem utilizados em produtos destinados à exportação; **E:** incorreta. O cálculo do preço de exportação exclui os impostos incidentes sobre o produto e os descontos e produções efetivamente concedidos (art. 8º do Decreto 1.602/1995). **HS/RB**
Gabarito "C".

(Magistratura Federal-4ª Região – 2010) Assinale a alternativa correta.

No que se refere à expressão dumping, podemos afirmar que a sua prática:

(A) Diz respeito ao fomento à indústria local de um ou mais países.

(B) Significa simplesmente vender um determinado produto por preço inferior ao seu custo.

(C) Situa-se na prática da legítima e livre concorrência.

(D) Também é considerada como truste, sendo sinônimas.

(E) Todas as alternativas anteriores estão incorretas.

Nos termos do art. 2º, § 1º, do Acordo *Antidumping* – Decreto 93.941/1987, "um produto é objeto de *dumping*, isto é, introduzido no mercado de outro país a preço inferior ao seu valor normal, se o preço de exportação do produto, quando exportado de um país para outro, for inferior ao preço comparável, praticado no curso de operações comerciais normais, de um produto similar destinado ao consumo no país exterior." **A:** incorreta, pois o *dumping* é conduta lesiva à indústria local do país da importação; **B:** incorreta, pois o *dumping* é avaliado em relação ao preço de produto similar destinado ao consumo no país exportador (independentemente de seu custo, em princípio), conforme comentário inicial; **C:** incorreta, pois a prática de *dumping* é vedada pelo acordo internacional do GATT, como o citado no comentário inicial; **D:** incorreta, conforme comentário inicial. Truste, em sentido estrito, refere-se a acordo de agentes econômicos para minar a livre concorrência e fixar preços artificialmente altos, aumentando suas margens de lucro em prejuízo dos consumidores; **E:** essa é a alternativa a ser indicada, pois as alternativas anteriores são incorretas. **HS/RB**
Gabarito "E".

(Magistratura Federal/3ª Região – 2010 - adaptada) A desconsideração da personalidade jurídica do responsável por infração da ordem econômica:

(A) Ocorre sempre nos termos no art. 34 da Lei 12.529/2011;

(B) Implica em solidariedade entre a empresa cuja personalidade jurídica foi desconsiderada e os seus sócios e acionistas;

(C) Pode ser decretada de ofício;

(D) Com o advento do Código Civil, sua hipótese de incidência passou a ser regrada pelo art. 50 desse Código.

12. DIREITO ECONÔMICO

A: incorreta, pois o art. 34 da Lei Antitruste indica hipóteses em que a personalidade jurídica do responsável pela infração **pode** ser desconsiderada, ou seja, nem sempre ocorrerá, necessariamente (adaptamos essa alternativa, considerando a alteração legislativa posterior ao concurso); **B:** incorreta, pois, em princípio, a desconsideração implica estender os efeitos de certas e determinadas relações de obrigações aos bens particulares dos administradores ou sócios da pessoa jurídica – art. 34 da Lei Antitruste c/c o art. 50 do CC; **C:** assertiva correta. Embora o art. 50 do CC refira-se ao requerimento da parte ou do MP, o art. 34 da Lei Antitruste, norma especial aplicável às infrações à ordem econômica, não veda a decretação de ofício pelo juiz. É interessante notar que o art. 28 do CDC é expresso ao admitir a desconsideração de ofício pelo juiz; **D:** incorreta, pois o art. 34 da Lei Antitruste é norma especial e, portanto, não foi afastada pelo art. 50 do CC – art. 2º, § 2º, da Lei de Introdução às Normas do Direito Brasileiro. **HS/RB**

Gabarito "C."

5. DIREITO ECONÔMICO INTERNACIONAL. MERCOSUL

(Magistratura Federal/3ª região – 2011 – CESPE) No que se refere ao comércio internacional e suas instituições, assinale a opção correta.

(A) O GATT não reconhece acordos regionais, sob o fundamento de que eles são utilizados para impor barreiras ao restante das partes contratantes.

(B) A atuação da OMC estende-se a mercadorias, serviços e direitos de propriedade intelectual, com o objetivo de reduzir barreiras comerciais e tratamentos discriminatórios.

(C) No MERCOSUL, há direito comunitário, sendo as normas oriundas de órgãos comuns e dispensada a internalização, conforme as regras de direito internacional.

(D) O GATT e a OMC foram concebidos em 1948 para expandir o comércio internacional.

(E) Por constituir tratado multilateral, cujas partes atuam em posição de igualdade, o GATT não apresenta condições especiais para os países em desenvolvimento.

A: incorreta. O GATT permite que os Estados-partes celebrem acordos regionais, desde que não sejam voltados à criação de barreiras aos demais signatários do acordo; **B:** correta. A Organização Mundial do Comércio cuida do comércio internacional em geral, com vistas à eliminação de tratamentos discriminatórios de qualquer natureza; **C:** incorreta. Mesmo no âmbito do MERCOSUL é necessária a internalização dos tratados por meio de aprovação do Congresso Nacional; **D:** incorreta. O GATT foi criado em 1948 e a OMC em 1995; E: incorreta. O GATT dedica especial atenção aos países em desenvolvimento, criando mecanismos para sua inserção no comércio internacional. **HS/RB**

Gabarito "B."

(Magistratura Federal/2ª região – 2011 – CESPE) Assinale a opção correta acerca dos princípios gerais da atividade econômica, do GATT e da OMC.

(A) A OMC, criada na quarta rodada de negociação do GATT, em Genebra, em 1955, é organização internacional que negocia e normatiza regras sobre o comércio entre as nações; seus membros transacionam e celebram acordos que são internalizados pelos poderes constituídos de seus signatários e passam, desse modo, a regular o comércio internacional de cada nação.

(B) São vinculantes e caracterizados pela abrangência, automaticidade e exequibilidade os efeitos das decisões proferidas pelo sistema de solução de controvérsias da OMC, instituído para substituir antigo procedimento similar adotado pelo GATT, podendo qualquer nação acioná-lo na qualidade de terceiro interessado, independentemente de ser parte da organização.

(C) O conceito de soberania foi desenvolvido pelo filósofo francês Jean Bodin, e, segundo a atual doutrina, o princípio da soberania nacional somente se efetiva quando a nação alcança patamares de desenvolvimento econômico e social que lhe garantam a plena independência das decisões políticas, sem a necessidade de auxílios internacionais, de forma que somente existirá Estado soberano onde houver independência econômica.

(D) Segundo a jurisprudência do STF, não ofende o princípio da livre concorrência lei federal, estadual ou municipal que impeça a instalação de estabelecimentos comerciais do mesmo ramo em determinada área, uma vez que o Estado é o responsável pela condução das políticas públicas destinadas a organizar a distribuição equitativa das atividades da economia nacional.

(E) A primeira rodada de negociação do GATT, realizada em Tóquio, em 1947, versou sobre tarifas, agricultura, serviços, propriedade intelectual e medidas de investimento, tendo sido estabelecida, na ocasião, a chamada cláusula da nação mais favorecida, que prevê a gradual supressão de determinados benefícios à medida que os países subdesenvolvidos ou em fase de desenvolvimento incrementam suas economias.

A: incorreta. A OMC foi criada na Rodada Uruguai, a 8ª Rodada do GATT, entre 1986 e 1994, estabelecida formalmente em 1º de janeiro de 1995; **B:** incorreta. Apenas membros da OMC podem acionar o sistema de solução de controvérsias; **C:** correta. Com efeito, hodiernamente o conceito de soberania extravasa a antiga noção que o limitava à ausência de outro poder superior na ordem interna ou externa. Hoje, a soberania é dividida em política e econômica, sendo plena somente se o Estado puder se autorregular economicamente sem qualquer interferência externa; **D:** incorreta. A Súmula 646 do STF estampa a inconstitucionalidade de qualquer legislação nesse sentido; E: incorreta. A 1ª Rodada do GATT foi realizada em Genebra, Suíça, e tratou essencialmente de tarifas alfandegárias. **HS/RB**

Gabarito "C."

(Magistratura Federal/1ª região – 2011 – CESPE) A respeito do MERCOSUL e dos sujeitos econômicos, assinale a opção correta.

(A) As denominadas empresas transnacionais são entidades autônomas, de personalidade jurídica de direito privado, que estabelecem sua gestão negocial e organizam sua produção em bases internacionais, com vínculo direto e compromisso com as fronteiras ou com os interesses políticos de determinada nação.

(B) A previsão da CF quanto à busca, pela República Federativa do Brasil, da integração econômica dos povos da América Latina, visando à formação de uma comunidade latino-americana de nações, represta o ideal de Simon Bolívar, que inicialmente defendeu a integração puramente econômica das Américas.

(C) Compõe a estrutura do sistema de solução de controvérsias do MERCOSUL o Tribunal Permanente de Revisão, ao qual poderá ser encaminhado pelos Estados interessados recurso de revisão contra laudo emitido pelo Tribunal Arbitral *Ad Hoc*.

(D) À Comissão de Comércio, órgão superior do MERCOSUL, incumbem a condução política do processo de integração e a tomada de decisões para a garantia do cumprimento dos objetivos estabelecidos pelos Estados-partes e para lograr a constituição final do mercado comum.

(E) No plano internacional, os sujeitos econômicos não se limitam às entidades com personalidade jurídica, que atuam na formação e concretização das normas de direito internacional, razão pela qual qualquer empresa que atue no comércio exterior é classificada como sujeito econômico internacional.

A: incorreta. A empresa transnacional, justamente por estabelecer sua gestão negocial e organizar sua produção em bases internacionais, **não** tem vínculo direto ou compromisso com fronteiras ou interesses políticos de determinada nação (FIGUEIREDO, Leonardo Vizeu. "Novas perspectivas de justiça econômica em face da atual ordem institucional". Dissertação. Universidade Gama Filho-RJ. 2009. p. 130); **B**: incorreta. A proposta de integração de Simón Bolívar para a América Latina era de uma união política, de modo que os países estivessem todos sob um só corpo de leis; **C**: correta, nos termos do art. 17 do Protocolo de Olivos, integrado à legislação nacional por meio do Decreto 4.982/2004; **D**: incorreta. O órgão superior do MERCOSUL, a quem pertence a atribuição transcrita na alternativa, é o Conselho do Mercado Comum (art. 3º do Protocolo Adicional ao Tratado de Assunção, integrado à legislação nacional por meio do Decreto 1.901/1996); **E**: incorreta. A alternativa mistura a eventual personalidade jurídica dos agentes econômicos internacionais com a atribuição de elaborar normas de conduta aplicáveis ao comércio internacional. Essa atribuição é dos Estados e das Organizações Internacionais, que são dotadas de personalidade jurídica. Mas também o são as empresas transnacionais, que não podem formar e concretizar normas. HS/RB

Gabarito "C"

6. QUESTÕES COMBINADAS E OUTROS TEMAS

(Juiz – TRF 4ª Região – 2016) Assinale a alternativa correta.

Acerca dos institutos de Direito Econômico e Concorrencial:

(A) A Lei nº 12.529/2011 (Lei Antitruste) aplica-se quando os atos de concentração econômica realizados no exterior produzam ou possam produzir efeitos significativos no mercado interno brasileiro.

(B) Admite-se a possibilidade de restrições ao comércio internacional com o fito de proteger o comércio doméstico somente quando consumado o prejuízo frente às importações, por meio de medidas de salvaguarda.

(C) A dominação de mercado relevante de bens ou serviços constitui infração contra ordem econômica apenas quando comprovada a culpa do agente ativo.

(D) As empresas públicas prestadoras de serviços públicos que atuam diretamente na atividade econômica não podem gozar de privilégios fiscais não extensivos às do setor privado, haja vista a manifesta afronta ao princípio da livre-concorrência.

(E) A prática de truste consiste na associação entre empresas do mesmo ramo de produção com objetivo de dominar o mercado e disciplinar a concorrência, implicando prejuízo da economia por impedir o acesso do consumidor à livre-concorrência.

A: considerada como correta pelo gabarito oficial, mas passível de críticas. Afinal, o art. 2º da Lei Antitruste não exige que os resultados em território nacional sejam "significativos"; **B**: incorreta. As medidas de salvaguarda podem ser aplicadas preventivamente, a partir da ameaça de prejuízo grave aos agentes econômicos nacionais (art. 2.1 do Acordo de Salvaguardas); **C**: incorreta. A responsabilidade por infrações à ordem econômica é objetiva (independe de dolo ou culpa) e também se configura independentemente da obtenção do resultado (art. 36 da Lei Antitruste); **D**: incorreta. As empresas públicas prestadoras de serviços públicos gozam de todos os privilégios fiscais. A proibição constitucional se aplica às empresas estatais que exercem atividade econômica (STF, RE 596.729 AgR); **E**: incorreta. A alternativa traz o conceito de cartel. Ocorre truste com a concentração vertical do mercado, a partir da incorporação ou fusão de empresas. HS

Gabarito "A"

13. DIREITO PREVIDENCIÁRIO

Robinson Barreirinhas e Henrique Subi

1. PRINCÍPIOS E NORMAS GERAIS

(Juiz – TRF 4ª Região – 2016) Assinale a alternativa correta.

Com base nos conceitos e nos princípios informadores da Previdência Social:

(A) O Regime Geral da Previdência Social deverá observar critérios que preservem o equilíbrio financeiro e atuarial, bem como possuir caráter contributivo e filiação obrigatória.

(B) O caráter democrático e descentralizado da administração da Previdência Social garante participação dos empregadores, dos aposentados e do Governo nos órgãos colegiados, conformando a denominada gestão tripartite.

(C) É assegurado o reajustamento dos benefícios previdenciários para preservar-lhes, em caráter permanente, o valor real, conforme critérios definidos em decreto anual do Presidente da República.

(D) A Previdência Social, organizada sob a forma do regime geral, atenderá, exclusivamente, nos termos da lei, à cobertura dos eventos de doença, morte e idade avançada.

(E) É vedada a adoção de requisitos e critérios diferenciados para a concessão de qualquer aposentadoria no Regime Geral da Previdência Social, por força do princípio da equivalência e da uniformidade dos benefícios.

A: correta, nos termos do art. 201, "caput", da CF; **B:** incorreta. A gestão será quadripartite, acolhendo também representantes dos trabalhadores (art. 194, parágrafo único, VII, da CF); **C:** incorreta. Os critérios de reajuste dos benefícios devem ser definidos em lei (art. 201, §4º, da CF); **D:** incorreta. O rol do art. 201, dentro do qual se localizam os eventos doença, morte e idade avançada, contempla outras tantas contingências e não é exaustivo, sendo permitida sua ampliação (art. 201, §5º, da CF); **E:** incorreta, porque, excepcionalmente, é aceita a existência de critérios diferentes em caso de atividades insalubres ou perigosas ou para pessoas portadoras de deficiência (art. 201, §1º, da CF). **HS** Gabarito "A".

(Magistratura Federal - 5ª Região – 2011) Em relação às fontes e princípios e à eficácia e interpretação das normas de seguridade, assinale a opção correta.

(A) Com base no princípio constitucional de irredutibilidade do valor dos benefícios, não se admite redução do valor nominal do benefício previdenciário pago em atraso, exceto na hipótese de índice negativo de correção para os períodos em que ocorra deflação.

(B) As fontes formais do direito previdenciário consistem nos fatores que interferem na produção de suas normas jurídicas, como, por exemplo, os fundamentos do surgimento e da manutenção dos seguros sociais e os costumes no âmbito das relações entre a autarquia previdenciária — no caso, o INSS — e o segurado.

(C) Havendo antinomia entre norma principiológica e norma infraconstitucional, a questão se resolve pela sobreposição da norma constitucional à legal, razão pela qual o STF declarou a inconstitucionalidade formal da Lei n.º 9.876/1999, na parte que estendeu o salário-maternidade às contribuintes individuais, sob o argumento de que a CF somente prevê o benefício expressamente às empregadas urbanas, rurais e domésticas e às trabalhadoras avulsas.

(D) Diante de aparente antinomia entre normas principiológicas ou constitucionais, não é correto, segundo a doutrina dominante, falar-se em conflito, mas em momentâneo estado de tensão ou de mal-estar hermenêutico, cuja solução não se dá pela exclusão de uma norma do ordenamento jurídico, como ocorre com as regras em geral, mas pela ponderação entre os princípios, em cada caso concreto.

(E) A interpretação teleológica das normas previdenciárias consiste na análise da norma no contexto desse ramo do direito ou do ordenamento jurídico como um todo, e não, isoladamente. Busca-se, com isso, a integração da norma com os princípios norteadores e demais institutos aplicáveis.

A: incorreta, pois o STJ, "tendo em vista a função da correção monetária, qual seja, a manutenção do poder aquisitivo da moeda, bem como a vedação constitucional à irredutibilidade ao valor dos benefícios e, ainda, o caráter social e protetivo de que se reveste a norma previdenciária, firmou compreensão no sentido de ser inaplicável o índice negativo de correção monetária para a atualização dos valores pertinentes a benefícios previdenciários pagos em atraso" – AgRg no REsp 1.242.584/RS; **B:** incorreta. A rigor, a doutrina não é uniforme no uso das expressões fontes materiais e fontes formais do direito. De qualquer forma, há certa harmonia no entendimento de que fontes formais são os veículos normativos (Constituição, leis, decretos, portarias etc.). Discute-se a possibilidade de o costume ser admitido como fonte do direito previdenciário (no direito tributário, por exemplo, ver o art. 100, III, do CTN). Os fundamentos do surgimento e da manutenção dos seguros sociais seriam classificados como fontes materiais do direito previdenciário; **C:**

RB questões comentadas por: **Robinson Barreirinhas**
HS questões comentadas por: **Henrique Subi**

assertiva incorreta, pois o STF não declarou inconstitucional o salário-maternidade em favor da segurada individual – art. 71 do Plano de Benefícios da Previdência Social – PBPS (Lei 8.213/1991) – ver MC na ADI 2.111/DF; **D:** assertiva correta, muito embora, excepcionalmente, possa haver declaração de inconstitucionalidade de norma constitucional incluída pelo constituinte derivado – ver ADI 939/DF; **E:** incorreta, pois a assertiva indica a interpretação sistemática. A interpretação teleológica refere-se à finalidade da norma. HS/RB
Gabarito "D".

(Magistratura Federal - 4ª Região – 2010) Dadas as assertivas abaixo acerca dos princípios informadores da Seguridade Social e da Previdência Social, assinale a alternativa correta.

I. Em razão do princípio da uniformidade e da equivalência dos benefícios e serviços, é totalmente vedada a adoção de requisitos e critérios diferenciados para a concessão de aposentadoria aos beneficiários do Regime Geral de Previdência Social.

II. Em razão de princípio consagrado na Constituição Federal, é assegurado o reajustamento dos benefícios para preservar-lhes, em caráter permanente, o valor real, conforme critérios definidos em decreto do Presidente da República, após proposta do Conselho Nacional de Previdência Social.

III. Por força de princípio constitucional, há a possibilidade de instituição de regime de previdência privada facultativo, de caráter complementar e organizado de forma autônoma em relação ao Regime Geral de Previdência Social, baseado na constituição de reservas que garantam o benefício contratado, e regulado por lei complementar.

IV. O princípio da universalidade garante o acesso à Previdência Social, independentemente de qualquer condição, a todas as pessoas residentes no país, inclusive estrangeiros.

V. Os princípios previstos na Constituição Federal acerca da Seguridade Social estabelecem, dentre outras coisas, equidade na forma de participação no custeio, diversidade da base de financiamento e caráter democrático e descentralizado da administração, mediante gestão quadripartite, com participação dos trabalhadores, dos empregadores, dos aposentados e do Governo nos órgãos colegiados.

(A) Está correta apenas a assertiva III.

(B) Estão corretas apenas as assertivas I e IV.

(C) Estão corretas apenas as assertivas III e V.

(D) Estão corretas apenas as assertivas IV e V.

(E) Nenhuma assertiva está correta.

I: incorreta, pois a própria Constituição admite a adoção de requisitos e critérios diferenciados nos casos de atividades exercidas sob condições especiais que prejudiquem a saúde ou a integridade física e quando se tratar de segurados portadores de deficiência, nos termos definidos em lei complementar – art. 201, § 1º, da CF e também o art. 194, II, da CF; II: assertiva incorreta, pois os critérios para o reajustamento dos benefícios devem ser definidos em **lei** – art. 201, § 4º, da CF; III: correta, pois reflete exatamente o disposto no art. 202, *caput*, da CF; IV: incorreta, pois, embora a universalidade seja princípio que rege a seguridade social (previdência, assistência e saúde) – art. 194, parágrafo único, I, da CF, a previdência social, especificamente, é organizada sob a forma de regime geral de caráter *contributivo*, ou seja, abrange aqueles que

contribuem, na condição de segurados, e seus dependentes – art. 201, *caput*, da CF; V: assertiva correta, nos termos do art. 194, parágrafo único, da CF. HS/RB
Gabarito "C".

2. CUSTEIO

(Juiz – TRF 4ª Região – 2016) Assinale a alternativa correta.

(A) O tempo de contribuição ou de serviço contado por um sistema para concessão de aposentadoria poderá ser aproveitado para outro sistema, desde que anterior à edição da Lei Federal nº 8.213/91.

(B) Na contagem do tempo de contribuição ou de serviço regulado pela Lei nº 8.213/91, não será admitida a contagem em dobro ou em outras condições especiais, exceto se comprovado o duplo recolhimento das contribuições.

(C) Atualmente, o exercente de mandato eletivo federal é considerado segurado obrigatório do Regime Geral da Previdência Social, independentemente de ser vinculado a regime próprio.

(D) A compensação financeira entre os regimes de previdência será feita ao sistema que o interessado estiver vinculado ao requerer o benefício pelos demais sistemas, em relação aos respectivos tempos de contribuição ou de serviço, conforme dispuser o regulamento.

(E) O tempo de serviço militar, inclusive voluntário, desde que seja posterior à filiação ao Regime Geral de Previdência Social e não tenha sido contado para inatividade remunerada nas Forças Armadas ou aposentadoria no serviço público, poderá ser aproveitado na aposentadoria pelo Regime Geral de Previdência Social.

A: incorreta. O aproveitamento para este fim é proibido pelo art. 96, III, da Lei 8.213/191; **B:** incorreta. Não está prevista qualquer exceção no RGPS (art. 96, I, da Lei 8.213/1991); **C:** incorreta. Somente será considerado segurado obrigatório do RGPS, na qualidade de empregado, o exercente de mandato eletivo que não esteja vinculado a regime próprio de previdência (art. 11, I, *h*, da Lei 8.213/1991); **D:** correta, nos termos do art. 94, §1º, da Lei 8.213/1991; **E:** incorreta. O tempo de serviço militar é contado **ainda que** anterior à filiação ao RGPS (art. 55, I, da Lei 8.213/1991). HS
Gabarito "D".

(Magistratura Federal - 1ª Região – 2011 – CESPE) Assinale a opção correta com referência ao financiamento da seguridade social.

(A) Aplica-se à tributação da pessoa jurídica, para as contribuições destinadas ao custeio da seguridade social, calculadas com base na remuneração, o regime de competência, de forma que o tributo incide no momento em que surge a obrigação legal de pagamento, não importando se este vai ocorrer em oportunidade posterior.

(B) A CF autoriza a utilização dos recursos provenientes das contribuições sociais incidentes sobre a folha de salários e demais rendimentos dos segurados para custear as despesas com pessoal e administração geral do Instituto Nacional do Seguro Social.

(C) Para fins de cálculo do salário de contribuição do segurado empregado, não se admite fracionamento, razão pela qual, quando a admissão, a dispensa, o afastamento ou a falta do segurado empregado ocorrer no curso do mês, o salário de contribuição será calculado considerando-se o número total de dias do mês.

(D) Conforme previsão constitucional, nenhum benefício ou serviço da seguridade social ou de previdência privada poderá ser criado, majorado ou estendido sem a correspondente fonte de custeio total.

(E) Integram a produção, para os efeitos de contribuição do empregador rural pessoa física, os produtos de origem vegetal submetidos a processos de beneficiamento ou industrialização rudimentar, excetuando-se os processos de lavagem, limpeza, descaroçamento, pilagem, descascamento, lenhamento, pasteurização, resfriamento, secagem, fermentação, embalagem, cristalização e fundição.

A: correta, nos termos do art. 225, § 13, I, do RPS (Regulamento da Previdência Social – Decreto 3.048/1999); **B:** incorreta. A receita oriunda de tais contribuições pode ser usada somente para o pagamento de benefícios previdenciários do RGPS (art. 167, IX, da CF); **C:** incorreta. Nesses casos, deve ser calculado proporcionalmente o salário de contribuição de acordo com o número de dias efetivamente trabalhados (art. 28, § 1º, da Lei 8.212/1991 - Plano de Custeio da Seguridade Social - PCSS); **D:** incorreta. A regra de necessidade de previsão de custeio não se aplica às entidades de previdência privada (art. 195, § 5º, da CF); **E:** incorreta. O art. 200, § 5º, do RPS expressamente inclui essas atividades entre aquelas que integram a produção para fins de cálculo da contribuição do produtor rural pessoa física e do segurado especial. **HS/RB**

Gabarito "A".

(Magistratura Federal – 2ª Região – 2011 – CESPE) Em referência ao custeio da seguridade social, assinale a opção correta.

(A) O grau de risco — leve, médio ou grave — para a determinação da contribuição para o custeio da aposentadoria especial, partindo-se da atividade preponderante da empresa, deve ser definido por lei, sendo ilegítima a definição por mero decreto.

(B) Para o contribuinte individual, estipula-se como salário de contribuição a remuneração auferida durante o mês em uma ou mais empresas ou pelo exercício de sua atividade por conta própria, sem limite, nesse último caso.

(C) O salário-maternidade não tem natureza remuneratória, mas indenizatória, razão pela qual não integra a base de cálculo da contribuição previdenciária devida pela segurada empregada.

(D) O abono recebido em parcela única e sem habitualidade pelo segurado empregado, previsto em convenção coletiva de trabalho, não integra a base de cálculo do salário de contribuição.

(E) Constitui receita da seguridade social a renda bruta dos concursos de prognósticos, excetuando-se os valores destinados ao programa de crédito educativo.

A: incorreta. A catalogação do grau de riscos das atividades é feita pelo Anexo V do RPS; **B:** incorreta. O salário de contribuição sempre respeitará o limite máximo estabelecido pelo Ministério da Previdência e Assistência Social (art. 28, III, do PCSS); **C:** incorreta. O salário-maternidade é exceção à regra de que os benefícios previdenciários não são considerados como salário de contribuição. Assim, sobre ele incidirá normalmente a contribuição previdenciária devida pela segurada (art. 28, § 2º, do PCSS); **D:** correta, nos termos do julgamento proferido pelo STJ no AgRg no REsp 1.235.356/RS, *DJ* 22.03.2011; **E:** incorreta. Devem ser descontados, também, os tributos incidentes, os prêmios pagos e as despesas com administração (art. 26, *caput* e § 2º, do PCSS). **HS/RB**

Gabarito "D".

(Magistratura Federal-5ª Região – 2011) Com relação a custeio da previdência social e a benefícios previdenciários, assinale a opção correta.

(A) O contrato de locação de automóveis firmado entre empregador e seus empregados configura salário-utilidade, não integrando, por conseguinte, para fins de incidência de contribuição tributária, o conceito de salário de contribuição, ainda que não caracterizada a gratuidade do benefício aos empregados.

(B) Com fundamento no princípio do equilíbrio financeiro-atuarial, a jurisprudência do STJ firmou-se no sentido de que incide contribuição previdenciária sobre o terço constitucional de férias, a despeito de tal verba não se incorporar à remuneração para fins de aposentadoria.

(C) O salário-maternidade tem natureza salarial, motivo pelo qual integra a base de cálculo da contribuição previdenciária; por outro lado, não tem natureza remuneratória a quantia paga a título de auxílio-doença e auxílio-acidente nos quinze primeiros dias do benefício.

(D) De acordo com o entendimento do STJ, com fundamento no princípio da especialidade, os juros moratórios, na repetição do indébito tributário, são devidos a partir do trânsito em julgado da sentença, regime não aplicável à repetição de indébito de contribuições previdenciárias.

(E) O valor do benefício de prestação continuada, exceto o regido por norma especial e o decorrente de acidente do trabalho, deve ser calculado com base no salário de benefício.

A: incorreta, pois o salário de contribuição para o empregado inclui apenas os rendimentos destinados a retribuir o trabalho, não o ressarcimento pela utilização de veículo do empregado – art. 28, I, e § 9º, *s*, do Plano de Custeio da Seguridade Social – PCSS (Lei 8.212/1991); **B:** incorreta, a jurisprudência do STJ é pacífica no sentido de que não incide contribuição previdenciária sobre o terço constitucional de férias – ver AgRg no AREsp 16.759/RS; **C:** assertiva correta, conforme o art. 28, § 2º, do PCSS e jurisprudência do STJ em relação aos 15 primeiros dias do auxílio-doença e auxílio-acidente – ver AgRg no Ag 1.409.054/DF e REsp 1.217.686/PE; **D:** incorreta, pois o disposto na Súmula 188 do STJ (juros moratórios a partir do trânsito) aplica-se às contribuições previdenciárias, que têm natureza tributária – ver REsp 1.089.241/MG; **E:** incorreta, pois o valor do benefício de prestação continuada, *inclusive* o regido por norma especial e o decorrente de acidente do trabalho, exceto o salário-família e o salário-maternidade, será calculado com base no salário de benefício – art. 28 do PBPS. **HS/RB**

Gabarito "C".

3. SEGURADOS, DEPENDENTES

(Juiz – TRF 3ª Região – 2016) Assinale a alternativa incorreta:

(A) Os segurados facultativos são aqueles que não exercem atividade remunerada, enquadrada por lei como obrigatória, tenham idade mínima de 16 (dezesseis) anos, não se enquadrem em regime próprio e decidam contribuir para o Regime Geral da Previdência Social.

(B) São segurados obrigatórios da Previdência Social aqueles que exercem atividade remunerada, os quais são divididos nas seguintes classes: empregado, empregado doméstico, trabalhador avulso, contribuinte individual, segurado especial, bolsista e estagiário prestadores de serviços à empresa, nos termos da Lei 11.788/2008.

(C) O período de graça é o prazo em que a pessoa mantém a qualidade de segurado, embora não esteja vertendo contribuições, podendo ou não ter limite, nos termos da lei, e conservando todos os seus direitos perante a previdência social.

(D) É beneficiário do Regime Geral da Previdência Social, na condição de dependente do segurado, o irmão não emancipado, de qualquer condição, menor de 21 (vinte e um) anos ou inválido ou que tenha deficiência intelectual ou mental ou deficiência grave.

A: correta, nos termos dos arts. 11 do Decreto 3.048/1999 e 201, §5º, da CF; **B:** incorreta, devendo ser assinalada. O bolsista e o estagiário são segurados facultativos (art. 11, VII, do Decreto 3.048/1999); **C:** correta, nos termos do art. 15 da Lei 8.213/1991. O termo "período de graça" não é adotado pela lei, tendo sido cunhado pela doutrina; **D:** correta, nos termos do art. 16, III, da Lei 8.213/1991. HS
„B". otɹɐqɐə

(Magistratura Federal – 2ª Região – 2011 – CESPE) Em relação aos segurados do RGPS e aos seus dependentes, assinale a opção correta.

(A) É devida a contribuição previdenciária sobre os valores recebidos a título de bolsa de estudo pelos médicos-residentes, dado que prestam serviço autônomo remunerado e enquadram-se, portanto, na qualidade de trabalhadores avulsos.

(B) Para que o cônjuge separado judicialmente faça jus à pensão por morte, não é necessária a comprovação da dependência econômica entre o requerente e o falecido.

(C) Não se exige início de prova material para comprovação da dependência econômica de mãe para com o filho, para o fim de percepção da pensão por morte.

(D) Por expressa previsão na lei de benefícios previdenciários, o menor sob guarda é dependente de segurado do RGPS.

(E) O tempo de estudante como aluno-aprendiz em escola técnica pode ser computado para fins de complementação de aposentadoria, independentemente de remuneração e da existência do vínculo empregatício.

A: incorreta. Os médicos-residentes são segurados obrigatórios na qualidade de contribuintes individuais do RGPS (art. 9º, § 15, X, do RPS); **B:** incorreta. Uma vez ocorrida a separação judicial, não há mais

presunção de dependência econômica entre os cônjuges, razão pela qual ela deve ser comprovada para fins de pagamento da pensão por morte, principalmente por intermédio do recebimento de pensão alimentícia (art. 17, I, do RPS); **C:** correta, nos termos do art. 16, § 4º, do PBPS; **D:** incorreta. Apesar de ainda subsistir alguma controvérsia sob o assunto na doutrina e na jurisprudência dos Tribunais, o STJ consolidou o entendimento de que o menor sob guarda não pode ser considerado dependente para fins previdenciários (REsp 720706/SE, DJ 09.08.2011). A lei equipara a filho o menor tutelado, mas assevera que ele, apesar de ser dependente de primeira classe, deve comprovar a dependência econômica em relação ao segurado para ter direito ao recebimento dos benefícios (art. 16, § 2º, do PBPS); **E:** incorreta. Para a contagem do tempo de serviço, imprescindível a existência de remuneração e de vínculo empregatício (STJ, AR 1480/AL, DJ 05.02.2009). HS/RB
„C". otɹɐqɐə

(Magistratura Federal – 5ª Região – 2011) Com relação aos segurados da previdência social e a seus dependentes, assinale a opção correta.

(A) É segurado obrigatório da previdência social na qualidade de empregado aquele que presta serviço no Brasil a missão diplomática ou a repartição consular de carreira estrangeira e a órgãos a ela subordinados ou a membros dessas missões e repartições, ainda que o prestador desse tipo de serviço seja estrangeiro sem residência permanente no Brasil.

(B) No que se refere à concessão de benefícios previdenciários, a condição de dependente é autônoma em relação à de segurado, de forma que, tendo o falecido, na data do óbito, perdido a condição de segurado e não tendo cumprido os requisitos necessários para a aposentadoria, seus dependentes farão jus à pensão por morte, em valor proporcional ao tempo de contribuição do instituidor do benefício.

(C) Para a caracterização de segurado especial, considera-se regime de economia familiar a atividade laboral dos membros de uma família e, ainda, que a referida atividade seja indispensável à subsistência e ao desenvolvimento socioeconômico do núcleo familiar e exercida em condições de mútua dependência e colaboração, sem a utilização de empregados permanentes. O exercício de atividade remunerada por um membro da família, ainda que urbana, não descaracteriza a condição de segurado especial.

(D) Entre os requisitos da condição de segurado obrigatório do RGPS, incluem-se o de ser o segurado pessoa física — sendo legalmente inaceitável a existência de segurado pessoa jurídica — e o de ele exercer atividade laboral, lícita ou ilícita, pois as contribuições ao sistema previdenciário são, de acordo com a jurisprudência do STF, espécies do gênero tributo.

(E) Tratando-se de trabalhador rural informal, a exigência de início de prova material para a comprovação do exercício da atividade agrícola deve ser interpretada com temperamento, mas não pode ser dispensada, ainda que em casos extremos, sob pena de se contrariar o princípio do equilíbrio financeiro atuarial do sistema previdenciário.

A: incorreta, pois o estrangeiro sem residência permanente no Brasil, que preste serviço no país a missão diplomática ou a repartição consular, não é segurado obrigatório na qualidade de empregado – art. 12, I, *d*, do PCSS; **B:** incorreta, pois o dependente é apenas aquele vinculado ao segurado – arts. 16 e 74 do PBPS. A perda da qualidade de segurado implica caducidade dos direitos inerentes – art. 102, *caput*, do PBPS. Seria possível a concessão da pensão apenas se o falecido tivesse preenchido os requisitos para o benefício antes de perder a condição de segurado – art. 102, § 2º, do PBPS; **C:** assertiva correta, conforme a definição de regime de economia familiar dada pelo art. 12, § 1º, do PCSS. O membro da família que exerce atividade remunerada não será, em princípio, considerado contribuinte especial – art. 12, § 10, do PCSS; **D:** discutível. Somente pessoas físicas são seguradas do RGPS e, de fato, as contribuições previdenciárias têm natureza tributária. Quanto à ilicitude, parece-nos possível, por exemplo, que um comerciante autônomo irregular (camelô sem registro), ainda que atue ilicitamente (contra as normas que regem a atividade empresarial), seja considerado contribuinte individual – art. 12, V, *h*, do PCSS. Entretanto, ainda que se defenda essa posição, o enquadramento como segurado obrigatório, nesse caso, não decorre da natureza da contribuição previdenciária, mas sim da universalidade da seguridade social – art. 194, parágrafo único, I, da CF; **E:** incorreta, pois, embora o início de prova material seja, em princípio, essencial (ver Súmula 149 do STJ), pode ser dispensada na ocorrência de motivo de força maior ou caso fortuito, conforme disposto no regulamento – art. 55, § 3º, do PBPS. HS/RB

Gabarito "C."

(Magistratura Federal – 4ª Região – 2010) Dadas as assertivas abaixo, assinale a alternativa correta.

Os beneficiários do Regime Geral de Previdência Social classificam-se como segurados e dependentes. Sobre os segurados pode-se afirmar que:

I. O servidor público ocupante de cargo em comissão, sem vínculo efetivo com a União, Autarquias, inclusive em regime especial, e Fundações Públicas Federais, pode se filiar ao Regime Geral de Previdência Social como segurado facultativo.

II. É segurado especial o trabalhador que, individualmente ou em regime de economia familiar, ainda que com o auxílio eventual de terceiros, desempenhe atividade na condição de pescador artesanal ou a esta assemelhada e que faça da pesca profissão habitual ou principal meio de vida.

III. É segurado obrigatório da Previdência Social como empregado a pessoa física maior de 12 (doze) anos que presta serviço de natureza urbana ou rural à empresa, em caráter não eventual, sob sua subordinação e mediante remuneração, inclusive como diretor empregado.

IV. É segurado como trabalhador avulso aquele que presta, a diversas empresas, sem vínculo empregatício, serviço de natureza urbana ou rural definidos no Regulamento de Benefícios.

V. Entende-se como regime de economia familiar para fins de qualificação como segurado especial a atividade em que o trabalho dos membros da família é indispensável à própria subsistência e ao desenvolvimento socioeconômico do núcleo familiar e é exercido em condições de mútua dependência e colaboração, sem a utilização de empregados permanentes.

(A) Estão corretas apenas as assertivas I e II.

(B) Estão corretas apenas as assertivas I e V.

(C) Estão corretas apenas as assertivas II, IV e V.

(D) Estão corretas apenas as assertivas III, IV e V.

(E) Estão corretas apenas as assertivas I, II, III e IV.

I: incorreta, pois se trata de segurado obrigatório, na condição de empregado – art. 12, I, *g*, do PCSS; II: correta, conforme o art. 12, VII, *b*, do PCSS; III: assertiva incorreta, já que a idade mínima para o trabalho e, portanto, para a inscrição no RGPS, é de 16 anos, admitindo-se excepcionalmente o aprendiz, a partir dos 14 anos de idade – art. 7º, XXXIII, da CF e art. 13 do PBPS; IV: assertiva correta, nos termos do art. 12, VI, do PCSS; V: correta, conforme a definição de regime de economia familiar dada pelo art. 12, § 1º, do PCSS. HS/RB

Gabarito "C."

Veja as seguintes tabelas, com os segurados obrigatórios do RGPS e os dependentes:

Segurados obrigatórios do RGPS – art. 11 do PBPS	
Empregado	– aquele que presta serviço de natureza urbana ou rural à empresa, em caráter não eventual, sob sua subordinação e mediante remuneração, inclusive como diretor empregado; – aquele que, contratado por empresa de trabalho temporário, definida em legislação específica, presta serviço para atender a necessidade transitória de substituição de pessoal regular e permanente ou a acréscimo extraordinário de serviços de outras empresas; – o brasileiro ou o estrangeiro domiciliado e contratado no Brasil para trabalhar como empregado em sucursal ou agência de empresa nacional no exterior; – aquele que presta serviço no Brasil a missão diplomática ou a repartição consular de carreira estrangeira e a órgãos a elas subordinados, ou a membros dessas missões e repartições, excluídos o não brasileiro sem residência permanente no Brasil e o brasileiro amparado pela legislação previdenciária do país da respectiva missão diplomática ou repartição consular; – o brasileiro civil que trabalha para a União, no exterior, em organismos oficiais brasileiros ou internacionais dos quais o Brasil seja membro efetivo, ainda que lá domiciliado e contratado, salvo se segurado na forma da legislação vigente do país do domicílio; – o brasileiro ou estrangeiro domiciliado e contratado no Brasil para trabalhar como empregado em empresa domiciliada no exterior, cuja maioria do capital votante pertença a empresa brasileira de capital nacional; – o servidor público ocupante de cargo em comissão, sem vínculo efetivo com a União, Autarquias, inclusive em regime especial, e Fundações Públicas Federais; – o exercente de mandato eletivo federal, estadual ou municipal, desde que não vinculado a regime próprio de previdência social; – o empregado de organismo oficial internacional ou estrangeiro em funcionamento no Brasil, salvo quando coberto por regime próprio de previdência social;

Empregado doméstico	– aquele que presta serviço de natureza contínua a pessoa ou família, no âmbito residencial desta, em atividades sem fins lucrativos;
Contribuinte individual	– a pessoa física, proprietária ou não, que explora atividade agropecuária, a qualquer título, em caráter permanente ou temporário, em área superior a 4 (quatro) módulos fiscais; ou, quando em área igual ou inferior a 4 (quatro) módulos fiscais ou atividade pesqueira, com auxílio de empregados ou por intermédio de prepostos; ou ainda nas hipóteses dos §§ 9º e 10 deste artigo; – a pessoa física, proprietária ou não, que explora atividade de extração mineral - garimpo, em caráter permanente ou temporário, diretamente ou por intermédio de prepostos, com ou sem o auxílio de empregados, utilizados a qualquer título, ainda que de forma não contínua; – o ministro de confissão religiosa e o membro de instituto de vida consagrada, de congregação ou de ordem religiosa; – o brasileiro civil que trabalha no exterior para organismo oficial internacional do qual o Brasil é membro efetivo, ainda que lá domiciliado e contratado, salvo quando coberto por regime próprio de previdência social; – o titular de firma individual urbana ou rural, o diretor não empregado e o membro de conselho de administração de sociedade anônima, o sócio solidário, o sócio de indústria, o sócio gerente e o sócio cotista que recebam remuneração decorrente de seu trabalho em empresa urbana ou rural, e o associado eleito para cargo de direção em cooperativa, associação ou entidade de qualquer natureza ou finalidade, bem como o síndico ou administrador eleito para exercer atividade de direção condominial, desde que recebam remuneração; – quem presta serviço de natureza urbana ou rural, em caráter eventual, a uma ou mais empresas, sem relação de emprego; – a pessoa física que exerce, por conta própria, atividade econômica de natureza urbana, com fins lucrativos ou não;
Trabalhador avulso	– quem presta, a diversas empresas, sem vínculo empregatício, serviço de natureza urbana ou rural definidos no Regulamento;
Segurado especial	– como segurado especial: a pessoa física residente no imóvel rural ou em aglomerado urbano ou rural próximo a ele que, individualmente ou em regime de economia familiar, ainda que com o auxílio eventual de terceiros, exerça as atividades de produtor ou pescador, ou seja cônjuge, companheiro, filho ou equiparado, conforme o art. 11, VII, do PBPS.

Dependentes no RGPS – art. 16 do PBPS – a primeira classe com dependente exclui as seguintes

– o cônjuge, a companheira, o companheiro e o filho não emancipado, de qualquer condição, menor de 21 (vinte e um) anos ou inválido ou que tenha deficiência intelectual ou mental que o torne absoluta ou relativamente incapaz, assim declarado judicialmente. A dependência econômica desses é presumida, a dos demais deve ser comprovada – § 3º. O enteado e o menor tutelado equiparam-se a filho, mediante declaração do segurado, e desde que comprovada a dependência econômica - § 2º;
– os pais;
– o irmão não emancipado, de qualquer condição, menor de 21 (vinte e um) anos ou inválido ou que tenha deficiência intelectual ou mental que o torne absoluta ou relativamente incapaz, assim declarado judicialmente.

(Magistratura Federal - 4ª Região – 2010) João trabalhou como empregado de Armarinhos Silva Ltda., vinculado ao Regime Geral de Previdência Social, por nove anos ininterruptos até 15 de janeiro de 2006 e depois ficou desempregado, passando a receber regularmente o seguro-desemprego pelo prazo legal.

Cessado o pagamento do seguro-desemprego, ele não conseguiu imediatamente recolocação no mercado de trabalho nem sequer providenciou o recolhimento de contribuições como facultativo. Em 20 de fevereiro de 2008, João conseguiu emprego novamente junto a Açougue Sabor da Carne Ltda. e trabalhou até 10 de maio de 2008, quando, em razão de problema de saúde, ficou incapacitado para o trabalho e requereu auxílio-doença ao INSS. Analise a situação acima à luz da legislação de regência e assinale a alternativa correta.

(A) Quando João voltou a trabalhar, em 20 de fevereiro de 2008, ele não detinha mais a condição de segurado, mas, ainda assim, quando ficou doente, tinha direito ao auxílio-doença.

(B) Mesmo que João houvesse perdido a condição de segurado após deixar o emprego junto à empresa Armarinhos Silva Ltda., o que não ocorreu, teria ele direito à concessão de auxílio-doença em maio de 2008, pois cumprida a carência exigida.

(C) João ainda detinha a condição de segurado em 20 de fevereiro de 2008, quando voltou a trabalhar, mas não tinha direito à concessão de auxílio-doença quando ficou doente, pois não preenchia a carência exigida pela Lei 8.213/91.

(D) João somente faria jus à concessão do auxílio-doença requerido no caso de ter sofrido acidente de qualquer natureza ou causa ou de ter sido acometido de doença profissional ou do trabalho ou de alguma das doenças e afecções especificadas em lista elaborada pelos Ministérios da Saúde e do Trabalho e da Previdência Social, de acordo com os critérios de estigma, deformação, mutilação, deficiência ou outro fator que lhe confira especificidade e gravidade que mereçam tratamento particularizado.

(E) Quando João voltou a trabalhar, em 20 de fevereiro de 2008, ele ainda detinha a condição de segurado, isso em razão do número de contribuições que reco-

13. DIREITO PREVIDENCIÁRIO 731

lheu até 15 de janeiro de 2006 sem interrupção que acarretasse a perda dessa condição, o que viabilizava a concessão de auxílio-doença, pois cumprida a carência exigida.

A: incorreta, pois João ainda era segurado em fevereiro de 2008, pois perderia essa qualidade, nos termos do art. 15, § 4º, do PBPS, somente em 16 de março de 2008; **B:** correta. Caso tivesse perdido a qualidade de segurado, o que efetivamente não ocorreu, João cumpriu a carência exigida com base no art. 24, parágrafo único, do PBPS ao pagar um terço das contribuições exigidas para o benefício (como João efetivamente trabalhou em fevereiro e maio, haverá contribuição relativa a esses meses - logo, efetuou 04 contribuições mensais, que equivalem a um terço das 12 exigidas para o auxílio-doença); **C:** incorreta, nos termos do comentário à alternativa anterior; **D:** incorreta, conforme comentários anteriores; **E:** incorreta. João não ostentava ainda a qualidade de segurado por conta do número de contribuições que recolheu até 15 de janeiro de 2006, porque contribuiu, nesse período, por 09 anos, sendo que o art. 15, § 1º, do PBPS aumenta em 12 meses o período de graça caso o segurado já tenha efetivado 120 contribuições mensais -- ou seja, 10 anos. João ainda mantinha sua qualidade de segurado pelos 12 meses adicionais de período de graça que recebeu pela comprovação de sua situação de desemprego (art. 15, § 2º, do PBPS), a qual podemos deduzir por ter ele usufruído do seguro-desemprego. **HS/RB**
„.B„ ołµɐqɐƃ

4. BENEFÍCIOS

(Juiz – TRF 2ª Região – 2017) Relativamente às pensões por morte do Regime Geral de Previdência Social (Lei nº 8.213/1991), assinale a opção correta:

(A) A jurisprudência dominante admite estender a pensão até os 24 anos de idade do beneficiário, desde que ele demonstre a necessidade e a sua condição de estudante universitário.

(B) A jurisprudência dominante aponta que o cônjuge divorciado, que recebia pensão alimentícia, concorrerá à pensão por morte com o coeficiente do benefício limitado ao percentual ou ao valor dos alimentos que recebia do falecido.

(C) O valor da pensão terá o coeficiente de 100% da aposentadoria que o segurado recebia ou a que teria direito se estivesse aposentado por invalidez, ainda que tenha havido óbito do instituidor em época em que a legislação vigente fixava o coeficiente em 80%.

(D) A mãe do segurado, quando idosa e na falta de beneficiários de classe anterior, faz jus à pensão derivada da morte do filho, sendo presumida a dependência econômica.

(E) O indivíduo maior, ainda que efetivamente inválido, não faz jus a receber a pensão decorrente do falecimento de seu irmão em concomitância com o filho menor deste, que já a recebe.

A: incorreta. A jurisprudência do STJ se assentou no sentido de que não é possível a extensão do benefício, por faltar previsão legal e em face da proibição constitucional de que se o faça sem a respectiva fonte de custeio (STJ, AgRg no AREsp 68.457); **B:** incorreta. A jurisprudência do STJ aponta que o cônjuge divorciado deve concorrer em igualdade de condições com os demais dependentes (STJ, REsp 887.271); **C:** incorreta. Aplica-se ao caso o brocardo *tempus regit actum*, sendo o coeficiente da renda mensal inicial obtido na legislação vigente à data do

óbito (STJ, REsp 1.059.099); **D:** incorreta. Os dependentes de segunda classe devem comprovar a dependência econômica para terem acesso aos benefícios previdenciários (art. 16, §4º, da Lei n 8.213/1991); **E:** correta. A existência de dependentes de classe superior (no caso, o filho – 1ª classe) impede o recebimento do benefício por dependentes de classes inferiores (no caso, o irmão inválido – 3ª classe), nos termos do art. 16, §1º, da Lei 8.213/91. **HS**
„.E„ ołµɐqɐƃ

(Juiz – TRF 2ª Região – 2017) Quanto ao Regime Geral de Previdência (RGPS) é correto afirmar:

(A) É possível a cumulação entre o auxílio-acidente e o auxílio-doença decorrentes do mesmo fato gerador incapacitante, pois o primeiro é benefício complementar da renda e, ademais, a vedação não é expressa no rol taxativo da Lei nº 8.213/1991.

(B) O tempo em que o segurado do RGPS recebe auxílio-doença não é computado como tempo de contribuição.

(C) A prestação relativa à pensão por morte independe de carência.

(D) Reconhecida a incapacidade parcial para o trabalho, o Juiz não pode conceder a aposentadoria por invalidez, mas sim o auxílio-doença.

(E) Após perdida a qualidade de segurado, em caso de lesão incapacitante, o beneficiário do RGPS precisa contribuir durante 6 meses, no mínimo, para fazer jus ao auxílio-doença.

A: incorreta. Os benefícios são inacumuláveis porque o art. 86, §2º, da Lei 8.213/91 determina que o auxílio-acidente comece a ser pago no dia seguinte ao da cessação do auxílio-doença. Além disso, os benefícios têm requisitos diversos: o auxílio-doença é devido em caso de incapacidade **total** e temporária para o exercício do trabalho habitual, ao passo que o auxílio-acidente é devido em caso da consolidação de lesões que **reduzam** a capacidade de trabalho; **B:** incorreta. O art. 55, II, da Lei 8.213/1991 garante a contagem de tempo de serviço no período em que o segurado esteve em gozo de auxílio-doença ou aposentadoria por invalidez; **C:** correta, nos termos do art. 26, I, da Lei 8.213/1991; **D:** incorreta. O auxílio-doença é pago somente em caso de incapacidade **total** e temporária (porém maior que 15 dias) para o exercício das funções **habituais** do segurado. No caso em exame, deve ser concedido o auxílio-acidente ou a reabilitação profissional; **E:** incorreta. "Lesão incapacitante" é aquela prevista em portaria conjunta do Ministério da Saúde e da Previdência Social, as quais, nos termos do art. 26, II, da Lei 8.213/1991, independem de carência. **HS**
„.C„ ołµɐqɐƃ

(Juiz – TRF 3ª Região – 2016) Assinale a alternativa correta, acerca do cálculo do valor dos benefícios:

(A) O cálculo do valor dos benefícios de prestação continuada da Previdência Social corresponde à média dos 36 últimos salários-de-contribuição, corrigidos monetariamente mês a mês, de modo a preservar o seu valor real.

(B) O salário-de-benefício corresponde à renda mensal inicial dos benefícios pagos pela Previdência Social e é apurado por meio da aplicação da fórmula denominada Fator Previdenciário, não podendo ser inferior a um salário mínimo, nem superior ao limite máximo do salário-de- contribuição.

(C) A Lei 9.876/99 instituiu o Fator Previdenciário que passou a incidir no cálculo das aposentadorias por tempo de contribuição e por idade, ampliando o período de apuração dos salários-de- contribuição e agregando a expectativa de sobrevida e a idade do segurado no momento da aposentadoria.

(D) Período Básico de Cálculo – PBC é o período contributivo dos segurados filiados ao Regime Geral da Previdência Social, considerado para o cálculo do valor de todos os benefícios previdenciários, com exceção apenas do salário-maternidade.

A: incorreta. Os benefícios de prestação continuada da previdência social são calculados a partir da grandeza conhecida como salário de benefício, encontrado pela média aritmética simples das 80% maiores contribuições do segurado desde 1994, corrigidos monetariamente (art. 29 da Lei 8.213/1991 e art. 3º da Lei 9.876/1999); **C:** correta, nos termos do art. 5º da Lei 9.876/1999 e respectivo anexo; **D:** incorreta. Além do salário-maternidade, também o salário-família é pago em parcela fixa, não se valendo do conceito de salário-de[benefício. **HS** Gabarito "C".

(Juiz – TRF 3ª Região – 2016) Sobre o benefício de auxílio-doença, é correto afirmar que:

(A) É devido ao segurado empregado que ficar incapacitado, temporariamente, para o seu trabalho, desde que cumprido o período de carência, devendo ser pago o seu salário integral pela empresa, durante os 30 (trinta) primeiros dias consecutivos ao do afastamento da atividade por motivo de doença.

(B) Para o segurado empregado, o benefício de auxílio-doença tem início no 16º dia da incapacidade, se requerido até 30 (trinta) dias do afastamento do trabalho.

(C) A progressão ou o agravamento da doença ou da lesão invocada como causa para a incapacidade devem ser anteriores à filiação do segurado ao Regime Geral de Previdência Social, para que seja devido o benefício de auxílio-doença.

(D) Cumpridos os requisitos legais, a concessão do auxílio-doença é devido a todos os segurados a partir da data do início da incapacidade.

A: incorreta. O salário será pago pela empresa ao segurado nos primeiros 15 dias de afastamento (art. 60, §3º, da Lei 8.213/1991); **B:** correta, nos termos do art. 60 da Lei 8.213/1991; **C:** incorreta. As doenças e lesões pré-existentes, em regra, excluem o direito ao auxílio-doença, **salvo se** a incapacidade decorrer de agravamento dessas lesões causado pelo exercício do trabalho (art. 59, parágrafo único, da Lei 8.213/1991); **D:** incorreta. Para o segurado empregado, o benefício é devido somente a partir do 16º dia de afastamento (art. 60 da Lei 8.213/1991). **HS** Gabarito "B".

(Juiz – TRF 3ª Região – 2016) Assinale a alternativa correta:

(A) O abono anual corresponde ao valor integral da prestação mensal e é devido a todos os beneficiários de prestação continuada do Sistema de Seguridade Social, sendo, apenas, proporcional ao número de meses da percepção do benefício, caso tenha percebido menos de 12 parcelas no ano.

(B) O valor dos benefícios em manutenção será reajustado, anualmente, na mesma data do reajuste do salário mínimo, *pro rata*, de acordo com suas respectivas datas de início ou do último reajustamento, e pelos mesmos índices.

(C) Não há ofensa aos princípios constitucionais da irredutibilidade e da preservação do valor real dos benefícios, a aplicação de reajustes com base nos critérios estabelecidos em lei.

(D) O primeiro pagamento do benefício será efetuado até trinta dias após a data da apresentação, pelo segurado, da documentação necessária à sua concessão.

A: incorreta. O abono anual é pago somente aos beneficiários em gozo de auxílio-doença, auxílio-acidente, aposentadoria, pensão por morte ou auxílio-reclusão. Além disso, seu valor é equivalente ao benefício pago no mês de dezembro do respectivo ano (art. 40 da Lei 8.213/1991); **B:** incorreta. O índice de reajustamento do benefício previdenciário é o INPC/IBGE (art. 41-A da Lei 8.213/1991), não se vinculando ao reajuste do salário mínimo, exceto, obviamente, quando o próprio benefício for no valor de um salário mínimo; **C:** correta, nos termos da jurisprudência do STJ (*v.g.*, AgRg no REsp 1.019.510); **D:** incorreta. O prazo é de 45 dias (art. 174 do Decreto 3.048/1999). **HS** Gabarito "C".

(Juiz – TRF 4ª Região – 2016) Assinale a alternativa correta.

Em relação aos benefícios previdenciários do Regime Geral de Previdência Social:

(A) Para fins previdenciários, a qualidade de dependente do companheiro ou companheira com o segurado ou a segurada está condicionada à comprovação da efetiva dependência econômica.

(B) A concessão da pensão por morte é regida pela lei vigente ao tempo da solicitação do benefício.

(C) O cálculo do fator previdenciário incide nas aposentadorias especial e por invalidez.

(D) É assegurada aposentadoria por idade ao segurado que completar 65 (sessenta e cinco) anos de idade, se homem, e 60 (sessenta) anos, se mulher, observada a carência exigida na Lei nº 8.213/91.

(E) A aposentadoria especial somente será devida ao segurado que tiver trabalhado em condições especiais que prejudiquem a saúde ou a integridade física durante 25 (vinte e cinco) anos e desde que cumprida a carência exigida na Lei nº 8.213/91.

A: incorreta. Como dependentes de primeira classe, o(a) companheiro(a) têm a dependência econômica presumida (art. 16, I e §4º, da Lei 8.213/1991); **B:** incorreta. O marco é a data do óbito (STJ, REsp 1.059.099); **C:** incorreta. O fator previdenciário incide, facultativamente, na aposentadoria por idade e, obrigatoriamente, na aposentadoria por tempo de contribuição, exceto se o tempo de contribuição e a idade do segurado somados forem maior que 95, se homem, ou 85, se mulher, caso em que também será facultativo (art. 29-C da Lei 8.213/1991); **D:** correta, nos termos do art. 48 da Lei 8.213/1991; **E:** incorreta. A aposentadoria especial é devida também após 15 ou 20 anos de contribuição, a depender do grau de insalubridade ou periculosidade (art. 57 da Lei 8.213/1991). **HS** Gabarito "D".

(Juiz – TRF 4ª Região – 2016) Assinale a alternativa correta.

Em relação ao auxílio-doença no Regime Geral de Previdência Social:

13. DIREITO PREVIDENCIÁRIO 733

(A) O benefício será devido ao segurado que, havendo cumprido, quando for o caso, o período de carência exigido em lei, ficar incapacitado para sua atividade laboral por, no mínimo, 30 (trinta) dias.

(B) Quando requerido por segurado afastado da atividade laboral por mais de 30 (trinta) dias, será devido a contar do 31º dia de afastamento do trabalho.

(C) Quando decorrente de acidente de trabalho, consistirá em uma renda mensal correspondente a 100% do salário de benefício.

(D) Será devido ao segurado que se filiar ao Regime Geral de Previdência Social já portador da doença, independentemente de a incapacidade decorrer de agravamento da lesão, desde que recolhidas as contribuições vencidas no prazo de 60 (sessenta) dias.

(E) O segurado em gozo desse benefício, insusceptível de recuperação para sua atividade habitual, deverá submeter-se a processo de reabilitação profissional para o exercício de outra atividade, mantendo a percepção do auxílio-doença até que seja considerado habilitado para o desempenho de nova atividade que lhe garanta a subsistência ou, quando considerado não recuperável, for aposentado por invalidez.

A: incorreta. O benefício é devido já a partir do 16º dia de afastamento (arts. 59 e 60 da Lei 8.213/1991); **B:** incorreta, nos mesmos termos do comentário à alternativa anterior; **C:** incorreta. A renda mensal inicial é sempre de 91% do salário de benefício (art. 61 da Lei 8.213/91); **D:** incorreta. Doenças pré-existentes afastam o direito ao auxílio-doença, salvo se forem agravadas pelo exercício do trabalho (art. 59, parágrafo único, da Lei 8.213/91); **E:** correta, nos termos do art. 62 da Lei 8.213/1991. **HS**
Gabarito "E"

(Juiz – TRF 4ª Região – 2016) Assinale a alternativa correta.

No plano do Regime Geral de Previdência Social:

(A) A empresa que pagar o salário-maternidade devido à gestante empregada será ressarcida pelo Instituto Nacional do Seguro Social, mediante apresentação de cobrança anual relativa a todos os benefícios da espécie pagos.

(B) O auxílio-reclusão será devido aos dependentes do segurado recolhido à prisão, desde que não tenha condenação definitiva, não receba remuneração da empresa nem esteja em gozo de auxílio-doença ou aposentadoria.

(C) A aposentadoria por idade será devida ao trabalhador rural que, exercendo atividade exclusivamente rural, cumprir a carência exigida em lei e completar 65 (sessenta e cinco) anos de idade, se homem, e 60 (sessenta), se mulher.

(D) A renda mensal da aposentadoria por tempo de serviço da mulher corresponderá a 70% do salário de benefício aos 25 (vinte e cinco) anos de serviço, mais 6%, para cada ano novo completo de atividade, até o máximo de 100% do salário de benefício aos 30 (trinta) anos de serviço, cumprida a carência exigida na lei.

(E) O aposentado por invalidez que necessitar de assistência permanente de outra pessoa terá direito ao acréscimo de 25% no benefício, até o limite máximo

legal da aposentadoria do Regime Geral de Previdência Social, e terá esse valor incorporado à pensão.

A: incorreta. A empresa deverá compensar os valores pagos com o montante devido pela sua própria contribuição previdenciária (art. 94 do Decreto 3.048/1999); **B:** incorreta. O auxílio-reclusão é devido mesmo em caso de condenação definitiva, desde que o segurado esteja recolhido à prisão em regime fechado ou semiaberto (art. 116, §5º, do Decreto 3.048/1999); **C:** incorreta. A aposentadoria por idade do trabalhador rural é reduzida em 5 anos, sendo concedida aos 60 anos de idade para o homem e aos 55 anos de idade para a mulher (art. 48, §1º, da Lei 8.213/1991); **D:** considerada como correta pelo gabarito oficial, por força do disposto no art. 53, I, da Lei 8.213/1991. A questão, porém, não é pacífica na doutrina, vez que parte dela entende que tal dispositivo foi revogado pela Emenda Constitucional 20/1998, que, ao dar nova redação ao art. 201, §7º, da CF, determinou que a aposentadoria por tempo de contribuição para a mulher só é assegurada após cumpridos 30 anos de contribuição; **E:** incorreta. O acréscimo de que trata a alternativa pode superar o teto dos benefícios do RGPS e não se incorpora ao valor da pensão por morte (art. 45, parágrafo único, *a* e *c*, da Lei 8.213/1991). **HS**
Gabarito "D".

(Magistratura Federal - 1ª Região – 2011 – CESPE) A respeito da pensão por morte e do auxílio-acidente no âmbito do RGPS, assinale a opção correta.

(A) Para concessão de auxílio-acidente fundamentado na redução da capacidade laboral pela perda de audição, não é necessário que a sequela decorra da atividade exercida nem que acarrete redução da capacidade para o trabalho habitualmente exercido.

(B) Para fins de recebimento de pensão por morte, o menor sob guarda equipara-se ao filho do segurado falecido, sendo considerado seu dependente, sem que haja necessidade de comprovação da dependência econômica.

(C) O entendimento de que a existência de impedimento para o matrimônio, por parte de um dos pretensos companheiros, embaraça a constituição da união estável não se aplica para fins previdenciários de percepção de pensão por morte.

(D) A perda da qualidade de segurado impede a concessão do benefício de pensão por morte, ainda que o *de cujus*, antes de seu falecimento, tenha preenchido os requisitos para a obtenção de qualquer aposentadoria.

(E) Na ausência de requerimento administrativo e prévia concessão do auxílio-doença, o termo inicial do auxílio-acidente pleiteado judicialmente deve ser fixado na citação.

A: incorreta. A contingência protegida pelo auxílio-acidente é a redução parcial e permanente da capacidade laborativa em virtude de acidente de qualquer natureza para as atividades habitualmente exercidas (art. 86 da Lei 8.213/1991 - Plano de Benefícios da Previdência Social - PBPS); **B:** incorreta. Apesar de ainda subsistir alguma controvérsia sob o assunto na doutrina e na jurisprudência dos Tribunais, o STJ consolidou o entendimento de que o menor sob guarda não pode ser considerado dependente para fins previdenciários (REsp 720.706/SE, *DJ* 09.08.2011). A lei equipara a filho o menor tutelado, mas assevera que ele, apesar de ser dependente de primeira classe, deve comprovar a dependência econômica em relação ao segurado para ter direito ao recebimento dos benefícios (art. 16, § 2º, do PBPS); **C:** incorreta. A interpretação do termo "companheiro" utilizado pelo art. 16, I, do PBPS deve ser interpretado à luz do Código Civil. É o que determina o art. 16, § 6°, do Decreto 3.048/1999 (Regulamento da Previdência Social - RPS); **D:** incorreta. O benefício será garantido se o segurado já tivesse direito adquirido à aposentadoria no momento de seu falecimento (Súmula 416 do STJ); **E:** correta, nos termos do quanto decidido pelo STJ no EREsp 735.329/RJ, *DJ* 13.04.2011). HS/RB

Gabarito "E".

(Magistratura Federal - 1ª Região – 2011 – CESPE) Com relação a questões previdenciárias diversas no âmbito dos juizados especiais federais, assinale a opção correta.

(A) Tratando-se de aposentadoria de trabalhador rurícola por idade, o tempo de serviço rural fica descaracterizado pelo exercício de atividade urbana, ainda que por curtos períodos e de forma intercalada com a atividade rural, dentro do período de carência.

(B) Para a concessão do benefício de auxílio-doença, exige-se a impossibilidade total do segurado para qualquer atividade laborativa, não sendo suficiente que o trabalhador esteja temporariamente incapacitado para o exercício de sua atividade habitual por mais de quinze dias consecutivos.

(C) Para a concessão de aposentadoria por idade, o tempo em gozo de auxílio-doença sempre pode ser computado para fins de carência, mas o tempo em gozo de aposentadoria por invalidez somente pode ser computado se intercalado com atividade.

(D) Tratando-se de restabelecimento de benefício por incapacidade e sendo a incapacidade decorrente da mesma doença que tenha justificado a concessão do benefício cancelado, não há presunção de continuidade do estado incapacitante, devendo a data de início do benefício ser fixada a partir do requerimento administrativo.

(E) Para fins de instrução do pedido de averbação de tempo de serviço rural, admite-se a apresentação de documentação pertinente e contemporânea à data dos fatos, desde que em nome do segurado, não se admitindo documentos em nome de terceiros.

A: incorreta. O art. 39, I, do PBPS garante o direito à aposentadoria por idade e por invalidez mesmo que a atividade rural tenha sido exercida de forma descontínua; **B:** incorreta. O auxílio-doença é pago ao segurado que estiver total e temporariamente incapacitado para o exercício de suas atividades habituais (art. 59 do PBPS); **C:** correta, nos termos da decisão proferida no processo 2009.72.66.001857-1 da Turma Nacional de Uniformização dos Juizados Especiais Federais; **D:** incorreta. A situação importa presumir a continuidade do estado incapacitante, a qual determina o restabelecimento do pagamento desde a data do cancelamento indevido (Processo 2007.72.57.003683-6 da Turma Nacional de Uniformização dos Juizados Especiais Federais); **E:** incorreta. Documentos em nome de terceiros podem ser considerados como início de prova material de atividade rural (Processo 2005.70.95.014733-3 e Processo 2005.70.95.014733-3 da Turma Regional de Uniformização do TRF 4). HS/RB

Gabarito "C".

(Magistratura Federal - 1ª Região – 2011 – CESPE) A respeito da renda mensal dos benefícios do RGPS, assinale a opção correta.

(A) Ao segurado trabalhador avulso que tenha cumprido todas as condições para a concessão do benefício pleiteado, mas não possa comprovar o valor dos seus salários de contribuição no período básico de cálculo, será concedido o benefício de valor mínimo, devendo esta renda ser recalculada quando da apresentação de prova dos salários de contribuição.

(B) No cálculo do valor da renda mensal do benefício, com exceção do decorrente de acidente do trabalho, serão computados, para o segurado empregado e empregado doméstico, os salários de contribuição referentes aos meses de contribuições devidas, ainda que não recolhidas pelo empregador, sem prejuízo da respectiva cobrança e da aplicação das penalidades cabíveis.

(C) A CF, em dispositivo dotado de autoaplicabilidade, inovou no ordenamento jurídico ao assegurar, para os benefícios concedidos após a sua vigência, a correção monetária de todos os salários de contribuição considerados no cálculo da renda mensal inicial.

(D) É devida a inclusão de expurgos inflacionários na correção monetária dos salários de contribuição, quando do cômputo da renda mensal inicial dos benefícios de prestação continuada concedidos pela previdência social após a promulgação da CF.

(E) É devido abono anual ao segurado que, durante o ano, tenha recebido auxílio-doença, auxílio-acidente ou aposentadoria, pensão por morte, auxílio-reclusão ou salário-família, devendo o abono ser calculado pela média dos proventos pagos durante o ano ao segurado.

A: correta, nos termos do art. 35 do PBPS; **B:** incorreta. A regra enunciada aplica-se também aos benefícios decorrentes de acidente de trabalho (art. 34, I, do PBPS); **C:** incorreta. O art. 194, parágrafo único, IV, da CF assegura a irredutibilidade do valor dos benefícios, o que abrange tanto a irredutibilidade nominal (valor expresso em moeda corrente) e a irredutibilidade real (conferida pela correção monetária para afastar os efeitos da inflação). Ocorre que a regra não é autoaplicável, na medida em que o próprio dispositivo enuncia que tal garantia se dará "nos termos da lei"; **D:** incorreta. A jurisprudência do STJ é uníssona em afirmar que é impossível a inclusão dos expurgos inflacionários na correção monetária dos salários de contribuição (EREsp 213.164/SC, *DJ* 12.02.2010); **E:** incorreta. O valor do abono anual, também conhecido como "13° salário dos aposentados", é calculado sobre a renda do benefício relativa ao mês de dezembro de cada ano (art. 40, parágrafo único, do PBPS). HS/RB

Gabarito "A".

(Magistratura Federal - 2ª Região – 2011 – CESPE) Assinale a opção correta relativamente ao cálculo do valor dos benefícios previdenciários.

(A) À segurada especial é garantida a concessão do salário-maternidade no valor de um salário-mínimo, desde que se comprove o exercício de atividade rural de forma contínua, nos nove meses imediatamente anteriores ao do início do benefício.

(B) O valor do benefício de prestação continuada, incluindo-se o regido por norma especial e o decorrente de acidente do trabalho e excetuando-se o salário-família e o salário-maternidade, será calculado com base no salário de benefício.

(C) Serão considerados para cálculo do salário de benefício os ganhos habituais do segurado empregado,

13. DIREITO PREVIDENCIÁRIO

a qualquer título, sob forma de moeda corrente ou de utilidades, sobre os quais incidam contribuições previdenciárias, incluindo-se a gratificação natalina.

(D) O valor mensal do auxílio-acidente não integra o salário de contribuição, para cálculo do salário de benefício de qualquer aposentadoria paga pelo RGPS.

(E) Ao segurado contribuinte individual que, satisfazendo as condições exigidas para a concessão do benefício requerido, não comprovar o efetivo recolhimento das contribuições devidas será concedido o benefício de valor mínimo, devendo sua renda ser recalculada quando da apresentação da prova do recolhimento das contribuições.

A: incorreta. A atividade rural pode ser descontínua e deve ser realizada por, no mínimo, dez meses, que é o período de carência padrão do salário-maternidade (art. 93, § 2º, do RPS); **B:** correta, nos exatos termos do art. 28 do PBPS; **C:** incorreta. A gratificação natalina (13º salário) é considerada salário de contribuição, porém não integra o cálculo do salário de benefício (art. 29, § 3º, do PBPS); **D:** incorreta. O auxílio-acidente integra o salário de contribuição (art. 31 do PBPS); **E:** incorreta. A regra estipulada vale apenas para o empregado, o avulso e o empregado doméstico (arts. 35 e 36 do PBPS). HS/RB
Gabarito "B".

(Magistratura Federal - 5ª Região – 2011) No que se refere aos litígios previdenciários nos juizados especiais federais e às aposentadorias, assinale a opção correta.

(A) O tempo de serviço anterior à edição da Lei n.º 8.213/1991 pode ser considerado para a concessão de benefício previdenciário do RGPS ao segurado trabalhador rural, inclusive para efeito de carência, ainda que não tenha havido, naquele tempo, recolhimento de contribuição previdenciária.

(B) Para fins de aposentadoria por idade, é necessário que o trabalhador rural comprove atividade rurícola contínua, no período imediatamente anterior ao requerimento administrativo ou judicial, por período equivalente à metade do prazo de carência legalmente exigido aos demais trabalhadores.

(C) O salário de benefício da aposentadoria por invalidez será igual a 91% do valor do salário de benefício do auxílio-doença anteriormente recebido, reajustado pelos índices de correção dos benefícios previdenciários.

(D) É juridicamente aceitável a acumulação de pensão por morte com aposentadoria por invalidez, pois esses benefícios têm naturezas distintas e fatos geradores diferentes.

(E) Tratando-se de demanda previdenciária, o fato de o imóvel ser superior ao módulo rural afasta, por si só, a qualificação de seu proprietário como segurado especial, ainda que comprovada, nos autos, a exploração em regime de economia familiar.

A: incorreta, pois, nos termos da Súmula 24 da TNU (Turma Nacional de Uniformização), "O tempo de serviço do segurado trabalhador rural anterior ao advento da Lei 8.213/1991, sem o recolhimento de contribuições previdenciárias, pode ser considerado para a concessão de benefício previdenciário do Regime Geral de Previdência Social (RGPS), exceto para efeito de carência, conforme a regra do art. 55, § 2º, da Lei

nº 8.213/91" – ver STJ, AgRg no AI 699.796/SPJ; **B:** assertiva incorreta, pois não há delimitação exata em relação ao período de atividade rural a ser provado – ver AgRg no AI 1.410.501/GO-STJ e Súmula 14 do TNU "Para a concessão de aposentadoria rural por idade, não se exige que o início de prova material corresponda a todo o período equivalente à carência do benefício"; **C:** incorreta, pois a aposentadoria por invalidez, inclusive a decorrente de acidente do trabalho, consistirá numa renda mensal correspondente a 100% do salário de benefício. É importante lembrar que o fator previdenciário (que reduz o salário de benefício) não se aplica à aposentadoria por invalidez – art. 29, II, do PBPS; **D:** essa é a assertiva correta, pois não é vedado o recebimento conjunto de aposentadoria e pensão – art. 124 do PBPS; **E:** incorreta, pois o limite do imóvel explorado em atividade agropecuária é de 4 módulos fiscais, para a qualificação do segurado especial – art. 12, VII, a, 1, do PCSS. HS/RB
Gabarito "D".

(Magistratura Federal – 4ª Região – 2010) Um dos requisitos exigidos para a concessão de benefícios previdenciários no Regime Geral de Previdência Social é a carência. Dadas as assertivas abaixo sobre carência, assinale a alternativa correta.

I. Período de carência é o número mínimo de contribuições mensais indispensáveis para que o beneficiário faça jus ao benefício, consideradas a partir do transcurso do primeiro dia dos meses subsequentes às suas respectivas competências.

II. Independe de carência a concessão de auxílio-doença e aposentadoria por invalidez nos casos de acidente de qualquer natureza ou causa e de doença profissional ou do trabalho, bem como nos casos de segurado que, após filiar-se ao Regime Geral de Previdência Social, for acometido de alguma das doenças e afecções especificadas em lista elaborada pelos Ministérios competentes, de acordo com os critérios de estigma, deformação, mutilação, deficiência ou outro fator que lhe confira especificidade e gravidade que mereçam tratamento particularizado.

III. A perda da qualidade de segurado importa em caducidade dos direitos inerentes a essa qualidade, não havendo possibilidade de concessão de pensão por morte aos dependentes do segurado que falecer após a perda dessa qualidade.

IV. A despeito da preocupação social que inspira o regime previdenciário público brasileiro, ele é eminentemente contributivo, de modo que, a partir do advento da Lei 8.213/91, deixou de existir qualquer possibilidade de concessão de benefício previdenciário sem recolhimento de contribuições no período equivalente à carência exigida.

V. Nos casos do segurado empregado e do trabalhador avulso, serão consideradas, para cômputo do período de carência, as contribuições referentes ao período a partir da data da inscrição no Regime Geral de Previdência Social.

(A) Está correta apenas a assertiva II.

(B) Estão corretas apenas as assertivas II e V.

(C) Estão corretas apenas as assertivas I, III e V.

(D) Estão corretas todas as assertivas.

(E) Nenhuma assertiva está correta.

I: incorreta, pois, para contagem do prazo de carência, as contribuições

736 ROBINSON BARREIRINHAS E HENRIQUE SUBI

são consideradas a partir do transcurso do primeiro dia dos meses de suas competências (não dos meses subsequentes, como consta da assertiva) – art. 24, *caput*, do PBPS; **II:** assertiva correta, pois não há carência nessas hipóteses, conforme o art. 26, II, do PBPS; **III:** incorreta, pois, embora a perda da qualidade de segurado importe caducidade dos direitos respectivos, ela não prejudica o direito à pensão por morte em favor dos dependentes, se os requisitos para sua concessão já tiverem sido preenchidos anteriormente, conforme a legislação então vigente (antes da perda da condição de segurado, o falecido já havia preenchido os requisitos para a concessão da pensão) – art. 102, § 2º, do PBPS; **IV:** incorreta, pois, embora a previdência social tenha caráter contributivo (art. 201 da CF), há determinados benefícios que independem de carência – art. 26 do PBPS; **V:** assertiva imprecisa, pois a lei se refere à data de *filiação* (não de inscrição) no RGPS – art. 27, I, do PBPS. **HS/RB**
"A" otirabaG

Veja as seguintes tabelas, para estudo e memorização dos períodos de carência e das prestações que independem de carência:

Períodos de Carência – art. 25 do PBPS	
– auxílio-doença e aposentadoria por invalidez	12 contribuições mensais
– aposentadoria por idade, aposentadoria por tempo de serviço e aposentadoria especial	180 contribuições mensais
– salário-materni-dade para contribuintes individuais, seguradas especiais e facultativas	10 contribuições mensais. Em caso de antecipação do parto, o período é reduzido em número de contribuições equivalentes ao número de meses em que o parto foi antecipado. A segurada especial deve apenas comprovar atividade rural nos 12 meses anteriores ao início do benefício – art. 39, parágrafo único, do PBPS

Independem de Carência – art. 26 do PBPS
– pensão por morte, auxílio-reclusão, salário-família e auxílio-acidente; – auxílio-doença e aposentadoria por invalidez; – aposentadoria por idade ou por invalidez, auxílio-doença, auxílio-reclusão, pensão para o segurado especial, no valor de um salário-mínimo, desde que comprove o exercício de atividade rural, ainda que de forma descontínua, no período, imediatamente anterior ao requerimento do benefício, igual ao número de meses correspondentes à carência do benefício requerido; – serviço social; – reabilitação profissional; – salário-maternidade para as seguradas empregada, trabalhadora avulsa e empregada doméstica.

(Magistratura Federal-4ª Região – 2010) Dadas as assertivas abaixo sobre cálculo da renda mensal inicial e manutenção e reajustamento da renda mensal dos benefícios previdenciários do Regime Geral de Previdência Social, assinale a alternativa correta.

I. O valor do benefício de prestação continuada, inclusive o regido por norma especial e o decorrente de acidente do trabalho, exceto o salário-família e o salário-maternidade, será sempre calculado com base no salário de benefício consistente na média aritmética simples dos maiores salários de contribuição correspondentes a oitenta por cento de todo o período contributivo, multiplicada pelo fator previdenciário.

II. O salário de benefício do segurado que contribuir em razão de atividades concomitantes será calculado com base na média dos salários de contribuição da atividade principal, assim considerada a de maior renda, acrescida de 75% (setenta e cinco por cento) da média da atividade secundária.

III. Em nenhuma hipótese a renda mensal do benefício de prestação continuada que substituir o salário de contribuição ou o rendimento do trabalho do segurado terá valor inferior ao do salário-mínimo nem superior ao do limite máximo do salário de contribuição.

IV. Nas hipóteses estabelecidas atualmente na Lei 8.213/91 em que é possível a cumulação de auxílio-acidente e aposentadoria por tempo de contribuição, a renda mensal daquele não integra o salário de contribuição desta para fins de cálculo do salário de benefício.

V. O valor dos benefícios em manutenção será reajustado, anualmente, na mesma data do reajuste do salário-mínimo, aplicada a todos os benefícios a variação integral do Índice Nacional de Preços ao Consumidor – INPC/IBGE acumulada a partir da data do reajuste anterior.

(A) Está correta apenas a assertiva II.

(B) Estão corretas apenas as assertivas I e V.

(C) Estão corretas apenas as assertivas II, III e IV.

(D) Estão corretas todas as assertivas.

(E) Nenhuma das assertivas está correta.

I: incorreta, pois o fator previdenciário é redutor do salário de benefício aplicado apenas no caso de aposentadorias por idade e por tempo de contribuição – art. 29, I, do PBPS, além das pensões que venham a substituir essas aposentadorias – art. 75 do PBPS; **II:** incorreta, pois o salário de benefício do segurado que contribuir em razão de atividades concomitantes será calculado com base na soma dos salários de contribuição das atividades exercidas na data do requerimento ou do óbito, ou no período básico de cálculo, nos termos do art. 32 do PBPS; **III:** incorreta, pois essa regra do art. 33 do PBPS é afastada no caso de aposentadoria por invalidez do segurado que necessitar da assistência permanente de outra pessoa, em que o valor do benefício é acrescido de 25% – art. 45 c/c art. 33 do PBPS. **HS/RB**
"E" otirabaG

(Magistratura Federal – 4ª Região – 2010) Dadas as assertivas referentes aos benefícios devidos aos segurados e dependentes no âmbito do Regime Geral de Previdência Social, assinale a alternativa correta.

I. A aposentadoria por idade será devida ao segurado que, cumprida a carência exigida na Lei 8.213/91, completar 65 (sessenta e cinco) anos de idade, se homem, e 60 (sessenta), se mulher, reduzidos os limites etários para 60 (sessenta) e 55 (cinquenta e cinco)

13. DIREITO PREVIDENCIÁRIO

anos no caso de trabalhadores rurais, respectivamente homens e mulheres.

II. É assegurada aposentadoria no Regime Geral de Previdência Social, nos termos da lei, aos trinta e cinco anos de contribuição, se homem, e trinta anos de contribuição, se mulher.

III. Trata-se a aposentadoria por invalidez de benefício definitivo. Assim, seu cancelamento somente pode ocorrer na hipótese de o aposentado por invalidez retornar voluntariamente à atividade laborativa, caso em que terá sua aposentadoria automaticamente cancelada a partir da data do retorno.

IV. É devida a pensão por morte ao filho menor de segurado que, apesar de ter perdido essa qualidade, preencheu os requisitos legais para a obtenção de aposentadoria até a data do seu óbito, mas extingue-se o direito ao benefício assim que o dependente atinge 21 anos, ainda que estudante de curso superior.

V. O auxílio-doença será devido ao segurado que, havendo cumprido, quando for o caso, o período de carência exigido na Lei 8.213/91, ficar incapacitado para o seu trabalho ou para a sua atividade habitual. Não será devido, contudo, ao segurado que se filiar ao Regime Geral de Previdência Social já portador da doença ou da lesão invocada como causa para o benefício, salvo quando a incapacidade sobrevier por motivo de progressão ou agravamento dessa doença ou lesão.

(A) Estão corretas apenas as assertivas I, II e V.

(B) Estão corretas apenas as assertivas II, III e IV.

(C) Estão corretas apenas as assertivas I, II, III e V.

(D) Estão corretas apenas as assertivas I, II, IV e V.

(E) Estão corretas todas as assertivas.

I: correta, conforme o art. 201, § 7º, II, da CF e o art. 25, II, do PBPS; **II:** correta, nos termos do art. 201, § 7º, I, da CF; **III:** incorreta, pois a aposentadoria por invalidez cessará sempre que houver recuperação da capacidade de trabalho – art. 47 do PBPS; **IV:** correta, conforme os arts. 16, I, e 102, § 2º, do PBPS; **V:** correta, conforme o art. 59 do PBPS. **HS/RB**

Gabarito "D".

(Magistratura Federal – 3ª Região – 2010) Assinale a alternativa correta:

(A) A aposentadoria por idade será devida ao segurado que completar 65 (sessenta e cinco) anos, se homem, e 60 (sessenta) anos se mulher, independentemente de cumprimento de período de carência;

(B) A aposentadoria por idade, cumprida a carência exigida na Lei 8.213/91, será devida ao segurado que completar 63 (sessenta e três) anos, se homem, e 57 (cinquenta e sete) anos, se mulher;

(C) A aposentaria por idade, cumprida a carência exigida na Lei 8.213/91, será devida ao segurado que completar 65 (sessenta e cinco) anos, se homem, e 60 (sessenta) anos, se mulher;

(D) A concessão do benefício de aposentadoria por idade não depende de período de carência.

A, B e D: incorretas, pois a aposentadoria por idade, 65 anos para homens e 60 para mulheres, depende do cumprimento do prazo de carência de 180 contribuições mensais – art. 48, *caput*, c/c art. 25, II, do Plano de Benefícios da Previdência Social – PBPS (Lei 8.213/1991); **C:** correta, conforme comentários anteriores. **HS/RB**

Gabarito "C".

(Magistratura Federal – 3ª Região – 2010) O professor e a professora poderão se aposentar por tempo de serviço:

(A) Após 30 (trinta) anos o professor e após 25 (vinte e cinco) anos a professora, de efetivo exercício em função de magistério, com renda mensal correspondente a 100% (cem por cento) do salário de benefício;

(B) Após 30 (trinta) anos o professor e após 25 (vinte e cinco) anos a professora, de efetivo exercício em função de magistério, com renda mensal correspondente a 80% (oitenta por cento) do salário de benefício;

(C) Após 30 (trinta) anos o professor e a professora, de efetivo exercício em funções de magistério, com renda mensal correspondente a 100% (cem por cento) do salário de benefício;

(D) Após 25 (vinte e cinco) anos o professor e 20 (vinte) anos a professora, de efetivo exercício de magistério, com renda mensal correspondente a 100% (cem por cento) do salário de benefício.

O professor que comprove exclusivamente tempo de efetivo exercício das funções de magistério na educação infantil e no ensino fundamental e médio poderá se aposentar com 30 anos de contribuição (homem) ou 25 anos de contribuição (mulher), com renda mensal correspondente a 100% do salário de benefício – art. 201, § 7º, I, e § 8º, da CF e art. 56 do PBPS. **HS/RB**

Gabarito "A".

(Magistratura Federal – 3ª Região – 2010) Assinale a alternativa correta:

(A) O abono anual é devido ao segurado e ao dependente da Previdência Social que, durante o ano, recebe o benefício da assistência social constitucional;

(B) O abono anual é devido ao segurado e ao dependente da Previdência Social que recebeu o benefício do auxílio-doença, auxílio-acidente ou aposentadoria, pensão por morte e auxílio-reclusão;

(C) O abono anual será calculado pela média dos valores do benefício recebido pelo segurado durante o ano;

(D) O abono anual não se confunde e não tem qualquer relação com a gratificação de natal dos trabalhadores.

Nos termos do art. 40 do PBPS, é devido abono anual, tal qual o 13º salário, ao segurado e ao dependente da Previdência Social que, durante o ano, recebeu auxílio-doença, auxílio-acidente ou aposentadoria, pensão por morte ou auxílio-reclusão. **HS/RB**

Gabarito "B".

(Magistratura Federal – 3ª Região – 2010) Assinale a alternativa correta:

(A) O benefício de aposentadoria por invalidez corresponde a 85% (oitenta e cinco por cento) do salário de benefício;

(B) O benefício de aposentadoria por invalidez pode ser concedido ao segurado insuscetível de reabilitação para o exercício de atividade que lhe garanta a subsistência, sendo-lhe pago por tempo indeterminado;

(C) Em nenhuma hipótese, o benefício da aposentadoria por invalidez será pago ao segurado portador de doença ou lesão de que já era portador ao filiar-se ao Regime Geral da Previdência Social;

(D) O valor da aposentadoria por invalidez do segurado que necessitar da assistência permanente de outra pessoa será acrescido de 25% (vinte e cinco por cento)

A: incorreta, pois a aposentadoria por invalidez consistirá em renda mensal correspondente a 100% do salário de benefício – art. 44 do PBPS; **B:** incorreta, pois o benefício de aposentadoria será pago enquanto o segurado permanecer na condição (incapaz e insuscetível de reabilitação) – art. 42 do PBPS; **C:** incorreta, pois, excepcionalmente, haverá direito à aposentadoria por invalidez quando a incapacidade sobrevier por motivo de progressão ou agravamento da doença ou lesão anteriormente existente – art. 42, § 2º, *in fine*, do PBPS; **D:** assertiva correta, pois reflete o disposto no art. 45 do PBPS. **HS/RB**
Gabarito "D".

5. SERVIDORES PÚBLICOS

(Juiz – TRF 2ª Região – 2017) Quanto ao regime de Previdência Social do servidor público federal, marque a opção correta:

(A) O servidor licenciado do cargo, sem direito à remuneração, para servir em organismo internacional do qual o Brasil é membro efetivo, e que contribua para outro regime de previdência social no exterior, mantém o seu vínculo com o regime do Plano de Seguridade Social do Servidor Público enquanto durar a licença.

(B) Ao servidor licenciado sem remuneração não é permitida a manutenção da vinculação ao regime do Plano de Seguridade Social do Servidor Público. Eventual recolhimento mensal da respectiva contribuição, ainda que no mesmo percentual devido pelos servidores em atividade, apenas se permite para efeito de filiação ao Regime Geral de Previdência (RGPS).

(C) Cessa a licença-gestante, de pleno direito, no caso de natimorto. Se for o caso, mediante laudo de junta médica, ela será convertida em licença saúde.

(D) O direito de requerer e, assim, obter a pensão por morte prescreve em cinco anos, contados do óbito ou da sua ciência.

(E) É vedada a possibilidade de cumular a pensão por morte instituída pelo falecido cônjuge com nova pensão por morte, caso o atual cônjuge faleça.

A: incorreta. No caso mencionado, é suspenso o vínculo com o Regime Próprio de Previdência, nos termos do art. 183, §2º, da Lei 8.112/1990; **B:** incorreta. Tal direito é previsto no art. 183, §3º, da Lei 8.112/1990; **C:** incorreta. A licença-gestante, no caso de natimorto, é de 30 dias (art. 207, §3º, da Lei 8.112/1990); **D:** incorreta. A pensão pode ser requerida a qualquer tempo, prescrevendo somente as prestações devidas há mais de 5 anos (art. 219 da Lei 8.112/1990); **E:** correta, nos termos do art. 225 da Lei 8.112/1990. **HS**
Gabarito "E".

(Magistratura Federal – 3ª Região – 2011 – CESPE) Considerando o regime próprio de previdência social dos servidores públicos estatutários, assinale a opção correta.

(A) O cômputo do tempo de atividade rural anterior a 1991, para fins de contagem recíproca com o período prestado na administração pública sob regime estatutário, visando à aposentadoria estatutária, só pode ser feito mediante o recolhimento das contribuições previdenciárias relativas ao tempo de atividade rural.

(B) O pensionista portador de doença incapacitante é isento da contribuição sobre os proventos de pensão recebida no âmbito do regime próprio de previdência dos servidores públicos estatutários, ainda que os proventos superem o dobro do limite máximo estabelecido para os benefícios do RGPS.

(C) O regime próprio de previdência social dos servidores públicos estatutários observa, assim como o RGPS, critérios que preservem o equilíbrio financeiro e atuarial, mas, por expressa disposição constitucional, não admite a aplicação subsidiária das normas do regime geral.

(D) Suponha que João, procurador aposentado da fazenda nacional, seja convidado a ocupar o cargo em comissão de diretor de secretaria da Vara Federal de Execuções Fiscais do Estado de São Paulo e aceite a proposta. Nessa situação, em relação à atividade de diretor de secretaria, João estará vinculado ao regime próprio de previdência dos servidores públicos federais.

(E) O servidor público ex-celetista que tenha exercido atividade especial e passado para o regime estatutário por força da CF não tem direito a contar o tempo de serviço com o acréscimo legal, dada a vedação constitucional da contagem de tempo de serviço fictício, para fins de aposentadoria estatutária.

A: correta, nos termos do quando decidido pelo STJ no julgamento do AR 3.215/MG, *DJ* 28.06.2006; **B:** incorreta. Superando esse limite, haverá a incidência de contribuição previdenciária (art. 40, § 20, da CF); **C:** incorreta. Não há qualquer disposição constitucional expressa nesse sentido; **D:** incorreta. O servidor ocupante exclusivamente de cargo em comissão é segurado obrigatório do RGPS na qualidade de empregado (art. 11, I, *g*, do PBPS); **E:** incorreta. Esse caso não trata de tempo de serviço fictício, mas sim de contagem recíproca de tempo de contribuição, hipótese em que os respectivos órgãos previdenciários se compensarão mutuamente (art. 94 do PBPS). **HS/RB**
Gabarito "A".

6. AÇÕES PREVIDENCIÁRIAS

(Juiz – TRF 4ª Região – 2016) Assinale a alternativa correta.

Relativamente ao julgamento do Supremo Tribunal Federal, em repercussão geral (RE 631.240/MG), que assentou entendimento sobre o interesse de agir e o prévio requerimento administrativo de benefício previdenciário:

(A) A falta de prévio requerimento administrativo de concessão de benefício deve implicar a extinção do processo judicial com resolução de mérito.

(B) Nas ações já ajuizadas no âmbito de Juizado Itinerante, a falta do prévio requerimento administrativo implicará a extinção do feito sem julgamento de mérito.

13. DIREITO PREVIDENCIÁRIO

(C) Nas ações judiciais, mesmo que o Instituto Nacional do Seguro Social tenha apresentado contestação de mérito, aplica-se a extinção do feito sem resolução de mérito, em face da ausência de prévio requerimento administrativo.

(D) Nas ações em que estiver ausente o prévio requerimento administrativo, o feito será baixado em diligência ao Juízo de primeiro grau, onde permanecerá sobrestado, a fim de intimar o autor a dar entrada no pedido em até 30 dias, sob pena de extinção do processo por falta de interesse de agir.

(E) Nos casos em que estiver ausente o prévio requerimento administrativo e, baixado o feito em diligência, o interessado comprovar a postulação administrativa e o Instituto Nacional do Seguro Social, após intimação judicial, manifestar-se e indeferir o benefício, estará caracterizado o interesse de agir, e o feito deverá prosseguir, retornando ao Tribunal Regional Federal para julgamento.

A: incorreta. A extinção se dá sem resolução do mérito, porque falta interesse de agir, uma das condições da ação; **B:** incorreta. As ações ajuizadas em âmbito de Juizado Itinerante antes da decisão mencionada foram excepcionadas, não se lhes aplicando a extinção do processo; **C:** incorreta. Entendeu o STF que, se o INSS apresentou contestação, ficou demonstrada a resistência à pretensão do segurado e, consequentemente, o interesse de agir; **D:** correta, nos exatos termos constantes do acórdão; **E:** incorreta. No caso concreto examinado, coube ao Juiz de 1º grau apreciar a subsistência ou não do interesse de agir. **HS**
Gabarito "D".

(Magistratura Federal – 1ª Região – 2011 – CESPE) Assinale a opção correta acerca das ações previdenciárias.

(A) O cálculo da verba de honorários advocatícios nas ações previdenciárias incide apenas sobre as prestações vencidas até a prolação da sentença que julgar total ou parcialmente procedente o pedido, excluindo-se, assim, as vincendas.

(B) Compete à justiça federal da capital do estado processar e julgar os litígios decorrentes de acidente do trabalho envolvendo segurado residente em município que não seja sede de vara federal.

(C) O cômputo do prazo prescricional de um ano para o ajuizamento da ação, objetivando o recebimento de indenização securitária em favor do segurado, tem início a partir do requerimento em que se tenha pleiteado administrativamente a aposentadoria por invalidez.

(D) O MP não tem legitimidade para propor ação civil pública que veicule pretensões relativas a benefícios previdenciários.

(E) Compete à justiça federal julgar ação de complementação de aposentadoria em que se objetive a complementação de benefício previdenciário, caso o pedido e a causa de pedir decorram de pacto firmado com instituição de previdência privada.

A: correta, nos termos da Súmula 111 do STJ; **B:** incorreta. A competência para julgamento de ações acidentárias é da Justiça Estadual (STJ, CC 47.811/SP, DJ 27.04.2005); **C:** incorreta. O prazo prescricional de um ano nas lides oriundas de contratos de seguro é contado da data do sinistro (art. 206, § 1º, II, b, do Código Civil); **D:** incorreta. A legitimidade do MP foi atestada pelo STJ no REsp 1142630/PR, DJ 01/02/2011. Ver, no mesmo sentido, STF, AgRg no AI 516.419/PR, DJ 30.11.2010; **E:** incorreta. A competência, nesse caso, é da Justiça Estadual, conforme restou decidido pelo STJ no REsp 1281690/RS, DJ 26/09/2012. **HS/RB**
Gabarito "A".

(Magistratura Federal – 3ª Região – 2011 – CESPE) Assinale a opção correta a respeito de ações previdenciárias no juizado especial federal.

(A) O prévio requerimento administrativo de prorrogação de auxílio-doença é requisito para o ajuizamento de ação em que se pleiteie o restabelecimento do benefício previdenciário, importando sua ausência na extinção do processo sem resolução de mérito.

(B) A relativização do formalismo processual nas ações previdenciárias, que têm nítido caráter social, permite que o segurado interponha recurso perante o juizado especial federal sem estar representado por advogado.

(C) Em ação previdenciária no juizado especial federal, na qual o autor não seja beneficiário da justiça gratuita e haja necessidade de prova pericial médica, os honorários do perito nomeado pelo juiz serão antecipados à conta de verba orçamentária do respectivo tribunal.

(D) Os valores de benefício previdenciário recebidos pelo segurado em razão de antecipação de tutela que, por ocasião da sentença, tenha sido cassada por improcedência do pedido, são considerados indevidos e, por isso, devem ser restituídos.

(E) O MP federal deve intervir obrigatoriamente nas ações previdenciárias que envolvam interesse de menores incapazes ou de idosos, sob pena de nulidade da sentença proferida no juizado especial federal.

A: incorreta. Não se exige o prévio requerimento administrativo da prorrogação para o ajuizamento da ação (processo 2009.72.64.002377-9 da Turma Nacional de Unificação dos Juizados Especiais Federais); **B:** incorreta. Nos termos do art. 41, § 2º, da Lei 9.099/1995, aplicável por analogia aos Juizados Especiais Federais nos termos do art. 1º da Lei 10.259/2001, determina que a interposição de recursos nos Juizados deverá ser feita, obrigatoriamente, por advogado, ainda que esse não tenha patrocinado a causa em primeira instância; **C:** correta, nos termos do art. 12 da Lei 10.259/2001; **D:** incorreta. Os valores dos benefícios previdenciários são considerados verbas de natureza alimentar e, portanto, são irrepetíveis (processo 2007.72.51.001076-4 da Turma Nacional de Uniformização dos Juizados Especiais Federais); **E:** alternativa considerada incorreta pelo gabarito oficial, porém o tema é bastante controvertido na doutrina. A questão se baseia apenas na posição exarada pelo TRF da 1ª Região na AC 2008.01.99.056502-7/MG, DJ 08.07.2009, que afasta a necessidade de intervenção do Ministério Público por considerar que se trata de um interesse disponível. Outros autores, como Sérgio Neves Coelho, porém, defendem a obrigatoriedade da intervenção do Parquet como custos legis (Obrigatoriedade da Intervenção do Ministério Público nas Lides Acidentárias. Disponível em: [www.apmp.com.br/juridico/artigos/docs/2002/04-26_sergione-vescoelho_eoutros.doc] Acesso em 05.04.2013). **HS/RB**
Gabarito "C".

(Magistratura Federal-4ª Região – 2010) Há em tramitação no Judiciário brasileiro um número muito expressivo de ações de natureza previdenciária, o que deu origem a orientações seguras na jurisprudência acerca de várias questões. Dadas as assertivas, analisando-as à luz do entendimento jurisprudencial predominante no âmbito do Tribunal Regional Federal da 4ª Região e dos Tribunais Superiores, assinale a alternativa correta.

I. Subsiste no novo texto constitucional a opção do segurado para ajuizar ações contra a Previdência Social no foro estadual do seu domicílio ou no do Juízo Federal, devendo a ação, nesse último caso, ser ajuizada necessariamente perante o Juízo Federal do seu domicílio.

II. As parcelas devidas pelo INSS em ações previdenciárias devem ser acrescidas de correção monetária. Os juros, quando cabíveis, também devem ser acrescidos ao montante principal, incidentes a partir da data do ajuizamento da ação.

III. Os honorários advocatícios, nas ações previdenciárias, devem incidir somente sobre as parcelas vencidas até a data da sentença de procedência ou do acórdão que reforme a sentença de improcedência.

IV. A prova exclusivamente testemunhal não basta à comprovação da atividade rurícola, para efeito de obtenção de benefício previdenciário, mas admitem-se como início de prova material do efetivo exercício de atividade rural, em regime de economia familiar, documentos em nome de terceiros, membros do grupo parental.

V. Em matéria de direito intertemporal, a lei aplicável ao pleito de concessão de pensão previdenciária por morte é aquela vigente na data do óbito do segurado.

(A) Estão corretas apenas as assertivas I, III e IV.
(B) Estão corretas apenas as assertivas II, III e V.
(C) Estão corretas apenas as assertivas III, IV e V.
(D) Estão corretas apenas as assertivas I, III, IV e V.
(E) Estão corretas todas as assertivas.

I: incorreta, pois não há opção por parte do autor em qualquer hipótese. O ajuizamento na justiça estadual ocorre apenas se a comarca do domicílio do segurado não for sede de vara do juízo federal – art. 109, § 3º, da CF; **II:** incorreta, pois os juros moratórios são devidos a partir da citação válida, não do ajuizamento da ação (como consta da assertiva) – Súmula 204 do STJ; **III:** assertiva correta, conforme a Súmula 111 do STJ; **IV:** assertiva correta, conforme a jurisprudência do STJ – ver AgRg no REsp 1.100.187/MG e Súmula 149 do STJ; **V:** assertiva correta, pelo princípio do *tempus regit actum* – ver REsp 1.188.756/MG. HS/RB
Gabarito "C".

(Magistratura Federal – 3ª Região – 2010) Assinale a alternativa correta:

(A) O prazo de decadência para que o segurado ou beneficiário exerça o direito de revisão do ato de concessão de benefício será contado do primeiro dia do mês seguinte ao do recebimento da primeira prestação, ou, quando for o caso, do dia que tomar conhecimento da decisão indeferitória definitiva no âmbito administrativo;

(B) Os prazos de decadência e prescrição serão de 5 (cinco) anos para a revisão de todo e qualquer direito previdenciário;

(C) O prazo de prescrição de toda e qualquer ação para haver prestações vencidas ou quaisquer restituições ou diferenças devidas pela Previdência Social será de 10 (dez) anos, salvo o direito dos menores, incapazes e ausentes, na forma do Código Civil;

(D) O direito de revisão e o de haver prestações vencidas ou restituições, ainda que dentro dos respectivos prazos, somente poderá ser exercido judicialmente após o indeferimento na via administrativa.

A: assertiva correta, pois descreve o termo inicial do prazo decadencial de 10 anos para todo e qualquer direito de ação do segurado ou beneficiado para a revisão do ato de concessão do benefício – art. 103 do PBPS; **B:** incorreta, conforme o comentário à alternativa "A"; **C:** incorreta, pois é de 5 anos o prazo prescricional para pleitear judicialmente prestações vencidas ou quaisquer restituições ou diferenças devidas pela Previdência, salvo o direito dos menores, incapazes e ausentes – art. 103, parágrafo único, do PBPS; **D:** incorreta, pois não se exige o esgotamento da via administrativa para que seja exercido o direito de ação. HS/RB
Gabarito "A".

7. ASSISTÊNCIA SOCIAL E SAÚDE

(Juiz – TRF 3ª Região – 2016) Quanto à assistência à saúde, é correto afirmar:

(A) É um direito de acesso universal e igualitário às ações e aos serviços de saúde e de atendimento integral, com preferência para as atividades preventivas, sendo devido pelo Estado complementarmente aos serviços privados, podendo ser executado diretamente pelo Poder Público ou por intermédio de terceiros, pessoas físicas ou jurídicas.

(B) As ações e os serviços públicos de saúde integram uma rede regionalizada e hierarquizada, constituída na forma de um sistema único de saúde, financiado com recursos do orçamento da seguridade social e da União, não podendo, no caso da União, a receita líquida do respectivo exercício financeiro ser inferior a 15% (quinze por cento).

(C) A Agência Nacional de Saúde Suplementar – ANS é autarquia especial, vinculada ao Ministério da Saúde, com funções de regular, normatizar, controlar e fiscalizar as medidas sanitárias, cabendo aos Estados e Municípios e à rede privada a prestação dos serviços de saúde e vigilância sanitária em todo o território nacional.

(D) Entende-se por vigilância sanitária um conjunto de ações capaz de eliminar, diminuir ou prevenir riscos à saúde e de intervir nos problemas sanitários decorrentes do meio ambiente, da produção e circulação de bens e da prestação de serviços de interesse da saúde.

A: incorreta. O serviço de saúde é público, titularizado pelo Estado (art. 196 da CF), sendo, não obstante, livre o seu exercício pela iniciativa privada (art. 199 da CF); **B:** incorreta. O financiamento do serviço de saúde é oriundo também dos orçamentos dos Estados, do Distrito Federal, dos Municípios e outras fontes (art. 198, §1º, da CF); **C:** incorreta. A ANS atua sobre a assistência suplementar à saúde (art. 1º da Lei 9.961/2000), assim entendido o serviço prestado por entidades privadas com finalidade de garantir assistência médica, hospitalar ou odontológica ("planos de saúde"). A competência para fiscalização sanitária é da Agência Nacional de Vigilância Sanitária – ANVISA; **D:** correta, nos termos do art. 6º, §1º, da Lei nº 8.080/1990. HS
Gabarito "D".

13. DIREITO PREVIDENCIÁRIO — 741

(Juiz – TRF 3ª Região – 2016) Considerando as assertivas abaixo, assinale a alternativa correta:

I. São diretrizes para a organização das ações governamentais na área da assistência social: a descentralização político-administrativa e a participação da população, por meio de organizações representativas.

II. A assistência social será prestada a quem dela necessitar, independentemente de contribuição, para subsistência da pessoa necessitada, portadora de deficiência e do idoso, cabendo à família do beneficiário contribuir com valor mensal correspondente a ¼ do salário mínimo *per capita*, nos termos da lei.

III. A renda mensal vitalícia, o benefício de prestação continuada, o auxílio-natalidade e os benefícios eventuais, previstos no artigo 22 da Lei Orgânica da Assistência Social – LOAS, são benefícios concedidos independentemente de requerimento e contribuição da pessoa necessitada e prestados com recursos do orçamento da seguridade social, como encargo de toda a sociedade, de forma direta ou indireta.

IV. O benefício de prestação continuada não pode ser acumulado pelo beneficiário com qualquer outro no âmbito da seguridade social ou de outro regime, excepcionados apenas o de assistência médica e da pensão especial de natureza indenizatória, não sendo também computados os rendimentos decorrentes de estágio supervisionado e de aprendizagem, para os fins de cumprimento do requisito da renda familiar mínima.

(A) As assertivas I e IV estão corretas.

(B) As assertivas I e III estão corretas.

(C) Apenas a assertiva III está incorreta.

(D) Apenas a assertiva I está correta.

I: correta, nos termos do art. 5º, I e II, da Lei 8.742/1993; II: incorreta. A afirmativa mistura o conceito de assistência social, prestada a quem dela necessitar, independente de contribuição (art. 203, "caput", da CF) com o **benefício de prestação continuada de assistência social**, previsto no art. 203, V, da CF e regulamentado pelos arts. 20 e seguintes da Lei 8.742/1993; III: incorreta. Todos eles dependem de requerimento do interessado; IV: correta, nos termos do art. 20, §§4º e 9º, da Lei 8.742/1993. HS
„A". Gabarito

(Magistratura Federal – 3ª Região – 2010) Segundo o artigo 203 da Constituição Federal de 1988, a assistência social será prestada:

(A) A quem dela necessitar, conforme dispuser a lei, porém dependente de contribuição à seguridade social;

(B) A que dela necessitar, independentemente de contribuição a seguridade social, e tem por exclusivo objetivo a proteção a família, a maternidade, à infância, e a adolescência;

(C) A quem dela necessitar, atendida a qualidade de segurado da previdência social e as condições previstas em lei;

(D) A quem dela necessitar, independentemente de contribuição a seguridade social, e tem entre seus objetivos a garantia de um salário-mínimo de bene-

fício mensal a pessoa portadora de deficiência e ao idoso que comprovem não possuir meios de prover a própria manutenção ou de tê-la provida por sua família, conforme dispuser a lei.

A: incorreta. A seguridade social é composta pela (i) previdência social, (ii) assistência social e (iii) saúde. Diferentemente da previdência social, a assistência social não é retributiva, ou seja, independe de contribuição do beneficiário para a seguridade social – art. 203, *caput*, da CF; **B:** incorreta, pois, além da proteção à família, à maternidade, à infância e à adolescência, a assistência social tem, também, por objetivos a proteção à velhice, o amparo às crianças e adolescentes carentes, a promoção da integração ao mercado de trabalho, a habilitação e reabilitação das pessoas portadoras de deficiência e a promoção de sua integração à vida comunitária, e a garantia de um salário-mínimo de benefício mensal à pessoa portadora de deficiência e ao idoso que comprovem não possuir meios de prover à própria manutenção ou de tê-la provida por sua família, conforme dispuser a lei – art. 203, I a V, da CF; **C:** incorreta, pois a assistência social é prestada a todos que dela precisarem, independentemente de filiação à previdência social – art. 203, *caput*, da CF; **D:** assertiva correta, conforme o art. 203, V, da CF. HS/RB
„D". Gabarito

Veja a tabela seguinte, para estudo e memorização dos objetivos da assistência social:

Objetivos da Assistência Social – art. 203 da CF
– a proteção à família, à maternidade, à infância, à adolescência e à velhice – o amparo às crianças e adolescentes carentes – a promoção da integração ao mercado de trabalho – a habilitação e reabilitação das pessoas portadoras de deficiência e a promoção de sua integração à vida comunitária – a garantia de um salário-mínimo de benefício mensal à pessoa portadora de deficiência e ao idoso que comprovem não possuir meios de prover à própria manutenção ou de tê-la provida por sua família, conforme dispuser a lei

8. OUTROS TEMAS E MATÉRIAS COMBINADAS

(Juiz – TRF 2ª Região – 2017) Marque a opção que está de acordo com a atual disciplina constitucional relativa ao Regime Geral de Previdência (RGPS):

(A) A gratificação natalina dos aposentados e pensionistas terá por base a média dos valores dos proventos ao longo do ano.

(B) Quando se trata de aposentadoria por tempo de contribuição, a Constituição confere tratamento diferenciado a homens e mulheres, mas os requisitos etários se igualam quando se trata de aposentadoria exclusivamente por idade.

(C) A Constituição confere benesse aos professores, inclusive aos do ensino médio e superior, deferindo-lhes redução de 5 (cinco anos) do tempo de contribuição.

(D) A par dos casos previstos na própria Constituição, é vedada a adoção de requisitos e critérios diferenciados para a concessão de aposentadoria aos beneficiários do regime geral de previdência social, ressalvados os casos de atividades exercidas sob condições especiais que prejudiquem a saúde ou a integridade física e

ROBINSON BARREIRINHAS E HENRIQUE SUBI

quando se tratar de segurados portadores de deficiência, nos termos definidos em lei complementar.

(E) A falta de referência, na atual Constituição, à importância de o regime de previdência preservar o equilíbrio atuarial e financeiro é um dos principais fatores do que hoje se chama de falência do sistema.

A: incorreta. A base de cálculo da gratificação natalina dos aposentados e pensionistas do RGPS é o valor do benefício em dezembro do respectivo ano (art. 201, §6º, da CF); **B:** incorreta. Mesmo na aposentadoria por idade, os requisitos são diferentes: 65 anos para o homem e 60 para a mulher, reduzidos em cinco anos para os trabalhadores rurais (art. 201, §7º, II, da CF); **C:** incorreta. Aos professores do ensino superior não é conferida a redução no tempo de contribuição para aposentadoria (art. 201, §8º, da CF); **D:** correta, nos termos do art. 201, §1º, da CF; **E:** incorreta. O princípio da manutenção do equilíbrio atuarial e financeiro está previsto expressamente no art. 201, "caput", da CF. **HS**

Gabarito "D".

(Juiz – TRF 2ª Região – 2017) Analise as assertivas e, ao final, marque a opção correta:

I. É permitida a filiação ao regime geral de previdência social, na qualidade de segurado facultativo, à pessoa participante de regime próprio de previdência.

II. Quando o óbito do segurado, casado há mais de 2 (dois) anos, ocorre depois de vertidas mais de 18 (dezoito) contribuições mensais, a pensão em favor da viúva, que conta 35 anos de idade, será devida por prazo indeterminado.

III. Nos pedidos de benefício de prestação continuada regulados pela Lei nº 8.742/93 (LOAS), para adequada valoração dos fatores ambientais, sociais, econômicos e pessoais que impactam a participação da pessoa com deficiência na sociedade é necessária a avaliação por assistente social ou outras providências aptas a revelar a efetiva condição vivida pelo requerente no meio social.

(A) Apenas as assertivas II e III estão corretas.

(B) Apenas a assertiva III está correta.

(C) Todas estão corretas.

(D) Apenas as assertivas I e II estão corretas.

(E) Apenas as assertivas I e III estão corretas.

I: incorreta. É proibida a filiação como facultativo nesse caso (art. 201, §5º, da CF); **II:** incorreta. Nesse caso, o benefício será pago por 15 anos (art. 77, §2º, V, *c*, item 4, da Lei n. 8.213/91); **III:** correta, nos termos do art. 20, §6º, da Lei 8.742/1993. **HS**

Gabarito "B".

(Juiz – TRF 3ª Região – 2016) Assinale a alternativa correta:

(A) Ao segurado que completou 35 anos de serviço, se homem, ou 30 anos, se mulher, e optou por continuar em atividade é assegurado, se mais vantajoso, o direito à aposentadoria, nas mesmas condições legais da data do cumprimento dos requisitos necessários à concessão do benefício.

(B) Deve ser dirimido pelo Tribunal Regional Federal o conflito de competência entre juízos estadual e federal, instalado na ação em que se discute benefício decorrente de acidente do trabalho.

(C) A suspensão do pagamento do benefício previdenciário concedido mediante fraude não configura ofensa

ao devido processo legal, devendo ser expedida a notificação de ciência ao segurado ou beneficiário, para conhecimento e apresentação de defesa.

(D) No âmbito da competência delegada, prevista no artigo 109, §3º, da Constituição da República, as causas de natureza previdenciária cujo valor não ultrapasse 60 (sessenta) salários mínimos serão processadas e julgadas nos juizados especiais estaduais.

A: correta, nos termos do art. 122 da Lei 8.213/1991; **B:** incorreta. A jurisprudência é assente no sentido de que a competência para julgar causas relativas a acidentes de trabalho é da Justiça Estadual (Súmula 15 do STJ); **C:** incorreta. O benefício somente pode ser suspenso **após** a notificação do beneficiário e julgamento administrativo de sua defesa, se apresentada (art. 11 da Lei 10.666/2003); **D:** incorreta. Serão processadas na Justiça Estadual somente as ações de natureza previdenciária se na comarca não estiver instalado o Juizado Especial Federal (art. 109, §3º, primeira parte, e art. 3º, §3º, da Lei nº 10.259/2001). **HS**

Gabarito "A".

(Juiz – TRF 4ª Região – 2016) Assinale a alternativa correta.

(A) O benefício Pensão por Morte no Regime Geral de Previdência Social é devido, desde a data do requerimento, ao conjunto de dependentes do segurado que falecer aposentado ou não, quando requerido até 30 (trinta) dias do óbito.

(B) O princípio da universalidade, adotado no Brasil, garante acesso à Previdência Social, independentemente de qualquer condição, a todas as pessoas residentes no país, inclusive estrangeiros.

(C) A Constituição Federal autoriza a instituição de regime de previdência privada facultativo, de caráter complementar e organizado de forma autônoma em relação ao Regime Geral da Previdência Social, regulado por lei complementar e baseado na constituição de reservas que garantam o benefício contratado.

(D) A filiação obrigatória do segurado à Previdência Social decorre do exercício de atividade remunerada e depende de ato específico de registro perante o Instituto Nacional do Seguro Social.

(E) Para fins previdenciários, no ambiente residencial em que o empregado doméstico presta serviços, podem ser exercidas atividades com ou sem fins lucrativos.

A: incorreta. O benefício será devido desde a data do requerimento se solicitado mais de 90 dias depois do óbito (art. 74, II, da Lei 8.213/1991); **B:** incorreta. A previdência social tem caráter contributivo, ou seja, é acessível somente àqueles que pagam as contribuições previdenciárias (art. 201, "caput", da CF); **C:** correta, nos termos do art. 202 da CF; **D:** incorreta. Havendo o exercício de atividade remunerada, o trabalhador deve arcar com as respectivas contribuições previdenciárias, que têm natureza tributária. Obviamente, se não se inscrever no INSS, não terá como fazê-lo. Contudo, isso não obsta seja tratado como inadimplente, ou seja, caso verificado o exercício do trabalho, será cobrado das contribuições acrescidas de correção monetária, multa e juros; **E:** incorreta. O empregado doméstico se caracteriza somente em atividades sem fins lucrativos no âmbito residencial (art. 11, II, da Lei 8.213/1991). **HS**

Gabarito "C".

13. DIREITO PREVIDENCIÁRIO — 743

(**Magistratura Federal – 2ª Região – 2011 – CESPE**) Em relação ao denominado período de graça e à comprovação de tempo de serviço/contribuição no âmbito do RGPS, assinale a opção correta.

(A) Mantém a qualidade de segurado, independentemente de contribuições, até doze meses após o licenciamento, o indivíduo incorporado às Forças Armadas para prestar serviço militar.

(B) Para fins de reconhecimento de tempo de serviço, a sentença trabalhista será admitida como início de prova material quando corroborada pelo conjunto fático-probatório dos autos, ainda que o INSS não tenha integrado a lide.

(C) Para fazer jus às vantagens garantidas em lei pelo período de graça, o segurado deve comprovar sua situação de desemprego por meio de registro em órgão do Ministério do Trabalho e Emprego.

(D) É incabível ação declaratória para o mero reconhecimento de tempo de serviço para fins previdenciários.

(E) A comprovação do tempo de serviço mediante justificação administrativa só produz efeito quando embasada em início de prova material; não se admite prova exclusivamente testemunhal, mesmo na hipótese de força maior ou caso fortuito.

A: incorreta. Nesse caso, o período de graça é de 03 meses (art. 15, V, do PBPS); **B:** correta, conforme decidido pelo STJ no AgRg no Ag 1.382.384/SP, *DJ* 19.05.2011; **C:** incorreta. O período de graça é garantido ao segurado independentemente de qualquer formalidade. O PBPS faculta, em seu art. 15, § 2º, que o trabalhador desempregado informe sua condição ao MTE para, com isso, aumentar em 12 meses seu período de graça; **D:** incorreta. A Súmula 242 do STJ afirma o cabimento da ação; **E:** incorreta. O caso fortuito e a força maior excepcionam a regra, autorizando a prova exclusivamente testemunhal (art. 55, § 3º, do PBPS). HS/RB
Gabarito "B".

(**Magistratura Federal – 3ª Região – 2011 – CESPE**) Assinale a opção correta, a respeito do RGPS.

(A) Suponha que Mário seja titular de aposentadoria concedida em 20/11/1996. Nesse caso, não há prazo para o INSS revisar de ofício a renda mensal inicial do mencionado benefício, o que pode ser feito a qualquer tempo, desde que observado o prévio contraditório.

(B) A comprovação do tempo de serviço para obtenção de benefício previdenciário exige início de prova material, sendo assim considerada a declaração prestada pelo ex-empregador, quando contemporânea aos fatos alegados.

(C) Considere que João, carregador de bagagem em porto, preste, sem vínculo empregatício, serviços a diversas empresas por intermédio do sindicato da categoria. Nessa situação, João é segurado obrigatório na condição de contribuinte individual.

(D) A dependência econômica dos pais em relação aos filhos não é presumida e deve ser comprovada com início de prova material, não sendo admitida a prova exclusivamente testemunhal, salvo na ocorrência de força maior ou caso fortuito.

(E) Conforme jurisprudência do STF, a majoração do limite máximo do valor dos benefícios previdenciários (também conhecido como teto) efetivada por emenda constitucional não tem aplicação retroativa aos benefícios concedidos com limite no teto anterior.

A: incorreta. O prazo decadencial para o INSS revisar atos de concessão de benefícios é de 10 anos, contados a partir da prática do ato, nos termos do art. 103-A do PBPS; **B:** correta, nos termos da decisão proferida pelo STJ na AR 1.808/SP, *DJ* 24.04.2006; **C:** incorreta. João, pela sua atividade, enquadra-se como trabalhador avulso (art. 9º, VI, *g*, do RPS); **D:** incorreta. No caso de comprovação de dependência econômica, em hipótese alguma é admitida a prova exclusivamente testemunhal (art. 143 do RPS); **E:** incorreta. O STF, no julgamento do RE 564.354/SE, *DJ* 08.09.2010, entendeu pela possibilidade de revisão dos benefícios previdenciários concedidos anteriormente a Emenda Constitucional que altera seu limite máximo. HS/RB
Gabarito "B".

(**Magistratura Federal – 3ª Região – 2011 – CESPE**) Acerca de segurados, benefícios e serviços do RGPS, assinale a opção correta.

(A) O salário-família é devido ao segurado empregado, exceto ao doméstico, e ao segurado trabalhador avulso, na proporção do número de filhos e independentemente da renda do segurado.

(B) Suponha que José, segurado facultativo, tenha recolhido sua última contribuição previdenciária em janeiro de 2011 e falecido em 17/9/2011. Nesse caso, José perdera a qualidade de segurado antes da data do óbito.

(C) A renda mensal inicial do auxílio-doença é de 91% do salário de benefício, que corresponde à média aritmética simples dos maiores salários de contribuição relativos a 80% de todo o período contributivo, multiplicada pelo fator previdenciário.

(D) O serviço social, que compreende a orientação aos segurados e dependentes sobre seus direitos e deveres perante a previdência social, é prestado de forma gratuita e sem prioridade a qualquer beneficiário.

(E) Todas as empresas estão obrigadas a preencher um percentual de seus cargos com trabalhadores reabilitados e só podem dispensar um trabalhador reabilitado após a contratação de substituto de condição semelhante.

A: incorreta. O salário-família é benefício previdenciário previsto somente para os trabalhadores de baixa renda, assim entendidos aqueles que recebem valor até o limite estabelecido no art. 66 do PBPS, devidamente atualizados anualmente por meio de portaria do Ministério da Previdência e Assistência Social; **B:** correta. Como o período de graça do segurado facultativo é de 06 meses (art. 15, VI, do PBPS) José perdera a qualidade de segurado em 16.07.2011 (conforme art. 15, § 4º, do PBPS); **C:** incorreta. O fator previdenciário não incide no cálculo do salário de benefício do auxílio-doença (art. 29, II, do PBPS); **D:** incorreta. Será dada prioridade aos segurados em benefício por incapacidade temporária e atenção especial aos aposentados e pensionistas (art. 88, § 1º, do PBPS); **E:** incorreta. A obrigação existe somente para as empresas com mais de 100 empregados (art. 93 do PBPS). HS/RB
Gabarito "B".

(Magistratura Federal – 3ª Região – 2011 – CESPE) Assinale a opção correta no que se refere a benefícios do RGPS e contribuições sociais.

(A) O adicional noturno e o referente à prestação de horas extras pagos habitualmente pelo empregador ao empregado têm natureza indenizatória e, por isso, não sofrem incidência de contribuição previdenciária.

(B) Consoante jurisprudência do STF, compete à justiça estadual processar e julgar as ações em que se pleiteie a acumulação de aposentadoria por tempo de contribuição com auxílio-acidente decorrente de acidente de trabalho.

(C) Consoante jurisprudência do STJ, compete à justiça federal processar e julgar as ações em que se pleiteie pensão por morte decorrente de falecimento do segurado em razão de acidente de trabalho.

(D) A renda mensal referente ao auxílio-acidente concedido em virtude de moléstia surgida em 2005 não integra o salário de contribuição para efeito de cálculo do salário de benefício da aposentadoria por idade requerida em 2011.

(E) Incide contribuição previdenciária sobre a remuneração paga pelo empregador ao empregado durante os primeiros quinze dias de afastamento em virtude de incapacidade para o trabalho.

A: incorreta. Tais verbas integram o salário de contribuição, porque são consideradas como remuneração (art. 28 do PBPS); **B:** incorreta. O STF, nessa hipótese, reconhece a competência da Justiça Federal para julgar o feito (RE 461.005/SP, *DJ* 08.04.2008); **C:** correta. Essa posição consolidada do STJ pode ser encontrada, por exemplo, no AgRg no CC 113.675/SP, *DJ* 12.12.2012; **D:** incorreta. O art. 31 do PBPS determina que o auxílio-acidente integra o cálculo do salário de benefício de qualquer aposentadoria; **E:** incorreta. A jurisprudência do STJ afasta a incidência da contribuição previdenciária nessa hipótese, sob o fundamento de que a verba não tem natureza salarial (REsp 786.250/RS, *DJ* 06.03.2006). HS/RB
Gabarito "C".

(Magistratura Federal – 3ª Região – 2011 – CESPE) Acerca dos regimes especiais, assinale a opção correta.

(A) A reparação econômica em prestação mensal, devida ao anistiado político no valor igual ao da remuneração que receberia se estivesse na ativa, não é isenta de contribuição previdenciária nem pode ser acumulada com outros benefícios de natureza previdenciária.

(B) Somente o ferroviário admitido na Rede Ferroviária Federal S.A. pelo regime estatutário e que não tenha feito a opção pelo regime celetista tem direito à complementação de aposentadoria para equiparar os proventos da inatividade com a remuneração que receberia se em atividade estivesse.

(C) A pensão especial aos portadores da síndrome da talidomida, cujo valor é calculado com base nos pontos indicadores da natureza e no grau da dependência resultante da deformidade física, não pode ser reduzida em razão da aquisição de capacidade laborativa ocorrida após a sua concessão.

(D) O direito de reversão da pensão de ex-combatente da Segunda Guerra Mundial para a filha mulher, em razão do falecimento da própria mãe, que recebia a pensão especial, é regulado pelas normas em vigor na data do óbito da genitora.

(E) Os seringueiros que contribuíram na produção da borracha durante a Segunda Guerra Mundial, conhecidos como "soldados da borracha", têm direito à pensão mensal vitalícia no valor de dois salários-mínimos, intransferível aos dependentes.

A: incorreta. A reparação econômica do anistiado político é isenta de contribuição ao INSS e não há qualquer vedação à sua cumulação com qualquer benefício previdenciário (art. 9º da Lei 10.559/2002); **B:** incorreta. A complementação é devida também aos ferroviários que optaram pelo regime celetista (art. 3º da Lei 8.186/1991); **C:** correta, nos termos dos arts. 1º, § 1º, e 3º, § 1º, da Lei 7.070/1982; **D:** incorreta. É vedada a transferência da pensão especial de um dependente para outro (art. 14, parágrafo único, da Lei 8.059/1990); **E:** incorreta. O benefício é transferível aos dependentes reconhecidamente carentes (art. 54, § 2º, do Ato das Disposições Constitucionais Transitórias). HS/RB
Gabarito "C".

(Magistratura Federal-5ª Região – 2011) A respeito da saúde, da assistência social, da manutenção e da perda da qualidade de segurado da previdência social, assinale a opção correta.

(A) De acordo com a jurisprudência do STJ, no que se refere à tarifação legal de provas, o registro no Ministério do Trabalho e Emprego deve servir como o único meio de prova da condição de desempregado do segurado, o que representa exceção à prevalência do livre convencimento motivado do juiz.

(B) O trabalhador que, em razão de estar incapacitado para o trabalho, deixar de contribuir para a previdência social por mais de doze meses consecutivos perderá a qualidade de segurado, pois incapacidade não é hipótese legalmente prevista para a manutenção da qualidade de segurado do trabalhador que deixe de exercer atividade remunerada.

(C) Em razão da essencialidade do direito à saúde, o Estado não pode afastar-se do mandato, juridicamente vinculante, que lhe foi outorgado pela CF, embora as opções do poder público, tratando-se de proteção à saúde, possam ser exercidas com apoio em juízo de conveniência ou de oportunidade, razão pela qual é indevida a intromissão do Poder Judiciário quando atue positivamente para garantir direito dessa natureza.

(D) Segundo a jurisprudência consolidada do STJ, a substituição de um medicamento por outro para tratar a mesma doença constituirá novo pedido, já que o objeto imediato será alterado, devendo a parte ajuizar nova medida caso necessite de novos medicamentos no curso da ação judicial inicialmente promovida para o fornecimento de fármaco que se tenha revelado ineficaz.

(E) As ações governamentais na área da assistência social caracterizam-se pela descentralização político-administrativa, cabendo a coordenação e a edição de normas gerais à esfera federal e a coordenação e a execução dos respectivos programas às esferas esta-

13. DIREITO PREVIDENCIÁRIO

dual e municipal bem como a entidades beneficentes e de assistência social.

A: incorreta, pois o STJ admite outros meios de prova, para demonstração da situação de desemprego – ver AgRg no AREsp 23.439/PR; **B:** incorreta, pois a incapacidade para o trabalho dá ensejo ao auxílio-doença (art. 59 do PBPS), sendo que, durante a percepção do benefício, fica mantida a condição de segurado, ainda que sem recolhimento de contribuições – art. 15, I, do PBPS; **C:** incorreta à luz da jurisprudência pacífica, que admite o acesso ao judiciário para que o cidadão tenha garantido o fornecimento de medicamentos ou serviços de saúde, por exemplo; **D:** incorreta, pois a alteração do medicamento utilizado pelo autor e indicado na petição inicial, durante o curso do tratamento médico, não prejudica a ação judicial, pois não implica modificação do pedido – art. 264 do CPC, ver AgRg no REsp 1.222.387/RS; **E:** essa é a assertiva correta, pois reflete o disposto no art. 11 da Lei Orgânica da Assistência Social – LOAS (Lei 8.742/1993). **HS/RB**

Gabarito "E".

(Magistratura Federal-5ª Região – 2011) Em relação aos institutos de direito previdenciário, assinale a opção correta.

(A) Não há inconstitucionalidade formal ou material em lei ordinária que vincule a simples condição de sócio à obrigação de responder solidariamente pelos débitos da sociedade limitada perante a seguridade social, visto que tal matéria não se inclui entre as normas gerais de direito tributário; além disso, unificar os patrimônios das pessoas jurídica e física, nesse caso, não compromete a garantia constitucional da livre-iniciativa.

(B) A justiça comum estadual não tem competência para processar e julgar ação de justificação judicial para habilitação de benefício previdenciário, mesmo na hipótese de o domicílio do justificante não ser sede de vara federal, uma vez que se trata de competência indelegável dos juízes federais.

(C) É possível a aplicação imediata de novo teto previdenciário fixado por emenda constitucional aos benefícios pagos com base em limitador anterior, considerados os salários de contribuição utilizados para os cálculos iniciais, pois não se trata de majoração do valor do benefício sem a correspondente fonte de custeio, mas apenas da declaração do direito de o segurado ter a sua renda mensal de benefício calculada com base em limitador mais alto.

(D) de dez contribuições mensais o período de carência exigido para a concessão de salário-maternidade à empregada doméstica; à segurada da previdência social que adotar criança até um ano de idade será devido esse benefício por cento e vinte dias, àquela que adotar criança com idade entre um e quatro anos, por sessenta dias, e àquela que adotar criança com idade entre quatro a oito anos, por trinta dias.

(E) No que se refere à concessão de benefícios, a legislação previdenciária deve ser interpretada de forma restrita, razão pela qual não é possível o reconhecimento do exercício de atividade especial em data anterior à legislação que a teria incluído no mundo jurídico, o que representaria a possibilidade de aplicação retroativa de lei nova, em violação ao princípio *tempus regit actum*.

A: incorreta. O STF reconheceu que não se pode "criar novos casos de responsabilidade tributária sem a observância dos requisitos exigidos pelo art. 128 do CTN, tampouco a desconsiderar as regras matrizes de responsabilidade de terceiros estabelecidas em caráter geral pelos arts. 134 e 135 do mesmo diploma" – RE 562.276/PR. Com isso, a Suprema Corte declarou a inconstitucionalidade do art. 13 da Lei 8.620/1993, que previa responsabilidade solidária dos sócios pelos débitos previdenciários da sociedade limitada por conta do simples inadimplemento (sem que houvesse violação da lei ou dos estatutos sociais, conforme previsto no art. 135 do CTN); **B:** incorreta, pois o ajuizamento de demanda previdenciária pode se dar na justiça estadual, caso a comarca do domicílio do segurado não seja sede de vara do juízo federal – art. 109, § 3º, da CF; **C:** essa é a assertiva correta, pois o STF decidiu que "Não ofende o ato jurídico perfeito a aplicação imediata do art. 14 da Emenda Constitucional nº 20/1998 e do art. 5º da Emenda Constitucional nº 41/2003 aos benefícios previdenciários limitados a teto do regime geral de previdência estabelecido antes da vigência dessas normas, de modo a que passem a observar o novo teto constitucional" Repercussão Geral no RE 564.354/SE; **D:** incorreta, pois não há carência no caso de salário-maternidade para seguradas empregada, trabalhadora avulsa e empregada doméstica – art. 26, VI, do PBPS. No mais, quanto ao benefício em caso de adoção, a assertiva é correta – art. 71-A do PBPS; **E:** incorreta, pois o STJ tem jurisprudência pacífica pelo reconhecimento de atividade especial anterior à Lei 3.807/1960, para fins de concessão de aposentadoria – ver AgRg no REsp 1.008.380/RS. **HS/RB**

Gabarito "C".

14. DIREITO DA CRIANÇA E DO ADOLESCENTE

Wander Garcia, Eduardo Dompieri, Vanessa Tonolli Trigueiros e Roberta Densa

1. CONCEITOS BÁSICOS E PRINCÍPIOS

(Magistratura/RO – 2011 – PUCPR) Sobre os direitos da criança previstos no Estatuto da Criança e do Adolescente, analise as proposições a seguir:

I. É dever da família, da comunidade, da sociedade em geral e do poder público assegurar, com absoluta prioridade, a efetivação dos direitos referentes à vida, à saúde, à alimentação, à educação, ao esporte, ao lazer, à profissionalização, à cultura, à dignidade, ao respeito, à liberdade e à convivência familiar e comunitária.

II. A garantia de prioridade compreende: a) primazia de receber proteção e socorro em quaisquer circunstâncias; b) precedência de atendimento nos serviços públicos ou de relevância pública; c) preferência na formulação e na execução das políticas sociais públicas; d) destinação privilegiada de recursos públicos nas áreas relacionadas com a proteção à infância e à juventude.

III. A criança e o adolescente gozam de todos os direitos fundamentais inerentes à pessoa humana, sem prejuízo da proteção integral de que trata o Estatuto da Criança e do Adolescente, assegurando-lhes todas as oportunidades e facilidades para lhes facultar o desenvolvimento físico, mental, moral, espiritual e social.

IV. Considera-se criança, para os efeitos do Estatuto da Criança e do Adolescente, a pessoa até dez anos de idade incompletos, e adolescente aquela entre dez e dezoito anos de idade.

V. O Estatuto da Criança e do Adolescente, nos casos expressos em lei, aplica-se excepcionalmente às pessoas entre dezoito e vinte e um anos de idade.

Estão CORRETAS:

(A) Apenas as proposições I, II e IV.

(B) Apenas as proposições I, III, IV e V.

(C) Apenas as proposições I, II, III e V.

(D) Apenas as proposições I, II, III e IV.

(E) Todas as proposições.

I: assertiva correta, pois corresponde ao que estabelece o art. 4º, *caput*, do ECA; II: proposição correta, visto que de acordo com o que preceitua o art. 4º, parágrafo único, do ECA; III: assertiva correta, visto que em consonância com o que prescreve o art. 3º do ECA; IV: proposição incorreta, pois, em conformidade com o que estabelece o art. 2º, *caput*, do ECA, considera-se criança a pessoa até doze anos de idade incompletos; V: correta, nos termos do art. 2º, parágrafo único, do ECA. ED/WG

Gabarito "C".

2. DIREITOS FUNDAMENTAIS

2.1. DIREITO À VIDA E À SAÚDE

(Juiz – TJ-SC – FCC – 2017) Segundo a Portaria nº 1.082/2014, do Ministério da Saúde, a qual dispõe sobre as diretrizes da Política Nacional de Atenção Integral à Saúde de Adolescentes em Conflito com a Lei, é correto afirmar que:

(A) os projetos terapêuticos singulares elaborados pela área de saúde devem se articular com os planos individuais de atendimento previstos no SINASE – Sistema Nacional Socioeducativo.

(B) deverá haver a priorização das ações de promoção da saúde, vedando-se aos adolescentes, entretanto, a política da redução de danos provocados pelo consumo de álcool e outras drogas.

(C) propõe a assunção do atendimento da saúde dos adolescentes privados de liberdade por equipes da unidade socioeducativa, partindo para a intersetorialização de serviços assim que alcançada a liberdade.

(D) a implementação da atenção integral à saúde dos adolescentes privados de liberdade ocorrerá com a participação do Estado e da União, excluída a responsabilidade dos municípios por não lhes caber a manutenção de programas de internação e semiliberdade.

(E) o cuidado de saúde bucal será viabilizado na Atenção Especializada da Rede de Atenção à Saúde.

A: correta (art. 7º, III, da Portaria 1.082/2014, do Ministério da Saúde); B: incorreta (art. 7º, VI, da Portaria 1.082/2014, do Ministério da Saúde); C: incorreta (art. 7º, II, da Portaria 1.082/2014, do Ministério da Saúde); D: incorreta (art. 14 da Portaria 1.082/2014, do Ministério da Saúde); E: incorreta (art. 10, I, *e*, da Portaria 1.082/2014, do Ministério da Saúde). ED

Gabarito "A".

(Juiz de Direito – TJM/SP – VUNESP – 2016) Nos termos preconizados pela Lei 8.069, de 13 de julho de 1990, a criança e o adolescente têm direito à liberdade, ao respeito e à dignidade como pessoas humanas em processo de desen-

---

WG questões comentadas por: **Wander Garcia**

ED questões comentadas por: **Eduardo Dompieri**

VT questões comentadas por: **Vanessa Tonolli Trigueiros**

RD questões comentadas por: **Roberta Densa**

volvimento e como sujeitos de direitos civis, humanos e sociais garantidos na Constituição e nas leis. E, ainda, estabelece que o direito ao respeito consiste

(A) em buscar refúgio, auxílio e orientação, bem como crença e culto religioso.

(B) na inviolabilidade da integridade física, psíquica e moral da criança e do adolescente.

(C) na participação da vida política, na forma da lei, como também da vida familiar e comunitária, sem discriminação.

(D) em ir, vir e estar nos logradouros públicos e espaços comunitários, ressalvadas as restrições legais.

(E) em ser criado e educado no seio de sua família e, excepcionalmente, em família substituta.

A: incorreta. O direito à liberdade compreende a busca de refúgio, auxílio e orientação (art. 16, VII do ECA). **B:** correta. O direito ao respeito consiste na inviolabilidade da integridade física, psíquica e moral da criança e do adolescente, abrangendo a preservação da imagem, da identidade, da autonomia, dos valores, ideias e crenças, dos espaços e objetos pessoais (art. 17 do ECA). **C:** incorreta. O direito à liberdade compreende a participação na vida política, na forma da lei, familiar e comunitária, sem discriminação (art. 16, V e VI, do ECA). **D:** incorreta. O direito à liberdade compreende ir, vir e estar nos logradouros públicos e espaços comunitários, ressalvadas as restrições legais (art. 16, I do ECA). **E:** incorreta. O direito a ser criado e educado no seio de sua família e, excepcionalmente em família substituta compreende o direito fundamental de convivência familiar e comunitária (art. 19 do ECA). **RD**
Gabarito "B".

(Magistratura/PE - 2013 - FCC) Os hospitais e demais estabelecimentos de atenção à saúde de gestantes, públicos e particulares, são obrigados a

(A) prestar orientação ao pais do recém-nascido, quanto à terapêutica de anormalidades no metabolismo, mas não são obrigados a proceder a exames visando ao diagnóstico, cuja realização é atribuição exclusiva de laboratórios públicos.

(B) manter o registro das atividades desenvolvidas, através de prontuários individuais, pelo prazo mínimo de cinco e máximo de dez anos.

(C) identificar o recém-nascido mediante o registro de sua impressão plantar e digital e impressão digital da mãe.

(D) fornecer declaração de nascimento, desde que não constem as intercorrências do parto e do desenvolvimento do neonato.

(E) manter alojamento conjunto, possibilitando ao neonato a permanência junto aos pais.

A: incorreta, pois os hospitais devem proceder a exames visando ao diagnóstico e terapêutica de anormalidades no metabolismo do recém-nascido, além de prestar orientação aos pais (art. 10, III, do ECA); **B:** incorreta, pois os hospitais devem manter registro das atividades desenvolvidas, por meio de prontuários individuais, pelo prazo de dezoito anos (art. 10, I, do ECA); **C:** correta (art. 10, II, do ECA); **D:** incorreta, pois os hospitais devem fornecer declaração de nascimento onde constem necessariamente as intercorrências do parto e do desenvolvimento do neonato (art. 10, IV, do ECA); **E:** incorreta, pois os hospitais devem manter alojamento conjunto, possibilitando ao neonato a permanência junto à mãe (art. 10, V, do ECA). **VT**
Gabarito "C".

2.2. DIREITO À CONVIVÊNCIA FAMILIAR E COMUNITÁRIA

(Juiz – TJ-SC – FCC – 2017) Segundo o Estatuto da Criança e do Adolescente, são regras que devem ser observadas para a concessão da guarda, tutela ou adoção,

(A) o consentimento do adolescente, colhido em audiência, exceto para a guarda.

(B) a opinião da criança que, sempre que possível, deve ser colhida por equipe interprofissional e considerada pela autoridade judiciária competente.

(C) a prevalência das melhores condições financeiras para os cuidados com a criança ou adolescente.

(D) a prioridade da tutela em favor de família extensa quando ainda coexistir o poder familiar.

A: incorreta, uma vez que a inserção do maior de doze anos em família substituta, aqui incluída a *guarda*, depende do seu consentimento, a ser colhido em audiência, tal como estabelece o art. 28, § 2º, do ECA. É importante que se diga que esta regra, segundo defendem alguns doutrinadores, e nosso ver com razão, deve ser relativizada, dado que o adolescente com doze anos ou um pouco mais não tem a exata noção do que lhe é mais benéfico, mais favorável, ou seja, o que melhor atende ao seu interesse, que é aquilo que, de fato, deve ser levado em conta quando da colocação do jovem em família substituta. Enfim, há um sem número de situações possíveis, que impõem ao magistrado a análise do caso concreto levando-se em consideração, dessa forma, as suas especificidades. O erro da assertiva está em excepcionar a *guarda*; **B:** correta, pois corresponde ao que estabelece o art. 28, § 1º, do ECA; **C:** incorreta. Do art. 28, § 3º, do ECA é possível inferir que deve ser levada em conta, como fator preponderante, quando da colocação do jovem em família substituta, a relação de afinidade e afetividade existente entre os envolvidos. O objetivo, aqui, é minorar as consequências decorrentes da medida; **D:** incorreta. A tutela *constitui forma de colocação da criança ou do adolescente em família substituta que pressupõe a perda ou a suspensão do poder familiar* (art. 36, parágrafo único, do ECA). Assim, ao contrário da guarda, a tutela é incompatível com o poder familiar. **ED**
Gabarito "B".

(Juiz – TJ/MS – VUNESP – 2015) O menor J, de 7 (sete) anos de idade, filho de MISAEL e JUSTINA, o primeiro condenado, definitivamente, em ação penal por tráfico de entorpecentes, no qual a segunda, foragida, se marcou revel, foi encontrado abandonado e em péssimas condições de higiene e saúde. Constatada situação de risco, após internação hospitalar, o Ministério Público deu início a procedimento para perda do poder familiar, instruído com documentos fornecidos pela avó materna do menor, pessoa idônea. Formulado pedido liminar de suspensão do poder familiar, a Juíza de Direito da Vara de Infância e Juventude, nos termos do Estatuto da Criança e do Adolescente,

(A) decretou, liminarmente, a suspensão do poder familiar, até julgamento definitivo da causa, ficando J confiado à avó materna, pessoa idônea, mediante termo de responsabilidade, reconhecido o motivo grave.

(B) indeferiu a liminar de suspensão do poder familiar, anotando a imprescindibilidade de prévia oitiva dos requeridos, MISAEL e JUSTINA, bem como a citação pessoal de ambos.

14. DIREITO DA CRIANÇA E DO ADOLESCENTE   749

(C) indeferiu, liminarmente, a petição inicial, após pronunciamento da ilegitimidade ativa *ad causam* do Ministério Público, anotada a impossibilidade de emenda.

(D) determinou a emenda da petição inicial, para ingresso da avó materna no polo ativo, no prazo de dez dias, sob pena de indeferimento, anotada a atuação do Ministério Público como custos legis.

(E) indeferiu o pedido liminar de suspensão do poder familiar e determinou a expedição de ofício ao hospital para previsão de alta, considerando a obrigatoriedade da oitiva do menor, a ser realizada com respeito ao seu estágio de desenvolvimento e grau de compreensão sobre as implicações da medida.

A: correta. Havendo motivo grave, poderá a autoridade judiciária, ouvido o Ministério Público, decretar a suspensão do poder familiar, liminar ou incidentalmente, até o julgamento definitivo da causa, ficando a criança ou adolescente confiado a pessoa idônea, mediante termo de responsabilidade (art. 157 do ECA). **B:** incorreta. Vide justificativa da alternativa "A". **C:** incorreta. Vide justificativa da alternativa "A". **D:** incorreta. O procedimento para a perda ou a suspensão do poder familiar terá início por provocação do Ministério Público ou de quem tenha legítimo interesse (art. 155 do ECA). **E:** incorreta. A colocação em família substituta pressupõe a oitiva da criança e do adolescente (e o consentimento do adolescente). No entanto, tendo em vista a urgência da medida, a liminar pode ser deferida para posterior oitiva da criança (art. 157 do ECA). **RD**

Gabarito "A".

(Juiz – TJ/SP – VUNESP – 2015) Tendo como base o Estatuto da Criança e do Adolescente, assinale a alternativa correta sobre as medidas da Adoção e do Estágio de Convivência.

(A) O adolescente pode ser ouvido judicialmente apenas para a apuração de seu interesse em cumprir o estágio de convivência.

(B) A simples guarda de fato não autoriza, por si só, a dispensa da realização do estágio de convivência.

(C) O estágio de convivência nunca poderá ser dispensado ainda que o adotando já esteja sob a tutela ou guarda legal do adotante.

(D) Nos casos envolvendo adoção por pessoa ou casal domiciliado fora do País, o estágio de convivência deverá ser cumprido por no mínimo 90 dias.

A: incorreta. Para a colocação da em família substituta, criança e o adolescente serão ouvidos por equipe interdisciplinar, respeitado seu estágio de desenvolvimento e grau de compreensão sobre as implicações da medida, e terá sua opinião devidamente considerada (art. 28, § 1º). Por outro lado, o adolescente deverá consentir com a medida (art. 28, § 2º e art. 45, § 2º, do ECA). **B:** correta. A simples guarda de fato não autoriza, por si só, a dispensa da realização do estágio de convivência (art. 46, § 2º, do ECA). **C:** incorreta. O estágio de convivência poderá ser dispensado se o adotando já estiver sob a tutela ou guarda legal do adotante durante tempo suficiente para que seja possível avaliar a conveniência da constituição do vínculo (art. 46, § 1º, do ECA). **D:** incorreta. Em caso de adoção por pessoa ou casal residente ou domiciliado fora do País, o estágio de convivência, cumprido no território nacional, será de, no mínimo, 30 (trinta) dias (art. 46, § 3º, do ECA). **RD**

Gabarito "B".

(Juiz – TJ/MS – VUNESP – 2015) A colocação em família substituta, nos termos dos artigos 28 e seguintes do Estatuto da Criança e do Adolescente, far-se-á

(A) a partir da impossibilidade permanente – e não momentânea –, de a criança ou o adolescente permanecer junto à sua família natural e mediante três formas: guarda, tutela e adoção.

(B) mediante comprovação de nacionalidade brasileira do requerente.

(C) mediante apreciação, em grau crescente de importância, de condições sociais e financeiras da família substituta e do grau de parentesco e da relação de afinidade e afetividade de seus integrantes.

(D) após realização de perícia por equipe multidisciplinar, que emitirá laudo com atenção ao estágio de desenvolvimento da criança e do adolescente e mediante seu consentimento sobre a medida, que condicionará a decisão do juiz.

(E) mediante o consentimento de maior de 12 (doze) anos de idade, colhido em audiência.

A: incorreta. Três são as formas de colocação em família substituta: guarda, tutela e adoção. A guarda tem por principal característica a provisoriedade (momentânea, portanto), sendo que a tutela será exercida pelo tutor pelo prazo de 2 (dois) anos. Em ambos os casos (tutela ou guarda) é possível, e recomendado pelo ECA (art. 19, § 3º), que a criança e o adolescente retornem para a sua família natural sempre que possível. **B:** incorreta. A inserção em família substituta estrangeira é expressamente admitida pelo ECA na modalidade de adoção. Ademais, a adoção internacional não é a adoção de estrangeiro, mas sim "aquela na qual a pessoa ou casal postulante é residente ou domiciliado fora do Brasil, conforme previsto no Artigo 2 da Convenção de Haia, de 29 de maio de 1993, relativa à Proteção das Crianças e à Cooperação em Matéria de Adoção Internacional, aprovada pelo Decreto Legislativo n. 1, de 14 de janeiro de 1999" (art. 51 do ECA). **C:** incorreta. Na apreciação do pedido levar-se-á em conta o grau de parentesco e a relação de afinidade ou de afetividade, a fim de evitar ou minorar as consequências decorrentes da medida (art. 28, § 3º). **D:** incorreta. "A colocação da criança ou adolescente em família substituta será precedida de sua preparação gradativa e acompanhamento posterior, realizados pela equipe interprofissional a serviço da Justiça da Infância e da Juventude, preferencialmente com o apoio dos técnicos responsáveis pela execução da política municipal de garantia do direito à convivência familiar" (art. 28, § 5º). **E:** correta. "Tratando-se de maior de 12 (doze) anos de idade, será necessário seu consentimento, colhido em audiência" (art. 28, § 2º). **RD**

Gabarito "E".

(Juiz – TJ/SP – VUNESP – 2015) A condenação criminal de um pai ou de uma mãe, para efeitos relativos aos cuidados e guarda da criança ou adolescente,

(A) obriga o Estado a garantir as visitas da criança em local monitorado por equipe interdisciplinar das Varas da Infância e Juventude ou da Família.

(B) não implica a destituição do poder familiar, exceto na hipótese de condenação por crime doloso, sujeito à pena de reclusão, contra o próprio filho ou filha.

(C) impõe a imediata destituição do poder familiar e o encaminhamento do filho ou da filha para família substituta ou acolhimento institucional.

(D) implica sempre a suspensão e a posterior destituição do poder familiar independentemente do crime cometido.

A: incorreta. Será garantida a convivência da criança e do adolescente com a mãe ou o pai privado de liberdade, por meio de visitas periódicas promovidas pelo responsável ou, nas hipóteses de acolhimento institucional, pela entidade responsável, independentemente de autorização judicial (art. 19, § 4º). **B:** correta. A condenação criminal do pai ou da mãe não implicará a destituição do poder familiar, exceto na hipótese de condenação por crime doloso, sujeito à pena de reclusão, contra o próprio filho ou filha (art. 23, § 2º, do ECA). **C:** incorreta. Vide justificativa da alternativa "B". **D:** incorreta. Os casos de perda e suspensão de poder familiar são definidos pelos arts. 1.638 e 1.637 do Código Civil. Vide também a justificativa da alternativa "B". **RD**

Gabarito "B".

(Juiz – TJ/RJ – VUNESP – 2016) Após o falecimento de seus pais, M., menina de 7 (sete) anos de idade, permaneceu sob guarda legal do casal José e Clemence, vizinhos de longa data, mostrando-se plenamente ajustada ao lar familiar, estável. Ajuizada a ação de adoção, por José e Clemence, manifestou-se o Ministério Público, e a Juíza de Direito da Vara da Infância e da Juventude, nos termos dos artigos 39 e seguintes do Estatuto da Criança e do Adolescente, acertadamente:

(A) determinou a expedição de editais de intimação de parentes próximos com os quais a menina M. convivia, visando o preferencial encontro de forma legal de arranjo familiar, consubstanciada na família extensa ou ampliada, para recomposição dos laços da família natural.

(B) determinou o encaminhamento dos requerentes e da menina M. à equipe interdisciplinar para avaliar a fixação de laços de afinidade e afetividade, pelo lapso de tempo de convivência e ausência de má-fé na formação da família substituta.

(C) extinguiu o feito, sem resolução de mérito, após indeferimento da petição inicial, pela ausência de documento indispensável à propositura da ação, consubstanciado na comprovação prévia de inscrição dos requerentes em cadastros estaduais e nacional de pessoas ou casais habilitados à adoção.

(D) determinou a busca e a apreensão da menina M. para abrigamento e a sua inscrição, no prazo de 48 horas, em cadastros estaduais e nacional de crianças e adolescentes em condições de serem adotados.

(E) extinguiu o feito, com resolução de mérito, pronunciando a procedência da ação de adoção, porque desnecessários: a) o estágio de convivência pela afirmação de ajustamento da menor a família substituta, porque incontroverso, e b) o consentimento tácito dos pais, falecidos.

A: incorreta. A família extensa tem preferência na colocação em família substituta nos termos do § 3º do art. 28 e do art. 25, parágrafo único, do ECA. No entanto, no caso em tela, a família extensa não terá prioridade justamente por não demonstrar a afetividade e afinidade com a criança. De todo o modo, a petição inicial de adoção deve constar o nome dos parentes da criança para eventual análise da afetividade (art. 165 do ECA). **B:** correta. Tendo em vista que os vizinhos têm a guarda legal da criança, eles não precisariam estar previamente inscritos no cadastro nacional de adoção. A permissão é dada pelo art. 50, § 13, do ECA: "Somente poderá ser deferida adoção em favor de candidato domiciliado no Brasil não cadastrado previamente nos termos desta Lei quando: I – se tratar de pedido de adoção unilateral; II – for formulada por parente com o qual a criança ou adolescente mantenha vínculos de afinidade e afetividade; III – oriundo o pedido de quem detém a tutela ou guarda legal de criança maior de 3 (três) anos ou adolescente, desde que o lapso de tempo de convivência comprove a fixação de laços de afinidade e afetividade, e não seja constatada a ocorrência de má-fé ou qualquer das situações previstas nos arts. 237 ou 238 desta Lei". Mesmo não havendo prévia inscrição, os candidatos deverão comprovar, no curso do procedimento, que preenchem os requisitos necessário à adoção (art. 50, § 14). **C:** incorreta. Vide comentário da alternativa "B". **D:** incorreta. Vide comentário da alternativa "B". Estando a criança sob guarda legal e havendo afinidade e afetividade com os pretendentes, tudo em nome do princípio do melhor interesse do menor. **E:** incorreta. A adoção será precedida de estágio de convivência com a criança ou adolescente, pelo prazo que a autoridade determinar, podendo ser dispensado se a o adotando já estiver sob a tutela ou guarda legal do adotante por tempo suficiente para que seja possível avaliar a convivência da constituição do vínculo (art. 46, § 1º, do ECA). Por outro lado, o consentimento dos pais se faz necessário apenas quando os pais estiverem vivos: "se os pais forem falecidos, tiverem sido destituídos ou suspensos do poder familiar, ou houverem aderido expressamente ao pedido de colocação em família substituta, este poderá ser formulado diretamente em cartório, em petição assinada pelos próprios requerentes, dispensada a assistência de advogado" (art. 166, do ECA). **RD**

Gabarito "B".

(Magistratura/PE - 2013 - FCC) A colocação em família substituta estrangeira

(A) constitui medida excepcional, somente admissível na modalidade de adoção.

(B) é absolutamente vedada.

(C) constitui medida excepcional, somente admissível nas modalidades de guarda e de tutela.

(D) é admitida em todas as modalidades, desde que autorizadas pelo juiz competente.

(E) não encontra qualquer restrição, se houver vínculo de parentesco até o quarto grau com o menor, independentemente de vínculos de afinidade e afetividade. (VT)

A alternativa "A" está correta, pois está de acordo com o disposto no art. 31 do ECA, ficando excluídas as demais. **ED/WG**

Gabarito "A".

(Magistratura/PR – 2013 – UFPR) É correto afirmar que o consentimento dos pais biológicos, dado sob a forma de renúncia ao poder familiar, no procedimento de adoção,

(A) é irretratável.

(B) é retratável até a sua ratificação em juízo.

(C) é retratável até o trânsito em julgado em sentença que o homologar.

(D) é retratável até a publicação da sentença que deferir a adoção.

A alternativa "D" está correta, pois reflete o disposto no art. 166, § 5º, do ECA, ficando excluídas as demais. **VT**

Gabarito "D".

14. DIREITO DA CRIANÇA E DO ADOLESCENTE 751

(Magistratura/RJ – 2013 – VUNESP) Conforme o Estatuto da Criança e do Adolescente, em se tratando de adoção, é correto afirmar que

(A) a formulação dos pedidos de adoção é feita perante a Autoridade Central Estadual, conforme indicação efetuada pelo Juízo da Infância e da Juventude.

(B) o vínculo da adoção constitui-se por sentença judicial, a qual será averbada no registro original do adotado, sendo vedada a lavratura de novo registro do adotado.

(C) o adotante deverá ser maior de dezoito anos, salvo se for casado ou convivente em união estável.

(D) não se permitirá a saída do adotando do território nacional para cumprimento de estágio de convivência.

A: incorreta, pois compete à Autoridade Central Estadual zelar pela manutenção e correta alimentação dos cadastros, com posterior comunicação à Autoridade Central Federal Brasileira (art. 50, § 9º, do ECA). Por sua vez, a formulação dos pedidos de adoção deverá ser feita perante a Vara da Infância e Juventude, já que a adoção somente se constitui por sentença judicial (art. 148, III, do ECA); **B:** incorreta, pois, conquanto o vínculo da adoção de fato se constitua por sentença, o mandado judicial cancelará o registro original do adotado, sendo lavrado novo registro (art. 47, §§ 1º e 2º, do ECA); **C:** incorreta, pois somente poderá adotar os maiores de 18 (dezoito) anos, independentemente do estado civil (art. 42, *caput*, do ECA); **D:** correta, pois em caso de adoção internacional – por pessoa ou casal residente ou domiciliado fora do País –, o estágio de convivência será cumprido no *território nacional*, tendo o prazo mínimo de 30 (trinta) dias, nos termos do art. 46, § 3º, do ECA. **VT**
Gabarito "D".

(Magistratura/PI – 2011 – CESPE) No que diz respeito à colocação do menor em família substituta, assinale a opção correta.

(A) Tanto a adoção quanto a tutela visam suprir a carência de representação legal.

(B) Um dos principais efeitos da destituição da tutela é o de a remoção do tutor extinguir por inteiro seu vínculo pessoal e jurídico com o pupilo, incluindo-se a responsabilidade de ordem patrimonial.

(C) A tutela de pessoa maior de dezoito anos de idade será deferida desde que a sua incapacidade absoluta seja previamente reconhecida por sentença com trânsito em julgado.

(D) Sempre que possível, a criança com mais de oito anos de idade sujeita à colocação em família substituta será previamente ouvida, além de ser necessário o seu consentimento, colhido em audiência.

(E) Dada a provisoriedade do termo de guarda, a responsabilidade do guardião sobre o menor pode ser revogada, por exemplo, por comprovação de negligência.

A: incorreta, pois a adoção visa criar um novo vínculo familiar (art. 41 do ECA), enquanto que a tutela tem por fim inserir o menor em uma família substituta (art. 36, do ECA). Por consequência, o adotante e o tutor serão os representantes legais da criança; **B:** incorreta (art. 164 do ECA; arts. 1.752, 1.764, III, e 1.766, do CC); **C:** incorreta, pois a tutela será deferida a pessoa de até dezoito anos incompletos (art. 36 do ECA). Se a pessoa for maior, porém incapaz de reger os seus atos, deverá ser interditada, nomeando-se curador (art. 1.767 do CC); **D:** incorreta (art. 28, § 2º, do ECA); **E:** correta (art. 35 do ECA). **VT**
Gabarito "E".

(Magistratura/PI – 2011 – CESPE) Com referência ao instituto da adoção, assinale a opção correta.

(A) Toda sentença de adoção transitada em julgado produz efeitos *ex tunc*.

(B) Com o falecimento dos adotantes, restabelece-se o poder familiar dos pais naturais.

(C) Cabe ao MP a função de *custos legis* do cadastro de adotantes e da convocação criteriosa dos interessados, podendo, no caso de discordância dos critérios utilizados, propor medida judicial.

(D) O pedido de adoção, ainda que unilateral, não poderá ser deferido a candidato domiciliado no Brasil não cadastrado previamente.

(E) A adoção depende do consentimento dos pais ou do representante legal do adotando, não se exigindo forma específica para a permissão.

A: incorreta, pois a adoção produz seus efeitos a partir do trânsito em julgado da sentença constitutiva, exceto na hipótese de adoção póstuma (art. 42, § 6º, do ECA), caso em que terá força retroativa à data do óbito (art. 47, § 7º, do ECA); **B:** incorreta (art. 49, do ECA); **C:** correta (art. 50, §§ 1º e 12, art. 197-B, art. 197-D, parágrafo único, e 202, todos do ECA); **D:** incorreta, pois excepcionalmente se admite a adoção em favor de candidato domiciliado no Brasil não cadastrado previamente, desde que preenchidos os requisitos legais (art. 50, § 13, do ECA); **E:** incorreta, pois o consentimento dos titulares do poder familiar será colhido pela autoridade judiciária competente em audiência, presente o Ministério Público (art. 166, § 1º a 6º, do ECA). **VT**
Gabarito "C".

(Magistratura/RJ – 2011 – VUNESP) Sobre a adoção, é correto afirmar que

(A) podem adotar os maiores de 18 (dezoito) anos, independentemente do estado civil.

(B) a simples guarda de fato autoriza, por si só, a dispensa da realização do estágio de convivência com a criança ou adolescente.

(C) a adoção não poderá ser deferida ao adotante que, após inequívoca manifestação de vontade, vier a falecer no curso do procedimento de adoção, antes de prolatada a sentença.

(D) o adotado não tem direito de conhecer sua origem biológica, mesmo após completar dezoito anos.

A: correta (art. 42, *caput*, do ECA); **B:** incorreta, pois a guarda de fato não dispensa o estágio de convivência (art. 46, § 2º, do ECA); **C:** incorreta, pois se admite a adoção póstuma, desde que tenha havido inequívoca manifestação de vontade no curso do processo e antes de ser prolatada a sentença (art. 42, § 6º, do ECA); **D:** incorreta, pois o adotado tem direito de conhecer sua origem biológica (art. 48 do ECA). **VT**
Gabarito "A".

(Magistratura/PA – 2012 – CESPE) Com o estabelecimento da doutrina de proteção integral como diretriz básica e única do atendimento de crianças e adolescentes, o legislador pátrio rompeu definitivamente com a doutrina da situação irregular — admitida pelo Código de Menores (Lei n.º 6.697/1979) —, agindo em consonância com a CF e documentos internacionais aprovados com amplo consenso na comunidade das nações. No que concerne aos direitos fundamentais das crianças e dos adolescentes, assinale a opção correta de acordo com o ECA.

(A) É vedado à autoridade judiciária autorizar a permanência da criança e do adolescente em programa de acolhimento institucional por mais de dois anos.

(B) A legislação considera extensa ou ampliada a família que se estende para além da unidade pais e filhos ou da unidade do casal, incluindo parentes consanguíneos, independentemente da convivência ou dos vínculos de afinidade e afetividade.

(C) A colocação em família substituta faz-se mediante guarda, tutela ou adoção, sendo obrigatório, no caso de criança ou adolescente indígena ou proveniente de comunidade remanescente de quilombo, que se considerem e respeitem a sua identidade social e cultural, os seus costumes e tradições e as suas instituições, desde que não sejam incompatíveis com os direitos fundamentais reconhecidos pela CF e pelo ECA.

(D) Ao completar dezoito anos de idade, o adotado tem direito de conhecer sua origem biológica e de ter, mediante prévio consentimento dos pais biológicos, acesso irrestrito ao processo que resultou na aplicação da medida de adoção e a seus eventuais incidentes.

(E) Incumbe ao poder público proporcionar assistência psicológica à gestante e à mãe, respectivamente, nos períodos pré e pós-natal, para, entre outros objetivos, prevenir ou minorar as consequências do estado puerperal, exceto se houver interesse da gestante ou mãe em entregar a criança para adoção.

A: incorreta, pois é possível se prolongar por mais de 2 (dois) anos, quando comprovada necessidade que atenda ao superior interesse da criança e do adolescente, devidamente fundamentada pela autoridade judiciária (art. 19, § 2°, do ECA); **B:** incorreta, pois depende da convivência ou dos vínculos de afinidade e afetividade entre a criança e os parentes consanguíneos (art. 25, parágrafo único, do ECA); **C:** correta (art. 28, § 6°, I, do ECA); **D:** incorreta, pois o adotado tem direito de conhecer sua origem biológica, independente de prévio consentimento dos pais biológicos (art. 48, *caput*, do ECA); **E:** incorreta (art. 8°, §§ 4° e 5°, do ECA). **VT**
Gabarito "C".

(Magistratura/RJ – 2011 – VUNESP) Sobre a família substituta, guarda e tutela, é correto afirmar:

(A) tratando-se de menor de dez anos de idade, para colocação em família substituta será necessário seu consentimento, colhido em audiência.

(B) a guarda destina-se a regularizar a posse de fato, podendo ser deferida, liminar ou incidentalmente, nos procedimentos de tutela e adoção por estrangeiros.

(C) o deferimento da tutela pressupõe a prévia decretação da perda ou suspensão do poder familiar e não implica necessariamente o dever de guarda.

(D) a guarda obriga à prestação de assistência material, moral e educacional à criança ou adolescente, conferindo a seu detentor o direito de opor-se a terceiros, inclusive aos pais.

A: incorreta, pois será necessário o consentimento do maior de doze anos de idade (art. 28, § 2°, do ECA); **B:** incorreta, pois a única forma

---

de colocação em família substituta estrangeira é a adoção (art. 31 e 33, § 1°, do ECA); **C:** incorreta, pois a tutela implica necessariamente o dever de guarda (art. 36, parágrafo único, do ECA); **D:** correta (art. 33, *caput*, do ECA). **VT**
Gabarito "D".

(Magistratura/MG – 2012 – VUNESP) Analise as assertivas seguintes. *O vínculo da adoção constitui-se por sentença judicial e produz seus efeitos a partir do trânsito em julgado, ainda que o adotante, após inequívoca manifestação de vontade, venha a falecer no curso do procedimento* PORQUE *tal decisão tem natureza constitutiva.*

Sobre as assertivas, é correto afirmar que

(A) as duas são verdadeiras, mas a segunda não justifica a primeira.

(B) as duas são verdadeiras, e a segunda justifica a primeira.

(C) a primeira é verdadeira e a segunda é falsa.

(D) a primeira é falsa e a segunda é verdadeira.

De fato, a sentença judicial que determina a adoção tem natureza constitutiva, gerando efeitos, em regra, a partir do trânsito em julgado, exceto se o adotante veio a falecer no curso do processo e tenha manifestado inequívoca manifestação de vontade, retroagindo à data do óbito (art. 47, § 7°, do ECA). **VT**
Gabarito "D".

(Magistratura/MG – 2012 – VUNESP) Analise as assertivas seguintes. *O reconhecimento do estado de filiação pode preceder o nascimento* PORQUE *este é direito personalíssimo, indisponível e imprescritível.*

Sobre as assertivas, é correto afirmar que

(A) as duas são verdadeiras, mas a segunda não justifica a primeira.

(B) as duas são verdadeiras, e a segunda justifica a primeira.

(C) a primeira é verdadeira e a segunda é falsa.

(D) a primeira é falsa e a segunda é verdadeira.

De fato, o direito ao reconhecimento do estado de filiação é personalíssimo, indisponível e imprescritível (art. 27 do ECA). Ademais, também é certo que o reconhecimento pelo genitor pode preceder o nascimento do filho ou suceder-lhe ao falecimento, se deixar descendentes (art. 26, parágrafo único, do ECA). **VT**
Gabarito "A".

(Magistratura/MG – 2012 – VUNESP) Analise as assertivas seguintes.

Demonstrada a falta ou carência de recursos materiais, em procedimento contraditório, o juiz poderá decretar a perda ou a suspensão do poder familiar PORQUE aos pais incumbe o dever de sustento dos filhos.

Sobre as assertivas, é correto afirmar que

(A) as duas são verdadeiras, mas a segunda não justifica a primeira.

(B) as duas são verdadeiras, e a segunda justifica a primeira.

(C) a primeira é verdadeira e a segunda é falsa.

(D) a primeira é falsa e a segunda é verdadeira.

14. DIREITO DA CRIANÇA E DO ADOLESCENTE 753

A primeira assertiva é falsa (art. 23, *caput*, do ECA), enquanto que a segunda é verdadeira (art. 22, *caput*, do ECA). **VT**

Gabarito "D".

(Magistratura/ES – 2011 – CESPE) Acerca da colocação de criança ou adolescente em família substituta, assinale a opção correta.

(A) Para a colocação de criança ou adolescente indígena em família substituta, o órgão federal responsável pela política indigenista deve, necessariamente, manifestar-se.

(B) A colocação de criança ou adolescente em família substituta estrangeira constitui medida excepcional, somente admissível, residindo ou não a família no Brasil, na modalidade de adoção.

(C) A decisão judicial de colocação de criança ou adolescente em família substituta pode ser substituída por outra de qualquer natureza.

(D) A criança ou o adolescente devem ser ouvidos por equipe interprofissional, respeitados seu estágio de desenvolvimento e grau de compreensão, antes da colocação em família substituta.

(E) Crianças ou adolescentes indígenas podem ser adotados, desde que sejam considerados e respeitados seus costumes e tradições, ainda que incompatíveis com os direitos fundamentais reconhecidos pela CF.

A: correta (art. 28, § 6º, III, do ECA); **B:** incorreta, pois não se deve confundir a colocação em família substituta estrangeira (entrega a um casal estrangeiro) com a adoção internacional (aquela na qual a pessoa ou casal postulante, brasileiro ou estrangeiro, é residente ou domiciliado fora do Brasil), conforme arts. 31 e 51, ambos do ECA; **C:** incorreta, pois dependerá da modalidade de colocação em família substituta. Em se tratando de guarda ou tutela, a medida poderá ser revogada (arts. 35 e 38, do ECA). Todavia, em caso de adoção, a medida será irrevogável (art. 39, § 1º, do ECA); **D:** incorreta (arts. 28, § 1º, e 100, XII, ambos do ECA); **E:** incorreta (art. 28, § 6º, I, do ECA). **VT**

Gabarito "A".

(Magistratura/ES – 2011 – CESPE) O art. 229 da CF dispõe que os pais têm o dever de assistir, criar e educar os filhos menores. A respeito desse assunto, assinale a opção correta.

(A) A inobservância das medidas de proteção à criança, como, por exemplo, a matrícula em estabelecimento oficial de ensino, enseja, de imediato, a perda do poder familiar.

(B) O ECA acrescenta ao rol de deveres dos pais o dever de cumprir e fazer cumprir as determinações judiciais.

(C) Cabem aos pais no exercício do poder familiar a administração e o usufruto dos bens dos filhos, podendo deles dispor a qualquer tempo e de qualquer modo.

(D) O poder familiar dos pais condenados em virtude de crime será suspenso se a pena imposta exceder a três anos de prisão.

(E) Em caso de castigos imoderados ou de abandono, o poder familiar dos pais será suspenso, garantidos o contraditório e a ampla defesa.

A: incorreta, pois a perda do poder familiar será decretada judicialmente, em procedimento contraditório, nos casos previstos na legislação civil (art. 1.638, do CC), bem como na hipótese de <u>descumprimento injustificado</u> dos deveres e obrigações a que alude o art. 22 (art. 24,

do ECA); **B:** correta (art. 22, do ECA); **C:** incorreta, pois os pais não podem, em regra, dispor dos bens dos filhos (artigos 1.637, 1.689 e 1.691, todos do CC); **D:** incorreta, pois suspende-se igualmente o exercício do poder familiar ao pai ou à mãe condenados por sentença irrecorrível, em virtude de crime cuja <u>pena exceda a dois anos de prisão</u> (art. 1.637, parágrafo único, do CC); **E:** incorreta, pois nos casos descritos na alternativa haverá perda e não suspensão do poder familiar (art. 1.638, I e II, do CC). **VT**

Gabarito "B".

(Magistratura/DF – 2011) Quando falamos a respeito de guarda, é correto afirmar que aos genitores incumbe, preferencialmente, a guarda dos filhos, que poderá ser alterada apenas em situações excepcionais, conforme previsão do artigo 33, § 2º, do Estatuto da Criança e do Adolescente. Dentro deste contexto, considere as preposições abaixo formuladas e assinale a <u>incorreta</u>:

(A) A finalidade da guarda, sem operar mudança no poder familiar, é, sem dúvida, a de regularizar a posse de fato da criança ou do adolescente, podendo ser deferida liminar ou incidentalmente, nos procedimentos de tutela e adoção, exceto nos de adoção por estrangeiros;

(B) A guarda tem por finalidade proteção e amparo ao menor, tanto na esfera econômica, como no campo assistencial, moral, educacional e disciplinar, além de permitir o desenvolvimento físico, mental e espiritual de forma digna, sadia e harmoniosa. Significa, conceitualmente, a colocação do menor em família substituta;

(C) Considerando a natureza protetiva do instituto da guarda e por questão de política minorista, pode-se afirmar que é viável pleito de transferência de guarda formulado por avós com o objetivo de a medida garantir benefícios econômicos e previdenciários em favor do menor.

(D) A concessão da guarda, seja ela provisória ou de caráter definitivo, não faz coisa julgada, podendo ser modificada no interesse exclusivo do menor e também na hipótese de se verificar que não tenham sido cumpridas as obrigações pelo seu guardião.

A: correta (art. 33, § 1º, do ECA); **B:** correta (art. 28, *caput*, e art. 33, *caput* e § 3º, ambos do ECA); **C:** incorreta (devendo esta ser assinalada), pois a guarda confere à criança ou ao adolescente a condição de dependente, para todos os fins e efeitos de direito, inclusive previdenciários, não sendo este o seu único fim (art. 33, § 3º, do ECA). Neste sentido é o entendimento jurisprudencial: *"O avô materno, com o intuito de regularizar uma situação de fato, busca a guarda de seu neto, criança com quem convive há vários anos, desde o falecimento do pai do menor. Anote-se que a mãe também convive com eles e concorda com o pleito. Diante disso, aplica-se o entendimento de que, de forma excepcional (art. 33, § 1º, primeira parte, e § 2º desse mesmo artigo do ECA), é possível deferir guarda de infante aos avós que o mantém e lhe proporcionam as melhores condições relativas à assistência material e afetiva, notadamente diante da existência de fortes laços de afeto e carinho entre eles e a criança, tal como comprovado, na espécie, por laudo elaborado pelo serviço social do TJ. Não se desconhece a censura dada por este Superior Tribunal à chamada guarda "previdenciária", que tem a exclusiva finalidade de proporcionar efeitos previdenciários. Contudo, esse, definitivamente, não é o caso dos autos, mostrando-se a questão previdenciária apenas como uma das implicações da*

guarda (art. 33, § 3º, do ECA). Por último, ressalte-se que a guarda concedida não é definitiva e não tem o efeito de imiscuir-se no poder familiar, sendo, portanto, plenamente reversível. Precedentes citados: REsp 97.069-MG, DJ 1º/9/1997; REsp 82.474-RJ, DJ 29/9/1997; REsp 993.458-MA, DJe 23/10/2008, e REsp 945.283-RN, DJe 28/9/2009. (REsp 1.186.086-RO, Rel. Min. Massami Uyeda, julgado em 3/2/2011. 3ª Turma)"; **D:** correta (art. 35, do ECA). ED/WG
Gabarito "C".

(Magistratura/DF – 2011) Quando falamos a respeito de guarda, é correto afirmar que aos genitores incumbe, preferencialmente, a guarda dos filhos, que poderá ser alterada apenas em situações excepcionais, conforme previsão do artigo 33, parágrafo 2º, do Estatuto da Criança e do Adolescente. Dentro deste contexto, considere as preposições abaixo formuladas e assinale a <u>incorreta</u>:

(A) A finalidade da guarda, sem operar mudança no poder familiar, é, sem dúvida, a de regularizar a posse de fato da criança ou do adolescente, podendo ser deferida liminar ou incidentalmente, nos procedimentos de tutela e adoção, exceto nos de adoção por estrangeiros;

(B) A guarda tem por finalidade proteção e amparo ao menor, tanto na esfera econômica, como no campo assistencial, moral, educacional e disciplinar, além de permitir o desenvolvimento físico, mental e espiritual de forma digna, sadia e harmoniosa. Significa, conceitualmente, a colocação do menor em família substituta;

(C) Considerando a natureza protetiva do instituto da guarda e por questão de política minorista, pode-se afirmar que é viável pleito de transferência de guarda formulado por avós com o objetivo de a medida garantir benefícios econômicos e previdenciários em favor do menor.

(D) A concessão da guarda, seja ela provisória ou de caráter definitivo, não faz coisa julgada, podendo ser modificada no interesse exclusivo do menor e também na hipótese de se verificar que não tenham sido cumpridas as obrigações pelo seu guardião.

A: assertiva correta, pois reflete o disposto no art. 33, § 1º, do ECA; **B:** arts. 28, *caput*, e 33, *caput*, ambos do ECA; **C:** é inviável, dada a natureza do instituto, a colocação em família substituta por meio da guarda ou mesmo a sua transferência com o escopo de obter benefícios econômicos e previdenciários em favor da pessoa em desenvolvimento; **D:** pela disciplina estabelecida no art. 35 do ECA, a guarda poderá ser revogada a qualquer momento, por meio de ato judicial fundamentado, sempre ouvido o MP. ED/WG
Gabarito "C".

(MAGISTRATURA/PB – 2011 – CESPE) No que se refere à colocação de criança ou adolescente em família substituta, assinale a opção correta.

(A) Salvo expressa e fundamentada determinação judicial em contrário, ou se a medida for aplicada em preparação para adoção, o deferimento da guarda de criança ou adolescente a terceiros não impede que os pais exerçam o seu direito de visita nem que cumpram o dever de lhe prestar alimentos.

(B) O deferimento da tutela do menor a pessoa maior de dezoito anos incompletos pressupõe prévia decreta-

ção da perda ou suspensão do poder familiar e não implica dever de guarda, o que só se efetiva após os dezoito anos completos.

(C) A adoção, medida excepcional e irrevogável, concedida apenas quando esgotados os recursos de manutenção da criança ou do adolescente na família natural ou extensa, pode ser realizada mediante procuração.

(D) Na colocação da criança ou do adolescente em família substituta, somente este, cuja opinião deve ser devidamente considerada, deve ser previamente ouvido por equipe interprofissional, respeitado o seu grau de compreensão sobre as implicações dessa medida.

(E) A colocação de criança ou de adolescente em família substituta estrangeira constitui medida excepcional, admissível nas modalidades de adoção, guarda e tutela.

A: assertiva correta, pois corresponde ao prescrito no art. 33, § 4º, do ECA; **B:** a tutela constitui modalidade de colocação em família substituta que, ao contrário da guarda, pressupõe a destituição ou suspensão do poder familiar e implica, sim, o dever de guarda. Além disso, conforme estabelece o art. 36 do ECA, será deferida a pessoa de até 18 anos incompletos; **C:** é verdade que a adoção constitui medida excepcional e irrevogável e que, por conta disso, somente será concedida quando esgotados os recursos de manutenção da criança ou do adolescente na sua família natural ou extensa, na forma prevista no art. 39, § 1º, do ECA (caráter supletivo da adoção). No entanto, é incorreta a afirmação segundo a qual a adoção pode realizar-se por meio de procuração (art. 39, § 2º, do ECA). Isso porque se trata de ato *personalíssimo*; **D:** incorreta, nos termos do que estabelece o art. 28, § 1º, do ECA; **E:** incorreta, já que a colocação de criança ou adolescente em família substituta estrangeira somente será admitida na modalidade de adoção (art. 31, ECA). ED/WG
Gabarito "A".

(Magistratura/PE – 2011 – FCC) Na colocação da criança ou adolescente em família substituta, observar-se-á a seguinte regra:

(A) a guarda obriga à prestação de assistência material, moral e educacional à criança ou adolescente, mas não confere a seu detentor o direito de opor-se aos pais.

(B) não será aceita a nomeação de tutor por testamento, uma vez que se trata de ato privativo do Juiz, ouvido o Ministério Público.

(C) tratando-se de maior de 12 (doze) anos de idade, será necessário seu consentimento, colhido em audiência.

(D) podem adotar os ascendentes e os irmãos do adotando, desde que o adotante tenha mais de 21 (vinte e um) anos e seja, pelo menos, 16 (dezesseis) anos mais velho do que o adotando.

(E) não se admitem organismos estrangeiros encarregados de intermediar pedidos de habilitação à adoção internacional.

A: a guarda, modalidade de colocação em família substituta, obriga à prestação de assistência material, moral e educacional à criança ou adolescente e, além disso, confere ao guardião o direito de opor-se a terceiros, inclusive aos pais; **B:** além da tutela *legítima* e da *dativa*, há também a tutela *testamentária*. Prevista no art. 37 do ECA e no art. 1.729 do CC, é aquela instituída por vontade dos pais, em conjunto;

14. DIREITO DA CRIANÇA E DO ADOLESCENTE

deve constar de testamento ou de outro documento autêntico. Tutela *legítima*: à falta de tutor nomeado pelos pais, incumbe a tutela aos parentes consanguíneos do menor, conforme ordem estabelecida no art. 1.731 do CC. Tutela *dativa*: diante da falta de tutor testamentário ou legítimo, ou quando estes forem excluídos ou escusados da tutela, ou ainda quando removidos por não idôneos o tutor legítimo e o testamentário, o juiz nomeará tutor idôneo – art. 1.732, CC; **C:** correta, nos termos do art. 28, § 2°, do ECA; **D:** são impedidos de adotar os ascendentes e os irmãos do adotando (art. 42, § 1°). Tios, portanto, podem adotar; **E:** incorreta, pois não reflete o disposto no art. 52, §§ 1°, 2° e 3°, do ECA. **ED/WG**

„Gabarito "C".

(Magistratura/RO – 2011 – PUCPR) Sobre a adoção prevista no Estatuto da Criança e do Adolescente, analise as assertivas abaixo:

I. A adoção é medida excepcional e irrevogável, à qual se deve recorrer apenas quando esgotados os recursos de manutenção da criança ou adolescente na família natural ou extensa, sendo vedada a adoção por procuração.

II. O adotando deve contar com, no máximo, doze anos à data do pedido, salvo se já estiver sob a guarda ou tutela dos adotantes e a adoção atribui a condição de filho ao adotado, com os mesmos direitos e deveres, inclusive sucessórios, desligando-o de qualquer vínculo com pais e parentes, salvo os impedimentos matrimoniais.

III. A adoção será precedida de estágio de convivência com a criança ou adolescente, pelo prazo que a autoridade judiciária fixar, observadas as peculiaridades do caso. Esse estágio poderá ser dispensado se o adotando já estiver sob a tutela ou guarda legal do adotante durante tempo suficiente para que seja possível avaliar a conveniência da constituição do vínculo.

IV. O adotado tem direito de conhecer sua origem biológica, bem como de obter acesso irrestrito ao processo no qual a medida foi aplicada e seus eventuais incidentes, após completar 18 (dezoito) anos, e o acesso ao processo de adoção poderá ser também deferido ao adotado menor de 18 (dezoito) anos, a seu pedido, assegurada orientação e assistência jurídica e psicológica.

V. O estágio de convivência será acompanhado pela equipe interprofissional a serviço da Justiça da Infância e da Juventude, preferencialmente com apoio dos técnicos responsáveis pela execução da política de garantia do direito à convivência familiar, que apresentarão relatório minucioso acerca da conveniência do deferimento da medida.

Estão CORRETAS:

(A) Apenas as assertivas I, II, III e IV.

(B) Apenas as assertivas I, III, IV e V.

(C) Apenas as assertivas I, II e V.

(D) Apenas as assertivas II, III e V.

(E) Todas as assertivas.

I: proposição correta, nos termos do art. 39, §§ 1° e 2°, do ECA; **II:** incorreta, visto que o adotando deve contar com, no máximo, 18 anos à data do pedido, salvo se já estiver sob a guarda ou tutela dos ado-

tantes – art. 40, ECA. De outro lado, é verdade que a adoção confere a condição de filho ao adotado, com os mesmos direitos e deveres, inclusive sucessórios, desligando-o de qualquer vínculo com os pais e parentes, salvo os impedimentos matrimoniais, que subsistem (art. 41, *caput*, do ECA); **III:** assertiva correta, nos termos do art. 46 do ECA; **IV:** proposição correta (art. 48, ECA); **V:** art. 46, § 4°, do ECA. **ED/WG**

„Gabarito "B".

(Magistratura/SP – 2011 – VUNESP) Esmeraldo Juremo, depois de passar por todo o processo de adoção, com plena anuência de seus pais naturais, foi adotado pelo casal Silva que, em razão de acidente automobilístico, veio a falecer.

I. Tal circunstância tem o condão de restabelecer o poder familiar dos pais naturais.

II. Tal circunstância o habilita para nova adoção, sem passar por novo processo para tal *desideratum*.

III. Tal circunstância o torna herdeiro do casal Silva.

IV. Como herdeiro, e sendo adotado, concorre em desigualdade com os filhos naturais do casal Silva.

V. Tal circunstância não tem o condão de restabelecer o poder familiar, tendo em vista o caráter irrevogável da adoção.

Estão corretos apenas os itens

(A) I e IV.

(B) II e III.

(C) III e V.

(D) I e V.

(E) III e IV.

I: incorreta, pois a morte dos adotantes, a teor do art. 49 do ECA, não tem o condão de restabelecer o poder familiar dos pais naturais; **II:** neste caso, é necessário submeter-se a novo processo; **III:** correta, visto que um dos efeitos da adoção é atribuir a condição de herdeiro ao adotado (efeitos sucessórios – art. 41, *caput*, ECA); **IV:** incorreta, já que a adoção tem o condão de atribuir ao adotado a condição de filho, com os mesmos direitos e deveres inerentes aos filhos naturais (art. 41, *caput*, ECA); **V:** diz-se que a adoção constitui medida irrevogável porque é defeso à família original retomar o poder familiar. **ED/WG**

„Gabarito "C".

(Magistratura/SC – 2010) Assinale a alternativa correta:

I. Considera-se adoção internacional aquela na qual a pessoa ou casal postulante é residente ou domiciliado fora do Brasil. Os brasileiros residentes no exterior têm tratamento igualitário em relação aos estrangeiros, inadmitida a preferência nos casos de adoção internacional de criança ou adolescente brasileiro.

II. A adoção internacional de criança ou adolescente brasileiro ou domiciliado no Brasil somente tem lugar quando restar comprovado: que a colocação em família substituta é a solução adequada ao caso concreto; que foram esgotadas todas as possibilidades de colocação da criança ou adolescente em família substituta brasileira, após consulta aos cadastros estaduais e nacional de pessoas e casais habilitados; que em se tratando de adoção de adolescente, este foi consultado por meios adequados ao seu estágio de desenvolvimento e se encontra preparado para a medida conforme parecer elaborado por equipe interprofissional.

III. A colocação em família substituta estrangeira constitui medida excepcional, somente admissível nas modalidades de guarda e adoção. A pessoa ou casal estrangeiro interessado em adotar criança ou adolescente brasileiro deve formular pedido de habilitação à adoção perante a Autoridade Central em matéria de adoção internacional no país onde está situada sua residência habitual e, se esta considerar que os solicitantes estão habilitados e aptos para adotar, emite um relatório que contenha as informações pertinentes que é encaminhado à Autoridade Central Estadual com cópia para a Autoridade Central Federal Brasileira.

IV. Na hipótese de concordância dos pais com pedido de colocação em família substituta, estes são ouvidos pela autoridade judiciária e pelo representante do Ministério Público, tomadas por termo as declarações. O consentimento dos titulares do poder familiar é precedido de orientações e esclarecimentos pela equipe interprofissional da justiça da infância e juventude, em especial, no caso de adoção, sobre a irrevogabilidade da medida. O consentimento é retratável até a data da publicação da sentença constitutiva da adoção.

(A) Somente as proposições I, III e IV estão corretas.

(B) Somente as proposições II, III e IV estão corretas.

(C) Somente as proposições II e IV estão corretas.

(D) Somente as proposições I e IV estão corretas.

(E) Todas as proposições estão corretas.

I: a primeira parte da assertiva está correta, na medida em que adoção internacional é de fato *aquela em que a pessoa ou casal postulante é residente ou domiciliado fora do Brasil* (art. 51, *caput*, do ECA). Está, no entanto, incorreta a sua segunda parte, pois os brasileiros residentes no exterior, embora devam se submeter às regras da adoção internacional, têm primazia diante dos estrangeiros, na forma estabelecida no art. 51, § 2º, do ECA; **II:** assertiva correta, visto que reflete o disposto no art. 51, § 1º, do ECA; **III:** embora se trate de medida excepcional, a colocação em família substituta estrangeira só é admissível na modalidade de adoção; **IV:** assertiva correta, pois em conformidade com o disposto no art. 166, §§ 1º, 2º e 5º, do ECA. ED/WG

Gabarito "C".

2.3. DIREITO À EDUCAÇÃO, À CULTURA, AO ESPORTE E AO LAZER

(Juiz – TJ/MS – VUNESP – 2015) Constitui dever do Estado assegurar à criança e ao adolescente a educação básica obrigatória e gratuita, conforme se depreende do artigo 208, inciso I, da Constituição Federal, com redação determinada pela EC 59/2009. Quanto ao Direito à Educação, previsto no Capítulo IV, do Título II, do Estatuto da Criança e do Adolescente e na Lei de Diretrizes e Bases da Educação Nacional, analisado à luz da norma constitucional mencionada, assinale a alternativa correta.

(A) Os pais e responsáveis, apesar de não participarem da definição de propostas educacionais, terão ciência, ao início do ano letivo, do processo pedagógico.

(B) O ensino fundamental será oferecido, diretamente, pelos Estados e Municípios, às crianças com 6 (seis) anos de idade, com duração de 9 (nove) anos, assegurada a sua oferta gratuita, inclusive àqueles que não tiveram acesso a ele na idade adequada.

(C) De acordo com a Lei de Diretrizes e Bases da Educação Nacional, os entes federados (União, Estados, Distrito Federal e Municípios) não têm áreas prioritárias de atuação.

(D) A finalidade precípua do direito à educação é garantir à criança e ao adolescente ingresso no mercado de trabalho.

(E) A educação básica, em compasso com a Lei de Diretrizes e Bases da Educação Nacional, subdivide-se em infantil, fundamental, média, superior e complementar.

A: incorreta. Conforme art. 14 da Lei de Diretrizes e Bases da Educação, os sistemas de ensino definirão as normas da gestão democrática do ensino público na educação básica, adotando o princípio da participação das comunidades escolar e local em conselhos escolares ou equivalentes. **B:** correta. Nos exatos termos do art. 32 da Lei de Diretrizes e Bases da Educação. **C:** incorreta. Incumbe ao estado assegurar o **ensino fundamental** e oferecer, com prioridade, o **ensino médio** (art. 10, VI, da LDB). Incumbe aos municípios oferecer a **educação infantil** em creches e pré-escolas, e, com prioridade, o **ensino fundamental**, sendo "permitida a atuação em outros níveis de ensino somente quando estiverem atendidas plenamente as necessidades de sua área de competência e com recursos acima dos percentuais mínimos vinculados pela Constituição Federal à manutenção e desenvolvimento do ensino" (art. 11, V, da LDB). **D:** incorreta. "A educação, dever da família e do Estado, inspirada nos princípios de liberdade e nos ideais de solidariedade humana, tem por finalidade o pleno desenvolvimento do educando, seu preparo para o exercício da cidadania e sua qualificação para o trabalho" (art. 2º da LDB; **E:** incorreta, a educação básica subdivide-se em pré-escola, ensino fundamental e ensino médio (art. 4º, I, LDB) RD

Gabarito "B".

(Magistratura/BA – 2012 – CESPE) No que tange aos direitos fundamentais da criança e do adolescente, assinale a opção correta com base no que dispõem a CF e o ECA.

(A) O atendimento, em creche e pré-escola, às crianças de zero a seis anos de idade é obrigação constitucional do município, não podendo este invocar a cláusula da reserva do possível em face da ausência de recursos financeiros.

(B) Incumbe ao poder público proporcionar assistência psicológica à gestante e à mãe, no período pré e pós-natal, inclusive como forma de prevenir ou minorar as consequências do estado puerperal, exceto, no último caso, na hipótese de a mãe biológica manifestar interesse em entregar seu filho para adoção.

(C) O reconhecimento do estado de filiação é direito personalíssimo e indisponível, podendo ser exercitado contra os pais ou seus herdeiros, sem qualquer restrição, observados o segredo de justiça e o prazo prescricional de quatro anos, contado a partir da maioridade civil.

(D) É dever do Estado assegurar à criança e ao adolescente os ensinos fundamental e médio, obrigatórios e gratuitos, inclusive para os que a eles não tiveram acesso na idade própria.

(E) É proibido trabalho noturno, perigoso ou insalubre a menores de dezoito anos e de qualquer trabalho a menores de quatorze anos, salvo na condição de aprendiz, a partir dos doze anos.

14. DIREITO DA CRIANÇA E DO ADOLESCENTE

A: correta, pois os *Municípios atuarão prioritariamente no ensino fundamental e na educação infantil*, enquanto que *os Estados e o Distrito Federal atuarão prioritariamente no ensino fundamental e médio* (art. 211, § 2º e 3º, da CF/88 e art. 54, IV, do ECA), não podendo invocar a cláusula da reserva do possível em face da ausência de recursos financeiros. Neste sentido é o entendimento jurisprudencial: *"Acesso à creche aos menores de zero a seis anos – Direito subjetivo – reserva do possível – teorização e cabimento – impossibilidade de arguição como tese abstrata de defesa – escassez de recursos como o resultado de uma decisão política – prioridade dos direitos fundamentais – conteúdo mínimo existencial – essencialidade do direito à educação. Precedentes STJ e STF"* (STJ, REsp n. 1.185.474 - SC); **B:** incorreta, pois a assistência psicológica deverá ser também prestada a gestantes ou mães que manifestem interesse em entregar seus filhos para adoção (art. 8º, § 5º, do ECA); **C:** incorreta, pois o reconhecimento ao estado de filiação é imprescritível (art. 27 do ECA); **D:** incorreta (art. 54, I e II, do ECA); **E:** incorreta, pois o adolescente deve contar com quatorze anos para trabalhar na condição de aprendiz (art. 60 do ECA e art. 7º, XXXIII, da CF/88). **VT**

Gabarito "A".

(Magistratura/PE – 2011 – FCC) Considere as seguintes afirmações:

I. O Estado assegurará ensino fundamental, obrigatório e gratuito, desde que a criança se encontre na idade própria.

II. Será oferecido o ensino fundamental pelo Poder Público, cuja omissão ou oferta irregular importa responsabilidade da autoridade competente.

III. Os dirigentes de estabelecimento de ensino fundamental comunicarão ao Conselho Tutelar os casos de maus-tratos envolvendo seus alunos e os de elevados níveis de repetência.

IV. O atendimento educacional especializado aos portadores de deficiência se dará preferencialmente em estabelecimentos também especializados fora da rede regular de ensino.

V. No processo educacional respeitar-se-ão os valores culturais, artísticos e históricos próprios do contexto social da criança.

Para assegurar o direito à educação da criança são corretas as afirmações

(A) I, II e III.

(B) I, III e V.

(C) II, III e IV.

(D) II, III e V.

(E) III, IV e V.

I: incorreta, pois não reflete o teor do art. 54, I, do ECA; **II:** correta, nos moldes do art. 54, § 2º, do ECA: **III:** proposição correta (art. 56, I e III, do ECA); **IV:** incorreta, pois não corresponde ao que estabelece o art. 54, III, do ECA; **V:** proposição correta (art. 58 do ECA). **ED/WG**

Gabarito "D".

2.4. DIREITO À PROFISSIONALIZAÇÃO E À PROTEÇÃO NO TRABALHO

(Magistratura/AM – 2013 – FGV) Com relação ao *trabalho do menor*, assinale a afirmativa correta.

(A) O adolescente, a partir dos 13 anos, pode trabalhar como aprendiz, desde que preservado o direito à educação e o horário de trabalho seja compatível com a frequência escolar.

(B) O adolescente aprendiz, a partir dos 16 anos, pode realizar trabalho noturno, desde que o horário não ultrapasse 6h diárias e não seja realizado após as 23h.

(C) O adolescente poderá trabalhar em local que não permita a frequência à escola, desde que comprovada a existência de curso supletivo local nos finais de semana.

(D) O adolescente somente poderá exercer trabalho remunerado como aprendiz após os 14 anos, desde que garantido o acesso à escola.

(E) O adolescente, até completar 16 anos, não poderá realizar trabalho considerado perigoso ou insalubre.

A: incorreta, pois é vedado qualquer trabalho a menores de dezesseis anos, salvo na condição de aprendiz, a partir de *quatorze anos* (art. 7º, XXXIII, da CF/1988). Oportuno ressaltar que "dentre as modificações decorrentes da Reforma Previdenciária, derivada da EC 20/1998, foi proibido o exercício de qualquer trabalho para os menores de 16 anos, salvo na condição de aprendiz, de modo que o art. 60 do Estatuto não está em conformidade com a norma constitucional" (ROSSATO; LÉPORE; SANCHES. *Estatuto da criança e do adolescente comentado*. São Paulo: RT); **B:** incorreta, pois é *proibido o trabalho noturno*, perigoso ou insalubre a menores de dezoito (art. 7º, XXXIII, da CF/1988); **C:** incorreta, pois a alternativa está em desacordo com o disposto no art. 63 do ECA, já que é obrigatória a frequência ao ensino regular; **D:** correta. A formação técnico-profissional obedecerá aos seguintes princípios: I - garantia de acesso e frequência obrigatória ao ensino regular; II - atividade compatível com o desenvolvimento do adolescente; III - horário especial para o exercício das atividades (art. 63 do ECA); **E:** incorreta, pois é proibido o trabalho noturno, perigoso ou insalubre a *menores de dezoito* (art. 7º, XXXIII, da CF/1988). **VT**

Gabarito "D".

(Magistratura/PE - 2013 - FCC) Ao menor de quatorze anos de idade

(A) é permitido o exercício de qualquer trabalho compatível com o seu desenvolvimento, desde que autorizado pelo juiz e em virtude das necessidades econômicas de sua família.

(B) é proibido qualquer trabalho, salvo na condição de aprendiz, em que lhe é assegurada bolsa de aprendizagem.

(C) que trabalhar na condição de aprendiz são obrigatoriamente assegurados os direitos trabalhistas e previdenciários.

(D) é proibido qualquer trabalho, mesmo na condição de aprendiz, em virtude de disposição constitucional que fixa a idade mínima de dezesseis anos para o exercício de atividade laborativa.

(E) que exerce trabalho na condição de aprendiz, fica dispensada a frequência ao ensino regular, se incompatível com o horário de serviço.

A alternativa "B" está correta, pois está de acordo com o disposto nos arts. 60 e 64 do ECA, ficando excluídas as demais. Todavia, oportuno ressaltar que *"dentre as modificações decorrentes da Reforma Previdenciária, derivada da EC 20/1998, foi proibido o exercício de qualquer trabalho para os menores de 16 anos, salvo na condição de aprendiz, de modo que o art. 60 do Estatuto não está em conformidade com a norma constitucional"* (ROSSATO; LÉPORE; SANCHES. **Estatuto da Criança e do Adolescente Comentado**, Ed. RT). Segundo a Constituição, proíbe-se o trabalho noturno, perigoso ou insalubre a menores de dezoito e de qualquer trabalho a menores de dezesseis anos, salvo na condição de aprendiz, a partir de quatorze anos (art. 7º, XXXIII, da CF). Ainda, ao adolescente aprendiz são assegurados os direitos trabalhistas e previdenciários (art. 65, do ECA). A formação técnico-profissional obedecerá aos seguintes princípios: I - garantia de acesso e frequência obrigatória ao ensino regular; II - atividade compatível com o desenvolvimento do adolescente; III - horário especial para o exercício das atividades (art. 63, do ECA). **VT**

Gabarito "B".

3. PREVENÇÃO

(Magistratura/PR – 2013 – UFPR) Assinale a alternativa INCORRETA. Compete à autoridade judiciária autorizar, mediante alvará, a entrada e permanência de criança ou adolescente, desacompanhado de seus pais ou responsável,

(A) em boate e congêneres.

(B) em estádio, ginásio e campo desportivo.

(C) em casa que explore comercialmente bilhar, sinuca ou congênere.

(D) em casa que explore comercialmente diversões eletrônicas.

As alternativas "A", "B" e "D" estão corretas, pois estão de acordo com o disposto no art. 149, I, alíneas "a", "c" e "d", do ECA. Já a alternativa "C" está incorreta, pois é vedada a entrada e a permanência de crianças e adolescentes em estabelecimentos que explorem comercialmente bilhar, sinuca ou congênere ou em casas de jogos, assim entendidas as que realizem apostas, ainda que eventualmente (art. 80 do ECA). **VT**

Gabarito "C".

(Magistratura/RJ – 2013 – VUNESP) Assinale a alternativa correta quanto à prevenção de ocorrência de ameaça ou violação dos direitos da criança e do adolescente.

(A) É permitido à criança e ao adolescente a realização de jogos em loteria federal ou estadual em casas lotéricas.

(B) Crianças menores de dez anos não poderão ingressar e permanecer nos locais de apresentação de espetáculos ou exibição de filmes desacompanhadas dos pais ou responsável.

(C) A dispensa de autorização para viagem ao exterior de criança ou adolescente, quando acompanhada de ambos os pais, não se estende ao responsável legal.

(D) O acesso de crianças ou adolescentes em estúdios cinematográficos, de teatro, rádio ou televisão dá-se somente por alvará judicial.

A: incorreta, pois é vedada a entrada e a permanência de crianças e adolescentes em estabelecimentos que explorem comercialmente bilhar, sinuca ou congênere ou em casas de jogos, assim entendidas as que realizem apostas, ainda que eventualmente (art. 80 do ECA); **B:** correta, pois a alternativa está de acordo com o disposto no art. 75, parágrafo único, do ECA; **C:** incorreta, pois a dispensa de autorização para viagem ao exterior de criança ou adolescente também se estende ao responsável legal, nos termos dos arts. 83 e 84 do ECA; **D:** incorreta, pois somente será necessário o alvará judicial para o acesso de crianças e adolescentes *desacompanhadas dos pais ou responsável* em estúdios cinematográficos, de teatro, rádio ou televisão. Assim, caso estejam acompanhadas, será dispensável a autorização judicial. **VT**

Gabarito "B".

4. POLÍTICA E ENTIDADES DE ATENDIMENTO

(Magistratura/BA – 2012 – CESPE) A respeito das entidades e programas de atendimento previstos no ECA, assinale a opção correta.

(A) As entidades não governamentais somente poderão funcionar depois de registradas no cadastro nacional do CNJ, órgão incumbido de comunicar o registro ao conselho tutelar e à autoridade judiciária da respectiva localidade.

(B) São medidas aplicáveis a todas as entidades de atendimento que descumprirem obrigações previstas no ECA: advertência, suspensão total ou parcial do repasse de verbas públicas, interdição de unidades ou suspensão de programa e cassação do registro.

(C) Sob pena de violação dos princípios da inércia, da imparcialidade e do devido processo legal, é vedado ao juiz fiscalizar de ofício as entidades governamentais e não governamentais de atendimento a crianças e adolescentes.

(D) O dirigente de entidade que desenvolve programa de acolhimento institucional é equiparado ao tutor, para todos os efeitos de direito, devendo remeter ao MP, no máximo a cada seis meses, relatório circunstanciado acerca da situação de cada criança ou adolescente acolhido e de sua família.

(E) As entidades que mantenham programa de acolhimento institucional poderão, em caráter excepcional e de urgência, acolher crianças e adolescentes sem prévia determinação da autoridade competente, devendo comunicar o fato ao juiz da infância e da juventude em até vinte e quatro horas, sob pena de responsabilidade.

A: incorreta, pois as entidades não governamentais somente poderão funcionar depois de registradas no Conselho Municipal dos Direitos da Criança e do Adolescente (art. 91 do ECA); **B:** incorreta (art. 97, I e II, do ECA); **C:** incorreta (art. 95 do ECA); **D:** incorreta, pois o dirigente de entidade é equiparado ao guardião (art. 92, § 1º, do ECA); **E:** correta (art. 93, *caput*, do ECA). **VT**

Gabarito "E".

5. MEDIDAS DE PROTEÇÃO

(Juiz – TJ/SP – VUNESP – 2015) O Estatuto da Criança e do Adolescente, acrescido pela Lei 12.010, de 2009, menciona que toda criança que estiver inserida em programa de acolhimento familiar ou institucional terá sua situação reavaliada por equipe interprofissional ou multiprofissional, no máximo, a cada

(A) 4 (quatro) meses, e a permanência não se prolongará por mais de 1 (um) ano, salvo comprovado abandono afetivo.

(B) 12 (doze) meses, e a permanência não se prolongará por mais de 6 (seis) meses, salvo comprovada incapacidade física ou mental da criança.

(C) 2 (dois) meses, e a permanência não se prolongará por mais de 3 (três) anos, salvo determinação do Ministério Público.

14. DIREITO DA CRIANÇA E DO ADOLESCENTE   759

(D) 6 (seis) meses, e a permanência não se prolongará por mais de 2 (dois) anos, salvo comprovada necessidade que atenda ao seu superior interesse.

Conforme o art. 19, § 1º, do Estatuto da Criança e do Adolescente, a situação da criança e do adolescente em acolhimento familiar ou institucional será reavaliada, no máximo, a cada 6 (seis) meses. A decisão quanto à manutenção ou não da medida deverá ser fundamentada pela autoridade judiciária. Da mesma forma, o § 2º, do mesmo artigo, determina que a permanência da criança e do adolescente em programa de acolhimento institucional não se prolongará por mais de 2 (dois) anos, salvo comprovada necessidade que atenda ao seu superior interesse, devidamente fundamentada pela autoridade judiciária. **RD**
Gabarito "D".

(Magistratura/RJ – 2013 –VUNESP) Assinale a alternativa correta quanto às medidas de proteção previstas no ECA.

(A) As medidas de proteção voltam-se exclusivamente à criança, enquanto que as medidas socioeducativas voltam-se exclusivamente ao adolescente.

(B) O acolhimento institucional requer a privação da liberdade da criança para a sua própria proteção, o que não ocorre na disciplina da medida de acolhimento familiar.

(C) Em caso de afastamento de agressor de menor do convívio familiar, o juiz determinará, como medida cautelar, a fixação provisória de alimentos para os que deles necessitarem.

(D) Compete ao Conselho Municipal dos Direitos da Criança e do Adolescente a manutenção de cadastro de crianças e adolescentes em regime de acolhimento familiar e institucional.

A: incorreta. As medidas socioeducativas são aplicadas aos adolescentes que praticarem ato infracional (art. 112 do ECA). Por sua vez, quando houver lesão ou ameaça de lesão a direitos da criança e do adolescente, serão aplicáveis as medidas protetivas (art. 98 do ECA). Assim, pode-se concluir que ao adolescente que praticar ato infracional, ser-lhe-á aplicada medida protetiva e/ou socioeducativa, sendo que à criança que praticar ato infracional, ser-lhe-á aplicada tão somente medida protetiva (arts. 105 e 112, ambos do ECA); **B: incorreta, pois tanto o** acolhimento institucional como o acolhimento familiar são medidas provisórias e excepcionais, utilizáveis como forma de transição para a reintegração familiar ou, não sendo esta possível, para a colocação em família substituta, *não implicando privação de liberdade* (art.101, § 1º, do ECA); **C: correta, pois a alternativa está de acordo com o disposto no art. 130,** *caput*, **do ECA; D: incorreta, pois compete** à Autoridade Central Estadual zelar pela manutenção e correta alimentação dos cadastros, não sendo, portanto, atribuição do Conselho Municipal dos Direitos da Criança e do Adolescente (art. 50, § 9º, do ECA). **VT**
Gabarito "C".

(Magistratura/RJ – 2011 –VUNESP) Sobre as medidas de proteção, é correto afirmar:

(A) o acolhimento institucional e o acolhimento familiar são medidas provisórias e excepcionais, utilizáveis como forma de transição para a reintegração familiar ou, não sendo esta possível, para colocação em família substituta, implicando em privação de liberdade.

(B) as medidas de proteção à criança e ao adolescente são aplicáveis sempre que os direitos reconhecidos no Estatuto da Criança e do Adolescente forem amea-

---

çados ou violados por ação ou omissão da sociedade ou do Estado.

(C) é indispensável o ajuizamento de ação de investigação de paternidade pelo Ministério Público após o não comparecimento do suposto pai ou a recusa em assumir a paternidade a ele atribuída e a criança ser encaminhada para adoção.

(D) crianças e adolescentes não poderão ser encaminhados às instituições não governamentais que executem programas de acolhimento institucional.

A: incorreta, pois o acolhimento institucional ou familiar não implica privação de liberdade (art. 101, § 1°, do ECA); **B:** correta (art. 98 do ECA); **C:** incorreta, pois na hipótese mencionada na alternativa é dispensável o ajuizamento de ação de investigação de paternidade pelo Ministério Público (art. 102, § 4°, do ECA); **D:** incorreta (art. 101, § 3°, do ECA). **VT**
Gabarito "B".

(Magistratura/PI – 2011 – CESPE) No que se refere às medidas de proteção aplicadas a crianças e adolescentes, assinale a opção correta.

(A) As medidas de proteção são aplicadas às crianças; as socioeducativas, aos adolescentes.

(B) As medidas de proteção poderão ser aplicadas isolada ou cumulativamente, mas não podem ser substituídas a qualquer tempo.

(C) O acolhimento, seja institucional ou familiar, equipara-se à internação, visto que afasta o menor do seio familiar.

(D) Deve-se verificar sempre a possibilidade de reintegração familiar do menor e, caso esta se mostre inviável, caberá ao conselho tutelar propor, no prazo de quarenta e cinco dias, ação de destituição do poder familiar.

(E) Somente a autoridade judiciária poderá determinar o afastamento do menor do lar e dos pais ou responsáveis, garantindo-lhes ampla defesa; a guia de acolhimento do menor deve ser expedida com todos os dados necessários sobre a família e os motivos do afastamento do convívio familiar.

A: incorreta, pois também é possível a aplicação de medidas de proteção aos adolescentes (art. 98 e art. 104, ambos do ECA); **B:** incorreta, pois as medidas de proteção podem ser substituídas a qualquer tempo (art. 99 do ECA); **C:** incorreta, pois o acolhimento institucional ou familiar não implica restrição da liberdade (art. 101, § 1°, do ECA); **D:** incorreta, pois cabe ao Ministério Público ajuizar a ação de destituição do poder familiar (art. 101, §§ 9° e 10°, do ECA); **E:** correta (art. 101, §§ 2° e 3°, do ECA). **VT**
Gabarito "E".

(Magistratura/PI – 2011 – CESPE) Assinale a opção correta a respeito das medidas protetivas destinadas a crianças e adolescentes.

(A) As medidas protetivas não podem ser aplicadas de forma cumulativa.

(B) Não podem constar da guia de acolhimento da criança os motivos de sua retirada do convívio com a família de origem.

(C) O MP tem competência para determinar o afastamento da criança do convívio familiar, devendo comunicar o fato ao juiz competente em até quarenta e oito horas.

(D) Determinado o acolhimento familiar da criança ou do adolescente, deve o acolhido ser afastado da família de origem.

(E) Um dos princípios que norteiam a adoção de medidas protetivas é o da intervenção mínima das autoridades e das instituições.

A: incorreta, pois as medidas de proteção poderão ser aplicadas isolada ou cumulativamente (art. 99 do ECA); **B:** incorreta, pois deve constar da guia de acolhimento da criança os motivos de sua retirada (art. 101, § 3°, IV, do ECA); **C:** incorreta, pois o afastamento da criança ou do adolescente do convívio familiar é de competência exclusiva da autoridade judiciária (art. 101, § 2°, do ECA); **D:** incorreta, pois a entidade responsável pelo programa de acolhimento institucional ou familiar elaborará um plano individual de atendimento, visando à reintegração familiar da criança ou adolescente (art. 101, § 4°, do ECA); **E:** correta (art. 100, parágrafo único, VII, do ECA). **VT**
Gabarito "E."

(Magistratura/DF – 2011) Disciplina o ECA que "verificada a hipótese de maus-tratos, opressão ou abuso sexual impostos pelos pais ou responsável, a autoridade judiciária poderá determinar, como medida cautelar, o afastamento do agressor da moradia comum". Dentro desse contexto, considere as proposições formuladas abaixo e assinale a <u>correta</u>:

(A) É cediço que a crueldade dos pais destrói o destino do filho, ou obsta a sua inserção na vida familiar, escolar ou social, mas tal postura, por si só, não rende ensejo à intervenção imediata do Estado para identificação precoce das relações entre pais e filhos;

(B) A constatação de crianças e adolescentes em situação de risco revela a carência, a falta de assistência e o enfraquecimento moral e financeiro da sociedade familiar, circunstância que recomenda aplicação aos pais ou responsável recolhimento em unidade especializada para tratamento psicológico ou psiquiátrico;

(C) Pode ser aplicada em casos que tais, também, a obrigação de comparecimento a cursos ou programas de orientação, com controle de frequência;

(D) No caso de afastamento do agressor da moradia comum, da medida cautelar constará, ainda, a fixação provisória dos alimentos de que necessitem a criança ou o adolescente dependentes do agressor.

A: incorreta, pois o ECA permite a tomada de medidas emergenciais para a proteção de vítimas de violência ou abuso sexual, inclusive, podendo a autoridade judiciária determinar, como medida cautelar, o afastamento do agressor da moradia comum (art. 101, § 2°, e art. 130, *caput*, ambos do ECA); **B:** incorreta, pois está em situação de risco a criança ou o adolescente, cujos direitos forem ameaçados ou violados: I - por ação ou omissão da sociedade ou do Estado; II - por falta, omissão ou abuso dos pais ou responsável; III - em razão de sua conduta (art. 98, do ECA), podendo a autoridade competente aplicar as medidas protetivas previstas no art. 101, do ECA; **C:** incorreta, pois o encaminhamento a cursos ou programas de orientação é uma das medidas aplicáveis aos pais ou responsável (art. 129, IV, do ECA) e não medida específica de proteção (art. 101 do ECA); **D:** correta (art. 130, parágrafo único, do ECA). **ED/WG**
Gabarito "D."

(Magistratura/BA – 2012 – CESPE) No que concerne às medidas de proteção e às medidas pertinentes aos pais ou responsável previstas no ECA, assinale a opção correta.

(A) Verificada a hipótese de maus-tratos, opressão ou abuso sexual cometidos pelos pais ou responsável da criança ou do adolescente, o juízo da infância e da juventude poderá determinar, como medida cautelar, a prisão preventiva dos agressores e a fixação provisória de alimentos aos seus dependentes, desde que constatada a insuficiência de outras medidas anteriormente aplicadas para reprimir os infratores.

(B) Verificada a ameaça ou a violação dos direitos da criança e do adolescente, a autoridade competente poderá determinar, entre outras medidas, o acolhimento institucional, a inclusão em programa de acolhimento familiar, a colocação em família substituta e a internação provisória.

(C) O acolhimento institucional e o acolhimento familiar, medidas provisórias e excepcionais, por implicarem privação de liberdade, são utilizáveis como forma de transição para a reintegração familiar ou, não sendo esta possível, para a colocação em família substituta.

(D) Sem prejuízo da tomada de medidas emergenciais para a proteção de vítimas de violência ou abuso sexual, o afastamento da criança ou adolescente do convívio familiar é de competência exclusiva da autoridade judiciária e importará na deflagração, a pedido do MP ou de quem tenha legítimo interesse, de procedimento judicial contencioso, por meio do qual se garanta aos pais ou ao responsável legal o exercício do contraditório e da ampla defesa.

(E) As únicas medidas aplicáveis aos pais ou responsável são: a perda da guarda, a destituição da tutela, a suspensão ou destituição do poder familiar, e a internação compulsória em clínica de tratamento a alcoólatras e toxicômanos.

A: incorreta, pois a autoridade judiciária poderá determinar, como medida cautelar, o afastamento do agressor da moradia comum (art. 130 do ECA); **B:** incorreta (art. 101 do ECA); **C:** incorreta, pois os acolhimentos institucional e familiar não implicam privação da liberdade (art. 34, § 1° e 101, § 1°, ambos do ECA); **D:** correta (art. 101, § 2°, do ECA); **E:** incorreta, pois existem outras medidas aplicáveis aos pais ou responsáveis (art. 129 do ECA). **VT**
Gabarito "D."

(Magistratura/RO – 2011 – PUCPR) Sobre as medidas de proteção à criança e ao adolescente, previstas no Estatuto da criança e do Adolescente, avalie as proposições que seguem:

I. As medidas de proteção à criança e ao adolescente são aplicáveis sempre que os direitos reconhecidos no Estatuto da Criança e do Adolescente forem ameaçados ou violados seja por ação ou omissão da sociedade ou do Estado, seja por falta, omissão ou abuso dos pais ou responsável; ou ainda em razão de sua conduta.

II. Na aplicação das medidas levar-ser-ão em conta as necessidades pedagógicas, preferindo-se aquelas que visem ao fortalecimento dos vínculos familiares

14. DIREITO DA CRIANÇA E DO ADOLESCENTE

e comunitários, sendo que um dos princípios que regem a aplicação das medidas é a proteção integral e prioritária, ou seja, a interpretação e aplicação de toda e qualquer norma contida no Estatuto da Criança e do Adolescente deve ser voltada à proteção integral e prioritária dos direitos de que crianças e adolescentes são titulares.

III. O acolhimento institucional e o acolhimento familiar são medidas preferenciais, utilizáveis como forma de transição para reintegração familiar ou, não sendo esta possível, para colocação em família substituta, não implicando privação de liberdade.

IV. Sem prejuízo da tomada de medidas emergenciais para proteção de vítimas de violência ou abuso sexual e das providências a que alude o art. 130 do Estatuto da Criança e do Adolescente, o afastamento da criança ou adolescente do convívio familiar é de competência exclusiva da autoridade judiciária e importará na deflagração, a pedido do Ministério Público ou de quem tenha legítimo interesse, de procedimento judicial contencioso, no qual se garanta aos pais ou ao responsável legal o exercício do contraditório e da ampla defesa.

V. Imediatamente após o acolhimento da criança ou do adolescente, a entidade responsável pelo programa de acolhimento institucional ou familiar elaborará um plano individual de atendimento, visando à reintegração familiar, ressalvada a existência de ordem escrita e fundamentada em contrário de autoridade judiciária competente, caso em que também deverá contemplar sua colocação em família substituta, observadas as regras e princípios do Estatuto da Criança e do Adolescente.

Está(ao) CORRETA(S):

(A) Apenas as proposições I, II, IV e V.

(B) Apenas as proposições I e V.

(C) Apenas as proposições I, II, III e V.

(D) Apenas as proposições II, III e IV.

(E) Todas as proposições.

I: assertiva correta, visto que corresponde ao teor do art. 98 do ECA; **II:** proposição correta, pois em consonância com a redação do art. 100 do ECA; **III:** incorreta, pois contraria o disposto no art. 101, § 1º, do ECA; **IV:** correta, nos termos do art. 101, § 2º, do ECA; **V:** correta, nos termos do art. 101, § 4º, do ECA. **ED/WG**

Gabarito "A"

6. MEDIDAS SOCIOEDUCATIVAS E ATO INFRACIONAL – DIREITO MATERIAL

(Juiz – TJ/MS – VUNESP – 2015) Caracteriza a internação com prazo determinado ou internação sanção:

(A) prática de ato infracional mediante grave ameaça ou violência contra a pessoa ou em reiteração de infrações graves.

(B) aplicação residual se não existir outra medida adequada à ressocialização.

(C) decretação pelo juízo da execução.

(D) expedição da guia de execução de medida e início do processo de execução.

(E) prazo limitado a 3 (três) anos.

A: incorreta. O art. 122, I, prevê a possibilidade de internação nos casos de prática de ato infracional ocorrido mediante violência ou grave ameaça, mas o prazo de internação não pode ser determinado em sentença, devendo ser avaliada a continuidade da medida a cada 6 (seis) meses, sendo que o prazo máximo da internação é de 3 (três) anos. **B:** incorreta. A internação somente pode ser aplicada nas expressas hipóteses do art. 122 do ECA. **C:** correta. A internação-sanção pode ser aplicada, nos termos do art. 122, III, por descumprimento reiterado e injustificável de medidas socioeducativas anteriormente impostas. Sendo assim, somente o juízo da execução é quem pode adotar a medida. **D:** incorreta. O prazo máximo da internação-sanção é de 3 (três) meses. **RD**

Gabarito "C"

(Juiz – TJ-SC – FCC – 2017) A Lei Federal nº 12.594/12, que instituiu o SINASE – Sistema Nacional Socioeducativo, previu como direitos dos adolescentes em cumprimento de medida socioeducativa, expressamente,

(A) direito a creche e pré-escola de filhos de zero a cinco anos de idade e o direito de ser inserido em medida em meio aberto quando o ato infracional praticado não estiver carregado de violência ou grave ameaça e não houver vaga para internação no local de sua residência.

(B) possibilidade de saída monitorada sem prévia autorização judicial nos casos de falecimento de irmão e de peticionar por escrito a qualquer autoridade ou órgão público, devendo ser respondido em até 10 (dez) dias.

(C) direito de receber visita, mesmo que de egresso do sistema socioeducativo e de ter acesso à leitura em seu alojamento, mesmo que em quarto coletivo.

(D) direito a creche e pré-escola de filhos de zero a cinco anos de idade e de ter acesso à leitura em seu alojamento, mesmo que em quarto coletivo.

(E) direito de peticionar por escrito a qualquer autoridade ou órgão público, devendo ser respondido em até 10 (dez) dias e de receber visita, mesmo que de egresso do sistema socioeducativo.

A: correta (art. 49, II e VIII, da Lei 12.594/2012); **B:** incorreta. A primeira parte da assertiva está correta, pois em conformidade com o art. 50 da Lei 12.594/2012; a segunda parte, no entanto, está incorreta, uma vez que não reflete o disposto no art. 49, IV, da Lei 12.594/2012, que estabelece o prazo de 15 dias (e não de 10); **C:** incorreta (previsão não contemplada na Lei 12.594/2012); **D:** a primeira parte da assertiva está correta (art. 49, VIII, da Lei 12.594/2012); já em relação à segunda parte da proposição, não há tal previsão legal; **E:** incorreta. A primeira parte está incorreta porque, segundo dispõe o art. 49, IV, da Lei 12.594/2012, o prazo para resposta é de 15 dias (e não de 10); já em relação à segunda parte da proposição, não há tal previsão legal. **ED**

Gabarito "A"

(Juiz – TJ-SC – FCC – 2017) Mário, 15 anos de idade, encontrava-se em cumprimento de medida socioeducativa de liberdade assistida. Durante o curso desta, Mário teve contra si nova apuração de ato infracional, praticado no curso da execução anterior, que resultou em decisão judicial que lhe impôs nova medida, a de semiliberdade. O juiz competente pelo acompanhamento do processo de execução, então, proferiu decisão, a qual impôs-lhe o cumprimento de uma única medida, a de semiliberdade. Nesta decisão, nos termos da Lei Federal nº 12.594/12, o juiz competente aplicou o instituto da:

(A) cumulação.

(B) unificação.

(C) suspensão.

(D) alteração.

(E) substituição.

A solução desta questão deve ser extraída do art. 45 da Lei 12.594/2012: *Se, no transcurso da execução, sobrevier sentença de aplicação de nova medida, a autoridade judiciária procederá à unificação, ouvidos, previamente, o Ministério Público e o defensor, no prazo de 3 (três) dias sucessivos, decidindo-se em igual prazo. § 1º É vedado à autoridade judiciária determinar reinício de cumprimento de medida socioeducativa, ou deixar de considerar os prazos máximos, e de liberação compulsória previstos na Lei nº 8.069, de 13 de julho de 1990 (Estatuto da Criança e do Adolescente), excetuada a hipótese de medida aplicada por ato infracional praticado durante a execução. § 2º É vedado à autoridade judiciária aplicar nova medida de internação, por atos infracionais praticados anteriormente, a adolescente que já tenha concluído cumprimento de medida socioeducativa dessa natureza, ou que tenha sido transferido para cumprimento de medida menos rigorosa, sendo tais atos absorvidos por aqueles aos quais se impôs a medida socioeducativa extrema.* ED

Gabarito "B".

(Juiz – TRF 2ª Região – 2017) Magnus, com 15 anos de idade, pega a chave do veículo de seu pai e, ao dirigi-lo com cautela, perto de sua casa, faz desvio para evitar o atropelamento de criancinha que, de surpresa, avançou sobre a rua. Magnus, ao fazer a manobra salvadora da criança, colide com veículo da Empresa de Correios e Telégrafos, regularmente estacionado. Assinale a opção correta:

(A) Magnus, ao desviar, agiu em estado de necessidade, daí que não há base legal para obrigá-lo, a si ou a seu responsável, a reparar o dano causado ao veículo da ECT.

(B) Admitindo que o pai de Magnus seja condenado a reparar o dano, ele, mais tarde, faz jus a obter o regresso contra o filho.

(C) Embora não se configure o estado de necessidade, o absolutamente incapaz não responde em termos civis, e apenas seu representante ou responsável pode ser chamado a reparar o dano.

(D) Mesmo que se acolha a tese de estado de necessidade, o responsável pelo menor pode, legalmente, ser condenado a reparar o dano causado à ECT.

(E) O estado de necessidade não se caracteriza. Dirigir sem habilitação é ilícito permanente e incide o Estatuto da Criança e do Adolescente, com responsabilidade civil direta de Magnus e subsidiária de seu pai.

Está-se diante de hipótese de estado de necessidade dirigido a terceiro inocente, em que o agente, no caso o menor Magnus, para preservar bem jurídico alheio (vida/integridade física de uma criança), sacrifica bem jurídico de terceiro (patrimônio da ECT) que não provocou a situação de perigo. Nesse caso, caberá ao responsável pelo menor, no caso seu pai, indenizar esse terceiro, tal como estabelecem os arts. 929 e 930, do CC. ED

Gabarito "D".

(Magistratura/AM – 2013 – FGV) Assinale a alternativa que indica medidas socioeducativas aplicáveis ao adolescente pela prática de ato infracional.

(A) Obrigação de reparar o dano, prestação de serviços à comunidade, liberdade assistida e colocação em família substituta.

(B) Advertência, liberdade assistida, inserção em regime de semiliberdade e colocação em família substituta.

(C) Advertência, obrigação de reparar o dano, prestação de serviços à comunidade e internação em estabelecimento educacional.

(D) Liberdade assistida, inserção em regime de semiliberdade, internação em estabelecimento educacional e incomunicabilidade.

(E) Advertência, multa, prestação de serviços à comunidade e incomunicabilidade.

A e B: incorretas, pois a colocação em família substituta é medida específica de proteção à criança e ao adolescente que se encontre em situação de risco (art. 101, IX, do ECA); **C:** correta, pois a alternativa indica medidas socioeducativas aplicáveis ao adolescente, em razão da prática de ato infracional, previstas no art. 112 do ECA; **D e E:** incorretas, pois a multa e a incomunicabilidade não são medidas socioeducativas previstas no ECA. Inclusive, dentre os direitos do adolescente privado de liberdade há a vedação à incomunicabilidade (art. 124, § 1º, do ECA). VT

Gabarito "C".

(Magistratura/PE - 2013 - FCC) Verificada a prática de ato infracional, a autoridade competente poderá aplicar ao adolescente a medida de

(A) prestação de serviços comunitários, por período não excedente a 01 (um) ano.

(B) determinação de compensação do prejuízo da vítima, ainda que se trate de ato sem reflexos patrimoniais.

(C) requisição de tratamento médico, psicológico ou psiquiátrico, em regime hospitalar ou ambulatorial.

(D) liberdade assistida pelo prazo máximo de 06 (seis) meses, podendo a qualquer tempo ser prorrogada, revogada ou substituída.

(E) semiliberdade, embora não desde o início, como forma de transição para o meio aberto.

A: incorreta, pois a prestação de serviços comunitários, que consiste na realização de tarefas gratuitas de interesse geral, não excederá o período de seis meses (art. 117, *caput*, do ECA); **B:** incorreta, pois a medida socioeducativa de reparação do dano é aplicada em se tratando de ato infracional com reflexos patrimoniais (art. 116, *caput*, do ECA); **C:** correta, pois ao adolescente que praticar ato infracional poderão ser aplicadas medidas socioeducativas e/ou protetivas, dentre elas, a requisição de tratamento médico, psicológico ou psiquiátrico, em regime hospitalar ou ambulatorial (art. 101, V, do ECA); **D:** incorreta, pois a liberdade assistida será fixada pelo prazo mínimo de seis meses, podendo a qualquer tempo ser prorrogada, revogada ou substituída por outra medida, ouvido o orientador, o Ministério Público e o defensor (art. 118, § 2º, do ECA); **E:** incorreta, pois é possível a aplicação da medida de semiliberdade desde o início ou como forma de transição para o meio aberto (art. 120, *caput*, do ECA). VT

Gabarito "C".

14. DIREITO DA CRIANÇA E DO ADOLESCENTE | 763

(Magistratura/PR – 2013 – UFPR) Não havendo outra medida adequada, pode ser aplicada a internação:

(A) se o ato infracional foi cometido mediante violência.

(B) pelo descumprimento reiterado e injustificado de medida anteriormente imposta.

(C) com prazo máximo de 3 anos.

(D) pelo cometimento de ato infracional grave, análogo a crime punido com pena mínima de três anos de reclusão.

A: incorreta, pois, segundo o art. 122 do ECA, a medida de internação só poderá ser aplicada quando: "I - tratar-se de ato infracional cometido mediante grave ameaça ou *violência a pessoa*; II - por reiteração no cometimento de outras infrações graves; III - por descumprimento reiterado e injustificável da medida anteriormente imposta"; **B:** correta, pois a alternativa reflete o disposto no art. 122, III, do ECA; **C:** incorreta. É certo que, em nenhuma hipótese, o período máximo de internação excederá a 3 (três) anos. Todavia, a medida socioeducativa de internação não comporta prazo determinado, devendo sua manutenção ser reavaliada, mediante decisão fundamentada, no máximo a cada 6 (seis) meses (art. 121, §§ 2º e 3º, do ECA). Situação diversa é o que ocorre com a internação-sanção, aplicada em razão do descumprimento reiterado e injustificável da medida anteriormente imposta, caso em que o adolescente não poderá ficar internado por prazo superior a 3 (três) meses (art. 122, § 1º, do ECA); **D:** incorreta, pois não basta que o ato infracional seja grave, já que para a aplicação da medida socioeducativa de internação é imprescindível que esteja presente uma das hipóteses previstas no art. 122 do ECA, acima mencionadas. **VT**
Gabarito "B".

(Magistratura/PR – 2010 – PUC/PR) Sobre as assertivas a seguir, avalie se são falsas **(F)** ou verdadeiras **(V)** e assinale a opção CORRETA:

I. É considerada medida socioeducativa prevista no Estatuto da Criança e do Adolescente a matrícula e frequência obrigatória em estabelecimento oficial de ensino.

II. Uma das medidas de proteção passíveis de aplicação pelo Conselho Tutelar à criança ou ao adolescente vítima de maus-tratos é a colocação em família substituta.

III. O acolhimento institucional ou o familiar são medidas de proteção provisórias e excepcionais utilizáveis como forma de transição à reintegração familiar ou colocação em família substituta, não implicando em privação de liberdade.

IV. A inserção em regime de semiliberdade é medida protetiva aplicável a crianças e adolescentes em situação de risco pessoal e social.

(A) F, F, V, V

(B) V, F, V, F

(C) F, F, V, F

(D) F, F, F, F

I: falsa, pois se trata de medida de proteção (art. 101, III, do ECA); **II:** falsa, pois somente a autoridade judiciária pode colocar criança ou adolescente em família substituta; **III:** verdadeira (art. 101, § 1º, do ECA); **IV:** falsa, pois a inserção em regime de semiliberdade é medida socioeducativa aplicável quando verificada a prática de ato infracional (art. 112, V, do ECA). **ED/WG**
Gabarito "C".

(Magistratura/PI – 2011 – CESPE) Com relação à prática de ato infracional, assinale a opção correta.

(A) A prestação de serviços à comunidade consiste na realização de tarefas gratuitas de interesse geral, por período não inferior a seis meses.

(B) A liberdade assistida será fixada pelo prazo mínimo de seis meses, presumindo-se que poderá ser fixada pelo tempo que o juiz da infância e da juventude considerar necessário.

(C) A aplicação do regime de semiliberdade deve ser reavaliada a cada seis meses e não comporta prazo máximo.

(D) As medidas socioeducativas só devem ser aplicadas em face da existência de provas suficientes da autoria e da materialidade da infração, ressalvada a hipótese de remissão.

(E) A concessão de remissão não impede que se aplique qualquer medida socioeducativa.

A: incorreta, pois a prestação de serviços à comunidade não pode exceder a seis meses (art. 117 do ECA); **B:** correta (art. 118, § 2º, do ECA); **C:** incorreta, pois a medida de semiliberdade não precisa ser reavaliada a cada seis meses, no máximo, como no caso da internação (art. 121, § 2º, do ECA); **D:** incorreta, pois a aplicação das medidas socioeducativas e protetivas pressupõe a existência de provas suficientes da autoria e da materialidade da infração, salvo no caso da advertência (art. 114, *caput* e parágrafo único, do ECA). Importante ressaltar que a remissão não implica necessariamente o reconhecimento ou comprovação da responsabilidade (art. 127 do ECA); **E:** incorreta, pois a remissão pode ser cumulada com medidas protetivas e socioeducativas, exceto a colocação em regime de semiliberdade e a internação (art. 127 do ECA). **VT**
Gabarito "B".

(Magistratura/RJ – 2011 – VUNESP) Sobre as medidas socioeducativas aplicáveis em casos de atos infracionais, é correto afirmar que

(A) a prestação de serviços comunitários consiste na realização de tarefas gratuitas de interesse geral, por período não inferior a seis meses, devendo ser cumpridas durante jornada mínima de oito horas semanais.

(B) a liberdade assistida será fixada pelo prazo máximo de seis meses e não poderá ser prorrogada.

(C) o regime de semiliberdade pode ser determinado desde o início, ou como forma de transição para o meio aberto, possibilitada a realização de atividades externas, dependendo de autorização judicial.

(D) a internação constitui medida privativa de liberdade, sujeita aos princípios de brevidade, excepcionalidade e respeito à condição peculiar de pessoa em desenvolvimento.

A: incorreta, pois a prestação de serviços à comunidade será prestada por período não excedente a seis meses, com jornada máxima de oito horas semanais (art. 117, *caput* e parágrafo único, do ECA); **B:** incorreta, pois a liberdade assistida será fixada pelo prazo mínimo de seis meses, podendo a qualquer tempo ser prorrogada, revogada ou substituída por outra medida (art. 118, § 2º, do ECA); **C:** incorreta, pois independe de autorização judicial (art. 120 do ECA); **D:** correta (art. 121, do ECA). Inclusive, um dos princípios que regem a execução das medidas socioeducativas é a brevidade da medida em resposta ao ato cometido (art. 35, V, da Lei 12.594/2012). **VT**
Gabarito "D".

(Magistratura/ES – 2011 – CESPE) No que se refere a medida socioeducativa, assinale a opção correta.

(A) A medida de internação não comporta prazo determinado, devendo ser reavaliada a cada três anos.

(B) A medida de semiliberdade pode ser aplicada desde o início, quando, pelo estudo técnico, se verificar que é adequada e suficiente do ponto de vista pedagógico. A possibilidade de atividades externas é inerente a essa espécie de medida e depende de autorização judicial.

(C) Tratando-se de medida de obrigação de reparar o dano, o magistrado deve determinar a restituição da coisa ao seu verdadeiro proprietário, ainda que o ato infracional tenha sido praticado por criança.

(D) Não se computa, no prazo máximo de internação, o tempo de internação provisória.

(E) A aplicação da medida de liberdade assistida, uma das mais rigorosas, prevê a manutenção do adolescente em entidades de atendimento.

A: incorreta. A medida de internação não comporta prazo determinado, devendo sua manutenção ser reavaliada, mediante decisão fundamentada, no máximo a cada seis meses (art. 121, § 2°, do ECA). Todavia, em nenhuma hipótese o período máximo de internação excederá a três anos (art. 121, § 3°, do ECA). Ainda, caso se trate da internação-sanção (por descumprimento reiterado e injustificável da medida anteriormente imposta), o prazo não poderá ser superior a três meses (art. 122, III e § 1°, do ECA); **B:** incorreta, pois a realização de atividades externas independe de autorização judicial (art. 120, do ECA); **C:** correta (art. 116, do ECA); **D:** incorreta, pois o prazo de internação provisória, que é de no máximo quarenta e cinco dias (art. 108, do ECA), será computado para o cálculo dos três anos máximos de internação; **E:** incorreta, pois a liberdade assistida é uma medida em meio aberto, em que o adolescente permanece junto à sociedade (art. 118, do ECA). Por sua vez, na internação, medida socioeducativa mais rigorosa, o adolescente permanece institucionalizado em entidades de atendimento (art. 121, do ECA). **VT**
„Ɔ„ olµɐqɐ⅁

(Magistratura/DF – 2011) A doutrina especializada tem apregoado "que há um equívoco muito grande quando se depara com a mentalidade popular de que a solução do problema do adolescente infrator é a internação", que, assim, somente deverá ser aplicada de forma excepcional. Dito isso, considere as preposições abaixo formuladas e assinale a <u>incorreta</u>:

(A) A autoridade judicial em procedimento próprio poderá aplicar a medida socioeducativa de internação quando se tratar de ato infracional cometido mediante grave ameaça ou violência à pessoa;

(B) Terá também lugar para sua aplicação na hipótese de haver reiteração no cometimento de outras infrações graves;

(C) Igualmente poderá ser aplicada a medida socioeducativa de internação por descumprimento reiterado e injustificado da medida que tiver sido anteriormente imposta;

(D) O elenco das condições constantes das alíneas anteriores não é taxativo e exaustivo, havendo, portanto, possibilidade de aplicação da referida medida fora das hipóteses apresentadas, a critério do Juiz da Vara da Infância e do Adolescente, após colhido parecer do representante do Ministério Público.

A: correta (art. 122, I, do ECA); **B:** correta (art. 122, II, do ECA); **C:** correta (art. 122, III, do ECA); **D:** incorreta (devendo esta ser assinalada), pois o rol previsto no art. 122, do ECA é taxativo. "Somente poderá ser aplicada nas hipóteses taxativamente previstas em lei. As medidas restritivas de liberdade são condicionadas à observância de três princípios básicos: excepcionalidade, brevidade e respeito à condição de pessoa em desenvolvimento. De acordo com o princípio da excepcionalidade, a medida socioeducativa de internação somente poderá ser aplicada se outra não for suficiente à ressocialização, bem como se a conduta estiver descrita em uma das hipóteses legais que autorizam essa severa internação". (Rossato, Lépore e Sanches. Estatuto da Criança e do Adolescente, editora RT). **ED/WG**
„D„ oʇᴉɹɐqɐ⅁

(Magistratura/CE – 2012 – CESPE) A respeito de ato infracional, direitos individuais, garantias processuais e medidas socioeducativas, assinale a opção correta.

(A) Nenhum adolescente será privado de sua liberdade sem o devido processo legal, sendo-lhe asseguradas igualdade na relação processual, autodefesa e, na falta de advogado particular ou de defensor público, defesa técnica provida pelo conselho tutelar.

(B) A liberdade assistida será adotada sempre que se afigurar a medida mais adequada para o fim de acompanhar, auxiliar e orientar o adolescente e será fixada pelo prazo máximo de seis meses, podendo, a qualquer tempo, ser revogada ou substituída por outra medida menos gravosa, ouvido o orientador, o MP e o defensor.

(C) A imposição de medidas como obrigação de reparar o dano, prestação de serviços à comunidade, liberdade assistida, inserção em regime de semiliberdade e internação em estabelecimento educacional pressupõe a existência de provas suficientes da autoria e da materialidade da infração, ressalvada a hipótese de remissão, podendo a advertência ser aplicada sempre que houver prova da materialidade e indícios suficientes da autoria.

(D) A medida socioeducativa pode ser aplicada tanto a criança quanto a adolescente que tiver praticado ato infracional.

(E) Caso o adolescente porte a carteira de estudante como único documento civil de identificação, aos órgãos policiais de proteção e judiciais será vedado promover a sua identificação compulsória.

A: incorreta, pois é assegurado aos adolescentes o devido processual legal, inclusive, a defesa técnica por advogado (art. 110 e 111, III, ambos do ECA). Oportuno registrar que dentre os direitos do adolescente submetido ao cumprimento de medida socioeducativa está o de ser acompanhado por seus pais ou responsável e <u>por seu defensor</u>, em qualquer fase do procedimento administrativo ou judicial (art. 49, I, da Lei 12.594/2012); **B:** incorreta, pois a liberdade assistida tem o prazo mínimo de seis meses (art. 118, caput e § 2°, do ECA); **C:** incorreta (art. 114, caput e parágrafo único, do ECA); **D:** incorreta, pois a medida socioeducativa somente será aplicada ao adolescente, ao passo que a medida protetiva será aplicada à criança e ao adolescente que tiver praticado ato infracional (art. 105, do ECA); **E:** incorreta (art. 109, do ECA). **VT**
„Ɔ„ oʇᴉɹɐqɐ⅁

14. DIREITO DA CRIANÇA E DO ADOLESCENTE

(Magistratura/DF – 2011) A doutrina especializada tem apregoado "que há um equívoco muito grande quando se depara com a mentalidade popular de que a solução do problema do adolescente infrator é a internação", que, assim, somente deverá ser aplicada de forma excepcional. Dito isso, considere as preposições abaixo formuladas e assinale a <u>incorreta</u>:

(A) A autoridade judicial em procedimento próprio poderá aplicar a medida socioeducativa de internação quando se tratar de ato infracional cometido mediante grave ameaça ou violência à pessoa;

(B) Terá também lugar para sua aplicação na hipótese de haver reiteração no cometimento de outras infrações graves;

(C) Igualmente poderá ser aplicada a medida socioeducativa de internação por descumprimento reiterado e injustificado da medida que tiver sido anteriormente imposta;

(D) O elenco das condições constantes das alíneas anteriores não é taxativo e exaustivo, havendo, portanto, possibilidade de aplicação da referida medida fora das hipóteses apresentadas, a critério do Juiz da Vara da Infância e do Adolescente, após colhido parecer do representante do Ministério Público.

A: o art. 122 do ECA estabelece as hipóteses em que a internação tem lugar, entre elas está aquela em que o ato infracional é cometido mediante grave ameaça ou violência a pessoa (inciso I). São exemplos: roubo, homicídio e estupro. Atenção: não fazem parte desse rol o tráfico de drogas, embora seja equiparado a hediondo, o furto qualificado, dentre outras condutas equiparadas a crime desprovidas de violência ou grave ameaça a pessoa. Nesse sentido: STJ, HC 165.704-SP, Rel. Min. Maria Thereza e Assis Moura, j. 2.9.2010. Consolidando tal entendimento, o STJ editou a Súmula 492: "O ato infracional análogo ao tráfico de drogas, por si só, não conduz obrigatoriamente à imposição de medida socioeducativa de internação do adolescente"; **B:** embora isoladamente não justifique a aplicação da medida de internação, pode o magistrado determiná-la diante de sua reiteração. Assim, "outras infrações" significa infrações não abrangidas pelo inciso I. Para o STJ, reiteração é, no mínimo, três infrações graves. Diferente, portanto, de reincidência. O tráfico de drogas se enquadra neste dispositivo; **C:** esta é a chamada *internação com prazo determinado* ou *internação-sanção*. Assim, uma vez aplicada a medida por sentença em processo de conhecimento, cabe ao adolescente a ela submeter-se, independentemente de sua vontade. Se assim não fizer, poderá sujeitar-se à internação-sanção, cujo prazo de duração, a teor do art. 122, § 1º, poderá chegar a três meses. Segundo o STJ, a reiteração pressupõe mais de três atos. Além disso, o descumprimento há de ser injustificável, devendo o juiz, portanto, ouvir as razões do adolescente. A esse respeito, a Súmula 265 do STJ: "É necessária a oitiva do menor infrator antes de decretar-se a regressão da medida socioeducativa"; **D:** assertiva incorreta (devendo esta ser assinalada), visto que se trata de rol taxativo. ED/WG
Gabarito "D".

(MAGISTRATURA/PB – 2011 – CESPE) Assinale a opção correta com base no que dispõe o ECA a respeito de ato infracional, medidas socioeducativas, entidades de atendimento e direito à saúde.

(A) As entidades governamentais de atendimento ao menor que descumprirem as obrigações relacionadas ao desenvolvimento de programas de internação estão sujeitas às seguintes penalidades: advertência, suspensão total do repasse de verbas, interdição das unidades ou suspensão do programa.

(B) As entidades não governamentais de atendimento a crianças e adolescentes somente podem funcionar depois de registradas no conselho municipal dos direitos da criança e do adolescente, que deve comunicar o registro, cuja validade máxima é de quatro anos, ao conselho tutelar e ao juiz da localidade.

(C) Nenhum adolescente pode ser privado de sua liberdade senão em flagrante de ato infracional, permitindo-se a sua prisão preventiva ou temporária desde que decretada por ordem escrita e fundamentada da autoridade judiciária competente.

(D) O prazo máximo da internação provisória do adolescente, para a aplicação de medida socioeducativa, é de até sessenta dias, constituindo a privação da liberdade verdadeira medida cautelar.

(E) As situações de suspeita ou confirmação de maus-tratos contra criança ou adolescente devem ser imediata e concomitantemente informadas ao MP, ao juiz da localidade e ao conselho tutelar, sem prejuízo de outras providências.

A: incorreta, nos termos do art. 97, I, do ECA; **B:** correta (art. 91, *caput* e § 2º, do ECA); **C:** o adolescente não está sujeito à prisão preventiva nem à prisão temporária, modalidades de custódia cautelar com aplicação exclusiva aos imputáveis; sujeitam-se, no entanto, à internação provisória – art. 108 do ECA; **D:** a internação provisória não poderá durar mais de quarenta e cinco dias, prazo em que o processo deverá ser ultimado (art. 183, ECA). Findo esse prazo, o adolescente deverá ser imediatamente liberado. Há decisões, contudo, que entendem que, a depender da particularidade do caso concreto, é possível estendê-lo, notadamente quando é a defesa que dá causa à dilação. O descumprimento injustificado desse prazo configura o crime do art. 235 do ECA; E: nos casos de suspeita ou ainda de confirmação de maus-tratos contra criança ou adolescente, será obrigatória a comunicação do fato ao Conselho Tutelar da respectiva localidade, sem prejuízo de outras providências legais – art. 13, *caput*, do ECA. ED/WG
Gabarito "B".

(MAGISTRATURA/PB – 2011 – CESPE) Considerando o que dispõe o ECA a respeito da medida de internação, assinale a opção correta.

(A) A desinternação deve ser precedida de autorização judicial, ouvidos o MP e o DP.

(B) A medida de internação restringe-se aos casos de ato infracional cometido mediante grave ameaça ou violência a pessoa.

(C) A internação deve ser cumprida em entidade exclusiva para adolescentes, no mesmo local destinado ao abrigo, atendida rigorosa separação por critérios de idades, compleição física e gravidade da infração.

(D) Durante a internação, medida excepcional, não é permitida a realização de atividades externas, salvo expressa determinação judicial em contrário.

(E) A internação não comporta prazo determinado, devendo ser reavaliada a sua manutenção, mediante decisão fundamentada, no máximo a cada seis meses.

A: incorreta, nos termos do art. 121, § 6º, do ECA; **B:** incorreta, na medida em que o art. 122, nos seus incisos II e III, contempla outras hipóteses em que tem lugar a medida de internação; **C:** pela disciplina estabelecida no art. 123 do ECA, o cumprimento desta medida socioeducativa dar-se-á em entidade exclusiva para adolescentes, em local distinto daquele destinado ao *abrigo*, obedecida rigorosa separação por critérios de *idade, compleição física* e *gravidade da infração*. Além disso, a norma do parágrafo único prescreve que, durante o período de internação, ainda que provisória, são obrigatórias atividades pedagógicas. Atenção: o *abrigo*, por força das mudanças implementadas pela Lei 12.010/09, deu lugar ao *acolhimento institucional;* **D:** ao contrário; será permitida a realização de atividades externas (art. 121, § 1º, do ECA); E: correta (art. 121, § 2º, do ECA). ED/WG

Gabarito "E".

(Magistratura/PE – 2011 – FCC) A medida socioeducativa de internação

(A) não pode exceder a 3 (três) meses no caso de descumprimento reiterado e injustificável da medida anteriormente imposta.

(B) é cabível no caso de reiteração no cometimento de outras infrações, independentemente de sua natureza.

(C) não admite a realização de atividades externas.

(D) não permite a suspensão temporária de visitas.

(E) deve ser reavaliada, mediante decisão fundamentada, no máximo a cada 3 (três) meses.

A: correta, nos termos do art. 122, § 1º, do ECA. Esta é a chamada *internação-sanção* ou *internação com prazo determinado*; **B:** incorreta, pois, no caso do inciso II do art. 122 do ECA, exige-se que a infração seja grave. Mais: consolidou-se na jurisprudência o entendimento no sentido de que é necessário o cometimento de no mínimo três infrações dessa natureza (reiteração); **C:** incorreta, já que, a teor do art. 121, § 1º, do ECA, a atividade externa será, sim, admitida, a critério da equipe técnica da entidade, salvo expressa determinação judicial em contrário; **D:** incorreta, pois se a autoridade judiciária entender que existem motivos sérios e fundados que tornam a visita, inclusive dos pais ou responsável, prejudicial aos interesses do adolescente, poderá suspendê-la temporariamente – art. 124, § 2º, ECA; E: incorreta, visto que a internação, segundo dispõe o art. 121, § 2º, não comporta prazo determinado, devendo sua manutenção ser reavaliada, mediante decisão fundamentada, no máximo a cada *seis meses*. ED/WG

Gabarito "A".

(Magistratura/SP – 2011 – VUNESP) O juiz Tancredo Demerval, ao apreciar caso em que necessita aplicar medida socioeducativa, decide

(A) que o rol do ECA é taxativo, o que vale dizer que somente pode aplicar a reprimenda prevista em lei.

(B) que o rol é extenso e ele pode dispensar as medidas socioeducativas previstas no Diploma Legal e aplicar aquelas que bem lhe aprouver.

(C) aplicar medidas socioeducativas que se ajustem à Comarca que judica.

(D) que o rol é exemplificativo e o juiz, além daquelas medidas socioeducativas aludidas no Diploma Legal, poderá aplicar outras reprimendas que entender adequadas ao caso.

(E) que em casos especialíssimos poderá aplicar medida socioeducativa, em homenagem ao princípio da celeridade processual, sem a ouvida do representante do *Parquet*.

O rol contemplado no art. 112 é taxativo, sendo, portanto, defeso ao juiz recorrer a medidas socioeducativas não previstas em lei. ED/WG

Gabarito "A".

7. ATO INFRACIONAL – DIREITO PROCESSUAL

(Juiz – TJ/SP – VUNESP – 2015) Quando o adolescente for apreendido em flagrante de ato infracional, será encaminhado

(A) à sua residência, uma vez que não é permitido prender o adolescente sem que o policial esteja acompanhado de um membro do conselho tutelar.

(B) aos familiares desde que esteja matriculado em escola da rede pública.

(C) à autoridade policial competente.

(D) à autoridade judiciária.

O adolescente apreendido em flagrante de ato infracional será, desde logo, encaminhado à autoridade policial competente (art. 172 do ECA). RD

Gabarito "C".

(Magistratura/PR – 2013 – UFPR) A remissão, como forma de extinção ou suspensão do processo, pode ser concedida:

(A) pela autoridade judiciária em qualquer fase do procedimento, até a publicação da sentença.

(B) pela autoridade judiciária em qualquer fase do procedimento, até o trânsito em julgado da sentença.

(C) pela autoridade judiciária ou pelo órgão colegiado competente, até o julgamento do recurso.

(D) pelo Ministério Público, logo após iniciado o procedimento judicial.

Antes de iniciado o procedimento judicial para a apuração de ato infracional, o representante do Ministério Público poderá conceder a remissão – pré-processual ou ministerial –, como forma de *exclusão do processo*, atendendo às circunstâncias e consequências do fato, ao contexto social, bem como à personalidade do adolescente e sua maior ou menor participação no ato infracional (art. 126, *caput*, do ECA). Por sua vez, *iniciado o procedimento, com o recebimento da representação até antes da sentença* (art. 188 do ECA), a concessão da remissão – processual ou judicial – pela autoridade judiciária importará na suspensão ou extinção do processo (art. 126, parágrafo único, do ECA). Assim, a alternativa "A" está correta, ficando excluídas as demais. VT

Gabarito "A".

(Magistratura/RJ – 2013 – VUNESP) A respeito de medidas socioeducativas, em conformidade com o ECA, pode-se afirmar, corretamente, que

(A) a medida de semiliberdade poderá ser cumprida mesmo após a maioridade penal.

(B) a prestação de serviços à comunidade não comporta prazo determinado.

(C) para que se aplique a medida de internação, basta a comprovação da materialidade e da autoria de uma única infração grave sem violência ou grave ameaça à pessoa.

(D) extingue-se a pretensão socioeducativa quando a restituição da coisa ou a obrigação de reparar o dano pelo adolescente, pai ou responsável se tornar manifestamente impossível.

14. DIREITO DA CRIANÇA E DO ADOLESCENTE — 767

A: correta, pois tanto a medida socioeducativa de semiliberdade como a de internação poderão ser cumpridas pelo jovem que praticou o ato infracional quando era adolescente e que já completou a maioridade civil, até os 21 (vinte e um) anos de idade, sendo que em nenhuma hipótese o período máximo excederá a 3 (três) anos (arts. 2º, parágrafo único; 120, § 2º; e 121, §§ 3º e 5º, todos do ECA); **B:** incorreta, pois a prestação de serviços comunitários consiste na realização de tarefas gratuitas de interesse geral, por período *não excedente a 6 (seis) meses* (art. 117, *caput*, do ECA); **C:** incorreta, pois, segundo o art. 122 do ECA, a medida de internação só poderá ser aplicada quando: "I - tratar-se de ato infracional cometido mediante grave ameaça ou violência a pessoa; II - por *reiteração* no cometimento de outras infrações graves; III - por descumprimento reiterado e injustificável da medida anteriormente imposta". Para o STJ, reiteração é, no mínimo, três infrações graves (HC 39.458/SP, 5ª T., j. 12.04.2005, rel. Min. Laurita Vaz, *DJ* 09.05.2005). Diferente, portanto, de reincidência. Aliás, esta é uma das teses nacionais aprovadas no I Congresso Nacional de Defensores Públicos da Infância e Juventude; **D:** incorreta, pois havendo manifesta impossibilidade de reparação do dano, não haverá a extinção do processo, já que a medida poderá ser substituída por outra que seja mais adequada ao caso (art. 116, parágrafo único, do ECA). **VT**

Gabarito "A".

(Magistratura/PA – 2012 – CESPE) Contra sentença que julgou procedente o pedido do MP de aplicar a determinado adolescente medida socioeducativa de internação, a Defensoria Pública, em defesa dos interesses do adolescente condenado, interpôs apelação, requerendo, preliminarmente, a intimação do adolescente, a isenção do recolhimento de preparo e a reconsideração da decisão. Quanto ao mérito, aduziu que, malgrado tivessem sido provadas a autoria e a materialidade da infração, a medida imposta seria inexequível, dada a inexistência, no estado, de estabelecimento adequado, conforme as exigências do ECA, para o cumprimento da medida, tendo requerido, então, que a internação fosse substituída por liberdade assistida.

Nessa situação, de acordo com o disposto no ECA, o magistrado deverá

(A) abrir prazo para contrarrazões e, após receber de volta os autos, remetê-los para a segunda instância.

(B) reformar a sentença, de plano e sem necessidade de ouvir o MP, determinando a substituição da internação por liberdade assistida, diante da constatação da inexistência de estabelecimento adequado no estado.

(C) rejeitar todas as preliminares, receber a apelação no efeito devolutivo e abrir prazo para contrarrazões.

(D) determinar a intimação pessoal do adolescente, abrir prazo para contrarrazões e, antes de determinar a remessa dos autos à instância superior, proferir despacho fundamentado, mantendo ou reformando a sentença, no prazo de cinco dias.

(E) julgar deserta a apelação, em razão da ausência de preparo.

Art. 190, I, e art. 198, VII, ambos do ECA. **VT**

Gabarito "D".

(Magistratura/PA – 2012 – CESPE) Apesar de o ECA conter, expressamente, as regras de apuração, processamento e julgamento de ato infracional atribuído a adolescente, o magistrado não pode trabalhar somente com a análise literal dos artigos do ECA, devendo estar atento, também, ao entendimento dominante dos tribunais superiores a respeito dessas regras. Com base na jurisprudência do STJ relativa a esse assunto, assinale a opção correta.

(A) É dispensável a oitiva do menor infrator antes de decretar-se a regressão da medida socioeducativa.

(B) A prescrição civil é aplicável às medidas socioeducativas.

(C) Compete ao juiz, ao promotor de justiça e ao defensor público a aplicação de medidas socioeducativas ao adolescente pela prática de ato infracional.

(D) No procedimento para aplicação de medida socioeducativa, é nula, em face da confissão do adolescente, a desistência de outras provas.

(E) A internação provisória de adolescente pode, excepcionalmente, extrapolar o prazo legal de quarenta e cinco dias.

A: incorreta, pois é necessária a oitiva do menor (súmula 265, STJ); **B:** incorreta, pois se aplicam as regras da prescrição penal (súmula 338, STJ); **C:** incorreta, pois somente o juiz poderá aplicar as medidas socioeducativas (arts. 112 e 146, ambos do ECA e súmula 108, do STJ). Importante esclarecer que o Ministério Público poderá oferecer remissão cumulada com medida socioeducativa não restritiva de liberdade, a qual deve ser homologada pelo juiz (súmula 108, do STJ), sendo dispensável a representação (arts. 126 e 127, ambos do ECA); **D:** correta (súmula 342, STJ); E: incorreta (art. 108, *caput*, do ECA). **VT**

Gabarito "D".

(Magistratura/RJ – 2011 – VUNESP) Sobre a remissão, é correto afirmar:

(A) iniciado o procedimento judicial para apuração do ato infracional, o representante do Ministério Público poderá conceder a remissão como forma de exclusão do processo.

(B) a remissão não implica necessariamente o reconhecimento ou a comprovação da responsabilidade, nem prevalece para efeito de antecedentes, podendo incluir eventualmente a aplicação de qualquer das medidas previstas em lei, inclusive a colocação em regime de semiliberdade e a internação.

(C) a medida aplicada por força da remissão poderá ser revista judicialmente, a qualquer tempo, mediante pedido expresso do adolescente ou de seu representante legal, ou do Ministério Público.

(D) antes de iniciado o procedimento judicial para apuração de ato infracional, não é cabível a concessão de remissão.

A e **D:** incorretas, pois <u>antes</u> de iniciado o procedimento judicial para apuração de ato infracional, o representante do Ministério Público poderá conceder a remissão, como forma de exclusão do processo (art. 126, *caput*, do ECA). Por sua vez, iniciado o procedimento, a concessão da remissão pela autoridade judiciária importará na suspensão ou extinção do processo (art. 126, parágrafo único, do ECA); **B:** incorreta, pois a remissão não poderá ser cumulada com a medida socioeducativa de semiliberdade ou de internação (art. 127 do ECA); **C:** correta (art. 128 do ECA). **VT**

Gabarito "C".

(Magistratura/RJ – 2011 – VUNESP) Sobre os procedimentos da Justiça da Infância e da Juventude, é correto afirmar:

(A) se os pais forem falecidos, tiverem sido destituídos ou suspensos do poder familiar, ou houverem aderido expressamente ao pedido de colocação em família substituta, este poderá ser formulado diretamente em cartório, em petição assinada pelos próprios requerentes, dispensada a assistência de advogado.

(B) o adolescente apreendido em flagrante de ato infracional será, desde logo, encaminhado à autoridade judiciária.

(C) a intimação da sentença que aplicar medida de internação ou regime de semiliberdade será feita unicamente na pessoa do defensor.

(D) a recusa sistemática na adoção de crianças ou adolescentes indicados não importará na reavaliação da habilitação concedida.

A: correta (art. 166, *caput*, do ECA); **B:** incorreta, pois o adolescente apreendido por força de ordem judicial será, desde logo, encaminhado à autoridade judiciária (art. 171 do ECA). Por sua vez, o adolescente apreendido em flagrante de ato infracional será, desde logo, encaminhado à autoridade policial competente (art. 172, do ECA); **C:** incorreta, pois a intimação será feita na pessoa do adolescente e do defensor (art. 190, I, do ECA); **D:** incorreta, pois a recusa sistemática na adoção importará na reavaliação da habilitação concedida (art. 197-E, § 2°, do ECA). **VT**
Gabarito "A"

(Magistratura/DF – 2011) Referindo-se ao procedimento de apuração de ato infracional atribuído a adolescente, na fase judicial, considere as proposições formuladas abaixo e assinale a <u>incorreta</u>:

(A) Oferecida a representação, a autoridade judiciária designará audiência de apresentação do adolescente, decidindo, desde logo, sobre a decretação ou manutenção da internação, em decisão fundamentada;

(B) Comparecendo o adolescente, seus pais ou responsável, a autoridade judiciária procederá à oitiva dos mesmos, podendo solicitar opinião de profissional qualificado. Se o juiz entender adequada a remissão, ouvirá o representante do Ministério Público, proferindo decisão;

(C) Se o adolescente devidamente notificado não comparecer injustificadamente à audiência de apresentação, a autoridade judiciária designará data para audiência de continuação, mas, de logo, decretará a revelia do adolescente;

(D) No procedimento para aplicação de medida socioeducativa, é nula a desistência de outras provas em face da confissão do adolescente.

A: correta (art. 184, *caput*, do ECA); **B:** correta (art. 186, *caput* e § 1°, do ECA); **C:** incorreta (devendo esta ser assinalada), pois *se o adolescente, devidamente notificado, não comparecer, injustificadamente à audiência de apresentação, a autoridade judiciária designará nova data, determinando sua condução coercitiva* (art. 187 do ECA); **D:** correta (súmula 342, STJ). **ED/WG**
Gabarito "C"

(Magistratura/BA – 2012 – CESPE) Policiais militares flagraram José, adolescente com quinze anos de idade, cometendo infração equiparada a crime de roubo, em coautoria com três imputáveis, mediante o uso de arma de fogo carregada.

Considerando a situação hipotética apresentada e as normas previstas no ECA para o procedimento de apuração de ato infracional atribuído a adolescente, assinale a opção correta.

(A) Oferecida a representação, a autoridade judiciária deve designar audiência de apresentação do adolescente, oportunidade na qual, decidirá, após ouvi-lo, sobre a manutenção da internação provisória, que pode ser determinada pelo prazo máximo de cinco dias.

(B) Na audiência, ouvidas as testemunhas arroladas na representação e na defesa prévia, cumpridas as diligências e juntado o relatório da equipe interprofissional, deve ser dada a palavra ao representante do MP e ao defensor público, sucessivamente, pelo tempo de vinte minutos para cada um, prorrogável por mais dez, a critério da autoridade judiciária, que, em seguida, proferirá decisão.

(C) Os policiais militares devem encaminhar todos os agentes à delegacia especializada em defesa do patrimônio, ainda que no município exista repartição policial incumbida para o atendimento de adolescente em situação delituosa.

(D) Após o comparecimento dos pais de José à delegacia, a autoridade policial deve liberá-lo imediatamente, sob termo de compromisso e responsabilidade de sua apresentação ao representante do MP, no mesmo dia ou, sendo impossível, no primeiro dia útil seguinte, sendo vedada, em qualquer circunstância, a sua internação provisória sem ordem judicial.

(E) Após receber vistas do procedimento policial, com informação sobre os antecedentes de José, e ouvi-lo informalmente juntamente com seus pais, o promotor de justiça competente deve conceder remissão e arquivar os autos.

A: incorreta, pois oferecida a representação, a autoridade judiciária designará audiência de apresentação do adolescente, decidindo, desde logo, sobre a decretação ou manutenção da internação, pelo prazo máximo de quarenta e cinco dias (art. 184, *caput*, e art. 108, *caput*, ambos do ECA); **B:** correta (art. 186, § 4°, do ECA); **C:** incorreta (art. 172, parágrafo único, do ECA); **D:** incorreta, pois não é vedada a internação provisória do adolescente (artigos 108; 121 e seguintes; 174; 184, *caput*, todos do ECA); **E:** incorreta, pois o representante do Ministério Público <u>poderá:</u> a) promover o arquivamento dos autos; b) conceder a remissão; c) representar à autoridade judiciária para aplicação de medida socioeducativa (art. 180 do ECA). **VT**
Gabarito "B"

(Magistratura/BA – 2012 – CESPE) O ECA define o ato infracional, delimita o seu alcance, prevê, para crianças e adolescentes infratores, direitos individuais, garantias processuais e medidas socioeducativas em rol taxativo. A respeito desse assunto, assinale a opção correta.

(A) A autoridade judiciária competente pode decretar a regressão da medida socioeducativa sem ouvir o adolescente, desde que os motivos sejam graves.

14. DIREITO DA CRIANÇA E DO ADOLESCENTE   769

(B) Excepcionalmente, em razão de grave abalo da ordem pública, é permitida a internação provisória do menor infrator por prazo superior a quarenta e cinco dias, desde que a instrução do processo de apuração da infração esteja encerrada.

(C) Aplicam-se às medidas socioeducativas as normas gerais de prescrição constantes no Código Civil brasileiro, dada a ausência de previsão expressa no ECA a tal respeito.

(D) No procedimento para a aplicação de medida socioeducativa, é nula a desistência de outras provas em face da confissão do adolescente.

(E) Em procedimento de apuração de ato infracional praticado por adolescente, é dispensável a presença do defensor na audiência de apresentação.

A: incorreta (súmula 265, do STJ); **B:** incorreta (art. 108, *caput*, do ECA); **C:** incorreta, pois aplicam-se às medidas socioeducativas as normas gerais de prescrição constantes no Código Penal (súmula 338, do STJ); **D:** correta (súmula 342, do STJ); E: incorreta, pois nenhum adolescente a quem se atribua a prática de ato infracional, ainda que ausente ou foragido, será processado sem defensor, devendo estar acompanhado de advogado, inclusive, na audiência de apresentação (art. 184, § 1° e art. 207, do ECA). **VT**
Gabarito "D".

(Magistratura/DF – 2011) Referindo-se ao procedimento de apuração de ato infracional atribuído a adolescente, na fase judicial, considere as proposições formuladas abaixo e assinale a <u>incorreta</u>:

(A) Oferecida a representação, a autoridade judiciária designará audiência de apresentação do adolescente, decidindo, desde logo, sobre a decretação ou manutenção da internação, em decisão fundamentada;

(B) Comparecendo o adolescente, seus pais ou responsável, a autoridade judiciária procederá à oitiva dos mesmos, podendo solicitar opinião de profissional qualificado. Se o juiz entender adequada a remissão, ouvirá o representante do Ministério Público, proferindo decisão;

(C) Se o adolescente devidamente notificado não comparecer injustificadamente à audiência de apresentação, a autoridade judiciária designará data para audiência de continuação, mas, de logo, decretará a revelia do adolescente;

(D) No procedimento para aplicação de medida socioeducativa, é nula a desistência de outras provas em face da confissão do adolescente.

A: assertiva correta, visto que em conformidade com o que estabelece o art. 184, *caput*, do ECA; **B:** assertiva correta, visto que em conformidade com o que estabelece o art. 186, *caput* e § 1°, do ECA; **C:** incorreta (devendo esta ser assinalada), nos termos do art. 187 do ECA; **D:** Súmula 342, STJ: "No procedimento para aplicação de medida socioeducativa, é nula a desistência de outras provas em face da confissão do adolescente". **ED/WG**
Gabarito "C".

(Magistratura/PR – 2010 – PUC/PR) Dadas as assertivas abaixo, escolha a alternativa CORRETA:

I. Ao representante do Ministério Público é defeso a concessão da remissão ao adolescente em conflito com a lei.

II. O prazo máximo e improrrogável para a conclusão do procedimento para apuração de ato infracional, estando o adolescente internado provisoriamente será de 45 (quarenta e cinco) dias.

III. A medida socioeducativa de internação não comporta prazo determinado, devendo sua manutenção ser reavaliada em decisão fundamentada no máximo a cada 6 (seis) meses.

IV. A internação do adolescente, decretada ou mantida pela autoridade judiciária poderá ser cumprida em estabelecimento prisional desde que este tenha instalações adequadas à faixa etária.

(A) Apenas a assertiva II está correta.

(B) Apenas as assertivas I e II estão corretas.

(C) Apenas as assertivas II e III estão corretas.

(D) Todas as alternativas estão corretas.

I: incorreta (art. 126, *caput*, do ECA); **II:** correta (art. 183 do ECA); **III:** correta (art. 121, § 2°, do ECA); **IV:** incorreta (art. 123, *caput*, do ECA). **ED/WG**
Gabarito "C".

8. CONSELHO TUTELAR

(Juiz – TJ/MS – VUNESP – 2015) Com relação à eleição dos Conselheiros Tutelares, é correto afirmar que

(A) todos aqueles que tiverem completado 18 (dezoito) anos poderão ser eleitos por voto direto, secreto e facultativo.

(B) os candidatos devem possuir idoneidade moral e reputação ilibada, vedada a reeleição.

(C) o processo para escolha será estabelecido por lei municipal e realizado sob a responsabilidade do Conselho Municipal dos Direitos das Crianças, sob fiscalização do Ministério Público.

(D) em caso de não possuírem residência fixa no Município, os candidatos devem apresentar autorização do Juiz da Vara da Infância e da Juventude como condição de elegibilidade.

(E) ocorre a cada 2 (dois) anos, em data unificada em todo o território nacional.

A: incorreta. Para ser conselheiro tutelar, o ECA exige, em seu art. 133, a idade mínima de 21 (vinte e um) anos. **B:** incorreta. Para ser conselheiro tutelar, além da idade de 21 anos, também é exigida a idoneidade moral e a residência no município. O mandato é de 4 anos sendo admitida uma recondução (art. 132 do ECA). **C:** correta. Nos exatos termos do art. 139 do ECA. **D:** incorreta. O conselheiro tutelar deve residir no município (art. 133, III, do ECA). **E:** incorreta. O mandato é de 4 (quarto) anos (art. 132 do ECA). **RD**
Gabarito "C".

(Juiz – TJ/SP – VUNESP – 2015) Segundo o Estatuto da Criança e do Adolescente, os casos de suspeita ou confirmação de castigo físico, de tratamento cruel ou degradante e de maus-tratos contra criança ou adolescente serão obrigatoriamente comunicados, sem prejuízo de outras providências legais,

(A) ao Conselho Tutelar da respectiva localidade.

(B) ao Hospital Regional Infantil responsável pelo domicílio da criança.

(C) às Varas de Violência Doméstica para o cadastramento do domicílio.

(D) ao Juiz Corregedor da Comarca para a viabilização da adoção.

A: correta. Os casos de suspeita ou confirmação de castigo físico, de tratamento cruel ou degradante e de maus-tratos contra criança ou adolescente serão obrigatoriamente comunicados ao Conselho Tutelar da respectiva localidade, sem prejuízo de outras providências legais (art. 13 do ECA). **B:** incorreta. Os médicos e dirigentes de estabelecimentos de saúde têm a obrigação de avisar ao Conselho Tutelar casos de maus--tratos, sob pena de responder por infração administrativa prevista no art. 245 do ECA: "Deixar o médico, professor ou responsável por estabelecimento de atenção à saúde e de ensino fundamental, pré-escola ou creche, de comunicar à autoridade competente os casos de que tenha conhecimento, envolvendo suspeita ou confirmação de maus-tratos contra criança ou adolescente: Pena - multa de três a vinte salários de referência, aplicando-se o dobro em caso de reincidência". **C:** incorreta. Compete à Vara de Infância e Juventude as ações que envolvam crianças e adolescentes em situação de risco (art. 148 do ECA). **D:** incorreta. A adoção correrá em Vara de Infância e Juventude (art. 148 do ECA) e a criança deverá ser cadastrada no cadastro nacional de adoção após tentativas de se manter na sua família natural. **RD**
Gabarito "A".

(Magistratura/PA – 2012 – CESPE) Na madrugada de determinado sábado, um conselheiro tutelar plantonista recebeu denúncia anônima, por telefone, segundo a qual três crianças, respectivamente, com três, quatro e seis anos de idade, teriam sido trancadas, sozinhas, em casa pelos pais, que teriam viajado até uma cidade contígua à que habitam, para participar de uma festa noturna. O conselheiro foi, então, até o local indicado na denúncia e constatou a veracidade dos fatos narrados.

Nessa situação, de acordo com as atribuições do conselho tutelar previstas no ECA, o conselheiro tutelar deve

(A) comunicar a situação ao juiz plantonista na vara da infância e da juventude, para que ele adote as providências pertinentes ao caso.

(B) arrombar a porta da casa, retirar as crianças de lá, dirigir-se à delegacia mais próxima, registrar o ocorrido e aguardar, na própria delegacia, a chegada dos pais, sob pena de ter de responder por subtração de incapazes.

(C) requisitar força policial para arrombar a porta da casa, retirar as crianças de lá, encaminhá-las a instituição de acolhimento provisório e comunicar imediatamente o fato ao MP.

(D) acionar a polícia militar para tomar as providências que entender cabíveis.

(E) encaminhar ao MP notícia do fato para que este promova as ações que entender necessárias.

Art. 136, I, III, "a" e IV, do ECA. **VT**
Gabarito "C".

(MAGISTRATURA/PB – 2011 – CESPE) No que se refere ao conselho tutelar, assinale a opção correta.

(A) O processo de escolha dos membros do conselho tutelar é estabelecido por lei estadual.

(B) São impedidos de servir no mesmo conselho: marido e mulher; ascendentes e descendentes até o segundo grau; sogro e genro ou nora; irmãos; cunhados, durante o cunhado; tio e sobrinho; bem como padrasto ou madrasta e enteado.

(C) O conselho tutelar constitui órgão permanente e autônomo, não jurisdicional, encarregado pela sociedade de zelar pelo cumprimento dos direitos da criança e do adolescente.

(D) Em cada estado, deve haver, no mínimo, um conselho tutelar, composto de cinco membros, escolhidos pela comunidade local para mandato de cinco anos, permitida uma reeleição.

(E) Para a candidatura a membro do conselho tutelar, são exigidos os seguintes requisitos: reconhecida idoneidade moral; idade superior a trinta e cinco anos; residência no município onde se localiza o conselho.

A: incorreta, pois o processo de escolha dos membros do Conselho Tutelar será estabelecido em lei municipal, conforme preceitua o art. 139 do ECA, o qual ganhou nova redação dada pela Lei 12.696/2012; **B:** a assertiva incorreta – não condiz com o que estabelece o art. 140, *caput*, do ECA; **C:** proposição correta – art. 131, ECA; **D:** incorreta. Deverá haver, em cada município, no mínimo um Conselho Tutelar, composto de cinco membros, escolhidos pela comunidade para um mandato de três anos, permitida uma recondução, de acordo com a redação antiga do art. 132, ECA, vigente ao tempo da elaboração da presente questão. Com a nova redação dada pela Lei nº 12.696, de 2012, *em cada Município e em cada Região Administrativa do Distrito Federal haverá, no mínimo, 1 (um) Conselho Tutelar como órgão integrante da administração pública local, composto de 5 (cinco) membros, escolhidos pela população local para mandato de 4 (quatro) anos, permitida 1 (uma) recondução, mediante novo processo de escolha;* **E:** incorreta, visto que o art. 133, II, do ECA exige a idade mínima de 21 anos. **ED/WG**
Gabarito "C".

(Magistratura/PR – 2010 – PUC/PR) Assinale a alternativa CORRETA:

(A) É atribuição do Conselho Tutelar requerer serviços públicos nas áreas de saúde, educação, serviço social, previdência, trabalho e segurança.

(B) A divulgação de nome de adolescente a quem se atribui a prática de ato infracional é considerado crime previsto no ECA.

(C) É considerada infração administrativa prevista no ECA o descumprimento injustificado de prazo fixado em lei em benefício do adolescente privado de liberdade.

(D) É considerada atribuição do Conselho Tutelar representar ao Ministério Público para efeito das ações de perda ou suspensão do poder familiar, após esgotadas as possibilidades de manutenção da criança ou adolescente junto à família natural.

Art. 136, XI, do ECA, com a redação dada pela Lei 12.010/2009. **ED/WG**
Gabarito "D".

9. CONSELHO MUNICIPAL DA CRIANÇA E DO ADOLESCENTE

(Magistratura/MG – 2012 – VUNESP) Analise as assertivas seguintes.

O Ministério Público pode participar, como membro efetivo, dos Conselhos de Defesa da Criança e do Adoles-

14. DIREITO DA CRIANÇA E DO ADOLESCENTE

cente PORQUE é seu dever velar pela defesa dos direitos da criança e do adolescente.

Sobre as assertivas, é correto afirmar que

(A) as duas são verdadeiras, mas a segunda não justifica a primeira.

(B) as duas são verdadeiras, e a segunda justifica a primeira.

(C) a primeira é verdadeira e a segunda é falsa.

(D) a primeira é falsa e a segunda é verdadeira.

A primeira assertiva está incorreta, pois o Ministério Público não participará dos Conselhos de Defesa da Criança e do Adolescente, cabendo a ele fiscalizá-los, levando-se em consideração que exercem função considerada de interesse público (art. 89 do ECA). A segunda assertiva está correta (art. 200 e seguintes do ECA). **VT**
„Gabarito "D".

(Magistratura/BA – 2012 – CESPE) Mauro, defensor público recém-empossado, ao iniciar seus trabalhos na defensoria pública de comarca carente do interior do estado da Bahia, constatou a inexistência, no município, de conselho tutelar e de conselho dos direitos da criança e do adolescente, em prejuízo ao público infanto-juvenil.

Nessa situação hipotética, com base no que dispõe o ECA a respeito da proteção judicial dos interesses individuais, difusos e coletivos das crianças e dos adolescentes, Mauro deve

(A) ajuizar ação de indenização por danos materiais e morais em favor de cada criança ou adolescente prejudicado pela inércia do município.

(B) ajuizar ação civil pública, com pedido liminar, contra o município, pedindo a sua condenação na obrigação de criar o conselho dos direitos da criança e do adolescente.

(C) instaurar, imediatamente, o processo para a escolha dos membros do conselho tutelar, cuja fiscalização cabe ao promotor de justiça local.

(D) requisitar da autoridade policial a instauração de inquérito criminal, para apurar a responsabilidade penal do prefeito por omissão ao atendimento de direitos fundamentais das crianças e dos adolescentes.

(E) informar o MP a respeito dos fatos, para a adoção das medidas extrajudiciais e judiciais cabíveis, sob pena de crime de responsabilidade.

A, C, D e E: incorretas; B: correta, já que a Defensoria Pública possui legitimidade para a proposição de ação civil pública (art. 5°, II, da Lei 7.347/1985). Ademais, extrai-se do ECA a obrigatoriedade de o Município criar o Conselho Tutelar e o Conselho Municipal dos Direitos da Criança e do Adolescente (art. 88, I, II e IV; art. 132; art. 134 e art. 139, todos do ECA). Neste sentido é o entendimento jurisprudencial: *"AÇÃO CIVIL PÚBLICA - CONSELHO MUNICIPAL DOS DIREITOS DA CRIANÇA E DO ADOLESCENTE E O CONSELHO TUTELAR - ECA - CRIAÇÃO E FORMAÇÃO. A Ação Civil Pública é eficaz para compelir o Executivo municipal a criar e formar o Conselho Municipal dos Direitos da Criança e do Adolescente e o Conselho Tutelar, conforme determina o Estatuto da Criança e do Adolescente - ECA. Em reexame necessário, sentença confirmada"* (Processo nº 1.0297.05.000699-0/001 (1), Rel. Des. Nilson Reis, p. em 24/03/2006). **VT**
„Gabarito "B".

(Magistratura/PR – 2010 – PUC/PR) Dadas as afirmações abaixo, escolha a alternativa CORRETA:

I. É considerada uma das diretrizes da política de atendimento a criação de conselhos municipais, estaduais e nacional dos direitos da criança e do adolescente, órgãos requisitores de serviços públicos na área da infância e juventude.

II. Em todos os recursos afetos à área da infância e juventude, com exceção dos embargos de declaração e do agravo de instrumento, o prazo para interpor e para responder será sempre de 10 (dez) dias.

III. A sentença que destituir ambos ou qualquer dos genitores do poder familiar fica sujeita à apelação, que deverá ser recebida apenas no efeito devolutivo.

IV. Antes de determinar a remessa dos autos à superior instância, no caso de apelação, ou do instrumento, no caso de agravo, a autoridade judiciária proferirá despacho fundamentado, mantendo ou reformando a decisão, no prazo de 5 (cinco) dias.

(A) Apenas as assertivas II, III e IV estão corretas.

(B) Todas as assertivas estão corretas.

(C) Apenas as assertivas I e II estão corretas.

(D) Apenas as assertivas I e III estão corretas.

I: incorreta, pois os conselhos são órgãos deliberativos e controladores das ações em todos os níveis, mas não requisitores (art. 88, II, do ECA); II: correta, de acordo com a antiga redação do art. 198, II, do ECA, vigente ao tempo da elaboração da questão. Com a alteração trazida pela Lei 12.594/2012, em todos os recursos, salvo nos embargos de declaração, o prazo para o Ministério Público e para a defesa será sempre de 10 (dez) dias; III: correta (art. 199-B do ECA, incluído pela Lei 12.010/2009); IV: correta (art. 198, VII, do ECA). **ED/WG**
„Gabarito "A".

10. MINISTÉRIO PÚBLICO

(Magistratura/PI – 2011 – CESPE) Assinale a opção correta com relação à atuação do MP nos procedimentos afetos à criança a ao adolescente.

(A) Na área do direito da criança e do adolescente, a falta de intervenção do MP pode acarretar a nulidade do processo, desde que requerida pelo interessado e se devidamente comprovado prejuízo processual.

(B) Cabe ao MP conceder remissão em qualquer fase do procedimento para apuração de ato infracional.

(C) No que tange à promoção e ao acompanhamento dos procedimentos relativos às infrações atribuídas a adolescente, a competência do MP é exclusiva.

(D) É facultativa a atuação do MP na área do direito da criança e do adolescente.

(E) O MP será intimado mediante publicação, sendo o prazo contado em quádruplo para contestar e em dobro para recorrer.

A: incorreta, pois será declarada de ofício pelo juiz ou a requerimento de qualquer interessado (art. 204 do ECA), sendo dispensada a comprovação do prejuízo processual, por se tratar de nulidade absoluta, que, em princípio, não admite convalescimento. Neste sentido: *"Trata-se de nulidade absoluta, porque a intervenção do Ministério Público se dá sempre em virtude do interesse público. A jurisprudência tem admitido,* contudo, a conservação de atos se o órgão do Ministério Público, intervindo tardiamente, afirmar, com base nos elementos dos autos, que o interesse público foi preservado e que a repetição, esta sim, poderia ser prejudicial ao interesse especialmente protegido. É o que acontece, por exemplo, se um menor, autor, ganhou a demanda e somente em segundo grau de jurisdição do Tribunal determina a intimação do órgão do Ministério Público. Dependendo das circunstâncias, o órgão do Ministério Público no segundo grau pode entender que o interesse do menor foi preservado, considerando prejudicial a anulação, mantendo-se os atos já praticados". (Vicente Greco Filho, Direito Processual Civil Brasileiro, Ed. Saraiva); **B:** incorreta, pois o representante do Ministério Público poderá conceder a remissão, como forma de exclusão do processo, somente **antes de iniciado** o procedimento judicial para apuração de ato infracional (art. 126, *caput*, do ECA); **C:** correta (art. 201, II, do ECA); **D:** incorreta, pois nos processos e procedimentos em que não for parte, o Ministério Público atuará obrigatoriamente na defesa dos direitos e interesses das crianças e dos adolescentes (art. 202 do ECA); **E:** incorreta (art. 203 do ECA). VT

Gabarito "C".

(Magistratura/PA – 2012 – CESPE) Um delegado de polícia enviou ao promotor de justiça boletim circunstanciado de ocorrência, relatando lesão corporal leve supostamente praticada por uma adolescente de quinze anos de idade contra outra adolescente, também de quinze anos de idade, em briga ocorrida durante a aula de educação física, nas dependências da escola onde ambas estudavam. Após ouvir, informalmente, as jovens e seus respectivos pais e analisar os autos, o promotor de justiça constatou que a única lesão resultante da briga era um hematoma no braço da adolescente, causado por um soco desferido pela agressora, que confessou ter agredido a colega durante um jogo de vôlei.

Nessa situação, de acordo com o que dispõe o ECA acerca do MP e do procedimento de apuração de ato infracional, o promotor de justiça

(A) pode conceder remissão cumulada com medida socioeducativa de semiliberdade, como forma de suspensão do processo, independentemente de homologação do juiz.

(B) não pode conceder remissão, que é da competência exclusiva do juiz.

(C) pode promover o arquivamento dos autos, independentemente de homologação do juiz.

(D) deve, como forma de exclusão do processo, conceder remissão cumulada com medida socioeducativa de internação, submetendo sua decisão à homologação do juiz.

(E) pode conceder remissão cumulada com medida socioeducativa de advertência, como forma de exclusão do processo, devendo submeter a decisão à homologação do juiz.

Art. 126, *caput*; art. 180, II; e art. 201, I, todos do ECA e súmula 108, do STJ. VT

Gabarito "E".

(Magistratura/ES – 2011 – CESPE) Considerando a atuação do MP em matéria relativa ao ECA, assinale a opção correta.

(A) No desempenho de suas atribuições, o MP não pode requisitar a colaboração de serviços médicos ou hospitalares.

(B) O representante do MP, no exercício de suas funções, terá livre acesso a todo local onde se encontre criança ou adolescente.

(C) A intimação do MP ocorre mediante publicação no diário da justiça.

(D) Nos processos e procedimentos em que o MP não seja parte, é prescindível a sua atuação na defesa dos direitos e interesses de que cuida o ECA.

(E) A falta de intervenção do MP acarreta a nulidade do feito, que será declarada a requerimento de qualquer interessado, vedado o seu reconhecimento de ofício pelo juiz.

A: incorreta (art. 201, XII, do ECA); **B:** correta (art. 201, § 3°, do ECA); **C:** incorreta (art. 203 do ECA); **D:** incorreta (art. 202 do ECA); **E:** incorreta (art. 204 do ECA). VT

Gabarito "B".

(Magistratura/CE – 2012 – CESPE) À luz do ECA, assinale a opção correta a respeito da atuação do MP.

(A) Nos processos e procedimentos em que não seja parte, o MP deve atuar obrigatoriamente na defesa dos direitos e interesses de que cuida o referido estatuto, hipótese em que terá vista dos autos depois das partes, podendo juntar documentos e requerer diligências mediante a utilização dos recursos cabíveis.

(B) O MP possui legitimidade para promover e acompanhar os procedimentos de suspensão e destituição do poder familiar, nomeação e remoção de tutores, curadores e guardiães, tendo perdido, entretanto, após a promulgação da CF, a legitimidade para ajuizar ações de alimentos.

(C) Compete ao MP instaurar procedimentos no âmbito administrativo e, para instruí-los, requisitar das empresas telefônicas a quebra de sigilo telefônico dos investigados por crimes sexuais praticados contra crianças e adolescentes.

(D) Cabe ao MP impetrar mandado de segurança, de injunção e *habeas corpus*, em qualquer juízo, instância ou tribunal, na defesa dos interesses individuais disponíveis, indisponíveis, sociais e difusos afetos à criança e ao adolescente.

(E) Compete ao MP, entre outras atribuições, conceder a remissão como forma de exclusão ou de suspensão do processo e promover e acompanhar os procedimentos relativos às infrações atribuídas a adolescentes.

A: correta (art. 202 do ECA); **B:** incorreta, pois compete ao Ministério Público promover e acompanhar as ações de alimentos e os procedimentos de suspensão e destituição do poder familiar, nomeação e remoção de tutores, curadores e guardiães, bem como oficiar em todos os demais procedimentos da competência da Justiça da Infância e da Juventude (art. 201, III, do ECA); **C:** incorreta (art. 201, VI, "b" e "c", do ECA); **D:** incorreta (art. 201, IX, do ECA); **E:** incorreta, pois, antes de iniciado o procedimento judicial para apuração de ato infracional, o representante do Ministério Público poderá conceder a remissão, como forma de exclusão do processo. Por sua vez, iniciado o procedimento, a concessão da remissão pela autoridade judiciária importará na suspensão ou extinção do processo (art. 126, *caput* e parágrafo único, do ECA). VT

Gabarito "A".

14. DIREITO DA CRIANÇA E DO ADOLESCENTE 773

11. ACESSO À JUSTIÇA

(Magistratura/AM – 2013 – FGV) Acerca do procedimento para a *suspensão* ou a *perda do poder familiar*, assinale a afirmativa correta.

(A) O procedimento somente pode ser instaurado pelo Ministério Público.

(B) A competência para seu julgamento é do Conselho Tutelar.

(C) A averbação da decisão que decretar a perda ou a suspensão do poder familiar, à margem do registro de nascimento da criança ou adolescente, não é necessária.

(D) A suspensão do poder familiar, em caráter liminar ou incidental, até o julgamento definitivo da causa, se houver motivo grave, é admissível.

(E) A realização de estudo social e de perícia por equipe interprofissional, vedada a oitiva da criança ou do adolescente, é admissível na instrução do processo.

A: incorreta, pois o procedimento para a perda e a suspensão do poder familiar terá início por provocação do Ministério Público ou de quem tenha legítimo interesse, incluindo-se qualquer parente da criança ou do adolescente, bem como os pretendentes na adoção, quando então haverá cumulação de pedidos (arts. 24 e 155, ambos do ECA); **B:** incorreta, pois a perda e a suspensão do poder familiar é de competência exclusiva do juiz (arts. 24, 148, parágrafo único, "b", e 155, todos do ECA); **C:** incorreta, pois é necessária a averbação à margem do registro de nascimento da criança ou do adolescente da sentença que decretar a perda ou a suspensão do poder familiar (art. 163, parágrafo único, do ECA); **D:** correta, pois a alternativa está de acordo com o disposto no art. 157 do ECA; **E:** incorreta, pois o juiz poderá determinar de ofício ou a requerimento das partes ou do Ministério Público, a realização de estudo social ou perícia por equipe interprofissional ou multidisciplinar, bem como a oitiva de testemunhas que comprovem a presença de uma das causas de suspensão ou destituição do poder familiar. Importante salientar que será obrigatória, desde que possível e razoável, a oitiva da criança ou adolescente, respeitado seu estágio de desenvolvimento e grau de compreensão sobre as implicações da medida (art. 161, §§ 1º e 3º, do ECA). **VT**
Gabarito "D"

(Magistratura/PA – 2012 – CESPE) Um defensor público lotado em uma comarca do interior do estado recebeu diversas reclamações de que o transporte público escolar do município era realizado em caçambas abertas de caminhonetes, o que colocava em risco a integridade física e a vida das crianças transportadas. Após oficiar o prefeito e constatar que, de fato, os veículos utilizados eram inadequados, o defensor ajuizou ação civil pública contra o município, requerendo, liminarmente, que o réu fosse obrigado a regularizar o transporte escolar, colocando ônibus à disposição dos usuários, sob pena de pagamento de multa diária não inferior a R$ 150,00. No mérito, requereu a confirmação da liminar.

Nessa situação, ao receber os autos, o magistrado deverá

(A) abrir vista ao MP, antes de receber a inicial e de analisar o pedido liminar, para que o órgão se manifeste a respeito do interesse processual em substituir a Defensoria Pública no polo ativo da demanda.

(B) deferir a liminar, após receber a exordial e mesmo sem ouvir o réu, mas sem cominar astreinte, que é expressamente vedada no ECA.

(C) deferir a liminar, após receber a exordial e antes ou depois de ouvir o réu, fixando multa diária pelo descumprimento da decisão.

(D) extinguir o processo, sem resolução de mérito, dada a ilegitimidade ativa da Defensoria Pública para ajuizar ação civil pública de defesa de interesses individuais homogêneos de crianças.

(E) determinar que a Defensoria Pública regularize a representação processual, juntando procuração dos pais das crianças supostamente prejudicadas.

Art. 213, §§ 1º e 2°, do ECA. **VT**
Gabarito "C"

(Magistratura/RJ – 2011 – VUNESP) Sobre os recursos, é correto afirmar:

(A) o prazo para interpor e responder os embargos de declaração será de dez dias.

(B) a sentença que deferir a adoção produz efeitos desde logo, embora sujeita a apelação, que será recebida exclusivamente no efeito devolutivo, salvo se se tratar de adoção internacional ou se houver perigo de dano irreparável ou de difícil reparação ao adotando.

(C) a sentença que destituir ambos ou qualquer dos genitores do poder familiar fica sujeita a apelação, que deverá ser recebida no efeito suspensivo.

(D) os recursos nos procedimentos de adoção e destituição de poder familiar, em face da relevância das questões, serão processados com prioridade absoluta, devendo ser imediatamente distribuídos, ficando vedado que aguardem, em qualquer situação, oportuna distribuição, e serão colocados em mesa para julgamento, com revisão e com parecer urgente do Ministério Público.

A: incorreta, pois em todos os recursos, salvo nos embargos de declaração, o prazo para o Ministério Público e para a defesa será sempre de 10 (dez) dias (art. 198, II, do ECA, com nova redação dada pela Lei 12.594/2012); **B:** correta (art. 199-A, do ECA); **C:** incorreta, pois deverá ser recebida no efeito devolutivo (art. 199-B, do ECA); **D:** incorreta, pois serão colocados em mesa para julgamento sem revisão e com parecer urgente do Ministério Público (art. 199-C, do ECA). **VT**
Gabarito "B"

(Magistratura/ES – 2011 – CESPE) Com referência ao procedimento para apuração de ato infracional cometido por adolescente, assinale a opção correta.

(A) O prazo máximo e improrrogável para a conclusão do procedimento, em qualquer caso, é de quarenta e cinco dias.

(B) A concessão da remissão pelo curador da infância e da juventude pode ser feita em qualquer fase processual.

(C) O adolescente apreendido em flagrante de ato infracional deve ser, desde logo, encaminhado à autoridade judiciária.

(D) Justifica-se a representação quando o curador da infância e da juventude entender que o adolescente, pelo ato infracional praticado, deva cumprir uma das medidas socioeducativas elencadas no estatuto, já que, para a representação, é necessária prova pré--constituída da autoria e da materialidade.

(E) Considerando-se que o ECA acatou o devido processo legal, todas as regras referentes a nulidades no processo penal devem ser acatadas em processos cuja matéria seja tratada pelo estatuto.

A: incorreta, pois o prazo máximo e improrrogável para a conclusão do procedimento, **estando o adolescente internado provisoriamente**, será de quarenta e cinco dias. Isso porque o prazo da internação provisória é de no máximo quarenta e cinco dias (art. 108 e 183, ambos do ECA); **B:** incorreta. Antes de iniciado o procedimento judicial para apuração de ato infracional, o representante do Ministério Público poderá conceder a remissão, como forma de exclusão do processo. Por sua vez, iniciado o procedimento, a concessão da remissão pela autoridade judiciária importará na suspensão ou extinção do processo (art. 126, *caput* e parágrafo único, do ECA); **C:** incorreta, pois o adolescente apreendido em flagrante pela prática de ato infracional deverá ser encaminhado à autoridade policial competente (art. 172 do ECA); **D:** incorreta, pois a representação independe de prova pré-constituída da autoria e materialidade (art. 182, § 2°, do ECA). Importante esclarecer que o Ministério Público poderá oferecer remissão cumulada com medida socioeducativa não restritiva de liberdade, a qual deve ser homologada pelo juiz (súmula 108, do STJ), sendo dispensável a representação (art. 126 e 127, ambos do ECA); **E:** correta, pois as garantias processuais também devem ser asseguradas aos adolescentes (art. 110 e 152, ambos do ECA). Ademais, *"a garantia do devido processo legal encontra consonância com a regra 7.1 das Regras de Beijing, bem como com o art. 40 da Convenção sobre os Direitos da Criança da ONU"* (Rossato, Lépore e Sanches, Estatuto da Criança e do Adolescente, editora RT). Outrossim, *as garantias processuais destinadas a adolescente autor de ato infracional previstas na* Lei 8.069, de 13 de julho de 1990 (Estatuto da Criança e do Adolescente), *aplicam-se integralmente na execução das medidas socioeducativas, inclusive no âmbito administrativo* (art. 49, § 1°, da Lei 12.594/2012). VT

Gabarito "E."

(**Magistratura/DF – 2011**) Aos procedimentos regulados pela Lei 8.069, de 13 de julho de 1990 – ECA -, aplicam-se subsidiariamente as normas gerais previstas na legislação processual pertinente. Sendo assim, considere as proposições abaixo formuladas e assinale a correta:

(A) Se a medida judicial a ser adotada não corresponder a procedimento previsto no ECA ou em outra Lei, a autoridade judiciária poderá investigar os fatos e ordenar de ofício as providências necessárias, independentemente, portanto, da oitiva do órgão representante do Ministério Público;

(B) Em virtude dessa diretriz, o Estatuto conferiu ao juiz total liberdade de ação, liberando-o de certos formalismos, dando-lhe amplos poderes para livremente investigar os fatos e determinar, de ofício, providências que entender necessárias, restando drasticamente amenizados, por conseguinte, os rigores inscritos no preceptivo previsto no artigo 6° do ECA;

(C) Em situação considerada de urgência, aplica-se essa mesma orientação para o fim de afastamento da criança ou do adolescente de sua família de origem;

(D) É assegurada, sob pena de responsabilidade, prioridade absoluta na tramitação dos processos e proce-

dimentos previstos no ECA, assim como na execução dos atos e diligências judiciais a eles referentes.

A: incorreta, pois deve ser ouvido o Ministério Público (art. 153, *caput*, do ECA); **B:** incorreta, pois a autoridade judiciária poderá investigar os fatos, ordenando de ofício as **providências necessárias** (art. 153, *caput*, do ECA); **C:** incorreta, pois o juiz não está livre de certos formalismos nos casos de afastamento da criança ou do adolescente de sua família de origem e em outros procedimentos necessariamente contenciosos (art. 153, parágrafo único, do ECA); **D:** correta (art. 152, parágrafo único, do ECA). ED/WG

Gabarito "D."

(**Magistratura/CE – 2012 – CESPE**) Com relação às regras gerais relacionadas ao procedimento de colocação de criança ou adolescente em família substituta, assinale a opção correta de acordo com o estabelecido no ECA.

(A) Se os pais da criança ou do adolescente forem falecidos, tiverem sido destituídos ou suspensos do poder familiar, ou houverem aderido expressamente ao pedido de colocação em família substituta, os próprios requerentes desse pedido poderão formulá--lo diretamente em cartório, em petição devidamente assinada, com a assistência obrigatória de advogado ou defensor público.

(B) O consentimento para a colocação da criança em família substituta, feito, por escrito, pelos titulares do poder familiar, antes ou depois do nascimento da criança, terá validade independentemente de audiência perante o juízo da infância e juventude, mas deve ser precedido de orientações e esclarecimentos prestados por equipe interprofissional, em especial, no caso de adoção, sobre a irrevogabilidade da medida.

(C) A autoridade judiciária, de ofício ou a requerimento das partes ou do MP, deve determinar a realização de estudo social ou, se possível, perícia por equipe interprofissional, para decidir sobre a concessão de guarda provisória, bem como, no caso de adoção, sobre o estágio de convivência. Deferida a concessão da guarda provisória ou do estágio de convivência, a criança ou o adolescente será entregue ao interessado, mediante termo de responsabilidade.

(D) Nas hipóteses em que a destituição da tutela, a perda ou a suspensão do poder familiar constituir pressuposto lógico da medida principal de colocação da criança ou do adolescente em família substituta, o interessado será cientificado do processo, mas não poderá intervir nos autos como parte, assistente ou interessado, devendo procurar a via adequada para pleitear sua pretensão.

(E) A colocação de criança ou adolescente sob a guarda de pessoa inscrita em programa de acolhimento familiar será comunicada pela autoridade judiciária ao MP, ao conselho tutelar e à defensoria pública, no prazo máximo de cinco dias, para que sejam tomadas as providências cabíveis ao adequado encaminhamento do menor.

A: incorreta, pois é dispensável a assistência de advogado na hipótese narrada na alternativa (art. 166, *caput*, do ECA); **B:** incorreta, pois o consentimento dos titulares do poder familiar deve ser ratificado em

14. DIREITO DA CRIANÇA E DO ADOLESCENTE

audiência (art. 166, §§ 3º e 4º, do ECA); **C:** correta (art. 167, *caput* e parágrafo único, do ECA); **D:** incorreta (art. 169 do ECA); **E:** incorreta (art. 170, parágrafo único, do ECA). **VT**
Gabarito "C".

(Magistratura/CE – 2012 – CESPE) A respeito da proteção judicial dos interesses individuais, difusos e coletivos das crianças e dos adolescentes, assinale a opção correta conforme disposição do ECA e entendimento do STJ.

(A) Ao deferir liminar ou proferir sentença, o juiz poderá impor, independentemente de pedido do autor, multa diária ao réu, suficiente ou compatível com a obrigação. Nesse caso, o pagamento da multa será exigível somente após o trânsito em julgado da sentença favorável ao autor, mas o valor será devido desde o dia em que tiver sido configurado o descumprimento da obrigação.

(B) O juiz condenará associação responsável pela propositura da ação a pagar ao réu os honorários advocatícios arbitrados de acordo com o que dispõe o CPC, quando reconhecer que a pretensão é manifestamente infundada, e, em caso de litigância de má-fé, a associação será condenada ao décuplo das custas, e os seus diretores responderão subsidiariamente, sem prejuízo de responsabilidade por perdas e danos.

(C) As demandas judiciais previstas no ECA serão propostas no foro do local onde tenha ocorrido ou deva ocorrer a ação ou omissão, tendo o juízo competência absoluta para processar a causa, sem exceções, em atenção ao princípio da proteção integral.

(D) O MP carece de legitimidade para propor ação civil pública para obrigar plano de saúde a custear tratamento quimioterápico em qualquer centro urbano a criança dependente de titular conveniado a empresa prestadora do serviço de assistência médica.

(E) Não há previsão expressa no ECA a respeito da legitimidade da defensoria pública para a propositura de ação civil pública para a proteção dos direitos metaindividuais das crianças e dos adolescentes, sendo explícita no estatuto, tão somente, a legitimidade para o ajuizamento de ações individuais.

A: correta (art. 213, §§ 2º e 3º, do ECA); **B:** incorreta, pois a associação autora e os diretores responsáveis pela propositura da ação responderão solidariamente (art. 218, *caput* e parágrafo único, do ECA); **C:** incorreta, pois são ressalvadas a competência da Justiça Federal e a competência originária dos tribunais superiores (art. 209 do ECA); **D:** incorreta (art. 210, I, do ECA); **E:** incorreta, pois não há previsão expressa no ECA da legitimidade da Defensoria Pública para o ajuizamento de ações coletivas ou individuais. Importante ressaltar que, muito embora a Defensoria Pública não esteja como colegitimada no art. 210 do ECA, o fato é que ela possui legitimidade para a propositura de ação civil pública, em razão do disposto no art. 5º, II, da Lei 7.347/1985. Todavia, quando a tutela for de direitos coletivos ou individuais homogêneos, a legitimidade ficará restrita aos interesses dos necessitados. Por sua vez, se a tutela for de direitos difusos, não haverá restrição, já que os seus titulares são indeterminados. Neste sentido é o entendimento jurisprudencial: *Ementa PROCESSUAL CIVIL. AÇÃO COLETIVA. DEFENSORIA PÚBLICA. LEGITIMIDADE ATIVA. ART. 5º, II, DA LEI Nº 7.347/1985 (REDAÇÃO DA LEI Nº 11.448/2007). PRECEDENTE. 1. Recursos especiais contra acórdão que entendeu pela legitimidade ativa da Defensoria Pública para propor ação civil coletiva de interesse coletivo dos consumidores. 2. Esta Superior Tribunal de Justiça vem-se posicionando no sentido*

de que, nos termos do art. 5º, II, da Lei 7.347/1985 (com a redação dada pela Lei 11.448/2007), a Defensoria Pública tem legitimidade para propor a ação principal e a ação cautelar em ações civis coletivas que buscam auferir responsabilidade por danos causados ao meio ambiente, ao consumidor, a bens e direitos de valor artístico, estético, histórico, turístico e paisagístico e dá outras Providências. 3. Recursos especiais não providos. Acórdão Origem: STJ - SUPERIOR TRIBUNAL DE JUSTIÇA Classe: RESP - RECURSO ESPECIAL – 912849 Processo: 200602794575 UF: RS Órgão Julgador: PRIMEIRA TURMA Data da decisão: 26/02/2008 Relator(a) JOSÉ DELGADO. **VT**
Gabarito "A".

(Magistratura/CE – 2012 – CESPE) O ECA adotou o sistema recursal previsto no CPC para os procedimentos afetos à justiça da infância e da juventude, mas previu expressamente algumas adaptações que devem ser observadas. A respeito das regras específicas de recursos, assinale a opção correta.

(A) Contra as decisões proferidas com base nas portarias e alvarás editados pelo juízo da infância e juventude caberá agravo de instrumento.

(B) A apelação interposta contra a sentença que deferir a adoção será sempre recebida nos efeitos suspensivo e devolutivo, em atenção ao princípio da proteção integral.

(C) No caso de apelação ou agravo de instrumento, a autoridade judiciária proferirá despacho fundamentado de juízo de admissibilidade, no prazo de cinco dias, remetendo os autos imediatamente ao tribunal.

(D) Os recursos nos procedimentos de adoção e de destituição de poder familiar serão processados com prioridade absoluta e serão julgados após vista do revisor e parecer do MP, no prazo de dez dias.

(E) Em todos os recursos, salvo o de agravo de instrumento e de embargos de declaração, o prazo para interpor e para responder será sempre de dez dias.

A: incorreta, pois caberá apelação (art. 199 do ECA); **B:** incorreta, pois a sentença que deferir a adoção produz efeito desde logo, embora sujeita a apelação, que será recebida exclusivamente no efeito devolutivo, salvo se se tratar de adoção internacional ou se houver perigo de dano irreparável ou de difícil reparação ao adotando (art. 199-A, do ECA, incluído pela Lei 12.010/2009); **C:** incorreta, pois a autoridade judiciária proferirá despacho fundamentado, mantendo ou reformando a decisão. Trata-se, no caso, do juízo de retratação (art. 198, VII, do ECA); **D:** incorreta, pois os recursos nos procedimentos de adoção e de destituição de poder familiar, em face da relevância das questões, serão processados com prioridade absoluta, devendo ser imediatamente distribuídos, ficando vedado que aguardem, em qualquer situação, oportuna distribuição, e serão colocados em mesa para julgamento sem revisão e com parecer urgente do Ministério Público (art. 199-C, do ECA, incluído pela Lei 12.010/2009); **E:** correta, de acordo com a legislação anterior, pois com o advento da Lei 12.594/2012, em todos os recursos, salvo nos embargos de declaração, o prazo para o Ministério Público e para a defesa será sempre de 10 (dez) dias. Portanto, o agravo de instrumento não está mais excetuado da regra geral (art. 198, II, do ECA). **VT**
Gabarito "E".

(Magistratura/CE – 2012 – CESPE) Em relação às normas de acesso à justiça estabelecidas no ECA, assinale a opção correta.

(A) Embora seja compreendido como regra de competência territorial, o art. 147, I e II, do ECA apresenta natureza de competência absoluta, porque a necessidade de assegurar ao infante a convivência familiar e comunitária e a de lhe ofertar a prestação jurisdicional de forma prioritária conferem caráter imperativo à determinação da competência.

(B) É vedada a divulgação de atos judiciais, policiais e administrativos que digam respeito a adolescentes aos quais se atribua autoria de ato infracional, e a notícia a respeito do fato não deve identificar, por meio de fotografia, referência a nome, apelido, filiação, parentesco ou residência, o adolescente, permitindo-se apenas o uso das iniciais do nome e sobrenome do menor.

(C) A assistência judiciária gratuita será prestada, por meio de defensor público ou de advogado nomeado, a todos que comprovarem renda familiar abaixo do salário mínimo.

(D) A justiça da infância e da juventude é absolutamente competente para conhecer qualquer ação de guarda, de tutela, de destituição do poder familiar e de suprimento da capacidade ou do consentimento para o casamento.

(E) Compete à equipe interprofissional fornecer subsídios por escrito, mediante laudos, ou verbalmente, na audiência, assim como desenvolver trabalhos de aconselhamento, orientação, encaminhamento, prevenção e outros, tudo sob a imediata subordinação ao entendimento técnico da autoridade judiciária.

A: correta, pois *embora seja compreendido como regra de competência territorial, o art. 147, I e II, do ECA apresenta natureza de competência absoluta. Isso porque a necessidade de assegurar ao infante a convivência familiar e comunitária, bem como de lhe ofertar a prestação jurisdicional de forma prioritária, conferem caráter imperativo à determinação da competência* (STJ - CONFLITO DE COMPETÊNCIA Nº 111.130 - SC 2010/0050164-8); **B:** incorreta, pois também é vedado o uso das iniciais do nome e sobrenome do menor (art. 143, *caput* e parágrafo único, do ECA); **C:** incorreta (art. 111, IV; art. 141, § 1°; e art. 206, parágrafo único, do ECA); **D:** incorreta, pois não se trata de competência exclusiva. Somente cabe à Justiça da Infância e Juventude conhecer de ação de guarda, de tutela, de destituição do poder familiar e de suprimento da capacidade ou do consentimento para o casamento, acaso a criança ou adolescente esteja em situação de risco (art. 148, parágrafo único, alíneas "a", "b" e "c", do ECA); **E:** incorreta, pois é assegurada a livre manifestação do ponto de vista técnico (art. 151 do ECA). [VT] *Gabarito "A"*

12. INFRAÇÕES ADMINISTRATIVAS

(Magistratura/PR – 2013 – UFPR) Fulana de Tal, de 15 anos, foi encontrada por conselheiro tutelar desacompanhada de seus pais ou responsável, ingerindo bebida alcoólica em promoção dançante. Para o evento, foi expedido alvará autorizando a entrada de adolescentes maiores de 16 anos, desacompanhados dos pais ou responsáveis. Lavrado auto de infração, o fato deve ser classificado:

(A) como infração administrativa prevista no art. 249 do ECA, sem prejuízo da responsabilidade penal.

(B) como infração administrativa prevista no art. 81, II do ECA, sem prejuízo da responsabilidade penal.

(C) como infração administrativa prevista no art. 258 do ECA, sem prejuízo da responsabilidade penal.

(D) no tipo penal do art. 243 do ECA, com absorção da responsabilidade administrativa.

A alternativa "C" está correta, pois o enunciado da questão reflete o disposto no art. 258 do ECA, ficando excluídas as demais. Cumpre ressaltar que a inobservância do dever de promover os direitos fundamentais de crianças e adolescentes, bem como de colocá-las a salvo de qualquer forma de abuso e negligência, poderá configurar infrações administrativas, conforme prevê o Estatuto da Criança e do Adolescente – ECA, sem prejuízo da responsabilidade penal. [VT] *Gabarito "C"*

(Magistratura/PA – 2012 – CESPE) De acordo com o que dispõe o ECA sobre o procedimento para a apuração das infrações administrativas, assinale a opção correta.

(A) Ao requerido é concedido prazo de cinco dias, contado da data da intimação, para a apresentação de defesa.

(B) Não sendo apresentada a defesa no prazo legal, a autoridade judiciária deve nomear a Defensoria Pública para patrocinar a defesa, no prazo de cinco dias.

(C) Apresentada ou não a defesa, a autoridade judiciária designará audiência preliminar.

(D) Colhida a prova oral, o juiz abrirá prazo para alegações finais pelo prazo de cinco dias, sucessivamente, ao MP e ao procurador do requerido, e, quarenta e oito horas depois de findo o prazo, proferirá a sentença.

(E) A apuração inicia-se por representação do MP ou do conselho tutelar ou por auto de infração assinado por duas testemunhas, se possível, e elaborado por servidor efetivo ou voluntário credenciado.

A: incorreta, pois o prazo é de dez dias (art. 195 do ECA); **B:** incorreta, pois caso não seja apresentada a defesa no prazo legal, a autoridade judiciária dará vista dos autos do Ministério Público (art. 196 do ECA); **C:** incorreta, dará vista dos autos ao Ministério Público ou, se necessário, designará audiência de instrução (art. 197, parágrafo único, do ECA); **D:** incorreta (art. do ECA); **E:** correta (art. 197, parágrafo único, do ECA). [VT] *Gabarito "E"*

(Magistratura/BA – 2012 – CESPE) A respeito das infrações administrativas e do respectivo procedimento de apuração, assinale a opção correta.

(A) O requerido terá prazo de quinze dias para apresentação de defesa, contado da data da intimação, que será feita, sob pena de nulidade, por mandado expedido pela autoridade judiciária competente, a ser cumprido por oficial de justiça.

(B) Apresentada ou não a defesa no prazo legal, a autoridade judiciária dará vista dos autos do MP, por cinco dias, decidindo em igual prazo, sendo vedada a colheita de prova oral.

(C) Constitui infração administrativa exibir, total ou parcialmente, fotografia de criança ou adolescente envolvido em infração, ou qualquer ilustração que lhe diga respeito ou se refira a atos delituosos que lhe sejam atribuídos, ainda que tal imagem não permita a sua identificação direta ou indireta.

(D) Constitui infração administrativa deixar de apresentar à autoridade judiciária de determinado município, no prazo de cinco dias, com o fim de regularizar a

14. DIREITO DA CRIANÇA E DO ADOLESCENTE

guarda, adolescente trazido de outra comarca para a prestação de serviço doméstico, exceto se houver autorização escrita e com firma reconhecida dos pais ou responsável.

(E) O procedimento para imposição de penalidade administrativa por infração às normas de proteção à criança e ao adolescente inicia-se por representação do MP ou do conselho tutelar ou por auto de infração elaborado por servidor efetivo ou voluntário credenciado, e assinado por duas testemunhas, se possível.

A: incorreta, pois o prazo é de dez dias (art. 195 do ECA); **B:** incorreta (arts. 196 e 197, ambos do ECA); **C:** incorreta (art. 247, § 1º, do ECA); **D:** incorreta (art. 248 do ECA); **E:** correta (art. 194 do ECA). VT

Gabarito "E".

13. CRIMES

(Magistratura/PE - 2013 - FCC) Nos crimes praticados contra a criança e o adolescente tipificados na Lei nº 8.069/90,

(A) em alguns casos somente se procede mediante queixa.

(B) a expressão "cena de sexo explícito" pode não compreender a exibição dos órgãos genitais de uma criança ou adolescente.

(C) cominada pena de detenção para o ato de exibir, total ou parcialmente, fotografia de criança ou adolescente envolvido em ato infracional.

(D) não prevista causa de aumento de pena para o delito de corrupção de menor de dezoito anos.

(E) aplicáveis as normas da parte especial do Código Penal.

A: incorreta, pois os crimes definidos no ECA são de ação pública incondicionada (art. 227, do ECA); **B:** correta, pois a expressão cena de sexo explícito ou pornográfica pode ser entendida como *"qualquer situação que envolva criança ou adolescente em atividades sexuais explícitas, reais ou simuladas, ou exibição dos órgão genitais de uma criança ou adolescente para fins primordialmente sexuais"* (art. 241-E, do ECA). *"Por questão técnica preferimos diferenciar cena de sexo explícito da pornográfica. A primeira (cena de sexo explícito) pressupõe contato físico entre os personagens, enquanto a segunda (pornográfica) revela imagens que exprimem atos obscenos, não necessariamente mediante contato físico"* (ROSSATO; LÉPORE; SANCHES. **Estatuto da Criança e do Adolescente Comentado**, Ed. RT); **C:** incorreta, pois a pena para a infração administrativa prevista no art. 247, § 1º, do ECA, é a de multa de três a vinte salários de referência, aplicando-se o dobro em caso de reincidência (art. 247 do ECA); **D:** incorreta, pois há previsão de causa de aumento de pena de um terço para o delito de corrupção de menor de dezoito anos (art. 244-B, § 2º, do ECA), no caso de a infração cometida ou induzida estar incluída no rol do art. 1º da lei dos crimes hediondos (Lei nº 8.072/1990); **E:** incorreta, pois se aplicam aos crimes definidos no ECA as normas da Parte Geral do Código Penal e, quanto ao processo, as pertinentes ao Código de Processo Penal (art. 226, do ECA). VT

Gabarito "B".

(Magistratura/ES – 2011 – CESPE) De acordo com o art. 228 do ECA, considera-se crime o fato de o encarregado de serviço ou o dirigente de estabelecimento de atenção à saúde de gestante deixar de manter registro das atividades desenvolvidas, na forma e prazo referidos no art. 10 do estatuto, bem como deixar de fornecer à parturiente ou a

seu responsável, por ocasião da alta médica, declaração de nascimento, na qual constem as intercorrências do parto e do desenvolvimento do neonato. A ação penal adequada no caso de cometimento do crime descrito é a

(A) personalíssima.

(B) pública incondicionada.

(C) pública condicionada à representação da gestante.

(D) pública condicionada à requisição da autoridade administrativa competente.

(E) privada.

Art. 227 do ECA. VT

Gabarito "B".

14. DECLARAÇÕES E CONVENÇÕES

(Magistratura/CE – 2012 – CESPE) No que tange aos princípios gerais orientadores do ECA, assinale a opção correta.

(A) O princípio da prioridade absoluta não pode ser interpretado de forma isolada, devendo ser interpretado de forma integrada aos demais sistemas de defesa da sociedade. Dessa forma, a decisão do administrador público entre a construção de uma creche e a de um abrigo para idosos, ambos necessários, deverá recair sobre a segunda, dada a prevalência da lei mais recente, no caso, o Estatuto do Idoso.

(B) Buscando efetivar o princípio da prioridade absoluta, o legislador incluiu no ECA um rol taxativo de preceitos a serem seguidos.

(C) O princípio do melhor interesse tem aplicação limitada ao público infanto-juvenil cujos direitos reconhecidos no ECA forem ameaçados ou violados por ação ou omissão da sociedade ou do Estado, ou por falta, omissão ou abuso dos pais ou responsável.

(D) De acordo com o princípio da centralização, inovação promovida pelo ECA, a União tem competência para criar normas gerais e específicas de atendimento a crianças e adolescentes para sanar omissão dos governos estaduais e municipais.

(E) Com importância reconhecida desde o século XIX, o princípio do melhor interesse foi adotado pela comunidade internacional, em 1959, na Declaração dos Direitos da Criança e, por esse motivo, malgrado a diferença de enfoque, foi incluído no Código de Menores de 1979, ainda que sob a égide da doutrina da situação irregular.

A: incorreta (art. 227 da CF; arts. 4º e 100, IV, do ECA). *"O caráter absoluto da prioridade, expressamente consignado no art. 227, da CF e no art. 4º do ECA, refere-se à impossibilidade de supressão de uma especial proteção às crianças e aos adolescentes em situações comuns. O fato de o dispositivo ponderar a respeito de outro interesse, também de especial relevo no caso concreto, não retira do metaprincípio da prioridade o seu caráter absoluto. Ao contrário, a inovação legislativa encontra-se na esteira da doutrina mais vanguardista de autores como Ronald Dworkin e Robert Alexy, que afirmam não existir hierarquia entre princípios ou direitos fundamentais, cabendo solucionar uma possível colisão de direitos, por meio de ponderação"* (Rossato; Lépore; Sanches. Estatuto da Criança e do Adolescente, editora RT); **B:** incorreta, pois o legislador previu um rol não exaustivo de princípios derivados dos metaprincípios da proteção integral e da prioridade absoluta (art. 100, parágrafo único, do ECA); **C:** incorreta, pois *a intervenção deve atender prioritariamente aos interesses e direitos da criança e do adolescente, sem prejuízo da consideração que for devida a outros interesses legítimos no âmbito da pluralidade dos interesses presentes no caso concreto* (art. 100, IV, do ECA); **D:** incorreta, pois pelo princípio da responsabilidade primária e solidária do poder público, a plena efetivação dos direitos assegurados a crianças e a adolescentes pelo ECA e pela Constituição Federal, salvo nos casos expressamente ressalvados, é de responsabilidade primária e solidária das 3 (três) esferas de governo, sem prejuízo da municipalização do atendimento e da possibilidade da execução de programas por entidades não governamentais (art. 100, III, do ECA); **E:** correta. Dentre os novos preceitos garantidos pelo art. 100 do ECA está o postulado normativo do interesse superior da criança e do adolescente (art. 100, IV, do ECA), o qual é valor recorrente, principalmente na ordem jurídica internacional, devendo servir de norte para a aplicação de todos os princípios e regras referentes ao direito da criança e do adolescente. **VT**

Gabarito "E".

15. TEMAS COMBINADOS E OUTROS TEMAS

(Juiz – TJ/RJ – VUNESP – 2016) Com relação à Convenção sobre os Direitos da Criança da ONU, tratado internacional de proteção de direitos humanos, com início de vigência em 1990, é correto afirmar que

(A) se afastando da técnica de diferenciação utilizada pela legislação específica brasileira, define criança como todo ser humano que não atingir a maioridade civil e penal ou for declarado totalmente incapaz, desde que menor de 18 anos, nos termos da legislação aplicável.

(B) em respeito aos princípios da anterioridade e da legalidade, bem como ao garantismo processual, foram criados os Protocolos Facultativos adesivos, versando sobre a) Venda de Crianças, Prostituição Infantil e Pornografia Infantil e b) Envolvimento de Crianças em Conflitos Armados, para tipificação de delitos contra a dignidade sexual e de guerra envolvendo crianças.

(C) ao estabelecer a obrigação dos Estados de respeitar responsabilidades, direitos e obrigações dos pais, apropriados para o exercício, pela criança, dos direitos que contempla, adotou o princípio do *best interest of the child*, encampada pelo artigo 227, *caput*, da Constituição da República Federativa do Brasil.

(D) estabelece, em seu rol de direitos contemplados, a proteção de crianças estrangeiras, inclusive contra a migração interna forçada e utilização em experiências médicas e científicas, prevendo a entrega como instituto de cooperação internacional.

(E) visando a observação dos direitos das crianças, estabeleceu forma de monitoramento peculiar (*special force machinery)*, via relatórios apresentados pelo Comitê sobre os Direitos da Criança aos Estados-Partes, para análise e acompanhamento.

A: incorreta. "Para efeitos da presente Convenção considera-se como criança todo ser humano com menos de dezoito anos de idade, a não ser que, em conformidade com a lei aplicável à criança, a maioridade seja alcançada antes" (art. 1º da Convenção sobre os Direitos da Criança). **B:** incorreta. Os protocolos facultativos não trazem previsão sobre o envolvimento de crianças em conflitos armados nem mesmo tipifica delitos contra a dignidade sexual e de guerra envolvendo crianças. **C:** correta. O art. 227 da Constituição Federal, inspirado na Convenção

sobre os Direitos da Criança, adotou o princípio da proteção integral e do melhor interesse da criança, trazendo responsabilidade para a família, a sociedade e para o Estado no dever de proteger a criança e o adolescente. **D:** incorreta. Nos termos do art. 11 da Convenção sobre os Direitos da Criança, "os Estados-Partes adotarão medidas a fim de lutar contra a transferência ilegal de crianças para o exterior e a retenção ilícita das mesmas fora do país". **E:** incorreta. Na forma do art. 44 da Convenção, "os Estados-Partes se comprometem a apresentar ao comitê, por intermédio do Secretário-Geral das Nações Unidas, relatórios sobre as medidas que tenham adotado com vistas a tornar efetivos os direitos reconhecidos na convenção e sobre os progressos alcançados no desempenho desses direitos: a) num prazo de dois anos a partir da data em que entrou em vigor para cada Estado-Parte a presente convenção; b) a partir de então, a cada cinco anos". **RD**

Gabarito "C".

(Juiz – TJ/RJ – VUNESP – 2016) A anencefalia, de acordo com entendimento jurisprudencial do Supremo Tribunal Federal, no julgamento da ADPF (arguição de descumprimento de preceito fundamental), ajuizada pela Confederação dos Trabalhadores na Saúde – CNTS, sob relatoria do Ministro Marco Aurélio de Mello:

(A) não dispensa autorização judicial prévia ou qualquer forma de autorização do Estado para a antecipação terapêutica do parto, implicando ajustamento dos envolvidos nas condutas típicas descritas pelos artigos 124, 126 e 128, I e II, do Código Penal, com vistas à proteção do direito à vida.

(B) estendeu a desnecessidade de autorização judicial prévia ou qualquer forma de autorização do Estado para a antecipação terapêutica do parto, no aborto sentimental ou humanitário, decorrente da gravidez em caso de estupro, em respeito aos princípios da moral razoável e da dignidade da pessoa humana.

(C) porque há vida a ser protegida, implica a subsunção da conduta dos envolvidos no procedimento de antecipação terapêutica do parto aos tipos de aborto previstos no Estatuto Repressivo, dependendo da qualidade do agente que o praticou ou permitiu a sua prática.

(D) permite a antecipação terapêutica do parto, com proteção à vida da mãe, a exemplo do aborto sentimental, que tem por finalidade preservar a higidez física e psíquica da mulher, conclusão que configura interpretação do Código Penal de acordo com a Constituição Federal, orientada pelos preceitos que garantem o Estado laico, a dignidade da pessoa humana, o direito à vida e a proteção à autonomia, da liberdade, da privacidade e da saúde.

(E) não qualifica direito da gestante de submeter-se à antecipação terapêutica de parto sob pena de o contrário implicar pronunciamento da inconstitucionalidade abstrata dos artigos 124, 126 e 128, I e II, do Código Penal, e, via de consequência, a descriminalização do aborto.

Conforme decisão na ADPF 54 que decidiu sobre a anencefalia: "Feto anencéfalo – Interrupção da gravidez – Mulher – Liberdade sexual e reprodutiva – Saúde – Dignidade – Autodeterminação – Direitos fundamentais – Crime – Inexistência. Mostra-se inconstitucional interpretação de a interrupção da gravidez de feto anencéfalo ser conduta tipificada nos artigos 124, 126 e 128, incisos I e II, do Código Penal". Mais ainda,

14. DIREITO DA CRIANÇA E DO ADOLESCENTE

conforme a decisão, para interromper a gravidez de feto anencéfalo não é necessária autorização judicial ou qualquer outra forma de permissão, basta a comprovação do diagnóstico da anencefalia do feto. Um dos principais fundamentos da ADPF é que não há conflito entre direitos fundamentais (conflito apenas aparente), já que o feto anencéfalo, mesmo que biologicamente vivo, porque feito de células e tecidos vivos, seria juridicamente morto, de maneira que não deteria proteção jurídica, principalmente a jurídico-penal. Sendo assim, por 8 votos a 2, os Ministros decidiram que não é crime interromper a gravidez de fetos anencéfalos. A conduta é considerada atípica. **RD**

Gabarito "D".

(Juiz – TJ/MS – VUNESP – 2015) Com relação à retrospectiva e evolução históricas do tratamento jurídico destinado à criança e ao adolescente no ordenamento pátrio, é correto afirmar que

(A) na fase da absoluta indiferença, não havia leis voltadas aos direitos e deveres de crianças e adolescentes.

(B) na fase da proteção integral, regida pelo Estatuto da Criança e do Adolescente, as leis se limitam ao reconhecimento de direitos e garantias de crianças e adolescentes, sem intersecção com o direito amplo à infância, porque direito social, amparado pelo artigo 6º da Constituição Federal.

(C) a fase da mera imputação criminal não se insere na evolução histórica do tratamento jurídico concedido à criança e ao adolescente no ordenamento jurídico pátrio porque extraída do direito comparado.

(D) na fase da mera imputação criminal, regida pelas Ordenações Afonsinas e Filipinas, pelo Código Criminal do Império, de 1830, e pelo Código Penal, de 1890, as leis se limitavam à responsabilização criminal de maiores de 16 (dezesseis) anos por prática de ato equiparado a crime.

(E) na fase tutelar, regida pelo Código Mello Mattos, de 1927, e Código de Menores, de 1979, as leis se limitavam à colocação de crianças e adolescentes, em situação de risco, em família substituta, pelo instituto da tutela.

Conforme Paulo Afonso Garrido de Paula,1 a evolução do tratamento da criança e do adolescente no ordenamento jurídico brasileiro pode ser resumida em quatro fases. A *fase da absoluta indiferença*; *fase da mera imputação criminal*; *fase tutelar* e *fase da proteção integral*. Na fase *absoluta indiferença*, não existiam normas relacionadas à criança e ao adolescente. A fase da *mera imputação criminal*, compreende as Ordenações Afonsinas e Filipinas (sancionada por Filipe I em 1.595), o Código Criminal do Império de 1830 e o Código Penal de 1890. Referidas leis tinham apenas o propósito de regular prática de ato infracional pelos menores. A *fase tutelar*, compreende o Código Mello Mattos de 1927 (o primeiro Código sistemático de menores, destacando-se pela preocupação com a assistência aos menores) e o Código de Menores de 1979 (regido pelo princípio do menor em situação irregular e que foi revogado pelo Estatuto da Criança e do Adolescente). Nessa fase, há preocupação com a integração social e familiar da criança, além da regulamentação da prática de atos infracionais. Na fase da *proteção integral*, que inspirou todo o Estatuto da Criança e do Adolescente, ficam reconhecidos os direitos e garantias às crianças e aos adolescentes, considerando-os como pessoa em desenvolvimento. **A:** correta.

---

1   *Direito da criança e do adolescente e tutela jurisdicional diferenciada*. Editora Revista dos Tribunais, 2002, 26.

Conforme explicado acima. **B:** incorreta. Na fase da proteção integral, as leis não se limitam ao reconhecimento dos direitos da criança e do adolescente, devendo ser garantida a proteção integral para o pleno desenvolvimento da pessoa. Ademais, pressupõe a intercessão com o direito amplo à infância, que também é reconhecido como um direito social, na forma do art. 6º do Estatuto da Criança e do Adolescente. **C:** incorreta. A fase de mera imputação está inserida na nossa evolução histórica, que além de conter normas do Direito brasileiro (Código Criminal do Império de 1830 e o Código Penal de 1890). **D:** incorreta. Código Penal Brasileiro de 1830 fixou a idade de responsabilidade penal objetiva aos 14 anos e facultou ao juiz a possibilidade de, em caso de comprovado discernimento, mandá-la para a cadeia a partir dos 7 anos. Portanto, o Brasil adota critério biopsicológico entre 7 e 14 anos para afirmar que a partir dos 14 se é tratado como adulto. O Código Penal de 1890, o primeiro da República, estabeleceu a inimputabilidade absoluta apenas para os menores de nove anos. **E:** incorreta. A guarda, tutela e adoção estavam previstas no Código Civil de 1916. No entanto, foi o Código Mello Mattos que, pela primeira vez, enunciou regras relacionadas com a assistência e proteção aos menores. O Código de Menores (1979) trazia regras sobre a adoção simples e adoção plena, que posteriormente é alterada pelo ECA para fazer constar tão somente a adoção plena. **RD**

Gabarito "A".

(Juiz – TJ/MS – VUNESP – 2015) Quanto ao Direito à Profissionalização e à Proteção no Trabalho, previsto no Capítulo V, do Título II do Estatuto da Criança e do Adolescente, nos artigos 60 e seguintes, a aprendizagem está definida como

(A) programa social que tenha por base o trabalho educativo, sob responsabilidade de entidade governamental ou não governamental, sem fins lucrativos.

(B) formação técnico-profissional ministrada segundo as diretrizes e bases da legislação de educação em vigor.

(C) contrato de trabalho especial, ajustado por escrito e por prazo determinado, pelo qual o empregador se compromete a assegurar ao maior de 14 (catorze) anos ingresso em programa de formação técnico-profissional.

(D) contrato de trabalho especial, sem forma específica e por prazo determinado, pelo qual o empregador se compromete a assegurar ao maior de 14 (catorze) anos, com anuência de seus pais ou responsável, ingresso em programa de formação técnico-profissional.

(E) contrato de trabalho especial, sem forma específica e por prazo determinado, pelo qual o empregador se compromete a assegurar ao maior de 14 (catorze) e menor de 24 (vinte e quatro) anos, com anuência de seus pais ou responsável, ingresso em programa social.

A: incorreta. O trabalho educativo, realizado através de programa social, sob responsabilidade de entidade governamental ou não governamental sem fins lucrativos, tem por base assegurar ao adolescente condições para a realização de atividade regular remunerada aliada a uma formação educacional e moral. Já a aprendizagem visa a formação técnico-profissional. **B:** correta. Considera-se aprendizagem a formação técnico-profissional ministrada segundo as diretrizes e bases da legislação de educação em vigor (art. 62 do ECA). **C:** incorreta. Conforme art. 428 da CLT, o contrato de aprendizagem é o contrato de trabalho especial, ajustado por escrito e por prazo determinado, em que o empregador se compromete a assegurar ao maior de 14 (quatorze) e menor de 24 (vinte e quatro) anos inscrito em programa de aprendizagem formação técnico-profissional metódica, compatível com o seu desenvolvimento físico, moral e psicológico, e o aprendiz, a executar com zelo e diligência as tarefas necessárias a essa formação. **D:** incorreta. Vide justificativa da alternativa "C". **E:** incorreta. Vide justificativa da alternativa "C". [RD]

Gabarito "B".

(Magistratura/PI – 2011 – CESPE) Em relação à suspensão e à perda do poder familiar, assinale a opção correta.

(A) A norma segundo a qual a conduta dos genitores deve ser compatível com a moral e os bons costumes é meramente orientadora, dado o seu caráter subjetivo, razão por que seu descumprimento não acarreta sanção.

(B) O proferimento, pelo juízo criminal, de sentença absolutória de acusação de maus-tratos contra menor impede a proposição de ação cível.

(C) A destituição do poder familiar pode ocorrer quando os pais reincidirem nas faltas que conduzem à suspensão desse poder.

(D) Perdem o poder familiar os pais condenados, pela prática de crime, a pena superior a dois anos de reclusão.

(E) A perda do poder familiar implica a cessação da responsabilidade civil do genitor por ato ilícito praticado pelo filho.

A: incorreta, pois a conduta dos genitores incompatível com a moral e os bons costumes acarretará a perda do poder familiar (art. 1.635, V e art. 1.638, III, ambos do CC); **B:** incorreta. *A responsabilidade civil é independente da criminal, não se podendo questionar mais sobre a existência do fato, ou sobre quem seja o seu autor, quando estas questões se acharem decididas no juízo criminal.* Assim, nos casos em que o juiz criminal prolatar sentença absolutória reconhecendo a negativa de autoria ou a inexistência de materialidade, haverá coisa julgada na esfera cível, não cabendo mais discussão (art. 66 do CPP). Também faz coisa julgada no cível a sentença penal que reconhecer ter sido o ato praticado em estado de necessidade, em legítima defesa, em estrito cumprimento do dever legal ou no exercício regular de direito (art. 65 do CPP). Por sua vez, se a absolvição criminal se fundamentar em insuficiência de provas, não haverá óbice ao prosseguimento da ação de reparação civil; **C:** correta, pois a perda do poder familiar será decretada judicialmente, em procedimento contraditório, nos casos previstos na legislação civil (art. 1.638, do CC), bem como na hipótese de <u>descumprimento injustificado</u> dos deveres e obrigações a que alude o art. 22 (art. 24 do ECA); **D:** incorreta, pois não haverá perda, mas suspensão do exercício do poder familiar ao pai ou à mãe condenados por sentença irrecorrível, em virtude de crime cuja pena exceda a dois anos de prisão (art. 1.637, parágrafo único, do CC); **E:** incorreta, pois não implicará a cessação da responsabilidade civil do genitor por ato ilícito praticado pelo filho, caso o fato tenha ocorrido antes da destituição do poder familiar. [VT]

Gabarito "C".

(Magistratura/MG – 2012 – VUNESP) À luz da Lei n.º 8.069/1990, assinale a alternativa que apresenta informação **incorreta**.

(A) Para adoção conjunta, por casal homoafetivo, é necessário que eles sejam casados civilmente ou que mantenham união estável, comprovada a estabilidade da família.

(B) Iniciado o procedimento em decorrência de ato infracional cometido pelo menor, a concessão da remissão pela autoridade judiciária importará na suspensão ou extinção do processo.

(C) Em se tratando de viagem ao exterior, a autorização judiciária é dispensável, se a criança ou adolescente viajar na companhia de um dos pais e autorizada expressamente pelo outro, com firma reconhecida.

(D) O adolescente apreendido por força de ordem judicial será, desde logo, encaminhado à autoridade policial competente.

A: correta. De acordo com o art. 42, § 2º, do ECA, para a adoção conjunta, é indispensável que os adotantes sejam casados civilmente ou mantenham união estável, comprovada a estabilidade da família. Assim, não há exigência de que as pessoas sejam de sexos distintos, mas também não há previsão legal de adoção por casal homoafetivo. *"Não obstante, já vem sendo reconhecida a possibilidade de adoção por casais formados por integrantes do mesmo sexo, desde que tal união possa ser reconhecida como entidade familiar, com suas características próprias (estabilidade, ostensibilidade e traços afetivos sólidos). (...) A possibilidade de adoção por casais homoafetivos agora está firmada, pois em 2011, tanto o STF quanto o STJ finalmente reconheceram a legalidade da união estável entre pessoas do mesmo sexo"* (Rossato, Lépore e Sanches, Estatuto da Criança e do Adolescente, editora RT); **B:** correta. Antes de iniciado o procedimento judicial para apuração de ato infracional, o representante do Ministério Público poderá conceder a remissão, como forma de exclusão do processo. Por sua vez, iniciado o procedimento, a concessão da remissão pela autoridade judiciária importará na suspensão ou extinção do processo (art. 126, *caput* e parágrafo único, do ECA); **C:** correta (art. 84 do ECA); **D:** incorreta, pois o adolescente apreendido será encaminhado à autoridade judiciária competente (art. 171 do ECA). [VT]

Gabarito "D".

(Magistratura/BA – 2012 – CESPE) Assinale a opção correta no que tange ao procedimento de jurisdição voluntária de habilitação de pretendentes à adoção.

(A) Contará a favor dos postulantes a sua participação, ainda que facultativa, em programa oferecido pela justiça da infância e da juventude, preferencialmente com apoio dos técnicos responsáveis pela execução da política municipal de garantia do direito à convivência familiar, que inclua preparação psicológica, orientação e estímulo à adoção inter-racial, de crianças maiores ou de adolescentes, de crianças ou de adolescentes com necessidades específicas de saúde ou com deficiências e de grupos de irmãos.

(B) O programa oferecido pela justiça da infância e juventude sempre incluirá o contato com crianças e adolescentes em regime de acolhimento familiar ou institucional em condições de serem adotados, a ser realizado sob a orientação, supervisão e avaliação da equipe técnica da justiça da infância e da juventude, com o apoio dos técnicos responsáveis pelo programa de acolhimento familiar ou institucional e pela execução da política municipal de garantia do direito à convivência familiar.

(C) Deferida a habilitação do postulante à adoção, este será inscrito no cadastro mantido pela autoridade judiciária, e a sua convocação para a adoção deve ser feita, obrigatoriamente, de acordo com a ordem cronológica de habilitação e conforme a disponibilidade de crianças ou adolescentes adotáveis, não acarretando qualquer tipo de sanção ao postulante a recusa sistemática à adoção das crianças ou adolescentes indicados.

(D) Após receber a petição inicial, deve a autoridade judiciária, no prazo de quarenta e oito horas, oferecer vista dos autos ao conselho tutelar, que, no prazo de cinco dias, deverá apresentar relatório minucioso a respeito das condições materiais e psicológicas dos postulantes.

(E) Deve, obrigatoriamente, intervir no feito equipe interprofissional a serviço da justiça da infância e da juventude, que deverá elaborar estudo psicossocial com subsídios que permitam aferir a capacidade e o preparo dos postulantes para o exercício de uma paternidade ou maternidade responsável, à luz dos requisitos e princípios do ECA.

A: incorreta, pois é obrigatória a participação em programa oferecido pela Justiça da Infância e Juventude (art. 197-C, § 1º, do ECA); **B:** incorreta, pois sempre que possível e recomendável, a etapa obrigatória da preparação incluirá o contato com crianças e adolescentes em regime de acolhimento familiar ou institucional em condições de serem adotados (art. 197-C, parágrafo 2º, do ECA); **C:** incorreta, pois a ordem cronológica das habilitações somente poderá deixar de ser observada pela autoridade judiciária, quando comprovado ser essa a melhor solução no interesse do adotando. Ademais, a recusa sistemática na adoção das crianças ou adolescentes indicados importará na reavaliação da habilitação concedida (art. 197-E, §§ 1º e 2º, do ECA); **D:** incorreta, pois a autoridade judiciária deve oferecer vista dos autos ao Ministério Público (art. 197-B do ECA); **E:** correta (art. 197-C do ECA). VT

Gabarito "E"

(MAGISTRATURA/PB – 2011 – CESPE) Em relação aos crimes, infrações administrativas e procedimentos, bem como ao direito à profissionalização e à proteção do trabalho, assinale a opção correta de acordo com o que dispõe o ECA.

(A) Em caso de apuração de ato infracional atribuído a adolescente, o prazo máximo e improrrogável para a conclusão do procedimento, estando o adolescente internado provisoriamente, será de quarenta e cinco dias.

(B) A internação de adolescente infrator decretada ou mantida pelo juiz deve ser cumprida em estabelecimento prisional com condições adequadas para abrigar adolescentes.

(C) É vedado trabalho noturno realizado entre as vinte e quatro horas de um dia e as cinco horas do dia seguinte a adolescente empregado, aprendiz, em regime familiar de trabalho, aluno de escola técnica, assistido em entidade governamental ou não governamental.

(D) Constitui crime vender ou locar a criança ou a adolescente programação em vídeo em desacordo com a classificação atribuída pelo órgão competente.

(E) A maioria dos crimes definidos nesse estatuto é de ação pública incondicionada.

A: correta, pois em consonância com o disposto no art. 183 do ECA; **B:** incorreta, pois não reflete o teor do art. 123, *caput*, do ECA; **C:** o trabalho noturno somente é permitido àquele que já conta com dezoito anos (art. 7º, XXXIII, da CF); **D:** incorreta, visto que a conduta descrita na assertiva constitui tão somente infração administrativa (art. 256 do ECA); **E:** incorreta, pois todos os crimes definidos no ECA são de ação penal pública incondicionada (art. 227 do ECA). ED/WG

Gabarito "A"

15. DIREITO INTERNACIONAL

Renan Flumian

1. DIREITO INTERNACIONAL PÚBLICO

1.1. TRATADO

(Juiz – TRF 2ª Região – 2017) Quanto à internalização de tratados ao ordenamento nacional, assinale a opção correta:

(A) O sistema de recepção de tratados internacionais previsto na Constituição Federal não acolhe o chamado princípio do efeito direto e imediato dos tratados ou convenções internacionais sobre Direitos Humanos.

(B) A extradição solicitada por Estado estrangeiro para fins de cumprimento de pena somente poderá ser deferida depois de internalizado o tratado de extradição firmado entre o Brasil e o respectivo Estado estrangeiro.

(C) Somente após ser aprovado em duplo turno de votação, nas duas casas do Congresso Nacional, seguido de publicação de Decreto Presidencial, poderá o Tratado Internacional adquirir validade no Direito Brasileiro.

(D) Tratado internacional que verse sobre matéria que a Constituição brasileira reserva ao domínio da Lei Complementar poderá ter aplicabilidade interna, bastando que no ato de internalização seja observado o quórum de maioria absoluta previsto no artigo 69 da Constituição.

(E) Tratados que versem sobre concretização de Direitos Humanos no plano interno não podem ser objeto de denúncia pelo Estado Brasileiro, sob pena de violação ao postulado da proibição de retrocesso.

A: correta. No Brasil, o tratado só passará a ter validade interna após ter sido aprovado pelo Congresso Nacional e ratificado e promulgado pelo presidente da República; **B:** incorreta, pois o pedido e a consequente concessão da extradição podem ter por base a declaração de reciprocidade; **C:** incorreta. No Brasil é necessário um procedimento complexo para proceder à ratificação de tratados. O Congresso Nacional deve aprovar o texto do tratado, e o fará por meio de um decreto legislativo[1] promulgado pelo presidente do Senado e publicado no Diário Oficial da União. Em seguida, cabe ao presidente da República ratificar ou não – lembrando que a aprovação congressional não obriga a ulterior ratificação do tratado pelo presidente da República. Por fim, o tratado regularmente concluído depende da promulgação e da publicidade levada a efeito pelo presidente da República para integrar o Direito Nacional. No Brasil, a promulgação ocorre por meio de decreto presidencial e a publicidade perfaz-se com a publicação no Diário Oficial; **D:** incorreta, pois não existe previsão constitucional nesse sentido; **E:** essa assertiva foi apontada como incorreta pelo gabarito, porém, ela desperta calorosas discussões e está longe de comportar uma posição pacífica. Para os defensores dos direitos humanos, o

princípio da proibição do retrocesso social teria, sim, como um dos efeitos inviabilizar a denúncia dos tratados internacionais de direitos humanos. É como se esse instituto de Direito Internacional não tivesse aplicação no âmbito internacional de proteção dos direitos humanos. Por outro lado, internacionalistas de linha mais tradicional e com base no princípio da soberania, defendem que, sim, é possível a denúncia de qualquer tratado, pois o estado soberano tem direito de participar ou deixar de fazer parte de um tratado internacional (com algumas exceções, como os tratados de vigência estática). Em razão do aqui exposto, advogo que essa assertiva não poderia ser considerada correta ou incorreta de forma taxativa, o que geraria a anulação da questão. **RF** Gabarito "A".

(Magistratura Federal – 1ª Região – 2011 – CESPE) Considerando aspectos relacionados à ratificação, registro, efeitos, vigência e promulgação dos tratados, assinale a opção correta.

(A) Os tratados que, concluídos pelos membros da ONU, não tenham sido devidamente registrados e publicados no secretariado desse organismo internacional não podem ser invocados, pelas partes, perante qualquer órgão da organização.

(B) Por criarem ou modificarem situações jurídicas objetivas, os tratados somente produzem efeitos entre as partes.

(C) Considera-se vigência diferida o método segundo o qual os tratados entram em vigor simultaneamente ao término da negociação e ao consentimento definitivo das partes envolvidas.

(D) No Brasil, os tratados entram em vigor após a promulgação dos decretos legislativos mediante os quais o Congresso Nacional se manifesta favoravelmente à sua aprovação.

(E) A ratificação de um tratado, como expressão definitiva do consentimento das partes, é etapa imprescindível, somente consumada mediante a entrega mútua do instrumento escrito por ocasião de sua assinatura formal.

A: correta, pois está em conformidade com a redação do artigo 102, pontos 1 e 2, da Carta das Nações Unidas (1945); **B:** incorreta. O artigo 38 da Convenção de Viena sobre Direito dos Tratados, promulgado por meio do Decreto nº 7.030, de 14 de dezembro de 2009, defende que as regras de um tratado podem se tornar obrigatórias para terceiros Estados quando se transformarem em costume internacional. Ademais, no caso de criação de direitos em favor de terceiros, é imperioso seu respectivo consentimento, embora, nesse caso, possa ser tácito em função do que dispõe o artigo 36 da Convenção de Viena sobre Tratados. Esse artigo define que o consentimento nesse caso específico é presumido. Ou seja, se o tratado nada prever, o terceiro Estado beneficiado deverá expressamente dissentir para o pacto não gerar efeitos sobre ele; **C:** incorreta, pois é exatamente o contrário. Ou seja, os tratados de vigência diferida postergam o início da entrada em vigor; **D:** incorreta. No Brasil é necessário um procedimento complexo para proceder à

RF questões comentadas por: **Renan Flumian**

1   Lembrando que as matérias de competência exclusiva do Congresso Nacional (art. 49 da CF/1988) devem ser normatizadas via decreto legislativo.

ratificação de tratados. O Congresso Nacional deve aprovar o texto do tratado e o fará por meio de um decreto legislativo[2] promulgado pelo presidente do Senado e publicado no Diário Oficial da União. Em seguida, cabe ao presidente da República ratificar ou não – lembrando que a aprovação congressional não obriga a ulterior ratificação do tratado pelo presidente da República. Por fim, o tratado regularmente concluído depende da promulgação e da publicidade levada a efeito pelo presidente da República para integrar o Direito Nacional. No Brasil, a promulgação ocorre por meio de decreto presidencial e a publicidade perfaz-se com a publicação no Diário Oficial; **E:** incorreta. A ratificação é o ato administrativo unilateral mediante o qual a pessoa jurídica de Direito Internacional, signatária de um tratado, exprime definitivamente, no plano internacional, seu consentimento. Ela tem que ser expressa e a sua consumação é obtida com a troca dos instrumentos de ratificação com a outra parte contratante, ou a sua entrega ao depositário. Neste último caso trata-se, geralmente, dos tratados multilaterais. O depositário é, na maioria das vezes, o Estado onde o tratado foi assinado, ou, no caso dos tratados celebrados no âmbito das Nações Unidas e da Organização dos Estados Americanos, a sede dessas organizações. **RF** Gabarito "A".

(Magistratura Federal – 2ª Região – 2011 – CESPE) O Estado regulamenta a convivência social em seu território por meio de legislação nacional, e a comunidade internacional também cria regras, que podem conflitar com as nacionais. A respeito das correntes doutrinárias que procuram proporcionar solução para o conflito entre as normas internas e as internacionais, assinale a opção correta.

(A) A corrente monista e a dualista apresentam as mesmas respostas para o conflito entre as normas internas e as internacionais.

(B) Nenhum país adota a corrente doutrinária monista.

(C) Consoante a corrente monista, o ato de ratificação de tratado gera efeitos no âmbito nacional.

(D) De acordo com a corrente dualista, o direito interno e o direito internacional convivem em uma única ordem jurídica.

(E) De acordo com a corrente monista, a norma interna sempre prevalece sobre a internacional.

Segundo a tese monista, o Direito Internacional e o Nacional fazem parte do mesmo sistema jurídico, ou seja, incidem sobre o mesmo espaço. Logo, os compromissos normativos que os países – adeptos do monismo como França, Bélgica e Holanda –, assumem na comunidade internacional passam a ter vigência imediata no ordenamento interno de tais Estados, gerando a figura da *incorporação automática*. Opondo-se a essa ideia, a tese dualista advoga que cada um pertence a um sistema distinto e, portanto, incide sobre espaços diversos. Assim, essa concepção não possibilita a configuração da incorporação automática. A tese monista subdivide-se em: *a) monismo radical: prega a preferência pelo Direito Internacional em detrimento do Direito Nacional; e b) monismo moderado: prega a equivalência entre o Direito Internacional e o Direito Nacional.* É importante apontar que a jurisprudência internacional aplica o monismo radical; tal escolha é respaldada pelo artigo 27 da Convenção de Viena sobre Direito dos Tratados (Decreto nº 7.030/2009): "Uma parte não pode invocar as disposições de seu direito interno para justificar o inadimplemento de um tratado". O dualismo também se subdivide: **a)** dualismo radical: impõe a edição de uma lei distinta para incorporação do tratado; e **b)** dualismo moderado

ou temperado: não exige lei para incorporação do tratado, apenas se exige um procedimento complexo, com aprovação do Congresso e promulgação do Executivo. A Constituição Federal silenciou nesse aspecto, e, em virtude da omissão constitucional, a doutrina defende que o Brasil adotou a corrente dualista, ou, melhor dizendo, a corrente dualista moderada. Isso porque o tratado só passará a ter validade interna após ter sido aprovado pelo Congresso Nacional[3] e ratificado e promulgado pelo presidente da República. Lembremos ainda que a promulgação é efetuada mediante decreto presidencial. **RF** Gabarito "C".

(Magistratura Federal – 3ª Região – 2011 – CESPE) A aplicação provisória de tratados

(A) somente termina com a anuência de todos os Estados--partes.

(B) é disciplinada por artigo da Convenção de Viena sobre Direito dos Tratados, o qual é objeto de reserva por parte do Brasil.

(C) é possível, em alguns casos, consoante a Convenção de Viena sobre Direito dos Tratados, após a entrada em vigor do tratado.

(D) somente é permitida em relação a todo o texto do tratado.

(E) deve ser expressamente prevista no tratado.

A única assertiva correta sobre o tema é a B. A Convenção de Viena sobre Direito dos Tratados entrou em vigor internacional em 27 de janeiro de 1980 e só foi promulgada no Brasil pelo Decreto nº 7.030 de 14 de dezembro de 2009. A ratificação não só demorou, mas veio com reserva aos artigos 25 e 66. O artigo 25 cuida da aplicação provisória de um tratado e determina que, se for assim disposto ou acordado pelas partes, o tratado pode obter uma vigência provisória mesmo sem ter sido objeto de ratificação. O Brasil não aceita tal prática, já que, em regra, a ratificação dos tratados depende de um procedimento complexo, no qual o Congresso Nacional deve aprovar o texto do tratado por meio de um decreto legislativo promulgado pelo presidente do Senado e publicado no Diário Oficial da União. Assim, a regra é que os tratados celebrados pelo presidente da República sejam apreciados pelo Congresso Nacional (artigo 84, VIII, da CF). Já o artigo 66 discorre sobre o processo de solução judicial, de arbitragem e de conciliação e determina a competência obrigatória da Corte Internacional de Justiça quando houver conflito ou superveniência de norma imperativa de Direito Internacional (*jus cogens*). Esse artigo não foi aceito pelo Brasil já que o país não está vinculado ao artigo 36 do Estatuto da Corte Internacional de Justiça que disciplina a "cláusula facultativa de jurisdição obrigatória". **RF** Gabarito "B".

(Magistratura Federal – 4ª Região – IX) Assinale a alternativa correta:

(A) Segundo a jurisprudência do Supremo Tribunal Federal, os tratados internacionais normativos têm supremacia sobre o direito positivo interno em matéria tributária.

(B) Os tratados internacionais são celebrados por decreto legislativo do Congresso Nacional.

(C) A promulgação dos tratados internacionais é da competência do Presidente da República.

---

2. Lembrando que as matérias de competência exclusiva do Congresso Nacional (artigo 49 da CF) devem ser normatizadas via decreto legislativo.

3. O artigo 84, VIII, da CF assim dispõe: "(...) celebrar tratados, convenções e atos internacionais, sujeitos a referendo do Congresso Nacional".

15. DIREITO INTERNACIONAL 785

(D) Após a aprovação definitiva pelo Congresso Nacional, o tratado internacional passa a ser obrigatório no direito positivo interno.

A: incorreta, pois, em matéria tributária, foi o artigo 98 do CTN que adotou a prevalência do tratado sobre o direito interno, determinando que a legislação tributária posterior ao tratado lhe deve obediência; **B:** incorreta. A ratificação dos tratados depende de um procedimento complexo, no qual o Congresso Nacional deve aprovar o texto do tratado por meio de um decreto legislativo promulgado pelo presidente do Senado e publicado no Diário Oficial da União. Assim, a regra é que os tratados celebrados pelo presidente da República sejam apreciados pelo Congresso Nacional (artigo 84, VIII, da CF); **C:** correta. O tratado regularmente concluído depende da promulgação e da publicidade levada a efeito pelo presidente da República para integrar o Direito Nacional. No Brasil, a promulgação ocorre por meio de decreto presidencial e a publicidade perfaz-se com a publicação no Diário Oficial; **D:** incorreta. O Congresso Nacional deve aprovar o texto do tratado, e o fará por meio de um decreto legislativo promulgado pelo presidente do Senado e publicado no Diário Oficial da União. Em seguida, cabe ao presidente da República ratificar ou não – lembrando que a aprovação congressional não obriga a ulterior ratificação do tratado pelo presidente da República. **RF**
Gabarito "C."

(Magistratura Federal – 5ª Região – 2011) No texto da Convenção de Viena de 1969, tratado internacional é definido como

(A) acordo de vontades entre particulares de diferentes nacionalidades.

(B) negócio jurídico lícito, tal como previsto no Código Civil brasileiro.

(C) acordo internacional concluído por escrito entre Estados e regido pelo direito internacional.

(D) sentença prolatada por tribunal internacional.

(E) ato unilateral de imposição de uma norma de um país a outro.

Tratado é todo acordo formal concluído entre pessoas jurídicas de Direito Internacional Público que tenha por escopo a produção de efeitos jurídicos. Ou consoante o artigo 2, ponto 1, *a*, da Convenção de Viena sobre Direito dos Tratados, tratado é "um acordo internacional concluído por escrito entre Estados e regido pelo Direito Internacional, quer conste de um instrumento único, quer de dois ou mais instrumentos conexos, qualquer que seja sua denominação específica". **A:** incorreta, pois um particular não é uma pessoa jurídica de direito internacional; **B:** incorreta, pois o tratado internacional rege-se pelo direito internacional, não se reduzindo ao conceito de negócio jurídico lícito previsto no Código Civil brasileiro; **C:** correta. Reler o texto inicial; **D e E:** incorretas. Reler o texto inicial. **RF**
Gabarito "C."

(Magistratura Federal – 3ª Região – XIII) Considera-se o tratado incorporado ao direito brasileiro:

(A) com o decreto legislativo que aprova sua ratificação;

(B) com a remessa ao país contratante ou à organização do texto ratificado;

(C) com o decreto do Presidente da República que promulga o tratado;

(D) com a assinatura do tratado.

No Brasil é necessário um procedimento complexo para proceder à ratificação de tratados. O Congresso Nacional deve aprovar o texto do tratado, e o fará por meio de um decreto legislativo promulgado pelo presidente do Senado e publicado no Diário Oficial da União. Em seguida, cabe ao presidente da República ratificar ou não – lembrando que a aprovação congressional não obriga a ulterior ratificação do tratado pelo presidente da República. Por fim, o tratado regularmente concluído depende da promulgação e da publicidade levada a efeito pelo presidente da República para integrar o Direito Nacional. No Brasil, a promulgação ocorre por meio de decreto presidencial e a publicidade perfaz-se com a publicação no Diário Oficial. **RF**
Gabarito "C."

(Magistratura Federal – 3ª Região – XIII) Considera-se aperfeiçoado e obrigatório o tratado internacional multilateral:

(A) com ratificação;

(B) com sua assinatura;

(C) com o depósito da ratificação no organismo previsto no tratado;

(D) quando se atinge o quórum de ratificações previsto no tratado em caso de tratados.

No âmbito internacional, o tratado conclui-se com a manifestação de consentimento (ratificação) dos Estados negociadores. É comum, no caso de tratados multilaterais, a previsão de um número mínimo de ratificações para que o tratado se aperfeiçoe. **RF**
Gabarito "D."

1.1.1. CONVENÇÃO DAS NAÇÕES UNIDAS CONTRA O CRIME ORGANIZADO TRANSNACIONAL

(Juiz – TRF 4ª Região – 2016) Dadas as assertivas abaixo, assinale a alternativa correta.

Considerando a Convenção das Nações Unidas contra o Crime Organizado Transnacional:

I. A convenção é aplicável, no Brasil, aos crimes com pena de privação de liberdade cujo máximo não seja inferior a quatro anos, mesmo que tenham sido cometidas em um só Estado, mas tenham participação de grupo criminoso organizado que pratique atividades criminosas em mais de um Estado.

II. Por força da convenção, os Estados-parte mitigam sua soberania admitindo que um dos celebrantes exerça, em território de outro Estado, jurisdição ou funções reservadas, pelo direito interno desse Estado, às suas autoridades.

III. A convenção determina que cada Estado-parte adote, em conformidade com os princípios fundamentais do seu direito interno, medidas legislativas que sejam necessárias para caracterizar como infração penal diversas condutas de lavagem do produto de crime, dentre as quais a dissimulação da verdadeira origem de bens ou direitos a eles relativos, sabendo o seu autor que ditos bens são produto de crime.

IV. Pela convenção, as autoridades competentes de um Estado-parte podem, sem pedido prévio e sem prejuízo de seu direito interno, comunicar informações relativas a questões penais a uma autoridade competente de outro Estado-parte, quando essas informações puderem ajudar a empreender investigações e processos penais.

(A) Está correta apenas a assertiva II.

(B) Está correta apenas a assertiva III.

(C) Estão corretas apenas as assertivas I e II.

(D) Estão corretas apenas as assertivas I, III e IV.

(E) Estão corretas todas as assertivas.

I: correta (arts. 2º, *b*, e 3º, ponto 2, *c*, da Convenção); II: incorreta, pois não existe previsão neste sentido na Convenção; III: correta (art. 6º, ponto 1, da Convenção); IV: correta (art. 18, ponto 4, da Convenção). **RF**

"D". Gabarito

1.2. ESTADO, SOBERANIA E TERRITÓRIO

(Juiz – TRF 3ª Região – 2016) Considerados os termos da Lei nº 8.617, de 4.1.1993, denominada a Lei do Mar, assinale a alternativa incorreta:

(A) O Brasil exerce na plataforma continental direitos de soberania para efeitos de exploração dos recursos naturais, no leito e no subsolo das áreas submarinas que se estendem além do seu mar territorial, em toda a extensão do prolongamento natural de seu território terrestre, até o bordo exterior da margem continental, ou até uma distância de 200 (duzentas) milhas marítimas das linhas de base.

(B) No mar territorial o Brasil exerce soberania e tem direito de inspeção e apresamento dos navios que trafegam nessa zona de mar por infração ao seu direito interno, especialmente às regras que proíbam o alijamento de substâncias nocivas.

(C) Na zona econômica exclusiva (ZEE) o Brasil tem o direito exclusivo de regulamentar a investigação científica marinha, a proteção e preservação do meio marítimo, bem como a construção, a operação e o uso de todos os tipos de ilhas artificiais, instalações e estruturas.

(D) Quando os navios-cassino estrangeiros navegarem pelo mar territorial brasileiro, no exercício do direito de passagem inocente, rápida e contínua, que não seja prejudicial à paz, à boa ordem ou à segurança do Brasil, não será exercida a jurisdição penal brasileira a bordo, mesmo na hipótese de ocorrência de infração criminal com consequências para o Estado brasileiro.

A: correta (arts. 11 e 12 da Lei 8.617/1993); **B:** correta (arts. 1º, 2º e 3º, § 3º, da Lei 8.617/1993); **C:** correta (art. 8º da Lei 8.617/1993); **D:** incorreta, pois será, sim, exercida a jurisdição penal brasileira no caso narrado pela assertiva, isto porque a soberania do Estado brasileiro incide sobre o seu mar territorial (art. 2º da Lei 8.617/1993). **RF**

"D". Gabarito

(Magistratura Federal – 1ª Região – 2011 – CESPE) No que se refere ao domínio público marítimo internacional, assinale a opção correta.

(A) Nos termos da Convenção das Nações Unidas sobre o Direito do Mar, os Estados sem litoral devem ter direito reconhecido de participar do aproveitamento do excedente dos recursos vivos das zonas econômicas exclusivas dos Estados costeiros da mesma região, independentemente de acordos.

(B) O Estado costeiro tem o direito de aplicar as suas leis e regulamentos aduaneiros, fiscais, de imigração e sanitários na zona econômica exclusiva.

(C) Conforme a Convenção das Nações Unidas sobre o Direito do Mar, a soberania do Estado costeiro sobre o mar territorial estende-se ao espaço aéreo sobrejacente a este, bem como ao leito e ao subsolo desse mar.

(D) Os Estados exercem soberania sobre suas águas interiores, ainda que estejam obrigados a assegurar o direito de passagem inocente em favor dos navios mercantes, mas não dos navios de guerra.

(E) Na plataforma continental, os Estados possuem direitos de soberania no tocante à exploração e aproveitamento dos seus recursos naturais, mas a falta de utilização e exploração desses direitos em qualquer de suas formas autoriza outros Estados ao seu exercício, ainda que sem consentimento expresso.

A: incorreta, pois não existe previsão nesse sentido na Convenção das Nações Unidas sobre o Direito do Mar; **B:** incorreta. A zona econômica exclusiva (ZEE) é aquela situada além do mar territorial e a este adjacente – logo, se sobrepõe à zona contígua. Ela possui largura de 200 milhas marítimas contadas da linha de base. Assim, se a largura for medida a partir do mar territorial, a ZEE terá 188 milhas marítimas de largura, e, se for medida a partir da linha de base, a ZEE terá 200 milhas marítimas de largura. O Estado costeiro também exerce direitos de soberania sobre a zona econômica exclusiva. O artigo 56.º da Convenção sobre Direito do Mar disciplina tais direitos, dentre os quais se destacam: **a)** exploração de recursos naturais vivos ou não vivos; **b)** exploração econômica de caráter abrangente, como, por exemplo, a produção de energia a partir da água, do vento etc.; **c)** investigação científica marinha; **d)** proteção e preservação do meio marinho; **e)** instalação de ilhas artificiais etc. Em contrapartida, o Estado costeiro tem que suportar os direitos dos outros Estados, como, por exemplo, a navegação, o sobrevoo e a colocação de cabos ou dutos submarinos; **C:** correta. O mar territorial é a parte do mar compreendida entre a linha de base e o limite de 12 milhas marítimas na direção do mar aberto. Cabe sublinhar que os "baixios a descoberto" que se encontram, parcialmente, a uma distância do continente que não exceda a largura do mar territorial podem ser utilizados como parâmetro para medir a largura do mar territorial (artigo 13, ponto 1, da Convenção das Nações Unidas sobre Direito do Mar). No âmbito do mar territorial, o Estado exerce soberania com algumas limitações. **Essa soberania alcança não apenas as águas, mas também o leito do mar, seu respectivo subsolo e o espaço aéreo sobrejacente.** Como adendo, reiteramos que a doutrina é uniforme em defender que não existem limitações à soberania referente ao espaço atmosférico acima do mar territorial. Mas a soberania sobre o mar territorial é mitigada pelo direito de passagem inocente, reconhecido em favor dos navios de qualquer Estado. Mas deve-se atentar que esse direito deve ser exercido de maneira contínua, rápida e ordeira, sob pena de configurar ato ilícito. Já os submarinos devem navegar na superfície e com o pavilhão arvorado. Ainda, tal soberania pode ser limitada em função da proteção ambiental. Por exercer soberania sobre o mar territorial, o Estado costeiro poderá exercer poder de polícia, para proceder à fiscalização aduaneira e sanitária, como também à regulamentação dos portos e do trânsito pelas águas territoriais, inclusive tomar medidas para reprimir as infrações às leis de seu território; **D:** incorreta. As águas interiores abrangem toda quantidade de água que se encontra na parte anterior da linha de base. A linha de base é utilizada para determinar o início do mar territorial, e é traçada tomando por base a linha da maré baixa ao longo da costa, alternada com a linha de reserva das águas interiores quando existirem baías ou portos. É importante lembrar que, **no âmbito das águas interiores ou nacionais, o Estado exerce soberania ilimitada, não sendo possível a dita passagem inocente dos navios mercantes estrangeiros**, o que é permitido no âmbito do mar territorial. Ademais, os navios estrangeiros só podem atracar nos

15. DIREITO INTERNACIONAL 787

portos quando autorizados pela respectiva capitania; **E**: incorreta. A plataforma continental é a parte do mar adjacente à costa cuja profundidade normalmente atinge 200 metros e que, distante do litoral, cede lugar às inclinações abruptas que conduzem aos fundos marinhos. O Estado costeiro tem o direito exclusivo de explorar os recursos naturais encontrados sobre a plataforma e seu subsolo. Tal direito é justificado pelo princípio da contiguidade. **RF**

Gabarito "C".

(Magistratura Federal – 1ª Região – IX) Assinale a alternativa incorreta:

(A) sobre as águas interiores, o Estado costeiro exerce soberania ilimitada, não havendo, nelas, direito de passagem inocente.

(B) os navios estrangeiros só podem atracar nos portos quando autorizados pela respectiva capitania.

(C) a soberania do Estado costeiro estende-se, além do seu território e das suas águas interiores, a uma zona de mar adjacente denominada mar territorial.

(D) a soberania que alcança as águas, o leito do mar e o respectivo subsolo, não se estende ao espaço aéreo sobrejacente.

A: correta. As águas interiores abrangem toda quantidade de água que se encontra na parte anterior da linha de base. A linha de base é utilizada para determinar o início do mar territorial, e é traçada tomando por base a linha da maré baixa ao longo da costa, alternada com a linha de reserva das águas interiores quando existirem baías ou portos. É importante lembrar que, no âmbito das águas interiores ou nacionais, o Estado exerce soberania ilimitada, não sendo possível a dita passagem inocente dos navios mercantes estrangeiros, o que é permitido no âmbito do mar territorial; **B**: correta, pois a autorização prévia é necessária; **C**: correta. O mar territorial é a parte do mar compreendida entre a linha de base e o limite de 12 milhas marítimas na direção do mar aberto. Cabe sublinhar que os "baixios a descoberto" que se encontrem, parcialmente, a uma distância do continente que não exceda a largura do mar territorial podem ser utilizados como parâmetro para medir a largura do mar territorial (artigo 13, ponto 1, da Convenção das Nações Unidas sobre o Direito do Mar). No âmbito do mar territorial, o Estado exerce soberania com algumas limitações. Essa soberania alcança não apenas as águas, mas também o leito do mar, seu respectivo subsolo e o espaço aéreo sobrejacente. Cabe sublinhar que a doutrina é uniforme em defender que não existem limitações à soberania referente ao espaço atmosférico acima do mar territorial. E a soberania sobre o mar territorial é mitigada pelo direito de passagem inocente, reconhecido em favor dos navios de qualquer Estado. Mas deve-se atentar que esse direito deve ser exercido de maneira contínua, rápida e ordeira, sob pena de configurar ato ilícito. Já os submarinos devem navegar na superfície e com o pavilhão arvorado (artigo 20.º da Convenção das Nações Unidas sobre o Direito do Mar). Ainda, tal soberania pode ser limitada em função da proteção ambiental. Por exercer soberania sobre o mar territorial, o Estado costeiro poderá exercer poder de polícia, para proceder à fiscalização aduaneira e sanitária, como também à regulamentação dos portos e do trânsito pelas águas territoriais, inclusive tomar medidas para reprimir as infrações às leis de seu território; **D**: incorreta, devendo ser assinalada, pois a soberania é estendida ao espaço aéreo sobrejacente sim. **RF**

Gabarito "D".

(Magistratura Federal – 5ª Região – 2011) O domínio público internacional refere-se a espaços de interesse geral pertencentes a todas as nações. A respeito desse assunto, assinale a opção correta com base nos tratados e convenções pertinentes.

(A) O espaço aéreo não é considerado domínio público internacional.

(B) A Antártica é considerada domínio público internacional cujo uso deve destinar-se a fins científicos e militares.

(C) Os espaços territoriais de domínio público internacional não se sujeitam à soberania de nenhum país.

(D) É juridicamente possível o domínio privado dos corpos celestes.

(E) Os rios internacionais, como, por exemplo, o Danúbio, na Europa, podem ser considerados de domínio público internacional.

A: incorreta, pois o Estado exerce soberania plena sobre o espaço aéreo acima de seu território e de seu mar territorial, inexistindo sequer direito de passagem inocente (Rezek). É livre a navegação aérea nas áreas não subordinadas a qualquer soberania estatal (alto-mar, incluindo polo norte e continente antártico); **B**: incorreta, pois o Tratado da Antártida (Washington/1959) prevê regime jurídico de não militarização para a Antártica, que só pode ser ocupada para fins pacíficos, como a pesquisa científica; **C**: incorreta, pois domínio público internacional refere-se a espaços cuja utilização suscita interesse de mais de um Estado soberano, ainda que sujeitos a determinada soberania (Rezek); **D**: incorreta, até porque o exercício dos direitos inerentes ao domínio é faticamente impossível, no caso. Segundo o Tratado sobre o Espaço Exterior (Nova Iorque/1967), o espaço extra-atmosférico e os corpos celestes são de acesso livre, insuscetíveis de apropriação ou anexação por qualquer Estado, e sua investigação e sua exploração devem ser feitas em benefício coletivo, com acesso geral às informações que a propósito se recolham (Rezek); **E**: correta. O regime jurídico dos rios internacionais de curso sucessivo (que atravessam mais de um Estado) ou limítrofes (que separam países) é casuístico. O Danúbio é considerado de domínio público internacional (ver comentário à alternativa "C"), pois, embora somente os Estados ribeirinhos administrem o rio, a navegação em suas águas é livre (Rezek). **RF**

Gabarito "E".

(Magistratura Federal – 3ª Região – 2010) Em relação aos recursos naturais dos Estados é correto afirmar que:

(A) O Estado ao assumir controle unilateral de recurso natural comum a outro Estado não viola preceitos de direito internacional;

(B) A biosfera amazônica por alcançar além do Brasil outros Estados da América do Sul, como o Peru e a Colômbia, não pode ser considerada como recurso natural nacional, devendo ser compartilhada por todos os países;

(C) Os recursos petrolíferos existentes na plataforma continental além de duzentas milhas marítimas da linha de base podem ser explorados exclusivamente pelo Estado costeiro;

(D) Segundo o Direito Internacional os recursos naturais são próprios de cada Estado, compartilhados entre dois ou mais países ou pertencentes à comunidade internacional.

A: incorreta. O costume internacional e diversos tratados regulam o uso comum de recursos naturais, especialmente rios internacionais, vedado o controle unilateral; **B**: incorreta, pois o direito brasileiro reconhece o domínio da União e dos Estados sobre os bens localizados em seu território e não prevê, como regra, o compartilhamento com outros países – artigos 20 e 26 da CF; **C**: incorreta. Em princípio, a exploração econômica exclusiva garantida apenas até o limite de 200 milhas a partir da linha de base (zona econômica exclusiva) – artigo 57 da Convenção das Nações Unidas sobre o Direito do Mar, de 1982 (Decreto nº 1.530/1995). Entretanto, reconhece-se a soberania do Estado sobre os recursos naturais da plataforma, desde que definida e reconhecida internacionalmente na forma dos artigos 76 e 77 da Convenção das Nações Unidas sobre o Direito do Mar, até a distância máxima de 350 milhas marítimas; **D**: correta. **RF**

Gabarito "D".

1.3. NACIONALIDADE, VISTO E EXCLUSÃO DO ESTRANGEIRO

(Juiz – TRF 2ª Região – 2017) Marque a opção correta:

(A) A naturalização pode ser requerida diretamente à Justiça Federal, em procedimento de jurisdição voluntária.

(B) O processo de naturalização, em regra, se conclui com a entrega, pelo juiz federal, do certificado de naturalização ao estrangeiro.

(C) A naturalização anistia produz efeitos *ex tunc*, ocorre com o decurso do tempo, é discricionária e pode ser negada, à luz de juízo de conveniência e oportunidade, ainda que o estrangeiro preencha seus requisitos.

(D) A decisão proferida em ação de opção de nacionalidade pode redundar em reconhecimento de nacionalidade derivada ou originária.

(E) Obtida a naturalização, o naturalizado não mais a perderá ou a terá cancelada, salvo fraude ao obtê-la, ou envolvimento em crime de tráfico de entorpecentes ou drogas afins.

A: incorreta A concessão da naturalização é faculdade exclusiva do Poder Executivo e far-se-á mediante portaria do Ministro da Justiça (arts. 111 e 115 da Lei 6815/1980; **B**: correta. A naturalização só produzirá efeitos depois da entrega do certificado pelo juiz federal competente (arts. 119, "caput", e 122, ambos da Lei 6.815/1980); **C**: incorreta, pois o efeito da naturalização é *ex nunc* (pro futuro); **D**: incorreta. A ação judicial de opção de nacionalidade corre perante a Justiça Federal (art. 109, X, CF) num procedimento de jurisdição voluntária (isto é, sem, contencioso) e visa ao reconhecimento da nacionalidade originária (art. 12, I, c, da CF), mais especificamente daqueles nascidos no estrangeiro de pai brasileiro ou de mãe brasileira e que venham a residir na República Federativa do Brasil e optem, em qualquer tempo, depois de atingida a maioridade, pela nacionalidade brasileira (ver também *STF, RE 418096/RS, 2ª Turma, Min. Carlos Velloso, DJ 22.04.2005)*; **E**: incorreta. O § 4º do art. 12 da CF traz duas situações em que o brasileiro perderá a nacionalidade. Em uma delas (inciso II), a extinção do vínculo patrial pode atingir tanto o brasileiro nato (nacionalidade originária) quanto o naturalizado (nacionalidade derivada), bastando para isso que adquira outra nacionalidade, por naturalização voluntária. Tal possibilidade admite duas exceções: uma é no caso de a lei estrangeira reconhecer a nacionalidade originária; e a outra é quando a lei estrangeira impõe a naturalização ao brasileiro residente em país estrangeiro como condição para a permanência em seu território ou para o exercício de direitos civis. Na outra situação (inciso I), apenas o brasileiro naturalizado poderá perder a nacionalidade, o que ocorrerá quando a naturalização for cancelada, por sentença judicial, pelo exercício de atividade contrária ao interesse nacional. **RF**

Gabarito "B".

(Juiz – TRF 2ª Região – 2017) Analise as assertivas abaixo e, ao final, assinale a opção correta:

I. Incorre em causa de perda de nacionalidade o brasileiro nato que, já sendo milionário e exclusivamente por ter se apaixonado pelos céus de Paris, obtém a nacionalidade francesa, por naturalização;

II. Incorre em causa de perda de nacionalidade o brasileiro que tiver reconhecida outra nacionalidade originária por Estado estrangeiro;

III. Sujeito nascido no estrangeiro, filho de mãe brasileira e de pai estrangeiro, que veio a residir no território brasileiro e aqui, após a maioridade, optou e adquiriu a nacionalidade brasileira pode, oportunamente, candidatar-se e ser eleito Presidente da República.

(A) Todas as assertivas são corretas.

(B) Apenas a assertiva I está correta.

(C) Apenas as assertivas I e III estão corretas.

(D) Apenas as assertivas II e III estão corretas.

(E) Apenas as assertivas I e II estão corretas.

I: correta, a situação descrita nessa assertiva como de perda da nacionalidade está disposta no art. 12, § 4º, II, da CF. E tal possibilidade admite duas exceções: uma é no caso de a lei estrangeira reconhecer a nacionalidade originária; e a outra ocorre quando a lei estrangeira impõe a naturalização ao brasileiro residente em país estrangeiro como condição para a permanência em seu território ou para o exercício de direitos civis. Percebe-se que o descrito na assertiva não tem guarida nas duas exceções, portanto, geraria, de fato, a perda da nacionalidade brasileira; **II**: incorreta (reler o comentário sobre a assertiva anterior, notadamente as exceções); **III**: correta, pois trata-se de brasileiro nato (art. 12, I, c, da CF). **RF**

Gabarito "C".

(Juiz – TRF 4ª Região – 2016) Dadas as assertivas abaixo, assinale a alternativa correta.

I. A deportação, que consistirá na saída compulsória do estrangeiro do território nacional, é suportada pela União e pressupõe, em qualquer caso, a recusa do estrangeiro de deixar voluntariamente o país no prazo em que lhe foi permitida a permanência.

II. Se a autoridade de imigração constatar que a deportação não é possível, mas os requisitos da expulsão estão preenchidos, pode proceder a esta em lugar daquela.

III. Concedida a naturalização ao estrangeiro, seus filhos têm direito de permanência no Brasil, independentemente de outros requisitos, com direito, também, de optarem pela nacionalidade brasileira.

IV. A naturalização dá-se por portaria do ministro da Justiça, sendo o respectivo certificado entregue ao interessado, em solenidade própria, pelo juiz federal da cidade onde tenha domicílio, salvo inexistência de unidade da Justiça Federal.

(A) Está correta apenas a assertiva IV.

(B) Estão corretas apenas as assertivas I e II.

(C) Estão corretas apenas as assertivas III e IV.

(D) Estão corretas apenas as assertivas I, III e IV.

(E) Estão corretas todas as assertivas.

I: incorreta. A deportação é a saída compulsória, do território nacional, do estrangeiro que ingressou irregularmente ou cuja presença tenha

15. DIREITO INTERNACIONAL   789

se tornado irregular – quase sempre por expiração do prazo de permanência ou por exercício de atividade não permitida, como trabalho remunerado no caso do turista. A medida não é exatamente punitiva nem deixa sequelas. Seu procedimento é simples. O estrangeiro é notificado para sair do Brasil e, caso não obedeça, pode ser decretada, pelo juiz federal, sua prisão com a finalidade de ulterior deportação; **II:** incorreta, pois cada medida de exclusão do estrangeiro tem causas específicas e uma não deve ser substituída por outra; **III:** incorreta. A naturalização, não importa a aquisição da nacionalidade brasileira pelo cônjuge do naturalizado ou pelos seus filhos (art. 20 da Lei 818/1949); **IV:** correta. A naturalização só produzirá efeitos depois da entrega do certificado pelo juiz federal competente (arts. 119, "caput", e 122, ambos da Lei 6.815/1980). **RF**

Gabarito "A".

(Magistratura Federal – 1ª Região – 2011 – CESPE) Assinale a opção correta acerca da condição jurídica dos estrangeiros.

(A) O Brasil admite a concessão tanto do asilo diplomático quanto do asilo territorial.

(B) Somente é passível de expulsão do território brasileiro o estrangeiro que sofra condenação por crimes que atentem contra a segurança nacional ou a ordem política ou social.

(C) Segundo o direito internacional costumeiro, nenhum Estado tem o direito de negar visto para o ingresso de estrangeiro em seu território, seja em definitivo, seja a título temporário.

(D) A deportação, como forma de exclusão do estrangeiro do território brasileiro, somente se efetiva mediante ato que, exarado pelo ministro de Estado da Justiça, impeça o retorno do deportado ao país.

(E) A CF dispõe que o brasileiro naturalizado somente pode ser extraditado em caso de crime comum ou de comprovado envolvimento em tráfico ilícito de entorpecentes e drogas afins, desde que, em ambos os casos, os crimes tenham sido praticados antes da naturalização.

A: correta, pois o Brasil admite as duas formas de asilo. O asilo territorial é o acolhimento, pelo Estado, em seu território, de estrangeiro perseguido em seu país por causa de dissidência política, de delitos de opinião ou por crimes que, relacionados com a segurança do Estado, não configurem infração penal comum. Já o asilo diplomático é o acolhimento, pelo Estado, em sua representação diplomática, do estrangeiro que busca proteção. É considerada uma forma provisória do asilo territorial, todavia, não assegura automaticamente sua concessão, a qual terá de ser processada para analisar o devido preenchimento de certas condições. Essa última modalidade de asilo tem grande aceitação na América Latina, sobretudo em função de seu passado de instabilidade política. Os pressupostos do asilo diplomático são, em última análise, os mesmos do asilo territorial, isto é, a natureza política dos delitos atribuídos ao perseguido e a contemporaneidade da perseguição. Por fim, os locais onde esse asilo pode ocorrer são as missões diplomáticas – não as repartições consulares – e, por extensão, os imóveis residenciais cobertos pela inviolabilidade nos termos da Convenção de Viena sobre Relações Diplomáticas; e, ainda, consoante o costume, os navios de guerra porventura acostados ao litoral; **B:** incorreta. A expulsão é a saída compulsória, do território nacional, do estrangeiro que constituir perigo ou ameaça à ordem pública. Podem-se citar tais atos como possíveis de gerar a expulsão: **a)** conspirações; **b)** espionagem; **c)** provocação de desordens; **d)** mendicidade e vagabundagem etc. A medida deixa sequelas e pode ser considerada punitiva. Antes de tudo, deve-se dizer que, diferentemente de outras constituições brasileiras (por exemplo, a

de 1946), a Constituição de 1988 não adota norma a respeito do tema, que é disciplinado pela Lei nº 6.815/1980 (Estatuto do Estrangeiro). Tal lei, no artigo 65, dispõe que "é passível de expulsão o estrangeiro que, de qualquer forma, atentar contra a segurança nacional, a ordem política ou social, a tranquilidade ou moralidade pública e a economia popular, ou cujo procedimento o torne nocivo à conveniência e aos interesses nacionais". O parágrafo único do mesmo artigo prevê outros casos em que a expulsão do estrangeiro pode ocorrer.[4] Por outro lado, o artigo 75, II, da Lei nº 6.815/1980 dispõe que não se procederá à expulsão "quando o estrangeiro tiver: *a)* cônjuge brasileiro do qual não esteja divorciado ou separado, de fato ou de direito, e desde que o casamento tenha sido celebrado há mais de 5 (cinco) anos; ou *b)* filho brasileiro que, comprovadamente, esteja sob sua guarda e dele dependa economicamente". Em relação à segunda situação, deve-se asseverar que o STF possui orientação consolidada no sentido de que o nascimento de filho brasileiro após a prática da infração penal não caracteriza óbice à expulsão (vide Informativo 554 do STF, HC 85.203/SP, rel. Min. Eros Grau, julgado em 06/08/2009);[5] **C:** incorreta. O Estado tem a prerrogativa de decidir sobre a conveniência da entrada ou não de estrangeiros em seu território nacional; **D:** incorreta. A deportação é a saída compulsória, do território nacional, do estrangeiro que ingressou irregularmente ou cuja presença tenha se tornado irregular – quase sempre por expiração do prazo de permanência ou por exercício de atividade não permitida, como trabalho remunerado no caso do turista. A medida não é exatamente punitiva nem deixa sequelas. Seu procedimento é simples. O estrangeiro é notificado para sair do Brasil e, caso não obedeça, pode ser decretada, pelo juiz federal, sua prisão com a finalidade de ulterior deportação. De suma importância sobre o instituto é a impossibilidade de proceder à deportação se isso implicar extradição inadmitida pela lei brasileira (artigo 63 do Estatuto do Estrangeiro). Portanto, a deportação não é permitida quando relacionada à prática de crimes políticos, de imprensa, religiosos e militares. A deportação não deve ser confundida com o impedimento à entrada de estrangeiro, que ocorre quando não forem cumpridas as exigências necessárias para o ingresso. Por fim, o deportado só poderá reingressar no território nacional se ressarcir o Tesouro Nacional, com correção monetária, das despesas com sua deportação e efetuar, se for o caso, o pagamento da multa devida à época, também corrigida (artigo 64 do Estatuto do Estrangeiro); **E:** incorreta, pois nesse caso apenas o crime comum tem que ser praticado antes da naturalização (artigo 5º, LI, da CF). **RF**

Gabarito "A".

(Magistratura Federal – 1ª Região – 2011 – CESPE) Considerando o conceito de nacionalidade e o Estatuto da Igualdade entre portugueses e brasileiros, assinale a opção correta.

(A) A CF considera brasileiros natos, independentemente de formalidades, os nascidos no estrangeiro, de pai brasileiro ou mãe brasileira, desde que qualquer deles esteja a serviço do Brasil.

(B) Além das condições previstas no texto constitucional, somente lei complementar pode estabelecer novos

---

4. "Parágrafo único. É passível, também, de expulsão o estrangeiro que: *a)* praticar fraude a fim de obter a sua entrada ou permanência no Brasil; *b)* havendo entrado no território nacional com infração à lei, dele não se retirar no prazo que lhe for determinado para fazê-lo, não sendo aconselhável a deportação; *c)* entregar-se à vadiagem ou à mendicância; ou *d)* desrespeitar proibição especialmente prevista em lei para estrangeiro".

5. No mesmo sentido, o artigo 75, § 1º, do Estatuto do Estrangeiro assim dispõe: "não constituem impedimento à expulsão a adoção ou o reconhecimento de filho brasileiro supervenientes ao fato que o motivar".

790   RENAN FLUMIAN

casos em que se exija a condição de brasileiro nato para a ocupação de cargos, empregos e funções públicas.

(C) A exemplo dos países que se formaram a partir de grande contingente de imigrantes, o Brasil adota predominantemente o critério do *jus sanguinis* para definição da nacionalidade, admitindo, porém, em situações específicas, a aplicação do *jus soli*.

(D) O brasileiro nato e o brasileiro naturalizado que exerçam atividade contrária ao interesse nacional estão sujeitos à perda da nacionalidade, mediante processo judicial, assegurada ao réu ampla defesa.

A: correta (artigo 12, I, *b*, da CF); **B:** incorreta. Segundo o artigo 12, § 2º, da CF, a lei não poderá estabelecer distinção entre brasileiros natos e naturalizados, salvo nos casos previstos na Constituição. Assim, segue a relação das únicas situações em que a CF disciplinou a distinção de tratamento entre brasileiros natos e naturalizados: **a)** artigo 12, § 3º, da CF – lista os cargos que só podem ser ocupados por brasileiros natos: presidente e vice-presidente da República; presidente da Câmara dos Deputados; presidente do Senado Federal; ministro do Supremo Tribunal Federal; carreira diplomática; oficial das Forças Armadas; e ministro de Estado da Defesa; **b)** artigo 5º, LI, da CF – o brasileiro nato nunca será extraditado e o naturalizado será em caso de crime comum, praticado antes da naturalização, ou de comprovado envolvimento em tráfico ilícito de entorpecentes e drogas afins; **c)** artigo 89, VII, da CF – lista os componentes do Conselho da República: entre eles, seis cidadãos brasileiros natos, com mais de 35 anos de idade, sendo dois nomeados pelo presidente da República, dois eleitos pelo Senado Federal e dois eleitos pela Câmara dos Deputados, todos com mandato de três anos, vedada a recondução; **d)** artigo 222 da CF – a propriedade de empresa jornalística e de radiodifusão sonora e de sons e imagens é privativa de brasileiros natos ou naturalizados há mais de dez anos, ou de pessoas jurídicas constituídas sob as leis brasileiras e que tenham sede no país; **C:** incorreta. A nacionalidade será originária ou primária quando provier do nascimento – logo, involuntária –, e adquirida ou secundária quando resultar de alteração de nacionalidade por meio da naturalização – logo, voluntária. A nacionalidade originária pode ser a do Estado de nascimento (*jus soli*) ou a de seus pais (*jus sanguinis*). No Brasil, o critério adotado para determinar quem é brasileiro nato é o *jus soli*, todavia, existem exceções que utilizam o critério *jus sanguinis* (artigo 12, I, *b* e *c*, da CF); **D:** incorreta. O § 4º do artigo 12 da CF traz duas situações em que o brasileiro perderá a nacionalidade. Em uma delas (inciso II), a extinção do vínculo patrial pode atingir tanto o brasileiro nato (nacionalidade originária) quanto o naturalizado (nacionalidade derivada), bastando para isso que adquira outra nacionalidade, por naturalização voluntária. Tal possibilidade admite duas exceções: uma é no caso de a lei estrangeira reconhecer a nacionalidade originária, e a outra é quando a lei estrangeira impõe a naturalização ao brasileiro residente em país estrangeiro como condição para a permanência em seu território ou para o exercício de direitos civis. Na outra situação (inciso I), apenas o brasileiro naturalizado poderá perder a nacionalidade, o que ocorrerá quando a naturalização for cancelada, por sentença judicial, pelo exercício de atividade contrária ao interesse nacional. Nesse último caso, só é possível readquirir a nacionalidade brasileira por meio de ação rescisória, cabível somente quando a sentença judicial já estiver transitada em julgado. **RF**
Gabarito "A".

(Magistratura Federal – 1ª Região – IX) Quanto à forma de aquisição da nacionalidade é incorreto afirmar que:

(A) *jus soli* é o sistema em que a nacionalidade originária se estabelece pelo lugar do nascimento, salvo se os pais forem estrangeiros.

(B) *jus sanguinis* é o sistema pelo qual os filhos adquirem a nacionalidade de seus pais.

(C) *jus laboris* é o sistema em que a legislação admite o serviço em prol do Estado como elemento favorecedor e facilitador para consecução da naturalização.

(D) a nacionalidade derivada ou secundária pode ocorrer por via da naturalização ou em virtude do casamento.

A: incorreta. A nacionalidade será originária ou primária quando provier do nascimento – logo, involuntária –, e adquirida ou secundária quando resultar de alteração de nacionalidade por meio da naturalização ou em virtude de casamento – logo, voluntária. A nacionalidade originária pode ser a do Estado de nascimento (*jus soli*) ou a de seus pais (*jus sanguinis*). Importa aclarar que no sistema *jus solis* o fato de os pais serem estrangeiros não faz diferença, ou seja, o sistema segue sendo aplicado; **B:** correta. Reler o comentário sobre a assertiva anterior; **C:** correta; **D:** correta. Reler comentário sobre a assertiva A. **RF**
Gabarito "A".

(Magistratura Federal – 1ª Região – IX) Segundo a Constituição vigente, será declarada a perda da nacionalidade do brasileiro que:

(A) tiver cancelada sua naturalização, por decisão do Presidente da República, em virtude de atividade nociva ao interesse nacional.

(B) tiver cancelada sua naturalização, por ato do Presidente da República, em virtude de provocação do Senado Federal, nos casos de cometimento de crime contra a segurança nacional.

(C) tiver cancelada sua naturalização, por sentença judicial, em virtude de atividade nociva ao interesse nacional.

(D) em qualquer hipótese tenha adquirido outra nacionalidade.

O § 4º do artigo 12 da CF traz duas situações em que o brasileiro perderá a nacionalidade. Em uma delas (inciso II), a extinção do vínculo patrial pode atingir tanto o brasileiro nato (nacionalidade originária) quanto o naturalizado (nacionalidade derivada), bastando para isso que adquira outra nacionalidade, por naturalização voluntária. Tal possibilidade admite duas exceções: uma é no caso de a lei estrangeira reconhecer a nacionalidade originária, e a outra é quando a lei estrangeira impõe a naturalização ao brasileiro residente em país estrangeiro como condição para a permanência em seu território ou para o exercício de direitos civis. Na outra situação (inciso I), apenas o brasileiro naturalizado poderá perder a nacionalidade, o que ocorrerá quando a naturalização for cancelada, por sentença judicial, pelo exercício de atividade contrária ao interesse nacional. Nesse último caso, só é possível readquirir a nacionalidade brasileira por meio de ação rescisória, cabível somente quando a sentença judicial já estiver transitada em julgado. **RF**
Gabarito "C".

(Magistratura Federal – 1ª Região – IX) Assinale a alternativa correta:

(A) os crimes políticos não ensejam a extradição dos seus agentes.

(B) o terrorismo e a deserção podem ser caracterizados como crimes políticos.

(C) o estrangeiro que estiver irregularmente no País ou tenha ingressado no território nacional sem observância das formalidades legais estará sujeito a expulsão.

(D) o estrangeiro que tiver sido deportado do País não mais poderá reingressar no território brasileiro, sob pena de responder a processo criminal.

A: correta. A extradição é a entrega de um Estado para outro Estado, a pedido deste, de indivíduo que em seu território deva responder a processo penal ou cumprir pena por prática de crime de certa gravidade. Um condicionante dessa entrega é a confirmação de que os direitos humanos do extraditando serão respeitados (chamada limitação humanística). A grande finalidade da extradição é garantir, por meio da cooperação internacional, que a prática de crime não ficará sem punição. E o fundamento jurídico do pedido de extradição pode ser a existência de um tratado[6] que preveja tal hipótese ou, na falta deste, a declaração de reciprocidade,[7] que funciona como suporte jurídico para o procedimento. A aceitação da promessa de reciprocidade é, no entanto, ato discricionário do Estado que a recebe. Deve-se ponderar que a extradição não é permitida quando relacionada à prática de crimes políticos, de imprensa, religiosos e militares. E se o indivíduo foi condenado à morte, a extradição só deve tomar curso se ficar assegurada a conversão da pena de morte em pena de prisão. Ademais, a maioria dos países não permite a extradição de nacional seu – nesse sentido o artigo 5º, LI, da CF determina: "nenhum brasileiro será extraditado, **salvo o naturalizado**, em caso de crime comum, praticado antes da naturalização, ou de comprovado envolvimento em tráfico ilícito de entorpecentes e drogas afins, na forma da lei"; **B:** incorreta. Sobre o assunto, o artigo 11 da Convenção Interamericana contra o Terrorismo assim dispõe: "Para os propósitos de extradição ou assistência judiciária mútua, nenhum dos delitos estabelecidos nos instrumentos internacionais enumerados no Artigo 2 será considerado delito político ou delito conexo com um delito político ou um delito inspirado por motivos políticos. Por conseguinte, não se poderá negar um pedido de extradição ou de assistência judiciária mútua pela única razão de que se relaciona com um delito político ou com um delito conexo com um delito político ou um delito inspirado por motivos políticos"; **C:** incorreta, pois a assertiva descreve uma situação ensejadora de deportação e não expulsão. A deportação é a saída compulsória, do território nacional, do estrangeiro que ingressou irregularmente ou cuja presença tenha se tornado irregular – quase sempre por expiração do prazo de permanência ou por exercício de atividade não permitida, como trabalho remunerado no caso do turista; **D:** incorreta, pois a deportação não é uma medida exatamente punitiva e não deixa sequelas. O deportado poderá reingressar no território nacional se ressarcir o Tesouro Nacional, com correção monetária, das despesas com sua deportação e efetuar, se for o caso, o pagamento da multa devida à época, também corrigida (artigo 64 do Estatuto do Estrangeiro). **RF**

Gabarito "A"

---

6. Além dos tradicionais tratados bilaterais a respeito, cada vez mais o pedido de extradição tem por suporte tratado multilateral, especialmente os onusianos. Exemplo do dito é a Ext. 1212/Estados Unidos da América, rel. min. Dias Toffoli, 9.8.2011 (Inform. STF 635), na qual o pedido de extradição teve por base a a Convenção das Nações Unidas contra o Crime Organizado Transnacional.

7. Recentemente o STF negou a extradição do libanês Assad Khalil Kiwan (PPE 623), preso no Brasil há três anos e acusado de tráfico internacional de armas e de drogas, porque o Estado do Líbano não fez declaração de reciprocidade – Brasil e Líbano não possuem tratado que regule a extradição. O voto da ministra Cármen Lúcia (relatora) foi acompanhado pelos demais ministros presentes à sessão, que determinaram, ainda, a remessa do processo ao Ministério Público Federal para que o órgão decida se deve enviar o caso ao Ministério da Justiça, com a sugestão de que o libanês seja expulso do Brasil. Cabe lembrar que somente o Poder Executivo tem prerrogativa para determinar a expulsão de um estrangeiro.

(Magistratura Federal – 4ª Região – 2010) Assinale a alternativa correta.

(A) Prestar assistência religiosa a estabelecimento de internação coletiva sujeita o estrangeiro a pena de multa e deportação.

(B) Prestar assistência religiosa a estabelecimento de internação coletiva sujeita o estrangeiro a pena de detenção e deportação.

(C) Prestar assistência religiosa a estabelecimento de internação coletiva sujeita o estrangeiro a pena de multa e expulsão.

(D) Prestar assistência religiosa a estabelecimento de internação coletiva sujeita o estrangeiro a pena de detenção e expulsão.

(E) Não está prevista na legislação brasileira nenhuma sanção, mesmo para o estrangeiro, pois a prestação de assistência religiosa não é infração punível.

Nos termos do artigo 106, X, do Estatuto do Estrangeiro (Lei nº 6.815/1980), é vedado ao estrangeiro prestar assistência religiosa às Forças Armadas e auxiliares, e também aos estabelecimentos de internação coletiva. A pena por essa infração é a detenção de 1 a 3 anos e expulsão, nos termos do artigo 125, XI, do Estatuto. Por essa razão, a alternativa "D" é a correta. **RF**

Gabarito "D".

(Magistratura Federal – 4ª Região – 2010) Dadas as assertivas abaixo, assinale a alternativa correta.

I. Para a concessão de visto permanente, não pode ser exigida, mesmo por prazo determinado, a condição de exercício de atividade certa, pois contraria o princípio constitucional brasileiro de que é livre o exercício de qualquer profissão.

II. Para a concessão de visto permanente, pode ser exigida a fixação do imigrante em região determinada do território nacional pelo prazo não superior a dez anos.

III. Pelo prazo de validade do visto de turista concedido pelo Brasil, é possível ao estrangeiro múltiplas entradas, desde que não exceda a 90 (noventa) dias prorrogáveis por igual período e não ultrapasse o máximo de 180 (cento e oitenta) dias por ano.

IV. A posse ou a propriedade de bens no Brasil confere ao estrangeiro o direito de obter visto ou autorização de permanecer no território nacional, desde que seja visto temporário e não ultrapasse 30 (trinta) dias.

V. O visto temporário poderá ser concedido ao estrangeiro que venha ao Brasil em viagem de negócios, mas o prazo de estada está limitado a 120 (cento e vinte) dias.

(A) Está correta apenas a assertiva III.

(B) Estão corretas apenas as assertivas I e II.

(C) Estão corretas apenas as assertivas I e V.

(D) Estão corretas apenas as assertivas II e IV.

(E) Estão corretas apenas as assertivas III e V.

I: incorreta, pois a concessão do visto permanente poderá ficar condicionada, por prazo não superior a 5 anos, ao exercício de atividade certa e à fixação em região determinada do território nacional – artigo 18 do Estatuto do Estrangeiro; **II:** incorreta, pois o condicionamento, no caso, não pode ser superior a 5 anos – artigo 18 do referido Estatuto; **III:** correta, nos termos do artigo 12 do Estatuto referido; **IV:** incorreta, pois a posse ou a propriedade de bens no Brasil não confere ao estrangeiro o direito de obter visto de qualquer natureza, ou autorização de permanência no território nacional – artigo 6° do Estatuto do Estrangeiro; **V:** incorreta, pois, embora possa ser concedido visto temporário para o estrangeiro que venha ao Brasil em viagem de negócios, o prazo de estada será de até 90 dias – artigos 13, II, e 14 do Estatuto do Estrangeiro. RF

Gabarito "A".

1.4. IMUNIDADE – DIPLOMÁTICA, CONSULAR, DE JURISDIÇÃO E DE EXECUÇÃO

(Juiz – TRF 4ª Região – 2016) Dadas as assertivas abaixo, assinale a alternativa correta. Considerando a Convenção de Viena sobre as Relações Diplomáticas:

I. O Estado acreditante deverá certificar-se de que a pessoa que pretende nomear como o chefe da missão perante o Estado acreditado obteve o *agrément* do referido Estado que, por sua vez, não está obrigado a dar ao Estado acreditante as razões da eventual negação do *agrément*.

II. Os locais de missões diplomáticas são invioláveis, não podendo os agentes do Estado acreditado neles ingressar sem o consentimento do chefe da missão diplomática.

III. A missão diplomática tem o poder de representar o Estado acreditante perante o Estado acreditado, derivando disso um complexo de poderes, dentre os quais a prerrogativa de fazer declarações, inclusive para fins de extradição de seus súditos.

IV. A nota diplomática, que vale pelo que nela se contém, goza da presunção *juris tantum* de autenticidade e de veracidade, consubstanciando documento formal cuja eficácia jurídica deriva das condições e peculiaridades de seu trânsito por via diplomática e que faz presumir a sinceridade da declaração encaminhada por via diplomática quanto, por exemplo, à integridade da pretensão punitiva ou executória do Estado requerente em caso de extradição.

(A) Está correta apenas a assertiva II.

(B) Está correta apenas a assertiva III.

(C) Estão corretas apenas as assertivas I e II.

(D) Estão corretas apenas as assertivas I, III e IV.

(E) Estão corretas todas as assertivas.

I: correta (art. 4° da Convenção); **II:** correta (art. 22, ponto 1, da Convenção); **III:** correta (art. 3°, *a*, da Convenção); **IV:** correta (Ext. 1171, STF, Rel. Min. Celso de Mello, Tribunal Pleno, j. 19.11.2009). RF

Gabarito "E".

(Magistratura Federal – 1ª Região – IX) No que se refere à imunidade de jurisdição é correto afirmar:

(A) segundo a Convenção de Viena de 1961, os membros do quadro diplomático de carreira gozam de ampla imunidade penal e civil, que se estende aos membros da família quando estes vivam sob sua dependência e tenham sido incluídos na lista diplomática.

(B) a Convenção de Viena de 1963 assegura aos cônsules inviolabilidade física e imunidade apenas processual penal, que também se estende à respectiva família.

(C) a prisão preventiva do agente consular não é admitida, sob nenhuma hipótese, pela Convenção de Viena de 1963.

(D) a imunidade diplomática, na disciplina da Convenção de Viena de 1961, por ser ampla, impede que a autoridade policial possa investigar o crime, desde que demonstrado o envolvimento de membro do corpo diplomático.

No âmbito da missão diplomática, tanto os membros do quadro diplomático de carreira quanto os membros do quadro administrativo e técnico gozam de ampla imunidade de jurisdição penal, civil e administrativa, esta última sendo a mais mitigada. São, ademais, fisicamente invioláveis e em caso algum podem ser obrigados a depor como testemunhas. Reveste-os, além disso, a imunidade tributária. São também fisicamente invioláveis os locais da missão diplomática com todos os bens ali situados, assim como os locais residenciais utilizados pelo quadro diplomático e pelo quadro administrativo e técnico para fins da missão e por conta do Estado acreditado – salvo o imóvel privado. Esses imóveis e os valores mobiliários neles encontráveis não podem ser objeto de busca, requisição, penhora ou medida qualquer de execução (imunidade de execução). Os arquivos e os documentos da missão diplomática são invioláveis onde quer que estejam. Nesse sentido é o artigo 22, ponto 2, da Convenção de Viena sobre Imunidades Diplomáticas (Decreto n° 56.435/1965), pois determina que o Estado acreditado (o que recebe o agente diplomático ou consular) tem a obrigação especial de adotar todas as medidas apropriadas para proteger os locais da missão contra qualquer dano e evitar perturbações à sua tranquilidade ou ofensas à sua dignidade. Em que pesem as imunidades diplomáticas, o Estado acreditado poderá a qualquer momento, e sem ser obrigado a justificar sua decisão, notificar o Estado acreditante de que o chefe da missão ou qualquer membro do pessoal diplomático da missão é *persona non grata* ou que outro membro do pessoal da missão não é aceitável. O Estado acreditante, conforme o caso, retirará a pessoa em questão ou dará por terminadas suas funções na missão. Uma pessoa pode ser declarada *non grata* ou não aceitável mesmo antes de chegar ao território do Estado acreditante (artigo 9, ponto 1, da Convenção de Viena sobre Relações Diplomáticas – Decreto n° 56.435/1965). Também é possível que o Estado acreditado não conceda o *agrément*. *Agrément* é o ato por meio do qual o Estado acreditado manifesta sua concordância com a nomeação de um agente diplomático por parte do Estado acreditante. Ademais, o Estado acreditado não precisa dar os motivos da recusa do *agrément* (artigo 4°, ponto 2, da Convenção de Viena sobre Relações Diplomáticas – Decreto n° 56.435/1965). Já os cônsules e os funcionários consulares gozam de inviolabilidade física e de imunidade ao processo apenas no tocante aos atos relacionados ao trabalho. Os locais consulares são invioláveis na medida estrita de sua utilização funcional e gozam de imunidade tributária. Os arquivos e os documentos consulares são invioláveis em qualquer circunstância e onde quer que se encontrem. Para finalizar, segue um resumo comparativo das imunidades: 1) Imunidades diplomáticas: **a)** titularidade: membros do quadro diplomático de carreira e do quadro administrativo e técnico; **b)** amplitude: jurisdição penal, civil e administrativa; **c)** fisicamente invioláveis: sim; **d)** podem depor como testemunha: não; e **e)** imunidade tributária: sim. 2) Imunidades consulares: **a)** titularidade: os cônsules e os funcionários consulares; **b)** amplitude: apenas em relação aos processos relacionados ao trabalho; **c)** fisicamente invioláveis: sim; **d)** podem depor como testemunha: sim; e **e)** imunidade tributária: sim.

A: correta. Reler o texto acima; **B:** incorreta. Reler o texto acima; **C:** incorreta. O artigo 41, ponto 1, da Convenção de Viena sobre Relações Consulares (Decreto n° 61.078/1967) assim dispõe: "Os funcionários consulares não poderão ser detidos ou presos preventivamente, exceto em caso de crime grave e em decorrência de decisão de autoridade

15. DIREITO INTERNACIONAL — 793

judiciária competente"; **D:** incorreta, pois a imunidade diplomática não impede a investigação de crime. RF
Gabarito "A".

(Magistratura Federal – 3ª Região – 2011 – CESPE) A respeito de imunidade de jurisdição e execução do Estado estrangeiro no Brasil, assinale a opção correta.

(A) A execução de bens de Estados estrangeiros somente é possível no caso de expressa renúncia por parte do executado.

(B) O Brasil é parte na Convenção sobre Imunidade de Jurisdição entre países do MERCOSUL.

(C) Estados diretamente envolvidos com atividade terrorista comprovada por decisão do Conselho de Segurança das Nações Unidas não gozam de imunidade de jurisdição.

(D) As regras costumeiras sobre imunidade dos Estados reconhecidas pelo Brasil aplicam-se também às organizações internacionais.

(E) A imunidade de jurisdição é absoluta no Brasil para casos que envolvam reclamações trabalhistas.

A: correta. Os Estados possuem imunidade de execução, o que significa que não poderá ser decretada execução forçada – como o sequestro, o arresto e o embargo – contra os bens de um Estado estrangeiro. Essa imunidade é considerada absoluta por parcela da doutrina,[8] mas pode ser renunciada pelo próprio Estado (vide RE-AgR 222.368/PE, STF) ou relativizada quando a execução for de bens não afetos aos serviços diplomáticos e consulares do Estado estrangeiro – por exemplo, recursos financeiros vinculados a atividades empresariais disponíveis em contas bancárias (vide SBDI-2 ROMS nº 282/2003-000-10-00-1); **B:** incorreta; **C:** incorreta; **D:** incorreta; **E:** incorreta. A regra de imunidade jurisdicional do Estado, enquanto pessoa jurídica de direito externo, existe há muito tempo no plano internacional e se consubstancia na não possibilidade de o Estado figurar como parte perante tribunal estrangeiro contra sua vontade (*par in parem non habet judicium*). Mais tarde, tal regra foi corroborada pelo princípio da igualdade soberana dos Estados. No entanto, essa outrora absoluta imunidade vem sendo reconfigurada. A título de exemplo, aponta-se a Convenção Europeia sobre a Imunidade dos Estados, concluída em Basileia e em vigor desde 1976, que exclui do âmbito da imunidade do Estado as ações decorrentes de contratos celebrados e exequendos *in loco*. Dispositivo semelhante aparece no *State Immunity Act*, que se editou na Grã-Bretanha em 1978. Também se pode apontar a Convenção sobre as Imunidades dos Estados e seus Bens, adotada pela ONU, que tem por linha-base a exclusão do âmbito de imunidade estatal as atividades de notável caráter econômico. No Brasil, por exemplo, o STF decidiu no julgamento da ACI 9.696 em 1989 que Estado estrangeiro não tem imunidade em causa de natureza trabalhista, entendida como ato de gestão. Ou seja, todo ato de gestão que envolva relação civil, comercial ou trabalhista não se encontra abrangido pela imunidade de jurisdição estatal. Assim, a imunidade recai apenas sobre os atos de império, mas pode ser afastada mediante concordância do Estado por ela beneficiado. Percebe-se que a imunidade jurisdicional do Estado estrangeiro passou de um costume internacional absoluto a matéria a ser regulada internamente por cada Estado. Em geral, pode-se dizer que a imunidade jurisdicional estatal não mais incidirá nos processos provenientes de relação jurídica entre

o Estado estrangeiro e o meio local – mais exatamente os particulares locais (atos de gestão ou *ius gestionis*). RF
Gabarito "A".

(Magistratura Federal – 3ª Região – 2010) Assinale a alternativa correta:

(A) Proposta ação por brasileiro em face de Estado Estrangeiro visando a receber indenização por danos morais e materiais, decorrentes da proibição de entrada no país, apesar da anterior concessão de visto de turismo, deve o magistrado extinguir o processo, por inépcia da inicial;

(B) Proposta a ação por brasileiro em face de Estado Estrangeiro visando a receber indenização por danos morais e materiais, decorrentes da proibição de entrada no país, apesar da anterior concessão de visto de turismo, deve o magistrado determinar a citação do Estado Estrangeiro, já que a imunidade de jurisdição não representa regra que automaticamente deva ser aplicada aos processos judiciais movidos contra Estado Estrangeiro, e pode, ou não, ser exercida por esse Estado;

(C) A questão relativa à imunidade de jurisdição, atualmente, é vista de forma absoluta, mesmo nas hipóteses em que o objeto litigioso tenha como fundamento relação jurídica de natureza meramente civil, comercial ou trabalhista;

(D) Proposta ação por brasileiro em face de Estado Estrangeiro visando a receber indenização por danos morais e materiais, decorrentes da proibição de entrada no país, apesar da anterior concessão de visto de turismo, deve o magistrado extinguir o processo, por se tratar de hipótese de imunidade absoluta de Jurisdição, não sendo possível sua relativização, por vontade soberana do Estado alienígena.

A assertiva "B" é a correta, pois o STF reconhece o caráter relativo da imunidade jurisdicional dos Estados Estrangeiros (especialmente em matéria trabalhista). A imunidade, salvo renúncia, refere-se apenas à jurisdição executória e não à jurisdição de conhecimento – ver RE-AgR 222.368/PE. RF
Gabarito "B".

1.5. SOLUÇÃO PACÍFICA DE CONTROVÉRSIAS

(Magistratura Federal – 1ª Região – 2011 – CESPE) Com relação aos meios de solução dos conflitos internacionais e à Corte Internacional de Justiça, assinale a opção correta.

(A) O sistema de consultas, como método de solução pacífica de controvérsias, pode ser definido como uma troca de opiniões programada, entre dois ou mais governos interessados em litígio internacional, no intuito de alcançarem uma solução conciliatória.

(B) A sentença da Corte Internacional de Justiça será definitiva e inapelável, não sendo possível aos Estados envolvidos pedir a revisão da sentença após seu pronunciamento.

(C) Como principal órgão judiciário das Nações Unidas, a Corte Internacional de Justiça exerce competência de natureza contenciosa, mas não consultiva.

---

8. Para parte da doutrina, a imunidade de execução foi relativizada na medida em que **bens de uso comercial sem função pública** podem ser objeto de penhora. É a visão, por exemplo, de Antenor Madruga.

(D) De acordo com a Convenção de Viena sobre os Direitos dos Tratados, o relatório emitido por comissão de conciliação constituída no âmbito da ONU tem força vinculante para as partes em conflito.

(E) A arbitragem é uma via não judiciária de solução pacífica de litígios, sendo, contudo, princípio corrente que a sentença arbitral tem força executória, estando os Estados que a ela recorrem obrigados a assegurar a execução das decisões arbitrais.

A: imprecisa, pois o sistema de consultas não envolve todos os governos interessados no litígio internacional, mas apenas os adversários de fato (sem a presença de terceiros). Em outras palavras, o litígio pode despertar interesse em toda comunidade internacional, mesmo sendo travado entre dois países, mas o sistema consultivo se desenrola somente entre os estados diretamente envolvidos no conflito; **B:** incorreta. As decisões da Corte com base em sua competência contenciosa possuem caráter obrigatório (artigo 59 do Estatuto da Corte Internacional de Justiça) e cada membro das Nações Unidas compromete-se a conformar-se com a decisão da Corte Internacional de Justiça em qualquer caso em que for parte (artigo 94, ponto 1, da Carta da ONU). Cabe dizer que se uma das partes em determinado caso deixar de cumprir as obrigações que lhe incumbem em virtude de sentença proferida pela Corte, a outra terá direito de recorrer ao Conselho de Segurança, que poderá, se o julgar necessário, fazer recomendações ou decidir sobre medidas a serem tomadas para o cumprimento da sentença (artigo 94, ponto 2, da Carta da ONU). Já os pareceres consultivos não possuem caráter vinculativo. Importante apontar, também, que a sentença da Corte é definitiva e inapelável, todavia, em caso de controvérsia quanto ao seu sentido e alcance e desde que solicitado por qualquer das partes, a Corte a interpretará (artigo 60 do Estatuto da Corte Internacional de Justiça). Por sua vez, o pedido de revisão da sentença só pode ser feito em razão de fato novo suscetível de exercer influência determinante e que na ocasião de ser proferida a sentença era desconhecido da Corte e também da parte que solicita a revisão, contanto que tal desconhecimento não tenha sido devido à negligência (artigo 61, ponto 1, do Estatuto da Corte Internacional de Justiça); **C:** incorreta, pois também possui competência consultiva; **D:** incorreta, pois a Convenção de Viena sobre os Direitos dos Tratados não faz previsão nesse sentido; **E:** correta. Arbitragem é método de solução pacífica de controvérsias baseado na sentença arbitral confeccionada por árbitros escolhidos pelas partes. Antes de qualquer consideração, é fundamental frisar que a arbitragem é uma via jurisdicional, porém **não judiciária**, de solução pacífica de controvérsias internacionais. Como dito, os árbitros serão escolhidos pelas partes, que também descreverão a matéria conflituosa e determinarão o direito aplicável para o deslinde da disputa. Neste último caso, poderão permitir que os árbitros decidam *ex aequo et bono* (senso de justiça). Na prática, a base jurídica da arbitragem pode ser tanto a cláusula arbitral ou compromissória que figura no corpo de um tratado qualquer, como o compromisso arbitral prévio ou posterior ao conflito. Deve-se apontar que a estipulação da cláusula arbitral não dispensa a celebração do compromisso arbitral quando for necessário dispor sobre todos os aspectos necessários para a instalação e o bom funcionamento do tribunal arbitral. O compromisso arbitral é um tratado específico que vai regular todos os aspectos da arbitragem. Por exemplo, no compromisso ficam qualificadas as partes, estipulados os nomes dos árbitros e seus respectivos substitutos, determinado o objeto do litígio e o âmbito dos fatos controversos, como também as regras que regerão a instalação e o funcionamento do tribunal arbitral. Mais precisamente, os Estados escolhem um ou dois árbitros, os quais escolherão o presidente. **Esses árbitros confeccionam a sentença arbitral, que funciona como uma decisão jurídica, sendo obrigatória e definitiva**. O fundamento dessa obrigatoriedade é o compromisso assumido pelas partes, onde se

comprometeram em executar a sentença. Assim, em última análise, esse fundamento tem por base o princípio *pacta sunt servanda*. Mas o problema identificado é que a decisão arbitral tem que ser executada de boa-fé pelas partes, pois não existe a possibilidade de execução forçada, tal qual acontece no direito interno. Todavia, é importante esclarecer que o descumprimento da sentença arbitral configura ato ilícito internacional. Por fim, a sentença arbitral não é passível de recurso, ao menos que esteja previsto no compromisso arbitral e subordinado a descoberta de fatos novos, que não eram conhecidos na época em que a sentença arbitral foi proferida, que possam alterar a substância da decisão. Não obstante, é sempre possível que uma das partes entre com pedido de interpretação ou acuse de nulidade a sentença arbitral, desde que o árbitro incorra em falta grave, como, por exemplo, dolo, corrupção ou abuso ou desvio de poder. **RF**

Gabarito ANULADA

(Magistratura Federal – 1ª Região – IX) Quanto à solução dos litígios internacionais é correto afirmar:

(A) a mediação se distingue da arbitragem, uma vez que nesta as partes se submetem à decisão arbitral, enquanto que naquela a opinião do mediador não é vinculativa.

(B) que os modos pacíficos de solução podem ser classificados em diplomáticos, jurídicos e beligerantes.

(C) a mediação, quanto ao número de Estados, somente pode ser individual e facultativa.

(D) a solução judiciária ocorre através de tribunal próprio, instituído após o início do litígio, sendo certo que o mesmo deverá subsistir após a solução do conflito, como forma de prevenção de eventuais crises futuras.

A: correta. A mediação é um meio diplomático de solução de controvérsias amistosa que envolve negociação entre os adversários, facilitada pela ação decisiva de um terceiro interessado. Decisiva porque o terceiro interessado propõe solução para a controvérsia. A escolha do mediador é feita em conjunto e por concordância dos adversários. O mediador recolhe informações sobre a disputa e os argumentos de cada parte para, ao final, confeccionar uma solução, a qual não obriga as partes. Já a arbitragem é um meio jurídico de solução de controvérsias amistosa baseado na sentença arbitral confeccionada por árbitros escolhidos pelas partes. Antes de qualquer consideração, é fundamental frisar que a arbitragem é uma via jurisdicional, porém não judiciária, de solução pacífica de controvérsias internacionais. Como dito, os árbitros serão escolhidos pelas partes, que também descreverão a matéria conflituosa e determinarão o direito aplicável para o deslinde da disputa. Neste último caso, poderão permitir que os árbitros decidam *ex aequo et bono* (senso de justiça). Na prática, a base jurídica da arbitragem pode ser tanto a cláusula arbitral ou compromissória que figura no corpo de um tratado qualquer, como o compromisso arbitral prévio ou posterior ao conflito. Deve-se apontar que a estipulação da cláusula arbitral não dispensa a celebração do compromisso arbitral quando for necessário dispor sobre todos os aspectos necessários para a instalação e o bom funcionamento do tribunal arbitral. O compromisso arbitral é um tratado específico que vai regular todos os aspectos da arbitragem. Por exemplo, no compromisso ficam qualificadas as partes, estipulados os nomes dos árbitros e seus respectivos substitutos, determinado o objeto do litígio e o âmbito dos fatos controversos, como também as regras que regerão a instalação e o funcionamento do tribunal arbitral. Mais precisamente, os Estados escolhem um ou dois árbitros, os quais escolherão o presidente. Esses árbitros confeccionam a sentença arbitral, que funciona como uma decisão jurídica, sendo obrigatória e definitiva. O fundamento dessa obrigatoriedade é o compromisso assumido pelas partes, onde se

15. DIREITO INTERNACIONAL

comprometeram em executar a sentença. Assim, em última análise, esse fundamento tem por base o princípio *pacta sunt servanda*. Mas o problema identificado é que a decisão arbitral tem que ser executada de boa-fé pelas partes, pois não existe a possibilidade de execução forçada, tal qual acontece no direito interno. Todavia, é importante esclarecer que o descumprimento da sentença arbitral configura ato ilícito internacional. Por fim, a sentença arbitral não é passível de recurso, ao menos que esteja previsto no compromisso arbitral e subordinado a descoberta de fatos novos, que não eram conhecidos na época em que a sentença arbitral foi proferida, que possam alterar a substância da decisão. Não obstante, é sempre possível que uma das partes entre com pedido de interpretação ou acuse de nulidade a sentença arbitral, desde que o árbitro incorra em falta grave, como, por exemplo, dolo, corrupção ou abuso ou desvio de poder; **B:** incorreta. As Convenções da Haia de 1899 e 1907 regularam a solução de controvérsias entre Estados e marcaram o início de uma fase do direito internacional marcada pela institucionalização dos mecanismos de solução pacífica de disputas internacionais. Esta fase se consolidou com a criação do Tribunal Permanente de Justiça Internacional, em 1921, e se intensificou no pós Segunda Guerra Mundial. A partir de então, pode-se identificar inúmeros mecanismos de solução pacífica de controvérsias internacionais, tais como: meios diplomáticos e políticos, arbitragem, Cortes Judiciárias de âmbito regional e universal etc. Outra classificação é aquela que separa a solução pacífica em *amistosa* (meios diplomáticos, políticos e jurídicos) e *não amistosa* (meios coercitivos). Essa última classificação foi bem idealizada pelo jurista Francisco Rezek.[9] Para esclarecer o tema, importante buscarmos uma definição de *controvérsia internacional*. Desde a decisão do Tribunal Permanente de Justiça Internacional no caso Mavromatis, pode-se afirmar que controvérsia internacional é um desacordo, entre dois sujeitos de direito, sobre uma questão de fato ou de direito. A controvérsia internacional tem origem no desacordo entre dois ou mais Estados, um Estado e uma organização internacional ou duas organizações internacionais. Diante deste quadro, uma definição útil de controvérsia internacional pode ser essa: desacordo, entre dois sujeitos de direito, sobre uma questão de fato ou de direito que seja regulada pelo direito internacional público; **C:** incorreta. A escolha do mediador é geralmente feita em conjunto e por concordância dos adversários, mas não é sempre facultativa, podendo ser determinada por um tribunal ou mesmo imposta pelo direito de determinado Estado; **D:** incorreta, pois o tribunal deve ser instituído antes do início do litígio. **RF** Gabarito "A".

1.6. ORGANIZAÇÕES INTERNACIONAIS

(Magistratura Federal – 1ª Região – 2011 – CESPE) Relativamente às organizações internacionais, à nacionalidade da pessoa jurídica e ao MERCOSUL, assinale a opção correta.

(A) A ONU e a Organização dos Estados Americanos são consideradas, quanto à estrutura jurídica, organizações supranacionais, na medida em que assumem atribuições específicas dos Estados, restringindo parte de seu poder soberano.

(B) Considera-se empresa brasileira de capital nacional a organização cujo controle efetivo esteja em caráter permanente sob a titularidade direta ou indireta de pessoas físicas domiciliadas e residentes no país, ou de entidades de direito público interno.

(C) As chamadas agências especializadas da ONU, a exemplo da Organização das Nações Unidas para a Educação, a Ciência e a Cultura e a Organização

para a Alimentação e a Agricultura, embora tenham alcance universal, não são dotadas de personalidade jurídica própria no âmbito do direito das gentes.

(D) Nos termos do Protocolo de Ouro Preto, o MER-COSUL é uma organização internacional dotada de personalidade jurídica própria, que se apoia em um sistema deliberativo fundado na via de consenso dos Estados-partes.

(E) No âmbito do direito das gentes, denomina-se originária a personalidade jurídica das organizações, e derivada, a dos Estados.

A: incorreta. Quanto ao âmbito estrutural, as Organizações Internacionais podem classificar-se em *de cooperação* ou *de integração*. Basicamente a caracterização de uma ou outra vai ser determinada pela extensão da transferência de competências que os Estados-membros decidiram em favor das organizações em que participam. As OIs de cooperação possuem basicamente tais características: **a)** competências limitadas; **b)** estrutura institucional simples; **c)** decisões tomadas por consenso ou unanimidade; e **d)** deliberações que só criam obrigações aos Estados e não diretamente aos nacionais destes Estados. Já as OIs de integração ou supranacionais possuem basicamente essas características: **a)** competências amplas; **b)** estrutura institucional complexa; **c)** decisões tomadas por maioria simples ou qualificada, e sempre vinculativas; **d)** deliberações que criam obrigações aos Estados e aos seus nacionais; **e)** existência de órgãos próprios para o exercício do poder executivo e das atividades administrativas; **f)** existência de um tribunal independente (poder jurisdicional obrigatório) constituído no seio da própria organização. As características apontadas para os dois tipos de OIs representam apenas um quadro geral. Na prática, é comum que uma OI colecione tanto as características típicas de uma OI de cooperação como de uma OI de integração. Neste caso, é necessária uma ponderação entre as funções da OI para inseri-la em uma das duas categorias. Os dois grandes exemplos de OI de integração são a União Europeia e o Mercosul. E a grande maioria das organizações internacionais tem a estrutura de OI de cooperação, como é o caso da ONU; **B:** incorreta; **C:** incorreta; **D:** correta. O Mercosul é uma união aduaneira e funciona pela cooperação intergovernamental. Apesar da indiscutível personalidade jurídica de direito internacional ostentada pelo Mercosul, cabe reproduzir o muito citado artigo 34 do Protocolo de Ouro Preto: "O Mercosul terá personalidade jurídica de Direito Internacional". Importante sublinhar que o Mercosul é fundado na reciprocidade de direitos e obrigações entre os Estados-partes (artigo 2º do Tratado de Assunção: "O Mercado comum estará fundado na reciprocidade de direitos e obrigações entre os Estados-partes") e o seu funcionamento é viabilizado por um sistema deliberativo que funciona via o consenso dos Estados-partes; **E:** incorreta, pois é exatamente o contrário. O Estado possui personalidade jurídica originária e as OIs possuem personalidade jurídica derivada. **RF** Gabarito "D".

(Magistratura Federal – 5ª Região – 2011) No que se refere aos órgãos que compõem a ONU, a OIT e a OMC, assinale a opção correta.

(A) A Assembleia-Geral é órgão da OIT.

(B) O Conselho de Administração compõe a ONU.

(C) O Comitê de Comércio e Desenvolvimento integra a OMC.

(D) A Conferência Ministerial compõe a OIT.

(E) O Conselho de Tutela integra a OMC.

A: incorreta, pois o órgão maior da OIT é a Conferência-Geral, composta por representantes dos Estados-membros – artigo 2º, *a*, da Constituição

---

9. REZEK, Francisco. *Direito Internacional Público*. 11. ed. São Paulo: Editora Saraiva, 2008.

da OIT; **B:** incorreta, pois não há Conselho de Administração na estrutura orgânica da ONU – artigo 7º da Carta das Nações Unidas; **C:** correta. Há diversos comitês na OMC, entre eles o de Comércio e Desenvolvimento (veja o organograma da OMC no sítio oficial: www.wto.org); **D:** incorreta, pois não há Conferência Ministerial na OIT (existe, além da Conferência Geral, o Conselho de Administração e a Repartição Internacional do Trabalho) – artigo 2º da Constituição da OIT; **E:** incorreta, pois não há Conselho de Tutela na OMC. **RF**

Gabarito "C".

(Magistratura Federal – 4ª Região – 2010) Dadas as assertivas abaixo, assinale a alternativa correta.

I. A UNESCO – Organização das Nações Unidas para a Educação, Ciência e Cultura é uma organização internacional especializada, sem vinculação à ONU. Foi criada na Conferência de Londres em 1945, tem, dentre outras, a função de lutar para que sejam respeitados os direitos do Homem, as liberdades fundamentais e a justiça e está sediada em Genebra.

II. O FMI – Fundo Monetário Internacional é um organismo internacional criado em 1944, com sede em Washington, e tem como função, dentre outras, promover o comércio internacional, manter estáveis os balanços de pagamentos dos diversos países de forma a evitar oscilações cambiais e conceder empréstimos aos países-membros.

III. O GATT é uma convenção internacional, surgida na Conferência de Genebra (de 1947), que disciplina os princípios norteadores das relações mercantis entre os Estados, tem por finalidade a promoção do pleno emprego, a expansão do comércio internacional e a melhoria no padrão de vida dos povos e, embora não tenha celebrado qualquer acordo com a ONU, com ela mantém relações estreitas, razão por que é costume incluí-lo como uma organização internacional especializada da ONU.

IV. A Convenção sobre Diversidade Biológica, adotada pelas Nações Unidas em 1992 em Nova Iorque, não foi aprovada nem adotada pelo Brasil.

V. A OMC – Organização Mundial do Comércio, com sede em Genebra, foi criada pelo acordo firmado em Marrakech (Marrocos) em 1994, o qual foi aprovado no Brasil por Decreto Legislativo no mesmo ano e, após sua promulgação, entrou em vigor em 1995.

(A) Estão corretas apenas as assertivas IV e V.

(B) Estão corretas apenas as assertivas I, II e III.

(C) Estão corretas apenas as assertivas I, IV e V.

(D) Estão corretas apenas as assertivas II, III e IV.

(E) Estão corretas apenas as assertivas II, III e V.

I: incorreta, pois a Unesco compõe o sistema de Organizações das Nações Unidas – artigos 1º, ponto 1, e 2º, ponto 1, da Constituição da Unesco, entre outros. Ademais, sua sede é em Paris; **II:** correta, pois descreve adequadamente a origem, sede e funções do FMI; **III:** correta, pois descreve adequadamente o acordo do GATT; **IV:** incorreta, pois a Convenção sobre Diversidade Biológica foi assinada no Rio de Janeiro, em 1992, ratificada pelo Brasil e promulgada pelo Decreto nº 2.519/1998; V: correta. O Tratado de Marrakech foi aprovado no Brasil por meio do Decreto Legislativo nº 30, de 15 de dezembro de 1994, e promulgado pelo Decreto nº 1.355, de 30 de dezembro de 1994, entrando em vigor em 1º de janeiro de 1995. **RF**

Gabarito "E".

1.6.1. ONU

(Magistratura Federal – 2ª Região – 2011 – CESPE) Com relação à estrutura, ao funcionamento e aos princípios da ONU, estabelecidos na Carta das Nações Unidas, assinale a opção correta.

(A) Os membros da ONU, em regra, podem utilizar força militar para a resolução dos conflitos internacionais.

(B) Não há dever de solidariedade entre os membros da ONU.

(C) O princípio da não intervenção não prejudica a aplicação de medidas coercitivas nos casos previstos na Carta.

(D) Os Estados que não são membros da ONU não têm obrigações na promoção da paz e da segurança internacionais.

(E) A ONU é embasada no princípio da igualdade orçamentária dos seus membros, de modo que todos devem custeá-la na mesma proporção.

A ONU é uma organização internacional que tem por objetivo facilitar a cooperação em matéria de Direito Internacional, segurança internacional, desenvolvimento econômico, progresso social, direitos humanos e a realização da paz mundial. Por isso, diz-se que é uma organização internacional de vocação universal. Sua lei básica é a Carta das Nações Unidas, elaborada em São Francisco, de 25 de abril a 26 de junho de 1945. A Carta tem como anexo o Estatuto da Corte Internacional de Justiça. Conforme se depreende do conceito, os propósitos da ONU são: **a)** manter a paz e a segurança internacionais; **b)** desenvolver relações amistosas entre as nações; **c)** realizar a cooperação internacional para resolver os problemas mundiais de caráter econômico, social, cultural e humanitário, promovendo o respeito aos direitos humanos e às liberdades fundamentais; e **d)** ser um centro destinado a harmonizar a ação dos povos para a consecução desses objetivos comuns. E os princípios são: **a)** da igualdade soberana de todos os seus membros; **b)** da boa-fé no cumprimento dos compromissos da Carta; **c)** da solução de controvérsias por meios pacíficos; **d)** da proibição de recorrer à ameaça ou ao emprego da força contra outros Estados; **e)** da assistência às Nações Unidas; **f)** da não intervenção em assuntos essencialmente nacionais. A ONU reúne quase a totalidade dos Estados existentes. Entre estes, existem os membros originários e os eleitos. Estes últimos são admitidos pela Assembleia Geral mediante recomendação do Conselho de Segurança. E só podem ser admitidos os Estados "amantes da paz" que aceitarem as obrigações impostas pela Carta e forem aceitos como capazes de cumprir tais obrigações. Os membros podem ser suspensos quando o Conselho de Segurança instalar uma ação preventiva ou coercitiva contra eles, como também expulsos quando violarem insistentemente os princípios da Carta. A expulsão é processada pela Assembleia Geral mediante recomendação do Conselho de Segurança.

A: incorreta, pois o uso da força militar é uma exceção e fica sob a responsabilidade do Conselho de Segurança (artigos 45 e 47, ponto 1, da Carta da ONU); **B:** incorreta, pois, como vimos acima, um dos princípios é o da assistência às Nações Unidas; **C:** correta, pois as medidas coercitivas estão previstas para casos específicos. Como exemplo pode-se citar o artigo 50 da Carta da ONU; **D:** incorreta. A ONU possui poder normativo externo, pois os artigos 2º, parágrafo 6º, e 35, parágrafo 2, de sua Carta transparecem a possibilidade de, em certas situações, emitir resoluções que obriguem Terceiros Estados. A razão aqui reside no caráter indivisível da paz e coletivo da segurança internacional, isto é, assuntos que tratam da sobrevivência de toda a humanidade. Percebe-se que, nesse quadro, a resolução da ONU será obrigatória para todos os Estados, sem distinção, inclusive para os não

15. DIREITO INTERNACIONAL

797

membros; **E:** incorreta. A Assembleia Geral definirá as cotas (artigo 17, ponto 2, da Carta da ONU) que serão correspondentes à possibilidade financeira de cada Estado-membro. **RF**

Gabarito "C".

(Magistratura Federal – 3ª Região – 2011 – CESPE) Assinale a opção correspondente a entidade à qual cabe solicitar pareceres consultivos à Corte Internacional de Justiça, desde que autorizado pela Assembleia-Geral da ONU.

(A) Organização Mundial da Saúde

(B) Tribunal Constitucional de Estados

(C) Parlamento de Estados

(D) Tribunal Internacional Especializado

(E) Comitê Internacional da Cruz Vermelha

Das assertivas dispostas, apenas a OMS pode solicitar parecer consultivo à Corte Internacional de Justiça. **RF**

Gabarito "A".

(Magistratura Federal – 3ª Região – 2010) O art. 4º, da Lei de Introdução ao Código Civil (Dec. Lei 4.657/42) prevê que, quando a lei for omissa, o juiz decidirá o caso de acordo com a analogia, os costumes e os princípios gerais de direito. A Corte Internacional de Justiça é o principal órgão judiciário das Nações Unidas, sendo correto afirmar que:

(A) No exercício de sua competência a Corte Internacional de Justiça não poderá decidir um caso com base nos costumes internacionais ou na equidade, exceto se as partes concordarem previamente;

(B) A Corte tem a faculdade de decidir uma questão por equidade (*ex aequo et bono*), se as partes com isso concordarem;

(C) Ao julgar um caso a Corte poderá decidir com base nos princípios gerais de direito, ainda que estes não sejam aceitos pelo Estado *in foro domestico*;

(D) A Corte não é obrigada a pronunciar-se podendo eximir-se de julgar e declarar a inexistência de norma específica (*non liquet*).

A: incorreta, pois o costume internacional é fonte do direito internacional, a ser aplicado pela Corte Internacional de Justiça – CIJ – artigo 38, ponto 3, do Estatuto da CIJ; **B:** essa é a assertiva correta, conforme previsão do artigo 38, ponto 6, do Estatuto da Corte, que prevê a faculdade de decidir um litígio *ex aequo et bono*, se convier às partes; **C:** incorreta, pois os princípios gerais de direito a serem aplicados devem ser "reconhecidos pelas nações civilizadas", nos exatos termos do artigo 38, ponto 4, do Estatuto da CIJ; **D:** incorreta, pois, se a Corte Internacional de Justiça decidiu que a causa inclui-se em sua competência, deverá julgá-la (vedação do *non liquet*) – artigos 36, parágrafo ponto 10, e 55 do Estatuto da CIJ. **RF**

Gabarito "B".

1.6.2. OIT

(Magistratura Federal – 2ª Região – 2011 – CESPE) Assinale a opção correta a respeito dos objetivos e da estrutura da Organização Internacional do Trabalho (OIT), criada pela Conferência de Paz (Tratado de Versalhes, Parte XII), nos termos da Declaração de Filadélfia (Constituição da OIT).

(A) Há, na estrutura institucional dessa organização, de forma semelhante à da ONU, uma assembleia-geral.

(B) A organização é dirigida pela Repartição Internacional do Trabalho.

(C) Essa organização é secretariada pela Conferência Internacional do Trabalho.

(D) Os objetivos dessa organização incluem o incentivo à existência de sindicatos únicos.

(E) É objetivo dessa organização favorecer a proteção da eficiência econômica e da equidade social por meio de órgãos colegiados com estrutura tripartite.

A Organização Internacional do Trabalho (OIT) é uma organização internacional que tem por objetivo melhorar as condições do trabalho no mundo. Por isso, diz-se que é uma organização internacional especializada de vocação universal. A OIT foi criada em 1919, como parte do Tratado de Versalhes, que pôs fim à Primeira Guerra Mundial. Fundou-se sobre a convicção primordial de que a paz universal e permanente somente pode estar baseada na justiça social. É a única das agências do Sistema das Nações Unidas com uma estrutura tripartite, composta de representantes de governos e de organizações de empregadores e de trabalhadores. A OIT é responsável pela formulação e aplicação das normas internacionais do trabalho (convenções e recomendações). O Brasil está entre os membros fundadores da OIT e participa da Conferência Internacional do Trabalho desde sua primeira reunião. Durante seus primeiros quarenta anos de existência, a OIT consagrou a maior parte de suas energias a desenvolver normas internacionais do trabalho e a garantir sua aplicação. Entre 1919 e 1939 foram adotadas 67 convenções e 66 recomendações. A eclosão da Segunda Guerra Mundial interrompeu temporariamente esse processo. No final da guerra, nasce a Organização das Nações Unidas (ONU), com o objetivo de manter a paz através do diálogo entre as nações. A OIT, em 1946, se transforma em sua primeira agência especializada. **A:** incorreta. Os principais órgãos da OIT são Conferência Geral do Trabalho, Conselho de Administração, Repartição Internacional do Trabalho e Tribunal Administrativo (artigo 2 da Constituição da OIT – Declaração de Filadélfia); **B:** incorreta. A Repartição Internacional do Trabalho é um órgão permanente e funciona como secretariado da Organização. Desta forma, tem função burocrática e algumas funções executivas. O Diretor-Geral é escolhido pelo Conselho e tem mandato de 5 anos. Como atribuição, pode-se destacar a preparação das reuniões da Conferência-Geral e a implementação de suas orientações, sob a orientação do Conselho de Administração. A OIT é dirigida pela Conferência-Geral do Trabalho; **C:** incorreta. Reler o comentário sobre a assertiva anterior; **D:** incorreta. Os objetivos e os fins da OIT estão definidos, principalmente, na Declaração da Filadélfia de 1944, que ampliou e aprofundou a Constituição Originária da OIT. Podemos listar alguns deles: **a) liberdade sindical; b)** formação profissional; **c)** proteção dos trabalhadores migrantes; **d)** combate ao desemprego; **e)** regulamentação da duração do trabalho; **f)** proteção contra acidentes de trabalho; e **g)** desenvolvimento da segurança social. Tais objetivos e fins devem ser perseguidos sempre com respeito aos princípios fundamentais sobre os quais a OIT foi fundada (artigo I do Anexo da Constituição da OIT – Declaração de Filadélfia: **a)** o trabalho não é uma mercadoria; **b)** a liberdade de expressão e de associação é uma condição indispensável para um progresso constante; **c)** a pobreza, onde quer que exista, constitui um perigo para a prosperidade de todos; **d)** a luta contra a necessidade deve ser conduzida com uma energia inesgotável por cada nação e através de um esforço internacional contínuo e organizado pelo qual os representantes dos trabalhadores e dos empregadores, colaborando em pé de igualdade com os Governos, participem em discussões livres e em decisões de caráter democrático tendo em vista promover o bem comum; **E:** correta. Reler o texto inicial e o comentário sobre a assertiva anterior. **RF**

Gabarito "E".

1.7. DIREITO COMUNITÁRIO E DA INTEGRAÇÃO

1.7.1. MERCOSUL

(Juiz – TRF 4ª Região – 2016) Dadas as assertivas abaixo, assinale a alternativa correta. Considerando as regras jurídicas do Mercosul:

I. O Grupo Mercado Comum é órgão consultivo do Mercosul, integrado por 3 membros representantes dos Ministérios de Relações Exteriores e dos Ministérios da Defesa.

II. Para a solução de controvérsias no âmbito do Mercosul, qualquer dos Estados-parte pode recorrer ao procedimento arbitral perante o Tribunal *ad hoc* independentemente de qualquer procedimento anterior, vedada a participação de árbitros de nacionalidade dos Estados que controvertem.

III. A concessão do benefício da justiça gratuita em processo judicial em um dos países do Mercosul estende-se aos demais quando em algum deles se tiver de homologar ou executar a sentença, ou ainda se em outro dos Estados-parte do Mercosul tiver de ser cumprida medida cautelar ou obtidas provas.

IV. A autoridade jurisdicional do Estado requerido poderá recusar o cumprimento de uma carta rogatória referente a medidas cautelares quando estas forem manifestamente contrárias à sua ordem pública.

(A) Está correta apenas a assertiva III.

(B) Estão corretas apenas as assertivas I e II.

(C) Estão corretas apenas as assertivas III e IV.

(D) Estão corretas apenas as assertivas I, III e IV.

(E) Estão corretas todas as assertivas.

I: incorreta. O Grupo Mercado Comum (GMC) é o órgão executivo do Mercosul e encontra-se subordinado ao Conselho do Mercado Comum (CMC). O GMC é composto de quatro membros titulares e quatro membros suplentes por país, designados pelos respectivos governos, entre os quais devem constar representantes dos ministérios das Relações Exteriores e da Economia e dos bancos centrais; **II:** incorreta. Quando surgir alguma contenda envolvendo os países do bloco, o primeiro passo é aplicar as negociações diretas. Com o fracasso destas, passa-se ao Tribunal Arbitral *Ad Hoc* – funciona como primeira instância. Lembrando que, antes de as partes submeterem o caso ao Tribunal Arbitral *Ad Hoc*, podem escolher (ou seja, é facultativa) a etapa intermediária, que toma corpo com o envio da contenda para o Grupo Mercado Comum, que promoverá estudos sobre a disputa e formulará recomendações não cogentes. Depois, com a provocação das partes, exerce-se o duplo grau de jurisdição mediante a análise da decisão do Tribunal Arbitral *Ad Hoc* pelo Tribunal Permanente de Revisão. Entretanto, pode-se passar diretamente das negociações diretas malsucedidas para o Tribunal Permanente de Revisão. Nesse último caso, o tribunal vai julgar a demanda de forma definitiva; **III:** correta. Em 2000 foi assinado (posteriormente promulgado em 2008) o Acordo sobre o Benefício da Justiça Gratuita e a Assistência Jurídica Gratuita entre os Estados Partes do Mercosul, a República da Bolívia e a República do Chile (Decreto 6.679/2008); **IV:** correta (art. 17 do Protocolo de Medidas Cautelares – 27/94 do Conselho do Mercado Comum). **RF**

„Gabarito "C"

(Magistratura Federal – 3ª Região – 2011 – CESPE) Com relação ao disposto no Protocolo de Olivos para a Solução de Controvérsias no MERCOSUL, assinale a opção correta.

(A) Esse tratado acrescenta dispositivos ao Protocolo de Brasília, em conformidade com o qual deve ser interpretado.

(B) O Tribunal Permanente de Revisão, previsto nesse acordo, é composto por dez árbitros, devendo cada um dos Estados-parte escolher dois deles e dois ser nomeados de comum acordo.

(C) Segundo esse tratado, os Estados-parte é permitido recorrer, de comum acordo, diretamente ao Tribunal Permanente de Revisão, sem a necessidade de recurso prévio a tribunal arbitral *ad hoc*.

(D) Nesse protocolo, é vedado, assim como na Corte Internacional de Justiça, o uso por particulares do mecanismo de solução de controvérsias.

(E) Nesse acordo, é expressamente proibida a possibilidade de denúncia.

O Protocolo de Olivos[10] reorganizou o sistema de solução de controvérsias do Mercosul. Sua maior inovação foi a criação de um Tribunal Permanente de Revisão, o qual é encarregado de julgar, em grau de recurso, as decisões proferidas pelos tribunais arbitrais *ad hoc*, isto é, foi instituído o duplo grau de jurisdição para solução de controvérsias no Mercosul. Lembrando que o recurso é limitado a questões de direito tratadas na controvérsia e às interpretações jurídicas desenvolvidas no laudo do Tribunal Arbitral *Ad Hoc* (artigo 17, ponto 2, do Protocolo de Olivos). A título de sistematização, quando surgir alguma contenda envolvendo os países do bloco, o primeiro passo é aplicar as negociações diretas. Com o fracasso destas, passa-se ao Tribunal Arbitral *Ad Hoc* – que funciona como primeira instância. Lembrando que, antes de as partes submeterem o caso ao Tribunal Arbitral *Ad Hoc*, podem escolher (ou seja, é facultativa) a etapa intermediária, que toma corpo com o envio da contenda para o Grupo Mercado Comum, que promoverá estudos sobre a disputa e formulará recomendações não cogentes. Depois, com a provocação das partes, exerce-se o duplo grau de jurisdição mediante a análise da decisão do Tribunal Arbitral *Ad Hoc* pelo Tribunal Permanente de Revisão. Entretanto, pode-se passar diretamente das negociações diretas malsucedidas para o Tribunal Permanente de Revisão. Nesse último caso, o tribunal vai julgar a demanda de forma definitiva. Assim, o procedimento compreende duas etapas: a fase diplomática e a jurisdicional. A primeira poderá começar por iniciativa dos Estados ou dos particulares, já a segunda somente toma curso por iniciativa dos Estados. **RF**

„Gabarito "C"

1.8. TRIBUNAL PENAL INTERNACIONAL

(Magistratura Federal – 2ª Região – 2011 – CESPE) Considere que o Japão denuncie ao procurador do TPI crime contra a humanidade cometido pelo governo da China contra

---

10. O artigo 1 do Protocolo de Olivos, que foi promulgado no Brasil pelo Decreto nº 4.982, de 09 de fevereiro de 2004, cuida do âmbito de aplicação do Protocolo: "As controvérsias que surjam entre os Estados-partes sobre a interpretação, a aplicação ou o não cumprimento do Tratado de Assunção, do Protocolo de Ouro Preto, dos protocolos e acordos celebrados no marco do Tratado de Assunção, das Decisões do Conselho do Mercado Comum, das Resoluções do Grupo Mercado Comum e das Diretrizes da Comissão de Comércio do Mercosul serão submetidas aos procedimentos estabelecidos no presente Protocolo".

15. DIREITO INTERNACIONAL — 799

população do Tibet. Com base nessa situação hipotética e no Decreto n.º 4.388/2002, que aprovou o Tratado de Roma, por meio do qual foi instituído o TPI, assinale a opção correta.

(A) O TPI é obrigado a aceitar denúncia oferecida pelo procurador.

(B) O Japão não poderia agir da forma descrita, pois só o Conselho da ONU pode apresentar denúncia ao procurador do TPI.

(C) Só a própria população do Tibet poderia formular representação ao procurador do TPI.

(D) O procurador apreciará a seriedade da informação, podendo recolher informações suplementares.

(E) O procurador é obrigado a denunciar o governo chinês.

A acusação, referente à prática de algum dos crimes tipificados no artigo 5º do Estatuto de Roma, pode ser levada até o conhecimento do Tribunal penal Internacional – TPI, que tem jurisdição para julgar os crimes cometidos nos territórios dos Estados-partes ou dos Estados que reconheçam sua competência, por meio de algum Estado-parte, pelo Conselho de Segurança (nos termos do Capítulo VII da Carta da ONU) ou pelo procurador-geral do TPI. Cabe destacar o importante papel desempenhado pelo procurador no processamento da acusação, pois fará, em primeira mão, a análise sobre a seriedade da dita acusação, podendo recolher informações suplementares junto aos Estados, aos órgãos da Organização das Nações Unidas, às Organizações Intergovernamentais ou Não Governamentais ou outras fontes fidedignas que considere apropriadas, bem como recolher depoimentos escritos ou orais na sede do Tribunal (artigo 15, ponto 2, do Estatuto de Roma). Ainda pode, por sua própria iniciativa, abrir um inquérito com base em informações sobre a prática de crimes da competência do Tribunal (artigo 15, ponto 1, do Estatuto de Roma). Se a acusação for devidamente processada e aceita pela Câmara Preliminar, o TPI poderá julgar o caso. **RF**
Gabarito "D".

(Magistratura Federal – 3ª Região – 2011 – CESPE) No que se refere ao Tribunal Penal Internacional, assinale a opção correta.

(A) De acordo com o Estatuto de Roma, esse tribunal tem competência expressa para julgar o terrorismo como crime contra a humanidade.

(B) As línguas de trabalho, nesse tribunal, são o inglês e o francês.

(C) Trata-se de organismo especializado da ONU.

(D) De acordo com o que prevê o Estatuto de Roma, esse tribunal pode decidir pela pena de morte em casos graves.

(E) Essa corte começou a funcionar em 1998, com a conclusão do Estatuto de Roma.

A: incorreta. O Tribunal Penal Internacional (TPI) foi constituído na Conferência de Roma, em 17 de julho de 1998, na qual se aprovou o Estatuto de Roma (tratado que não admite a apresentação de reservas), que só entrou em vigor internacionalmente em 1º de julho de 2002 e passou a vigorar, para o Brasil, em 1º de setembro de 2002. A partir de então, tem-se um tribunal permanente para julgar **indivíduos**[11]

---

11. Percebe-se que aqui a responsabilidade pelo ato internacional ilícito é imputada exclusivamente ao indivíduo. Além dos crimes tipificados no Estatuto de Roma, podemos citar o tráfico de drogas e de escravos e a pirataria como outros exemplos de atos ilícitos internacionais imputados exclusivamente ao indivíduo.

---

acusados da prática de crimes de genocídio, de crimes de guerra, de crimes de agressão e de crimes contra a humanidade. Deve-se apontar que *indivíduos* diz respeito a quaisquer indivíduos, independentemente de exercerem funções governamentais ou cargos públicos (artigo 27 do Estatuto de Roma), desde que, à data da alegada prática do crime, tenham completado 18 anos de idade (artigo 26 do Estatuto de Roma); **B:** correta, pois essas são as línguas de trabalho do TPI (artigo 50, ponto 2, do Estatuto de Roma); **C:** incorreta. O Tribunal é uma entidade independente da ONU e tem sede em Haia, nos Países Baixos. Ademais, tem personalidade jurídica de direito internacional e é formado pela Presidência, Seção de Instrução, Seção de Julgamento em Primeira Instância, Seção de Recursos, Procuradoria e Secretaria; **D:** incorreta. Se a acusação for devidamente processada e aceita pela Câmara Preliminar, o TPI poderá julgar o caso. E, caso condene o indiciado culpado, a pena imposta terá de respeitar o limite máximo de 30 anos (artigo 77, ponto 1, *a*, do Estatuto de Roma). Todavia, caso o crime seja de extrema gravidade, poderá ser aplicada a pena de prisão perpétua (artigo 77, ponto 1, *b*, do Estatuto de Roma). Concomitantemente, poderá ser aplicada a pena de multa e de confisco, caso restar comprovado que o culpado adquiriu bens de forma ilícita (artigo 77, ponto 2, do Estatuto de Roma). Além de sanções de natureza penal, o TPI pode determinar a reparação às vítimas de crimes e respectivos familiares, principalmente por meio da restituição, da indenização ou da reabilitação. Ainda, o Tribunal poderá, de ofício ou por requerimento, em circunstâncias excepcionais, determinar a extensão e o nível dos danos, da perda ou do prejuízo causados às vítimas ou aos titulares do direito à reparação, com a indicação dos princípios nos quais fundamentou sua decisão (artigo 75 do Estatuto de Roma); **E:** incorreta. Reler o comentário sobre a assertiva "A". **RF**
Gabarito "B".

(Magistratura Federal – 4ª Região – 2010) Dadas as assertivas abaixo, assinale a alternativa correta.

I. O Tribunal Penal Internacional, com sede em Haia, criado pelo Estatuto de Roma, tem competência para os crimes mais graves que afetam a comunidade internacional no seu conjunto e abrange os crimes de genocídio, os crimes contra a humanidade, os crimes de guerra, os crimes de agressão e os crimes de tráfico internacional de drogas que afetem mais de 2 (dois) países.

II. Para a competência do Tribunal Penal Internacional, é considerado como crime de "genocídio" qualquer ato praticado com a intenção de destruir, no todo ou em parte, um grupo religioso enquanto tal, por meio de transferência à força de crianças do grupo para outro grupo.

III. São consideradas línguas oficiais do Tribunal Penal Internacional somente o inglês e o francês.

IV. São consideradas como línguas de trabalho do Tribunal Penal Internacional o árabe, o chinês, o espanhol e o russo, sendo que o regulamento processual pode também definir os casos em que outras línguas oficiais podem ser usadas como língua de trabalho.

V. O Tribunal Penal Internacional poderá funcionar em outro local sempre que entender conveniente.

(A) Estão corretas apenas as assertivas I e II.

(B) Estão corretas apenas as assertivas I e III.

(C) Estão corretas apenas as assertivas II e V.

(D) Estão corretas apenas as assertivas III e IV.

(E) Estão corretas apenas as assertivas III e V.

I: incorreta. O Tribunal Penal Internacional (TPI) foi constituído na Conferência de Roma, em 17 de julho de 1998, na qual se aprovou o Estatuto de Roma (tratado que não admite a apresentação de reservas), que só entrou em vigor internacionalmente em 1º de julho de 2002 e passou a vigorar, para o Brasil, em 1º de setembro de 2002. A partir de então, tem-se um tribunal permanente para julgar **indivíduos**[12] acusados da prática de crimes de genocídio, de crimes de guerra, de crimes de agressão e de crimes contra a humanidade. Deve-se apontar que *indivíduos* diz respeito a quaisquer indivíduos, independentemente de exercerem funções governamentais ou cargos públicos (artigo 27 do Estatuto de Roma), desde que, à data da alegada prática do crime, tenham completado 18 anos de idade. Cabe destacar que nenhuma pessoa será considerada criminalmente responsável por uma conduta anterior à entrada em vigor do Estatuto de Roma – é a chamada irretroatividade *ratione personae*. O TPI é orientado pelos princípios da legalidade e da anterioridade penal, o que é bem delineado pela redação do artigo 5º, ponto 2, do Estatuto de Roma. A criação do TPI corrobora a ideia de responsabilidade internacional do indivíduo, consoante o que se iniciou com os Tribunais *Ad Hoc* de Nuremberg e de Tóquio, e depois de Ruanda e da Iugoslávia. O Tribunal é uma entidade independente da ONU e tem sede em Haia, nos Países Baixos. Ademais, tem personalidade jurídica de direito internacional e é formado pela Presidência, Seção de Instrução, Seção de Julgamento em Primeira Instância, Seção de Recursos, Procuradoria e Secretaria; **II: correta.** A Convenção sobre a Prevenção e Repressão do Crime de Genocídio adotada pela Resolução 260 A (III) da Assembleia-Geral das Nações Unidas, em 9 de dezembro de 1948, definiu no artigo 2º que *crime de genocídio é a conduta criminosa que tenha a intenção de destruir, no todo ou em parte, um grupo nacional, étnico, religioso ou racial.* Tal definição foi reproduzida no artigo 6º do Estatuto de Roma. O próprio artigo 2º da Convenção sobre a Prevenção e Repressão do Crime de Genocídio indica os tipos de crime considerados genocídio (também reproduzidos pelo artigo 6º do Estatuto de Roma): **a)** assassinato de membros do grupo; **b)** atentado grave à integridade física e mental de membros do grupo; **c)** submissão deliberada do grupo a condições de existência que acarretarão sua destruição física, total ou parcial; **d)** medidas destinadas a impedir os nascimentos no seio do grupo; e **e)** transferência forçada das crianças do grupo para outro grupo. O artigo 3º da Convenção sobre a Prevenção e Repressão do Crime de Genocídio dispõe que além do genocídio serão punidas as demais condutas: **a)** o acordo com vista a cometer genocídio; **b)** o incitamento, direto e público, ao genocídio; **c)** a tentativa de genocídio; e **d)** a cumplicidade no genocídio. Por fim, é interessante lembrar que o crime de genocídio, quando praticado no estrangeiro por brasileiro ou pessoa domiciliada no Brasil, deve ser julgado pelo juiz brasileiro e terá a incidência da lei nacional (trata-se de uma das hipóteses de extraterritorialidade incondicionada – artigo 7º, I, *d*, do CP); **III: incorreta,** pois as línguas oficiais do TPI são árabe, chinesa, espanhola, francesa, inglesa e russa (artigo 50, ponto 1, do Estatuto de Roma); **IV: incorreta,** pois as línguas de trabalho do Tribunal são francesa e inglesa, embora outras línguas oficiais possam ser usadas como língua de trabalho, conforme o regulamento processual (artigo 50, ponto 2, do Estatuto de Roma); **V: correta.** Embora a sede do TPI seja na Haia (Holanda), sempre que entender conveniente, o Tribunal poderá funcionar em outro local, nos termos do Estatuto de Roma (artigo 3º). **RF**
Gabarito "C".

(Magistratura Federal – 5ª Região – 2011) O Tribunal Penal Internacional, que revolucionou a proteção dos direitos fundamentais e o conceito de soberania, tem competência para julgar crimes contra a humanidade e crimes de guerra, de genocídio e de agressão. De acordo com o Tratado de Roma, qualquer ato praticado, com consciência, como parte de um ataque generalizado ou sistemático contra população civil é considerado crime contra a humanidade. Nesse contexto, constitui ato qualificado como crime contra a humanidade

(A) a deportação ou transferência forçada de populações.

(B) a morte ou o ferimento de adversários que se tenham rendido.

(C) a adoção de medidas destinadas a impedir nascimentos no seio do grupo.

(D) a organização de tribunais de exceção.

(E) o recrutamento de crianças com menos de quinze anos de idade.

O artigo 7º do Estatuto de Roma define que o crime contra humanidade é a conduta criminosa cometida no quadro de um ataque, sistemático ou generalizado, contra qualquer população civil, desde que haja conhecimento desse ataque. O próprio artigo 7º indica os tipos de crime considerados contra a humanidade: **a)** homicídio; **b)** extermínio; **c)** escravidão; **d)** deportação ou transferência forçada de uma população; **e)** prisão ou outra forma de privação da liberdade física grave, em violação das normas fundamentais de direito internacional; **f)** tortura; **g)** agressão sexual, escravatura sexual, prostituição forçada, gravidez forçada, esterilização forçada ou qualquer outra forma de violência no campo sexual de gravidade comparável; **h)** perseguição de um grupo ou coletividade que possa ser identificado, por motivos políticos, raciais, nacionais, étnicos, culturais, religiosos ou de gênero, ou ainda em função de outros critérios universalmente reconhecidos como inaceitáveis no direito internacional, relacionados com qualquer ato referido nessas alíneas ou com qualquer crime da competência do Tribunal; **i)** desaparecimento forçado de pessoas; **j)** crime de *apartheid*; e **k)** outros atos desumanos de caráter semelhante, que causem intencionalmente grande sofrimento ou afetem gravemente a integridade física ou a saúde física ou mental. **RF**
Gabarito "A".

1.9. QUESTÕES COMBINADAS E OUTROS TEMAS

(Juiz – TRF 3ª Região – 2016) Sobre as assertivas que se seguem, assinale a alternativa correta:

I. A Constituição da República excepciona a regra da imunidade de extradição quando se tratar de brasileiro naturalizado, na hipótese da prática de crime comum, antes da naturalização, ou da comprovação de envolvimento em tráfico ilícito de entorpecentes e drogas afins, na forma da lei.

II. Cidadão boliviano que obtiver residência temporária de até dois anos no Brasil, nos termos do Acordo sobre Residência para Nacionais dos Estados Partes do Mercado Comum do Sul – MERCOSUL, Bolívia e Chile, promulgado pelo Decreto nº 6.975, de 7.10.2009, poderá requerer a transformação em residência permanente, ou ficará submetido à Lei nº 6.815, de 19.8.1980, o Estatuto dos Estrangeiros.

III. A ordem jurídica brasileira confere ao brasileiro nato, assim considerado pelo critério da territorialidade

---

12. Percebe-se que aqui a responsabilidade pelo ato internacional ilícito é imputada exclusivamente ao indivíduo. Além dos crimes tipificados no Estatuto de Roma, podemos citar o tráfico de drogas e de escravos e a pirataria como outros exemplos de atos ilícitos internacionais imputados exclusivamente ao indivíduo.

15. DIREITO INTERNACIONAL 801

(*ius soli*) ou pelo critério da consanguinidade (*ius sanguinis*), imunidade absoluta em face de pedidos de extradição deduzidos por Estados estrangeiros.

IV. O Tribunal Penal Internacional poderá dirigir ao Brasil, nos termos do Estatuto de Roma, promulgado pelo Decreto nº 4.388, de 25.09.2002, pedido de detenção e entrega de um brasileiro nato, instruído com os documentos comprovativos, e solicitar a cooperação na detenção e entrega da pessoa em causa.

(A) Todas as assertivas estão corretas.

(B) Todas as assertivas estão incorretas.

(C) Somente as assertivas I e IV estão incorretas.

(D) Somente a assertiva I está correta.

I: correta (art. 5º, LI, da CF); II: correta (arts. 3º, 4º, ponto 1, 5º e 6º do Acordo sobre Residência para Nacionais dos Estados Partes do Mercosul; III: correta (art. 5º, LI, da CF); IV: correta. A grande inovação do Estatuto foi a criação do instituto da entrega ou *surrender*, ou seja, a entrega de um Estado para o TPI (plano vertical), a pedido deste, de indivíduo que deva cumprir pena por prática de algum dos crimes tipificados no art. 5º do Estatuto de Roma. A título comparativo, a extradição é a entrega de um Estado para outro Estado (plano horizontal), a pedido deste, de indivíduo que em seu território deva responder a processo penal ou cumprir pena por prática de crime de certa gravidade. A grande finalidade do instituto da *entrega* é driblar o princípio da não extradição de nacionais e, logicamente, garantir o julgamento do acusado, pois o TPI não julga indivíduos à revelia. Assim, criou-se tal figura para permitir que o Estado entregue indivíduo que seja nacional seu ao TPI. **RF**

Gabarito "A".

(Magistratura Federal – 4ª Região – 2010) Dadas as assertivas abaixo, assinale a alternativa correta.

I. No Brasil não é possível a homologação parcial de sentença estrangeira, mas é admissível a concessão de tutela de urgência no seu procedimento.

II. O juiz brasileiro, tratando-se de crime de "lavagem de dinheiro" (Lei 9.613, de 03/03/98) praticado por estrangeiro em outro país, pode, mediante solicitação da autoridade competente, determinar a apreensão ou o sequestro de bens e direitos, independentemente da existência de tratado ou convenção, desde que o governo do país da autoridade solicitante prometa reciprocidade ao Brasil.

III. Quando os tratados versarem sobre direitos humanos, serão sempre internalizados com força de lei complementar.

IV. Somente os Estados independentes têm capacidade para firmar tratado internacional.

V. Os tratados-contratos ou tratados especiais se extinguem, dentre outros modos, quando ocorrer a sua execução integral, pela impossibilidade de execução, pela renúncia unilateral por parte do Estado exclusivamente beneficiado, pela denúncia unilateral, pela guerra e pela inexecução do tratado por um dos Estados contratantes.

(A) Estão corretas apenas as assertivas I e III.

(B) Estão corretas apenas as assertivas I e IV.

(C) Estão corretas apenas as assertivas II e IV.

(D) Estão corretas apenas as assertivas II e V.

(E) Estão corretas apenas as assertivas III e V.

I: incorreta, pois as decisões estrangeiras podem ser homologadas parcialmente. No mais, a assertiva é verdadeira, pois se admite tutela de urgência no procedimento que tramita no STJ – artigo 4º, §§ 2º e 3º, da Resolução 9/2005 do STJ; II: correta, nos termos do artigo 8º, § 1º, da Lei nº 9.613/1998 (atentar-se às alterações patrocinadas pela Lei 12.683/2012); III: incorreta, pois o tratado internacional sobre direitos humanos promulgado no Brasil terá natureza supralegal (caso do Pacto de São José da Costa Rica – artigo 5º, § 2º, da CF, ver HC 94.013/SP-STF) ou valerá como emenda constitucional, desde que aprovado por ambas as Casas do Congresso, em dois turnos e por maioria de três quintos de seus membros (artigo 5º, § 3º, da CF); IV: incorreta, as organizações internacionais também podem celebrar tratados. É interessante ressaltar que todo Estado tem capacidade para concluir tratados, nos termos do artigo 6 da Convenção de Viena sobre Tratados (Decreto nº 7.030/2009). Entretanto, parece-nos que o "Estado" que não seja independente não pode ser qualificado como Estado, pois está ausente o requisito essencial da autodeterminação, com independência em relação a outros Estados (José Afonso da Silva, *Curso de Direito Constitucional Positivo*). Ou seja, a expressão "Estados independentes" é tautológica, pois não existe Estado que não seja independente; **V:** correta. Quanto à matéria, pode-se distinguir os tratados-contratos (tratados contratuais) dos tratados-leis (tratados normativos). Apesar de não ter grande importância, é nítida a diferença entre os tratados-contratos – assim chamados porque, por meio deles, as partes regulam interesses recíprocos dos Estados, normalmente de natureza bilateral – e os tratados-leis, os quais têm por escopo criar normas de Direito Internacional, usualmente pactuado entre muitos Estados. A inutilidade de tal classificação é ancorada no fato de que todos os tratados são normativos, dos mais abrangentes pactos universais aos acordos de comércio realizados em âmbito bilateral. Quando menos, o tratado contratual terá seu texto regrado pelas cláusulas finais, cujo caráter normativo é inegável. De qualquer forma, a assertiva indica adequadamente causas de extinção de tratados. **RF**

Gabarito "D".

(Magistratura Federal – 1ª Região – 2011 – CESPE) No que tange ao espaço aéreo internacional, à nacionalidade das aeronaves e ao TPI, assinale a opção correta.

(A) O TPI poderá impor à pessoa condenada pelos crimes que afetem a humanidade no seu conjunto a pena de prisão perpétua, se o elevado grau de ilicitude e as condições pessoais do condenado o justificarem. Entretanto, esse tribunal poderá reexaminar a pena com vistas à sua redução quando o condenado já tiver cumprido vinte e cinco anos de prisão.

(B) O Estado exerce, sobre os ares situados acima de seu território e de seu mar territorial, soberania, que só não é absoluta porque sofre restrição ditada por velha norma internacional: o direito, reconhecido em favor dos aviões civis, de passagem inocente, que deve ser contínua e rápida, proibindo-se tudo quanto não seja estritamente relacionado com o ato de passar pelo espaço aéreo.

(C) Segundo as regras internacionais, todo avião utilizado em tráfego internacional deve possuir pelo menos uma nacionalidade, determinada por seu registro ou matrícula. A aeronave poderá ter mais de uma matrícula — as de complacência —, mas, no caso de a companhia aérea ser controlada pelo Estado, e não por particulares, cada avião deverá possuir uma nacionalidade singular.

(D) O TPI, instituição permanente, com jurisdição sobre as pessoas responsáveis pelos crimes de maior gravidade e funções complementares às jurisdições penais nacionais, constitui corte internacional vinculada à ONU, não dispondo de personalidade jurídica própria.

(E) Nos termos do Estatuto de Roma, o TPI só poderá exercer os seus poderes e funções no território de qualquer Estado-parte, sendo-lhe defeso agir em relação a atos praticados no território dos Estados que não tenham subscrito o Estatuto.

A: correta. Se a acusação for devidamente processada e aceita pela Câmara Preliminar, o TPI poderá julgar o caso. E, caso condene o indiciado culpado, a pena imposta terá de respeitar o limite máximo de 30 anos (artigo 77, ponto 1, *a*, do Estatuto de Roma). Todavia, caso o crime seja de extrema gravidade e as condições pessoais do condenado justificar, poderá ser aplicada a pena de prisão perpétua (artigo 77, ponto 1, *b*, do Estatuto de Roma), todavia, essa pena poderá ser reexaminada com vistas à sua redução quando já tiver sido cumprido vinte e cinco anos de prisão. Concomitantemente, poderá ser aplicada a pena de multa e de confisco, caso restar comprovado que o culpado adquiriu bens de forma ilícita (artigo 77, ponto 2, do Estatuto de Roma); **B:** incorreta. A doutrina é uniforme em defender que não existem limitações à soberania referente ao espaço atmosférico acima do mar territorial; **C:** incorreta, pois a aeronave não pode ter mais de uma matrícula; **D:** incorreta. O Tribunal é uma entidade independente da ONU e tem sede em Haia, nos Países Baixos. Ademais, tem personalidade jurídica de direito internacional e é formado pela Presidência, Seção de Instrução, Seção de Julgamento em Primeira Instância, Seção de Recursos, Procuradoria e Secretaria; **E:** incorreta. A acusação, referente à prática de algum dos crimes tipificados no artigo 5° do Estatuto de Roma, pode ser levada até o conhecimento do TPI, que tem jurisdição para julgar os crimes cometidos nos territórios dos Estados-partes **ou dos Estados que reconheçam sua competência**, por meio de algum Estado-parte, pelo Conselho de Segurança (nos termos do Capítulo VII da Carta da ONU) ou pelo procurador-geral do TPI. RF
Gabarito "A"

(Magistratura Federal – 3ª Região – 2010) Segundo preconiza o art. 109, inciso IX, da CF, aos juízes federais compete processar e julgar os crimes cometidos a bordo de navios ou aeronaves, ressalvados a competência da justiça militar. A Convenção relativa a infrações e a certos outros atos praticados a bordo de aeronave, concluída em Tóquio em 1963, e ratificada pelo Brasil em 1969, tendo entrado em vigor no território nacional em 14.04.1970, promulgada pelo Decreto 66.520, de 30.04.1970, é aplicada às infrações às leis penais, sendo incorreto afirmar que:

(A) O Estado de matrícula da aeronave será competente para exercer a jurisdição sobre infrações e atos praticados a bordo;

(B) As infrações cometidas a bordo de aeronaves matriculadas num Estado contratante serão consideradas, para fins de extradição, cometidas, não só num lugar onde houverem ocorrido, mas também no Estado de matrícula da aeronave;

(C) O Estado contratante, que não for o da matrícula, não poderá interferir no voo de uma aeronave a fim de exercer a sua jurisdição penal em relação a uma infração cometida a bordo, a menos que a infração tenha sido cometida por ou contra um nacional desse Estado ou pessoa que tenha aí sua residência;

(D) O Estado contratante obriga-se a conceder a extradição da pessoa que praticou a infração penal ao Estado de matrícula da aeronave.

A: correta, conforme o artigo 3° da Convenção sobre Infrações e certos outros Atos Praticados a Bordo de Aeronaves (Convenção de Tóquio de 1963); **B:** correta, conforme o artigo 16, ponto 1, da Convenção; **C:** correta, conforme o artigo 4°, *b*, da Convenção (entre outras exceções); **D:** incorreta, pois ser parte da Convenção não implica obrigação em conceder extradição – artigo 16, ponto 2, da Convenção. RF
Gabarito "D"

2. DIREITO INTERNACIONAL PRIVADO

2.1. TEORIA GERAL – FONTES

(Magistratura Federal – 3ª Região – 2010) O artigo 1°, inciso I, da Constituição Federal elenca entre os fundamentos da República Federativa do Brasil a soberania. Por seu turno o art. 4°, incisos I e V, da CF, prevê que nas suas relações internacionais a República Federativa do Brasil, reger-se-á, entre outros, pelos princípios da independência nacional e da igualdade entre os Estados, sendo, portanto, correto afirmar que:

(A) A norma estrangeira não pode ser aplicada no Brasil, sob pena de infringência à soberania nacional;

(B) A lei estrangeira, aplicada por força de dispositivo de direito internacional privado brasileiro, se equipara a legislação federal brasileira, para efeito de admissibilidade de recurso especial, quando contrariada ou lhe for negada vigência pelo Juiz nacional;

(C) Tratando-se de norma legitimamente expedida por Estado igualmente soberano, e aplicável em território nacional por força da autoridade do legislador federal, ela se incorpora à legislação federal, não podendo ter sua eficácia afastada;

(D) A legislação brasileira será eficaz fora dos limites do território nacional, por força do princípio da extraterritorialidade, quando a relação jurídica tiver por objeto interesses de cidadão brasileiro.

A: incorreta, pois o Direito Internacional Privado regula, exatamente, a possibilidade de aplicação da lei estrangeira pelo juiz nacional nos casos com elemento de estraneidade; **B:** correta – ver , STF, RE 93.131/MG; **C:** incorreta, pois não se trata de incorporação da legislação estrangeira à legislação federal, mas apenas de aplicação, conforme as normas do Direito Internacional Privado; **D:** incorreta, pois a aplicação da legislação brasileira em outro país depende da legislação interna desse Estado estrangeiro ou de previsão em tratado internacional firmado com esse Estado. RF
Gabarito "B"

2.2. REGRAS DE CONEXÃO

(Juiz – TRF 4ª Região – 2016) Assinale a alternativa **INCORRETA**.

Levando em conta a Lei de Introdução às normas do Direito Brasileiro (Decreto-Lei nº 4.657/1942, com a redação da Lei nº 12.376/2010):

(A) A lei do país em que nasceu a pessoa determina as regras sobre o começo e o fim da personalidade, do nome, da capacidade e dos direitos de família.

15. DIREITO INTERNACIONAL   803

(B) Realizando-se o casamento no Brasil, será aplicada a lei brasileira quanto aos impedimentos dirimentes e às formalidades da celebração.

(C) O casamento de estrangeiros poderá celebrar-se perante autoridades diplomáticas ou consulares do país de ambos os nubentes.

(D) Tendo os nubentes domicílio diverso, regerá os casos de invalidade do matrimônio a lei do primeiro domicílio conjugal.

(E) O regime de bens, legal ou convencional, obedece à lei do país em que tiverem os nubentes domicílio, e, se este for diverso, a do primeiro domicílio conjugal.

A: incorreta, pois é a lei do domicílio da pessoa que determina as regras sobre o começo e o fim da personalidade, o nome, a capacidade e os direitos de família (art. 7º, "caput", da LINDB); **B:** correta. Trata-se da regra de conexão *locus regit actum* sobre a qualificação e a regulação das obrigações (leia-se: seus aspectos extrínsecos). Ou seja, é a lei do local em que as obrigações foram constituídas que vai regulá-las (art. 9º, "caput", da LINDB); **C:** correta (art. 7º, § 2º, da LINDB); **D:** correta (art. 7º, § 3º, da LINDB); **E:** correta (art. 7º, § 4º, da LINDB). **RF**
Gabarito "A".

(Juiz – TRF 3ª Região – 2016) Assinale a alternativa incorreta:

(A) Realizando-se o casamento no exterior, pela autoridade estrangeira, será aplicada a lei do local da celebração com relação aos impedimentos dirimentes e às formalidades.

(B) O casamento de um brasileiro, domiciliado ou não no exterior, celebrado perante a autoridade consular brasileira, submete-se ao direito brasileiro, constituindo-se exceção à regra da *"lex loci celebrationis"*.

(C) Somente se os nubentes forem estrangeiros poderão celebrar o casamento no Brasil perante o cônsul do país de ambos, segundo a lei do Estado da autoridade celebrante, configurando-se exceção à regra da *"lex loci celebrationis"*.

(D) O casamento celebrado no exterior, observadas todas as regras do direito local estrangeiro, será sempre válido no Brasil.

A: correta. Trata-se da regra de conexão *locus regit actum* (art. 9º da LINDB) sobre a qualificação e a regulação das obrigações (leia-se: seus aspectos extrínsecos). Ou seja, é a lei do local em que as obrigações foram constituídas que vai regulá-las; **B:** correta (art. 7º, § 2º, da LINDB). Essa regra consagra indiretamente a lei da nacionalidade dos nubentes como regra de conexão. Assim, o casamento é regido, no que tange às suas formalidades, pela citada lei, mas o regime de bens continua sendo regulado pela lei do domicílio dos nubentes, consoante determina o art. 7º, "caput", da LINDB; **C:** correta. Seria como uma exceção à regra de conexão *lex loci celebrationis*, pois nubentes estrangeiros poderiam aqui se casar com base em sua lei da nacionalidade, desde que perante autoridades diplomáticas ou consulares do país de **ambos** os nubentes (art. 7º, § 2º, da LINDB); **D:** incorreta, pois o casamento realizado no exterior, o qual respeitou a lei do país de constituição do matrimônio, terá validade no Brasil desde que não ofenda a ordem pública (art. 17 da LINDB). **RF**
Gabarito "D".

(Magistratura Federal – 2ª Região – 2011 – CESPE) Os elementos de conexão brasileiros constituem parte da norma do direito internacional privado que determina o ordenamento jurídico a ser aplicado a determinada causa. Assinale a opção correspondente à correta correlação entre fato(s) jurídico(s) e elemento de conexão na Lei de Introdução do Código Civil.

(A) situação do regime de bens – nacionalidade dos cônjuges.

(B) qualificação e regulação das obrigações – domicílio dos contratantes.

(C) formalidades de celebração e impedimentos do casamento – nacionalidade dos nubentes.

(D) personalidade e capacidade – domicílio da pessoa.

(E) penhor – local do bem.

A: incorreta. O certo seria: situação do regime de bens – domicílio dos cônjuges (artigo 7º, *caput*, da LINDB); **B:** incorreta. O certo seria: qualificação e regulação das obrigações – lei do país em que se constituírem (artigo 9º, *caput*, da LINDB); **C:** incorreta. O certo seria: formalidades de celebração e impedimentos do casamento – lei do local da celebração (artigo 7º, § 1º, da LINDB); **D:** correta (artigo 7º, *caput*, da LINDB); **E:** incorreta. O certo seria: penhor – domicílio do possuidor (artigo 8º, § 2º, da LINDB). **RF**
Gabarito "D".

(Magistratura Federal – 3ª Região – 2011 – CESPE) De acordo com a Lei de Introdução às Normas do Direito Brasileiro, a capacidade para suceder é regulada pela lei

(A) de nacionalidade do herdeiro ou legatário.

(B) de domicílio do herdeiro ou legatário.

(C) em que se encontra o herdeiro ou legatário.

(D) de nacionalidade do *de cujus*.

(E) do último domicílio do *de cujus*.

O artigo 10, § 2º, da LINDB assim dispõe: "A lei do domicílio do herdeiro ou legatário regula a capacidade para suceder". Funciona como exceção à lei do último domicílio do *de cujus*, pois a capacidade para suceder será regulada pela lei do domicílio do herdeiro ou do legatário (*lex domicilii* do herdeiro ou do legatário). Percebe-se que é a lei do último domicílio do *de cujus* que definirá quem é herdeiro ou não. Após a definição dos herdeiros, cabe verificar a capacidade para suceder de cada um. Tal verificação é balizada pela lei do domicílio do herdeiro. **RF**
Gabarito "B".

(Magistratura Federal – 3ª Região – 2010) Segundo Frederich Carl Von Savigny há um direito próprio ao homem, o qual se determina pelo lugar de seu domicílio. A Lei de Introdução ao Código Civil (Dec-Lei 4.657/42) adota este critério para determinar, entre outras, as regras sobre:

(A) A capacidade da pessoa, inclusive a capacidade para suceder, as questões relativas à sucessão por morte, qualquer que seja a natureza e situação dos bens, as questões relativas aos bens móveis, as questões relativas a união estável;

(B) A capacidade da pessoa, excepcionando-se a capacidade para a sucessão, as questões relativas a invalidade matrimonial, as questões referentes aos regimes de bens, as questões relativas à atuação das pessoas jurídicas, e ao cumprimento das obrigações;

(C) O começo e o fim da personalidade, ao nome e a capacidade da pessoa, excepcionando-se a capacidade para suceder, a formação da relação contratual e seu cumprimento e as questões relativas à sucessão por ausência, qualquer que seja a natureza e situação dos bens;

(D) O começo e o fim da personalidade, ao nome e a capacidade da pessoa, o penhor, as questões relativas aos impedimentos matrimoniais e às causas de suspensão do matrimônio e as questões relativas à sucessão, quando os herdeiros ou beneficiários forem brasileiros.

A: incorreta, pois a qualificação dos bens (móveis e imóveis) e a regulação das relações a eles concernentes sujeitam-se, em regra, à lei do local em que estão localizados – artigo 8º, *caput*, da LINDB. Somente excepcionalmente, no caso dos bens móveis, aplica-se a regra do domicílio do proprietário (em caso de trazer consigo bens móveis, de eles serem destinados a transporte, ou no caso do penhor) – artigo 8º, §§ 1º e 2º, da LINDB. Por essa razão, discordamos do gabarito oficial, que indicava essa como correta; **B:** incorreta, pois não há exceção em relação à capacidade para a sucessão, invalidade matrimonial e regimes de bens, que seguem a regra do domicílio – artigos 7º, §§ 1º, 3º e 4º, e 10, § 2º, da LINDB; **C:** incorreta, pois a capacidade para suceder regula-se pela lei do domicílio do herdeiro ou legatário, e a sucessão por ausência subordina-se à lei do domicílio do desaparecido – artigo 10, *caput* e § 2º, da LINDB; **D:** essa é a melhor alternativa, conforme os artigos 7º, *caput*, § 1º, e 10, da LINDB. A rigor, as questões relativas à sucessão se submetem à regra do domicílio, independentemente da nacionalidade dos herdeiros ou beneficiários. Em regra, aplica-se a lei do domicílio do falecido, qualquer que seja a natureza ou a situação dos bens. Excepcionalmente, a sucessão de bens de estrangeiros, situados no País, será regulada pela lei brasileira em benefício do cônjuge ou dos filhos brasileiros, ou de quem os represente, sempre que não lhes seja mais favorável a lei pessoal do de cujus. **RF**

Gabarito oficial "A"/Gabarito nosso "D".

(Magistratura Federal – 3ª Região – XIII) Em controvérsia submetida ao juiz brasileiro sobre contrato firmado no exterior por brasileiro domiciliado no exterior e estrangeiro domiciliado no Brasil, aplica-se ao mérito:

(A) a lei do local da celebração do contrato;

(B) a lei do local da execução do contrato;

(C) a lei da nacionalidade das partes;

(D) a lei do domicílio da parte autora.

O mérito do contrato submete-se à lei do local de sua celebração (artigo 9º, *caput*, da LINDB). Caso o acordo deva ser executado no Brasil e a forma seja essencial, aplica-se a legislação nacional a respeito (apenas quanto à forma), admitidas as peculiaridades da lei estrangeira quanto aos requisitos extrínsecos do ato (§ 1º do dispositivo). **RF**

Gabarito "A".

2.3. APLICAÇÃO DO DIREITO ESTRANGEIRO

(Magistratura Federal – 3ª Região – 2010) Em relação ao ônus e à produção da prova no âmbito do direito internacional privado é correto afirmar, exceto:

(A) A prova dos fatos ocorridos em país estrangeiro rege-se pela lei que nele vigorar quanto ao ônus e aos meios de produzir-se, não se admitindo, porém, a produção de provas que a lei brasileira desconhece;

(B) Não se pode impor às partes o ônus de produzir a prova do teor e vigência da lei estrangeira, salvo quando por ela invocado;

(C) Não sendo a incidência do direito estrangeiro alegada pela parte, o Juiz não está autorizado a exigir a colaboração da parte, com fulcro no art. 337 do Código de Processo Civil;

(D) Entendendo o Juiz ser o caso de aplicação do direito estrangeiro, deverá intimar a parte a quem este beneficia a comprovar seu teor e vigência, sob pena de extinção do feito sem apreciação do mérito.

A: correta, pois reflete exatamente o disposto no artigo 13 da LINDB. Mas cabe aqui fazer uma crítica. A parte do artigo 13 que faz ressalva quanto a não admissão de provas que o direito brasileiro desconhece deveria ser interpretada como provas **não admitidas** pelo direito brasileiro. Se prevalecesse o texto literal, teríamos uma mitigação do direito da parte de defender-se por meio de todas as provas em direito admitidas. Portanto, deve ser aceito qualquer meio de prova, desde que lícito conforme os ditames do ordenamento jurídico brasileiro e que não viole a ordem pública (artigo 17 da LINDB). Ademais, o artigo 369 do NCPC dispõe nesse sentido: "As partes têm o direito de empregar todos os meios legais, bem como os moralmente legítimos, ainda que não especificados neste Código, para provar a verdade dos fatos em que se funda o pedido ou a defesa e influir eficazmente na convicção do juiz."; B e **C:** corretas. Se o juiz não conhecer a lei estrangeira aplicável, poderá exigir a prova do texto e da vigência de quem a invoca, nunca da outra parte – artigo 14 da LINDB e artigo 376 do NCPC; **D:** incorreta, devendo ser assinalada, pois o juiz, caso entenda necessário, determinará à parte que invocou o direito estrangeiro que prove seu teor e sua vigência, e não, necessariamente, à parte que pode ser beneficiada – artigo 14 da LINDB e artigo 376 do NCPC. Ademais, a extinção do feito sem apreciação do mérito somente ocorrerá, no caso de omissão daquele que invocou o direito estrangeiro, se a norma alienígena for essencial para o deslinde da demanda – artigo 485, III e IV, do NCPC. **RF**

Gabarito "D".

2.4. REENVIO

(Magistratura Federal – 5ª Região – 2011) No direito internacional privado (DIP) entre os países A e B, configura-se hipótese de reenvio de primeiro grau quando

(A) o DIP do país A indica o direito do país B como o aplicável, e o DIP do país B, sob o seu ponto de vista, indica o direito do país A como o aplicável.

(B) o DIP do país A indica o direito do país B ou o direito do país A como o aplicável, e o DIP do país B, sob o seu ponto de vista, indica o direito do país B ou o direito do país A como o aplicável.

(C) o DIP do país A indica o direito de um terceiro país — C — como o aplicável, e o DIP do país B, sob o seu ponto de vista, indica o direito do país C como o aplicável.

(D) o DIP do país A indica o direito do país B como o aplicável, e o DIP do país B, sob o seu ponto de vista, indica o outro direito como o aplicável.

(E) o DIP do país B indica o direito do país A como o aplicável, e o DIP do país A, sob o seu ponto de vista, indica o próprio direito como o aplicável.

O direito indicado pela regra de conexão e que incidirá no fato ou na relação jurídica com elemento estrangeiro é o direito material, tanto nacional como internacional. Todavia, juízes de alguns países aplicavam não o direito material do país estrangeiro, mas sim seu Direito Internacional Privado, o que possibilitava em algumas situações o reenvio ou retorno, ou seja, a regra de conexão estrangeira indicava a *lex fori*

15. DIREITO INTERNACIONAL

como apta a resolver o caso misto. Funciona como se a solução fosse enviada para o direito de certo país e o direito desse país a reenviasse (de volta ou para outro país). Em outras palavras, o reenvio é uma interpretação que despreza a norma material indicada pela regra de conexão e aplica o Direito Internacional Privado estrangeiro para chegar a outra norma material, geralmente de índole nacional. O reenvio pode ser de distintos graus: **a)** reenvio de 1º grau: refere-se a dois países, isto é, a legislação do país "A" remete à do país "B", que reenvia para "A"; **b)** reenvio de 2º grau: refere-se a três países, situação em que a legislação de "A" remete à de "B", que reenvia para "C"; **c)** e reenvio de 3º grau: refere-se a quatro países; é similar ao reenvio de 2º grau, com a diferença de que nesta a legislação de "C" remete à do país "D". Dentro desse quadro, ergue-se o artigo 16 da Lei de Introdução às Normas do Direito Brasileiro que proíbe o juiz nacional de utilizar-se do reenvio. O juiz aplica o Direito Internacional Privado brasileiro para determinar o direito material aplicável, e, se este for estrangeiro, caberá ao magistrado aplicá-lo. Interessante é perceber que o instituto do reenvio é um desfigurador das regras de conexão, pois a estas cabe solucionar os conflitos de leis no espaço, e, a partir do momento em que o Direito Internacional Privado brasileiro indicar o Direito Internacional Privado estrangeiro, ele não estará cumprindo com sua função. O reenvio de 1º grau refere-se a dois países (legislação do país "A" remete à do país "B", que reenvia para "A"). O reenvio de 2º grau refere-se a três países (legislação de "A" remete à de "B", que reenvia para "C"). O reenvio de 3º grau refere-se a quatro países (no exemplo anterior, a legislação de "C" remete à do país "D"). É importante lembrar que o reenvio é, em princípio, vedado pela legislação brasileira (artigo 16 da LINDB). **A:** correta, pois se trata de reenvio de 1º grau, conforme comentário inicial; **B:** incorreta, pois o reenvio se refere, em princípio, à determinação do direito a ser aplicado, não opção; **C:** incorreta, pois não há reenvio, nessa hipótese ("A" e "B" reconhecem a aplicação do direito de "C"); **D:** incorreta, pois indica reenvio de 2º grau; **E:** incorreta, pois inexiste, nesse caso, reenvio ("B" reconhece a aplicabilidade do direito de "A", simplesmente). **RF**

Gabarito "A".

2.5. COMPETÊNCIA INTERNACIONAL

(Magistratura Federal – 3ª Região – XIII) Em ação promovida no Brasil sobre controvérsia derivada de contrato internacional firmado no Brasil, onde as obrigações devem ser cumpridas, prevendo o contrato cláusula de eleição de foro estrangeiro, sendo o réu domiciliado no País, o juiz deve:

(A) acatar a exceção de incompetência territorial, com base na cláusula de eleição do foro estrangeiro e determinar que os autos sejam remetidos ao juiz estrangeiro;

(B) rejeitar a exceção de incompetência territorial, com base no artigo 88 nº I e II do CPC;

(C) considerar não escrita a cláusula de eleição do foro;

(D) remeter o processo ao STJ.

A competência brasileira prevista no artigo 21 do NCPC (relativa ao domicílio do réu, ao local do cumprimento da obrigação e ao local do ato originário) não é absoluta, o que permite a eleição do foro estrangeiro – ver MC 15.398/RJ-STJ. **RF**

Gabarito "A".

(Magistratura Federal – 3ª Região – XIII) Delito ocorrido a bordo de navio de bandeira estrangeira, no mar territorial do Brasil, envolvendo dois estrangeiros de nacionalidade diversa, a competência para o processo criminal é:

(A) do juiz brasileiro;

(B) do juiz da nacionalidade da vítima;

(C) do juiz da nacionalidade do autor do delito;

(D) da nacionalidade do navio.

A legislação criminal nacional aplica-se a crimes praticados a bordo de navios particulares estrangeiros localizados em porto ou no mar territorial brasileiro (artigo 5º, § 2º, do CP). A competência é da justiça do primeiro porto brasileiro em que tocar a embarcação após o crime, ou do último, caso o navio se afaste do país (artigo 89 do CPP). **RF**

Gabarito "A".

(Magistratura Federal – 3ª Região – XIII) Em uma ação promovida contra um Estado estrangeiro, deve o juiz:

(A) julgar-se incompetente e enviar a ação para o Tribunal Superior;

(B) determinar a citação do representante legal do Estado;

(C) indeferir a inicial por falta de jurisdição;

(D) encaminhar a inicial ao Ministério das Relações Exteriores.

A competência é da Justiça Federal (artigo 109, II, da CF) e cabe Recurso Ordinário ao STJ (artigo 105, II, c, da CF). A jurisdição brasileira é prevista nas hipóteses dos artigos 21 e 23 do CNPC, cujo rol, segundo o STJ (RO 64/SP), não é exaustivo (para a doutrina clássica, apenas o artigo 21 do NCPC é exemplificativo). **RF**

Gabarito "B".

(Magistratura Federal – 3ª Região – XIII) Em ação promovida por Estado estrangeiro contra pessoa domiciliada no Brasil para cobrança de dívidas fiscais deve o juiz brasileiro:

(A) conhecer da ação e mandar processá-la;

(B) indeferir a inicial por falta de competência absoluta da Justiça brasileira;

(C) julgar-se incompetente e enviar a ação ao Tribunal Superior;

(D) enviar o pedido do Estado estrangeiro ao MRE.

Entende-se pela inviabilidade de imposição de normas fiscais estrangeiras na jurisdição nacional. **RF**

Gabarito "B".

2.6. COOPERAÇÃO JUDICIÁRIA INTERNACIONAL – CARTAS ROGATÓRIAS E LITISPENDÊNCIA INTERNACIONAL

(Juiz – TRF 2ª Região – 2017) Analise as assertivas e, depois, assinale a opção correta:

I. Decisão de urgência, proferida pelo juiz estrangeiro antes da sentença, poderá ser executada no Brasil por meio de carta rogatória.

II. Ainda que o litígio envolva apenas pessoas de direito privado e interesses privados, a carta rogatória deve ser cumprida por juiz federal.

III. Mesmo quando a matéria envolva tema de competência exclusiva da jurisdição nacional, é juridicamente viável a concessão de *exequatur* à carta rogatória estrangeira, que não vincula posterior homologação da sentença a ser proferida.

(A) Apenas a assertiva I é falsa.

(B) Apenas a assertiva II é falsa.

(C) Apenas a assertiva III é falsa.

(D) Todas as assertivas são falsas.

(E) Todas as assertivas estão corretas.

I: correta (art. 962, "caput" e § 1º, do NCPC); **II:** correta (art. 965 do NCPC); **III:** incorreta porque não será homologada a decisão estrangeira na hipótese de competência exclusiva da autoridade judiciária brasileira (art. 964, "caput", do NCPC) e, da mesma forma, não será concedido *exequatur* à carta rogatória estrangeira quando envolver tema de competência exclusiva da jurisdição nacional (art. 964, parágrafo único, do NCPC). **RF**
Gabarito "C".

(Juiz – TRF 2ª Região – 2017) Na hipótese de idêntica ação ser proposta no Brasil e no exterior, e inexistindo Tratado com o país estrangeiro, marque a opção correta:

(A) A litispendência internacional não pode ser conhecida de ofício e deve ser arguida. Arguida, ela impede que o juiz brasileiro dê curso à ação intentada no Brasil se a questão já tiver sido submetida a juiz estrangeiro.

(B) A litispendência internacional pode ser conhecida de ofício e impede que o juiz brasileiro dê curso à ação intentada no Brasil se a questão já está submetida a juiz estrangeiro.

(C) Em tema afeto à soberania, os Estados estrangeiros estão impedidos de conhecer demandas que versem sobre causas situadas no território de outras soberanias, sob pena de responsabilização internacional.

(D) Se uma sentença brasileira decidir determinada questão que também tenha sido decidida por sentença estrangeira, será sempre a sentença brasileira a que produzirá efeitos no Brasil.

(E) A ação intentada no estrangeiro não impede que a mesma questão seja submetida a juiz brasileiro, nem produz litispendência.

A ação proposta perante tribunal estrangeiro não induz litispendência e não obsta a que a autoridade judiciária brasileira conheça da mesma causa e das que lhe são conexas, ressalvadas as disposições em contrário de tratados internacionais e acordos bilaterais em vigor no Brasil (art. 24 do NCPC). **RF**
Gabarito "E".

(Magistratura Federal – 2ª Região – 2011 – CESPE) Situação I: Bernardo, juiz federal, recebeu carta rogatória da França para ouvir o depoimento de testemunha brasileira de roubo ocorrido em Paris.

Situação II: Michelle, juíza francesa, recebeu carta rogatória do Brasil para citar Manoel, brasileiro residente em Paris, em processo de divórcio em curso no Brasil. Sabendo que o magistrado nacional pode aplicar direito estrangeiro quando executar sentença estrangeira ou quando cumprir carta rogatória, assinale a opção correta acerca das situações hipotéticas apresentadas acima.

(A) Na primeira situação, perante a justiça brasileira, a hipótese é de carta rogatória ativa.

(B) Em ambas as situações, perante a justiça brasileira, a hipótese é de carta rogatória passiva.

(C) Na segunda situação, perante a justiça brasileira, a hipótese é de carta rogatória passiva.

(D) Na primeira situação, perante a justiça francesa, a hipótese é de carta rogatória ativa.

(E) Na segunda situação, perante a justiça francesa, a hipótese é de carta rogatória ativa.

Para garantir a efetividade jurisdicional em tempos marcados pelo cosmopolitismo humano e impulsionados pela globalização econômica, cultural e política, é imprescindível a cooperação entre as diferentes jurisdições. Muitas são as situações em que um juiz depende do judiciário de outro país para efetuar uma diligência judiciária ou qualquer ato desprovido de carga executória. O instrumento pelo qual um juiz doméstico pede auxílio a um juiz estrangeiro denomina-se carta rogatória. O juiz que pede é denominado rogante (carta rogatória ativa) e o que recebe, rogado (carta rogatória passiva). A carta rogatória é meio processual adequado para a realização de diligências fora da jurisdição de um determinado Estado, compreendendo tanto os atos ordinatórios (ex.: citação, notificação, cientificação, intimação etc.) como os instrutórios (ex.: coleta de provas). Seu fundamento é um tratado regulando o instituto processual ou o princípio da reciprocidade. **RF**
Gabarito "D".

2.7. HOMOLOGAÇÃO DE SENTENÇA E LAUDO ARBITRAL ESTRANGEIROS

(Juiz – TRF 2ª Região – 2017) Sobre sentença estrangeira, rogatória e cooperação internacional, assinale a opção correta:

(A) Por entender que o auxílio direto nem sempre é questão decorrente de Tratado ou Contrato entre a União e o Estado estrangeiro ou organismo internacional, o CPC-2015 não atribuiu competência, para cumpri-lo, à Justiça Federal.

(B) A sentença estrangeira só pode ser homologada no Brasil se a autoridade que a prolatou tiver jurisdição internacional exclusiva.

(C) A homologação de sentença estrangeira e a execução de rogatória submetem-se à compatibilidade com a ordem pública brasileira, matéria a ser apreciada pelo Juiz Federal, no chamado juízo prévio de delibação.

(D) A carta rogatória será cumprida como requerida pela via diplomática, de modo que, quando exista requerimento de que a testemunha preste juramento com a mão sobre a Bíblia, será esta a liturgia procedimental a ser observada.

(E) Na ausência de designação de outro órgão, pelo tratado ou instrumento de cooperação internacional, o Ministério da Justiça exercerá as funções de autoridade central.

A: incorreta porque a competência é da Justiça Federal (art. 34 do NCPC); **B:** incorreta. A sentença tem de ser prolatada por juiz competente segundo as regras de competência do direito processual internacional. Não cabe ao STJ perscrutar sobre qual é o juízo competente para a confecção da sentença, mas apenas verificar se a sentença poderia ter sido proferida pelo juízo da qual emanou (arts. 15, *a*, LINDB; 963, I, NCPC; 216-D, I, RISTJ). Percebe-se que basta ser competente e não ter competência exclusiva; **C:** incorreta, pois quem tem competência para analisar a matéria é o STJ (art. 515, VIII e IX, do NCPC); **D:** incorreta, pois a carta rogatória deve seguir o procedimento definido pela legislação pátria; **E:** correta (art. 26, § 4º, do NCPC). **RF**
Gabarito "E".

15. DIREITO INTERNACIONAL   807

(Juiz – TRF 3ª Região – 2016) Sobre as assertivas que se seguem, assinale a alternativa correta:

I. A sentença eclesiástica de anulação de matrimônio, confirmada pelo Supremo Tribunal da Assinatura Apostólica, no Vaticano, será submetida à homologação do Superior Tribunal de Justiça, observado o acordo firmado entre o Brasil e a Santa Sé, relativo ao Estatuto Jurídico da Igreja Católica no Brasil (Decreto 7.107/2010).

II. A Procuradoria-Geral da República tem legitimidade ativa para deduzir pedido de homologação de sentença estrangeira de alimentos, perante o Superior Tribunal de Justiça, na qualidade de Instituição Intermediária indicada nos termos da Convenção de Nova York sobre Prestação de Alimentos no Estrangeiro, promulgada pelo Decreto 56.826, de 2.9.1965, combinado com a Lei nº 5.478, de 25.7.1968.

III. As sentenças estrangeiras terão os seus efeitos reconhecidos no ordenamento jurídico brasileiro somente depois de homologadas pelo Superior Tribunal de Justiça.

IV. O Acordo de Cooperação e Assistência Jurisdicional, denominado Protocolo de Las Lenãs, promulgado pelo Decreto nº 6.891, de 2.7.2009, busca facilitar o sistema de reconhecimento de sentenças estrangeiras proferidas por tribunais domésticos dos Estados do MERCOSUL, porém não modifica em nada a competência do Superior Tribunal de Justiça para homologá-las.

(A) Todas as assertivas estão corretas.

(B) Todas as assertivas estão incorretas.

(C) Somente a assertivas III está incorreta.

(D) Somente a assertiva IV está incorreta.

I: correta. Sobre o tema cabe destacar é possível a homologação pelo STJ de sentença eclesiástica de anulação de matrimônio, confirmada pelo órgão de controle superior da Santa Sé. De início, o § 1º do art. 216-A do RISTJ prevê a possibilidade de serem homologados "os provimentos não judiciais que, pela lei brasileira, tiverem natureza de sentença". Nesse contexto, as decisões eclesiásticas confirmadas pelo órgão superior de controle da Santa Sé são consideradas sentenças estrangeiras para efeitos de homologação. Isso porque o § 1º do art. 12 do Decreto federal 7.107/2010 (que homologou o acordo firmado entre o Brasil e a Santa Sé, relativo ao Estatuto Jurídico da Igreja Católica no Brasil, aprovado pelo Decreto Legislativo 698/2009) determina que a "homologação das sentenças eclesiásticas em matéria matrimonial, confirmadas pelo órgão de controle superior da Santa Sé, será efetuada nos termos da legislação brasileira sobre homologação de sentenças estrangeiras". (Informativo 574 STJ); II: correta. A Convenção da ONU sobre prestação de alimentos no estrangeiro foi celebrada em 20 de julho de 1956, nos Estados Unidos da América, na cidade de Nova Iorque, e por isso é também conhecida como "Convenção de Nova Iorque sobre Prestação de Alimentos no Estrangeiro (CNY)". Trata-se de um conjunto normativo que visa à solução de conflitos, agilizando e uniformizando mecanismos, que trouxe facilidades aos processos para a fixação e cobrança de alimentos, nos casos em que as partes (demandante e demandado, sujeitos da relação jurídica alimentar) residam em países diferentes. O Brasil manifestou adesão à Convenção em 31 de dezembro de 1956, que foi ratificada a partir do Decreto Legislativo nº. 10 do Congresso Nacional, de 13 de novembro de 1958. As entidades que realizam a intermediação em favor das partes interessadas são conhecidas como Autoridades Centrais. São autori-

dades administrativas ou judiciárias indicadas pelos países signatários e designados pelo Secretário-Geral das Nações Unidas. Recebem a denominação de Autoridade Remetente quando dão origem a um pedido de cooperação direcionado a outro país signatário e de Instituição Intermediária quando recebem um pedido de cooperação do exterior. No Brasil, a Procuradoria-Geral da República foi designada como Autoridade Central e concentra as demandas que envolvam a cooperação jurídica internacional para prestação de alimentos[13]; III: correta (art. 15, *e*, da LINDB); IV: correta. O Protocolo criou um procedimento mais célere e simples para que as sentenças e os laudos arbitrais prolatados em um país-membro do Mercosul irradiem seus efeitos nos outros países-membros. O procedimento regional encontra-se disciplinado nos arts. 18 a 24 do Protocolo, sendo sua grande característica o fato de as sentenças irradiarem seus efeitos nos outros Estados-membros após seguirem o procedimento adotado para o *exequatur* das cartas rogatórias (de competência do STJ). RF

Gabarito "A".

(Magistratura Federal – 4ª Região – 2010) Dadas as assertivas abaixo, assinale a alternativa correta.

I. A delibação é um sistema jurídico de homologação de sentença estrangeira que tem fundamento na cortesia internacional pela qual a sentença estrangeira é reapreciada e examinada quanto ao mérito e à sua forma.

II. O procedimento a ser seguido para a homologação de sentença estrangeira é, segundo a norma do Código de Processo Civil, o do Regimento Interno do Supremo Tribunal Federal.

III. Segundo o entendimento majoritário do tribunal competente para a homologação de sentença estrangeira, contra essa é passível de arguição como defesa apenas a questão relativa à observância dos requisitos para a homologação, sendo vedado à arguição versar sobre outras questões.

IV. Havendo tramitação de duas ações idênticas paralelamente (competência concorrente) na jurisdição estrangeira e jurisdição nacional e ocorrendo o trânsito em julgado da sentença estrangeira e sua homologação no Brasil, deverá ser extinto o processo no Brasil pela ocorrência de coisa julgada estrangeira.

V. Poderá ser homologada pelo tribunal competente do Brasil a sentença estrangeira já transitada em julgado relativa a sucessão *mortis causa* que dispõe sobre bem imóvel situado no Brasil.

(A) Está correta apenas a assertiva III.

(B) Está correta apenas a assertiva IV.

(C) Estão corretas apenas as assertivas I e II.

(D) Estão corretas apenas as assertivas I e IV.

(E) Estão corretas apenas as assertivas II e III.

I: incorreta. No juízo de delibação, a sentença estrangeira só será examinada quanto à sua forma. A sentença judicial é um ato soberano, confeccionada pela autoridade judicial de um determinado Estado. Por ser um ato de soberania, a sentença, como todo ato soberano, incide apenas no território nacional e, destarte, é endereçada à população desse Estado. Todavia, alguns fatos ou relações jurídicas interessam a mais de um país. Assim, o juiz de um desses Estados exercerá sua

---

13. Fonte: http://www.mpf.mp.br/atuacao-tematica/sci/dados-da-atuacao/alimentos-internacionais-convencao-de-nova-iorque-1

competência e aplicará o direito material indicado por seu Direito Internacional Privado, mas, como dito, a decisão só valerá no território nacional do juiz prolator, apesar do interesse de outras jurisdições. É nesse contexto que surge a figura da homologação de sentença estrangeira. Após a homologação pela autoridade competente, a sentença, já apta a produzir efeitos no país prolator, passa a produzir efeitos em outra jurisdição também.[14] No Brasil, a competência para homologar sentenças estrangeiras era do STF, mas depois da EC nº 45 essa competência passou para o STJ (artigo 105, I, *i*, da CF). É importante adiantar que esse procedimento não examina o mérito da sentença estrangeira.[15] Ao STJ cabe apenas a análise dos requisitos formais e, de um viés mais subjetivo, a análise sobre a violação ou não da ordem pública brasileira (artigo 17 da LINDB); **II:** incorreta, pois compete ao Superior Tribunal de Justiça a homologação de sentenças estrangeiras – artigo 105, I, *i*, da CF; **III:** incorreta, pois, no campo material, a defesa somente poderá versar sobre a autenticidade dos documentos, a inteligência da decisão e a observância dos requisitos previstos na legislação; **IV:** correta, pois a sentença estrangeira homologada pelo STJ tem plena eficácia no Brasil – artigo 961 do NCPC; **V:** incorreta, pois compete à autoridade judiciária brasileira com exclusão de qualquer outra, em matéria de sucessão hereditária, proceder à confirmação de testamento particular e ao inventário e à partilha de bens situados no Brasil, ainda que o autor da herança seja de nacionalidade estrangeira ou tenha domicílio fora do território nacional – artigo 23, II, do NCPC. Por se tratar de matéria de ordem pública, a sentença estrangeira não pode ser homologada nesse caso (artigo 17 da LINDB – ver SE 3.780-STF). **RF**

Gabarito "B".

(**Magistratura Federal – 5ª Região – 2011**) Carlos, argentino, residente no Brasil, obteve laudo arbitral proferido pelo Uruguai, condenando Mendes, paraguaio residente no Brasil, ao pagamento de R$ 10.000,00.

Com relação a essa situação hipotética e considerando os princípios básicos da cooperação e assistência jurisdicional que regem o MERCOSUL, organização internacional com personalidade jurídica própria e objetivos específicos, bem como o que dispõe o Protocolo de Las Leñas, documento básico de cooperação e assistência jurisdicional entre os países integrantes do MERCOSUL, assinale a opção correta.

(**A**) O litígio em questão deve ser resolvido entre o Uruguai e o Paraguai, não podendo ser trazido para o Brasil.

(**B**) Laudo arbitral homologado é título não executável no Brasil, óbice que não existiria caso se tratasse de sentença homologada.

(**C**) Após a homologação do referido laudo, Carlos poderá cobrar a dívida no Brasil.

(**D**) O Protocolo de Las Leñas não prevê situações como a descrita na hipótese.

(**E**) Sem a devida homologação pelo STF, o citado laudo arbitral não tem valor jurídico no Brasil.

---

14. Artigo 961 do NCPC: "A decisão estrangeira somente terá eficácia no Brasil após a homologação de sentença estrangeira ou a concessão do exequatur às cartas rogatórias, salvo disposição em sentido contrário de lei ou tratado". A sentença estrangeira homologada pelo STJ é título executivo judicial (artigo 515, VIII, do NCPC).

15. Vide SEC 651-FR/STJ, rel. min. Fernando Gonçalves, julgada em 16/9/2009, e SEC 1.043-AR, rel. min. Arnaldo Esteves Lima, julgada em 28/5/2009.

A: incorreta, pois a sentença arbitral (= laudo arbitral) estrangeira pode ser homologada pelo STJ, hipótese em que poderá ser executada no Brasil – artigo 35 da Lei 9.307/1996 e artigo 515, VII, do CPC – ver SEC 4.415/US-STJ; **B:** incorreta, conforme comentário sobre a alternativa "A"; **C:** correta, conforme comentário sobre a alternativa "A"; **D:** incorreta, pois o Protocolo de Cooperação e Assistência Jurisdicional em Matéria Civil, Comercial, Trabalhista e Administrativa (Las Leñas/1992), promulgado pelo Decreto nº 2.067/1996, prevê expressamente o reconhecimento e a execução de laudos arbitrais entre os Estados-partes – Capítulo V do Protocolo; **E:** incorreta, pois, atualmente, a homologação de sentença estrangeira (incluindo o laudo arbitral estrangeiro) é da competência do STJ. Ademais, é incorreto afirmar que, antes da homologação, não há valor jurídico (o interessado tem interesse e legitimidade processual para pedir a homologação do laudo no Brasil). **RF**

Gabarito "C".

2.8. CONTRATOS INTERNACIONAIS

2.8.1. *INCOTERMS*

(**Magistratura Federal – 5ª Região – 2011**) Em contratos internacionais, inter-relacionam-se vários sistemas jurídicos, por isso, tais contratos são caracterizados por meio de cláusulas típicas e de uma linguagem comum estabelecida pela Câmara Internacional do Comércio, sendo uma das formas de padronização desses contratos denominada INCOTERMS 1990 (*International Rules for Interpretation of Trade Terms*). Com base nessa padronização, assinale a opção correta acerca dos contratos de compra e venda internacional.

(**A**) FOB (*free on board*) é o contrato que prevê que o vendedor cumpra a obrigação de entregar as mercadorias quando estas estiverem a caminho, ou seja, no momento do embarque no navio no porto de origem.

(**B**) No contrato CFR (*cost and freight*), prevê-se que o comprador pague os custos e o frete necessários para trazer as mercadorias ao porto de destino.

(**C**) No contrato do tipo CIF (*cost, insurance and freight*), prevê-se que o comprador pague os custos, o frete e o seguro necessários para o transporte das mercadorias ao porto de destino.

(**D**) Em contratos EXW (*ex works*), está previsto que o vendedor cumpra a obrigação de entregar as mercadorias quando estas estiverem prontas e disponíveis para o comprador no estabelecimento do vendedor.

(**E**) O contrato FCA (*free carrier*) prevê que o vendedor cumpra a obrigação de entregar as mercadorias antes da liberação para exportação, cujos custos devem ser assumidos pelo comprador.

Os *incoterms* são termos internacionais de comércio, propostos pela Câmara de Comercio Internacional – CCI, com o objetivo de facilitar o comércio entre vendedores e compradores de diferentes países. Na prática, integram o contrato, como cláusulas contratuais padronizadas, desde que as partes abertamente especifiquem que o contrato se regerá pelos *incoterms* da CCI. A primeira edição dos *incoterms* foi em 1936 e, de tempos em tempos, a CCI publica novas versões, de modo a refletir as mudanças nas práticas de comércio. A mais recente publicação é de 2010, que começou a vigorar em 1º de janeiro de 2011. Atualmente existem 11 termos, divididos em dois grupos: termos para utilização em operações que serão transportadas pelos modais aquaviários (marítimo, fluvial ou

15. DIREITO INTERNACIONAL 809

lacustre) e termos para operações transportadas em qualquer modal de transporte, inclusive transporte multimodal.[16]
A: incorreta, pois, no contrato FOB, o vendedor assume todos os custos até o carregamento dos bens no navio indicado pelo comprador; **B:** incorreta, pois, no CFR, o vendedor (não o comprador) paga pelos custos e frete necessários para levar os bens até o porto de destino; **C:** incorreta, pois esses custos são arcados pelo vendedor, no contrato CIF; **D:** correta, pois o vendedor apenas disponibiliza os bens em seu próprio estabelecimento; **E:** incorreta, pois o vendedor, no contrato FCA, responsabiliza-se pelo desembaraço para exportação. **RF**
Gabarito "D".

2.9. ARBITRAGEM

(Magistratura Federal – 2ª Região – 2011 – CESPE) A arbitragem constitui-se em método previsto no direito internacional e no direito brasileiro para a resolução de controvérsias. A legislação brasileira que trata da arbitragem foi elaborada tendo como parâmetro o modelo de arbitragem internacional das Nações Unidas. Assinale a opção correta, tendo como parâmetro a lei que regula, no Brasil, a arbitragem (Lei n.º 9.307/1996).

(A) A escolha dos árbitros é feita pelo magistrado da causa.

(B) A sentença arbitral não está sujeita à homologação do Poder Judiciário para surtir efeitos entre as partes.

(C) Qualquer matéria está sujeita à arbitragem no Brasil.

(D) O árbitro é escolhido entre os magistrados de carreira da comarca onde a contenda surgir.

(E) A arbitragem pode ser compulsória, nos casos previstos em lei.

A arbitragem está regulada no Brasil pela Lei nº 9.307/1996. Seu artigo 2º, § 1º, permite que as partes escolham livremente as regras de direito que serão aplicadas na arbitragem, desde que não haja violação dos bons costumes e da ordem pública. Tal possibilidade de escolha da lei aplicável ao contrato não entra em confronto com o artigo 9º da LINDB. Isso porque a possibilidade de escolha da lei que vai reger o contrato, uma das características marcantes da arbitragem, diz respeito àquelas matérias que podem ser objeto de arbitragem: somente direitos patrimoniais disponíveis.[17] "A *contrario sensu*, são insusceptíveis de submissão à arbitragem as questões extrapatrimoniais ou as que envolvem direitos indisponíveis".[18] E a Súmula 485 do STJ ainda possibilita que a Lei de Arbitragem seja aplicada aos contratos que contenham cláusula arbitral, ainda que celebrados antes da sua edição. A título de elucidação, cabe apontar que arbitragem é uma forma alternativa de dirimir conflitos, mediante a qual as partes estabelecem em contrato ou simples acordo que vão utilizar o juízo arbitral para solucionar controvérsia existente ou eventual em vez de procurar o poder judiciário. Claro está que o artigo 9º da LINDB e o artigo 2º, § 1º, da Lei nº 9.307/96 se aplicam a situações distintas. Com base no artigo 9º, o juiz nacional terá de decidir sobre qual a lei aplicável à relação obrigacional que tem elemento estrangeiro. Ao passo que, com suporte no artigo 2º, § 1º, o árbitro ou tribunal arbitral irá dirimir os conflitos oriundos da relação obrigacional com suporte nas regras indicadas pelas partes (quando houver indicação da lei reguladora pelas partes) ou terá de decidir sobre o conflito de leis no espaço oriundo da relação jurídica obrigacional. Vale frisar que as partes podem decidir que a arbitragem terá por base não regras de direito, mas sim a equidade. E a arbitragem será considerada mista quando verificado que os árbitros basearam suas decisões em regras jurídicas e critério de equidade. Percebe-se que a convenção de arbitragem impede o conhecimento da causa pelo Judiciário,[19] constituindo o que a doutrina denominou de *pressuposto processual negativo*, que ocasionará a extinção do processo sem resolução do mérito[20] em função da autonomia da cláusula arbitral (artigo 485, VII, do NCPC). Ademais, "a arguição de nulidade da cláusula arbitral deve ser submetida obrigatoriamente ao próprio árbitro antes da judicialização da questão, nos termos do artigo 8º, parágrafo único, da Lei n. 9.307/1996. O entendimento é aplicável indistintamente tanto à cláusula compromissória instituída em acordo judicial homologado quanto àquela firmada em contrato. O parágrafo único do artigo 8º da Lei de Arbitragem determina que caberá ao árbitro decidir as questões referentes à existência, validade e eficácia da convenção de arbitragem e do contrato como um todo. Assim, por expressa previsão legal, não pode a parte ajuizar ação anulatória para desconstituir acordo judicial homologado com base na nulidade da cláusula compromissória ali presente antes de submeter o assunto ao árbitro. **RF**
Gabarito "B".

2.10. ORDEM PÚBLICA

(Magistratura Federal – 5ª Região – 2011) Mohamed, filho concebido fora do matrimônio, requereu, na justiça brasileira, pensão alimentícia do pai, Said, residente e domiciliado no Brasil. Said negou o requerido e não reconheceu Mohamed como filho, alegando que, perante a Tunísia, país no qual ambos nasceram, somente são reconhecidos como filhos os concebidos no curso do matrimônio.

A partir dessa situação hipotética, assinale a opção correta à luz da legislação brasileira de direito internacional privado.

(A) A reserva da ordem pública não está expressa na Lei de Introdução às Normas do Direito Brasileiro.

(B) O juiz, ao julgar a referida relação jurídica, deve obedecer à lei da Tunísia.

(C) Nesse caso, não se aplicam normas de ordem pública, pois se trata de relação jurídica de direito internacional privado, e não de direito internacional público.

(D) O juiz não deverá aplicar, nessa situação, o direito estrangeiro.

(E) A lei brasileira assemelha-se à da Tunísia, razão pela qual esta deverá ser aplicada.

O artigo 227, § 6º, da CF determina expressamente que os filhos, havidos ou não da relação de casamento, ou por adoção, terão os mesmos direitos e qualificações, proibidas quaisquer designações discriminatórias

---

16. Ler a resolução n. 21 do Presidente do Conselho de Ministros da Câmara de Comércio Exterior.

17. São direitos que têm valor pecuniário, pertencentes a uma pessoa que deles pode dispor livremente sem qualquer autorização legal ou de outrem, como, por exemplo, aqueles oriundos do contrato de seguro, resseguro, previdência complementar e capitalização.

18. ARAUJO, Nadia de. *Direito Internacional Privado*. 5. ed. Rio de Janeiro: Renovar, 2011. p. 510.

19. Uma vez que o tribunal arbitral esteja formado, o Poder Judiciário se torna incompetente até mesmo para julgar ação em caráter cautelar. Esse foi o entendimento adotado pela Terceira Turma do Superior Tribunal de Justiça (STJ) no julgamento do REsp 1297974.

20 Nesse caso, o juiz irá prolatar uma sentença terminativa ou meramente processual, pois não decide a lide. Por outro lado, tem-se uma sentença definitiva quando a lide é decidida no mérito (hipóteses disciplinadas no artigo 269 do CPC).

RENAN FLUMIAN

relativas à filiação. Trata-se de direito fundamental, matéria de ordem pública, de modo que a norma estrangeira em contrário não pode ser aplicada no Brasil – artigo 17 da LINDB. **A:** incorreta, pois o artigo 17 da LINDB é expresso ao afirmar que leis, atos e sentenças de outro país, bem como quaisquer declarações de vontade, não terão eficácia no Brasil, quando ofenderem a soberania nacional, *a ordem pública* e os bons costumes. Essa redação foi atualizada pelo art. 216-F do RISTJ, que assim dispõe: "Não será homologada a sentença estrangeira que ofender a soberania nacional, a dignidade da pessoa humana e/ou a ordem pública". Percebe-se que o preceito duvidoso "bons costumes" foi substituído pela exigência de respeito à "dignidade humana". Com isso o legislador harmoniza a legislação pátria aos tratados de direitos humanos em vigor no Brasil e cumpre com sua responsabilidade assumida perante à comunidade internacional (sistema interamericano e global de proteção dos direitos humanos) de tutelar a dignidade da pessoa humana. O art. 963, VI, do NCPC também prevê a necessidade de respeito à ordem pública como requisito para um ato estrangeiro passar a irradiar efeitos no Brasil; **B** e **C:** incorretas, conforme comentários anteriores; **D:** correta, conforme comentários iniciais; **E:** incorreta, pois a Constituição brasileira veda a distinção dos filhos nesse sentido – artigo 227, § 6º, da CF. RF
Gabarito "D".

2.11. CONVENÇÃO DE NOVA IORQUE SOBRE A PRESTAÇÃO DE ALIMENTOS NO ESTRANGEIRO

(Juiz – TRF 4ª Região – 2016) Assinale a alternativa **INCORRETA.**

Levando em conta a Convenção de Nova York sobre Prestação de Alimentos no Estrangeiro (20/06/1956):

(A) O Brasil aderiu, aprovou e promulgou a Convenção de Nova York sobre a Prestação de Alimentos no Estrangeiro.

(B) Se a Parte Contratante em cujo território deve ser executada Carta Rogatória julgar que ela compromete sua soberania ou sua segurança, poderá negar a sua execução.

(C) A ação de alimentos transnacionais é da competência da Justiça Federal mesmo quando não amparada pela Convenção de Nova York.

(D) No Brasil a "Instituição Intermediária" é, hoje, a Procuradoria-Geral da República.

(E) No Brasil, a "Autoridade Central" é, hoje, a Procuradoria-Geral da República.

A: correta (Decreto 56.826/1965); **B:** correta (art. 7º, *e*, ponto 2, da Convenção); **C:** incorreta, pois ela será de competência da justiça federal quando amparada pela Convenção de Nova York (art. 109, III, da CF); **D** e **E:** corretas, pois é, de fato, a "instituição intermediária" e a "autoridade central" no Brasil hoje. RF
Gabarito "C".

(Magistratura Federal – 5ª Região – 2011) Lucy e Fábio casaram-se no Brasil, onde nasceu Lucas, filho do casal. Quando Lucy e Fábio se separaram, ela e Lucas foram morar nos EUA. Passado um tempo após a separação, Fábio suspendeu o pagamento de alimentos de Lucas, então com menos de dois anos de idade, sob a alegação de que, tendo constituído nova família no Brasil, assumira novos encargos financeiros e a de que Lucas estava morando em outro país. Lucas, então, ajuizou ação de prestação de alimentos nos EUA.

Com base nessa situação hipotética, assinale a opção correta acerca da cobrança de alimentos no estrangeiro, à luz do Decreto Legislativo n.º 58.826/1965 e da Convenção de Nova Iorque.

(A) A ação de prestação de alimentos movida nos EUA poderá ter reflexos no Brasil.

(B) A circunstância de Fábio haver contraído novo casamento não altera sua obrigação alimentar, conforme a legislação aplicável, que, nesse caso, é tanto a brasileira quanto a norte-americana, simultaneamente.

(C) Fábio não poderia ser demandado por ação alimentar proposta no Brasil.

(D) Se Lucy tiver se casado nos EUA, Fábio não terá mais obrigação alimentar para com Lucas.

(E) Se Fábio e Lucy tiverem formalizado o divórcio, Lucas não terá direito a alimentos, por se encontrar em outro país.

Na verdade, a Convenção de Nova Iorque sobre Prestação de Alimentos no Estrangeiro foi aprovada pelo Decreto-Legislativo 10/1958 e promulgado pelo Decreto 56.826/1965. **A:** essa é a assertiva correta. O Brasil ratificou o tratado, que foi introduzido validamente no sistema jurídico interno (com a promulgação via decreto presidencial), devendo colaborar com a Justiça do país em que a demanda tramita, inclusive quanto à execução da sentença – ver artigos III e X da Convenção, entre outras; **B:** incorreta, pois, nos termos do artigo VI, ponto 3, da Convenção de Nova Iorque de 1956, a lei que rege as ações de alimentos e qualquer questão conexa será a do Estado do demandado (Fábio), inclusive em matéria de direito internacional privado; **C:** incorreta, pois a propositura da ação no país de domicílio do demandante é prerrogativa dele, e não direito do demandado – artigo III, ponto 1, da Convenção de Nova Iorque; **D** e **E:** incorretas. Nos termos da lei brasileira, o casamento de Lucy afastaria apenas eventual dever de Fábio prestar alimentos a ela – artigo 1.708 do CC. Os pais separados (divorciados ou não) devem contribuir para a manutenção dos filhos na proporção de seus recursos (artigo 1.703 do CC), de modo que Fábio deverá pagar alimentos enquanto Lucas deles necessitar, nos termos do artigo 1.694 do CC. RF
Gabarito "A".

2.12. ASPECTOS CIVIS DO SEQUESTRO INTERNACIONAL DE CRIANÇAS

(Juiz – TRF 2ª Região – 2017) Quanto à Convenção de Haia, de 1980, sobre Aspectos Civis do Sequestro Internacional de Crianças, leia as proposições e, ao final, assinale a opção correta:

I. Pleiteado, perante a Autoridade Central Brasileira, o retorno da criança para o lugar de sua residência habitual, a Convenção estabelece que este pedido não possa ser negado, embora a negativa, na prática, ocorra com relativa frequência;

II. Não é possível a tramitação exclusivamente administrativa do pedido de restituição, já que se trata de matéria submetida à reserva de jurisdição;

III. As crianças que tenham nacionalidade brasileira já reconhecida não poderão ser retornadas, já que, segundo entendimento dominante, tal determinação seria forma de extradição não autorizada pela Carta Constitucional.

(A) Apenas a assertiva I está correta.

(B) Apenas a assertiva II está correta.

15. DIREITO INTERNACIONAL   811

(C) Apenas a assertiva III está correta.

(D) Apenas as assertivas II e III estão corretas.

(E) Todas as assertivas são incorretas.

I: incorreta, pois o art. 13 da Convenção estabelece que a autoridade judicial ou administrativa do Estado requerido não é obrigada a ordenar o retomo da criança se a pessoa, instituição ou organismo que se oponha a seu retorno provar: a) que a pessoa, instituição ou organismo que tinha a seu cuidado a pessoa da criança não exercia efetivamente o direito de guarda na época da transferência ou da retenção, ou que havia consentido ou concordado posteriormente com esta transferência ou retenção; ou b) que existe um risco grave de a criança, no seu retorno, ficar sujeita a perigos de ordem física ou psíquica, ou, de qualquer outro modo, ficar numa situação intolerável. A autoridade judicial ou administrativa pode também recusar-se a ordenar o retorno da criança se verificar que esta se opõe a ele e que a criança atingiu já idade e grau de maturidade tais que seja apropriado levar em consideração as suas opiniões sobre o assunto; **II:** incorreta, pois é possível a tramitação administrativa do pedido de restituição (art. 7º, *h*, da Convenção); **III:** incorreta, pois esse não é o entendimento dominante. 🔲

Gabarito "E".

(Juiz – TRF 4ª Região – 2016) Assinale a alternativa **INCORRETA.**

Levando em conta a Convenção sobre os Aspectos Civis do Sequestro Internacional de Crianças e Adolescentes (Haia, 25/10/1980):

(A) A autoridade judicial ou administrativa do Estado onde a criança se encontre pode não ordenar o seu retorno se for verificado que a criança se opõe a ele e que ela atingiu idade e grau de maturidade tais que seja apropriado levar em consideração as suas opiniões sobre o assunto.

(B) Nenhuma caução ou depósito, qualquer que seja a sua denominação, poderá ser imposta para garantir o pagamento de custos e despesas relativos aos processos judiciais ou administrativos previstos na Convenção.

(C) Dois ou mais Estados Contratantes, com o objetivo de reduzir as restrições a que poderia estar sujeito o retorno da criança, podem estabelecer entre si acordo para derrogar as disposições da Convenção que possam implicar tais restrições.

(D) A aplicação da Convenção cessa quando a criança atingir a idade de 18 anos.

(E) No Brasil, a Autoridade Central para os fins da Convenção é, atualmente, a Secretaria de Direitos Humanos da Presidência da República.

A: correta (art. 13 da Convenção); **B:** correta (art. 13 da Convenção); **C:** correta (art. 36 da Convenção); **D:** incorreta, pois a aplicação da Convenção cessa quando a criança atingir a idade de dezesseis anos (art. 4º da Convenção); **E:** correta. Ler mais sobre o tema no seguinte endereço eletrônico: http://www.sdh.gov.br/assuntos/adocao-e--sequestro-internacional/autoridade-central. 🔲

Gabarito "D".

2.13. QUESTÕES COMBINADAS E OUTROS TEMAS

(Magistratura Federal – 1ª região – 2011 – CESPE) No que diz respeito às fontes do direito internacional privado, ao conflito de leis, ao reenvio e à interpretação do direito estrangeiro, assinale a opção correta.

(A) A prova dos fatos ocorridos em país estrangeiro rege-se pela lei que nele vigorar, quanto ao ônus e aos meios de produzir-se, não admitindo, porém, os tribunais brasileiros provas que a lei brasileira desconheça.

(B) As partes têm liberdade para escolher a lei de regência em contratos internacionais em razão da regra geral da autonomia da vontade, em matéria contratual. Nesse sentido, as leis, atos e sentenças de outro país, bem como quaisquer declarações de vontade, terão plena eficácia no Brasil, independentemente de qualquer condição ou ressalva.

(C) Entre as fontes do direito internacional privado incluem-se as convenções internacionais, o costume internacional e os princípios gerais do direito, mas não as decisões judiciais e a doutrina dos juristas, estas, somente obrigatórias para as partes litigantes e a respeito dos casos em questão.

(D) Embora entenda o STF que haja paridade entre o tratado e a lei nacional, esse tribunal firmou a tese de que, no conflito entre tratado de qualquer natureza e lei posterior, esta há sempre de prevalecer, pois a CF não garante privilégio hierárquico do tratado sobre a lei, sendo inevitável que se garanta a autoridade da norma mais recente.

(E) Para resolver os conflitos de lei no espaço, o Brasil adota a prática do reenvio, mediante a qual se substitui a lei nacional pela estrangeira, desprezando-se o elemento de conexão apontado pela ordenação nacional, para dar preferência à indicada pelo ordenamento jurídico alienígena.

A: correta. A prova dos fatos ou atos ocorridos no estrangeiro deverá ser feita com base na *lex loci*. É a lei do país onde ocorreu o fato ou o ato que vai regular o procedimento probatório (*locus regit actum*). O mencionado acima transmite uma parte da regra disposta no artigo 13 da LINDB. A outra parte que funciona como ressalva dispõe que o juiz não poderá se valer das provas **não admitidas** pelo direito brasileiro. "Não admitidas" aparece sublinhada no trecho anterior como forma de contrastar com o texto literal do artigo 13, que se refere às provas que a lei brasileira **não conheça**. Se prevalecesse o texto literal, teríamos uma mitigação do direito da parte de defender-se por meio de todas as provas em direito admitidas. Portanto, deve ser aceito qualquer meio de prova, desde que lícito conforme os ditames do ordenamento jurídico brasileiro e que não viole a ordem pública (artigo 17 da LINDB). Ademais, o artigo 369 do NCPC dispõe nesse sentido: "As partes têm o direito de empregar todos os meios legais, bem como os moralmente legítimos, ainda que não especificados neste Código, para provar a verdade dos fatos em que se funda o pedido ou a defesa e influir eficazmente na convicção do juiz.". Nesse contexto, cabe apontar as Convenções da Haia sobre Direito Processual Civil de 1954 e sobre Obtenção de Prova no Estrangeiro em Matéria Civil e Comercial de 1970, além da Convenção Interamericana sobre Obtenção de Provas no Exterior de 1975, no âmbito da OEA. Na Convenção Interamericana adotou-se a carta rogatória como instrumento para solicitações, entre juízes, de recebimento e de colheita de provas. Essa assertiva foi considerada como correta pela banca examinadora, o que demonstra um apego à literalidade do texto de lei. De qualquer forma, deixo essa ponderação e a consideração de que essa assertiva poderia ser contestada como correta; **B:** incorreta. A autonomia da vontade como regra de conexão no tocante aos contratos é adotada na maioria dos países na atualidade. Tal regra privilegia a flexibilidade e promove um ambiente propício aos negócios. A título de exemplo, tal regra encontra-se insculpida na Convenção de Roma de 1980 e na Convenção Interamericana sobre Direito Aplicável aos Contratos Internacionais de 1994. A autonomia da vontade apenas teria limitações ditadas pela ordem pública do país no qual o contrato vai ser executado. Isto é, faz-se necessário que a lei escolhida para reger o contrato não desrespeite a ordem pública do país-sede da execução do contrato. Leia-se aqui ordem pública como o conjunto de regras e princípios basilares de um certo ordenamento jurídico. O artigo 9º da LINDB funciona como um limitador da autonomia da vontade, na medida em que determina que as obrigações serão reguladas pela lei do país onde forem constituídas. Ora, em tal quadro as partes não podem escolher a lei aplicável ao contrato constituído. Todavia, se a lei do país onde a obrigação foi constituída permitir a autonomia da vontade sobre a escolha da lei incidente ao contrato, permitida estará a escolha da lei aplicável pelas partes, sendo limitada apenas pela ordem pública do país-sede da execução do contrato; **C:** incorreta. O artigo 38 do Estatuto da Corte Internacional de Justiça (CIJ) determina que a função da Corte é decidir as controvérsias que lhe forem submetidas com base no direito internacional. Ademais, indica as fontes que serão utilizadas pelos juízes na confecção de suas decisões, a saber: **a)** as convenções internacionais; **b)** o costume internacional; **c)** os princípios gerais do direito; **d)** as decisões judiciárias e a doutrina dos juristas mais qualificados das diferentes nações. Por fim, aponta a possibilidade de a Corte decidir por equidade (*ex aequo et bono*), desde que convenha às partes. Mesmo não constando do rol do artigo 38, podem-se indicar também como fonte do direito internacional tanto as resoluções emanadas das organizações internacionais como os atos unilaterais dos Estados. Até aqui se conserva semelhança com as fontes do Direito Internacional Público, todavia, a fonte por excelência do Direito Internacional Privado é a lei interna, ou seja, cada Estado tem competência para legislar sobre direito internacional privado ("direito internacional privado autônomo"). Mas a grande característica da matéria na atualidade é a busca de harmonização e de uniformização mediante a produção convencional internacional ("direito internacional privado convencional e institucional"), até mesmo pela dita *soft law*. Com ímpeto meramente classificatório, o direito internacional privado convencional é aquele que provém de tratados e convenções, e o direito internacional privado institucional é aquele que provém da produção normativa de blocos regionais de integração, como a União Europeia e o Mercosul. *Soft law* indica as fontes que não são obrigatórias, mas que têm importante papel referencial para o juiz nacional e influenciam a confecção de regras tanto em nível convencional internacional como em nível autônomo nacional. Como exemplo, podem-se citar os princípios, códigos de conduta, recomendações, diretrizes, convenções não ratificadas etc. Percebe-se que algumas das fontes elencadas no artigo 38 da CIJ caberiam no conceito de *soft law*. No Brasil, a principal fonte do Direito Internacional Privado é a Lei de Introdução às Normas do Direito Brasileiro (Decreto-Lei nº 4.657/1942), que trata do Direito Internacional Privado nos artigos 7º a 17. Além dessa, é possível identificar na legislação nacional outros diplomas que abordam assuntos de interesse do DIPr, tais como a Constituição Federal, que trata da sucessão internacional no artigo 5º, XXXI, e da competência do STJ em temas de cooperação judiciária internacional no artigo 105, I, *i*; **D:** incorreta. A tese do STF (ADI-MC 1.480/DF) não diz respeito a tratado de qualquer natureza, pois ela não engloba os tratados de direitos humanos. Depois de internalizado, o tratado é equiparado hierarquicamente à norma infraconstitucional. Assim, as normas infraconstitucionais preexistentes ao tratado serão derrogadas quando com ele colidirem. Em relação a quaisquer leis posteriores que venham a colidir com o tratado, o tema já foi decidido pelo STF na ADI-MC 1.480/DF, momento em que o Pretório Excelso exarou entendimento de que os tratados internacionais, em geral, ingressam no sistema jurídico brasileiro com força de lei ordinária federal e, portanto, podem ser revogados por lei posterior e de mesma natureza que com ele colidir, ainda que isso gere responsabilidade no plano internacional. Esse posicionamento do STF é, contudo, altamente criticável, pois a Convenção de Viena sobre Direitos dos Tratados está em vigor no Brasil, e o seu artigo 27 assim dispõe: "Uma parte não pode invocar as disposições de seu direito interno para justificar o inadimplemento de um tratado". Tal dúvida não existe em matéria tributária, já que o artigo 98 do CTN adotou a prevalência do tratado sobre o direito interno, determinando que a legislação tributária posterior ao tratado lhe deve obediência. Tal previsão, apesar de anterior, está em consonância com a nova ordem jurídica nacional (modificada com a internalização da Convenção de Viena sobre Direitos dos Tratados); **E:** incorreta. O direito indicado pela regra de conexão e que incidirá no fato ou na relação jurídica com elemento estrangeiro é o direito material, tanto nacional como internacional. Todavia, juízes de alguns países aplicavam não o direito material do país estrangeiro, mas sim seu Direito Internacional Privado, o que possibilitava em algumas situações o reenvio, ou seja, a regra de conexão estrangeira indicava a *lex fori* como apta a resolver o caso misto. Funciona como se a solução fosse enviada para o direito de certo país e o direito desse país a reenviasse (de volta ou para outro país). Em outras palavras, o reenvio é uma interpretação que despreza a norma material indicada pela regra de conexão e aplica Direito Internacional Privado estrangeiro para chegar a outra norma material, geralmente de índole nacional. O reenvio pode ser de distintos graus: **a)** reenvio de 1º grau: refere-se a dois países, isto é, a legislação do país "A" remete à do país "B", que reenvia para "A"; **b)** reenvio de 2º grau: refere-se a três países, situação em que a legislação de "A" remete à de "B", que reenvia para "C"; **c)** e reenvio de 3º grau: refere-se a quatro países; é similar ao reenvio de 2º grau, com a diferença de que nesta a legislação de "C" remete à do país "D". Dentro deste quadro, ergue-se o artigo 16 da Lei de Introdução às Normas do Direito Brasileiro que proíbe o juiz nacional de utilizar-se do reenvio. O juiz aplica o Direito Internacional Privado brasileiro para determinar o direito material aplicável, e, se este for estrangeiro, caberá ao magistrado aplicá-lo. Interessante é perceber que o instituto do reenvio é um desfigurador das regras de conexão, pois a estas cabe solucionar os conflitos de leis no espaço, e, a partir do momento em que o Direito Internacional Privado brasileiro indicar o Direito Internacional Privado estrangeiro, ele não estará cumprindo com sua função. **RF**

Gabarito "A".

(Magistratura Federal – 1ª Região – 2011 – CESPE) Acerca dos contratos internacionais, da arbitragem como método de solução alternativa de controvérsias e dos procedimentos previstos na Convenção de Nova Iorque sobre a prestação de alimentos no estrangeiro, assinale a opção correta.

(A) Denomina-se imperativa a disposição que impede as partes de, ao celebrarem contrato em um país, para nele ser cumprido, incluir regras contratuais que confrontem as leis desse país.

(B) Na execução das cartas rogatórias para a cobrança de alimentos no estrangeiro, admite-se, de acordo com a Convenção de Nova Iorque, o reembolso de taxas ou despesas, além da cobrança dos demandantes estrangeiros ou não residentes de caução ou de qualquer outro pagamento ou depósito para garantir a cobertura das despesas.

(C) O que define a natureza do contrato (nacional ou internacional) é a nacionalidade das partes celebrantes; assim, considera-se internacional o contrato em que as partes têm nacionalidades diversas, fenômeno denominado estraneidade.

15. DIREITO INTERNACIONAL — 813

(D) Para ser executada no Brasil, a sentença arbitral estrangeira está sujeita a prévia homologação do STF.

A: correta. O artigo 17 da LINDB assim dispõe: "As leis, atos e sentenças de outro país, bem como quaisquer declarações de vontade, não terão eficácia no Brasil, quando ofenderem a soberania nacional, a ordem pública e os bons costumes". Da leitura do artigo 17 da LINDB percebe-se que existe um filtro em relação aos atos, leis, contratos e sentenças estrangeiras, pois tais só irradiarão seus efeitos no Brasil se não ofenderem a soberania nacional, a ordem pública e os bons costumes. Poderíamos englobar esses filtros na ideia de ordem pública, mais abrangente. A doutrina por muito tempo tentou estabelecer um conceito indubitável para ordem pública, o que restou infrutífero em função de sua abstratividade. Todavia, podem-se considerar ordem pública os valores compartilhados por uma dada sociedade em determinado corte temporal (sentido amplo). Pela ideia, percebe-se que é uma noção abstrata e dinâmica, pois se modifica conforme a evolução/involução cultural da sociedade de um país. Em outras palavras, são as ideias políticas, econômicas, culturais etc., compartilhadas por grande parte de uma dada sociedade ou é o conjunto de regras e princípios basilares de um certo ordenamento jurídico (sentido jurídico). Sua função dentro do Direito Internacional Privado é defender o sistema de valores de determinado país. Isso porque, por exemplo, uma sentença proveniente de um sistema de valores diverso poderia vir a romper com os valores compartilhados pela nação. Destarte, mesmo se o DIPr brasileiro indicar o direito estrangeiro como aplicável ao caso misto, o juiz poderá afastá-lo para proteger a ordem pública. Assim, leis estrangeiras, atos ou negócios jurídicos celebrados no exterior (contrato, casamento, testamento etc.) e sentenças estrangeiras serão impedidos de irradiar efeitos no Brasil se atentarem contra a ordem pública. Também ficarão impedidos de aqui irradiar efeitos os laudos arbitrais que atentarem contra a ordem pública,[21] bem como existe limitação à escolha do direito aplicável à arbitragem (artigo 2º, § 1º, da Lei nº 9.307/1996); **B:** incorreta, pois não existe a citada possibilidade na Convenção de Nova Iorque; **C:** incorreta. O Direito Internacional Privado (DIPr) é composto de princípios e regras, sendo estas positivadas ou costumeiras, que têm por primordial função resolver os conflitos de leis no espaço. Para um maior entendimento do conceito supracitado, faz-se necessário saber o que são e por que surgem os conflitos de leis no espaço. O conflito de leis no espaço nada mais é do que a situação de existência de duas ou mais leis aplicáveis ao mesmo fato ou mesma relação jurídica, das quais ao menos uma pertence a um ordenamento jurídico estrangeiro. Em outras palavras, um fato ou uma relação jurídica que gera efeitos em dois ou mais ordenamentos jurídicos (leia-se Estados). Assim, a causa do conflito de leis no espaço é o elemento estrangeiro (também chamado de estraneidade) contido na relação jurídica, situação que se afigura cada vez mais cotidiana em função do atual cosmopolitismo humano impulsionado pela globalização econômica, cultural e política. O Direito Internacional Privado auxilia o juiz nacional na determinação do direito aplicável aos casos, a ele submetido, que contenham elementos estrangeiros. Essa situação pode ocasionar a flexibilização do princípio da territorialidade das leis na medida em que prescreve, em determinados casos, a aplicação do direito estrangeiro pelo juiz nacional; **D:** incorreta. O STJ e não o STF é o responsável para homologar sentença arbitral estrangeira, após a Emenda Constitucional nº 45/2004 (artigo 105, I, *i*, da CF). **RF**

Gabarito "A".

---

21. Nesse sentido foi a decisão na SEC 978-GB, rel. min. Hamilton Carvalhido, julgado em 17/12/2008: "Impossibilita a homologação da sentença arbitral estrangeira a ausência de assinatura na cláusula de eleição do juízo arbitral contida em contrato de compra e venda, no seu termo aditivo e na indicação de árbitro em nome da ora requerida, porquanto isso ofende o princípio da autonomia da vontade e a ordem pública (artigo 4º, § 2º, da Lei nº 9.307/1996)" (Inform. STJ 381).

(Magistratura Federal – 1ª Região – 2011 – CESPE) Considerando a legislação brasileira relativa à competência jurisdicional nas relações jurídicas com elemento estrangeiro, as cartas rogatórias e a homologação de sentenças estrangeiras, assinale a opção correta.

(A) Tanto a autoridade judiciária brasileira quanto a autoridade do país de origem do autor da herança, se este for estrangeiro, têm competência para proceder a inventário e partilha de bens situados no Brasil.

(B) A homologação de sentença estrangeira no Brasil, cuja natureza é jurisdicional, pode ser concedida a sentença de qualquer natureza, com exceção das que sejam meramente declaratórias do estado das pessoas.

(C) A carta rogatória obedecerá, quanto à admissibilidade e ao modo de cumprimento, ao disposto na legislação brasileira, devendo necessariamente ser remetida aos juízes ou tribunais estrangeiros por contato direto entre as autoridades judiciárias dos Estados envolvidos.

(D) Não conhecendo a lei estrangeira, o juiz brasileiro não pode exigir da parte que a invoque o fornecimento de prova do seu texto e vigência, mas, sim, solicitar às autoridades de outro Estado os elementos de prova ou informação sobre o texto, sentido e alcance legal de seu direito.

(E) A competência jurisdicional brasileira é territorial-relativa e incide sobre o estrangeiro domiciliado no país, sendo competente também o juiz brasileiro quando a obrigação tiver de ser cumprida no Brasil e quando a ação se originar de fato ocorrido ou de ato praticado no território nacional.

A: incorreta. O juiz brasileiro terá competência exclusiva para conhecer das ações relativas a imóveis situados no Brasil. Essa competência exclusiva significa que nenhuma outra jurisdição poderá conhecer de ação que envolva bem imóvel situado no Brasil. Assim, por exemplo, sentença estrangeira sobre bem imóvel situado no Brasil nunca será reconhecida no Brasil, isto é, nunca irradiará efeitos em território nacional. A regra *forum rei sitae* aparece no artigo 12, § 1º, da LINDB e no artigo 23, I, do NCPC. O artigo 23, no inciso II, traz outra hipótese de competência exclusiva. Ao juiz brasileiro compete, em matéria de sucessão hereditária, proceder à confirmação de testamento particular e ao inventário e à partilha de bens situados no Brasil, ainda que o autor da herança seja de nacionalidade estrangeira ou tenha domicílio fora do território nacional; **B: incorreta.** A sentença judicial é um ato soberano, confeccionada pela autoridade judicial de um determinado Estado. Por ser um ato de soberania, a sentença, como todo ato soberano, incide apenas no território nacional e, destarte, é endereçada à população desse Estado. Todavia, como vimos, alguns fatos ou relações jurídicas interessam a mais de um país. Assim, o juiz de um desses Estados exercerá sua competência e aplicará o direito material indicado por seu Direito Internacional Privado, mas, como dito, a decisão só valerá no território nacional do juiz prolator, apesar do interesse de outras jurisdições. É nesse contexto que surge a figura da homologação de sentença estrangeira. Após a homologação pela autoridade competente, a sentença, já apta a produzir efeitos no país prolator, passa a produzir efeitos em outra jurisdição também.[22] No Brasil, a competência para homologar sentenças estrangeiras era do STF, mas depois da EC nº 45

---

22. Artigo 483 do CPC: "A sentença proferida por tribunal estrangeiro não terá eficácia no Brasil senão depois de homologada pelo *Superior Tribunal de Justiça*" (atualizada por nós). A sentença estrangeira homologada pelo STJ é título executivo judicial (artigo 475-N, VI, do CPC).

essa competência passou para o STJ (artigo 105, I, *i*, da CF). É importante sublinhar que esse procedimento não examina o mérito da sentença estrangeira.[23] Ao STJ cabe apenas a análise dos requisitos formais e, de um viés mais subjetivo, a análise sobre a violação ou não da ordem pública brasileira (artigo 17 da LINDB). É importante sublinhar que a denegação da homologação para reconhecimento ou execução de sentença ou laudo arbitral estrangeiro por vício formal não obsta que a parte interessada renove o pedido, uma vez sanado o vício verificado. Ou seja, o rechaço da homologação não faz coisa julgada material. Também é importante destacar que todo tipo de sentença (declaratória, constitutiva ou condenatória) e a sentença arbitral[24] podem ser objeto de homologação pelo STJ. Em relação à sentença declaratória, é interessante notar que o parágrafo único do artigo 15 da LINDB foi revogado pela Lei nº 12.036/2009. Antes as sentenças meramente declaratórias não necessitavam passar pelo procedimento homologatório para produzir efeitos em território brasileiro porque não possuíam carga executória. Por outro lado, não dependem de homologação pelo Superior Tribunal de Justiça, para serem executados, os títulos executivos extrajudiciais oriundos de país estrangeiro. O título, para ter eficácia executiva, há de satisfazer os requisitos de formação exigidos pela lei do lugar de sua celebração e indicar o Brasil como o lugar de cumprimento da obrigação; **C:** incorreta. Para garantir a efetividade jurisdicional em tempos marcados pelo cosmopolitismo humano e impulsionados pela globalização econômica, cultural e política, é imprescindível a cooperação entre as diferentes jurisdições. Muitas são as situações em que um juiz depende do judiciário de outro país para efetuar uma diligência judiciária ou qualquer ato desprovido de carga executória. O instrumento pelo qual um juiz doméstico pede auxílio a um juiz estrangeiro denomina-se carta rogatória. O juiz que pede é denominado rogante e o que recebe, rogado. A carta rogatória é meio processual adequado para a realização de diligências fora da jurisdição de um determinado Estado, compreendendo tanto os atos ordinatórios (ex.: citação, notificação, cientificação, intimação etc.) como os instrutórios (ex.: coleta de provas). Seu fundamento é um tratado regulando o instituto processual ou o princípio da reciprocidade. A Lei de Introdução às Normas do Direito Brasileiro dá as coordenadas sobre o assunto: "Art. 12 (...) § 2º A autoridade judiciária brasileira cumprirá, concedido o *exequatur* e segundo a forma estabelecida pela lei brasileira, as diligências deprecadas por autoridade estrangeira competente, observando a lei desta quanto ao objeto das diligências". Assim, pode-se afirmar que o juiz brasileiro (rogado), após concedido o *exequatur*, deverá cumprir a carta rogatória emitida pelo juiz estrangeiro (rogante). Em relação ao *exequatur* ("execute-se"), é importante apontar que a carta rogatória deve respeitar a lei do país em que será cumprida (*lex fori* do juiz rogado) e nunca violar a ordem pública (artigo 17 da LINDB). Os efeitos do cumprimento ou da denegação da carta rogatória fazem apenas coisa julgada formal, ou seja, permitem a reapresentação da carta rogatória. No Brasil, a competência para conceder *exequatur* às cartas rogatórias é do STJ. Anteriormente era competência do STF, mas desde a edição da EC nº 45 essa competência passou para o STJ (artigo 105, I, *i*, da CF). O procedimento das cartas rogatórias é o seguinte: **a)** recebimento pelo presidente do STJ; **b)** após a concessão de *exequatur*, a carta rogatória é remetida para o juiz federal competente cumpri-la;[25] **c)** após o cumprimento, o juiz

tem o prazo de dez dias para devolvê-la ao presidente do STJ, o qual a encaminhará ao Ministério da Justiça ou Ministério das Relações Exteriores, que retornará a carta rogatória ao juiz rogante; **D:** incorreta. A aplicação da lei estrangeira, quando determinada pelo Direito Internacional Privado brasileiro, é uma obrigação do juiz, e não mera faculdade. Tanto é assim, que a doutrina brasileira tem entendimento robusto no sentido de aplicação *ex officio* do direito estrangeiro pelo magistrado. A dúvida que o artigo 14 da LINDB cria é no tocante à prova do texto e da vigência do direito estrangeiro. Como a Lei de Introdução não disciplina a forma como deve se dar a prova do texto e da vigência do direito estrangeiro, é interessante vermos o que dispõe o artigo 409 do Código Bustamante: "A parte que invoque a aplicação do direito de qualquer Estado contratante em um dos outros, ou dela divirja, poderá justificar o texto legal, sua vigência e sentido mediante certidão, devidamente legalizada, de dois advogados em exercício no país de cuja legislação se trate". O Código Bustamante ainda traz outra maneira de proceder à verificação do texto e da vigência do direito estrangeiro, insculpida no artigo 410 (pela via diplomática). E os Estados se obrigam a fornecer a informação requerida sobre o texto e a vigência de seu direito (artigo 411 do Código Bustamante). Percebe-se que o juiz brasileiro terá o auxílio do Código Bustamante para bem aplicar o direito estrangeiro e utilizará o artigo 14 da LINDB para exigir da parte que o invoca a prova de seu texto e de sua vigência, no caso de não o conhecer. A título conclusivo, pode-se dizer que o juiz deve aplicar *ex officio* o direito estrangeiro, caso o conheça. Do contrário, pedirá que as partes provem o texto e a vigência desse direito; **E:** correta. Uma das hipóteses de competência concorrente (relativa) é aquela da ação ajuizada contra réu domiciliado no Brasil. O princípio informador dessa regra é o *actio sequitor forum rei*. Em outras palavras, a competência do juiz nacional é determinada pelo critério domiciliar, não importando a condição de estrangeiro do réu. Ademais, reputa-se domiciliada no Brasil a pessoa jurídica estrangeira que aqui tiver agência, filial ou sucursal (artigo 21, parágrafo único, do NCPC). Como o critério eleito para definir a competência é o domiciliar, cabe ao juiz bem definir domicílio. Em tal tarefa, lançará mão dos artigos 70 e 71 do CC. A regra do artigo 71 do CC é de grande utilidade nos casos com elemento estrangeiro, pois a alegação de que o réu possui outra(s) residência(s), além da estabelecida no Brasil, não elidirá a competência do juiz nacional, pois qualquer uma delas poderá ser considerada seu domicílio. Cabe também esclarecer que "é também domicílio da pessoa natural, quanto às relações concernentes à profissão, o lugar onde esta é exercida" (artigo 72 do CC). O artigo 75 do CC é utilizado para determinar o domicílio das pessoas jurídicas. A regra geral é que tenham domicílio no local em que funcionar as respectivas diretorias e administrações, salvo a eleição de domicílio especial na forma do estatuto ou atos constitutivos (artigo 75, IV, do CC). Mesmo que a administração tiver sede no estrangeiro, será considerado domicílio, da pessoa jurídica, o local de seu estabelecimento no Brasil. Outra hipótese de competência concorrente é a que cuida de obrigações, contratuais ou extracontratuais, que devam ser cumpridas no Brasil. Percebe-se que essa regra prescinde do critério domiciliar. Nesse sentido, o STJ decidiu que é vedado às partes dispor (ex.: cláusula de eleição de foro) sobre a competência concorrente de juiz brasileiro por força das normas fundadas na soberania nacional, não suscetíveis à vontade dos interessados.[26] Um exemplo ordinário é o caso de um contrato internacional que estipule sua execução no Brasil. Tal situação torna o juiz brasileiro competente, mas, ao mesmo tempo, não torna incompetente, por exemplo, o juiz do país onde a obrigação foi constituída. A última hipótese é a regulada pelo artigo 21, III, do NCPC, que dispõe acerca da competência concorrente sobre ação originada com fundamento em fato ocorrido ou ato praticado no Brasil. **RF**

Gabarito "E".

---

23. Vide SEC 651-FR/STJ, rel. min. Fernando Gonçalves, julgada em 16/9/2009, e SEC 1.043-AR, rel. min. Arnaldo Esteves Lima, julgada em 28/5/2009.

24. Em procedimento arbitral estrangeiro, a regra aplicável para disciplinar a representação das partes e a forma de ingresso no litígio é a da lei a que elas se submeteram. Na falta de norma acordada, vale a legislação do país onde a sentença arbitral foi proferida. Isso é o que estabelecem a Lei nº 9.307/96 e a Convenção de Nova Iorque (SEC 3709 STJ).

25. Artigo 109, X, da CF: "Aos juízes federais compete processar e julgar: X - os crimes de ingresso ou permanência irregular de estrangeiro, a execução de carta rogatória, após o "exequatur", e de sentença estrangeira, após a homologação,

as causas referentes à nacionalidade, inclusive a respectiva opção, e à naturalização".

26. Vide REsp 804.306-SP/STJ, rel. min. Nancy Andrighi.

16. DIREITOS HUMANOS

Renan Flumian

1. SISTEMA GLOBAL DE PROTEÇÃO DOS DIREITOS HUMANOS

(Juiz de Direito – TJM/SP – VUNESP – 2016) A Declaração Universal dos Direitos do Homem foi adotada em 10 de dezembro de 1948. A seu respeito, assinale a alternativa correta.

(A) Dada sua correlação com os direitos naturais, houve grande consenso em torno do documento que contou com a aprovação unânime dos Estados, sem reprovações ou abstenções.

(B) Estabelece três categorias de direitos: os direitos civis e políticos, os direitos econômicos, sociais e culturais e os direitos coletivos, combinando, de forma inédita, os discursos liberal, social e plural.

(C) Não tratou do direito à propriedade, tendo em vista que esse ponto poderia ser objeto de impasse com os Estados do bloco socialista.

(D) Embora sem grande repercussão, garante o direito à felicidade que, nos últimos anos, tem sido tema de grande debate nacional e internacional.

(E) Não apresenta força de lei, por não ser um tratado. Foi adotada pela Assembleia das Nações Unidas sob a forma de resolução. Contudo, como consagra valores básicos universais, reconhece-se sua força vinculante.

A: incorreta, pois a Declaração Universal dos Direitos Humanos foi aprovada pela Resolução 217 A (III) da Assembleia Geral da ONU, em 10 de dezembro de 1948, por 48 votos a zero e oito abstenções; **B:** incorreta, Em seu bojo, encontram-se direitos civis e políticos (artigos 3º a 21) e também direitos econômicos, sociais e culturais (artigos 22 a 28); **C:** incorreta (art. 17 da DUDH); **D:** incorreta, pois não existe previsão do citado direito; **E:** correta, pois muitos defendem que a Declaração seria inderrogável por fazer parte do *jus cogens*. E ainda pode-se até advogar, conforme posição defendida por René Cassin[1], que a Declaração, por ter definido o conteúdo dos direitos humanos insculpidos na Carta das Nações Unidas, tem força legal vinculante sim, visto que os Estados-membros da ONU se comprometeram a promover e proteger os direitos humanos. Por esses dois últimos sentidos, chega-se à conclusão de que a Declaração Universal dos Direitos Humanos gera obrigações aos Estados, isto é, tem força obrigatória (por ser legal ou por fazer parte do *jus cogens*). A assertiva "E" aponta que a força vinculante da DUDH provém do fato dela consagrar valores básicos universais (*jus cogens*). **RF**
Gabarito "E".

(Juiz de Direito – TJM/SP – VUNESP – 2016) Ainda sobre a Declaração Universal dos Direitos do Homem, é correto afirmar que

(A) prevê expressamente o direito à participação política, mas não o de acesso a serviços públicos.

(B) garante a todos, sem qualquer tipo de distinção, educação, direito ao trabalho e saúde pública gratuita.

(C) prevê a criação de um tribunal internacional para julgamento de violações aos direitos humanos.

(D) não estabelece nenhuma forma de governo para garantir a aplicação dos direitos humanos, pois entende que isso deve ser livremente decidido pelas nações individualmente de acordo com sua realidade.

(E) prevê o direito ao trabalho e ao repouso e lazer, inclusive a limitação razoável das horas de trabalho e as férias remuneradas periódicas.

A: incorreta, pois o direito de acesso a serviços públicos está previsto no art. 21, ponto 2, da DUDH; **B, C** e **D:** incorretas, pois não existem previsões do tipo no seio da DUDH; **E:** correta (arts. 23 e 24 da DUDH). **RF**
Gabarito "E".

(Juiz de Direito – TJM/SP – VUNESP – 2016) Sobre os direitos do homem, assinale a alternativa correta.

(A) Os direitos de terceira dimensão são direitos transindividuais que extrapolam os interesses do indivíduo, focados na proteção do gênero humano. Evidencia-se nesse contexto a ideia de humanismo e universalidade.

(B) Os direitos humanos de primeira dimensão buscam o respeito às liberdades individuais e têm como base histórica a Magna Carta de 1215 e o Tratado de Versalhes.

(C) A doutrina é unânime em reconhecer que a expressão direitos humanos é sinônima da expressão direitos fundamentais, inexistindo distinção entre os termos.

(D) Os direitos humanos de segunda dimensão colocam em perspectiva os direitos sociais, culturais e econômicos, bem como os direitos coletivos, sendo a Constituição de Weimar a primeira carta política a reconhecê-los.

(E) Alguns doutrinadores já reconhecem a existência da quarta e quinta dimensões de direitos do homem. No primeiro caso, o foco seria o direito ao desenvolvimento e a paz. No segundo caso, os direitos estariam relacionados à engenharia genética e ao meio ambiente.

A: correta. A terceira geração trata dos direitos à paz, ao desenvolvimento, à propriedade do patrimônio cultural e depois também ganhou contorno de proteção ao meio ambiente (também conhecidos como direitos "verdes"). A titularidade desses direitos é atribuída, geralmente, à humanidade e são classificados doutrinariamente como difusos, todavia pode-se destacar a sua faceta de direito individual também, como expressamente prevista na Declaração da ONU sobre o Direito ao Desenvolvimento; **B:** incorreta, pois a principal base histórica dos direitos humanos de primeira dimensão é a Declaração dos Direitos do Homem e Cidadão de 1789; **C:** incorreta. A doutrina atual, princi-

---

RF questões comentadas por: **Renan Flumian**

1.   O jurista francês René Samuel Cassin foi o principal autor da Declaração Universal dos Direitos Humanos.

RENAN FLUMIAN

palmente a alemã, considera como direitos fundamentais os valores éticos sobre os quais se constrói determinado sistema jurídico nacional (leia-se direitos previstos explicitamente no ordenamento jurídico de certo país), ao passo que os direitos humanos existem mesmo sem o reconhecimento da ordem jurídica interna de um país, pois possuem vigência universal. Entretanto, na maioria das vezes, os direitos humanos, previstos em diplomas internacionais ou parte do *jus cogens*, são reconhecidos internamente pelos sistemas jurídicos nacionais (grande equivalência), situação que os torna também direitos fundamentais. Ou seja, os direitos humanos previstos na Constituição de um país são denominados direitos fundamentais; **D:** incorreta, pois a primeira carta política que reconheceu esses direitos foi a Constituição mexicana de 1917. À título comparativo, a Constituição de Weimar é de 1919; **E:** incorreta, pois o direito ao desenvolvimento e à paz estão ligados à terceira dimensão dos direitos humanos. **RF** Gabarito „A".

(Juiz de Direito – TJM/SP – VUNESP – 2016) O Pacto Internacional dos Direitos Civis e Políticos, de 1966,

(A) garante o direito do homem e da mulher de contrair casamento e constituir família, porém, a fim de evitar confrontos de caráter cultural com alguns dos Estados-membros não tratou da dissolução dessa união.

(B) prevê que a pena de morte não deverá ser imposta sob nenhuma hipótese, salvo em situação de guerra.

(C) garante o direito de autodeterminação dos povos, exprimindo, assim, uma tomada de consciência universal sobre a urgência de se superar o colonialismo e o imperialismo.

(D) reconhece, sem restrições, o direito de reunião pacífica.

(E) já apresenta uma preocupação com os imigrantes clandestinos, estabelecendo que estes também têm o direito de circular livremente no território de um Estado.

A: incorreta, pois o art. 23 tratou da dissolução do casamento; **B:** incorreta. "Nos países em que a pena de morte não tenha sido abolida, esta poderá ser imposta apenas nos casos de crimes mais graves, em conformidade com legislação vigente na época em que o crime foi cometido e que não esteja em conflito com as disposições do presente Pacto, nem com a Convenção sobra a Prevenção e a Punição do Crime de Genocídio. Poder-se-á aplicar essa pena apenas em decorrência de uma sentença transitada em julgado e proferida por tribunal competente" (art. 6º, ponto 2, do Pacto); **C:** correta (art. 1º do Pacto); **D:** incorreta, pois o art. 21 do Pacto prevê restrições; **E:** incorreta, pois não existe previsão nesse sentido no Pacto. **RF** Gabarito „C".

(Magistratura Federal/3ª região – 2010) A Declaração Universal dos Direitos Humanos fundada no reconhecimento da dignidade inerente a todos os membros da família humana reconhece como direito inalienável do Homem, exceto:

(A) O direito a instrução, sendo a instrução elementar obrigatória;

(B) O direito a um padrão de vida capaz de assegurar a si e a sua família saúde e bem estar, inclusive alimentação, vestuário, habitação, cuidados médicos e os serviços sociais indispensáveis;

(C) O direito a proteção à minoria étnica e religiosa,

assim entendida como os imigrantes residentes em determinado Estado;

(D) O direito de participar livremente da vida cultural da comunidade.

A: incorreta, pois o direito à instrução é previsto expressamente no artigo 26 da DUDH; **B:** incorreta, pois está previsto no art. 25 da DUDH; **C:** correta. Não há, na DUDH, disposição a esse respeito; **D:** incorreta, pois o direito descrito na assertiva está previsto no art. 27 da DUDH. **RF** Gabarito „C".

(Magistratura Federal/5ª região – 2011) A Declaração Universal dos Direitos Humanos

(A) não trata de direitos econômicos.

(B) trata dos direitos de liberdade e igualdade.

(C) trata o meio ambiente ecologicamente equilibrado como direito de todos.

(D) não faz referência a direitos políticos.

(E) não faz referência a direitos culturais e à bioética.

A: incorreta. A Declaração Universal dos Direitos Humanos foi aprovada pela Resolução 217 A (III) da Assembleia Geral da ONU, em 10 de dezembro de 1948, por 48 votos a zero e oito abstenções[2]. Em conjunto com os dois Pactos Internacionais – sobre Direitos Civis e Políticos e sobre Direitos Econômicos, Sociais e Culturais –, constitui a denominada Carta Internacional de Direitos Humanos ou International Bill of Rights. A Declaração é fruto de um consenso sobre valores de cunho universal a serem seguidos pelos Estados e do reconhecimento do indivíduo como sujeito direto do direito internacional, tendo sofrido forte influência iluminista, sobretudo do liberalismo e do enciclopedismo vigente no período de transição entre a idade moderna e a contemporânea. É importante esclarecer que a Declaração é um exemplo de *soft law*, já que não supõe mecanismos constritivos para a implementação dos direitos previstos. Em contrapartida, quando um documento legal prevê mecanismos constritivos para a implementação de seus direitos, estamos diante de um exemplo de *hard law*. Revisitando o direito a ter direitos de Hannah Arendt, segundo a Declaração, a condição de pessoa humana é requisito único e exclusivo para ser titular de direitos[3]. Com isso corrobora-se o caráter universal dos direitos humanos, isto é, todo indivíduo é cidadão do mundo e, dessa forma, detentor de direitos que salvaguardam sua dignidade[4]. Em seu bojo encontram-

---

2. Os países que se abstiveram foram Arábia Saudita, África do Sul, URSS, Ucrânia, Bielorrússia, Polônia, Iugoslávia e Tchecoslováquia.

3. De maneira sintética, os direitos previstos na Declaração Universal dos Direitos Humanos são: igualdade, vida, não escravidão, não tortura, não discriminação, personalidade jurídica, não detenção/prisão/exílio arbitrário, Judiciário independente e imparcial, presunção de inocência, anterioridade penal, intimidade, honra, liberdade, nacionalidade, igualdade no casamento, propriedade, liberdade de pensamento/consciência/religião, liberdade de opinião/expressão, liberdade de reunião/associação pacífica, voto, segurança social, trabalho, igualdade de remuneração, repouso/lazer, saúde/bem-estar, instrução etc.

4. "O advento do Direito Internacional dos Direitos Humanos [DIDH], em 1945, possibilitou o surgimento de uma nova forma de cidadania. Desde então, a proteção jurídica do sistema internacional ao ser humano passou a independer do seu vínculo de nacionalidade com um Estado específico, tendo como requisito único e fundamental o fato do

16. DIREITOS HUMANOS

-se direitos civis e políticos (arts. 3º a 21) e direitos econômicos, sociais e culturais (arts. 22 a 28), o que reforça as características da indivisibilidade e interdependência dos direitos humanos; **B:** correta, conforme o art. 1º, entre outros, reconhecendo que todos os homens nascem livres e iguais em dignidade e direitos; **C:** incorreta, pois a DUDH não trata expressamente do direito ao meio ambiente ecologicamente equilibrado; **D:** incorreta, pois o art. 21, ponto 1, da DUDH, por exemplo, dispõe que todo homem tem o direito de tomar parte no governo de seu país diretamente ou por intermédio de representantes livremente escolhidos; **E:** incorreta, pois há referência expressa aos direitos culturais, conforme comentário sobre a alternativa "A". **RF**

Gabarito "B".

(**Magistratura Federal/3ª região – 2010**) A Declaração Universal dos Direitos Humanos fundada no reconhecimento da dignidade inerente a todos os membros da família humana reconhece como direito inalienável do Homem, exceto:

(**A**) O direito à instrução, sendo a instrução elementar obrigatória;

(**B**) O direito a um padrão de vida capaz de assegurar a si e a sua família saúde e bem-estar, inclusive alimentação, vestuário, habitação, cuidados médicos e os serviços sociais indispensáveis;

(**C**) O direito à proteção à minoria ética e religiosa, assim entendida como os imigrantes residentes em determinado Estado;

(**D**) O direito de participar livremente da vida cultural da comunidade.

A: correta. A redação do art. 26, ponto 1, da Declaração Universal dos Direitos Humanos é a seguinte: "Toda pessoa tem direito à instrução. A instrução será gratuita, pelo menos nos graus elementares e fundamentais. A instrução elementar será obrigatória. A instrução técnico-profissional será acessível a todos, bem como a instrução superior, esta baseada no mérito"; **B:** correta. A redação do art. 25, ponto 1, da Declaração Universal dos Direitos Humanos é a seguinte: "Toda pessoa tem direito a um padrão de vida capaz de assegurar a si e à sua família saúde e bem-estar, inclusive alimentação, vestuário, habitação, cuidados médicos e os serviços sociais indispensáveis, e direito à segurança em caso de desemprego, doença, invalidez, viuvez, velhice ou outros casos de perda dos meios de subsistência fora de seu controle"; **C:** incorreta, pois não existe disposição, na Declaração Universal dos Direitos Humanos, nesse sentido; **D:** correta. A redação do art. 27, ponto 1, da Declaração Universal dos Direitos Humanos é a seguinte: "Toda pessoa tem o direito de participar livremente da vida cultural da comunidade, de fruir as artes e de participar do processo científico e de seus benefícios".

Gabarito "C".

nascimento. Essa nova cidadania pode ser definida como cidadania mundial ou cosmopolita, diferenciando-se da cidadania do Estado-Nação. A cidadania cosmopolita é um dos principais limites para a atuação do poder soberano, pois dá garantia da proteção internacional na falta da proteção do Estado Nacional. Nesse sentido, a relação da soberania com o DIDH é uma relação limitadora" (ALMEIDA, Guilherme Assis de. Mediação, proteção local dos direitos humanos e prevenção de violência. *Revista Brasileira de Segurança Pública*, ano 1, ed. 2, p. 137-138, 2007).

2. SISTEMA GLOBAL DE PROTEÇÃO ESPECÍFICA DOS DIREITOS HUMANOS

(**Magistratura Federal/5ª região – 2004 – CESPE**) A CORTE INTERAMERICANA DE DIREITOS HUMANOS, em função das atribuições que lhe conferem o artigo 63.2 da Convenção Americana sobre Direitos Humanos e o artigo 25 de seu Regulamento,

RESOLVE:

1 Requerer ao Estado que:

a) adote todas as medidas que sejam necessárias para proteger eficazmente a vida e a integridade pessoal de todas as pessoas recluídas na penitenciária, assim como as de todas as pessoas que ingressem na mesma, entre elas os visitantes;

b) adeque as condições da mencionada penitenciária às normas internacionais de proteção dos direitos humanos aplicáveis à matéria;

c) remeta à Corte uma lista atualizada de todas as pessoas que se encontram recluídas na penitenciária, de maneira que se identifiquem as que sejam colocadas em liberdade e as que ingressam no referido centro penal, e indique o número e nome dos reclusos que se encontram cumprindo condenação e dos detentos sem sentença condenatória e que, ademais, informe se os reclusos condenados e os não condenados se encontram localizados em diferentes seções;

d) investigue os acontecimentos que motivam a adoção das medidas provisórias com o fim de identificar os responsáveis e impor-lhes as sanções correspondentes, incluindo a investigação dos acontecimentos graves ocorridos na Penitenciária Urso Branco depois de a Corte ter emitido as Resoluções de 18 de junho e 29 de agosto de 2002;

e) submeta à Corte um relatório, no máximo em 3 de maio de 2004, sobre:

I. o cumprimento e a implementação das medidas indicadas nos anteriores incisos deste ponto resolutivo;

II. os acontecimentos e problemas expostos no escrito da Comissão de 20 de abril de 2004 e seus anexos, em particular sobre a grave situação de amotinamento que atualmente prevalece na mencionada penitenciária, as medidas adotadas para solucionar tal situação, e se algumas das supostas "170 pessoas em situação de reféns em mencionada penitenciária" não são reclusos; e

III. as medidas adotadas para solucionar a atual situação de amotinamento dos reclusos.

2. Reiterar ao Estado e à Comissão Interamericana de Direitos Humanos a solicitação de tomar as providências necessárias para coordenar e supervisionar o cumprimento das medidas provisórias ordenadas pela Corte, em conformidade com o disposto no ponto resolutivo terceiro da Resolução de 29 de agosto de 2002. Ademais, o Estado e a Comissão Interamericana de Direitos Humanos deverão informar sobre o resultado da implementação de tais providências.

3. Solicitar à Comissão Interamericana de Direitos Humanos e aos peticionários das medidas que apre-

sentem suas observações ao relatório estatal solicitado no prazo de 10 dias contados a partir de seu recebimento.

4. Convocar a Comissão Interamericana de Direitos Humanos, os peticionários das medidas e o Estado a uma audiência pública que se realizará na sede da Corte em 28 de junho de 2004, a partir das 15h30min., para conhecer seus argumentos sobre o cumprimento das medidas provisórias ordenadas no presente caso.

Considerando o texto acima transcrito, referente aos pontos resolutivos (PRs) ditados pela Corte Interamericana de Direitos Humanos, que acolheu o pedido de novas medidas provisórias a respeito da República Federativa do Brasil, no caso da penitenciária Urso Branco, julgue os itens a seguir.

(1) Quanto ao PR 1, o Estado brasileiro estaria correto se solicitasse a suspensão do cumprimento dessas medidas provisórias, sob o argumento de que, devido à sua forma federativa, tais providências seriam competência de um de seus estados-membros, razão pela qual não estaria internacionalmente obrigado a lhes dar cumprimento.

(2) O PR 3 representa mais um recente avanço em direção à cristalização da capacidade processual dos indivíduos e do direito de petição individual no âmbito do Sistema Interamericano de Proteção dos Direitos Humanos, pois os beneficiários das medidas provisórias podem apresentar diretamente à Corte suas observações ao informe do Estado, mesmo que o caso ainda não tenha o mérito conhecido pelo mencionado tribunal.

(3) Em relação ao PR 4, o Estado brasileiro não estaria internacionalmente obrigado a comparecer à audiência pública convocada pela Corte Interamericana, pois é um Estado soberano e independente, razão por que não subordinado à jurisdição deste ou de qualquer outro órgão internacional.

(4) A Resolução da Corte Interamericana em exame depende da prévia homologação do STF para ter eficácia na ordem jurídica interna brasileira.

(5) As medidas provisórias ditadas pela Corte Interamericana, no caso em tela, beneficiam os reclusos da penitenciária Urso Branco e os não reclusos que se encontrem na situação de reféns, independentemente do vínculo de nacionalidade brasileira, uma vez que o vínculo exigido é o da relação entre os reclamantes e o perigo de dano irreparável ou de grave violação aos direitos à vida e à integridade física que denunciam.

1: incorreta, pois é sempre é o governo central que responderá perante a comunidade internacional, pois é o representante do Estado como um todo, o único detentor de personalidade jurídica internacional. Em outras palavras, a Federação de Estados ou Estado Federal é a união permanente de dois ou mais Estados, dos quais cada um conserva apenas a autonomia interna, pois a soberania externa é exercida por um órgão central, normalmente denominado *Governo Federal*. O Brasil é Estado Federal desde a Constituição Federal de 1891. Por fim, pode-se afirmar que a divisão de autonomias em relação às competências internas não interfere na responsabilização internacional; **2**: correta; **3**: incorreta. A

ideia de soberania absoluta encontra-se há muito superada. Assim, o Estado que violar direitos humanos poderá ser responsabilizado perante a comunidade internacional, como, por exemplo, por intermédio de cortes regionais (ex.: Corte Interamericana de Direitos Humanos) ou de comitês internacionais (ex.: Comitê dos Direitos Humanos criado pelo Pacto Internacional dos Direitos Civis e Políticos). Por essa lógica, o indivíduo que tiver sua dignidade violada e não conseguir a efetiva tutela poderá dirigir-se (direta ou indiretamente) a cortes e comitês internacionais para buscar sua devida proteção. Sobre a responsabilização de Estado, é importante dizer que o art. 28 da Convenção Americana de Direitos Humanos estabelece a cláusula federal, que em seu ponto 2 determina: "No tocante às disposições relativas às matérias que correspondem à competência das entidades componentes da federação, o governo nacional deve tomar imediatamente as medidas pertinentes, em conformidade com sua Constituição e com suas leis, a fim de que as autoridades competentes das referidas entidades possam adotar as disposições cabíveis para o cumprimento desta Convenção". Ademais, sempre é o governo central que responderá perante a comunidade internacional, pois é o representante do Estado como um todo, o único detentor de personalidade jurídica internacional. Em outras palavras, a Federação de Estados ou Estado Federal é a união permanente de dois ou mais Estados, dos quais cada um conserva apenas a autonomia interna, pois a soberania externa é exercida por um órgão central, normalmente denominado *Governo Federal*. O Brasil é Estado Federal desde a Constituição Federal de 1891. Por fim, pode-se afirmar que a divisão de autonomias em relação às competências internas não interfere na responsabilização internacional. Sobre esse processo de mitigação da soberania, é imprescindível apontar o papel do Tribunal de Nuremburgue[5], pois com a instalação desse tribunal *ad hoc* ficou demonstrada a necessária flexibilização da noção de soberania para bem proteger os direitos humanos. Por outro lado, ficou comprovado o reconhecimento de direitos do indivíduo pelo direito internacional. Antes do Tribunal de Nuremburgue, podemos citar o Direito Humanitário, a Liga das Nações e a Organização Internacional do Trabalho como exemplos de limitação, oriunda da comunidade internacional, que os Estados sofreram em sua inabalável soberania. É importante destacar o caráter *complementar* e *subsidiário* dos sistemas internacionais, porque estes apenas serão acionados caso o sistema jurídico nacional tenha sido incapaz ou não tenha demonstrado interesse em julgar o caso. Sob outro aspecto, não se configuraria vilipêndio à soberania, pois, na maioria dos casos, o Estado, com suporte no *princípio da autodeterminação dos povos*, aquiesceu à competência de cortes e comitês internacionais. Isto é, com supedâneo em sua soberania escolheu fazer parte de certo sistema de proteção internacional, e qualquer determinação ou punição que provier desse sistema já é aceita de antemão pelo Estado; **4**: incorreta, pois não existe a necessidade de homologação. Reler o comentário anterior; **5**: correta. Um traço marcante é que a Corte só pode ser acionada pelos Estados-partes ou pela Comissão; o indivíduo, conforme artigo 61 da Convenção, é proibido de apresentar petição à Corte. Entretanto, pessoas e ONGs podem, excepcionalmente, peticionar à Corte, nos casos em que já sejam partes, para que esta adote medidas provisórias em casos de extrema gravidade e urgência, desde que verificado risco de dano irreparável à vítima ou às vítimas, nos termos do art. 63, ponto 2, da Convenção Americana de Direitos Humanos. Se o assunto ainda

---

5. O Tribunal de Nuremburgue foi instituído para julgar os crimes de guerra e contra a humanidade perpetrados durante a Segunda Guerra Mundial pelos líderes nazistas (o julgamento começou em 20 de novembro de 1945). Idealizado pelos Aliados (sobretudo EUA, URSS, Reino Unido e França), escalou o Chefe da Justiça americana, Robert Jackson, para ser seu coordenador. Cabe lembrar que a experiência de Nuremburgue marca a primeira vez em que crimes de guerra foram julgados por um tribunal internacional. Uma crítica que se faz ao Tribunal é que se trata de uma "justiça dos vencedores".

não estiver submetido ao conhecimento da Corte, a Comissão poderá solicitar que esta adote medidas provisórias mesmo antes da análise do mérito do caso, desde que o caráter de urgência e de gravidade as justifique. De maneira mais ampla ainda (o que engloba as medidas provisórias citadas no parágrafo acima), o regulamento desse tribunal admite a participação direta dos indivíduos demandantes em todas as etapas do procedimento, após a apresentação do caso pela Comissão Interamericana (art. 23, ponto 1, do Regulamento da Corte Interamericana de Direitos Humanos). Segue o endereço eletrônico para acesso à Resolução em análise: <http://www.corteidh.or.cr/docs/medidas/urso_se_01_portugues.pdf>, acesso em 01.06.2013. RF

Gabarito 1E, 2C, 3E, 4E, 5C

(**Magistratura Federal/5ª região – 2006 – CESPE**) A Emenda Constitucional nº 45, de 8 de dezembro de 2004, acrescentou às competências dos juízes federais o processo e o julgamento das causas relativas à grave violação dos direitos humanos, após o deferimento do pedido em incidente de deslocamento de competência suscitado pelo procurador-geral da República perante o STJ, para assegurar o cumprimento de obrigações decorrentes de tratados internacionais de direitos humanos dos quais o Brasil seja parte.

Acerca do alcance e do impacto das obrigações dos Estados-partes nesses tratados, julgue os itens subsequentes, à luz da jurisprudência da Corte Interamericana de Direitos Humanos.

(1) A parte da sentença proferida pela Corte Interamericana de Direitos Humanos que determinar indenização compensatória poderá ser executada no país respectivo, pelo processo interno vigente para a execução de sentenças contra o Estado, sem excluir a obrigação de promover a responsabilização interna dos agentes causadores da violação dos direitos e liberdades protegidos pela Convenção.

(2) Um Estado-parte na Convenção Americana sobre Direitos Humanos assume a obrigação geral de respeitar os direitos e liberdades nela reconhecidos e de garantir seu livre e pleno exercício apenas aos seus nacionais sujeitos à sua jurisdição.

(3) Um Estado-parte na Convenção Americana sobre Direitos Humanos pode ser responsabilizado internacionalmente pelo descumprimento de obrigações específicas relacionadas com cada um dos direitos e liberdades nela previstos, ainda que esse Estado invoque dispositivo de lei interna ou norma constitucional para tentar justificar o inadimplemento do tratado, pois, ao ratificar a Convenção, assumiu a obrigação de adotar as medidas legislativas ou de outra natureza que fossem necessárias para tornar efetivos tais direitos e liberdades.

(4) Um Estado-parte na Convenção Americana sobre Direitos Humanos pode ser responsabilizado internacionalmente quando o Poder Judiciário nacional não assegura a aplicação de um recurso simples e efetivo ou incorre em um retardo injustificado em casos de violação de direitos fundamentais reconhecidos pela sua Constituição, por lei ou pela própria Convenção.

(5) As obrigações decorrentes da ratificação da Convenção Americana de Direitos Humanos são de *jus cogens*, razão pela qual um Estado-parte somente estará obrigado a cumpri-las se houver reciprocidade em relação aos demais Estados pactuantes.

1: correta. Se no exercício de sua competência contenciosa ficar comprovada a violação de direitos humanos da(s) vítima(s), a Corte determinará a adoção, pelo Estado agressor[6], de medidas que façam cessar a violação e restaurar o direito vilipendiado (*restitutio in integrum*), além de poder condenar o Estado agressor ao pagamento de indenização (tendo por base o plano material e o imaterial) à(s) vítima(s). A obrigação de reparar, que se regulamenta em todos os aspectos (alcance, natureza, modalidades e determinação dos beneficiários) pelo direito internacional, não pode ser modificada ou descumprida pelo Estado obrigado, mediante a invocação de disposições de seu direito interno. O cumprimento da sentença da Corte se dá geralmente de maneira voluntária pelos Estados. Caso isso não ocorra, por exemplo, no Brasil, o cumprimento se dará mediante execução da sentença, como título executivo judicial, perante a Justiça Federal, consoante disposto no art. 109, I, da CF. Mas deve-se saber que os Estados-partes da Convenção se comprometem a cumprir a decisão da Corte em todo caso em que forem parte (art. 68 da Convenção Americana de Direitos Humanos). Ademais, caso o Estado levante óbices jurídicos para viabilizar a execução da sentença em conformidade com o processo interno vigente, estará incorrendo em violação adicional da Convenção Americana de Direitos Humanos (art. 2º), por não adotar providências no sentido de adequar o seu direito interno às obrigações internacionalmente assumidas; **2:** incorreta. Segue a redação do art. 1º, ponto, 1 da Convenção Americana de Direitos Humanos: "Os Estados-partes nesta Convenção comprometem-se a respeitar os direitos e liberdades nela reconhecidos e a garantir seu livre e pleno exercício a toda pessoa que esteja sujeita à sua jurisdição, sem discriminação alguma, por motivo de raça, cor, sexo, idioma, religião, opiniões políticas ou de qualquer outra natureza, origem nacional ou social, posição econômica, nascimento ou qualquer outra condição social; **3:** correta. Como dito no comentário sobre a assertiva "A", caso o Estado levante óbices jurídicos para viabilizar a execução da sentença em conformidade com o processo interno vigente, estará incorrendo em violação adicional da Convenção Americana de Direitos Humanos (art. 2º), por não adotar providências no sentido de adequar o seu direito interno às obrigações internacionalmente assumidas; **4:** correta. Os Estados-partes comprometem-se a adotar, de acordo com as suas normas constitucionais e com as disposições da Convenção Americana de Direitos Humanos, as medidas legislativas ou de outra natureza que forem necessárias para tornar efetivos (art. 2º da CADH) os direitos e liberdades reconhecidos nesta Convenção. Importante sublinhar que o texto convencional está obrigando não somente o

---

6. É importante dizer que o art. 28 da Convenção Americana de Direitos Humanos estabelece a cláusula federal, que em seu ponto 2 determina: "No tocante às disposições relativas às matérias que correspondem à competência das entidades componentes da federação, o governo nacional deve tomar imediatamente as medidas pertinentes, em conformidade com sua Constituição e com suas leis, a fim de que as autoridades competentes das referidas entidades possam adotar as disposições cabíveis para o cumprimento desta Convenção". Ademais, sempre o governo central responderá perante a comunidade internacional, pois é o representante do Estado como um todo, que é o único detentor de personalidade jurídica internacional. Em outras palavras, a Federação de Estados ou Estado Federal é a união permanente de dois ou mais Estados, na qual cada um conserva apenas a autonomia interna, pois a soberania externa é exercida por um órgão central, normalmente denominado *Governo Federal*. O Brasil é Estado Federal desde a Constituição Federal de 1891. Por fim, a título conclusivo, pode-se afirmar que a divisão de autonomias em relação às competências internas não interfere na responsabilização internacional.

Poder Legislativo, mas também os poderes Executivo e Judiciário dos Estados-partes; **5:** incorreta. O jus cogens está tipificado no art. 53 da Convenção de Viena sobre Direito dos Tratados, que assim estatui: "É nulo um tratado que, no momento de sua conclusão, conflite com uma norma imperativa de Direito Internacional Geral. Para os fins da presente Convenção, uma norma imperativa de Direito Internacional Geral é uma norma aceita e reconhecida pela comunidade internacional dos Estados como um todo, como norma da qual nenhuma derrogação é permitida e que só pode ser modificada por norma ulterior de Direito Internacional Geral da mesma natureza". Com fundamento na base normativa, pode-se afirmar que o jus cogens (normas cogentes de Direito Internacional) é calcado no reconhecimento da existência de direitos e de obrigações naturais, independentemente da existência de algum tratado internacional. Assim, o jus cogens seria como um qualificador de regras consideradas basilares para a ordenação e a viabilidade da comunidade internacional. Por todo o dito, fica claro que a obrigação de cumprir com normas jus cogens não depende da existência de reciprocidade em relação aos demais Estados pactuantes. **RF**

Gabarito 1C, 2E, 3C, 4C, 5E

(Magistratura Federal/4ª região – XIII – 2008) Dadas as assertivas abaixo, assinalar a alternativa correta em relação à Convenção sobre Direitos Humanos, de San José, da Costa Rica, de 22 de novembro de 1969, de Estados Americanos.

I. Não se pode restabelecer a pena de morte nos Estados que a hajam abolido, nem aplicá-la por delitos políticos nos Estados que a admitam.

II. A lei pode submeter os espetáculos à censura prévia com o objetivo exclusivo de regular o acesso a eles, para proteção moral da infância e da adolescência.

III. As garantias contra a restrição à livre manifestação e à livre difusão do pensamento dispensam autorização estatal para o funcionamento de emissoras de rádio.

IV. A expulsão de estrangeiros, isolada ou coletivamente, só se pode dar por decisão de autoridade judiciária ou administrativa e nos termos de permissivo legal.

(A) Estão corretas apenas as assertivas I e II.

(B) Estão corretas apenas as assertivas I e III.

(C) Estão corretas apenas as assertivas III e IV.

(D) Estão corretas apenas as assertivas II, III e IV.

I: correta (art. 4º, ponto 3, da Convenção Americana sobre Direitos Humanos – Pacto de São José da Costa Rica (promulgada pelo Decreto 678/1992); II: correta (art. 13, ponto 4, da Convenção); III: incorreta. A Convenção impede apenas a restrição do direito à expressão por meios indiretos, como o abuso de controles oficiais ou particulares, mas não veda a exigência de autorização estatal para funcionamento de emissoras de rádio – art. 13, ponto 3, da Convenção; IV: incorreta, pois é vedada a expulsão coletiva de estrangeiros – art. 22, ponto 9, da Convenção. **RF**

"A"

3. SISTEMA REGIONAL DE PROTEÇÃO DOS DIREITOS HUMANOS – SISTEMA INTERAMERICANO

(Juiz – TRF 2ª Região – 2017) No que diz respeito à força legal da Convenção Americana sobre Direitos Humanos, assinale a opção correta:

(A) Por consistir em Tratado de Direitos Humanos firmado antes de 1988, mas promulgado internamente pelo Brasil somente em 1992, o Tratado em questão atrai a incidência do § 2º do artigo 5º da Constituição, razão pela qual as normas protetivas nele previstas ostentam caráter supralegal.

(B) Em se tratando de Tratado de Direitos Humanos firmado após a vigência da Constituição de 1988, mas promulgado internamente pelo Brasil somente em 2007, o Tratado em questão atrai a incidência do § 3º do artigo 5º da Constituição, razão pela qual as normas protetivas nele previstas ostentam caráter constitucional.

(C) Por consistir em Tratado de Direitos Humanos firmado antes da vigência da Constituição de 1988, mas promulgado internamente pelo Brasil somente em 1992, o Tratado em questão atrai a incidência do § 3º do artigo 5º da Constituição, razão pela qual as normas protetivas nele previstas ostentam caráter supralegal.

(D) Por se tratar de Tratado de Direitos Humanos firmado após a vigência da Constituição de 1988, mas promulgado internamente pelo Brasil somente em 2007, o Tratado em questão atrai a incidência do § 2º do artigo 5º da Constituição, razão pela qual as normas protetivas nele previstas ostentam caráter constitucional.

(E) Sendo um Tratado de Direitos Humanos firmado antes da vigência da Constituição de 1988, mas promulgado internamente pelo Brasil somente em 1992, o Tratado em questão atrai a incidência do § 3º do artigo 5º da Constituição, razão pela qual as normas protetivas nele previstas ostentam caráter constitucionalizado.

As normas protetivas previstas na Convenção Americana sobre Direitos Humanos possuem caráter supralegal, pois todo tratado de direitos humanos que for internalizado sem observar o procedimento especial estabelecido no art. 5º, § 3º, da CF, tem *status* de norma supralegal (RE 466.343-SP). **RF**

"A"

(Juiz de Direito – TJM/SP – VUNESP – 2016) A Convenção Americana de Direitos Humanos (Pacto de San Jose da Costa Rica) reproduz a maior parte das declarações de direitos constantes do Pacto Internacional de Direitos Civis e Políticos de 1966. Contudo, existem novidades importantes, entre as quais se destaca o direito

(A) à propriedade privada cujo uso e gozo podem estar subordinados ao interesse social.

(B) de toda criança adquirir uma nacionalidade.

(C) das minorias étnicas, religiosas ou linguísticas a ter sua própria vida cultural, de professar e praticar sua religião e usar sua língua.

(D) à realização de greve, de acordo com condições preestabelecidas.

(E) das mulheres à licença-maternidade.

Em comparação com o Pacto Internacional de Direitos Civis e Políticos, uma grande novidade trazida pela Convenção Americana foi a possibilidade de subordinar o direito à propriedade privada ao interesse social (art. 21, ponto 1, da Convenção Americana de Direitos Humanos). **RF**

"A"

4. DIREITOS HUMANOS NO BRASIL

(Juiz de Direito – TJM/SP – VUNESP – 2016) Assinale a alternativa correta.

(A) Os tratados de direito internacional que versem sobre direitos humanos têm incorporação automática, independentemente de ratificação.

(B) Independentemente da ocorrência de ratificação no ordenamento jurídico brasileiro, os tratados que versam sobre direitos humanos obrigam imediata e diretamente aos Estados, já o direito subjetivo para os particulares surge somente após a devida intermediação legislativa.

(C) Sendo o Brasil signatário de determinado tratado que verse sobre direitos humanos, ocorre a incorporação automática das suas regras, sendo desnecessário ato jurídico complementar para sua exigibilidade e implementação. Assim, a partir da entrada em vigor do tratado internacional, toda norma preexistente que seja com ele incompatível perde automaticamente a vigência.

(D) Após sua ratificação no ordenamento jurídico brasileiro, os tratados que versam sobre direitos humanos obrigam imediata e diretamente aos Estados, já o direito subjetivo para os particulares surge somente após a devida intermediação legislativa.

(E) Os enunciados dos tratados internacionais que versem sobre direitos humanos não são incorporados de plano pelo Direito nacional, pois dependem, necessariamente, de legislação que os implemente.

A: incorreta, pois todos os tratados devem passar pelo procedimento de incorporação para começarem a ter vigência no território nacional; **B:** incorreta (reler o comentário sobre a assertiva anterior); **C:** correta. Depois de internalizado, o tratado é equiparado hierarquicamente à lei ordinária infraconstitucional. Assim, as normas infraconstitucionais preexistentes ao tratado serão derrogadas quando com ele colidirem (critério cronológico) ou quando forem gerais e os tratados forem especiais (critério da especialidade). Percebe-se que por se tratar de normas de mesma hierarquia (o tratado e a lei interna), em caso de conflito deve-se utilizar os critérios de solução de antinomias aparentes. Por outro lado, é muito defendida a tese que confere prevalência ao tratado sobre a lei interna (especialmente com supedâneo no art. 27 da Convenção de Viena sobre Direitos dos Tratados), apesar de o tema não ser pacífico, em matéria tributária adotou-se expressamente a prevalência do tratado sobre o direito interno (art. 98 do Código Tributário Nacional - CTN), determinando que a legislação tributária posterior ao tratado lhe deve obediência; **D:** incorreta, pois não é necessário qualquer intermediação legislativa depois que o tratado é ratificado, ou seja, passa a valer para todos; **E:** incorreta, pois não é necessária a citada implementação. **RF**
Gabarito "C".

(Magistratura Federal/3ª região – 2011 – CESPE) Conforme a jurisprudência do STF, tratados de direitos humanos anteriores à Emenda Constitucional nº 45/2003 possuem, no direito brasileiro, *status* hierárquico

(A) supraconstitucional.

(B) constitucional originário.

(C) constitucional derivado.

(D) supralegal.

(E) legal.

D: correta. Com a edição da EC nº 45/2003, os tratados de direitos humanos que forem aprovados, em cada Casa do Congresso Nacional, em dois turnos, por três quintos dos votos dos respectivos membros, serão equivalentes às Emendas Constitucionais[7] – conforme o que determina o art. 5º, § 3º, da CF[8]. Ou seja, tais tratados terão hierarquia constitucional quando aprovados por maioria qualificada no Congresso Nacional e forem ratificados e posteriormente publicados pelo Presidente da República. Importante sublinhar que cabe ao Congresso Nacional decidir quando aprovará o tratado internacional de direitos humanos pelo quórum especial. Ou seja, ele não tem o dever de sempre aprovar os tratados de direitos humanos por maioria qualificada, mas tem o poder discricionário de decidir quando assim o fará. Muito se discutiu em relação à hierarquia dos tratados de direitos humanos que foram internalizados anteriormente à edição da EC nº 45/2003. Em 3 de dezembro de 2008, o Ministro Gilmar Mendes, no RE 466.343-SP, defendeu a tese da supralegalidade de tais tratados, ou seja, superior às normas infraconstitucionais e inferior às normas constitucionais. O voto do Ministro Gilmar Mendes foi acompanhado pela maioria (posição atual do STF). Portanto, todo tratado de direitos humanos que for internalizado sem observar o procedimento estabelecido no art. 5º, § 3º, da CF, tem status de norma supralegal. **RF**
Gabarito "D".

(Magistratura Federal/5ª região – 2005 – CESPE) Competência, deslocamento, Justiça Federal, crime hediondo.

A seção indeferiu o pedido no incidente de deslocamento de competência para a Justiça Federal do processo e julgamento do crime de assassinato da religiosa irmã Dorothy Stang, ocorrido em Anapu – PA, por considerar descabível a avocatória ante a equivocada presunção vinculada, mormente pela mídia, por haver, por parte dos órgãos institucionais de segurança e do Judiciário do Estado do Pará, omissão ou inércia na condução das investigações do crime e sua efetiva punição pela grave violação dos direitos humanos, em prejuízo ao princípio da autonomia federativa (EC nº 45/2004). IDC 01-PA, Rel. Min. Arnaldo Esteves Lima, julgado em 08.06.2005.

> Informativo de jurisprudência do Superior Tribunal de Justiça. Período de 6 a 10.06.2005 (com adaptações).

A partir do texto acima, julgue os itens a seguir, referentes ao incidente de deslocamento de competência (IDC) para a Justiça Federal nas hipóteses de grave violação dos direitos humanos.

---

7. Mas não possuirão *status* de norma constitucional originária. Ou seja, é obra do Poder Constituinte Derivado Reformador e não do Poder Constituinte Originário.

8. Bem fundamentada é a crítica formulada por Valerio de Oliveira Mazzuoli ao mencionado § 3º do art. 5º da CF: "também rompe a harmonia do sistema de integração dos tratados de direitos humanos no Brasil, uma vez que cria *categorias* jurídicas entre os próprios instrumentos internacionais de direitos humanos ratificados pelo governo, dando tratamento diferente para normas internacionais que têm o mesmo fundamento de validade, ou seja, hierarquizando diferentemente tratados que têm o mesmo conteúdo ético, qual seja, a proteção internacional dos direitos humanos. Assim, essa *desigualação dos desiguais* que permite o § 3º ao estabelecer ditas *categorias de tratados* é totalmente injurídica por violar o princípio (também constitucional) da *isonomia*" (*op. cit.*, p. 29).

822 RENAN FLUMIAN

(1) Compete ao procurador-geral da República, à vítima, ou aos seus familiares suscitar, perante o STJ, em qualquer fase do inquérito ou processo, IDC para a Justiça Federal, com a finalidade de assegurar o cumprimento de obrigações decorrentes de tratados internacionais de direitos humanos dos quais o Brasil seja parte.

(2) Um caso de grave violação dos direitos humanos previstos em tratados internacionais em que o Brasil seja parte, embora ocorrido no âmbito de um Estado--membro da federação, é capaz de ensejar no cenário internacional a responsabilidade do Estado brasileiro, de modo que o deslocamento de competência para a órbita federal, em casos como esse, dá a oportunidade, no plano interno, para o órgão da Justiça da União examinar e decidir a questão, antes de arcar com o pesado ônus dessa violação.

1: incorreta. Segue a redação legal do § 5º do art. 109 da CF, adicionado pela EC nº 45/2004: "Nas hipóteses de grave violação de direitos humanos, o Procurador-Geral da República, com a finalidade de assegurar o cumprimento de obrigações decorrentes de tratados internacionais de direitos humanos dos quais o Brasil seja parte, poderá suscitar, perante o Superior Tribunal de Justiça, em qualquer fase do inquérito ou processo, incidente de deslocamento de competência para a Justiça Federal". Trata-se da denominada federalização dos crimes contra os direitos humanos, e um caso conhecido é o IDC 2-DF/STJ de relatoria da Ministra Laurita Vaz, pois o caso tinha como pano de fundo a atuação de um grupo de extermínio e o incidente de deslocamento de competência foi parcialmente acolhido⁹. É importante asseverar, com base na jurisprudência do STJ, que o incidente de deslocamento só será provido se ficar comprovado que a Justiça Estadual constitui verdadeira barreira ao cumprimento dos compromissos internacionais de proteção dos direitos humanos assumidos pelo Brasil; **2:** correta, pois a assertiva preleciona as razões da utilização do incidente de deslocamento de competência. **RF**
Gabarito 1E, 2C

5. DIREITOS DOS REFUGIADOS

(Juiz – TRF 3ª Região – 2016) Dadas as assertivas abaixo, assinale a alternativa correta:

I. O pedido de refúgio poderá ser solicitado pelo estrangeiro a qualquer autoridade migratória que se encontre na fronteira, que deverá ouvir o interessado e preparar termo de declaração, além de lhe proporcionar as informações necessárias quanto aos trâmites cabíveis, suspendendo-se quaisquer procedimentos administrativo ou criminal decorrente da entrada irregular, instaurados contra o peticionário e pessoas de seu grupo familiar que o acompanhem.

II. O estrangeiro que obtiver a concessão de refúgio ou asilo torna-se imune à extradição, se o pedido desta decorrer das mesmas razões pelas quais foi concedido o refúgio ou asilo.

III. A decisão sobre a concessão de asilo ou refúgio tem caráter discricionário e compete ao Poder Executivo, pois tem reflexos no plano das relações internacionais do Estado.

IV. Poderá ser reconhecida pelo Estado brasileiro a condição de refugiado ao estrangeiro com dupla nacionalidade, síria e norte-americana, ainda que esteja sob a proteção dos Estados Unidos da América.

(A) Todas as assertivas estão corretas.

(B) A assertiva III está incorreta.

(C) As assertivas II e IV estão corretas.

(D) A assertiva IV está incorreta.

I: correta (arts. 8º e 10 da Lei 9.474/1997); **II:** correta (art. 33 da Lei 9.474/1997); **III:** correta. O reconhecimento e a declaração da condição de refugiado no Brasil são da competência do Comitê Nacional para os Refugiados (Conare). O Conare é composto de: **a)** um representante do Ministério da Justiça, que o preside; **b)** um representante do Ministério das Relações Exteriores; **c)** um representante do Ministério do Trabalho; **d)** um representante do Ministério da Saúde; **e)** um representante do Ministério da Educação e do Desporto; **f)** um representante do Departamento de Polícia Federal; e **g)** um representante de organização não governamental que se dedique a atividades de assistência e proteção de refugiados no país. Os membros do Conare são designados pelo presidente da República, mediante indicações dos órgãos e da entidade que o compõem. E a decisão sobre asilo é concedida pelo chefe de Estado. Ambas possuem caráter discricionário; **IV:** incorreta, pois se o indivíduo tem a proteção de um país desaparece a possível condição de refugiado. Além do que, é necessário provar que o indivíduo está sendo perseguido devido à sua raça, religião, nacionalidade, opinião política ou por sua ligação com certo grupo social, e se encontra fora de seu país de nacionalidade e não pode ou não quer, por temor, regressar ao seu país. No caso apresentado pela assertiva, o indivíduo teria que provar que sofre perseguição na Síria e nos Estados Unidos da América e que não poderia voltar aos seus países de nacionalidade. **RF**
Gabarito "D".

6. QUESTÕES COMBINADAS E OUTROS TEMAS

(Juiz – TRF 2ª Região – 2017) Leia as assertivas e, ao fim, marque a opção correta:

I. Segundo a Convenção de Viena sobre o Direito dos Tratados, o Estado soberano é autorizado, ao assinar, ratificar, aceitar ou aprovar um tratado, ou a ele aderir, formular reserva, salvo nos casos em que a reserva não seja permitida pelo tratado, o tratado seja restritivo quanto às reservas que podem ser feitas ou quando a reserva manifestada seja incompatível com o objeto e a finalidade do tratado.

II. Segundo o Pacto Internacional sobre Direitos Civil e Políticos, o estrangeiro que se encontre legalmente no território brasileiro só poderá dele ser expulso em decorrência de decisão adotada em conformidade com a lei e, a menos que razões imperativas de segurança a isso se oponham, terá a possibilidade de expor as razões que militem contra a sua expulsão e de ter seu caso reexaminado pelas autoridades competentes, ou por uma ou várias pessoas especialmente designadas pelas referidas autoridades, e de fazer-se representar com este objetivo.

III. A Convenção sobre os Direitos das Crianças estabelece, como critério de definição de incidência, que são considerados como crianças todo e qualquer ser humano menor de 18 (dezoito) anos de idade, em nítido caso de presunção absoluta.

---

9.   IDC 2-DF, 3ª S., j. 27.10.2010, rel. Min. Laurita Vaz, *DJe* 22.11.2012. (Inform. STJ 453)

16. DIREITOS HUMANOS

(A) Apenas a assertiva I está errada.

(B) Apenas a assertiva II está errada.

(C) Apenas a assertiva III está errada.

(D) Apenas as assertivas I e III estão erradas.

(E) Todas estão erradas.

I: correta (art. 19 da Convenção de Viena sobre Direito dos Tratados); **II:** correta (art. 13 do Pacto Internacional sobre Direitos Civis e Políticos); **III:** incorreta. "Para efeitos da presente Convenção considera-se como criança todo ser humano com menos de dezoito anos de idade, a não ser que, em conformidade com a lei aplicável à criança, a maioridade seja alcançada antes" (art. 1º da Convenção sobre Direitos das Crianças). **RF** Gabarito "C".

(Juiz de Direito – TJM/SP – VUNESP – 2016) Em relação à Comissão e à Corte Interamericana de Direitos Humanos, é correto afirmar que

(A) apenas em 2001 o Brasil reconheceu a competência jurisdicional da Corte.

(B) apenas a Comissão e os Estados-membros podem submeter um caso à Corte Interamericana. Contudo, em situações excepcionais, o indivíduo tem legitimidade direta para submeter um caso à essa Corte.

(C) no plano contencioso, se reconhecida a efetiva ocorrência de violação a algum direito do homem, a Corte recomendará a adoção de medidas que se façam necessárias à restauração do direito violado. Contudo, essa decisão não possui força vinculante e obrigatória para os envolvidos, não podendo ser executada nos países respectivos.

(D) a Corte possui duas atribuições essenciais: uma de natureza consultiva, outra de natureza contenciosa. A primeira pode ser solicitada por qualquer membro da OEA, já quanto à segunda, a competência é limitada aos Estados-membros e à Comissão.

(E) em caso de urgência, a Comissão poderá, por iniciativa própria ou mediante solicitação da parte, implementar medidas cautelares para evitar danos irreparáveis.

A: incorreta. O Brasil reconheceu a competência obrigatória da Corte em 8 de novembro 2002 (Decreto 4.463). O reconhecimento foi feito por prazo indeterminado, mas abrange fatos ocorridos após 10 de dezembro de 1998; **B:** incorreta, pois o indivíduo não tem legitimidade para tanto; **C:** incorreta. O cumprimento da sentença da Corte se dá geralmente de maneira voluntária pelos Estados. Caso isso não ocorra, por exemplo, no Brasil, o cumprimento se dará mediante execução da sentença, como título executivo judicial, perante a justiça federal, consoante disposto no artigo 109, I, da CF. Mas deve-se saber que os Estados-partes da Convenção se comprometem a cumprir a decisão da Corte em todo caso em que forem parte (artigo 68 da Convenção Americana de Direitos Humanos); **E:** incorreta. A Comissão, por iniciativa própria (*ex officio*) ou depois de receber uma denúncia, poderá entrar em contato com o Estado denunciado para que este adote, com urgência, medidas cautelares de natureza individual ou coletiva antes da análise do mérito da denúncia, desde que verificado risco de dano irreparável à vítima ou às vítimas. Dentro dessa ótica, poderá também solicitar que a Corte ordene que o Estado denunciado adote medidas provisórias mesmo antes da análise do mérito do caso, desde que o caráter de urgência e de gravidade as justifiquem para poder impedir a ocorrência de danos irreparáveis às pessoas. As **medidas cautelares** (solicitadas pela Comissão e aplicadas por Estados) e as **provisórias** (ordenadas pela Corte, mediante solicitação da Comissão, e aplicadas por Estados) possuem o mesmo efeito prático. **RF** Gabarito "D".

(Juiz de Direito – TJM/SP – VUNESP – 2016) De acordo com as Regras Mínimas das Nações Unidas para o Tratamento de Presos:

(A) é vedado o uso de correntes e ferros nos reclusos com o intuito de punir, salvo regras minuciosas sobre seu fundamento e necessidade.

(B) as celas ou locais destinados ao descanso não devem ser ocupados por mais de um recluso. Se, por razões especiais, for necessário que a administração penitenciária adote exceções a essa regra, deve-se evitar que dois reclusos sejam alojados numa mesma cela ou local.

(C) sob nenhuma condição pode haver pena de redução de alimentação.

(D) é vedada aos reclusos apenas a posse de dinheiro, permitindo-se, porém, que objetos de valor, peças de vestuário e outros objetos que lhes pertençam, desde que não ofereçam risco à integridade física dos demais prisioneiros, permaneçam com eles.

(E) em circunstâncias ordinárias, os agentes que assegurem serviços que os ponham em contato direto com os reclusos devem estar armados, desde que devidamente treinados para o uso de arma.

A: incorreta, porque correntes e ferros não devem ser utilizados sob qualquer hipótese (art. 33 das Regras Mínimas); **B:** correta (art. 9, ponto 1, das Regras Mínimas); **C:** incorreta. "As penas de isolamento e de redução de alimentação não devem nunca ser aplicadas, a menos que o médico tenha examinado o recluso e certificado, por escrito, que ele está apto para as suportar" (art. 32, ponto 1, das Regras Mínimas); **D:** incorreta (art. 43, ponto 1, das Regras Mínimas); **E:** incorreta, pois os agentes **apenas** podem estar armados em circunstâncias especiais e não ordinárias (art. 54, ponto 3, das Regras Mínimas). **RF** Gabarito "B".

(Juiz – TRF 3ª Região – 2016) Consideradas as assertivas que se seguem, assinale a alternativa correta:

I. A Corte Interamericana de Direitos Humanos, órgão da Convenção Americana de Direitos Humanos, tem a finalidade de julgar casos de violação dos direitos humanos ocorridos em países que integram a Organização dos Estados Americanos (OEA) e reconheçam a sua competência, como o Brasil, que a reconheceu por meio do Decreto Legislativo nº 89, de 1998, do Senado Federal.

II. O instituto do deslocamento de competência para a Justiça Federal poderá ocorrer, em qualquer fase processual, com relação a inquéritos e processos em trâmite na Justiça Estadual, com a finalidade de assegurar o cumprimento de obrigações decorrentes de tratado internacional de direitos humanos do qual o Brasil seja parte, mediante requerimento do Procurador-Geral da República perante o Supremo Tribunal Federal, nas hipóteses de grave violação de direitos humanos.

III. Compete ao Superior Tribunal de Justiça julgar, em recurso especial, as causas decididas, em única ou

RENAN FLUMIAN

última instância, pelos Tribunais Regionais Federais ou pelos Tribunais dos Estados, do Distrito Federal e Territórios, quando a decisão recorrida contrariar tratado ou negar-lhe vigência.

IV. O Tribunal Penal Internacional, criado pelo Estatuto de Roma de 1998 promulgado pelo Decreto nº 4.388, de 25.9.2002, tem competência para julgar crime de genocídio; crimes contra a humanidade; crimes de guerra e crime de agressão, todos imprescritíveis, em relação às violações praticadas depois da entrada em vigor do Estatuto de Roma.

(A) As assertivas I e II estão incorretas.

(B) Somente a assertiva II está incorreta.

(C) Somente a assertiva IV está incorreta.

(D) Todas as assertivas estão corretas.

I: incorreta. O Brasil reconheceu a competência obrigatória da Corte em 8 de novembro 2002 (Decreto 4.463). O reconhecimento foi feito por prazo indeterminado, mas abrange fatos ocorridos após 10 de dezembro de 1998; **II:** incorreta porque o pedido do Procurador-Geral da República deverá ser feito junto ao STJ e não STF como a assertiva sugere; **III:** correta (art. 105, III, *a*, da CF); **IV:** correta. O Tribunal Penal Internacional (TPI) foi constituído na Conferência de Roma, em 17 de julho de 1998, na qual se aprovou o Estatuto de Roma (tratado que não admite a apresentação de reservas), que só entrou em vigor internacionalmente em 1º de julho de 2002 e passou a vigorar, para o Brasil, no dia 25 de setembro de 2002 (Decreto 4.388/2002). Com a criação do TPI, tem-se um tribunal permanente para julgar **indivíduos** acusados da prática de crimes de genocídio, de crimes de guerra, de crimes de agressão e de crimes contra a humanidade. Cabe também destacar, consoante o que dispõe o art. 29 do Estatuto de Roma, que os crimes da competência do TPI não prescrevem. **RF**
Gabarito "A".

(Juiz de Direito – TJM/SP – VUNESP – 2016) Nos que diz respeito ao Estatuto Penal de Roma, assinale a alternativa que indica uma condição no julgamento realizado no Brasil que impediria a realização de um novo julgamento pelo Tribunal Penal Internacional pelos mesmos fatos.

(A) O julgamento realizado no Brasil foi conduzido de uma maneira que, no caso concreto, se revela incompatível com a intenção de submeter a pessoa à ação da justiça.

(B) O julgamento realizado no Brasil não foi conduzido de forma imparcial, em conformidade com as garantias de um processo equitativo reconhecidas pelo direito internacional.

(C) O julgamento realizado no Brasil teve por objetivo subtrair o acusado à sua responsabilidade criminal por crimes da competência do Tribunal.

(D) O julgamento realizado no Brasil não foi conduzido de forma independente, em conformidade com as garantias de um processo equitativo reconhecidas pelo direito internacional.

(E) O julgamento realizado no Brasil teve por conclusão sentença absolutória fundada na atipicidade da conduta.

A assertiva "E" é a única que traz uma condição que impediria a realização de um novo julgamento pelo TPI sobre os mesmos fatos. **RF**
Gabarito "E".

(Magistratura Federal/3ª região – 2011 – CESPE) Assinale a opção correta relativamente aos mecanismos de implementação dos direitos humanos no plano internacional.

(A) A Corte Europeia de Direitos Humanos julga exclusivamente demandas de indivíduos contra Estados.

(B) Na atualidade, existem apenas duas cortes regionais em funcionamento: a Corte Interamericana de Direitos Humanos e a Corte Europeia de Direitos.

(C) A comissão Europeia de Direitos Humanos é um órgão de conciliação e mediação do sistema europeu de proteção.

(D) A Corte Europeia de Direitos Humanos dispõe de competência consultiva.

(E) Decisões da Corte Interamericana de Direitos Humanos são passíveis de recurso à Corte Internacional de Justiça.

A: incorreta. O sistema protetivo europeu está principalmente alicerçado em torno do Conselho da Europa. O Conselho da Europa é uma organização internacional que tem por objetivo garantir a defesa dos direitos humanos, o desenvolvimento democrático e a estabilidade político-social no continente. Por isso, diz-se que é uma organização internacional de vocação regional. O Conselho da Europa foi fundado, em 5 de maio de 1949, pelo Tratado de Londres e é composto atualmente por 47 Estados-membros. Seu principal instrumento protetivo é a Convenção Europeia de Direitos Humanos de 1950, que entrou em vigor em 03 de setembro de 1953 (data do depósito do décimo instrumento de ratificação) e que instituiu a Comissão Europeia de Direitos Humanos e a Corte Europeia. Mas, por meio do Protocolo nº 11, a Comissão e a Corte foram substituídas por uma Corte de Direitos Humanos reformulada. Tal reformulação teve por objetivo dotar o sistema europeu de maior compulsoriedade. Esse mesmo protocolo tornou a Corte competente para receber petições individuais (antes só podia as comunicações interestatais, ou seja, denúncia feita por Estado). Essa possibilidade tem contribuído em muito para o evolver do sistema protetivo europeu, pois democratiza seu manejo e aumenta a capilaridade de seu monitoramento. O único problema é que a Convenção Europeia dos Direitos Humanos apenas trata dos direitos civis e políticos. Destarte, o outro instrumento protetivo de suma importância para o sistema europeu é a Carta Social Europeia, pois essa cuida dos direitos econômicos, sociais e culturais. A Carta Social Europeia foi adotada em 1961 e a Carta Social Europeia Revisada foi adotada em 1996. A Carta conta com o Comitê Europeu dos Direitos Sociais para auxiliar sua implementação. Percebe-se que a Corte Europeia de Direitos Humanos cuida somente da aplicação da Convenção Europeia de Direitos Humanos (direitos civis e políticos); **B:** incorreta, pode-se citar também a Corte Africana de Direitos Humanos; **C:** incorreta. Reler o comentário sobre a assertiva "A"; **D:** correta, pois possui competência consultiva e contenciosa, como a Corte Interamericana; **E:** incorreta, pois são dois sistemas protetivos distintos. A Corte Interamericana é a mais alta instância do sistema regional interamericano de proteção dos direitos humanos, enquanto a Corte Internacional de Justiça faz parte do sistema global de proteção dos direitos humanos. **RF**
Gabarito "D".

(Magistratura Federal/2ª região – 2009 – CESPE) Assinale a opção correspondente à convenção que conta com um tribunal internacional para fiscalizar o cumprimento de suas disposições.

(A) Pacto Internacional sobre Direitos Econômicos, Sociais e Culturais

(B) Pacto Internacional sobre Direitos Civis e Políticos

(C) Convenção Asiática sobre Direitos Humanos

16. DIREITOS HUMANOS — 825

(D) Convenção relativa ao Estatuto dos Refugiados

(E) Carta Africana de Direitos Humanos e dos Povos

E: correta. Das assertivas dispostas, apenas a Carta Africana de Direitos Humanos e dos Povos possui um tribunal internacional para realizar o controle de convencionalidade internacional. A União Africana foi fundada em 2002 e é a organização que sucedeu a Organização da Unidade Africana. Seu principal instrumento protetivo é a Carta Africana dos Direitos Humanos e dos Povos de 1981, a qual instituiu a Comissão Africana de Direitos Humanos. A Corte Africana de Direitos Humanos só foi instituída em 1998 pelo Protocolo à Carta (Protocolo Burkina Faso). E em 11 de julho de 2003 foi adotado o Protocolo sobre os Direitos das Mulheres Africanas, o qual detalhou e expandiu os direitos das mulheres (principalmente os que combatem a discriminação de gênero). É importante apontar que a Carta Africana é o único tratado regional de proteção dos direitos humanos que prevê conjuntamente os direitos civis e políticos como também os econômicos, sociais e culturais. A Carta também trata o direito ao desenvolvimento (direito coletivo, isto é, direito do povo) como direito humano e não prevê a cláusula geral de derrogação (comum nos tratados de direitos humanos), que permite ao Estado se desobrigar dos compromissos, assumidos por meio de tratado, em tempos de "emergência". Exemplos de emergência são a guerra, o perigo público, ou qualquer outra situação que ameace a independência ou segurança do Estado. **RF**

Gabarito "E".

17. Agrário

Wander Garcia e Henrique Subi

1. CONCEITOS E PRINCÍPIOS DO DIREITO AGRÁRIO

(Magistratura/GO – 2009 – FCC) De acordo com o Estatuto da Terra (Lei n. 4.504/1964), é imóvel rural o prédio rústico

(A) de área contínua superior a 1 (um) hectare, de propriedade de pessoa física.

(B) de área contínua, situado fora da zona urbana do município.

(C) que, explorado direta e pessoalmente pelo agricultor e sua família, lhe absorva toda a força de trabalho, garantindo-lhe a subsistência e o progresso social e econômico.

(D) de domínio privado e área contínua superior a 1 (um) hectare, sujeito ao pagamento de Imposto Territorial Rural.

(E) de área contínua, qualquer que seja a sua localização, que se destine ou possa se destinar a exploração agrícola, pecuária, extrativa, florestal ou agroindustrial.

Nos termos do art. 4º, I, do Estatuto da Terra (Lei 4.504/1964), é imóvel rural "o prédio rústico, de área contínua qualquer que seja a sua localização que se destina à exploração extrativa agrícola, pecuária ou agroindustrial, quer através de planos públicos de valorização, quer através de iniciativa privada". **WG/HS**
Gabarito "E".

(Magistratura/GO – 2007) Tratando do que dispõe a Lei 4.504/1964, marque a alternativa correta:

(A) a propriedade da terra desempenha integralmente a sua função social quando, alternativamente, favorece o bem-estar dos proprietários e dos trabalhadores que nela labutam, assim como de suas famílias, mantém níveis satisfatórios de produtividade, assegura a conservação dos recursos naturais e ou observa as disposições legais que regulam as justas relações de trabalho entre os que a possuem e a cultivem.

(B) É dever do Poder Público promover e criar as condições de acesso do trabalhador rural à propriedade da terra economicamente útil, de preferência nas regiões onde habita e zelar para que a propriedade da terra desempenhe sua função social, estimulando planos para a sua racional utilização, promovendo a justa remuneração e o acesso do trabalhador aos benefícios do aumento da produtividade e ao bem-estar coletivo.

(C) Reforma Agrária é o conjunto de medidas que visem a promover melhor distribuição da terra, mediante modificações no regime de seu domínio, a fim de atender aos princípios de justiça social e ao aumento de produtividade.

(D) Política Agrícola é o conjunto de providências de amparo à posse da terra, que se destinem a orientar, no interesse da economia rural, as atividades agropecuárias, seja no sentido de garantir-lhes o pleno emprego, seja no de harmonizá-las com o processo de industrialização do país.

A: incorreta. Os requisitos devem estar todos presentes, ou seja, simultaneamente, não alternativamente como consta na questão (art. 2º, § 1º, da Lei 4.504/1964); B: correta, nos termos do art. 2º, § 2º, da Lei 4.504/1964; C: incorreta. Nos termos do art. 1º, § 1º, da Lei 4.504/1964, a reforma agrária baseia-se em modificações no regime de posse e uso da terra, não avançando sobre questões dominiais; D: incorreta. Nos termos do art. 1º, § 2º, da Lei 4.504/1964, a política agrícola relaciona-se com as providências de amparo à propriedade da terra, não à posse. **WG/HS**
Gabarito "B".

(Magistratura/GO – 2007) Considerando o que define a Lei 4504/1964, marque a alternativa errada:

(A) "Imóvel Rural" é o prédio rústico, de área contínua, localizado na zona rural, que se destina à exploração extrativa agrícola, pecuária ou agroindustrial, quer através de planos públicos de valorização, quer através de iniciativa privada.

(B) "Propriedade Familiar" é o imóvel rural que, direta e pessoalmente explorado pelo agricultor e sua família, lhes absorva toda a força de trabalho, garantindo-lhes a subsistência e o progresso social e econômico, com área máxima fixada para cada região e tipo de exploração, e eventualmente trabalho com a ajuda de terceiros.

(C) "Parceleiro" é aquele que venha a adquirir lotes ou parcelas em área destinada à Reforma Agrária ou à colonização pública ou privada.

(D) "Empresa Rural" é o empreendimento de pessoa física ou jurídica, pública ou privada, que explore econômica e racionalmente imóvel rural, dentro de condição de rendimento econômico da região em que se situe e que explore área mínima agricultável do imóvel

---

WG questões comentadas por: **Wander Garcia**
HS questões comentadas por: **Henrique Subi**

828 WANDER GARCIA E HENRIQUE SUBI

segundo padrões fixados, pública e previamente, pelo Poder Executivo. Para esse fim, equiparam-se às áreas cultivadas, as pastagens, as matas naturais e artificiais e as áreas ocupadas com benfeitorias.

A: incorreta, devendo ser assinalada. O Estatuto da Terra utiliza do critério da destinação do imóvel para caracterizá-lo como urbano ou rural. Assim, nos termos do art. 4º, I, da Lei 4.504/1964, será considerado imóvel rural aquele destinado à exploração extrativa agrícola, pecuária ou agroindustrial, qualquer que seja sua localização; **B:** correta, nos termos do art. 4º, II, da Lei 4.504/1964; **C:** correta, nos termos do art. 4º, VII, da Lei 4.504/1964; **D:** correta, nos termos do art. 4º, VI, da Lei 4.504/1964. WG/HS
Gabarito "A".

(Magistratura/PA – 2007 – FGV) Não constitui requisito para verificação do cumprimento da função social da terra pelos imóveis rurais nos termos do Estatuto da Terra, Lei 4.504/1964:

(A) favorecer o bem-estar dos proprietários e dos respectivos trabalhadores, bem como de suas famílias.

(B) respeito às disposições legais que regulam as relações de trabalho.

(C) assegurar a conservação dos recursos naturais.

(D) assegurar a qualidade dos produtos de origem agropecuária, seus derivados e resíduos de valor econômico.

(E) manter níveis satisfatórios de produtividade.

Todos os itens estão previstos no art. 2º, § 1º, da Lei 4.504/1964 como requisitos para o cumprimento da função social da propriedade, com exceção da garantia da qualidade dos produtos de origem agropecuária. WG/HS
Gabarito "D".

(Magistratura/PA – 2007 – FGV) Área fixada pelo imóvel rural que, direta e pessoalmente explorado pelo agricultor e sua família, lhes absorva toda a força de trabalho, garantindo-lhes a subsistência e o progresso social e econômico, com extensão máxima fixada para cada região e tipo de exploração, e eventualmente trabalhado com a ajuda de terceiros, configura o conceito de:

(A) imóvel rural.

(B) propriedade familiar.

(C) módulo rural.

(D) minifúndio.

(E) latifúndio.

O enunciado traz o conceito de módulo rural previsto no art. 4º, III, da Lei 4.504/1964. Atenção porque o módulo rural é totalmente lastreado no conceito de propriedade familiar, mas essa não possui uma "área fixada". WG/HS
Gabarito "C".

(Magistratura/PA – 2007 – FGV) Acerca dos princípios do Direito Agrário Brasileiro, assinale a afirmativa correta.

(A) O princípio da permanência na terra garante aos proprietários o direito de permanecer nas áreas de sua propriedade, independente da destinação que estas recebem.

(B) O princípio da função social da terra tem seus requisitos exclusivamente estabelecidos nos incisos I a IV do artigo 186 da Constituição da República.

(C) O princípio da justiça social é fundamento para a permanência na terra daquele que a tornar produtiva com seu trabalho.

(D) Pelo princípio do aumento da produção, que tem fundamento no crescimento populacional e na necessidade de produção de bens vitais, buscar-se-á sempre a elevação da produtividade independente da proteção aos recursos naturais renováveis.

(E) O princípio do acesso à propriedade da terra determina que ao Estado é facultado promover o acesso à propriedade da terra para as pessoas sem-terra e sem condições de adquiri-la a título oneroso.

A: incorreta, pois a permanência na terra está condicionada ao seu uso conforme a função social da propriedade; **B:** incorreta, pois o Estatuto da Terra (art. 2º e ss.) e a Lei 8.629/1992 (art. 9º e ss.) também regulam o assunto; **C:** correta, pois a justiça social, parâmetro da ordem econômica (art. 170 da CF), impõe observância da função social da propriedade e, consequentemente, requer que a permanência na terra seja condicionada a torná-la produtiva com seu trabalho; **D:** incorreta. A função social da propriedade, pedra angular do Direito Agrário, é composta por um aspecto ambiental, de forma que não se admite a exploração incondicional ou desarrazoada dos recursos naturais. Veja, por exemplo, o art. 47, II, da Lei 4.504/1964; **E:** incorreta. O princípio do acesso à propriedade rural visa a garantir amplas oportunidades de uso e fruição das áreas rurais pela população, sendo vedada a estipulação de exigências desarrazoadas para a aquisição da propriedade ou do direito de uso. Nessa seara, o Estado não tem faculdade, mas o dever de promover o acesso mencionado (art. 2º, *caput* e § 2º, da Lei 4.504/1964). WG/HS
Gabarito "C".

(Magistratura/PA – 2007 – FGV) Não constitui(em) objetivos gerais da Colonização Oficial:

(A) ampliar a fronteira econômica do país.

(B) promover a integração e o progresso social e econômico do colono.

(C) elevar o nível do trabalhador rural.

(D) constituir novos minifúndios pelo fracionamento de imóveis rurais.

(E) promover a conservação dos recursos naturais e a recuperação social e econômica de determinadas áreas.

A: correta (art. 56, V, da Lei 4.504/1964); **B:** correta (art. 57, I, da Lei 4.504/1964); **C:** correta (art. 57, II, da Lei 4.504/1964); **D:** incorreta, pois tal objetivo não está previsto nos arts. 56 e 57 da Lei 4.504/1964; **E:** correta (art. 57, III, da Lei 4.504/1964). WG/HS
Gabarito "D".

(Magistratura/GO – 2005) A autonomia científica do Direito Agrário tem por base:

(A) a legislação agrária consolidada;

(B) o ensino ministrado nos cursos de Direito;

(C) os princípios que o norteiam como ramo jurídico;

(D) o estudo sistemático dos conflitos fundiários.

A autonomia científica e didática de qualquer ramo do Direito baseia-se na existência de princípios setoriais (aplicáveis somente ao seu objeto específico) e legislação especial (normas criadas unicamente para regular seu objeto específico). Atenção para o erro contido na alternativa A: não se exige legislação consolidada, isto é, reunida em

um único documento. Correta, portanto, a alternativa "C", dado que o Direito Agrário realmente apresente princípios próprios, não aplicáveis a outros ramos do Direito, como o princípio da primazia do uso sobre o título da terra, o princípio do acesso à propriedade rural, o princípio da proteção ao pequeno produtor rural etc. **WG/HS**
Gabarito "C".

(Magistratura/GO – 2005) Para o Direito Agrário, o que identifica a função social é:

(A) a localização do imóvel na zona rural;

(B) a destinação do estabelecimento agrário;

(C) a morada habitual do produtor e a cultura permanente;

(D) o preenchimento simultâneo dos requisitos definidos em lei.

Por questões de segurança jurídica, o legislador preferiu "tabelar" o conceito de função social da propriedade com a apresentação de requisitos legais que devem ser simultaneamente preenchidos: favorecimento do bem-estar dos proprietários e dos trabalhadores que nela habitam, assim como de suas famílias; manutenção de níveis satisfatórios de produtividade; conservação dos recursos naturais; e observância das disposições legais que regulam as justas relações de trabalho entre os que a possuem e a cultivem (art. 2º, § 1º, do Estatuto da Terra). **WG/HS**
Gabarito "D".

(Magistratura/GO – 2005) A propriedade produtiva é aquela que:

(A) cumpre apenas a função econômica;

(B) cumpre a função social e a função ambiental ao mesmo tempo;

(C) atinge índices de produtividade somente para propiciar o bem-estar do trabalhador rural e sua família;

(D) produz dentro dos limites de preservação dos recursos naturais e de proteção do meio ambiente.

É importante saber diferenciar "propriedade produtiva" de "propriedade que atende sua função social". Esta é mais ampla que aquela. A função social contempla diferentes aspectos: social (favorecimento do bem-estar dos proprietários e dos trabalhadores que nela habitam, assim como de suas famílias, e das disposições legais que regulam as justas relações de trabalho entre os que a possuem e a cultivem), ambiental (conservação dos recursos naturais) e econômico (manutenção de níveis satisfatórios de produtividade). Considera-se produtiva a propriedade que atende ao aspecto econômico, mas não cumprirá ela sua função social se os outros dois não estiverem presentes. **WG/HS**
Gabarito "A".

2. TERRAS DEVOLUTAS

(Magistratura/GO – 2005) A ação discriminatória tem por objetivo:

(A) somente legitimar e regularizar posses de terras devolutas;

(B) separar as terras devolutas das que pertencem a particulares;

(C) separar as terras devolutas da União das que são dos Estados;

(D) fazer a demarcação judicial das terras devolutas discriminadas administrativamente.

A ação discriminatória de terras devolutas da União, prevista nos arts. 18 e seguintes da Lei 6.383/1976, tem por objetivo demarcar as terras

devolutas em caso de ineficácia do procedimento administrativo prévio (art. 19 do mencionado diploma legal). **WG/HS**
Gabarito "B".

3. CONTRATOS AGRÁRIOS

(Magistratura/GO – 2009 – FCC) No caso de contrato de arrendamento rural em que haja pluralidade de arrendatários o direito de preempção que cabe a estes

(A) não pode ser exercido.

(B) pode ser exercido por qualquer um relativamente à totalidade do imóvel, se os demais arrendatários não exercerem esse direito.

(C) deve ser exercido conjuntamente por todos, necessariamente.

(D) pode ser exercido por qualquer um relativamente a sua fração ideal, independentemente do exercício desse direito pelos demais arrendatários.

(E) apenas pode ser exercido por aquele que for possuidor de mais de metade do imóvel.

A: incorreta. O direito de preempção em caso de pluralidade de arrendatários está expressamente previsto no art. 46 do Decreto 59.566/1966; **B:** correta, nos termos do art. 46, § 2º, do Decreto 59.566/1966; **C:** incorreta, por contrariar frontalmente o disposto na alternativa anterior, considerada correta; **D:** incorreta. O caput do art. 46 do Decreto 59.566/1966 estabelece que o direito de preempção somente pode ser exercido para a aquisição total da área; **E:** incorreta. Não há qualquer limitação nesse sentido, desde que o arrendatário interessado adquira a totalidade da área. **WG/HS**
Gabarito "B".

(Magistratura/PA – 2009 – FGV) Assinale a alternativa que indique o contrato agrário típico.

(A) Roçado.

(B) *Leasing* agrário.

(C) Parceria rural.

(D) Comodato rural.

(E) Empreitada.

Contratos agrários típicos são aqueles previstos e regulados expressamente pela legislação relativa ao Direito Agrário, no caso, o Decreto 59.566/1966 (arts. 3º e 4º): o arrendamento rural e a parceria rural. **WG/HS**
Gabarito "C".

(Magistratura/GO – 2007) Marque a alternativa correta:

(A) Nos termos do que dispõe a Lei 4.947/1966, tem-se que os contratos agrários regulam-se por princípios próprios, diferentes daqueles que regem os contratos de direito comum.

(B) A alienação ou a imposição de ônus real ao imóvel interrompe a vigência dos contratos de arrendamento ou de parceria.

(C) Ao proprietário que houver financiado o arrendatário ou parceiro, por inexistência de financiamento direto, será vedado exigir a venda da colheita até o limite do financiamento concedido, ainda que observados os mesmos preços do mercado local.

(D) Nos termos do que fixa o Decreto 59.566/1966, arrendamento rural é o contrato agrário pelo qual uma pessoa se obriga a ceder à outra, por tempo determinado ou não, o uso e gozo de imóvel rural, parte ou partes do mesmo, incluindo, ou não, outros bens, benfeitorias e ou facilidades, com o objetivo de nele ser exercida atividade de exploração agrícola, pecuária, agroindustrial, extrativa ou mista mediante certa retribuição ou aluguel, observados os limites percentuais da lei.

A: incorreta. O art. 13 da Lei 4.947/1966 assevera que se aplicam aos contratos agrários os princípios gerais que regem os contratos de direito comum, devendo ser observadas apenas as especificidades do Direito Agrário na sua composição; **B:** incorreta. Nos termos do art. 15 do Decreto 59.556/1966, a alienação ou a imposição de ônus real sobre o imóvel não interrompe os contratos agrários, mas o adquirente ou beneficiário sub-roga-se nos direitos do alienante ou instituidor; **C:** incorreta. A hipótese descrita na alternativa é uma faculdade do proprietário, não lhe sendo vedado assim agir (art. 93, parágrafo único, da Lei 4.504/1966); **D:** correta, nos termos do art. 3º do Decreto 59.566/1966. WG/HS

Gabarito "D".

(Magistratura/GO – 2005) Nos contratos agrários, o regime jurídico das benfeitorias é diferente do dos contratos de locação de prédio urbano:

(A) porque as casas construídas no imóvel rural são consideradas benfeitorias, e não acessões;

(B) porque o direito de retenção do imóvel implica renovação automática do contrato;

(C) porque não admite a retenção do imóvel pelo não pagamento da indenização, salvo se pactuada expressamente;

(D) porque admite a retenção do imóvel, sem contudo explorá-lo na mesma atividade contratada.

A: correta. Devemos sempre lembrar que o imóvel rural é destinado à atividade extrativa agrícola, pecuária ou agroindustrial, para as quais não há necessidade de construção de edifícios. Logo, esses serão considerados como benfeitorias úteis, nos termos do art. 24, II, do Decreto 59.566/1966; **B:** incorreta. Não há renovação automática do contrato pelo exercício do direito de retenção em nenhuma das hipóteses; **C:** incorreta. O direito de retenção está previsto no art. 25, § 1º, do Decreto 59.566/1966; **D:** incorreta. Enquanto exercer seu direito de retenção, o possuidor poderá continuar na atividade explorada (art. 25, § 1º, do Decreto 59.566/1966). WG/HS

Gabarito "A".

4. USUCAPIÃO ESPECIAL RURAL

(Magistratura/PA – 2009 – FGV) No que diz respeito à usucapião especial rural, ou pro labore, é correto afirmar que:

(A) pode recair sobre imóvel público rural.

(B) dispensa tanto o justo título como a posse de boa-fé.

(C) exige área não superior a 25 (vinte e cinco) hectares.

(D) aplica-se à posse de terreno urbano sem construção.

(E) admite interrupção do prazo de aquisição.

A usucapião especial rural tem os seguintes requisitos, que são cumulativos (art. 191 da CF e art. 1.239 do CC): a) posse por *5 anos*; b) posse com *ânimo de dono*; c) posse *sem oposição* (pacífica); d) posse *ininterrupta* (contínua); e) posse de *terra*; f) posse em *área rural*; g) posse em terra rural de até *50 hectares* (ou *não superior a*

50 hectares); h) posse em terra *tornando-a produtiva por seu trabalho ou de sua família*; i) posse em área onde se tem *moradia*; j) posse em imóvel *privado*; k) posse por *alguém que não é proprietário de imóvel urbano ou rural*. Assim, a alternativa "a" está incorreta, pois o bem tem que ser *privado*. A alternativa "b" está correta, pois a CF não exige, no art. 191, *justo título* e *boa-fé*, mas posse com ânimo de dono, pacífica e contínua. A alternativa "c" está incorreta, pois exige-se área não superior a *50 hectares*. A alternativa "d" está incorreta, pois deve-se tratar de terra *rural*. A alternativa "e" está incorreta, pois a posse tem que ser *contínua*. WG/HS

Gabarito "B".

(Magistratura/PA – 2005 – FGV) Tem direito a adquirir a propriedade rural por usucapião aquele que, não sendo proprietário de imóvel rural ou urbano, possua, como sua, área de terra, em zona rural, tornando-a produtiva por seu trabalho ou de sua família, desde que observado o prazo de ocupação e metragem da área correspondentes a:

(A) dez anos e cinquenta hectares.

(B) cinco anos e cem hectares.

(C) vinte anos e cinquenta hectares.

(D) cinco anos e, no máximo, cinquenta hectares.

(E) quinze anos e trinta hectares.

Estabelecem os arts. 191 da CF e 1.239 do CC que a usucapião especial rural ocorrerá somente sobre imóveis com área não superior a 50 hectares e o possuidor exerça sobre ela posse pacífica e contínua por cinco anos. WG/HS

Gabarito "D".

5. AQUISIÇÃO E USO DA PROPRIEDADE E DA POSSE RURAL

(Magistratura/PA – 2005 – FGV) A alienação ou a concessão, a qualquer título, de terras públicas e devolutas, excetuadas aquelas para fins de reforma agrária, com área superior a 2.500 hectares, a pessoa física ou jurídica dependerá:

(A) de prévia aprovação do Presidente da República.

(B) de prévia aprovação do Congresso Nacional.

(C) de prévia aprovação do Senado Federal.

(D) de prévia aprovação da Câmara dos Deputados.

(E) de prévia aprovação da Assembleia Legislativa.

A medida depende de prévia aprovação do Congresso Nacional, nos termos do art. 188, § 1º, da CF. WG/HS

Gabarito "B".

6. DESAPROPRIAÇÃO PARA A REFORMA AGRÁRIA

(Magistratura/GO – 2009 – FCC) De acordo com a Lei n. 8.629/1993, as áreas de efetiva preservação permanente são consideradas, para fins de reforma agrária,

(A) efetivamente utilizáveis, de acordo com o plano de exploração.

(B) excluídas.

(C) não aproveitáveis.

(D) prioritárias para fins de assentamento de trabalhadores rurais.

(E) prioritárias à execução de planos respectivos.

17. AGRÁRIO — 831

A Lei 8.629/1993 classifica as áreas rurais em diversas espécies, cada qual com uma consequência específica. Assim, há áreas consideradas *efetivamente utilizadas* (art. 6º, § 3º), *não aproveitáveis* (art. 10), *prioritárias para fins de assentamento de trabalhadores rurais* (art. 17); *prioritárias à execução de planos respectivos* (art. 13), dentre outras. As áreas de efetiva preservação permanente são consideradas *não aproveitáveis* (art. 10, IV), o que significa que, como não poderão ser aproveitadas, uma propriedade rural que não as utilize de forma razoável, com vistas à conservação dos recursos naturais renováveis, não fica passível de desapropriação por violação à função social da propriedade. **WG/HS**
Gabarito "C".

(Magistratura/GO – 2009 – FCC) A observância das normas de segurança do trabalho pelo proprietário de imóvel rural

(A) é requisito para o cumprimento da função social da propriedade, pois constitui um aspecto para caracterização de exploração que favoreça o bem-estar de trabalhadores.

(B) não é requisito para o cumprimento da função social da propriedade, porque embora seja matéria de ordem pública, seu descumprimento constitui infração de cunho trabalhista.

(C) não é requisito para o cumprimento da função social da propriedade, porque a Constituição refere-se apenas ao meio ambiente natural e não ao meio ambiente do trabalho.

(D) não é requisito para o cumprimento da função social da propriedade, a qual se alcança com a observância dos índices de produtividade rural fixados pelo INCRA tão somente.

(E) é requisito para a caracterização do seu aproveitamento racional e adequado.

Segundo o art. 9º da Lei 8.629/1993, a função social é cumprida quando a propriedade rural cumpre, simultaneamente, uma série de requisitos, dentre os quais "exploração que favoreça o bem-estar dos proprietários e dos trabalhadores" (art. 9º, IV). E o § 5º do art. 9º Lei 8.629/1993 estabelece que "a exploração que favorece o bem-estar dos proprietários e trabalhadores rurais é a que objetiva o atendimento das necessidades básicas dos que trabalham a terra, observa as **normas de segurança do trabalho** e não provoca conflitos e tensões sociais no imóvel" (g.n.), de modo que está correta a alternativa "a". **WG/HS**
Gabarito "A".

(Magistratura/PA – 2009 – FGV) De acordo com a jurisprudência consolidada pelo Superior Tribunal de Justiça, a invasão de um imóvel rural submetido a processo expropriatório para fins de reforma agrária é causa de:

(A) mero reconhecimento do fato, irrelevante ao procedimento.

(B) julgamento do litígio conforme o estado do processo.

(C) nulidade absoluta da desapropriação.

(D) suspensão do processo expropriatório.

(E) revisão do valor da indenização devida ao proprietário.

O art. 2º, § 6º, da Lei 8.629/1993 estabelece que um imóvel nessa situação não será desapropriado no período de dois anos seguintes à sua desocupação (ou no dobro desse período, em caso de reincidência). Assim, o caso é de suspensão do processo expropriatório. Confira decisão do STJ a esse respeito: "dispõe a norma legal que o imóvel

rural que tenha sofrido esbulho de 'caráter coletivo não será vistoriado, avaliado ou desapropriado nos dois anos seguintes à sua desocupação', ou nos quatro anos, em caso de reincidência. A jurisprudência desta Corte firmou-se no sentido de que 'não se pode interpretá-la [a norma do art. 2º, § 6º, da Lei 8.629/1993] de outra forma senão aquela que constitui a verdadeira vontade da lei, destinada a coibir as reiteradas invasões da propriedade alheia' (REsp 1057870/MA, Rel. Min. Denise Arruda, DJe 10.09.2008), aplicando-se a Súmula 354/STJ: 'A invasão do imóvel é causa de suspensão do processo expropriatório para fins de reforma agrária'. O Supremo Tribunal Federal, que reafirmou seu posicionamento, entende que não se aplica o preceito nos casos em que a invasão seja posterior à vistoria, sem influenciar nos resultados sobre a produtividade (MS 25283, Rel. Min. Joaquim Barbosa, Tribunal Pleno, DJe 05.03.2009)" (AgRg no REsp 1055228/PA, Rel. Ministro Castro Meira, Segunda Turma, julgado em 04.03.2010, DJe 16.03.2010). **WG/HS**
Gabarito "D".

(Magistratura/PA – 2009 – FGV) Nos termos da Emenda Constitucional n. 45/2004, para dirimir conflitos fundiários é correto afirmar que:

(A) o Tribunal de Justiça designará juízes de entrância especial, com competência para questões agrárias.

(B) o juiz natural da causa que verse sobre questão agrária deverá sempre se manter afastado do local do litígio, para eficiência e imparcialidade da prestação jurisdicional.

(C) o Tribunal de Justiça proporá a criação de varas especializadas, com competência exclusiva para questões agrárias.

(D) o Superior Tribunal de Justiça criará turmas especializadas para julgar recursos sobre questões agrárias.

(E) a lei estadual de organização judiciária determinará as varas de fazenda públicas e, na falta destas no local do litígio, as varas cíveis, sendo vedada a criação de vara ou entrância com competência exclusiva para questão agrária.

A Emenda Constitucional 45/2004 deu nova redação ao art. 126 da CF, que passou a determinar que os Tribunais de Justiça dos Estados devem propor a criação de varas especializadas, com competência exclusiva para dirimir os conflitos agrários. **WG/HS**
Gabarito "C".

(Magistratura/PA – 2007 – FGV) Assinale a alternativa que congrega os aspectos legais que devem ser considerados para o estabelecimento de valor justo para as indenizações de áreas desapropriadas para fins de reforma agrária.

(A) localização e dimensão do imóvel, aptidão agrícola, área ocupada e ancianidade das posses, tempo de uso e estado de conservação das benfeitorias

(B) produtividade, dimensão do imóvel excluídas as áreas de matas de florestas, estado de conservação das benfeitorias e localização do imóvel

(C) aproveitamento racional e adequado, preservação do meio ambiente, observância das disposições legais que regulam as relações de trabalho e exploração que favoreça o bem-estar dos trabalhadores e proprietários

(D) quantidade de animais existentes ou área coberta por plantações de bens vitais, quantidade de empregados rurais, proporção de áreas

(E) número de módulos rurais ocupados pela propriedade, nível de produtividade, valor venal do imóvel.

A alternativa "a" está correta, pois é a única que traz todos os parâmetros
previstos no art. 12 da Lei 8.629/1993. WG/HS

Gabarito "A".

(Magistratura/GO – 2005) A desapropriação agrária distingue-se
das demais modalidades de desapropriação:

(A) porque somente se justifica quando há conflitos entre
proprietários e posseiros no imóvel;

(B) somente quanto à forma de indenizar;

(C) tem por objeto somente terras devolutas;

(D) porque somente a União pode promovê-la.

A: incorreta. A desapropriação para fins de reforma agrária poderá
ser utilizada em qualquer hipótese na qual a propriedade não esteja
atendendo à sua função social; **B:** incorreta. A desapropriação-sanção
em caso de não cumprimento da função social da propriedade urbana
também prevê indenização em títulos da dívida pública ao invés de
dinheiro; **C:** incorreta. Quaisquer propriedades que não atendam à
sua função social, devolutas ou privadas, com exceção da pequena e
média propriedade rural, desde que seu proprietário não possua outra,
podem ser objeto de desapropriação; **D:** correta. A competência para
desapropriação para fins de reforma agrária é privativa da União (art.
2º da Lei Complementar 76/1993). WG/HS

Gabarito "D".

(Magistratura/PA – 2005 – FGV) Não será desapropriada para
fins de reforma agrária:

(A) a propriedade produtiva.

(B) a propriedade em que sejam realizadas pesquisas
científicas.

(C) a propriedade que compreenda trabalho cooperativo.

(D) a propriedade que esteja quite com os tributos.

(E) a propriedade ocupada por mais de cinquenta pessoas.

O art. 185 da CF imuniza da desapropriação para fins de reforma agrária
a pequena e média propriedade rural (inc. I) e a propriedade produtiva
(inc. II). WG/HS

Gabarito "A".

(Magistratura/PA – 2005 – FGV) Os títulos de domínio ou de
concessão de uso de imóveis rurais distribuídos pela
reforma agrária possuem alguma restrição?

(A) Sim. São inegociáveis pelo prazo de cinco anos.

(B) Sim. Somente podem ser utilizados pelo próprio
beneficiário ou sua família.

(C) Sim. São inegociáveis pelo prazo de dez anos.

(D) Não. Os beneficiários podem dispor deles livremente.

(E) Sim. A única forma de disposição é a doação pelos
beneficiários a pessoas que se encontrem na mesma
condição dele, beneficiário, à época da aquisição.

A: incorreta. Os títulos são inegociáveis pelo prazo de 10 anos (art.
18 da Lei 8.629/1993; **B:** incorreta. É possível a outorga coletiva da
propriedade, nos termos do art. 18, § 1º, da Lei 8.629/1993; **C:** correta,
nos termos do art. 18 da Lei 8.629/1993; **D:** incorreta, por contrariar
frontalmente a alternativa anterior, considerada correta; **E:** incorreta.
Vencido o prazo de 10 anos, o imóvel passa a ser livremente negociável
pelo beneficiário. WG/HS

Gabarito "C".

(Magistratura/PA – 2005 – FGV) A competência para a desapropriação por interesse social e o pagamento da indenização correspondente:

(A) pertence à União, ao Estado e ao Município, mediante
pagamento em dinheiro.

(B) pertence ao Estado, mediante prévia e justa indenização em títulos da dívida agrária.

(C) pertence ao Município, mediante prévia e justa indenização em títulos da dívida agrária, indenizando-se
em dinheiro as benfeitorias úteis e necessárias.

(D) pertence ao Município e ao Estado, mediante prévia
e justa indenização em dinheiro.

(E) pertence à União, mediante prévia e justa indenização em títulos da dívida agrária com cláusula de
preservação do valor real, resgatáveis no prazo de até
vinte anos a partir do segundo ano de sua emissão,
indenizando-se em dinheiro as benfeitorias úteis e
necessárias.

A competência para desapropriação para fins de reforma agrária é privativa da União e deverá ser acompanhada de indenização em títulos da
dívida agrária, resgatáveis em até 20 anos, com exceção das benfeitorias
úteis e necessárias, que deverão ser indenizadas em dinheiro (art. 184,
caput e § 1º, da CF). WG/HS

Gabarito "E".

18. Direito Urbanístico

Henrique Subi

1. INSTRUMENTOS DE POLÍTICA URBANA

(**Magistratura/CE – 2012 – CESPE**) De acordo com o Estatuto das Cidades, as diretrizes da política urbana incluem

(A) a garantia do direito a cidades sustentáveis e a cooperação entre os governos, iniciativa privada e demais setores da sociedade no processo de urbanização, em atendimento do interesse social.

(B) a garantia de acessibilidade aos equipamentos urbanos e a gestão democrática por meio da atividade parlamentar.

(C) a cooperação entre o governo, a iniciativa privada e as organizações não governamentais no atendimento do interesse social e a gestão integrada do sistema de gerenciamento de trânsito nos municípios com população igual ou superior a quinhentos mil habitantes.

(D) a gestão descentralizada dos recursos hídricos e o planejamento integrado do sistema de esgotamento sanitário.

(E) a cooperação intermunicipal no processo de elaboração do zoneamento industrial e o plano de manejo de parques, praças e áreas verdes dos espaços urbanos.

As diretrizes gerais da política urbana visam a ordenar o pleno desenvolvimento das funções sociais da cidade e da propriedade urbana e estão previstas no art. 2º da Lei 10.257/2001 (Estatuto das Cidades), cuja leitura dos dezesseis incisos é fortemente recomendada. A alternativa "A" é a única que contempla somente disposições previstas no mencionado artigo legal, devendo, pois, ser assinalada. **HS**
Gabarito "A".

(**Magistratura/CE – 2012 – CESPE**) O Estatuto da Cidade prevê como institutos jurídicos e políticos da política urbana

(A) a contribuição de melhoria e o tombamento de imóveis.

(B) a preempção e o plano de desenvolvimento econômico e social.

(C) a desapropriação e a instituição de unidades de conservação.

(D) o direito de superfície e a gestão orçamentária participativa.

(E) o IPTU e a concessão do direito real de uso.

O art. 4º do Estatuto das Cidades prevê uma série de instrumentos colocados à disposição do Poder Público para alcançar os objetivos nele previstos. Dentre eles, elenca aqueles classificados como "instrumentos jurídicos e políticos", onde se incluem o tombamento, a preempção, a desapropriação, a instituição de unidades de conservação, o direito de superfície e a concessão de direito real de uso. Correta, portanto, a alternativa "C". **HS**
Gabarito "C".

(**Magistratura/PA – 2012 – CESPE**) Considerando que o município A, com 30.000 habitantes e sem plano diretor, decida utilizar instrumentos de política urbana previstos no Estatuto da Cidade ao detectar que diversos imóveis localizados em seu perímetro urbano não são utilizados, o que configura claro desrespeito à função social de propriedade, assinale a opção correta, com base no que dispõem a CF e o Estatuto da Cidade.

(A) O Estatuto da Cidade não prevê instrumentos que auxiliem a melhoria da qualidade de vida urbana, razão por que deve o município, ao elaborar o seu plano diretor, incluir um item específico a esse respeito.

(B) O referido município deve elaborar plano diretor.

(C) O plano diretor, instrumento básico da política de desenvolvimento urbano, deve ser revisto a cada vinte anos.

(D) A edificação compulsória poderá ser determinada pelo município imediatamente.

(E) Poderá ser determinado o parcelamento do solo urbano subutilizado, independentemente de notificação do proprietário pelo Poder Executivo municipal.

A: incorreta. O art. 4º do Estatuto das Cidades prevê uma série de instrumentos colocados à disposição do Poder Público para alcançar os objetivos nele previstos; **B**: correta. Nos termos do art. 41, I, do Estatuto das Cidades, a elaboração do plano diretor é obrigatória para municípios com mais de 20 mil habitantes; **C**: incorreta. O art. 40, § 3º, do Estatuto das Cidades determina a revisão do plano diretor a cada 10 anos; **D**: incorreta. A edificação compulsória deve ser prevista em lei municipal, a qual estabelecerá prazo não inferior a um ano para protocolo do projeto na Prefeitura após a notificação e dois anos para início das obras após aprovação do projeto (art. 5º, § 4º, I e II, do Estatuto das Cidades); **E**: incorreta. A notificação é obrigatória para a validade da medida (art. 5º, § 2º, do Estatuto das Cidades). **HS**
Gabarito "B".

HS questões comentadas por: **Henrique Subi**

19. DIREITO ELEITORAL

Robinson Barreirinhas e Savio Chalita

1. PRINCÍPIOS, DIREITOS POLÍTICOS, ELEGIBILIDADE

(Juiz de Direito – TJ/RJ – VUNESP – 2016) Assinale a alternativa que corretamente discorre sobre o sistema eleitoral e/ou o registro dos candidatos.

(A) Qualquer cidadão no gozo de seus direitos políticos é parte legítima para dar notícia de inelegibilidade ao Juiz Eleitoral, mediante petição fundamentada, no prazo de 5 dias contados da publicação do edital relativo ao pedido de registro, conferindo ao eleitor legitimidade para impugnar pedido de registro de candidatura.

(B) Os membros da aliança somente podem coligar-se entre si, porquanto não lhes é facultado unirem-se a agremiações estranhas à coligação majoritária. Assim, é necessário que o consórcio formado para a eleição proporcional seja composto pelos mesmos partidos da majoritária.

(C) Ao Juízo ou Tribunal Eleitoral não é dado conhecer ex *officio* de todas as questões nele envolvidas, nomeadamente as pertinentes à ausência de condição de elegibilidade, às causas de inelegibilidade e ao atendimento de determinados pressupostos formais atinentes ao pedido de registro.

(D) No sistema majoritário, a distribuição de cadeiras entre as legendas é feita em função da votação que obtiverem, pois nesse sistema impõe-se que cada partido com representação na Casa Legislativa receba certo número mínimo de votos para que seus candidatos sejam eleitos.

(E) O quociente eleitoral é instrumento do sistema proporcional, sendo determinado dividindo-se o número de votos válidos apurados pelo de lugares a preencher em cada circunscrição eleitoral, desprezada a fração se igual ou inferior a meio, equivalente a um, se superior.

A: incorreta, uma vez que não há legitimidade ao cidadão para a situação ilustrada. A legitimidade para a impugnação em tela é reservada a candidato, partido político, coligação ou Ministério Público (art. 3°, LC 64/1990). **B:** incorreta. Cabe ao próprio partido a autonomia para definir os critérios de coligação e escolha de candidatos, inteligência do art. 17, CF. **C:** incorreta, sendo entendimento consolidado (vide ED-REspe 1062/BA, Rel. Min. Laurita Vaz, DJe de 19/2/2014), bem como expresso diretamente no art. 7°, parágrafo único da LC 64/1990 "O Juiz, ou Tribunal, formará sua convicção pela livre apreciação da prova, atendendo aos fatos e às circunstâncias constantes dos autos, ainda que não alegados pelas partes, mencionando, na decisão, os

que motivaram seu convencimento". **D:** incorreta, vez que no sistema majoritário é necessário maioria de votos para que seja o candidato vencedor. Em eleições com mais de 200 mil eleitores, a aferição se dará sob a perspectiva da maioria absoluta dos votos para o candidato ser eleito no primeiro turno. No segundo só é necessário a maioria dos votos válidos. **E:** correta, com fundamento no art. 106, Código Eleitoral. **SC**

Gabarito "E".

(Juiz – TJ-SC – FCC – 2017) Para concorrer às eleições, o candidato deverá possuir, entre outras condições,

(A) domicílio eleitoral na respectiva circunscrição pelo prazo de, pelo menos, um ano antes do pleito e estar com a filiação deferida pelo partido no mesmo prazo.

(B) domicílio eleitoral na respectiva circunscrição pelo prazo de, pelo menos, um ano antes do pleito, ressalvado o caso de transferência ou remoção de servidor público ou de membro de sua família.

(C) filiação deferida pelo partido no mínimo um ano antes da data da eleição, caso o estatuto partidário não estabeleça prazo inferior.

(D) domicílio eleitoral na respectiva circunscrição pelo prazo de, pelo menos, seis meses antes do pleito e estar com a filiação deferida pelo partido no mesmo prazo.

(E) domicílio eleitoral na respectiva circunscrição pelo prazo de, pelo menos, um ano antes do pleito, e estar com a filiação deferida pelo partido no mínimo seis meses antes da data da eleição.

A questão trata das condições de elegibilidade, assunto recorrente em todas as provas da magistratura, uma vez que caberá ao leitor, futuro magistrado, decidir sobre os pedidos de registro de candidatura (e também decidir sobre as Ações de Impugnação ao Registro de Candidatura) nas eleições municipais. Sobre o tema, leitura obrigatória do art. 14,§ 3°, CF. Vejamos as alternativas pontualmente: **A:** incorreta, já que a filiação partidária deverá ter uma anterioridade mínima de 6 meses anteriores ao pleito. Quanto ao domicílio eleitoral, o prazo permanece imutável (1 ano). Vide, quanto a isso, as alterações da Lei 13.165/2015 no art. 9°, Lei das Eleições; **B:** incorreta. Importante mencionar que, muito embora o prazo de domicílio eleitoral seja de 1 ano anterior ao pleito, o art. 18 da Resolução TSE 21.538/2003 assim dispõe: *Art. 18. A transferência do eleitor só será admitida se satisfeitas as seguintes exigências:*
I – recebimento do pedido no cartório eleitoral do novo domicílio no prazo estabelecido pela legislação vigente;
II – transcurso de, pelo menos, um ano do alistamento ou da última transferência;
III – residência mínima de três meses no novo domicílio, declarada, sob as penas da lei, pelo próprio eleitor;

RB questões comentadas por: **Robinson Barreirinhas**

SV questões comentadas por: **Savio Chalita**

IV – prova de quitação com a Justiça Eleitoral

§ 1º O disposto nos incisos II e III não se aplica à transferência de título eleitoral de servidor público civil, militar, autárquico, ou de membro de sua família, por motivo de remoção ou transferência

C: incorreta, uma vez que o art. 20 da Lei dos Partidos Políticos autoriza que a agremiação crie prazo superior e jamais inferior ao estabelecido em lei. Ou seja, ao menos 6 meses deve ser considerado. Se o partido estabelecer 1 ano, estará dentro do que permite o já dito art. 20; **D:** incorreta, pelos mesmos fundamentos da assertiva A; **E:** correta, com fundamento no art. 9º, Lei das Eleições. **SC**

Gabarito "E".

(Juiz de Direito – TJ/MS – VUNESP – 2015) Nos pedidos de registro de candidatos a eleições municipais, o Juiz Eleitoral apresentará a sentença em cartório

(A) (7) sete dias após a conclusão dos autos, passando a correr da publicação no Diário Oficial da União o prazo de (24) vinte e quatro horas para interposição de recurso para o Tribunal Regional Eleitoral.

(B) (3) três dias após a conclusão dos autos, passando a correr deste momento o prazo de (3) três dias para interposição de recurso para o Tribunal Regional Eleitoral.

(C) (7) sete dias após a conclusão dos autos, passando a correr da publicação no Diário Oficial da União o prazo de (7) sete dias para interposição de recurso para o Tribunal Superior Eleitoral.

(D) (3) três dias após a conclusão dos autos, passando a correr deste momento o prazo de (7) sete dias para interposição de recurso para o Tribunal Regional Eleitoral.

(E) (7) sete dias após a conclusão dos autos, passando a correr da publicação no Diário Oficial da União o prazo de (2) dois dias para interposição de recurso para o Tribunal Superior Eleitoral.

A única alternativa correta encontra-se na assertiva B. O fundamento está no art. 8º, LC 64/1990 ao dispor que "Nos pedidos de registro de candidatos a eleições municipais, o Juiz Eleitoral apresentará a sentença em cartório 3 (três) dias após a conclusão dos autos, passando a correr deste momento o prazo de 3 (três) dias para a interposição de recurso para o Tribunal Regional Eleitoral. **SC** "

Gabarito "B".

(Juiz de Direito – TJ/MS – VUNESP – 2015) Nos termos da interpretação do Tribunal Superior Eleitoral, referente ao alistamento eleitoral, não podem alistar-se

(A) os alunos das escolas militares de ensino superior para formação de oficiais.

(B) os analfabetos.

(C) os conscritos, durante o serviço militar obrigatório.

(D) os índios não integrados.

(E) os que não saibam exprimir-se na língua nacional.

A única alternativa correta é encontrada na assertiva C. Os militares conscritos (durante o cumprimento do serviço militar obrigatório) são considerados inalistáveis e inelegíveis (inteligência do art. 14, §§ 2º e 4º, CF). Importa mencionar, também, que aquele que estiver prestando serviço alternativo ao obrigatório, também será considerado conscrito para estes fins (ou seja, inalistável e inelegível). Por fim, o serviço militar obrigatório apenas é imposto aos brasileiros homens. **SC**

Gabarito "C".

(Juiz de Direito – TJ/SP – VUNESP – 2015) O sistema eleitoral brasileiro atual tem como característica:

(A) voto majoritário para o Executivo e o Senado, tendo como resultante o denominado Presidencialismo de coalizão.

(B) voto majoritário para o Executivo e o Senado, tendo como resultante o atual modelo de financiamento das campanhas.

(C) voto proporcional com lista fechada para as eleições majoritárias e proporcionais, o que submete o eleitor às escolhas das lideranças partidárias.

(D) voto proporcional com listas abertas para as eleições aos cargos do Legislativo, o que assegura maior participação a grupos minoritários no âmbito partidário.

O gabarito indicado pela organizadora foi a letra D. No entanto, é necessário fazer as inúmeras ressalvas. No Brasil temos dois sistemas de apuração de eleição: Sistema majoritário e proporcional. No primeiro caso, Sistema majoritário, é utilizado na apuração de eleições para os cargos de chefia do executivo (presidente da república, governador e prefeitos, com seus respectivos vices) e para o de Senador e suplentes. O Sistema proporcional é utilizado para os cargos de vereadores e deputados (estadual, federal e distrital). Apenas por este argumento, a alternativa D estaria completamente equivocada. Assim, dentre as alternativas apresentadas, nenhuma traz em seu bojo inteira fidedignidade com o ordenamento e realidade brasileira. Vejamos cada uma das assertivas: **A:** correta quanto ao apontamento dos sistemas de apuração de eleições e seus respectivos cargos. Quanto ao denominado "presidencialismo de coalizão", a ideia sugere a união de um Sistema político presidencialista e também a existência de coalizações partidárias. Não é possível admitir que seja consequência do Sistema majoritário, como sugere a assertiva. **B:** O mesmo raciocínio se aplica aqui. Também não podemos admitir que o atual modelo de financiamento de campanhas advenha do Sistema de apuração de votos para os cargos indicados. **C:** No Brasil não temos votação por listas fechadas, apenas abertas. **D:** Não fosse a indicação de que há a adoção de votos proporcionais para os cargos legislativos, ou se ao menos houvesse a ressalva para o cargo de senador, a assertiva estaria correta. **SC**

Gabarito "D".

(Juiz de Direito – TJ/SP – VUNESP – 2015) A busca das condições de relativa "igualdade" na disputa eleitoral autoriza a disciplina da propaganda eleitoral, condição que inclui

(A) limitações à propaganda eleitoral em relação ao rádio e à televisão durante o período de campanha eleitoral.

(B) proibição de veiculação de programas e material jornalísticos descrevendo fatos "positivos" ou "negativos" a respeito de candidatos durante o período de campanha eleitoral.

(C) o controle prévio do conteúdo do material apresentado pelos Partidos e coligações para divulgação na campanha eleitoral.

(D) vedação de manifestações individuais nas "redes sociais" no período de campanha eleitoral.

A: correta, evitando-se assim o abuso do poder político e econômico por parte de campanhas que tenham a seu favor tais circunstâncias. Assim, a propaganda eleitoral realizada em sede de divulgação em rádios e tvs, obedecem à orientação indicada na Lei 9.504/1997. **B:** incorreta, já que é inerente à campanha eleitoral a divulgação de tais peças jornalísticas, responsabilizando-se o candidato pelo conteúdo (Art. 43 e seguintes da Lei 9.504/1997); **C:** incorreta, uma vez que não existe o controle prévio,

19. DIREITO ELEITORAL   837

mas sim a responsabilização do emissor pelo conteúdo das peças utilizadas (art. 41, § 2°, Lei .9504/1997); **D:** incorreta, vez que é livre a manifestação individual do eleitor, impondo-se tão somente limites no dia das eleições (vide art. 39-A, Lei 9.504/1997). **SC**

Gabarito "A".

(Magistratura/BA – 2012 – CESPE) Com relação às disposições constitucionais e legais acerca das condições de elegibilidade, cuja aplicação é disciplinada pela justiça eleitoral, assinale a opção correta.

(A) O candidato a senador da República deve ser aprovado em convenção partidária e contar com mais de trinta e cinco anos de idade na data das eleições.

(B) Candidato a presidente da República deve contar com mais de trinta anos de idade na data da inscrição da candidatura.

(C) Candidato a prefeito deve contar com vinte e um anos de idade na data das eleições.

(D) Candidato a vereador deve ter domicílio eleitoral no município e, pelo menos, dezoito anos de idade na data da convenção partidária.

(E) Candidato a governador de estado deve ser filiado a partido político e ter, na data da posse, trinta anos de idade.

O art. 14, § 3°, da Constituição Federal e art. 11, § 2°, da Lei 9.504/97 dispõe sobre as condições de elegibilidade, especificamente na alínea b, quanto à idade mínima a ser obedecida para cada cargo elencado. **A:** incorreta, pois o candidato a senador da República deverá ser eleito pelo voto direto e majoritário, como bem disciplina o art. 83 do Código Eleitoral (Lei 4.737/1965); **B:** incorreta, as condições de elegibilidade são inerentes a três lapsos temporais distintos: condições necessárias no momento do registro, condições necessárias um ano antes da data da eleição e condições necessárias no momento da posse. Sendo assim, obediência à idade mínima trata-se de condição de elegibilidade necessária no momento da posse, conforme norte o previsto no a art. 11, § 2°, da Lei 9.504,; **C:** incorreta, conforme exposto na alternativa anterior, trata-se de condição necessária a ser cumprida na data da posse; **D:** incorreta, apenas para os que pretendem candidatar-se ao cargo onde a idade mínima seja de 18 anos é necessário que se observe tal condição tendo-se como paradigma a data limite ao pedido de registro de candidatura (conforme §2°, art. 11, Lei das Eleições); **E:** correta, pois a alternativa explicita a condição de elegibilidade necessária à data da posse do candidato a governador eleito, qual seja ter a idade mínima de 30 anos de idade e a filiação em partido político (art. 14, § 3°, V e VI, b e art. 11, § 2°, da Lei 9.504/97). **SC**

Gabarito "E".

(Magistratura/GO – 2005) Assinale a alternativa correta:

(A) o brasileiro naturalizado não pode ser magistrado;

(B) o brasileiro naturalizado pode ser ministro do Supremo Tribunal Federal;

(C) a soberania nacional é exercida pelo sufrágio universal, direto, secreto e igual;

(D) o juiz de direito que praticar fato típico eleitoral será julgado pelo Tribunal de Justiça do Estado.

A, B: incorretas, pois de acordo com o art. 12, § 3°, da Constituição Federal, ao longo dos incisos, restam claras as exceções à proibição de distinção entre brasileiros natos e naturalizados, entre elas a de que é privativo ao brasileiro nato ocupar o cargo de Ministro do Supremo Tribunal Federal (inciso VI). No entanto, não há vedação ao cargo de magistrado; **C:** correta, trata-se do caput do art. 14 Constituição Federal; **D:** incorreta, uma vez que o foro competente para o julgamento será o o da Justiça Eleitoral. Importante observação na situação em que o juiz estiver nas atribuições da justiça eleitoral, situação em que a competência será do Tribunal Regional Eleitoral, conforme art. 29, I, d da Lei 4.737/1965. **SC**

Gabarito "C".

(Magistratura/MT – 2006 – VUNESP) O direito de sufrágio compreende

(A) a capacidade eleitoral ativa, chamada de elegibilidade.

(B) a capacidade eleitoral passiva, chamada de alistabilidade.

(C) os direitos políticos.

(D) o direito de voto.

A, B, C: incorretas, uma vez que o direito de sufrágio, ainda que corresponda a um dos direitos políticos, compreende o direito de voto, conforme se depreende da leitura do art. 14 CF, sendo que este direito de voto será exercido pelo voto direto e secreto, com valor igual a todos. **D:** correta, pois o direito de sufrágio compreende o direito de voto, nos termos do art. 14 CF. **SC**

Gabarito "D".

(Magistratura/RR – 2008 – FCC) A respeito dos direitos políticos, é correto afirmar:

(A) A lei que alterar o processo eleitoral entrará em vigor na data de sua publicação, mas não se aplicará à eleição que ocorra até um ano da data de sua vigência.

(B) Para candidatar-se a Governador de Estado, dentre outras condições de elegibilidade na forma da lei, exige-se a idade mínima de 21 anos.

(C) O mandato eletivo poderá ser impugnado ante a Justiça Eleitoral no prazo máximo de 30 dias contados da diplomação.

(D) A condenação criminal ainda não transitada em julgado implica em suspensão dos direitos políticos.

(E) A ação de impugnação de mandato, por força do princípio da transparência, não tramitará em segredo de justiça e o autor não responderá por litigância de má-fé.

A: correta, conforme disposição do art. 16 da CF que dispõe sobre o princípio da anualidade da Lei Eleitoral, devendo ser aplicado sempre que a lei alterar o processo eleitoral. Importante frisar que o significado de lei, apontado na assertiva, abrange todas as leis em sentido formal (emenda constitucional, leri ordinária, lei complementar).; **B:** incorreta, uma vez que a exigência constitucional é de 30 anos para o cargo de Governador e Vice-Governador de Estado ou do Distrito Federal, como bem dispõe o art. 14, § 3°, VI, b, CF; **C:** incorreta, pois o prazo para a impugnação do mandato eletivo é de 15 dias contados da diplomação, instruída com provas de abuso do poder econômico, corrupção ou fraude, conforme disposição do art. 14, § 10, da CF; **D:** incorreta, uma vez que a suspensão dos direitos políticos somente se dará nos casos elencados no art. 15 da CF, entre eles a condenação criminal transitada em julgado, enquanto durarem seus efeitos; **E:** incorreta, uma vez que o art. 14, § 11, da CF dispõe que a ação de impugnação de mandato tramitará em segredo de justiça, respondendo o autor, na forma da lei, se temerária ou de manifesta má-fé. **SC**

Gabarito "A".

(Magistratura/RR – 2008 – FCC) A recusa de cumprimento de obrigação a todos imposta ou prestação alternativa, acarreta

(A) somente a imposição de pena pecuniária.

(B) a cassação dos direitos políticos.

(C) a perda dos direitos políticos.

(D) a suspensão dos direitos políticos.

(E) somente a aplicação de pena privativa de liberdade.

A resposta apresentada como correta é encontrada na alternativa "D", uma vez que encontra perfeita harmonia com o que dispõe o art. 15, IV, CF no tocante a suspensão dos direitos políticos. No entanto, é de se ponderar que a alternativa "C" também poderia ser compreendida como correta, já que o referido art. 15, CF elenca exceções à vedação de cassação dos direitos políticos, orientando nos incisos seguintes situações de admissibilidade de perda e suspensão destes direitos. Importante suscitar acerca de latente discussão doutrinária acerca de a recusa de cumprimento de "obrigação a todos imposta" ou da "prestação alternativa" implicar na perda ou na suspensão dos direitos políticos Os que defendem ser hipótese de perda alegam que o não cumprimento leva à vedação por tempo indeterminado dos direitos políticos. Já os que entendem ser hipótese de suspensão, anotam que, caso a pessoa cumpra a obrigação ou a alternativa, os direitos poderão ser novamente exercidos (Adriano Soares da Costa). **SC**
Gabarito "D".

(Magistratura/SP – 2011 – VUNESP) A elegibilidade é a regra e são elegíveis todos os que atenderem às condições estabelecidas, que são:

(A) a nacionalidade brasileira, o domicílio eleitoral, a idade mínima prevista na Constituição e a filiação partidária.

(B) a nacionalidade brasileira, a filiação partidária, a idade e o pleno exercício dos direitos políticos.

(C) a nacionalidade brasileira, o pleno exercício dos direitos políticos, o alistamento e filiação eleitoral, a idade prevista na Constituição.

(D) a nacionalidade brasileira, o pleno exercício dos direitos políticos, alistamento, domicílio e filiação partidária e idade prevista na Constituição.

(E) a idade prevista na Constituição, a escolaridade, a nacionalidade brasileira, o pleno exercício dos direitos políticos, alistamento, domicílio e filiação partidária.

São condições de elegibilidade, na forma da lei (art. 14, § 3º, da CF): **(i)** a nacionalidade brasileira, (ii) o pleno exercício dos direitos políticos, (iii) o alistamento eleitoral, (iv) o domicílio eleitoral na circunscrição, **(v)** a filiação partidária, (vi) a idade mínima para os cargos indicados no inciso VI. São inelegíveis os inalistáveis e os analfabetos (art. 14, § 4º, da CF). **A:** incorreta, pois faltou o pleno exercício dos direitos políticos e o alistamento eleitoral; **B:** incorreta, pois faltou o alistamento e o domicílio eleitoral; **C:** incorreta, pois faltou o domicílio eleitoral; **D:** essa é a alternativa correta, conforme comentários iniciais; **E:** incorreta, pois não há exigência de escolaridade (basta ser alfabetizado). **RB**
Gabarito "D".

(Magistratura/GO – 2009 – FCC) Sufrágio é o

(A) comparecimento à seção de votação e assinatura da folha de votação, para a escolha de candidatos regularmente registrados em pleito eleitoral.

(B) instrumento através do qual o cidadão manifesta sua vontade para escolha de governantes em um regime representativo.

(C) direito público subjetivo de eleger, ser eleito e de participar da organização e da atividade do poder estatal.

(D) documento oficial onde o cidadão assinala o nome de um candidato, manifestando sua vontade para escolha de governantes em um regime representativo.

(E) ato de assinalar na urna eletrônica o nome de um candidato, manifestando sua vontade para escolha de governantes em um regime representativo.

A, B, D e E: incorretas, pois o sufrágio universal não se restringe ao voto direto e secreto, nem se confunde com ele, embora seja, também, direito inerente à soberania popular – art. 14 da CF; **C:** assertiva correta, pois descreve adequadamente o sufrágio universal, direito inerente à soberania popular – art. 14 da CF. **RB**
Gabarito "C".

(Magistratura/MT – 2009 – VUNESP) O sufrágio é um direito público subjetivo exercido por meio

(A) da eleição, do plebiscito, do referendo e da iniciativa popular.

(B) do Tribunal Superior Eleitoral, dos Tribunais Regionais Eleitorais, das Juntas Eleitorais e dos Juízes Eleitorais.

(C) do alistamento eleitoral, do sistema eleitoral, do voto secreto e da representação proporcional ou majoritária.

(D) da propaganda eleitoral gratuita, do sistema eletrônico de votação e totalização de votos, da fiscalização das eleições e da prestação de contas.

(E) do ato de votar, da impugnação dos registros de candidaturas, da impugnação dos votos apurados e do recurso dos resultados do pleito.

Nos termos do art. 14, *caput* e incisos, da CF, a soberania popular será exercida pelo sufrágio universal e pelo voto direto e secreto, com valor igual para todos, e, nos termos da lei, mediante: (i) plebiscito; (ii) referendo; e (iii) iniciativa popular. **RB**
Gabarito "A".

(Magistratura/AL – 2007 – FCC) É privativo de brasileiro nato, dentre outros, o cargo de

(A) Ministro de Estado da Justiça.

(B) Senador.

(C) Deputado Federal.

(D) Presidente da Câmara dos Deputados.

(E) Governador do Distrito Federal.

Apenas a assertiva em D indica cargo privativo de brasileiro nato – art. 12, § 3º, da CF. **RB**
Gabarito "D".

(Magistratura/AL – 2007 – FCC) Hanz, alemão naturalizado brasileiro, teve a sua naturalização cancelada por sentença transitada em julgado. Tal fato acarretará a

(A) manutenção de seus direitos políticos até eventual expulsão.

(B) suspensão dos seus direitos políticos.

(C) cassação dos seus direitos políticos.

(D) impossibilidade de ser votado, sem prejuízo do direito de votar.

(E) perda dos seus direitos políticos.

O cancelamento da naturalização por sentença transitada em julgado implica perda dos direitos políticos – art. 15, I, da CF. **RB**
Gabarito "E".

(Magistratura/AL – 2007 – FCC) O sufrágio

(A) é um direito público de natureza política que tem o cidadão de eleger, ser eleito e participar da organização e da atividade do poder estatal.

(B) é sempre restrito, pois depende de determinadas condições possuídas apenas por alguns cidadãos, como é o caso da exigência de idade mínima para determinados cargos.

(C) universal, concedido a todos os nacionais, não ocorre no Brasil, posto que só podem votar e ser votados os que previamente se alistarem.

(D) não é direito, constituindo-se no exercício do direito de votar e ser votado, através de escrutínio secreto.

(E) tem, na Constituição da República Federativa do Brasil, o mesmo sentido de voto e escrutínio.

O sufrágio universal, direito inerente à soberania popular, é descrito adequadamente pela assertiva "A" – art. 14 da CF. O sufrágio restrito se dá quando existem limitações ao exercício do sufrágio por diversos motivos. Sufrágio censitário é restrito pelo critério de riqueza, que existiu no Brasil Império. Sufrágio capacitário é restrito pelo critério de instrução, intelectual, como a anterior vedação ao voto do analfabeto. Voto, escrutínio e sufrágio não se confundem. Sufrágio é o direito de votar e ser votado. Voto é como se exercita o direito de sufrágio. Escrutínio é o procedimento, o modo como se dá o voto. **RB**
Gabarito "A".

(Magistratura/AL – 2007 – FCC) São condições de elegibilidade, na forma da lei, para os cargos de Prefeito Municipal e Vereador, dentre outras, a idade mínima de

(A) vinte e um anos.

(B) vinte e um e dezoito anos, respectivamente.

(C) trinta e dezoito anos, respectivamente.

(D) trinta e vinte e um anos, respectivamente.

(E) trinta e cinco e trinta anos, respectivamente.

A idade mínima é de 21 anos para Prefeito e de 18 anos para vereador – art. 14, § 3º, VI, *c* e *d*, da CF. **RB**
Gabarito "B".

(Magistratura/AL – 2007 – FCC) Considere as assertivas:

I. Referendo é uma consulta prévia que se faz aos cidadãos no gozo de seus direitos políticos sobre determinada matéria a ser, posteriormente, discutida pelo Congresso Nacional.

II. Plebiscito é uma consulta posterior sobre determinado ato governamental para ratificá-lo, para conceder-lhe eficácia ou para retirar-lhe a eficácia.

III. A iniciativa popular pode ser exercida pela apresentação à Câmara dos Deputados de projeto de lei subscrito por, no mínimo, um por cento do eleitorado nacional, distribuído pelo menos por cinco Estados, com não menos de três décimos por cento dos eleitores de cada um deles.

Está correto o que se afirma SOMENTE em

(A) III.

(B) II.

(C) II e III.

(D) I e III.

(E) I e II.

I e II: o plebiscito é consulta prévia e o referendo é consulta posterior – art. 14, I e II, da CF; III: arts. 14, III, e 61, § 2º, ambos da CF. **RB**
Gabarito "A".

2. INELEGIBILIDADE

(Juiz de Direito – TJ/MS – VUNESP – 2015) No que se refere à denominada "Lei da Ficha Limpa", é correto afirmar que são inelegíveis

(A) os que forem condenados, em decisão proferida por qualquer órgão judicial, desde a condenação até o transcurso do prazo de 3 (três) anos após o cumprimento da pena pelos crimes contra a administração da justiça.

(B) os que forem condenados, em decisão transitada em julgado ou proferida por órgão judicial colegiado, desde a condenação até o transcurso do prazo de 8 (oito) anos após o cumprimento da pena pelos crimes contra o patrimônio privado, o sistema financeiro, o mercado de capitais e os previstos na lei que regula a falência.

(C) os que forem condenados, em decisão transitada em julgado ou proferida por órgão judicial colegiado, desde a condenação até o transcurso do prazo de 3 (três) anos após o trânsito em julgado pelos crimes contra a administração da justiça eleitoral.

(D) os que forem condenados, em decisão transitada em julgado ou proferida por órgão judicial colegiado, desde a condenação até o transcurso do prazo de 8 (oito) anos após trânsito em julgado pelos crimes contra a família.

(E) os que forem condenados, em decisão transitada em julgado ou proferida por órgão judicial colegiado, desde a condenação até o transcurso do prazo de 4 (quatro) anos após o trânsito em julgado pelos crimes eleitorais, para os quais a lei comine pena de multa.

A: incorreta. Isto porque a LC 135/2010 (Lei da Ficha Limpa) trouxe a majoração da inelegibilidade para 8 anos (e não três). Outra, pois não é em razão de decisão proferida por qualquer órgão judicial, mas quando existir o trânsito em julgado ou decisão colegiada; **B:** correta, conforme redação trazida pelo art. 1º, I, e, item 2 da LC 64/1990, com as alterações da LC 135/2010; **C:** incorreta, pois não existem cominações de inelegibilidade pelo prazo de 3 anos que tenham subsistido às alterações da LC 135/2010, que de maneira objetiva, majorou para 8 anos as hipóteses anteriores naquele prazo; **D:** incorreta, pois não existe hipótese de inelegibilidade que apresente tal circunstância; **E:** incorreta, seja pelo prazo indicado, seja pelo fato de que em razão de trânsito em julgado de sentença condenatória por crimes eleitorais apenas haverá inelegibilidade se a lei cominar, ao crime, pena privativa de liberdade (art. 1º, I, e, item 4, LC 64/1990). **SC**
Gabarito "B".

840 ROBINSON BARREIRINHAS E SAVIO CHALITA

(Magistratura/DF – 2011) De acordo com a Lei Complementar nº 64/1990 (Lei de Inelegibilidades), é correto afirmar:

(A) A impugnação, por parte de candidato, partido político ou coligação, impede a ação do Ministério Público no mesmo sentido, que, nada obstante, pode recorrer da decisão judicial de improcedência;

(B) São inelegíveis, para qualquer cargo, os membros da Câmara Legislativa que hajam perdido os respectivos mandatos por procedimento declarado incompatível com o decoro parlamentar, para as eleições que se realizarem durante o período remanescente do mandato para o qual foram eleitos e nos 8 (oito) anos subsequentes ao término da legislatura;

(C) Admite execução provisória a decisão que declarar a inelegibilidade de candidato para fins de negativa de registro ou de cancelamento, se já tiver sido feito;

(D) São inelegíveis, para qualquer cargo, os que, dentro de 6 (seis) meses anteriores ao pleito, hajam exercido cargo ou função de direção, administração ou representação em pessoa jurídica ou em empresa que mantenha contrato de execução de obras, de prestação de serviços ou de fornecimento de bens com órgão do Poder Público ou sob seu controle, mesmo no caso de contratos que obedeçam a cláusulas uniformes.

A: incorreta, em atenção à possibilidade de ação do Ministério Público, no mesmo sentido, conforme disposição do art. 3, § 1º da LC 64/1990; **B:** correta, em atenção ao que dispõe o art. 1º, I, b, da LC 64/1990, onde resta esclarecida a inelegibilidade para situações onde haja perda de mandato por infringência ao disposto nos incisos I e II do art. 55 CF, entre eles, procedimento declarado incompatível com o decoro parlamentar; **C:** incorreta, uma vez que não é possível a execução provisória, sendo necessário o trânsito em julgado da decisão, situação em que será negado registro, ou cancelado, se já tiver sido feito, ou declarado nulo o diploma, se já expedido, nos termos do que dispõe o art. 15 da LC 64/1990; **D:** incorreta, uma vez que a inelegibilidade prevista na assertiva corresponde aos pretendentes a cargo de presidente e vice--presidente da República, conforme art. 1º, II, i, da LC 64/1990. **RB**
Gabarito "B".

(Magistratura/PA – 2012 – CESPE) Assinale a opção correta acerca das condições de elegibilidade e inelegibilidade, à luz da CF e da legislação pertinente.

(A) Deve ser indeferido o pedido de registro de candidatura para o cargo de prefeito de município, nas eleições de 2012, de magistrado que tenha se aposentado voluntariamente em 2003 na pendência de processo administrativo disciplinar.

(B) Deve ser indeferido o pedido de registro de candidatura, nas eleições municipais de 2012, de vereador contra o qual haja representação julgada procedente, em 2012, pela justiça eleitoral, em decisão de primeira instância, pendente de recurso, relativa a processo de apuração de abuso do poder político.

(C) Deve-se indeferir o pedido de registro de candidatura para o cargo de prefeito de município, nas eleições de 2012, de conselheiro tutelar condenado à suspensão dos direitos políticos por ato doloso de improbidade administrativa que tenha importado lesão ao patrimônio público e enriquecimento ilícito, com pena cumprida até 2003.

(D) Considere que um senador da República que tenha renunciado ao mandato, em 2003, após ter sido protocolada contra ele petição capaz de autorizar a abertura de processo por infringência a dispositivo da CF, formalize pedido de registro de candidatura a prefeito de município nas eleições de 2012. Nessa situação, o referido pedido deve ser indeferido.

(E) Deve-se indeferir a solicitação de registro de candidatura a vereador de município, nas eleições de 2012, de assistente social que tenha sido excluído, em 2009, do exercício da profissão por decisão sancionatória, posteriormente suspensa pelo Poder Judiciário, do respectivo conselho regional de serviço social, em decorrência de infração ético-profissional.

A: incorreta, uma vez que o prazo previsto no art. 1º, I, q, da LC 64/1990 fora cumprido, qual seja o de 8 anos; **B:** incorreta, pois o art. 1º, I, d, da Lei 64/1990 exige que representação julgada procedente tenha transitado em julgado; **C:** incorreta, pois o art. 1º, I, l, da LC 64/1990 dispõe a inelegibilidade durante o prazo de 8 anos após o cumprimento da pena. Sendo assim, tomando a premissa de que a pena fora cumprida em 2003, a inelegibilidade não obstará o pedido de registro do conselheiro; **D:** correta, em atenção ao que dispõe o art. 1º, I, k, da LC 64/1990; **E:** incorreta, pois a assertiva traz exatamente a situação de exceção disposta no art. 1º, I, m, da LC 64/1990. A inelegibilidade decorrente de exclusão dos quadros de profissionais habilitados pelos respectivos conselhos (CREA, CRF, OAB etc.), em razão da prática de infração ético-profissional, somente é reconhecida em caso de decisão definitiva do respectivo órgão. Entretanto, a inelegibilidade é afastada quando o Poder Judiciário anular ou suspender a decisão de expulsão, de caráter administrativo. **SC**
Gabarito "D".

(Magistratura/PE - 2013 - FCC) É proibido aos agentes públicos, servidores ou não, nomear, contratar ou de qualquer forma admitir, demitir sem justa causa, suprimir ou readaptar vantagens ou por outros meios dificultar ou impedir o exercício funcional e, ainda, *ex officio*, remover, transferir ou exonerar servidor público, na circunscrição do pleito, nos três meses que o antecedem e até a posse dos eleitos, sob pena de nulidade de pleno direito, com ressalvas legais que NÃO incluem a

(A) nomeação ou exoneração de cargos em comissão e designação ou dispensa de funções de confiança.

(B) nomeação para cargos do Poder Judiciário, do Ministério Público, dos Tribunais ou Conselhos de Contas e dos órgãos da Presidência da República.

(C) nomeação dos aprovados em concursos públicos concluídos, ainda que não homologados, até o início daquele prazo.

(D) nomeação ou contratação necessária à instalação ou ao funcionamento inadiável de serviços públicos essenciais, com prévia e expressa autorização do Chefe do Poder Executivo.

(E) transferência ou remoção *ex officio* de militares, policiais civis e de agentes penitenciários.

A alínea c, do inciso V, art. 73 da Lei das Eleições (Lei 9.504/1997) dispõe sobre a ressalva de nomeação dos aprovados em concursos públicos homologados até o início do prazo de 3 meses anteriores ao pleito eleitoral. **SC**
Gabarito "C".

19. DIREITO ELEITORAL · 841

(Magistratura/PI – 2011 – CESPE) Com relação às inelegibilidades, assinale a opção correta.

(A) O candidato condenado, em decisão transitada em julgado ou proferida por órgão colegiado da justiça eleitoral, por conduta vedada a agente público em campanha eleitoral somente será considerado inelegível se a conduta implicar a cassação do registro ou do diploma.

(B) O prefeito que perder o mandato por infringência a dispositivo da lei orgânica municipal ficará inelegível, para qualquer cargo, nas eleições a serem realizadas no período remanescente do mandato para o qual tenha sido eleito e nos três anos subsequentes ao término do mandato, reavendo a sua elegibilidade imediatamente após esse período.

(C) O prazo da inelegibilidade do indivíduo condenado por crime contra o meio ambiente por decisão transitada em julgado ou proferida por órgão judicial colegiado perdura enquanto durarem os efeitos da condenação.

(D) A inelegibilidade não se aplica a membro de assembleia legislativa que renunciar ao mandato após o oferecimento de representação capaz de autorizar a abertura de processo por infringência a dispositivo da constituição estadual.

(E) O indivíduo excluído do exercício da profissão por decisão sancionatória do órgão profissional competente em decorrência de infração ético-profissional ficará inelegível, para qualquer cargo, pelo prazo de quatro anos, salvo se o ato houver sido anulado ou suspenso pelo Poder Judiciário.

A: correta, (art. 1°, I, j, LC 64/1990); **B:** incorreta, pois o art. 1°, I, c, da LC 64/1990 dispõe que Prefeito e o Vice-Prefeito que perderem seus cargos eletivos por infringência a dispositivo da Constituição Estadual, da Lei Orgânica do Distrito Federal ou da Lei Orgânica do Município, para as eleições que se realizarem durante o período remanescente e nos 8 (oito) anos subsequentes ao término do mandato para o qual tenham sido eleitos; **C:** incorreta, pois o art. 1°, I, e, linha 3, da LC 64/1990 dispõe que a inelegibilidade atingirá desde a condenação até o transcurso do prazo de 8 (oito) anos após o cumprimento da pena; **D:** incorreta, pois a inelegibilidade é aplicada com base no que dispõe o art. 1°, I, k, da LC 64/1990; **E:** incorreta, pois o prazo será de 8 anos, conforme art. 1°, I, m, da LC 64/1990. **SC**
Gabarito "A"

(Magistratura/PR – 2013 – UFPR) Assinale a alternativa INCORRETA:

(A) O alistamento eleitoral e o voto são obrigatórios para os maiores de dezoito anos e facultativo para os analfabetos, maiores de setenta anos e para os maiores de dezesseis anos e menores de dezoito anos.

(B) Não podem alistar-se como eleitores os estrangeiros e, durante o período de serviço militar obrigatório, os conscritos.

(C) São condições de elegibilidade na forma da lei a nacionalidade brasileira, o pleno exercício dos direitos políticos, o alistamento eleitoral, o domicílio eleitoral na circunscrição, filiação partidária; idade mínima de trinta e cinco anos para Presidente e Vice-Presidente

da República, Senador; trinta anos para Governador e Vice-Governador dos Estados e do Distrito Federal; vinte e um anos para Deputado Federal, Deputado Estadual ou Distrital, Prefeito, Vice-Prefeito e Juiz de Paz; dezoito anos para vereador.

(D) São inelegíveis, no território de jurisdição do titular, o cônjuge e os parentes consanguíneos ou afins, até o terceiro grau ou por adoção, do Presidente da República, de Governador de Estado ou Território, do Distrito Federal, de Prefeito ou de quem os haja substituído dentro dos seis meses anteriores ao pleito, salvo se já titular de mandato eletivo e candidato à reeleição.

A: assertiva correta, conforme art. 14, § 1°, da CF; **B:** assertiva correta, art. 14, § 2° da CF; **C:** assertiva correta, art. 14, § 3°, da CF; **D:** assertiva incorreta, devendo ser assinalada, uma vez que o art. 14, § 7° dispõe que a inelegibilidade constará até parentes consanguíneos ou afins até o segundo grau: "São inelegíveis, no território de jurisdição do titular, o cônjuge e os parentes consanguíneos ou afins, até o segundo grau ou por adoção, do Presidente da República, de Governador de Estado ou Território, do Distrito Federal, de Prefeito ou de quem os haja substituído dentro dos seis meses anteriores ao pleito, salvo se já titular de mandato eletivo e candidato à reeleição." **SC**
Gabarito "D"

(Magistratura/RJ – 2011 – VUNESP) Sobre as inelegibilidades, assinale a alternativa correta.

(A) A inelegibilidade de Prefeito que concorre à cadeira no Poder Legislativo sem renunciar ao cargo seis meses antes do pleito deverá ser arguida na fase de registro da candidatura, sob pena de preclusão.

(B) Vice-Prefeito que não tenha substituído o titular em ambos os mandatos pode se candidatar ao cargo de Prefeito, sendo-lhe facultada, ainda, a reeleição ao cargo de Chefe do Poder Executivo por um único período.

(C) Na hipótese de rejeição de contas relativas ao exercício de cargo se funções públicas, a Justiça Eleitoral só poderá decidir pela não incidência de causa de inelegibilidade mediante prévia desconstituição da decisão de rejeição das contas, obtida na Justiça Comum.

(D) Independentemente de eventual decisão desconstitutiva do Poder Judiciário, a demissão do serviço público, imposta em processo administrativo, não constitui causa de inelegibilidade.

A: incorreta, o prazo é de 5 dias conforme dispõe o art. 66, § 3°, da Lei 9.504/1997: "No prazo de cinco dias a contar da data da apresentação referida no § 2°, o partido político e a coligação poderão apresentar impugnação fundamentada à Justiça Eleitoral"; **B:** correta, conforme art. 1°, VII, § 2°, da Lei Complementar 64/90 bem como art. 14, § 5°, da CF; **C:** incorreta, conforme o art o art. 1°, I, g, da LC 64/90. **SC**
Gabarito "B"

(MAGISTRATURA/PB – 2011 – CESPE) Com relação à inelegibilidade, assinale a opção correta.

(A) O prazo de inelegibilidade de prefeito que tiver as contas relativas ao exercício do cargo rejeitadas, por decisão irrecorrível do órgão competente, em razão de irregularidade insanável que configure ato doloso de improbidade administrativa, se a decisão não tiver sido suspensa nem anulada pelo Poder Judiciário, deverá ser contado do término do mandato para o qual o prefeito tenha sido eleito.

(B) Para candidato que já exerça mandato eletivo, conta-se do término do mandato para o qual tenha sido eleito o prazo de inelegibilidade caso ele venha a ser condenado, por decisão transitada em julgado ou proferida por órgão colegiado da justiça eleitoral, em decorrência de gastos ilícitos de campanha, com a consequente cassação do diploma.

(C) Consideram-se inelegíveis para qualquer cargo a pessoa física e(ou) o dirigente de pessoa jurídica responsáveis por doação eleitoral tida por ilegal, se reconhecida contra si inelegibilidade, por prazo contado da decisão que reconheça a ilegalidade.

(D) O prazo de inelegibilidade de indivíduo condenado por qualquer crime eleitoral, em decisão transitada em julgado ou proferida por órgão judicial colegiado, perdura por prazo superior aos efeitos da condenação.

(E) Enquanto persistirem os efeitos da condenação, perdura o prazo de inelegibilidade de indivíduo condenado por crime contra o patrimônio privado, em decisão transitada em julgado ou proferida por órgão judicial colegiado.

A: incorreta, pois o prazo de 8 anos é contado a partir da data da decisão que rejeitou as contas – art. 1º, I, g, da LI; **B:** incorreta, pois o prazo de 8 anos, nesse caso, é contado da eleição (independentemente de ter sido cassado o registro ou o diploma) – art. 1º, I, j, da LI; **C:** essa é a assertiva correta, conforme o art. 1º, I, p, da LI; **D:** incorreta, pois a inelegibilidade por até 8 anos após o cumprimento da pena refere-se apenas aos crimes indicados no art. 1º, I, e, da LI; **E:** incorreta, pois, nesse caso, a inelegibilidade vai desde a condenação até o transcurso do prazo de 8 anos após o cumprimento da pena – art. 1º, I, e, 2, da LI. **RB**

Gabarito "C".

(Magistratura/GO – 2009 – FCC) É de quatro meses o prazo para desincompatibilização, para candidatarem-se aos cargos de Presidente e Vice- Presidente da República, dentre outros, dos que

(A) estejam exercendo as funções de membros dos Tribunais de Contas da União, dos Estados e do Distrito Federal, bem como a de Diretor Geral do Departamento de Polícia Federal.

(B) estejam exercendo os cargos de Presidente, Diretor e Superintendente de Autarquias e Empresas Públicas.

(C) tiverem competência para aplicar multas relacionadas com as atividades de lançamento, arrecadação ou fiscalização de impostos, taxas e contribuições de caráter obrigatório.

(D) estejam exercendo nos Estados ou no Distrito Federal cargo ou função de nomeação pelo Presidente da República, sujeito à aprovação prévia do Senado Federal.

(E) estejam ocupando cargo ou função de direção, administração ou representação em entidades representativas de classe, mantidas com recursos arrecadados ou repassados pela Previdência Social.

A, B e **D:** incorretas, pois o prazo para a desincompatibilização é de 6 meses, nesses casos – art. 1º, II, a, 9, 14 e 15, e b, da LI; **C:** incorretas, pois o prazo é de 6 meses, também nesses casos – art. 1º, II, d, da LI; **E:** essa é a correta, pois o prazo de desincompatibilização é de 4 meses, conforme o art. 1º, II, g, da LI. **RB**

Gabarito "E".

(Magistratura/MT – 2009 – VUNESP) Servidor Público do Município de Cuiabá, aprovado em concurso público realizado em 1998, exerce o cargo efetivo de professor da rede pública municipal. Já possuindo filiação político-partidária, o servidor pretende candidatar-se a vereador no município de Santo Antônio do Leverger nas próximas eleições municipais. Para atender aos requisitos constitucionais e legais de elegibilidade, e, assim, poder concorrer ao pleito, o servidor deve

(A) exonerar-se do cargo, em razão da total incompatibilidade, 6 (seis) meses antes do pleito, podendo, no entanto, se não eleito, retornar ao cargo por reintegração.

(B) pedir licença do cargo, no mínimo 6 (seis) meses antes do pleito, com direito a percebimento de proventos integrais nesse período.

(C) exonerar-se do cargo, em razão da total incompatibilidade, 3 (três) meses antes do pleito, não podendo, mesmo se não eleito, retornar ao cargo que exercia.

(D) pedir licença do cargo, no mínimo 3 (três) meses antes do pleito, com direito a percebimento de proventos integrais nesse período.

(E) pedir licença do cargo, no mínimo 3 (três) meses antes do pleito, e, em sendo eleito, exonerar-se antes do ato de diplomação.

O servidor público deve se afastar do cargo pelo menos 3 meses antes do pleito, para candidatar-se para a Câmara Municipal, garantido o direito à percepção dos seus vencimentos integrais (= licença remunerada) – art. 1º, II, l, da LI, aplicável nos termos do inciso VII, a, c/c o inciso V, a, do mesmo dispositivo. **RB**

Gabarito "D".

(Magistratura/PA – 2009 – FGV – adaptada) O prazo de inelegibilidade de oito anos, por abuso de poder econômico, é contado a partir:

(A) da data da eleição em que se verificou.

(B) da data da representação.

(C) da data do trânsito em julgado da decisão.

(D) da data do ato que originou a condenação.

(E) da data do julgamento da representação.

Com a Lei da Ficha Limpa, o prazo de inelegibilidade foi ampliado para 8 anos (a questão original referia-se a 3 anos, razão pela qual foi adaptada). A inelegibilidade decorrente de decisão transitada em julgado ou proferida por órgão colegiado refere-se à eleição na qual o candidato concorre ou tenha sido diplomado, assim como para as que se realizarem nos 8 anos seguintes (ou seja, contados da eleição a que se refere o abuso do poder econômico ou político) – arts. 1º, I, d, e 22 da LI e Súmula 19/TSE. **RB**

Gabarito "A".

19. DIREITO ELEITORAL — 843

(Magistratura/AC – 2008 – CESPE) Um deputado federal que tenha o seu mandato cassado pela Câmara dos Deputados tem os direitos políticos restritos pelo prazo de oito anos e, nesse caso,

(A) perde todos os seus direitos políticos e também o de ocupar cargo no serviço público federal.

(B) poderá ser detentor de novo mandato eletivo após o fim da legislatura em que sofreu a cassação.

(C) perde a capacidade eleitoral passiva, mas não a capacidade eleitoral ativa.

(D) somente poderá candidatar-se a outros cargos que não o de deputado federal, tais como o de vereador ou de senador, por exemplo.

O deputado cassado perde apenas a capacidade eleitoral passiva (torna-se inelegível), mas não a capacidade ativa (pode votar) – art. 1º, I, *b*, da LI. **RB**
Gabarito "C".

(Magistratura/PI – 2008 – CESPE) A CF, no art. 14 e seus parágrafos, dispõe sobre casos de inelegibilidade, matéria regulamentada pela Lei Complementar n.º 64/1990, instituída com o fim de proteger a probidade administrativa e a moralidade para o exercício do mandato eletivo. A esse respeito, assinale a opção correta.

(A) Juiz de direito pode ser candidato, desde que se afaste de suas funções nos seis meses que precederem a eleição.

(B) Cunhado de prefeito pode candidatar-se a esse cargo, desde que o prefeito se afaste do cargo seis meses antes da eleição.

(C) Vice-governador, desde que tenha exercido o cargo de governador por menos de seis meses, pode ser candidato a governador.

(D) Oficial das Forças Armadas é inelegível em qualquer caso, inclusive na reserva.

(E) Sobrinho de prefeito pode ser candidato, desde que a vereador.

A: assertiva correta, conforme o art. 1º, II, *a*, 8, III, *a*, V, *a*, VI e VII, da LI. Especificamente para Prefeito e vice, o prazo de desincompatibilização é de 4 meses – art. 1º, IV, *a*, da LI; **B:** incorreta. O cunhado é parente afim impedido de se candidatar. Se o prefeito já tiver sido reeleito, sua renúncia não possibilita nova eleição e nem, portanto, eleição do cunhado – art. 14, § 7º, da CF e art. 1º, § 3º, da LI, ver Consulta 1.427/DF-TSE; **C:** incorreta, pois o vice-governador pode se candidatar a qualquer outro cargo, exceto se tiver sucedido ou substituído o governador nos 6 meses anteriores ao pleito – art. 1º, § 2º, da LI; **D:** incorreta, pois o militar alistável é elegível, nos termos e nas condições do art. 14, § 8º, da CF; **E:** incorreta, já que o sobrinho (parente de terceiro grau) não é inelegível por conta do tio prefeito – art. 14, § 7º, da CF e art. 1º, § 3º, da LI. **RB**
Gabarito "A".

(Magistratura/AL – 2007 – FCC) Tício é presidente de entidade representativa de classe, com sede no município Alpha, mantida parcialmente por contribuições impostas pelo poder público e Paulus é delegado de polícia em exercício no mesmo município. O prazo de desincompatibilização para Tício e Paulus candidatarem- se a Prefeito Municipal de Alpha é de

(A) 3 meses.

(B) 4 meses.

(C) 3 meses e 4 meses, respectivamente.

(D) 4 meses e 3 meses, respectivamente.

(E) 6 meses e 4 meses, respectivamente.

O prazo para desincompatibilização é de 4 meses para ambos – art. 1º, IV, *a* e *c*, c/c II, *g*, da LI. **RB**
Gabarito "B".

3. SISTEMA ELEITORAL

(Magistratura/BA – 2012 – CESPE) Considerando as características peculiares do sistema eleitoral brasileiro, assinale a opção correta.

(A) O candidato a presidente da República será eleito em primeiro turno se obtiver maioria relativa dos votos dos eleitores que efetivamente comparecerem às urnas, excluídos os votos nulos.

(B) A eleição dos vereadores é feita pelo sistema majoritário, pelo qual são eleitos, por maioria simples, os mais votados.

(C) A eleição para vereador, assim como as demais eleições para cargos legislativos, é realizada pelo sistema proporcional.

(D) Nas eleições para prefeito, haverá segundo turno quando um candidato não obtiver a maioria relativa dos votos.

(E) Governador e senador são eleitos pelo sistema majoritário; deputado distrital e federal, pelo sistema proporcional.

A: incorreta, pois dispõe o § 2º art. 77 da CF que a eleição para Presidente e Vice Presidente da República realizar-se-á simultaneamente no primeiro domingo de outubro, em primeiro turno, e no último domingo de outubro, em segundo turno; **B:** incorreta, pois a o art. 84 do Código Eleitoral dispõem que a eleição para a Câmara dos Deputados, Assembleias Legislativas e Câmaras Municipais, obedecerá ao princípio da representação proporcional; **C:** incorreta, nos formes dos comentários do item anterior, uma vez que o art. 84 do Código eleitoral dispõe que obedecerá ao princípio da representação proporcional. No entanto é cediço destacar que o cargo legislativo de Senador da República obedece ao princípio do voto majoritário, perfazendo-se exceção no que estabelecido no referido art. 84 do Código Eleitoral; **D:** incorreta, pois será observado, conforme art. 29, II, da CF c.c art. 77, § 2º, da CF, o sistema majoritário, sendo que não atingindo a maioria absoluta dos votos, excluídos brancos e nulos, será realizado o segundo turno no último domingo de outubro do último ano de mandato; **E:** correta, conforme disposto no art. 28 c.c o art. 77 da CF, arts. 45 e 46 da CF, e art. 32, § 3º c.c art. 27 da CF. **SC**
Gabarito "E".

(Magistratura/MG – 2012 – VUNESP) É correto afirmar que o candidato com pedido de registro *sub judice*

(A) poderá prosseguir a campanha eleitoral.

(B) poderá prosseguir a campanha eleitoral, exceto a participação na propaganda pelo rádio e TV (horário gratuito), conforme recente interpretação jurisprudencial do Tribunal Superior Eleitoral.

(C) poderá prosseguir a campanha eleitoral, exceto a divulgação da propaganda pela internet, conforme recente interpretação jurisprudencial do Tribunal Superior Eleitoral.

(D) não poderá prosseguir a campanha eleitoral.

De fato a única resposta correta é encontrada na assertiva "A", uma vez que, de acordo com o que dispõe o art. 16-A da Lei 9.504/1997: "O candidato cujo registro esteja *sub judice* poderá efetuar todos os atos relativos à campanha eleitoral, inclusive utilizar o horário eleitoral gratuito no rádio e na televisão e ter seu nome mantido na urna eletrônica enquanto estiver sob essa condição, ficando a validade dos votos a ele atribuídos condicionada ao deferimento de seu registro por instância superior". **SC**
Gabarito "A".

(Magistratura/AC – 2008 – CESPE) Com relação ao sistema eleitoral vigente no Brasil, nos termos da Constituição Federal, da Lei Eleitoral e do Código Eleitoral, assinale a opção correta.

(A) Para quaisquer cargos, o Brasil adota o sistema proporcional.

(B) As eleições para presidente e governador, nos estados menos populosos, podem ser realizadas em apenas um turno, ainda que nenhum candidato alcance maioria absoluta dos votos válidos.

(C) O sistema majoritário é adotado exclusivamente nas eleições municipais.

(D) O sistema brasileiro, para a eleição aos cargos de vereador e deputado, estadual ou federal, é o proporcional de listas abertas.

A, C e D: o sistema proporcional com listas abertas aplica-se às eleições para a Câmara dos Deputados, para as Assembleias Legislativas e Câmara Distrital, e para as Câmaras de Vereadores – arts. 45, 27, § 1º, e 32, § 3º, todos da CF; **B:** a eleição de presidente e governador depende sempre da maioria dos votos válidos – arts. 77, §§ 2º e 3º, e 28, ambos da CF. **RB**
Gabarito "D".

---

4. ALISTAMENTO ELEITORAL, DOMICÍLIO

(Magistratura/ES – 2011 – CESPE) Acerca de alistamento eleitoral, transferência, delegados partidários perante o alistamento, cancelamento e exclusão de eleitor, revisão e correição eleitorais, assinale a opção correta.

(A) Sempre que tiver conhecimento de alguma das causas do cancelamento da inscrição, o juiz eleitoral determinará de ofício a exclusão do eleitor, dispensando-se instauração de processo específico.

(B) Para que o TSE determine de ofício a revisão ou correição das zonas eleitorais, basta que o total de transferências de eleitores ocorridas no ano em curso seja 10% superior ao do ano anterior; ou que o eleitorado seja superior ao dobro da população entre dez e quinze anos, somada à de idade superior a setenta anos, do território do município; ou, ainda, que o eleitorado seja superior a 55% da população projetada para aquele ano pelo Instituto Brasileiro de Geografia e Estatística para o município.

(C) Para a transferência de título eleitoral de servidor público civil, militar, autárquico, ou de membro de sua família, por motivo de remoção ou transferência,

não se exigem o transcurso de um ano do alistamento ou da última transferência nem a residência mínima de três meses no novo domicílio.

(D) Nenhum requerimento de inscrição eleitoral ou de transferência será recebido dentro dos cento e oitenta dias anteriores à data da eleição, período considerado de suspensão do alistamento.

(E) Aos delegados dos partidos políticos perante o alistamento é facultado promover a exclusão de qualquer eleitor inscrito ilegalmente, mas não lhes é permitido assumir a defesa do eleitor cuja exclusão esteja sendo promovida.

A: incorreta, pois será obedecido o procedimento previsto nos arts. 77 e seguintes do Código Eleitoral; **B:** incorreta, pois o art. 92 da Lei 9504/1997 dispõe que o Tribunal Superior Eleitoral, ao conduzir o processamento dos títulos eleitorais, determinará de ofício a revisão ou correição das Zonas Eleitorais sempre que (i) o total de transferências de eleitores ocorridas no ano em curso seja dez por cento superior ao do ano anterior; (ii) o eleitorado for superior ao dobro da população entre dez e quinze anos, somada à de idade superior a setenta anos do território daquele Município; (iii) o eleitorado for superior a sessenta e cinco por cento da população projetada para aquele ano pelo Instituto Brasileiro de Geografia e Estatística – IBGE; **C:** correta, conforme o art. 55, § 2º do Código Eleitoral, uma vez que nestes casos não se aplica a regra do transcurso de 1 ano e residência fixa mínima de 3 meses; **D:** incorreta, pois conforme dispõe o art. 91 da Lei 9.504/1997 o prazo é de 150 dias; **E:** incorreta, uma vez que o art. 66, II, do Código Eleitoral dispõe que é lícito aos partidos políticos, através de seus delegados, promover a exclusão de qualquer eleitor inscrito ilegalmente e assumir a defesa do eleitor cuja exclusão esteja sendo promovida. **SC**
Gabarito "C".

(Magistratura/PA – 2012 – CESPE) Olavo, médico com vinte e cinco anos de idade, em cumprimento do serviço militar obrigatório no Comando Aéreo Regional de Belém – PA, pretendendo votar nas eleições de 2012, requereu, no prazo fixado para requerimento, inscrição como eleitor.

Nessa situação, de acordo com as disposições contidas na CF e na legislação aplicável, o juiz eleitoral deve

(A) deferir o pedido, desde que o requerente apresente documento assinado pelo comandante do referido comando aéreo, referendando o pedido de alistamento eleitoral do oficial médico.

(B) deferir o pedido caso o requerente comprove, em documento oficial do comando aéreo, o licenciamento do contingente de médicos até um mês antes da data da eleição.

(C) indeferir o pedido, decisão da qual cabe recurso, em razão de o conscrito não poder alistar-se como eleitor durante o período do serviço militar obrigatório.

(D) indeferir o pedido caso o requerente, não tendo pleiteado a inscrição até o final do ano subsequente ao ano em que completou dezoito anos de idade, não apresente prova do pagamento da multa pelo atraso do alistamento eleitoral.

(E) deferir o pedido, com base no fato de ser a inscrição eleitoral dever legalmente imposto a todo brasileiro com mais de dezoito anos de idade e direito líquido e certo a ele garantido.

19. DIREITO ELEITORAL — 845

De fato, a única resposta correta encontra-se explícita na assertiva C, uma vez que de acordo com o art. 14, § 2° parte final CF, não podem alistar-se como eleitores os estrangeiros e, durante o período do serviço militar obrigatório, os conscritos. **SC**

Gabarito "C".

(Magistratura/PI – 2011 – CESPE) Assinale a opção correta acerca do alistamento eleitoral e de procedimentos a ele correlatos.

(A) No caso de transferência de domicílio eleitoral, será alterado o número de inscrição originário do eleitor.

(B) Os partidos políticos podem requerer, por seus delegados, a exclusão de qualquer eleitor inscrito ilegalmente, sendo-lhes, contudo, vedada, por inexistência de interesse jurídico, a defesa de eleitor cuja exclusão seja promovida.

(C) Para o acompanhamento e exame dos procedimentos de alistamento, transferência, revisão e segunda via de título eleitoral, os partidos políticos podem manter, em cada zona eleitoral, até dois delegados, que poderão atuar simultaneamente.

(D) As revisões de eleitorado deverão ser presididas pelo corregedor regional eleitoral.

(E) Para efeito do processamento eletrônico do alistamento eleitoral, deverá ser consignada OPERAÇÃO 1 – ALISTAMENTO quando o alistando requerer inscrição e, em seu nome, for localizada uma única inscrição cancelada por determinação de autoridade judiciária (Fase 450).

A: incorreta, muito embora ocorra a emissão de uma nova cédula do título eleitoral, o número permanece o mesmo, razão esta da solicitação de informações, entre elas a numeração do título, ao domicílio primitivo do solicitante, conforme se verifica nos arts. 55 e seguintes do Código Eleitoral; **B:** incorreta, uma vez que o art. 66, II Código Eleitoral dispõe que é lícito aos partidos políticos, através de seus delegados, promover a exclusão de qualquer eleitor inscrito ilegalmente e assumir a defesa do eleitor cuja exclusão esteja sendo promovida; **C:** incorreta, em atenção ao que disciplina o art. 28 da Resolução TSE n° 21.538/03, onde resta disposto que não será permitida a atuação simultânea dos delegados; **D:** incorreta, pois a revisão de eleitorado será presidida pelo juiz eleitoral competente, cabendo ao corregedor regional eleitoral a inspeção dos trabalhos, como disciplina os arts. 59 e 62 da Resolução TSE n° 21.538/03; **E:** correta, conforme disciplina o art 4° da Resolução TSE n° 21.538/03. **SC**

Gabarito "E".

(Magistratura/MT – 2009 – VUNESP) Leia as seguintes afirmações.

I. O requerimento de inscrição eleitoral é submetido ao juiz, que pode deferir o pedido, indeferi-lo ou ainda converter o julgamento em diligência. Em caso de indeferimento, cabe recurso interposto pelo alistando, no prazo de 10 (dez) dias.

II. Nenhum requerimento de inscrição eleitoral ou de transferência será recebido dentro dos cento e cinquenta dias anteriores à data da eleição.

III. Os oficiais de Registro Civil devem enviar ao juiz eleitoral da zona em que oficiarem, até o dia 10 de cada mês, comunicação dos óbitos de cidadãos alistáveis ocorridos no mês anterior, para cancelamento das inscrições.

IV. O menor que completar 16 (dezesseis) anos de idade até a data da eleição pode se habilitar como eleitor, no prazo de requerimento de inscrição eleitoral ou transferência. No entanto, seu título somente surtirá efeitos quando completar a idade de 16 (dezesseis) anos.

Estão corretas somente as assertivas

(A) I e II.

(B) II e III.

(C) II e IV.

(D) III e IV.

(E) I e IV.

I: incorreta, pois o prazo para recurso do alistando contra o indeferimento é de 5 dias – art. 7°, § 1°, da Lei 6.996/1982, em conformidade com o art. 45, §§ 2°, 7° e 8°, do Código Eleitoral – CE (Lei 4.737/1965); **II:** correta, pois reflete exatamente o disposto no art. 91 da Lei das Eleições – LE (Lei 9.504/1997); **III:** incorreta, pois o prazo para as comunicações é até o dia 15 da cada mês, em relação aos óbitos ocorridos no mês anterior – art. 71, § 3°, do CE; **IV:** correta, pois reflete o atual entendimento do TSE – ver Resolução 19.465/1996. **RB**

Gabarito "C".

(Magistratura/AC – 2008 – CESPE) Considerando a mudança do domicílio de eleitor, conforme o Código Eleitoral, assinale a opção incorreta.

(A) O requerimento de transferência deve ser protocolizado, no mínimo, 100 dias antes de uma eleição.

(B) O eleitor deve ter domicílio eleitoral em determinada seção por um ano, pelo menos.

(C) O eleitor deve residir no local do novo domicílio eleitoral há, pelo menos, três meses.

(D) No caso de remoção de servidor militar, o prazo de residência no local do novo domicílio eleitoral é ampliado em três meses.

A: art. 55, § 1°, I, do CE; **B:** art. 55, § 1°, II, do CE; **C:** art. 55, § 1°, III, do CE; **D:** os prazos mínimos de domicílio anterior e de nova residência não se aplicam no caso de remoção ou de transferência de servidor público ou de membro de sua família - art. 55, § 2°, do CE. **RB**

Gabarito "D".

(Magistratura/PA – 2008 – FGV) Das assertivas abaixo, assinale a incorreta.

(A) A prova do domicílio eleitoral mediante conta de qualquer serviço público prestado ao requerente deve ser do lapso temporal entre 12 e 3 meses anterior ao início do processo de transferência para o novo local.

(B) O juiz, na dúvida sobre a veracidade das informações, poderá diligenciar, in loco, a comprovação do domicílio eleitoral do interessado.

(C) O conceito de domicílio eleitoral não necessita de especial caracterização por se confundir com o de domicílio civil.

(D) Não é requisito indispensável ao requerimento para inscrição do eleitor a prova documental do domicílio eleitoral.

(E) O estado de filiação com eleitor e a existência de propriedade imobiliária na localidade são elementos suficientes para deferir requerimento de alistamento feito em tempo oportuno.

A: a transferência de domicílio eleitoral exige pelo menos 3 meses de residência na nova localidade – art. 55, § 1º, III, do CE; **B:** art. 45, § 2º, do CE; **C:** o domicílio eleitoral corresponde, em regra, a qualquer dos locais de residência ou moradia, sendo que há restrições temporais para a transferência (ou seja, não se confunde necessariamente com o domicílio civil) – arts. 42, parágrafo único, e 55, § 1º, ambos do CE; **D** e **E:** é suficiente a declaração do cidadão ou, para a transferência, qualquer prova convincente relativa ao domicílio, ressalvada a possibilidade de diligência judicial, em caso de dúvida – arts. 44, 45, § 2º, e 55, § 1º, III, todos do CE. **RB**
Gabarito "C".

(Magistratura/AL – 2007 – FCC) Em caso de mudança de domicílio, cabe ao eleitor requerer ao Juiz do novo domicílio a sua transferência, satisfeitas, dentre outras exigências, o transcurso de, pelo menos,

(A) dois anos do alistamento ou da última transferência, bem como residência mínima de seis meses no novo domicílio, declarada, sob as penas da lei, pelo próprio eleitor.

(B) um ano do alistamento ou da última transferência, bem como residência mínima de três meses no novo domicílio, desde que comprovada por atestado de residência expedido pela autoridade policial.

(C) um ano do alistamento ou da última transferência, bem como residência mínima de três meses no novo domicílio, declarada, sob as penas da lei, pelo próprio eleitor.

(D) dois anos do alistamento ou da última transferência, bem como residência mínima de seis meses no novo domicílio, desde que comprovada por atestado de residência expedido pela autoridade policial.

(E) um ano do alistamento ou da última transferência, bem como residência mínima de seis meses no novo domicílio, desde que comprovada por atestado de residência expedido pela autoridade policial.

O prazo da inscrição anterior é de pelo menos um ano e a nova residência, atestada pela autoridade policial ou provada por outros meios convincentes, é de pelo menos 3 meses na localidade – art. 55, § 1º, II e III, do CE. **RB**
Gabarito "C".

5. PARTIDOS POLÍTICOS, CANDIDATOS, SISTEMAS ELEITORAIS

(Juiz – TJ-SC – FCC – 2017) A incorporação de partido político:

(A) somente é cabível em relação a partidos políticos que tenham obtido registro definitivo do Tribunal Superior Eleitoral há, pelo menos, 5 (cinco) anos.

(B) exige que os órgãos nacionais de deliberação dos partidos políticos envolvidos na incorporação aprovem, em reunião conjunta, por maioria absoluta, novos estatutos e programas, bem como elejam novo órgão de direção nacional ao qual caberá promover o registro da incorporação.

(C) não implica eleição de novo órgão de direção nacional, mantendo-se o mandato e a composição do órgão de direção nacional da agremiação partidária incorporadora.

(D) condiciona a existência legal da nova agremiação partidária ao registro, no Ofício Civil competente

da Capital Federal, dos novos estatutos e programas, cujo requerimento deve ser acompanhado das atas das decisões dos órgãos competentes.

(E) não autoriza a soma dos votos obtidos na última eleição geral para a Câmara dos Deputados pelos partidos incorporados, para efeito da distribuição dos recursos do Fundo Partidário e do acesso gratuito ao rádio e à televisão.

A: correta, com fundamento no §9º, art. 29, Lei dos Partidos Políticos, que, a partir da Lei 13.165/2015, passou a estabelecer que "somente será admitida a fusão ou incorporação de partidos políticos que hajam obtido o registro definitivo do Tribunal Superior Eleitoral há, pelo menos, 5 (cinco) anos". Assim, há uma vedação à criação de partidos políticos que nascem destinados à serem verdadeiramente "loteados" a outros; **B:** incorreta, já que o §2º, art. 29, Lei dos Partidos Políticos estabelece que " No caso de incorporação, observada a lei civil, caberá ao partido incorporando deliberar por maioria absoluta de votos, em seu órgão nacional de deliberação, sobre a adoção do estatuto e do programa de outra agremiação"; **C:** incorreta. O art. 29, §1º, II, Lei dos Partidos Políticos dispõe que "- os órgãos nacionais de deliberação dos partidos em processo de fusão votarão em reunião conjunta, por maioria absoluta, os projetos, e elegerão o órgão de direção nacional que promoverá o registro do novo partido."; **D:** incorreta, já que esta regra disposta na assertiva D diz respeito à situação a ser observado no caso de fusão. Trata-se de reprodução do quanto disposto no §4º, art. 29, Lei dos Partidos Políticos; **E:** incorreta, já que a autorização é expressa pelo §7º, art. 29, Lei dos Partidos Políticos. **SC**
Gabarito "A".

(Juiz – TJ-SC – FCC – 2017) Nos termos da Constituição Federal, a Câmara dos Deputados compõe-se de representantes do povo, eleitos, pelo sistema proporcional. Tal sistema eleitoral:

(A) determina, segundo o Código Eleitoral, que as vagas não preenchidas segundo o quociente partidário serão distribuídas aos partidos com o maior número de votos remanescentes, ou seja, aqueles que restaram em face do cálculo do quociente partidário.

(B) determina, segundo o Código Eleitoral, a eleição dos candidatos que tenham obtido votos em número igual ou superior a 10% (dez por cento) do quociente eleitoral, tantos quantos o respectivo quociente partidário indicar, na ordem da votação nominal que cada um tenha recebido.

(C) impede, segundo a legislação eleitoral, que o voto conferido a candidato de determinado partido seja considerado para a eleição de candidato de partido diverso, ainda que coligado.

(D) determina, segundo o Código Eleitoral, a eleição dos candidatos que tenham obtido votos em número igual ou superior ao quociente eleitoral, na ordem da votação nominal que cada um tenha recebido.

(E) descabe ser aplicado à eleição de Vereadores, em virtude de a Constituição Federal atualmente estabelecer limite máximo de Vereadores para cada Município em função do número de habitantes, afastando a proporcionalidade da representação que originalmente vigorava.

A: incorreta, uma vez que os arts. 109 e 110 do Código Eleitoral

19. DIREITO ELEITORAL

estabelecem tratativa diferente. Atenção especial deve ser dada a estes dispositivos (objetivamente o art. 109, CE), uma vez que sofreu alterações pela Lei 13.165/2015 (Reforma de 2015). Vejamos:

Art. 109. Os lugares não preenchidos com a aplicação dos quocientes partidários e em razão da exigência de votação nominal mínima a que se refere o art. 108 serão distribuídos de acordo com as seguintes regras: I - dividir-se-á o número de votos válidos atribuídos a cada partido ou coligação pelo número de lugares definido para o partido pelo cálculo do quociente partidário do art. 107, mais um, cabendo ao partido ou coligação que apresentar a maior média um dos lugares a preencher, desde que tenha candidato que atenda à exigência de votação nominal mínima; II - repetir-se-á a operação para cada um dos lugares a preencher; III - quando não houver mais partidos ou coligações com candidatos que atendam às duas exigências do inciso I, as cadeiras serão distribuídas aos partidos que apresentem as maiores médias. § 1º O preenchimento dos lugares com que cada partido ou coligação for contemplado far-se-á segundo a ordem de votação recebida por seus candidatos.
§ 2º Somente poderão concorrer à distribuição dos lugares os partidos ou as coligações que tiverem obtido quociente eleitoral.
Art. 110. Em caso de empate, haver-se-á por eleito o candidato mais idoso.

B: correta. Fundamento está no art. 108, CE. Destaca-se que esta disposição é também fruto de alterações inserida pela Lei 13.165/2015, portanto, deve o candidato possuir atenção redobrada. Importante mencionar, também, que esta quota de 10% (temos sustentado em sala a denominação "cláusula de barreira no Sistema proporcional") não será observada quando na situação de chamamento dos suplentes a ocuparem cargos vagos, mas tão somente para esta aferição de resultado das eleições; **C:** incorreta, isto porque o cálculo do quociente partidário inclui a consideração da unidade apresentada pela coligação. Ou seja, os partidos poderão (não há obrigatoriedade) coligar-se para uma eleição. Havendo coligação, toda a apuração será considerada tendo-se por base o partido político individualmente (quando não coligado) ou a própria coligação (quando houver associação entre as agremiações). Art. 107, CE; **D:** incorreta, uma vez que é necessário observar o cumprimento de 10% do quociente eleitoral, conforme dito na assertiva B, relativamente à cláusula de barreira do Sistema eleitoral; **E:** incorreta, já que o sistema proporcional de apuração dos votos será utilizado para as eleições para cargos do legislativo, sendo a única exceção o cargo de senador, onde a apuração se dá pelo sistema majoritário. **SC**
Gabarito "B".

(Juiz de Direito – TJ/SP – VUNESP – 2015) A liberdade e a autonomia partidária, asseguradas na lei e na Constituição Federal, permitem que os partidos políticos

(A) editem normas estatutárias definindo competência deliberativa exclusiva à presidência nacional do Partido, por conta de seu caráter nacional.

(B) estabeleçam normas estatutárias relativas a penalidades, suspensão de direito de voto ou perda de prerrogativas quanto aos seus filiados, por conta de suas condutas e votos.

(C) outorguem aos seus órgãos diretivos competência para escolha dos candidatos, independentemente de prévia fixação das regras de escolha em seu Estatuto.

(D) estabeleçam previsão estatutária que fixe sua imunidade ao controle judicial, em se tratando de competência interna *corporis*.

A: incorreta, uma vez que o art. 15, IV, Lei dos Partidos Políticos, estabelece que o Partido Político, através de seu Estatuto, deve conter normas sobre "modo como se organiza e administra, com a definição

de sua estrutura geral e identificação, composição e competências dos órgãos partidários nos níveis municipal, estadual e nacional, duração dos mandatos e processo de eleição dos seus membros". **B:** correta, conforme *caput* do art. 25, Lei dos Partidos Políticos. **C:** incorreta, pois em contrariedade do art. 15, VI, Lei dos Partidos Políticos "O Estatuto do partido deve conter, entre outras, normas sobre: VI – condições e forma de escolha de seus candidatos a cargos e funções eletivas". **D:** incorreta, uma vez que autonomia dos partidos políticos, indicado pelo art. 17, CF, não prevê disposições acerca de imunidade ao controle judicial. **SC**
Gabarito "B".

(Juiz de Direito – TJ/SP – VUNESP – 2015) O art. 22 da Lei 9.096/1995, com a redação da Lei 12.891/2013, estabelece como hipótese de cancelamento imediato de filiação partidária, entre outras:

(A) a filiação a outro partido, desde que comunicado o fato ao partido para cancelamento da filiação anterior.

(B) a expulsão do partido nos casos de posicionamentos contrários à liderança partidária, desde que consultados os filiados.

(C) a filiação a outro partido, comunicado o fato ao Juiz da respectiva zona eleitoral, prevalecendo a filiação mais recente em caso de coexistência de filiações.

(D) a perda dos direitos políticos diante de condenação, em decisão proferida por órgão colegiado, por ato de improbidade decorrente de dolo.

O art. 22, Lei dos Partidos Políticos, indica como situações ensejadoras de cancelamento imediato da desfiliação partidária: *"I – morte; II – perda dos direitos políticos; III – expulsão; IV – outras formas previstas no estatuto, com comunicação obrigatória ao atingido no prazo de quarenta e oito horas da decisão. V – filiação a outro partido, desde que a pessoa comunique o fato ao juiz da respectiva Zona Eleitoral."*. Cabe destacar que a reforma de 2015 (Lei 12.891.2013), alterou o parágrafo único do art. 22, Lei dos Partidos Políticos, para dispor que na ocorrência de pluri ou dupla filiação partidária, serão desconsideradas as filiações anteriores e será mantida apenas a mais recente. **SC**
Gabarito "C".

(Magistratura/CE – 2012 – CESPE) Assinale a opção correta acerca da fidelidade partidária.

(A) Incumbe às partes acionadas o ônus da prova de fato extintivo, impeditivo ou modificativo da eficácia do pedido.

(B) Inexiste litisconsórcio passivo necessário no procedimento de perda de cargo eletivo por infidelidade partidária.

(C) A mudança ou o desvio reiterado do estatuto do partido configuram situações de justa causa para desfiliação partidária.

(D) O juiz eleitoral é competente para processar e julgar pedido relativo a mandato de vereador.

(E) Até cinco testemunhas podem ser arroladas por cada parte no procedimento de perda de cargo eletivo por infidelidade partidária.

A: correta, conforme art. 8º Resolução-TSE nº 22.610, de 25.10.2007; **B:** incorreta, pois a possibilidade de litisconsórcio passivo necessário no procedimento de perda de cargo eletivo por infidelidade partidária encontra respaldo no art. 4º da Resolução TSE 22.610/2007 ; **C:** incorreta, pois a resolução atenta-se para a situação de mudança substancial ou desvio reiterado do programa partidário, conforme art. 1°, § 1°, III Resolução TSE 22.610/2007; **D:** incorreta, uma vez que o art. 2° da Resolução-TSE n° 22.610/2007 dispõe que será competente o tribunal eleitoral do respectivo estado; **E:** incorreta, pois os arts. 3° e 5° da Resolução citada disciplinam o máximo de 3 testemunhas. SC Gabarito "A".

(Magistratura/MA – 2008 – IESIS) Assinale a alternativa correta:

(A) A permissão para se desfiliar de partido político em caso de incorporação, levando o parlamentar o mandato, só se justifica quando ele pertencer ao partido político incorporador, e não ao incorporado.

(B) Não autoriza a perda de mandato a desfiliação de parlamentar de partido político pelo qual se elegeu, desde que se transfira para outro partido que disputou o pleito coligado com seu partido original.

(C) Nas situações em que o parlamentar se desfiliou do partido sob cuja legenda foi eleito em data anterior a 27 de março de 2007, a agremiação não detém legitimidade para requerer a perda do cargo em decorrência de outras desfiliações consumadas após a mencionada data.

(D) Diretório municipal de partido político não é legitimado a pedir a perda de mandato eletivo por desfiliação partidária, uma vez que não é legalmente autorizado a postular perante Tribunais Eleitorais.

A: incorreta, uma vez que o art. 1°, § 1°, I, da Resolução TSE 22.610/2007 sugere a situação em que o partido é incorporado, ou seja, sujeito passivo do ato incorporador; **B:** incorreta, uma vez que tal situação não é abrangida pelas permissivas do art. 1° da Resolução TSE 22.610/2007; **C:** correta, pois em consonância com o que disposto no art. 13 da Resolução TSE 22.610/2007; **D:** incorreta, pois a autorização é garantida pelo art. 1°, § 2°, da Resolução TSE 22610/2007, por possuir, o diretório, interesse jurídico na situação. SC Gabarito "C".

(Magistratura/MG – 2012 – VUNESP) O artigo 1.°, *caput*, da Resolução n.° 22.610/07, do Tribunal Superior Eleitoral, estabelece que "o partido político interessado pode pedir, perante a Justiça Eleitoral, a decretação da perda de cargo eletivo em decorrência de desfiliação partidária sem justa causa".

É correto afirmar que a competência para decretar a perda do mandato de vereador, por infidelidade partidária, será do

(A) juiz da zona eleitoral em que se situa o município no qual o vereador exerce o mandato.

(B) Tribunal Regional Eleitoral do estado em que se situa o município no qual o vereador exerce o mandato.

(C) juiz de direito da comarca em que se situa o município no qual o vereador exerce o mandato, *ad referendum* do respectivo Tribunal de Justiça.

(D) juiz da zona eleitoral em que se situa o município no qual o vereador exerce o mandato, *ad referendum* do respectivo Tribunal Regional Eleitoral.

O art. 2° da Resolução TSE 22610/07 esclarece que o Tribunal Superior Eleitoral é competente para processar e julgar pedido relativo a mandato federal e que nos demais casos, é competente o tribunal eleitoral do respectivo estado. Assim, apenas a assertiva "B" traz a resposta correta. SC Gabarito "B".

(Magistratura/MT – 2006 – VUNESP) É correto afirmar que

(A) o partido político, antes de adquirir personalidade jurídica na forma da lei civil, deverá registrar o seu estatuto no Tribunal Superior Eleitoral.

(B) é lícito ao partido político adotar uniforme para seus membros.

(C) só o partido que tenha registrado seu estatuto no Tribunal Superior Eleitoral terá acesso gratuito ao rádio e à televisão.

(D) só é admitido o registro do estatuto do partido político que tenha caráter pelo menos estadual.

A: incorreta, pois o partido político, após adquirir personalidade jurídica na forma da lei civil, registra seu estatuto no Tribunal Superior Eleitoral, como bem disciplina o art. 7° da Lei 9.096/1995; **B:** incorreta, uma vez que tal conduta é vedada expressamente pelo art. 6° da Lei 9.096/1995; **C:** correta, conforme dispõe o art. 7°, § 2°, da Lei 9.096/1995; **D:** incorreta, pois é necessário caráter nacional ao partido político pretenso ao registro de seu estatuto, conforme dispõe o art. 7°, § 1°, da Lei 9.096/1995. SC Gabarito "C".

(Magistratura/PA – 2012 – CESPE) No que se refere aos partidos políticos, assinale a opção correta.

(A) O direito ao funcionamento parlamentar é vinculado à obtenção do apoio de, no mínimo, 3% dos votos apurados para a Câmara dos Deputados, não computados os brancos e os nulos, distribuídos em, pelo menos, um terço dos estados, com um mínimo de 1% do total dos votos de cada um deles.

(B) Observado o disposto na CF e na legislação de regência, o partido é livre para fixar, em seu programa, seus objetivos políticos e para estabelecer, em seu estatuto, sua estrutura interna, organização e funcionamento.

(C) O partido político funciona, nas casas legislativas, por intermédio de diretoria, que deve indicar suas lideranças de acordo com o estatuto do partido, as disposições regimentais das respectivas Casas e as normas da legislação pertinente.

(D) O requerimento do registro dirigido ao cartório competente do registro civil das pessoas jurídicas, da capital federal, deve ser subscrito pelos fundadores do partido político, em número nunca inferior a 81, os quais devem ter domicílio eleitoral em, no mínimo, um terço dos estados federados.

(E) A responsabilidade civil cabe ao órgão partidário municipal, estadual ou nacional que tiver dado causa a qualquer ato ilícito, havendo solidariedade dos órgãos de direção partidária estadual e nacional, em relação, respectivamente, ao órgão municipal e ao estadual.

De fato a assertiva B é a única que traz resposta correta, vez que trata-se do caput do art. 14 da Lei 9.096/1995, garantindo ao partido a liberdade e autonomia para estabelecer, em seu estatuto, sua estrutura interna, organização e funcionamento. SC Gabarito "B".

19. DIREITO ELEITORAL — 849

(Magistratura/PI – 2011 – CESPE) A respeito dos partidos políticos, assinale a opção correta.

(A) Os órgãos de direção nacional dos partidos políticos têm pleno acesso às informações que, constantes do cadastro eleitoral, digam respeito a seus afiliados.

(B) Terá direito a funcionamento parlamentar, em todas as casas legislativas para as quais tenha elegido representante, o partido que, em cada eleição para a Câmara dos Deputados, obtiver o apoio de, no mínimo, 5% dos votos apurados, não computados os brancos e os nulos, distribuídos em, pelo menos, um terço dos estados, com um mínimo de 2% do total de cada um deles.

(C) De acordo com a lei que dispõe sobre partidos políticos, a responsabilidade civil e trabalhista é solidária entre o órgão partidário municipal, o estadual e o nacional, ante o caráter nacional das agremiações partidárias.

(D) Resolução do TSE considera justa causa, para efeito de desfiliação partidária, afastamento e decretação da perda de cargo eletivo, a mudança substancial ou o desvio do estatuto partidário.

(E) Somente o registro do estatuto do partido político no registro civil das pessoas jurídicas da capital federal assegura a exclusividade da denominação, da sigla e dos símbolos da agremiação, sendo vedada a utilização, por outros partidos, de variações que possam suscitar erro ou confusão.

A resposta correta apresenta o preceituado art. 19, § 3º, da Lei 9.096/1995, disposição esta inserida pela Lei 12.034/2009, de modo a garantir aos órgãos de direção nacional dos partidos políticos o pleno acesso às informações constantes do cadastro eleitoral que digam respeito aos seus afiliados. **SC**
Gabarito "A".

(Magistratura/RR – 2008 – FCC) Os partidos políticos

(A) adquirem personalidade jurídica com o registro do estatuto no Tribunal Superior Eleitoral.

(B) têm ação de caráter regional.

(C) podem adotar uniforme para seus membros.

(D) são pessoas jurídicas de direito privado.

(E) podem receber recursos do Fundo Partidário independentemente do registro de seus estatutos no Tribunal Superior Eleitoral.

Dispõe o art. 1º da Lei 9.096/1995 que o partido político, pessoa jurídica de direito privado, destina-se a assegurar, no interesse do regime democrático, a autenticidade do sistema representativo e a defender os direitos fundamentais definidos na Constituição Federal, garantindo, desta forma, veracidade à assertiva "D". **SC**
Gabarito "D".

(Magistratura/SP – 2011 – VUNESP) A liberdade de criação, fusão, incorporação e extinção de partidos políticos, resguardados a soberania nacional, o regime democrático, o pluripartidarismo, os direitos fundamentais da pessoa humana, ainda precisa observar os preceitos que seguem:

(A) dignidade da pessoa humana, proibição de recebimento de recursos financeiros de governo estrangeiro e funcionamento parlamentar.

(B) caráter nacional, proibição de recebimento de recursos financeiros de entidade estrangeira e funcionamento afeto às funções estatais.

(C) caráter nacional, proibição de recebimento de recursos financeiros de governo ou entidade estrangeira e prestação de contas à Justiça Eleitoral.

(D) funcionamento parlamentar de acordo com a lei, prestação de contas à Justiça Eleitoral, proibição de recebimento de recursos financeiros de entidade ou governo estrangeiros ou de subordinação a estes e caráter nacional.

(E) autonomia para definir sua estrutura interna, prestação de contas à Justiça Eleitoral, subordinação a governo estrangeiro e vedação de utilização de organização paramilitar.

Nos termos do art. 17 da CF, é livre a criação, fusão, incorporação e extinção de partidos políticos, resguardados a soberania nacional, o regime democrático, o pluripartidarismo, os direitos fundamentais da pessoa humana e observados os seguintes preceitos: (i) caráter nacional, (ii) proibição de recebimento de recursos financeiros de entidade ou governo estrangeiros ou de subordinação a estes, (iii) prestação de contas à Justiça Eleitoral e (iv) funcionamento parlamentar de acordo com a lei. Por essa razão, apenas a alternativa "D" é completamente verdadeira. **RB**
Gabarito "D".

(Magistratura/PA – 2008 – FGV) Quanto à filiação partidária está correto dizer que:

(A) as inelegibilidades que não decorrem da suspensão dos direitos políticos não comprometem a filiação partidária.

(B) a filiação partidária deve ocorrer obrigatoriamente frente ao diretório regional do partido.

(C) as condições de elegibilidade do candidato devem ser aferidas após analisados os recursos eleitorais interpostos pelo interessado, assegurando-se dessa forma ao eleitor um maior leque de opções.

(D) a nulidade prevista no parágrafo único do artigo 22 da Lei 9096/95 necessita de demonstração de prejuízo.

(E) a criação de um novo partido, em face de fusão ou incorporação, implica cancelamento automático das filiações existentes aos partidos fusionados ou incorporados, para fins de aferição da dupla filiação.

A: a assertiva é verdadeira – arts. 16 e 22 da LPP; **B:** não há essa obrigatoriedade – art. 17, § 1º, da CF e art. 17 da LPP; **C:** em regra, o recurso eleitoral não tem efeito suspensivo – art. 257 do CE; **D:** a filiação em mais de um partido é absolutamente vedada (configura crime, inclusive – art. 320 do CE), prescindindo prova de prejuízo; **E:** não há cancelamento automático das filiações, até porque não há como haver dupla filiação, já que o partido fusionado ou incorporado deixa de existir (há extinção da pessoa jurídica) – arts. 22 e 29 da LPP e arts. 1.118 e 1.119 do CC. **RB**
Gabarito "A".

(Magistratura/AL – 2007 – FCC) Os Partidos Políticos

(A) podem, mesmo sem registro no Tribunal Superior Eleitoral, credenciar delegados perante o Juiz Eleitoral e o Tribunal Regional Eleitoral.

(B) têm autonomia para definir sua estrutura interna, mas não a sua organização e o seu funcionamento, que dependem de prévia aprovação da Justiça Eleitoral.

(C) adquirem personalidade jurídica com o registro de seu estatuto no Tribunal Superior Eleitoral.

(D) são pessoas jurídicas de direito publico interno e destinam-se a assegurar o regime democrático e os direitos assegurados na Constituição Federal.

(E) funcionam, nas Casas Legislativas, por intermédio de uma bancada, que deve constituir suas lideranças de acordo com o estatuto, as normais legais e o regimento respectivo.

A: todos os partidos devem ser registrados no TSE, providência imprescindível para os atos partidários, inclusive credenciamento de delegados – art. 17, § 2º, da CF e art. 66, § 4º, do CE; **B:** a autonomia partidária abrange todas essas decisões (inclusive quanto à sua organização e ao seu funcionamento), independentemente de aprovação judicial – art. 17, § 1º, da CF; **C:** os partidos adquirem personalidade jurídica na forma da legislação civil (arts. 44, V, e 45, ambos do CC), sendo que o registro no TSE é posterior – art. 17, § 2º, da CF; **D:** os partidos políticos são pessoas jurídicas de direito privado – art. 44, V, do CC; **E:** art. 12 da LPP. **RB**

Gabarito "E".

6. ELEIÇÕES, VOTOS, APURAÇÃO, QUOCIENTES ELEITORAL E PARTIDÁRIO

(Magistratura/AM – 2013 – FGV) Com relação ao tema *voto*, analise as afirmativas a seguir.

I. O voto é pessoal, obrigatório para aqueles que tenham entre 18 anos até 70 anos de idade, facultativo para os analfabetos, secreto, direto, periódico, igual e livre.

II. O voto é pessoal, obrigatório para aqueles que tenham entre 18 anos e 70 anos de idade, facultativo para os analfabetos, secreto, direto, universal, igual e livre.

III. O voto é pessoal, obrigatório para aqueles que tenham entre 18 anos e 70 anos de idade, facultativo para os analfabetos, secreto, direto, restrito, igual e livre.

Assinale:

(A) se somente a afirmativa I estiver correta.

(B) se somente a afirmativa II estiver correta.

(C) se somente a afirmativa III estiver correta.

(D) se somente as afirmativas I e II estiverem corretas.

(E) se todas as afirmativas estiverem corretas.

I: correta, conforme art. 14, § 1º, da CF; **II:** incorreta, uma vez que o art. 14 da CF, dispõe que o sufrágio é universal: "A soberania popular será exercida pelo sufrágio universal e pelo voto direto e secreto, com valor igual para todos"; **III:** incorreta, uma vez que não há respaldo constitucional à afirmativa de voto restrito. **SC**

Gabarito "A".

(Magistratura/ES – 2011 – CESPE) Assinale a opção correta com referência às normas legais que regulamentam as eleições.

(A) Durante o período compreendido entre a data da convenção e o termo final do prazo para a impugnação do registro de candidatos, o partido político coligado não possui legitimidade para atuar, de forma isolada, em processo eleitoral que questione a validade da própria coligação.

(B) Para concorrer às eleições, o candidato deve possuir domicílio eleitoral na respectiva circunscrição pelo

período de, no mínimo, dois anos anteriores ao pleito e deve ter tido sua filiação deferida pelo partido pelo menos um ano antes do pleito.

(C) A idade mínima constitucionalmente estabelecida como condição de elegibilidade é verificada em referência à data limite para o registro da candidatura, ou seja, até o dia cinco de julho do ano em que se realizarem as eleições.

(D) As eleições para prefeito, vice-prefeito, vereador e conselheiro tutelar serão simultâneas e ocorrerão, em todo o país, no primeiro domingo de outubro do ano respectivo.

(E) Poderá participar das eleições o partido que, até um ano antes do pleito, houver registrado seu estatuto no TSE, conforme o disposto em lei, e que tenha, até a data da convenção, órgão de direção constituído na circunscrição, de acordo com o respectivo estatuto.

A única resposta correta é encontrada na assertiva "E", uma vez que corresponde ao *caput* do que dispõe o art. 4º da Lei 9.504/1997. **SC**

Gabarito "E".

(Magistratura/MG – 2012 – VUNESP) Na apuração de vereadores eleitos, é correto afirmar que, pela aplicação do sistema proporcional, o quociente partidário é obtido dividindo-se pelo:

(A) quociente eleitoral o número de votos válidos dados sob a mesma legenda ou coligação de legendas, desprezada a fração.

(B) quociente eleitoral, somado com o número de bairros que compõem o município respectivo, o número de votos válidos dados sob a mesma legenda ou coligação de legendas, desprezada a fração.

(C) quociente eleitoral, somado com o número de distritos que compõem o município respectivo, o número de votos válidos dados sob a mesma legenda ou coligação de legendas, desprezada a fração.

(D) quociente eleitoral, somado com o número de bairros e distritos, que compõem o município respectivo, o número de votos válidos dados sob a mesma legenda ou coligação de legendas, desprezada a fração.

A assertiva "A" traz a única resposta correta, qual seja a correlação com o *caput* do art. 106 do Código Eleitoral. **SC**

Gabarito "A".

(Magistratura/PE - 2013 - FCC) Se nenhum candidato alcançar maioria absoluta na primeira votação, far-se-á nova eleição no último domingo de outubro, concorrendo os dois candidatos mais votados, e considerando-se eleito o que obtiver a maioria dos votos válidos. Esta regra aplica-se à eleição para Prefeito em Município com mais de duzentos mil

(A) eleitores.

(B) habitantes.

(C) cidadãos.

(D) brasileiros.

(E) trabalhadores.

A alternativa A é a correta, uma vez que se refere à possibilidade de 2º turno, previsto no, § 1º do art. 2º c/c o, § 2º do art. 3º, todos da Lei das

19. DIREITO ELEITORAL — 851

Eleições (Lei 9.504/1997). Referidos dispositivos preceituam que em municípios com mais de duzentos mil eleitores haverá a possibilidade de realização do chamado segundo turno se nenhum candidato alcançar a maioria absoluta na primeira votação, concorrendo, para tanto, os dois candidatos mais votados. **SC**

Gabarito "A".

(Magistratura/RR – 2008 – FCC) A respeito do processo eleitoral, é correto afirmar:

(A) Nas eleições proporcionais, o cancelamento de registro de candidato poderá ser decretado pelo partido político ou coligação a que pertencer, independentemente de pronunciamento da Justiça Eleitoral, por tratar-se de questão *interna corporis*.

(B) O pedido de registro de candidato às eleições proporcionais só poderá ser formulado pelos órgãos de direção dos partidos políticos.

(C) Nas eleições proporcionais, se o candidato for considerado inelegível, renunciar ou falecer, após o termo final do prazo do registro, é facultado ao partido ou coligação substituí-lo até 30 dias após o fato que deu origem à substituição e até 45 dias antes do pleito.

(D) Nas eleições majoritárias, a substituição de candidato de coligação que vier a falecer após o registro de sua candidatura, pode ser feita pelos presidentes dos partidos que a compõem, não havendo preferência do partido ao qual pertence o substituído.

(E) Se as convenções partidárias não indicarem o número máximo das vagas a que o partido tem direito, os órgãos de direção dos partidos respectivos poderão preencher as vagas remanescentes até 60 dias antes do pleito.

A: incorreta, pois em conformidade com o que dispõe o art. 101 e seguintes do Código Eleitoral, caberá à Justiça eleitoral (juiz eleitoral ou tribunal regional, conforme o caso) decretar o cancelamento de registro, inclusive facultando ao partido que seja feita a substituição do candidato dentro do prazo de 60 dias; B: incorreta, pois o art. 94 do Código Eleitoral cria a possibilidade de os dirigentes partidários realizarem o registro de candidatura do candidato, desde que obedecidas as cogências indicadas nos incisos e parágrafos do referido dispositivo; C: incorreta, pois o do § 2° do art. 101 do Código Eleitoral dispõe que <u>Nas eleições majoritárias, se o candidato vier a falecer</u> ou renunciar dentro do período de 60 (sessenta) dias mencionados no parágrafo anterior, <u>o partido poderá substitui-lo</u>; se o registro do nôvo candidato estiver deferido até 30 (trinta) dias antes do pleito serão utilizadas as já impressas, computando-se para o nôvo candidato os votos dados ao anteriormente registrado ; D incorreta, uma vez que o candidato somente poderá ser substituído por outro do mesmo partido, em atenção ao que disciplina os arts. 94 e 102 do Código Eleitoral; E: correta, conforme dispõe o art. 10, § 5°, da Lei 9.504/1997. **SC**

Gabarito "E".

(Magistratura/RR – 2008 – FCC) É de quatro meses o prazo de desincompatibilização, para candidatarem-se a Presidente ou Vice-Presidente da República, para os

(A) que estejam ocupando cargo de direção em entidades representativas de classe, mantidas parcialmente por contribuições impostas pelo Poder Público.

(B) Presidentes, Diretores e Superintendentes de Autarquias, Empresas Públicas, Sociedades de Economia Mista e Fundações Públicas e as mantidas pelo Poder Público.

(C) Secretários-Gerais, os Secretários Executivos, os Secretários Nacionais, os Secretários Federais dos Ministérios e as pessoas que ocupem cargos equivalentes.

(D) chefes de órgãos de assessoramento direto, civil e militar, da Presidência da República.

(E) Magistrados, os Secretários de Estado e os membros dos Tribunais de Contas dos Estados.

A única resposta que traz o complemento correto ao prazo de desincompatibilização para os pretendentes à candidatura para Presidente ou Vice-Presidente da República é a assertiva "A", em atenção ao que traz disposto o Art. 1°, II, g, LC 64/1990. **SC**

Gabarito "A".

(Magistratura/RR – 2008 – FCC) A respeito do sistema eletrônico de votação e totalização dos votos é INCORRETO afirmar:

(A) Na votação para as eleições proporcionais, serão computados para a legenda partidária os votos em que não seja possível a identificação do candidato, desde que o número identificador do partido tenha sido digitado corretamente.

(B) A urna eletrônica disporá de recursos que, mediante assinatura digital, permitam o registro digital de cada voto e a identificação da urna em que foi registrado, bem como do eleitor que o registrou.

(C) A urna eletrônica exibirá para o eleitor, primeiramente, os painéis referentes às eleições proporcionais e, em seguida, os referentes às eleições majoritárias.

(D) A urna eletrônica, ao final da eleição, procederá à assinatura digital do arquivo de votos, com aplicação do registro de horário e do arquivo do boletim de urna, de maneira a impedir a substituição de votos e a alteração dos registros dos termos de início e término da votação.

(E) A votação eletrônica será feita no número do candidato ou da legenda partidária, devendo o nome e a fotografia do candidato e o nome do partido ou legenda partidária aparecer no painel da urna eletrônica, com expressão designadora do cargo disputado no masculino ou feminino, conforme o caso.

A única assertiva incorreta encontra-se na alternativa "B", uma vez que é garantido o sigilo do voto a todo eleitor, em conformidade com o que dispõe o texto constitucional e especialmente o art. 59, § 4°, da Lei 9.504/1997. **SC**

Gabarito "B".

(Magistratura/PE – 2011 – FCC) Sobre o sistema eleitoral brasileiro, no que se refere à representação proporcional, é correto afirmar:

(A) A deliberação sobre coligação caberá à Convenção Nacional de cada Partido, quando se tratar de eleição para a Câmara dos Deputados.

(B) Só poderão concorrer à distribuição dos lugares os Partidos e coligações que tiverem obtido quociente eleitoral, inclusive quando do preenchimento dos lugares não preenchidos com a aplicação dos quocientes partidários, salvo quando nenhum Partido ou coligação alcançar o quociente eleitoral, hipótese em que serão considerados eleitos, até serem preenchidos todos os lugares, os candidatos mais votados.

(C) Determina-se o quociente eleitoral dividindo-se o número de votos válidos apurados (aí incluídos os votos em branco) pelo de lugares a preencher em cada circunscrição eleitoral.

(D) Na ocorrência de vaga, não havendo suplente para preenchê-la, far-se-á eleição, salvo se faltarem menos de doze meses para findar o período de mandato.

(E) Em caso de empate, haver-se-á por eleito o candidato mais jovem.

A: incorreta, pois a deliberação sobre coligação caberá à convenção regional de cada partido, quando se tratar de eleição para a Câmara dos Deputados e Assembleias Legislativas, e à convenção municipal, quando se tratar de eleição para a Câmara de Vereadores – art. 105, § 1º, do Código Eleitoral – CE (Lei 4.737/1965). É importante lembrar que as normas para a formação de coligações serão estabelecidas no estatuto do partido – art. 7º, *caput*, da Lei das Eleições – LE (Lei 9.504/1997). Em caso de omissão, cabe ao órgão de direção nacional do partido (não, necessariamente, à convenção nacional) estabelecer as normas para a formação das coligações – art. 7º, § 1º, da LE. Ademais, as diretrizes legitimamente estabelecidas pelo órgão de direção nacional, nos termos do estatuto, sobrepõem-se às convenções partidárias de nível inferior em relação às coligações – art. 7º, § 2º, da LE; **B:** assertiva correta, conforme os arts. 106 a 111 do CE; **C:** incorreta, pois o quociente eleitoral é calculado dividindo-se o total de votos válidos (desconsiderados os votos em branco) pelo número de vagas, desprezada a fração se igual ou inferior a 0,5, ou arredondando-a para 1, se superior a 0,5 – art. 106 do CE; **D:** incorreta, pois, na ocorrência de vaga, não havendo suplente para preenchê-la, far-se-á eleição, salvo se faltarem menos de 9 meses para findar o período de mandato (não 12 meses, como consta da assertiva); **E:** incorreta, pois, em caso de empate, o candidato mais idoso será considerado eleito – art. 110 do CE. RB

Gabarito "E"

(Magistratura/PE – 2011 – FCC) NÃO é nula a votação quando

(A) a maioria dos eleitores opta pelo voto nulo.

(B) efetuada em folhas de votação falsas.

(C) realizada em dia, hora, ou local diferentes do designado ou encerrada antes das 17 horas.

(D) preterida formalidade essencial do sigilo dos sufrágios.

(E) feita perante mesa não nomeada pelo juiz eleitoral, ou constituída com ofensa à letra da lei.

A: essa é a assertiva correta, pois não há essa hipótese de nulidade – art. 220 do CE; **B, C, D e E:** há nulidade da votação, nesses casos – art. 220 do CE. RB

Gabarito "A"

(Magistratura/RO – 2011 – PUCPR) Analise as assertivas a seguir:

I. Qualquer partido poderá reclamar ao Juiz Eleitoral da designação do lugar de funcionamento das Mesas Receptoras, dentro de três dias a contar da publicação da designação, devendo a decisão ser proferida no prazo de quarenta e oito horas.

II. No dia marcado para a eleição e no horário de seu início, o Presidente da mesa receptora declarará iniciados os trabalhos, procedendo-se em seguida

---

à votação, que começará pelos membros da Mesa e Fiscais de partido, passando depois para os candidatos e eleitores presentes.

III. De acordo com o estabelecido na legislação eleitoral, o eleitor somente poderá votar na Seção Eleitoral em que estiver incluído o seu nome, inclusive quando a Seção adotar a urna eletrônica, ficando a exigência dispensada somente nos casos previstos no art. 145 e seus parágrafos do Código Eleitoral.

IV. No sistema eletrônico de votação considera-se voto de legenda quando o eleitor assinala o número do partido no momento de votar para determinado cargo e somente para este é computado.

V. As impugnações dos votos que forem sendo apurados serão decididas de plano pela Junta, por maioria de votos, de cuja decisão cabe recurso imediato, interposto apenas verbalmente e que deve ser devidamente fundamentado neste ato.

Está(ão) CORRETA(**S**):

(A) Apenas a assertiva I.

(B) Apenas as assertivas I, II, III e IV.

(C) Apenas as assertivas IV e V.

(D) Apenas as assertivas I, III e IV.

(E) Apenas as assertivas I e IV.

I: correta, conforme o art. 63 da LE; **II:** incorreta, pois a votação se iniciará pelos candidatos e eleitores presentes. Os membros da mesa e os fiscais de partido deverão votar no correr da votação, depois que tiverem votado os eleitores que já se encontravam presentes no momento da abertura dos trabalhos, ou no encerramento da votação – art. 143, *caput* e § 1º, do CE; **III:** incorreta, pois, no caso da urna eletrônica, somente poderão votar eleitores cujos nomes estiverem nas respectivas folhas de votação, não se aplicando a ressalva do art. 148, § 1º, do CE (que faz remissão ao art. 145 e parágrafo do mesmo Código) – art. 62 da LE; **IV:** correta, conforme o art. 60 da LE; **V:** incorreta, pois os recursos contra as decisões das Juntas podem ser interpostos verbalmente ou por escrito, e deverão ser fundamentados no prazo de 48 horas para que tenham seguimento – art. 169, § 2º, do CE. RB

Gabarito "E"

(Magistratura/GO – 2009 – FCC) A respeito da composição das Mesas Receptoras de votos, considere:

I. Serventuários da justiça.

II. Agentes policiais.

III. Eleitores da própria Seção Eleitoral.

IV. Os que pertencerem ao serviço eleitoral.

V. Os parentes por afinidade de candidatos, até o segundo grau, inclusive.

NÃO podem ser nomeados presidentes e mesários, dentre outros, os indicados SOMENTE em

(A) III, IV e V.

(B) I, II e V.

(C) I, II, III e IV.

(D) I, III e IV.

(E) II, IV e V.

Nos termos do art. 120, § 1º, do CE, não podem ser nomeados presidentes e mesários: **(i)** os candidatos e seus parentes ainda que por afinidade, até o segundo grau, inclusive, ou seus cônjuges; **(ii)** os membros de diretórios de partidos desde que exerça função execu-

19. DIREITO ELEITORAL 853

tiva; (iii) as autoridades e agentes policiais, bem como os funcionários no desempenho de cargos de confiança do Executivo; (iv) os que pertencerem ao serviço eleitoral. Os mesários serão nomeados, de preferência entre os eleitores da própria seção, e, dentre estes, os diplomados em escola superior, os professores e os serventuários da Justiça – art. 120, § 2º, do CE. **RB**

Gabarito "E".

(Magistratura/GO – 2009 – FCC) A respeito do encerramento da votação, é correto afirmar que

(A) terminada a votação e declarado o encerramento pelo Presidente, somente poderão votar eleitores que apresentarem atestado médico que justifique o atraso.

(B) poderão votar após às 17 horas e 15 minutos os eleitores que tiverem apresentado justificativa por escrito ao Presidente da Mesa Receptora.

(C) o encerramento da votação ocorrerá às 17 horas, com tolerância de 15 minutos.

(D) só poderão votar após às 17 horas os eleitores que tiverem recebido senha e entregue seus títulos à Mesa.

(E) se, por qualquer motivo, tiver havido interrupção da votação, o horário de encerramento será prorrogado pelo tempo que tiver durado a interrupção.

Às 17 horas, o presidente fará entregar as senhas a todos os eleitores presentes e, em seguida, os convidará, em voz alta, a entregar à mesa seus títulos, para que sejam admitidos a votar. A votação continuará na ordem numérica das senhas e o título será devolvido ao eleitor, logo que tenha votado – art. 153 do CE. **A e B:** incorretas, pois somente aqueles presentes no local de votação às 17 horas receberão senhas para votar após esse horário; **C:** incorreta, pois não há essa limitação de 15 minutos; **D:** correta, conforme o art. 153 do CE; **E:** incorreta. A interrupção será relatada, nos termos do art. 154, III, *i*, do CE, mas somente os presentes no local de votação às 17 horas poderão votar. **RB**

Gabarito "D".

(Magistratura/MT – 2009 – VUNESP) Assinale a alternativa correta.

(A) A urna eletrônica exibirá para o eleitor, primeiramente, os painéis referentes às eleições majoritárias e, em seguida, os referentes às eleições proporcionais.

(B) A votação eletrônica será feita no número do candidato ou da legenda partidária, devendo o nome e a fotografia do candidato e o nome do partido ou a legenda partidária aparecer no painel da urna eletrônica, com a expressão designadora do cargo disputado no masculino ou feminino, conforme o caso.

(C) O boletim de urna, segundo modelo aprovado pelo Tribunal Superior Eleitoral, conterá os nomes e os números dos candidatos nela votados, cumprindo ao Presidente da Junta Eleitoral acostar tal documento à impugnação de urna formulada por fiscal de partido ou coligação, devidamente credenciado.

(D) Constitui crime, punível com 2 a 8 anos de detenção, obter acesso a sistema de tratamento automático de dados usado pelo serviço eleitoral, a fim de alterar a apuração ou a contagem de votos.

(E) A impugnação não recebida pela Junta Eleitoral pode ser apresentada diretamente ao Tribunal Regional Eleitoral, em quarenta e oito horas, acompanhada de declaração de três testemunhas, sendo que o Tribunal

decidirá sobre o recebimento em quarenta e oito horas, e, transmitirá imediatamente à Junta, via telex, fax ou qualquer outro meio eletrônico, o inteiro teor da decisão e da impugnação.

A: incorreta, pois a urna eletrônica exibirá para o eleitor, primeiramente, os painéis referentes às eleições proporcionais e, em seguida, os referentes às eleições majoritárias – art. 59, § 3º, da LE; **B:** assertiva correta, pois reflete exatamente o disposto no art. 59, § 1º, da LE; **C:** incorreta, pois compete ao Presidente da Mesa Receptora entregar cópia do boletim de urna aos partidos e coligações concorrentes ao pleito cujos representantes o requeiram até uma hora após a expedição – art. 68, § 1º, da LE. Cumpre aos partidos e coligações, por seus fiscais e delegados devidamente credenciados, e aos candidatos, proceder à instrução dos recursos interpostos contra a apuração, juntando, para tanto, cópia do boletim relativo à urna impugnada – art. 71 da LE; **D:** incorreta, pois a pena é de 5 a 10 anos de reclusão – art. 72, I, da LE; **E:** incorreta, pois a impugnação apresentada diretamente ao TRE será acompanhada de declaração de 2 testemunhas (não 3, necessariamente, como consta da assertiva) – art. 69 da LE. **RB**

Gabarito "B".

(Magistratura/MT – 2009 – VUNESP) É nula a votação

(A) se houver extravio de documento reputado essencial.

(B) quando votar alguém com falsa identidade em lugar do eleitor chamado.

(C) feita perante mesa não nomeada pelo juiz eleitoral, ou constituída com ofensa à letra da lei.

(D) quando for negado ou sofrer restrição o direito de fiscalizar, e o fato constar da ata ou de protesto interposto, por escrito, no momento.

(E) se for constatado o emprego de processo de propaganda ou captação de sufrágios vedado por lei.

Nos termos do art. 220 do CE, é nula a votação: **(i)** quando feita perante mesa não nomeada pelo juiz eleitoral, ou constituída com ofensa à letra da lei; (ii) quando efetuada em folhas de votação falsas; (iii) quando realizada em dia, hora, ou local diferentes do designado ou encerrada antes das 17 horas; (iv) quando preterida formalidade essencial do sigilo dos sufrágios; **(v)** quando a seção eleitoral tiver sido localizada com infração do disposto nos §§ 4º e 5º do art. 135 do CE (em propriedade de candidato, membro de diretório ou delegado partidário, autoridade policial e parentes até 2º grau, ou em propriedade rural privada). A assertiva C indica caso de nulidade, todas as outras indicam casos de anulabilidade, previstos no art. 221 do CE. **RB**

Gabarito "C".

(Magistratura/PA – 2009 – FGV) Os mesários serão nomeados de preferência:

(A) entre os eleitores da Zona Eleitoral a qual pertença a seção e, dentre estes, os funcionários públicos federais, estaduais ou municipais.

(B) entre os eleitores que tenham transferido seu domicílio eleitoral antes da eleição e, dentre eles, os que contem com mais de 25 anos.

(C) entre os eleitores com mais de 25 anos e, dentre estes, os que cursam ensino superior.

(D) entre os eleitores que tenham sido indicados pelos partidos políticos e, dentre eles, os que tenham o segundo grau completo.

(E) entre os eleitores da própria seção e, dentre estes, os diplomados em escola superior, os professores e os serventuários da Justiça.

Os mesários serão nomeados, de preferência entre os eleitores da própria seção, e, dentre estes, os diplomados em escola superior, os professores e os serventuários da Justiça – art. 120, § 2º, do CE. **RB**
Gabarito "E".

Texto para as 3 próximas questões.

Em um município com 245 mil habitantes e 205 mil eleitores, compareceram às eleições municipais 190 mil eleitores. Apurados os votos para prefeito, verificaram-se 15 mil votos nulos e 10 mil em branco. Os votos válidos estavam assim distribuídos: 90 mil para o candidato do partido A; 50 mil para o candidato do partido B; e 25 mil para o candidato do partido C. Nesse município, que conta com 13 vereadores, o número de votos válidos computados, nas eleições, para o cargo de vereador, foi idêntico ao do cargo de prefeito, ou seja, 165.000 votos.

(Magistratura/PI – 2008 – CESPE) Considerando a situação hipotética acima e à luz da legislação eleitoral vigente no Brasil sobre a matéria, assinale a opção correta.

(A) Os dois candidatos a prefeito mais votados disputarão o segundo turno das eleições.

(B) Não haverá segundo turno das eleições porque votaram menos de 200 mil eleitores.

(C) Não haverá segundo turno nessas eleições porque os votos válidos somam menos de 200 mil.

(D) Não haverá segundo turno nessas eleições porque o candidato do partido A obteve mais de 50% dos votos válidos.

(E) Só haverá segundo turno se o município for capital de estado.

O Município tem mais de 200 mil eleitores (há 205 mil), de modo que é possível, em tese, haver segundo turno. No entanto, como o candidato do partido A conseguiu mais de metade dos votos válidos (mais que 82,5 mil votos), nessa eleição não haverá segundo turno – art. 29, II, c/c art. 77, ambos da CF. **RB**
Gabarito "D".

(Magistratura/PI – 2008 – CESPE) Na situação descrita, o número mínimo de votos que um partido ou coligação deve somar para eleger um vereador, conforme as normas do Código Eleitoral sobre quociente eleitoral, é

(A) inferior a 10.000.

(B) igual a 12.692.

(C) igual a 13.000.

(D) igual a 14.615.

(E) igual a 18.846.

O quociente eleitoral é calculado pela divisão do total de votos válidos (= 165 mil) pelo número de vagas (= 13), o que resulta 12.692 votos – art. 106 do CE. **RB**
Gabarito "B".

(Magistratura/PI – 2008 – CESPE) Supondo que não tenha havido coligação nas eleições para vereador em que concorrem 4 partidos e que o partido A tenha obtido 80 mil votos para esse cargo; o partido B, 60 mil votos; o partido C,

14 mil e o partido D, 11 mil votos, assinale a opção que apresenta as quantidades de vereadores que os partidos A, B, C e D elegerão, respectivamente, de acordo com os dispositivos do Código Eleitoral sobre quocientes partidário e eleitoral.

(A) 7, 5, 1, 0

(B) 7, 6, 0, 0

(C) 7, 4, 2, 1

(D) 6, 5, 1, 1

(E) 6, 5, 1, 0

O número de vereadores eleitos por cada partido é calculado em fases. Primeiramente, divide-se o número de votos conseguidos pela legenda (somando os votos recebidos pelos candidatos com aqueles dados diretamente à legenda) pelo quociente eleitoral (= 12.692 votos), chegando-se ao quociente partidário. Nesse primeiro passo, o partido A consegue 6 vagas (= 80.000 votos ÷ 12.692 = 6,303), o partido B consegue 4 vagas (= 60.000 votos ÷ 12.692 = 4,727), o partido C consegue apenas 1 vaga (= 14.000 votos ÷ 12.692 = 1,103) e o partido D não elege nenhum vereador, pois não atingiu o mínimo de votos equivalente ao quociente eleitoral (11.000 votos < 12.692) – arts. 107 e 108 do CE. Ocorre que a somatória dos vereadores eleitos, nesse primeiro passo (6 + 4 + 1 = 11), é menor que o total de vagas (11 < 13), sobrando 2 vagas a serem preenchidas. Essas duas últimas vagas são distribuídas entre os partidos que atingiram o quociente eleitoral (apenas A, B e C), conforme a regra do art. 109 do CE: divide-se o número de votos válidos dados ao partido pelo número de vagas conseguidas mais um, sendo que o partido que conseguir a maior média leva mais uma vaga – esse passo é repetido até que se preencham todas as vagas. Na prática, a primeira vaga extra é dada para o partido B, pois ele consegue a maior média, (A: 80.000 votos ÷ 6 vagas preenchidas no primeiro passo mais um = média de 11.428; **B:** 60.000 votos ÷ 4 vagas mais um = média de 12.000; e C = 14.000 ÷ 1 vaga mais um = média de 7.000). Agora, A tem 6 vagas, B tem 5 vagas e C continua com 1 vaga, sobrando ainda uma vaga para completar o total de 13. Essa última vaga é de A, pois é ele que passa a ter a maior média, calculada na forma do art. 109 do CE (A: 80.000 votos ÷ 6 vagas mais um = média de 11.428; **B:** 60.000 votos ÷ 5 vagas mais um = média de 10.000; C = 14.000 ÷ 1 vaga mais um = média de 7.000). Assim, ao final dos cálculos, o partido A conseguiu 7 vagas, B conseguiu 5 vagas, C conseguiu 1 vaga e D nenhuma. **RB**
Gabarito "A".

(Magistratura/PA – 2008 – FGV) A identificação do eleitor:

(A) deve ser feita tão-somente por meio do título.

(B) pode ser feita pela exibição de documento com foto, desde que acompanhado de fotocópia do título.

(C) em nenhuma hipótese prescinde de estarem os dados do votante no caderno de votação.

(D) pode ser feita por meio da certidão de nascimento ou de casamento.

(E) em nenhuma hipótese prescinde de estarem os dados do votante no cadastro de eleitores da seção, mesmo que esteja portando o título.

Muito importante. A Lei 12.034/2009 incluiu o art. 91-A à LE, dispondo que, no momento da votação, além da exibição do respectivo título, o eleitor deverá apresentar documento de identificação com fotografia. Ocorre que o STF afastou a exigência de apresentação do título de eleitor, bastando o documento oficial com foto – ADI 4.467/DF-MC. **A e B:** incorretas, pois a apresentação do título é dispensável, desde que o eleitor esteja inscrito na seção e possa ser identificado por documento oficial com foto – art. 146, VI, e 147, ambos do CE, à luz da jurisprudência do STF; **C:** incorreta, já que, ainda que o nome do eleitor não conste da folha ou do caderno de votação, é possível votar, desde que seja inscrito naquela seção e esteja portando o título, nos termos e na forma do art. 146, VII, do CE; **D:** incorreta, pois, em princípio, as certidões de casamento ou de nascimento não permitem a identificação do eleitor, por não haver foto; **E:** assertiva correta, pois o eleitor somente pode votar na seção em que esteja cadastrado – art. 148 do CE. Com a urna eletrônica, não há exceção a essa regra (mesmo no caso do voto em trânsito para Presidente é preciso o cadastro prévio) – art. 62 da LE. **RB**

Gabarito "E".

(Magistratura/PA – 2008 – FGV) São legitimados para impugnação de locais escolhidos para votação:

(A) o candidato que se sentir prejudicado e o promotor eleitoral.

(B) o partido político e o promotor eleitoral.

(C) o candidato que se sentir prejudicado, o promotor e o partido político.

(D) a coligação partidária à qual pertencer o candidato que se sentir prejudicado.

(E) apenas o promotor eleitoral.

A escolha do local de votação pode ser impugnada por partido político (art. 135, § 7º, do CE), sem prejuízo da competência fiscalizadora do promotor eleitoral – art. 72 da LC 75/1993. **RB**

Gabarito "B".

(Magistratura/PA – 2008 – FGV) Determinada candidata concorreu ao pleito com registro obtido mediante liminar em mandado de segurança, que foi posteriormente revogada e o registro definitivamente cassado após as eleições. Os votos a ela atribuídos são:

(A) inválidos.

(B) anuláveis.

(C) nulos.

(D) válidos para a candidata.

(E) válidos para o partido.

Caso a cassação se dê após as eleições, os votos são atribuídos ao partido – art. 175, § 4º, do CE. **RB**

Gabarito "E".

7. PROPAGANDA ELEITORAL E RESTRIÇÕES NO PERÍODO ELEITORAL

(Juiz de Direito – TJ/MS – VUNESP – 2015) No que se refere à propaganda eleitoral na Imprensa, é correto afirmar que são permitidas,

(A) até a antevéspera das eleições, a divulgação paga, na imprensa escrita, e a reprodução na internet do jornal impresso, de até 10 (dez) anúncios de propaganda eleitoral, por veículo, em datas diversas, para cada candidato, no espaço máximo, por edição, de 1/8 (um oitavo) de página de jornal padrão e de 1/4 (um quarto) de página de revista ou tabloide.

(B) até a antevéspera das eleições, a divulgação paga, na imprensa escrita, e a reprodução na internet do jornal impresso, de até 12 (doze) anúncios de propaganda eleitoral, por veículo, em datas diversas, para cada partido, no espaço máximo, por edição, de 1/6 (um

sexto) de página de jornal padrão e de 1/3 (um terço) de página de revista ou tabloide.

(C) até o dia das eleições, a divulgação paga, na imprensa escrita, e a reprodução na internet do jornal impresso, de até 7 (sete) anúncios de propaganda eleitoral, por veículo, em datas diversas, para cada partido, no espaço máximo, por edição, de 1/8 (um oitavo) de página de jornal padrão e de 1/4 (um quarto) de página de revista ou tabloide.

(D) até o dia das eleições, a divulgação paga, na imprensa escrita, e a reprodução na internet do jornal impresso, de até 5 (cinco) anúncios de propaganda eleitoral, por veículo, em datas diversas, para cada candidato, no espaço máximo, por edição, de 1/8 (um oitavo) de página de jornal padrão e de 1/4 (um quarto) de página de revista ou tabloide.

(E) até o dia das eleições, a divulgação paga, na imprensa escrita, e a reprodução na internet do jornal impresso, de até 12 (doze) anúncios de propaganda eleitoral, por veículo, em datas diversas, para cada partido, no espaço máximo, por edição, de 1/6 (um sexto) de página de jornal padrão e de 1/3 (um terço) de página de revista ou tabloide.

No sentir deste autor, uma questão que, sem dúvida, não avalia a preparação do candidato nos conteúdos mais pertinentes, mas tão somente exige nítida memorização do dispositivo legal. Peca a banca, mais uma vez, em não abordar questões com o devido respeito aos concurseiros. A única alternativa correta é representada pela assertiva A, uma vez que relaciona-se com o conteúdo do art. 43 da Lei das Eleições, a saber: "Art. 43. São permitidas, até a antevéspera das eleições, a divulgação paga, na imprensa escrita, e a reprodução na internet do jornal impresso, de até 10 (dez) anúncios de propaganda eleitoral, por veículo, em datas diversas, para cada candidato, no espaço máximo, por edição, de 1/8 (um oitavo) de página de jornal padrão e de 1/4 (um quarto) de página de revista ou tabloide.". **SC**

Gabarito "A".

(Juiz de Direito – TJ/RJ – VUNESP – 2016) Assinale a alternativa que corretamente discorre sobre aspectos da propaganda eleitoral.

(A) A exaltação das realizações pessoais de determinada pessoa que já foi candidata a mandato eletivo, que se confunde com a ação política a ser desenvolvida e que traduz a ideia de que seja ela a pessoa mais apta para o exercício da função pública, é circunstância que não configura a prática de propaganda eleitoral, nem desvirtuamento do instituto.

(B) O candidato que exerce a profissão de cantor não pode permanecer exercendo-a em período eleitoral, mesmo que essa atividade não tenha como finalidade a animação de comício ou reunião eleitoral e que não haja nenhuma alusão à candidatura ou à campanha eleitoral, ainda que em caráter subliminar.

(C) A participação de filiados a partidos políticos ou de pré-candidatos em entrevistas, programas, encontros ou debates no rádio, na televisão e na internet, inclusive com a exposição de plataformas e projetos políticos, ainda que sem pedido explícito de voto, caracteriza propaganda eleitoral antecipada vedada.

856 ROBINSON BARREIRINHAS E SAVIO CHALITA

(D) A realização de prévias partidárias e sua transmissão ao vivo por emissoras de rádio e de televisão, a divulgação dos nomes dos filiados que participarão da disputa e a realização de debates entre os pré-candidatos, não configuram propaganda eleitoral antecipada.

(E) Entende-se como ato de propaganda eleitoral aquele que leva ao conhecimento geral, ainda que de forma dissimulada, a candidatura, mesmo que apenas postulada, a ação política que se pretende desenvolver ou razões que induzam a concluir que o beneficiário é o mais apto ao exercício de função pública.

A: incorreta, "Eleições 2010. Desvirtuamento da propaganda partidária. Causa de pedir. Realização de propaganda eleitoral extemporânea. Pedido. Multa. Condenação. 4. Na espécie, tem-se que a exaltação das realizações pessoais da recorrente se confunde com a ação política a ser desenvolvida, o que traduz a ideia de que seja ela a pessoa mais apta para o exercício da função pública, circunstância que configura a prática de propaganda eleitoral. Precedentes". (Ac. de 12.5.2011 no R-Rp nº 222623, rel. Min. Nancy Andrighi)". **B:** incorreta, "Consulta. Candidato. Cantor. Exercício da profissão em período eleitoral. 1. O candidato que exerce a profissão de cantor pode permanecer exercendo-a em período eleitoral, desde que não tenha como finalidade a animação de comício ou reunião eleitoral e que não haja nenhuma alusão à candidatura ou à campanha eleitoral, ainda que em caráter subliminar. 2. Eventuais excessos podem ensejar a configuração de abuso do poder econômico, punível na forma do art. 22 da Lei Complementar 64/90, ou mesmo outras sanções cabíveis. [...]."(Res. 23.251, de 15.4.2010, rel. Min. Arnaldo Versiani). **C:** incorreta, em atenção a disciplina no art. 36-A Lei das eleições e jurisprudência: "Propaganda eleitoral antecipada. O TSE já firmou entendimento no sentido de que, nos termos do art. 36-A da Lei das Eleições, não caracteriza propaganda eleitoral extemporânea a participação de filiados a partidos políticos em entrevistas ou programas de rádio, inclusive com a exposição de plataformas e projetos políticos, desde que não haja pedido de votos, devendo a emissora conferir-lhes tratamento isonômico. Precedentes: R-Rp 1679-80, rel. Min. Joelson Dias, DJE de 17.2.2011; R-Rp 1655-52, relª. Minª. Nancy Andrighi, PSESS em 5.8.2010" (Ac. de 21.11.2013 no AgR-REspe 6083, Rel. Henrique Neves da Silva); **D:** incorreta, O artigo 36-A da Lei 9.504/1997 dispõe que "Não configuram propaganda eleitoral antecipada, desde que não envolvam pedido explícito de voto, a menção à pretensa candidatura, a exaltação das qualidades pessoais dos pré-candidatos e os seguintes atos, que poderão ter cobertura dos meios de comunicação social, inclusive via internet: III – a realização de prévias partidárias e a respectiva distribuição de material informativo, a divulgação dos nomes dos filiados que participarão da disputa e a realização de debates entre os pré-candidatos; § 1º. É vedada a transmissão ao vivo por emissoras de rádio e de televisão das prévias partidárias, sem prejuízo da cobertura dos meios de comunicação social"; **E:** correta, o fundamento está no art. 36-A ao estabelecer que todas as situações que não configurarão propaganda antecipada. Complementarmente a isto, cabe destacar posição jurisprudencial sobre o tema: "Propaganda eleitoral antecipada. Art. 36-A da Lei 9.504/97 [...] 1. O TSE já assentou o entendimento de que propaganda eleitoral é aquela que leva ao conhecimento geral, ainda que de forma dissimulada, a candidatura, mesmo que apenas postulada, a ação política que se pretende desenvolver ou razões que induzam a concluir que o beneficiário é o mais apto ao exercício de função pública. 2. Verifico que as premissas fáticas delineadas na instância a quo demonstram a ocorrência de propaganda eleitoral extemporânea, haja vista a alusão expressa feita em relação ao apoio à candidatura da beneficiária, não tendo havido, desse modo, violação ao artigo 36-A da Lei 9.504/97". (Ac. de 20.3.2014 no AgR-REspe 16734, Rel. Laurita Vaz)". **SC**

Gabarito "E"

(Magistratura/AM – 2013 – FGV) Com relação ao tema *propaganda eleitoral,* analise as afirmativas a seguir.

I. O poder de polícia sobre a propaganda eleitoral será exercido pelo Ministério Público, nos termos do Art. 41, § 1º, da Lei n. 9.504/1997.

II. A realização de qualquer ato de propaganda eleitoral em recinto aberto depende de licença da polícia, conforme o disposto no Art. 39, *caput,* da Lei n. 9.504/1997.

III. A propaganda eleitoral veiculada pela distribuição de folhetos e outros impressos independe da obtenção de licença municipal e da autorização da Justiça Eleitoral de acordo com o Art. 38, *caput,* da Lei n. 9.504/1997.

Assinale:

(A) se somente a afirmativa I estiver correta.

(B) se somente a afirmativa II estiver correta.

(C) se somente a afirmativa III estiver correta.

(D) se somente as afirmativas I e III estiverem corretas.

(E) se todas as afirmativas estiverem corretas.

I: incorreta, uma vez que o dispositivo faz menção ao poder de polícia sobre a propaganda eleitoral exercido pelos juízes eleitorais e pelos juízes designados pelos Tribunais Regionais Eleitorais; **II:** incorreta, uma vez que o caput do art. 39 dispõe que "A realização de qualquer ato de propaganda partidária ou eleitoral, em recinto aberto ou fechado, não depende de licença da polícia"; **III:** correta, conforme o dispositivo legal indicado na própria assertiva. **SC**

Gabarito "C".

(Magistratura/CE – 2012 – CESPE) Assinale a opção correta acerca da propaganda eleitoral.

(A) A comprovação do cumprimento das determinações da justiça eleitoral relacionadas a propaganda de candidato a prefeito realizada em desconformidade com o disposto na norma geral das eleições somente pode ser apresentada à comissão designada pelo TRE da respectiva circunscrição.

(B) Quando o material impresso veicular propaganda conjunta de diversos candidatos, os gastos relativos a cada um deles deverão constar na respectiva prestação de contas, ou apenas naquela do candidato que houver arcado com os custos.

(C) A realização de comícios e a utilização de aparelhagem de sonorização fixa somente são permitidas no horário compreendido entre as oito e as vinte e duas horas.

(D) A veiculação da propaganda partidária gratuita prevista em lei somente é permitida após o dia cinco de julho do ano da eleição.

(E) É facultativa a inserção dos dados dos candidatos a vice nas propagandas dos candidatos a cargo majoritário.

A única alternativa correta é encontrada na assertiva "B", uma vez que, com atenção ao que dispõe o art. 38, § 2º, da Lei 9.504/1997, quando o material impresso veicular propaganda conjunta de diversos candidatos, os gastos relativos a cada um deles deverão constar na respectiva prestação de contas, ou apenas naquela relativa ao que houver arcado com os custos. **SC**

Gabarito "B"

19. DIREITO ELEITORAL

857

(Magistratura/MA – 2008 – IESIS) Acerca do processamento dos pedidos de direito de resposta é correto afirmar:

(A) Os pedidos de resposta formulados por terceiro, em relação ao que foi manifestado no horário eleitoral gratuito, serão examinados pela Justiça Comum.

(B) Quando a ofensa for veiculada em órgão da imprensa escrita, o pedido deverá ser feito no prazo de três dias, a contar da data constante da edição do periódico.

(C) Quando a ofensa for proferida em programação normal das emissoras de rádio e de televisão, o pedido, com a transcrição do trecho considerado ofensivo ou inverídico, deverá ser feito no prazo de setenta e duas horas, contado a partir da veiculação do ataque.

(D) Quando a ofensa ocorrer no horário eleitoral gratuito, o pedido deverá ser feito no prazo de 24 horas, contado a partir da veiculação.

A: incorreta, pois os pedidos de direito de resposta deverão ser formulados pelo ofendido ou seu representante legal e perante a justiça eleitoral, conforme art. 58, § 1°, III, da Lei 9.504/1997; **B:** incorreta, pois o prazo é de 72 horas a partir da data de veiculação da ofensa, conforme art. 58 da Lei 9.504/1997; **C:** incorreta, pois o prazo é de 48 horas, conforme art. 58, § 1°, II, da Lei 9.504/1997; **D:** correta, pois de acordo com o que dispõe o art. 58, § 1°, I, da Lei 9.504/1997. SC
Gabarito "D".

(Magistratura/ES – 2011 – CESPE) Ainda a respeito das normas legais que regulamentam as eleições, assinale a opção correta.

(A) É permitida a veiculação de propaganda eleitoral, como, por exemplo, inscrição a tinta e fixação de placas, em bens de uso comum, como postes de iluminação pública e sinalização de tráfego e paradas de ônibus.

(B) No dia das eleições, a manifestação individual e silenciosa da preferência do eleitor por partido político, coligação ou candidato, revelada exclusivamente pelo uso de bandeiras, broches, dísticos e adesivos, é permitida, mas a aglomeração de pessoas portando vestuário padronizado, bem como os instrumentos de propaganda referidos anteriormente, de modo a caracterizar manifestação coletiva, com ou sem a utilização de veículos, é proibida, até o término do horário de votação.

(C) As despesas com transporte ou deslocamento de candidato e de pessoal a serviço das candidaturas bem como o pagamento de cachê de artistas ou animadores de eventos relacionados a campanha eleitoral são considerados gastos eleitorais, sujeitos a registro e aos limites fixados na Lei das Eleições.

(D) Partidos políticos, coligações e candidatos são obrigados, durante a campanha eleitoral, a divulgar, pela Internet, em sítio especificamente criado pela justiça eleitoral, relatório discriminado dos recursos em dinheiro ou estimáveis em dinheiro que tenham recebido para financiamento da campanha eleitoral, com indicação dos nomes dos doadores e dos respectivos valores doados, e dos gastos que realizarem.

(E) É vedada a divulgação de pesquisas eleitorais, por qualquer meio de comunicação, no período compre-

endido entre o décimo quinto dia anterior ao dia das eleições e às dezoito horas do dia do pleito.

A: incorreta, de acordo com a proibição contida no art. 37 da Lei 9.504/1997; **B:** correta, conforme art. 39-A da Lei 9.504/1997; **C:** incorreta, uma vez que o art. 38, § 7°, da Lei 9.594/1997 proíbe a realização de showmícios com a participação remunerada ou não de artistas; **D:** incorreta, pois a divulgação restringe-se aos dias 6 de agosto e 6 de setembro, conforme disciplina o art. 28, § 4°, da Lei 9.504/1997; **E:** incorreta, pois o art. 43 da Lei 9.504/1997 disciplina que são permitidas, até a antevéspera das eleições, a divulgação paga, na imprensa escrita, e a reprodução na internet do jornal impresso, de até 10 (dez) anúncios de propaganda eleitoral, por veículo, em datas diversas, para cada candidato, no espaço máximo, por edição, de 1/8 (um oitavo) de página de jornal padrão e de 1/4 (um quarto) de página de revista ou tabloide. SC
Gabarito "B".

(Magistratura/MT – 2006 – VUNESP) Sobre a propaganda partidária, é correto afirmar que

(A) a propaganda de candidatos a cargos eletivos somente é permitida após a indicação do nome do candidato para a convenção.

(B) a realização de qualquer ato de propaganda partidária ou eleitoral, em recinto aberto, não depende de licença da polícia.

(C) é vedada, desde 72 horas antes até 48 horas depois das eleições, qualquer propaganda política mediante radiodifusão, televisão, comícios ou reuniões públicas.

(D) é assegurado aos partidos políticos registrados o direito de fazer inscrever, na fachada de suas sedes e dependências, o nome que os designe, pela forma que melhor lhes parecer, desde que mediante a licença da autoridade pública e de pagamentos das contribuições.

A: incorreta, pois disciplina o art. 36 que a propaganda eleitoral somente é permitida após o dia 5 de julho do ano da eleição. **B:** correta, conforme o art. 39 da Lei 9.504/1997; **C:** incorreta, as proibições encontram-se elencadas no art. 39, § 5°, da Lei 9.504/1997 bem como a referida lei, especificamente no art. 39-A, § 1°, torna consignado que a proibição abrange até o fim do pleito; **D:** incorreta, de acordo com as limitações impostas pelo art. 37, § 2°, da Lei 9.504/1997. SC
Gabarito "B".

(Magistratura/PE – 2011 – FCC) A propaganda

(A) de candidatos a cargos eletivos somente é permitida após o registro da respectiva candidatura junto à Justiça Eleitoral.

(B) política mediante radiodifusão, televisão, comícios ou reuniões públicas, qualquer que seja, é vedada desde setenta e duas horas antes até vinte e quatro horas depois da eleição.

(C) de instigação à desobediência coletiva ao cumprimento da lei de ordem pública é permitida.

(D) partidária ou eleitoral, em recinto aberto, depende de licença da polícia.

(E) partidária que implique oferecimento, promessa ou solicitação de dinheiro, dádiva, rifa, sorteio ou vantagem de qualquer natureza não será tolerada.

A: incorreta, pois a propaganda de candidatos a cargos eletivos somente é permitida após a respectiva escolha pela convenção – art. 240, *caput*, do Código Eleitoral – CE (Lei 4.737/1965); é importante lembrar que a propaganda eleitoral em geral somente é permitida após o dia 5 de julho do ano da eleição. Ademais, ao postulante a candidatura a cargo eletivo é permitida a realização, na quinzena anterior à escolha pelo partido, de propaganda intrapartidária com vista à indicação de seu nome, vedado o uso de rádio, televisão e *outdoor* – art. 36, § 1º, da Lei das Eleições – LE (Lei 9.504/1997); **B:** incorreta, pois a propaganda mediante radiodifusão, televisão,comícios ou reuniões públicas é vedada desde 48 horas antes até 24 horas depois da eleição – art. 240, p. único, do CE; **C:** incorreta, pois essa espécie de propaganda é proibida – art. 243, IV, do CE; **D:** incorreta, pois a realização de qualquer ato de propaganda partidária ou eleitoral, em recinto aberto, não depende de licença da polícia – art. 245, *caput*, do CE; **E:** essa é a alternativa correta, pois essa espécie de propaganda é vedada – art. 243, V, do CE, além de poder ser tipificado crime, caso o intuito seja obter ou dar voto ou conseguir ou prometer abstenção – art. 299 do CE. RB

Gabarito "E."

(**Magistratura/RJ – 2013 – VUNESP**) Assinale a alternativa correta.

(A) É vedada às emissoras de rádio e televisão a transmissão de programa apresentado ou comentado por candidato escolhido em convenção a partir do deferimento do registro deste perante a Justiça Eleitoral.

(B) São vedados a instalação e o uso de alto-falantes ou amplificadores de som em distância inferior a quinhentos metros de hospitais, escolas e igrejas, entre outros estabelecimentos.

(C) É permitida a colocação de cavaletes, bonecos, cartazes, mesas para distribuição de material de campanha e bandeiras ao longo das vias públicas, entre as seis horas e as vinte e duas horas, desde que móveis e não dificultem o bom andamento do trânsito de pessoas e veículos.

(D) Da propaganda de candidato a cargo majoritário também deverá constar o nome do candidato a vice ou a suplente de Senador, de modo claro e legível, em tamanho não inferior a (15%) quinze por cento do nome do titular.

A: incorreta, uma vez que o art. 45, § 1º, da Lei 9.504/1997 dispõe que a vedação será a partir do resultado da convenção; **B:** incorreta, pois o art. 39, § 3º, da Lei 9.504/1997 dispõe que o funcionamento de alto-falantes ou amplificadores de som, ressalvada a hipótese de comício (art. 39, § 4º), somente é permitido entre as oito e as vinte e duas horas, sendo vedados a instalação e o uso daqueles equipamentos em distância inferior a duzentos metros de hospitais, escolas, igrejas e outros estabelecimentos elencados no dispositivo; **C:** correta, conforme art. 37, § 6º, da Lei 9.504/1997; **D:** incorreta, uma vez que o art. 36, § 4º, da Lei 9.504/1997 dispõe que na propaganda dos candidatos a cargo majoritário, deverão constar, também, o nome dos candidatos a vice ou a suplentes de Senador, de modo claro e legível, em tamanho não inferior a 10% (dez por cento) do nome do titular. SC

Gabarito "C."

(**Magistratura/GO – 2009 – FCC**) A respeito da propaganda política, é correto afirmar que

(A) no segundo turno das eleições, não será permitida, nos programas de rádio e televisão destinados à propaganda eleitoral gratuita, a participação de filiados a partidos que tenham formalizado o apoio a outros candidatos.

(B) a propaganda partidária gratuita prevista em lei será veiculada até a antevéspera da eleição.

(C) a realização de comício ou de qualquer ato de propaganda partidária ou eleitoral, em recinto aberto, depende de licença da polícia.

(D) no dia da eleição, só é permitida a propaganda através de auto-falantes e amplificadores de som, volantes e outros impressos.

(E) o candidato escolhido em convenção poderá apresentar programa de rádio ou televisão, de 1º de agosto do ano da eleição até a antevéspera desta, desde que não seja abordado assunto ligado à atividade político partidária.

A: assertiva correta, pois a vedação é prevista no art. 54, parágrafo único, da LE; **B:** incorreta, pois, no segundo semestre do ano da eleição, não será veiculada a propaganda partidária gratuita prevista em lei nem permitido qualquer tipo de propaganda política paga no rádio e na televisão – art. 36, § 2º, da LE; **C:** incorreta, pois a realização de qualquer ato de propaganda partidária ou eleitoral, em recinto aberto ou fechado, não depende de licença da polícia – art. 39 da LE; **D:** assertiva incorreta. O uso de alto-falantes e amplificadores de som ou a promoção de comício ou carreata no dia da eleição é crime – art. 39, § 5º, I, da LE; **E:** incorreta, pois, nos termos do art. 45, § 1º, da LE, a partir do resultado da convenção, é vedado às emissoras transmitir programa apresentado ou comentado por candidato escolhido em convenção. RB

Gabarito "A".

(**Magistratura/GO – 2009 – FCC**) A partir da escolha de candidatos em convenção, é assegurado o direito de resposta a candidato, partido ou coligação atingidos, ainda que de forma indireta, por conceito, imagem ou afirmação caluniosa, difamatória, injuriosa ou sabidamente inverídica, difundidos por qualquer veículo de comunicação social. O ofendido, ou seu representante legal, poderá pedir o exercício do direito de resposta à Justiça Eleitoral, além de outras hipóteses legais, quando se tratar de horário eleitoral gratuito ou quando se tratar de órgão da imprensa escrita, no prazo, contado a partir da veiculação da ofensa, de

(A) quarenta e oito horas e setenta e duas horas, respectivamente.

(B) vinte e quatro horas.

(C) vinte e quatro e setenta e duas horas, respectivamente.

(D) vinte e quatro e quarenta e oito horas, respectivamente.

(E) quarenta e oito horas.

Os prazos para pedido de direito de resposta são de: (**i**) vinte e quatro horas, quando se tratar do horário eleitoral gratuito; (ii) quarenta e oito horas, quando se tratar da programação normal das emissoras de rádio e televisão; e (iii) setenta e duas horas, quando se tratar de órgão da imprensa escrita – art. 58, § 1º, da LE. RB

Gabarito "C".

(**Magistratura/PA – 2009 – FGV**) A propaganda de candidatos a cargos eletivos é permitida:

(A) até 24 horas antes e logo após o encerramento da votação.

(B) até 48 horas antes e logo após a proclamação do resultado da eleição.

19. DIREITO ELEITORAL   859

(C) até 48 horas antes e 24 horas após a eleição.

(D) até 24 horas antes e 24 horas após a eleição.

(E) até 48 horas antes e logo após o encerramento da votação.

Nos termos do art. 240, parágrafo único, do CE, é vedada, desde quarenta e oito horas antes até vinte e quatro horas depois da eleição, qualquer propaganda política mediante radiodifusão, televisão, comícios ou reuniões públicas. **RB**

Gabarito "C".

(Magistratura/AL – 2008 – CESPE) Assinale a opção correta quanto ao acesso gratuito de partido político à propaganda eleitoral no rádio e na TV no ano em que não ocorrem eleições.

(A) Em caso de aliança político-eleitoral, é admitida a participação em programa de propaganda partidária de pessoa filiada a outro partido.

(B) O partido deve-se referir necessariamente a um propósito eleitoral, desde que nacional.

(C) É proibida a propaganda eleitoral paga, seja em rádio, seja em TV.

(D) Eleições partidárias internas não podem ser divulgadas.

(E) Somente partido político que tenha superado a cláusula de barreira tem direito à propaganda eleitoral gratuita em ano não eleitoral.

A: não é permitida a participação de pessoa filiada a outro partido – art. 54 da LE e art. 45, § 1º, I, da LPP; **B:** não há essa restrição – art. 45, I a III, da LPP; **C:** art. 44 da LE e art. 45, § 3º, da LPP; **D:** é possível essa divulgação – art. 45, II, da LPP; **E:** a cláusula de barreira foi declarada inconstitucional pelo STF – arts. 48 e 49 da LPP, ver ADIs 1.351/DF e 1.354/DF. **RB**

Gabarito "C".

---

8. PRESTAÇÃO DE CONTAS, DESPESAS, ARRECADAÇÃO, FINANCIAMENTO DE CAMPANHA

(Magistratura/AM – 2013 – FGV) Sobre o tema *prestação de contas de campanha*, analise as afirmativas a seguir.

I. Compete à Receita Federal verificar a regularidade das contas de campanha, decidindo pela sua aprovação ou por sua desaprovação.

II. A decisão que julgar as contas dos candidatos eleitos será publicada após a diplomação.

III. Erros formais ou materiais irrelevantes no conjunto da prestação de contas, que não comprometem seu resultado, não acarretarão a rejeição das contas. Assinale:

(A) se somente a afirmativa I estiver correta.

(B) se somente a afirmativa II estiver correta.

(C) se somente a afirmativa III estiver correta.

(D) se somente as afirmativas I e II estiverem corretas.

(E) se todas as afirmativas estiverem corretas.

I: incorreta, uma vez que as contas de campanha serão julgadas pela justiça eleitoral, conforme art. 30 da Lei 9.504/1997; **II:** incorreta, pois a decisão será publicada oito dias antes da diplomação, conforme determina o art. 30, § 1º, da Lei 9.504/1997; **III:** correta, conforme art. 30, § 2º, da Lei 9.504/1997. **SC**

Gabarito "C".

(Magistratura/MA – 2008 – IESIS) Assinale a alternativa correta:

(A) A não prestação de contas de campanha constitui causa de inelegibilidade.

(B) O julgamento das contas dos candidatos deve acontecer até a véspera da diplomação.

(C) A captação ilícita de recursos de campanha pode sujeitar o candidato beneficiário à negativa ou cassação do diploma, se já outorgado.

(D) Por constituírem, as causas de inelegibilidade, matéria de ordem pública, são legitimados à propositura da ação de impugnação de registro de candidatura qualquer eleitor, os partidos e o Ministério Público.

A: incorreta, pois de acordo com o art. 29, § 2º, da Lei 9.504/1997, a inobservância da prestação de contas no prazo determinado resultará na impossibilidade de diplomação do candidato; **B:** incorreta, uma vez que o prazo é até 8 dias antes da diplomação, conforme preceitua o art. 30, § 1º, da Lei 9.504/1997; **C:** correta, é a única alternativa que apresenta inferência correta, uma vez que diante do disposto pelo art. 30-A, § 2º, da Lei 9.504/1997; **D:** incorreta, pois os legitimados a impugnarem o registro de candidatura encontram-se enumerados no art. 3º, *caput*, da LC 64/90. **SC**

Gabarito "C".

(Magistratura/MG – 2012 – VUNESP) É correto afirmar que a propaganda eleitoral pela internet

(A) será sempre gratuita, se feita por meio de *sites* dos candidatos e partidos políticos.

(B) será admitida somente se for propaganda paga e se feita por meio de *sites* de pessoas jurídicas de direito privado, *blogs* e congêneres.

(C) poderá ser feita de forma gratuita, desde que assegurada igualdade de tratamento a candidatos, partidos e coligações, em *sites* oficiais e da Administração Pública indireta, em todos os níveis federativos.

(D) será sempre gratuita.

De fato a única alternativa correta é apresentada pela assertiva "D" ao dispor em conformidade com o que preceitua o art. 57-C da Lei 9.504/1997: "Na internet, é vedada a veiculação de qualquer tipo de propaganda eleitoral paga". **SC**

Gabarito "D".

(Magistratura/PA – 2012 – CESPE) Com relação à arrecadação e à aplicação de recursos nas campanhas eleitorais, às vedações inerentes e às sanções, bem como à propaganda eleitoral em geral, assinale a opção correta.

(A) É proibida a colocação de cavaletes, bonecos, cartazes, mesas para distribuição de material de campanha e bandeiras ao longo das vias públicas, ainda que móveis e não dificultem ou impeçam o trânsito de pessoas e veículos.

(B) O candidato a cargo eletivo deve, diretamente ou por intermédio de pessoa por ele designada, administrar a parte financeira de sua campanha, sendo ele, entretanto, o único responsável pela veracidade das informações financeiras e contábeis relativas à campanha.

(C) É vedado a partido e a candidato receber, direta ou indiretamente, doação de dinheiro procedente de cooperativas, ainda que os cooperados não sejam

ROBINSON BARREIRINHAS E SAVIO CHALITA

concessionários ou permissionários de serviços públicos ou as cooperativas não sejam beneficiadas com recursos públicos.

(D) No caso de descumprimento das normas referentes à arrecadação e aplicação de recursos fixadas na legislação, o partido perderá o direito ao recebimento da quota do fundo partidário do ano seguinte, e, se for o caso, os candidatos beneficiados responderão por abuso do poder econômico.

(E) É permitida a fixação de placas, estandartes, faixas e assemelhados, utilizados para a veiculação de propaganda eleitoral, em árvores e jardins localizados em áreas públicas, bem como em muros, cercas e tapumes divisórios, desde que não lhes cause dano.

A: incorreta, uma vez que a prática é permitida, desde que móveis e não atrapalhem o trânsito de pessoas e veículos, conforme art. 37, § 6°, da Lei 9.504/1997; **B:** incorreta, pois os arts. 20 e 21 da Lei 9.504/1997 dispõem sobre a solidariedade na responsabilidade das informações prestadas; **C:** incorreta, uma vez que se trata de uma exceção permissiva contida no art. 24, parágrafo único, da Lei 9.504/1997; **D:** correta, em atenção ao que dispõe o art. 25 da Lei 9.504/1997; **E:** incorreta, vez que a conduta é proibida pelo art. 37 da Lei 9.504/1997. **SC**
Gabarito "D".

(Magistratura/PI – 2011 – CESPE) Relativamente à arrecadação e à aplicação de recursos nas campanhas eleitorais, assinale a opção correta.

(A) As taxas cobradas pelas credenciadoras de cartão de crédito, embora devam ser lançadas na prestação de contas de candidatos, de partidos políticos e de comitês financeiros, não são consideradas despesas de campanha eleitoral.

(B) Registrado na justiça eleitoral, o limite de gastos dos candidatos não poderá ser alterado.

(C) Salvo os recursos próprios aplicados em campanha, todas as demais doações a candidato, a comitê financeiro ou a partido político devem ser realizadas mediante recibo eleitoral.

(D) Os candidatos a vice e a suplentes não podem ser responsabilizados no caso de extrapolação do limite máximo de gastos fixados para os respectivos titulares.

(E) Doações mediante cartão de crédito somente podem ser realizadas por pessoa física, vedado o parcelamento e o uso de cartões emitidos no exterior, corporativos ou empresariais.

A: incorreta, pois as taxas cobradas devem ser consideradas como despesas de campanha, conforme art. 12, parágrafo único, da Resolução TSE n° 23.216; **B:** incorreta, pois o art. 5° da Resolução TSE 21.609/2004 dispõe que após informado à Justiça Eleitoral, o limite de gastos dos candidatos só poderá ser alterado com a devida autorização do juiz eleitoral, mediante solicitação justificada, em caso de fato superveniente e imprevisível com impacto na campanha eleitoral; **C:** incorreta, pois em confronto com o que disciplina o art. 23 da Resolução TSE n° 21.609/2004 que disciplina que toda doação a candidato ou a comitê financeiro, inclusive os recursos próprios aplicados na campanha, deverão fazer-se mediante recibo eleitoral (Lei 9.504/1997, art. 23, § 2°); **D:** incorreta, uma vez que os valores máximos de gastos relativos à candidatura de vice e suplente estarão incluídos naqueles pertinentes à candidatura do titular e serão informados pelo partido político a que

forem filiados os candidatos. Os candidatos a vice e a suplentes são solidariamente responsáveis no caso de extrapolação do limite máximo de gastos fixados para os respectivos titulares, conforme inteligência dos arts. 20 e 21 da Lei 9.504/1997, art. 4°, § 2°, da Resolução TSE n° 21.609/2004 e Instrução Normativa Conjunta RFB / TSE nº 1.019, de 10 de março de 2010; **E:** correta, uma vez que em plena harmonia com o que dispõe os arts. 2° e 3° da Resolução TSE n° 23.216. **SC**
Gabarito "E".

(Magistratura/RJ – 2011 – VUNESP) Sobre a movimentação de recursos financeiros durante a campanha eleitoral, assinale a alternativa correta.

(A) O Ministério Público não possui legitimidade para o ingresso da ação por captação ou gasto ilícito de recurso para fins eleitorais, em vista da ausência de previsão no art. 30-A da Lei Federal n.° 9.504, de 1997.

(B) Diversamente do que ocorre com a captação ilícita de sufrágio, a procedência da ação por captação ou gasto ilícito de recurso para fins eleitorais implica apenas na cassação do registro do candidato.

(C) A falta de abertura de conta bancária específica não é fundamento para a rejeição de contas de campanha eleitoral desde que, por outros meios, se possa demonstrar sua regularidade.

(D) Para acolhimento da ação por captação ou gasto ilícito de recurso para fins eleitorais, estribada no art. 30-A da Lei Federal n.° 9.504, de 1997, é preciso avaliar a proporcionalidade da sanção em relação à gravidade da conduta.

A: incorreta, uma vez que a legitimidade resta estabelecida nos arts. 17, 50 e 55 da Resolução TSE n° 23.376; **B:** incorreta, uma vez que o parágrafo único do art. 17 da Resolução TSE n° 23.376 dispõe que comprovado o abuso do poder econômico, será cancelado o registro da candidatura ou cassado o diploma, se já houver sido outorgado (Lei n° 9.504/1997, art. 22, § 3°), sem prejuízo de outras sanções previstas em lei; **C:** incorreta, uma vez que ao contrário é o que dispõe o art. 17 da Resolução TSE n° 23.376; **D:** correta, uma vez que em consonância com o que dispõe o art. 51, § 4°, da Resolução TSE n° 23.376. **SC**
Gabarito "D".

(Magistratura/SC – 2010) Assinale a alternativa **INCORRETA**:

(A) É obrigatório para o partido e para os candidatos abrir conta bancária específica para registrar todo o movimento financeiro da campanha.

(B) É vedado aos candidatos receber, direta ou indiretamente, doação em dinheiro ou estimável em dinheiro, inclusive por meio de publicidade de qualquer espécie, procedente de concessionário ou permissionário de serviço público.

(C) Qualquer eleitor poderá realizar gastos em apoio a candidato de sua preferência, até a quantia equivalente a um mil UFIR, não sujeitos a contabilização, desde que não reembolsados.

(D) Não será considerada propaganda eleitoral antecipada a divulgação de atos de parlamentares e debates legislativos, desde que não se mencione a possível candidatura, ou se faça pedido de votos ou de apoio eleitoral.

(E) O descumprimento de algumas das Condutas Vedadas aos Agentes Públicos em Campanhas Eleitorais

19. DIREITO ELEITORAL

861

sujeitará os candidatos a cassação do registro ou do diploma, e o descumprimento de outras sujeitará os candidatos somente a multa.

A: correta, conforme o art. 22 da Lei das Eleições – LE (Lei 9.504/1997); **B:** assertiva correta, conforme a vedação do art. 24, III, da LE; **C:** correta, conforme permissão e limite previstos no art. 27 da LE; **D:** assertiva correta, nos termos do art. 36-A, IV, da LE; **E:** incorreta, pois a multa é aplicada sem prejuízo das demais sanções e da suspensão imediata da conduta – art. 73, §§ 4º a 9º, da LE. **RB**

Gabarito "E".

(Magistratura/SC – 2010) É vedada a contratação de shows artísticos pagos com recursos públicos, nos seguintes casos:

(A) Nos dois meses que antecedem o registro das candidaturas.

(B) Nos quatro meses que antecedem as eleições.

(C) Nos três meses que antecedem as eleições.

(D) Nos três meses que antecedem o registro das candidaturas.

(E) Nos quatro meses que antecedem as convenções partidárias.

O art. 75, *caput*, da LE prevê que "Nos três meses que antecederem as eleições, na realização de inaugurações é vedada a contratação de shows artísticos pagos com recursos públicos." Por essa razão, a alternativa "C" é a correta. **RB**

Gabarito "C".

(Magistratura/GO – 2009 – FCC) Os candidatos e partidos políticos, preenchidos os demais requisitos legais, poderão receber doação em dinheiro ou estimável em dinheiro, inclusive por meio de publicidade de qualquer espécie, de

(A) entidade de utilidade pública.

(B) permissionária de serviço público.

(C) entidade ou governo estrangeiro.

(D) pessoas físicas, até dez por cento dos rendimentos brutos auferidos no ano anterior à eleição.

(E) entidade de classe ou sindical.

A, B, C e E: são vedadas as doações a candidatos e partidos feitas por essas entidades, conforme o art. 24, I, III, V e VI, da LE; **D:** admite-se a doação por pessoas físicas, observado o limite de 10% dos rendimentos brutos no ano anterior ao da eleição – art. 23, § 1º, I, da LE. **RB**

Gabarito "D".

(Magistratura/MT – 2009 – VUNESP) Partido político não apresentou contas relativas ao exercício financeiro de 2008, até 30.04.2009. Essa conduta é reiterada, pois também não prestou contas do exercício financeiro de 2005. Diante desses fatos,

(A) da decisão que desaprovar total ou parcialmente a prestação de contas dos órgãos partidários caberá recurso para o Tribunal Superior Eleitoral, que poderá ser recebido com efeito suspensivo.

(B) como o exame da prestação de contas dos órgãos partidários tem caráter jurisdicional, as prestações de contas desaprovadas pelos Tribunais Regionais e pelo Tribunal Superior não poderão ser revistas para fins de aplicação proporcional da sanção aplicada.

(C) a pedido do representante do Ministério Público, a Justiça Eleitoral poderá determinar diligências necessárias à complementação de informações ou ao saneamento de irregularidades encontradas nas contas dos órgãos de direção partidária ou de candidatos.

(D) nenhuma sanção poderá ser aplicada, pois a prestação de contas não foi julgada, pelo juízo ou tribunal competente, após 5 (cinco) anos de sua apresentação.

(E) a Justiça Eleitoral poderá aplicar a sanção de suspensão de novas cotas do Fundo Especial de Assistência Financeira aos Partidos Políticos (Fundo Partidário).

A: incorreta, pois o recurso é para o TRE ou para o TSE, a depender do caso. Ademais, terá sempre efeito suspensivo (a assertiva consigna, erroneamente, que *poderá*) – art. 37, § 4º, da Lei dos Partidos Políticos – LPP (Lei 9.096/1995); **B:** incorreta, pois as prestações de contas desaprovadas pelos TRE e pelo TSE poderão ser revistas para fins de aplicação proporcional da sanção, mediante requerimento ofertado nos autos da prestação de contas – art. 37, § 5º, da LPP; **C:** imprecisa, pois a determinação judicial independe de pedido do MP – art. 37, § 1º, da LPP; **D:** incorreta, pois somente a sanção relativa à suspensão de repasse de novas quotas do Fundo Partidário é que fica afastada, em caso de não julgamento das contas após 5 anos de sua apresentação – art. 37, § 3º, da LPP; **E:** essa é a correta, conforme os arts. 36 e 37, § 3º, da LPP. **RB**

Gabarito "E".

(Magistratura/MT – 2009 – VUNESP) Leia as seguintes afirmações.

I. No pedido de registro de seus candidatos, os partidos e coligações comunicarão aos respectivos Tribunais Eleitorais os valores máximos de gastos que farão por cargo eletivo em cada eleição a que concorrerem, observados os limites legais.

II. O responsável por gastos de campanha, em valores acima daqueles declarados à Justiça Eleitoral, fica sujeito ao pagamento de multa no valor de 5 a 10 vezes a quantia excedente.

III. Confecção, aquisição e distribuição de camisetas, chaveiros e outros brindes de campanha são considerados gastos eleitorais, sujeitos a registro e aos limites fixados na Lei n.º 9.504/97.

IV. Qualquer eleitor poderá realizar gastos, em apoio a candidato de sua preferência, até a quantia equivalente a um mil UFIR, desde que estes obedeçam ao limite de gastos declarados à Justiça Eleitoral.

Estão corretas somente as assertivas

(A) I e II.

(B) II e III.

(C) II e IV.

(D) III e IV.

(E) I e IV.

I: assertiva correta, conforme o art. 18 da LE; **II:** correta, pois a sanção é prevista no art. 18, § 2º, da LE; **III:** incorreta, pois, atualmente, é vedada na campanha eleitoral a confecção, utilização, distribuição por comitê, candidato, ou com a sua autorização, de camisetas, chaveiros, bonés, canetas, brindes, cestas básicas ou quaisquer outros bens ou materiais que possam proporcionar vantagem ao eleitor – art. 39, § 6º, da LE; **IV:** incorreta, pois a gasto do eleitor, limitado a mil UFIR, não fica sujeito à contabilização (ou seja, não entra no limite da campanha), desde que não reembolsado – art. 27 da LE. **RB**

Gabarito "A".

9. JUSTIÇA ELEITORAL

(Juiz de Direito – TJ/MS – VUNESP – 2015) Compete ao Tribunal Superior Eleitoral processar e julgar originariamente a ação rescisória

(A) nos casos de abuso do poder econômico, corrupção ou fraude eleitoral, desde que intentada dentro de quinze dias contados da data da diplomação, possibilitando-se o exercício do mandato até o seu trânsito em julgado.

(B) nos casos de inelegibilidade e abuso do poder político e econômico, desde que intentada dentro de cento e oitenta dias de decisão irrecorrível, possibilitando-se o exercício do mandato até o julgamento.

(C) nos casos de inelegibilidade e fraude eleitoral, desde que intentada dentro de cento e oitenta dias de decisão irrecorrível, possibilitando-se o exercício do mandato até o seu trânsito em julgado.

(D) nos casos de inelegibilidade, desde que intentada dentro de cento e vinte dias de decisão irrecorrível, possibilitando-se o exercício do mandato até o seu trânsito em julgado.

(E) nos casos de captação ilícita de sufrágio, desde que intentada dentro de cento e vinte dias da diplomação, possibilitando-se o exercício do mandato até o seu trânsito em julgado.

A: incorreta. O enunciado busca confundir o examinando a partir da troca de excertos legais. No caso, o excerto faz menção à Ação de Impugnação de Mandato Eletivo (§ 10 do art. 14, CF), enquanto, por entendimento do enunciado relativamente quanto a competência, o correto estaria contido no art. 22, I, *j*, Código Eleitoral (Compete originariamente ao Tribunal Superior Eleitoral "a ação rescisória, nos casos de inelegibilidade, desde que intentada dentro de cento e vinte dias de decisão irrecorrível, possibilitando-se o exercício do mandato eletivo até o seu trânsito em julgado"). **B:** incorreta, pois o prazo para interposição da AIME (Ação de Impugnação de Mandato Eletivo), será de até 15 dias após a diplomação do candidato eleito (§ 10 do art. 14, CF). Será necessário o trânsito em julgado para que haja a cassação da chapa eventualmente alvo da AIME. **C:** incorreta, pelo mesmo fundamento da assertiva anterior, já que o prazo é de 15 dias e também o candidato eleito somente será cassado após o trânsito em julgado. **D:** correta, conforme competência disposta no art. 22, I, *j*, Código Eleitoral "Art. 22. Compete ao Tribunal Superior: I – processar e julgar originariamente: j) a ação rescisória, nos casos de inelegibilidade, desde que intentada dentro do prazo de cento e vinte dias de decisão irrecorrível, possibilitando-se o exercício do mandato eletivo até o trânsito em julgado"; **E:** incorreta, uma vez que de maneira perniciosa a organizadora reproduziu o dispositivo do art. 22, I, j, Código Eleitoral (conforme assertiva anterior), buscando confundir o candidato. **SC**
Gabarito "D"

(Juiz de Direito – TJ/SP – VUNESP – 2015) A Justiça Eleitoral, no exercício de suas atribuições legais e constitucionais, não pode

(A) emitir opiniões, respondendo a consultas partidárias a respeito de situações apresentadas.

(B) apreciar deliberações dos órgãos máximos partidários em relação a questões eleitorais envolvendo os seus membros, diante da autonomia dos Partidos.

(C) estabelecer, por meio do juiz da respectiva zona eleitoral, regras municipais diferenciadas para propaganda eleitoral, por conta das peculiaridades locais, observada a competência legislativa municipal.

(D) emitir resoluções com caráter normativo secundário, relativas ao processo eleitoral diante do princípio da reserva legal.

A: incorreta, já que trata-se de uma das funções impostas aos Tribunais Eleitorais (Art. 23, XII e art. 30, VIII, Código Eleitoral). Destaca-se que as consultas poderão ser feitas por partido político ou autoridade pública, sempre em caráter genérico (não pode ser quanto a caso concreto). A resposta destas consultas não gera efeito vinculante (natureza doutrinária). **B:** incorreta, vejamos o entendimento jurisprudencial a respeito: *"Registro individual. Candidatura. Indicação prévia. Convenção partidária. Não homologação. Violação ao estatuto do partido. Matéria interna corporis. Reflexo no processo eleitoral. Competência da Justiça Eleitoral. É competência da Justiça Eleitoral analisar controvérsias sobre questões internas das agremiações partidárias quando houver reflexo direto no processo eleitoral, sem que esse controle jurisdicional interfira na autonomia das agremiações partidárias, garantido pelo art. 17, § 1º, da CF."* (Ac. de 20.9.2006 no REspe 26.412, rel. Min. Cesar Asfor Rocha.). **C:** correta, conforme art. 22, I, e parágrafo único, Constituição Federal. **D:** incorreta, uma vez que, conforme fundamentado na assertiva A, as respostas dadas às consultas feitas terão efeito interpretativo (natureza doutrinária) e não normativo. **SC**
Gabarito "C"

(Juiz – TJ-SC – FCC – 2017) O Código Eleitoral impede de servir como juízes nos Tribunais Eleitorais, ou como juiz eleitoral, o cônjuge ou o parente consanguíneo ou afim, até o segundo grau, de candidato a cargo eletivo registrado na circunscrição. Esse impedimento alcança:

(A) do início da campanha eleitoral até a apuração final da eleição.

(B) apenas os feitos decorrentes do processo eleitoral em que seja interessado o respectivo candidato ou o partido político em que está filiado.

(C) do início da campanha eleitoral até a apuração final da eleição e os feitos decorrentes do processo eleitoral em que seja interessado o respectivo candidato.

(D) da homologação da respectiva convenção partidária até a diplomação e os feitos decorrentes do processo eleitoral.

(E) da homologação da respectiva convenção partidária até a apuração final da eleição.

A única alternativa correta vem apresentada na assertiva D. Isto porque o art. 14, §3° do Código Eleitoral assim dispõe:
Art. 14. Os Juízes dos Tribunais Eleitorais, salvo motivo justificado, servirão obrigatoriamente por dois anos, e nunca por mais de dois biênios consecutivos.
§ 3º Da homologação da respectiva convenção partidária até a diplomação e nos feitos decorrentes do processo eleitoral, não poderão servir como juízes nos Tribunais Eleitorais, ou como juiz eleitoral, o cônjuge ou o parente consanguíneo ou afim, até o segundo grau, de candidato a cargo eletivo registrado na circunscrição. **SC**
Gabarito "D"

(Magistratura/BA – 2012 – CESPE) Acerca da estrutura e composição da justiça eleitoral, assinale a opção correta com base no que dispõem a CF e a legislação específica.

(A) É legítima a indicação de vereador para ministro do TSE na vaga reservada à categoria, desde que, além de

19. DIREITO ELEITORAL   863

deter reputação ilibada e notório saber, esse vereador não seja filiado a partido político.

(B) O ministro-corregedor do TSE deve ser sempre oriundo do STJ.

(C) Não há impedimento legal à indicação para o cargo de ministro do TSE de servidor comissionado que atue como assessor de ministro do STF, desde que o servidor seja advogado com notório saber e reputação ilibada.

(D) É vedada a acumulação do cargo de ministro do TSE com o de ministro do STF, em razão do princípio da especialização.

(E) Um dos integrantes do TSE é indicado pelo MPU, em respeito ao princípio do quinto constitucional.

A: incorreta, uma vez que em nosso sistema eleitoral é impossível que haja um vereador sem que esteja filiado a partido político, não obstante a composição do TSE está disposta nos art. 119 da Constituição Federal e art. 16 do Código Eleitoral; **B:** correta, conforme disposto no art. 119, parágrafo único, da CF; **C:** incorreta, conforme impedimento previsto no art. 16°, § 2°, do Código Eleitoral; **D:** incorreta, uma vez observado o que dispõe o art. 119, I, "a", da CF; **E:** incorreta, uma vez que não compreende as regras trazidas pelos arts. 119 da CF e 16 do Código Eleitoral. **SC**
Gabarito "B".

(Magistratura/CE – 2012 – CESPE) Assinale a opção correta a respeito do Ministério Público Eleitoral.

(A) Incumbe ao procurador-geral eleitoral dirimir conflitos de atribuições.

(B) O vice-procurador-geral eleitoral é designado pelo Colégio de Procuradores da República.

(C) Compete privativamente ao procurador regional eleitoral designar, por necessidade de serviço, outros membros do Ministério Público Federal para oficiar, sob sua coordenação, perante os TREs.

(D) O promotor eleitoral incumbido do serviço eleitoral de cada zona deve ser membro do MP local indicado pelo procurador regional eleitoral.

(E) Compete ao Colégio de Procuradores da República aprovar a destituição do procurador regional eleitoral.

De fato, a única resposta correta é encontrada na assertiva "A", uma vez observado o que dispõe o art. 30, III, "c" e art. 73 da Lei Orgânica do Ministério Público (Lei 1.341/51). **SC**
Gabarito "A".

(Magistratura/CE – 2012 – CESPE) Assinale a opção correta a respeito da organização e das competências da justiça eleitoral.

(A) Não podem ser nomeados membros das juntas eleitorais os que pertencerem ao serviço eleitoral.

(B) Cabe ao juiz eleitoral resolver as impugnações e os demais incidentes verificados durante os trabalhos de contagem e apuração de votos.

(C) Compete aos TREs a divisão de zona em seções eleitorais.

(D) A designação dos locais das seções é de competência dos TREs.

(E) Compete ao juiz eleitoral nomear cidadãos de notória idoneidade para comporem a junta eleitoral por ele presidida.

De fato a única alternativa correta é encontrada na assertiva "A", uma vez que o art. 36, § 3°, IV, do Código Eleitoral dispõe que não podem ser nomeados membros das Juntas, escrutinadores ou auxiliares aqueles que pertencerem ao serviço eleitoral. **SC**
Gabarito "A".

(Magistratura/DF – 2008) Assinale a alternativa incorreta:

(A) A Justiça Eleitoral é composta por três órgãos: Tribunal Superior Eleitoral; Tribunais Regionais Eleitorais e Juízes Eleitorais.

(B) O Presidente da Mesa Receptora detém a polícia dos trabalhos eleitorais, e assim fará retirar do recinto ou do edifício quem não guardar a ordem e compostura devidas e estiver praticando ato atentatório da liberdade eleitoral.

(C) O ofendido, ou seu representante legal, poderá pedir o exercício do direito de resposta à Justiça Eleitoral, no prazo de 24 (vinte e quatro) horas, contados a partir da veiculação da ofensa, quando se tratar de horário eleitoral gratuito.

(D) Sempre que o Código Eleitoral não indicar o grau mínimo, entende-se que será ele de quinze (15) dias para a pena de detenção e de um (1) ano para a de reclusão.

A alternativa "A" é a única que apresenta resposta incorreta, uma vez que a justiça eleitoral, conforme preceitua o art. 12 do Código Eleitoral, é composta pelo Tribunal Superior Eleitoral, um Tribunal Regional, na Capital de cada Estado, no Distrito Federal, juntas eleitorais e os juízes eleitorais. **SC**
Gabarito "A".

(Magistratura/ES – 2011 – CESPE) Acerca da organização, da composição e das competências da justiça eleitoral, assinale a opção correta.

(A) Dois dos juízes do TRE — tribunal que deve obrigatoriamente existir nas capitais dos estados e no DF — são escolhidos pelo respectivo tribunal de justiça, entre juízes de direito, mediante eleição por voto secreto.

(B) Compete ao TSE julgar recurso de decisão dos TREs quando, embora sem contrariar a CF e sem divergir na interpretação da lei com outro ou mais TREs, verse sobre inelegibilidade ou expedição de diplomas nas eleições estaduais ou municipais, assim como quando anule diplomas ou decrete a perda do mandato eletivo estadual ou municipal.

(C) Compete ao TRE processar e julgar originariamente a ação rescisória em matéria eleitoral intentada dentro do prazo de cento e vinte dias de decisão irrecorrível.

(D) A comissão especial eleitoral, de composição paritária entre conselheiros representantes do governo e da sociedade civil, designada pelo conselho municipal dos direitos da criança e do adolescente para a condução do processo de escolha dos membros do conselho tutelar integra a organização da justiça eleitoral.

(E) Enquanto estiver constituído pela composição mínima prevista na CF, três juízes do TSE são escolhidos, entre os ministros do STJ, mediante eleição pelo voto secreto.

A: correta, conforme se depreende da leitura do art. 25, I, "b", do Código Eleitoral; **B:** correta, conforme art. 276, I, "b", e art. 22, I, "j", do Código Eleitoral; **C:** incorreta, conforme art. 22, I, "j", do Código Eleitoral; **D:** incorreta, uma vez que a comissão especial eleitoral diz respeito às eleições para os membros do conselho tutelar de cada município; **E:** incorreta, uma vez que a composição do TSE é definida por 3 juízes do STF (por eleição), 2 juízes do STJ (por eleição) e 2 juízes dentre 6 advogados (através de nomeação do Presidente e indicação do STF - art. 119 da CF). Desta forma o STF nomeará 5 juízes que compõe o Tribunal Superior Eleitoral, sendo 3 juízes de forma direta e 2 de forma indireta(indicação de advogados é feita através de lista sêxtupla pelo STF ao Presidente da República, que fará então a nomeação). **SC**
Anulada

(Magistratura/ES – 2011 – CESPE) Em relação ao MP eleitoral, assinale a opção correta.

(A) Inexistindo membro do MP que oficie perante a zona eleitoral, ou estando este impedido ou, ainda, recusando-se ele, justificadamente, a oficiar, o juiz eleitoral local deverá indicar ao procurador regional eleitoral o substituto a ser designado membro do MP estadual ou do DF.

(B) O procurador regional eleitoral age por delegação do procurador-geral eleitoral e é designado entre os procuradores regionais da República no estado e no DF, ou, onde não houver procuradores regionais, entre os procuradores da República vitalícios.

(C) O procurador regional eleitoral poderá ser destituído, antes do término do mandato de dois anos, por iniciativa do procurador-geral eleitoral, com anuência da maioria absoluta do TSE.

(D) Compete ao procurador regional eleitoral exercer as funções do MP nas causas de competência do TRE respectivo, além de dirigir, no estado, as atividades do setor, subordinado ao procurador-geral eleitoral.

(E) As funções eleitorais do MPF perante os juízes e as juntas eleitorais serão exercidas pelo promotor eleitoral, função que cabe a procurador da República que oficie junto ao juízo incumbido do serviço eleitoral de cada zona.

De fato a única alternativa correta é encontrada na assertiva 'D', uma vez que em conformidade com os dispositivos elencados no art. 27 do Código Eleitoral c.c 357, § § 3° e 4° do mesmo Código. **SC**
Gabarito "D".

(Magistratura/MA – 2008 – IESIS) Assinale a alternativa correta:

a) A competência para julgamento dos crimes eleitorais cometidos no exercício da atividade eleitoral por Juízes Eleitorais é do Tribunal Regional Federal da respectiva região.

(B) Os órgãos da Justiça Eleitoral têm competência para responder a consultas, formuladas em tese, por partidos ou coligações.

(C) A competência para julgar recurso contra a diplomação é do juiz eleitoral, nas eleições municipais; do Tribunal Regional Eleitoral nas eleições estaduais e federais; e do Tribunal Superior Eleitoral nas eleições presidenciais.

(D) Os membros das Juntas Eleitorais são escolhidos pelo respectivo Tribunal Regional Eleitoral e nomeados pelo Presidente do Tribunal Regional Eleitoral.

A alternativa "D" é a única que apresenta a resposta correta como se depreende da leitura do art. 36, § 1°, do Código Eleitoral. **SC**
Gabarito "D".

(Magistratura/MG – 2012 – VUNESP) Falecido um vereador, dois meses após tomar posse no cargo, dois suplentes reivindicam o direito de assumir a cadeira à Câmara Municipal. A questão terá de ser resolvida pela(o):

(A) Justiça Eleitoral, porque se trata de matéria pertinente ao desdobramento do processo eleitoral.

(B) Justiça Comum Estadual, por ser matéria alheia à competência da Justiça Eleitoral.

(C) Poder Legislativo, por se tratar de matéria *interna corporis*.

(D) Justiça Federal, porque compete à União legislar sobre Direito Eleitoral.

A única alternativa correta é a "B". A competência da Justiça Eleitoral restringe-se ao processo eleitoral até seu término. As questões relativas ao exercício do mandato, mesmo a sua perda, são de competência residual da Justiça Estadual (justiça comum). **SC**
Gabarito "B".

(Magistratura/MG – 2012 – VUNESP) Um erro de apuração fez com que candidato a vereador não eleito tomasse posse na vaga de outro candidato verdadeiramente eleito. O prejudicado, após pedir judicialmente a recontagem de votos, foi diplomado e assumiu o mandato somente dois anos após o início da legislatura. Reclamou indenização por perdas e danos, inclusive danos morais.

É competente para julgar a ação a(o)

(A) Justiça Federal.

(B) Justiça Comum Estadual.

(C) Justiça Eleitoral de primeira instância.

(D) respectivo Tribunal Regional Eleitoral.

Nestes casos, é atribuído à União a responsabilidade pelo erro cometido pela Justiça Eleitoral. Por se tratar de questão pós-eleição, já tendo sido encerrada a competência da Justiça Eleitoral e por se tratar da União como ocupante do polo passivo da pretensão jurisdicional, será competente a Justiça Federal, como bem orienta o art. 109, I, da Constituição Federal. **SC**
Gabarito "A".

(Magistratura/MT – 2006 – VUNESP) Os juízes eleitorais

(A) serão designados, onde houver mais de uma vara, pelo Superior Tribunal Eleitoral.

(B) despacharão mensalmente na sede da sua zona eleitoral.

(C) são competentes para dividir a zona em seções eleitorais.

(D) são incompetentes para ordenar o registro e cassação do registro dos candidatos aos cargos eletivos municipais.

A única alternativa com a resposta correta é apresentada pela assertiva "C", de acordo com o art. 35, X, do Código Eleitoral. **SC**
Gabarito "C".

19. DIREITO ELEITORAL 865

(Magistratura/PI – 2011 – CESPE) Assinale a opção correta a respeito da organização, da composição e das competências da justiça eleitoral.

(A) É vedado ao corregedor-geral eleitoral praticar, em correição em zona eleitoral, atos atribuídos pelas instruções pertinentes aos corregedores regionais.

(B) É competência dos TREs a divisão das zonas em seções eleitorais.

(C) Compõem o TSE dois juízes nomeados pelo presidente da República, escolhidos entre seis advogados de notável saber jurídico e idoneidade moral indicados pelo próprio tribunal.

(D) Compõem o TRE/PI dois juízes nomeados pelo presidente da República, escolhidos entre seis advogados de notável saber jurídico e idoneidade moral indicados pelo próprio tribunal.

(E) As decisões a respeito de recurso que importe a perda de diploma só podem ser tomadas pelo TSE com a presença de todos os membros; caso ocorra impedimento de algum, deverá ser convocado o substituto ou o respectivo suplente.

A única alternativa correta encontra-se na assertiva "E", uma vez que em consonância com o que dispõe o art. 19, parágrafo único, do Código Eleitoral. SC
Gabarito "E".

(Magistratura/RJ – 2011 – VUNESP) Sobre a organização e competência da Justiça Eleitoral, assinale a alternativa correta.

(A) Os juízes eleitorais, os TRE e o TSE possuem atribuição para responder a consultas sobre matéria eleitoral.

(B) Os juízes eleitorais, oriundos da classe dos advogados, não podem exercer a advocacia enquanto durar a investidura.

(C) Em vista da regra de que as condutas vedadas aos agentes públicos também caracterizam atos de improbidade administrativa(art. 73, § 7.º, da Lei Federal n.º 9.504/1997), possui a Justiça Eleitoral jurisdição para imposição das cominações da Lei de Improbidade Administrativa.

(D) O TSE pode expedir resoluções com força de lei.

A: incorreta, uma vez que terá atribuição para responder às consultas apenas o Tribunal Superior Eleitoral, por se tratar de competência privativa, como disciplina o art. 23, XII, do Código Eleitoral; B: incorreta, vez que o art. 32 do Código Eleitoral disciplina que os juízes eleitorais serão escolhidos entre aqueles juízes de direito em pleno exercício; C: incorreta, uma vez que a competência da Justiça Eleitoral adstringe-se àquelas questões relativas ao processo eleitoral; D: correta, vez que em harmonia com o que dispõe o art. 1°, parágrafo único e 23, IX, ambos dispositivos do Código Eleitoral. SC
Gabarito "D".

(MAGISTRATURA/PB – 2011 – CESPE) Considerando o que dispõe o Código Eleitoral, assinale a opção correta.

(A) Compete aos juízes eleitorais autorizar a contagem dos votos pelas mesas receptoras nos estados em que essa providência for solicitada pelo TRE.

(B) Compete diretamente aos TREs requisitar força federal necessária ao cumprimento das próprias decisões.

(C) A locomoção do corregedor regional para as zonas eleitorais, no desempenho de suas atribuições, ocorrerá: por determinação do TSE ou do TRE; a pedido dos juízes eleitorais; a requerimento de partido político, quando deferido pelo TRE; e sempre que entender necessário.

(D) Não compete originalmente aos TREs o julgamento do *habeas corpus* em matéria eleitoral, antes que o juiz legalmente competente possa prover sobre a impetração, mesmo quando houver perigo de se consumar a violência, para que não ocorra supressão da instância.

(E) São da competência dos juízes eleitorais a constituição de juntas eleitorais e a designação da respectiva sede.

A: incorreta, pois compete privativamente ao Tribunal Superior Eleitoral autorizar a contagem dos votos pelas mesas receptoras nos Estados em que essa providência for solicitada pelo TRE respectivo – art. 23, XIII, do Código Eleitoral – CE (Lei 4.737/1965); B: incorreta, pois também compete ao TSE essa providência, art. 23, XIV, do CE; C: essa é a assertiva correta, nos termos do art. 26, § 2°, do CE; D: incorreta, pois o TRE tem essa competência originária relativa ao *habeas corpus*, quando houver perigo de se consumar a violência antes que o juiz competente possa prover sobre a impetração – art. 29, I, *e*, do CE; E: incorreta, pois é competência privativa dos Tribunais Regionais a constituição das juntas eleitorais e a designação da respectiva sede – art. 30, V, do CE. RB
Gabarito "C".

(Magistratura/PR – 2010 – PUC/PR) Analise as assertivas e assinale a alternativa CORRETA.

I. O Tribunal Superior Eleitoral compor-se-á, no mínimo, de 7 (sete) membros, sendo escolhidos, mediante eleição, pelo voto secreto, 2 (dois) juízes, entre os Ministros do Supremo Tribunal Federal, e 3 (três) juízes, entre os Ministros do Superior Tribunal de Justiça.

II. É competência privativa do Tribunal Superior Eleitoral propor ao Poder Legislativo o aumento do número dos Juízes de qualquer Tribunal Eleitoral, indicando a forma desse aumento.

III. A composição dos Tribunais Regionais Eleitorais, mediante eleição em escrutínio secreto, é de 2 (dois) Juízes, entre os Desembargadores do Tribunal de Justiça, e de 2 (dois) Juízes de Direito, escolhidos pelo Tribunal de Justiça.

IV. Aos Tribunais Regionais Eleitorais compete processar e julgar originariamente o *habeas corpus* ou mandado de segurança, em matéria eleitoral, contra ato de autoridades que respondam perante os Tribunais de Justiça por crime de responsabilidade e, em grau de recurso, os denegados ou concedidos pelos Juízes Eleitorais.

V. As Juntas Eleitorais são compostas por 2 (dois) Juízes de Direito, sendo um o Presidente e o outro Vice-Presidente, e de 2 (dois) ou 4 (quatro) cidadãos de notória idoneidade.

(A) As assertivas II, III e IV são verdadeiras.

(B) Apenas a assertiva V é falsa.

(C) As assertivas I, II e V são falsas.

(D) Apenas as assertivas IV e V são verdadeiras.

I: incorreta. O Tribunal Superior Eleitoral é composto por, no mínimo, sete membros, escolhidos, mediante eleição, pelo voto secreto, sendo

(i) três juízes dentre os Ministros do Supremo Tribunal Federal e (ii) dois juízes dentre os Ministros do Superior Tribunal de Justiça, além de, por nomeação do Presidente da República, de (iii) dois juízes dentre seis advogados de notável saber jurídico e idoneidade moral, indicados pelo Supremo Tribunal Federal – art. 119 da CF; **II:** correta, pois essa competência privativa é prevista no art. 23, VI, do Código Eleitoral – CE (Lei 4.737/1965); **III:** assertiva correta, conforme o art. 120, § 1º, I, da CF; **IV:** correta, conforme o art. 29, I, *e*, do CE; **V:** incorreta, pois as juntas eleitorais são compostas por um juiz de direito, que será o presidente, e 2 ou 4 cidadãos de notória idoneidade – art. 36 do CE. [RB] Gabarito "A".

(Magistratura/MT – 2009 –VUNESP) Assinale a alternativa correta.

(A) O Tribunal Superior Eleitoral é composto de no mínimo sete membros, sendo que três deverão ser escolhidos entre os membros do Supremo Tribunal Federal, e, outros três dentre os membros do Superior Tribunal de Justiça.

(B) Os prazos na Justiça Eleitoral são contados de forma diversa da Justiça Comum, pois naquela computam-se sábados, domingos e feriados.

(C) Das decisões dos Tribunais Regionais Eleitorais somente caberá recurso quando forem proferidas contra disposição expressa da Constituição Federal ou decretarem a perda de mandatos eletivos federais.

(D) Compete aos Juízes Eleitorais resolver as impugnações e demais incidentes verificados durante os trabalhos da contagem e da apuração e expedir diploma aos eleitos para cargos municipais.

(E) Até 10 (dez) dias antes da nomeação, os nomes das pessoas indicadas para compor as juntas serão publicados no órgão oficial do Estado, podendo qualquer cidadão, no prazo de 3 (três) dias, em petição fundamentada, impugnar as indicações.

A: incorreta, pois são dois membros do STJ – art. 119, I, *b*, da CF; **B:** essa é a melhor alternativa, por exclusão das demais. Durante o processo eleitoral, os prazos são, de fato, peremptórios e contínuos e correm em secretaria ou Cartório e, a partir da data do encerramento do prazo para registro de candidatos, não se suspendem aos sábados, domingos e feriados – art. 16 da Lei da Inelegibilidade – LI (LC 64/1990). A rigor, entretanto, é bom lembrar que, na Justiça Comum, embora os prazos não se iniciem ou terminem em finais de semana e feriados, eles não se suspendem ou se interrompem nesses casos – arts. 178 e 184 do CPC; **C:** incorreta, pois há diversas outras hipóteses de recurso contra decisão do TRE – art. 121, § 4º, da CF; **D:** incorreta, pois essas competências são da junta eleitoral – art. 40, II e IV, do CE; **E:** incorreta, pois a prerrogativa para a impugnação é dos partidos políticos, não dos cidadãos, diretamente – art. 36, § 2º, do CE. [RB] Gabarito "B".

(Magistratura/PA – 2009 – FGV) As Juntas Eleitorais são compostas por:

(A) um juiz de direito, que será o presidente, 1 delegado de cada coligação e 1 ou 2 cidadãos de notória idoneidade.

(B) um juiz de direito, que será o presidente, um representante do Ministério Público, 1 delegado de cada partido ou 4 cidadãos de notória idoneidade.

(C) um juiz de direito, que será o presidente, e 2 ou 4 cidadãos de notória idoneidade.

(D) um juiz de direito, que será o presidente e 1 delegado de cada coligação ou partido com candidatos à eleição majoritária.

(E) um juiz de direito, que será o presidente, um representante do Ministério Público e 2 cidadãos de notória idoneidade.

As juntas eleitorais são compostas por um juiz de direito, que será o presidente, e 2 ou 4 cidadãos de notória idoneidade – art. 36 do CE. [RB] Gabarito "C".

(Magistratura/AC – 2008 – CESPE) A respeito da organização e do funcionamento da justiça eleitoral, nos termos disciplinados no Código Eleitoral, assinale a opção correta.

(A) O juiz eleitoral é competente para proceder ao registro de candidatos às eleições municipais.

(B) A jurisdição eleitoral pode ser corretamente assinalada a um juiz do trabalho.

(C) Uma pessoa designada para o cargo de escrivão eleitoral não pode ser irmão de candidato às eleições que ocorrerem no mesmo período dessa designação. Não há, entretanto, qualquer restrição legal quanto à relação de matrimônio nesse caso.

(D) A expedição de títulos eleitorais e a transferência de domicílios eleitorais competem exclusivamente aos tribunais eleitorais.

A: art. 35, XII, do CE; **B:** a jurisdição eleitoral é exercida pelo juiz de direito – art. 32, *caput*, do CE; **C:** há impedimento também quanto ao cônjuge candidato – art. 33, § 1º, do CE; **D:** o juiz eleitoral tem competência para expedição de títulos e transferência de eleitores – art. 35, IX, do CE. [RB] Gabarito "A".

10. AÇÕES, RECURSOS, IMPUGNAÇÕES

(Juiz de Direito – TJ/RJ – VUNESP – 2016) Considere a seguinte situação hipotética. Candidato João obteve o segundo lugar na eleição para Prefeito no Município de Cantagalo e ajuizou Ação de Investigação Judicial Eleitoral em face dos vencedores do pleito, o candidato José, e Maria, que com ele compunha a chapa. Na ação, João alegou que os eleitos ofereceram empregos nas empresas de propriedade de terceiro, Antônio, irmão de Maria, eleita Vice-Prefeita, em troca de votos. A instrução processual comprovou os fatos, com robustas provas de que houve efetivamente a promessa de emprego em troca de votos. Diante desse caso, é correto afirmar que a Ação de Investigação Judicial Eleitoral

(A) deve ser julgada procedente, pois restou comprovada a promessa de emprego em troca de voto, o que caracteriza abuso de poder econômico na eleição municipal, com a consequente cassação do diploma do Prefeito José e da Vice-Prefeita Maria.

(B) deve ser extinta sem resolução de mérito, pois o candidato que foi eleito em segundo lugar não possui legitimidade para propor essa ação, que pode ser proposta somente por partido político, coligação, ou pelo Ministério Público Eleitoral.

(C) deve ser julgada improcedente, pois a oferta de emprego não pode ser considerada abuso de poder econômico, já que o pagamento eventualmente

19. DIREITO ELEITORAL — 867

efetuado será uma contraprestação do trabalho, e, para caracterizar o abuso de poder econômico, é necessário que o valor ofertado esteja nas contas a serem prestadas pelo candidato.

(D) deve ser julgada improcedente, pois embora tenha sido comprovada a oferta de empregos em troca de votos, como a empresa pertence a Antônio, terceiro estranho ao pleito, que não é candidato, não se caracteriza abuso de poder econômico.

(E) pode ser julgada procedente, com a sanção de inelegibilidade para as eleições a se realizar nos 8 (oito) anos subsequentes à eleição em que se verificaram os fatos, não havendo, todavia, cassação dos diplomas de José e Maria, se já estiverem no exercício do mandato.

A: correta, vez que de fato a narrativa indica para situação considerada abuso de poder econômico em âmbito do que se tratou no enunciado. **B:** incorreta. Qualquer partido político, coligação, candidato ou Ministério Público Eleitoral poderá representar à Justiça Eleitoral, diretamente ao Corregedor-Geral ou Regional, relatando fatos e indicando provas, indícios e circunstâncias e pedir abertura de investigação judicial para apurar uso indevido, desvio ou abuso do poder econômico ou do poder de autoridade, ou utilização indevida de veículos ou meios de comunicação social, em benefício de candidato ou de partido político. Inteligência do art. 22, XIV – Lei Complementar 64/1990. **C:** incorreta. O abuso de poder econômico irá se configurar na doação dos bens/vantagens aos eleitores, vez que desequilibrará o pleito eleitoral (interferindo diretamente no resultado). Assim, temos afetada a normalidade e legitimidade no pleito eleitoral. **D:** incorreta, uma vez que o abuso de poder também poderá ser comprovado caso um estranho ao pleito, mesmo não sendo candidato ou partido político, desde que comprovado que sua participação contribuiu ao fato considerado abusivo. **E:** incorreta. Qualquer partido político, coligação, candidato ou Ministério Público Eleitoral poderá representar à Justiça Eleitoral, diretamente ao Corregedor-Geral ou Regional, relatando fatos e indicando provas, indícios e circunstâncias e pedir abertura de investigação judicial para apurar uso indevido, desvio ou abuso do poder econômico ou do poder de autoridade, ou utilização indevida de veículos ou meios de comunicação social, em benefício de candidato ou de partido político, obedecido o seguinte rito: – julgada procedente a representação, ainda que após a proclamação dos eleitos, o Tribunal declarará a inelegibilidade do representado e de quantos hajam contribuído para a prática do ato, cominando-lhes sanção de inelegibilidade para as eleições a se realizarem nos 8 (oito) anos subsequentes à eleição em que se verificou, além da cassação do registro ou diploma do candidato diretamente beneficiado pela interferência do poder econômico ou pelo desvio ou abuso do poder de autoridade ou dos meios de comunicação (...) Art. 22, XIV – Lei Complementar 64/1990. **SC**
Gabarito "A".

(Magistratura/BA – 2012 – CESPE) Com relação ao que dispõe o Código Eleitoral acerca das possibilidades de anulação do pleito eleitoral e de convocação de novas eleições, assinale a opção correta.

(A) Para uma eleição ser anulada, de modo a ensejar novo pleito, exige-se a anulação, pela justiça eleitoral, de mais da metade dos votos.

(B) A convocação de nova eleição pela justiça eleitoral restringe-se ao caso de ser impossível definir um vencedor para o pleito.

(C) Não é permitida a anulação de eleição municipal na qual tenha comparecido mais da metade dos eleitores da circunscrição.

(D) Deve ser anulada a eleição em que os votos invalidados por fraude ou compra de votos, somados aos votos nulos dos eleitores, superar a metade do número de votantes.

(E) Apenas os eleitores podem anular um processo eleitoral, mediante o voto em branco ou nulo, quando estes votos, somados, alcançarem mais da metade do número de eleitores que compareceram ao pleito.

A: correta, conforme dispõe o art. 224, *caput*, do Código Eleitoral; **B:** incorreta, vez que existem outras situações onde novas eleições poderão ser determinadas, como por exemplo, art. 2°, § 1° da Lei 9.504/1997 e art. 224, § 1°, do Código Eleitoral; **C:** incorreta, uma vez latente fatos permissivos de nova eleição, ela poderá ocorrer; **D:** incorreta, já que se refere ao disposto no art. 224 do Código Eleitoral que disciplina que se a nulidade atingir a mais de metade dos votos do país nas eleições presidenciais, do Estado nas eleições federais e estaduais ou do município nas eleições municipais, julgar-se-ão prejudicadas as demais votações e o Tribunal marcará dia para nova eleição dentro do prazo de 20 (vinte) a 40 (quarenta) dias, em se tratando das nulidades previstas nos arts. 221 e 222 do mesmo código. Importante mencionar posicionamento do TSE no sentido de que "para fins do art. 224 do Código Eleitoral, a validade da votação - ou o número de votos válidos – na eleição majoritária não é aferida sobre o total de votos apurados, mas leva em consideração tão somente o percentual de votos dados aos candidatos desse pleito, excluindo-se, portanto, os votos nulos e os brancos, por expressa disposição do art. 77, § 2°, da Constituição Federal" (AgRg em Ação Cautelar 3.260, rel. Arnaldo Versiani); **E:** incorreta, considerados os argumentos da assertiva anterior, a nulidade corresponde aos tipos previstos nos arts. 221 e 222 do Código Eleitoral e não essencialmente aos votos nulos. **SC**
Gabarito "A".

(Magistratura/CE – 2012 – CESPE) No que se refere a registro de candidatura e sua impugnação, assinale a opção correta.

(A) O juiz eleitoral deve apresentar em cartório, em até dez dias após a conclusão dos autos, a sentença relativa a pedidos de registro de candidatos a eleições municipais.

(B) O pedido de registro do candidato e sua impugnação são processados nos próprios autos dos processos dos candidatos e são julgados em uma só decisão.

(C) O candidato cujo registro esteja *sub judice* poderá efetuar todos os atos relativos à campanha eleitoral, e seu nome será mantido na urna eletrônica enquanto ele estiver sob essa condição, desde que seu recurso seja recebido no efeito suspensivo.

(D) As impugnações do pedido de registro de candidatura e as questões referentes a homonímias e notícias de inelegibilidade devem ser processadas em autos apartados.

(E) Encerrado o prazo da dilação probatória para a impugnação de registro de candidatura, as partes, inclusive o MP, poderão apresentar alegações em prazo sucessivo, a começar pelo impugnante.

A única alternativa correta é encontrada na assertiva "B". A ação de impugnação de registro de candidatura, no tocante à sua natureza, perfaz-se como um incidente no processo de registro do candidato, que pode ser compreendido como principal em relação a ela. Porém, não é de obstar a possibilidade de que a impugnação seja apensada aos autos do registro de candidatura, uma vez que a única proibição é que se instaure um processo autônomo para solver questão que deve ser julgada simultaneamente, dada a inegável natureza incidental da demanda impugnativa. SC

Gabarito "B".

(Magistratura/DF – 2008) Analise as seguintes proposições:

I. O prazo para interposição do recurso, das decisões terminativas do Tribunal Regional Eleitoral, para o Tribunal Superior Eleitoral, quando forem proferidas contra expressa disposição de lei, ou quando denegarem *habeas corpus* ou mandado de segurança, não envolvendo matéria de direito comum, é de 5 (cinco) dias.

II. Todas as infrações penais previstas no Código Eleitoral, inclusive os crimes contra a honra (calúnia, difamação e injúria), são de ação pública.

III. O Juiz Eleitoral ou o Promotor de Justiça Eleitoral poderá expedir salvo-conduto com a cominação de prisão por desobediência até 5 (cinco) dias em favor do eleitor que sofrer violência moral ou física, na sua liberdade de votar.

IV. Os votos recebidos por candidato não registrado, que se encontrava *sub judice*, eis que indeferido o pedido de registro antes da eleição, decisão confirmada pela instância superior, serão computados para seu partido.

Correto(s) o(s) seguinte(s) item(ns):

(A) I.

(B) II.

(C) I e IV.

(D) Todos estão corretos.

I: incorreta, pois o art. 276, § 1°, do Código Eleitoral fixa o prazo em 3 dias a contar da publicação; II: correta, pois assim dispõe o art. 355 do Código Eleitoral; III: incorreta, pois o art. 235 do código eleitoral dispõe que o juiz eleitoral, ou o presidente da mesa receptora, pode expedir salvo-conduto com a cominação de prisão por desobediência até 5 (cinco) dias, em favor do eleitor que sofrer violência, moral ou física, na sua liberdade de votar, ou pelo fato de haver votado; IV: incorreta, pois o art. 16-A da Lei 9.504/1997 esclarece que os votos ficaram adstritos, o seu cômputo, ao deferimento do registro. SC

Gabarito "B".

(Magistratura/ES – 2011 – CESPE) No que se refere a impugnação de registro de candidatura, competência para julgamento, procedimentos, prazos e efeitos recursais no âmbito da Lei Complementar n.° 64/1990 e alterações posteriores, assinale a opção correta.

(A) Terminado o prazo para impugnação, depois da devida notificação, o candidato, o partido político ou a coligação dispõe do prazo de dez dias para contestá-la, podendo juntar documentos, indicar rol de testemunhas e requerer a produção de provas, inclusive documentais, que se encontrarem em poder de terceiros, de repartições públicas ou em procedimentos judiciais ou administrativos.

(B) Na impugnação dos pedidos de registro de candidatos a eleições municipais, o juiz eleitoral formará sua convicção pela livre apreciação da prova — atendendo aos fatos e às circunstâncias constantes dos autos, ainda que não alegados pelas partes, e mencionando na decisão os que motivaram seu convencimento — e

apresentará a sentença em cartório três dias após a conclusão dos autos; a partir desse momento, passa a correr o prazo de três dias para a interposição de recurso para o TRE.

(C) Tratando-se de registro a ser julgado originariamente por TRE, o pedido de registro, com ou sem impugnação, será julgado em três dias após a publicação da pauta; na sessão do julgamento, que poderá se realizar em até duas reuniões seguidas, feito o relatório, facultada a palavra às partes e ouvido o procurador regional, o relator proferirá o seu voto e serão tomados os dos demais juízes.

(D) Transitada em julgado ou publicada a decisão proferida por juiz que declarar a inelegibilidade de candidato, será negado registro a esse candidato, ou o registro será cancelado, se já feito, ou o diploma será declarado nulo, se já expedido; não sendo apresentado recurso, a decisão deverá ser comunicada, de imediato, ao MP eleitoral e ao órgão da justiça eleitoral competente para o registro de candidatura e expedição de diploma do réu.

(E) O registro do candidato pode ser impugnado em petição fundamentada, no prazo de cinco dias contados da publicação do seu pedido, por qualquer cidadão, ou, ainda, por partido político, coligação ou pelo MP.

De fato a única resposta correta encontra-se na assertiva 'B', pois em conformidade com o que dispõe o art. 7°, parágrafo único, da LC 64/1990 cc. art. 8° da mesma legislação específica. SC

Gabarito "B".

(Magistratura/GO – 2007) Marque a alternativa correta. Caberá recurso das decisões dos Tribunais Regionais Eleitorais somente quando:

(A) versarem sobre inelegibilidade ou expedição de diplomas nas eleições federais ou estaduais.

(B) ocorrer divergência na interpretação de resolução entre dois ou mais tribunais eleitorais.

(C) versarem sobre inelegibilidade ou expedição de diplomas nas eleições estaduais ou municipais.

(D) anularem diplomas ou decretarem a perda de mandatos eletivos estaduais ou municipais.

A única resposta correta encontra-se na assertiva 'A', uma vez que de acordo com o que dispõe o art. 276, II, 'a', Código Eleitoral, sendo que, regra geral, as decisões dos Tribunais Regionais Eleitorais são terminativas, com exceções previstas no art. 276 do Código Eleitoral. SC

Gabarito "A".

(Magistratura/GO – 2007) Marque a alternativa correta. Joaquim teve indeferido seu registro de candidatura a Deputado Federal. Inconformado, recorreu ao TSE, que não apreciou seu recurso antes do dia da eleição, não sendo, portanto, nessa data, candidato registrado. Como seu nome constou da urna eletrônica, recebeu considerável votação. Esses votos:

(A) serão contados para seu partido, embora coligado.

(B) serão nulos.

(C) serão contados para Joaquim, caso seu recurso venha a ser provido.

19. DIREITO ELEITORAL — 869

(D) serão contados para a coligação, e não para o seu partido.

Conforme o art. 16-A da Lei 9.504/1997, o candidato cujo registro esteja *sub judice* poderá efetuar todos os atos relativos à campanha eleitoral, inclusive utilizar o horário eleitoral gratuito no rádio e na televisão e ter seu nome mantido na urna eletrônica enquanto estiver sob essa condição, ficando a validade dos votos a ele atribuídos condicionada ao deferimento de seu registro por instância superior. Desta forma, atribui-se à assertiva 'B' a resposta correta. **SC**
Gabarito "B".

(Magistratura/GO – 2007) Marque a alternativa correta. Estando de posse das provas necessárias, o Promotor Eleitoral de certo município pretende interpor Recurso contra a Diplomação do candidato a Prefeito eleito e recém--diplomado. Esse recurso:

(A) deverá ser interposto perante o Juízo da Zona Eleitoral respectiva, onde será processado e julgado.

(B) deverá ser interposto perante o Tribunal Regional Eleitoral, pelo Procurador Regional Eleitoral, onde será processado e julgado.

(C) deverá ser interposto perante o Juízo da Zona Eleitoral respectiva, onde será processado, mas será remetido ao Tribunal Regional Eleitoral para julgamento.

(D) deverá ser interposto perante o Juízo da Zona Eleitoral respectiva, que o remeterá imediatamente ao Tribunal Regional Eleitoral, a fim de ser processado e julgado.

O julgamento do recurso contra a diplomação, em se tratando de eleição municipal, é da competência exclusiva do Tribunal Regional Eleitoral. O juiz de 1º grau tem apenas as funções de recebimento e instalação do contraditório, devendo remeter os autos ao depois para o Tribunal, a quem cabe decidir a lide, sendo nula a sentença proferida naquela instância (*RCED 23 MS* , Relator: JANETE LIMA MIGUEL, *Data de Julgamento: 29/04/2002, Data de Publicação: DJ - DIÁRIO DA JUSTIÇA - 0308, Data 03/05/2002, Página 088*). Sendo assim, a única resposta correta é encontrada na assertiva 'C'. **SC**
Gabarito "C".

(Magistratura/GO – 2007) Marque a alternativa correta. Ação de impugnação de mandato eletivo proposta contra Prefeito, que seja julgada procedente, tem como consequência:

(A) a declaração da nulidade dos votos que lhe foram dados e a convocação de nova eleição.

(B) a declaração da nulidade dos votos que lhe foram dados, que deverão ser somados aos votos nulos, só devendo ser convocada nova eleição se o resultado dessa soma for superior a 50% dos votos.

(C) a declaração da nulidade dos votos que lhe foram dados, aos quais não deverão ser somados os votos nulos, não se convocando nova eleição, mas sim o segundo colocado para ser diplomado e empossado no cargo de Prefeito, caso os votos declarados nulos não sejam superiores a 50%.

(D) apenas a perda do mandato eletivo, com a posse de seu Vice-Prefeito eleito.

De fato a única alternativa correta encontra-se na assertiva 'C' vez que em consonância com o art. 224 do Código Eleitoral, bem como Resolução TSE 22.992. **SC**
Gabarito "C".

(Magistratura/GO – 2005) Assinale a alternativa incorreta:

(A) a lei de inelegibilidades prevê "investigação judicial", de competência da Justiça Eleitoral, para apurar uso indevido, desvio ou abuso do poder econômico ou do poder de autoridade, ou utilização indevida de veículos ou meios de comunicação social, em benefício de candidato ou partido político, podendo resultar, dentre outras consequências, a cassação do registro de candidatura;

(B) as Juntas Eleitorias são órgãos da Justiça Eleitoral, assim como os Juízes Eleitorais;

(C) são irrecorríveis as decisões do Tribunal Superior Eleitoral, salvo as que contrariarem a Constituição Federal e as denegatórias de *habeas corpus* ou mandado de segurança;

(D) sempre que a lei não fixar prazo especial, o recurso eleitoral deverá ser interposto em 05 (cinco) dias da publicação do artigo, resolução ou despacho.

A única alternativa que se apresenta como incorreta, de fato, é a assertiva 'D', uma vez que o art. 258 do Código Eleitoral dispõe que sempre que a lei não fixar prazo especial, o recurso deverá ser interposto em três dias da publicação do ato, resolução ou despacho. **SC**
Gabarito "D".

(Magistratura/MA – 2008 – IESIS) Assinale a alternativa correta:

(A) A escolha de candidatos deve se dar, a qualquer tempo, por convenção partidária, ainda que suplementar, na hipótese de substituição de candidatura.

(B) A ação de impugnação de mandato eletivo corre em segredo de justiça, mas a sessão de julgamento nos Tribunais Eleitorais é pública.

(C) Em recurso contra a diplomação não há necessidade de citação do candidato eleito como vice, que mantém relação jurídica subordinada à do candidato eleito como titular do cargo.

(D) A ação de impugnação de mandato eletivo por captação ilícita de sufrágio sujeita o réu à cassação do diploma e multa.

A: incorreta, uma vez que o art. 8º da Lei 9.504/1997 dispõem que a escolha dos candidatos pelos partidos e a deliberação sobre coligações deverão ser feitas no período de 10 a 30 de junho do ano em que se realizarem as eleições, lavrando-se a respectiva ata em livro aberto e rubricado pela Justiça Eleitoral; **B:** correta, pois o art. 14, § 11°, da Constituição Federal dispõe que a ação de impugnação de mandato tramitará em segredo de justiça, respondendo o autor, na forma da lei, se temerária ou de manifesta má-fé; **C:** incorreta, pois é necessário que se proceda a citação do vice. O candidato a Vice-Prefeito ou Vice--Prefeito eleito deve integrar a relação processual sempre que estiver sujeito a ser alcançado pelos efeitos da decisão judicial pretendida. Se a citação do Vice não é requerida até o termo final do prazo estabelecido para a propositura da ação, não mais poderá ser promovida, porque configurada estará a decadência (RCED 31 ES , Relator: DAIR JOSÉ BREGUNCE DE OLIVEIRA, Data de Julgamento: 14/04/2010, Data de Publicação: DJE - Diário Eletrônico da Justiça Eleitoral do ES, Data 23/04/2010, Página 4/5); **D:** incorreta, uma vez que poderá estar sujeito à cassação do diploma (Se já expedido) ou do registro, bem como multa e inelegibilidade pelo interregno de 8 anos, conforme art. 1°, I, 'j' LC 64/1990. **SC**
Gabarito "B".

(Magistratura/MG – 2012 – VUNESP) Com relação ao recurso contra a expedição de diploma, previsto pelo artigo 262 do Código Eleitoral, é correto afirmar, à luz de doutrina predominante e jurisprudência do Tribunal Superior Eleitoral (notadamente o Mandado de Segurança n.º 3.100/MA, DJ 07.02.2003), que tem natureza de

(A) recurso, quando interposto perante os Tribunais Regionais Eleitorais ou o Tribunal Superior Eleitoral, nas eleições submetidas às respectivas competências, porque, nesses casos, haverá efetivo duplo grau de jurisdição. Nas eleições municipais, tem natureza de ação constitutiva negativa do ato de diplomação, não caracterizado o duplo grau de jurisdição.

(B) recurso, quando interposto perante os Tribunais Regionais Eleitorais ou o Tribunal Superior Eleitoral, nas eleições submetidas às respectivas competências, porque, nesses casos, adota-se critério "orgânico", segundo o qual basta haver a denominação "tribunal" para o ato possuir natureza recursal. Nas eleições municipais, tem natureza de ação constitutiva negativa do ato de diplomação, porque não se aplica o referido critério "orgânico".

(C) recurso em todas as hipóteses, haja vista a intenção do legislador em atribuir tal natureza independentemente do órgão da Justiça Eleitoral perante o qual é interposto.

(D) ação constitutiva negativa do ato de diplomação, levando-se em conta a natureza administrativa do ato da diplomação.

De fato a alternativa encontrada na assertiva 'D' traz a única resposta correta, vez que em consonância com o julgamento indicado no enunciado, ao expressar entendimento de que tanto a proclamação dos resultados da eleição quanto a diplomação dos eleitos são atos de administração eleitoral, e não de jurisdição. Por isso mesmo, tendo observado que o chamado "recurso contra expedição de diplomação", antes de ser um recurso, é, na verdade, uma ação constitutiva negativa do ato administrativo da diplomação, nos termos do julgamento apresentado pelo enunciado (TSE, MS nº 3.100/MA, rel. Min. Sepúlveda Pertence, DJ de 7.2.2003). **SC**
Gabarito "D".

(Magistratura/MT – 2006 – VUNESP) É correto afirmar que

(A) no processo de registro de candidatos, o partido que não o impugnou não tem legitimidade para recorrer da sentença que o deferiu, salvo se se cuidar de matéria constitucional.

(B) é elegível, no Município desmembrado e ainda não instalado, o cônjuge do Prefeito do Município-mãe, ou de quem o tenha substituído, dentro dos 6 meses anteriores ao pleito, salvo se já titular de mandato eletivo.

(C) conquanto investido de poder de polícia, tem legitimidade o juiz eleitoral para, de ofício, instaurar procedimento com a finalidade de impor multa pela veiculação de propaganda eleitoral em desacordo com a Lei n.º 9.504/1997.

(D) o prazo de inelegibilidade, por abuso de poder econômico ou político, é contado a partir da data da filiação do candidato ao partido.

O código eleitoral dispõe no art. 259 que são preclusivos os prazos para interposição de recurso, salvo quando neste se discutir matéria constitucional. Alerta também que o recurso em que se discutir matéria constitucional não poderá ser interposto fora do prazo. Perdido o prazo numa fase própria, só em outra que se apresentar poderá ser interposto. Desta sorte, faz da assertiva 'A' a única alternativa correta. **SC**
Gabarito "A".

(Magistratura/PA – 2012 – CESPE) Assinale a opção correta a respeito da impugnação de registro de candidatura.

(A) Qualquer candidato, partido político ou coligação, bem como o MP possuem legitimidade ativa para impugnar solicitação de registro de candidatura, até cinco dias depois da publicação do pedido.

(B) É do juiz eleitoral a competência originária para o julgamento da arguição de inelegibilidade de candidatos aos cargos de prefeito, vice-prefeito, vereador, conselheiro tutelar e juiz de paz.

(C) Decorrido o prazo para a contestação, as testemunhas, independentemente de notificação judicial, devem comparecer para inquirição, por iniciativa das partes que as tiverem arrolado.

(D) O prazo para que partido político ou coligação ofereça contestação é de quatro dias, contados a partir do primeiro dia após a impugnação da candidatura.

(E) É do tribunal regional eleitoral a competência originária para o julgamento da arguição de inelegibilidade de candidatos aos cargos de presidente da República, senador da República, governador de estado e do DF, deputado federal, deputado estadual e deputado distrital.

A: correta, o art. 3° da LC 64/1990 disciplina que caberá a qualquer candidato, a partido político, coligação ou ao Ministério Público, no prazo de 5 (cinco) dias, contados da publicação do pedido de registro do candidato, impugná-lo em petição fundamentada; **B:** incorreta, pois o art. 8° da LC 64/1990 dispõe ser de competência originária do juiz eleitoral para o julgamento da arguição de inelegibilidade para as eleições municipais; **C:** incorreta, uma vez que o art. 22, V, da LC 64/1990 dispõe que findo o prazo da notificação, com ou sem defesa, abrir-se-á prazo de 5 (cinco) dias para inquirição, em uma só assentada, de testemunhas arroladas pelo representante e pelo representado, até o máximo de 6 (seis) para cada um, as quais comparecerão independentemente de intimação; **D:** incorreta, uma vez que o prazo será de 5 dias, conforme se depreende da leitura do art. 22, I, 'a' LC 64/1990; **E:** incorreta, uma vez que a competência será do Tribunal Superior Eleitoral quando se tratar de candidato à Presidência ou à Vice-Presidência da República, como disciplina o art. 2°, I, da LC 64/1990. **SC**
Gabarito "A".

(Magistratura/PE - 2013 - FCC) É correto afirmar que

(A) caberá a qualquer candidato, a partido político, coligação ou ao Ministério Público, no prazo de dez dias, contados da publicação do pedido de registro do candidato, impugná-lo em petição fundamentada.

(B) a impugnação, por parte do candidato, partido político ou coligação, impede a ação do Ministério Público no mesmo sentido.

(C) não poderá impugnar o registro de candidato o representante do Ministério Público que, nos quatro anos anteriores, tenha disputado cargo eletivo, integrado

19. DIREITO ELEITORAL

diretório de partido ou exercido atividade político-partidária.

(D) o impugnante especificará, desde logo, os meios de prova com que pretende demonstrar a veracidade do alegado, arrolando testemunhas, se for o caso, no máximo de sete.

(E) a partir da data em que terminar o prazo para impugnação, passará a correr, após devida notificação, o prazo de dez dias para que o candidato, partido político ou coligação possa contestá-la, juntar documentos, indicar rol de testemunhas e requerer a produção de outras provas, inclusive documentais, que se encontrarem em poder de terceiros, de repartições públicas ou em procedimentos judiciais, ou administrativos, salvo os processos em tramitação em segredo de justiça.

A: incorreta, uma vez que o prazo será o de 5 (cinco) dias a contar da publicação do pedido de registro, conforme preceitua o art. 3º da LC 64/1990; **B:** incorreta, uma vez que a impugnação por parte de candidato, partido ou coligação partidária não obsta a atuação do Ministério Público, conforme dispõe o parágrafo único do art. 22 da LC 64/1990; **C:** correta, conforme o, § 2º do art. 3º da LC 64/1990; **D:** incorreta, uma vez que o número máximo de testemunhas a serem arroladas é de 6 (seis), conforme art. 3º, § 3º da LC 64/1990; **E:** incorreta, uma vez que o prazo para contestação será o de 7 (sete) dias, conforme dispõe o art. 4º da LC 64/1990. **SC**
Gabarito "C".

(Magistratura/PI – 2011 – CESPE) No que se refere a recursos eleitorais, assinale a opção correta.

(A) Recurso contra a expedição de diploma pendente de análise pelo TSE não tem efeito suspensivo.

(B) É vedada a juntada de novos documentos a recurso interposto contra decisão de juiz eleitoral.

(C) Das decisões das juntas sobre impugnações na apuração dos votos cabe recurso imediato, interposto verbalmente ou por escrito, que deve ser fundamentado no prazo de quarenta e oito horas para que tenha seguimento.

(D) O prazo recursal contra decisões sobre reclamações ou representações relativas a descumprimento da lei geral das eleições é de três dias.

(E) Em regra, os recursos eleitorais têm efeito suspensivo.

De fato a única alternativa correta encontra-se na assertiva 'C' uma vez que em consonância com o que disciplina o art. 169 do Código Eleitoral, ou seja, medida que os votos forem sendo apurados, poderão os fiscais e delegados de partido, assim como os candidatos, apresentar impugnações que serão decididas de plano pela Junta. **SC**
Gabarito "C".

(Magistratura/PR – 2013 – UFPR) José Afrânio, candidato eleito e empossado vereador nas eleições de 2012, foi processado por ter arrecadado recursos em sua campanha sem que tivessem passado pela conta-corrente aberta para este fim, bem como por ter realizado gastos sem origem conhecida. Tais fatos foram devidamente comprovados. O juiz, ao julgar a representação jurisdicional eleitoral, com esteio na norma constante do artigo 30-A da Lei Eleitoral (Lei 9.504/1997),

(A) julgará improcedente a demanda por ausência de fato típico, uma vez que arrecadação de recursos para campanha e gastos sem comprovação de origem não constituem ilícito eleitoral.

(B) julgará procedente a demanda, cassando o diploma do candidato.

(C) julgará procedente a demanda, cassando o diploma do candidato e reconhecendo a inelegibilidade do candidato pelo prazo de 08 anos, nos termos do § 2º do artigo 30-A da Lei Eleitoral, em vigor por força da Lei da Ficha Limpa.

(D) julgará procedente a demanda, cassando o diploma do candidato e condenando-o ao pagamento de multa.

De fato a única alternativa correta é encontrada na assertiva B, uma vez que o art. 30-A, § 2º, da Lei 9.504/1997 dispõe que comprovados captação ou gastos ilícitos de recursos, para fins eleitorais, será negado diploma ao candidato, ou cassado, se já houver sido outorgado. **SC**
Gabarito "B".

(Magistratura/PR – 2013 – UFPR) Tratando-se de ação de impugnação de mandato eletivo, assinale a alternativa INCORRETA:

(A) Nos termos da Constituição Federal, a ação tramitará sob segredo de justiça.

(B) A ação de impugnação de mandato eletivo não pode ser manejada contra o suplente diplomado, porque este não exerce mandato.

(C) A ação deverá ser ajuizada no prazo de 15 dias contados da diplomação, e deverá ser instruída com provas de abuso do poder econômico, corrupção ou fraude.

(D) O prazo para ajuizamento da ação de impugnação de mandato eletivo é decadencial.

A: correta, conforme art. 14, § 11º, da CF; **B:** incorreta, uma vez que o art. 14, § 10º, da CF, dispõe que a ação de impugnação de mandato eletivo será proposta no prazo de 15 dias a contar da diplomação; **C:** correta, conforme art. 14, § 10, da CF; **D:** correta, conforme art. 14, §10, da CF. **SC**
Gabarito "B".

(Magistratura/PR – 2013 – UFPR) Cícero, candidato à reeleição como prefeito, cedeu servidor público municipal para trabalhar em seu comitê durante a campanha eleitoral. Tratando-se de matéria vinculada às condutas vedadas previstas em lei (art. 73, da Lei Eleitoral) e cuidando de representação jurisdicional eleitoral, considere as seguintes afirmativas:

1. Caso o servidor seja ocupante de cargo em comissão para assessoramento, de estrita confiança do prefeito, não há qualquer impedimento legal para tal cessão.

2. Se o servidor tiver autorização expressa de seu superior hierárquico para praticar atos de campanha, não há incidência da conduta vedada.

3. O servidor pode fazer campanha para o candidato desde que não seja durante o horário de expediente normal, salvo se o servidor ou empregado estiver licenciado.

Assinale a alternativa correta.

(A) Somente a afirmativa 1 é verdadeira.

(B) Somente a afirmativa 2 é verdadeira.

(C) Somente a afirmativa 3 é verdadeira.

(D) Somente as afirmativas 1 e 3 são verdadeiras.

1: incorreta, uma vez que a conduta é expressamente proibida pelo art. 73, III, da Lei das Eleições (Lei 9.504/1997); **2:** incorreta, já que não há qualquer exceção à proibição contida no art. 73, III da Lei das Eleições ; **3:** correta, uma vez que o proibitivo contido no art. 73, III, Lei das Eleições, é específico ao mencionar na parte final do inciso que a vedação incorrerá durante o horário de expediente normal, salvo se o servidor ou empregado estiver licenciado. Ou seja, fora do período de expediente normal o servidor poderá fazer campanha, exceto no caso de estar sob licença, situação em que a vedação imperará independentemente do horário. **SC**
Gabarito "C".

(Magistratura/PR – 2013 – UFPR) Adão se candidata a vereador e apresenta seu registro de candidatura. Leonel, eleitor daquela mesma cidade que não concorre a cargo algum naquele pleito, ingressa com pedido de impugnação ao registro de candidatura, sob a alegação de que Adão estaria incurso na alínea "g", do artigo 1º, inciso I, da Lei Complementar 64/1990, o que já era conhecido de todos antes do período eleitoral. Cuidando-se de impugnação ao registro de candidatura, é correto afirmar:

(A) O juiz julgará extinto o feito, sem resolução de mérito, porque Leonel é parte ilegítima para impugnar o registro de candidatura de Adão; e o pedido poderá será conhecido como "notícia de inelegibilidade".

(B) O prazo para ofertar a impugnação ao registro de candidatura é de 07 (sete) dias a contar da publicação do edital e o prazo para defesa é de 05 (cinco) dias a contar da notificação.

(C) A coligação adversária de Adão poderá, depois do prazo de 07 (sete) dias a contar da publicação do edital, impugnar seu pedido de registro de candidatura, sob a alegação de que a infringência a alínea "g", do artigo 1º, inciso I, da Lei Complementar n. 64/1990 se trata de matéria constitucional.

(D) Eventual causa de inelegibilidade superveniente ao registro de candidatura não pode ser atacada via recurso contra expedição de diploma.

De fato a alternativa A é a única que traz a afirmativa correta. No caso, trata-se de uma hipótese de inelegibilidade infraconstitucional (dentre aquelas prevista na Lei Complementar 64/1990). No entanto, ainda que seja latente e de conhecimento de todos, a hipótese apenas poderá ser suscitada por meio de um pedido de impugnação ao registro de candidatura por meios daqueles legitimados expostos no art. 3º da LC 64/1990, ou seja, qualquer candidato, a partido político, coligação ou ao Ministério Público, que procederá no prazo de 5 (cinco) dias, contados da publicação do pedido de registro do candidato, por meio de petição fundamentada. **SC**
Gabarito "A".

(Magistratura/DF – 2011) De acordo com o Código Eleitoral, é correto afirmar:

(A) A declaração de nulidade não poderá ser requerida pela parte que lhe deu causa nem a ela aproveitar;

(B) Mesmo manifestamente protelatórios e assim declarados na decisão que os rejeitar, os embargos de

declaração suspendem o prazo para a interposição de outros recursos;

(C) O diplomado não poderá exercer o mandato, em toda a sua plenitude, enquanto o Tribunal Superior não decidir o recurso interposto contra a expedição do diploma;

(D) Compete ao Tribunal Superior Eleitoral julgar, em grau de recurso ordinário, a ação rescisória, nos casos de inelegibilidade, desde que intentada dentro de 120 (cento e vinte) dias de decisão irrecorrível de mérito dos Tribunais Regionais Eleitorais.

A: essa é a assertiva correta, nos termos do art. 219, p. único, do CE; **B:** incorreta, pois os embargos de declaração manifestamente protelatórios e assim declarados na decisão que os rejeitar não suspendem o prazo para interposição de outros recursos – art. 275, § 4º, do CE; **C:** incorreta, pois o diplomado pode exercer o mandato em toda a sua plenitude, até que o TSE decida o recurso interposto contra a expedição do diploma; **D:** incorreta, pois o TSE tem competência para julgar apenas as rescisórias de seus próprios julgados, jamais aquelas contra decisões proferidas em ultima instância, quanto ao mérito, pelos Tribunais Regionais – ver AgR-AR 271.815/CE-TSE. **RB**
Gabarito "A".

(Magistratura/PE – 2011 – FCC) Considere as seguintes afirmações sobre impugnações perante as Juntas Eleitorais e assinale a INCORRETA.

(A) À medida que os votos são apurados, os fiscais e delegados de partido, assim como os candidatos, podem apresentar impugnações que serão decididas de plano pela Junta.

(B) As Juntas decidem por maioria de votos as impugnações.

(C) Não é admitido recurso contra a apuração quando não tiver havido impugnação perante a Junta, no ato da apuração, contra as nulidades arguidas.

(D) Das decisões da Junta cabe recurso imediato, interposto verbalmente ou por escrito, que deve ser fundamentado no prazo de vinte e quatro horas para que tenha seguimento.

(E) Resolvidas as impugnações, a Junta passa a apurar os votos.

A: assertiva correta, nos termos do art. 169, *caput*, do CE; **B:** correta, conforme o art. 169, § 1º, do CE; **C:** correta, pois a vedação é prevista no art. 171 do CE; **D:** essa é a assertiva incorreta, pois o prazo para fundamentação do recurso é de 48 horas – art. 169, § 2º, do CE; **E:** correta, conforme o art. 173 do CE. **RB**
Gabarito "D".

(MAGISTRATURA/PB – 2011 – CESPE) Acerca dos recursos eleitorais, assinale a opção correta.

(A) O recurso contra a expedição de diploma somente é cabível nos casos de inelegibilidade ou incompatibilidade de candidato, errônea interpretação da lei quanto à aplicação do sistema de representação proporcional e erro de direito ou de fato na apuração final, quanto à determinação do quociente eleitoral ou partidário, contagem de votos e classificação de candidato, ou a sua contemplação sob determinada legenda.

(B) É incabível a interposição, ao TRE, de recurso contra os despachos dos juízes ou juntas eleitorais.

19. DIREITO ELEITORAL | 873

(C) Os recursos parciais, incluídos os que tratem do registro de candidatos, interpostos nos TREs, nas eleições municipais ou estaduais, e no TSE, nas eleições federais, devem ser julgados conforme a ordem de entrada nas secretarias.

(D) São preclusivos os prazos para a interposição de recurso eleitoral, salvo quando nele se discutir matéria constitucional, e, embora não possa ser interposto fora do prazo, o recurso pode ser apresentado em outra fase processual.

(E) Caso os recursos de um mesmo município ou estado sejam apresentados em datas diversas e julgados separadamente, o juiz eleitoral ou o presidente do TRE sempre aguardará a comunicação de todas as decisões para cumpri-las.

A: incorreta, pois cabe Recurso contra a Expedição de Diploma – RCED também em caso de concessão ou denegação do diploma em manifesta contradição com a prova dos autos, nas hipóteses do art. 222 do CE (votação anulável por vício ou emprego de processo de propaganda ou captação de sufrágio vedado por lei) e do art. 41-A da LE (captação de sufrágio) – art. 262, IV, do CE; **B:** incorreta, pois cabe recurso ao TRE contra atos, resoluções ou despachos dos juízes ou juntas eleitorais – art. 265 do CE; **C:** incorreta, pois a regra de julgamento na ordem de entrada na secretaria do TRE não se aplica aos recursos relativos ao registro de candidatos – art. 261, *caput*, do CE; **D:** essa é a assertiva correta, conforme o art. 259 do CE; **E:** assertiva incorreta, pois o juiz eleitoral ou o presidente do TRE não aguardará, excepcionalmente, a comunicação de todas as decisões para cumpri-las, caso o julgamento dos demais importar em alteração do resultado do pleito que não tenha relação com o recurso já julgado – art. 261, § 3º, do CE. **RB**

Gabarito "D".

Veja a seguinte tabela resumida com as principais ações cíveis eleitorais e os recursos cabíveis:

Principais Ações Cíveis Eleitorais e Recursos		
	Cabimento – observações	**Prazo**
Ação de Impugnação de Registro de Candidatura – AIRC Art. 3º da Lei da Inelegibilidade – LI (LC 64/1990)	–Para impugnar registro de candidatura –Rito do próprio art. 3º e seguintes da Lei da Inelegibilidade – LI (LC 64/1990) –Súmula 11/TSE: no processo de registro de candidatos, o partido que não o impugnou não tem legitimidade para recorrer da sentença que o deferiu, salvo se se cuidar de matéria constitucional	5 dias da publicação do pedido de registro
Ação de Investigação Judicial Eleitoral – AIJE Art. 22 da LI	–Declaração de inelegibilidade por uso indevido, desvio ou abuso do poder econômico ou do poder de autoridade, ou utilização indevida de veículos ou meios de comunicação social, em benefício de candidato ou de partido político –Rito do próprio art. 22 da LI –A legitimidade ativa para a representação é de qualquer partido político, coligação, candidato ou Ministério Público Eleitoral –Se for julgada procedente antes das eleições, há cassação do registro do candidato diretamente beneficiado. Se for julgada procedente após as eleições, o MP poderá ajuizar AIME e/ou RCED	Entre o registro da candidatura e a diplomação
Ação de Impugnação de Mandato Eletivo – AIME Art. 14, § 10, da CF	–Casos de abuso do poder econômico, corrupção ou fraude –Rito da LI, mas a cassação de mandato tem efeito imediato (não se aplica o art. 15 da Lei de Inelegibilidade) –A AIME deve ser instruída com provas de abuso do poder econômico, corrupção ou fraude, mas o TSE tem entendimento de que não se trata de prova pré-constituída, sendo exigidos apenas indícios idôneos do cometimento desses ilícitos – ver RESPE 16.257/PE-TSE	Em até 15 dias da diplomação
Recurso contra a Expedição de Diploma – RCED Art. 262 do CE	–Casos de inelegibilidade ou incompatibilidade de candidato; errônea interpretação da lei quanto à aplicação do sistema de representação proporcional; erro de direito ou de fato na apuração final, quanto à determinação do quociente eleitoral ou partidário, contagem de votos e classificação de candidato, ou a sua contemplação sob determinada legenda; concessão ou denegação do diploma em manifesta contradição com a prova dos autos, nas hipóteses do art. 222 do CE e do art. 41-A da LE –Não há requisito de prova pré-constituída – ver RCED 767/SP-TSE	3 dias contados da diplomação

	Casos de:	– até 15 dias da diploma-
Representação Arts. 30-A, 41-A, 73 a 77 da LE	–ilícitos na arrecadação e nos gastos de campanha (art. 30-A da LE) –captação de sufrágio (compra de voto – art. 41-A da LE) –condutas vedadas a agentes públicos em campanhas (arts. 73 a 77 da LE) –Rito ordinário eleitoral (art. 22 da LI), ou rito sumário do art. 96 da LE para o caso das condutas vedadas –A demonstração da potencialidade lesiva é exigida apenas para a prova do abuso do poder econômico, mas não para a compro- vação de captação ilícita de sufrágio (= compra de votos) – ver RCED 774/SP-TSE e RO 1.461/GO	ção, no caso de ilícitos na arrecadação e nos gastos de campanha – até a diplomação, no caso de captação ilícita de sufrágio – até a eleição, no caso das condutas vedadas – recursos contra a deci- são em 3 dias
Ação Rescisória Eleitoral Art. 22, I, *j*, do CE	–Casos de inelegibilidade –Proposta no TSE –Possibilita-se o exercício do mandato eletivo até o seu trânsito em julgado	120 dias da decisão irre- corrível
Direito de resposta Art. 58 da LE	Casos de candidato, partido ou coligação atingidos, ainda que de forma indireta, por conceito, imagem ou afirmação caluniosa, difamatória, injuriosa ou sabidamente inverídica, difundidos por qualquer veículo de comunicação social	– 24 horas, horário elei- toral gratuito – 48 horas, programa- ção normal de rádio e televisão – 72 horas, órgão de imprensa escrita – Recurso em 24 horas da publicação em cartório ou sessão
Recursos Inominados –Art. 96, § 4º, da LE –Art. 8º da LI –Arts. 29, II, e 265, c/c art. 169 do CE	Contra decisões de juízes e juízas auxiliares, atos e decisões das juntas eleitorais, e decisões em *habeas corpus* ou mandado de segurança	– 24 horas (art. 96, § 8º, da LE) da publicação em cartório ou sessão – 3 dias da publicação em cartório (art. 8º da LI)
Recurso Especial Art. 276, I, do CE	Contra decisões dos TREs proferidas contra expressa disposição de lei; ou quando ocorrer divergência na interpretação de lei entre dois ou mais tribunais eleitorais.	3 dias da publicação da decisão
Recurso Extraordinário contra decisão do TSE Art. 281 do CE	Violação à Constituição Federal	3 dias – art. 12 da Lei 6.055/1974, ver AI 616.654 AgR/SP-STF.
Agravo de Instrumento Arts. 279 e 282 do CE	Denegação de RESPE ou de RE	3 dias para peticionar mais 3 dias para formar o instrumento
Recurso ordinário para o TSE ou para o STF Arts. 276, II, e 281 do CE	Julgamentos originários dos TREs (sobre expedição de diplomas nas eleições federais e estaduais ou relativos a HC ou MS) ou do TSE	3 dias da publicação da decisão ou da sessão da diplomação

(MAGISTRATURA/PB – 2011 – CESPE) Ainda no que concerne aos recursos eleitorais, assinale a opção correta.

(A) Os recursos contra atos das juntas eleitorais indepen- dem de termo e devem ser interpostos por petição devidamente fundamentada, acompanhada, se assim entender o recorrente, de novos documentos.

(B) O prazo para a oposição dos embargos de declaração em matéria eleitoral é de cinco dias.

(C) O prazo para a interposição de agravo de instrumento contra decisão de presidente de TRE que denegue o seguimento de recurso especial é de cinco dias.

(D) Recebido o recurso, o juiz eleitoral pode reconsiderar sua decisão, garantida, de ofício, a subida do recurso pela parte recorrida, como se por ela tivesse sido

interposto.

(E) Em matéria recursal, poderá ser oferecido ao TRE, por qualquer das partes, todo documento ou alega- ção escrita que se referira a fato superveniente ou justo impedimento para a sua não apresentação no momento devido.

A: essa é a assertiva correta, conforme o art. 266 do CE; **B:** incorreta, pois o prazo para embargos de declaração em matéria eleitoral é, em regra, de 3 dias contados da data da publicação do acórdão – art. 275, § 1º, do CE. Ademais, os embargos de declaração relativos às reclamações ou representações regidas pelo art. 96 da LE devem ser opostos no prazo de 24 horas da publicação da decisão em cartório ou sessão, conforme seu § 8º – ver AgR AI 787591232/DF-TSE; **C:** incorreta, pois o prazo é de 3 dias – art. 279 do CE; **D:** incorreta, pois, se o juiz reformar

19. DIREITO ELEITORAL   875

a decisão recorrida, o recorrido precisa requerer, em 3 dias, a subida do recurso como se fosse por ele interposto – art. 267, § 7º, do CE (o recurso não sobe de ofício, portanto); **E:** incorreta, pois, nos termos do art. 268 do CE, nenhuma alegação escrita ou nenhum documento poderá ser oferecido por qualquer das partes no TRE, salvo o disposto no art. 270 do mesmo Código. **RB**
Gabarito "A".

(Magistratura/RJ – 2013 – VUNESP) Em matéria eleitoral, é correto afirmar que a ação rescisória é cabível

(A) apenas no Tribunal Superior Eleitoral, contra suas próprias decisões, no prazo de dois anos a contar do trânsito em julgado, podendo versar exclusivamente sobre inelegibilidade.

(B) no Tribunal Superior Eleitoral, contra suas próprias decisões, no prazo de cento e vinte dias a contar do trânsito em julgado, e tem cognição restrita às hipóteses de inelegibilidade.

(C) nos Tribunais Regionais Eleitorais, contra decisões de primeiro grau, desde que a matéria tenha sido conhecida pelo Tribunal em grau de recurso, e a ação seja proposta no prazo de dois anos a contar do trânsito em julgado.

(D) em qualquer Tribunal Eleitoral, contra suas próprias decisões, no prazo de cento e vinte dias a contar do trânsito em julgado.

De fato a única assertiva correta está registrada pela alternativa B. O art. 22 do Código Eleitoral, ao tratar das competências dos órgãos da justiça eleitoral (art. 118 da CF), dispõe que a ação rescisória, cabível nos casos de inelegibilidade, serão julgadas pelo Tribunal Superior Eleitoral, devendo ser intentada dentro de cento e vinte dias da decisão irrecorrível. **SC**
Gabarito "B".

(Magistratura/PR – 2010 – PUC/PR) Sobre a impugnação de pedido de registro de candidatura, indique a única alternativa CORRETA:

(A) A impugnação poderá ser feita somente por outro candidato ou por partido político e no prazo de 3 (três) dias, contados da publicação do pedido.

(B) Encerrada a fase probatória, as partes e o Ministério Público deverão apresentar alegações finais no prazo comum de 5 (cinco) dias.

(C) Terminado o prazo para impugnação, o candidato, o partido político ou a coligação terão o prazo de 7 (sete) dias, que passará a correr após devida notificação, para contestá-la, juntar documentos, indicar rol de testemunhas e requerer a produção de outras provas.

(D) Uma vez apresentada a sentença em cartório pelo Juiz Eleitoral, passará a correr deste momento o prazo de 3 (três) dias para a interposição de recurso para o Tribunal Regional Eleitoral. Em não se tratando de matéria constitucional, qualquer candidato, qualquer partido político ou qualquer coligação poderá recorrer.

A: incorreta, pois o prazo é de 5 dias, contados da publicação do pedido de registro do candidato. Ademais, a impugnação de pedido de registro cabe a qualquer candidato, partido político, coligação ou ao Ministério Público, por meio de petição fundamentada – art. 3º da Lei da Inelegibilidade – LI (LC 64/1990); **B:** incorreta, pois a apresentação

de alegações finais é facultativa, ou seja, as partes, inclusive o MP, poderão apresentá-las (a assertiva consigna, incorretamente, que deverão apresentar) – art. 6º da LI; **C:** assertiva correta, conforme o art. 4º da LI; **D:** incorreta. Nos termos da Súmula 11/TSE, no processo de registro de candidatos, o partido que não o impugnou não tem legitimidade para recorrer da sentença que o deferiu, salvo se se cuidar de matéria constitucional. **RB**
Gabarito "C".

(Magistratura/PR – 2010 – PUC/PR) Assinale a alternativa CORRETA:

(A) Quando o Juiz Eleitoral descumpre as disposições da Lei Federal n. 9.504/97 ou dá causa ao seu descumprimento, inclusive quanto aos prazos processuais, o candidato, o partido ou a coligação deverão representar ao Tribunal Regional Eleitoral que, ouvido o representado em 24 (vinte e quatro) horas, ordenará a observância do procedimento que explicitar, sob pena de incorrer o Juiz em desobediência.

(B) De acordo com o previsto no artigo 262 do Código Eleitoral (Lei Federal n. 4.737/65), somente caberá recurso contra a expedição de diploma nos casos de: inelegibilidade ou incompatibilidade de candidato; errônea interpretação da lei quanto à aplicação do sistema de representação proporcional; e erro de direito ou de fato na apuração final, quanto à determinação do quociente eleitoral ou partidário, contagem de votos e classificação de candidato, ou a sua contemplação sob determinada legenda.

(C) Estão desobrigados do alistamento eleitoral os brasileiros de um e outro sexo: inválidos, portadores de deficiência cuja natureza e situação impossibilitem ou tornem extremamente oneroso o exercício de suas obrigações eleitorais, maiores de 70 (setenta) anos e os que se encontrarem fora do País.

(D) A ação de impugnação de mandato eletivo, que tramita em segredo de justiça, deverá ser apresentada perante a Justiça Eleitoral no prazo de 15 (quinze) dias contados da diplomação, já devidamente instruída com provas de abuso do poder econômico, corrupção ou fraude.

A: imprecisa, pois a representação ao TRE é uma faculdade do candidato, do partido e da coligação, não dever. Assim, eles poderão representar (a assertiva indica, erroneamente, quem eles deverão representar) – art. 97 da LE; **B:** incorreta, pois cabe o recurso contra expedição de diploma - RCED também no caso de concessão ou denegação do diploma em manifesta contradição com a prova dos autos, nas hipóteses do art. 222 do CE e do art. 41-A da LE – art. 262, IV, do CE; **C:** incorreta, pois os portadores de deficiência não são dispensados do alistamento eleitoral – art. 6º, I, do CE; **D:** assertiva correta, conforme o art. 14, §§ 10 e 11, da CF. **RB**
Gabarito "D".

(Magistratura/GO – 2009 – FCC) O prazo para interposição de recurso ordinário e recurso especial contra decisões dos Tribunais Regionais Eleitorais e de agravo de instrumento contra despacho denegatório de recurso especial é de

(A) 15, 15 e 10 dias, respectivamente.

(B) 3 dias.

(C) 3, 5 e 5 dias, respectivamente.

876 ROBINSON BARREIRINHAS E SAVIO CHALITA

(D) 5 dias.

(E) 5, 5 e 10 dias, respectivamente.

Os prazos para Recurso Ordinário – RO, Recurso Especial – RESPE e Agravo de Instrumento contra despacho denegatório de RESPE e de RE é de 3 dias – arts. 276, § 1º, 279 e 282 CE. **RB**

Gabarito "B".

(Magistratura/PA – 2009 – FGV) À medida em que os votos forem sendo apurados, impugnações poderão ser apresentadas:

(A) pelos eleitores da Zona Eleitoral.

(B) apenas pelos fiscais e pelos membros da Junta Eleitoral.

(C) pelos fiscais, delegados dos partidos e candidatos.

(D) pelos membros dos diretórios dos partidos e representantes do Ministério Público.

(E) pelos membros da mesa receptora e representantes do Ministério Público.

As impugnações podem ser apresentadas por partidos e coligações, por meio de seus fiscais e delegados, ou pelos candidatos – art. 71 da LE. **RB**

Gabarito "C".

(Magistratura/PA – 2009 – FGV) O pedido de abertura de investigação judicial para apurar o uso indevido, desvio ou abuso de poder econômico, através de representação à Justiça Eleitoral, poderá ser feito apenas:

(A) pelo Ministério Público Eleitoral, após recebimento de denúncia de candidatos.

(B) por qualquer partido político, coligação, candidato ou pelo Ministério Público Eleitoral.

(C) por membro do diretório regional de partido político, candidatos, partidos políticos ou coligação.

(D) pelo Corregedor-Geral ou Regional da Justiça Eleitoral ou pelo Ministério Público Eleitoral.

(E) por candidato, membro do diretório regional de partido político ou partido político.

A legitimidade ativa para a ação de investigação judicial eleitoral – AIJE é de qualquer partido político, coligação, candidato ou Ministério Público Eleitoral – art. 22 da LI. **RB**

Gabarito "B".

(Magistratura/PA – 2008 – FGV) O Código Eleitoral, em matéria de ato judicial recorrível, adotou especificamente o princípio:

(A) do duplo grau obrigatório.

(B) do devido processo legal.

(C) da consumação.

(D) da preclusão, salvo quando no recurso se discute matéria constitucional.

(E) da celeridade.

A característica específica dos recursos eleitorais, dentre as assertivas, é que seus prazos são preclusivos, exceto quanto à discussão de matéria constitucional – art. 259 do CE. **RB**

Gabarito "D".

(Magistratura/PA – 2008 – FGV) Tomando como base o Recurso Contra a Diplomação, analise as assertivas a seguir:

I. Está subordinado ao exame da diplomação, como pressuposto de admissibilidade.

II. Não admite a antecipação dos efeitos da tutela.

III. Impede que o diplomado exerça em sua plenitude o seu mandato eletivo.

IV. Tem efeito devolutivo e suspensivo.

V. É admissível nos casos de abuso de poder econômico.

Assinale:

(A) se somente as assertivas I, II e V estiverem corretas.

(B) se somente as assertivas I, III e IV estiverem corretas.

(C) se somente as assertivas I, IV e V estiverem corretas.

(D) se somente as assertivas II, III e IV estiverem corretas.

(E) se somente as assertivas II, IV e V estiverem corretas.

I: arts. 215 e 262 do CE; **II e III:** o diplomado poderá exercer o mandato plenamente até o julgamento do recurso interposto ao TSE – art. 216 do CE; **IV:** os recursos eleitorais não têm efeito suspensivo, em regra – art. 257 do CE; **V:** art. 262, I e IV, do CE c/c art. 1º, I, *d* e *h*, da LI. **RB**

Gabarito "A".

(Magistratura/SC – 2008) Assinale a alternativa correta segundo a mais recente jurisprudência do Tribunal Superior Eleitoral e a legislação aplicável, consideradas as proposições abaixo:

I. São legitimados passivos para a ação de impugnação de mandato eletivo os candidatos eleitos e seus respectivos partidos ou coligações.

II. A ação de impugnação de mandato eletivo pode ser utilizada quando evidenciada fraude na transferência de eleitores, com reflexo no resultado da eleição.

III. O rito da ação de impugnação de mandato eletivo é o ordinário, do Código de Processo Civil.

IV. A decisão de procedência da ação de impugnação de mandato eletivo proferida por Tribunal Regional Eleitoral tem efeito imediato, não dependendo do trânsito em julgado e importa na cassação do mandato, mas não na imposição de multa.

(A) Somente as proposições II e IV estão corretas

(B) Somente a proposição IV está correta

(C) Somente a proposição III está correta

(D) Todas as proposições estão corretas

(E) Somente as proposições I e II estão corretas

I: ver RESPE 11.841/RJ-TSE; **II:** art. 14, § 10, da CF, ver RESPE 28.007/BA-TSE; **III:** o TSE fixou o entendimento de que se aplica à ação de impugnação de mandato eletivo – AIME (art. 14, § 10, da CF) o rito da LI (não do CPC) – ver Resolução TSE 21.634/2004 e ERESPE 28.391/CE-TSE; **IV:** o TSE afasta a aplicação do art. 15 da LI à ação de impugnação de mandato eletivo – AIME, de modo que a cassação do mandato tem efeito imediato – art. 14, § 10, da CF, ver RESPE 28.387/GO-TSE e art. 257 do CE. Ademais, o TSE afasta a aplicação de multa, na hipótese, por ausência de previsão legal – ver RESPE 28.186/RN-TSE. **RB**

Gabarito "B".

19. DIREITO ELEITORAL | **877**

11. CRIMES ELEITORAIS

(Juiz de Direito – TJ/RJ – VUNESP – 2016) Considere a seguinte situação hipotética. Candidato a Deputado Estadual do Rio de Janeiro, Joaquim está fazendo sua campanha nas ruas da Capital e para diante de uma casa em obras, para abordar a pessoa que está lá trabalhando, para falar de suas propostas e pedir seu voto. Antônio, o proprietário do imóvel, que lá está trabalhando, diz para Joaquim que votaria nele, caso ele lhe fornecesse 5 (cinco) sacos de cimento. No dia seguinte, preposto de Joaquim entrega os sacos de cimento solicitados, sendo os fatos presenciados por vizinho de Antônio, que comunica o ocorrido ao juízo eleitoral, o que acarreta a instauração de inquérito. No curso do inquérito, apura-se que Antônio possui condenação criminal transitada em julgado e atualmente encontra-se em período de prova de *sursis*.

A respeito de tais fatos, é correto afirmar que

(A) o fato não pode ser considerado crime, pois a entrega foi realizada por pessoa outra que não Joaquim, o candidato, sendo que a corrupção ativa eleitoral não pode ser praticada por qualquer pessoa, ou seja, a conduta de entrega da vantagem não pode ser praticada por uma pessoa que possui interesses em ver um candidato ser eleito.

(B) se exige, para a configuração do ilícito penal, que o corruptor eleitoral passivo seja pessoa apta a votar e como Antônio está com os direitos políticos suspensos, em razão de condenação criminal transitada em julgado, não havendo que se falar em violação à liberdade do voto, motivo pelo qual a conduta de Joaquim é atípica.

(C) o tipo penal previsto no Código Eleitoral, conhecido como corrupção eleitoral, prevê como condutas típicas prometer ou oferecer, para outrem, dinheiro ou qualquer outra vantagem para obter voto, sendo, portanto, atípica a conduta de Joaquim, que apenas entregou o que foi solicitado por Antônio.

(D) Joaquim e Antônio cometeram o crime de corrupção eleitoral, que para sua tipificação necessita que estejam presentes as modalidades ativa e passiva, ou seja, de que haja oferta e a correspondente aceitação de vantagem econômica, com bilateralidade.

(E) a conduta de Joaquim configura ilícito penal, pois a corrupção eleitoral ativa independe da corrupção eleitoral passiva, bastando para a caracterização do crime a conduta típica de dar vantagem, independentemente até mesmo da aceitação da vantagem pelo sujeito passivo, no caso, Antônio.

Para análise das alternativas, importante destacar o conteúdo do art. 299, Código Eleitoral: Art. 299. Dar, oferecer, prometer, solicitar ou receber, para si ou para outrem, dinheiro, dádiva, ou qualquer outra vantagem, para obter ou dar voto e para conseguir ou prometer abstenção, ainda que a oferta não seja aceita: Pena – reclusão até quatro anos e pagamento de cinco a quinze dias-multa. **A:** incorreta, uma vez que a justificativa encontra espaço na atipicidade da conduta de Antônio. O fato de uma Terceira pessoa realizar a entrega, não é o que afasta a tipicidade, mas sim o fato de Antônio estar com os direitos políticos suspensos. **B:** correta. A conduta descrita é atípica (crime impossível por absoluta impropriedade do objeto, vez que Antônio estava com seus direitos políticos suspensos

na ocasião – condenação criminal transitada em julgado – art. 15, III, CF). Cabe destacar que a *sursi* penal impõe verificar que há suspensão dos direitos políticos (há pena). Em outra situação, que muitos examinandos acabaram por confundir, a *sursi* processual, não existe pena (é concedida no curso do processo, e não ao final). **C:** incorreta. O art. 299 indica como primeiro verbo "dar", portanto, a conduta de Joaquim encontra perfeito enquadramento. **D:** incorreta, o crime previsto no art. 299, Código Eleitoral é crime formal, pouco importando o resultado. **E:** incorreta, uma vez que Antônio, pelo fato de estar com os direitos políticos suspensos, jamais poderia garantir voto ou abstenção em favor do interesse de Joaquim. Tal circunstância torna a conduta atípica, mesmo que desprezível quanto ao seu intento. **SC**

Gabarito "B".

(Magistratura/CE – 2012 – CESPE) Assinale a opção correta acerca dos crimes eleitorais previstos no Código Eleitoral, na Lei Complementar n.º 64/1990, na Lei n.º 9.504/1997 e na Lei n.º 12.034/2009.

(A) Causar, propositadamente, dano físico ao equipamento utilizado na votação ou na totalização de votos ou a suas partes constitui crime punível com detenção.

(B) Constitui crime eleitoral punível com reclusão a arguição de inelegibilidade de candidato feita por interferência do poder econômico, deduzida de forma temerária ou de manifesta má-fé.

(C) A não observância da ordem em que os eleitores devem ser chamados a votar configura crime eleitoral punível com multa.

(D) A não expedição, imediatamente após o encerramento da votação, do boletim de urna pelo juiz de junta eleitoral configura crime, salvo se constatado defeito da urna ou se dispensada a expedição pelos fiscais, delegados e candidatos presentes.

(E) De acordo com a Lei n.º 12.034/2009, constitui crime a divulgação, no dia da eleição, de qualquer espécie de propaganda de candidato, bem como a manifestação individual e silenciosa do eleitor, mediante o uso de bandeiras, broches ou adesivos, a favor de candidato ou partido político.

A: incorreta, uma vez que o art. 72, III, da Lei 9.504/1997 dispõe que para esta conduta típica descrita caberá pena de reclusão; **B:** incorreta, uma vez que o art. 25 da LC 64/1990 dispõe que para tal figura típica caberá pena de detenção nos limites impostos; **C:** correta, conforme disposição do art. 306 do Código Eleitoral; **D:** incorreta, já que o art. 179, § 9º, do Código Eleitoral não prevê qualquer exceção à conduta típica, especificamente ao dispor que a não expedição do boletim imediatamente após a apuração de cada urna e antes de se passa à subsequente, sob qualquer pretexto, constitui o crime previsto no art. 313 do mesmo Código; **E:** incorreta, vez que a assertiva faz menção exatamente à permissiva trazida pela Lei 12.034/2009, especificamente o art. 39-A Lei 9.504/1997, ao dispor que é permitida, no dia das eleições, a manifestação individual e silenciosa da preferência do eleitor por partido político, coligação ou candidato, revelada exclusivamente pelo uso de bandeiras, broches, dísticos e adesivos. **SC**

Gabarito "C".

(Magistratura/GO – 2005) Caso o tipo penal, em matéria eleitoral, seja omisso no *quantum*, a pena mínima aplicável será de:

(A) 45 (quarenta e cinco) dias para os crimes punidos com detenção e 01 (um) ano para os punidos com reclusão;

(B) 15 (quinze) dias para os crimes punidos com detenção e 01 (um) ano para os punidos com reclusão;

(C) 60 (sessenta) dias para os crimes punidos com detenção e 06 (seis) meses para os punidos com reclusão;

(D) 30 (trinta) dias para os crimes punidos com detenção e 01 (um) ano para os punidos com reclusão.

> Em consonância com o que dispõe o art. 284 do Código Eleitoral, que enfrenta o tema, disciplinando que sempre que o código não indicar o grau mínimo, entende-se que será ele de quinze dias para a pena de detenção e de um ano para a de reclusão. **SC**
> Gabarito "B".

(Magistratura/GO – 2005) A expedição de salvo-conduto em favor de eleitor na iminência de sofrer violência em sua liberdade de votar é da competência:

(A) do juiz ou promotor de justiça eleitoral;

(B) apenas do juiz titular da zona eleitoral respectiva;

(C) do juiz eleitoral ou do presidente da mesa receptora de votos;

(D) da autoridade policial local.

> De fato a única alternativa correta encontra-se na assertiva 'C', uma vez que o art. 235 do Código Eleitoral dispõe que o juiz eleitoral, ou o presidente da mesa receptora, pode expedir salvo-conduto com a cominação de prisão por desobediência até 5 (cinco) dias, em favor do eleitor que sofrer violência, moral ou física, na sua liberdade de votar, ou pelo fato de haver votado. **SC**
> Gabarito "C".

(Magistratura/MA – 2008 – IESIS) Assinale a alternativa correta:

(A) É de cinco dias o prazo do recurso contra sentença condenatória ou absolutória, em feitos por crimes eleitorais.

(B) Sendo omisso o próprio tipo, de crimes previstos no Código Eleitoral, presume-se que a pena mínima de detenção é de quinze dias e a de reclusão é de um ano.

(C) Os crimes de calúnia, injúria e difamação na propaganda eleitoral são de ação pública condicionada a representação.

(D) A competência para julgamento dos prefeitos municipais por crimes eleitorais é do Tribunal de Justiça do respectivo estado, por expressa disposição constitucional.

> **A:** incorreta, uma vez que o art. 258 do Código Eleitoral dispõe que o prazo genérico será de 3 dias, a menos que lei especial venha a regular prazo específico, como, por exemplo, o art. 96, § 8°, da Lei 9.504/1997; **B:** correta, em consonância com o que dispõe o art. 284 do Código Eleitoral que enfrenta o tema disciplinando que sempre que o código não indicar o grau mínimo, entende-se que será ele de quinze dias para a pena de detenção e de um ano para a de reclusão; **C:** incorreta, uma vez que o art. 355 do Código Eleitoral dispõe que todos os crimes previstos em suas capitulações correspondem a crimes de ação penal pública, não havendo qualquer especificação sobre condicionantes; **D:** incorreta, uma vez que a competência a que se refere a assertiva não engloba os crimes eleitorais, os quais ficarão a cargo da justiça eleitoral. **SC**
> Gabarito "B".

(Magistratura/PA – 2012 – CESPE) No que concerne à representação por captação ilícita de sufrágio, aos crimes eleitorais e ao processo penal eleitoral, assinale a opção correta.

(A) As infrações penais definidas no Código Eleitoral são, em regra, de ação pública, com exceção dos denominados crimes eleitorais contra a honra de candidatos, partidos ou coligações, aos quais se aplica subsidiariamente o Código Penal.

(B) Admite-se, para o crime consistente na difamação de alguém durante a propaganda eleitoral, por meio da imputação de fato ofensivo à reputação da pessoa, exceção da verdade, se o ofendido for funcionário público e a ofensa não for relativa ao exercício de suas funções.

(C) Tratando-se do crime de escrever, assinalar ou fazer pinturas em muros, fachadas ou qualquer bem de uso comum do povo, para fins de propaganda eleitoral, empregando-se qualquer tipo de tinta, piche, cal ou produto semelhante, o juiz poderá reduzir a pena do agente que repare o dano antes da sentença final.

(D) Se o juiz se convencer de que o diretório local de determinado partido tenha concorrido para a prática do crime de inutilizar, alterar ou perturbar meio de propaganda devidamente empregado, ou que o partido tenha se beneficiado conscientemente da referida propaganda, ao diretório será imposta pena de multa.

(E) Em decorrência da liberdade de escolha do eleitor, na representação pela captação ilícita de sufrágio prevista na Lei n.° 9.504/1997, não se afere a potencialidade lesiva da conduta, bastando a prova da captação, ainda que envolva apenas um eleitor.

> Estamos diante de uma clara necessidade de simples comprovação do ato repugnado, qual seja, a captação ilícita de sufrágio, não prescindo de aferição acerca da potencialidade lesiva da conduta, bastando que seja comprovada a mesma, como bem se infere da leitura dos dispositivos dos arts. 30-A, § 2°, e 41-A da Lei 9.504/1997. **SC**
> Gabarito "E".

(Magistratura/PE - 2013 - FCC) É crime eleitoral apenado com detenção:

(A) inscrever-se fraudulentamente o eleitor.

(B) efetuar o juiz, fraudulentamente, a inscrição do alistando.

(C) negar ou retardar a autoridade judiciária, sem fundamento legal, a inscrição requerida.

(D) promover, no dia da eleição, com o fim de impedir, embaraçar ou fraudar o exercício do voto a concentração de eleitores, sob qualquer forma, inclusive o fornecimento gratuito de alimento e transporte coletivo.

(E) intervir autoridade estranha à mesa receptora, salvo o juiz eleitoral, no seu funcionamento sob qualquer pretexto.

> **A:** incorreta, uma vez que o art. 289 do Código Eleitoral, que tipifica o crime em questão, prevê pena de reclusão; **B:** incorreta, uma vez que o art. 291 do Código Eleitoral, que tipifica o crime em questão, prevê pena de reclusão; **C:** incorreta, uma vez que o crime, preceituado no art. 292 do Código Eleitoral, possui previsão de pena de multa; **D:** incorreta, uma

19. DIREITO ELEITORAL   879

vez que o crime capitulado no art. 302 do Código Eleitoral preceitua a pena de reclusão; **E:** correta, conforme art. 305 do Código Eleitoral. **SC**

Gabarito "E".

(Magistratura/PE - 2013 - FCC) Em matéria de Processo Penal Eleitoral

(A) todo cidadão que tiver conhecimento de infração penal do Código Eleitoral deverá comunicá-la a qualquer juiz eleitoral, inclusive de zona diferente àquela em que a mesma se verificou.

(B) verificada a infração penal, o Ministério Público oferecerá a denúncia dentro do prazo de quinze dias.

(C) qualquer eleitor poderá provocar a representação contra o órgão do Ministério Público se o juiz, no prazo de cinco dias, não agir de ofício.

(D) o réu ou seu defensor terá o prazo de quinze dias para oferecer alegações escritas e arrolar testemunhas.

(E) se a decisão do Tribunal Regional for condenatória, baixarão imediatamente os autos à instância inferior para a execução da sentença, que será feita no prazo de cinco dias, contados da data da vista ao Ministério Público.

A: incorreta, uma vez que o art. 356 do Código Eleitoral dispõe que a comunicação deverá ser feita ao juiz eleitoral da zona eleitoral onde se verificou a infração; **B:** incorreta, já que o art. 357 do Código Eleitoral preceitua que verificada a infração penal, o Ministério Público oferecerá a denúncia dentro do prazo de 10 (dez) dias; **C:** incorreta, vez que o art. 357, § 5º ao disciplinar o tema fixa que o prazo será o de 10 dias; **D:** incorreta, uma vez que o art. 360 do Código Eleitoral prevê o prazo de 5 dias para o oferecimento de alegações finais pra as partes; **E:** correta, conforme art. 363 do Código Eleitoral. **SC**

Gabarito "E".

(Magistratura/RJ – 2011 – VUNESP) No que se refere à captação ilícita de sufrágio, assinale a alternativa correta.

(A) De acordo com a Lei Eleitoral e a atual redação da Lei das Inelegibilidades, as cominações podem compreender a imposição de multa, a cassação do registro ou do diploma e a inelegibilidade octonal.

(B) Para sua configuração, é necessária a aferição da potencialidade de o evento provocar desequilíbrio na disputa eleitoral.

(C) O termo final para o ajuizamento da ação é o dia da eleição, inclusive.

(D) Para sua configuração, é necessária a demonstração de que o ato tenha sido praticado pelo candidato beneficiário da conduta ilícita.

A única resposta correta encontra-se na assertiva "A", tendo em vista os dispositivos verificados no art. 1º, I, 'j' da LC 64/1990 c.c arts. 30-A, § 2º e 41-A da Lei 9.504/1997. **SC**

Gabarito "A".

(Magistratura/PE – 2011 – FCC) É crime eleitoral apenado com reclusão

(A) induzir alguém a se inscrever eleitor com infração de qualquer dispositivo do Código Eleitoral.

(B) reter título eleitoral contra a vontade do eleitor.

(C) promover desordem que prejudique os trabalhos eleitorais.

(D) impedir ou embaraçar o exercício do sufrágio.

(E) valer-se o servidor público da sua autoridade para coagir alguém a votar ou não votar em determinado candidato ou partido.

A: assertiva correta, pois a conduta é apenada com reclusão de até 2 anos, além do pagamento de multa – art. 290 do Código Eleitoral – CE (Lei 4.737/1965); **B:** incorreta, pois essa conduta é apenada com detenção (não reclusão) de até 2 meses ou pagamento de multa – art. 295 do CE; **C:** incorreta, pois a pena prevista para essa conduta é de detenção de até 2 meses e pagamento de multa; **D:** assertiva incorreta, pois é prevista pena de detenção de até 6 meses e pagamento de multa; **E:** assertiva incorreta, pois aplica-se pena de detenção de até 6 meses e pagamento de multa, nesse caso. **RB**

Gabarito "A".

(MAGISTRATURA/PB – 2011 – CESPE) A respeito dos crimes previstos na Lei n.º 9.504/1997, que dispõe sobre as eleições, assinale a opção correta.

(A) Inexiste, na norma geral das eleições, previsão de responsabilização penal de representantes legais de empresas ou entidades de pesquisa e de órgão veiculador de pesquisa fraudulenta.

(B) O uso, na propaganda eleitoral, de símbolos, frases ou imagens associadas ou semelhantes às empregadas por órgão de governo, empresa pública ou sociedade de economia mista constitui crime apenado com detenção e multa, vedada a alternativa de prestação de serviços à comunidade.

(C) Qualquer ato que vise retardar, impedir ou dificultar a ação fiscalizadora dos partidos no tocante às pesquisas eleitorais constitui crime punível com detenção, com a alternativa de prestação de serviços à comunidade.

(D) Respondem por crime eleitoral os integrantes de mesa receptora que deixarem de entregar, por omissão, cópia de boletim aos partidos e coligações concorrentes ao pleito caso seus representantes a requeiram até uma hora após a expedição.

(E) A divulgação de pesquisa fraudulenta constitui crime punível com reclusão e multa.

A: incorreta, pois há essa previsão no art. 35 da Lei das Eleições – LE (Lei 9.504/1997); **B:** incorreta, pois a pena de detenção para essa conduta pode ser substituída por prestação de serviços à comunidade pelo mesmo período, nos termos do art. 40 da LE; **C:** essa é a assertiva correta, nos termos do art. 34, § 2º, da LE; **D:** incorreta, pois o crime é imputado apenas ao presidente da mesa receptora (não a todos os integrantes da mesa), nos termos do art. 68, § 1º, da LE; **E:** incorreta, pois a pena para essa conduta é de detenção (não reclusão) de 6 meses a 1 ano e multa – art. 33, § 4º, da LE. **RB**

Gabarito "C".

(MAGISTRATURA/PB – 2011 – CESPE) À luz das resoluções aplicáveis do TSE, assinale a opção correta acerca do processo penal eleitoral, na seara das apurações criminais e da polícia criminal em matéria eleitoral.

(A) Se o inquérito for arquivado por falta de embasamento para o oferecimento de denúncia, a autoridade policial poderá proceder a nova investigação se de outras provas tiver notícia, independentemente de nova requisição.

(B) A Polícia Federal exerce, com prioridade sobre suas atribuições regulares, a função de polícia judiciária em matéria eleitoral e, se, no local da infração, não existirem órgãos a ela pertencentes, a referida função deverá ser assumida pela polícia estadual.

(C) A autoridade policial que tomar conhecimento de prática da infração penal eleitoral deverá informá-la imediatamente ao membro do MP competente.

(D) As autoridades policiais e seus agentes devem comunicar ao juiz eleitoral competente, em até vinte e quatro horas do fato, a prisão de indivíduos encontrados em flagrante delito pela prática de infração eleitoral.

(E) O inquérito policial eleitoral é instaurado somente mediante requisição do MP, salvo em hipótese de prisão em flagrante, quando a instauração ocorre independentemente de requisição.

A: incorreta, pois a nova investigação policial dependerá de requisição – art. 11 da Resolução TSE 23.222/2010; **B:** incorreta, pois, inexistindo órgãos da polícia federal no local da infração, a atuação da polícia estadual será supletiva (não substitutiva) – art. 2º, p. único, da Resolução TSE 23.222/2010; **C:** incorreta, pois a autoridade policial deve informar imediatamente o juiz eleitoral competente quando tiver conhecimento da prática de infração penal eleitoral – art. 6º da Resolução TSE 23.222/2010; **D:** essa é a assertiva correta, conforme o art. 7º da Resolução TSE 23.222/2010; **E:** incorreta, pois o inquérito policial eleitoral será instaurado mediante requisição do Ministério Público ou da justiça eleitoral, salvo a hipótese de prisão em flagrante – art. 8º da Resolução TSE 23.222/2010. **RB**
Gabarito "D".

(Magistratura/PR – 2010 – PUC/PR) Sobre a apuração de crimes eleitorais, é CORRETO afirmar que:

(A) Em se tratando de infração de menor potencial ofensivo, a autoridade policial elaborará termo circunstanciado de ocorrência e o encaminhará ao Ministério Público Federal.

(B) As autoridades policiais e seus agentes deverão prender quem quer que seja encontrado em flagrante delito pela prática de infração eleitoral, comunicando o fato ao juiz eleitoral competente em até 24 horas.

(C) A conclusão do inquérito policial eleitoral deverá ocorrer em até 30 (trinta) dias, contado o prazo a partir do dia em que se executar a ordem de prisão, nas hipóteses de o indiciado ter sido preso em flagrante ou previamente ou mesmo quando estiver solto.

(D) Uma vez arquivado o inquérito por falta de base para o oferecimento da denúncia, a autoridade policial poderá proceder à nova investigação se de outras provas tiver notícia, independentemente da existência de requisição do juiz eleitoral competente para tanto.

A: incorreta, pois o encaminhamento, no caso, é para o juiz eleitoral competente – art. 7º, parágrafo único, da Resolução TSE 23.222/2010; **B:** assertiva correta, nos termos do art. 7º, caput, da Resolução TSE 23.222/2010; **C:** incorreta, pois, no caso de indiciado preso, o prazo para conclusão do inquérito é de 10 dias (é de 30 dias no caso de indiciado não preso) – art. 9º da Resolução TSE 23.222/2010; **D:** incorreta, pois a nova investigação depende de requisição do juiz eleitoral competente – art. 11 c/c arts. 4º e 6º da Resolução TSE 23.222/2010. **RB**
Gabarito "B".

(Magistratura/GO – 2009 – FCC) NÃO constitui crime eleitoral:

(A) Intervir o Juiz eleitoral no funcionamento da Mesa Receptora.

(B) Perturbar ou impedir de qualquer forma o alistamento.

(C) Reter título eleitoral contra a vontade do eleitor.

(D) Votar ou tentar votar em lugar de outrem.

(E) Fazer propaganda, no horário eleitoral gratuito, em língua estrangeira.

A: não há tipificação penal dessa conduta, até porque o juiz eleitoral é a única autoridade que **pode intervir** no funcionamento da mesa receptora – art. 140, § 2º, do CE; **B:** crime previsto no art. 293 do CE; **C:** crime, conforme o art. 295 do CE; **D:** crime previsto no art. 309 do CE; **E:** crime, nos termos do art. 335 do CE. **RB**
Gabarito "A".

(Magistratura/PA – 2009 – FGV) Quando a lei determina a agravação ou atenuação da pena de crime eleitoral, sem mencionar o *quantum*, deve o juiz, guardados os limites da pena cominada ao crime:

(A) fixá-lo entre 1/2 e 1/4.

(B) fixá-lo em 1/4.

(C) fixá-lo em 1/2.

(D) fixá-lo entre 1/5 e 1/3.

(E) fixá-lo entre 1/5 e 1/10.

Nos termos do art. 285 do CE, quando a lei determina a agravação ou a atenuação da pena sem mencionar o *quantum*, o juiz deve fixá-lo entre um quinto e um terço, guardados os limites da pena cominada ao crime. **RB**
Gabarito "D".

(Magistratura/PA – 2009 – FGV) A ocorrência de uma infração penal tipificada no Código eleitoral deverá ser comunicada:

(A) ao juiz da Zona Eleitoral onde a mesma se verificou.

(B) ao Ministério Público ou a qualquer juiz eleitoral.

(C) ao Tribunal Regional Eleitoral.

(D) ao Procurador Regional Eleitoral.

(E) a qualquer juiz eleitoral.

Nos termos do art. 356 do CE, todo cidadão que tiver conhecimento de infração penal do Código Eleitoral deverá comunicá-la ao juiz eleitoral da zona onde a mesma se verificou. **RB**
Gabarito "A".

(Magistratura/PA – 2008 – FGV) O crime de impedimento ou embaraço ao exercício do sufrágio:

(A) tem como sujeito passivo o Estado e a democracia.

(B) pode ser caracterizado em campanhas pelo voto em branco.

(C) é crime material.

(D) é crime formal.

(E) é crime comum.

Art. 297 do CE. **RB**
Gabarito "E".

(Magistratura/PI – 2008 – CESPE) A Lei Eleitoral brasileira, Lei n.º 9.504/1997, foi alterada, em 1999, mediante projeto de lei de iniciativa popular, para abrigar a instituição jurídica da captação de sufrágio, que se manifesta

19. DIREITO ELEITORAL 881

(A) na remuneração e gratificação de qualquer espécie a pessoal que preste serviços a candidaturas.

(B) no pagamento de cachê de artistas ou locutores de eventos relacionados a campanha eleitoral.

(C) no pagamento de aluguel de bens particulares para veiculação de propaganda eleitoral.

(D) no aluguel de local para a promoção de ato de campanha eleitoral.

(E) na promessa ao eleitor de emprego público com o fim de obter-lhe o voto.

A captação ilegal de sufrágio é conhecida como "compra de voto", exemplificada na assertiva "E" – art. 41-A da LE. **RB**
Gabarito "E".

(Magistratura/PA – 2008 – FGV) Em determinada eleição municipal, restou provada a captação ilícita de sufrágio por parte do candidato a prefeito, com decisão transitada em julgado. Nesse caso, analise as assertivas a seguir:

I. A sentença deve impor a cassação do mandato do prefeito e determinar a diplomação do vice-prefeito.

II. A sentença deve cassar o mandato do prefeito, sendo certo que o do vice-prefeito segue igual sorte, mesmo se não houver litisconsórcio formado no processo.

III. A sentença, se o vice-prefeito estiver no pólo passivo, deverá lhe impor igual sorte à do prefeito.

IV. Por se tratar de relação jurídica subordinada, o mandato do vice-prefeito é atingido pelos efeitos da sentença.

V. Por se tratar de eleição majoritária, o Tribunal deve promover nova eleição e não dar posse ao segundo candidato, quando a nulidade atinge a mais de 50% dos votos válidos.

Assinale:

(A) se somente as assertivas I, II e III estiverem corretas.

(B) se somente as assertivas I, III e IV estiverem corretas.

(C) se somente as assertivas I, IV e V estiverem corretas.

(D) se somente as assertivas II, III e IV estiverem corretas.

(E) se somente as assertivas II, IV e V estiverem corretas.

I, II, III, e IV: a perda de mandato do Prefeito estende-se ao vice-Prefeito, pois a chapa é única e indivisível (art. 91 do CE). No entanto, não são todos os efeitos da sentença que se aplicam ao vice-Prefeito (*v.g.* a inelegibilidade não atinge o vice – art. 18 da LI); **V:** art. 224 do CE. **RB**
Gabarito "E".

12. CONDUTAS VEDADAS AOS AGENTES PÚBLICOS

(Juiz – TJ-SC – FCC – 2017) No ano em que se realizar eleição, fica proibida a distribuição gratuita de bens, valores ou benefícios por parte da Administração pública, EXCETO em casos de:

(A) estado de emergência, de intervenção federal ou de programas sociais autorizados em lei e já em execução orçamentária desde o primeiro semestre do ano eleitoral, mesmo que executados por entidade nominalmente vinculada a candidato ou por esse mantida.

(B) calamidade pública, de intervenção federal ou de programas sociais autorizados em lei e já em execução

orçamentária desde o primeiro mês do ano eleitoral, vedada, no entanto, a execução de tais programas por entidade nominalmente vinculada a candidato ou por esse mantida.

(C) calamidade pública, de estado de emergência ou de programas sociais autorizados em lei e já em execução orçamentária no exercício anterior, vedada, no entanto, a execução de tais programas por entidade nominalmente vinculada a candidato ou por esse mantida.

(D) estado de emergência, de calamidade pública ou de programas sociais autorizados em lei e já em execução orçamentária desde o primeiro semestre do ano eleitoral, vedada, no entanto, a execução de tais programas por entidade nominalmente vinculada a candidato ou por esse mantida.

(E) calamidade pública, de intervenção federal ou de programas sociais autorizados em lei e já em execução orçamentária no exercício anterior, mesmo que executados por entidade nominalmente vinculada a candidato ou por esse mantida.

A única alternativa correta vem representada pela assertiva C, pois em plena consonância com o que estabelece o art. 73, §10, Lei das Eleições. O tema das condutas vedadas aos agentes públicos em campanhas eleitorais (art. 73 e seguintes da Lei das Eleições) é de extrema relevância para a carreira da magistratura, isto porque os colegas leitores (futuros magistrados!) que estiverem atuando nas comarcas com a cumulação de serviços eleitorais estarão diante de situações constantes ali descritas durante as eleições municipais. **SC**
Gabarito "C".

(Magistratura/SC – 2008) Observadas as proposições abaixo, assinale a alternativa correta:

I. A prática de qualquer das chamadas condutas vedadas aos agentes públicos em campanha importa na cassação de registro ou de diploma e em multa.

II. É proibida a revisão geral de remuneração de servidores públicos além da mera recomposição inflacionária das perdas relativas ao ano eleitoral, nos três meses que antecedem o pleito até a diplomação dos eleitos.

III. Estão sujeitos às sanções pelas chamadas condutas vedadas aos agentes públicos em campanha não só os que praticarem os atos proibidos, mas também os candidatos beneficiados, ainda que não tenham participado diretamente das ações e que não sejam agentes públicos.

IV. Segundo orientação jurisprudencial é proibida apenas a autorização de publicidade institucional no trimestre anterior ao pleito, e não sua veiculação, não se podendo interpretar ampliativamente o dispositivo legal que restringe direito.

(A) Somente a proposição I está correta

(B) Somente a proposição III está correta

(C) Somente a proposição II está correta

(D) Somente a proposição IV está correta

(E) Todas as proposições estão incorretas

I: a cassação do registro ou do diploma não se aplica a todos os casos – art. 73, § 5º, da LE; **II:** o prazo proibitivo para a revisão geral começa 180 dias antes da eleição e vai até a data da posse dos eleitos (não da

882 ROBINSON BARREIRINHAS E SAVIO CHALITA

diplomação) – art. 73, VIII, da LE; **III**: art. 73, § 5°, da LE; **IV**: é vedada a veiculação da propaganda institucional no período, ainda que a autorização seja anterior – art. 73, VI, *b*, da LE, ver Ag 5.304/SP-TSE. **RB**
Gabarito "B".

13. COMBINADAS E OUTRAS MATÉRIAS

(Juiz de Direito – TJ/MS – VUNESP – 2015) O direito brasileiro adota o sistema eleitoral proporcional, sendo correto afirmar que determina-se o quociente eleitoral dividindo-se o número de

(A) votos válidos dados sob a mesma legenda ou coligação de legendas e os brancos pelo de lugares a preencher em cada circunscrição eleitoral, desprezada a fração se igual ou inferior a um quinto, equivalente a um, se superior.

(B) votos, incluindo os brancos e nulos, apurados pelo de lugares a preencher em cada circunscrição eleitoral, desprezada a fração se igual ou inferior a um quarto, equivalente a um, se superior.

(C) votos válidos dados sob a mesma legenda ou coligação de legendas e pelo de lugares a preencher em cada circunscrição eleitoral, desprezada a fração se igual ou inferior a um quarto, equivalente a um, se superior.

(D) votos válidos dados sob a mesma legenda ou coligação de legendas pelo de lugares a preencher em cada circunscrição eleitoral, desprezada a fração.

(E) votos válidos apurados pelo de lugares a preencher em cada circunscrição eleitoral, desprezada a fração se igual ou inferior a meio, equivalente a um, se superior.

A única alternativa correta é a apresentada na assertiva E, uma vez que o art. 106, Código Eleitoral, restou inteiramente registrado. Vejamos: "Art. 106. Determina-se o quociente eleitoral dividindo-se o número de votos válidos apurados pelo de lugares a preencher em cada circunscrição eleitoral, desprezada a fração se igual ou inferior a meio, equivalente a um, se superior." **SC**
Gabarito "E".

(Magistratura/BA – 2012 – CESPE) Em relação aos procedimentos eleitorais de revisão do eleitorado e observação do cumprimento do processo eleitoral e suas exigências legais, assinale a opção correta.

(A) A revisão do eleitorado pode ser determinada pelo TSE, mas sua execução cabe privativamente às juntas eleitorais.

(B) Para ser candidato a prefeito, o cidadão deve ter domicílio eleitoral no município há pelo menos um ano; para candidatar-se à vereança, bastam seis meses de domicílio eleitoral.

(C) O domicílio eleitoral do candidato e do eleitor é idêntico: ambos devem estar domiciliados na respectiva circunscrição pelo menos um ano antes do pleito.

(D) Qualquer candidato deve ter domicílio na circunscrição pelo menos um ano antes do pleito; o eleitor que pretender transferir o título deve fazê-lo pelo menos cento e cinquenta dias antes da eleição.

(E) A revisão do eleitorado de um município é da competência exclusiva do juiz de direito a quem seja

atribuída a competência de juiz eleitoral da respectiva circunscrição.

A: incorreta, o art. 71, § 4°, do Código Eleitoral dispõe que quando houver denúncia fundamentada de fraude no alistamento de uma zona ou município, o Tribunal Regional poderá determinar a realização de correição e, provada a fraude em proporção comprometedora, ordenará a revisão do eleitorado obedecidas as Instruções do Tribunal Superior e as recomendações que, subsidiariamente, baixar, com o cancelamento de ofício das inscrições correspondentes aos títulos que não forem apresentados à revisão; **B:** incorreta, tendo em vista que o prazo não se altera, de acordo com o que disciplina o art. 9° da Lei 9.504/1997 ao dispor que para concorrer às eleições, o candidato deverá possuir domicílio eleitoral na respectiva circunscrição pelo prazo de, pelo menos, um ano antes do pleito e estar com a filiação deferida pelo partido no mesmo prazo; **C:** incorreta, uma vez que o prazo de inscrição ou transferência de eleitor em nova circunscrição é de até 100 dias antes da eleição, conforme arts. 55, I e 67 do Código Eleitoral, de modo que cabe ao eleitor, para que venha a votar em determinada circunscrição, que ali tenha feito sua inscrição ou transferência pelo prazo de até 100 dias antes do pleito. Na situação do candidato ao cargo eletivo, deverá ser obedecido o prazo do art. 9° da Lei 9.504/1997 que disciplina que o candidato deverá possuir domicílio eleitoral na respectiva circunscrição pelo prazo de, pelo menos, um ano antes do pleito e estar com a filiação deferida pelo partido no mesmo prazo. **D:** correta, conforme disposição encontrada no art. 9 da Lei 9504/97 que disciplina que para concorrer às eleições, o candidato deverá possuir domicílio eleitoral na respectiva circunscrição pelo prazo de, pelo menos, um ano antes do pleito e estar com a filiação deferida pelo partido no mesmo prazo; **E:** incorreta, uma vez que o art. 71, §4° do Código Eleitoral dispõe que quando houver denúncia fundamentada de fraude no alistamento de uma zona ou município, o Tribunal Regional poderá determinar a realização de correição e, provada a fraude em proporção comprometedora, ordenará a revisão do eleitorado obedecidas as Instruções do Tribunal Superior e as recomendações que, subsidiariamente, baixar, com o cancelamento de ofício das inscrições correspondentes aos títulos que não forem apresentados à revisão. **SC**
Gabarito "D".

(Magistratura/BA – 2012 – CESPE) Considerando as normas legais brasileiras concernentes à possibilidade de reeleição ao cargo de prefeito municipal, assinale a opção correta.

(A) O TSE admite a reeleição em cada município, em respeito ao princípio da soberania popular, sem restrições de mandatos.

(B) Considere que Jonas, que cumpre o segundo mandato de prefeito municipal, pretenda candidatar-se a prefeito da cidade vizinha. Nessa situação, a candidatura é permitida pelo TSE, pelo fato de se tratar de circunscrição diversa.

(C) O prefeito de uma cidade no exercício do primeiro mandato pode candidatar-se à prefeitura de outra, desde que transfira o seu domicílio eleitoral em tempo hábil.

(D) O impedimento legal a um terceiro mandato consecutivo restringe-se à circunscrição na qual o prefeito exerce o seu mandato.

(E) O TSE admite uma terceira candidatura na hipótese de o prefeito renunciar ao cargo seis meses antes da data das eleições.

De fato a única alternativa correta é a prevista na assertiva C. O tema foi recorrente nos tribunais, tendo dado origem à Resolução TSE 21.297-

19. DIREITO ELEITORAL — 883

RJ, que vem dispor que o detentor de mandato de prefeito municipal, que tenha ou não sido reeleito, pode ser candidato a prefeito em outro município, vizinho ou não, em período subsequente, exceto se se tratar de município desmembrado, incorporado ou de que resulte fusão. A candidatura a cargo de prefeito de outro município, vizinho ou não, caracteriza candidatura a outro cargo, devendo ser observada a regra do art. 14, § 6°, da CF, ou seja, a desincompatibilização seis meses antes do pleito. **SC**

Gabarito "C".

(Magistratura/MA – 2008 – IESIS) Assinale a alternativa correta:

(A) Parecer do Tribunal de Contas Estadual pela desaprovação de contas anuais de prefeito municipal não implica em inelegibilidade, que somente ocorrerá se a Câmara de Vereadores respectiva rejeitar as contas.

(B) A desincompatibilização, cujas hipóteses devem estar previstas em lei e não por mera Resolução, é desnecessária aos candidatos que ocupam a chefia do Poder Executivo.

(C) O vice-prefeito que tenha sido reeleito para o mesmo cargo e que em ambos os mandatos substituiu o prefeito não pode concorrer ao cargo de prefeito para o mandato imediatamente seguinte, independentemente do período em que ocorreu a substituição.

(D) Dada a ausência de efeito suspensivo dos recursos em Direito Eleitoral, a condenação por improbidade administrativa em relação à qual esteja pendente apenas recurso especial ou extraordinário constitui causa de inelegibilidade.

A única alternativa correta encontra-se na assertiva A, já que a Constituição Federal dispõe no art. 31 e parágrafos seguintes que caberá à Câmara Municipal fiscalizar o Município, de modo especial quanto à aprovação de contas, servindo os Tribunais de Contas como auxiliares. **SC**

Gabarito "A".

(Magistratura/MA – 2008 – IESIS) Assinale a alternativa **INCORRETA**:

(A) Na mesma mesa receptora de votos, é vedada a participação de parentes em qualquer grau ou de servidores da mesma repartição pública ou empresa privada, salvo se de dependências diversas do mesmo ministério, secretaria de estado, secretaria de município, autarquia ou fundação pública de qualquer ente federativo.

(B) Não poderão ser nomeados para compor as mesas receptoras de votos os eleitores menores de dezoito anos.

(C) Os componentes das mesas receptoras de votos serão nomeados, exclusivamente, entre os eleitores da própria seção eleitoral e terão preferência, entre estes, os diplomados em escola superior, os professores e os serventuários da Justiça.

(D) A cada seção eleitoral corresponde uma mesa receptora de votos, salvo na hipótese de agregação.

O Código Eleitoral, no *caput* do art. 120, dispõe que constituem a mesa receptora um presidente, um primeiro e um segundo mesários, dois secretários e um suplente, nomeados pelo juiz eleitoral sessenta dias antes da eleição, em audiência pública, anunciado pelo menos com cinco dias de antecedência. Desta forma, a única alternativa errada encontra-se na assertiva C, uma vez que não serão os eleitores quem nomearam a mesa receptora, mas sim o juiz eleitoral, conforme disposição legal. **SC**

Gabarito "C".

(Magistratura/MG – 2012 – VUNESP) É correto afirmar que a criação da Justiça Eleitoral ocorreu

(A) após a instauração do Regime Militar de 1964, pois os militares, ao assumirem o poder, tinham como meta moralizar as práticas políticas no país.

(B) ao tempo do Império, por iniciativa de D. Pedro II, copiando o modelo português, de inspiração francesa.

(C) após a Revolução de 1930, durante o governo de Getúlio Vargas.

(D) em 1946, após a restauração democrática, quando os militares, egressos da Força Expedicionária Brasileira, inspiraram-se na reação aos regimes nazifascistas corrente na Europa do pós-Guerra.

Conforme é possível verificar no acervo histórico do TSE "A Revolução de 1930 tinha como um dos princípios a moralização do sistema eleitoral. Um dos primeiros atos do governo provisório foi a criação de uma comissão de reforma da legislação eleitoral, cujo trabalho resultou no primeiro Código Eleitoral do Brasil. O Código Eleitoral de 1932 criou a Justiça Eleitoral, que passou a ser responsável por todos os trabalhos eleitorais – alistamento, organização das mesas de votação, apuração dos votos, reconhecimento e proclamação dos eleitos. Além disso, regulou em todo o país as eleições federais, estaduais e municipais." Desta forma, notando que contemporâneo ao descrito o Brasil encontrava-se sob o governo de Getúlio Vargas, especificamente no primeiro governo de 15 anos ininterruptos, de 1930 a 1945. Deste modo, a alternativa C é a correta. **SC**

Gabarito "C".

(Magistratura/RJ – 2013 – VUNESP) Leia as afirmações e assinale a alternativa correta.

(A) Nas eleições proporcionais, cada partido pode registrar candidatos até 150% do número de lugares a preencher na respectiva Casa Legislativa; em se tratando de coligação, esse número será dobrado.

(B) Consoante orientação firmada pelo Tribunal Superior Eleitoral, a ausência de condição de elegibilidade não se presta a fundamentar o recurso contra expedição de diploma.

(C) Em matéria de inelegibilidade por captação ilícita de sufrágio, seu reconhecimento pela Justiça Eleitoral exige a necessidade do trânsito em julgado da mencionada captação ilícita de sufrágio.

(D) A pena privativa de liberdade estabelecida pelo art. 299 do Código Eleitoral, que trata do delito de compra de voto, é de dois a cinco anos de reclusão.

A: incorreta. A afirmativa é apta a confundir o candidato. Estaria correta se mencionasse que no caso de coligações o número de candidatos que poderiam ser registrados, independentemente do número de partidos que o componham, seria até o dobro do número de lugares a preencher. O equívoco e dúvida é gerado a partir do momento em que a assertiva sugere "esse número será dobrado", levando a crer então que bastava dobrar o número de candidatos que estariam autorizados por partido. Por exemplo: Havendo 20 vagas a preencher, cada partido poderá registrar até 50 candidatos (150% de 20 vagas). A coligação por sua vez, poderá registrar até 40 candidatos (o dobro de 20 vagas).

884 ROBINSON BARREIRINHAS E SAVIO CHALITA

Pelo raciocínio da assertiva a coligação poderia registrar até 100 candidatos, basta substituir os números de exemplo no enunciado para se verificar. **B:** Atenção! A questão foi apresentada como correta, conforme jurisprudência indicada a seguir: "(...) Recurso contra expedição de diploma. Descabimento. Documento falso. Filiação partidária. Condição de elegibilidade. [...] 2. Incabível o recurso contra expedição de diploma (art. 262, I, do Código Eleitoral) quando fundado em alegada ausência de filiação regular do candidato, por versar sobre condição de elegibilidade. "(Ac. de 4.8.2011 no AgR-REspe n. 950093606, rel. Min. Marcelo Ribeiro.). No entanto, importante notar que com a minirreforma eleitoral (Lei 12.891/2013) restou assim disposto o art.. 262 do Código Eleitoral: " O recurso contra expedição de diploma caberá somente nos casos de inelegibilidade superveniente ou de natureza constitucional **e de falta de condição de elegibilidade**"; **C:** incorreta, uma vez que basta que a decisão tenha sido proferida por órgão colegiado da Justiça Eleitoral, art. 1°, I, *j*, da LC 64/1990; **D:** incorreta, pois a pena é preceituada como reclusão até quatro anos e pagamento de cinco a quinze dias-multa. **SC**
Gabarito "B"(Gabarito desatualizado face a minirreforma eleitoral)

(Magistratura/RJ – 2011 – VUNESP) Em relação à propaganda eleitoral, assinale a alternativa correta.

(A) É admitido que, no período anterior ao registro das candidaturas, os pré-candidatos possam participar de debates, inclusive com a exposição de plataformas e projetos políticos, desde que não haja pedido de voto.

(B) É admitida a propaganda em árvores e nos jardins em áreas públicas desde que não lhes cause dano.

(C) É admitida a propaganda em estabelecimentos comerciais de acesso franqueado ao público, tais como bares e restaurantes, desde que haja consentimento espontâneo e gratuito do proprietário ou possuidor.

(D) É admitida a aplicação *ex officio* de multa por propaganda eleitoral ilícita, calcada no poder de polícia da Justiça Eleitoral.

A: correta, conforme dispõe o art. 36-A da Lei 9.504/1997; **B:** incorreta, pois consta de vedação expressa no art. 37, § 5°, da Lei 9.504/1997; **C:** incorreta, pois consta de vedação expressa no art. 37, § 4° da Lei 9.504/1997; **D:** incorreta, como bem se pode depreender do disposto nos arts. 40 e 40-B, § 3° da Lei 9.504/1997. **SC**
Gabarito "A"

(Magistratura/RR – 2008 – FCC) A respeito do plebiscito e do referendo, considere as afirmações:

I. O referendo é convocado com anterioridade a ato legislativo ou administrativo, cabendo ao povo, pelo voto, aprovar ou denegar o que lhe tenha sido submetido.

II. O plebiscito é convocado com posterioridade a ato legislativo ou administrativo, cumprindo ao povo a respectiva ratificação ou rejeição.

III. Nas questões de relevância nacional, de competência do Poder Legislativo ou do Poder Executivo, o plebiscito e o referendo são convocados mediante decreto legislativo, por proposta de um terço, no mínimo, dos membros que compõem qualquer das Casas do Congresso Nacional, na forma da lei.

IV. A incorporação de Estados entre si, subdivisão ou desmembramento para se anexarem a outros, ou formarem novos Estados ou Territórios Federais, dependem da aprovação da população diretamente interessada, por meio de plebiscito realizado na

mesma data e horário em cada um dos Estados, e do Congresso Nacional, por lei complementar, ouvidas as respectivas Assembleias Legislativas.

Estão corretas SOMENTE

(A) I e II.

(B) II e IV.

(C) III e IV.

(D) I, II e III.

(E) I, II e IV.

I: incorreta, uma vez que o art. 2°, § 2°, da Lei 9.709/1998 dispõe que o referendo é convocado com posterioridade a ato legislativo ou administrativo, cumprindo ao povo a respectiva ratificação ou rejeição; **II:** incorreta, uma vez que o art. 2°, § 1°, da Lei 9.709/1998 dispõe que o plebiscito é convocado com anterioridade a ato legislativo ou administrativo, cabendo ao povo, pelo voto, aprovar ou denegar o que lhe tenha sido submetido. ; **III:** correta, uma vez que corresponde exatamente com o disposto no art. 3° da Lei 9.709/1998; **IV:** correta, vez que de acordo com o que dispõe o art. 4° da Lei 9.709/1998; Deste modo, levando em consideração que apenas as assertivas III e IV estão corretas, a alternativa "C" é que traz a resposta correta. **SC**
Gabarito "C"

(Magistratura/RR – 2008 – FCC) É vedado aos agentes públicos em campanhas eleitorais para cargos do Poder Executivo, nos três meses que antecedem o pleito,

(A) autorizar a contratação de *shows* artísticos com recursos públicos na realização de inaugurações.

(B) efetuar nomeações para cargos em comissão e designação ou dispensa de funções de confiança.

(C) efetuar nomeações para cargos dos Tribunais de Contas e dos órgãos da Presidência da República.

(D) efetuar nomeações dos aprovados em concursos públicos homologados antes de três meses da posse dos eleitos.

(E) transferir ou remover *ex officio* militares, policiais civis e agentes penitenciários.

De fato a única alternativa correta encontra-se na assertiva A, uma vez que de acordo com o que dispõe o art. 75 da Lei 9.504/1997 ao disciplinar que nos três meses que antecederem as eleições, na realização de inaugurações é vedada a contratação de shows artísticos pagos com recursos públicos. **SC**
Gabarito "A"

(Magistratura/SP – 2011 – VUNESP) Leia atentamente as assertivas a seguir:

I. O mandato eletivo poderá ser impugnado ante a Justiça Eleitoral no prazo de 15 dias contados da proclamação dos resultados eleitorais.

II. A ação de impugnação de mandato é exercível por qualquer cidadão e se submete ao princípio da mais completa publicidade.

III. É vedada a cassação de direitos políticos, enquanto que a perda ou suspensão de direitos políticos decorrem de várias causas.

IV. Os casos de inelegibilidade previstos na Carta Republicana constituem *numerus clausus*.

V. A vida pregressa do candidato pode ser considerada para fins de inelegibilidade.

19. DIREITO ELEITORAL — 885

VI. A impugnação do mandato eletivo não prescinde de provas de abuso do poder econômico, corrupção ou fraude.

São corretas apenas as assertivas

(A) I, II e III.

(B) II, III e IV.

(C) III, V e VI.

(D) I, IV e V.

(E) III, IV e VI.

I: incorreta, pois o prazo para a Ação de Impugnação de Mandato Eletivo – AIME – é de até 15 dias contados da diplomação – art. 14, § 10, da CF; **II:** assertiva incorreta, pois se aplica o art. 22 da LI em relação à legitimidade ativa para a AIME, podendo ser ajuizada por partido político, coligação, candidato ou Ministério Público Eleitoral – ver RESPE 11.835/PR-TSE; **III:** assertiva correta, pois reflete exatamente o disposto no art. 15 da CF; **IV:** incorreta, pois a lei complementar estabelecerá outros casos de inelegibilidade e os prazos de sua cessação, a fim de proteger a probidade administrativa, a moralidade para exercício de mandato, considerada a vida pregressa do candidato, e a normalidade e legitimidade das eleições contra a influência do poder econômico ou o abuso do exercício de função, cargo ou emprego na administração direta ou indireta – art. 14, § 9º, da CF, ver LC 64/1990 e Súmula 13/TSE; **V:** assertiva correta, conforme comentário à alternativa anterior; **VI:** assertiva correta, pois a AIME deve ser instruída com provas de abuso do poder econômico, corrupção ou fraude, embora seja importante ressaltar que o TSE tem entendimento de que não se trata de prova pré-constituída, sendo exigidos apenas indícios idôneos do cometimento desses ilícitos – ver RESPE 16.257/PE-TSE. **RB**
Gabarito "C."

(MAGISTRATURA/PB – 2011 – CESPE) Assinale a opção em que é apresentada disposição do Código Eleitoral em consonância com a CF.

(A) Compete, privativamente, ao TSE organizar a sua secretaria e a corregedoria-geral e propor ao Congresso Nacional a criação e a extinção dos cargos administrativos e a fixação dos respectivos vencimentos, provendo-os na forma da lei.

(B) Os militares são alistáveis, desde que sejam oficiais, aspirantes a oficiais, guardas-marinha, subtenentes ou suboficiais, sargentos ou alunos das escolas militares de ensino superior para formação de oficiais.

(C) O eleitor que deixar de votar e não se justificar perante o juiz eleitoral no prazo estabelecido por lei incorrerá em multa imposta pelo juiz eleitoral e calculada sobre o valor do salário mínimo.

(D) O presidente e o vice-presidente do TSE são escolhidos, por eleição, entre os ministros do STF, e o corregedor-geral da justiça eleitoral, indicado, pelo presidente, entre os membros do próprio TSE.

(E) Compete ao TSE processar e julgar originariamente os crimes eleitorais e os crimes comuns que, sendo-lhes conexos, sejam cometidos por seus próprios juízes e pelos juízes dos TREs.

A: essa é a assertiva correta, nos termos do art. 23, II, do Código Eleitoral – CE (Lei 4.737/1965); **B:** incorreta, pois, apesar do disposto no art. 5º, p. único, do CE, atualmente qualquer militar é, em princípio, alistável, com exceção dos conscritos (convocados para o serviço militar obrigatório), pois essa é a única vedação prevista na Consti-

tuição atual – art. 14, § 2º, da CF; **C:** imprecisa, pois há casos de voto facultativo, nos termos do art. 14, § 1º, II, da CF – ver art. 7º do CE; **D:** incorreta, pois o corregedor-geral é também eleito pelo TSE. Ademais, o corregedor-geral deverá ser um dos ministros do STJ – art. 119, p. único, da CF, ver o art. 17 do CE, derrogado nesse sentido; **E:** incorreta, pois compete originariamente ao STF julgar originariamente os ministros dos tribunais superiores nas infrações penais comuns e nos crimes de responsabilidade – art. 102, I, c, da CF. Os juízes dos TRE são julgados originariamente pelo STJ, em relação aos crimes comuns e de responsabilidade – art. 150, I, a, da CF. Ver o art. 22, I, d, do CE, derrogado nesse sentido. **RB**
Gabarito "A."

(Magistratura/RO – 2011 – PUCPR) Analise as assertivas a seguir:

I. Da decisão do Juiz Eleitoral que determinar a exclusão de um eleitor caberá recurso no prazo de 3 (três) dias, para o Tribunal Regional, sendo parte legítima para interpor o ato apenas o excluendo.

II. Em caso de mudança de domicílio, cabe ao eleitor requerer ao Juiz do novo domicílio sua transferência, juntando o título anterior, sendo que a admissão do pedido está condicionada ao cumprimento de determinadas exigências legais e, entre elas, que tenha transcorrido pelo menos 1 (um) ano da inscrição primitiva, salvo quando se tratar de transferência de título eleitoral de servidor público civil, militar, autárquico, ou de membro de sua família, por motivo de remoção ou transferência.

III. A idade mínima constitucionalmente estabelecida como condição de elegibilidade é verificada tendo por referência a data do requerimento de registro do candidato.

IV. São inelegíveis, para qualquer cargo, os que forem condenados, em decisão transitada em julgado ou proferida por órgão judicial colegiado, desde a condenação até o transcurso do prazo de 8 (oito) anos após o cumprimento da pena, pelos crimes, dentre outros, contra o meio ambiente e a saúde pública.

V. Caberá a qualquer eleitor, a partido político, coligação ou ao Ministério Público, no prazo de 10 (dez) dias, contados da publicação do pedido de registro de candidato, impugná-lo em petição fundamentada.

Estão CORRETAS:

(A) Somente as assertivas I e III.

(B) Somente as assertivas I, II e V.

(C) Somente as assertivas II e IV.

(D) Somente as assertivas III, IV e V.

(E) Todas as assertivas.

I: incorreta, pois o delegado do partido também tem legitimidade para recorrer da decisão – art. 80, in fine, do CE; **II:** correta, nos termos do art. 55 do CE; **III:** incorreta, pois a idade mínima constitucionalmente estabelecida como condição de elegibilidade é verificada tendo por referência a data da posse – art. 11, § 2º, da Lei das Eleições – LE (Lei 9.504/1997); **IV:** assertiva correta, nos termos do art. 1º, I, e, 3, da Lei da Inelegibilidade – LI (LC 64/1990); **V:** incorreta, pois o prazo para a Ação de Impugnação de Registro de Candidatura – AIRC – é de 5 dias contados da publicação do pedido de registro – art. 3º da LI. Ademais, o simples eleitor não tem legitimidade ativa, mas somente candidato, partido político, coligação e Ministério Público, conforme o mesmo dispositivo da LI. **RB**
Gabarito "C."

ROBINSON BARREIRINHAS E SAVIO CHALITA

(Magistratura/RO – 2011 – PUCPR) Aponte se as assertivas a seguir são verdadeiras **(V)** ou falsas **(F)** e, em seguida, assinale a única alternativa cuja sequência, de cima para baixo, está **CORRETA:**

( ) A força armada deverá se conservar a 100 (cem) metros da Seção Eleitoral e não poderá se aproximar do lugar da votação, ou nele penetrar, sem ordem do Presidente da Mesa.

( ) Os membros das Mesas Receptoras e os Fiscais de partido, durante o exercício de suas funções, não poderão ser detidos ou presos salvo o caso de flagrante delito; da mesma garantia gozarão os candidatos desde 15 (quinze) dias antes da eleição.

( ) O requerimento do registro de partido político, dirigido ao cartório competente do Registro Civil das Pessoas Jurídicas, da Capital Federal, deve ser subscrito pelos seus fundadores, em número nunca inferior a cento e um, com domicílio eleitoral em, no mínimo, um terço dos Estados, acompanhado dos documentos exigidos por lei.

( ) É facultado aos partidos políticos receber recursos financeiros de procedência estrangeira, desde que autorizados pelo Tribunal Superior Eleitoral.

( ) Os recursos oriundos do Fundo Partidário estão sujeitos ao regime da Lei nº 8.666, de 21 de junho de 1993.

(A) F, V, F, V, F

(B) V, V, V, F, F

(C) F, V, V, F, F

(D) V, F, F, V, V

(E) F, F, F, V, V

1: verdadeira, conforme o art. 141 do CE; 2: verdadeira, nos termos do art. 236, § 1º, do CE; 3: assertiva verdadeira – art. 8º da Lei dos Partidos Políticos – LPP (Lei 9.096/1995); 4: falsa, pois os partidos políticos jamais poderão receber recursos de entidade ou governo estrangeiro, por expressa vedação constitucional – art. 17, II, da CF; 5: incorreta, pois o art. 44, § 3º, da LPP dispõe expressamente que os recursos do fundo partidário não estão sujeitos ao regime da Lei 8.666/1993 (que trata das licitações e dos contratos públicos). **RB**
Gabarito "B".

(Magistratura/RO – 2011 – PUCPR) Assinale a única alternativa **CORRETA:**

(A) Ao pedido de resposta relativo à ofensa veiculada em órgão da imprensa escrita, uma vez deferido, a divulgação da resposta dar-se-á no mesmo veículo, espaço, local, página, tamanho, caracteres e outros elementos de realce usados na ofensa, em até quarenta e oito horas após a decisão ou, em se tratando de veículo com periodicidade de circulação maior que quarenta e oito horas, na primeira vez em que circular.

(B) A denominação da coligação poderá incluir ou fazer referência a nome de candidato, salvo se contiver pedido de voto para o partido político.

(C) Qualquer propaganda política mediante radiodifusão, televisão, comícios ou reuniões públicas é vedada desde quarenta e oito horas antes até quarenta e oito horas depois da eleição.

(D) Apenas o ofendido poderá pedir o exercício do direito de resposta à Justiça Eleitoral, observados os prazos estabelecidos na lei nº 9.504/97, contados a partir do conhecimento da ofensa.

(E) De acordo com a legislação eleitoral, é de competência dos Secretários da Mesa Receptora fiscalizar a distribuição das senhas e, verificando que não estão sendo distribuídas segundo a sua ordem numérica, recolher as de numeração intercalada, acaso retidas, as quais não se poderão mais distribuir.

A: essa é a assertiva correta, pois reflete exatamente o disposto no art. 58, § 3º, I, *b*, da LE; **B:** incorreta, pois a denominação da coligação não poderá coincidir, incluir ou fazer referência a nome ou número de candidato, nem conter pedido de voto para partido político – art. 6º, § 1º-A, da LE; **C:** incorreta, pois a propaganda mediante radiodifusão, televisão, comícios ou reuniões públicas é vedada desde 48 horas antes até 24 horas depois da eleição – art. 240, p. único, do CE; **D:** incorreta, pois o pedido de resposta pode ser formulado pelo ofendido ou seu representante legal à justiça eleitoral – art. 58, § 1º, da LE; **E:** incorreta, pois essa competência é do presidente da mesa receptora e, em sua falta, a quem o substituir – art. 127, VIII, do CE. **RB**
Gabarito "A".

(Magistratura/RO – 2011 – PUCPR) Avalie as assertivas abaixo:

I. O Ministério Público Estadual tem legitimação para propor, perante o juízo competente, as ações para declarar ou decretar a nulidade de negócios jurídicos ou atos da administração pública, infringentes de vedações legais destinadas a proteger a normalidade e a legitimidade das eleições, contra a influência do poder econômico ou o abuso do poder político ou administrativo.

II. O sufrágio é um direito público subjetivo, adotado pela Constituição Federal de 1988 como universal, excetuando-se desta regra, entre outras previsões legais, os conscritos durante o período do serviço militar obrigatório.

III. Sem a prova de que votou na última eleição, pagou a respectiva multa ou de que se justificou devidamente, não poderá o eleitor, dentre outras situações previstas em lei, obter empréstimos nas autarquias, sociedades de economia mista, caixas econômicas federais ou estaduais, nos institutos e caixas de previdência social, bem como em qualquer estabelecimento de crédito mantido pelo governo, ou de cuja administração este participe. Do mesmo modo, não poderá o eleitor, em tal condição, celebrar contratos com essas entidades.

IV. O sistema eleitoral proporcional, também adotado no Brasil, aplica-se, inclusive, à eleição para a Câmara dos Deputados.

V. São órgãos da Justiça Eleitoral o Tribunal Superior Eleitoral, os Tribunais Regionais Eleitorais, os Juízes Eleitorais e as Juntas Eleitorais, sendo que os membros dos tribunais, os juízes de direito e os integrantes das juntas eleitorais, no exercício de suas funções e no que lhes for aplicável, gozarão de plenas garantias e serão inamovíveis.

Está(ão) CORRETA(S):

(A) Somente as assertivas II, III, IV e V.

(B) Somente as assertivas I e III.

(C) Somente as assertivas I, II e V.

(D) Somente as assertivas II, IV e V.

19. DIREITO ELEITORAL 887

(E) Todas as assertivas.

I: incorreta, pois as funções do Ministério Público Eleitoral são exercidas Pelo Ministério Público Federal (não estadual), a quem compete propor, perante o juízo competente, as ações para declarar ou decretar a nulidade de negócios jurídicos ou atos da administração pública, infringentes de vedações legais destinadas a proteger a normalidade e a legitimidade das eleições, contra a influência do poder econômico ou o abuso do poder político ou administrativo – art. 72, p. único, da LC 75/1993. É interessante notar que o Ministério Público Eleitoral é também composto por membros do Ministério Público Estadual, mas apenas para atuação junto aos juízes e juntas eleitorais (primeira instância) – ver art. 78 da LC 75/1993 e Resolução 30/2008 do Conselho Nacional do Ministério Público – CNMP; **II:** assertiva correta, conforme o art. 14, *caput*, e § 2º, da CF; **III:** assertiva correta, nos termos do art. 7º, § 1º, do CE; **IV:** assertiva correta, pois, no Brasil, funciona o sistema majoritário, para Presidente, Senadores, Governadores e Prefeitos (e seus vices), e o sistema proporcional, para os demais cargos eletivos – arts. 46, *caput*, 45, *caput*, 77, § 2º, da CF e arts. 83 e 84 do CE; **V:** assertiva correta, conforme os arts. 118 e 121, § 1º, da CF. **RB**
Gabarito "A".

(Magistratura/PR – 2010 – PUC/PR) Avalie se as frases a seguir são falsas **(F)** ou verdadeiras **(V)** e assinale a opção CORRETA:

( ) Até 45 (quarenta e cinco) dias antes da data das eleições, todos os pedidos de registro de candidatos, inclusive os impugnados, e os respectivos recursos devem estar julgados em todas as instâncias, e publicadas as decisões a eles relativas.

( ) Qualquer partido pode reclamar ao Juiz Eleitoral, no prazo de 5 (cinco) dias, da nomeação da Mesa Receptora, devendo a decisão ser proferida em 72 (setenta e duas) horas e desta caberá recurso para o Tribunal Regional, interposto dentro de 3 (três) dias, devendo ser resolvido em igual prazo.

( ) Incorre em crime eleitoral e à pena de pagamento de 90 (noventa) a 120 (cento e vinte) dias-multa o Juiz e os membros da Junta que deixarem de expedir o boletim de apuração imediatamente após a apuração de cada urna e antes de passar à subsequente, sob qualquer pretexto, e ainda que dispensada a expedição pelos Fiscais, Delegados ou candidatos presentes.

( ) Qualquer cidadão que tomar conhecimento de infração penal assim tipificada na Lei Federal n. 4.737/1965 (Código Eleitoral) deverá comunicá-la ao Juiz Eleitoral da Zona onde a mesma se verificou, e a autoridade judicial mandará reduzi-la a termo, caso a comunicação seja verbal, assinado pelo apresentante e por duas testemunhas, com posterior encaminhamento ao órgão do Ministério Público. Não sendo necessários outros esclarecimentos, documentos ou elementos de convicção e verificada a infração penal, o Ministério Público oferecerá denúncia dentro do prazo de 10 (dez) dias, ficando sujeito à representação por parte da autoridade judiciária, caso não a ofereça, sem prejuízo da apuração da responsabilidade penal.

(A) V, F, V, V

(B) F, V, V, V

(C) V, V, F, V

(D) F, F, V, F

1ª: assertiva correta, nos termos do art. 16, § 1º, da LE; 2ª: incorreta, pois o prazo para a decisão do juiz eleitoral é de 48 horas (não 72 horas, como consta da assertiva). O restante da assertiva está correto – art. 63, *caput* e § 1º, da LE; 3ª: correta, pois a tipificação e a pena estão previstas no art. 313 do CE; 4ª: assertiva correta, nos termos do art. 356 do CE. **RB**
Gabarito "A".

(Magistratura/AL – 2008 – CESPE) Nas eleições municipais de 2008, se o eleitor domiciliado em um município não tiver comparecido para votar, nem justificado a ausência ou pago a multa respectiva no prazo legal, estará sujeito à restrição do direito de

(A) ausentar-se da cidade sem autorização do juiz eleitoral.

(B) obter passaporte ou carteira de identidade.

(C) contrair casamento civil.

(D) obter empréstimo de qualquer instituição financeira.

(E) filiar-se a partido político ou a associação sindical.

Apenas a assertiva em B indica sanção decorrente da omissão do eleitor – art. 7º, § 1º, V, do CE. **RB**
Gabarito "B".

(Magistratura/AL – 2007 – FCC) A respeito do processo eleitoral, é correto afirmar:

(A) É vedada a propaganda eleitoral nas dependências do Poder Legislativo e a realização de qualquer ato de propaganda eleitoral em recinto aberto depende de prévia licença da polícia.

(B) Para concorrer às eleições, o candidato deverá possuir domicílio eleitoral na respectiva circunscrição pelo prazo de, pelo menos, 6 meses antes do pleito e estar com a filiação deferida pelo partido no mesmo prazo.

(C) Nas eleições proporcionais, a substituição de candidato que for considerado inelegível, renunciar ou falecer após o termo final do prazo do registro, poderá ser feita após nova convenção e até 30 dias do pleito.

(D) Se, antes de realizado o segundo turno, ocorrer, morte, desistência ou impedimento legal de candidato, convocar-se-á, dentre os remanescentes, o de maior votação.

(E) A urna eletrônica disporá de recursos que, mediante assinatura digital, permitam o registro digital de cada voto nela lançado, bem como a identificação da urna em que foi registrado e do eleitor que o lançou.

A: a propaganda eleitoral não depende de licença policial – art. 39 da LE; **B:** o candidato deve estar filiado ao partido e possuir domicílio eleitoral há pelo menos um ano na circunscrição respectiva – art. 14, § 3º, IV, da CF e art. 9º da LE; **C:** a substituição é processada pela Comissão Executiva e o prazo para o pedido é de até 60 dias antes do pleito – art. 13, § 3º, da LE e art. 101, §§ 1º e 5º, do CE; **D:** art. 77, § 4º, da CF; **E:** o voto é secreto, o que veda a utilização de instrumento de identificação do eleitor em relação ao voto lançado na urna (deve-se garantir seu anonimato) – art. 14, *caput*, da CF e art. 59, § 4º, da LE. **RB**
Gabarito "D".

Impressão e Acabamento:

EXPRESSÃO & ARTE
EDITORA E GRÁFICA
Fones: (11) 3951-5240 | 3951-5188
E-mail: atendimento@expressaoearte.com
www.graficaexpressaoearte.com.br